D1791734

THE SCHOTTENSTEIN EDITION

תלמוד בבלי

TALMUD BAVLI

The ArtScroll Series®

THE HORN EDITION OF SEDER MOED

מסכת ראש השנה

TRACTATE ROSH HASHANAH

A PROJECT OF THE

Mesorah Heritage Foundation

THE HORN EDITION OF SEDER MOED

מסכת ראש השנה

TRACTATE ROSH HASHANAH

Elucidated by
Rabbi Abba Zvi Naiman (chapter 1)
Rabbi Israel Schneider (chapter 2)
Rabbi Moshe Zev Einhorn (chapter 3)
Rabbis Eliezer Herzka and Moshe Zev Einhorn (chapter 4)

under the General Editorship of
Rabbi Yisroel Simcha Schorr
and Rabbi Chaim Malinowitz
in collaboration with a team of Torah Scholars

R' Hersh Goldwurm זצ"ל
General Editor
תש"נ-תשנ"ג / 1990-1993

The Schottenstein Edition

THE GEMARA: THE CLASSIC VILNA EDITION,
WITH AN ANNOTATED, INTERPRETIVE ELUCIDATION,
AS AN AID TO TALMUD STUDY

The Hebrew folios are reproduced from
the newly typeset and enhanced
Oz Vehadar Edition of the Classic Vilna Talmud

Published by
Mesorah Publications, ltd

We gratefully acknowledge the outstanding
Torah scholars who contributed to this volume:

Rabbi Yisroel Simcha Schorr, Rabbi Chaim Malinowitz
Rabbi Mordechai Marcus and **Rabbi Ephraim Zuravin**

who reviewed and commented on the manuscript,

Rabbis Hillel Danziger, Yosef Davis, Nesanel Kasnett, Henoch Moshe Levin, Zev Meisels, Eli Shulman, Feivel Wahl, Yosaif Asher Weiss, Shraga Schorr, Eliyahu Cohen, and **Moshe Rosenblum**

who edited, contributed and assisted in the production of this volume.

Rabbi Yehezkel Danziger, Editorial Director

We are indebted to **HaRav Yisroel Belsky** for reviewing the astronomical sections.

We are also grateful to our proofreaders: Mrs. Judi Dick, Mrs. Mindy Stern, and Mrs. Faigie Weinbaum, our typesetters: Mr. Yaakov Hersh Horowitz, Mr. Shaya Sonnenschein, Mrs. Toby Akerman, Miss Rivkie Bruck, Miss Chumie Zaidman, Mrs. Estie Dicker, Mrs. Esther Feierstein, Mrs. Miryam Stavsky and illustrators: Mr. Eli Kroen, Miss Hindy Goldner, Mrs. Mindy Schwartz

FIRST EDITION
Four Impressions . . . January 1999 — March 2005
SECOND EDITION
First Impression . . . March 2006
Second Impression . . . January 2009

Published and Distributed by
MESORAH PUBLICATIONS, Ltd.
4401 Second Avenue
Brooklyn, New York 11232

Distributed in Europe by
LEHMANNS
Unit E, Viking Business Park
Rolling Mill Road
Jarrow, Tyne & Wear NE32 3DP
England

Distributed in Israel by
SIFRIATI / A. GITLER — BOOKS
6 Hayarkon Street
Bnei Brak 51127

Distributed in Australia & New Zealand by
GOLDS WORLD OF JUDAICA
3-13 William Street
Balaclava, Melbourne 3183
Victoria Australia

Distributed in South Africa by
KOLLEL BOOKSHOP
Ivy Common 105 William Road
Norwood 2192, Johannesburg, South Africa

THE ARTSCROLL SERIES® / SCHOTTENSTEIN EDITION
TALMUD BAVLI / TRACTATE ROSH HASHANAH

4401 Second Avenue / Brooklyn, N.Y. 11232 / (718) 921-9000 / FAX (718) 680-1875 / www.artscroll.com

ISBN 10: 1-57819-004-5
ISBN 13: 978-1-57819-004-1

Typography by CompuScribe at ArtScroll Studios, Ltd.
Custom bound by **Sefercraft, Inc.,** Brooklyn, N.Y.

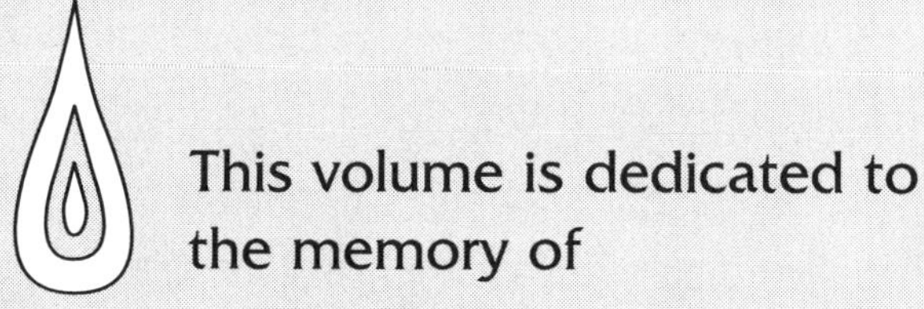

This volume is dedicated to the memory of

Jerry Savitsky / יואל בן אברהם ע״ה

נפ׳ ד׳ שבט תשנ״ב

A devoted family man, his joy in life was to be surrounded by his loved ones. When few in his generation remained faithful to tradition, he raised a family totally committed to Torah and mitzvos. A multi-talented individual, he had golden hands and a creative mind.

Ruth Hillelsohn / רחל בת דוד הלוי ע״ה

נפ׳ א׳ אלול תשמ״ז

A warm compassionate person known for her wisdom, she was often sought out for her good counsel. As a registered nurse she devoted herself to caring for others. She was active in many Jewish causes and was truly an *eishes chayil,* who was always there for her family. As wife, mother and grandmother, her true love of *Yiddishkeit* touched the lives of everyone who crossed her path.

George Hillelsohn / שמואל בן יצחק ע״ה

נפ׳ ח׳ תשרי תשמ״ט

He escaped from Germany to build a life of accomplishment. Dynamic and selfless, he rose to a high position at the Jewish Child Care Association, was president of his shul and a board member of many prominent Jewish organizations. He went out of his way to help others, but asked little for himself. He was a man of *chessed* and *emes,* whose memory continues to be an inspiration.

Irving Tennenbaum / ישראל בן מנחם מאנעס ע״ה

נפ׳ ו׳ אייר תשט״ז

He was a man of impeccable integrity, in his dedication to Torah, the highest standard of kashruth, his adopted country and above all to his beloved family. He passed away at 39, and left a proud and shining legacy for his wife and children to transmit to future generations, may they live and grow.

Aaron Seif / אהרן בן יהודה אריה ע״ה

נפ׳ כ״א מרחשון תשנ״ג

He was a founder and dedicated officer of Agudath Israel of America and for decades actively participated in Daf Yomi. He was a role model of ethics and love of mitzvos. His joy in helping others was an inspiration for his family and friends. Widowed in the prime of life, he married Amelia Tennenbaum and raised her two daughters with unbounded love.

Steve and Genie Savitsky
David and Roslyn Savitsky

is reverently dedicated to the memory of
the patron of this Talmud
and of countless other noble causes in Jewish life

יעקב מאיר חיים בן אפרים אליעזר הכהן ע״ה

נפטר ה׳ אדר ב׳ תשנ״ב

Jerome Schottenstein ע״ה

and to the memory of his parents

אפרים אליעזר בן יהושע הכהן ע״ה — **חנה בת צבי הירש ע״ה**

נפטר ב׳ אייר תשט״ז — נפטרה ט״ו מנחם אב תשט״ו

Ephraim and Anna Schottenstein ע״ה

by

Geraldine Schottenstein

Saul and Sonia Schottenstein

and

Jay and Jeanie Schottenstein
and their children
Joseph Aaron and Lindsay Brooke, Jonathan Richard, Jeffrey Adam

Ann and Ari Deshe
and their children
Elie Michael, David Scott, Dara Lauren, Daniel Matthew

Susan and Jon Diamond
and their children
Jillian Leigh, Joshua Louis, Jacob Meyer

and

Lori Schottenstein

PATRONS OF THE SEDARIM

Recognizing the need for the holy legacy of the Talmud
to be available to its heirs in their own language,
these generous and visionary patrons have each dedicated
one of the six Sedarim/Orders of the Talmud.

THE FORMAN EDITION OF SEDER ZERAIM

is lovingly dedicated by

Mr. and Mrs. Sam Forman, Brett and Wendy

in memory of their beloved parents and grandparents

Mr. and Mrs. George Forman ע״ה **Dr. and Mrs. Morey Chapman ע״ה**

THE HORN EDITION OF SEDER MOED

is lovingly dedicated to the memory of

ר׳ משה מניס ב״ר יעקב יצחק ע״ה — Moishe Horn ע״ה

נפטר ב׳ מנחם אב תשנ״ד

by his wife **Malkie**

his parents **Jacob ע״ה and Genia Horn שתחי׳**

and her children

Shimmie and Alissa
Ari Shana Michal Tali

Devorah and Dov Elias
Moishe Ariella Eli Chaviva Tehilla

Shandi and Sruli Glaser
Ruthi Jack Miri

THE ELLIS A. SAFDEYE EDITION OF SEDER NASHIM

is reverently dedicated to the memory of

המנוח יהודה אצלאן ומרת צלחה ויקטוריא ע״ה

Aslan and Victoria Safdeye ע״ה

and

המנוח יהודה ומרת מרגלית ע״ה

Judah and Margie Sultan ע״ה

by their children

Ellis A. and Altoon Safdeye

and grandchildren

Alan Judah and Rachel Safdeye
Ezra and Victoria Esses

Joseph and Rochelle Safdeye
Michael and Bobbi Safdeye

PATRONS OF THE SEDARIM

THE DAVIDOWITZ FAMILY
RENOV STAHLER ROSENWALD PERLYSKY EDITION OF SEDER NEZIKIN

is lovingly dedicated to

Rozi and Morty Davis-Davidowitz

builders of this dynasty

by their children and grandchildren

Esti and Ushi Stahler
Jamie, Danny, Duvi, Lisi, Avi, Eli, Malka and Loni

Rivki and Lindsay Rosenwald
Doni, Joshy, Demi, Davey and Tamar Rina

Ruki and Kal Renov
Tova, Tani, Eli, Ari, Yoni, Yael, Emi and Benji

Laya and Dov Perlysky
Ayala Malka, Tova Batsheva, Naftali Yonatan,
Atara Yael, Eitan Moshe, Shira Avital and Akiva Yair

and is lovingly dedicated to the memory of our grandparents

Emily and Nathan Selengut ע״ה

נפתלי ב״ר יעקב ע״ה ומלכה בת ר׳ אלתר חיים ע״ה

THE SCHWARTZ EDITION OF SEDER KODASHIM

is lovingly dedicated by

Avrohom Yeshaya and Sally Schwartz

and their children

Ari and Daniella, Moshe, Dani, and Dovi

in memory of their beloved parents and grandparents

Isaac and Rebecca Jarnicki ז״ל — ר׳ יצחק ב״ר אשר ז״ל וחיה רבקה בת הרב בצלאל הירש ז״ל

נפ׳ יג׳ תמוז תשנ״ז　　נפ׳ ג׳ אדר תשס״ד

and their beloved grandmother

Mrs. Pearl Septytor ע״ה — פערל בת ר׳ מרדכי ע״ה

and in honor of יבלח״ט their parents and grandparents

Rabbi and Mrs. Gedalia Dov Schwartz שליט״א

and in memory of our grandparents

Rabbi Eliezer and Pesha Chaya Poupko ז״ל　Abraham Schwartz ז״ל

Betzalel Hersh and Hendel Berliner ז״ל　Asher and Gittel Jarnicki ז״ל

PATRONS OF THE TALMUD

With generosity, vision, and devotion to the perpetuation of Torah study,
the following patrons have dedicated individual volumes of the Talmud

Reference/ Introduction: **George and Vita Kolber**
In loving memory of
Joseph and Frieda Hirschfeld **ע״ה**

BERACHOS I: In memory of
Jerome Schottenstein ע״ה
יעקב מאיר חיים בן אפרים אליעזר הכהן ע״ה

BERACHOS II: **Zvi and Betty Ryzman**
Mickey and Shelly Fenig — Aliza, Yissachar David, Batsheva, Aharon Yakov and Elazar
Elie and Adina Ryzman — Leora, Yonatan, Ari and Shai
Avi and Zahava Ryzman — Sarah Chloe
Rafi and Elimor Ryzman — Ora
In honor of
Rabbi Yehoshua Heschel Ryzman שליט״א
in memory of
מרת הלינה שיינדל בת ר׳ צבי ע״ה נפ׳ ה׳ מנחם אב, תשנ״ז — Halina Shaindel Ryzman ע״ה
and in honor of
Mrs. Mila Kornwasser שתחי׳
and in memory of
הרב אהרן יעקב ב״ר אליעזר ז״ל נפ׳ ז׳ תמוז, תשס״ב — Rabbi Aharon Yaakov Kornwasser ז״ל
Malcolm and Joy Lyons
in honour of their parents שיחי׳
Eve Lyons
Cecil and Mona Jacobs
and in memory of his father
יהודה בן גרשון ע״ה נפ׳ כ״ב שבט תשס״ג — Leopold Lyons ע״ה

SHABBOS I: **Nachshon and Bruria Minucha [Nuchi] Draiman and Family**
in memory of
הר״ר יהודה ליב מנדלקורן זצ״ל בן הר״ר צבי הי״ו
Rabbi Yehuda Leib Mandelcorn זצ״ל — נפטר כ׳ תמוז, תשנ״ג

A Hebrew edition of the Talmud Bavli is now in progress.
The Hebrew edition is dedicated by

Jay and Jeanie Schottenstein

and their children

Joseph Aaron and Lindsay Brooke, Jonathan Richard, and Jeffrey Adam

— in honor of their cherished loved ones who have left indelible marks on their own lives and the lives of countless others, as models of inspiration, generosity, integrity, and devotion to the noblest causes in Jewish life:
his parents **JEROME ז״ל AND GERALDINE SCHOTTENSTEIN**,
her parents **LEONARD AND HEDDY RABE**
and **SAUL AND SONIA SCHOTTENSTEIN**

❦ ❦ ❦

JAY AND JEANIE SCHOTTENSTEIN
have a perspective that transcends time and community.
Through their dedication of these editions of the Talmud, they spread Torah study around the globe and across generations.
Multitudes yet unborn will be indebted to them for their vision and generosity.

PATRONS OF THE TALMUD

SHABBOS II: **David and Bonnie Anfang** **Chaim and Ruthie Anfang**
Rachel, Julie and Elliot **Ariella Hope** **Michael Brett**
In loving memory of
ר' אריה ליב ב"ר דוד אביגדור ע"ה – Leib Anfang ע"ה
בשה לאה בת ר' אלימלך דוב ע"ה – Barbara Anfang ע"ה

Mimi and Steven Rosenbaum **Joseph and Sharon Prawer** **Alan and Louisa Prawer**
Stacey and Danny **Dovid, Alana, Naomi** **Ruben Pinchas**
Dena and Adam Ballew, Shlomo Gavriel
In loving memory of
ר' פנחס ב"ר יוסף ברוך הלוי ע"ה גילה בת אשר יונה ע"ה – Pinkus and Genia Prawer ע"ה, and
שרה בת שמעון ליב ע"ה – Sarah Cukierman ע"ה

Rabbi Eliyahu and Yehudit Fishman
Rivka and Zvi Silberstein and Leah **Akiva Yitzchak Fishman**
Rabbi Yechiel Meir and Chagit Fishman **Rabbi Yosef and Aliza Fishman**
Talia Chanah, Ariel Yishai and Daniel
In loving memory of
ר' יוסף ב"ר טוביה ע"ה רודע רבקה בת ר' הירש מאיר ע"ה – Yosef and Rude Rivka Fishman ע"ה
and their children Yechiel Meir, Leah and Chanah הי"ד who perished in the Holocaust

SHABBOS III: **Stanley and Ellen Wasserman**
and their children
Alan and Svetlana Wasserman **Mark and Anne Wasserman**
Neil and Yael Wasserman **Stuart and Rivka Berger**
and families
In loving memory of
יוסף בן דוב בער ע"ה בילא בת יעקב ע"ה – Joseph and Bess Wasserman ע"ה, and
שמריהו בן משה ע"ה רבקה בת הרב יוסף הכהן ע"ה – Sascha and Regina (Czaczkes) Charles ע"ה

SHABBOS IV: לעילוי נשמות
הורינו היקרים **ר' לוי ב"ר יהודה הלוי ע"ה וצירל בת ר' מרדכי ע"ה לוינגר**
זקנינו היקרים **ר' יהודה ב"ר אליעזר צבי הלוי ע"ה וטלצא בת פרומט ע"ה לוינגר**
ר' מרדכי ב"ר שמואל ע"ה ומלכה בת ר' נתן ע"ה אדלר
אחינו **שמואל הלוי ע"ה יהודה הלוי ע"ה יהונתן הלוי הי"ד**
אחותנו **לאה בת ר' לוי סג"ל ע"ה ובעלה ר' טוביה ע"ה**
גיסינו **ר' מיכאל ב"ר ברוך שמואל ע"ה שוויצר ר' שמואל ב"ר יעקב ע"ה מיכל**
ולעילוי נשמות דודינו ודודותינו ויוצאי חלוציהם שנפטרו ושנהרגו על קידוש השם הי"ד
Dedicated by **Louis and Morris Lowinger**
Teri Schweitzer **Kato Michel** **Margit Baldinger** **Eva Lowinger**

ERUVIN: [two volumes] **Jerome and Geraldine Schottenstein** **Saul and Sonia Schottenstein**
Jay and Jeanie Schottenstein **Ann and Ari Deshe**
Susan and Jon Diamond **Lori Schottenstein**
in memory of
אפרים אליעזר בן יהושע הכהן ע"ה – Ephraim Schottenstein ע"ה
חנה בת צבי הירש ע"ה – Anna Schottenstein ע"ה

The Edmond J. Safra Edition of the Talmud Bavli in French,
adapted from the Schottenstein Edition, is now in progress.

The Edmond J. Safra Edition
is dedicated by
Lily Safra
in memory of her beloved husband
Edmond J. Safra רפאל אדמון עזרא בן אסתר ע"ה

His desire is in the Torah of HASHEM, and in His Torah he meditates day and night.
He shall be like a tree deeply rooted alongside brooks of water;
that yields its fruit in due season, and whose leaf never withers,
and everything that he does will succeed (Psalms 1:2-3).

PATRONS OF THE TALMUD

PESACHIM I: **Vera and Soli Spira and Family**
in memory of
ברוך בן חיים ע"ה — Baruch Spira ע"ה
בילה בת נתן שלום ע"ה — Bella Spira ע"ה
שמואל בן אברהם ע"ה — Shmuel Lebovits ע"ה
and their respective families הי"ד who perished in the Holocaust
and in honor of
שפרה בת משה — Caroline Lebovits תחי'

PESACHIM II: **Vera and Soli Spira and Family**
in memory of an uncle who was like a father
and a cousin who was like a brother
ישראל בן נתן שלום ע"ה — Israel Stern ע"ה
נתן שלום בן ישראל ע"ה — Noussi Stern ע"ה

PESACHIM III: **Lorraine and Mordy Sohn** **Ann and Pinky Sohn**
in memory of
ר' צבי ב"ר אלעזר ע"ה — Dr. Harry Sohn ע"ה
מרת הענדיל דבורה ב"ר אברהם שלמה ע"ה — Dora F. Sohn ע"ה
ר' יחזקאל ב"ר אליקים חנוך הלוי ע"ה — Harold Levine ע"ה
רבקה הענא בת שמעון הלוי ע"ה — Ruth Levine ע"ה
רייזל ב"ר שמשון ע"ה — Rosalie Sohn ע"ה

SHEKALIM: In loving memory of
Mr. Maurice Lowinger ז"ל
ר' מאיר משה ב"ר בן ציון הלוי ז"ל
נפ' כ"ז אדר תשס"א

YOMA I: **A. Joseph and Rochelle Stern**
Moshe Dov, Zev, Shani, Esty, and Shaye
in honor of their parents and grandparents
Eli and Frieda Stern שיחיו
Frida Weiss שתחי'
and in memory of
ר' ישעי' בן ר' ישראל שמואל ווייס ז"ל

YOMA II: **A. Leibish and Edith Elbogen**
and Family
לזכר נשמות
מוה"ר אהרן בן מוה"ר יעקב קאפל עלבוגן ז"ל
וזו' אלטע חנה חיה מלכה בת מוה"ר חיים יצחק מאיר ע"ה
אחותי פערל עם בעלה ושבע בנים ובנות
ושלשה אחי: חיים יצחק מאיר, משה יוסף, יעקב קאפל הי"ד
בני אהרן עלבוגן שנהרגו עקד"ה
מוה"ר נתן פייטל בן מוה"ר אברהם וואלד ז"ל
וזו' ברכה בת מוה"ר דוד יהודה הי"ד שנאספה עקד"ה באווישוויץ

SUCCAH I: **Howard and Roslyn Zuckerman** **Steven and Shellie Zuckerman**
Leo and Rochelle Goldberg
in memory of their parents
ר' פסח יהודה ב"ר יצחק אייזיק ע"ה וחוה בת ר' יהודה לייב ע"ה — Philip and Evelyn Zuckerman ע"ה

in honor of their children
Yisroel and Shoshana Pesi Zuckerman שיחי'
Pesach Yehudah and Asher Anshel שיחי'
Michael (Ezra) and Lauren Zuckerman שיחי'
Adrianne & Shawn Meller, Elliot, & Joshua Goldberg שיחי'

in honor of their children
Glenn and Heidi, Jamie Elle, Benjamin,
Brett and Robin, Brandon Noah, Ross and T.J. שיחי'
and in honor of their parents
Marilyn and Aaron Feinerman שיחי'

in memory of
ר' ישראל צבי ב"ר ברוך ע"ה ושיינדל בת ר' ישראל ע"ה — Israel and Shaindel Ray ע"ה
and in memory of Mrs. Rose Ray (Glass) ע"ה

PATRONS OF THE TALMUD

SUCCAH I: [continued] **Arthur and Randi Luxenberg**
in honor of their parents
Irwin and Joan Luxenberg שיחיי Bernard and Evelyn Beeber שיחיי
their children Elizabeth Jewel and Jacqueline Paige שיחיי
in memory of his grandparents
ר׳ אברהם בן אהרן מרדכי ז״ל ורחל בת ר׳ משה ע״ה — Abraham and Rose Luxenberg ע״ה
ישעיהו צבי בן הרב טוביה ז״ל ושרה צירל בת ר׳ יעקב ע״ה — Jesse and Celia Aronson ע״ה

SUCCAH II: **Thomas and Lea Schottenstein William and Amy Schottenstein**
in memory of
אריה ליב בן אפרים אליעזר הכהן ע״ה — Leon Schottenstein ע״ה
מאיר אבנר בן דוד הלוי ע״ה — Meir Avner Levy ע״ה
and in honor of
Mrs. Jean S. Schottenstein שתחיי Bertram and Corinne Natelson שיחיי
Mrs. Flory Levy שתחיי

BEITZAH: **Paul and Suzanne Peyser Irwin and Bea Peyser**
in memory of
דוד בן פינחס ע״ה פריידע רייזעל בת יהושע ע״ה — David and Rose Peyser ע״ה

ROSH HASHANAH: **Steve and Genie Savitsky David and Roslyn Savitsky**
In memory of
יואל בן אברהם ע״ה — Jerry J. Savitsky ע״ה
ישראל בן מנחם מאנעס ע״ה — Irving Tennenbaum ע״ה
שמואל בן יצחק ע״ה — George Hillelsohn ע״ה
רחל בת דוד הלוי ע״ה — Ruth Hillelsohn ע״ה
אהרן בן יהודה אריה ע״ה — Aaron Seif ע״ה

TAANIS: **David and Jean Bernstein**
Matthew Bernstein
Scott and Andrea Bernstein, **Samara, Jonah, and Jesse Bernstein**
Albert and Gail Nassi, **Jessica and Garrett**
in memory of
Annna and Harry Bernstein ע״ה Sarah and Joseph Furman ע״ה
Mr. Samuel Nassi ע״ה

MEGILLAH: Special Commemorative Edition published in conjunction with the *Sh'loshim* of the patron of this edition of the Talmud
Jerome Schottenstein ע״ה
יעקב מאיר חיים בן אפרים אליעזר הכהן ע״ה

MOED KATAN: **Solomon T. and Leah Scharf**
and their children
David and Tzipi Diamond Alexander and Naomi Scharf
Joseph Scharf Dovid and Chani Scharf
לזכרון עולם
ר׳ אליהו בן משה יעקב ע״ה — R' Eliyahu Scharf ע״ה
שרה בת אלכסנדר זיסקינד ע״ה — Sara Scharf ע״ה
ר׳ יוסף בן צבי הירש ע״ה — R' Joseph Felder ע״ה

CHAGIGAH: **The Alvin E. Schottenstein Family**
In memory of
חיים אברהם יונה בן אפרים אליעזר הכהן ז״ל — Alvin E. Schottenstein ז״ל
יצחק אייזיק בן עקיבא הכהן ז״ל — Irving Altman ז״ל
הדס בת אברהם אביש ע״ה — Helen Altman ע״ה
שרגא פייוול בן יצחק אייזיק הכהן ז״ל — Frank Altman ז״ל

YEVAMOS I: **Phillip and Ruth Wojdyslawski and Family**
In memory of his beloved parents
Abraham Michel and Ora Wojdyslawski ע״ה
ר׳ אברהם מיכאל ב״ר פינחס ע״ה
אורה בת ר׳ צבי הירש ע״ה

PATRONS OF THE TALMUD

YEVAMOS II: **Phillip and Ruth Wojdyslawski and Family**
In memory of her beloved mother
Chaya (Cytryn) Valt ע"ה
חיה צירל בת ר' שלמה זלמן ע"ה

YEVAMOS III: **Phillip and Ruth Wojdyslawski and Family**
In honor of
Benjamin C. Fishoff לאוי"ט
To the public he is a leader with vision and dedication.
To us he has always been a role model, a father,
and a constant inspiration.

KESUBOS I: **The Fishoff Families**
in memory of their beloved mother
מינדל בת ר' ישראל ע"ה – Mrs. Marilyn Fishoff ע"ה
נפ' כד תשרי תשמ"ט
and in memory of their dear grandparents
ר' דוב ב"ר מנחם אשר ע"ה   מרת מירל בת ר' מנחם מענדל ע"ה – Fishoff
ר' ישראל ב"ר אברהם ע"ה   מרת חיה זיסא בת ר' שרגא פייוועל ע"ה – Neider

KESUBOS II **Arthur A. and Carla Rand**
in memory of their parents
ר' ישראל ב"ר צבי Rand ומרת ליבא מלכה ב"ר יהודה Marcus ע"ה
ר' שלמה ב"ר מרדכי יהודה Ratzersdorfer ומרת חוה ב"ר חיים Finkelstein ע"ה
and in honor of their children
ר' אריה יהושע ב"ר אליהו דוב ומרת ליבא מלכה שיחי' – Lydia M. and Lionel S. Zuckier
ר' יואל אשר ב"ר חיים שלמה ומרת גנענדל חנה שיחי' – Gigi A. and Joel A. Baum
ר' ישראל יהודה ומרת צפורה געלא ב"ר יצחק חיים שיחי' – Jay J. and Cyndi G. Finkel-Rand
and grandchildren
דניאל יעקב, נפתלי צבי, חוה, בנימין, צפורה מרים, רחל, בתשבע Baum שיחי'
שלמה יצחק, שירה חיה, צבי, שפרה לאה, בן ציון Zuckier שיחי'
אליהו אריה לייב, יעקב שלמה, צבי, חסיה ליבא, מתתיהו דוד Rand שיחי'

KESUBOS III **ישימך אלהים כשרה רבקה רחל ולאה**
May God make you like Sarah, Rebecca, Rachel and Leah

NEDARIM I: **Mrs. Goldy Golombeck**
Hyman P. and Elaine Golombeck   **Blanche B. Lerer**
Moishe Zvi and Sara Leifer   **Avrohom Chaim and Renee Fruchthandler**
In memory of
ר' משה יוסף ב"ר חיים פנחס ע"ה – Morris J. Golombeck ע"ה
and by Moishe Zvi and Sara Leifer in memory of
הרב ברוך יוסף ב"ר משה צבי ע"ה – האשה הצנועה מרים יוטא בת ר' לוי יצחק ע"ה
Mr. and Mrs. Baruch Leifer ע"ה

NEDARIM II: **The Rothstein Family**
In loving memory of
וועלוועל ב"ר יוסף ע"ה – Warren Rothstein ע"ה
David and Esther Rothstein ע"ה   Max and Gussie Gottlieb ע"ה
and in honor of
Howard and Beatrice Rothstein

NAZIR I: **Albert and Gail Nassi**
Garrett A. Nassi
Jessica Lea Nassi
in memory of
Samuel Nassi ע"ה
Albert and Leona Nassi ע"ה
Benjamin and Adell Eisenberg ע"ה
Arthur and Sarah Dector ע"ה

Daniel and Susan Kane
Jessica, Adam and Stacey
in memory of
Abraham and Rose Kanofsky ע"ה
Benjamin and Sophie Gornstein ע"ה
Elie and Irma Darsa ע"ה
Mack and Naomi Mann ע"ה

PATRONS OF THE TALMUD

NAZIR II: **Alan and Myrna Cohen, Alison and Matthew**
in memory of
Harry and Kate Cohen ע״ה Harry and Pauline Katkin ע״ה

SOTAH: **Motty and Malka Klein**
for the merit of their children שיחי׳
Esther and Chaim Baruch Fogel Dovid and Chavie Binyomin Zvi
Elana Leah and Natan Goldstein Moshe Yosef Yaakov Eliyahu
In honor of his mother שתחי׳
Mrs. Suri Klein לאוי״ט
In memory of his father
ר׳ יהודה ב״ר דוד הלוי ז״ל נפ׳ כ״ז אדר ב׳ תשס״ג – Yidel Klein
In memory of her parents
ר׳ אשר אנשיל ב״ר משה יוסף ז״ל נפ׳ ג׳ שבט תשנ״ט – Anchel Gross
שרה בת ר׳ חיים אליהו ע״ה נפ׳ כ״ד סיון תשס״א – Suri Gross
And in memory of their grandparents who perished על קידוש השם in the Holocaust
ר׳ דוד ב״ר יעקב הלוי ע״ה ופערל בת ר׳ צבי ע״ה הי״ד – Klein
ר׳ מרדכי ב״ר דוד הלוי ע״ה ולאה בת ר׳ יעקב הלוי ע״ה הי״ד – Klein
ר׳ משה יוסף ב״ר בנימין צבי ע״ה ומלכה בת ר׳ יחיאל מיכל ע״ה הי״ד – Gross
ר׳ חיים אליהו ב״ר מרדכי ע״ה ויוטא בת ר׳ שלמה אליעזר ע״ה הי״ד – Gartenberg

GITTIN I: **Mrs. Kate Tannenbaum**
Elliot and Debra Tannenbaum Edward and Linda Zizmor
and Families
commemorating the first *yahrzeit* of beloved husband, father and grandfather
ר׳ נפתלי ב״ר יהודה אריה ע״ה – Fred Tannenbaum ע״ה
נפטר ח׳ ניסן תשנ״ב

GITTIN II: **Richard and Bonnie Golding**
in honor of Julian and Frances Golding Lawrence Cohen and Helen Lee Cohen
and in memory of Vivian Cohen ע״ה
Irving and Ethel Tromberg Clarence and Jean Permut
in memory of
Benjamin and Sara Tromberg ע״ה Harry and Lena Brown ע״ה
Molly and Julius Permut ע״ה Lizzie and Meyer Moscovitz ע״ה

KIDDUSHIN I: **Ellis A. and Altoon Safdeye**
in memory of their beloved parents
המנוח יהודה אצלאן ומרת צלחה ויקטוריא ע״ה – Aslan and Victoria Safdeye ע״ה
המנוח יהודה ומרת מרגלית ע״ה – Judah and Margie Sultan ע״ה
and in memory of his brother יוסף ע״ה – Joseph Safdeye ע״ה

KIDDUSHIN II: **Mr. and Mrs. Ben Heller**
in memory of his father
יואל נתן ב״ר חיים הלוי ע״ה – Joseph Heller ע״ה
and in honor of his mother
צפורה שתחי׳ לאוי״ט בת ר׳ בנימין ע״ה – Fanya Gottesfeld-Heller שתחי׳

BAVA KAMMA I: **Yitzchok and Shoshana Ganger**
and Children
in memory of
ר׳ יצחק ישעיהו ב״ר שלמה זלמן ע״ה–רויזא גיטל בת ר׳ משה ע״ה – Ganger
מיכאל ב״ר אברהם מרדכי ע״ה–מרים יוכבד בת ר׳ בנימין ע״ה – Ferber
ר׳ משה דוד ב״ר יצחק זעליג מקוצק ע״ה–פיגא בת ר׳ אברהם מרדכי ע״ה – Morgenstern
ר׳ מתתיהו ב״ר שמואל דוב ע״ה–אסתר מלכה בת ר׳ אריה ליב ע״ה – Newman

PATRONS OF THE TALMUD

BAVA KAMMA II: **William and Esther Bein, and**
Joseph Hillel, Abraham Chaim Zev, and Bella Leah
In memory of parents and grandparents
מנחם מענדל ב״ר שמואל יצחק הכהן ע״ה – Edward (Mendus) Bein ע״ה
לאה בת חיים זאב הכהן ע״ה – Ilus Hartstein Bein ע״ה
מרדכי בן יוסף ע״ה – Mordochej Szer ע״ה
בילה בת אברהם ע״ה – Baila Silber Szer ע״ה
שמואל יצחק הכהן ושרה ביין ע״ה – חיים זאב הכהן ושרה הרטשטיין ע״ה
יוסף ויענטה שער ע״ה – אברהם ואסתר זילבר ע״ה

BAVA KAMMA III: **Dedicated to Klal Yisrael,**
and particularly to the Six Million.
הקב״ה שוכן בתוך בני ישראל והוא חד עם כנסת ישראל
"The Holy One Blessed is He dwells among the children of Israel;
He and the congregation of Israel are one." — *Tzidkas Hatzaddik 179*

BAVA METZIA I: **Drs. Robert and Susan Schulman**
Howard and Tzila Schulman **Fred and Cindy Schulman**
and Families
in memory of
מיכאל בן צבי הירש ע״ה ומלכה בת ר׳ יוסף ע״ה – Milton and Molly Schulman ע״ה

BAVA METZIA II: **Donald E. and Eydie R. Garlikov, and Jennifer**
in memory of beloved son and brother
צבי שלמה בן דן ע״ה – Kenneth Scott Garlikov ע״ה
and in memory of parents and grandparents
עזריאל וועלוויל ב״ר אנשיל ע״ה טשארנא בת ר׳ אריה לייב ע״ה
Irve W. and Cecelia (Kiki) Garlikov ע״ה
and in honor of parents and grandparents, brother and uncle
מרדכי ואסתר פריידל ריטטער – Marcus and Elfrieda Ritter
נפתלי חיים ריטטער – Dr. Nathaniel Ritter

BAVA METZIA III: **The David H. Gluck Foundation**
in memory of
The Gluck Family
זאב בן דוד צבי ע״ה ואסתר בת אשר זעליג ע״ה – Zev and Esther Gluck ע״ה
ליבא, אשר זעליג, דוד צבי, שמואל, מנשה, יחזקאל שרגא ע״ה –
Lee, George, David H., Samuel C., Emanuel M., Henry ע״ה, and
יעקב יצחק בן זאב ע״ה ומיימי בת זאב ע״ה – Dr. Jack I. and Mrs. Mae Saks ע״ה
and in memory of
זאב בן חיים דוד וחיה ביילע בת יצחק יעקב ע״ה – Wolf and Chaye Beilah Saks ע״ה
יחיאל בן משה ע״ה – Elie Neustadter ע״ה

BAVA BASRA I: In memory of
מנחם מענדל בן אלימלך יהושע העשל ע״ה
חיה בת יהושע הכהן ע״ה

BAVA BASRA II: **Paul and Beth Guez and Family**
in memory of
Felix (Mazal) Guez ע״ה

BAVA BASRA III: **Irving and Frances Schottenstein**
in honor of their beloved parents
מאיר בן יהושע הכהן ע״ה ליבא בת הרב יצחק משה ע״ה – Meyer and Libbie Schottenstein
טוביה ע״ה ויבדל״ח שיינדל תחי׳ – Tobias ע״ה and Jennie Polster תחי׳
Melvin ע״ה and Lenore תחי׳ Schottenstein
in honor of their beloved parents
אברהם יוסף בן יהושע הכהן ע״ה ויבדל״ח בליה זילפה בת יצחק תחי׳
Abe J. ע״ה and Bessie (Stone) תחי׳ Schottenstein
יצחק ע״ה ויבדל״ח שרה תחי׳ – Isadore J. ע״ה and Sophie תחי׳ Green

PATRONS OF THE TALMUD

SANHEDRIN I: **Mortimer and Barbara Klaus** **Lester and Esther Klaus**
Arthur and Vivian Klaus
in memory of their beloved parents
ר׳ שמשון ב״ר יעקב ע״ה באשא בת ר׳ מרדכי נתן ע״ה
Samuel and Bessie Klaus ע״ה
and in memory of their sister
Rosalie Klaus Sohn — רייזל בת ר׳ שמשון ע״ה

SANHEDRIN II: Dedicated by a fellowship of people who revere the Talmud, its sanctity and wisdom, who foster its study, and who join in helping bring its treasures to future generations, the world over.

SANHEDRIN III: **Joseph and Adina Russak**
Dr. Leonard and Bobbee Feiner
Larry and Rochelle Russak
in memory of
Mr. and Mrs. Harry Russak ע״ה — צבי הירש ורחל רוסק ע״ה
Mr. and Mrs. Eliezer Deutsch ע״ה — אליעזר ובריינדל דייטש ע״ה
Mr. and Mrs. Jacob Feiner ע״ה — יעקב ורבקה לאה פיינר ע״ה

MAKKOS: **Mr. and Mrs. Marcos Katz**
in honor of הרב אפרים לייבוש בן הרב מרדכי דוד הכהן כ״ץ שליט״א
Rabbi Ephraim Leibush Katz שליט״א

SHEVUOS: Dedicated by
Michael and Danielle Gross
(London)

AVODAH ZARAH I: **The Kuhl Family**
in memory of
יחיאל ב״ר יצחק אייזיק ע״ה Dr. Julius Kuhl ע״ה
פרומט בת ר׳ שמואל הלוי ע״ה Mrs. Yvonne Kuhl ע״ה
שמואל ב״ר יחיאל ע״ה Sydney Kuhl ע״ה

AVODAH ZARAH II: In memory of
Jerome Schottenstein ע״ה
יעקב מאיר חיים בן אפרים אליעזר הכהן ע״ה

HORAYOS-EDUYOS: **Woli and Chaja Stern** (Sao Paulo, Brazil)
in memory of his parents
Stern – ר׳ צבי בן ר׳ חיים הלוי ומרת מרים ז״ל
Tager – מרת דאכא בת ר׳ פרץ ומרת ברכה ע״ה
and in memory of her parents
Brenner – ר׳ דוד אריה בן ר׳ יעקב ומרת שיינדל ז״ל
Stern – מרת איטלה בת ר׳ חיים ומרת מדל ע״ה
and in memory of their mechutanim
Landau – ר׳ ישראל מרדכי ב״ר צבי יוסף סג״ל ז״ל
Weitman – ר׳ יששכר טוביה ב״ר יוסף ז״ל
Kierszenbaum – ר׳ שמואל עקיבא ב״ר שלמה צבי ז״ל
and in memory of their brother and sister-in-law
Stern – ר׳ אריה בן ר׳ צבי הלוי ומרת דאכא ע״ה
Stern – מרת זלטה פסל בת ר׳ אברהם יעקב ומרת חנה גיטל ע״ה
and in honor of their children
Jacques and Ariane Stern Jaime and Ariela Landau Michaël and Annete Kierszenbaum

ZEVACHIM I: **Mr. and Mrs. Samson Bitensky**

ZEVACHIM II: **Victor Posner**

PATRONS OF THE TALMUD

ZEVACHIM III: **Friends of Value City Department Stores**
In memory of
יעקב מאיר חיים בן אפרים אליעזר הכהן ע״ה — Jerome Schottenstein ע״ה

MENACHOS I: **Terumah Foundation**

MENACHOS II: **Terumah Foundation**

MENACHOS III: **Terumah Foundation**

CHULLIN I: **The Kassin Family**
in memory of
הרב יעקב שאול קצין זצ״ל — Rabbi Dr. Jacob Saul Kassin זצ״ל
The late Chief Rabbi of the Syrian-Sephardic Community
and in honor of
הרב שאול יעקב קצין שליט״א — Rabbi Saul Jacob Kassin שליט״א
Chief Rabbi of the Syrian-Sephardic Community

CHULLIN II: **Marty Silverman**
in memory of
Joseph and Fannie Silverman ע״ה and Dorothy Silverman ע״ה

CHULLIN III: **Harold and Ann Platt**
in memory of their beloved parents
אליעזר ושרה פיגא ע״ה — Eliezer and Sarah Feiga (Olshak) Platkowski ע״ה of Malkinia, Poland
ברוך ולאה ע״ה — Baruch and Laura Bienstock ע״ה of Lwow, Poland
and in memory of their entire families who perished in the Holocaust

CHULLIN IV: **Terumah Foundation**

BECHOROS I: **Howard Tzvi and Chaya Friedman**
Gabrielle Aryeh Yerachmiel Alexander and Daniella
in memory of their father and grandfather
הרב ירחמיאל ברוך בן הרה׳׳ח ר׳ אלעזר ז׳׳ל — Yerachmiel Friedman ז׳׳ל

BECHOROS II: **Howard and Chaya Balter**
Nachum and Perri Augenbaum Gavriel Shmuel, Rachel Naftali Aryeh Leib Akiva
in memory of our parents and grandparents
הרב דוד זאב בן הרב שלמה ז״ל, נפ׳ ז׳ תמוז תשס״ח — **David Balter** ז״ל
רחל בת ר׳ חיים ע״ה, נפ׳ ז׳ שבט תשנ״ט — **Ruth L. Balter** ע״ה
and in honor of their parents and grandparents שיחי׳
Noah and Shirley Schall
and in beloved memory of their grandparents and great grandparents
ר׳ שלמה ב״ר דוד זאב ז״ל אדי בת ר׳ זאב ע״ה — Balter
ר׳ חיים ב״ר לייב ז״ל פערל בת ר׳ בייניש ע״ה — Lelling
ר׳ דוב בער ב״ר אליעזר ז״ל ליבה בת ר׳ ישראל ע״ה — Zabrowsky
ר׳ נפתלי ב״ר יעקב שלמה ז״ל שרה בת ר׳ רפאל ע״ה — Schall

ARACHIN: **Chanoch and Hadassah Weisz and Family**
in memory of his father:
לעי״נ אביו ר׳ צבי ב״ר שמחה הלוי ע״ה, נפ׳ כ״ז מנחם אב תשמ״ה — Weisz
his maternal grandfather:
לעי״נ ר׳ שלמה ב״ר יצחק ע״ה, נפ׳ ה׳ סיון תש״א — Grunwald
his maternal grandmother and their children who perished in the Holocaust:
לעי״נ מרת גנדל בת ר׳ חנוך העניך ע״ה, שנהרגה עקה״ש כ״ז סיון תש״ד הי״ד — Grunwald
ולעי״נ בניהם משה ב״ר שלמה, יעקב ב״ר שלמה, יצחק ב״ר שלמה, בנימין ב״ר שלמה,
שנהרגו עקה״ש כ״ז סיון תש״ד הי״ד
and in memory of her grandparents:
לעי״נ ר׳ חייא בן חכם ר׳ רפאל ע״ה, נפ׳ כ״ד מנחם אב תשל״ה — Aryeh
וזוגתו מרת מלכה בת ר׳ אליהו ע״ה, נפ׳ י״ח טבת תשל״ד

PATRONS OF THE TALMUD

TEMURAH: **Dr. and Mrs. Walter Silver**
Shlomo, Chani, and Avi Cohen
Sheri, Terri, Jennifer and Michelle Kraut
Evan and Alison Silver
in memory of our parents, and great grandparents
צבי יצחק ב״ר שמואל ע״ה — Harry Silver ע״ה
שרה פיגא בת מענדל ע״ה — Sarah Silver ע״ה
אברהם משה בן הרב שלמה זאלי ע״ה — Morris Bienenfeld ע״ה
גוטקה טובה בת אברהם דוד ע״ה — Gertrude Bienenfeld ע״ה

KEREISOS: **Mouky and Charlotte Landau** (Antwerp)
in honor of their children
Natalie and Chemi Friedman   Yanky and Miriam Landau
Steve and Nechama Landau
and in beloved memory of their parents
חיים יעקב ב״ר יהושע ז״ל — Chaim Yaakov Landau ז״ל
אסתר בת ר׳ יעקב קאפל הכהן ע״ה — Esther Landau ע״ה
בן ציון ב״ר יצחק צבי ז״ל — Benzion Gottlob ז״ל
צילה בת ר׳ שמואל יהודה לייב ע״ה — Cila Herskovic ע״ה
and in beloved memory of our partner
מורנו הרב ר׳ יוסף יצחק בן מורנו ורבנו הרה״ג ר׳ מרדכי רוטנברג זצ״ל אבדק״ק אנטווערפן

ME'ILAH, TAMID, MIDDOS, KINNIM: **Steven and Renée Adelsberg**
Sarita and Rubin Gober   David   Sammy   Avi
in loving memory of
שמואל שמעלקא ב״ר גדליה ז״ל — Samuel Adelsberg ז״ל
and in honor of
Helen Adelsberg Weinberg שתחי׳
and
Chaim and Rose Fraiman שיחי׳

NIDDAH I: In memory of
Joseph and Eva Hurwitz ע״ה
יוסף ב״ר מרדכי הלוי וחוה פיגא ב״ר אליעזר הלוי ע״ה
and
Lorraine Hurwitz Greenblott — לאה בילא חיה בת ר׳ יוסף ע״ה
by
Marc and Rachel Hurwitz,
Elisheva Ruchama, Michal, and Nechama Leah;
Martin and Geraldine Schottenstein Hoffman,
Jay and Jeanie Schottenstein, Ann and Ari Deshe,
Susan and Jon Diamond, and Lori Schottenstein;
and Pam and Neil Lazaroff, Frank Millman, and Dawn Petel

NIDDAH II: In memory of
Jerome Schottenstein ע״ה
יעקב מאיר חיים בן אפרים אליעזר הכהן ע״ה

Guardians of the Talmud*

A society of visionary people who recognize the primacy of the Jewish people's commitment to intellect, ethics, integrity, law, and religion — and pursue it by presenting the treasures of the eternal Talmud in the language of today . . . for the generations of tomorrow.

❦ ❦ ❦

David and Jean Bernstein
Matthew Bernstein
Scott and Andrea Bernstein

in memory of
Mr. and Mrs. Harry Bernstein ע״ה
Mr. and Mrs. Joseph Furman ע״ה

❦ ❦ ❦

The publishers pay tribute to the memory of a couple that embodied Torah knowledge and service to our people

Rabbi Yitzchok Filler ז״ל – הרב יצחק בן ר׳ שמואל ז״ל
נפטר ל״ג בעומר תש״ל

Mrs. Dorothy Filler ע״ה – הרבנית דבורה בת ר׳ אברהם בצלאל ע״ה
נפטרה כ״א מרחשון תשס״ג

and the memory of a man of integrity and sensitivity

George May ז״ל – ר׳ יוסף בן הרב יהודה אריה ז״ל
נפטר כ״ז שבט תש״ס

תנצב״ה

We also honor a matriarch and role model
Mrs. Sylvia May תחי׳

❦ ❦ ❦

Stephen L. and Terri Geifman and children
Leonard and Linda Comess and children
Alan and Cherie Weiss and children

in loving memory of
Morris M. Geifman – משה מרדכי בן יחיאל מיכאל ז״ל
and in honor of
Geraldine G. Geifman

❦ ❦ ❦

Elliot and Debbie Gibber
Daniel and Amy Gibber and family, Jacob and Jennifer Gibber and family,
Marc, Michael, Mindy, and David

in memory of our parents and grandparents
Charles Goldner ז״ל – אלימלך חיים בן ירמיה הלוי ז״ל
נפ׳ כ׳ חשון תשס״ב
who completed Shas many times
Kate Ettlinger Goldner ע״ה – מינדל בת משולם ע״ה
נפ׳ כ״א תמוז תשכ״ח

*In formation

Guardians of the Talmud*

A society of visionary people who recognize the primacy of the Jewish people's commitment to intellect, ethics, integrity, law, and religion — and pursue it by presenting the treasures of the eternal Talmud in the language of today . . . for the generations of tomorrow.

Milton and Rita Kramer

in honor of their 50th wedding anniversary and Milton's 80th birthday (April 1999),
in honor of the marriage of Ellen to George Gross (September 18, 2000),
and in honor of their children and grandchildren

Daniel and Gina Kramer and Children **Jonathan and Marian Kramer and Children**

Ellen K. and George Gross and their Children

and in everlasting memory of their beloved parents and grandparents

Hyman S. and Fannie D. Kramer ע״ה — חיים שניאור זלמן הלוי (חזק) ופייגע דינה ע״ה
Adolph H. and Sadie A. Gross ע״ה — חיים אלטער ושרה חנה ע״ה
Morris L. and Rachel E. Kramer ע״ה — משה אליעזר הלוי ורחל עלקא ע״ה
Barney and Dvorah Cohen ע״ה — דוב בער הכהן ודבורה ע״ה
Herman M. and Leah Gross ע״ה — משולם צבי ולאה ע״ה
Peisach and Hannah Neustadter ע״ה — פסח אלכסנדר וחנה ע״ה

Helene and Moshe Talansky **Ida Bobrowsky** **Irene and Kalman Talansky** **Shoshana Silbert**

in honor of

Rebecca Talansky's 100th birthday עמו״ש

and in memory of

Rabbi David Talansky ז״ל — הרב דוד בן הרב אברהם חיים ז״ל
Blanche Moshel ע״ה — בלומא בת ר׳ שלמה הלוי ע״ה
Abraham R. Talansky ז״ל — ר׳ אברהם חיים בן הרב דוד ז״ל
Rabbi Jacob Bobrowsky ז״ל — הרב יעקב בן ר׳ אברהם ז״ל
Tema Bobrowsky ע״ה — תמר בת הרב יעקב ע״ה
Rebecca and Morris Weisinger ז״ל — ר׳ משה בן ר׳ לייב ז״ל – בריינה בת ר׳ זלמן ע״ה
Rabbi Avraham Silbert ז״ל — הרב אברהם בן ר׳ נחמיה ז״ל
Ruth and Marek Stromer ז״ל — ר׳ מרדכי בן ר׳ שאול ז״ל – שפרה רייזל בת ר׳ צבי ע״ה
Rose and Aaron Lerer ז״ל — ר׳ אהרון בן ר׳ שלמה אריה ז״ל – רחל בת ר׳ יהושע אהרון ע״ה

Thomas R. and Janet F. Ketteler

in memory of his mentor

Jerome Schottenstein ע״ה

Alan and Myrna Cohen

in honor of
their children
Alison and Matthew

*In formation

Guardians of the Talmud*

A society of visionary people who recognize the primacy of the Jewish people's commitment to intellect, ethics, integrity, law, and religion — and pursue it by presenting the treasures of the eternal Talmud in the language of today . . . for the generations of tomorrow.

Rona and Edward Jutkowitz

In honor of our family's continuing commitment to Torah learning and Klal Yisrael.
We dedicate this volume to our daughters, **Rebecca and Mollie,**
who are the light of our lives and our blessings, and always fill our hearts with nachas;
and to their zeide, **Mr. Herman Jutkowitz**, who is a constant source of guidance and inspiration;

and in memory of our beloved parents
משה בן מאניס ז״ל ורחל בת אברהם הכהן ע״ה — Martin W. and Ruth Trencher ז״ל
ברכה בת שניאור זלמן ע״ה — Bernice Jutkowitz ע״ה

May our daughters have the honor to teach the value of Torah to their own children,
and may Torah be the guiding light for all of Klal Yisrael.

לעילוי נשמת

הבחור מרדכי גדליהו ז״ל בן משה ואסתר שיחי׳ — Franky Ehrenberg

נפ׳ כ״ג סיון תשס״ג / June 22, 2003

With a life of Torah study and service to Klal Yisrael ahead of him,
our beloved son, brother, and uncle was plucked from this life at only twenty-three.

כי מרדכי . . . דרש טוב לעמו ודבר שלום לכל זרעו

Dr. Martin and Esther Ehrenberg
Scott Leon **Dr. Judy and Hillel Olshin**
Yonatan Eliezer **Sara Elisheva** **Shmuel Abba**

Richard Bookstaber and Janice Horowitz

In memory of his son

May his memory be a blessing
to all those whose lives he touched.

Michael and Patricia Schiff
Sophia, Juliette and Stefan

in memory and appreciation of

Jerome Schottenstein ז״ל

and in honor of beloved parents and grandparents

Shirlie and Milton Levitin **Solange and Joseph Fretas** **Judy and Robert Schiff**

and Torah scholars

Rabbi Mordechai Schiff ז״ל and **Rabbi Ephraim Schiff ז״ל**

May we all bring honor to Hashem

*In formation

Community Guardians of the Talmud

A community is more than a collection of individuals. It is a new entity that is a living expression of support of Torah and dedication to the heritage of Klal Yisrael.

In honor of

Rabbi Reuven Fink and the *maggidei shiur* of **Young Israel of New Rochelle**

Dr. Joey and Lisa Bernstein
in memory of
שרה אלטע בת אברהם ע״ה
Mrs. Sondra Goldman ע״ה

Stanley and Vivian Bernstein and children
in honor of their parents and grandparents
Jules and Adele Bernstein
Andrew and Renee Weiss

Aaron and Carol Greenwald
in honor of their children and grandchildren
Ira and Jamie Gurvitch and children
Shlomo and Tobi Greenwald and children

Meyer and Ellen Koplow
in honor of their children
Tovah and Michael Koplow,
Jonathan, and Aliza

Dr. Ronald and Susan Moskovich
in honor of their children
Adam Moshe, Leah Rivka, and David
״עשה תורתך קבע״

Karen and Michael Raskas and Family

Stanley and Sheri Raskas
in memory of his parents
ראובן ב״ר חיים שבתי לייב ע״ה וחנה בת הרב טוביה ע״ה
Ralph and Annette Raskas ז״ל

Drs. Arthur and Rochelle Turetsky
in honor of their children and grandson
Avi and Melissa, Jonathan and Nili, Yehuda
Shmuel Chaim

Mark and Anne Wasserman
in honor of their children
Joseph, Bailey, Erin, Rebeccah
and Jordyn

Stanley and Ellen Wasserman
in memory of
חיה פיגא בת שמריהו — Viola Charles ע״ה
רות גולדה בת שמריהו — Ruth Schreiber ע״ה
לאה בת יוסף — Lee Salzberg ע״ה

Gerald and Judith Ziering
in memory of
יחיאל מיכל בן אפרים פישל ז״ל וזלטא בת נחמן ע״ה
Jesse and Laurette Ziering ז״ל

Daf Yomi shiur
in honor of their wives

Lakewood Links
in honor of
Rabbi Abish Zelishovsky

The Community of Great Neck, New York

YOUNG ISRAEL OF GREAT NECK
Rabbi Yaacov Lerner
Rabbi Eric Goldstein
Dr. Leeber Cohen
Professor Lawrence Schiffman

GREAT NECK SYNAGOGUE
Rabbi Ephraim R. Wolf ז״ל
Rabbi Dale Polakoff
Rabbi Shalom Axelrod
Rabbi Yoel Aryeh
Rabbi Yossi Singer

In Memoriam
Rabbi Ephraim R. Wolf ז״ל,
a pioneer of *harbotzas Torah,* a *kiruv* visionary, and a gifted spiritual leader. His legacy is the flourishing Torah community of Great Neck, New York.

The Community of Columbus, Ohio

In memory of **Jerome Schottenstein** Of Blessed Memory
and in honor of **Geraldine Schottenstein and Family**

Jay And Jeanie Schottenstein
Joseph, Jonathan, Jeffrey
Ann And Ari Deshe
Elie, David, Dara, Daniel
Susie And Jon Diamond
Jillian, Joshua, Jacob
Lori Schottenstein
Saul And Sonia Schottenstein

Sarah and Edward Arndt & Family
Irwin and Beverly Bain
Daniela & Yoram Benary
Liron & Alexandra, Oron, Doreen
Deborah & Michael Broidy
Michelle & Daniel
Families of Columbus Kollel
Naomi & Reuven Dessler
Sylvia & Murray Ebner & Family

Tod and Cherie Friedman
Rachel, Ross & Kara
Jim & Angie Gesler
Gerald & Karon Greenfield
Ben & Tracy Kraner & Family
Mike, Heidi, Brian, Deena & Leah Levey
Helene & Michael Lehv
Gary Narin
Ira & Laura Nutis & Family

Lea & Thomas Schottenstein & Family
Jeff & Amy Swanson
Jon
Marcy, Mark, Sam, & Adam Ungar
Drs. Philip & Julia Weinerman
Michael & Channa Weisz & Family
Dr. Daniel & Chaya Wuensch & Family
Main Street Synagogue
Howard Zack, Rabbi

The Talmud Associates*

A fellowship of benefactors dedicated to the dissemination of the Talmud

Audrey and Sargent Aborn and Family

Dr. Mark and Dr. Barbara Bell,
Bentzion Yosef and Mordechai Yehudah

The Belz Family

Richard Bookstaber and Janice Horowitz
In memory of his son

Michael and Bettina Bradfield
Gabrielle and Matthew
(London)

Nachi and Zippi Brown,
Jessica, Daniella, Shachar and Mindy
in honor of their parents and grandparents

Columbus Jewish Foundation

Milton Cooper and Family

Dr. and Mrs. David Diamond

Nahum and Feige Hinde Dicker and Family

Sophia, Alberto and Rose Djmal

Dr. Richard Dubin

Kenneth and Cochava Dubin

Dr. Martin and Esther Ehrenberg

David and Simone Eshaghian

Louis, Reuben and Larry Feder and Family

Rabbi Judah and Ruth Feinerman

In honor of
Mr. and Mrs. Yehoshua Chaim Fischman
by their children

Mayer and Ruthy Friedman
Ari, Yitzy, Suri, Dovi

Dr. Michael and Susan Friedman
לזכות בניהם, כלתם, ונכדם; בנותיהם, וחתניהם שיחי׳

Yeshaya and Perel Friedman

Julius Frishman

David and Sally Frenkel
לזכות בניהם וכלתם היקרים שיחיו:
דניאל שמואל ומאשה שושנה, אורי גבריאל, רונית פרימיט

The Furmanovich Family

Sander and Tracy Gerber
לזכות בניהם היקרים יעקב עקיבא, אסתר פערל, טליה גולדה,
חנה טובה, רותי רבקה, שרה אורה, ושושנה חוה שיחי׳
שיתעלו בתורה ויראת שמים

Leon and Agi Goldenberg
in honor of the marriage of their children
Mendy and Estie Blau

Robert and Rita Gluck
לרפו״ש טויבא רחל בת פריידא שתחי׳

Shari and Jay Gold and Family

Dr. Martin and Shera Goldman and Family

Esther Henzel

Hirtz, Adler and Zupnick Families

Hashi and Miriam Herzka

Norman and Sandy Nissel Horowitz

Mrs. Farokh Imanuel, Kamram Imanuel
Dr. Mehran and Sepideh Imanuel
Eli and Fariba Maghen

David and Trudy Justin and Family
in honor of their parents
Zoltan and Kitty Justin

Nosson Shmuel and Ann Kahn and Family
ולזכות בניהם היקרים שיחיו:
חיים דוד, צבי מנחם, אברהם יצחק, ומשפחתם
ולכבוד אמו מרת גיטל שתחי׳ לאויוש״ט

David J. and Dora Kleinbart

In honor of
Mr. and Mrs. Label Kutoff
by their children

The Landowne Family

Ezriel and Miriam Langer

Mr. and Mrs. Chaim Leibel

Yehuda and Rasie Levi

Donald Light

Rudolph and Esther Lowy

Raphael and Blimie Manela
לזכות בניהם היקרים שיחיו:
מתתיהו, ישראל, ישעיהו, חיים משה, ושמעון

Howard and Debra Margolin and Family

Mendy and Phyllis Mendlowitz

*In formation

The Written Word is Forever

The Talmud Associates*

A fellowship of benefactors dedicated to
the dissemination of the Talmud

Robby and Judy Neuman and Family
לזכות בניהם היקרים שיחיו:
אברהם לייב, שרה מאטיל, מרדכי שרגא, זיסל,
שמואל שמעלקא, נחמה, רחל ברכה, ישראל זכריהו ומנשה ברוך

RoAnna and Moshe Pascher
לזכות בניהם היקרים שיחיו:
נח צבי, דוד ישראל, אילנה שירה בתיה

Naftali Binyomin and Zypora Perlman

Kenneth Ephraim and Julie Pinczower
לרפו״ש ישראל חיים בן פייגלא שיחי׳

Dr. Douglas and Vivian Rabin

Michael G. Reiff

Ingeborg and Ira Leon Rennert

Alan Jay and Hindy Rosenberg

Aviva and Oscar Rosenberg

John and Sue Rossler Family

Mr. and Mrs. David Rubin and Family

Dinah Rubinoff and Family

Ms. Ruth Russ

Mr. and Mrs. Alexander Scharf

Mark and Chani Scheiner

Avi and Michou Schnur

Rubin and Marta Schron

Rivie and Leba Schwebel and Family

Shlomo Segev (Smouha)

Bernard and Chaya Shafran
לזכות בניהם היקרים שיחיו:
דבורה, יעקב חיים, דוד זאב, אסתר מנוחה

Jeffrey and Catherine Shachat
in honor of Rabbeim Howard Zack and Judah Dardik

Steven J. Shaer

Joel and Malka Shafran
לזכות בניהם היקרים שיחיו:
אשר נחמן, טובה חיה, תמר פעסיל, שרה חוה

Robin and Warren Shimoff

Nathan B. and Malka Silberman

The Soclof Family

Dr. Edward L. and Judith Steinberg

Avrohom Chaim and Elisa Taub
Hadassah, Yaakov Yehuda Aryeh, Shifra, Faige,
Devorah Raizel, and Golda Leah

Max Taub
and his son Yitzchak

Jay and Sari Tepper

Walter and Adele Wasser

Melvin, Armond and Larry Waxman

William and Noémie Wealcatch

The Wegbreit Family

Robert and Rachel Weinstein and Family

Dr. Zelig and Evelyn (Gutwein) Weinstein
Yaakov, Daniella, Aliza and Zev

Erwin and Myra Weiss

Morry and Judy Weiss

Shlomo and Esther Werdiger

Leslie M. and Shira Westreich

Willie and Blimie Wiesner

The Yad Velvel Foundation

Moshe and Venezia Zakheim

Dr. Harry and Holly Zinn

Mrs. Edith Zukor and Family

*In formation

In Memoriam – לזכרון עולם

Dedicated by the Talmud Associates
to those who forged eternal links

Abraham – שמחה בן ר׳ יהודה לייב הכהן ע״ה
דוד חי ב״ר שלום הכהן ע״ה וחנה בת ר׳ עזרא ע״ה
אהרן בן חיים זאב ע״ה גאלדע בת ר׳ דוד ע״ה
Ashkenazy – ר׳ שלמה ב״ר יצחק זצ״ל ורעיתו עלי׳ מינדעל בת ר׳ יעקב ע״ה
Sarah T. Belz – שרה בת אהרן צבי הלוי ע״ה
Ben-Ari – אליעזר בן מרדכי ע״ה ושרה בת ר׳ אברהם ע״ה
Ben-Ari – מרדכי בן אליעזר ע״ה
Berber – משה ורחל
Bernath – מנשה ב״ר שמואל שמעלקא ע״ה Meizner – מרדכי חיים ב״ר זבולן יצחק חייא ע״ה
Biegeleisen – שמעון דוד ז״ל ב״ר יעקב שלמה שיחי׳ לאוי״ט
Blitz – דוב מאיר ב״ר דוד הכהן ע״ה
Freddy Bradfield – יעקב בן צבי ע״ה
אהרן ב״ר דוד הכהן ז״ל
Elihu Brodsky – אליהו ב״ר חיים ע״ה
Vera (Greif) Brodsky – יונה בת ר׳ פינחס ע״ה
Cooperberg – שימה רייזל בת ר׳ אהרן שלמה ע״ה
Cooperberg – אברהם אשר בן ר׳ מאיר ע״ה
Cumsky – דוב בער בן אברהם ישׂשכר ע״ה ופעשא מאטלא בת יוסף ע״ה
צבי טעביל בן ישראל ע״ה וליבע בת דוד ע״ה
Diamant – אשר ב״ר יהושע מרדכי הכהן ע״ה
Diamant – שרה בת ר׳ אריה ע״ה
Diamant – ר׳ דוב ב״ר משה ע״ה ורייזל בת ר׳ אברהם ע״ה
Diamond – דר. ר׳ יצחק ב״ר ברוך בענדיט ע״ה
Dicker – מרדכי צבי ב״ר יעקב ע״ה
Dicker – קיילא בת ר׳ משה ע״ה
Djmal – טופיק טוביה בן משה ושושנה ע״ה
Paul and Jeannette Dubin ע״ה
Mollie Dubinsky ע״ה
Abram B. Efroymson ע״ה
Sylvia Spira Efroymson ע״ה
Ehrenberg – אברהם בן עמנואל ע״ה ויוכבד בת ר׳ אלימלך ע״ה
Einhorn – משה בן ברוך ז״ל ורבקה נעכא בת חיים צבי ע״ה
Eshaghian – אברהם בן דוד ע״ה
Esrig – דוד בן שלמה ע״ה וחיה אייגא בת שלום ע״ה
Feder – מלכה בת ירחמיאל הכהן ע״ה
Feiden – ישראל בן אהרן ע״ה
Feinerman – אליעזר בן יוסף ע״ה ולאה בת ישראל יצחק ע״ה
יוסף בן צבי יחזקאל ע״ה ושרה בת ר׳ משה ע״ה
Freier – ישעיה צבי ב״ר חיים אלכסנדר יוסף ע״ה
Freier – שיינדל בת ר׳ משה הלוי ע״ה
Freilich – הרב יצחק דוב ב״ר אברהם יעקב ז״ל
Frenkel – גרשון בן יחיאל דוד ע״ה Rottenstreich – דוד בן עקיבא ע״ה
Friedman – ר׳ אהרן ב״ר יעקב מאיר ע״ה
Friedman – ר׳ אברהם ב״ר אלטר יצחק אייזיק ע״ה
Frishman – מרים בת ר׳ יוסף מרדכי ע״ה

Frishman – יצחק אריה ב״ר יהודה ע״ה ומרים לאה בת ר׳ יצחק ע״ה
Furmanovich – לע״נ שרה הניה בת פסח הלוי ע״ה
Furmanovich – לע״נ גדליה דב בן אברהם יואל ז״ל
Goldman – אמו, שפרה בת ר׳ קלונימוס קלמן ע״ה
Goldberger – אברהם צבי בן מתתיהו ע״ה
Gugenheim – החבר אפרים בן רפאל ע״ה
Gugenheim – בריינדל בת החבר נתן הכהן ע״ה
Hanz – חיים בן מרדכי הי״ד
Henzel – אברהם בן ר׳ מנחם זאב ע״ה
Hirtz – אליעזר בן ישעיה ז״ל ולאה בת יוסף הלוי ע״ה
Horowitz – שלמה יהודה ב״ר זלמן יוסף הלוי ז״ל ומרים בת אברהם הכהן ע״ה
Imanuel – מרדכי בן רחמים ז״ל
Kahn – ר׳ ישראל אריה ב״ר שמואל הכהן ז״ל
Katzef – פרומה באדענה בת אלחנן ע״ה
Kleinbart – משה ב״ר אריה לייב ע״ה
Kleinbart – בתיה בת ר׳ משה אברהם ע״ה
Kriegel – רויזא מינצא בת הרב ישראל יהודה ע״ה
Kulefsky – הילד יהודה לייב ע״ה בן נתן נטע לאי״ט
Langer – משה בן יצחק הי״ד
Landowne – שלמה בן יוסף ע״ה
Lasry – שאול ב״ר אברהם ע״ה וזהרה אסתר בת משה ע״ה
Lazar – אליעזר שאול בן זאב מאיר ע״ה
Lefkovich – ר׳ זאב וועלוול ב״ר יצחק אייזיק ע״ה
Lemberger – יצחק בן אריה ע״ה
Leibel – יחזקאל שרגא ב״ר חיים ע״ה
Leibel – רויזא בת ר׳ אברהם משה ע״ה
Levi – הרב חיים מאיר בן ר׳ מנחם ע״ה
Levi – שושנה טייבא רייזל בת ר׳ יחזקאל גרשון ע״ה
Light – משה גבריאל בן אברהם אליהו ז״ל וחנה בת נתן ע״ה
Lowy – מרדכי אריה ב״ר רפאל הלוי ז״ל ומינדל בת ר׳ שלמה זלמן ע״ה
May – ר׳ יוסף בן הרב יהודה אריה ע״ה
Miller – אלטער משה יוסף ב״ר צבי אריה ז״ל
Moskowitz – אליעזר ב״ר אברהם ברוך ז״ל וזהבה בת ר׳ משה ע״ה
Neuman – יצחק אייזיק ב״ר אהרן ע״ה
Nissel – שלמה מאיר בן הרב חיים לייב עזריאל ז״ל
Paneth – אלטע חיה שרה ע״ה בת ר׳ פנחס שיחי׳ לאוי״ט
Parnes – אריה לייבש בן יוסף יצחק ועטיא בת אשר ראובן ע״ה
Parnes – הרב אברהם זאב ב״ר ישכר ע״ה
Parsons – משה זלמן בן אהרן דוב ע״ה
Perlman – יוסף ב״ר נפתלי בנימין ע״ה
Perlowitz – הרב משה ב״ר אליעזר הלל ע״ה
Pinczower – אפרים ב״ר ישראל חיים ופייגלא בת ר׳ יעקב ע״ה
Rabin – ישראל בן נחום ע״ה
Reiff – לוי יצחק ב״ר עזריאל ז״ל ויהודית בת ר׳ יצחק אייזיק ע״ה

תנצב״ה

In Memoriam — לזכרון עולם

Dedicated by the Talmud Associates
to those who forged eternal links

Soclof — אברהם אבא ב״ר שמריהו ע״ה
Soclof — חיה ברכה בת צבי הירש הלוי ע״ה
Smouha — הרב אליהו בן מאיר הלוי ע״ה
Steir — משה בן מיכאל ע״ה
Steinberg — יצחק גדליה בן יהודה לייב ע״ה
Steinberg — מלכה בת מאיר לוי ע״ה
Stern — ר׳ חיים מאיר ב״ר שמחה ז״ל ובינה בת ר׳ יוסף מרדכי ע״ה
Tabak — שיינא רחל בת יוסף מרדכי ע״ה
Taub — ר׳ יעקב ב״ר יהודה אריה ע״ה נפ׳ ד׳ מנחם אב תשל״ט
Taub — אליעזר יוסף בן מענדל ע״ה
Taub — מענדל בן אליעזר יוסף חיה בת הירש ע״ה
Taub — רויזא בת ר׳ משה ע״ה
Wealcatch — חיים דוב ב״ר זאב ואסתר בת ר׳ יוסף אייזיק ע״ה
Weiss — צבי בן יואל ע״ה
Weiss — גיטל בת ישראל ע״ה
Werdiger — ר׳ שלמה אלימלך ב״ר ישראל יצחק ע״ה
Westreich — הרב יהושע בן הרב יוסף יאסקא ז״ל
Leo Werter ע״ה
Wiesner — הרב שמעיה בן הרב זאב ע״ה
Wiesner — שרה לאה בת ר׳ צבי אריה ע״ה
Zakheim-Brecher — בתיה רחל ע״ה בת ר׳ משה יוסף שיחי׳ לאוי״ט
Zalstain — שמעון בן מרדכי יוסף הלוי ע״ה
Zimmer — ר׳ אברהם יעקב בן אהרן אליעזר ע״ה
הרב אהרן ב״ר מאיר יעקב ע״ה
הרבנית פרומא בת ר׳ חיים צבי ע״ה
Zinn — צבי יהודה בן שמעון ע״ה
Zinn — דבורה בת יחיאל מרדכי ע״ה
Leslie Zukor — ר׳ יצחק חיים ב״ר יוסף ע״ה
Zlatow — ר׳ שמואל דוד ב״ר מאיר יעקב ז״ל
הרב אהרן ב״ר מאיר יעקב זצ״ל
הרבנית פרומא בת ר׳ חיים צבי ע״ה
צבי יהודה ז״ל בן אברהם יצחק לאוי״ט
חיים מאיר בן שמחה ז״ל ובינה בת יוסף מרדכי הכהן ע״ה
אליעזר ב״ר אברהם ברוך ז״ל וגולדה זהבה בת משה הלוי ע״ה

Rennert — שרה בת יצחק יעקב ע״ה
Rennert — יונה מנחם בן אהרן ע״ה
Rosenberg — חיים נחמן ב״ר דוד ולאה בת יוסף ע״ה
Sam and Leah Rosenbloom ע״ה
Roth — ר׳ צבי יהודה ז״ל ב״ר אברהם יצחק שיחי׳ לאוי״ט
Roth — משה ב״ר יעקב הכהן ע״ה Weisner — יצחק ב״ר זאב ע״ה
In memory of the Sanz-Klausenburger Rebbe זצוק״ל
כ״ק אדמו״ר אבדק״ק צאנז-קלויזענבורג זי״ע
מרן הרהגה״צ ר׳ יקותיאל יהודה בהרהגה״צ ר׳ צבי זצוק״ל
נלב״ע ש״ק פ׳ חקת, ט׳ תמוז תשנ״ד
William Shachat ע״ה and Israel Ira Shachat ע״ה
Scharf — אליהו ב״ר משה יעקב ושרה בת אלכסנדר זיסקינד ע״ה
Scherman — ר׳ אברהם דוב ב״ר שמואל נטע ע״ה
Scherman — ליבא בת ר׳ זאב וואלף ע״ה
Schnur — אברהם יצחק בן אהרן הי״ד וחנה בת חיים יעקב ע״ה
Schoenbrun — שרגא פייבל ב״ר יעקב הכהן ומאטל אסתר בת מרדכי הלוי ע״ה
Schron — אליעזר דוב בן חיים משה ע״ה
Schron — חוה בת שמעון ע״ה
Schulman — חיים חייקל בן ר׳ שמואל ע״ה
Schulman — חיה בת הרב ישראל יהודה ע״ה
Schwebel — אברהם זכריה מנחם בן יוסף ומחלה בת ישראל מרדכי ע״ה
Scherman — חיים שמואל ב״ר אברהם דוב ע״ה
Scherman — הילד אברהם דוב ע״ה ב״ר זאב יוסף שיחי׳
Sol Scheiner — שלמה טוביה בן יהושע מנחם הלוי ע״ה
Rose Schwartz — רייזל בת הרה״ג ר׳ אברהם יצחק ע״ה
Shafran — ר׳ יהושע ב״ר אברהם ע״ה
Shayovich — משה יעקב ב״ר נחום ועטיא פייגא בת מרדכי ע״ה
Shimoff — ר׳ ישראל דוב ב״ר אהרן יעקב ז״ל
Shimoff — חיה רבקה לאה בת ר׳ אליעזר יהודה ע״ה
Shubow — יוסף שלום בן משה ע״ה
Silberman — ר׳ צבי ב״ר זאב הלוי ע״ה
Silberman — דבורה אסתר בת ישראל ע״ה
Silbermintz — יהושע ב״ר יוסף שמריהו ע״ה
Singer — צבי בן ר׳ חיים ע״ה
Singer — הינדי בת ר׳ שלמה ע״ה

Pillars of The Talmud

We wish to acknowledge in this volume the friendship of the following:

Mrs. Ruth Stern Russ (Ft. Wayne, IN)
in tribute to
Jeanie and Jay Schottenstein
and in memory of her dear parents
מנחם מנדל הכהן ופיגא בילה ע״ה
Max and Fannie Stern ע״ה
and her beloved husband
דוד דניאל הכהן ז״ל
"Doovid" Daniel Russ ז״ל

Serge and Shelly R. Ben Nathan (North Caldwell, NJ)

Dr. Robert and Amy Folberg (Iowa City, IA)

Dr. Howard J. and Sally Fletcher Gerstein (Lancaster, PA)

Dr. Sheldon L. and Barbara A. Matlow (San Jose, CA)

Robin and Warren Shimoff (Wesley Hills, NY)

Samuel Silver and Barbara Covney (Greenville, MS)

Robert Steinberg

In loving memory of
אלתר אברהם חיים ב״ר מרדכי ז״ל ויענטל בת ר׳ ראובן ע״ה
Abraham and Yetta Schulman ע״ה
by their children
Morton and Miriam Schulman **Isaac and Honey Schulman**
Raphael and Pessy Butler

The Written Word is Forever

We express our appreciation to the distinguished patrons
who have dedicated volumes in the

HEBREW ELUCIDATION OF THE SCHOTTENSTEIN EDITION OF THE TALMUD

Dedicated by

JAY AND JEANIE SCHOTTENSTEIN

and their children

Joseph Aaron and Lindsay Brooke, Jonathan Richard, and Jeffrey Adam

SEDER ZERA'IM:	**Mrs. Margot Guez and Family** **Paul Vivianne Michelle Hubert Monique Gerard Aline Yves**
SEDER MOED:	**Jacob M. M. and Pnina (Rand) Graff** (Los Angeles)
SEDER NASHIM:	**Geoffrey and Mimi Rochwarger** (Bet Shemesh) **Tehila Rivka Naftali Zvi Atara Kaila Aryeh Shalom Dalia Eliana**
SEDER NEZIKIN:	**Yisrael and Gittie Ury and Family** (Los Angeles)

BERACHOS I:	**Jay and Jeanie Schottenstein** (Columbus, Ohio)
BERACHOS II:	**Zvi and Betty Ryzman** (Los Angeles)
SHABBOS I:	**Moshe and Hessie Neiman** (New York)
SHABBOS II:	**David and Elky Retter and Family** (New York)
SHABBOS III:	**Mendy and Itta Klein** (Cleveland)
SHABBOS IV:	**Mayer and Shavy Gross** (New York)
ERUVIN I:	**The Schottenstein Family** (Columbus, Ohio)
ERUVIN II:	**The Schottenstein Family** (Columbus, Ohio)
PESACHIM I:	**Serge and Nina Muller** (Antwerp)
PESACHIM III:	**Morris and Devora Smith** (New York / Jerusalem)
SHEKALIM:	**The Rieder, Wiesen and Karasick Families**
YOMA I:	**Peretz and Frieda Friedberg** (Toronto)
YOMA II:	**Mr. and Mrs. Avrohom Noach Klein** (New York)
SUCCAH I:	**The Pruwer Family** (Jerusalem)
SUCCAH II:	**The Pruwer Family** (Jerusalem)
BEITZAH:	**Chaim and Chava Fink** (Tel Aviv)
ROSH HASHANAH:	**Avi and Meira Schnur** (Savyon)
TAANIS:	**Mendy and Itta Klein** (Cleveland)
MEGILLAH:	**In memory of Jerome Schottenstein ז"ל**
MOED KATTAN:	**Yisroel and Shoshana Lefkowitz** (New York)
CHAGIGAH:	**Steven and Hadassah Weisz** (New York)
YEVAMOS I:	**Phillip and Ruth Wojdyslawski** (Sao Paulo, Brazil)
YEVAMOS II:	**Phillip and Ruth Wojdyslawski** (Sao Paulo, Brazil)
YEVAMOS III:	**Phillip and Ruth Wojdyslawski** (Sao Paulo, Brazil)
KESUBOS I:	**Ben Fishoff and Family** (New York)
KESUBOS II:	**Jacob and Esther Gold** (New York)
KESUBOS III:	**David and Roslyn Lowy** (Forest Hills)
NEDARIM I:	**Soli and Vera Spira** (New York / Jerusalem)

פטרוני התלמוד

NEDARIM II: **Mr. and Mrs. Yehudah Klein Mr. and Mrs. Moshe Klein**
NAZIR: **Shlomo and Esther Ben Arosh** (Jerusalem)
SOTAH: **Motty and Malka Klein** (New York)
GITTIN I: **Mrs. Kate Tannenbaum;**
Elliot and Debra Tannenbaum; Edward and Linda Zizmor
GITTIN II: **Mordchai Aron and Dvorah Gombo** (New York)
KIDDUSHIN I: **Dr. Allan and Dr. Chaikie Novetsky** (Jerusalem)
KIDDUSHIN II: **Jacqui and Patty Oltuski** (Savyon)
BAVA KAMMA I: **Lloyd and Hadassah Keilson** (New York)
BAVA KAMMA II: **Faivel and Roiza Weinreich** (New York)
BAVA METZIA I: **Joseph and Rachel Leah Neumann** (Monsey)
BAVA METZIA II: **Shlomo and Tirzah Eisenberg** (Bnei Brak)
BAVA METZIA III: **A. George and Stephanie Saks** (New York)
BAVA BASRA I: **Ezra and Debbie Beyman** (New York)
BAVA BASRA II: **Ezra and Debbie Beyman** (New York)
BAVA BASRA III: **Ezra and Debbie Beyman** (New York)
SANHEDRIN I: **Martin and Rivka Rapaport** (Jerusalem)
SANHEDRIN II: **Aryeh and Faige Lebovic** (Toronto)
SANHEDRIN III: In honor of **Joseph and Anita Wolf** (Tel Aviv)
MAKKOS: **Hirsch and Raquel Wolf** (New York)
SHEVUOS: **Jacques and Miriam Monderer** (Antwerp)
AVODAH ZARAH I: **Reserved**
HORAYOS-EDUYOS: **Woli and Chaja Stern, Jacques and Ariane Stern** (Sao Paulo, Brazil)
ZEVACHIM I: **Mr. and Mrs. Eli Kaufman** (Petach Tikva)
ZEVACHIM II: **Mr. and Mrs. Eli Kaufman** (Petach Tikva)
CHULLIN I: **The Pluczenik Families** (Antwerp)
CHULLIN II: **Avrohom David and Chaya Baila Klein** (Monsey)
CHULLIN III: **Avrohom David and Chaya Baila Klein** (Monsey)
CHULLIN IV: **The Frankel Family** (New York)
BECHOROS I: **Mordchai Aron and Dvorah Gombo** (New York)
BECHOROS II: **Howard and Chaya Balter** (New York)
ARACHIN: **Mr. and Mrs. Eli Kaufman** (Petach Tikva)
TEMURAH: **Abraham and Bayla Fluk** (Tel Aviv)
KEREISOS: **Mr. and Mrs. Eli Kaufman** (Petach Tikva)
ME'ILAH, TAMID, MIDDOS KINNIM: In memory of **ר׳ אליהו אלעזר ב״ר יוסף ברוך ז״ל**
NIDDAH I: **Daniel and Margaret, Allan and Brocha, and David and Elky Retter and Families**

We express our appreciation to the distinguished patrons who have dedicated volumes in

THE SCHOTTENSTEIN DAF YOMI EDITION TALMUD BAVLI

Dedicated by

JAY AND JEANIE SCHOTTENSTEIN

and their children

Joseph Aaron and Lindsay Brooke, Jonathan Richard, and Jeffrey Adam

BERACHOS I: **Jay and Jeanie Schottenstein** (Columbus, Ohio)
BERACHOS II: **Zvi and Betty Ryzman** (Los Angeles)
SHABBOS I: **Dr. Paul and Esther Rosenstock** **Jake and Dr. Helaine Harman** **Mrs. Faigy Harman**
SHABBOS II: **Stanley and Ellen Wasserman**
SHABBOS III: **Stanley and Ellen Wasserman**
SHABBOS IV: **Malkie and Nachum Silberman, Leonard and Cassia Friedlander, Elkie Friedlander**
ERUVIN I: **Jerome and Geraldine Schottenstein**
ERUVIN II: **Jerome and Geraldine Schottenstein**
PESACHIM I: **Tommy and Judy Rosenthal**
PESACHIM II: **Yisroel and Rochi Zlotowitz**
PESACHIM III: **Lorraine and Mordy Sohn** **Ann and Pinky Sohn**
SHEKALIM: **Laibish and Tanya Kamenetsky**
BEITZAH: **Eric and Joyce Austein**
ROSH HASHANAH: **Steve and Genie Savitsky**
YOMA I: **Mrs. Ann Makovsky and Family** (Cleveland)
YOMA II: **Mr. and Mrs. David Justin**
SUCCAH II: **The Lowy and Fasman Families** (Los Angeles)
TAANIS: **David and Jean Bernstein**
MEGILLAH: **Jay and Jeanie Schottenstein** (Columbus, Ohio)
MOED KATAN: **Leon and Olga Klein** **Allen and Sylvia Klein** **Daniel and Esther Ollech**
CHAGIGAH: **Benzi and Esther Dunner**
YEVAMOS I: **Phillip and Ruth Wojdyslawski and Family**
YEVAMOS II: **Phillip and Ruth Wojdyslawski and Family**
YEVAMOS III: **Phillip and Ruth Wojdyslawski and Family**
KESUBOS I: **The Fishoff Families**
KESUBOS II: **Mrs. Moselle Hendeles** **Cecille** **Moise** **Hayim** (Los Angeles)
KESUBOS III: **Brenda and Isaac Gozdzik** (Los Angeles)
NEDARIM I: **Fradie Rapp and Children**
NEDARIM II: **In memory of Laurence A. Tisch**
NAZIR I: **Andrew and Nancy Neff**
NAZIR II: **Andrew and Nancy Neff**
SOTAH I: **Motty and Malka Klein and Family**
SOTAH II: **Motty and Malka Klein and Family**
GITTIN I: **Mrs. Kate Tannenbaum; Elliot and Debra Tannenbaum** **Edward and Linda Zizmor**
GITTIN II: **Mrs. Kate Tannenbaum; Elliot and Debra Tannenbaum** **Edward and Linda Zizmor**

PATRONS OF THE TALMUD ❖ DAF YOMI EDITION

KIDDUSHIN I:	**Leslie and Shira Westreich** **Adam and Dayna, Rayna and Dina**
KIDDUSHIN II:	**Malcolm and Joy Lyons**
BAVA KAMMA I:	**Yitzchok and Shoshana Ganger and Family**
BAVA KAMMA II:	**The Maggid Families** (Sao Paulo, Brazil)
BAVA KAMMA III:	**Robert and Malka Friedlander** (Sao Paulo, Brazil)
BAVA METZIA I:	**Fred and Cindy Schulman**
BAVA METZIA II:	**Suzy and Yussie Ostreicher**
BAVA METZIA III:	**Stephanie and George Saks**
BAVA BASRA I:	**Nachum and Malkie Silberman**
BAVA BASRA II:	**Roger and Caroline Markfield**
BAVA BASRA III:	**Jaime and Marilyn Sohacheski**
SANHEDRIN I:	**Martin and Rivka Rapaport**
SANHEDRIN II:	**Martin and Rivka Rapaport**
SANHEDRIN III:	**Marvin and Roz Samuels**
SHEVUOS:	**Michael and Danielle Gross** (Herzlia and London)
MAKKOS:	**David and Joan Tepper and Family**
AVODAH ZARAH I:	**The Kuhl Family**
AVODAH ZARAH II:	**In memory of Mr. Jerome Schottenstein ז״ל**
HORAYOS-EDUYOS:	**Woli and Chaja Stern, Jacques and Ariane Stern** (Sao Paulo, Brazil)
ZEVACHIM I:	**Robin and Warren Shimoff**
ZEVACHIM II:	**Abbie Spetner** **Ari and Chaya** **Sara and Dovi Nussbaum** **Chanoch** **Moshe**
ZEVACHIM III:	**Yaakov and Yona Spinner** **Dovi** **Elisheva** **Yitzy** **Shiri**
MENACHOS I:	**Terumah Foundation**
MENACHOS II:	**Terumah Foundation**
MENACHOS III:	**Terumah Foundation**
CHULLIN I:	**Rabbi Heshie and Rookie Billet**
CHULLIN II:	**Elly and Brochie Kleinman**
CHULLIN IV:	**Terumah Foundation**
BECHOROS I:	**Jeff and Leslie Gould**
BECHOROS II:	**Hilda and Yitz Applbaum**
ARACHIN:	**The Brown Family**
TEMURAH:	**Dr. Thomas and Anne Kohn** **Dr. Allan and Susan Seidenfeld**
KEREISOS:	**In memory of Rabbi Meir Shapiro זצ״ל, the Lubliner Rav**
ME'ILAH, TAMID, MIDDOS KINNIM:	**Steven and Renée Adelsberg**
NIDDAH I:	**Martin and Geraldine Schottenstein Hoffman** **Marc and Rachel Hurwitz**
NIDDAH II:	**In memory of Mr. Jerome Schottenstein ז״ל**

פטרוני התלמוד ❖ מהדורת "בבל דרכיך"

We express our appreciation to the distinguished patrons who have dedicated volumes in the

COMPACT SIZE HEBREW ELUCIDATION OF THE SCHOTTENSTEIN EDITION OF THE TALMUD

Dedicated by

JAY AND JEANIE SCHOTTENSTEIN

and their children

Joseph Aaron and Lindsay Brooke, Jonathan Richard, and Jeffrey Adam

BERACHOS I:	**Jay and Jeanie Schottenstein** (Columbus, Ohio)
BERACHOS II:	**Zvi and Betty Ryzman** (Los Angeles)
SHABBOS III:	**Mendy and Itta Klein** (Cleveland)
SHEKALIM:	**Avrohom David and Chaya Baila Klein** (Monsey)
ROSH HASHANAH:	**Joseph and Nina**
YOMA I:	**Hirsch and Raquel Wolf**
YOMA II:	**Mr. and Mrs. Avrohom Noach Klein**
SUCCAH I:	**Lloyd and Harriet Keilson**
SUCCAH II:	**Joel and Joyce Yarmak**
BEITZAH:	**Benjy and Adina Goldstein**
TAANIS:	**Mendy and Itta Klein** (Cleveland)
MEGILLAH:	**Leibel and Myrna Zisman**
MOED KATTAN:	**Binyamin and Dvorah Chanah;** and **Moshe Rubinstein**
CHAGIGAH:	**Steven and Hadassah Weisz**
YEVAMOS I:	**Phillip and Ruth Wojdyslawski** (Sao Paulo)
YEVAMOS II:	**Phillip and Ruth Wojdyslawski** (Sao Paulo)
YEVAMOS III:	**Phillip and Ruth Wojdyslawski** (Sao Paulo)
KESUBOS I:	**Ben Fishoff and Family**
KESUBOS II:	**Judah and Bayla Septimus**
KESUBOS III:	**Neustein Family**
NEDARIM I:	**Soli and Vera Spira and Family**
NEDARIM II:	**Judah and Yuta Klein** **Moshe and Shaindel Klein**
NAZIR I:	**Shlomo and Esther Ben Arosh** (Jerusalem)
NAZIR II:	**Shlomo and Esther Ben Arosh** (Jerusalem)
GITTIN I:	**Mrs. Kate Tannenbaum;** **Elliot and Debra Tannenbaum; Edward and Linda Zizmor**
GITTIN II:	**Mordchai Aron and Dvorah Gombo** (New York)
KIDDUSHIN I:	**David and Fanny Malek**
KIDDUSHIN II:	**Peter and Debbie Rabenwurzel**
SOTAH:	**Motty and Malka Klein**
BAVA KAMMA I:	**Yussie and Estie Fettman** (Miami)
BAVA KAMMA II:	**Faivel and Roiza Weinreich** (New York)
BAVA METZIA I:	**Hyman P. Golombeck** **Avrohom Chaim and Renee Fruchthandler**

פטרוני התלמוד • מהדורת "בבל הרכין"

BAVA METZIA III: **A. George and Stephanie Saks**
BAVA BASRA I: **Ezra and Debbie Beyman**
BAVA BASRA II: **Ezra and Debbie Beyman**
BAVA BASRA III: **Ezra and Debbie Beyman**
MAKKOS: **Hirsch and Raquel Wolf**
CHULLIN II: **Reserved**
CHULLIN III: **Reserved**
BECHOROS I: **Mordchai Aron and Dvorah Gombo** (New York)

The Schottenstein Edition of the Talmud

This pioneering elucidation of the entire Talmud was named **THE SCHOTTENSTEIN EDITION** in memory of **EPHRAIM AND ANNA SCHOTTENSTEIN** ז״ל, of Columbus, Ohio. Mr. and Mrs. Schottenstein came to the United States as children, but they never surrendered the principles of Judaism or the love of Torah that they had absorbed in their native Lithuania. Tenacious was their devotion to the Sabbath, kashruth, and halachah; their support of needy Jews in a private, sensitive manner; their generosity to Torah institutions; and their refusal to speak ill of others.

They never surrendered the principles of Judaism or the love of Torah that they had absorbed in Lithuania.

This noble and historic gesture of dedication was made by their sons and daughters-in-law **JEROME** ז״ל **AND GERALDINE SCHOTTENSTEIN** and **SAUL AND SONIA SCHOTTENSTEIN.**

With the untimely passing of JEROME SCHOTTENSTEIN ז״ל, it became our sad privilege to rededicate THE SCHOTTENSTEIN EDITION to his memory, in addition to that of his parents.

Jerome left numerous memorials of accomplishment and generosity, but surely the Schottenstein Edition of the Talmud – spanning centuries – will be the most enduring.

Jerome Schottenstein ז״ל was a dear friend and inspirational patron. He saw the world through the lens of eternity, and devoted his mind, heart and resources to the task of assuring that the Torah would never be forgotten by its people. He left numerous memorials of accomplishment and generosity, but surely the **SCHOTTENSTEIN EDITION OF THE TALMUD** – spanning centuries – will be the most enduring.

The Schottensteins are worthy heirs to the traditions and principles of Jerome and his parents. Gracious and generous, kind and caring, they have opened their hearts to countless causes and people.

The Schottensteins are worthy heirs to the traditions and principles of Jerome and his parents. Gracious and generous, kind and caring, they have opened their hearts to countless causes and people. Quietly and considerately, they elevate the dignity and self-respect of those they help; they make their beneficiaries feel like benefactors; they imbue institutions with a new sense of mission to be worthy of the trust placed in them.

THE MESORAH HERITAGE FOUNDATION is proud and grateful to be joined with the Schottenstein family as partners in this monumental endeavor.

We pray that this great undertaking will be a source of merit for the continued health and success of the entire Schottenstein family, including the children and grandchildren:

JAY and JEANIE SCHOTTENSTEIN and their children, Joseph Aaron and Lindsay Brooke, Jonathan Richard, and Jeffrey Adam; **ANN and ARI DESHE** and their children, Elie Michael, David Scott, Dara Lauren, and Daniel Matthew; **SUSAN and JON DIAMOND** and their children, Jillian Leigh, Joshua Louis, and Jacob Meyer; and **LORI SCHOTTENSTEIN.**

The Schottensteins will be remembered with gratitude for as long as English-speaking Jews are nourished by the eternity of the Talmud's wisdom, for, thanks to them, millions of Jews over the generations will become closer to their heritage.

A Jew can accomplish nothing more meaningful or lasting in his sojourn on earth.

The Horn Edition of Seder Moed

The untimely passing of **MOISHE HORN** – **ר׳ משה מניס ב״ר יעקב יצחק ע״ה** – in his prime, when he had decades left to contribute to *Klal Yisrael,* is an irretrievable loss to the entire Jewish community. He was taken suddenly, on ב׳ אב תשנ״ד, and his passing left a tremendous void in the hearts of all who were privileged to know him.

His name was Moishe, and he aptly fit the Torah's description of Moshe Rabbeinu, who wanted to see the suffering of his brethren and grieve with them (*Rashi, Exodus* 2:11). True to his namesake, Moishe Horn had unswerving loyalty to the Jewish community and – again like his namesake – Moishe was modest and unassuming. He loved and honored Torah scholars, and his heart overflowed with love of Jews, and love of Eretz Yisrael.

True to his namesake, Moishe Horn had unswerving loyalty to the Jewish community.

Moishe was the motivating force behind the construction of his shul, Congregation Nachlas Yitzchok of Kew Garden Hills, New York. He was a board member of the Bais Yaakov Academy of Queens, and was involved with numerous projects of Torah and *chesed* in Queens and throughout the world. But he never lost his feel for the individual Jew; his acts of personal *chesed* and kindness were legendary. Moishe was an only child, yet he left behind numerous "brothers and sisters," who were beneficiaries of his extraordinary largess.

But he never lost his feel for the individual Jew; his acts of personal chesed and kindness were legendary.

Moishe's fulfillment of the mitzvah of כִּבּוּד אָב וָאֵם to his dear father ע״ה and להבחל״ח his mother תחי׳, whom he left behind, was above and beyond the requirements of the halachah. He was a loving father and devoted husband, who put his family above all.

JACK HORN – **ר׳ יעקב יצחק ב״ר משה יחזקאל ע״ה** – joined in the dedication of this *Seder* to his beloved only son – and now, he too is gone. To measure the enormity of this man's personal warmth, and his quiet, often secret, generosity, one had only to listen to the emotional outpouring of his huge circle of friends and admirers, and to the gratitude of the great and humble whom he helped. How had one man done so much good – and how much more was there that we will never know?

How had one man done so much good – and how much more was there that we will never know?

The names of Moishe and Jack Horn will always be associated with *Seder Moed.* Its tractates deal primarily with the Festivals – Sabbath and Yomim Tovim – times of rejoicing and *simchah* for all Jewish people. It is appropriate, therefore, that **THE HORN SEDER MOED** is lovingly dedicated in eternal memory of Moishe and Jack Horn, who brought so much joy and happiness to so many of their fellow Jews.

May their memory be blessed.

Patrons of this Volume

This volume is dedicated by **STEVE AND GENIE SAVITSKY** and **DAVID AND ROSLYN SAVITSKY**, in memory of their parents – people who earned the respect and gratitude of all who had the good fortune to be touched by them. The Savitskys are leaders in the inspiring renaissance of Torah life in the United States. In their own families and in their sense of responsibility for their communities and the broader Jewish world, they are symbolic of the sort of commitment that has kept the Jewish people's spirit alive throughout history. They bring pride to the legacy and ideals of the stellar people whose memory they honor through this volume.

As the decades go by, the infinite hours of Torah study made possible by this volume will be a continuing source of merit for the dedicators, their families, and the forebears who charted their course.

ACKNOWLEDGMENTS

We are grateful to the distinguished *roshei hayeshivah* and rabbinic leaders שליט״א in Israel and the United States whose guidance and encouragement have been indispensable to the success of this Talmud, from its inception. They are named in volume 1 of Tractate Berachos.

A huge investment of time and resources was required to make this edition of the Talmud a reality. Only through the generous support of many people is it possible not only to undertake and sustain such a huge and ambitious undertaking, but to keep the price of the volumes within reach of the average family and student. We are grateful to them all.

The Trustees and Governors of the MESORAH HERITAGE FOUNDATION saw the need to support the scholarship and production of this and other outstanding works of Torah literature. Their names are listed on an earlier page.

JAY SCHOTTENSTEIN is chairman of the Board of Governors and has enlisted many others in support of this monumental project. In addition, he and his wife JEANIE SCHOTTENSTEIN have dedicated the HEBREW ELUCIDATION OF THE SCHOTTENSTEIN EDITION OF THE TALMUD in honor of their parents.

In addition, we are grateful to:

LAURENCE A. TISCH, JAMES S. TISCH and THOMAS J. TISCH, who have been more than gracious on numerous occasions; IRVING I. STONE, whose sponsorship of the STONE EDITION OF THE CHUMASH, SAPIRSTEIN EDITION OF RASHI, and the STONE EDITION OF TANACH is bringing a new awareness of the Torah to Jews around the world;

ELLIS A. SAFDEYE, a legendary supporter of worthy causes and a warm, treasured friend; BENJAMIN C. FISHOFF, a sensitive, visionary friend, who has brought many people under the banner of this project; LOUIS GLICK, who sponsored the ArtScroll Mishnah Series with the *Yad Avraham* commentary; JOEL L. FLEISHMAN, whose sage advice and active intervention was a turning point in our work; A. JOSEPH STERN, whose warmth and concern for people and causes are justly legendary; HIRSCH WOLF, a leader in many causes and a valued ally; SHLOMO SEGEV of Bank Leumi, who has been a responsible and effective friend; JUDAH SEPTIMUS, whose acumen and resources are devoted to numerous Torah causes; NATHAN SILBERMAN, who makes his skills and judgment available in too many ways to mention; REUVEN D. DESSLER, a leader in Torah life who brings credit to his distinguished lineage; ZVI RYZMAN, a dynamic and imaginative force for Torah life and scholarship; SOLI SPIRA,who is respected on three continents for his learning and magnanimity; and ABRAHAM FRUCHTHANDLER, who has placed support for Torah institutions on a new plateau.

We are grateful, as well, to many other friends who have come forward when their help was needed most: DR. YISRAEL BLUMENFRUCHT, SHIMMIE HORN, BERNARD LAX, CPA, YEHUDAH LEVI, RABBI ARTHUR SCHICK, ELLIOT TANNENBAUM, STEVEN WEISZ, and MENDY YARMISH.

We thank RABBI YEHOSHUA LEIFER, head of KOLLEL OZ VEHADAR, for permission to reproduce the folios from their new edition of the classic Vilna Talmud. Newly typeset and with many additions and enhancements, it establishes a new standard in Talmud publishing.

We conclude with gratitude to *Hashem Yisbarach* for His infinite blessings and for the privilege of being the vehicle to disseminate His word. May this work continue so that all who thirst for His word may find what they seek in the refreshing words of the Torah.

Rabbi Nosson Scherman / Rabbi Meir Zlotowitz

Shevat, 5759 / January, 1999

מסכת ראש השנה / Tractate Rosh Hashanah

General Introduction

The concept and institution of Rosh Hashanah – the day that marks the beginning of the new year – is familiar to all. Since the monthly cycles of the moon and the yearly cycles of the sun repeat regularly, it is necessary, for the concept of "a year" to have a fixed meaning, to define a certain day in a particular month as the "beginning" of the year. The Torah sets this date, in regard to most matters, as the first of Tishrei – the day commonly known as "Rosh Hashanah." It is on this date, our Sages tell us, that God sits in judgment over all mankind, to decree their fate for the upcoming year (Mishnah 16a). And it is on this date that the Torah decrees that we blow the shofar (*Leviticus* 23:24, *Numbers* 29:1) to be remembered before God (see Gemara 16a, 26a). According to the opinion of R' Eliezer, this day marks the creation of the world and mankind (Gemara 10b; see note 25 ibid.).

The establishment of a particular date as the beginning of the new year has many legal ramifications. There are a number of commandments and prohibitions whose rules apply only in certain years or vary according to the year. Thus, the date on which the new year begins determines whether and when these rules apply.

For some laws, the legal year does not begin on the first of Tishrei but on some other date. These other dates are therefore referred to as the רֹאשׁ הַשָּׁנָה, *New Year,* for those laws. Tractate *Rosh Hashanah* begins with a listing of dates that serve as a "New Year" in regard to any legal matter, as well as those times that, like the holiday of Rosh Hashanah, are days of Heavenly judgment. The Gemara's discussion of these dates and their implications is the subject of the first half of the tractate.

Towards the end of Chapter One (18a), the Mishnah turns its attention to the calendar and the ways in which it was set in ancient times, as well as the systems employed to notify those who lived outside the Land of Israel of the decisions of the *Beis Din* in this regard. The months of the Jewish calendar are determined by the cycles of the moon, with the "new moon" serving as the basis for Rosh Chodesh – the beginning of the month. Since the time of the Torah-ordained festivals are tied to specific days of specific months, they cannot be observed at their appointed times unless the day of the new moon is decided and made known to the populace. A discussion of how this was done is therefore a fitting adjunct to the laws of the holidays. This topic forms the subject of the last part of Chapter One, all of Chapter Two and some of Chapter Three.

The final two chapters of this tractate deal with the holiday of Rosh Hashanah and the special laws that are its feature – the sounding of the shofar and the extended Mussaf prayer service.

The Jewish Calendar

As mentioned, a significant portion of this tractate deals with laws and procedures surrounding the *Beis Din's* establishment of Rosh Chodesh. The following brief introduction to the matter will provide a background for the study of this subject in the course of this tractate.

◆§ The Jewish Month

The commonly used secular calendar is based solely on the solar cycle, in which the earth makes a complete revolution around the sun in approximately 365¼ days. The year's division into twelve months (of between 28 and 31 days) is quite arbitrary; there is no natural event that dictates which day should be the first of the month, or even that the year should be divided into twelve monthly units rather than five, fifteen, or twenty. The lunar cycle is not a factor in the solar calendar [although the term "month" – from the word "moon" – is indeed borrowed from the word for the corresponding unit in the lunar calendar].

Months of the Jewish calendar, however, are not arbitrary but are based on the lunar cycle, in which each revolution of the moon around the earth is a month. As the Sages teach (*Succah* 29a): *Jews reckon [the calendar] according to the moon and gentiles according to the sun.* This method of reckoning is ordained by the Torah, and is derived from *Exodus* 12:2 and *Numbers* 28:14 (*Rambam, Hil. Kiddush HaChodesh* 1:1). Twelve of these months make up a lunar year, although there is no specific astronomical occurrence that takes place over the course of a "lunar year."

☙ The Lunar Cycle

There are two distinct cycles of lunar motion evident to the observer on earth. There is the apparent daily circuit of the moon across the sky from east to west (caused by the earth's rotation on its axis from west to east). There is also the monthly (west-to-east) actual orbit of the moon around the earth. It is this latter, actual orbit of the moon around the earth that determines the duration of a month, as follows:

The moon moves around the earth (eastward) completing its cycle once a month. At one point in this cycle, the moon will be aligned exactly between the earth and the sun. That alignment is known as the "conjunction" (of the moon and sun, relative to the earth).[1] The interval between successive conjunctions is 29 days, 12 hours, 44 minutes and $3^1/_3$ seconds.[2] Our Sages did not divide the hour into minutes and seconds, but rather into חֲלָקִים, *chalakim* [portions], 1,080 of which constitute an hour. Each portion [*chelek*], therefore, is equal to $3^1/_3$ seconds (or $^1/_{18}$ of a minute). In Rabbinic terminology, the duration of the moon's revolution is expressed as כ״ט־י״ב־תשצ״ג, [29-12-793], or 29 days, 12 hours and 793 *chalakim* (Gemara 25a; *Rambam, Hil. Kiddush HaChodesh* 6:3).

The precise moment of "conjunction," at which the moon completes its revolution of the earth to begin a new revolution, and changes from an "old" moon to a "new" moon[3] is called מוֹלַד הַלְּבָנָה *[molad halevanah], birth of the moon,* or מוֹלָד, *molad,* for short (Gemara 20b; *Rambam, Hil. Kiddush HaChodesh* 6:1). The time between one *molad* and the next, 29-12-793, is the duration of the lunar month.

Although the *molad* is an extremely important factor in the determination of the Jewish month, another factor of equal importance must be taken into account: the actual appearance of the first phase of the moon.

☙ Phases of the Moon

If the moon were a luminous body, it would always appear to us as "full" like the sun or a star — and the concept of *molad* would be meaningless. The moon, however, has no light of its own; it reflects the light it receives from the sun (*Rambam, Commentary* to 20b; *Zohar Bereishis* 135b, 249b; see also *Rabbeinu Bachya* to *Numbers* 28:15 at length). Depending upon its position relative to the sun and the earth during its monthly revolution around the earth, the moon appears to us in different phases, ranging from a thin crescent to a full moon. Once a month, the moon's position is

NOTES

1. What is meant by "alignment" and "conjunction" is that the earth, moon and sun have the same celestial *longitude.* The moon's celestial *latitude,* however, will generally be higher or lower than the plane of the earth's orbit around the sun, since the path of the moon's orbit around the earth is inclined some five degrees to that plane. On the rare occasions that the moon at conjunction also happens to occupy the same celestial *latitude* as the plane of the earth's orbit — placing the earth, moon and sun in a direct line in both celestial longitude *and* latitude — we experience a solar eclipse, in which the moon blocks the view of the sun from earth.

[There is also a second monthly conjunction, when the moon moves into line with the sun and earth on the *opposite* side of the earth. This second conjunction results in a "full moon." On the rare occasions that the moon at this moment also happens to occupy the same celestial *latitude* as the plane of the earth's orbit, we experience a lunar eclipse, in which the earth blocks the sun from illuminating what would otherwise be a "full" moon.]

2. This is the mean duration of the synodic month — the interval between successive conjunctions of the sun, moon and earth. [The sidereal month — the time it takes the moon to return to the same point with respect to the stars — is some two days shorter. The sidereal month has no significance in Jewish law.]

3. The "old moon" refers to the waning (diminishing) moon towards the end of the month, when the illuminated left side of the moon gradually decreases. The "new moon" refers to the waxing (growing) moon at the beginning of the month, when the illuminated right side of the moon gradually increases.

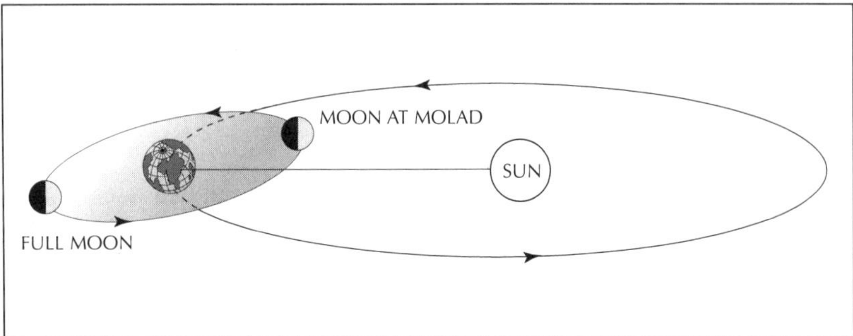

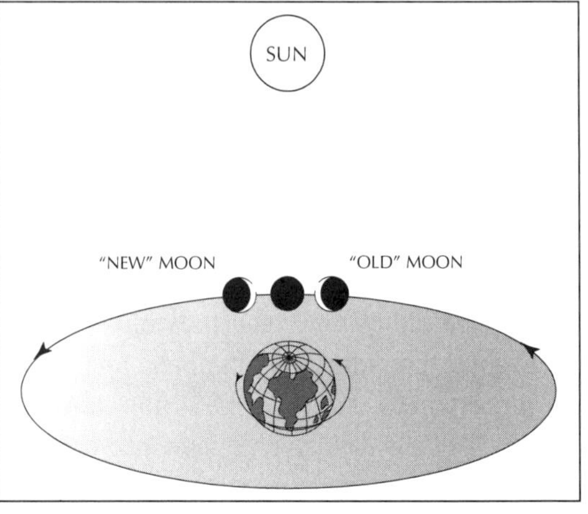

Because of concerns arising from the prohibition against making pictures of the sun and moon (see Gemara 24a-b; *Yoreh Deah* 141:4 ff), we have simplified the depictions of these bodies in our illustrations.

between the sun and the earth. When that happens, the entire "light" side of the moon faces the sun, while the entire "dark" side faces earth, with the result that the moon is totally invisible to us. This is the moment of the *molad;* for at precisely that instant the moon begins its movement to its next phase, when it starts to be "reborn," or visible again. A number of hours later, as it gradually moves out of alignment with the earth, the moon reaches a point where *some* sunlight is reflected toward the earth. Then, a small part of the moon becomes visible as a very thin crescent, which is known as the *first phase* of the moon (see Gemara 20b; *Rambam, Hil. Kiddush HaChodesh* 1:3, with *Lechem Mishneh; Aruch HaShulchan HeAsid, Kiddush HaChodesh* 88:10-12). In Rabbinic terminology, this first phase is called חִדּוּשָׁה שֶׁל לְבָנָה, *renewal of the moon,* or חֹדֶשׁ, *chodesh.* The word *chodesh* means not only "month," but "renewal," in the sense that the moon is "renewed" after having disappeared.[4]

As the moon continues to circle the earth, more and more of it becomes visible. Finally, when it reaches the halfway point in its revolution, it appears to us as a full moon. As it continues on its way, its dark side gradually turns toward earth and the size of its visible area gradually diminishes until the moon finally becomes invisible again.

☙ Additional Factors

It would seem, based on the above, that the Jewish month should (a) always begin at the moment of the *molad* and (b) its duration should be a constant 29 days, 12 hours and 793 *chalakim.*

Neither of these conditions, however, is possible. We are commanded to establish Rosh Chodesh עַל פִּי רְאִיָּה, *based on the sighting* [of the new moon] (Gemara 20a; *Rambam, Kiddush HaChodesh* 5:1), and, as stated above, the moon is invisible at the moment of the *molad.* Nor can months begin at constant intervals of 29-12-793, because the Torah commands that months must consist of whole days and cannot include fractions of a day; thus months cannot begin or end in the middle of the day (*Megillah* 5a).[5] This, then, precludes our using the moment of the *molad* or the moment of the *chodesh* as the start of the month. Nonetheless, both the *molad* and the *chodesh* are necessary in determining the day of ראש חֹדֶשׁ, *[Rosh Chodesh] the first of the month,* as we will soon see.

☙ The Mitzvah of Kiddush HaChodesh

הַחֹדֶשׁ הַזֶּה לָכֶם ראשׁ חֳדָשִׁים, *This month shall be for you the first of the months* (*Exodus* 12:2). This verse contains the positive commandment (see *Rambam, Sefer HaMitzvos, Asei* 153; *Chinuch* §4) incumbent upon *Beis Din* to perform the mitzvah of קִדּוּשׁ הַחֹדֶשׁ, *sanctifying the renewal,* by sanctifying and declaring which day is to be Rosh Chodesh, based on certain specific criteria (*Rambam, Hil. Kiddush HaChodesh* 1:7).[6]

The *Beis Din* that has this responsibility is the Sanhedrin [Supreme Court] of seventy-one judges, any three members of which may perform this mitzvah. However, the Sanhedrin may authorize nonmembers to proclaim Rosh Chodesh, provided these nonmembers, too, have the proper ordination (*Sanhedrin* 2a; *Rambam, Hil. Kiddush HaChodesh* 1:5,5:1).[7]

Furthermore, except under extraordinary circumstances, this *mitzvah* must be performed in Eretz Yisrael (*Berachos* 63a; *Rambam, Hil. Kiddush HaChodesh* 1:8).

☙ Performance of Kiddush HaChodesh

As mentioned above, the *Beis Din* is commanded to sanctify the day of Rosh Chodesh עַל פִּי רְאִיָּה, *based on the sighting [of the new moon].* Therefore, the *Beis Din* must rely on the testimony of two witnesses who saw the first phase of the moon some time after the actual *molad.* The *Beis Din* did not, however, completely dispense with the true astronomical calculation of the *molad.* This, along with a great deal of other astronomical calculations, was considered by the *Beis Din.* Thus, if the moon could not have been visible when the witnesses claimed to have seen it, or if it had to be in a different position from the one described in their testimony, their testimony was naturally rejected (*Rambam, Hil. Kiddush HaChodesh* 1:6,2:4).

After carefully screening the witnesses as to their eligibility and interrogating them to determine the reliability of their testimony, the *Beis Din* would then sanctify and declare the day to be Rosh Chodesh.

The time of Rosh Chodesh, therefore, depended on the testimony of witnesses and their acceptance by *Beis Din.* But

NOTES

4. Many authorities refer to this first phase as the *molad.* Though technically incorrect (as the *molad* strictly speaking refers to the moment of conjunction), it does not in any way change matters halachically.

5. The day, in Jewish law, starts at the onset of the night and ends at sunset of the next day. When we speak of the night of the thirtieth, for example, we mean the night that precedes the thirtieth day.

6. *Beis Din's* mitzvah to "sanctify the renewal" actually embodies two distinct elements – see below, 24a.

7. See, though, *Ramban's Hasagos* to *Sefer HaMitzvos, Asei* 153.

this dependence was not total. If, for example, the sky was so overcast that the moon was not seen until thirty-three days after the previous Rosh Chodesh, this did not mean that the thirty-third day was Rosh Chodesh, thus making the previous month thirty-two days long. Rosh Chodesh can be on only one of two days: either on the thirtieth day from the previous Rosh Chodesh or on the thirty-first day (*Yerushalmi, Sheviis* 10:1; see also *Arachin* 8b-9a).

If the witnesses appeared on the thirtieth day and their testimony was accepted, then that day was declared Rosh Chodesh. In such a case, the previous month had only twenty-nine days and was called a חָסֵר, *deficient [month]* [having *less* than the full 29-12-793 of the lunar cycle]. If witnesses did not appear on the thirtieth day, then the next day would necessarily be Rosh Chodesh in any event. In that case, the previous month contained thirty days and was called מָלֵא, *full,* or מְעֻבָּר, *pregnant* [having *more* than the full 29-12-793 of the lunar cycle] (see *Rambam, Hil. Kiddush HaChodesh* 1:3 and 8:2).[8]

Since either day thirty or day thirty-one could be declared Rosh Chodesh, the exact date of the festivals (which are expressly dated by the Torah on specific days of specific months and hence dependent upon Rosh Chodesh) was always in doubt until *Beis Din* made its decision. And once that decision was made, *Beis Din* had to inform the people of the outcome, so that they could celebrate the holy days on the proper dates. Places that could not be informed in time had to celebrate any given day of Yom Tov for two days, since they did not know which of the two days was really Yom Tov[9] (*Rambam, Hil. Kiddush HaChodesh* 5:4-6).

This method of sanctifying Rosh Chodesh was in use until the year 4118 after Creation (358 C.E.). Then the entire structure of Jewish communal life in Eretz Yisrael was on the verge of extinction, due to foreign persecution, and the very institution of the *Beis Din* was endangered. R' Hillel (a thirteenth-generation direct descendant of Hillel the Elder), who was head of the *Beis Din,* instituted the current Jewish calendar and suspended sanctification of Rosh Chodesh based on sighting. By astronomical and halachic calculations, he and his court devised the system in use today, and sanctified every Rosh Chodesh until the coming of the Messiah, when sanctification based on sighting will be restored (see *Ramban, Sefer HaZechus, Gittin,* ch. 4; cf. *Rambam, Hil. Kiddush HaChodesh* 5:1-3 for a different interpretation of R' Hillel's enactment).

◆§ The Leap Year

Since the lunar cycle is approximately $29^1/_2$ days long, a twelve-month lunar year will therefore generally contain 354 days ($12 \times 29^1/_2$). This makes the lunar year some eleven days shorter than the solar year (which contains approximately $365^1/_4$ days). Thus, if the Jewish calendar were to be governed strictly by the lunar cycle, any given lunar month would occur eleven days earlier in the solar year than that same month did in the previous year. Since the seasons are functions of the solar year, any given lunar month would migrate backwards through the seasons at the rate of eleven days a year. Thus, for example, the month of Nissan, which should fall in the spring, would occur eleven days earlier after one year, twenty-two days earlier after two years, thirty-three days earlier after three, and so on. Eventually, Nissan would fall in the winter, and then in the fall, and then in the summer, etc. The Torah, however, commands (*Deuteronomy* 16:1): שָׁמוֹר אֶת־חֹדֶשׁ הָאָבִיב וְעָשִׂיתָ פֶּסַח, *Guard the month of springtime and you shall perform the pesach offering ...,* which indicates that Pesach must be kept in the spring season. It is therefore incumbent upon *Beis Din* to occasionally intercalate a leap month (Adar Sheni) into the Jewish calendar, in order to prevent Pesach from slipping backwards into wintertime. In this way, following a leap year Nissan falls some nineteen days *later* in the solar year than it did on the previous year.[10] In times of the Sanhedrin, the Sanhedrin would decide based on various considerations which years to expand into leap years. Today, according to R' Hillel's fixed calendar (see above), seven leap years are added in every nineteen-year cycle.[11]

NOTES

8. This possibility of Rosh Chodesh falling on either the thirtieth or thirty-first day is the basis for celebrating a two-day Rosh Chodesh five to seven times a year. Since Rosh Chodesh might be declared on the thirtieth day, that day is always observed as Rosh Chodesh, beginning with the preceding night (*Rashi* cited in *Shibbolei HaLeket* 168; see also *Rambam, Hil. Kiddush HaChodesh* 8:4 and *Shekel HaKodesh* there). In the event Rosh Chodesh is not until day thirty-one, two days are observed — the first (day thirty) being the last day of the outgoing month, and the second (day thirty-one) being the first of the incoming month. Festivals and dates in legal documents are counted from that second day (see *Orach Chaim* 427:1 and *Even HaEzer* 126:6). See at length in *Beis Yosef, Even HaEzer* 126 and *Teshuvos Tashbetz* 1:153.

R' Yeshaya D'Trani (*Shibbolei HaLeket* 162; *Teshuvos HaRid* 32:1; see also *Rabbeinu Bachya* to *Exodus* 12:2) finds that a two-day Rosh Chodesh was observed even in Biblical times. The יוֹם הַחֹדֶשׁ הַשֵּׁנִי, *second day of the chodesh,* mentioned in *I Samuel* 20:27, refers to the second day of Rosh Chodesh (see *Peirush R' Yeshaya* ad loc.; see, however, *Rashi* and *Radak* there). This is also evident from *Targum Yonasan's* translation of that verse (see *R' Yosef Kara* there; *Teshuvos Tashbetz* 1:153). *Yerushalmi* (*Taanis* 4:3) also understands the verse in this sense (cf. *Tziyon ViYerushalayim* there, and *Maharsha, Chidushei Aggados* to *Bava Metzia* 59b ד״ה ההוא יומא).

9. This is the source for celebrating a "two-day Yom Tov" in the Diaspora. See the special appendix on this matter in back of the volume.

10. The extra month (30 days) makes the lunar year some 384 days long, about 19 days longer than the solar year.

11. This results in 210 days added to the lunar calendar every nineteen years ($7 \times 30 = 210$), to compensate for the same cumulative shortfall in the strictly lunar year ($19 \times 11 = 209$). [The calendar is adjusted to account for the two hundred and tenth day as well.]

The above discussion was intended only to provide the basic information needed for a proper understanding of the *sugyos* in this tractate. It is by no means a full study. More detailed explanations will appear in the Gemara and in our notes there.

❧ ❧ ❧

To supplement our commentary to this tractate, we have added a set of appendices that deal with issues of interest too lengthy to be dealt with in the body of the commentary. One appendix deals with the reasons for observing two days of Yom Tov in the Diaspora and for observing two days of Rosh Hashanah even in Eretz Yisrael. A second appendix deals with a fascinating subject of great practical consequence that does not in itself come up in this tractate, but whose resolution is, according to many authorities, to be found in the *Baal HaMaor's* explanation of the Gemara on 20b. This is the question of the location of the international dateline according to Torah law.

A brief note is in order concerning some of the commentaries cited in this volume. The commentary of *Rashba* to which we refer throughout is the one originally published by Feldheim Publishers and subsequently by Mossad HaRav Kook. This version is based on a manuscript containing a great deal of material not found in the original published versions of the *Rashba's* commentary to this tractate. *Chida* is known to have said that he had in his possession a manuscript of the *Rashba's* commentary to *Rosh Hashanah* containing five times as much material as the standard one. The evidence for the authenticity of this manuscript is presented at length by the editor in his introduction to the volume. Reference is also occasionally made to the *Peirush HaRambam,* which is not to be confused with the *Rambam's* well-known commentary to the Mishnah. It is rather a separate commentary to the Gemara ascribed to the *Rambam*. It is printed in a collection of commentaries published under the title, *Asifas Zekeinim.* Also cited from that collection are *Davar B'Itto* and *Rosh Mashbir.* We have also made reference to *Maggid HaRakia* by R' Moshe Hesgel, a contemporary work on the astronomy relevant to this tractate, and to *Shekel HaKodesh* by Maran HaRav Chaim Kanievski, an extensive commentary on *Rambam's Hilchos Kiddush HaChodesh.*

Chapter One

Mishnah In many areas of halachah it is necessary to distinguish between one year and the next. However, the date that determines when one year ends and the next begins is not the same in every context. This Mishnah lists various dates that mark the beginning of a year and the halachic purposes that each one serves: אַרְבָּעָה רָאשֵׁי שָׁנִים הֵם – **There are four New Years:** בְּאֶחָד בְּנִיסָן רֹאשׁ הַשָּׁנָה לַמְּלָכִים – **On the first of Nissan is the New Year for the kings**[1] וְלָרְגָלִים – **and for the festivals.**[2] בְּאֶחָד בֶּאֱלוּל רֹאשׁ הַשָּׁנָה לְמַעְשַׂר בְּהֵמָה – **On the first of Elul is the New Year for the *maaser* of animals.**[3] רַבִּי אֶלְעָזָר וְרַבִּי שִׁמְעוֹן אוֹמְרִים – However, **R' Elazar and R' Shimon say:** בְּאֶחָד בְּתִשְׁרֵי – It is **on the first of Tishrei.**[4] בְּאֶחָד בְּתִשְׁרֵי רֹאשׁ הַשָּׁנָה לַשָּׁנִים – **On the first of Tishrei is the New Year for** reckoning **the years,**[5] וְלַשְּׁמִיטִּין וְלַיּוֹבְלוֹת – **for the *shemittah* and *Yovel* years,**[6] לַנְּטִיעָה וְלַיְּרָקוֹת – **for the sapling**[7] **and for the vegetables.**[8] בְּאֶחָד בִּשְׁבָט רֹאשׁ הַשָּׁנָה לָאִילָן – **On the first of Shevat is the New Year for the tree**[9] כְּדִבְרֵי בֵית שַׁמַּאי – **according**

NOTES

1. This rule is relevant to legal documents. It was customary to date documents by the current year of the monarch's reign ("In such-and-such year of King So-and-so . . ."). This custom was adopted for the sake of peaceful relations with the monarchy (see *Gittin* 80a). The Rabbis established that a king's reign begins on the first of Nissan. Thus, even if a king ascended the throne shortly before Nissan, e.g. in Shevat or Adar (see *Pnei Yehoshua*), his first year ends when Nissan arrives, and from that day on we start counting his second year (*Rashi*). The Gemara (2a-b) explains why a standard New Year was established for this purpose and why the first of Nissan was chosen.

[By stating "for the sake of peaceful relations with the monarchy," *Rashi* implies that the reference is to gentile kings. The Gemara (3a), though, limits the Mishnah's ruling to Jewish kings (*Tosafos, Chidushei HaRan*). For explanations of *Rashi* that resolve this problem, see *Pnei Yehoshua, Chochmas Manoach* and *Aruch LaNer.*]

2. The meaning of this clause is stated in the Gemara [4a] (*Rashi*).

3. [It is a Biblical obligation to separate a tenth of the cattle, sheep, and goats born to one's herds and flocks each year (מַעְשַׂר בְּהֵמָה, *maasar beheimah,* the animal tithe). All the newborn animals are gathered into a pen that has an opening large enough for only one animal to pass through at a time. The owner counts the animals as they exit, marking every tenth animal with red dye and declaring, "This one is *maaser.*" The animals thus designated are brought as offerings in the Temple and their meat is eaten by the owner and his guests in Jerusalem.]

One may not designate animals born in one year as *maaser* for animals born in another year. Rather, all the animals from which one takes *maaser* (i.e. all the animals in the pen) must have been born in the same year. A verse in the Torah (*Deuteronomy* 14:22) conveys a parallel law with respect to the *maaser* of grain, and that verse is exegetically interpreted (*Bechoros* 53b; below, 8a) as referring to the *maaser* of animals as well (*Rashi;* see *Meiri* for another consequence of a New Year for the *maaser* of animals).

The Tanna Kamma of our Mishnah holds that in this context the year begins on the first of Elul (see below, 8a, for the reason). Thus, animals born before the first of Elul are counted with the animals of the previous year, while those born on that date or later are counted with the animals of the next year.

4. The basis of this dispute is stated below, 8a.

5. This will be explained in the Gemara [ibid.] (*Rashi*).

6. [Every seventh year (שְׁמִיטָּה, *shemittah*) it is forbidden to cultivate the land of Eretz Yisrael. This restriction also applies every fiftieth year (יוֹבֵל, *Yovel*), which is the year that immediately follows seven *shemittah* cycles.] The Mishnah teaches that from the beginning of Tishrei it is forbidden to sow or plow under Biblical law (*Rashi;* for elaboration on *Rashi's* wording, see *Turei Even, Pnei Yehoshua* and *Aruch LaNer*).

In the *Yovel* year, two additional obligations apply: Jewish slaves must be set free and bought land must be restored to its ancestral owners (see Gemara below, 8b; see also *Poras Yosef* here).

7. [I.e. trees less than three years old.] Fruit that grows on a tree during its first three years is forbidden for consumption or any other benefit (such fruit is called עָרְלָה, *orlah*). In regard to this law, the new year starts on the first of Tishrei. Hence, if a tree was planted in the month of Av, its first year concludes at the end of Elul [and the second year begins on the first of Tishrei] (*Rashi;* see *Tzlach* and *Aruch LaNer*). See Gemara below, 9b-10b, for further elaboration.

8. The owner of produce (grain, vegetables, fruit) grown in Eretz Yisrael must separate various portions from it each year [except *shemittah*]. He gives a certain amount to a Kohen (תְּרוּמָה, *terumah*) and one tenth of the remainder to a Levi (מַעֲשֵׂר רִאשׁוֹן, *maaser rishon*). He then separates a second tenth from that which still remains. In the first, second, fourth and fifth years of the *shemittah* cycle, he takes the second tenth to Jerusalem and eats it there; or he may exchange it for money, which he takes to Jerusalem to buy food to eat there (מַעֲשֵׂר שֵׁנִי, *maaser sheni*). In the third and sixth years of the cycle, he distributes the second tenth to the poor (מַעְשַׂר עָנִי, *maasar ani*).

These portions must be taken from the produce of each year separately. Produce of one year may not be designated as the *terumah* or *maaser* of the produce of another year. The Mishnah teaches that the new year for vegetables begins on the first of Tishrei. Therefore, one may not take *terumah* or *maaser* from vegetables picked before the first of Tishrei for the sake of vegetables picked after that date [or vice versa] (*Rashi*).

The first of Tishrei is also the date that determines whether *maaser sheni* or *maaser ani* must be separated from vegetables. For example, vegetables picked before the first of Tishrei that ends the second year of the *shemittah* cycle are treated as second-year produce, which is subject to the law of *maaser sheni;* whereas vegetables picked after that first of Tishrei are deemed third-year produce, to which the law of *maaser ani* applies (*Rambam, Commentary to the Mishnah,* based on Baraisa, 12a-b). [See *Turei Even* for an explanation of why *Rashi* omits this point.]

While the Mishnah mentions only vegetables, the first of Tishrei is also the beginning of the new year for grain (see below, 12a). [However, in contrast to vegetables, which are classified according to the year in which they are picked, grain is classified by the year in which it reaches a third of its growth. Regarding fruit, see the next note.]

The Gemara will explain why the new year begins on the first of Tishrei with respect to each of these areas [*shemittah* and *Yovel* (8b), young trees (9b), and vegetables (12a)].

9. [I.e. a tree at least three years old.] The produce of each year must be treated separately with respect to *terumah* and *maaser,* as explained in the previous note. The new year for a tree and its fruit begins on the first of Shevat (see below, 14a, for the reason). Hence, one may not designate fruit that emerged on the tree before the first of Shevat as the *terumah* or *maaser* of fruit that emerged afterwards [or vice versa] (*Rashi*). Unlike vegetables [and grain], fruit is classified by the year in which it begins to emerge (*Rashi*), i.e. the point where the flower falls off and the fruit begins to emerge in its place (*Rashi* to *Numbers* 17:23; *Meiri,* who also cites another view; cf. *Rambam, Hil. Shemittah VeYovel* 4:9).

The first of Shevat also determines whether *maaser sheni* or *maaser ani* must be separated from fruit [as explained in the previous note with respect to vegetables] (*Rambam, Commentary to the Mishnah; Ran* folio 1b ד״ה מתני׳).

Another legal consequence relates to fruit that grows on a tree during its fourth year, which must be taken to Jerusalem and eaten there (נֶטַע רְבָעִי, *neta reva'i*). This fourth year begins [in certain circumstances] on the first of Shevat (*Tos. Yom Tov,* from Gemara below, 10a). Thus, in contrast to a newly planted tree, which begins its second and third years in Tishrei (see note 7), an older tree does not necessarily begin its fourth year until Shevat. See 10a note 3 for further explanation.

Although the Mishnah states that the new year for trees begins in Shevat, most commentators agree that with respect to the laws of *shemittah,* the year begins in Tishrei even with respect to trees (see *Tos. R' Akiva Eiger, Turei Even, Sfas Emes* and *Rashash;* see *Rashi, Succah* 39b ד״ה לולב בר ששית and note 14 of Schottenstein ed. there).

ארבעה

ארבעה ראשי שנים הם א) באחד בניסן ר"ה למלכים ולרגלים ב) באחד באלול ראש השנה למעשר בהמה ר' אלעזר ור"ש אומרים ג) א באחד בתשרי ראש השנה לשנים ב ולשמיטין ג וליובלות ד לנטיעה ה ולירקות ד) באחד בשבט ראש השנה לאילן כדברי בית שמאי בית הלל אומרים ה) בחמשה עשר בו: גמ' ו) למלכים למאי הלכתא אמר רב חסדא לשטרות דתנן ז) שטרי חוב המוקדמין פסולין ח והמאוחרין כשרין תנו רבנן מלך שעמד בעשרים ותשעה באדר כיון שהגיע אחד בניסן עלתה לו שנה ואם לא עמד אלא באחד בניסן אין מונין לו שנה עד שיגיע ניסן אחר אמר מר מלך שעמד בעשרים ותשעה באדר כיון שהגיע אחד בניסן עלתה לו שנה הא קמ"ל

רש"י

ארבעה ראשי שנים: למלכים. רגילים היו למנות זמן שטרותיהם לשנות המלך משנה שעמד בה המלך כדאמרינן במסכת גיטין (ד' פ.) משום שלום מלכות וקבעו חכמים אחד בניסן לתחלת שנתו ואפילו עמד בשבט או באדר כלתה שנתו משהגיע ניסן ויתחילו למנות לו שנה שניה: ולרגלים. מפרש בגמרא (ד' ד.): למעשר בהמה. שאין מעשרין מן הנולדים בשנה זו על הנולדים בחבירתה דכתיב (דברים יד) עשר תעשר את כל תבואת זרעך היוצא השדה שנה שנה ואמר מר בבכורות בפרק מעשר בהמה (דף נג:) בשתי מעשרות הכתוב מדבר אחד מעשר בהמה ואחד מעשר דגן: לשנים. מפרש בגמ' (דף ח.): לשמיטין וליובלות. משנכנס תשרי אסור לחרוש ולזרוע מן התורה: לנטיעה. למנין שני ערלה ואפילו נטעה באב כלתה שנתה הראשונה לסוף אלול וכולהו מפרש טעמא בגמרא: לירקות. למעשר ירק שאין תורמין ומעשרין מן הנלקט לפני ר"ה על של אחר ר"ה: לאילן. לענין מעשר שאין מעשרין פירות האילן שחנטו קודם שבט על שחנטו לאחר שבט שבאילן הולך אחר חנטה ובגמ' מפרש מאי שנא שבט: גמ' למאי הלכתא. כלומר למה הוקבע יום מיוחד למנין המלכים מימא שעל כל מלך ומלך תתחיל שנתו מיום שעמד בו: לשטרות. להבחין איזה שטר חוב מוקדם למלוה ואיזה מאוחר: דתנן. במסכת שביעית (פ"י מ"ה): שטרי חוב המוקדמין פסולין. לפי שבא לטרוף לקוחות שלקחו שדה מן הלוה מזמן שבשטר ושלא כדין הוא שהרי קדמה מכירה להלואה ובשטר מעיד שהלואה קדמה לפיכך קנסוהו מלגבות בו (א) ולא יטרוף אפילו מזמן המלוה ואינו אלא כמלוה על פה שאינו גובה מן המשועבדים ואם לא קבעו יום לתחילת שנות המלך אלא כל מלך ומלך לפי יום שעמד אין להבחין אם השטר מוקדם או מאוחר כגון אם כתוב בו בכסליו בשנה שלישית לוה פלוני מפלוני מנה והעדים אמרו כשחתמנו בו לא ראינו שהלוהו אלא הלוה אמר לנו חתמו עלי שאני חייב לפלוני מנה כאותה ששנינו (ב"ב ד' קסז:) כותבין שטר ללוה אע"פ שאין מלוה עמו ואין אנו יודעין אם הלוהו קודם לכן או אחר כן אבל ראינו שהלוהו מנה בתמוז בשנה שלישית למלך פלוני ואם אין הדיינין יודעין באיזה חדש עמד המלך אין להבחין אם תמוז קודם לכסליו אם כסליו קודם לתמוז אם שנתו מתחלת בין תמוז לכסליו (ג) נמצא כסליו קודם לתמוז בכל שנותיו ושטר מוקדם הוא ואם עמד בין כסליו לתמוז שלאחריו נמצא תמוז קודם לכסליו בכל שנותיו ושטר מאוחר הוא ועכשיו שקבעו ניסן ר"ה לעולם תמוז קודם לכסליו: עלתה לו שנה. כלומר כלתה לו שנתו ומעתה מונין לו שנה שניה:

תוספות

ארבעה ראשי שנים הן. בכל דוכתי תני הן כדאשכחן הכא ובפ' בתרא דשבועות (ד' מט.) ארבעה שומרים הן ובפ"ק דחולין (ד' יח:) ג' פגימות הן ובפ' אין מעמידין (ע"ז ד' ל.) ג' יינות הן ובפ' כל הצלמים (שם ד' מז:) ג' בתים הן ג' אבנים הן ג' אילנות הן אבל בריש ב"ק (ד' ב. ושם) תנן ארבעה אבות נזיקין ולא תני הן משום דקאי אבתריה כלומר ארבעה אבות נזיקין הללו לא ראי זה כראי זה ותדע דבגמרא במגילה דרבי חייא ורבי אושעיא תני הן (ב):

למלכים. פי' בקונטרס משום שלום מלכות ואינו דהכא למלכי ישראל קמיירי ודוקא גבי גיטין אמרינן הכי פרק הזורק (גיטין ד' פ. ושם) אמר עולא מפני מה תקנו מלכות בגיטין משום שלום מלכות וגבי גיטין פסולין ודאי אפי' מלכות שאינה הוגנת כמלכות מדי ויון אבל מתני' דהכא פירוש לשטרות ובפ"ק דע"ז (ד' י.) אמרינן דבגולה אין מונין (ג) אלא למלכי יון בלבד ומסקינן נמי התם דלמלכים דהכא למלכי ישראל וכן אמרינן לקמן (ד' ג.) בגמר' לא שנו אלא למלכי ישראל אבל למלכי אומות העולם מתשרי מנינן וצריך לפרש דאין צריך שלום מלכות אלא בגט אשה לפי שהוא דבר גדול ומילתא דחשיבות לפי שעל ידי גט מותרת לכל אדם וחשיב משאר שטרות:

לשטרות דתנן שטרי חוב המוקדמים. פירש הקונטרס שאם לא קבעו יום לתחילת שנת המלך אלא לכל מלך לפי מה שעמד פעמים שאין להבחין כגון אם כתוב בו בכסליו בשנה שלישית ובאו עדים ואמרו כשחתמנו לא ראינו שהלוהו אלא הלוה אמר לנו חתמו כאותה ששנינו כותבין שטר ללוה אע"פ שאין המלוה עמו ואין אנו יודעין אם הלוהו קודם לכן או אחר כך אבל ראינו שהלוהו בתמוז שנת שלש למלך ואם אין הדיינין יודעין באיזה חדש עמד המלך אין להבחין אם תמוז קודם לכסליו ואם כסליו קודם לתמוז אם שנתו מתחלת בין תמוז לכסליו נמצא כסליו קודם לתמוז בכל שנותיו ואם עמד בין כסליו לתמוז נמצא תמוז קודם לכסליו בכל שנותיו ועכשיו שקבעו ניסן ר"ה לעולם תמוז קודם לכסליו וצריך לפרש שהודו המלוה והלוה שהלואה אחת היא דאי לאו הכי מנא ידעי והשתא משמע לפי' הקונטרס מספק היינו חושבין אותו מוקדם אי לאו דקבעו ניסן ר"ה שע"י כן אנו יודעין בו שהוא מאוחר ואי אפשר לומר כן דאין לנו לפסול שום שטר מספק כדמוכח בריש אחד דיני ממונות (סנהדרין דף לב. ושם) דקאמר שטר שזמנו כתוב באחד בניסן בשמיטה ובאו עדים ואמרו היאך אתם מעידים על שטר זה והלא באותו יום עמנו הייתם שטר כשר ועדיו כשרים חיישינן שמא אחרוהו וכתבוהו הרי שאנו תולין להכשיר מספק וכן בגט פשוט (ב"ב דף קעא. ושם) דקאמר שטר שזמנו כתוב בשבת או בי' בתשרי כשר שאני אומר אחרוהו וכתבוהו ומיהו יכול לפרש פירוש איפכא שיפרש שכתוב בשטר בתמוז בשנת שלש והעדים החתומים אומרים שבכסליו בשנת ג' היתה המלוה והייתי מכשיר מספק וע"י שקבעו בניסן ר"ה אנו יודעין שהוא מוקדם דלעולם תמוז קודם לכסליו ומיהו עיקר פירושו תימה גדולה שעשו תקנה פן ישכחו כל העולם מתי עמד המלך וכן סופר שכותב כל היום שטרות היאך ישכח ועוד דא"כ הוי מצי למימר דנפקא מינה טובא לכל שטרות שלא ידעו מה לכתוב בו ביום דאין יודעין מתי מתחלת שנת המלך ועוד דכי האי גוונא לאו מוקדם לאביי דאמר בפ"ק דב"מ (דף יג. ושם) עדיו בחתומיו זכין לו ולרב אסי דפליג עליה למה הוצרכו לעשות תקנה זו הא אמרינן אין כותבין שטר ללוה אא"כ מלוה עמו אלא בשטרי הקנאה ונראה דנפקא מינה לשטרי חוב (ד) המוקדמין היינו כגון אם עמד המלך באחד בניסן כשיגיע אחד בניסן אחר ישכח הסופר ויסבור דאשתקד עמד המלך בשנים בניסן דעביד איניש דטעי חד יומא ויכתוב באחד בניסן בשנה ראשונה למלך ונמצא שטר זה מוקדם שנה שלימה שהיא שנה שניה וכתוב ראשונה ונמצאו ב"ד טורפין מן הלקוחות של שנה זו שלא כדין אבל עכשיו שקבעו ניסן ר"ה תו לא אתי לידי תקלה דאפי' עמד אשתקד בשנים בניסן כשמגיע ניסן אחר מתחילין למנות לו שנה אחרת וא"ת אכתי אתי לידי תקלה דאם עמד בכ"ט באדר בשנה ראשונה למלך כשיגיע כ"ט אחר יטעה הסופר ביום אחד ויסבור שעמד באחד בניסן ויכתוב עכשיו בכ"ט באדר (בשנה ראשונה למלך) ונמצא מוקדם שנה שלימה לאו פירכא היא דכשעמד בכ"ט באדר מיד שיגיע לאחד בניסן מתחיל למנות שנה שניה ויודע הסופר שכל השנה כתב בכל השטרות שנה שניה הלכך לא טעי ויש שיטה אחרת בירושלמי בין מ"ד מניסן מנינן בין מ"ד מתשרי מנינן מה בייהו א"ר יצחק שטרות יוצאות ביניהן לוה באייר וכתב ביה שנה שניה למלכות מכר מכירה במרחשון וכתב בו שנה שניה למלכות מ"ד מניסן מנינן מלוה קדמאה מ"ד מתשרי מנינן מכירה קדמאה ומילתא אחריתי היא ולא אתי לפרושי מאי טעמא קבעו ניסן ראש השנה: שטרי חוב המוקדמין פסולין. בשלהי איזהו נשך (ב"מ ד' עב. ושם) פי' בקונטרס פסולין לגבי משעבדי אבל מבני חרי גבי ולא יתכן וכמו שפירשנו שם (ד"ה שטר): אבל

עין משפט נר מצוה

א א מיי' פ"ז מהל' בכורות הלכה ו סמג עשין ריב:
ב ב ג מיי' פ"ד מהל' שמיטין הל' ט ופ"י הל' ד סמג עשין קמו ולאוין רסח:
ג ד מיי' פ"ט מהל' מעשר שני הל' ח סמג עשין קלו טוש"ע י"ד סימן רלד סעיף ד:
ד ה ו מיי' שם פ"א הל' ג ופ"ה מהל' תרומות הל' יא סמג עשין קלג טוש"ע י"ד סימן שלא סעיף מ וסעיף קכה:
ה ז מיי' פכ"ג מהל' מלוה ולוה הל' א סמג עשין לד טוש"ע ח"מ סימן מג סעיף ז:
ו ח מיי' שם הלכה ב טוש"ע שם סעיף יב ויג:

רבינו חננאל

ארבעה ראשי שנים הם באחד בניסן ר"ה למלכים ולרגלים. ואמרינן למלכים למאי הלכתא בעינן למידע ר"ה שלהן. אמר רב חסדא לשטרות כלומר כיון שזמן השטרות למנין שנות המלכים מונין כדאמרינן בשנת כך וכך לינאי המלך בשנת כך וכך ליוחנן כ"ג. צריכין אנו לידע ר"ה שלהן איזה יום ואיזה חודש הוא. שאם יצא לפנינו שטר יודעין כמה שנים יש לו ומאותו הזמן שנכתב השטר נשתעבדו לו כל הנכסים של לוה ואם מכר הנכסים אח"כ בעל חוב בא וטורף ומוציא מידו. וכיון שר"ה של מלכים ניסן עד ניסן אחר תשלום השנה והכסדר הזה מונין והולכין וכן שני שטרות היוצאין על אדם אחד מן הזמן של זה ושל זה מתברר איזה קודם ולו משפט לטרוף הנכסים קודם. ואם ילוה אדם לחבירו מעות בניסן בשנת ה' לינאי המלך ויקדים זמן השטר ויכתב בניסן בשנת ד' לינאי המלך. אם נתברר בב"ד כי העדים הקדימו זמנו של אותו השטר פסול הוא כדתנן בסוף מס' שביעית שטרי חוב המוקדמין פסולין דאתי למיטרף לקוחות שלא כדין אבל המאוחרין כשרין. מלך שעמד בכ"ט באדר כיון שהגיע יום אחד בניסן עלתה לו שנה

מסורת הש"ס

א) ע"ז י., ב) [בכורות נז:], ג) [שם נח.], ד) [ע' בפרש"י לקמן יד. דפיסקא], ה) [ע"ז י.], ו) ב"מ ז: שם עב. סנהדרין לב. שביעית פ"י משנה ה ב"ב קמ: שם קעא:, ז) [לקמן ח.], ח) [לפנינו שם ליתא מלת הן. וע"ע תוס' ב"ק ב. ד"ה ארבעה].

הגהות הב"ח

(א) רש"י ד"ה שטרי חוב המוקדמין כו' (ולא יטרוף אפי' וכו' עד מן המשועבדים) תא"מ ונ"ב מדברי התוס' משמע שלא היה לפניהם לשון זה בפי' רש"י: (ב) בא"ד בין תמוז לכסליו שלאחריו נמצא: (ג) תוס' ד"ה למלכים וכו' דבגולה אין מונין. נ"ב פי' בשטרות אין מונין: (ד) ד"ה לשטרות וכו' ונראה דנפקא מינה לשטרי חוב. נ"ב ויש להקשות אמאי לא פי' התוס' דרך זה על פי פירש"י בטעות הדיינין דנפקא מינה כגון שעמד המלך בא' בניסן והלואה היתה בא' בניסן בשנה שלישית דשטר מאוחר הוא והדיינין טעו ביום א' ויסברו שהמלך עמד בב' בניסן ונמצא דא' בניסן היא סוף שנה שלישית שהלוה לו מעותיו ונמצא שטר מוקדם הוא וי"ל דאם כן לאחר שתקנו דר"ה ניסן ר"ה למלכים נמי איכא למיחש דאם עמד המלך בכ"ה ניסן וכתיבת השטר בסוף שנה בכ"ט באדר בשנה ראשונה ועדים מעידים שהלואה היתה בכסליו לפני אדר דשטר מאוחר הוא וטעו הדיינין ביום א' ויסברו שהמלך עמד בכ"ט באדר ומיד שיגיע ניסן מתחיל שנה שניה ונמצא שהשטר בכ"ט באדר בשנה ראשונה היתה מקמי ההלואה שבכסליו בשנה שניה אבל לפי' לא חיישינן לטעות של סופר ניחא:

ליקוטי רש"י

ראש השנה למעשר בהמה. דאותן שנולדו קודם לכן אין נכנסין לדיר להתעשר עם אותן שיולדו מכאן ואילך משום דהוי חדש וישן [בכורות נז:]. באחד בשבט ר"ה לאילן. ואין תורמין מפירות אילן שחנטו קודם לכן על פירות האילן שחנטו לאחר מכאן [לקמן יד.]. לשטרות. דכל אימת דקאי מלכא מני מנוי שילהי אדר מלכא ליה שתא ובניסן ריש שתא תנינא למיכתב בשטרי [ע"ז י.]. לתחילת שנות מלכים [לקמן ח.]. המוקדמין. למלוה [ב"מ עב.]. ליכתב קודם המלוה [סנהדרין לב.]. שהקדים זמן הכתוב בשטר ליום כתיבתו א"נ שנכתבו בו באחד בניסן וכן כתוב בו באחד בניסן והלוה לו ממנו כלום עד ט"ו בניסן [רשב"ם ב"ב קנז:]. שנכתבו ביום ט"ו בניסן וכתב בתוך הזמן באחד בניסן [שם]. שכתבוהו באחד באייר ובתוך השטר הקדימו וכתבו בו באחד בניסן [שם קעא:]. **פסולין.** דבעי למיטרף לקוחות מזמן הכתוב בו ועדיין לא הלוה וטרוף הלקוחות קודם למלוה חזה מוליא שטרו והוא קודם והוא שקר ואינו טורף מן המשועבדין ואפילו מן המאוחר למלוה [ב"מ שם]. דקא בעי למיטרף לקוחות מזמן הכתוב שלא כדין וקנסינן היתרא אטו איסורא ופסול אפי' מזמן שני כדאמרינן באיזהו נשך [סנהדרין שם]. שאין לו לטרוף אלא מזמן ההלואה ואילך ולא כאביי דאמר עדיו בחתומיו זכין לו בשנים אוחזין (ב"מ יג.) [רשב"ם ב"ב קנז:]. דאתי למיטרף לקוחות של ניסן שלא כדין שהרי ההלואה היתה בט"ו בניסן והוא יטרוף לקוחות דט"ו קודם [שם]. ואפי' מזמן שני לא גובה [שם קעא:]. **והמאוחרין כשרין.** שבאו עדים ואמרו אנו יודעים במלוה זו שקדמה לזמן [שם]. לוה בניסן ולא נכתב עד תשרי אי נמי כתבוהו ביום שלוה אך איחר הזמן בתוך השטר וכתב בו בתשרי כשרין שמחל לו השעבוד עד תשרי ולא יטרוף לקוחות אלא מתשרי ואילך [רשב"ם ב"ב קנז:]. לוה בניסן וכתבו בתוך השטר באחד באייר וכ"ש אם לוה בניסן ולא נכתב עד אייר דכשר שהרי מחל לו שעבוד של חדש שעבר [שם קעא:]. דמעליותא היא דקא מחיל ליה לשיעבודא עד השתא [סנהדרין שם].

to the opinion of Beis Shammai. בֵּית הִלֵּל אוֹמְרִים – However, **Beis Hillel say:** בַּחֲמִשָּׁה עָשָׂר בּוֹ – It is **on the fifteenth of [Shevat].**[10]

Gemara The Gemara questions the Mishnah's first ruling: לַמְּלָכִים – The New Year FOR KINGS is on the first of Nissan. לְמַאי הִלְכְתָא – **For the sake of which law** was a standard date established in this context?[11]

The Gemara answers:

אָמַר רַב חִסְדָּא – **Rav Chisda said:** לִשְׁטָרוֹת – It is needed **with respect to documents,**[12] דִּתְנַן – **for we learned in a Mishnah:**[13] שְׁטָרֵי חוֹב הַמּוּקְדָּמִין פְּסוּלִין – PREDATED DEBT DOCUMENTS ARE INVALID,[14] וְהַמְאוּחָרִין כְּשֵׁרִין – WHILE POSTDATED ONES ARE VALID.[15] Since documents are commonly dated using the year of the king's reign, it is necessary to have a standardized method of reckoning that year to determine whether a particular document is predated or postdated.[16]

A Baraisa illustrates the Mishnah's ruling that the first of Nissan is the New Year for kings:

תָּנוּ רַבָּנָן – **The Rabbis taught in a Baraisa:** מֶלֶךְ שֶׁעָמַד בְּעֶשְׂרִים וְתִשְׁעָה בַּאֲדָר – IF A KING ASCENDED the throne ON THE TWENTY-NINTH OF ADAR, כֵּיוָן שֶׁהִגִּיעַ אֶחָד בְּנִיסָן – AS SOON AS THE FIRST OF NISSAN ARRIVES (i.e. the very next day) עָלְתָה לוֹ שָׁנָה – A YEAR IS COUNTED FOR HIM.[17] וְאִם לֹא עָמַד אֶלָּא בְּאֶחָד בְּנִיסָן – BUT IF HE DID NOT ASCEND the throne UNTIL THE FIRST OF NISSAN, אֵין מוֹנִין לוֹ שָׁנָה עַד שֶׁיַּגִּיעַ נִיסָן אַחֵר – WE DO NOT COUNT A YEAR FOR HIM UNTIL ANOTHER NISSAN ARRIVES.[18]

This Baraisa is examined:

אָמַר מַר – **The master stated** in the Baraisa: מֶלֶךְ שֶׁעָמַד בְּעֶשְׂרִים וְתִשְׁעָה בַּאֲדָר – IF A KING ASCENDED the throne ON THE TWENTY-NINTH OF ADAR, כֵּיוָן שֶׁהִגִּיעַ אֶחָד בְּנִיסָן – AS SOON AS THE FIRST OF NISSAN ARRIVES, עָלְתָה לוֹ שָׁנָה – A YEAR IS COUNTED FOR HIM. הָא – **This**

NOTES

10. The reasoning behind these opinions is given below, 14a (see *Tosafos* there ד״ה באחד).

11. The Gemara is asking why the Rabbis established a standard date that is the same for every king. Let each king begin a new year on the anniversary of *his* accession to the throne (*Rashi*).

Some Rishonim interpret the Gemara as seeking the practical *consequence* (rather than the reason) of the Mishnah's law. That is, what practical difference does it make to us when a king begins another year of his reign? This interpretation is supported by the Gemara (4a), which clearly means this when it asks a similar question regarding the Mishnah's next law (*Ran* folio 2a ד״ה לפיכך; see *Rabbeinu Chananel*). [See *Ritva*, and *Meiri* ד״ה וזהו הנראה, for reasons why *Rashi* rejected this approach. See also *Pnei Yehoshua.*]

12. I.e. to determine whether a debt document is postdated or predated (*Rashi;* see Gemara below).

13. *Sheviis* 10:5.

14. Loans recorded in a formal document signed by two witnesses create a lien on all of the borrower's real property. Even if the borrower subsequently sells his property, the lien remains attached to it. Thus, in the event that payment is not forthcoming from the borrower himself, the lender can produce his document and collect the property from the buyer. But the lender is entitled to collect from the buyer only those properties sold after the loan, for he has no lien on properties that were sold earlier. Now, if the loan document is predated, the lender could use it to unlawfully collect properties that were sold before the actual date of the loan but after the date recorded in the document. The unsuspecting purchaser will hand over his land to the lender thinking that the lender has a valid lien on it. Therefore, a document that is discovered to be predated is declared invalid by the Rabbis and it cannot be used even for seizing land that was sold *after* the actual date of the loan (*Rashi*).

[According to some Rishonim, a predated document is invalid only to the extent that it cannot be used to collect land no longer in the debtor's possession. It nevertheless serves as evidence to the fact of the loan; that is, it can be used to disprove the borrower's denial of the debt and thus allow the lender to recover his debt from the borrower's current assets (*Rashi, Ritva, Ran* and *Meiri*). Other Rishonim, though, rule that the document is completely worthless and the court destroys it (see *Tosafos* to *Bava Metzia* 72a ד״ה שטר).]

15. A postdated document is one that is dated later than the actual date of the loan. Such a note is unfavorable for the lender, because he will not be able to use it to collect certain properties on which he does lawfully have a lien; namely, properties sold by the borrower between the actual date of the loan and the date recorded in the note. The document cannot be used to defraud anyone, and its sole defect is for the lender himself. By accepting such a note, the lender waives his right to exercise his lien on those particular properties, which is perfectly legal. The document is therefore declared valid despite its inaccuracy (*Rashbam* to *Bava Basra* 171b). [Initially, however, one should not draw up such an inaccurate document, since it has the appearance of falsehood (*Rama, Choshen Mishpat* 43:12).]

16. If the years of every king's reign do not begin on the same date – rather, each king begins a new year on the anniversary of his accession – it might be impossible to determine whether a document is predated or postdated. For example, a document comes before the court which states that one person borrowed money from another in Kislev of the third year of a particular king's reign. However, the witnesses who signed the document testify that they did not see the loan being made *at that time;* rather, they were merely asked by the borrower to sign a document which states that he owes a certain sum of money to the lender. [Regarding the propriety of signing a loan document without witnessing the loan, see *Rashi, Tosafos, Ran, Pnei Yehoshua, Sfas Emes* et al.] They do not know whether the loan was made before or after the date recorded in the document, but they declare that they did see the lender loan that amount of money to the borrower in Tammuz of the king's third year. The court assumes that the document was signed in Kislev of the king's third year and the loan was actually made in Tammuz of the same year. Now, if the judges do not know the month in which the king came to the throne, they cannot tell whether the document preceded the loan or vice versa. On the one hand, it is possible that the king's reign began between Tammuz and the following Kislev, in which case the Kislev of the third year (the date of the document) precedes the Tammuz of that year (the date of the loan). The document would thus be predated and invalid. On the other hand, perhaps the king's reign began between Kislev and the following Tammuz, in which case the document was written after the loan and is valid. To avoid such a situation, the Rabbis decreed that the years of *all* kings be counted from Nissan. Hence, in the preceding example, Tammuz (the date of the loan) precedes Kislev (the date of the document), and the document is postdated (*Rashi*). [The Rishonim explain that *Rashi* refers to a case in which the borrower and lender agree that the loan recorded in the document is the same as the one seen by the witnesses. Otherwise, the judges would have no way of knowing that these loans were one and the same (*Tosafos* et al.).]

Tosafos object to *Rashi's* approach, arguing that the Rabbis would not have passed a decree to forestall the remote possibility of everyone forgetting when the king's reign began. In view of this and several other difficulties, *Tosafos* offer a different explanation of the Gemara. [Other explanations are also proposed by *Rabbeinu Chananel, Rashba* and *Ran.*] For interpretations of *Rashi* that resolve these problems, see *Pnei Yehoshua, Aruch LaNer, Sfas Emes* and *Meromei Sadeh.*

17. That is, his first year has ended and we now begin counting his second year (*Rashi*). The first day of his reign is treated as an entire year.

18. In this case, his first year does not end until he has ruled for an entire calendar year.

ארבעה

ראשי שנים הם א) באחד בניסן ר"ה למלכים ולרגלים ב) באחד באלול ראש השנה למעשר בהמה ר' אלעזר ור"ש אומרים ג) באחד בתשרי באחד בתשרי ראש השנה לשנים ב ולשמיטין ג וליובלות ד לנטיעה ה ולירקות ו באחד בשבט ראש השנה לאילן כדברי בית שמאי בית הלל אומרים ז בחמשה עשר בו: גמ' ח) למלכים למאי הלכתא אמר רב חסדא לשטרות דתנן ט) שטרי חוב ה המוקדמין פסולין והמאוחרין כשרין תנו רבנן מלך שעמד בעשרים ותשעה באדר כיון שהגיע אחד בניסן עלתה לו שנה ואם לא עמד אלא באחד בניסן אין מונין לו שנה עד שיגיע ניסן אחר אמר מר מלך שעמד בעשרים ותשעה באדר כיון שהגיע אחד בניסן עלתה לו שנה הא קמ"ל

ארבעה ראשי שנים: למלכים. רגילים היו למנות זמן שטרותיהם לשנות המלך משנה שעמד בה המלך כדאמרינן במסכת גיטין (ד' פ.) משום שלום מלכות וקבעו חכמים אחד בניסן לתחלת שנתו ואפילו עמד בשבט או באדר כלתה שנתו משהגיע ניסן ויתחילו למנות לו שנה שניה: ולרגלים. מפרש בגמרא (ד' ד.): למעשר בהמה. שאין מעשרין מן הנולדים בשנה זו על הנולדים בחבירתה דכתיב (דברים יד) עשר תעשר את כל תבואת זרעך היוצא השדה שנה שנה ואמר מר בבכורות בפרק מעשר בהמה (דף נג.) בשתי מעשרות הכתוב מדבר אחד מעשר בהמה ואחד מעשר דגן: לשנים. מפרש בגמ' (דף ח.): לשמיטין וליובלות. משנכנס תשרי אסור לחרוש ולזרוע מן התורה: לנטיעה. למנין שני ערלה ואפילו נטעה באב כלתה שנתה הראשונה לסוף אלול וכולהו מפרש טעמא בגמרא: לירקות. למעשר ירק שאין תורמין ומעשרין מן הנלקט לפני ר"ה על של אחר ר"ה: לאילן. לענין מעשר שאין מעשרין פירות האילן שחנטו קודם שבט על שחנטו לאחר שבט שבאילן הולך אחר חנטה ובגמ' מפרש מאי שנא שבט: גמ' למאי הלכתא. כלומר למה הוקבע יום מיוחד למנין המלכים איפא שבכל מלך ומלך מתחיל שנתו מיום שעמד בו: לשטרות. להבחין איזה שטר חוב מוקדם למלוה ואיזה מאוחר: דתנן. במסכת שביעית (פ"י מ"ה): שטרי חוב המוקדמין פסולין. לפי שבא לטרוף לקוחות שלקחו שדה מן הלוה מזמן שבשטר ושלא כדין הוא שהרי קדמה מכירה להלואה ובשטר מעיד שהלואה קדמה לפיכך קנסוהו מלגבות בו (א) ולא יטרוף אפילו מזמן המלוה ואילך אלא כמלוה על פה שאינו גובה מן המשועבדים ואם לא קבעו יום לתחילת שנות המלך אלא כל מלך ומלך לפי יום שעמד אין להבחין אם השטר מוקדם או מאוחר כגון אם כתוב בו בכסליו בשנה שלישית לוה פלוני מפלוני מנה והעדים אמרו כשחתמנו בו לא ראינו שהלוהו אלא הלוה אמר לנו חתמו עלי שאני חייב לפלוני מנה כאותה ששנינו (ב"ב ד' קסז:) כותבין שטר ללוה אע"פ שאין מלוה עמו ואין אנו יודעין אם הלוהו קודם לכן או אחר כן אבל ראינו שהלוהו מנה בתמוז בשנה שלישית למלך פלוני ואם אין הדיינין יודעין באיזה חדש עמד המלך אין להבחין אם תמוז קודם לכסליו אם כסליו קודם לתמוז אם שנתו מתחלת בין תמוז לכסליו (ג) נמצא כסליו קודם לתמוז בכל שנותיו ושטר מוקדם הוא ואם עמד בין כסליו לתמוז שלאחריו נמצא תמוז קודם לכסליו בכל שנותיו ושטר מאוחר הוא ועכשיו שקבעו ניסן ר"ה לעולם תמוז קודם לכסליו: עלתה לו שנה. כלומר כלתה לו שנתו ומעתה מונין לו שנה שניה: מאי

ארבעה ראשי שנים הן. בכל דוכתי תני הן כדאשכחן הכא ובפ' בתרא דשבועות (ד' מט.) ארבעה שומרים הן ובפ"ק דחולין (ד' יח:) ג' פגימות הן ובפ' אין מעמידין (ע"ז ד' לו:) ג' יינות הן ובפ' כל הצלמים (שם ד' מז:) ג' בתים הן ג' אבנים הן ג' אילנות הן אבל בריש ב"ק (ד' ב. ושם) תנן ארבעה אבות נזיקין ולא תני הן משום דקאי אבתריה כלומר ארבעה אבות נזיקין הללו לא ראי זה כראי זה ומדע דבגמרא במניינא דרבי חייא ורבי אושעיא תני הן ח): **למלכים.** פי' בקונטרס משום שלום מלכות ואינו דהכא למלכי ישראל קמיירי ודוקא גבי גיטין אמרינן הכי פרק הזורק (גיטין ד' פ. ושם) אמר עולא מפני מה תקנו מלכות בגיטין משום שלום מלכות וגבי גיטין פסולין ולאו אפי' מלכות שאינה הוגנת כמלכות מדי ויון אבל מתני' דהכא פירוש לשטרות ובפ"ק דע"ז (ד' י.) אמרינן דבגולה אין מונין (ג) אלא למלכי יון בלבד ומסקינן נמי התם דלמלכים דהכא למלכי ישראל וכן אמרינן לקמן (ד' ג.) בגמר' לא שנו אלא למלכי ישראל אבל למלכי אומות העולם מתשרי מנינן וצריך לפרש דלאו צריך שלום מלכות אלא בגט אשה לפי שהוא דבר גדול ומילתא דחשיבות לפי שעל ידי גט מותרת לכל אדם וחשיב משאר שטרות: **לשטרות** דתנן שטרי חוב המוקדמים. פירש בקונטרס שאם לא קבעו יום לתחילת שנת המלך אלא לכל מלך לפי מה שעמד פעמים שאין להבחין כגון אם כתוב בו בכסליו בשנה שלישית ובאו עדים ואמרו כשחתמנו לא ראינו שהלוהו אלא הלוה אמר לנו חתמו כאותה ששנינו כותבין שטר ללוה אע"פ שאין המלוה עמו ואין אנו יודעין אם הלוהו קודם לכן או אחר כך אבל ראינו שהלוהו בתמוז בשנה שלש למלך ואם אין הדיינין יודעין באיזה חדש עמד המלך אין להבחין אם תמוז קודם לכסליו ואם כסליו קודם לתמוז נמצא תמוז קודם לכסליו בכל שנותיו ועכשיו שקבעו ניסן ר"ה לעולם תמוז קודם לכסליו וצריך לפרש שהודו המלוה והלוה שהלואה אחת היא דאי לאו הכי מנא ידעי והשתא משמע לפי' הקונטרס מספק היינו חושבין אותו מוקדם אי לאו דקבעו ניסן ר"ה שע"י כן אנו יודעין בו שהוא מאוחר ואי אפשר לומר כן דאין לנו לפסול שום שטר מספק כדמוכח בריש אחד דיני ממונות (סנהדרין דף לב. ושם) דקאמר שטר שזמנו כתוב באחד בניסן בשמיטה ובאו עדים ואמרו היאך אתם מעידים על שטר זה והלא באותו יום עמנו הייתם שטר כשר ועדיו כשרים חיישינן שמא אחרוהו וכתבוהו הרי שאנו תולין להכשיר מספק וכן בגט פשוט (ב"ב דף קעא. ושם) דקאמר שטר שזמנו כתוב בשבת או בי' בתשרי כשר שאני אומר אחרוהו וכתבוהו ומיהו יכול לפרש פירוש איפכא שיפרש שכתוב בשטר בתמוז בשנת שלש והעדים החתומים אומרים שבכסליו בשנת ג' היתה המלוה והייתי מכשיר מספק וע"י שקבעו בניסן ר"ה אנו יודעין שהוא מוקדם דלעולם תמוז קודם לכסליו ומיהו עיקר פירושו תימה גדולה שעשו תקנה פן ישכחו כל העולם מתי עמד המלך וכן סופר שכותב כל היום שטרות האיך ישכח ועוד דא"כ הוי מצי למימר דנפקא מינה טובא לכל שטרות שלא ידעו מה לכתוב בו ביום דאין יודעין מתי מתחלת שנת המלך ועוד דכי האי גוונא לאו מוקדם לאביי דאמר בפ"ק דב"מ (דף יג. ושם) עדיו בחתומיו זכין לו ולרב אסי דפליג עליה למה הוצרכו לעשות תקנה זו הא אמרינן אין כותבין שטר ללוה אא"כ מלוה עמו אלא בשטרי הקנאה ונראה דנפקא מינה לשטרי חוב (ד) המוקדמין היינו כגון אם עמד המלך באחד בניסן כשיגיע אחד בניסן אחר ישכח הסופר ויסבור דאשתקד עמד המלך בשניס בניסן דעביד איניש דטעי חד יומא ויכתוב באחד בניסן בשנה ראשונה למלך ונמצא שטר זה מוקדם שנה שלימה שהיא שנה שניה וכתוב ראשונה ונמצאו ב"ד טורפין מן הלקוחות של שנה זו שלא כדין אבל עכשיו שקבעו ניסן ר"ה תו לא אתי לידי תקלה דאפי' עמד אשתקד בשניס בניסן כשמגיע ניסן אחר מתחילין למנות לו שנה אחרת וא"ת הכתי אתי לידי תקלה דאם עמד בכ"ט באדר בשנה ראשונה למלך כשיגיע כ"ט אחר יטעה הסופר ביום אחד ויסבור שעמד באחד בניסן ויכתוב עכשיו בכ"ט באדר (בשנה ראשונה למלך) ונמצא מוקדם שנה שלימה לאו פירכא היא דכשעמד בכ"ט באדר מיד שיגיע לאחד בניסן מתחיל למנות שנה שניה ויודע הסופר שכל השנה כתב בכל השטרות שנה שניה הלכך לא טעי ויש שיטה אחרת בירושלמי בין מ"ד מניסן מנינן בין מ"ד מתשרי מנינן מה בינייהו א"ר יצחק שטרות יוצאות ביניהן לוה באייר וכתב ביה שנה שניה למלכות מכר מכירה במרחשון וכתב בו שנה שניה למלכות מ"ד מניסן מנינן מלוה קדמאה מ"ד מתשרי מנינן מכירה קדמאה ומילתא אחריתי היא ולא אתי לפרושי מאי טעמא קבעו ניסן ראש השנה: **שטרי** חוב המוקדמין פסולין. בשלהי איזהו נשך (ב"מ ד' עב. ושם) פי' בקונטרס פסולין לגבי משעבדי אבל מבני חרי גבי ולא יתכן וכמו שפירשנו שם (ד"ה שטר): אבל

מסורת הש"ס

א) ע"ז י., ב) [בכורות נז:], ג) [שם נח.], ד) [ע' בפרש"י לקמן יד. בפיסקא], ה) [ע"ז י.], ו) ב"מ יז. שם עב. סנהדרין לב. שביעית פ"י משנה ה ב"ב קמ: שם קעא:, ז) [לקמן ח.], ז) [ולקמן ח.], ח) [לפנינו שם ליתא מלת הן. וע"ע תוס' ב"ק ב. ד"ה ארבעה].

הגהות הב"ח

(א) רש"י ד"ה שטרי חוב המוקדמין כו' (ולא יטרוף אפי' וכו' עד מן המשועבדים) תא"מ ונ"ב מדברי התוס' משמע שלא היה לפניהם לשון זה בפי' רש"י: (ב) בא"ד בין תמוז לכסליו שלאחריו נמצא: (ג) תוס' ד"ה למלכים וכו' דבגולה אין מונין. נ"ב פי' לשטרות אין מונין: (ד) ד"ה לשטרות וכו' ונראה דנפקא מינה לשטרי חוב. נ"ב ויש להקשות אמאי לא פי' התוס' דרך זה על פי פירש"י בטעות הדיינין דנפקא מינה כגון שעמד המלך בא' בניסן והלואה היתה בא' בניסן בשנה שלישית בשטר מאוחר הוא והדיינין יטעו ביום א' ויסברו שהמלך עמד בב' בניסן ונמצא דא' בניסן היא סוף שנה שלישית שהלוה לו מעותיו ושטר מוקדם הוא וי"ל דאם כן לאחר שתקנו דר"ה ניסן ר"ה למלכים נמי איכא למיחש לטעות הדיינין דאם עמד המלך בכ"ח ניסן וכתיבת השטר בסוף שנה בכ"ט באדר בשנה ראשונה ועדים מעידים שהלואה היתה עכשיו בכסליו לפני אדר דשטר מאוחר הוא יטעו הדיינין ביום א' ויסברו שהמלך עמד בכ"ט באדר ומיד שיגיע ניסן מתחיל שנה שניה ונמצא שכתיבת השטר בכ"ט באדר בשנה ראשונה היתה מקמי הלואה שבכסליו שהיא שנה שניה אבל לפי' דלא חיישינן לטעות של סופר ניחא:

ליקוטי רש"י

ראש השנה למעשר בהמה. דאותן שנולדו קודם לכן אין נכנסין לדיר להתעשר עם אותן שיולדו מכאן ואילך משום דהוי חדש וישן [בכורות נז:]. באחד בשבט ר"ה לאילן. ואין תורמין מפירות אילן שחנטו פירותיו קודם לכן על פירות האילן שחנטו לאחר מכאן [לקמן יד.]. לשטרות. דכל אומת דקאי מלכא מכי מטי שילהי אדר סלקא ליה שתא ובניסן ריש שתא חניגא למיכתב בשטרי [ע"ז י.]. לתחילת שנות מלכים [לקמן ח.]. המוקדמין. ליכתב קודם המלוה [ב"מ עב.]. שהקדים זמן הכתוב בשטר ליום כתיבתו א"נ שנכתב השטר באחד בניסן וכן כתוב בו באחד בניסן לוה פלוני מפלוני מנה לא לוה ממנו כלום עד ט"ו בניסן [רשב"ם ב"ב קנז:]. שנכתבו ביום ט"ו בניסן וכתב בתוך השטר באחד בניסן [שם]. שכתבוהו באחד באייר ובתוך השטר הקדימו וכתבו בו באחד בניסן [שם קעא:]. פסולין. דבעי למיטרף לקוחות מזמן הכתוב בו ועדיין לא הלוה ושטר הלקוחות קודם למלוה וזה מוציא שטרו והוא קודם והוא שקר ואינו טורף מן המשועבדין ואפילו מן המאוחר למלוה [ב"מ שם]. דקא בעי למיטרף לקוחות מזמן הכתוב שלא כדין וקנסינן היתרא אטו איסורא ופסול אפי' מזמן שני כדאמרינן באיזהו נשך [סנהדרין שם]. שאין לו לטרוף אלא מזמן ההלואה ואילך ולא כאביי דאמר עדיו בחתומיו זכין לו בשנים אוחזין (ב"מ יג.) [רשב"ם ב"ב קנז:]. דאתי למיטרף לקוחות של ט"ו ימים ראשונים דניסן שלא כדין שהרי ההלואה היתה בט"ו בניסן והוא יטרוף לקוחות דט"ו קודם [שם]. ואפי' מזמן שני לא גובה [שם קעא:]. והמאוחרין כשרין. שבאו עדים ואמרו אנו יודעים במלוה זו שקדמה לזמן הכתוב כאן [סנהדרין שם]. לוה בניסן ולא נכתב עד תשרי אי נמי כתבוהו ביום שלוה אך איחר הזמן בתוך השטר וכתב בו בתשרי כשרין שמחל לו השעבוד עד תשרי ולא יטרוף לקוחות אלא מתשרי ואילך [רשב"ם ב"ב קנז:]. שכתבוהו באחד בניסן וכתבו בתוך השטר באחד באייר וכ"ש אם לוה בניסן ולא נכתב עד אייר דכשר שהרי מחל לו שעבוד של חדש שעבר [שם קעא.]. דמעליותא היא דקא מחיל ליה לשיעבודא עד השתא [סנהדרין שם].

עין משפט נר מצוה

א א מיי' פ"ז מהל' בכורות הלכה ו סמג עשין ריב:
ב ב ג מיי' פ"ד מהל' שמיטין הל' ט ופ"י הל' ד סמג עשין קמז ולאוין רסח:
ג ד מיי' פ"ט מהל' מעשר שני הל' ח סמג עשין קלז טוש"ע י"ד סימן רלד סעיף ד:
ד ה ו מיי' שם פ"א הל' ב ופ"ה מהל' תרומות הל' יא סמג עשין קלו טוש"ע י"ד סימן שלא סעיף נז וסעיף קכה:
ה ז מיי' פכ"ג מהל' מלוה ולוה הל' א סמג עשין לד טוש"ע ח"מ סימן מג סעיף ז:
ו ח מיי' שם הלכה ב טוש"ע שם סעיף יב ויג:

רבינו חננאל

ארבעה ראשי שנים הם באחד בניסן ר"ה למלכים ולרגלים. ואמרינן למלכים למאי הלכתא בעינן למידע ר"ה שלהן. אמר רב חסדא לשטרות כלומר כיון שזמן השטרות למנין שנות המלכים מונין כדאמרינן בשנת כך וכך לינאי המלך בשנת כך וכך ליוחנן כ"ג. צריכין אנו לידע ר"ה שלהן איזה יום ואיזה חודש הוא. שאם יצא לפנינו שטר יודעין כמה שנים יש לו ומאותו הזמן שנכתב השטר נשתעבדו לו כל הנכסים של לוה ואם מכר הנכסים אח"כ בעל חוב בא וטורף ומוציא מידו. וכיון שר"ה של מלכים ניסן עד ניסן אחר תשלום השנה וכסדר הזה מונין והולכין וכן שני שטרות היוצאין על אדם אחד מן הזמן של זה ושל זה מתברר איזה קודם ולו משפט לטרוף הנכסים קודם. ואם ילוה אדם לחבירו מעות בניסן בשנת ה' לינאי המלך ויקדים זמן השטר ויכתב בניסן בשנת ד' לינאי המלך. אם נתברר בב"ד כי העדים הקדימו זמנו של אותו השטר פסול הוא כדתנן בסוף מס' שביעית שטרי חוב המוקדמין פסולין דאתי למיטרף לקוחות שלא כדין אבל המאוחרין כשרין. מלך שעמד בכ"ט באדר כיון שהגיע יום אחד בניסן עלתה לו שנה

קמ"ל דניסן ר"ה למלכים א) ויום אחד בשנה חשוב שנה ואם לא עמד אלא באחד בניסן אין מונין לו שנה עד שיגיע ניסן אחר פשיטא לא צריכא דאימנו עליה מאדר מהו דתימא נימנו ליה תרתין שנין קמ"ל ת"ר ב) מת באדר ועמד אחר תחתיו באדר מונין שנה לזה ולזה מת בניסן ועמד אחר תחתיו בניסן מונין שנה לזה ולזה מת באדר ועמד אחר תחתיו בניסן מונין ראשונה לראשון ושניה לשני אמר מר מת באדר ועמד אחר תחתיו באדר מונין שנה לזה ולזה פשיטא מהו דתימא שתא לבי תרי לא מנינן קמ"ל מת בניסן ועמד אחר תחתיו בניסן מונין שנה לזה ולזה פשיטא מהו דתימא כי אמרינן יום אחד בשנה חשוב שנה בסוף שנה אבל בתחלת שנה לא אמרינן קמ"ל מת באדר ועמד אחר תחתיו בניסן מונין ראשונה לראשון ושניה לשני פשיטא לא צריכא דאימנו עליה מאדר ומלך בן מלך הוא מהו דתימא נימנו לי' תרתין שנין קמ"ל א"ר יוחנן מנין למלכים שאין מונין להם אלא מניסן שנאמר ג) א) ויהי בשמונים שנה וארבע מאות שנה לצאת בני ישראל מארץ מצרים בשנה הרביעית בחדש זיו הוא החדש השני למלך שלמה על ישראל מקיש מלכות שלמה ליציאת מצרים מה יציאת מצרים מניסן אף מלכות שלמה מניסן ויציאת מצרים גופה מנלן דמניסן מנינן דילמא מתשרי מנינן לא סלקא דעתך דכתיב ב) ויעל אהרן הכהן אל הר ההר על פי ה' וימת שם בשנת הארבעים לצאת בני ישראל מארץ מצרים בחדש החמישי באחד לחדש וכתיב ג) ויהי בארבעים שנה בעשתי עשר חדש באחד לחדש דבר משה וגו' מדקאי באב וקרי לה שנת ארבעים וקאי בשבט וקרי לה שנת ארבעים מכלל דר"ה לאו תשרי הוא בשלמא היאך ד) מפרש דליציאת מצרים אלא האי ממאי דליציאת מצרים דילמא להקמת המשכן ה) כדאמר רב פפא שנת עשרים שנת עשרים לגזרה שוה הכא נמי שנת ארבעים שנת ארבעים לגזרה שוה מה כאן ליציאת מצרים אף כאן ליציאת מצרים וממאי דמעשה דאב קדים דילמא מעשה דשבט קדים לא ס"ד דכתיב ד) אחרי הכותו את סיחון וכי נח נפשיה דאהרן אכתי הוה סיחון קיים דכתיב

מאי קמ"ל לא גרסי' אלא (א) קמ"ל ניסן ר"ה למלכים וכו': **דאימנו עליה.** נמנו וגמרו השרים למנותו: **לזה ולזה.** הבא לכתוב שטר באדר לאחר שעמד השני אם רצה לכתוב בשטר בשנת פלוני למלך שמת כותב ואם רצה כותב בשנה ראשונה למלך פלוני שעמד: **מת בניסן ועמד אחר תחתיו בניסן.** והוא הדין אם עמד באחד מכל החדשים שעד ניסן הבא ורוצה למנות בכל השטרות שיכתבו משעמד השני למנין שנות הראשון מונה והרוצה כותב בשנה ראשונה למלך שעמד: **ושניה לשני.** הבא לכתוב משעמד זה לא ימנה שנה שניה למלך שמת שאין שנה זו שלו ולא ימנה את הראשונה לשני לקרות שנה שעמד בה שניה אלא שניה זו ראשונה לשני: **שתא לבי תרי לא מנינן.** משנכנס בה המלך שמת אפי' יום אחד לא יכתבו כל שנה זו בשטר למנין מלך העומד אלא למלך המת: **בסוף שנה.** כגון מלך העומד באדר כלתה לו שנה כשיצא אדר ותשוב לו יום שבסוף שנה זו כשנה שלימה להיות שנה הבאה נקראת שנה שניה: **אבל יום אחד בתחילת שנה.** לא יחשוב לו יום אחד שנה ולא יכתבו שטר בשנה זו לשמו משמת: **ומלך בן מלך הוא.** דאי משום דאימנו עליה לא איצטריך לאשמעינן דשמעינן לה מרישא אבל השתא דאיכא תרתי אימא נימנו ליה מקמייתא קמ"ל וטעמו של דבר ° לפי שהמלכות ירושה היא דכתיב (דברים יז) למען יאריך ימים על ממלכתו הוא ובניו: **בחדש זיו.** הוא אייר כדמפרש קרא הוא החדש השני ואמרינן לקמן (ד' ז.) ניסן ר"ה לסדר מנין החדשים: **למלך שלמה על ישראל.** אשנה רביעית קאי ומקרא מסורס הוא בשנה רביעית למלך שלמה על ישראל בחדש זיו הוא החדש השני ה"נ כתיב קרא אחרינא לקמן ויחל לבנות בחדש השני [בשני] בשנת ארבע למלכותו (דה"ב ג): **מקיש מלכות שלמה.** לענין מנין השנים ליציאת מצרים שהרי המקרא הזה מנה שנה זו שנת ד' מאות ושמונים ליציאת מצרים ובשנת ארבע למלוך שלמה: **מה יציאת מצרים.** מנין השנים שמונין לה מתחילין מניסן אף מלכות שלמה מניסן: **אימא מתשרי.** אע"פ שיצאו בניסן משהגיע תשרי קראו לו שנה שניה לפי שתשרי ר"ה לשנים הנמנים לבריאת עולם והוא הדין ליציאת מצרים: **ויהי בארבעים שנה** הואיל משה באר את התורה. מכלל דתשרי לאו ר"ה דאי תשרי ר"ה הוא הוה ליה בשבט שנת מ"א: **דילמא להקמת המשכן.** שהיה בשנה השנית: **כדאמר רב פפא.** לקמיה: **שנת עשרים שנת עשרים לגזרה שוה.** רב פפא כולהו שנת שבפסוק דצריכי ללמוד זה מזה כולהו גמר להו רב פפא מרבו ללמוד סתום מן המפורש על ידי דין גזירה שוה: **דילמא מעשה דשבט קדים.** ובתשרי שלפניו נכנסה שנת ארבעים: **אחרי הכותו את סיחון.** נאמר במשנה תורה:

אלא

אבל בתחלת שנה לא. וא"ת ולאו קל וחומר הוא כדאמרינן לקמן (ד' י.) בפרקין ומה נדה שאין תחלת היום עולה לה בסופה סוף יום עולה לה בתחלתה שנה שיום אחד עולה בסופה אינו דין שיום א' עולה לה בתחלתה לאו פירכא היא אדרבה (כ"ש) הכא דהכי ניחא טפי דין הוא בעומד (ומונה לו) אחר תחתיו באדר דמונין לו שנה בשביל יום אחד דהיינו בתחלת שנותיו כעין נדה שסוף היום עולה לה בתחלתה אבל מת בניסן לא ימנה לו שנה בשביל יום אחד כיון דהיינו סוף שנותיו כמו נדה שאין תחלת היום עולה לה בסופה:

דאימנו עליה מאדר ומלך בן מלך. אע"ג דלעיל סגי לה בטעמא דאימנו עליה מאדר הכא לא סגי ליה בהכי דמההוא דלעיל שמעינן ליה והך רישא והך גבי הדדי מתניין ואפילו לא מתניין גבי הדדי כדאשכחן בפרק גט פשוט (ב"ב ד' קסו. וסם) גבי הא דתניא כסף בדינרין אין פחות מב' דינרין זהב כסף והדר תני באידך זהב בדינרין אין פחות מבשני דינרין כסף זהב ופריך אבתריה דילמא ז) (למימר) דהכא פריכי במרי דינרי קאמר ליה ומשני אביי יד בעל השטר על התחתונה ופריך אי הכי רישא נמי כלומר בההיא דכסף בדינרין נמי הוה ליה למימר שיהא יד בעל השטר על התחתונה ובשני דינרי כסף כספא פריכא קאמר ליה ואע"ג שהם ב' ברייתות קרי ליה רישא דקים ליה דגבי הדדי מיתנו ח) (ורב שמואל דחק לפרש שם בענין אחר:

בחדש זיו הוא החדש השני. משמע הכא דהיינו אייר כיון דמניסן מנינן למלכים ולקמן (דף יא.) משמע דניסן הוא חדש זיו שנולדו בו אבות העולם שהם זיותני עולם מיהו בקונטרס פי' לקמן דהכי קאמר כשנתחדש אייר כבר נולדו זיותני עולם בניסן א"נ זימנין דניסן דתקופה נמשך בתוך אייר של לבנה:

מקיש מלכות שלמה ליציאת מצרים. מפשטיה דקרא לא מצי למילף (ב) משום דנולדו בו זיותני עולם דדילמא מאדר מנינן ולניסן קרי ליה חדש זיו ואפי' אי הוה ט) (הכי) קרי ליה לאייר חדש זיו משום דאית ביה זיוא לאילני אין להוכיח דאלמא מניסן מנינן משלמה דקרי ליה חדש שני משום דהכי הוה מעשה שמלך בניסן:

מה יציאת מצרים מניסן. ומאי דיליף יציאת מצרים מויעל אהרן לא מצי למילף דבאחד בניסן ר"ה דדילמא מט"ו בניסן מנינן אבל למאי דיליף מויהי בחדש הראשון וגו' ניחא:

בחדש החמישי. על כרחך שהוא אב דמדקרי בקרא בחדש ניסן ראשון הוא לכם מכלל דכל חדשים האחרים הנרמזים אמרינן חמישי ששי שביעי במנייתו למנין הראשון מנינן: **בשלמא** האיך קרא מפרש דליציאת מצרים. פי' קרא דויעל וכו' אבל קרא דויהי לא מפרש ליציאת מצרים:

וישמע

רבינו חננאל

דקיי"ל יום אחד בשנה חשוב שנה ומונין לו מניסן שנה שניה. ואם לא עמד אלא בא' בניסן אע"ג שהסכימו והמליכו מאדר אין מונין לו שנה שניה אלא בניסן אחר. ת"ר מת המלך באדר ועמד אחר תחתיו באדר מונין שנה לזה ולזה כלומר אם היתה זו השנה שנה עשירית למלכותו מונין עשר שנים למלך פלוני ושנה למלך שעמד ובניסן מונין שנה שניה לזה המלך ושטר היוצא בניסן שנת שתים למלך פלוני יודעין שזה השטר זמנו י"א שנה. מת בניסן ועמד אחר תחתיו בניסן מונין שנה לזה שמת אע"פ שלא חי משנה זו שנכנסה אלא יום אחד עלתה לו שנה ולזה שעמד מונין לו שנה עד ניסן הבא. ובניסן הבא כותבין שנה שניה למלך פלוני. מת באדר ועמד אחר תחתיו בניסן מונין עד תשלום אדר לראשון ומניסן לשני ואע"פ שהוא בן מלך וגם נמנו השרים והסכימו להמליכו מאדר אין מונין לו אלא משעה שעמד. א"ר יוחנן מנין שאין מונין למלכי ישראל אלא מניסן שנאמר ויהי בשמנים שנה וארבע מאות שנה לצאת בני ישראל מארץ מצרים וגו' מקיש מלכות שלמה ליציאת מצרים וגו' ויציאת מצרים גופה ממאי דמניסן מנינן דכתיב ויעל אהרן וימת שם בשנת הארבעים לצאת בני ישראל מארץ מצרים בחדש החמישי באחד לחדש. וכתיב ויהי בארבעים שנה בעשתי עשר חדש באחד לחדש. וגמר ארבעים ארבעים לג"ש מה התם ליציאת מצרים אף האי ליציאת מצרים מדקאי באב במיתת אהרן וקרי ליה שנת ארבעים ואשכחן כי מת אהרן ועדיין סיחון הוה קיים כדכתיב

מסורת הש"ס

א) [לקמן ז: יוד. נדה מה.], ב) [תוספת' פרק א], ג) מכילתא פ' בא, ד) [קרא], ה) [לקמן ג.], ו) ס"א ל"ג, ז) ס"מ מ"ז, ח) [צ"ל ורבינו], ט) רש"א מ"ז.

הגהות הב"ח

(א) רש"י ד"ה מאי קמ"ל ל"ג אלא הא קמ"ל דניסן: (ב) תוס' ד"ה מקיש כו' לא מצי למילף דדילמא מאדר מנינן ולניסן קרי ליה חדש זיו משום דנולדו בו זיותני עולם ואפילו אי הוה קרי ליה:

גליון הש"ס

רש"י ד"ה ומלך בן מלך כו' לפי שהמלכות כו'. כריתות ה ע"ב:

תורה אור השלם

א) וַיְהִי בִשְׁמוֹנִים שָׁנָה וְאַרְבַּע מֵאוֹת שָׁנָה לְצֵאת בְּנֵי יִשְׂרָאֵל מֵאֶרֶץ מִצְרַיִם בַּשָּׁנָה הָרְבִיעִית בְּחֹדֶשׁ זִו הוּא הַחֹדֶשׁ הַשֵּׁנִי לִמְלֹךְ שְׁלֹמֹה עַל יִשְׂרָאֵל וַיִּבֶן הַבַּיִת לַיְיָ: [מלכים א, ו א]

ב) וַיַּעַל אַהֲרֹן הַכֹּהֵן אֶל הֹר הָהָר עַל פִּי יְיָ וַיָּמָת שָׁם בִּשְׁנַת הָאַרְבָּעִים לְצֵאת בְּנֵי יִשְׂרָאֵל מֵאֶרֶץ מִצְרַיִם בַּחֹדֶשׁ הַחֲמִישִׁי בְּאֶחָד לַחֹדֶשׁ: [במדבר לג, לח]

ג) וַיְהִי בְּאַרְבָּעִים שָׁנָה בְּעַשְׁתֵּי עָשָׂר חֹדֶשׁ בְּאֶחָד לַחֹדֶשׁ דִּבֶּר מֹשֶׁה אֶל בְּנֵי יִשְׂרָאֵל כְּכֹל אֲשֶׁר צִוָּה יְיָ אֹתוֹ אֲלֵהֶם: [דברים א, ג]

ד) אַחֲרֵי הַכֹּתוֹ אֵת סִיחֹן מֶלֶךְ הָאֱמֹרִי אֲשֶׁר יוֹשֵׁב בְּחֶשְׁבּוֹן וְאֵת עוֹג מֶלֶךְ הַבָּשָׁן אֲשֶׁר יוֹשֵׁב בְּעַשְׁתָּרֹת בְּאֶדְרֶעִי: [דברים א, ד]

קָא מַשְׁמַע לָן – is what [the Baraisa] is teaching us: דְּנִיסָן רֹאשׁ הַשָּׁנָה לַמְּלָכִים – that Nissan is the New Year for kings,[1] וְיוֹם אֶחָד בַּשָּׁנָה חָשׁוּב שָׁנָה – and also that one day in the year can be considered a complete year.[2]

The Baraisa continued:
וְאִם לֹא עָמַד אֶלָּא בְּאֶחָד בְּנִיסָן – BUT IF HE DID NOT ASCEND the throne UNTIL THE FIRST OF NISSAN, אֵין מוֹנִין לוֹ שָׁנָה עַד שֶׁיַּגִּיעַ נִיסָן אַחֵר – WE DO NOT COUNT A YEAR FOR HIM UNTIL ANOTHER NISSAN ARRIVES.

The Gemara asks:
פְּשִׁיטָא – This is obvious! Why should we think that his first year ends any earlier?

The Gemara explains why this clause is needed:
לֹא צְרִיכָא דְּאִימְנוּ עֲלֵיהּ מֵאֲדָר – It is needed only in a case where they had voted for him[3] in Adar. מַהוּ דְּתֵימָא נִימְנוּ לֵיהּ תַּרְתֵּין שְׁנִין – You might have said that we count two years for him (i.e. his first year begins in Adar and his second in Nissan).[4] קָא מַשְׁמַע לָן – [The Baraisa] therefore informs us that this is not so.[5]

A related Baraisa:
תָּנוּ רַבָּנָן – The Rabbis taught in a Baraisa: מֵת בַּאֲדָר וְעָמַד אַחֵר תַּחְתָּיו בַּאֲדָר – If [ONE KING] DIED IN ADAR AND ANOTHER SUCCEEDED HIM IN ADAR, מוֹנִין שָׁנָה לָזֶה וְלָזֶה – WE MAY COUNT the remainder of that YEAR both FOR THIS king AND FOR THAT king.[6] מֵת בְּנִיסָן וְעָמַד אַחֵר תַּחְתָּיו בְּנִיסָן – Similarly, if [ONE KING] DIED IN NISSAN AND ANOTHER SUCCEEDED HIM IN NISSAN, מוֹנִין שָׁנָה לָזֶה וְלָזֶה – WE MAY COUNT THE remainder of that YEAR both FOR THIS king AND FOR THAT king.[7] מֵת בַּאֲדָר וְעָמַד אַחֵר תַּחְתָּיו בְּנִיסָן – But if [ONE KING] DIED IN ADAR AND ANOTHER SUCCEEDED HIM IN NISSAN, מוֹנִין רִאשׁוֹנָה לָרִאשׁוֹן וּשְׁנִיָּה לַשֵּׁנִי – WE COUNT THE FIRST year only FOR THE FIRST king AND THE SECOND year only FOR THE SECOND king.[8]

The Gemara comments on each of the Baraisa's three clauses:
אָמַר מַר – The master said in the first clause of the Baraisa: מֵת בַּאֲדָר וְעָמַד אַחֵר תַּחְתָּיו בַּאֲדָר – If [ONE KING] DIED IN ADAR AND ANOTHER SUCCEEDED HIM IN ADAR, מוֹנִין שָׁנָה לָזֶה וְלָזֶה – WE MAY COUNT THE remainder of that YEAR both FOR THIS king AND FOR THAT king.

The Gemara asks:
פְּשִׁיטָא – That is obvious! After all, both kings ruled that year.[9] – ? –

The Gemara answers:
מַהוּ דְּתֵימָא – You might have said that שַׁתָּא לְבֵי תְרֵי לָא מְנִינַן – we do not count a single year for two kings.[10] קָא מַשְׁמַע לָן – [The Baraisa] therefore informs us that the year may be ascribed to either king.[11]

The second section of the Baraisa stated:
מֵת בְּנִיסָן וְעָמַד אַחֵר תַּחְתָּיו בְּנִיסָן – If [ONE KING] DIED IN NISSAN AND ANOTHER SUCCEEDED HIM IN NISSAN, מוֹנִין שָׁנָה לָזֶה וְלָזֶה – WE MAY COUNT THE YEAR both FOR THIS king AND FOR THAT king.

The Gemara asks here too:
פְּשִׁיטָא – That is obvious! Both kings ruled that year.[12] – ? –

The Gemara answers:
מַהוּ דְּתֵימָא – You might have said that כִּי אָמְרִינַן יוֹם אֶחָד בַּשָּׁנָה חָשׁוּב שָׁנָה – when we say that one day in a year can be considered a complete year, בְּסוֹף שָׁנָה – we refer only to the day at the end of a year;[13] אֲבָל בִּתְחִלַּת שָׁנָה – but regarding the day at the beginning of a year לָא אָמְרִינַן – we do not say that it can be considered a year.[14] קָא מַשְׁמַע לָן – [The Baraisa] therefore informs us that even the first day of a year can be

NOTES

1. Although this law is stated in our Mishnah, it is recorded in the Baraisa as well (see *Ritva* and *Tos. HaRosh*).

2. For the first day of his reign (the twenty-ninth of Adar) was reckoned by the Baraisa as a complete year.

It is actually a matter of dispute between Tannaim whether a single day can suffice to be counted as a year. Some rule that a minimum of one month is required (see below, 10a). However, that dispute applies only to matters of Biblical law, whereas in this case the subject is an enactment of the Rabbis (*Ritva;* see *Turei Even*).

3. [Literally: they were counted for him.] That is, the [votes of the] ministers were tallied, and they resolved to appoint him (*Rashi;* see *Sifsei Chachamim*).

4. Perhaps his reign is considered to have begun in Adar, when the decision was made to appoint him, rather than in Nissan when he assumed office.

5. For a king's reign begins when he actually assumes office.

6. That is, if a document is written in Adar after the second king came to the throne, it may be dated using either the last year of the deceased king's reign or the first year of the new king's reign (*Rashi;* cf. *Rabbeinu Chananel;* cf. *Meiri;* see also *Turei Even* and *Sfas Emes*). [Since the year so far was attributed to the previous king, that attribution should remain unchanged even after his death. On the other hand, a different king is currently on the throne. The Baraisa rules, therefore, that one may date documents by either king.]

7. The same ruling holds true if the second king ascends the throne in any month until the following Nissan. After he has assumed power, all documents may be dated by either king, as explained in the previous note (*Rashi*).

8. A document drawn up after the new king ascended the throne cannot be dated according to the reign of the king that died (e.g. "the second year of King So-and-so"), because that king's reign ended before the current year began. Conversely, the current king did not reign in the previous year. Therefore, one cannot count the previous year as the first of the new king's reign, and date the document with his second year. The only option is to date it with the first year of the new king (*Rashi*).

Regarding a document written in Nissan before the new king came to the throne (when no king is in power), *Sfas Emes* presumes that it should be dated according to the reign of the deceased king. *Aruch LaNer,* though, maintains that during this transition period we use the count of the years from Creation.

9. This question is directed only at the Baraisa's ruling regarding the new king. With respect to the old king, it was certainly necessary for the Baraisa to teach that documents may be dated according to his reign even after another king has assumed office (*Rashash,* in explanation of *Rashi;* cf. *Turei Even*).

10. The Gemara is suggesting that even if a king's reign continued only into the first day of the year [the first of Nissan] and then he died, the entire year should be attributed exclusively to that king. Thus, all documents written that year, even after another king assumes office, may be dated only according to the first king's reign (*Rashi;* see *Turei Even*).

11. The Baraisa's point is that although a different king was in office at the beginning of the year, we nevertheless have the option of dating documents according to the new king's reign, since he is the one currently in power.

12. We have already learned from the first clause of the Baraisa that if two kings ruled in a single year, documents may be dated by either one (*Ritva*).

13. For example, if a king ascended the throne on the last day of Adar, we begin counting his second year the very next day, the first of Nissan. It emerges that the last day of Adar constitutes an entire year with respect to reckoning the next year as his second (*Rashi*). [This law was taught in the preceding Baraisa (above, 2a; see *Tosafos* ד״ה דאימנו).]

14. That is, if a king's reign continued into the first of Nissan and then he died, the remainder of the year cannot be attributed to him. Documents written after his death may not be dated using his name (*Rashi*). [The Rishonim give the basis for differentiating between the first and the last days of the year in this context (see *Ritva;* see also *Tos. HaRosh* and *Tosafos;* cf. *Sifsei Chachamim* on *Rashi*).]

קמ"ל דניסן ר"ה למלכים [ה] ויום אחד בשנה חשוב שנה ואם לא עמד אלא באחד בניסן אין מונין לו שנה עד שיגיע ניסן אחר פשיטא לא צריכא דאימנו עליה מאדר מהו דתימא נימנו ליה תרתין שנין קמ"ל ת"ר [ג] מת באדר ועמד אחר תחתיו באדר מונין שנה לזה ולזה מת בניסן ועמד אחר תחתיו בניסן מונין שנה לזה ולזה מת באדר ועמד אחר תחתיו בניסן מונין ראשונה לראשון ושניה לשני אמר מר מת באדר ועמד אחר תחתיו באדר מונין שנה לזה ולזה פשיטא מהו דתימא שתא לבי תרי לא מנינן קמ"ל מת בניסן ועמד אחר תחתיו בניסן מונין שנה לזה ולזה פשיטא מהו דתימא כי אמרינן יום אחד בשנה חשוב שנה בסוף שנה אבל בתחלת שנה לא אמרינן קמ"ל מת באדר ועמד אחר תחתיו בניסן מונין ראשונה לראשון ושניה לשני פשיטא לא צריכא דאימנו עליה מאדר ומלך בן מלך הוא מהו דתימא נימנו לי' תרתין שנין קמ"ל א"ר יוחנן מנין שאין מונין למלכים אלא מניסן שנאמר [ג] [א] ויהי בשמונים שנה וארבע מאות שנה לצאת בני ישראל מארץ מצרים בשנה הרביעית בחדש זיו הוא החדש השני למלך שלמה על ישראל מקיש מלכות שלמה ליציאת מצרים מה יציאת מצרים מניסן אף מלכות שלמה מניסן ויציאת מצרים גופה מנלן דמניסן מנינן דילמא מתשרי מנינן לא סלקא דעתך דכתיב [ב] ויעל אהרן הכהן אל הר ההר על פי ה' וימת שם בשנת הארבעים לצאת בני ישראל מארץ מצרים בחדש החמישי באחד לחדש וכתיב [ג] ויהי בארבעים שנה בעשתי עשר חדש באחד לחדש דבר משה וגו' מדקאי באב וקרי לה שנת ארבעים וקאי בשבט וקרי לה שנת ארבעים מכלל דר"ה לאו תשרי הוא בשלמא היאך [ד] מפרש דליציאת מצרים אלא האי ממאי דליציאת מצרים דילמא להקמת המשכן [ה] כדאמר רב פפא שנת עשרים שנת עשרים לגזרה שוה הכא נמי שנת ארבעים שנת ארבעים לגזרה שוה מה כאן ליציאת מצרים אף כאן ליציאת מצרים וממאי דמעשה דאב קדים דילמא מעשה דשבט קדים לא ס"ד דכתיב [ד] אחרי הכותו את סיחון וכי נח נפשיה דאהרן אכתי הוה סיחון קיים דכתיב

מאי קמ"ל לא גרסי' אלא [א] קמ"ל ניסן ר"ה למלכים וכו': **דאימנו** עליה. נמנו וגמרו השרים למנותו: **לזה ולזה.** הבא לכתוב שטר באדר לאחר שעמד השני אם רצה לכתוב בשטר בשנת פלוני למלך שמת כותב ואם רצה כותב בשנה ראשונה למלך פלוני שעמד: **מת בניסן ועמד אחר תחתיו בניסן.** והוא הדין אם עמד באחד מכל החדשים שעד ניסן הבא ורוצה למנות בכל השטרות שיכתבו משעמד השני למנין שנות הראשון מונה והרוצה כותב בשנה ראשונה למלך שעמד: **ושניה לשני.** הבא לכתוב משעמד זה לא ימנה שנה שניה למלך שמת שאין שנה זו שלו ולא ימנה את הראשונה לשני לקרות שנה שעמד בה שניה אלא שניה זו ראשונה לשני: **שתא לבי תרי לא מנינן.** משנכנס בה המלך שמת אפי' יום אחד לא יכתבו כל שנה זו בשטר למנין מלך העומד אלא למלך המת: **בסוף שנה.** כגון מלך העומד באדר כלתה לו שנה כשילא אדר וחשוב לו יום שבסוף שנה זו כשנה שלימה להיות שנה הבאה נקראת שנה שניה: **אבל יום אחד בתחילת שנה.** לא יחשוב לו יום אחד שנה ולא יכתבו שטר בשנה זו לשמו משמת: **ומלך בן מלך הוא.** דאי משום דאימנו עליה לא איצטריך לאשמעינן דשמעינן לה מרישא אבל השתא דאיכא תרתי אימא נימנו ליה מקמייתא קמ"ל וטעמו של דבר ° לפי שהמלכות ירושה היא דכתיב (דברים יז) למען יאריך ימים על ממלכתו הוא ובניו: **בחדש זיו.** הוא אייר כדמפרש קרא הוא החדש השני ואמרינן לקמן (ד' ז.) ניסן ר"ה לסדר מנין החדשים: **למלך שלמה על ישראל.** אשנה רביעית קאי ומקרא מסורס הוא בשנה רביעית למלך שלמה על ישראל בחדש זיו הוא החדש השני ה"נ כתיב קרא אחרינא לקמן ויחל לבנות בחדש השני [בשני] בשנת ארבע למלכותו (דה"ב ג): **מקיש מלכות שלמה.** לענין מנין השנים ליציאת מצרים שהרי המקרא הזה מנה שנה זו שנת ד' מאות ושמונים ליציאת מצרים ובשנת ארבע למלוך שלמה: **מה יציאת מצרים.** מנין השנים שמונין לה מתחילין מניסן אף מלכות שלמה מניסן: **אימא מתשרי.** אע"פ שיצאו בניסן משהגיע תשרי קראו לו שנה שניה לפי שתשרי ר"ה לשנים הנמנים לבריאת עולם והוא הדין ליציאת מצרים: **ויהי בארבעים שנה** הואיל משה באר את התורה. מכלל דתשרי לאו ר"ה דאי תשרי ר"ה הוא הוה ליה בשבט שנת מ"א: **דילמא להקמת המשכן.** שהיה בשנה השנית: **כדאמר רב פפא.** לקמיה: **שנת עשרים שנת עשרים לגזרה שוה.** רב פפא כולהו שנת שבפסוק דצריכי ללמוד זה מזה כולהו גמר להו רב פפא מרבו ללמוד סתום מן המפורש על ידי דין גזירה שוה: **דילמא מעשה דשבט קדים.** ובתשרי שלפניו נכנסה שנת ארבעים: **אחרי הכותו את סיחון.** נאמר במשנה תורה:

אלא

אבל בתחלת שנה לא. וא"ת ולאו קל וחומר הוא כדאמרינן לקמן (ד' י.) בפרקין ומה נדה שאין תחלת היום עולה לה בסופה סוף יום עולה לה בתחלתה שנה שיום אחד עולה בסופה אינו דין שיום א' עולה לה בתחלתה לאו פירכא היא אדרבה [י] (כ"ש הכא דהכי ניחא טפי) דדין הוא בעומד (ומונה לו) אחר תחתיו באדר דמונין לו שנה בשביל יום אחד דהיינו בתחלת שנותיו כעין נדה שסוף היום עולה לה בתחלתה אבל מת בניסן לא ימנה לו שנה בשביל יום אחד כיון דהיינו סוף שנותיו כמו נדה שאין תחלת היום עולה לה בסופה:

דאימנו עליה מאדר ומלך בן מלך. אע"ג דלעיל סגי לה בטעמא דאימנו עליה מאדר הכא לא סגי ליה בהכי דמההוא דלעיל שמעינן ליה הך רישא והך גבי הדדי מתניין ואפילו לא מתניין גבי הדדי כדאשכחן בפרק גט פשוט (ב"ב ד' קסו. ושם) גבי הא דתניא כסף בדינרין אין פחות מב' דינרין זהב כסף והדר תני באידך זהב בדינרין אין פחות מבשני דינרין כסף זהב ופריך אבתריה דילמא [ז] (למימר) דהבא פריכי בתרי דינרי קאמר ליה ומשני אביי יד בעל השטר על התחתונה ופריך אי הכי רישא נמי כלומר בההיא דכסף בדינרין נמי הוה ליה למימר שיהא יד בעל השטר על התחתונה ובשני דינרי כסף כספא פריכא קאמר ליה ואע"ג שהם ב' ברייתות קרי ליה רישא דקים ליה דגבי הדדי מיתנו [ח] (ורב) שמואל דתקן לפרש שם בענין אחר:

בחדש זיו הוא החדש השני. משמע הכא דהיינו אייר כיון דמניסן מנינן למלכים ולקמן (דף יא.) משמע דניסן הוא חדש זיו שנולדו בו אבות העולם שהם זיותני עולם מיהו בקונטרס פי' לקמן דהכי קאמר כשנתחדש אייר כבר נולדו זיותני עולם בניסן א"נ זמנין דניסן דתקופה נמשך בתוך אייר של לבנה:

מקיש מלכות שלמה ליציאת מצרים. מפשטיה דקרא לא מצי למילף [ב] משום דנולדו בו זיותני עולם דדילמא מאדר מנינן ולניסן קרי ליה חדש זיו ואפי' אי הוה [ט] (הכי) קרי ליה לאייר חדש זיו משום דאית ביה זיוא לאילני אין להוכיח דאלמא מניסן מנינן מדשלמה דקרי ליה חדש שני משום דהכי הוה מעשה שמלך בניסן:

מה יציאת מצרים מניסן. ומאי דיליף יציאת מצרים מויעל אהרן לא מצי למילף דבאחד בניסן ר"ה דדילמא מט"ו בניסן מנינן אבל למאי דיליף מויהי בחדש הראשון וגו' ניחא:

בחדש החמישי. אב דמדקרי בקרא בחדש ניסן ראשון הוא לכם מכלל דכל חדשים האחרים הנזכרים אמרינן חמישי ששי שביעי במנייניו למנין הראשון מנינן:

בשלמא האיך קרא מפרש דליציאת מצרים. פי' קרא דויעל וכו' אבל קרא דויהי לא מפרש ליציאת מצרים:

וישמע

רבינו חננאל

דקיי"ל יום אחד בשנה חשוב שנה ומונין לו מניסן שנה שניה. ואם לא עמד אלא בא' בניסן אע"ג שהסכימו והמליכו מאדר אין מונין לו שנה שניה אלא בניסן אחר. ת"ר מת המלך באדר ועמד אחר תחתיו באדר מונין שנה לזה ולזה כלומר אם היתה זו השנה שנה עשירית למלכותו מונין עשר שנים למלך פלוני ושנה למלך שעמד ובניסן מונין שנה שניה לזה המלך ושטר היוצא בניסן שנת שתים למלך פלוני יודעין שזה השטר זמנו י"א שנה. מת בניסן ועמד אחר תחתיו בניסן מונין שנה לזה שמת אע"פ שלא חי משנה זו שנכנסה אלא יום אחד עלתה לו שנה ולזה שעמד מונין לו שנה עד ניסן הבא. ובניסן הבא כותבין שנה שניה למלך פלוני. מת באדר ועמד אחר תחתיו בניסן מונין עד תשלום אדר לראשון ומניסן לשני ואע"פ שהוא בן מלך וגם נמנו השרים והסכימו להמליכו מאדר אין מונין לו אלא משעה שעמד. א"ר יוחנן מנין שאין מונין למלכי ישראל אלא מניסן שנאמר ויהי בשמונים שנה וארבע מאות שנה לצאת בני ישראל מארץ מצרים וגו' מקיש מלכות שלמה ליציאת מצרים וגו' ויציאת מצרים גופה ממאי דמניסן מנינן דכתיב ויעל אהרן וימת שם בשנת הארבעים לצאת בני ישראל מארץ מצרים בחדש החמישי באחד לחדש. וכתיב ויהי בארבעים שנה בעשתי עשר חדש באחד לחדש. וגמר ארבעים ארבעים ליציאת מצרים אף האי ליציאת מצרים מדקאי באב וקרי ליה שנת ארבעים ואשכחן כי מת אהרן ועדיין סיחון הוה קיים כדכתיב

מסורת הש"ס

א) [לקמן ז: יוד. נדה מה.], ב) [תוספת' פרק א], ג) מכילתא פ' בא, ד) [קרא], ה) [לקמן ג:], ו) ס"א ל"ג, ז) מ"מ מ"ז, ח) [נ"ל ורבינו], ט) רש"א מ"ז.

הגהות הב"ח

(א) רש"י ד"ה מאי קמ"ל ל"ג אלא הא קמ"ל דניסן: (ב) תוס' ד"ה מקיש כו' לא מצי למילף דדילמא מאדר מנינן ולניסן קרי ליה חדש זיו משום דנולדו בו זיותני עולם ואפילו אי הוה קרי ליה:

גליון הש"ס

רש"י ד"ה ומלך בן מלך כו' לפי שהמלכות כו'. כריתות ה ע"ב:

תורה אור השלם

א) וַיְהִי בִשְׁמוֹנִים שָׁנָה וְאַרְבַּע מֵאוֹת שָׁנָה לְצֵאת בְּנֵי יִשְׂרָאֵל מֵאֶרֶץ מִצְרַיִם בַּשָּׁנָה הָרְבִיעִית בְּחֹדֶשׁ זִו הוּא הַחֹדֶשׁ הַשֵּׁנִי לִמְלֹךְ שְׁלֹמֹה עַל יִשְׂרָאֵל וַיִּבֶן הַבַּיִת לַייָ: [מלכים א, ו א]

ב) וַיַּעַל אַהֲרֹן הַכֹּהֵן אֶל הֹר הָהָר עַל פִּי יְיָ וַיָּמָת שָׁם בִּשְׁנַת הָאַרְבָּעִים לְצֵאת בְּנֵי יִשְׂרָאֵל מֵאֶרֶץ מִצְרַיִם בַּחֹדֶשׁ הַחֲמִישִׁי בְּאֶחָד לַחֹדֶשׁ: [במדבר לג, לח]

ג) וַיְהִי בְּאַרְבָּעִים שָׁנָה בְּעַשְׁתֵּי עָשָׂר חֹדֶשׁ בְּאֶחָד לַחֹדֶשׁ דִּבֶּר מֹשֶׁה אֶל בְּנֵי יִשְׂרָאֵל כְּכֹל אֲשֶׁר צִוָּה יְיָ אֹתוֹ אֲלֵהֶם: [דברים א, ג]

ד) אַחֲרֵי הַכֹּתוֹ אֵת סִיחֹן מֶלֶךְ הָאֱמֹרִי אֲשֶׁר יוֹשֵׁב בְּחֶשְׁבּוֹן וְאֵת עוֹג מֶלֶךְ הַבָּשָׁן אֲשֶׁר יוֹשֵׁב בְּעַשְׁתָּרֹת בְּאֶדְרֶעִי: [דברים א, ד]

considered a complete year.[15]

The Baraisa concluded:

מֵת בַּאֲדָר וְעָמַד אַחֵר תַּחְתָּיו בְּנִיסָן – If [ONE KING] DIED IN ADAR AND ANOTHER SUCCEEDED HIM IN NISSAN, מוֹנִין רִאשׁוֹנָה לָרִאשׁוֹן וּשְׁנִיָּה לַשֵּׁנִי – WE COUNT THE FIRST year only FOR THE FIRST king AND THE SECOND year only FOR THE SECOND king.

The Gemara asks once again:

פְּשִׁיטָא – This is obvious!

The Gemara answers:

לֹא צְרִיכָא דְּאִימְנוּ עֲלֵיהּ מֵאֲדָר – It [the Baraisa's ruling] **is needed only where they had voted for [the new king] in Adar,** וּמֶלֶךְ בֶּן מֶלֶךְ הוּא – **and he is a king the son of a king** (i.e. he is the heir of the deceased king). מַהוּ דְּתֵימָא – **You might have said** that in this case נִימְנוּ לֵיהּ תַּרְתֵּין שְׁנִין – **we count two years for him.**[16] קָא מַשְׁמַע לָן – **[The Baraisa]** therefore **informs us** that this is not so. [17]

It was explained above (2a) why a standard New Year was established for the reigns of kings. The Gemara now explains why the first of Nisssan was selected for this purpose:

אָמַר רַבִּי יוֹחָנָן – R' Yochanan said: מִנַּיִן לַמְּלָכִים שֶׁאֵין מוֹנִין לָהֶם אֶלָּא מִנִּיסָן – **From where** do we know **that we count** the years of **kings only from Nissan?** שֶׁנֶּאֱמַר – **For it is stated:** "וַיְהִי בִשְׁמוֹנִים שָׁנָה וְאַרְבַּע מֵאוֹת שָׁנָה לְצֵאת בְּנֵי־יִשְׂרָאֵל מֵאֶרֶץ מִצְרַיִם בַּשָּׁנָה הָרְבִיעִית בְּחֹדֶשׁ זִו הוּא הַחֹדֶשׁ הַשֵּׁנִי לִמְלֹךְ שְׁלֹמֹה עַל־יִשְׂרָאֵל" – ***It was in the four hundred and eightieth year after the Exodus of the Children of Israel from the land of Egypt, in the fourth year – in the month of Ziv, which is the second month – of Solomon's reign over Israel,*** *he built the Temple for Hashem.*[18] מַקִּישׁ מַלְכוּת שְׁלֹמֹה לִיצִיאַת מִצְרַיִם – **[This verse] compares the reign of Solomon to the Exodus from Egypt** with respect to counting the years.[19] מַה יְּצִיאַת מִצְרַיִם מִנִּיסָן – Therefore, **just as** the years after **the Exodus from Egypt** are counted **from Nissan,**[20] אַף מַלְכוּת שְׁלֹמֹה מִנִּיסָן – so **too** the years of **the reign of Solomon** are counted **from Nissan.**[21]

The Gemara asks:

וִיצִיאַת מִצְרַיִם גּוּפָהּ מְנָלָן דְּמִנִּיסָן מָנִינַן – But regarding **the Exodus from Egypt itself, how do we know that we count** the years **from Nissan?** דִּילְמָא מִתִּשְׁרֵי מָנִינַן – **Perhaps we count** them **from Tishrei.**[22] – ? –

The Gemara answers:

לֹא סָלְקָא דַּעְתָּךְ – It should not enter your mind to consider that possibility, דִּכְתִיב – **for it is written:** "וַיַּעַל אַהֲרֹן הַכֹּהֵן אֶל־הֹר הָהָר עַל־פִּי ה׳ וַיָּמָת שָׁם בִּשְׁנַת הָאַרְבָּעִים לְצֵאת בְּנֵי־יִשְׂרָאֵל מֵאֶרֶץ מִצְרַיִם בַּחֹדֶשׁ הַחֲמִישִׁי בְּאֶחָד לַחֹדֶשׁ" – ***Aaron the Kohen ascended Hor HaHar at the word of Hashem and he died there, in the fortieth year after the Exodus of the Children of Israel from the land of Egypt, in the fifth month (Av) on the first of the month.***[23] וּכְתִיב – **And it is written:** "וַיְהִי בְּאַרְבָּעִים שָׁנָה בְּעַשְׁתֵּי־עָשָׂר חֹדֶשׁ בְּאֶחָד לַחֹדֶשׁ דִּבֶּר מֹשֶׁה וגו׳" – ***It was in the fortieth year, in the eleventh month (Shevat), on the first of the month, Moses spoke, etc.***[24] מִדְּקָאֵי בְּאָב וְקָרֵי לָהּ שְׁנַת אַרְבָּעִים – **Since in referring to** an incident that took place **in Av** (i.e. the death of Aaron), **[the Torah] describes it as** occurring in **the fortieth year** from the Exodus, וְקָאֵי בִּשְׁבָט וְקָרֵי לָהּ שְׁנַת אַרְבָּעִים – **and in referring to** an incident that took place **in Shevat** (i.e. the beginning of Moses' speech), **[the Torah]** also **describes it as** occurring in **the fortieth year,** מִכְּלָל דְּרֹאשׁ הַשָּׁנָה לָאו תִּשְׁרֵי הוּא – **evidently, the New Year** with respect to the Exodus **is not Tishrei.** For if it *were* Tishrei, it would emerge that Moses began his speech (in Shevat, five months after Tishrei) in the year that followed the death of Aaron (in Av, two months before Tishrei).

NOTES

15. [That is, by virtue of a king's reign during the first day of a year, that entire year can be attributed to him, even after his death.]

16. [I.e. both of these two years are attributed to him. The first year of his reign began when the decision to appoint him was made in Adar, and his second year in Nissan.]

Perhaps the combination of *both* factors – (a) the decision to appoint him was made in Adar, and (b) he is the king's son – should allow us to view his reign as having begun in Adar. We learned above that a king's reign begins when he actually assumes office. [The Baraisa assumes knowledge of this law, which was taught in the preceding Baraisa, because the two Baraisos were recorded together (*Tosafos; Rashi,* as explained by *Chidushei HaRan;* cf. *Pnei Yehoshua*).] In this case, however, where the successor is the king's own son, it could have been thought that his reign does begin earlier, because the monarchy is an inheritance passed down from father to son, as indicated by the verse: *So that he will prolong years over his kingdom, he and his sons* [*Deuteronomy* 17:20; see *Rambam, Hil. Melachim* 1:7] (*Rashi,* as explained by *Maharatz Chayes* and *Aruch LaNer;* cf. *Maharsha, Pnei Yehoshua, Sfas Emes* and *Menachem Meishiv Nefesh*).

17. Although he is the king's son, his reign does not begin until he actually assumes office.

18. *I Kings* 6:1. The last phrase לִמְלֹךְ שְׁלֹמֹה עַל־יִשְׂרָאֵל, *of Solomon's reign over Israel,* modifies the words בַּשָּׁנָה הָרְבִיעִית, *in the fourth year.* The verse is thus rendered: . . . *in the fourth year of Solomon's reign, in the month of Ziv, which is the second month of the year,* i.e. Iyar (*Rashi;* see *Hagahos Yaavetz* and *Pnei Yehoshua*). [The Gemara below, 11a, explains why Iyar is called Ziv.]

The Gemara here and in the following pages discusses when the year begins in various halachic contexts. However, as far as the *months* are concerned, they always begin with the month of Nissan, as the Torah mandates (*Exodus* 12:2): הַחֹדֶשׁ הַזֶּה לָכֶם רֹאשׁ חֳדָשִׁים, *This month shall be for you the beginning of the months* (*Rashi,* from 7a). Accordingly, when the Torah writes "the first month," it refers to Nissan; "the second month" refers to Iyar, etc.

19. For the verse counts this year as the "four hundred and eightieth year after the Exodus" and also as the "fourth year of Solomon's reign" (*Rashi*). [By giving both counts when one would have sufficed, Scripture teaches that they are reckoned similarly.]

20. I.e. whenever the Torah gives a date in terms of the number of years since the Exodus, those years are reckoned as having begun in the month of Nissan. A verse cited below (3a) indicates that the specific date is the first of Nissan (*Tosafos;* see *Turei Even* ד״ה דילמא מתשרי).

In fact, this entire discussion is based on the premise that a New Year always falls on the *first* of the month [except where that is impossible] (see *Rashba, Ritva* and *Chidushei HaRan* to 3a).

21. This Scriptural source indicates not only that Nissan is the New Year for kings, but also that this New Year is linked to the Exodus. When the Jewish people were freed from slavery in Egypt, they became an independent nation at liberty to rule themselves. In a sense, therefore, the reign of every Jewish king has its seeds in the Exodus. Accordingly, it is appropriate that the reigns of Jewish kings be reckoned from the month of Nissan, since that is also the month from which the Exodus is counted (*Chidushei HaRan*).

22. Although the Jews left Egypt in Nissan, perhaps the next first of Tishrei marked the beginning of the second year after the Exodus. Since the first of Tishrei is the New Year with respect to the count from Creation, it might also be the New Year regarding the count from the Exodus (*Rashi;* see *Turei Even* and *Pnei Yehoshua*).

[The commentators note that this suggestion, as well as those proposed in the Gemara below, are difficult to reconcile with various other verses of the Torah. See *Meiri, Turei Even, Rashash, Aruch LaNer* et al.]

23. *Numbers* 33:38. The "fifth month" is Av (see note 18). The verse thus means that Aaron died on the first of Av in the fortieth year after the Exodus.

24. *Deuteronomy* 1:3 (see *Rashash*). This verse introduces the lengthy address given by Moses to the Children of Israel that comprises almost the entire Book of *Deuteronomy.* Moses began the address on the first of Shevat (the "eleventh month" after Nissan) in the fortieth year after the Exodus.

קמ"ל דניסן ר"ה למלכים [א] ויום אחד בשנה חשוב שנה ואם לא עמד אלא באחד בניסן אין מונין לו שנה עד שיגיע ניסן אחר פשיטא לא צריכא דאימנו עליה מאדר מהו דתימא נימנו ליה תרתין שנין קמ"ל ת"ר [ג] מת באדר ועמד אחר תחתיו באדר מונין שנה לזה ולזה מת בניסן ועמד אחר תחתיו בניסן מונין שנה לזה ולזה מת באדר ועמד אחר תחתיו בניסן מונין ראשונה לראשון ושניה לשני אמר מר מת באדר ועמד אחר תחתיו באדר מונין שנה לזה ולזה פשיטא מהו דתימא שתא לבי תרי לא מנינן קמ"ל מת בניסן ועמד אחר תחתיו בניסן מונין שנה לזה ולזה פשיטא מהו דתימא כי אמרינן יום אחד בשנה חשוב שנה בסוף שנה אבל בתחלת שנה לא אמרינן קמ"ל מת באדר ועמד אחר תחתיו בניסן מונין ראשונה לראשון ושניה לשני פשיטא לא צריכא דאימנו עליה מאדר ומלך בן מלך הוא מהו דתימא נימנו ל' תרתין שנין קמ"ל א"ר יוחנן מנין שאין מונין למלכים אלא מניסן שנאמר [ג] א) ויהי בשמונים שנה וארבע מאות שנה לצאת בני ישראל מארץ מצרים בשנה הרביעית בחדש זיו הוא החדש השני למלך שלמה על ישראל מקיש מלכות שלמה ליציאת מצרים מה יציאת מצרים מניסן אף מלכות שלמה מניסן ויציאת מצרים גופה מנלן דמניסן מנינן דילמא מתשרי מנינן לא סלקא דעתך דכתיב ב) ויעל אהרן הכהן אל הר ההר על פי ה' וימת שם בשנת הארבעים לצאת בני ישראל מארץ מצרים בחדש החמישי באחד לחדש וכתיב ג) ויהי בארבעים שנה בעשתי עשר חדש באחד לחדש דבר משה וגו' מדקאי באב וקרי לה שנת ארבעים וקאי בשבט וקרי לה שנת ארבעים מכלל דר"ה לאו תשרי הוא בשלמא היאך [ד] מפרש דליציאת מצרים אלא האי ממאי דליציאת מצרים דילמא להקמת המשכן [ו] כדאמר רב פפא שנת עשרים שנת עשרים לגזרה שוה הכא נמי שנת ארבעים שנת ארבעים לגזרה שוה מה כאן ליציאת מצרים אף כאן ליציאת מצרים וממאי דמעשה דאב קדים דילמא מעשה דשבט קדים לא ס"ד דכתיב ד) אחרי הכותו את סיחון וכי נח נפשיה דאהרן אכתי הוה סיחון קיים דכתיב

רש"י

מאי קמ"ל לא גרסי' אלא (א) קמ"ל ניסן ר"ה למלכים וכו': דאימנו עליה. נמנו וגמרו השרים למנותו: לזה ולזה. הבא לכתוב שטר באדר לאחר שעמד השני אם רצה לכתוב בשטר בשנת פלוני למלך שמת כותב ואם רצה כותב בשנה ראשונה למלך פלוני שעמד: מת בניסן ועמד אחר תחתיו בניסן. והוא הדין אם עמד באחד מכל החדשים שעד ניסן הבא ורוצה למנות בכל השטרות שיכתבו משעמד השני למנין שנות הראשון מונה והרוצה כותב בשנה ראשונה למלך שעמד: ושניה לשני. הבא לכתוב משעמד זה לא ימנה שנה שניה למלך שמת שאין שנה זו שלו ולא ימנה את הראשונה לשני לקרות שנה שעמד בה שניה אלא שניה זו ראשונה לשני: שתא לבי תרי לא מנינן. משנכנס בה המלך שמת אפי' יום אחד לא יכתבו כל שנה זו בשטר למנין מלך העומד אלא למלך המת: בסוף שנה. כגון מלך העומד באדר כלתה לו שנה כשילא אדר וחשוב לו יום שבסוף שנה זו כשנה שלימה להיות שנה הבאה נקראת שנה שניה: אבל יום אחד בתחילת שנה. לא יחשוב לו יום אחד שנה ולא יכתבו שטר בשנה זו לשמו משמת: ומלך בן מלך הוא. דאי משום דאימנו עליה לא איצטריך לאשמעינן דשמעינן לה מרישא אבל השתא דאיכא תרתי אימא נימנו ליה מקמייתא קמ"ל וטעמו של דבר [ס] לפי שהמלכות ירושה היא דכתיב (דברים יז) למען יאריך ימים על ממלכתו הוא ובניו: בחדש זיו. הוא אייר כדמפרש קרא הוא החדש השני ואמרינן לקמן (ד' ז.) ניסן ר"ה לסדר מנין החדשים: למלך שלמה על ישראל. אשנה רביעית קאי ומקרא מסורס הוא בשנה רביעית למלך שלמה על ישראל בחדש זיו הוא החדש השני ה"נ כתיב קרא אחרינא לקמן ויחל לבנות בחדש השני [בשני] בשנת ארבע למלכותו (דה"ב ג): מקיש מלכות שלמה. לענין מנין השנים ליציאת מצרים שהרי המקרא הזה מנה שנה זו שנת ד' מאות ושמונים ליציאת מצרים ובשנת ארבע למלוך שלמה: מה יציאת מצרים. מנין השנים שמונין לה מתחילין מניסן אף מלכות שלמה מניסן: אימא מתשרי. אע"פ שיצאו בניסן משהגיע תשרי קראו לו שנה שניה לפי שתשרי ר"ה לשנים הנמנים לבריאת עולם והוא הדין ליציאת מצרים: ויהי בארבעים שנה הואיל משה באר את התורה. מכלל דתשרי לאו ר"ה דאי תשרי ר"ה הוא הוה ליה בשבט שנת מ"א: דילמא להקמת המשכן. שהיה בשנה השנית: כדאמר רב פפא. לקמיה: שנת עשרים שנת עשרים לגזרה שוה. רב פפא כולהו שנת שבפסוק דצריכי ללמוד זה מזה כולהו גמר להו רב פפא מרבו ללמוד סתום מן המפורש על ידי דין גזירה שוה: דילמא מעשה דשבט קדים. ובתשרי שלפניו נכנסה שנת ארבעים: אחרי הכותו את סיחון. נאמר במשנה תורה:

תוספות

אבל בתחלת שנה לא. וא"ת ולאו קל וחומר הוא כדאמרינן לקמן (ד' י.) בפרקין ומה נדה שאין תחלת היום עולה לה בסופה סוף יום עולה לה בתחלתה שנה שיום אחד עולה לה בסופה אינו דין שיום א' עולה לה בתחלתה לאו פירכא היא אדרבה ז) (כ"ש הכא דהכי ניחא טפי) דדין הוא בעומד (ומונה לו) אחר תחתיו באדר דמונין לו שנה בשביל יום אחד דהיינו בתחלת שנותיו כעין נדה שסוף היום עולה לה בתחלתה אבל מת בניסן לא ימנה לו שנה בשביל יום אחד כיון דהיינו סוף שנותיו כמו נדה שאין תחלת היום עולה לה בסופה:

דאימנו עליה מאדר ומלך בן מלך. אע"ג דלעיל סגי לה בטעמא דאימנו עליה מאדר הכא לא סגי ליה בהכי דמההוא דלעיל שמעינן ליה והך רישא והך גבי הדדי מתניין ואפילו לא מתניין גבי הדדי כדאשכחן בפרק גט פשוט (ב"ב ד' קסו. ושם) גבי הא דתניא כסף בדינרין אין פחות מב' דינרין זהב כסף והדר תני באידך זהב בדינרין אין פחות מבשני דינרין כסף זהב ופריך אבתריה דילמא ז) (למימר) דהבא פריכי בתרי דינרי קאמר ליה ומשני אביי יד בעל השטר על התחתונה ופריך אי הכי רישא נמי כלומר בההיא דכסף בדינרין נמי הוה ליה למימר שיהא יד בעל השטר על התחתונה ובשני דינרי כסף כספא פריכא קאמר ליה ואע"ג שהם ב' ברייתות קרי ליה רישא דקים ליה דגבי הדדי מיתנו ח) (ורבנו שמואל דחק לפרש שם בענין אחר:

בחדש זיו הוא החדש השני. משמע הכא דהיינו אייר כיון דמניסן מנינן למלכים ולקמן (דף יא.) משמע דניסן הוא חדש זיו שנולדו בו אבות העולם שהם זיותני עולם מיהו בקונטרס פי' לקמן דהכי קאמר כשנתחדש אייר כבר נולדו זיותני עולם בניסן א"נ זימנין דניסן דתקופה נמשך בתוך אייר של לבנה:

מקיש מלכות שלמה ליציאת מצרים. מפשטיה דקרא לא מצי למילף (ג) משום דנולדו בו זיותני עולם דדילמא מאדר מנינן ולניסן קרי ליה חדש זיו ואפי' אי הוה ט) (הכי) קרי ליה לאייר חדש זיו משום דאית ביה זיוא לאילני אין להוכיח דאלמא מניסן מנינן משלמה דקרי ליה חדש שני משום דהכי הוה מעשה שמלך בניסן:

מה יציאת מצרים מניסן. ומאי דיליף יציאת מצרים מויעל אהרן לא מצי למילף דבאחד בניסן ר"ה דדילמא מט"ו בניסן מנינן אבל למאי דיליף מויהי בחדש הראשון וגו' ניחא:

בחדש החמישי. על כרחך שהוא אב דמדקרי בקרא בחדש ניסן ראשון הוא לכם מכלל דכל חדשים האחרים הנרמזים אמרינן חמישי ששי שביעי במנייני למנין הראשון מנינן: **בשלמא** האיך קרא מפרש דליציאת מצרים. פי' קרא דויעל וכו' אבל קרא דויהי לא מפרש ליציאת מצרים:

רבינו חננאל

דקיי"ל יום אחד בשנה חשוב שנה ומונין לו מניסן שנה שניה. ואם לא עמד אלא בא' בניסן אע"ג שהסכימו והמליכו מאדר אין מונין לו שנה שניה אלא בניסן אחר. ת"ר מת המלך באדר ועמד אחר תחתיו באדר מונין שנה לזה ולזה כלומר אם היתה זו השנה שנה עשירית למלכותו מונין עשר שנים למלך פלוני ושנה למלך שעמד ובניסן מונין שנה שניה לזה המלך ושטר היוצא בניסן שנת שתים למלך פלוני יודעין שזה השטר זמנו י"א שנה. מת בניסן ועמד אחר תחתיו בניסן מונין שנה לזה שמת אע"פ שלא חי משנה זו שנכנסה אלא יום אחד עלתה לו שנה ולזה שעמד מונין לו שנה עד ניסן הבא. ובניסן הבא כותבין שנה שניה למלך פלוני. מת באדר ועמד אחר תחתיו בניסן מונין עד תשלום אדר לראשון ומניסן לשני ואע"פ שהוא בן מלך וגם נמנו השרים והסכימו להמליכו מאדר אין מונין לו אלא משעה שעמד. א"ר יוחנן מנין שאין מונין למלכי ישראל אלא מניסן שנאמר ויהי בשמנים שנה וארבע מאות שנה לצאת בני ישראל מארץ מצרים וגו' מקיש מלכות שלמה ליציאת מצרים וגו' ויציאת מצרים גופה ממאי דמניסן מנינן דכתיב ויעל אהרן וימת שם בשנת הארבעים לצאת בני ישראל מארץ מצרים בחדש החמישי באחד לחדש. וכתיב ויהי בארבעים שנה בעשתי עשר חדש באחד לחדש. וגמר ארבעים ארבעים לג"ש מה התם ליציאת מצרים אף האי ליציאת מצרים מדקאי באב במיתת אהרן וקרי ליה שנת ארבעים ואשכחנן כי מת אהרן ועדיין סיחון הוה קיים כדכתיב

מסורת הש"ס

א) [לקמן ז: יוד. נדה מה.], ב) [תוספת' פרק א], ג) מכילתא פ' בא, ד) [קרא], ה) [לקמן ג:], ו) ס"א ל"ג, ז) ס"א מ"ז, ח) [צ"ל ורבינו], ט) רש"א מ"ז.

הגהות הב"ח

(א) רש"י ד"ה מאי קמ"ל ל"ג אלא הא קמ"ל דניסן: (ג) תום' ד"ה מקיש כו' לא מצי למילף דדילמא מאדר מנינן ולניסן קרי ליה חדש זיו משום דנולדו בו זיותני עולם ואפילו אי הוה קרי ליה:

גליון הש"ס

רש"י ד"ה ומלך בן מלך כו' לפי שהמלכות כו'. כריתות ה ע"ב:

תורה אור השלם

א) וַיְהִי בִשְׁמוֹנִים שָׁנָה וְאַרְבַּע מֵאוֹת שָׁנָה לְצֵאת בְּנֵי יִשְׂרָאֵל מֵאֶרֶץ מִצְרַיִם בַּשָּׁנָה הָרְבִיעִית בְּחֹדֶשׁ זִו הוּא הַחֹדֶשׁ הַשֵּׁנִי לִמְלֹךְ שְׁלֹמֹה עַל יִשְׂרָאֵל וַיִּבֶן הַבַּיִת לַייָ: [מלכים א, ו א]

ב) וַיַּעַל אַהֲרֹן הַכֹּהֵן אֶל הֹר הָהָר עַל פִּי יְיָ וַיָּמָת שָׁם בִּשְׁנַת הָאַרְבָּעִים לְצֵאת בְּנֵי יִשְׂרָאֵל מֵאֶרֶץ מִצְרַיִם בַּחֹדֶשׁ הַחֲמִישִׁי בְּאֶחָד לַחֹדֶשׁ: [במדבר לג, לח]

ג) וַיְהִי בְּאַרְבָּעִים שָׁנָה בְּעַשְׁתֵּי עָשָׂר חֹדֶשׁ בְּאֶחָד לַחֹדֶשׁ דִּבֶּר מֹשֶׁה אֶל בְּנֵי יִשְׂרָאֵל כְּכֹל אֲשֶׁר צִוָּה יְיָ אֹתוֹ אֲלֵהֶם: [דברים א, ג]

ד) אַחֲרֵי הַכֹּתוֹ אֵת סִיחֹן מֶלֶךְ הָאֱמֹרִי אֲשֶׁר יוֹשֵׁב בְּחֶשְׁבּוֹן וְאֵת עוֹג מֶלֶךְ הַבָּשָׁן אֲשֶׁר יוֹשֵׁב בְּעַשְׁתָּרֹת בְּאֶדְרֶעִי: [דברים א, ד]

The Torah, however, describes both incidents as occurring in the same year, "the fortieth." Hence, it is evident that Tishrei is not the New Year with respect to the count from the Exodus.[25]

The Gemara questions this proof:

בִּשְׁלָמָא הַיאךְ – The use of **that** first verse (about the death of Aaron) in this proof **is understandable,** **מְפָרֵשׁ דְּלִיצִיאַת מִצְרַיִם** – because **it states explicitly that** it refers to the count **from the Exodus from Egypt.** **אֶלָּא הַאי** – **But** as far **this** verse (about Moses' speech) is concerned, **מִמַּאי דְּלִיצִיאַת מִצְרַיִם** – **from where** do we know **that** it refers to the count **from the Exodus from Egypt?** **דִּילְמָא לַהֲקָמַת הַמִּשְׁכָּן** – **Perhaps** it refers **to** the count **from the construction of the Mishkan.**[26] – ? –

The Gemara answers:

כִּדְאָמַר רַב פַּפָּא – It is **as Rav Pappa stated** elsewhere; **"שְׁנַת עֶשְׂרִים", "שְׁנַת עֶשְׂרִים" לִגְזֵרָה שָׁוָה** – namely, that the phrases, ***the twentieth year, the twentieth year,*** are used **for a *gezeirah shavah.***[27] **הָכָא נַמִּי "שְׁנַת אַרְבָּעִים", "שְׁנַת אַרְבָּעִים" לִגְזֵרָה שָׁוָה** – **Here too** the phrases, ***the fortieth year, the fortieth year,*** are used **for a *gezeirah shavah,*** which teaches that **מַה כָּאן לִיצִיאַת מִצְרַיִם** – **just as here** (i.e. in the verse about Aaron's death) the count is **from the Exodus from Egypt,** **אַף כָּאן לִיצִיאַת מִצְרַיִם** – so **here too** (i.e. in the verse about Moses' speech) the count is **from the Exodus from Egypt.**[28]

The Gemara poses another challenge to the proof:

וּמִמַּאי דְּמַעֲשֶׂה דְּאָב קָדִים – **But from where** do you know **that the incident** which occurred **in Av** (i.e. Aaron's death) **came first?** **דִּילְמָא מַעֲשֶׂה דִּשְׁבָט קָדִים** – **Perhaps the incident** which occurred **in Shevat** (i.e. Moses' speech) **came first?**[29] – ? –

The Gemara answers:

לֹא סַלְקָא דַּעְתָּךְ – **It should not enter your mind** that Aaron was alive when Moses began his speech, **דִּכְתִיב "אַחֲרֵי הַכֹּתוֹ אֵת סִיחוֹן"** – **for it is written** that Moses began speaking ***after he had smitten Sichon,***[30] **וְכִי נָח נַפְשֵׁיהּ דְּאַהֲרֹן אַכַּתִּי הֲוָה סִיחוֹן קַיָּים** – **and when Aaron passed away, Sichon was still alive.**[31] **דִּכְתִיב** – We know that Sichon was alive at the time of Aaron's death, **for it is written:**

NOTES

25. Aaron died in Av before Moses began his address in Shevat, as the Gemara proves below. Since both events occurred in the same year (the fortieth), Av evidently precedes Shevat in the years counted from the Exodus. Therefore, the New Year cannot be one of the months between Av and Shevat [i.e. the first of Elul, Tishrei, Marcheshvan, Kislev, Teves or Shevat], for then Shevat would precede Av each year (see *Ritva*). Rather, the New Year must be one of the other six months [i.e. the first of Adar, Nissan, Iyar, Sivan, Tammuz, Av]. The Gemara has thus shown that the New Year cannot be Tishrei. However, it has not yet positively proven that the New Year is Nissan, as opposed to Adar, Iyar, etc. This issue is addressed below, 3a.

26. The Mishkan was completed in the second year after the Exodus (*Rashi*). Hence, the forty-first year from the Exodus is equivalent to the *fortieth* year from the construction of the Mishkan. Therefore, even if Tishrei is the New Year regarding the Exodus – in which case Moses' address began in the forty-first year after the Exodus – it can nevertheless be described as occurring in the "fortieth year" based on the count from the construction of the Mishkan.

27. The words שְׁנַת עֶשְׂרִים, *the twentieth year,* appear in *Nehemiah* 1:1 and 2:1. The second verse states explicitly that it refers to the twentieth year of the reign of Artachshasta, but the first verse does not specify how the years are reckoned. Rav Pappa teaches below (3b) that these two expressions are linked to each other through a *gezeirah shavah* (see *Ritva* and *Turei Even*), which conveys that just as one expression refers to the reign of Artachshasta, so does the other.

28. Rav Pappa's teaching is not limited to the two verses in *Nehemiah.* Rather, Rav Pappa had received a tradition from his teachers which stated that whenever the Torah mentions the same year (e.g. שְׁנַת אַרְבָּעִים, *the fortieth year*) in two verses, and one of the verses clarifies which count it is using whereas the other verse does not, the rule of *gezeirah shavah* can be applied to teach that both expressions are based on the same count. Hence, in our case, where one verse states "the fortieth year from the Exodus from Egypt" and the other verse simply states "the fortieth year," it is understood that the second verse as well uses the count from the Exodus (*Rashi*).

29. [I.e. perhaps Moses began his address to the people *before* Aaron died.] If so, it is possible that the New Year with respect to the Exodus *is* Tishrei. Moses gave his address to the people in Shevat, four months after the Tishrei that commences the fortieth year after the Exodus. Then Aaron passed away six months later, in the Av of that year.

30. *Deuteronomy* 1:4. It is related in *Numbers* (21:21ff.) that Sichon, king of the Amorite, led his army to attack the Jewish people, but was soundly defeated. As stated in this verse, Moses began his address to the people after the defeat of Sichon.

31. Thus, Aaron must have died before Moses began his address.

"וַיִּשְׁמַע הַכְּנַעֲנִי מֶלֶךְ־עֲרָד" – *The Canaanite king of Arad heard* [and he warred against Israel].[1] **מַה שְּׁמוּעָה שָׁמַע – What report did he hear** that prompted him to attack Israel? **שָׁמַע שֶׁמֵּת אַהֲרֹן וְנִסְתַּלְּקוּ עַנְנֵי כָבוֹד – He heard that Aaron had died and the Clouds of Glory had departed,**[2] **וּכְסָבוּר נִיתְּנָה רְשׁוּת לְהִלָּחֵם בְּיִשְׂרָאֵל – and he thought that permission had been granted to fight against Israel. וְהַיְינוּ דִּכְתִיב – And this is** borne out by **what is written: "וַיִּרְאוּ כָּל־הָעֵדָה כִּי גָוַע אַהֲרֹן" – *The entire assembly saw that Aaron had perished.***[3]

The relevance of the last verse is explained:

וְאָמַר רַבִּי אַבָּהוּ – And R' Abahu said: אַל תִּקְרֵי – Do not read it as it is written: **"וַיִּרְאוּ" – *they saw*** (*vayiru*); **אֶלָּא – rather,** read it as though it were written: **וַיֵּירָאוּ – *they were seen*** (*vayeira'u*). Thus the verse is understood: *The entire assembly were seen* [i.e. exposed, for they were no longer concealed by the Clouds of Glory] *because Aaron had perished.* **כִּדְרֵישׁ לָקִישׁ** – This interpretation is possible **by virtue of Reish Lakish's** teaching, **דְּאָמַר רֵישׁ לָקִישׁ – for Reish Lakish has said: "כִּי" מְשַׁמֵּשׁ בְּאַרְבַּע לְשׁוֹנוֹת** – The word כִּי as it appears in Scripture **bears four** different **meanings.** They are: **אִי דִילְמָא אֶלָּא דְּהָא – *if, perhaps, but* and *because.***[4]

At any rate, it has been proven that Sichon was alive at the time of Aaron's death. Therefore, Aaron must have died before Moses began his address to the people, which took place after the demise of Sichon.

The Gemara asks:

מִי דָמֵי – Is this a valid **comparison? הָתָם כְּנַעַן – There,** regarding the attack after Aaron's death, Scripture says **Canaan** (*the Canaanite king of Arad*); **הָכָא סִיחוֹן** – whereas **here,** regarding the battle prior to Moses' speech, it says **Sichon!**[5]

The Gemara answers:

תָּנָא – A Baraisa taught in reference to Sichon: **הוּא סִיחוֹן הוּא עֲרָד הוּא כְּנַעַן** – HE IS called SICHON, HE IS called ARAD and HE IS also called CANAAN. **סִיחוֹן שֶׁדּוֹמֶה לִסְיָיח בַּמִּדְבָּר** – He is called SICHON BECAUSE HE RESEMBLES A DESERT FOAL (*seyach*); **כְּנַעַן עַל שֵׁם מַלְכוּתוֹ** – he is called CANAAN AFTER THE NAME OF HIS KINGDOM.[6] **וּמַה שְּׁמוֹ** – AND WHAT IS HIS real NAME? **עֲרָד שְׁמוֹ** – ARAD IS HIS real NAME.[7] Thus, Sichon and "the Canaanite king of Arad" are one and the same.

A different version of the preceding Baraisa:

אִיכָּא דְּאָמְרֵי – There are those who report the following version: **עֲרָד שֶׁדּוֹמֶה לְעָרוֹד בַּמִּדְבָּר** – He is called ARAD BECAUSE HE RESEMBLES A WILD DONKEY OF THE DESERT (*arod*); **כְּנַעַן עַל שֵׁם מַלְכוּתוֹ** – he is called CANAAN AFTER THE NAME OF HIS KINGDOM. **וּמַה שְּׁמוֹ** – AND WHAT IS HIS real NAME? **סִיחוֹן שְׁמוֹ** – SICHON IS HIS real NAME.[8]

The Gemara raises another objection to R' Yochanan's proof (above, 2b) that Nissan is the New Year regarding the count from the Exodus:

וְאֵימָא רֹאשׁ הַשָּׁנָה אִיָּיר – But say that **the New Year is Iyar!**[9]

The Gemara answers:

לֹא סָלְקָא דַּעְתָּךְ – It should not enter your mind to consider that possibility, **דִּכְתִיב "וַיְהִי בַּחֹדֶשׁ הָרִאשׁוֹן בַּשָּׁנָה הַשֵּׁנִית בְּאֶחָד לַחֹדֶשׁ הוּקַם הַמִּשְׁכָּן" – for it is written: *It was in the first month* (*Nissan*) *of the second year, on the first of the month, the Mishkan was erected.***[10] **וּכְתִיב "וַיְהִי בַּשָּׁנָה הַשֵּׁנִית בַּחֹדֶשׁ הַשֵּׁנִי . . . נַעֲלָה הֶעָנָן מֵעַל מִשְׁכַּן הָעֵדֻת" – And it is written: *It was in the second year, in the second month*** *(Iyar), on the twentieth of the month,* ***the cloud was lifted from upon the Mishkan of the Testimony.***[11] **מִדְּקָאֵי בְּנִיסָן וְקָרֵי לֵהּ שָׁנָה שֵׁנִית – Since in referring to** an event that took place **in Nissan, [the Torah] describes it as** occurring in **the second year, וְקָאֵי בְּאִיָּיר וְקָרֵי לֵהּ שָׁנָה שֵׁנִית – and in referring to** an event that took place **in** the following month of **Iyar, [the Torah]** also **describes it as** occurring in **the second year, מִכְּלָל דְּרֹאשׁ הַשָּׁנָה לָאו אִיָּיר הוּא – evidently, the New Year** with respect to the Exodus **is not Iyar.**[12]

The Gemara asks further:

וְאֵימָא רֹאשׁ הַשָּׁנָה סִיוָן – But say that the New Year is Sivan![13]

The Gemara answers:

לֹא סָלְקָא דַּעְתָּךְ – It should not enter your mind to consider that possibility, **דִּכְתִיב "בַּחֹדֶשׁ הַשְּׁלִישִׁי לְצֵאת בְּנֵי־יִשְׂרָאֵל מֵאֶרֶץ מִצְרָיִם" – for it is written: *In the third month*** *(Sivan)* ***after the Exodus of the Children of Israel from the land of Egypt*** *. . . they arrived at the wilderness of Sinai.*[14] **וְאִם אִיתָא – Now, if it is so**

NOTES

1. *Numbers* 21:1, 33:40 (see *Tosafos, Maharsha* and *Anaf Yosef*). Each of these verses immediately follows a passage that records the death of Aaron.

2. The Clouds of Glory were provided in the merit of Aaron. When Aaron died, they departed, leaving the people exposed and vulnerable (*Taanis* 9a).

During their wanderings in the desert, the Jewish people were enveloped by six clouds: one on each of their four sides, one above them and one below. A seventh cloud traveled ahead of the people that prepared a path for their travel and guided them (*Tanchuma, Beshalach* §3).

3. Ibid. 20:29.

4. See *Rashi* and *Tosafos* for examples of all four usages.

According to the simple understanding of the verse, כִּי means *that* (*they saw "that" Aaron had died*). This translation falls under the category of אִי, which is not limited to *if,* but carries other meanings as well, such as אֲשֶׁר, *that,* and כַּאֲשֶׁר, *when* (see *Rashi* here and to *Numbers* ibid.; *Tos. HaRosh;* cf. *Tosafos* ד״ה אלא). The Gemara, however, renders it to mean *because* (*they were seen "because" Aaron had died*).

5. Perhaps they were two different people. The king who was defeated before Moses began addressing the people (namely, Sichon) is not necessarily the same as the one who launched an attack after the death of Aaron (namely, the Canaanite king of Arad). Hence, we cannot prove from here that Aaron died before Moses began his speech. It is possible that Moses' speech, which began after the defeat of one king (Sichon), preceded the death of Aaron, which then prompted an attack by the other king (the Canaanite).

6. That is, Sichon ruled over land inhabited by nations descended from Canaan. But Sichon himself was not a Canaanite (*Maharsha*).

7. [The Baraisa apparently renders the verse as follows: *King Arad the Canaanite.*] This is a homiletic interpretation. According to the verse's plain meaning, Arad is the name of the country or his city (*Tosafos;* see *Maharsha*).

Scripture refers elsewhere to "the king of Arad" (*Joshua* 12:14). However, the Baraisa does not interpret our verse as referring to that king, because he is listed there among the thirty-one kings that were defeated when Joshua conquered Eretz Yisrael, whereas the king mentioned here was vanquished in the time of Moses (*Maharsha*).

8. These two versions differ as to whether Sichon's power lay in his speed, as symbolized by the foal, or his physical strength, as represented by the donkey (*Sifsei Chachamim*).

9. See 2b note 20. [See also *Pnei Yehoshua* who explains why one might have thought that the count from the Exodus begins in Iyar or any of the other months suggested below, i.e. Sivan, Tammuz, Av and Adar.]

10. *Exodus* 40:17.

11. *Numbers* 10:11.

12. The Mishkan was constructed on the first of Nissan, and the cloud rose from above the Mishkan on the twentieth of the following month of Iyar. Both events occurred in the second year after the Exodus. Hence, the New Year with respect to the Exodus is clearly not the first of Iyar, for otherwise the second event would have fallen in the *third* year.

13. See note 9.

14. *Exodus* 19:1.

א) וישמע הכנעני מלך ערד מה שמועה שמע שמע שמת אהרן ונסתלקו ענני כבוד וכסבור ניתנה רשות להלחם בישראל והיינו דכתיב ב) ויראו כל העדה כי גוע אהרן וא"ר אבהו אל תקרי ויראו אלא וייראו כדריש לקיש א) דאמר ר"ל כי משמש בד' לשונות אי דילמא אלא דהא מי דמי התם כנען הכא סיחון תנא הוא סיחון הוא ערד הוא כנען סיחון שדומה ג) לסייח במדבר כנען על שם מלכותו ומה שמו ערד שמו איכא דאמרי ערד שדומה לערוד במדבר כנען על שם מלכותו ומה שמו סיחון שמו ואימא ר"ה אייר לא סלקא דעתך דכתיב ג) ויהי בחדש הראשון בשנה השנית באחד לחדש הוקם המשכן וכתיב ד) ויהי בשנה השנית בחדש השני (א) נעלה הענן מעל משכן העדות מדקאי בניסן וקרי לה שנה שנית וקאי באייר וקרי לה שנה שני' מכלל דר"ה לאו אייר הוא ואימא ר"ה סיון לא ס"ד דכתיב ה) בחדש השלישי לצאת בני ישראל מארץ מצרים ואם איתא בחדש השלישי בשנה השנית לצאת וגו' מיבעי ליה ואימא תמוז ואימא אב ואימא אדר אלא אמר ר"א מהכא ו) ויחל לבנות בחדש השני בשני בשנת ארבע למלכותו מאי שני לאו שני לירח שמונין בו למלכותו מתקיף לה רבינא ואימא שני בחדש א"כ שני בחדש בהדיא הוה כתיב ביה ואימא בשני בשבת חדא דלא אשכחן שני בשבת דכתיב ועוד מקיש שני בתרא לשני קמא מה שני קמא חדש אף שני בתרא חדש תניא כוותיה דר' יוחנן מניין שאין מונין להם למלכים אלא מניסן שנא' ז) ויהי בשמונים שנה וארבע מאות שנה לצאת בני ישראל מארץ מצרים וגו' וכתיב ח) ויעל אהרן הכהן אל הר ההר על פי ה' וגו' [וכתיב ט) ויהי בארבעים שנה בעשתי עשר חדש] וכתיב י) אחרי הכותו את סיחון וגו' ואומר וישמע הכנעני וגו' ואומר ויראו כל העדה כי גוע אהרן וגו' ואומר ויהי בחדש הראשון בשנה השנית וגו' ואומר ויהי בשנה השנית בחדש השני וגו' ואומר בחדש השלישי לצאת בני ישראל וגו' ואומר ויחל לבנות וגו' א"ר חסדא ד) לא שנו אלא למלכי ישראל אבל למלכי אומות העולם מתשרי מנינן שנא' כ) דברי נחמיה בן חכליה ויהי בחדש כסליו שנת עשרים וגו' וכתיב ל) ויהי בחדש ניסן שנת עשרי' לארתחשסתא וגו' מדקאי בכסליו וקרי ליה שנת עשרים וקאי בניסן וקרי ליה שנת עשרים מכלל דר"ה לאו ניסן הוא בשלמא היאך מפרש דלארתחשסתא אלא האי ממאי דלארתחשסתא דילמא למניינא

אלא וייראו. נתגלו: כדריש לקיש. כי גוע נתינת טעם הוא לדבר שלפניו נתגלו העדה לפי שגוע אהרן שלשון כי בד' לשונות משמש במקרא פעמים בא במקום אם פעמי' בא במקום דילמא שמא פעמי' בא במקום דהא שנותן טעם לדבר פעמים בא במקום אלא וסותר את דבור שלפניו כי יהיה להם דבר (שמות יח) כי תפגע (שם כג) כי יקרא קן (דברים כב) כולן לשון אם הם וכן כי תבאו (שמות יב) כי תלכון (שם ג) כי תכלה (דברים כו) כי תשא (שמות ל) וכל המשמשין במקום כאשר ובמקום אשר כולן לשון אם הם שמצינו בכמה מקומות אם משמש לשון כאשר ולשון אשר כמו ואם יהיה היובל (במדבר לו) שהרי בודאי יהיה ואם תקריב מנחת בכורים (ויקרא ב) הרי זה וכאשר תקריב שהרי חובה הוא וכן אם כסף תלוה (שמות כב) אם יבלענו ממקומו (איוב ח) המדבר בלשון רשעים דילמא כגון כי תאמר בלבבך (דברים ז) שמא תאמר רבים הגוים האלה לא תאמר כן לא תירא מהם כי תאמרו מה נרדף לו (איוב יט) וכי תאמרו מה נאכל בשנה השביעית (ויקרא כה) כי תראה חמור שונאך ומחלת (שמות כג) ז) (כי תראה והתעלמת) והרבה כאלו לשון שמא הן לא צחקתי כי יראה (בראשית יח) ה"ז לשון דהא לפי שיראה ואמר לא כי צחקת (שם) ה"ז לשון אלא כי גוע אהרן כשאתה קורא וייראו הרי זה לשון דהא הודו לה' כי טוב (תהלים קיח) שהרי טוב לא תקפוץ את ידך וגו' (דברים טו) אלא פתוח תפתח: סייח. עייר בן סוס: ערוד. חמור הבר: ואימא אב ואימא אדר. דכל חדשים שבין אב לשבט פקע לן לעיל מדקאי באב וקרי ליה שנת ארבעים כו': מאי שני. דהדר כתב פעם אחרת בקרא בשני מהכא שמעי' דשני לירח שמונין בו למלכים: שני בחדש בהדיא הוי כתיב ביה. כדכתיב בכמה מקומות באחד לחדש וכתיב בשנה השלישית בעשור לחודש: שני בשבת לא אשכחן דכתיב ביה קרא. דהדר ביה קרא בשני: תניא כוותיה דר' יוחנן. בכולי קראי דאייתי לעיל: ויבא

וישמע הכנעני מלך ערד. במדרש ט) אמרינן דהיינו עמלק כמו שיסד הפייט בפזמון של פרשת זכור כסות ולשון שינה היות כמלך ערד אבל מ"מ דייק שפיר דהוה סיחון קיים מדשינה עמלק עצמו לא כדמותו ונראה דמההוא דמסעי קא דריש דלאו מההוא דחקת הא מפרש דשמע כי בא ישראל לדרך האתרים ורש"י לא דק בפי' חומש:

אלא וייראו כדר"ל. כלומר שנתגלו לפי שמת אהרן והיינו בלשון דהא דלא אמרת ויראו לשון ראייה אין מתיישב לפרש האי כי בשום ט) [אחד] מהנך בארבע לשונות מיהו קשיא דילמא לשון כאשר (ב) כלומר ויראו כאשר גוע אהרן כמו ויראו אחי יוסף כי מת אביהם ויאמרו לו ישטמנו (בראשית נ) ויראו פלשתים כי מת גבורם (שמואל א יז) ושמא אין מתישב כאן כמו בהני והא דמפרשינן קראי בלשון כאשר כמו כי בא סוס פרעה (שמות טו) כי תרבו ופריתם (ירמיה ג) אין לשון חמישי כדפירש בקונטרס דכי תבא וכי תלכון כי תשא כי תכלה וכל המשמשין בלשון כאשר לשון אם הם משמשין שמצינו בכמה דוכתי אם משמש בלשון כאשר כמו ואם יהיה היובל הרי זה כאשר יהיה שהרי ודאי יהיה וכן ואם תקריב מנחת בכורים ה"ז כאשר תקריב שהרי הוא חובה ומה שפי' כאן בקונטרס כל המשמש בלשון אשר לשון אם הם לא יתכן ובסוף המגרש (גיטין דף ל.) פירש בקונטרס שהם לשון דהא וכן עיקר:

אי דילמא אלא דהא. כי ימצא כי יקרא כי תראה כי תפגע כולם ל' אם הם וכן רובם כי תאמר בלבבך אין שייך לפרש בלשון אם דהוה משמע לשון אם תאמר לא תירא הא אם לא תאמר תירא וע"כ לשון דילמא הוא כלומ' שמא תאמר בלבבך רבים הגוים וגו' לא תאמר כן וכן ח) כי תאמר מה נרדף לו וכי תאמרו מה נאכל כי תראה חמור שונאך כי גוע אהרן דמשמע לשון דהא והיינו לשון אשר:

ערד שמו. ופשטיה דקרא ערד שם המדינה או שם עירו:

וקאי באייר וקרי ליה שנה השנית. ואין לומר דקרא דאייר להקמת המשכן הוא דקחשיב ולעולם ר"ה אייר דאמר שנה השנית לג"ש כדאמר לעיל גבי שנת מ' ושנת כ' ומיהו הוה מצי לאתויי קרא דפרשת במדבר סיני ולא הוה צריך לגזרה שוה זו דמפרש ביה קרא באחד לחדש [השני] בשנה השנית לצאתם מארץ מצרים (במדבר א):

שני בשבת לא אשכחן. והא דכתיב ויהי בוקר יום שני (בראשית א) מפרש בירושלמי אין למדין מברייתו של עולם כלומר דלאו אשבת קאי אלא שהיה יום שני לברייתו של עולם:

תניא כוותיה דר' יוחנן. לאו לאפוקי דר' אלעזר דהא מייתי נמי דר' אלעזר בהך ברייתא ובקרא דר' אלעזר לא סגי דהוה אמינא לשלמה ודאי הוי שני לירח שמונין לו למלכותו לפי שעמד בניסן אבל לשאר מלכים לא להכי צריך נמי דמקיש ליציאת מצרים:

מכלל דניסן לאו ראש השנה. אע"פ שיש כמה חדשים בין ניסן לתשרי שיש לומר שהם ראש השנה מ"מ הואיל דאפיקתיה מניסן אוקמיה אתשרי דאשכחן דהוה ראש השנה לכמה דברים לשמיטין וליובלות (ג):

למניינא

רבינו חננאל

וישמע הכנעני מלך עוד ותנא הוא ערד הוא סיחון ומה שמועה שמע. שמע כי מת אהרן ונסתלקו ענני הכבוד וכתיב ויהי בארבעים שנה בעשתי עשר חדש וגו' אחרי הכותו את סיחון ש"מ אחר מיתתו של אהרן זה המעשה. וקאי בשבט וקרי לה שנת ארבעים ש"מ דראש השנה שמונים ליציאת מצרים לאו תשרי הוא. ואימא ר"ה אייר ודחינן לא ס"ד כו'. ואימא סיון ודחינן לא ס"ד כו'. ואקשינן ואימא תמוז ואימא אב ואימא אדר ולמה הניח אלול ותשרי ומרחשון וכסליו וטבת לפי שבפי' דחאם המקרא הוא שאמרנו מדקאי באב במיתת אהרן וקרי לה שנת ארבעים וקאי בשבט וקרי לה שנת ארבעים ש"מ כי מאב ועד שבט אין אחד מהן ר"ה. שאילו היה אחד מהן ר"ה בארבעים ואחת הוה ליה למכתב אלא ודאי בהני כולי (האי) ליכא לספוקא בחד מינייהו דהוא ר"ה ובתמוז ובאב ובאדר לא מצא פסוק לדחות. ואמר ר' אלעזר מהכא ויחל לבנותו בחדש השני בשני בשנת ארבע למלכותו. מקיש שני בתרא לשני קמא מה שני קמא חדש אף שני בתרא חדש ש"מ. מדאייר הוא חדש שני שמונין בו למלכותו ר"ה למלכותו ניסן. תניא כוותיה דר' יוחנן מנין למלכים שאין מונין להן אלא מניסן שנא' ויהי בשמונים שנה וארבע מאות שנה וגו'. אמר רב חסדא לא שנו אלא למלכי ישראל אבל למלכי אומות העולם מתשרי מנינן דכתי' דברי נחמיה בן חכליה ויהי בחדש כסליו [שנת עשרים] וגו'. וכתיב ויהי בחדש ניסן שנת עשרים לארתחשסתא המלך

ליקוטי רש"י

כי גוע אהרן וכו' כי משמש בד' לשונות וכו'. כי גוע. אומר אני שהמתרגם דהא מית טועה הוא אא"כ מתרגם ויראו ואתחזיאו שלא אמרו רבותינו ז"ל כי זה משמש בלשון דהא אלא על מדרש שנסתלקו ענני כבוד וכדאמר ר' אבהו (ר"ה ג.) דא"ר אבהו אל תקרי וירא אלא וייראו ועל לשון זה נופל לשון דהא לפי שהוא נתינת טעם למה שלמעלה הימנו למה ויראו לפי שהרי מת אהרן אבל על תרגום וחזו כל כנישתא אין לשון דהא נופל אלא לשון אשר שהוא מגזרת שמוש אי שמצינו אם משמש בלשון אשר כמו (איוב כא) ואם מדוע לא תקצר רוחי והרבה מפורשים מזה הלשון (שם יד) אם חרוצים ימיו [במדבר כ כט]. כל מקום שצריך לדרוש כי בין לענין דרשה בין למשמעות המקרא תוכל לשנותו באחד מהני ארבע לשונות דלשון כי משמע בכולם וכן

[illegible]

מסורת הש"ס

א) גיטין ל. תענית ט. שבועות מט: [פסחים נג:], ב) [פי' שהוא קל ברגלים. ערוך], ג) [פי' רש"י], ד) [לקמן ח.], ה) מ"מ מ"ז, ו) [תנחומא פ' חקת], ז) מ"מ, ח) מ"מ, ט) [איוב יג].

הגהות הב"ח

(א) גמ' בחדש השני בעשרים בחדש נעלה הענן: (ב) תוס' ד"ה אלא כו' דילמא לשון כאשר הוא כלומר: (ג) ד"ה מכלל כו' לשמיטין וליובלות לנטיעה ולירקות והס"ד:

תורה אור השלם

א) וישמע הכנעני מלך ערד ישב הנגב כי בא ישראל דרך האתרים וילחם בישראל וישב ממנו שבי: [במדבר כא, א]

ב) ויראו כל העדה כי גוע אהרן ויבכו את אהרן שלשים יום כל בית ישראל: [במדבר כ, כט]

ג) ויהי בחדש הראשון בשנה השנית באחד לחדש הוקם המשכן: [שמות מ, יז]

ד) ויהי בשנה השנית בחדש השני בעשרים בחדש נעלה הענן מעל משכן העדת: [במדבר י, יא]

ה) בחדש השלישי לצאת בני ישראל מארץ מצרים ביום הזה באו מדבר סיני: [שמות יט, א]

ו) ויחל לבנות בחדש השני בשני בשנת ארבע למלכותו: [דברי הימים ב ג, ב]

ז) ויהי בשמונים שנה וארבע מאות שנה לצאת בני ישראל מארץ מצרים בשנה הרביעית בחדש זו הוא החדש השני למלך שלמה על ישראל ויבן הבית ליי: [מלכים א ו, א]

ח) ויעל אהרן הכהן אל הר ההר על פי יי וימת שם בשנת הארבעים לצאת בני ישראל מארץ מצרים בחדש החמישי באחד לחדש: [במדבר לג, לח]

ט) ויהי בארבעים שנה בעשתי עשר חדש באחד לחדש דבר משה אל בני ישראל ככל אשר צוה יי אתו אלהם: [דברים א, ג]

י) אחרי הכתו את סיחון מלך האמרי אשר יושב בחשבון ואת עוג מלך הבשן אשר יושב בעשתרת באדרעי: [דברים א, ד]

כ) דברי נחמיה בן חכליה ויהי בחדש כסליו שנת עשרים ואני הייתי בשושן הבירה: [נחמיה א, א]

ל) ויהי בחדש ניסן שנת עשרים לארתחשסתא המלך יין לפניו ואשא את היין ואתנה למלך ולא הייתי רע לפניו: [נחמיה ב, א]

that the New Year is Sivan, בַּחֹדֶשׁ הַשְּׁלִישִׁי בַּשָּׁנָה הַשֵּׁנִית לְצֵאת וגו׳ מִיבָּעֵי לֵיהּ – **it should have** stated: ***"In the third month** (Sivan) **in the second year*** **after the Exodus," etc.**[15] Clearly, then, the New Year is not Sivan.

The Gemara raises further objections:

וְאֵימָא תַּמּוּז – **But say** that the New Year is **Tammuz!** וְאֵימָא אָב – **Or say** that it is **Av!** וְאֵימָא אֲדָר – **Or say** that it is **Adar!**[16]

Having shown that the previous source is inadequate, the Gemara presents a different source to show that the years of a king's reign are counted from Nissan:

אֶלָּא אָמַר רַבִּי אֶלְעָזָר – **Rather, said R' Elazar,** מֵהָכָא – it is derived **from here:** ,,וַיָּחֶל לִבְנוֹת בַּחֹדֶשׁ הַשֵּׁנִי בַּשֵּׁנִי בִּשְׁנַת אַרְבַּע לְמַלְכוּתוֹ״ – ***He*** [King Solomon] ***began to build*** [the Temple] ***in the second month*** *(Iyar)*, ***in the second, in the fourth year of his reign.***[17] מַאי ,,שֵׁנִי״ – **What** does the verse mean by repeating ***the second?*** לָאו שֵׁנִי לַיֶּרַח שֶׁמּוֹנִין בּוֹ לְמַלְכוּתוֹ – **Does it not** mean the **second** month **after the month from which [the king's] reign is counted?** That is, Iyar is the second month of the king's year, which begins in Nissan. Thus we see that Nissan is the New Year for kings.

The Gemara challenges this proof:

מַתְקִיף לָהּ רָבִינָא – **Ravina objected to it** as follows: וְאֵימָא שֵׁנִי בַּחֹדֶשׁ – **But** one could **say** that the verse means **the second of the month!**

The Gemara answers:

אִם כֵּן שֵׁנִי בַּחֹדֶשׁ בְּהֶדְיָה[18] הֲוָה כְּתִיב בֵּיהּ – **If so, it would have been written explicitly, "the second of the month."**[19]

The Gemara objects further:

וְאֵימָא בְּשֵׁנִי בַּשַּׁבָּת – **But** one could **say** that it means **the second [day] of the week!**

The Gemara gives two answers:

חֲדָא – **First** of all, דְּלָא אַשְׁכְּחַן שֵׁנִי בַּשַּׁבָּת דִּכְתִיב – **we do not find** the term **"the second [day] of the week" written** in Scripture.[20] וְעוֹד – **Furthermore,** מַקִּישׁ שֵׁנִי בַּתְרָא לְשֵׁנִי קַמָּא – the verse's **last** use of the word **"second" is compared to** its **first** use of the word **"second."** מַה שֵּׁנִי קַמָּא חֹדֶשׁ – Therefore, **just as the first "second" is a month,** אַף שֵׁנִי בַּתְרָא חֹדֶשׁ – **so is the last "second" a month.**[21]

The Gemara cites a Baraisa that records the entire preceding discussion:

תַּנְיָא כְּוָותֵיהּ דְּרַבִּי יוֹחָנָן – **A Baraisa was taught in accordance with R' Yochanan:**[22] מִנַּיִין שֶׁאֵין מוֹנִין לָהֶם לַמְּלָכִים אֶלָּא מִנִּיסָן – FROM WHERE DO WE KNOW THAT WE COUNT the years of KINGS ONLY FROM NISSAN? שֶׁנֶּאֱמַר ,,וַיְהִי בִשְׁמוֹנִים שָׁנָה וְאַרְבַּע מֵאוֹת שָׁנָה לְצֵאת בְּנֵי יִשְׂרָאֵל מֵאֶרֶץ מִצְרַיִם וגו׳ ״ – FOR IT IS STATED: *IT WAS IN THE FOUR HUNDRED AND EIGHTIETH YEAR AFTER THE EXODUS OF THE CHILDREN OF ISRAEL FROM THE LAND OF EGYPT,* ETC.[23] וּכְתִיב ,,וַיַּעַל אַהֲרֹן הַכֹּהֵן אֶל הֹר הָהָר עַל פִּי ה׳ וגו׳ ״ – AND IT IS WRITTEN: *AARON THE KOHEN ASCENDED HOR HAHOR AT THE WORD OF HASHEM,* ETC. [וּכְתִיב ,,וַיְהִי בְּאַרְבָּעִים שָׁנָה בְּעַשְׁתֵּי עָשָׂר חֹדֶשׁ״] – AND IT IS WRITTEN: *IT WAS IN THE FORTIETH YEAR, IN THE ELEVENTH MONTH.* וּכְתִיב ,,אַחֲרֵי הַכֹּתוֹ אֵת סִיחוֹן וגו׳ ״ – AND IT IS WRITTEN: *AFTER HE HAD SMITTEN SICHON,* ETC. וְאוֹמֵר ,,וַיִּשְׁמַע הַכְּנַעֲנִי וגו׳ ״ – AND IT SAYS: *THE CANAANITE HEARD,* ETC. וְאוֹמֵר ,,וַיִּרְאוּ כָּל הָעֵדָה כִּי גָוַע אַהֲרֹן וגו׳ ״ – AND IT SAYS: *THE ENTIRE ASSEMBLY SAW THAT AARON HAD PERISHED,* ETC. וְאוֹמֵר ,,וַיְהִי בַּחֹדֶשׁ הָרִאשׁוֹן בַּשָּׁנָה הַשֵּׁנִית וגו׳ ״ – AND IT SAYS: *IT WAS IN THE FIRST MONTH OF THE SECOND YEAR,* ETC. וְאוֹמֵר ,,וַיְהִי בַּשָּׁנָה הַשֵּׁנִית בַּחֹדֶשׁ הַשֵּׁנִי וגו׳ ״ – AND IT SAYS: *IT WAS IN THE SECOND YEAR IN THE SECOND MONTH,* ETC. וְאוֹמֵר ,,בַּחֹדֶשׁ הַשְּׁלִישִׁי לְצֵאת בְּנֵי יִשְׂרָאֵל וגו׳ ״ – AND IT SAYS: *IN THE THIRD MONTH AFTER THE EXODUS OF THE CHILDREN OF ISRAEL,* ETC. וְאוֹמֵר ,,וַיָּחֶל לִבְנוֹת וגו׳ ״ – AND IT SAYS: *HE BEGAN TO BUILD,* ETC.[24]

The Gemara qualifies our Mishnah's ruling that Nissan is the New Year for kings:[25]

NOTES

15. Since the verse did not say "in the second year [after the Exodus]," this event must have taken place in the first year, which does not have to be identified (*Ritva*).

16. As explained above (see 2b), the Gemara has already ruled out the months between Av and Shevat [i.e. the first of Elul, Tishrei, Marcheshvan, Kislev, Teves or Shevat] (*Rashi*).

The Gemara has refuted the proof adduced by R' Yochanan for the law that Nissan is the New Year for kings. R' Yochanan proved that the New Year for kings is the same as the New Year for the Exodus, but he failed to show that the New Year for the Exodus must be Nissan, as opposed to Tammuz, Av or Adar.

17. *II Chronicles* 3:2.

18. The text should read בְּהֶדְיָא, with an א [as in *Rashi's* text] (*Menachem Meishiv Nefesh*).

19. When referring to the day of the month, Scripture usually does so explicitly by adding "of the month" (see *Rashi*).

20. The Torah does not speak of days in relation to the week, e.g. the first of the week, the second of the week, etc. (*Sifsei Chachamim;* see, however, *Sfas Emes*). Therefore, when our verse repeats "the second," it is unlikely that it means the second day of the week.

The verse, וַיְהִי־עֶרֶב וַיְהִי־בֹקֶר יוֹם שֵׁנִי, *there was evening, there was morning, a second day* (*Genesis* 1:8), refers not to the second day of the week, but to the second day of the Creation [and the same applies to all the other days mentioned in that passage] (*Tosafos* et al. from *Yerushalmi;* cf. *Rashi* according to *Maharatz Chayes*).

21. Since the verse does not say otherwise, the unit of time signified by the last "second" is presumably the same as that signified by the first "second," i.e. a month.

The Gemara has successfully defended R' Elazar's proof that Nissan is the New Year for kings, which was based on the verse: *He began to build in the second month, in the second.*

22. I.e. this Baraisa cites all the verses used in the preceding discussion (*Rashi*).

The Gemara above rejected R' Yochanan's source in favor of R' Elazar's. Thus, when the Gemara says here "A Baraisa was taught in accordance with R' Yochanan" it certainly does not mean to exclude R' Elazar. Indeed, the Baraisa itself quotes R' Elazar's source in addition to R' Yochanan's. Rather, the Gemara means merely that the Baraisa cites the entire previous discussion, which began with R' Yochanan's exposition (*Rashba*). [For other explanations, see *Tosafos, Chidushei HaRan* here ד״ה ואימא תמוז and to 2b ד״ה מקיש, and *Tos. Rid.*]

23. The significance of this verse, and all those that follow, has been explained in the Gemara above, 2b-3a. [See, however, *Chochmas Manoach,* for a different approach.]

24. This was the source adduced above by R' Elazar to show that Nissan is the New Year for kings.

25. In order to understand the following passage of Gemara, several words of introduction are in order:

The period of history stretching from the conquest of the Babylonian Empire by Persia, until the defeat of Persia by the ascendant Greeks under Alexander the Great – a period which forms the backdrop for the events surrounding the construction of the Second Temple and the Scriptural books of *Daniel, Ezra* and *Nehemiah* – includes, from the evidence of Scripture, the reigns of at least four Persian kings: Daryavesh (Darius) the Mede, Koresh (Cyrus) the Persian, Achashverosh and Daryavesh the Persian. In several places Scripture also speaks of a King Artachshasta; however, according to the Rabbis, Artachshasta is merely a generic name for the kings of the Persian empire, much like Pharaoh for the kings of Egypt (see below, 3b; *Seder Olam Rabbah* §30; *Medrash Lekach Tov,* introduction to *Esther*).

From the relevant passages in Scripture, as understood by the Rabbis (see *Seder Olam Rabbah* §29-30; *Megillah* 11b; *Avodah Zarah* 9a and the Gemara that follows here) the following succession of events emerges:

1) Daryavesh the Mede conquers Babylonia; the period of Persian

א) וישמע הכנעני מלך ערד מה שמועה שמע שמע שמת אהרן ונסתלקו ענני כבוד וכסבור ניתנה רשות להלחם בישראל והיינו דכתיב ב) ויראו כל העדה כי גוע אהרן וא"ר אבהו אל תקרי ויראו אלא וייראו כדריש לקיש דאמר ר"ל כי משמש בד' לשונות אי דילמא אלא דהא מי דמי התם כנען הכא סיחון תנא הוא סיחון הוא ערד הוא כנען סיחון שדומה לסייח במדבר כנען על שם מלכותו ומה שמו ערד שמו איכא דאמרי ערד שדומה לערוד במדבר כנען על שם מלכותו ומה שמו סיחון שמו ואימא ר"ה אייר לא סלקא דעתך דכתיב ג) ויהי בחדש הראשון בשנה השנית באחד לחדש הוקם המשכן וכתיב ד) ויהי בשנה השנית בחדש השני (א) נעלה הענן מעל משכן העדות מדקאי בניסן וקרי לה שנה שנית וקאי באייר וקרי לה שנה שני' מכלל דר"ה לאו אייר הוא ואימא ר"ה סיון לא ס"ד דכתיב ה) בחדש השלישי לצאת בני ישראל מארץ מצרים ואם איתא בחדש השלישי בשנה השנית לצאת וגו' מיבעי ליה ואימא תמוז ואימא אב ואימא אדר אלא אמר ר"א מהכא ו) ויחל לבנות בחדש השני בשני בשנת ארבע למלכותו מאי שני לאו שני לירח שמונין בו למלכותו מתקיף לה רבינא ואימא שני בחדש א"כ שני בחדש בהדיא הוה כתיב ביה ואימא בשני בשבת חדא דלא אשכחן שני בשבת דכתיב ועוד מקיש שני בתרא לשני קמא מה שני קמא חדש אף שני בתרא חדש תניא כוותיה דר' יוחנן מניין שאין מונין להם למלכים אלא מניסן שנא' ז) ויהי בשמונים שנה וארבע מאות שנה לצאת בני ישראל מארץ מצרים וגו' וכתיב ח) ויעל אהרן הכהן אל הר ההר על פי ה' וגו' [וכתיב ט) ויהי בארבעים שנה בעשתי עשר חדש] וכתיב י) אחרי הכותו את סיחון וגו' ואומר וישמע הכנעני וגו' ואומר ויראו כל העדה כי גוע אהרן וגו' ואומר ויהי בחדש הראשון בשנה השנית וגו' ואומר ויהי בשנה השנית בחדש השני וגו' ואומר בחדש השלישי לצאת בני ישראל וגו' ואומר ויחל לבנות וגו' א"ר חסדא לא שנו אלא למלכי ישראל אבל למלכי אומות העולם מתשרי מנינן שנא' כ) דברי נחמיה בן חכליה ויהי בחדש כסליו שנת עשרים וגו' וכתיב ל) ויהי בחדש ניסן שנת עשרי' לארתחשסתא וגו' מדקאי בכסליו וקרי ליה שנת עשרים וקאי בניסן וקרי ליה שנת עשרים מכלל דר"ה לאו ניסן הוא בשלמא היאך מפרש דלארתחשסתא אלא האי ממאי דלארתחשסתא דילמא למניינא

רש"י

אלא וייראו. נתגלו: כדריש לקיש. כי גוע נתינת טעם הוא לדבר שלפניו נתגלו העדה לפי שגוע אהרן שלשון כי בד' לשונות משמש במקרא פעמים בא במקום אם פעמי' בא במקום דילמא שמא פעמי' בא במקום דהא שנותן טעם לדבר פעמים בא במקום אלא וסותר את דבור שלפניו כי יהיה להם דבר (שמות יח) כי תפגע (שם כג) כי יקרא קן (דברים כב) כולן לשון אם הם וכן כי תבאו (שמות יב) כי תלכון (שם ג) כי תכלה (דברים כו) כי תשא (שמות ל) וכל המשמשין במקום כאשר ובמקום אשר כולן לשון אם הם שמצינו בכמה מקומות אם משמש לשון כאשר ולשון אשר כמו ואם יהיה היובל (במדבר לו) שהרי בודאי יהיה ואם תקריב מנחת בכורים (ויקרא ב) הרי זה וכאשר תקריב שהרי חובה הוא וכן אם כסף תלוה (שמות כב) אם יבלענו ממקומו (איוב ח) המדבר בשלות רשעים דילמא כגון כי תאמר בלבבך (דברים ז) שמא תאמר רבים הגוים האלה לא תאמר כן לא תירא מהם כי תאמרו מה נרדף לו (איוב יט) וכי תאמרו מה נאכל בשנה השביעית (ויקרא כה) כי תראה חמור שונאך ודלת (שמות כג) ה) (כי תראה והתעלמת) והרבה כאלו לשון שמא הן לא צחקתי כי יראה (בראשית יח) ה"ז לשון דהא לפי שיראה ויאמר לא כי צחקת (שם) ה"ז לשון אלא כי גוע אהרן כשאתה קורא וייראו הרי זה לשון דהא הודו לה' כי טוב (תהלים קיח) שהרי טוב לא תקפוץ את ידך וגו' (דברים טו) אלא פתוח תפתח: סייח. עייר בן סוס: ערוד. חמור הבר: ואימא אב ואימא אדר. דכל חדשים שבין אב לשבט פקע לן לעיל מדקאי באב וקרי ליה שנת ארבעים כו': מאי שני. דהדר כתב פעם אחרת בקרא בשני מהכא שמעי' דשני לירח שמונין בו למלכים: שני בחדש בהדיא הוי כתיב ביה. כדכתיב בכמה מקומות באחד לחדש וכתיב בשנה השלישית בעשור לחודש: שני בשבת לא אשכחן דכתיב ביה קרא. דהדר ביה קרא בשני: תניא כוותיה דר' יוחנן. בכולי קראי דאייתי לעיל:

ויבא

תוספות

וישמע הכנעני מלך ערד. במדרש י) אמרינן דהיינו עמלק כמו שיסד הפייט בפזמון של פרשת זכור כסות ולשון שינה היות כמלך ערד אבל מ"מ דייק שפיר דהוה סיחון קיים מדשינה עמלק עצמו לבא כדמותו ונראה דמההוא דמסעי קא דריש דאי מההוא דחקת הא מפרש דשמע כי בא ישראל דרך האתרים ורש"י לא דק בפי' חומש:

אלא וייראו כדר"ל. כלומר שנתגלו לפי שמת אהרן והיינו בלשון דהא דאי אמרת ויראו לשון ראייה אין מתיישב לפרש האי כי בשום י) [אחד] מהנך בארבע לשונות מיהו קשיא דילמא לשון כאשר (ג) כלומר ויראו כאשר גוע אהרן כמו ויראו אחי יוסף כי מת אביהם ויאמרו לו ישטמנו (בראשית נ) ויראו פלשתים כי מת גבורם (שמואל א יז) ושמא אין מתישב כאן כמו בהני והא דמפרשינן קראי בלשון כאשר כמו כי בא סוס פרעה (שמות טו) כי תרבו ופריתם (ירמיה ג) אין זה לשון חמישי כדפירש בקונטרס דכי תבא וכי תלכון כי תשא כי תכלה וכל המשמשין בלשון כאשר לשון אם הם משמשין שמצינו בכמה דוכתי אם משמש בלשון כאשר כמו ואם יהיה היובל הרי זה כאשר יהיה שהרי ודאי יהיה וכן ואם תקריב מנחת בכורים ה"ז כאשר תקריב שהרי הוא חובה ומה שפי' כאן בקונטרס כל המשמש בלשון אשר לשון אם הם לא יתכן ובסוף המגרש (גיטין דף צ.) פירש בקונטרס שהם לשון דהא וכן עיקר:

אי דילמא אלא דהא. כי ימצא כי יקרא כי תראה כי תפגע כולם ל' אם הם וכן רובם כי תאמר בלבבך אין שייך לפרש בלשון אם דהוה משמע לשון אם תאמר לא תירא הא אם לא תאמר תירא וע"כ לשון דילמא הוא כלומ' שמא תאמר בלבבך רבים הגוים וגו' לא תאמר כן וכן ח) כי תאמר מה נרדף לו וכי תאמרו מה נאכל כי תראה חמור שונאך כי גוע אהרן דמשמע לשון דהא והיינו לשון אשר:

ערד שמו. ופשטיה דקרא ערד שם המדינה או שם עירו:

וקאי באייר וקרי ליה שנה השנית. ואין לומר דקרא דאייר להקמת המשכן הוא דקחשיב ולעולם ר"ה אייר דלא אמר שנה השנית לג"ש דלאמר לעיל גבי שנת מ' ושנת כ' ומיהו הוה מצי לאתויי קרא דפרשת במדבר סיני ולא הוה צריך לגזרה שוה זו דמפרש ביה קרא באחד לחדש [השני] בשנה השנית לצאתם מארץ מצרים (במדבר א):

שני בשבת לא אשכחן. והא דכתיב ויהי בוקר יום שני (בראשית א) מפרש בירושלמי אין למדין מברייתו של עולם כלומר דלאו אשבת קאי אלא שהיה יום שני לברייתו של עולם:

תניא כוותיה דר' יוחנן. לאו לאפוקי דר' אלעזר דהא מייתי נמי דר' אלעזר בהך ברייתא ובקרא דר' אלעזר לא סגי דהוה אמינא דלשלמה ודאי הוי שני לירח שמונין לו למלכותו לפי שעמד בניסן אבל לשאר מלכים לא להכי צריך נמי דמקיש ליציאת מצרים:

מכלל דניסן לאו ראש השנה. אע"פ שיש כמה חדשים בין ניסן לתשרי שיש לומר שהם ראש השנה מ"מ הואיל דאפיקתיה מניסן אוקמיה אתשרי דאשכחן דהוה ראש השנה לכמה דברים לשמיטין וליובלות (ג):

למניינא

מסורת הש"ס

א) גיטין ל. תענית ט. שבועות מט: [פסחים נג:], ב) [פי' שהוא קל ברגליו. ערוך], ג) רש"א, ד) [לקמן ח.], ה) ח"מ מ"ז, ו) [תנחומא פ' חקת], ז) ח"מ, ח) [איוב יט].

הגהות הב"ח

(א) גמ' בחדש השני בעשרים בחדש נעלה הענן: (ב) תוס' ד"ה אלא כו' דילמא לשון כאשר הוא כלומר: (ג) ד"ה מכלל כו' לשמיטין וליובלות לנטיעה ולירקות והס"ד:

תורה אור השלם

א) וַיִּשְׁמַע הַכְּנַעֲנִי מֶלֶךְ עֲרָד יֹשֵׁב הַנֶּגֶב כִּי בָּא יִשְׂרָאֵל דֶּרֶךְ הָאֲתָרִים וַיִּלָּחֶם בְּיִשְׂרָאֵל וַיִּשְׁבְּ מִמֶּנּוּ שֶׁבִי: [במדבר כא, א]

ב) וַיִּרְאוּ כָּל הָעֵדָה כִּי גָוַע אַהֲרֹן וַיִּבְכּוּ אֶת אַהֲרֹן שְׁלֹשִׁים יוֹם כֹּל בֵּית יִשְׂרָאֵל: [במדבר כ, כט]

ג) וַיְהִי בַּחֹדֶשׁ הָרִאשׁוֹן בַּשָּׁנָה הַשֵּׁנִית בְּאֶחָד לַחֹדֶשׁ הוּקַם הַמִּשְׁכָּן: [שמות מ, יז]

ד) וַיְהִי בַּשָּׁנָה הַשֵּׁנִית בַּחֹדֶשׁ הַשֵּׁנִי בְּעֶשְׂרִים בַּחֹדֶשׁ נַעֲלָה הֶעָנָן מֵעַל מִשְׁכַּן הָעֵדֻת: [במדבר י, יא]

ה) בַּחֹדֶשׁ הַשְּׁלִישִׁי לְצֵאת בְּנֵי יִשְׂרָאֵל מֵאֶרֶץ מִצְרָיִם בַּיּוֹם הַזֶּה בָּאוּ מִדְבַּר סִינָי: [שמות יט, א]

ו) וַיָּחֶל לִבְנוֹת בַּחֹדֶשׁ הַשֵּׁנִי בַּשֵּׁנִי בִּשְׁנַת אַרְבַּע לְמַלְכוּתוֹ: [דברי הימים ב' ג, ב]

ז) וַיְהִי בִשְׁמוֹנִים שָׁנָה וְאַרְבַּע מֵאוֹת שָׁנָה לְצֵאת בְּנֵי יִשְׂרָאֵל מֵאֶרֶץ מִצְרַיִם בַּשָּׁנָה הָרְבִיעִית בְּחֹדֶשׁ זִו הוּא הַחֹדֶשׁ הַשֵּׁנִי לִמְלֹךְ שְׁלֹמֹה עַל יִשְׂרָאֵל וַיִּבֶן הַבַּיִת לַיְיָ: [מלכים א' ו, א]

ח) וַיַּעַל אַהֲרֹן הַכֹּהֵן אֶל הֹר הָהָר עַל פִּי יְיָ וַיָּמָת שָׁם בִּשְׁנַת הָאַרְבָּעִים לְצֵאת בְּנֵי יִשְׂרָאֵל מֵאֶרֶץ מִצְרַיִם בַּחֹדֶשׁ הַחֲמִישִׁי בְּאֶחָד לַחֹדֶשׁ: [במדבר לג, לח]

ט) וַיְהִי בְּאַרְבָּעִים שָׁנָה בְּעַשְׁתֵּי עָשָׂר חֹדֶשׁ בְּאֶחָד לַחֹדֶשׁ דִּבֶּר מֹשֶׁה אֶל בְּנֵי יִשְׂרָאֵל כְּכֹל אֲשֶׁר צִוָּה יְיָ אֹתוֹ אֲלֵהֶם: [דברים א, ג]

י) אַחֲרֵי הַכֹּתוֹ אֵת סִיחֹן מֶלֶךְ הָאֱמֹרִי אֲשֶׁר יוֹשֵׁב בְּחֶשְׁבּוֹן וְאֵת עוֹג מֶלֶךְ הַבָּשָׁן אֲשֶׁר יוֹשֵׁב בְּעַשְׁתָּרֹת בְּאֶדְרֶעִי: [דברים א, ד]

כ) דִּבְרֵי נְחֶמְיָה בֶּן חֲכַלְיָה וַיְהִי בְחֹדֶשׁ כִּסְלֵיו שְׁנַת עֶשְׂרִים וַאֲנִי הָיִיתִי בְּשׁוּשַׁן הַבִּירָה: [נחמיה א, א]

ל) וַיְהִי בְּחֹדֶשׁ נִיסָן שְׁנַת עֶשְׂרִים לְאַרְתַּחְשַׁסְתָּא הַמֶּלֶךְ יַיִן לְפָנָיו וָאֶשָּׂא אֶת הַיַּיִן וָאֶתְּנָה לַמֶּלֶךְ וְלֹא הָיִיתִי רַע לְפָנָיו: [נחמיה ב, א]

רבינו חננאל

וישמע הכנעני מלך ערד ותנא הוא ערד הוא סיחון ומה שמועה שמע. שמע כי מת אהרן ונסתלקו ענני הכבוד וכתיב ויהי בארבעים שנה בעשתי עשר חדש וגו' אחרי הכותו את סיחון ש"מ אחר מיתתו של אהרן זה המעשה. וקאי בשבט וקרי לה שנת ארבעים ש"מ דראש השנה שמונים ליציאת מצרים לאו תשרי הוא. ואימא ר"ה אייר ודחינן לא ס"ד כו'. ואימא סיון ודחינן לא ס"ד כו'. ואקשינן ואימא תמוז ואימא אב ואימא אדר ולמה הניח אלול ותשרי ומרחשון וכסליו וטבת לפי שבפי' דחאם המקרא הוא שאמרנו מדקאי באב במיתת אהרן וקרי לה שנת ארבעים וקאי בשבט וקרי לה שנת ארבעים ש"מ כי מאב ועד שבט אין אחד מהן ר"ה. שאילו היה אחד מהן ר"ה בארבעים ואחת הוה ליה למכתב אלא ודאי בהני כולי (האי) ליכא לספוקא בחד מינייהו דהוא ר"ה ובתמוז ובאב ובאדר לא מצא פסוק לדחות. ואמר ר' אלעזר מהכא ויחל לבנות בחדש השני בשני בשנת ארבע למלכותו. מקיש שני בתרא לשני קמא מה שני קמא חדש אף שני בתרא חדש ש"מ. מדאייר הוא חדש שני שמונין בו למלכותו ר"ה למלכותו ניסן. תניא כוותיה דר' יוחנן מנין למלכים שאין מונין להן אלא מניסן שנא' ויהי בשמונים שנה וארבע מאות שנה וגו'. אמר רב חסדא לא שנו אלא למלכי ישראל אבל למלכי אומות העולם מתשרי מנינן דכתי' דברי נחמיה בן חכליה ויהי בחדש כסליו [שנת עשרים] וגו'. וכתיב ויהי בחדש ניסן שנת עשרים לארתחשסתא המלך

ליקוטי רש"י

כי גוע אהרן וכו' כי משמש בד' לשונות וכו'. כי גוע. אומר אני שהמתרגם דהא מית טועה הוא אא"כ מתרגם וייראו ואתחזיאו שלא אמרו רבותינו ז"ל כי זה משמש בלשון דהא אלא על מדרש שנסתלקו ענני כבוד וכדאמר ר' אבהו (ר"ה ג.) דא"ר אבהו אל תקרי ויראו אלא וייראו ועל לשון זה נופל לשון דהא לפי שהוא נתינת טעם למה שלמעלה הימנו למה וייראו לפי שהרי מת אהרן אבל על תרגום וחזו כל כנישתא אין לשון דהא נופל אלא לשון אשר שהוא מגזרת שמוש אי שמצינו אם משמש בלשון אשר כמו (איוב כא) ואם מדוע לא תקצר רוחי והרבה מפורשים מזה הלשון (שם יד) אם חרוצים ימיו [במדבר כ כט]. כל מקום שצריך לדרוש כי בין לענין דרשה בין למשמעות המקרא תוכל לשנותו באחד מהני ארבע לשונות דלשון כי משמע בכולם וכן

למניינא

ליה ויראו כל העדה במשקל ויראו ראשי הכדים וירפו המים ויעלו מעל משכן קרח [תענית ט. ע"פ ב"ח ומהר"ב רנשבורג]. במקום ארבע לשונות הללו נכתב כי בתורה במקום אם במקום אלא במקום אשר במקום אם כמו כי ימצא בקרבך כי יקרא כי תראה חמור כי תפגע כולהו משמע לכשיארע כלומר אם יהיה כך וכן רובן במקום אלא לסתור דבר האמור למעלה לומר אינו כן אלא כן כמו ויאמר לא כי צחקת אינו כן כדבריך אלא צחקת אלא תקפוץ את ידך כי פתוח תפתח לו אלא פתוח תפתח לו וכמו לא כי ברחוב נלין לא נסור אל ביתך אלא ברחוב נלין וכן הרבה במקום פן כי תאמר בלבבך רבים וגו' לא תירא מהם וגו' אין אתה יכול לפרש בלשון אם לומר אם תאמר בלבבך וגו' לא תירא מהם הא אם לא תאמר תירא מהם אין זה נכון ולא בלשון אלא אבל נדרש הוא בלשון פן לומר שלא תאמר כן ובתמיה נדרש כלומר וכי תאמר בלבבך רבים הגוים האלה ותירא מהם וכן כי תאמרו מה נרדף לו לעולם לא תשיבו אל לבבכם לומר מה נרדף לו וכן כל כי הסמוכין לאף כי תאמר לא תשורנו אף כי אנכי אענגו כולן נדרשין בלשון תימה הלכך סוף (פירוש) [פסוק] מלמדך פן תאמר כן ועוד משמש בלשון דהא דהיינו אשר או מפני כלומר ליתן טעם ליישב דבר שלמעלה הימנו כמו לא צחקתי כי יראה כמו אשר יראה כלומר מפני שיראה וכן מדוע אתה יושב לבדך כי יבא עלי העם שהעם בא אלי וכן כי זה משה האיש כי אמרתי פן תגזל את בנותיך כי אמרתי רק אין יראת אלהים כולן נדרשין כמו אשר כלומר מפני וכן כי גוע אהרן לפי הדרשה שדרשוהו חכמים שמפני גויעתו נסתלק הענן וכולהו מתרגמינן להו ארי שלשון ארי בארמי משתמש כל לשונות כי בעברי ואם באת לשנותו צריך אתה לשנות כולן לפי ענייהו וכל כי הנפתרים בלשון כאשר כמו והיה כי יביאך וכל אלו שאין אתה יכול לפותרו בלשון אם דהא ודאי יביאך וכן כי תבואו אל הארץ כי בא סוס פרעה כי תרבו ופריתם במדרש סיפרא וסיפרי עשה מצוה זו שבשבילה תכנס לארץ בשכר שתירש תכנס כלומר מפני שיביאך וכשתבואו אל הארץ אתם זקוקים למצות הללו וכי בא סוס פרעה וגו' מפני שבא סוס פרעה וגו' לפיכך ותקח מרים וגו' וכל (כגון) אלו שאין אתה יכול לפותרן בלשון מפני ונפתרין בלשון כאשר כמו כי יאמרו אליכם בניכם כי יהיה להם דבר כולן לשון אם הם [גיטין צ.]. לארתחשסתא. הוא דריוש ועל שם המלכות נקרא כך [נחמיה ב א]. דריוש השני שמלך אחר אחשורוש ונקרא שלשה שמות דריוש כורש ארתחשסתא [מגילה יא:]. הוא דריוש ונקרא ארתחשסתא ע"ש המדינה והמלכות כי כל מלכי פרס היו נקראים כך כאשר כל מלכי מצרים נקראי' פרעה [עזרא ו יד]. דברי נחמיה וגו'. מכאן ואילך כתב נחמיה ספר זה. שנת עשרים. היא שנת עשרים לדריוש המלך שהוא ארתחשסתא ובמסכת ר"ה (ג:) מלאנו שנת עשרים שנת כ' למטה לג"ש מן הכתוב שנ' למטה ויהי בחדש ניסן שנת כ' לארתחשסתא וגו' ומחדש תשרי היו מונין לחשבון השנים ועל כן נאמר כאן ויהי בחדש כסלו שנת כ' והוא כסלו הבא לאחר תשרי ולמטה נאמר ויהי בחדש ניסן שנת כ' וגומר הוא ניסן שבאותה שנה ואיני יכול לפתור ולומר מניסן היו מונין לחשבון שנותיהם ואותו מעשה הכתוב למטה שנאמר ויהי בחדש ניסן וגו' קודם היה [illegible] לפי שאין [illegible] מוקדם ומאוחר בתורה [illegible] [נחמיה א א].

אָמַר רַב חִסְדָּא – **Rav Chisda said:** לֹא שָׁנוּ אֶלָּא לְמַלְכֵי יִשְׂרָאֵל – **They taught** this ruling **only with respect to kings of Israel;** אֲבָל לְמַלְכֵי אוּמּוֹת הָעוֹלָם מִתִּשְׁרֵי מָנִינַן – **but with respect to kings of the** other **nations of the world we count** their reigns **from Tishrei.**[26] שֶׁנֶּאֱמַר ,,דִּבְרֵי נְחֶמְיָה בֶּן חֲכַלְיָה וַיְהִי בְחֹדֶשׁ־כִּסְלֵו שְׁנַת עֶשְׂרִים'' וגו' – **For it is stated:** ***The words of Nehemiah the son of Chachaliah: It was in the month of Kislev of the twentieth year . . .***[27] וּכְתִיב ,,וַיְהִי בְּחֹדֶשׁ נִיסָן שְׁנַת עֶשְׂרִים לְאַרְתַּחְשַׁסְתְּא'' וגו' – **And it is written:** ***It was in the month of Nissan of the twentieth year of Artachshasta . . .***[28] מִדְּקָאֵי בְּכִסְלֵיו וְקָרֵי לֵיהּ שְׁנַת עֶשְׂרִים – **Since in referring to** an incident that took place **in Kislev, [Scripture] describes it as** occurring in **the twentieth year,** וְקָאֵי בְּנִיסָן וְקָרֵי לֵיהּ שְׁנַת עֶשְׂרִים – **and in referring to** an incident that took place **in Nissan, [Scripture]** also **describes it as** occurring in **the twentieth year** of Artachshasta, מִכְּלָל דְּרֹאשׁ הַשָּׁנָה לַאו נִיסָן הוּא – **evidently, the New Year** with respect to the king's reign **is not Nissan.**[29]

The Gemara questions this proof:

בִּשְׁלָמָא הַהִיא – The use of **that** second verse in the proof **is understandable,** מְפָרֵשׁ דִּלְאַרְתַּחְשַׁסְתָּא – because **it states explicitly that** it refers **to** the reign of **Artachshasta.** אֶלָּא הַאי – **But** regarding **this** first verse, מִמַּאי דִּלְאַרְתַּחְשַׁסְתָּא – **from where** do we know **that** it refers **to** the twentieth year of **Artachshasta?** דִּילְמָא – **Perhaps**

NOTES

ascendancy begins.

2) He is succeeded by Koresh the Persian (*Daniel* 6:29). In the first year of his reign, Koresh issues a proclamation calling on the Jews to return to their homeland and rebuild the Temple (*Ezra* 1:1; *II Chronicles* 36:22). A party of Jews sets out for Jerusalem under the leadership of Zerubavel and begins work on the Temple.

3) The enemies of the resurgent Jewish settlement send letters to the king defaming the Jews and urging that construction of the Temple be halted. The letters achieve their desired effect and the work is stopped by "King Artachshasta" (*Ezra* 4:23-24). As mentioned, the Rabbis take this to be a generic name for Persian kings; accordingly, opinions vary regarding whether the king who halted the construction was Koresh [the very same king who had allowed it to begin] (*Rashi* to *Ezra* 4:7), his successor Achashverosh (*Ibn Ezra* ad loc.), or a third king who reigned between them (see *Rashba* and *Ritva* below, 3b; see also *Rashi* to *Daniel* 11:2; cf. *R' Moshe HaKohen HaSefaradi,* cited by *Ibn Ezra* to *Daniel* 11:2).

The combined reigns of Daryavesh the Mede and Koresh total four years (*Megillah* 11b; *Seder Olam Rabbah* §28-29.).

4) Achashverosh comes to the throne. He also receives defamatory letters from the enemies of the Jews and work on the Temple remains at a standstill during his reign (see *Ezra* 4:5-6; *Esther Rabbah* 1:1). The miracle of Purim takes place during this period. Achashverosh rules for fourteen years (*Megillah* ibid.; *Seder Olam Rabbah* §29).

5) Daryavesh the Persian ascends the throne. In the second year of his reign the prophets Haggai and Zechariah prophesy that the Jews should begin again to build the Temple without waiting for official permission (*Haggai* 1:1 ff.; *Ezra* 5:1 ff.). When the enemies of the Jews protest, Daryavesh investigates and discovers the original proclamation in which his predecessor Koresh gave permission for the Temple to be built. He reaffirms this permission and work on the Temple proceeds apace (*Ezra* 6:1 ff.). See further in *Megillah* 11b, 12a.

6) The Temple is completed on the third of Adar in the sixth year of Daryavesh's reign (ibid. v. 15). Just over a month later, on the fourteenth of Nissan, the *pesach* offering is brought for the first time since the destruction of the first Temple (ibid. v. 19).

7) After these events, Ezra arrives in Jerusalem. He arrives in the month of Av in the seventh year of the reign of Artachshasta, having set out on the first of Nissan (ibid. 7:1-9). He brings with him a letter from the king, authorizing him to call upon the resources of the local Persian officials (ibid. 7:12 ff.).

According to the Gemara (below, 3b), this "Artachshasta" is Daryavesh the Persian; it follows that Ezra arrived in Jerusalem about a year and a half after the Temple was completed.

8) Nehemiah receives word from his colleague Hanani that the conditions of the Jews of Jerusalem are miserable, and that the city walls are breached and its gates burned. He seeks and is granted permission from the king to go to Jerusalem and rebuild its walls. This takes place in the twentieth year of Artachshasta (*Nehemiah* 1:1 ff.); most authorities assume that this is the same Artachshasta in whose reign Ezra's expedition took place and whom the Gemara identifies as Daryavesh the Persian (see *Rashi* and *Ibn Ezra* to *Daniel* 1:1; *Rashi* below, 3b ד״ה ויבא חנני; *Baal HaMaor, Rashba* and *Ritva* ad loc.; *Tosafos* ad loc. ד״ה שנת, second answer; cf. *Tosafos* loc. cit., first answer). See also below, 3b note 18.

9) Fifty-two years after Daryavesh the Mede's defeat of Babylonia (§1) – and thirty-four years after construction of the Temple was renewed by Haggai and Zechariah (§5) – Persian rule over the land of Israel comes to an end and the period of Greek ascendancy begins (see *Avodah Zarah* 9a; *Seder Olam Rabbah* §30).

[It should be noted that conventional historiography, basing itself to a large degree on the writings of the ancient Greek historians, assigns approximately 169 more years, and many more Persian kings, to the period under discussion. There is an extensive literature devoted to this discrepancy; see *Rav Saadiah Gaon, Emunos V'Dei'os* ch. 8; *Abarbanel, Maayanei HaYeshuah* 2:3, 10:7-8 and 11:3; *R' David Ganz, Tzemach David* part II pp. 186-191; *Maharal, Be'er HaGolah* pp. 139-140, *Selected Speeches* by *Rav Shimon Schwab* Ch. 21 (CIS publ. 1991) among many others. Mention should perhaps also be made of several attempts in recent years to revisit the ancient Greek sources in the light of the Rabbinic tradition.]

26. [Documents were sometimes dated using the reign of a gentile king – see *Avodah Zarah* 9a.] Since the Rabbis instituted a fixed New Year for Jewish kings to avoid problems of predated documents, they needed to fix a New Year for gentile kings for the same reason (*Turei Even*).

27. *Nehemiah* 1:1. The passage describes how Nehemiah was informed by Hanani of the sorry state of the Jews in Jerusalem (see note 25 §8). The Gemara assumes that when the verse speaks of "the twentieth year" it means the twentieth year of the reigning king, "Artachshasta."

28. Ibid. 2:1. The passage goes on to recount how Nehemiah importuned the king to allow him to go to Jerusalem and rebuild its walls.

29. Since an event that took place in Kislev and an event that took place in Nissan (several months later) both occurred in the same year of Artachshasta's reign, it is evident that there was not a New Year between them. Hence, the New Year for gentile kings cannot be the first of Nissan. And once we know that the year for gentile kings does not begin in Nissan it stands to reason that it begins in Tishrei, which marks the new year in many other contexts (*Tosafos*; see also *Ritva* and *Chidushei HaRan*).

א) וישמע הכנעני מלך ערד מה שמועה שמע שמע שמת אהרן ונסתלקו ענני כבוד וכסבור ניתנה רשות להלחם בישראל והיינו דכתיב ב) ויראו כל העדה כי גוע אהרן וא"ר אבהו אל תקרי ויראו אלא וייראו כדריש לקיש א) דאמר ר"ל כי משמש בד' לשונות אי דילמא אלא דהא מי דמי התם כנען הכא סיחון תנא הוא סיחון הוא ערד הוא כנען סיחון שדומה ב) לסייח במדבר כנען על שם מלכותו ומה שמו ערד שמו איכא דאמרי ערד שדומה לערוד במדבר כנען על שם מלכותו ומה שמו סיחון שמו ואימא ר"ה אייר לא סלקא דעתך דכתיב ג) ויהי בחדש הראשון בשנה השנית באחד לחדש הוקם המשכן וכתיב ד) ויהי בשנה השנית בחדש השני (א) נעלה הענן מעל משכן העדות מדקאי בניסן וקרי לה שנה שנית וקאי באייר וקרי לה שנה שני' מכלל דר"ה לאו אייר הוא ואימא ר"ה סיון לא ס"ד דכתיב ה) בחדש השלישי לצאת בני ישראל מארץ מצרים ואם איתא בחדש השלישי בשנה השנית לצאת וגו' מיבעי ליה ואימא תמוז ואימא אב ואימא אדר אלא אמר ר"א מהכא ו) ויחל לבנות בחדש השני בשני בשנת ארבע למלכותו מאי שני לאו שני לירח שמונין בו למלכותו מתקיף לה רבינא ואימא שני בחדש א"כ שני בחדש בהדיא הוה כתיב ביה ואימא בשני בשבת חדא דלא אשכחן שני בשבת דכתיב ועוד מקיש שני בתרא לשני קמא מה שני קמא חדש אף שני בתרא חדש תניא כוותיה דר' יוחנן מניין שאין מונין להם למלכים אלא מניסן שנא' ז) ויהי בשמונים שנה וארבע מאות שנה לצאת בני ישראל מארץ מצרים וגו' וכתיב ח) ויעל אהרן הכהן אל הר ההר על פי ה' וגו' ג) [וכתיב ט) ויהי בארבעים שנה בעשתי עשר חדש] וכתיב י) אחרי הכותו את סיחון וגו' ואומר וישמע הכנעני וגו' ואומר ויראו כל העדה כי גוע אהרן וגו' ואומר ויהי בחדש הראשון בשנה השנית וגו' ואומר ויהי בשנה השנית בחדש השני וגו' ואומר בחדש השלישי לצאת בני ישראל וגו' ואומר ויחל לבנות וגו' א"ר חסדא ד) לא שנו אלא למלכי ישראל אבל למלכי אומות העולם מתשרי מנינן שנא' כ) דברי נחמיה בן חכליה ויהי בחדש כסליו שנת עשרים וגו' וכתיב ל) ויהי בחדש ניסן שנת עשרי' לארתחשסתא וגו' מדקאי בכסליו וקרי ליה שנת עשרים וקאי בניסן וקרי ליה שנת עשרים מכלל דר"ה לאו ניסן הוא בשלמא היאך מפרש דלארתחשסתא אלא האי ממאי דלארתחשסתא דילמא למניינא

רש"י

אלא וייראו. נתגלו: כדריש לקיש. כי גוע נתינת טעם הוא לדבר שלפניו נתגלו העדה לפי שגוע אהרן שלשון כי בד' לשונות משמש במקרא פעמים בא במקום אם פעמי' בא במקום דילמא שמא פעמי' בא במקום דהא שנותן טעם לדבר פעמים בא במקום אלא וסותר את דבור שלפניו כי יהיה להם דבר (שמות יח) כי תפגע (שם כג) כי יקרא קן (דברים כב) כולן לשון אם הם וכן כי תבאו (שמות יב) כי תלכון (שם ג) כי תכלה (דברים כו) כי תשא (שמות ל) וכל המשמשין במקום כאשר ובמקום אשר כולן לשון אם הם שמצינו בכמה מקומות אם משמש לשון כאשר ולשון אשר כמו ואם יהיה היובל (במדבר לו) שהרי בודאי יהיה ואם תקריב מנחת בכורים (ויקרא ב) הרי זה וכאשר תקריב שהרי חובה הוא וכן אם כסף תלוה (שמות כב) אם יבלענו ממקומו (איוב ח) המדבר בשלות רשעים דילמא כגון כי תאמר בלבבך (דברים ז) שמא תאמר רבים הגוים האלה לא תאמר כן לא תירא מהם כי תאמרו מה נרדף לו (איוב יט) וכי תאמרו מה נאכל בשנה השביעית (ויקרא כה) כי תראה חמור שונאך וחדלת (שמות כג) ה) (כי תראה והתעלמת) והרבה כאלו לשון שמא הן לא צחקתי כי יראה (בראשית יח) ה"ז לשון דהא לפי שיראה ויאמר לא כי צחקת (שם) ה"ז לשון אלא כי גוע אהרן כשאתה קורא וייראו הרי זה לשון דהא הודו לה' כי טוב (תהלים קיח) שהרי טוב לא תקפוץ את ידך וגו' (דברים טו) אלא פתוח תפתח: סייח. עייר בן סוס: ערוד. חמור הבר: ואימא אב ואימא אדר. דכל חדשים שבין אב לשבט פקע לן לעיל מדקאי באב וקרי ליה שנת ארבעים כו': מאי שני. דהדר כתב פעם אחרת בקרא בשני מהכא שמעי' דשני לירח שמונין בו למלכים: שני בחדש בהדיא הוי כתיב ביה. כדכתיב בכמה מקומות באחד לחדש וכתיב בשנה השלישית בעשור לחודש: שני בשבת לא אשכחן דכתיב ביה קרא. דהדר ביה קרא בשני: תניא כוותיה דר' יוחנן. בכולי קראי דאייתי לעיל:

ויבא

תוספות

וישמע הכנעני מלך ערד. במדרש ו) אמרינן דהיינו עמלק כמו שיסד הפייט בפזמון של פרשת זכור כסות ולשון שינה היות כמלך ערד אבל מ"מ דייק שפיר דהוה סיחון קיים מדשינה עמלק עצמו לבא כדמותו ונראה דמההוא דמסעי קא דריש דאי מההוא דחקת הא מפרש דשמע כי בא ישראל דרך האתרים ורש"י לא דק בפי' חומש:

אלא וייראו כדר"ל. כלומר שנתגלו לפי שמת אהרן והיינו בלשון דהא דאי אמרת ויראו לשון ראייה אין מתיישב לפרש האי כי בשום ז) [אחד] מהנך בארבע לשונות מיהו קשיא דילמא לשון כאשר (ב) כלומר ויראו כאשר גוע אהרן כמו ויראו אחי יוסף כי מת אביהם ויאמרו לו ישטמנו (בראשית נ) ויראו פלשתים כי מת גבורם (שמואל א יז) ושמא אין מתישב כאן כמו בהני והא דמפרשינן קראי בלשון כאשר כמו כי בא סוס פרעה (שמות טו) כי תרבו ופריתם (ירמיה ג) אין זה לשון חמישי כדפירש בקונטרס דכי תבא וכי תלכון כי תשא כי תכלה וכל המשמשין בלשון כאשר לשון אם הם משמשין שמצינו בכמה דוכתי אם משמש בלשון כאשר כמו ואם יהיה היובל הרי זה כאשר יהיה שהרי ודאי יהיה וכן ואם תקריב מנחת בכורים ה"ז כאשר תקריב שהרי הוא חובה ומה שפי' כאן בקונטרס כל המשמש בלשון אשר לשון אם הם לא יתכן ובסוף המגרש (גיטין דף פ.) פירש בקונטרס שהם לשון דהא וכן עיקר:

אי דילמא אלא דהא. כי ימצא כי יקרא כי תראה כי תפגע כולם ל' אם הם וכן רובם כי תאמר בלבבך אין שייך לפרש בלשון אם דהוה משמע לשון אם תאמר לא תירא הא אם לא תאמר תירא וע"כ לשון דילמא הוא כלומ' שמא תאמר בלבבך רבים הגוים וגו' לא תאמר כן וכן ח) כי תאמר מה נרדף לו וכי תאמרו מה נאכל כי תראה חמור שונאך כי גוע אהרן דמשמע לשון דהא והיינו לשון אשר:

ערד שמו. ופשטיה דקרא ערד שם המדינה או שם עירו:

וקאי באייר וקרי ליה שנה השנית. ואין לומר דקרא דאייר להקמת המשכן הוא דקאתיב ולעולם ר"ה אייר דאמר שנה השנית לג"ש כדאמר לעיל גבי שנת מ' ושנת כ' ומיהו הוה מצי לאתויי קרא דפרשת במדבר סיני ולא הוה צריך לגזרה שוה זו דמפרש ביה קרא באחד לחדש [השני] בשנה השנית לצאתם מארץ מצרים (במדבר א):

שני בשבת לא אשכחן. והא דכתיב ויהי בוקר יום שני (בראשית א) מפרש בירושלמי אין למדין מברייתו של עולם כלומר דלאו אשבת קאי אלא שהיה יום שני לברייתו של עולם:

תניא כוותיה דר' יוחנן. לאו לאפוקי דר' אלעזר דהא מייתי נמי דר' אלעזר בהך ברייתא ובקרא דר' אלעזר לא סגי דהוה אמינא לשלמה ודאי הוי שני לירח שמונין לו למלכותו לפי שעמד בניסן אבל לשאר מלכים לא להכי צריך נמי דמקים ליציאת מצרים:

מכלל דניסן לאו ראש השנה. אע"פ שיש כמה חדשים בין ניסן לתשרי שיש לומר שהם ראש השנה מ"מ הואיל דאפיקתיה מניסן אוקמיה אתשרי דאשכחן דהוה ראש השנה לכמה דברים לשמיטין וליובלות (ג):

למניינא

רבינו חננאל

וישמע הכנעני מלך עוד ותנא הוא ערד הוא סיחון ומה שמועה שמע. שמע כי מת אהרן ונסתלקו ענני הכבוד וכתיב ויהי בארבעים שנה בעשתי עשר חדש וגו' אחרי הכותו את סיחון ש"מ אחר מיתתו של אהרן זה המעשה. וקאי בשבט וקרי לה שנת ארבעים ש"מ דראש השנה שמונים ליציאת מצרים לאו תשרי הוא. ואימא ר"ה אייר ודחינן לא ס"ד כו'. ואימא סיון ודחינן לא ס"ד כו'. ואקשינן ואימא תמוז ואימא אב ואימא אדר ולמה הניח אלול ותשרי ומרחשון וכסליו וטבת לפי שבפי' דחאם המקרא הוא שאמרנו מדקאי באב במיתת אהרן וקרי לה שנת ארבעים וקאי בשבט וקרי לה שנת ארבעים ש"מ כי מאב ועד שבט אין אחד מהן ר"ה. שאילו היה אחד מהן ר"ה בארבעים ואחת הוה ליה למכתב אלא ודאי בהני כולי (האי) ליכא לספוקא בחד מינייהו דהוא ר"ה ובתמוז ובאב ובאדר לא מצא פסוק לדחות. ואמר ר' אלעזר מהכא ויחל לבנותו בחדש השני בשני בשנת ארבע למלכותו. מקיש שני בתרא לשני קמא מה שני קמא חדש אף שני בתרא חדש ש"מ. מדאייר הוא חדש שני שמונין בו למלכותו ר"ה למלכותו ניסן. תניא כוותיה דר' יוחנן מנין למלכים שאין מונין להן אלא מניסן שנא' ויהי בשמונים שנה וארבע מאות שנה וגו'. אמר רב חסדא לא שנו אלא למלכי ישראל אבל למלכי אומות העולם מתשרי מנינן דכתי' דברי נחמיה בן חכליה ויהי בחדש כסליו [שנת עשרים] וגו'. וכתיב ויהי בחדש ניסן שנת עשרים לארתחשסתא המלך

ליקוטי רש"י

כי גוע אהרן וכו' כי משמש בד' לשונות וכו'. כי גוע. אומר אני שהמתרגם דהא מית טועה הוא אא"כ מתרגם ויראו ואתחזיאו שלא אמרו רבותינו ז"ל כי זה משמש בלשון דהא אלא על מדרש שנסתלקו ענני כבוד וכדאמר ר' אבהו (ר"ה ג.) דא"ר אבהו אל תקרי ויראו אלא וייראו ועל לשון זה נופל לשון דהא לפי שהוא נתינת טעם למה שלמעלה הימנו למה וייראו לפי שהרי מת אהרן אבל על תרגום וחזו כל כנישתא אין לשון דהא נופל אלא לשון אשר שהוא מגזרת שמוש אי שמצינו אם משמש בלשון אשר כמו (איוב כא) ואם מדוע לא תקצר רוחי והרבה מפורשים מזה הלשון (שם יד) אם חרוצים ימיו [במדבר כ כט]. כל מקום שצריך לדרוש כי בין לענין דרשה בין למשמעות המקרא תוכל לשנותו באחד מהני ארבע לשונות דלשון כי משמע בכולם וכן

מסורת הש"ס

א) גיטין צ. תענית ט. שבועות מט: [פסחים נג:], ב) [פי' שהוא קל ברגליו. ערוך], ג) רש"א, ד) [לקמן ח.], ה) מ"מ מ"ז, ו) [תנחומא פ' חקת], ז) מ"מ, ח) [איוב יט].

הגהות הב"ח

(א) גמ' בחדש השני בעשרים בחדש נעלה הענן: (ב) תוס' ד"ה אלא כו' דילמא לשון כאשר הוא כלומר: (ג) ד"ה מכלל כו' לשמיטין וליובלות לנטיעה ולירקות וכו"ד:

תורה אור השלם

א) וַיִּשְׁמַע הַכְּנַעֲנִי מֶלֶךְ עֲרָד יֹשֵׁב הַנֶּגֶב כִּי בָּא יִשְׂרָאֵל דֶּרֶךְ הָאֲתָרִים וַיִּלָּחֶם בְּיִשְׂרָאֵל וַיִּשְׁבְּ מִמֶּנּוּ שֶׁבִי: [במדבר כא, א]

ב) וַיִּרְאוּ כָּל הָעֵדָה כִּי גָוַע אַהֲרֹן וַיִּבְכּוּ אֶת אַהֲרֹן שְׁלֹשִׁים יוֹם כֹּל בֵּית יִשְׂרָאֵל: [במדבר כ, כט]

ג) וַיְהִי בַּחֹדֶשׁ הָרִאשׁוֹן בַּשָּׁנָה הַשֵּׁנִית בְּאֶחָד לַחֹדֶשׁ הוּקַם הַמִּשְׁכָּן: [שמות מ, יז]

ד) וַיְהִי בַּשָּׁנָה הַשֵּׁנִית בַּחֹדֶשׁ הַשֵּׁנִי בְּעֶשְׂרִים בַּחֹדֶשׁ נַעֲלָה הֶעָנָן מֵעַל מִשְׁכַּן הָעֵדֻת: [במדבר י, יא]

ה) בַּחֹדֶשׁ הַשְּׁלִישִׁי לְצֵאת בְּנֵי יִשְׂרָאֵל מֵאֶרֶץ מִצְרָיִם בַּיּוֹם הַזֶּה בָּאוּ מִדְבַּר סִינָי: [שמות יט, א]

ו) וַיָּחֶל לִבְנוֹת בַּחֹדֶשׁ הַשֵּׁנִי בַּשֵּׁנִי בִּשְׁנַת אַרְבַּע לְמַלְכוּתוֹ: [דברי הימים ב' ג, ב]

ז) וַיְהִי בִשְׁמוֹנִים שָׁנָה וְאַרְבַּע מֵאוֹת שָׁנָה לְצֵאת בְּנֵי יִשְׂרָאֵל מֵאֶרֶץ מִצְרַיִם בַּשָּׁנָה הָרְבִיעִית בְּחֹדֶשׁ זִו הוּא הַחֹדֶשׁ הַשֵּׁנִי לִמְלֹךְ שְׁלֹמֹה עַל יִשְׂרָאֵל וַיִּבֶן הַבַּיִת לַיְיָ: [מלכים א' ו, א]

ח) וַיַּעַל אַהֲרֹן הַכֹּהֵן אֶל הֹר הָהָר עַל פִּי יְיָ וַיָּמָת שָׁם בִּשְׁנַת הָאַרְבָּעִים לְצֵאת בְּנֵי יִשְׂרָאֵל מֵאֶרֶץ מִצְרַיִם בַּחֹדֶשׁ הַחֲמִישִׁי בְּאֶחָד לַחֹדֶשׁ: [במדבר לג, לח]

ט) וַיְהִי בְּאַרְבָּעִים שָׁנָה בְּעַשְׁתֵּי עָשָׂר חֹדֶשׁ בְּאֶחָד לַחֹדֶשׁ דִּבֶּר מֹשֶׁה אֶל בְּנֵי יִשְׂרָאֵל כְּכֹל אֲשֶׁר צִוָּה יְיָ אֹתוֹ אֲלֵהֶם: [דברים א, ג]

י) אַחֲרֵי הַכֹּתוֹ אֵת סִיחֹן מֶלֶךְ הָאֱמֹרִי אֲשֶׁר יוֹשֵׁב בְּחֶשְׁבּוֹן וְאֵת עוֹג מֶלֶךְ הַבָּשָׁן אֲשֶׁר יוֹשֵׁב בְּעַשְׁתָּרֹת בְּאֶדְרֶעִי: [דברים א, ד]

כ) דִּבְרֵי נְחֶמְיָה בֶּן חֲכַלְיָה וַיְהִי בְחֹדֶשׁ כִּסְלֵו שְׁנַת עֶשְׂרִים וַאֲנִי הָיִיתִי בְּשׁוּשַׁן הַבִּירָה: [נחמיה א, א]

ל) וַיְהִי בְּחֹדֶשׁ נִיסָן שְׁנַת עֶשְׂרִים לְאַרְתַּחְשַׁסְתְּא הַמֶּלֶךְ יַיִן לְפָנָיו וָאֶשָּׂא אֶת הַיַּיִן וָאֶתְּנָה לַמֶּלֶךְ וְלֹא הָיִיתִי רַע לְפָנָיו: [נחמיה ב, א]

וכל וכרם ואחי בכלל הני ארבע כן והאי דכי גוע אהרן משתמש בלשון דהא ושמעינן מינה טעמא דקרא למה טעם נתראו דהא מית שהרי מת אהרן וריש לקיש לא אתי למימר דלא מתרגמין שום כי בעולם אלא [באחד] מהני לשונות אלא אפילו מתמ[ן]רגם (דלמא) ארי דרשינן משמעותיה כמשמעות דהא ומאן דמתרגם וחזיאו כל כנישתא דהא מית טועה הוא דאם כן ואתחזיאו מיבעי

[illegible]

למנינא אחרינא הוא אמר רב פפא א) שנת עשרים עשרים לגזירה שוה מה התם לארתחשסתא אף הכא לארתחשסתא וממאי דמעשה דכסליו קדים דילמא מעשה דניסן קדים לא ס"ד דתניא דברים שאמר חנני לנחמיה בכסליו אמרן נחמיה למלך בניסן דברים שאמר חנני לנחמיה בכסליו שנאמר א) דברי נחמיה בן חכליה ויהי בחדש כסליו שנת עשרים ואני הייתי בשושן הבירה ויבא חנני אחד מאחי הוא ואנשים מיהודה ואשאלם על היהודים הפליטה אשר נשארו מן השבי ועל ירושלם ויאמרו לי הנשארים אשר נשארו מן השבי שם במדינה ברעה גדולה ובחרפה וחומת ירושלם מפורצת ושעריה נצתו באש אמרן נחמיה למלך בניסן שנאמר ב) ויהי בחדש ניסן שנת עשרים לארתחשסתא המלך יין לפניו ואשא את היין ואתנה למלך ולא הייתי רע לפניו ויאמר לי המלך מדוע פניך רעים ואתה אינך חולה אין זה כי אם רע לב ואירא הרבה מאד ואומר למלך המלך לעולם יחיה מדוע לא ירעו פני אשר העיר בית קברות אבותי חרבה ושעריה אוכלו באש ויאמר לי המלך על מה זה אתה מבקש ואתפלל אל אלהי השמים ואומר למלך אם על המלך טוב ואם ייטב עבדך לפניך אשר תשלחני אל יהודה [אל] עיר קברות אבותי ואבננה ויאמר לי המלך והשגל יושבת אצלו עד מתי יהיה מהלכך ומתי תשוב וייטב לפני המלך וישלחני ואתנה לו זמן מתיב רב יוסף ג) ביום עשרים וארבעה לחדש בששי בשנת שתים לדריוש וכתיב ד) בשביעי (בשנת שתים) בעשרים ואחד לחדש ואם איתא בשביעי בשנת ג' מיבעי ליה אמר ר' אבהו כורש מלך כשר היה לפיכך מנו לו כמלכי ישראל מתקיף לה רב יוסף חדא דא"כ קשו קראי אהדדי דכתיב ה) ושיציא ביתא דנא עד יום תלתא לירח אדר די היא שנת שית למלכות דריוש מלכא ותניא ג) באותו זמן לשנה הבאה עלה עזרא מבבל וגלותו עמו וכתיב ו) ויבא ירושלם בחדש החמישי היא שנת השביעית למלך ואם איתא שנת השמינית מיבעי ליה ועוד מי דמי התם כורש הכא דריוש תנא הוא כורש הוא דריוש הוא ארתחשסתא כורש שמלך כשר היה ארתחשסתא על שם מלכותו ומה שמו דריוש שמו מ"מ קשיא א"ר יצחק לא קשיא כאן קודם שהחמיץ כאן לאחר שהחמיץ מתקיף לה רב כהנא ומי החמיץ והכתיב ומה

ויבא חנני. מירושלים בא שכבר עלו בני הגולה מימות כורש והיו שם בימיו ובימי אחשורוש וארתחשסתא זהו דריוש שאחר אחשורוש שנבנה הבית בשנת שתים לדריוש והרבה נשארו בבבל ונחמיה בן חכליה היה שר המשקים למלך בשושן הבירה: **בששי בשנת שתים.** שניהם בנבואת חגי נבדק במקרא ולא נמצא כתוב בפסוק שני בשנת שתים אך י"ל שלפסוק של מעלה הימנו קאי שכתוב בו בשנת שתים: **כורש מלך כשר היה.** כלומר על שם שהיה כשר קראוהו כורש ושמו מעיד עליו לפיכך מנו לו כמלכי ישראל: **חדא.** דאם מניסן מנינן קשו קראי אהדדי: **באותו זמן לשנה הבאה.** ע"כ שביעית היא לו ממה נפשך: וכתיב בעזרא ויבא ירושלם בחדש החמישי היא שנת השביעית למלך. ואי מנו לו מניסן שמינית היא: **ועוד.** אנן בדריוש קיימינן ואת אמרת כורש מלך כשר היה: **הוא כורש כו'.** אף דריוש שאחר אחשורוש נקרא כורש: **החמיץ.** נעשה רשע כשעלה עזרא כבר החמיץ: **ומי החמיץ.** כשעלה עזרא. **והכתיב.** באגרת ששלח ביד עזרא לפחות שהיו לו בארץ יהודה: ומה

למנינא אחרינא. לסוף מעשה שהיה ובירושלמי דוחה לעולם מניסן מנינן והאי דקאי בכסליו וקרי ליה שנת עשרים וקאי בניסן כו' (א) בירושלמי גרס הכתיב ר' יצחק והכתיב ויהי באחת ושש מאות שנה וגו' (בראשית ח) ותני עלה שנת המבול אינה עולה מן המנין מפסר כר"א דאמר בתשרי נברא העולם והכתיב (נחמיה ב) ויהי בחדש ניסן שנת עשרים ונאמר (שם א) ויהי בחדש כסליו שנת עשרים מפסר כר"א דאמר כל שנה שלא נכנסו לה ל' יום אין מונין אותה שנה שלימה ופריך והא כתיב (שמות מ) ויהי בחדש הראשון בשנה השנית באחד לחדש הוקם המשכן וא"ת שנה שלישית היא ולא מנאה אלא שניה ע"י שלא נכנסו לה שלשים יום דלאין מונין אותה שנה שלימה כלומר אם תרצה לדחות משנה שלישית היתה ולא מנאה אלא שניה שלא נכנסו לה ל' יום והכתיב (במדבר י) ויהי בשנה השנית בחדש השני [בעשרים בחדש] נעלה הענן מעל משכן והא איתא בשתא חמשין יומין ואין מונין אותה שנה שלימה:

שנת עשרים לארתחשסתא המלך יין לפניו. פשטיה דקרא משמע דהאי עובדא דנחמיה בפני ארתחשסתא המלך (ב) היה דהוא דריוש בן אסתר שנבנה הבית בימיו אבל אי אפשר לומר כן דהא בשנת שית למלכות דריוש נבנה הבית כדכתיב ושיציא ביתא דנא ובסמוך מייתי לה והך עובדא דהכא בשנת עשרים הוה ז) [דכבר היו ישראל בהשקט ובבטחה] ועוד דבסמוך פריך רב יוסף לר' אבהו דאמר מניסן מנינן למלכי ישראל א"כ קשו קראי אהדדי הוה ליה לאקשויי מהאי קרא גופיה דשנת עשרים לחדש (ג) תשרי קא חשיב וצריך לפרש דהכי קאמר קרא שנת עשרים לארתחשסתא דהוא כורש ראשון של פקידת המלך דריוש הביא יין לפניו דהוא דריוש בן אסתר ומעשה הזה בשנה שלישית למלכותו כדכתיב (עזרא ד) באדין בטלת עבידת בית אלהא וגו' עד שנת תרתין לדריוש מלך פרס ובשנת שלש למלכו דבר נחמיה לפני המלך על חומת ירושלים המפורצת כדכתיב בעזרא והיא היתה שנת עשרים לכורש הראשון כדאי' במגילה פרק קמא (דף יא:) תלת דכורש וארביסר דאחשורוש ותרתי דדריוש בן אסתר ובשלישית בקש נחמיה על בנין העיר ומיהו יש לפרש דקרא כפשטיה דבשנת שתים לדריוש התחילו לבנות הבית וגמר הבנין בשנת שש למלכותו ולא בנו חומת העיר ושעריה כי אם בנין בית המקדש לבדו והיו נתונים ברעה גדולה ובחרפה לפי שהעכו"ם (ד) שוללים אותם עד שנת עשרים לדריוש שבקש על חומת העיר עד שעלתה ארוכה לחומת ירושלים כדמוכחי קראי אך בבנין הבית לא נתעסקו שכבר היה בנוי: **ביום** עשרים וארבעה לחדש בששי בשנת שתים לדריוש (ה) ובשביעית בעשרים ואחד לחדש היה דבר ה'. תרי קראי נינהו זה אחר זה מיד בנבואה של חגי ואין מפורש שם מה היה בעשרים וארבעה לחודש בששי ואע"פ שהוא תחלת פרשה נ"ל דקאי אפרשה קמייתא דכתיב לעיל מינה ויבאו ויעשו מלאכה בבית ה' (ו) אלהיהם כלומר ביום עשרים וארבעה לחודש בששי דבאותו יום התחילו לסתת באבנים ולנסר בעצים (ז) ובשביעית בעשרים ואחד לחדש היה דבר ה' אל חגי לזרוס להתחזק על המלאכה: **באותו** זמן לשנה הבאה עלה עזרא מבבל וגלותו עמו. דהכי מוכחי קראי כדכתיב (עזרא ו) ושיציא ביתא דנא לירח אדר וכתיב בתריה דעבדו חנוכת הבית ואחר כך עבדו פסח (ואמר) ח) [ואי מניסן מנינן] כשעשה פסח היה שנה שביעית וכתיב בתריה אחר הדברים האלה במלכות ארתחשסתא וכתיב (שם ז) הוא עזרא עלה מבבל וכתיב ויבא ירושלם בחודש החמישי היא שנת השביעית למלך וכתיב (שם) באחד לחדש הראשון הוא יסוד המעלה מבבל והיינו באותו הזמן לשנה הבאה וסמוך לאדר היה ואי מניסן מנינן על כרחך היה שנה שמינית: **הוא** כורש הוא דריוש הוא ארתחשסתא. שלשתן כתובים בחד קרא לעיל מקרא דושיציא ביתא דנא והכי כתיב ושבי יהודאי בנין ומצלחין בנבואת חגי נביאה וזכריה בר עדוא ובנו ושכללו מן טעם אלהא ישראל ומטעם כורש ודריוש וארתחשסתא מלך פרס וכתיב ושיציא ביתא דנא עד יום תלתא לירח אדר דהיא שנת שית לדריוש מלכא: **וארתחשסתא** על שם מלכותו. ואף כורש הראשון שנקרא ארתחשסתא כדפרישית לעיל כמו כן היינו על שם מלכותו:

בשביל

רבינו חננאל

וגמר שנת עשרים שנת עשרים לג"ש מה זה שנת עשרים לארתחשס' אף זה שנת עשרים לארתחשסתא ומדקאי בכסליו וקרי לה שנת עשרים וקאי בניסן וקרי לה שנת עשרים מכלל דר"ה שלהם לא ניסן דאי לא שנת עשרים ואחת הוה ליה למכתב א) י"ב ופשוטה היא. מותיב רב יוסף ביום כ"ד לחדש בששי בשנת שתים לדריוש המלך. [וכתיב] בשביעי בעשרים ואחד לחדש היה דבר ה' אל חגי וגו' ואם איתא דמתשרי מנינן להו בשביעי בשנת שלש מיבעי ליה למימר ופריק ר' אבהו כורש מלך כשר הוה ומנו לו כמלכי ישראל מניסן. ואתקיף רב יוסף על הא דר' אבהו חדא דא"כ מפני שהיה מלך כשר מנו לו כמלכי ישראל מניסן קשו קראי אהדדי. ב) וכי פעם מונין לו מניסן ופעם מונין לו מתשרי דהא הני קראי דקא מפרש רב חסדא מראין כי מתשרי מנו לארתחשסתא והוא דריוש והכא קא אמרת מניסן מנו ליה וקשו קראי אהדדי ועוד כתיב לגבי דריוש עצמו ושיציא בית' דנא עד יום תלתא לירח אדר דהיא שנת שית למלכו' דריוש מלכא. ותני עלה באותו הזמן כלומר באדר לשנה הבאה עלה עזרא מבבל וגלותו עמו. וכתיב ויבא ירושלם בחדש החמישי היא שנת השביעית למלך ואם איתא דמניסן מנינן ליה קאי באדר בשנת שית הגיע ניסן הנה נכנסה שנה שביעית בניסן אחר עוד נכנסה שנה שמינית ואם איתא דמניסן מנינן לדריוש עצמו בחדש החמישי שנה שמינית הוה ליה למכתב ועוד מי דמי התם כורש כלומר הוא היה מלך כשר ולו לכורש מנו (לא) מניסן כמלכי ישראל הכא דריוש. ופרקינן תנא הוא כורש הוא דריוש הוא ארתחשסתא. מ"מ קשו קראי אהדדי ופריק ר' יצחק ל"ק כאן קודם שהחמיץ כלומר שלש [או] ארבע שנים מנו לו מניסן ומשנה ששית ולמעלה כיון שהחמיץ מנו לו מתשרי. ואתקיף עלה רב כהנא והא הני קראי דמפרשי בבנין הבית הוו עסקי ומי החמיץ קודם שיבנה הבית והא כתיב

חשק שלמה על ר"ח

א) נראה דחסר וצ"ל ומתמהי דמעשה דכסליו קודם וכו' לא ס"ד וכו' ופשוטה היא. ב) נראה מה דרבינו היה ס"ל דמה דא"כ קשו קראי אהדדי דכתיב ושיציא ביתא וכו' וע' בתוס' כאן ד"ה שנת ודו"ק.

מסורת הש"ס

א) [לעיל ב:], ב) [פי' סוף תשלום בנין הבית], ג) [ערכין יג.], ד) מ"י, ה) ג"י רש"א.

הגהות הב"ח

(א) תוס' ד"ה למנינא כו' וקאי בניסן כו' וה"ג בירושלמי הכתיב וכו' ושש מאות שנה בראשון באחד לחדש וגו' ותני עלה: (ב) ד"ה שנת כו' בפני ארתחשסתא המלך דהוה דריוש כו' הבית בימיו היה אבל א"א: (ג) בא"ד דשנת עשרים לחדש דמתשרי קא חשיב: (ד) בא"ד ובחרפה לפי שהאומות היו שוללים אותם: (ה) ד"ה ביום כו' בשנת שתים לדריוש בשביעי בעשרים: (ו) בא"ד מלאכה בבית ה' צבאות אלהיהם: (ז) בא"ד ולנסר עצים ובשביעית כצ"ל:

תורה אור השלם

א) דברי נחמיה בן חכליה ויהי בחדש כסליו שנת עשרים ואני הייתי בשושן הבירה: ויבא חנני אחד מאחי הוא ואנשים מיהודה ואשאלם על היהודים הפליטה אשר נשארו מן השבי ועל ירושלם: ויאמרו לי הנשארים אשר נשארו מן השבי שם במדינה ברעה גדלה ובחרפה וחומת ירושלם מפרצת ושעריה נצתו באש: [נחמיה א, א - ג]

ב) ויהי בחדש ניסן שנת עשרים לארתחשסתא המלך יין לפניו ואשא את היין ואתנה למלך ולא הייתי רע לפניו: ויאמר לי המלך מדוע פניך רעים ואתה אינך חולה אין זה כי אם רע לב ואירא הרבה מאד: ואמר למלך המלך לעולם יחיה מדוע לא ירעו פני אשר העיר בית קברות אבתי חרבה ושעריה אכלו באש: ויאמר לי המלך על מה זה אתה מבקש ואתפלל אל אלהי השמים: ואמר למלך אם על המלך טוב ואם ייטב עבדך לפניך אשר תשלחני אל יהודה אל עיר קברות אבתי ואבננה: ויאמר לי המלך והשגל יושבת אצלו עד מתי יהיה מהלכך ומתי תשוב וייטב לפני המלך וישלחני ואתנה לו זמן: [נחמיה ב, א - ו]

ג) ביום עשרים וארבעה לחדש בששי בשנת שתים לדריוש המלך: [חגי א, טו]

ד) בשביעי בעשרים ואחד לחדש היה דבר יי ביד חגי הנביא לאמר: [חגי ב, א]

ה) ושיציא ביתה דנה עד יום תלתה לירח אדר די היא שנת שת למלכות דריוש מלכא: [עזרא ו, טו]

ו) ויבא ירושלם בחדש החמישי היא שנת השביעית למלך: [עזרא ז, ח]

ליקוטי רש"י

אחד מאחי. אחד ממכירי. **ואשאלם על היהודים וגו'.** שאלתי להם על ענין פליטת היהודים אשר נשארו בירושלים מן השבי של בבל. **הפליטה.** על שם שנצולו מגלות בבל. **ועל ירושלים.** ועל ענין העיר שאלתי אליהם [נחמיה א ב]. **ויאמרו לי.** השיבו לי על ראשון ראשון ועל אחרון אחרון תחלה על ענין היהודים ואח"כ על ענין החומות והשערים. **הנשארים וגו'.** אותם היהודים אשר נשארו שם במדינת ירושלים הם נתונים ברעה גדולה ובחרפ' לפי שהעובדי כוכבים בוזזים ושוללים אותם. **וחומת ירושלם מפורצת.** וחומת העיר הרי היא פרוצה והשערים שרופים באש כקדמתן שישראל לא בנו חומות העיר ושעריה כי אם בנין ב"ה לבדו. **נצתו.** כמו נותנו (ס"א נלתו כמו נתלו) [שם א ג]. **לארתחשסתא.** הוא דריוש ועל שם המלכות נקרא כך [נחמיה ב א]. דריוש השני שמלך אחר אחשורוש כורש ארתחשסתא [מגילה יא:]. הוא דריוש ונקרא ארתחשסתא ע"ש המדינה והמלכות כי כל מלכי פרס היו נקראים כך כאשר כל מלכי מצרים נקראי' פרעה [עזרא ו יד]. **יין לפניו.** הביאו יין לפני המלך בחצר. **ואשא את היין.** כוס היין ונתתיה למלך וכך הוא המנהג שהמביא יין בחצר המלך אינו נושא ונותנו למלך אלא שר המשקים מקבל כוס היין מיד המביא והוא נושא ונותנו למלך. **ולא הייתי רע לפניו.** ואני לא הייתי רגיל להיות רע לפניו וטוב לב ועתה הייתי זועף ברוע פנים [נחמיה שם]. **ואתה אינך חולה.** והרי אין אתה חולה. **אין זה.** אין המעשה הזה כי אם רוע לב שיש בלבבך עלי להמיתני בסם המות בשתיית כוס זה. **ואירא הרבה מאד.** ונתייראתי מאד על כך שלא יעליל עלי המלך עלילה [שם ב ב]. **מדוע לא ירעו פני.** מדוע לא יהיו פני רעים. **אשר העיר.** ירושלים שהיא בית קברות אבותי חרבה [שם ב ג]. **על מה זה אתה מבקש.** אי זה דבר תבקש ממני ואעשה לך. **ואתפלל.** בתפילתי כן יהיה רצון מלפני אלהי השמים שתמלא שאלתי ובקשתי [שם ב ד]. **אשר תשלחני.** שתתן לי רשות לעלות לירושלים ולבנותה [שם ב ה]. **ויאמר לי המלך.** בשעה שדבר אלי המלך היתה אשתו המלכה יושבת אצלו. **והשגל.** המלכה כענין שנאמר (דניאל ה) שגלתיה ולחנתיה שכן נוהג המקרא לכתוב המלכה אלא הפלגש נשיו ופלגשיו כמו מלכות ופלגשים (שיר השירים ו). **עד מתי יהיה מהלכך.** מתי תרצה שיהא מהלכך ומסען. **ומתי תשוב. וישלחני.** נתן לי רשות ללכת. **ואתנה לו זמן.** נתתי לו זמן לחזור [שם ב ו]. **ושיציא ביתה דנה.** וסוף תשלום בית זה היה עד יום שלישי לחדש אדר שהיא שנת שש לדריוש המלך ונמצא בנין הבית היה ד' שנים [עזרא ו טו]. **הוא כורש הוא דריוש וכו'.** מנין אותיות של כורש עולה למנין אותיות דריוש וכן שנינו במסכת ר"ה הוא כורש וכו' ובסדר עולם מצאתי דריוש הוא ארתחשסתא וכל המלכות כולה נקראת ארתחשסתא וכו' [עזרא ד ז].

לְמִנְיָנָא אַחֲרִינָא הוּא – **it** refers **to** some **other count!**[1]

The Gemara answers:

אָמַר רַב פָּפָּא – **Rav Pappa said:** "שְׁנַת עֶשְׂרִים", "שְׁנַת עֶשְׂרִים" לִגְזֵירָה שָׁוָה – The phrases ***the twentieth year, the twentieth year*** are used **for a *gezeirah shavah,*** which teaches that מַה הָתָם לְאַרְתַּחְשַׁסְתָּא – **just as there,** in the second passage, Scripture clearly refers **to** the reign of **Artachshasta,** אַף הָכָא לְאַרְתַּחְשַׁסְתָּא – so **here too,** in the first passage, it refers **to** the reign of **Artachshasta.**

The Gemara poses another challenge to the proof:

וּמִמַּאי דְּמַעֲשֶׂה דְּכִסְלֵיו קָדִים – **But from where** do you know **that the incident of Kislev** described in the first passage **came first?** דִּילְמָא מַעֲשֶׂה דְּנִיסָן קָדִים – **Perhaps the incident of Nissan** described in the second passage **came first,** in which case Nissan could mark the new year for gentile kings and yet both episodes could occur in Artachshasta's twentieth year.

The Gemara answers:

לֹא סָלְקָא דַּעְתָּךְ – **It should not enter your mind** to consider that possibility, דְּתַנְיָא – **for it was taught in a Baraisa:** דְּבָרִים שֶׁאָמַר חֲנָנִי לִנְחֶמְיָה בְּכִסְלֵיו – THE THINGS THAT CHANANI SAID TO NEHEMIAH IN KISLEV (as recorded in the first passage) אֲמָרָן נְחֶמְיָה לַמֶּלֶךְ בְּנִיסָן – NEHEMIAH later SAID TO THE KING IN NISSAN (as recorded in the second passage).[2]

The Baraisa elaborates:

דְּבָרִים שֶׁאָמַר חֲנָנִי לִנְחֶמְיָה בְּכִסְלֵיו – THE THINGS THAT CHANANI SAID TO NEHEMIAH IN KISLEV שֶׁנֶּאֱמַר, "דִּבְרֵי נְחֶמְיָה בֶּן־חֲכַלְיָה וַיְהִי בְחֹדֶשׁ־כִּסְלֵו שְׁנַת עֶשְׂרִים וַאֲנִי הָיִיתִי בְּשׁוּשַׁן הַבִּירָה – were AS IT IS STATED:[3] *THE WORDS OF NEHEMIAH THE SON OF CHACHALIAH: IT WAS IN THE MONTH OF KISLEV OF THE TWENTIETH YEAR, AND I WAS IN SHUSHAN THE CAPITAL.* וַיָּבֹא חֲנָנִי אֶחָד מֵאַחַי הוּא וַאֲנָשִׁים מִיהוּדָה וָאֶשְׁאָלֵם עַל־הַיְּהוּדִים הַפְּלֵיטָה אֲשֶׁר־נִשְׁאֲרוּ מִן־הַשֶּׁבִי וְעַל־יְרוּשָׁלָם – *CHANANI, ONE OF MY BRETHREN, CAME, HE AND MEN FROM JUDAH, AND I INQUIRED OF THEM ABOUT THE JEWS WHO HAD SURVIVED, WHO REMAINED FROM THE CAPTIVITY,*[4] *AND ABOUT JERUSALEM.* וַיֹּאמְרוּ לִי הַנִּשְׁאָרִים אֲשֶׁר־נִשְׁאֲרוּ מִן־הַשְּׁבִי שָׁם בַּמְּדִינָה בְּרָעָה גְדֹלָה וּבְחֶרְפָּה וְחוֹמַת יְרוּשָׁלַםִ מְפֹרָצֶת וּשְׁעָרֶיהָ נִצְּתוּ בָאֵשׁ" – *THEY SAID TO ME, "THE REMAINING ONES, WHO REMAINED OF THE CAPTIVITY THERE IN THE PROVINCE, ARE IN GREAT MISERY AND HUMILIATION;*[5] *THE WALL OF JERUSALEM IS BREACHED, AND ITS GATES HAVE BEEN SET AFIRE."*[6] אֲמָרָן נְחֶמְיָה לַמֶּלֶךְ בְּנִיסָן – NEHEMIAH later SAID THESE same tidings TO THE KING IN NISSAN, שֶׁנֶּאֱמַר, "וַיְהִי בְּחֹדֶשׁ נִיסָן שְׁנַת עֶשְׂרִים לְאַרְתַּחְשַׁסְתְּא הַמֶּלֶךְ יַיִן לְפָנָיו וָאֶשָּׂא אֶת־הַיַּיִן וָאֶתְּנָה לַמֶּלֶךְ וְלֹא־הָיִיתִי רַע לְפָנָיו – AS IT IS STATED:[7] *IT WAS IN THE MONTH OF NISSAN OF THE TWENTIETH YEAR OF ARTACHSHASTA THE KING, WINE WAS BEFORE HIM, AND I CARRIED UP THE WINE AND GAVE IT TO THE KING; AND I HAD NOT APPEARED DOWNCAST IN HIS PRESENCE.*[8] וַיֹּאמֶר לִי הַמֶּלֶךְ מַדּוּעַ פָּנֶיךָ רָעִים וְאַתָּה אֵינְךָ חוֹלֶה אֵין זֶה כִּי־אִם רֹעַ לֵב וָאִירָא הַרְבֵּה מְאֹד – *THE KING SAID TO ME, "WHY IS YOUR FACE DOWNCAST? YOU ARE NOT ILL; THIS CAN ONLY SIGNIFY EVIL OF THE HEART."*[9] *AND I BECAME VERY MUCH AFRAID.* וָאֹמַר לַמֶּלֶךְ הַמֶּלֶךְ לְעוֹלָם יִחְיֶה מַדּוּעַ לֹא־יֵרְעוּ פָנַי אֲשֶׁר הָעִיר בֵּית־קִבְרוֹת אֲבֹתַי חֲרֵבָה וּשְׁעָרֶיהָ אֻכְּלוּ בָאֵשׁ – *I SAID TO THE KING, "MAY THE KING LIVE FOREVER! WHY SHOULD MY FACE NOT BE DOWNCAST WHEN THE CITY, THE PLACE OF MY ANCESTORS' GRAVES, IS IN RUIN AND ITS GATES ARE CONSUMED BY FIRE?"* וַיֹּאמֶר לִי הַמֶּלֶךְ עַל־מַה־זֶּה אַתָּה מְבַקֵּשׁ וָאֶתְפַּלֵּל אֶל־אֱלֹהֵי הַשָּׁמָיִם – *THE KING SAID TO ME, "WHAT IS IT THAT YOU REQUEST?" AND I PRAYED TO THE GOD OF HEAVEN.*[10] וָאֹמַר לַמֶּלֶךְ אִם־עַל־הַמֶּלֶךְ טוֹב וְאִם־יִיטַב עַבְדְּךָ לְפָנֶיךָ אֲשֶׁר תִּשְׁלָחֵנִי אֶל־יְהוּדָה אֶל־עִיר קִבְרוֹת אֲבֹתַי וְאֶבְנֶנָּה – *AND I SAID TO THE KING, "IF IT PLEASE THE KING AND IF YOUR SERVANT IS WORTHY BEFORE YOU, THEN YOU SHOULD SEND ME TO JUDAH, TO THE CITY OF MY ANCESTORS' GRAVES, THAT I MAY BUILD IT."* וַיֹּאמֶר לִי הַמֶּלֶךְ וְהַשֵּׁגַל יוֹשֶׁבֶת אֶצְלוֹ עַד־מָתַי יִהְיֶה מַהֲלָכְךָ וּמָתַי תָּשׁוּב וַיִּיטַב לִפְנֵי־הַמֶּלֶךְ וַיִּשְׁלָחֵנִי וָאֶתְּנָה לוֹ זְמָן" – *THE KING SAID TO ME, WITH THE CONSORT SITTING BESIDE HIM, "WHEN WILL YOU DEPART AND WHEN WILL YOU RETURN?" IT PLEASED THE KING AND HE SENT ME, AND I GAVE HIM A TIME* [when I would return].

The Gemara questions Rav Chisda's ruling that the reign of gentile kings is reckoned from Tishrei:

מָתִיב רַב יוֹסֵף – **Rav Yosef challenged** it from the following verses: "בְּיוֹם עֶשְׂרִים וְאַרְבָּעָה לַחֹדֶשׁ בַּשִּׁשִּׁי בִּשְׁנַת שְׁתַּיִם לְדָרְיָוֶשׁ" – *They came and did work on the Temple . . .* ***on the twenty-fourth day of the month, in the sixth*** *month [Elul],* ***in the second year of Daryavesh.***[11] וּכְתִיב "בַּשְּׁבִיעִי (בִּשְׁנַת שְׁתַּיִם) בְּעֶשְׂרִים וְאֶחָד לַחֹדֶשׁ" – **And it is written** in the next verse: ***In the seventh*** *month* [*Tishrei*] **(in the second year),**[12] ***on the twenty-first of the month,*** *the word of Hashem came through Haggai the prophet, etc.*[13] וְאִם אִיתָא – **Now, if it is** so that Tishrei is the New Year for gentile kings, בַּשְּׁבִיעִי בִּשְׁנַת שָׁלֹשׁ מִיבְּעֵי לֵיהּ – **it** [the second verse] **should have** said: **"In the seventh** month [Tishrei] ***in the third year"!***

The Gemara answers with a statement made by R' Abahu:

אָמַר רַבִּי אֲבָהוּ – **R' Abahu said:** כּוֹרֶשׁ מֶלֶךְ כָּשֵׁר הָיָה – **Koresh was a virtuous king;** לְפִיכָךְ מָנוּ לוֹ כְּמַלְכֵי יִשְׂרָאֵל – **therefore, they reckoned** his reign **as** they would for **kings of Israel,** from Nissan.[14]

NOTES

1. Perhaps it means the twentieth year since some other historical event, and not the beginning of Artachshasta's reign (*Tosafos;* see also *Rashash*).

2. It was the desperate plight of the Jews of Jerusalem, which Nehemiah heard from Chanani in Kislev, that he recounted to the king in Nissan; obviously, then, the events of the first passage came first.

3. *Nehemiah* 1:1-3.

4. That is, they remain in Jerusalem, having previously escaped being taken to Babylonia in captivity (see *Rashi* with *Maharsha;* see also *Rashi* to the verse).

5. Idolaters oppress and plunder them (*Rashi* ad loc.).

6. Only the Temple had been rebuilt. The walls of Jerusalem were still in their former state of ruin (*Rashi* ad loc.; see *Tosafos*).

Although these events took place after the building of the Temple, many Jews – including Nehemiah, who was the king's steward – remained in Babylonia (*Rashi*; see also *Tosafos* ד״ה שנת; *Ritva*).

7. Ibid. 2:1-6.

8. Nehemiah was usually cheerful in the king's presence. On this occasion, however, he appeared troubled and worried (*Rashi* ad loc.; see *Maharsha*).

9. The king suspected Nehemiah of poisoning the wine. [Nehemiah would usually taste the wine to show that it was not poisoned (see *Rashi* to *Kiddushin* 69b); but now he refrained from doing so, because, as an expression of his sorrow, he had vowed not to drink wine (see *Maharsha*).]

10. Before answering, Nehemiah prayed inwardly that his request be accepted by the king (*Rashi* ad loc.; see *Maharsha*).

11. *Haggai* 1:15. The people renewed construction of the Temple, which had long been halted, in the second year of Daryavesh the Persian (see 3a note 25 §5).

12. The verse does not actually say "of the second year". However, since it does not state otherwise, it is assumed to be referring to the same year as the preceding verse [*They came and did work on the Temple . . . in the "second" year of Daryavesh*] (see *Rashi*).

13. Ibid. 2:1. One month after the Temple's construction was resumed, Haggai was told by God that its glory will surpass that of the First Temple.

14. Although R' Abahu speaks of Koresh, the Gemara will soon explain that he, in fact, refers to Daryavesh the Persian, the subject of these verses in *Haggai.* It was Daryavesh who allowed work on the Temple to proceed after a long hiatus under his predecessors. As a result he was regarded as a virtuous king and so his years were reckoned from Nissan (see *Tosafos* to 4a ד״ה ונדבך; *Rashba* and *Ritva* ibid.).

[The following difficulty should be noted: We learned above that in the Nissan of the twentieth year of Artachshasta's reign, Nehemiah asked the king for permission to go and rebuild the walls of Jerusalem. Most author-

למנינא אחרינא הוא אמר רב פפא [א] שנת עשרים שנת עשרים לגזירה שוה מה התם לארתחשסתא אף הכא לארתחשסתא וממאי דמעשה דכסליו קדים דילמא מעשה דניסן קדים לא ס"ד דתניא דברים שאמר חנני לנחמיה בכסליו אמרן נחמיה למלך בניסן דברים שאמר חנני לנחמיה בכסליו שנאמר [א] דברי נחמיה בן חכליה ויהי בחדש כסליו שנת עשרים ואני הייתי בשושן הבירה ויבא חנני אחד מאחי הוא ואנשים מיהודה ואשאלם על היהודים הפליטה אשר נשארו מן השבי ועל ירושלם ויאמרו לי הנשארים אשר נשארו מן השבי שם במדינה ברעה גדולה ובחרפה וחומת ירושלם מפורצת ושעריה נצתו באש אמרן נחמיה למלך בניסן שנאמר [ב] ויהי בחדש ניסן שנת עשרים לארתחשסתא המלך יין לפניו ואשא את היין ואתנה למלך ולא הייתי רע לפניו ויאמר לי המלך מדוע פניך רעים ואתה אינך חולה אין זה כי אם רע לב ואירא הרבה מאד ואומר למלך המלך לעולם יחיה מדוע לא ירעו פני אשר העיר בית קברות אבותי חרבה ושעריה אוכלו באש ויאמר לי המלך על מה זה אתה מבקש ואתפלל אל אלהי השמים ואומר למלך אם על המלך טוב ואם ייטב עבדך לפניך אשר תשלחני אל יהודה [אל] עיר קברות אבותי ואבננה ויאמר לי המלך והשגל יושבת אצלו עד מתי יהיה מהלכך ומתי תשוב וייטב לפני המלך וישלחני ואתנה לו זמן מתיב רב יוסף [ג] ביום עשרים וארבעה לחדש בששי בשנת שתים לדריוש וכתיב [ד] בשביעי (בשנת שתים) בעשרים ואחד לחדש ואם איתא בשביעי בשנת ג' מיבעי ליה אמר ר' אבהו כורש מלך כשר היה לפיכך מנו לו כמלכי ישראל מתקיף לה רב יוסף חדא דא"כ קשו קראי אהדדי דכתיב [ה] ושיציא ביתא דנא עד יום תלתא לירח אדר די היא שנת שית למלכות דריוש מלכא ותניא [ג] באותו זמן לשנה הבאה עלה עזרא מבבל וגלותו עמו וכתיב [ו] ויבא ירושלם בחדש החמישי היא שנת השביעית למלך ואם איתא שנת השמינית מיבעי ליה ועוד מי דמי התם כורש הכא דריוש תנא הוא כורש הוא דריוש הוא ארתחשסתא כורש שמלך כשר היה ארתחשסתא על שם מלכותו ומה שמו דריוש מ"מ קשיא א"ר יצחק לא קשיא כאן קודם שהחמיץ כאן לאחר שהחמיץ מתקיף לה רב כהנא ומי החמיץ והכתיב ומה

ויבא חנני. מירושלים בא שכבר עלו בני הגולה מימות כורש והיו שם בימיו ובימי אחשורוש וארתחשסתא זהו דריוש שאחר אחשורוש שנבנה הבית בשנת שתים לדריוש והרבה נשארו בבבל ונחמיה בן חכליה היה שר המשקים למלך בשושן הבירה: **בששי בשנת שתים.** שניהם בנבואת חגי נכתב במקרא ולא נמלא כתוב בפסוק שני בשנת שתים אלא י"ל שלפסוק של מעלה הימנו קאי שכתוב בו בשנת שתים: **כורש מלך כשר היה.** כלומר על שם שהיה כשר קראוהו כורש ושמו מעיד עליו לפיכך מנו לו כמלכי ישראל: **חדא.** דאם מניסן מנינן קשו קראי אהדדי: **באותו זמן לשנה הבאה.** ע"כ שביעית היא לו ממה נפשך וכתיב בעזרא ויבא ירושלם בחדש החמישי היא שנת השביעית למלך. ואי מנו לו מניסן שמינית היא: **ועוד.** אנן בדריוש קיימינן ואת אמרת כורש מלך כשר היה: **הוא כורש כו'.** אף דריוש שאחר אחשורוש נקרא כורש: **החמיץ.** נעשה רשע כשעלה עזרא כבר החמיץ: **ומי החמיץ.** כשעלה עזרא: **והכתיב.** באגרת ששלח ביד עזרא לפחות שהיו לו בארץ יהודה: ומה

למנינא אחרינא. לשום מעשה שהיה ובירושלמי דוחה לדלעולם מניסן מנינן והאי דקאי בכסליו וקרי ליה שנת עשרים וקאי בניסן כו' (א) בירושלמי גרס הכתיב ר' יצחק והכתיב ויהי באחת ושש מאות שנה וגו' (בראשית ח) ותני עלה שנת המבול אינה עולה מן המנין תפתר כר"א דאמר בתשרי נברא העולם והכתיב (נחמיה ב) ויהי בחדש ניסן שנת עשרים ונאמר (שם א) ויהי בחדש כסליו שנת עשרים תפתר כר"א דאמר כל שנה שלא נכנסו לה ל' יום אין מונין אותה שנה שלימה ופריך והא כתיב (שמות מ) ויהי בחדש הראשון בשנה השנית באחד לחדש הוקם המשכן וא"ת שנה שלישית היא ולא מנאה אלא שניה ע"י שלא נכנסו לה שלשים יום דאין מונין אותה שנה שלימה כלומר אם תרצה למנות שנה שלישית היתה ולא מנאה אלא שניה שלא נכנסו לה ל' יום והכתיב (במדבר י) ויהי בשנה השנית בחדש השני [בעשרים בחדש] נעלה הענן מעל משכן והא איתא בשתא חמשין יומין ואין מונין אותה שנה שלימה:

שנת עשרים לארתחשסתא המלך יין לפניו. פשטיה דקרא משמע דהאי עובדא דנחמיה בפני ארתחשסתא המלך (ב) היה דהוא דריוש בן אסתר שנבנה הבית בימיו אבל אי אפשר לומר כן דהא בשנת שיתא למלכות דריוש נבנה הבית כדכתיב ושיציא ביתא דנא וכסמוך מייתי לה והך עובדא דהכא בשנת עשרים הוה [דכבר היו ישראל בהשקט ובבטחה] ועוד דבסמוך פריך רב יוסף לר' אבהו דאמר מניסן מנינן למלכי ישראל א"כ קשו קראי אהדדי הוה ליה לאקשויי מהאי קרא גופיה דשנת עשרים לחדש (ג) תשרי קא חשיב וצריך לפרש דהכי קאמר קרא שנת עשרים לארתחשסתא דהוא כורש ראשון של פקידת המלך דריוש הביא יין לפניו דהוא דריוש בן אסתר ומעשה הזה בשנה שלישית למלכותו כדכתיב (עזרא ד) באדין בטלת עבידת בית אלהא וגו' עד שנת תרתין לדריוש מלך פרס ובשנת שלש למלכו דבר נחמיה לפני המלך על חומת ירושלים המפורצת כדכתיב בעזרא והיא היתה שנת עשרים לכורש הראשון כדאי' במגילה פרק קמא (דף יא:) תלת דכורש וארדיכר דאחשורוש ושתים דדריוש הרי עשרים ובשלישית בקש נחמיה על בנין העיר ומיהו יש לפרש דקרא כפשטיה דבשנת שתים לדריוש שם למלכותו ולא בנו חומת העיר ושעריה כי אם בנין בית המקדש לבדו והיו נתונים ברעה גדולה ובחרפה לפי שהעובדי (ד) שוללים אותם עד שנת עשרים לדריוש שבקש על חומת העיר עד שעלתה ארוכה לחומת ירושלים כדמוכחי קראי אך בבנין הבית לא נתעסקו שכבר היה בנוי: **ביום** עשרים וארבעה לחדש בששי בשנת שתים לדריוש (ה) ובשביעית בעשרים ואחד לחדש היה דבר ה'. תרי קראי נינהו זה אחר זה מיד בנבואה של חגי ואין מפורש שם מה היה בעשרים וארבעה לחודש בששי ואע"פ שהוא תחלת פרשה נ"ל דקאי אפרשה קמייתא דכתיב לעיל מינה ויבאו ויעשו מלאכה בבית ה' (ו) אלהיהם כלומר ביום עשרים וארבעה לחודש בששי דבאותו יום התחילו לפתת באבנים ולנסר בעצים (ז) ובשביעית בעשרים ואחד לחדש היה דבר ה' אל חגי לזרוס להתחזק על המלאכה:

באותו זמן לשנה הבאה עלה עזרא מבבל וגלותו עמו. דהכי מוכחי קראי כדכתיב (עזרא ו) ושיציא ביתא דנא לירח אדר וכתיב בתריה דעבדו חנוכת הבית ואחר כך עבדו פסח (ואמר) [ואי מניסן מנינן] כשעשה פסח היה שנה שביעית וכתיב בתריה אחר הדברים האלה במלכות ארתחשסתא וכתיב (שם ז) הוא עזרא עלה מבבל וכתיב ויבא ירושלם בחדש החמישי היא שנת השביעית למלך וכתיב (שם) באחד לחדש הראשון הוא יסוד המעלה מבבל והיינו באותו הזמן לשנה הבאה וסמוך לאדר היה ואי מניסן מנינן על כרחך היה שנה שמינית: **הוא** כורש הוא דריוש הוא ארתחשסתא. שלשתן כתובים בחד קרא לעיל מקרא דושיציא ביתא דנא והכי כתיב ושבי יהודאי בנין ומצלחין בנבואת חגי נביאה וזכריה בר עדוא ובנו ושכללו מן טעם אלהא ישראל ומטעם כורש ודריוש וארתחשסתא מלך פרס וכתיב ושיציא ביתא דנא עד יום תלתא לירח אדר דהיא שנת שית לדריוש מלכא: **וארתחשסתא** על שם מלכותו. ואף כורש הראשון שנקרא ארתחשסתא כדפרישית לעיל כמו כן היינו על שם מלכותו:

בשביל

רבינו חננאל

וגמר שנת עשרים שנת עשרים לג"ש מה זה שנת עשרים לארתחשס' אף זה שנת עשרים לארתחשסתא ומדקאי בכסליו וקרי לה שנת עשרים וקאי בניסן וקרי לה שנת עשרים מכלל דר"ה שלהם לא ניסן דאי לא שנת עשרים ואחת הוה ליה למכתב [א] י"ב ופשוטה היא. מותיב רב יוסף ביום כ"ד לחדש בששי בשנת שתים לדריוש המלך. [וכתיב] בשביעי בעשרים ואחד לחדש היה דבר ה' אל חגי וגו' ואם איתא דמתשרי מנינן להו בשביעי בשנת שלש מיבעי ליה למימר ופריק ר' אבהו כורש מלך כשר הוה ומנו לו כמלכי ישראל מניסן. ואתקיף רב יוסף על הא דר' אבהו חדא דא"כ מפני שהיה מלך כשר מנו לו כמלכי ישראל קשו קראי אהדדי. [ב] וכי פעם מונין לו מניסן ופעם מונין לו מתשרי דהא הני קראי דקא מפרש רב חסדא מראין כי מתשרי מנו לארתחשסתא והוא דריוש והכא קא אמרת מניסן מנו ליה וקשו קראי אהדדי ועוד כתיב לגבי דריוש עצמו ושיציא ביתא דנא עד יום תלתא לירח אדר דהיא שנת שית למלכו' דריוש מלכא. ותני עלה באותו הזמן כלומר באדר לשנה הבאה עלה עזרא מבבל וגלותו עמו. וכתיב ויבא ירושלם בחדש החמישי היא שנת השביעית למלך ואם איתא דמניסן מנינן ליה קאי באדר בשנת שית הגיע ניסן הנה נכנסה שנה שביעית בניסן אחר עוד נכנסה שנה שמינית ואם איתא דמניסן מנינן לדריוש בחדש החמישי שנה שמינית הוה ליה למכתב ועוד מי דמי התם כורש כלומר הוא היה מלך כשר ולו לכורש מנו (לא) מניסן כמלכי ישראל הכא דריוש. ופרקינן תנא הוא כורש הוא דריוש הוא ארתחשסתא. מ"מ קשו קראי אהדדי ופריק ר' יצחק ל"ק כאן קודם שהחמיץ כלומר שלש [או] ארבע שנים מנו לו מניסן ומשנה ששית ולמעלה כיון שהחמיץ מנו לו מתשרי. ואתקיף עלה רב כהנא והא הני קראי מפרשי דבבנין הבית הוו עסקי ומי החמיץ קודם שיבנה הבית והא כתיב

חשק שלמה על ר"ח

א) נראה דחסר וצ"ל וממאי דמעשה דכסליו קדים וכו' לא ס"ד וכו' ופשוטה היא. ב) נראה מזה כי רבינו היה גורס חדא דא"כ קשו קראי אהדדי ועוד דכתיב ושיציא ביתא וכו' ועי' תוס' כאן ד"ה שנת ודו"ק.

ליקוטי רש"י

אחד מאחי. אחד מחבירי. **ואשלם על היהודים וגו'.** שאלתי להם על ענין פליטת היהודים אשר נשארו בירושלים מן השבי של בבל. **הפליטה.** על שם שנצולו מגלות בבל. **ועל ירושלים.** ועל ענין העיר שאלתי אליהם [נחמיה א ב]. **ויאמרו לי.** השיבו לי על ראשון ראשון ועל אחרון אחרון תחלה על ענין היהודים ואח"כ על ענין החומות והשערים. **הנשארים וגו'.** אותם היהודים אשר נשארו שם במדינת ירושלים הם נתונים ברעה גדולה ובחרפ' לפי שהעובדי כוכבים בוזזים ושוללים אותם. **וחומת ירושלם מפורצת.** וחומת העיר הרי היא פרוצה והשערים שרופים באש כקדמתן שישראל לא בנו חומות העיר ושעריה כי אם בנין בה"מ לבדו. **נצתו.** כמו נותתו (ס"א נתצו כמו נתצו) [שם א ג]. **לארתחשסתא.** הוא דריוש ועל שם המלכות נקרא כך [נחמיה ב א]. דריוש השני שמלך אחר אחשורוש ונקרא כורש ארתחשסתא [מגילה יא:]. הוא דריוש ונקרא ארתחשסתא ע"ש המדינה והמלכות כי כל מלכי פרס היו נקראים כך כאשר כל מלכי מצרים נקראי' פרעה [עזרא ו יד]. **יין לפניו.** הביאו יין לפני המלך כאמר. **ואשא את היין** [...] כוס היין ונתתיה למלך וכך הוא המנהג שהמביא יין כאמר המלך אינו נושא ונותנו למלך אלא שר המשקים מקבל כוס היין מיד המביא והוא נושא ונותנו למלך. **ולא הייתי רע לפניו.** ואני לא הייתי רגיל להיות רע לפניו [...] וטוב לב ועתה הייתי זועף ברוע פנים [נחמיה שם]. **ואתה אינך חולה.** והרי אין אתה חולה. **אין זה.** אין המעשה הזה כי אם רוע לב שיש בלבבך עלי להמיתני בסם המות בשתיית כוס זה. **ואירא הרבה מאד.** ונתיראתי [...] יעליל עלי המלך עלילה [שם ב ב]. **מדוע לא ירעו פני.** מדוע לא יהיו פני רעים. **אשר העיר.** ירושלים שהיא בית קברות אבותי חרבה [שם ב ג]. **על מה זה אתה מבקש.** אי זה דבר תבקש ממני ואעשה לך. **ואתפלל** [...] בתפילתי כן יהיה רצון מלפני אלהי השמים שתמלא שאלתי ובקשתי [שם ב ד]. **אשר תשלחני.** שתתן לי רשות לעלות לירושלים ולבנותה [שם ב ה]. **ויאמר לי המלך.** בשעה שדבר אלי המלך היתה אשתו המלכה יושבת [...] המלכה כענין שנאמר (דניאל ה) שגלתיה ולחנתיה שכן נוהג המקרא לכתוב המלכה אלא הפלגש נשיו ופלגשיו כמו מלכות ופלגשים (שיר השירים ו). **עד מתי יהיה מהלכך.** מתי תרצה שיהא מהלכך ומסעך. **ומתי תשוב** [...] **וישלחני.** נתן לי רשות ללכת. **ואתנה לו זמן.** נתתי לו זמן לחזור [שם ב ו]. **ושיציא ביתה דנה.** וסוף תשלום בית זה היה עד יום שלישי לחדש אדר שהיא שנת שש לדריוש המלך ונמצא בנין הבית היה ד' שנים [עזרא ו טו]. **הוא דריוש וכו'.** מנין אותיות של כורש עולה למנין אותיות דריוש וכן שנינו במסכת ר"ה הוא כורש וכו' ובסדר עולם מצאתי דריוש הוא ארתחשסתא וכל המלכות כולה נקראת ארתחשסתא וכו' [עזרא ד ז].

מסורת הש"ס

א) [לעיל ג.], ב) [פי' סוף תשלום בנין הבית], ג) [ערכין יג.], ד) מ"י, ה) גי' רש"א.

הגהות הב"ח

(א) תוס' ד"ה למנינא כו' וקאי בניסן כו' וה"ג בירושלמי הכתיב וכו' ושש מאות שנה בראשון באחד לחדש וגו' ותני עלה: (ב) ד"ה שנת כו' בפני ארתחשסתא המלך דהוא דריוש כו' הבית בימיו היה אבל א"א: (ג) בא"ד דשנת עשרים לחדש דמתשרי קא חשיב: (ד) בא"ד ובחרפה לפי שהאומות היו שוללים אותם: (ה) ד"ה ביום כו' בשנת שתים לדריוש בשביעי בעשרים: (ו) בא"ד מלאכה בבית ה' צבאות אלהיהם: (ז) בא"ד ולנסר בעצים ובשביעי כו"ל:

תורה אור השלם

א) דברי נחמיה בן חכליה ויהי בחדש כסליו שנת עשרים ואני הייתי בשושן הבירה: ויבא חנני אחד מאחי הוא ואנשים מיהודה ואשאלם על היהודים הפליטה אשר נשארו מן השבי ועל ירושלים: ויאמרו לי הנשארים אשר נשארו מן השבי שם במדינה ברעה גדלה ובחרפה וחומת ירושלים מפרצת ושעריה נצתו באש: [נחמיה א, א-ג]

ב) ויהי בחדש ניסן שנת עשרים לארתחשסתא המלך יין לפניו ואשא את היין ואתנה למלך ולא הייתי רע לפניו: ויאמר לי המלך מדוע פניך רעים ואתה אינך חולה אין זה כי אם רע לב ואירא הרבה מאד: ואמר למלך המלך לעולם יחיה מדוע לא ירעו פני אשר העיר בית קברות אבתי חרבה ושעריה אכלו באש: ויאמר לי המלך על מה זה אתה מבקש ואתפלל אל אלהי השמים: ואמר למלך אם על המלך טוב ואם ייטב עבדך לפניך אשר תשלחני אל יהודה אל עיר קברות אבתי ואבננה: ויאמר לי המלך והשגל יושבת אצלו עד מתי יהיה מהלכך ומתי תשוב וייטב לפני המלך וישלחני ואתנה לו זמן: [נחמיה ב, א-ו]

ג) ביום עשרים וארבעה לחדש בששי בשנת שתים לדריוש המלך: [חגי א, טו]

ד) בשביעי בעשרים ואחד לחדש היה דבר יי ביד חגי הנביא לאמר: [חגי ב, א]

ה) ושיציא ביתה דנה עד יום תלתה לירח אדר די היא שנת שת למלכות דריוש מלכא: [עזרא ו, טו]

ו) ויבא ירושלם בחדש החמישי היא שנת השביעית למלך: [עזרא ז, ח]

Rav Yosef objects to this answer:

מַתְקִיף לָהּ רַב יוֹסֵף – **Rav Yosef objected to it:** חֲדָא – **First** of all, דְּאִם כֵּן קַשְׁוּ קְרָאֵי אַהֲדָדֵי – **if** it is **so** that Daryavesh's years were reckoned from Nissan, then **the** following **verses contradict one another:** דִּכְתִיב ,,וְשֵׁיצִיא בַּיְתָה דְנָה עַד יוֹם תְּלָתָה לִירַח אֲדָר דִּי־הִיא שְׁנַת־שֵׁת לְמַלְכוּת דָּרְיָוֶשׁ מַלְכָּא'' – **For it is written:** ***This Temple was completed on the third day of the month of Adar, in the sixth year of the reign of King Daryavesh.***[15] וְתַנְיָא – **And it was taught in a Baraisa:** בְּאוֹתוֹ זְמַן לַשָּׁנָה הַבָּאָה עָלָה עֶזְרָא מִבָּבֶל וְגָלוּתוֹ עִמּוֹ – AT about THE SAME TIME THE FOLLOWING YEAR EZRA WENT UP FROM BABYLONIA, WITH HIS [PARTY OF] EXILES.[16] וּכְתִיב ,,וַיָּבֹא יְרוּשָׁלַם בַּחֹדֶשׁ הַחֲמִישִׁי הִיא שְׁנַת הַשְּׁבִיעִית לַמֶּלֶךְ'' – **And it is written** regarding Ezra's arrival: ***He arrived in Jerusalem in the fifth month*** [*Av*] ***in the seventh year of the king.***[17] וְאִם אִיתָא – **Now, if it is so** that we count the reign of Daryavesh from Nissan, שְׁנַת הַשְּׁמִינִית מִיבָּעֵי לֵיהּ – **it** [the second verse] **should have** stated that Ezra arrived in **"the *eighth* year"** of the king![18]

Rav Yosef continues with a second objection:

וְעוֹד מִי דָּמֵי – **Furthermore, are they comparable?** I.e. is R' Abahu's teaching, that Koresh was a virtuous king, relevant to the verses from *Haggai* about the resumption of work on the Temple? הָתָם כּוֹרֶשׁ – **There,** in R' Abahu's teaching, the reference is to **Koresh;** הָכָא דָּרְיָוֶשׁ – whereas **here,** in the verses from *Haggai,* the reference is to **Daryavesh!**

The Gemara addresses Rav Yosef's second objection first:

תָּנָא – **A Tanna taught in a Baraisa:** הוּא כּוֹרֶשׁ הוּא דָּרְיָוֶשׁ הוּא אַרְתַּחְשַׁסְתְּא – HE IS called KORESH, HE IS called DARYAVESH and HE IS also called ARTACHSHASTA; all three names belong to one and the same man.[19] כּוֹרֶשׁ שֶׁמֶּלֶךְ כָּשֵׁר הָיָה – He is called KORESH BECAUSE HE WAS A VIRTUOUS (*kasher*) KING. אַרְתַּחְשַׁסְתְּא עַל שֵׁם מַלְכוּתוֹ – He is called ARTACHSHASTA ON ACCOUNT OF HIS ROYALTY, i.e. this is the title of all Persian kings.[20] וּמַה שְּׁמוֹ – AND WHAT IS HIS real NAME? דָּרְיָוֶשׁ שְׁמוֹ – DARYAVESH IS HIS real NAME.[21]

Having dealt with his second objection, the Gemara now turns to Rav Yosef's first objection:

מִכָּל מָקוֹם קַשְׁיָא – **In any event,** the first objection is still **problematic. – ? –**

The Gemara answers:

אָמַר רַבִּי יִצְחָק – **R' Yitzchak said:** לֹא קַשְׁיָא – **There is no difficulty.** כָּאן קוֹדֶם שֶׁהֶחְמִיץ – **Here,** i.e. the passage about the resumption of the Temple's construction (which reckons Daryavesh's second year as beginning in Nissan, as though he were a Jewish king), the reference is to the period **before he soured;**[22] כָּאן לְאַחַר שֶׁהֶחְמִיץ – whereas **here,** i.e. the passage about Ezra's ascent to Eretz Yisrael (which does not reckon his seventh year as beginning in Nissan), the reference is to the period **after he soured.**[23]

The Gemara questions this answer:

מַתְקִיף לָהּ רַב כָּהֲנָא – **Rav Kahana objected to it:** וּמִי הֶחְמִיץ – **But did he** really **sour** by the time of Ezra's journey? וְהָכְתִיב – **But it is written** in the letter that he sent with Ezra to give to the governors of Judah:[24]

NOTES

ities identify this Artachshasta as Daryavesh the Persian (3a note 25 §8). Now, if, as the Gemara currently suggests, the years of Daryavesh the Persian were reckoned from Nissan, Nehemiah's petition was made in the *twenty-first* year of the king's reign (see 3a with notes 27-29) *Ritva* answers that, indeed, the Gemara could have raised this difficulty, but it did not do so because it lacks absolute proof that the Artachshasta whom Nehemiah petitioned was in fact Daryavesh. (For another approach, see *Baal HaMaor.*) In any event, the Gemara will raise other objections to R' Abahu's teaching, the solution of which will solve this difficulty as well.]

15. *Ezra* 6:15.

16. Ezra left Babylonia after the Temple was completed [ibid. 7:1], on the first of Nissan [ibid. v.9] (see 3a note 25 §7). The Baraisa teaches that this was not the Nissan immediately after the completion of the Temple, but the Nissan of the following year (see *Tosafos* and *Baal HaMaor;* cf. *Tosafos* to *Arachin* 13a ד״ה אותו זמן).

The Baraisa infers this point from Scripture. A verse records that soon after the Temple was completed, the Jews brought the *pesach* offering on the fourteenth of Nissan (ibid. 6:19). It is then stated that "after these things" Ezra left Babylonia (ibid. 7:1). Since the *pesach* was offered on the fourteenth of Nissan, and Ezra set out "after these things" on the first of Nissan, he could not have left earlier than the Nissan of the following year (*Tosafos, Baal HaMaor* et al.).

17. Ibid. 7:8. On the basis of the Baraisa, it emerges that this verse means that Ezra arrived about one and a half years after the Temple's completion.

18. The first verse reports that the Temple was completed in the Adar of Daryavesh's sixth year. Consequently, the Adar of the following year (just before Ezra departed) must belong to Daryavesh's seventh year. Now, if Daryavesh's reign is reckoned from Nissan, then the following Nissan (when Ezra set out) marks the beginning of Daryavesh's eighth year. But the verse states that Ezra arrived in Jerusalem in the seventh year of the king (*Rashi*).

19. That is, Daryavesh the Persian – who succeeded Achashverosh and who allowed work on the Temple to resume after a long hiatus – also went by the names Koresh and Artachshasta, and it was to him that R' Abahu referred when he taught that Koresh was a righteous king. He should not, however, be confused with the first Koresh – who preceded Achashverosh and who first proclaimed that the Jews should return to their homeland and rebuild the Temple – who was a different person altogether, as is evident from Scripture (see *Rashi, Baal HaMaor, Rashba* and *Ritva;* cf. *Rashi* to *Ezra* 4:7).

20. Just as Pharaoh is the name of all Egyptian kings (*Rashi* to *Ezra* 6:14).

21. As an instance in Scripture where Daryavesh is called by all these names, *Tosafos* and other Rishonim cite the following verse (*Ezra* 6:14): *they built* [the Temple] *by the decree of the God of Israel and by the decree of Koresh, Daryavesh and Artachshasta, king of Persia.* The use of the singular ("king") indicates that all these names belonged to a single monarch.

It is also implicit in the Baraisa cited above – which reports that Ezra left Babylonia a year after the Temple was completed – that Daryavesh and Artachshasta were one and the same. For Scripture states that the Temple was completed in the sixth year of Daryavesh's reign [ibid. v. 15], and it further states that Ezra left Babylonia in the seventh year of Artachshasta [ibid. 7:7,8] (see *Baal HaMaor*). The Gemara here introduces the point that this king also went by the name of Koresh (see *Rashi*). Thus, when R' Abahu stated that Koresh was a virtuous king, he could be referring to Daryavesh, rather than to the former Koresh.

[It may be added that the Sages had compelling chronological evidence for the identification of Daryavesh with Artachshasta. We know that Daryavesh ruled for at least six years, since the Temple was completed in the sixth year of his reign. Furthermore, we know that Artachshasta ruled for at least thirty-three years, for we find Nehemiah back in Artachshasta's palace, requesting permission to return again to Jerusalem, in the thirty-third year of his reign (see *Nehemiah* 13:6). Therefore, if Daryavesh and Artachshasta were different kings, their combined reigns would have totaled at least thirty-nine years. However, the Gemara elsewhere records that Persian rule over Eretz Yisrael lasted only thirty-four years into the Second Temple era (*Avodah Zarah* 9a), i.e. thirty-four years after work on the Temple recommenced in the second year of Daryavesh (see *Seder Olam Rabbah* §30). If so, the combined reigns of Daryavesh and Artachshasta could not have totaled more than thirty-five years! This discrepancy can be avoided by asserting that Daryavesh and Artachshasta were one and the same person, so that the six years reckoned as Daryavesh's reign are included in the thirty-three years of Artachshasta's (see *Kol Eliyahu,* who also presents a different approach; see also *Baal HaMaor*).]

22. The expression is reminiscent of wine souring into vinegar; similarly, Daryavesh's virtuous character turned into something less desirable (*Sifsei Chachamim*). The Gemara will shortly present evidence of his moral deterioration.

23. Daryavesh had already become a wicked person before Ezra traveled to Eretz Yisrael (*Rashi*). Once he degenerated, the Jews dated his reign from Tishrei, as they would for any idolatrous king.

24. *Rashi;* see *Rashash;* cf. *Ritva.* [See, however, 4a note 2.]

"וּמָה חַשְׁחָן וּבְנֵי תוֹרִין וְדִכְרִין וְאִמְּרִין לַעֲלָוָן לֶאֱלָהּ שְׁמַיָּא חִנְטִין מְלַח חֲמַר וּמְשַׁח כְּמֵאמַר כָּהֲנַיָּא דִּי־בִירוּשְׁלֶם לֶהֱוֵא מִתְיְהֵב לְהֹם יוֹם בְּיוֹם דִּי־לָא שָׁלוּ" – ***And whatever they require – young bulls, rams and sheep for burnt offerings to the God of Heaven; wheat, salt, wine and oil, according to specification of the Kohanim who are in Jerusalem – shall be supplied to them day by day, without fail.***[1] We see from these instructions that Daryavesh was still righteous at the time of Ezra's expedition.[2] – ? –

R' Yitzchak defends his answer:

אָמַר לוֹ רַבִּי יִצְחָק – **R' Yitzchak said to [Rav Kahana]:** רַבִּי מִטּוּנָךְ – **My teacher! From your own bundle** (i.e. the passage in Scripture that you cite to challenge me) I will respond to you. For in that passage Daryavesh continues: "דִּי לֶהֱוֹן מְהַקְרְבִין נִיחוֹחִין לֶאֱלָהּ שְׁמַיָּא וּמְצַלַּיִן לְחַיֵּי מַלְכָּא וּבְנוֹהִי" – ***. . . so that they may offer pleasing offerings to God of Heaven and pray for the lives of the king and his children.***[3] We see from this verse that Daryavesh acted purely out of a selfish motive, rather than for the sake of Heaven.[4]

The Gemara questions this:

וּמַאן דְּעָבֵד הָכִי לַאו מְעַלְיוּתָא הִיא – **But** if **someone acts this way,** performing a mitzvah in order to receive a reward, **is it not meritorious** anyway? וְהָתַנְיָא – **But it was taught in a Baraisa:** הָאוֹמֵר סֶלַע זוֹ לִצְדָקָה בִּשְׁבִיל שֶׁיִּחְיוּ בָנַי – Concerning ONE WHO SAYS: "I donate THIS *SELA* TO CHARITY SO THAT MY SONS SHALL LIVE in the merit of the mitzvah," וּבִשְׁבִיל שֶׁאֶזְכֶּה בָּהּ לְחַיֵּי הָעוֹלָם הַבָּא – OR "SO THAT I SHALL MERIT thereby a share in THE WORLD TO COME," הֲרֵי זֶה צַדִּיק גָּמוּר – IS nonetheless reckoned A COMPLETELY RIGHTEOUS PERSON.[5] Why, then, should Daryavesh's self-serving motive vitiate the merit of his support of the Temple?

The Gemara answers:

לֹא קַשְׁיָא – **There is no difficulty.** כָּאן בְּיִשְׂרָאֵל – **Here** the Baraisa deals **with a Jew,** כָּאן בְּעוֹבְדֵי כוֹכָבִים – while **here,** in the case of Daryavesh, we are dealing **with idolaters.**[6]

The Gemara offers another source for R' Yitzchak's contention that Daryavesh "soured":

וְאִיבָּעִית אֵימָא מְנָלָן דְּאַחְמִיץ – **And if you wish, say that from where do we know that he soured?** דִּכְתִיב "נִדְבָּכִין דִּי־אֶבֶן גְּלָל תְּלָתָא וְנִדְבָּךְ דִּי־אָע חֲדַת וְנִפְקְתָא מִן־בֵּית מַלְכָּא תִּתְיְהִב" – **For it is written** in Daryavesh's instructions for the construction of the Temple: ***Three rows of marble and a row of new wood, with the expenses provided for by the royal palace.***[7] לָמָּה לֵיהּ דְּעָבַד הָכִי – **Why should he do it this way,** with rows of wood between the marble? סָבַר אִי מָרְדוּ בִּי יְהוּדָאֵי אִיקַלְיֵיהּ בְּנוּרָא – Because **he reasoned: If the Jews rebel against me I will burn [the Temple] in fire;** he therefore needed to assure that it would be flammable. We see then that he was not righteous.[8]

The Gemara asks:

אַטּוּ שְׁלֹמֹה לֹא עָבַד הָכִי – **But did not Solomon** also **do** it **like this,** alternating layers of stone and wood? וְהָכְתִיב "שְׁלֹשָׁה טוּרֵי גָזִית וְטוּר כְּרֻתֹת אֲרָזִים" – **But it is written** in regard to the Temple that he built: ***Three rows of hewn stone and a row of cedar beams.***[9] If it was proper for Solomon, why do we consider it suspect in Daryavesh?

The Gemara answers:

שְׁלֹמֹה עָבַד מִלְמַעְלָה וְאִיהוּ עָבַד מִלְּמַטָּה – **Solomon made** the wooden part **on top, while he** [Daryavesh] **made** it **on bottom,**[10] so that burning the wooden part would topple the whole structure. שְׁלֹמֹה שַׁקְעֵיהּ בְּבִנְיָנָא אִיהוּ לֹא שַׁקְעֵיהּ בְּבִנְיָנָא – Furthermore, **Solomon recessed it** [the wooden part] **in the building, whereas [Daryavesh] did not recess it in the building.** שְׁלֹמֹה סַדְיֵיהּ בְּסִידָא אִיהוּ לֹא סַדְיֵיהּ בְּסִידָא – And **Solomon plastered it with lime, whereas [Daryavesh] did not plaster it with lime.**[11]

The Gemara presents a third source for R' Yitzchak's contention that Daryavesh "soured":

(אמר) רַב יוֹסֵף וְאִיתֵימָא רַבִּי יִצְחָק [אָמַר] – **Rav Yosef, and some say** it was **R' Yitzchak, said:** מְנָלָן דְּאַחְמִיץ – **From where do we know that he soured?** מֵהָכָא "וַיֹּאמֶר לִי הַמֶּלֶךְ וְהַשֵּׁגָל יוֹשֶׁבֶת אֶצְלוֹ" – **From here:**[12] ***The king said to me, with the consort***

NOTES

1. *Ezra* 6:9.

2. Actually, as pointed out by *Chochmas Manoach* and *Rashash,* these verses are from a letter of Daryavesh's second year, when he first gave instructions allowing the reconstruction of the Temple and when he was still righteous (see also below, note 7). Note, however, that similar instructions can be found in the letter that Daryavesh later did send with Ezra (see ibid. 7:11 ff.).

3. Ibid. 6:10.

4. *Rashi.*

5. I.e. if he does so on a regular basis [for it would not be reasonable for him to be considered completely righteous on the basis of one charitable act] (*Rashi,* as explained by *Menachem Meishiv Nefesh;* see also *Rashi* to *Pesachim* 8b; with *Ahavas Chesed II* 23:2).

6. It can be assumed that a Jew's intent is chiefly for the sake of heaven; while he would like the merit of the mitzvah to benefit him personally, he does not feel cheated if it does not but, rather, attributes any suffering that comes his way to his own failings. But an idolater who makes such a condition must be supposed to be acting on a purely selfish motive; and if the mitzvah brings him no personal gain he regrets ever having performed it (*Rashi;* cf. *Ritva*).

[As for the well-known dictum (*Avos* 1:3) that one should not serve God out of desire to receive reward, it refers to people who behave like the idolaters described in our Gemara, performing mitzvos *only* out of desire for reward (*Tosafos* as emended by *Maharsha;* see also *Maharatz Chayes;* cf. *Hagahos R' Elazar Landa*).]

7. Ibid. 6:4. This is part of the [same] letter of instruction that Daryavesh sent with Ezra [which the Gemara quoted earlier] (*Rashi*).

[*Rashi's* comment here, while consistent with his comment earlier (see note 2), is puzzling, since the letter that the Gemara is quoting here, which contained Daryavesh's instructions for the construction of the Temple, was issued in the second year of Daryavesh's reign, when construction first began (see ibid. 4:24; 5:1,2; *Haggai* 1:1), whereas Ezra arrived in Jerusalem in the seventh year of Daryavesh's reign (*Ezra* 7:8), more than a year after the Temple was completed (ibid. 6:15; see *Tosafos* to 3b ד״ה באותו זמן). Indeed, *Tosafos* here take for granted that the instructions that the Gemara quotes here were issued by Daryavesh in the second year of his reign; see next note.]

8. [*Tosafos* raise the following difficulty: These instructions were issued in the second year of Daryavesh's reign, when construction of the Temple first began (see previous note). Now, there is certainly no evidence that Daryavesh was righteous before he allowed construction of the Temple; and if by that time he had already turned bad, then when was he ever righteous? And if he was never righteous then why did they ever reckon the years of his rule from Nissan? *Tosafos* answer that, indeed, Daryavesh was bad from the start. But at first, when he allowed the Jews to build the Temple, they considered him virtuous and, therefore, reckoned his reign from Nissan, as they would do for a Jewish king. Ultimately, however, his true nature (already discernible in these instructions) became evident, and so they began to reckon his reign from Tishrei, as they would any idolatrous king. According to this approach it was not that Daryavesh soured; rather, it was that his true nature was discovered by the Jews.]

9. *I Kings* 6:36.

10. This is not evident from the verses themselves; the Gemara has it on tradition (*Tosafos*).

11. Thus, in Solomon's Temple the wooden part of the walls did not pose any danger to the integrity of the structure.

12. *Nehemiah* 2:6. The verse, which refers to Daryavesh, was cited more fully in the Gemara above, 3b.

עין משפט
נר מצוה

ז א מיי' פי"ד מהל' מעשה הקרבנות הל' יג סמג לאוין שנה:

רבינו חננאל

ומה חשחן ובני תורין ודכרין ואמרין לעלון לאלה שמיא וגו' אמר ליה ר' יצחק דמטונך כלומר מן המקרא שהבאת מוכיח שהחמיץ שנאמר די להון מהקרבין ניחוחין לאלה שמיא ומצלין לחיי מלכא ובנוהי. הנה לא נתנדב לשם שמים אלא להנאתו. ואמרינן ומאן דעבד כי האי גוונא לאו מעליותא היא. והתניא האומר סלע זו לצדקה בשביל שיחיו בני ובשביל שאזכה לעוה"ב הרי זה צדיק גמור. ויש שמפרשין הרי זו צדקה גמורה ושנינן ה"מ לישראל אבל בעובדי כוכבים לא. ואיבעית אימא מנ"ל דאחמיץ מהכא נדבכין די אבן גלל תלתא ונדבך די אע וגו' למה לי' למעבד נדבך דאע אלא אמר אי מרדו בן יהודאי אקליה בנורא. והא שלמה נמי עבד הכי כו' ואיבעית אימא מנ"ל דאחמיץ מהכא שנאמר ויאמר לו המלך והשגל יושבת אצלו מאי שגל אמר רבה בר לימא כלבתא. ואסיקנא לעולם שגל מלכתא היא. ורבה בר לימא גמרא גמיר כו' איבעית אימא מנ"ל דאחמיץ דכתיב עד כסף ככרין מאה ועד חמר בתין מאה וגו' מעיקרא בלא קיצותא והשתא בקיצות' כו'. ירושלמי מה בין דאמר מניסן מנינן למ"ד מתשרי מנינן א"ר יונה א) שטרות היו יוצאין נפק שטר מלוה וכתיב ביה באייר שנה שניה למלכות פלוני. מ"ד מניסן מנינן ר"ה למלכי' מלוה קדמה. מ"ד מתשרי מנינן השנה למלכים מכירה קדמה. ירושלמי היו מונין ליציאת מצרים שנאמר ויהי בשמונים שנה וארבע מאות שנה לצאת בני ישראל מארץ מצרים וגו' נבנה הבית היו מונין לבניינו שנא' ויהי מקץ ארבעים שנה אשר בנה שלמה וגו' לא זכו מנו לחורבן הבית שנאמר בעשרים וחמש שנה לגלותנו וגו' לא זכו נתחייבו למנות לאוה"ע שנאמר בשנת שתים לדריוש בשנת שלש לכורש: מתני' ולרגלים. אוקמה רב חסדא רגל שבו ראש לרגלים. נפקא מינה לנודר כלומר אם יתנדב אדם ויעברו עליו ג' רגלים וחג המצות תחלה עובר עליו בבל תאחר ומני ר' שמעון היא דתניא אחד הנודר כו'. ופשוטה היא עד הרי כאן ארבעה: ת"ר חייבי הדמין והערכים והחרמים וההקדשות חטאות ואשמות עולות ושלמים צדקות ומעשרות בכור מעשר ופסח

חשק שלמה על ר"ח

א) לשון הירושלמי כאן כך הוא א"ר יונה שטרות יוצאות ביניהן לוה מלוה באייר וכתב בה שניה למלכות. מכר מכירה במרחשון וכתב בה שנייה למלכות מ"ד מניסן מנינן וכו'. כ"ה בירושלמי.

מסורת הש"ס

א) [חולין קלב. זבחים לב:], ב) פסחים ח. ב"ב י:, ג) [אמר], ד) [תוספ' פ"א], ה) [ביצה יט:], ו) [ברכ' אלפס אי' וכך היה רבי שמעון אומר וכו' וכ"ה הגיר' בתוספ' לפנינו], ז) [תוספ' דערכין פ"ג, ח) [עי' מה שפירש התוס' י"ט שם בכוונת דברי תוס' אלו ועי' בתוס' ע"ז יט. ד"ה על מנת כו' וכן בפסחים ח. ד"ה שמזכה], ט) [דף ו.].

גליון הש"ס

גמ' וכן היה רשב"י אומר. כעין זה ב"ב לג ע"ב. נדה מז ע"ב.

הגהות מהר"ב רנשבורג

א] תוספות ד"ה ומעשרות וכו' לעבור עליו בשני לאוין וכו'. נ"ב לאו דוקא ב' לאוין אלא לאו ועשה וכמ"ש הרשב"א. דהא קרא דביעור עשה הוא. וכ"כ בעל יד דוד:

א) ומה חשחן ובני תורין ודכרין ואמרין לעלון לאלה שמיא חנטין מלח חמר ומשח כמאמר כהניא די בירושלם להוא מתיהב להם יום ביום די לא שלו אמר לו רבי יצחק רבי מטונך ב) די להון מהקרבין ניחוחין לאלה שמיא ומצלין לחיי מלכא ובנוהי ומאן דעבד הכי לאו מעליותא היא והתניא ג) האומר סלע זו לצדקה בשביל שיחיו בני ובשביל שאזכה בה לחיי העולם הבא הרי זה צדיק גמור לא קשיא כאן בישראל כאן בעובדי כוכבים ואיבעית אימא מנלן דאחמיץ דכתיב ג) נדבכין די אבן גלל תלתא ונדבך די אע חדת ונפקתא מן בית מלכא תתיהב למה ליה דעבד הכי סבר אי מרדו בי יהודאי איקלייה בנורא אטו שלמה לא עבד הכי והכתיב ד) שלשה טורי גזית וטור כרתות ארזים שלמה עבד מלמעלה ואיהו עבד מלמטה שלמה שקעיה בבנינא איהו לא שקעיה בבנינא שלמה סדייה בסידא איהו לא סדייה בסידא (אמר) רב יוסף ואיתימא רבי יצחק מנלן דאחמיץ מהכא ה) ויאמר לי המלך והשגל יושבת אצלו מאי שגל אמר רבה בר לימא משמיה דרב כלבתא אלא מעתה הא דכתיב ו) ועל מרא שמיא התרוממת ולמאנייא די ביתיה היתיו קדמך ואנת ורברבניך שגלתך ולחנתך חמרא שתין בהון ואי שגל כלבתא היא כלבתא בת משתיא חמרא היא הא לא קשיא דמלפא לה ושתייא אלא מעתה דכתיב ז) בנות מלכים ביקרותיך נצבה שגל לימינך בכתם אופיר ואי שגל כלבתא היא מאי קא מבשר להו נביא לישראל הכי קאמר בשכר שחביבה תורה לישראל כשגל לעובדי כוכבים זכיתם לכתם אופיר ואיבע"א לעולם שגל מלכתא היא ורבה בר לימא גמרא גמיר לה ואמאי קרי לה שגל שהיתה חביבה עליו כשגל אי נמי שהושיבה במקום שגל איבעית אימא מנלן דאחמיץ מהכא ח) עד כסף ככרין מאה ועד חנטין כורין מאה ועד חמר בתין מאה ועד בתין משח מאה ומלח די לא כתב וגו' מעיקרא בלא קיצותא והשתא בקיצותא ודילמא מעיקרא לא הוה קים ליה בקיצותא אלא מחוורתא כדשנין מעיקרא: ולרגלים: רגלים באחד בניסן הוא בחמשה עשר בניסן הוא אמר רב חסדא רגל שבו ראש השנה לרגלים נפקא מינה לנודר למיקם עליה בבל תאחר ורבי שמעון היא דתניא ד) אחד הנודר ואחד המקדיש ואחד המעריך כיון שעברו עליו ג' רגלים עובר בבל תאחר ר"ש אומר ה) ג' רגלים כסדרן וחג המצות תחילה ו) וכן היה ר"ש בן יוחי אומר רגלים פעמים ג' פעמים ד' פעמים חמשה כיצד נדר לפני הפסח ג' לפני עצרת חמשה לפני החג ארבעה ת"ר ז) חייבי הדמין והערכין החרמין וההקדשות חטאות ואשמות עולות ושלמים צדקות ומעשרות בכור ומעשר ופסח לקט

ומה חשחן. כלומר כל מה שחפלים הכהנים תנו להם משלי: מטונך. ממשאך שבאת עלינו להשיבנו אני משיבך תשובה ראה מה כתוב בה די להון מהקרבין וגו' ומצלין לחיי מלכא למדת שלא לשם שמים עשה כי אם להנאתו: הרי זה צדיק גמור. אם רגיל בכך: כאן בישראל. שלבו לשמים ואם מריעין לו בחייו אינו קורא לו תגר אלא תולה היסורין בעונו אבל עובד כוכבים אם אין מטיבין לו כגמולו קורא תגר: נדבכין די אבן גלל. כתב שאלת ביד עזרא כתוב בו שורות של אבני שיש שלש בחומות הבית והרביעי של עץ: כלבתא. למשכב ובני נח הוזהרו על כך שנאמר (בראשית ב) והיו לבשר אחד יצאו בהמה וחיה ועוף שאינן נעשין בשר אחד שאין יולדין מן האדם: בנות מלכים ביקרותיך. מיקרות אותך לעתיד לבא: לעולם שגל. דעלמא מלכתא היא: ורבה בר לימא. להאי שגל דהכא גמרא גמר לה מרביה דלכלבתא הוא: עד כסף ככרין מאה. תנו להם לצורכי הבית: רגל שבו ר"ה לרגלים. רגל שהוא בחדש הנכנס באחד בניסן הוא ראש השנה לרגלים: נפקא מינה. דהאי ר"ה: לענין נדר. שהוא מוזהר בבל תאחר ותלה הכתוב איסורו שלשה רגלים ואשמועי' מתניתין שאינו עובר עד שיהא פסח ראשון לשלשתן שאם עברו עליו שלא כסדרן אינו עובר: אחד הנודר. האומר דמי עלי ששמין אותו כעבד: ואחד המקדיש. דבר לבדק הבית: ואחד המעריך. שאמר ערכי עלי שהערך קצוב בתורה כפי שניו: פעמים שלשה. פעמים שהוא בבל תאחר בשלשה רגלים: פעמים חמשה. דבעינן כסדרן: חייבי הדמין. אמר דמי עלי: והחרמין. חרמי גבוה: בכור ומעשר. מעשר בהמה: מכדי

בשביל שיחיו בני. והא דתנן פרק קמא דמסכת אבות (מ"ג) אל תהיו כעבדים המשמשין את הרב על מנת לקבל פרס ח) היינו באומות העולם שתוהין על הראשונות: ונדבך די אע. האי קרא במגילת כורש הראשון כתיב כדאיתא בספר עזרא כשצוה דריוש לבקר ולחפש כדכתיב (עזרא ו) באדין דריוש מלכא שם טעם ובקרו בבית ספריא די גנזיא ומכל מקום כיון דעל פי אותה מגילה צוה לבנות דייק מינה שפיר דהחמיץ ומיהו קשיא לעיל מינה דבתחילת מלכות אחשורוש כתבו שטנה וכתיב באדין בטילת עבידת בית אלהא די בירושלם והות בטלא עד שנת תרתין למלכות דריוש מלך פרס וקראי דנבואת חגי שמנו לו מניסן בשנת שתים לדריוש כתיב בהו ועוד טובא דלא מייתי הכא אלמא מנו לו מניסן אע"פ שכבר החמיץ ושמא לא נתברר להם הדבר עד אחרי כן: שלמה עבד מלמעלה ואיהו עבד מלמטה. לאו מקרא דריש אלא קבלה היתה בפיהם: עד כסף ככרין מאה. בשנת שבע למלך היה כשעלה עזרא מבבל: שלשה רגלים כסדרן. ומתניתין דניסן ר"ה ר"ש היא והכי אמרינן לקמן (דף ז:): והחרמין. בין חרמי גבוה בין חרמי כהנים ר"ת פסק דצדקה שפוסקים ליתן ביד גבאי ישנה בבל תאחר מלמוסרה לגבאי ואין הגבאי בבל תאחר מלחלקה אבל מה שאדם נודר ביד עצמו לכשירצה אינה בבל תאחר: צדקות ומעשרות. והא דאמר רבא לקמן (דף ו.) וצדקה מיחייב עלה לאלתר ה"מ דקיימי עניים אבל לא מיחייב להדורי בתרייהו כל זמן שלא עברו שלשה רגלים והא דפריך פשיטא ומשני מהו דתימא הואיל ובעניינא דקרבנות כתיב עד דעברו עליה שלשה רגלים כקרבנות היינו אפילו היכי דקיימי עניים ואין לפרש דהא דקאמר עובר לאלתר היינו עשה כדאשכחן באחריני דברגל אחד עובר בעשה דא"כ הוה ליה למימר עד דעבר עליה רגל אחד כקרבן: ומעשרות. כגון מעשר ראשון ומעשר שני ומעשר עני ומה שקבע עליהם הכתוב זמן ביעור כדכתיב (דברים יד) מקצה שלש שנים תוציא וגו' ותנן בפרק ה' (מ"ו) דמעשר שני ערב יום טוב הראשון של פסח של רביעית ושל שביעית היה ביעור דהתם אע"פ שלא הפריש חייב להפריש ובלבד שבאו לעונת מעשר כדתנן התם וכל זמן שלא הפריש לא קאי בבל תאחר אבל משהפריש קאי בבל תאחר אף על פי שלא הגיע לזמן הביעור ותדע לקמן ט) דרשינן תרי קראי לכולהו חד דאמר ולא אפריש וחד דאפריש ולא אקריב אבל מעשרות לא אשכחן אלא חד קרא ועוד משכחת לה כשנתמרח בכרי בין רגל לביעור דהא פשיטא כל זמן שלא נתמרח לא מיחייב אמידי ועוד דאפילו את"ל חייב אתא קרא דביעור א] לעבור עליו בשני לאוין דכוותה אשכחן פ"ק דנדרים (דף ג:) וקצת תימה דלא חשיב הכא תרומה ובכורים דכי היכי דמרבי לקמן (ד' ה:) מעשר נרבי נמי תרומה ובכורים ושמא בכלל מעשר איתנהו כמו בכל דוכתי דקתני חייב ולתרומה ולבכורים ומיהו לבכורים אין לחוש דאין דינם בשלשה רגלים אלא מעצרת ועד החג בקריאה ומחג עד חנוכה בלא קריאה: לקט

תורה אור השלם

א) וּמָה חַשְׁחָן וּבְנֵי תוֹרִין וְדִכְרִין וְאִמְּרִין לַעֲלָוָן לֶאֱלָהּ שְׁמַיָּא חִנְטִין מְלַח חֲמַר וּמְשַׁח כְּמֵאמַר כָּהֲנַיָּא דִי בִירוּשְׁלֶם לֶהֱוֵא מִתְיְהֵב לְהֹם יוֹם בְּיוֹם דִּי לָא שָׁלוּ: [עזרא ו, ט]

ב) דִּי לֶהֱוֹן מְהַקְרְבִין נִיחוֹחִין לֶאֱלָהּ שְׁמַיָּא וּמְצַלַּיִן לְחַיֵּי מַלְכָּא וּבְנוֹהִי: [עזרא ו, י]

ג) נִדְבָּכִין דִּי אֶבֶן גְּלָל תְּלָתָא וְנִדְבָּךְ דִּי אָע חֲדַת וְנִפְקְתָא מִן בֵּית מַלְכָּא תִּתְיְהִב: [עזרא ו, ד]

ד) וַיִּבֶן אֶת הֶחָצֵר הַפְּנִימִית שְׁלֹשָׁה טוּרֵי גָזִית וְטוּר כְּרֻתֹת אֲרָזִים: [מלכים א ו, לו]

ה) וַיֹּאמֶר לִי הַמֶּלֶךְ וְהַשֵּׁגַל יוֹשֶׁבֶת אֶצְלוֹ עַד מָתַי יִהְיֶה מַהֲלָכְךָ וּמָתַי תָּשׁוּב וַיִּיטַב לִפְנֵי הַמֶּלֶךְ וַיִּשְׁלָחֵנִי וָאֶתְּנָה לוֹ זְמָן: [נחמיה ב, ו]

ו) וְעַל מָרֵא שְׁמַיָּא הִתְרוֹמַמְתָּ וּלְמָאנַיָּא דִי בַיְתֵהּ הַיְתִיו קָדָמָךְ וְאַנְתְּ וְרַבְרְבָנָךְ שֵׁגְלָתָךְ וּלְחֵנָתָךְ חַמְרָא שָׁתַיִן בְּהוֹן וְלֵאלָהֵי כַסְפָּא וְדַהֲבָא נְחָשָׁא פַרְזְלָא אָעָא וְאַבְנָא דִּי לָא חָזַיִן וְלָא שָׁמְעִין וְלָא יָדְעִין שַׁבַּחְתָּ וְלֵאלָהָא דִּי נִשְׁמְתָךְ בִּידֵהּ וְכָל אֹרְחָתָךְ לֵהּ לָא הַדַּרְתָּ: [דניאל ה, כג]

ז) בְּנוֹת מְלָכִים בְּיִקְּרוֹתֶיךָ נִצְּבָה שֵׁגַל לִימִינְךָ בְּכֶתֶם אוֹפִיר: [תהלים מה, י]

ח) עַד כְּסַף כַּכְּרִין מְאָה וְעַד חִנְטִין כֹּרִין מְאָה וְעַד חֲמַר בַּתִּין מְאָה וְעַד בַּתִּין מְשַׁח מְאָה וּמְלַח דִּי לָא כְתָב: [עזרא ז, כב]

ליקוטי רש"י

ומה חשחן. ומה שיהיו חוששין. ובני תורין. בני בקר ואילים וכבשים לעולות לאלהי השמים. חנטין. לסלתות. ומלח. לקרבנות. חמר. יין לנסכים. ומשח. ושמן למנחות. כמאמר כהניא וגו'. כאשר יאמרו הכהנים אשר בירושלים יהי נותן להם דבר יום ביומו. די לא שלו. לא דיחוי שנ"ל דיסטורבי"ר בלע"ז [עזרא ו ט]. מטונך. ממשאך שבאתה עלי להכביד אכביד עליך [זבחים לב:]. הגעתיך [חולין קלב.]. די להון. למען אשר יהיו מקריבים ניחוחים לאלהי השמים ויהיו מתפללים על חיי המלך ובניו [עזרא שם י]. הרי זה צדיק גמור. על דבר זה ומחשבה זו [ב"ב י:]. בדבר זה ולא אמרינן שלא לשמה עושה אלא קיים מלות בוראו שלוהו לעשות לדקה ומתכוין אף להנאת עצמו שיזכה בה לעולם הבא או שיחיו בניו [פסחים ח.]. כאן בישראל כאן בעובדי כוכבים. ישראל דעתן לשמים בין יחיה בין לא יחיה אינו מהרהר אחר מדת הדין אבל עכו"ם אינו נותן אלא ע"מ כן ואם לאו מתחרט [ב"ב שם]. נדבכין. בנין של אבנים [ברכות טז.]. לשון כתלים וקירות הכתלים. די אבן גלל. היו של אבן גלל של מרמר"א בלע"ז. ונדבך. וכותל של עץ חדש מבפנים כענין בנין הבית אשר בנה שלמה. ונפקתא. והוצאה לצורך הבית ולשאר דברים אשר לבית תנתן להם מבית המלך [עזרא ו ד]. ויאמר לי המלך. בשעה שדבר אלי המלך היתה אשתו מלכה יושבת אצלו. והשגל. אשתו המלכה כענין שנאמר (דניאל ה) שגלתיה ולחנתיה שכן נוהג המקרא לכתוב המלכה אצל הפלגש נשיו ופלגשיו כמו מלכות ופלגשים (שיר השירים ו) [נחמיה ב ו]. שגל. מלכה כמו והשגל יושבת אצלו (דניאל ה) שמון בהון מלכך רברבנוהי שגלתיה ולחנתיה אשתך תתילב לימינך [תהלים מה י]. שגלתה. לשון מלכה בלשון ארמי כמו (נחמיה ב) והשגל יושבת אצלו [דניאל ה ב]. ישגלנה. לשון שגל פילגש והכתוב כינהו לשבח ישכבנה [דברים כח ל]. בנות מלכים. יהיו מבקרות אותך כענין שנאמ' ושרותיהם מיניקותיך (ישעיה מט). ביקרותיך. קו"ף דגוש לפי שהוא לשון בקור ואף על פי שכתוב יו"ד לפניה ראיתי בנקוד רב סעדיה תיבה זו סדורה עם מי נתן למשיסה יעקב (ישעיה מג) שכתוב בו יו"ד והסמ"ך מודגשת ומנחם חברו לשון יוקר כמו יקר מכלי פז (מש"א). שגל. מלכה כמו והשגל יושבת אצלו (דניאל ה) וישתון בהון מלכא ורברבנוהי שגלתיה ולחנתיה אשתך תתילב לימינך. בכתם אופיר. בקבועת עדי זהב הבא מאופיר [תהלים שם]. די לא כתב. ומלח שאין כתוב בו מדה יתנו ככל הצורך [עזרא ז כב]. כיון שעברו עליו ג' רגלים עובר בבל תאחר. תנא קמא סבר כל המאחר נדרו שלש רגלים אפילו שלא כסדרן עובר בבל תאחר [ביצה יט:].

(*sheigal*)[13] ***sitting beside him.*** מַאי שֵׁגָל – **What is** the meaning of **"sheigal"**? אָמַר רַבָּה בַּר לִימָא מִשְּׁמֵיהּ דְּרַב – **Rabbah bar Lima said in the name of Rav:** כַּלְבְּתָא – **A female dog.**[14]

The Gemara questions this identification:

אֶלָּא מֵעַתָּה הָא דִּכְתִיב – **If so,** that "*sheigal*" denotes a female dog, what of **that which is written** in the following verse: "וְעַל מָרֵא־שְׁמַיָּא הִתְרוֹמַמְתָּ וּלְמָאנַיָּא דִּי־בַיְתֵהּ הַיְתִיו קֳדָמָךְ וְאַנְתְּ וְרַבְרְבָנָךְ שֵׁגְלָתָךְ וּלְחֵנָתָךְ חַמְרָא שָׁתַיִן בְּהוֹן" – ***You exalted yourself against the Lord of Heaven; and the vessels of His house were brought before you, and you, your nobles, your consorts*** (שֵׁגְלָתָךְ) ***and your concubines drank wine from them.***[15] וְאִי שֵׁגָל כַּלְבְּתָא הִיא – **But if** ***sheigal*** is a female dog, כַּלְבְּתָא בַּת מִשְׁתְּיָא חַמְרָא הִיא – **is** a female dog **capable of drinking wine?**

The Gemara answers:

הָא לֹא קַשְׁיָא – **There is no difficulty..** דְּמַלְּפָא לָהּ וְשַׁתְיָיא – **One trains it** to do so **and it drinks.**

Another objection:

אֶלָּא מֵעַתָּה דִּכְתִיב – **If so,** what of **that which is written:** "בְּנוֹת מְלָכִים בִּיקְּרוֹתֶיךָ נִצְּבָה שֵׁגַל לִימִינְךָ בְּכֶתֶם אוֹפִיר" – ***The daughters of kings honor you; the consort*** (*sheigal*) ***stands erect at your right in the golden jewelry of Ophir.***[16] וְאִי שֵׁגָל כַּלְבְּתָא הִיא – **But if** ***sheigal*** is a female dog, מַאי קָא מְבַשֵּׂר לְהוּ נָבִיא לְיִשְׂרָאֵל – **what** kind of **tiding is the prophet telling Israel?**

The Gemara answers:

הָכִי קָאָמַר – **It means to say as follows:** בִּשְׂכַר שֶׁחֲבִיבָה תּוֹרָה לְיִשְׂרָאֵל כְּשֵׁגָל לְעוֹבְדֵי כּוֹכָבִים – **As a reward for the Torah's being as dear to Israel as a female dog to idolaters,** זְכִיתֶם לְכֶתֶם אוֹפִיר – **you will merit the golden jewelry of Ophir.**[17]

Another solution:

וְאִיבָּעִית אֵימָא לְעוֹלָם שֵׁגָל מַלְכְּתָא הִיא – **If you wish, say that** ***sheigal*** is, indeed, **a queen,** as indicated by the above verses. וְרַבָּה בַּר לִימָא גְּמָרָא גְּמִיר לָהּ – **And** as for **Rabbah bar Lima,** who said that the *sheigal* of Daryavesh was a female dog, he did not mean that that is the meaning of the word; rather, **he had a tradition** that Daryavesh's "queen" was really a female dog. וְאַמַּאי קָרֵי לָהּ שֵׁגָל – **And why does [the verse] call it a queen?** שֶׁהָיְתָה חֲבִיבָה עָלָיו כְּשֵׁגָל – **Because it was as dear to him as a queen;** אִי נַמִּי שֶׁהוֹשִׁיבָהּ בִּמְקוֹם שֵׁגָל – **alternatively, because he sat it** by his right[18] **in the place** where one would normally seat **a queen.**

One final source:

אִיבָּעִית אֵימָא מְנָלָן דְּאַחְמִיץ – **And if you wish, say that from where do we know that he soured?** מֵהָכָא "עַד־כְּסַף כַּכְּרִין מְאָה וְעַד־חִנְטִין כֹּרִין מְאָה וְעַד־חֲמַר בַּתִּין מְאָה וְעַד־בַּתִּין מְשַׁח מְאָה וּמְלַח דִּי לָא כְתָב וגו'" – **From the following** verse: ***Up to one hundred talents of silver, and up to one hundred kors of wheat, up to one hundred baths***[19] ***of wine, up to one hundred baths of oil, and unlimited salt . . .***[20] מֵעִיקָּרָא בְּלֹא קִיצוּתָא וְהַשְׁתָּא בְּקִיצוּתָא – Now **originally,** when he first allowed construction of the Temple, he had commanded that the outlay be provided **without limit;**[21] **and now** he commanded that it be provided only **with a limit.** Apparently in the years that intervened between these two sets of instructions he had changed for the worse.

The Gemara rejects this evidence:

וְדִילְמָא מֵעִיקָּרָא לֹא הֲוָה קִים לֵיהּ בְּקִיצוּתָא – **But perhaps originally he could not determine** what **the limit** should be, since he did not know what their needs would be; but by the time of the later instructions that had become clear and so he set a limit ample to their needs?

The Gemara concedes:

אֶלָּא מְחַוַּורְתָּא כִּדְשַׁנִּין מֵעִיקָּרָא – **Rather, the clearer** evidence that Daryavesh soured is, **as we answered originally,** in the verses that the Gemara cited earlier.

The Gemara quotes from the Mishnah (2a):

וְלָרְגָלִים – On the first of Nissan is the New Year for kings **AND FOR THE FESTIVALS.**

The Gemara asks:

רְגָלִים בְּאֶחָד בְּנִיסָן הוּא – **Is** the New Year for the **festivals on the first of Nissan?** בַּחֲמִשָּׁה עָשָׂר בְּנִיסָן הוּא – But **it is on the fifteenth of Nissan,** when Pesach begins![22] – ? –

The Gemara answers:

אָמַר רַב חִסְדָּא – **Rav Chisda said** that this is what the Mishnah means: רֶגֶל שֶׁבּוֹ רֹאשׁ הַשָּׁנָה לָרְגָלִים – **The festival in it**[23] **is the New Year for the festivals.**[24]

The Gemara explains the legal significance of this New Year:

נַפְקָא מִינָּהּ לְנוֹדֵר – **The practical consequence relates to one who made a vow,** לְמֵיקַם עֲלֵיהּ בְּבַל תְּאַחֵר – **with respect to subjecting him to** the commandment ***not to delay.***[25] וְרַבִּי

NOTES

13. The word *sheigal* is unusual and occurs only several times in Scripture. The Gemara will proceed to cite these instances in order to establish its precise meaning. Its root, שגל, is an unusually [for the Hebrew language] explicit term for sexual intercourse (see *Ramban* to *Exodus* 30:13).

14. A female dog which he would sodomize. [This is prohibited even for non-Jews, for when Eve was created God decreed that man and woman should join and become "one flesh" (see *Genesis* 2:24), i.e. have children, something which is impossible in a union between man and animal; see *Sanhedrin* 58a.] Obviously, then, by the time of this episode (which took place in the twentieth year of his reign; see *Nehemiah* 2:1; *Tosafos* to 3b ד״ה שנת עשרים) Daryavesh was no longer righteous.

15. *Daniel* 5:23. The passage refers to King Belshazzar.

16. *Psalms* 45:10. The verse [is allegorical and] refers to [Israel's] future glory (*Rashi*). [The translation of בְּיִקְּרוֹתֶיךָ follows *Rashi* here; cf. *Rashi* ad loc.]

17. A dog represents the forces of corruption, to which idolaters are attracted; but Israel's affinity is for the Torah (*Maharal, Chidushei Aggados*).

18. *Maharsha,* citing the verse in *Psalms* that the Gemara quoted earlier.

19. [A *bath* is a measure of volume; it is equivalent to three *se'ah.*]

20. *Ezra* 7:22. The passage recounts the letter that Daryavesh gave Ezra or the governors of Judah, with instructions regarding the builders of the Temple (*Rashi*). [As noted by *Aruch LaNer, Rashi's* comment is somewhat difficult since the Temple was completed in the sixth year of Daryavesh's reign, while Ezra arrived in Jerusalem in the seventh year of his reign; see ibid. 6:15; 7:7.]

21. See ibid. 6:4, cited above.

22. The Mishnah's statement, "the first of Nissan is the beginning of the year . . . for the festivals," is problematic, because none of the three festivals (Pesach, Shavuos and Succos) begins on that date. The only festival in Nissan, viz. Pesach, begins on the fifteenth of that month.

23. I.e. Pesach, which falls in the month that begins on the first of Nissan (*Rashi*).

24. Thus, although the Mishnah says "the *first* of Nissan," it actually means that the *fifteenth* of Nissan is the New Year for festivals (*Rashi* to 7b ד״ה אי הכי; cf. *Rashash;* see also *Meiri*).

25. The Torah states (*Deuteronomy* 23:22): כִּי־תִדֹּר נֶדֶר לַה׳ אֱלֹהֶיךָ לֹא תְאַחֵר לְשַׁלְּמוֹ, *If you make a vow to Hashem, your God, you shall not delay to pay it.* That is, one who voluntarily vowed to bring an offering [a נֶדֶר, *vowed offering*] is prohibited to delay fulfillment of his vow beyond a certain period. A different verse (ibid. 16:16), בְּחַג הַמַּצּוֹת וּבְחַג הַשָּׁבֻעוֹת וּבְחַג הַסֻּכּוֹת, *on the Festival of Matzos, on the Festival of Shavuos and on the Festival of Succos,* teaches that the prohibition takes effect once three festivals have passed (see below, 4b). The Tanna of our Mishnah understands this verse as also teaching that the three festivals must pass in the sequence listed there – Pesach, Shavuos, Succos. If three festivals pass in a different order [e.g. he made the vow after Pesach, and then let Shavuos, Succos and Pesach pass without fulfilling it], he is not guilty of this transgression (*Rashi*). Thus, Pesach is the New Year for festivals in the sense that it begins this three-festival cycle.

The preceding law applies not only to vowed offerings, but also to several other obligations, as a Baraisa below (5b) derives from Scripture. These obligations are listed there and in a Baraisa at the end of this *amud.*

ומה חשחן. כלומר כל מה שתפלים הכהנים תנו להם משלי: מטונך. ממשאך שבאת עלינו להשיבנו אני משיבך תשובה ראה מה כתוב בה די להון מהקרבין וגו' ומצלין לחיי מלכא למדת שלא לשם שמים עשה כי אם להנאתו: הרי זה צדיק גמור. אם רגיל בכך: כאן בישראל. שלבו לשמים ואם מריעין לו בחייו אינו קורא לו תגר אלא תולה היסורין בעונו אבל עובד כוכבים אם אין מטיבין לו כגמולו קורא תגר: נדבכין די אבן גלל. כתב ששלח ביד עזרא כתוב בו שורות של אבני שיש שלש בחומות הבית והרביעי של עץ: כלבתא. למשכב ובני נח הוזהרו על כך שנאמר (בראשית ב) והיו לבשר אחד יצאו בהמה וחיה ועוף שאינן נעשין בשר אחד שאין יולדין מן האדם: בנות מלכים ביקרותיך. מיקרות אותך לעתיד לבא: לעולם שגל. דעלמא מלכתא היא: ורבה בר לימא. להאי שגל דהכא גמרא גמר לה מרביה דכלבתא הואי: עד כסף ככרין מאה. תנו להם לבנוי הבית: רגל שבו ר"ה לרגלים. רגל שהוא בחדש הנכנס באחד בניסן הוא ראש השנה לרגלים: נפקא מינה. דהאי ר"ה: לענין נדר. שהוא מוזהר בבל תאחר ותלה הכתוב איסורו שלשה רגלים ואשמועי' מתניתין שאינו עובר עד שיהא פסח ראשון לשלשתן שאם עברו עליו שלא כסדרן אינו עובר: אחד הנודר. האומר דמי עלי שמין אותו כעבד: ואחד המקדיש. דבר לבדק הבית: ואחד המעריך. שאמר ערכי עלי שהערך קצוב בתורה כפי שניו: פעמים שלשה. פעמים שהוא בבל תאחר בשלשה רגלים: פעמים חמשה. דבעינן כסדרן: חייבי הדמין. אמר דמי עלי: והחרמין. חרמי גבוה: בכור ומעשר. מעשר בהמה: מכדי

בשביל שיחיו בני. והא דתנן פרק קמא דמסכת אבות (מ"ג) אל תהיו כעבדים המשמשין את הרב על מנת לקבל פרס [ח] היינו באומות העולם שתוהין על הראשונות:

ונדבך די אע. האי קרא במגילת כורש הראשון כתיב כדאיתא בספר עזרא כשלוה דריוש לבקר ולחפש כדכתיב (עזרא ו) באדין דריוש מלכא שם טעם ובקרו בבית ספריא די גנזיא ומכל מקום כיון דעל פי אותה מגילה צוה לבנות דייק מינה שפיר דהחמיץ ומיהו קשיא לעיל מינה דבתחילת מלכות אחשורוש כתבו שטנה וכתיב באדין בטילת עבידת בית אלהא די בירושלם והות בטלא עד שנת תרתין למלכות דריוש מלך פרס וקרא דנבואת חגי שמנו לו מניסן בשנת שתים לדריוש כתיב בהו ועוד טובא דלא מייתי הכא אלמא מנו לו מניסן אע"פ שכבר החמיץ ושמא לא נתברר להם הדבר עד אחרי כן:

שלמה עבד מלמעלה ואיהו עבד מלמטה. לאו מקרא דריש אלא קבלה היתה בפיהם:

עד כסף ככרין מאה. בשנת שבע למלך היה כשעלה עזרא מבבל:

שלשה רגלים כסדרן. ומתניתין דניסן ר"ה ר"ש היא והכי אמרינן לקמן (דף ז:):

והחרמין. בין חרמי גבוה בין חרמי כהנים ר"ת פסק דלדקה שפוסקים ליתן ביד גבאי ישנה בבל תאחר מלמוסרה לגבאי ואין הגבאי בבל תאחר מלחלקה אבל מה שאדם נודר ביד עצמו לכשירצה אינה בבל תאחר:

צדקות ומעשרות. והא דאמר רבא לקמן (דף ו.) ולדקה מיחייב עלה לאלתר ה"מ דקיימי עניים אבל לא מיחייב להדורי בתרייהו כל זמן שלא עברו שלשה רגלים והא דפריך פשיטא ומשני מהו דתימא הואיל ובענייא דקרבנות כתיב עד דעברו עליה שלשה רגלים כקרבנות היינו אפילו היכי דקיימי עניים ואין לפרש דהא דקאמר עובר לאלתר היינו עשה כדאשכחן באחריני דברגל אחד עובר בעשה דא"כ הוה ליה למימר עד דעבר עליה רגל אחד כקרבן:

ומעשרות. כגון מעשר ראשון ומעשר שני ומעשר עני ומה שקבע עליהם הכתוב זמן ביעור כדכתיב (דברים יד) מקצה שלש שנים תוציא וגו' ותנן בפרק ה' (מ"ו) דמעשר שני ערב יום טוב הראשון של פסח של רביעית ושל שביעית היה ביעור דהתם אע"פ שלא הפריש חייב להפריש ולבד שבאו לעונת מעשר כדתנן התם וכל זמן שלא הפריש לא קאי בבל תאחר אבל משהפריש קאי בבל תאחר אף על פי שלא הגיע לזמן הביעור ותדע לקמן [ט] דרשינן תרי קראי לכולהו חד דאמר ולא אפריש וחד דאפריש ולא אקריב אבל מעשרות לא אשכחן אלא חד קרא ועוד משכחת לה כשנתמרח בכרי בין רגל לביעור דהא פשיטא כל זמן שלא נתמרח לא מיחייב אמידי ועוד דאפילו את"ל חייב אתא קרא דביעור א] לעבור עליו בשני לאוין דכוותה אשכחן פ"ק דנדרים (דף ג:) וקצת תימה דלא חשיב הכא תרומה ובכורים דכי היכי דמרבי לקמן (ד' ה:) מעשר נרבי נמי תרומה ובכורים ושמא בכלל מעשר איתנהו כמו בכל דוכתי דקתני חייב ולתרומה ולבכורים ומיהו לבכורים אין לחוש דאין דינם בשלשה רגלים אלא מעצרת ועד החג בקריאה ומחג עד חנוכה בלא קריאה:

לקט

(א) ומה חשחן ובני תורין ודכרין ואמרין לעלון לאלה שמיא חנטין מלח חמר ומשח כמאמר כהניא די בירושלם להוא מתיהב להם יום ביום די לא שלו אמר לו רבי יצחק רבי [א] מטונך (ב) די להון מהקרבין ניחוחין לאלה שמיא ומצלין לחיי מלכא ובנוהי ומאן דעבד הכי לאו מעליותא היא והתניא [ב] האומר סלע זו לצדקה בשביל שיחיו בני ובשביל שאזכה בה לחיי העולם הבא הרי זה צדיק גמור לא קשיא כאן בישראל כאן בעובדי כוכבים ואיבעית אימא מנלן דאחמיץ דכתיב (ג) נדבכין די אבן גלל תלתא ונדבך די אע חדת ונפקתא מן בית מלכא תתיהב למה ליה דעבד הכי סבר אי מרדו בי יהודאי איקלייה בנורא אטו שלמה לא עבד הכי והכתיב (ד) שלשה טורי גזית וטור כרתות ארזים שלמה עבד מלמעלה ואיהו עבד מלמטה שלמה שקעיה בבנינא איהו לא שקעיה בבנינא שלמה סדייה בסידא איהו לא סדייה בסידא (אמר) רב יוסף ואיתימא רבי יצחק מנלן דאחמיץ מהכא (ה) ויאמר לי המלך והשגל יושבת אצלו מאי שגל אמר רבה בר לימא משמיה דרב כלבתא אלא מעתה הא דכתיב (ו) ועל מרא שמיא התרוממת ולמאנייא די ביתיה היתיו קדמך ואנת ורברבניך שגלתך ולחנתך חמרא שתין בהון ואי שגל כלבתא היא כלבתא בת משתיא חמרא היא הא לא קשיא דמלפא לה ושתייא אלא מעתה דכתיב (ז) בנות מלכים ביקרותיך נצבה שגל לימינך בכתם אופיר ואי שגל כלבתא היא מאי קא מבשר להו נביא לישראל הכי קאמר בשכר שחביבה תורה לישראל כשגל לעובדי כוכבים זכיתם לכתם אופיר ואיבע"א לעולם שגל מלכתא היא ורבה בר לימא גמרא גמיר לה ואמאי קרי לה שגל שהיתה חביבה עליו כשגל אי נמי שהושיבה במקום שגל איבעית אימא מנלן דאחמיץ מהכא (ח) עד כסף ככרין מאה ועד חנטין כורין מאה ועד חמר בתין מאה ועד בתין משח מאה ומלח די לא כתב וגו' מעיקרא בלא קיצותא והשתא בקיצותא ודילמא מעיקרא לא הוה קים ליה בקיצותא אלא מחוורתא כדשנין מעיקרא: ולרגלים: רגלים באחד בניסן הוא בחמשה עשר בניסן הוא אמר רב חסדא רגל שבו ראש השנה לרגלים נפקא מינה לנודר למיקם עליה בבל תאחר ורבי שמעון היא דתניא [ד] אחד הנודר ואחד המקדיש ואחד המעריך [א] כיון שעברו עליו ג' רגלים עובר בבל תאחר ר"ש אומר [ה] ג' רגלים כסדרן וחג המצות תחילה [ו] וכן היה ר"ש בן יוחי אומר רגלים פעמים ג' פעמים ד' פעמים חמשה כיצד נדר לפני הפסח ג' לפני עצרת חמשה לפני החג ארבעה ת"ר [ז] חייבי הדמין והערכין החרמין וההקדשות חטאות ואשמות עולות ושלמים צדקות ומעשרות בכור ומעשר ופסח

לקט

עין משפט נר מצוה

ז א מיי' פי"ד מהל' מעשה הקרבנות הל' יג סמג לאוין שנה:

מסורת הש"ס

א) [חולין קלב. זבחים לג:], ב) פסחים ח. ב"ב י:, ג) [אמר], ד) [תוספ' פ"א], ה) [ביצה יט:], ו) [ביצ' שלפת א' וכך היה רבי שמעון אומר וכו' וכ"ה הגיר' בתוספ' לפנינו], ז) [תוספ' דערכין פ"ג], ח) [ע' מה שפירש התוס' י"ט שם בכוונת דברי תוס' אלו ועי' בתוס' ע"ז יט. ד"ה על מנת כו' וכן בפסחים ח: ד"ה שמוכה], ט) [דף ו.].

רבינו חננאל

ומה חשחן ובני תורין ודכרין ואמרין לעלון לאלה שמיא וגו' אמר ליה ר' יצחק דמטונך כלומר מן המקרא שהבאת מוכיח שהחמיץ שנאמר די להון מהקרבין ניחוחין לאלה שמיא ומצלין לחיי מלכא ובנוהי. הנה לא נתנדב לשם שמים אלא להנאתו. ואמרינן ומאן דעבד כי האי גוונא לאו מעליותא היא. והתניא האומר סלע זו לצדקה בשביל שיחיו בני ובשביל שאזכה לעוה"ב הרי זה צדיק גמור. ויש שמפרשין הרי זו צדקה גמורה ושנינן ה"מ לישראל אבל בעובדי כוכבים לא. ואיבעית אימא מנ"ל דאחמיץ מהכא נדבכין די אבן גלל תלתא ונדבך די אע וגו' למה לי' למעבד נדבך דאע אלא אמר אי מרדו בן יהודאי אקליה בנורא. והא שלמה נמי עבד הכי כו' ואיבעית אימא מנ"ל דאחמיץ מהכא שנאמר ויאמר לו המלך והשגל יושבת אצלו מאי שגל אמר רבה בר לימא כלבתא. ואסיקנא לעולם שגל מלכתא היא. ורבה בר לימא גמרא גמיר כו' ואיבעית אימא מנ"ל דאחמיץ דכתיב עד כסף ככרין מאה ועד חמר בתין מאה וגו' מעיקרא בלא קיצותא והשתא בקיצות' כו'. ירושלמי מה בין דאמר מניסן מנינן למ"ד מתשרי מנינן א"ר יונה א) שטרות היו יוצאין נפק שטר מלוה וכתיב ביה באייר שנה שניה למלכות פלוני. מ"ד מניסן מנינן ר"ה למלכי' מלוה קדמה. מ"ד מתשרי מנינן השנה למלכים מכירה קדמה. ירושלמי היו מונין ליציאת מצרים שנאמר ויהי בשמונים שנה וארבע מאות שנה לצאת בני ישראל מארץ מצרים וגו' נבנה הבית היו מונין לבנינו שנא' ויהי מקץ ארבעים שנה אשר בנה שלמה וגו' לא זכו מנו לחורבן הבית שנאמר בעשרים וחמש שנה לגלותנו וגו' לא זכו נתחייבו למנות לאוה"ע שנאמר בשנת שתים לדריוש בשנת שלש לכורש: מתני' ולרגלים. אוקמה רב חסדא רגל שבו ראש לרגלים. נפקא מינה לנודר כלומר אם יתנדב אדם ויעברו עליו ג' רגלים וחג המצות תחלה עובר עליו בבל תאחר ומני ר' שמעון היא דתניא אחד הנודר כו'. ופשוטה היא עד הרי כאן ארבעה: ת"ר חייבי הדמים והערכים והחרמים וההקדשות חטאות ואשמות עולות ושלמים צדקות ומעשרות בכור מעשר ופסח

חשק שלמה על ר"ח

א) לשון הירושלמי כאן כך הוא א"ר יונה שטרות יוצאות ביניהן לוה מלוה באייר וכתב בה שנייה למלכות. מכר מכירה במרחשון וכתב בה שנייה למלכות מ"ד מניסן מנינן וכו'. כ"ה בירושלמי.

גליון הש"ס

גמ' וכן היה רשב"י אומר. כעין זה ב"ק לג ע"ב. נדה מו ע"ב.

הגהות מהר"ב רנשבורג

א] תוספות ד"ה ומעשרות וכו' לעבור עליו בשני לאוין וכו'. נ"ב לאו דוקא ב' לאוין אלא לאו ועשה וכ"מ הרשב"א. דהאי קרא דביעור עשה הוא. וכ"כ בעל יד דוד:

תורה אור השלם

א) ומה חשחן ובני תורין ודכרין ואמרין לעלון לאלה שמיא חנטין מלח חמר ומשח כמאמר כהניא די בירושלם להוא מתיהב להם יום ביום די לא שלו: [עזרא ו, ט]

ב) די להון מהקרבין ניחוחין לאלה שמיא ומצלין לחיי מלכא ובנוהי: [עזרא ו, י]

ג) נדבכין די אבן גלל תלתא ונדבך די אע חדת ונפקתא מן בית מלכא תתיהב: [עזרא ו, ד]

ד) ויבן את החצר הפנימית שלשה טורי גזית וטור כרתת ארזים: [מלכים א ו, לו]

ה) ויאמר לי המלך והשגל יושבת אצלו עד מתי יהיה מהלכך ומתי תשוב וייטב לפני המלך וישלחני ואתנה לו זמן: [נחמיה ב, ו]

ו) ועל מרא שמיא התרוממת ולמאניא די ביתה היתיו קדמך ואנת ורברבניך שגלתך ולחנתך חמרא שתין בהון ולאלהי כספא ודהבא נחשא פרזלא אעא ואבנא די לא חזין ולא שמעין ולא ידעין שבחת ולאלהא די נשמתך בידה וכל ארחתך לה לא הדרת: [דניאל ה, כג]

ז) בנות מלכים ביקרותיך נצבה שגל לימינך בכתם אופיר: [תהלים מה, י]

ח) עד כסף ככרין מאה ועד חנטין כורין מאה ועד חמר בתין מאה ועד בתין משח מאה ומלח די לא כתב: [עזרא ז, כב]

ליקוטי רש"י

ומה חשחן. ומה שיהיו חושחין. ובני תורין. בני בקר ואילים וכבשים לעולות לאלהי השמים. חנטין. לסלתות. ומלח. לקרבנות. חמר. יין לנסכים. ומשח. ושמן למנחות. כמאמר כהניא וגו'. כאשר יאמרו הכהנים אשר בירושלים יהי נתון להם דבר יום ביומו. די לא שלו. … [עזרא ו ט]. מטונך. ממשאך שבאתה עלי להכביד אכביד עליך [זבחים לב:]. הגעתיך [חולין קלב.]. די להון. למען אשר יהיו מקריבים ניחוחים לאלהי השמים ויהיו מתפללים על חיי המלך ובניו [עזרא שם י]. הרי … דבר זה ומחשבה זו [ב"ב י:]. בדבר זה ולא אמרינן שלא לשמה עושה אלא קיים מצות בוראו שצוהו לעשות צדקה ומתכוין אף להנאת עצמו שיזכה בה לעולם הבא או שיחיו בניו [פסחים ח:]. כאן בישראל כאן בעובדי … לשמים בין יחיה בין לא יחיה אינו מהרהר אחר מדת הדין אבל עכו"ם אינו נותן אלא ע"מ כן ואם לאו מתחרט [ב"ב שם]. נדבכין. בנין של אבנים [ברכות טז.]. לשון כתלים וקירות הכתלים. די אבן גלל. היו של אבן גלל … ונדבך. וכותל של עץ חדש מבפנים כענין בנין הבית אשר בנה שלמה. ונפקתא. והוצאה לצורך הבית ולשאר דברים אשר לבית תנתן להם מבית המלך [עזרא ו ד]. ויאמר לי המלך. בשעה שדבר אלי המלך היתה אשתו … והשגל. אשתו המלכה כענין שנאמר (דניאל ה) שגלתיה ולחנתיה שכן נוהג המקרא לכתוב המלכה אצל הפלגש נשיו ופלגשיו כמו מלכות ופלגשים (שיר השירים ו) [נחמיה ב ו]. שגל. מלכה כמו והשגל יושבת אצלו (דניאל ה) … ברבנוהי שגלתיה ולחנתיה אשתך תתיצב לימינך [תהלים מה י]. שגלתה. לשון מלכה בלשון ארמי כמו (נחמיה ב) והשגל יושבת אצלו [דניאל ה ב]. ישגלנה. לשון שגל פילגש והכתוב כינהו לשבח ישכבנה [דברים כח ל]. בנות מלכים. … כענין שנאמ' ושרותיהם מיניקותיך (ישעיה מט). ביקרותיך. קו"ף דגוש לפי שהוא לשון בקור ואף על פי שכתוב יו"ד לפניה ראיתי בנקוד רב סעדיה תיבה זו סדורה עם מי נתן למשיסה יעקב (ישעיה מב) שכתוב בו יו"ד … חברו לשון יוקר כמו יקר מכלי פז (סא"א). שגל. מלכה כמו והשגל יושבת אצלו (דניאל ה) וישתון בהון מלכא ורברבנוהי שגלתיה ולחנתיה אשתך תתיצב לימינך. בכתם אופיר. בקבוצת עדי זהב הבא מאופיר [תהלים שם]. … לא כתב. ומלח שאין כתוב בו מדה יתנו ככל הצורך [עזרא ז כב]. כיון שעברו עליו ג' רגלים עובר בבל תאחר. תנא קמא סבר כל המאחר נדרו שלש רגלים אפילו שלא כסדרן עובר בבל תאחר [ביצה יט:].

שִׁמְעוֹן הִיא – **And** the Tanna of **[our Mishnah] is R' Shimon,** דְּתַנְיָא – **for it was taught in a Baraisa:** אֶחָד הַנּוֹדֵר – Regarding ONE WHO MAKES A VOW,[26] וְאֶחָד הַמַּקְדִּישׁ – ONE WHO CONSECRATES[27] וְאֶחָד הַמַּעֲרִיךְ – AND ONE WHO MAKES AN *ERECH* VOW,[28] כֵּיוָן שֶׁעָבְרוּ עָלָיו שָׁלֹשׁ רְגָלִים עוֹבֵר בְּבַל תְּאַחֵר – AS SOON AS he lets THREE FESTIVALS PASS without paying his pledge, HE TRANSGRESSES the commandment *NOT TO DELAY.*[29] רַבִּי שִׁמְעוֹן אוֹמֵר – But R' SHIMON SAYS: שָׁלֹשׁ רְגָלִים כְּסִדְרָן וְחַג הַמַּצּוֹת תְּחִילָּה – THE THREE FESTIVALS must pass IN SEQUENCE, WITH PESACH FIRST. וְכֵן הָיָה רַבִּי שִׁמְעוֹן בֶּן יוֹחַי אוֹמֵר – AND SO WOULD R' SHIMON BEN YOCHAI[30] SAY: רְגָלִים – The number of FESTIVALS that must pass for one to be liable is פְּעָמִים שְׁלֹשָׁה פְּעָמִים אַרְבָּעָה פְּעָמִים חֲמִשָּׁה – SOMETIMES THREE, SOMETIMES FOUR and SOMETIMES FIVE.[31] כֵּיצַד – HOW IS THAT? נָדַר לִפְנֵי הַפֶּסַח שְׁלֹשָׁה – If HE VOWED BEFORE PESACH, he is liable after THREE festivals;[32] לִפְנֵי עֲצֶרֶת חֲמִשָּׁה – if he vowed BEFORE SHAVUOS, he is liable after FIVE;[33] לִפְנֵי הַחַג אַרְבָּעָה – and if he vowed BEFORE SUCCOS, he is liable after FOUR.[34]

The following Baraisa lists the obligations that are subject to the prohibition against delaying:

תָּנוּ רַבָּנָן – **The Rabbis taught in a Baraisa:** חַיָּיבֵי הַדָּמִין וְהָעֲרָכִין – THOSE OBLIGATED in the payment OF VALUE OR *ERECH* VOWS,[35] הַחֲרָמִין וְהַהֶקְדֵּשׁוֹת – *CHEREM* VOWS[36] OR CONSECRATIONS,[37] חֲטָאוֹת וַאֲשָׁמוֹת – *CHATAS* OR *ASHAM* OFFERINGS,[38] עוֹלוֹת וּשְׁלָמִים – *OLAH* OR *SHELAMIM* OFFERINGS,[39] צְדָקוֹת וּמַעְשְׂרוֹת – CHARITABLE PLEDGES[40] OR *MAASROS,*[41] בְּכוֹר וּמַעֲשֵׂר וּפֶסַח – A *BECHOR,*[42] *MAASER*[43] OR *PESACH* OFFERING,[44]

NOTES

26. I.e. he said, "I take upon myself to give my value (דָּמִים) to the Temple treasury," in which case he must pay the amount that experts assess him to be worth as a slave (*Rashi;* cf. *Tos. Rid;* see *Meromei Sadeh* and *Menachem Meishiv Nefesh*). [It is also possible to obligate oneself to donate the value of any other person or object.]

27. I.e. he dedicated a particular item to the Temple treasury (*Rashi*).

28. In this case, he said, "I take upon myself to give my *erech* (עֵרֶךְ) to the Temple treasury." The *erech* of a person is the fixed amount assigned by the Torah (*Leviticus* 27:1-8) based solely on his age and gender [and not his personal "market" value] (*Rashi*). The Baraisa also refers to one who vowed to contribute the *erech* of another person (*Meiri*).

[For explanations of why the Baraisa specified these three cases, as opposed to offerings, see *Turei Even* and *Meromei Sadeh.*]

29. This Tanna does not specify a particular sequence. As soon as three festivals pass, no matter which came first, the vower is liable for delaying payment of his vow. [This opinion is not the one followed by our Mishnah.]

30. R' Shimon and R' Shimon ben Yochai are one and the same (*Rashi* to *Chullin* 49b [ד״ה אודי לי מיהא [ב).

31. Because the festivals must pass in sequence, with Pesach first (*Rashi*), as R' Shimon proceeds to illustrate.

32. I.e. Pesach, Shavuos, Succos.

33. It is not until Pesach that the critical sequence of three festivals begins. Consequently, in this case, a total of five festivals (Shavuos, Succos, Pesach, Shavuos, Succos) must pass before he is liable.

34. I.e. Succos, Pesach, Shavuos, Succos.

35. See notes 26 and 28.

36. [If one declares an object to be *cherem* (i.e. consecrated – *Rashi* to *Ezekiel* 44:29) it becomes the property of either the Kohanim or the Temple, depending on the wording of his declaration.] This Baraisa refers to a *cherem* vow that dedicated an object to the Temple (*Rashi;* cf. *Tosafos;* see *Turei Even;* see also below, 5b note 8).

37. See note 27.

38. He had committed the type of sin for which one is liable to bring a *chatas* or *asham* offering. It is not possible to bring these offerings on a voluntary basis.

39. He had voluntarily vowed to bring an *olah* or *shelamim* offering (see *Ritva* ד״ה בכור).

40. He had promised to donate some money or a particular object to charity.

[The inclusion of charity in this list is problematic, because one who makes a pledge to charity is liable for failing to fulfill it immediately (Gemara below, 6a), whereas this Tanna speaks of liability after the passage of three festivals. For discussion of this problem, see 6a note 32.]

41. This refers to *maaser rishon, maaser sheni* and *maaser ani* (*Tosafos* et al.; see 5b note 11). It also includes *terumah* (*Meiri;* see *Tosafos;* cf. *Turei Even*). [These terms were defined above, 2a note 7.]

42. A *bechor* (firstborn) in this context is the firstborn offspring of a cow, sheep or goat. It must be given to a Kohen, who brings it (if unblemished) as an offering and is awarded its meat (see *Numbers* 18:15,17-18).

[The commentators disagree as to who is liable for delaying in this case. Is the owner liable for delaying to give the *bechor* to the Kohen, or is the Kohen liable for delaying to offer it? See *Meiri, Chacham Zvi* §12 and *Minchas Baruch* §104 for discussion of this issue.]

43. *Maaser* here refers to the tithe taken from animals (*Rashi;* see 2a note 3). Although this offering is a type of *shelamim,* which has already been listed, the Baraisa mentions it separately because it is obligatory (*Ritva*).

44. The *pesach* is the sacrifice offered on the afternoon before Pesach and eaten that night. [Since it may be offered only at this time, the Gemara (below, 5a) asks how the passage of three festivals is relevant to it.]

ומה חשחן ובני תורין ודכרין ואמרין [א] לעלון לאלה שמיא חנטין מלח חמר ומשח כמאמר כהניא די בירושלם להוא מתיהב להם יום ביום די לא שלו אמר לו רבי יצחק רבי [א] מטונך [ב] די להון מהקרבין ניחוחין לאלה שמיא ומצלין לחיי מלכא ובנוהי ומאן דעבד הכי לאו מעליותא היא והתניא [ב] האומר סלע זו לצדקה בשביל שיחיו בני ובשביל שאזכה בה לחיי העולם הבא הרי זה צדיק גמור לא קשיא כאן בישראל כאן בעובדי כוכבים ואיבעית אימא מנלן דאחמיץ דכתיב [ג] נדבכין די אבן גלל תלתא ונדבך די אע חדת ונפקתא מן בית מלכא תתיהב למה ליה דעבד הכי סבר אי מרדו בי יהודאי איקלייה בנורא אטו שלמה לא עבד הכי והכתיב [ד] שלשה טורי גזית וטור כרתות ארזים שלמה עבד מלמעלה ואיהו עבד מלמטה שלמה שקעיה בבנינא איהו לא שקעיה בבנינא שלמה סדייה בסידא איהו לא סדייה בסידא (אמר) רב יוסף ואיתימא רבי יצחק[ג] מנלן דאחמיץ מהכא [ה] ויאמר לי המלך והשגל יושבת אצלו מאי שגל אמר רבה בר לימא משמיה דרב כלבתא אלא מעתה הא דכתיב [ו] ועל מרא שמיא התרוממת ולמאנייא די ביתיה היתיו קדמך ואנת ורברבניך שגלתך ולחנתך חמרא שתין בהון ואי שגל כלבתא היא כלבתא בת משתיא חמרא היא הא לא קשיא דמלפא לה ושתייא אלא מעתה דכתיב [ז] בנות מלכים ביקרותיך נצבה שגל לימינך בכתם אופיר ואי שגל כלבתא היא מאי קא מבשר להו נביא לישראל הכי קאמר בשכר שחביבה תורה לישראל כשגל לעובדי כוכבים זכיתם לכתם אופיר ואיבע"א לעולם שגל מלכתא היא ורבה בר לימא גמרא גמיר לה ואמאי קרי לה שגל שהיתה חביבה עליו כשגל אי נמי שהושיבה במקום שגל איבעית אימא מנלן דאחמיץ מהכא [ח] עד כסף ככרין מאה ועד חנטין כורין מאה ועד חמר בתין מאה ועד בתין משח מאה ומלח די לא כתב וגו' מעיקרא בלא קיצותא והשתא בקיצותא ודילמא מעיקרא לא הוה קים ליה בקיצותא אלא מחוורתא כדשנין מעיקרא: ולרגלים: רגלים באחד בניסן הוא בחמשה עשר בניסן הוא אמר רב חסדא רגל שבו ראש השנה לרגלים נפקא מינה לנודר למיקם עליה בבל תאחר ורבי שמעון היא דתניא [ד] אחד הנודר ואחד המקדיש ואחד המעריך [ה] כיון שעברו עליו ג' רגלים עובר בבל תאחר ר"ש אומר [ו] ג' רגלים כסדרן וחג המצות תחילה [ז] וכן היה ר"ש בן יוחי אומר רגלים פעמים ג' פעמים ד' פעמים חמשה כיצד נדר לפני הפסח ג' לפני עצרת חמשה לפני החג ארבעה ת"ר [ז] חייבי הדמין והערכין החרמין וההקדשות חטאות ואשמות עולות ושלמים צדקות ומעשרות בכור ומעשר ופסח
לקט

רש"י

ומה חשחן. כלומר כל מה שתפלים הכהנים תנו להם משלי: **מטונך.** ממשאך שבאתה עלינו להשיבנו אני משיב תשובה ראה מה כתוב בה די להון מהקרבין וגו' ומצלין לחיי מלכא למדת שלא לשם שמים עשה כי אם להנאתו: **הרי זה צדיק גמור.** אם רגיל בכך: **כאן בישראל.** שלבו לשמים ואם מריעין לו בחייו אינו קורא לו תגר אלא תולה היסורין בעונו אבל עובד כוכבים אם אין מטיבין לו כגמולו קורא תגר: **נדבכין די אבן גלל.** כתב שהיה ביד עזרא כתוב בו שורות של אבני שיש שלש בחומות הבית והרביעי של עץ: **כלבתא.** למשכב ובני נח הוזהרו על כך שנאמר (בראשית ב) והיו לבשר אחד יצאו בהמה וחיה ועוף שאינן נעשין בשר אחד שאין יולדין מן האדם: **בנות מלכים ביקרותיך.** מיקרות אותך לעתיד לבא: **לעולם שגל.** דעלמא מלכתא היא: **ורבה בר לימא.** להאי שגל דהכא גמרא גמר לה מרביה דלכלבתא הואי: **עד כסף ככרין מאה.** תנו להם לצורך הבית: **רגל שבו ר"ה לרגלים.** רגל שהוא בחדש הנכנס באחד בניסן הוא ראש השנה לרגלים: **נפקא מינה.** דהאי ר"ה: **לענין נדר.** שהוא מוזהר בבל תאחר ותלה הכתוב איסורו בשלשה רגלים ולשמעו' מתניתין שאינו עובר עד שיהא פסח ראשון לשלשתן ואם עברו עליו שלא כסדרן אינו עובר: **אחד הנודר.** האומר הרי עלי עולה: **ואחד המעריך.** האומר דמי עלי ששמין אותו כעבד: **ואחד המקדיש.** דבר לבדק הבית: **ואחד המעריך.** שאמר ערכי עלי שהערך קצוב בתורה כפי שניו: **פעמים שלשה.** פעמים שהוא בבל תאחר בשלשה רגלים: **פעמים חמשה.** דבעינן כסדרן: **חייבי הדמין.** אמר דמי עלי: **והחרמין.** חרמי גבוה: **בכור ומעשר.** מעשר בהמה:
מכדי

תוספות

בשביל שיחיו בני. והא דתנן פרק קמא דמסכת אבות (מ"ג) אל תהיו כעבדים המשמשין את הרב על מנת לקבל פרס [ח] היינו באומות העולם שתוהין על הראשונות: **ונדבך די אע.** הא דקרא כורש הראשון כתיב בספר עזרא כשהלה דריוש לבקר ולחפש דכתיב (עזרא ו) באדין דריוש מלכא שם טעם ובקרו בבית ספריא די גנזיא ומכל מקום כיון דעל פי אותה מגילה הוה לבנות דייק מינה שפיר דהחמיץ ומיהו קשיא לעיל מינה דבתחילת מלכות אחשורוש כתבו שטנה וכתיב באדין בטילת עבידת בית אלהא די בירושלם והות בטלא עד שנת תרתין למלכות דריוש מלך פרס וקראי דנבואת חגי שמנו לו מניסן בשנת שתים לדריוש כתיב בהו ועוד טובא דלא מייתי הכא אלמא מנו לו מניסן אע"פ שכבר החמיץ ושמא לא נתברר להם הדבר עד אחרי כן: **שלמה עבד מלמעלה ואיהו עבד מלמטה.** לאו מקרא דריש אלא קבלה היתה בפיהם: **עד כסף ככרין מאה.** בשנת שבע למלך היה כשעלה עזרא מבבל: **שלשה רגלים כסדרן.** ומתניתין דניסן ר"ה ר"ש היא והכי אמרינן לקמן (דף ז:): **והחרמין.** בין חרמי גבוה בין חרמי כהנים ר"ת פסק דצדקה שפוסקים ליתן ביד גבאי ישנה בבל תאחר מלמוסרה לגבאי ואין הגבאי בבל תאחר מלחלקה אבל מה שאדם נודר ביד עצמו לכשירצה אינה בבל תאחר: **צדקות ומעשרות.** והא דאמר רבא לקמן (דף ו.) ולדקה מיחייב עלה לאלתר ה"מ דקיימי עניים אבל לא מיחייב להדורי בתרייהו כל זמן שלא עברו שלשה רגלים והא דפריך פשיטא ומשני מהו דתימא הואיל ובעיינא דקרבנות כתיב עד דעברו עליה שלשה רגלים כקרבנות היינו אפילו היכי דקיימי עניים ואין לפרש דהא דקאמר עובר לאלתר היינו עשה כדאשכחן באחריני דברגל אחד עובר בעשה דא"כ הוה ליה למימר עד דעבר עליה רגל אחד כקרבן: **ומעשרות.** כגון מעשר ראשון ומעשר שני ומעשר עני ומה שקבע עליהם הכתוב זמן ביעור כדכתיב (דברים יד) מקצה שלש שנים תוציא וגו' ותנן בפרק ה' (מ"ו) דמעשר שני ערב יום טוב הראשון של פסח של רביעית ושל שביעית היה ביעור דהתם אע"פ שלא הפריש חייב להפריש ובלבד שבאו לעונת מעשר כדתנן התם וכל זמן שלא הפריש לא קאי בבל תאחר אבל משהפריש קאי בבל תאחר אף על פי שלא הגיע לזמן הביעור ותדע לקמן [ט] דרשינן תרי קראי לכולהו חד דאמר ולא אפריש וחד דאפריש ולא אקריב אבל מעשרות לא אשכחן אלא חד קרא ועוד משכחת לה כשנתמרח בכרי בין רגל לביעור דהא פשיטא כל זמן שלא נתמרח לא מיחייב אמידי ועוד דאפילו את"ל חייב אתא קרא דביעור **אן** לעבור עליו בשני לאוין דכוותה אשכחן פ"ק דנדרים (דף ג:) וקצת תימה דלא חשיב הכא תרומה ובכורים דכי היכי דמרבי לקמן (ד' ה:) מעשר נרבי נמי תרומה ובכורים ושמא בכלל מעשר איתנהו כמו בכל דוכתי דקתני חייב ולתרומה ולבכורים ומיהו לבכורים אין לחוש דאין דינם בשלשה רגלים אלא מעצרת ועד החג בקריאה ומחג עד חנוכה בלא קריאה:
לקט

עין משפט נר מצוה

ז א מיי' פי"ד מהל' מעשה הקרבנות הל' יג סמג לאוין שנה:

רבינו חננאל

ומה חשחן ובני תורין ודכרין ואמרין לעלון לאלה שמיא א"ל ר' יצחק דמטונך כלומר מן המקרא שהבאת מוכיח שהחמיץ שנאמר די להון מהקרבין ניחוחין לאלה שמיא ומצלין לחיי מלכא ובנוהי. הנה לא נתנדב לשם שמים אלא להנאתו. ואמרינן ומאן דעבד כי האי גוונא לאו מעליותא היא. והתניא האומר סלע זו לצדקה בשביל שיחיו בני ובשביל שאזכה לעוה"ב הרי זה צדיק גמור. ויש שמפרשין הרי זו צדקה גמורה ושנינן ה"מ לישראל אבל בעובדי כוכבים לא. ואיבעית אימא מנ"ל דאחמיץ מהכא נדבכין די אבן גלל תלתא ונדבך די אע וגו' למה לי' למעבד נדבך דאע אלא אמר אי מרדו בי יהודאי אקליה בנורא. והא שלמה נמי עבד הכי כו' ואיבעית אימא מנ"ל דאחמיץ מהכא שנאמר ויאמר לו המלך והשגל יושבת אצלו מאי שגל אמר רבה בר לימא כלבתא. ואסיקנא לעולם שגל מלכתא היא. ורבה בר לימא גמרא גמיר כו' איבעית אימא מנ"ל דאחמיץ דכתיב עד כסף ככרין מאה ועד חמר בתין מאה וגו' מעיקרא בלא קיצותא והשתא בקיצותא כו'. ירושלמי מה בין דאמר מניסן מנינן למ"ד מתשרי [א] היו יוצאין נפק שטר מלוה וכתיב ביה באייר שנה שניה למלכות פלוני. מ"ד מניסן מנינן ר"ה למלכי' מלוה קדמה. מ"ד מתשרי מנינן השנה למלכים מכירה קדמה. ירושלמי היו מונין ליציאת מצרים שנאמר ויהי בשמונים שנה וארבע מאות שנה לצאת בני ישראל מארץ מצרים וגו' נכנסו היו מונין לבנינו שנא' ויהי מקץ ארבעים שנה אשר בנה שלמה וגו' לא זכו מנו לחורבן הבית שנאמר בעשרים וחמש שנה לגלותנו וגו' לא זכו נתחייבו למנות לאוה"ע שנאמר בשנת שתים לדריוש בשנת שלש לכורש: מתני' ולרגלים. אוקמה רב חסדא רגל שבו ראש לרגלים. נפקא מינה לנודר כלומר אם יתנדב אדם ויעברו עליו ג' רגלים וחג המצות תחלה עובר עליו בבל תאחר ומני ר' שמעון היא דתניא אחד הנודר כו'. ופשוטה היא עד הרי כאן ארבעה: ת"ר חייבי הדמין והערכים והחרמין וההקדשות חטאות ואשמות עולות ושלמים צדקות ומעשרות בכור מעשר ופסח

חשק שלמה על ר"ח

א) לשון הירושלמי כאן כך הוא א"ר יונה שטרות יוצאות בניסן ליה מלוה באייר וכתב בה שנייה למלכות. מכר מכירה במתשרי וכתב בה שנייה למלכות מ"ד מניסן מנינן וכו'. כ"ה בירושלמי.

מסורת הש"ס

א) [חולין קלב. זבחים לב:], ב) פסחים ח. ב"ב י:, ג) [אמר], ד) [תוספ' פ"א], ה) [ילקו' יעו'], ו) [כרב אלפס א' וכך היה רבי שמעון אומר וכו' וכ"ה הגיר' בתוספ' לפנינו], ז) [תוספ' ערכין פ"ג], ח) [ע' מה שפירש התוס' י"ט שם בכוונת דברי תוס' אלו ועי' בתוס' ע"ז יט. ד"ה על מנת כו' וכן בפסחים ח. ד"ה שמוכה], ט) [דף ו.].

גליון הש"ס

גמ' וכן היה רשב"י אומר. כעין זה ב"ב לג ע"ב. נדה מז ע"ב.

הגהות מהר"ב רנשבורג

אן תוספות ד"ה ומעשרות וכו' לעבור עליו בשני לאוין וכו'. נ"ב לאו דוקא ב' לאוין דהא עשה וכמ"ש הרטב"א, דהא קרא דביעור עשה הוא. וכ"כ בעל יד דוד:

תורה אור השלם

א) וּמָה חַשְׁחָן וּבְנֵי תוֹרִין וְדִכְרִין וְאִמְּרִין לַעֲלָוָן לֶאֱלָהּ שְׁמַיָּא חִנְטִין מְלַח חֲמַר וּמְשַׁח כְּמֵאמַר כָּהֲנַיָּא דִי בִירוּשְׁלֶם לֶהֱוֵא מִתְיְהֵב לְהֹם יוֹם בְּיוֹם דִּי לָא שָׁלוּ: [עזרא ו, ט]

ב) דִּי לֶהֱוֹן מְהַקְרְבִין נִיחוֹחִין לֶאֱלָהּ שְׁמַיָּא וּמְצַלַּיִן לְחַיֵּי מַלְכָּא וּבְנוֹהִי: [עזרא ו, י]

ג) נִדְבָּכִין דִּי אֶבֶן גְּלָל תְּלָתָא וְנִדְבָּךְ דִּי אָע חֲדַת וְנִפְקְתָא מִן בֵּית מַלְכָּא תִּתְיְהִב: [עזרא ו, ד]

ד) וַיִּבֶן אֶת הֶחָצֵר הַפְּנִימִית שְׁלֹשָׁה טוּרֵי גָזִית וְטוּר כְּרֻתֹת אֲרָזִים: [מלכים א' ו, לו]

ה) וַיֹּאמֶר לִי הַמֶּלֶךְ וְהַשֵּׁגַל יוֹשֶׁבֶת אֶצְלוֹ עַד מָתַי יִהְיֶה מַהֲלָכְךָ וּמָתַי תָּשׁוּב וַיִּיטַב לִפְנֵי הַמֶּלֶךְ וַיִּשְׁלָחֵנִי וָאֶתְּנָה לוֹ זְמָן: [נחמיה ב, ו]

ו) וְעַל מָרֵא שְׁמַיָּא הִתְרוֹמַמְתָּ וּלְמָאנַיָּא דִי בַיְתֵהּ הַיְתִיו קָדָמָךְ וְאַנְתְּ וְרַבְרְבָנָךְ שֵׁגְלָתָךְ וּלְחֵנָתָךְ חַמְרָא שָׁתַיִן בְּהוֹן וְלֵאלָהֵי כַסְפָּא וְדַהֲבָא נְחָשָׁא פַרְזְלָא אָעָא וְאַבְנָא דִּי לָא חָזַיִן וְלָא שָׁמְעִין וְלָא יָדְעִין שַׁבַּחְתָּ וְלֵאלָהָא דִּי נִשְׁמְתָךְ בִּידֵהּ וְכָל אֹרְחָתָךְ לֵהּ לָא הַדַּרְתָּ: [דניאל ה, כג]

ז) בְּנוֹת מְלָכִים בְּיִקְּרוֹתֶיךָ נִצְּבָה שֵׁגַל לִימִינְךָ בְּכֶתֶם אוֹפִיר: [תהלים מה, י]

ח) עַד כְּסַף כַּכְּרִין מְאָה וְעַד חִנְטִין כֹּרִין מְאָה וְעַד חֲמַר בַּתִּין מְאָה וְעַד בַּתִּין מְשַׁח מְאָה וּמְלַח דִּי לָא כְתָב: [עזרא ז, כב]

ליקוטי רש"י

ומה חשחן. ומה שיהיו חושחן. **ובני תורין.** בני בקר ואילים וכבשים לעולות לאלהי השמים. **חנטין.** לסלתות. **ומלח.** לקרבנות. **חמר.** יין לנסכים. **ומשח.** ושמן למנחות. **כמאמר כהניא וגו'.** כאשר יאמרו הכהנים אשר בירושלים יהי נתון להם דבר יום ביומו. **די לא שלו.** בלא דיחוי שנ"ל דישטורבי"ר בלע"ז [עזרא ו ט]. **מטונך.** ממשאך שבאתה עלי להכביד אכביד עליך [זבחים לב:]. הגעתיך [חולין קלב.]. **די להון.** למען אשר יהיו מקריבים ניחוחים לאלהי השמים ויהיו מתפללים על חיי המלך ובניו [עזרא שם י]. **הרי זה צדיק גמור.** על דבר זה ומחשבה זו [ב"ב י:]. בדבר זה ולא אמרינן שלא לשמה עושה אלא קיים מצות בוראו שצוהו לעשות צדקה ומתכוין אף להנאת עצמו שיזכה בה לעולם הבא או שיחיו בניו [פסחים ח:]. **כאן בישראל כאן בעובדי כוכבים.** ישראל דעתן לשמים בין יחיה בין לא יחיה אינו מהרהר אחר מדת הדין אבל עכו"ם אינו נותן אלא ע"מ כן ואם לאו מתחרט [ב"ב שם]. **נדבכין.** בנין של אבנים [ברכות טז.]. לשון כתלים וקירות הכתלים. **די אבן גלל.** היו של גלל מרמר"א בלע"ז. **ונדבך.** וכותל של עץ חדש מכפיס כענין בנין הבית אשר בנה שלמה. **ונפקתא.** והוצאה לצורך הבית ולשאר דברים אשר לבית תנתן להם מבית המלך [עזרא ו ד]. **ויאמר לי המלך.** בשעה שדבר אלי המלך היתה המלכה יושבת אצלו. **והשגל.** אשתו המלכה כענין שנאמר (דניאל ה) שגלתיה ולחנתיה שכן נוהג המקרא לכתוב המלכה אצל הפלגש נשיו ופלגשיו כמו מלכות ופלגשים (שיר השירים ו) [נחמיה ב ו]. **שגל.** מלכה כמו והשגל יושבת אצלו (נחמיה ב) וישתון בהון מלכא ורברבנוהי שגלתיה ולחינתיה אשתך תתיצב לימינך [תהלים מה י]. **שגלתה.** לשון מלכה בלשון ארמי כמו (נחמיה ב) והשגל יושבת אצלו [דניאל ה ב]. **ישגלנה.** לשון שגל פילגש והכתוב כינהו לשבח ישכבנה [דברים כח ל]. **בנות מלכים.** יהיו מבקרות אותך כענין שנאמ' ושרותיהם מיניקותיך (ישעיה מט). **ביקרותיך.** קו"ף דגוש לפי שהוא לשון בקור ואף על פי שכתוב יו"ד לפניה ראיתי בנקוד רב סעדיה תיבה זו סדורה עם מי נתן למשיסה יעקב (ישעיה מב) שכתוב בו יו"ד והסמ"ך מודגשת ומנחם חברו לשון יוקר כמו יקר מכלי פז (משלי ג). **שגל.** מלכה כמו והשגל יושבת אצלו (דניאל ה) וישתון בהון מלכא ורברבנוהי שגלתיה ולחינתיה אשתך תתיצב לימינך. **בכתם אופיר.** בקבולת עדי זהב הבא מאופיר [תהלים מה י]. **די לא כתב.** ומלח שאין כתוב בו מדה יתנו ככל הצורך [עזרא ז כב]. **כיון שעברו עליו ג' רגלים עובר בבל תאחר.** תנא קמא סבר כל המאחר נדרו שלש רגלים אפילו שלא כסדרן עובר בבל תאחר [ביצה יט:].

לקט שכחה ופאה כיון שעברו עליהן שלשה רגלים עובר בבל תאחר רבי שמעון אומר שלשה רגלים כסדרן וחג המצות תחלה ר' מאיר אומר כיון שעבר עליהן רגל אחד עובר בבל תאחר רבי אליעזר בן יעקב אומר כיון שעברו עליהן שני רגלים עובר בבל תאחר רבי אלעזר ברבי שמעון אומר כיון שעבר עליהן חג הסוכות עובר עליהן בבל תאחר מאי טעמא דתנא קמא מכדי מינייהו סליק למה לי למהדר ומיכתב בחג המצות ובחג השבועות ובחג הסוכות שמע מינה לבל תאחר ורבי שמעון אומר אינו צריך לומר בחג הסוכות שבו דיבר הכתוב למה נאמר לומר שזה אחרון ורבי מאיר מ"ט דכתיב ובאת שמה והבאתם שמה ורבנן ההוא לעשה ורבי מאיר כיון דאמר ליה רחמנא אייתי ולא אייתי ממילא קם ליה בבל תאחר ורבי אליעזר בן יעקב מאי טעמא דכתיב אלה תעשו לה' במועדיכם מיעוט מועדים שנים ורבנן ההוא לכדרבי יונה דאמר רבי יונה הוקשו כל המועדים כולם זה לזה שכולן מכפרים על טומאת מקדש וקדשיו ורבי אלעזר ברבי שמעון מאי טעמא דתניא רבי אלעזר בר' שמעון אומר לא יאמר חג הסוכות שבו דיבר הכתוב למה נאמר לומר שזה גורם ורבי מאיר ורבי אליעזר בן יעקב האי בחג המצות ובחג השבועות ובחג הסוכות מאי דרשו ביה מיבעי להו לכדרבי אלעזר אמר ר' אושעיא דאמר ר' אלעזר אמר ר' אושעיא מניין לעצרת שיש לה תשלומין כל שבעה תלמוד לומר בחג המצות ובחג השבועות ובחג הסוכות מקיש חג השבועות לחג המצות מה חג המצות יש לו תשלומין כל שבעה אף חג השבועות יש לו תשלומין כל שבעה וליקש לחג הסוכות מה להלן שמונה אף כאן שמונה שמיני רגל בפני עצמו הוא אימור דאמרינן שמיני רגל בפני עצמו לענין פז"ר קש"ב אבל לעניין תשלומין דברי הכל תשלומין דראשון הוא דתנן מי שלא חג יום טוב הראשון של חג חוגג את כל הרגל ויום טוב האחרון של חג תפשת מרובה לא תפשת תפשת מועט תפשת אלא למאי הלכתא כתביה רחמנא לחג הסוכות לאקושיה לחג המצות מה

רש"י

מכדי מינייהו סליק. כשאמר הכתוב שלש פעמים בשנה יראה כל זכורך בחג המצות וגו' מהם היה עולה ככר כתוב למעלה בענין שמור את חדש האביב שבעה שבועות תספר לך חג הסוכות תעשה לך: למה לי למיהדר. ולמנינהו בפרשת חג הסוכות: שמע מינה לבל תאחר. דה"ק היו נראין לפניו לשלם נדריכם ולא תבאו ריקם: אין צריך לומר חג הסוכות. אף כשחוזרין לבל תאחר לא היה צריך להזכירו שהרי הענין עסוק בו: ה"ג שבו דיבר הכתוב למה נאמר לומר שזה אחרון. עד שיעבור אותם כסדר הזה: ההוא לעשה. למצות עשה עליו להביאו ברגל ראשון: ורבי מאיר. כיון דאמר ליה רחמנא אייתי ברגל ראשון זהו זמן שקבע לו ואם איחרו מן המועד הוה איחור וממילא קם ליה בבל תאחר: הקישא דר' יונה. במסכת שבועות (ד' י.) אילטריך לומר שכל שעירי הרגלים מכפרים על טומאת מקדש וקדשיו דילפינן משעיר דר"ח דכתיב ביה לשאת את עון העדה (ויקרא י): מניין לעצרת. דאילו בחג הסוכות ובחג המצות נפקא לן (חגיגה ד' ט.) מוחגותם אותו חג לה' שבעת ימים יכול יהו חוגגין כל ז' ת"ל אותו אותו אתה חוגג ואי אתה חוגג כל ז' אם כן למה נאמר ז' לתשלומים שאם לא חג חגיגתו בראשון יקריבנה בשני: פז"ר קש"ב. ככר פירשתיו במס' יומא [ד' ג.] ומסכת סוכ' [ד' מח.] טעון פיים לפר הבא בשמיני ואינו קרב לפי סדר המשמרות ששנו ושלשו בפרי החג חוץ משתים ששנו ולא שלשו ופר של שמיני אין אחת מאותן שתים מקריבתו אלא כל המשמרות מפיסות וטעון זמן ורגל לעצמו שאין שם חג הסוכות עליו וקרבן לעצמו שאין קרבנו כשאר ימי החג שהפרים מתמעטים בהם אחד אחד וזה אינו אלא פר אחד ושאר הימים שני אילים וארבעה עשר כבשים וזה איל אחד וז' כבשים ושיר לעצמו אין שירו שוה לשל סוכות שאומר על הדוכן ולא נתפרש לנו שירו ובמסכת סופרים נמצא שירו הוא למנצח על השמינית ברכה לעצמו מברכין היו את המלך זכר לחנוכת הבית שנא' (מ"א ח) ביום השמיני שלח את העם ויברכו את המלך כך מפורש בתוספתא דסוכה (פ"ד):

טעון

תוספות

לקט שכחה ופאה. חייב להניח בשדה דאי שקיל להו עבר בלא תעשה דכתיב לא תלקט (ויקרא יט) ולא תשוב (דברים כד) ולא תכלה (ויקרא שם) וכתיב (שם) לעני ולגר תעזוב * והיכא דעבר ונטלם חייב להחזיר וליתן דאי עביד לא מהני כדאיתא פ"ק דתמורה (דף ו.) ואם לא הפריש פאה מן הקמה מפריש מן העמרים או מן הכרי ואיכא בבל תאחר ועוד יש לפרש דשקל בהיתר כגון דליכא עניים ואז איכא בבל תאחר והא דאמרינן בסוף הזרוע (חולין ד' קלד:) לוי זרע בכשור לא הוו עניים למשקל לקט אתא לקמי' דרב ששת אמר לעני ולגר תעזוב אותם ולא לעורבים ולא לעטלפים לא קאמר דליסקול לנפשיה אלא דלא עבר אם כונס בתוך ביתו ומיהו מדפריך התם מתרומה דאם אין שם כהן שוכר פרה ומביאה ופריך נמי ממתני' דאם אין שם כהן מעלין אותם בדמים ומשני שאני התם דנתינה כתיב בהו משמע דבלקט שכחה ופאה שקיל לנפשיה ולפי' קמא קשיא דאי דליכא עניים ועבר ונטלם הרי עובר לאלתר בבל תאחר דדוקא היכא דליכא עניים אין עובר בבל תאחר אלא ברגלים אבל היכא דקיימי עניים קא עבר לאלתר כמו לצדקה ויש לפרש כגון במלקט לצורך עניים כי ההיא דתנן בפ"ה דפאה (משנה ד) מי שמלקט ואמר הרי זה לפלוני עני ר"א אומר זכה לו וחכ"א יתננה לעני הנמצא ראשון והא דלא חשיב הכא פרט ועוללות כיון דתני הני לא תא להני:

ואין צריך לומר חג הסוכות שבו הכתוב מדבר למה נאמר לומר שזה אחרון. זו היא גירסת הקונט' והשתא ר' אלעזר ור"ש דורשין בענין אחד אלא דמר סבר שזה גורם ומר סבר שזה אחרון ורבינו חננאל גרים אין צריך לומר בחג המצות שבו פתח הכתוב תחלה למה נאמר לומר שזה ראשונה:

אלה תעשו לה' במועדיכם. ומיעוט מועדים שנים ואע"ג דהאי קרא בקרבנות חובה הוא דכתיב הא כתיב ביה נמי לבד מנדריכם ונדבותיכם:

פז"ר קש"ב. פירש הקונטרס רגל בפני עצמו שאין שם חג הסוכות עליו ורוצה לומר דבברכת המזון ותפלה מזכירין שמיני עצרת ולא סוכות וברכה לעצמה פי' בקונטרס שמברכין היו המלך זכר לחנוכת הבית דכתי' בספר מלכים (א' ח') ביום השמיני שלח את העם ויברכו את המלך כדתניא בתוספתא דסוכה [פ"ד] י"ט האחרון של חג פיים בפני עצמו זמן לעצמו קרבן שיר וברכה לעצמו שנאמר ביום השמיני שלח את העם ויברכו את המלך ובפרק לולב וערבה (סוכה ד' מז. ושם) אין משמע כך דתניא התם כשם ששבעת ימי החג טעונים קרבן שיר וברכה ולינה כך שמיני טעון כו' ורוצה לומר מאי ברכה זמן ופריך זמן כל שבעה מי איכא ומסיק מאי ברכה ברכת המזון ותפלה ודומה להאוא דמפרש ר"ת ההיא דהכא ורגל לעצמו שטעונה לינה ורבינו חננאל פירש לענין אבילות משום דאמרי' במועד קטן בפרק בתרא (ד' יט.) הקובר מתו שבעה ימים קודם לרגל בטלה ממנו גזירת שלשים וזימנין דליכא שבעה קודם הרגל ואפי' הכי בטלה ממנו גזירת שלשים משום שמיני עצרת ור"ת עצמו יסד במעריב שלו קודש ללינה ושלשים ידחה כאשר אבלים ינחם ומיהו אי אפשר לומר שידחה לגמרי דהא אמרינן בפרק בתרא דמועד קטן (ד' כד: ושם) יום אחד לפני החג והחג ושמיני שלו הרי כאן אחד ועשרים יום ומההיא דסוכה אין כאן ראיה אם אין ברכה דהכא כי ההוא דהתם והתם לא הוה מצי לאוקומי בברכת המלך משום דליתיה בשבעת ימי החג שיר אומר ר"ת שהיו אומרים בבית הכנסת מזמור שלם מה שאין כן בכל שאר ימי החג שלא היו אומרים מזמור שלם אלא חציו ביום אחד וחציו ביום אחר כדאיתא פרק החליל (סוכה ד' נה. ושם) וסימניך הומבה"י ובמסכת סופרים משמע שהיו אומרים בבית הכנסת למנצח על השמינית ושמא כמו כן היו הלוים אומרים בבית המקדש:

תפשת מרובה לא תפשת. לא דמי להא דדרשינן ימים שנים רבים שלשה דהתם ניחא טפי שאם באת להוסיף יותר משנים אין לדבר סוף אבל הכא יש לדבר סוף דטפי משמונה לא ובתורת כהנים תניא ימים שנים יכול ימים הרבה אמר רבי עקיבא כל שמשמעו מרובה ומשמעו מועט תפשת מרובה לא תפשת ר' יהודה בן בתירא אומר שתי מדות אחת כלה ואחת אינה כלה מודדין במדה כלה ולא במדה שאינה כלה אמר רבי נחמיה וכי למה בא הכתוב לפתוח או לנעול כו' ובריש סוכה (ד' ה: ושם) היא כתובה:

מה

עין משפט נר מצוה

ח א מיי' פי"ד מהל' מעשה הקרבנות הל' יג סמג לאוין שלה:
ט ב מיי' פי"א מהל' שגגות הל' ט:
י ג מיי' פ"א מהל' חגיגה הל' ז:
יא ד מיי' פ"י מהל' תמידין הל' ה והל' יג:
יב ה מיי' פ"א מהל' חגיגה הל' ד ופ"ב הל' ה:
יג ו מיי' שם פ"א הל' ז:

רבינו חננאל

לקט שכחה ופאה כיון שעברו עליהן ג' רגלים עובר בבל תאחר רבי מאיר אומר כו' מ"ט דת"ק מכדי מינייהו סליק כלומר הלא המקרא מפרש המועדים ועולה מהן. היה לו לכתוב שלש פעמים האלה בשנה יראה כל זכורך למה חזר ופרטן פסח שבועות וסוכות אלא ללמד כי אם יעברו עליו ג' רגלים מכל מקום בענין הזה ולא יביא הנדר שנדר ויקריבנו עובר בבל תאחר לשלמו. ור' שמעון מ"ט דתניא ר"ש אומר למה פתח הכתוב בחג המצות תחלה לומר שזה ראשון. זה הלשון המדוקדק והכי קאמר מכדי קרא א) בחג המצות סליק הוה ליה לאתחולי מההוא דקאי עליה למה ליה למיהדר ולאתחולי מפסח למדכר סדר הרגלים זמנא אחריתי אלא ללמד שלעולם פסח ראש לרגלים ולא מחייב בבל תאחר עד שיעברו עליו ג' רגלים וחג המצות ראשון. נמצאו פעמים ג' רגלים פעמים ד' פעמים ה'. וטעמא דר' מאיר דמחייב במאחר נדרו אפילו רגל אחד דכתיב ובאת שמה והבאתם שמה. ש"מ כי בעת שיבא לחוג חייב להביא נדרו ואפי' ברגל ראשון. ורבנן ור"ש ההוא לעשה כלומר כיון שיעבור ברגל אחד ולא הביא עובר בעשה ואינו עובר בבל תאחר עד שיעברו ג' רגלים וטעמא דר' אליעזר בן יעקב שנאמר אלה תעשו לה' במועדיכם מיעוט מועדים שנים מחייבתו התורה לעשות נדריו בשני המועדים הראשוני' מעת שנדר ואחר שני המועדים באיזה נדר שיפגע תחלה ולא הקריבו עובר בשני המועדים ג) הראשונים בעשה. ואם יתאחר יותר עובר בלאו ורבנן אמרי לך זה המקרא לכדר' יונה בא. דא"ר יונה במס' שבועות פ"א בענין כפרת השעירים אמר קרא אלה תעשו לה' במועדיכם הוקשו כל המועדים כולן זה לזה. וטעמא דר' אלעזר בר' שמעון מדכתיב חג המצות חג השבועות וחג הסוכות ואמר לך לא היה צריך לכתוב חג הסוכות והא מיניה סליק היה לו לומר בו ובחג המצות ובחג השבועות יראה כל זכורך. בחג הסוכות שכתב למה בא לומר שזה גורם משכחת לה לר"א בר"ש. פעמים שאינו עובר בבל תאחר אלא עד שיעבור עליו ג' רגלים כגון דאקדשיה קודם חג המצות ואם הקדישו אחר חג המצות ב' רגלים ואחר עצרת רגל אחד והוא סוכות ללמד שאינו חייב לבל תאחר עד שיעבור חג הסוכות ולא יקריבנו ור' מאיר דנפקא ליה מובאת שמה. ור' אליעזר בן יעקב דנפקא ליה מאלה תעשו לה' במועדיכם האי קרא בחג המצות ובחג השבועות ובחג הסוכות מאי דרשי ביה. ואסיקנא ר' מאיר ור' אליעזר סבירא להו דכי אתאי האי קרא לאקושי חג השבועות לחג המצות מה חג המצות יש לה תשלומין כל שבעה אף חג השבועות יש לה תשלומין כל שבעה. כלומר מי שלא חג חגיגתו בי"ט של עצרת יש לו לחוג עד ז' ימים כחג המצות דהא כתיב ז' ימים תחוג וגו'. ומה ג) ת"ל תחגוהו מלמד שיום אחרון תשלומין לראשון. מי שלא חג בי"ט הראשון חוגג כל הרגל כו'. אי הכי דמשום אקושי שבועות לחג המצות לתשלומין הוא דאתא חג הסוכות

חשק שלמה על ר"ח: א) נראה דל"ל מחג הסוכות סליק. ב) לשון רבינו צ"ע דהא בעשה עובר מיד ברגל אחד. ואולי דל"ל ואחר שעבר מועד אחד מהמועדים ולא הקריבו עובר בעשה ואם יתאחר אחר שני המועדים עובר בלאו. והדבר צ"ע. ג) כ"ה הלשון ג"כ בירושלמי בפ"א דחגיגה ה"ו אבל עס"ה וצ"ל תחגו אותו והוא קרא דויקרא כ"ג הנאמר גבי חג הסוכות.

מסורת הש"ס

א) [ביצה יט:], ב) [תוספ' דערכין פ"ג], ג) ביצה יט:, ד) [שבועות י.], ה) [ביצה יט:], ו) חגיגה ט. מ"ק כד:, ז) יומא ג. חגיגה ט. סוכה מח., ח) ביצה כ: חגיגה ט: [ת. יומא ג.] מגילה ה., ט) [חגיגה ח וש"נ], י) [פי"ט הל' ג], כ) [גיטין מו.], ל) [בת"כ דכתיב ויקרא טו כי יזוב זוב דמה ימים רבים].

גליון הש"ס

תוס' ד"ה לקט וכו' והיכא דעבר ונטלם. עיין יומא לו ע"ב תד"ה לאו דנבילה:

תורה אור השלם

א) שָׁלוֹשׁ פְּעָמִים בַּשָּׁנָה יֵרָאֶה כָל זְכוּרְךָ אֶת פְּנֵי יְיָ אֱלֹהֶיךָ בַּמָּקוֹם אֲשֶׁר יִבְחָר בְּחַג הַמַּצּוֹת וּבְחַג הַשָּׁבֻעוֹת וּבְחַג הַסֻּכּוֹת וְלֹא יֵרָאֶה אֶת פְּנֵי יְיָ רֵיקָם: [דברים טז, טז]

ב) כִּי אִם אֶל הַמָּקוֹם אֲשֶׁר יִבְחַר יְיָ אֱלֹהֵיכֶם מִכָּל שִׁבְטֵיכֶם לָשׂוּם אֶת שְׁמוֹ שָׁם לְשִׁכְנוֹ תִדְרְשׁוּ וּבָאתָ שָׁמָּה: וַהֲבֵאתֶם שָׁמָּה עֹלֹתֵיכֶם וְזִבְחֵיכֶם וְאֵת מַעְשְׂרֹתֵיכֶם וְאֵת תְּרוּמַת יֶדְכֶם וְנִדְרֵיכֶם וְנִדְבֹתֵיכֶם וּבְכֹרֹת בְּקַרְכֶם וְצֹאנְכֶם: [דברים יב, ה-ו]

ג) אֵלֶּה תַּעֲשׂוּ לַייָ בְּמוֹעֲדֵיכֶם לְבַד מִנִּדְרֵיכֶם וְנִדְבֹתֵיכֶם לְעֹלֹתֵיכֶם וּלְמִנְחֹתֵיכֶם וּלְנִסְכֵּיכֶם וּלְשַׁלְמֵיכֶם: [במדבר כט, לט]

ליקוטי רש"י

מכדי מינייהו סליק וכו'. וטעמא מהאי קרא שלש פעמים בשנה וגו' למה לי למיכתב בחג המצות ובחג השבועות ובחג הסוכות כיון דכתיב שלש פעמים פשיטא דהני ניגהו דהא מינייהו קסליק דלעיל מיניה כתיב שמור את חדש האביב שבעה שבועות תספר לך חג הסוכות תעשה לך שמע מינה לבל תאחר לומר אלה קבעתי לך לתשלום מתנותיך ונדריך. אינו צריך לומר בחג הסוכות. כשהחזיר הכתוב להזכירן לשלש רגלים לבל תאחר לא היה צריך לכתוב ובחג הסוכות כיון שכתוב שלש פעמים בשנה וכתב בחג המצות ובחג השבועות דממילא ידענא דגו היה הכתוב מדבר שבפרשת סוכות הוא עסוק וכו ונכתב כתוב זה. שזה אחרון. דבענין כסדרן. שזה גורם. את כל תאחר שאפילו נדר לפני החג כיון שעבר עליו חג הסוכות עובר [ביצה יט:]. מה חג המצות יש לו תשלומין כל שבעה. כדרבינן קראי בפרק קמא [חגיגה ט.] (בחג) הסוכות והוא הדין לחג המצות שהרי אף הוא שבעת ימים [חגיגה יז.]. פז"ר קש"ב. סימן הוא כדמפרש ואזיל [סוכה מח.]. פיי"ס זמ"ן רג"ל

קרב"ן שי"ר ברכ"ה פיים לענין פרי החג כל שבעת ימי החג אין מפייסין עליהן אלא לפי חשבון המשמרות לפי סדרן מקריבין אותן כדתנן במסכת סוכה (נה:) מי שהיה מקריב פרים היום לא היה מקריב למחר ופר של שמיני מפייסין עליו אלא חוזרין מן המשמרות יקריבנו וזמן שהחיינו רגל שיש לו שם רגל בפני עצמו ואינו קרוי סוכות קרבן שאין בהמות קרבנותיו כסדר פרי החג ספרי החג מתמעטין והולכין וכבשיהן ארבעה עשר בכל יום ואילים שנים ובשמיני פר אחד איל אחד ושבעה כבשים [חגיגה שם]. פיים לעצמו שאין פיים בפרי החג אלא המשמרות שכל המשמרות שוות ומשלשות בהן לפי חשבון סדרן כמו ששנינו במסכת סוכה (נה:) אבל פר של שמיני בתחלה מפייסין עליו [יומא ג.]. פיים בפני עצמו. שבכל פרי החג לא היו מטילין פיים אלא משמר יקריב לפי שבסדר היו מקריבין אותן עד שכל עשרים וארבעה משמרות שוות ושלשה בהן חוץ משתים משמרות כדאמרינן בהחליל (סוכה נה:) ופר דשמיני בתחלה מפייסין עליו [סוכה שם]. זמן לעצמו. לברך שהחיינו [יומא וסוכה שם]. רגל לעצמו. שאין שם חג הסוכות עליו [יומא שם]. שאין יושבין בסוכה [סוכה שם]. קרבן לעצמו. שאין קרבנו שוה לכל שאר ימות החג [המשך בדף ה.].

כֵּיוָן שֶׁעָבְרוּ לֶקֶט שִׁכְחָה וּפֵאָה – *LEKET, SHICH'CHAH* OR *PE'AH,*[1] עֲלֵיהֶן שְׁלֹשָׁה רְגָלִים – AS SOON AS THREE FESTIVALS PASS in any order, עוֹבֵר בְּבַל תְּאַחֵר – HE TRANSGRESSES the commandment *NOT TO DELAY.*[2]

The Baraisa cites a dissenting view:

רַבִּי שִׁמְעוֹן אוֹמֵר – But R' SHIMON SAYS: שְׁלֹשָׁה רְגָלִים כְּסִדְרָן – One is not liable unless THREE FESTIVALS pass IN SEQUENCE, וְחַג הַמַּצּוֹת תְּחִלָּה – WITH THE FESTIVAL OF PESACH FIRST.

A third opinion:

רַבִּי מֵאִיר אוֹמֵר – R' MEIR SAYS: כֵּיוָן שֶׁעָבַר עֲלֵיהֶן רֶגֶל אֶחָד – AS SOON AS *ONE* FESTIVAL PASSES,[3] עוֹבֵר בְּבַל תְּאַחֵר – HE TRANSGRESSES the commandment *NOT TO DELAY.*

A fourth opinion:

רַבִּי אֱלִיעֶזֶר בֶּן יַעֲקֹב אוֹמֵר – R' ELIEZER BEN YAAKOV SAYS: כֵּיוָן שֶׁעָבְרוּ עֲלֵיהֶן שְׁנֵי רְגָלִים – AS SOON AS *TWO* FESTIVALS PASS, עוֹבֵר בְּבַל תְּאַחֵר – HE TRANSGRESSES the commandment *NOT TO DELAY.*

A fifth opinion:

רַבִּי אֶלְעָזָר בְּרַבִּי שִׁמְעוֹן אוֹמֵר – R' ELAZAR THE SON OF SHIMON SAYS: כֵּיוָן שֶׁעָבַר עֲלֵיהֶן חַג הַסּוּכּוֹת – AS SOON AS THE FESTIVAL OF SUCCOS PASSES, עוֹבֵר עֲלֵיהֶן בְּבַל תְּאַחֵר – HE TRANSGRESSES the commandment *NOT TO DELAY.*

The Gemara examines each of the opinions recorded in the Baraisa, beginning with the first:

מַאי טַעְמָא דְּתַנָּא קַמָּא – **What is the Tanna Kamma's reason** for requiring the passage of three festivals?

The Gemara answers:

מִכְּדִי – **Now** let us see: מִינַיְיהוּ סָלֵיק – **[Scripture] had** just **finished** discussing **[the three pilgrimage festivals].**[4] לָמָּה לִי לְמֶהְדַּר וּמִיכְתַּב – So **why do I need** the text **to repeat** itself **and write:** "בְּחַג הַמַּצּוֹת וּבְחַג הַשָּׁבֻעוֹת וּבְחַג הַסֻּכּוֹת" – ***On the Festival of Matzos, on the Festival of Shavuos and on the Festival of Succos?***[5] שְׁמַע מִינָּהּ לְבַל תְּאַחֵר – **Learn from this** that **with respect to** the commandment ***not to delay,*** three festivals must pass.[6]

The Gemara cites a Baraisa[7] to explain R' Shimon's view that the three festivals must pass in sequence:

וְרַבִּי שִׁמְעוֹן אוֹמֵר – BUT R' SHIMON SAYS: אֵינוֹ צָרִיךְ לוֹמַר "בְּחַג הַסֻּכּוֹת" – IT still DID NOT NEED TO STATE, *ON THE FESTIVAL OF SUCCOS,* שֶׁבּוֹ דִּיבֵּר הַכָּתוּב – BECAUSE THE VERSE IS already REFERRING TO [THAT FESTIVAL].[8] לָמָּה נֶאֱמַר – WHY WAS IT MENTIONED? לוֹמַר שֶׁזֶּה אַחֲרוֹן – TO TEACH THAT THIS festival IS THE LAST one of the three festivals that must pass before the prohibition against delaying is transgressed.[9]

The Gemara examines the view of the third Tanna, R' Meir, who requires the passage of only one festival:

וְרַבִּי מֵאִיר מַאי טַעְמָא – **And** as for **R' Meir, what is** his **reason?** דִּכְתִיב – **For it is written:** "וּבָאתָ שָׁמָּה וַהֲבֵאתֶם שָׁמָּה" – ***You shall come there*** [to the Temple]. ***And you shall bring there*** . . . *your vowed offerings.*[10] The juxtaposition of these phrases teaches that after only one visit to the Temple (i.e. a pilgrimage festival)[11] the prohibition against delaying applies.

The Gemara explains why the other Tannaim of the Baraisa reject this source:

וְרַבָּנָן – **But the Rabbis** would say: הַהוּא לַעֲשֵׂה – **That** verse serves only **as a positive commandment.**[12]

NOTES

1. The Torah commands that one leave the following portions of one's crop for the poor: לֶקֶט, *leket* (*gleanings*) – ears of grain that fell from the reaper (see *Leviticus* 19:9, 23:22); שִׁכְחָה, *shich'chah* (*forgotten produce*) – sheaves inadvertently left in the field, as well as standing produce that the reaper overlooked (see *Deuteronomy* 24:19); and פֵּאָה, *pe'ah* (*edge*) – a portion of the standing crop must be left unharvested (see *Leviticus* ibid.).

The Rishonim raise the following difficulty: Since the owner is not required to *give* these portions to the poor, but only to leave them for the poor to take themselves, how can he be liable for delaying payment? They answer that the Baraisa refers to a case in which the owner had taken these portions and is now required to return them (see *Tosafos, Rashba, Chidushei HaRan* et al.; see also *Turei Even, Aruch LaNer* and *Sfas Emes*).

2. If he has not fulfilled his obligation (donation to the Temple, offering, etc.) by the time three festivals have passed, regardless of their sequence, he has violated the prohibition against delaying.

3. I.e. the first pilgrimage festival after he made the vow.

4. The verse: *Three times a year all your males should appear . . . on the Festival of Matzos,* etc. (*Deuteronomy* 16:16), appears at the end of a passage about Succos [vs. 13-15], which is immediately preceded by passages about Pesach [vs. 1-8] and Shavuos [vs. 9-12] (*Rashi*).

The entire verse reads: שָׁלוֹשׁ פְּעָמִים בַּשָּׁנָה יֵרָאֶה כָל־זְכוּרְךָ אֶת־פְּנֵי ה׳ אֱלֹהֶיךָ בַּמָּקוֹם אֲשֶׁר יִבְחָר בְּחַג הַמַּצּוֹת וּבְחַג הַשָּׁבֻעוֹת וּבְחַג הַסֻּכּוֹת וְלֹא יֵרָאֶה אֶת־פְּנֵי ה׳ רֵיקָם: *Three times a year all your males should appear before Hashem, your God, in the place He will choose: on the Festival of Matzos, on the Festival of Shavuos and on the Festival of Succos; and he shall not appear before Hashem empty-handed.* The Torah obligates Jewish men to appear in the Temple on the first day of each of these festivals and to bring an *olah* offering there – the עוֹלַת רְאִיָּה, *olas re'iyah* (*olah* offering of appearance).

5. Since the Torah had just dealt with each of the three festivals, this verse needed only to say שָׁלוֹשׁ פְּעָמִים, *three times,* and the meaning would have been understood. Why did it spell out the name of each festival? (*Rashi* to *Beitzah* 19b ד״ה כי פליגי; see also *Rabbeinu Chananel* here).

6. The verse's apparently redundant mention of each festival's name is interpreted as teaching that one is liable for delaying payment of his vows only after all three festivals have passed. According to this interpretation, the words, *and he shall not appear before Hashem empty-handed,* convey that when a person makes one of his thrice-yearly pilgrimages to the Temple, he should use the opportunity to fulfill all his sacrificial obligations, including vowed offerings (see *Rashi* and *Pnei Yehoshua*).

7. [It is evident from *Beitzah* 19b that the following text is a Baraisa.]

8. R' Shimon agrees that the verse repeated the names of the festivals to teach the time when the prohibition against delaying is transgressed. He argues, however, that it still did not have to mention the Festival of Succos, because Succos is the subject of that passage (*Rashi*). Instead, the Torah could have stated: "All your males should appear before Hashem, your God [etc.], and on the Festival of Matzos and on the Festival of Shavuos – three times a year" (*Ritva,* in explanation of *Rashi*).

9. The extra mention of Succos serves to teach that its position at the end of the sequence is critical. Thus, the prohibition against delaying takes effect only after the three festivals have passed in the sequence of the verse: Pesach, Shavuos, Succos (*Rashi*). [See *Rabbeinu Chananel* for a different explanation of the Gemara based on an alternative text.]

10. *Deuteronomy* 12:5-6.

11. Although the word וּבָאתָ, *you shall come,* could denote any visit to the Temple, R' Meir understands it as signifying occasions when one is *obligated* to come to the Temple. The only such occasions are the pilgrimage festivals (*Sfas Emes; Turei Even* ד״ה רבי אליעזר; see *Rambam, Hil. Maaseh HaKorbanos* 14:13).

12. This verse is expressed positively: וַהֲבֵאתֶם שָׁמָּה, *And you shall bring there.* It means, therefore, that one who neglects to bring his vowed offerings by the end of the first festival has failed to fulfill a positive commandment (מִצְוַת עֲשֵׂה); however, he has not violated a negative commandment (מִצְוַת לֹא תַעֲשֶׂה). [The transgression of a negative commandment is usually treated more severely than the neglect of a positive one.] Hence, this verse cannot serve to define the prohibition of לֹא תְאַחֵר לְשַׁלְּמוֹ, *you shall not delay to pay it,* which is a negative commandment.

It emerges that *two* commandments apply with respect to payment of vows: (a) a positive commandment to pay one's vows by the end of the first festival; (b) a negative commandment not to delay their payment. The time frame for the negative commandment is the subject of the dispute in the Baraisa (*Likkutei Halachos*). [According to some commentators, there may be other differences as well between the positive and negative commandments (see *Pnei Yehoshua* and *Sfas Emes* on *Tosafos* to 4a ד״ה וצדקות). See also below, 6a, with notes 30-32.]

לקט שכחה ופאה כיון שעברו עליהן שלשה רגלים עובר בבל תאחר רבי שמעון אומר שלשה רגלים כסדרן וחג המצות תחלה ר' מאיר אומר כיון שעבר עליהן רגל אחד עובר בבל תאחר רבי אליעזר בן יעקב אומר כיון שעברו עליהן שני רגלים עובר בבל תאחר רבי אלעזר ברבי שמעון אומר כיון שעבר עליהן חג הסוכות עובר עליהן בבל תאחר מאי טעמא דתנא קמא מכדי מינייהו סליק למה לי למהדר ומיכתב בחג המצות ובחג השבועות ובחג הסוכות שמע מינה לבל תאחר ורבי שמעון אומר אינו צריך לומר בחג הסוכות שבו דיבר הכתוב למה נאמר לומר שזה אחרון ורבי מאיר מ"ט דכתיב ובאת שמה והבאתם שמה ורבנן ההוא לעשה ורבי מאיר כיון דאמר ליה רחמנא אייתי ולא אייתי ממילא קם ליה בבל תאחר ורבי אליעזר בן יעקב מאי טעמא דכתיב אלה תעשו לה' במועדיכם מיעוט מועדים שנים ורבנן ההוא לכדרבי יונה דאמר רבי יונה הוקשו כל המועדים כולם זה לזה שכולן מכפרים על טומאת מקדש וקדשיו ורבי אלעזר ברבי שמעון מאי טעמא דתניא רבי אלעזר בר' שמעון אומר לא יאמר חג הסוכות שבו דיבר הכתוב למה נאמר לומר שזה גורם ורבי מאיר ורבי אליעזר בן יעקב האי בחג המצות ובחג השבועות ובחג הסוכות מאי דרשו ביה מיבעי להו לכדרבי אלעזר אמר ר' אושעיא דאמר ר' אלעזר אמר ר' אושעיא מניין לעצרת שיש לה תשלומין כל שבעה תלמוד לומר בחג המצות ובחג השבועות ובחג הסוכות מקיש חג השבועות לחג המצות מה חג המצות יש לו תשלומין כל שבעה אף חג השבועות יש לו תשלומין כל שבעה וליקש לחג הסוכות מה להלן שמונה אף כאן שמונה שמיני רגל בפני עצמו הוא אימור דאמרינן שמיני רגל בפני עצמו לענין פז"ר קש"ב אבל לעניין תשלומין דברי הכל תשלומין דראשון הוא דתנן מי שלא חג יום טוב הראשון של חג חוגג את כל הרגל ויום טוב האחרון של חג תפשת מרובה לא תפשת תפשת מועט תפשת אלא למאי הלכתא כתביה רחמנא לחג הסוכות לאקושיה לחג המצות מה

לקט שכחה ופאה. חייב להניח בשדה דלא שקיל להו עבר בלא תעשה דכתיב לא תלקט (ויקרא יט) ולא תשוב (דברים כד) ולא תכלה (ויקרא שם) וכתיב (שם) לעני ולגר תעזוב ° והיכא דעבר ונטלם חייב להחזיר וליתן דאי עביד לא מהני כדאיתא פ"ק דתמורה (דף ו.) ואם לא הפריש פאה מן הקמה מפריש מן העמרים או מן הכרי ואיכא בבל תאחר ועוד יש לפרש דשקיל בהיתר כגון דליכא עניים ואז איכא בבל תאחר והא דאמרינן בסוף הזרוע (חולין ד' קלד:) לוי זרע בכישור לא הוו עניים למשקל לקט אתא לקמי' דרב ששת אמר לעני ולגר תעזוב אותם ולא לעורבים ולא לעטלפים לא קאמר לישקול לנפשיה אלא דלא עבר אלאו כונס בתוך ביתו ומיהו מדפריך התם מתרומה דלאו אין שם כהן שוכר פרה ומביאה ופריך נמי ממתני' דלאו אין שם כהן מעלין אותם בדמים ומשני שאני התם דנתינה כתיב בהו משמע דבלקט שכחה ופאה שקיל לנפשיה ולפי' קמא קשיא דאי בדאיכא עניים ועבר ונטלם הרי עובר לאלתר בבל תאחר דדוקא היכא דליכא עניים אין עובר בבל תאחר אלא ברגלים אבל היכא דקיימי עניים קא עבר לאלתר כמו לצדקה ויש לפרש כגון במלקט לצורך עניים כי הכיא דתנן בפ"ד דפאה (משנה ט) מי שמלקט ואמר הרי זה לפלוני עני ר"א אומר זכה לו וחכ"א יתננה לעני הנמצא ראשון והא דלא חשיב הכא פרט ועוללות כיון דתני הני לא תש להני:

ואין צריך לומר חג הסוכות שבו הכתוב מדבר למה נאמר לומר שזה אחרון. זו היא גירסת הקונט' והשתא ר' אלעזר ור"ש דורשין בענין אחד אלא דמר סבר שזה גורם ומר סבר שזה אחרון ורבינו חננאל גריס אין צריך לומר בחג המצות שבו פתח הכתוב תחילה למה נאמר לומר שזה ראשונה:

אלה תעשו לה' במועדיכם. ומיעוט מועדים שנים ואע"ג דהאי קרא בקרבנות חובה הוא דכתיב הא כתיב ביה נמי לבד מנדריכם ונדבותיכם:

פז"ר קש"ב. פירש הקונטרס רגל בפני עצמו שאין שם חג הסוכות עליו ורוצה לומר דבברכת המזון ותפלה מזכירין שמיני עצרת ולא סוכות וברכה לעצמה פי' בקונטרס שמברכין היו המלך זכר לחנוכת הבית דכתי' בספר מלכים (א' ח') ביום השמיני שלח את העם ויברכו את המלך כדתניא בתוספתא דסוכה [פ"ד] י"ט האחרון של חג פייס בפני עצמו זמן לעצמו קרבן שיר וברכה לעצמו שנאמר ביום השמיני שלח את העם ויברכו את המלך ובפרק לולב וערבה (סוכה ד' מז. ושם) אין משמע כך דתניא התם כשם שבשבעת ימי החג טעונים קרבן שיר וברכה ולינה כך שמיני טעון כו' ורוצה לומר מאי ברכה זמן ופריך זמן כל שבעה מי איכא ומסיק מאי ברכה ברכת המזון ותפלה ודומה להגהות דמפרש ר"ת ההיא דהכא ורגל לעצמו שטעונה לינה ורבינו חננאל פירש לענין אבילות משום דאמרי' במועד קטן בפרק בתרא (ד' יט.) הקובר מתו שבעה ימים קודם לרגל בטלה ממנו גזירת שלשים וזימנין דליכא שבעה קודם הרגל ואפי' הכי בטלה ממנו גזירת שלשים משום שמיני עצרת ור"ת עצמו יסד במעריב שלו קודש ללינה ושלשים ידחם כאשר אבלים ינחם ומיהו אי אפשר לומר שידחה לגמרי דהא אמרינן בפרק בתרא דמועד קטן (ד' כד: ושם) יום אחד לפני החג והחג ושמיני שלו הרי כאן אחד ועשרים יום ומההיא דסוכה אין כאן ראיה אם אין ברכה דהכא כי ההוא דהתם והתם לא הוה מצי לאוקומי בברכת המלך משום דליתיה בשבעת ימי החג שיר אומר ר"ת שהיו אומרים בבית הכנסת מזמור שלם מה שאין כן בכל שאר ימי החג שלא היו אומרים מזמור שלם אלא חציו ביום אחד וחציו ביום אחר כדאיתא פרק החליל (סוכה ד' נה. ושם) וסימניך הומבה"י ובמסכת סופרים משמע שהיו אומרים בבית הכנסת למנצח על השמינית ושמא כמו כן היו הלוים אומרים בבית המקדש:

תפשת מרובה לא תפשת. לא דמי להא דדרשינן ימים שנים רבים שלשה דהתם ניחא טפי שאם באת להוסיף יותר משנים אין לדבר סוף אבל הכא יש לדבר סוף דטפי משמונה לא ובתורת כהנים תניא ימים שנים יכול ימים הרבה אמר רבי עקיבא כל שמשמעו מרובה ומשמעו מועט תפשת מרובה לא תפשת ר' יהודה בן בתירא אומר שתי מדות אחת כלה ואחת אינה כלה מודדין במדה כלה ולא במדה שאינה כלה אמר רבי נחמיה וכי למה בא הכתוב לפתוח או לנעול כו' ובריש סוכה (ד' ה: ושם) היא כתובה:

מכדי מינייהו סליק. כשאמר הכתוב שלש פעמים בשנה יראה כל זכורך בחג המצות וגו' מהם היה עולה כבר כתוב למעלה בענין שמור את חדש האביב שבעה שבועות תספר לך חג הסוכות תעשה לך: למה לי למיהדר. ולמנינהו בפרשת חג הסוכות: שמע מינה לבל תאחר. דה"ק היו נראין לפניו לשלם נדריכם ולא תבאו ריקם: אין צריך לומר חג הסוכות. אף כשחוזרין לבל תאחר לא היה צריך להזכירו שהרי הענין עסוק בו: ה"ג שבו דיבר הכתוב למה נאמר לומר שזה אחרון. עד שיעבור אותם כסדר הזה: ההוא לעשה. דמצות עשה עליו להביאו ברגל ראשון: ורבי מאיר. אמר לך כיון דאמר ליה רחמנא אייתי ברגל ראשון זהו זמן שקבע לו ואם איחרו מן המועד הוה איחור וממילא קם ליה בבל תאחר: הקישא דר' יונה. במסכת שבועות (ד' י.) אילטריך לומר שכל שעירי הרגלים מכפרים על טומאת מקדש וקדשיו דילפינן משעיר דר"ח דכתיב ביה לשאת את עון העדה (ויקרא י): מניין לעצרת. דאילו בחג הסוכות ובחג המצות נפקא לן (חגיגה ד' ט.) מוחגותם אותו חג לה' שבעת ימים יכול יהו חוגגין כל ז' ת"ל אותו אותו אתה חוגג ואי אתה חוגג כל ז' אם כן למה נאמר ז' לתשלומים שאם לא חג חגיגתו בראשון יקריבנה בשני: פז"ר קש"ב. כבר פירשתיו במס' יומא [ד' ג.] ומסכת סוכ' [ד' מח.] טעון פיים לפר הבא בשמיני ואינו קרב לפי סדר המשמרות ששנו ושלשו בפרי החג חוץ משתים ששנו ולא שלשו ופר של שמיני אין אחת מאותן שתים מקריבתו אלא כל המשמרות מפיסות וטעון זמן ורגל לעצמו שאין שם חג הסוכות עליו וקרבן לעצמו שאין קרבנו כשאר ימי החג שהפרים מתמעטים בהם אחד אחד וזה אינו אלא פר אחד ושאר הימים שני אילים וארבעה עשר כבשים וזה איל אחד וז' כבשים ושיר לעצמו אין שירו שוה לשל סוכות שאומר על הדוכן ולא נתפרש לנו שירו ובמסכת סופרים° נמצא שירו הוא למנצח על השמינית ברכה לעצמה מברכין היו את המלך זכר לחנוכת הבית שנא' (מ"א ח) ביום השמיני שלח את העם ויברכו את המלך כך מפורש בתוספתא דסוכה (פ"ד): טעון

עין משפט נר מצוה

ח א מיי' פי"ד מהל' מעשה הקרבנות הל' יג סמג לאוין שנח:
ט ב מיי' פי"א מהל' שגגות הל' ט:
י ג מיי' פ"א מהל' חגיגה הל' ז:
יא ד מיי' פ"י מהל' תמידין הל' ה והל' יג:
יב ה מיי' פ"א מהל' חגיגה הל' ה ופ"ב הל' ה:
יג ו מיי' שם פ"א הל' ז:

רבינו חננאל

לקט שכחה ופאה כיון שעברו עליהן ג' רגלים עובר בבל תאחר רבי מאיר אומר כו' מ"ט דת"ק מכדי מינייהו סליק כלומר הלא המקרא מפרש המועדים ועולה מהן. היה לו לכתוב שלש פעמים האלה בשנה יראה כל זכורך למה חזר ופרטן פסח שבועות וסוכות אלא ללמדך כי אם יעברו עליו ג' רגלים מכל מקום בענין הזה ולא יביא הנדר שנדר ויקריבנו עובר בבל תאחר לשלמו. ור' שמעון מ"ט דתניא ר"ש אומר למה פתח הכתוב בחג המצות תחלה לומר שזה ראשון. זה הלשון המדוקדק והכי קאמר מכדי קרא א) בחג המצות סליק הוה ליה לאתחולי מההוא דקאי עליה למה ליה למיהדר ולאתחולי מפסח למדכר סדר הרגלים זמנא אחריתי אלא ללמד שלעולם פסח ראש לרגלים ולא מחייב בבל תאחר עד שיעברו עליו ג' רגלים וחג המצות ראשון. נמצאו פעמים ג' רגלים פעמים ד' פעמים ה'. וטעמא דר' מאיר דמחייב במאחר נדרו אפילו רגל אחד דכתיב ובאת שמה והבאתם שמה. ש"מ כי בעת שיבא לחוג חייב להביא נדרו ואפי' ברגל ראשון. ורבנן ור"ש ההוא לעשה כלומר כיון שיעבור ברגל אחד ולא הביא עובר בעשה ואינו עובר בבל תאחר עד שיעברו ג' רגלים וטעמא דר' אליעזר בן יעקב שנאמר אלה תעשו לה' במועדיכם מיעוט מועדים שנים מחייבתו התורה לעשות נדריו בשני המועדים הראשונים מעת שנדר ואחר שני המועדים באיזה נדר שיפגע תחלה ולא הקריבו עובר בשני המועדים ג) הראשונים בעשה. ואם יתאחר יותר עובר בלאו ורבנן אמרי לך זה המקרא לכדר' יונה בא. דא"ר יונה במס' שבועות פ"א בענין כפרת השעירים אמר קרא אלה תעשו לה' במועדיכם הוקשו כל המועדים כולן זה לזה. וטעמא דר' אלעזר בר' שמעון מדכתיב בחג המצות חג השבועות וחג הסוכות ואמר לך לא היה צריך לכתוב חג הסוכות דהא מיניה סליק היה לו לומר בו ובחג המצות ובחג השבועות יראה כל זכורך. בחג הסוכות שכתב למה בא לומר שזה גורם משכחת לה לר"א בר"ש פעמים שאינו עובר בבל תאחר אלא עד שיעבור עליו ג' רגלים כגון דאקדישה קודם חג המצות ואם הקדישו אחר חג המצות בב' רגלים ואחר עצרת רגל אחד והוא סוכות ללמד שאינו חייב בבל תאחר עד שיעבור חג הסוכות ולא יקריבנו ור' מאיר דנפקא ליה מובאת שמה.

מסורת הש"ס

א) [גילה יט:], ב) [תוספ' דערכין פ"ב], ג) גילה יט., ד) [שבועות י.], ה) [גילה יט:], ו) חגיגה ח. מ"ק כד:, ז) יומא ג. חגיגה ח. סוכה מח., ח) גילה כ: חגיגה ט: [ח. יומא ג. מגילה ה.], ט) [חגיגה ח: וש"נ], י) [פי"ט הל' ב], כ) [גיטין מו:], ל) [בת"כ דכתיב ויקרא עד כי יזוב דמה ימים רבים].

גליון הש"ס

תוס' ד"ה לקט וכו' והיכא דעבר ונטלם. עיין יומא לו ע"ב תד"ה לאו דנבילה:

תורה אור השלם

א) שָׁלוֹשׁ פְּעָמִים בַּשָּׁנָה יֵרָאֶה כָל זְכוּרְךָ אֶת פְּנֵי יְיָ אֱלֹהֶיךָ בַּמָּקוֹם אֲשֶׁר יִבְחָר בְּחַג הַמַּצּוֹת וּבְחַג הַשָּׁבֻעוֹת וּבְחַג הַסֻּכּוֹת וְלֹא יֵרָאֶה אֶת פְּנֵי יְיָ רֵיקָם: [דברים טז, טז]

ב) כִּי אִם אֶל הַמָּקוֹם אֲשֶׁר יִבְחַר יְיָ אֱלֹהֵיכֶם מִכָּל שִׁבְטֵיכֶם לָשׂוּם אֶת שְׁמוֹ שָׁם לְשִׁכְנוֹ תִדְרְשׁוּ וּבָאתָ שָׁמָּה: וַהֲבֵאתֶם שָׁמָּה עֹלֹתֵיכֶם וְזִבְחֵיכֶם וְאֵת מַעְשְׂרֹתֵיכֶם וְאֵת תְּרוּמַת יֶדְכֶם וְנִדְרֵיכֶם וְנִדְבֹתֵיכֶם וּבְכֹרֹת בְּקַרְכֶם וְצֹאנְכֶם: [דברים יב, ה-ו]

ג) אֵלֶּה תַּעֲשׂוּ לַייָ בְּמוֹעֲדֵיכֶם לְבַד מִנִּדְרֵיכֶם וְנִדְבֹתֵיכֶם לְעֹלֹתֵיכֶם וּלְמִנְחֹתֵיכֶם וּלְנִסְכֵּיכֶם וּלְשַׁלְמֵיכֶם: [במדבר כט, לט]

ליקוטי רש"י

מכדי מינייהו סליק וכו'. וטעמא מהאי קרא שלש פעמים בשנה וגו' למה לי למיכתב בחג המצות ובחג השבועות ובחג הסוכות כיון דכתיב שלש פעמים שמעינן דהאי ניניה דהאי מינייהו קסליק דלעיל מיניה כתיב שמור את חדש האביב שבעה שבועות תספור לך חג הסוכות תעשה לך שמע מינה לבל תאחר לומר לך לשלש קבעתי לך לתשלום נדריך. אינו צריך לומר בחג הסוכות. כשהזכיר הכתוב להזכירן לשלש רגלים לבל תאחר לא היה צריך לכתוב ובחג הסוכות כיון שכתוב שלש פעמים בשנה ובחג המצות ובחג השבועות דממילא ידענא דבו היה הכתוב מדבר שבפרשה סמוכה הוא עסוק ובו נכתב כתוב זה. שזה אחרון. לענין קבלן. שזה גורם. את כל תאחר שאפילו נדר לפני החג כיון שעבר עליו חג הסוכות עובר [ביצה יט:]. מה חג המצות יש לו תשלומין כל שבעה. כדקרין קרלי בפרק קמא [חגיגה ט.] (בחג) הסוכות והוא הדין לחג המצות שבעת ימים [חגיגה יז.]. פז"ר קש"ב. סימן הוא. פייס זמן רגל [סוכה מח.].

R' Meir's defense:
וְרַבִּי מֵאִיר – **And R' Meir** would say: כֵּיוָן דְּאָמַר לֵיהּ רַחֲמָנָא אַיְיתֵי – **Since the Merciful One said to him** [i.e. one who made a vow]: **"Bring** your offering during the first festival," וְלֹא אַיְיתֵי – **and he did not bring** it then, מִמֵּילָא קָם לֵיהּ בְּבַל תְּאַחֵר – **he is automatically subject to** violation of the commandment ***not to delay.***[13]

The Gemara explains the next opinion recorded in the Baraisa:
וְרַבִּי אֱלִיעֶזֶר בֶּן יַעֲקֹב מַאי טַעְמָא – **And** as for **R' Eliezer ben Yaakov, what is** his **reason?** דִּכְתִיב – **For it is written:** "אֵלֶּה תַּעֲשׂוּ לַה׳ בְּמוֹעֲדֵיכֶם" – ***These** [mussaf offerings] **you shall offer to Hashem on your appointed times** ... besides your vowed offerings.*[14] מִיעוּט מוֹעֲדִים שְׁנַיִם – **The minimum** number signified by the plural **"appointed times"** (i.e. festivals) **is two.** Therefore, the prohibition against delaying takes effect after *two* festivals.[15]

The Gemara explains why the other Tannaim reject this source:
וְרַבָּנָן – **But the Rabbis** would say: הַהוּא לִכְדְרַבִּי יוֹנָה – **That** verse is needed **for R' Yonah's** teaching, דְּאָמַר רַבִּי יוֹנָה – **for R' Yonah said:** הוּקְשׁוּ כָּל הַמּוֹעֲדִים כּוּלָּם זֶה לָזֶה – The *mussaf* offerings of **all the appointed times were compared to one another** to teach שֶׁכּוּלָּן מְכַפְּרִים עַל טוּמְאַת מִקְדָּשׁ וְקָדָשָׁיו – **that they all atone for *tumah* violations of the Temple and its holy things.**[16]

The Gemara examines the fifth opinion:
וְרַבִּי אֶלְעָזָר בְּרַבִּי שִׁמְעוֹן מַאי טַעְמָא – **And** as for **R' Elazar the son of R' Shimon, what is** his **reason?** דְּתַנְיָא – His reason is **as it was taught in a Baraisa:** רַבִּי אֶלְעָזָר בְּרַבִּי שִׁמְעוֹן אוֹמֵר – R' ELAZAR THE SON OF R' SHIMON SAYS: "לֹא יֹאמַר "חַג הַסֻּכּוֹת – IT SHOULD NOT HAVE SAID: *THE FESTIVAL OF SUCCOS,* שֶׁבּוֹ דִּיבֵּר הַכָּתוּב – BECAUSE THE VERSE IS already REFERRING TO [THAT FESTIVAL].[17] לָמָּה נֶאֱמַר – WHY WAS IT MENTIONED? לוֹמַר שֶׁזֶּה גּוֹרֵם – TO TEACH THAT THIS festival CAUSES the prohibition to take effect even if no other festivals have passed.[18]

The Gemara questions those Tannaim who do not use the verse, *on the Festival of Matzos,* etc., to teach the limit for the prohibition against delaying:
וְרַבִּי מֵאִיר וְרַבִּי אֱלִיעֶזֶר בֶּן יַעֲקֹב – **And R' Meir and R' Eliezer ben Yaakov,** הַאי "בְּחַג הַמַּצּוֹת וּבְחַג הַשָּׁבֻעוֹת וּבְחַג הַסֻּכּוֹת" מַאי דָּרְשׁוּ בֵּיהּ – **what do they derive from this** verse, ***on the Festival of Matzos, on the Festival of Shavuos, and on the Festival of Succos?***[19]

The Gemara answers:
מִיבְּעֵי לְהוּ לִכְדְרַבִּי אֶלְעָזָר אָמַר רַבִּי אוֹשַׁעְיָא – **They need it for R' Elazar's** teaching **in the name of R' Oshaya,** דְּאָמַר רַבִּי אֶלְעָזָר אָמַר רַבִּי אוֹשַׁעְיָא – **for R' Elazar said in the name of R' Oshaya:** מִנַּיִין לַעֲצֶרֶת שֶׁיֵּשׁ לָהּ תַּשְׁלוּמִין כָּל שִׁבְעָה – **From where** is it derived that **Shavuos has a compensation** period that lasts **all seven** days?[20] תַּלְמוּד לוֹמַר "בְּחַג הַמַּצּוֹת וּבְחַג הַשָּׁבֻעוֹת וּבְחַג הַסֻּכּוֹת" – **The Torah states: *on the Festival of Matzos, on the Festival of Shavuos and on the Festival of Succos.*** מַקִּישׁ חַג הַשָּׁבוּעוֹת לְחַג הַמַּצּוֹת – **It** thus **compares the Festival of Shavuos to the Festival of Matzos.** From this comparison we derive that מַה חַג הַמַּצּוֹת יֵשׁ לוֹ תַּשְׁלוּמִין כָּל שִׁבְעָה – **just as the Festival of Matzos has** a **compensation** period that lasts **all seven** days (i.e. one may bring the Pesach *chagigah* on any of the seven days of the festival),[21] אַף חַג הַשָּׁבוּעוֹת יֵשׁ לוֹ תַּשְׁלוּמִין כָּל שִׁבְעָה – so **too the**

NOTES

13. By commanding a person to bring his vowed offerings during the first pilgrimage festival, the Torah sets the end of that festival as his deadline. Thus, if he has not brought his offerings by then, the Torah surely regards him as having delayed fulfillment of his obligation. At that point, therefore, he should become subject to the prohibition against delaying (*Rashi*).

14. *Numbers* 29:39. This verse is found after the Torah's listing of the *mussaf* offerings that must be brought on each of the various holidays: the Sabbath, Rosh Chodesh, Rosh Hashanah, Yom Kippur and the three pilgrimage festivals. The verse states that in addition to these communal offerings, people should also bring their private vowed offerings to the Temple. It is understood, however, that the last point applies to the pilgrimage festivals, when the people must visit the Temple in any event (see *Rashi* ad loc.; see also *Turei Even*).

15. Although this commandment is positive (*you shall offer*), R' Eliezer ben Yaakov uses it in the manner explained above (note 13) to define the negative prohibition against delaying (see *Sfas Emes*).

16. The *mussaf* offerings of the holidays (the three pilgrimage festivals, Rosh Hashanah, Yom Kippur and Rosh Chodesh) include a goat offered as a *chatas*. Regarding the goat *chatas* brought on Rosh Chodesh, the Torah states: *to lift the sin of the congregation* (*Leviticus* 10:17), which is interpreted as meaning that it atones for the sin of eating sacrificial food that is *tamei* (see *Shevuos* 9b). It is taught elsewhere that the goat-*chatas* offerings of the other holidays atone for various transgressions that involve a *tamei* person who entered the Temple Courtyard or ate sacrificial food that is *tahor* (see *Rashi* ibid. 10a ד״ה קס״ד). All these offerings are linked to each other by our verse (*These shall you offer to Hashem on your appointed times*), which refers to all of them together (see ibid. 10a). Therefore, they all atone for both of the categories of transgression listed above: a *tahor* person who ate *tamei* sacrificial food, and a *tamei* person who ate *tahor* sacrificial food or entered the Temple Courtyard (see *Rashi* here and to *Shevuos* ibid. ד״ה כולהו).

17. Even if the verse's purpose is to teach that the passage of three festivals is required, it still did not have to mention Succos, since Succos is the subject of that passage.

R' Elazar the son of R' Shimon begins with the same reasoning as that of his father (see note 8), but arrives at a different conclusion (*Tosafos;* see, however, *Rashash*).

18. Thus, even if a person pledged an offering shortly before Succos, he transgresses the prohibition against delaying as soon as Succos passes (*Rashi* to *Beitzah* 19b ד״ה שזה גורם). [On the other hand, if someone made a vow after Succos, he is not liable for delaying its payment until Succos ends a year later.]

19. *Deuteronomy* 16:16. The Rishonim ask why the Gemara did not also mention R' Elazar the son of R' Shimon, who expounds only the verse's mention of Succos, and not its mention of Pesach and Shavuos (see *Rashba, Ritva, Chidushei HaRan, Tos. HaRosh*). [See also *Rashi* to 5a ד״ה ות״ק, cited in note 5 there.]

20. [Every adult Jewish male is required to bring a *shelamim* offering on the first day of Pesach, Shavuos and Succos (see *Chagigah* 10b for a discussion of the Scriptural source). This offering is known as the *shalmei chagigah,* or *chagigah.* It is brought in addition to the *olas re'iyah,* which was mentioned above (note 4).]

If someone fails to bring his *chagigah* on the first day of Succos, he may bring it on the second through the seventh days of that festival. The Gemara in *Chagigah* (9a) derives this law from the verse: וְחַגֹּתֶם אֹתוֹ חַג לַה׳ שִׁבְעַת יָמִים, *You shall celebrate it* [Succos] *as a festival for Hashem for a seven-day period* (*Leviticus* 23:41). [Regarding the eighth day (Shemini Atzeres), see the Gemara below.] It stands to reason that the same law applies on Pesach, since Pesach too is seven days long (*Rashi* ibid. 17a ד״ה מה חג המצות; see, however, *Turei Even*). Our Gemara seeks to prove that in the case of Shavuos as well, though it lasts only one day, there are seven days in which it is possible to offer the *chagigah* (i.e. the day of Shavuos and the next six days).

Although the law of compensation was stated in reference to the *chagigah,* it also applies to the *olas re'iyah* (*Tosafos* to *Chagigah* 2a ד״ה תשלומין; *Rambam, Hil. Chagigah* 1:4).

21. I.e. if he did not bring his *chagigah* on the first day of Pesach, he may bring it on the second through seventh days. [The verse quoted here actually refers to the *olas re'iyah* (see note 4). However, the laws of the *chagigah* and *olas re'iyah* are derived from one another.]

[The concept of "compensation" does not actually apply on the first day, since it means that one who did not bring his offering on the first day can compensate for that omission by bringing it later. Indeed, the term "compensation" is used explicitly in that sense in the Gemara below (תַּשְׁלוּמִין דְּרִאשׁוֹן, *compensation for the first day*). Here, however, the term includes the first day as well.]

לקט שכחה ופאה כיון שעברו עליהן שלשה רגלים עובר בבל תאחר רבי שמעון אומר שלשה רגלים כסדרן וחג המצות תחלה ר' מאיר אומר כיון שעבר עליהן רגל אחד עובר בבל תאחר רבי אליעזר בן יעקב אומר כיון שעברו עליהן שני רגלים עובר בבל תאחר רבי אלעזר ברבי שמעון אומר כיון שעבר עליהן חג הסוכות עובר עליהן בבל תאחר מאי טעמא דתנא קמא מכדי מינייהו סליק למה לי למהדר ומיכתב בחג המצות ובחג השבועות ובחג הסוכות שמע מינה לבל תאחר ורבי שמעון אומר אינו צריך לומר בחג הסוכות שבו דיבר הכתוב למה נאמר לומר שזה אחרון ורבי מאיר מ"ט דכתיב ובאת שמה והבאתם שמה ורבנן ההוא לעשה ורבי מאיר כיון דאמר ליה רחמנא אייתי ולא אייתי ממילא קם ליה בבל תאחר ורבי אליעזר בן יעקב מאי טעמא דכתיב אלה תעשו לה' במועדיכם מיעוט מועדים שנים ורבנן ההוא לכדרבי יונה דאמר רבי יונה הוקשו כל המועדים כולם זה לזה שכולן מכפרים על טומאת מקדש וקדשיו ורבי אלעזר ברבי שמעון מאי טעמא דתניא רבי אלעזר בר' שמעון אומר לא יאמר חג הסוכות שבו דיבר הכתוב למה נאמר לומר שזה גורם ורבי מאיר ורבי אליעזר בן יעקב האי בחג המצות ובחג השבועות ובחג הסוכות מאי דרשו ביה מיבעי להו לכדרבי אלעזר אמר ר' אושעיא דאמר ר' אלעזר אמר ר' אושעיא מניין לעצרת שיש לה תשלומין כל שבעה תלמוד לומר בחג המצות ובחג השבועות ובחג הסוכות מקיש חג השבועות לחג המצות מה חג המצות יש לו תשלומין כל שבעה אף חג השבועות יש לו תשלומין כל שבעה וליקש לחג הסוכות מה להלן שמונה אף כאן שמונה שמיני רגל בפני עצמו הוא אימור דאמרינן שמיני רגל בפני עצמו לענין פז"ר קש"ב אבל לעניין תשלומין דברי הכל תשלומין דראשון הוא דתנן מי שלא חג יום טוב הראשון של חג חוגג את כל הרגל ויום טוב האחרון של חג תפשת מרובה לא תפשת תפשת מועט תפשת אלא למאי הלכתא כתביה רחמנא לחג הסוכות לאקושיה לחג המצות מה

רש"י

מכדי מינייהו סליק. כשאמר הכתוב שלש פעמים בשנה יראה כל זכורך בחג המצות וגו' מהם היה עולה כבר כתוב למעלה בענין שמור את חדש האביב שבעה שבועות תספר לך חג הסוכות תעשה לך: למה לי למיהדר. ולמניינהו בפרשת חג הסוכות: שמע מינה לבל תאחר. דס"ק היו נראין לפניו לשלם נדריהם ולא תבאו ריקם: אין צריך לומר חג הסוכות. אף כשחוזרין לבל תאחר לא היה צריך להזכירו שהרי הענין עסוק בו: ה"ג שבו דיבר הכתוב למה נאמר לומר שזה אחרון. על שיעבור אותם כסדר הזה: ההוא לעשה. דמלות עשה עליו להביאו ברגל ראשון: ורבי מאיר. אמר לך כיון דאמר ליה רחמנא אייתי ברגל ראשון זהו זמן שקבע לו ואם איחרו מן המועד הוה איחור וממילא קם ליה בבל תאחר: הקישא דר' יונה. במסכת שבועות (ד' י.) איצטריך לומר שכל שעירי הרגלים מכפרים על טומאת מקדש וקדשיו דילפינן משעיר דר"ח דכתיב ביה לשאת את עון העדה (ויקרא י): מניין לעצרת. דאילו בחג הסוכות ובחג המצות נפקא לן (חגיגה ד' ט.) מוחגותם אותו חג לה' שבעת ימים יכול יהו חוגגין כל ז' ת"ל אותו אותו אתה חוגג ואי אתה חוגג כל ז' אם כן למה נאמר ז' לתשלומים שאם לא חג חגיגתו בראשון יקריבנה בשני: פז"ר קש"ב. כבר פירשתיו במס' יומא [ד' ג.] ומסכת סוכ' [ד' מח.] טעון פייס לפר הבא בשמיני ואינו קרב לפי סדר המשמרות ששנו ושלשו בפרי החג חוץ משתים ששנו ולא שלשו ופר של שמיני אין אחת מאותן שתים מקריבתו אלא כל המשמרות מפיסות וטעון זמן ורגל לעצמו שאין שם חג הסוכות עליו וקרבן לעצמו שאין קרבנו כשאר ימי החג שהפרים מתמעטים בהם אחד אחד וזה אינו אלא פר אחד ושאר הימים שני אילים וארבעה עשר כבשים וזה איל אחד וז' כבשים ושיר לעצמו אין שירו שוה לשל סוכות שאומר על הדוכן ולא נתפרש לנו שירו ובמסכת סופרים נמצא שירו הוא למנצח על השמינית ברכה לעצמה מברכין היו את המלך זכר לחנוכת הבית שנא' (מ"א ח) ביום השמיני שלח את העם ויברכו את המלך כך מפורש בתוספתא דסוכה (פ"ד): טעון

תוספות

לקט שכחה ופאה. חייב להניח בשדה דאי שקיל להו עבר בלא תעשה דכתיב לא תלקט (ויקרא יט) ולא תשוב (דברים כד) ולא תכלה (ויקרא שם) וכתיב (שם) לעני ולגר תעזוב והיכא דעבר ונטלם חייב להחזיר וליתן דאי עביד לא מהני כדאיתא בפ"ק דתמורה (דף ו.) ואם לא הפריש פאה מן הקמה מפריש מן העמרים או מן הכרי ואיכא בבל תאחר ועוד יש לפרש דשקל בהיתר כגון דליכא עניים ולא איכא בבל תאחר והא דאמרינן בסוף הזרוע (חולין ד' קלד:) לוי זרע בכישור לא הוו עניים למשקל לקט אתא לקמי' דרב ששת אמר לעני ולגר תעזוב אותם ולא לעורבים ולא לעטלפים לא קאמר לישקול לנפשיה אלא דלא עבר אם כונס בתוך ביתו ומיהו מדפריך התם מתרומה דאם אין שם כהן שוכר פרה ומביאה ופריך נמי ממתני' דאם אין שם כהן מעלין אותם בדמים ומשני שאני התם דנתינה כתיב בהו משמע דבלקט שכחה ופאה שקיל לנפשיה ולפי' קמא קשיא דאי בדאיכא עניים ועבר ונטלם הרי עובר לאלתר בבל תאחר דדוקא היכא דליכא עניים אין עובר בבל תאחר אלא ברגלים אבל היכא דקיימי עניים קא עבר לאלתר כמו לדקה ויש לפרש כגון במלקט לצורך עניים כי ההיא דתנן בפ"ד דפאה (משנה ט) מי שמלקט ואמר הרי זה לפלוני עני ר"א אומר זכה לו וחכ"א יתננה לעני הנמצא ראשון והא דלא חשיב הכא פרט ועוללות כיון דתני הני לא חש להני:

ואין צריך לומר חג הסוכות שבו הכתוב מדבר למה נאמר לומר שזה אחרון. זו היא גירסת הקונט' והשתא ר' אלעזר ור"ש דורשין בענין אחד אלא דמר סבר שזה גורם ומר סבר שזה אחרון ורבינו חננאל גריס אין צריך לומר בחג המצות שבו פתח הכתוב תחילה למה נאמר לומר שזה ראשונה:

אלה תעשו לה' במועדיכם. ומיעוט מועדים שנים ואע"ג דהאי קרא בקרבנות חובה הוא דכתיב הא כתיב ביה נמי לבד מנדריכם ונדבותיכם:

פז"ר קש"ב. פירש הקונטרס רגל בפני עצמו שאין שם חג הסוכות עליו ורוצה לומר דבברכת המזון ותפלה מזכירין שמיני עצרת ולא סוכות וברכה לעצמה פי' בקונטרס שמברכין היו המלך זכר לחנוכת הבית דכתי' בספר מלכים (א' ח') ביום השמיני שלח את העם ויברכו את המלך כדתניא בתוספתא דסוכה [פ"ד] י"ט האחרון של חג פייס בפני עצמו זמן לעצמו קרבן שיר וברכה לעצמו שנאמר ביום השמיני שלח את העם ויברכו את המלך ובפרק לולב וערבה (סוכה ד' מז. ושם) אין משמע כך דתניא התם כשם ששבעת ימי החג טעונים קרבן שיר וברכה ולינה כך שמיני טעון כו' ורוצה לומר מאי ברכה זמן ופריך זמן כל שבעה מי איכא ומסיק מאי ברכה ברכת המזון ותפלה ודומה להוא דמפרש ר"ת ההיא דהכא ורגל לעצמו שטעונה לינה ורבינו חננאל פירש לענין אבילות משום דאמרי' במועד קטן בפרק בתרא (ד' יט.) הקובר מתו שבעה ימים קודם הרגל בטלה ממנו גזירת שלשים וחזינן דליכא שבעה קודם הרגל ואפי' הכי בטלה ממנו גזירת שלשים משום שמיני עצרת ור"ת עצמו יסד במעריב שלו קודש ללינה ושלשים ידחם כאשר אבלים ינחם ומיהו אי אפשר לומר שידחה לגמרי דהא אמרינן בפרק בתרא דמועד קטן (ד' כד: ושם) יום אחד לפני החג והחג ושמיני שלו הרי כאן אחד ועשרים יום ומההיא דסוכה אין כאן ראיה אם אין ברכה דהכא כי ההוא דהתם והתם לא הוה מצי לאוקומי בברכת המלך משום דליתיה בשבעת ימי החג שיר אומר ר"ת שהיו אומרים בבית הכנסת מזמור שלם מה שאין כן בכל שאר ימי החג שלא היו אומרים מזמור שלם אלא חציו ביום אחד וחציו ביום אחר כדאיתא פרק החליל (סוכה ד' נה. ושם) וסימניך הומבה"י ובמסכת סופרים משמע שהיו אומרים בבית הכנסת למנצח על השמינית ושמא כמו כן היו הלוים אומרים בבית המקדש:

תפשת מרובה לא תפשת. לא דמי להא דדרשינן ימים שנים רבים שלשה דהתם ניחא טפי שאם באת להוסיף יותר משנים אין לדבר סוף אבל הכא יש לדבר סוף דטפי משמונה לא ובתורת כהנים תניא ימים שנים יכול ימים הרבה אמר רבי עקיבא כל שמשמעו מרובה ומשמעו מועט תפשת מרובה לא תפשת ר' יהודה בן בתירא אומר שתי מדות אחת כלה ואחת אינה כלה מודלין במדה כלה ולא במדה שאינה כלה אמר רבי נחמיה וכי למה בא הכתוב לפתוח או לנעול כו' ובריש סוכה (ד' ה: ושם) היא כתובה:

עין משפט נר מצוה

ח א מיי' פי"ד מהל' מעשה הקרבנות הל' יג סמג לאוין שלה:
ט ב מיי' פ"א מהל' שגגות הל' ט:
י ג מיי' פ"א מהל' חגיגה הל' ז:
יא ד מיי' פ"י מהל' תמידין הל' ה והל' יג:
יב ה מיי' פ"א מהל' חגיגה הל' ד ופ"ב הל' ה:
יג ו מיי' שם פ"א הל' ז:

מסורת הש"ס

א) [בילה יט:], ב) [תוספ' דערכין פ"ג], ג) בילה יט:, ד) [שבועות י.], ה) [בילה יט:], ו) חגיגה ח. מ"ק כד:, ז) יומא ג. חגיגה יז. סוכה מח., ח) בילה כ: חגיגה ט: [יז. יומא ג.] מגילה ה., ט) [חגיגה ח וש"נ], י) [פי"ט הל' ב], כ) [גיטין מו:], ל) [בת"כ דכתיב ויקרא טו על יזוב זוב דמה ימים רבים].

גליון הש"ס

תוס' ד"ה לקט וכו' והיכא דעבר ונטלם. עיין יומא לו ע"ב תד"ה לאו דנבילה:

תורה אור השלם

א) שָׁלוֹשׁ פְּעָמִים בַּשָּׁנָה יֵרָאֶה כָל זְכוּרְךָ אֶת פְּנֵי יְיָ אֱלֹהֶיךָ בַּמָּקוֹם אֲשֶׁר יִבְחָר בְּחַג הַמַּצּוֹת וּבְחַג הַשָּׁבֻעוֹת וּבְחַג הַסֻּכּוֹת וְלֹא יֵרָאֶה אֶת פְּנֵי יְיָ רֵיקָם: [דברים טז, טז]

ב) כִּי אִם אֶל הַמָּקוֹם אֲשֶׁר יִבְחַר יְיָ אֱלֹהֵיכֶם מִכָּל שִׁבְטֵיכֶם לָשׂוּם אֶת שְׁמוֹ שָׁם לְשִׁכְנוֹ תִדְרְשׁוּ וּבָאתָ שָׁמָּה: וַהֲבֵאתֶם שָׁמָּה עֹלֹתֵיכֶם וְזִבְחֵיכֶם וְאֵת מַעְשְׂרֹתֵיכֶם וְאֵת תְּרוּמַת יֶדְכֶם וְנִדְרֵיכֶם וְנִדְבֹתֵיכֶם וּבְכֹרֹת בְּקַרְכֶם וְצֹאנְכֶם: [דברים יב, ה-ו]

ג) אֵלֶּה תַּעֲשׂוּ לַייָ בְּמוֹעֲדֵיכֶם לְבַד מִנִּדְרֵיכֶם וְנִדְבֹתֵיכֶם לְעֹלֹתֵיכֶם וּלְמִנְחֹתֵיכֶם וּלְנִסְכֵּיכֶם וּלְשַׁלְמֵיכֶם: [במדבר כט, לט]

Festival of Shavuos has a **compensation** period that lasts **all seven** days (i.e. one may bring the Shavuos *chagigah* on the one day of Shavuos and the next six days).

The Gemara questions this derivation:

וְלִיקַשׁ לְחַג הַסּוּכּוֹת – **But** instead **let us compare** the Festival of Shavuos **to the Festival of Succos,**[22] which would yield the following result: מַה לְהַלָּן שְׁמוֹנָה – **Just as in that case** [Succos] the compensation period lasts **eight** days,[23] אַף כָּאן שְׁמוֹנָה – so **in this case too** [Shavuos] the compensation period should last **eight** days. – ? –

The Gemara refutes the premise of the question:

שְׁמִינִי רֶגֶל בִּפְנֵי עַצְמוֹ הוּא – **The eighth** day [Shemini Atzeres] **is an independent festival,** rather than a part of Succos. Hence, it cannot be included in the compensation period of Succos. It emerges that the compensation period of Succos lasts only seven days, and not eight.[24]

The Gemara counters:

אֵימוּר דְּאַמְרִינַן שְׁמִינִי רֶגֶל בִּפְנֵי עַצְמוֹ – **Say that we consider** the **eighth** day [Shemini Atzeres] an **independent festival** לְעִנְיַן פז״ר קש״ב – only **regarding** the six laws indicated by the mnemonic ***p'z'r k'sh'b'.***[25] אֲבָל לְעִנְיַין תַּשְׁלוּמִין – **But regarding compensation,** דִּבְרֵי הַכֹּל תַּשְׁלוּמִין דְּרִאשׁוֹן הוּא – in **the opinion of all it** is included in the **compensation** period **for the first** day of Succos, דִּתְנַן – **for we learned in a Mishnah:**[26] מִי שֶׁלֹּא חָג יוֹם טוֹב הָרִאשׁוֹן שֶׁל חַג – SOMEONE WHO DID NOT OFFER THE *CHAGIGAH*[27] ON THE FIRST DAY OF SUCCOS חוֹגֵג אֶת כָּל הָרֶגֶל – MAY OFFER THE *CHAGIGAH* any time THROUGHOUT THE FESTIVAL, וְיוֹם טוֹב הָאַחֲרוֹן שֶׁל חַג – AND even ON THE LAST DAY OF SUCCOS, i.e. on Shemini Atzeres. This Mishnah teaches that the *chagigah* of Succos can be offered on a total of eight days. Thus, the original question is reinstated: Why do we not derive from the law of Succos that Shavuos too has a compensation period of eight days?

The Gemara answers:

תָּפַשְׂתָּ מְרוּבֶּה לֹא תָּפַשְׂתָּ – If **you seized a large amount, you** may **not have seized** it at all; תָּפַשְׂתָּ מוּעָט תָּפַשְׂתָּ – if **you seized a small amount, you have** certainly **seized** that.[28] On the basis of this parable, the correct period must be the shorter one (seven days), rather than the longer one (eight days).[29]

Having concluded that the verse is not drawing a comparison between Shavuos and Succos, the Gemara asks:

אֶלָּא לְמַאי הִלְכְתָא כַּתְבֵיהּ רַחֲמָנָא לְחַג הַסּוּכּוֹת – **So for what law did the Merciful One write the Festival of Succos** in this verse?

The Gemara answers:

לְאַקּוּשֵׁיהּ לְחַג הַמַּצּוֹת – **To compare it to the Festival of Matzos** in the following respect:

NOTES

22. The verse (*on the Festival of Matzos,* etc.) mentions all three festivals: Pesach, Shavuos and Succos. Hence, why assume that it is drawing a *hekeish* (analogy) between Shavuos and Pesach? Perhaps the *hekeish* is between Shavuos and Succos, which would lead to a different conclusion, as the Gemara proceeds to demonstrate.

23. The Gemara now asserts that it is possible to bring the *chagigah* not only on the seven days of Succos proper, but even on the eighth day, which is known as Shemini Atzeres. [Although the verse quoted above (note 20) specifies seven days, the Gemara in *Chagigah* (9a) interprets the verse's conclusion — בַּחֹדֶשׁ הַשְּׁבִיעִי תָּחֹגּוּ אֹתוֹ, *in the seventh month shall you celebrate it* — as including any day of the month that belongs to the Festival of Succos (see *Rashi* ibid.).]

24. [Since Shemini Atzeres is not part of the Festival of Succos, it cannot be included in the compensation period of Succos according to the Scriptural derivation presented in the previous note.]

At this point in the discussion, it makes no difference whether the *hekeish* is between Shavuos and Pesach or between Shavuos and Succos. Either way, the same result would be obtained — namely, that one can bring the Shavuos *chagigah* over a period of seven days. Nevertheless, R' Oshaya said that the *hekeish* is between Shavuos and Pesach, because a *hekeish* between Shavuos and Succos could be misconstrued as teaching that the period in question lasts eight days (*Ritva*).

[The Gemara's current position that the *chagigah* of Succos cannot be brought on Shemini Atzeres is contradicted by a Mishnah (*Chagigah* 9a, quoted below) which explicitly states that it can be brought on that day. See *Sfas Emes,* who addresses this problem.]

25. According to *Rashi* (cf. *Tosafos* and other Rishonim) this mnemonic stands for the following six matters in which Shemini Atzeres is considered separate from Succos:

Payis — פַּיִס, *lottery.* On the seven days of Succos a fixed order was used to determine which of the twenty-four groups of Kohanim [*mishmaros*] would offer the bulls of each day's *mussaf* offerings (see Mishnah *Succah* 55b). Since there were seventy bulls altogether, and the number of *mishmaros* was twenty-four, it emerged that twenty-two *mishmaros* offered three bulls and two *mishmaros* offered only two. Nevertheless, the one bull of Shemini Atzeres was not automatically awarded to one of the last two *mishmaros.* Rather, *all* the *mishmaros* participated in a new drawing of lots for the privilege of offering the bull of Shemini Atzeres (see *Menachem Meishiv Nefesh*).

Zeman — זְמַן, *time.* The *shehecheyanu* blessing (which is said on festivals and other special times) is recited on Shemini Atzeres, although it was already recited on Succos.

Regel — רֶגֶל, *festival.* Shemini Atzeres is not called Succos (*Rashi*). That is, in prayers and blessings we refer to the festival not as Succos, but as Shemini Atzeres (*Tosafos* et al., in explanation of *Rashi*). [*Rashi* to *Succah* (48a) explains this differently: There is no commandment to live in a succah on Shemini Atzeres.]

Korban — קָרְבָּן, *sacrifice.* The *mussaf* offerings of Shemini Atzeres are different from those of Succos: During the seven days of Succos the number of bulls decreases each day [from thirteen to seven]. On Shemini Atzeres, there is only one bull offering. Furthermore, on each of the days of Succos two rams and fourteen sheep are offered, whereas on Shemini Atzeres the numbers are one ram and seven sheep.

Shir — שִׁיר, *song.* The song sung by the Leviim during the sacrificial service of Shemini Atzeres differs from that sung on Succos (see *Rashi* to *Yoma* 3a and *Meiri* here). *Rashi* here observes that the song of Shemini Atzeres has not been identified to us (see also *Rashi* to *Yoma* ibid. and to *Chagigah* 17a). However, a note inserted into *Rashi's* commentary identifies it, on the basis of *Maseches Soferim* (19:2), as *Psalm* 12 [לַמְנַצֵּחַ עַל־הַשְּׁמִינִית] (see *Tos. Yeshanim* to *Yoma* 3a; *Ritva* and *Tos. HaRosh* here; cf. *Chida,* cited by *Sifsei Chachamim,* who suggests a different rendition of *Rashi;* see also *Meiri*).

Berachah — בְּרָכָה, *blessing.* On Shemini Atzeres the people would bless the king, in commemoration of the dedication of the Temple, when the people blessed King Solomon on that date, as stated in *I Kings* 8:66. See also *Ritva* to *Succah,* end of 47a.

26. *Chagigah* 9a.

27. Or the *olas re'iyah* (*Rav MiBartenura* ad loc.; see end of note 20).

28. When a person does not know whether he may take a small or a large portion, he should take the small portion. Then, even if he was entitled to more, he may still keep what he took, since the smaller portion is included in the larger one. But if he takes the larger amount, when in truth he was entitled to less, his act of taking would be unlawful (*Rashi* to *Chagigah* 17a; see also *Rashi* to *Succah* 5a and to *Chullin* 138a).

29. The parable is used here to illustrate a principle of Scriptural exegesis. In our case, we do not know whether the verse's *hekeish* is between Shavuos and Pesach, which would allow only seven days for offering the Shavuos *chagigah,* or between Shavuos and Succos, which would extend the period to eight days. When there is a choice between two interpretations, each of which would lead to a different measurement or quantity, the one that yields the smaller amount must be adopted. Therefore, in our case, the verse's *hekeish* must be between Shavuos and Pesach, since that yields the shorter period of seven days, as opposed to eight days.

מַה חַג הַמַּצּוֹת טָעוּן לִינָה – **Just as the Festival of Matzos requires tarrying overnight,**[1] אַף חַג הַסּוּכּוֹת טָעוּן לִינָה – **so too the Festival of Succos requires tarrying overnight.**[2]

The Gemara asks:

וְהָתָם מְנָלַן – **And from where do we know** that **there,** in the case of Pesach itself, one is required to tarry overnight?

The Gemara answers:

דִּכְתִיב – **For it is written:** "וּפָנִיתָ בַבֹּקֶר וְהָלַכְתָּ לְאֹהָלֶיךָ" – ***and in the morning you may turn back and go to your tents.***[3]

It was explained above (4b) that R' Meir and R' Eliezer ben Yaakov understand the verse, *on the Festival of Matzos* etc., as teaching that Shavuos has a compensation period of seven days. Their disputants, however (namely, the Tanna Kamma and R' Shimon), interpreted the verse differently.[4] The Gemara therefore asks:

וְתַנָּא קַמָּא וְרַבִּי שִׁמְעוֹן (בן אלעזר) – **But** as for **the Tanna Kamma and R' Shimon,** תַּשְׁלוּמִין לַעֲצֶרֶת מְנָא לְהוּ – **from where do they derive that Shavuos has** a **compensation** period?[5]

The Gemara answers:

נַפְקָא לְהוּ מִדְּתָנֵי רַבָּה בַּר שְׁמוּאֵל – **They derive it from** the source presented in **the Baraisa taught by Rabbah bar Shmuel,** דְּתָנֵי רַבָּה בַּר שְׁמוּאֵל – **for Rabbah bar Shmuel taught** the following **Baraisa:** אָמְרָה תוֹרָה – THE TORAH SAID two things: מְנֵה יָמִים וְקַדֵּשׁ חֹדֶשׁ – COUNT DAYS AND SANCTIFY the beginning of THE MONTH [Rosh Chodesh];[6] מְנֵה יָמִים וְקַדֵּשׁ עֲצֶרֶת – COUNT DAYS AND SANCTIFY the Festival of SHAVUOS.[7] This analogy[8] teaches that מַה חֹדֶשׁ לִמְנוּיָיו – JUST AS the beginning of THE MONTH is sanctified FOR a period equal to one of THE UNITS BY WHICH IT IS COUNTED (i.e. a day), אַף עֲצֶרֶת לִמְנוּיָיו – so TOO SHAVUOS is sanctified FOR a period equal to one of THE UNITS BY WHICH IT IS COUNTED (i.e. a week). Thus we see that the period for sanctifying Shavuos lasts an entire week.[9]

The Gemara challenges this derivation:

אֵימָא עֲצֶרֶת חַד יוֹמָא – But by the same reasoning one could **say** that **Shavuos** should be sanctified for only **one day,** since the Torah also uses a *day* as the unit for counting to Shavuos.[10] – ? –

The Gemara answers:

אָמַר רָבָא – **Rava said:** אַטּוּ עֲצֶרֶת יוֹמֵי מָנֵינַן שָׁבוּעֵי לֹא מָנֵינַן – **Now,** regarding **Shavuos, do we count** only **days and not weeks?** וְהָאָמַר מָר – **Why, the master**[11] **has said:** מִצְוָה לְמִימְנֵי יוֹמֵי וּמִצְוָה לְמִימְנֵי שָׁבוּעֵי – **There is a commandment to count days and there is** also **a commandment to count weeks.**[12] וְעוֹד "חַג שָׁבֻעֹת" כְּתִיב – **Furthermore, it is written:** ***the Festival of Shavuos,*** which literally means the "Festival of Weeks."[13]

NOTES

1. One may not leave Jerusalem on the night immediately after the first day of Pesach [when it is obligatory to visit the Temple]. Rather, one must stay in Jerusalem until the morning (*Rashi*). See end of note 3.

2. That is, one must stay in Jerusalem for the night that follows the first day of Succos.

3. *Deuteronomy* 16:7. The verse reads: *You shall roast it* [the *pesach* offering] *and eat it in the place that Hashem, your God, will choose, and in the morning you may turn back and go to your tents.* This apparently means that one returns home the morning after eating the *pesach.* However, that cannot be, because one is obligated that day – the first day of Pesach – to appear in the Temple and offer the *olas re'iyah* [and *shalmei chagigah*]. Rather, the verse means that one must stay in Jerusalem the night *after* the first day of Pesach, and then one may return home on the first day of Chol HaMoed (*Rashi* here and to *Succah* 47a ד"ה ולינה; cf. *Rashi* to *Chagigah* 17b ד"ה ופנית and *Rashi* to *Pesachim* 95b ד"ה טעון לינה [א]; see *Aruch LaNer*).

The Rishonim raise the following difficulty: *Sifrei* (*Deuteronomy* §181) derives from this verse a general requirement that one stay overnight in Jerusalem after offering *any* sacrifice. Why, then, is a special exposition needed to teach that this obligation applies after the first day of Succos, when one is required to offer sacrifices in any event? *Tosafos* answer that the law with regard to Pesach is that one must remain in Jerusalem after the first day even if he had not offered any sacrifices that day. The *hekeish* between Pesach and Succos is then required to apply that law to Succos as well (see *Tosafos* and *Pnei Yehoshua*). [*Pnei Yehoshua* asserts that it applies even to Shavuos, by virtue of the *hekeish* (above, 4b) between Pesach and Shavuos.]

According to some Rishonim, one may not leave Jerusalem until the morning after all seven days of Pesach. In their view, it is for the sake of this law that the *hekeish* between Pesach and Succos is required (*Rashba; Ritva;* see *Tosafos;* see also *Meiri;* cf. *Rashi,* cited in note 1).

4. I.e. to define the time when the prohibition against delaying (בַּל תְּאַחֵר) takes effect.

5. The Gemara raises this question only with respect to the views of the Tanna Kamma and R' Shimon, and not R' Elazar the son of R' Shimon, though he too uses this verse to define the prohibition against delaying. Unlike the other two Tannaim, R' Elazar interprets only the verse's mention of Succos for that purpose. Thus, in his opinion, its mention of Pesach and Shavuos is available for the *hekeish* between those two festivals, which teaches that Shavuos has a compensation period (*Rashi*).

[The commentators explain why the Gemara did not ask how these Tannaim infer that the law of לִינָה, *tarrying overnight,* applies to Succos. See *Tosafos* to *Chagigah* 17a ד"ה אף חג הסוכות, *Pnei Yehoshua,* and *Sfas Emes;* cf. *Rambam,* as understood by *Rashash.*]

6. The verse, עַד חֹדֶשׁ יָמִים, *until a month of days* (*Numbers* 11:20), indicates that we count complete days [and not hours] to determine the length of a month. Although the lunar cycle lasts about 29½ days, each month must consist of either twenty-nine or thirty full days (see *Megillah* 5a and *Rambam, Hil. Kiddush HaChodesh* 8:1). The thirtieth or thirty-first day from the beginning of one month is established as the Rosh Chodesh of the next month. When the Baraisa says that Rosh Chodesh is "sanctified," it means that the prescribed *mussaf* offerings are brought on that day (see *Rashi* here and to *Chagigah* 17b).

7. The Torah commands us to count the period between Pesach and Shavuos (see *Leviticus* 23:15,16). Shavuos is then sanctified with its special offerings (*Rashi*).

8. [Rosh Chodesh and Shavuos are alike in that the Torah specifies a period that must elapse before the day arrives. According to the rules of Scriptural exegesis, this similarity suffices to create a *hekeish* between them, which allows us to infer that they are alike in certain other respects as well.]

9. Rosh Chodesh lasts a single day [according to the basic Torah law] and its *mussaf* offerings are brought that day. Thus, the period for bringing the sacrifices of Rosh Chodesh (one day) is the same as the unit of time used for counting to Rosh Chodesh. The *hekeish* between Rosh Chodesh and Shavuos allows us to infer that this equivalence applies in the case of Shavuos as well. The unit used in the count to Shavuos is the week, as it is stated: שֶׁבַע שַׁבָּתוֹת תְּמִימֹת תִּהְיֶינָה, *seven weeks, they shall be complete* (*Leviticus* 23:15). Thus, a week is also the period in which the Shavuos offerings may be brought (*Rashi*). This means that one who did not offer his *chagigah* or *olas re'iyah* on the single day of Shavuos may do so on one of the following six days.

[According to this derivation, it should emerge that the *mussaf* offerings of Shavuos may also be brought for an entire week, just as the *mussaf* offerings of Rosh Chodesh may be brought throughout an entire day. See *Rashash,* who suggests how the derivation is limited to the *chagigah* and *olas re'iyah.*]

10. As it is stated (*Leviticus* 23:16): תִּסְפְּרוּ חֲמִשִּׁים יוֹם, *you shall count fifty days* [from Pesach to Shavuos] (*Rashi*).

11. Some versions of the Gemara attribute this teaching to Abaye, as the text appears in *Chagigah* 17b and *Menachos* 66a (see *Dikdukei Soferim*).

12. That is, the Torah requires us to count both the days *and* the weeks between Pesach and Shavuos (e.g. on the seventh day, we say: "Seven days, which are one week"). Since it is obligatory to count the weeks, we are justified in using the *hekeish* (between Shavuos and Rosh Chodesh) to teach that the period for the Shavuos offerings lasts a week. See next note.

13. *Exodus* 34:22, *Deuteronomy* 16:10,16. By using the term "Festival of Weeks," the Torah teaches that the primary unit used in counting to

מה חג המצות ^א טעון לינה אף חג הסוכות טעון לינה והתם מנלן דכתיב ^א) ופנית בבקר והלכת לאהליך ות"ק ורבי שמעון (בן אלעזר) תשלומין לעצרת מנא להו נפקא להו מדתני ^ו רבה בר שמואל אמרה תורה ^ב מנה ימים וקדש חדש מנה ימים וקדש עצרת מה חדש למנויו אף עצרת למנויו אימא עצרת חד יומא אמר רבא ^ג אטו עצרת יומי מנינן שבועי לא מנינן והאמר מר ^ג מצוה למימני יומי ומצוה למימני שבועי ועוד ^ב) חג שבועות כתיב ופסח בר מיקרב ברגלים הוא ^ד פסח זימנא קביעא ליה אי אקרביה אקרביה ואי לא אקרביה אידחי ליה אמר רב חסדא פסח ^ז כדי נסבה רב ששת אמר ^ח מאי פסח שלמי פסח אי הכי היינו שלמים תנא שלמים הבאין מחמת פסח ותנא שלמים הבאין מחמת עצמן סלקא דעתך אמינא ^י הואיל ומחמת פסח קאתו כפסח

רש"י

טעון לינה. ליל חולו של מועד: ופנית בבקר. בי"ט לא קאמר קרא שהרי הוא יום שחייבו לראות בעזרה: ות"ק ורבי שמעון. דדרשי ליה האי קרא לבל תאחר דאילו ר' אלעזר בר' שמעון לא קשיא מידי דלדידיה יליף בל תאחר מחג הסוכות לחודיה איתר ליה חג המצות וחג השבועות להקישא לתשלומין: מנה ימים. שנא' (במדבר יא) עד חדש ימים: וקדש חדש. בקרבנות מה חדש קדושו אחד ממנויו ביום ראש חדש הוא מקריבין זמן הוקבע להם אחד מן הימים שהוא נמנה על ידם: אף עצרת. הבאת קרבנותיה באחד ממנויה והרי היא נמנית על ידי שבועים שנאמר (ויקרא כג) שבע שבתות תמימות תהיינה: אימא חד יומא. דכתיב תספרו חמשים יום (שם): ופסח בר מיקרב ברגלים הוא. דקאמר ליה תנא לעיל בבל תאחר דשלש רגלים והרי אינו יכול להקריבו אלא בי"ד בניסן: שלמי פסח. בשלא קרב בזמנו אלא שאבד ונתכפר באחר ונעשה שלמים כדנפקא לה בפסחים (דף צו:) ואותן שלמים אם אחרן ג' רגלים עובר: כפסח

תוספות

מה חג המצות טעון לינה. לא שילין בירושלים כל ז' ימי הפסח ולאחר ימי הפסח ישכים וילך לו דבכל דוכתי דמרבינן לינה כגון לשמיני עצרת ולבכורים ולפסח שני ולכל הקרבנות בספרי בפרשת ראה אנכי לא מרבינן לינה אלא לילה אחד והאי קרא דמייתי בגופיה דפסח כתיב בפרשת ראה תזבח הפסח בערב וכתיב ובשלת ואכלת ופנית בבקר ומיהו לאו בבקר ממש דהוא י"ט אלא כדפי' בקונט' דטעון לינה ליל חולו של מועד דבי"ט לא קאמר קרא שהרי הוא יום שחייב לראות בעזרה וכן חג הסוכות דטעון לינה היינו לילה אחד והאי דמשמע בפ' לולב וערבה (סוכה ד' מז.) גבי חג דאיכא לינה כל שבעה מדלא פריך לינה כל שבעה מי איכא כדפריך גבי זמן הקרבן היינו שאם לא יצא ברגל בירושלים ביום ראשון רק ביום השני או באחד מימי המועד טעון לינה לילה של אחריו וכן אם בא באחד מז' ימי הפסח ותימה דתיפוק ליה דטעונין לינה משום שלמי שמחה דהוי כל שמונה כדתנן ההלל והשמחה שמונה בפ' לולב וערבה (שם ד' מג:) ואפי' בשאר ימות השנה אם מביא קרבן טעון לינה כדתניא בסיפרי ופנית בבקר והלכת לאהליך מלמד שטעונין לינה כלומר כל הזבחים דומיא דפסח אין לי אלא אלו בלבד מנין לרבות עופות ומנחה יין ולבונה ועצים ת"ל ופנית כל פינות שאתה פונה מן הבקר ואילך ובפסח שני פליגי תנאי בפ' לולב וערבה (דף מז: ושם) ובפרק מי שהיה טמא (פסחים ד' לה: ושם) ובסיפרי מפרש טעמא דמ"ד טעון לינה דהרי הוא כעצים ולבונה וי"ל דמשכחת לה דלא מייתי קרבן ביום שבא לירושלים כגון דשלא שלמיו מאתמול דנאכלין לשני ימים ועוד בפ"ק דחגיגה (ד' ח. ושם) אמר (ואכלת) ושמחת לרבות כל מיני שמחות לשמחה ואמרינן בפ' אלו דברים (פסחים ד' עא.) אפי' בכסות נקיה ויין ישן דבענין אחר לא משכחת לה שמחה שמונה כשחל י"ט הראשון להיות בשבת מאחר דבעינן זביחה בשעת שמחה וכי האי גוונא אשכחן בירושלמי פרק שני (^י דבכורות) דתנן וטעונין לינה א"ר ^ח (יונתן) הדא דתימא בשאין עמהם קרבן אבל יש עמהם קרבן בלא כך טעונין לינה מחמת הקרבן ובפ' דם חטאת (זבחים ד' צו: ושם) משמע קצת שטעון לינה ז' ימי פסח שכולם חשובין כלילה אחת גבי הא דתנן ר' טרפון אומר אם בישל בו מתחילת הרגל יבשל בו כל הרגל ואמרינן בגמרא מ"ט דר' טרפון א"ר יצחק דאמר קרא ופנית בבקר והלכת לאהליך הכתוב עשאן כולם בקר אחד ואע"ג דלא קיימא הכי דפריך עלה וכי אין פגול ברגל וכי אין נותר ברגל מ"מ לענין לינה יתכן שעשאן בקר אחד כפשטיה דקרא דלאחר הרגל ישוב לביתו וניחא השתא דשמיני עצרת ובכורים דטעונין לינה בפ' לולב וערבה (סוכה ד' מז.) וכל שאר הקרבנות מתרבו מדכתיב ופנית ולחג הסוכות אצטריך היקישא דאי מופנית הוה אמינא לילה אחת ואתיא היקישא לאשמועינן דאסור לצאת כל שבעת ימי הרגל שכל הרגל חשוב בקר א' כחג המצות וניחא נמי הא דקאמר פ' לולב וערבה (ג"ז שם) דשבעת ימי החג טעונין לינה: **אמרה** תורה מנה ימים וקדש חדש מנה ימים וקדש עצרת. כי האי גוונא אמרינן במנחות פרק רבי ישמעאל (ד' סה: ושם) גבי ביתוסים שהיו אומרים עצרת לאחר השבת ויליף לה ר' יהושע מהא דאמרה תורה מנה ימים וקדש חדש מנה ימים וקדש עצרת מה חדש שסמוך לביאתו ניכר אף עצרת שסמוך לביאתו ניכר כלומר לביאת חשבונו ניכר מאימתי התחיל למנות דהיינו מתשעה ועשרים יום משעת מולד הלבנה אף עצרת סמוך למנין החמשים ניכר להם יום קבוע שיתחילו למנות בו דהיינו ביום ששה עשר בחדש ממחרת י"ט הראשון שאם ממתינין עד אחר השבת בראשית אין שם היכר יום קבוע דפעמים שמתחילין למנות בי"ו פעמים בי"ז פעמים בי"ח פעמים בי"ט כמו שפי' שם בקונטרס ור"ת מפרש מה חדש שסמוך לביאתו של חדש ניכר מתי יהיה ראש חדש דמיד דמכסי סיהרא ידעי כולי עלמא שיהיה נולד ולמחר יקדשו ב"ד החדש אף עצרת צריך שיהא ניכר וידוע לעולם זמן קידוש סמוך לביאתו דהיינו אם מתחילין למנות בששה עשר בניסן שיתנו עיניהן כמה הלבנה גדולה בחמשה לחדש וכשראוה בסיון באותה שיעור ידעו שלמחר יתקדש עצרת ופריך התם במנחות (דף סו.) דלמא בי"ט אחרון קאי ויתנו עיניהם בשנים עשר בסיון וה"ר משולם גריס הכא והתם מנה שנים וקדש יובל משום דמנה ימים וקדש חדש נפקא לן בפ"ק דמגילה (ד' ה.) מדכתיב עד חדש ימים ימים אתה מונה לחדשים ולא שעות והוא מדרש חכמים ז"ל ולא שייך למימר אמרה תורה אלא בדבר שהצדוקים מודין כי ההוא דתני בתר הכי אמרה תורה הבא עומר בפסח ושתי הלחם בעצרת דבהדיא כתיב וכן ספירת יובל כתיב בהדיא וסמוך לביאתו התחלת חשבונו ניכר שלעולם מתחילים למנות למחרת שנת חמשים אף עצרת סמוך לביאת התחלת חשבונו יהא ניכר שלעולם מתחילים למנות למחרת יום קבוע שזה יהיה למחרת י"ט ראשון ולא ישתנה לעולם וקשיא דמלינו לקמן בפירקין (ד' טז.) אמרה תורה נסכו מים לפני בחג אע"פ שאין הצדוקים מודים בו שרגמוהו באתרוגיהם ולא מסתברא לחלק משום דהתם קאמר מפני מה אמרה תורה ועוד אשכחן (לקמן ד' ז.) דדרשינן עולת חדש בחדשו אמרה תורה חדש והבא מתרומה חדשה ואין לדוקים מודים בו שהיו אומרים משל יחיד הם מביאים כדתניא פ"ק דמגילת תענית והתם במנחות מייתי לה מ"מ יש סעד לדבריו דלאפוקי מדבריהם של ביתוסים היה רבי יהושע מביא דרשה זו ואי לא מודו בה מה תשובה היא זו אבל אין למחוק בשביל כן ספרים ועוד נראה דהכי יליף עצרת למנויו מחדש דאשכחן לקמן בפירקין (ד' י:) מדיום אחד בחדש חשוב חדש שלשים יום בשנה חשובים שנה וחדש למנויו כשנה למנייה ועוד דאי מיובל יליף כי פריך ואימא עצרת חד יומא מאי קא משני אטו עצרת יומי מנינן שבועי לא מנינן יובל נמי מנינן שנים ושמיטין ואפ"ה הוי למנויו של שנים דהוא מנין מועט והכי נמי עצרת נימא חד יומא דתפסת מועט תפסת אבל אי יליף מחדש ניחא דהא ליכא לאקשויי נילף מיובל דהא קרבן מקרבן יליף שמקדשין חדש למנויו להבאת קרבנותיו כדפירש בקונטרס וכי תימא אכתי תפסת מועט תפסת חד יומא כיון דמחדש ילפינן אמרינן עצרת לכל מנויה עוד י"ל מה חדש סמוך לביאתו ניכר שעה ע"י חשבון השוה מתי יבא שלעולם כשעברו שלשים יום מר"ח מקדשין חדש אף עצרת סמוך לביאתו ניכר ע"י חשבון השוה יש להכיר מתי יבא עצרת שלעולם לאחר חמשים עצרת ולדברי הצדוקים אינה ניכרת שלפעמים יש יותר: **ואי** לא אקרביה אדחי ליה. והרי מיד עובר עליו: **שלמי** פסח. שאבד ונתכפר באחר ואח"כ נמצא הראשון דקרב שלמים ואותן שלמים אם עבר שלשה רגלים עובר ובפרק כל הפסולין (זבחים ד' לו.) דמרבה שלמי נזיר ושלמי פסח שנאכלים ליום ולילה פירש שם בקונט' חגיגת י"ד ולא יתכן דחגיגת י"ד נאכלת לשני ימים ולילה אחד (^ט כדתניא) בפסחים פרק אלו דברים (ד' סט: ושם) ואע"ג דלבן תימא משמע התם (ד' ע.) דנאכלת ליום ולילה איהו יליף מדאיתקש לפסח דדריש זבח חג זו חגיגה הפסח כמשמעו ובפ' כל הפסולים יליף לה מדכתיב תודת שלמיו לכך נראה דמותר הפסח איירי התם כדפירש בקונטרס האי דהכא וניחא השתא הא דאמר בפסחים פרק האשה (ד' פט. ושם) וניתי משום מותר הפסח דמותר הפסח נאכל ליום ולילה היינו מדכתיב תודת שלמיו ומיהו התם פ"ק דזבחים (דף ט. ושם) נמי דרשינן אם כשב להביא פסח שעברה שנתו ושלמים הבאים מחמת פסח לכל מלות שלמים הנהו שלמים הבאים מחמת פסח לא יתכן לפרש אלא בחגיגת י"ד דכל ענייני מותר הפסח דריש התם מתלתא קראי חד לעברה שנתו

עין משפט נר מצוה

יד א סמג עשין רמ:
טו ב מיי' פ"ח מהל' קידוש החדש הל' א סמג עשין ט:
טז ג מיי' פ"ז מהל' תמידין הל' כב סמג עשין ר טוש"ע א"ח סי' תפט סעי' א [רב אלפס סוף ע"פ דף קסא]:
יז ד מיי' פ"ה מהל' קרבן פסח הל' א:

רבינו חננאל

הסוכות למה בא ללמוד מחג המצות מה חג המצות טעון לינה כלומר אין לך רשות לצאת ללכת לאהליך ליל כ"ב בניסן אלא בבקר שנאמר ופנית בבקר והלכת לאהליך. אף חג הסוכות טעון לינה ובבקר יש לך רשות לילך. פז"ר קש"ב פירוש ב' ברכה שמברכין בו יום ש"ע. וכבר פירשנוהו במס' סוכה. ות"ק ור"ש דמפקי ליה להאי קרא בחג המצות ובחג השבועות ובחג הסוכות לדרשה אחרינא כדפרשינן טעמייהו תשלומין לעצרת כל שבעה מנא להו. ואמרינן נפקא להו מהא דתני רבה בר' שמואל אמרה תורה מנה ימים וקדש חדש כדכתיב החדש הזה לכם ראש חדשים וכתיב לא יום אחד תאכלון ולא יומים וגו' עד חודש ימים. וכתיב החדש הזה. ודרשינן כזה ראה וקדש כלומר קדש אותו היום. וכר' אלעזר דאמר (לקמן י') כתיב [בראשון] באחד לחודש. דאכתי יום אחד [הוא דעייל] (על) כו'. הנה מניתה החדש ימים וקדושתה יום אחד. וכן אמרה תורה מנה שבעה שבועות וקדש עצרת כשם שאתה מונה לעצרת שבועות כך קדש לה שבוע לתשלומין שיהיו ימים הללו חשובין כימות החג להקריב קרבן של עצרת אם לא הקריבו בי"ט יקריבנו באלו הימים ואע"ג דכתיב תספרו חמשים יום הנה גם לעצרת מונין ימים האמר אביי מצוה למימני יומי מצוה למימני שבועי. ועוד חג שבועות כתיב. והני תשלומין דעצרת פירושו בפרק אין דורשין בעריות. ואקשינן ופסח בר מקרב ברגלים הוא דקתני בברייתא בכור מעשר ופסח לקט שכחה ופאה כיון שעברו עליהן ג' רגלים עובר בבל תאחר. והלא אין זמן הפסח אלא בי"ד בניסן בלבד. ואם עבר זמנו אסור לשוחטו לשום פסח בשאר ימות השנה שכבר נדחה. ופריק רב חסדא א) פסוק ניבה כלומר חתוך זכרו מגו הבריי. ורב ששת אמר

חשק שלמה על ר"ח

א) ע' בערוך ערך כדי א' שכתב בפי' ר"ח ופירש רב חסדא פיסוק ניביה [נ"ל דל"ל פסוק ניביה] כלומר חתוך זכרו מגו הבריי וכן נ"ל בפירוש רבינו כאן.

מסורת הש"ס

א) [חגיגה יז. מנחות סה: ע"ש], ב) [חגיגה יז: ע"ש], ג) [שם. ע"ש מנחות סו.], ד) [קדושין ה: סוטה יג: ב"מ מ: זבחים לא. מנחות סג. חולין כב.], ה) [זבחים לט:], ו) [שם], ז) [נ"ל דבכורים], ח) [יונה כל"ל], ט) [נ"ל דתנן]

תורה אור השלם

א) וּבִשַּׁלְתָּ וְאָכַלְתָּ בַּמָּקוֹם אֲשֶׁר יִבְחַר יְיָ אֱלֹהֶיךָ בּוֹ וּפָנִיתָ בַבֹּקֶר וְהָלַכְתָּ לְאֹהָלֶיךָ: [דברים טז, ז]

ב) וְעָשִׂיתָ חַג שָׁבֻעוֹת לַייָ אֱלֹהֶיךָ מִסַּת נִדְבַת יָדְךָ אֲשֶׁר תִּתֵּן כַּאֲשֶׁר יְבָרֶכְךָ יְיָ אֱלֹהֶיךָ: [דברים טז, י]

ליקוטי רש"י

[illegible]

A Baraisa quoted above (4a-b) listed various obligations that become subject to the prohibition against delaying after a certain number of festivals. The Gemara questions the inclusion of the *pesach* offering in this list:

וּפֶסַח בַּר מִיקְרַב בִּרְגָלִים הוּא – **Is the *pesach* offering one that can be brought on** any of **the festivals?** פֶּסַח זִימְנָא קְבִיעָא לֵיהּ – **But the *pesach* has a fixed time** (viz. the afternoon of the fourteenth of Nissan): אִי אַקְרְבֵיהּ אַקְרְבֵיהּ – **If it is offered** at that time, **it is offered** in the proper manner; וְאִי לֹא אַקְרְבֵיהּ אִידְחֵי לֵיהּ – **and if it is not offered** at that time, **it is rejected** from ever being offered as a *pesach*![14]

The Gemara concedes this point:

אָמַר רַב חִסְדָּא – **Rav Chisda said:** פֶּסַח כְּדִי נְסָבָהּ – **[The Baraisa] mentioned the *pesach* for no** legal **purpose.**[15]

An alternative approach:

רַב שֵׁשֶׁת אָמַר – **Rav Sheishess said:** מַאי פֶּסַח – **What is the** meaning of the word ***pesach*** in this Baraisa? שַׁלְמֵי פֶּסַח – **It means a *shelamim* of a *pesach*.**[16]

The Gemara challenges this interpretation:

אִי הָכִי – **If** this is **so,** הַיְינוּ שְׁלָמִים – then **it** (i.e. the *pesach* mentioned in the Baraisa) **is** the same as **the *shelamim*,** which has already been listed. Why would the Baraisa mention it separately?

The Gemara answers:

תָּנָא שְׁלָמִים הַבָּאִין מֵחֲמַת פֶּסַח – **[The Baraisa] mentions the *shelamim* that is brought on account of a *pesach*** וְתָנָא שְׁלָמִים הַבָּאִין מֵחֲמַת עַצְמָן – **and it** also **mentions the *shelamim* that is brought in its own right,** i.e. one that was originally designated as a *shelamim*. The reason why the *shelamim* of a *pesach* is mentioned separately is that otherwise סַלְקָא דַּעְתָּךְ אֲמִינָא – **you might have thought to say** that הוֹאִיל וּמֵחֲמַת פֶּסַח קָאָתוּ – **since it is brought on account of a *pesach*,**

NOTES

this festival is the week. Thus, on the basis of the *hekeish* between Shavuos and Rosh Chodesh, it emerges that the Shavuos sacrifices may be offered over a period of a week.

The Gemara's first answer ["There is a commandment to count weeks, etc."] is flawed, because it runs counter to the rule which states that in cases of doubt, a small measurement is given priority over a large one [תָּפַשְׂתָּ מְרֻבֶּה לֹא תָפַשְׂתָּ וכו׳] (see 4b notes 28 and 29). According to that rule, since the count is made with both days and weeks, we should use the smaller unit (viz. a day) to define the period for the Shavuos offerings. In view of this problem, the Gemara added the second answer ["the Festival of Weeks"] to teach that the primary unit is the week (see *Rashba, Ritva, Tos. HaRosh* and *Chidushei HaRan;* cf. *Rashash*).

14. As soon as its time for sacrifice passes, the animal becomes invalid for a *pesach* offering. At that point, the owner would immediately transgress the commandment *not to delay* (*Tosafos;* cf. *Turei Even;* see *Aruch LaNer* and *Sfas Emes*).

15. [The *bechor, maaser* and *pesach* are often listed together. Consequently, the Baraisa mentioned the *pesach* along with the *bechor* and *maaser,* although the stated law does not actually apply to the *pesach.*]

16. If an animal was designated as a *pesach* offering but was not offered at the proper time on the fourteenth of Nissan (e.g. it was lost at that time and a replacement was offered), it becomes a *shelamim* offering (see *Pesachim* 97b). The Baraisa teaches that if one does not offer this *shelamim* by the end of the third festival [after it is found], he is guilty of delaying (*Rashi;* cf. *Rashi* to *Zevachim* 36a ד״ה ושלמי פסח and 99b ד״ה שלמי פסח).

[Rav Sheishess essentially agrees with Rav Chisda that the *pesach* itself is *not* included among the offerings that become subject after three festivals to the prohibition against delaying. They disagree only regarding the interpretation of the word *pesach* in the Baraisa. According to Rav Chisda, this word serves no legal purpose, while according to Rav Sheishess it means a certain type of *shelamim.*]

מה חג המצות [א]טעון לינה אף חג הסוכות טעון לינה והתם מנלן דכתיב [א)] ופנית בבקר והלכת לאהליך ות"ק ורבי שמעון (בן אלעזר) תשלומין לעצרת מנא להו נפקא להו מדתני רבה בר שמואל דתני [ו)] אמרה תורה [ב]מנה ימים וקדש חדש מנה ימים וקדש עצרת מה חדש למנויו אף עצרת למנויו אימא עצרת חד יומא אמר רבא [ג)] אטו עצרת יומי מנינן שבועי לא מנינן והאמר מר [ג)] [ג]מצוה למימני יומי ומצוה למימני שבועי ועוד [ב)] חג שבועות כתיב ופסח בר מיקרב ברגלים הוא [ד]פסח זימנא קביעא ליה אי אקרביה אקרביה ואי לא אקרביה אידחי ליה אמר רב חסדא פסח [ז)] כדי נסבה רב ששת אמר [ה)] מאי פסח שלמי פסח אי הכי היינו שלמים תנא שלמים הבאין מחמת פסח קאתו ותנא שלמים הבאין מחמת עצמן סלקא דעתך אמינא [י)] הואיל ומחמת פסח קאתו כפסח

רש"י

טעון לינה. ליל חולו של מועד: ופנית בבקר. בי"ט לא קאמר קרא שהרי הוא יום שחייבו לראות בעזרה: ות"ק ורבי שמעון. דדרשי ליה האי קרא לבל תאחר דאילו ר' אלעזר בר' שמעון לא קשיא מידי דאיהו יליף בל תאחר מחג הסוכות לחודיה אייתר ליה חג המצות וחג השבועו' להקישא לתשלומין: מנה ימים. שנא' (במדבר יא) עד חדש ימים: וקדש חדש. בקרבנות מה חדש קדושו אחד ממנויו ביום ראש חדש הוא מקריבן זמן הוקבע להם אחד מן הימים שהוא נמנה על ידם: אף עצרת. הבאת קרבנותיה באחד ממנוייה והרי היא נמנית על ידי שבועים שנאמר (ויקרא כג) שבע שבתות תמימות תהיינה: אימא חד יומא. דכתיב תספרו חמשים יום (שם): ופסח בר מיקרב ברגלים הוא. דקאמר ליה תנא לעיל בבל תאחר דשלש רגלים והרי אינו יכול להקריבו אלא בי"ד בניסן: שלמי פסח. בשלא קרב בזמנו שאבד ונתכפר באחר הוא נעשה שלמים כדנפקא לה בפסחים (דף צז:) ואותן שלמים אם איחר ג' רגלים עובר: כפסח

תוספות

מה חג המצות טעון לינה. לא שילין בירושלים כל ז' ימי הפסח ולאחר ימי הפסח ישכים וילך לו דבכל דוכתי דמרבינן לינה כגון לשמיני עצרת ולבכורים ולפסח שני ולכל הקרבנות בסיפרי בפרשת ראה אנכי לא מרבינן לינה אלא לילה אחד והאי קרא דמייתי בגופיה דפסח כתיב בפרשת ראה תזבח הפסח בערב וכתיב ובשלת ואכלת ופנית בבקר ומיהו לאו בבקר ממש דהוא י"ט אלא כדפי' בקונט' דטעון לינה ליל חולו של מועד די"ט לא קאמר קרא שהרי הוא יום שחייב לראות בעזרה וכן חג הסוכות דטעון לינה היינו לילה אחד והאי דמשמע בפ' לולב וערבה (סוכה ד' מז.) גבי חג דאיכא לינה כל שבעה מדלא פריך לינה כל שבעה מי איכא כדפריך גבי זמן היינו שאם לא יבא ברגל בירושלים ביום ראשון רק ביום שני או באחד מימי החג טעון לינה לילה של אחריו וכן אם בא באחד מז' ימי הפסח ותימה דתיפוק ליה דטעונין לינה משום שלמי שמחה דהיו כל שמונה כדתנן ההלל והשמחה שמונה בפ' לולב וערבה (שם ד' מג:) ואפי' בשאר ימות השנה אם מביא קרבן טעון לינה כדתניא בסיפרי ופנית בבקר והלכת לאהליך מלמד שטעונין לינה כלומר כל הזבחים דומיא דפסח אין לי אלא אלו בלבד מנין לרבות עופות ומנחה יין ולבונה ועצים ת"ל ופנית כל פינות שאתה פונה מן הבקר ואילך ובפסח שני פליגי תנאי בפ' לולב וערבה (דף מז. ושם) ובפרק מי שהיה טמא (פסחים ד' צה: ושם) ובסיפרי מפרש טעמא דמ"ד טעון לינה דהרי הוא כעצים ולבונה ור"ל משכחת לה דלא מייתי קרבן ביום שבא לירושלים כגון דשלח שלמיו מאתמול דנאכלין לשני ימים ועוד בפ"ק דחגיגה (ד' ח. ושם) אמר (ואכלת) ושמחת לרבות כל מיני שמחות לשמחה ואמרינן בפ' אלו דברים (פסחים ד' עא.) אפי' בכסות נקיה ויין ישן דבעינן אחר לא משכחת לה שמחה שמונה כשחל י"ט הראשון להיות בשבת דאחר דבעינן זביחה בשעת שמחה וכי האי גוונא אשכחן בירושלמי פרק שני (דבכורות) דתנן וטעונין לינה א"ר (יונתן) הדא דתימא בשאין עמהם קרבן אבל יש עמהם קרבן בלא כך טעונין לינה מחמת הקרבן ובפ' דם חטאת (זבחים ד' מו: ושם) משמע קצת שטעון לינה ז' ימי פסח שאוכלין בלילה אחת גבי הא דתנן ר' טרפון אומר אם בישל בו מתחילת הרגל יבשל בו כל הרגל ואמרינן בגמרא מ"ט דר' טרפון א"ר יצחק דאמר קרא ופנית בבקר והלכת לאהליך הכתוב עשאן כולם בקר אחד ואע"ג דלא קיימא הכי דפריך עלה וכי אין פגול ברגל וכי אין נותר ברגל מ"מ לענין לינה יתכן שעשאן בקר אחד כפשטיה דקרא דלאחר הרגל ישוב לביתו וניחא השתא דשמיני עצרת ובכורים דטעונין לינה בפ' לולב וערבה (סוכה ד' מז.) וכל שאר הקרבנות מתרבו מדכתיב ופנית ולחג הסוכות אצטריך היקישא דאי מופנית הוה אמינא לילה אחת ואתיא היקישא לאשמועינן דאסור לצאת כל שבעת ימי הרגל שכל הרגל חשוב בקר א' כחג המצות וניחא נמי הא דקאמר פ' לולב וערבה (ג"ז שם) דשבעת ימי החג טעונין לינה: אמרה תורה מנה ימים וקדש חדש מנה ימים וקדש עצרת. כי האי גוונא אמרינן במנחות פרק רבי ישמעאל (ד' סה: ושם) גבי ביתוסים שהיו אומרים עצרת לאחר השבת וילף לה ר' יהושע מהא דאמרה תורה מנה ימים וקדש חדש מנה ימים וקדש עצרת מה חדש שסמוך לביאתו ניכר אף עצרת סמוך לביאתו ניכר כלומר לביאת חשבונו ניכר מאימתי התחיל למנות דהיינו מתשעה ועשרים יום משעת מולד הלבנה אף עצרת סמוך למנין החמשים ניכר להם יום קבוע שיתחילו למנות בו דהיינו ביום ששה עשר בחדש ממחרת י"ט הראשון שאם מתחילין עד אחר השבת בראשית אין שם היכר יום קבוע דפעמים שמתחילין למנות בי"ו פעמים בי"ז פעמים בי"ח פעמים בי"ט כמו שפי' שם בקונטרס ור"ת מפרש מה חדש שסמוך לביאתו של חדש ניכר מתי יהיה ראש חדש דמיד דמכסי סיהרא ידעי כולי עלמא שיהיה מולד ולמחר יקדשו ב"ד החדש אף עצרת צריך שיהא ניכר וידוע לעולם זמן קידוש סמוך לביאתו דהיינו אם מתחילין למנות בששה עשר בניסן שיתנו עיניהם כמה הלבנה גדולה בחמשה לחדש וכשראוה בסיון באותה שיעור ידעו שלמחר יתקדש עצרת ופריך התם במנחות (דף סו.) דלמא בי"ט אחרון קאי ויתנו עיניהם בשנים עשר בסיון וה"ר משולם גרים הכא והתם מנה שנים וקדש יובל משום דמנה ימים וקדש חדש נפקא לן בפ"ק דמגילה (ד' ה.) מדכתיב עד חדש ימים ימים אתה מונה לחדשים ולא שעות והוא מדרש חכמים ז"ל ולא שייך למימר אמרה תורה אלא בדבר שהצדוקים מודין כי ההוא דתני בתר הכי אמרה תורה הבא עומר בפסח ושתי הלחם בעצרת דבהדיא כתיב וכן ספירת יובל כתיב בהדיא וסמוך לביאתו התחלת חשבונו ניכר שלעולם מתחילים למנות למחרת שנת חמשים אף עצרת סמוך לביאתו יהא ניכר שלעולם מתחילים למנות למחרת יום קבוע שזה יהיה למחרת י"ט ראשון ולא יתחלף לעולם וקשיא דמלינו לקמן בפירקין (ד' ט.) אמרה תורה נסכו מים לפני בחג אע"פ שאין הצדוקים מודים בו שרגמוהו באתרוגים ולא מסתברא לחלק משום דהתם קאמר מפני מה אמרה תורה ועוד דאשכחן (לקמן ד' ז.) דדרשינן עולת חדש בחדשו אמרה תורה חדש והבא מתרומה חדשה ואין הצדוקים מודים בו שהיו אומרים משל יחיד הם מביאים כדתניא פ"ק דמגילת תענית והתם במנחות מייתי לה מ"מ יש סעד לדבריו לאפוקי מדבריהם של ביתוסים היה רבי יהושע מביא דרשה זו ואי לא מודו בה מה תשובה היא זו אבל אין לנו למחוק בשביל כן ספרים ועוד נראה דהכי יליף עצרת למנויו מחדש לאשכחן לקמן בפירקין (ד' י:) מדיום אחד בחדש חשוב חדש שלשים יום בשנה חשובים שנה וחדש למנויו כשנה למנויה ועוד דאי מיובל יליף כי פריך ואימא עצרת חד יומא מאי קא משני אטו עצרת יומי מנינן שבועי לא מנינן יובל נמי מנינן שנים ושמיטין ואפ"ה הוי למנויו של שנים דהוא מנין מועט והכי נמי עצרת נימא חד יומא דתפסת מועט תפסת אבל אי יליף מחדש ניחא דהא ליכא לאקשויי נילף מיובל דהא קרבן מקרבין יליף שמקדשין חדש למנויו להבאת קרבנותיו כדפירש בקונטרס וכי תימא לא תפסת מועט תפסת חד יומא כיון דממחדש ילפינן אמרינן עצרת לכל מנויה עוד י"ל מה חדש סמוך לביאתו ניכר שעה ע"י חשבון השוה מתי יבא שלעולם כשעברו שלשים יום מר"ח מקדשין חדש אף עצרת סמוך לביאתו ניכר ע"י חשבון השוה יש להכיר מתי יבא עצרת שלעולם לאחר חמשים יום ולדברי הצדוקים אינה ניכרת שלפעמים יש יותר: ואי לא אקרביה אדחי ליה. והרי מיד עובר עליו: שלמי פסח. שאבד ונתכפר באחר ואח"כ נמצא הראשון דקרב שלמים ואותן שלמים אם עבר שלשה רגלים עובר ובפרק כל הפסולין (זבחים ד' לו.) דמרבה שלמי נזיר ושלמי פסח שנאכלים ליום ולילה פירש שם בקונט' חגיגת י"ד ולא יתכן דחגיגת י"ד נאכלת לשני ימים ולילה אחד (ט) (כדתניא) בפסחים פרק אלו דברים (ד' סט: ושם) ואע"ג דלבן תימא משמע התם (ד' ע.) דנאכלת ליום ולילה איהו יליף מדאיתקש לפסח דדריש זבח חג זו חגיגה הפסח כמשמעו ובפ' כל הפסולים יליף לה מדכתיב תודת שלמיו לכך נראה דבמותר הפסח איירי התם כדפירש בקונטרס האי דהכא וניחא השתא הא דאמר בפסחים פרק האשה (ד' פט. ושם) וניתי משום מותר הפסח דמותר הפסח נאכל ליום ולילה היינו מדכתיב תודת שלמיו ומיהו התם פ"ק דזבחים (דף ט. ושם) נמי דרשינן אם כשב להביא פסח שעברה שנתו ושלמים הבאים מחמת פסח לכל מלות שלמים הנהו שלמים הבאים מחמת פסח לא יתכן לפרש אלא בחגיגת י"ד דכל ענייני מותר הפסח דריש התם מתלתא קראי חד לעברה שנתו

עין משפט נר מצוה

יד א סמג עשין רכ:
טו ב מיי' פ"ח מהל' קידוש החדש הל' א סמג עשין מ:
טז ג מיי' פ"ז מהל' תמידין הל' כב סמג עשין ר טוש"ע א"ח סי' תפט סעי' א [רב אלפס סוף ע"פ דף קסא]:
יז ד מיי' פ"ה מהל' קרבן פסח הל' א:

רבינו חננאל

הסוכות למה בא ללמוד מחג המצות מה חג המצות טעון לינה כלומר אין לך רשות לצאת ללכת לאהליך לילי כ"ב בניסן אלא בבקר שנאמר ופנית בבקר והלכת לאהליך. אף חג הסוכות טעון לינה ובבקר יש לך רשות לילך. פז"ר קש"ב פירוש ב' ברכה שמברכין בו ביום ש"ע. וכבר פירשנוהו במס' סוכה. ות"ק ור"ש דמפקי ליה להאי קרא בחג המצות ובחג השבועות ובחג הסוכות לדרשה אחרינא כדפרשינן טעמייהו תשלומין לעצרת כל שבעה מנא להו. ואמרינן נפקא להו מהא דתני רבה בר שמואל אמרה תורה מנה ימים וקדש חדש דכתיב החדש הזה לכם ראש חדשים וכתיב לא יום אחד תאכלון ולא יומים וגו' עד חודש ימים. וכתיב החדש הזה. ודרשינן כזה ראה וקדש כלומר קדש אותו היום. וכר' אלעזר דאמר (לקמן י) כתיב [בראשון] באחד לחודש. דאכתי יום אחד [הוא] דעייל (על) כר'. הנה מניתה החדש ימים וקדשתה יום אחד. וכן אמרה תורה מנה שבעה שבועות וקדש עצרת כשם שאתה מונה לעצרת שבועות כך קדש לה שבע לתשלומין שיהיו ימים הללו חשובין כימות החג להקריב קרבן של עצרת אם לא הקריבו בי"ט יקריבו באלו הימים ואע"ג דכתיב תספרו חמשים יום הנה גם לעצרת מונין ימים האמר אביי מצוה למימני יומי מצוה למימני שבועי. ועוד חג שבועות כתיב. והני תשלומין דעצרת פירושו בפרק אין דורשין בעריות. ואקשינן ופסח בר מקרב ברגלים הוא דקתני בברייתא בכור ומעשר ופסח לקט שכחה ופאה כיון שעברו עליהן ג' רגלים עובר בבל תאחר. והלא אין זמן הפסח אלא בי"ד בניסן בלבד. ואם עבר זמנו אסור לשוחטו לשום פסח בשאר ימות השנה שכבר נדחה. ופריק רב חסדא א) פסוק ניביה כלומר חתוך זכרו מגו הבריי'. ורב ששת אמר

חשק שלמה על ר"ח

א) עי' בערוך ערך כד' פי' שכתב בפי' ר"ח כתיב ופריך רב חסדא פיסוק ניביה [נ"ל דל"ל פסוק ניביה] כלומר חתוך זכרו מזו הברייתא עכ"ל וכן ל"ל בפירוש רבינו כאן.

מסורת הש"ס

א) [חגיגה יז: מנחות סה: ע"ש], ב) [חגיגה יז:], ג) [שם. ע"ש מנחות סו.], ד) [קדושין לז. סוטה יט: זבחים לז. מנחות פג. חולין כב.], ה) [זבחים לב:], ו) [שם], ז) [צ"ל דכמרים], ח) [יומא כל"ג], ט) [צ"ל דכתן].

תורה אור השלם

א) וּבִשַּׁלְתָּ וְאָכַלְתָּ בַּמָּקוֹם אֲשֶׁר יִבְחַר יְיָ אֱלֹהֶיךָ בּוֹ וּפָנִיתָ בַבֹּקֶר וְהָלַכְתָּ לְאֹהָלֶיךָ: [דברים טז, ז]

ב) וְעָשִׂיתָ חַג שָׁבֻעוֹת לַייָ אֱלֹהֶיךָ מִסַּת נִדְבַת יָדְךָ אֲשֶׁר תִּתֵּן כַּאֲשֶׁר יְבָרֶכְךָ יְיָ אֱלֹהֶיךָ: [דברים טז, י]

ליקוטי רש"י

שכולם פרים מרובים ואילים שנים ולארבעה עשר כבשים וכלן פר אחד איל אחד ושבעה כבשים [יומא שם]. שאינו כסדר פרי החג [סוכה שם]. שיר. אין שיר קרבנותיו כסדר שיר של ימות החג ואינו מדבר מענין פרשיות של המועד [סוכה נה.]. ... ביום השמיני שלח את העם ויברכו את המלך (מלכים א ח) ... תפסת מרובה לא תפסת. כל מקום שמתגלה שני דברים אחד מועט מרובה ואחד מועט מוטב לך לתפוס את המועט שאפילו היה לך לתפוס את המרובה ... כל דבר שמשמעו מרובה ומועט אם תפסת את המועט יפה תפסת ... לתפוס חסרו לך ממה שבידך והיינו לא תפסת אבל כשתתפוס המועט אם יוסיפו טוב ואם לאו מה שתפסת תפסת ומשל הוא [סוכה ה.]. במקום שאתה שומע אף המועט במרובה לא תפסת דיש להקשות תפוס את המועט והרי אתה שקרן בדבריך [שם:]. תפסת מרובה לא תפסת. ברייתא בתורת כהנים גבי זבה (ויקרא טו) ימים רבים ימים שנים רבים הואיל ולא פירש לך איזה מהן יש לך לתפוס הראשון שבמשמע שאם לא נתפוס אלא המרובה אני משיבך מהיכן אתה ממעטו לזה המועט והלא אף הוא כמשמע וכו' [חולין קלח.]. דיש להקשות תפוס את המועט. תפסתה מועט תפסתה. דאי מקשה לך תפוס את המרובה אינו חולק על דבריך אלא מוסיף דבכלל מרובה איכא מועט [ערכין ד:]. [ע"כ שייך לדף ד:]

טעון לינה. מוצאי י"ט [חגיגה יז.]. לילה אחד בתוך העיר. לילה הראשון ילין בירושלים מיכן ואילך רשאי לדור חוץ לחומה בתוך התחום והיינו לאהליך לאהל שחוץ לחומה ולא לביתו ממש דהא יום טוב הוא ועוד דקא בעי לאיתויי עולת ראייה [פסחים צה:]. ללון לילה של מוצאי י"ט הראשון בירושלים דגמרינן מפסח דכתיב (דברים טז) ופנית בבקר והלכת לאהליך ביום טוב לא קאמר קרא שהרי הוא יום שחייבו חכמים לראות בעזרה כך פירשו בפרק קמא דראש השנה (ה.) לראות בעזרה כדי להביא עולת ראייה ואי אפשר לומר והלכת לאהליך אלא בחולו של מועד וקאמרינן בבקר אלמא חייב ללון מוצאי יום טוב בתוך העיר [סוכה מז.]. ופנית בבקר. לבקרו של שני מלמד שטעון לינה לילה של מוצאי יו"ט [דברים טז ז]. שהוא חול המועד דאילו ביו"ט תחומין אסור [חגיגה יז:]. על כרחך בקר של חול קאמר וקרי ליה בקר ראשון [זבחים צז.]. מנה ימים. שלשים יום [חגיגה שם]. עד חדש ימים (לחדש) מנה תשעה ועשרים יום. וקדש חדש. ביום שלשים [מנחות סה:]. למוספין. מנה ימים. חמשים יום. וקדש עצרת. בקרבנותיו. מה חדש. קדושתו באחד ממנויו. אף עצרת. קדושתו באחד ממנוייו. והאמר מר. האמר אביי במסכת מנחות מלוה למימני יומי ומלוה למימני שבועי [חגיגה שם]. כדי נסבה. שלא לצורך [סוטה יט:].

עין משפט
נר מצוה

יח א מיי' פי"ד מהל' מעשה הקרבנות הל' טו סמג לאוין שלא:
יט ב מיי' פי"ב מהל' פסולי המוקדשין הל' יג:
כ ג מיי' פי"ד מהל' מעשה הקרבנות הל' יד:
כא ד מיי' פ"א מהל' בכורות הל' יג:

שנתו וזמנו וחד לעבירה (ו) שנתו ולא זמנו וחד ללא עברה לא שנתו ולא זמנו ומיהו הכוא נמי יש ליישב דאיירי במותר הפסח שדרך התנאים שמסמיכין אחד קרא אע"ג דנפקי מתרי קראי כדאשכחן בפרק אלו מליאות (ב"מ ד' ל.) גבי והתעלמת מהם דדריש מיניה כהן והוא בבית הקברות וזקן ואינו לפי כבודו או שהיתה שלו מרובה משל חבירו אע"ג דנפקי מתרי קראי דלא אתי קרא אלא לחד כדמסיק התם וכן פ"ק דחגיגה (דף ד.) רגלים פרט לבעלי קבין והאי קרא גופיה דאם כשב דרשינן ליה בפרק מי שהיה טמא (פסחים לו: ושם) לרבות תמורת הפסח אחר הפסח שקרבה שלמים ומוקי לה בנמלא אחר שחיטה והמיר בו אחר שחיטה וקרא אסמכתא בעלמא דפשיטא היא ולא לריכא קרא:

ונאמר להלן אם נדר או נדבה. הוה מצי לאתויי מהאי ענינא גופיה דכתיב ביה (דברים כג) כאשר נדרת נדבה:

ערכין והחרמין וההקדשות. בכולהו כתיב לה' גבי ערכין כתיב בערכך נפשות לה' (ויקרא כז) ובחרמין כתיב (שם) קדש קדשים הוא לה' וגבי חרמי כהן נמי דריש ליה בבכורות בר"פ כל פסולי המוקדשים (ד' לב.) ובהקדשות כתיב (שם) איש כי יקדיש את ביתו קדש לה' וא"ת מהאי טעמא נמי תיפוק ליה חטאת ואשם ועולה ושלמים כדדרשינן נמי לקמן בשמעתין מדכתיב לה' אלהיך בקרא דמוצא שפתיך תשמור וי"ל (ח) דלקמן דאית ליה קרא אחרינא לקדשי בדק הבית מאשר דברת מוקי ליה קרא לה' אלהיך לחטאות ואשמות דמסתבר אבל הכא אי לאו דכתיב דרוש ידרשנו בחטאת ואשם הוה מוקמינן בהו האי קרא ולא הוה שמעינן ערכין חרמין והקדשות [וליכא למלפינהו נמי מדרוש ידרשנו דלא משמע אלא שבא על חטא]:

אלו חטאות ואשמות. שהן נדרשין ממך שהרי הם מוטלין חובה עליך ועולות ושלמים כגון עולת ראיה ושלמי חגיגה שהם חובה דאלו נדרים ונדבות מכי תדור נדר נפקי ותימה שלמי חגיגה וראיה זמנן קביעא להו דעבר הרגל ולא חג אינו חייב באחריותו וא"כ אם אקרביה אקרביה וכו' כדאקשינן לעיל גבי פסח וי"ל דמ"מ היכא דהופרשו ולא הקריבם קאי עלייהו בבל תאחר כיון שלא נפסלו בכך וי"מ דנפקא להו חטאת מדכתיב לשון דרישה גבי חטאת דכתיב (ויקרא י) דרש דרש משה ואשם עולה ושלמים דאיתקוש בהיקישא דזאת התורה בסוף התודה (מנחות דף פג: ושם) ולא יתכן דא"כ נדרים ונדבות נמי ובכור ומעשר ופסח נמי תיפוק מהתם דכולהו איתקוש:

ומעשרות ובכור. מעשר ובכור מכי דרוש ידרשנו לא נפקא דלא דמי חיובא דידהו לחיובא דחטאת ואשם דהאי לית ליה בכור ומעשר לא מיחייב בהו ופסח לא גרסינן הכא דהאי בשלמי פסח כרב ששת מהיכא דנפקא שלמים נפקא להו ומיהו יש לחלק:

אי חליפי חטאת למיתה אזלא. ואי חליפי אשם לרעייה אזלא דקי"ל (נזיר כה:) כל שבחטאת מתה באשם רועה ולר"ת דמפרש[ט] דמן הדין באשם קרב עולה א"כ מקרב קרבי:

שהומם בתוך הרגל. ואין בל תאחר אלא בכל הרגל:

מה מעשר אינו נפסל משנה לחברתה. פירש בקונטרס דכתיב מקצה שלש שנים תוציא את כל מעשר תבואתך אם שהה מעשרות שנה ראשונה ושניה ואפילו למאי דפרישית לעיל דאיכא בבל תאחר במעשר שהופרש ולא נתנו וקרא דשנת הביעור אלטריך לאותו שלא הופרש מ"מ בכולהו משתעי קרא דמתבער וקלת תימה בכולה שמעתין מהיכא תיתי לן דנפסל דאיצטריך קרא דאינו נפסל וכן אותו בלא ירצה ואין מאחר נדרו בלא ירצה למה לי:

קדשים דבני הרצאה נינהו. דעולה מכפרת על חייבי עשה כדאמרינן בפרק קמא דזבחים (דף ז: ושם):

כפסח דמו קמ"ל מנהני מילי דתנו רבנן א) כי תדור נדר אין לי אלא נדר נדבה מנין נאמר כאן נדר ונאמר להלן (א) ב) אם נדר או נדבה מה להלן נדבה עמו אף כאן נדבה עמו א) לה' אלהיך אלו הדמין הערכין והחרמין וההקדשות א) לא תאחר לשלמו הוא ולא חילופיו א) כי דרוש ידרשנו אלו חטאות ואשמות עולות ושלמים א) ה' אלהיך אלו צדקות ומעשרות ובכור א) מעמך ג) זה לקט שכחה ופאה א) והיה בך חטא ולא בקרבנך חטא אמר מר לא תאחר לשלמו הוא ולא חילופיו חילופיו מאי אי חילופי עולה ושלמים מקרב קרבי אי חילופי חטאת למיתה אזלא אלא מאי חילופיו חילופי תודה דתני רבי חייא ד) תודה שנתערבה בתמורתה ומתה אחת מהן חברתה אין לה תקנה היכי ליעביד ליקרבה וליקריב לחם בהדה דלמא תמורה היא ליקרבה בלא לחם דלמא תודה היא והא כיון דלאו בת הקרבה היא קרא למעוטי למה לי אמר רב ששת לעולם למעוטי חילופי עולה ושלמים והכא במאי עסקינן ה) כגון שעברו עליו שני רגלים והומם וחיללו על אחר ועבר עליו רגל אחד סלקא דעתך אמינא הואיל ומכח קמא קאתי כמאן דעברו עליו ג' רגלים דמי קמ"ל ולרבי מאיר דאמר כיון שעבר עליו רגל א' עובר בבל תאחר מאי איכא למימר אמר רבא הכא במאי עסקינן כגון שהומם בתוך הרגל וחיללו (ב) ועבר עליו הרגל סלקא דעתך אמינא הואיל ומכח קמא קאתי כמאן דעבר עליה כוליה רגל דמי קמ"ל והיה בך חטא ולא בקרבנך חטא והא מהכא נפקא מדאחרים נפקא דתניא ו) אחרים אומרים יכול יהא בכור שעברה שנתו כפסולי המוקדשין ויפסל תלמוד לומר ג) ואכלת לפני ה' אלהיך מעשר דגנך תירושך ויצהרך ובכורות בקרך וצאנך מקיש בכור למעשר מה מעשר אינו נפסל משנה לחברתה ז) אף בכור אינו נפסל משנה לחברתה איצטריך סלקא דעתך אמינא הני מילי בכור דלאו בר הרצאה הוא אבל קדשים דבני הרצאה נינהו אימא לא לירצו קא משמע לן ואכתי מדבן

כפסח דמו. וברגל ראשון יעבור עליהן: מנא הני מילי. דאכל הנך דחשיב במתניתא לעיל איכא בל תאחר: נדר. הרי עלי: נדבה. הרי זו: נאמר להלן נדר. ואם נדר או נדבה והוא נדר ממון כו'. אלו הדמין והערכין כו'. שהן קדשי בדק הבית וכולן לה' ואין לכהנים בהן כלום: הוא ולא חילופיו. עליו אתה עובר ולא על חילופיו ולקמיה מפרש לה: אלו חטאות ואשמות. שהן נדרשין ממך שהרי חובה הם מוטלין עליך: עולות ושלמים. כגון עולת ראיה ושלמי חגיגה שהן חובה דאלו דנדר ונדבה ברישא דקרא כתיבי וה"ה נמי לבכור (ו) ולמעשר ופסח שהן חובה: ה' אלהיך אלו צדקות ומעשרות. דהא קרא יתירא הוא דהוה ליה למכתב כי דרוש ידרשנו וכבר ה' כתוב לעיל למעלה במקרא נדרוש ביה לאתויי לדקות ומעשרות (ג) שכתוב בהן שם זה ולך תהיה לדקה לפני ה' אלהיך (דברים כד) ואכלת לפני ה' אלהיך מעשר דגנך (שם יד): מעמך זה לקט שכחה ופאה. שהן חלקו של עני דכתיב ביה את העני עמך (שמות כב): ולא בקרבנך חטא. אין הקרבן נפסל בכך: חילופי עולה. כגון אבדה והפריש אחרת תחתיה (ד) נמצאת הראשונה ונתכפר בה: מקרב קרבי. וכיון דקרבה הרי היא קרבן לעצמה ולשלמה קריאה ביה: חילופי חטאת. שכיפרו בעליה מחמת חטאות המתות היא ופשיטא דלא עבר עליה בבל תאחר: חילופי תודה. וכגון שנתערבה בראשונה וקי"ל ז) על זבח התודה חלות התודה טעונה לחם ולא חליפתה ולא תמורתה טעונין לחם: ומתה אחת מהן. שאם היו שתיהן קיימות מביאן ומביא ארבעים חלות כמשפט התודה ואומר הרי הלחם הזה לשם אותה שהיא תודה ושחיטת התודה תקדש ארבעים כמשפטה אבל מתה אין לחברתה תקנה ח) (והיכי) ממעט קרא מבל תאחר: וחיללו על אחר. אמר זה תחת זה ובעל מום יוצא לחולין: סלקא דעתך כו'. והכי קאמר קרא אם על האחד עבר זמן איסור חייב ולא שיצטרפו הוא וחילופיו לג' רגלים: שעברה שנתו. מלותו בתוך שנתו שנאמר (דברים טו) לפני ה' אלהיך תאכלנו שנה בשנה: כפסולי המוקדשים. כבעל מום: ויפסל. הואיל ועבר עליו ואיחרו א] שהרי אין שנה בלא שלשה רגלים ברוב שנים: מקיש בכור למעשר. במעשר דגן קא משתעי קרא: מה מעשר אינו נפסל כו'. דכתיב (שם יד) מקצה שלש שנים וגו' אם שהה מעשרותיו שנה ראשונה ושניה: (ה) הרצאה. אם לכפרה אם לדורון: אימא לא לירצו. מאחר שהביאן בעבירה:

תלמודא אי דאמר האי גברא מתחלה הרי עלי תודה לא סגי דלא מייתי תודתו וכיון דלא סגי דלא מייתי יכול להפריש אחרת לאחריות הלכך לייתי בהמה עם הנותרת ולתני [מנחות פ: כת"י]. **דלמא תמורה היא.** וכבר אמרינן לעיל תודה טעונה לחם ולא תמורה משום הכי אין לה תקנה [מנחות פ:]. **שעברה שנתה.** וזהו איסור דכתיב לפני ד' תאכלנו שנה בשנה [זבחים כט.]. **כפסולי המוקדשין.** כאילו נפל בו מום [שם:]. **ויפסל.** מהקרבה הואיל וכתיב שנה בשנה [תמורה כא: ועיי"ש בצ"ק]. **מה מעשר אינו נפסל משנה לחבירתה.** שהרי בשלישי זמן ביעור לבער כל המעשרות מן הבית ולהתוודות כדכתיב מקצה שלש שנים תוציא (דברים יד) [זבחים שם]. **דלאו בר הרצאה הוא.** אינו בא לכפר אבל קדשים כגון עולה שמכפרת על עשה ושלמים שמביאין לדורון ליתן שלום בין ישראל לאביהם שבשמים ואימא הואיל ואיחרו פסול בעבודה [נ"א. בא בעבירה] הוא ולא לירצו קא משמע לן [זבחים שם].

רבינו חננאל

אמר מאי פסח שלמי פסח כו'. ופשוטה היא מנהני מילי מי שידור ולא ישלם עובר בבל תאחר שנאמר כי תדור נדר וכתוב אחר אומר ואם נדר או נדבה מה זה הנדר נדבה עמו אף זה הנדר נדבה עמו. והוה ליה לקרא למכתב כי תדור נדר ודיו למה ליה למכתב לה' אלהיך. אלא כל דבר שיתן אדם לה' לרבות הדמין כגון אם יאמר אדם דמי עלי חייב לשלם דמי שווין. אבל אם יאמר אדם ערכי עלי בין נאה בין כעור מעריכין אותו כפי שניו כדכתיב מבן עשרים ועד בן ששים ערכו של זכר נ' שקל כסף בשקל הקדש. והחרמין כדכתיב אך כל חרם אשר יחרים וגו'. וההקדשות כמשמען. לא תאחר לשלמו הוא הנדר עצמו ולא חליפיו כלומר אינו עובר בחליפין ואוקימנה חליפי עולה ושלמים. וכגון שנדר עולה או שלמים והפרישן קודם חג המצות ועברו חג המצות וחג השבוע' ולא הקריבן. ואחר חג השבועות נפל בהן מום וחיללן על אחרים ואמר אלו חליפי אלו. ועבר חג הסוכות ולא הקריב אלו שהעמידן תחת הבעלי מום. והייתי אומ' מאחר שאלו מכח הראשונים הם באים כמי שעברו עליהן ג' רגלים דמו וליחייבו בבל תאחר קמ"ל. כי דרוש ידרשנו אלו חטאות ואשמות עולה ושלמים. לה' אלהיך אלו צדקות ומעשר' בכור ומעשר ופסח. מעמך זה לקט שכחה ופאה. והיה בך חטא בך חטא ולא בקרבנך חטא. כלומר הקרבן המאוחר זמן כשר הוא. ואקשינן האי סברא מדאחרי' נפקא דתניא יכול יהא בכור שעברה שנתו פסול כפסולי המוקדשים ת"ל ואכלת לפני ה' אלהיך מעשר דגנך תירושך ויצהרך וגו'. מקיש בכור למעשר כו' מה מעשר אינו נפסל. כלומר כיון דכתיב לפני ה' אלהיך תאכלנו שנה בשנה אם עובר שנתו נפסל מקיש בכור למעשר מה מעשר אינו נפסל משנה לחברתה אף בכור נמי אינו נפסל משנה לחברתה ופרקינן [סד"א] ה"מ שאינו נפסל מאוחר זמן בכור דלא בר הרצאה הוא אבל קדשים כגון עולות וחטאות וכיוצא בהן דבני הרצאה נינהו אימא לא לירצו קמ"ל בך חטא ולא בקרבנך חטא ואכתי מאחר נדרו שהוא כשר ומרצה מדבן עזאי נפקא דתניא

א) [נדרים ד.], ב) [לקמן ו: נדרים ז.], ג) [מנחות פ.], ד) תמורה כא: [זבחים כט. תוספתא סנהדרין פ"ג], ה) [ע' מהרש"א], ו) [מנחות עט:], ז) [נ"א והכין], ח) ת"י, ט) [פסחים עג. ד"ה אשם].

הגהות הב"ח

(א) גמ' ונאמר להלן נדר ואם נדר או נדבה: (ב) שם שהומם בתוך הרגל וחיללו על אחר ועבר עליו הרגל: (ג) רש"י ד"ה ה' אלהיך כו' לדקות ומעשרות ובכור שכתוב בהן כו' מעשר דגנך ובכורות בקרך ולאנך והס"ד: (ד) שם ד"ה חילופי עולה כו' ונתכפר בה ואח"כ נמצאת הראשונה: (ה) שם ד"ה דבני הרצאה ניתנו אם לכפרה: (ו) תוס' ד"ה ערים העמוד וחד לעבירה זמנו ולא שנתו וחד ללא עבירה:

הגהות מהר"ב רנשבורג

אן רש"י ד"ה ויפסל הואיל ועבר עליו ואיחרו. נ"ב ע' טורי אבן ויד דוד ופי':

תורה אור השלם

א) כִּי תִדֹּר נֶדֶר לַייָ אֱלֹהֶיךָ לֹא תְאַחֵר לְשַׁלְּמוֹ כִּי דָרֹשׁ יִדְרְשֶׁנּוּ יְיָ אֱלֹהֶיךָ מֵעִמָּךְ וְהָיָה בְךָ חֵטְא: [דברים כג, כב]

ב) וְאִם נֶדֶר אוֹ נְדָבָה זֶבַח קָרְבָּנוֹ בְּיוֹם הַקְרִיבוֹ אֶת זִבְחוֹ יֵאָכֵל וּמִמָּחֳרָת וְהַנּוֹתָר מִמֶּנּוּ יֵאָכֵל: [ויקרא ז, טז]

ג) וְאָכַלְתָּ לִפְנֵי יְיָ אֱלֹהֶיךָ בַּמָּקוֹם אֲשֶׁר יִבְחַר לְשַׁכֵּן שְׁמוֹ שָׁם מַעְשַׂר דְּגָנְךָ תִּירֹשְׁךָ וְיִצְהָרֶךָ וּבְכֹרֹת בְּקָרְךָ וְצֹאנֶךָ לְמַעַן תִּלְמַד לְיִרְאָה אֶת יְיָ אֱלֹהֶיךָ כָּל הַיָּמִים: [דברים יד, כג]

ליקוטי רש"י

לא תאחר לשלמו. (ספרי) שלשה רגלים ולמדוהו רבותינו מן המקרא [דברים כג, כב]. אלו חטאות ואשמות. דמחייב אדם קאי עלייהו בבל תאחר [נדרים ד.]. ולא בקרבנך חטא. שאם איחרו אינו נפסל והיה בך חטא סיפיה קרא דלא תאחר לשלמו הוא [זבחים כט.]. תודה שנתערבה בתמורתה. דלא ידע הי תודה והי תמורה. ומתה אחת מהו וכו'. אבל אם שתיהן עומדות מביאן לעזרה וארבעים חלות עמהם ואומר אם זו היא תודה יהא לחם שלה ואם זו תודה יהא לחם שלה

כְּפֶסַח דָּמוּ – it is treated **like the** ***pesach.***[1] **קָא מַשְׁמַע לָן – [The Baraisa]** therefore **teaches us** that this is not so.[2]

The Baraisa above (4a-b) listed several obligations that are subject to the prohibition against delaying. The Gemara now seeks the source for this ruling with respect to each obligation: **מְנָהָנֵי מִילֵּי – From where are these rulings** derived?

The Gemara answers:

דְּתָנוּ רַבָּנָן – For the Rabbis taught in a Baraisa: ,,כִּי־תִדֹּר נֶדֶר" – Scripture states: ***WHEN YOU MAKE A VOW*** *(neder), you shall not delay to pay it.*[3] **אֵין לִי אֶלָּא נֶדֶר –** On the basis of this verse, **I HAVE** knowledge **ONLY** of **A** ***NEDER.***[4] **נְדָבָה מִנַּיִן – FROM WHERE** do I derive that **A** ***NEDAVAH*** too is subject to this prohibition?[5] **נֶאֱמַר כָּאן ,,נֶדֶר" – The word** ***NEDER*** **IS STATED HERE** (in our verse: *When you make a neder,* etc.), **וְנֶאֱמַר לְהַלָּן ,,אִם־נֶדֶר אוֹ נְדָבָה" – AND IT IS** also **STATED ELSEWHERE:**[6] ***IF A NEDER OR A NEDAVAH is his sacrifice.*** The use of the word *neder* in both verses creates a link (*gezeirah shavah*)[7] between them, which teaches that **מַה לְהַלָּן נְדָבָה עִמּוֹ – JUST AS THERE A** ***NEDAVAH*** **IS** included **WITH [A** ***NEDER*****], אַף כָּאן נְדָבָה עִמּוֹ –** so **HERE TOO, A** ***NEDAVAH*** **IS** included **WITH [A** ***NEDER*****].**

The verse continues:

,,לַה' אֱלֹהֶיךָ" – ***TO HASHEM, YOUR GOD:*** **אֵלּוּ הַדָּמִין הָעֲרָכִין וְהַחֲרָמִין וְהַהֶקְדֵּשׁוֹת – THIS** refers to **THE VALUE VOWS,** ***ERECH*** **VOWS,** ***CHEREM*** **VOWS AND CONSECRATIONS.**[8]

The verse continues:

,,לֹא תְאַחֵר לְשַׁלְּמוֹ" – ***YOU SHALL NOT DELAY TO PAY IT:*** **הוּא וְלֹא חִילּוּפָיו –** This teaches that one is liable for delaying **IT, BUT NOT FOR** delaying **ITS SUBSTITUTE.**[9]

The verse continues:

,,כִּי־דָרֹשׁ יִדְרְשֶׁנּוּ" – ***FOR HE WILL DEMAND IT:*** **אֵלּוּ חַטָּאוֹת וַאֲשָׁמוֹת עוֹלוֹת וּשְׁלָמִים – THIS** refers to **THE** ***CHATAS, ASHAM, OLAH*** **AND** ***SHELAMIM*** **OFFERINGS.**[10]

The verse continues:

,,ה' אֱלֹהֶיךָ" – ***HASHEM YOUR GOD:*** **אֵלּוּ צְדָקוֹת וּמַעַשְׂרוֹת וּבְכוֹר – THIS** refers **to CHARITABLE DONATIONS,** ***MAASROS***[11] **AND** the ***BECHOR*** **OFFERING.**[12]

The verse continues:

,,מֵעִמָּךְ" – ***OF YOU:*** **זֶה לֶקֶט שִׁכְחָה וּפֵאָה – THIS** refers to ***LEKET, SHICH'CHAH*** **AND** ***PE'AH.***[13]

NOTES

1. One who fails to offer the *pesach* transgresses the prohibition against delaying as soon as the first festival (i.e. Pesach) begins, since at that point it can no longer be offered as a *pesach* (see 5a note 14). It might have been thought that the same applies to a *pesach* that has been converted into a *shelamim.* If so, the prohibition against delaying its sacrifice would take effect at the first festival after it is found (based on *Rashi;* see, however, *Hagahos R' Elazar Landau* [end of 5a]; see also *Turei Even* and *Aruch LaNer* [ibid.]).

2. By specifically mentioning a *shelamim* that was originally a *pesach,* the Baraisa teaches that the prohibition against delaying does not take effect even in that case until three festivals have passed.

3. *Deuteronomy* 23:22. The Baraisa will expound on each phrase of this verse, which reads: כִּי־תִדֹּר נֶדֶר לַה' אֱלֹהֶיךָ לֹא תְאַחֵר לְשַׁלְּמוֹ כִּי־דָרֹשׁ יִדְרְשֶׁנּוּ ה' אֱלֹהֶיךָ מֵעִמָּךְ וְהָיָה בְךָ חֵטְא, *When you make a vow (neder) to Hashem, your God, you shall not delay to pay it, for Hashem, your God, will demand it of you, and there will be a sin [found] in you.*

4. The verse mentions only a נֶדֶר, *neder,* which is a specific type of vowed offering (see next note for the definition). Thus, according to the verse's plain meaning, we would know only that a *neder* is subject to the prohition against delaying.

5. The difference between a נֶדֶר, *neder* (vowed offering), and a נְדָבָה, *nedavah* (donated offering), is as follows: In the case of a *neder,* the vower declares הֲרֵי עָלַי קָרְבָּן, "It is hereby incumbent upon me to bring a sacrifice." He fulfills his vow by later designating a specific animal as the sacrifice and offering it. In the case of a *nedavah,* the vower declares הֲרֵי זוּ קָרְבָּן, "This [animal] is a sacrifice," designating from the very start the particular animal he wishes to bring as an offering (*Rashi*). [The legal significance of this distinction is that in the case of a *neder,* if the designated animal is lost or dies, the vower must bring another in its place, since he has not yet fulfilled his vow "to bring a sacrifice." In the case of a *nedavah,* however, if anything happens to the designated animal the vower need not replace it since his vow was only to bring "*this* animal." (See, however, 6a and note 29 there).]

6. *Leviticus* 7:16.

7. *Rashi* to 6a ד״ה והא נדבה כתיבא.

8. [For the definitions of these terms, see 4a notes 26-28, 36.] All of these are signified by the words, *to Hashem, your God,* because they are donations to the Temple treasury, which are dedicated entirely to God, without any part being given to the Kohanim [unlike a sacrifice, from which the Kohanim receive certain portions] (*Rashi;* cf. *Tosafos*).

Since the Baraisa derives liability for *cherem* vows from the words *to Hashem, your God,* it evidently speaks of a *cherem* dedicated to the Temple, and not of one dedicated to the Kohanim (see *Ritva*). This is the source for *Rashi's* contention (see 4a note 36) that one is liable for delaying payment of a *cherem* vow only if it is a donation to the Temple (*Turei Even* ibid.).

9. This is explained below (*Rashi*).

10. These words allude to obligatory offerings, which God "demands of you," such as the *chatas, asham, bechor, maaser* and *pesach* offerings. Also included are those *olah* and *shelamim* offerings that are obligatory, e.g. the *olas re'iyah* and *shalmei chagigah.* The reference cannot be to voluntary *olah* and *shelamim* offerings [though they become obligatory after one has voluntarily pledged to bring them], for they have already been included by the earlier part of the verse, under the categories of *neder* and *nedavah* (*Rashi;* cf. *Ritva;* see also *Turei Even* and *Sifsei Chachamim*). [See below, note 12.]

[Although *Rashi* mentions the *pesach,* this is not contradicted by the Gemara above (5a) which stated that the *pesach* was listed unnecessarily. The Gemara meant only that the *pesach* should not have been listed in connection with the time frame of three festivals. Here, however, *Rashi* does not mention the *pesach* in the context of any particular time frame, but only with respect to the basic prohibition against delaying. (Cf. *Tosafos* ד״ה ומעשרות.)]

11. I.e. *maasros* of produce (*maaser rishon,* etc.). The *maaser* of animals has already been included under the previous category of obligatory offerings (*Rashi,* as explained by *Maharsha* on *Tosafos* ד״ה ומעשרות).

12. The words *Hashem, your God* are superfluous. Since the verse has already mentioned the Name of God, it could have stated here "because He will demand it" (without a subject) and we would have inferred from the context that the reference is to God. Therefore, the words *Hashem, your God* are available to include commitments that the Torah mentions elsewhere together with this Divine Name. Such commitments include charity and *maasros,* for regarding charity it is written: *It will be for you as charity before "Hashem, your God"* (*Deuteronomy* 24:13), and regarding *maasros* it is written: *You shall eat before "Hashem, your God," the maaser of your grain* (ibid. 14:23) (*Rashi*). [The *maaser* mentioned in the last verse is actually *maaser sheni* (*Rashi* ad loc.). Nevertheless, since there is a *hekeish* between all the various *maasros* (*maaser rishon, maaser sheni* and *maaser ani*), it is understood that this law applies to all of them (see *Pnei Yehoshua;* cf. *Turei Even* and *Aruch LaNer* to 4a). It possibly applies to *terumah* as well (see *Tosafos* and *Meiri* to 4a).]

Rashi does not mention the *bechor* offering here, but only in connection with the earlier phrase, *"He will demand it of you."* Evidently, *Rashi's* version of the Gemara's text differs from our version, which derives the *bechor* from *"Hashem, your God"* (*Tos. HaRosh; Maharsha;* cf. *Hagahos HaBach;* see also *Turei Even*). See *Tosafos* for the rationale behind our version.

13. [See 4b note 1 for the definition of these terms.] The word עִמָּךְ, *with you,* is used elsewhere with respect to the poor, as it is stated (*Exodus* 22:24): אֶת־הֶעָנִי עִמָּךְ, *the poor person who is with you.* Hence, it is interpreted here as referring to *leket, shich'chah* and *pe'ah,* since they are entitlements of the poor (*Rashi*).

See *Turei Even* and *Pnei Yehoshua,* who discuss why the Baraisa did not say that charity and *maaser ani,* which are also entitlements of the poor, are derived from this part of the verse.

עין משפט
נר מצוה

יח א מיי' פי"ד מהל' מעשה הקרבנות הל' טו סמג לאוין שנד:
יט ב מיי' פי"ב מהל' פסולי המוקדשין הל' יג:
כ ג מיי' פי"ד מהל' מעשה הקרבנות הל' יד:
כא ד מיי' פ"א מהל' בכורות הל' יג:

כפסח דמו קמ"ל מנהני מילי דתנו רבנן א כי תדור נדר אין לי אלא נדר נדבה מנין נאמר כאן נדר ונאמר להלן (א) אם נדר או נדבה מה להלן נדבה עמו אף כאן נדבה עמו א לה' אלהיך אלו הדמין הערכין והחרמין וההקדשות א לא תאחר לשלמו הוא ולא חילופיו א כי דרוש ידרשנו ו אלו חטאות ואשמות עולות ושלמים א ה' אלהיך אלו צדקות ומעשרות ובכור א מעמך ג זה לקט שכחה ופאה א והיה בך חטא א ולא בקרבנך חטא אמר מר לא תאחר לשלמו הוא ולא חילופיו חילופי מאי אי חילופי עולה ושלמים מקרב קרבי אי חילופי חטאת למיתה אזלא אלא מאי חילופיו חילופי תודה דתני ג רבי חייא ב תודה שנתערבה בתמורתה ומתה אחת מהן חברתה אין לה תקנה היכי ליעביד ליקרבה וליקריב לחם בהדה דלמא תמורה היא ליקרבה בלא לחם דלמא תודה היא והא כיון דלאו בת הקרבה היא קרא למעוטי למה לי אמר רב ששת לעולם למעוטי חילופי עולה ושלמים והכא במאי עסקינן ג כגון שעברו עליו שני רגלים והומם וחיללו על אחר ועבר עליו רגל אחד סלקא דעתך אמינא הואיל ומכח קמא קאתי כמאן דעברו עליו ג' רגלים דמי קמ"ל ולרבי מאיר דאמר כיון שעבר עליו רגל א' עובר בבל תאחר מאי איכא למימר אמר רבא הכא במאי עסקינן כגון שהומם בתוך הרגל וחיללו (ג) ועבר עליו הרגל סלקא דעתך אמינא הואיל ומכח קמא קאתי כמאן דעבר עליה כוליה רגל דמי קמ"ל והיה בך חטא ולא בקרבנך חטא והא מהכא נפקא מדאחרים נפקא דתניא ד אחרים אומרים יכול יהא בכור שעברה שנתו כפסולי המוקדשין ויפסל תלמוד לומר ג ואכלת לפני ה' אלהיך מעשר דגנך תירושך ויצהרך ובכורות בקרך וצאנך מקיש בכור למעשר מה מעשר אינו נפסל משנה לחברתה ד אף בכור אינו נפסל משנה לחברתה איצטריך סלקא דעתך אמינא הני מילי בכור דלאו בר הרצאה הוא אבל קדשים דבני הרצאה נינהו אימא לא לירצו קא משמע לן ואכתי
מדבן

כפסח דמו. וברגל ראשון יעבור עליהן: **מנא הני מילי.** דאכל הנך דתניא במתניתא לעיל איכא בל תאחר: **נדר.** הרי עלי: **נדבה.** הרי זו: **נאמר להלן נדר.** ואם נדר או נדבה וגו': **אלו הדמין והערכין כו'.** שכן קדשי בדק הבית וכולן לה' ואין לכהנים בהן כלום: **הוא ולא חילופיו.** עליו אתה עובר ולא על חילופיו ולקמיה מפרש לה: **אלו חטאות ואשמות.** שכן נדרשין ממך שהרי חובה הם מוטלין עליך: **ועולות ושלמים.** כגון עולת ראיה ושלמי חגיגה שכן חובה דאלו נדר ונדבה ברישא דקרא כתיבי וה"ה נמי לבכור ד ולמעשר ופסח שכן חובה: **ה' אלהיך אלו צדקות ומעשרות.** דהא קרא יתירא הוא דהוה ליה למכתב כי דרוש ידרשנו וכבר ה' כתוב למעלה במקרא נדרוש ביה לאתויי צדקות ומעשרות (ג) שכתוב בהן שם זה ולך תהיה צדקה לפני ה' אלהיך (דברים כד) ואכלת לפני ה' אלהיך מעשר דגנך (שם יד): **מעמך זה לקט שכחה ופאה.** שכן חלקו של עני דכתיב ביה את העני עמך (שמות כב): **ולא בקרבנך חטא.** אין הקרבן נפסל בכך: **חילופי עולה.** כגון אבדה והפריש אחרת תחתיה (ד) ונמצאת הראשונה ונתכפר בה: **מקרב קרבי.** וכיון דקרבה הרי היא קרבן לעצמה ולשלמו קרינא ביה: **חילופי חטאת.** שכיפרו בעליה מחמש חטאות המתות היא ופשיטא דלא עבר עליה בבל תאחר: **חילופי תודה.** וכגון שנתערבה בראשונה וקי"ל ו על זבח התודה חלות התודה טעונה לחם ולא חליפתה ולא תמורתה טעונין לחם: **ומתה אחת מהן.** שאם היו שתיהן קיימות מביאן ומביא ארבעים חלות כמשפט התודה ואומר הרי הלחם הזה לשם אותה שהיא תודה ושחיטת התודה מקדש ארבעים כמשפטה אבל מתה אין לחברתה תקנה ז (והיכי) ממעטה קרא מבל תאחר: **וחיללו על אחר.** אמר זה תחת זה ובעל מום יוצא לחולין: **סלקא דעתך כו'.** והכי קאמר קרא אם על האחד עבר זמן איסור חייב ולא שילטרפו הוא וחילופיו לג' רגלים: **שעברה שנתו.** מלותו בתוך שנתו שנאמר (דברים טו) לפני ה' אלהיך תאכלנו שנה בשנה: **כפסולי המוקדשים.** כבעל מום: **ויפסל.** הואיל ועבר עליו ואיחרו א] שהרי אין שנה בלא שלשה רגלים ברוב שנים: **מקיש בכור למעשר.** במעשר דגן קא משתעי קרא: **מה מעשר אינו נפסל כו'.** דכתיב (שם יד) מקצה שלש שנים וגו' אם שהה מעשרותיו שנה ראשונה ושניה: (ה) **הרצאה.** אם לכפרה אם לדורון: **אימא לא לירצו.** מאחר שהביאן בעבירה:
אותו

שנתו וזמנו וחד לעבירה (ו) שנתו ולא זמנו וחד ולא זמנו ולא שנתו וזמנו וחד לעבירה לא שנתו ולא זמנו ומיהו הכא נמי יש ליישב דאיירי במותר הפסח שדרך התנאים שמסמיכין אחד קרא אע"ג דנפקי מתרי קראי כדאשכחן בפרק אלו מגלחין (מ"ק ד' ג.) גבי והתעלמת מהם דדריש מיניה כהן והוא בבית הקברות זקן ואינו לפי כבודו או שהיתה שלו מרובה משל חבירו אע"ג דנפקי מתרי קראי דלא אתי קרא אלא לחד כדמסיק התם וכן פ"ק דחגיגה (דף ז.) רגליים פרט לבעלי קבין והאי קרא גופיה דאם כשב דדרשינן ליה בפרק מי שהיה טמא (פסחים לו: ושם) לרבות תמורת הפסח אחר הפסח שקרבה שלמים ומוקי לה בנמצא אחר שחיטה והמיר בו אחר שחיטה וקרא אסמכתא בעלמא דפשיטא היא ולא צריכא קרא:

ונאמר להלן אם נדר או נדבה. הוה מצי לאתויי מהאי ענינא גופיה דכתיב ביה (דברים כג) כאשר נדרת נדבה:

ערכין וחרמין והקדשות. בכולהו כתיב לה' גבי ערכין כתיב בערכך נפשות לה' (ויקרא כז) ובחרמין כתיב (שם) קדש קדשים הוא לה' וגבי חרמי כהן נמי דריש ליה בבכורות בר"פ כל פסולי המוקדשים (ד' לב.) ובהקדשות כתיב (שם) איש כי יקדיש את ביתו קדש לה' וא"ת מהאי טעמא נמי תיפוק ליה חטאת ואשם ועולה ושלמים כדדרשינן נמי לקמן בשמעתין מדכתיב לה' אלהיך בקרא דמוצא שפתיך תשמור וי"ל ח [דלקמן דלאית ליה קרא אחרינא לקדשי בדק הבית מאשר דברת מוקי ליה קרא דלה' אלהיך לחטאות ולאשמות דמסתבר אבל הכא] אי לאו דכתיב דרוש ידרשנו בחטאת ואשם הוה מוקמינן בהו בהאי קרא ולא הוה מעטינן ערכין חרמין והקדשות [וליכא למלפינהו נמי מדרוש ידרשנו דלא משמע אלא שבא על חטא]:

אלו חטאות ואשמות. שכן נדרשין ממך שהרי הם מוטלין חובה עליך ועולות ושלמים כגון עולת ראיה ושלמי חגיגה שהם חובה דאלו נדרים ונדבות מכי תדור נדר נפקי ותימה שלמי חגיגה וראיה זמנא קביעא להו דעבר הרגל ולא חג אינו חייב באחריותו וא"כ אם אקרביה אקרביה וכו' כדאקשינן לעיל גבי פסח וי"ל דמ"מ היכא דהופרשו ולא הקריבם קאי עלייהו בבל תאחר כיון שלא נפסלו בכך וי"מ דנפקא להו חטאת מדכתיב לשון דרישה גבי חטאת דכתיב (ויקרא י) דרש דרש משה ואשם עולה ושלמים דאיתקוש בהיקישא דזאת התורה בסוף התודה (מנחות דף פג: ושם) ולא יתכן דא"כ נדרים ונדבות נמי ובכור ומעשר ופסח נמי תיפוק מהתם דכולהו איתקוש:

ומעשרות ובכור. מעשר ובכור מכי דרוש ידרשנו לא נפקא דלא דמי חיובא דידהו לחיובא דחטאת ואשם דאי לית ליה בכור ומעשר לא מיחייב בהו ופסח לא גרסינן הכא דאי בשלמי פסח כרב ששת מהיכא דנפקא שלמים נפקא להו ומיהו יש לחלק:

אי חליפי חטאת למיתה אזלא. ואי חליפי אשם לרעייה אזלא דקי"ל (מיר כה:) כל שבחטאת מתה באשם רועה ולר"ת דמפרש ט דמן הדין באשם קרב עולה א"כ מקרב קרבי:

שהומם בתוך הרגל. ואין בל תאחר אלא בכל הרגל:

מה מעשר אינו נפסל משנה לחברתה. פירש בקונטרס דכתיב מקצה שלש שנים תוציא את כל מעשר תבואתך אם שהה מעשרות שנה ראשונה ושניה ואפילו למאי דפרישית לעיל דאיכא בבל תאחר במעשר שהופרש ולא נתנו וקרא דשנת הביעור אצטריך לאותו שלא הופרש מ"מ בכולהו משתעי קרא דמתבער וקשת תימה בכולה שמעתין מהיכא תיתי לן דנפסל דאיצטריך קרא דאינו נפסל וכן אותו בלא ירצה ואין מאחר נדרו בלא ירצה למה לי:

קדשים דבני הרצאה נינהו. דעולה מכפרת על חייבי עשה כדאמרינן בפרק קמא דזבחים (דף ז: ושם):
מדבן

רבינו חננאל

אמר מאי פסח שלמי פסח כו'. ופשוטה היא מנהני מילי מי שידור ולא ישלם עובר בבל תאחר שנאמר כי תדור נדר וכתוב אחר אומר ואם נדר או נדבה מה זה הנדר נדבה עמו אף זה הנדר נדבה עמו. והוה ליה לקרא למכתב כי תדור נדר ודיו למה ליה למכתב לה' אלהיך. אלא כל דבר שיתן אדם לה' לרבות הדמין כגון אם יאמר אדם דמי עלי חייב לשלם דמי שוויו. אבל אם יאמר אדם ערכי עלי בין נאה בין כעור מעריכין אותו כפי שניו כדכתיב מבן עשרים ועד בן ששים ערכו של זכר נ' שקל כסף בשקל הקדש. והחרמין כדכתיב אך כל חרם אשר יחרים וגו'. וההקדשות כמשמען. לא תאחר לשלמו הוא הנדר עצמו ולא חליפיו כלומר אינו עובר בחליפין ואוקימנה חליפי עולה ושלמים. וכגון שנדר עולה או שלמים והפרישן קודם חג המצות ועברו חג המצות וחג השבועות ולא הקריבן. ואחר חג השבועות נפל בהן מום וחיללן על אחרים ואמר אלו חליפי אלו. ועבר חג הסוכות ולא הקריב אלו שהעמידן תחת הבעלי מום. והייתי אומ' מאחר שאלו מכח הראשונים הם באים כמי שעברו עליהן ג' רגלים דמו וליחייבו בבל תאחר קמ"ל. כי דרוש ידרשנו אלו חטאות ואשמות עולה ושלמים. לה' אלהיך אלו צדקות ומעשר' בכור ומעשר ופסח. מעמך זה לקט שכחה ופאה. והיה בך חטא ולא בקרבנך חטא. כלומר הקרבן המאוחר זמן כשר הוא. ואקשינן האי סברא מדאחרי' נפקא דתניא יכול יהא בכור שעברה שנתו פסול כפסולי המוקדשים ת"ל ואכלת לפני ה' אלהיך מעשר דגנך תירושך ויצהרך וגו'. מקיש בכור למעשר כו'. מה מעשר אינו נפסל. כלומר כיון דכתיב לפני ה' אלהיך תאכלנו שנה בשנה אם עובר שנתו נפסל מקיש בכור למעשר מה מעשר אינו נפסל משנה לחברתה אף בכור נמי אינו נפסל משנה לחברתה ופרקינן [סד"א] ה"מ שאינו נפסל מאוחר זמן בכור דלא בר הרצאה הוא אבל קדשים כגון עולות וחטאות וכיוצא בהן דבני הרצאה נינהו אימא לא לירצו קמ"ל בך חטא ולא בקרבנך חטא ואכתי מאחר נדרו שהוא כשר ומרצה מדבן עזאי נפקא דתניא

מסורת הש"ס

א) [נדרים ד.], ב) [לקמן ו: נדרים ז.], ג) [מנחות פ:], ד) תמורה כא: [זבחים כט. תוספתא סנהדרין פ"ג], ה) [עי' מהרש"א], ו) [מנחות עט:], ז) [נ"ל והכי], ח) מ"י, ט) [פסחים עג. ד"ה אשם].

הגהות הב"ח

(א) גמ' ונאמר להלן נדר ואם נדר או נדבה: (ב) שם שהומם בתוך הרגל וחיללו על אחר ועבר עליו הרגל: (ג) רש"י ד"ה ה' אלהיך כו' לצדקות ומעשרו' ובכור שכתוב בהן כו' מעשר דגנך ובכורות בקרך ולאנך והס"ד: (ד) שם ד"ה חילופי עולה כו' ונתכפר בה ואח"כ נמצאת הראשונה: (ה) שם ד"ה דבני הרצאה נינהו אם לכפרה: (ו) תוס' ד"ה העמוד וחד לעבירה זמנו ולא שנתו וחד דלא עברה:

הגהות מהר"ב רנשבורג

א] רש"י ד"ה ויפסל הואיל ועבר עליו ואיחרו. נ"ב עי' טורי אבן ויד דוד ופ"י:

תורה אור השלם

א) כִּי תִדֹּר נֶדֶר לַיי אֱלֹהֶיךָ לֹא תְאַחֵר לְשַׁלְּמוֹ כִּי דָרֹשׁ יִדְרְשֶׁנּוּ יי אֱלֹהֶיךָ מֵעִמָּךְ וְהָיָה בְךָ חֵטְא: [דברים כג, כב]

ב) וְאִם נֶדֶר אוֹ נְדָבָה זֶבַח קָרְבָּנוֹ בְּיוֹם הַקְרִיבוֹ אֶת זִבְחוֹ יֵאָכֵל וּמִמָּחֳרָת וְהַנּוֹתָר מִמֶּנּוּ יֵאָכֵל: [ויקרא ז, טז]

ג) וְאָכַלְתָּ לִפְנֵי יי אֱלֹהֶיךָ בַּמָּקוֹם אֲשֶׁר יִבְחַר לְשַׁכֵּן שְׁמוֹ שָׁם מַעְשַׂר דְּגָנְךָ תִּירֹשְׁךָ וְיִצְהָרֶךָ וּבְכֹרֹת בְּקָרְךָ וְצֹאנֶךָ לְמַעַן תִּלְמַד לְיִרְאָה אֶת יי אֱלֹהֶיךָ כָּל הַיָּמִים: [דברים יד, כג]

ליקוטי רש"י

לא תאחר לשלמו. (ספרי) שלשה רגלים ולמדוהו רבותינו מן המקרא [דברים כג כב]. **אלו חטאות ואשמות.** דמחייב אדם קאי עלייהו בבל תאחר [נדרים ד.]. **ולא בקרבנך חטא.** שאם איחרו אינו נפסל והיה בך חטא סיפיה דקרא דלא תאחר לשלמו הוא [זבחים כט:]. **תודה שנתערבה בתמורתה.** דלא ידע הי תודה והי תמורה. **ומתה אחת מהו וכו'.** אבל אם שתיהן עומדות מביאן לעזרה וארבעים חלות עמהם ומתנה אם זו תודה יהא לחם שלה זו תמורתה ואם זו תודה יהא לחם שלה וזו תמורתה וקא בעי תלמודא אי דאמר האי גברא מתחלה הרי עלי תודה לא סגי דלא מייתי תודתו וכיון דלא סגי דלא מייתי יכול להפריש אחרת לאחריות הלכך לייתי בהמה עם הנותרת ולתני [מנחות פ: כת"י]. **דלמא תמורה היא.** וכבר אמרינן לעיל תודה טעונה לחם ולא תמורה משום הכי אין לה תקנה [מנחות פ:]. **שעברה שנתה.** וזהו איסור דכתיב לפני ד' תאכלנו שנה בשנה [זבחים כט.]. **כפסולי המוקדשין.** כאילו נפל בו מום [שם:]. **ויפסל.** מהקרבה הואיל וכתיב שנה בשנה [תמורה כא: ועי' בצ"ק]. **מה מעשר אינו נפסל משנה לחבירתה.** שהרי בשלישי זמן ביעור לבער כל המעשרות מן הבית ולהתוודות כדכתיב מקצה שלש שנים תוציא (דברים יד) [זבחים שם]. **דלאו בר הרצאה הוא.** לאינו בא לכפר אבל קדשים כגון עולה מכפרת על עשה ושלמים שמביאין לדורון לרצון שלום בין ישראל לאביהם שבשמים ואימא הואיל ואיחרו נפסל בעבירה [נ"א. בא בעבירה] הוא ולא ירצו קא משמע לן [זבחים שם].

The verse concludes:

"וְהָיָה בְךָ חֵטְא" – *THERE WILL BE A SIN* [*found*] *IN YOU:* This teaches that if you delay payment of a vow, there will be a sin only in you, וְלֹא בְקָרְבָּנְךָ חֵטְא – AND there will NOT be A SIN IN YOUR OFFERING, i.e. the offering does not become invalid.

The Gemara quotes from the Baraisa:

אָמַר מַר – **The master said:** "לֹא תְאַחֵר לְשַׁלְּמוֹ" – *YOU SHALL NOT DELAY TO PAY IT:* הוּא וְלֹא חִילּוּפָיו – This teaches that one is liable for delaying IT, BUT NOT FOR delaying ITS SUBSTITUTE.

The Gemara seeks to identify the type of substitute referred to here:

חִילּוּפֵי מַאי – It is **the substitute of what?** אִי חִילּוּפֵי עוֹלָה וּשְׁלָמִים – **If** you say that it is **the substitute of an** ***olah*** **or** ***shelamim,***[14] that cannot be so, מִקְרַב קָרְבִי – because **[such a substitute] is surely offered!** Hence, it *is* subject to the prohibition against delaying.[15] אִי חִילּוּפֵי חַטָּאת – And **if** you say that it is **the substitute of a** ***chatas,***[16] that cannot be correct either, לְמִיתָה אַזְלָא – because **it is left to die!**[17]

The Gemara suggests a different explanation:

אֶלָּא מַאי חִילּוּפָיו – **Rather, what** does the Baraisa mean by **"its substitute"?** חִילּוּפֵי תוֹדָה – It means **the substitute of a** ***todah,***[18] which became mixed with the original *todah.*[19] דְּתָנֵי רַבִּי חִיָּיא – **For R' Chiya taught** the following Baraisa: תּוֹדָה שֶׁנִּתְעָרְבָה בִּתְמוּרָתָהּ – If A *TODAH* BECAME INTERMINGLED WITH ITS *TEMURAH*[20] וּמֵתָה אַחַת מֵהֶן – AND ONE OF THEM DIED, חֲבֶרְתָּהּ אֵין לָהּ תַּקָּנָה – ITS COUNTERPART HAS NO REMEDY, i.e. it cannot be offered. This ruling is explained: הֵיכִי לִיעֲבִיד – **What should one do** with the surviving animal? לִיקְרְבַהּ וְלִיקְרִיב לֶחֶם בַּהֲדָהּ – **Should he offer it and offer** the forty loaves of **bread with it?** דִּלְמָא תְּמוּרָה הִיא – But **maybe it is the substitute,** which must be offered *without* the bread?[21] לִיקְרְבַהּ בְּלֹא לֶחֶם – **Should he offer it without** the **bread?** דִּלְמָא תוֹדָה הִיא – But **maybe it is the** original ***todah,*** which must be offered *with* the bread.[22] Since, as a practical matter, this animal cannot be offered, it would not be subject to the prohibition against delaying. Perhaps it is this type of offering that the verse intends to exclude from the prohibition.[23]

The Gemara rejects this explanation:

וְהָא כֵּיוָן דְּלָאו בַּת הַקְרָבָה הִיא – **But since it is not subject to being offered,** קְרָא לְמַעוּטֵי לָמָּה לִי – **why would I need a verse to exclude** it from the prohibition against delaying?[24]

The Gemara therefore takes a different approach:

אָמַר רַב שֵׁשֶׁת – **Rav Sheishess said:** לְעוֹלָם לְמַעוּטֵי חִילּוּפֵי עוֹלָה וּשְׁלָמִים – **Rather,** the verse serves **to exclude the substitute of an** ***olah*** **and** ***shelamim.*** וְהָכָא בְּמַאי עַסְקִינַן – **And what** case **are we dealing with here?** כְּגוֹן שֶׁעָבְרוּ עָלָיו שְׁנֵי רְגָלִים וְהוּמַם – We are dealing with **a case where two festivals passed and** then **[the original** ***olah*** **or** ***shelamim*****] became blemished,** וְחִילְּלוֹ עַל אַחֵר – **whereupon he transferred its sanctity to another** animal,[25] וְעָבַר עָלָיו רֶגֶל אֶחָד – **and one** more **festival passed.** סַלְקָא דַעְתָּךְ אָמִינָא – **You might have thought to say** that הוֹאִיל וּמִכֹּחַ קַמָּא קָאָתֵי – **since [the substitute] comes by virtue of the first [offering],** כְּמַאן דְּעָבְרוּ עָלָיו שָׁלֹשׁ רְגָלִים דָּמֵי – **it is** treated **as [a single offering] that passed three festivals,** and hence the owner should be liable for having delayed its sacrifice.[26] קָא מַשְׁמַע לָן – **[The verse]** therefore **informs us** that he is not liable.[27]

NOTES

14. An animal that had been designated as an *olah* or *shelamim* was lost and another was designated in its place. Then the first animal was found and offered. The Gemara refers to the second animal, which had not been offered (*Rashi; Ritva;* cf. *Rashi,* as emended by *Hagahos HaBach;* see *Sfas Emes*).

15. Even after the original *olah* has been offered, the substitute must also be offered. It is therefore an offering in its own right, which is surely included in the phrase *you shall not delay to pay it* (*Rashi*).

16. A substitute was designated for a lost *chatas,* and then the original one was found and offered (see *Rashi*).

17. A *chatas* whose owner has already gained atonement [through another *chatas*] may not be offered, but must be left to die (see *Temurah* 22b ff.). In this case, it is obvious that the prohibition against delaying does not apply, and no Scriptural derivation is required to teach this (*Rashi*).

Likewise, an *asham* in parallel circumstances may not be offered. It is left to graze until it develops a disqualifying blemish and then it is sold (see *Tosafos*).

18. The *todah* (thanksgiving offering) is brought to give thanks for deliverance from a dangerous situation (see *Berachos* 54b). It is accompanied by forty loaves of bread, which become consecrated by its slaughter. [The *todah* was not listed separately in the Baraisa above, because it falls under the category of *shelamim.*]

19. A *todah* was lost and a replacement was designated, whereupon the original *todah* was found. The two animals then became intermingled, and it could not be determined which was the original and which the substitute. As we shall see, we are dealing with a case where one of the animals subsequently died.

20. The Torah (*Leviticus* 27:9 ff.) forbids the exchange of an offering for an unconsecrated animal, even if the replacement is superior. The Torah further states that if one does declare that an offering shall be exchanged for a certain animal, *both* animals are sanctified – the original one retains its sanctity and the second one (known as the *temurah*) acquires the same designation as the original.

Although this Baraisa specifies the *temurah* of a *todah,* the law it teaches also applies where a *todah* was lost and properly replaced with another (see note 19). [See, however, *Rashash* and *Sfas Emes* סד״ה חילופי עולה.]

21. It is derived from the Torah that if a *todah* is lost and replaced with another, or if it is exchanged for another (*temurah*), the second offering does not require the forty loaves of bread (*Rashi,* from Mishnah *Menachos* 79b). Moreover, one would be forbidden to bring loaves with it, because he would thereby violate the prohibition against bringing unconsecrated items into the Temple (*Meiri;* see *Menachos* 80b). [Since the offering does not require loaves, its slaughter would not consecrate them.]

22. Therefore, the Baraisa rules that it is impossible to offer this animal.

The Baraisa specifies that one of the animals died, because if both were alive, they could both be offered. One could stipulate that the forty loaves should be assigned to whichever of the two animals is the original *todah.* When that animal is slaughtered, it sanctifies the loaves in the normal manner (*Rashi*).

23. [Unlike the substitute of a *chatas* discussed above, this offering is essentially valid; only practical considerations prevent it from being offered. Hence, one might have thought that it would be included in the prohibition against delaying, had the Torah not taught the contrary.]

24. [The Gemara now argues that although this offering is essentially valid, nevertheless, since it cannot be offered, no derivation is required to exclude it from the prohibition.]

25. If an offering develops a disqualifying blemish, and one designates another as its replacement by saying, זֶה תַּחַת זֶה, *this one instead of that one,* the original offering does in fact lose its sanctity [which is transferred to the new animal] (*Rashi;* see *Temurah* 26b-27a; see also *Poras Yosef* and *Hagahos R' Simchah MiDessau*).

26. The owner delayed offering the first animal for two festivals and its substitute for one festival. Since he failed to fulfill the original obligation for a total of three festivals, he has apparently violated the prohibition of בַּל תְּאַחֵר, *do not delay.*

27. The verse teaches that the substitute is an offering in its own right, which triggers a new count of three festivals. According to this explanation, the pronoun *it* (in the phrase לֹא תְאַחֵר לְשַׁלְּמוֹ, *you shall not delay to pay it*) is interpreted as teaching: You are liable for delaying *it* alone (i.e. a single offering), and not for delaying a combination of it and its substitute. That is, the prohibition is transgressed only if one delays a single offering for the entire period [three festivals], and not if one delays it for part of the period and its substitute for the remainder of the period (*Rashi;* see *Turei Even*).

כפסח דמו קמ"ל מנהני מילי דתנו רבנן (א) כי תדור נדר אין לי אלא נדר נדבה מנין נאמר כאן נדר ונאמר להלן (ה) ב אם נדר או נדבה מה להלן נדבה עמו אף כאן נדבה עמו א לה' אלהיך אלו הדמין הערכין והחרמין וההקדשות א לא תאחר לשלמו הוא ולא חילופיו א כי דרוש ידרשנו ה אלו חטאות ואשמות עולות ושלמים א ה' אלהיך אלו צדקות ומעשרות ובכור א מעמך ז זה לקט שכחה ופאה א והיה בך חטא א ולא בקרבנך חטא אמר מר לא תאחר לשלמו הוא ולא חילופיו חילופיו מאי אי חילופי עולה ושלמים מקרב קרבי אי חילופי חטאת למיתה אזלא אלא מאי חילופיו חילופי תודה דתני ג רבי חייא ב תודה שנתערבה בתמורתה ומתה אחת מהן חברתה אין לה תקנה היכי ליעביד ליקרבה וליקריב לחם בהדה דלמא תמורה היא ליקרבה בלא לחם דלמא תודה היא והא כיון דלאו בת הקרבה היא קרא למעוטי למה לי אמר רב ששת לעולם למעוטי חילופי עולה ושלמים והכא במאי עסקינן ג כגון שעברו עליו שני רגלים והומם וחיללו על אחר ועבר עליו רגל אחד סלקא דעתך אמינא הואיל ומכח קמא קאתי כמאן דעברו עליו ג' רגלים דמי קמ"ל ולרבי מאיר דאמר כיון שעבר עליו רגל א' עובר בבל תאחר מאי איכא למימר אמר רבא הכא במאי עסקינן כגון שהומם בתוך הרגל וחיללו (ב) ועבר עליו הרגל סלקא דעתך אמינא הואיל ומכח קמא קאתי כמאן דעבר עליה כוליה רגל דמי קמ"ל והיה בך חטא ולא בקרבנך חטא והא מהכא נפקא מדאחרים נפקא דתניא ז אחרים אומרים יכול יהא בכור שעברה שנתו כפסולי המוקדשין ויפסל תלמוד לומר ג ואכלת לפני ה' אלהיך מעשר דגנך תירושך ויצהרך ובכורות בקרך וצאנך מקיש בכור למעשר מה מעשר אינו נפסל משנה לחברתה ד אף בכור אינו נפסל משנה לחברתה איצטריך סלקא דעתך אמינא הני מילי בכור דלאו בר הרצאה הוא אבל קדשים דבני הרצאה נינהו אימא לא לירצו קא משמע לן ואכתי מדבן

כפסח דמו. וברגל ראשון יעבור עליהן: **מנא הני מילי.** דלכל הנך דתניא במתניתא לעיל איכא בל תאחר: **נדר.** הרי עלי: **נדבה.** הרי זו: **נאמר להלן** נדר. ואם נדר או נדבה וגו': **אלו הדמין והערכין** כו'. שהן קדשי בדק הבית וכולן לה' ואין לכהנים בהן כלום: **הוא ולא חילופיו.** עליו אתה עובר ולא על חילופיו ולקמיה מפרש לה: **אלו חטאות ואשמות.** שהן נדרשין ממך שהרי חובה הם מוטלין עליך: **ועולות ושלמים.** כגון עולת ראיה ושלמי חגיגה שהן חובה דאלו דנדר ונדבה ברישא דקרא כתיבי וה"ה נמי לבכור (ז) ולמעשר ופסח שהן חובה: **ה' אלהיך אלו צדקות ומעשרות.** דהא קרא יתירא הוא דהוה ליה למכתב כי דרוש ידרשנו וכבר ה' כתוב למעלה במקרא נדרוש ביה לאתויי צדקות ומעשרות (ג) שכתוב בהן שם זה ולך תהיה צדקה לפני ה' אלהיך (דברים כד) ואכלת לפני ה' אלהיך מעשר דגנך (שם יד): **מעמך זה לקט שכחה ופאה.** שהן חלקו של עני דכתיב ביה את העני עמך (שמות כב): **ולא בקרבנך חטא.** אין הקרבן נפסל בכך: **חילופי עולה.** כגון אבדה והפריש אחרת תחתיה (ד) נמצאת הראשונה ונתכפר בה: **מקרב קרבי.** וכיון דקרבנה הרי היא קרבן לעצמה ושלמו קרינא ביה: **חילופי חטאת.** שכיפרו בעליה מחמש חטאות המתות היא ופשיטא דלא עבר עליה בבל תאחר: **חילופי תודה.** וכגון שנתערבה בראשונה וקי"ל (י) על זבח התודה חלות התודה טעונה לחם ולא חליפתה ולא תמורתה טעונין לחם: **ומתה אחת מהן.** שאם היו שתיהן קיימות מביאן ומביא ארבעים חלות כמשפט התודה ואומר הרי הלחם הזה לשם אותה שהיא תודה ושחיטת התודה תקדש ארבעים כמשפטה אבל מתה אין לחברתה תקנה (ו) (והיכי) ממעטנ קרא מבל תאחר: **וחיללו על אחר.** אמר זה תחת זה ובעל מום יוצא לחולין: **סלקא דעתך** כו'. והכי קאמר קרא אם על האחד עבר זמן איסור חייב ולא שיצטרפו הוא וחילופיו לג' רגלים: **שעברה שנתו.** מלותו בתוך שנתו שנאמר (דברים טו) לפני ה' אלהיך תאכלנו שנה בשנה: **כפסולי המוקדשים.** כבעל מום: **ויפסל.** הואיל ועבר עליו ואיחרו או שהרי אין שנה בלא שלשה רגלים ברוב שנים: **מקיש בכור למעשר.** במעשר דגן קא משתעי קרא: **מה מעשר אינו נפסל** כו'. דכתיב (שם יד) מקצה שלש שנים וגו' אם שהה מעשרותיו שנה ראשונה ושניה: (ה) **הרצאה.** אם לכפרה אם לדורון: **אימא לא לירצו.** מאחר שהביאן בעבירה אותו

שנתו וזמנו וחד לעבירה (ו) שנתו ולא זמנו וחד ללא עבירה לא שנתו ולא זמנו ומיהו ההוא נמי יש ליישב דלאיירי במותר הפסח שדרך התנאים שמסמיכין אחד קרא אע"ג דנפקי מתרי קראי כדאשכחן בפרק אלו מגלחין (מ"ק ד' ג.) גבי והעלמת מהם דדריש מיניה כהן והוא בבית הקברות זקן ואינו לפי כבודו או שהיתה שלו מרובה משל חבירו אע"ג דנפקי מתרי קראי דלא אתי קרא אלא לחד כדמסיק התם וכן פ"ק דחגיגה (דף ד.) רגלים פרט לבעלי קבין והאי קרא גופיה דאם כשב דרשינן ליה בפרק מי שהיה טמא (פסחים צו: ושם) לרבות תמורת הפסח אחר הפסח שקרבה שלמים ומוקי לה בנמצא אחר שחיטה והמיר בו אחר שחיטה וקרא אסמכתא בעלמא דפשיטא היא ולא צריכא קרא:

ונאמר להלן אם נדר או נדבה. הוה מצי לאתויי מהאי עניינא גופיה דכתיב ביה (דברים כג) כאשר נדרת נדבה:

ערכין והחרמין וההקדשות. בכולהו כתיב לה' גבי ערכין כתיב בערכך נפשות לה' (ויקרא כז) ובחרמין כתיב (שם) קדש קדשים הוא לה' וגבי חרמי כהן נמי דריש ליה בבכורות בר"פ כל פסולי המוקדשים (ד' לג.) והקדשות כתיב (שם) איש כי יקדיש את ביתו קדש לה' וא"ת מהאי טעמא נמי תיפוק ליה חטאת ואשם ועולה ושלמים כדדרשינן נמי לקמן בשמעתין מדכתיב לה' אלהיך בקרא דמוצא שפתיך תשמור וי"ל [דלקמן דאית ליה קרא אחרינא לקדשי בדק הבית מאשר דברת מוקי ליה קרא דלה' אלהיך לחטאות ואשמות דמסתבר אבל הכא] אי לאו דכתיב דרוש ידרשנו בחטאת ואשם הוה מוקמינן בהו האי קרא ולא הוה שמעינן ערכין חרמין והקדשות [וליכא למלפינהו נמי מדרוש ידרשנו דלא משמע אלא שבא על חטא]:

אלו חטאות ואשמות. שהן נדרשין ממך שהרי הם מוטלין חובה עליך ועולות ושלמים כגון עולת ראיה ושלמי חגיגה שהם חובה דאלו נדרים ונדבות מכי תדור נדר נפקי ותימה שלמי חגיגה וראיה זמנא קביעא להו דעבר הרגל ולא חג אינו חייב באחריותו וא"כ אם אקרביה אקרביה וכו' כדאקשינן לעיל גבי פסח וי"ל דמ"מ היכא דהופרשו ולא הקריבם קאי עלייהו בבל תאחר כיון שלא נפסלו בכך וי"מ דנפקא להו חטאת מדכתיב לשון דרישה גבי חטאת דכתיב (ויקרא י) דרש דרש משה ואשם עולה ושלמים דאיתקוש בהיקישא דזאת התורה בסוף התודה (מנחות דף פב: ושם) ולא יתכן דא"כ נדרים ונדבות נמי ובכור ומעשר ופסח נמי תיפוק מהתם דכולהו איתקוש:

ומעשרות ובכור. מעשר ובכור מכי דרוש ידרשנו לא נפקא דלא דמי חיובא דידהו לחיובא דחטאת ואשם דאי לית ליה בכור ומעשר לא מחייב בהו ופסח לא גרסינן הכא דהא בשלמי פסח כרב ששת מהיכא דנפקא שלמים נפקא להו ומיהו יש לחלק:

אי חליפי חטאת למיתה אזלא. ואי חליפי אשם לרעייה אזלא דקי"ל (נזיר כה:) כל שבחטאת מתה באשם רועה ולר"ת דמפרש (ט) דמן הדין באשם קרב עולה א"כ מקרב קרבי:

שהומם בתוך הרגל. ואין בל תאחר אלא בכל הרגל:

מה מעשר אינו נפסל משנה לחברתה. פירש בקונטרס דכתיב מקצה שלש שנים תוציא את כל מעשר תבואתך אם שהה מעשרות שנה ראשונה ושניה ואפילו למאי דפרישית לעיל דאיכא בבל תאחר במעשר שהופרש ולא נתנו וקרא דשנת הביעור איצטריך לאותו שלא הופרש מ"מ בכולהו משתעי קרא דמתבער וקצת תימה בכולה שמעתין מהיכא תיתי לן דנפסל דאיצטריך קרא דאינו נפסל וכן אותו בלא ירצה ואין מאחר נדרו בלא ירצה למה לי:

קדשים דבני הרצאה נינהו. דעולה מכפרת על חייבי עשה כדאמרינן בפרק קמא דזבחים (דף ז: ושם):

מדבן

עין משפט
נר מצוה

יח א מיי' פי"ד מהל' מעשה הקרבנות הל' טו סמג לאוין שלא:
יט ב מיי' פי"ב מהל' פסולי המוקדשין הל' יג:
כ ג מיי' פי"ד מהל' מעשה הקרבנות הל' יד:
כא ד מיי' פ"א מהל' בכורות הל' יג:

רבינו חננאל

אמר מאי פסח שלמי פסח כו'. ופשוטה היא מנהני מילי מי שידור ולא ישלם עובר בבל תאחר שנאמר כי תדור נדר וכתוב אחר אומר ואם נדר או נדבה מה זה הנדר נדבה עמו אף זה הנדר נדבה עמו. והוה ליה לקרא למכתב כי תדור נדר ודיו למה ליה למכתב לה' אלהיך. אלא כל דבר שיתן אדם לה' לרבות הדמין כגון אם יאמר אדם דמי עלי חייב לשלם דמי שוויו. אבל אם יאמר אדם ערכי עלי בין נאה בין כעור מעריכין אותו כפי שניו כדכתיב מבן עשרים ועד בן ששים ערכו של זכר נ' שקל כסף בשקל הקדש. והחרמין כדכתיב אך כל חרם אשר יחרים וגו'. וההקדשות כמשמען. לא תאחר לשלמו הוא הנדר עצמו ולא חליפיו כלומר אינו עובר בחליפין ואוקימנה חליפי עולה ושלמים. וכגון שנדר עולה או שלמים והפרישן קודם חג המצות ועברו חג המצות וחג השבועו' ולא הקריבן. ואחר חג השבועות נפל בהן מום וחיללן על אחרים ואמר אלו חליפי אלו. ועבר חג הסוכות ולא הקריב אלו שהעמידן תחת הבעלי מום. והייתי אומ' מאחר שאלו מכח הראשונים הם באים כמי שעברו עליהן ג' רגלים דמו וליחייבו בבל תאחר קמ"ל. כי דרוש ידרשנו אלו חטאות ואשמות עולה ושלמים. לה' אלהיך אלו צדקות ומעשר' בכור ומעשר ופסח. מעמך זה לקט שכחה ופאה. והיה בך חטא ולא בקרבנך חטא. כלומר הקרבן המאוחר זמן כשר הוא. ואקשינן האי סברא מדאחרי' נפקא דתניא יכול יהא בכור שעברה שנתו פסול כפסולי המוקדשים ת"ל ואכלת לפני ה' אלהיך מעשר דגנך תירושך ויצהרך וגו'. מקיש בכור למעשר כו'. מה מעשר אינו נפסל. כלומר כיון דכתיב לפני ה' אלהיך תאכלנו שנה בשנה אם עובר שנתו נפסל מקיש בכור למעשר מה מעשר אינו נפסל משנה לחברתה אף בכור נמי אינו נפסל משנה לחברתה ופרקינן [סד"א] ה"מ שאינו נפסל מאוחר זמן בכור דלא בר הרצאה הוא אבל קדשים כגון עולות וחטאות וכיוצא בהן דבני הרצאה נינהו אימא לא לירצו קמ"ל בך חטא ולא בקרבנך חטא ואכתי מאחר נדרו שהוא כשר ומרצה מדבן עזאי נפקא דתניא

מסורת הש"ס

א) [נדרים ד.], ב) [לקמן ו: נדרים ז.], ג) [מנחות פ:], ד) תמורה כא: [זבחים כט. תוספתא סנהדרין פ"ג], ה) [עי' מהרש"א], ו) [מנחות עט:], ז) [נ"ל והכי], ח) ת"י, ט) [פסחים עג. ד"ה אשם].

הגהות הב"ח

(א) גמ' ונאמר להלן נדר ואם נדר או נדבה: (ב) שם שהומם בתוך הרגל וחיללו על אחר ועבר עליו הרגל: (ג) רש"י ד"ה ה' אלהיך כו' לדקות ומעשרו' ובכור שכתוב בהן כו' מעשר דגנך ובכורות בקרך ולאנך והס"ד: (ד) שם ד"ה חילופי עולה כו' ונתכפר בה ואח"כ נמלאת הראשונה: (ה) שם ד"ה דבני הרלאה ניניהו אם לכפרה: (ו) תוס' בריש העמוד וחד לעבירה זמנו ולא שנתו וחד ללא עבירה:

הגהות מהר"ב
רנשבורג

א] רש"י ד"ה ויפסל הואיל ועבר עליו ואיחרו. נ"ב עי' טורי אבן ויד דוד ופ"י:

תורה אור השלם

א) כִּי תִדֹּר נֶדֶר לַייָ אֱלֹהֶיךָ לֹא תְאַחֵר לְשַׁלְּמוֹ כִּי דָרֹשׁ יִדְרְשֶׁנּוּ יְיָ אֱלֹהֶיךָ מֵעִמָּךְ וְהָיָה בְךָ חֵטְא: [דברים כג, כב]

ב) וְאִם נֶדֶר אוֹ נְדָבָה זֶבַח קָרְבָּנוֹ בְּיוֹם הַקְרִיבוֹ אֶת זִבְחוֹ יֵאָכֵל וּמִמָּחֳרָת וְהַנּוֹתָר מִמֶּנּוּ יֵאָכֵל: [ויקרא ז, טז]

ג) וְאָכַלְתָּ לִפְנֵי יְיָ אֱלֹהֶיךָ בַּמָּקוֹם אֲשֶׁר יִבְחַר לְשַׁכֵּן שְׁמוֹ שָׁם מַעְשַׂר דְּגָנְךָ תִּירֹשְׁךָ וְיִצְהָרֶךָ וּבְכֹרֹת בְּקָרְךָ וְצֹאנֶךָ לְמַעַן תִּלְמַד לְיִרְאָה אֶת יְיָ אֱלֹהֶיךָ כָּל הַיָּמִים: [דברים יד, כג]

ליקוטי רש"י

לא תאחר לשלמו. (ספרי) שלשה רגלים ולמדוהו רבותינו מן המקרא [דברים כג כב]. **אלו חטאות ואשמות.** דמחייב אדם קאי עלייהו בבל תאחר [נדרים ד.]. **ולא בקרבנך חטא.** שאם איחרו אינו נפסל והיה בך חטא סיפיה דקרא דלא תאחר לשלמו הוא [זבחים כט.]. **תודה שנתערבה בתמורתה.** דלא ידע הי תודה והי תמורה. **ומתה אחת מהו וכו'.** אבל אם שתיהן עומדות מביאן לעזרה וארבעים חלות עמהם ומתנה אם זו תודה יהא לחם שלה וזו תמורתה ואם זו תודה יהא לחם שלה וזו תמורתה וקא בעי תלמודא אי דאמר האי גברא מתחלה הרי עלי תודה לא סגי דלא מייתי תודתו וכיון דלא סגי דלא מייתי יכול להפריש אחרת לאחריות הלכך לייתי בהמה עם הנותרת ולתני [מנחות פ: כת"י]. **דלמא תמורה היא.** וכבר אמרינן לעיל תודה טעונה לחם ולא תמורה משום הכי אין לה תקנה [מנחות פ:]. **שעברה שנתה.** וזהו איסור דכתיב לפני ד' תאכלנו שנה בשנה [זבחים כט.]. **כפסולי המוקדשין.** כאילו נפל בו מום [שם:]. **ויפסל.** מהקרבה הואיל וכתיב שנה בשנה [תמורה כא: ועיי"ש בצ"ק]. **מה מעשר אינו נפסל משנה לחבירתה.** שהרי בשלישי זמן ביעור לבער כל המעשרות מן הבית ולהתוודות כדכתיב מקצה שלש שנים תוציא (דברים יד) [זבחים שם]. **דלאו בר הרצאה הוא.** אינו בא לכפר אבל קדשים כגון עולה שמכפרת על עשה ושלמים שמביאין לדורון ליתן שלום בין ישראל לאביהם שבשמים ואימא הואיל ואיחרו פסול בעבודה [נ"א. בא בעבירה] הוא ולא לירצו קא משמע לן [זבחים שם].

The Gemara asks:

כֵּיוָן – וּלְרַבִּי מֵאִיר דְּאָמַר – But according to R' Meir who said שֶׁעָבַר עָלָיו רֶגֶל אֶחָד עוֹבֵר בְּבַל תְּאַחֵר – that when *one* festival passes one transgresses the commandment *not to delay,* מַאי אִיכָּא לְמֵימַר – what is there to say?[28]

The Gemara answers:

אָמַר רָבָא – Rava said: הָכָא בְּמַאי עַסְקִינָן – What case are we dealing with here? כְּגוֹן שֶׁהוּמַם בְּתוֹךְ הָרֶגֶל וְחִילְּלוֹ – We are dealing with a case where [the original *olah* or *shelamim*] became blemished *during* the first festival and he transferred its sanctity to another animal, וְעָבַר עָלָיו הָרֶגֶל – and then that festival passed. סַלְקָא דַעְתָּךְ אֲמִינָא – You might have thought to say that הוֹאִיל וּמִכֹּחַ קַמָּא קָאָתֵי – since [the substitute] comes by virtue of the first [offering], כְּמַאן דְּעָבַר עֲלֵיהּ כּוּלֵּיהּ רֶגֶל דָּמֵי – it is treated as [a single offering] that passed the entire festival, and hence the owner should be liable for having delayed its sacrifice. קָא מַשְׁמַע לָן – [The verse] therefore informs us that he is not liable.[29]

The Baraisa concluded:

"וְהָיָה בְךָ חֵטְא" – *THERE WILL BE A SIN IN YOU:* This teaches that if you delay payment of a vow, there will be a sin only in you, וְלֹא בְקָרְבָּנְךָ חֵטְא – AND there will NOT be a SIN IN YOUR OFFERING, i.e. the offering does not become invalid.

The Gemara asks:

וְהָא מֵהָכָא נַפְקָא – But is this law derived from here? מִדַּאֲחֵרִים נַפְקָא – Surely, it is derived from the exposition of the "Others"! דְּתַנְיָא – For it was taught in a Baraisa: אֲחֵרִים אוֹמְרִים – OTHERS SAY: יָכוֹל יְהֵא בְכוֹר שֶׁעָבְרָה שְׁנָתוֹ – IT MIGHT BE thought THAT A *BECHOR* THAT PASSED ITS first YEAR[30] SHOULD BE considered כִּפְסוּלֵי הַמּוּקְדָּשִׁין וְיִפָּסֵל – LIKE DISQUALIFIED CONSECRATED [OFFERINGS],[31] AND IT too SHOULD BE DISQUALIFIED for sacrifice;[32] תַּלְמוּד לוֹמַר "וְאָכַלְתָּ לִפְנֵי ה' אֱלֹהֶיךָ . . . מַעְשַׂר דְּגָנְךָ תִּירֹשְׁךָ וְיִצְהָרֶךָ וּבְכֹרֹת בְּקָרְךָ וְצֹאנֶךָ" – [SCRIPTURE] THEREFORE STATES: *YOU SHALL EAT BEFORE HASHEM YOUR GOD,* *in the place that He will choose to rest His Name,* *THE MAASER OF YOUR GRAIN, YOUR WINE AND YOUR OIL, AND THE BECHOROS OF YOUR CATTLE AND FLOCK.*[33] By juxtaposing the requirements to eat *maaser sheni* and *bechoros* before God, in Jerusalem, מַקִּישׁ בְּכוֹר לְמַעֲשֵׂר – [THE TORAH] COMPARES A *BECHOR* TO *MAASER sheni.* This analogy teaches the following lesson: מָה מַעֲשֵׂר אֵינוֹ נִפְסָל מִשָּׁנָה לַחֲבֶרְתָּהּ – JUST AS *MAASER sheni* DOES NOT BECOME DISQUALIFIED by being kept FROM ONE YEAR UNTIL THE NEXT, אַף בְּכוֹר אֵינוֹ נִפְסָל מִשָּׁנָה לַחֲבֶרְתָּהּ – SO TOO, A *BECHOR* DOES NOT BECOME DISQUALIFIED by being kept FROM ONE YEAR UNTIL THE NEXT.[34] Presumably, all other offerings are analogous to a *bechor* in the respect that they too are valid even if offered late. Why then do we need the exposition recorded in our Baraisa?

The Gemara answers:

אִיצְטְרִיךְ – It is necessary, for if the only source was the preceding exposition, סַלְקָא דַעְתָּךְ אֲמִינָא הָנֵי מִילֵּי בְּכוֹר – you might have thought to say that this applies only in regard to a *bechor,* דְּלָאו בַּר הַרְצָאָה הוּא – since it is not an offering of appeasement (i.e. it does not come to atone or appease God on behalf of its owner). אֲבָל קָדָשִׁים דִּבְנֵי הַרְצָאָה נִינְהוּ – But in regard to other sacred offerings, which are offerings of appeasement,[35] אֵימָא לֹא לִירַצּוּ – I might say that they do not effect appeasement if they are offered late.[36] קָא מַשְׁמַע לָן – [Our Baraisa] therefore informs us, through its additional

NOTES

28. According to R' Meir, there does not seem to be a case in which it is necessary to combine the periods of time for which an offering and its substitute were delayed. As soon as the first festival passes, the owner is guilty for delaying whichever sacrifice was viable at that time. See *Poras Yosef.*

29. The prohibition against delaying does not apply unless one neglected his obligation for the *entire* festival (*Tosafos*). Hence, in this case – where the original offering was delayed for part of the festival and the substitute for the remaining part – these periods would have to combine to effect liability. The verse teaches, however, that they do not combine and thus the owner is not liable. [See the difficulty raised by *Aruch LaNer.*]

It is evident from the Gemara's answer that the prohibition against delaying applies only where one delays his offering for an entire festival. Although this was stated in the context of R' Meir's opinion, the same principle presumably applies according to the other Tannaim as well. Thus, in their view, one is liable only if he delays his sacrifice for three complete festivals (*Ritva;* see *Rashba*). [*Minchas Chinuch* 575:8 asserts that with respect to the positive commandment as well (see 4b note 12) the compensatory period is one entire festival.]

30. In reference to the *bechor* offering, the Torah states (*Deuteronomy* 15:20): *Before Hashem, your God, shall you eat it year by year,* which teaches that the Kohen should eat the *bechor* before the end of its first year of life (*Rashi;* see Mishnah *Bechoros* 26b, and *Rambam, Hil. Bechoros* 1:8).

31. Like an offering that developed a disqualifying blemish (*Rashi*).

32. There are usually three festivals in the course of a year (see below, 6b, for exceptions to this rule). Hence, if one fails to offer a *bechor* during its first year, it transpires that he has delayed its sacrifice for three festivals and thus transgresses the prohibition against delaying. It might therefore be thought that the offering is disqualified (*Rashi;* cf. *Rashi* to *Zevachim* 29a ד״ה שעיברה שנתו and to *Temurah* 21b ד״ה ויפסל). [The commentators discuss why *Rashi* did not say that the verse cited in note 30 provides sufficient grounds for disqualifying the sacrifice (see *Turei Even, Pnei Yehoshua, Cheshek Shlomo* and *Menachem Meishiv Nefesh*).]

[*Chidushei HaRan* (ד״ה יכול) points out that the appellation "Others" generally denotes R' Meir who, as a result of an incident described in *Horayos* 13b, ceased to be quoted by his name but rather as "Others." Thus, it was not really necessary for *Rashi* to say three festivals, since according to R' Meir one transgresses even after a *single* festival. *Rashi* speaks of three festivals having passed to make clear that the question from this Baraisa is not limited to R' Meir but is valid according to the other Tannaim as well. However, *Tosafos* make the point in a number of places that the identification of "Others" as R' Meir is not universally true (see *Tosafos* to *Avodah Zarah* 64b and to *Berachos* 9b; cf. *Tosafos* to *Sotah* 12a).

33. *Deuteronomy* 14:23. The *maaser* mentioned in this verse is *maaser* of produce [specifically, *maaser sheni*] (*Rashi*). The verse teaches that *maaser sheni,* as well as a *bechor* offering, may be eaten only in the city of Jerusalem, which is the place in which God has chosen to rest His Name.

34. Although *maaser sheni,* as well as any other *maaser,* must be taken from each year's crop individually (ibid. v. 22), it does not become unfit for the mitzvah of *maaser sheni* when its year passes. This emerges clearly from the Torah's commandment (ibid. v. 28) that if one had hoarded any *maasros* of the first and second years of the *shemittah* cycle, he must remove them from his house and perform the appropriate mitzvos with them by the Pesach following the third year (see *Rashi* here and to *Deuteronomy* 26:12). [The Rishonim discuss how this obligation relates to the prohibition of בַּל תְּאַחֵר, *do not delay* (see *Tosafos* et al. to 4a; see also 6a note 25).]

We learn from the analogy of *bechor* to *maaser sheni* that a *bechor* too is not disqualified for offering through the expiration of its year.

35. Either as atonement or as a "gift" (*Rashi*). [The *chatas* (sin) and *asham* (guilt) offerings are by their very nature atonement offerings.] The *olah* offering, too, atones for the failure to fulfill a positive commandment (see *Leviticus* 1:4 and *Toras Kohanim* cited by *Rashi* ad loc.). The *shelamim* (peace) offering serves as a "gift" to God that brings peace between God and the Children of Israel. In contrast, the *bechor* does not atone for anything, nor is it a "gift"; the Kohen who receives it is merely duty bound to offer it and eat it within its year (*Rashi* to *Zevachim* 29b; see *Meromei Sadeh* there).

36. Since the owner brought the offering in a manner that involves a

עין משפט
נר מצוה

יח א מיי' פי"ד מהל' מעשה הקרבנות הל' טו סמג לאוין שנט:
יט ב מיי' פי"ג מהל' פסולי המוקדשין הל' יג:
כ ג מיי' פי"ד מהל' מעשה הקרבנות הל' יד:
כא ד מיי' פ"א מהל' בכורות הל' יג:

כפסח דמו קמ"ל מנהני מילי דתנו רבנן [א] כי תדור נדר אין לי אלא נדר נדבה מנין נאמר כאן נדר ונאמר להלן (א) [ב] אם נדר או נדבה מה להלן נדבה עמו אף כאן נדבה עמו [א] לה' אלהיך אלו הדמין הערכין והחרמין וההקדשות [א] לא תאחר לשלמו הוא ולא חילופיו [א] כי דרוש ידרשנו [ב] אלו חטאות ואשמות עולות ושלמים [א] ה' אלהיך אלו צדקות ומעשרות ובכור [א] מעמך [ג] זה לקט שכחה ופאה [א] והיה בך חטא [א] ולא בקרבנך חטא אמר מר לא תאחר לשלמו הוא ולא חילופיו חילופי מאי אי חילופי עולה ושלמים מקרב קרבי אי חילופי חטאת למיתה אזלא אלא מאי חילופיו חילופי תודה דתני [ג] רבי חייא [ד] תודה שנתערבה בתמורתה ומתה אחת מהן חברתה אין לה תקנה היכי ליעביד ליקרבה וליקריב לחם בהדה דלמא תמורה היא ליקרבה בלא לחם דלמא תודה היא והא כיון דלאו בת הקרבה היא קרא למעוטי למה לי אמר רב ששת לעולם למעוטי חילופי עולה ושלמים והכא במאי עסקינן [ב] כגון שעברו עליו שני רגלים והומם וחיללו על אחר ועבר עליו רגל אחד סלקא דעתך אמינא הואיל ומכח קמא קאתי כמאן דעברו עליו ג' רגלים דמי קמ"ל ולרבי מאיר דאמר כיון שעבר עליו רגל א' עובר בבל תאחר מאי איכא למימר אמר רבא הכא במאי עסקינן כגון שהומם בתוך הרגל וחיללו (ג) ועבר עליו הרגל סלקא דעתך אמינא הואיל ומכח קמא קאתי כמאן דעבר עליה כוליה רגל דמי קמ"ל והיה בך חטא ולא בקרבנך חטא והא מהכא נפקא מדאחרים נפקא דתניא [ז] אחרים אומרים יכול יהא בכור שעברה שנתו כפסולי המוקדשין ויפסל תלמוד לומר [ג] ואכלת לפני ה' אלהיך מעשר דגנך תירושך ויצהרך ובכורות בקרך וצאנך מקיש בכור למעשר מה מעשר אינו נפסל משנה לחברתה [ח] אף בכור אינו נפסל משנה לחברתה איצטריך סלקא דעתך אמינא הני מילי בכור דלאו בר הרצאה הוא אבל קדשים דבני הרצאה נינהו אימא לא לירצו קא משמע לן ואכתי מדבן

רש"י

כפסח דמו. וברגל ראשון יעבור עליהן: **מנא הני מילי.** דאכל הנך דתניא במתניתא לעיל איכא בל תאחר: **נדר.** הרי עלי: **נדבה.** הרי זו: **נאמר להלן נדר.** ואם נדר או נדבה וגו': **אלו הדמין והערכין כו'.** שהן קדשי בדק הבית וכולן לה' ואין לכהנים בהן כלום: **הוא ולא חילופיו.** עליו אתה עובר ולא על חילופיו ולקמיה מפרש לה: **אלו חטאות ואשמות.** שהן נדרשין ממך שהרי חובה הם מוטלין עליך: **ועולות ושלמים.** כגון עולת ראיה ושלמי חגיגה שהן חובה דאלו דנדר ונדבה ברישא דקרא כתיבי וה"ה נמי לבכור [ה] ולמעשר ופסח שהן חובה: **ה' אלהיך אלו צדקות ומעשרות.** דהא קרא יתירא הוא דהוה ליה למכתב כי דרוש ידרשנו וכבר ה' כתוב למעלה במקרא נדרוש ביה לאתויי צדקות ומעשרות (ג) שכתוב בהן שם זה ולך תהיה צדקה לפני ה' אלהיך (דברים כד) ואכלת לפני ה' אלהיך מעשר דגנך (שם יד): **מעמך זה לקט שכחה ופאה.** שהן חלקו של עני דכתיב ביה את העני עמך (שמות כב): **ולא בקרבנך חטא.** אין הקרבן נפסל בכך: **חילופי עולה.** כגון אבדה והפריש אחרת תחתיה (ד) נמצאת הראשונה ונתכפר בה: **מקרב קרבי.** וכיון דקרבה הרי היא קרבן לעצמה ושלמו קרינא ביה: **חילופי חטאת.** שכיפרו בעליה מחמש חטאות המתות היא ופשיטא דלא עבר עליה בבל תאחר: **חילופי תודה.** וכגון שנתערבה בראשונה וקי"ל [ו] על זבח התודה חלות התודה טעונה לחם ולא חליפתה ולא תמורתה טעונין לחם: **ומתה אחת מהן.** שאם היו שתיהן קיימות מביאן ומביא ארבעים חלות כמשפט התודה ואומר הרי הלחם הזה לשם אותה שהיא תודה ושחיטת התודה מקדש ארבעים כמשפטה אבל מתה אין לחברתה תקנה [ז] (והיכי) ממעטא קרא מבל תאחר: **וחיללו על אחר.** אמר זה תחת זה ובעל מום יוצא לחולין: **סלקא דעתך כו'.** והכי קאמר קרא אם על האחד עבר זמן איסור חייב ולא שיצטרפו הוא וחילופיו לג' רגלים: **שעברה שנתו.** מלאותו בתוך שנתו שנאמר (דברים טו) לפני ה' אלהיך תאכלנו שנה בשנה: **כפסולי המוקדשים.** כבעל מום: **ויפסל.** הואיל ועבר עליו ואיחרו [א] שהרי אין שנה בלא שלשה רגלים ברוב שנים: **מקיש בכור למעשר.** במעשר דגן קא משתעי קרא: **מה מעשר אינו נפסל כו'.** דכתיב (שם יד) מקצה שלש שנים וגו' אם שהה מעשרותיו שנה ראשונה ושניה: (ה) **הרצאה.** אם לכפרה אם לדורון: **אימא לא לירצו.** מאחר שהביאן בעבירה: אותו

תוספות

שנתו וזמנו וחד לעברה (ו) שנתו ולא זמנו וחד דלא עברה לא שנתו ולא זמנו ומיהו הסוה נמי יש ליישב דאיירי במותר הפסח שדרך התנאים שמסמיכין אחד קרא אע"ג דנפקי מתרי קראי כדאשכחן בפרק אלו מציאות (ב"מ ד' ל.) גבי והתעלמת מהם דדריש מיניה כהן והוא בבית הקברות זקן ואינו לפי כבודו או שהיתה שלו מרובה משל חבירו אע"ג דנפקי מתרי קראי דלא אתי קרא אלא לחד כדמסיק התם וכן פ"ק דחגיגה (דף ד.) רגלים פרט לבעלי קבין והאי קרא גופיה דאם כשב דרשינן ליה בפרק מי שהיה טמא (פסחים צו: ושם) לרבות תמורת הפסח אחר הפסח שקרבה שלמים ומוקי לה בנמצא אחר שחיטה והמיר בו אחר שחיטה וקרא אסמכתא בעלמא דפשיטא היא ולא צריכא קרא:

ונאמר להלן אם נדר או נדבה. הוה מצי לאתויי מהאי עניינא גופיה דכתיב ביה (דברים כג) כאשר נדרת נדבה:

ערכין וחרמין והקדשות. בכולהו כתיב לה' גבי ערכין כתיב בערכך נפשות לה' (ויקרא כז) ובחרמין כתיב (שם) קדש קדשים הוא לה' וגבי חרמי כהן נמי דריש ליה בבכורות בר"פ כל פסולי המוקדשים (ד' לג.) והקדשות כתיב (שם) איש כי יקדיש את ביתו קדש לה' וא"ת מהאי טעמא נמי תיפוק ליה חטאת ואשם ועולה ושלמים כדדרשינן נמי לקמן במעתין מדכתיב לה' אלהיך בקרא דמוצא שפתיך תשמור וי"ל [ח] דלקמן דאית ליה קרא אחרינא לקדשי בדק הבית מאשר דברת מוקי ליה קרא דלה' אלהיך לחטאות ואשמות דמסתבר אבל הכא אי לאו דכתיב דרוש ידרשנו בחטאת ואשם הוה מוקמינן בהו האי קרא ולא הוה משמעין ערכין חרמין והקדשות [ולכך לתלמידנו נמי מדרוש ידרשנו] דלא משמע אלא שבא על חטא:

אלו חטאות ואשמות. שהן נדרשין ממך שהרי הם מוטלין חובה עליך ועולות ושלמים כגון עולת ראיה ושלמי חגיגה שהם חובה דאלו נדרים ונדבות מכי תדור נדר נפקי ותימה שלמי חגיגה וראיה זמנא קביעא להו לעבור הרגל ולא חג אינו חייב באחריותו וא"כ אם אקרביה אקרביה וכו' כדאקשינן לעיל גבי פסח וי"ל דמ"מ היכא דהופרשו ולא הקריבם קאי עלייהו בבל תאחר כיון שלא נפסלו בכך וי"מ דנפקא להו חטאת מדכתיב לשון דרישה גבי חטאת דכתיב (ויקרא י) דרש דרש משה ואשם עולה ושלמים דאיתקוש בהיקישא דזאת התורה בסוף התודה (מנחות דף פג: ושם) ולא יתכן דא"כ נדרים ונדבות נמי ובכור ומעשר ופסח נמי תיפוק מהתם דכולהו איתקוש:

ומעשרות ובכור. מעשר ובכור מכי דרוש ידרשנו לא נפקא דלא דמי חיובא דידהו לחיובא דחטאת ואשם דהי לית ליה בכור ומעשר לא מיחייב בהו ופסח לא גרסינן הכא דהי בשלמי פסח כרב ששת מהיכא דנפקא שלמים נפקא להו ומיהו יש לחלק:

אי חליפי חטאת למיתה אזלא. והי חליפי אשם לרעייה אזלא דקי"ל (תמורה כה:) כל שבחטאת מתה באשם רועה ולר"ת דמפרש [ט] דמן הדין באשם קרב עולה א"כ מקרב קרבי:

שהומם בתוך הרגל. ואין בל תאחר אלא בכל הרגל:

מה מעשר אינו נפסל משנה לחברתה. פירש בקונטרס דכתיב מקצה שלש שנים תוציא את כל מעשר תבואתך אם שהה מעשרות שנה ראשונה ושניה ואפילו למאי דפרישית לעיל דאיכא בבל תאחר במעשר שהופרש ולא נתנו וקרא דשנת הביעור אצטריך לאותו שלא הופרש מ"מ בכולהו משתעי קרא דמתבער וקצת תימה בכולה שמעתין מהיכא תיתי לן דנפסל דאיצטריך קרא דאינו נפסל וכן אותו בלא ירצה ואין מאחר נדרו בלא ירצה למה לי:

קדשים דבני הרצאה נינהו. דעולה מכפרת על חייבי עשה כדאמרינן בפרק קמא דזבחים (דף ז: ושם):

רבינו חננאל

אמר מאי פסח שלמי פסח כו'. ופשוטה היא מנהני מילי מי שידור ולא ישלם עובר בבל תאחר שנאמר כי תדור נדר וכתוב אחר אומר ואם נדר או נדבה מה זה הנדר נדבה עמו אף זה הנדר נדבה עמו. והוה ליה לקרא למכתב כי תדור נדר ודיו למה ליה למכתב לה' אלהיך. אלא כל דבר שיתן אדם לה' לרבות הדמים כגון אם יאמר אדם דמי עלי חייב לשלם דמי שווין. אבל אם יאמר אדם ערכי עלי בין נאה בין כעור מעריכין אותו כפי שניו כדכתיבי מבן עשרים ועד בן ששים ערכו של זכר נ' שקל כסף בשקל הקדש. והחרמין כדכתיב אך כל חרם אשר יחרים וגו'. וההקדשות כמשמען. לא תאחר לשלמו הוא הנדר עצמו ולא חליפיו כלומר אינו עובר בחליפיו ואוקימנא חליפי עולה ושלמים. וכגון שנדר עולה או שלמים והפרישן קודם חג המצות ועברו חג המצות וחג השבועות ולא הקריבן. ואחר חג השבועות נפל בהן מום וחיללן על אחרים ואמר אלו חליפי אלו. ועבר חג הסוכות ולא הקריב אלו שהעמידן תחת הבעלי מום. והייתי אומ' מאחר שאלו מכח הראשונים הן באים כמי שעברו עליהן ג' רגלים דמו וליחייבו בבל תאחר קמ"ל. כי דרוש ידרשנו אלו חטאות ואשמות עולה ושלמים. לה' אלהיך אלו צדקות ומעשר ובכור ומעשר ופסח. מעמך זה לקט שכחה ופאה. והיה בך חטא ולא בקרבנך חטא. כלומר הקרבן המאוחר זמן כשר הוא. ואקשינן האי סברא מדאחרי' נפקא דתניא יכול יהא בכור שעברה שנתו פסול כפסולי המוקדשים ת"ל ואכלת לפני ה' אלהיך מעשר דגנך תירושך ויצהרך וגו'. מקיש בכור למעשר מה מעשר אינו נפסל. כלומר כיון דכתיב לפני ה' אלהיך תאכלנו שנה בשנה אם עובר שנתו נפסל מקיש בכור למעשר מה מעשר אינו נפסל משנה לחברתה אף בכור נמי אינו נפסל משנה לחברתה ופרקינן [סד"א] ה"מ שאינו נפסל מאחר זמן בכור דלא בר הרצאה הוא אבל קדשים כגון עולות וחטאות וכיוצא בהן דבני הרצאה נינהו אימא לא לירצו קמ"ל בך חטא ולא בקרבנך חטא ואכתי מאחר נדרו שהוא כשר ומרצה מדבן עזאי נפקא דתניא

מסורת הש"ס

א) [נדרים ד.], ב) [לקמן ו: נדרים ז.], ג) [מנחות פ:], ד) תמורה כא: [זבחים כט. תוספתא סנהדרין פ"ג], ה) [עי' מהרש"א], ו) [מנחות עט:], ז) [נ"ל והכי], ח) ת"י, ט) [פסחים עג. ד"ה אשם].

הגהות הב"ח

(א) גמ' ונאמר להלן נדר ואם נדר או נדבה: (ב) שם שהומם בתוך הרגל וחיללו על אחר ועבר עליו הרגל: (ג) רש"י ד"ה ה' אלהיך כו' לצדקות ומעשרו' ובכור שכתוב בהן כו' מעשר דגנך ובכורות בקרך וצאנך והס"ד: (ד) שם ד"ה חילופי עולה כו' ונתכפר בה וא"כ נמצאת הראשונה: (ה) שם ד"ה דבני הרצאה נינהו אם לכפרה: (ו) תוס' בריש העמוד וחד לעברה זמנו ולא שנתו וחד דלא עברה:

הגהות מהר"ב רנשבורג

א] רש"י ד"ה ויפסל הואיל ועבר עליו ואיחרו. נ"ב עי' טורי אבן ויד דוד ופ"י:

תורה אור השלם

א) כִּי תִדֹּר נֶדֶר לַייָ אֱלֹהֶיךָ לֹא תְאַחֵר לְשַׁלְּמוֹ כִּי דָרֹשׁ יִדְרְשֶׁנּוּ יְיָ אֱלֹהֶיךָ מֵעִמָּךְ וְהָיָה בְךָ חֵטְא: [דברים כג, כב]

ב) וְאִם נֶדֶר אוֹ נְדָבָה זֶבַח קָרְבָּנוֹ בְּיוֹם הַקְרִיבוֹ אֶת זִבְחוֹ יֵאָכֵל וּמִמָּחֳרָת וְהַנּוֹתָר מִמֶּנּוּ יֵאָכֵל: [ויקרא ז, טז]

ג) וְאָכַלְתָּ לִפְנֵי יְיָ אֱלֹהֶיךָ בַּמָּקוֹם אֲשֶׁר יִבְחַר לְשַׁכֵּן שְׁמוֹ שָׁם מַעְשַׂר דְּגָנְךָ תִּירֹשְׁךָ וְיִצְהָרֶךָ וּבְכֹרֹת בְּקָרְךָ וְצֹאנֶךָ לְמַעַן תִּלְמַד לְיִרְאָה אֶת יְיָ אֱלֹהֶיךָ כָּל הַיָּמִים: [דברים יד, כג]

ליקוטי רש"י

לא תאחר לשלמו. (ספרי) שלשה רגלים ולמדוהו רבותינו מן המקרא [דברים כג כב]. אלו חטאות ואשמות. דמחייב אדם קאי עלייהו בבל תאחר [נדרים ד.]. ולא בקרבנך חטא. שאם איחרו אינו נפסל והיה קרבן כשר [שם]. תודה שנתערבה בתמורתה. דלא ידע הי תודה והי תמורה. ומתה אחת מהו וכו'. אבל אם שתיהן עומדות מביאן לעזרה וארבעים חלות עמהם ומתנה אם זו תודה יהא לחם שלה וזו תמורה ואם זו תודה יהא לחם שלה וזו תמורתה וקא בעי תלמודא אי דאמר האי גברא מתחלה הרי עלי תודה לא סגי דלא מייתי תודתו וכיון דלא סגי דלא מייתי יכול להפריש אחרת לאחריות הלכך לייתי בהמה עם הנותרת ולתני [מנחות פ: כת"י]. דלמא תמורה היא. וכבר אמרינן לעיל תודה טעונה לחם ולא תמורה משום הכי אין לה תקנה [מנחות פ:]. שעברה שנתה. וזהו איחור דכתיב לפני ד' תאכלנו שנה בשנה [זבחים כט.]. כפסולי המוקדשין. כאילו נפל בו מום [שם:]. ויפסל. מהקרבה הואיל וכתיב שנה בשנה [תמורה כא: ועיי"ש בצ"ק]. מה מעשר אינו נפסל משנה לחבירתה. שהרי בשלישי זמן ביעור לבער כל המעשרות מן הבית והתוודות כדכתיב מקצה שלש שנים תוציא (דברים יד) [זבחים שם]. דלאו בר הרצאה הוא. אינו בא לכפר אבל קדשים כגון עולה שמכפרת על עשה ושלמים שמביאין לדורון ליתן שלום בין ישראל לאביהם שבשמים ואימא הואיל ואיחרו פסול בעבודה [נ"א. בא בעבירה] הוא ולא לירצו קא משמע לן [זבחים שם].

exposition, that all late offerings are valid, including those that come to appease.[37]

The Gemara persists:

וְאַכַּתִּי – But still,

NOTES

prohibition of the Torah, it could be thought that the sacrifice loses its capacity to appease (*Rashi;* see *Sifsei Chachamim;* see, however, *Tosafos* ד״ה מה מעשר).

37. Although they were offered late, they still effect appeasement.

[The commentators ask: The Gemara has shown that we cannot derive the validity of other offerings from the law of the *bechor*. However, we should still be able to derive the validity of the *bechor* from the first verse (וְהָיָה בְךָ חֵטְא), which pertains to all offerings. Why, then, was it necessary for the "Others" to derive the validity of the *bechor* from the Scriptural analogy between *bechor* and *maaser sheni*? See *Turei Even, Pnei Yehoshua, Sfas Emes* and *Meromei Sadeh* for a discussion of this issue.]

מִדְּבֶן עַזַּאי נָפְקָא – **it is derived from Ben Azzai's** exposition! דְּתַנְיָא – **For it was taught in a Baraisa:** בֶּן עַזַּאי אוֹמֵר – BEN AZZAI SAYS: מַה תַּלְמוּד לוֹמַר ,,אֹתוֹ'' – WHY DOES [SCRIPTURE] STATE the word *IT*[1] in reference to *piggul*?[2] לְפִי שֶׁנֶּאֱמַר – FOR SINCE IT IS STATED elsewhere: ,,לֹא תְאַחֵר לְשַׁלְּמוֹ'' – *When you make a vow to Hashem, your God,* ***YOU SHALL NOT DELAY TO PAY IT,***[3] שׁוֹמֵעַ אֲנִי אַף מְאַחֵר נִדְרוֹ בְּ,,בַל יֵרָצֶה'' – I WOULD HAVE UNDERSTOOD that EVEN ONE WHO DELAYS payment of HIS VOW IS SUBJECT TO the decree of *IT SHALL NOT BE ACCEPTED.*[4] תַּלְמוּד לוֹמַר ,,אֹתוֹ'' – [SCRIPTURE] THEREFORE STATES the superfluous word *IT,* in reference to *piggul,* to teach that אוֹתוֹ בְּ,,לֹא יֵרָצֶה'' – only IT (i.e. *piggul*) IS SUBJECT TO the decree of *IT SHALL NOT BE ACCEPTED,* וְאֵין מְאַחֵר נִדְרוֹ בְּ,,לֹא יֵרָצֶה'' – BUT ONE WHO DELAYS payment of his VOW IS NOT SUBJECT TO the decree of *IT SHALL NOT BE ACCEPTED.* This derivation teaches that a delayed offering is valid. Why, then, is the first derivation (*there will be a sin in you,* but not in your offering) required to teach this law?

In light of this problem, the Gemara presents a different interpretation of the exclusion implicit in the verse, . . . *there will be a sin in you*:

אֶלָּא ,,בְּךָ חֵטְא'' – **Rather,** the verse teaches that there will be ***a sin in you*** for delaying payment of a vow, וְלֹא בְּאִשְׁתְּךָ חֵטְא – **but** there will be **no sin in your wife.** סַלְקָא דַעְתָּךְ אֲמִינָא – **For it might have occurred to you to say** that הוֹאִיל וְאָמַר רַבִּי יוֹחָנָן וְאִי תֵימָא רַבִּי אֶלְעָזָר – **since R' Yochanan said, and some say** it was **R' Elazar** who said: אֵין אִשְׁתּוֹ שֶׁל אָדָם מֵתָה אֶלָּא אִם כֵּן מְבַקְּשִׁין מִמֶּנּוּ מָמוֹן וְאֵין לוֹ – **A man's wife dies** an untimely death **only if he is asked for money** he had stolen from others **and he does not have** it to repay, שֶׁנֶּאֱמַר ,,אִם־אֵין־לְךָ לְשַׁלֵּם לָמָּה יִקַּח מִשְׁכָּבְךָ מִתַּחְתֶּיךָ'' – **as it is stated:** ***If you have nothing with which to pay, why should He take your bed*** [i.e. your wife] ***from under you;***[5] אֵימָא בְּהַאי עָוֹן דְּבַל תְּאַחֵר נַמִּי אִשְׁתּוֹ מֵתָה – therefore, **I could say** that **on account of this sin as well, of** transgressing the commandment ***not to delay,*** **one's wife should die.** קָא מַשְׁמַע לָן – **[Scripture]** therefore **informs us** that there will be a sin only in you, but not in your wife.[6]

The following Baraisa interprets another verse that concerns the obligation to pay one's vow in a timely fashion:

תָּנוּ רַבָּנָן – **The Rabbis taught in a Baraisa:** ,,מוֹצָא שְׂפָתֶיךָ'' – ***WHAT EMERGES FROM YOUR LIPS:***[7] זוֹ מִצְוַת עֲשֵׂה – THIS IS A POSITIVE COMMANDMENT to pay one's vow.[8]

,,תִּשְׁמֹר'' – ***YOU SHALL OBSERVE:*** זוֹ מִצְוַת לֹא תַעֲשֶׂה – THIS IS A NEGATIVE COMMANDMENT not to neglect payment of one's vow.[9]

,,וְעָשִׂיתָ'' – ***AND YOU SHALL DO:*** אַזְהָרָה לְבֵית דִּין שֶׁיַּעֲשׂוּךָ – This is A WARNING TO THE COURT THAT THEY SHOULD MAKE YOU pay your vow.[10]

,,כַּאֲשֶׁר נָדַרְתָּ'' – ***JUST AS YOU VOWED:*** זֶה נֶדֶר – THIS refers to A *NEDER.*[11]

,,לַה' אֱלֹהֶיךָ'' – ***TO HASHEM YOUR GOD:*** אֵלּוּ חַטָּאוֹת וַאֲשָׁמוֹת עוֹלוֹת וּשְׁלָמִים – THIS REFERS TO *CHATAS, ASHAM, OLAH* AND *SHELAMIM* OFFERINGS.[12]

,,נְדָבָה'' – ***A NEDAVAH:*** כְּמַשְׁמָעוֹ – AS ITS LITERAL MEANING implies, this refers to a *nedavah.*[13]

NOTES

1. *Leviticus* 7:18 (see next note).

2. *Piggul* (rejected) refers to the following sacrificial disqualification: Each category of offering has set times during which it may be eaten and during which its sacrificial parts must be burned on the Altar. If the Kohen intended, while performing an offering's blood service (*shechitah, kabbalah, holachah* or *zerikah*), that its meat be eaten or its sacrificial parts burned beyond the allotted time, he renders the offering invalid, or *piggul.* In reference to such an offering, the Torah states: לֹא יֵרָצֶה הַמַּקְרִיב אֹתוֹ לֹא יֵחָשֵׁב לוֹ, *It shall not be accepted, it will not be considered to the one who offers it,* i.e. it will not effect appeasement on behalf of the owner. [The pronoun אֹתוֹ, *it* (in the phrase הַמַּקְרִיב אֹתוֹ, *the one who offers it*), seems unnecessary, for even if it were omitted the phrase would still obviously refer to the owner of the sacrifice. Ben Azzai explains why the Torah added this word.]

3. *Deuteronomy* 23:22 (the source for the prohibition against delaying payment of vows).

4. *Leviticus* 7:18. The Baraisa suggests that an offering brought after the passage of three festivals should be invalid, just as *piggul* is.

5. *Proverbs* 22:27. I.e. why steal and assume the risk of being unable to repay, thus causing God to take the life of your wife (see *Rashi* to *Zevachim* 29a). [*Shitah Mekubetzes* there (§3) explains that this pertains to a case where she is an accessory to the sin.] It could have been thought that the same punishment is applied in the case of one who is late in paying a vow. Scripture therefore informs that this is not so.

Some Rishonim take issue with *Rashi's* explanation that the sin for which one's wife is taken is that of being unable to repay stolen goods. In their opinion, it is the sin of not fulfilling a vow, for the Gemara in *Shabbos* (32b) cites this very verse in *Proverbs* as evidence that totally reneging on a vow causes one's wife to die. Thus, the Baraisa states that had Scripture not taught to the contrary, one might have thought that a person's wife is liable to die even if he is merely *late* in fulfilling a vow (*Tosafos, Rashba* et al.). [According to this approach, it is necessary to define the point at which the vower is no longer merely late but has reneged on the vow altogether; see *Ritva, Turei Even, Aruch LaNer* and *Sfas Emes.*] *Aruch LaNer* (on *Tosafos* ד״ה אלא) suggests reasons why *Rashi* did not take this approach.

6. The Gemara is explaining how Ben Azzai, who derived the validity of a delayed sacrifice from a different source, would interpret the verse used by the Baraisa for that purpose (וְהָיָה בְךָ חֵטְא, *there will be sin in you*). The Gemara does not address the converse question: How would the Tanna of the Baraisa understand the source adduced by Ben Azzai (הַמַּקְרִיב אֹתוֹ, *the one who offers "it"*)? This is because the Tanna of the Baraisa could agree with the exposition of that verse adopted by Ben Azzai's disputant, which is presented in *Zevachim* 29a (*Aruch LaNer; Sfas Emes,* first approach).

Alternatively, the Gemara is presenting a new explanation of the Baraisa. When the Baraisa states that there will be "no sin" in the sacrifice, it means that besides being a valid sacrifice when it is offered, it also represents complete fulfillment of the vow. Consequently, no harm will befall his wife (*Sfas Emes,* second approach).

7. *Deuteronomy* 23:24. The Baraisa will interpret each phrase of this verse, which reads: מוֹצָא שְׂפָתֶיךָ תִּשְׁמֹר וְעָשִׂיתָ כַּאֲשֶׁר נָדַרְתָּ לַה' אֱלֹהֶיךָ נְדָבָה אֲשֶׁר דִּבַּרְתָּ בְּפִיךָ, *What emerges from your lips you shall observe and you shall do; just as you vowed to Hashem, your God, a nedavah that you spoke with your mouth.* [This verse appears shortly after the commandment: לֹא תְאַחֵר לְשַׁלְּמוֹ, *you shall not delay to pay it* (ibid. v. 22).]

8. These words presumably mean that one should *fulfill* the words that emerge from his mouth (*Rashi;* see *Ritva*). According to some Rishonim, the Baraisa derives this point by linking these words to the similar phrase (*Numbers* 32:24): וְהַיֹּצֵא מִפִּיכֶם תַּעֲשׂוּ, *and what has come from your mouth you shall do* (*Tosafos;* see *Ran;* cf. *Meiri;* see also *Hagahos Yaavetz* and *Sfas Emes*).

9. Beyond the passage of three festivals [as derived from a different verse; see above, 4b] (*Rashba*).

The term שמר, *observe,* indicates a negative commandment (*Rashi;* see *Eruvin* 96a).

10. וְעָשִׂיתָ, *you shall do,* implies that a vower will fulfill his vow even if he does not want to. That is possible only where the court forces him. The verse thus empowers the court to apply such force (see *Rashi* and *Ritva*).

11. נָדַרְתָּ, *you vowed,* shares the same root as נֶדֶר, *neder,* i.e. a vow in which one says, הֲרֵי עָלַי קָרְבָּן, "It is hereby incumbent upon me to bring a sacrifice" (see 5b note 5).

12. These words are superfluous. They are consequently available to include obligations that do not stem from a voluntary vow, but are obligatory from the beginning (*Rashi;* see 5b note 10).

13. I.e. a vow in which one declares הֲרֵי זוֹ קָרְבָּן, "This [animal] is a sacrifice" (see 5b note 5).

מדבן עזאי נפקא דתניא א) בן עזאי אומר א) אותו מה ת"ל לפי שנא' ב) לא תאחר לשלמו שומע אני אף מאחר נדרו בבל ירצה ת"ל אותו אותו בלא ירצה א ואין מאחר נדרו בלא ירצה אלא בך חטא ולא באשתך חטא סד"א הואיל וא"ר יוחנן ואי תימא ר' אלעזר ג) אין אשתו של אדם מתה אא"כ מבקשין ממנו ממון ואין לו שנאמר ג) אם אין לך לשלם למה יקח משכבך מתחתיך אימא בהאי עון דבל תאחר נמי אשתו מתה קמ"ל ת"ר ד) מוצא שפתיך זו מצות עשה תשמור זו מצות לא תעשה ועשית ב אזהרה לב"ד שיעשוך כאשר נדרת זה נדר לה' אלהיך אלו חטאות ואשמות עולות ושלמים נדבה כמשמעו אשר דברת אלו קדשי בדק הבית ד) בפיך ג) זו צדקה אמר מר מוצא שפתיך זו מצות עשה למה לי ה) מובאת שמה והבאתם שמה נפקא תשמור זו מצות לא תעשה למה לי מלא תאחר לשלמו נפקא ועשית אזהרה לב"ד שיעשוך למה לי מיקריב אותו נפקא דתניא ו) יקריב אותו מלמד שכופין אותו יכול בעל כרחו ת"ל ז) לרצונו הא כיצד ד כופין אותו עד שיאמר רוצה אני ה חד דאמר ולא אפריש וחד אפריש ולא אקריב וצריכא דאי אשמעינן אמר ולא אפריש משום דלא קיימיה לדיבוריה אבל אפריש ולא אקריב אימא ח) כל היכא דאיתיה בי גזא דרחמנא איתיה צריכא ואי אשמעינן אפריש ולא אקריב דקא משהי ליה גביה אבל אמר ולא אפריש אימא דיבורא לא כלום הוא צריכא ומי מצית אמרת דאמר ולא אפריש והא נדבה כתיבא ותנן ט) ו אי זהו נדר האומר הרי עלי עולה ואי זו היא נדבה האומר הרי זו עולה ומה בין נדר לנדבה נדר מת או נגנב חייב באחריותו נדבה מתה או נגנבה אינו חייב באחריותה אמר רבא משכחת לה כגון ז דאמר הרי עלי עולה על מנת שאיני חייב באחריותה בפיך זו צדקה אמר רבא ח וצדקה מיחייב עלה לאלתר מ"ט דהא קיימי עניים פשיטא מהו דתימא כיון דבעניינא דקרבנות כתיבא עד דעברי עלה ג' רגלים כקרבנות קמ"ל התם הוא דתלינהו רחמנא ברגלים אבל הכא לא דהא שכיחי עניים אמר רבא ט כיון שעבר עליו רגל אחד עובר בעשה מיתיבי י) העיד ר' יהושע ור' פפיים י על ולד שלמים שיקרב שלמים אמר ר' פפיים אני מעיד שהיתה לנו פרה של זבחי שלמים ואכלנוה בפסח ואכלנו ולדה שלמים בחג בשלמא בפסח לא אקרבוה אימור דמחוסר זמן הוה אלא ולדה בעצרת היכי משהי לה ועברי עליה בעשה אמר רב זביד משמיה דרבא כ) כגון שהיה

רש"י

אותו מה ת"ל. בתורת כהנים תני לה גבי פיגול לא ירצה המקריב אותו לא יחשב: מוצא שפתיך זו מצות עשה. דמשמעותא הכי אמר קרא מוצא שפתיך קיים: תשמור זו מצות לא תעשה. שלא תאחר כדר' אבין א"ר אילעי כל מקום שנאמר השמר פן ואל כו' (מנחות דף לט:): ועשית. על כרחך מכאן אזהרה לב"ד לכוף: לה' אלהיך. קרא יתירא הוא לדרשה לרבות דבר שבחובה: בפיך זו צדקה. קרא יתירא דריש: יקריב אותו אל פתח אהל מועד. יקריב אותו קרא יתירא הוא דהא כתיב ברישיה יקריבנו: חד דאמר. עלי ולא אפרשה: והא נדבה כתיבא. ובקרא דבל תאחר נמי רבינן ליה בגזירה שוה: מת או נגנב. אם הפרישו לאחר זמן: משכחת לה. דאמר ולא הפריש והוא נדבה: כגון דאמר הרי עלי עולה על מנת. שכשהפרישנה לא אתחייב באחריותה: כיון דבעניינא דקרבנות כתיבא. לבל תאחר: עובר בעשה. על הקרבן דכתיב ובאת שמה והבאתם: על ולד שלמים. שהפריש בהמה מעוברת או עיברה לאחר הקדישה: מחוסר זמן. שמא לא עברו עליו שמונה ימים: שהיה

תוספות

מדבן עזאי נפקא. בסוף פ"ב דזבחים (דף כט.) פליג ר' אלעזר אבן עזאי ודריש לאותו בזבח הוא מדבר ואינו מדבר בכהן אבל רוצה לייחד כאן אליבא דבן עזאי והוא סוגיא מסיק התם כמו בשמעתין וק"ק שהרי התם דוחק לייחד מילתא דלאחרים אליבא דבן עזאי ובתמורה בסוף אלו קדשים (דף כח: ושם) גבי ר' יוסי היה אומר ג' דברים משום ג' זקנים משמע דבן עזאי דמוקי היקישא דמעשר לבכור מה בכור אינו נאכל אלא לפנים מן החומה אף מעשר אינו נאכל אלא לפנים מן החומה לית ליה לאחרים וקאמר ולרבנן דמפקי ליה לטעמא אחרינא בכור שאינו נפסל משנה לחברתה מנא להו ומיהו אין לחוש אם הש"ס הולך ומיישב בכל ענין: אא"כ מבקשים ממנו ממון ואין לו. בסוף פרק שני (דף כט:) פי' בקונט' ממון של גזל אבל נרא' דמיירי בנדר כדמוכח בפרק במה מדליקין (שבת דף לב: ושם) דתניא ר' נתן אומר בעון נדרים מתה אשתו של אדם שנאמר אם אין לך לשלם למה יקח משכבך מתחתיך והא דדריש הכא בך חטא ולא באשתך חטא מיירי במשלם אח"כ אלא שעבר בבל תאחר: זו מצות עשה. דכתיב והיוצא מפיכם תעשו (במדבר לב): תשמור זו מצות לא תעשה. תימה הא אמרינן בפ' המוצא תפילין (עירובין דף צו. ושם) גבי הא דמוקים ושמרת את החקה הזאת (א) דמוקי ר"ע בפסח דאפ"ה פסח זו מלות עשה משום דהשמר דעשה עשה וכן בפרק בתרא דיומא (דף פא.) גבי הא דאמר ר"ל מפני מה לא נאמר אזהרה בעינוי משום דלא אפשר דהיכי ליכתוב ופריך ולכתוב השמר בעינוי ומשני השמר דעשה עשה והאי נמי השמר דעשה הוא שישלם מה שנדר ועשה מוצא שפתיך וי"ל דתפלין לאחר שקיעת החמה דקאי אעשה דהנחת תפלין הוי עשה אבל תשמור דהכא קאי אלא תאחר דלעיל מינה שישמור שלא יאחר ולר' יוחנן דאמר בסוף הקומץ רבה (מנחות דף לו: ושם) גבי מניח תפלין לאחר שקיעת החמה דהשמר דעשה לאו הוא ההיא דפסח ומילה מלות עשה ע"כ לא כר"ע והסיא דר"ל דיומא לא קיימי ומיהו לא יתכן כלל לאוקמיה דלא כר"ע דמשנה היא בפ"ק דכריתות (דף ג.) וסוגיא דשמעתא משמע בגמ' (דף ג:) דאתיא כר"ע דקתני אוב ולא קתני ידעוני (ב) וצריך לחלק בההיא דר' יוחנן דלא דמיא לשאר השמר דעשה: בפיך זו צדקה. דכתיב ילא מפי לדקה (ישעיה מה): יקריב אותו מלמד שכופין אותו. כל מלות עשה נמי כופין כדאמר בפרק נערה שנתפתתה (כתובות דף מט: ושם) מכין אותו עד שתלא נפשו והא דאילטריך קרא הכא משום דסלקא דעתא דאין כופין כאן לפי שכתוב לרצונו וא"ת הא דתנן פרק האומר משקלי (ערכין דף כא.) חייבי חטאות ואשמות אין ממשכנין אותן חייבי עולות ושלמים ממשכנין אותן ה"ד אי מקמי דאתא לידי בל תאחר אפי' עולות ושלמים נמי לא ואי דעבר בבל תאחר אפי' חטאות ואשמות נמי וי"ל דלעולם בשלא עבר עדיין אלא דחזינן שהוא מתעצל להביא [ומוציא הוצאות חנם שלא לצורך כדי שלא ישאר בידו מה לקנות] ולהכי ממשכנין ואם אין מוצאין במה למשכנו אז כופין כדקאמר הכא וא"ת ואעולות מ"ט אז (לא) בעי למשכוני טפי מחטאות ואשמות והא בפ"ק דזבחים (דף ו.) אמר דעולות נמי מכפרים אחייבי עשה וי"ל כיון דאמרינן בעלמא (יומא דף פו.) שאם עשה תשובה לא זז משם עד שמוחלין לו הרי בתשובה מתכפר ולא דמי לחטאות ואשמות מ): חד דאמר ולא אפריש. נראה לי דמשני כך שהרי הקשה מעשה ומלא תעשה ומעשוי נראה בכל חד רואה ב' פסוקים ותרי למה לי ומשני לריכי בכל חד תרי קראי דחד קרא אתא גלל אמר ולא אפריש וקרא השני אתא גלל אפריש ולא אקריב ופריך מי מלית אמרת דאמר ולא אפריש והא נדבה כתיבא ביה ותנן כו' פירושו כך נ"ל היאך מוקמת העשה והלא תעשה והעשוי אנדבה דקראי דאמר ולא אפריש הא אותן ג' ענייניס עשה ולא תעשה ועישוי נראה דקאי לנדבה כמו לנדר שהרי באותו קרא כתיב נדבה כדאמר לעיל נדבה כמשמעה ואיך מצי היות קאי אמר ולא אפריש לנדבה הא זה איפכא מזה שהרי אמר ולא אפריש אינו אומר הרי זו אדרבה הוא כאומר הרי עלי (ג) כזה נדר שהרי אינו מפריש אז ונדבה פירושה היא דאמר הרי זו ומפריש באותה שעה כדתנן איזהו וכו' ומשני משכחת לה דאמר ולא אפריש דמשמע נדר משכחת לה תרתי אפי' בנדבה כגון דאמר הרי עלי עולה על מנת שלא אתחייב באחריותה כשאומר הרי עלי הוא כמו נדר ורוצה לעשות נדבה כשמבאר בו דין נדבה באומר דאינו חפץ להתחייב באחריותה (ד) אלא דמשכחת לה דאמר ולא אפריש כמו האומר הרי עלי ועל כל זאת היא כנדבה שהרי רוצה שלא יתחייב באחריותה כנדבה: איזהו נדר. ° משנה היא בפ"ק (משנה ה') דקינין: על מנת שלא אתחייב באחריותה. לא דמי למתנה על מה שכתוב בתורה:

מסורת הש"ס

א) זבחים כט., ב) זבחים שם: סנהדרין כב., ג) [נדרים ז.], ד) יבמות קו. קדושין ג. ב"ב קמ. ערכין כא., ה) [חולין קלט.], ו) מגילה ח. קינין פ"א מ"א חולין קלט., ז) [תמורה יח:], ח) עדיות פ"ו מ"ו תמורה יח. ט) [תמורה שם.], י) [עירובין צו.], כ) ל"ל הכותב פו., ל) מ"ו, מ) [וע"ע תוס' ב"ב מח. ד"ה יקריב].

הגהות מהר"ץ חיות

אן בתוס' ד"ה יקריב וכו' ואעולות מ"ט בעי למשכוני. כל"ל ועי' בתוס' מס' כריתות דף יב ע"א בד"ה או דלמא:

תורה אור השלם

א) וְאִם הֵאָכֹל יֵאָכֵל מִבְּשַׂר זֶבַח שְׁלָמָיו בַּיּוֹם הַשְּׁלִישִׁי לֹא יֵרָצֶה הַמַּקְרִיב אֹתוֹ לֹא יֵחָשֵׁב לוֹ פִּגּוּל יִהְיֶה וְהַנֶּפֶשׁ הָאֹכֶלֶת מִמֶּנּוּ עֲוֹנָהּ תִּשָּׂא: [ויקרא ז, יח]

ב) כִּי תִדֹּר נֶדֶר לַייָ אֱלֹהֶיךָ לֹא תְאַחֵר לְשַׁלְּמוֹ כִּי דָרֹשׁ יִדְרְשֶׁנּוּ יְיָ אֱלֹהֶיךָ מֵעִמָּךְ וְהָיָה בְךָ חֵטְא: [דברים כג, כב]

ג) אִם אֵין לְךָ לְשַׁלֵּם לָמָּה יִקַּח מִשְׁכָּבְךָ מִתַּחְתֶּיךָ: [משלי כב, כז]

ד) מוֹצָא שְׂפָתֶיךָ תִּשְׁמֹר וְעָשִׂיתָ כַּאֲשֶׁר נָדַרְתָּ לַייָ אֱלֹהֶיךָ נְדָבָה אֲשֶׁר דִּבַּרְתָּ בְּפִיךָ: [דברים כג, כד]

ה) כִּי אִם אֶל הַמָּקוֹם אֲשֶׁר יִבְחַר יְיָ אֱלֹהֵיכֶם מִכָּל שִׁבְטֵיכֶם לָשׂוּם אֶת שְׁמוֹ שָׁם לְשִׁכְנוֹ תִדְרְשׁוּ וּבָאתָ שָׁמָּה: וַהֲבֵאתֶם שָׁמָּה עֹלֹתֵיכֶם וְזִבְחֵיכֶם וְאֵת מַעְשְׂרֹתֵיכֶם וְאֵת תְּרוּמַת יֶדְכֶם וְנִדְרֵיכֶם וְנִדְבֹתֵיכֶם וּבְכֹרֹת בְּקַרְכֶם וְצֹאנְכֶם: [דברים יב, ה-ו]

ו) אִם עֹלָה קָרְבָּנוֹ מִן הַבָּקָר זָכָר תָּמִים יַקְרִיבֶנּוּ אֶל פֶּתַח אֹהֶל מוֹעֵד יַקְרִיב אֹתוֹ לִרְצֹנוֹ לִפְנֵי יְיָ: [ויקרא א, ג]

ליקוטי רש"י

מבקשין ממנו. (ממונו) [ממנו ממון] שגזל [זבחים כט:]. אם אין לך לשלם. עולות וקדשות שנדרת. משכבך. אשתך [שבת לב:]. אשתו [זבחים שם]. בפיך זו צדקה. כאשר נדרת בפיך [זו לדקה דכתיב יצא מפי לדקה (ישעיה מה) [נדרים ז.]. יקריב אותו. קרא יתירא הוא דהא כתיב ברישיה יקריבנו [קידושין נ.]. קרא יתירא דהא כתיב לעיל זכר תמים יקריבנו ומאי למיכתב יקריבנו אל פתח אהל מועד לרצונו לפני ה' [רשב"ם ב"ב מח.]. שכופין אותו. לקיים דברי נדרו [קידושין שם]. להקריב מה שנדר. עד שיאמר רוצה אני. היכא דכופין אותו עד דאמר מתוך שכופין אותו רוצה אני קרינא ביה לרצונו דגמר בלבו להקריב [רשב"ם שם]. בי גזא. אולר [גיטין סח: ור"ן נדרים ...]. נדר האומר הרי עלי עולה. ואח"כ הפריש בהמה ואמר הרי זו לנדרי אם מתה חייב באחריותה הואיל ומעיקרא אמר עלי [חולין קלט.]. כיון שעבר וכו' עובר בעשה. [במסכת ר"ה מפיק לה מקרא] ובאת שמה והבאתם שמה הבא כל נדרים שעליך. היכי משהי לה. מעצרת בעי למיכליה [דמסתמא הם לא ...] [תמורה יח:].

עין משפט נר מצוה

כב א ב מיי' פי"ד מהל' מעשה הקרבנות הל' טו סמג לאוין שנח:
כג ג ד מיי' שם הל' יג סמג לאוין שנח:
כד ה מיי' שם הלכה ד ופ"א מהל' נדרים הל' ג סמג עשין קכג:
כה ו מיי' שם הלכה ו (ופ"א מהל' נדרים סמג שם):
כו ז מיי' פ"ח מהלכות מתנות עניים הל' א טוש"ע יו"ד סי' רנז סעי' ג [רב אלפס כאן ובב"ק פ"ג דף כ.]:
כז ח מיי' פי"ד מהלכות מעשה הקרבנות הל' יג סמג עשין קסד:
כח ט מיי' פ"ד מהלכות תמורה הל' א סמג לאוין שמה:

הגהות הב"ח

(א) תוס' ד"ה תשמור כו' את החקה הזאת בתפלין דמוקי לה ר"ע: (ב) בא"ד ולריך לחלק. נ"ב ועי' בתוס' פרק המוצא תפלין מבואר החילוק: (ג) ד"ה חד כו' הוא כאומר הרי עלי כו' כל"ל ותיבת כזה נמחק: (ד) בא"ד להתחייב באחריותה אלמא דמשכחת לה:

גליון הש"ס

תוס' ד"ה איזהו נדר. משנה היא. וכונתם בזה עי' בב"ק דף סב ע"ב תד"ה מי קתני:

רבינו חננאל

דתניא בן עזאי אומר כתיב אם האכול יאכל מבשר זבח שלמיו ביום השלישי לא ירצה וכתיב ביה המקריב אותו אותו בלא ירצה. כלומר זה הפיגול הוא בלא ירצה דדייק המקריב א) בכאן פירוש בלא ירצה. אבל בכל מקום המקריב שהוא הזובח הוא החייב ולא הזבח. ופרקינן לא תימא בך חטא ולא בקרבנך חטא. אלא אימא בך חטא ולא באשתך חטא. פי' בעון בל תאחר אין אשתו של אדם מתה. ת"ר מוצא שפתיך תשמור ועשית כו' אמר מר מוצא שפתיך תשמור זו מצות עשה למה לי והלא כבר אפיקנה מובאת שמה והבאתם שמה. תשמור זו מצות ל"ת כדקיי"ל כל מקום שנאמר השמר פן ואל אינו אלא בל"ת. למה לי הא בהדיא כתיב לא תאחר לשלמו. ועשית אזהרה לב"ד שיעשוך הא מיקריב אותו לרצונו נפקא. דתניא הא כיצד כופין אותו עד שיאמר רוצה אני. ופרקינן חדא קרא בדאמר הרי עלי כך וכך ולא הפריש שכופין אותו להפריש ואחר שהפריש ולא הקריב שכופין אותו להקריב. והני תרתי למה לי. צריכא דאי אשמעינן אמר הרי עלי ולא הפריש שכופין אותו משום דלא קיימיה לדיבוריה כו' ומי מצית אמרת דאמר ולא הפריש והא נדבה כתיב ביה ותנן איזהו נדר האומר הרי עלי עולה וכו' ופריק רבא כגון דאמר הרי עלי עולה ע"מ שאיני חייב באחריותה. בפיך זו צדקה שנא' בי נשבעתי יצא מפי צדקה. אמר רבא וצדקה מיחייב עלה לאלתר דהא קיימי עניים. אמר רבא כיון שעבר עליו רגל אחד עובר בעשה. מיתיבי אמר רב פפיים מעידני שהיתה לנו פרה של זבחי שלמים ואכלנוה בפסח ואכלנו ולדה שלמים בחג. ואמרי' בשלמא בפסח לא אקרבוה אימור לא מלו ליה תמניא יומי אלא בעצרת היכי משהי לה ועברי בעשה. ופריק רב זביד כגון שהיו הבעלים חולין בעצרת ולא עלו ולא חגגו. ופריק רב אשי פירוק אחר ... עובר בבל תאחר. ואותבינן עליה מהא אחד הבכור ואחד כל הקדשים כיון שעברו עליהן שנה בלא רגלים או רגלים בלא

"אֲשֶׁר דִּבַּרְתָּ" – *THAT YOU SPOKE:* אֵלּוּ קָדְשֵׁי בֶּדֶק הַבַּיִת – THIS refers to ITEMS CONSECRATED FOR THE UPKEEP OF THE TEMPLE.[14] "בְּפִיךָ" – *WITH YOUR MOUTH:* זוֹ צְדָקָה – THIS refers to CHARITY.[15]

The Gemara raises three difficulties with the preceding Baraisa: **אָמַר מַר – The master said** in the Baraisa: "מוֹצָא שְׂפָתֶיךָ" – *WHAT EMERGES FROM YOUR LIPS:* זוֹ מִצְוַת עֲשֵׂה – THIS IS A POSITIVE COMMANDMENT to pay one's vow. לָמָּה לִי – But **why do I need** that source? מ"וּבָאתָ שָׁמָּה וַהֲבֵאתֶם שָׁמָּה" נָפְקָא – **It** [the positive commandment] **emerges from** the verse: ***You shall come there*** [to the Temple]. ***And you shall bring there*** . . . *your vowed offerings.*[16] – ? –

The second question:

"תִּשְׁמֹר" – *YOU SHALL OBSERVE:* זוֹ מִצְוַת לֹא תַעֲשֶׂה – THIS IS A NEGATIVE COMMANDMENT not to neglect payment of one's vow. לָמָּה לִי – But **why do I need** that source? מ"לֹא תְאַחֵר לְשַׁלְּמוֹ" נָפְקָא – **It** [the negative commandment] **emerges from** the verse: ***You shall not delay to pay it.***[17] – ? –

The third question:

"וְעָשִׂיתָ" – *YOU SHALL DO:* אַזְהָרָה לְבֵית דִּין שֶׁיַּעֲשׂוּךָ – This is A WARNING TO THE COURT THAT THEY SHOULD MAKE YOU pay your vow. לָמָּה לִי – But **why do I need** that source? מ"יַקְרִיב אֹתוֹ" נָפְקָא – **It** [the warning to the court] **emerges from** the verse: ***he shall bring it.***[18] דְּתַנְיָא – **For it was taught in a Baraisa:** "יַקְרִיב אֹתוֹ" – When the Torah states, *HE SHALL BRING IT:* מְלַמֵּד שֶׁכּוֹפִין אוֹתוֹ – IT TEACHES THAT WE COMPEL HIM to fulfill his sacrificial obligations.[19] יָכוֹל בְּעַל כָּרְחוֹ – Were that all the Torah stated, IT MIGHT BE thought that he must bring it even AGAINST HIS WILL. תַּלְמוּד לוֹמַר "לִרְצוֹנוֹ" – Therefore, [THE TORAH] STATES: *OF HIS WILL,*[20] to teach that he must bring the sacrifice willingly. הָא כֵּיצַד – HOW IS THIS? What is the case in which he is compelled to bring it, yet he brings it willingly? כּוֹפִין אוֹתוֹ עַד שֶׁיֹּאמַר רוֹצֶה אֲנִי – WE COMPEL HIM UNTIL HE SAYS, "I AM WILLING to bring it."[21]

The Gemara explains why two verses are needed for each of these three laws:

חַד דְּאָמַר וְלֹא אַפְרִישׁ – One verse refers to the first stage of a vow, **where [a person] declared** that he will offer a sacrifice **but did not** yet **designate** one, **וְחַד אַפְרִישׁ וְלֹא אַקְרִיב – and one** verse refers to the second stage, where **he designated** the animal **but did not** yet **offer** it.[22] **וּצְרִיכָא – And** a verse **is needed** for each stage, **דְּאִי אַשְׁמְעִינַן אָמַר וְלֹא אַפְרִישׁ – for if [the Torah] would have taught us** the law only where **he declared** that he would offer a sacrifice **and did not designate** one, I would have said that he is liable only then, **מִשּׁוּם דְּלֹא קַיְּימֵיהּ לְדִיבּוּרֵיהּ – because he did not fulfill his word; אֲבָל אַפְרִישׁ וְלֹא אַקְרִיב – but** where **he** already **designated** an animal **but did not** yet **offer** it, **אֵימָא כָּל הֵיכָא דְּאִיתֵיהּ – I would have said** that he is not liable because **wherever [the animal] is בֵּי גַּזָּא דְּרַחֲמָנָא אִיתֵיהּ – it is in the Treasury of the Merciful One.**[23] **צְרִיכָא** – Therefore, **[a verse] is needed** to teach that he is liable for delaying to offer it. **וְאִי אַשְׁמְעִינַן אַפְרִישׁ וְלֹא אַקְרִיב – And if [the Torah] would have taught us** the law only where **he designated** the animal **and did not offer** it, I would have said that he is liable only then, **דְּקָא מַשְׁהֵי לֵיהּ גַּבֵּיהּ – because he is keeping it in his possession; אֲבָל אָמַר וְלֹא אַפְרִישׁ – but** when **he declared** that he would offer a sacrifice **but did not** yet **designate** one, **אֵימָא דִּיבּוּרָא לֹא כְּלוּם הוּא – I would have said that** he is not liable because his **declaration is of no consequence.**[24] **צְרִיכָא – [A verse] is** therefore **needed** to teach that he is liable from the time he made his declaration.[25]

NOTES

14. That is, all manner of donations to the Temple treasury: consecrations (הֶקְדֵּשׁוֹת), value vows (דָּמִים), *erech* vows and *cherem* vows (*Chidushei HaRan, Pnei Yehoshua*). [For the definitions of these terms, see 4a notes 26-28, 36.]

There are two types of consecrated objects: (a) sacrifices; (b) items or monies dedicated to the Temple treasury. Since the verse has already included sacrifices, this phrase evidently serves to include the second category (*Ritva;* cf. *Ran*).

15. The word בְּפִיךָ, *your mouth,* is superfluous. [Of course, one speaks with his mouth!] (*Rashi*). Hence, it is available to be interpreted as including charity.

The word "mouth" is associated with charity in the verse (*Isaiah* 45:23): *Charity has issued from My mouth* (*Tosafos; Ran;* see *Ritva*).

[Unlike the Baraisa on 5b, this Baraisa omits *maasros, bechor, leket, shich'chah* and *pe'ah*. See below, note 25, for an explanation of these omissions.]

16. *Deuteronomy* 12:5-6. See above, 4b notes 10-12; see also *Sfas Emes*.

17. Ibid. 23:22.

18. *Leviticus* 1:3. This verse speaks of one who vowed to bring an *olah* offering: אִם־עֹלָה קָרְבָּנוֹ מִן־הַבָּקָר זָכָר תָּמִים יַקְרִיבֶנּוּ אֶל־פֶּתַח אֹהֶל מוֹעֵד יַקְרִיב אֹתוֹ לִרְצֹנוֹ לִפְנֵי ה׳, *If his sacrifice is an olah of cattle, an unblemished male shall he bring it; to the entrance of the Tabernacle "he shall bring it," of his will, to Hashem.*

19. The words יַקְרִיב אֹתוֹ, *he shall bring it,* could have been omitted, because the verse has already stated יַקְרִיבֶנּוּ, *shall he bring it* (*Rashi*). Their appearance, therefore, is intended to teach us some new law; namely, *he shall bring it* – whether he wants to or not.

20. See note 18.

21. Although his willingness is motivated only by a desire to escape the court's coercion, it nevertheless suffices (see *Kiddushin* 50a and *Bava Basra* 48a).

[The Gemara in *Kesubos* (86a-b) implies that the court is required to coerce a person to fulfill any positive mitzvah. Nevertheless, a source is needed to apply this rule with respect to offerings, since otherwise one might have thought that the word לִרְצֹנוֹ, *of his will,* precludes the use of force in that context (*Tosafos;* cf. *Ritva, Sfas Emes* and *Hagahos Yavetz*).]

22. There are usually two stages in the process of bringing a sacrifice or making a donation to the Temple treasury or the poor: (a) One designates a specific animal or object with which he will fulfill the obligation; (b) he offers the animal as a sacrifice or delivers the object to its intended recipient. One might have thought that the prohibition against delaying and its related laws apply to only one of these two stages (see continuation of the Gemara). Therefore, a different verse is required for each stage.

The Gemara does not ascribe a stage to a particular verse, because each verse could refer to either one of the stages (*Rashi* according to *Sfas Emes; Turei Even; Pnei Yehoshua; Aruch LaNer;* see, however, *Ritva*).

Each stage does not warrant a separate count of three festivals. Rather, there is a single count, which begins when the obligation takes effect and continues until the sacrifice is offered (*Rashash* to 5b; see *Turei Even* ibid. ד"ה כגון שעברו; cf. *Aruch LaNer* here).

23. When one consecrates something, it automatically becomes the property of the Holy Estate, even without a formal act of acquisition (Mishnah, *Kiddushin* 28b). Hence, although he has not yet offered the sacrifice in the Temple, or delivered the object to the Temple treasury, one might have thought that he has already accomplished enough to avoid liability for delaying (see *Chullin* 139a).

24. That is, a mere verbal pledge does not suffice to invoke the prohibition against delaying. However, he is certainly obligated to fulfill his commitment eventually (*Sfas Emes*).

25. According to this answer we can understand why the Baraisa cited above omitted *bechor, maasros, leket, shich'chah* and *pe'ah*. The prohibition against delaying cannot apply to a *bechor* until it is born; and in the case of *leket, shich'chah* and *pe'ah* it does not apply until the owner takes them (as explained above, 4b note 1). At those times, however, they are effectively designated. Hence, it is impossible to be liable for delaying their designation. With respect to *maasros,* there is a different verse (*Deuteronomy* 14:28) which prohibits one to delay designation. It emerges that in all of these cases, neither of the verses quoted in the Gemara is needed to teach liability for delaying designation. The Baraisa therefore omits these cases, because it deals only with those obligations that require both verses (*Chidushei HaRan;* see *Pnei Yehoshua* for a parallel approach).

מדבן עזאי נפקא דתניא בן עזאי אומר אותו מה ת"ל לפי שנא' לא תאחר לשלמו שומע אני אף מאחר נדרו בבל ירצה ת"ל אותו אותו בלא ירצה ואין מאחר נדרו בלא ירצה אלא בך חטא ולא באשתך חטא סד"א הואיל וא"ר יוחנן ואי תימא ר' אלעזר אין אשתו של אדם מתה אא"כ מבקשין ממנו ממון ואין לו שנאמר אם אין לך לשלם למה יקח משכבך מתחתיך אימא בהאי עון דבל תאחר נמי אשתו מתה קמ"ל ת"ר מוצא שפתיך זו מצות עשה תשמור זו מצות לא תעשה ועשית אזהרה לב"ד שיעשוך כאשר נדרת זה נדר לה' אלהיך אלו חטאות ואשמות עולות ושלמים נדבה כמשמעו אשר דברת אלו קדשי בדק הבית בפיך זו צדקה אמר מר מוצא שפתיך זו מצות עשה למה לי מובאת שמה והבאתם שמה נפקא תשמור זו מצות לא תעשה למה לי מלא תאחר לשלמו נפקא ועשית אזהרה לב"ד שיעשוך למה לי מיקריב אותו נפקא דתניא יקריב אותו מלמד שכופין אותו יכול בעל כרחו ת"ל לרצונו הא כיצד כופין אותו עד שיאמר רוצה אני חד דאמר ולא אפריש וחד אפריש ולא אקריב וצריכא דאי אשמעינן אמר ולא אפריש משום דלא קיימיה לדיבוריה אבל אפריש ולא אקריב אימא כל היכא דאיתיה בי גזא דרחמנא איתיה צריכא ואי אשמעינן אפריש ולא אקריב דקא משהי ליה גבוה אבל אמר ולא אפריש אימא דיבורא לא כלום הוא צריכא ומי מצית אמרת דאמר ולא אפריש והא נדבה כתיבא ותנן אי זהו נדר האומר הרי עלי עולה ואי זו היא נדבה האומר הרי זו עולה ומה בין נדר לנדבה נדר מת או נגנב חייב באחריותו נדבה מתה או נגנבה אינו חייב באחריותה אמר רבא משכחת לה כגון דאמר הרי עלי עולה על מנת שאיני חייב באחריותה בפיך זו צדקה אמר רבא וצדקה מיחייב עלה לאלתר מ"ט דהא קיימי עניים פשיטא מהו דתימא כיון דבענייני קרבנות כתיבא עד דעברי עלה ג' רגלים כקרבנות קמ"ל התם הוא דתלינהו רחמנא ברגלים אבל הכא לא דהא שכיחי עניים אמר רבא כיון שעבר עליו רגל אחד עובר בעשה מיתיבי העיד ר' יהושע ור' פפיים על ולד שלמים שיקרב שלמים אמר ר' פפיים אני מעיד שהיתה לנו פרה של זבחי שלמים ואכלנוה בפסח ואכלנו ולדה שלמים בחג בשלמא בפסח לא אקרבוה אימור דמחוסר זמן הוה אלא ולדה בעצרת היכי משהי לה ועברי עליה בעשה אמר רב זביד משמיה דרבא כגון

שהיה

רש"י

אותו מה ת"ל. בתורת כהנים תני לה גבי פיגול לא ירצה המקריב אותו לא יחשב: **מוצא שפתיך זו מצות עשה.** דמשמעותא הכי אמר קרא מוצא שפתיך קיים: **תשמור זו מצות לא תעשה.** שלא תאחר כדר' אבין א"ר אילעי כל מקום שנאמר השמר פן ואל אינו אלא בלא תעשה (מנחות דף לו:): **ועשית.** על כרחך מכאן אזהרה לב"ד לכוף: **לה' אלהיך.** קרא יתירא הוא לדרשה לרבות דבר שבחובה: **בפיך זו צדקה.** קרא יתירא דריש: **יקריב אותו אל פתח אהל מועד.** יקריב אותו קרא יתירא הוא דהא כתיב ברישיה יקריבנו: **חד דאמר.** עלי ולא אפרשה: **והא נדבה כתיבא.** ובקרא דבל תאחר נמי רבינן ליה בגזירה שוה: **מת או נגנב.** אם הפרישו לאחר זמן: **משכחת לה.** דאמר ולא הפריש והויא לה נדבה: **כגון דאמר הרי עלי עולה על מנת.** שכשהפרישנה לא אתחייב באחריותה: **כיון דבענייני דקרבנות כתיבא.** לבל תאחר: **עובר בעשה.** על הקרבן דכתיב ובאת שמה והבאתם: **על ולד שלמים.** שהפריש בהמה מעוברת או עיברה לאחר הקדישה: **מחוסר זמן.** שמא לא עברו עליו שמונה ימים:

תוספות

מדבן עזאי נפקא. בסוף פ"ב דזבחים (דף כט.) פליג ר' אלעזר אבן עזאי ודריש דאותו בזבח הוא מדבר ואינו מדבר בכהן אבל רוצה ליישב כאן אליבא דבן עזאי וכולה סוגיא מסיק התם כמו בשמעתין וק"ק שהרי התם דוחק ליישב מילתא דלאחרים אליבא דבן עזאי ובתמורה בסוף אלו קדשים (דף כא: ושם) גבי ר' יוסי היה אומר ג' דברים משום ג' זקנים משמע דבן עזאי דמוקי היקישא דמעשר לבכור מה בכור אינו נאכל אלא לפנים מן החומה אף מעשר אינו נאכל אלא לפנים מן החומה לית ליה דלאחרים וקאמר ולרבנן דמפקי ליה לטעמא אחרינא בכור שאינו נפסל משנה לחברתה מנא להו ומיהו אין לחוש אם הש"ס הולך ומיישב בכל ענין:

אא"כ מבקשים ממנו ממון ואין לו. בסוף פרק שני דזבחים (דף כט:) פי' בקונט' ממון של גזל אבל נראה דמיירי בנדר כדמוכח בפרק במה מדליקין (שבת דף לב: ושם) דתניא ר' נתן אומר בעון נדרים מתה אשתו של אדם שנאמר אם אין לך לשלם למה יקח משכבך מתחתיך והא דדריש הכא בך חטא ולא באשתך חטא מיירי במשלם אח"כ אלא שעבר בבל תאחר: **זו** מצות עשה. דכתיב והיוצא מפיכם תעשו (במדבר לב):

תשמור זו מצות לא תעשה. תימה הא אמרינן בפ' המוצא תפילין (עירובין דף צו. ושם) גבי הא דמוקים ושמרת את החקה הזאת (א) דמוקי ר"ע בפסח דאפ"ה פסח זו מצות עשה משום דהשמר דעשה עשה וכן בפרק בתרא דיומא (דף פא.) גבי הא דאמר ר"ל מפני מה לא נאמר אזהרה בעינוי משום דלא אפשר דהיכי ליכתוב ופריך ולכתוב השמר בעינוי ומשני השמר דעשה עשה והאי נמי השמר דעשה הוא שישלם מה שנדר ועשה מוצא שפתיך וי"ל דתפלין לאחר שקיעת החמה דקאי אעשה דהנחת תפלין הוי עשה אבל תשמור דהכא קאי אלא תאחר דלעיל מינה שישמור שלא יאחר ולר' יוחנן דאמר בסוף הקומץ רבה (מנחות דף לו: ושם) גבי מניח תפלין לאחר שקיעת החמה דהשמר דעשה לאו הוא ההיא דפסח ומילה מצות עשה ע"כ דלא כר"ע והשתא דר"ל דיומא לא קיימי ומיהו לא יתכן כלל לאוקמיה דלא כר"ע דמשנה היא בפ"ק דכריתות (דף ג.) וסוגיא דשמעתא משמע בגמ' (דף ג:) דאתיא כר"ע דקתני אוב ולא קתני ידעוני (ב) וצריך לחלק בההיא דר' יוחנן דלא דמיא לשאר השמר דעשה:

בפיך זו צדקה. דכתיב יצא מפי צדקה (ישעיה מה): **יקריב** אותו מלמד שכופין אותו. כל מצות עשה נמי כופין כדאמר בפרק נערה שנתפתתה (כתובות דף מט: ושם) מכין אותו עד שתצא נפשו והא דאיצטריך קרא הכא משום דסלקא דעתא דאין כופין כאן לפי שכתוב לרצונו וא"ת הא דתנן פרק האומר משקלי (ערכין דף כא.) חייבי חטאות ואשמות אין ממשכנין אותן חייבי עולות ושלמים ממשכנין אותן ה"ד אי מקמי דאתא לידי בל תאחר אפי' עולות ושלמים נמי לא ואי דעבר בבל תאחר אפי' חטאות ואשמות נמי וי"ל דלעולם בשלא עבר עדיין אלא דחזינן שהוא מתעצל להביא [ומוציא הוצאות חנם שלא לצורך כדי שלא ישאר בידו מה לקנות] ולהכי ממשכנין ואם אין מוצאין במה למשכנו אז כופין כדקאמר הכא וא"ת ואעולות מ"ט אז (לא) בעי למשכוני טפי מחטאות ואשמות והא בפ"ק דזבחים (דף ו.) אמר דעולות נמי מכפרים אחייבי עשה י"ל כיון דאמרינן בעלמא (יומא דף פו.) שאם עשה תשובה לא זז משם עד שמוחלין לו הרי בתשובה מתכפר ולא דמי לחטאות ואשמות:

חד דאמר ולא אפריש. נראה לי דמשני כך שהרי הקשה מעשה ולא תעשה ומעשוי נראה בכל חד רוצה ב' פסוקים ותרי למה לי ומשני צריכי בכל חד תרי קראי דחד קרא אתא גלל אמר ולא אפריש וקרא השני אתא גלל אפריש ולא אקריב ופריך מי מצית אמרת דאמר ולא אפריש והא נדבה כתיבא ביה ותנן כו' פירושו כך נ"ל היאך מוקמת העשה והלא תעשה ועשוי אנדבה דקראי דאמר ולא אפריש הא אותן ג' עניינים עשה ולא תעשה ועשוי נראה דקאי לנדבה כמו לנדר שהרי באותו קרא כתיב נדבה כדאמר לעיל נדבה כמשמעה ואיך מצי הוית קאי אמר ולא אפריש לנדבה הא זה איפכא מזה שהרי אמר ולא אפריש אינו אומר הרי זו אדרבה הוא כאומר הרי עלי (ג) כזה נדר שהרי אינו מפריש אז ונדבה פירושה היא דאמר הרי זו ומפריש באותה שעה כדתנן איזהו וכו' ומשני משכחת לה דאמר ולא אפריש דמשמע נדר משכחת לה תרתי אפי' בנדבה כגון דאמר הרי עלי עולה על מנת שלא אתחייב באחריותה כשאומר הרי עלי הוא כמו נדר ורוצה לעשות נדבה כשמבאר בו דין נדבה באומר דאינו חפץ להתחייב באחריותה (ד) אלא דמשכחת לה דאמר ולא אפריש כמו האומר הרי עלי ועל כל זאת היא כנדבה שהרי רוצה שלא יתחייב באחריותה כנדבה: **איזהו** נדר. משנה היא בפ"ק דקינין (משנה א'): **על** מנת שלא אתחייב באחריותה. לא דמי למתנה על מה שכתוב בתורה:

שהיה

מסורת הש"ס

א) זבחים כט., ב) זבחים שם: סנהדרין כב., ג) [נדרים ז.], ד) יבמות קו. קדושין נ: ב"ב מח. ערכין כא., ה) [חולין קלט.], ו) מגילה ח. קינין פ"א מ"א חולין קלט., ז) [תמורה יח: ע"ש], ח) עדיות פ"ו מ"ו תמורה יח., ט) [תמורה שם], י) [עירובין צו.], כ) [ע"ל הכותב פו.], ל) מ"י, מ) [וע"ע תוס' ב"ב מח. ד"ה יקריב].

הגהות מהר"י לנדא

א] בתוס' ד"ה יקריב וכו' ואעולות מ"ט בעי למשכוני. כצ"ל ועי' בתוס' מס' כריתות דף יב ע"א בד"ה אם דלמא:

תורה אור השלם

א) ואם האכל יאכל מבשר זבח שלמיו ביום השלישי לא ירצה המקריב אתו לא יחשב לו פגול יהיה והנפש האכלת ממנו עונה תשא: [ויקרא ז, יח]

ב) כי תדר נדר לה' אלהיך לא תאחר לשלמו כי דרש ידרשנו ה' אלהיך מעמך והיה בך חטא: [דברים כג, כב]

ג) אם אין לך לשלם למה יקח משכבך מתחתיך: [משלי כב, כז]

ד) מוצא שפתיך תשמר ועשית כאשר נדרת לה' אלהיך נדבה אשר דברת בפיך: [דברים כג, כד]

ה) כי אם אל המקום אשר יבחר ה' אלהיכם מכל שבטיכם לשום את שמו שם לשכנו תדרשו ובאת שמה: והבאתם שמה עלתיכם וזבחיכם ואת מעשרתיכם ואת תרומת ידכם ונדריכם ונדבתיכם ובכרת בקרכם וצאנכם: [דברים יב, ה-ו]

ו) אם עלה קרבנו מן הבקר זכר תמים יקריבנו אל פתח אהל מועד יקריב אתו לרצנו לפני ה': [ויקרא א, ג]

ליקוטי רש"י

מבקשין ממנו. (ממונו) [ממנו ממון] שגזל [זבחים כט:]. **אם אין לך לשלם.** עולות והקדשות שנדרת. **משכבך.** אשתך [שבת לב:]. אשתו [זבחים שם]. **בפיך זו צדקה.** כדאמר בפיך [זו צדקה] דכתיב יצא מפי צדקה (ישעיה מה) [נדרים ג. לגי' הב"ח]. **יקריב אותו.** קרא יתירא הוא דהא כתיב לעיל זכר תמים יקריבנו ומאי למיכתב יקריבנו אל פתח אהל מועד לרצונו לפני ה' [רשב"ם ב"ב מח.]. **שכופין אותו.** לקיים דברי נדרו [קידושין שם]. להקריב מה שנדר. **עד שיאמר רוצה אני.** היכא דכופין אותו עד דאמר מתוך יסורין רוצה אני קרינא ביה לרצונו דגמר בלבו להקריב [רשב"ם שם]. **בי גזא.** אוצר [גיטין סח: ור"ן נדרים ג.]. **נדר האומר הרי עלי עולה.** ואח"כ הפריש בהמה ואמר הרי זו לנדרי אם מתה חייב באחריותה הואיל ומעיקרא אתפתיה [חולין קלט.]. **כיון שעבר וכו' עובר בעשה.** [במסכת ר"ה מפיק לה מקרא] ובאת שמה והבאתם שמה הבא שמה הבא כל נדרים שעליך. **היכי משהי לה.** מעצרת בעי למיכליה [דמסתמא הם לא אחרוה] בשלמא בפסח לא אקרביה דאימור מחוסר זמן הוה דנולד בפסח ועבר הרגל קודם שימלאו לו ז' ימים [תמורה יח:].

עין משפט נר מצוה

כב א ב מיי' פי"ד מהל' מעשה הקרבנות הל' יג סמג לאוין שלג:
כג ג ד מיי' שם הל' טו סמג לאוין שלג:
כד ה מיי' שם הלכה ד ופ"א מהל' נדרים הל' ג סמג עשין קכג:
כה ו מיי' שם הלכה ו ופ"א מהל' נדרים (שם) סמג שם:
כו ז מיי' פ"ח מהלכות מתנות עניים הל' א טוש"ע יו"ד סי' רנז סעי' ג [רב אלפס כאן ובב"ק פ"ד דף כ.]:
כז ח מיי' פי"ד מהלכות מעשה הקרבנות הל' יג סמג עשין קסד:
כח ט מיי' פ"ד מהלכות תמורה הל' א סמג לאוין שמה:

הגהות הב"ח

(א) תוס' ד"ה תשמור כו' את החקה הזאת בתפלין דמוקי לה ר"ע: (ב) בא"ד וצריך לחלק. נ"ב ועי' בתוס' פרק המוצא תפלין מבואר היטב: (ג) ד"ה חד כו' הוא כאומר הרי עלי נדר כו' כצ"ל ותיבת כזה נמחק: (ד) בא"ד להתחייב באחריותה אלמא דמשכחת לה:

גליון הש"ס

תוס' ד"ה איזהו נדר. משנה היא. וכעתק בזה עי' בב"ק דף סב ע"ב תד"ה מי קתני:

רבינו חננאל

דתניא בן עזאי אומר כתיב אם האכל יאכל מבשר זבח שלמיו ביום השלישי לא ירצה וכתיב ביה המקריב אותו אותו בלא ירצה. כלומר זה הפיגול הוא בלא ירצה דדייק המקריב (א) בכאן פירוש בלא ירצה. אבל בכל מקום המקריב שהוא הזובח הוא החייב ולא הזבח. ופרקינן לא תימא בך חטא ולא בקרבנך חטא. אלא אימא בך חטא ולא באשתך חטא. פי' בעון בל תאחר אין אשתו של אדם מתה. ת"ר מוצא שפתיך תשמור ועשית כו' אמר מר מוצא שפתיך תשמור זו מצות עשה למה לי והלא כבר אפיקנא מובאת שמה והבאתם שמה. תשמור זו מצות ל"ת כדקיי"ל כל מקום שנאמר השמר פן ואל אינו אלא בל"ת. למה לי הא בהדיא כתיב לא תאחר לשלמו. ועשית אזהרה לב"ד שיעשוך הא מיקריב אותו נפקא. דתניא הא כיצד כופין אותו עד שיאמר רוצה אני. ופרקינן חדא קרא בדאמר הרי עלי כך וכך ולא הפריש שכופין אותו להפריש ואחר שהפריש ולא הקריב שכופין אותו להקריב. והני תרתי למה לי. צריכא דאי אשמעינן אמר הרי עלי ולא הפריש שכופין אותו משום דלא קיימיה לדיבוריה מצית אמרת דאמר ולא הפריש והא נדבה כתיב ביה ותנן איזהו נדר האומר הרי עלי עולה וכו' ופריק רבא כגון דאמר הרי עלי עולה ע"מ שאיני חייב באחריותה. בפיך זו צדקה שנא' בי נשבעתי יצא מפי צדקה. אמר רבא וצדקה מיחייב עלה לאלתר דהא קיימי עניים. אמר רבא כיון שעבר עליו רגל אחד עובר בעשה. מיתיבי אמר רב פפיים שהיתה לנו פרה של זבחי שלמים ואכלנוה בפסח ואכלנו ולדה שלמים בחג. ואמרי' בשלמא בפסח לא אקרבוה מלו ליה תמניא יומי אלא בעצרת היכי משהי לה ועברי בעשה. ופריק רב זביד כגון שהיו הבעלים חולין בעצרת ולא עלו ולא חגגו. ופריק רב אשי פירוק אחר ופשוט הוא. אמר רבא כיון שעבר עליו ג' רגלים בכל יום ויום עובר בבל תאחר. ואותבינן עליה מהא אחד בכור ואחד כל הקדשים כיון שעברו עליהן שנה בלא רגלים או רגלים בלא

חשק שלמה על ר"ח א) נראה דצ"ל דדייק המקריב אותו פירוש בכאן בלא ירצה אבל בכל מקום וכו'.

The Gemara challenges this explanation:

וּמִי מָצֵית אָמְרַתְּ דְּאָמַר וְלֹא אַפְרִישׁ – **But how can you say that [one of the verses]** refers to a case **where he declared** that he would offer a sacrifice **and did not designate** one? וְהָא נְדָבָה כְּתִיבָא – **Why,** ***nedavah*** **is written** in each verse,[26] וּתְנַן – **and we learned in a Mishnah:**[27] אֵי זֶהוּ נֶדֶר – WHAT IS A *NEDER*? הָאוֹמֵר הֲרֵי עָלַי עוֹלָה – ONE WHO SAYS, "IT IS HEREBY INCUMBENT UPON ME to bring AN *OLAH*[28] OFFERING." וְאֵיזוֹ הִיא נְדָבָה – WHAT IS A *NEDAVAH*? הָאוֹמֵר הֲרֵי זוֹ עוֹלָה – ONE WHO SAYS, "THIS animal IS hereby designated as AN *OLAH* OFFERING." וּמַה בֵּין נֶדֶר לִנְדָבָה – AND WHAT IS THE DIFFERENCE BETWEEN A *NEDER* AND A *NEDAVAH*? נֶדֶר מֵת אוֹ נִגְנַב – In the case of A *NEDER*, IF after he designated an animal IT DIED OR WAS STOLEN, חַיָּיב בְּאַחֲרָיוּתוֹ – HE IS RESPONSIBLE FOR replacing IT. נְדָבָה מֵתָה אוֹ נִגְנְבָה – In the case of A *NEDAVAH*, IF IT DIED OR WAS STOLEN, אֵינוֹ חַיָּיב בְּאַחֲרָיוּתָהּ – HE IS NOT RESPONSIBLE FOR replacing IT. This Mishnah teaches that, by definition, a vow to bring a *nedavah* constitutes a designation. How, then, can either verse speak of a person who vowed to bring a *nedavah* but did not designate one?

The Gemara answers:

אָמַר רָבָא – **Rava said:** מַשְׁכַּחַתְּ לָהּ – **You can find** a case of a *nedavah* that was not designated כְּגוֹן דְּאָמַר הֲרֵי עָלַי עוֹלָה עַל מְנָת שֶׁאֵינִי חַיָּיב בְּאַחֲרָיוּתָהּ – **where one said, "It is hereby incumbent upon me to bring an** ***olah*** **offering on condition that I am not responsible for** replacing **it."**[29]

The Baraisa stated:

"בְּפִיךָ" זוֹ צְדָקָה – *WITH YOUR MOUTH:* THIS refers to CHARITY.

The Gemara elaborates:

אָמַר רָבָא – **Rava said:** וּצְדָקָה מִיחַיַּיב עֲלַהּ לְאַלְתַּר – **And** in the case of **charity one is liable immediately,** even before any festivals pass. מַאי טַעְמָא – **What is the reason?** דְּהָא קַיְימִי עֲנִיִּים – **Because poor people stand** before us, who need charity without delay.[30]

The Gemara asks:

פְּשִׁיטָא – That is **obvious!**

The Gemara answers:

מַהוּ דְּתֵימָא כֵּיוָן – דִּבְעִנְיָינָא דְקָרְבָּנוֹת כְּתִיבָא – **You might have said that since it** (i.e. the prohibition against delaying charity) **is written in the context of sacrifices,**[31] עַד דְּעָבְרֵי עֲלַהּ שָׁלֹשׁ רְגָלִים – one should not be liable **until three festivals pass,** כְּקָרְבָּנוֹת – **as** is the case with **sacrifices.** קָא מַשְׁמַע לָן – **[Rava]** therefore **informs us that** הָתָם הוּא דְּתָלִינְהוּ רַחֲמָנָא בִּרְגָלִים – **it is** only **there,** in the case of sacrifices, **that the Merciful One made** liability for delaying **them contingent on the** passage of **festivals;** אֲבָל הָכָא לֹא – **but here,** in the case of charity, liability is **not** contingent on the passage of festivals, דְּהָא שְׁכִיחֵי עֲנִיִּים – **because poor people are common,** and they need charity immediately.[32]

Rava now teaches a law that concerns other vowed obligations:

אָמַר רָבָא – **Rava said:** כֵּיוָן שֶׁעָבַר עָלָיו רֶגֶל אֶחָד – **As soon as one festival passes** and he has not fulfilled his obligation,[33] עוֹבֵר

NOTES

26. The verse לֹא תְאַחֵר לְשַׁלְּמוֹ, *you shall not delay to pay it,* alludes to a *nedavah* by means of a *gezeirah shavah,* as stated above, 5b (*Rashi;* see *Sfas Emes* ד״ה חד דאמר). And the other verse (מוֹצָא שְׂפָתֶיךָ וגו׳, *What emerges from your lips,* etc.) mentions a *nedavah* explicitly.

27. *Kinnim* 1:1.

28. An *olah* is mentioned only by way of example. The same would apply to a *shelamim* or *minchah,* which can also be offered as a *neder* or *nedavah* (*Tiferes Yisrael* ad loc.).

29. Although he did not designate a specific animal, it is nevertheless called a *nedavah,* since it resembles a *nedavah* insofar as the vower is not responsible to replace it (*Ran;* see *Ritva;* see also *Rashash*). [As a rule, a stipulation that runs counter to the laws of the Torah is ineffective (מַתְנֶה עַל מַה שֶּׁכָּתוּב בַּתּוֹרָה). See *Tos. HaRosh,* who explains why that rule does not apply here.]

In the case of a regular *nedavah,* where the animal was designated from the start, the vower would be liable for delaying to offer it.

30. He is bound by both the positive commandment and the negative commandment to pay immediately, provided that poor people are at hand (*Ritva; Ran; Tosafos* to 4a ד״ה צדקות; see *Sfas Emes;* cf. *Rashba* ibid.). For the definition of "poor people at hand," see *Rama, Yoreh Deah* 257:3.

The prohibition is transgressed immediately only where one designated money without any stipulation, as in the case of one who vows to bring a sacrifice. One is permitted, however, to set aside money stipulating that he will distribute it to the poor a little at a time whenever he sees fit (*Rosh; Tur* and *Shulchan Aruch* ibid.; *Rambam* ibid., as explained by *Radbaz, Beis Yosef* and *Taz* §3 [cf. *Tur* and *Bach*]; see *Ran* in the name of *Rabbeinu Tam;* see also *Pnei Yehoshua* to 4a ד״ה בא״ד אבל). Similarly, if one stipulated a particular time by which he would pay his pledge, the prohibition does not take effect until that time has passed (*Ritva* to 6b סד״ה אמר רבא).

One who does not pledge to contribute directly to the poor, but rather to a charity fund that distributes money to the poor, is not obligated to pay the money until the fund's administrator asks him for it [provided that the administrator is aware of his pledge in the meantime]. However, when he *is* asked, he must pay immediately (see *Mordechai, Ran, Rama* and *Shach* ibid.).

There is a question whether Rava's ruling is limited to charity. Some authorities extend its scope to include other gifts to the poor [*leket, shich'chah, pe'ah* and *maaser ani*] (*Tosafos* to 4b ד״ה לקט; *Chidushei HaRan* ibid.; see *Ran* cited in note 32). Others, though, maintain that the other gifts to the poor are treated like sacrifices, i.e. the prohibition against delaying is not transgressed until after three festivals (*Ritva; Meiri; Sefer HaChinuch* 575; see *Rambam, Hil. Maaseh HaKorbanos* 14:13, cited in note 33; see also *Chasam Sofer, Yoreh Deah* 242:4).

31. According to their plain meaning, the verses about the prohibition against delaying refer to sacrifices.

32. The Rishonim point out that the Baraisa above (4a-b) lists charity among obligations for which the time frame is the passage of three festivals. How, then, can Rava rule that one is liable immediately? Some Rishonim answer that Rava and the Baraisa refer to different circumstances. Rava means that where poor people are available to whom the charity could be given, the vower is liable immediately for failing to give it to them. The Baraisa, in contrast, speaks of a situation where no poor people are at hand, in which case the vower has until the end of three festivals to seek out poor people to whom he can give the funds (*Tosafos* to 4a; see *Ritva* ibid.; see also *Rashash* to 6b ד״ה אשה).

An alternative approach: The Baraisa indeed mentions festivals only with respect to obligations that are relevant to the Temple (e.g. sacrifices, donations to the Temple treasury). The festivals are appropriate deadlines for Temple-related obligations, since one must visit the Temple on the festivals in any event. In the case of charity, however, which is not associated with the Temple, the passage of festivals has no bearing at all. Rather, as Rava teaches here, a pledge to charity must be paid immediately, provided that poor people are available. If poor people are not available, the vower need only set aside the money and leave it until an opportunity arises for its distribution; he is not required to seek out poor people even after three festivals have passed (*Ran; Rambam, Hil. Matnos Aniyim* 8:1, according to *Ran* and *Beur HaGra, Yoreh Deah* 257:6; *Beis Yosef* ibid. §3; *Shulchan Aruch* ibid. §3 with *Shach* §5; see, however, *Pnei Yehoshua* to 4a סד״ה מיהו בר מן דין, *Cheshek Shlomoh* here, *Korban Nesanel* §1; see also *Chasam Sofer, Yoreh Deah* 242:4).

For other solutions of the contradiction between the Baraisa and Rava's ruling, see *Rashba* to 4a and *Meiri* here.

33. This refers to sacrifices (*Rashi*). According to *Rambam,* it also refers to contributions to the Temple treasury and entitlements of the poor [except charity] (*Hil. Maaseh HaKorbanos* 14:13; see, however, *Mishneh LaMelech* ibid. and *Aruch LaNer* ד״ה מוצא שפתיך).

מדבן עזאי נפקא דתניא [א] בן עזאי אומר [א] אותו מה ת"ל לפי שנא' [ב] לא תאחר לשלמו שומע אני אף מאחר נדרו בבל ירצה ת"ל אותו אותו בבל ירצה [א] ואין מאחר נדרו בבל ירצה אלא בך חטא ולא באשתך חטא סד"א הואיל וא"ר יוחנן ואי תימא ר' אלעזר [ג] אין אשתו של אדם מתה אא"כ מבקשין ממנו ממון ואין לו שנאמר [ג] אם אין לך לשלם למה יקח משכבך מתחתיך אימא בהאי עון דבל תאחר נמי אשתו מתה קמ"ל ת"ר [ד] מוצא שפתיך זו מצות עשה תשמור זו מצות לא תעשה ועשית [ב] אזהרה לב"ד שיעשוך כאשר נדרת זה נדר לה' אלהיך אלו חטאות ואשמות עולות ושלמים נדבה כמשמעו אשר דברת אלו קדשי בדק הבית [ד] בפיך [ו] זו צדקה אמר מר מוצא שפתיך זו מצות עשה למה לי [ה] מובאת שמה והבאתם שמה נפקא תשמור זו מצות לא תעשה למה לי מלא תאחר לשלמו נפקא ועשית אזהרה לב"ד שיעשוך למה לי מיקריב אותו נפקא דתניא [ז] [ו] יקריב אותו מלמד שכופין אותו יכול בעל כרחו ת"ל [ז] לרצונו הא כיצד [ג] כופין אותו עד שיאמר רוצה אני [ח] חד דאמר ולא אפריש וחד אפריש ולא אקריב וצריכא דאי אשמעינן אמר ולא אפריש משום דלא קיימיה לדיבוריה אבל אפריש ולא אקריב אימא [ט] כל היכא דאיתיה בי גזא דרחמנא איתיה צריכא ואי אשמעינן אפריש ולא אקריב דקא משהי ליה גביה אבל אמר ולא אפריש אימא דיבורא לא כלום הוא צריכא ומי מצית אמרת דאמר ולא אפריש והא נדבה כתיבא ותנן [י] [ח] אי זהו נדר האומר הרי עלי עולה ואי זו היא נדבה האומר הרי זו עולה ומה בין נדר לנדבה נדר מת או נגנב חייב באחריותו נדבה מתה או נגנבה אינו חייב באחריותה אמר רבא משכחת לה כגון [ט] דאמר הרי עלי עולה על מנת שאיני חייב באחריותה בפיך זו צדקה אמר רבא [י] וצדקה מיחייב עלה לאלתר מ"ט דהא קיימי עניים פשיטא מהו דתימא כיון דבעניינא דקרבנות כתיבא עד דעברי עלה ג' רגלים כקרבנות קמ"ל התם הוא דתלינהו רחמנא ברגלים אבל הכא לא דהא שכיחי עניים אמר רבא [כ] [כ] כיון שעבר עליו רגל אחד עובר בעשה מיתיבי [ל] העיד ר' יהושע ור' פפיים [מ] על ולד שלמים שיקרב שלמים אמר ר' פפיים אני מעיד שהיתה לנו פרה של זבחי שלמים ואכלנוה בפסח ואכלנו ולדה שלמים בחג בשלמא בפסח לא אקרבוה אימור דמחוסר זמן הוה אלא ולדה בעצרת היכי משהו לה ועברי עליה בעשה אמר רב זביד משמיה דרבא [נ] כגון שהיה

אותו מה ת"ל. בתורת כהנים תני לה גבי פיגול לא ירצה המקריב אותו לא יחשב: **מוצא שפתיך זו מצות עשה.** דמסתמא הכי אמר קרא מוצא שפתיך קיים: **תשמור זו מצות לא תעשה.** שלא תאחר כדר' אבין א"ר אילעי כל מקום שנאמר השמר פן ואל כו' (מנחות דף לו:) **ועשית.** על כרחך מכאן אזהרה לב"ד לכוף: **לה' אלהיך.** קרא יתירא הוא לדרשה לרבות דבר שבחובה: **בפיך זו צדקה.** קרא יתירא דריש: **יקריב אותו אל פתח אהל מועד.** יקריב אותו קרא יתירא הוא דהא כתיב ברישיה יקריבנו: **חד דאמר.** עלי ולא אפרשה: **והא נדבה כתיבא.** וקרא דבל תאחר נמי רבינן ליה בגזירה שוה: **מת או נגנב.** אם הפרישו לאחר זמן: **משכחת לה.** דאמר ולא הפריש והויא נדבה: **כגון דאמר הרי עלי עולה על מנת.** שכשאפרישנה לא אתחייב באחריותה: **כיון דבעניינא דקרבנות כתיבא.** לבל תאחר: **עובר בעשה.** על הקרבן דכתיב ובאת שמה והבאתם: **על ולד שלמים.** שהפריש בהמה למה לשלמים ונתעברה או עיברה לאחר הקדישה: **מחוסר זמן.** שמא לא עברו עליו שמונה ימים: שהיה

מדבן עזאי נפקא. בסוף פ"ב דזבחים (דף כט.) פליג ר' אלעזר אבן עזאי ודריש דלאותו בזבח הוא מדבר ואינו מדבר בכהן אבל רוצה ליישב כאן אליבא דבן עזאי וכולה סוגיא מסיק התם כמו בשמעתין וק"ק שהרי התם דוחק ליישב מילתא דאחרים אליבא דבן עזאי ובתמורה בסוף אלו קדשים (דף כא: ושם) גבי ר' יוסי היה אומר ג' דברים משום ג' זקנים משמע דבן עזאי דמוקי היקישא דמעשר לבכור מה בכור אינו נאכל אלא לפנים מן החומה אף מעשר אינו נאכל אלא לפנים מן החומה לית ליה דאחרים וקאמר ולרבנן דמפקי ליה לטעמא אחרינא בכור שאינו נפסל משנה לחברתה מנא להו ומיהו אין לחוש אם הש"ס הולך ומיישב בכל ענין:

אא"כ מבקשים ממנו ממון ואין לו. בסוף פרק שני דזבחים (דף כט:) פי' בקונט' ממון של גזל נראה דמיירי בנדר כדמוכח בפרק במה מדליקין (שבת דף לב: ושם) דתניא ר' נתן אומר בעון נדרים אשתו של אדם מתה שנאמר אם אין לך לשלם למה יקח משכבך מתחתיך והא דדריש הכא בך חטא ולא באשתך חטא מיירי במשלם אח"כ אלא שעבר בבל תאחר: **זו** מצות עשה. דכתיב והיוצא מפיכם תעשו (במדבר לב):

תשמור זו מצות לא תעשה. תימה הא אמרינן בפ' המוצא תפילין (עירובין דף לו. ושם) גבי הא דמוקים ושמרת את החקה הזאת (א) דמוקי ר"ע בפסח דלפ"ה פסח זו מצות עשה משום דהשמר דעשה עשה וכן בפרק בתרא דיומא (דף פא.) גבי הא דאמר ר"ל מפני מה לא נאמר אזהרה בעינוי משום דלא אפשר דהיכי ליכתוב ופריך ולכתוב השמר בעינוי ומשני השמר דעשה עשה והאי נמי השמר דעשה הוא שישלם מה שנדר ועשה מוצא שפתיך וי"ל דמפלין לאחר שקיעת החמה דקאי אעשה דהנחת תפלין הוי עשה אבל תשמור הכא קאי אלא תאחר דלעיל מינה שישמור שלא יאחר ולר' יוחנן דאמר בסוף הקומץ רבה (מנחות דף לו: ושם) גבי מניח תפלין לאחר שקיעת החמה דהשמר דעשה לאו הוא ההיא דפסח ומילה מצות עשה ע"כ דלא כר"ע והא דר"ל דיומא לא קיימי ומיהו לא יתכן כלל לאוקמיה דלא כר"ע דמשנה היא בפ"ק דכריתות (דף ג.) וסוגיא דשמעתא משמע בגמ' (דף ג.) דאתיא כר"ע דקתני אוב ולא קתני ידעוני (ב) וצריך לחלק בההיא דר' יוחנן דלא דמיא לשאר השמר דעשה:

בפיך זו צדקה. דכתיב יצא מפי צדקה (ישעיה מה): **יקריב** אותו מלמד שכופין אותו. כל מצות עשה נמי כופין כדאמר בפרק נערה שנתפתתה (כתובות דף מט: ושם) מכין אותו עד שתצא נפשו והא דאיצטריך קרא הכא משום דסלקא דעתא דאין כופין כאן לפי שכתוב לרצונו וא"ת הא דתנן פרק האומר משקלי (ערכין דף כא.) חייבי חטאות ואשמות אין ממשכנין אותן חייבי עולות ושלמים ממשכנין אותן ה"ד אי מקמי דאתא לידי בל תאחר אפי' עולות ושלמים נמי לא ואי דעבר בבל תאחר אפי' חטאות ואשמות נמי וי"ל דלעולם בשלא עבר עדיין אלא דחזינן שהוא מתעצל להביא [ומוציא הוצאות חנם שלא לצורך כדי שלא ישאר בידו מה לקנות] והכי ממשכנין ואם אין מוצאין במה למשכנו אז כופין כדקאמר הכא וא"ת ואעולות מ"ט או (לא) בעי למשכוני טפי מחטאות ואשמות והא בפ"ק דזבחים (דף ו.) אמר דעולות נמי מכפרים אחייבי עשה י"ל כיון דאמרינן בעלמא (יומא דף פו.) שאם עשה תשובה לא זז משם עד שמוחלין לו הרי בתשובה מתכפר ולא דמי לחטאות ואשמות [מ]: **חד** דאמר ולא אפריש. נראה לי דמשני כך שהרי הקשה מעשה ומלא תעשה ומעשוי נראה בכל חד רואה ב' פסוקים ותרי למה לי ומשני צריכי בכל חד תרי קראי דחד קרא אתא גלל אמר ולא אפריש וקרא השני אתא גלל אפריש ולא אקריב ופריך מי מצית אמרת דאמר ולא אפריש והא נדבה כתיבא ביה ותנן כו' פירושו כך נ"ל היאך מוקמת העשה והלא תעשה והעשוי אנדבה דקרא דאמר ולא אפריש הא אותן ג' עניינים עשה ולא תעשה ועישוי נראה דקאי לנדבה כמו לנדר שהרי באותו קרא כתיב נדבה כדאמר לעיל נדבה כמשמעה ואיך מני היות קאי אמר ולא אפריש לנדבה הא זה איפכא מזה שהרי אמר ולא אפריש אינו אומר הרי זו אדרבה הוא כאומר הרי עלי (ג) כזה נדר שהרי אינו מפריש אז ונדבה פירושה היא דאמר הרי זו ומפריש באותה שעה כדתנן איזהו וכו' ומשני משכחת לה דאמר ולא אפריש דמשמע נדר משכחת לה תרתי אפי' בנדבה כגון דאמר הרי עלי עולה על מנת שלא אתחייב באחריותה כשאומר הרי עלי הוא כמו נדר ורוצה לעשות נדבה כשמבאר בו דין נדבה באומר דאינו חפץ להתחייב באחריותה (ד) אלא דמשכחת לה דאמר ולא אפריש כמו האומר הרי עלי ועל כל זאת היא כנדבה שהרי רוצה שלא יתחייב באחריותה כנדבה: **איזהו** נדר. משנה היא בפ"ק (משנה א') דקינין: **על** מנת שלא אתחייב באחריותה. לא דמי למתנה על מה שכתוב בתורה:

עין משפט נר מצוה

כב א ב מיי' פי"ד מהל' מעשה הקרבנות הל' טו סמג לאוין שלג:
כג ג ד מיי' שם הל' טו סמג לאוין שלג:
כד ה מיי' שם הלכה ד ופ"א מהל' נדרים הל' ג סמג עשין קכג:
כה ו מיי' שם הלכה ו (ופ"א מהל' נדרים שם) סמג עשין שם:
כו ז מיי' פ"ח מהלכות מתנות עניים הל' א טוש"ע יו"ד סי' רנז סעי' ג [רב אלפס כאן ובנדרים פ"ד דף כ.]:
כז ח מיי' פי"ד מהלכות מעשה הקרבנות הל' יג סמג עשין קפד:
כח ט מיי' פ"ד מהלכות תמורה הל' א סמג לאוין שמה:

הגהות הב"ח

(א) תוס' ד"ה תשמור כו' את החקה הזאת בתפלין דמוקי לה ר"ע: (ב) בא"ד וצריך לחלק. נ"ב ועי' בתוס' פרק המוצא תפלין מבואר החילוק: (ג) ד"ה חד כו' הוא כאומר הרי עלי נדר כו' כצ"ל ותיבת כזה נמחק: (ד) בא"ד להתחייב באחריותה אלמא דמשכחת לה:

גליון הש"ס

תוס' ד"ה איזהו נדר. משנה היא. עי' ב"ק דף סב ע"ב תד"ה מי קתני:

רבינו חננאל

דתניא בן עזאי אומר כתיב אם האכול יאכל מבשר זבח שלמיו ביום השלישי לא ירצה וכתיב ביה המקריב אותו אותו בלא ירצה. כלומר זה הפיגול הוא בלא ירצה דדייק המקריב [א] בכאן פירוש בלא ירצה. אבל בכל מקום המקריב שהוא הזובח הוא החייב ולא הזבח. ופרקינן לא תימא בך חטא ולא בקרבנך חטא. אלא אימא בך חטא ולא באשתך חטא. פי' בעון בל תאחר אין אשתו של אדם מתה. ת"ר מוצא שפתיך תשמור ועשית כו' אמר מר מוצא שפתיך תשמור זו מצות עשה למה לי והלא כבר אפיקנא מובאת שמה והבאתם שמה. תשמור זו מצות ל"ת דכדי"ל כל מקום שנאמר השמר פן ואל אינו אלא בל"ת. למה לי הא בהדיא כתיב לא תאחר לשלמו. ועשית אזהרה לב"ד שיעשוך הא מיקריב אותו לרצונו נפקא. דתניא הא כיצד כופין אותו עד שיאמר רוצה אני. ופרקינן חדא קרא בדאמר הרי עלי כך וכך ולא הפריש להפריש ואחר שהפריש ולא הקריב שכופין אותו להקריב. והני תרתי למה לי. צריכא דאי אשמעינן אמר הרי עלי ולא הפריש שכופין אותו משום דלא קיימיה לדיבוריה כו' ומי מצית אמרת דאמר ולא הפריש והא נדבה כתיב ביה ותנן איזהו נדר האומר הרי עלי עולה וכו' ופריק רבא כגון דאמר הרי עלי עולה ע"מ שאיני חייב באחריותה. בפיך זו צדקה שנא' בי נשבעתי יצא מפי צדקה. אמר רבא וצדקה מיחייב עלה לאלתר דהא קיימי עניים. אמר רבא כיון שעבר עליו רגל אחד עובר בעשה. מיתיבי אמר רב פפיים מעידני שהיתה לנו פרה של זבחי שלמים ואכלנוה בפסח ואכלנו ולדה שלמים בחג. ואמרי' בשלמא בפסח לא אקרבוה אימור לא מלו ליה תמניא יומי אלא בעצרת היכי משהי לה ועברי בעשה. ופריק רב זביד כגון שהיו הבעלים חולין בעצרת ולא עלו ולא חגגו. ופריק רב אשי פירוק אחר ופשוט הוא. אמר רבא כיון שעבר עליו ג' רגלים בכל יום ויום עובר בבל תאחר. ואותבינן עליה מהא אחד בכור ואחד כל הקדשים כיון שעברו עליהן שנה בלא רגלים או רגלים בלא

מסורת הש"ס

א) זבחים כט., ב) זבחים שם: סנהדרין כב., ג) [נדרים ז.], ד) יבמות קו. קדושין נ. ב"ב מח. ערכין כא., ה) [חולין קלט.], ו) מגילה ח. קינין פ"א מ"א חולין קלט., ז) [תמורה יח: ע"ש], ח) עדיות פ"ז מ"ו תמורה יח., ט) [תמורה שם:], י) [עירובין לו.], כ) [צ"ל כתובות פו.], ל) ת"י, מ) [וע"ע תוס' ב"ב מח. ד"ה יקריב].

הגהות מהר"י לנדא

א] בתוס' ד"ה יקריב וכו' ואעולות מ"ט בעי למשכוני. כצ"ל ועי' בתוס' מס' כריתות דף יב ע"א בד"ה או דלמא:

תורה אור השלם

א) וְאִם הֵאָכֹל יֵאָכֵל מִבְּשַׂר זֶבַח שְׁלָמָיו בַּיּוֹם הַשְּׁלִישִׁי לֹא יֵרָצֶה הַמַּקְרִיב אֹתוֹ לֹא יֵחָשֵׁב לוֹ פִּגּוּל יִהְיֶה וְהַנֶּפֶשׁ הָאֹכֶלֶת מִמֶּנּוּ עֲוֹנָהּ תִּשָּׂא: [ויקרא ז, יח]

ב) כִּי תִדֹּר נֶדֶר לַייָ אֱלֹהֶיךָ לֹא תְאַחֵר לְשַׁלְּמוֹ כִּי דָרֹשׁ יִדְרְשֶׁנּוּ יְיָ אֱלֹהֶיךָ מֵעִמָּךְ וְהָיָה בְךָ חֵטְא: [דברים כג, כב]

ג) אִם אֵין לְךָ לְשַׁלֵּם לָמָּה יִקַּח מִשְׁכָּבְךָ מִתַּחְתֶּיךָ: [משלי כב, כז]

ד) מוֹצָא שְׂפָתֶיךָ תִּשְׁמֹר וְעָשִׂיתָ כַּאֲשֶׁר נָדַרְתָּ לַייָ אֱלֹהֶיךָ נְדָבָה אֲשֶׁר דִּבַּרְתָּ בְּפִיךָ: [דברים כג, כד]

ה) כִּי אִם אֶל הַמָּקוֹם אֲשֶׁר יִבְחַר יְיָ אֱלֹהֵיכֶם מִכָּל שִׁבְטֵיכֶם לָשׂוּם אֶת שְׁמוֹ שָׁם לְשִׁכְנוֹ תִדְרְשׁוּ וּבָאתָ שָׁמָּה: וַהֲבֵאתֶם שָׁמָּה עֹלֹתֵיכֶם וְזִבְחֵיכֶם וְאֵת מַעְשְׂרֹתֵיכֶם וְאֵת תְּרוּמַת יֶדְכֶם וְנִדְרֵיכֶם וְנִדְבֹתֵיכֶם וּבְכֹרֹת בְּקַרְכֶם וְצֹאנְכֶם: [דברים יב, ה-ו]

ו) אִם עֹלָה קָרְבָּנוֹ מִן הַבָּקָר זָכָר תָּמִים יַקְרִיבֶנּוּ אֶל פֶּתַח אֹהֶל מוֹעֵד יַקְרִיב אֹתוֹ לִרְצֹנוֹ לִפְנֵי יְיָ: [ויקרא א, ג]

ליקוטי רש"י

מבקשין ממנו. (ממונו) [ממנו ממון] גזל [זבחים כט:]. **אם אין לך לשלם.** עולות והקדשות שנדור. **משכבך.** אשתך [שבת לב:]. אשתו [זבחים שם]. **בפיך זו צדקה.** כאשר נדרת בפיך [זו צדקה דכתיב] יצא מפי צדקה (ישעיה מה) [נדרים ז. לגי' הב"ח]. **יקריב אותו.** קרא יתירא הוא דהא כתיב ברישא דקרא זכר תמים יקריבנו [קידושין נ.]. קרא יתירא דהא כתיב לעיל זכר תמים יקריבנו ומאי למיכתב יקריבנו אל פתח אהל מועד לרצונו לפני ה' [רשב"ם ב"ב מח.]. **שכופין אותו.** לקיים דברי נדרו [קידושין שם]. להקריב מה שנדר. **עד שיאמר רוצה אני.** היכא דכופין אותו עד דאמר מתוך יסורין רוצה אני קרינא ביה לרצונו דגמר בלבו להקריב [רשב"ם שם]. **בי גזא.** אוצר [גיטין סח: ור"ן נדרים ג.]. **נדר האומר הרי עלי עולה.** ואח"כ הפריש בהמה ואמר הרי זו לנדרי אם מתה חייב באחריותה הואיל ומעיקרא [חולין קלט.]. **כיון שעבר וכו' עובר בעשה.** [במסכת ר"ה מפיק לה מקרא] ובאת שמה והבאתם שמה שתבא שמה הבא כל נדרים שעליך. **היכי משהי לה.** מעצרת בעי למיכליה [דמסתמא הם לא] אקרביה לאימור מחוסר זמן הוה דנולד בפסח ועבר הרגל קודם שימלאו לו ז' ימים [תמורה יח:].

חשק שלמה על ר"ח א) נראה דצ"ל דדייק המקריב אותו פירוש בכאן בלא ירצה אבל בכל מקום וכו'.

בַּעֲשֵׂה – **he is liable for** having failed to observe **a positive commandment.**[34]

The Gemara challenges this ruling:

מֵיתִיבֵי – **They challenged** it from the following Mishnah:[35] הֵעִיד רַבִּי יְהוֹשֻׁעַ וְרַבִּי פַּפְּיָיס – R' YEHOSHUA AND R' PAPYAS TESTIFIED עַל וְלַד שְׁלָמִים שֶׁיִּקְרַב שְׁלָמִים – ABOUT THE OFFSPRING OF A *SHELAMIM* THAT IT SHOULD BE OFFERED AS A *SHELAMIM*.[36] אָמַר רַבִּי פַּפְּיָיס – R' PAPYAS SAID: אֲנִי מֵעִיד שֶׁהָיְתָה לָנוּ פָּרָה שֶׁל זִבְחֵי שְׁלָמִים – I TESTIFY THAT WE HAD A COW that was a *SHELAMIM* SACRIFICE, וַאֲכַלְנוּהָ בְּפֶסַח – AND WE ATE IT ON PESACH וְאָכַלְנוּ וְלָדָהּ שְׁלָמִים בֶּחָג – AND WE ATE ITS OFFSPRING AS A *SHELAMIM* ON THE FESTIVAL of Succos.

The Gemara spells out the question:

בִּשְׁלָמָא בְּפֶסַח לֹא אַקְרְבוּהָ – **It is understandable that they did not offer [the cow's offspring] on Pesach,** אֵימוּר דִּמְחוּסַּר זְמַן הֲוָה – because we can **say that it was** still **premature**[37] at that time. אֶלָּא וְלָדָהּ בַּעֲצֶרֶת הֵיכִי מַשְׁהֵי לָהּ וְעָבְרֵי עֲלֵיהּ בַּעֲשֵׂה – **But how could they have delayed** bringing **its offspring on Shavuos and** thereby **violate a positive commandment?** According to Rava, instead of waiting until Succos, they should have offered it before the end of the first festival, which was Shavuos.

The Gemara answers:

אָמַר רַב זְבִיד מִשְּׁמֵיהּ דְּרָבָא – **Rav Zevid said in the name of Rava:** כְּגוֹן – **The case was**

NOTES

34. For it is written (*Deuteronomy* 12:5-6): וּבָאתָ שָׁמָּה וַהֲבֵאתֶם שָׁמָּה, *You shall come there. And you shall bring there* (*Rashi*). The Gemara above (4b) inferred from these verses that there is a positive commandment to pay one's vow, which must be fulfilled through the first festival after the vow was made (see note 11 there). The Gemara made that assertion on the basis of Rava's ruling here (*Ritva;* cf. *Sfas Emes*).

35. *Eduyos* 7:6, *Temurah* 18a.

36. Either the animal was pregnant when it was designated or it became pregnant afterwards (*Rashi;* see *Ritva;* see also *Sfas Emes, Meromei Sadeh* and *Maharatz Chayes*).

[R' Yohoshua and R' Papyas offered this testimony to support the view of the Sages (*Eduyos* ibid.), who hold that such an animal is offered, in contrast to the view of R' Eliezer there, who is of the opinion that the offspring of a *shelamim* is *not* offered as a *shelamim,* due to a Rabbinic decree (see there).]

37. I.e. it was not yet eight days old (*Rashi;* see *Sifsei Chachamim;* see also *Rashi* to *Temurah* 18b ד״ה מעצרת). [No animal may be offered as a sacrifice unless it is at least eight days old (*Exodus* 22:29; *Shabbos* 135b with *Tosafos* ד״ה כל ששהה; *Rambam Hil. Issurei Mizbei'ach* 3:8).]

מדבן עזאי נפקא דתניא[א] בן עזאי אומר [א] אותו מה ת"ל לפי שנא' [ב] לא תאחר לשלמו שומע אני אף מאחר נדרו בבל ירצה ת"ל אותו אותו בלא ירצה [א] ואין מאחר נדרו בלא ירצה אלא בך חטא ולא באשתך חטא סד"א הואיל וא"ר יוחנן ואי תימא ר' אלעזר [ג] אין אשתו של אדם מתה אא"כ מבקשין ממנו ממון ואין לו שנאמר [ג] אם אין לך לשלם למה יקח משכבך מתחתיך אימא בהאי עון דבל תאחר נמי אשתו מתה קמ"ל ת"ר [ד] מוצא שפתיך זו מצות עשה תשמור זו מצות לא תעשה ועשית אזהרה לב"ד שיעשוך כאשר נדרת זה נדר לה' אלהיך אלו חטאות ואשמות עולות ושלמים נדבה כמשמעו אשר דברת אלו קדשי בדק הבית [ד] בפיך [ג] זו צדקה אמר מר מוצא שפתיך זו מצות עשה למה לי [ה] מובאת שמה והבאתם שמה נפקא תשמור זו מצות לא תעשה למה לי מלא תאחר לשלמו נפקא ועשית אזהרה לב"ד שיעשוך למה לי מיקריב אותו נפקא דתניא[ז] [ו] יקריב אותו מלמד שכופין אותו יכול בעל כרחו ת"ל [ח] לרצונו הא כיצד [ב] כופין אותו עד שיאמר רוצה אני [ח] חד דאמר ולא אפריש וחד אפריש ולא אקריב וצריכא דאי אשמעינן אמר ולא אפריש משום דלא קיימיה לדיבוריה אבל אפריש ולא אקריב אימא [ט] כל היכא דאיתיה בי גזא דרחמנא איתיה צריכא ואי אשמעינן אפריש ולא אקריב דקא משהי ליה גביה אבל אמר ולא אפריש אימא דיבורא לא כלום הוא צריכא ומי מצית אמרת דאמר ולא אפריש והא נדבה כתיבא ותנן [ה] אי זהו נדר האומר הרי עלי עולה ואי זו היא נדבה האומר הרי זו עולה ומה בין נדר לנדבה נדר מת או נגנב חייב באחריותו נדבה מתה או נגנבה אינו חייב באחריותה אמר רבא משכחת לה כגון [ו] דאמר הרי עלי עולה על מנת שאיני חייב באחריותה בפיך זו צדקה אמר רבא [ז] וצדקה מיחייב עלה לאלתר מ"ט דהא קיימי עניים פשיטא מהו דתימא כיון דבענינא דקרבנות כתיבא עד דעברי עלה ג' רגלים כקרבנות קמ"ל התם הוא דתלינהו רחמנא ברגלים אבל הכא לא דהא שכיחי עניים אמר רבא [ז] [ח] כיון שעבר עליו רגל אחד עובר בעשה מיתיבי [ח] העיד ר' יהושע ור' פפיים [ט] על ולד שלמים שיקרב שלמים אמר ר' פפיים אני מעיד שהיתה לנו פרה של זבחי שלמים ואכלנוה בפסח ואכלנו ולדה שלמים בחג בשלמא בפסח לא אקרבוה אימור דמחוסר זמן הוה אלא ולדה בעצרת היכי משהי לה ועברי עליה בעשה אמר רב זביד משמיה דרבא [ט] כגון שהיה

רש"י

אותו מה ת"ל. בתורת כהנים תני לה גבי פיגול לא ירצה המקריב אותו לא יחשב: מוצא שפתיך זו מצות עשה. דמסתמא הכי אמר קרא מוצא שפתיך קיים: תשמור זו מצות לא תעשה. שלא תאחר כדר' אבין א"ר אילעי כל מקום שנאמר השמר פן ואל כו' (מנחות דף לט:): ועשית. על כרחך מכאן אזהרה לב"ד לכוף: לה' אלהיך. קרא יתירא הוא לדרשה לרבות דבר שבחובה: בפיך זו צדקה. קרא יתירא דריש: יקריב אותו אל פתח אהל מועד. יקריב אותו קרא יתירא הוא דהא כתיב ברישיה יקריבנו: חד דאמר. עלי ולא אפרשה: והא נדבה כתיבא. ובקרא דבל תאחר נמי רבינן ליה בגזירה שוה: מת או נגנב. אם הפרישו לאחר זמן: משכחת לה. דאמר ולא הפריש והויא נדבה כגון דאמר הרי עלי עולה על מנת. שכשהפרישנה לא אתחייב באחריותה: כיון דבענינא דקרבנות כתיבא. לבל תאחר: עובר בעשה. על הקרבן דכתיב ובאת שמה והבאתם: על ולד שלמים. שהפריש בהמה לשלמים ונמצאת מעוברת או עיברה לאחר הקדישה: מחוסר זמן. שמא לא עברו עליו שמונה ימים: שהיה

תוספות

מדבן עזאי נפקא. בסוף פ"ב דזבחים (דף כט.) פליג ר' אלעזר אבן עזאי ודריש דאותו בזבח הוא מדבר ואינו מדבר בכהן אבל רוצה ליישב כאן אליבא דבן עזאי וכולה סוגיא מסיק התם כמו בשמעתין וק"ק שהרי התם דוחק ליישב מילתא דאחרים אליבא דבן עזאי ובתמורה בסוף אלו קדשים (דף כח: ושם) גבי ר' יוסי היה אומר ג' דברים משום ג' זקנים משמע דבן עזאי דמוקי היקישא דמעשר לבכור מה בכור אינו נאכל אלא לפנים מן החומה אף מעשר אינו נאכל אלא לפנים מן החומה לית ליה דאחרים וקאמר ולרבנן דמפקי ליה לטעמא אחרינא בכור שאינו נפסל משנה לחברתה מנא להו ומיהו אין לחוש אם הש"ס הולך ומיישב בכל ענין: אא"כ מבקשים ממנו ממון ואין לו. בסוף פרק שני דזבחים (דף כט:) פי' בקונט' ממון של גזל אבל נרא' דמיירי בנדר כדמוכח בפרק במה מדליקין (שבת דף לב: ושם) דתניא ר' נתן אומר בעון נדרים מתה אשתו של אדם שנאמר אם אין לך לשלם למה יקח משכבך מתחתיך והא דדריש הכא בך חטא ולא באשתך חטא מיירי במשלם אח"כ אלא שעבר בבל תאחר: זו מצות עשה. דכתיב והיוצא מפיכם תעשו (במדבר לב): תשמור זו מצות לא תעשה. תימה הא אמרינן בפ' המוצא תפילין (עירובין דף צו. ושם) גבי הא דמוקים ושמרת את החקה הזאת (א) דמוקי ר"ע בפסח דאפ"ה פסח זו מצות עשה משום דהשמר דעשה עשה וכן בפרק בתרא דיומא (דף פא.) גבי הא דאמר ר"ל מפני מה לא נאמר אזהרה בעינוי משום דלא אפשר דהיכי ליכתוב ופריך ולכתוב השמר בעינוי ומשני השמר דעשה עשה והאי נמי השמר דעשה הוא שישלם מה שנדר ועשה מוצא שפתיך וי"ל דתפלין לאחר שקיעת החמה דקאי אעשה דהנחת תפלין הוי עשה אבל תשמור דהכא קאי אלא תאחר דלעיל מינה שישמור שלא יאחר ולר' יוחנן דאמר בסוף הקומץ רבה (מנחות דף לו: ושם) גבי מניח תפלין לאחר שקיעת החמה דהשמר דעשה לאו הוא ההיא דפסח ומילה מצות עשה ע"כ דלא כר"ע וההיא דר"ל דיומא לא קיימי ומיהו לא יתכן כלל לאוקמיה דלא כר"ע דמשנה היא בפ"ק דכריתות (דף ג.) וסוגיא דשמעתא משמע בגמ' (דף ג:) דאתיא כר"ע דקתני אוב ולא קתני ידעוני (ב) וצריך לחלק בההיא דר' יוחנן דלא דמיא לשאר השמר דעשה: בפיך זו צדקה. דכתיב ילא מפי לדקה (ישעיה מה): יקריב אותו מלמד שכופין אותו. כל מלות עשה נמי כופין כדאמר בפרק נערה שנתפתתה (כתובות דף מט: ושם) מכין אותו עד שתצא נפשו והא דאיצטריך קרא הכא משום דסלקא דעתא דאין כופין כאן לפי שכתוב לרצונו וא"ת הא דתנן פרק האומר משקלי (ערכין דף כא.) חייבי חטאות ואשמות אין ממשכנין אותן חייבי עולות ושלמים ממשכנין אותן ה"ד אי מקמי דאתא לידי בל תאחר אפי' עולות ושלמים נמי לא ואי דעבר בבל תאחר אפי' חטאות ואשמות נמי וי"ל דלעולם בשלא עבר עדיין אלא דחזינן שהוא מתעצל להביא [ומוציא הוצאות חנם שלא לצורך כדי שלא ישאר בידו מה לקנות] ולהכי ממשכנין ואם אין מוצאין במה למשכנו אז כופין כדקאמר הכא וא"ת ואעולות מ"ט או (לא) בעי למשכוני טפי מחטאות ואשמות והא בפ"ק דזבחים (דף ו.) אמר דעולות נמי מכפרים אחייבי עשה י"ל כיון דאמרינן בעלמא (יומא דף פו.) שאם עשה תשובה לא זז משם עד שמוחלין לו הרי בתשובה מתכפר ולא דמי לחטאות ואשמות: חד דאמר ולא אפריש. נראה לי דמשני כך שהרי הקשה מעשה ומלא תעשה ומעשוי נראה בכל חד רוצה ב' פסוקים ותרי למה לי ומשני נריכי בכל חד תרי קראי דחד קרא אתא גלל אמר ולא אפריש וקרא השני אתא גלל אפריש ולא אקריב ופריך מי מלית אמרת דאמר ולא אפריש והא נדבה כתיבא ביה ותנן כו' פירושו כך נ"ל היאך מוקמת העשה והלא תעשה והעשוי אנדבה דקראי דאמר ולא אפריש הא אותן ג' ענינים עשה ולא תעשה ועישוי נראה דקאי לנדבה כמו לנדר שהרי באותו קרא כתיב נדבה כדאמר לעיל נדבה כמשמעה ואיך מצי היות קאי אמר ולא אפריש לנדבה הא זה איפכא מזה שהרי אמר ולא אפריש אינו אומר הרי זו אדרבה הוא כאומר הרי עלי (ג) כזה נדר שהרי אינו מפריש אז ונדבה פירושה היא דאמר הרי זו ומפריש באותה שעה כדתנן איזהו וכו' ומשני משכחת לה דאמר ולא אפריש דמשמע נדר משכחת לה תרתי אפי' בנדבה כגון דאמר הרי עלי עולה על מנת שלא אתחייב באחריותה כשאומר הרי עלי הוא כמו נדר ורוצה לעשות נדבה כשמבאר בו דין נדבה באומר דאינו חפץ להתחייב באחריותה (ד) אלא דמשכחת לה דאמר ולא אפריש כמו האומר הרי עלי ועל כל זאת היא כנדבה שהרי רוצה שלא יתחייב באחריותה כנדבה: איזהו נדר. [ס] משנה היא בפ"ק דקינין (משנה א') דקינין: על מנת שלא אתחייב באחריותה. לא דמי למתנה על מה שכתוב בתורה: שהיה

מסורת הש"ס

א) זבחים כט., ב) זבחים שם: סנהדרין כב., ג) [נדרים ז.], ד) יבמות קו. קדושין נ. ב"ב מח. ערכין כא., ה) [חולין קלט.], ו) מגילה ח. קינין פ"א מ"א חולין קלט., ז) [תמורה יח: ע"ש], ח) עדיות פ"ז מ"ו תמורה יח., ט) [תמורה שם:], י) [עירובין צו.], כ) [צ"ל הכותב פו.], ל) ת"י, מ) [ועי' תוס' ב"ב מח. ד"ה יקריבנו].

הגהות מהר"י לנדא

אן בתוס' ד"ה יקריב וכו' ואעולות מ"ט בעי למשכוני. כצ"ל ועי' בתוס' מס' כריתות דף יב ע"ב בד"ה או דלמא:

תורה אור השלם

א) וְאִם הֵאָכֹל יֵאָכֵל מִבְּשַׂר זֶבַח שְׁלָמָיו בַּיּוֹם הַשְּׁלִישִׁי לֹא יֵרָצֶה הַמַּקְרִיב אֹתוֹ לֹא יֵחָשֵׁב לוֹ פִּגּוּל יִהְיֶה וְהַנֶּפֶשׁ הָאֹכֶלֶת מִמֶּנּוּ עֲוֺנָהּ תִּשָּׂא: [ויקרא ז, יח]

ב) כִּי תִדֹּר נֶדֶר לַייָ אֱלֹהֶיךָ לֹא תְאַחֵר לְשַׁלְּמוֹ כִּי דָרֹשׁ יִדְרְשֶׁנּוּ יְיָ אֱלֹהֶיךָ מֵעִמָּךְ וְהָיָה בְךָ חֵטְא: [דברים כג, כב]

ג) אִם אֵין לְךָ לְשַׁלֵּם לָמָּה יִקַּח מִשְׁכָּבְךָ מִתַּחְתֶּיךָ: [משלי כב, כז]

ד) מוֹצָא שְׂפָתֶיךָ תִּשְׁמֹר וְעָשִׂיתָ כַּאֲשֶׁר נָדַרְתָּ לַייָ אֱלֹהֶיךָ נְדָבָה אֲשֶׁר דִּבַּרְתָּ בְּפִיךָ: [דברים כג, כד]

ה) כִּי אִם אֶל הַמָּקוֹם אֲשֶׁר יִבְחַר יְיָ אֱלֹהֵיכֶם מִכָּל שִׁבְטֵיכֶם לָשׂוּם אֶת שְׁמוֹ שָׁם לְשִׁכְנוֹ תִדְרְשׁוּ וּבָאתָ שָׁמָּה: וַהֲבֵאתֶם שָׁמָּה עֹלֹתֵיכֶם וְזִבְחֵיכֶם וְאֵת מַעְשְׂרֹתֵיכֶם וְאֵת תְּרוּמַת יֶדְכֶם וְנִדְרֵיכֶם וְנִדְבֹתֵיכֶם וּבְכֹרֹת בְּקַרְכֶם וְצֹאנְכֶם: [דברים יב, ה-ו]

ו) אִם עֹלָה קָרְבָּנוֹ מִן הַבָּקָר זָכָר תָּמִים יַקְרִיבֶנּוּ אֶל פֶּתַח אֹהֶל מוֹעֵד יַקְרִיב אֹתוֹ לִרְצֹנוֹ לִפְנֵי יְיָ: [ויקרא א, ג]

ליקוטי רש"י

מבקשין ממנו. (ממונו) [ממנו ממון] שגזל [זבחים כט.]. אם אין לך לשלם. עולות ונדבות שנדור. משכבך. אשתך [שבת לב:]. אשתו [זבחים שם]. בפיך זו צדקה. כאשר נדרת בפיך [זו] לדקה דכתיב ילא מפי לדקה (ישעיה מה) [נדרים ז. לג' הב"ח]. יקריב אותו. קרא יתירא הוא דהא כתיב ברישא דקרא זכר תמים יקריבנו [קידושין נ.]. קרא יתירא הוא דהא כתיב לעיל זכר תמים יקריבנו ומאי למיכתב יקריבנו אל פתח אהל מועד לרצונו לפני ה' [רשב"ם ב"ב מח.]. שכופין אותו. לקיים דברי נדרו [קידושין שם]. להקריב מה שנדר. עד שיאמר רוצה אני. היכא דכופין אותו עד דאמר מתוך שכופין רוצה אני קרינא ביה לרצונו דגמר בלבו להקריב [רשב"ם שם]. בי גזא. אוצר [גיטין סח: ור"ן נדרים ג.]. נדר האומר הרי עלי עולה. ואח"כ הפריש בהמה ואמר הרי זו לנדרי אם מתה חייב באחריותה הואיל ומעיקרא ארכביה אכתפיה [חולין קלט.]. כיון שעבר וכו' עובר בעשה. [במסכת ר"ה מפיק לה מקרא] ובאת שמה והבאתם שם דמשמע ברגל ראשון שתבא שמה הבא כל נדרים שעליך. היכי משהי לה. מעצרת בעי למיכליה [דמסתמא הם לא יאחרום] דבשלמא בפסח לא אקרביה דאימור מחוסר זמן הוה דנולד בפסח ועבר הרגל קודם שימלאו לו ז' ימים [תמורה יח:].

עין משפט נר מצוה

כב א ב מיי' פי"ד מהל' מעשה הקרבנות הל' טו סמג לאוין שלא:
כג ג ד מיי' שם הל' טז סמג לאוין שלא:
כד ה מיי' שם הלכה ד ופ"א מהל' נדרים הל' ב סמג עשין קכג:
כה ו מיי' שם הלכה ו (ופ"א מהל' נדרים שם) סמג שם:
כו ז מיי' פ"ח מהלכות מתנות עניים הל' א טוש"ע יו"ד סי' רנז סעי' ג [רב אלפס כאן ובב"ק פ"ד דף כ.]:
כז ח מיי' פי"ד מהלכות מעשה הקרבנות הל' יג סמג עשין קפד:
כח ט מיי' פ"ד מהלכות תמורה הל' א סמג לאוין שמה:

הגהות הב"ח

(א) תוס' ד"ה תשמור כו' את החקה הזאת בתפלין דמוקי לה ר"ע: (ב) בא"ד וצריך לחלק. נ"ב ועי' בתוס' פרק המוצא תפלין מבואר החילוק: (ג) ד"ה חד כו' הוא כאומר הרי עלי נדר כו' כצ"ל ותיבת כזה נמחק: (ד) בא"ד להתחייב באחריותה אלמא דמשכחת לה:

גליון הש"ס

תוס' ד"ה איזהו נדר. משנה היא. וכונתם בזה עי' בב"ק דף סב ע"ב תד"ה מי קתני:

רבינו חננאל

דתניא בן עזאי אומר כתיב אם האכול יאכל מבשר זבח שלמיו ביום השלישי לא ירצה וכתיב ביה המקריב אותו אותו בלא ירצה. כלומר זה הפיגול הוא בלא ירצה דדייק המקריב א) בכאן פירוש בלא ירצה. אבל בכל מקום המקריב שהוא הזובח הוא החייב ולא הזבח. ופרקינן לא תימא בך חטא ולא בקרבנך חטא. אלא אימא בך חטא ולא באשתך חטא. פי' בעון בל תאחר אין אשתו של אדם מתה. ת"ר מוצא שפתיך תשמור ועשית כו' אמר מר מוצא שפתיך תשמור זו מצות עשה למה לי והלא כבר אפיקנה מובאת שמה והבאתם שמה. תשמור זו מצות ל"ת כדקיי"ל כל מקום שנאמר השמר פן ואל אינו אלא בל"ת. למה לי הא בהדיא כתיב לא תאחר לשלמו. ועשית אזהרה לב"ד שיעשוך הא מיקריב אותו לרצונו נפקא. דתניא הא כיצד כופין אותו עד שיאמר רוצה אני. ופרקינן חדא קרא בדאמר הרי עלי כך וכך ולא הפריש שכופין אותו להפריש ואחר שהפריש ולא הקריב שכופין אותו להקריב. והני תרתי למה לי. צריכא דאי אשמעינן אמר הרי עלי ולא הפריש שכופין אותו משום דלא קיימיה לדיבוריה כו' ומי מצית אמרת דאמר ולא הפריש והא נדבה כתיב ביה ותנן איזהו נדר האומר הרי עלי עולה וכו' ופריק רבא כגון דאמר הרי עלי עולה ע"מ שאיני חייב באחריותה. בפיך זו צדקה שנא' בי נשבעתי יצא מפי צדקה. אמר רבא וצדקה מיחייב עלה לאלתר דהא קיימי עניים אמר רבא כיון שעבר עליו רגל אחד עובר בעשה. מיתיבי אמר רב פפייס מעידני שהיתה לנו פרה של זבחי שלמים ואכלנוה בפסח ואכלנו ולדה שלמים בחג. ואמרי' בשלמא בפסח לא אקרבוה אימור לא מלו ליה תמניא יומי אלא בעצרת היכי משהי לה ועברי בעשה. ופריק רב זביד כגון שהיו הבעלים חולין בעצרת ולא עלו ולא חגגו. ופריק רב אשי פירוק אחר ופשוט הוא. אמר רבא כיון שעבר עליו ג' רגלים בכל יום ויום עובר בבל תאחר. ואותבינן עליה מהא אחד בכור ואחד כל הקדשים כיון שעברו עליהן שנה בלא רגלים או רגלים בלא

חשק שלמה על ר"ח א) נראה דצ"ל דדייק המקריב אותו פירוש בכאן בלא ירצה אבל בכל מקום וכו'.

כט א מיי' פי"ד מהל' מעשה הקרבנות הלכה טו:

ל ב מיי' פי"ד מהלכות שמיטין הל' א והל' ה ופ"ה מהל' בכורות הל' יב סמג עשין ריח טוש"ע יו"ד סי' שו סעיף יז:

לא ג סמג עשין מז:

לב ד ה מיי' פי"ד מהל' מעשה הקרבנות הלכה יד:

לג ו מיי' פ"א מהלכות בכורות הל' ח סמג עשין ריב טוש"ע יו"ד סי' שו סעי' ז:

רבינו חננאל

בלא שנה עובר בבל תאחר. ודייקינן מדלא קתני בכל יום ויום עובר בבל תאחר ש"מ דבלאו אחד בלבד הוא דעבר. ופרקינן למיקבעיה בלאו קמיהדר בלאוי יתירי לא קא מהדר. פי' בשלמא רגלים בלא שנה משכחת לה ואפילו למאן דבעי כסדרן כגון שנולד בתחלת ניסן דכד מטי ליה שלהי תשרי הרי ג' רגלים מלו להו פסח ועצרת וסוכות. שנה לא מליא. אלא שנה בלא רגלים היכי משכחת לה. בשלמא למאן דאית ליה כסדרן משכחת לה כגון דאקדשה באייר דכי מטי לה אייר אחרינא שנה מליא ועדיין רגלים לא מלו דהא לא עבר עליו אלא חג המצות בלבד וצריך לעבור עליו עוד עצרת וחג הסוכות ואח"כ יעבור בבל תאחר אלא למאן דלית ליה כסדרן היכי משכחת לה. בשלמא אליבא דר' דתני ואם לא יגאל עד מלאת לו שנה תמימה ודייק הלשון דכתיב תמימה ואמר שנה תמימה מונה ימים כמנין ימות החמה משכחת לה כגון דאקדשיה בתר חג המצות ...

תוספות

שהיה חולה בעצרת. דפסול להקרבה כדתנן בבכורות (דף מא.) זקן חולה ומזוהם ובפרק כל האסורים (תמורה דף כח:) דרשינן ליה מדכתיב מן הבקר מן הכבשים ומן העזים ועוד כתיב (מלאכי א) כי תגישו פסח וחולה אין רע: **אחד** בכור ואחד כל הקדשים. להכי נקט בכור דעיקר שנה בבכור כתיב [ג] מדכתיב כל הבכור אשר יולד (דברים טו) מלמד שהבכור נאכל כל שנתו כלומר דכתיב ביה תאכלנו שנה בשנה ושאר הקדשים דריש התם [ז] מדכתיב כל: **בשלמא** רגלים בלא שנה משכחת לה. כגון דאקדשיה ערב פסח (א) כך הפי' [ח] הניחא למ"ד דבעי כסדרן משכחת לה כגון דאקדשיה בתר חג הסוכות: **שנה** בלא רגלים היכי משכחת לה. לאו דאקדשיה בתוך הרגל דכי מטיא שתא אכתי ליכא שלש רגלים דשלימים בעינן כדלעיל ה"נ איכא רגלים שלימים לסוף רגל ראשון דאשתקד מצטרף [ל] (על) תחלת רגל דהשתא ובירושלמי מפרש תפתר כגון דאקדשיה כשהיה מחוסר זמן בפסח ולקמן אין משמע כן דאמרינן אין מונין שנה לבכור אלא משעה שראוי להרצאה: **בשלמא** לרבי משכחת לה בשנה מעוברת. לר"מ דאמר לעיל ברגל אחד ולר"א בן יעקב דאמר שני רגלים לא משכחת לה אלא בחולה ברגלים והוא הדין דהוה מצי לשנויי הכא לרבי ולרבנן: **כמנין** ימות החמה. ופי' בקונט' וה"ה בכל שנים סתם לרבי דילפינן מתמימה דבתי ערי חומה כדמוכח בפרק (מ) שני) דערכין (דף לא:): **בתר** חג המצות. לאו דוקא דהוא הדין בתוך חג המצות כדמוכח לעיל [נ] דכולי רגל בעי: **יורש** מהו בבל תאחר. דיורש חייב להביא כדתנן במסכת קינין (פ"ב משנה ה) ומייתי לה בכמה דוכתי האשה שהביאה חטאתה ומתה יביאו יורשים עולתה ומשמע בפ"ק דקדושין (דף יג:) דלמ"ד שעבודא לאו דאורייתא כשהפרישה מחיים ולמ"ד דאורייתא אע"פ שלא הפרישה מחיים ובסוף יש בכור (בכורות דף נא:) נמי אמר מה להלן יורשים חייבים בעולת ראיה של אביהן: **הא** ליתא בראיה. והוא הדין זקן וחולה ומי שאין לו קרקע וכל הפטורים מן הראיה: **דהא** איתה בשמחה. וקרינא בה ובאת שמה והבאתם שמה: **אשה** בעלה משמחה. פי' בקונט' בבבל בבגדים [צבועים] ובא"י בכלי פשתן המגוהצין כדאיתא בקדושין (ד' לד: ושם) וקשיא לר"ת דהני מילי בזמן הזה אבל בזמן שבית המקדש קיים אין שמחה אלא בבשר כדאמר בע"פ (פסחים ד' קט. ושם) ועוד אמרי' פ"ק דחגיגה (ד' ו. ושם) אמתני' דאיזהו קטן כל שאינו יכול לאחוז בידו [ס] [של אביו] לעלות מירושלים להר הבית עד הכא מאן (ב) אתייה ומשני עד הכא מיחייבא אמיה בשמחה משמע שזקוקה לעלות משום שלמי שמחה ומפרש ר"ת בעלה משמחה שחיוב על בעלה ולא עליה לפיכך לא קרינא בה ובאת שמה והא דקאמר בחגיגה דמיחייבא אמיה משום בעלה ולא משום היא ומיהו אשכחן בפסחים פ' אלו דברים (ד' עא.) אפי' בזמן שבהמ"ק קיים היכא דלא אפשר משמחה בכסות נקיה ויין ישן כגון היכא דחל יו"ט ראשון של חג להיות בשבת דבעינן זביחה בשעת שמחה: הא

גמרא

שהיה חולה בעצרת רב אשי אמר מאי ואכלנו ולדה שלמים בחג דקתני חג השבועות ואידך כל היכא דתני פסח תני עצרת (א) (אמר) רבא כיון שעברו עליו ג' רגלים בכל יום ויום עובר בבל תאחר מיתיבי אחד בכור ואחד כל הקדשים כיון שעברו עליהם שנה בלא רגלים רגלים בלא שנה עובר בבל תאחר והאי מאי תיובתיה אמר רב כהנא ° מאן דקא מותיב שפיר קא מותיב מכדי תנא אלאוי קא מהדר ליתני בכל יום ויום עובר בבל תאחר ואידך תנא למיקבעיה בלאו קא מהדר בלאוי יתירי לא קא מהדר גופא אחד בכור ואחד כל הקדשים כיון שעברו עליהם שנה בלא רגלים ורגלים בלא שנה עובר בבל תאחר בשלמא רגלים בלא שנה משכחת לה אלא שנה בלא רגלים היכי משכחת לה הניחא למאן דאית ליה כסדרן אלא למאן דלית ליה כסדרן היכי משכחת לה בשלמא לרבי משכחת לה בשנה מעוברת דתניא (א) שנה תמימה רבי אומר מונה ג' מאות וששים וחמשה יום כמנין ימות החמה וחכ"א מונה י"ב חדש מיום ליום ואם נתעברה שנה נתעברה לו משכחת לה לרבי דאקדשה בתר חג המצות דכי מטא שילהי אדר בתראה שנה מליא רגלים לא מלו אלא לרבנן היכי משכחת לה כדתני רב שמעיה עצרת פעמים ה' פעמים ששה פעמים שבעה הא כיצד שניהן מלאין חמשה שניהן חסרין שבעה אחד מלא ואחד חסר ששה ומאן תנא דפליג עליה דרב שמעיה אחרים היא דתניא אחרים אומרים אין בין עצרת לעצרת ואין בין ר"ה לר"ה אלא ד' ימים בלבד ואם היתה שנה מעוברת חמשה בעי ר' זירא יורש מהו בבל תאחר רחמנא אמר (ב) כי תדור נדר והא לא נדר או דלמא (ג) ובאת שמה והבאתם שמה והא מיחייב ת"ש דתני רבי חייא מעמך פרט ליורש והאי מעמך מיבעי ליה לכדתניא לקט שכחה ופאה קרי ביה עמך וקרי ביה מעמך בעי ר' זירא אשה מהו בבל תאחר מי אמרינן הא לא מיחייבא בראיה או דלמא הא איתה בשמחה א"ל אביי ותיפוק ליה דהא איתה בשמחה ומי אמר אביי הכי והאמר אביי אשה בעלה משמחה לדבריו דר' זירא קאמר איבעי' להו בכור מאימתי מונין לו שנה אביי אמר משעה שנולד רב אחא בר יעקב אמר משעה שנראה להרצאה ולא פליגי הא בתם

רש"י

שהיה חולה. הולד: כל היכא דקתני פסח. דבעי למיתני בתריה שבועות תני עצרת ולא חג: שנה בלא רגלים. לקמיה מפרש: למיקבעיה בלאו קא מהדר. להודיעך כל ידי זמן התחלת בל תאחר שבו: אלאוי יתירי לא מהדר. להודיעך לאוין הרבים שבו: הניחא למאן דבעי כסדרן משכחת לה. דעברה שנה ולא עברו רגלים כסדרן ולמדך דכיון דעברה שנה אע"פ שלא עברו רגלים כסדרן חייב וסבר לה כר"ש בחדא ופליג עליה בחדא: בשלמא לרבי. דאמר חדש העיבור אינו מן השנה חוץ מי"א יום ששנת חמה יתירה על הלבנה משכחת לה בשנה מעוברת: שנה תמימה. האמורה בבתי ערי חומה מונה שס"ה ימים ואפי' בשנה פשוטה ואף בשנה מעוברת כיון שעברו ג' מאות וששים וחמשה ימים משמכרה נחלט לו: מיום ליום. מט"ו בניסן לחמשה עשר בניסן אם מכרה בט"ו בניסן נתעברה לו למוכר ועל כרחו של לוקח אינו נחלט עד שיגיע ט"ו בניסן: בתר חג המצות. בתוך הרגל ואית דאמרי לאחר הרגל ° ושילהי אדר בתרא לאו דוקא אלא לאחר שילא אדר קאמר: שנה מליא. ג' מאות וששים וחמשה ימים: פעמים ששה. שהוא ששה בסיון יום החמשים לעומר: שניהם מלאים. ניסן ואייר הרי ט"ו ימים מניסן ול' דאייר מלא להו חמשים בחמשה בסיון: א' מלא כו'. ומשכחת לה שנה בלא רגלים כגון שניהם מלאים ואירע עצרת בה' בסיון והקדישה למחרת בו' בסיון ולשנה הבאה היו שניהן חסרים ואירע עצרת בז' בסיון והשנה מלאה ביום ו' בסיון משהקדישה ועדיין לא עבר עצרת עליו: מאן תנא כו'. ת"ק דלא איירי בשנה בלא רגלים: אלא ד' ימים. קסברי לעולם כל חדשי השנה אחד מלא ואחד חסר ואין מעברין ואין מחסרין שום חדש לצורך והויא לה שנה שנ"ד ימים נמצאת כל השנה שבועים שלמים חוץ מד' ימים והן הדוחין קביעות השנה מקביעות חברתה: ואם היתה שנה מעוברת חמשה. קסבר חדש עיבור לעולם חסר ואינו דוחה את המועדות אלא יום אחד שהוא יתר על ד' שבועות: יורש מהו בבל תאחר. על נדר אביו: קרי ביה עמך ומעמך. ודריש ביה תרתי דעמך משמע ליה חלקו של עני ומ' יתירה למעוטי יורש: מי אמרי' הא לא מיחייבא בראיה. דכתיב (דברים טז) כל זכורך וכיון דלא מיחייבא למיסק לא שייך בה זמן רגלים לבל תאחר או דלמא מיחייבא למיסק משום שמחה דכתיב (שם) ושמחת בחגך ואמר מר (פסחים ד' קט.) בזמן שבית המקדש קיים אין שמחה אלא בבשר שלמים שנאמר וזבחת שלמים ואכלת שם (ואכלת) ושמחת: בעלה משמחה. בבבל בבגדי צבעונין בא"י בבגדי פשתן המגוהצים הכי איתא בקדושין (ד' לד:): הא בתם. דקאי להרצאה משנולד להרצאה: בעל

הגהות הב"ח

(א) תום' ד"ה בשלמא רגלים כו' ערב פסח וכך הפירוש הכא לקמן הניחא למ"ד: (ב) ד"ה אשה כו' עד הכא מאן אייתיה ומשני עד הכא דמחייבת אימיה בשמחה אייתיה משמע:

גליון הש"ס

גמ' אמר רב כהנא מאן דקא מותיב. כעין זה שבת קכב ע"א כתובות יח ע"ב: רש"י ד"ה בתר חג המצות וכו' ושילהי אדר בתרא לאו דוקא. עיין יומא סה ע"ב בתוס' ד"ה דתניא:

תורה אור השלם

א) וְאִם לֹא יִגָּאֵל עַד מְלֹאת לוֹ שָׁנָה תְמִימָה וְקָם הַבַּיִת אֲשֶׁר בָּעִיר אֲשֶׁר לוֹ חֹמָה לַצְּמִיתֻת לַקֹּנֶה אֹתוֹ לְדֹרֹתָיו לֹא יֵצֵא בַּיֹּבֵל: [ויקרא כה, ל]

ב) כִּי תִדֹּר נֶדֶר לַיי אֱלֹהֶיךָ לֹא תְאַחֵר לְשַׁלְּמוֹ כִּי דָרֹשׁ יִדְרְשֶׁנּוּ יי אֱלֹהֶיךָ מֵעִמָּךְ וְהָיָה בְךָ חֵטְא: [דברים כג, כב]

ג) כִּי אִם אֶל הַמָּקוֹם אֲשֶׁר יִבְחַר יי אֱלֹהֵיכֶם מִכָּל שִׁבְטֵיכֶם לָשׂוּם אֶת שְׁמוֹ שָׁם לְשִׁכְנוֹ תִדְרְשׁוּ וּבָאתָ שָּׁמָּה: וַהֲבֵאתֶם שָׁמָּה עֹלֹתֵיכֶם וְזִבְחֵיכֶם וְאֵת מַעְשְׂרֹתֵיכֶם וְאֵת תְּרוּמַת יֶדְכֶם וְנִדְרֵיכֶם וְנִדְבֹתֵיכֶם וּבְכֹרֹת בְּקַרְכֶם וְצֹאנְכֶם: [דברים יב, ה-ו]

מסורת הש"ס

ליקוטי רש"י

שֶׁהָיָה חוֹלָה בַּעֲצֶרֶת – that it was ill on Shavuos.[1]

A different answer:

רַב אַשִׁי אָמַר – Rav Ashi said: מַאי וְאָכַלְנוּ וְלָדָהּ שְׁלָמִים בֶּחָג **דְּקָתָנֵי – What** festival **does the Baraisa** refer to when it **states:** WE ATE ITS OFFSPRING AS A *SHELAMIM* ON THE FESTIVAL? **חַג הַשָּׁבוּעוֹת** – It refers to **the Festival of Shavuos.**[2]

The Gemara explains why Rav Zevid did not give this answer: **וְאִידָךְ – And the other** Amora would argue: **כָּל הֵיכָא דְּתָנֵי פֶּסַח תָּנֵי עֲצֶרֶת – Whenever a Tanna states** the name **"Pesach," he states** ***Atzeres*** (and not "Festival") when referring to Shavuos.[3] Hence, this Baraisa, which uses "Festival" in the same context as "Pesach," does not mean Shavuos.

Rava teaches another law relevant to the prohibition against delaying payment of vows:

[וְ]אָמַר רָבָא – And Rava also **said:** כֵּיוָן שֶׁעָבְרוּ עָלָיו שָׁלֹשׁ רְגָלִים **– Once three festivals have passed,** בְּכָל יוֹם וָיוֹם עוֹבֵר בְּבַל **תְּאַחֵר – he is liable each and every day for** violating the commandment ***not to delay.***[4]

The Gemara challenges this ruling:

מֵיתִיבֵי – They challenged it from the following Baraisa: אֶחָד **בְּכוֹר וְאֶחָד כָּל הַקֳּדָשִׁים** – Regarding BOTH THE *BECHOR* AND ALL other SACRED OFFERINGS, **כֵּיוָן שֶׁעָבְרוּ עֲלֵיהֶם שָׁנָה בְּלֹא רְגָלִים** – AS SOON AS A YEAR PASSES even WITHOUT three FESTIVALS,[5] **רְגָלִים בְּלֹא שָׁנָה** – or three FESTIVALS pass even WITHOUT A YEAR,[6] **עוֹבֵר בְּבַל תְּאַחֵר** – ONE IS LIABLE FOR violating the commandment *NOT TO DELAY.*[7]

The Gemara wonders:

וְהַאי מַאי תְּיוּבְתֵּיהּ – But what is [this Baraisa's] refutation of Rava's ruling?

The Gemara explains:

אָמַר רַב כַּהֲנָא – Rav Kahana said: מַאן דְּקָא מוֹתִיב שַׁפִּיר קָא **מוֹתִיב – The one who challenged** Rava's ruling from this Baraisa **challenged** it **well. מִכְּדִי – Now,** let us see. **תַּנָּא אַלָּאוֵי קָא מְהַדַּר – The Tanna** of the Baraisa **is** clearly **seeking** all the **prohibitions** that pertain to delaying payment of a vow.[8] **לִיתְנֵי בְּכָל יוֹם וָיוֹם עוֹבֵר בְּבַל תְּאַחֵר** – Hence, if Rava's ruling is correct, **[the Tanna] should** also **have taught that he is liable for** violating the commandment ***not to delay*** **each and every day.** – ? –

The Gemara deflects the challenge:

וְאִידָךְ – And the other one [Rava] could answer: **תַּנָּא לְמִיקְבְּעֵיהּ בְּלָאו קָא מְהַדַּר – The Tanna is seeking to establish** when **[the vower]** would begin to be liable **for** violating **a prohibition; בְּלָאוֵי יְתֵירֵי לֹא קָא מְהַדַּר** – but **it is not seeking extra** (i.e. repeated) **prohibitions.**[9]

The Gemara examines the Baraisa cited above:

גּוּפָא – The text itself stated: **אֶחָד בְּכוֹר וְאֶחָד כָּל הַקֳּדָשִׁים** – Regarding BOTH THE *BECHOR* AND ALL other SACRED OFFERINGS, **כֵּיוָן שֶׁעָבְרוּ עֲלֵיהֶם שָׁנָה בְּלֹא רְגָלִים** – AS SOON AS A YEAR PASSES even WITHOUT three FESTIVALS **רְגָלִים בְּלֹא שָׁנָה** – or three FESTIVALS pass even WITHOUT A YEAR, **עוֹבֵר בְּבַל תְּאַחֵר** – ONE IS LIABLE FOR violating the commandment *NOT TO DELAY.*

The Gemara asks:

בִּשְׁלָמָא רְגָלִים בְּלֹא שָׁנָה מַשְׁכַּחַתְּ לָהּ – It is understandable that you can find three **festivals without a year. אֶלָּא שָׁנָה בְּלֹא רְגָלִים הֵיכִי מַשְׁכַּחַתְּ לָהּ – But how can you find a year without** three **festivals?**[10]

The Gemara qualifies its question:

הָנִיחָא לְמַאן דְּאִית לֵיהּ כְּסִדְרָן – All is well according to the one who holds that the three festivals must pass **in their sequence, מַשְׁכַּחַתְּ לָהּ** – for then **you can find [a case]** of a year without

NOTES

1. The cow's offspring was sick (*Rashi*). A sick animal is invalid for sacrifice, as stated in the Mishnah, *Bechoros* 41a (*Tosafos; see Rambam, Hil. Bias HaMikdash* 7:12 for the definition of sick in this context).

Alternatively, the Gemara means that the *owner* of the animal was sick (*Rabbeinu Chananel; Meiri,* second explanation; see *Hagahos Yaavetz,* who explains why *Rashi* rejected that appoach; see also *Pnei Yehoshua*).

The Gemara answers that since the owner was unable to offer this animal at the time of Shavuos, he is not guilty of violating the positive commandment. Moreover, even after it [or he] recovers, he does not have to offer it immediately, because after the first festival the positive commandment does not apply each subsequent day (see *Maharatz Chayes* to 6a; see also *Pnei Yehoshua* here and to 4a ד״ה ועוד נראה דנ״מ ודו״ה והנראה מזה). However, he must bring it by the next festival (*Aruch LaNer,* from *Yerushalmi*).

2. Although when חַג, *festival,* is used in reference to a particular festival it usually means Succos, here it denotes Shavuos.

3. The name עֲצֶרֶת, *assembly,* is used for Shavuos in Rabbinic literature (see, for example, the Mishnah below, 16a).

4. The commandment not to delay payment of vows is inapplicable at night, because sacrifices may not be offered at night. Thus, the commandment is renewed each morning (*Meiri;* see *Baal HaMaor;* cf. *Ritva* and *Aruch LaNer;* see also *Gilyonei HaShas*). According to this explanation of his teaching, Rava refers only to sacrifices (see *Meiri;* cf. *Ritva*).

With respect to the positive commandment Rava merely said that he is liable (above, 6a), whereas here, regarding the negative commandment, Rava said that he is liable every day. It is thus evident that only the negative commandment applies each day after the deadline (*Pnei Yehoshua* to 4a ד״ה ועוד נראה דנ״מ; see note 1).

5. The Gemara will explain how this is possible (*Rashi*).

6. Three festivals can pass before the year ends even according to the Tanna of our Mishnah [R' Shimon], who rules that the festivals must pass in sequence: Pesach, Shavuos, Succos. For example, if one makes a vow shortly before Pesach, he becomes liable for delaying its payment at the end of the next Succos, which is just over half a year later (*Rabbeinu Chananel*).

7. The law that one is liable after one year (even if three festivals have not passed) is derived from a verse about the *bechor* offering: *Before Hashem your God you shall eat it year by year* (*Deuteronomy* 15:20). The word כָּל, *every,* in the preceding verse (כָּל־הַבְּכוֹר אֲשֶׁר יִוָּלֵד וכו׳, *Every bechor that is born,* etc.) serves to apply this commandment to other offerings as well. Since the source for this law is found in a passage about the *bechor,* the Baraisa mentions that offering separately: "the *bechor* and all sacred offerings, etc." (*Tosafos* as emended by *Maharsha; Tos. HaRosh; Chidushei HaRan*). [Although the verse, *you shall eat it year by year,* is a positive commandment, it sets the deadline for the negative commandment as well (see *Chidushei HaRan, Sfas Emes* and *Turei Even;* cf. *Ritva*).]

Only those obligations that are analogous to the *bechor* are subject to the one-year deadline. Such obligations include offerings, and possibly contributions to the Temple treasury, since they too are called קָדָשִׁים (literally: sacred things); however, they certainly do not include other obligations, such as *maasros,* charity, *leket, shich'chah* and *pe'ah* (see *Ritva*).

8. For he states that the prohibition is transgressed not only after three festivals, but also after one year.

9. That is, the Baraisa lists only the times when the prohibition begins to take effect. It does not deal with the repeated transgressions that can accrue after those times (*Rashi;* cf. *Ritva*).

10. Even if he made the vow during a festival, the year will not end before the passage of three festivals. For example, if he made the vow on Pesach, the remainder of that Pesach combines with the beginning of the next Pesach to be reckoned as a complete festival. Thus, a year after his vow, the three festivals will have been completed (*Tosafos, Ritva*).

The Gemara could have answered that the animal [or the owner] was sick on one or more of the three festivals (*Tosafos* et al.; cf. *Pnei Yehoshua* and *Aruch LaNer* ד״ה אחרים; see *Sfas Emes*). The commentators give reasons why the Gemara chose not to give this answer (see *Rashba, Chidushei HaRan* and *Sfas Emes*).

עין משפט נר מצוה

כט א מיי' פי"ד מהל' מעשה הקרבנות הלכה טו:

ל ב מיי' פ"ב מהלכות שמיטין הל' א ופ"ו הל' ה ופ"א מהל' בכורות הל' יב סמג עשין ר"ל טוש"ע יו"ד סי' שו סעיף י:

לא ג סמג עשין מז:

לב ד ה מיי' פי"ד מהל' מעשה הקרבנות הלכה יג:

לג ו מיי' פ"א מהלכות בכורות הל' ח סמג עשין ר"ל טוש"ע יו"ד סי' שו סעי' ז:

שהיה חולה בעצרת רב אשי אמר מאי ואכלנו ולדה שלמים בחג השבועות ואידך כל היכא דתני פסח תני עצרת (א) [אמר] רבא כיון שעברו עליו ג' רגלים בכל יום ויום עובר בבל תאחר מיתיבי אחד בכור ואחד כל הקדשים כיון שעברו עליהם שנה בלא רגלים רגלים בלא שנה עובר בבל תאחר והאי מאי תיובתיה אמר רב כהנא מאן דקא מותיב שפיר קא מותיב מכדי תנא אלאוי קא מהדר ליתני בכל יום ויום עובר בבל תאחר ואידך תנא למיקבעיה בלאו קא מהדר בלאוי יתירי לא קא מהדר גופא אחד בכור ואחד כל הקדשים כיון שעברו עליהם שנה בלא רגלים רגלים בלא שנה עובר בבל תאחר בשלמא רגלים בלא שנה משכחת לה אלא שנה בלא רגלים היכי משכחת לה הניחא למאן דאית ליה כסדרן משכחת לה אלא למאן דלית ליה כסדרן היכי משכחת לה בשלמא לרבי משכחת לה בשנה מעוברת דתניא שנה תמימה רבי אומר מונה ג' מאות וששים וחמשה יום כמנין ימות החמה וחכ"א מונה י"ב חדש מיום ליום ואם נתעברה שנה נתעברה לו משכחת לה לרבי דאקדשה בתר חג המצות דכי מטא שילהי אדר בתראה שנה מליא רגלים לא מלו אלא לרבנן היכי משכחת לה כדתני רב שמעיה עצרת פעמים ה' פעמים ששה פעמים שבעה הא כיצד שניהן מלאין חמשה שניהן חסרין שבעה אחד מלא ואחד חסר ששה ומאן תנא דפליג עליה דרב שמעיה אחרים היא דתניא אחרים אומרים אין בין עצרת לעצרת ואין בין ר"ה לר"ה אלא ד' ימים בלבד ואם היתה שנה מעוברת חמשה בעי ר' זירא יורש מהו בבל תאחר כי תדור נדר אמר רחמנא והא לא נדר או דלמא ובאת שמה והבאתם שמה והא מיחייב ת"ש דתני רבי חייא מעמך פרט ליורש והאי מעמך מיבעי ליה זה לקט שכחה ופאה קרי ביה עמך וקרי ביה מעמך בעי ר' זירא אשה מה היא בבל תאחר מי אמרינן הא לא מיחייבא בראיה או דלמא הא איתה בשמחה א"ל אביי ותיפוק ליה דהא איתה בשמחה ומי אמר אביי הכי והאמר אביי אשה בעלה משמחה לדבריו דר' זירא קאמר איבעי' להו בכור מאימתי מונין לו שנה אביי אמר משעה שנולד רב אחא בר יעקב אמר משעה שנראה להרצאה ולא פליגי הא בתם

שהיה חולה. הולד: כל היכא דקתני פסח. דבעי למיתני בתריה שבועות תני עצרת ולא חג: שנה בלא רגלים. לקמיה מפרש: למיקבעיה בלאו קא מהדר. להודיעך כל לידי זמן התחלת בל תאחר שנו: אלאוי יתירי לא מהדר. להודיעך לאוין הרבים שנו: הניחא למאן דבעי כסדרן משכחת לה. דעברה שנה ולא עברו רגלים כסדרן [illegible] ושמחת בחגך ואמר מר (פסחים ד' קט.) בזמן שבית המקדש קיים אין שמחה אלא בבשר שלמים שנאמר וזבחת שלמים ואכלת שם (ואכלת) ושמחת: בעלה משמחה. בבגדי צבעונין בא"י בבגדי פשתן המגוהצים הכי איתא בקדושין (ד' לד:): הא בתם. דקאי להרצאה משנראה להרצאה:

בעל

שהיה חולה בעצרת. דפסול להקרבה כדתנן בבכורות (דף מא.) זקן חולה ומזוהם ובפרק כל האסורים (תמורה דף כח:) דרשינן ליה מדכתיב מן הבקר מן הכבשים ומן העזים ועוד כתיב (מלאכי א) כי תגישו פסח וחולה אין רע: אחד בכור ואחד כל הקדשים. להכי נקט בכור לעיקר שנה בבכור כתיב מדכתיב כל הבכור אשר יולד (דברים טו) מלמד שהבכור נאכל כל שנתו כלומר דכתיב ליה תאכלנו שנה בשנה ושאר הקדשים דריש התם מדכתיב כל: בשלמא רגלים בלא שנה משכחת לה. כגון דאקדשה ערב פסח (א) כך הפי' הניחא למ"ד דבעי כסדרן משכחת לה כגון דאקדשיה בתר חג המצות: שנה בלא רגלים היכי משכחת לה. דאי דאקדשיה בתוך הרגל דכי מטיא שתא אכתי ליכא שלש רגלים דשלימים בעינן כדלעיל ה"נ איכא רגלים שלימים דסוף רגל ראשון דאשתקד מצטרף (על) תחלת רגל דהשתא ובירושלמי מפרש תפתר כגון דאקדשיה כשהיה מחוסר זמן ולקמן אין משמע כן דאמרינן אין מונין שנה לבכור אלא משעה שראוי להרצאה: בשלמא לרבי משכחת לה בשנה מעוברת. לר"מ דאמר לעיל ברגל אחד ולר"א בן יעקב דאמר שני רגלים לא משכחת לה אלא בחולה ברגלים והוא הדין דהוה מצי לשנויי הכא לרבי ולרבנן: כמנין ימות החמה. ופי' בקונט' וה"ה בכל שנים קאמר לרבי דילפינן מתמימה דבתי ערי חומה כדמוכח בפרק שני דערכין (דף לא:): בתר חג המצות. לאו דוקא דהוא הדין בתוך חג המצות כדמוכח לעיל דכולי רגל בעי: יורש מהו בבל תאחר. דיורש חייב להביא כדתנן במסכת קינין (פ"ב משנה ה) ומייתי לה בכמה דוכתי האשה שהביאה חטאתה ומתה יביאו יורשים עולתה ומשמע בפ"ק דקדושין (דף יג:) דלמ"ד שעבודא לאו דאורייתא כשהפרישה מחיים ולמ"ד דאורייתא אע"פ שלא הפרישה מחיים ובסוף יש בכור (בכורות דף נא:) נמי אמר מה להלן יורשים חייבים בעולת ראיה של אביהן: הא ליתא בראיה. והוא הדין זקן וחולה ומי שאין לו קרקע וכל הפטורים מן הראיה: דהא איתה בשמחה. וקרינא בה ובאת שמה והבאתם שמה: אשה בעלה משמחה. פי' בקונט' בבבל בבגדים [צבעונים] ובא"י בכלי פשתן המגוהצין כדאיתא בקדושין (ד' לד: ושם) וקשיא לר"ת דהני מילי בזמן הזה אבל בזמן שבית המקדש קיים אין שמחה אלא בבשר כדאמר בע"פ (פסחים ד' קט. ושם) ועוד אמרי' פ"ק דחגיגה (ד' ו. ושם) אמתני' דאיזה קטן כל שאינו יכול לאחוז בידו [של אביו] לעלות מירושלים להר הבית עד הכא מאן (ב) אתייה ומשני עד הכא מיחייבה אמיה בשמחה משמע שזקוקה לעלות משום שלמי שמחה ומפרש ר"ת בעלה משמחה שהחיוב על בעלה ולא עליה לפיכך לא קרינא בה ובאת שמה והא דקאמר בחגיגה דמיחייבה אמיה משום בעלה ולא משום היא ומיהו אשכחן בפסחים פ' אלו דברים (ד' עא.) אפי' בזמן שבהמ"ק קיים היכא דלא אפשר משמחה בכסות נקיה ויין ישן כגון היכא דחל יו"ט ראשון של חג להיות בשבת דבעינן זביחה בשעת שמחה:

הא

רבינו חננאל

בלא שנה עובר בבל תאחר. ודייקינן מדלא קתני בכל יום ויום עובר בבל תאחר ש"מ דבלאו אחד בלבד הוא דעבר. ופרקינן למיקבעיה בלאו קמיהדר בלאוי יתירי כלומר בכל יום ויום עובר בלאו לא קא מהדר. פי' בשלמא רגלים בלא שנה משכחת לה ואפילו למאן דבעי כסדרן כגון שנולד בתחלת ניסן דכד מטי ליה שלהי תשרי הרי ג' רגלים מלו להו פסח ועצרת וסוכות. שנה לא מליא. אלא שנה בלא רגלים היכי משכחת. בשלמא למאן דאית ליה כסדרן משכחת לה כגון דאקדשה באייר דכי מטי ליה אייר אחרינא שנה מליא ועדיין רגלים לא מלו דהא לא עבר עליו אלא חג המצות בלבד וצריך לעבור עליו עוד עצרת וחג הסוכות ואח"כ יעבור בבל תאחר אלא למאן דלית ליה כסדרן היכי משכחת לה. בשלמא אליבא דר' דתני ואם לא יגאל עד מלאת לו שנה תמימה ודייק הלשון דכתיב תמימה ואמר שנה תמימה מונה ימים כמנין ימות החמה משכחת לה כגון דאקדשיה בתר יום חג המצות והוא ביום ט"ז בניסן דכי מטא שלהי אדר [כ"ז] באדר שני מלאו לה שס"ה ימים ולא עברו עליו אלא עצרת וסוכות בלבד ועדיין נשאר פסח למלאות שלש רגלים והוו שנה מליא. רגלים לא מלאו. הנה זה אליבא דר'. לרבנן דא' מונה י"ב חודש מיום ליום ואם נתעברה השנה נתעברה לו היכי משכחת לה ואמרינן משכחת לה כגון דהוה עצרת דההיא שתא בה' בסיון ואקדשיה בו' בסיון בתר חג עצרת ובשנה הבאה חל עצרת להיות בד' בסיון הנה בששה בסיון שלמה שנה ועדיין ג' רגלים לא מלאו להן כדרב שמעי'. דתני עצרת פעמים בה' בסיון [פעמים בו' בסיון] פעמים בד' בסיון. כיצד שניהם מלאין ניסן ואייר עצרת בה' בסיון. ניסן מלא אייר חסר עצרת בו' בסיון ניסן ואייר חסרים עצרת בד' בסיון. (בירושלמי) אם הם שניהן מלאין מתחילין ספירת העומר מי"ו בניסן הנה ט"ו בניסן ול' מאייר. הנה מ"ה ימים בה' בסיון תשלום נ' יום והוא יו"ט של עצרת. ואקדשיה בששה בסיון דהוא אחר עצרת ובשנה הבאה חל עצרת להיות בד' בסיון כו' ופרשוהו בתלמוד א"י שנה בלא רגלים היכי [משכחת] לה. א"ר אבדימי שהיתה עצרת בה' בסיון ונולד הבכור בו' בסיון והיתה העצרת של שנה הבאה בד' בסיון כי מטי ו' בסיון שלמו לו י"ב חודש מיום ליום (ואם נתעברה השנה נתעברה לו). ועדיין לא עברו עליו אלא ב' רגלים בלבד סוכות ופסח והנה שנה מליא. אבל ג' רגלים לא מלו. מאן תנא דפליג עליה על רב שמעיה ואמרינן אחרים היא דתניא אין בין עצרת לעצרת ואין בין ר"ה לר"ה אלא ד' ימים בלבד. ואם היתה שנה מעוברת ה'. פירוש אחרים אין לו זו הסברא שניהן מלאין או חסרין אלא לעולם אחד מלא ואחד חסר שעולין י"ב חדש שנ"ד ימים. כשתשליכם ז"ז נשארו ד' ובשנה מעוברת מוסיפין לו אדר שני שהוא כ"ט יום כ"ח יוצאין ז"ז נשאר יום אחד וד' שנשארו מן השנ"ד ימים הרי ה' ימים במעוברת. נמצא בר פלוגתיה דרב שמעי' אחרים. בעי ר' זירא יורש מהו בבל תאחר. ואפשיטא דיורש אינו עובר בבל תאחר. בעי ר' זירא אשה מהו בבל תאחר. א"ל אביי ותיפוק לי מהא דהא איתא בשמחה ושמחת אתה וביתך וקיי"ל ביתו זו אשתו. ואקשינן ומי אמר אביי הכי כי אשה איתה בשמחה. והא אמר אביי במסכת קדושין [בפ"א ד' לד] אשה בעלה משמחה כלו' אזהרה על הבעל לשמח את אשתו ברגל ואין האשה מוזהרת. ופרקינן לדבריו דר' זירא דאמר או דלמא הא איתא בשמחה קאמר וליה לא סבירא ליה. איבעיא להו בכור מאימתי מונין לו שנה. כלו' כיון דכתיב לפני ה' אלהיך תאכלנו שנה בשנה בעינן שנה שלמה שיהיה ראוי לאכילה או לא. ואסיקנא בבכור תם בעינן שנה משנראה להרצאה והוא מיום השמיני והלאה עד מלאת לו שנה תמימה. ובכור בעל מום משעה שנולד שראוי לאכילה והוא דקים ליה בגויה שכלו לו חדשיו. מונין לו משעה שנולד. באחד

מסורת הש"ס

א) [נ"ל ואמר], ב) [תוס' דערכין פ"ג], ג) ערכין לא: [יומא סה:], ד) לקמן כ. שבת פז: סוכה נד: ערכין ט: [תוס' שם ס"ח], ה) [עמ"ש תוס' לקמן כ. ד"ה ואם היתה], ו) [לעיל ה:], ז) קדושין לד:, ח) [עי' תוס' ערכין יח: ד"ה שנה], ט) דכתיב ביה תאכלנו כו' מדכתיב כל כל"ל, י) [בספרי פרשת ראה], כ) הך הניחא הוא התחלת דבור תוס' אחר, ל) ג' רש"ל עם, מ) [נ"ל בתרא] אמנם בפ"ב שם ט: מוכח נ"ב, נ) [דף ה:], ס) מ"מ.

הגהות הב"ח

(א) תוס' ד"ה בשלמא רגלים כו' ערב פסח וכך הפירוש בהא דקאמר הניחא למ"ד: (ב) ד"ה אשה כו' עד הכא מאן אייתיה ומשני עד הכא דמחייבא אימיה בשמחה אימיה משמע:

גליון הש"ס

גמ' אמר רב כהנא מאן דקא מותיב. כעין זה שבת קכג ע"א כתובות יח ע"ב: רש"י ד"ה בתר חג המצות וכו' ושילהי אדר בתרא לאו דוקא. עיין יומא סה ע"ב תוס' ד"ה דתניא:

תורה אור השלם

א) וְאִם לֹא יִגָּאֵל עַד מְלֹאת לוֹ שָׁנָה תְמִימָה וְקָם הַבַּיִת אֲשֶׁר בָּעִיר אֲשֶׁר לוֹ חֹמָה לַצְּמִיתֻת לַקֹּנֶה אֹתוֹ לְדֹרֹתָיו לֹא יֵצֵא בַּיֹּבֵל: [ויקרא כה, ל]

ב) כִּי תִדֹּר נֶדֶר לַיי אֱלֹהֶיךָ לֹא תְאַחֵר לְשַׁלְּמוֹ כִּי דָרֹשׁ יִדְרְשֶׁנּוּ יי אֱלֹהֶיךָ מֵעִמָּךְ וְהָיָה בְךָ חֵטְא: [דברים כג, כב]

ג) כִּי אִם אֶל הַמָּקוֹם אֲשֶׁר יִבְחַר יי אֱלֹהֵיכֶם מִכָּל שִׁבְטֵיכֶם לָשׂוּם אֶת שְׁמוֹ שָׁם לְשִׁכְנוֹ תִדְרְשׁוּ וּבָאתָ שָׁמָּה: וַהֲבֵאתֶם שָׁמָּה עֹלֹתֵיכֶם וְזִבְחֵיכֶם וְאֵת מַעְשְׂרֹתֵיכֶם וְאֵת תְּרוּמַת יֶדְכֶם וְנִדְרֵיכֶם וְנִדְבֹתֵיכֶם וּבְכֹרֹת בְּקַרְכֶם וְצֹאנְכֶם: [דברים יב, ה-ו]

ליקוטי רש"י

ואידך. רב זביד אמר לך כל היכא דתני פסח ובעי לאדכורי מידי בעצרת תני עצרת ולא קרי ליה חג אבל אי הוה מדכר לפסח בלשון חג המצות הוה תני לעצרת בלשון חג [תמורה יח:]. רבי אומר מונה שלש מאות וששים וחמשה ימים. בין שעיברו בית דין את השנה בין שלא עיברוה שאין לך למנות אלא לימות החמה [יומא סה:]. כמנין ימות החמה. בין בפשוטה בין במעוברת [ערכין לא:]. וחכמים אומרים. הכל כמו שישראל מונין שנים עשר חדש מיום ליום אם פשוטה היא [יומא שם]. י"ב חדש מיום ליום. כמו שאנו קובעין אותן לשנת לבנה. נתעברה לו. למוכר דכתיב תמימה [ערכין שם]. ואם נתעברה נתעברה למוכר ולא תחלט עד שיגיע באותו יום באותו חדש שמכרה לו [יומא סו.]. אחרים היא. דאמרי לעולם כל החדשים אחד מלא ואחד חסר כסדר מולד הלבנה שמתחדשת לעולם בסוף עשרים ותשעה ימים ומחצה שהן חמשים ותשעה לשני חדשים. ארבעה ימים. אם נקבע עכשיו באחד בשבת יהא לשנה הבאה בחמישי בשבת שזה חשבון שנים עשר חדש אחד מלא ואחד חסר עולה לשלוש מאות חמשים וארבעה ימים והשלש מאות וחמשים כולם שבועים נמצא נדחה להלן ארבעה ימים [לקמן כ.]. כשאתה קובע כל החדשים כסדרן אחד מלא ואחד חסר הוו ארבעה ימים בין תחלת שנה לתחלת שנה אחרת שמנין חדשי לבנה כסדרן שנ"ד ימים כולן שבועין חוץ מארבעה ימים [שבת פז:]. אם זה באחד בשבת יחול לשנה הבאה בחמישי בשבת דהיינו ארבעה ימים וזה הסדר לפי מולד לבנה הוא שבין מולד למולד עשרים ותשעה יום ומחצה לשני מולדות חמשים ותשעה נמצא כל חדשי השנה אחד מלא ואחד חסר ואחרים סבירא להו דאין מעברין ואין מחסרין שום חודש לצורך אלא קובעים ראשי חדשים אחד מלא ואחד חסר לעולם נמצא בין פסח לפסח ד' ימים ששה מלאים וששה חסרים שלש מאות וחמשים וארבעה ימים הן שלש מאות וחמשים ימים חמשים שבועות נמצאו ד' יתירים בין קביעת שנה זו לקביעת שנה הבאה [סוכה נד:]. ואם היתה שנה מעוברת חמישה. שמוסיפין עליה חדש חסר שדוחה להן מן שבועים שלימים יום אחד [לקמן כ.]. דקסבר חדש העיבור לעולם חסר עשרים ושמונה ימים שלו ארבעה שבועות נמצא יום אחד יתר תנהו על ארבעה ימים שבשנה פשוטה הרי חמשה [סוכה שם]. בעלה משמחה. בבגדי צבעונין שישמחנה ויקנה לה ויהא לה בכך שמחה ואין חובת שמחה מוטלת עליה אלא על בעלה שישמחנה קרי ביה ושמחת [קידושין לד:].

three festivals.[11] אֶלָּא לְמַאן דְּלֵית לֵיהּ כְּסִדְרָן – **But according to the one who does not hold** that the three festivals must pass **in their sequence,** הֵיכִי מַשְׁכַּחַת לָהּ – **how can you find [a case]** of a year without three festivals?

The Gemara qualifies its question further:

בִּשְׁלָמָא לְרַבִּי – **It is understandable according to Rebbi,** מַשְׁכַּחַת לָהּ בְּשָׁנָה מְעוּבֶּרֶת – because **you can find [such a case] in a leap year.**[12] דְּתַנְיָא – **For it was taught in a Baraisa:** "שָׁנָה תְמִימָה" – Scripture states: *A FULL YEAR.*[13] רַבִּי אוֹמֵר – REBBI SAYS: מוֹנֶה שְׁלֹשׁ מֵאוֹת וְשִׁשִּׁים וַחֲמִשָּׁה יוֹם – This means that ONE COUNTS THREE HUNDRED AND SIXTY-FIVE DAYS כְּמִנְיַן יְמוֹת הַחַמָּה – CORRESPONDING TO THE NUMBER OF DAYS IN THE SOLAR YEAR.[14] וַחֲכָמִים אוֹמְרִים – BUT THE SAGES SAY: מוֹנֶה שְׁנֵים עָשָׂר חֹדֶשׁ מִיּוֹם לְיוֹם – HE COUNTS TWELVE MONTHS FROM DAY TO DAY. וְאִם נִתְעַבְּרָה שָׁנָה – AND IF THE YEAR WAS EXTENDED (i.e. it was proclaimed a leap year), נִתְעַבְּרָה לוֹ – IT IS EXTENDED FOR HIM.[15] מַשְׁכַּחַת לָהּ לְרַבִּי – Thus, **you can find it** [a year without three festivals] **according to Rebbi,** דְּאַקְדְּשָׁהּ בָּתַר חַג הַמַּצּוֹת – **where one consecrated [an animal] after Pesach,** דְּכִי מָטָא שִׁילְהֵי אֲדָר בַּתְרָאָה – **so that when the end of the last Adar arrives,** שָׁנָה מַלְיָא רְגָלִים לֹא מָלוּ – **the year is complete, but the festivals are not complete.**[16] אֶלָּא לְרַבָּנָן הֵיכִי מַשְׁכַּחַת לָהּ – **But according to the Rabbis, how can you find it?**[17]

The Gemara answers:

כִּדְתָנֵי רַב שְׁמַעְיָה – The explanation is **as found in the Baraisa taught by Rav Shemayah:** עֲצֶרֶת פְּעָמִים חֲמִשָּׁה – SHAVUOS falls SOMETIMES on THE FIFTH of Sivan, פְּעָמִים שִׁשָּׁה – SOMETIMES on THE SIXTH of Sivan[18] פְּעָמִים שִׁבְעָה – and SOMETIMES on THE SEVENTH of Sivan. הָא כֵּיצַד – HOW SO? שְׁנֵיהֶן מְלֵאִין חֲמִשָּׁה – If BOTH OF THEM [the months of Nissan and Iyar] ARE FULL, i.e each comprises thirty days,[19] Shavuos falls on the FIFTH of Sivan.[20] שְׁנֵיהֶן חֲסֵרִין שִׁבְעָה – If BOTH OF THEM ARE DEFICIENT, i.e. each comprises twenty-nine days, Shavuos falls on the SEVENTH of Sivan.[21] אֶחָד מָלֵא וְאֶחָד חָסֵר שִׁשָּׁה – If ONE IS FULL AND ONE IS DEFICIENT, Shavuos falls on the SIXTH of Sivan.[22] Accordingly, if in a year when Shavuos fell on the fifth of Sivan, a person made a

NOTES

11. For example, he made his vow in Iyar. When the year ends in the next Iyar, the three festivals will not have passed in sequence. Only Pesach will have passed; Shavuos and Succos would still be needed to complete the cycle (*Rabbeinu Chananel*).

According to this explanation, the Baraisa teaches that the prohibition takes effect after a year, although the three festivals have not yet passed in sequence. The Tanna of the Baraisa thus agrees with R' Shimon with respect to the requirement that the three festivals pass in sequence. However, he disagrees with R' Shimon regarding the matter of liability after a year, for R' Shimon maintains that the passage of a year does not effect liability, as is evident from his statement (above, 4a) that sometimes one is not liable until after four or five festivals (*Rashi* with *Rashba* et al.; cf. *Baal HaMaor; see Rashba, Ritva* and *Chidushei HaRan;* see also *Turei Even* and *Aruch LaNer*).

12. The months of the Jewish calendar are based on the lunar cycle, in which each revolution of the moon is a month. Since a lunar month lasts approximately 29½ days, a twelve-month lunar year is approximately 354 days. This is some eleven days shorter than a solar year, the time in which the earth completes one revolution around the sun. Without adjustment, then, the lunar months would retrograde eleven days each solar year so that they would not fall in the same season every year. To prevent this, the Torah charges the court with adjusting the calendar every several years to compensate for the missing days in the lunar year. This is accomplished by adding an extra month between Shevat and Adar, making the year a leap year.

13. *Leviticus* 25:30. This verse refers to a house in a walled city (*Rashi*). The sale of houses in the walled cities of Eretz Yisrael is subject to a special law. Its basic feature is that the seller retains the right to redeem the house for one year after the sale; if he fails to redeem it within this time, the house becomes the permanent property of the buyer, and does *not* revert to the seller at *Yovel* (*Leviticus* 25:29-34; Mishnah *Arachin* 31a). This Baraisa records a dispute as to how this year is measured.

14. That is, the year is counted using the solar calendar (i.e. a year lasts 365 days), regardless of whether the lunar year has the usual twelve months or an added thirteenth month. Either way, as soon as 365 days pass, the house becomes the permanent property of the buyer (*Rashi;* see *Rashash*).

Rebbi derives from שָׁנָה תְמִימָה, *a full year,* that the longer (solar) year is used. Although those words are stated regarding the sale of a house in a walled city, Rebbi applies this law in other areas as well (*Tosafos*).

15. According to the Sages, the year ends on the anniversary of the sale. For example, if he sold the house on the fifteenth of Nissan, he has until the fifteenth of Nissan of the next year to redeem it. Thus, in a regular year, the redemption period lasts twelve months. In a leap year, the seller gains an extra month in which he can redeem his house (*Rashi*). [*Sifsei Chachamim* wonders why *Rashi* chose the fifteenth of Nissan as his example: That day is the first Yom Tov of Pesach, when it is forbidden to execute transactions!]

16. According to Rebbi, the year always lasts 365 days regardless of whether an extra month was added. Therefore, if the vow was made soon after Pesach and then a leap year was proclaimed, the year will end *before* the following Pesach. In that case, the vower becomes liable for delaying payment of his vow at the end of the year, although three festivals have not yet passed (*Rashi*).

The Gemara's example – the vow was made "after Pesach" and the year ends "when the end of last Adar arrives" – does not appear to be precise. A solar year (365 days) is eleven days longer than twelve lunar months (354 days). Therefore, if the vow was made on the twenty-second of Nissan (the day after Pesach), in which case the 354-day cycle ends by the twenty-second of the last Adar, the solar year (which continues another eleven days) will extend a few days into Nissan. The Gemara, however, states that the solar year concludes at "the end of *Adar*." In light of this problem, the words בָּתַר פֶּסַח, *after Pesach,* must be interpreted to mean "after Pesach begins." For example, he made the vow on the seventeenth of Nissan, in which case the 354-day cycle ends by the seventeenth of the last Adar; the solar year, which continues another eleven days, then ends by the twenty-eighth of Adar (*Rashi* with *Chidushei HaRan;* see also *Rabbeinu Chananel* and *Ritva* here, *Tos. Yeshanim* to *Yoma* 65b ד״ה דתניא [printed on 67a ibid.]). Alternatively, the term שִׁילְהֵי אֲדָר should be reinterpreted as referring not to the end of Adar, but to the period following the end of Adar (*Rashi, Chidushei HaRan*).

17. Since the Rabbis define a year as including all thirteen lunar months of a leap year, how can a year pass without three festivals?

18. The Torah does not give a specific date for Shavuos. It states only that Shavuos falls on the fiftieth day from the Omer count (*Rashi*), which begins on the second day of Pesach (*Leviticus* 23:15-21). Accordingly, the date of Shavuos can vary, as the Baraisa explains.

19. The monthly lunar cycle is slightly longer than 29½ days. However, a calendar month cannot be precisely that length, because the Torah requires that months consist of complete days (see *Megillah* 5a). It is therefore necessary to make some months twenty-nine days long ("deficient") and others thirty days long ("full").

[According to Torah law, the new month is proclaimed when witnesses report to *beis din* that they saw the new moon. Hence, it is possible for any month to be either "full" or "deficient" (see, however, the dissenting Tannaic view cited in note 26). Nowadays, we use the fixed calendar introduced by Hillel, the final *Nasi,* towards the end of the Amoraic era, which generally alternates between "full" and "deficient" months.]

20. The fifty days from the Omer count then comprise fifteen days of Nissan [the sixteenth through the thirtieth], the thirty days of Iyar and five days of Sivan. Thus, Shavuos, which coincides with the fiftieth day from the Omer count, falls on the fifth of Sivan (*Rashi*).

21. In this case, only fourteen days of Nissan and twenty-nine of Iyar are included in the Omer count – a total of forty-three days. Consequently, the fiftieth day from the Omer count [Shavuos] falls on the seventh of Sivan.

22. The Omer count then includes either fifteen days of Nissan and twenty-nine of Iyar, or fourteen days of Nissan and thirty of Iyar. Either way, the total from those two months is forty-four days, leaving six days to complete the Omer count. Hence, Shavuos falls on the sixth of Sivan.

עין משפט
נר מצוה

כט א מיי' פי"ד מהל' מעשה הקרבנות הלכה טו:
ל ב מיי' פי"ד מהלכות שמיטין הל' א והל' ה ופ"א מהל' בכורות הל' יב סמג עשין ריא טוש"ע יו"ד סי' שו סעיף ד:
לא ג סמג עשין מז:
לב ד ה מיי' פי"ד מהל' מעשה הקרבנות הלכה יד:
לג ו מיי' פ"א מהלכות בכורות הל' ח סמג עשין ריב טוש"ע יו"ד סי' שו סעי' ז:

שהיה חולה בעצרת רב אשי אמר מאי ואכלנו ולדה שלמים בחג דקתני חג השבועות ואידך כל היכא דתני פסח תני עצרת ([א] אמר) רבא [א] כיון שעברו עליו ג' רגלים בכל יום ויום עובר בבל תאחר מיתיבי [ג] אחד בכור ואחד כל הקדשים כיון שעברו עליהם שנה בלא רגלים רגלים בלא שנה עובר בבל תאחר והאי מאי תיובתיה אמר רב כהנא מאן דקא מותיב שפיר קא מותיב מכדי תנא אלאוי קא מהדר ליתני בכל יום ויום עובר בבל תאחר ואידך תנא למיקבעיה בלאו קא מהדר בלאוי יתירי לא קא מהדר גופא אחד בכור ואחד כל הקדשים כיון שעברו עליהם שנה בלא רגלים רגלים בלא שנה עובר בבל תאחר בשלמא רגלים בלא שנה משכחת לה אלא שנה בלא רגלים היכי משכחת לה הניחא למאן דאית ליה כסדרן משכחת לה אלא למאן דלית ליה כסדרן היכי משכחת לה בשלמא לרבי משכחת לה בשנה מעוברת דתניא [ד] שנה תמימה רבי אומר מונה ג' מאות וששים וחמשה יום כמנין ימות החמה וחכ"א [ב] מונה י"ב חדש מיום ליום ואם נתעברה שנה נתעברה לו משכחת לה לרבי דאקדשה בתר חג המצות דכי מטא שילהי אדר בתראה שנה מליא רגלים לא מלו אלא לרבנן היכי משכחת לה כדתני רב שמעיה עצרת פעמים ה' פעמים ששה פעמים שבעה הא כיצד שניהן מלאין חמשה שניהן חסרין שבעה אחד מלא ואחד חסר ששה ומאן תנא דפליג עליה דרב שמעיה אחרים היא דתניא [ו] אחרים אומרים [ג] אין בין עצרת לעצרת אין בין ר"ה לר"ה אלא ד' ימים בלבד ואם היתה שנה מעוברת [ה] חמשה בעי ר' זירא יורש מהו בבל תאחר [ב] כי תדור נדר אמר רחמנא והא לא נדר או דלמא [ג] ובאת שמה והבאתם שמה והא מיחייב ת"ש דתני רבי חייא [ב] מעמך [ד] פרט ליורש והאי מעמך מיבעי ליה [ו] זה לקט שכחה ופאה קרי ביה עמך וקרי ביה מעמך בעי ר' זירא אשה מה היא בבל תאחר מי אמרינן הא לא מיחייבא בראיה או דלמא הא איתה בשמחה א"ל אביי ותיפוק ליה [ז] דהא איתה בשמחה ומי אמר אביי הכי [ח] והאמר אביי אשה בעלה משמחה לדבריו דר' זירא קאמר איבעיא להו [ט] בכור מאימתי מונין לו שנה אביי אמר משעה שנולד רב אחא בר יעקב אמר משעה שנראה להרצאה ולא פליגי [י] הא בתם

תוספות

שהיה חולה בעצרת. דפסול להקרבה כדתנן בבכורות (דף מא.) זקן חולה ומזוהם ובפרק כל האסורים (תמורה דף כח:) דרשינן ליה מדכתיב מן הצאן מן הכבשים ומן העזים ועוד כתיב (מלאכי א) כי תגישו פסח וחולה אין רע: **אחד** בכור ואחד כל הקדשים. להכי נקט בכור דעיקר שנה בבכור כתיב [ט] מדכתיב כל הבכור אשר יולד (דברים טו) מלמד שהבכור נאכל כל שנתו כלומר דכתיב ביה תאכלנו שנה בשנה ושאר הקדשים דריש התם [י] מדכתיב כל: **בשלמא** רגלים בלא שנה משכחת לה. כגון דאקדשה ערב פסח (א) כך הפי' [כ] הניחא למ"ד דבעי כסדרן משכחת לה כגון דאקדשיה בתר חג המצות: **שנה** בלא רגלים היכי משכחת לה. דאי באקדשיה בתוך הרגל דכי מטיא שתא אכתי ליכא שלש רגלים דשלימים בעינן כדלעיל ה"נ איכא רגלים שלימים דסוף רגל ראשון דאשתקד מצטרף [ל] (על) תחלת רגל דהשתא ובירושלמי מפרש תפתר כגון דאקדשיה כשהיה מחוסר זמן בפסח ולקמן אין משמע כן דאמרינן אין מונין שנה לבכור אלא משעה שראוי להרצאה: **בשלמא** לרבי משכחת לה בשנה מעוברת. לר"מ דאמר לעיל ברגל אחד ולר"א בן יעקב דאמר שני רגלים לא משכחת לה אלא בחולה ברגלים והוא הדין דהוה מצי לשנויי הכא לרבי ולרבנן: **כמנין** ימות החמה. ופי' בקונט' וה"ה בכל שנים שתם לרבי דילפינן מתמימה דבתי ערי חומה כדמוכח בפרק ([מ] שני) דערכין (דף לא:): **בתר** חג המצות. לאו דוקא דהוא הדין בתוך חג המצות כדמוכח לעיל [נ] דכולי רגל בעי: **יורש** מהו בבל תאחר. דיורש חייב להביא כדתנן במסכת קינין (פ"ב משנה ה) ומייתי לה בכמה דוכתי האשה שהביאה חטאתה ומתה יביאו יורשים עולתה ומשמע בפ"ק דקדושין (דף יג:) דלמ"ד שעבודא לאו דאורייתא כשהפרישה מחיים ולמ"ד דאורייתא אע"פ שלא הפרישה מחיים ובסוף יש בכור (בכורות דף נא:) נמי אמר מה להלן יורשים חייבים בעולת ראיה של אביהן: **הא** ליתא בראיה. והוא הדין זקן וחולה ומי שאין לו קרקע וכל הפטורים מן הראיה: **דהא** איתה בשמחה. וקרינא בה ובאת שמה והבאתם שמה: **אשה** בעלה משמחה. פי' בקונט' בבבל בבגדים [לבעונים] ובא"י בכלי פשתן המגוהצין כדאיתא בקדושין (ד' לד: ושם) וקשיא לר"ת דהני מילי בזמן הזה אבל בזמן שבית המקדש קיים אין שמחה אלא בבשר כדאמר בע"פ (פסחים ד' קט. ושם) ועוד אמרי' פ"ק דחגיגה (ד' ו. ושם) אמתני' דאיזהו קטן כל שאינו יכול לאחוז בידו [ס] [של אביו] לעלות מירושלים להר הבית עד הכא מאן (ב) אתייא ומשני עד הכא מיחייבה אמיה בשמחה משמע שזקוקה לעלות משום שלמי שמחה ומפרש ר"ת בעלה משמחה שמחייב על בעלה ולא עליה לפיכך לא קרינא בה ובאת שמה והא דקאמר בחגיגה דמיחייבא אמיה משום בעלה ולא משום היא ומיהו אשכחן בפסחים פ' אלו דברים (ד' עא.) אפי' בזמן שבהמ"ק קיים היכא דלא אפשר משמחה בכסות נקיה ויין ישן כגון היכא דחל יו"ט ראשון של חג להיות בשבת דבעינן זביחה בשעת שמחה: הא

רש"י

שהיה חולה. הולד: כל היכא דקתני פסח. דבעי למיתני בתריה שבועות תני עצרת ולא חג: שנה בלא רגלים. לקמיה מפרש: למיקבעיה בלאו קא מהדר. להודיעך כל לידי זמן התחלת בל תאחר שנו: אלאוי יתירי לא מהדר. להודיעך לאוין הרבים שנו: הניחא למאן דבעי כסדרן משכחת לה. דעברה שנה ולא עברו רגלים כסדרן ולמדך דכיון דעברה שנה אע"פ שלא עברו רגלים כסדרן חייב וסבר לה כר"ש בחדא ופליג עליה בחדא: בשלמא לרבי. דאמר חדש העיבור אינו מן השנה חוץ מי"א יום ששנת חמה יתירה על הלבנה משכחת לה בשנה מעוברת: שנה תמימה. האמורה בבתי ערי חומה מונה שס"ה ימים ואפי' בשנה פשוטה ואף בשנה מעוברת כיון שעברו ג' מאות וששים וחמשה ימים משמכרה נחלט לו: מיום ליום. מט"ו בניסן לחמשה עשר בניסן אם מכרה בט"ו בניסן נתעברה לו למוכר ועל כרחו של לוקח אינו נחלט עד שיגיע ט"ו בניסן: בתר חג המצות. בתוך הרגל ואית דאמרי לאחר הרגל [ס] ושילהי אדר בתרא לאו דוקא אלא לאחר שילא אדר קאמר: שנה מליא. ג' מאות וששים וחמשה ימים: פעמים ששה. שהוא ששה בסיון יום החמשים לעומר: שניהם מלאים. ניסן ואייר הרי ט"ו ימים מניסן ול' דאייר מלא להו חמשים בחמשה בסיון: א' מלא כו'. ומשכחת לה שנה בלא רגלים כגון שניהם מלאים ואירע עצרת בה' בסיון והקדישה למחרת בו' בסיון ולשנה הבאה היו שניהן חסרים ואירע עצרת בז' בסיון והשנה מלאה ביום ו' בסיון משהקדישה ועדיין לא עבר עצרת עליו: מאן תנא כו'. ת"ק דלא איירי בשנה בלא רגלים: אלא ד' ימים. קסברי לעולם כל חדשי השנה אחד מלא ואחד חסר ואין מעברין ואין מחסרין שום חדש לצורך והויא לה שנה שנ"ד ימים נמצאת כל השנה שבועים שלמים חוץ מד' ימים והן הדוחין קביעות השנה מקביעות חברתה: ואם היתה שנה מעוברת חמשה. קסבר חדש עיבור לעולם חסר ואינו דוחה את המועדות אלא יום אחד שהוא יתר על ד' שבועות: יורש מהו בבל תאחר. על נדר אביו: קרי ביה עמך ומעמך. ודריש ביה תרתי דעמך משמע ליה חלקו של עני ומ' יתירא למעוטי יורש: מי אמרי' הא לא מיחייבא בראיה. דכתיב (דברים טז) כל זכורך וכיון דלא מיחייבא למיסק לא שייך בה זמן רגלים לבל תאחר או דלמא מיחייבא למיסק משום שמחה דכתיב (שם) ושמחת בחגך ואמר מר (פסחים ד' קט.) בזמן שבית המקדש קיים אין שמחה אלא בבשר שלמים שנאמר וזבחת שלמים ואכלת שם (ואכלת) ושמחת: בעלה משמחה. בבבל בבגדי צבעונין בא"י בבגדי פשתן המגוהצים הכי איתא בקדושין (ד' לד:): הא בתם. דקאי להרצאה משנראה להרצאה:
בעל

רבינו חננאל

בלא שנה עובר בבל תאחר. ודייקינן מדלא קתני בכל יום ויום עובר בבל תאחר ש"מ דבלאו אחד בלבד הוא דעבר. ופרקינן למיקבעיה בלאו קמהדר בלאוי יתירי כלומר בכל יום ויום עובר בלאו לא קא מהדר. פי' בשלמא רגלים בלא שנה משכחת לה ואפילו למאן דבעי כסדרן כגון שנולד בתחלת ניסן דכד מטי ליה שלהי תשרי הרי ג' רגלים מלו להו פסח ועצרת וסוכות. שנה לא מליא. אלא שנה בלא רגלים היכי משכחת לה. בשלמא למאן דאית ליה כסדרן משכחת לה כגון דאקדשה באייר דכי מטי ליה אייר אחרינא שנה מליא ועדיין רגלים לא מלו דהא לא עבר עליו אלא חג המצות בלבד וצריך לעבור עליו עוד עצרת וחג הסוכות ואח"כ יעבור בבל תאחר אלא למאן דלית ליה כסדרן היכי משכחת לה. בשלמא אליבא דר' דתני ואם לא יגאל עד מלאת לו שנה תמימה ודייק הלשון דכתיב תמימה ואמר שנה תמימה מונה ימים כמנין ימות החמה משכחת לה כגון דאקדשיה בתר יום חג המצות והוא ביום ט"ז בניסן כשהוא עבר חדש אדר בתראה והוא יום (כ"ה) [כ"ו] באדר שני מלאו לה שס"ה ימים ולא עברו עליו אלא עצרת וסוכות בלבד ועדיין נשאר פסח למלאות שלש רגלים וזהו שנה מליא. רגלים לא מלאו. הנה זה אליבא דר'. לרבנן דא' מונה י"ב חודש מיום ליום ואם נתעברה השנה נתעברה לו היכי משכחת לה כגון דהוה עצרת דהדדיא שתא בה' בסיון ואקדשיה בו' בסיון דהוא בתר חג עצרת ובשנה הבאה חל עצרת להיות בז' בסיון הנה בששה בסיון שלמה שנה ועדיין ג' רגלים לא מלאו להן כדרב שמעי'. דתני עצרת פעמים בה' בסיון [פעמים בו' בסיון]. כיצד שניהם מלאין ניסן ואייר הוא בה' בסיון. ניסן מלא אייר חסר עצרת בו' בסיון ניסן ואייר חסרים עצרת בז' בסיון. (בירושלמי) אם הם שניהן מלאין מתחילין ספירת העומר מי"ו בניסן הנה ט"ו בניסן ול' מאייר. הנה מ"ה ימים בה' בסיון תשלום נ' יום והוא יו"ט של עצרת. ואקדשיה בששה בסיון דהוא אחר עצרת ובשנה הבאה חל עצרת להיות בז' בסיון כו' ופרשוהו בתלמוד א"י שנה בלא רגלים היכי [משכחת] לה. א"ר אבדימי שהיתה [illegible] עצרת [illegible] י"ב חודש מיום ליום (ואם נתעברה השנה נתעברה לו). ועדיין לא עברו עליו אלא ב' רגלים בלבד סוכות ופסח והנה שנה מליא. אבל ג' רגלים לא מלו. ומאן תנא דפליג עליה על רב שמעיה ואמרינן אחרים היא דתניא אחרים אומרים אין בין עצרת לעצרת ואין בין ר"ה לר"ה אלא ד' ימים בלבד. ואם היתה שנה מעוברת ה' ימים. פירוש אחרים אין לו זה הסברא שניהן מלאין או חסרין אלא לעולם אחד מלא ואחד חסר [illegible] ובשנה מעוברת מוסיפין לו אדר שני [illegible] ואפשיטא דיורש אינו עובר בבל תאחר. בעי ר' זירא אשה מהו בבל תאחר. א"ל אביי ותיפוק לי מהא דהא איתה בשמחה ושמחת אתה וביתך [illegible] ואקשינן ומי אמר אביי הכי [illegible] אשה בעלה משמחה [illegible] איבעיא להו בכור מאימתי מונין לו שנה. [illegible] ובכור בעל מום משעה שנולד.
באחד

א) [נ"ל ואמר], ב) [תוס' דערכין פ"ג], ג) ערכין לא:, ד) [יומא סה:], ד) לקמן כ., שבת פז: סוכה נד: ערכין י:, ה) [תוס' שם פ"א], ו) [עמ"ש תוס' לקמן כ. ד"ה ולא היתה], ז) [עיל ה:], ח) קדושין לד:, ט) [עי' תוס' ערכין יח: ד"ה שנתן], ט) דכתיב ביה תאכלנו כי מדכתיב כל כ"ל, י) [בספרי פרשת ראה], כ) הך הניחא הוא התחלת דבור תוס' אחר, ל) [illegible], מ) [illegible], נ) [דף ה:], ס) מ"מ.

הגהות הב"ח

(א) תוס' ד"ה בשלמא רגלים כו' ערב פסח וכך הפירוש בהא דקאמר הניחא למ"ד: (ב) ד"ה אשה כו' עד הכא מאן אייתיה ומשני עד הכא דמחייבת אימיה בשמחה אייתיתיה משמע:

גליון הש"ס

גמ' אמר רב כהנא מאן דקא מותיב. כעין זה שבת קכב ע"א כתובות יח ע"ב: רש"י ד"ה בתר חג המצות וכו' ושילהי אדר בתרא לאו דוקא. עיין יומא סה ע"ב תוס' ד"ה דתניא:

תורה אור השלם

א) וְאִם לֹא יִגָּאֵל עַד מְלֹאת לוֹ שָׁנָה תְמִימָה וְקָם הַבַּיִת אֲשֶׁר בָּעִיר אֲשֶׁר לוֹ חֹמָה לַצְּמִיתֻת לַקֹּנֶה אֹתוֹ לְדֹרֹתָיו לֹא יֵצֵא בַּיֹּבֵל: [ויקרא כה, ל]

ב) כִּי תִדֹּר נֶדֶר לַייָ אֱלֹהֶיךָ לֹא תְאַחֵר לְשַׁלְּמוֹ כִּי דָרֹשׁ יִדְרְשֶׁנּוּ יְיָ אֱלֹהֶיךָ מֵעִמָּךְ וְהָיָה בְךָ חֵטְא: [דברים כג, כב]

ג) כִּי אִם אֶל הַמָּקוֹם אֲשֶׁר יִבְחַר יְיָ אֱלֹהֵיכֶם מִכָּל שִׁבְטֵיכֶם לָשׂוּם אֶת שְׁמוֹ שָׁם לְשִׁכְנוֹ תִדְרְשׁוּ וּבָאתָ שָׁמָּה: וַהֲבֵאתֶם שָׁמָּה עֹלֹתֵיכֶם וְזִבְחֵיכֶם וְאֵת מַעְשְׂרֹתֵיכֶם וְאֵת תְּרוּמַת יֶדְכֶם וְנִדְרֵיכֶם וְנִדְבֹתֵיכֶם וּבְכֹרֹת בְּקַרְכֶם וְצֹאנְכֶם: [דברים יב, ה-ו]

ליקוטי רש"י

ואידך. רב זביד אמר לך כל היכא דתני פסח ובעי לאדכורי מידי בעצרת תני עצרת ולא קרי ליה חג אבל אי הוה מדכר לפסח בלשון חג הוה תני לעצרת בלשון חג [תמורה יח:]. רבי אומר מונה שלש מאות וששים וחמשה ימים. בין שעיברו בית דין את השנה בין שלא עיברוה אין לך למנות אלא לימות החמה [יומא סה:]. כמנין ימות החמה. בין בפשוטה בין במעוברת [ערכין לא:]. וחכמים אומרים. [illegible] אחרים היא. [illegible]

vow on the sixth of Sivan, and the next year's Shavuos fell on the seventh, it will emerge that the vow's anniversary (the sixth of Sivan) falls the day before Shavuos.[23] Thus, the year expires without the passage of all three festivals.

The Gemara has shown that according to Rav Shemayah it is possible for a year to pass without three festivals. However, this view is not shared by all Tannaim:[24]

וּמַאן תַּנָּא דְּפָלִיג עֲלֵיהּ דְּרַב שְׁמַעְיָה – And who is the Tanna who disagrees with Rav Shemayah? אֲחֵרִים הִיא – It is the "Others."[25] **דְּתַנְיָא – For it was taught in a Baraisa:** אֲחֵרִים אוֹמְרִים – OTHERS SAY that אֵין בֵּין עֲצֶרֶת לַעֲצֶרֶת – THERE IS NOTHING BETWEEN the SHAVUOS of one year AND the SHAVUOS of the preceding year, אֵין בֵּין רֹאשׁ הַשָּׁנָה לְרֹאשׁ הַשָּׁנָה – AND THERE IS NOTHING BETWEEN the ROSH HASHANAH of one year AND the ROSH HASHANAH of the preceding year, אֶלָּא אַרְבָּעָה יָמִים בִּלְבַד – EXCEPT FOUR DAYS of the week.[26] וְאִם הָיְתָה שָׁנָה מְעוּבֶּרֶת חֲמִשָּׁה – AND IF IT WAS A LEAP YEAR, the difference would be FIVE days.[27]

The Gemara raises another question about the prohibition against delaying payment of vows:

בָּעֵי רַבִּי זֵירָא – R' Zeira inquired: יוֹרֵשׁ מַהוּ בְּבַל תְּאַחֵר – What is [the law] of an heir regarding the commandment ***not to delay?*** Is he liable for delaying payment of a vow made by his father?[28] **"כִּי־תִדֹּר נֶדֶר" אָמַר רַחֲמָנָא – On the one hand, the Merciful One stated: *When "you" make a vow . . . "you" shall*** *not delay to pay it,*[29] **וְהָא לֹא נָדַר – and this** heir **did not make the vow.** Therefore, he should not be subject to the prohibition against delaying. **אוֹ דִּלְמָא "וּבָאתָ שָׁמָּה וַהֲבֵאתֶם שָׁמָּה" – Or perhaps** the main consideration is the Torah's commandment: ***You shall come there*** [to Jerusalem]. ***And you shall bring there*** *. . . your vowed offerings,*[30] **וְהָא מִיחַיַּיב – and this** heir **is obligated** to come to Jerusalem and bring all the offerings incumbent upon him. Consequently, he *should* be subject to the prohibition.[31]

The Gemara answers:

תָּא שְׁמַע – Come, learn an answer from the following Baraisa: **דְּתָנֵי רַבִּי חִיָּיא – For R' Chiya taught:** "מֵעִמָּךְ" – The word *MEI'IMACH (of you)*,[32] which appears in the verse about the prohibition against delaying, פְּרָט לְיוֹרֵשׁ – EXCLUDES AN HEIR.[33]

The Gemara notes a difficulty with this derivation:

וְהַאי "מֵעִמָּךְ" מִיבְּעֵי לֵיהּ – But this word, ***mei'imach,*** **is needed** for a different purpose: **זֶה לֶקֶט שִׁכְחָה וּפֵאָה – This** word teaches that the prohibition against delaying applies to ***leket, shich'chah*** **and *pe'ah.***[34]

NOTES

23. *Rashi, Ritva.* [See the difficulty raised by *Turei Even* and *Chochmas Manoach.*]

24. The Tanna Kamma of the Baraisa [above, 4a-b] does not mention that a year without festivals can trigger the prohibition against delaying (*Rashi*).

Rav Shemayah's statement appears at the end of a Baraisa (*Tosefta, Arachin 3:9*) that is partially quoted above, 4a-b (*Gilyon Maharsha*). The Tanna Kamma of that Baraisa says only that the prohibition is transgressed at the end of three festivals, and does not say anything about a year. The reason for this omission is presumably that in his view it is impossible for a year to pass without three festivals (see *Chacham Zvi* §12; see also *Pnei Yehoshua;* cf. *Rashash* and *Sfas Emes*).

25. See 5b note 30.

26. E.g. if the festival falls one year on a Sunday, the next year it will fall four days later, on a Thursday (*Rashi* below, 20a). A regular year of twelve lunar months lasts 354 days. After 354 has been divided by seven (the number of days in a week) there remain four days. Therefore, a particular date of one year will fall four days later in the week the following year.

This holds true, however, only if the months follow their usual pattern of "full" (30-day) months alternating with "deficient" (29-day) months. In such a year, there are six "full" months and six "deficient" months, which amount to a total of 354 days. If the length of a month is adjusted for some reason (e.g. to prevent Yom Kippur from falling on a Sunday), the total number of days will not be 354. Thus, the "Others" who state that there are *always* four days of the week between the dates of one year and the next evidently maintain that the months always follow their regular pattern and are never adjusted (*Rashi*).

According to the "Others," even if no witnesses were available to testify that the new moon was sighted, the Court would not deviate from this pattern of alternate "full" and "deficient" months, and would declare Rosh Chodesh without benefit of witnesses (see *Arachin* 9b; see also *R' Chaim Kanievsky* in *Shekel HaKodesh* and *Beur HaHalachah,* to *Hil. Kiddush HaChodesh* 7:1).

[*Sifsei Chachamim* explains why the Baraisa singles out Rosh Hashanah and Shavuos as its examples.]

27. This Tanna maintains that the extra month added in a leap year is always "deficient," i.e. twenty-nine days long (see below, 19b). Twenty-nine is one more than an even multiple of seven. Thus, in a leap year, one more day of the week will interpose between a particular date of that year and the same date in the next year (*Rashi*). Since, as established above, this difference is normally four days, in a leap year it will be five days.

It has been shown that according to the "Others" the months always follow the same pattern of "full" months alternating with "deficient" months. Accordingly, of the two consecutive months Nissan and Iyar, one will always be "full" and the other "deficient." In such a case, Shavuos falls on the sixth of Sivan [see note 22] (*Ritva* ד״ה ומאן). Since the date of Shavuos never changes, it is impossible for a year to pass without three festivals.

Summary: The Gemara has presented three opinions according to which a year could end before the passage of three festivals: (a) R' Shimon's opinion that the festivals must pass in sequence; (b) Rebbi's opinion that a year lasts 365 days even if a thirteenth month is added to the lunar year; (c) Rav Shemayah's opinion that the date of Shavuos could change from one year to the next.

28. An heir is obligated to bring the offerings of his deceased parent (Mishnah *Kinin* 2:5). This obligation certainly applies where the parent had designated the animal for the offering in his lifetime. Some Amoraim maintain (*Kiddushin* 13b) that it applies even where the parent had not designated an animal, but had left real estate. In their view, the real estate is mortgaged under Biblical law to pay all the parent's debts (שִׁעְבּוּדָא דְאוֹרַיְיתָא), including his sacrificial obligations (*Tosafos, Meiri*).

The Gemara here asks whether the heir would violate the commandment of בַּל תְּאַחֵר, *do not delay,* if he fails to bring the offering for the first three festivals after the deceased's death (see *Sfas Emes*).

29. *Deuteronomy* 23:22. The commandment, *you shall not delay,* is addressed to the vower, thus implying that the prohibition pertains only to the vower himself, and not his heir.

30. Ibid. 12:5-6.

31. This passage teaches that besides the negative commandment not to delay payment of one's vows [after three festivals], there is also a positive commandment to pay them [by the end of the first festival] (above, 4b). The Torah does not specify the vower in the context of the positive commandment; hence, that commandment certainly applies to the vower's heir, who is obligated to bring the deceased's offerings. It could now be argued that since the heir is subject to the positive commandment, he should be subject to the related negative commandment as well. On the other hand, perhaps the heir is not subject to the negative commandment, since that commandment is addressed specifically to the vower (*Ritva*).

32. Ibid. 23:22. The verse reads: כִּי־תִדֹּר נֶדֶר לַה׳ אֱלֹהֶיךָ לֹא תְאַחֵר לְשַׁלְּמוֹ כִּי־דָרֹשׁ יִדְרְשֶׁנּוּ ה׳ אֱלֹהֶיךָ מֵעִמָּךְ וגו׳, *When you make a vow (neder) to Hashem, your God, you shall not delay to pay it, for Hashem, your God, will demand it of you,* etc.

33. By specifying מֵעִמָּךְ, *of you* [i.e. the vower], the verse excludes the vower's heir.

34. Baraisa above, 5b.

עין משפט נר מצוה

כט א מיי' פי"ד מהל' מעשה הקרבנות הלכה טו:

ל ב מיי' פי"ד מהלכות שמיטין הל' ו והל' ה ופ"ח מהל' בכורות הל' יג סמג עשין ריא טוש"ע יו"ד סי' שו סעיף י:

לא ג סמג עשין מז:

לב ד ה מיי' פי"ד מהל' מעשה הקרבנות הלכה יד:

לג ו מיי' פ"א מהלכות בכורות הל' ח סמג עשין ריב טוש"ע יו"ד סי' שו סעי' ז:

רבינו חננאל

בלא שנה עובר בבל תאחר. ודייקינן מדלא קתני בכל יום ויום עובר בבל תאחר ש"מ דבלאו אחד בלבד הוא דעבר. ופרקינן למיקבעיה בלאו קמיהדר בלאוי יתירי כלומר בכל יום ויום עובר בלאו לא קא מהדר. פי' בשלמא רגלים בלא שנה משכחת לה ואפילו למאן דבעי כסדרן כגון שנולד בתחלת ניסן דכד מטי ליה שלהי תשרי הרי ג' רגלים מלו להו פסח ועצרת וסוכות. שנה לא מליא. אלא שנה בלא רגלים היכי משכחת לה. בשלמא למאן דאית ליה כסדרן משכחת לה כגון דאקדשה באייר דכי מטי ליה אייר אחרינא שנה מליא ועדיין רגלים לא מלו דהא לא עבר עליו אלא חג המצות בלבד וצריך לעבור עליו עוד עצרת וחג הסוכות ואח"כ יעבור בבל תאחר אלא למאן דלית ליה כסדרן היכי משכחת לה. בשלמא לרבי דר' דתני ואם לא יגאל עד מלאת לו שנה תמימה ודייק הלשון דכתיב תמימה ואמר שנה תמימה מונה ימים כמנין ימות החמה משכחת לה כגון דאקדשיה בתר יום חג המצות והוא ביום ט"ו בניסן דכי מטא שלהי אדר בתראה והוא יום (כ"ה) [כ"ז] באדר שני מלאו לה שס"ה ימים ולא עברו עליו אלא עצרת וסוכות בלבד ועדיין נשאר פסח למלאות שלש רגלים וזהו שנה מליא. רגלים לא מלאו. הנה זה אליבא דר'. לרבנן דא' מונה י"ב חודש מיום ליום ואם נתעברה השנה נתעברה לו היכי משכחת לה ואמרינן משכחת לה כגון דהוה עצרת דההיא שתא בה' בסיון ואקדשיה בו' בסיון דהוא בתר חג עצרת ובשנה הבאה חל עצרת להיות בד' בסיון הנה בששה בסיון שלמה שנה ועדיין ג' רגלים לא מלאו להן כדרב שמעי'. דתני עצרת פעמים בה' בסיון [פעמים בו' בסיון] פעמים בז' בסיון. כיצד שניהם מלאין עצרת בה' בסיון. ניסן מלא ואייר חסר עצרת בו' בסיון. ניסן ואייר חסרים עצרת בז' בסיון. (בירושלמי) אם הם שניהן מלאין מתחילין ספירת העומר מט"ז בניסן הנה ט"ו בניסן ול' מאייר. הנה מ"ה ימים בה' בסיון תשלום נ' יום הוא יו"ט של עצרת. ואקדשיה בששה בסיון דהוא אחר עצרת ובשנה הבאה חל עצרת להיות בד' בסיון

גמרא

שהיה חולה בעצרת רב אשי אמר מאי ואכלנו ולדה שלמים בחג דקתני חג השבועות ואידך כל היכא דתני פסח תני עצרת (א) אמר רבא א כיון שעברו עליו ג' רגלים בכל יום ויום עובר בבל תאחר מיתיבי ב אחד בכור ואחד כל הקדשים כיון שעברו עליהם שנה בלא רגלים רגלים בלא שנה עובר בבל תאחר והאי מאי תיובתיה אמר רב כהנא מאן דקא מותיב שפיר קא מותיב מכדי תנא אלאוי קא מהדר ליתני בכל יום ויום עובר בבל תאחר ואידך תנא למקבעיה בלאו קא מהדר בלאוי יתירי לא קא מהדר גופא אחד בכור ואחד כל הקדשים כיון שעברו עליהם שנה בלא רגלים רגלים בלא שנה עובר בבל תאחר בשלמא רגלים בלא שנה משכחת לה אלא שנה בלא רגלים היכי משכחת לה הניחא למאן דאית ליה כסדרן משכחת לה אלא למאן דלית ליה כסדרן היכי משכחת לה בשלמא לרבי משכחת לה בשנה מעוברת דתניא שנה תמימה רבי אומר מונה ג' מאות וששים וחמשה יום כמנין ימות החמה וחכ"א מונה י"ב חדש מיום ליום ואם נתעברה שנה נתעברה לו משכחת לה לרבי דאקדשה בתר חג המצות דכי מטא שילהי אדר בתראה שנה מליא רגלים לא מלו אלא לרבנן היכי משכחת לה כדתני רב שמעיה עצרת פעמים ה' פעמים ששה פעמים שבעה הא כיצד שניהן מלאין חמשה שניהן חסרין שבעה אחד מלא ואחד חסר ששה ומאן תנא דפליג עליה דרב שמעיה אחרים היא דתניא אחרים אומרים ג אין בין עצרת לעצרת ואין בין ר"ה לר"ה אלא ד' ימים בלבד ואם היתה שנה מעוברת חמשה בעי ר' זירא יורש מהו בבל תאחר כי תדור נדר אמר רחמנא והא לא נדר או דלמא ובאת שמה והבאתם שמה והא מיחייב ת"ש דתני רבי חייא מעמך ד פרט ליורש והאי מעמך מיבעי ליה זה לקט שכחה ופאה קרי ביה עמך וקרי ביה מעמך בעי ר' זירא אשה מה היא בבל תאחר מי אמרינן הא לא מיחייבא בראיה או דלמא הא איתה בשמחה א"ל אביי ותיפוק ליה ה דהא איתה בשמחה ומי אמר אביי הכי והאמר אביי אשה בעלה משמחה לדבריו דר' זירא קאמר איבעי' להו בכור מאימתי מונין לו שנה אביי אמר משעה שנולד רב אחא בר יעקב אמר משעה שנראה להרצאה ולא פליגי ו הא בתם

רש"י

שהיה חולה. הולד: כל היכא דקתני פסח. דבעי למיתני בתריה שבועות תני עצרת ולא חג: שנה בלא רגלים. לקמיה מפרש: למקבעיה בלאו קא מהדר. להודיעך כל לידי זמן התחלת בל תאחר שבו: אלאוי יתירי לא קא מהדר. להודיעך לאוין הרבים שבו: הניחא למאן דבעי כסדרן משכחת לה. דעברה שנה ולא עברו רגלים כסדרן ולמדך דכיון דעברה שנה אע"פ שלא עברו רגלים כסדרן חייב וסבר לה כר"ש בחדא ופליג עליה בחדא: בשלמא לרבי. דאמר חדש העיבור אינו מן השנה חוץ מי"א יום שסנת חמה יתירה על הלבנה משכחת לה בשנה מעוברת: שנה תמימה. האמורה בבתי ערי חומה מונה שס"ה ימים ואפי' בשנה פשוטה ואף בשנה מעוברת כיון שעברו ג' מאות וששים וחמשה ימים משמכרה נחלט לו: מיום ליום. מט"ו בניסן לחמשה עשר בניסן אם מכרה בט"ו בניסן נתעברה לו למוכר ועל כרחו של לוקח אינו נחלט עד שיגיע ט"ו בניסן: בתר חג המצות. בתוך הרגל ואית דאמרי לאחר הרגל ושילהי אדר בתרא לאו דוקא אלא לאחר שילא אדר קאמר: שנה מליא. ג' מאות וששים וחמשה ימים: פעמים ששה. שהוא ששה בסיון יום החמשים לעומר: שניהם מלאים. ניסן ואייר הרי ט"ו ימים מניסן ול' דאייר מלא להו חמשים בחמשה בסיון: א' מלא כו'. ומשכחת לה שנה בלא רגלים כגון שניהם מלאים ואירע עצרת בה' בסיון והקדישה למחרת בו' בסיון ולשנה הבאה היו שניהן חסרים ואירע עצרת בז' בסיון והשנה מלאה ביום ו' בסיון משהקדישה ועדיין לא עבר עצרת עליו: מאן תנא כו'. ת"ק דלא איירי בשנה בלא רגלים: אלא ד' ימים. קסברי לעולם כל חדשי השנה אחד מלא ואחד חסר ואין מעברין ואין מחסרין שום חדש לצורך והויא לה שנה שנ"ד ימים נמצאת כל השנה שבועים שלמים חוץ מד' ימים והן הדוחין קביעות השנה מקביעות חברתה: ואם היתה שנה מעוברת חמשה. קסבר חדש עיבור לעולם חסר ואינו דוחה את המועדות אלא יום אחד שהוא יתר על ד' שבועות: יורש מהו בבל תאחר. על נדר אביו: קרי ביה עמך ומעמך. ודריש ביה תרתי דעמך משמע ליה חלקו של עני ומ' יתירא למעוטי יורש: מי אמרי' הא לא מיחייבא בראיה. דכתיב (דברים טז) כל זכורך וכיון דלא מיחייבא למיסק לא שייך בה זמן רגלים לבל תאחר או דלמא מיחייבא למיסק משום שמחה דכתיב (שם) ושמחת בחגך ואמר מר (פסחים ד' קט.) בזמן שבית המקדש קיים אין שמחה אלא בבשר שלמים שנאמר וזבחת שלמים ואכלת שם (ואכלת) ושמחת: בעלה משמחה. בבגדי צבעונין בא"י בבגדי פשתן המגוהצים הכי איתא בקדושין (ד' לד:): הא בתם. דקאי להרצאה משנראה להרצאה: בעל

תוספות

שהיה חולה בעצרת. דפסול להקרבה כדתנן בבכורות (דף מא.) זקן חולה ומזוהם ובפרק כל האסורים (תמורה דף כח.) דדרשינן ליה מדכתיב מן הצאן מן הכבשים ומן העזים ועוד כתיב (מלאכי א) כי תגישו פסח וחולה אין רע: אחד בכור ואחד כל הקדשים. להכי נקט בכור דעיקר שנה בבכור כתיב ט) מדכתיב כל הבכור אשר יולד (דברים טו) מלמד שהבכור נאכל כל שנתו כלומר דכתיב ביה תאכלנו שנה בשנה ושאר הקדשים דריש התם י) מדכתיב כל: בשלמא רגלים בלא שנה משכחת לה. כגון דאקדשה ערב פסח (א) קך הפי' כ) הניחא למ"ד דבעי כסדרן משכחת לה כגון דאקדשיה בתר חג המצות: שנה בלא רגלים היכי משכחת לה. דאי דאקדשיה בתוך הרגל דכי מטיא שתא אכתי ליכא שלש רגלים דשלימים בעינן כדלעיל ה"נ איכא רגלים שלימים דסוף רגל ראשון דאשתקד מצטרף ל) (על) תחלת רגל דהשתא ובירושלמי מפרש תפתר כגון דאקדשיה כשהיה מוסגר זמן דפסח ולקמן אין משמע כן דאמרינן אין מונין שנה לבכור אלא משעה שראוי להרצאה: בשלמא לרבי משכחת לה בשנה מעוברת. לר"מ דאמר לעיל ברגל אחד ולר"א בן יעקב דאמר שני רגלים לא משכחת לה אלא בחולה ברגלים והוא הדין דהוה מצי לשנויי הכא לרבי ולרבנן: כמנין ימות החמה. ופי' בקונט' וה"ה בכל שנים שהם לרבי דילפינן מתמימה דבתי ערי חומה כדמוכח בפרק (מ) שני דערכין (דף לא:): בתר חג המצות. לאו דוקא דהוא הדין בתוך חג המצות כדמוכח לעיל נ) דכולי רגל בעי: יורש מהו בבל תאחר. דיורש חייב להביא כדתנן במסכת קינין (פ"ב משנה ה) ומייתי לה בכמה דוכתי האשה שהביאה חטאתה ומתה יביאו יורשים עולתה ומשמע בפ"ק דקדושין (דף יג:) דלמ"ד שעבודא לאו דאורייתא כשהפרישה מחיים ולמ"ד דאורייתא אע"פ שלא הפרישה מחיים ובסוף יש בכור (בכורות דף נא:) נמי אמר מה להלן יורשים חייבים בעולת ראיה של אביהן: הא ליתא בראיה. והוא הדין זקן וחולה ומי שאין לו קרקע וכל הפטורים מן הראיה: דהא איתה בשמחה. וקרינא בה ובאת שמה והבאתם שמה: אשה בעלה משמחה. פי' בקונט' בבגל בבגדים [צבעונים] ובא"י בכלי פשתן המגוהצין כדאיתא בקדושין (ד' לד: ושם) וקשיא לר"ת דהני מילי בזמן הזה אבל בזמן שבית המקדש קיים אין שמחה אלא בבשר כדאמר בע"פ (פסחים ד' קט. ושם) ועוד אמרי' פ"ק דחגיגה (ד' ו. ושם) אמתני' דאיזה קטן כל שאינו יכול לאחוז בידו ס) [של אביו] לעלות מירושלים להר הבית עד הכא מאן (ג) אתייה ומשני עד הכא מיחייבה אמיה בשמחה משמע שזקוקה לעלות משום שלמי שמחה ומפרש ר"ת בעלה משמחה שהחיוב על בעלה ולא עליה לפיכך לא קרינא בה ובאת שמה והא דקאמר בחגיגה דמיחייבא אמיה משום שמחה היא ולא משום בעלה ומיהו אשכחן בפסחים פ' אלו דברים (ד' עג.) אפי' בזמן שבהמ"ק קיים היכא דלא אפשר משמחה בכסות נקיה ויין כגון יו"ט ראשון של חג להיות בשבת דבעינן זביחה בשעת שמחה: הא

מסורת הש"ס

א) [ג"ל ואמר], ב) [תוס' דערכין פ"ג], ג) ערכין לא:, [יומא סה:], ד) לקמן כ. שבת פז: סוכה נד: ערכין ט: [תוס' שם פ"א], ה) [עמ"ש תוס' לקמן כ. ד"ה ולא היתה], ו) [לעיל ה:], ז) קדושין לד:, ח) [עי' תוס' ערכין יח: ד"ה שנתו], ט) דכתיב ביה תאכלנו כו' מדכתיב כל כו'', י) [בספרי פרשת ראה], כ) הך הניחא הוא התחלת דבור תוס' אחר, ל) ג' רש"י, עם. מ) [ג"ל בתרא], אמנם בפ"ב שם ט: מוכח ג"כ, נ) [דף ה:], ס) ח"מ.

הגהות הב"ח

(א) תוס' ד"ה בשלמא רגלים כו' ערב פסח וכך הפירוש הכא דקאמר הניחא למ"ד: (ב) ד"ה אשה כו' עד הכא מאן אייתיה ומשני עד הכא דממיחייבא אימיה בשמחה אייתיתיה משמע:

גליון הש"ס

גמ' אמר רב כהנא מאן דקא מותיב. כעין זה שבת קכג ע"א כתובות יח ע"ב: רש"י ד"ה בתר חג המצות וכו' ושילהי אדר בתרא לאו דוקא. עיין יומא סה ע"ב בתו' ד"ה דתניא:

תורה אור השלם

א) וְאִם לֹא יִגָּאֵל עַד מְלֹאת לוֹ שָׁנָה תְמִימָה וְקָם הַבַּיִת אֲשֶׁר בָּעִיר אֲשֶׁר לוֹ חֹמָה לַצְּמִיתֻת לַקֹּנֶה אֹתוֹ לְדֹרֹתָיו לֹא יֵצֵא בַּיֹּבֵל: [ויקרא כה, ל]

ב) כִּי תִדֹּר נֶדֶר לַיי אֱלֹהֶיךָ לֹא תְאַחֵר לְשַׁלְּמוֹ כִּי דָרֹשׁ יִדְרְשֶׁנּוּ יי אֱלֹהֶיךָ מֵעִמָּךְ וְהָיָה בְךָ חֵטְא: [דברים כג, כב]

ג) כִּי אִם אֶל הַמָּקוֹם אֲשֶׁר יִבְחַר יי אֱלֹהֵיכֶם מִכָּל שִׁבְטֵיכֶם לָשׂוּם אֶת שְׁמוֹ שָׁם לְשִׁכְנוֹ תִדְרְשׁוּ וּבָאתָ שָׁמָּה: וַהֲבֵאתֶם שָׁמָּה עֹלֹתֵיכֶם וְזִבְחֵיכֶם וְאֵת מַעְשְׂרֹתֵיכֶם וְאֵת תְּרוּמַת יֶדְכֶם וְנִדְרֵיכֶם וְנִדְבֹתֵיכֶם וּבְכֹרֹת בְּקַרְכֶם וְצֹאנְכֶם: [דברים יב, ה-ו]

ליקוטי רש"י

ואידך. רב זביד אמר לך כל היכא דתני פסח ובעי לאדכורי מידי בעצרת תני עצרת ולא קרי ליה חג דאי הוה מדכר לפסח בלשון חג המצות הוה תני לעצרת בלשון חג [תמורה יח:]. רבי אומר מונה שלש מאות וששים וחמשה ימים. בין שעיברו בית דין את השנה בין שלא עיברוה שאין לך למנות אלא לימות החמה [יומא סה:]. כמנין ימות החמה. בין פשוטה בין מעוברת [ערכין לא:]. וחכמים אומרים. הכל כמו שתקנו מונין שנים עשר חדש מיום ליום אם פשוטה היא [יומא שם]. י"ב חדש מיום ליום. כמו שאנו קובעין אותו לשנה לבנה. נתעברה לו. למוכר דמקיש מכירה [ערכין שם]. ושם: שאם נתעברה השנה מהבית עד שיבא אותו היום בשנה הבאה עם חדש העבור ולא דמי שנה לשנה [לקמן כ.]. אחרים היא. דאמרי לעולם כל החדשים אחד מלא ואחד חסר ואין מעברין את הלבנה ובהכי משתכחת כל השנה שבועים שלמים חוץ מד' ימים ומתחלת שנה ארבעה שבועים ושלשה ימים. ארבעה ימים. אם נקבע עכשיו יום ראשון בשבת יהא לשנה הבאה בחמישי בשבת...

בעל

The Gemara answers that the word can teach *both* laws: קְרִי בֵּיהּ ,,עִמָּךְ'' – **Read it** ***imach*** to include *leket, shich'chah* and *pe'ah;* וּקְרִי בֵּיהּ ,,מֵעִמָּךְ'' – **and read it** ***mei'imach*** to exclude an heir.[35]

The Gemara raises another question about the prohibition against delaying:

בָּעֵי רַבִּי זֵירָא – **R' Zeira inquired:** אִשָּׁה מַה הִיא בְּבַל תְּאַחֵר – **What is the [status of] a woman with regard to** the commandment ***not to delay?*** That is, if a woman made a vow, is she subject to the prohibition against delaying? מִי אַמְרִינַן הָא לֹא מִיחַיְּיבָא בִּרְאִיָּה – **Do we say that she is not obligated in** the mitzvah of **appearance** (which requires one to appear in the Temple on the festivals), and thus she should not be subject to the prohibition against delaying? אוֹ דִּלְמָא הָא אִיתָהּ בְּשִׂמְחָה – **Or perhaps** we say that **she is obligated in** the mitzvah of **rejoicing** (which requires one to visit Jerusalem on the festivals), and hence she should be subject to the prohibition against delaying?[36]

The Gemara answers:

אָמַר לֵיהּ אַבָּיֵי – **Abaye said to [R' Zeira]:** וְתֵיפּוּק לֵיהּ דְּהָא אִיתָהּ בְּשִׂמְחָה – **Let it** [her liability for the prohibition against delaying] **emerge from** the fact **that she is** obligated **in** the mitzvah of **rejoicing.**[37]

The Gemara asks:

וּמִי אָמַר אַבָּיֵי הָכִי – **Now, did Abaye** really **say this?** וְהָאָמַר אַבָּיֵי – **But Abaye has said:** אִשָּׁה בַּעְלָהּ מְשַׂמְּחָהּ – In the case of **a woman,** it is **her husband** who is obligated to **make her rejoice** on the festivals. The woman herself is not obligated to observe this commandment.[38]

The Gemara answers:

לְדִבְרָיו דְּרַבִּי זֵירָא קָאָמַר – **[Abaye] was speaking based on the premise of R' Zeira,** who clearly holds that a woman *is* obligated to rejoice on the festivals.[39]

It was taught above that the *bechor* offering must be eaten by the Kohen within a year.[40] The Gemara asks when this year begins:

אִיבַּעְיָא לְהוּ – **They inquired:** בְּכוֹר מֵאֵימָתַי מוֹנִין לוֹ שָׁנָה – **From when do we count the year of a** ***bechor?***

The Gemara cites two answers:

אַבָּיֵי אָמַר – **Abaye said:** מִשָּׁעָה שֶׁנּוֹלַד – **From the time it is born.** רַב אַחָא בַּר יַעֲקֹב אָמַר – **Rav Acha bar Yaakov said:** מִשָּׁעָה שֶׁנִּרְאֶה לְהַרְצָאָה – **From the time it is fit for appeasement,** i.e. at the age of eight days, when it is fit to be offered as a sacrifice.[41]

The Gemara notes:

וְלֹא פְּלִיגֵי – **And they do not disagree.** הָא בְּתָם – **This** one [Rav Acha bar Yaakov] refers **to an unblemished [animal],** which can be offered as a sacrifice. In that case, the year **begins** when it is fit be offered, at the age of eight days.

NOTES

35. The word עִמָּךְ, *imach* (without the *mem* prefix), alludes to the entitlements of the poor [*leket, shich'chah* and *pe'ah*], as explained in 5b note 10. The *mem* prefix is therefore available to exclude the vower's heir (*Rashi*).

This exclusion pertains only to the negative commandment. The heir is still subject to the positive commandment (*Ritva;* see, however, *Rashash*).

36. The prohibition against delaying takes effect after a certain number of festivals. The reason why the Torah links this prohition to the festivals is that one must appear in the Temple then in any event [hence, these are appropriate times to pay obligations that are related to the Temple]. Women, however, are not required to appear in the Temple on the festivals, because the Torah states regarding this mitzvah: *your males* (*Deuteronomy* 16:16; cited above, 4b note 3). Since the time frame for the prohibition against delaying is based on a reason not pertinent to women, they should not be subject to this prohibition at all. On the other hand, women are obligated to observe the commandment: וְשָׂמַחְתָּ בְּחַגֶּךָ, *you shall rejoice on your festival* (ibid. v. 14), which is fulfilled by eating the meat of *shelamim* sacrifices [שַׁלְמֵי שִׂמְחָה, *shalmei simchah*] (see *Pesachim* 109a). Women must therefore be in Jerusalem on the festivals for the purpose of eating these sacrifices. Perhaps this latter obligation provides sufficient grounds to render women subject to the prohibition against delaying (*Rashi*). It could be argued, however, that the latter obligation is not sufficient, because it requires women only to visit Jerusalem, and not the Temple itself (*Tos. Rid, Turei Even;* cf. *Sfas Emes*).

The same question pertains to other people who are not obligated to fulfill the mitzvah of appearance in the Temple [e.g. the elderly, the sick, those who do not own land in Eretz Yisrael (see *Chagigah* 2a)], but who are required to rejoice on the festivals (*Tosafos* according to *Turei Even* ד״ה לדבריו; cf. *Pnei Yehoshua* and *Aruch LaNer*).

We learned above that with respect to charity the prohibition against delaying is not necessarily contingent on the passage of festivals; rather, if poor people are available, one must pay them immediately (see 6a notes 30 and 32). Hence, in that case, women are indeed subject to the prohibition against delaying (*Ritva, Turei Even* and *Sfas Emes*). Similarly, the deadline of one year, which has nothing to do with festivals, applies to women even in regard to sacrificial obligations (*Turei Even, Sfas Emes*).

37. Abaye maintains that the mitzvah of rejoicing definitely suffices to render women subject to the prohibition against delaying, since it requires them to visit Jerusalem on the festivals [although it does not require them to appear in the Temple itself] (*Tos. Rid, Turei Even*).

38. According to Abaye, the Torah does not directly obligate a woman to rejoice on the festivals; rather, it places the onus on her husband to cause her to rejoice (see *Rashi* to *Kiddushin* 34b ד״ה בעלה). A husband can accomplish this by giving her clothing for the festival. The Gemara [*Pesachim* 109a] reports that in Babylonia husbands would provide their wives with colored garments, and in Eretz Yisrael with pressed linen garments (*Rashi*). Thus, Abaye clearly holds that women are not obligated to visit Jerusalem on the festivals to partake of the *shelamim* sacrifices (*Ritva* explaining *Rashi*). How, then, could Abaye say that this obligation renders women subject to the prohibition against delaying?

[From *Rashi* it is evident that although a man must rejoice by eating the meat of *shelamim* sacrifices, he can fulfill his obligation towards his wife by providing her with whatever makes her happy, e.g. clothing (*Rashi* as explained by *Pnei Yehoshua* and *Aruch LaNer*). Other Rishonim, though, contend that the Gemara in *Pesachim,* which states that husbands give their wives clothing, refers only to the era after the Temple was destroyed. When the Temple is standing, a husband must entice his wife to travel with him to Jerusalem so that they can celebrate the festival together by partaking of the sacrifices. However, this does not suffice to render her liable to the prohibition against delaying, since it is not her personal duty to visit Jerusalem and rejoice there, but rather her husband's duty to have her do so (*Tosafos, Rashba, Ritva* et al.).]

39. R' Zeira is clearly of the opinion that women are obligated to rejoice on the festivals; his only doubt was whether this obligation suffices to render them subject to the prohibition against delaying. To this, Abaye responded that if this obligation exists, it certainly does suffice for the above purpose. Abaye himself, however, rules that the obligation of rejoicing is not incumbent upon women.

40. *Deuteronomy* 15:20 (cited in note 7).

41. An animal may not be offered before it is eight days old (see 6a note 30). [The word הַרְצָאָה, *appeasement,* is used here in a borrowed sense to mean that the animal is fit for sacrifice. A *bechor* does not actually effect appeasement; see above, 5b note 36.]

הָא בְּבַעַל מוּם – And **this** one [Abaye] **refers to a blemished [animal],** which is eligible only to be eaten and not offered.[1] Its year consequently begins on the day of its birth, when it is fit to be eaten.

The Gemara asks:

בַּעַל מוּם מִי מָצֵי אָכִיל לֵיהּ – But **can one eat a blemished** animal the day it is born? At that time we do not yet know whether the animal is viable![2]

The Gemara answers:

דְּקִים לֵיהּ בֵּיהּ שֶׁכָּלוּ לוֹ חֳדָשָׁיו – Abaye refers to a case **where one is certain that its months** of gestation **were completed,** i.e. it was certainly carried to full term. A full-term animal is deemed viable immediately; it may therefore be slaughtered and eaten on the first day of life.[3]

Having concluded its lengthy discussion concerning why the first of Nissan is called a New Year in relation to the prohibition against delaying the fulfillment of one's vows, the Gemara notes that the first of Nissan is significant with respect to other laws as well:

תָּנוּ רַבָּנָן – **The Rabbis taught in a Baraisa:** בְּאֶחָד בְּנִיסָן רֹאשׁ הַשָּׁנָה לַחֳדָשִׁים – THE FIRST OF NISSAN IS THE NEW YEAR FOR the counting of MONTHS,[4] וּלְעִיבּוּרִין – AND FOR INTERCALATIONS,[5] וְלִתְרוּמַת שְׁקָלִים – AND FOR THE SEPARATION OF THE *SHEKALIM.*[6] וְיֵשׁ אוֹמְרִים – AND SOME SAY: אַף לִשְׂכִירוּת בָּתִּים – ALSO FOR THE RENTAL OF HOUSES.[7]

The Gemara now examines each of these laws in turn:

לַחֳדָשִׁים מִנָּלַן – **From where do we know that** Nissan is the New Year **for months?** דִּכְתִיב ,,הַחֹדֶשׁ הַזֶּה לָכֶם רֹאשׁ חֳדָשִׁים רִאשׁוֹן הוּא לָכֶם לְחָדְשֵׁי הַשָּׁנָה – **For it is written:**[8] ***This month shall be for you the beginning of the months; it shall be for you the first of the months of the year.*** This verse clearly refers to Nissan, because the passage continues, teaching that the *pesach* offering is sacrificed during that month, as the subsequent verses state:[9] דַּבְּרוּ אֶל־כָּל־עֲדַת יִשְׂרָאֵל לֵאמֹר בֶּעָשֹׂר לַחֹדֶשׁ הַזֶּה וְיִקְחוּ לָהֶם אִישׁ שֶׂה לְבֵית־אָבֹת שֶׂה לַבָּיִת ... – ***Speak to the entire assembly of Israel, saying: On the tenth of this month they shall take for themselves – each man – a lamb for each household...*** וְהָיָה לָכֶם לְמִשְׁמֶרֶת עַד אַרְבָּעָה עָשָׂר יוֹם לַחֹדֶשׁ הַזֶּה וְשָׁחֲטוּ אֹתוֹ וגו׳ '' – ***And it shall be for you for safekeeping until the fourteenth day of this month, and they shall slaughter it*** **etc.** And we know that the *pesach* offering was brought in Nissan, וּכְתִיב ,,שָׁמוֹר אֶת־חֹדֶשׁ הָאָבִיב'' – since **it is written** with regard to the month that the *pesach* is offered:[10] ***Observe the month of the first ripened produce,*** *and offer the pesach to Hashem, your God.* אֵיזֶהוּ חֹדֶשׁ שֶׁיֵּשׁ בּוֹ אָבִיב – Now, **in which month is there first ripened produce?**[11] הֱוֵי אוֹמֵר זֶה נִיסָן – **You will say that this is Nissan.** וְקָרֵי לֵיהּ רִאשׁוֹן – **And [Scripture] calls it the first** month of the months of the year. Thus, we can derive that Nissan is the New Year for months.

The Gemara asks:

וְאֵימָא אִיָּיר – **But say that it is Iyar** to which the verse refers, since grain becomes ripened then as well. – **?** –

The Gemara answers:

בְּעֵינָא אָבִיב וְלֵיכָּא – **We require** that it (the month that the *pesach* is offered) be the month of **the first ripened produce, and this is not** true of Iyar.[12]

וְאֵימָא אֲדָר – **But say that it is Adar,** since some crops begin to ripen then.[13] – **?** –

The Gemara answers:

בְּעֵינָא רוֹב אָבִיב וְלֵיכָּא – **We require** that it be a month which has the **majority of the first ripened produce,**[14] **and** this **is not** true of Adar.

The Gemara rejects this answer:

מִידֵי רוֹב אָבִיב כְּתִיב – **Is there any** indication **written** in the verse that **the majority of the first ripened** produce is required? Perhaps Scripture does mean Adar. – **?** –

The Gemara therefore suggests another source to prove that Nissan is the first of the months:

אֶלָּא אָמַר רַב חִסְדָּא – **Rather, Rav Chisda said:** מֵהָכָא – It can be derived **from here:**[15] ,,אַךְ בַּחֲמִשָּׁה עָשָׂר יוֹם לַחֹדֶשׁ הַשְּׁבִיעִי בְּאָסְפְּכֶם אֶת־תְּבוּאַת הָאָרֶץ'' – ***But on the fifteenth day of the seventh month, when you gather in the crop of the land.*** אֵיזֶהוּ חֹדֶשׁ שֶׁיֵּשׁ בּוֹ אֲסִיפָה – Now, **in which month is there gathering in** of the crops? הֱוֵי אוֹמֵר זֶה תִּשְׁרֵי – **You should say that this is Tishrei;**[16] וְקָא קָרֵי לֵיהּ שְׁבִיעִי – **and [Scripture] calls it the seventh month!** Since Nissan is six months earlier

NOTES

1. I.e. it was blemished from birth (*Rashi;* see *Ritva* end of 6a). A blemished *bechor* is unfit to be offered as a sacrifice. It does not possess sanctity, and the Kohen may slaughter it and eat it wherever he wants (*Rambam, Hil. Bechoros* 1:3). However, he is still obligated under Biblical law to eat it within a year (*Rambam* ibid. §8, as explained by *Aruch LaNer* to 6b ד״ה מונין; cf. *Turei Even*).

2. [Even if an animal is born alive, it might be nonviable (נֵפֶל), i.e. it cannot survive due to its failure to have developed fully.] We cannot be sure that a newborn animal is viable until it has survived to its eighth day (*Shabbos* 135b). A nonviable animal is forbidden for consumption. Therefore, a newborn animal may not be slaughtered and eaten until it is eight days old (*Rashi*).

3. Hence, its year is counted from the day of birth

The Gemara implies that if we do *not* know whether the animal was carried to full term, its year begins on the eighth day [when it can be assumed to be viable] (*Rambam* ibid.; see *Ritva;* cf. *Meiri;* see also *Turei Even, Aruch LaNer, Sfas Emes* and *Poras Yosef*).

4. When the months of the year are counted [Nissan is the first month, Iyar is the second, etc.] (*Rashi;* see *Chidushim U'Veurim*).

This knowledge is relevant to the holidays, for the Torah identifies the proper times to observe the festivals by using month *numbers* (e.g. the first month, the seventh month, etc.) rather than month *names* (*Ritva* and *Chidushei HaRan*).

5. The Gemara will initially assume that the Baraisa means to teach that the court sits on the first of Nissan to determine if the coming year should be declared a leap year (*Rashi*).

6. [The public offerings of the Temple are purchased with the half-*shekels* donated yearly by all Jewish males.] Each Nissan, the Temple treasurer "separates" funds from the *shekels* donated for the new year, and begins to purchase animals for offerings using these funds (*Rashi*; see *Shekalim* 1:1,3 and chs. 3-4).

7. If someone leases a house to another person and stipulates that the lease is for "this year," the year ends [and the lease expires] on the first of Nissan – even if the renter has lived there for as little as one month (*Rashi*; see Gemara below, 7b).

8. *Exodus* 12:2.

9. Ibid. vs. 3,6.

10. *Deuteronomy* 16:1.

11. I.e. when the produce first becomes completely ripened (*Rashi*, *Meiri*). [The term אָבִיב is related to אָב, *father,* which connotes a first source (*Rashi* to *Exodus* 23:15). It thus refers to the time that the produce first becomes ripened.]

12. Even if some crops ripen in Iyar they are called late crops, not the first crops to be ripened (*Rashi*).

13. There are some crops that ripen more quickly, in Adar (*Rashi*). Thus, it is possible that the verse's mention of the month in which the crops first ripen is a reference to Adar, not Nissan!

14. I.e. the month in which most types of crops first become ripe (*Rashi*).

15. *Leviticus* 23:39.

16. [In Mediterranean climates such as that of Eretz Yisrael] the crops are left piled in the fields to dry in the sun all summer long. In Tishrei they are brought into the house, in advance of the winter rains (*Rashi*).

הא בבעל מום מי מצי אכיל ליה דקים ליה ביה שכלו לו חדשיו: ת"ר באחד בניסן ראש השנה לחדשים ולעיבורין ולתרומת שקלים וי"א אף לשכירות בתים לחדשים מנלן דכתיב א) החדש הזה לכם ראש חדשים ראשון הוא לכם לחדשי השנה דברו אל כל עדת ישראל לאמר בעשור לחדש הזה ויקחו להם איש שה לבית אבות שה לבית והיה לכם למשמרת עד ארבעה עשר יום לחדש הזה ושחטו אותו וגו' וכתיב ב) שמור את חדש האביב איזהו חדש שיש בו אביב הוי אומר זה ניסן וקרי ליה ראשון ואימא אייר בעינא אביב וליכא ואימא אדר בעינא רוב אביב וליכא מידי רוב אביב כתיב אלא אמר רב חסדא מהכא ג) אך בחמשה עשר יום לחדש השביעי באספכם את תבואת הארץ איזהו חדש שיש בו אסיפה הוי אומר זה תשרי וקא קרי ליה שביעי ואימא מרחשון ומאי שביעי שביעי לאייר בעינא אסיף וליכא ואימא אלול ומאי שביעי שביעי לאדר בעינא רוב אסיף וליכא מידי רוב אסיף כתיב אלא אמר רבינא דבר זה מתורת משה רבינו לא למדנו מדברי קבלה למדנו ד) ביום עשרים וארבעה לעשתי עשר חדש הוא חדש שבט רבה בר עולא אמר מהכא ה) ותלקח אסתר אל המלך אחשורוש אל בית מלכותו בחדש העשירי הוא חדש טבת רב כהנא אמר מהכא ו) בארבעה לחדש התשיעי בכסלו רב אחא בר יעקב אמר מהכא ז) ויקראו סופרי המלך בעת ההיא בחדש השלישי הוא חדש סיון רב אשי אמר מהכא ח) הפיל פור הוא הגורל לפני המן מיום ליום ומחדש לחדש שנים עשר הוא חדש אדר ואיבעית אימא מהכא ח) בחדש הראשון הוא חדש ניסן וכולהו מאי טעמא לא אמרי מהאי דלמא מאי ראשון ראשון למילתיה ותנא דידן בשנים קמיירי בחדשים לא קמיירי: ולעיבורין: לעיבורין מניסן מנינן והתניא א) אין מעברין השנה לפני ר"ה ואם עיברוה אינה מעוברת אבל מפני הדחק מעברין אותה אחר ר"ה מיד ב) ואעפ"כ אין מעברין אלא אדר אמר רב נחמן בר יצחק מאי עיבורין ג) הפסקת עיבורין דתנן ט) הן העידו שמעברין השנה כל אדר שהיו אומרים עד הפורים ד) מ"ט דמאן דאמר עד הפורים כיון דאמר מר ה) שואלין בהלכות הפסח קודם לפסח שלשים יום אתי לזלזולי בחמץ ואידך מידע ידיע דשתא מעברתא בחושבנא תליא מלתא וסברי חושבנא הוא דלא סליק להו לרבנן עד האידנא ותנא דידן בהתחלה קמיירי בהפסקה לא קמיירי: ולתרומת שקלים: מנלן א"ר יאשיה אמר קרא ט) זאת עולת חדש בחדשו לחדשי השנה ו) אמרה תורה חדש והבא קרבן מתרומה חדשה וגמרי שנה שנה מניסן דכתיב א) ראשון הוא לכם לחדשי השנה ז) מראשית השנה דנין שנה שיש עמה חדשים משנה שיש עמה חדשים ואין דנין שנה שאין עמה חדשים משנה שאין עמה חדשים ח) אמר רב יהודה אמר שמואל קרבנות צבור הבאין באחד בניסן מצוה להביא מן החדש ואם הביא מן הישן יצא אלא שחיסר מצוה תנ"ה קרבנות צבור הבאין באחד בניסן מצוה להביא מן החדש ואם הביא מן הישן יצא אלא שחיסר מצוה ח) ויחיד שהתנדב משלו כשרין ובלבד שימסרם לצבור ט) פשיטא מהו דתימא ליחוש שמא לא

רש"י

בעל מום. שנולד במומו ועומד לישחט בחוץ מיום שנולד הוא ראוי לכך ומונין לו משנולד: מי מצי אכיל ליה. ביום שנולד דלמא נפל הוה ואין שחיטה מטהרתו עד שישהה שמונה ימים דשוב נפק ליה מכלל נפל דתניא (שבת ד' קלה:) רשב"ג אומר כל ששהה שלשים יום באדם אינו נפל ובבהמה שמונה ימים: לחדשים. למנין חדשי השנה: לעיבורין. קא ס"ד לישב ב"ד ולעיין אם השנה הבאה צריכה להתעבר: ולתרומת שקלים. (א) להקריב ראשון קרבנות הלקוחים מתרומת קופות של שקלי שנה זו: אף לשכירות בתים. המשכיר בית לחבירו ואמר לשנה זו כלתה שנתו באחד בניסן ואפי' לא דר בו אלא חדש אחד: החדש הזה לכם. ומנלן דניסן דכתיב ויקחו להם שה לפסח וכתיב קרא אחרינא שמור את חדש האביב שיש בו אביב שהתבואה בכירה בו להיות מבושלת בגמר בישולה: בעינא אביב וליכא. שכבר נגמרה מניסן ואי איכא זרעא אפילה אין זה בכיר אלא אפיל: ואימא אדר. דאיכא זרעא חרפא המתבכר מאדר: רוב אביב. שיהו רוב תבואות מתבכרות בו: שיש בו אסיפה. שמכניסין בו פירות לבית מפני הגשמים וכל הקיץ הן עשויות גדישין לייבש: ראשון למילתיה. למעשה המן: ותנא דידן. דלא תנא במתני' ר"ה לחדשים: עיבורים מניסן מנינן. בתמיה וכי ראוין ב"ד לישב ולעיין בצורכי עיבור א] ר"ה בניסן: אין מעברין. אין מעיינין בצורכי צבור להודיע לגולה שעיברו ב"ד את השנה שלא ישתכח הדבר עד אדר הבא: אבל מפני הדחק. שמפחידין שלא יגזרו נכרים מלישב ב"ד או שצריך הנשיא לאבר המלך ואין מעברין אא"כ ירצה נשיא כדאמר בסנהדרין (דף יא.): ואעפ"כ אין מעברין אלא אדר. אין מוסיפין חדש על השנה אלא אדר דכתיב שמור את חדש האביב חדש הסמוך לאביב עבר שיבא אביב בזמנו: הפסקת עיבורין. שכיון שקדשו את החדש לשם ניסן פסקה שנה שעברה מלהיות מעוברת עוד שאין רשאין לעשות ניסן אדר שכבר נכנסה שנה אחרת לענין עיבור: הם העידו. רבי יהושע ור' פפיים שמעברים את השנה כל אדר אם ראו ב"ד לאחר הפורים שהשנה צריכה להתעבר מעברין אותה: שהיו אומרים עד הפורים. לפי שהיו חכמים אומרים שאין מעברין אא"כ נתישבו בדבר לפני הפורים לכך הוזקקו לעדות זו: אתי לזלזולי בחמץ. שכבר מן הפורים ואילך התחילו הדרשנים לדרוש ברבים בהלכו' הפסח הוחזקו השומעים לעשות פסח לסוף ל' יום ואם יעברו ב"ד את השנה לא יתקבלו דברי שלוחי ב"ד לשומעין לדרשני: בהפסקה לא קא מיירי. בראשי שנים להפסקה לא קא מיירי: חדש בחדשו לחדשי. חדשי יתירא לדרשה: יפה

תוספות

בבעל מום. בעל מום מעיקרו דתם ונעשה בעל מום כיון דלא חזי לאכילה מונים לו משעת הרצאה ואין לדקדק מכאן שיהיה שייך בל תאחר בנבילה לכהן דהכא לענין להאכילו בתוך שנתו לצריך כדאיתא פרק [עד כמה] (בכורות דף כו:): מדברי קבלה למדנו. לא מצי למילף מכאן מינייהו כלל אם לא נאמר שהיתה קבלה בידם סדר שמות החדשים זה אחר זה והכי אמר בירושלמי שמות החדשים עלו בידם מבבל בראשונה בירח האיתנים שבו נולדו אבות בירח בול שבו כל העולם נובל והארץ עשויה בולות בולות שבו בולים לבהמה בבתיהם בירח זיו שבו זיו האילנות מכאן ואילך ויהי בחדש ניסן שנת עשרים ויהי בחדש כסלו שנת עשרים בחדש העשירי הוא חדש טבת: בשנים קא מיירי. וקשיא דהא קא אמר לרגלים ואמר לעיל כיון שעברה עליו שנה בלא רגלים ורגלים בלא שנה י"ל מכל מקום בחדשים לא קא מיירי: הם העידו. משנה היא בעדיות (פ"ז משנה ז) ופ"ק דסנהדרין (ד' יב: ושם) גבי ט) עברוה ביום ל' של אדר דאמר רב נחמן מעובר וקדוש ומקשי ליה רבא מכדי מפורים לפסח תלתין יומין הוי ומפורים דרשינן בהלכות הפסח וכי מטי ריש ירחא ומרחקים להו אתי לזלזולי ה"נ ה"מ לאקשויי אמתניתין דעדיות: בהפסקה לא קא מיירי. לקמן (ד' יב.) (ב) גבי אחד בתשרי ר"ה לירקות ולא קתני לנדרים כדקתני בברייתא משום דמתניתין בהפסקה לא קא מיירי: מראשית השנה. לקמן (ד' ח.) אמרינן דזה תשרי: שמא לא ימסרם יפה. פלוגתא דתנאי היא בסוף פרק הבית והעליה (ב"מ ד' קיח.) גבי שומרי ספיחים בשביעית אי מתנדב שומר חנם וקאמר תימה דפריך הכא פשיטא במילתא דהויא פלוגתא דתנאי ושמא יש לחלק הכא ט) ליכא למיחש כולי האי כמו בשומר:

מסורת הש"ס

א) [סנהדרין יב. תוס' שם ע"ב], ב) סנהדרין פו. עדיות פ"ז מ"ז, ג) פסחים ו. מגילה כט: סנהדרין יב: [ע"ז ה. תוספ' מגילה פ"ג], בכורות נח.], ד) יומא סה: מגילה כט: ע"ש, ה) [לקמן ח: ע:], ו) יומא סה:, ז) [תוספתא פ"א], ח) [יומא נג: ב"מ קיח.], ט) [נ"ל קידשו].

הגהות הב"ח

(א) רש"י ד"ה ולתרומת שקלים. ראשון להקריב קרבנות הלקוחים מתרומות שלש קופות: (ב) תוס' ד"ה בהפסקה כו' לקמן גבי אחד. נ"ב נראה דקשיא להו אמאי לא פריך הש"ס גבי לירקות ולנדרים בברייתא לקמן דף י"ב [ותנא דידן אמאי לא תני נדרים] וש"י אם כן הכא נמי לא הוי ליה למימר בהפספקה לא קמיירי אלא דתני ושייר [והאי דקאמר לקמן נמי סמך אתירוצא] דהכא בהפספקה לא קמיירי:

גליון הש"ס

תוס' ד"ה שמא וכו' ליכא למיחש כולי האי. עיין יומא נה ע"ב תוס' ד"ה ניחוש.

הגהות מהר"ב רנשבורג

א] רש"י ד"ה עיבורין מניסן כו' ולעיין בצרכי עיבור השנה בניסן כצ"ל:

תורה אור השלם

א) הַחֹדֶשׁ הַזֶּה לָכֶם רֹאשׁ חֳדָשִׁים רִאשׁוֹן הוּא לָכֶם לְחָדְשֵׁי הַשָּׁנָה: דַּבְּרוּ אֶל כָּל עֲדַת יִשְׂרָאֵל לֵאמֹר בֶּעָשֹׂר לַחֹדֶשׁ הַזֶּה וְיִקְחוּ לָהֶם אִישׁ שֶׂה לְבֵית אָבֹת שֶׂה לַבָּיִת: [שמות יב, ב-ג] וְהָיָה לָכֶם לְמִשְׁמֶרֶת עַד אַרְבָּעָה עָשָׂר יוֹם לַחֹדֶשׁ הַזֶּה וְשָׁחֲטוּ אֹתוֹ כֹּל קְהַל עֲדַת יִשְׂרָאֵל בֵּין הָעַרְבָּיִם: [שמות יב, ו]

ב) שָׁמוֹר אֶת חֹדֶשׁ הָאָבִיב וְעָשִׂיתָ פֶּסַח לַיְיָ אֱלֹהֶיךָ כִּי בְּחֹדֶשׁ הָאָבִיב הוֹצִיאֲךָ יְיָ אֱלֹהֶיךָ מִמִּצְרַיִם לָיְלָה: [דברים טז, א]

ג) אַךְ בַּחֲמִשָּׁה עָשָׂר יוֹם לַחֹדֶשׁ הַשְּׁבִיעִי בְּאָסְפְּכֶם אֶת תְּבוּאַת הָאָרֶץ תָּחֹגּוּ אֶת חַג יְיָ שִׁבְעַת יָמִים בַּיּוֹם הָרִאשׁוֹן שַׁבָּתוֹן וּבַיּוֹם הַשְּׁמִינִי שַׁבָּתוֹן: [ויקרא כג, לט]

ד) בְּיוֹם עֶשְׂרִים וְאַרְבָּעָה לְעַשְׁתֵּי עָשָׂר חֹדֶשׁ הוּא חֹדֶשׁ שְׁבָט בִּשְׁנַת שְׁתַּיִם לְדָרְיָוֶשׁ הָיָה דְבַר יְיָ אֶל זְכַרְיָה בֶּן בֶּרֶכְיָהוּ בֶּן עִדּוֹא הַנָּבִיא לֵאמֹר: [זכריה א, ז]

ה) וַתִּלָּקַח אֶסְתֵּר אֶל הַמֶּלֶךְ אֲחַשְׁוֵרוֹשׁ אֶל בֵּית מַלְכוּתוֹ בַּחֹדֶשׁ הָעֲשִׂירִי הוּא חֹדֶשׁ טֵבֵת בִּשְׁנַת שֶׁבַע לְמַלְכוּתוֹ: [אסתר ב, טז]

ו) וַיְהִי בִּשְׁנַת אַרְבַּע לְדָרְיָוֶשׁ הַמֶּלֶךְ הָיָה דְבַר יְיָ אֶל זְכַרְיָה בְּאַרְבָּעָה לַחֹדֶשׁ הַתְּשִׁעִי בְּכִסְלֵו: [זכריה ז, א]

ז) וַיִּקָּרְאוּ סֹפְרֵי הַמֶּלֶךְ בָּעֵת הַהִיא בַּחֹדֶשׁ הַשְּׁלִישִׁי הוּא חֹדֶשׁ סִיוָן בִּשְׁלוֹשָׁה וְעֶשְׂרִים בּוֹ וַיִּכָּתֵב כְּכָל אֲשֶׁר צִוָּה מָרְדֳּכַי אֶל הַיְּהוּדִים וְאֶל הָאֲחַשְׁדַּרְפְּנִים וְהַפַּחוֹת וְשָׂרֵי הַמְּדִינוֹת אֲשֶׁר מֵהֹדּוּ וְעַד כּוּשׁ שֶׁבַע וְעֶשְׂרִים וּמֵאָה מְדִינָה מְדִינָה וּמְדִינָה כִּכְתָבָהּ וְעַם וָעָם כִּלְשֹׁנוֹ וְאֶל הַיְּהוּדִים כִּכְתָבָם וְכִלְשׁוֹנָם: [אסתר ח, ט]

ח) בַּחֹדֶשׁ הָרִאשׁוֹן הוּא חֹדֶשׁ נִיסָן בִּשְׁנַת שְׁתֵּים עֶשְׂרֵה לַמֶּלֶךְ אֲחַשְׁוֵרוֹשׁ הִפִּיל פּוּר הוּא הַגּוֹרָל לִפְנֵי הָמָן מִיּוֹם לְיוֹם וּמֵחֹדֶשׁ לְחֹדֶשׁ שְׁנֵים עָשָׂר הוּא חֹדֶשׁ אֲדָר: [אסתר ג, ז]

ט) וְנִסְכֵּיהֶם חֲצִי הַהִין יִהְיֶה לַפָּר וּשְׁלִישִׁת הַהִין לָאַיִל וּרְבִיעִת הַהִין לַכֶּבֶשׂ יָיִן זֹאת עֹלַת חֹדֶשׁ בְּחָדְשׁוֹ לְחָדְשֵׁי הַשָּׁנָה: [במדבר כח, יד]

י) אֶרֶץ אֲשֶׁר יְיָ אֱלֹהֶיךָ דֹּרֵשׁ אֹתָהּ תָּמִיד עֵינֵי יְיָ אֱלֹהֶיךָ בָּהּ מֵרֵשִׁית הַשָּׁנָה וְעַד אַחֲרִית שָׁנָה: [דברים יא, יב]

עין משפט נר מצוה

לד א מיי' פ"ד מהל' קדוש החדש הלכה יג סמג עשין מו:
לה ב מיי' שם הלכה א סמג שם:
לו ג ד מיי' שם הל' יד:
לז ה טוש"ע או"ח סי' תכט סעיף א:
לח ו ז מיי' פ"ד מהל' שקלים הל' יא סמג עשין מה:
לט ח מיי' פ"ח מהל' כלי המקדש הל' ז:

רבינו חננאל

באחד בניסן ר"ה לחדשים כו' מנ"ל דכתיב ראשון הוא לכם לחדשי השנה. ונדחה. ופירש רב חסדא ונדחו דבריו. ואמר רבינא דבר זה אינו מפורש בתורה אבל מפורש הוא בדברי קבלה. ביום עשרים וארבעה לעשתי עשר חדש הוא חדש שבט וגו'. ואסיקנא ומתניתין דלא קתני לחדשים לא פליג אלא בשנים קא מיירי בחדשים לא קא מיירי. ולעיבורין אוקימנא להפסקת עיבורין כלומר כיון שהגיע ניסן נפסק עבור משנה זו. כדתנן הן העידו שמעברין את השנה כל אדר שהיו אומרים עד הפורים. ואם נשלם אדר ולא עיברוה נפסק העיבור ושוב אין מעברין שנה זו. ותנא דידן בהתחלת השנים מיירי בהפסקת עיבור מזו השנה לא מיירי. ולתרומת שקלים פירוש' בשלשה פרקים בשנה תורמין את הלשכה. ובג' קופות של ג' ג' סאין היו תורמין הלשכה. והתרומה הראשונה של תרומת שקלים היתה באחד בניסן כו' טבי דאמר קרא זאת עולת חדש בחדשו לחדשי השנה. חדש והבא קרבן מתרומה חדשה. וכתיב ביה בניסן ראשון הוא לכם לחדשי השנה. וגמר שנה שנה מניסן. וכי הא דתניא קרבנות הצבור הבאות באחד בניסן מצוה להביא מן החדש. ואם הביא מן הישן יצא אלא שחיסר [מצוה] ויחיד שהתנדב משלו כשרין ובלבד שימסרם לצבור. ותנא דידן כיון דקתני אם הביא יצא לא פסיקא ליה. וי"א אף לשכירות בתים ראש השנה ניסן.

ליקוטי רש"י

אין מעברין השנה וכו'. אין יושבין בית דין קודם ראש השנה לעיין ולומר תתעבר שנה זו בשני אדרים מפני שיש סכנה בדבר קודם שיגיע ומזלזלי בחמץ. אבל מפני הדחק. שמא לא יהא שם בית דין מופלא סמוך לאדר או שמא יצא המלך לאדומי ויעכב על ידן מעברין אותה ומודיעין לגולה אחר ראש השנה מיד שעיברוה. ואעפ"כ אין מעברין. אותה בשני חדשים אחרים אלא כשיגיע אדר יעשו שני אדרים [סנהדרין יב.]. הן העידו. רבי יהושע ור' פפיים במסכת עדיות. שמעברין השנה כל אדר. ואף על פי שלא נמלכו לעבר קודם הפורים וקראו את המגילה באדר הראשון ואחר כך ראו שהשנה צריכה להתעבר ועברוה. שהיו אומרים כו'. לפיכך הוצרכו להעיד כן שהיו שאר חכמים אומרים עד הפורים מעברין ושוב אין מעברין ועמעמא מפרש במסכת ר"ה דמאן דאמר עד הפורים התחילו לדרוש בהלכות הפסח דתנא שואלים בהלכות הפסח קודם לפסח שלשים יום וכי מרחק להו לאיתויי לזלזולי בית דין שכבר שמעו מן הדרשנים לעשות הפסח בסוף ל' ואתי לזלזולי בחמץ. בחושבנא תליא מילתא. שהקדים והחשבון לפי חשבון תקופת החמה הם מתעגלגלין ולכך צריכין שלא יתעבר עד זמן הפסח אחר תקופה ונזמן על שנות הלבנה יותר מדאי מאחר שכבר מתמעטות אלו. חדש בחדשו לחדשי השנה. לחדשי תירוש יתירי כתיבי לדרשה לומר לך יש חדש שאתה צריך להקריב בחדשו מתרומה חדשה וגמר שנה שנה מניסן דכתיב ראשון הוא לכם וגו' [יומא סה:]. כל הני חדשים למה לי אלא אמרה תורה לך להביא קרבן שלך חדש... השנה דגמרינן שנה שנה מניסן דכתיב בו ראשון הוא לכם לחדשי השנה [שמות יב] [מגילה כט:].

than Tishrei, Nissan must be the first month.[17]

The Gemara asks:

וְאֵימָא מַרְחֶשְׁוָן – **But say** that the verse refers to **Marcheshvan;** וּמַאי שְׁבִיעִי – **and why** is it called the **seventh** month? שְׁבִיעִי לְאִיָּיר – Because it is the **seventh to Iyar,** which is six months earlier; this would make the first month Iyar, rather than Nissan.[18] – ? –

The Gemara answers:

בְּעִינָא אָסִיף וְלֵיכָּא – **We require** a month where there is **gathering, and this is not** true of Marcheshvan.[19]

The Gemara persists:

וְאֵימָא אֱלוּל – **But say** that the verse refers to **Elul;**[20] וּמַאי שְׁבִיעִי – **and why** is it called the **seventh** month? שְׁבִיעִי לַאֲדָר – Because it is the **seventh to Adar,** which is six months earlier; this would make Adar the first month, rather than Nissan. – ? –

The Gemara answers:

בְּעִינָא רוֹב אָסִיף וְלֵיכָּא – **We require** a month where the **majority of the gathering** takes place, **and this is not** true of Elul.[21]

The Gemara rejects this answer as well:

מִידִי רוֹב אָסִיף כְּתִיב – **Is there any written indication** in the verse that **the majority of the gathering** is required? Perhaps Scripture's reference to the time of gathering does mean Elul. – ? –

The Gemara therefore produces another source:

אֶלָּא אָמַר רָבִינָא – **Rather, Ravina said:** דָּבָר זֶה מִתּוֹרַת מֹשֶׁה רַבֵּינוּ לֹא לָמַדְנוּ – **We did not learn this matter from the Torah of Moses our teacher;** מִדִּבְרֵי קַבָּלָה לָמַדְנוּ – rather, **we learned it from the words of the Prophets,**[22] where it is stated:[23] "בְּיוֹם עֶשְׂרִים וְאַרְבָּעָה לְעַשְׁתֵּי־עָשָׂר חֹדֶשׁ הוּא־חֹדֶשׁ שְׁבָט" – ***On the twenty-fourth day of the eleventh month, which is the month of Shevat.*** If Shevat is the eleventh month, then Nissan, which is ten months earlier, must be the first.

The Gemara now cites five more, similar sources:

רַבָּה בַּר עוּלָּא אָמַר מֵהָכָא – **Rabbah bar Ulla says** that it can be derived **from here:**[24] "וַתִּלָּקַח אֶסְתֵּר אֶל־הַמֶּלֶךְ אֲחַשְׁוֵרוֹשׁ אֶל־בֵּית מַלְכוּתוֹ בַּחֹדֶשׁ הָעֲשִׂירִי הוּא־חֹדֶשׁ טֵבֵת" – ***And Esther was taken to the king Achashveirosh to his royal palace in the tenth month, which is the month of Teves.*** If Teves is the tenth month, then Nissan, which is nine months earlier, must be the first.

רַב כַּהֲנָא אָמַר מֵהָכָא – **Rav Kahana says** that it can be derived **from here:**[25] "בְּאַרְבָּעָה לַחֹדֶשׁ הַתְּשִׁעִי בְּכִסְלֵו" – ***on the fourth [day] of the ninth month, in Kislev.*** If Kislev is the ninth month, then Nissan, which is eight months earlier, must be the first.

רַב אַחָא בַּר יַעֲקֹב אָמַר מֵהָכָא – **Rav Acha bar Yaakov says** that it can be derived **from here:**[26] "וַיִּקָּרְאוּ סֹפְרֵי־הַמֶּלֶךְ בָּעֵת־הַהִיא בַּחֹדֶשׁ הַשְּׁלִישִׁי הוּא־חֹדֶשׁ סִיוָן" – ***They summoned the scribes of the king at that time, in the third month, which is the month of Sivan.*** If Sivan is the third month, then Nissan, which is two months earlier, must be the first.

רַב אַשִׁי אָמַר מֵהָכָא – **Rav Ashi says** that it can be derived **from here:**[27] "הִפִּיל פּוּר הוּא הַגּוֹרָל לִפְנֵי הָמָן מִיּוֹם לְיוֹם וּמֵחֹדֶשׁ לְחֹדֶשׁ שְׁנֵים־עָשָׂר הוּא־חֹדֶשׁ אֲדָר" – ***a pur – that is, the lottery – was cast before Haman, from day to day and from month** to month, **to the twelfth month, which is the month of Adar.*** If Adar is the twelfth month, then Nissan, which is eleven months earlier, must be the first. וְאִיבָּעִית אֵימָא מֵהָכָא – **And if you wish, say** that it can be derived **from here,** at the beginning of the aforementioned verse: "בַּחֹדֶשׁ הָרִאשׁוֹן הוּא־חֹדֶשׁ נִיסָן" – ***In the first month, which is the month of Nissan.***

Since this last verse apparently states explicitly that Nissan is the first month, the Gemara asks:

וְכוּלְּהוּ מַאי טַעְמָא לֹא אָמְרֵי מֵהַאי – **Now,** as for **all of the others, why did they not say** that the source is derived **from this** verse?

The Gemara answers:

דִּלְמָא מַאי רִאשׁוֹן – **Perhaps** you would say: For **what reason** is Nissan referred to as **the first** month in that verse? רִאשׁוֹן לְמִילְּתֵיהּ – Because it was **the first** month with regard **to this occurrence.**[28] The other Amoraim therefore found other verses to prove that Nissan is the first month.

Now that it has proven the Baraisa's premise that Nissan is the first of the months, the Gemara explains why our Mishnah did not state this:[29]

וְתַנָּא דִּידָן – **And** as for **our Tanna,** בְּשָׁנִים קָמַיְירֵי – **he is discussing** ways in which the new year is relevant to **years,** בָּחֳדָשִׁים לֹא קָמַיְירֵי – and **he is not discussing** ways in which it is relevant to **months.**[30]

The Baraisa stated:

וּלְעִיבּוּרִין – The first of Nissan is the New Year FOR INTERCALATIONS.

NOTES

17. [The order of the months within the yearly cycle was known to all, and is not subject to dispute; thus, once the position of any month in the cycle is identified, the identity of the first month can be established therefrom.]

18. [See *Maharsha* and *Turei Even*, who discuss how the Gemara can entertain the possibility that Iyar is the first month, when it has already been established that the first month – the month in which the *pesach* is brought – must be the month in which most produce ripens.]

19. [*All* the crops are brought into the house before the rainy season begins in Marcheshvan.]

20. Some produce is gathered into the house already as early as Elul.

21. See *Aruch LaNer*; see also *Chidushei HaRan* for a different explanation of this passage.

22. Usually the term דִּבְרֵי קַבָּלָה refers to the Books of the *Prophets;* however, the Book of *Esther,* which is part of the *Writings,* is also called דִּבְרֵי קַבָּלָה in this context (see *Ritva*). [For explanations as to why the writings of the *Prophets* are called דִּבְרֵי קַבָּלָה, see *Rashi* to *Chullin* 137a ד״ה תורת, *Tos. Rabbeinu Peretz* to *Bava Kamma* 2b; cf. *Rashi* to *Taanis* 15a ד״ה ובקבלה; see also *Aruch LaNer* here.]

23. *Zechariah* 1:7.

24. *Esther* 2:16.

25. *Zechariah* 7:1.

26. *Esther* 8:9.

27. Ibid. 3:7. [See *Aruch LaNer,* who discusses the order in which these five sources are cited; see also *Chidushim U'Veurim.*]

28. That passage begins the narrative of the lot that Haman ordered cast to determine a propitious time to attempt the destruction of the Jews. It is possible that the verse's identification of Nissan here as the first month refers not to its position in the yearly cycle, but to the fact that it was the first month after Haman ascended to power and was slighted by Mordechai – and the verse notes this to underscore Haman's wickedness, by stating that he wasted not a moment in his plotting against the Jews (*Rashash*; cf. *Maharsha*; see also *Tos. HaRosh* and *Ritva*).

29. Our Mishnah does not state that the first of Nissan is the New Year for counting months (*Rashi*).

30. That is, the Tanna of our Mishnah identifies a date as a New Year with regard to a specific context only if it is the beginning of a twelve-month period that has significance in that context. [For example, the first of Nissan is the New Year for kings because it marks the beginning of each numbered year of a king's reign.] The fact that Nissan is the first month, however, is significant only in that it can be used to identify other months within the year; the fact that these months make up a year is not relevant. Thus, the Tanna of the Mishnah does not list the fact that the first of Nissan is the New Year for months.

[*Tosafos* ask that the Tanna *does* include the fact that the first of Nissan is the New Year for festivals, although that date has significance for establishing the beginning of a three-festival period that is not a year long (see there). They answer that the Tanna *would* count Nissan as the beginning of other cycles; the Gemara here means only to exclude what is only the enumeration of the months. Cf. *Tos. HaRosh*; see also *Aruch LaNer.*]

הא בבעל מום בעל מום מי מצי אכיל ליה דקים ליה ביה שכלו לו חדשיו ת"ר באחד בניסן ראש השנה לחדשים ולעיבורין ולתרומת שקלים וי"א אף לשכירות בתים לחדשים מנלן דכתיב א) החדש הזה לכם ראש חדשים ראשון הוא לכם לחדשי השנה וכתיב דברו אל כל עדת ישראל לאמר בעשור לחדש הזה ויקחו להם איש שה לבית אבות שה לבית והיה לכם למשמרת עד ארבעה עשר יום לחדש הזה ושחטו אותו וגו' וכתיב ב) שמור את חדש האביב איזהו חדש שיש בו אביב הוי אומר זה ניסן וקרי ליה ראשון ואימא אייר בעינא אביב וליכא ואימא אדר בעינא רוב אביב וליכא מידי רוב אביב כתיב אלא אמר רב חסדא מהכא ג) אך בחמשה עשר יום לחדש השביעי באספכם את תבואת הארץ איזהו חדש שיש בו אסיפה הוי אומר זה תשרי וקא קרי ליה שביעי ואימא מרחשון ומאי שביעי שביעי לאייר בעינא אסיף וליכא ואימא אלול ומאי שביעי שביעי לאדר בעינא רוב אסיף וליכא מידי רוב אסיף כתיב אלא אמר רבינא דבר זה מתורת משה רבינו לא למדנו מדברי קבלה למדנו ד) ביום עשרים וארבעה לעשתי עשר חדש הוא חדש שבט רבה בר עולא אמר מהכא ה) ותלקח אסתר אל המלך אחשורוש אל בית מלכותו בחדש העשירי הוא חדש טבת רב כהנא אמר מהכא ו) בארבעה לחדש התשיעי בכסלו רב אחא בר יעקב אמר מהכא ז) ויקראו סופרי המלך בעת ההיא בחדש השלישי הוא חדש סיון רב אשי אמר מהכא ח) הפיל פור הוא הגורל לפני המן מיום ליום ומחדש לחדש שנים עשר הוא חדש אדר ואיבעית אימא מהכא ח) בחדש הראשון הוא חדש ניסן וכולהו מאי טעמא לא אמרי מהאי דלמא מאי ראשון ראשון למילתיה ותנא דידן בשנים קמיירי בחדשים לא קמיירי: ולעיבורין: לעיבורין מניסן מנינן והתניא א) אין מעברין השנה לפני ר"ה ואם עיברוה אינה מעוברת אבל מפני הדחק מעברין אותה אחר ר"ה מיד ב) ואעפ"כ אין מעברין אלא אדר אמר רב נחמן בר יצחק מאי עיבורין ג) הפסקת עיבורין דתנן ג) הן העידו ד) שמעברין השנה כל אדר שהיו אומרים עד הפורים מ"ט דמאן דאמר עד הפורים כיון דאמר מר ה) שואלין בהלכות הפסח קודם לפסח שלשים יום אתי לזלזולי בחמץ ואידך מידע ידיע דשתא מעברתא בחושבנא תליא מלתא וסברי חושבנא הוא דלא סליק להו לרבנן עד האידנא ותנא דידן בהתחלה קמיירי בהפסקה לא קמיירי: ולתרומת שקלים: מנלן א"ר יאשיה אמר קרא ט) זאת עולת חדש בחדשו לחדשי השנה ו) אמרה תורה חדש והבא קרבן מתרומה חדשה וגמרי שנה שנה מניסן דכתיב א) ראשון הוא לכם לחדשי השנה ולגמור שנה שנה מתשרי דכתיב י) מראשית השנה דנין ט) שנה שיש עמה חדשים משנה שיש עמה חדשים ואין דנין שנה שיש עמה חדשים משנה שאין עמה חדשים י) אמר רב יהודה אמר שמואל קרבנות צבור הבאין באחד בניסן מצוה להביא מן החדש ו) ואם הביא מן הישן יצא אלא שחיסר מצוה תנ"ה ז) קרבנות צבור הבאין באחד בניסן מצוה להביא מן החדש ואם הביא מן הישן יצא אלא שחיסר מצוה ח) ויחיד שהתנדב משלו כשרין בלבד שימסרם לצבור ט) פשיטא מהו דתימא ליחוש שמא לא

בעל מום. שנולד במומו ועומד לישחט בתוך מיום שנולד הוא ראוי לכך ומונין לו משנולד: מי מצי אכיל ליה. ביום שנולד דלמא נפל הוה ואין שחיטה מטהרתו עד ששהה שמונה ימים דשוב נפק ליה מכלל נפל דתניא (שבת ד' קלה:) רשב"ג אומר כל ששהה שלשים יום באדם אינו נפל ובבהמה שמונה ימים: לחדשים. למנין חדשי השנה: לעיבורין. קא ס"ד לישב ב"ד ולעיין אם השנה הבאה צריכה להתעבר: ולתרומת שקלים. (א) להקריב ראשון קרבנות הלקוחים מתרומת קופות של שקלי שנה זו: אף לשכירות בתים. המשכיר בית לחבירו ואמר לשנה זו כלתה שנתו באחד בניסן ואפי' לא דר בו אלא חדש אחד: החדש הזה לכם. ומנלן דניסן דכתיב ויקחו להם שה לפסח וכתיב קרא אחרינא שהפסח בחדש האביב שיש בו אביב שהתבואה בכירה בו להיות מבושלת בגמר בישולה: בעינא אביב וליכא. שכבר נגמרה מניסן ואי איכא זרעא אפילה אין זה בכיר אלא אפיל: ואימא אדר. דאיכא זרעא חרפה המתבכר מאדר: רוב אביב. שיהו רוב תבואות מתבכרות בו: שיש בו אסיפה. שמכניסין בו פירות לבית מפני הגשמים וכל הקיץ הן עשויות גדישין לייבש: ראשון למילתיה. למעשה המן: ותנא דידן. דלא תנא במתני' ר"ה לחדשים: עיבורים מניסן מנינן. בתמיה וכי ראשין ב"ד לישב ולעיין בצורכי עיבור (א) ר"ה ניסן: אין מעברין. אין מעיינין בצורכי לעבור להודיע לגולה שעיברו ב"ד את השנה שלא ישתכח הדבר עד אדר הבא: אבל מפני הדחק. שמפחדין שלא יגזרו גזרות מלישב ב"ד או שצריך הנשיא לאתר המלך ואין מעברין אא"כ ירצה נשיא כדאמר בסנהדרין (דף יא:): ואעפ"כ אין מעברין אלא אדר. אין מוסיפין חדש על השנה אלא אדר דכתיב שמור את חדש האביב חדש הסמוך לאביב עבר שיבא אביב בזמנו: הפסקת עיבורין. שכיון שקדשו את החדש לשם ניסן פסקה שנה שעברה מלהיות מעוברת עוד שאין רשאין לעשות ניסן אדר שכבר נכנסה שנה אחרת לענין עיבור: הם העידו. רבי יהושע ור' פפיים שמעברים את השנה כל אדר אם ראו ב"ד לאחר הפורים שהשנה צריכה להתעבר מעברין אותה: שהיו אומרים עד הפורים. לפי שהיו חכמים אומרים שאין מעברין אא"כ נתישבו בדבר לפני הפורים לכך הוחקקו לעדות זו: אתי לזלזולי בחמץ. שכבר מן הפורים ואילך התחילו הדרשנים לדרוש ברבים בהלכו' הפסח הוחקקו השומעים לעשות פסח לסוף ל' יום ואם יעברו ב"ד את השנה לא יתקבלו דברי שלוחי ב"ד לשומען לדחות את הפסח שכבר שמעו מן הדרשני': בהפסק' לא קא מיירי. בראשי שנים דהפסקה לא קא מיירי: חדש בחדשו לחדשי. חדשי יתירא לדרשה:

יפה

הא בבעל מום. בעל מום מעיקרו דתם ונעשה בעל מום כיון דלא חזי לאכילה מונים לו משעת הראיה ואין לדקדק מכאן שיהא שייך בל תאחר בנתינה לכהן דהכא לענין להאכילו בתוך שנתו לצריך כדאיתא פרק [עד כמה] (בכורות דף כו:):

מדברי קבלה למדנו. לא מצי למילף מכאן מיניהו כלל אם לא נאמר שהיתה קבלה בידם סדר שמות החדשים זה אחר זה והכי אמר בירושלמי שמות החדשים עלו בידם מבבל בראשונה בירח האיתנים שבו נולדו אבות בירח בול שבו כל העולם נובל והארץ עשויה בולות בולות שבו בולים לבהמה בבתים בירח זיו שבו זיו לאילנות מכאן ואילך ויהי בחדש ניסן שנת עשרים ויהי בחדש כסלו שנת עשרים בחדש העשירי הוא חדש טבת:

בשנים קא מיירי. וקשיא דהא קא אמר לרגלים ואמר לעיל כיון שעברה עליו שנה בלא רגלים ורגלים בלא שנה י"ל מכל מקום בחדשים לא קא מיירי:

הם העידו. משנה היא בעדיות (פ"ז משנה ז) ופ"ק דסנהדרין (ד' יב: ושם) גבי ט) עברוה ביום ל' של אדר דאמר רב נחמן מעובר וקדוש ומקשי ליה רבא מכדי מפורים לפסח תלתין יומין הוי ומפורים דרשינן בהלכות הפסח וכי מטי ריש ירחא ומרחקינן להו אתי לזלזולי ה"מ לאקשויי אמתניתין דעדיות:

בהפסקה לא קא מיירי. לקמן (ד' יב.) (ב) גבי אחד בתשרי ר"ה ליוקות ולא קתני לנדרים דקתני בברייתא משום דמתניתין בהפסקה לא קא מיירי:

מראשית השנה. לקמן (ד' ח.) אמרינן דזה תשרי:

שמא לא ימסרם יפה יפה. פלוגתא דתנאי היא בסוף פרק הבית והעליה (ב"מ ד' קיח.) גבי שומרי ספיחים בשביעית אי מתנדב שומר חנם וקצת תימה דפריך הכא פשיטא במילתא דהויא פלוגתא דתנאי ושמא יש לחלק דהכא ה) ליכא למיחש כולי האי כמו בשומר:

עין משפט נר מצוה

לד א מיי' פ"ד מהל' קדוש החדש הלכה יג סמג עשין מו:
לה ב מיי' שם הלכה א סמג שם:
לו ג ד מיי' שם הל' יב:
לז ה טוש"ע א"ח סי' תכט סעיף א:
לח ו ז מיי' פ"ד מהל' שקלים הל' יא סמג עשין מה:
לט ח מיי' פ"ח מהל' כלי המקדש הל' ז:

רבינו חננאל

באחד בניסן ר"ה לחדשים כו' מנ"ל דכתיב ראשון הוא לכם לחדשי השנה. ונדחה. ופירש רב חסדא ונדחו דבריו. ואמר רבינא דבר זה אינו מפורש בתורה אבל מפורש הוא בדברי קבלה. ביום עשרים וארבעה לעשתי עשר חדש הוא חדש שבט וגו'. ואסיקנא ומתניתין דלא קתני לחדשים לא פליג אלא בשנים קא מיירי בחדשים לא קא מיירי. ולעיבורין אוקימנא להפסקת עיבורין כלומר כיון שהגיע ניסן נפסק עבור משנה זו. כדתנן הן העידו שמעברין את השנה כל אדר שהיו אומרים עד הפורים. ואם נשלם אדר ולא עיברוה נפסק העיבור ושוב אין מעברין שנה זו. ותנא דידן בהתחלת השנים מיירי בהפסקת עיבור מזו השנה לא מיירי. ולתרומת שקלים פירוש' בשלשה פרקים בשנה תורמין את הלשכה ובג' קופות של ג' סאין היו תורמין הלשכה. והתרומה הראשונה של תרומת שקלים היתה באחד בניסן כו' טבי דאמר קרא זאת עולת חדש בחדשו לחדשי השנה. חדש והבא קרבן מתרומה חדשה. וכתיב ביה בניסן ראשון הוא לכם לחדשי השנה. וגמר שנה שנה מניסן. וכי הא דתניא קרבנות הצבור הבאות באחד בניסן מצוה להביא מן החדש. ואם הביא מן הישן יצא אלא שחיסר [מצוה] ויחיד שהתנדב משלו כשרין ובלבד שימסרם לצבור. ותנא דידן כיון דקתני אם הביא יצא לא פסיקא ליה. וי"א אף לשכירות בתים ראש השנה ניסן.

ליקוטי רש"י

אין מעברין השנה וכו'. אין יושבין בית דין קודם ראש השנה לעיין ולומר תתעבר שנה זו בשני אדרים מפני שיש שכחה בדבר קודם שיגיע ומזלזלי בחמץ. אבל מפני הדחק. שמא לא יהא שם בית דין מופלא מסמך לאדר או שמא יגזר המלך אדומי ויעכב על ידן מעברין אותה ומודיעין לגולה אחר ראש השנה מיד שעיברנוה. ואעפ"כ אין מעברין. אותה בשני חדשים אחרים אלא כשיגיע אדר יעשו שני אדרים [סנהדרין יב.]. הן העידו. ר' יהושע ור' פפיים במסכת עדיות. שמעברין השנה כל אדר. ואף על פי שלא נמלכו לעבר קודם הפורים וקראו את המגילה באדר הראשון ואחר כך ראו שהשנה צריכה להתעבר ועברוה. שהיו אומרים כו'. לפיכך הוצרכו להעיד כן שהיו שאר חכמים אומרים עד הפורים מעברין ושוב אין מעברין וטעמא מפרש במסכת ר"ה דמן הפורים התחילו לדרוש בהלכות הפסח דתניא שואלים בהלכות הפסח קודם לפסח ל' יום וכי מרחק להו לא לייתי לשלוחי בית דין שכבר שמעו מן הדרשנים לעשות הפסח בסוף ל' ואתי לזלזולי בחמץ [שם פז.]. וכיון דלא עיברוה קודם הפורים ושמעו דרשה של הלכות הפסח כי הדר מעברי בית דין לשתא ומודעי לעלמא לא מהימני להו לשלוחי ב"ד ומזלזלי בחמץ. בחושבנא תליא מילתא. שהקיץ והחורף לפי חשבון תקופת החמה הם מתגלגלין וכשרבין ימי שנות החמה על שנות הלבנה יותר מדאי מתאחר האביב אחר הפסח שהמועדות אנו קובעין אחר תולדות הלבנה [שם יב:]. חדש בחדשו לחדשי השנה. לחדשי חידושין יתירי כתיבי לדרשה לומר לך יש חדש שאתה צריך לחדש הקרבנות ולהביאם מתרומה חדשה וגמר שנה שנה מניסן דכתיב ראשון הוא לכם וגו' [יומא סה:]. כל הני חדשים למה לי אלא אמרה תורה יש לך חודש שאתה צריך לחדשו בהבאת עולות תמידין ומוספין מתרומה חדשה וזהו ניסן כדאמרינן בראש השנה דגמרינן שנה שנה מניסן דכתיב ראשון הוא לכם לחדשי השנה (שמות יב) [מגילה כט:].

מסורת הש"ס

א) [סנהדרין יב. תוס' שם פ"ב], ב) סנהדרין פז. עדיות פ"ז מ"ז, ג) פסחים ו. מגילה כט: סנהדרין יב: [ע"ז ה. תוספ' מגילה פ"ג בכורות נח.], ד) יומא סה: מגילה כט: ע"ש, ה) [לקמן ח: ט:], ו) יומא סה:, ז) [תוספתא פ"א], ח) [יומא לה: ב"מ קיח.], ט) [נ"ל קידשו].

הגהות הב"ח

(א) רש"י ד"ה ולתרומת שקלים. ראשון להקריב קרבנות הלקוחים מתרומת שלש קופות: (ב) תוס' ד"ה בהפסקה כו' לקמן גבי אחד. נ"ב נראה דקשיא להו אמאי [לא פריך הש"ס גבי] ליוקות ולנדרים בברייתא לקמן דף י"ב [ותנא דידן אמאי לא חשיב נדרים אלא] דס"ל לתלמודא תנא ושייר אם כן הכא נמי לא הוי ליה למימר בהפסקה לא קמיירי אלא דתני ושייר [והא דקאמרי לקמן נמי סמך אמימרא] דהכא בהפסקה לא קמיירי:

גליון הש"ס

תוס' ד"ה שמא וכו' ליכא למיחש כולי האי. עיין יומא לה ע"ב תוס' ד"ה ניחוש:

הגהות מהר"ב רנשבורג

א] רש"י ד"ה עיבורין מניסן מנינן כו' ולעיין בצרכי עיבור השנה בניסן כצ"ל:

תורה אור השלם

א) הַחֹדֶשׁ הַזֶּה לָכֶם רֹאשׁ חֳדָשִׁים רִאשׁוֹן הוּא לָכֶם לְחָדְשֵׁי הַשָּׁנָה: דַּבְּרוּ אֶל כָּל עֲדַת יִשְׂרָאֵל לֵאמֹר בֶּעָשֹׂר לַחֹדֶשׁ הַזֶּה וְיִקְחוּ לָהֶם אִישׁ שֶׂה לְבֵית אָבֹת שֶׂה לַבָּיִת: [שמות יב, ב - ג]

וְהָיָה לָכֶם לְמִשְׁמֶרֶת עַד אַרְבָּעָה עָשָׂר יוֹם לַחֹדֶשׁ הַזֶּה וְשָׁחֲטוּ אֹתוֹ כֹּל קְהַל עֲדַת יִשְׂרָאֵל בֵּין הָעַרְבָּיִם: [שמות יב, ו]

ב) שָׁמוֹר אֶת חֹדֶשׁ הָאָבִיב וְעָשִׂיתָ פֶּסַח לַייָ אֱלֹהֶיךָ כִּי בְּחֹדֶשׁ הָאָבִיב הוֹצִיאֲךָ יְיָ אֱלֹהֶיךָ מִמִּצְרַיִם לָיְלָה: [דברים טז, א]

ג) אַךְ בַּחֲמִשָּׁה עָשָׂר יוֹם לַחֹדֶשׁ הַשְּׁבִיעִי בְּאָסְפְּכֶם אֶת תְּבוּאַת הָאָרֶץ תָּחֹגּוּ אֶת חַג יְיָ שִׁבְעַת יָמִים בַּיּוֹם הָרִאשׁוֹן שַׁבָּתוֹן וּבַיּוֹם הַשְּׁמִינִי שַׁבָּתוֹן: [ויקרא כג, לט]

ד) בְּיוֹם עֶשְׂרִים וְאַרְבָּעָה לְעַשְׁתֵּי עָשָׂר חֹדֶשׁ הוּא חֹדֶשׁ שְׁבָט בִּשְׁנַת שְׁתַּיִם לְדָרְיָוֶשׁ הָיָה דְבַר יְיָ אֶל זְכַרְיָה בֶּן בֶּרֶכְיָהוּ בֶּן עִדּוֹא הַנָּבִיא לֵאמֹר: [זכריה א, ז] ה) וַתִּלָּקַח אֶסְתֵּר אֶל הַמֶּלֶךְ אֲחַשְׁוֵרוֹשׁ אֶל בֵּית מַלְכוּתוֹ בַּחֹדֶשׁ הָעֲשִׂירִי הוּא חֹדֶשׁ טֵבֵת בִּשְׁנַת שֶׁבַע לְמַלְכוּתוֹ: [אסתר ב, טז] ו) וַיְהִי בִּשְׁנַת אַרְבַּע לְדָרְיָוֶשׁ הַמֶּלֶךְ הָיָה דְבַר יְיָ אֶל זְכַרְיָה בְּאַרְבָּעָה לַחֹדֶשׁ הַתְּשִׁעִי בְּכִסְלֵו: [זכריה ז, א] ז) וַיִּקָּרְאוּ סֹפְרֵי הַמֶּלֶךְ בָּעֵת הַהִיא בַּחֹדֶשׁ הַשְּׁלִישִׁי הוּא חֹדֶשׁ סִיוָן בִּשְׁלוֹשָׁה וְעֶשְׂרִים בּוֹ וַיִּכָּתֵב כְּכָל אֲשֶׁר צִוָּה מָרְדֳּכַי אֶל הַיְּהוּדִים וְאֶל הָאֲחַשְׁדַּרְפְּנִים וְהַפַּחוֹת וְשָׂרֵי הַמְּדִינוֹת אֲשֶׁר מֵהֹדּוּ וְעַד כּוּשׁ שֶׁבַע וְעֶשְׂרִים וּמֵאָה מְדִינָה מְדִינָה וּמְדִינָה כִּכְתָבָהּ וְעַם וָעָם כִּלְשֹׁנוֹ וְאֶל הַיְּהוּדִים כִּכְתָבָם וְכִלְשׁוֹנָם: [אסתר ח, ט] ח) בַּחֹדֶשׁ הָרִאשׁוֹן הוּא חֹדֶשׁ נִיסָן בִּשְׁנַת שְׁתֵּים עֶשְׂרֵה לַמֶּלֶךְ אֲחַשְׁוֵרוֹשׁ הִפִּיל פּוּר הוּא הַגּוֹרָל לִפְנֵי הָמָן מִיּוֹם לְיוֹם וּמֵחֹדֶשׁ לְחֹדֶשׁ שְׁנֵים עָשָׂר הוּא חֹדֶשׁ אֲדָר: [אסתר ג, ז] ט) וְנִסְכֵּיהֶם חֲצִי הַהִין יִהְיֶה לַפָּר וּשְׁלִישִׁת הַהִין לָאַיִל וּרְבִיעִת הַהִין לַכֶּבֶשׂ יָיִן זֹאת עֹלַת חֹדֶשׁ בְּחָדְשׁוֹ לְחָדְשֵׁי הַשָּׁנָה: [במדבר כח, יד] י) אֶרֶץ אֲשֶׁר יְיָ אֱלֹהֶיךָ דֹּרֵשׁ אֹתָהּ תָּמִיד עֵינֵי יְיָ אֱלֹהֶיךָ בָּהּ מֵרֵשִׁית הַשָּׁנָה וְעַד אַחֲרִית שָׁנָה: [דברים יא, יב]

The Gemara asks:

לְעִיבּוּרִין מִנִּיסָן מָנִינַן – Do we then **count intercalations from Nissan?**[31] וְהָתַנְיָא – **Why, it was taught in a Baraisa:** אֵין מְעַבְּרִין הַשָּׁנָה לִפְנֵי רֹאשׁ הַשָּׁנָה – WE DO NOT INTERCALATE a month into THE YEAR BEFORE ROSH HASHANAH.[32] וְאִם עִיבְּרוּהָ אֵינָהּ מְעוּבֶּרֶת – AND IF THEY DID INTERCALATE a month into [THE YEAR] before Rosh Hashanah, IT IS NOT AN effective INTERCALATION. אֲבָל מִפְּנֵי הַדְּחָק – HOWEVER, IN CASES OF PRESSING need,[33] מְעַבְּרִין אוֹתָהּ אַחַר רֹאשׁ הַשָּׁנָה מִיָּד – WE INTERCALATE a month into [THE YEAR] IMMEDIATELY AFTER ROSH HASHANAH.[34] וְאַף עַל פִּי כֵן אֵין מְעַבְּרִין אֶלָּא אֲדָר – AND EVEN SO, WE INTERCALATE ONLY an additional month of ADAR into the year; i.e. the extra month can only be added at the end of the year, by adding an extra month of Adar.[35] This Baraisa clearly states that Nissan is *not* the time of year that intercalations are decided upon. – ? –

The Gemara answers:

אָמַר רַב נַחְמָן בַּר יִצְחָק – **Rav Nachman bar Yitzchak said:** מַאי עִיבּוּרִין – **What** does the Baraisa mean when it states that Nissan is the New Year for **intercalations?** הַפְסָקַת עִיבּוּרִין – It means that Nissan is **the culmination of** the **intercalation** period; that is, the Baraisa is teaching that the period during which an intercalation can be made extends until Nissan.[36] דִּתְנַן – **For we learned in a Mishnah:**[37] הֵן הֵעִידוּ שֶׁמְּעַבְּרִין הַשָּׁנָה כָּל אֲדָר – THEY TESTIFIED THAT WE MAY INTERCALATE a month into THE YEAR during THE ENTIRE MONTH OF ADAR.[38] שֶׁהָיוּ אוֹמְרִים עַד הַפּוּרִים – This testimony was necessary BECAUSE THERE WERE THOSE WHO SAID THAT the leap year can be declared only UNTIL PURIM, i.e. the fourteenth of Adar.[39]

The Gemara examines this Baraisa:

מַאי טַעְמָא דְּמַאן דְּאָמַר עַד הַפּוּרִים – **What is the reason of the one who said that** the leap year can be declared only **until Purim?**

The Gemara answers:

כֵּיוָן דְּאָמַר מַר – **Since the master said:** שׁוֹאֲלִין בְּהִלְכוֹת הַפֶּסַח קוֹדֶם לַפֶּסַח שְׁלֹשִׁים יוֹם – In order to prepare for the Yom Tov, ONE SHOULD INQUIRE INTO THE LAWS OF THE PESACH festival for THIRTY DAYS PRIOR TO PESACH, this Tanna is of the opinion that we do not allow intercalation after the thirty-day period begins; for if an intercalation was made during that period, אָתֵי לְזַלְזוּלֵי בְּחָמֵץ – **[the people] might come to be lax in** observing the prohibition against ***chametz.***[40]

The Gemara explains the position of the other Tanna:

וְאִידָךְ – **And the other one** [i.e. the Tanna Kamma] would respond: מֵידַע יָדִיעַ דְּשַׁתָּא מְעַבַּרְתָּא בְּחוּשְׁבְּנָא תַּלְיָא מִלְּתָא – **[People] know that** the question of whether or not to declare **a leap year depends on calculations,** וְסָבְרֵי חוּשְׁבְּנָא הוּא דְּלָא סָלֵיק לְהוּ לְרַבָּנָן עַד הָאִידָּנָא – **and they will think that** the reason for the delayed intercalation is that **the Rabbis did not finish the calculations until this time;** thus, they will readily accept the reports of the messengers. According to this Tanna, then, the intercalation can be made until the end of the month; and it is according to this Tanna that the Baraisa states that Nissan is considered the New Year for intercalations, in that a new year has begun and the previous year may no longer be proclaimed a leap year.

Now that it has explained the Baraisa's statement that Nissan is the New Year for intercalations, the Gemara explains why our Mishnah did not state this:

וְתַנָּא דִּידָן – **And our Tanna** did not state that the first of Nissan is the New Year for intercalations, בְּהַתְחָלָה קָמַיְירֵי – **because he** is **discussing** only **beginnings;** בְּהַפְסָקָה לָא קָמַיְירֵי – **he is not discussing culminations.**[41]

The Baraisa stated:

וְלִתְרוּמַת שְׁקָלִים – **And** Nissan is also the New Year **for the separation of the *shekalim.***

The Gemara asks:

מְנָלַן – **From where do we know this?**

The Gemara answers:

אָמַר רַבִּי יֹאשִׁיָּה – **R' Yoshiyah said:** אָמַר קְרָא – **The verse**

NOTES

31. I.e. is the court permitted to sit in Nissan and consider proclaiming the next year a leap year? (*Rashi;* see also *Hagahos R' Betzalel Ronsburg* and sources cited in next note).

32. I.e. the court will not come to a decision to proclaim the coming year as a leap year until Rosh Hashanah has passed. The reason for this is as follows: When the court proclaims a leap year, it adds another Adar to the year. Now, Rosh Hashanah falls six months before that time. If a leap year were proclaimed before Rosh Hashanah, then people far from the *Beis Din* might well forget about the proclamation by the time Adar passes and consider the next month Nissan as usual, instead of Adar Sheni (*Rashi*; see *Rashi* to *Sanhedrin* 12a; see also *Meiri*). See also *Turei Even*, and *Sifsei Chachamim* to *Rashi* ד״ה עיבורין; see also *Rashash* to *Rashi* ד״ה לעיבורין.

33. [I.e. the Baraisa means to say that although ideally the court would intercalate the year as close to Adar as possible,] it might become impossible to proclaim the leap year closer to Adar. Two such scenarios are: (a) There is concern that a foreign power will decree that the court may not convene, or (b) the *nasi's* presence will be required at the royal court at that time, and a leap year cannot be proclaimed without the consent of the *nasi* (*Rashi*; cf. *Rashi* to *Sanhedrin* 12a).

34. That is, the court convenes before Rosh Hashanah to calculate whether declaring a leap year is necessary, and it announces its decision immediately after Rosh Hashanah (*Rashi* to *Sanhedrin* 12a).

35. That is, whenever the court proclaims a leap year, it adds another Adar as the intercalary month; it never doubles a different month instead. This is derived from the verse in *Deuteronomy* (16:1), which states: *Observe the month of the first ripened produce, and offer the pesach.* This verse is expounded as teaching: Ensure that the grain will ripen during the month in which Pesach falls – Nissan – by intercalating an extra month of Adar if necessary. In other words, if the grain is still not ready to ripen as Nissan approaches, add an intercalary month to the calendar and make the coming month Adar Sheni. This will postpone Nissan by a month and thus give the grain more time to ripen. The verse thus teaches that we are to intercalate the month close to the month of ripening, so that the ripening will occur in its proper time (*Rashi*; see also *Mefaresh* to *Rambam, Hil. Kiddush HaChodesh* 4:1; cf. *Tosafos* to *Sanhedrin* 12a ד״ה אין מעברין).

36. Once the court sanctifies the new month as Nissan, the previous year may no longer be proclaimed a leap year. For in relation to intercalation, a new year has begun, and the previous year can no longer be intercalated by declaring that Nissan is actually Adar Sheni (*Rashi*).

37. *Eduyos* 7:7. [The Mishnah in Tractate *Eduyos* record the testimonies (*eduyos*) of many Tannaim concerning their received traditions of various laws about which disputes had arisen.] This Mishnah records the testimony of R' Yehoshua and R' Papyas, who were the witnesses offering the forthcoming testimony (*Rashi*).

38. R' Yehoshua and R' Papyas testified that the Court may proclaim a leap year at the very end of Adar, even if they did not do so before Purim – if they find sufficient cause (*Rashi*).

39. Those sages held that a leap year cannot be proclaimed unless the court decided the matter before Purim. R' Yehoshua and R' Papyas therefore found it necessary to testify that a leap year can be proclaimed any time during the month of Adar (*Rashi*).

40. Once people have celebrated Purim and have thus begun studying the laws of Pesach, it is fixed in their minds that Pesach will occur in thirty days. The court cannot then proclaim a leap year (postponing Pesach by a month), for the distant communities, which have no direct knowledge of the court's actions but must rely on messengers of the court to apprise them of the court's decisions, will not accept the report of the messengers. Rather, they will observe Pesach a month early, as they were instructed during their studies; and ultimately they will come to eat *chametz* on the *real* festival of Pesach, which will occur a month later (*Rashi*).

41. I.e. the end of the period when the court may proclaim a leap year.

הא בבעל מום מי מצי אכיל ליה דקים ליה ביה שכלו לו חדשיו ת"ר באחד בניסן ראש השנה לחדשים ולעיבורין ולתרומת שקלים וי"א אף לשכירות בתים לחדשים מנלן דכתיב [א] החדש הזה לכם ראש חדשים ראשון הוא לכם לחדשי השנה דברו אל כל עדת ישראל לאמר בעשור לחדש הזה ויקחו להם איש שה לבית אבות שה לבית והיה לכם למשמרת עד ארבעה עשר יום לחדש הזה ושחטו אותו וגו' וכתיב [ב] שמור את חדש האביב איזהו חדש שיש בו אביב הוי אומר זה ניסן וקרי ליה ראשון ואימא אייר בעינא אביב וליכא ואימא אדר בעינא רוב אביב וליכא מידי רוב אביב כתיב אלא אמר רב חסדא מהכא [ג] אך בחמשה עשר יום לחדש השביעי באספכם את תבואת הארץ איזהו חדש שיש בו אסיפה הוי אומר זה תשרי וקא קרי ליה שביעי ואימא מרחשון ומאי שביעי שביעי לאייר בעינא אסיף וליכא ואימא אלול ומאי שביעי שביעי לאדר בעינא רוב אסיף וליכא מידי רוב אסיף כתיב אלא אמר רבינא דבר זה מתורת משה רבינו לא למדנו מדברי קבלה למדנו [ד] ביום עשרים וארבעה לעשתי עשר חדש הוא חדש שבט רבה בר עולא אמר מהכא [ה] ותלקח אסתר אל המלך אחשורוש אל בית מלכותו בחדש העשירי הוא חדש טבת רב כהנא אמר מהכא [ו] בארבעה לחדש התשיעי בכסלו רב אחא בר יעקב אמר מהכא [ז] ויקראו סופרי המלך בעת ההיא בחדש השלישי הוא חדש סיון רב אשי אמר מהכא [ח] הפיל פור הוא הגורל לפני המן מיום ליום ומחדש לחדש שנים עשר הוא חדש אדר ואיבעית אימא מהכא [ח] בחדש הראשון הוא חדש ניסן וכולהו מאי טעמא לא אמרי מהאי דלמא מאי ראשון ראשון למילתיה ותנא דידן בשנים קמיירי בחדשים לא קמיירי: ולעיבורין: לעיבורין מניסן מנין והתניא [א] אין מעברין השנה לפני ר"ה ואם עיברוה אינה מעוברת אבל מפני הדחק מעברין אותה אחר ר"ה מיד [ב] ואעפ"כ אין מעברין אלא אדר אמר רב נחמן בר יצחק מאי עיבורין [ג] הפסקת עיבורין דתנן [ג] הן העידו [ד] שמעברין השנה כל אדר שהיו אומרים עד הפורים מ"ט דמאן דאמר עד הפורים כיון דאמר מר [ה] שואלין בהלכות הפסח קודם לפסח שלשים יום אתי לזלזולי בחמץ ואידך מידע ידיע דשתא מעברתא בחושבנא תליא מילתא וסברי חושבנא הוא דלא סליק להו לרבנן עד האידנא ותנא דידן בהתחלה קמיירי בהפסקה לא קמיירי: ולתרומת שקלים: מנלן א"ר יאשיה אמר קרא [ט] זאת עולת חדש בחדשו לחדשי השנה [ו] אמרה תורה חדש והבא קרבן מתרומה חדשה וגמרי שנה שנה מניסן דכתיב [א] ראשון הוא לכם לחדשי השנה דנין דכתיב [י] מראשית השנה דנין שנה שיש עמה חדשים משנה שיש עמה חדשים ואין דנין שנה שיש עמה חדשים משנה שאין עמה חדשים [ז] אמר רב יהודה אמר שמואל קרבנות צבור הבאין באחד בניסן מצוה להביא מן החדש ואם הביא מן הישן יצא אלא שחיסר מצוה תנ"ה [ח] קרבנות צבור הבאין באחד בניסן מצוה להביא מן החדש ואם הביא מן הישן יצא אלא שחיסר מצוה [ח] ויחיד שהתנדב משלו כשרין בלבד שימסרם לצבור [ט] פשיטא מהו דתימא ליחוש שמא לא

רש"י

בעל מום. שנולד במומו ועומד לישחט בחוץ לכך ומונין לו משנולד: **מי מצי אכיל ליה.** ביום שנולד דלמא נפל הוא ואין שחיטה מטהרתו עד שיששה שמונה ימים דשוב נפק ליה מכלל נפל דתניא (שבת ד' קלה:) רשב"ג אומר כל ששהה שלשים יום באדם אינו נפל ובבהמה שמונה ימים: **לחדשים.** למנין חדשי השנה: **לעיבורין.** קא ס"ד לישב ב"ד ולעיין אם השנה הבאה צריכה להתעבר: **ולתרומת שקלים.** (א) להקריב ראשון קרבנות הלקוחים מתרומת קופות של שקלי שנה זו: **אף לשכירות בתים.** המשכיר בית לחבירו ואמר לשנה זו כלתה שנתו באחד בניסן ואפי' לא דר בו אלא חדש אחד: **החדש הזה לכם.** ומנלן דניסן דכתיב ויקחו להם שה לפסח וכתיב קרא אחרינא שהפסח בחדש האביב שיש בו אביב שהתבואה בכירה בו להיות מבושלת בגמר בישולה: **בעינא אביב וליכא.** שכבר נגמרה מניסן ואי איכא זרעא אפילה אין זה בכיר אלא אפיל: **ואימא אדר.** דאיכא זרעא חרפא המתבכר מאדר: **רוב אביב.** שיהו רוב תבואות מתבכרות בו: **שיש בו אסיפה.** שמכניסין בו פירות לבית מפני הגשמים וכל הקיץ הן עשויות גדישין לייבש: **ראשון למילתיה.** למעשה המן: **ותנא דידן.** דלא תנא במתני' ר"ה לחדשים: **עיבורים מניסן מנינן.** בתמיה וכי רשאין ב"ד לישב ולעיין בצורכי עיבור [א] ר"ה בניסן: **אין מעברין.** אין מעיינין בצורכי עבור להודיע לגולה שעיברו ב"ד את השנה שלא ישתכח הדבר עד אדר הבא: **אבל מפני הדחק.** שמפחידין שלא יגזרו נכרים מלישב ב"ד או שצריך הנשיא לילך אצל המלך ואין מעברין אא"כ ירצה נשיא כדאמר בסנהדרין (דף יא.): **ואעפ"כ אין מעברין אלא אדר.** אין מוסיפין חדש על השנה אלא אדר דכתיב שמור את חדש האביב חדש הסמוך לאביב עבר שיבא אביב בזמנו: **הפסקת עיבורין.** שכיון שקדשו את החדש לשם ניסן פסקה שנה שעברה מלהיות מעוברת עוד שאין רשאין לעשות ניסן אדר שכבר נכנסה שנה אחרת לענין עיבור: **הם העידו.** רבי יהושע ור' פפיים שמעברים את השנה כל אדר אם ראו ב"ד לאחר הפורים שהשנה צריכה להתעבר מעברין אותה: **שהיו אומרים עד הפורים.** לפי שהיו חכמים אומרים שאין מעברין אא"כ נתישבו בדבר לפני הפורים לכך הוזקקו לעדות זו: **אתי לזלזולי בחמץ.** שכבר מן הפורים ואילך התחילו הדרשנים לדרוש ברבים בהלכו' הפסח הוזקקו השומעים לעשות פסח לסוף ל' יום ואם יעברו ב"ד את השנה לא יתקבלו דברי שלוחי ב"ד לשומעין לדחות את הפסח שכבר שמעו מן הדרשני': **בהפסק' לא קא מיירי.** בראשי שנים דהפסקה לא קא מיירי: **חדש בחדשו לחדשי.** חדשי יתירא לדרשה:

תוספות

הא בבעל מום. בעל מום מעיקרו דתם ונעשה בעל מום כיון דלא חזי לאכילה מונים לו משעת הרצאה ואין לדקדק מכאן שיהיה שייך בל תאחר בנתינה לכהן דהכא לענין להאכילו בתוך שנתו דצריך כדאיתא פרק [עד כמה] (בכורות דף כו:):

מדברי קבלה למדנו. לא מצי למילף מכאן מינייהו כלל אם לא נאמר שהיתה קבלה בידם סדר שמות החדשים זה אחר זה והכי אמר בירושלמי שמות החדשים עלו בידם מבבל בראשונה בירח האיתנים שבו נולדו אבות בירח בול שבו כל העולם נובל והארץ עשויה בולות בולות שבו בולים לבהמה בבתיהם בירח זיו שבו זיו האילנות מכאן ואילך ויהי בחדש ניסן שנת עשרים ויהי בחדש כסלו שנת עשרים בחדש העשירי הוא חדש טבת:

בשנים קא מיירי. וקשיא דהא קא אמר לרגלים ואמר לעיל כיון שעברה עליו שנה בלא רגלים ורגלים בלא שנה י"ל מכל מקום בחדשים לא קא מיירי:

הם העידו. משנה היא בעדיות (פ"ז משנה ז) ופ"ק דסנהדרין (ד' יב: ושם) גבי [ט] עברוה ביום ל' של אדר דאמר רב נחמן מעובר וקדוש ומקשי ליה רבא מכדי מפורים לפסח תלתין יומין הוי ומפורים דרשינן בהלכות הפסח וכי מטי ריש ירחא ומרחקים להו אתי לזלזולי ה"נ ה"מ לאקשויי אמתניתין דעדיות:

בהפסקה לא קא מיירי. לקמן (ד' יב.) (ב) גבי אחד בתשרי ר"ה לירקות ולא קתני לנדרים כדקתני בברייתא משום דמתניתין בהפסקה לא קא מיירי:

מראשית השנה. לקמן (ד' ח.) אמרינן דזה תשרי:

שמא לא ימסרם יפה יפה. פלוגתא דתנאי היא בסוף פרק הבית והעליה (ב"מ ד' קיח.) גבי שומרי ספיחים בשביעית אי מתנדב שומר חנם וקצת תימה דפריך הכא פשיטא במילתא דהויא פלוגתא דתנאי ושמא יש לחלק דהכא [ג] ליכא למיחש כולי האי כמו בשומר:

מסורת הש"ס

א) [סנהדרין יב. תוס' שם פ"ב], ב) סנהדרין פז. עדיות פ"ז מ"ז, ג) פסחים ו. מגילה כט: סנהדרין יב: [ע"ז ה. תוספ' מגילה פ"ג בכורות נח.], ד) יומא סה: מגילה כט: ע"ש, ה) [לקמן ח: ט:], ו) יומא סה:, ז) [תוספתא פ"א], ח) [יומא לה: ב"מ קיח.], ט) [נ"ל קידשו].

הגהות הב"ח

(א) רש"י ד"ה ולתרומת שקלים. ראשון להקריב קרבנות הלקוחים מתרומת שלש קופות: (ב) תוס' ד"ה בהפסקה כו' לקמן גבי אחד. נ"ב נראה דקשיא להו אמאי [לא פריך הש"ס גבי] לירקות ולנדרים בברייתא לקמן דף י"ב [ותנא דידן אמאי לא חשיב נדרים אלא] דס"ל לתלמודא תנא ושייר אם כן הכא נמי לא הוי ליה למימר בהפסקה לא קמיירי אלא דתני ושייר [והא קאמרי דלקמן נמי סמך אתירוצא] דהכא בהפסקה לא קמיירי:

גליון הש"ס

תוס' ד"ה שמא וכו' ליכא למיחש כולי האי. עיין יומא לה ע"ב תוס' ד"ה ניחוש:

הגהות מהר"ב רנשבורג

א] רש"י ד"ה עיבורין מניסן מנינן כו' ולעיין בצרכי עיבור השנה בניסן כצ"ל:

עין משפט נר מצוה

לד א מיי' פ"ד מהל' קדוש החדש הלכה יג סמג עשין מו:
לה ב מיי' שם הלכה א סמג שם:
לו ג ד מיי' שם הל' יד:
לז ה טוש"ע או"ח סי' תכט סעיף א:
לח ו ז מיי' פ"ד מהל' שקלים הל' יא סמג עשין מה:
לט ח מיי' פ"ח מהל' כלי המקדש הל' ז:

רבינו חננאל

באחד בניסן ר"ה לחדשים כו' מנ"ל דכתיב ראשון הוא לכם לחדשי השנה. ונדחה. ופירש רב חסדא ונדחו דבריו. ואמר רבינא דבר זה אינו מפורש בתורה אבל מפורש הוא בדברי קבלה. ביום עשרים וארבעה לעשתי עשר חדש הוא חדש שבט וגו'. ואסיקנא ומתניתין דלא קתני לחדשים לא פליג אלא בשנים קא מיירי בחדשים לא קא מיירי. ולעיבורין אוקימנא להפסקת עיבורין כלומר כיון שהגיע ניסן נפסק עבור משנה זו. כדתנן הן העידו שמעברין את השנה כל אדר שהיו אומרים עד הפורים. ואם נשלם אדר ולא עיברוה נפסק העיבור ושוב אין מעברין שנה זו. ותנא דידן בהתחלת השנים מיירי בהפסקת עיבור מזו השנה לא מיירי. ולתרומת שקלים פירוש' בשלשה פרקים בשנה תורמין את הלשכה. ובג' קופות של ג' סאין היו תורמין הלשכה. והתרומה הראשונה של תרומת שקלים היתה באחד בניסן כו' טבי דאמר קרא זאת עולת חדש בחדשו לחדשי השנה. חדש והבא קרבן מתרומה חדשה. וכתיב ביה בניסן ראשון הוא לכם לחדשי השנה. וגמר שנה שנה מניסן. וכי הא דתניא קרבנות הצבור הבאות באחד בניסן מצוה להביא מן החדש. ואם הביא מן הישן יצא אלא שחיסר [מצוה] ויחיד שהתנדב משלו כשרין ובלבד שימסרם לצבור. ותנא דידן כיון דקתני אם הביא יצא לא פסיקא ליה. וי"א אף לשכירות בתים ראש השנה ניסן.

ליקוטי רש"י

אין מעברין השנה וכו'. אין יושבין בית דין קודם ראש השנה לעיין ולומר תתעבר שנה זו בשני אדרים מפני שיש שכחה בדבר קודם שיגיע ומזלזלי בחמץ. **אבל מפני הדחק.** שמא לא יהא שם בית דין מופלא סמוך לאדר או שמא יצא המלך אדומי ויעכב על ידן מעברין אותה ומודיעין לגולה אחר ראש השנה מיד שעיברנוה. **ואעפ"כ אין מעברין.** אותה בשני חדשים אחרים אלא כשיגיע אדר יעשו שני אדרים [סנהדרין יב.]. **הן העידו.** ר' יהושע ור' פפיים במסכת עדיות. **שמעברין השנה כל אדר.** ואף על פי שלא נמלכו לעבר קודם הפורים וקראו את המגילה באדר הראשון ואחר כך ראו שהשנה צריכה להתעבר ועברוה. **שהיו אומרים כו'.** לפיכך הוצרכו להעיד כן שהיו חכמים אומרים עד הפורים וטעמא מפרש במסכת ר"ה דמן הפורים התחילו לדרוש בהלכות הפסח דתניא שואלים בהלכות הפסח קודם לפסח ל' יום וכי מרחק להו לא אייתי לשלוחי בית דין שכבר שמעו מן הדרשנים לעשות הפסח בסוף ל' ואתי לזלזולי בחמץ [שם סז.]. וכיון דלא עיברוה קודם הפורים ומודעי לעלמא לא מהימני להו לשלוחי ב"ד ומזלזלי בחמץ. **בחושבנא תליא מילתא.** שהקיץ והחורף לפי חשבון תקופת החמה הם מתגלגלין וכשרבין ימי שנות החמה על שנות הלבנה יותר מדאי מתאחר האביב שהמועדות אנו קובעין לפי תולדות הלבנה [שם יב:]. **חדש בחדשו לחדשי השנה.** שהלכה צריך לחדש הקרבנות ולהביאם מתרומה חדשה והני חדשים למה לי אלא אמרה תורה יש לך חודש שאתה צריך לחדש בו הבאת קרבנות ומוסיפין מתרומה חדשה וזהו ניסן כראש השנה דגמרינן שנה שנה מניסן דכתיב ראשון הוא לכם לחדשי השנה (שמות יב) [מגילה כט:].

תורה אור השלם

א) הַחֹדֶשׁ הַזֶּה לָכֶם רֹאשׁ חֳדָשִׁים רִאשׁוֹן הוּא לָכֶם לְחָדְשֵׁי הַשָּׁנָה: דַּבְּרוּ אֶל כָּל עֲדַת יִשְׂרָאֵל לֵאמֹר בֶּעָשֹׂר לַחֹדֶשׁ הַזֶּה וְיִקְחוּ לָהֶם אִישׁ שֶׂה לְבֵית אָבֹת שֶׂה לַבָּיִת: [שמות יב, ב - ג]
וְהָיָה לָכֶם לְמִשְׁמֶרֶת עַד אַרְבָּעָה עָשָׂר יוֹם לַחֹדֶשׁ הַזֶּה וְשָׁחֲטוּ אֹתוֹ כֹּל קְהַל עֲדַת יִשְׂרָאֵל בֵּין הָעַרְבָּיִם: [שמות יב, ו]
ב) שָׁמוֹר אֶת חֹדֶשׁ הָאָבִיב וְעָשִׂיתָ פֶּסַח לַייָ אֱלֹהֶיךָ כִּי בְּחֹדֶשׁ הָאָבִיב הוֹצִיאֲךָ יְיָ אֱלֹהֶיךָ מִמִּצְרַיִם לָיְלָה: [דברים טז, א]
ג) אַךְ בַּחֲמִשָּׁה עָשָׂר יוֹם לַחֹדֶשׁ הַשְּׁבִיעִי בְּאָסְפְּכֶם אֶת תְּבוּאַת הָאָרֶץ תָּחֹגּוּ אֶת חַג יְיָ שִׁבְעַת יָמִים בַּיּוֹם הָרִאשׁוֹן שַׁבָּתוֹן וּבַיּוֹם הַשְּׁמִינִי שַׁבָּתוֹן: [ויקרא כג, לט]
ד) בְּיוֹם עֶשְׂרִים וְאַרְבָּעָה לְעַשְׁתֵּי עָשָׂר חֹדֶשׁ הוּא חֹדֶשׁ שְׁבָט בִּשְׁנַת שְׁתַּיִם לְדָרְיָוֶשׁ הָיָה דְבַר יְיָ אֶל זְכַרְיָה בֶּן בֶּרֶכְיָהוּ בֶּן עִדּוֹ הַנָּבִיא לֵאמֹר: [זכריה א, ז]
ה) וַתִּלָּקַח אֶסְתֵּר אֶל הַמֶּלֶךְ אֲחַשְׁוֵרוֹשׁ אֶל בֵּית מַלְכוּתוֹ בַּחֹדֶשׁ הָעֲשִׂירִי הוּא חֹדֶשׁ טֵבֵת בִּשְׁנַת שֶׁבַע לְמַלְכוּתוֹ: [אסתר ב, טז]
ו) וַיְהִי בִּשְׁנַת אַרְבַּע לְדָרְיָוֶשׁ הַמֶּלֶךְ הָיָה דְבַר יְיָ אֶל זְכַרְיָה בְּאַרְבָּעָה לַחֹדֶשׁ הַתְּשִׁעִי בְּכִסְלֵו: [זכריה ז, א]
ז) וַיִּקָּרְאוּ סֹפְרֵי הַמֶּלֶךְ בָּעֵת הַהִיא בַּחֹדֶשׁ הַשְּׁלִישִׁי הוּא חֹדֶשׁ סִיוָן בִּשְׁלוֹשָׁה וְעֶשְׂרִים בּוֹ וַיִּכָּתֵב כְּכָל אֲשֶׁר צִוָּה מָרְדֳּכַי אֶל הַיְּהוּדִים וְאֶל הָאֲחַשְׁדַּרְפְּנִים וְהַפַּחוֹת וְשָׂרֵי הַמְּדִינוֹת אֲשֶׁר מֵהֹדּוּ וְעַד כּוּשׁ שֶׁבַע וְעֶשְׂרִים וּמֵאָה מְדִינָה מְדִינָה וּמְדִינָה כִּכְתָבָהּ וְעַם וָעָם כִּלְשֹׁנוֹ וְאֶל הַיְּהוּדִים כִּכְתָבָם וְכִלְשׁוֹנָם: [אסתר ח, ט]
ח) בַּחֹדֶשׁ הָרִאשׁוֹן הוּא חֹדֶשׁ נִיסָן בִּשְׁנַת שְׁתֵּים עֶשְׂרֵה לַמֶּלֶךְ אֲחַשְׁוֵרוֹשׁ הִפִּיל פּוּר הוּא הַגּוֹרָל לִפְנֵי הָמָן מִיּוֹם לְיוֹם וּמֵחֹדֶשׁ לְחֹדֶשׁ שְׁנֵים עָשָׂר הוּא חֹדֶשׁ אֲדָר: [אסתר ג, ז]
ט) וְנִסְכֵּיהֶם חֲצִי הַהִין יִהְיֶה לַפָּר וּשְׁלִישִׁת הַהִין לָאַיִל וּרְבִיעִת הַהִין לַכֶּבֶשׂ יָיִן זֹאת עֹלַת חֹדֶשׁ בְּחָדְשׁוֹ לְחָדְשֵׁי הַשָּׁנָה: [במדבר כח, יד]
י) אֶרֶץ אֲשֶׁר יְיָ אֱלֹהֶיךָ דֹּרֵשׁ אֹתָהּ תָּמִיד עֵינֵי יְיָ אֱלֹהֶיךָ בָּהּ מֵרֵשִׁית הַשָּׁנָה וְעַד אַחֲרִית שָׁנָה: [דברים יא, יב]

states: "זאת עלת חדש בחדשו לחדשי השנה" – ***This is the olah of the new moon at its renewal, for the months of the year.***[42] אמרה תורה – **The Torah stated:** חדש והבא קרבן מתרומה חדשה – **Renew** the sacrificial service **and bring** the **offering from a new separation,**[43] i.e. from funds separated from the newly collected *shekalim.* וגמרי שנה שנה מניסן – **And we expound** a *gezeirah shavah* to link the term **"year"** written regarding the *shekalim* with the term **"year" from** a verse referring to **Nissan.** דכתיב "ראשון הוא לכם לחדשי השנה" – **For it is written:**[44] ***it shall be for you the first of the months of the year.*** The Torah thus teaches that from the first of Nissan and onward all communal offerings must be purchased with the proceeds of a new levy.

The Gemara asks:

ולגמור שנה שנה מתשרי – **But expound** a *gezeirah shavah* to link the term **"year"** written regarding the *shekalim* with the term **"year" from** a verse referring to **Tishrei!** דכתיב "מרשית השנה" – **For it is written:**[45] ***from the beginning of the year,*** referring to Tishrei. The new year for *shekalim* should therefore begin in Tishrei! — ? —

The Gemara answers:

דנין שנה שיש עמה חדשים משנה שיש עמה חדשים – **We derive** laws regarding the term **"year" that has months** written **with it,** via a *gezeirah shavah* **from** a second occurrence of the term **"year" that has months** written **with it,**[46] ואין דנין שנה שיש עמה חדשים משנה שאין עמה חדשים – **rather than derive** laws regarding the term **"year" that has months** written **with it** via a *gezeirah shavah* **from** a second occurrence of the term **"year" that does not have months** written **with it.**[47]

The Gemara elaborates on this law:

אמר רב יהודה אמר שמואל – **Rav Yehudah said in the name of Shmuel:** קרבנות צבור הבאין באחד בניסן – Concerning **communal offerings that are offered on the first of Nissan,** מצוה להביא מן החדש – **it is a mitzvah to bring** them **from** funds of **the new** year. ואם הביא מן הישן יצא – **Nevertheless, if he brought** them **from** funds of **the old** year, **he has fulfilled his obligation.** אלא שחיסר מצוה – **However, he has missed** the opportunity to perform **the mitzvah** in the optimum fashion.[48]

The Gemara supports this ruling:

תניא נמי הכי – **This was also taught in a Baraisa:** קרבנות צבור הבאין באחד בניסן – Concerning COMMUNAL OFFERINGS THAT ARE BROUGHT ON THE FIRST OF NISSAN, מצוה להביא מן החדש – IT IS A MITZVAH TO BRING them FROM funds of THE NEW year. ואם הביא מן הישן יצא – NEVERTHELESS, IF HE BROUGHT them FROM funds of THE OLD year, HE HAS FULFILLED his obligation. אלא שחיסר מצוה – HOWEVER, HE HAS MISSED the opportunity to perform THE MITZVAH in the optimum fashion. ויחיד שהתנדב משלו – AND concerning offerings brought using funds of A PRIVATE PERSON WHO DONATED FROM HIS OWN money, כשרין – THEY ARE VALID, בלבד שימסרם לצבור – PROVIDED THAT HE TRANSFERS THEM TO THE PUBLIC for Temple use.

The Gemara questions the need for the last ruling:

פשיטא – **This is obvious!** Why should the offering not be valid if the funds are transferred to the public?

The Gemara answers:

מהו דתימא ליחוש שמא – **You might have said that we should be concerned that perhaps**

NOTES

42. *Numbers* 28:14. The triple repetition of the root חדש (*new moon, renewal, for the months of*) is expounded (*Rashi* here and to *Yoma* 65b).

43. I.e. there is a "month" [חדש] during which we must "renew" the sacrificial service [בחדשו] by offering the communal sacrifices from half-*shekels* supplied by a "new" [לחדשי] separation [i.e. those donated that year] (*Rashi* to *Yoma* 65b). We now learn that Nissan is the month referred to by this verse.

44. *Exodus* 12:2.

45. *Deuteronomy* 11:12.

46. The verse written in the context of the *shekalim* states *for the months of the year.* Since a similar phrase is found in the verse referring to Nissan, we expound a *gezeirah shavah* to identify the month being discussed as Nissan.

47. The verse about Tishrei says nothing about months. We therefore do not use that verse to derive that the new year for *shekalim* begins in Tishrei.

48. I.e. even though the sacrifices purchased with these old funds are valid, the person has failed to perform the mitzvah of using new *shekalim* (see *Sifsei Chachamim*).

הא בבעל מום מי מצי אכיל ליה דקים ליה ביה שכלו לו חדשיו ת"ר באחד בניסן ראש השנה לחדשים ולעיבורין ולתרומת שקלים וי"א אף לשכירות בתים לחדשים מנלן דכתיב [א] החדש הזה לכם ראש חדשים ראשון הוא לכם לחדשי השנה דברו אל כל עדת ישראל לאמר בעשור לחדש הזה ויקחו להם איש שה לבית אבות שה לבית והיה לכם למשמרת עד ארבעה עשר יום לחדש הזה ושחטו אותו וגו' וכתיב [ב] שמור את חדש האביב איזהו חדש שיש בו אביב הוי אומר זה ניסן וקרי ליה ראשון ואימא אייר בעינא אביב וליכא ואימא אדר בעינא רוב אביב וליכא מידי רוב אביב כתיב אלא אמר רב חסדא מהכא [ג] אך בחמשה עשר יום לחדש השביעי באספכם את תבואת הארץ איזהו חדש שיש בו אסיפה הוי אומר זה תשרי וקא קרי ליה שביעי ואימא מרחשון ומאי שביעי שביעי לאייר בעינא אסיף וליכא ואימא אלול ומאי שביעי שביעי לאדר בעינא רוב אסיף וליכא מידי רוב אסיף כתיב אלא אמר רבינא דבר זה מתורת משה רבינו לא למדנו מדברי קבלה למדנו [ד] ביום עשרים וארבעה לעשתי עשר חדש הוא חדש שבט ורבה בר עולא אמר מהכא [ה] ותלקח אסתר אל המלך אחשורוש אל בית מלכותו בחדש העשירי הוא חדש טבת רב כהנא אמר מהכא [ו] בארבעה לחדש התשיעי בכסלו רב אחא בר יעקב אמר מהכא [ז] ויקראו סופרי המלך בעת ההיא בחדש השלישי הוא חדש סיון רב אשי אמר מהכא [ח] הפיל פור הוא הגורל לפני המן מיום ליום ומחדש לחדש שנים עשר הוא חדש אדר ואיבעית אימא מהכא [ה] בחדש הראשון הוא חדש ניסן וכולהו מאי טעמא לא אמרי מהאי דלמא מאי ראשון ראשון למילתיה ותנא דידן בשנים קמיירי בחדשים לא קמיירי: ולעיבורין: לעיבורין מניסן מנינן והתניא [א] אין מעברין השנה לפני ר"ה ואם עיברוה אינה מעוברת אבל מפני הדחק מעברין אותה אחר ר"ה מיד [ב] ואעפ"כ אין מעברין אלא אדר אמר רב נחמן בר יצחק מאי עיבורין [ג] הפסקת עיבורין דתנן [ג] הן העידו [ד] שמעברין השנה כל אדר שהיו אומרים עד הפורים מ"ט דמאן דאמר עד הפורים כיון דאמר מר [ה] שואלין בהלכות הפסח קודם לפסח שלשים יום אתי לזלזולי בחמץ ואידך מידע ידיע דשתא מעברתא בחושבנא תליא מילתא וסברי חושבנא הוא דלא סליק להו לרבנן עד האידנא ותנא דידן בהתחלה קמיירי בהפסקה לא קמיירי: ולתרומת שקלים: מנלן א"ר יאשיה אמר קרא [ט] זאת עולת חדש בחדשו לחדשי השנה [ז] אמרה תורה חדש והבא קרבן מתרומה חדשה וגמרי שנה שנה מניסן דכתיב [א] ראשון הוא לכם לחדשי השנה ולגמור שנה שנה מתשרי דכתיב [י] מראשית השנה דנין [ח] שנה שיש עמה חדשים משנה שיש עמה חדשים ואין דנין שנה שיש עמה חדשים משנה שאין עמה חדשים [י] אמר רב יהודה אמר שמואל קרבנות צבור הבאין באחד בניסן מצוה להביא מן החדש ואם הביא מן הישן יצא אלא שחיסר מצוה תנ"ה קרבנות צבור הבאין באחד בניסן מצוה להביא מן החדש ואם הביא מן הישן יצא אלא שחיסר מצוה [ח] ויחיד שהתנדב משלו כשרין ובלבד שימסרם לצבור [ט] פשיטא מהו דתימא ליחוש שמא לא

רש"י

בעל מום. שנולד במומו ועומד לישחט בחוץ לכך ומונין לו משנולד: מי מצי אכיל ליה. ביום שנולד דלמא נפל הוה ואין שחיטה מטהרתו עד שישהה שמונה ימים דשוב נפק ליה מכלל נפל דתניא (שבת ד' קלה:) רשב"ג אומר כל ששהה שלשים יום באדם אינו נפל ובבהמה שמונה ימים: לחדשים. למנין חדשי השנה: לעיבורין. קא ס"ד לישב ב"ד ולעיין אם השנה הבאה צריכה להתעבר: ולתרומת שקלים. (א) להקריב ראשון קרבנות הלקוחים מתרומת קופות של שקלי שנה זו: אף לשכירות בתים. המשכיר בית לחבירו ואמר לשנה זו כלתה שנתו באחד בניסן ואפי' לא דר בו אלא חדש אחד: החדש הזה לכם. ומנלן דניסן דכתיב ויקחו להם שה לפסח וכתיב קרא אחרינא שהפסח בחדש האביב שיש בו אביב שהתבואה בכירה בו להיות מבושלת בגמר בישולה: בעינא אביב וליכא. שכבר נגמרה מניסן ואי איכא זרעא אפילה אין זה בכיר אלא אפיל: ואימא אדר. דאיכא זרעא חרפא המתבכר מאדר: רוב אביב. שיהו רוב תבואות מתבכרות בו: שיש בו אסיפה. שמכניסין בו פירות לבית מפני הגשמים וכל הקיץ הן עשויות גדישין לייבש: ראשון למילתיה. למעשה המן: ותנא דידן. דלא תנא במתני' ר"ה לחדשים: עיבורים מניסן מנינן. בתמיה וכי רשאין ב"ד לישב ולעיין בצורכי עיבור [א] ר"ה בניסן: אין מעברין. אין מעיינין בצורכי צבור להודיע לגולה שעיברו ב"ד את השנה שלא ישתכח הדבר עד אדר הבא: אבל מפני הדחק. שמפחידין שלא יגזרו נכרים מלישב ב"ד או שצריך הנשיא לאחר המלך ואין מעברין אא"כ ירצה נשיא כדאמר בסנהדרין (דף יא.): ואעפ"כ אין מעברין אלא אדר. אין מוסיפין חדש על השנה אלא אדר דכתיב שמור את חדש האביב חדש הסמוך לאביב עבר שיבא אביב בזמנו: הפסקת עיבורין. שכיון שקדשו את החדש לשם ניסן פסקה שנה שעברה מלהיות מעוברת עוד שאין רשאין לעשות ניסן אדר שכבר נכנסה שנה אחרת לענין עיבור: הם העידו. רבי יהושע ור' פפיים שמעברים את השנה כל אדר אם ראו ב"ד לאחר הפורים שהשנה צריכה להתעבר מעברין אותה: שהיו אומרים עד הפורים. לפי שהיו חכמים אומרים שאין מעברין אא"כ נתישבו בדבר לפני הפורים לכך הוזקקו לעדות זו: אתי לזלזולי בחמץ. שכבר מן הפורים ואילך התחילו הדרשנים לדרוש ברבים בהלכו' הפסח הוזקקו השומעים לעשות פסח לסוף ל' יום ואם יעברו ב"ד את השנה לא יתקבלו דברי שלוחי ב"ד לשומעין לדחות את הפסח שכבר שמעו מן הדרשני': בהפסק' לא קא מיירי. בראשי שנים דהפסקה לא קא מיירי: חדש בחדשו לחדשי. חדשי יתירא לדרשה: יפה

תוספות

הא בבעל מום. בעל מום מעיקרו דתם ונעשה בעל מום כיון דלא חזי לאכילה מונים לו משעת הרלאה ואין לדקדק מכאן שיהיה שייך בל תאחר במתנה לכהן דהכא לענין להאכילו בתוך שנתו דצריך כדאיתא פרק [על כמה] (בכורות דף כו:):

מדברי קבלה למדנו. לא מצי למילף מכאן מינייהו כלל אם לא נאמר שהיתה קבלה בידם סדר שמות החדשים זה אחר זה והכי אמר בירושלמי שמות החדשים עלו בידם מבבל בראשונה בירח האיתנים שבו נולדו אבות בירח בול שבו כל העולם נובל והארץ עשויה בולות בולות שבו בולים לבהמה בבתיהם בירח זיו שבו זיו האילנות מכאן ואילך ויהי בחדש ניסן שנת עשרים ויהי בחדש כסלו שנת עשרים בחדש העשירי הוא חדש טבת:

בשנים קא מיירי. וקשיא דהא קא אמר לרגלים ואמר לעיל כיון שעברה עליו שנה בלא רגלים ורגלים בלא שנה י"ל מכל מקום בחדשים לא קא מיירי:

הם העידו. משנה היא בעדיות (פ"ז משנה ז) ופ"ק דסנהדרין (ד' יב: ושם) גבי [ט] עברוה ביום ל' של אדר דאמר רב נחמן מעובר וקדוש ומקשי ליה רבא מכדי מפורים לפסח תלתין יומין הוי ומפורים דרשינן בהלכות הפסח וכי מטי ריש ירחא ומרחקים להו אתי לזלזולי ה"נ ה"מ לאקשויי אמתניתין דעדיות:

בהפסקה לא קא מיירי. לקמן (ד' יב.) (ב) גבי אחד בתשרי ר"ה לירקות ולא קתני לנדרים כדקתני בברייתא משום דמתניתין בהפסקה לא קא מיירי:

מראשית השנה. לקמן (ד' ח.) אמרינן דזה תשרי:

שמא לא ימסרם יפה יפה. פלוגתא דתנאי היא בסוף פרק הבית והעליה (ב"מ ד' קיח.) גבי שומרי ספיחים בשביעית אי מתנדב שומר חנם וקצת תימה דפריך הכא פשיטא במילתא דהויא פלוגתא דתנאי ושמא יש לחלק דהכא [ס] ליכא למיחש כולי האי כמו בשומר:

לד א מיי' פ"ד מהל' קדוש החדש הלכה יג סמג עשין מו:

לה ב מיי' שם הלכה א סמג שם:

לו ג ד מיי' שם הל' יד:

לז ה טוש"ע או"ח סי' תכט סעיף א:

לח ו ז מיי' פ"ד מהל' שקלים הל' יא סמג עשין מה:

לט ח מיי' פ"ח מהל' כלי המקדש הל' ז:

רבינו חננאל

באחד בניסן ר"ה לחדשים כו' מנ"ל דכתיב ראשון הוא לכם לחדשי השנה. ונדחה. ופירש רב חסדא ונדחו דבריו. ואמר רבינא דבר זה אינו מפורש בתורה אבל מפורש הוא בדברי קבלה. ביום עשרים וארבעה לעשתי עשר חדש הוא חדש שבט וגו'. ואסיקנא ומתניתין דלא קתני לחדשים לא פליג אלא בשנים קא מיירי בחדשים לא קא מיירי. ולעיבורין אוקימנא להפסקת עיבורין כלומר כיון שהגיע ניסן נפסק עבור משנה זו. כדתנן הן העידו שמעברין את השנה כל אדר שהיו אומרים עד הפורים. ואם נשלם אדר ולא עיברוה נפסק העיבור ושוב אין מעברין שנה זו. ותנא דידן בהתחלת השנים מיירי בהפסקת עיבור מזו השנה לא מיירי. ולתרומת שקלים פירוש' בשלשה פרקים בשנה תורמין את הלשכה. ובג' ג' סאין של ג' קופות היו תורמין הלשכה. והתרומה הראשונה של תרומת שקלים היתה באחד בניסן כר' טבי דאמר קרא זאת עולת חדש בחדשו לחדשי השנה. חדש והבא קרבן מתרומה חדשה. וכתיב ביה בניסן ראשון הוא לכם לחדשי השנה. וגמר שנה שנה מניסן. וכי הא דתניא קרבנות הצבור הבאות באחד בניסן מצוה להביא מן החדש. ואם הביא מן הישן יצא אלא שחיסר [מצוה] ויחיד שהתנדב משלו כשרין ובלבד שימסרם לצבור. ותנא דידן כיון דקתני אם הביא יצא לא פסיקא ליה. וי"א אף לשכירות בתים ראש השנה ניסן.

ליקוטי רש"י

אין מעברין השנה וכו'. אין יושבין בית דין קודם ראש השנה לעיין ולומר תתעבר שנה זו בשני אדרים מפני שיש שכחה בדבר קודם שיגיע ומזלזלי בחמץ. אבל מפני הדחק. שמא לא יהא שם בית דין מופלא סמוך לאדר או שמא יצא המלך אדומי ויעכב על ידן מעברין אותה ומודיעין לגולה אחר ראש השנה מיד שעיברנוה. ואעפ"כ אין מעברין. אותה בשני חדשים אחרים אלא כשיגיע אדר יעשו שני אדרים [סנהדרין יב.]. הן העידו. ר' יהושע ור' פפיים במסכת עדיות. שמעברין השנה כל אדר. ואף על פי שלא נמלכו לעבר קודם הפורים וקראו את המגילה באדר הראשון ואחר כך ראו שהשנה צריכה להתעבר ועברוה. שהיו אומרים כו'. לפיכך הוצרכו להעיד כן שהיו שאר חכמים אומרים עד הפורים מעברין ושוב אין מעברין וטעמא מפרש במסכת ר"ה דמן הפורים התחילו לדרוש בהלכות הפסח דתניא שואלים בהלכות הפסח קודם לפסח ל' יום וכי מרחק להו לא אתיי לזלזולי בית דין שכבר שמעו מן הדרשנים לעשות הפסח בסוף ל' יום ואתי לזלזולי בחמץ [שם פו.]. וכיון דלא עיברוה קודם הפורים ושמעו דרשה של הלכות הפסח כי הדר מעברי בית דין לשתות ומודיעי לעולמא לא מהימני להו לשלוחי ב"ד ומזלזלי בחמץ. בחושבנא תליא מילתא. [illegible] חדש בחדשו לחדשי השנה. [illegible] [יומא סה:] [illegible] [מגילה כט:].

א) [סנהדרין יב. תוס' שם פ"ב], ב) סנהדרין פז. עדיות פ"ז מ"ז, ג) פסחים ו. מגילה כט: סנהדרין יב: [ע"ז ה. תוספ' מגילה פ"ג בכורות נח.], ד) יומא סה: מגילה כט: ע"ש, ה) [לקמן ח: ט:], ו) יומא סה:, ז) [תוספתא פ"א], ח) [יומא לה: ב"מ קיח.], ט) [נ"ל קידשו].

הגהות הב"ח

(א) רש"י ד"ה ולתרומת שקלים. ראשון להקריב קרבנות הלקוחים מתרומת שלש קופות: (ב) תוס' ד"ה בהפסקה כו' לקמן גבי אחד. נ"ב נראה דקשיא להו אמאי [לא פריך הש"ס גבין לירקות ולנדרים בברייתא לקמן דף י"ב [ותנא דידן אמאי לא חשיב נדרים אלא] דס"ל כתלמודא תנא ושייר אם כן הכא נמי לא הוי ליה למימר בהפסקה לא קמיירי אלא דתני ושייר [והא קאמרי דלקמן נמי סמך אתירוצא] דהכא בהפסקה לא קמיירי:

גליון הש"ס

תוס' ד"ה שמא וכו' ליכא למיחש כולי האי. עיין יומא לה ע"ב תוס' ד"ה ניחוש:

הגהות מהר"ב רנשבורג

א] רש"י ד"ה עיבורין מניסן מנינן כו' ולעיין בצרכי עיבור השנה בניסן כצ"ל:

תורה אור השלם

א) הַחֹדֶשׁ הַזֶּה לָכֶם רֹאשׁ חֳדָשִׁים רִאשׁוֹן הוּא לָכֶם לְחָדְשֵׁי הַשָּׁנָה: דַּבְּרוּ אֶל כָּל עֲדַת יִשְׂרָאֵל לֵאמֹר בֶּעָשֹׂר לַחֹדֶשׁ הַזֶּה וְיִקְחוּ לָהֶם אִישׁ שֶׂה לְבֵית אָבֹת שֶׂה לַבָּיִת: [שמות יב, ב - ג] וְהָיָה לָכֶם לְמִשְׁמֶרֶת עַד אַרְבָּעָה עָשָׂר יוֹם לַחֹדֶשׁ הַזֶּה וְשָׁחֲטוּ אֹתוֹ כֹּל קְהַל עֲדַת יִשְׂרָאֵל בֵּין הָעַרְבָּיִם: [שמות יב, ו]

ב) שָׁמוֹר אֶת חֹדֶשׁ הָאָבִיב וְעָשִׂיתָ פֶּסַח לַייָ אֱלֹהֶיךָ כִּי בְּחֹדֶשׁ הָאָבִיב הוֹצִיאֲךָ יְיָ אֱלֹהֶיךָ מִמִּצְרַיִם לָיְלָה: [דברים טז, א]

ג) אַךְ בַּחֲמִשָּׁה עָשָׂר יוֹם לַחֹדֶשׁ הַשְּׁבִיעִי בְּאָסְפְּכֶם אֶת תְּבוּאַת הָאָרֶץ תָּחֹגּוּ אֶת חַג יְיָ שִׁבְעַת יָמִים בַּיּוֹם הָרִאשׁוֹן שַׁבָּתוֹן וּבַיּוֹם הַשְּׁמִינִי שַׁבָּתוֹן: [ויקרא כג, לט]

ד) בְּיוֹם עֶשְׂרִים וְאַרְבָּעָה לְעַשְׁתֵּי עָשָׂר חֹדֶשׁ הוּא חֹדֶשׁ שְׁבָט בִּשְׁנַת שְׁתַּיִם לְדָרְיָוֶשׁ הָיָה דְבַר יְיָ אֶל זְכַרְיָה בֶּן בֶּרֶכְיָהוּ בֶּן עִדּוֹא הַנָּבִיא לֵאמֹר: [זכריה א, ז]

ה) וַתִּלָּקַח אֶסְתֵּר אֶל הַמֶּלֶךְ אֲחַשְׁוֵרוֹשׁ אֶל בֵּית מַלְכוּתוֹ בַּחֹדֶשׁ הָעֲשִׂירִי הוּא חֹדֶשׁ טֵבֵת בִּשְׁנַת שֶׁבַע לְמַלְכוּתוֹ: [אסתר ב, טז]

ו) וַיְהִי בִּשְׁנַת אַרְבַּע לְדָרְיָוֶשׁ הַמֶּלֶךְ הָיָה דְבַר יְיָ אֶל זְכַרְיָה בְּאַרְבָּעָה לַחֹדֶשׁ הַתְּשִׁעִי בְּכִסְלֵו: [זכריה ז, א]

ז) וַיִּקָּרְאוּ סֹפְרֵי הַמֶּלֶךְ בָּעֵת הַהִיא בַּחֹדֶשׁ הַשְּׁלִישִׁי הוּא חֹדֶשׁ סִיוָן בִּשְׁלוֹשָׁה וְעֶשְׂרִים בּוֹ וַיִּכָּתֵב כְּכָל אֲשֶׁר צִוָּה מָרְדֳּכַי אֶל הַיְּהוּדִים וְאֶל הָאֲחַשְׁדַּרְפְּנִים וְהַפַּחוֹת וְשָׂרֵי הַמְּדִינוֹת אֲשֶׁר מֵהֹדּוּ וְעַד כּוּשׁ שֶׁבַע וְעֶשְׂרִים וּמֵאָה מְדִינָה מְדִינָה וּמְדִינָה כִּכְתָבָהּ וְעַם וָעָם כִּלְשֹׁנוֹ וְאֶל הַיְּהוּדִים כִּכְתָבָם וְכִלְשׁוֹנָם: [אסתר ח, ט]

ח) בַּחֹדֶשׁ הָרִאשׁוֹן הוּא חֹדֶשׁ נִיסָן בִּשְׁנַת שְׁתֵּים עֶשְׂרֵה לַמֶּלֶךְ אֲחַשְׁוֵרוֹשׁ הִפִּיל פּוּר הוּא הַגּוֹרָל לִפְנֵי הָמָן מִיּוֹם לְיוֹם וּמֵחֹדֶשׁ לְחֹדֶשׁ שְׁנֵים עָשָׂר הוּא חֹדֶשׁ אֲדָר: [אסתר ג, ז]

ט) וְנִסְכֵּיהֶם חֲצִי הַהִין יִהְיֶה לַפָּר וּשְׁלִישִׁת הַהִין לָאַיִל וּרְבִיעִת הַהִין לַכֶּבֶשׂ יָיִן זֹאת עֹלַת חֹדֶשׁ בְּחָדְשׁוֹ לְחָדְשֵׁי הַשָּׁנָה: [במדבר כח, יד]

י) אֶרֶץ אֲשֶׁר יְיָ אֱלֹהֶיךָ דֹּרֵשׁ אֹתָהּ תָּמִיד עֵינֵי יְיָ אֱלֹהֶיךָ בָּהּ מֵרֵשִׁית הַשָּׁנָה וְעַד אַחֲרִית שָׁנָה: [דברים יא, יב]

לא ימסרם לצבור יפה יפה קא משמע לן ותנא דידן כיון דקתני אם הביא יצא לא פסיקא ליה: ויש אומרים אף לשכירות בתים: תנו רבנן המשכיר בית לחבירו לשנה מונה שנים עשר חודש מיום ליום ואם אמר לשנה זו אפילו לא עמד אלא באחד באדר כיון שהגיע יום אחד בניסן עלתה לו שנה ואפילו למאן דאמר (א) יום אחד בשנה חשוב שנה שאני הכא דלא טרח איניש למיגר ביתא לבציר מתלתין יומין ואימא תשרי סתם (ב) כי אגר איניש ביתא לכולהו ימות הגשמים אגר ותנא קמא דברייתא ותנא דידן בניסן נמי מישכח שכיח קיטרי: באחד באלול ר"ה למעשר בהמה: מני רבי מאיר היא (ג) (דתניא) (ד) ר"מ אומר באחד באלול ראש השנה למעשר בהמה ולרגלים מני רבי שמעון היא אימא סיפא ר' אלעזר ור"ש אומרים באחד בתשרי רישא ר"ש וסיפא ר"ש ומציעתא ר"מ אמר רב יוסף (ה) רבי היא ונסיב לה אליבא דתנאי ברגלים סבר לה כר"ש ובמעשר בהמה סבר לה כר"מ אי הכי ארבעה חמשה הוו אמר רבא ארבעה לדברי הכל לר"מ ארבעה דל רגלים לר"ש ארבעה דל מעשר בהמה רב נחמן בר יצחק אמר ארבעה חדשים ובהן כמה ראשי שנים מיתיבי (א) ששה עשר בניסן ראש השנה לעומר (ב) ששה בסיון ראש השנה לשתי הלחם לרבא ליתני ששה לר"נ בר יצחק ליתני חמשה אמר רב פפא כי קא חשיב מידי דחייל מאורתא מידי דלא חייל מאורתא לא קא חשיב והרי רגלים דלא חיילי מאורתא וקחשיב (א) כיון שצריך לאיתויי מעיקרא מיחייב וקאי והרי יובלות דלא חיילי מאורתא וקחשיב ר' ישמעאל בנו של ר' יוחנן בן ברוקא היא דאמר (ו) מראש השנה חייל יובל רב שישא בריה דרב אידי אמר כי קא חשיב מידי דלא תלי במעשה מידי דתלי במעשה לא קא חשיב והרי רגלים מידי דתלי במעשה וקא חשיב בל תאחר ממילא חייל והרי

רש"י

יפה יפה. בלב שלם: ותנא דידן. דלא תניא במתני': כיון דקתני אם הביא יצא לא פסיקא ליה. מילתא דליחשבה בראשי שנים. הכי גרסינן תנו רבנן המשכיר בית לחבירו כו'. ולא גרסינן מנלן דלאו מקראי יליף למדרבנן הוא: אלא באחד באדר. אבל בבציר מהכי לא אמרינן עלתה לו שנה ודר בה שנה שלימה דליכא למימר דלאדעתא דהכי שכרה דהא אגרא דלא טרח איניש למיגר ביתא לבציר מתלתין יומין: ואימא תשרי. ר"ה לשכירות בתים אם לא עמד אלא באחד באלול כיון שהגיע תשרי עלתה לו שנה: ומשני כי אגר איניש ביתא. סמוך לתשרי לכולהו ימי הגשמים אגר: ות"ק דברייתא. דלא אמר לשכירות בתים: קיטרי. עבים מתקשרין וגשמים יורדין והוי כימות הגשמים: ולרגלים מני ר"ש. דהא אליביה אוקימנא דאית ליה כסדרן בבל תאחר: סיפא ר' אלעזר ור"ש אומרים בא' בתשרי: רבי היא. הוא אמרה למתני' ונסיב מילתיה חדא כחד תנא וחדא כחד תנא: אי הכי. דחד גברא אמרה למתני' ונסיב מילתיה חדא כחד תנא וחדא כחד תנא חמשה ראשי השנים ניהוו אחד בניסן וט"ו בניסן ואחד באלול ואחד בתשרי וט"ו בשבט בשלמא הא ניחא אי מוקמת לה לרישא כר"ש שפיר דלדידיה ארבעה ניהוו דלית ליה אחד באלול אלא אי חד תנא אמרינהו קשיא: אמר רבא. לעולם רבי היא והכי קאמר אנא חמשה סבירא לי ומיהו הכל מודים לי בארבעה: לר"מ. דאית ליה אחד באלול דל רגלים דלדידיה ברגל אחד עובר בבל תאחר כדתניא בברייתא לעיל (ד' ד:) ולר' שמעון דל מעשר בהמה. דליתיה אלא באחד בתשרי ובלאו מעשר נמי ראש השנה הוא: ובהן כמה ראשי שנים. הלכך ניסן דאית ביה תרי חד קחשיב ליה: ר"ה לעומר. לאכול מן החדש מכאן ואילך: ר"ה לשתי הלחם. נתחדשה השנה להביא מנחות מן החדש שהעומר מתיר במדינה ושתי הלחם במקדש: לרבא. דאמר ארבעה לדברי הכל ליתני מתניתין שיתא: לרב נחמן. דאמר חדשים קא חשיב ניתני ה' דהא לא תנן סיון במתני': מאורתא. משקדש היום: מידי דלא חייל מאורתא. כגון בט"ז בניסן לא נתחדשה שנה מן החדש מערב עד למחר לאחר שקרב העומר וכן בששה בסיון: והרי רגלים. דקתני מתניתין לענין בל תאחר דקס"ד זמן בל תאחר לאו מאורתא הוא כשקדש היום חייל [אלא] עד שתבא שעה שהיא ראויה להביא נדרים ונדבות ואין זאת עד שיקריב תמיד של שחר שאין קרבן קודם לו ומשנינן לאתויי מעיקרא מחייב וקאי להביא קרבן נדרו מחייב ועומד משעה שנדר והיה לו להקריבו מערב הרגל ולא הוקבעו רגלים לבל תאחר לענין הקרבת קרבן אלא לענין מיחל עליה בל תאחר ומאורתא נמי חייל: והרי יובלות. דקתני בראשי שנים דמתני' דלא חיילי אלא על ידי תקיעת שופר דב"ד ואינה אלא ביום דכתיב ביום הכפורים תעבירו שופר (ויקרא כה): רבי ישמעאל כו'. לקמן בפירקין (דף ח:): מראש השנה חייל. ואינו תלוי בתקיעה הלכך מאורתא דר"ה חייל: דלא תלי במעשה. כניסת ראש השנה שלהן אינה תלוי במעשה אלא משהגיע היום הוה ראש השנה ומתחדשת השנה למילתיה: מידי דתלי במעשה. כגון ראש השנה דעומר ושתי הלחם אין השנה מתחדשת להתיר חדש במדינה או במקדש אלא בהקרבת העומר וכבשי עצרת: והרי רגלים. קא סלקא דעתך שאין בל תאחר חל עד שתבא שעה הראויה להבאת קרבן נדרו נמצא שהוא תלוי בתמיד של שחר: ממילא קא חייל. משקדש היום: והרי

תוספות

לא פסיקא ליה. צריך לדקדק אי הוה מצי לשנויי כדמשני לקמן כי קא חשיב מידי דלא תלי במעשה: עלתה לו שנה. ולא אמרינן הדמים מודיעים (ח) והרי המעות מתנה או פקדון (ח): ולרגלים מני. פי' והא דאמרי' ברישא באחד בניסן ר"ה לרגלים דהיא נשנית סתמא ומני היא ומשני ר"ש היא ופריך רישא דאמר ארבעה ראשי שנים הן ראש השנה למלכים ולרגלים וסיפא הא דאמרי רבי אלעזר ור"ש אחד בתשרי ופריך רישא וסיפא ר' שמעון ומציעתא רבי מאיר רבי היא פי' רבי תנא מתני' ושנאה אליבא דתנאי וסתם לה כוותייהו אי הכי דחד תנא כמו רבי שנאה מתני' ונסיב לה אליבא דתנאי א"כ מה זה דאמר ארבעה ראשי שנים הן חמשה הוו דבשלמא אי ר"ש הוה תני בהדיא ברישא לא הוה רק ארבעה דאיהו ר"ש לא סבר אחד באלול ר"ה לבהמה אבל (ב) הא דאמרת דרבי נסיב לה אליבא דתנאי ותנא אחד באלול בשביל ר"ה א"כ חמשה ר"ה הוו ומשני אמר רבא ארבעה לד"ה לר"מ ארבעה דל רגלים לר"ש ארבעה דל מעשר בהמה: והרי רגלים דלא חיילי מאורתא. אפילו ביום לא חיילי עד יום שני למאן דאמר נדרים ונדבות אין מקריבין ביו"ט ומשני לאתויי מעיקרא מחייב וקאי בקונטרס פירש להביא קרבן מחויב ועומד הוא משעה שנדר והיה לו להקריבו מערב הרגל ולא הוקבעו רגלים לענין הקרבת הקרבן אלא לענין בל תאחר ומאורתא נמי חייל ולא פי' כן בשביל שיעבור בבל תאחר משנכנס רגל שלישי בתחלת הלילה דהא לר"מ דאמר לעיל ברגל אחד אינו עובר עד שיעבור כל הרגל וה"ה לרבנן עד שיעברו שלשה רגלים ובפרק ב' דביצה (ד' יט: ושם) אמר דאין מביאין תודה בחג המצות ובעצרת אלא בחג הסוכות משמע דאם הביא בחג הסוכות בחול המועד דלא עבר והא דפירש כאן בקונטרס דמאורתא חייל היינו לענין דאם מחויב ועומד לפני הרגל איכא כוליה רגל ואם נכנס רגל וקא נדר אפי' ליל ראשון ליכא כוליה רגל ואינו עולה למנין שלשה רגלים: מידי דתלי במעשה. ולמאן דאמר (במנחות דף סח.) אפילו בזמן שבית המקדש קיים האיר המזרח מתיר מ"מ עד יום הביאכם למצוה כדאמרינן במנחות פרק רבי ישמעאל (שם): והרי

עין משפט נר מצוה

מ א מיי' פ"י מהלכות מתנות עניים הל' ג סמג עשין קנב טוש"ע יו"ד סי' רנג סעיף ח:

מא ב מיי' שם פ"ח הל' ו סמג עשין יח יב:

רבינו חננאל

דתניא המשכיר בית לחבירו לשנה מונה י"ב חדש מיום ליום. ואם א' לשנה זו אפי' לא עמד אלא באחד באדר כיון שהגיע יום אחד בניסן ושלמו לו שלשים יום עלתה לו שנה. דאפילו למ"ד יום אחד בשנה חשוב שנה שאני הכא דלא טרח איניש ואגר ביתא לבציר מל' יומין. ואקשינן ואימא ר"ה לשכירות בתים תשרי. ודחינן התם בתשרי כי אגר איניש ביתא לכולהו ימות הגשמים אגר. ותנא דידן ות"ק דברייתא בניסן נמי שכיחי קיטרי ולא אגר (א) לתלתין יומין ותו לא. ובאחד באלול ר"ה למעשר בהמה. ר' אלעזר ור' שמעון אומרים באחד בתשרי. ואוקימנא לר' מאיר דתנן בבכורות פרק מעשר בהמה ר' מאיר אומר באחד באלול ר"ה למעשר בהמה ואקשינן רישא ר' שמעון דאמרינן ולרגלים מני ר' שמעון הוא ונפקא מיניה לנודר כו'. רישא ר' שמעון כדאמרינן וסיפא נמי ר' שמעון דקתני סיפא ר' אלעזר ור' שמעון אומרים באחד בתשרי ומציעתא ר' מאיר. ופריק רב יוסף (לעולם) רבי היא ונסב ליה למתניתין אליבא דתנאי. וברגלים סבר לה כר' שמעון ובמעשר בהמה סבר לה כרבי מאיר. ובמה דשביק ר' עקיבא דדייק דבריו בבכורות פר' מעשר בהמה באחד בתשרי ר"ה למעשר בהמה וסתים לן סתמא כר' מאיר דפליג עליה קשיא לן טובא. חדא דר"מ תלמיד דר' עקיבא הוא. ועוד קי"ל בכל מקום הלכה כר"ע מחבירו. ואשכחנא דהא דתנן התם אמר ר' יוחנן מפי שמועה אמרה מפי חגי זכריה ומלאכי ולפיכך לא דחאה בן עזאי לגמרי אלא אמר האלולין מעשרין בפני עצמן. אי הכי אמאי קתני ארבעה והא חמשה הוו למלכים ולרגלים שנים שזה בא' בניסן והוא ר"ה למלכים. אבל לרגלים בחמשה עשר בניסן הוא ובאחד באלול ובאחד בתשרי ובט"ו בשבט הרי (זה) [ה'] ופריק רבא [ארבעה] לדברי הכל. לר"מ דל רגלים כלומר חסר רגלים מן המשנה לגמרי נשארו לו [ארבע] אחד בניסן למלכים. ואחד באלול [ר"ה] למעשר בהמה. ואחד בתשרי ר"ה לשנים [ובט"ו] בשבט ר"ה לאילן הרי ארבעה. לר' שמעון

דל מעשר בהמה כו' חסר מעשר בהמה מאחד באלול נשארו למלכים ולרגלים שנים ובאחד בתשרי ובט"ו בשבט הרי ד' אבל מעשר בהמה בפירוש חולק עם ר' מאיר במס' בכורות פרק מעשר בהמה. וסבר ר"ה למעשר בהמה באחד בתשרי. רב נחמן בר יצחק פריק ואמר הכי קתני ד' חדשים והם ניסן ואלול ותשרי ושבט. ובהן כמה ראשי שנים. למלכים ולרגלים בחדא חשיב להו ואותבינן עליה מהא דתניא ט"ו בניסן ר"ה לעומר. ו' בסיון ר"ה לשתי הלחם. לרבא ליתני ששה ד' דמתני' ועומר ושתי הלחם. לרב נחמן דמוקים לה למתני' בד' חדשים ליתני ה' דהא סיון ליתא במתני' ופריק רב פפא הא דידן לא חשיב ד' אלא מאי דחייל מאורתא כגון הא דקתני למלכים ואוקימנא לשטרות. כלומר משיחשך השמש ונכנס אחד בניסן אם יכתב שטר חוב וכותב זמנו שנה שניה כותב אע"פ שעדיין לא האיר היום. אבל העומר ושתי הלחם שאין מצותן אלא ביום ולא בלילה לא קתני ואקשינן והלא רגלים דקתני במתניתין ולא אוקימנא אלא לעבור בבל תאחר והקרבת הקרבנות ביום הן ולא בלילה וקתני. (ואקשינן והלא רגלים דקתני במתני' ולא אוקימנא אלא למעבר בלא תאחר) ב) מפני דהקרבה לית' אלא ביממא הלהא הקרבן לירושלים בלילייא מי ליכא ולא איתי איחייב ליה כאילו עבר עליה מעיקרא. ואקשינן והרי יובלות דקתני ביה"כ תעבירו שופר וגו' דהוא ביום ולא בלילה וקתני במתני' ופרקינן מתני' (שמעון) [ר' ישמעאל] בנו של ר"ב היא דאמר מר"ה חייל יובל ור"ה מאורתא הוא דחייל רב שישא פריק כי קחשיב תנא דידן מידי דלא תלי במעשה אלא כיון דחל הזמן נוהג כגון עומר דתלי בקצירה ושתי הלחם בלישה ואפייה (הא) לא קא חשיב. והרי רגלים דאוקימנא לר"ש ולחייב בל תאחר לנודר בבל תאחר אינו מחייבו בבל תאחר אלא אם לא יביא הקרבן ואיחור הבאת הקרבן אינו מעשה. והרי

מסורת הש"ס

א) [לעיל ב: וש"נ], ב) [בבא מציעא קב: ע"ש], ג) [צ"ל דתנן], ד) [בכורות נז:], ה) [מגילה ט: שבועות ד. חולין פה. קד.], ו) [לקמן ח:], ז) [ב"ב עת. וע"ש בתוס'], ח) [עיין קדושין מו: ב"מ טו.]

הגהות הב"ח

(א) גמ' דלא חיילי מאורתא וקחשיב (כיון שצריך) תא"מ ונ"ב ר"ח לא גרס להו וכן הוא בתוס': (ב) תוס' ד"ה ולרגלים כו' אבל השתא דאמרת דרבי:

ליקוטי רש"י

יפה יפה. בלב שלם דעת לו שיקרבו משלו [ב"מ קיח.]. לכל ימות הגשמים אגר. וביומות הגשמים דלא שכיח ביתא אף על גב דלא אגרי אלא שלשים יום אינו יכול להוציאו מן החג ועד הפסח ומחייב ליתן לו בכל חדש כשכר חדש הראשון [שם קא.]. למעשר בהמה. שאין מעשרין מן הנולדים בשנה זו על הנולדים בחבירתה דכתיב (דברים יד) עשר תעשר את כל תבואת זרעך היוצא השדה שנה שנה ואמר מר בבכורות בפרק מעשר בהמה (נג:) בשתי מעשרות הכתוב מדבר אחד מעשר בהמה ואחד מעשר דגן [לעיל ב.]. ואין מצטרפין אותן שנולדו לאחר אלול לכדמפרש בפרק מעשר בהמה (בכורות נז:) [בכורות כא.]. דאותן שנולדו קודם לכן אין נכנסין לדיר להתעשר עם אותן שיוולדו מכאן ואילך משום דהוי חדש וישן [שם נג:]. דל. הסר וכו' ולדגרסינן בריש מסכת סוכה (ב.) דל עשתרות קרנים איכא צל סוכה דל עשתרות ליכא צל סוכה [סוכה ב:]. רבי היא. וסתמא אליבא דנפשיה [מגילה ט:]. מתניתין רבי סתמה לפי דעתו ונסיב מילתיה כי הני תרי תנאי בחדא כמר שראה דבריו של זה בזו ושל זה בזו [חולין פה.].

חשק שלמה על ר"ח

א) נראה מזה דמפרש כפי' הרשב"א ז"ל בחידושיו כאן ועי' היטב בש"ך [illegible]. ב) אולי צ"ל ומשני נהי דהקרבה ליתא אלא ביממא הבאת הקרבן לירושלים בלילייא וכו'.

לֹא יִמְסְרֵם לַצִּבּוּר יָפֶה יָפֶה – he will not transfer ownership of **them to the community properly.**[1] **קָא מַשְׁמַע לָן – [The Baraisa]** therefore **informs us** that we are not concerned for this possibility.

The Gemara asks:

וְתַנָּא דִידַן – And the Tanna of our Mishnah? Why did he not teach that the first of Nissan is the New Year for the separation of *shekalim?*

The Gemara answers:

כֵּיוָן דְּקָתָנֵי אִם הֵבִיא יָצָא – Since the Baraisa states: IF HE BROUGHT them from funds of the old year, HE HAS FULFILLED HIS OBLIGATION, **לֹא פְּסִיקָא לֵיהּ – [the Tanna] could not state** as **an absolute** rule[2] that the first of Nissan is a New Year for *shekalim,* for this would imply that he invalidates the old *shekalim.* Therefore, he chose to omit this law entirely.

The Baraisa concluded:

וְיֵשׁ אוֹמְרִים אַף לִשְׂכִירוּת בָּתִּים – AND SOME SAY: ALSO FOR THE RENTAL OF HOUSES.

The Gemara elaborates:

תָּנוּ רַבָּנַן – The Rabbis taught in a Baraisa: הַמַּשְׂכִּיר בַּיִת לַחֲבֵירוֹ לְשָׁנָה – If ONE RENTS A HOUSE TO HIS FELLOW FOR A YEAR, מוֹנֶה שְׁנֵים עָשָׂר חוֹדֶשׁ מִיּוֹם לְיוֹם – HE COUNTS TWELVE MONTHS FROM DAY TO DAY, and the lease expires exactly twelve months later. וְאִם אָמַר לְשָׁנָה זוֹ – AND IF HE SAID that the period of the lease was "FOR THIS YEAR," אֲפִילוּ לֹא עָמַד אֶלָּא בְּאֶחָד בַּאֲדָר – then EVEN IF HE HAD BEEN STANDING ON THE FIRST OF ADAR when the lease was signed, כֵּיוָן שֶׁהִגִּיעַ יוֹם אֶחָד בְּנִיסָן – AS SOON AS THE FIRST DAY OF NISSAN ARRIVES עָלְתָה לוֹ שָׁנָה – A YEAR HAS BEEN COMPLETED FOR HIM, and the lease expires.[3]

The Gemara explains why the Baraisa gave the example of a lease that began on the first of Adar:

וַאֲפִילוּ לְמַאן דְּאָמַר יוֹם אֶחָד בְּשָׁנָה חָשׁוּב שָׁנָה – And even according to the one who said that one day of a year is considered like an entire year,[4] **שָׁאנֵי הָכָא – it is different here** דְּלָא טָרַח אִינִישׁ לְמֵיגַר בֵּיתָא לִבְצִיר מִתְּלָתִין יוֹמִין **– because a person does not bother to rent a house for less than thirty days.**[5]

The Gemara asks why Nissan is the New Year for such leases:

וְאֵימָא תִּשְׁרֵי – But let us **say** that the New Year begins in **Tishrei!**[6] – ? –

The Gemara answers:

סְתָם כִּי אָגַר אִינִישׁ בֵּיתָא – Generally, when a person rents a house "for this year" close to Tishrei, **לְכוּלְּהוּ יְמוֹת הַגְּשָׁמִים אָגַר – he** intends to **rent** it **for the entire rainy** (i.e. winter) **season,** until Nissan.

The Gemara explains why the other Tannaim (i.e. the Tanna of the Mishnah and the first Tanna in the Baraisa) do not teach this law:

וְתַנָּא קַמָּא דִּבְרַיְיתָא וְתַנָּא דִידַן – And the Tanna Kamma of the Baraisa and our Tanna do not count Nissan as the New Year for house rentals, **בְּנִיסָן נַמִּי מִישְׁכָּח שְׁכִיחַ קִיטְרֵי – because in Nissan as well, clouds are common;** thus, in their opinion, a lease that began in Adar will not expire in Nissan.[7]

The Gemara now turns to the next section of our Mishnah, which listed the second New Year:

בְּאֶחָד בֶּאֱלוּל רֹאשׁ הַשָּׁנָה לְמַעְשַׂר בְּהֵמָה – ON THE FIRST OF ELUL IS THE NEW YEAR FOR THE MAASER OF ANIMALS.

The Gemara asks:

מַנִּי – Whose view **is it** that the Mishnah follows regarding this law? **רַבִּי מֵאִיר הִיא – It is** that of **R' Meir.** (דתניא) [דִּתְנַן] – **For we learned in a Mishnah:**[8] רַבִּי מֵאִיר אוֹמֵר – R' MEIR SAYS: בְּאֶחָד בֶּאֱלוּל רֹאשׁ הַשָּׁנָה לְמַעְשַׂר בְּהֵמָה – ON THE FIRST OF ELUL IS THE NEW YEAR FOR THE MAASER OF ANIMALS. **וְלִרְגָלִים מַנִּי – And who** is the Tanna that our Mishnah followed when it stated that Nissan is the New Year **for festivals? רַבִּי שִׁמְעוֹן הִיא – It is R' Shimon.**[9] **אֵימָא סֵיפָא –** Now **state the end** of this section of the Mishnah: רַבִּי אֶלְעָזָר וְרַבִּי שִׁמְעוֹן אוֹמְרִים – R' ELAZAR AND R' SHIMON SAY: בְּאֶחָד בְּתִשְׁרֵי – IT (the New Year for *maaser* of animals) IS ON THE FIRST OF TISHREI. **רֵישָׁא וְסֵיפָא רַבִּי שִׁמְעוֹן –** It thus emerges that **the beginning and the end** of the Mishnah follow **R' Shimon, וּמְצִיעֲתָא רַבִּי מֵאִיר – and the middle** section follows **R' Meir!?**

The Gemara answers:

אָמַר רַב יוֹסֵף – Rav Yosef said: רַבִּי הִיא – [The Mishnah] is authored by **Rebbi, וְנָסֵיב לָהּ אַלִּיבָּא דְתַנָּאֵי – and he formulated it according to** the views of the various **Tannaim** whose opinions he concurred with. **בָּרְגָלִים סָבַר לָהּ כְּרַבִּי שִׁמְעוֹן – Regarding the festivals he holds in accordance with R' Shimon; וּבְמַעְשַׂר בְּהֵמָה סָבַר לָהּ כְּרַבִּי מֵאִיר – and regarding the animal tithe he holds in accordance with R' Meir.**[10]

The Gemara asks:

אִי הָכִי – If it is **so** that our Mishnah is following a single Tanna, **אַרְבָּעָה –** why does it state that there are **four** New Years? **חֲמִשָּׁה הָווּ – There are** actually **five!**[11]

NOTES

1. That is, he might not transfer them wholeheartedly to the community, for he prefers that the offerings come from his own property (*Rashi* here and to *Bava Metzia* 118a). This would cause any offerings bought with those funds to be invalid.

2. Literally: it was not [a] clear-cut [matter] to him.

3. *Tosafos* state that the amount of money paid to the owner cannot be used to gauge whether the rental agreement was for a month or for a year (see *Bava Basra* 77b-78a); thus, any extra amount of money will be viewed either as a gift, or as a deposit (which must be returned to the renter). See also *Sfas Emes.*

4. See above, 2a. According to his view, we should apparently say that even if the renter began his residence one day before Nissan, it should count as if he were there for an entire year.

5. Therefore, it is considered as if he lived there a full year only if he was there for at least thirty days (*Rashi*). If, however, there were less than thirty days from the day the lease began until Nissan, he is entitled to remain in the house for a full twelve months from the inception of the lease (*Shach, Choshen Mishpat* 312:13 in explanation of *Rashi,* and *Ritva;* cf. *Sfas Emes*).

6. And thus, if a person began a lease "for this year" on the first of Elul, the year would be considered completed when the first of Tishrei arrives (*Rashi*).

[Unlike the New Years discussed previously, the New Year for house rentals is based on custom and is Rabbinic in nature – thus the Gemara does not seek a Scriptural source for this New Year (see *Rashi* ד״ה הכי גרסינן). The Gemara does, however, assume that it is either in Nissan or in Tishrei – see *Sfas Emes*).]

7. Thus [according to the Tanna of our Mishnah and the Tanna Kamma of the Baraisa], Nissan is still considered part of the winter season [and a person intends to keep his leased house through that part of the year as well] (*Rashi*). Consequently, according to this view, the New Year with respect to the renting of houses is Tishrei, and so when a person rents a house in Adar "for this year," the lease extends until Tishrei – the beginning of the next calendar year (*Shach, Choshen Mishpat* 312:13 in explanation of *Rashi;* cf. *Rashba* and *Ritva;* see also *Chidushei HaRan* here).

8. *Bechoros* 57b.

9. As explained above (4a), it is R' Shimon who holds that one is liable for delaying a vow only after the three festivals have passed in sequence, beginning with Pesach in Nissan (*Rashi*).

10. See above, 2a note 3.

11. (1) The first of Nissan; (2) the fifteenth of Nissan; (3) the first of Elul; (4) the first of Tishrei; and (5) the fifteenth of Shevat. Now, if the beginning of the Mishnah [i.e. New Year (2)] follows R' Shimon, as originally thought, there would be no problem, because R' Shimon does not hold that the first of Elul [(3)] is the New Year for animal tithes (see

עין משפט
נר מצוה

מ א מיי' פ"ז מהלכות תמידין הל' ג סמג עשין קלט טוש"ע יו"ד סי' רלג סעיף א:
מא ב מיי' שם פ"ח הל' א סמג עשין יא יב:

לא ימסרם לצבור יפה יפה קא משמע לן ותנא דידן כיון דקתני אם הביא יצא לא פסיקא ליה: ויש אומרים אף לשכירות בתים: תנו רבנן המשכיר בית לחבירו לשנה מונה שנים עשר חודש מיום ליום ואם אמר לשנה זו אפילו לא עמד אלא באחד באדר כיון שהגיע יום אחד בניסן עלתה לו שנה ואפילו למאן דאמר ה) יום אחד בשנה חשוב שנה שאני הכא דלא טרח איניש למיגר ביתא לבציר מתלתין יומין ואימא תשרי סתם ב) כי אגר איניש ביתא לכולהו ימות הגשמים אגר ותנא קמא דברייתא ותנא דידן בניסן נמי מישכח שכיח קיטרי: באחד באלול ר"ה למעשר בהמה: מני רבי מאיר היא (ג דתניא) ד) ר"מ אומר באחד באלול ראש השנה למעשר בהמה ורגלים מני רבי שמעון היא אימא סיפא ר' אלעזר ור"ש אומרים באחד בתשרי רישא וסיפא ר"ש ומציעתא ר"מ אמר רב יוסף ו) רבי היא ונסיב לה אליבא דתנאי ברגלים סבר לה כר"ש ובמעשר בהמה סבר לה כר"מ אי הכי ארבעה חמשה הוו אמר רבא ארבעה לדברי הכל לר"מ ארבעה דל רגלים לר"ש ארבעה דל מעשר בהמה רב נחמן בר יצחק אמר ארבעה חדשים ובהן כמה ראשי שנים מיתיבי א) ששה עשר בניסן ראש השנה לעומר ב) ששה בסיון ראש השנה לשתי הלחם לרבא ליתני ששה לר"נ בר יצחק ליתני חמשה אמר רב פפא כי קא חשיב מידי דחייל מאורתא מידי דלא חייל מאורתא לא קא חשיב והרי רגלים דלא חיילי מאורתא וקחשיב (א) כיון שצריך לאיתויי מעיקרא מיחייב וקאי והרי יובלות דלא חיילי מאורתא וקחשיב ר' ישמעאל בנו של ר' יוחנן בן ברוקא היא דאמר ו) מראש השנה חייל יובל רב שישא בריה דרב אידי אמר כי קא חשיב מידי דלא תלי במעשה מידי דתלי במעשה לא קא חשיב והרי רגלים מידי דתלי במעשה וקא חשיב בל תאחר ממילא חייל

והרי

לא פסיקא ליה. לריך לדקדק אי הוה מלי לשנויי כדמשני לקמן כי קא חשיב מידי דלא תלי במעשה:

עלתה לו שנה. ולא אמרינן הדמים מודיעים (א) והרי המעות מתנה או פקדון (ב):

ולרגלים מני. פי' והא דאמר' ברישא באחד בניסן ר"ה לרגלים דהיא נשנית סתמא ומני היא ומשני ר"ש היא ופריך רישא דאמר ארבעה ראשי שנים הן ראש השנה למלכים ולרגלים וסיפא הא דאמרי רבי אלעזר ור"ש באחד בתשרי ופריך רישא וסיפא ר' שמעון ומציעתא רבי מאיר רבי היא פי' רבי תנא מתני' ושנאה אליבא דתנאי וסתם לה כוותייהו אי הכי דחד תנא כמו רבי שנאה מתני' ונסיב לה אליבא דתנאי א"כ מה זה דאמר ארבעה ראשי שנים הן חמשה הוו דבשלמא אי ר"ש הוה תני בהדיא ברישא לא הוה רק ארבעה דליהוי ר"ש לא סבר אחד באלול ר"ה לבהמה אבל (ג) הא דאמרת דרבי נסיב לה אליבא דתנאי ותנא אחד באלול בשביל ר"מ א"כ חמשה ר"ה הוו ומשני ר"ה הוו ומשני אמר רבא ארבעה לד"ה לר"מ ארבעה דל רגלים לר"ש ארבעה דל מעשר בהמה:

והרי רגלים דלא חיילי מאורתא. אפילו ביום לא חיילי עד יום שני למאן דאמר נדרים ונדבות אין מקריבין ביו"ט ומשני לאתויי מעיקרא מחייב וקאי בקונטרס פירש להביא קרבן מחייב ועומד הוא משעה שנדר והיה לו להקריבו מערב הרגל ולא הוקבעו רגלים לענין הקרבת הקרבן אלא לענין בל תאחר ומאורתא נמי חייל ולא פי' כן בשביל שיעבור בבל תאחר משנכנס רגל שלישי בתחלת הלילה דהא לר"מ דאמר לעיל ברגל אחד אינו עובר עד שיעבור כל הרגל וה"ה לרבנן עד שיעברו שלשה רגלים ובפרק ב' דבילה (ד' יט: ושם) אמר דאין מביאין תודה בחג המלות ובעלרת אלא בחג הסוכות משמע דאם הביא בחג הסוכות בחול המועד דלא עבר והא דפירש כאן בקונטרס דמאורתא חייל היינו לענין דאם מחויב ועומד לפני הרגל איכא כוליה רגל ואם נכנס רגל וקא נדר אפי' ליל ראשון ליכא כוליה רגל ואינו עולה למנין שלשה רגלים:

מידי דתלי במעשה. ולמאן דאמר (במנחות דף סח.) אפילו בזמן שבית המקדש קיים האיר המזרח מתיר מ"מ עד יום הביאכם למלוה כדאמרינן במנחות פרק רבי ישמעאל (שם):

והרי

יפה יפה. בלב שלם: ותנא דידן. דלא תניא במתני': כיון דקתני אם הביא יצא לא פסיקא ליה. מילתא דליחשבה בראשי שנים: הכי גרסינן תנו רבנן המשכיר בית לחבירו כו'. ולא גרסינן מנלן דלאו מקראי יליף דמדרבנן הוא: **אלא באחד באדר.** אבל בבציר מהכי לא אמרינן עלתה לו שנה ודר בה שנה שלימה דליכא למימר דאדעתא דההיא שתא אגרה דלא טרח איניש למיגר ביתא לבציר מתלתין יומין: **ואימא תשרי.** ר"ה לשכירות בתים אם לא עמד אלא באחד באלול כיון שהגיע תשרי עלתה לו שנה: **ומשני כי אגר איניש ביתא.** סמוך לתשרי לכולהו ימי הגשמים אגר: **ות"ק דברייתא.** דלא אמר לשכירות בתים: **קיטרי.** עבים מתקשרין וגשמים יורדין והוי כימות הגשמים: **ולרגלים מני ר"ש.** דהא אליביה אוקימנא דאית ליה כסדרן לבל תאחר: **סיפא ר' אלעזר ור"ש אומרים בא' בתשרי: רבי היא.** הוא אמרה למתני' ונסיב מילתיה חדא כחד תנא וחדא כחד תנא: **אי הכי.** דחד גברא אמרה למתני' ונסיב מילתיה חדא כחד תנא חמשה ראשי השנים נינהו אחד בניסן וט"ו בניסן ואחד באלול ואחד בתשרי וט"ו בשבט הא ניחא אי מוקמת לה לרישא כר"ש שפיר דלדידיה ארבעה נינהו דלית ליה אחד באלול אלא אי חד תנא אמרינהו קשיא: **אמר רבא.** לעולם רבי היא והכי קאמר אנא חמשה סבירא לי ומיהו הכל מודים לי בארבעה: **לר"מ.** דאית ליה אחד באלול דל רגלים דלדידיה ברגל אחד עובר בבל תאחר כדתניא בברייתא דלעיל (ד' ד:): **ולר' שמעון דל מעשר בהמה.** דליתיה אלא באחד בתשרי ובלאו מעשר נמי ראש השנה הוא: **ובהן כמה ראשי שנים.** הלכך ניסן דאית ביה תרי חד קחשיב ליה: **ר"ה לעומר.** לאכול מן החדש מכאן ואילך: **ר"ה לשתי הלחם.** נתחדשה השנה להביא מנחות מן החדש שהעומר מתיר במדינה ושתי הלחם במקדש: **לרבא.** דאמר ארבעה לדברי הכל ליתני מתניתין שיתא: **לרב נחמן.** דאמר חדשים קא חשיב ניתני ה' דהא לא תנן סיון במתני': **מאורתא.** משקדש היום: **מידי דלא חייל מאורתא.** כגון בט"ו בניסן לא נתחדשה שנה מן החדש מערב עד למחר לאחר שקרב העומר וכן בששה בסיון: **והרי רגלים.** דקתני מתניתין לענין בל תאחר דקס"ד זמן בל תאחר לאו מאורתא הוא כשקדש היום חייל [אלא] עד שתבא שעה שהיא ראויה להביא נדרים ונדבות ואין זאת עד שיקריב תמיד של שחר שאין קרבן קודם לו ומשנינן לאתויי מעיקרא מחייב וקאי להביא קרבן נדרו מחייב ועומד משעה שנדר והיה לו להקריבו מערב הרגל ולא הוקבעו רגלים לבל תאחר לענין הקרבת קרבן אלא לענין מיחל עליה בל תאחר ומאורתא נמי חייל: **והרי יובלות.** דקתני בראשי שנים דמתני' דלא חיילי אלא על ידי תקיעת שופר דב"ד ואינה אלא ביום דכתיב ביום הכפורים תעבירו שופר (ויקרא כה): **רבי ישמעאל כו'.** לקמן בפירקין (דף ח:): **מראש השנה חייל.** ואינו תלוי בתקיעה הלכך מאורתא דר"ה חייל: **דלא תלי במעשה.** כניסת ראש השנה שלהן אינה תלוי במעשה אלא משהגיע היום הוה ראש השנה ומתחדשת השנה למילתיה: **מידי דתלי במעשה.** כגון ראש השנה דעומר ושתי הלחם אין השנה מתחדשת להתיר חדש במדינה או במקדש אלא בהקרבת העומר וכבשי עלרת: **והרי רגלים.** קא סלקא דעתך שאין בל תאחר חל עד שתבא שעה הראויה להבאת קרבן נדרו נמלא שהוא תלוי בתמיד של שחר: **ממילא קא חייל.** משקדש היום:

והרי

רבינו חננאל

דתניא המשכיר בית לחבירו לשנה מונה י"ב חדש מיום ליום. ואם א' לשנה זו אפי' לא עמד אלא באחד באדר כיון שהגיע יום אחד בניסן ושלמו לו שלשים יום עלתה לו שנה. דאפילו למ"ד יום אחד בשנה חשוב שנה שאני הכא דלא טרח אינש ואגר ביתא לבציר מל' יומין. ואקשינן ואימא ר"ה לשכירות בתים תשרי. ודחינן התם בתשרי כי אגר אינש ביתא לכלהו ימות הגשמים אגר. ותנא דידן ות"ק דברייתא בניסן נמי שכיחי קיטרי ולא אגר א) לתלתין יומין ותו לא. ובאחד באלול ר"ה למעשר בהמה. ר' אלעזר ור' שמעון אומרים באחד בתשרי. ואוקימנא לר' מאיר דתנן בבכורות פרק מעשר בהמה ר' מאיר אומר באחד באלול ר"ה למעשר בהמה ואקשינן והא אוקימנא רישא ר' שמעון דאמרינן ולרגלים מני ר' שמעון הוא נפקא מיניה לנודר כו'. רישא ר' שמעון כדאמרינן וסיפא נמי ר' שמעון דקתני סיפא ר' אלעזר ור' שמעון אומרים באחד בתשרי ומציעתא ר' מאיר. ופריק רב יוסף (לעולם) מתני' רבי הוא ונסב ליה למתניתין אליבא דתנאי. וברגלים סבר לה כר' שמעון ובמעשר בהמה סבר לה כרבי מאיר. ובמה דשביק ר' עקיבא דדייקי דבריו בבכורות פר' מעשר בהמה באחד בתשרי ר"ה למעשר בהמה וסתים לן סתמא כר' מאיר דפליג עליה קשיא לן טובא. חדא דר"מ תלמיד דר"ע הוא. ועוד קי"ל בכל מקום הלכה כר' עקיבא אפי' מחברו. ואשכחנא בהדיא תמן אמר ר' יוחנן מפי שמועה אמרה מפי חגי זכריה ומלאכי ולפיכך לא דחאה בן עזאי לגמרי אלא אמר האלולין מעשרין בפני עצמן. אי הכי אמאי קתני ארבעה והא חמשה הוו למלכים ולרגלים שנים שזה בא' בניסן והוא ר"ה למלכים. אבל לרגלים בחמשה עשר בניסן הוא ובאחד באלול ובאחד בתשרי ובט"ו בשבט הרי (זה) [ה'] ופריק רבא [ארבעה] לדברי הכל. לר' מאיר דל רגלים כלומר חסר רגלים מן המשנה לגמרי נשארו לו [ארבע] אחד בניסן למלכים. ואחד באלול [ר"ה] למעשר בהמה. ואחד בתשרי ר"ה לשנים [ובט"ו] בשבט ר"ה לאילן הרי ארבעה. לר' שמעון דל מעשר בהמה כו' חסר מעשר בהמה מאחד באלול נשארו למלכים ולרגלים שנים ובאחד בתשרי ובט"ו בשבט הרי ד' אבל מעשר בהמה בפירוש חולק עם ר' מאיר במס' בכורות פרק מעשר בהמה. וסבר ר"ה למעשר בהמה באחד בתשרי. רב נחמן בר יצחק פריק ואמר הכי קתני ד' חדשים והם ניסן ואלול ותשרי ושבט. ובהן כמה ראשי שנים. למלכים ולרגלים בחדא חשיב להו ואותבינן עליה מהא דתניא ט"ז בניסן ר"ה לעומר. ו' בסיון ר"ה לשתי הלחם. לרבא ליתני ששה ד' דמתני' ועומר ושתי הלחם ששה. לרב נחמן דמוקים לה למתני' בד' חדשים ליתני ה' דהא סיון ליתא במתני' ופריק רב פפא תנא דידן לא חשיב ד' אלא מאי דחייל מאורתא כגון הא דקתני למלכים ואוקימנא לשטרות. כלומר משיחשיך השמש ונכנס אחד בניסן אם יכתב שטר חוב וכותב זמנו שנה שניה כותב אע"פ שעדיין לא האיר היום. אבל העומר ושתי הלחם שאין מצותן אלא ביום ולא בלילה לא קתני ואקשינן והלא רגלים דקתני במתניתין ולא אוקימנא אלא למעבר בלא תאחר מפני שלא הקריב נדרו. והקרבת הקרבנות ביום הן ולא בלילה וקתני. (ואקשינן והלא רגלים דקתני במתני' ולא אוקימנא אלא למעבר בלא תאחר) ב) מפני דהקרבה לית' אלא בימּמא הלתא הקרבן לירושלים בליליא מי ליתא אלא כיון דאתא לחוג ולא אייתי איחייבי ליה כאילו עבר עליה מעיקרא. ואקשינן והרי יובלות דקתני ביוה"כ תעבירו שופר וגו' דהוא ביום ולא בלילה וקתני במתני' ופרקינן מתני' ר' (שמעון) [ר"י בנו של ריב"ב] היא דאמר מר"ה חייל יובל ור"ה מאורתא הוא דחייל רב שישא פריק כי קחשיב תנא דידן מידי דלא תלי במעשה אלא כיון דחל הזמן נוהג כגון הללו ד' דמתני'. אבל עומר ושתי הלחם דתליין במעשה כגון עומר דתלי בקצירה ושתי הלחם בלישה ואפייה (הא) לא קא חשיב. והרי רגלים דאוקימנא לר"ש ולחייב בו לנודר בבל תאחר והקרבת הנדר מידי דתלי במעשה הוא וקתני. ופרקינן בל תאחר ממילא קא חייל כלומר אינו מתחייב בבל תאחר אלא אם לא יביא הקרבן ואיחור הבאת הקרבן אינו מעשה.

והרי

מסורת הש"ס

א) [לעיל ב: וש"נ], ב) [בבא מליעא קא: ע"ש], ג) [צ"ל דתנן], ד) [בכורות נז:], ה) [מגילה ט: שבועות ד. חולין פד. קד.], ו) [לקמן ח:], ז) [ב"ב עח. וע"ש בתוס'], ח) [עיין קדושין מו: ב"מ טו.].

הגהות הב"ח

(א) גמ' דלא חיילי מאורתא וקחשיב (כיון שלריך) תא"מ ונ"ב רש"י לא גרס להו וכן הוא בתוס': (ב) תוס' ד"ה ולרגלים כו' אבל השתא דאמרת דרבי:

ליקוטי רש"י

יפה יפה. בלב שלם דנוח לו שיקרבו משלו [ב"מ קיח.]. **לכל ימות הגשמים אגר.** וכימות הגשמים דלא שכיח ביתא אף על גב דלא אגרי אלא שלשים יום אינו יכול להוליאו מן החג ועד הפסח וחייב ליתן לו בכל חדש כשכר חדש הראשון [שם קא:]. **למעשר בהמה.** שאין מעשרין מן הנולדים בשנה זו על הנולדים בחבירתה דכתיב (דברים יד) עשר תעשר את כל תבואת זרעך היולא השדה שנה שנה ואמר מר בבכורות בפרק מעשר בהמה (נג:) בשתי מעשרות הכתוב מדבר אחד מעשר בהמה ואחד מעשר דגן [לעיל ב.]. ואין מלטרפין אותן שנולדו לאחר אלול כדמפרש בפרק מעשר בהמה (בכורות נז:) [בכורות כא.]. דאותן שנולדו קודם לכן אין נכנסין לדיר להתעשר עם אותן שיוולדו מכאן ואילך משום דהוי חדש וישן [שם נז:]. **דל.** הסר וכו' וכדגרסינן בריש מסכת סוכה (ג.) דל עשתרות קרנים איכא כל סוכה דל דפנות ליכא כל סוכה [סוכה נו:]. **רבי היא.** וסתמה אליבא דנפשיה [מגילה ט:]. מתניתין רבי סתמה לפי דעתו ונסיב מילתיה כי הני תרי תנאי בחדא כמר שראה דבריו של זה בזו ושל זה בזו [חולין פה.].

חשק שלמה על ר"ח א) נראה מזה דמפרש כפי' הרשב"א ז"ל בחידושיו כאן ועי' היטב בש"ך ובסמ"ע בח"מ סי' שי"ב ודו"ק. ב) אולי צ"ל ומשני נהי דהקרבה ליתא אלא ביממא הבאת הקרבן בירושלים בלילה וכו'.

The Gemara answers:

אָמַר רָבָא – **Rava said:** אַרְבָּעָה לְדִבְרֵי הַכֹּל – The Mishnah means that **according to everyone** there are at least **four** New Years.[12] לְרַבִּי מֵאִיר אַרְבָּעָה – **According to R' Meir** there are **four,** דַּל רְגָלִים – because you have to **subtract the** New Year for the **festivals** from the five.[13] לְרַבִּי שִׁמְעוֹן אַרְבָּעָה – And **according to R' Shimon** there are **four,** דַּל מַעְשַׂר בְּהֵמָה – because you have to **subtract the** New Year for the ***maaser*** of **animals** from the five.[14]

The Gemara offers another answer:

רַב נַחְמָן בַּר יִצְחָק אָמַר – **Rav Nachman bar Yitzchak said:** אַרְבָּעָה חֳדָשִׁים – The Mishnah means that there are **four months,** וּבָהֶן כַּמָּה רָאשֵׁי שָׁנִים – **and during them** there are **many New Years.**[15]

The Gemara asks:

מֵיתִיבֵי – **They challenged this from a Baraisa:** שִׁשָּׁה עָשָׂר בְּנִיסָן רֹאשׁ הַשָּׁנָה לָעוֹמֶר – THE SIXTEENTH OF NISSAN IS THE NEW YEAR FOR THE *OMER,*[16] שִׁשָּׁה בְּסִיוָן רֹאשׁ הַשָּׁנָה לִשְׁתֵּי הַלֶּחֶם – THE SIXTH OF SIVAN IS THE NEW YEAR FOR THE *TWO LOAVES.*[17] לְרָבָא לִיתְנֵי שִׁשָּׁה – Now, **according to Rava, let [the Mishnah] teach** that there are **six** New Years, לְרַב נַחְמָן בַּר יִצְחָק לִיתְנֵי חֲמִשָּׁה – and **according to Rav Nachman bar Yitzchak, let it teach** that there are **five!**[18] – ? –

The Gemara answers:

אָמַר רַב פָּפָּא – **Rav Pappa said:** כִּי קָא חָשִׁיב מִידֵי דְּחָיֵיל מֵאוֹרְתָּא – **[The Mishnah] enumerates** only **something that takes effect from the night** – i.e. as soon as the previous day ends at nightfall, and the new day begins;[19] מִידֵי דְּלָא חָיֵיל מֵאוֹרְתָּא לֹא קָא חָשִׁיב – but **something that does not take effect at night, it does not enumerate.**[20]

The Gemara counters:

וַהֲרֵי רְגָלִים – **But there are the festivals,** דְּלֹא חָיְילֵי מֵאוֹרְתָּא – **which are not in effect at night** with respect to the prohibition not to delay a vow;[21] וְקָחָשִׁיב – and **yet, [the Mishnah] enumerates** the New Year for festivals. – ? –

The Gemara answers:

(כיון שצריך) לְאֵיתוּיֵי – **As regards to bringing** his vowed offerings מֵעִיקָּרָא מִיחַיֵּיב וְקָאֵי – **he is already required** to bring them **from the beginning,** i.e. from the time that the vow was made. Hence, he is liable for delaying his vow when the festival begins at night.[22]

The Gemara asks:

וַהֲרֵי יוֹבְלוֹת – **But there are *Yovel* years,** דְּלֹא חָיְילֵי מֵאוֹרְתָּא – **which are not in effect at night;**[23] וְקָחָשִׁיב – **yet, [the Mishnah] enumerates** the New Year for *Yovel* years. – ? –

The Gemara answers:

רַבִּי יִשְׁמָעֵאל בְּנוֹ שֶׁל רַבִּי יוֹחָנָן בֶּן בְּרוֹקָא הִיא – **[This Mishnah] is** following the opinion of **R' Yishmael the son of R' Yochanan ben Beroka,** דְּאָמַר מֵרֹאשׁ הַשָּׁנָה חָיֵיל יוֹבֵל – **who said that *Yovel* goes into effect from** the beginning of **Rosh Hashanah.**[24]

NOTES

below, note 14). But if the entire Mishnah follows the opinion of Rebbi, and he subscribes to the view that the New Year for animal tithes is the first of Elul, there should be five New Years [as listed] (*Rashi*).

12. I.e. even though Rebbi himself holds that there are five New Years, he stated that there are four because everyone agrees with him regarding at least four of them, as the Gemara proceeds to explain (*Rashi*).

13. R' Meir holds that the first of Elul is the New Year for *maaser* of animals, but he does not count the fifteenth of Nissan as a New Year for festivals because (as was learned above, 4b) he holds that one is liable for delaying a vow after a single festival has passed (*Rashi*).

14. R' Shimon holds that the fifteenth of Nissan is a New Year for festivals. But he also counts only four New Years because he does not count the first of Elul as a New Year for the *maaser* of animals. Rather, he holds that that New Year falls on the first of Tishrei, which is already counted as one of the four New Years for other matters (*Rashi*).

15. Therefore the two New Years of Nissan [the first and fifteenth of the month] count as one (*Rashi*).

16. When the Temple stood, the new crop of all grains that grew each year was prohibited for consumption until the *Omer* was offered (from that year's barley crop) on the sixteenth of Nissan, the second day of Pesach [*Leviticus* 23:14] (*Rashi;* cf. *Sfas Emes*). [After the destruction of the Temple, the prohibition remains in force until the end of that day (see *Succah* 41a and *Orach Chaim* 489:10).]

17. The Two Loaves (*shtei halechem*) is the special offering of two breads brought on the festival of Shavuos. Although the offering of the *Omer* (see previous note) permitted ordinary (i.e. nonsacred) consumption of the new crop, the crop remained unfit for use in *minchah* offerings until these two loaves were offered from the new wheat crop on Shavuos. At that point *minchah* offerings may be brought from the new crop, for the *shtei halechem* permits for the Temple that which the *Omer* offering permits for ordinary consumption. Thus, for this law the sixth of Sivan marks a New Year (*Rashi*).

[The Baraisa should not be understood literally to mean that there are New Years for the *Omer* and *shtei halechem* offerings, because the offerings are only a one-day occurrence. Rather, the Baraisa means that these two days begin new years for what these two offerings serve to permit – the new crop both outside and inside the Temple (*Ritva*).]

18. According to Rava, the Mishnah should count six New Years because everyone would agree that there are at least six. According to Rav Nachman, the Mishnah counts the months in which the various New Years fall; thus, even though the sixteenth of Nissan would not necessitate the counting of a new month, the sixth of Sivan should – thus, there should be a total of five New Years (*Rashi;* see *Chidusim U'Veurim*).

19. [In respect to most matters of Jewish law, the day begins at the start of the previous night.]

20. Hence, since the new crop is not permitted yet at the night of the sixteenth of Nissan, that day is not counted as a New Year. Similarly, the new crop is not permitted in the Temple until the *shtei halechem* is offered during the day of the sixth of Sivan (*Rashi*). These two days are therefore not counted as New Years.

21. The Mishnah listed the fifteenth of Nissan as a New Year with regard to the prohibition not to delay fulfilling one's vows. The Gemara now assumes that this prohibition does not come into effect at night, because it is not possible to brings one's offerings at that time. Rather, it takes effect only after the *tamid* offering is brought the next morning, as other offerings may then be offered (*Rashi*).

[The Gemara could actually have answered that we derived above (4a) that this prohibition also refers to obligations other than sacrifices (e.g. charity), which one *may* fulfill at night; thus, the prohibition for delaying fulfillment of these obligations *would* take effect at nightfall. However, it prefers to demonstrate that in truth, the prohibition takes effect at night even with regard to sacrifices (*Ritva*).]

22. [Emendation follows *Bach* §1 and is based on *Rashi* and *Tosafos.*]

That is, the person is actually obligated to bring his sacrifice from the moment that he made his vow; thus he should have brought it *before* the festival began. The festival merely invokes a prohibition not to delay carrying out his already existing obligation – thus, it can begin at night, as soon as the festival begins (*Rashi*).

[We noted above, 5b, that one is not liable for the prohibition *not to delay* until after the festival has ended. The commentators discuss the implication from *Rashi* here that the person is actually liable as soon as the festival begins (see *Tosafos;* see also *Turei Even* and *Sfas Emes*).]

23. Our Mishnah counts the first of Tishrei as the New Year for *Yovel.* But the Gemara now assumes that the *Yovel* laws do not go into effect until the shofar is blown in court during the day of Yom Kippur (*Rashi;* see next note).

24. Below (8b), R' Yishmael states that the commencement of *Yovel* is not tied to the shofar being blown on Yom Kippur; rather, it goes into effect as soon as Rosh Hashanah begins (*Rashi*).

The Rishonim ask how the Gemara can even entertain the possibility that according to our Mishnah *Yovel* begins on Yom Kippur. Our Mishnah stated that the first of Tishrei is the New Year for *Yovel,* clearly indicating that it is following the view of R' Yishmael! See *Tosafos* (printed below, 8a), *Rashba, Ritva* and *Chidushei HaRan* for discussion of this issue.

עין משפט
נר מצוה

מ א מיי' פ"ז מהלכות תמידין הל' ג סמג עשין קלט טוש"ע יו"ד סי' רלג סעיף א:
מא ב מיי' שם פ"ח הל' א סמג עשין יא יב:

רבינו חננאל

דתניא המשכיר בית לחבירו לשנה מונה י"ב חדש מיום ליום. ואם א' לשנה זו אפי' לא עמד אלא באחד באדר כיון שהגיע יום אחד בניסן ושלמו לו שלשים יום עלתה לו שנה. דאפילו למ"ד יום אחד בשנה חשוב שנה שאני הכא דלא טרח אינש ואגר ביתא לבציר מל' יומין. ואקשינן ואימא ר"ה לשכירות בתים תשרי. ודחינן התם בתשרי כי אגר אינש ביתא לכלהו ימות הגשמים אגר. ותנא דידן ות"ק דברייתא בניסן נמי שכיחי קיטרי ולא אגר א) לתלתין יומין ותו לא. ובאחד באלול ר"ה למעשר בהמה. ר' אלעזר ור' שמעון אומרים באחד בתשרי. ואוקימנא לר' מאיר דתנן בבכורות פרק מעשר בהמה ר' מאיר אומר באחד באלול ר"ה למעשר בהמה ואקשינן והא אוקימנא רישא ר' שמעון דאמרינן ולרגלים מני ר' שמעון הוא נפקא מיניה לנודר כו'. רישא ר' שמעון כדאמרינן וסיפא נמי ר' שמעון דקתני סיפא ר' אלעזר ור' שמעון אומרים באחד בתשרי ומציעתא ר' מאיר. ופריק רב יוסף (לעולם) מתני' רבי הוא ונסב ליה למתניתין אליבא דתנאי. וברגלים סבר לה כר' שמעון ובמעשר בהמה סבר לה כרבי מאיר. ובמה דשביק ר' עקיבא דדייקי דבריו בבכורות פר' מעשר בהמה באחד בתשרי ר"ה למעשר בהמה וסתים לן סתמא כר' מאיר דפליג עליה קשיא לן טובא. חדא דר"מ תלמיד דר"ע הוא. ועוד קי"ל בכל מקום הלכה כר' עקיבא אפי' מחברו. ואשכחנא בהדיא תמן אמר ר' יוחנן מפי שמועה אמרה מפי חגי זכריה ומלאכי ולפיכך לא דחאה בן עזאי לגמרי אלא אמר האלולין מעשרין בפני עצמן. אי הכי אמאי קתני ארבעה והא חמשה הוו למלכים ולרגלים שנים שזה בא' בניסן והוא ר"ה למלכים. אבל לרגלים בחמשה עשר בניסן הוא ובאחד באלול ובאחד בתשרי ובט"ו בשבט הרי (זה) [ה'] ופריק רבא [ארבעה] לדברי הכל. לר' מאיר דל רגלים כלומר חסר רגלים מן המשנה לגמרי נשארו לו [ארבע] אחד בניסן למלכים. ואחד באלול [ר"ה] למעשר בהמה. ואחד בתשרי ר"ה לשנים [ובט"ו] בשבט ר"ה לאילן הרי ארבעה. לר' שמעון

ארבעה ראשי שנים פרק ראשון ראש השנה

לא פסיקא ליה. לריך לדקדק אי הוה מלי לשנויי כדמשני לקמן כי קא חשיב מידי דלא תלי במעשה:

עלתה לו שנה. ולא אמרינן הדמים מודיעים ט) והרי המעות מתנה או פקדון ח):

ולרגלים מני. פי' והא דאמרי' ברישא באחד בניסן ר"ה לרגלים היא נשנית סתמא ומני היא ומשני ר"ש היא ופריך רישא דאמר ארבעה ראשי שנים הן ראש השנה למלכים ולרגלים וסיפא הא דאמרי רבי אלעזר ור"ש אחד בתשרי ופריך רישא וסיפא ר' שמעון ומליעתא רבי מאיר רבי היא פי' רבי תנא מתני' ושנאה אליבא דתנאי וקשה לה כוותיהו אי הכי לחד תנא כמו רבי שנאה מתני' ונסיב לה אליבא דתנאי א"כ מה זה דאמר ארבעה ראשי שנים הן חמשה הוו דבשלמא אי ר"ש הוה תני בהדיא ברישא לא הוה רק ארבעה דאליהו ר"ש לא סבר אחד באלול ר"ה לבהמה אבל (ב) הא דאמרת דרבי נסיב לה אליבא דתנאי ותנא אחד באלול בשביל ר"ה א"כ חמשה ר"ה הוו ומשני אמר רבא ארבעה לד"ה לר"מ ארבעה דל רגלים לר"ש ארבעה דל מעשר בהמה:

והרי רגלים דלא חיילי מאורתא. אפילו ביום לא חיילי עד יום שני למאן דאמר נדרים ונדבות אין מקריבין ביו"ט ומשני לאתויי מעיקרא מחייב וקאי בקונטרס פירש להביא קרבן מחויב ועומד הוא משעה שנדר והיה לו להקריבו מערב הרגל ולא הוקבעו רגלים לענין הקרבת הקרבן אלא לענין בל תאחר ומאורתא נמי חייל ולא פי' כן בשביל שיעבור בבל תאחר משנכנס רגל שלישי בתחלת הלילה דהא לר"מ דאמר לעיל ברגל אחד אינו עובר עד שיעבור כל הרגל וה"ה לרבנן עד שיעברו שלשה רגלים ובפרק ב' דבילה (ד' יט: ושם) אמר דאין מביאין תודה בחג המלות ובעלרת אלא בחג הסוכות משמע דאם הביא בחג הסוכות בחול המועד דלא עבר והא דפירש כאן בקונטרס דמאורתא חייל היינו לענין דאם מחויב ועומד לפני הרגל איכא כוליה רגל ואם נכנס רגל וקאי נדר אפי' ליל ראשון ליכא כוליה רגל ואינו עובר למנין שלשה רגלים:

מידי דתלי במעשה. ולמאן דאמר (במנחות דף סח.) אפילו בזמן שבית המקדש קיים האיר המזרח מתיר מ"מ עד יום הביאם למלוה כדאמרינן במנחות פרק רבי ישמעאל (שם):

לא ימסרם לצבור יפה יפה קא משמע לן ותנא דידן כיון דקתני אם הביא יצא לא פסיקא ליה: ויש אומרים אף לשכירות בתים: תנו רבנן המשכיר בית לחבירו לשנה מונה שנים עשר חודש מיום ליום ואם אמר לשנה זו אפילו לא עמד אלא באחד באדר כיון שהגיע יום אחד בניסן עלתה לו שנה ואפילו למאן דאמר א) יום אחד בשנה חשוב שנה שאני הכא דלא טרח איניש למיגר ביתא לבציר מתלתין יומין ואימא תשרי סתם ג) כי אגר איניש ביתא לכולהו ימות הגשמים אגר ותנא קמא דברייתא ותנא דידן בניסן נמי מישכח שכיח קיטרי: באחד באלול ר"ה למעשר בהמה: מני רבי מאיר היא (ג) דתניא ד) ר"מ אומר באחד באלול ראש השנה למעשר בהמה ולרגלים מני רבי שמעון היא אימא סיפא ר' אלעזר ור"ש אומרים באחד בתשרי רישא וסיפא ר"ש ומציעתא ר"מ אמר רב יוסף ה) רבי היא ונסיב לה אליבא דתנאי ברגלים סבר לה כר"ש ובמעשר בהמה סבר לה כר"מ אי הכי ארבעה חמשה הוו אמר רבא ארבעה לדברי הכל לר"מ ארבעה דל רגלים לר"ש ארבעה דל מעשר בהמה רב נחמן בר יצחק אמר ארבעה חדשים ובהן כמה ראשי שנים מיתיבי א ששה עשר בניסן ראש השנה לעומר ב ששה בסיון ראש השנה לשתי הלחם לרבא ליתני ששה לר"נ בר יצחק ליתני חמשה אמר רב פפא כי קא חשיב מידי דחייל מאורתא מידי דלא חייל מאורתא לא קא חשיב והרי רגלים דלא חיילי מאורתא וקחשיב (א) כיון שצריך לאיתויי מעיקרא מיחייב וקאי והרי יובלות דלא חיילי מאורתא וקחשיב ר' ישמעאל בנו של ר' יוחנן בן ברוקא היא דאמר ו) מראש השנה חייל יובל רב ששא בריה דרב אידי אמר כי קא חשיב מידי דלא תלי במעשה מידי דתלי במעשה לא קא חשיב והרי רגלים מידי דתלי במעשה וקא חשיב בל תאחר ממילא חייל

והרי

יפה יפה. בלב שלם: ותנא דידן. דלא תניא במתני': כיון דקתני אם הביא יצא לא פסיקא ליה. מילתא דליחשבה בראשי שנים: הכי גרסינן תנו רבנן המשכיר בית לחבירו כו'. ולא גרסינן מנלן דלאו מקראי יליף דמדרבנן הוא: אלא באחד באדר. אבל בבציר מהכי לא אמרינן עלתה לו שנה ודר בה שנה שלימה דליכא למימר דאדעתא דההיא שתא אגרה דלא טרח אינש למיגר ביתא לבציר מתלתין יומין: ואימא תשרי. ר"ה לשכירות בתים אם לא עמד אלא באחד באלול כיון שהגיע תשרי עלתה לו שנה: ומשני כי אגר איניש ביתא. סמוך לתשרי לכולהו ימי הגשמים אגר: ות"ק דברייתא. דלא אמר לשכירות בתים: קיטרי. עבים מתקשרין וגשמים יורדין והוי כימות הגשמים: ולרגלים מני ר"ש. דהא אליביה אוקימנא דאית ליה כסדרן לבל תאחר: סיפא ר' אלעזר ור"ש אומרים בא' בתשרי: רבי היא. הוא אמרה למתני' ונסיב מילתיה חדא כחד תנא וחדא כחד תנא: אי הכי. דחד גברא אמרה למתני' ונסיב מילתיה חדא כחד תנא חמשה ראשי השנים נינהו אחד בניסן וט"ו בניסן ואחד באלול ואחד בתשרי וט"ו בשבט הא ניחא אי מוקמת לה לרישא כר"ש שפיר דלדידיה ארבעה נינהו דלית ליה אחד באלול אלא אי חד תנא אמרינהו קשיא: אמר רבא. לעולם רבי היא והכי קאמר אנא חמשה סבירא לי ומיהו הכל מודים לי בארבעה: לר"מ. דאית ליה אחד באלול דל רגלים דלדידיה ברגל אחד עובר בבל תאחר כדתניא בברייתא דלעיל (ד' ד:): ולר' שמעון דל מעשר בהמה. דליתיה אלא באחד בתשרי ובלאו מעשר נמי ראש השנה הוא: ובהן כמה ראשי שנים. הלכך ניסן דאית ביה תרי חד קחשיב ליה: ר"ה לעומר. לאכול מן החדש מכאן ואילך: ר"ה לשתי הלחם. נתחדשה השנה להביא מנחות מן החדש שהעומר מתיר במדינה ושתי הלחם במקדש: לרבא. דאמר ארבעה לדברי הכל ליתני מתניתין שיתא: לרב נחמן. דאמר חדשים קא חשיב ליתני ה' דהא לא תנן סיון במתני': מאורתא. משקדש היום: מידי דלא חייל מאורתא. כגון בט"ו בניסן לא נתחדשה שנה מן החדש מערב עד למחר שקרב העומר וכן בששה בסיון: והרי רגלים. דקתני מתניתין לענין בל תאחר דקס"ד זמן בל תאחר לאו מאורתא הוא כשקדש היום חייל [אלא] עד שתבא שעה שהיא ראויה להביא נדרים ונדבות ואין זאת עד שיקריב תמיד של שחר שאין קרבן קודם לו ומשנינן לאתויי מעיקרא מחייב וקאי להביא קרבן נדרו מחייב ועומד משעה שנדר והיה לו להקריבו מערב הרגל ולא הוקבעו רגלים לבל תאחר לענין הקרבת קרבן אלא לענין מיחל עליה בל תאחר ומאורתא נמי חייל: והרי יובלות. דקתני בראשי שנים דמתני' דלא חיילי אלא על ידי תקיעת שופר דב"ד ואינה אלא ביום דכתיב ביום הכפורים תעבירו שופר (ויקרא כה): רבי ישמעאל כו'. לקמן בפירקין (דף ח:): מראש השנה חייל. ואינו תלוי בתקיעה הלכך מאורתא דר"ה חייל: דלא תלי במעשה. כניסת ראש השנה שלהן אינה תלוי במעשה אלא משהגיע היום הוה ראש השנה ומתחדשת השנה למילתיה: מידי דתלי במעשה. כגון ראש השנה דעומר ושתי הלחם אין השנה מתחדשת להתיר חדש במדינה או במקדש אלא בהקרבת העומר וכבשי עצרת: והרי רגלים. קא סלקא דעתך שאין בל תאחר חל עד שתבא שעה הראויה להבאת קרבן נדרו ונמצא שהוא תלוי בתמיד של שחר: ממילא קא חייל. משקדש היום:

והרי

מסורת הש"ס

א) [לעיל ב: וש"נ], ב) [בבא מציעא קא: ע"ש], ג) [צ"ל דתנן], ד) [בכורות נז:], ה) [מגילה ט: שבועות ד. חולין פה. קד.], ו) [לקמן ח:], ז) [נ"ב עח. וע"ש בתוס'], ח) [עיין קדושין מו: ב"מ טו.].

הגהות הב"ח

(א) גמ' דלא חיילי מאורתא וקחשיב (כיון שלריך) תא"מ ונ"ב רש"י לא גרס להו וכן הוא בתוס': (ב) תוס' ד"ה ולרגלים כו' אבל השתא דאמרת דרבי:

ליקוטי רש"י

יפה יפה. בלב שלם דנות לו שיקרבו משלו [ב"מ קיח.]. לכל ימות הגשמים אגר. ובימות הגשמים דלא שכיח ביתא אף על גב דלא אגרי אלא שלשים יום אינו יכול להוציאו מן החג ועד הפסח וחייב ליתן לו בכל חדש כשכר חדש הראשון [שם קא:]. למעשר בהמה. שאין מעשרין מן הנולדים בשנה זו על הנולדים בחבירתה דכתיב (דברים יד) עשר תעשר את כל תבואת זרעך היוצא השדה שנה שנה ואמר מר בבכורות בפרק מעשר בהמה (נג:) בשתי מעשרות הכתוב מדבר אחד מעשר בהמה ואחד מעשר דגן [לעיל ב.]. ואין מלטרפין אותן שנולדו לאחר אלול כדמפרש בפרק מעשר בהמה (בכורות נז:) [בכורות כא.]. דאותן שנולדו קודס לכן אין נכנסין לדיר להתעשר עם אותן שיוולדו מכאן ואילך משום דהוי חדש וישן [שם נז:]. דל. הסר וכו' וכדגרסינן בריש מסכת סוכה (ג.) דל עשתרות קרנים איכא צל סוכה דל דפנות ליכא צל סוכה [סוכה נו:]. רבי היא. וסתמא אליבא דנפשיה [מגילה ט:]. מתניתין רבי סתמה לפי דעתו ונסיב מילתיה כי הני תרי תנאי בחדא כמר שראה דבריו של זה בזו ושל זה בזו [חולין פד.].

דל מעשר בהמה כו' חסר מעשר בהמה מאחד באלול נשארו למלכים ולרגלים שנים ובאחד בתשרי ובט"ו בשבט הרי ד' אבל מעשר בהמה בפירוש חולק עם ר' מאיר במס' בכורות פרק מעשר בהמה. וסבר ר"ה למעשר בהמה באחד בתשרי. רב נחמן בר יצחק פריק ואמר הכי קתני ד' חדשים והם ניסן ואלול ותשרי ושבט. ובהן כמה ראשי שנים. למלכים ולרגלים בחדא חשיב להו ואותבינן עליה מהא דתניא ט"ז בניסן ר"ה לעומר. ו' בסיון ר"ה לשתי הלחם. לרבא ליתני ששה ד' דמתני' ועומר ושתי הלחם ששה. לרב נחמן דמוקים לה למתני' בד' חדשים ליתני ה' דהא סיון ליתא במתני' ופריק רב פפא תנא דידן לא חשיב ד' אלא מאי דחייל מאורתא כגון הא דקתני למלכים ואוקימנא לשטרות. כלומר משיחשיך השמש ונכנס אחד בניסן אם יכתב שטר חוב וכותב זמנו שנה שניה כותב אע"פ שעדיין לא האיר היום. אבל העומר ושתי הלחם שאין מצותן אלא ביום ולא בלילה לא קתני ואקשינן והלא רגלים דקתני במתניתין ולא אוקימנא אלא למעבר בלא תאחר מפני שלא הקריב נדרו. והקרבת הקרבנות ביום הן ולא בלילה וקתני. (ואקשינן והלא רגלים דקתני במתני' ולא אוקימנא אלא למעבר בלא תאחר) ב) מפני דהקרבה לית' אלא ביממא הלתא הקרבן לירושלים בליליא מי ליתא אלא כיון דאתא לחוג ולא אייתי איחייבי ליה כאילו עבר עליה מעיקרא. ואקשינן והרי יובלות דקתני ביוה"כ תעבירו שופר וגו' דהוא ביום ולא בלילה וקתני במתני' ופרקינן מתני' ר' (שמעון) [ר"י בנו של ריב"ב] היא דאמר מר"ה חייל יובל ור"ה מאורתא הוא דחייל רב שישא פריק כי קחשיב תנא דידן מידי דלא תלי במעשה אלא כיון דחל הזמן נוהג כגון הללו ד' דמתני'. אבל עומר ושתי הלחם דתליין במעשה כגון עומר דתלי בקצירה ושתי הלחם בלישה ואפייה (הא) לא קא חשיב. והרי רגלים דאוקימנא לר"ש ולחייב בו לנודר בבל תאחר והקרבת הנדר מידי דתלי במעשה הוא וקתני. ופרקינן בל תאחר ממילא קא חייל כלומר אינו מתחייב בבל תאחר אלא אם לא יביא הקרבן ואיחור הבאת הקרבן אינו מעשה.

והרי

חשק שלמה על ר"ח א) נראה מזה דמפרש כפי' הרשב"א ז"ל בחידושיו כאן ועי' היטב בש"ך ובשעה"מ בח"מ סי' ש"ב ודו"ק. ב) אולי צ"ל ומשני נהי דהקרבה ליתא אלא ביממא הבאת הקרבן בירושלים בליליא וכו'.

The Gemara presents another explanation of why our Mishnah does not count the New Years with respect to the *Omer* and the Two Loaves:

רַב שִׁישָׁא בְּרֵיהּ דְּרַב אִידִי אָמַר – Rav Shisha the son of Rav Idi said: כִּי קָא חָשֵׁיב מִידִי דְּלֹא תָּלֵי בְּמַעֲשֶׂה – [The Mishnah] enumerates only **something that is not dependent upon an action;**[25] **מִידִי דְּתָלֵי בְּמַעֲשֶׂה לֹא קָא חָשֵׁיב – it does not enumerate something that is dependent upon an action.**[26]

The Gemara asks:

וַהֲרֵי רְגָלִים מִידִי דְּתָלֵי בְּמַעֲשֶׂה – But the New Year for **festivals is something that is dependent upon an action,**[27] **וְקָא חָשֵׁיב – and** yet **[the Mishnah] enumerates** it. – ? –

The Gemara answers:

בַּל תְּאַחֵר מִמֵּילָא חָיֵיל – The prohibition ***not to delay*** **goes into effect on its own,** as soon as the holiday begins; no action is required.[28]

NOTES

25. Rather, as soon as the day arrives the law of that New Year goes into effect without need for any action (*Rashi*).

26. Regarding the *Omer* and the *shtei halechem,* the laws of the new year do not begin until the required offerings are brought (*Rashi;* see *Sifsei Chachamim*).

27. The Gemara here [reverts to its earlier assumption that] one is not liable for the prohibition not to delay his offerings until the time comes when he may actually bring the offerings. And that time does not arrive until the action of offering the *tamid* is performed (*Rashi*).

28. *Rashi;* cf. *Ritva.*

The Gemara raises another objection:

וַהֲרֵי יוֹבְלוֹת – **But there are** the ***Yovel* years,** whose laws take effect only when the shofar is blown. Why, then, does our Mishnah count the first of Tishrei as the New Year for *Yovel* years?

The Gemara answers:

רַבִּי יִשְׁמָעֵאל בְּנוֹ שֶׁל רַבִּי יוֹחָנָן בֶּן בְּרוֹקָה הִיא – **[The Mishnah] is** following the opinion of **R' Yishmael the son of R' Yochanan ben Beroka,** who holds that the *Yovel* laws take effect automatically when Rosh Hashanah begins.[1]

The Gemara presents a third explanation of why our Mishnah does not count a New Year for the *Omer* and the Two Loaves:

וְרַב אַשִׁי אָמַר – **Rav Ashi said:** אַרְבָּעָה רָאשֵׁי הַשָּׁנִים הֵם שֶׁהֵן בְּאַרְבַּע רָאשֵׁי חֳדָשִׁים – The Mishnah means that there are **four New Years that fall on four** different **Rosh Chodesh** days. Therefore, the Mishnah did not list the New Year for the *Omer* and the Two Loaves, for they are offered on other days of the month.[2]

The Gemara asks:

בְּאֶחָד בִּשְׁבָט כְּבֵית שַׁמַּאי – If so, by enumerating **the first of Shevat** as one of the New Years, the Tanna is formulating the Mishnah **in accordance with** the view of **Beis Shammai.**[3] – ? –

The Gemara answers:

הָכִי קָאָמַר – **This is what [the Tanna] means** to say: שְׁלֹשָׁה לְדִבְרֵי הַכֹּל – There are **three** New Years **according to all** views. בְּאֶחָד בִּשְׁבָט מַחֲלוֹקֶת בֵּית שַׁמַּאי וּבֵית הִלֵּל – And **as far as the first of Shevat,** it is subject to the **dispute between Beis Shammai and Beis Hillel.**[4]

The Mishnah cited a second opinion regarding the New Year for *maaser* of animals:

רַבִּי אֶלְעָזָר וְרַבִּי שִׁמְעוֹן אוֹמְרִים בְּאֶחָד בְּתִשְׁרֵי – **R' ELAZAR AND R' SHIMON SAY:** The New Year for *maaser* of animals is **ON THE FIRST OF TISHREI.**

The Gemara analyzes the dispute:

אָמַר רַבִּי יוֹחָנָן – **R' Yochanan said:** וּשְׁנֵיהֶם מִקְרָא אֶחָד דָּרְשׁוּ – **And both [views] expounded the same verse.** שֶׁנֶּאֱמַר – **For it is stated:** ,,לָבְשׁוּ כָרִים הַצֹּאן וַעֲמָקִים יַעַטְפוּ־בָר יִתְרוֹעֲעוּ אַף־יָשִׁירוּ'' – ***The sheep of the flock become clad, and the valleys cloak themselves with fodder, they shout joyfully, they even sing!***[5] רַבִּי מֵאִיר סָבַר – **R' Meir**[6] **holds** that the verse should be understood as follows: אֵימָתַי ,,לָבְשׁוּ כָרִים הַצֹּאן'' – **When do** ***the sheep of the flock become clad*** [i.e. pregnant]? בִּזְמַן שֶׁ,,עֲמָקִים יַעַטְפוּ־בָר'' – **At the time when** ***the valleys cloak themselves with fodder.*** וְאֵימָתַי ,,עֲמָקִים יַעַטְפוּ־בָר'' – **And when do** ***the valleys cloak themselves with fodder?*** בַּאֲדָר – **In Adar.**[7] מִתְעַבְּרוֹת בַּאֲדָר – It thus emerges that **[the sheep] become pregnant in Adar** וְיוֹלְדוֹת בְּאָב – **and they give birth in Av.**[8] רֹאשׁ הַשָּׁנָה שֶׁלָּהֶן אֱלוּל – Therefore, **their New Year is Elul.**[9] רַבִּי אֶלְעָזָר וְרַבִּי שִׁמְעוֹן אוֹמְרִים – **R' Elazar and R' Shimon,** though, **say:** אֵימָתַי ,,לָבְשׁוּ כָרִים הַצֹּאן'' – **When** is it that ***the sheep of the flock become clad?*** בִּזְמַן שֶׁ,,יִתְרוֹעֲעוּ אַף־יָשִׁירוּ'' – **At the time when *[the crops] shout joyfully, they even sing.*** אֵימָתַי שִׁבֳּלִים אוֹמְרוֹת שִׁירָה – And **when do the stalks** of grain **"sing"?** בְּנִיסָן – **In Nissan.**[10] מִתְעַבְּרוֹת בְּנִיסָן – **It thus emerges that [the sheep] become pregnant in Nissan** וְיוֹלְדוֹת בֶּאֱלוּל – **and they** thus **give birth in Elul.** רֹאשׁ הַשָּׁנָה שֶׁלָּהֶן תִּשְׁרֵי – Therefore, **their New Year** for tithes **is Tishrei.**

The Gemara explains how each Tanna will interpret the section of the verse cited by the other Tanna as proof:

וְאִידָךְ נַמִּי – **And** as for **the other** Tanna [i.e. R' Meir] **also** – הָא כְּתִיב ,,יִתְרוֹעֲעוּ אַף־יָשִׁירוּ'' – **why, it is written, *[the crops] shout joyfully, they even sing,*** indicating that the sheep become pregnant in Nissan. – ? –

The Gemara answers:

הַהוּא בְּאַפְלַתָא דְּהָוְיָין בְּנִיסָן – **That refers to the late** animals **that are** ready to become pregnant only **in Nissan.**[11]

The Gemara now questions the other opinion:

וְאִידָךְ נַמִּי – **And** as for **the other** view [i.e. that of R' Elazar and R' Shimon] **also** – הָכְתִיב ,,וַעֲמָקִים יַעַטְפוּ־בָר'' – **why, it is written, *and the valleys cloak themselves with fodder,*** indicating that the animals become pregnant in Adar. – ? –

The Gemara answers:

הַהוּא בְּחַרְפִּיָּיתָא דְּאַתְיָין מֵאֲדָר – **That refers to the early ones that come** already **during Adar** to mate.

The Gemara refutes R' Yochanan's explanation of the dispute:

בִּשְׁלָמָא לְרַבִּי מֵאִיר כִּדְכְתִיב – **It is understandable according to R' Meir,** because the verse can be interpreted **as it is written:** ,,לָבְשׁוּ כָרִים הַצֹּאן'' – ***The sheep of the flock become clad*** [i.e. pregnant] בִּזְמַן שֶׁ,,עֲמָקִים יַעַטְפוּ־בָר'' – **at a time when *the valleys cloak themselves with fodder.*** וְאִיכָּא נַמִּי ,,יִתְרוֹעֲעוּ אַף־יָשִׁירוּ'' – **And there are also some** that become pregnant

NOTES

1. See above, 7b note 24. [Although there are opinions that even according to R' Yishmael the son of R' Yochanan ben Beroka, *Yovel* laws do not go into effect if the shofar is ultimately not blown at all (see below, 8b, 9b), they agree that the date *Yovel begins* is on Rosh Hashanah and its *commencement* does not depend on any action.]

2. According to Rav Ashi, the New Year for festivals is also not counted as an actual New Year, since it too falls in the middle of the month, when Pesach begins. Rather, the Mishnah means only that Nissan is the month in which the New Year for festivals falls (*Rashi*). [Thus, Nissan is counted as one of the four New Years only because the first of Nissan is the New Year for kings.]

3. According to Beis Hillel, the fifteenth of Shevat is the New Year for trees. If Rav Ashi is correct that the Tanna in the beginning of the Mishnah counts only the New Years that occur on Rosh Chodesh, then that Tanna is apparently siding with Beis Shammai, who hold that the New Year for trees is the first of Shevat (*Rashi*).

4. I.e. the Tanna indeed included the first of Shevat in his original count of four New Years. But he then goes on to explain that the date of the New Year for trees is actually subject to dispute (*Rashi*).

[The Gemara's statement that three of the New Years are not disputed is not completely precise, as there is also a dispute (between R' Meir (see note 6), and R' Elazar and R' Shimon) concerning the date of the New Year for *maaser* of animals. The Gemara only means to say that *Beis Hillel* agree with all of the other three New Years, and disagree only regarding the first of Shevat (*Rashi,* as emended by *Maharsha;* see also *Tosafos* and *Ritva;* see *Pnei Yehoshua*).

5. *Psalms* 65:14. [The translation of the beginning of the verse is based on *Rashi*. See also *Amos* 6:4, *Rashash* to *Bereishis Rabbah* (13:6); cf. *Tosafos.*]

6. [The Gemara above (7b) identified the Tanna Kamma of the Mishnah as R' Meir.]

7. By Adar, the crops have already sprouted, and they are readily noticeable (see *Rashi*).

8. The gestation period of small animals is five months [see *Bechoros* 8a] (*Rashi*). Therefore, even if a sheep conceives at the end of Adar, it will still give birth by the end of Av (*Ritva*).

[The commentators ask that this accounts only for the small animals; large animals, however, are pregnant for nine months before giving birth (see Gemara there). How then does the Gemara's discussion relate to large animals? See *Chidushei HaRan, Turei Even* and *Aruch LaNer* for possible solutions.]

9. Because the last of the animals of the old year has given birth by then (*Rashi*). The first of Elul thus is the logical date to divide between the old and new animals.

10. In Nissan, the crops ripen in their stalks and become ready for harvest. When the wind blows, the stalks knock into each other, and this creates a rustling sound; they thus appear as though they are singing (*Rashi;* cf. *Sifsei Chachamim*).

11. Some female sheep delay mating until Nissan. Most, however, mate and conceive in Adar (*Rashi;* cf. *Baal HaMaor*).

והרי יובלות ר' ישמעאל בנו של רבי יוחנן בן ברוקה היא (א) ורב אשי אמר ארבע ראשי השנים הם שהן בארבע ראשי חדשים באחד בשבט כב"ש ה"ק שלשה לדברי הכל באחד בשבט מחלוקת ב"ש וב"ה: ר' אלעזר ור"ש אומרים באחד בתשרי: א"ר יוחנן ושניהם מקרא אחד דרשו שנאמר א) לבשו כרים הצאן ועמקים יעטפו בר יתרועעו אף ישירו ר"מ סבר אימתי לבשו כרים הצאן בזמן שעמקים יעטפו בר ואימתי עמקים יעטפו בר באדר מתעברות באדר ויולדות באב ר"ה שלהן אלול ר' אלעזר ור"ש אומרים אימתי לבשו כרים הצאן בזמן שיתרועעו אף ישירו אימתי שבלים אומרות שירה בניסן מתעברות בניסן ויולדות באלול ר"ה שלהן תשרי ואידך נמי הא כתיב יתרועעו אף ישירו ההוא באפלתא דהויין בניסן ואידך נמי הכתיב ועמקים יעטפו בר ההוא בחרפייתא דאתיין מאדר בשלמא לר"מ כדכתיב לבשו כרים הצאן בזמן שעמקים יעטפו בר ואיכא נמי יתרועעו אף ישירו אלא לרבי אלעזר ור"ש איפכא מיבעי ליה לבשו כרים הצאן בזמן שיתרועעו אף ישירו ואיכא נמי דעמקים יעטפו בר אלא אמר רבא דכ"ע לבשו כרים הצאן בזמן שעמקים יעטפו בר באדר והכא בהאי קרא קמיפלגי ב) עשר תעשר ה) בשני מעשרות הכתוב מדבר אחד מעשר בהמה ואחד מעשר דגן ר"מ סבר מקיש מעשר בהמה למעשר דגן מה מעשר דגן סמוך לגמרו עישורו אף מעשר בהמה סמוך לגמרו עישורו ורבי אלעזר ור"ש סברי מקיש מעשר בהמה למעשר דגן מה מעשר דגן ר"ה שלו תשרי אף מעשר בהמה ר"ה שלו תשרי: באחד בתשרי ר"ה לשנים: למאי הלכתא אמר רב ו) פפא לשטרות דתנן ו) שטרי חוב המוקדמין פסולין והמאוחרין כשירין והתנן באחד בניסן ר"ה למלכים ואמרינן ז) למאי הלכתא ואמר רב חסדא לשטרות לא קשיא כאן למלכי ישראל כאן למלכי אומות העולם אלא הא דאמר רב חסדא ח) לא שנו אלא למלכי ישראל אבל למלכי אומות העולם מתשרי מנינן ט) מתניתין אתא לאשמועינן לא רב חסדא קראי אתא לאשמועינן ואיבעית אימא רב חסדא כרבי זירא מתני לה דרבי זירא אמר לתקופה ור"א היא דאמר י) בתשרי נברא העולם רב נחמן בר יצחק אמר כ) לדין דכתיב ג) מראשית השנה ועד אחרית שנה מראשית השנה נידון מה יהא בסופה ממאי דתשרי הוא דכתיב ד) תקעו בחדש שופר בכסה ליום חגנו ל) איזהו חג שהחדש

רש"י

והרי יובל. שהוא תלוי בתקיעה: רב אשי אמר. האי דלא חשיב במתניתין אלא ארבעה לפי שלא מנה אלא ראשי שנים הבאים בראשי חדשים ואין רגלים מן המנין אלא כדאמרינן רגל שבו ולהכי לא תני נמי ר"ה לעומר ושתי הלחם: ופרכינן א"כ באחד בשבט. סתם לן תנא ברישא כב"ש דאי כב"ה הא אמרי בט"ו בו: ה"ק כו'. תנא דמתניתין סתם ברישא אחד בשבט בראשי שנים והדר פריש וזיל בסיפא באחד בשבט ר"ה לאילן דברי ב"ש למימרא דהא דסתם ברישא ארבעה ראשי שנים בראשי חדשים לאו לדברי הכל היא אלא אב"ש קאי: [שלשה לדברי הכל. לאו דוקא] דהא אחד באלול נמי פלוגתא היא דר"א ור"ש אומרים באחד בתשרי [אלא אב"ה קאי]: לבשו כרים הצאן. מקרא הוא בספר תהלים לבשו כרים הצאן ועמקים יעטפו בר יתרועעו אף ישירו לבשו כרים הצאן מתלבשות הכבשים שמתעברות: יעטפו בר. שהזריעה צומחת וניכרת יפה: יתרועעו אף ישירו. בניסן כשיגיע זמן הקציר והתבואה בקשים שלה והרוח מנשבת והן נוקשים זו על זו ונשמע הקול ונראות כמשוררות: זמן עיבור בהמה דקה חמשה חדשים: (ב) ר"ה שלהן אלול. דסמוך לגמרו (ג) זמן חדש ויש שלהן לחידוש השנה: בזמן שיתרועעו. השיבולים: ההוא באפלתא. יש לך לאן המעטיפות ומתאחרות לקבל זכר עד ניסן אבל רובן מאדר הוו: בשלמא לר"מ. דדריש קרא דכתיב לבשו כרים: ואיכא נמי. מיעוטא שאין מתלבשות כרים עד שיתרועעו השיבולים: אלא לר"א. דאמר רובא בניסן ומיעוטא באדר איפכא מיבעי ליה למיכתב: מעשר דגן סמוך לגמרו עישורו. ר"ה למעשרות תשרי דהכי תני ליה לקמן (דף יב.) בברייתא ותשרי סמוך לגמרו הוא לכל יבול שהחמה מכניס ליבש בגרנות שבשדות: באחד בתשרי ר"ה לשנים למאי הלכתא לשטרות. לתחילת שנות מלכים כדפרישית בריש פרקין (דף ב.): קראי אתא לאשמועינן. (ג) כדאמרן בריש פרקין (דף ג:) דברי נחמיה בן חכליה: ואי בעית אימא. רב חסדא דאיצטריך לאשמועינן כדאמרן למלכי אומות בתשרי לית ליה הא דרב פפא דפריש ר"ה לשנים דהכא לשטרות אלא כר' זירא מתני לה לפירושא לשנים דמתני' דר' זירא מתני ר"ה לשנים לתקופת חמה ולבנה לומר שמונין לבריאתן והילוכן [של] תקופת החמה ומולדות הלבנה מתשרי: ור"א היא דאמר בתשרי נברא העולם. לקמן בפרקין (דף יא.): רב נחמן בר יצחק אמר. ר"ה לשנים דתנן הכא לדין תנא שהקב"ה דן בתשרי את כל באי העולם כל הקורות אותם עד תשרי הבא: דכתיב עיני ה' אלהיך בה מראשית השנה. הנגזרות עליה: שהחדש

תוספות

והרי יובלות. יש תימה מאי ס"ד הא לא מיתוקמינן כלל אלא לרבי ישמעאל בנו של ר"י ב"ב לקמן: ל) [באחד בשבט כבית שמאי. פי' בתמיה]: שלשה לדברי הכל ואחד בשבט מחלוקת. הא לא מתוקמא כר"ש דלית ליה אחד באלול אלא כר"מ אתיא מ) [ואכתי] צריכי למימר דנסיב לה אליבא דתנאי דלרגלים לא מיתוקמא כר"מ: לבשו כרים הצאן. מתרגמינן יעלון דוכרייא עילוי ענא והוא לשון נקיה נ) ובקונט' מפרש לקמן (ד' יא.) לגבי הא דאמר רבי יהושע בניסן נברא העולם דקאמרינן באותו הפרק זמן בהמה וחיה שמזדווגים זה עם זה ובכאן לא פירש כן: סמוך לגמרו עשורו. ואע"ג דתנן בפ"ק דמעשרו' (מ"ג) התבואה והזיתים משיביאו שליש מ"מ אין דרך ללקטם אלא כשנגמרו: מה מעשר דגן ר"ה שלו תשרי. כדתנן בפירקין (דף ב.) ולירקות דהיינו למעשר כך מפרש בגמ' (דף יב.) ומיהו לא מפרש מנלן ושמא נפקא לן מדכתיב עשר תעשר את כל תבואת זרעך היוצא השדה שנה שנה וגמר שנה שנה מתשרי דכתיב מראשית השנה כדלקמן (ע"ב) גבי לשמיטין ס) [ועי"ל דטעמא דבתשרי כדפירש רש"י פ"ב דכתובות (דף כה.) דלא נתחייבו ישראל במעשר עד שהתחילו למנות שמיטין א"כ מעשר בשמיטין תלה רחמנא ושמיטין הוי תשרי ר"ה]: רב חסדא כר' זירא. דמוקים ליה למתני' לתקופות והא דלא תנא תשרי ר"ה למלכי אומות העולם משום דבאומות העולם לא קמיירי: לתקופות כר"א דאמר בתשרי נברא העולם. ומונין מולד הלבנה והתקופה מאחד בתשרי ורבי יהושע מונה מניסן ויש נפקותא מרובה בדבר במה שקודם מנין של זה למנין של זה חצי שנה והא דקיימא לן פרק כילד מעברין (עירובין ד' נו. ושם) דאין תקופת ניסן נופלת אלא בארבעה רבעי היום אם בתחילת היום וכו' היינו משום דהתם כולהו כר' יהושע דתניא בברייתא כוותיה דשמואל סבר כר' יהושע דלר"א בכ"ה באלול נברא העולם ולר' יהושע בכ"ה באדר היינו דכשנברא אדם בששי קדש החדש וזה טעם למחשבי העבור לאחר שצרפו כל השעות (ד) והקפה של כל מחזורים שמסירין ז"ט תרמ"ב פי' ז' ימים תשע שעות תרמ"ב חלקים דרגילים לומר לפי שהיתה הלבנה נזופה ע"י שקטרגה והגה נזיפה בעצמה ז"ט תרמ"ב ולא מצינו טעם זה בכל מקום אלא זהו הטעם לפי שהמונה מבריאת העולם לא מונה ר"ה עד יום ששי שנברא אדם הראשון ובשעה תשיעית נצטווה כדאמר פרק אחד דיני ממונות (סנהדרין ד' לח:) ומסתמא אז קדש החדש ומשקדש החדש ע"כ היה המולד ו' שעות קודם דשית שעי מכסי סיהרא ונמצא המולד בתחילת

א) [בכורות נג:], ב) [ע"ז י. ושם איתא רב חסדא אכן מתירוצו ואיבעית אימא ר"ח כרבי זירא וכו' מוכח דליתא וברי"ף וברא"ש דהכא איתא רב פפא], ג) [לעיל ב. וש"נ], ד) [שם], ה) [לעיל ג.], ו) [פסחים קא: כתובות יח:], ז) [לקמן י: ח. ע"ז ח:], ח) [לקמן יב.], ט) [לקמן לד.] ביצה טז. סנהדרין יא:, י) רש"א, כ) [כדאיתא בבכורות ד' ח.], ל) ת"י, מ) ת"י, נ) והוא תלמוד ערוך ובת"י אינו. העתק מחילופי גרסאות, ס) ת"י.

הגהות הב"ח

(א) גמ' בנו של ריב"ב היא רב אשי אמר: (ב) רש"י ד"ה ר"ה שלהן אלול. דסמוך לגמרו הוא זמן: (ג) ד"ה קראי אתא לאשמועי' דברי נחמיה בן חכליה דאמרן בריש פרקין הס"ד: (ד) תוס' ד"ה לתקופות כו' לאחר שצרפו כל השעות הימים של כל:

תורה אור השלם

א) לָבְשׁוּ כָרִים הַצֹּאן וַעֲמָקִים יַעַטְפוּ בָר יִתְרוֹעֲעוּ אַף יָשִׁירוּ: [תהלים סה, יד]

ב) עַשֵּׂר תְּעַשֵּׂר אֵת כָּל תְּבוּאַת זַרְעֶךָ הַיֹּצֵא הַשָּׂדֶה שָׁנָה שָׁנָה: [דברים יד, כב]

ג) אֶרֶץ אֲשֶׁר יְיָ אֱלֹהֶיךָ דֹּרֵשׁ אֹתָהּ תָּמִיד עֵינֵי יְיָ אֱלֹהֶיךָ בָּהּ מֵרֵשִׁית הַשָּׁנָה וְעַד אַחֲרִית שָׁנָה: [דברים יא, יב]

ד) תִּקְעוּ בַחֹדֶשׁ שׁוֹפָר בַּכֶּסֶה לְיוֹם חַגֵּנוּ: [תהלים פא, ד]

ליקוטי רש"י

לבשו כרים הצאן. יתלבשון השרון והערבה מן הצאן הבאים לרעות הדשא אשר הצמיח המטר [תהלים סה יד]. זמן שיתרועעו שבלים בניסן אלמא ניסן זמן זווג בהמה הוא [לקמן יא.]. ועמקים יעטפו בר. יהיו מעוטפים העמקים בתבואה ולזו יתרועעו הבריות תרועת שמחה וישירו מרוב הברכה [תהלים שם]. לשטרות. להכמין אותו שטר חוב מוקדם למלוה שהוא מאוחר [לעיל ב.]. לכל אימת דקאי מלכא מכי מטי שלושי אדר סלקא ליה שתא ומניין ריש שתא תניא למיכתב בשטרי [ע"ז י.]. המוקדמין. מלוה [ב"מ עב.]. ליכתב קודם המלוה [סנהדרין לב.]. שמקדים זמן הכתוב בשטר ליום כתיבתו א"נ שנכתב השטר באחד בניסן וכן כתוב בו באחד בניסן ולוה פלוני

מפלוני והלוה לא לוה ממנו כלום עד ט"ו בניסן [רשב"ם ב"ב קנז:]. שכתבוהו ביום ט"ו בניסן וכתב בתוך השטר לאחד בניסן [שם]. שכתבוהו באחד באייר ותוך השטר הקדימו וכתבו בו באחד בניסן [שם קעא:]. פסולין. [illegible]

עין משפט נר מצוה

מב א מיי' פ"ג מהל' תשובה הל' ג:

רבינו חננאל

והרי יובלות שיש להן מעשה תקיעת שופר ושלוח עבדים וחזרת ממכר ופרקינן מתני' ר' ישמעאל היא דאמר מר"ה (שנא') חייל יובל. והני כולהו אינן אלא ביום הכפורים ופריק רב אשי פירוק אחר ואמר הכי קתני ד' ראשי שנים הן ג' לדברי הכל שהן ראשי חדשים באחד בניסן ובאחד באלול ובאחד בתשרי. אבל הרביעי באחד בשבט מחלוקת ב"ש וב"ה. ר' אלעזר ור' שמעון אומרי' באחד בתשרי א"ר יוחנן ושניהן מקרא אחד דרשו לבשו כרים הצאן וגו' עד אימתי נעשו הצאן מלבוש לכרים שהן הטלאים כלומ' מתעברות בזמן שהעמקים יעטפו בר. ואימתי מתכסים העמקים מצמחי התבואה באדר הלכך מתעברות באדר ויולדות באב לה' חדשים. ר"ה שלהן אלול. ור"א ור"ש אומרים בזמן ששבולת אומרת שירה מתעברות כלומר שהתבואה גדולה ונעשית קמה. ובזמן שהרוח מנשבת בהן נשמע מתוכה בקול הברה וזו היא כעין שירה. ואימתי מגיעות בזה הגבול בניסן. הלכך מתעברות בניסן ויולדות באלול. ר"ה שלהן תשרי. פירוש חרפתא. הבכירות. אפלתא. האפילות. בשלמא האי קרא דייקא כר' מאיר שמתעברות באדר בזמן שהעמקים יעטפו בר באדר ומשתכחי נמי א) באדר. בכירות שעומדות קמה ואומרות שירה. אלא לר"א ולר"ש איפכא הוא והכי הוה ליה למכתב לבשו כרים הצאן יתרועעו אף ישירו. ועמקים יעטפו בר כלומ' מתעברות בניסן בזמן שיתרועעו אף ישירו. ואיכא נמי עמקים [יעטפו] בר (באפליאתא) [בחרפייתא]. ופריק רבא לדברי הכל באדר מתעברות כדמפרש קרא ובאקושי מעשר בהמה למעשר דגן פליגי ופשוטה היא. באחד בתשרי ר"ה לשנים ואוקמה רב חסדא כר' זירא [מתני להו] דאמר ר"ה לחשבון תקופות. ור' אליעזר הוא דאמר כדבעינן למימר לקמן בתשרי נברא העולם. רב נחמן בר יצחק אמר ר"ה לדין. דכתיב מראשית השנה עד וגו' מראש נידון מה יהא בסופה. וממאי דתשרי הוא דכתיב תקעו בחודש שופר וגו' ופשוטה היא. ולשמיטין

חשק שלמה על ר"ח

א) נראה דצ"ל יעטפו בר באדר ומשתכחי נמי אפילות שעומדות קמה בניסן ואומרות שירה.

when *[the crops] shout joyfully, they even sing.* אֶלָּא לְרַבִּי אֶלְעָזָר וְרַבִּי שִׁמְעוֹן אִיפְּכָא מִיבָּעֵי לֵיהּ – **But according to R' Elazar and R' Shimon it should be** written in **the opposite** order: ,,לָבְשׁוּ כָרִים הַצֹּאן" בִּזְמַן שֶׁ,,יִתְרוֹעֲעוּ אַף־יָשִׁירוּ" – ***The sheep of the flock become clad*** **at a time when** ***[the crops] shout joyfully, they even sing.*** וְאִיכָּא נַמִּי דִ,,עֲמָקִים יַעַטְפוּ־בָר" – **And there are also some** that become pregnant when ***the valleys cloak themselves with fodder.***[12] **– ? –**

The Gemara therefore offers another explanation of the dispute: אֶלָּא אָמַר רָבָא – **Rather, Rava said:** דְּכוּלֵּי עָלְמָא – **According to all** opinions, the verse is interpreted as follows: ,,לָבְשׁוּ כָרִים הַצֹּאן" – ***The sheep of the flock become clad*** בִּזְמַן שֶׁ,,עֲמָקִים יַעַטְפוּ־בָר" – at a time when ***the valleys cloak themselves with fodder,*** בַּאֲדָר – which is **in Adar.** וְהָכָא בְּהַאי קְרָא קָמִיפַּלְגֵי – **And here they disagree about the** following **verse,** that states:[13] ,,עַשֵּׂר תְּעַשֵּׂר" – ***You shall surely tithe*** [literally: Tithe, you shall tithe] *the entire crop of your planting.* From the repetition of the term "tithe" we derive that בִּשְׁנֵי מַעְשְׂרוֹת הַכָּתוּב מְדַבֵּר – **the verse is speaking of two** types of **tithes:** אֶחָד מַעְשַׂר בְּהֵמָה וְאֶחָד מַעְשַׂר דָּגָן – **one** is **the tithe of animals and one** is **the tithe of produce.** And all agree that the Torah alludes to these two tithes in consecutive words to teach that their laws are analogous; they disagree, however, as to how the comparison should be drawn. רַבִּי מֵאִיר סָבַר מַקִּישׁ מַעְשַׂר בְּהֵמָה לְמַעְשַׂר דָּגָן – **R' Meir holds that we should compare the tithe of animals to the tithe of produce,** as follows: מָה מַעְשַׂר דָּגָן סָמוּךְ לִגְמָרוֹ עִישּׂוּרוֹ – **Just as** regarding **the tithe of produce, its tithe** must be taken **close to when its growth is completed,**[14] אַף מַעְשַׂר בְּהֵמָה סָמוּךְ לִגְמָרוֹ עִישּׂוּרוֹ – **so** too regarding **the tithe of animals, its tithe** must be taken **close to when [the animals] are complete,** i.e. when the flocks finish giving birth. Therefore, since the animals finish giving birth in Av, their New Year is Elul. וְרַבִּי אֶלְעָזָר וְרַבִּי שִׁמְעוֹן סָבְרֵי מַקִּישׁ מַעְשַׂר בְּהֵמָה לְמַעְשַׂר דָּגָן – **But R' Elazar and R' Shimon hold that we should compare the tithe of animals to the tithe of produce** differently: מָה מַעְשַׂר דָּגָן רֹאשׁ הַשָּׁנָה שֶׁלּוֹ תִּשְׁרֵי – **Just as** regarding **the tithe of produce, its New Year is** in **Tishrei,** אַף מַעְשַׂר בְּהֵמָה רֹאשׁ הַשָּׁנָה שֶׁלּוֹ תִּשְׁרֵי – **so** too regarding **the tithe of animals, its New Year is** in **Tishrei.**

The Mishnah stated:
בְּאֶחָד בְּתִשְׁרֵי רֹאשׁ הַשָּׁנָה לְשָׁנִים – ON THE FIRST OF TISHREI IS THE NEW YEAR FOR reckoning THE YEARS.

The Gemara inquires:
לְמַאי הִלְכְתָא – **Concerning what law** is the first of Tishrei a New Year?

The Gemara answers:
אָמַר רַב פָּפָּא – **Rav Pappa said:** לִשְׁטָרוֹת – **It is relevant to** the dating of **documents.**[15] דִּתְנַן – **For we learned in a Mishnah:**[16] שְׁטָרֵי חוֹב הַמּוּקְדָּמִין פְּסוּלִין – PREDATED DEBT DOCUMENTS ARE INVALID. וְהַמְאוּחָרִין כְּשֵׁירִין – BUT POSTDATED ONES ARE VALID. Since documents are commonly dated using the current year of the king's reign, it is necessary to have a standardized method of reckoning that year to determine whether a particular document is predated or postdated.[17]

The Gemara asks:
וְהָתְנַן – **But we learned** earlier **in** our **Mishnah:** בְּאֶחָד בְּנִיסָן רֹאשׁ הַשָּׁנָה לַמְּלָכִים – ON THE FIRST OF NISSAN IS THE NEW YEAR FOR KINGS. וְאָמְרִינַן לְמַאי הִלְכְתָא – **And we asked: Concerning what law** is the first of Nissan a New Year for kings? וְאָמַר רַב חִסְדָּא – **And Rav Chisda said:** לִשְׁטָרוֹת – It is relevant **to** the dating of **documents!** Thus, according to Rav Pappa, the Mishnah seems to be contradicting itself. **– ? –**

The Gemara answers:
לֹא קַשְׁיָא – **It is not a difficulty.** כָּאן לְמַלְכֵי יִשְׂרָאֵל – **Here** where it states Nissan, the Mishnah refers **to Jewish kings;** כָּאן לְמַלְכֵי אוּמּוֹת הָעוֹלָם – whereas **here,** where it states Tishrei, the Mishnah refers **to kings of** other **nations of the world.**[18]

The Gemara asks:
אֶלָּא הָא דְּאָמַר רַב חִסְדָּא – **But** now **that which Rav Chisda said** above (3a): לֹא שָׁנוּ אֶלָּא לְמַלְכֵי יִשְׂרָאֵל – **The Mishnah** [which states that the first of Nissan is the New Year for kings] **taught** its ruling **only regarding Jewish kings;** אֲבָל לְמַלְכֵי אוּמּוֹת הָעוֹלָם מִתִּשְׁרֵי מָנִינָן – **but regarding kings of** the other **nations of the world, we count from Tishrei** – רַב חִסְדָּא מַתְנִיתִין אָתָא לְאַשְׁמוּעִינַן – **is Rav Chisda coming to inform us** of that which we can learn ourselves from **the Mishnah?**[19]

The Gemara answers:
לֹא – **No!** רַב חִסְדָּא קְרָאֵי אָתָא לְאַשְׁמוּעִינַן – **Rav Chisda is coming to inform us** which **verses** this fact can be derived from.[20]

The Gemara presents an alternative answer:
וְאִיבָּעֵית אֵימָא – **And if you wish, say:** רַב חִסְדָּא כְּרַבִּי זֵירָא מַתְנֵי לָהּ – **Rav Chisda interprets the Mishnah as R' Zeira does.**[21] דְּרַבִּי זֵירָא אָמַר לִתְקוּפָה – **For R' Zeira said** that Tishrei is considered the New Year for years in relation **to the seasons.**[22] וְרַבִּי אֱלִיעֶזֶר הִיא – **And this** opinion of R' Zeira **is** in consonance with the view of **R' Eliezer,** דְּאָמַר בְּתִשְׁרֵי נִבְרָא הָעוֹלָם – **who said that the world was created in Tishrei.**[23] Rav Chisda

NOTES

12. It is logical that the verse would first indicate when most sheep become pregnant, and only then add the time when the rest do so. Accordingly, the verse makes sense only according to R' Yochanan's explanation of R' Meir's view; according to his explanation of R' Elazar and R' Shimon, however, the verse should have mentioned Nissan first and Adar only afterwards (see *Rashi*).

13. *Deuteronomy* 14:22.

14. We know that Tishrei is the New Year for the produce tithe from a Baraisa cited below (12a). And Tishrei is close to the time that the produce becomes complete, since it stands in piles in the field all summer to dry (*Rashi;* cf. *Turei Even*).

[Although grain is subject to tithes once it is one third grown, it is not usually harvested until fully grown (and tithes can be taken from produce only once it has been harvested) (*Tosafos*).]

15. I.e. to count the new year of the king's reign which was written on all documents, as was explained above [2a] (*Rashi;* see *Turei Even*).

16. *Sheviis* 10:5.

17. See above, 2a notes 15-17.

18. Thus, when a document is dated using the reign of a Jewish king, the years are counted from Nissan; when using the reign of a gentile king, however, the years are counted from Tishrei.

19. I.e. if both laws are stated in the Mishnah, what did Rav Chisda mean to add?

20. [See *Rashi* and *Sifsei Chachamim;* cf. *Menachem Meishiv Nefesh.*] In the Gemara above (3a), Rav Chisda adduced proof from Scripture that the reigns of gentile kings are not counted from Nissan (rather from Tishrei).

21. That is, Rav Chisda does not understand the "New Year for years" as referring to counting the years of a king for a document, as Rav Pappa understood it (*Rashi*). Rav Chisda therefore found it necessary to explain that the Nissan New Year for kings applies only to Jewish kings and not to gentile kings.

[See *Tosafos* and other Rishonim, who discuss why, according to this view, the Mishnah does not in fact state that Tishrei is the New Year for gentile kings.]

22. That is, we calculate the solar and lunar seasons based on a starting point which assumes the creation of the world to have begun in Tishrei (*Rashi;* see *Tosafos*).

23. This view will be stated below, 10b (*Rashi*).

והרי יובלות ר' ישמעאל בנו של רבי יוחנן בן ברוקה היא (א) ורב אשי אמר ארבע ראשי השנים הם שהן בארבע ראשי חדשים באחד בשבט כב"ש ה"ק שלשה לדברי הכל באחד בשבט מחלוקת ב"ש וב"ה: ר' אלעזר ור"ש אומרים באחד בתשרי: א"ר יוחנן ושניהם מקרא אחד דרשו שנאמר א) לבשו כרים הצאן ועמקים יעטפו בר יתרועעו אף ישירו ר"מ סבר אימתי לבשו כרים הצאן בזמן שעמקים יעטפו בר ואימתי עמקים יעטפו בר באדר מתעברות באדר ויולדות באב ר"ה שלהן אלול ר' אלעזר ור"ש אומרים אימתי לבשו כרים הצאן בזמן שיתרועעו אף ישירו אימתי שבלים אומרות שירה בניסן מתעברות בניסן ויולדות באלול ר"ה שלהן תשרי ואידך נמי הא כתיב יתרועעו אף ישירו ההוא באפלתא דהויין בניסן ואידך נמי הכתיב ועמקים יעטפו בר ההוא בחרפייתא דאתיין מאדר בשלמא לר"מ כדכתיב לבשו כרים הצאן בזמן שעמקים יעטפו בר ואיכא נמי יתרועעו אף ישירו אלא לרבי אלעזר ור"ש איפכא מיבעי ליה לבשו כרים הצאן בזמן שיתרועעו אף ישירו ואיכא נמי דעמקים יעטפו בר אלא אמר רבא דכ"ע לבשו כרים הצאן בזמן שעמקים יעטפו בר באדר והכא בהאי קרא קמיפלגי ב) עשר תעשר ח) בשני מעשרות הכתוב מדבר אחד מעשר בהמה ואחד מעשר דגן ר"מ סבר מקיש מעשר בהמה למעשר דגן מה מעשר דגן סמוך לגמרו עישורו אף מעשר בהמה סמוך לגמרו עישורו ורבי אלעזר ור"ש סברי מקיש מעשר בהמה למעשר דגן מה מעשר דגן ר"ה שלו תשרי אף מעשר בהמה ר"ה שלו תשרי: באחד בתשרי ר"ה לשנים: למאי הלכתא אמר רב ו) פפא לשטרות דתנן ז) שטרי חוב המוקדמין פסולין והמאוחרין כשירין והתנן באחד בניסן ר"ה למלכים ואמרינן ח) למאי הלכתא ואמר רב חסדא לשטרות לא קשיא כאן למלכי ישראל כאן למלכי אומות העולם אלא הא דאמר רב חסדא ט) לא שנו אלא למלכי ישראל אבל למלכי אומות העולם מתשרי מנינן רב חסדא י) מתניתין אתא לאשמועינן לא רב חסדא קראי אתא לאשמועינן ואיבעית אימא רב חסדא כרבי זירא מתני לה דרבי זירא אמר לתקופה ור"א היא דאמר כ) בתשרי נברא העולם רב נחמן בר יצחק אמר ל) לדין דכתיב ג) מראשית השנה ועד אחרית שנה מראשית השנה נידון מה יהא בסופה ממאי דתשרי הוא דכתיב ד) תקעו בחדש שופר בכסה ליום חגנו מ) איזהו חג שהחדש

שהחדש

והרי יובל. שהוא תלוי בתקיעה: רב אשי אמר. הא דלא חשיב במתניתין אלא ארבעה לפי שלא מנה אלא ראשי שנים הבאים בראשי חדשים ואין רגלים מן המנין אלא כדאמרינן רגל שבו ולהכי לא תני נמי ר"ה דעומר ושתי הלחם: ופרכינן א"כ באחד בשבט. סתם לן תנא ברישא כב"ש דאי כב"ה הא אמרי בט"ו בו: ה"ק כו'. תנא דמתניתין סתם ברישא אחד בשבט בראשי שנים והדר פריש ואזיל בסיפא באחד בשבט ר"ה לאילן דברי ב"ש למימרא דהא דסתם ברישא ארבעה ראשי שנים בראשי חדשים לאו דברי הכל היא אלא אב"ה קאי: [שלשה לדברי הכל. לאו דוקא] דהא אחד באלול נמי פלוגת' היא דר"א ור"ש אומרים באחד בתשרי [אלא אב"ה קאי]: לבשו כרים הצאן. מקרא הוא בספר תהלים לבשו כרים הצאן ועמקים יעטפו בר יתרועעו אף ישירו לבשו כרים הצאן מתלבשות הכבשים שמתעברות: יעטפו בר. שהזריעה צומחת וניכרת יפה: יתרועעו אף ישירו. בניסן כשיגיע זמן הקציר והתבואה בקשים שלה והרוח מנשבת והן נוקשים זו על זו ונשמע הקול ונראות כמשוררות: זמן עיבור בהמה דקה חמשה חדשים ב): ר"ה שלהן אלול. דסמוך לגמרו (ב) זמן חדש ויש שלהן לחידוש השנה: בזמן שיתרועעו. השיבולים: ההוא באפלתא. יש לך לאן המעטיפות ומתאחרות לקבל זכר עד ניסן אבל רובן מאדר הוו: בשלמא לר"מ. דדריש קרא כדכתיב לבשו כרים: ואיכא נמי. מיעוטא שאין מתלבשות כרים עד שיתרועעו השיבולים: אלא לר"א. דאמר רובא בניסן ומיעוטא באדר איפכא מיבעי ליה למיכתב: מעשר דגן סמוך לגמרו עישורו. ר"ה למעשרות תשרי דהכי תני ליה לקמן (דף יב.) בברייתא ותשרי סמוך לגמרו הוא לכל ימות החמה מכניס ליבש בגרנות שבשדות: בא' בתשרי ר"ה לשנים למאי הלכתא לשטרות. לתחילת שנות מלכים כדפרישית בריש פרקין (דף ב:): קראי אתא לאשמועינן. (ג) כדאמרן בריש פרקין (דף ג:) דברי נחמיה בן חכליה: ואי בעית אימא. רב חסדא דאיצטריך לאשמועינן כדאמרן למלכי אומות בתשרי לית ליה הא דרב פפא דפריש ר"ה לשנים דהכא לשטרות אלא כר' זירא מתני לה לפירושא דלשנים דמתני' דר' זירא מתני ר"ה לשנים לתקופת חמה ולבנה לומר שמונין לבריית' והילוכן [של] תקופת החמה ומולדות הלבנה מתשרי: ור"א היא דאמר בתשרי נברא העולם. לקמן בפרקין (דף י:): רב נחמן בר יצחק אמר. ר"ה לשנים דתנן הכא לדין תנא שהקב"ה דן בתשרי את כל באי העולם כל הקורות אותם עד תשרי הבא: דכתיב עיני ה' אלהיך בה מראשית השנה. הנגזרות עליה:

שהחדש

והרי יובלות. יש תימה מאי ס"ד הא לא מיתוקמינן כלל אלא כרבי ישמעאל בנו של ר"י ב"ב לקמן: ל) [**באחד** בשבט כבית שמאי. פי' בתמיה]: **שלשה** לדברי הכל ואחד בשבט מחלוקת. הא לא מתוקמא כר"ש דלית ליה אחד באלול אלא כר"מ אתיא מ) [ואכתי] צריכי למימר דנסיב לה אליבא דתנאי דלרגלים לא מיתוקמא כר"מ: **לבשו** כרים הצאן. מתרגמינן יעלון דוכרייא עילוי ענא והוא לשון נקיה נ) ובקונט' מפרש לקמן (ד' יא.) לגבי הא דאמר רבי יהושע בניסן נברא העולם דקאמרינן באותו הפרק זמן בהמה וחיה שמזדווגים זה עם זה ובכאן לא פירש כן: **סמוך** לגמרו עשורו. ואע"ג דתנן בפ"ק דמעשרו' (מ"ג) התבואה והזיתים משיביאו שליש מ"מ אין דרך ללקוט אלא כשנגמרו: **מה** מעשר דגן ר"ה שלו תשרי. כדתנן בפירקין (דף ב.) ולירקות דהיינו למעשר כך מפרש בגמ' (דף יב.) ומיהו לא מפרש מנלן ושמא נפקא לן מדכתיב עשר תעשר את כל תבואת זרעך היוצא השדה שנה שנה וגמר שנה שנה מתשרי דכתיב מראשית השנה כדלקמן (ע"ב) גבי לשמיטין ס) [ועי"ל דטעמא דבתשרי כדפירש רש"י פ"ב דכתובות (דף כה.) דלא נתחייבו ישראל במעשר עד שהתחילו למנות שמיטין א"כ מעשר בשמיטין תלה רחמנא ושמיטין הוי תשרי ר"ה]: **רב** חסדא כר' זירא. דמוקים ליה למתני' לתקופות והא דלא תנא תשרי ר"ה למלכי אומות העולם משום דבאומות העולם לא קמיירי: **לתקופות** כר"א דאמר בתשרי נברא העולם. ומונין מולד הלבנה והתקופה מאחד בתשרי ורבי יהושע מונה מניסן ויש נפקותא מרובה בדבר במה שקודם מנין של זה למנין של זה חצי שנה והא דקיימא לן פרק כילד מעברין (עירובין ד' נו. ושם) דאין תקופת ניסן נופלת אלא בארבעה רבעי היום אם בתחילת היום וכו' היינו משום דהתם כולהו כר' יהושע דתניא בברייתא כוותיה דשמואל סבר כר' יהושע דלר"א בכ"ה באלול נברא העולם ולר' יהושע בכ"ה באדר היינו דכשנברא אדם בששי קדש החדש וזה טעם למחשבי העבור לאחר שגרפו כל השעות (ד) והקפה של כל מחזורים שמסירין ז"ט תרמ"ב פי' ז' ימים תשע שעות תרמ"ב חלקים דרגילים לומר לפי שהיתה הלבנה מופה ע"י שקטרגה והגה מזיפה בעצמה ז"ט תרמ"ב ולא מלינו טעם זה בכל מקום אלא זהו הטעם לפי שהמונה מבריאת העולם לא מונה ר"ה עד יום ששי שנברא אדם הראשון ובשעה תשיעית נצטוה כדאמר פרק אחד דיני ממונות (סנהדרין ד' לח:) ומסתמא אז קדש החדש ומשקדש החדש ע"כ היה המולד ו' שעות קודם לשית שעי מכסי סיהרא ונמלא המולד

בתחילת

עין משפט נר מצוה

מב א מיי' פ"ג מהל' תשובה הל' ג:

רבינו חננאל

והרי יובלות שיש להן מעשה תקיעת שופר ושלוח עבדים וחזרת ממכר ופרקינן מתני' ר' ישמעאל היא דאמר מר"ה (שנא') חייל יובל. והני כולהו אינן אלא ביום הכפורים ופריק רב אשי פירוק אחר ואמר הכי קתני ד' ראשי שנים הן ג' לדברי הכל שהן ראשי חדשים באחד בניסן ובאחד באלול ובאחד בתשרי. אבל הרביעי באחד בשבט מחלוקת ב"ש וב"ה. ר' אלעזר ור' שמעון אומרי' באחד בתשרי א"ר יוחנן ושניהן מקרא אחד דרשו לבשו כרים הצאן וגו' עד אימתי נעשו הצאן מלבוש לכרים שהן הטלאים כלומ' מתעברות בזמן שהעמקים יעטפו בר. ואימתי מתכסים העמקים מצמחי התבואה באדר הלכך מתעברות באדר ויולדות באב לה' חדשים. ר"ה שלהן אלול. ור"א ור"ש אומרים בזמן ששבולת אומרת שירה מתעברות כלומר שהתבואה גדולה ונעשית קמה. ובזמן שהרוח מנשבת בהן נשמע מתוכה בקול הברה וזו היא כעין שירה. ואימתי מגיעות בזה הגבול בניסן. הלכך מתעברות בניסן ויולדות באלול. ר"ה שלהן תשרי. פירוש חרפתא. הבכירות. אפלתא. האפילות. בשלמא האי קרא דייקא כר' מאיר שמתעברות באדר בזמן שהעמקים יעטפו בר באדר ומשתכחי נמי א) באדר. בכירות שעומדות קמה ואומרות שירה. אלא לר"א ולר"ש איפכא הוא והכי הוה ליה למכתב לבשו כרים הצאן יתרועעו אף ישירו. ועמקים יעטפו בר כלומ' מתעברות בניסן בזמן שיתרועעו אף ישירו. ואיכא נמי עמקים [יעטפו] בר (באפליאתא) [בחרפייתא]. ופריק רבא לדברי הכל באדר מתעברות כדמפרש קרא ובאקושי מעשר בהמה למעשר דגן פליגי ופשוטה היא. באחד בתשרי ר"ה לשנים ואוקמה רב חסדא כר' זירא [מתני' [להן] דאמר ר"ה לחשבון תקופות. ור' אליעזר הוא דאמר כדבעינן למימר לקמן בתשרי נברא העולם. רב נחמן בר יצחק אמר ר"ה לדין. דכתיב מראשית השנה עד וגו' מראש נידון מה יהא בסופה. וממאי דתשרי הוא דכתיב תקעו בחודש שופר וגו' ופשוטה היא. ולשמיטין

חשק שלמה על ר"ח

א) נראה דל"ל יעטפו בר באדר ומשתכחי נמי אפילות שעומדות קמה בניסן ואומרות שירה.

מסורת הש"ס

א) [בכורות נג:], ב) [ע"ז י. וסם איתא רב חסדא אכן מתירגו ואיבעית אימא ר"מ כרבי זירא וכו' מוכח דליתא וגרי"ף וברא"ש דהכא איתא רב פפא], ג) [לעיל ב. וש"נ], ד) [שם], ה) [לעיל ג.], ו) [פסחים קא: כתובות יח:], ז) [לקמן י: ס. ע"ז ח:], ח) [לקמן יב.], ט) [לקמן לד.] ביצה טז. סנהדרין יא:, י) רש"א, כ) [כדאיתא בבכורות ד' ח.], ל) מ"י, מ) מ"י, נ) והוא תלמוד ערוך ובת"י ליתו. העתק מחילופי גרסאות, ס) מ"י.

הגהות הב"ח

(א) גמ' בנו של ריב"ב היא רב אשי אמר: (ב) רש"י ד"ה ר"ה שלהן אלול. דסמוך לגמרו הוא זמן: (ג) ד"ה קראי אתא לאשמועי' דברי נחמיה בן חכליה דאמרן בריש פרקין הס"ד: (ד) תוס' ד"ה לתקופות כו' לאחר שגרפו כל השעות הימים של כל:

תורה אור השלם

א) לָבְשׁוּ כָרִים הַצֹּאן וַעֲמָקִים יַעַטְפוּ בָר יִתְרוֹעֲעוּ אַף יָשִׁירוּ: [תהלים סה, יד]

ב) עַשֵּׂר תְּעַשֵּׂר אֵת כָּל תְּבוּאַת זַרְעֶךָ הַיֹּצֵא הַשָּׂדֶה שָׁנָה שָׁנָה: [דברים יד, כב]

ג) אֶרֶץ אֲשֶׁר יְיָ אֱלֹהֶיךָ דֹּרֵשׁ אֹתָהּ תָּמִיד עֵינֵי יְיָ אֱלֹהֶיךָ בָּהּ מֵרֵשִׁית הַשָּׁנָה וְעַד אַחֲרִית שָׁנָה: [דברים יא, יב]

ד) תִּקְעוּ בַחֹדֶשׁ שׁוֹפָר בַּכֶּסֶה לְיוֹם חַגֵּנוּ: [תהלים פא, ד]

ליקוטי רש"י

לבשו כרים הצאן. יתלבשון השרון והערבה מן הצאן הבאים לרעות הדשא אשר הצמיח המטר [תהלים סה יד]. בזמן שיתרועעו שבלים בניסן אלמא ניסן זמן זיווג בהמה הוא [לקמן יא.]. **ועמקים יעטפו בר.** ע"י המטר יהיו מעוטפים העמקים בתבואה ואז יתרועעו הבריות תרועת שמחה וישירו מרוב הברכה [תהלים שם]. **לשטרות.** להבחין איזה שטר חוב מוקדם למלוה ואיזה מאוחר [לעיל ב.]. דכל אימת דקאי מלכא מכי מטי שילהי אדר סלקא ליה שתא וביניסן ריש שתא תניינא למיכתב בשטרי [ע"ז י.]. **המוקדמין.** למלוה [ב"מ עב.]. ליכתב קודם המלוה [סנהדרין לב.]. שהקדים זמן הכתוב בשטר ליום כתיבתו א"נ שנכתב השטר באחד בניסן וכן כתוב בו באחד בניסן לוה פלוני מפלוני והוא לא לוה ממנו כלום עד ט"ו בניסן [רשב"ם ב"ב קנז:]. שנכתבו ביום ט"ו בניסן וכתב בתוך השטר באחד בניסן [שם]. שכתבוהו באחד באייר ובתוך השטר הקדימו וכתבו בו באחד בניסן [שם קעא:]. **פסולין.** לפי שרוצה לטרוף לקוחות שלקחו שדה מן הלוה מזמן שבשטר ושלא כדין הוא שהרי קדמה מכירה להלואה ובשטר מעיד שהלואה קדמה לפיכך קנסוהו מלגבות בו ולא יטרוף אפילו מזמן המלוה ואינו אלא כמלוה על פה שאינו גובה מן המשועבדים ואם לא קבעו יום לתחילת שנות המלך אלא כל מלך ומלך לפי יום שעמד אין להבחין אם השטר מוקדם או מאוחר כגון אם כתוב בו בכסליו בשנה שלישית לוה פלוני מפלוני מנה והעדים אמרו כשחתמנו בו לא ראינו שהלוהו אלא הלוה אמר לנו חתמו עלי שאני חייב לפלוני מנה כאותה ששינינו (לקמן קסז:) כותבין שטר ללוה אף על פי שאין מלוה עמו ואין אנו יודעין אם הלוהו קודם לכן או אחר כן אבל ראינו שהלוהו מנה בתמוז בשנה שלישית למלך פלוני ואם אין הדיינין יודעין באיזה חדש עמד המלך אין להבחין אם תמוז קודם לכסליו אם כסליו קודם לתמוז אם שנתו מתחלת בין תמוז לכסליו נמצא כסליו קודם לתמוז שלאחריו נמצא תמוז קודם לכסליו בכל שנותיו ושטר מוקדם הוא ואם עמד בין כסליו לתמוז קודם לכסליו בכל שנותיו ושטר מאוחר הוא ועכשיו שקבעו ניסן ראש השנה לעולם תמוז קודם לכסליו [לעיל ב.]. דבעי למיטרף לקוחות מזמן הכתוב בו ועדיין לא הלוה ושטר הלקוחות קודם למלוה וזה מוציא שטרו והוא קודם והוא שקר ואינו טורף מן המשועבדין ואפילו מן המאוחר למלוה [ב"מ שם]. דקא בעי למיטרף לקוחות מזמן הכתוב שלא כדין וקנסינן היתרא אטו איסורא ופסול אפילו מזמן שני כדאמרינן באיזהו נשך [סנהדרין שם]. שאין לו לטרוף אלא מזמן ההלואה ואילך ולא כאביי דאמר עדיו בחתומיו זכין לו בשנים אוחזין (ב"מ יג.) [רשב"ם ב"ב קנז:]. דאתי למיטרף לקוחות של ט"ו ימים ראשונים דניסן שלא כדין שהרי ההלואה היתה בט"ו בניסן והוא יטרוף לקוחות דט"ו קודם [שם]. ואפי' מזמן שני לא גובה [שם קעא.]. **והמאוחרין כשרין.** שבאו עדים ואמרו אנו יודעים במלוה זו שקדמה לזמן הכתוב כאן [סנהדרין שם]. לוה בניסן ולא נכתב עד תשרי אי נמי כתבוהו ביום שלוה אך איחר הזמן בתוך השטר וכתב בו בתשרי כשרין שמחל לו השעבוד עד תשרי ולא יטרוף לקוחות אלא מתשרי ואילך [רשב"ם ב"ב קנז:]. שכתבוהו באחד בניסן וכתבו בתוך השטר באחד באייר וכ"ש אם לוה בניסן ולא נכתב עד אייר דכשר שהרי מחל לו שעבוד של חדש שעבר [שם קעא.]. דמעליותא היא דקא מחיל ליה לשיעבודא עד השתא [סנהדרין שם]. **מתניתין אתא לאשמועינן.** בתמיה כיון דמתניתין בהכי עסקינן ולא מיתוקמא אלא בהכי מאי אתא לאשמועינן הרי כבר שנויה ועומדת ודבר השנוי במשנתינו שגור בפי הכל [כתובות יז:]. **מראשית השנה.** תמיד עיני ה' אלהיך בה לראות מה היא צריכה ולחדש בה גזירות עתים לטובה ועתים לרעה וכו' כדאיתא בר"ה. מרשית השנה. מר"ה נדון מה יהא בסופה [דברים יא יב]. **בחדש.** בחדוש הלבנה. **בכסה.** יום מועד קבוע לכך וכן (משלי ז) ליום הכסא יבוא ביתו למועד הקבוע [תהלים פא ד]. אחדש קאי תקעו בחדוש הלבנה שופר כשהוא מתכסה ביום חגנו [ביצה טז.].

therefore had to explain that the Mishnah's earlier reference to Nissan as the New Year for kings applies only to Jewish kings, but not to gentile kings.

The Gemara continues with another interpretation of "the New Year for years":

רַב נַחְמָן בַּר יִצְחָק אָמַר – **Rav Nachman bar Yitzchak said:** לְדִין – The first of Tishrei is the New Year **for judgment.**[24] דִּכְתִיב ,,מֵרֵשִׁית הַשָּׁנָה וְעַד אַחֲרִית שָׁנָה'' – **For it is written:**[25] *The eyes of God are on it **from the beginning of the year until the end of the year.*** מֵרֵאשִׁית הַשָּׁנָה נִידּוֹן מַה יְּהֵא בְּסוֹפָהּ – This means that **from the beginning of the year judgment is issued** regarding **what will occur at its end.**

The Gemara elaborates:

וּמִמַּאי דְּתִשְׁרֵי הוּא – And **from where** do we know **that this** verse **is** referring to **Tishrei?**[26] דִּכְתִיב ,,תִּקְעוּ בַחֹדֶשׁ שׁוֹפָר בַּכֶּסֶה לְיוֹם חַגֵּנוּ'' – **For it is written:**[27] ***Blow a shofar at the moon's renewal, when** the moon is **covered on our festive day.*** אֵיזֶהוּ חַג – Now, **on which festival**

NOTES

24. That is, on the first of Tishrei God decides everything that will occur to the entire populace of the world for the entire year until the next Tishrei (*Rashi*).

25. *Deuteronomy* 11:12. [Although the simple meaning of the verse refers to the Land of Israel, the Gemara expounds it here as referring to judgment upon the entire world. Possibly, this is due to the fact that God's judgment indeed centers on the Land of Israel; indeed the Gemara (*Taanis* 10a) clearly states with respect to rainfall (which is the subject of the passage that contains the verse cited here) that the Land of Israel receives the primary rainfall, while other lands receive only "remnants."]

26. I.e. granted that the verse thus cited teaches that judgment is issued at the beginning of the year for the entire year, how do we know what date the verse means when it states, "the beginning of the year"?

27. *Psalms* 81:4. The simple interpretation of the term בַּכֶּסֶה is *at the appointed time.* However, it can also be interpreted as *when it* [i.e. the moon] *is covered.* Our Gemara expounds the verse according to this interpretation. [See *Gilyonei HaShas* for the justification for this exposition.] See also below, 8b note 2.

והרי יובלות ר' ישמעאל בנו של רבי יוחנן בן ברוקה היא (א) ורב אשי אמר ארבע ראשי השנים הם שהן בארבע ראשי חדשים באחד בשבט כב"ש ה"ק שלשה לדברי הכל באחד בשבט מחלוקת ב"ש וב"ה: ר' אלעזר ור"ש אומרים באחד בתשרי: א"ר יוחנן ושניהם מקרא אחד דרשו שנאמר א) לבשו כרים הצאן ועמקים יעטפו בר יתרועעו אף ישירו ר"מ סבר אימתי לבשו כרים הצאן בזמן שעמקים יעטפו בר ואימתי עמקים יעטפו בר באדר מתעברות באדר ויולדות באב ר"ה שלהן אלול ר' אלעזר ור"ש אומרים אימתי לבשו כרים הצאן בזמן שיתרועעו אף ישירו אימתי שבלים אומרות שירה בניסן מתעברות בניסן ויולדות באלול ר"ה שלהן תשרי ואידך נמי הא כתיב יתרועעו אף ישירו ההוא באפלתא דהויין בניסן ואידך נמי הא כתיב ועמקים יעטפו בר ההוא בחרפייתא דאתיין מאדר בשלמא לר"מ כדכתיב לבשו כרים הצאן בזמן שעמקים יעטפו בר ואיכא נמי יתרועעו אף ישירו אלא לרבי אלעזר ור"ש איפכא מיבעי ליה לבשו כרים הצאן בזמן שיתרועעו אף ישירו ואיכא נמי דעמקים יעטפו בר אלא אמר רבא דכ"ע לבשו כרים הצאן בזמן שעמקים יעטפו בר באדר והכא בהאי קרא קמיפלגי ב) עשר תעשר ה) בשני מעשרות הכתוב מדבר אחד מעשר בהמה ואחד מעשר דגן ר"מ סבר מקיש מעשר בהמה למעשר דגן מה מעשר דגן סמוך לגמרו עישורו אף מעשר בהמה סמוך לגמרו עישורו ורבי אלעזר ור"ש סברי מקיש מעשר בהמה למעשר דגן מה מעשר דגן ר"ה שלו תשרי אף מעשר בהמה ר"ה שלו תשרי: באחד בתשרי ר"ה לשנים: למאי הלכתא אמר רב ג) פפא לשטרות דתנן ג) שטרי חוב המוקדמין פסולין והמאוחרין כשירין והתנן באחד בניסן ר"ה למלכים ואמרינן ד) למאי הלכתא ואמר רב חסדא לשטרות לא קשיא כאן למלכי ישראל כאן למלכי אומות העולם אלא הא דאמר רב חסדא ה) לא שנו אלא למלכי ישראל אבל למלכי אומות העולם מתשרי מנינן רב חסדא ו) מתניתין אתא לאשמועינן לא רב חסדא קראי אתא לאשמועינן ואיבעית אימא רב חסדא כרבי זירא מתני לה דרבי זירא אמר לתקופה ור"א היא דאמר ז) בתשרי נברא העולם רב נחמן בר יצחק אמר ח) א לדין דכתיב ג) מראשית השנה ועד אחרית שנה מראשית השנה נידון מה יהא בסופה ממאי דתשרי הוא דכתיב ד) תקעו בחדש שופר בכסה ליום חגנו ט) איזהו חג

שהחדש

רש"י

והרי יובל. שהוא תלוי בתקיעה: **רב אשי אמר.** האי דלא חשיב במתניתין אלא ארבעה לפי שלא מנה אלא ראשי שנים הבאים בראשי חדשים ואין רגלים מן המנין אלא כדאמרינן רגל שבו ולהכי לא תני נמי ר"ה דעומר ושתי הלחם: ופרכינן **א"כ באחד בשבט.** סתם לן תנא ברישא כב"ש דאי כב"ה הא אמרי בט"ו בו: **ה"ק כו'.** תנא דמתניתין סתם ברישא אחד בשבט בראשי שנים והדר פריש ואזיל בסיפא באחד בשבט ר"ה לאילן דברי ב"ש למימרא דהא דסתם ברישא ארבעה ראשי שנים בראשי חדשים לאו דברי הכל היא אלא אב"ש קאי: י) [שלשה לדברי הכל. לאו דוקא] דהא אחד באלול נמי פלוגת' היא דר"א ור"ש אומרים באחד בתשרי [אלא אב"ה קאי]: **לבשו כרים הצאן.** מקרא הוא בספר תהלים לבשו כרים הצאן ועמקים יעטפו בר יתרועעו אף ישירו לבשו כרים הצאן מתלבשות הכבשים שמתעברות: **יעטפו בר.** שהזריעה צומחת וניכרת יפה: **יתרועעו אף ישירו.** בניסן כשיגיע זמן הקציר והתבואה בקשים שלה והרוח מנשבת והן נוקשים זו על זו נשמע הקול ונראות כמשוררות: זמן עיבור בהמה דקה חמשה חדשים כ): **ר"ה שלהן אלול.** דסמוך לגמרו (ב) זמן חדש ויש שלהן לחידוש השנה: **בזמן שיתרועעו.** השיבולים: **ההוא באפלתא.** יש לך צאן המעטיפות ומתאחרות לקבל זכר עד ניסן אבל רובן מאדר הוו: **בשלמא לר"מ.** דדריש קרא כדכתיב לבשו כרים: **ואיכא נמי.** מיעוטא שאין מתלבשות כרים עד שיתרועעו השיבולים: **אלא לר"א.** דאמר רובא בניסן ומיעוטא באדר איפכא מיבעי ליה למיכתב: **מעשר דגן סמוך לגמרו עישורו.** ר"ה למעשרות תשרי דהכי תני ליה לקמן (דף יב.) בברייתא ותשרי סמוך לגמרו הוא דכל ימות החמה מניחם ליבש בגרנות שבשדות: **בא' בתשרי ר"ה לשנים למאי הלכתא לשטרות.** לתחילת שנות מלכים כדפרישית בריש פרקין (דף ב.): **קראי אתא לאשמועינן.** (ג) כדאמרן בריש פרקין (דף ג:) דברי נחמיה בן חכליה: **ואי בעית אימא.** רב חסדא דאיצטריך לאשמועינן כדאמרן דמלכי אומות בתשרי לית ליה הא דרב פפא דפריש ר"ה לשנים דהכא לשטרות אלא כר' זירא מתני לה לפירושא לשנים דמתני' דר' זירא מתני ר"ה לשנים לתקופת חמה ולבנה לומר שמונין לברייתן והילוכן [של] תקופת החמה ומולדות הלבנה מתשרי: **ור"א היא דאמר בתשרי נברא העולם.** לקמן בפרקין (דף י:): **רב נחמן בר יצחק אמר.** ר"ה לשנים דתנן הכא לדין תנא שהקב"ה דן בתשרי את כל באי העולם כל הקורות אותם עד תשרי הבא: **דכתיב עיני ה' אלהיך בה מראשית השנה.** הנגזרות עליה:

שהחדש

תוספות

והרי יובלות. יש תימה מאי ס"ד הא לא מיתוקמינן כלל אלא לרבי ישמעאל בנו של ר"י ב"ב לקמן: ל) [**באחד** בשבט כבית שמאי. פי' בתמיה]: **שלשה** לדברי הכל ואחד בשבט מחלוקת. הא לא מתוקמא כר"ש דלית ליה אחד באלול אלא כר"מ אתיא מ) [ואכתי] צריכי למימר דנסיב לה אליבא דתנאי דלרגלים לא מיתוקמא כר"מ: **לבשו** כרים הצאן. מתרגמינן יעלון דוכריא עילוי ענא והוא לשון נקיה ס) ובקונט' מפרש לקמן (ד' יא.) לגבי הא דאמר רבי יהושע בניסן נברא העולם דקאמרינן באותו הפרק זמן בהמה וחיה שמזדווגים זה עם זה ובכאן לא פירש כן: **סמוך** לגמרו עשורו. ואע"ג דתנן בפ"ק דמעשרו' (מ"ג) התבואה והזיתים משיביאו שליש מ"מ אין דרך ללקטם אלא כשנגמרו: **מה** מעשר דגן ר"ה שלו תשרי. כדתנן בפירקין (דף ב.) ולירקות דהיינו למעשר כך מפרש בגמ' (דף יב.) ומיהו לא מפרש מנלן ושמא נפקא לן מדכתיב עשר תעשר את כל תבואת זרעך היוצא השדה שנה שנה וגמר שנה שנה מתשרי דכתיב מראשית השנה כדלקמן (ע"ב) גבי שמיטין ס) [ועי"ל דטעמא דבתשרי כדפירש רש"י פ"ב דכתובות (דף כה.) דלא נתחייבו ישראל במעשר עד שהתחילו למנות שמיטין א"כ מעשר בשמיטין תלה רחמנא ושמיטין הוי תשרי ר"ה]: **רב** חסדא כר' זירא. דמוקים ליה למתני' לתקופות והא דלא תנא תשרי ר"ה למלכי אומות העולם משום דבאומות העולם לא קמיירי: **לתקופות** כר"א דאמר בתשרי נברא העולם. ומונין מולד הלבנה והתקופה מאחד בתשרי ורבי יהושע מונה מניסן ויש נפקותא מרובה בדבר במה שקודם מנין של זה למנין של זה חצי שנה והא דקיימא לן פרק כילד מעברין (עירובין ד' נו. וסס) דאין תקופת ניסן נופלת אלא בארבעה רבעי היום אם בתחילת היום וכו' היינו משום דהתם כולהו כר' יהושע דתניא בברייתא כוותיה דשמואל סבר כר' יהושע דלר"א בכ"ה באלול נברא העולם ולר' יהושע בכ"ה באדר היינו דכשנברא אדם בששי קדש החדש וזה טעם למחשבי העבור לאחר שגרפו כל השעות (ד) והקפה של כל מחזורים שמסירין ז"ט תרמ"ב פי' ז' ימים תשע שעות תרמ"ב חלקים דרגילים לומר לפי שהיתה הלבנה נוספה ע"י שקטרגה והגה נזיפה בעצמה ז"ט תרמ"ב ולא מצינו טעם זה בכל מקום אלא זהו הטעם לפי שהמונה מבריאת העולם לא מונה ר"ה עד יום ששי שנברא אדם הראשון ובשעה תשיעית נצטוה כדאמר פרק אחד דיני ממונות (סנהדרין ד' לח:) ומסתמא אז קדש החדש ומקדש החדש ע"כ היה המולד ו' שעות קודם דשית שעי מכסי סיהרא ונמצא המולד

בתחילת

עין משפט נר מצוה

מב א מיי' פ"ג מהל' תשובה הל' ג:

רבינו חננאל

והרי יובלות שיש להן מעשה תקיעת שופר ושלוח עבדים וחזרת ממכר ופרקינן מתני' ר' ישמעאל היא דאמר מר"ה (שנא') חייל יובל. והני כולהו אינן אלא ביום הכפורים ופריק רב אשי פירוק אחר ואמר הכי קתני ד' ראשי שנים הן ג' לדברי הכל שהן ראשי חדשים באחד בניסן ובאחד באלול ובאחד בתשרי. אבל הרביעי באחד בשבט מחלוקת ב"ש וב"ה. ר' אלעזר ור' שמעון אומרי' באחד בתשרי א"ר יוחנן ושניהן מקרא אחד דרשו לבשו כרים הצאן וגו' עד אימתי נעשו הצאן מלבוש לכרים שהן הטלאים כלומ' מתעברות בזמן שהעמקים יעטפו בר. ואימתי מתכסים העמקים מצמחי התבואה באדר הלכך מתעברות באדר ויולדות באב לה' חדשים. ר"ה שלהן אלול. ור"א ור"ש אומרים בזמן ששבולת אומרת שירה מתעברות כלומר שהתבואה גדולה ונעשית קמה. ובזמן שהרוח מנשבת בהן נשמע מתוכה בקול הברה וזו היא כעין שירה. ואימתי מגיעות בזה הגבול בניסן. הלכך מתעברות בניסן ויולדות באלול. ר"ה שלהן תשרי. פירוש חרפתא. הבכירות. אפלתא. האפילות. בשלמא האי קרא דייקא כר' מאיר שמתעברות באדר בזמן שהעמקים יעטפו בר באדר ומשתכחי נמי א) באדר. בכירות שעומדות קמה ואומרות שירה. אלא לר"א ולר"ש איפכא הוא והכי הוה ליה למכתב לבשו כרים הצאן יתרועעו אף ישירו. ועמקים יעטפו בר כלומ' מתעברות בניסן בזמן שיתרועעו אף ישירו. ואיכא נמי עמקים [יעטפו] בר (באפליאתא) [בחרפייתא]. ופריק רבא לדברי הכל באדר מתעברות כדמפרש קרא ובאקושי מעשר בהמה למעשר דגן פליגי ופשוטה היא. באחד בתשרי ר"ה לשנים ואוקמה רב חסדא כר' זירא [מתני לה] דאמר ר"ה לחשבון תקופות. ור' אליעזר הוא דאמר כדבעינן למימר לקמן בתשרי נברא העולם. רב נחמן בר יצחק אמר ר"ה לדין. דכתיב מראשית השנה עד וגו' מראש השנה נידון מה יהא בסופה. וממאי דתשרי הוא דכתיב תקעו בחודש שופר וגו' ופשוטה היא. ולשמיטין

חשק שלמה על ר"ח

א) נראה דל"ל יעטפו בר באדר ומשתכחי נמי אפילות שעומדות קמה בניסן ואומרות שירה.

מסורת הש"ס

א) [בכורות נג:], ב) [ע"ז י. וסם איתא רב חסדא אבל מתירוצו ולאיבעית אימא ר"ח כרבי זירא וכו' מוכח דליתא וברי"ף וברא"ש דהכא איתא רב פפא], ג) [לעיל ב. וש"נ], ד) [שם], ה) [לעיל ג.], ו) [פסחים קא: כתובות יז.], ז) [לקמן י: מ. ע"ז ח.], ח) [לקמן יב.], ט) [לקמן לד.] ביצה טז. סנהדרין יא:, י) רש"א, כ) [כדאיתא בבכורות ד' מ.], ל) מ"י, מ) מ"י, נ) והוא תלמוד ערוך וכמ"ש לעיל. העתקת מחילופי גרסאות, ס) מ"י.

הגהות הב"ח

(א) גמ' בנו של ריב"ב היא רב אשי אמר: (ב) רש"י ד"ה ר"ה שלהן אלול. דסמוך לגמרו הוא זמן: (ג) ד"ה קראי אתא לאשמועי' דברי נחמיה בן חכליה דאמרן בריש פרקין הס"ד: (ד) תוס' ד"ה לתקופות כו' לאחר שגרפו כל השעות הימים של כל:

תורה אור השלם

א) לָבְשׁוּ כָרִים הַצֹּאן וַעֲמָקִים יַעַטְפוּ בָר יִתְרוֹעֲעוּ אַף יָשִׁירוּ: [תהלים סה, יד]

ב) עַשֵּׂר תְּעַשֵּׂר אֵת כָּל תְּבוּאַת זַרְעֶךָ הַיֹּצֵא הַשָּׂדֶה שָׁנָה שָׁנָה: [דברים יד, כב]

ג) אֶרֶץ אֲשֶׁר יְיָ אֱלֹהֶיךָ דֹּרֵשׁ אֹתָהּ תָּמִיד עֵינֵי יְיָ אֱלֹהֶיךָ בָּהּ מֵרֵשִׁית הַשָּׁנָה וְעַד אַחֲרִית שָׁנָה: [דברים יא, יב]

ד) תִּקְעוּ בַחֹדֶשׁ שׁוֹפָר בַּכֶּסֶה לְיוֹם חַגֵּנוּ: [תהלים פא, ד]

ליקוטי רש"י

לבשו כרים הצאן. יתלבשון השרון והערבה מן הצאן הבאים לרעות הדשא אשר הצמיח המטר [תהלים סה יד]. **בזמן שיתרועעו** שבלים בניסן אלמא ניסן זמן זיווג בהמה הוא [לקמן יא.]. **ועמקים יעטפו בר.** ע"י המטר יהיו מעוטפים העמקים בתבואה ואז יתרועעו הבריות תרועת שמחה וישירו מרוב הברכה [תהלים שם]. **לשטרות.** להבחין איזה שטר חוב מוקדם למלוה ואיזה מאוחר [לעיל ב.]. דכל אימת דקאי מלכא מכי מטי שילהי אדר סלקא ליה שתא וניסן ריש שתא תניא למיכתב בשטרי [ע"ז י.]. **המוקדמין.** למלוה [ב"מ עב.]. ליכתב קודם המלוה [סנהדרין לב.]. שהקדים זמן הכתוב בשטר ליום כתיבתו א"נ שנכתב השטר באחד בניסן וכן כתוב בו באחד בניסן לוה פלוני מפלוני והוא לא לוה ממנו כלום עד ט"ו בניסן [רשב"ם ב"ב קנז:]. שנכתבו ביום ט"ו בניסן וכתב בתוך השטר באחד בניסן [שם]. שכתבוהו באחד לאייר וכתוב בתוך השטר באחד בניסן שהקדימו וכתבו בו באחד בניסן [שם קעא:]. **פסולין.** לפי שרצה לטרוף לקוחות שלקחו שדה מן הלוה מזמן שבשטר ושלא כדין הוא שהרי קדמה מכירה להלואה ובשטר מעיד שהלואה קדמה לפיכך קנסוהו מלגבות בו [illegible] ואם לא קבעו יום לתחילת שנות המלך אלא כל מלך ומלך לפי יום שעמד אין להבחין אם השטר מוקדם או מאוחר כגון אם כתוב בו בכסליו בשנה שלישית לוה פלוני מפלוני מנה [illegible] (לקמן קמח:) כותבין שטר ללוה אף על פי שאין מלוה עמו [illegible] קודם לכסליו אם שנתו מתחלת בין תמוז לכסליו [illegible] [לעיל ב.]. דבעי למיטרף לקוחות מזמן הכתוב בו [illegible] [ב"ב שם]. דקא בעי למיטרף לקוחות מזמן הכתוב שלא כדין [illegible] [סנהדרין שם]. שאין לו לטרוף לקוחות [illegible] [רשב"ם ב"ב קנז:]. דלאו למיטרף לקוחות של ט"ו ימים [illegible] כתבו עד תשרי [illegible] [סנהדרין שם]. לוה בניסן ולא נכתב עד תשרי [illegible] [רשב"ם ב"ב קנז:]. שכתבוהו באחד בניסן וכתבו בתוך השטר באחד לאייר וכ"ש באחד בניסן ולא נכתב עד תשרי [illegible] [שם קעא.]. **מתניתין אתא לאשמועינן.** [illegible] [סנהדרין שם]. **מתניתין אתא לאשמועינן.** במתני' כיון דמתניתין בהכי עסקינן ולא מיתוקמא אלא בהכי מאי אתא לאשמועינן הרי כבר שמעינן [illegible] [כתובות יז:]. **מראשית השנה.** [illegible] מראשית השנה. מר"ה נידון מה יהא בסופה [דברים יא יב]. **בחדש.** [illegible] [תהלים פא ד]. [illegible] ביום חגנו [ביצה טז.].

שהחדש מתכסה בו הוי אומר זה ר"ה וכתיב א) כי חק לישראל הוא משפט לאלהי יעקב ת"ר כי חק לישראל הוא משפט לאלהי יעקב מלמד שאין ב"ד של מעלה נכנסין לדין אא"כ קידשו ב"ד של מטה את החדש תניא אידך כי חק לישראל הוא אין לי אלא לישראל לאומות העולם מנין ת"ל משפט לאלהי יעקב א"כ מה ת"ל כי חק לישראל מלמד שישראל נכנסין תחילה לדין כדרב חסדא א) דאמר רב חסדא מלך וציבור מלך נכנס תחילה לדין שנאמר ב) משפט עבדו ומשפט עמו מאי טעמא אי בעית אימא לאו אורח ארעא למיקם מלכא אבראי ואיבעית אימא מקמי דליפוש חרון אף: ולשמיטין: מנלן דכתיב ג) ובשנה השביעית שבת שבתון יהיה לארץ וגמר שנה שנה מתשרי דכתיב ד) מראשית השנה ולגמור שנה שנה מניסן דכתיב ה) ראשון הוא לכם לחדשי השנה ג) דנין שנה שאין עמה חדשים משנה שאין עמה חדשים ואין דנין שנה שאין עמה חדשים משנה שיש עמה חדשים: וליובלות: יובלות באחד בתשרי הוא יובלות בי' בתשרי הוא דכתיב ו) ביום הכפורים תעבירו שופר הא מני ג) רבי ישמעאל בנו של רבי יוחנן בן ברוקא היא דתניא ז) וקדשתם את שנת החמשים שנה מה ת"ל לפי שנאמר ביוה"כ יכול לא תהא מתקדשת אלא מיוה"כ ואילך ת"ל וקדשתם ת"ל מלמד שמתקדשת והולכת ד) מתחילתה מכאן אמר ר' ישמעאל בנו של ר' יוחנן בן ברוקא ה) מר"ה עד יוה"כ לא היו עבדים נפטרין לבתיהן ולא משתעבדין לאדוניהם אלא אוכלין ושותין ושמחין ועטרותיהן בראשיהן כיון שהגיע יוה"כ ו) תקעו ב"ד בשופר נפטרו עבדים לבתיהן ושדות חוזרות לבעליהן ורבנן ז) שנים אתה מקדש ואי אתה מקדש חדשים תניא אידך יובל היא מה תלמוד לומר לפי שנאמר וקדשתם את שנת החמשים יכול כשם שמתקדשת והולכת מתחילתה כך מתקדשת בסופה ואל תתמה שהרי מוסיפין מחול על קדש תלמוד לומר ח) יובל היא שנת החמשים שנת החמשים אתה מקדש ואי אתה מקדש שנת החמשים ואחת ורבנן

שהחדש מתכסה בו. לרחוקים כגון שחרית לבני מערב וערבית לבני מזרח לפי שקטנה היא סמוך לחידושה: אלא אם כן קדשו החדש כו'. וה"ק אם קבעו ישראל את חק החדש יהא משפט להקב"ה: מלך וציבור. כשהקב"ה דן אותם מלך נכנס תחילה: משפט עבדו. שלמה קאמר ליה: דליפוש חרון אף. בשביל עונות לבור: מנלן. שתהא שמיטה מקודשת מר"ה ואסור בעבודת הקרקע: וקדשתם שנת החמשים מה ת"ל. מכיון שאמר שבע שבתות שנים והעברת שופר (א) בחדש השביעי יודע אני שהיא שנת החמשים: לא נפטרים לבתיהם. דכתיב תעבירו שופר והדר וקראתם דרור: ולא משתעבדין. דכתיב וקדשתם את שנת החמשים: ועטרותיהן בראשיהן. אם רלה לשום עטרה בראשו להראות שהוא חפשי: שנים אתה מקדש. כשנכנס יובל נכנסה מלוה על ב"ד לומר מקודשת השנה: ואי אתה מקדש שום חדש. כר"א בר"ש דאמר לקמן בפרק שני (ד' כד.) בין שנראה בזמנו בין שלא נראה בזמנו אין מקדשין אותו ויליף טעמא מהכא: לפי שנאמר וקדשתם את שנת החמשים. דילפינן מיניה שמתקדשת מתחלתה: יכול כך מתקדשת בסופה. אחר ראש השנה ותמשוך עד יום הכפורים: ואל תתמה. אם משמרין אותה בתוך שנה שלאחריה: שהרי מוסיפין מחול על קודש. כדאמרינן לקמן בשמעתין: ת"ל יובל היא. מיעוטא היא:

בתחילת שעה ט"ו דהיא שעה שלישית של יום וסימן וי"ד פי' ביום ו' בסוף שעה י"ד היה המולד מאחר שלא היה ר"ה עד יום ו' שקידש אדם הראשון החדש נמצא שנברא העולם בכ"ה באלול ואותה שנה של תוהו שמונין משום דיום אחד בשנה חשוב שנה וכשתדקדק על מולד ניסן של תוהו שלפני תשרי של יישוב שבו נברא אדם תמצא מולד ניסן ברביעי בתשע שעות תרמ"ג חלקים שאתה צריך להשליך ב' ד' תל"ח לאחריו ב' ימים ד' שעות תל"ח חלקים ומולד תשרי של תוהו שלפניו שנמצא ב' ה' ר"ד ולתקופה מניסן של תוהו מונין שהיתה התקופה בתחילת ליל ארבעה ונמצאת תקופת תשרי של יישוב של אחריו ביום ד' ט"ו שעות כדאמרינן בפרק כילד מעברין [ס] אין בין תקופה לתקופה אלא תשעים ואחד יום וז' שעות ומחצה נמצא דשתי תקופות ט"ו שעות ונמצא דקדמה תקופת תשרי למולד א' כ"ג פי' יום אחד כ"ג שעות ונמצא דקדמה תקופת ניסן את המולד ז' ט' תרמ"ג דל חצי [ט] (שעה) עודפת התקופה על המולד ה' י' תרמ"ג פי' ה' ימים י' שעות תרמ"ג חלקים וכשתצרף ה' י' תרמ"ג עם א' כ"ג עולה ז' ט' תרמ"ג והרי עכשיו נוהגין למנות מתשרי של תוהו שנות העולם כדפי' דיום אחד בשנה חשוב שנה (ג) ותקופת ניסן מונין מולד תשרי ב' ה' ר"ד וזקוקים להסיר ז' ט' תרמ"ג ודבר תימה הוא במה נחלקו ר"א ור' יהושע דתניא לקמן (דף יב.) מונין לתקופה מניסן ולמולדות מתשרי והלא היו יכולים לברר הדבר דכ"ד שעות מיכסי סיהרא בין חדתא לעתיקא כדאיתא [ע] בסוף פ"ק דערכין (דף ט: ושם) והם מרחיקין המולד זה מזה ב' ד' תל"ח כולי האי אין לאו לטעות דאיך יטעו בו בשני ימים:

שהחדש מתכסה בו. שאין הלבנה נראית לרחוקים כגון שחרית לבני מערב וערבית לבני מזרח לפי שקטנה היא סמוך לחדושה כפי' הקונטרס והביא ר"ת [פ] ראיה מויקרא רבה בפרשת אמור אל הכהנים דקאמר התם תקעו בחדש שופר בכסה ליום חגנו והלא ניסן חדש ונכסה ויש בו חג אלא זה שחגו בו ביום ואין לך חדש שהוא נכסה ויש בו חג וחגו ביומו אלא תשרי ועוד מפרש ר"ת מתכסה מזומן כמו ליום הכסא יבא ביתו דבפרק חלק (סנהדרין דף נו:) גבי עמון ומואב שיבבי בישי דארעא דישראל הוו וכו' [צ] והר"ר משולם מפרש שהחדש מתכסה בו שאין חטאת ר"ח קרב בראש השנה כדכתיב מלבד עולת החדש ומנחתה ולא כתיב מלבד חטאת ועולה והקשה לו ר"ת דבריש תוספתא דשבועות תניא [ק] (ל') שעירים מקריבים ישראל בכל שנה וחשיב י"ב בראשי חדשים ובאופן דמוסף דר"ה וחיות אשר הנה מרובעות יסד ר"א הקליר' מוספי חדש עשתי עשרה דהיינו פרים בני בקר שנים ואיל אחד כבשים בני שנה שבעה ושעיר לכפר והשיב לר"ת שלא אמר שאין בו מוסף אלא מתכסה שלא הזכיר הכא חטאת בקרא דמלבד כמו שהזכיר עולה ועוד פי' מתכסה שאין מזכירין מוסף של ר"ח בתפלה משום דאמרי' רשב"ג ה"ל בריה דבסים קליה עייל קמי תיבותא כי מטי לראשי חדשים אישתיק ולא רצה לאמרו (ג) פי' דמוטב שיבא זכאי ויכפר על החייב ואל יבא חייב ויכפר על הזכאי פירוש ההוא דר"ח קרוי חייב משום דאמרי' [ר] אמר הקב"ה הביאו כפרה וכו' עכ"ל ור"ת רגיל להזכיר ולומר מלבד עולת החדש ולסיים ושני שעירים לכפר חד דר"ח וחד דר"ה [ש]:

בעשרה בתשרי הוא. לרב אשי דאמר לעיל ארבעה ראשי השנה כד' ראשי חדשים [ת] פריך (ד) הא דא"ל רב חסדא לעיל רגל שבו ר"ה לרגלים (ה) הוה נמי מצי לשנויי הכא הכי:

ורבנן שנת חמשים אתה מונה. לרבנן כיון דאינה מתקדשת מתחילתה איצטריך ליה קרא להכי ולא איצטריך למעוטי סופה מחמת דמוסיפין מחול על הקדש דהשתא מבציר בציר אסופי מבעיא וא"ת אדרבה כ"ש דצריך טפי משום דכתיב בקרא שנה ואין כאן שנה שלימה אא"כ תמשך עד יוה"כ אחר ויש לומר דכיון דלא שייך טעמא דתוספת ממילא בלא שום יתור ממעטא מקרא דוקדשתם דמשמע דוקא שנת החמשים:

ואי

עין משפט נר מצוה

מג א מיי' פ"י מהל' שמיטין הל' יד סמג עשין קלא קלב ולאוין רטח:

הגהות הב"ח

(א) רש"י ד"ה וקדשתם כו' והעברת שופר תרועה בחדש: (ב) תוס' ד"ה ולתקופות. כדפי' דיום אחד בשנה חשוב שנה ולתקופה מניסן מונין ומולד תשרי בהר"ד: (ג) תוס' ד"ה שהחדש כו' ולא רצה לאומרו דמוטב כצ"ל ותיבת פי' נמחק: (ד) ד"ה בעשרה כו' פריך דהא אמר רב חסדא כצ"ל: (ה) בא"ד לרגלים והכא נמי מצי לשנויי הכי:

רבינו חננאל

ולשמיטין מנ"ל דכתיב ובשנה השביעית שבת שבתון וגו' וגמר שנה שנה מתשרי דכתיב מראשית השנה וליובלות אוקימנ' כר' ישמעאל דסבר האי דכתיב וקדשתם את שנת החמשים שנה וגו' מלמד שמתקדשת שנת היובל מתחלתה כלומר מר"ה ודייק מלישנא יתירא מאחר דכתיב וקדשתם את שנת החמשים שנה למה בא אלא ללמד שקידוש שנת היובל מר"ה. ורבנן שחולקין על ר' ישמעאל אומרים למה בא שנה ללמדך כי היובל שנים אתה מקדשו ולא חדשים. תניא אידך יובל היא שנת החמשים שנה מת"ל לפי שנאמר וקדשתם את שנת החמשים שנה שיכול בכניסתה תהא מתקדשת בר"ה ויציאתה תהא מושכת והולכת עד יוה"כ שכן מוסיפין מחול על קודש ת"ל יובל היא שנת החמשים שנה תהיה לכם אין קדושתה אלא עד ר"ה.

ליקוטי רש"י

שהחדש מתכסה בו. שהלבנה מתכסה בו שאינה נראית לכל אדם אלא שחרית ליושבי מזרח וערבית ליושבי מערב כדאמר בראש השנה (כ:) עשרים וארבע שעות מתכסה סיהרא [ביצה טז.]. שהלבנה אינה נראית בעולם לכל העולם דכתיב חדש בכסה [סנהדרין יא:]. הוי אומר זה ר"ה. דאלו שאר יום טוב כבר נתמלאה הלבנה במקצת ונראית בכל מקום [ביצה שם]. שחגה בראש חדש הוא אבל שאר חגים באמצע החדש הם וכתיב כי חק כלומר חג שישראל עושין באותו חג דהיינו קידוש החדש הרי הוא כמשפט ומשפט ביום דכתיב ביום הנחילו את בניו כדדרשינן באחד דיני ממונות (סנהדרין לד:) [סנהדרין שם]. כי חק. הוא לישראל מאת הקב"ה לתקוע באותו היום והוא יום המשפט לקב"ה [תהלים פא ה]. נכנס תחלה. לפני הקב"ה לדין. משפט עבדו. שלמה המלך [ע"ז ב:]. מתחילתה. מתחילת השנה מיוה"כ עבדים נפטרים ושדות חוזרות ועדיין לא עברו אלא מ"ט אבל שביעית אינה משמעת אלא בסופה דכתיב (דברים טו) מקץ שבע שנים לסוף שבע שנים כל שנה שביעית במנין ס"א [קידושין מ:]. תקעו ב"ד בשופר נפטרו עבדים וכו'. ראש השנה שלה ביום הכפורים דתוקעין ב"ד בשופר ונפטרים עבדים לבתיהן ושדות חוזרות לבעליהן ואז נראית שהיא יובל [ערכין יב.]. קריאת דרור דיובל תלויה בה [שבת קלא:].

מסורת הש"ס

א) [לקמן טז.] ע"ז ג:, ב) [לעיל ז. לקמן ט:], ג) [ערכין כח.], ד) [קדושין מ:], ה) [לעיל ז:], ו) שבת קלא:, ז) [לקמן כד.], ח) [דף טו.], ט) [נ"ל שנה], י) [נ"ל לקמן כ.], כ) [ועי' תוס' ביצה טו. ד"ה אחזו], ל) [נ"ל ל"ב], מ) [שבועות ט. חולין ס:], נ) [וע"ע תוס' ביצה טז. ד"ה אחזו ותוס' עירובין מ. ד"ה זכרון ותוס' לקמן לה.], ס) [עי' רש"א].

גליון הש"ס

תוס' ד"ה שהחדש וכו'. והר"ר משולם מפרש. עיין יומא ג ע"א תד"ה אלא למ"ד:

תורה אור השלם

א) כִּי חֹק לְיִשְׂרָאֵל הוּא מִשְׁפָּט לֵאלֹהֵי יַעֲקֹב: [תהלים פא, ה]

ב) וְיִהְיוּ דְבָרַי אֵלֶּה אֲשֶׁר הִתְחַנַּנְתִּי לִפְנֵי יְיָ קְרֹבִים אֶל יְיָ אֱלֹהֵינוּ יוֹמָם וָלָיְלָה לַעֲשׂוֹת מִשְׁפַּט עַבְדּוֹ וּמִשְׁפַּט עַמּוֹ יִשְׂרָאֵל דְּבַר יוֹם בְּיוֹמוֹ: [מלכים א׳ ח, נט]

ג) וּבַשָּׁנָה הַשְּׁבִיעִת שַׁבַּת שַׁבָּתוֹן יִהְיֶה לָאָרֶץ שַׁבָּת לַייָ שָׂדְךָ לֹא תִזְרָע וְכַרְמְךָ לֹא תִזְמֹר: [ויקרא כה, ד]

ד) אֶרֶץ אֲשֶׁר יְיָ אֱלֹהֶיךָ דֹּרֵשׁ אֹתָהּ תָּמִיד עֵינֵי יְיָ אֱלֹהֶיךָ בָּהּ מֵרֵשִׁית הַשָּׁנָה וְעַד אַחֲרִית שָׁנָה: [דברים יא, יב]

ה) הַחֹדֶשׁ הַזֶּה לָכֶם רֹאשׁ חֳדָשִׁים רִאשׁוֹן הוּא לָכֶם לְחָדְשֵׁי הַשָּׁנָה: [שמות יב, ב]

ו) וְהַעֲבַרְתָּ שׁוֹפַר תְּרוּעָה בַּחֹדֶשׁ הַשְּׁבִעִי בֶּעָשׂוֹר לַחֹדֶשׁ בְּיוֹם הַכִּפֻּרִים תַּעֲבִירוּ שׁוֹפָר בְּכָל אַרְצְכֶם: [ויקרא כה, ט]

ז) וְקִדַּשְׁתֶּם אֵת שְׁנַת הַחֲמִשִּׁים שָׁנָה וּקְרָאתֶם דְּרוֹר בָּאָרֶץ לְכָל יֹשְׁבֶיהָ יוֹבֵל הִוא תִּהְיֶה לָכֶם וְשַׁבְתֶּם אִישׁ אֶל אֲחֻזָּתוֹ וְאִישׁ אֶל מִשְׁפַּחְתּוֹ תָּשֻׁבוּ: [ויקרא כה, י]

ח) יוֹבֵל הִוא שְׁנַת הַחֲמִשִּׁים שָׁנָה תִּהְיֶה לָכֶם לֹא תִזְרָעוּ וְלֹא תִקְצְרוּ אֶת סְפִיחֶיהָ וְלֹא תִבְצְרוּ אֶת נְזִרֶיהָ: [ויקרא כה, יא]

הֱוֵי אוֹמֵר זֶה רֹאשׁ שֶׁהַחֹדֶשׁ מִתְכַּסֶּה בּוֹ – **is the moon**[1] **covered?** הַשָּׁנָה – **You must say** that **this is Rosh Hashanah,** for Rosh Hashanah is the only festival that falls at the beginning of the lunar month, when the moon is hidden from view.[2] וּכְתִיב ,,כִּי חֹק לְיִשְׂרָאֵל הוּא מִשְׁפָּט לֵאלֹהֵי יַעֲקֹב'' – **And it is written** in the next verse:[3] ***Because it is a statute for Israel, a judgment [day] unto the God of Jacob.*** We thus see that Rosh Hashanah is a day of judgment.

Other lessons are derived from this verse:

תָּנוּ רַבָּנָן – **The Rabbis taught in a Baraisa:** ''כִּי חֹק לְיִשְׂרָאֵל הוּא מִשְׁפָּט לֵאלֹהֵי יַעֲקֹב'' – The verse states: ***BECAUSE IT IS A STATUTE FOR ISRAEL, A JUDGMENT [DAY] UNTO THE GOD OF JACOB.*** מְלַמֵּד שֶׁאֵין בֵּית דִּין שֶׁל מַעְלָה נִכְנָסִין לַדִּין – **[THIS] TEACHES THAT THE** Heavenly **COURT ABOVE DOES NOT ENTER INTO JUDGMENT** אֶלָּא אִם כֵּן קִידְּשׁוּ בֵּית דִּין שֶׁל מַטָּה אֶת הַחֹדֶשׁ – **UNLESS THE COURT BELOW** has **SANCTIFIED THE MONTH.**[4]

The Gemara cites another Baraisa that cites this verse:

תַּנְיָא אִידָךְ – **It was taught in another Baraisa:** ,,כִּי חֹק לְיִשְׂרָאֵל הוּא'' – The verse states: ***BECAUSE IT IS A STATUTE FOR ISRAEL.*** אֵין לִי אֶלָּא לְיִשְׂרָאֵל – From this verse **I KNOW ONLY** that it is a day of judgment **FOR ISRAEL;** לְאוּמּוֹת הָעוֹלָם מִנַּיִן – **FROM WHERE** do we derive that it is also a day of judgment **FOR THE** other **NATIONS OF THE WORLD?** תַּלְמוּד לוֹמַר ,,מִשְׁפָּט לֵאלֹהֵי יַעֲקֹב'' – **[THE VERSE]** therefore **CONCLUDES:** ***A JUDGMENT [DAY] UNTO THE GOD OF JACOB.***[5] אִם כֵּן מָה תַּלְמוּד לוֹמַר ,,כִּי חֹק לְיִשְׂרָאֵל'' – **IF SO, WHAT DOES [THE TORAH] TEACH** by beginning ***BECAUSE IT IS A STATUTE FOR ISRAEL,*** which indicates that the judgment is specifically for Israel? מְלַמֵּד שֶׁיִּשְׂרָאֵל נִכְנָסִין תְּחִילָּה לַדִּין – **IT TEACHES THAT ISRAEL ENTERS FIRST INTO JUDGMENT.**

The Gemara elaborates on the last statement of the Baraisa:

כִּדְרַב חִסְדָּא – This is **in accordance with Rav Chisda.** דְּאָמַר רַב חִסְדָּא – **For Rav Chisda said:** מֶלֶךְ וְצִיבּוּר – If the **king and community** need to be tried, מֶלֶךְ נִכְנָס תְּחִילָּה לַדִּין – **the king enters into judgment first,** שֶׁנֶּאֱמַר ,,מִשְׁפַּט עַבְדּוֹ וּמִשְׁפַּט עַמּוֹ'' – **as it is stated:** ***the judgment of His servant and the judgment of His nation.***[6]

The Gemara asks:

מַאי טַעְמָא – **What is the reason** that a king is judged first?

The Gemara offers two answers:

אִי בָּעֵית אֵימָא – **If you wish, say:** לַאו אוֹרַח אַרְעָא לְמֵיקַם מַלְכָּא אַבָּרַאי – **It is not proper manners to stand a king outside** and make him wait until the people are judged. וְאִיבָּעֵית אֵימָא – **And if you wish, say:** מִקַּמֵּי דְּלִיפּוּשׁ חָרוֹן אַף – Let the king be judged first **before** God's **anger increases** from the sins of the public.[7]

The Mishnah stated:

וְלַשְּׁמִיטִּין – The first of Tishrei was a New Year **FOR *SHEMITTAH* YEARS.**

The Gemara inquires:

מְנָלַן – **From where do we know** that the laws of *shemittah* begin on Rosh Hashanah, and the land may no longer be worked from that time on?[8]

The Gemara answers:

דִּכְתִיב ,,וּבַשָּׁנָה הַשְּׁבִיעִת שַׁבַּת שַׁבָּתוֹן יִהְיֶה לָאָרֶץ'' – **For it is written:**[9] ***And in the seventh year there shall be a complete rest for the land.*** וְגָמַר שָׁנָה שָׁנָה מִתִּשְׁרֵי – **And** we **expound a** *gezeirah shavah* to link the term **"year"** written regarding *shemittah* with the term **"year" from** a verse referring to **Tishrei.** דִּכְתִיב ,,מֵרֵשִׁית הַשָּׁנָה'' – **For it is written:**[10] ***from the beginning of the year,*** and this is referring to Tishrei, as was explained above. Therefore, the *shemittah* year also begins in Tishrei.

The Gemara objects:

וְלִגְמוֹר שָׁנָה שָׁנָה מִנִּיסָן – **But expound** a *gezeirah shavah* to link the term **"year"** written regarding *shemittah* with the term **"year" from** a verse referring to **Nissan!** דִּכְתִיב ,,רִאשׁוֹן הוּא לָכֶם לְחָדְשֵׁי הַשָּׁנָה'' – For it is written concerning Nissan:[11] ***it shall be the first for you of the months of the year.*** Thus, the *shemittah* year should begin in Nissan. – ? –

The Gemara answers:

דָּנִין שָׁנָה שֶׁאֵין עִמָּהּ חֳדָשִׁים מִשָּׁנָה שֶׁאֵין עִמָּהּ חֳדָשִׁים – **We derive** laws regarding the term **"year" that does not have months** written **with it** via a *gezeirah shavah* **from** a second occurrence of the term **"year" that does not have months** written **with it,** וְאֵין דָּנִין שָׁנָה שֶׁאֵין עִמָּהּ חֳדָשִׁים מִשָּׁנָה שֶׁיֵּשׁ עִמָּהּ חֳדָשִׁים – **rather than derive** laws regarding the term **"year" that does not have months** written **with it** via a *gezeirah shavah* **from** a second occurrence of the term **"year" that does have months** written **with it.** [12]

The Mishnah stated:

וּלְיוֹבְלוֹת – [On the first of Tishrei is the New Year . . .] **AND FOR *YOVEL* YEARS.**[13]

NOTES

1. [The term חדש is often translated as "moon," as in the Mishnah in *Sanhedrin* (41b) referring to the blessing for sanctification of the moon (*Ritva*). *Aruch* adds an example from the last Mishnah in our chapter (below, 22a).]

2. [At the very end of the lunar month, the moon is in conjunction with the earth and the sun in such a way that it is not visible on earth, because the sun cannot illuminate the side of the moon that is facing the earth. The new lunar month begins when the moon moves out of this alignment and becomes briefly visible immediately after sunset.] But even then, it is not clearly visible worldwide because its sunlit portion is so small. Rather [as the Gemara will explain below, 20b], it is not visible in the morning in the west, and it is not visible in the evening in the east (*Rashi*). Of all the festivals, only Rosh Hashanah, which falls on the first day of Tishrei, occurs at a time when the moon is hidden from view. All of the other holidays fall later in their months, when the moon is visible worldwide (*Rashi;* cf. *Tosafos* and *Ritva* for other explanations of this passage).

3. *Psalms* 81:5.

4. The verse is thus interpreted as follows: When Israel has established the legal status of the month through sanctification [כִּי חֹק לְיִשְׂרָאֵל הוּא], then God begins His judgment of the world [מִשְׁפָּט לֵאלֹהֵי יַעֲקֹב] (*Rashi*).

5. From this second clause we derive that the other nations are also judged on Rosh Hashanah (see *Turei Even; Sifsei Chachamim*).

6. *I Kings* 8:59, with King Solomon referring to himself as the servant (*Rashi*).

7. For these same two reasons, God judges Israel before the other nations (*Ritva*).

8. *Rashi* mentions that we are referring to the law with respect to working the land, because the *sheviis* year [the seventh year] also features a law whereby all loans are canceled. However, that cancellation goes into effect at the *end* of the *sheviis* year. Perforce, the New Year for *shemittah* that occurs at the first of Tishrei refers to the prohibition against working the land (*Aruch LaNer*).

9. *Leviticus* 25:4.

10. *Deuteronomy* 11:12; see Gemara above, 7a.

11. *Exodus* 12:2.

12. The term "year" written in the verse about *sheviis* does not make any mention of months. We therefore link it with the verse referring to Tishrei – which also makes no mention of months – rather than with the verse referring to Nissan, which states "the months of the year."

13. The *Yovel* (Jubilee) year is one that follows seven *shemittah* cycles, each lasting seven years. The seven cycles total forty-nine years; the *Yovel* is the fiftieth year. During *Yovel,* it is forbidden to work the land, as during a *shemittah* year. Also, all Jewish slaves are freed, and all lands (in Eretz Yisrael) return to their ancestral owners. On Yom Kippur of this year, the onset of *Yovel* is announced through the sounding of the shofar (see following two notes).

עין משפט
נר מצוה

מג א מיי׳ פ״י מהל׳ שמיטין הל׳ יד סמג עשין קלא קלב ולאוין רסח:

הגהות הב״ח

(א) רש״י ד״ה וקדשתם כו׳ והעברת שופר תרועה בחדש: (ב) תוס׳ ד״ה ולתקופות. כדפי׳ דיום אחד בשנה חשוב שנה ולתקופה מניסן מונין ומולד תשרי בהר״ד: (ג) תוס׳ ד״ה שהחדש כו׳ ולא רלה לאומרו דמוטב כצ״ל ותיבת פי׳ נמחק: (ד) ד״ה בעשרה כו׳ פריך דהא אמר רב חסדא כצ״ל: (ה) בא״ד לרגלים והכא נמי מצי לשנויי הכי:

רבינו חננאל

ולשמיטין מנ״ל דכתיב ובשנה השביעית שבת שבתון וגו׳ וגמר שנה שנה מתשרי דכתיב מראשית השנה וליובלות אוקימנ׳ כר׳ ישמעאל דסבר האי דכתיב וקדשתם את שנת החמשים שנה וגו׳ מלמד שמתקדשת שנת היובל מתחלתה כלומר מר״ה ודייק מלישנא יתירא מאחר דכתיב וקדשתם את שנת החמשים שנה למה בא אלא ללמד שקידוש שנת היובל מר״ה. ורבנן שחולקין על ר׳ ישמעאל אומרים למה בא שנה ללמדך כי היובל שנים אתה מקדשו ולא חדשים. תניא אידך יובל היא שנת החמשים שנה מת״ל לפי שנאמר וקדשתם את שנת החמשים שנה שיכול בכניסתה תהא מתקדשת בר״ה ויציאתה תהא מושכת והולכת עד יוה״כ שכן מוסיפין מחול על קודש ת״ל יובל היא שנת החמשים שנה תהיה לכם אין קדושתה אלא עד ר״ה.

ליקוטי רש״י

שהחדש מתכסה בו. שהלבנה מתכסה בו שאינה נראית לכל אדם אלא שחרית ליושבי מזרח וערבית ליושבי מערב כדאמר בראש השנה (כ:) עשרים וארבע שעות מתכסה סיהרא [ביצה טז.]. שהלבנה אינה נראית לכל העולם בכסה חדש בכסה [סנהדרין יא:]. הוי אומר זה ר״ה. שאר יום טוב כבר נתמלאה הלבנה במקצת ונראית בכל מקום [ביצה שם]. שהוא בראש חדש הוא אבל שאר חגים באמצע החדש הם וכתיב כי חק כלומר מה שישראל עושין באותו חג דהיינו קידוש החדש הרי הוא משפט דכתיב ביום הנכון את בניו כדדרשינן באחד דיני ממונות (סנהדרין לד:).

שהחדש מתכסה בו הוי אומר זה ר״ה וכתיב א) כי חק לישראל הוא משפט לאלהי יעקב ת״ר כי חק לישראל הוא משפט לאלהי יעקב מלמד שאין ב״ד של מעלה נכנסין לדין אא״כ קידשו ב״ד של מטה את החדש תניא אידך כי חק לישראל הוא אין לי אלא לישראל לאומות העולם מנין ת״ל משפט לאלהי יעקב א״כ מה ת״ל כי חק לישראל מלמד שישראל נכנסין תחילה לדין כדרב חסדא א) דאמר רב חסדא מלך וציבור מלך נכנס תחילה לדין שנאמר ב) משפט עבדו ומשפט עמו מאי טעמא אי בעית אימא לאו אורח ארעא למיקם מלכא אבראי ואיבעית אימא מקמי דליפוש חרון אף: ולשמיטין: מנלן דכתיב ג) ובשנה השביעית שבת שבתון יהיה לארץ וגמר שנה שנה מתשרי דכתיב ד) מראשית השנה ולגמור שנה שנה מניסן דכתיב ה) ראשון הוא לכם לחדשי השנה ג) דנין שנה שאין עמה חדשים משנה שאין עמה חדשים ואין דנין שנה שאין עמה חדשים משנה שיש עמה חדשים: וליובלות: יובלות באחד בתשרי הוא יובלות בי׳ בתשרי הוא דכתיב ו) ביום הכפורים תעבירו שופר הא מני ג) רבי ישמעאל בנו של רבי יוחנן בן ברוקא היא דתניא ז) וקדשתם את שנת החמשים שנה מה ת״ל לפי שנאמר ביוה״כ יכול לא תהא מתקדשת אלא מיוה״כ ואילך ת״ל וקדשתם את שנת החמשים מלמד שמתקדשת והולכת ד) מתחילתה מכאן אמר ר׳ ישמעאל בנו של ר׳ יוחנן בן ברוקא ה) אמר״ה עד יוה״כ לא היו עבדים נפטרין לבתיהן ולא משתעבדין לאדוניהם אלא אוכלין ושותין ושמחין ועטרותיהן בראשיהן כיון שהגיע יוה״כ ו) תקעו ב״ד בשופר נפטרו עבדים לבתיהן ושדות חוזרות לבעליהן ורבנן ז) שנים אתה מקדש ואי אתה מקדש חדשים תניא אידך יובל היא מה ת״ל לפי שנאמר וקדשתם את שנת החמשים יכול כשם שמתקדשת והולכת מתחילתה כך מתקדשת והולכת בסופה ואל תתמה שהרי מוסיפין מחול על קדש תלמוד לומר ח) יובל היא שנת החמשים שנה אתה מקדש ואי אתה מקדש שנת החמשים ואחת ורבנן

שהחדש מתכסה בו. לרחוקים כגון שחרית לבני מערב וערבית לבני מזרח לפי שקטנה היא סמוך לחידושה: אלא אם כן קדשו החדש כו׳. וה״ק קבעו ישראל את חק החדש יהא משפט להקב״ה: מלך וציבור. כשהקב״ה דן אותם מלך נכנס תחילה: משפט עבדו. שלמה קאמר ליה: דליפוש חרון אף. בשביל עונות צבור: מנלן. שמיטה מקודשת מר״ה ואסור בעבודת הקרקע: וקדשתם שנת החמשים מה ת״ל. מכיון שאמר שבע שבתות שנים והעברת שופר (א) בחדש השביעי יודע אני שהיא שנת החמשים: לא נפטרים לבתיהם. דכתיב תעבירו שופר והדר וקראתם דרור: ולא משתעבדין. דכתיב וקדשתם את שנת החמשים: ועטרותיהן בראשיהן. אם רצה לשום עטרה בראשו להראות שילא חפשי: שנים אתה מקדש. כששנת יובל נכנסה מלוה על ב״ד לומר מקודשת השנה: ואי אתה מקדש שום חדש. כר״א בר״ש דאמר לקמן בפרק שני (ד׳ כד.) בין שנראה בזמנו בין שלא נראה בזמנו אין מקדשין אותו ויליף טעמא מהכא: לפי שנאמר וקדשתם את שנת החמשים. דילפינן מיניה שמתקדשת מתחלתה: יכול כך מתקדשת בסופה. אחר ראש השנה ותמשוך עד יום הכפורים: ואל תתמה. אם משמרין אותה בתוך שנה שלאחריה: שהרי מוסיפין מחול על קודש. כדאמרינן לקמן בשמעתין: ת״ל יובל היא. מיעוטא היא: ורבנן

בתחילת שעה ט״ו דהיא שעה שלישית של יום וסימן וי״ד פי׳ ביום ו׳ בסוף שעה י״ד היה המולד מאחר שלא היה ר״ה עד יום ו׳ שקידש אדם הראשון החדש נמצא שנברא העולם בכ״ה באלול ואותה שנה של תוהו שמונין משום דיום אחד בשנה חשוב שנה וכשתדקדק על מולד ניסן של תוהו שלפני תשרי של ישוב שבו נברא אדם תמצא מולד ניסן ברביעי בתשע שעות תרמ״ב חלקים שאתה צריך להשליך ג׳ ד׳ תל״ח לאחריו ג׳ ימים ד׳ שעות תל״ח חלקים ומולד תשרי של תוהו שלפניו שנמצא ב׳ ה׳ ר״ד ולתקופה מניסן של תוהו מונין שהיתה התקופה בתחילת ליל ארבעה ונמצאת תקופת תשרי של ישוב של אחריו ביום ד׳ ט״ו שעות כדאמרינן בפרק כילד מעברין (ט) אין בין תקופה לתקופה אלא תשעים ואחד יום וז׳ שעות ומחצה נמצא דשתי תקופות ט״ו שעות ונמצא דקדמה תקופת תשרי למולד א׳ כ״ג פי׳ יום אחד כ״ג שעות ונמצא דקדמה תקופת ניסן את המולד ז׳ ט׳ תרמ״ב דל מיני (ט) (שעה) עודפת התקופה על המולד ה׳ י׳ תרמ״ב פי׳ ה׳ ימים י׳ שעות תרמ״ב חלקים וכשתצרף ה׳ י׳ תרמ״ב עם א׳ כ״ג עולה ז׳ ט׳ תרמ״ב והרי עכשיו נוהגין למנות מתשרי של תוהו שנות העולם כדפי׳ דיום אחד בשנה חשוב שנה (ב) ותקופת ניסן מונין מולד תשרי ב׳ ה׳ ר״ד וזקוקים להסיר ז׳ ט׳ תרמ״ב ודבר תימה הוא במה נחלקו ר״א ור׳ יהושע דתניא לקמן (דף יא.) מונין לתקופה מניסן ולמולדות מתשרי והלא היו יכולים לברר הדבר דכ״ד שעות מיכסי סיהרא בין חדתא לעתיקא כדאיתא (י) בסוף פ״ק דערכין (דף ט: ושם) והם מרחיקין המולד זה מזה ב׳ ד׳ תל״ח כולי האי אין ראוי לטעות דאיך יטעו בו שני ימים:

שהחדש מתכסה בו. שאין הלבנה נראית לרחוקים כגון שחרית לבני מערב וערבית לבני מזרח לפי שקטנה היא סמוך לחדושה כפי׳ הקונטרס והביא ר״ת (כ) ראיה מויקרא רבה בפרשת אמור אל הכהנים דקאמר התם תקעו בחדש שופר בכסה ליום חגנו והלא ניסן חדש ונכסה ויש בו חג אלא זה שחגו בו ביום ואין לך חדש שהוא נכסה ויש בו חג וחגו ביומו אלא תשרי ועוד מפרש ר״ת מתכסה מזומן כמו ליום הכסא יבא ביתו דבפרק חלק (סנהדרין דף נו:) גבי עמון ומואב שיבבי בישי להרעא דישראל הוו וכו׳ והר״ר משולם מפרש שהחדש מתכסה בו שאין חטאת ר״ח קרב בראש השנה כדכתיב מלבד עולת החדש ומנחתה ולא כתיב מלבד חטאת ועולה והקשה לו ר״ת דברים תוספתא דשבועות תניא (ל) שעירים מקריבים ישראל בכל שנה וחשיב י״ב בראשי חדשים ובאופן דמוסף דר״ה וחיות אשר הנה מרובעות יסד ר״א הקלירי מוספי חדש עשתי עשרה דהיינו פרים בני בקר שנים ואיל אחד כבשים בני שנה שבעה ושעיר לכפר והשיב לר״ת שלא אמר שאין בו מוסף אלא מתכסה שלא הזכיר הכא חטאת בקרא דמלבד כמו שהזכיר עולה ועוד פי׳ מתכסה שאין מזכירין מוסף של ר״ח בתפלה משום דאמרי׳ רשב״ג ה״ל בריה דבסים קליה עייל קמי תיבותא כי מטי לראשי חדשים אישתיק ולא רצה לאמרו (ג) פי׳ דמוטב שיבא זכאי ויכפר על הזכאי ואל יבא חייב ויכפר על הזכאי פירוש ההוא דר״ח קרוי חייב משום דאמרי׳ (מ) אמר הקב״ה הביאו כפרה וכו׳ עכ״ל ור״ת רגיל להזכיר ולומר מלבד עולת החדש ולסיים ושני שעירים לכפר חד דר״ח וחד דר״ה (נ): בעשרה בתשרי הוא. לרב אשי דאמר לעיל ארבעה ראשי השנה כד׳ ראשי חדשים (ס) פריך (ד) הא דא״ל רב חסדא לעיל רגל שבו ר״ה לרגלים (ה) הוה נמי מצי לשנויי הכא הכי: ורבנן שנת חמשים אתה מונה. לרבנן כיון דאינה מתקדשת מתחילתה איצטריך ליה קרא להכי ולא איצטריך למעוטי סופה מחמת דמוסיפין מחול על הקדש דהשתא מבליר בליר אסופי מבעיא וא״ת אדרבה כ״ש דצריך טפי משום דכתיב בקרא שנה ואין כאן שנה שלימה אא״כ תמשך עד יוה״כ אחר ויש לומר דכיון דלא שייך טעמא דתוספת ממילא בלא שום יתור ממעטא מקרא דוקדשתם דמשמע דוקא שנת החמשים: ואי

מסורת הש״ס

א) [לקמן טז.] ע״ז ג:, ב) [לעיל ז. לקמן ט:], ג) [ערכין כח.], ד) [קדושין מ:], ה) [לעיל ז:], ו) שבת קלא:, ז) [לקמן כד.], ח) [דף ט.], ט) [צ״ל שנה], י) [צ״ל לקמן כ.], כ) [ועי׳ תוס׳ ביצה טז. ד״ה איזהו], ל) [צ״ל ל״ב], מ) [שבועות ט. חולין ס:], נ) [וע״ע תוס׳ ביצה טז. ד״ה איזהו ותו׳ עירובין מ. ד״ה זכרון ותו׳ לקמן לה.], ס) [עי׳ רש״א].

גליון הש״ס

תוס׳ ד״ה שהחדש וכו׳. והר״ר משולם מפרש. עיין יומא ג ע״א תד״ה אלא למ״ד:

תורה אור השלם

א) כִּי חֹק לְיִשְׂרָאֵל הוּא מִשְׁפָּט לֵאלֹהֵי יַעֲקֹב: [תהלים פא, ה]

ב) וְיִהְיוּ דְבָרַי אֵלֶּה אֲשֶׁר הִתְחַנַּנְתִּי לִפְנֵי יְיָ קְרֹבִים אֶל יְיָ אֱלֹהֵינוּ יוֹמָם וָלָיְלָה לַעֲשׂוֹת מִשְׁפַּט עַבְדּוֹ וּמִשְׁפַּט עַמּוֹ יִשְׂרָאֵל דְּבַר יוֹם בְּיוֹמוֹ: [מלכים א׳ ח, נט]

ג) וּבַשָּׁנָה הַשְּׁבִיעִת שַׁבַּת שַׁבָּתוֹן יִהְיֶה לָאָרֶץ שַׁבָּת לַייָ שָׂדְךָ לֹא תִזְרָע וְכַרְמְךָ לֹא תִזְמֹר: [ויקרא כה, ד]

ד) אֶרֶץ אֲשֶׁר יְיָ אֱלֹהֶיךָ דֹּרֵשׁ אֹתָהּ תָּמִיד עֵינֵי יְיָ אֱלֹהֶיךָ בָּהּ מֵרֵשִׁית הַשָּׁנָה וְעַד אַחֲרִית שָׁנָה: [דברים יא, יב]

ה) הַחֹדֶשׁ הַזֶּה לָכֶם רֹאשׁ חֳדָשִׁים רִאשׁוֹן הוּא לָכֶם לְחָדְשֵׁי הַשָּׁנָה: [שמות יב, ב]

ו) וְהַעֲבַרְתָּ שׁוֹפַר תְּרוּעָה בַּחֹדֶשׁ הַשְּׁבִעִי בֶּעָשׂוֹר לַחֹדֶשׁ בְּיוֹם הַכִּפֻּרִים תַּעֲבִירוּ שׁוֹפָר בְּכָל אַרְצְכֶם: [ויקרא כה, ט]

ז) וְקִדַּשְׁתֶּם אֵת שְׁנַת הַחֲמִשִּׁים שָׁנָה וּקְרָאתֶם דְּרוֹר בָּאָרֶץ לְכָל יֹשְׁבֶיהָ יוֹבֵל הִוא תִּהְיֶה לָכֶם וְשַׁבְתֶּם אִישׁ אֶל אֲחֻזָּתוֹ וְאִישׁ אֶל מִשְׁפַּחְתּוֹ תָּשֻׁבוּ: [ויקרא כה, י]

ח) יוֹבֵל הִוא שְׁנַת הַחֲמִשִּׁים שָׁנָה תִּהְיֶה לָכֶם לֹא תִזְרָעוּ וְלֹא תִקְצְרוּ אֶת סְפִיחֶיהָ וְלֹא תִבְצְרוּ אֶת נְזִרֶיהָ: [ויקרא כה, יא]

[סנהדרין יא:]. כי חק. הוא לישראל מאת הקב״ה לתקוע באותו היום והוא יום המשפט לקב״ה [תהלים פא ה]. נכנס תחלה. לפני הקב״ה לדין. משפט עבדו. שלמה המלך [ע״ז ב:]. מתחילתה. מתחילת השנה מיוה״כ עבדים נפטרים ושדות חוזרות ועדיין לא עברו אלא מ״ט אבל שביעית אינה משמטת אלא בסופה דכתיב (דברים טו) מקץ שבע שנים לסוף שבע שנים כל שנה שביעית במנין ס״א [קידושין מ:]. תקעו ב״ד בשופר נפטרו עבדים וכו׳. ראש השנה שלה ביום הכפורים דתוקעין ב״ד בשופר ונפטרים עבדים לבתיהן ושדות חוזרות לבעליהן ואז נראית שהיא יובל [ערכין יב.]. קריאת דרור דיובל תלויה בה [שבת קלא:].

The Gemara asks:

יוֹבְלוֹת בְּאֶחָד בְּתִשְׁרֵי הוּא – The New Year for ***Yovel*** **years – is it** then **on the first of Tishrei? יוֹבְלוֹת בַּעֲשָׂרָה בְּתִשְׁרֵי הוּא** – But the New Year for ***Yovel*** **years – it is on the tenth of Tishrei** (i.e. Yom Kippur)! **דִּכְתִיב ,,בְּיוֹם הַכִּפֻּרִים תַּעֲבִירוּ שׁוֹפָר״** – **For it is written** regarding the onset of the *Yovel* year: ***on Yom Kippur you shall sound the shofar.***[14] How can our Mishnah state that it begins on the first of Tishrei?

The Gemara answers:

הָא מַנִּי – **Who is** the Tanna of **this** Mishnah – **רַבִּי יִשְׁמָעֵאל בְּנוֹ שֶׁל רַבִּי יוֹחָנָן בֶּן בְּרוֹקָא הִיא** – **it is R' Yishmael the son of R' Yochanan ben Beroka,** who holds that the *Yovel* year begins on the first of Tishrei. **דְּתַנְיָא** – **For it has been taught in a Baraisa: ,,וְקִדַּשְׁתֶּם אֵת שְׁנַת הַחֲמִשִּׁים שָׁנָה״** – When the verse states:[15] *AND YOU SHALL SANCTIFY THE FIFTIETH YEAR,* **מַה תַּלְמוּד לוֹמַר** – WHAT IS IT TEACHING? Do we not already know that *Yovel* is in the fiftieth year?[16] **לְפִי שֶׁנֶּאֱמַר ,,בְּיוֹם הַכִּפֻּרִים״** – The answer is that SINCE in the previous verse IT IS STATED: *ON YOM KIPPUR you shall sound the shofar,* **יָכוֹל לֹא תְהֵא מִתְקַדֶּשֶׁת אֶלָּא מִיּוֹם הַכִּפּוּרִים וְאֵילָךְ** – IT COULD BE thought THAT [THE YEAR] IS ONLY SANCTIFIED FROM YOM KIPPUR AND ON. **תַּלְמוּד לוֹמַר ,,וְקִדַּשְׁתֶּם אֵת שְׁנַת הַחֲמִשִּׁים״** – [THE TORAH] THEREFORE STATES: *YOU SHALL SANCTIFY THE FIFTIETH YEAR.* **מְלַמֵּד שֶׁמִּתְקַדֶּשֶׁת וְהוֹלֶכֶת מִתְּחִילָּתָהּ** – THIS TEACHES THAT [THE YEAR] BECOMES SANCTIFIED FROM ITS BEGINNING (i.e. from the first of Tishrei, Rosh Hashanah).[17]

מִכָּאן אָמַר רַבִּי יִשְׁמָעֵאל בְּנוֹ שֶׁל רַבִּי יוֹחָנָן בֶּן בְּרוֹקָא – FROM HERE R' YISHMAEL THE SON OF R' YOCHANAN BEN BEROKA SAID: **מֵרֹאשׁ הַשָּׁנָה עַד יוֹם הַכִּפּוּרִים** – FROM ROSH HASHANAH UNTIL YOM KIPPUR, **לֹא הָיוּ עֲבָדִים נִפְטָרִין לְבָתֵּיהֶן וְלֹא מִשְׁתַּעְבְּדִין לַאֲדוֹנֵיהֶם** – SLAVES WOULD NEITHER BECOME FREE [TO RETURN] TO THEIR HOMES NOR REMAIN ENSLAVED TO THEIR MASTERS.[18] **אֶלָּא אוֹכְלִין וְשׁוֹתִין וּשְׂמֵחִין וְעַטְרוֹתֵיהֶן בְּרָאשֵׁיהֶן** – RATHER, THEY WOULD EAT, DRINK AND REJOICE, WITH THEIR CROWNS ON THEIR HEADS.[19] **כֵּיוָן שֶׁהִגִּיעַ יוֹם הַכִּפּוּרִים** – WHEN YOM KIPPUR WOULD ARRIVE, **תָּקְעוּ בֵּית דִּין בַּשּׁוֹפָר** – BEIS DIN WOULD SOUND THE SHOFAR, **נִפְטְרוּ עֲבָדִים לְבָתֵּיהֶן** – SLAVES WOULD BECOME FREE [TO RETURN] TO THEIR HOMES **וְשָׂדוֹת חוֹזְרוֹת לִבְעָלֵיהֶן** – AND FIELDS WOULD RETURN TO THEIR ancestral OWNERS.[20]

We see that R' Yishmael the son of R' Yochanan ben Beroka holds that the *Yovel* year begins on the first of Tishrei. Our Mishnah is in accord with his opinion.

The Gemara explains how R' Yishmael's disputants understand this verse:

וְרַבָּנָן – **And** according to **the Rabbis,** the verse *and you shall sanctify the fiftieth year* teaches that **שָׁנִים אַתָּה מְקַדֵּשׁ** – **you sanctify years, וְאִי אַתָּה מְקַדֵּשׁ חֳדָשִׁים** – **but you do not sanctify months.**[21]

NOTES

14. *Leviticus* 25:9. The verse reads: וְהַעֲבַרְתָּ שׁוֹפַר תְּרוּעָה בַּחֹדֶשׁ הַשְּׁבִעִי בֶּעָשׂוֹר לַחֹדֶשׁ בְּיוֹם הַכִּפֻּרִים תַּעֲבִירוּ שׁוֹפָר בְּכָל־אַרְצְכֶם, *And you shall sound a teruah on the shofar in the seventh month, on the tenth of the month; on Yom Kippur you shall sound the shofar throughout your land.*

15. Ibid. v. 10. This verse follows the one cited above. It reads: וְקִדַּשְׁתֶּם אֵת שְׁנַת הַחֲמִשִּׁים שָׁנָה וּקְרָאתֶם דְּרוֹר בָּאָרֶץ לְכָל יֹשְׁבֶיהָ יוֹבֵל הִוא תִּהְיֶה לָכֶם וְשַׁבְתֶּם אִישׁ אֶל־אֲחֻזָּתוֹ וְאִישׁ אֶל־מִשְׁפַּחְתּוֹ תָּשֻׁבוּ, *And you shall sanctify the fiftieth year, and you shall proclaim liberty in the land for all its inhabitants. It is Yovel, [so] it shall be for you, and each man shall return to his inheritance, and each man shall return to his family.*

16. The Torah first states (in v. 8): וְסָפַרְתָּ לְךָ שֶׁבַע שַׁבְּתֹת שָׁנִים שֶׁבַע שָׁנִים שֶׁבַע פְּעָמִים וְהָיוּ לְךָ יְמֵי שֶׁבַע שַׁבְּתֹת הַשָּׁנִים תֵּשַׁע וְאַרְבָּעִים שָׁנָה, *And you shall count for yourself seven Sabbaths of years; seven years, seven times. And it will be for you the days of the seven Sabbaths of years, forty-nine years.* Then, referring to the year that follows these forty-nine, it states (in v. 9): *And you shall sound a teruah on the shofar in the seventh month.* Obviously, this year is the fiftieth. Why must our verse (v. 10) say so explicitly? (*Rashi; Rabbeinu Hillel* to *Toras Kohanim* to v. 10; cf. *Rabbeinu Chananel* here; *Raavad* and *Rash MiShantz* to *Toras Kohanim* ibid.; cf. also *Turei Even* here).

17. Thus, from the first of Tishrei one is forbidden to work the land, and on the first of Tishrei one must free his Jewish slaves (see *Rashi* to the Mishnah ד״ה לשמיטין וליובלות; *Ritva* here; *Rash MiShantz* ibid.; see *Sfas Emes* here). [As regards the requirement to return ancestral lands, see below, note 20.]

The Baraisa infers this from the verse's command to sanctify "the fiftieth year." The implication is that the *entire* year must be sanctified, i.e. from its very first day (see *Hagahos HaGra* to *Toras Kohanim* ibid.; see also *Korban Aharon* there).

18. They were not free to return to their homes because the verse first states (v. 9): *And you shall sound a teruah upon the shofar . . . on Yom Kippur,* and only afterwards states (v. 10): *and you shall proclaim liberty in the land.* [This implies that until Yom Kippur liberty is not proclaimed.] They were not enslaved to their masters because of the verse (v. 9), *And you shall sanctify the fiftieth year* [which teaches that *Yovel* begins on Rosh Hashanah; it follows that the slaves go free at the beginning of the year] (*Rashi*). From the dissonance between these verses R' Yishmael the son of R' Yochanan ben Beroka deduces that while the slaves' freedom *begins* on Rosh Hashanah, it is not complete until Yom Kippur (see *Rashba,* end of 7b; *Ritva* there; *Rambam, Commentary to Mishnah;* see *Chidushim U'Veurim;* cf. *Turei Even* here; *Malbim* to *Leviticus* 25:10).

19. I.e. if they so desire, they may wear a crown, to show that they are free (*Rashi;* see *Ritva*). *Meiri* maintains that these "crowns" were actually turbans. The law is that one donning a turban must pronounce a blessing (*Blessed are You . . . Who crowns Israel with glory;* see *Berachos* 60b). However, turbans were worn only by free men [and therefore slaves were unable to recite this blessing]. With the onset of Rosh Hashanah of the *Yovel* year, the slaves would don turbans, and pronounce the proper blessing (*Meiri,* from *Yerushalmi*).

20. [The Baraisa's final phrase implies that the return of ancestral fields does not take place until Yom Kippur (indeed, this is stated explicitly in *Toras Kohanim's* version of this Baraisa). Presumably, this means only that ownership is not actually transferred until then, but not that the fields may be worked by the pre-*Yovel* owners. For it is only the obligation to free ancestral fields which is analogous to the obligation to free the slaves; just as with regard to freeing the slaves, the dissonance between the verses – *And you shall sanctify the fiftieth year; And you shall sound a teruah upon the shofar . . . on Yom Kippur* – teaches that freedom begins on Rosh Hashanah but is complete only on Yom Kippur so too with regard to returning fields to ancestral owners. But from Rosh Hashanah on, the fields may no longer be worked by their pre-*Yovel* owners – the actual transfer of ownership, however, does not take complete effect until the arrival of Yom Kippur (see *Turei Even;* see *Arachin* 28b, and *Rashi, Kiddushin* 40b ד״ה מתחילתו משמט; see *Meiri* here).]

21. The Rabbis state their opinion in a Baraisa cited in *Arachin* 28b. They maintain that the *Yovel* year begins on Yom Kippur, in accordance with the verse, *On Yom Kippur you shall sound the shofar.* Prior to Yom Kippur, the *Yovel* does not take effect at all (*Ritva;* cf. *Chidushei HaRan*). According to the Rabbis, the Baraisa's difficulty returns: Why is the verse *You shall sanctify the fiftieth year* needed?

The Gemara explains that the verse comes to differentiate between the sanctification of the *Yovel* year and the sanctification of new months. *Yovel* must be sanctified by *Beis Din* (the Rabbinic Court), which announces: מְקֻדֶּשֶׁת הַשָּׁנָה, *The year is sanctified!* New months, however, attain sanctity automatically; *Beis Din* need not declare them holy.

The ruling of the Rabbis is not universally accepted, but represents a minority opinion; namely, that of R' Elazar the son of R' Shimon (cited below, 24a). Other Tannaim maintain that *Beis Din is* obligated to sanctify each new month (*Rashi;* see Mishnah and Gemara 24a).

[The Gemara has now linked the Tannaic dispute regarding sanctification of new months with that regarding the onset of the *Yovel* year. *Ritva* points out that since in practice, the halachah is in accordance with those who *require* sanctification of new months, it must perforce be in accordance also with R' Yishmael the son of R' Yochanan ben Beroka, who begins *Yovel* from Rosh Hashanah. Thus, the halachic ruling follows R' Yishmael (see also *Tosafos* 9a ד״ה ולאפוקי).]

שהחדש מתכסה בו הוי אומר זה ר"ה
וכתיב א) כי חק לישראל הוא משפט לאלהי
יעקב ת"ר כי חק לישראל הוא משפט לאלהי
יעקב מלמד שאין ב"ד של מעלה נכנסין לדין
אא"כ קידשו ב"ד של מטה את החדש תניא
אידך כי חק לישראל הוא אין לי אלא
לישראל לאומות העולם מנין ת"ל משפט
לאלהי יעקב א"כ מה ת"ל כי חק לישראל
מלמד שישראל נכנסין תחילה לדין כדרב
חסדא א) דאמר רב חסדא מלך וציבור מלך
נכנס תחילה לדין שנאמר ב) משפט עבדו
ומשפט עמו מאי טעמא אי בעית אימא לאו
אורח ארעא למיקם מלכא אבראי ואיבעית
אימא מקמי דליפוש חרון אף: ולשמיטין:
מנלן דכתיב ג) ובשנה השביעית שבת שבתון
יהיה לארץ וגמר שנה שנה מתשרי דכתיב
ד) מראשית השנה ולגמור שנה שנה מניסן
דכתיב ה) ראשון הוא לכם לחדשי השנה ב) דנין
שנה שאין עמה חדשים משנה שאין עמה
חדשים ואין דנין שנה שאין עמה חדשים
משנה שיש עמה חדשים: וליובלות: יובלות
באחד בתשרי הוא יובלות בי' בתשרי הוא
דכתיב ו) ביום הכפורים תעבירו שופר הא
מני ג) רבי ישמעאל בנו של רבי יוחנן בן
ברוקא היא דתניא ז) וקדשתם את שנת החמשים שנה מה ת"ל לפי שנאמר
ביוה"כ יכול לא תהא מתקדשת אלא מיוה"כ ואילך ת"ל וקדשתם את שנת
החמשים מלמד שמתקדשת והולכת ד) מתחילתה מכאן אמר ר' ישמעאל
בנו של ר' יוחנן בן ברוקא ה) מר"ה עד יוה"כ לא היו עבדים נפטרין לבתיהן
ולא משתעבדין לאדוניהם אלא אוכלין ושותין ושמחין ועטרותיהן בראשיהן
כיון שהגיע יוה"כ ו) תקעו ב"ד בשופר נפטרו עבדים לבתיהן ושדות
חוזרות לבעליהן ורבנן ז) שנים אתה מקדש ואי אתה מקדש חדשים תניא
אידך יובל היא מה תלמוד לומר לפי שנאמר וקדשתם את שנת החמשים
יכול כשם שמתקדשת והולכת מתחילתה כך מתקדשת והולכת בסופה ואל
תתמה שהרי מוסיפין מחול על קדש תלמוד לומר ח) יובל היא שנת
החמשים שנת החמשים אתה מקדש ואי אתה מקדש שנת החמשים ואחת
ורבנן

רש"י

שהחדש מתכסה בו. לרחוקים כגון שחרית לבני מערב וערבית לבני מזרח לפי שקטנה היא סמוך לחידושה: אלא אם כן קדשו החדש בו'. וה"ק אם קבעו ישראל את חק החדש יהא משפט להקב"ה: מלך וציבור. כשהקב"ה דן אומה מלך נכנס תחילה: משפט עבדו. שלמה קאמר ליה: דליפוש חרון אף. בשביל עונות לבור: מנלן. דשנת שמיטה מקודשת מר"ה ואסור בעבודת הקרקע: וקדשתם שנת החמשים מה ת"ל. מכיון שאמר שבע שבתות שנים והעברת שופר (א) בחדש השביעי יודע אני שהיא שנת החמשים: לא נפטרים לבתיהם. דכתיב תעבירו שופר והדר וקראתם דרור: ולא משתעבדין. דכתיב וקדשתם את שנת החמשים: ועטרותיהן בראשיהן. אם רצה לשום עטרה בראשו להראות שהיא חפשי: שנים אתה מקדש. כשבנת יובל נכנסה מלוה על ב"ד לומר מקודשת השנה: ואי אתה מקדש שום חדש. כר"ח בר"ה דאמר לקמן בפרק שני (דף כד.) בין שנראה בזמנו בין שלא נראה בזמנו אין מקדשין אותו ויליף טעמא מהכא: לפי שנאמר וקדשתם את שנת החמשים. דילפינן מיניה שמתקדשת מתחלתה: יכול כך מתקדשת בסופה. אחר ראש השנה ותמשוך עד יום הכפורים: ואל תתמה. אם משמרין אותה בתוך שנה שלאחריה: שהרי מוסיפין מחול על קודש. כדאמרינן לקמן בשמעתין: ת"ל יובל היא. מיעוטא היא:

תוספות

בתחילת שעה ט"ו דהיא שעה שלישית של יום וסימן ו"ד פי' ביום ו' בסוף שעה י"ד היה המולד מאחר שלא היה ר"ה עד יום ו' שקידש אדם הראשון החדש נמצא שנבראה העולם בכ"ה באלול ואותה שנה של תוהו שמונין משום דיום אחד בשנה חשוב שנה וכשתדקדק על מולד ניסן של תוהו שלפני תשרי של יישוב שבו נברא אדם תמצא מולד ניסן ברביעי בתשע שעות תרמ"ב חלקים שאתה צריך להשליך ג' ד' תל"ח לאחריו ג' ימים ד' שעות תל"ח חלקים ומולד תשרי של תוהו שלפניו שנמצא ב' ה' ר"ד ולתקופה מניסן של תוהו מונין שהיתה התקופה בתחילת ליל ארבעה ונמצאת תקופת תשרי של ישוב של אחריו ביום ד' ט"ו שעות כדאמרינן בפרק כילד מעברין ט) אין בין תקופה לתקופה אלא תשעים ואחד יום ז' שעות ומחצה נמצא דשתי תקופות ט"ו שעות ונמצא דקדמה תקופת תשרי למולד א' כ"ג פי' יום אחד כ"ג שעות ונמצא דקדמה תקופת ניסן את המולד ז' ט' תרמ"ב דל אלי ט) (שעה) עודפת התקופה על המולד ה' י' תרמ"ב פי' ה' ימים י' שעות תרמ"ב חלקים וכשתצרף ה' י' תרמ"ב עם א' כ"ג עולה ז' ט' תרמ"ב והרי עכשיו נוהגין למנות מתשרי של תוהו שנות העולם כדפי' דיום אחד בשנה חשוב שנה (ב) ותקופת ניסן מונין מולד תשרי ב' ה' ר"ד וזקוקים להסיר ז' ט' תרמ"ב ודבר תימה הוא במה נחלקו ר"א ור' יהושע דתניא לקמן (דף יא.) מונין לתקופה מניסן ולמולדות מתשרי והלא היו יכולים לברר הדבר דכ"ד שעות מיכסי סיהרא בין חדתא לעתיקא כדאיתא י) בסוף פ"ק דערכין (דף ט: ושם) והם מרחיקין המולד זה מזה ב' ד' תל"ח כולי האי אין ראוי לטעות דאיך יטעו בו שני ימים:

שהחדש מתכסה בו. שאין הלבנה נראית לרחוקים כגון שחרית לבני מערב וערבית לבני מזרח לפי שקטנה היא סמוך לחדושה כפי' הקונטרס והביא ר"ת כ) ראיה מויקרא רבה בפרשת אמור אל הכהנים דקאמר התם תקעו בחדש שופר בכסה ליום חגנו והלא ניסן חדש ונכסה ויש בו חג אלא זה שחגו בו ביום ואין לך חדש שהוא נכסה ויש בו חג וחגו ביומו אלא תשרי ועוד מפרש ר"ת מתכסה מזומן כמו ליום הכסא יבא ביתו דבפרק חלק (סנהדרין דף צו:) גבי עמון ומואב שיבבי בישי דארעא דישראל הוו וכו' ל) והר"ר משולם מפרש שהחדש מתכסה בו שאין חטאת ר"ח קרב בראש השנה כדכתיב מלבד עולת החדש ומנחתה ולא כתיב מלבד חטאת ועולה והקשה לו ר"ת דבריש תוספתא דשבועות תניא (מ) ל') שעירים מקריבים ישראל בכל שנה וחשיב י"ב בראשי חדשים ובאופן דמוסף דר"ה וחיות אשר הנה מרובעות יסד ר"א הקלירי מוספי חדש עשתי עשרה דהיינו פרים בני בקר שנים ואיל אחד כבשים בני שנה שבעה ושעיר לכפר והשיב לר"ת שלא אמר שאין בו מוסף אלא מתכסה שלא הזכיר הכא חטאת בקרא דמלבד כמו שהזכיר עולה ועוד פי' מתכסה שאין מזכירין מוסף של ר"ח בתפלה משום דאמרי' רשב"ג ה"ל בריה דבסים קליה עייל קמי תיובתא כי מטי לראשי חדשים אישתיק ולא רצה לאמרו (ג) פי' דמוטב שיבא זכאי ויכפר על החייב ואל יבא חייב ויכפר על הזכאי פירוש ההוא דר"ח קרוי חייב משום דאמרי' נ) אמר הקב"ה הביאו כפרה וכו' עכ"ל ור"ת רגיל להזכיר ולומר מלבד עולת החדש ולסיים ושני שעירים לכפר חד דר"ח וחד דר"ה ס): **בעשרה** בתשרי הוא. לרב אשי דאמר לעיל ארבעה ראשי השנה בד' ראשי חדשים ע) פריך (ד) הא דא"ל רב חסדא לעיל רגל שבו ר"ה לרגלים (ה) הוה נמי מצי לשנויי הכא הכי: **ורבנן** שנת חמשים אתה מונה. לרבנן כיון דאינה מתקדשת מתחילתה איצטריך ליה קרא להכי ולא איצטריך למעוטי סופה מחמת דמוסיפין מחול על הקדש דהשתא מבליר בליר אסופי מבעיא וא"ת אדרבה כ"ש דלריך טפי משום דכתיב בקרא שנה ואין כאן שנה שלימה אא"כ תמשך עד יוה"כ אחר ויש לומר דכיון דלא שייך טעמא דתוספת ממילא בלא שום יתור ממעטא מקרא דוקדשתם דמשמע דוקא שנת החמשים:

ואי

ליקוטי רש"י

[סנהדרין שם]. כי חק. הוא לישראל מאת הקב"ה לתקוע באותו היום והוא יום המשפט לקב"ה [תהלים פא ה]. נכנס תחלה. לפני הקב"ה לדין. משפט עבדו. שלמה המלך [ע"ז ב:]. מתחילתה. מתחילת השנה מיוה"כ עבדים נפטרים ושדות חוזרות ועדיין לא עברו אלא מ"ט אבל שביעית אינה משמטת אלא בסופה דכתיב (דברים טו) מקץ שבע שנים לסוף שבע שנים כל שנה שביעית במנין ס"ח [קידושין מ:]. תקעו ב"ד בשופר נפטרו עבדים וכו'. ראש השנה שלה ביום הכפורים דתוקעין ב"ד בשופר ונפטרים עבדים לבתיהן ושדות חוזרות לבעליהן ואז נראית שהיא יובל [ערכין יב.]. קריאת דרור דיובל תלויה בה [שבת קלא:].

שהחדש מתכסה בו. שהלבנה מתכסה בו שאינה נראית לכל אדם אלא שחרית ליושבי מזרח וערבית ליושבי מערב כדאמר בראש השנה (כ:) עשרים וארבע שעות מתכסה סיהרא [ביצה טז.]. שהלבנה אינה נראית בעליל לכל העולם דכתיב חדש בכסה [סנהדרין יא:]. הוי אומר זה ר"ה. דאלו שאר יום טוב כבר נתמלאה הלבנה במקצת ונראית בכל מקום [ביצה שם]. שחגה בראש חדש הוא אבל שאר חגים באמצע החדש הם וכתיב כי חק כלומר חג שישראל עושין באותו חג דהיינו קידוש החדש הרי הוא כמשפט ומשפט ביום דכתיב ביום הנחילו את בניו כדדרשינן באחד דיני ממונות (סנהדרין לד:)

עין משפט נר מצוה

מג א מיי' פ"י מהל' שמיטין הל' יד סמג עשין קלא קלב ולאוין רסח:

הגהות הב"ח

(א) רש"י ד"ה וקדשתם כו' והעברת שופר תרועה בחדש: (ב) תום' ד"ה ולתקופות. כדפי' דיום אחד בשנה חשוב שנה ולתקופה מניסן מונין ומולד תשרי בהר"ד: (ג) תום' ד"ה שהחדש כו' ולא רצה לאומרו דמוטב כצ"ל ותיבת פי' נמחק: (ד) ד"ה בעשרה כו' פריך דהא אמר רב חסדא כצ"ל: (ה) בא"ד לרגלים והכא נמי מצי לשנויי הכי:

רבינו חננאל

ולשמיטין מנ"ל דכתיב ובשנה השביעית שבת שבתון וגו' וגמר שנה שנה מתשרי דכתיב מראשית השנה וליובלות אוקימנ' כר' ישמעאל דסבר האי דכתיב וקדשתם את שנת החמשים שנה וגו' מלמד שמתקדשת שנת היובל מתחלתה כלומר מר"ה ודייק מלישנא יתירא מאחר דכתיב וקדשתם את שנת החמשים שנה למה בא אלא ללמד שקידוש שנת היובל מר"ה. ורבנן שחולקין על ר' ישמעאל אומרים למה בא שנה ללמדך כי היובל שנים אתה מקדשו ולא חדשים. תניא אידך יובל היא שנת החמשים שנה מת"ל לפי שנאמר וקדשתם את שנת החמשים שנה שיכול בכניסתה תהא מתקדשת בר"ה ויציאתה תהא מושכת והולכת עד יוה"כ שכן מוסיפין מחול על קודש ת"ל יובל היא שנת החמשים שנה תהיה לכם אין קדושתה אלא עד ר"ה.

מסורת הש"ס

א) [לקמן טז.] ע"ז ג:, ב) [לעיל ז. לקמן ט:], ג) [ערכין כח.], ד) [קדושין מ:], ה) [לעיל ז:], ו) שבת קלא:, ז) [לקמן כד.], ח) [דף ט:], ט) [נ"ל שנה], י) [נ"ל לקמן כ.], כ) [ועי' תוס' ביצה טז. ד"ה איזהו], ל) [נ"ל נ"ב], מ) [שבועות ט. חולין ס:], נ) [וע"ע תוס' ביצה טז. ד"ה איזהו ותוס' עירובין מ. ד"ה זכרון ותוס' לקמן לה.], ס) [עי' רש"א].

גליון הש"ס

תוס' ד"ה שהחדש וכו'. והר"ר משולם מפרש. עיין יומא ג ע"א תד"ה אלא למ"ד:

תורה אור השלם

א) כִּי חֹק לְיִשְׂרָאֵל הוּא מִשְׁפָּט לֵאלֹהֵי יַעֲקֹב: [תהלים פא, ה]

ב) וְיִהְיוּ דְבָרַי אֵלֶּה אֲשֶׁר הִתְחַנַּנְתִּי לִפְנֵי יְיָ קְרֹבִים אֶל יְיָ אֱלֹהֵינוּ יוֹמָם וָלָיְלָה לַעֲשׂוֹת מִשְׁפַּט עַבְדּוֹ וּמִשְׁפַּט עַמּוֹ יִשְׂרָאֵל דְּבַר יוֹם בְּיוֹמוֹ: [מלכים א' ח, נט]

ג) וּבַשָּׁנָה הַשְּׁבִיעִת שַׁבַּת שַׁבָּתוֹן יִהְיֶה לָאָרֶץ שַׁבָּת לַייָ שָׂדְךָ לֹא תִזְרָע וְכַרְמְךָ לֹא תִזְמֹר: [ויקרא כה, ד]

ד) אֶרֶץ אֲשֶׁר יְיָ אֱלֹהֶיךָ דֹּרֵשׁ אֹתָהּ תָּמִיד עֵינֵי יְיָ אֱלֹהֶיךָ בָּהּ מֵרֵשִׁית הַשָּׁנָה וְעַד אַחֲרִית שָׁנָה: [דברים יא, יב]

ה) הַחֹדֶשׁ הַזֶּה לָכֶם רֹאשׁ חֳדָשִׁים רִאשׁוֹן הוּא לָכֶם לְחָדְשֵׁי הַשָּׁנָה: [שמות יב, ב]

ו) וְהַעֲבַרְתָּ שׁוֹפַר תְּרוּעָה בַּחֹדֶשׁ הַשְּׁבִעִי בֶּעָשׂוֹר לַחֹדֶשׁ בְּיוֹם הַכִּפֻּרִים תַּעֲבִירוּ שׁוֹפָר בְּכָל אַרְצְכֶם: [ויקרא כה, ט]

ז) וְקִדַּשְׁתֶּם אֵת שְׁנַת הַחֲמִשִּׁים שָׁנָה וּקְרָאתֶם דְּרוֹר בָּאָרֶץ לְכָל יֹשְׁבֶיהָ יוֹבֵל הִוא תִּהְיֶה לָכֶם וְשַׁבְתֶּם אִישׁ אֶל אֲחֻזָּתוֹ וְאִישׁ אֶל מִשְׁפַּחְתּוֹ תָּשֻׁבוּ: [ויקרא כה, י]

ח) יוֹבֵל הִוא שְׁנַת הַחֲמִשִּׁים שָׁנָה תִּהְיֶה לָכֶם לֹא תִזְרָעוּ וְלֹא תִקְצְרוּ אֶת סְפִיחֶיהָ וְלֹא תִבְצְרוּ אֶת נְזִרֶיהָ: [ויקרא כה, יא]

The Gemara now cites a second Baraisa. Its teaching is contingent on that of the previously cited one:

תַּנְיָא אִידָךְ – **It was taught in another Baraisa:** ,,יוֹבֵל הִוא" – When the verse states: ***IT IS YOVEL,*** מַה תַּלְמוּד לוֹמַר – WHAT IS IT TEACHING?[22] לְפִי שֶׁנֶּאֱמַר ,,וְקִדַּשְׁתֶּם אֵת שְׁנַת הַחֲמִשִּׁים" – The answer is that SINCE in the previous verse IT IS STATED: ***AND YOU SHALL SANCTIFY THE FIFTIETH YEAR,***[23] יָכוֹל כְּשֵׁם שֶׁמִּתְקַדֶּשֶׁת וְהוֹלֶכֶת מִתְּחִילָּתָהּ – IT COULD BE thought that JUST AS IT BECOMES SANCTIFIED FROM ITS BEGINNING, i.e. from Rosh Hashanah, כָּךְ מִתְקַדֶּשֶׁת וְהוֹלֶכֶת בְּסוֹפָהּ – SO DOES IT REMAIN SANCTIFIED AT ITS END, i.e. from Rosh Hashanah to Yom Kippur of the following year.[24] וְאַל תִּתְמַהּ – AND DO NOT WONDER at this suggested extension of the *Yovel* year, שֶׁהֲרֵי מוֹסִיפִין מֵחוֹל עַל קֹדֶשׁ – FOR as a rule, WE ADD FROM the MUNDANE ONTO the HOLY.[25] תַּלְמוּד לוֹמַר ,,יוֹבֵל הִוא שְׁנַת הַחֲמִשִּׁים" – To dispel this notion, [THE TORAH] STATES: ***IT IS YOVEL, THE FIFTIETH YEAR.***[26] שְׁנַת הַחֲמִשִּׁים אַתָּה מְקַדֵּשׁ – This teaches that THE FIFTIETH YEAR YOU SANCTIFY as *Yovel,* וְאִי אַתָּה מְקַדֵּשׁ שְׁנַת הַחֲמִשִּׁים וְאַחַת – BUT YOU DO NOT SANCTIFY any part of THE FIFTY-FIRST YEAR as *Yovel.*

NOTES

22. The quote is from *Leviticus* 25:11. The full phrase reads: יוֹבֵל הִוא שְׁנַת הַחֲמִשִּׁים שָׁנָה, *It is Yovel, the fiftieth year.* The Baraisa is troubled because the previous verse has already stated that this fiftieth year is called *Yovel.* Why must the Torah repeat this information? (*Menachem Meishiv Nefesh*).

23. From which we derive that the *Yovel* year begins at Rosh Hashanah (*Rashi*).

24. [We explained above (note) that the Torah in one verse states that the *Yovel* begins on Yom Kippur, but in another gives Rosh Hashanah as the starting date. According to R' Yishmael the son of R' Yochanan ben Beroka, this teaches that while the *Yovel* begins on Rosh Hashanah, it is not complete in all its aspects until Yom Kippur. In effect, the Torah sees the period between Rosh Hashanah and Yom Kippur as a preliminary one, distinct from the rest of the year; perhaps, then, a similar period is mandated as well after the *Yovel* year – from Rosh Hashanah to Yom Kippur of the following year (see *Hagahos HaGra* to *Toras Kohanim* to *Leviticus* 25:11).]

25. I.e. lest you wonder at the propriety of keeping the *Yovel* laws in the following year [when it is no longer *Yovel,* there is no difficulty]. For regarding festival days and *shemittah* (Sabbatical) years, it is a rule that we add from the mundane onto the holy, by observing their laws even after the Sabbath or *shemittah* has passed, as will be demonstrated in the Gemara below (9a) (*Rashi;* see *Davar B'Itto,* printed in *Asifas Zekeinim;* cf. *Pnei Yehoshua*). Regarding *Yovel* too, then, perhaps its laws must be observed even after the year has passed.

26. The term הִוא, *it is,* is exclusionary (*Rashi;* cf. *Ritva*). It limits the sanctity of *Yovel* to the fiftieth year.

This Baraisa follows R' Yishmael the son of R' Yochanan ben Beroka, who holds that the *Yovel* year begins on Rosh Hashanah. R' Yishmael's disputants, however, maintain that it begins on Yom Kippur. How, then, do they expound the verse, *It is Yovel*?[1] The Gemara explains:

וְרַבָּנָן – And according to **the Rabbis,** the verse *It is Yovel, the fiftieth year* teaches that שְׁנַת חֲמִשִּׁים אַתָּה מוֹנֶה – **you count** the *Yovel* year as **the fiftieth year** of the previous cycle, וְאִי אַתָּה מוֹנֶה שְׁנַת חֲמִשִּׁים וְאַחַת – **but you do not count** it as both **the fiftieth year** of the previous cycle **and the first** year of the upcoming one.[2] לְאַפּוּקֵי מִדְּרַבִּי יְהוּדָה דְּאָמַר – And this teaching comes to **exclude [the opinion] of R' Yehudah, who said:** שְׁנַת חֲמִשִּׁים עוֹלָה לְכָאן וּלְכָאן – **The fiftieth year counts for this** cycle **and for that** cycle, i.e. as a part of both the previous cycle *and* the upcoming one.[3] קָא מַשְׁמַע לָן דְּלָא – **[This verse] informs us that** it is **not** so. Rather, the first year of the new cycle is the one that *follows* the fiftieth.

The Baraisa stated that we generally add from the mundane onto the holy. The Gemara seeks the source for this principle: וּדְמוֹסִיפִין מֵחוֹל עַל קֹדֶשׁ מְנָלָן – **And** as for the rule **that we add from** the **mundane onto** the **holy – from where do we know it?**

The Gemara cites a verse that is variously interpreted as discussing the *shemittah* (Sabbatical) year or the Sabbath: דְּתַנְיָא – **For it has been taught in a Baraisa:** ,,בֶּחָרִישׁ וּבַקָּצִיר תִּשְׁבֹּת'' – The verse states:[4] ***AT THE PLOWING AND AT THE REAPING YOU SHALL REST.*** רַבִּי עֲקִיבָא אוֹמֵר – **R' AKIVA** interprets the verse as discussing the *shemittah* year; he therefore **SAYS:** אֵינוֹ צָרִיךְ לוֹמַר חָרִישׁ וְקָצִיר שֶׁל שְׁבִיעִית – **[THE VERSE] DOES NOT NEED TO SAY** that one should desist from performing the **PLOWING AND REAPING OF THE SEVENTH** year, שֶׁהֲרֵי כְּבָר נֶאֱמַר ,,שָׂדְךָ לֹא תִזְרָע וגו' '' – **FOR IT HAS ALREADY BEEN STATED:**[5] ***YOUR FIELD YOU SHALL NOT SOW* ETC.**, which prohibits most agricultural work during the *shemittah* year.[6] אֶלָּא חָרִישׁ שֶׁל עֶרֶב שְׁבִיעִית הַנִּכְנָס לִשְׁבִיעִית – **RATHER,** *at the plowing and at the reaping you shall rest* teaches that one must desist even from **THE PLOWING OF THE YEAR BEFORE THE SEVENTH, WHOSE** benefit **ENTERS INTO THE SEVENTH,**[7] וְקָצִיר שֶׁל שְׁבִיעִית הַיּוֹצֵא לְמוֹצָאֵי שְׁבִיעִית – **AND** that one must accord *shemittah* sanctity to **THE REAPINGS OF SEVENTH-YEAR** produce **WHOSE** growth **CONTINUES INTO THE YEAR AFTER THE SEVENTH.**[8]

רַבִּי יִשְׁמָעֵאל אוֹמֵר – But **R' YISHMAEL** interprets the verse as discussing the Sabbath;[9] he therefore **SAYS:** מָה חָרִישׁ רְשׁוּת –

NOTES

1. R' Yishmael's disputants do not expound the verse וְקִדַּשְׁתֶּם אֵת שְׁנַת הַחֲמִשִּׁים שָׁנָה, *And you shall sanctify the fiftieth year,* to teach that *Yovel* begins on Rosh Hashanah (see 8b note 21). Accordingly, the period between the Rosh Hashanah and the Yom Kippur of the *Yovel* year is devoid of sanctity. Since there is consequently no reason to assign sanctity to the corresponding period in the following year, the exclusionary verse *It is Yovel* is not needed. Seemingly, it is superfluous (*Rashi*).

2. [There is an obligation for *Beis Din* to count each of the years leading up to *Yovel* (see *Leviticus* 25:8 with *Toras Kohanim*).] The verse *It is Yovel, the fiftieth year* teaches that the *Yovel* is counted as year fifty of the previous cycle, but is not counted as year one of the upcoming cycle. Rather, year one of the new *Yovel* cycle is the year that follows the *Yovel* year (*Rashi*).

3. This dispute is cited in Tractate *Nedarim* (61a). R' Yehudah states that the *Yovel* year is regarded as the first year of the upcoming *shemittah* cycle. [The Rabbis disagree] (*Rashi*).

[An outgrowth of this dispute concerns the length of the *Yovel* cycle. If the *Yovel* year counts as both year fifty and year one, there will be only forty-nine years in each cycle; if it counts only as year fifty, the cycle will contain fifty years. *Tosafos* rule that the halachah is in accordance with R' Yehudah; thus, a *Yovel* cycle contains forty-nine years. *Rambam* follows the Rabbis (see *Shemittah V'Yovel* 10:7 with *Kesef Mishneh*); hence, each *Yovel* cycle runs a full fifty years. The ruling of *Shulchan Aruch* (*Yoreh Deah* 331:19; see *Shach* §43) accords with that of *Tosafos.*]

4. *Exodus* 34:21. The full verse reads: שֵׁשֶׁת יָמִים תַּעֲבֹד וּבַיּוֹם הַשְּׁבִיעִי תִּשְׁבֹּת בֶּחָרִישׁ וּבַקָּצִיר תִּשְׁבֹּת, *Six days you shall work and on the seventh day you shall rest; at the plowing and at the reaping you shall rest.* The first segment of this verse is definitely speaking of the Sabbath, as is evident from the words, *Six days you shall work.* The second segment, however, is difficult to interpret as discussing the Sabbath, for why should the Torah single out the *melachos* of plowing and reaping from all the 39 categories of forbidden labor? R' Akiva therefore interprets this part of the verse as requiring one to desist from plowing and reaping during the *shemittah* (Sabbatical) year (*Rashi; see Ritva*). [This interpretation does preserve a connection between the two segments of the verse; the verse is saying that although plowing and reaping are generally permissible on the six weekdays, during the *shemittah* year they are impermissible even on these days (*Rashi* to the verse and to *Makkos* 8b ד״ה אין צ״ל חריש וקציר; *Ritva* here).]

5. *Leviticus* 25:4.

6. The full text of the verse reads thus: וּבַשָּׁנָה הַשְּׁבִיעִת שַׁבַּת שַׁבָּתוֹן יִהְיֶה לָאָרֶץ שַׁבָּת לַה' שָׂדְךָ לֹא תִזְרָע וְכַרְמְךָ לֹא תִזְמֹר, *And on the seventh year, there shall be a resting for the land, a resting before Hashem; your field you shall not sow, and your vineyard you shall not prune.* Although this verse speaks explicitly of sowing and pruning only, the Gemara in *Moed Katan* (3a) expounds it as prohibiting all sorts of agricultural work during [the] *shemittah* [year]. Accordingly, there is no need for the Torah to state: *at the plowing and at the reaping you shall rest* (*Rash* to *Sheviis* 1:4; cf. *Tosafos* here, and to *Moed Katan* 3b ד״ה שהרי כבר; cf. *Ritva*).

[The exposition in *Moed Katan* runs this way: Really, the verse need only state: *you shall not sow, and you shall not prune.* The words *your field* and *your vineyard* are superfluous. Therefore, the Gemara treats these phrases as part of two independent clauses — *your field you shall not,* and *your vineyard you shall not.* These are understood as banning *all* sorts of labor undertaken to improve the crop or field during the seventh year (see *Rash* ibid.). Alternatively, the Gemara in *Moed Katan* focuses on an irregularity in the verse's sequence. Usually, a verse's object (in this case, *your field* or *your vineyard*) would follow the verb (*sow* or *prune*); had our verse followed this rule, it would have been written: *you shall not sow your field, and you shall not prune your vineyard.* The Gemara takes the reversal of verb and object as license to expound the phrases *your field you shall not* and *your vineyard you shall not* as independent clauses barring all sorts of agricultural work (*Rashi, Moed Katan* 3a ד״ה תלמוד לומר שדך לא).]

7. This refers to the plowing of an orchard in advance of *shemittah,* to aid the trees' growth during the *shemittah* year (*Rashi*).

By Biblical law, the prohibition against plowing an orchard commences thirty days prior to *shemittah;* however, the Rabbis set this prohibition back to an even earlier point (see *Ritva,* from *Moed Katan* 3b).

8. This refers to grain that attained (at least) one third of its full growth during the seventh year, but was harvested in the eighth year. The verse teaches that although this grain was not actually harvested during *shemittah,* it still must be treated like produce of *shemittah,* since it was *fit* to be harvested then (*Rashi,* here and to *Makkos* 8b ד״ה וקציר של שביעית). This means that this grain acquires *shemittah* sanctity; accordingly, it may not be used for transactional purposes, and is subject to the various rules that govern use of *shemittah* produce (enumerated in *Rambam, Shemittah V'Yovel* ch. 5). Furthermore, it is subject to the laws of *biur* (i.e. removal of *shemittah* produce from the home when it is no longer readily available in the fields). When the time of *biur* arrives, one may no longer store this grain in the home, but must abandon it for the use of others (see *Tosafos* 12b ד״ה מנהג שביעית; *Rash* to *Sheviis* 1:4).

[Many Rishonim dispute *Rashi's* interpretation of this exposition. They maintain that the requirement to treat this grain as *shemittah* produce is derived from another source entirely (see Gemara below, 12b). The point of *this* verse, however, is to prohibit *working the field* in the eighth year in any manner that will benefit this grain (see *Tosafos* to 12b ד״ה מנהג שביעית; *Rashba; Ritva; Chidushei HaRan;* see also *Tosafos* and *Tos. HaRosh*).]

9. As is implied in the words, *and on the seventh day you shall rest, at the plowing and at the reaping you shall rest.* [The natural flow of the verse implies that the second clause is an amplification of the first. Thus both speak of a single time — the Sabbath.] The reason the verse singles out these two forms of forbidden labor is to teach a law concerning reaping on the Sabbath, as will be explained shortly (*Rashi*).

מסורת הש"ס

א) נדרים סא. ערכין יב: לג., ב) שביעית פ"א מ"ד מו"ק ג: מכות ח:, ג) [מנחו' עב.], ד) יומא פא:, ה) ברכות ח: פסחים סח: יומא פא:, ו) [נראה שצ"ל המוכר שדהו דף לג. וע"ש], ז) [וע"ע תוס' ע"ז ט: ד"ה מאן], ח) [וע"ע תוס' מ"ק ג: ד"ה שהרי], ט) גירסת רש"א במקלע, י) [דף ג:], כ) [צ"ל שבתות שנים].

תורה אור השלם

א) שֵׁשֶׁת יָמִים תַּעֲבֹד וּבַיּוֹם הַשְּׁבִיעִי תִּשְׁבֹּת בֶּחָרִישׁ וּבַקָּצִיר תִּשְׁבֹּת: [שמות לד, כא]

ב) וּבַשָּׁנָה הַשְּׁבִיעִת שַׁבַּת שַׁבָּתוֹן יִהְיֶה לָאָרֶץ שַׁבָּת לַייָ שָׂדְךָ לֹא תִזְרָע וְכַרְמְךָ לֹא תִזְמֹר: [ויקרא כה, ד]

ג) שַׁבַּת שַׁבָּתוֹן הוּא לָכֶם וְעִנִּיתֶם אֶת נַפְשֹׁתֵיכֶם בְּתִשְׁעָה לַחֹדֶשׁ בָּעֶרֶב מֵעֶרֶב עַד עֶרֶב תִּשְׁבְּתוּ שַׁבַּתְּכֶם: [ויקרא כג, לב]

גליון הש"ס

גמ' כ"מ שיש בו שבות. ק"ל לר"ע דלא דריש כן ויליף משביעית הא מזה לא מצינן למילף רק דין תוספת לענין איסור מלאכה אבל לענין עינוי ביוה"כ מנ"ל דהא אין ללמוד עינוי ממלאכה במה מצינו דמה למלאכה דנוהג בשבתות וי"ט ולע"ג. וביותר ק' אפילו לענין מלאכה הא בשביעי' אינו אסור בתו' מדאוריי' רק חרישה וקצירה אבל לא נטיעה כמ"ש תוס' ד"ה ומותר לקיימן וא"כ ביוה"כ ושבת מנלן תוספת בשארי מלאכות וצ"ע: רש"י ד"ה וקציר וכו' אתה נוהג בה. עיין לקמן ד' יב ע"ב תד"ה מנהג: תוס' ד"ה וקציר של שביעית היוצא וכו' אבל אתה בוצר מן המופקר. עיין סוכה ד' לט ע"ב תוס' ד"ה בד"א:

ליקוטי רש"י

ואי אתה מונה שנת חמשים ואחת. שלא תתחיל למנות ז' שנים של שמיטה הבא בשנת היובל עצמה שלא תהא מונה אחת לשנת נ' ולשנה הבאה אחריה שנת נ"א שנייה אלא לשנת חמשים ואחת תהא מונה אחת ושנת נ' עצמה נמנית ליובל שעבר שאין עולה למנין שבוע הבא כדאמר [נדרים סא.]. שנת חמשים עולה. לשנת יובל והיא תחילת יובל הבא הלכך לר' יהודה לא הוי בכל יובל אלא מ"ט שנים [ערכין יב:]. הויא שנת יובל ועולה נמי למנין שמיטה הבאה [שם לג.]. בחריש ובקציר תשבות. למה נזכר חריש וקציר יש מרבותינו אומרים על

עין משפט נר מצוה

מד א מיי' פ"י מהל' שמיטין הלכה ז טור י"ד סי' שלא:
מה ב מיי' פ"ג מהל' שמיטה הל' א ופ"ד הל' ט:
מו ג מיי' פ"ד שם הל' יג:
מז ד מיי' פ"ז מהל' תמידין הלכה ו סמג עשין קלט:
מח ה מיי' פ"א מהל' שביתת עשור הל' ו סמג לאוין מה ועשין לב טוש"ע א"ח סי' תרח סעיף א:
מט ו א] טוש"ע א"ח סימן תרד סעיף א:

הגהות הב"ח

(א) תוס' ד"ה שהרי כו' לחורש בשביעי' נ"ב פי' תולדה דחורש דהיינו משקה מים לזרעים כדאיתא התם להדיא בדף ג' לגבי חורש דלאו מלאכה הוא דלקי עליה בשביעית דאבות אסר רחמנא ועיין בתוס' דף יב ע"ב וכמ"ש לשם: (ג) שם ד"ה ור' ישמעאל כו' פ"ק דמועד קטן דעשר נטיעות הלכה למשה מסיני והלכתא לר' ישמעאל קראי לר"ע וכיון דהלכתא:

הגהות מהר"י לנדא

א] בציוני עין משפט אות ו' חסר מיי' פ"ג מהלכות נדרים הלכה ט' ועי' בכ"מ שם:

רבינו חננאל

ולאפוקי מדר' יהודה דאמר שנת החמשים עולה למנין היובל ועולה למנין ז' שביעית כלומר זורעין ה' שנים. והיובל עולה למנין ששית ומשמיטין השביעית. ופשטינא דמוסיפין מחול על קדש מהא דכתיב בחריש ובקציר תשבות וא"ר עקיבא חריש של ערב שביעית שנכנס בשביעית וקציר של שביעית כלומר הספיחין שצמחו בשביעית ולא הספיק לחלשן ונכנסו למוצאי שביעית שמשביעית א) בשנה השביעית. ור' ישמעאל אומר לא בא זה הכתוב אלא להקיש קציר לחריש ולאסור קציר של רשות כמו חריש של רשות. וממילא שמעינן כי קציר העומר שהוא מצוה מותר אבל שמוסיפין מחול על הקדש מהא נפקא מדתניא ועניתם את נפשותיכם בתשעה לחודש יכול בתשעה ת"ל בערב. [אי בערב] יכול [וכו'] עד מקום שנאמר שבות מוסיפין מחול על הקודש. ור"ע האי ועניתם את נפשותיכם מיבעי ליה לכדתני חייא בר רב מדפתי דתני וכו'.

חשק שלמה על ר"ח

א) אולי צ"ל שמשביעין כמו קציר של שנה השביעית.

ורבנן א) שנת חמשים אתה מונה ואי אתה מונה שנת חמשים ואחת לאפוקי מדר' יהודה ב) דאמר שנת חמשים עולה לכאן ולכאן קא משמע לן דלא ודמוסיפין מחול על קדש מנלן דתניא ג) בחריש ובקציר תשבות ר"ע אומר אינו צריך לומר חריש וקציר של שביעית שהרי כבר נאמר ב) שדך לא תזרע וגו' אלא ג) חריש של ערב שביעית הנכנס לשביעית וקציר של שביעית היוצא למוצאי שביעית ר' ישמעאל אומר ג) מה חריש רשות אף קציר רשות ד) יצא קציר העומר שהוא מצוה ורבי ישמעאל מוסיפין מחול על קדש מנ"ל נפקא ליה מדתניא ג) ועניתם את נפשותיכם בתשעה יכול בתשעה תלמוד לומר בערב אי בערב יכול משתחשך ת"ל בתשעה הא כיצד ה) מתחיל ומתענה מבעוד יום מלמד שמוסיפין מחול על קדש אין לי אלא בכניסתו ביציאתו מנין ת"ל מערב עד ערב אין לי אלא יוה"כ שבתות מנין ת"ל תשבתו ימים טובים מנין ת"ל שבתכם הא כיצד ט) כל מקום שיש בו שבות מוסיפין מחול על קדש ור"ע האי ועניתם את נפשותיכם בתשעה מאי עביד ליה מיבעי ליה לכדתני חייא בר רב מדפתי ו) דתני חייא בר רב מדפתי ועניתם את נפשותיכם בתשעה וכי בתשעה מתענין והלא בעשירי מתענין אלא לומר לך י) כל האוכל ושותה בתשיעי מעלה עליו הכתוב כאילו

רש"י

ורבנן. דלא ילפי מוקדשתם שתתקדש מתחילתה ולא איצטריך היא למעוטי סופה דרשי ליה הכי שנת החמשים אתה מונה ולא אתה מונה שנת חמשים לסוף יובל שעבר ואחת למנין יובל הבא ולא אתה מונה שנת היובל הבא אלא אחת משנה שלאחר היובל: לאפוקי מדר' יהודה. דאמר במסכת נדרים שנת חמשים עולה לכאן ולכאן שנת היובל ושנה ראשונה לשמטה הבאה: אין צריך לומר חריש וקציר של שביעית. דעל כרחך אע"ג דרישא דקרא בשבת קאי דכתיב ששת ימים תעבוד סיפיה אשביעית קאי דאי אשבת חריש וקציר הוא דאסור שאר מלאכות מי שרו: חריש של ערב שביעית. שלא יחרוש שדה אילן ערב שביעית חריש שיועיל לשביעית: וקציר של שביעית. כגון תבואה שהביאה שליש בשביעית [ט] אתה נוהג בה מנהג שביעית בשמינית: ר' ישמעאל אומר מה חריש רשות כו'. ולא דבר הכתוב אלא לענין שבת דכתיב ביה וביום השביעי תשבות בחריש ובקציר תשבות בא ללמדך מה חריש אין לך חריש של מצוה ואפילו לזרוע לצורך עומר ושתי הלחם שהרי אם מצא חרוש אינו חורש ואני אוסרו לך בשבת אף קציר שאני אוסר לך בשל רשות אני אוסר לך: יצא קציר העומר שהוא מצוה. שאפי' מצא קצור מצוה לקצור ויש לך ללמוד מכאן שדוחה את השבת: עד ערב. לילה הוא ועד בכלל: כל האוכל ושותה כו'. דהכי קאמר קרא ועניתם בתשעה אכילת תשעה אני קורא עינוי וכיון דאכילתו עינוי חשיבה כל דמפיש באכילה ושתיה טפי עדיף דהא מדקאמר בערב על כרחך לא מקפיד אעינוי דתשעה וכי קרי עינוי בתשעה אכילה ושתיה דידיה קרי עינוי: יובל

תוספות

ואי אתה מונה שנת החמשים אחת. בלא ו"ו גרס דאין שנת חמשים לחשובה לשביעית הבאה: ולאפוקי מדר"י. אומר ר"י אפ"ה הלכה כרבי יהודה דאמר שנת החמשים עולה לכאן ולכאן דאמרינן בפרק קמא דע"ז (דף ט: ושם) בשמעתא דתנא דבי אליהו גבי מאן דלא ידע בכמה שני בשבוע קאי נשקול מכל מאה תרתי ושדי אפרטי וכל הסוגיא כדבריו ועוד דסתם מתניתין דהכא אוקמא כרבי ישמעאל דפליג ארבנן דפליגי על רבי יהודה ועוד דלר' ישמעאל מקדשין חדשים ואנן קי"ל בכוליה הש"ס שמקדשין חדשים ור' יוסי נמוקו עמו קאי כרבי ישמעאל בפ"ק [דקדושין] (דף מ:) דאית ליה דיובל בתחילתו משמט ובערכין בסוף [המקדיש שדהו] (דף כח:) מוכח דמאן דאית ליה מתחילתו משמט סבר לה כרבי ישמעאל דאמר מר"ה חילה יובל [אבל לא נראה דהא אומר התלמוד הכא ובפ' (ו) אין נערכין] (ערכין דף יג ושם) לאפוקי מדרבי יהודה] ומיהו אין ראיה גמורה מהא דקאמר הכא ובערכין לאפוקי מדרבי יהודה דאשכחן בפרק המגרש (גיטין דף פה:) אתקין רבה בגיטין מן יומא דנן ועלעם לאפוקי מדרבי יוסי דאמר זמנו של שטר מוכיח עליו אע"ג דרבה גופיה פסק כוותיה בית נוחלין (ב"ב דף קנו.) וכן בפ"ק דכתובות (דף י.) לאפוקי דרשב"ג דאמר כתובה דאורייתא וקיימא לן כ"מ ששנה רשב"ג במשנתנו הלכה כמותו והיא משנה בפרק בתרא דכתובות (דף קי:): שהרי כבר נאמר שדך לא תזרע. תימה הא איצטריך למאן דאמר בריש מועד קטן (דף ג.) (א) לחורש בשביעית לא לקי דקאמר מכדי זמירה בכלל זריעה ובצירה בכלל קצירה למאי הלכתא כתבינהו רחמנא למימר דהני תולדות מחייב אאחרינייתא לא מחייב אלמא אפי' תולדות דכתיבי אבות דידהו לא מחייב אלא אהנך דכתיבי בהדיא וא"כ נריך לכתוב חרישה לאשמועינן דאסירה וי"ל דעיקר דיוקא מקציר ומדקצירה לתוספת חרישה נמי לתוספת ה): וקציר של שביעית. פי' הריב"א בקציר ספיחים שהביאו שליש בשביעית דאי בשביעית לאו דנזרע ביד בשביעית מאי תוזרע נפקא ואכתי קשיא דהאי נמי מהן לא נזרע נפקא לן בפרק מקום שנהגו (פסחים ד' נא: ושם) לפי' ר"ת דאסר ספיחים אפילו קודם ביעור כדין נזרע ביד ואף באכילה תרי קראי בספיחים למה לי ולפירוש רש"י דהתם ניחא וי"ל דספיחים לא אזלינן בתר הבאת שליש וכי אסרינן ספיחין מהן לא נזרע היינו דנלקטין בשביעית קמ"ל בחריש ובקציר ולאי מהכא לא הייתי אוסר לאכילה אלא לסחורה קמ"ל הכן לא נזרע: וקציר של שביעית היוצא למוצאי שביעית. דוקא כי אורחיה אסור לקצור אבל ע"י שינוי מותר אפילו בשביעית כדאיתא בת"כ דדריש ואת ענבי נזירך לא תבצור דרך בוצרין מכאן אמרו מתאנה של שביעית אין קוצין אותה ט) במוקצה אבל קוצה אותה בחרבה וה"נ תנן בפ"ח דשביעית (משנה ו) והא דתניא בתורת כהנים מן המשומר אי אתה בוצר [ט] אבל אתה בוצר מן המופקר מופקר נמי כדרך בצירה אסור וע"י שינוי שלא כדרך בצירה מופקר שרי ומשומר אפילו שלא כדרך בצירה נמי אסור ושומרי ספיחים בשביעית דפרק הבית והעליה (ב"מ דף קיח.) שומרי ספיחים בשביעית נוטלין שכרן משום עומר ושתי הלחם אסור כיון דמשומר ואמאי לא אמרינן מן המותר לישראל י"ל דלא היה שמירה ממש דלא היו נריכים לשומרה מבני אדם דמאליהן היו פורשין כשהיו יודעין שהן לצורך עומר ולא היו שומרין אותן אלא מבהמה וחיה ועוף: ורבי ישמעאל מוסיפין מחול על הקודש מנא ליה. תימה לר"ת הא אמרינן פ"ק דמועד קטן (דף ד.) (ג) הלכתא לרבי ישמעאל קראי לר"ע דעשר נטיעות הלכה למשה מסיני וכיון דהלכתא למשרי ילדה ממילא זקנה אסורה ותירץ ר"ת דהכא מיבעי ליה בתוספת של אחר שביעית מנא ליה ובתנס דחק דכיון דשביעית גופה מהלכה לא ילפינן מינה שבת ויוה"כ וי"ט דאין דנין ק"ו מהלכה והשתא לר' ישמעאל איצטריך קרא משום שבת וי"ט ואיצטריך הלכתא למשרי ילדה והא דלא משני הכי במו"ק י) לר"ע דאיצטריך קרא ללמד על שבת וי"ט ויוה"כ משום דמהלכה לא ילפי' דא"כ לא הוי ליה למכתב קראי גבי שביעית כיון דלשביעית גופיה לא נריך אלא ללמד על אחריני: כל מקום שנאמר שבות. ואתא לרבות שביעית: ורבי עקיבא האי ועניתם מאי עביד ליה. דר"ע הוה יליף כולהו משביעית שבת וי"ט ויוה"כ דכולהו מודו לתוספת יוה"כ דאורייתא כדאמרינן בפרק שואל (שבת דף קמח:) ובפרק המביא (ביצה דף ל.) וק"ק דבפ' מקום שנהגו (פסחים דף נד: ושם) בעי למימר דהא דיוה"כ ספקו אסור בבין השמשות שלו איירי ואמאי הא אפילו ודאי יום סמוך לחשיכה אסור בכניסתו או ודאי לילה סמוך ליום ביציאתו משום תוספת וכמו כן קשיא בפרק במה מדליקין (שבת דף לד.) דתנן ספק חשכה אין מדליקין ושמא משום דסגי בתוספת משהו נקיט הכי ועוד דרבן גמליאל דפרק קמא דמו"ק (דף ג:) לית ליה תוספת כלל דקאמר התם נמנו על שני פרקים הללו והתירום כלומר פסח ועצרת ומפרש בירושלמי בריש מסכת שביעית בשעה שהתירו למקרא סמכו ששת ימים תעבוד ועשית כל מלאכתך מה ערב שבת בראשית אתה מותר לעשות עד שתשקע החמה אף כל ערב (כ) שבת) אתה מותר לעשות עד שתשקע החמה וטעם זה נמי איתא בריש מו"ק (ד' ד.) יליף שבת שבתון משבת בראשית מה להלן היא אסורה לפניה ולאחריה מותר כו' אלא דלא קאי במסקנא הכי אלא דגמירי הלכתא בזמן שבהמ"ק קיים דומיא דניסוך המים ולפי אותה מסקנא יתכן לפרש הלכתא כר"ע וקראי לבזמן שאין ב"ה קיים ומיהו לרבי דאמר שביעית בזמן הזה דרבנן לא אפשר:

כאילו

ליקוטי רש"י (המשך)

חריש של ערב שביעית הנכנס לשביעית וקציר של שביעית היוצא למוצאי שביעית ללמדך שמוסיפין מחול על הקדש (ר"ה ט.) וכך משמעו ששת ימים תעבוד וביום השביעי תשבות ועבודת ו' הימים שהתרתי לך יש שנה שהחריש והקציר אסור ואין צ"ל חריש וקציר של שביעית שהרי כבר נאמר (ויקרא כה) שדך לא תזרע וגו' וי"א שאינו מדבר אלא בשבת וחריש וקציר שהוזכר בו לומר לך מה חריש רשות אף קציר רשות יצא קציר העומר שהוא מצוה ודוחה את השבת [שמות לד כא]. אינו צריך לומר חריש וקציר של שביעית כו'. דעל כרחך בשביעית לשמיטה הכתוב מדבר דאי דכתיב דאיום השביעי קאי מאי שנא חריש וקציר דנקט אלא ה"ק ששת ימים תעבוד ובשביעי תשבות והששה שאתה עובד בהן בחריש ובקציר תשבות. הנכנס לשביעית. (וחריש של שביעית) שלא יחרוש בששית חרישה המועלת לשביעית [מכות ח:]. וקציר של שביעית היוצא למוצאי שביעית. שאם הביאה שליש בשביעית מאז היא ראויה ליקצר ואם קצרה בשמינית צריך לנהוג בה קדושת שביעית. רבי ישמעאל אומר מה חריש רשות כו'. ובשבת קאי ולהכי נקט חריש וקציר לומר לך מה החריש שאני אוסר לך בשבת חריש של רשות הוא שאין לנו חריש של מצוה אף קציר אני אוסר לך אלא של רשות יצא קציר העומר [מכות שם]. מה חריש רשות. בכל מקום [מו"ק שם]. יצא קציר העומר. ודוחה את השבת [שמות שם] מותר לקצור בשבת. שהוא מצוה. אף על פי שמצא קצור קוצר דבעינן קצירה לשמה אבל אם מצא חרוש אינו חורש [מו"ק שם]. אם מצא חרוש אינו צריך לחרוש אבל קציר אפילו מצא קצור מצוה לקצור לשמה דכתיב וקצרתם והבאתם את עומר [מכות שם]. כל האוכל ושותה כו'. בפרק בתרא דיומא מוקמינן להא דרשא אליבא דמאן דאמר אין אדם מוזהר על תוספת עינוי להתחיל ולהתענות מבעוד יום ואפילו למאן דאית ליה מוסיפין מחול על קודש מקרא אחרינא נפקא ליה מבחריש ובקציר תשבות הילכך כי אתא האי בתשעה להכי אתא והכי קאמר מה שאתם עושים בתשעה דהיינו אכילה ושתיה אני קורא עינוי [פסחים סח:]. והכי משמע קרא ועניתם בתשעה כלומר התקן עצמך בתשעה [כדי] שתוכל להתענות בעשרה ומדאפקיה קרא בלשון עינוי לומר לך הרי הוא כאילו מתענה בתשעה [יומא פא:]. והכי קאמר קרא הכינו עצמכם בתשעה לחדש לענוי המחרת והרי הוא בעיני כענוי היום [ברכות ח:].

The juxtaposition of plowing and reaping demonstrates that **JUST AS** the **PLOWING** prohibited by this verse **IS** strictly **DISCRETIONARY**,[10] אַף קָצִיר רְשׁוּת – **SO TOO IS** the **REAPING** prohibited by this verse **DISCRETIONARY.** An obligatory act of reaping, however, would be *permitted* on the Sabbath. יָצָא קְצִיר הָעוֹמֶר שֶׁהוּא מִצְוָה – This teaches that the **REAPING** of grain **FOR THE *OMER* OFFERING, WHICH IS** an **OBLIGATORY** act, **IS EXCLUDED** from this prohibition.[11]

The command to desist from plowing before the seventh year, and to accord *shemittah* sanctity to eighth-year reapings of seventh-year produce, represents an adding on from the mundane (the sixth and eighth years) to the holy (the seventh year). We see that according to R' Akiva, the source to add from the mundane onto the holy is the verse *at the plowing and at the reaping you shall rest.*[12] The Gemara now turns to R' Yishmael:

וְרַבִּי יִשְׁמָעֵאל – **And R' Yishmael,** מוֹסִיפִין מֵחוֹל עַל קֹדֶשׁ מְנָא לֵיהּ – **from where does he know that we add from** the **mundane onto** the **holy?**[13]

The Gemara answers:

נָפְקָא לֵיהּ מִדְּתַנְיָא – **He derives it from that which was taught in a Baraisa** regarding a verse discussing Yom Kippur. The verse reads:[14] *And you shall afflict yourselves on the ninth of the month* [of Tishrei] *in the evening – from evening until evening – you shall rest your rest.* ,,וְעִנִּיתֶם אֶת־נַפְשֹׁתֵיכֶם בְּתִשְׁעָה" – When the verse states: *AND YOU SHALL AFFLICT YOURSELVES ON THE NINTH,* יָכוֹל בְּתִשְׁעָה – **IT COULD BE** thought that it requires one to begin fasting **ON THE NINTH** of Tishrei.[15] תַּלְמוּד לוֹמַר ,,בָּעֶרֶב" – [**THE TORAH**] therefore **STATES:** *IN THE EVENING,* referring to the evening that comes at the end of the ninth day.[16] אִי ,,בָּעֶרֶב" יָכוֹל מִשֶּׁתֶּחְשַׁךְ – And **IF** the Torah had stated only *IN THE EVENING,* **IT COULD BE** thought that one begins fasting **FROM WHEN IT BECOMES DARK.**[17] תַּלְמוּד לוֹמַר ,,בְּתִשְׁעָה" – [**THE TORAH**] therefore **STATES:** *ON THE NINTH.* הָא כֵּיצַד – **HOW SO?** How are these seemingly contradictory phrases reconciled? מַתְחִיל וּמִתְעַנֶּה מִבְּעוֹד יוֹם – The answer is that whereas **ONE DOES BEGIN FASTING WHILE IT IS STILL DAY** on the ninth, one does not fast for the *entire* ninth day.[18] מְלַמֵּד שֶׁמּוֹסִיפִין מֵחוֹל עַל קֹדֶשׁ – **THIS TEACHES THAT WE ADD FROM** the **MUNDANE** (the ninth) **ONTO** the **HOLY** (the tenth).[19] אֵין לִי אֶלָּא בִּכְנִיסָתוֹ – **I HAVE** thus far learned **ONLY** that we add from the mundane to the holy **UPON** [**YOM KIPPUR'S**] **ARRIVAL,** i.e. at its start. בִּיצִיאָתוֹ מִנַּיִן – **FROM WHERE** do we know that we do the same **UPON ITS DEPARTURE,** i.e. at the end of Yom Kippur?[20] תַּלְמוּד לוֹמַר ,,מֵעֶרֶב עַד עֶרֶב" – [**THE TORAH**] therefore **STATES:** *FROM EVENING UNTIL EVENING.*[21] אֵין לִי אֶלָּא יוֹם הַכִּפּוּרִים – **I HAVE** thus far learned **ONLY** that we add from the mundane onto the holy with regard to **YOM KIPPUR.** שַׁבָּתוֹת מִנַּיִן – **FROM WHERE** do we know to do this in the case of **THE SABBATHS?** תַּלְמוּד לוֹמַר ,,תִּשְׁבְּתוּ" – For [**THE TORAH**] **STATES:** *YOU SHALL REST.* יָמִים טוֹבִים מִנַּיִן – And **FROM WHERE** do we know to add from the mundane onto the holy with regard to the **FESTIVALS** as well? תַּלְמוּד לוֹמַר ,,שַׁבַּתְּכֶם" – For [**THE TORAH**] **STATES:** *YOUR REST.*[22]

The Baraisa sums up:[23]

הָא כֵּיצַד – **HOW IS IT,** then, in conclusion?[24] כָּל מָקוֹם שֶׁיֵּשׁ בּוֹ

NOTES

10. For in fact, there exists *no instance* in which the Torah obligates one to perform an act of plowing. Perforce, when the verse prohibits plowing on the Sabbath, it refers to a discretionary act (*Rashi,* here and to *Makkos* 8b ד"ה רבי ישמעאל אומר).

[Although there are instances in which one's act of plowing does enable performance of a mitzvah, such as in the case of one who plows a field in which will be planted the grain for the *Omer* offering or the offering of the Two Loaves (*Sh'tei HaLechem*), this is not viewed as an obligatory act. For the law is that if one finds an already plowed field, he may use it for this planting; he is not obligated to plow another for this specific use. Hence, the act of plowing cannot be termed "obligatory" (*Rashi*).]

11. [The *Omer* offering was a *minchah* offering brought on the second day of the Pesach festival. It consisted of fine barley flour made from that year's new crop. The barley for this offering must be reaped on the night before the offering is brought.] The act of reaping the barley is a mitzvah; even if one finds barley that was cut for some other purpose, he must cut more for use in this offering specifically. R' Yishmael employs this verse to teach that the act of cutting grain for the *Omer* offering, which is obligatory, overrides the Sabbath restrictions and may be performed even if the night of reaping falls on the Sabbath (*Rashi*).

[R' Akiva, however, holds that the barley need not be reaped on the night before it is offered. Since the act of reaping can be performed prior to the Sabbath, it does not override Sabbath law (*Ritva*). This is in accordance with R' Akiva's maxim (*Shabbos* 130a; *Pesachim* 66a): *Any labor that can be performed before the Sabbath does not override the Sabbath* (see *Menachos* 72a).]

12. This verse teaches that we add from the mundane onto the holy in the case of the *shemittah* year; from the law of *shemittah* R' Akiva derives that we also add onto the holy in the case of Sabbaths and festivals, i.e. by extending the laws of the holy day into the days before and after (*Tosafos* ד"ה ורבי עקיבא; *Ritva;* cf. *Rashba; Baal HaMaor;* see *Gilyon HaShas*).

13. The Gemara is inquiring as to R' Yishmael's source to add from the mundane onto the holy in the case of Sabbaths and festivals. His source for adding onto *shemittah,* however, is known – it is an oral law taught to Moses at Sinai. Therefore, adding onto *shemittah* is not the subject of the Gemara's inquiry (*Tosafos* ד"ה ורבי ישמעאל; *Ritva;* cf. *Rabbeinu Tam,* cited in *Tosafos* ibid.; *Rashba*).

[R' Yishmael's source for adding onto *shemittah* is taught in *Moed Kattan* (3b-4a). There is an oral law that permits a field containing a certain density of saplings to be plowed before the onset of *shemittah,* since in the absence of such plowing the young trees will perish. From the fact that the oral law permits this to be done in the case of young trees, it is evident that in the case of mature trees, such pre-*shemittah* plowing is forbidden.]

14. *Leviticus* 23:32.

15. I.e. to fast the entire day of the ninth as well as the tenth (*Aruch LaNer; Korban Aharon* to *Toras Kohanim* ad loc.; see the version of this Baraisa in *Toras Kohanim* and in *Yoma* 81b; cf. *Ritva* here).

16. This phrase implies that one begins fasting on the night of the tenth, and not on the ninth (*Tosefes Yom HaKippurim* to *Yoma* ibid.).

17. After the day of the ninth has expired completely (*Tosefes Yom HaKippurim* to *Yoma* ibid.).

18. The command to afflict ourselves on the ninth teaches that we must fast on the ninth day. The word בָּעֶרֶב, *in the evening,* modifies this command, teaching that it does not pertain to the entire ninth day, but only to its latter portion (*Tosefes Yom HaKippurim* to *Yoma* ibid.).

19. That is, we take a segment of the mundane weekday (the ninth of Tishrei) and append it to the holy (Yom Kippur) by fasting during this additional time.

20. I.e. by extending Yom Kippur into the evening of the *eleventh* of Tishrei, through fasting for an additional period after nightfall.

21. *Until evening* means "until night" (see above, note 16), and "until" means up to *and including.* Thus, the verse indicates that we are to continue the restrictions of Yom Kippur into the night of the eleventh (*Rashi;* see *Korban Aharon* to *Toras Kohanim* ibid.; see *Sfas Emes*).

22. From the phrases *you shall rest* and *your rest* the Baraisa derives that there is an obligation to add from the mundane onto the holy in the case of Sabbaths and festivals. This obligation includes not only a requirement to add onto the beginnings of Sabbaths and festivals, but also a requirement to add onto their ends, for the Baraisa's earlier exposition of *from evening until evening* applies also to this segment of the verse (see *Ritva;* cf. *Rabbeinu Tam,* cited in *Tosafos* ד"ה ורבי ישמעאל).

23. *Ritva;* cf. *Rashba; Tosafos;* see note 25.

24. [In other texts, the reading is simply הָא, *Thus* . . . (see *Toras Kohanim* ibid.), or הָא לָמַדְתָּ, *Thus, you have learned* . . . (see *Dikdukei Sofrim* to *Yoma* ibid.).]

ורבנן אשנת חמשים אתה מונה ואי אתה מונה שנת חמשים ואחת לאפוקי מדר' יהודה דאמר שנת חמשים עולה לכאן ולכאן קא משמע לן דלא ודמוסיפין מחול על קדש מנלן דתניא בבחריש ובקציר תשבות ר"ע אומר אינו צריך לומר חריש וקציר של שביעית שהרי כבר נאמר גשדך לא תזרע וגו' אלא חריש של ערב שביעית הנכנס לשביעית וקציר של שביעית היוצא למוצאי שביעית ר' ישמעאל אומר מה חריש רשות אף קציר רשות יצא קציר העומר שהוא מצוה ורבי ישמעאל מוסיפין מחול על קדש מנ"ל נפקא ליה מדתניא ועניתם את נפשותיכם בתשעה יכול בתשעה תלמוד לומר בערב אי בערב יכול משתחשך ת"ל בתשעה הא כיצד מתחיל ומתענה מבעוד יום מלמד שמוסיפין מחול על קדש אין לי אלא בכניסתו ביציאתו מנין ת"ל מערב עד ערב אין לי אלא יוה"כ שבתות מנין ת"ל תשבתו ימים טובים מנין ת"ל שבתכם הא כיצד כל מקום שיש בו שבות מוסיפין מחול על קדש ור"ע האי ועניתם את נפשותיכם בתשעה מאי עביד ליה מיבעי ליה לכדתני חייא בר רב מדפתי דתני חייא בר רב מדפתי ועניתם את נפשותיכם בתשעה וכי בתשעה מתענין והלא בעשירי מתענין אלא לומר לך כל האוכל ושותה בתשיעי מעלה עליו הכתוב כאילו

רש"י

ורבנן. דלא ילפי מוקדשת שתתקדש מתחילתה ולא איצטריך היא למעוטי סופה דרשי ליה הכי שנת החמשים אתה מונה ואי אתה מונה שנת היובל שנת חמשים לסוף יובל שעבר ואחת למנין יובל הבא ואי אתה מונה שנת היובל הבא אלא משנה שלאחר היובל: **ולאפוקי מדר' יהודה.** דאמר במסכת נדרים שנת חמשים עולה לכאן ולכאן שנת היובל ושנה ראשונה לשמטה הבאה: **אין צריך לומר חריש וקציר של שביעית.** דעל כרחך אע"ג דרישא דקרא בשבת קאי דכתיב ששת ימים תעבוד סיפיה אשביעית קאי דאי אשבת חריש וקציר הוא דאסור שאר מלאכות מי שרו: **חריש של ערב שביעית.** שלא יחרוש שדה אילן ערב שביעית חריש שיועיל לשביעית: **וקציר של שביעית.** כגון תבואה שהביאה שליש בשביעית אתה נוהג בה מנהג שביעית בשמינית: **ר' ישמעאל אומר מה חריש רשות כו'.** ולא דבר הכתוב אלא לענין שבת דכתיב ביה וביום השביעי תשבות בחריש ובקציר תשבות בא ללמדך מה חריש אין לך חריש של מצוה ואפילו לזרוע לצורך עומר ושתי הלחם שהרי אם מצא חרוש אינו חורש ואי אוסרו לך בשבת אף קציר שאני אוסר לך בשל רשות אני אוסר לך: **יצא קציר העומר שהוא מצוה.** שאפי' מצא קצור מצוה לקצור ויש לך ללמוד מכאן שדוחה את השבת: **עד ערב.** לילה הוא ועד בכלל: **כל האוכל ושותה כו'.** דהכי קאמר קרא ועניתם בתשעה אכילת תשעה אני קורא לה עינוי וכיון דאכילתו עינוי חשיבה כל דמפיש באכילה ושתייה טפי עדיף דהא מדקאמר בערב על כרחך לא מקפיד אעינוי דתשעה וכי קרי עינוי בתשעה אכילה ושתיה דידיה קרי עינוי: יובל

תוספות

ואי אתה מונה שנת החמשים אחת. בלא וי"ו גרס דאין שנת חמשים ראשונה לשביעית הבאה: **ולאפוקי** מדר' יהודה. אומר ר"י דפ"ה הלכה כרבי יהודה דאמר שנת החמשים עולה לכאן ולכאן מדאמרינן בפרק קמא דע"ז (דף ט. ושם) בשמעתא דתנא דבי אליהו גבי מאן דלא ידע בכמה שני בשבוע קאי נשקול מכל מאה תרתי ושדי אפרטי וכל הסוגיא כדבריו ועוד דסתם מתניתין דהכא אוקמא כרבי ישמעאל דפליג ארבנן דפליגי על רבי יהודה ועוד דלר' ישמעאל מקדשין חדשים ואנן קי"ל בכוליה הש"ס שמקדשין חדשים ור' יוסי נמוקו עמו קאי כרבי ישמעאל בפ"ק [דקדושין] (דף מ:) דאית ליה דיובל בתחילתו משמט ובערכין בסוף [המקדיש שדהו] (דף כח:) מוכח דמאן דאית ליה מתחילתו משמט סבר לה כרבי ישמעאל דאמר מר"ה חילא יובל [אבל לא נראה דהא אומר התלמוד הכא ובפ' (י) אין נערכין (ערכין דף יב ושם) לאפוקי מדרבי יהודה] ומיהו אין ראיה גמורה מהא דקאמר הכא ובערכין לאפוקי מדרבי יהודה דאשכחן בפרק המגרש (גיטין דף פה:) אתקין רבא בגיטין מן יומא דנן ולעלם לאפוקי מדרבי יוסי דאמר זמנו של שטר מוכיח עליו אע"ג דרבא גופיה פסק כוותיה בית נוחלין (ב"ב דף קלו.) וכן בפ"ק דכתובות (דף י.) לאפוקי דרשב"ג דאמר כתובה דאורייתא וקיימא לן כ"מ ששנה רשב"ג במשנתנו הלכה כמותו והיא משנה בפרק בתרא דכתובות (דף קי:): **שהרי** כבר נאמר שדך לא תזרע. תימה הא איצטריך למאן דאמר בריש מועד קטן (דף ג.) (א) דחורש בשביעית לא לקי דקאמר מכדי זמירה בכלל זריעה ובצירה בכלל קצירה למאי הלכתא כתבינהו רחמנא למימר דאהני תולדות מחייב אאחרנייתא לא מחייב אלמא אפי' תולדות דכתיבי אבות דידהו לא מחייב אלא אהנך דכתיבי בהדיא וא"כ צריך לכתוב חרישה לאשמועינן דאסירא וי"ל דעיקר דיוקא מקציר ומדקצירה לתוספת חרישה נמי לתוספת: **וקציר** של שביעית. פי' הריב"א בקציר ספיחים שהביאו שליש בשביעית דאי דנזרע ביד בשביעית מלא תזרע נפקא ואכתי קשיא דהאי נמי מהן לא נזרע נפקא לן בפרק מקום שנהגו (פסחים ד' נא: ושם) לפי' ר"ת דאסר ספיחים אפילו קודם ביעור כדין נזרע ביד ואף באכילה תרי קראי בספיחים למה לי ולפירוש רש"י דהתם ניחא וי"ל דספיחים לא אזלינן בתר הבאת שליש וכי אסרינן ספיחין מהן לא נזרע היינו דנלקטין בשביעית קמ"ל בחריש ובקציר ואי מהכא לא הייתי אוסר לאכילה אלא לסחורה קמ"ל הן לא נזרע: **וקציר** של שביעית היוצא למוצאי שביעית. דוקא כי אורחיה אסור לקצור אבל ע"י שינוי מותר אפילו בשביעית כדאיתא בת"כ דדריש ואת ענבי נזירך לא תבצור כדרך בוצרין מכאן אמרו תאנה של שביעית אין קוצין אותה במוקצה אבל קוצה אותה בחרבה וה"נ תנן בפ"ח דשביעית (משנה ו) והא דתניא בתורת כהנים מן המשומר אי אתה בוצר אבל אתה בוצר מן המופקר מופקר נמי כדרך בצירה אסור וע"י שינוי שלא כדרך בצירה מופקר שרי ומשומר אפילו שלא כדרך בצירה נמי אסור ושומרי ספיחים בשביעית דפרק הבית והעליה (ב"מ דף קיח.) שומרי ספיחים בשביעית נוטלין שכרן משום עומר ושתי הלחם א"כ אסור כיון דמשומר ואמאי לא אמרינן מן המותר לישראל י"ל דלא היה שמירה ממש דלא היו צריכים לשומרה מבני אדם דמאליהן היו פורשין כשהיו יודעין שהן לצורך עומר ולא היו שומרין אותן אלא מבהמה וחיה ועוף: **ורבי** ישמעאל מוסיפין מחול על הקודש מנא ליה. תימה לר"ת הא אמרינן פ"ק דמועד קטן (דף ד.) (ג) הלכתא לרבי ישמעאל קראי לר"ע דעשר נטיעות הלכה למשה מסיני וכיון דהלכתא למשרי ילדה ממילא זקנה אסורה ותירץ ר"ת דהכא מיבעי ליה בתוספת של אחר שביעית מנא ליה ובחנם דחק דכיון דשביעית גופה מהלכה לא ילפינן מינה שבת ויוה"כ וי"ט דאין דנין ק"ו מהלכה והשתא לר' ישמעאל איצטריך קרא משום שבת וי"ט ואיצטריך הלכתא למשרי ילדה והא דלא משני הכי במו"ק (י) לר"ע דאיצטריך קרא ללמד על שבת וי"ט ויוה"כ משום דמהלכה לא ילפי' דא"כ לא הוי ליה למכתב קראי גבי שביעית כיון דלשביעית גופיה לא צריך אלא ללמד על אחריני: **כל** מקום שנאמר שבות. ואתא לרבות שביעית: **ורבי** עקיבא האי ועניתם מאי עביד ליה. דר"ע הוה יליף כולהו משביעית שבת וי"ט ויוה"כ דכולהו מודו דתוספת יוה"כ דאורייתא כדאמרינן בפרק שואל (שבת דף קנח:) ובפרק המביא (ביצה דף ל.) וק"ק דבפ' מקום שנהגו (פסחים דף נד: ושם) בעי למימר דהא דיוה"כ ספקו אסור בבין השמשות שלו איירי ואמאי הא אפילו ודאי יום סמוך לחשיכה אסור בכניסתו או ודאי לילה סמוך ליום ביציאתו משום תוספת וכמו כן קשיא בפרק במה מדליקין (שבת דף לד.) דתנן ספק חשכה אין מדליקין ושמא משום דסגי בתוספת משהו נקיט הכי ועוד דרבן גמליאל דפרק קמא דמו"ק (דף ג:) לית ליה תוספת כלל דקאמר התם נמנו על שני פרקים הללו והתירום כלומר פסח ועצרת ומפרש בירושלמי בריש מסכת שביעית בשעה שהתירו למקרא סמכו ששת ימים תעבוד ועשית כל מלאכתך מה ערב שבה בראשית אתה מותר לעשות עד שתשקע החמה אף כל ערב (ס) שבת) אתה מותר לעשות עד שתשקע החמה וטעם זה נמי איתא בריש מו"ק (ד' ד.) יליף שבת שבתון משבת בראשית מה להלן היא אסורה לפניה ולאחריה מותר כו' אלא דלא קאי במסקנא הכי אלא דגמירי הלכתא בזמן שבהמ"ק קיים דומיא דניסוך המים ולפי אותה מסקנא יתכן לפרש הלכתא כר"ע וקראי לבזמן שאין ב"ה קיים ומיהו לרבי דאמר שביעית בזמן הזה דרבנן לא אפשר: כאילו

חריש של ערב שביעית הנכנס לשביעית וקציר של שביעית היוצא למוצאי שביעית ללמדך שמוסיפין מחול על הקדש (ר"ה ט.) וכך משמעו ששת ימים תעבוד וביום השביעי תשבות ועבודת ו' הימים שהתרתי לך יש שנה שהחריש והקציר אסור ואין צ"ל חריש וקציר של שביעית שהרי כבר נאמר (ויקרא כה) שדך לא תזרע וגו' וי"א שאינו מדבר אלא בשבת וחריש וקציר שהוזכר בו לומר לך מה חריש רשות אף קציר רשות יצא קציר העומר שהוא מצוה ודוחה את השבת [שמות לד כא]. **אינו צריך לומר חריש וקציר של שביעית כו'.** דעל כרחך בשביעית דשמיטה הכתוב מדבר דאי דכתיב דאיום השביעי קאי מאי שנא חריש וקציר דנקט אלא ה"ק ששת ימים תעבוד ובשביעי תשבות והששה שאתה עובד בהן בחריש ובקציר תשבות. **הנכנס לשביעית.** (וחריש של שביעית) שלא יחרוש בששית חרישה המועלת לשביעית [מכות ח:]. **וקציר של שביעית היוצא למוצאי שביעית.** שאם הביאה שליש בשביעית מאז היא ראויה ליקצר ואם קצרה בשמינית צריך לנהוג בה קדושת שביעית. כל שיש לו ליכנס לשביעית שאסור לחרוש לפני ראש השנה [מו"ק ד.]. וקציר של שביעית. ובשבת קאי ולהכי נקט חריש וקציר לומר לך מה החריש שאני אוסר לך בשבת חריש של רשות הוא שאין לנו חריש של מצוה אף קציר אינו אוסר לך אלא של רשות יצא קציר העומר [מכות שם]. **רבי ישמעאל אומר מה חריש רשות כו'.** בכל מקום [מו"ק שם]. **יצא קציר העומר.** ודוחה את השבת [שמות שם] מותר לקצור בשבת. **שהוא מצוה.** אף על פי שמצא קצור קוצר דבעינן קצירה לשמה אבל אם מצא חרוש אינו חורש [מו"ק שם]. **מה חריש רשות.** אם מצא חרוש אינו צריך לחרוש אבל קציר אפילו מצא קצור מצוה לקצור לשמה דכתיב וקצרתם והבאתם את עומר [מכות שם]. **כל האוכל ושותה כו'.** בפרק בתרא דיומא מוקמינן להא דרשא אליבא דמאן דאמר דאין אדם מוזהר על תוספת עינוי להתחיל ולהתענות מבעוד יום ואפילו למאן דאית ליה מוסיפין מחול על קודש מקרא אחרינא נפקא ליה מבחריש ובקציר תשבות הילכך כי אתא האי בתשעה להכי אתא והכי קאמר מה שאתם עושים בתשעה דהיינו אכילה ושתיה אני קורא עינוי [פסחים סח:]. והכי משמע קרא ועניתם בתשעה כלומר התקן עצמך בתשעה [כדי] שתוכל להתענות בעשרה ומדאפקיה קרא בלשון עינוי לומר לך הרי הוא כאילו מתענה בתשעה [יומא פא:]. והכי קאמר קרא הכינו עצמכם בתשעה לחדש לענוי המחרת והרי הוא בעיני כענוי היום [ברכות ח:].

עין משפט נר מצוה

מד א מיי' פ"י מהל' שמיטין הלכה ז טור י"ד סי' שלא:
מה ב מיי' פ"ג מהל' שמיטה הל' א ופ"ד הל' ט:
מו ג מיי' פ"ד שם הל' יג:
מז ד מיי' פ"ז מהל' תמידין הלכה ו סמג עשין קלט:
מח ה מיי' פ"א מהל' שביתת עשור הל' ו סמג לאוין מה ועשין לב טוש"ע א"ח סי' תרח סעיף א:
מט ו א] טוש"ע א"ח סימן תרד סעיף א:

הגהות הב"ח

(א) תוס' ד"ה שהרי כו' דחורש בשביעי' נ"ב פי' תולדה דחורש דהיינו משקה מים לזרעים כדאיתא התם להדיא בדף ג' לגבי חורש דאב מלאכה הוא דלקי עליה בשביעית דאבות אסר רחמנא ועיין בתוס' דף יב ע"ב ובמ"ש לשם: (ג) שם ד"ה ור' ישמעאל כו' פ"ק דמועד קטן דעשר נטיעות הלכה למשה מסיני והלכתא לר' ישמעאל קראי לר"ע וכיון דהלכתא:

הגהות מהר"י לנדא

א] בציוני עין משפט אות ו' חסר מיי' פ"ג מהלכות נדרים הלכה ט' ועי' בכ"מ שם:

רבינו חננאל

ולאפוקי מדר' יהודה דאמר שנת החמשים עולה למנין היובל ועולה למנין ז' שביעית כלומר זורעין ה' שנים. והיובל עולה למנין ששית ומשמיטין השביעית. ופשטינא דמוסיפין מחול על קדש מהא דכתיב בחריש ובקציר תשבות וא"ר עקיבא חריש של ערב שביעית שנכנס בשביעית וקציר של שביעית כלומר הספיחין שצמחו בשביעית ולא הספיק לתלשן ונכנסו למוצאי שביעית שמשביעית א) בשנה השביעית. ור' ישמעאל אומר לא בא זה הכתוב אלא להקיש קציר לחריש ולאסור קציר של רשות כמו חריש של רשות. וממילא שמעינן כי קציר העומר שהוא מצוה מותר אבל שמוסיפין מחול על הקדש מהא נפקא מדתניא ועניתם את נפשותיכם בתשעה לחודש יכול בתשעה ת"ל בערב. [אי בערב] יכול [וכו'] עד מקום שנאמר שבות מוסיפין מחול על הקודש. ור"ע האי ועניתם את נפשותיכם מיבעי ליה לכדתני חייא בר רב מדפתי דתני וכו'.

חשק שלמה על ר"ח

א) אולי צ"ל שמשביעית כמו קציר של שנה השביעית.

מסורת הש"ס

א) נדרים סא. ערכין יב: לג., ב) שביעית פ"א מ"ד מו"ק ג: מכות ח., ג) [מנחו' עב.], ד) יומא פא., ה) ברכות ח: פסחים סח: יומא פא., ו) [נראה שצ"ל המוכר שדהו דף לג. וע"ש], ז) [וע"ע תוס' ע"ז ט: ד"ה מאן], ח) [וע"ע תוס' מ"ק ג: ד"ה שהרי], ט) גירסת רש"א במקלע, י) [דף ג:], כ) [צ"ל שבתות שנים].

תורה אור השלם

א) שֵׁשֶׁת יָמִים תַּעֲבֹד וּבַיּוֹם הַשְּׁבִיעִי תִּשְׁבֹּת בֶּחָרִישׁ וּבַקָּצִיר תִּשְׁבֹּת: [שמות לד, כא]
ב) וּבַשָּׁנָה הַשְּׁבִיעִת שַׁבַּת שַׁבָּתוֹן יִהְיֶה לָאָרֶץ שַׁבָּת לַיְיָ שָׂדְךָ לֹא תִזְרָע וְכַרְמְךָ לֹא תִזְמֹר: [ויקרא כה, ד]
ג) שַׁבַּת שַׁבָּתוֹן הוּא לָכֶם וְעִנִּיתֶם אֶת נַפְשֹׁתֵיכֶם בְּתִשְׁעָה לַחֹדֶשׁ בָּעֶרֶב מֵעֶרֶב עַד עֶרֶב תִּשְׁבְּתוּ שַׁבַּתְּכֶם: [ויקרא כג, לב]

גליון הש"ס

גמ' כ"מ שיש בו שבות. ק"ל לר"ע דלא דריש כן ויליף משביעית הא מזה לא מצינן למילף רק דין תוספת לענין איסור מלאכה אבל לענין עינוי ביוה"כ מנ"ל דהא אין ללמוד עינוי ממלאכה במה מצינו דמה למלאכה דנוהג בשבתות וי"ט וצע"ג. וביותר ק' אפילו לענין מלאכה הא בשביעי' אינו אסור בתו' מדאוריי' רק חרישה וקצירה אבל לא נטיעה כמ"ש תוס' ד"ה ומותר לקיימן וא"כ ביוה"כ ושבת מנלן תוספת בשארי מלאכות וצ"ע: רש"י ד"ה וקציר וכו' אתה נוהג בה. עיין לקמן ד' יב ע"ב תד"ה מנהג: תוס' ד"ה וקציר של שביעית היוצא וכו' אבל אתה בוצר מן המופקר. עיין סוכה ד' לט ע"ב תוס' ד"ה בד"ה.

ליקוטי רש"י

ואי אתה מונה שנת חמשים ואחת. שלא תתחיל למנות ז' שנים של שמיטה הבאה בשנת היובל עצמה אלא תהא מונה אחת לשנת נ"א הבאה אחריה שנת נ' לשנת חמשים ואחת הוא מונה אחת ושנת נ' עצמה נמנית למנין שבוע הבא כדאמר [נדרים סא.]. שנת חמשים עולה. לשנת יובל והיא תחילת יובל הבא הלכך לר' יהודה לא הוי בכל יובל אלא מ"ט שנים [ערכין יב:]. הויא שנת יובל ועולה נמי למנין שמיטה הבאה [שם לג.]. בחריש ובקציר תשבות. למה נזכר חריש וקציר יש מרבותינו אומרים על

שְׁבוּת – WHEREVER THERE IS Scriptural mention of "REST," מוֹסִיפִין מֵחוֹל עַל קֹדֶשׁ – WE ADD FROM the MUNDANE ONTO the HOLY.[25]

We have seen that R' Yishmael's source for adding from the mundane onto the holy is the verse discussing Yom Kippur law. R' Akiva, however, derives this principle from the verse discussing the *shemittah* year.[26] Accordingly, the Gemara wonders:

וְרַבִּי עֲקִיבָא – **And R' Akiva,** הַאי ,,וְעִנִּיתֶם אֶת נַפְשֹׁתֵיכֶם בְּתִשְׁעָה" מַאי עָבִיד לֵיהּ – **this** verse, ***And you shall afflict yourselves on the ninth,*** **what does he do with it?**

The Gemara answers:

מִיבָּעֵי לֵיהּ לְכִדְתָנֵי חִיָּיא בַּר רַב מִדִּפְתִּי – **He needs it for [the ruling] taught by Chiya bar Rav from Difti.** דְּתָנֵי חִיָּיא בַּר רַב מִדִּפְתִּי – **For Chiya bar Rav from Difti taught** a Baraisa: ,,וְעִנִּיתֶם אֶת נַפְשֹׁתֵיכֶם בְּתִשְׁעָה" – The verse states: *AND YOU SHALL AFFLICT YOURSELVES ON THE NINTH.* וְכִי בְּתִשְׁעָה מִתְעַנִּין – BUT IS IT ON THE NINTH THAT WE FAST? וַהֲלֹא בַּעֲשִׂירִי מִתְעַנִּין – WHY, IT IS ON THE TENTH THAT WE FAST! אֶלָּא לוֹמַר לְךָ – RATHER, this verse comes TO TELL YOU כָּל הָאוֹכֵל וְשׁוֹתֶה בַּתְּשִׁיעִי – that WHOEVER EATS AND DRINKS ON THE NINTH, מַעֲלֶה עָלָיו הַכָּתוּב – SCRIPTURE TREATS HIM

NOTES

25. [The times that come under the scope of this statement are: Yom Kippur, which is described in the Torah (in our verse, and in *Leviticus* 16:31) as שַׁבַּת שַׁבָּתוֹן, *a Sabbath of utmost rest;* the Sabbath, whose very name means "rest," and regarding which our verse states: *you shall rest;* festivals, regarding which our verse states: *your rest;* and *shemittah,* regarding which it is stated (*Exodus* 34:21): *at the plowing and at the reaping you shall rest.* At each of these times, one is obligated to add from the mundane onto the holy.] The Baraisa is not saying that we *derive* this obligation from the word "rest," for regarding Yom Kippur and *shemittah* this is in fact not the case. It is simply stating a rule of thumb – that Scriptural mention of "rest" signifies an obligation to add onto the holy (see *Ritva*).

[Our elucidation of the foregoing Gemara follows those who maintain that the Gemara was inquiring as to R' Yishmael's source to add on to Sabbaths and festivals (see above, note 13). Others contend that the Gemara's inquiry was with regard to his source to add on to the *shemittah* year. According to their understanding, the phrase *your rest,* from which the Baraisa derives the obligation to add on to festivals, is also the source to add on to *shemittah.* This phrase teaches that wherever Scripture mentions "rest" – as in the case of *shemittah* – we add from the mundane onto the holy. Thus, the Baraisa's closing statement, "Wherever there is Scriptural mention of 'rest' we add from the mundane onto the holy," is not a mere rule of thumb, but is actually identifying the *source* of this obligation regarding *shemittah* (*Rashba; Tosafos* ד״ה כל מקום). For how these authorities deal with the question raised above (note 13), i.e. that R' Yishmael actually derives this obligation from an oral law taught to Moses at Sinai, see *Rabbeinu Tam* (cited in *Tosafos* ד״ה ורבי ישמעאל) and *Rashba.* See *Ritva* and *Chidushei HaRan* for extensive treatment of the dispute.]

26. See above, note 12.

ורבנן א) שנת חמשים אתה מונה ואי אתה מונה שנת חמשים ואחת לאפוקי מדר' יהודה ה) דאמר שנת חמשים עולה לכאן ולכאן קא משמע לן דלא ודמוסיפין מחול על קדש מנלן דתניא ו) א) בחריש ובקציר תשבות ר"ע אומר אינו צריך לומר חריש וקציר של שביעית שהרי כבר נאמר ב) שדך לא תזרע וגו' אלא ב) חריש של ערב שביעית הנכנס לשביעית ג) וקציר של שביעית היוצא למוצאי שביעית ר' ישמעאל אומר ג) מה חריש רשות אף קציר רשות ד) יצא קציר העומר שהוא מצוה ורבי ישמעאל מוסיפין מחול על קדש מנ"ל נפקא ליה מדתניא ז) ג) ועניתם את נפשותיכם בתשעה יכול בתשעה תלמוד לומר בערב אי בערב יכול משתחשך ת"ל בתשעה הא כיצד ה) מתחיל ומתענה מבעוד יום מלמד שמוסיפין מחול על קדש אין לי אלא בכניסתו ביציאתו מנין ת"ל ג) מערב עד ערב אין לי אלא יוה"כ שבתות מנין ת"ל תשבתו ימים טובים מנין ת"ל שבתכם הא כיצד ו) כל מקום שיש בו שבות מוסיפין מחול על קדש ור"ע האי ועניתם את נפשותיכם בתשעה מאי עביד ליה מיבעי ליה לכדתני חייא בר רב מדפתי ח) דתני חייא בר רב מדפתי ועניתם את נפשותיכם בתשעה וכי בתשעה מתענין והלא בעשירי מתענין אלא לומר לך ט) כל האוכל ושותה בתשיעי מעלה עליו הכתוב כאילו

רש"י

ורבנן. דלא ילפי מוקדשתם שתתקדש מתחילתה ולא איצטריך היא למעוטי סופה דרשי ליה הכי שנת החמשים אתה מונה ואי אתה מונה שנת היובל שנת חמשים לסוף יובל שעבר ואחת למנין יובל הבא ואי אתה מונה שנת היובל הבא אלא משנה שלאחר היובל: ולאפוקי מדר' יהודה. דאמר במסכת נדרים שנת חמשים עולה לכאן ולכאן שנת היובל ושנה ראשונה לשמטה הבאה: אין צריך לומר חריש וקציר של שביעית. דעל כרחך אע"ג דרישא דקרא בשבת קאי דכתיב ששת ימים תעבוד סיפיה אשביעית קאי דאי אשבת חריש וקציר הוא דאסור שאר מלאכות מי שרו: חריש של ערב שביעית. שלא יחרוש שדה אילן ערב שביעית חריש שיועיל לשביעית: וקציר של שביעית. כגון תבואה שהביאה שליש בשביעית ט) אתה נוהג בה מנהג שביעית בשמינית: ר' ישמעאל אומר מה חריש רשות כו'. ולא דבר הכתוב אלא לענין שבת כדכתיב ביה וביום השביעי תשבות בחריש ובקציר תשבות בא ללמדך מה חריש אין לך חריש של מצוה ואפילו לזרוע לצורך עומר ושתי הלחם שהרי אם מלא חרוש אינו חורש ואני אוסרו לך בשבת אף קציר שאני אוסר לך בשל רשות אני אוסר לך: יצא קציר העומר שהוא מצוה. שאפי' מלא קצור מצוה לקצור ויש לך ללמוד מכאן שדוחה את השבת: עד ערב. לילה הוא ועד בכלל: כל האוכל ושותה כו'. דהכי קאמר קרא ועניתם בתשעה אכילת תשעה אני קורא עינוי וכיון דאכילתו עינוי חשיבה כל דמפיש באכילה ושתייה טפי עדיף דהא מדקאמר בערב על כרחך לא מקפיד אעינוי דתשעה וכי קרי עינוי בתשעה אכילה ושתיה דידיה קרי עינוי:

תוספות

ואי אתה מונה שנת החמשים אחת. בלא וי"ו גרס דאין שנת חמשים ראשונה לשביעית הבאה:

ולאפוקי מדר' יהודה. אומר ר"י דפ"ה הלכה כרבי יהודה דאמר שנת החמשים עולה לכאן ולכאן מדאמרינן בפרק קמא דע"ז (דף ט: ושם) בשמעתא דתנא דבי אליהו גבי מאן דלא ידע בכמה שני בשבוע קאי נשקול מכל מאה תרתי ושדי אפרטי וכל הסוגיא כדבריו ועוד דסתם מתניתין דהכא אוקמא כרבי ישמעאל דפליג ארבנן דפליגי על רבי יהודה ועוד לדר' ישמעאל מקדשין חדשים ואנן קי"ל בכוליה הש"ס שמקדשין חדשים ור' יוסי נמוקו עמו קאי כרבי ישמעאל בפ"ק [דקדושין] (דף מ:) דאית ליה דיובל בתחילתו משמט ובערכין בסוף [המקדיש שדהו] (דף כח:) מוכח דאית ליה מתחילתו משמט סבר לה כרבי ישמעאל דאמר מר"ה חילה יובל [אבל לא נראה דהא אומר התלמוד הכא ובפ' (י) אין נערכין (ערכין דף יב ושם) לאפוקי מדרבי יהודה] ומיהו אין ראיה גמורה מהא דקאמר הכא ובערכין לאפוקי מדרבי יהודה דאשכחן בפרק המגרש (גיטין דף פה:) אתקין רבה בגיטין מן יומא דנן ולעלם לאפוקי מדרבי יוסי דאמר זמנו של שטר מוכיח עליו אע"ג דרבה גופיה פסק כוותיה בית נוחלין (ב"ב דף קלו.) וכן בפ"ק דכתובות (דף י.) לאפוקי מדרשב"ג דאמר כתובה דאורייתא וקיימא לן כ"מ ששנה רשב"ג במשנתנו הלכה כמותו והיא משנה בפרק בתרא דכתובות (דף קי:): שהרי כבר נאמר שדך לא תזרע. תימה הא איצטריך למאן דאמר בריש מועד קטן (דף ג.) (א) דחורש בשביעית לא לקי דקאמר אלמא מכדי זמירה בכלל זריעה ובצירה בכלל קצירה למאי הלכתא כתבינהו רחמנא למימר דאהני תולדות מחייב אאחרנייתא לא מחייב אלמא אפי' תולדות דכתיבי אבות דידהו לא מחייב אלא אהנך דכתיבי בהדיא וא"כ לריך לכתוב חרישה לאשמועינן דאסירא וי"ל דעיקר דיוקא מקציר ומדקצירה לתוספת חרישה נמי לתוספת ה): וקציר של שביעית. פי' הר"ם בקציר ספיחים שהביאו שליש בשביעית דאי דזרע ביד בשביעית מלא תזרע נפקא ותקשי קשיא דהאי נמי מהכן לא תזרע נפקא לן בפרק מקום שנהגו (פסחים ד' נא: ושם) לפי' ר"ת דאסר ספיחים אפילו קודם ביעור כדין נזרע ביד ואף באכילה תרי קראי בספיחים למה לי ולפירוש רש"י דהתם ניחא דא"ל דספיחים לא אזלינן בתר הבאת שליש וכי אסרינן ספיחין מהכן לא תזרע היינו דנלקטין בשביעית קמ"ל בחריש ובקציר ואי מהכא לא הייתי אוסר לאכילה אלא לסחורה קמ"ל הכן לא תזרע: וקציר של שביעית היוצא למוצאי שביעית. דוקא כי אורחיה אסור לקצור אבל ע"י שינוי מותר אפילו בשביעית כדאיתא בת"כ דדריש ואת ענבי נזירך לא תבצור דרך בוצרין מכאן אמרו תאנה של שביעית אין קוצין אותה ט) במוקצה אבל קוצה אותה בחרבה וה"נ תנן בפ"ח דשביעית (משנה ו) והא דתניא בתורת כהנים מן המשומר אי אתה בוצר ט) אבל אתה בוצר מן המופקר מופקר נמי כדרך בצירה אסור וע"י שינוי שלא כדרך בצירה מופקר שרי ומשומר אפילו שלא כדרך בצירה נמי אסור ושומרי ספיחים בשביעית דפרק הבית והעליה (ב"מ דף קיח.) שומרי ספיחים בשביעית נוטלין שכרן משום עומר ושתי הלחם א"כ אסור כיון דמשומר ומאי לא אמרינן מן המותר לישראל י"ל דלא היה שמירה ממש דלא היו לריכים לשומרה מבני אדם דמאליהן היו פורשין כשהיו יודעין שהן לצורך עומר ולא היו שומרין אותן אלא מבהמה וחיה ועוף: ורבי ישמעאל מוסיפין מחול על הקודש מנא ליה. תימה לר"ת הא אמרינן פ"ק דמועד קטן (דף ד.) (ב) הלכתא כרבי ישמעאל קרא לר"ע לעשר נטיעות הלכה למשה מסיני וכיון דהלכתא למשרי ילדה ממילא זקנה אסורה ותירץ ר"ת דהכא מיבעי ליה בתוספת של אחר שביעית מנא ליה ובחנם דחק דכיון דשביעית גופה מהלכה לא ילפינן מינה שבת ויוה"כ וי"ט דאין דנין ק"ו מהלכה והשתא לר' ישמעאל איצטריך קרא משום שבת וי"ט ואיצטריך הלכתא למשרי ילדה והא דלא משני הכי במו"ק י) לר"ע דאיצטריך קרא ללמד על שבת וי"ט ויוה"כ משום דמהלכה לא ילפי' דא"כ לא הוי ליה למכתב קראי גבי שביעית כיון דלשביעית גופיה לא צריך אלא ללמד על אחריני: כל מקום שנאמר שבות. ואתא לרבות שביעית: ורבי עקיבא האי ועניתם מאי עביד ליה. דר"ע הוה יליף כולהו משביעית שבת וי"ט ויוה"כ דכולהו מודו דתוספת יוה"כ דאורייתא כדאמרינן בפרק שואל (שבת דף קמח:) ובפרק המביא (ביצה דף ל.) וק"ק דבפ' מקום שנהגו (פסחים דף נד: ושם) בעי למימר דהא דיוה"כ ספקו אסור בבין השמשות שלו איירי ומאי הא אפילו ודאי יום סמוך לחשיכה אסור בכניסתו או ודאי לילה סמוך ליום ביציאתו משום תוספת וכמו כן קשיא בפרק במה מדליקין (שבת דף לד.) דתנן ספק חשכה אין מדליקין ושמא משום דסגי בתוספת משהו נקיט הכי ועוד דרבן גמליאל דפרק קמא דמו"ק (דף ג:) לית ליה תוספת כלל דקאמר התם נמנו על שני פרקים הללו והתירום כלומר פסח ועצרת ומפרש בירושלמי בריש מסכת שביעית בשעה שהתירו למקרא סמכו ששת ימים תעבוד ועשית כל מלאכתך מה ערב שבת בראשית אתה מותר לעשות עד שתשקע החמה אף כל ערב (כ) שבת) אתה מותר לעשות עד שתשקע החמה וטעם זה נמי איתא בריש מו"ק (ד' ד.) יליף שבת שבתון משבת בראשית מה להלן היא אסורה לפניה ולאחריה מותר כו' אלא דלא קאי במסקנא הכי אלא דגמירי הלכתא בזמן שבהמ"ק קיים דומיא דניסוך המים ולפי אותה מסקנא יתכן לפרש הלכתא כר"ע וקראי לזמן שאין ב"ה קיים ומיהו לרבי דאמר שביעית בזמן הזה דרבנן לא אפשר:

מסורת הש"ס

א) נדרים סא. ערכין יב: לג., ב) שביעית פ"א מ"ד מו"ק ג: מכות ח:, ג) [מנחו' עב.], ד) יומא פא:, ה) ברכות ח: פסחים סח: יומא פא:, ו) [נראה שצ"ל המוכר שדהו דף כג. וע"ש], ז) [וע"ע תוס' ע"ז ט: ד"ה מאן], ח) [וע"ע תוס' מ"ק ג: ד"ה שהרי], ט) גירסת רש"א במקלע, י) [דף ג:], כ) [צ"ל שבתות שנים].

תורה אור השלם

א) שֵׁשֶׁת יָמִים תַּעֲבֹד וּבַיּוֹם הַשְּׁבִיעִי תִּשְׁבֹּת בֶּחָרִישׁ וּבַקָּצִיר תִּשְׁבֹּת: [שמות לד, כא]

ב) וּבַשָּׁנָה הַשְּׁבִיעִת שַׁבַּת שַׁבָּתוֹן יִהְיֶה לָאָרֶץ שַׁבָּת לַיי שָׂדְךָ לֹא תִזְרָע וְכַרְמְךָ לֹא תִזְמֹר: [ויקרא כה, ד]

ג) שַׁבַּת שַׁבָּתוֹן הוּא לָכֶם וְעִנִּיתֶם אֶת נַפְשֹׁתֵיכֶם בְּתִשְׁעָה לַחֹדֶשׁ בָּעֶרֶב מֵעֶרֶב עַד עֶרֶב תִּשְׁבְּתוּ שַׁבַּתְּכֶם: [ויקרא כג, לב]

גליון הש"ס

גמ' כ"מ שיש בו שבות. ק"ל לר"ע דלא דריש כן ויליף משביעית הא מזה לא מלינו ללמוד רק דין תוספת לענין איסור מלאכה אבל לענין עינוי ביוה"כ מנ"ל דהא אין ללמוד עינוי ממלאכה במה מלינו מלאכה דנוהג בשבתות וי"ט ולא"ע, וביותר ק' אפילו לענין מלאכה הא בשביעית אינו אסור אלא רק חרישה וקצירה אבל לא נטיעה כמ"ש תוס' ד"ה ומותר לקיימן ביוה"כ ושבת ומנלן תוספת בשאר מלאכות וצ"ע: רש"י ד"ה וקציר וכו' אתה נוהג בה. עיין לקמן ד' יב ע"ב תד"ה מנהג: תוס' ד"ה וקציר של שביעית היוצא וכו' אבל אתה בוצר מן המופקר. עיין סוכה ד' לט ע"ב תוס' ד"ה בד':

ליקוטי רש"י

ואי אתה מונה שנת חמשים ואחת. שלא תתחיל למנות לז' שנים של שמיטה הבאה בשנת היובל עצמה שלא תהא מונה אחת לשנת נ' ולשנה הבאה שתים שנת נ"א שניה אלא לשנת חמשים ואחת תהא מונה אחת שנת נ' עצמה נמנית ליובל שעבר שאין עולה למנין שבוע הבא כדאמר [נדרים סא.]. שנת חמשים עולה. לשנת יובל והיא תחילת יובל הבא הלכך לר' יהודה לא הוי בכל יובל אלא מ"ט שנים [ערכין יב:]. הויא שנת יובל ועולה נמי למנין שמיטה הבאה [שם לג.]. בחריש ובקציר תשבות. למה נזכר חריש וקציר יש מרבותינו אומרים על חריש של ערב שביעית הנכנס לשביעית וקציר של שביעית היוצא למוצאי שביעית ללמדך שמוסיפין מחול על הקדש (ר"ה ט.) וכך משמעו ששת ימים תעבוד וביום השביעי תשבות ועבודת ו' הימים שהתרתי לך יש שנה שהחריש והקציר אסור ואין צ"ל חריש וקציר של שביעית שהרי כבר נאמר (ויקרא כה) שדך לא תזרע וגו' וי"א שאינו מדבר אלא בשבת וחריש וקציר שהוזכר בו לומר לך מה חריש רשות אף קציר רשות יצא קציר העומר שהוא מצוה ודוחה את השבת [שמות לד כא]. אינו צריך לומר חריש וקציר של שביעית כו'. דעל כרחך בשביעית דשמיטה הכתוב מדבר דאי כדכתיב דאיום השביעי קאי מאי שנא חריש וקציר דנקט אלא ה"ק ששת ימים תעבוד ובשביעי תשבות והששה שאתה עובד בהן בחריש ובקציר תשבות. הנכנס לשביעית. (וחריש של שביעית) שלא יחרוש בששית חרישה המועלת לשביעית [מכות ח:]. כל שיש לו ליכנס לשביעית שאסור לחרוש לפני ראש השנה [מו"ק ד.]. וקציר של שביעית היוצא למוצאי שביעית. שאם הביאה שליש בשביעית מאז היא ראויה ליקצר ואם קצרה בשמינית צריך לנהוג בה קדושת שביעית. רבי ישמעאל אומר מה חריש רשות כו'. ובשבת קאי ולהכי נקט חריש וקציר לומר לך מה החריש שאני אוסר לך בשבת חריש של רשות הוא שאין לנו חריש של מצוה אף קציר איני אוסר לך אלא של רשות יצא קציר העומר [מכות שם]. מה חריש רשות. בכל מקום [מו"ק שם]. יצא קציר העומר. ודוחה את השבת [שמות שם] מותר לקצור בשבת. שהוא מצוה. אף על פי שמלא קצור קוצר דבעינן קצירה לשמה אבל אם מלא חרוש אינו חורש [מו"ק שם]. אם מלא חרוש אינו צריך לחרוש אבל קציר אפילו מלא קצור מצוה לקצור לשמה דכתיב וקצרתם והבאתם את עומר [מכות שם]. כל האוכל ושותה כו'. בפרק בתרא דיומא מוקמינן להא דרשא אליבא דמאן דאמר אין אדם מוזהר על תוספת עינוי להתחיל ולהתענות מבעוד יום ואפילו למאן דאית ליה מוסיפין מחול על קודש מקרא אחרינא נפקא ליה מבחריש ובקציר תשבות הילכך כי אתא האי בתשעה להכי אתא והכי קאמר מה שאתם עושים בתשעה דהיינו אכילה ושתיה אני קורא עינוי [פסחים סח:]. והכי משמע קרא ועניתם בתשעה כלומר התקן עצמך בתשעה [כדי] שתוכל להתענות בעשרה ומדאפקיה קרא בלשון עינוי לומר לך הרי הוא כאילו מתענה בתשעה [יומא פא:]. והכי קאמר קרא הכינו עצמכם בתשעה לחדש לענוי המחרת והרי הוא בעיני כענוי היום [ברכות ח:].

עין משפט נר מצוה

מד א מיי' פ"י מהל' שמיטין הלכה ז טור י"ד סי' שלא:

מה ב מיי' פ"ג מהל' שמיטה הל' א ופ"ד הל' ט:

מו ג מיי' פ"ד שם הל' יג:

מז ד מיי' פ"ז מהל' תמידין הלכה ו סמג עשין קלט:

מח ה מיי' פ"א מהל' שביתת עשור הל' ו סמג לאוין מה ועשין לב טוש"ע א"ח סי' תרח סעיף א:

מט ו [א] טוש"ע א"ח סימן תרד סעיף א:

הגהות הב"ח

(א) תוס' ד"ה שהרי כו' דחורש בשביעי' נ"ב פי' תולדה דחורש דהיינו משקה מים לזרעים כדאיתא התם בהדיא דף ג' לגבי חורש דלאו מלאכה הוא דלקי עליה בשביעית דאבות אסר רחמנא ועיין בתוס' דף יב ע"ב ובמ"ש לשם: (ב) שם ד"ה ור' ישמעאל כו' פ"ק דמועד קטן דעשר נטיעות הלכה למשה מסיני והלכתא לר' ישמעאל קרא לר"ע וכיון דהלכתא:

הגהות מהר"י לנדא

אן בליוני עין משפט אות ו' חסר מיי' פ"ג מהלכות נדרים הלכה ט' ועי' בכ"מ שם:

רבינו חננאל

ולאפוקי מדר' יהודה דאמר שנת החמשים עולה למנין היובל ועולה למנין ז' שביעית כלומר זורעין ה' שנים. והיובל עולה למנין ששית ומשמיטין השביעית. ופשטינא דמוסיפין מחול על קדש מהא דכתיב בחריש ובקציר תשבות ואר"ע חריש של ערב שביעית שנכנס בשביעית וקציר של שביעית כלומר הספיחין שצמחו בשביעית ולא הספיק לתלשן ונכנסו למוצאי שביעית שמשביתין א) בשנה השביעית. ור' ישמעאל אומר לא בא זה הכתוב אלא להקיש קציר לחריש ולאסור קציר של רשות כמו חריש של רשות. וממילא שמעינן כי קציר העומר שהוא מצוה מותר אבל שמוסיפין מחול על הקדש מהא נפקא מדתניא ועניתם את נפשותיכם בתשעה לחודש יכול בתשעה ת"ל בערב. [אי בערב] יכול [וכו'] עד מקום שנאמר שבות מוסיפין מחול על הקודש. ור"ע האי ועניתם את נפשותיכם מיבעי ליה לכדתני חייא בר רב מדפתי דתני וכו'.

חשק שלמה על ר"ח

א) אולי צ"ל שמשביתין כמו קציר של שנה השביעית.

כאילו התענה תשיעי ועשירי ת"ר א) יובל היא (א) אע"פ שלא שמטו אע"פ שלא תקעו יכול אע"פ שלא שלחו ת"ל היא דברי רבי יהודה רבי יוסי אומר יובל היא אע"פ שלא שמטו אע"פ שלא שלחו יכול אע"פ שלא תקעו ת"ל היא וכי מאחר שמקרא אחד מרבה ומקרא אחד ממעיט מפני מה אני אומר יובל (ב) היא אע"פ שלא שלחו ואין יובל אא"כ תקעו לפי שאפשר לעולם בלא שילוח עבדים ואי אפשר לעולם בלא תקיעת שופר דבר אחר זו מסורה לב"ד וזו אינה מסורה לבית דין מאי דבר אחר וכי תימא אי אפשר דליכא חד בסוף העולם דלא משלח זו מסורה לב"ד וזו אינה מסורה לב"ד בשלמא לרבי יוסי כדקאמר טעמיה אלא לרבי יהודה מ"ט אמר קרא א) וקראתם דרור בארץ ° וקסבר ° מקרא נדרש לפניו ולא לפני פניו דכולי עלמא דרור לשון חירות מאי משמע דתניא אין דרור אלא לשון חירות א"ר יהודה מה לשון דרור כמדייר בי דיירא ומוביל סחורה בכל מדינה אמר ר' חייא בר אבא א"ר יוחנן זו דברי ר' יהודה ור' יוסי אבל חכמים אומרים א שלשתן מעכבות בו קסברי מקרא נדרש לפניו ולפני פניו ולאחריו והכתיב יובל ההוא דאפילו בחוצה לארץ והכתיב בארץ ההוא ג) ב בזמן שנוהג דרור בארץ נוהג בחוצה לארץ בזמן שאינו נוהג בארץ אינו נוהג בחוצה לארץ: ולנטיעה: מנלן דכתיב ב) שלש שנים ערלים וכתיב ג) ובשנה הרביעית ויליף שנה שנה מתשרי דכתיב ד) מראשית השנה וליגמר שנה שנה מניסן דכתיב ה) ראשון הוא לכם לחדשי השנה ג דנין שנה שאין עמה חדשים משנה שאין עמה חדשים ואין דנין שנה שאין עמה חדשים משנה שיש עמה חדשים: ת"ר ד) אחד הנוטע אחד המבריך ואחד המרכיב ערב שביעית שלשים יום לפני ראש השנה עלתה לו שנה ומותר לקיימן בשביעית פחות משלשים יום לפני ראש השנה לא עלתה לו שנה ואסור לקיימן בשביעית ופירות

רש"י

יובל היא יובל אע"ג שלא שמטו כו'. יובל היא לכם לעיל מיניה כתיב והעברת שופר וקדשתם את שנת החמשים שנה וקראתם דרור והדר כתיב יובל היא תהיה לכם וקרא יתירא הוא לדרשה והכי תדרשנה יובל היא לכם מ"מ ואפי' לא נעשו בו דברים הללו העברת שופר ולשוב אל אחוזה דהיינו שמיטת קרקעות שקנו זה מזה דכתיבא בתר האי קרא ושבתם איש אל אחוזתו אעפ"כ שם היובל עליו להיות אסור בזריעה ובצירה וקצירה כדכתיב בו: לא תזרעו וגו': יכול אע"פ שלא שלחו. עבדים יהא יובל: ת"ל היא. אם עשית דברים הללו הוא יובל ואם לאו אינו יובל ולקמיה מפרש ויובל מאי חזי דתלי בקריאת דרור: שאפשר לעולם בלא שילוח עבדים. פעמים שאין עבד עברי בישראל שיטעון שילוח: ואי אפשר. שלא יהא שופר מצוי בעולם לפיכך יש לנו לומר כשתלה הכתוב לא תלה אלא בדבר המצוי לעולם: ד"א תקיעת שופר מסורה לב"ד. לצוות לשלוחם לתקוע ושילוח עבדים מסורה ליחידים ואם ימאן יבטל היובל הלכך לא תלאו הכתוב בו: אמר קרא וקראתם דרור. וסמיך ליה יובל היא: מקרא נדרש לפניו. מיעוטא דהיא אקריאת דרור קאי דסליק מיניה ולא אתקיעת שופר הכתובה לפני פניו: כמדייר בי דיירא. מי שהוא ברשותו לגור בכל מלון שירצה: ולאחריו. שמיטת קרקעות דכתיב בתריה ושבתם איש אל אחוזתו: והכתיב יובל. לרבות במשמע יובל מ"מ: ולנטיעה מנלן. דר"ה שלה תשרי: מבריך. כופף את הזמורות בארץ שקורין פרופינ"א: מרכיב. אילן בחבירו שקורין אוניסטי"ר: עלתה לו שנה. כיון שהגיע יום אחד בתשרי עלתה לו שנה למנין שני ערלה: פחות משלשים יום לא עלתה לו שנה. עד תשרי הבא אם אינה ערב שביעית ואם ערב שביעית היא אסור לקיימו משום תוספת שביעית שמוסיפין מחול על קודש:

ופירות

תוספות

כאילו התענה תשיעי ועשירי. כלומר כמו שלוהו הקב"ה להתענות והתענה אבל השתא ודאי אסור להתענות כדאמרינן בפסחים פרק אלו דברים (ד' סח:) מר בריה דרבינא כולי שתא הוה יתיב בתעניתא לבר מעצרתא ופוריא ומעלי יומא דכפורי וסבר לה כר"ע דאי כר' ישמעאל לית ליה הך דרשה והכי ניחא הא דלא קאמר התם הכל מודים בערבי יום הכפורים דבעינן נמי לכם כדקאמר התם בעצרת:

יובל היא. להיות אסור בזריעה וקצירה כדכתיב (ויקרא כה) לא תזרעו ולא תקצרו ואע"פ שלא שמטו השמטת קרקע שדות החוזרות לבעלים ביובל:

מקרא נדרש לפניו ולא לפני פניו ולאחריו. פירוש מיעוטא דהיא מוקמינן אקריאת דרור שהיא לפניו ולא אתקיעה דלפני פניו ולא אהשמטה דלאחריו דכתיב בתריה ושבתם איש אל אחוזתו ואיש אל משפחתו תשובו והא דמוקמי' ריבוי דיובל לפני פניו ולאחריו משום דבעלמא נמי דריש הכי אלא דהכא מוקי מיעוטא בדדמי אי נמי ריבוי דיובל משמע שריבה הכתוב שבכל ענין הוא יובל [וע"ע תו' זבחים כ"ד: ד"ה במקרא]:

דאפילו בחוצה לארץ. ר' יוסי מודה מדקאמר לעיל א"א דליכא חד בסוף העולם ושמא נפקא ליה מקרא אחרינא:

מבריך. כופף היחור בארץ ומכסהו בעפר וקוצץ באמצע כיפפתו ואותו היחור יוצא לצד אחר כפוף מעט מעיקר האילן:

מרכיב. הוא המרכיב אילן בחבירו ומשמע דמבריך ומרכיב חייב בערלה וקשיא דבפ"ק דערלה (משנה ה) משמע דהרכבה פטור מן הערלה ותניא נמי בתורת כהנים ונטעתם פרט למבריך ומרכיב מכאן אתה אומר ספוק גפנים וספוקן וספוק ספוקן אע"פ שהבריכן בארץ מותר ולשון ספוק בגפנים כלשון ה) [הרכבה] באילן ומה שמבריך בשנה זו ומוליא זמורות וחזר והבריכן לשנה אחרת זהו ספוק ספוקן וי"ל דהתם כשלא נפסקה מאביה ובאילן זקן והכא כשנפסקה מאביה כדמוכח ו) [לקמיה דמונין לו משעת נטיעתו] ז) (בפ"ק דערלה) וצריך לדקדק אי הוה שייך לשנויי הכי בפרק משוח מלחמה (סוטה דף מג:) גבי חוזר מעורכי המלחמה משום מבריך ומשני כאן בהרכבת איסור כאן בהרכבת היתר ח):

ומותר לקיימן בשביעית. לא הוה צריך למיתני בשביעית כיון דתנא רישא ערב שביעית ומתוך כך מדקדקין דאפילו לכתחילה שרי ליטע ותדע דלקמן מוקמינן לה כר"מ ובפ' הנזקין (גיטין נג:) שמעינן לר"מ דאמר בנוטע בשביעית בין בשוגג ובין במזיד יעקר והיינו טעמא דמפרש התם דנחשדו על השביעית אבל אי לאו הכי מותר לקיים כדאמר התם א"כ אם היה כאן שום איסור לא היה מתיר לקיים ולקמן נמי קתני אין נוטעין פחות משלשים יום ט) [הא שלשים יום נוטעין לכתחלה] והיא דלדברי האומר שלשים צריך שלשים ושלשים מוקי לה ר"ת לענין ערלה ולא לענין שביעית כמו שאפרש ומדקאמר מותר לקיימו הוה משמע דלכתחלה אסור ליטע דאי לכתחלה שרי מה שייך מותר לקיימו ושמא איידי דבעי למיתני סיפא אסור לקיימו תנא רישא מותר לקיימו ותימה דבפ"ב דשביעית (משנה א) תנן ומייתי לה בפ"ק דמו"ק (דף ג:) שחורשין בשדה הלבן עד פסח ובשדה האילן עד עצרת וכיון דאפילו ליטע בתחילה שרי שלשים יום לפני ר"ה אמאי אסור לחרוש לשתי נמי לחרוש עד לפני ר"ה שלשים יום ואור"ת דלא החמירו בנטיעה כמו בחרישה משום דאין תוספת שביעית דאורייתא בנטיעה אלא בחרישה דכתיב ביה קרא כדדרשינן לעיל (ע"א) מבחריש ובקציר תשבות ועוד יש ליתן טעם משום דכל חורש ערב שביעית הוי להועיל בשביעית אבל אין לאסור ערב שביעית ליטע מחמת שהאילן גדל בשביעית דכל האילנות נמי מיגדל גדלי בשביעית וא"כ לא יטע לעולם ובירושלמי מפרש טעמא אחרינא בריש מסכת שביעית דגרסינן התם ולמה עד עצרת עד כאן הוא יפה לפרי מכאן ואילך מנבל פירותיו והא תניא אחד אילן סרק ואחד אילן מאכל עד כאן מעבה הקורות מכאן ואילך מתיש כחן ולפי טעם זה ניחא דכיון דאין מועיל לאילן מכאן ואילך מיחזי כמתקן שדהו לצורך שביעית:

ופירות

עין משפט נר מצוה

נ א מיי' פ"י מהל' שמיטין הל' יג סמג עשין קנא:
נא ב מיי' שם הל' ח:

רבינו חננאל

ת"ר יובל אע"פ שלא השמיטו הקרקעות ואע"פ שלא תקעו בשופר. יכול אע"פ שלא שלחו את העבדים ת"ל היא. כלו' וקראתם דרור ושלחתם את העבדים יובל היא ואם לאו אינה יובל דברי ר"י ר' יוסי אומר יובל אע"פ שלא שמטו ואע"פ שלא שלחו את העבדים יכול אע"פ שלא תקעו ת"ל היא אפילו לא קיימו בה אלא מצוה אחת יובל היא. א"ר יוסי וכי מאחר שהכתוב תולה אותה בתקיעת שופר. פי' דכתיב תעבירו שופר בכל ארצכם וקדשתם את שנת החמשים שנה כלומר כיון שתקעתם נתקדשה השנה. ומקרא אחר תולה אותה בשילוח עבדים שנאמר וקראתם דרור יובל היא מפני מה אני מרבה התקיעה בלבד לפי שאפשר לעולם בלי שילוח עבדים. כלומר אם אין בכל ישראל עבד עברי מה יעשו ואי אפשר לעולם בלא תקיעת שופר דהא משתכחן בכל עידן ולא עוד אלא שהתקיעה מסורה לב"ד. ושילוח עבדים והשמטת קרקע מסורין לכל אדם. הנה ר' יוסי פריש טעמיה. אלא ר' יהודה מאי טעמיה. קסבר מקרא א' נדרש לפניו. ולא לפני פניו. פי' כתיב יובל היא ולמעלה מזה כתיב וקראתם דרור דורשין יובל היא על וקראתם דרור. וזהו מקרא נדרש לפניו ואין דורשין יובל היא על והעברת שופר שהוא קודם וקראתם דרור. נמצא וקראתם דרור לפניו ונמצא והעברת לפני פניו. לשון דרור חירות. כמדייר בי דיירא ומוביל סחור' לכל מדינה. א"ר יוחנן זו דברי ר' יהודה ור' יוסי אבל חכ"א שלשתן מעכבין קסברי מקרא נדרש לפניו ולפני פניו תקיעת שופר ושילוח עבדים כדאמרן ולאחר השמטת קרקעות שנאמר יובל היא תהיה לכם ושבתם איש אל אחוזתו. ואקשינן והכתיב יובל היא למעט ופרקינן האי יובל לא אתא למעט אלא ללמד שתהא יובל נוהגת בחוצה לארץ האי בהדיא כתיב וקראתם דרור בארץ לכל יושביה. ודחינן ההוא דרור בארץ לכל יושביה יובל היא. ללמד בזמן שאתה קורא דרור בארץ אתה קורא דרור בחוצה לארץ. ולנטיעה. פי' שני הערלה מתשרי מנינן מנ"ל דכתיב שלש שנים יהיה לכם ערלים וכתיב ובשנה הרביעית ויליף שנה שנה מתשרי. ת"ר אחד הנוטע ואחד המבריך ואחד המרכיב ערב שביעית שלשים יום לפני ר"ה עלתה

מסורת הש"ס

א) [שבת לג: קידושין טו: ב"מ לה. זבחים כד: חולין קיח:], ב) קידושין לח:, ג) [לעיל ז. ח:], ד) [תוספ' פ"א ותוספ' שביעית פ"ב], ה) רש"א, ו) מ"י, ז) רש"א מ"ז, ח) [וע"ע תו' קידושין לו: ד"ה כל מלוה], ט) רש"א.

הגהות הב"ח

(א) גמ' ת"ר יובל היא יובל אף ע"פ שלא שמטו כו' ר' יוסי אומר יובל היא יובל אע"פ: (ב) שם מפני מה אני אומר יובל היא תיבת היא נמחק:

גליון הש"ס

גמ' וקסבר מקרא נדרש לפניו. עיין סוטה לג ע"ב תד"ה ור"י [שם ע"א]:

תורה אור השלם

א) וְקִדַּשְׁתֶּם אֵת שְׁנַת הַחֲמִשִּׁים שָׁנָה וּקְרָאתֶם דְּרוֹר בָּאָרֶץ לְכָל יֹשְׁבֶיהָ יוֹבֵל הִוא תִּהְיֶה לָכֶם וְשַׁבְתֶּם אִישׁ אֶל אֲחֻזָּתוֹ וְאִישׁ אֶל מִשְׁפַּחְתּוֹ תָּשֻׁבוּ: [ויקרא כה, י]

ב) וְכִי תָבֹאוּ אֶל הָאָרֶץ וּנְטַעְתֶּם כָּל עֵץ מַאֲכָל וַעֲרַלְתֶּם עָרְלָתוֹ אֶת פִּרְיוֹ שָׁלֹשׁ שָׁנִים יִהְיֶה לָכֶם עֲרֵלִים לֹא יֵאָכֵל: [ויקרא יט, כג]

ג) וּבַשָּׁנָה הָרְבִיעִת יִהְיֶה כָּל פִּרְיוֹ קֹדֶשׁ הִלּוּלִים לַייָ: [ויקרא יט, כד]

ד) אֶרֶץ אֲשֶׁר יְיָ אֱלֹהֶיךָ דֹּרֵשׁ אֹתָהּ תָּמִיד עֵינֵי יְיָ אֱלֹהֶיךָ בָּהּ מֵרֵשִׁית הַשָּׁנָה וְעַד אַחֲרִית שָׁנָה: [דברים יא, יב]

ה) הַחֹדֶשׁ הַזֶּה לָכֶם רֹאשׁ חֳדָשִׁים רִאשׁוֹן הוּא לָכֶם לְחָדְשֵׁי הַשָּׁנָה: [שמות יב, ב]

ליקוטי רש"י

המבריך. שכופף [הזמורה או היחור] בארץ [סוטה מג.]. כמו ויברך הגמלים (בראשית כד) כופף זמורת גפן מחוברת ומבריכה בקרקע בלידיה לכאן ולכאן וקורין בלע"ז פרובניי"ר [ב"ב יט:]. כופף אמצעית הגפן בקרקע ומכסהו בקרקע באמצעיתו וכשנשרש באמצעיתו חותכין עיקר הראשון ונעשו שתי גפנים [רשב"ם ב"ב פג.]. ויברך הגמלים. הרביצם [בראשית כד יא].
המרכיב. שנוקב האילן ונוטל מן הרך שבענפי האילן ותוחב לתוכו ועושה ענף בתוך הנקב ונושא ממין אותו אילן שנוטל ממנו וישראל מותר להרכיב משני אילנות שזה פירותיו גפן וזה פירותיו דקין דהוו ממין אחד זה בזה [סוטה שם].

כְּאִלּוּ הִתְעַנָּה תְּשִׁיעִי וַעֲשִׂירִי – AS IF HE HAD FASTED on THE NINTH AND on THE TENTH.[1]

The Gemara cites a Tannaic dispute regarding the criteria necessary for the laws of *Yovel* to take effect:

תָּנוּ רַבָּנָן – The Rabbis have taught in a Baraisa: ,,יוֹבֵל הוּא'' – Regarding the verse *IT IS YOVEL,*[2] אַף עַל פִּי שֶׁלֹּא שָׁמְטוּ – the inclusionary term *Yovel* teaches[3] that EVEN IF [THE PEOPLE] DID NOT ABANDON their fields to the ancestral owners,[4] אַף עַל פִּי שֶׁלֹּא תָקְעוּ – and EVEN IF THEY DID NOT SOUND the shofar, the year retains its *Yovel* status; therefore, it is forbidden to work the land.[5] יָכוֹל אַף עַל פִּי שֶׁלֹּא שִׁלְּחוּ – IT COULD BE thought that *Yovel* takes effect EVEN IF THEY DID NOT RELEASE the slaves.[6] תַּלְמוּד לוֹמַר ,,הוּא'' – [THE VERSE] therefore STATES the exclusionary phrase, *IT IS,* to teach that a year in which the slaves are not freed cannot attain *Yovel* status.[7] דִּבְרֵי רַבִּי יְהוּדָה – THESE ARE THE WORDS OF R' YEHUDAH.

רַבִּי יוֹסֵי אוֹמֵר – BUT R' YOSE SAYS: ,,יוֹבֵל הוּא'' – Regarding the verse *IT IS YOVEL,* אַף עַל פִּי שֶׁלֹּא שָׁמְטוּ – the inclusionary term *Yovel* teaches that EVEN IF THEY DID NOT ABANDON their fields to the ancestral owners, אַף עַל פִּי שֶׁלֹּא שִׁלְּחוּ – and EVEN IF THEY DID NOT RELEASE the slaves, the year retains its *Yovel* status; therefore, it is forbidden to work the land. יָכוֹל אַף עַל פִּי שֶׁלֹּא תָקְעוּ – IT COULD BE thought that *Yovel* takes effect EVEN IF THEY DID NOT SOUND the shofar. תַּלְמוּד לוֹמַר ,,הוּא'' – [THE VERSE] therefore STATES the exclusionary phrase, *IT IS,* to teach that a year in which the shofar is not sounded cannot attain *Yovel* status.[8]

R' Yose explains his reasoning:

וְכִי מֵאַחַר שֶׁמִּקְרָא אֶחָד מְרַבֶּה וּמִקְרָא אֶחָד מְמַעֵיט – BUT IF ONE VERSE-PHRASE (*Yovel*) IS INCLUSIONARY AND ONE VERSE-PHRASE (*It is*) IS EXCLUSIONARY, מִפְּנֵי מָה אֲנִי אוֹמֵר ,,יוֹבֵל הוּא'' אַף עַל פִּי שֶׁלֹּא שִׁלְּחוּ – WHY DO I choose to SAY *IT IS YOVEL* EVEN IF THEY DID NOT RELEASE the slaves, וְאֵין יוֹבֵל אֶלָּא אִם כֵּן תָּקְעוּ – BUT IT IS NOT *YOVEL* UNLESS THEY SOUNDED the shofar? Perhaps the reverse is true – i.e. that it is *Yovel* even if the shofar is not sounded, and it is not *Yovel* unless the slaves are

NOTES

1. When the verse states: *and you shall afflict yourselves on the ninth,* it is referring to eating as "affliction." Since the act of eating on the ninth is so regarded [in terms of its virtue], the more one eats and drinks on that day, the better!

Chiya bar Rav of Difti derives his teaching in this manner: Since the verse states that the affliction begins *in the evening* [בָּעֶרֶב], it clearly does not mean for the ninth to be a day of fasting. What, then, does it intend with its reference to affliction on the ninth? It is referring to eating and drinking, and calling them "affliction" (*Rashi,* end of 9a; see also *Rashi, Pesachim* 68b ד״ה כל האוכל ושותה).

The reason the Torah terms eating on the ninth "affliction" is because its purpose is to prepare one for the affliction of the following day's fasting. One who prepares himself in this manner is viewed as having afflicted himself on both days (see *Rashi* to *Yoma* 81b ד״ה כל האוכל ושותה, and to *Berachos* 8b ד״ה מעלה עליו). We learn from here that when one performs an act for the sake of a mitzvah, he is regarded as having actually performed the mitzvah (*Meiri* to *Berachos* ibid.; see *Meiri* here). For other views as to the purpose of this eating, see *Ritva,* quoting *Rabbeinu Yonah,* and *Shaarei Teshuvah L'Rabbeinu Yonah* 4:8-10; see also *Aruch HaShulchan, Orach Chaim* 604:4.

[With the words "it is as if he fasted on the ninth and on the tenth," the Gemara does not mean to imply that fasting on the ninth is a mitzvah. To the contrary, from this exposition we see that one should not fast on this day! Rather, the Gemara means that it is as if he were commanded to fast and did so (*Tosafos; Ritva*).]

2. *Leviticus* 25:10. The sequence of the Scriptural commands surrounding this verse-phrase will prove significant in the forthcoming Gemara. We therefore quote this verse, and the ones preceding and following it, so that they can be referred to throughout the course of the Gemara. The earlier verse (v. 9) reads: וְהַעֲבַרְתָּ שׁוֹפַר תְּרוּעָה בַּחֹדֶשׁ הַשְּׁבִעִי בֶּעָשׂוֹר לַחֹדֶשׁ בְּיוֹם הַכִּפֻּרִים תַּעֲבִירוּ שׁוֹפָר בְּכָל־אַרְצְכֶם, *And you shall sound a teruah on the shofar in the seventh month, on the tenth of the month; on Yom Kippur you shall sound the shofar throughout your land.* Our verse (v. 10) reads: וְקִדַּשְׁתֶּם אֵת שְׁנַת הַחֲמִשִּׁים שָׁנָה וּקְרָאתֶם דְּרוֹר בָּאָרֶץ לְכָל־יֹשְׁבֶיהָ יוֹבֵל הִוא תִּהְיֶה לָכֶם וְשַׁבְתֶּם אִישׁ אֶל־אֲחֻזָּתוֹ וְאִישׁ אֶל־מִשְׁפַּחְתּוֹ תָּשֻׁבוּ, *And you shall sanctify the fiftieth year, and you shall proclaim liberty in the land for all its inhabitants.* ***It is Yovel,*** *[so] it shall be for you, and each man shall return to his inheritance, and each man shall return to his family.* The final verse (v. 11) reads: יוֹבֵל הִוא שְׁנַת הַחֲמִשִּׁים שָׁנָה תִּהְיֶה לָכֶם לֹא תִזְרָעוּ וְלֹא תִקְצְרוּ אֶת־סְפִיחֶיהָ וְלֹא תִבְצְרוּ אֶת־נְזִרֶיהָ, *It is Yovel, the fiftieth year; [so] it shall be for you. You shall not sow, you shall not reap its aftergrowth and you shall not pick its set-aside [grapes].* Verse 9 deals with the requirement for *Beis Din* and the populace to sound the shofar on the Yom Kippur of *Yovel;* verse 10 teaches the obligation to send all Jewish slaves free, and to return all fields to their ancestral owners; verse 11 discusses the prohibition against working the land during the *Yovel* year.

3. See *Hagahos HaBach* §1, and the heading to *Rashi* ד״ה יובל היא; see note 5.

4. [*Rash MiShantz* and *Raavad* (to *Toras Kohanim* to *Leviticus* 25:10) state that this actually occurred during the reign of the wicked Yehoyakim, king of Judea, and during that of Tzidkiah, king of Judea. Although Tzidkiah was personally pious, he ruled over an unrighteous populace.]

5. The phrase *It is Yovel, [so] shall it be for you* is seemingly superfluous, [as it has been stated elsewhere (v. 11) that this 50th year is called *Yovel* (see *Ritva*)]. The Baraisa is therefore free to expound this phrase. It treats the word *Yovel* as inclusionary; the verse is teaching that no matter what the circumstances, this year "is *Yovel* for you," i.e. even if the commands of these verses are not heeded. Even if the people do not fulfill the obligation to sound the shofar (v. 9) or to return their fields to the ancestral owners (v. 10), the year retains its *Yovel* status with regard to the prohibition against working the land (v. 11). Sounding the shofar and returning ancestral lands are not *essential* to *Yovel* sanctity (*Rashi;* see also *Rashi* below ד״ה והכתיב יובל; see also *Korban Aharon* to *Toras Kohanim* ibid.).

6. For perhaps the inclusionary term *Yovel* teaches that it is *Yovel* even if the command to free the slaves is not heeded [just as it does regarding the other commands of this verse] (*Rashi;* see previous note).

7. The term *It is* is exclusionary; it implies that *it,* the 50th year, is *Yovel,* but only if the commands enumerated in these verses are fulfilled. If they are not fulfilled, the year does not become *Yovel* (with regard to not working the land). [It emerges that whereas one verse-phrase (*Yovel*) teaches that these commands are not essential to *Yovel* status, another (*It is*) teaches that they are. R' Yehudah applies the first phrase to the obligations of shofar and return of ancestral lands, and the second to the obligation of freeing the slaves.] The Gemara below will explain R' Yehudah's reasoning in singling out freedom for the slaves as an essential *Yovel* criterion (*Rashi; see Ritva*).

[The only *Yovel* aspect mentioned by the Rishonim as dependent upon freeing the slaves is the prohibition against working the land; apparently, the shofar must be sounded and ancestral lands returned even if the slaves are not freed. This is the case regarding all the Tannaim cited in the Gemara (R' Yehudah; R' Yose; the Sages): No matter what each holds regarding which criteria are essential, all agree that the only *Yovel* aspect dependent on these criteria is the prohibition against working the land (see *Rashi; Tosafos; Meiri; Pnei Yehoshua;* cf. *Hagahos HaGra* to *Toras Kohanim* ibid.; *Turei Even* 8b).]

[The Gemara does not elaborate on what it would consider failure to heed the command to free the slaves. Must a majority of Israel refrain in order to effect the negation of the year's *Yovel* status, or will the failure of even a single Jew to keep the command bring this result? Or, perhaps all that is needed to *preserve Yovel* status is that a single Jew *keep* the obligation! *Rashi* below (ד״ה ד״א תקיעת שופר) *implies* that the refusal of a single Jew to free his slaves will cause *Yovel* to be negated; see below, note 12; however, see *Aruch LaNer; Sfas Emes; Minchas Chinuch* §335 for discussion.]

8. [R' Yose applies the inclusionary term *Yovel* to the obligations of returning ancestral lands and freeing slaves, and the exclusionary phrase *It is* to the sounding of the shofar. Thus, it is essential to sound the shofar; it is not essential to return the lands or free the slaves. R' Yose will now give the reasoning behind his understanding.]

כאילו התענה תשיעי ועשירי ת"ר א) יובל היא (א) אע"פ שלא שמטו אע"פ שלא תקעו יכול אע"פ שלא שלחו ת"ל היא דברי רבי יהודה רבי יוסי אומר יובל היא אע"פ שלא שמטו אע"פ שלא שלחו יכול אע"פ שלא תקעו ת"ל היא וכי מאחר שמקרא אחד מרבה ומקרא אחד ממעיט מפני מה אני אומר יובל (ג) היא אע"פ שלא שלחו ואין יובל אא"כ תקעו לפי שאפשר לעולם בלא שילוח עבדים ואי אפשר לעולם בלא תקיעת שופר דבר אחר זו מסורה לב"ד וזו אינה מסורה לבית דין מאי דבר אחר וכי תימא אי אפשר דליכא חד בסוף העולם דלא משלח זו מסורה לב"ד וזו אינה מסורה לב"ד בשלמא לרבי יוסי כדקאמר טעמיה אלא לרבי יהודה מ"ט אמר קרא א) וקראתם דרור בארץ ° וקסבר ב) מקרא נדרש לפניו ולא לפני פניו דכולי עלמא דרור לשון חירות מאי משמע דתניא אין דרור אלא לשון חירות א"ר יהודה מה לשון דרור כמדייר בי דיירא ומוביל סחורה בכל מדינה אמר ר' חייא בר אבא א"ר יוחנן זו דברי ר' יהודה ור' יוסי אבל חכמים אומרים א שלשתן מעכבות בו קסברי מקרא נדרש לפניו ולפני פניו ולאחריו והכתיב יובל ההוא דאפילו בחוצה לארץ והכתיב בארץ ההוא ג) ב בזמן שנוהג דרור בארץ נוהג בחוצה לארץ בזמן שאינו נוהג בארץ אינו נוהג בחוצה לארץ: ולנטיעה: מנלן דכתיב ב) שלש שנים ערלים וכתיב ג) ובשנה הרביעית ויליף שנה שנה מתשרי דכתיב ד) מראשית השנה וליגמר שנה שנה מניסן דכתיב ה) ראשון הוא לכם לחדשי השנה ג דנין שנה שאין עמה חדשים משנה שאין עמה חדשים ואין דנין שנה שאין עמה חדשים משנה שיש עמה חדשים: ת"ר ד) אחד הנוטע אחד המבריך ואחד המרכיב ערב שביעית שלשים יום לפני ראש השנה עלתה לו שנה ומותר לקיימן בשביעית פחות משלשים יום לפני ראש השנה לא עלתה לו שנה ואסור לקיימן בשביעית ופירות

רש"י

יובל היא יובל אע"ג שלא שמטו כו'. יובל היא תהיה לכם לעיל מיניה כתיב והעברת שופר וקדשתם את שנת החמשים שנה וקראתם דרור והדר כתיב יובל היא תהיה לכם וקרא יתירא הוא לדרשה והכי תדרשנה יובל היא לכם מ"מ ואפי' לא נעשו בו דברים הללו העברת שופר ולשוב אל אחוזה דהיינו שמיטת קרקעות שקנו זה מזה דכתיבא בתר האי קרא ושבתם איש אל אחוזתו אעפ"כ שם היובל עליו להיות אסור בזריעה ובצירה וקצירה דכתיב לא תזרעו וגו': יכול אע"פ שלא שלחו. עבדים יהא יובל: ת"ל היא. אם עשית דברים הללו הוא יובל ואם לאו אינו יובל ולקמיה מפרש ויובל מאי חזי דתלי בקריאת דרור: שאפשר לעולם בלא שילוח עבדים. פעמים שאין עבד עברי בישראל שיטעון שילוח: ואי אפשר. שלא יהא שופר מצוי בעולם לפיכך יש לנו לומר כשתלה הכתוב לא תלה אלא בדבר המצוי לעולם: ד"א תקיעת שופר מסורה לב"ד. לצוות לשלוחם לתקוע ושילוח עבדים מסורה ליחידים ואם ימאן יבטל היובל הלכך לא תלאו הכתוב בו: אמר קרא וקראתם דרור. וסמיך ליה יובל היא: מקרא נדרש לפניו. מיעוטא דהיא אקריאת דרור קאי דסליק מיניה ולא אתקיעת שופר הכתובה לפני פניו: כמדייר בי דיירא. מי שהוא ברשותו לגור בכל מלון שירצה: ולאחריו. שמיטת קרקעות דכתיב בתריה ושבתם איש אל אחוזתו: והכתיב יובל. לרבות במשמע יובל מ"מ: ולנטיעה מנלן. דר"ה שלה תשרי: מבריך. כופף את הזמורות בארץ שקורין פרופינ"א: מרכיב. אילן בחבירו שקורין אנישטי"ר: עלתה לו שנה. כיון שהגיע יום אחד בתשרי עלתה לו שנה למנין שני ערלה: פחות משלשים יום לא עלתה לו שנה. עד תשרי הבא אם אינה ערב שביעית ואם ערב שביעית היא אסור לקיימו משום תוספת שביעית שמוסיפין מחול על קודש: ופירות

תוספות

כאילו התענה תשיעי ועשירי. כלומר כמו שצוהו הקב"ה להתענות והתענה אבל השתא ודאי אסור להתענות כדאמרינן בפסחים פרק אלו דברים (ד' סח:) מר בריה דרבינא כולי שתא הוה יתיב בתעניתא לבר מעצרתא ופוריא ומעלי יומא דכפורי וסבר לה כר"ע דאי כר' ישמעאל לית ליה הך דרשה והכי ניחא הא דלא קאמר התם הכל מודים בערבי יום הכפורים דבעינן נמי לכם כדקאמר התם בעצרת:

יובל היא. להיות אסור בזריעה וקצירה דכתיב (ויקרא כה) לא תזרעו ולא תקצרו ואע"פ שלא שמטו השמטת קרקע שדות החוזרות לבעלים ביובל:

מקרא נדרש לפניו ולא לפני פניו ולאחריו. פירוש מיעוטא דהיא מוקמינן אקריאת דרור שהיא לפניו ולא אתקיעה דלפני פניו ולא אהשמטה דלאחריו דכתיב בתריה ושבתם איש אל אחוזתו ואיש אל משפחתו תשובו והא דמוקמי' ריבוי דיובל לפני פניו ולאחריו משום דבעלמא נמי דריש הכי אלא דהכא מוקי מיעוטא בדדמי אי נמי ריבוי דיובל משמע שריבה הכתוב שבכל ענין הוא יובל (וע"ע תוס' זבחים כ"ד: ד"ה במקרא]:

דאפילו בחוצה לארץ. ר' יוסי מודה מדקאמר לעיל א"א דליכא חד בסוף העולם ושמא נפקא ליה מקרא אחרינא:

מבריך. כופף היחור בארץ ומכסהו בעפר וקולץ באמצע כפיפתו ואותו היחור יוצא לצד אחר כפוף מעט מעיקר האילן:

מרכיב. הוא המרכיב אילן בחבירו ומשמע דמבריך ומרכיב חייב בערלה וקשיא דבפ"ק דערלה (משנה ה) משמע דהרכבה פטור מן הערלה ותניא נמי בתורת כהנים ונטעתם פרט למבריך ומרכיב מכאן אתה אומר ספוק גפנים וספוקן וספוק ספוקן אע"פ שהבריכן בארץ מותר ולשון ספוק בגפנים כלשון ה) [הרכבה] באילן ומה שמבריך בשנה זו ומוציא זמורות וחוזר והבריכן לשנה אחרת זהו ספוק ספוקן וי"ל דהתם כשלא נפסקה מאביה ובאילן זקן והכא כשנפסקה מאביה כדמוכח ו) [לקמיה דמונין לו משעת נטיעתו] ז) (בפ"ק דערלה) וצריך לדקדק אי הוה שייך לשנויי הכי בפרק משוח מלחמה (סוטה דף מג.) גבי חוזר מעורכי המלחמה משום מבריך ומשני כאן בהרכבת איסור כאן בהרכבת היתר ח):

ומותר לקיימן בשביעית. לא הוה צריך למיתני בשביעית כיון דתנא רישא ערב שביעית ומתוך כך מדקדקין דאפילו לכתחילה שרי ליטע ותדע דלקמן מוקמינן לה כר"מ ובפ' הנזקין (גיטין נג:) שמעינן לר"מ דאמר בנוטע בשביעית בין בשוגג ובין במזיד יעקר והיינו טעמא דמפרש התם דנחשדו על השביעית אבל אי לאו הכי מותר לקיים כדאמר התם א"כ אם היה כאן שום איסור לא היה מתיר לקיים ולקמן נמי קתני אין נוטעין פחות משלשים יום ט) [הא שלשים יום נוטעין לכתחלה] והיא דלדברי האומר שלשים צריך שלשים ושלשים מוקי לה ר"ת לענין ערלה ולא לענין שביעית כמו שאפרש ומדקאמר מותר לקיימו הוה משמע דלכתחלה אסור ליטע דאי לכתחלה שרי מה שייך מותר לקיימו ושמא איידי דבעי למיתני סיפא אסור לקיימו תנא רישא מותר לקיימו ותימה דבפ"ב דשביעית (משנה א) תנן ומייתי לה בפ"ק דמו"ק (דף ג:) שחורשין בשדה הלבן עד פסח ובשדה האילן עד עצרת וכיון דאפילו ליטע בתחילה שרי שלשים יום לפני ר"ה אמאי אסור לחרוש לשתרי נמי לחרוש עד לפני ר"ה שלשים יום ואור"ת דלא החמירו בנטיעה כמו בחרישה משום דאין תוספת שביעית דאורייתא בנטיעה אלא בחרישה דכתיב ביה קרא כדדרשינן לעיל (ע"א) מבחריש ובקציר תשבות ועוד יש ליתן טעם משום דכל חורש ערב שביעית הוי להועיל בשביעית אבל אין לאסור ערב שביעית ליטע מחמת שהאילן גדל בשביעית דכל האילנות נמי מיגדל גדלי בשביעית וא"כ לא יטע לעולם ובירושלמי מפרש טעמא אחרינא בריש מסכת שביעית דגרסינן התם ולמה עד עצרת עד כאן הוא יפה לפרי מכאן ואילך מנבל פירותיו והא תניא אחד אילן סרק ואחד אילן מאכל עד כאן מעבה הקורות מכאן ואילך מתיש כחן ולפי טעם זה ניחא דכיון דאין מועיל לאילן מכאן ואילך מיחזי כמתקן שדהו לצורך שביעית:

ופירות

עין משפט נר מצוה

נ א מיי' פ"י מהל' שמיטין הל' יג סמג עשין קנא:
נא ב מיי' שם הל' ח:

רבינו חננאל

ת"ר יובל אע"פ שלא השמיטו הקרקעות ואע"פ שלא תקעו בשופר. יכול אע"פ שלא שלחו את העבדים ת"ל היא. כלו' וקראתם דרור ושלחתם את העבדים יובל היא ואם לאו אינה יובל דברי ר"י ר' יוסי אומר יובל אע"פ שלא שמטו ואע"פ שלא שלחו את העבדים יכול אע"פ שלא תקעו ת"ל היא אפילו לא קיימו בה אלא מצוה אחת יובל היא. א"ר יוסי וכי מאחר שהכתוב תולה אותה בתקיעת שופר. פי' דכתיב תעבירו שופר בכל ארצכם וקדשתם את שנת החמשים שנה כלומר כיון שתקעתם נתקדשה השנה. ומקרא אחר תולה אותה בשילוח עבדים שנאמר וקראתם דרור יובל היא מפני מה אני מרבה התקיעה בלבד לפי שאפשר לעולם בלי שילוח עבדים. כלומר אם אין בכל ישראל עבד עברי מה יעשו ואי אפשר לעולם בלא תקיעת שופר דהא משתכחן בכל עידן ולא עוד אלא שהתקיעה מסורה לב"ד. ושילוח עבדים והשמטת קרקע מסורין לכל אדם. הנה ר' יוסי פריש טעמיה. אלא ר' יהודה מאי טעמיה. קסבר מקרא א' נדרש לפניו. ולא לפני פניו. פי' כתיב יובל היא ולמעלה מזה כתיב וקראתם דרור דורשין יובל היא על וקראתם דרור. וזהו מקרא נדרש לפניו ואין דורשין יובל היא על והעברת שופר שהוא קודם וקראתם דרור. נמצא וקראתם דרור לפניו ונמצא והעברת לפני פניו. לשון דרור חירות. כמדייר בי דיירא ומוביל סחור' לכל מדינה. א"ר יוחנן זו דברי ר' יהודה ור' יוסי אבל חכ"א שלשתן מעכבין קסברי מקרא נדרש לפניו ולפני פניו תקיעת שופר ושילוח עבדים כדאמרן ולאחר השמטת קרקעות שנאמר יובל היא תהיה לכם ושבתם איש אל אחוזתו. ואקשינן והכתיב יובל היא למעט ופרקינן האי יובל לא אתא למעט אלא ללמד שתהא יובל נוהגת בחוצה לארץ האי בהדיא כתיב וקראתם דרור בארץ לכל יושביה. ודחינן ההוא דרור בארץ לכל יושביה יובל היא. ללמד בזמן שאתה קורא דרור בארץ אתה קורא דרור בחוצה לארץ. ולנטיעה. פי' שני הערלה מתשרי מנינן מנ"ל דכתיב שלש שנים יהיה לכם ערלים וכתיב ובשנה הרביעית ויליף שנה שנה מתשרי. ת"ר אחד הנוטע ואחד המבריך ואחד המרכיב ערב שביעית שלשים יום לפני ר"ה עלתה

מסורת הש"ס

א) [שבת לב: קידושין טו: ב"מ לה. זבחים כד: חולין קיח:], ב) קידושין לח:, ג) [לעיל ז. ח:], ד) [תוספ' פ"א ותוספ' שביעית פ"ב], ה) רש"א, ו) מ"י, ז) רש"א מ"ז, ח) [וע"ע תוס' קידושין לו: ד"ה כל מלוה], ט) רש"א.

הגהות הב"ח

(א) גמ' ת"ר יובל היא יובל אף ע"פ שלא שמטו כו' ר' יוסי אומר יובל היא יובל אע"פ: (ג) שם מפני מה אני אומר יובל היא תיבת היא נמחק:

גליון הש"ס

גמ' וקסבר מקרא נדרש לפניו. עיין סוטה לג ע"ב תד"ה ור"י [סס ע"א]:

תורה אור השלם

א) וְקִדַּשְׁתֶּם אֵת שְׁנַת הַחֲמִשִּׁים שָׁנָה וּקְרָאתֶם דְּרוֹר בָּאָרֶץ לְכָל יֹשְׁבֶיהָ יוֹבֵל הִוא תִּהְיֶה לָכֶם וְשַׁבְתֶּם אִישׁ אֶל אֲחֻזָּתוֹ וְאִישׁ אֶל מִשְׁפַּחְתּוֹ תָּשֻׁבוּ: [ויקרא כה, י]

ב) וְכִי תָבֹאוּ אֶל הָאָרֶץ וּנְטַעְתֶּם כָּל עֵץ מַאֲכָל וַעֲרַלְתֶּם עָרְלָתוֹ אֶת פִּרְיוֹ שָׁלֹשׁ שָׁנִים יִהְיֶה לָכֶם עֲרֵלִים לֹא יֵאָכֵל: [ויקרא יט, כג]

ג) וּבַשָּׁנָה הָרְבִיעִת יִהְיֶה כָּל פִּרְיוֹ קֹדֶשׁ הִלּוּלִים לַיְיָ: [ויקרא יט, כד]

ד) אֶרֶץ אֲשֶׁר יְיָ אֱלֹהֶיךָ דֹּרֵשׁ אֹתָהּ תָּמִיד עֵינֵי יְיָ אֱלֹהֶיךָ בָּהּ מֵרֵשִׁית הַשָּׁנָה וְעַד אַחֲרִית שָׁנָה: [דברים יא, יב]

ה) הַחֹדֶשׁ הַזֶּה לָכֶם רֹאשׁ חֳדָשִׁים רִאשׁוֹן הוּא לָכֶם לְחָדְשֵׁי הַשָּׁנָה: [שמות יב, ב]

ליקוטי רש"י

המבריך. שכופף [הזמורה או היחור] בארץ [סוטה מג.]. כמו ויברך הגמלים (בראשית כד) כופף זמורת גפן מחוברת ומבריכה בקרקע בלדיה לכאן ולכאן וקורין בלע"ז פרובני"ר [ב"ב יט.]. כופף אמצעית הגפן בקרקע ומכסהו בקרקע באמצעיתו וכשנשרש באמצעיתו חותכין עיקר הראשון ונעשו שתי גפנים [רשב"ם ב"ב פג.]. ויברך הגמלים. הרבילם [בראשית כד יא].

המרכיב. שתוקע האילן וטוטל מן הרך שבענפי האילן ותוחב לתוכו ועושה ענף בתוך הנקב ונושא ממנו אותו אילן שטוטל ממנו וישראל מותר להרכיב משני אילנות שזה פירותיו גסין וזה פירותיו דקין דהוו ממין אחד זה בזה [סוטה שם].

freed.[9] לְפִי שֶׁאֶפְשָׁר לָעוֹלָם בְּלֹא שִׁילּוּחַ עֲבָדִים – The reason is BECAUSE IT IS POSSIBLE THAT THE WORLD WILL BE WITHOUT the opportunity to perform FREEING OF SLAVES, וְאִי אֶפְשָׁר לָעוֹלָם בְּלֹא תְּקִיעַת שׁוֹפָר – BUT IT IS IMPOSSIBLE THAT THE WORLD WILL BE WITHOUT the opportunity to perform THE SOUNDING OF THE SHOFAR.[10] We may assume that the Torah will make *Yovel* dependent upon an act that is always feasible, and not upon an act that might prove impossible to perform. דָּבָר אַחֵר – ANOTHER POINT: זוֹ מְסוּרָה לְבֵית דִּין – THIS (i.e. the requirement to sound the shofar) IS WITHIN *BEIS DIN'S* POWER to perform,[11] וְזוֹ אֵינָהּ מְסוּרָה לְבֵית דִּין – WHEREAS THIS (i.e. the requirement to free slaves) IS NOT WITHIN *BEIS DIN'S* POWER to perform.[12] The Torah would not make *Yovel* dependent upon something whose performance cannot be ensured by *Beis Din*.

The Gemara questions the need for R' Yose's second reason: מַאי דָּבָר אַחֵר – What need is there for R' Yose to mention "ANOTHER POINT?"

The Gemara explains:

וְכִי תֵּימָא – R' Yose is saying: And lest you say that my first reason is erroneous, אִי אֶפְשָׁר דְּלֵיכָּא חַד בְּסוֹף הָעוֹלָם דְּלָא מְשַׁלַּח – for it is impossible that there will not be in any given *Yovel* at least one slave at the ends of the earth, and impossible that there will be no slaves for sending free,[13] I present another point, namely: זוֹ מְסוּרָה לְבֵית דִּין – THIS (i.e. the requirement to sound the shofar) IS WITHIN *BEIS DIN'S* POWER to perform, וְזוֹ אֵינָהּ מְסוּרָה לְבֵית דִּין – BUT THIS (i.e. the requirement to free slaves) IS NOT WITHIN *BEIS DIN'S* POWER to perform.

The Gemara inquires after R' Yehudah's reasoning:

בִּשְׁלָמָא לְרַבִּי יוֹסֵי כִּדְקָאָמַר – All is well according to R' Yose, for he has stated his reasoning. אֶלָּא לְרַבִּי יְהוּדָה מַאי טַעְמֵיהּ – But as for R' Yehudah, what is his reasoning? Why does he make *Yovel* dependent upon freeing the slaves?[14]

The Gemara answers:

אָמַר קְרָא – For the verse states: "וּקְרָאתֶם דְּרוֹר בָּאָרֶץ" – *And you shall proclaim liberty in the land,* and then states immediately: *It is Yovel.* וְקָסָבַר מִקְרָא נִדְרָשׁ לְפָנָיו – And [R' Yehudah] holds that a Scriptural phrase (in this case, *It is*) is expounded to shed light upon the phrase that appears immediately before it (i.e. *And you shall proclaim liberty*), וְלֹא לִפְנֵי פָנָיו – but not upon the phrase that appears before the one immediately before it (i.e. *and you shall sound the shofar*).[15] The exclusionary phrase *It is* refers back to the command to free the slaves; thus, the year's *Yovel* status depends upon this obligation having been fulfilled.

The Gemara examines a central assumption of the Baraisa:

דְּכוּלֵּי עָלְמָא "דְּרוֹר" לְשׁוֹן חֵירוּת – The Baraisa presumes that all (i.e. R' Yehudah and R' Yose) agree that the Scriptural expression *deror* is a term connotative of "liberty" (as in the phrase, *and you shall proclaim liberty*).[16] מַאי מַשְׁמַע – What indicates that this is the meaning of *deror*?

The Gemara explains:

דְּתַנְיָא – For it was taught in a Baraisa: אֵין "דְּרוֹר" אֶלָּא לְשׁוֹן חֵירוּת – *DEROR* IS NONE OTHER THAN A TERM connotative OF "LIBERTY." אָמַר רַבִּי יְהוּדָה: מַה לְּשׁוֹן דְּרוֹר – R' YEHUDAH SAID: WHAT IS meant by THE TERM *DEROR*? כִּמְדַיֵּיר בֵּי דַיְירָא – It connotes ONE WHO DWELLS IN ANY DWELLING PLACE, וּמוֹבִיל סְחוֹרָה בְּכָל מְדִינָה – AND TRANSPORTS MERCHANDISE IN ANY LAND, i.e. a free man.[17]

The Gemara now presents a third, more stringent view of the *Yovel* criteria:

NOTES

9. For perhaps the inclusionary phrase *Yovel* concerns a year in which the shofar is not sounded, and the exclusionary one *It is* concerns a year in which the slaves are not freed.

10. There could come a time when there are no Jewish slaves anywhere in the world, and thus no opportunity to send slaves free. However, it is impossible to imagine a time in which there will be no shofar available *anywhere* in the world. We may assume that the Torah will not make *Yovel* dependent upon an act that might prove impossible to perform (*Rashi; Ritva; Rabbeinu Chananel*; cf. *Raavad* to *Toras Kohanim* ibid.; *Hagahos HaGra* there; see *Sfas Emes* here).

[The obligation of returning ancestral lands is analogous to that of freeing the slaves – it is within the realm of possibility that there will be no fields to return at a given *Yovel*. Therefore, R' Yose assumes that this obligation is not essential to *Yovel* status (*Tos. HaRosh;* see also *Rashba; Ritva;* see *Pnei Yehoshua; Turei Even*).]

11. [Literally: this is given over to *Beis Din.*]

12. No one can prevent *Beis Din* from commanding their agent to sound the shofar. But granting the slaves freedom is in the hands of individual masters; if one refuses to carry out his obligation, he causes the *Yovel* to be negated. [The Torah would not make *Yovel* dependent upon the whim of an individual] (*Rashi;* see *Maharatz Chayes*).

[Although there is a mitzvah for individuals to sound the shofar (see below, 30a), only Beis Din's act is *essential* (see *Aruch LaNer*).]

13. [Which means that a world without the opportunity to perform freeing of slaves is in fact *not* a possibility.]

[Our somewhat awkward rendering of this passage is due to the reading of our standard text, which appears to be joining two variant texts. Other texts, however, read more smoothly; see, for example, *Dikdukei Sofrim* (§60), who reads: וְכִי תֵּימָא אִי אֶפְשָׁר דְּלֵיכָּא חַד עֶבֶד בְּסוֹף הָעוֹלָם דְּמִצְטְרִךְ שִׁילּוּחַ, *And perhaps you will say it is impossible that there will not be* [at least] *one slave at the ends of the earth who needs to be sent free.* See also the reading of *Rabbeinu Hillel* (to *Toras Kohanim* ibid.).]

14. And not upon sounding the shofar, or returning ancestral lands (see *Rashi* ד״ה יובל היא with *Menachem Meishiv Nefesh*).

15. In the sequence of *Yovel* commands, the obligation to sound the shofar is first, followed by the obligation to free the slaves, followed by the words *It is Yovel,* followed by the verse commanding return of ancestral fields (see verses cited in note 2). Since the command to free the slaves is the one immediately preceding the exclusionary phrase *It is,* R' Yehudah expounds *It is* as referring to this obligation. Accordingly, the year's *Yovel* status depends upon fulfillment of the obligation to free the slaves.

However, R' Yehudah holds that we do *not* expound a Scriptural verse as referring to a phrase twice removed from it in precedence. Therefore, *It is* does not exclude a year in which the shofar is not sounded from attaining *Yovel* status. Now, the Gemara does not deal with the obligation to return ancestral fields; however, *Tosafos* state that R' Yehudah holds also that a Scriptural phrase is not expounded to shed light upon a phrase that comes *after* it. Accordingly, since the command to return ancestral fields *follows* the phrase *It is,* it cannot be essential to the year's *Yovel* status (see also *Tos. HaRosh,* and *Rash MiShantz* and *Raavad* to *Toras Kohanim* ibid.; see *Pnei Yehoshua*).

[*Tosafos* point out an apparent inconsistency in R' Yehudah's position. In the case of the *exclusionary* portion of the verse-phrase (*It is*), R' Yehudah rules that it refers neither to the phrase twice removed from it in precedence, or to that which follows it. In the case of the verse's *inclusionary* segment (*Yovel*), however, he *does* understand it to refer to these phrases, which is presumably why he holds that sounding the shofar and returning ancestral fields are not essential to *Yovel* status. For various solutions to this problem, see *Tosafos; Tos. HaRosh;* see also *Rash MiShantz* and *Raavad* to *Toras Kohanim* ibid.; see also *Pnei Yehoshua; Turei Even*).]

16. The word *deror* (*liberty*) appears in *Leviticus* 25:10; see note 2.

17. [The term דְּרוֹר is related to דַיְירָא, *dwelling place.* A slave is subject to his master's will, and may not travel from place to place.] A free man, however, is subject to no one's will but his own. He may dwell in any place he chooses [and he is free to transport merchandise wherever he desires]. None may impede him (*Rashi;* see *Rabbeinu Hillel* to *Toras Kohanim* ibid., second reading; cf. *Aruch* [ע׳ דר ג׳]; see *Malbim* to this verse). For other explanations of the Gemara, see *Hagahos HaGra* to *Toras Kohanim* (ibid.); *Chidushei U'Biurei Rabbeinu HaGra; Gilyonei HaShas* here.

כאילו התענה תשיעי ועשירי: ת"ר א) יובל היא (א) אע"פ שלא שמטו אע"פ שלא תקעו יכול אע"פ שלא שלחו ת"ל היא דברי רבי יהודה רבי יוסי אומר יובל היא אע"פ שלא שמטו אע"פ שלא שלחו יכול אע"פ שלא תקעו ת"ל היא וכי מאחר שמקרא אחד מרבה ומקרא אחד ממעיט מפני מה אני אומר יובל (ב) היא אע"פ שלא שלחו ואין יובל אא"כ תקעו לפי שאפשר לעולם בלא שילוח עבדים ואי אפשר לעולם בלא תקיעת שופר דבר אחר זו מסורה לב"ד וזו אינה מסורה לבית דין מאי דבר אחר וכי תימא אי אפשר דליכא חד בסוף העולם דלא משלח זו מסורה לב"ד וזו אינה מסורה לב"ד בשלמא לרבי יוסי כדקאמר טעמיה אלא לרבי יהודה מ"ט אמר קרא א) וקראתם דרור בארץ ב) וקסבר ג) מקרא נדרש לפניו ולא לפני פניו דכולי עלמא דרור לשון חירות מאי משמע דתניא אין דרור אלא לשון חירות א"ר יהודה מה לשון דרור כמדייר בי דיירא ומוביל סחורה בכל מדינה אמר ר' חייא בר אבא א"ר יוחנן זו דברי ר' יהודה ור' יוסי אבל חכמים אומרים ד) שלשתן מעכבות בו קסברי מקרא נדרש לפניו ולפני פניו ולאחריו והכתיב יובל ההוא דאפילו בחוצה לארץ והכתיב בארץ ההוא ה) בזמן שנוהג דרור בארץ נוהג בחוצה לארץ בזמן שאינו נוהג בארץ אינו נוהג בחוצה לארץ: ולנטיעה: מנלן דכתיב ב) שלש שנים ערלים וכתיב ג) ובשנה הרביעית ויליף שנה שנה מתשרי דכתיב ד) מראשית השנה וליגמר שנה שנה מניסן דכתיב ה) ראשון הוא לכם לחדשי השנה ו) דנין שנה שאין עמה חדשים משנה שאין עמה חדשים ואין דנין שנה שאין עמה חדשים משנה שיש עמה חדשים: ת"ר ז) אחד הנוטע אחד המבריך ואחד המרכיב ערב שביעית שלשים יום לפני ראש השנה עלתה לו שנה ומותר לקיימן בשביעית פחות משלשים יום לפני ראש השנה לא עלתה לו שנה ואסור לקיימן בשביעית

ופירות

רש"י

יובל היא יובל אע"ג שלא שמטו כו'. יובל היא להיות לכם לעיל מיניה כתיב והעברת שופר וקדשתם את שנת החמשים שנה וקראתם דרור והדר כתיב יובל היא תהיה לכם וקרא יתירא הוא לדרשה והכי מדרשנה יובל היא לכם מ"מ ואפי' לא נעשו בו דברים הללו העברת שופר ולשוב אל אחוזה דהיינו שמיטת קרקעות שקנו זה מזה דכתיבא בתר האי קרא ושבתם איש אל אחוזתו אעפ"כ שם היובל עליו להיות אסור בזריעה ובצירה וקצירה דכתיב לא תזרעו וגו': יכול אע"פ שלא שלחו. עבדים יהא יובל: ת"ל היא. אם עשית דברים הללו היא יובל ואם לאו אינו יובל ולקמיה מפרש והיכא מאי חזי דתלי בקריאת דרור: שאפשר לעולם בלא שילוח עבדים. פעמים שאין עבד עברי בישראל שיטעון שילוח: ואי אפשר. שלא יהא שופר מצוי בעולם לפיכך יש לנו לומר כשתלה הכתוב לא תלה אלא בדבר המצוי לעולם: ד"א תקיעת שופר מסורה לב"ד. לצוות לשלוחם לתקוע ושילוח עבדים מסורה ליחידים ואם ימאן יבטל היובל הלכך לא תלאו הכתוב בו: אמר קרא וקראתם דרור. וסמיך ליה יובל היא: מקרא נדרש לפניו. מיעוטא דהיא אקריאת דרור קאי דסליק מיניה ולא אתקיעת שופר הכתובה לפני פניו: כמדייר בי דיירא. מי שהוא ברשותו לגור בכל מלון שירצה: ולאחריו. שמיטת קרקעות דכתיב בתריה ושבתם איש אל אחוזתו: והכתיב יובל. לרבות במשמע יובל מ"מ: ולנטיעה מנלן. דר"ה שלה תשרי: מבריך. כופף את הזמורות בארץ שקורין פרופיי"ן: מרכיב. אילן בחבירו שקורין אונטי"ר: עלתה לו שנה. כיון שהגיע יום אחד בתשרי עלתה לו שנה למנין שני ערלה: פחות משלשים יום לא עלתה לו שנה. עד תשרי הבא אם אינה ערב שביעית ואם ערב שביעית היא אסור לקיימו משום תוספת שביעית שמוסיפין מחול על קודש:

ופירות

תוספות

כאילו התענה תשיעי ועשירי. כלומר כמו שלוהו הקב"ה להתענות והתענה אבל השתא ודאי אסור להתענות כדאמרינן בפסחים פרק אלו דברים (דף סח:) מר בריה דרבינא כולי שתא הוה יתיב בתעניתא לבר מעצרתא ופוריא ומעלי יומא דכפורי וסבר לה כר"ע דאמר כר' ישמעאל לית ליה הך דרשה והכי ניחא הא דלא קאמר התם הכל מודים בערבי יום הכפורים דבעינן נמי לכם כדקאמר התם אעצרת:

יובל היא. להיות אסור בזריעה וקצירה כדכתיב (ויקרא כה) לא תזרעו ולא תקצרו ואע"פ שלא שמטו השמטת קרקע שדות החוזרות לבעלים ביובל:

מקרא נדרש לפניו ולא לפני פניו ולאחריו. פירוש מיעוטא דהיא מוקמינן אקריאת דרור שהיא לפניו ולא אתקיעה דלפני פניו ולא אהשמטה דלאחריו דכתיב בתריה ושבתם איש אל אחוזתו ואיש אל משפחתו תשובו והא דמוקמי' ריבוי דיובל לפני פניו ולאחריו משום דבעלמא נמי דריש הכי אלא דהכא מוקי מיעוטא בדדמי אי נמי ריבוי דיובל משמע שריבה הכתוב שבכל ענין הוא יובל [וע"ע תו' זבחים כ"ד: ד"ה במקרא]:

דאפילו בחוצה לארץ. ר' יוסי מודה מדקאמר לעיל א"א דליכא חד בסוף העולם ושמא נפקא ליה מקרא אחרינא:

מבריך. כופף היחור בארץ ומכסהו בעפר וקוצץ לגד באמצע כפיפתו ואותו היחור יוצא לגד אחר כפוף מעט מעיקר האילן:

מרכיב. הוא המרכיב אילן בחבירו ומשמע דמבריך ומרכיב חייב בערלה וקשיא דבפ"ק דערלה (משנה ה) משמע דהרכבה פטור מן הערלה ותניא נמי בתורת כהנים ונטעתם פרט למבריך ומרכיב מכאן אתה אומר ספוק גפנים וספוקן וספוק ספוקן אע"פ שהבריכן בארץ מותר ולשון ספוק בגפנים כלשון ה) [הרכבה] באילן ומה שמבריך בשנה זו ומוציא זמורות וחזר והבריכן לשנה אחרת זהו ספוק ספוקן וי"ל דהתם כשלא נפסקה מאביה ובאילן זקן והכא כשנפסקה מאביה כדמוכח ו) [לקמיה דמונין לו משעת נטיעתו] ז) (בפ"ק דערלה) וצריך לדקדק אי הוה שייך לשנויי הכי בפרק משוח מלחמה (סוטה דף מג:) גבי חוזר מעורכי המלחמה משום מבריך ומשני כאן בהרכבת איסור כאן בהרכבת היתר ח):

ומותר לקיימן בשביעית. לא הוה צריך למיתני בשביעית כיון דתנא רישא ערב שביעית ומתוך כך מדקדקין דאפילו לכתחילה שרי ליטע ותדע דלקמן מוקמינן לה כר"מ ובפ' הנזקין (גיטין נג.) שמעינן לר"מ דאמר בנוטע בשביעית בין בשוגג ובין במזיד יעקר והיינו טעמא דמפרש התם דנחשדו על השביעית אבל אי לאו הכי מותר לקיים כדאמר התם א"כ אם היה כאן שום איסור לא היה מתיר לקיים ולקמן נמי קתני אין נוטעין פחות משלשים יום ט) [הא שלשים יום נוטעין לכתחלה] והיא לדברי האומר שלשים צריך שלשים ושלשים מוקי לה ר"ת לענין ערלה ולא לענין שביעית כמו שאפרש ומדקאמר מותר לקיימו הוה משמע דלכתחלה אסור ליטע דאי לכתחלה שרי מה שייך מותר לקיימו ושמא איידי דבעי למיתני סיפא אסור לקיימו תנא רישא מותר לקיימו ותימה דבפ"ב דשביעית (משנה א) תנן ומייתי לה בפ"ק דמו"ק (דף ג:) שחורשין בשדה הלבן עד פסח ובשדה האילן עד עצרת וכיון דאפילו ליטע בתחילה שרי שלשים יום לפני ר"ה אמאי אסור לחרוש לשתרי נמי לחרוש עד לפני ר"ה שלשים יום ואור"ת דלא החמירו בנטיעה כמו בחרישה משום דאין תוספת שביעית דאורייתא בנטיעה אלא בחרישה דכתיב ביה קרא כדדרשינן לעיל (ע"א) מבחריש ובקציר תשבות ועוד יש ליתן טעם משום דכל חורש ערב שביעית הוי להועיל בשביעית אבל אין לאסור ערב שביעית ליטע מחמת שהאילן גדל בשביעית דכל האילנות נמי מיגדל גדלי בשביעית וא"כ לא יטע לעולם ובירושלמי מפרש טעמא אחרינא בריש מסכת שביעית דגרסינן התם ולמה עד עצרת עד כאן הוא יפה לפרי מכאן ואילך מנבל פירותיו והא תניא אחד אילן סרק ואחד אילן מאכל עד כאן מעבה הקורות מכאן ואילך מתיש כחו ולפי טעם זה ניחא דכיון דאין מועיל לאילן מכאן ואילך מיחזי כמתקן שדהו לצורך שביעית:

ופירות

עין משפט נר מצוה

נ א מיי' פ"י מהל' שמיטין הל' יג סמג עשין קנה:
נא ב מיי' שם הל' ח:

רבינו חננאל

ת"ר יובל אע"פ שלא השמיטו הקרקעות ואע"פ שלא תקעו בשופר. יכול אע"פ שלא שלחו את העבדים ת"ל היא. כלו' וקראתם דרור ושלחתם את העבדים יובל היא ואם לאו אינה יובל דברי ר' יהודה. ר' יוסי אומר יובל אע"פ שלא שמטו ואע"פ שלא שלחו את העבדים יכול אע"פ שלא תקעו ת"ל היא אפילו לא קיימו בה אלא מצוה אחת יובל היא. א"ר יוסי וכי מאחר שהכתוב תולה אותה בתקיעת שופר. פי' דכתיב תעבירו שופר בכל ארצכם וקדשתם את שנת החמשים שנה כלומר כיון שתקעתם נתקדשה השנה. ומקרא אחר תולה אותה בשילוח עבדים שנאמר וקראתם דרור יובל היא מפני מה אני מרבה התקיעה בלבד לפי שאפשר לעולם בלי שילוח עבדים. כלומר אם אין בכל ישראל עבד עברי מה יעשו ואי אפשר לעולם בלא תקיעת שופר דהא משתכחן בכל עידן ולא עוד אלא שהתקיעה מסורה לב"ד. ושילוח עבדים והשמטת קרקע מסורין לכל אדם. הנה ר' יוסי פריש טעמיה. אלא ר' יהודה מאי טעמיה. קסבר מקרא א' נדרש לפניו. ולא לפני פניו. פי' כתיב יובל היא ולמעלה מזה כתיב וקראתם דרור דורשין יובל היא על וקראתם דרור. וזהו מקרא נדרש לפניו ואין דורשין יובל היא על והעברת שופר שהוא קודם וקראתם דרור. נמצא וקראתם דרור לפניו ונמצא והעברת לפני פניו. לשון דרור חירות. כמדייר בי דיירא ומוביל סחור לכל מדינה. א"ר יוחנן זו דברי ר' יהודה ור' יוסי אבל חכ"א שלשתן מעכבין קסברי מקרא נדרש לפניו ולפני פניו תקיעת שופר ושילוח עבדים כדאמרן ולאחר השמטת קרקעות שנאמר יובל היא תהיה לכם ושבתם איש אל אחוזתו. ואקשינן והכתיב יובל היא למעט ופרקינן האי יובל לא אתא למעט אלא לומר שהוא יובל נוהגת בחוצה לארץ ואי בהדיא כתיב וקראתם דרור בארץ לכל יושביה. ודחינן ההוא דרור בארץ לכל יושביה יובל היא. ללמד בזמן שאתה קורא דרור בארץ אתה קורא דרור בחוצה לארץ. ולנטיעה. פי' שני הערלה מתשרי מנינן מנ"ל דכתיב שלש שנים יהיה לכם ערלים וכתיב ובשנה הרביעית ויליף שנה שנה מתשרי. ת"ר אחד הנוטע ואחד המבריך ואחד המרכיב ערב שביעית שלשים יום לפני ר"ה עלתה

מסורת הש"ס

א) [שבת לג: קידושין טו: ב"מ לה. זבחים כד: חולין קיח.], ב) קידושין לח., ג) [לעיל ז. ח:], ד) [תוספ' פ"א ותוספ' שביעית פ"ב], ה) רש"א, ו) מ"ז, ז) רש"א מ"ז, ח) [וע"ע תוס' קידושין לט: ד"ה כל מלוה], ט) רש"א.

הגהות הב"ח

(א) גמ' ת"ר יובל היא יובל אף ע"פ שלא שמטו כו' ר' יוסי אומר יובל היא יובל אע"פ: (ב) שם מפני מה אני אומר יובל היא תיבת היא נמחק:

גליון הש"ס

גמ' וקסבר מקרא נדרש לפניו. עיין סוטה לג ע"ב תד"ה ור"ש [שם ע"א]:

תורה אור השלם

א) וְקִדַּשְׁתֶּם אֵת שְׁנַת הַחֲמִשִּׁים שָׁנָה וּקְרָאתֶם דְּרוֹר בָּאָרֶץ לְכָל יֹשְׁבֶיהָ יוֹבֵל הִוא תִּהְיֶה לָכֶם וְשַׁבְתֶּם אִישׁ אֶל אֲחֻזָּתוֹ וְאִישׁ אֶל מִשְׁפַּחְתּוֹ תָּשֻׁבוּ: [ויקרא כה, י]

ב) וְכִי תָבֹאוּ אֶל הָאָרֶץ וּנְטַעְתֶּם כָּל עֵץ מַאֲכָל וַעֲרַלְתֶּם עָרְלָתוֹ אֶת פִּרְיוֹ שָׁלֹשׁ שָׁנִים יִהְיֶה לָכֶם עֲרֵלִים לֹא יֵאָכֵל: [ויקרא יט, כג]

ג) וּבַשָּׁנָה הָרְבִיעִת יִהְיֶה כָּל פִּרְיוֹ קֹדֶשׁ הִלּוּלִים לַייָ: [ויקרא יט, כד]

ד) אֶרֶץ אֲשֶׁר יְיָ אֱלֹהֶיךָ דֹּרֵשׁ אֹתָהּ תָּמִיד עֵינֵי יְיָ אֱלֹהֶיךָ בָּהּ מֵרֵשִׁית הַשָּׁנָה וְעַד אַחֲרִית שָׁנָה: [דברים יא, יב]

ה) הַחֹדֶשׁ הַזֶּה לָכֶם רֹאשׁ חֳדָשִׁים רִאשׁוֹן הוּא לָכֶם לְחָדְשֵׁי הַשָּׁנָה: [שמות יב, ב]

ליקוטי רש"י

המבריך. שכופף [הזמורה או היחור] בארץ [סוטה מג:]. כמו ויברך הגמלים (בראשית כד) כופף זמורת גפן מחוברת ומבריכה בקרקע בארץ לכאן ולכאן וקורין בלע"ז פרובני"ר [ב"ב יט:]. כופף אמצעית הגפן בקרקע ומכסהו בקרקע באמצעיתו וכשנשרש באמצעיתו חותכין עיקר הראשון ונעשו שתי גפנים [רשב"ם ב"ב פג.]. ויברך הגמלים. הרביצם [בראשית כד יא]. המרכיב. שנוקב האילן ונוטל מן הכך שבענפי האילן וחותך לתוכו ועושה ענף בתוך הנקב ונעשה ממין אותו אילן שנוטל ממנו וישראל מותר להרכיב משני אילנות שזה פירותיו גפן וזה פירותיו דקין דהוו ממין אחד זה כזה [סוטה שם].

אָמַר רַבִּי חִיָּיא בַּר אַבָּא אָמַר רַבִּי יוֹחָנָן – R' Chiya bar Abba said in the name of R' Yochanan: זוֹ דִּבְרֵי רַבִּי יְהוּדָה וְרַבִּי יוֹסֵי – This is the opinion of R' Yehudah and R' Yose, אֲבָל חֲכָמִים אוֹמְרִים שְׁלָשְׁתָּן מְעַכְּבוֹת בּוֹ **– but the Sages say that all three** requirements [i.e. sounding the shofar, freeing the slaves, and relinquishing ancestral lands] **are essential to it,** i.e. to the attainment of *Yovel* status. קָסָבְרֵי מִקְרָא נִדְרָשׁ לְפָנָיו **– For [the Sages] hold that a Scriptural phrase** (in this case, *It is*) **is expounded** to shed light upon the phrase that appears immediately **before it** (i.e. *And you shall proclaim liberty*), וְלִפְנֵי פָנָיו **– and** upon the phrase that appears **before** the one immediately **before it** (i.e. *and you shall sound the shofar*), וּלְאַחֲרָיו **– and** upon the phrase that appears **after it** (i.e. *and each man shall return to his inheritance*). The exclusionary phrase *It is* refers to the command to sound the shofar, to free the slaves and to return ancestral fields; thus, the year's *Yovel* status depends upon the fulfillment of all three requirements.[18]

The Gemara questions this view:

וְהָכְתִיב ,,יוֹבֵל" **– But** in this same verse **it is written: *Yovel,*** which is an inclusionary term.[19] Seemingly, this teaches that *Yovel* takes effect even in the absence of one of these requirements! – ? –

The Gemara answers:

הַהוּא דַּאֲפִילּוּ בְּחוּצָה לָאָרֶץ – No, **that** teaches **that** the *Yovel* laws are in effect **even outside of Eretz Yisrael.**[20]

The Gemara objects:

וְהָכְתִיב ,,בָּאָרֶץ" **– But it is written:** *You shall proclaim liberty **in the land.*** This implies that *Yovel* takes effect in Eretz Yisrael only. – ? –

The Gemara answers:

הַהוּא בִּזְמַן שֶׁנּוֹהֵג דְּרוֹר בָּאָרֶץ נוֹהֵג בְּחוּצָה לָאָרֶץ – No, this expression comes to teach that only **at a time that liberty** for slaves **is practiced in Eretz Yisrael, it is practiced outside of Eretz Yisrael.** בִּזְמַן שֶׁאֵינוֹ נוֹהֵג בָּאָרֶץ אֵינוֹ נוֹהֵג בְּחוּצָה לָאָרֶץ – But **at a time that it is not practiced in Eretz Yisrael, it is not practiced outside of Eretz Yisrael.**[21]

The Mishnah stated:

וְלַנְּטִיעָה – [On the first of Tishrei is the New Year . . .] **AND FOR THE SAPLING.**

The term "the sapling" is a reference to the laws of *orlah,* which affect the fruit of a tree in the first three years after its planting.[22] The Gemara inquires:

מְנָלַן **– From where do we know** that the first of Tishrei is the New Year with regard to the laws of *orlah*? דִּכְתִיב ,,שָׁלֹשׁ שָׁנִים . . . עֲרֵלִים" **– For** regarding the fruit of a new-planted tree **it is written: *Three years** they shall be to you **forbidden.*** וּכְתִיב ,,וּבַשָּׁנָה הָרְבִיעִת" **– And it is written: *And in the fourth year,*** *all its fruit shall be sanctified.*[23] וְיָלֵיף ,,שָׁנָה" ,,שָׁנָה" מִתִּשְׁרֵי **– And we expound** a *gezeirah shavah* of ***"year, year"*** to derive the law of this tree **from** a verse that discusses the month of **Tishrei.** דִּכְתִיב ,,מֵרֵשִׁית הַשָּׁנָה" **– For** regarding Tishrei **it is written:**[24] ***From the beginning of the year.*** Just as the "year" of this verse begins at Tishrei, so too does the "year" of the verses discussing a new-planted tree begin at Tishrei.[25]

The Gemara objects:

וְלִיגְמַר ,,שָׁנָה" ,,שָׁנָה" מִנִּיסָן **– But** let us rather **expound** the *gezeirah shavah* of ***"year, year"*** to derive the law of this tree **from** a verse that discusses the month of **Nissan!** דִּכְתִיב ,,רִאשׁוֹן הוּא לָכֶם לְחָדְשֵׁי הַשָּׁנָה" **– For** regarding the month of Nissan **it is written:**[26] ***It is the first for you for the months of the year.*** The verse's use of the term *year* allows an analogy to be drawn to the verses regarding young trees. Accordingly, their "year" should begin at Nissan. – ? –

The Gemara answers:

דָּנִין שָׁנָה שֶׁאֵין עִמָּהּ חֳדָשִׁים **– We derive** the law of **a "year" that does not have months** written **with it** מִשָּׁנָה שֶׁאֵין עִמָּהּ חֳדָשִׁים **– from** the law of **a "year" that does not have months** written **with it.** וְאֵין דָּנִין שָׁנָה שֶׁאֵין עִמָּהּ חֳדָשִׁים **– But we do not derive** the law of **a "year" that does not have months** written **with it** מִשָּׁנָה שֶׁיֵּשׁ עִמָּהּ חֳדָשִׁים **– from** the law of **a "year" that does have months** written **with it.** Since the verses discussing the fruit of young trees make no mention of "months,"

NOTES

18. See note 15 and note 2.

[*Minchas Chinuch* (§335) points out that the verse requires these three acts to be performed on the day of Yom Kippur (see note 2; see also above, 8b). Thus, the year's *Yovel* status depends on these requirements being fulfilled on Yom Kippur. If they are not fulfilled on that day, *Yovel* does not take effect, even if they *are* fulfilled afterwards.]

19. See above, notes 5 and 15.

20. The phrase *It is Yovel* implies that no matter what the location, the fiftieth year is *Yovel* (see *Rambam, Shemittah VeYovel* 10:8).

[R' Yose uses the inclusionary word *Yovel* differently, but still holds that the *Yovel* laws are in effect outside of Eretz Yisrael (see *Tosafos*). What is his source for this? *Tosafos* suggest that he derives this from another verse; see *Aruch LaNer* for a suggestion regarding what verse that is.]

21. Therefore, if those in Eretz Yisrael do not send free their slaves, there is no obligation for those outside Eretz Yisrael to send their slaves free (see *Hasagos HaRaavad* to *Rif, Gittin* ibid.; see *Turei Even* here).

[One might ask: But when the Gemara above demonstrates that it is impossible to imagine a *Yovel* without slaves that need to be freed, it uses the phrase "at the ends of the earth." This implies that even if the single existent slave is *outside* Eretz Yisrael, he must be sent free (see *Tosafos*), despite the fact that no slaves are being freed in Eretz Yisrael. To resolve this difficulty, *Sfas Emes* distinguishes between a situation in which there are no slaves at all in Eretz Yisrael, and one in which there are slaves who are not being freed. Our verse teaches that when those in Eretz Yisrael do not free their slaves, those outside need not free them either. But when there are no slaves in Eretz Yisrael to free, the verse does not apply, and those outside Eretz Yisrael must send their slaves free.]

22. The Torah states (*Leviticus* 19:23-24) that it is forbidden to consume or derive benefit from the fruit of a newly planted tree during the three years following its planting. Such fruit is known as עָרְלָה, *orlah,* and must be destroyed (see Mishnah, *Temurah* 33b).

23. *Leviticus* 19:23,24. These verses discuss fruits that grow during the tree's first three years, and during its fourth year. The fruit of the first three years is called *orlah;* that of the fourth year is called רְבָעִי, *revai* (lit: of the fourth). *Revai* may be consumed, but only in Jerusalem; alternatively, it is redeemed with coins, which are themselves transported to Jerusalem and used to buy food there. The two verses read as follows: וְכִי־תָבֹאוּ אֶל־הָאָרֶץ וּנְטַעְתֶּם כָּל־עֵץ מַאֲכָל וַעֲרַלְתֶּם עָרְלָתוֹ אֶת־פִּרְיוֹ שָׁלֹשׁ שָׁנִים יִהְיֶה לָכֶם עֲרֵלִים לֹא יֵאָכֵל. וּבַשָּׁנָה הָרְבִיעִת יִהְיֶה כָּל־פִּרְיוֹ קֹדֶשׁ הִלּוּלִים לַה׳, *And when you come to the land and you plant any food tree, you shall treat as forbidden its fruit; three years they shall be to you forbidden, they shall not be eaten. And in the fourth year, all its fruit shall be sanctified to laud Hashem.* The words *year* and *years* constitute one side of a *gezeirah shavah* that compares these verses to a verse that discusses the month of Tishrei.

24. *Deuteronomy* 11:12. This verse speaks of the yearly judgment to which Man is subject on each Rosh Hashanah. The Gemara above (8a-b) explains how we know that this "year" begins at Tishrei.

25. Thus, the years of a tree's *orlah/revai* period are not reckoned by the date of its planting, but by the first of Tishrei. Accordingly, the tree's first year need not be a full calendar year. Rather, if one plants a tree some time before Tishrei, the arrival of Tishrei will mark the completion of one year of the *orlah/revai* period, and the beginning of another (see *Rashi* to the Mishnah). The Gemara below will discuss this phenomenon more fully.

26. *Exodus* 12:2.

כאילו התענה תשיעי ועשירי ת"ר א) יובל היא (א) אע"פ שלא שמטו אע"פ שלא תקעו יכול אע"פ שלא שלחו ת"ל היא דברי רבי יהודה רבי יוסי אומר יובל היא אע"פ שלא שמטו אע"פ שלא שלחו יכול אע"פ שלא תקעו ת"ל היא וכי מאחר שמקרא אחד מרבה ומקרא אחד ממעט מפני מה אני אומר יובל (ב) היא אע"פ שלא שלחו ואין יובל אא"כ תקעו לפי שאפשר לעולם בלא שילוח עבדים ואי אפשר לעולם בלא תקיעת שופר דבר אחר זו מסורה לב"ד וזו אינה מסורה לבית דין מאי דבר אחר וכי תימא אי אפשר דליכא חד בסוף העולם דלא משלח זו מסורה לב"ד וזו אינה מסורה לב"ד בשלמא לרבי יוסי כדקאמר טעמיה אלא לרבי יהודה מ"ט אמר קרא א) וקראתם דרור בארץ * וקסבר א) מקרא נדרש לפניו ולא לפני פניו דכולי עלמא דרור לשון חירות מאי משמע דתניא אין דרור אלא לשון חירות א"ר יהודה מה לשון דרור כמדייר בי דיירא ומוביל סחורה בכל מדינה אמר ר' חייא בר אבא א"ר יוחנן זו דברי ר' יהודה ור' יוסי אבל חכמים אומרים ב) שלשתן מעכבות בו קסברי מקרא נדרש לפניו ולפני פניו ולאחריו והכתיב יובל ההוא דאפילו בחוצה לארץ והכתיב בארץ ההוא ג) בזמן שנוהג דרור בארץ נוהג בחוצה לארץ בזמן שאינו נוהג בארץ אינו נוהג בחוצה לארץ: ולנטיעה: מנלן דכתיב ב) שלש שנים ערלים וכתיב ג) ובשנה הרביעית ויליף שנה שנה מתשרי דכתיב ד) מראשית השנה וליגמר שנה שנה מניסן דכתיב ה) ראשון הוא לכם לחדשי השנה ו) דנין שנה שאין עמה חדשים משנה שאין עמה חדשים ואין דנין שנה שאין עמה חדשים משנה שיש עמה חדשים: ת"ר ז) אחד הנוטע אחד המבריך ואחד המרכיב ערב שביעית שלשים יום לפני ראש השנה עלתה לו שנה ומותר לקיימן בשביעית פחות משלשים יום לפני ראש השנה לא עלתה לו שנה ואסור לקיימן בשביעית ופירות

רש"י

יובל היא יובל אע"ג שלא שמטו כו'. יובל היא תהיה לכם לעיל מיניה כתיב והעברת שופר וקדשתם את שנת החמשים שנה וקראתם דרור והדר כתיב יובל היא תהיה לכם וקרא יתירא הוא לדרשה והכי מדרשנה יובל היא לכם מ"מ ואפי' לא נעשו בו דברים הללו העברת שופר ולשוב אל אחוזה דהיינו שמיטת קרקעות שקנו זה מזה כדכתיב בתר הכי קרא ושבתם איש אל אחוזתו אעפ"כ שם יובל עליו להיות אסור בזריעה ובצירה וקצירה כדכתיב לא תזרעו וגו': יכול אע"פ שלא שלחו. עבדים יהא יובל: ת"ל היא. אם עשית דברים הללו היא יובל ואם לאו אינו יובל ולקמיה מפרש ויובל מאי חזי דתלי בקריאת דרור: שאפשר לעולם בלא שילוח עבדים. פעמים שאין עבד עברי בישראל שיטעון שילוח: ואי אפשר. שלא יהא שופר מצוי בעולם לפיכך יש לנו לומר כשתלה הכתוב לא תלה אלא בדבר המצוי לעולם: ד"א תקיעת שופר מסורה לב"ד. לצוות לשלוחם לתקוע ושילוח עבדים מסורה ליחידים ואם ימאן יבטל היובל הלכך לא תלאו הכתוב בו: אמר קרא וקראתם דרור. וסמיך ליה יובל היא: מקרא נדרש לפניו. מיעוטא דהיא אקריאת דרור קאי דסליק מיניה ולא אתקיעת שופר הכתובה לפני פניו: כמדייר בי דיירא. מי שהוא ברשותו לגור בכל מלון שירצה: ולאחריו. שמיטת קרקעות דכתיב בתריה ושבתם איש אל אחוזתו: והכתיב יובל. לרבות במשמע יובל מ"מ: ולנטיעה מנלן. דר"ה שלה תשרי: מבריך. כופף את הזמורות בארץ שקורין פרובי"נ"א: מרכיב. אילן בחבירו שקורין אונישטי"ר: עלתה לו שנה. כיון שהגיע יום אחד בתשרי עלתה לו שנה למנין שני ערלה: פחות משלשים יום לא עלתה לו שנה. עד תשרי הבא אם אינה ערב שביעית ואם ערב שביעית היא אסור לקיימו משום תוספת שביעית שמוסיפין מחול על קודש:

ופירות

תוספות

כאילו התענה תשיעי ועשירי. כלומר כמו שצוהו הקב"ה להתענות והתענה אבל השתא ודאי אסור להתענות כדאמרינן בפסחים פרק אלו דברים (ד' סח:) מר בריה דרבינא כולי שתא הוה יתיב בתעניתא לבר מעצרתא ופוריא ומעלי יומא דכפורי וסבר לה כר"ע דאי כר' ישמעאל לית ליה הך דרשה והכי ניחא הא דלא קאמר התם הכל מודים בערבי יום הכפורים דבעינן נמי לכם כדקאמר התם אעצרת:

יובל היא. להיות אסור בזריעה וקצירה כדכתיב (ויקרא כה) לא תזרעו ולא תקצרו ואע"פ שלא שמטו השמטת קרקע שדות החוזרות לבעלים ביובל:

מקרא נדרש לפניו ולא לפני פניו ולאחריו. פירוש מיעוטא דהיא מוקמינן אקריאת דרור שהיא לפניו ולא אתקיעה דלפני פניו ולא אהשמטה דלאחריו דכתיב בתריה ושבתם איש אל אחוזתו ואיש אל משפחתו תשובו והא דמוקמי' ריבוי דיובל לפני פניו ולאחריו משום דבעלמא נמי דריש הכי אלא דהכא מוקי מיעוטא בדדמי אי נמי ריבוי דיובל משמע שריבה הכתוב שבכל ענין הוא יובל [וע"ע תו' זבחים כ"ד: ד"ה במקרא]:

דאפילו בחוצה לארץ. ר' יוסי מודה מדקאמר לעיל א"א דליכא חד בסוף העולם ושמא נפקא ליה מקרא אחרינא:

מבריך. כופף היחור בארץ ומכסהו בעפר וקוצץ באמצע כפיפתו ואותו היחור יוצא לצד אחר כפוף מעט מעיקר האילן:

מרכיב. הוא המרכיב אילן בחבירו ומשמע דמבריך ומרכיב חייב בערלה וקשיא דפ"ק דערלה (משנה ה) משמע דהרכבה פטור מן הערלה ותניא נמי בתורת כהנים ונטעתם פרט למבריך ומרכיב מכאן אתה אומר ספוק גפנים וספוקן וספוק ספוקן אע"פ שהבריכן בארץ מותר ולשון ספוק בגפנים כלשון ה) [הרכבה] באילן ומה שמבריך בשנה זו ומוציא זמורות וחוזר והבריכן לשנה אחרת זהו ספוק ספוקן וי"ל דהתם כשלא נפסקה מאביה ובאילן זקן והכא כשנפסקה מאביה כדמוכח ו) [לקמיה דמונין לו משעת נטיעתו] ז) (בפ"ק דערלה) וצריך לדקדק אי הוה שייך לשנויי הכי בפרק משוח מלחמה (סוטה דף מג:) גבי חוזר מעורכי המלחמה משום מבריך ומשני כאן בהרכבת היתר ח):

ומותר לקיימן בשביעית. לא הוה צריך למיתני בשביעית כיון דתנא רישא ערב שביעית ומתוך כך מדקדקין דאפילו לכתחלה שרי ליטע ותדע דלקמן מוקמינן לה כר"מ ובפ' הנזקין (גיטין נג:) שמעינן לר"מ דאמר בנוטע בשביעית בין בשוגג ובין במזיד יעקר והיינו טעמא דמפרש התם דנחשדו על השביעית אבל אי לאו הכי מותר לקיים כדאמר התם א"כ אם היה כאן שום איסור לא היה מתיר לקיים ולקמן נמי קתני אין נוטעין פחות משלשים יום ט) [הא שלשים יום נוטעין לכתחלה] והיא לדברי האומר שלשים צריך שלשים ושלשים מוקי לה ר"ת לענין ערלה ולא לענין שביעית כמו שאפרש ומדקאמר מותר לקיימו הוה משמע דלכתחלה אסור ליטע דאי לכתחלה שרי מה שייך מותר לקיימו ושמא איידי דבעי למיתני סיפא אסור לקיימו תנא רישא מותר לקיימו ותימה דבפ"ב דשביעית (משנה א) תנן ומייתי לה בפ"ק דמו"ק (דף ג:) שחורשין בשדה הלבן עד פסח ובשדה האילן עד עצרת וכיון דאפילו ליטע בתחילה שרי שלשים יום לפני ר"ה אמאי אסור לחרוש עד לפני ר"ה שלשים יום ואור"ת דלא החמירו בנטיעה כמו בחרישה משום דאין תוספת שביעית דאורייתא בנטיעה אלא בחרישה דכתיב ביה קרא כדדרשינן לעיל (ע"א) מבחריש ובקציר תשבות ועוד יש ליתן טעם משום דכל חורש ערב שביעית הוי להועיל בשביעית אבל אין לאסור ערב שביעית ליטע מחמת שהאילן גדל בשביעית דכל האילנות נמי מיגדל גדלי בשביעית וא"כ לא יטע לעולם ובירושלמי מפרש טעמא אחרינא בריש מסכת שביעית דגרסינן התם ולמה עד עצרת עד כאן הוא יפה לפרי מכאן ואילך מגנל פירותיו והא תניא אחד אילן סרק ואחד אילן מאכל עד כאן מעבה הקורות מכאן ואילך מתיש כחן ולפי טעם זה ניחא דכיון דאין מועיל לאילן מכאן ואילך מיחזי כמתקן שדהו לצורך שביעית:

ופירות

עין משפט נר מצוה

נ א מיי' פ"י מהל' שמיטין הל' יג סמג עשין קנא:
נא ב מיי' שם הל' ח:

רבינו חננאל

ת"ר יובל אע"פ שלא השמיטו הקרקעות ואע"פ שלא תקעו בשופר. יכול אע"פ שלא שלחו את העבדים ת"ל היא. כלו' וקראתם דרור ושלחתם את העבדים יובל היא ואם לאו אינה יובל דברי ר"י ר' יוסי אומר יובל אע"פ שלא שמטו ואע"פ שלא שלחו את העבדים יכול אע"פ שלא תקעו ת"ל היא אפילו לא קיימו בה אלא מצוה אחת יובל היא. א"ר יוסי וכי מאחר שהכתוב תולה אותה בתקיעת שופר. פי' דכתיב תעבירו שופר בכל ארצכם וקדשתם את שנת החמשים שנה כלומר כיון שתקעתם נתקדשה השנה. ומקרא אחר תולה אותה בשילוח עבדים שנאמר וקראתם דרור יובל היא מפני מה אני מרבה התקיעה בלבד לפי שאפשר לעולם בלי שילוח עבדים. כלומר אם אין בכל ישראל עבד עברי מה יעשו ואי אפשר לעולם בלא תקיעת שופר דהא משתכחן בכל עידן ולא עוד אלא שהתקיעה מסורה לב"ד. ושילוח עבדים והשמטת קרקע מסורין לכל אדם. הנה ר' יוסי פריש טעמיה. אלא ר' יהודה מאי טעמיה. קסבר מקרא א' נדרש לפניו. ולא לפני פניו. פי' כתיב יובל היא ולמעלה מזה כתיב וקראתם דרור דורשין יובל היא על וקראתם דרור. וזהו מקרא נדרש לפניו ואין דורשין יובל היא על והעברת שופר שהוא קודם וקראתם דרור. נמצא וקראתם דרור לפניו ונמצא והעברת לפני פניו. לשון דרור חירות. כמדייר בי דיירא ומוביל סחור' לכל מדינה. א"ר יוחנן זו דברי ר' יהודה ור' יוסי אבל חכ"א שלשתן מעכבין קסברי מקרא נדרש לפניו ולפני פניו תקיעת שופר ושילוח עבדים כדאמרן ולאחר השמטת קרקעות שנאמר יובל היא תהיה לכם ושבתם איש אל אחוזתו. ואקשינן והכתיב יובל היא למעט ופרקינן האי יובל לא אתא למעט אלא ללמד שתהא יובל נוהגת בחוצה לארץ האי בהדיא כתיב וקראתם דרור בארץ לכל יושביה. ודחינן ההוא דרור בארץ לכל יושביה יובל היא. ללמד בזמן שאתה קורא דרור בארץ אתה קורא דרור בחוצה לארץ. ולנטיעה. פי' שני הערלה מתשרי מנינן מנ"ל דכתיב שלש שנים יהיה לכם ערלים וכתיב ובשנה הרביעית ויליף שנה שנה מתשרי. ת"ר אחד הנוטע ואחד המבריך ואחד המרכיב ערב שביעית שלשים יום לפני ר"ה עלתה

מסורת הש"ס

א) [שבת לג: קידושין טו: ב"מ לה. זבחים כד: חולין קיח:], ב) קידושין לח:, ג) [לעיל ז. ח:], ד) [תוספ' פ"א ותוספ' שביעית פ"ב], ה) רש"א, ו) ת"י, ז) רש"א מ"ז, ח) [וע"ע תו' קידושין לו: ד"ה כל מלוה], ט) רש"א.

הגהות הב"ח

(א) גמ' ת"ר יובל היא יובל אף ע"פ שלא שמטו כו' ר' יוסי אומר יובל היא יובל אע"פ: (ב) שם מפני מה אני אומר יובל היא תיבת היא נמחק:

גליון הש"ס

גמ' וקסבר מקרא נדרש לפניו. עיין סוטה לג ע"ב תד"ה ור"י [שם ע"א]:

תורה אור השלם

א) וְקִדַּשְׁתֶּם אֵת שְׁנַת הַחֲמִשִּׁים שָׁנָה וּקְרָאתֶם דְּרוֹר בָּאָרֶץ לְכָל יֹשְׁבֶיהָ יוֹבֵל הִוא תִּהְיֶה לָכֶם וְשַׁבְתֶּם אִישׁ אֶל אֲחֻזָּתוֹ וְאִישׁ אֶל מִשְׁפַּחְתּוֹ תָּשֻׁבוּ: [ויקרא כה, י]

ב) וְכִי תָבֹאוּ אֶל הָאָרֶץ וּנְטַעְתֶּם כָּל עֵץ מַאֲכָל וַעֲרַלְתֶּם עָרְלָתוֹ אֶת פִּרְיוֹ שָׁלֹשׁ שָׁנִים יִהְיֶה לָכֶם עֲרֵלִים לֹא יֵאָכֵל: [ויקרא יט, כג]

ג) וּבַשָּׁנָה הָרְבִיעִת יִהְיֶה כָּל פִּרְיוֹ קֹדֶשׁ הִלּוּלִים לַייָ: [ויקרא יט, כד]

ד) אֶרֶץ אֲשֶׁר יְיָ אֱלֹהֶיךָ דֹּרֵשׁ אֹתָהּ תָּמִיד עֵינֵי יְיָ אֱלֹהֶיךָ בָּהּ מֵרֵשִׁית הַשָּׁנָה וְעַד אַחֲרִית שָׁנָה: [דברים יא, יב]

ה) הַחֹדֶשׁ הַזֶּה לָכֶם רֹאשׁ חֳדָשִׁים רִאשׁוֹן הוּא לָכֶם לְחָדְשֵׁי הַשָּׁנָה: [שמות יב, ב]

ליקוטי רש"י

המבריך. שכופף [הזמורה או היחור] בארץ [סוטה מג:]. כמו ויברך הגמלים (בראשית כד) כופף זמורת גפן מחוברת ומבריכה בקרקע בצידיה לכאן ולכאן וקורין בלע"ז פרובני"ר [ב"ב יט:]. כופף אמצעית הגפן בקרקע ומכסהו בקרקע באמצעיתו וכשנשרש באמצעיתו חותכין עיקר הראשון ונעשו שתי גפנים [רשב"ם ב"ב פג.]. ויברך הגמלים. הרבילם [בראשית כד יא].
המרכיב. שנוקב האילן ונוטל מן הרך שבענפי האילן ותוחב לתוכו ועושה ענף בתוך הנקב ונושא ממין אותו אילן שנוטל ממנו וישראל מותר להרכיב משני אילנות שזה פירותיו גסין וזה פירותיו דקין דהוו ממין אחד זה בזה [סוטה שם].

they are linked with the verse discussing Tishrei, which also makes no mention of "months." Since the verse discussing Nissan does mention "months," it is not employed in the *gezeirah shavah.*

The Gemara quotes a Baraisa that elaborates the law of newly planted trees:

תָּנוּ רַבָּנַן – **The Rabbis taught in a Baraisa:** אֶחָד הַנּוֹטֵעַ אֶחָד הַמַּבְרִיךְ וְאֶחָד הַמַּרְכִּיב עֶרֶב שְׁבִיעִית שְׁלֹשִׁים יוֹם לִפְנֵי רֹאשׁ הַשָּׁנָה – **BOTH** regarding **ONE WHO PLANTS** a tree,[27] **ONE WHO BENDS** a vine and inserts it into the ground[28] **AND ONE WHO GRAFTS** a branch onto an existing tree[29] in **THE YEAR BEFORE** ***SHEMITTAH,*** if this was done **THIRTY DAYS BEFORE ROSH HASHANAH,** עָלְתָה לוֹ שָׁנָה – when Rosh Hashanah arrives, it is considered that **A** full **YEAR HAS PASSED FOR HIM** with regard to *orlah,*[30] וּמוּתָּר לְקַיְּימָן בַּשְּׁבִיעִית – **AND IT IS PERMISSIBLE TO PRESERVE [THESE PLANTS] DURING** ***SHEMITTAH;*** they need not be uprooted.[31] פָּחוֹת מִשְּׁלֹשִׁים יוֹם לִפְנֵי רֹאשׁ הַשָּׁנָה – But if the planting was made **LESS THAN THIRTY DAYS BEFORE ROSH HASHANAH,** לֹא עָלְתָה לוֹ שָׁנָה – when Rosh Hashanah arrives, it is considered that **A** full **YEAR HAS NOT PASSED FOR HIM** with regard to *orlah,*[32] וְאָסוּר לְקַיְּימָן בַּשְּׁבִיעִית – **AND IT IS PROHIBITED TO PRESERVE [THESE PLANTS] DURING** ***SHEMITTAH,*** for they must be uprooted.[33]

NOTES

27. I.e. one who plants a seed, or a branch, or who uproots a tree and replants it in another spot (*Rambam, Maaser Sheni* 10:11; see *Toras Kohanim* to *Leviticus* 19:23).

28. This is a propagative method known as "layering." One bends a branch or vine and buries it in the ground with its end protruding (see *Rashi,* here and to *Sotah* 43b ד״ה מבריך). The buried section develops new roots, and is then severed from the mother tree.

29. One who "grafts" bores a hole into the side of a tree, and inserts therein a branch from another tree. The new branch [eventually unites with the host tree, but] bears the fruit of the stock from which it was taken (*Rashi, Sotah* ibid. ד״ה מרכיב).

30. The arrival of Tishrei (Rosh Hashanah) spells the end of the first *orlah* year [and the beginning of the second] (*Rashi*). [As long as the period from the planting (or layering or grafting) of the tree until Rosh Hashanah spans at least thirty days, it is regarded as a full year for *orlah* purposes (see 10a-b).]

It must be understood that the significant moment in terms of counting *orlah* years is not the moment at which the act of planting is performed, but the point at which the plant begins to take root, or the graft to become one with the host tree. Until that time, the tree is not regarded as being "planted" at all (see *Rashi* 10b ד״ה שלשים ושלשים בעי). It is not clear whether the reason thirty days are required is because they are the minimum number of days that can be regarded as a full year, or because the tree will not take root in less than thirty days. This issue will form the basis for an exchange in the Gemara below (see below, note 33; 10a, note 8; 10b, note 12).

[It is clearly indicated in this Baraisa that trees propagated by means of layering or grafting are included in the *orlah* prohibition. This ruling represents a novel interpretation of the *orlah* verse, which reads (see note 23): וּנְטַעְתֶּם כָּל־עֵץ מַאֲכָל, *and you plant any food tree.* The word *plant* implies a fresh act of planting; this would seem to exclude layering, in which a branch of an existent tree is buried in the ground, and grafting, in which a branch is joined with an existing tree and is not newly set into the ground. The Baraisa informs us that these acts too may be termed "planting" (see *Ritva*). Many Rishonim point out that the Baraisa is apparently at odds with *Toras Kohanim,* which learns from this verse that trees obtained through layering or grafting are *excluded* from the prohibition of *orlah.* With regard to layering, the Rishonim resolve the contradiction by explaining that our Baraisa refers to a branch that has been severed from the mother tree. With the severing, it is established as an independent entity; this is regarded as a fresh planting, by which the new tree enters its first *orlah* year. *Toras Kohanim,* however, discusses a branch still attached to the mother tree; although it has taken root, it is not considered a new planting, and therefore does not assume a new *orlah* identity. Alternatively, both our Baraisa and *Toras Kohanim* speak of trees attached to their source; however, in one case the new tree is drawing sustenance from the mother tree, in the other it is not (see *Tosafos; Ritva; Ran; Rash MiShantz* to *Toras Kohanim* et al.; see also *Shulchan Aruch, Yoreh Deah* 294:16). As regards grafting, the Rishonim explain that *Toras Kohanim* is referring to the grafting of one fruit-bearing tree with another, in which case the new branch is subordinate to the host tree, and consequently without independent *orlah* status. Our Baraisa, however, discusses a fruit-bearing tree grafted with a non-fruit-bearing tree, or with a fruit-bearing sapling intended for non-fruit-bearing purposes (such as for its wood). In these instances, the new branch is not subordinate to the host tree, but maintains an independent *orlah* existence (see *Ritva; Ran* et al., from *Sotah* 43b; cf. *Ramban* here; see *Turei Even*).]

31. Although the *shemittah* year begins at Rosh Hashanah, there exists a prohibition to perform certain sorts of agricultural work even prior to that day; this prohibition is one of those classified as "adding from the mundane (the sixth year) onto the holy (the seventh)" (see 9a). The period of additional *shemittah* sanctity lasts thirty days (by Biblical law); trees planted within this period must be uprooted. Since the plantings discussed here took root thirty days before Rosh Hashanah, they need not be uprooted (see *Rashi* below ד״ה פחות משלשים; see note 33 below).

32. [Since thirty days did not pass between the planting and Rosh Hashanah, the first of Tishrei cannot mark the end of the tree's first *orlah* year.] Rather, the first year does not end until the following Tishrei (*Rashi;* see 10a, note 3). [Of course, this is true only if this year is not the one before *shemittah* (*Rashi*); in the case of the year before *shemittah,* however, the tree is destroyed, as we will see momentarily.]

33. It is prohibited to preserve these trees because of the prohibition against performing agricultural work for thirty days prior to the *shemittah* year (which derives from the obligation to add from the mundane onto the holy; see note 31). Since these trees took root within this thirty-day period, they must be uprooted (*Rashi;* see *Terumos* 2:3; cf. *Tosafos,* here and to 10b; *Ritva; Ran* et al.; see *Rashi* 10b ד״ה לעולם).

[We noted above (note 30) that it is not clear whether the reason thirty days are required is because they are the minimum number of days that can be regarded as a full year, or because the tree will not take root in less than thirty days. The Gemara's final understanding will be that the thirty days represent the time needed for the tree to take root (see 10b note 12); an earlier, tentative suggestion, however, has it that the tree begins taking root instantaneously, and the thirty days represent the minimum number that can be considered a full *orlah* "year" (see 10a note 17). *Rashi's* explanation is clearly in accordance with this tentative suggestion. For violation of the thirty-day pre-*shemittah* period is possible *only* if the tree takes root during these thirty days. But according to the Gemara's final understanding, since thirty days are required for a tree to begin taking root, the tree will not actually take root until *after* the *shemittah* has already arrived (see *Ritva* and *Pnei Yehoshua,* explaining *Rashi;* cf. *Ramban* to 10a; see above, note 31).]

The Baraisa focuses on the case of a planting made thirty days before Rosh Hashanah:[1]

וּפֵירוֹת נְטִיעָה זוֹ אֲסוּרִין עַד חֲמִשָּׁה עָשָׂר בִּשְׁבָט – **HOWEVER,** even after the *orlah* and *revai* years end, **THE FRUITS OF THIS PLANTING ARE PROHIBITED** if they emerge **BEFORE THE FIFTEENTH OF SHEVAT.**[2] **אִם לְעָרְלָה עָרְלָה** – **IN THE CASE OF** a tree completing its ***ORLAH*** year, these fruits are prohibited as ***ORLAH;*** **וְאִם לְרְבָעִי רְבָעִי** – **IN THE CASE OF** a tree completing its ***REVAI*** year, they are prohibited as ***REVAI.***[3] Although *orlah* and *revai* years generally end at Rosh Hashanah, this is not the case when the tree was first planted thirty days before Rosh Hashanah. In this instance, the fruits that emerge after the final Rosh Hashanah, before the fifteenth of

NOTES

1. *Rashi,* as understood by *Rosh, Hil. Orlah* §9 (printed in back of Tractate *Menachos*) and *Beur HaGra, Yoreh Deah* 294:13; *Rambam, Maaser Sheni* 9:8-11; *Hasagos HaRaavad* there; *Rabbeinu Chananel; Meiri;* cf. *Baal HaMaor; Ritva; Ran; Rashba;* see note 3.

2. [Literally: until the fifteenth of Shevat.]

3. This segment of the Baraisa discusses the Baraisa's first case – that is, the one dealing with a tree planted thirty days before Rosh Hashanah (see citations in note 1). The Baraisa stated that with the passage of these thirty days, it is considered that a full year has passed for this tree; thus, the first of the three *orlah* years does not span a full calendar year, but a mere thirty days. Accordingly, one might assume that with the arrival of a third Rosh Hashanah two years later, the *orlah* prohibition is ended, since three years (i.e. two years and thirty days) have passed. The Baraisa now states that this is not so. Rather, since the *orlah* years are shortened at their beginning, the Torah compensates by lengthening them at their end [so that they will be "full" years] (see *Ritva; Ran*). Therefore, even after the third Rosh Hashanah arrives, the fruit that emerges on this tree prior to the 15th of Shevat (although it does not ripen until much later) remains prohibited forever as *orlah.* Likewise in the following year: The arrival of a fourth Rosh Hashanah does not mark the end of the tree's *revai* prohibition – it persists until the fifteenth of Shevat of the fifth year. All fruit that emerges until that time remains forever *revai* (see diagram 1). The source to extend the *orlah* and *revai* years is a Scriptural verse; it will be cited in the Gemara shortly.

One might ask: If the reason for extending the final *orlah* year is so that the three years will be "full" ones, why is it extended only until the fifteenth of Shevat? Let it stretch until the date of the original planting, so that the *orlah* years will not be shortened at all! The answer is that with the arrival of its third Rosh Hashanah, a tree is no longer classified a נְטִיעָה, *a sapling,* but an אִילָן, *a mature tree.* We therefore suffice with extending its year until the acknowledged New Year for mature trees, which is the fifteenth of Shevat (see Mishnah 2a); there is no need to extend it further (see *Hasagos HaRaavad* ibid., from *Yerushalmi; Rashi*). It emerges that although one who plants a tree thirty days before Rosh Hashanah does not gain the *full* year (minus thirty days) implied by the Baraisa's first segment, he does gain a considerable amount of time. For had he planted it less than thirty days before Rosh Hashanah, the first Rosh Hashanah would count for nothing; the fruit would remain *orlah* until the passage of three full years, marked by the arrival of the tree's fourth Rosh Hashanah (see end of note). By planting before thirty days, one gains the seven-and-one-half months between Shevat the fifteenth and Rosh Hashanah [see diagram 1] (see *Rashi;* see also *Pnei Yehoshua; Sfas Emes*). [Note that this Baraisa follows Beis Hillel, who hold that the New Year for mature trees is the fifteenth of Shevat (see Mishnah). Beis Shammai, however, hold that the *first* of Shevat is New Year for mature trees; according to Beis Shammai, the cut-off date for the *orlah* and *revai* extensions is the first of Shevat (see *Tos. R' Akiva Eiger* to the Mishnah on 2a).]

[There is much contention among the Rishonim regarding this Baraisa. Our elucidation follows those who hold that this ruling pertains only to a tree planted thirty days before Rosh Hashanah. These Rishonim include *Rashi* (as understood by *Rosh, Hil. Orlah* §9; *Beur HaGra* ibid.), *Rambam* (*Maaser Sheni* 9:8-11), *Hasagos HaRaavad* (there) and *Rabbeinu Chananel* and *Meiri* (here). They hold that in the case of a tree planted less than thirty days before Rosh Hashanah, its *orlah* years are not extended at all. Rather, the tree retains its *orlah* status until after the passage of three full Tishrei-to-Tishrei years. With

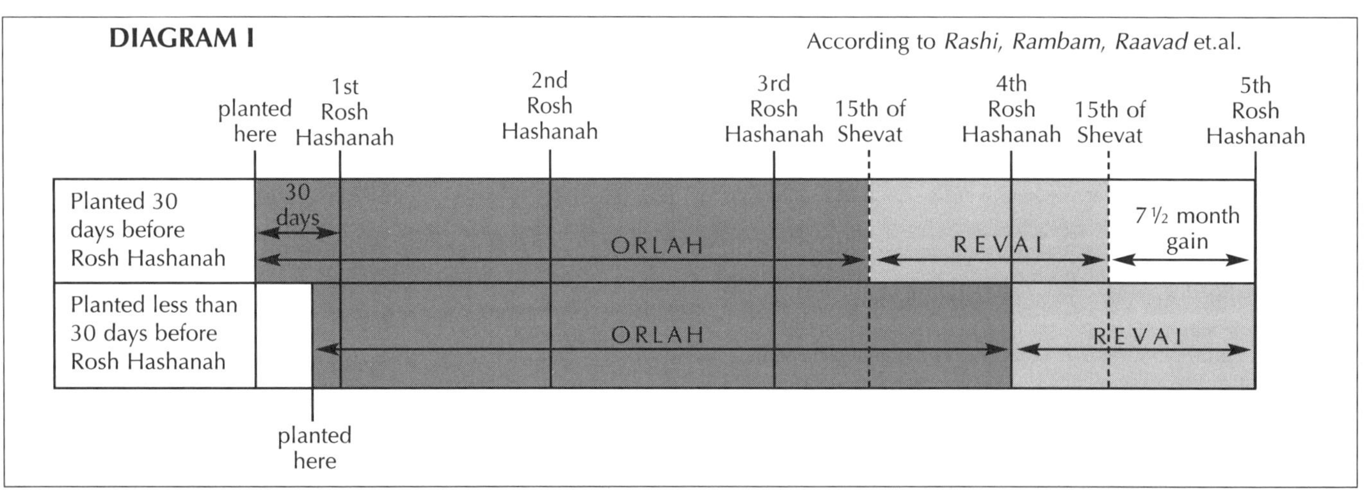

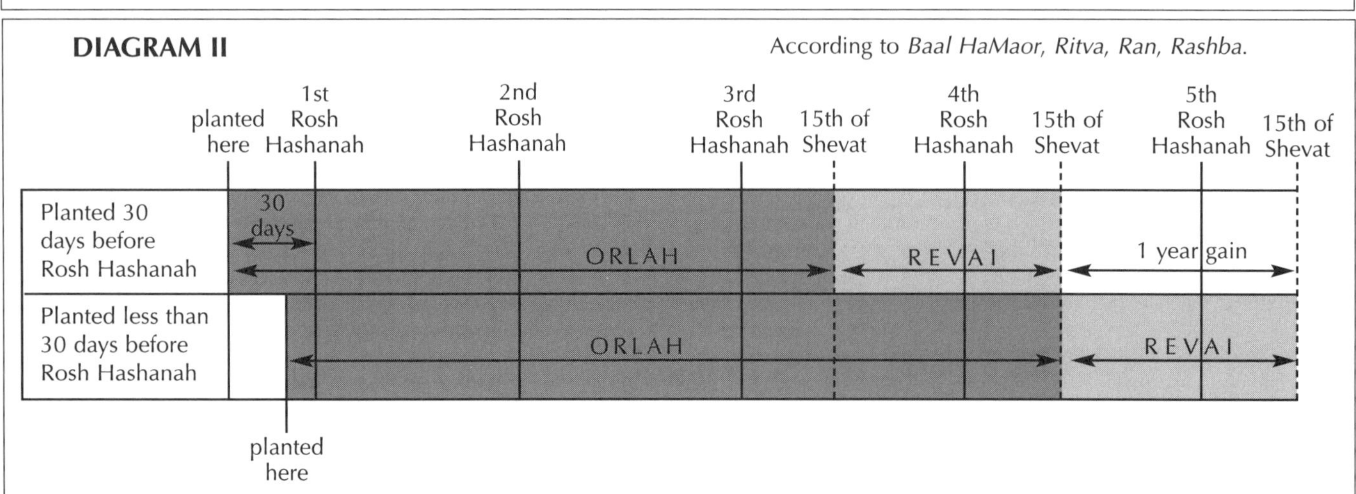

ופירות נטיעה זו אסורין עד ט"ו בשבט אם לערלה ערלה ואם לרבעי רבעי מה"מ א"ר חייא בר אבא א"ר יוחנן ומטו בה משמיה דר' ינאי אמר קרא [א] **ובשנה הרביעית ובשנה החמישית פעמים שברביעית ועדיין אסורה משום ערלה ופעמי' שבחמישית ועדיין אסורה משום רבעי לימא דלא כר"מ דאי ר"מ הא אמר** [א] **יום אחד בשנה חשוב שנה דתניא פר האמור בתורה סתם בן עשרים וארבעה חדש ויום אחד דברי ר"מ ר' אלעזר אומר בן עשרים וארבעה חדש ול' יום שהיה ר"מ אומר** [ב] **כל מקום שנאמר עגל בתורה סתם בן שנה בן בקר בן שתים פר בן שלש אפילו תימא ר"מ כי קאמר ר"מ יום אחד בשנה חשוב שנה בסוף שנה אבל בתחלת שנה לא אמר רבא ולאו ק"ו הוא ומה נדה שאין תחילת היום עולה לה בסופה סוף היום עולה לה בתחלתה שנה שיום אחד עולה לה בסופה אינו**

רש"י

ופירות נטיעה זו אסורים כו'. ואף על פי שאמרנו עלתה לו שנה אם חנטו בה פירות לאחר ר"ה של שנה (א) שלישית מיד עדיין אסורין הן עולמית משום ערלה שאע"פ שר"ה תשרי לנטיעה ט"ו בשבט ר"ה לאילן וזו כבר נעשית אילן לפיכך אין שנתה מתחדשת לצאת מידי ערלה עד ט"ו בשבט אבל משם ולהלן אם יחנטו בה פירות דין רבעי עליהם לאכול בירושלים ובט"ו לשנה הבאה יצאו מידי רבעי פירות החנוטים בה מכאן ואילך לכך הועילו לה ל' שלפני ר"ה שממהר התירה מט"ו בשבט ועד ר"ה: **מנא הני מילי.** שסנות ערלה ורבעי נמשכין לאסור פירות החנוטים קודם ט"ו בשבט לאחר שכלו שלשת שני ערלה: **ומטו בה.** יש מטין ומכריעין בשמועה זו לאומרה משמיה דרבי ינאי: **ובשנה הרביעית.** וי"ו מוסיף על ענין ראשון יהיה לכם ערלים אף בתוך שנה הרביעית: **ובשנה החמישית.** תאכלו את פריו מוסיף על ענין רבעי דסליק מיניה: **פעמים שברביעית.** כגון אם מיהרו פירותיו לחנוט ברביעית לפני שבט ועדיין אסורים משום ערלה אסורין בהנאה עולמית: **פעמים שבחמישית כו'.** כגון פירות שחנטו בה קודם שבט טעונין חלול אבל אם איחרה חניטתה עד לאחר ט"ו בשבט אין בהן איסור: **נימא.** הא דקתני לעיל פחות מל' יום לא עלתה לו שנה דלא כרבי מאיר: **עגל בן שנה.** דכתיב (ויקרא ט) עגל וכבש בני שנה: **בן בקר.** של שמיני למלואים שנאמר (שם) קח לך עגל בן בקר לחטאת: **בן שתים.** שנאמר קח לך עגל בן בקר ואיל לעולה תמימים והכי תניא לה בתורת כהנים השוה בן בקר ואיל לעולה תמימים אף בשנים (ב): **פר.** אפילו כתב פר בן בקר לא נקרא פר בפחות מג' שנים: **כי קאמר ר"מ בסוף שנים.** כגון יום אחד בשנה שלישית שהוא סוף הכשר שנותיו של פר: **אבל בתחלת שנים.** כגון שנה ראשונה של נטיעה שהיא תחילת מנין שני ערלה לא אמר: **ומה נדה שאין תחילת היום עולה לה בסופה.** שנאמר (שם טו) שבעת ימים תהיה בנדתה תהא בנדתה כל ז' ולא תאמר מקצת יום שביעי ככולו ותטבול ביום: **סוף היום עולה לה בתחלתה.** שאם ראתה סמוך לשקיעת החמה עולה לה יום זה בז' ימי נדה ואינה צריכה למנות אלא ו' והוא ונדה דאורייתא קאמר שאינה זקוקה לנקיים שלא הצריכה תורה ספירת ז' נקיים אלא לזבה אבל לנדה אפי' ראתה כל ז' ופסקה עם שקיעת החמה טובלת לערב ומיהו עכשיו החמירו בנות ישראל על עצמם להחזיקן בספק זיבות לטעון ז' נקיים בלא דם ואין יום שפוסקת בו עולה לה למנין ז' והרבה טעו בשמועה זו ללמוד מכאן לספור יום שפוסקת בו למנין ז' נקיים שהיו מפרשים סוף היום עולה לה בתחלתה דסוף יום שפוסקת בו עולה לה לראשון לז' נקיים וזו מדת בנות כותים הוא ששנינו בהן (נדה דף לג.) יום שפוסקת בו סופרת למנין ז': **ה"ג שנים שיום אחד עולה להם בסופו כו'.** שנים הקלובין לכל דבר שיום אחד עולה להן בתחלת שנה אחרונה בסוף שנים הקלובות לדבר:

אינו

תוספות

ופירות נטיעה זו אסורין עד ט"ו בשבט. דנהי דלנטיעה ר"ה תשרי לענין ערלה לאילן מיהא ט"ו בשבט כדדריש רבי ינאי מדכתיב ובשנה הרביעית ובשנה החמישית והא דקבעי שבט ר"ה הואיל ויצאו רוב גשמי שנה כדאמרינן לקמן (דף יד.) מ"מ נפקא מינה במאי דתשרי ר"ה לענין נוטע ל' יום לפני ר"ה דעלתה לו שנה ולא אזלינן בתר ט"ו בשבט למנות ל' יום לפני ט"ו בשבט ויש הלכות גדולות שכתוב בהם ופירות שנה רביעית בתר דפריק להו אסורין עד דנפקא ועיילא חמישית ושבוש הוא דבהני לא איירי בשמעתין כלל דאותן שחנטו ברביעית קודם ט"ו בשבט אסורין לעולם והחנוטין ברביעית אחר ט"ו בשבט שרו לאחר פדייה לאלתר [ג] ובהג"ה של אספמיא כתוב ופירי דפרדס דשנת ארבע אסירי עד דפריק להו:

הא [ג] **אמרי' יום אחד בשנה חשוב שנה.** השתא לא ידע הא דמסקינן לבסוף דל' לקליטה:

בן כ"ד חדש ויום אחד. סתם פר בן שלש כדקתני סיפא והאי יום אחד משום דיום אחד בשנה חשוב שנה ולר"א ל' וכל אותו יום ל' אין דינו לא כבן בקר ולא כפר מידי דהוה אפלגס בסוף פ"ק דחולין (ד' כג. ושם) דאיצטריך או לרבויי ושמא התם שאני מדקתני בפ"ק דפרה (משנה ג) דבן י"ג חדש אינו כשר לא לאיל ולא לכבש ולא קתני הכי גבי פר ולא לכל מילי אמרינן דיום אחד בשנה חשוב שנה דיש דברים דאפילו מעת לעת בעינן כדתנן בפ' יוצא דופן (נדה ד' מה.) בן ט' שנים ויום אחד בן י"ג שנה ויום אחד בת י"ב שנה ויום אחד דאותו יום אחד כדי להשלים מעת לעת דבבת ג' שנים ויום אחד פליגי תנאי בגמ' (שם ד' מד:) דלר"מ אפי' בבת שתי שנים ויום אחד מתקדשת בביאה דכבת ג' שלימות דמיא דיום אחד חשוב שנה וחכמים בעו בת ג' ויום אחד למעת לעת בעינן:

עגל סתם בן שנה בן בקר בן שתים פר בן ג'. ע"כ בן בקר בן שתים דקאמרינן היינו עגל בן בקר ולא פר בן בקר דמדוכה בתורת כהנים גבי פר כהן משיח דתניא פר יכול אפילו זקן ת"ל בן אי בן יכול קטן ת"ל פר הא כיצד בן ג' כדברי חכמים ר"מ אומר אף בן ארבע בן חמש כשרים ותימה דתנן בפ"ק דפרה (משנה ג) ר' יוסי הגלילי אומר פרים בני שתים שנאמר ופר שני בן בקר תקח לחטאת וחכ"א אף בני ג' ר"מ אומר אף בני ארבעה וחמשה כשרים אלמא מכשיר ר"מ בפר אפילו בני שתי שנים דהא מוסיף ארבי יוסי הגלילי והכא משמע מדעגל בן בקר לר"מ בן שנים פר בן בקר בן ג' אבל פחות מבן ג' לא וי"ל דהא דקאמר ר"מ במסכת פרה (שם) ארבנן קאי ולא אר' יוסי הגלילי ובתורת כהנים מתני דר' יוסי הגלילי בתר מילתא דר"מ וחכמים ורבנן דהתם לאו רבנן דפרה:

ולאו ק"ו הוא ומה נדה. מריש פירקין ל"ק מידי כדפרישית התם (ד' ב: ד"ה אבל):

שנים שיום אחד עולה להם בתחילתן אינו דין שיום אחד עולה להם בסופן. האי תחילתן היינו תחילת שנה וסוף חשבון והאי סופן היינו סוף שנה ותחילת חשבון וא"ת זבה תוכיח שהיא איפכא מנדה שאין סוף היום עולה לה בתחלתה שזהו מנהג כותים כדאיתא בריש פרק בנות כותים (נדה ד' לג. ושם) דיום שפוסקת בו סופרתו למנין ז' דאע"ג דפריך עלה אנן נמי נספריה לא קיימא לן הכי מדפריך בפרק בתרא דנדה (ד' סט.) ורב כותאי אמרה לשמעתיה ואפ"ה תחילת היום עולה בסופה לר' יוסי בפרק כיצד צולין (פסחים ד' פא.) דאמרינן מקצת היום ככולו דלא מצי למשכח טומאת התהום דזבה משום דאין סותרת למפרע ואינה מטמאה אלא מכאן ולהבא וזבה גדולה נמי לא משכחת אלא בשופעת או ברואה שני בין השמשות וי"ל דהאי ק"ו דהכא לרבנן ולא לרבי יוסי מיהו אפילו לרבנן קשיא דהכי נמי דלכי חזיא בשביעי מטמאה למפרע מ"מ כיון דשריא לשמש לאחר טבילה מיד מדאורייתא אי לאו משום דאסרו רבנן שמא תבא לידי ספק כדאמרינן בפרק בתרא דנדה (ד' עב. ושם) ע"כ עולה לה תחלת היום דאי לאו הכי וספרה לה ז' ימים ואחר תטהר אמר רחמנא (ויקרא טו) וליכא ונראה דלא דמיא דזבה להכי דהא אימים נקיים קפיד רחמנא והיאך יעלה סוף היום והרי אין יום זה טהור דכבר ראתה ואע"פ דבשומרת יום סוף היום עולה כמו שאפרש שאני התם דספירת אחד לאחד נפקא לן בסוף נדה (דף עג.) מדכתיב יהיה אבל הכא אחר תטהר כתיב דדרשינן שלא תהא טומאה מפסקת אבל תחלת היום דין הוא שיעלה בסופה דלכל כמה דלא ראתה הרי היא טהור וא"ת ואמאי דחיק לאשכוחי זבה גמורה לר' יוסי ברואה בשתי בין השמשות הא משכחת לה ברואה בלילות דספירה היא כדאיתא בפ"ב דמגילה (ד' כ. ושם) וי"ל דדחיק לאוקמי זבה ביממי משום דכתיב כל ימי זובה דמהאי טעמא א"ל ר' שמעיה לר' אבא בסוף נדה (שם) אימא ביממי תסור וזבה בלילות תסור ובפ"ק דהוריות (ד' ד.) נמי גבי צדוקים דאמר זבה לא הוי אלא ביממא ומיהו לא יתכן דאם כן הוה ליה לפרושי ולימא זבה ביממי היכי משכחת לה ועוד דכי משני

דרואה

מסורת הש"ס

א) [לעיל ב: וש"נ], ב) צ"ל ובה"ג, ג) צ"ל אמר.

הגהות הב"ח

(א) רש"י ד"ה ופירות כו' של שנה הרביעית מיד. נ"ב כלומר קודם ט"ו בשבט: (ב) ד"ה בן שתים כו' אף בשנים. נ"ב פי' מדלא כתיב תמים בכל אחד ואחד וכתיב תמימים משמע שהשוה אותם לגמרי דכשם שהשוה אותם בתמות השוה אותם אף בשנים ואיל בן שתי שנים דמדכבש בן שנה איל בן שתי שנים הוא אף עגל בן בקר בן שתים וכ"א להדיא בתורת כהנים תמים תמימים אף בשנים ע"ש דף י':

תורה אור השלם

א) וּבַשָּׁנָה הָרְבִיעִת יִהְיֶה כָּל פִּרְיוֹ קֹדֶשׁ הִלּוּלִים לַייָ: וּבַשָּׁנָה הַחֲמִישִׁת תֹּאכְלוּ אֶת פִּרְיוֹ לְהוֹסִיף לָכֶם תְּבוּאָתוֹ אֲנִי יְיָ אֱלֹהֵיכֶם: [ויקרא יט, כד - כה]

ליקוטי רש"י

כל מקום שנאמר בתורה עגל סתם בן שנה הוא. דיליף מועגל וכבש [בני] שנה [סוטה מו.].

עין משפט נר מצוה

נב א מיי' פ"ט מהל' נטע רבעי הל' ו הל' י סמג עשין קלט טוש"ע י"ד סי' רצד סעי' ד ה:

נג ב מיי' פ"א מהל' מעשה הקרבנות הל' יד סמג עשין קפג:

רבינו חננאל

עלתה לו שנה ומותר לקיימן בשביעית. פחות מכאן לא עלתה לו שנה ואסור לקיימן בשביעית ופירות נטיעה זו אסורין עד יום ט"ו בשבט אם לערלה ערלה אם לרבעי רבעי. מנ"ל דכתיב שלש שנים יהיה לכם ערלים לא יאכל. ובשנה הרביעית יהיה כל פריו. מדקא מסיק לא יאכל ובשנה הרביעית ולא מפסיק הי ניהו שמעינן מינה פעמים שבא רביעית ואסורין משום ערלה. כגון שנטע פחות מל' יום לפני ר"ה. והא דתנו רבנן דלא כר' מאיר. דאי ר' מאיר האמר יום אחד בשנה חשוב שנה. דתניא פר האמור בתורה סתם בן עשרים וארבעה חדש ויום אחד דברי ר' מאיר. ודחינן אפילו תימא ר"מ לא אמר ר"מ יום אחד בשנה [חשוב] שנה אלא בסוף שנה כגון בן כ"ד חדש ויום אחד תחשוב לו יום להשלימו שלש שנים. אבל בתחלת שנים כגון האי נטיעה וכיוצא בה שלשים יום בעי לעלות לו שנה. אמר רבא [ולאו] ק"ו ומה נדה שאין תחלת היום עולה לה בסופה. פי' יום שביעי לנדתה (כל שבעה) א) כל יום השביעי ולא אמרינן מקצת היום ככולו. ואמרינן מקצת היום ככולו בתחלת נדתה שאם ראתה שעה אחת מן היום משלמת ו' ימים אחרים וטהורה היא שיום אחד עולה לה ב) בסוף שניו

חשק שלמה על ר"ח

א) אולי צ"ל דכתיב שבעת ימים תהיה בנדתה תהא בנדתה כל שבעה כל יום וכו'. ב) נראה דחסר כאן וצ"ל עולה לה בסופה שנים שיום אחד עולה לה בסוף השנים וכו'.

Shevat, are impermissible, for the *orlah* prohibition affects this tree even into its fourth year; the *revai* prohibition even into its fifth.

The Gemara inquires:

מְנָא הָנֵי מִילֵּי – From where are these words known, i.e. that the *orlah* and *revai* prohibitions are extended into the fourth and fifth years?[4]

The Gemara explains:

אָמַר רַבִּי חִיָּיא בַּר אַבָּא אָמַר רַבִּי יוֹחָנָן – R' Chiya bar Abba said in the name of R' Yochanan, וּמָטוּ בָּהּ מִשְּׁמֵיהּ דְּרַבִּי יַנַּאי – and some are inclined to [cite] this in the name of R' Yannai: אָמַר קְרָא – After stating that the fruit of a tree's first three years is *orlah,* **the verse states:** "וּבַשָּׁנָה הָרְבִיעִת" – ***And in the fourth year,***[5] and after presenting the fourth year's *revai* prohibition it states: "וּבַשָּׁנָה הַחֲמִישִׁת" – ***And in the fifth year.***[6] **פְּעָמִים שֶׁבָּרְבִיעִית וַעֲדַיִין אֲסוּרָה מִשּׁוּם עָרְלָה** – These verses' connective phrases teach that **there are times when** a tree is **in the fourth** year, **but** is **still prohibited as *orlah,* וּפְעָמִים שֶׁבַּחֲמִישִׁית וַעֲדַיִין אֲסוּרָה מִשּׁוּם רְבָעִי – and there are times when** it is **in the fifth** year, **but** is **still prohibited as *revai.***[7] This occurs when the fruits emerge early, before the fifteenth of Shevat of the fourth or fifth years. In this instance, the fruits remain prohibited forever as *orlah* or *revai.* It is these verses that are the source of the Baraisa's ruling.

The Gemara examines the Baraisa's thirty-day time frame:

לֵימָא דְּלֹא כְּרַבִּי מֵאִיר – Let us say that this Baraisa, which does not consider less than thirty days a full "year,"[8] is **not in accordance with R' Meir. דְּאִי רַבִּי מֵאִיר – For R' Meir, הָא אָמַר יוֹם אֶחָד בַּשָּׁנָה חָשׁוּב שָׁנָה – why, he said** that **a single day in a year is** legally **regarded as a** full **year.**[9] **דְּתַנְיָא – For it has been taught in Baraisa: פַּר הָאָמוּר בַּתּוֹרָה סְתָם** – A BULL THAT IS MENTIONED IN THE TORAH WITHOUT the verse SPECIFYING its age[10] בֶּן עֶשְׂרִים וְאַרְבָּעָה חֹדֶשׁ וְיוֹם אֶחָד – IS always at least TWENTY-FOUR MONTHS AND ONE DAY OLD. דִּבְרֵי רַבִּי מֵאִיר – THESE ARE THE WORDS OF R' MEIR. רַבִּי אֶלְעָזָר אוֹמֵר – But R' ELAZAR SAYS: בֶּן עֶשְׂרִים וְאַרְבָּעָה חֹדֶשׁ וּשְׁלֹשִׁים יוֹם – It must be at least TWENTY-FOUR MONTHS AND THIRTY DAYS OLD.[11]

NOTES

the arrival of its fourth Rosh Hashanah (three years and some days after its planting), it is no longer *orlah* (see diagram 1). Since in this case the *orlah* period is not truncated, but runs for a full three years, there is no reason to extend it to the fifteenth of Shevat. Other Rishonim, however, among whom are *Baal HaMaor, Tosafos, Rashba, Ran* and *Ritva,* maintain that this ruling is not limited to a tree planted thirty days before Rosh Hashanah, but pertains to one planted any time at all. The Baraisa is teaching that although the New Year for saplings is Tishrei, the *orlah* prohibition does not end until the fifteenth of Shevat in the fourth year, and in the case of the *revai* prohibition, until the fifteenth of Shevat in the fifth year (see diagram 2). All fruits that emerge before that time are prohibited as *orlah* or *revai.* According to this opinion, the extension is not due to any foreshortening of the *orlah* period, but to the fact that until the fifteenth of Shevat, emergent fruits derive their nourishment from sap fed by the rain of the previous year. Since it is the rain of the *orlah* year that nourishes these fruits, they are given *orlah* status. Fruits that materialize after this date, however, are no longer *orlah.*

One might ask regarding this position: If the fifteenth of Shevat always marks the end of the *orlah* and *revai* periods, then in what sense is the first of Tishrei the New Year for young trees? The answer is that it is the New Year with regard to measuring the *first orlah* year. If one plants a tree thirty days before Tishrei, the thirty days are reckoned a full year. But if one plants a tree thirty days before the fifteenth of Shevat, the arrival of this day does not herald the end of the first *orlah* year (see *Ran*). Interestingly, each side in this dispute cites the identical *Yerushalmi* (*Rosh Hashanah* 6b) as proof to its position (see *Hasagos HaRaavad* ibid.; *Baal HaMaor; Ran; Ritva;* see also *Kesef Mishneh, Maaser Sheni* 9:10). For elucidation of their opposite perceptions of the *Yerushalmi,* see *Beur HaGRA, Yoreh Deah* 294:13 and *Gra, Imrei Noam;* see also note §719 to Mosad HaRav Kook edition of *Ritva* here.]

[The foregoing paragraphs have dealt with trees planted thirty days and less before Rosh Hashanah. Obviously, the number "thirty" represents the *minimum* amount of days required to reckon an *orlah* year; a tree planted *more* than thirty days before Rosh Hashanah will certainly be viewed as having undergone a full year. This raises an important question for those Rishonim who say that the extension of the *orlah* year applies only to trees planted thirty days (or more) before Rosh Hashanah, to wit: What about a tree planted shortly after the previous Rosh Hashanah, long before this one? Are its *orlah* years extended to the fifteenth of Shevat? On the one hand, since this tree's first year is shortened, there is justification for extending its third year. On the other hand, in the case of this particular tree, extending its years to Shevat the fifteenth will result in its *orlah* period spanning *more* than three full calendar years, since this tree was planted *before* that date. The Rishonim take three basic positions on this question. Some hold that the *orlah* period of a tree planted between Rosh Hashanah and the fifteenth of Shevat is extended beyond its third Rosh Hashanah to the fifteenth of Shevat of the fourth year (see *Ritva;* see also *Hasagos HaRaavad* ibid.). Others say that it is not extended, but concludes with its third Rosh Hashanah (see *Baal HaMaor; Meiri; Piskei HaRid*). For although this tree's *orlah* years *are* shortened somewhat, they do nonetheless span three times Shevat the fifteenth and three Rosh Hashanahs; therefore, they are reckoned full years, and need not be extended (*Shiltei HaGiborim,* folio 2a in the *Rif*). A final opinion is that of *Rambam,* who writes that the *orlah* years of a tree planted during this period stretch for three full calendar years from the date of planting. When this date arrives three years later, the *orlah* period comes to a close (*Rambam* ibid. §12, as understood by *Kesef Mishneh* there and *Beur HaGra* ibid.; cf. *Hasagos HaRaavad; Radvaz;* see *Beur HaGra* and *Gra, Imrei Noam* for a unique insight into *Rambam's* ruling). Note that those Rishonim who extend the *orlah* year in all situations, because of the tree's nourishment from the previous year's rains, will do so in this case as well (see *Ritva* et al.).]

4. I.e. to prohibit fruits that emerge before the fifteenth of Shevat, after the three *orlah* years (i.e. two years and thirty days) have ended (*Rashi*).

5. *Leviticus* 19:24. This verse, and the one regarding *orlah* that precedes it, are cited on 9b note 23.

6. Ibid. v. 25. This phrase follows the verses that set forth the *orlah* and *revai* prohibitions. It reads: וּבַשָּׁנָה הַחֲמִישִׁת תֹּאכְלוּ אֶת־פִּרְיוֹ, *And in the fifth year, you shall eat its fruit.*

7. The word *and* (represented by the letter ו׳, *vav* of וּבַשָּׁנָה) signifies a connection between the verse in which it appears and the foregoing verse. Thus, the phrase *and in the fourth year* teaches that the third year's *orlah* prohibition, discussed in the previous verse, sometimes extends into the fourth, *revai* year. The phrase *and in the fifth year,* which follows discussion of the fourth year's *revai* prohibition, teaches that *revai* sometimes extends into the fifth year. This occurs when the fruits emerge early, before the fifteenth of Shevat of the fourth or fifth years. In the fourth year, these fruits are forever forbidden as *orlah.* In the fifth year, they are subject to the laws of *revai,* which means that they must be eaten in Jerusalem, or redeemed for coins, which are themselves taken to Jerusalem and used for food there (*Rashi*).

[*Rosh* (ibid.) states that in the present day we do not find fruit emerging before the fifteenth of Shevat, so there is never a need to extend the *orlah* years (see *Shach, Yoreh Deah* 294:10).]

8. With regard to counting the thirty days before Rosh Hashanah as a tree's first *orlah* year (*Rashi;* see 9b note 30).

9. [With regard to reckoning the age of an animal, as per the upcoming Baraisa.]

10. See *Rashash;* see also note 13.

11. [Both R' Meir and R' Elazar agree that the Scriptural term פַּר, *bull* refers to an animal at least three years old, as the Baraisa will state shortly. However, R' Meir holds that once the first day in the third year has passed, it is considered that a full year has passed, whereas R' Elazar requires the passage of thirty days (see *Beur HaGra* to *Tosefta, Parah* 1:1).]

א ופירות נטיעה זו אסורין עד ט"ו בשבט אם לערלה ערלה ואם לרבעי רבעי מה"מ א"ר חייא בר אבא א"ר יוחנן ומטו בה משמיה דר' ינאי אמר קרא א ובשנה הרביעית ובשנה החמישית פעמים שברביעית ועדיין אסורה משום ערלה ופעמי' שבחמישית ועדיין אסורה משום רבעי לימא דלא כר"מ דאי ר"מ הא אמר ב יום אחד בשנה חשוב שנה דתניא פר האמור בתורה סתם בן עשרים וארבעה חדש ויום אחד דברי ר"מ ר' אלעזר אומר בן עשרים וארבעה חדש ול' יום שהיה ר"מ אומר ג כל מקום שנאמר עגל בתורה סתם בן שנה בן בקר בן שתים פר בן שלש אפילו תימא ר"מ כי קאמר ר"מ יום אחד בשנה חשוב שנה בסוף שנה אבל בתחלת שנה לא אמר רבא ולאו ק"ו הוא ומה נדה שאין תחלת היום עולה לה בסופה סוף היום עולה לה בתחלתה שנה שיום אחד עולה לה בסופה אינו

רש"י

ופירות נטיעה זו אסורים כו'. ואף על פי שאמרנו עלתה לו שנה אם חנטו בה פירות לאחר ר"ה של שנה (א) שלישית מיד עדיין אסורין הן עולמית משום ערלה שאע"פ שר"ה תשרי לנטיעה ט"ו בשבט ר"ה לאילן וזו כבר נעשית אילן לפיכך אין שנתה מתחדשת לצאת מידי ערלה עד ט"ו בשבט אבל משם ולהלן אם יחנטו בה פירות דין רבעי עליהם לאכול בירושלים ובט"ו לשנה הבאה יצאו מידי רבעי פירות החנוטים בה מכאן ואילך לכך הועילו לה ל' שלפני ר"ה שממהר התירה מט"ו בשבט ועד ר"ה: **מנא הני מילי.** שפעמים ערלה ורבעי נמשכין לאסור פירות החנוטים קודם ט"ו בשבט לאחר שכלו שלשת שני ערלה: **ומטו בה.** יש מטין ומכריעין בשמועה זו לאומרה משמיה דרבי ינאי: **ובשנה הרביעית.** וי"ו מוסיף על ענין ראשון יהיה לכם ערלים אף בתוך שנה הרביעית: **ובשנה החמישית.** תאכלו את פריו מוסיף על ענין רבעי דסליק מיניה: **פעמים שברביעית.** כגון אם מיהרו פירותיו לחנוט ברביעית לפני שבט ועדיין אסורים משום ערלה אסורין בהנאה עולמית: **פעמים שבחמישית כו'.** כגון פירות שחנטו בה קודם שבט טעונין חלול אבל אם איחרה חניטתה עד לאחר ט"ו בשבט אין בהן איסור: **נימא.** הא דקתני לעיל פחות מל' יום לא עלתה לו שנה דלא כרבי מאיר: **עגל בן שנה.** דכתיב (ויקרא ט) עגל וכבש בני שנה: **בן בקר.** של שמיני למלואים שנאמר (שם) קח לך עגל בן בקר לחטאת: **בן שתים.** שנאמר קח לך עגל בן בקר ואיל לעולה תמימים והכי תניא לה בתורת כהנים השוה בן בקר ואיל לעולה תמימים אף בשנים (ב): **פר.** אפילו כתב פר בן בקר לא נקרא פר בפחות מג' שנים: **כי קאמר ר"מ בסוף שנים.** כגון יום אחד בשנה שלישית שהוא סוף הכשר שנותיו של פר: **אבל בתחילת שנים.** כגון שנה ראשונה של נטיעה שהיא תחילת מנין שני ערלה לא אמר: **ומה נדה שאין תחלת היום עולה לה בסופה.** שנאמר (שם טו) שבעת ימים תהיה בנדתה תהא בנדתה כל ז' ולא תאמר מקצת יום שביעי ככולו ותטבול ביום: **סוף היום עולה לה בתחלתה.** שאם ראתה סמוך לשקיעת החמה עולה לה יום זה בז' ימי נדה ואינה צריכה למנות אלא ו' והוא ובנדה דאורייתא קאמר שאינה זקוקה לנקיים שלא הצריכה תורה ספירת ז' נקיים אלא לזבה אבל לנדה אפי' ראתה כל ז' ופסקה עם שקיעת החמה טובלת לערב ומיהו עכשיו החמירו בנות ישראל על עצמם להחזיק בספק זיבות לטעון ז' נקיים בלא דם ואין יום שפוסקת בו עולה לה למנין ז' והרבה טעו בשמועה זו ללמוד מכאן לספור יום שפוסקת בו למנין ז' נקיים שהיו מפרשים סוף היום עולה לה בתחלתה דסוף יום שפוסקת בו עולה לה ראשון לז' נקיים וזו מדת בנות כותיים הוא ששנינו בהן (נדה דף לג.) יום שפוסקת בו סופרת למנין ז': **ה"ג שנים שיום אחד עולה להם בסופו כו'.** שנים הקצובין לכל דבר שיום אחד עולה להן בתחלת שנה אחרונה בסוף שנים הקצובות לדבר: אינו

תוספות

ופירות נטיעה זו אסורין עד ט"ו בשבט. דהני דלנטיעה ר"ה תשרי לענין ערלה לאילן מיהא ט"ו בשבט כדדריש רבי ינאי מדכתיב ובשנה הרביעית ובשנה החמישית והא דקבעי שבט ר"ה הואיל ויצאו רוב גשמי שנה כדאמרינן לקמן (דף יד.) מ"מ נפקא מינה במאי דתשרי ר"ה לענין נוטע ל' יום לפני ר"ה דעלתה לו שנה ולא אזלינן בתר ט"ו בשבט למנות ל' יום לפני ט"ו בשבט ויש הלכות גדולות שכתוב בהם ופירות שנה רביעית בתר דפריק להו אסורין עד דנפקא ועיילא חמישית ושבוש הוא דהכי לא איירי בשמעתין כלל דאותן שחנטו ברביעית קודם ט"ו בשבט אסורין לעולם והחנוטין ברביעית אחר ט"ו בשבט שרו לאחר פדייה ג) ובהג"ה של אספמיא כתוב ופירי דפרדס דשנת ארבע אסירי עד דפריק להו:

הא אמרי' יום אחד בשנה חשוב שנה. השתא לא ידע הא דמסקינן לבסוף דל' לקליטה:

בן כ"ד חדש ויום אחד. סתם פר בן שלש כדקתני סיפא והאי יום אחד משום דיום אחד בשנה חשוב שנה ולר"א ל' וכל אותו יום ל' אין דינו לא כבן בקר ולא כפר מידי דהוה אפלגס בסוף פ"ק דחולין (ד' כג. ושם) דאליטריך או לרבויי ושמא התם שאני מדקתני בפ"ק דפרה (משנה ג) דבן י"ג חדש אינו כשר לא לאיל ולא לכבש ולא קתני הכי גבי פר ולא לכל מילי אמרינן דיום אחד בשנה חשוב שנה דיש דברים דאפילו מעת לעת בעינן כדתנן בפ' יוצא דופן (נדה ד' מה.) בן ט' שנים ויום אחד בן י"ג שנה ויום אחד בת י"ב שנה ויום אחד דאותו יום אחד כדי להשלים מעת לעת דבעינן ג' שנים ויום אחד פליגי תנאי בגמ' (שם ד' מד:) דלר"מ אפי' בבת שתי שנים ויום אחד מתקדשת בביאה דכבת ג' שלימות דמיא דיום אחד חשוב שנה וחכמים בעו בת ג' ויום אחד למעת לעת בעינן:

עגל סתם בן שנה בן בקר בן שתים פר בן ג'. ע"כ בן בקר בן שתים דקאמרינן היינו עגל בן בקר ולא פר בן בקר דמוכח בתורת כהנים גבי פר כהן משיח דתניא פר יכול אפילו זקן ת"ל בן אי בן יכול קטן ת"ל פר הא כיצד בן ג' כדברי חכמים ר"מ אומר אף בן ארבע בן חמש כשרים ותימה דתנן בפ"ק דפרה (משנה ג) ר' יוסי הגלילי אומר פרים בני שתים שנאמר ופר שני בן בקר תקח לחטאת וחכ"א אף בני ג' ר"מ אומר אף בני ארבעה וחמשה כשרים אלמא מכשיר ר"מ בפר אפילו בני שתי שנים דהא מוסיף ארבי יוסי הגלילי והכא משמע מדעגל בן בקר לר"מ בן שנים פר בן בקר בן ג' אבל פחות מבן ג' לא וי"ל דאף דקאמר ר"מ במסכת פרה (שם) ארבנן קאי ולא אר' יוסי הגלילי ובתורת כהנים מתני דר' יוסי הגלילי בתר מילתא דר"מ וחכמים ורבנן דהתם לאו רבנן דפרה:

ולאו ק"ו הוא ומה נדה. מריש פירקין ל"ק מידי כדפרישית התם (ד' ב: ד"ה אבל): **שנים** שיום אחד עולה להם בתחילתן אינו דין שיום אחד עולה להם בסופן. האי תחילתן היינו תחילת שנה וסוף חשבון והאי סופן היינו סוף שנה ותחילת חשבון וא"ת זבה תוכיח שהיא איפכא מנדה שאין סוף היום עולה לה בתחילתה שזהו מנהג כותים כדאיתא בריש פרק בנות כותים (נדה ד' לג. ושם) דיום שפוסקת בו סופרתו למנין ז' דאע"ג דפריך עלה אנן נמי נספריה לא קיימא לן הכי מדפריך בפרק בתרא דנדה (ד' סט.) ורב ככותאי אמרה לשמעתיה ואפ"ה תחילת היום עולה בסופה לר' יוסי בפרק כילד צולין (פסחים ד' פא.) דאמרינן מקצת היום ככולו דלא מצי למשכח טומאת התהום דזבה משום דאין סותרת למפרע ואינה מטמאה אלא מכאן ולהבא וזבה גדולה נמי לא משכחת אלא בשופעת או ברואה שני בין השמשות וצ"ל דהאי ק"ו דהכא לרבנן ולא לרבי יוסי מיהו אפילו לרבנן קשיא דנהי נמי דלכי חזיא בשביעי מטמאה למפרע מ"מ כיון דשריא לשמש לאחר טבילה מיד מדאורייתא אי לאו משום דאסרו רבנן שמא תבא לידי ספק כדאמרינן בפרק בתרא דנדה (ד' עב. ושם) ע"כ עולה לה תחלת היום דאי לאו הכי וספרה לה ז' ימים ואחר תטהר אמר רחמנא (ויקרא טו) וליכא ונראה דלא דמיא זבה להני דהא אימים נקיים קפיד רחמנא והיאך יעלה סוף היום והרי אין יום זה טהור דכבר ראתה ואע"פ דבשומרת יום סוף היום עולה כמו שאפרש שאני התם דספירת אחד לאחד נפקא לן בסוף נדה (דף עג.) מדכתיב יהיה אבל הכא אחר תטהר כתיב דדרשינן שלא תהא טומאה מפסקת אבל תחלת היום דין הוא שיעלה בסופה דכל כמה דלא ראתה הרי הוא טהור וא"ת ואמאי דחיק לאשכוחי זבה גמורה לר' יוסי ברואה בשתי בין השמשות הא משכחת לה ברואה בלילות דספירת לילה לאו ספירה היא כדאיתא בפ"ב דמגילה (ד' כ. ושם) וי"ל דדחיק אזבה בימי משום דכתיב כל ימי זובה דמהאי טעמא א"ל ר' שמעיה לר' אבא בסוף נדה (שם) אימא בימי תהוי זבה בלילות תהוי נדה ובפ"ק דהוריות (ד' ד.) נמי גבי צדוקים דאמר זבה לא הוי אלא ביממא ומיהו לא יתכן דאם כן הוה ליה לפרושי וליתא זבה בימי היכי משכחת לה ועוד דכי משני דרואה

עין משפט נר מצוה

נב א מיי' פ"ט מהל' נטע רבעי הל' ו הל' י סמג עשין קלט טוש"ע י"ד סי' רלד סעי' ד ה:

נג ב מיי' פ"א מהל' מעשה הקרבנות הל' יד סמג עשין קפג:

רבינו חננאל

עלתה לו שנה ומותר לקיימן בשביעית. פחות מכאן לא עלתה לו שנה ואסור לקיימן בשביעית ופירות נטיעה זו אסורין עד יום ט"ו בשבט אם לערלה ערלה אם לרבעי רבעי. מנ"ל דכתיב שלש שנים יהיה לכם ערלים לא יאכל. ובשנה הרביעית יהיה כל פריו. מדקא מסיק לא יאכל ובשנה הרביעית ולא מפסיק הי ניהו שמעינן מינה פעמים שבא רביעית ואסורין משום ערלה. כגון שנטע פחות מל' יום לפני ר"ה. והא דתנו רבנן דלא כר' מאיר. דאי ר' מאיר האמר יום אחד בשנה חשוב שנה. דתניא פר האמור בתורה סתם בן עשרים וארבעה חדש ויום אחד דברי ר' מאיר. ודחינן אפילו תימא ר"מ לא אמר ר"מ יום אחד בשנה [חשוב] שנה אלא בסוף שנה כגון בן כ"ד חדש ויום אחד תחשוב לו יום להשלימו שלש שנים. אבל בתחלת שנים כגון האי נטיעה וכיוצא בה שלשים יום בעי לעלות לו שנה. אמר רבא [ולאו] ק"ו ומה נדה שאין תחלת היום עולה לה בסופה. פי' יום שביעי לנדתה (כל שבעה) א) כל יום השביעי ולא אמרינן מקצת היום ככולו. ואמרינן מקצת היום ככולו בתחלת נדתה שאם ראתה שעה אחת מן היום משלמת ו' ימים אחרים וטהורה היא שיום אחד עולה לה ב) בסוף שניו

חשק שלמה על ר"ח

א) אולי צ"ל דכתיב שבעת ימים תהיה בנדתה תהא בנדתה כל שבעה כל יום כו'. ב) נראה דחסר כאן וצ"ל עולה לה בסופה שנים שיום אחד עולה לה בסוף השנים וכו'.

מסורת הש"ס

א) [לעיל ב: וש"נ], ב) צ"ל ובה"ג, ג) צ"ל אמר.

הגהות הב"ח

(א) רש"י ד"ה ופירות כו' של שנה הרביעית מיד. נ"ב כלומר קודם ט"ו בשבט: (ב) ד"ה בן שתים כו' אף בשנים. נ"ב פי' מדלא כתיב תמים בכל אחד ואחד וכתיב תמימים משמע שהשוה אותם לגמרי דכשם שהשוה אותם בתמות השוה אותם אף בשנים ואיל בן שתי שנים דמדכבש בן שנה איל בן שתי שנים הוא אף עגל בן בקר בן שתים וכ"א להדיא בתורת כהנים תמים תמימים אף בשנים ע"ש דף י':

תורה אור השלם

א) וּבַשָּׁנָה הָרְבִיעִת יִהְיֶה כָּל פִּרְיוֹ קֹדֶשׁ הִלּוּלִים לַייָ: וּבַשָּׁנָה הַחֲמִישִׁת תֹּאכְלוּ אֶת פִּרְיוֹ לְהוֹסִיף לָכֶם תְּבוּאָתוֹ אֲנִי יְיָ אֱלֹהֵיכֶם: [ויקרא יט, כד - כה]

ליקוטי רש"י

כל מקום שנאמר בתורה עגל סתם בן שנה הוא. דיליף מועגל וכבש (בן) [בני] שנה [סוטה מו.].

The Baraisa explains:

שֶׁהָיָה רַבִּי מֵאִיר אוֹמֵר – FOR regarding the various Scriptural designations for bovines, R' MEIR USED TO SAY:[12] כָּל מָקוֹם שֶׁנֶּאֱמַר עֵגֶל בַּתּוֹרָה סְתָם – WHEREVER IT IS STATED "CALF" IN THE TORAH WITHOUT SPECIFYING that it is "of the cattle,"[13] בֶּן שָׁנָה – it refers to A ONE-YEAR-OLD.[14] בֶּן בָּקָר – When the Torah describes the calf as "OF THE CATTLE," בֶּן שְׁתַּיִם – it refers to A TWO-YEAR-OLD.[15] פַּר – When it calls an animal "A BULL," בֶּן שָׁלֹשׁ – it intends A THREE-YEAR-OLD.[16] Accordingly, R' Meir states that a Scriptural bull is one aged twenty-four months and one day. For R' Meir holds that a single day in a year is regarded as a full year.[17]

We learn from this Baraisa that R' Meir regards a single day as a year. Since our Baraisa does not regard anything less than thirty days as a year, it cannot be in accordance with R' Meir.[18]

The Gemara counters:

אֲפִילוּ תֵּימָא רַבִּי מֵאִיר – **You may even say** that the Baraisa does follow **R' Meir.** כִּי קָאָמַר רַבִּי מֵאִיר יוֹם אֶחָד בַּשָּׁנָה חָשׁוּב שָׁנָה בְּסוֹף שָׁנָה – **When did R' Meir say that a single day in a year is regarded as a** full **year – when** it comes **at the end of** a series of **years;**[19] אֲבָל בִּתְחִלַּת שָׁנָה לֹא – **but when** it comes **at the beginning of** a series of **years,** a single day is **not** regarded as a year. Our Baraisa deals with the opening year of the *orlah* series; in this instance, even R' Meir will agree that a single day does not suffice.

The Gemara objects to this differentiation:

אָמַר רָבָא – **Rava said:** וְלָאו קַל וָחוֹמֶר הוּא – **But is there not a *kal vachomer*** argument that dictates otherwise? וּמָה נִדָּה – Consider: **If** we find concerning **a *niddah*** שֶׁאֵין תְּחִלַּת הַיּוֹם עוֹלָה לָהּ בְּסוֹפָהּ – **that** even though **the beginning of the** final **day does not count** as a full day **for her at the end of her [seven-day count],**[20] סוֹף הַיּוֹם עוֹלֶה לָהּ בִּתְחִלָּתָהּ – nevertheless **the end of**

NOTES

12. The fact that the Baraisa quotes R' Meir should not be taken as evidence of R' Elazar's disagreement. In fact, R' Elazar is in perfect consonance with R' Meir regarding the statements that follow (*Ritva*). He disputes R' Meir only with regard to the minimum number of days that can be regarded as a year.

13. See *Rabbeinu Hillel* and *Raavad* to *Toras Kohanim* on *Leviticus* 4:3; see *Rashash* here.

14. As the verse states when enumerating the sacrifices offered on the eighth day of the Inauguration of the Tabernacle (*Leviticus* 9:3): וְעֵגֶל וָכֶבֶשׂ בְּנֵי־שָׁנָה, *and a calf and a sheep in their first year* (*Rashi;* see *Toras Kohanim* to *Leviticus* 4:3).

[A "one-year-old" refers to an animal in its first year. Note, however, that no animal may be offered until after the eighth day following its birth, as per the verse (*Leviticus* 22:27): וּמִיּוֹם הַשְּׁמִינִי וָהָלְאָה יֵרָצֶה לְקָרְבַּן אִשֶּׁה, *and from the eight day onward it is desirable as a fire offering.* Moreover, certain offerings should ideally not come from animals aged less than thirty days (see Mishnah *Parah* 1:4; *Rambam, Maaseh HaKorbanos* 1:12).]

15. For, when referring to another of the offerings of the eighth Inauguration Day, the verse states (ibid. 9:2): קַח־לְךָ עֵגֶל בֶּן־בָּקָר לְחַטָּאת וְאַיִל לְעֹלָה תְּמִימִם, *Take for yourself a calf of the cattle for a chatas offering and a ram for an olah offering, they [shall be] unblemished. Toras Kohanim* (ibid.) notes that in stating that they must be unblemished, the verse lumps these offerings together (with the word תְּמִימִם, *they [shall be] unblemished*), and does not state the rule separately regarding each of them. *Toras Kohanim* deduces from this that the verse wishes to equate these offerings in other ways as well, such as in their age (*Rashi;* see also *Tosefta, Parah* 1:3). Thus, just as the term "ram" (אַיִל) denotes an animal in its second year (see following paragraph), so too does the phrase "a calf of the cattle" denote an animal in its second year (see *Hagahos HaBach; Korban Aharon* to *Toras Kohanim* ibid.).

This is the source that teaches that "ram" describes a two-year-old: From the verse *and a calf and a sheep in their first year* (cited in the previous note) we know that the Scriptural term כֶּבֶשׂ, *sheep,* refers to a one-year-old. Now, in Scriptural usage, a "ram" signifies an animal more mature than a "sheep" (see *Menachos* 91b). It follows that if a sheep is a one-year-old, a ram is a two-year-old (see *Hagahos HaBach* and *Korban Aharon* ibid.).

[With the term "two-year-old," the Baraisa means an animal in its second year. According to R' Meir, this is a calf aged one year and one day; according to R' Elazar, it is one aged one year and thirty days (*Chazon Ish, Parah* 1:5; see *Turei Even,* in the addendum printed at the end of the tractate; *Minchas Chinuch* §299, 1:1-4 in the *Mechon Yerushalayim* edition; see also *Tosafos* ד"ה בן כ"ד; see *Tiferes Yisrael, Parah* 1:30).]

16. I.e. whenever the Torah calls an animal a "bull," even if it adds the designation "of the cattle" (as in פַּר בֶּן בָּקָר), it refers to a three-year-old (*Rashi*).

In *Toras Kohanim* (ibid.) and in a Mishnah in *Parah* (1:2), R' Meir rules that three is only the *minimum* age for a bull; the term includes even older animals as well. However, R' Meir states there that it is a dishonor to the Holy to bring animals older than three full years as sacrifices (see *Rash* to the Mishnah, and *Raavad* and *Korban Aharon* to *Toras Kohanim;* see also *Mishneh LaMelech, Isurei Mizbe'ach* 2:6). [For other Tannaic opinions regarding the age of a "bull," see Mishnah *Parah* ibid.; *Toras Kohanim* ibid.; see also *Rambam, Maaseh HaKorbanos* 1:14.]

[Several commentators point out that with respect to sacrificial offerings, there is no more than one mention in all Scripture of "calf" and of "a calf of the cattle," each in one of the verses cited above (notes 14 and 15). Accordingly, it is difficult to understand the Baraisa's phrase "*Wherever* it is stated 'calf' in the Torah," which implies more than a single mention. One explanation is that this phrase applies only to the clause that discusses the term "bull," which does appear often in Scripture. Another explanation is that the Baraisa refers to the עֶגְלָה עֲרוּפָה, *the decapitated calf* (see *Deuteronomy* 21:1-9), which is described in the verse (*Deuteronomy* 21:3) as an עֶגְלַת בָּקָר, *a calf of the cattle,* and which must therefore be in its second year (see *Raavad* ibid.; *Beur HaGra* to *Tosefta, Parah* 1:1; *Chazon Ish* ibid.; see also *Rash* to Mishnah *Parah* 1:1; see also *Mishneh LaMelech, Parah Adumah* 1:1).]

17. Thus, with the passage of the first day in its third year, an animal is regarded as a three-year-old. R' Elazar, however, requires the passage of thirty days.

Tosafos and *Tos. HaRosh* suggest that during that first day (according to R' Meir), or during the first thirty (according to R' Elazar), the animal is in an intermediate stage; it is deemed neither a bull nor a "calf of the cattle."

[It should be noted that a single day (or thirty days) is considered a "year" only with regard to defining those Scriptural "years" that pertain to Torah law. With regard to contractual matters, however, we follow accepted terminology, by which "a year" means a full calendar year (*Rashba;* see *Tosafos; Tos. HaRosh; Ritva*).

18. At this point, the Gemara assumes that the Baraisa's thirty days represent the minimum number of days that can be regarded as a full year. It therefore states that the Baraisa cannot be in accord with R' Meir, since he judges even a lesser amount of days to be a year. The Gemara does not imagine, however, that the thirty days are needed for the plant to take root. For at this juncture the Gemara assumes that a plant begins to take root *at the moment* it is placed in the ground (*Chidushei HaRan;* see *Tosafos;* cf. *Ramban;* see 9b note 33; 10b note 12). Later, though, the Gemara will realize that a significant amount of time is actually required for a tree to take root (see 10b, note 3).

19. Such as the first day in the third year of a bull, which is the end of the three years required for a bull's validity [for sacrificial purposes] (*Rashi*).

[Our rendering of בְּסוֹף שָׁנָה as "at the end of [a series of] years" reflects the Gemara's plain meaning, and is in accordance with *Rashi's* reading in the text, which replaces the singular שָׁנָה (*year*) with the plural שָׁנִים (*years*). See *Rashash,* who also emends the Gemara in this manner.]

20. A *niddah* is a woman rendered *tamei* through her normal menstrual flow. By Biblical law, she counts seven days from the onset of her menses, and, provided she has ceased to menstruate, immerses in a *mikveh* after nightfall of the seventh day. She may not immerse while it is yet day on the seventh, but must wait until the day ends. For we do not regard a segment of the final day to be equivalent to the full day. This is known from the verse that states regarding a *niddah* (*Leviti-*

א ופירות נטיעה זו אסורין עד ט"ו בשבט אם לערלה ערלה ואם לרבעי רבעי מה"מ א"ר חייא בר אבא א"ר יוחנן ומטו בה משמיה דר' ינאי אמר קרא א) ובשנה הרביעית ובשנה החמישית פעמים שברביעית ועדיין אסורה משום ערלה ופעמי' שבחמישית ועדיין אסורה משום רבעי לימא דלא כר"מ דאי ר"מ הא אמר א) יום אחד בשנה חשוב שנה דתניא פר האמור בתורה סתם בן עשרים וארבעה חדש ויום אחד דברי ר"מ ר' אלעזר אומר בן עשרים וארבעה חדש ול' יום שהיה ר"מ אומר ב כל מקום שנאמר עגל בתורה סתם בן שנה בן בקר בן שתים פר בן שלש אפילו תימא ר"מ כי קאמר ר"מ יום אחד בשנה חשוב שנה בסוף שנה אבל בתחלת שנה לא אמר רבא ולאו ק"ו הוא ומה נדה שאין תחילת היום עולה לה בסופה סוף היום עולה לה בתחלתה שנה שיום אחד עולה לה בסופה אינו

רש"י

ופירות נטיעה זו אסורים כו'. ואף על פי שאמרנו עלתה לו שנה אם חנטו בה פירות לאחר ר"ה של שנה (א) שלישית מיד עדיין אסורין הן עולמית משום ערלה שאע"פ שר"ה תשרי לנטיעה ט"ו בשבט ר"ה לאילן וזו כבר נעשית אילן לפיכך אין שנתה מתחדשת לצאת מידי ערלה עד ט"ו בשבט אבל משם ולהלן אם יחנטו בה פירות דין רבעי עליהם לאכול בירושלים ובט"ו לשנה הבאה יצאו מידי רבעי פירות החנוטים בה מכאן ואילך לכך הועילו לה ל' שלפני ר"ה שממהר התירה מט"ו בשבט ועד ר"ה: **מנא הני מילי.** ששנות ערלה ורבעי נמשכין לאסור פירות החנוטים קודם ט"ו בשבט לאחר שכלו שלשת שני ערלה: **ומטו בה.** יש מטין ומכריעין בשמועה זו לאומרה משמיה דרבי ינאי: **ובשנה הרביעית.** וי"ו מוסיף על ענין ראשון יהיה לכם ערלים אף בתוך שנה הרביעית: **ובשנה החמישית.** תאכלו את פריו מוסיף על ענין רבעי דסליק מיניה: **פעמים שברביעית.** כגון אם מיהרו פירותיו לחנוט ברביעית לפני שבט ועדיין אסורים משום ערלה אסורין בהנאה עולמית: **פעמים שבחמישית כו'.** כגון פירות שחנטו בה קודם שבט טעונין חלול אבל אם איחרה חניטתה עד לאחר ט"ו בשבט אין בהן איסור: **נימא.** הא דקתני לעיל פחות מל' יום לא עלתה לו שנה דלא כרבי מאיר: **עגל בן שנה.** דכתיב (ויקרא ט) עגל וכבש בני שנה: **בן בקר.** של שמיני למלואים שנאמר (שם) קח לך עגל בן בקר לחטאת: **בן שתים.** שנאמר קח לך עגל בן בקר ואיל לעולה תמימים והכי תניא לה בתורת כהנים השוה בן בקר ואיל לעולה תמימים אף בשנים (ב): **פר.** אפילו כתב פר בן בקר לא נקרא פר בפחות מג' שנים: **כי קאמר ר"מ בסוף שנים.** כגון יום אחד בשנה שלישית שהוא סוף הכשר שנותיו של פר: **אבל בתחילת שנים.** כגון שנה ראשונה של נטיעה שהיא תחילת מנין שני ערלה לא אמר: **ומה נדה שאין תחלת היום עולה לה בסופה.** שנאמר (שם טו) שבעת ימים תהיה בנדתה תהא בנדתה כל ז' ולא תאמר מקצת יום שביעי ככולו ותטבול ביום: **סוף היום עולה לה בתחלתה.** שאם ראתה סמוך לשקיעת החמה עולה לה יום זה בז' ימי נדה ואינה צריכה למנות אלא ו' והוא ובנדה דאורייתא קאמר שאינה זקוקה לנקיים שלא הצריכה תורה ספירת ז' נקיים אלא לזבה אבל לנדה אפי' ראתה כל ז' ופסקה עם שקיעת החמה טובלת לערב ומיהו עכשיו החמירו בנות ישראל על עצמם להחזיקן בספק זיבות לטעון ז' נקיים בלא דם ואין יום שפוסקת בו עולה לה למנין ז' והרבה טעו בשמועה זו ללמוד מכאן לספור יום שפוסקת בו למנין ז' נקיים שהיו מפרשים סוף היום עולה לה בתחלתה דסוף יום שפוסקת בו עולה לה ראשון לז' נקיים וזו מדת בנות כותיים הוא ששנינו בהן (נדה דף לג.) יום שפוסקת בו סופרת למנין ז': **ה"ג שנים שיום אחד עולה להם בסופו כו'.** שנים הקצובין לכל דבר שיום אחד עולה להן בתחלת שנה אחרונה בסוף שנים הקצובות לדבר: **אינו**

תוספות

ופירות נטיעה זו אסורין עד ט"ו בשבט. דנהי דלנטיעה ר"ה תשרי לענין ערלה לאילן מיהא ט"ו בשבט כדדריש רבי ינאי מדכתיב ובשנה הרביעית ובשנה החמישית והא דקבעי שבט ר"ה הואיל ויצאו רוב גשמי שנה כדאמרינן לקמן (דף יד.) מ"מ נפקא מינה במאי דתשרי ר"ה לענין נוטע ל' יום לפני ר"ה דעלתה לו שנה ולא אזלינן בתר ט"ו בשבט למנות ל' יום לפני ט"ו בשבט ויש הלכות גדולות שכתוב בהם ופירות שנה רביעית בתר דפריק להו אסורין עד דנפקא ועיילא חמישית ושבוש הוא דבהני לא איירי בשמעתין כלל דאותן שחנטו ברביעית קודם ט"ו בשבט אסורין לעולם והחנוטין ברביעית אחר ט"ו בשבט שרו לאחר פדייה לאלתר ג) ובהג"ה של אספמיא כתוב ופירי דפרדס דשנת ארבע אסירי עד דפריק להו:

הא ג) אמרי' יום אחד בשנה חשוב שנה. השתא לא ידע הא דמסקינן לבסוף דל' לקליטה:

בן כ"ד חדש ויום אחד. סתם פר בן שלש כדקתני סיפא והאי יום אחד משום דיום אחד בשנה חשוב שנה ולר"א ל' וכל אותו יום ל' אין דינו לא כבן בקר ולא כפר מידי דהוה אפלגס בסוף פ"ק דחולין (ד' כג. ושם) דאיצטריך או לרבויי ושמא התם שאני מדקתני בפ"ק דפרה (משנה ג) דבן י"ג חדש אינו כשר לא לאיל ולא לכבש ולא קתני הכי גבי פר ולא לכל מילי אמרינן דיום אחד בשנה חשוב שנה דיש דברים דאפילו מעט לעת בעינן כדתנן בפ' יוצא דופן (נדה ד' מה.) בן ט' שנים ויום אחד בן י"ג שנה ויום אחד בת י"ב שנה ויום אחד דאותו יום אחד כדי להשלים מעת לעת דבבת ג' שנים ויום אחד פליגי תנאי בגמ' (שם ד' מד:) דלר"מ אפי' בבת שתי שנים ויום אחד מתקדשת בביאה דככבת ג' שלימות דמיא דיום אחד חשוב שנה וחכמים בעו בת ג' ויום אחד מעת לעת בעינן:

עגל סתם בן שנה בן בקר בן שתים פר בן ג'. ע"כ בן בקר בן שתים דקאמרינן היינו עגל בן בקר ולא פר בן בקר כדמוכח בתורת כהנים גבי פר כהן משיח דתניא פר יכול אפילו זקן ת"ל בן אי בן יכול קטן ת"ל פר הא כיצד בן ג', כדברי חכמים ר"מ אומר אף בן ארבע בן חמש כשרים ותימה דתנן בפ"ק דפרה (משנה ג) ר' יוסי הגלילי אומר פרים בני שתים שנאמר ופר שני בן בקר תקח לחטאת וחכ"א אף בני ג' ר"מ אומר אף בני ארבעה וחמשה כשרים אלמא מכשיר ר"מ בפר אפילו בני שתי שנים דהא מוסיף אדרבי יוסי הגלילי והכא משמע מדעגל בן בקר לר"מ בן שנים פר בן בקר בן ג' אבל פחות מבן ג' לא וצ"ל דאף דקאמר ר"מ במסכת פרה (שם) ארבנן קאי ולא אר' יוסי הגלילי ובתורת כהנים מתני דר' יוסי הגלילי בתר מילתא דר"מ וחכמים ורבנן דהתם לאו רבנן דפרה:

ולאו ק"ו הוא ומה נדה. מריש פירקין ל"ק מידי כדפרישית התם (ד' ב: ד"ה אבל):

שנים שיום אחד עולה להם בתחילתן אינו דין שיום אחד עולה להם בסופן. הא תחלתן היינו תחילת שנה וסוף חשבון והאי סופן היינו סוף שנה ותחילת חשבון וא"ת וזה תוכיח שהיא איפכא מנדה שאין סוף היום עולה לה בתחילתה שזהו מנהג כותים כדאיתא בריש פרק בנות כותים (נדה ד' לג. ושם) דיום שפוסקת בו סופרתו למנין ז' דלא"ג דפריך עלה אנן נמי נספריה לא קיימא לן הכי מדפריך בפרק בתרא דנדה (ד' סט.) ורב כותאי אמרה לשמעתיה ואפ"ה תחילת היום עולה בסופה לר' יוסי בפרק כיצד צולין (פסחים ד' פא.) דאמרינן מקצת היום ככולו דלא מצי למשכח טומאת התהום דזבה משום דאין סותרת למפרע ואינה מטמאה אלא מכאן ולהבא וזבה גדולה נמי לא משכחת אלא בשופעת או ברואה שני בין השמשות וצ"ל דהאי ק"ו דהכא לרבנן ולא לרבי יוסי מיהו אפילו לרבנן קשיא דנהי נמי דלרבי חזיא בשביעי מטמאה למפרע מ"מ כיון דשריא לשמש לאחר טבילה מיד מדאורייתא אי לאו משום דאסרו רבנן שמא תבא לידי ספק כדאמרינן בפרק בתרא דנדה (ד' עב. ושם) ע"כ עולה לה תחלת היום דאי לאו הכי וספרה לה ז' ימים ואחר תטהר אמר רחמנא (ויקרא טו) וליכא ונראה דלא דמיא זבה לנדה דהא לאימים נקיים קפיד רחמנא והיאך יעלה סוף היום והרי אין יום זה טהור דכבר ראתה ואע"פ דבשומרת יום סוף היום עולה כמו שאפרש שאני התם דספירת אחד לאחד נפקא לן בסוף נדה (דף עג.) מדכתיב יהיה אבל הכא אחר תטהר כתיב דדרשינן שלא תהא טומאה מפסקת אבל תחלת היום דין הוא שיעלה בסופה דכל כמה דלא ראתה הרי הוא טהור וא"ת ואמאי דחיק לאשכוחי זבה גמורה לר' יוסי ברואה בשתי בין השמשות הא משכחת לה ברואה בלילות דספירה היא דלאיתא בפ"ב דמגילה (ד' כ. ושם) וי"ל דדחיק אזבה בימימי משום דכתיב כל ימי זובה דמהאי טעמא א"ל ר' שמעיה לר' אבא בסוף נדה (שם) אימא בימימי תהו זבה בלילות תהו ובפ"ק דהוריות (ד' ד.) נמי גבי צדוקים דאמר זבה לא הוי אלא בימימא ומיהו לא יתכן דאם כן הוה ליה לפרושי ולימא זבה בימימי היכי משכחת לה ועוד דכי משני דרואה

מסורת הש"ס

א) [לעיל ב: וש"נ], ב) צ"ל וכה"ג, ג) צ"ל אמר.

הגהות הב"ח

(א) רש"י ד"ה ופירות כו' של שנה הרביעית מיד. נ"ב כלומר קודם ט"ו בשבט: (ב) ד"ה בן שתים כו' אף בשנים. נ"ב פי' מדלא כתיב תמים בכל אחד ואחד וכתיב תמימים משמע שהשוה אותם לגמרי דכשם שהשוה אותם בתמות השוה אותם אף בשנים ואיל בן שתי שנים דמדכתב בן שנה איל בן שתי שנים הוא אף עגל בן בקר בן שתים וכ"ה להדיא בתורת כהנים תמים תמימים אף בשנים ע"ש דף י':

תורה אור השלם

א) וּבַשָּׁנָה הָרְבִיעִת יִהְיֶה כָּל פִּרְיוֹ קֹדֶשׁ הִלּוּלִים לַייָ: וּבַשָּׁנָה הַחֲמִישִׁת תֹּאכְלוּ אֶת פִּרְיוֹ לְהוֹסִיף לָכֶם תְּבוּאָתוֹ אֲנִי יְיָ אֱלֹהֵיכֶם: [ויקרא יט, כד - כה]

ליקוטי רש"י

כל מקום שנאמר בתורה עגל סתם בן שנה הוא. דיליף מועגל וכבש [בני] שנה [סוטה מו.].

עין משפט נר מצוה

נב א מיי' פ"ט מהל' נטע רבעי הל' ו הל' י סמג עשין קלו טוש"ע י"ד סי' רצד סעי' ד ה:

נג ב מיי' פ"א מהל' מעשה הקרבנות הל' יד סמג עשין קפג:

רבינו חננאל

עלתה לו שנה ומותר לקיימן בשביעית. פחות מכאן לא עלתה לו שנה ואסור לקיימן בשביעית ופירות נטיעה זו אסורין עד יום ט"ו בשבט אם לערלה ערלה אם לרבעי רבעי. מנ"ל דכתיב שלש שנים יהיה לכם ערלים לא יאכל. ובשנה הרביעית יהיה כל פריו. מדקא מסיק לא יאכל ובשנה הרביעית ולא מפסיק הי ניהו שמעינן מינה פעמים שבא רביעית ואסורין משום ערלה. כגון שנטע פחות מל' יום לפני ר"ה. והא דתנן רבנן דלא כר' מאיר. דאי ר' מאיר האמר יום אחד בשנה חשוב שנה. דתניא פר האמור בתורה סתם בן עשרים וארבעה חדש ויום אחד דברי ר' מאיר. ודחינן אפילו תימא ר"מ לא אמר ר"מ יום אחד בשנה [חשוב] שנה אלא בסוף שנה כגון בן כ"ד חדש ויום אחד תחשוב לו יום להשלימו שלש שנים. אבל בתחלת שנים כגון האי נטיעה וכיוצא בה שלשים יום בעי לעלות לו שנה. אמר רבא [ולאו] ק"ו ומה נדה שאין תחלת היום עולה לה בסופה. פי' יום שביעי לנדתה (כל שבעה) א) כל יום השביעי ולא אמרינן מקצת היום ככולו. ואמרינן מקצת היום ככולו בתחלת נדתה שאם ראתה שעה אחת מן היום משלמת ז' ימים אחרים וטהורה היא שיום אחד עולה לה ב) בסוף שניו

חשק שלמה על ר"ח

א) אולי צ"ל דכתיב שבעת ימים תהיה בנדתה תהא בנדתה כל שבעה כל יום כו'. ב) נראה דחסר כאן וצ"ל עולה לה בסופה שנים שיום אחד עולה להם בסוף השנים וכו'.

the first **day does count** as a full day **for her at the beginning of her [count],**[21] שָׁנָה – then in the case of a series of **years,** שֶׁיּוֹם אֶחָד עוֹלֶה לָהּ בְּסוֹפָהּ – **where a single day does count** as a full year **for [the series] at its end,**[22]

NOTES

cus 15:19): שִׁבְעַת יָמִים תִּהְיֶה בְנִדָּתָהּ, *seven days she shall be in her state of separation.* The seeming superfluity of the phrase *she shall be* teaches that she shall remain in her state of separation for a full seven days (*Rashi;* see *Pesachim* 90b with *Rashi* ד״ה תהיה). We see that at the end of a *niddah's* count, the beginning of the final day is not regarded as a full day.

21. The law is that even if the *niddah's* flow commenced shortly before sunset, that day will count as the first of the seven. She need count only six more days, and she may immerse (*Rashi*). We see that at the beginning of a *niddah's* count, a part of the day *is* regarded as a full day.

[*Rashi* points out that this applies only to a Biblical *niddah,* who is not required to count seven days free of discharge, but immerses seven days after her initial discharge (so long as her flow has ceased), even if she continued to see blood throughout the seven days. In this regard, the law of a *niddah* is unlike that of a *zavah,* i.e. a woman contaminated through discharge of uterine blood in the eleven days that follow her seven-day *niddah* period, for a *zavah* must count seven days free of discharge ("clean" days), and may *not* count the fragment of the day that remains after flow ceases as her first clean day (see *Niddah* 33a). By Rabbinic law we treat every *niddah* as a *zavah;* thus, a *niddah* must count seven clean days before immersing (see *Niddah* 66a; *Yoreh Deah* 183:1), and may not count a fragment of the first day as one of the seven. *Rashi* notes that many misconstrue our Gemara as permitting a *zavah* (or a present-day *niddah*) to count the remainder of the day the flow ceases as one of the seven clean days – this is, in fact, expressly forbidden in *Niddah* 33a, where the Gemara identifies Cuthean women with this erroneous custom.]

22. I.e. when a set number of years are needed for some purpose [e.g. to validate a sacrificial bull], the first day of the final year counts as a full year (*Rashi*).

(א) ופירות נטיעה זו אסורין עד ט"ו בשבט אם לערלה ערלה ואם לרבעי רבעי מה"מ א"ר חייא בר אבא א"ר יוחנן ומטו בה משמיה דר' ינאי אמר קרא (א) ובשנה הרביעית ובשנה החמישית פעמים שברביעית ועדיין אסורה משום ערלה ופעמי' שבחמישית ועדיין אסורה משום רבעי לימא דלא כר"מ דאי ר"מ הא אמר (א) יום אחד בשנה חשוב שנה דתניא פר האמור בתורה סתם בן עשרים וארבעה חדש ויום אחד דברי ר"מ ר' אלעזר אומר בן עשרים וארבעה חדש ול' יום שהיה ר"מ אומר (ב) כל מקום שנאמר עגל בתורה סתם בן שנה בן בקר בן שתים פר בן שלש אפילו תימא ר"מ כי קאמר ר"מ יום אחד בשנה חשוב שנה בסוף שנה אבל בתחלת שנה לא אמר רבא ולאו ק"ו הוא ומה נדה שאין תחילת היום עולה לה בסופה סוף היום עולה לה בתחלתה שנה שיום אחד עולה לה בסופה אינו

רש"י

ופירות נטיעה זו אסורים כו'. ואף על פי שאמרנו עלתה לו שנה אם חנטו בה פירות לאחר ר"ה של שנה (א) שלישית מיד עדיין אסורין הן עולמית משום ערלה שאע"פ שר"ה תשרי לנטיעה ט"ו בשבט ר"ה לאילן הוא הלכך נעשית אילן לפיכך אין שנתה מתחדשת לצאת מידי ערלה עד ט"ו בשבט אבל משם והלאה אם יחנטו בה פירות דין רבעי עליהם לאכול בירושלים ובט"ו לשנה הבאה יצאו מידי רבעי פירות החנוטים בה מכאן ואילך לכך הועילו לה ל' שלפני ר"ה שממהר התירה מט"ו בשבט ועד ר"ה: מנא הני מילי. שנות ערלה ורבעי נמשכין לאסור פירות החנוטים קודם ט"ו בשבט לאחר שכלו שלשת שני ערלה: ומטו בה. יש מטין ומכריעין בשמועה זו לאומרה משמיה דרבי ינאי: ובשנה הרביעית. וי"ו מוסיף על ענין ראשון יהיה לכם ערלים אף בתוך שנה הרביעית: ובשנה החמישית. תאכלו את פריו מוסיף על ענין רבעי דסליק מיניה: פעמים שברביעית. כגון אם מיהרו פירותיו לחנוט ברביעית לפני שבט ועדיין אסורים משום ערלה אסורין בהנאה עולמית: פעמים שבחמישית כו'. כגון פירות שחנטו בה קודם שבט טעונין חלול אבל אם איחרה חניטתה עד לאחר ט"ו בשבט אין בהן איסור: נימא. הא דקתני לעיל פחות מל' יום לא עלתה לו שנה דלא כרבי מאיר: עגל בן שנה. דכתיב (ויקרא ט) עגל וכבש בני שנה: בן בקר. של שמיני למלואים שנאמר (שם) קח לך עגל בן בקר לחטאת: בן שתים. שנאמר קח לך עגל בן בקר ואיל לעולה תמימים והכי תניא לה בתורת כהנים השוה בן בקר ואיל לעולה תמימים אף בשנים (ב): פר. אפילו כתב פר בן בקר לא נקרא פר בפחות מג' שנים: כי קאמר ר"מ בסוף שנים. כגון יום אחד בשנה שלישית שהוא סוף הכשר שנותיו של פר: אבל בתחילת שנים. כגון שנה ראשונה של נטיעה שהיא תחילת מנין שני ערלה לא אמר: ומה נדה שאין תחלת היום עולה לה בסופה. שנאמר (שם טו) שבעת ימים תהיה בנדתה תהא בנדתה כל ז' ולא תאמר מקצת יום שביעי ככולו ותטבול ביום: סוף היום עולה לה בתחלתה. שאם ראתה סמוך לשקיעת החמה עולה לה יום זה בז' ימי נדה ואינה צריכה למנות אלא ו' והוא ובנדה דאורייתא קאמר שאינה זקוקה לנקיים שלא הצריכה תורה ספירת ז' נקיים אלא לזבה אבל לנדה אפי' ראתה כל ז' ופסקה עם שקיעת החמה טובלת לערב ומיהו עכשיו החמירו בנות ישראל על עצמם להחזיקן בספק זיבות לטעון ז' נקיים בלא דם ואין יום שפוסקת בו עולה לה למנין ז' והרבה טעו בשמועה זו ללמוד מכאן לספור יום שפוסקת בו למנין ז' נקיים שהיו מפרשים סוף היום עולה לה בתחלתה דסוף יום שפוסקת בו עולה לה ראשון לז' נקיים וזו מדת בנות כותיים הוא ששנינו בהן (נדה דף לג.) יום שפוסקת בו סופרת למנין ז': ה"ג שנים שיום אחד עולה להם בסופו כו'. שנים הקצובין לכל דבר שיום אחד עולה להן בתחלת שנה אחרונה בסוף שנים הקצובות לדבר: אינו

תוספות

ופירות נטיעה זו אסורין עד ט"ו בשבט. דנהי דלנטיעה ר"ה תשרי לענין ערלה לאילן מיהא ט"ו בשבט כדדריש רבי ינאי מדכתיב ובשנה הרביעית ובשנה החמישית והא דקבעי שבט ר"ה הואיל ויצאו רוב גשמי שנה כדאמרינן לקמן (דף יד.) מ"מ נפקא מינה במאי דתשרי ר"ה לענין נוטע ל' יום לפני ר"ה דעלתה לו שנה ולא אזלינן בתר ט"ו בשבט למנות ל' יום לפני ט"ו בשבט ויש הלכות גדולות שכתוב בהם ופירות שנה רביעית בתר דפריק להו אסורין עד דנפקא ועיילא חמישית ושבוש הוא דבהכי לא איירי בשמעתין כלל דאותן שחנטו ברביעית קודם ט"ו בשבט אסורין לעולם והחנוטין ברביעית אחר ט"ו בשבט שרו לאחר פדייה (ג) ובהג"ה של אספמיא כתוב ופירי דפרדס דשנת ארבע אסירי עד דפריק להו:

הא (ג) אמרי' יום אחד בשנה חשוב שנה. השתא לא ידע הא דמסקינן לבסוף דל' לקליטה:

בן כ"ד חדש ויום אחד. סתם פר בן שלש כדקתני סיפא והאי יום אחד משום דיום אחד בשנה חשוב שנה ולר"א ל' וכל אותו יום ל' אין דינו לא כבן בקר ולא כפר מידי דהוה אפלגס בסוף פ"ק דחולין (ד' כג. ושם) דאיצטריך או לרבויי ושמא התם שאני מדקתני בפ"ק דפרה (משנה ג) דבן י"ג חדש אינו כשר לא לאיל ולא לכבש ולא קתני הכי גבי פר ולא לכל מילי אמרינן דיום אחד בשנה חשוב שנה דיש דברים דאפילו מעת לעת בעינן כדתנן בפ' יוצא דופן (נדה ד' מה.) בן ט' שנים ויום אחד בן י"ג שנה ויום אחד בת י"ב שנה ויום אחד דאותו יום אחד כדי להשלים מעת לעת דבבת ג' שנים ויום אחד פליגי תנאי בגמ' (שם ד' מד:) דלר"מ אפי' בבת שתי שנים ויום אחד מתקדשת בביאה דכבת ג' שלימות דמיא דיום אחד חשוב שנה וחכמים בעו בת ג' ויום אחד דמעת לעת בעינן:

עגל סתם בן שנה בן בקר בן שתים פר בן ג'. ע"כ בן בקר בן שתים דקאמרינן היינו עגל בן בקר ולא פר בן בקר כדמוכח בתורת כהנים גבי פר כהן משיח דתניא פר יכול אפילו זקן ת"ל בן אי בן יכול קטן ת"ל פר הא כילד בן ג' כדברי חכמים ר"מ אומר אף בן ארבע בן חמש כשרים ותימה דתנן בפ"ק דפרה (משנה ג) ר' יוסי הגלילי אומר פרים בני שתים שנאמר ופר שני בן בקר תקח לחטאת וחכ"א אף בני ג' ר"מ אומר אף בני ארבעה וחמשה כשרים אלמא מכשיר ר"מ בפר אפילו בני שתי שנים דהא מוסיף ארבי יוסי הגלילי והכא משמע מדעגל בן בקר לר"מ בן שנים פר בן בקר בן ג' אבל פחות מבן ג' לא וי"ל דאף דקאמר ר"מ במסכת פרה (שם) ארבנן קאי ולא אר' יוסי הגלילי ובתורת כהנים מתני דר' יוסי הגלילי בתר מילתא דר"מ וחכמים ורבנן דהתם לאו רבנן דפרה:

ולאו ק"ו הוא ומה נדה. מרש פירקין ל"ק מידי כדפרישית התם (ד' ב: ד"ה אבל):

שנים שיום אחד עולה להם בתחילתן אינו דין שיום אחד עולה להם בסופן. האי תחילתן היינו תחילת שנה וסוף חשבון והאי סופן היינו סוף שנה ותחילת חשבון וא"ת זבה תוכיח שהיא איפכא מנדה שאין סוף היום עולה לה בתחילתה שזהו מנהג כותים כדאיתא בריש פרק בנות כותים (נדה ד' לג. ושם) דיום שפוסקת בו סופרתו למנין ז' דאע"ג דפריך עלה אנן נמי נספריה לא קיימא לן הכי מדפריך בפרק בתרא דנדה (ד' סט.) ורב ככותאי אמרה לשמעתיה ואפ"ה תחילת היום עולה בסופה לר' יוסי בפרק כילד צולין (פסחים ד' פא.) דאמרינן מקצת היום ככולו דלא מצי למשכח טומאת התהום דזבה משום דאין סותרת למפרע ואינה מטמאה אלא מכאן ולהבא וזבה גדולה נמי לא משכחת אלא בשופעת או ברואה שני בין השמשות וי"ל דהאי ק"ו דהכא לרבנן ולא לרבי יוסי מיהו אפילו לרבנן קשיא דנהי נמי דלכי חזיא בשביעי מטמאה למפרע מ"מ כיון דשריא לשמש לאחר טבילה מיד מדאורייתא אי לאו משום דאסרו רבנן שמא תבא לידי ספק כדאמרינן בפרק בתרא דנדה (ד' עב. ושם) ע"כ עולה לה תחלת היום דאי לאו הכי וספרה לה ז' ימים ואחר תטהר אמר רחמנא (ויקרא טו) וליכא ונראה דלא דמיא זבה להני דהא אימים נקיים קפיד רחמנא והיאך יעלה סוף היום והרי אין יום זה טהור דכבר ראתה ואע"פ דבשומרת יום סוף היום עולה כמו שאפרש שאני התם דספירת אחד לאחד נפקא לן בסוף נדה (דף עג.) מדכתיב יהיה אבל הכא אחר תטהר כתיב דדרשינן שלא תהא טומאה מפסקת אבל תחלת היום דין הוא שיעלה בסופה דכל כמה דלא ראתה הרי הוא טהור וא"ת ואמאי דחיק לאשכוחי זבה גמורה לר' יוסי ברואה בשתי בין השמשות הא משכחת לה ברואה בלילות דספירת לילה לאו ספירה היא כדאיתא בפ"ב דמגילה (ד' כ. ושם) וי"ל דדחיק אזבה ביממי משום דכתיב כל ימי זובה דמהאי טעמא א"ל ר' שמעיה לר' אבא בסוף נדה (שם) אימא ביממי תהוי זבה בלילות תהוי נדה ובפ"ק דהוריות (ד' ד.) נמי גבי צדוקים דאמר זבה לא הוי אלא ביממא ומיהו לא יתכן דאם כן הוה ליה לפרושי ולימא זבה ביממי היכי משכחת לה ועוד דכי משני

דרואה

מסורת הש"ס

א) [לעיל ב: וש"נ], ב) צ"ל וכה"ג, ג) צ"ל אמר.

הגהות הב"ח

(א) רש"י ד"ה ופירות כו' של שנה הרביעית מיד. נ"ב כלומר קודם ט"ו בשבט: (ב) ד"ה בן שתים כו' אף בשנים. נ"ב פי' מדלא כתיב תמים בכל אחד ואחד וכתיב תמימים משמע שהשוה אותם לגמרי דכשם שהשוה אותם בתמות השוה אותם אף בשנים ואיל בן שתי שנים דמדכבש בן שנה איל בן שתי שנים הוא אף עגל בן בקר בן שתים וכ"א להדיא בתורת כהנים תמים תמימים אף בשנים ע"ש דף י':

תורה אור השלם

א) וּבַשָּׁנָה הָרְבִיעִת יִהְיֶה כָּל פִּרְיוֹ קֹדֶשׁ הִלּוּלִים לַייָ: וּבַשָּׁנָה הַחֲמִישִׁת תֹּאכְלוּ אֶת פִּרְיוֹ לְהוֹסִיף לָכֶם תְּבוּאָתוֹ אֲנִי יְיָ אֱלֹהֵיכֶם: [ויקרא יט, כד - כה]

ליקוטי רש"י

כל מקום שנאמר בתורה עגל סתם בן שנה הוא. דיליף מועגל וכבש (כן) [בני] שנה [סוטה מו.]

עין משפט נר מצוה

נב א מיי' פ"ט מהל' נטע רבעי הל' ו הל' י סמג עשין קלט טוש"ע י"ד סי' רלד סעי' ד ה:

נג ב מיי' פ"א מהל' מעשה הקרבנות הל' יד סמג עשין קפג:

רבינו חננאל

עלתה לו שנה ומותר לקיימן בשביעית. פחות מכאן לא עלתה לו שנה ואסור לקיימן בשביעית ופירות נטיעה זו אסורין עד יום ט"ו בשבט אם לערלה ערלה אם לרבעי רבעי. מנ"ל דכתיב שלש שנים יהיה לכם ערלים לא יאכל. ובשנה הרביעית יהיה כל פריו. מדקא מסיק לא יאכל ובשנה הרביעית ולא מפסיק הי ניהו שמעינן מינה פעמים שבא רביעית ואסורין משום ערלה. כגון שנטע פחות ל' יום לפני ר"ה. והא דתנו רבנן דלא כר' מאיר. דאי ר' מאיר האמר יום אחד בשנה חשוב שנה. דתניא פר האמור בתורה סתם בן עשרים וארבעה חדש ויום אחד דברי ר' מאיר. ודחינן אפילו תימא ר"מ לא אמר ר"מ יום אחד בשנה [חשוב] שנה אלא בסוף שנה כגון בן כ"ד חדש ויום אחד תחשוב לו יום להשלימו שלש שנים. אבל בתחלת שנים כגון האי נטיעה וכיוצא בה שלשים יום בעי לעלות לו שנה. אמר רבא [ולאו] ק"ו ומה נדה שאין תחלת היום עולה לה בסופה. פי' יום שביעי לנדתה (כל שבעה) א) כל יום השביעי ולא אמרינן מקצת היום ככולו. ואמרינן מקצת היום ככולו בתחלת נדתה שאם ראתה שעה אחת מן היום משלמת ו' ימים אחרים וטהורה היא שיום אחד עולה לה ב) בסוף שניו

חשק שלמה על ר"ח

א) אולי צ"ל דכתיב שבעת ימים תהיה בנדתה תהא בנדתה כל שבעה כל יום כו'. ב) נראה דחסר כאן וצ"ל עולה לה בסופה שנים שיום אחד עולה לה בסוף השנים וכו'.

עין משפט נר מצוה

נד א מיי' פ"ג מהל' שמיטין הל' יא סמג לאוין רסו:

נה ב ג מיי' שם ומיי' פ"ט מהל' נטע רבעי סמג עשין קלו טוש"ע י"ד סי' רצד סעיף ד:

נו ד מיי' פ"ט מהל' נטע רבעי הל' ח טוש"ע שם:

תורה אור השלם

א) וַיְהִי בְּאַחַת וְשֵׁשׁ מֵאוֹת שָׁנָה בָּרִאשׁוֹן בְּאֶחָד לַחֹדֶשׁ חָרְבוּ הַמַּיִם מֵעַל הָאָרֶץ וַיָּסַר נֹחַ אֶת מִכְסֵה הַתֵּבָה וַיַּרְא וְהִנֵּה חָרְבוּ פְּנֵי הָאֲדָמָה: [בראשית ח, יג]

רבינו חננאל

לא כ"ש שיהיה יום אחד עולה לו בתחלת שניו. אלא זו הברייתא למי הוא לר' אלעזר פר האמור בתורה בן כ"ד חדש (ושלשה) [ושלשים] יום. א) שלשים ושלשים בעי דתניא אין נוטעין ואין מרכיבין ערב שביעית פחות משלשים יום לפני ר"ה. ואם נטע והבריך והרכיב יעקור ר' יהודה אומר כל הרכבה שאינה קולטת לג' ימים שוב אינה קולטת. ר' יוסי ור' שמעון אומר' ב' שבתות ואמר רב נחמן לדברי האומרים שלשים לקליטה כלומר שישרש הנטע צריך אחר שישריש שלשים יום אחרים לעלות לו שנה. עכשיו ר' אלעזר אי סבר כר' מאיר דאמר בעינן ל' יום לקליטה בעי ל' יום אחרים לעלות לו שנה. ואי כרבי יהודה ס"ל ל"ג הוו ליה למיתנא. אלא לעולם הא דת"ר אחד הנוטע ואחד המבריך כר' מאיר היא. וכי קתני שלשים לפני ר"ה עלתה לו שנה לקליטה. אבל (א') [לעלות] לו שנה בשני ערלה יום אחד די לו. והא דלא קתני ל"א יום דסבר יום שלשים עולה לכאן ולכאן. א"ר יוחנן שניהם מקרא אחד דרשו. ויהי באחת ושש מאות שנה בראשון באחד לחדש ר' מאיר סבר מדאכתי יום אחד הוא דעייל בשנה וקרי ליה שנה ש"מ יום אחד בשנה חשוב שנה. ור' אלעזר אי כתב בשש מאות ואחת שנה כדקאמרת. אלא אחת אשש מאות קאי ומדיום אחד בחדש חשוב חדש חדש למנויו ושנה למנויה. מכלל דר' מאיר ור' אלעזר כר' יהושע סבירא להו דאמר בניסן נברא העולם תניא ר' אליעזר אומר בתשרי נברא העולם בתשרי נולדו אבות בתשרי מתו אבות בפסח נולד יצחק בר"ה נפקדה שרה רחל וחנה בר"ה.

חשק שלמה על ר"ח

א) נראה דל"ל ופרכינן אי הכי שלשים וכו'.

אינו דין שיום אחד עולה בתחלתה ואלא מאי ר"א שלשים ושלשים בעי דתנן א) אין נוטעין ואין מבריכין ואין מרכיבין ערב שביעית פחות מל' יום לפני ר"ה ואם נטע והבריך והרכיב יעקור (ג) דברי ר' אליעזר ר"י אומר ג) כל הרכבה שאינה קולטת בג' ימים שוב אינה קולטת רבי יוסי ור"ש אומרים ב) שתי שבתות ואמר רב נחמן אמר רבה בר אבוה לדברי האומר ל' צריך ל' ושלשים לדברי האומר שלשה צריך שלשה ושלשים ג) לדברי האומר ב' שבתות צריך שתי שבתות ושלשים יום וא"נ כר' יהודה ס"ל ג' ושלשים בעי אלא לעולם ר"מ וכי קאמר ל' לקליטה אי הכי ל"א בעי קא סבר יום ל' עולה לכאן ולכאן א"ר יוחנן ושניהן מקרא אחד דרשו א) ויהי באחת ושש מאות שנה בראשון באחד לחדש ר"מ סבר מדאכתי יום אחד הוא דעייל בשנה וקא קרי לה שנה שמע מינה יום אחד בשנה חשוב שנה ואידך אי כתיב בשש מאות ואחת שנה כדקאמרת השתא דכתיב באחת ושש מאות שנה אשש מאות קאי ומאי אחת אתחלתא דאחת קאמר ור"א מ"ט דכתיב בראשון באחד לחדש מדאכתי יום אחד הוא דעייל בחדש וקא קרי ליה חדש ש"מ יום אחד בחדש חשוב חדש ומדיום אחד בחדש חשוב חדש ד) ד"ל יום בשנה חשובין שנה וחדש למנויו ושנה למנוייה (מכלל דתרווייהו סבירא להו בניסן נברא העולם) תניא ה) רבי אליעזר אומר בתשרי נברא העולם בתשרי נולדו אבות בתשרי מתו אבות בפסח נולד יצחק ו) בראש השנה נפקדה שרה רחל וחנה בראש השנה יצא יוסף מבית האסורין בר"ה

רש"י

אינו דין. שיעלה יום אחד בסוף שנה ראשונה לתחילת קלבת שנים הקלוטים לכך: אלא מאי. כמאן תוקמה למתניתא דלעיל דאמר בנוטע פחות מל' עלתה לו שנה: כר"א. תוקמה בתמיה: שלשים ושלשים בעי. ל' יום לקליטה שתהא נשרשת בארץ ושלשים יום לחשיבת שנה וימי הקליטה אין עולין לה דכמאן דמנח בביתא דמיא כל זמן שלא קלטה: דתנן. דאין נטיעה קולטת בפחות מל' יום: יעקר. לפי שקלטה בשביעית: דברי ר"מ לא גרס: לדברי האומר ל' יום. לקליטה: צריך שלשים ושלשים. שלשים לקליטה ול' לתוספת כר"א: לעולם. ברייתא דלעיל ר"מ היא וכי קאמר שלשים לקליטה קאמר שתהא הנטיעה ל' יום לפני ר"ה כדי שתהא נקלטת ערב ר"ה וקא סבר ר"מ דלא יהיבנא לתוספת ל' יום אלא יום אחד: שלשים ואחד בעי. שתהא יום הקודם לר"ה חשוב לשנה ראשונה של ערלה כדקתני עלתה לו שנה: ושניהם. ר"מ ור' אלעזר: ויהי באחת ושש מאות שנה. לסוף עשתי עשר חדש שהתחיל מבול לירד לדברי האומר בתשרי נברא העולם ומבול ירד בי"ז במרחשון כדלקמן (דף יא:) הוי האי בראשון באחד לחדש בתשרי דא"א להיות בניסן שהרי מ' יום מבול וחמשים ומאת יום שגברו המים מאיליהן (א) משכו עד סיון ואח"כ היו הלוך וחסור עד חדש העשירי והוא אב שהיה עשירי לירידת גשמים ואז נראו ראשי ההרים ומאחד באב עד אחד בתשרי נבלעו המים והיינו דכתיב ויהי באחת ושש מאות שנה בראשון באחד לחדש חרבו המים ולדברי האומר באייר ירד המבול הוה ליה האי בראשון בניסן ובין למר ובין למר תחלת שנת שש מאות ואחת לא נכנסו בה אלא יום אחד דכתיב באחד לחדש וקרי ליה שנה כדכתיב באחת ושש מאות שנה: כדקאמרת. דקרי ליה שנה: וקרי ליה חדש. דכתיב באחד לחדש: חדש למנויו. אחד מן המנויין שלו חשוב חדש שהחדש נמנה בימים דכתיב עד חדש ימים (במדבר יא): ושנה אחד למנוייה. חשוב שנה והיא נמנית בחדשים דכתיב (שמות יב) לחדשי השנה: מכלל דתרוייהו וכו'. ר"מ ור"א דהא תרוייהו מודו שזו היתה תחלת שנה ולי נראה דלא גרסינן ליה דדלמא כר' אליעזר סבירא להו והאי דראשון לאו ניסן אלא תשרי ומפני שהוא ראשון לבריאת עולם ולמנין השנים קרי ליה ראשון ובסדר עולם תניא בהדיא דלר"א האי בראשון תשרי הוא: תניא ר' אליעזר אומ' כו'. מקרא יליף לה לקמן (דף יא.): נולדו

תוספות

דרואה שני בין השמשות הל"ל שלש בין השמשות ומיהו בסוף פרק שני דנזיר (ד' טו. ושם) גרסי' בכל הספרים כגון דחזא שלשה בין השמשות סמוך לשקיעת החמה דלא הוי שהות ביום לסליק ליה למניינא ונראה לפרש דלכך לא קאמר ברואה בלילות משום דר' יוסי כי היכי דתחלת היום סליק לה שימור ה"נ סוף היום סליק לה שימור ובסוף פ"ב דנזיר (גז"ש) מוכיח כן (ב) דגרים התם כיון דחזאי בפלגי דיומא ואידך פלגי דיומא סליק לה שימור ואע"ג שר"ת מפרש דאידך פלגא דיום של אחריו קאמר לא משמע כן וגם מתוך שנוייא דמשני דלא הוה שהות ביום ואין זה מנהג כותים דסופרת יום שפוסקת דהתם בזבה גמורה דלריכה ז' נקיים (ג) ויום שפוסקת לאו נקי הוא אבל בשומרת יום לא כתיב טהרה אלא מרבוייא דקרא אתי כדפרישית ועוד דבסופרת ז' ז) הוי סוף היום בתחלת ספירה אבל בשומרת יום הוי בסוף ספירה דסגי ליה בחד יומא ח):

אין נוטעין. משנה היא פ"ב דשביעית (משנה ו):

שלשים ושלשים. פי' בקונטרס שלשים לקליטה ושלשים לתוספת שביעית דבעינן שלא תהא נקלטת בתוספת שביעית וקשיא לר"ת חדא דבלשון המשנה אין משמע כן (ד) פי' דלא איירי בתוספת שביעית כלל אלא בקליטה ועוד דא"כ מאי קשיא ליה אי אוקמה להא ברייתא דלעיל כר"א הא כי היכי דבמתני' דשביעית קתני ל' ומוקמי ליה בקליטה בלא שלשים של תוספת ה"נ נימא דשלשים דברייתא דלעיל בשלשים של קליטה בלאו הנך של תוספת ועוד לקמן (ד' יג:) גבי אורז ודוחן ופרגין ושומשמין דמחלק לענין שביעית בין השרישו לפני ר"ה להשרישו לאחר ר"ה משמע דלא חיישינן במה שהשרישו בתוספת דקתני שביעית דומיא דמעשר ומפרש ר"ת דה"ק ר"נ לדברי האומר ל' לקליטה בשביעית צריך שלשים ושלשים לענין ערלה פי' ולא אתי לפרושי מתני' אלא מערלה אבל לענין שביעית לא חיישינן אלא שלא תקלוט בשביעית עצמה ולר' יהודה דקולטת בג' ימים מותר לקיים כיון דלא נקלט בשביעית אע"פ שנטעה באיסור בתוספת שביעית ג' ימים לפני ר"ה ואורז ודוחן ופרגין ושומשמין שזריעתן באיסור מלאכה דאורייתא כדכתיב (ויקרא כה) לא תזרע ואסירי בתוספת שביעית מ"מ לא חיישינן ובלבד שישרישו לפני ר"ה והא דמייתי בסוף הערל (יבמות דף פג.) הא דר"נ גבי הלכה כר' יוסי באנדרוגינוס ובהרכבה לאו משום דאתי ר"נ לפרושי מתני' אשביעית דלא מייתי לה אלא למימר דאף לענין ערלה הלכה כר' יוסי:

יום שלשים עולה לכאן ולכאן. בפרק הנזקין (גיטין דף נד.) גבי הא דאמר ר"מ נוטע בשביעית בין בשוגג בין במזיד יעקור קאמר וכי תימא שבת נמי זימנין דמקלע יום שלשים בשבת דאי נטע בההוא יומא סלקא ליה שתא ואי לא לא סלקא ליה שתא לא נקט ל' משום דנבעי שלשים לחשוב שנה דהא לר"מ ביום א' סגי ומשום קליטה נקט ל' ומיהו בפרק יוצא דופן (נדה דף מה.) משמע קצת דאיכא תנא לר"מ דאמר ל':

מדאכתי יום אחד הוא דעייל וקא קרי ליה שנה. דא"א לומר דשנה שנית למבול היתה ולא חשיב ליה שנה משום דאכתי לא עייל אלא יום א' דהכתיב קרא אחרינא (בראשית ח) ובחדש השני בשבעה ועשרים יום לחדש ולא כתיב בשתים ושש מאות אע"פ שנכנסו לה שלשים ובירושלמי דייק מדכתיב ויהי בחדש הראשון בשנה השנית באחד לחדש הוקם המשכן דלא עייל אלא יום אחד וקרי ליה שנית דאי אמרת שלישית היתה ומשום דלא עייל אלא יום אחד לא חשיב לה והא כתיב ויהי בשנה השנית בחדש השני בעשרים לחדש נעלה הענן מעל המשכן:

מכלל דתרווייהו. ר"מ ור"א סבירא להו בניסן נברא העולם דהא תרוייהו מודו שזו היתה תחילת השנה פירוש דהכל מודים דבראשון הוא ניסן דניסן אקרי ראשון דכתיב (שמות יב) החדש הזה לכם וגו' ראשון ופי' בקונטרס דלא גרסי' ליה דדלמא כר"א סבירא להו והאי ראשון לאו ניסן הוא אלא תשרי ומפני שהוא ראשון לבריאת עולם ולמנין השנים קרי ליה ראשון ובסדר עולם תניא בהדיא דלר"א האי ראשון תשרי ונראה דלעולם גרסי' ליה ודייק מהא דלא איתא דסברי בתשרי נברא העולם דלמא האי ראשון ניסן לפי שהוא ראשון לחדשים ועמד מבול נ' יום ולא תידוק מיניה יום אחד בשנה חשוב שנה: בראש

מסורת הש"ס

א) שביעית פ"ב מ"ו יבמות פג., ב) [במשנה דשביעית וכן ביבמות פג. ליתא דברי ר' אליעזר], ג) [פסחים נה.], ד) [מכות ג: נדה מד: מה.], ה) [לעיל ח. לקמן יא. ע"ש], ו) [ברכות כט. יבמות סד.], ז) צ"ל האי סוף, ח) [וע"ע תוס' פסחים פא. ד"ה א"נ וכו'].

הגהות הב"ח

(א) רש"י ד"ה ויהי באחת כו' המים מאליהן נמשכו עד סיון: (ב) תוס' (בע"א) ד"ה שנים כו' מוכיח כן דפריך התם: (ג) בא"ד דלריכה ז' נקיים קאמר ויום: (ד) ד"ה שלשים כו' (פירוש דלא איירי בתוספת שביעית כלל אלא בקליטה) תא"מ ונ"ב הגה"ה:

ליקוטי רש"י

אֵינוֹ דִּין שֶׁיוֹם אֶחָד עוֹלֶה בִּתְחִלָּתָהּ – **is it not logical that a single day should count** as a full year **at its beginning?**[1] If R' Meir regards a day at the end of a series as a full year, he must certainly regard a day at the beginning of a series (e.g. the *orlah* series) as such! Clearly, our Baraisa is not in accordance with R' Meir.

The Gemara asks:

וְאֶלָּא מַאי רַבִּי אֶלְעָזָר – **But what then** will you say – that the Baraisa is in accordance with **R' Elazar,** who regards thirty days as a year?[2] This cannot be! שְׁלֹשִׁים וּשְׁלֹשִׁים בָּעֵי – For **[R' Elazar] would require** the tree to be planted a total of **thirty** *plus* **thirty** days before Rosh Hashanah – thirty for the tree to take root, and thirty to be reckoned as the first *orlah* year. The Baraisa's mere thirty days would not suffice.[3]

The Gemara demonstrates that a tree needs thirty days to take root:

דִּתְנַן – **For we have learned in a Mishnah:**[4] אֵין נוֹטְעִין וְאֵין מַבְרִיכִין וְאֵין מַרְכִּיבִין עֶרֶב שְׁבִיעִית – WE DO NOT PLANT a tree, AND WE DO NOT LAYER (i.e. bend a vine and insert it into the ground), AND WE DO NOT GRAFT a branch onto an existing tree in THE YEAR BEFORE THE SEVENTH, פָּחוֹת מִשְּׁלֹשִׁים יוֹם לִפְנֵי רֹאשׁ הַשָּׁנָה – LESS THAN THIRTY DAYS BEFORE ROSH HASHANAH. For any such planting will inevitably take root during the seventh (*shemittah*) year,[5] which is prohibited. וְאִם נָטַע וְהִבְרִיךְ וְהִרְכִּיב – AND IF ONE DID PLANT a tree, OR LAYER a vine OR GRAFT a branch during this period, יַעֲקוֹר – HE MUST UPROOT it.[6] (דִּבְרֵי רַבִּי אֱלִיעֶזֶר – THESE ARE THE WORDS OF R' ELIEZER.)[7] רַבִּי יְהוּדָה אוֹמֵר – But R' YEHUDAH SAYS: כָּל הַרְכָּבָה שֶׁאֵינָהּ קוֹלֶטֶת בִּשְׁלֹשָׁה יָמִים שׁוּב אֵינָהּ קוֹלֶטֶת – ANY GRAFT THAT HAS NOT TAKEN HOLD IN THREE DAYS WILL NOT SUBSEQUENTLY TAKE HOLD. The time needed to take root is not thirty days, but three.[8] רַבִּי יוֹסֵי וְרַבִּי שִׁמְעוֹן אוֹמְרִים – And R' YOSE AND R' SHIMON SAY: שְׁתֵּי שַׁבָּתוֹת – The interval required for a tree to take root is TWO WEEKS. וְאָמַר רַב נַחְמָן אָמַר רַבָּה בַּר אֲבוּהַּ – **And Rav Nachman said in the name of Rabbah bar Avuha:** לְדִבְרֵי הָאוֹמֵר שְׁלֹשִׁים – **According to the one who says** that **thirty** days are needed for a tree to take root (i.e. the Tanna Kamma), צָרִיךְ שְׁלֹשִׁים וּשְׁלֹשִׁים – **one** planting before *shemittah* **requires thirty plus thirty** days – thirty for the tree to take root and thirty that are added on from the mundane to the holy.[9] לְדִבְרֵי הָאוֹמֵר שְׁלֹשָׁה – **According to the one who says** that **three** days are needed for a tree to take root (i.e. R' Yehudah), צָרִיךְ שְׁלֹשָׁה וּשְׁלֹשִׁים – **one** planting before *shemittah* **needs three plus thirty** days – three to take root and thirty that are added on from the mundane to the holy. לְדִבְרֵי הָאוֹמֵר שְׁתֵּי שַׁבָּתוֹת – **According to the one who says** that **two weeks** are needed for a tree to take root (i.e. R' Yose and R' Shimon), צָרִיךְ שְׁתֵּי שַׁבָּתוֹת וּשְׁלֹשִׁים יוֹם – **one** planting before *shemittah* **needs two weeks plus thirty** days – two weeks to take root and thirty days that are added on from the mundane to the holy.

We see that a tree needs thirty days to take root.[10] Accordingly, R' Elazar cannot count the final thirty days of the year as a full *orlah* year unless the tree was actually set into the ground sixty days before Rosh Hashanah. However, our Baraisa states that the passage of a mere *thirty* days suffices as the first *orlah* year. Clearly, the Baraisa cannot be attributed to R' Elazar.

The Gemara forestalls a possible solution:

וְאִי נַמִּי כְּרַבִּי יְהוּדָה סְבִירָא לֵיהּ – **And even if** you will say that **[R'**

NOTES

1. That is, should it not follow that the final day of the first year in the series will count as a full year [such as in the case of a tree planted the day before Rosh Hashanah]? (*Rashi*). [The fragments of days at the beginning and end of a *niddah's* count correspond to the days at the beginning and end of a series of years. The law of the *niddah* count is more stringent than that of the *orlah* count, as is evidenced by the fact that the part of a day at the end of her count is not regarded as a full day, while the corresponding period at the end of the series of years denoting the age of an animal is regarded as a full year. It follows that if the fragment at the beginning of a *niddah's* count *is* considered a day, then the day at the front of an *orlah* count must certainly be considered a year.]

2. [In the case of a bull, which, thirty days into its third year, he regards as a three-year-old (see 10a).]

3. The tree's *orlah* count does not begin until the tree is rooted in the ground; the thirty days until it takes root are not a part of that count. For a tree that has not yet become rooted is like one growing in a pot inside the house [it is not considered as having been "planted"]. Hence, if the thirty days before Rosh Hashanah are to be regarded as a year, the tree must be planted thirty days earlier, for a total of sixty days (*Rashi; Ritva*).

[The Gemara now realizes that a tree does not take root immediately upon being set in the ground, but requires a certain amount of time (see 10a note 18). Accordingly, the Gemara does not see how the Baraisa's thirty days allow sufficient time for the tree to become rooted and for the first *orlah* year to be counted. The forthcoming Mishnah will detail the various opinions regarding how much time is needed for a tree to take root.]

4. *Sheviis* 2:6.

5. As a tree does not take root in less than thirty days (*Rashi;* see *Sfas Emes; Rashash*).

[See 9b notes 27-29 for elucidation of these different forms of planting.]

6. One who plants a tree during the *shemittah* year, whether he does so in deliberate or inadvertent violation of the prohibition, must uproot the tree (*Terumos* 2:3). This is a Rabbinic decree; the Rabbis penalized one who violated the prohibition deliberately, so that he would not benefit from his transgression. In the case of one who violated it inadvertently, there is no basis for a penalty; however, the Rabbis feared that if the tree would be left in existence, then after four years, when the owner would redeem its *revai* fruit, a casual observer might calculate that it took root during the seventh year, and erroneously assume that such planting is permissible (see *Gittin* 53b-54a).

7. Note that this phrase does not appear in the standard editions of Mishnah (see *Mesoras HaShas, Dikdukei Sofrim* §10; *Menachem Meishiv Nefesh*).

8. Although R' Yehudah mentions only grafting, his ruling holds true with regard to the other forms of planting as well. According to R' Yehudah, neither a plant nor a graft nor a layer requires more than three days to take root (*Rashash; Tiferes Yisrael* to *Sheviis* ibid.). The reason R' Yehudah confines his comment to grafting is because a graft takes hold least readily; he is saying that *even* grafting, and certainly the other forms of planting, become rooted in only three days (*Tiferes Yisrael* ibid.; see *Rashash* ibid. for another reason).

9. [Although the *shemittah* year begins at Rosh Hashanah, it is prohibited to perform certain types of agricultural work even prior to that day; this prohibition is one of those classified as "adding from the mundane (the sixth year) onto the holy (the seventh)" (see 9a).] Rav Nachman points out that although the Mishnah only discusses the possibility of the tree taking root *during* the seventh year, it is forbidden as well to cause it to become rooted in the added period *prior* to the seventh, for the days that precede the *shemittah* year share the laws of the *shemittah* itself (see *Rashi, Yevamos* 83a ד״ה צריך שלשים ושלשים). According to R' Elazar, this added period lasts thirty days (in accordance with his view concerning the minimum number of days regarded as a year – see below, end of note 12). Rav Nachman follows R' Elazar's opinion; he therefore states that according to the Tanna Kamma of the Mishnah, a minimum of sixty days are required when planting before *shemittah* – thirty days in which the tree takes root, and thirty that represent the period added on to the seventh year (*Rashi;* see also *Pirush HaRambam to Rosh Hashanah*).

[*Rashi's* interpretation of Rav Nachman's statement is disputed by a number of Rishonim; see *Tosafos; Ritva* et al. For a defense of *Rashi,* see *Turei Even; Pnei Yehoshua; Noda BiYehudah, Kamma, Yoreh Deah* §87; *Aruch LaNer.*]

10. I.e. according to the Tanna Kamma of this Mishnah. The Gemara at this point assumes that our Baraisa is in accordance with the Tanna Kamma here (*Ritva*).

אינו דין שיום אחד עולה בתחלתה ואלא מאי ר"א שלשים ושלשים בעי דתנן [א] אין נוטעין ואין מבריכין ואין מרכיבין ערב שביעית פחות מל' יום לפני ר"ה ואם נטע והבריך והרכיב יעקור [ב] דברי ר' אליעזר ר"י אומר [ג] כל הרכבה שאינה קולטת בג' ימים שוב אינה קולטת רבי יוסי ור"ש אומרים [ד] שתי שבתות ואמר רב נחמן אמר רבה בר אבוה לדברי האומר ל' צריך ל' ושלשים לדברי האומר שלשה צריך שלשה ושלשים [ה] לדברי האומר ב' שבתות צריך שתי שבתות ושלשים יום וא"נ כר' יהודה ס"ל ג' ושלשים בעי אלא לעולם ר"מ וכי קאמר ל' לקליטה אי הכי ל"א בעי קא סבר יום ל' עולה לכאן ולכאן א"ר יוחנן ושניהן מקרא אחד דרשו [א] ויהי באחת ושש מאות שנה בראשון באחד לחדש ר"מ סבר מדאכתי יום אחד הוא דעייל בשנה וקא קרי לה שנה שמע מינה יום אחד בשנה חשוב שנה ואידך אי כתיב בשש מאות ואחת שנה כדקאמרת השתא דכתיב באחת ושש מאות שנה אשש מאות קאי ומאי אחת אתחלתא דאחת קאמר ור"א מ"ט דכתיב בראשון באחד לחדש מדאכתי יום אחד הוא דעייל בחדש וקא קרי ליה חדש ש"מ יום אחד בחדש חשוב חדש ומדיום אחד בחדש חשוב חדש [ו] ל' יום בשנה חשובין שנה וחדש למנויו ושנה למנייה (מכלל דתרוייהו סבירא להו בניסן נברא העולם) תניא [ז] רבי אליעזר אומר בתשרי נברא העולם בתשרי נולדו אבות בתשרי מתו אבות בפסח נולד יצחק [ח] בראש השנה נפקדה שרה רחל וחנה בראש השנה יצא יוסף מבית האסורין בר"ה

רש"י

אינו דין. שיעלה יום אחד בסוף שנה ראשונה לתחילת קלבת שנים הקלוטים לכך: **אלא מאי.** כמאן תוקמה למתניתא דלעיל דאמר בנוטע פחות מל' לא עלתה לו שנה: **כר"א.** תוקמה בתמיה: **שלשים ושלשים בעי.** ל' יום לקליטה שתהא נשרשת בארץ ושלשים יום לחשיבת שנה וימי הקליטה אין עולין לה דכמאן דמונח בכיפה דמיא כל זמן שלא קלטה: **דתנן.** דאין נטיעה קולטת בפחות מל' יום: **יעקור.** לפי שקלטה בשביעית: דברי ר"מ לא גרס: **לדברי האומר ל' יום.** לקליטה: **צריך שלשים ושלשים.** שלשים לקליטה ול' לתוספת כר"א: **לשלם.** ברייתא דלעיל ר"מ היא וכי קאמר שלשים לקליטה קאמר שתהא הנטיעה לה' יום לפני ר"ה כדי שתהא נקלטת ערב ר"ה וקא סבר ר"מ דלא יחיבנא לתוספת לה' יום אלא יום אחד: **שלשים ואחד בעי.** שתהא יום הקודם לר"ה חשוב לשנה ראשונה של ערלה לכקמי עלתה לו שנה: **ושניהם.** ר"מ ור' אלעזר: **ויהי באחת ושש מאות שנה.** לסוף עשתי עשר חדש שהתחיל מבול לירד לדברי האומר בתשרי נברא העולם ומבול ירד בי"ז במרחשון כדלקמן (דף יא:) הוי האי בראשון באחד לחדש בתשרי דא"א להיות בניסן שהרי מ' יום מבול וחמשים ומאת יום שגברו המים מאליהן (א) משכו עד סיון ואח"כ היו הלוך וחסור עד חדש העשירי והוא אב שהיה עשירי לירידת גשמים ואז נראו ראשי ההרים ומאחד באב עד אחד בתשרי נבלעו המים והיינו דכתיב ויהי באחת ושש מאות שנה בראשון באחד לחדש חרבו המים ולדברי האומר באייר ירד המבול הוה ליה האי בראשון בניסן ובין למר ובין למר תחלת שנת שש מאות ואחת לא נכנסו בה אלא יום אחד דכתיב באחד לחדש וקרי ליה שנה כדכתיב באחת ושש מאות שנה: **כדקאמרת.** דקרי ליה שנה: **וקרי ליה חדש.** דכתיב באחד לחדש: **חדש למנויו.** אחד מן המנויין שלו חשוב חדש שהחדש נמנה בימים דכתיב עד חדש ימים (במדבר יא): **ושנה אחד למנייה.** חשוב שנה והיא נמנית בחדשים דכתיב (שמות יב) לחדשי השנה: **מכלל דתרוייהו וכו'.** ר"מ ור"א דהא תרוייהו מודו שזו היתה תחלת שנה ולי נראה דלא גרסינן ליה דדלמא כר' אליעזר סבירא להו והאי דראשון לאו ניסן אלא תשרי ומפני שהוא ראשון לבריאת עולם ולמנין השנים קרי ליה ראשון ובסדר עולם תניא בהדיא דלר"א האי בראשון תשרי הוא: **תניא ר' אליעזר אומ' כו'.** מקרא יליף לה לקמן (דף יא.): נולדו

תוספות

דרוקה שני בין השמשות הל"ל שלא בין השמשות ומיהו בסוף פרק שני דנזיר (ד' טו. ושם) גרסי' בכל הספרים כגון דחזא שלשה בין השמשות סמוך לשקיעת החמה דלא הוי שהות ביום לספוק ליה לטמיליה ונראה לפרש דלכך לא קאמר דרואה בלילות משום דר' יוסי כי היכי דתחלת היום סליק לה שימור ה"נ סוף היום סליק לה שימור ובסוף פ"ב דנזיר (גז"ש) מוכיח כן (ב) דגרים התם כיון דחזאי בפלגי דיומא ואידך פלגי דיומא סליק לה שימור ואע"ג שר"ת מפרש דלאידך פלגא דיום של אחריו קאמר לא משמע כן וגם מתוך שנויא דמשני דלא הוה שהות ביום ואין זה מנהג כותים דסופרת יום שפוסקת דהתם זבה גמורה דלריכה ז' נקיים (ג) ויום שפוסקת לאו נקי הוא אבל בשומרת יום לא כתיב טהרה אלא מרבויא דקרא אתי דכפירש ועוד דבסופרת ז' [ז] הוי סוף היום בתחלת ספירה אבל בשומרת יום הוי בסוף ספירה דסגי ליה בחד יומא [ח]:

אין נוטעין. משנה היא פ"ב דשביעית (משנה ו):

שלשים ושלשים. פי' בקונטרס שלשים לקליטה ושלשים לתוספת שביעית דבעינן שלא תהא נקלטת בתוספת שביעית וקשיא לר"ת חדא דבלשון המשנה אין משמע כן (ד) פי' דלא איירי בתוספת שביעית כלל אלא בקליטה ועוד דא"כ מאי קשיא ליה א' אוקמה הא ברייתא דלעיל כר"א הא כי היכי דמתני' דשביעית קתני ל' ומוקמי ליה בקליטה בלא שלשים של תוספת ה"נ נימא דשלשים דברייתא דלעיל בשלשים של קליטה בלאו הנך של תוספת ועוד לקמן (ד' יג:) גבי אורז ודוחן ופרגין ושומשמין דמחלק לענין שביעית בין השרישו לפני ר"ה להשרישו לאחר ר"ה משמע דלא חיישינן במה שהשרישו בתוספת דקתני שביעית דומיא למעשר ומפרש ר"ת דהה"ק ר"נ לדברי האומר ל' לקליטה בשביעית צריך שלשים ושלשים לענין ערלה פי' ולא אתי לפרושי מתני' אלא מערלה אבל לענין שביעית לא חיישינן אלא שלא תקלוט בשביעית עצמה ולר' יהודה דקולטת בג' ימים מותר לקיים כיון דלא נקלט בשביעית אע"פ שנטעה באיסור בתוספת שביעית ג' ימים לפני ר"ה ואורז ודוחן ופרגין ושומשמין שזריעתן באיסור מלאכה דאורייתא כדכתיב (ויקרא כה) לא תזרע ואסירי בתוספת שביעית מ"מ לא חיישינן ובלבד שישרישו לפני ר"ה והא דמייתי בסוף הערל (יבמות דף פג.) הא דר"נ גבי הלכה כר' יוסי באנדרוגינוס והרכבה לאו משום דאתי ר"נ לפרושי מתני' אשביעית דלא מייתי לה אלא למימר דאף לענין ערלה הלכה כר' יוסי:

יום שלשים עולה לכאן ולכאן. גבי הא דאמר ר"מ נוטע בשביעית בין בשוגג בין במזיד יעקור בפרק המזקין (גיטין דף נד.) קאמר וכי תימא שבת נמי זימנין דמקלע יום שלשים בשבת דלאי נטע בההוא יומא סלקא ליה שתא ואי לא לא סלקא ליה שתא לא נקט ל' משום דנבעי שלשים לחשוב שנה דהא לר"מ ביום א' סגי ומשום קליטה נקט ל' ומיהו בפרק יוצא דופן (נדה דף מה.) משמע קצת דאיכא תנא לר"מ דאמר ל':

מדאכתי יום אחד הוא דעייל וקא קרי ליה שנה. דא"א לומר דשנה שנית למבול היתה ולא חשיב ליה שנה משום דאכתי לא עייל אלא יום א' דהכתיב קרא אחרינא (בראשית ח) ובחדש השני בשבעה ועשרים יום לחדש ולא כתיב בשתים ושש מאות אע"פ שנכנסו לה שלשים ובירושלמי דייק מדכתיב ויהי בחדש הראשון בשנה השנית באחד לחדש הוקם המשכן דלא עייל אלא יום אחד וקרי ליה שנית דאי אמרת שלישית היתה ומשום דלא עייל אלא יום אחד לא חשיב לה והא כתיב ויהי בשנה השנית בחדש השני בעשרים לחדש נעלה הענן מעל המשכן:

מכלל דתרוייהו. ר"מ ור"א סבירא להו בניסן נברא העולם דהא תרוייהו מודו שזו היתה תחילת השנה פירוש דהכל מודים דבראשון הוא ניסן דניסן אקרי ראשון דכתיב (שמות יב) החדש הזה לכם וגו' ראשון ופי' בקונטרס דלא גרסי' ליה דדלמא כר"א סבירא להו והאי ראשון לאו ניסן הוא אלא תשרי ומפני שהוא ראשון לבריאת עולם ולמנין השנים קרי ליה ראשון ובסדר עולם תניא בהדיא דלר"א האי ראשון תשרי ונראה דלעולם גרסי' ליה ודייק מהא דלא איתא דסברי בתשרי נברא העולם דלמא האי ראשון ניסן וקרי ליה ראשון לפי שהוא ראשון לחדשים ועמד מבול שנה וחצי ותו לא תידוק מיניה יום אחד בשנה חשוב שנה: בראש

עין משפט נר מצוה

נד א מיי' פ"ג מהל' שמיטין הל' יא סמג לאוין רסו:

נה ב ג מיי' וסמג שם ומיי' פ"ט מהל' נטע רבעי סמג עשין קלו טוש"ע י"ד סי' רלד סעיף ד:

נו ד מיי' פ"ט מהל' נטע רבעי הל' ח טוש"ע שם:

תורה אור השלם

א) וַיְהִי בְּאַחַת וְשֵׁשׁ מֵאוֹת שָׁנָה בָּרִאשׁוֹן בְּאֶחָד לַחֹדֶשׁ חָרְבוּ הַמַּיִם מֵעַל הָאָרֶץ וַיָּסַר נֹחַ אֶת מִכְסֵה הַתֵּבָה וַיַּרְא וְהִנֵּה חָרְבוּ פְּנֵי הָאֲדָמָה: [בראשית ח, יג]

רבינו חננאל

לא כ"ש שיהיה יום אחד עולה לו בתחלת שנה. אלא זו הברייתא למי הוא לר' אלעזר דאמר פר האמור בתורה בן כ"ד חדש (ושלשה) [ושלשים] יום. (א) שלשים ושלשים בעי דתניא אין נוטעין ואין מרכיבין ערב שביעית פחות משלשים יום לפני ר"ה. ואם נטע והבריך והרכיב יעקור דברי ר' יהודה אומר כל הרכבה שאינה קולטת לג' ימים שוב אינה קולטת. ר' יוסי ור' שמעון אומר ב' שבתות ואמר רב נחמן לדברי האומרים שלשים לקליטה כלומר שישרש הנטע צריך אחר שישרש שלשים יום אחרים לעלות לו שנה. עכשיו ר' אלעזר אי סבר לה כת"ק דאמר בעינן ל' יום לקליטה בעי ל' יום אחרים לעלות לו שנה. ואי כרבי יהודה ס"ל ג' הוו ליה למיתנא כו'. אלא לעולם הא דת"ר אחד הנוטע ואחד המבריך כר' מאיר היא. וכי קתני שלשים לפני ר"ה עלתה לו שנה לקליטה. אבל (א') לעלות לו שנה בשני ערלה יום אחד די לו. והא דלא קתני ל"א יום דסבר יום שלשים עולה לכאן ולכאן. א"ר יוחנן שניהם מקרא דרשו. ויהי באחת ושש מאות שנה בראשון באחד לחדש ר' מאיר סבר מדאכתי יום אחד הוא דעיל בשנה וקרי ליה שנה יום אחד בשנה חשוב שנה. ור' אלעזר אי כתב בשש מאות ואחת שנה כדקאמרת כו'. אלא אחת אשש מאות קאי ומדיום אחד בחדש חשוב חדש ש"מ דחדש בשנה חשוב שנה. חדש למנויו ושנה למנויה. מכלל דר' מאיר ור' אלעזר כו' יהושע סבירא להו דאמר בניסן נברא העולם תניא ר' אלעזר אומר בתשרי נברא העולם בתשרי נולדו אבות בתשרי מתו אבות בפסח נולד יצחק בר"ה נפקדה שרה רחל וחנה בר"ה

חשק שלמה על ר"ח

א) נראה דל"ל ופרכינן אי הכי שלשים וכו'.

מסורת הש"ס

א) שביעית פ"ב מ"ו יבמות פג., ב) [משנה דשביעית וכן ביבמות פג. ליתא דברי ר' אליעזר], ג) [פסחים נה.], ד) [מכות ג: נדה מד: מה.], ה) [לעיל ח. לקמן מ. ע"ז ח.], ו) [ברכות כט. יבמות סד.], ז) ל"ל האי סוף, ח) [וע"ע תוס' פסחים פא. ד"ה א"ו וכו'].

הגהות הב"ח

(א) רש"י ד"ה ויהי באחת כו' המים מאליהן נמשכו עד סיון: (ב) תוס' (בע"א) ד"ה שנים כו' מוכיח כן דפריך התם: (ג) בא"ד דלריכה ז' נקיים קאמר ויום: (ד) ד"ה שלשים כו' (פירוש דלא איירי בתוספת שביעית כלל אלא בקליטה) תא"מ ונ"ב הגה"ה:

ליקוטי רש"י

יעקור. דקא קלטה בשביעית דאין הרכבה קולטת בפחות משלשים יום. **צריך ל' ושלשים.** כדי שתקלוט שלשים לפני שביעית דכל שלשים לפני שביעית כשביעית דמי דנפקא לן מחרים ובקציר תשבות דמוסיפין מחול על הקודש (מו"ק ג:). **שלשה ושלשים.** ג' לקליטה שתקלוט קודם זמן האיסור [יבמות פג.]. **בראש השנה נפקדה שרה וכו'.** שהקב"ה פוקד העקרות לשמוע תפלתן בר"ה וגזר עליהן הריון [יבמות סד:]. לא זכרונם לטובה ונגזר עליהן הריון [לקמן יא.]. **פקידה.** משעה שהמלאך פוקד הטיפה ומביאה לפני המקום מה תהא עליה כדאמרינן בפרק כל היד במסכת נדה (טז:) מיד מורקה בו נשמה וחיות [סנהדרין צא:]. **בראש השנה נפקדה שרה וכו'.** שהקב"ה פוקד העקרות לשמוע תפלתן בר"ה וגוזר עליהן הריון [יבמות סד:]. **פקידה.** משעה שהמלאך פוקד הטיפה ומביאה לפני המקום מה תהא עליה כדאמרינן בפרק כל היד במסכת נדה (טז:) מיד מורקה בו נשמה וחיות [סנהדרין צא:].

[מכאן שייך לדף יא.] **תדשא הארץ דשא עשב.** לא דשא לשון עשב ולא עשב לשון דשא ולא היה לשון המקרא לומר תעשיב הארץ שמיני דשאין מחולקין כל אחד לעצמו נקרא עשב פלוני ואין לשון למדבר לומר דשא פלוני שלשון דשא הוא לבישת הארץ כשהיא מתמלאת בעשבים [בראשית א יא]. **דשא.** ארברי"ן (גרלזגרויכס) עטיפת הארץ מכוסה בירק. **עשב.** קלא אחד קרוי עשב וכל מין ומין לעצמו קרוי עשב [דברים לב ב]. **תדשא הארץ.** תתמלא ותתכסה לבוש עשבים בלשון לע"ז נקרא דשא ארברי"ן (גרלזיכט) כולן בערבוביא וכל שורש לעצמו נקרא עשב. **מזריע זרע.** שיגדל בו זרע לזרוע ממנו במקום אחר. **עץ פרי.** שיהא טעם העץ כטעם הפרי והיא לא עשתה כן אלא ותוצא הארץ וגו' ועץ עושה פרי ולא העץ פרי לפיכך כשנתקלל אדם על עונו נפקדה גם היא על עונה ונתקללה [בראשית שם]. ... מכיון שנכנסנו שני ימים בחדש שביעי ילדה [נדה לח:].

Elazar] **holds like R' Yehudah,** who rules in the aforecited Mishnah that a tree needs only three days to take root, the Baraisa still cannot be attributed to R' Elazar! שְׁלֹשָׁה וּשְׁלֹשִׁים בָּעֵי – For **he would** still **require** the planting to take place at least **thirty-three** days before Rosh Hashanah – three in which the tree would take root and thirty that would be reckoned as the first *orlah* year. The thirty days of the Baraisa would not suffice.[11]

Having failed to discover the identity of the Tanna of our Baraisa, the Gemara concludes:

אֶלָּא לְעוֹלָם רַבִּי מֵאִיר – **Rather, [the Baraisa] is really** in accord with **R' Meir,** who holds that a single day is regarded as a year, וְכִי קָאָמַר שְׁלֹשִׁים – **but when it states** that the tree must be planted **thirty** days before Rosh Hashanah, לִקְלִיטָה – it is discussing the period needed for the tree **to take hold.**[12]

The Gemara protests:

אִי הָכִי – But **if so,** that R' Meir requires thirty days for a tree to become rooted,[13] שְׁלֹשִׁים וְאֶחָד בָּעֵי – then **he should require** the tree to be planted at least **thirty-one days** before Rosh Hashanah – thirty in which it will take root and one that will be reckoned as the first *orlah* year. The Baraisa's thirty days should not suffice. – ? –

The Gemara explains:

קָא סָבַר יוֹם שְׁלֹשִׁים עוֹלֶה לְכָאן וּלְכָאן – **[R' Meir] holds that day thirty counts for here and for here,** i.e. both as the thirtieth of the days in which the tree takes root, and as the one regarded as the first *orlah* year.[14]

We have discussed R' Elazar's and R' Meir's disagreement as to the minimum number of days that can be regarded as a year. The Gemara now elaborates on the Scriptural source for viewing less than a year as a full year:

אָמַר רַבִּי יוֹחָנָן – **R' Yochanan said:** וּשְׁנֵיהֶן מִקְּרָא אֶחָד דָּרְשׁוּ – **And both of them** (i.e. R' Meir and R' Elazar) **expounded a single verse.** ,,וַיְהִי בְּאַחַת וְשֵׁשׁ־מֵאוֹת שָׁנָה בָּרִאשׁוֹן בְּאֶחָד לַחֹדֶשׁ'' – For regarding the Great Flood, the verse states: ***And it was at one and six hundred years, in the first [month], on the first of the month,*** *the waters had dried from upon the earth.*[15] רַבִּי מֵאִיר סָבַר מִדְּאַכַּתִּי יוֹם אֶחָד הוּא דְּעָיֵיל בְּשָׁנָה – **R' Meir holds** that **from** the fact **that it is still** only **a single day that has entered into the** six hundred and first **year** וְקָא קָרֵי לָהּ שָׁנָה – **and [the verse]** already **calls it a "year,"** שְׁמַע מִינָּהּ יוֹם אֶחָד בְּשָׁנָה חָשׁוּב שָׁנָה – we **learn** that **a single day in the year is regarded as a** full **year.**[16] וְאִידָךְ – **But the other one** (i.e. R' Elazar) will counter: אִי כְּתִיב

NOTES

11. [It is likewise not a solution to say that R' Elazar is following R' Yose and R' Shimon, for according to them it would be necessary to set the tree into the ground two weeks and thirty days before Rosh Hashanah.]

12. [The Gemara previously thought that the Baraisa's thirty days represented the minimum number of days that could be regarded as a "year." Hence, the Baraisa could not be in accord with R' Meir, since he recognizes even a single day as a year. The Gemara now realizes that the true purpose of the thirty days is to allow for the tree to take root.] Thus, the Baraisa can very well be attributed to R' Meir – the single day before Rosh Hashanah is regarded as the first *orlah* year; the thirty days prior to that day are for the tree to become rooted.

It must be remembered that the Baraisa presents the thirty days not only as a measure pertaining to the *orlah* years, but also as a measure of permissible pre-*shemittah* planting – trees planted thirty days before Rosh Hashanah may be preserved; those planted within thirty days may not be preserved. We are now saying that according to R' Meir the tree does not take root until the end of the thirty days. Since it is forbidden to cause a tree to take root during the pre-*shemittah* period, R' Meir must perforce be of the opinion that the period added on to the *shemittah* year (under the dictum of "adding from the mundane onto the holy") lasts only *a single day.* Accordingly, the day before Rosh Hashanah represents the period added on to *shemittah;* the thirty days prior to that day are for the tree to take root (*Rashi*).

[*Rashi* makes it clear that one's opinion regarding the duration of the pre-*shemittah* period is directly dependent upon his view of the minimum number of days regarded as a "year." Thus, *Rashi* writes (in ד"ה צריך שלשים ושלשים; see above, note 9) that Rav Nachman, who assigns this period a thirty-day span, is in accordance with R' Elazar, who regards thirty days to be a year, and that R' Meir, who regards a single day as a year, gives the pre-*shemittah* period a term of only a single day (see ד"ה לעולם). This relationship between a conceptual "year" and the pre-*shemittah* period is echoed in *Pirush HaRambam to Rosh Hashanah,* as well as in *Rambam, Commentary to Mishnah* to *Sheviis* 2:6. For discussion of the reasoning that underlies it, see *Noda BiYehudah, Kamma, Yoreh Deah* §87-88 and *Pnei Yehoshua.* See also *Ramban* to 9b, who mentions *Rashi's* advocacy of this notion, but dismisses it; see also *Tosafos* there et al.]

13. See *Ritva.*

14. The tree takes root at the beginning of the thirtieth day; the remainder of that day is the single day that constitutes the first *orlah* "year." Although only a part of the day remains, it suffices, as per the Talmudic principle that part of a day is equivalent to the whole day (see *Pesachim* 4a; *Niddah* 33a; 10a note 21) (*Ritva*). Thus, the thirtieth day serves a double function.

[One might ask: What about those who say that a conceptual "year" requires thirty days? Do they agree that the final day of taking root functions also as the first day of that *orlah* year? For discussion, see *Noda BiYehudah, Tinyana, Orach Chaim* §84; *Sfas Emes* here; *Chazon Ish, Sheviis* 17:29; 26:2; see also *Rashash* here. Another, related question concerns whether the day on which the tree is planted is counted as one of the thirty of taking root; see *Rav* and *Tos. Yom Tov* (ד"ה לנטיעה) to the Mishnah on 2a; *Divrei Chamudos* to *Rosh, Hil. Orlah* 9:28; *Chazon Ish* ibid. at length.]

15. *Genesis* 8:13. The "one and six hundred years" are the years of Noah's life (see ibid. 7:11); the phrase "the first month," however, refers to the first month in the calendar year (see *Rashi;* see below, 12a; see following note). The Flood commenced in Noah's six hundredth year, on the seventeenth day of "the second month" (see *Genesis* 7:11) – the moment of drying recorded in our verse took place nearly ten and one-half months later, in the "first month" of the six hundred and first year (see *Rashi* for a precise account of the intervening months). The Gemara below (11b) will cite a dispute regarding the identity of the "second month" in which the Flood began. R' Eliezer holds that it was the month of Marcheshvan; according to him, our verse's "first month" is Tishrei. R' Yehoshua holds that the Flood commenced during the month of Iyar; thus, he must hold that the "first month" is Nissan (*Rashi;* cf. *Tosafos;* see below, note 24).

16. The event marked by this verse occurred at the very beginning of the six hundred and first year, on the very first day of its first month (be it Nissan or Tishrei). Yet, the verse refers to this date as *at one and six hundred years.* Clearly, the Torah regards a single day in the year as equivalent to a full year (*Rashi;* see *Tosafos; Ritva*).

The following matter must be addressed. We pointed out in the previous note that whereas the six hundred and one years are those of Noah's life, the "months" of the verse are calendar months. Now, the Gemara clearly bases its proof on the presumption that the first month of Noah's personal year coincides with the first month of the calendar year; otherwise, it could not say that "the first [month], on the first of the month" represents the very first day of the six hundred and first year. But how does the Gemara know this to be true? Perhaps the date of Noah's birth is actually well into the calendar year, in which case the first calendar month would fall sometime in *middle* of Noah's personal year, and not at the beginning. Accordingly, R' Meir's proof would disappear! *Turei Even* takes this difficulty as evidence that when counting the years of men, Scripture does not reckon by the date of one's birth, but by the years of Creation, which began on the day of the creation of Man [the 1st of Nissan or the 1st of Tishrei] (see below, note 25). No matter what one's actual birthdate, with the onset of a new creational year one's first year ends and a second one begins (see also *Rashi, Exodus* 30:16). *Turei Even* thus restores the Gemara's proof, for the first day of the calendar year now coincides perfectly with the beginning of Noah's six hundred and first year (see also *Rashi* 11b beginning of ד"ה ואזדו לטעמייהו; *Rashi* 12a ד"ה חכמי ישראל; see 12a notes 2 and 13; cf. *Aruch LaNer*). (Note that on 11a *Turei Even* limits

אינו דין שיום אחד עולה בתחלתה ואלא מאי ר"א שלשים ושלשים בעי דתנן א) אין נוטעין ואין מבריכין ואין מרכיבין ערב שביעית פחות מל' יום לפני ר"ה ואם נטע והבריך והרכיב יעקור (ג) דברי ר' אליעזר) ר"י אומר ב) כל הרכבה שאינה קולטת לג' ימים שוב אינה קולטת רבי יוסי ור"ש אומרים ג) שתי שבתות ואמר רב נחמן אמר רבה בר אבוה לדברי האומר ל' צריך ל' ושלשים לדברי האומר שלשה צריך שלשה ושלשים ד) לדברי האומר ב' שבתות צריך שתי שבתות ושלשים יום וא"נ כר' יהודה ס"ל ג' ושלשים בעי אלא לעולם ר"מ וכי קאמר ל' לקליטה אי הכי ל"א בעי קא סבר יום ל' עולה לכאן ולכאן א"ר יוחנן ושניהן מקרא אחד דרשו א) ויהי באחת ושש מאות שנה בראשון באחד לחדש ר"מ סבר מדאכתי יום אחד הוא דעייל בשנה וקא קרי לה שנה שמע מינה יום אחד בשנה חשוב שנה ואידך אי כתיב בשש מאות ואחת שנה כדקאמרת השתא דכתיב באחת ושש מאות שנה אשש מאות קאי ומאי אחת אתחלתא דאחת קאמר ור"א מ"ט דכתיב בראשון באחד לחדש מדאכתי יום אחד הוא דעייל בחדש וקא קרי ליה חדש ש"מ יום אחד בחדש חשוב חדש ומדיום אחד בחדש חשוב חדש ד) דל' יום בשנה חשובין שנה וחדש למנויין ושנה למנוייה (מכלל דתרווייהו סבירא להו בניסן נברא העולם) תניא ה) רבי אליעזר אומר בתשרי נברא העולם בתשרי נולדו אבות בתשרי מתו אבות בפסח נולד יצחק ו) בראש השנה נפקדה שרה רחל וחנה בראש השנה יצא יוסף מבית האסורין בר"ה

רש"י

אינו דין. שיעלה יום אחד בסוף שנה ראשונה לתחילת קלבת שנים הקלוגים לכך: **אלא מאי.** כמאן תוקמה למתניתא דלעיל דאמר בנוטע פחות מל' לא עלתה לו שנה: **כר"א.** תוקמה בתמיה: **שלשים ושלשים בעי.** ל' יום לקליטה שתהא נשרשת בארץ ושלשים יום לחשיבת שנה וימי הקליטה אין עולין לה למנין דמנה בביצית דמיא כל זמן שלא קלטה: **דתנן.** דאין נטיעה קולטת בפחות מל' יום: **יעקר.** לפי שקלטה בשביעית: דברי ר"מ לא גרס: **לדברי האומר ל' יום.** לקליטה: **צריך שלשים ושלשים.** שלשים לקליטה ול' לתוספת כר"א: **לשלם.** ברייתא דלעיל ר"מ היא וכי קאמר שלשים לקליטה קאמר שתהא הנטיעה ל' יום לפני ר"ה כדי שתהא נקלטת ערב ר"ה וקא סבר ר"מ דלא יהיבנא לתוספת ל' אלא יום אחד: **שלשים ואחד בעי.** שתהא יום הקודם לר"ה חשוב לשנה ראשונה של ערלה כדקתני עלתה לו שנה: **ושניהם.** ר"מ ור' אלעזר: **ויהי באחת ושש מאות שנה.** לסוף עשתי עשר חדש שהתחיל המבול לירד לדברי האומר בתשרי נברא העולם ומבול ירד בי"ז במרחשון כדלקמן (דף יא:) הוי האי ראשון באחד לחדש בתשרי דא"א להיות בניסן שהרי מ' יום מבול וחמשים ומאת יום שגברו המים מאליהן (א) משכו עד סיון ואח"כ היו הלוך וחסור עד חדש העשירי והוא אב שהיה עשירי לירידת גשמים ואז נראו ראשי ההרים ומאחר באב עד אחד בתשרי נבלעו המים והיינו דכתיב ויהי באחת ושש מאות שנה בראשון באחד לחדש חרבו המים ולדברי האומר באייר ירד המבול הוה ליה האי בראשון בניסן ובין למר ובין למר תחלת שנת שש מאות ואחת לא נכנסו בה אלא יום אחד דכתיב באחד לחדש וקרי ליה שנה כדכתיב באחת ושש מאות שנה: **כדקאמרת.** דקרי ליה שנה: **וקרי ליה חדש.** דכתיב באחד לחדש: **חדש למנויין.** אחד מן המנויין שלו חשוב חדש שהחדש נמנה בימים דכתיב עד חדש ימים (במדבר יא): **ושנה אחד למנוייה.** חשוב שנה והיא נמנית בחדשים דכתיב (שמות יב) לחדשי השנה: **מכלל דתרווייהו וכו'.** ר"מ ור"א דהא תרווייהו מודו שזו היתה תחלת שנה ולי נראה דלא גרסינן ליה דדלמא כר' אליעזר סבירא להו והאי דראשון לאו ניסן אלא תשרי ומפני שהוא ראשון לבריאת עולם ולמנין השנים קרי ליה ראשון ובסדר עולם תניא בהדיא דלר"א האי בראשון תשרי הוא: **תניא ר' אליעזר אומ' כו'.** מקרא יליף לה לקמן (דף יא.): נולדו

תוספות

דרואה שני בין השמשות הל"ל שלש בין השמשות ומיהו בסוף פרק שני דנזיר (ד' טז. ושם) גרסי' בכל הספרים כגון דחזה שלשה בין השמשות סמוך לשקיעת החמה דלא הוי שהות ביום לספור ונראה לפרש דלכך לא קאמר ברואה בלילות משום דר' יוסי כי היכי דתחילת היום סליק לה שימור ה"נ סוף היום סליק לה שימור ובסוף פ"ב דנזיר (גז"ש) מוכיח כן (ב) דגרים התם כיון דחזאי בפלגי דיומא ואידך פלגי דיומא סליק לה שימור ואע"ג שר"ת מפרש דאידך פלגא דיום של אחריו קאמר לא משמע כן וגם מתוך שנויא דמשני דלא הוה שהות ביום ואין זה מנהג כותים דסופרת יום שפוסקת דהתם בזבה גמורה דצריכה ז' נקיים (ג) ויום שפוסקת לאו נקי הוא אבל בשומרת יום לא כתיב טהרה אלא מרבויא דקרא אתי כדפרישית ועוד דבסופרת ז' ז) הוי סוף היום בתחלת ספירה אבל בשומרת יום הוי בסוף ספירה דסגי ליה בחד יומא ח):

אין נוטעין. משנה היא פ"ב דשביעית (משנה ו):

שלשים ושלשים. פי' בקונטרס שלשים לקליטה ושלשים לתוספת שביעית דבעינן שלא תהא נקלטת בתוספת שביעית וקשיא לר"ת חדא דבלשון המשנה אין משמע כן (ד) פי' דלא איירי בתוספת שביעית כלל אלא בקליטה ועוד דא"כ מאי קשיא ליה אי אוקמה להא ברייתא דלעיל כר"א הא כי היכי דבמתני' דשביעית קתני ל' ומוקמי ליה בקליטה בלא שלשים של תוספת ה"נ נימא דשלשים דברייתא דלעיל בשלשים של קליטה בלאו הנך של תוספת ועוד לקמן (ד' יג:) גבי אורז ודוחן ופרגין ושומשמין דמחלק לענין שביעית בין השרישו לפני ר"ה להשרישו לאחר ר"ה משמע דלא חיישינן במה שהשרישו בתוספת דקתני שביעית דומיא דמעשר ומפרש ר"ת דה"ק ר"נ לדברי האומר ל' לקליטה בשביעית צריך שלשים ושלשים לענין ערלה פי' ולא אתי לפרושי מתני' אלא מערלה אבל לענין שביעית לא חיישינן אלא שלא תקלוט בשביעית עצמה ולר' יהודה דקולטת בג' ימים מותר לקיים כיון דלא נקלט בשביעית אע"פ שנטעה באיסור בתוספת שביעית ג' ימים לפני ר"ה ואורז ודוחן ופרגין ושומשמין שזריעתן באיסור מלאכה דאורייתא כדכתיב (ויקרא כה) לא תזרע ואסירי בתוספת שביעית מ"מ לא חיישינן ובלבד שישרישו לפני ר"ה והא דמייתי בסוף הערל (יבמות דף פג.) הא דר"נ גבי הלכה כר' יוסי באנדרוגינוס והרכבה לאו משום דאתי ר"נ לפרושי מתני' דשביעית דלא מייתי לה אלא למימר דאף לענין ערלה הלכה כר' יוסי:

יום שלשים עולה לכאן ולכאן. גבי הא דאמר ר"מ נוטע בשביעית בין בשוגג בין במזיד יעקור בפרק הנזקין (גיטין דף נג.) קאמר וכי תימא שבת נמי זימנין דמקלע יום שלשים בשבת דאי נטע בההוא יומא סלקא ליה שתא ואי לא לא סלקא ליה שתא לא נקט ל' משום דנבעי שלשים לחשוב שנה דהא לר"מ ביום א' סגי ומשום קליטה נקט ל' ומיהו בפרק יוצא דופן (נדה דף מה.) משמע קצת דאיכא תנא לר"מ דאמר ל':

מדאכתי יום אחד הוא דעייל וקא קרי ליה שנה. דא"א לומר דשנה שנית היתה ולא חשיב ליה שנה משום דאכתי לא עייל אלא יום א' דהכתיב קרא אחרינא (בראשית ח) ובחדש השני בשבעה ועשרים יום לחדש ולא כתיב בשתים ושש מאות וקרי ליה שנית דאי אמרת שלישית היתה ומשום דלא עייל אלא יום אחד לא חשיב לה והא כתיב ויהי בשנה השנית בחדש השני בעשרים לחדש נעלה הענן מעל המשכן:

מכלל דתרווייהו. ר"מ ור"א סבירא להו בניסן נברא העולם דתרווייהו מודו שזו היתה תחלת השנה פירוש דהכל מודים דבראשון הוא ניסן דכתיב (שמות יב) החדש הזה לכם וגו' ראשון ופי' בקונטרס דלא גרסי' ליה דדלמא כר"א סבירא להו והאי ראשון לאו ניסן הוא אלא תשרי ומפני שהוא ראשון לבריאת עולם ולמנין השנים קרי ליה ראשון ובסדר עולם תניא בהדיא דלר"א האי ראשון תשרי ונראה לעולם גרסי' ליה ודייק מהא דלא איתא דסברי בתשרי נברא העולם דלמא האי ראשון ניסן וקרי ליה ראשון לפי שהוא ראשון לחדשים ועמד מבול גם בשנה ואחד ומנו לא תידוק מיניה יום אחד בשנה חשוב שנה:

עין משפט נר מצוה

נד א מיי' פ"ג מהל' שמיטין הל' יא סמג לאוין רסו:

נה ב ג מיי' וסמג שם ומיי' פ"ט מהל' נטע רבעי סמג עשין קלו טוש"ע י"ד סי' רצד סעיף ד:

נו ד מיי' פ"ט מהל' נטע רבעי הל' ט וטוש"ע שם:

תורה אור השלם

א) וַיְהִי בְּאַחַת וְשֵׁשׁ מֵאוֹת שָׁנָה בָּרִאשׁוֹן בְּאֶחָד לַחֹדֶשׁ חָרְבוּ הַמַּיִם מֵעַל הָאָרֶץ וַיָּסַר נֹחַ אֶת מִכְסֵה הַתֵּבָה וַיַּרְא וְהִנֵּה חָרְבוּ פְּנֵי הָאֲדָמָה: [בראשית ח, יג]

רבינו חננאל

לא כ"ש שיהיה יום אחד עולה לו בתחלת שניו. אלא זו הברייתא למי הוא לר' אלעזר דאמר פר האמור בתורה בן כ"ד חדש (שלשה) [ושלשים] יום. שלשים ושלשים בעי דתניא אין נוטעין ואין מרכיבין ערב שביעית פחות משלשים יום לפני ר"ה. ואם נטע והבריך והרכיב יעקור ר' יהודה אומר כל הרכבה שאינה קולטת לג' ימים שוב אינה קולטת. ר' יוסי ור' שמעון אומר' ב' שבתות ואמר רב נחמן לדברי האומרים שלשים לקליטה כלומר שישריש הנטע צריך אחר שישריש שלשים יום אחרים לעלות לו שנה. עכשיו ר' אלעזר אי סבר לה כר"מ דאמר בעינן ל' יום לקליטה בעי ל' יום אחרים לעלות לו שנה. ואי כרבי יהודה ס"ל ל"ג הוי ליה למיתנא כו'. אלא לעולם הא דת"ר אחד הנוטע ואחד המבריך כר' מאיר היא. וכי קתני שלשים לפני ר"ה עלתה לו שנה לקליטה. אבל (א') [לעלות] לו שנה בשני ערלה יום אחד די לו. והא דלא קתני ל"א יום דסבר יום שלשים עולה לכאן ולכאן. א"ר יוחנן שניהם מקרא אחד דרשו. ויהי באחת ושש מאות שנה בראשון באחד לחדש ר' מאיר סבר מדאכתי יום אחד הוא דעל בשנה וקרי ליה שנה ש"מ יום אחד בשנה חשוב שנה. ר' אלעזר אי כתב בשש מאות ואחת שנה כדקאמרת. אלא אחת אשש מאות קאי ומדיום אחד בחדש חשוב חדש ש"מ דשלשים יום בשנה חשוב שנה. חדש למנויו ושנה למנוייה. מכלל דר' מאיר ור' אלעזר כר' יהושע סבירא להו דאמר בניסן נברא העולם תניא ר' אליעזר אומר בתשרי נברא העולם בתשרי נולדו אבות בתשרי מתו אבות בפסח נולד יצחק בר"ה נפקדה שרה רחל וחנה בר"ה

חשק שלמה על ר"ח

א) נראה דצ"ל ופרגין אי הכי שלשים וכו'.

מסורת הש"ס

א) שביעית פ"ב מ"ו יבמות פג., ב) [תוספתא דשביעית וכן ביבמות פג. ליתא דברי ר' אליעזר], ג) [פסחים נה.], ד) [מכות ג: נדה מד: מה.], ה) [לעיל ח. לקמן כז. ע"ז ח.], ו) [ברכות כט. יבמות סד:], ז) צ"ל האי סוף, ח) [וע"ע תוס' פסחים פא. ד"ה א"נ וכו'].

הגהות הב"ח

(א) רש"י ד"ה ויהי באחת כו' המים מאליהן נמשכו עד סיון: (ב) תוס' (בע"א) ד"ה שנים כו' מוכיח כן דפריך התם: (ג) בא"ד לצריכה ז' נקיים קאמר ויום: (ד) ד"ה שלשים כו' (פירוש דלא איירי בתוספת שביעית כלל אלא בקליטה) תא"מ ונ"ב הגה"ה:

ליקוטי רש"י

יעקור. דקא קלטה בשביעית דאין הרכבה קולטת בפחות משלשים יום. **צריך ל' ושלשים.** כדי שתקלוט שלשים לפני שביעית דשביעית דמו דנפקא לן מחריש ובקציר תשבות במשכן בית הבלתין (מו"ק ג:). **שלשה ושלשים.** ג' לקליטה שתקלוט קודם זמן האיסור [יבמות פג.]. **בראש השנה נפקדה שרה וכו'.** שהקב"ה פוקד העקרות לשמוע תפלתן בר"ה וגוזר עליהן הריון [יבמות סד:]. **בא** זכרונם לטובה ונגזר עליהן הריון [לקמן יא.]. **פקידה.** משעה שהמלאך פוקד הטיפה ומביאה לפני המקום מה תהא עליה כדאמרינן בפרק כל היד במסכת נדה (טז:) מיד זורקה בו נשמה וחיות [סנהדרין צא:]. **בראש השנה נפקדה שרה וכו'.** שהקב"ה פוקד העקרות לשמוע תפלתן בר"ה וגוזר עליהן הריון [יבמות סד:]. **פקידה.** משעה שהמלאך פוקד הטיפה ומביאה לפני המקום מה תהא עליה כדאמרינן בפרק כל היד במסכת נדה (טז:) מיד זורקה בו נשמה וחיות [סנהדרין צא:].

[מכאן שייך לדף יא.]

תדשא הארץ דשא עשב. ... **מזריע זרע.** שיגדל בו זרע לזרוע ממנו במקום אחר:

בְּשֵׁשׁ מֵאוֹת וְאַחַת שָׁנָה כִּדְקָאָמְרַתְּ – **If it were written:** ***at six hundred and one years,*** it would be **as you have said,** that the verse is referring to the first day of the six hundred and first year as a "year." הַשְׁתָּא דִּכְתִיב ,,בְּאַחַת וְשֵׁשׁ־מֵאוֹת שָׁנָה" – But **now that it is written:** ***at one and six hundred years,*** ,,שָׁנָה" אַ,,שֵׁשׁ מֵאוֹת" קָאֵי – the word **"years" refers** only to the immediately precedent phrase **"six hundred,"** and not to the word "one."[17] וּמַאי אַחַת – **What, then, is** meant by **"one"?**[18] אַתְחַלְתָּא דְּאַחַת קָאָמַר – **It is speaking of the beginning of the** six hundred and **first** year.[19]

R' Yochanan turns to R' Elazar's proof:

וְרַבִּי אֶלְעָזָר מַאי טַעְמֵיהּ – **And R' Elazar – what is his reason?** How does he derive his rule from this verse? דִּכְתִיב ,,בָּרִאשׁוֹן בְּאֶחָד לַחֹדֶשׁ" – **For it is written:** ***in the first [month], on the first of the month.*** מִדְּאַכַּתִּי יוֹם אֶחָד הוּא דְּעָיֵיל בַּחֹדֶשׁ – **From** the fact **that it is still** only **a single day that has entered into the** first **month** וְקָא קָרֵי לֵיהּ חֹדֶשׁ – **and** [the verse] already **calls it a "month,"**[20] שְׁמַע מִינָּהּ יוֹם אֶחָד בַּחֹדֶשׁ חָשׁוּב חֹדֶשׁ – we **learn that a single day in the month is regarded as a** full **month.** וּמִדְּיוֹם אֶחָד בַּחֹדֶשׁ חָשׁוּב חֹדֶשׁ – **And if a single day in a month is regarded as a** full **month,** שְׁלֹשִׁים יוֹם בַּשָּׁנָה חֲשׁוּבִין שָׁנָה – it follows that **thirty days in a year are regarded as a** full **year.** וְחֹדֶשׁ לְמִנוּוייו – **For a "month"** is counted **according to** one of **its units,** a day,[21] וְשָׁנָה לְמִנוּוייָהּ – **and a "year"** is counted **according to** one of **its units,** a month.[22] Just as a single unit in a month is regarded as a full month, so too is a single unit in a year (i.e. a thirty-day month) regarded as a full year. This is R' Elazar's source that the minimum number of days that can be reckoned as a year are thirty.[23]

(מִכְּלָל דְּתַרְוַויְיהוּ סְבִירָא לְהוּ בְּנִיסָן נִבְרָא הָעוֹלָם – **We may infer that both of them** [i.e. R' Meir and R' Elazar] **hold that the world was created in** the month of **Nissan.**)[24]

The Gemara cites a Baraisa:

תַּנְיָא – **It was taught in a Baraisa:** רַבִּי אֱלִיעֶזֶר אוֹמֵר – **R' ELIEZER SAYS:** בְּתִשְׁרֵי נִבְרָא הָעוֹלָם – **THE WORLD WAS CREATED IN** the month of **TISHREI.**[25] בְּתִשְׁרֵי נוֹלְדוּ אָבוֹת – **THE PATRIARCHS** (i.e. Abraham and Jacob) **WERE BORN IN** the month of **TISHREI.**[26] בְּתִשְׁרֵי מֵתוּ אָבוֹת – **THE PATRIARCHS DIED IN** the month of **TISHREI.**[27] בְּפֶסַח נוֹלַד יִצְחָק – Our forefather **ISAAC WAS BORN DURING** the festival of **PESACH.** בְּרֹאשׁ הַשָּׁנָה נִפְקְדָה שָׂרָה רָחֵל וְחַנָּה – **ON ROSH HASHANAH,** the Matriarchs **SARAH** and **RACHEL AND** the prophetess **HANNAH WERE REMEMBERED** by the Almighty, and it was decreed that they would bear children.[28] בְּרֹאשׁ הַשָּׁנָה יָצָא יוֹסֵף מִבֵּית הָאֲסוּרִין – **ON ROSH HASHANAH, JOSEPH WENT OUT OF** the Egyptian **PRISON.**[29]

NOTES

this rule to the historical period prior to the giving of the Torah; see there for discussion.)

[The Gemara stated earlier that according to R' Meir, even a *part* of a day is reckoned as a full year (see note 14). *Rashash* notes that our verse actually serves as a source for this rule also, for the verse states that the water dried on the first of the month – meaning sometime *during* that day – and refers to the day as a "year." We see that even part of a single day is regarded as a year.]

17. [Thus, the verse is not referring to the first day of the six hundred and first year as a "year."]

18. [If this day is not reckoned the six hundred and first year, then why does the verse mention "*one* and six hundred years"?]

19. [These words simply signify that the six hundred and first year had begun; they do not mean to accord full-year status to its first day.]

20. As the verse states: [*In the first (month),*] *on the first of the month* (*Rashi*). The verse could have been written simply: *In the first (month), on the first.* The superfluous phrase *of the month* (לַחֹדֶשׁ) teaches that this single day constitutes a full "month" (*Rashash; cf. Menachem Meishiv Nefesh*).

21. Regarding months it is written (*Numbers* 11:20): עַד חֹדֶשׁ יָמִים, *Until a month of days.* We see that months are counted by days (*Rashi*).

22. Regarding years it is written (*Exodus* 12:2): לְחָדְשֵׁי הַשָּׁנָה, *to the months of the year.* This demonstrates that years are counted by months (*Rashi*).

23. [*Turei Even* raises the following difficulty regarding this source. This verse simply proves that a month is equivalent to a year; a lunar month, however, can contain either twenty-nine or thirty days. Why, then, does R' Elazar require a full thirty days? A mere twenty-nine should suffice! For various approaches to this question, see *Yad David; Aruch LaNer; Sfas Emes* to 10a.]

24. The forthcoming Gemara will cite a dispute regarding the month in which the world was created. R' Eliezer holds that it was created in Tishrei; R' Yehoshua that it was created in Nissan. This Gemara maintains that the proof-text offered by R' Meir and R' Elazar constitutes evidence that they are in accord with R' Yehoshua. This is the Gemara's reasoning: Since both these Tannaim interpret the verse-phrase *in the first [month]* as referring to the first month of the year, they must perforce hold that it refers to the month of Nissan, since it is regarding this month that the verse states (*Exodus* 12:2): *This month is for you the first of the months, it is first for you of the months of the year.* Now, from the Scriptural account of the phases of the Flood (elucidated in *Rashi*) it is evident that if the drying up of the waters (discussed in our verse) occurred in Nissan, then the Flood must have begun in Iyar, and the Gemara below (11b) proves that if the Flood began in Iyar, then the world must have been created in Nissan (see 12a, end of note 2). We see that both R' Meir and R' Elazar hold that the world was created in Nissan! *Rashi,* however, states that this proof is invalid, and should be deleted from our text. He points out that R' Meir and R' Elazar could easily be in agreement with R' Eliezer. For the verse might very well be referring to the month of Tishrei, which [although not the first month in the twelve-month cycle that comprises a standard year] *is* the month that immediately followed Creation, and as such, is the first month in the years of Man, which are reckoned by Creation (see *Menachem Meishiv Nefesh*). Moreover, the Baraisa in *Seder Olam* states explicitly that according to R' Eliezer, the words *in the first [month]* actually do refer to Tishrei, and not to Nissan! Clearly, this proof is invalid, and must be deleted (cf., however, *Tosafos; Ritva*).

25. This refers to the sixth day of Creation, upon which Man was formed. Since the focal point and purpose of all Creation is Man, the world was not deemed complete until he was made. Hence, the Baraisa equates the creation of Man with the creation of all the world. The day Man came into being was the first of Tishrei (see *Ran* to 16a, folio 3a in the *Rif; Tosafos* 8a ד״ה לתקופות; *Rabbeinu Bachya, Genesis* 1:3,31; see *Maharsha* here). The Gemara below (11a) will provide the Scriptural sources for R' Eliezer's statements.

26. This refers to Abraham and Jacob [Isaac, however, was born in Nissan, as the Baraisa will shortly relate] (*Rashi*). *Maharal, Chidushei Aggados* discusses this difference.

27. [The source for this statement is a verse that implies that the death of a righteous person comes in the month of his birth (see 11a). This indicates that here too, the term "the Patriarchs" refers to Abraham and Jacob, but not to Isaac. For Isaac was born during Pesach, which falls in the month of Nissan; perforce, he died then too. For why the Baraisa does not give the date of Isaac's death, see *Turei Even, Sfas Emes, Aruch LaNer* and *Poras Yosef,* all to 11a.]

28. On Rosh Hashanah, it was decreed that they would bear children (*Rashi; Ran*). [It was not on Rosh Hashanah, however, that they conceived (see *Rashi; Ran;* end of 11a with *Maharsha;* see also *Me'il Tzedakah* §43; cf. *Eliya Zuta,* cited in *Birkei Yosef* 581:18).]

29. See *Genesis* 39:20, 41:1,14.

בְּרֹאשׁ הַשָּׁנָה בָּטְלָה עֲבוֹדָה מֵאֲבוֹתֵינוּ בְּמִצְרַיִם — **ON ROSH HASHANAH, SERVITUDE WAS REMOVED FROM OUR FOREFATHERS IN EGYPT.**[1] בְּנִיסָן נִגְאֲלוּ — **IN** the month of **NISSAN, THEY WERE REDEEMED** from Egypt. בְּתִשְׁרֵי עֲתִידִין לִיגָּאֵל — **IN** the month of **TISHREI, THEY ARE DESTINED TO BE** again **REDEEMED.**[2]

רַבִּי יְהוֹשֻׁעַ אוֹמֵר — **R' YEHOSHUA SAYS:** בְּנִיסָן נִבְרָא הָעוֹלָם — **THE WORLD WAS CREATED IN** the month of **NISSAN.**[3] בְּנִיסָן נוֹלְדוּ אָבוֹת — **THE PATRIARCHS** (i.e. Abraham and Jacob) **WERE BORN IN** the month of **NISSAN.** בְּנִיסָן מֵתוּ אָבוֹת — **THE PATRIARCHS DIED IN** the month of **NISSAN.**[4] בְּפֶסַח נוֹלַד יִצְחָק — Our forefather **ISAAC WAS BORN DURING** the festival of **PESACH.** בְּרֹאשׁ הַשָּׁנָה נִפְקְדָה שָׂרָה רָחֵל וְחַנָּה — **ON ROSH HASHANAH,** the Matriarchs **SARAH** and **RACHEL AND** the prophetess **HANNAH WERE REMEMBERED** by the Almighty, and it was decreed that they would bear children. בְּרֹאשׁ הַשָּׁנָה יָצָא יוֹסֵף מִבֵּית הָאֲסוּרִין — **ON ROSH HASHANAH, JOSEPH WENT OUT OF** the Egyptian **PRISON.** בְּרֹאשׁ הַשָּׁנָה בָּטְלָה עֲבוֹדָה מֵאֲבוֹתֵינוּ בְּמִצְרַיִם — **ON ROSH HASHANAH, SERVITUDE WAS REMOVED FROM OUR FOREFATHERS IN EGYPT.** בְּנִיסָן נִגְאֲלוּ — **IN** the month of **NISSAN, THEY WERE REDEEMED** from Egypt. בְּנִיסָן עֲתִידִין לִיגָּאֵל — **IN** the month of **NISSAN, THEY ARE DESTINED TO BE** again **REDEEMED.**[5]

The Gemara cites a Baraisa in which R' Eliezer and R' Yehoshua give their sources:

תַּנְיָא — **It has been taught in a Baraisa:** רַבִּי אֱלִיעֶזֶר אוֹמֵר — **R' ELIEZER SAYS:** מִנַּיִן שֶׁבְּתִשְׁרֵי נִבְרָא הָעוֹלָם — **FROM WHERE** do we know **THAT THE WORLD WAS CREATED IN TISHREI?** שֶׁנֶּאֱמַר — **FOR IT IS STATED:**[6] "וַיֹּאמֶר אֱלֹהִים תַּדְשֵׁא הָאָרֶץ דֶּשֶׁא עֵשֶׂב מַזְרִיעַ זֶרַע עֵץ פְּרִי" — ***AND GOD SAID: LET THE LAND BE COVERED WITH VEGETATION – HERBAGE YIELDING SEED, TREES OF FRUIT.*** This verse implies that at the moment of Creation the fields were already covered with vegetation, and the trees already laden with mature fruit.[7] אֵיזֶהוּ חֹדֶשׁ שֶׁהָאָרֶץ (מוציאה) [מְלֵיאָה][8] דְּשָׁאִים וְאִילָן מָלֵא פֵּירוֹת — **WHICH MONTH IS IT IN WHICH THE LAND IS FILLED WITH VEGETATION AND THE TREE IS LADEN WITH** mature **FRUITS?** הֱוֵי אוֹמֵר זֶה תִּשְׁרֵי — **YOU MUST SAY: THIS IS TISHREI.**[9]

A proof:

וְאוֹתוֹ הַפֶּרֶק זְמַן רְבִיעָה הָיְתָה — **AND THAT PERIOD WAS** perforce **THE RAINY SEASON,** for the newly created world required rain. וְיָרְדוּ גְּשָׁמִים וְצִימְּחוּ — **AND** indeed, **RAINS FELL AND [PLANTS] CAME FORTH,** שֶׁנֶּאֱמַר — **AS IT IS STATED:** "וְאֵד יַעֲלֶה מִן־הָאָרֶץ" — ***AND A MIST AROSE FROM THE EARTH*** *and watered the whole surface of the soil.*[10] We see that Creation took place at the rainy season, which comes in Tishrei.

R' Yehoshua gives his source:

רַבִּי יְהוֹשֻׁעַ אוֹמֵר — **R' YEHOSHUA SAYS:** מִנַּיִן שֶׁבְּנִיסָן נִבְרָא הָעוֹלָם — **FROM WHERE** do we know **THAT THE WORLD WAS CREATED IN NISSAN?** שֶׁנֶּאֱמַר — **FOR IT IS STATED:**[11] "וַתּוֹצֵא הָאָרֶץ דֶּשֶׁא עֵשֶׂב מַזְרִיעַ זֶרַע . . . וְעֵץ עֹשֶׂה־פְּרִי" — ***AND THE LAND BROUGHT FORTH VEGETATION – HERBAGE YIELDING SEED*** *after its kind,* ***AND TREES PRODUCING FRUIT.*** This verse implies that at Creation the land was only beginning to bring forth the vegetation, and the trees were only beginning to produce fruits.[12] אֵיזֶהוּ חֹדֶשׁ שֶׁהָאָרֶץ (מליאה) [מוֹצִיאָה][13] דְּשָׁאִים וְאִילָן מוֹצִיא פֵּירוֹת — **WHICH MONTH IS IT IN WHICH THE LAND BRINGS FORTH VEGETATION**[13] **AND THE TREE BRINGS FORTH FRUITS?** הֱוֵי אוֹמֵר זֶה נִיסָן — **YOU MUST SAY: THIS IS NISSAN.**[14]

A proof:

וְאוֹתוֹ הַפֶּרֶק זְמַן בְּהֵמָה וְחַיָּה וְעוֹף שֶׁמִּזְדַּוְּוגִין זֶה אֵצֶל זֶה — **AND THAT PERIOD WAS** perforce **THE SEASON IN WHICH DOMESTICATED ANIMALS, WILD ANIMALS AND BIRDS MATE ONE WITH ANOTHER** (i.e. the mating season),[15] for it was essential that the newly created animals increase their numbers.[16] Now, the time for the mating season is Nissan, שֶׁנֶּאֱמַר — **AS IT IS STATED:**[17] "לָבְשׁוּ כָרִים הַצֹּאן וגו׳" — ***THE SHEEP OF THE FLOCK BECOME CLAD*** [i.e. become pregnant] **etc.** *and the valleys cloak themselves with fodder; [the crops] shout joyfully, they even sing!* The crops "shout and sing"

NOTES

1. This occurred [during the year of the plagues], six months prior to the actual redemption (which came in Nissan). On Rosh Hashanah, the period of the Jews' servitude came to an end (*Rashi;* see *Tosafos*).

2. There are various opinions among the Acharonim as to what facet of the final redemption the Baraisa intends. See *Turei Even, Sfas Emes, Ben Yehoyada* and *Aruch LaNer* to 11b.

3. R' Yehoshua too refers to the sixth day of Creation, upon which Man was formed. This came to pass on the first of Nissan (*Tosafos* 8a ד״ה לתקופות; see 10b note 25).

[*Ran* (to 16a, folio 3a in the *Rif*) points out that according to R' Eliezer, the choice of Rosh Hashanah as the Day of Judgment for all mankind (see Mishnah 16a) is understandable. For (as the *Pesikta* states) it was on that day that Adam came into being, sinned, was judged and was forgiven. Thus, from the beginning of time this day was established as one of judgment (see also *Maharsha* 10b). According to R' Yehoshua, however, it is difficult to understand what special quality the first of Tishrei possesses, that it is chosen to be Rosh Hashanah, the Day of Judgment. *Ran* explains that its attribute is that it stands at the front of a month that symbolizes atonement and forgiveness, for it was on the tenth of Tishrei (Yom Kippur) that God displayed His magnanimity by forgiving the Israelites for the sin of worshipping the Golden Calf. The Almighty, in His desire to benefit Israel, decreed that they be judged in a month established as one of forgiveness. See *Ran* further for why it was not Yom Kippur that was chosen to be the Day of Judgment; see also *Maharsha* to 16a ד״ה תנא דבי ר׳ ישמעאל; *Aruch LaNer* here.]

4. See 10b notes 26 and 27.

5. Thus, R' Yehoshua and R' Eliezer disagree on four points: the month of Creation, the month of the Patriarchs' birth, the month of their death and the month of the final redemption.

6. *Genesis* 1:11. [This verse records God's command regarding the creation of plants and trees.]

7. This is implied in the phrase *be covered with vegetation,* which suggests a land thickly overspread with mature vegetation, and in the words *trees of fruit,* which connote trees laden with mature fruit (*Rashi;* see *Maharsha* ד״ה שנאמר ותוצא).

8. Emendation follows *Hagahos HaBach* §1 (see below, note 13; see *Maharsha;* see *Dikdukei Soferim* 'פ).

9. For at Tishrei, which falls at the end of summer, the fruit of the trees has ripened and the land is covered with vegetation.

10. Ibid. 2:6. [The mist formed clouds, and rain fell (see *Rashi* ad loc.).]

11. Ibid. 1:12. [This verse is speaking of the fulfillment of God's command regarding the plants and trees.]

12. This implication is inherent in the altered phrasing of this verse. Instead of *covered with vegetation,* the verse states: *brought forth vegetation.* This implies that it was only just bringing it forth. Instead of *trees of fruit,* the verse states: *trees producing fruit,* which indicates that the fruit is not mature (*Rashi;* see *Maharsha,* cited in notes 7 and 8; see also *Rashash*).

[*Sfas Emes* asks: If according to R' Yehoshua the trees were not created with mature fruit, how could Adam have eaten of the forbidden fruit on that day? He suggests that R' Yehoshua agrees that the trees of the Garden of Eden were different, and produced ripened fruits immediately upon being created; see *Ramban, Genesis* 2:8.]

13. Here too, our emendation follows *Hagahos HaBach* §2 (see above, note 8).

14. For Nissan, which falls in the springtime, is the time at which the crops are just beginning to sprout after the rainy season.

15. [I.e. the males of each species mate with the females of their species.]

16. *Rashi;* see *Rosh Mashbir; Sifsei Chachamim.*

17. *Psalms* 65:14. The translation of the beginning of the verse is based on *Rashi* 8a ד״ה לבשו כרים; cf. *Tosafos* there ד״ה לבשו כרים; see note 5 there; see *Aruch LaNer; Rashash* here.

בראש השנה בטלה עבודה מאבותינו במצרים. רבי יהושע מודה דהא כרוב ספרים ואע"פ שהתחילו המכות מניסן דמשפט המצריים י"ב חדש כדתנן בעדיות (פ"ב משנה י) מ"מ לא פסקה עבודה עד תשרי: **לקומתן** לדעתם לצביונם. לצביון לשון יופי כמו לעטרת צבי (ישעיה כח) דדרך בהמה חיה ועוף כשגדלים [גדלים] בנוי בכח בדעת ובקומה וכל זה היה במעשה בראשית בתחלת יצירתם ומהלך נפקי מדכתיב צבאם [ט]: **שנולדו** בו זיותני עולם. ואע"ג דאייר קרי ליה זיו ל"ק מידי כדפי' בריש פירקין (דף ג: ד"ה בחדש זיו): **את** מספר ימיך אמלא. בסוף החולץ (יבמות דף ג. ושם) אמר אלו שני דורות: **אלא** דקאי בחג וקאמר לה בניסן. סוגיא דשמעתא מוכח דבתשרי נמול אברהם אבינו דבפרק השוכר את הפועלים (ב"מ דף פו:) אמר בשלישי של מילה באו אלו מלאכים ואז נאמר לו למועד אשוב אליך כעת חיה ובפרקי דרבי אליעזר [י] נמי אמרינן דביוה"כ נמול א"א והשתא הא דאמר בחג לאו דוקא דשני ימים לפני החג הוה כיון דנמול ביוה"כ ואע"ג דמשמע הכא למועד ראשון הכי קאמר למועד ראשון אחר החג זה דקיימא ביה דכאילו קיימי בחג דמי כיון דלא הוה בו כי אם שני ימים לפניו **אן** ולמאי דמסקינן דיולדת לשבעה יולדת למקוטעין לא הוה צריך לשנויי שנה מעוברת היתה דכי מדלית נמי ימי טומאה טבלה נמי בליל חמישי לחג ואפשר דילדה ביום אחרון של פסח אלא משום דאמרינן בסדר עולם ובמכילתא בפרשת ויסעו בני ישראל מרעמסס (אמרי') דבט"ו בניסן נולד יצחק [ס] [ומיהו פליגי אדהכא דקאמר נמי בט"ו בניסן דבר הקב"ה עם אברהם בט"ו בניסן באו מלאכים לבשרו] ורבי מאיר שליח צבור יסד במעריב של פסח ומצות אפה ויאכלו בלילי חג פסח ואמרי' בבראשית רבה לושי ועשי עוגות הדא אמרת שפסח היה וכל הני לא ס"ל דלמועד אשוב אליך כעת חיה אמועד ראשון אלא כלומר למועד כזה שהיא פסח וכן תרגם אונקלוס כעת חיה כעת דאתון קיימין והשתא הא דכתיב בפרשת מילה אשר תלד לך שרה למועד הזה בשנה האחרת (בראשית יז) ואמרינן [במדרש תנחומא][ע] מלמד שסרט לו סריטה בכותל דלשנה האחרת על כרחך דבט"ו בניסן נאמר ובו ביום נמול ובו ביום באו מלאכים בשנה זו תימה דלכל הני דאמרי בתשרי הוה היכי מקיים ההוא קרא דלמועד הזה בשנה האחרת ואיך יתכן לומר שנצטוה בפסח ולא נמול עד תשרי והלא זריזין מקדימין למצות ועוד הכתיב בעצם היום הזה (שם) בו ביום שצוהו מל ואומר ר"ת דהני דאמרי בתשרי סבירא להו כרבי יהושע דאמר בניסן נברא העולם (ז) ולהכי הדר לפסח שנה אחרת למועד הזה היינו למועד אחר דביום הכפורים אמר לו וקרוב לסוכות כלומר למועד הזה ראשון של שנה אחרת:

לילה

בר"ה בטלה עבודה מאבותינו במצרים בניסן נגאלו בתשרי עתידין ליגאל ר' יהושע אומר א) בניסן נברא העולם בניסן נולדו אבות בניסן מתו אבות בפסח נולד יצחק ב) בר"ה נפקדה שרה רחל וחנה בר"ה יצא יוסף מבית האסורין בר"ה בטלה עבודה מאבותינו במצרים בניסן נגאלו בניסן עתידין ליגאל תניא ר"א אומר מנין שבתשרי נברא העולם שנאמר א) ויאמר אלהים תדשא הארץ דשא עשב מזריע זרע עץ פרי איזהו חדש שהארץ (א) מוציאה דשאים ואילן מלא פירות הוי אומר זה תשרי ואותו הפרק זמן רביעה היתה וירדו גשמים וצימחו שנא' ב) ואד יעלה מן הארץ ר' יהושע אומר מנין שבניסן נברא העולם שנא' ג) ותוצא הארץ דשא עשב מזריע זרע ועץ עושה פרי איזהו חדש שהארץ (ג) מליאה דשאים ואילן מוציא פירות הוי אומר זה ניסן ואותו הפרק זמן בהמה וחיה ועוף שמזדווגין זה אצל זה שנאמר ד) לבשו כרים הצאן וגו' ואידך נמי הא כתיב עץ עושה פרי ההוא לברכה לדורות הוא דכתיב ואידך נמי הא כתיב עץ פרי ההוא כדר' יהושע בן לוי דא"ר יהושע בן לוי כל מעשה בראשית (ד) לקומתן נבראו לדעתן נבראו לצביונן נבראו שנא' ה) ויכלו השמים והארץ וכל צבאם אל תקרי צבאם אלא צביונם ר"א אומר מנין שבתשרי נולדו אבות שנא' ו) ויקהלו אל המלך שלמה כל איש ישראל בירח האיתנים בחג ירח שנולדו בו איתני עולם מאי משמע דהאי איתן לישנא דתקיפי הוא כדכתיב ז) איתן מושבך ואומר ח) שמעו הרים את ריב ה' והאיתנים מוסדי ארץ ואומר ט) קול דודי הנה זה בא מדלג על ההרים מקפץ על הגבעות מדלג על ההרים בזכות אבות מקפץ על הגבעות בזכות אמהות ר' יהושע אומר מנין שבניסן נולדו אבות שנאמר י) ויהי בשמונים שנה וארבע מאות שנה לצאת בני ישראל מארץ מצרים בשנה הרביעית בחדש זיו בירח שנולדו בו זיותני עולם (ו) ואידך נמי הכתיב בירח האיתנים התם (ג) דתקיפי במצות ואידך נמי הכתיב בחדש זיו ההוא דאית ביה זיוא לאילני ז) דאמר רב יהודה האי מאן דנפק ביומי ניסן וחזי אילני דמלבלבי אומר ברוך שלא חיסר מעולמו כלום וברא בו בריות טובות ואילנות טובות להתנאות בהן בני אדם מ"ד בניסן נולדו בניסן מתו מ"ד בתשרי נולדו בתשרי מתו שנאמר כ) ויאמר אליהם בן מאה ועשרים שנה אנכי היום ח) שאין ת"ל היום ומה ת"ל היום היום מלאו ימי ושנותי ללמדך שהקב"ה יושב וממלא שנותיהם של צדיקים מיום ליום מחדש לחדש שנאמר ל) את מספר ימיך אמלא בפסח נולד יצחק מנלן כדכתיב מ) למועד אשוב אליך אימת קאי אילימא בפסח וקאמר ליה בעצרת בחמשין יומין מי קא ילדה אלא דקאי בעצרת וקאמר ליה בתשרי אכתי בחמשה ירחי מי קא ילדה אלא דקאי בחג וקאמר לה בניסן אכתי בשיתא ירחי מי קא ילדה תנא אותה שנה מעוברת היתה סוף סוף כי מדלי מר יומי טומאה בצרי להו ט) אמר מר זוטרא אפילו למ"ד יולדת לתשעה אינה יולדת למקוטעין יולדת לשבעה יולדת למקוטעין שנאמר נ) ויהי לתקופות הימים י) מיעוט תקופות שתים ומיעוט ימים שנים בראש השנה נפקדה שרה רחל וחנה מנלן א"ר אלעזר אתיא פקידה פקידה אתיא זכירה זכירה כתיב ברחל ס) ויזכור אלהים את רחל וכתיב בחנה ע) ויזכרה ה' ואתיא זכירה זכירה מראש השנה דכתיב פ) שבתון זכרון תרועה פקידה כתיב בחנה צ) כי פקד ה' את חנה וכתיב בשרה ק) וה' פקד את שרה בראש השנה יצא יוסף מבית האסורין מנלן כ) דכתיב ר) תקעו בחדש שופר (ל) בכסא) ליום חגנו כי חק לישראל הוא וגו'

עדות

נולדו אבות. אברהם ויעקב: **נפקדה שרה.** בא זכרונם לטובה ונגזר עליהן הריון: **בטלה עבודה מאבותינו.** ששה חדשים לפני גאולתם פסק השעבוד: **תדשא הארץ.** מתכסה ומתלבשת בדשאין: **עץ פרי.** שנגמר פריו: **ואותו הפרק זמן רביעה הוה.** כלומר וראויה לדבר שבתשרי נברא העולם שהרי לגשמים הם צריכים ותשרי זמן רביעה היא: **ותוצא הארץ.** ולא כתיב ותדשא הארץ: **ועץ עושה פרי.** ולא עץ פרי גמור: **ואותו הפרק זמן.** הוא לבהמה וחיה להזקק זה לזה ולכך הם צריכים וראויה היא שבניסן נברא העולם: **לבשו כרים.** בזמן שיתעברו שבלים בניסן (ד) אלמא ניסן זמן זיווג בהמה הוא: **ברכה לדורות.** עושה פרי לדורות ומיהו השתא עץ פרי הוו: **בקומתן נבראו.** והיינו עץ פרי ראוי היה לטעון פרי מיד: **לדעתם.** שאלום אם חפצין להבראות ואמרו הן: **בצביונם.** בטעם (ה) אחד ובדפוס כל אחד: **ואומר שמעו הרים את ריב ה' והאיתנים.** אלמא הם איתנים הם הרים ואשכחן דנקראו אבות הרים שנאמר מדלג על ההרים ודילג את הקץ בשביל ההרים: **בחדש זיו.** (ו) אייר הוא: **שנולדו בו זיותני עולם.** כשנתחדש אייר נולדו כבר בניסן אי נמי זימנין דניסן דתקופה נמשך בתוך אייר של לבנה: **להתנאות.** להנות: **דתקיפי במצות.** שופר יוה"כ וסוכה ולולב וערבה וניסוך המים (וערבה): **למועד אשוב אליך.** לי"ט הבא ראשון ולשרה בן וכל מה שאתה יכול להרחיק יום הבשורה מיום הלידה הרחיקם כדי לצמצם ימי עיבור הוולד בין שניהם ואין אתה יכול להרחיקו אלא ממועד למועד כשתאמר שנתבשר במועד זה ושתלד למועד הבא: **כי מדלי מר ימי טומאה.** טומאת נדה דקיי"ל (ב"מ דף פז.) שרה אמנו אותו היום פרסה נדה לפיכך ויקח חמאה וחלב ובן הבקר אבל לא העוגות שלשתה היה בטומאה: **אפילו למ"ד.** במסכת נדה (דף לח.) אינה יולדת למקוטעין אלא לחדשים שלימים של שלשים יום:

עדות

שמא יגרשנה יעקב לפי שאין לה בנים ואף עשו הרשע כך עלה בלבו כששמע שאין לה בנים ... חלה לבה לקחתה לו ונתבהלה [בראשית ל כב]. **בחדש.** בחדוש הלבנה. (בכסא) [בכסה]. יום מועד קבוע לכך ... ליום הכסא יבוא ביתו למועד הקבוע [תהלים פא ד]. **ליום חגנו.** ... חגנו [ביצה טז.]. **כי חק.** הוא לישראל מאת הקב"ה לתת ...

מסורת הש"ס

א) [ע"ז ח.], ב) [ברכות מג:] יבמות סד:, ג) חולין ס., ד) [צ"ל בקומתן], ה) [סוטה מו. ע"ש], ו) [צ"ל והכתיב], ז) ברכות מג:, ח) [תוספ' דסוטה פ"י] סוטה יג:, קדושין לח., ט) יבמות מב. נדה לח:, י) [ועמ"ש בס"ד על הגליון נדה לח. בשם הרד"ק], כ) ביצה טז. סנהדרין יא., ל) צ"ל בכסה, מ) [וע"ע תוס' חולין ס. ד"ה אל תקרי וכו' מ"ש בשם הערוך], נ) [פרק כצ], ס) ח"י, ע) [פרשת בא לא פ"ב]

הגהות הב"ח

(א) גמ' איזהו חדש שהארץ מליאה דשאים וכו': (ב) שם שהארץ מוציאה דשאים: (ג) שם בירח האיתנים הכא קתני במאות: (ד) רש"י ד"ה לבשו כרים כו' בניסן. נ"ב ס"א וגבי בריאת העולם מצינו כתיב דכתיב לעיל מיניה מכין הרים בכחו: (ה) ד"ה בצביונם בטעם אחד ואחד ובדפוס כל אחד ואחד הס"ד: (ו) ד"ה בחדש זיו הוא אייר שנולדו כו' זימנין דתקופת ניסן נמשך לתוך אייר של לבנה. נ"ב ס"א וקרי ליה זיו ע"ש שם חמה שנולדו בו זיותני עולם: (ז) תוס' ד"ה אלא כו' בניסן כו' והכי הדר לפסח שנה אחרת היא ולמועד הזה היינו למועד שאחר זה דיוה"כ:

הגהות מהר"ב רנשבורג

אן תוס' ד"ה אלא וכו' ולמאי דמסקינן וכו'. נ"ב עיין מהרש"א ח"א ובימה שהיא באריכות בראש כה פרשה מ"ז סימן [ז] בד"ה אותה השנה וכו' וביפ"ת שם פרשה נ"ג ד"ה לע' חדשים וכו' לשבעה וכו' ועיין גם כמה הקודש בפרשיות הנ"ל. ועי' ב"ש באה"ע ס' ד' ס"ק י"ט:

עין משפט נר מצוה

נז א מיי' פ"י מהלכות ברכות הל' יג סמג עשין כ טוש"ע א"ח סימן רכו:

רבינו חננאל

בראש השנה יצא יוסף מבית האסורים. בר"ה בטלה עבודה מאבותינו במצרים. בניסן נגאלו בתשרי עתידין ליגאל. תניא ר' אליעזר אומר מנין שבתשרי נברא העולם שנאמר ויאמר אלהים תדשא הארץ דשא עשב מזריע זרע עץ פרי איזהו חדש שהארץ מוציאה דשאים ואילן מלא פירות כדכתיב עץ פרי הוי אומר זה תשרי. ואותו הפרק זמן רביעה היה וירדו גשמים עליהן וצימחו שנאמר ואד יעלה מן הארץ והשקה את כל פני האדמה. ר' יהושע אומר מנין שבניסן נברא העולם שנאמר ותוצא הארץ וגו' איזהו חדש שהארץ מליאה דשא ואילן מוציא פירות הוי אומר זה ניסן כו'. ר' אליעזר דייק מעץ פרי כלומר אילן [מלא] פירות והאי דכתיב עץ עושה פרי לברכה. כלומר שיהו עושין פירות לעולם. ור' יהושע דייק מעץ עושה והאי דכתיב עץ פרי לכדריב"ל דאמר בפרק אלו טרפות כל מעשה בראשית בקומתן נבראו כלומר גדולים ומלאים לדעתן נבראו לא כדעת התינוקות אלא כדעת הגדולים לצביונם נבראו. לתוארם ביופיותם שנאמר וכל צבאם. ופרשינן לצביונם. ר' אליעזר אומר בירח האיתנים ירח שנולדו בו איתני עולם הם היסודות. שמעו הרים את ריב. והם מלשון ההורים האבות והאיתנים מוסדי ארץ כלומר הם היסודות. ר' יהושע אומר בירח זיו שנולדו בו איתני עולם ולדברי הכל בחודש שנולדו. בו בחדש מתו. שהקב"ה ממלא שנות הצדיקים מיום ליום שנאמר את מספר ימיך אמלא בפסח נולד יצחק שנאמר למועד אשוב אליך כעת חיה ולשרה בן. ואוקימנא בחג בתשרי הוה קאי ואותה שנה מעוברת היתה. ואמ' ליה למועד אשוב אליך והוא מועד הפסח אמר מר זוטרא אפילו למ"ד יולדת לתשעה אינה יולדת למקוטעין אלא לט' חדשים מלאין מיום ליום. היולדת לז' יולדת למקוטעין דקיי"ל ביום שבישרה המלאך אותה שעה פרסה נדה וישבה ז' ימים בנדתה וילדה בפסח נמצא שילדה לז' חדשים פחות (א) ימים. בר"ה נפקדה חנה. גמר זכירה זכירה בחנה כתיב ויזכרה ה' וכתיב בר"ה שבתון זכרון תרועה. מה זכרון זה בר"ה אף זכירה שנאמר בחנה בר"ה. וגמרו שתיהן שרה ורחל מחנה. וגמרה רחל מחנה בזכירה וגמרה שרה מחנה

חשק שלמה על ר"ח

א) אולי צ"ל פחות ז' ימים ועי' בתוס' כאן בד"ה אלא.

ליקוטי רש"י

ויזכור אלהים את רחל. (ב"ר) זכר לה שמסרה סימניה לאחותה. ושמעתה מצירה שמא תעלה בגורלו של עשו

תורה אור השלם

א) וַיֹּאמֶר אֱלֹהִים תַּדְשֵׁא הָאָרֶץ דֶּשֶׁא עֵשֶׂב מַזְרִיעַ זֶרַע עֵץ פְּרִי עֹשֶׂה פְּרִי לְמִינוֹ אֲשֶׁר זַרְעוֹ בוֹ עַל הָאָרֶץ וַיְהִי כֵן: [בראשית א, יא]

ב) וְאֵד יַעֲלֶה מִן הָאָרֶץ וְהִשְׁקָה אֶת כָּל פְּנֵי הָאֲדָמָה: [בראשית ב, ו]

ג) וַתּוֹצֵא הָאָרֶץ דֶּשֶׁא עֵשֶׂב מַזְרִיעַ זֶרַע לְמִינֵהוּ וְעֵץ עֹשֶׂה פְּרִי אֲשֶׁר זַרְעוֹ בוֹ לְמִינֵהוּ וַיַּרְא אֱלֹהִים כִּי טוֹב: [בראשית א, יב]

ד) לָבְשׁוּ כָרִים הַצֹּאן וַעֲמָקִים יַעַטְפוּ בָר יִתְרוֹעֲעוּ אַף יָשִׁירוּ: [תהלים סה, יד]

ה) וַיְכֻלּוּ הַשָּׁמַיִם וְהָאָרֶץ וְכָל צְבָאָם: [בראשית ב, א]

ו) וַיִּקָּהֲלוּ אֶל הַמֶּלֶךְ שְׁלֹמֹה כָּל אִישׁ יִשְׂרָאֵל בְּיֶרַח הָאֵתָנִים בֶּחָג הוּא הַחֹדֶשׁ הַשְּׁבִיעִי: [מלכים א ח, ב]

ז) וַיַּרְא אֶת הַקֵּינִי וַיִּשָּׂא מְשָׁלוֹ וַיֹּאמַר אֵיתָן מוֹשָׁבֶךָ וְשִׂים בַּסֶּלַע קִנֶּךָ: [במדבר כד, כא]

ח) שִׁמְעוּ הָרִים אֶת רִיב יְיָ וְהָאֵתָנִים מֹסְדֵי אָרֶץ כִּי רִיב לַייָ עִם עַמּוֹ וְעִם יִשְׂרָאֵל יִתְוַכָּח: [מיכה ו, ב]

ט) קוֹל דּוֹדִי הִנֵּה זֶה בָּא מְדַלֵּג עַל הֶהָרִים מְקַפֵּץ עַל הַגְּבָעוֹת: [שיר השירים ב, ח]

י) וַיְהִי בִשְׁמוֹנִים שָׁנָה וְאַרְבַּע מֵאוֹת שָׁנָה לְצֵאת בְּנֵי יִשְׂרָאֵל מֵאֶרֶץ מִצְרַיִם בַּשָּׁנָה הָרְבִיעִית בְּחֹדֶשׁ זִו הוּא הַחֹדֶשׁ הַשֵּׁנִי לִמְלֹךְ שְׁלֹמֹה עַל יִשְׂרָאֵל וַיִּבֶן הַבַּיִת לַייָ: [מלכים א ו, א]

כ) וַיֹּאמֶר אֲלֵהֶם בֶּן מֵאָה וְעֶשְׂרִים שָׁנָה אָנֹכִי הַיּוֹם לֹא אוּכַל עוֹד לָצֵאת וְלָבוֹא וַייָ אָמַר אֵלַי לֹא תַעֲבֹר אֶת הַיַּרְדֵּן הַזֶּה: [דברים לא, ב]

ל) לֹא תִהְיֶה מְשַׁכֵּלָה וַעֲקָרָה בְּאַרְצֶךָ אֶת מִסְפַּר יָמֶיךָ אֲמַלֵּא: [שמות כג, כו]

מ) הֲיִפָּלֵא מֵייָ דָּבָר לַמּוֹעֵד אָשׁוּב אֵלֶיךָ כָּעֵת חַיָּה וּלְשָׂרָה בֵן: [בראשית יח, יד]

נ) וַיְהִי לִתְקֻפוֹת הַיָּמִים וַתַּהַר חַנָּה וַתֵּלֶד בֵּן וַתִּקְרָא אֶת שְׁמוֹ שְׁמוּאֵל כִּי מֵייָ שְׁאִלְתִּיו: [שמואל א א, כ]

ס) וַיִּזְכֹּר אֱלֹהִים אֶת רָחֵל וַיִּשְׁמַע אֵלֶיהָ אֱלֹהִים וַיִּפְתַּח אֶת רַחְמָהּ: [בראשית ל, כב]

ע) וַיַּשְׁכִּמוּ בַבֹּקֶר וַיִּשְׁתַּחֲווּ לִפְנֵי יְיָ וַיָּשֻׁבוּ וַיָּבֹאוּ אֶל בֵּיתָם הָרָמָתָה וַיֵּדַע אֶלְקָנָה אֶת חַנָּה אִשְׁתּוֹ וַיִּזְכְּרֶהָ יְיָ: [שמואל א א, יט]

פ) דַּבֵּר אֶל בְּנֵי יִשְׂרָאֵל לֵאמֹר בַּחֹדֶשׁ הַשְּׁבִיעִי בְּאֶחָד לַחֹדֶשׁ יִהְיֶה לָכֶם שַׁבָּתוֹן זִכְרוֹן תְּרוּעָה מִקְרָא קֹדֶשׁ: [ויקרא כג, כד]

צ) כִּי פָקַד יְיָ אֶת חַנָּה וַתַּהַר וַתֵּלֶד שְׁלֹשָׁה בָנִים וּשְׁתֵּי בָנוֹת וַיִּגְדַּל הַנַּעַר שְׁמוּאֵל עִם יְיָ: [שמואל א ב, כא]

ק) וַייָ פָּקַד אֶת שָׂרָה כַּאֲשֶׁר אָמָר וַיַּעַשׂ יְיָ לְשָׂרָה כַּאֲשֶׁר דִּבֵּר: [בראשית כא, א]

ר) תִּקְעוּ בַחֹדֶשׁ שׁוֹפָר בַּכֶּסֶה לְיוֹם חַגֵּנוּ: כִּי חֹק לְיִשְׂרָאֵל הוּא מִשְׁפָּט לֵאלֹהֵי יַעֲקֹב: עֵדוּת בִּיהוֹסֵף שָׂמוֹ בְּצֵאתוֹ עַל אֶרֶץ מִצְרָיִם שְׂפַת לֹא יָדַעְתִּי אֶשְׁמָע: [תהלים פא, ד-ו]

in Nissan, when they begin to ripen, and rustle against each other;[18] Nissan, then, is the time at which animals mate. It follows that Creation was in Nissan, at the mating season.

The Gemara will now explain how each of these Tannaim deals with the proof-text of his disputant. It therefore asks:

וְאִידָךְ נַמִּי הָא כְּתִיב ,,עֵץ עֹשֶׂה פְּרִי" – But as regards **the other one too** (i.e. R' Eliezer) – **behold, it is written:** ***trees producing fruit,*** which seems to indicate that at Creation the trees were just bringing forth the fruits. How will R' Eliezer deal with this verse?

The Gemara answers:

הַהוּא לִבְרָכָה לְדוֹרוֹת הוּא דִּכְתִיב – He will say: **That [verse] – it is written as a blessing for generations,** i.e. to ensure that the trees will continue to produce fruit forever. At Creation, however, the trees emerged laden with ripe fruit.

The Gemara turns to R' Yehoshua:

וְאִידָךְ נַמִּי הָא כְּתִיב ,,עֵץ פְּרִי" – **But** as regards **the other one too** (i.e. R' Yehoshua) – **behold, it is written:** ***trees of fruit,*** which indicates that at Creation the trees were laden with mature fruits. How will R' Yehoshua reconcile this with his position?

The Gemara explains:

הַהוּא כִּדְרַבִּי יְהוֹשֻׁעַ בֶּן לֵוִי – He will say: **That [verse] is** understood **according to** the words of **R' Yehoshua ben Levi.** דְּאָמַר רַבִּי יְהוֹשֻׁעַ בֶּן לֵוִי – **For R' Yehoshua ben Levi said:** כָּל מַעֲשֵׂה בְרֵאשִׁית – Regarding **all the works of Creation:** (לקומתן) [בְּקוֹמָתָן] נִבְרְאוּ – **They were created with their** full **stature;**[19] לְדַעְתָּן נִבְרְאוּ – **they were created according to their will;**[20] לְצִבְיוֹנָן נִבְרְאוּ – **they were created according to their desire** (*tzivyonan*) with regard to characteristics and form.[21] שֶׁנֶּאֱמַר ,,וַיְכֻלּוּ הַשָּׁמַיִם וְהָאָרֶץ וְכָל־צְבָאָם" – **For it is stated:**[22] ***And the heavens and the earth and all their host*** (*tzeva'am*) ***were completed.*** אַל תִּקְרֵי ,,צְבָאָם" – **Do not read** the verse ***tzeva'am,*** which means, "their host," אֶלָּא צִבְיוֹנָם – **but *tzivyonam,*** which means, "their desire."

This verse represents the source for R' Yehoshua ben Levi's last two points – that Creation was according to the will and desire of God's creatures.[23] His first point, however, that they were created with their full stature, is derived from the verse *trees of fruit.*[24] The verse indicates that at Creation the trees possessed their full stature – they were mature, and fully able to bear fruit. The verse does not mean that they emerged already laden with mature fruit. This is also R' Yehoshua's understanding of *trees of fruit.*

The Baraisa now gives R' Eliezer's and R' Yehoshua's sources for the second point at issue between them – the birth month of the Patriarchs:

רַבִּי אֱלִיעֶזֶר אוֹמֵר – **R' ELIEZER SAYS:** מִנַּיִן שֶׁבְּתִשְׁרֵי נוֹלְדוּ אָבוֹת – **FROM WHERE** do we know **THAT THE PATRIARCHS WERE BORN IN TISHREI?** שֶׁנֶּאֱמַר – **FOR IT IS STATED:**[25] ,,וַיִּקָּהֲלוּ אֶל הַמֶּלֶךְ שְׁלֹמֹה כָּל־אִישׁ יִשְׂרָאֵל בְּיֶרַח הָאֵתָנִים בֶּחָג" – ***AND THEY GATHERED TO KING SOLOMON, EVERY MAN OF ISRAEL, IN THE MONTH OF THE EISANIM, ON THE FESTIVAL*** [of the Inauguration of the Holy Temple].[26] What is "the month of the *Eisanim*"? יֶרַח שֶׁנּוֹלְדוּ בּוֹ אֵיתָנֵי עוֹלָם – It is **THE MONTH IN WHICH WERE BORN THE MIGHTY ONES** (*Eisanim*) **OF THE WORLD** – i.e. the Patriarchs, in whose merit the world exists, and who are thus the mighty ones upon which it is founded, as the Gemara will proceed to demonstrate.[27] The verse goes on to identify this month as the seventh in the year; namely, Tishrei. We see that the Patriarchs were born in the month of Tishrei.

R' Eliezer's proof is based on his rendering of *Eisanim* as "the mighty ones," and on his understanding that "the mighty ones" are the Patriarchs. The Gemara will now elaborate this understanding:

מַאי מַשְׁמַע דְּהַאי ,,אֵיתָן" לִישָּׁנָא דְּתַקִּיפֵי הוּא – **What indicates that this word *eisan* is a term connoting "mighty ones"?** דִּכְתִיב ,,אֵיתָן מוֹשָׁבֶךָ" – **For it is written:** ***Mighty*** (*eisan*) ***is your dwelling.***[28] This demonstrates that *eisan* implies might. וְאוֹמֵר ,,שִׁמְעוּ הָרִים אֶת רִיב ה' וְהָאֵתָנִים מֹסְדֵי אָרֶץ" – **And [a verse] states:**[29] ***Hear you mountains, the grievance of Hashem, and you mighty ones*** (*eisanim*), ***the foundations of the earth.*** We see that mountains are referred to as "mighty ones." וְאוֹמֵר ,,קוֹל דּוֹדִי הִנֵּה־זֶה בָּא מְדַלֵּג עַל־הֶהָרִים מְקַפֵּץ עַל־הַגְּבָעוֹת" – **And** with regard to the quickening of the exile **[a verse] states:**[30] ***The voice of my Beloved, behold it comes, skipping over the mountains, leaping over the hills.*** And this verse can be interpreted in this manner: ,,מְדַלֵּג עַל־הֶהָרִים" בִּזְכוּת אָבוֹת – ***Skipping because of***

NOTES

18. The verse terms this rustling sound "singing" and "shouting" (*Rashi,* here and to 8a ד"ה יתרעעו).

19. I.e. fully mature (*Rashi;* see *Ritva*).

[Emendation of text from לְקוֹמָתָן to בְּקוֹמָתָן follows *Rashi* and *Mesoras HaShas.* It is also the reading found in *Chullin* 60a.]

20. This means that God informed them that they would be created and they were willing (*Rashi,* here and to *Chullin* 60a ד"ה לדעתן; see *Ritva;* see *Maharam Schif* to *Chullin* ibid.; see also *Aruch LaNer* here).

[Alternatively, בְּדַעְתָּן is translated as *with their* full *intelligence.* This means that from the moment of Creation, all creatures were granted their full measure of intelligence; they did not first pass through a stage of mental immaturity (*Ritva* citing *Aruch* [ע' צב א']; see also *Tosafos, Chullin* ibid.; *Rabbeinu Chananel* here; see *Pesach Einayim*).]

21. This means that each creature chose the characteristic and form that it desired (*Rashi,* here and to *Chullin* 60a ד"ה לצביונם; see *Pesach Einayim* here in explanation of *Rashi,* quoted in *Menachem Meishiv Nefesh;* see *Maharam Schif* to *Chullin* ibid.; see *Emes LeYaakov* for another understanding in *Rashi*).

[Alternatively, the reading is בְּצִבְיוֹנָן, which is rendered *with their* full measure of *beauty.* This means that each creature was created in aesthetic harmony, with the perfection and beauty proper for it (*Tosafos, Chullin* ibid.; *Ritva* here; see *Gur Aryeh* to *Genesis* 1:25; see *Aruch* ibid. for another explanation).]

22. *Genesis* 2:1.

23. The final two points are both matters of will and desire – one pertains to the desire to be created, the other to the choice of characteristics and form. Thus, both are derived from the exposition teaching "desire" [i.e. *tzeva'am/tzivyonam*] (see *Rosh Mashbir,* explaining *Rashi*).

24. *Rosh Mashbir,* explaining *Rashi.*

[Our elucidation follows *Rashi,* who renders the last two points as "will" and "desire." Other Rishonim (cited in notes 20 and 21), however, render these as "intelligence" and "beauty." According to their understanding, the exposition of *tzeva'am/tzivyonam* teaches all three attributes, for a creature cannot be regarded as perfect in beauty unless it is perfect also in stature and intelligence. The Gemara is saying that R' Yehoshua interprets *trees of fruit* in accordance with R' Yehoshua ben Levi's understanding of Creation (see *Tosafos, Chullin* ibid.; *Ritva* here). See *Megaleh Amukos* (אופן קס"ב) for an interesting insight into the Scriptural basis for R' Yehoshua ben Levi's exposition.]

25. *I Kings* 8:2.

26. See *Radak* ad loc.

27. *Rabbeinu Chananel;* see *Maharsha.*

28. *Numbers* 24:21.

29. *Michah* 6:2.

[The verse *Mighty is your dwelling* teaches that the Hebrew word *eisan* means "mighty." But that does not yet prove that the Scriptural phrase "the month of the *Eisanim*" refers to the Patriarchs. For perhaps there is some other reason to identify this month with might (as the Gemara will indeed say according to R' Yehoshua). The Gemara therefore cites the forthcoming verses, to demonstrate that the term *eisan* refers specifically to the Patriarchs (*Ritva*).]

30. *Song of Songs* 2:8.

מסורת הש"ס

א) [ע"ז ח.], ב) [ברכות כט.] יבמות סד:, ג) חולין ס., ד) [צ"ל בקומתן], ה) [סוטה מו. ע"ש], ו) [צ"ל והכתיב], ז) ברכות מג:, ח) [תוספ' דסוטה פי"א] סוטה יג: קדושין לח., ט) יבמות מב. נדה לח:, י) [עמ"ש בס"ד על הגליון נדה לח. בשם הרד"ק], כ) ביצה טז. סנהדרין יא., ל) צ"ל בכסה, מ) [וע"ע תוס' חולין ס. ד"ה אל תקרי וכו' מ"ש בשם הערוך], נ) [פרק כט], ס) ת"י, ע) (פרשת בא כא פ"ב).

הגהות הב"ח

(א) גמ' איזהו חדש שהארץ מליאה דשאים וכו': (ב) שם שהארץ מוציאה דשאים: (ג) שם בירח האיתנים התם דתקיף במצות: (ד) רש"י ד"ה לבשו כרים כו' בניסן. נ"ב ס"א וגבי בריאת העולם כתיב דכתיב לעיל מיניה מכין הרים בכחו: (ה) ד"ה בצביונם בטעם כל אחד ואחד ודפוס כל אחד ואחד הס"ד: (ו) ד"ה בחדש זיו הוא אייר שנולדו כו' זימנין דתקופת ניסן נמשך לתוך אייר של לבנה. נ"ב ס"א וקרי ליה זיו ע"ש ניסן של חמה שנולדו בו זיותני עולם: (ז) תוס' ד"ה אלא כו' נברא העולם ולכי הדר לפסח שנה אחרת היא ולמועד הזה היינו למועד שאחר זה דביוה"כ:

הגהות מהר"ב רנשבורג

א] תוס' ד"ה אלא וכו' ולמאי דמסקינן וכו'. נ"ב עיין מהרש"א ח"א ויפה תואר בראשית רבה פרשה מ"ז סימן ז' בד"ה אותה השנה וכו' ויפ"ת שם פרשה נ"ג ד"ה לט' חדשים וד"ה לשבעה וכו' ועיין גם בנזר הקודש בפרשיות הנ"ל. ועי' ב"ש באה"ע סי' ד' ס"ק י"ט:

עין משפט נר מצוה

נז א מיי' פ"י מהלכות ברכות הל' יג סמג עשין כז טוש"ע א"ח סימן רכו:

רבינו חננאל

בראש השנה יצא יוסף מבית האסורים. בר"ה בטלה עבודה מאבותינו במצרים. בניסן נגאלו בתשרי עתידין ליגאל. תניא ר' אליעזר אומר מנין שבתשרי נברא העולם שנאמר ויאמר אלהים תדשא הארץ דשא עשב מזריע זרע עץ פרי איזהו חדש שהארץ מוציאה דשאים ואילן מלא פירות כדכתיב עץ פרי הוי אומר זה תשרי. ואותו הפרק זמן רביעה היה וירדו גשמים עליהן וצימחו שנאמר ואד יעלה מן הארץ והשקה את כל פני האדמה. ר' יהושע אומר מנין שבניסן נברא העולם שנאמר ותוצא הארץ וגו' איזהו חדש שהארץ מליאה דשא ואילן מוציא פירות הוי אומר זה ניסן כו'. ר' אליעזר דייק מעץ פרי כלומר אילן [מלא] פירות והאי דכתיב עץ עושה פרי לברכה. כלומר שיהו עושין פירות לעולם. ור' יהושע דייק מעץ עושה והאי דכתיב עץ פרי לכדריב"ל דאמר בפרק אלו טרפות כל מעשה בראשית בקומתן נבראו כלומר גדולים ומלאים לדעתן נבראו לא כדעת התינוקות אלא כדעת הגדולים לצביונם נבראו. לתוארם ביופיותם שנאמר וכל צבאם. ופרשינן לצביונם. ר' אליעזר אומר בירח האיתנים ירח שנולדו בו איתני עולם הם היסודות. שמעו הרים את ריב. והם מלשון ההורים האבות והאיתנים מוסדי ארץ כלומר הם היסודות. ר' יהושע אומר בירח זיו שנולדו בו איתני עולם ולדברי הכל בחודש שנולדו. בו בחדש מתו. שהקב"ה ממלא שנות הצדיקים מיום ליום שנאמר את מספר ימיך אמלא בפסח נולד יצחק שנאמר למועד אשוב אליך כעת חיה ולשרה בן. ואוקימנא בחג בתשרי הוה קאי ואותה שנה מעוברת היתה. ואמ' ליה למועד אשוב אליך והוא מועד הפסח אמר מר זוטרא אפילו למ"ד יולדת לתשעה אינה יולדת למקוטעין אלא לט' חדשים מלאין מיום ליום. היולדת לז' יולדת למקוטעין דקיי"ל ביום שבישרה המלאך אותה שעה פרסה נדה וישבה ז' ימים בנדתה וילדה בפסח נמצאת שילדה לז' חדשים פחות א) ימים. בר"ה נפקדה חנה. גמר זכירה זכירה בחנה כתיב ויזכרה ה' וכתיב בר"ה שבתון זכרון תרועה. מה זכרון זה בר"ה אף זכירה שנאמר בחנה בר"ה. וגמרו שתיהן שרה ורחל מחנה. וגמרה רחל מחנה בזכירה זכירה וגמרה שרה מחנה

חשק שלמה על ר"ח

א) אולי צ"ל פחות ז' ימים ועי' בתוס' כאן בד"ה אלא.

ליקוטי רש"י

ויזכור אלהים את רחל. (ב"ר) זכר לה שמסרה סימניה לאחותה. ושהיתה מצירה שמא תעלה בגורלו של עשו שמא יגרשנה יעקב לפי שאין לה בנים ואף עשו הרשע כך עלה בלבו כששמע שאין לה בנים. הוא שיסד הפייטן האדמון כשל שלא לקחתה לו ותנחלה [בראשית ל, כב]. בחדש. בחדוש הלבנה. (בכסא) [בכסה]. יום מועד קבוע לכך וכן (משלי ז) ליום הכסא יבא ביתו ליום חגנו. מתחדש קבוע. ליום חגנו. בראש השנה שהוא מועד קבוע. כי חק. הוא לישראל מאת הקב"ה לתקוע ביום זה שהוא יום משפט [תהלים פא, ד].

תוספות

בראש השנה בטלה עבודה מאבותינו במצרים. רבי יהושע מודה בהא כרוב ספרים ואע"פ שהתחילו המכות מניסן דמשפט המצריים י"ב חדש כדתנן בעדיות (פ"ב משנה י) מ"מ לא פסקה עבודה עד תשרי: **לקומתן** לדעתם לצביונם. צביונם לשון יופי כמו לעטרת צבי (ישעיה כח) דדרך בהמה חיה ועוף כשגדלים [גדלים] בנוי בכח בדעת ובקומה וכל זה היה במעשה בראשית בתחלת יצירתם וכולהו נפקי מדכתיב צבאם מ):

שנולדו בו זיותני עולם. דאע"ג דאייר קרי ליה זיו ל"ק מידי כדפי' בריש פירקין (דף ב: ד"ה בחדש זיו):

את מספר ימיך אמלא. בסוף החולץ (יבמות דף ס. ושם) אמר אלו שני דורות:

אלא דקאי בחג וקאמר לה בניסן. סוגיא דשמעתא מוכח דבתשרי נמול אברהם אבינו דבפרק השוכר את הפועלים (ב"מ דף פו:) אמר בשלישי של מילה באו אלו מלאכים ואז נאמר לו למועד אשוב אליך כעת חיה ובפרקי דרבי אליעזר י) נמי אמרינן דביוה"כ נמול א"א והשתא הא דאמר בחג לאו דוקא דשני ימים לפני החג הוה כיון דנמול ביוה"כ ואע"ג דמשמע הכא למועד ראשון הכי קאמר למועד ראשון אחר החג זה דקיימא ביה דכאילו קיימי בחג דמי כיון דלא הוה בו כי אם שני ימים לפניו א] ולמאי דמסקינן דיולדת לשבעה יולדת למקוטעין לא הוה צריך לשנויי שנה מעוברת היתה דכי מדלית נמי ימי טומאה טבלה נמי בליל חמישי לחג ואפשר דילדה ביום אחרון של פסח אלא משום דאמרינן בסדר עולם ובמכילתא בפרשת ויסעו בני ישראל מרעמסס (אמרי') דבט"ו בניסן נולד יצחק ס) [ומיהו פליגי אהדדי דקאמר נמי בט"ו בניסן דבר הקב"ה עם אברהם בט"ו בניסן באו מלאכים לבשרו] ורבי מאיר שליח צבור יסד במעריב של פסח ומצות אפה ויאכלו בלילי חג פסח ואמרי' בבראשית רבה לושי ועשי עוגות הדא אמרת שפסח היה וכל הני לא ס"ל דלמועד אשוב אליך כעת חיה אמועד ראשון אלא כלומר למועד כזה שהיא פסח וכן תרגם אונקלוס כעת חיה כעת דאתון קיימין והשתא הא דכתיב בפרשת מילה אשר תלד לך שרה למועד הזה בשנה האחרת (בראשית יז) ואמרינן [במדרש תנחומא]ע) מלמד ששרט לו שריטה בכותל לשנה האחרת על כרחך דבט"ו בניסן נאמר ובו ביום נמול ובו ביום באו מלאכים בשנה זו תימה דלכל הני דאמרי בתשרי הוה היכי מקיים ההוא קרא דלמועד הזה בשנה האחרת ואיך יתכן לומר שנצטוה בפסח ולא נמול עד תשרי והלא זריזין מקדימין למצות ועוד הכתיב בעצם היום הזה (שם) בו ביום שנצטוה מל ואומר ר"ת דהני דאמרי בתשרי סבירא להו כרבי יהושע דאמר בניסן נברא העולם (ז) ולהכי הדר לפסח שנה אחרת למועד הזה היינו למועד אחר דביום הכפורים אמר לו וקרוב לסוכות כלומר למועד הזה ראשון של שנה אחרת:

לילה

גמרא

בר"ה בטלה עבודה מאבותינו במצרים בניסן נגאלו בתשרי עתידין ליגאל ר' יהושע אומר א) בניסן נברא העולם בניסן נולדו אבות בניסן מתו אבות בפסח נולד יצחק בר"ה נפקדה שרה רחל וחנה בר"ה יצא יוסף מבית האסורין בר"ה בטלה עבודה מאבותינו במצרים בניסן נגאלו בניסן עתידין ליגאל תניא ר"א אומר מנין שבתשרי נברא העולם שנאמר א) ויאמר אלהים תדשא הארץ דשא עשב מזריע זרע עץ פרי איזהו חדש שהארץ (א) מוציאה דשאים ואילן מלא פירות הוי אומר זה תשרי ואותו הפרק זמן רביעה היתה וירדו גשמים וצימחו שנא' ב) ואד יעלה מן הארץ ר' יהושע אומר מנין שבניסן נברא העולם שנא' ג) ותוצא הארץ דשא עשב מזריע זרע ועץ עושה פרי איזהו חדש שהארץ (ב) מליאה דשאים ואילן מוציא פירות הוי אומר זה ניסן ואותו הפרק זמן בהמה וחיה ועוף שמזדווגין זה אצל זה שנאמר ד) לבשו כרים הצאן וגו' ואידך נמי הא כתיב עץ עושה פרי ההוא לברכה לדורות הוא דכתיב ואידך נמי הא כתיב עץ פרי ההוא כדר' יהושע בן לוי דא"ר יהושע בן לוי כל מעשה בראשית ד) (לקומתן) נבראו לדעתן נבראו לצביונן נבראו שנא' ה) ויכלו השמים והארץ וכל צבאם אל תקרי צבאם אלא צביונם ר"א אומר מנין שבתשרי נולדו אבות שנא' ו) ויקהלו אל המלך שלמה כל איש ישראל בירח האיתנים בחג ירח שנולדו בו איתני עולם מאי משמע ה) דהאי איתן לישנא דתקיפי הוא כדכתיב ז) איתן מושבך ואומר ח) שמעו הרים את ריב ה' והאיתנים מוסדי ארץ ואומר ט) קול דודי הנה זה בא מדלג על ההרים מקפץ על הגבעות מדלג על ההרים בזכות אבות מקפץ על הגבעות בזכות אמהות ר' יהושע אומר מנין שבניסן נולדו אבות שנאמר י) ויהי בשמונים שנה וארבע מאות שנה לצאת בני ישראל מארץ מצרים בשנה הרביעית בחדש זיו בירח שנולדו בו זיותני עולם (ו) (ואידך נמי הכתיב) בירח האיתנים התם (ג) דתקיפי במצות ואידך נמי הכתיב בחדש זיו ההוא דאית ביה זיוא לאילני ז) דאמר רב יהודה האי מאן דנפק ביומי ניסן וחזי אילני דמלבלבי אומר ברוך שלא חיסר מעולמו כלום וברא בו בריות טובות ואילנות טובות להתנאות בהן בני אדם מ"ד בניסן נולדו בניסן מתו מ"ד בתשרי נולדו בתשרי מתו שנאמר כ) ויאמר אליהם בן מאה ועשרים שנה אנכי היום ח) שאין ת"ל היום ומה ת"ל היום היום מלאו ימי ושנותי ללמדך שהקב"ה יושב וממלא שנותיהם של צדיקים מיום ליום מחדש לחדש שנאמר ל) את מספר ימיך אמלא בפסח נולד יצחק מנלן דכתיב מ) למועד אשוב אליך אימת קאי אילימא בפסח וקאמר ליה בעצרת מי קא ילדה אלא דקאי בעצרת וקאמר ליה בתשרי אכתי בחמשה ירחי מי קא ילדה אלא דקאי בחג וקאמר לה בניסן אכתי בשיתא ירחי מי קא ילדה תנא אותה שנה מעוברת היתה סוף סוף כי מדלי מר יומי טומאה בצרי להו ט) אמר מר זוטרא אפילו למ"ד יולדת לתשעה אינה יולדת למקוטעין יולדת לשבעה יולדת למקוטעין שנאמר נ) ויהי לתקופות הימים י) מיעוט תקופות שתים ומיעוט ימים שנים בראש השנה נפקדה שרה רחל וחנה מנלן א"ר אלעזר אתיא פקידה פקידה אתיא זכירה זכירה כתיב ברחל ס) ויזכור אלהים את רחל וכתיב בחנה ע) ויזכרה ה' ואתיא זכירה זכירה מראש השנה דכתיב פ) שבתון זכרון תרועה פקידה פקידה כתיב בחנה צ) כי פקד ה' את חנה וכתיב בשרה ק) וה' פקד את שרה בראש השנה יצא יוסף מבית האסורין מנלן דכתיב ר) תקעו בחדש שופר (ל) (בכסא) ליום חגנו כי חק לישראל הוא וגו'

עדות

רש"י

נולדו אבות. אברהם ויעקב: נפקדה שרה. בא זכרונם לטובה ונגזר עליהן הריון: בטלה עבודה מאבותינו. ששה חדשים לפני גאולתם פסק השעבוד: תדשא הארץ. תתכסה ותתלבש בדשאים: עץ פרי. שנגמר פריו: ואותו הפרק זמן רביעה הוה. כלומר וראיה לדבר שבתשרי נברא העולם שהרי לגשמים היו צריכין ותשרי זמן רביעה היא: ותוצא הארץ. ולא כתיב ותדשא הארץ: ועץ עושה פרי. ולא עץ פרי גמור: ואותו הפרק זמן. הוא לבהמה וחיה להזקק זה לזה ולכך היו צריכין וראיה היא שבניסן נברא העולם: לבשו כרים. בזמן שיתרועעו שבלים בניסן (ד) אלמא ניסן זמן זיווג בהמה הוא: ברכה לדורות. עושה פרי לדורות ומיהו השתא עץ פרי הוו: בקומתן נבראו. והיינו עץ פרי ראוי היה לטעון פרי מיד: לדעתם. שאלם אם חפצין להבראות ואמרו הן: בצביונם. בטעם (ה) אחד ואחד ודפוס כל אחד: ואומר שמעו הרים את ריב ה' והאיתנים. אלמא הם איתנים הם הרים ואשכחן דנקראו אבות הרים שנאמר מדלג על ההרים ודילג את הקץ בשביל ההרים: בחדש זיו. (ו) אייר הוא: שנולדו בו זיותני עולם. כשנתחדש אייר נולדו כבר בניסן אי נמי זימנין דניסן דתקופה נמשך בתוך אייר של לבנה: להתנאות. להנות: דתקיף במצות. שופר יוה"כ וסוכה לולב וערבה וניסוך המים (וערבה): למועד אשוב אליך. לי"ט הבא ראשון ולשרה בן וכל מה שאתה יכול להרחיק יום הבשורה מיום הלידה הרחיקם כדי למצוא ימי עיבור הוולד בין שניהם ואין אתה יכול להרחיקו אלא ממועד למועד כשתאמר שנתבשר במועד זה ושתלד למועד הבא: כי מדלי מר ימי טומאה. טומאת נדה דקיי"ל (ב"מ דף פז.) שרה אמנו אותו היום פרסה נדה לפיכך ויקח חמאה וחלב ובן הבקר אבל לא העוגות שלשתה היא בטומאה: אפילו למ"ד. במסכת נדה (דף לח.) אינה יולדת למקוטעין אלא לחדשים שלימים של שלשים יום:

עדות

תורה אור השלם

א) וַיֹּאמֶר אֱלֹהִים תַּדְשֵׁא הָאָרֶץ דֶּשֶׁא עֵשֶׂב מַזְרִיעַ זֶרַע עֵץ פְּרִי עֹשֶׂה פְּרִי לְמִינוֹ אֲשֶׁר זַרְעוֹ בוֹ עַל הָאָרֶץ וַיְהִי כֵן: [בראשית א, יא]

ב) וְאֵד יַעֲלֶה מִן הָאָרֶץ וְהִשְׁקָה אֶת כָּל פְּנֵי הָאֲדָמָה: [בראשית ב, ו]

ג) וַתּוֹצֵא הָאָרֶץ דֶּשֶׁא עֵשֶׂב מַזְרִיעַ זֶרַע לְמִינֵהוּ וְעֵץ עֹשֶׂה פְּרִי אֲשֶׁר זַרְעוֹ בוֹ לְמִינֵהוּ וַיַּרְא אֱלֹהִים כִּי טוֹב: [בראשית א, יב]

ד) לָבְשׁוּ כָרִים הַצֹּאן וַעֲמָקִים יַעַטְפוּ בָר יִתְרוֹעֲעוּ אַף יָשִׁירוּ: [תהלים סה, יד]

ה) וַיְכֻלּוּ הַשָּׁמַיִם וְהָאָרֶץ וְכָל צְבָאָם: [בראשית ב, א]

ו) וַיִּקָּהֲלוּ אֶל הַמֶּלֶךְ שְׁלֹמֹה כָּל אִישׁ יִשְׂרָאֵל בְּיֶרַח הָאֵתָנִים בֶּחָג הוּא הַחֹדֶשׁ הַשְּׁבִיעִי: [מלכים א ח, ב]

ז) וַיַּרְא אֶת הַקֵּינִי וַיִּשָּׂא מְשָׁלוֹ וַיֹּאמַר אֵיתָן מוֹשָׁבֶךָ וְשִׂים בַּסֶּלַע קִנֶּךָ: [במדבר כד, כא]

ח) שִׁמְעוּ הָרִים אֶת רִיב יְיָ וְהָאֵתָנִים מֹסְדֵי אָרֶץ כִּי רִיב לַייָ עִם עַמּוֹ וְעִם יִשְׂרָאֵל יִתְוַכָּח: [מיכה ו, ב]

ט) קוֹל דּוֹדִי הִנֵּה זֶה בָּא מְדַלֵּג עַל הֶהָרִים מְקַפֵּץ עַל הַגְּבָעוֹת: [שיר השירים ב, ח]

י) וַיְהִי בִשְׁמוֹנִים שָׁנָה וְאַרְבַּע מֵאוֹת שָׁנָה לְצֵאת בְּנֵי יִשְׂרָאֵל מֵאֶרֶץ מִצְרַיִם בַּשָּׁנָה הָרְבִיעִית בְּחֹדֶשׁ זִו הוּא הַחֹדֶשׁ הַשֵּׁנִי לִמְלֹךְ שְׁלֹמֹה עַל יִשְׂרָאֵל וַיִּבֶן הַבַּיִת לַייָ: [מלכים א ו, א]

כ) וַיֹּאמֶר אֲלֵהֶם בֶּן מֵאָה וְעֶשְׂרִים שָׁנָה אָנֹכִי הַיּוֹם לֹא אוּכַל עוֹד לָצֵאת וְלָבוֹא וַייָ אָמַר אֵלַי לֹא תַעֲבֹר אֶת הַיַּרְדֵּן הַזֶּה: [דברים לא, ב]

ל) לֹא תִהְיֶה מְשַׁכֵּלָה וַעֲקָרָה בְּאַרְצֶךָ אֶת מִסְפַּר יָמֶיךָ אֲמַלֵּא: [שמות כג, כו]

מ) הֲיִפָּלֵא מֵייָ דָּבָר לַמּוֹעֵד אָשׁוּב אֵלֶיךָ כָּעֵת חַיָּה וּלְשָׂרָה בֵן: [בראשית יח, יד]

נ) וַיְהִי לִתְקֻפוֹת הַיָּמִים וַתַּהַר חַנָּה וַתֵּלֶד בֵּן וַתִּקְרָא אֶת שְׁמוֹ שְׁמוּאֵל כִּי מֵייָ שְׁאִלְתִּיו: [שמואל א א, כ]

ס) וַיִּזְכֹּר אֱלֹהִים אֶת רָחֵל וַיִּשְׁמַע אֵלֶיהָ אֱלֹהִים וַיִּפְתַּח אֶת רַחְמָהּ: [בראשית ל, כב]

ע) וַיַּשְׁכִּמוּ בַבֹּקֶר וַיִּשְׁתַּחֲווּ לִפְנֵי יְיָ וַיָּשֻׁבוּ וַיָּבֹאוּ אֶל בֵּיתָם הָרָמָתָה וַיֵּדַע אֶלְקָנָה אֶת חַנָּה אִשְׁתּוֹ וַיִּזְכְּרֶהָ יְיָ: [שמואל א א, יט]

פ) דַּבֵּר אֶל בְּנֵי יִשְׂרָאֵל לֵאמֹר בַּחֹדֶשׁ הַשְּׁבִיעִי בְּאֶחָד לַחֹדֶשׁ יִהְיֶה לָכֶם שַׁבָּתוֹן זִכְרוֹן תְּרוּעָה מִקְרָא קֹדֶשׁ: [ויקרא כג, כד]

צ) כִּי פָקַד יְיָ אֶת חַנָּה וַתַּהַר וַתֵּלֶד שְׁלֹשָׁה בָנִים וּשְׁתֵּי בָנוֹת וַיִּגְדַּל הַנַּעַר שְׁמוּאֵל עִם יְיָ: [שמואל א ב, כא]

ק) וַייָ פָּקַד אֶת שָׂרָה כַּאֲשֶׁר אָמָר וַיַּעַשׂ יְיָ לְשָׂרָה כַּאֲשֶׁר דִּבֵּר: [בראשית כא, א]

ר) תִּקְעוּ בַחֹדֶשׁ שׁוֹפָר בַּכֶּסֶה לְיוֹם חַגֵּנוּ: כִּי חֹק לְיִשְׂרָאֵל הוּא מִשְׁפָּט לֵאלֹהֵי יַעֲקֹב: עֵדוּת בִּיהוֹסֵף שָׂמוֹ בְּצֵאתוֹ עַל אֶרֶץ מִצְרָיִם שְׂפַת לֹא יָדַעְתִּי אֶשְׁמָע: [תהלים פא, ד-ו]

the mountains, i.e. **because of the merit of the Patriarchs;**[31] ״מְקַפֵּץ עַל־הַגְּבָעוֹת״ בִּזְכוּת אִמָּהוֹת – ***leaping because of the hills,*** i.e. **because of the merit of the Matriarchs.** We see that this verse refers to the Patriarchs as "mountains." If the Patriarchs are as mountains, and mountains are "mighty ones," then it follows that the Patriarchs are "mighty ones." We see that the term *eisanim,* "mighty ones," is a reference to the Patriarchs, the mighty foundations of the world.[32]

R' Yehoshua gives his source:

רַבִּי יְהוֹשֻׁעַ אוֹמֵר – **R' YEHOSHUA SAYS:** מִנַּיִן שֶׁבְּנִיסָן נוֹלְדוּ אָבוֹת – **FROM WHERE** do we know **THAT THE PATRIARCHS WERE BORN IN NISSAN?** שֶׁנֶּאֱמַר – **FOR IT IS STATED:**[33] ״וַיְהִי בִשְׁמוֹנִים שָׁנָה וְאַרְבַּע מֵאוֹת שָׁנָה לְצֵאת בְּנֵי־יִשְׂרָאֵל מֵאֶרֶץ־מִצְרַיִם בַּשָּׁנָה הָרְבִיעִית בְּחֹדֶשׁ זִו״ – ***IT WAS IN THE FOUR HUNDRED AND EIGHTIETH YEAR FROM THE EXODUS OF THE CHILDREN OF ISRAEL FROM THE LAND OF EGYPT, IN THE FOURTH YEAR*** [of King Solomon's reign], ***IN THE MONTH OF ZIV.*** The word *ziv* means "radiance"; hence, the events of this verse took place בְּיֶרַח שֶׁנּוֹלְדוּ בּוֹ זִיוְתָנֵי עוֹלָם – **IN THE MONTH IN WHICH THE RADIANT ONES** (i.e. *Zivsanim*) **OF THE WORLD HAD BEEN BORN** – i.e. the Patriarchs. That is to say, this was the first month following their birth; they were born in the previous month.[34] The verse goes on to identify this month as the second in the year; namely, Iyar.[35] Thus, the month of the Patriarchs' birth was Nissan, which precedes Iyar.

The Gemara will now explain how each of these Tannaim deals with the proof-text of his disputant. The Gemara asks:

(ואידך נמי) וְהָכְתִיב ״בְּיֶרַח הָאֵתָנִים״ – **But**[36] **it is written:** ***in the month of the mighty ones,*** which implies that the "mighty ones," the Patriarchs, were born in Tishrei. How will R' Yehoshua explain this verse?

The Gemara answers:

הָתָם דְּתַקִּיפֵי בְּמִצְוֹת – He will say: **There** the term "mighty" refers to the fact that **[this month] is mighty in** its numerous **mitzvos.**[37]

The Gemara turns to R' Eliezer:

וְאִידָךְ נַמִּי הָכְתִיב ״בְּחֹדֶשׁ זִו״ – **But** as regards **the other one too** (i.e. R' Eliezer) – **it is written:** ***in the month of Ziv,*** which indicates that the Patriarchs were born in Nissan. How will R' Eliezer explain this?

The Gemara answers:

הַהוּא דְּאִית בֵּיהּ זִיוָא לְאִילָנֵי – He will say: **That [verse]** refers to **[a month] in which there is radiance for the trees;** i.e. a month in which the trees are clothed in the splendor of their new growth. דְּאָמַר רַב יְהוּדָה – **As Rav Yehudah said:** הַאי מַאן דְּנָפַק בְּיוֹמֵי נִיסָן וְחָזֵי אִילָנֵי – **One who goes out during the days of Nissan** דְּמְלַבְלְבֵי – **and sees** fruit **trees in bloom,** אוֹמֵר – **recites** the following blessing: בָּרוּךְ שֶׁלֹּא חִיסֵּר מֵעוֹלָמוֹ כְּלוּם – ***Blessed** are You, Hashem . . .* ***Who did not leave anything lacking from His universe,*** וּבָרָא בוֹ בְּרִיּוֹת טוֹבוֹת וְאִילָנוֹת טוֹבוֹת – ***and created in it good creatures and good trees,*** לְהִתְנָאוֹת בָּהֶן בְּנֵי אָדָם – ***to cause mankind pleasure with them.***[38] We see that Nissan begins the period in which the trees are attired in new growth. Therefore, Scripture refers to its following month, Iyar, as *Ziv.*

The Gemara now explains the reasoning behind the third point at issue between these Tannaim – the month in which the Patriarchs died:

מַאן דְּאָמַר בְּנִיסָן נוֹלְדוּ בְּנִיסָן מֵתוּ – **The one who said that they were born in Nissan** must perforce hold that **they died in Nissan;** מַאן דְּאָמַר בְּתִשְׁרֵי נוֹלְדוּ בְּתִשְׁרֵי מֵתוּ – **the one who said that they were born in Tishrei** must perforce hold that **they died in Tishrei.** שֶׁנֶּאֱמַר – **For it is stated:** ״וַיֹּאמֶר אֲלֵהֶם בֶּן־מֵאָה וְעֶשְׂרִים שָׁנָה אָנֹכִי הַיּוֹם״ – ***And [Moses] said to them: I am one hundred and twenty years old today.***[39] שֶׁאֵין תַּלְמוּד לוֹמַר ״הַיּוֹם״ – Now, **[the Torah]** really **need not state:** ***today.***[40] וּמַה תַּלְמוּד לוֹמַר ״הַיּוֹם״ – **What, then, is** the **[the Torah] teaching** with ***today?*** – הַיּוֹם מָלְאוּ יָמַי וּשְׁנוֹתַי – that Moses meant to say the following: **Today my days and years are full.** לְלַמֶּדְךָ שֶׁהַקָּדוֹשׁ בָּרוּךְ הוּא יוֹשֵׁב וּמְמַלֵּא שְׁנוֹתֵיהֶם שֶׁל צַדִּיקִים מִיּוֹם לְיוֹם מֵחֹדֶשׁ לְחֹדֶשׁ – This comes **to teach you that the Holy One, Blessed is He, sits and makes full the years of the righteous from day to day and from month to month,** that is, God ensures

NOTES

31. [The word עַל can be interpreted as *over* or as *because of.*] Thus, the verse teaches that God advanced the redemption [from Egypt] *because of* the merit of the Patriarchs and Matriarchs (*Rashi*). [See *Rabbeinu Chananel; Aruch* (ע׳ אתן) for an explanation of why the word הָרִים, *mountains,* is connotative of the Patriarchs.]

32. As the verse in *Michah* (cited above) states: *and you mighty ones, the foundations of the earth* (see *Rabbeinu Chananel; Aruch* ibid.).

33. *I Kings* 6:1.

34. *Rashi,* first explanation. *Rashi* says this to forestall this question: The verse then states that these events took place in "the second month," Iyar (see following note). But the Baraisa seems to be saying that *Ziv* is Nissan, the month in which were born "the radiant ones of the world"! *Rashi* therefore explains that *Ziv* is the month that *follows* the one in which the Patriarchs were born. Thus, it is a month of "radiance," for it is the first *full* month in the existence of the Patriarchs (*Ritva;* see there; cf. *Peirush HaRambam to Rosh Hashanah*). [*Ritva* recognizes that this might seem an insubstantial, or forced proof, and therefore writes that the verses proving these teachings are not meant as actual proofs, but serve merely to buttress matters already known by tradition or arrived at through logical reasoning.]

Rashi offers a second explanation in which *Ziv* is actually the month of Nissan; however, it is not the Nissan of the lunar year, but that of the solar year. For the solar calendar, which, unlike the Jewish one, is defined by the passage of the sun, is divided into four *tekufos,* or seasons, whose beginnings correspond roughly to the vernal and autumnal equinoxes, and to the winter and summer solstices. Each of these *tekufos* is divided into three solar months; the names of these months are the same as those of the corresponding lunar months. However, since the solar year is longer than the lunar one by 11¼ days, the solar and lunar months do not parallel each other exactly; the accumulation of extra days can cause considerable overlap. When R' Eliezer states that the Patriarchs were born in Nissan, he is referring to the solar Nissan. In the year described by this verse, however, the solar Nissan fell partially in the lunar Iyar. Thus, when the verse names the month *Ziv,* it refers to the solar Nissan; when it mentions "the second month," it refers to the lunar Iyar. *Ziv* and Iyar are not the same month; however, the events of the verse took place in the conjunction of these two months (see *Bach* and *Emes LeYaakov*).

For a third approach to this issue, see *Maharal, Chidushei Aggados.*

35. The verse continues: *this was the second month in the reign of Solomon over Israel, and he built the Temple for Hashem.*

36. See *Mesoras HaShas.*

37. For there are numerous mitzvos unique to the month of Tishrei; shofar, the Yom Kippur afflictions, succah, *lulav,* the willow branch taken in the Temple on Succos, and the water libations made in the Temple on Succos (*Rashi*).

38. [The prevalent custom is to recite the word לְהַנּוֹת (*to give pleaseure*) or לְהָנוֹת (which has essentially the same meaning as לְהִתְנָאוֹת).] Although the Gemara states that this blessing is recited in the month of Nissan, this is stated only by way of example. Since Nissan is the first spring month in the Northern Hemisphere, it is usually the month in which one encounters fruit trees in bloom for the first time. The same would apply for any other month, as long as it is the first time one sees the blossoms (*Ritva;* see *Mishnah Berurah* 226:1; cf. *Birkei Yosef* 226:2 and *Kaf HaChaim* 226:1).

39. *Deuteronomy* 31:2. Moses spoke these words to Israel just before his death.

40. [For it is obvious that when he stated his age, Moses was referring to that moment at which he was speaking.]

בראש השנה בטלה עבודה מאבותינו במצרים. רבי יהושע מודה בהא כרוב ספרים ואע"פ שהתחילו המכות מניסן למשפט המצריים י"ב חדש כדתנן בעדיות (פ"ב משנה י) מ"מ לא פסקה עבודה עד תשרי: **לקומתן** לדעתם לצביונם. לצביונם לשון יופי כמו לעטרת צבי (ישעיה כח) דלדרך בהמה חיה ועוף כשגדלים [גדולים] בנוי בכח בדעת ובקומה וכל זה היה במעשה בראשית בתחלת בריאתם: וכולהו נפקי מדכתיב צבאם (ט):

שנולדו בו זיותני עולם. דלע"ג דאייר קרי ליה זיו לן מידי דכפי' בריש פירקין (דף ג: ד"ה בחדש זיו):

את מספר ימיך אמלא. בסוף החולץ (יבמות דף נ. ושם) אמר אלו שני דורות: **אלא** דקאי בחג וקאמר לה בניסן. סוגיא דשמעתא מוכח דבתשרי נמול אברהם אבינו דבפרק השוכר את הפועלים (ב"מ דף פו:) אמר בשלישי של מילה באו אלו מלאכים ואז נאמר לו למועד אשוב אליך כעת חיה ובפרקי דרבי אליעזר (י) נמי אמרינן דביוה"כ נמול א"א והשתא הא דאמר בחג לאו דוקא דשני ימים לפני החג הוה כיון דנמול ביוה"כ ואע"ג דמשמע הכא למועד ראשון הכי קאמר למועד ראשון אחר החג זה דקיימא ביה דכאילו קיימי בחג דמי כיון דלא הוה בו כי אם שני ימים לפניו או ולמאי דמסקינן דיולדת לשבעה יולדת למקוטעין לא הוה צריך לשנויי שנה מעוברת היתה דכי מדלית נמי ימי טומאה טבלה נמי בליל חמישי לחג ואפשר דילדה ביום אחרון של פסח אלא משום דאמרינן בסדר עולם ובמכילתא בפרשת ויסעו בני ישראל מרעמסס (אמרי') דבט"ו בניסן נולד יצחק (ס) [ומיהו פליגי אדהכא דקאמר נמי בט"ו בניסן דבר הקב"ה עם אברהם בט"ו בניסן באו מלאכים לבשרו] ורבי מאיר שליח צבור יסד במעריב של פסח ומצות אפה ויאכלו בלילי חג פסח ואמרי' בבראשית רבה לושי ועשי עוגות הדא אמרת שפסח היה וכל הני לא ס"ל דלמועד אשוב אליך כעת חיה אמועד ראשון אלא כלומר למועד כזה שהיא פסח וכן תרגם אונקלוס כעת חיה כעת דאתון קיימין והשתא הא דכתיב בפרשת מילה אשר תלד לך שרה למועד הזה בשנה האחרת (בראשית יז) ואמרינן [במדרש תנחומא] (ע) מלמד ששרט לו שריטה בכותל לשנה האחרת על כרחך דבט"ו בניסן נאמר ובו ביום נמול ובו ביום באו מלאכים בשנה זו תימה דלכל הני דאמרי בתשרי הוה היכי מקיים ההוא קרא דלמועד הזה בשנה האחרת ואיך יתכן לומר שנאמר בפסח ולא נמול עד תשרי והלא זריזין מקדימין למצות ועוד הכתיב בעצם היום הזה (שם) בו ביום שאמר לו ואומר ר"ת דהני דאמרי בתשרי סבירא להו כרבי יהושע דאמר בניסן נברא העולם (ז) ולהכי הדר לפסח שנה אחרת למועד הזה היינו למועד אחר דביום הכפורים אמר לו וקרוב לסוכות כלומר למועד הזה ראשון של שנה אחרת:

לילה

נולדו אבות. אברהם ויעקב: **נפקדה** שרה. בא זכרונם לטובה ונגזר עליהן הריון: **בטלה** עבודה מאבותינו. ששה חדשים לפני גאולתם פסק השעבוד: **תדשא** הארץ. מתכסה ומתלבש בדשאין: **עץ** פרי. שנגמר פריו: **ואותו** הפרק זמן רביעה הוה. כלומר וראוי לדבר שבתשרי נברא העולם שהרי לגשמים הן צריכין ותשרי זמן רביעה היא: **ותוצא** הארץ. ולא כתיב ותדשא הארץ: **ועץ** עושה פרי. ולא עץ פרי גמור: **ואותו** הפרק זמן. הוא לבהמה וחיה להזקק זה לזה ולכך היו צריכין וראויה היא שבניסן נברא העולם: **לבשו** כרים. בזמן שמתעברות שבלים בניסן (ד) אלמא ניסן זמן זיווג בהמה הוא: **ברכה** לדורות. עושה פרי לדורות ומיהו השתא עץ פרי הוו: **בקומתן** נבראו. והיינו עץ פרי ראוי היה לטעון פרי מיד: **לדעתם**. שאלם אם חפצין להבראות ואמרו הן: **בצביונם**. בטעם (ה) אחד ואחד ובדפוס כל אחד: **ואומר** שמעו הרים את ריב ה' והאיתנים. אלמא הם איתנים הם הרים ואשכחן דנקראו אבות הרים שנאמר מדלג על ההרים ודילג את הקץ בשביל ההרים: **בחדש** זיו. (ו) אייר הוא: **שנולדו** בו זיותני עולם. כשנתחדש אייר נולדו כבר בניסן א' נמי זימנין דתקופה נמשך בתוך אייר של לבנה: **להתנאות**. להנות: **דתקיף** במצות. שופר יוה"כ וסוכה לולב וערבה וניסוך המים (וערבה): **למועד** אשוב אליך. לי"ט הבא ראשון ולשרה בן וכל מה שאתה יכול להרחיק יום הבשורה מיום הלידה הרחיקהו כדי למנות ימי עיבור הוולד בין שניהם ואין אתה יכול להרחיקו אלא ממועד למועד כשתאמר שנתבשר במועד זה ושתלד למועד הבא: **כי** מדלי מר ימי טומאה. טומאת נדה דקיי"ל (ב"מ דף פז.) שרה אמנו אותו היום פרסה נדה לפיכך ויקח חמאה וחלב ובן הבקר אבל לא העוגות שלשתה היא בטומאה: **אפילו** למ"ד. במסכת נדה (דף לח.) אינה יולדת למקוטעין אלא לחדשים שלימים של שלשים יום:

עדות

בר"ה בטלה עבודה מאבותינו במצרים בניסן נגאלו בתשרי עתידין ליגאל ר' יהושע אומר (א) בניסן נברא העולם בניסן נולדו אבות בניסן מתו אבות בפסח נולד יצחק (ב) בר"ה נפקדה שרה רחל וחנה בר"ה יצא יוסף מבית האסורין בר"ה בטלה עבודה מאבותינו במצרים בניסן נגאלו בניסן עתידין ליגאל תניא ר"א אומר מנין שבתשרי נברא העולם שנאמר א) ויאמר אלהים תדשא הארץ דשא עשב מזריע זרע עץ פרי איזהו חדש שהארץ (א) מוציאה דשאים ואילן מלא פירות הוי אומר זה תשרי ואותו הפרק זמן רביעה היתה וירדו גשמים וצימחו שנא' ב) ואד יעלה מן הארץ ר' יהושע אומר מנין שבניסן נברא העולם שנא' ג) ותוצא הארץ דשא עשב מזריע זרע ועץ עושה פרי איזהו חדש שהארץ (ב) מליאה דשאים ואילן מוציא פירות הוי אומר זה ניסן ואותו הפרק זמן בהמה וחיה ועוף שמזדווגין זה אצל זה שנאמר ד) לבשו כרים הצאן וגו' ואידך נמי הא כתיב עץ עושה פרי ההוא לברכה לדורות הוא דכתיב ואידך נמי הא כתיב עץ פרי ההוא כדר' יהושע בן לוי (ג) דא"ר יהושע בן לוי כל מעשה בראשית (ד) לקומתן) נבראו לדעתן נבראו לצביונן נבראו שנא' ה) ויכלו השמים והארץ וכל צבאם אל תקרי צבאם אלא צביונם ר"א אומר מנין שבתשרי נולדו אבות שנא' ו) ויקהלו אל המלך שלמה כל איש ישראל בירח האיתנים בחג ירח שנולדו בו איתני עולם מאי משמע (ה) דהאי איתן לישנא דתקיפי הוא כדכתיב ז) איתן מושבך ואומר ח) שמעו הרים את ריב ה' והאיתנים מוסדי ארץ ואומר ט) קול דודי הנה זה בא מדלג על ההרים מקפץ על הגבעות מדלג על ההרים בזכות אבות מקפץ על הגבעות בזכות אמהות ר' יהושע אומר מנין שבניסן נולדו אבות שנאמר י) ויהי בשמונים שנה וארבע מאות שנה לצאת בני ישראל מארץ מצרים בשנה הרביעית בחדש זיו בירח שנולדו בו זיותני עולם (ו) ואידך נמי הכתיב) בירח האיתנים התם (ג) דתקיפי במצות ואידך נמי הכתיב בחדש זיו ההוא דאית ביה זיוא לאילני (ז) דאמר רב יהודה [א] האי מאן דנפק ביומי ניסן וחזי אילני דמלבלבי אומר ברוך שלא חיסר מעולמו כלום וברא בו בריות טובות ואילנות טובות להתנאות בהן בני אדם מ"ד בניסן נולדו בניסן מתו מ"ד בתשרי נולדו בתשרי מתו שנאמר כ) ויאמר אליהם בן מאה ועשרים שנה אנכי היום (ח) שאין ת"ל היום ומה ת"ל היום היום מלאו ימי ושנותי ללמדך שהקב"ה יושב וממלא שנותיהם של צדיקים מיום ליום מחדש לחדש שנאמר ל) את מספר ימיך אמלא בפסח נולד יצחק מנלן כדכתיב מ) למועד אשוב אליך אימת קאי אילימא בפסח וקאמר ליה בעצרת בחמשין יומין מי קא ילדה אלא דקאי בעצרת וקאמר ליה בתשרי אכתי בחמשה ירחי מי קא ילדה אלא דקאי בחג וקאמר לה בניסן אכתי בשיתא ירחי מי קא ילדה תנא אותה שנה מעוברת היתה סוף סוף כי מדלי מר יומי טומאה בצרי להו (ט) אמר מר זוטרא אפילו למ"ד יולדת לתשעה אינה יולדת למקוטעין יולדת לשבעה יולדת למקוטעין שנאמר נ) ויהי לתקופות הימים (י) מיעוט תקופות שתים ומיעוט ימים שנים בראש השנה נפקדה שרה רחל וחנה מנלן א"ר אלעזר אתיא פקידה פקידה אתיא זכירה זכירה כתיב ברחל ס) ויזכור אלהים את רחל וכתיב בחנה ע) ויזכרה ה' ואתיא זכירה זכירה מראש השנה דכתיב פ) שבתון זכרון תרועה פקידה פקידה כתיב בחנה צ) כי פקד ה' את חנה וכתיב בשרה ק) וה' פקד את שרה בראש השנה יצא יוסף מבית האסורין מנלן (כ) דכתיב ר) תקעו בחדש שופר (ל) בכסא) ליום חגנו כי חק לישראל הוא וגו' עדות

מסורת הש"ס

א) [ע"ז ח.], ב) [ברכות כט.] יבמות סד:, ג) חולין ס., ד) [צ"ל בקומתן], ה) [סוטה מו. ע"ש], ו) [צ"ל והכתיב], ז) ברכות מג:, ח) [תוספ' דסוטה פי"א] סוטה יג: קדושין לח., ט) יבמות מב. נדה לח:, י) [עמ"ש בס"ד על הגליון נדה לח. בשם הרד"ק], כ) בילה טז. סנהדרין יא., ל) צ"ל בכסה, מ) [וע"ע תוס' חולין ס. ד"ה אל תקרי וכו' מ"ש בשם סערוך], נ) [פרק כט], ס) ת"י, ע) [פרשת בא לא פ"ב].

הגהות הב"ח

(א) גמ' איזהו חדש שהארץ מליאה דשאים וכו': (ב) שם שהארץ מוציאה דשאים: (ג) שם בירח האיתנים התם דתקיף במצות: (ד) רש"י ד"ה לבשו כרים כו' בניסן. נ"ב ס"א וגבי בריאת העולם כתיב דכתיב לעיל מיניה מכון הרים בכחו: (ה) ד"ה בצביונם בטעם כל אחד ואחד ובדפוס כל אחד ואחד וכו' הס"ד: (ו) ד"ה בחדש זיו הוא אייר שנולדו כו' זימנין דתקופת ניסן נמשך לתוך אייר של לבנה. נ"ב ס"א וקרי ליה זיו ע"ש ניסן של חמה שנולדו בו זיותני עולם: (ז) תוס' ד"ה אלא כו' נברא העולם ולכי הדר לפסח שנה אחרת היא ולמועד הזה היינו למועד שאחר זה דביוה"כ:

הגהות מהר"ב רנשבורג

א] תוס' ד"ה אלא וכו' ולמאי דמסקינן וכו'. נ"ב עיין מהרש"א מ"א וביפה תואר בראשית רבה פרשה מ"ז סימן ז' בד"ה אותה השנה וכו' וביפ"ת שם פרשה נ"ג ד"ה לעו' חדשים וד"ה לשבעה וכו' ועיין גם בזוהר הקודש בפרשיות הנ"ל. ועי' ג"ש באה"ע סי' ד' ס"ק י"ט:

עין משפט נר מצוה

נז א מיי' פ"י מהלכות ברכות הל' יג סמג עשין כז טוש"ע א"ח סימן רכו:

רבינו חננאל

בראש השנה יצא יוסף מבית האסורים. בר"ה בטלה עבודה מאבותינו במצרים. בניסן נגאלו בתשרי עתידין ליגאל. תניא ר' אליעזר אומר מנין שבתשרי נברא העולם שנאמר ויאמר אלהים תדשא הארץ דשא עשב מזריע זרע עץ פרי איזהו חדש שהארץ מוציאה דשאים ואילן מלא פירות כדכתיב עץ פרי הוי אומר זה תשרי. ואותו הפרק זמן רביעה היה וירדו גשמים עליהן וצימחו שנאמר ואד יעלה מן הארץ והשקה את כל פני האדמה. ר' יהושע אומר מנין שבניסן נברא העולם שנאמר ותוצא הארץ וגו' איזהו חדש שהארץ מליאה דשא ואילן מוציא פירות הוי אומר זה ניסן כו'. ר' אליעזר דייק מעץ פרי כלומר אילן [מלא] פירות והאי דכתיב עץ עושה פרי לברכה. כלומר שיהו עושין פירות לעולם. ור' יהושע דייק מעץ עושה והאי דכתיב עץ פרי לכדריב"ל דאמר בפרק אלו טרפות כל מעשה בראשית בקומתן נבראו כלומר גדולים ומלאים לדעתן נבראו לא כדעת התינוקות אלא כדעת הגדולים לצביונם נבראו. לתוארם ביופיותם שנאמר וכל צבאם. ופרשינן לצביונם. ר' אליעזר אומר בירח האיתנים ירח שנולדו בו איתני עולם הם היסודות. שמעו הרים את ריב. והם מלשון ההורים האבות והאיתנים מוסדי ארץ כלומר הם היסודות. ר' יהושע אומר בירח זיו שנולדו בו איתני עולם ולדברי הכל בחודש שנולדו. בו בחדש מתו. שהקב"ה ממלא שנות הצדיקים מיום ליום שנאמר את מספר ימיך אמלא בפסח נולד יצחק שנאמר למועד אשוב אליך כעת חיה ולשרה בן. ואוקימנא בחג בתשרי הוה קאי ואותה שנה מעוברת היתה. ואמ' ליה למועד אשוב אליך והוא מועד הפסח אמר מר זוטרא אפילו למ"ד יולדת לתשעה אינה יולדת למקוטעין אלא לט' חדשים מלאין מיום ליום. היולדת לז' יולדת למקוטעין דקיי"ל ביום שבישרה המלאך אותה שעה פרסה נדה וישבה ז' ימים בנדתה וילדה בפסח נמצאת שילדה לז' חדשים פחות א) ימים. בר"ה נפקדה חנה. גמר זכירה זכירה בחנה כתיב ויזכרה ה' וכתיב בר"ה שבתון זכרון תרועה. מה זכרון זה בר"ה אף זכירה שנאמר בחנה בר"ה. וגמרו שתיהן שרה ורחל מחנה. וגמרה רחל מחנה בזכירה זכירה וגמרה שרה מחנה

חשק שלמה על ר"ח

א) אולי צ"ל פחות ז' ימים ועי' בתוס' כאן בד"ה אלא.

ליקוטי רש"י

ויזכור אלהים את רחל. (ב"ר) זכר לה שמסרה סימניה לאחותה. ושהיתה מצירה שמא תעלה בגורלו של עשו שמא יגרשנה יעקב לפי שאין לה בנים ואף עשו הרשע כך עלה בלבו כששמע שאין לה בנים. הוא שיסד הפייט האדמון כבט שלא תלה נבה לקחתה לו ונתבהלה [בראשית ל כב]. **בחדש.** בחדוש הלבנה. **(בכסא) [בכסה].** יום מועד קבוע לכך וכן (משלי ז) ליום הכסא יבוא ביתו למועד הקבוע [תהלים פא ד]. **ליום חגנו.** אבחדש קאי תקעו בחדוש הלבנה שופר כשהוא מתכסה ביום חגנו [ביצה טז.]. **כי חק.** הוא לישראל מאת הקב"ה לתקוע באותו היום והוא יום המשפט להקב"ה [תהלים שם ה].

תורה אור השלם

א) וַיֹּאמֶר אֱלֹהִים תַּדְשֵׁא הָאָרֶץ דֶּשֶׁא עֵשֶׂב מַזְרִיעַ זֶרַע עֵץ פְּרִי עֹשֶׂה פְּרִי לְמִינוֹ אֲשֶׁר זַרְעוֹ בוֹ עַל הָאָרֶץ וַיְהִי כֵן: [בראשית א, יא]

ב) וְאֵד יַעֲלֶה מִן הָאָרֶץ וְהִשְׁקָה אֶת כָּל פְּנֵי הָאֲדָמָה: [בראשית ב, ו]

ג) וַתּוֹצֵא הָאָרֶץ דֶּשֶׁא עֵשֶׂב מַזְרִיעַ זֶרַע לְמִינֵהוּ וְעֵץ עֹשֶׂה פְּרִי אֲשֶׁר זַרְעוֹ בוֹ לְמִינֵהוּ וַיַּרְא אֱלֹהִים כִּי טוֹב: [בראשית א, יב]

ד) לָבְשׁוּ כָרִים הַצֹּאן וַעֲמָקִים יַעַטְפוּ בָר יִתְרוֹעֲעוּ אַף יָשִׁירוּ: [תהלים סה, יד]

ה) וַיְכֻלּוּ הַשָּׁמַיִם וְהָאָרֶץ וְכָל צְבָאָם: [בראשית ב, א]

ו) וַיִּקָּהֲלוּ אֶל הַמֶּלֶךְ שְׁלֹמֹה כָּל אִישׁ יִשְׂרָאֵל בְּיֶרַח הָאֵתָנִים בֶּחָג הוּא הַחֹדֶשׁ הַשְּׁבִיעִי: [מלכים א ח, ב]

ז) וַיַּרְא אֶת הַקֵּינִי וַיִּשָּׂא מְשָׁלוֹ וַיֹּאמַר אֵיתָן מוֹשָׁבֶךָ וְשִׂים בַּסֶּלַע קִנֶּךָ: [במדבר כד, כא]

ח) שִׁמְעוּ הָרִים אֶת רִיב יְיָ וְהָאֵתָנִים מֹסְדֵי אָרֶץ כִּי רִיב לַייָ עִם עַמּוֹ וְעִם יִשְׂרָאֵל יִתְוַכָּח: [מיכה ו, ב]

ט) קוֹל דּוֹדִי הִנֵּה זֶה בָּא מְדַלֵּג עַל הֶהָרִים מְקַפֵּץ עַל הַגְּבָעוֹת: [שיר השירים ב, ח]

י) וַיְהִי בִשְׁמוֹנִים שָׁנָה וְאַרְבַּע מֵאוֹת שָׁנָה לְצֵאת בְּנֵי יִשְׂרָאֵל מֵאֶרֶץ מִצְרַיִם בַּשָּׁנָה הָרְבִיעִית בְּחֹדֶשׁ זִו הוּא הַחֹדֶשׁ הַשֵּׁנִי לִמְלֹךְ שְׁלֹמֹה עַל יִשְׂרָאֵל וַיִּבֶן הַבַּיִת לַייָ: [מלכים א ו, א]

כ) וַיֹּאמֶר אֲלֵהֶם בֶּן מֵאָה וְעֶשְׂרִים שָׁנָה אָנֹכִי הַיּוֹם לֹא אוּכַל עוֹד לָצֵאת וְלָבוֹא וַייָ אָמַר אֵלַי לֹא תַעֲבֹר אֶת הַיַּרְדֵּן הַזֶּה: [דברים לא, ב]

ל) לֹא תִהְיֶה מְשַׁכֵּלָה וַעֲקָרָה בְּאַרְצֶךָ אֶת מִסְפַּר יָמֶיךָ אֲמַלֵּא: [שמות כג, כו]

מ) הֲיִפָּלֵא מֵייָ דָּבָר לַמּוֹעֵד אָשׁוּב אֵלֶיךָ כָּעֵת חַיָּה וּלְשָׂרָה בֵן: [בראשית יח, יד]

נ) וַיְהִי לִתְקֻפוֹת הַיָּמִים וַתַּהַר חַנָּה וַתֵּלֶד בֵּן וַתִּקְרָא אֶת שְׁמוֹ שְׁמוּאֵל כִּי מֵייָ שְׁאִלְתִּיו: [שמואל א א, כ]

ס) וַיִּזְכֹּר אֱלֹהִים אֶת רָחֵל וַיִּשְׁמַע אֵלֶיהָ אֱלֹהִים וַיִּפְתַּח אֶת רַחְמָהּ: [בראשית ל, כב]

ע) וַיַּשְׁכִּמוּ בַבֹּקֶר וַיִּשְׁתַּחֲווּ לִפְנֵי יְיָ וַיָּשֻׁבוּ וַיָּבֹאוּ אֶל בֵּיתָם הָרָמָתָה וַיֵּדַע אֶלְקָנָה אֶת חַנָּה אִשְׁתּוֹ וַיִּזְכְּרֶהָ יְיָ: [שמואל א א, יט]

פ) דַּבֵּר אֶל בְּנֵי יִשְׂרָאֵל לֵאמֹר בַּחֹדֶשׁ הַשְּׁבִיעִי בְּאֶחָד לַחֹדֶשׁ יִהְיֶה לָכֶם שַׁבָּתוֹן זִכְרוֹן תְּרוּעָה מִקְרָא קֹדֶשׁ: [ויקרא כג, כד]

צ) כִּי פָקַד יְיָ אֶת חַנָּה וַתַּהַר וַתֵּלֶד שְׁלֹשָׁה בָנִים וּשְׁתֵּי בָנוֹת וַיִּגְדַּל הַנַּעַר שְׁמוּאֵל עִם יְיָ: [שמואל א ב, כא]

ק) וַייָ פָּקַד אֶת שָׂרָה כַּאֲשֶׁר אָמָר וַיַּעַשׂ יְיָ לְשָׂרָה כַּאֲשֶׁר דִּבֵּר: [בראשית כא, א]

ר) תִּקְעוּ בַחֹדֶשׁ שׁוֹפָר בַּכֶּסֶה לְיוֹם חַגֵּנוּ: כִּי חֹק לְיִשְׂרָאֵל הוּא מִשְׁפָּט לֵאלֹהֵי יַעֲקֹב: עֵדוּת בִּיהוֹסֵף שָׂמוֹ בְּצֵאתוֹ עַל אֶרֶץ מִצְרָיִם שְׂפַת לֹא יָדַעְתִּי אֶשְׁמָע: [תהלים פא, ד-ו]

that the righteous will die on the very day of the very month in which they were born. Thus, their years will be "full." שֶׁנֶּאֱמַר ,,אֶת־מִסְפַּר יָמֶיךָ אֲמַלֵּא" – **As it is stated** regarding the righteous: ***The number of your days I will make full.***[41] Since the Patriarchs were absolutely righteous, they undoubtedly died in the month they were born.

The Baraisa stated:

בְּפֶסַח נוֹלַד יִצְחָק – Our forefather ISAAC WAS BORN ON the festival of PESACH.

The Gemara gives the source for this statement:

מִנָלַן – **From where do we know** this? כְּדִכְתִיב – **As it is written** in the verse that records God's prophecy to Abraham concerning the birth of Isaac: ,,לַמּוֹעֵד אָשׁוּב אֵלֶיךָ" – ***At the festival I will return to you*** [Abraham], *... and Sarah will have a son.*[42] אֵימַת קָאֵי – Now, **when was it** that this prophecy was spoken, i.e. on what festival was it spoken?[43] אִילֵימָא בְּפֶסַח וְקָאָמַר לֵיהּ בַּעֲצֶרֶת – **If you will say** it was **on Pesach, and [God] was saying to [Abraham]** that the boy would be born **on the** festival of **Shavuos,** this cannot be! בַּחֲמִשִּׁין יוֹמִין מִי קָא יָלְדָה – For a mere fifty days separate these two festivals. **Can [Sarah] then** conceive and **give birth in** only **fifty days?** אֶלָּא דְּקָאֵי בַּעֲצֶרֶת וְקָאָמַר לֵיהּ בְּתִשְׁרֵי – **Rather,** perhaps **it was on Shavuos, and [God] was saying to him** that the child would be born **in Tishrei,** during the Festival of Succos. אַכַּתִּי בַּחֲמִשָּׁה יַרְחֵי מִי קָא יָלְדָה – But **still, can she then** conceive and **give birth in** only **five months?** Of course not! אֶלָּא דְּקָאֵי בְּחַג וְקָאָמַר לֵהּ בְּנִיסָן – **Rather, it was on the Festival** (i.e. Succos), **and [God] was saying to him** that the child would be born **in Nissan,** during the Pesach festival, six months later.[44] We see that Isaac was born on Pesach.

The Gemara protests:

אַכַּתִּי בְּשִׁיתָא יַרְחֵי מִי קָא יָלְדָה – But **still, can [Sarah]** conceive and **give birth in** only **six months?** A viable pregnancy requires a minimum of seven months. – ? –

The Gemara answers:

תָּנָא – **A Baraisa has taught:** אוֹתָהּ שָׁנָה מְעוּבֶּרֶת הָיְתָה – THAT YEAR WAS A LEAP YEAR. Since an additional month was inserted between Succos and Pesach, there was sufficient time for a seven-month pregnancy.[45]

The Gemara persists:

סוֹף סוֹף כִּי מַדְלֵי מַר יוֹמֵי טוּמְאָה – **In the final analysis, when the master subtracts the days of** Sarah's menstrual **impurity,** during which she could not have conceived, בָּצְרֵי לְהוּ – **he diminishes [the seven months],** and a woman requires at least seven full months to bear a child.[46] – ? –

The Gemara answers:

אָמַר מַר זוּטְרָא – **Mar Zutra said:** אֲפִילּוּ לְמַאן דְּאָמַר יוֹלֶדֶת לְתִשְׁעָה אֵינָהּ יוֹלֶדֶת לְמְקוּטָעִין – **Even according to the one who said** that **[a woman] who gives birth at nine** months **does not give birth in abbreviated** months, but must carry the child to full term,[47] יוֹלֶדֶת לְשִׁבְעָה יוֹלֶדֶת לְמְקוּטָעִין – **one who gives birth at seven** months **can give birth in abbreviated** months. שֶׁנֶּאֱמַר ,,וַיְהִי לִתְקֻפוֹת הַיָּמִים" – **As it is stated:**[48] ***And it came to pass, after seasons and days*** *that Hannah had been pregnant, that she gave birth to a son.* מִיעוּט תְּקוּפוֹת שְׁתַּיִם – **The minimum** number **of seasons** implied by the verse **is two,** וּמִיעוּט יָמִים שְׁנַיִם – **and the minimum** number **of days** implied **is two.**[49] Since a season lasts three months, we learn that Hannah gave birth to her son after carrying him for only six months and two days. This proves that the offspring of a seven-month gestation need not be carried to full term, but can be born *within* the seventh month. In the case of Isaac too, then, although less than a *full* seven months were available for his conception and birth, they sufficed.

The Baraisa stated:

בְּרֹאשׁ הַשָּׁנָה נִפְקְדָה שָׂרָה רָחֵל וְחַנָּה – ON ROSH HASHANAH, the

NOTES

41. *Exodus* 23:26.

[*Pnei Yehoshua* explains why the Gemara must adduce two sources to prove the point. For had the Gemara cited only the verse *the number of your days I will make full,* one could argue that this verse simply shows that the righteous will live out the full number of their years (see *Yevamos* 50a; *Tosafos* here), but does not prove that these years will be "full" in terms of months and days. The Gemara must therefore cite the verse regarding Moses. If it would rely solely on Moses' words, one might claim that Moses was speaking of his own experience, but was not stating a general rule. The Gemara therefore cites the second verse as well.]

42. *Genesis* 18:14. The term מוֹעֵד (literally: *appointed time*) is often used in Scripture to denote a festival; see, for example, *Leviticus* 23:4 (*Ritva*). Thus, God was saying to Abraham that at the next festival, Sarah would bear a son.

43. The verse reads: לַמּוֹעֵד אָשׁוּב אֵלֶיךָ כָּעֵת, *at the festival I will return to you, [at a time] like this time* (see *Rashi* and *Ibn Ezra* ibid. v. 10). The phrase *[at a time] like this time* indicates that it was during a festival that this prophecy was received (see *Ritva* ד״ה סוף סוף; see also *Maharal, Chidushei Aggados*).

44. Since the prophecy arrived on a festival, and the promise was that the birth would be on the coming festival, the Gemara must identify the two festivals far enough apart to accommodate Sarah's period of gestation. By process of elimination, it concludes that the date of the prophecy was Succos, and the date of the birth Pesach (*Rashi*).

[Our Gemara seems to contradict the well-known Midrash (*Bereishis Rabbah* 48:13; cited in *Rashi* to *Genesis* 18:10 and 21:2) that states that the angels visited Abraham on Pesach of one year and foretold that Isaac would be born during Pesach of the next year. This Midrash does not translate the phrase לַמּוֹעֵד as *at the festival,* but as *at this time [next year].* For how the Gemara and the Midrash might be reconciled, and for discussion of related issues, see *Ritva; Tosafos;* see also gloss to *Tosafos,* printed on 11b; *Maharsha; Maharal, Chidushei Aggados*).]

45. *Bechor Shor* points out that there were a number of Biblical figures who were born after seven-month pregnancies. See there and see *Pesach Einayim* for an explanation of this phenomenon.

46. The Gemara in *Bava Metzia* (87a) teaches that our Matriarch Sarah experienced a menstrual discharge on the day the angels came to visit Abraham. [Since the prophecy of *At the festival* came soon afterward, Sarah could not have conceived until at least seven days after the prophecy, when the seven days of *niddah* passed] (*Rashi;* see *Tosafos;* see also gloss to *Tosafos,* printed on 11b; *Maharsha*). After subtracting the seven days, less than seven months remain.

[Our knowledge that Sarah menstruated on that day derives from the fact that Abraham bade Sarah knead bread for the angels (ibid. v. 6), but did not set bread before them, only cream, milk and meat (ibid. v. 8). This was because Sarah became a *niddah* and rendered the dough impure (see *Bava Metzia* ibid.).]

[*Ritva* asks: But perhaps the prophecy came on the *first* day of Succos and Isaac was born on the *last* day of Pesach?! This would leave sufficient time for a full seven-month pregnancy. *Ritva* answers that the phrase that teaches that the prophecy came on a festival, *[at a time] like this time* (see note 44), implies that the birth and the prophecy were at *entirely* identical times – both came on the first day of a festival. See also *Tosafos.*]

47. I.e. for nine thirty-day months (*Rashi;* see *Niddah* 38a).

48. *I Samuel* 1:20. The translation follows *Radak* ad loc.

49. There is a general rule of Scriptural exegesis that whenever Scripture speaks in the plural without designating a specific number, the number intended is the minimum, i.e. two. Therefore, when Scripture states "seasons" and "days" without specifying how many seasons or days, it refers to two seasons and two days (*Rashi* to *Niddah* 38b; see *Maharsha* there; see *Hagahos Yaavetz*).

[These "seasons" are solar ones; each lasts three months – see above, note 34 for explication.]

עין משפט נר מצוה

נז א מיי' פ"ו מהלכות ברכות הל' יג סמג עשין כז טוש"ע א"ח סימן רכו:

בר"ה בטלה עבודה מאבותינו במצרים בניסן נגאלו בתשרי עתידין ליגאל ר' יהושע אומר א) בניסן נברא העולם בניסן נולדו אבות בניסן מתו אבות בפסח נולד יצחק ג) בר"ה נפקדה שרה רחל וחנה בר"ה יצא יוסף מבית האסורין בר"ה בטלה עבודה מאבותינו במצרים בניסן נגאלו בניסן עתידין ליגאל תניא ר"א אומר מנין שבתשרי נברא העולם שנאמר א) ויאמר אלהים תדשא הארץ דשא עשב מזריע זרע עץ פרי איזהו חדש שהארץ (א) מוציאה דשאים ואילן מלא פירות הוי אומר זה תשרי ואותו הפרק זמן רביעה היתה וירדו גשמים וצימחו שנא' ב) ואד יעלה מן הארץ ר' יהושע אומר מנין שבניסן נברא העולם שנא' ג) ותוצא הארץ דשא עשב מזריע זרע ועץ עושה פרי איזהו חדש שהארץ (ב) מליאה דשאים ואילן מוציא פירות הוי אומר זה ניסן ואותו הפרק זמן בהמה וחיה ועוף שמזדווגין זה אצל זה שנאמר ד) לבשו כרים הצאן וגו' ואידך נמי הא כתיב עץ עושה פרי ההוא לברכה לדורות הוא דכתיב ואידך נמי הא כתיב עץ פרי ההוא כדר' יהושע בן לוי דא"ר יהושע בן לוי כל מעשה בראשית (ד) (לקומתן) נבראו לדעתן נבראו לצביונן נבראו שנא' ה) ויכלו השמים והארץ וכל צבאם אל תקרי צבאם אלא צביונם ר"א אומר מנין שבתשרי נולדו אבות שנא' ו) ויקהלו אל המלך שלמה כל איש ישראל בירח האיתנים בחג ירח שנולדו בו איתני עולם מאי משמע ז) דהאי איתן לישנא דתקיפי הוא כדכתיב ז) איתן מושבך ואומר ח) שמעו הרים את ריב ה' והאיתנים מוסדי ארץ ואומר ט) קול דודי הנה זה בא מדלג על ההרים מקפץ על הגבעות מדלג על ההרים בזכות אבות מקפץ על הגבעות בזכות אמהות ר' יהושע אומר מנין שבניסן נולדו אבות שנאמר י) ויהי בשמונים שנה וארבע מאות שנה לצאת בני ישראל מארץ מצרים בשנה הרביעית בחדש זיו בירח שנולדו בו זוותני עולם (י) ואידך נמי הכתיב בירח האיתנים התם (ג) דתקיפי במצות ואידך נמי הכתיב בחדש זיו ההוא דאית ביה זיוא לאילני ל) דאמר רב יהודה א) האי מאן דנפק ביומי ניסן וחזי אילני דמלבלבי אומר ברוך שלא חיסר מעולמו כלום וברא בו בריות טובות ואילנות טובות להתנאות בהן בני אדם מ"ד בניסן נולדו בניסן מתו מ"ד בתשרי נולדו בתשרי מתו שנאמר כ) ויאמר אליהם בן מאה ועשרים שנה אנכי היום מ) שאין ת"ל היום ומה ת"ל היום היום מלאו ימי ושנותי ללמדך שהקב"ה יושב וממלא שנותיהם של צדיקים מיום ליום מחדש לחדש שנאמר ל) את מספר ימיך אמלא בפסח נולד יצחק מנלן כדכתיב מ) למועד אשוב אליך אימת קאי אילימא בפסח וקאמר ליה בעצרת בחמשין יומין מי קא ילדה אלא דקאי בעצרת וקאמר ליה בתשרי אכתי בחמשה ירחי מי קא ילדה אלא דקאי בחג וקאמר לה בניסן אכתי בשיתא ירחי מי קא ילדה תנא אותה שנה מעוברת היתה סוף סוף כי מדלי מר יומי טומאה בצרי להו נ) אמר מר זוטרא אפילו למ"ד יולדת לתשעה אינה יולדת למקוטעין יולדת לשבעה יולדת למקוטעין שנאמר נ) ויהי לתקופות הימים ס) מיעוט תקופות שתים ומיעוט ימים שנים בראש השנה נפקדה שרה רחל וחנה מנלן א"ר אלעזר אתיא פקידה פקידה אתיא זכירה זכירה כתיב ברחל ס) ויזכור אלהים את רחל וכתיב בחנה ע) ויזכרה ה' ואתיא זכירה זכירה מראש השנה דכתיב פ) שבתון זכרון תרועה פקידה פקידה כתיב בחנה צ) כי פקד ה' את חנה וכתיב בשרה ק) וה' פקד את שרה בראש השנה יצא יוסף מבית האסורין מנלן דכתיב ר) תקעו בחדש שופר ע) (בכסא) ליום חגנו כי חק לישראל הוא וגו' עדות

רש"י

נולדו אבות. אברהם ויעקב: נפקדה שרה. באו זכרונם לטובה ונגזר עליהן הריון: בטלה עבודה מאבותינו. ששה חדשים לפני גאולתם פסק השעבוד: תדשא הארץ. תתכסה ותתלבש בדשאין: עץ פרי. שנגמר פריו: ואותו הפרק זמן רביעה הוה. כלומר וראיה לדבר שבתשרי נברא העולם שהרי לגשמים היו צריכין ותשרי זמן רביעה היא: ותוצא הארץ. ולא כתיב ותדשא הארץ: ועץ עושה פרי. ולא עץ פרי גמור: ואותו הפרק זמן. הוא לבהמה וחיה להזקק זה לזה ולכך היו צריכין וראיה היא שבניסן נברא העולם: לבשו כרים. בזמן שיתרועעו שבלים בניסן (ד) אלמא ניסן זמן זיווג בהמה הוא: ברכה לדורות. עושה פרי לדורות ומיהו השתא עץ פרי הוו: בקומתן נבראו. והיינו עץ פרי ראוי היה לטעון פרי מיד: לדעתם. שאלום אם חפצין להבראות ואמרו הן: בצביונם. בטעם (ה) אחד ואחד ונדפוס כל אחד: ואומר שמעו הרים את ריב ה' והאיתנים. אלמא הם איתנים הם הרים ואשכחן דנקראו אבות הרים שנאמר מדלג על ההרים ודילג את הקץ בשביל ההרים: בחדש זיו. (ו) אייר הוא: שנולדו בו זוותני עולם. כשנתחדש אייר נולדו כבר בניסן אי נמי זימנין דניסן דתקופה נמשך בתוך אייר של לבנה: להתנאות. להנות: דתקיף במצות. שופר יוה"כ וסוכה לולב וערבה וניסוך המים (וערבה): למועד אשוב אליך. לי"ט הבא ראשון ולשרה בן וכל מה שאתה יכול להרחיק יום הבשורה מיום הלידה הרחיקם כדי למצוא ימי עיבור הוולד בין שניהם ואין אתה יכול להרחיקו אלא ממועד למועד כשאמר שנתבשר במועד זה ושתלד למועד הבא: כי מדלי מר ימי טומאה. טומאת נדה דקיי"ל (ב"מ דף פז.) שרה אמנו אותו היום פירסה נדה לפיכך ויקח חמאה וחלב ובן הבקר אבל לא העוגות שלשתה היו בטומאה: אפילו למ"ד. במסכת נדה (דף לח.) אינה יולדת למקוטעין אלא לחדשים שלימים של שלשים יום:

עדות

תוספות

בראש השנה בטלה עבודה מאבותינו במצרים. רבי יהושע מודה בהא ברוב ספרים ואע"פ שהתחילו המכות מניסן דמשפט המצרים י"ב חדש כדתנן בעדיות (פ"ב משנה י) מ"מ לא פסקה עבודה עד תשרי: **לקומתן** לדעתם לצביונם. לביונם לשון יופי כמו לעטרת צבי (ישעיה כח) דדרך בהמה חיה ועוף כשגדלים [גדלים] בנוי בכח בדעת ובקומה וכל זה היה במעשה בראשית בתחלת יצירתם וכולהו נפקי מדכתיב צבאם מ): **שנולדו** בו זיותני עולם. דאע"ג דאייר קרי ליה זיו ל"ק מידי כדפי' בריש פירקין (דף ג: ד"ה בחדש זיו): **את** מספר ימיך אמלא. בסוף החולץ (יבמות דף נ. ושם) אמר אלו שני דורות: **אלא** דקאי בחג וקאמר לה בניסן. סוגיא דשמעתא מוכח דבתשרי נמול אברהם אבינו דבפרק השוכר את הפועלים (ב"מ דף פו:) אמר בשלישי של מילה באו אלו מלאכים ואז נאמר לו למועד אשוב אליך כעת חיה ובפרקי דרבי אליעזר י) נמי אמרינן דביוה"כ נמול א"א והשתא הא דאמר בחג לאו דוקא דשני ימים לפני החג הוה כיון דנמול ביוה"כ ואע"ג דמשמע הכא למועד ראשון הכי קאמר למועד ראשון אחר החג זה דקיימא ביה דכאילו קיימי בחג דמי כיון דלא הוה בו כי אם שני ימים לפניו או ולמאי דמסקינן דיולדת לשבעה יולדת למקוטעין לא הוה צריך לשנויי שנה מעוברת היתה דכי מדלית נמי ימי טומאה טבלה נמי בליל חמישי לחג ואפשר דילדה ביום אחרון של פסח אלא משום דאמרינן בסדר עולם ובמכילתא בפרשת ויסעו בני ישראל מרעמסס (אמרי') דבט"ו בניסן נולד יצחק ס) [ומיהו פליגי אהדדי דקאמר נמי בט"ו בניסן דבר הקב"ה עם אברהם בט"ו בניסן באו מלאכים לבשרו] ורבי מאיר שליח צבור יסד במעריב של פסח ומצות אפה ויאכלו בלילי חג פסח ואמרי' בבראשית רבה לושי ועשי עוגות הדא אמרת שפסח היה וכל הני לא ס"ל דלמועד אשוב אליך כעת חיה אמועד ראשון אלא כלומר למועד כזה שהיא פסח וכן תרגם אונקלוס כעת חיה כעת דאתון קיימין והשתא הא דכתיב בפרשת מילה אשר תלד לך שרה למועד הזה בשנה האחרת (בראשית יז) ואמרינן [במדרש תנחומא]ע) מלמד שסרט לו שריטה בכותל לשנה האחרת על כרחך דבט"ו בניסן נאמר ובו ביום נמול ובו ביום באו מלאכים בשנה זו תימה דלכל הני דאמרי בתשרי הוה היכי מקיים ההוא קרא דלמועד הזה בשנה האחרת ואיך יתכן לומר שנלטוה בפסח ולא נמול עד תשרי והלא זריזין מקדימין למצות ועוד הכתיב בעצם היום הזה (שם) בו ביום שנלטוה מל ואומר ר"ת דהני דאמרי בתשרי סבירא להו כרבי יהושע דאמר בניסן נברא העולם (ז) ולהכי הדר לפסח שנה אחרת למועד הזה היינו למועד אחר דביום הכפורים אמר לו וקרוב לסוכות כלומר למועד הזה ראשון של שנה אחרת:

לילה

רבינו חננאל

בראש השנה יצא יוסף מבית האסורים. בר"ה בטלה עבודה מאבותינו במצרים. בניסן נגאלו בתשרי עתידין ליגאל. תניא ר' אליעזר אומר מנין שבתשרי נברא העולם שנאמר ויאמר אלהים תדשא הארץ דשא עשב מזריע זרע עץ פרי איזהו חדש שהארץ מוציאה דשאים ואילן מלא פירות כדכתיב עץ פרי הוי אומר זה תשרי. ואותו הפרק זמן רביעה היה וירדו גשמים עליהן וצימחו שנאמר ואד יעלה מן הארץ והשקה את כל פני האדמה. ר' יהושע אומר מנין שבניסן נברא העולם שנאמר ותוצא הארץ וגו' איזהו חדש שהארץ מליאה דשא ואילן מוציא פירות הוי אומר זה ניסן כו'. ר' אליעזר דייק מעץ פרי כלומר אילן [מלא] פירות והאי דכתיב עץ עושה פרי לברכה. כלומר שיהו עושין פירות לעולם. ור' יהושע דייק מעץ עושה והאי דכתיב עץ פרי לכדריב"ל דאמר בפרק אלו טרפות כל מעשה בראשית בקומתן נבראו כלומר גדולים ומלאים לדעתן נבראו לא כדעת התינוקות אלא כדעת הגדולים לצביונם נבראו. לתוארם ביופיותם שנאמר וכל צבאם. ופרשינן לצביונם. ר' אליעזר אומר בירח האיתנים ירח שנולדו בו איתני עולם הם היסודות. שמעו הרים את ריב. והם מלשון ההורים האבות והאיתנים מוסדי ארץ כלומר הם היסודות. ר' יהושע אומר בירח זיו שנולדו בו איתני עולם ולדברי הכל בחודש שנולדו. בו בחדש מתו. שהקב"ה ממלא שנות הצדיקים מיום ליום שנאמר את מספר ימיך אמלא. בפסח נולד יצחק שנאמר למועד אשוב אליך כעת חיה ולשרה בן. ואוקימנא בחג בתשרי הוה קאי ואותה שנה מעוברת היתה. ואמ' ליה למועד אשוב אליך והוא מועד הפסח אמר מר זוטרא אפילו למ"ד יולדת לתשעה אינה יולדת למקוטעין אלא לט' חדשים מלאין מיום ליום. אבל היולדת לז' יולדת למקוטעין דקיי"ל ביום שבישרה המלאך אותה שעה פרסה נדה וישבה ז' ימים בנדתה וילדה בפסח נמצאת שילדה לז' חדשים פחות א) ימים. בר"ה נפקדה חנה. גמר זכירה זכירה בחנה כתיב ויזכרה ה' וכתיב בר"ה שבתון זכרון תרועה. מה זכרון זה בר"ה אף זכירה שנאמר בחנה בר"ה. וגמרו שתיהן שרה ורחל מחנה. וגמרה רחל מחנה בזכירה וגמרה שרה מחנה

חשק שלמה על ר"ח

א) אולי צ"ל פחות ז' ימים ועי' בתוס' כאן בד"ה אלא.

ליקוטי רש"י

ויזכור אלהים את רחל. (ב"ר) זכר לה שמסרה סימניה לאחותה. ושתיקה מלייה שמא תעלה בגורלו של עשו

מסורת הש"ס

א) [ע"ז ח.], ב) [ברכות כט. יבמות סד:], ג) חולין ס., ד) [צ"ל בקומתן], ה) [סוטה מו. ע"ש], ו) [צ"ל והכתיב], ז) ברכות מג:, ח) [תוספ' דסוטה פ"א] סוטה יג. קדושין לח., ט) יבמות מב. נדה לח., י) [עמ"ש בס"ק על הגליון נדה לח. בשם הרמ"ק], כ) ביצה טז. סנהדרין יא., ל) [צ"ל בכסה], מ) [וע"ע תוס' חולין ס. ד"ה אל תקרי וכו' מ"ש בשם הערוך], נ) [פרקי ר"א פ"ט], ס) [פרשת בא פ"ג].

הגהות הב"ח

(א) גמ' איזהו חדש שהארץ מליאה דשאים וכו': (ב) שם שהארץ מוציאה דשאים: (ג) שם בירח האיתנים התם דתקיף במצות: (ד) רש"י ד"ה לבשו כרים כו' בניסן. ס"א וגבי בריאת העולם כתיב דכתיב לעיל מיניה מכון הרים בכחו: (ה) ד"ה בצביונם בטעם כל אחד ואחד ונדפוס כל אחד ואחד הס"ד: (ו) ד"ה בחדש זיו הוא אייר שנולדו כו' זימנין דתקופת ניסן נמשך לתוך אייר של לבנה. וקרי ליה זיו בניסן של חמה שנולדו בו זיותני עולם: (ז) תוס' ד"ה אלא כו' נברא העולם ולכי הדר לפסח שנה אחרת היא ולמועד הזה היינו מועד שאמר זה דביוה"כ:

הגהות מהר"ב רנשבורג

אן תוס' ד"ה אלא וכו' ולמאי דמסקינן וכו'. נ"ב עיין מהרש"א וביפה תואר בבראשית רבה פרשה מ"ז סימן ב' בד"ה אותה השנה וכו' וביפ"ת פרשה נ"ג ד"ה לט' חדשים וד"ה לשבעה וכו' ועיין בס' גמר הקודש פרשת וירא הנ"ל. ועי' ב"ש באה"ע סי' ד' ס"ק י"ט:

תורה אור השלם

א) וַיֹּאמֶר אֱלֹהִים תַּדְשֵׁא הָאָרֶץ דֶּשֶׁא עֵשֶׂב מַזְרִיעַ זֶרַע עֵץ פְּרִי עֹשֶׂה פְּרִי לְמִינוֹ אֲשֶׁר זַרְעוֹ בוֹ עַל הָאָרֶץ וַיְהִי כֵן: [בראשית א, יא]
ב) וְאֵד יַעֲלֶה מִן הָאָרֶץ וְהִשְׁקָה אֶת כָּל פְּנֵי הָאֲדָמָה: [בראשית ב, ו]
ג) וַתּוֹצֵא הָאָרֶץ דֶּשֶׁא עֵשֶׂב מַזְרִיעַ זֶרַע לְמִינֵהוּ וְעֵץ עֹשֶׂה פְּרִי אֲשֶׁר זַרְעוֹ בוֹ לְמִינֵהוּ וַיַּרְא אֱלֹהִים כִּי טוֹב: [בראשית א, יב]
ד) לָבְשׁוּ כָרִים הַצֹּאן וַעֲמָקִים יַעַטְפוּ בָר יִתְרוֹעֲעוּ אַף יָשִׁירוּ: [תהלים סה, יד]
ה) וַיְכֻלּוּ הַשָּׁמַיִם וְהָאָרֶץ וְכָל צְבָאָם: [בראשית ב, א]
ו) וַיִּקָּהֲלוּ אֶל הַמֶּלֶךְ שְׁלֹמֹה כָּל אִישׁ יִשְׂרָאֵל בְּיֶרַח הָאֵתָנִים בֶּחָג הוּא הַחֹדֶשׁ הַשְּׁבִיעִי: [מלכים א ח, ב]
ז) וַיַּרְא אֶת הַקֵּינִי וַיִּשָּׂא מְשָׁלוֹ וַיֹּאמַר אֵיתָן מוֹשָׁבֶךָ וְשִׂים בַּסֶּלַע קִנֶּךָ: [במדבר כד, כא]
ח) שִׁמְעוּ הָרִים אֶת רִיב יְיָ וְהָאֵתָנִים מֹסְדֵי אָרֶץ כִּי רִיב לַייָ עִם עַמּוֹ וְעִם יִשְׂרָאֵל יִתְוַכָּח: [מיכה ו, ב]
ט) קוֹל דּוֹדִי הִנֵּה זֶה בָּא מְדַלֵּג עַל הֶהָרִים מְקַפֵּץ עַל הַגְּבָעוֹת: [שיר השירים ב, ח]
י) וַיְהִי בִשְׁמוֹנִים שָׁנָה וְאַרְבַּע מֵאוֹת שָׁנָה לְצֵאת בְּנֵי יִשְׂרָאֵל מֵאֶרֶץ מִצְרַיִם בַּשָּׁנָה הָרְבִיעִית בְּחֹדֶשׁ זִו הוּא הַחֹדֶשׁ הַשֵּׁנִי לִמְלֹךְ שְׁלֹמֹה עַל יִשְׂרָאֵל וַיִּבֶן הַבַּיִת לַייָ: [מלכים א ו, א]
כ) וַיֹּאמֶר אֲלֵהֶם בֶּן מֵאָה וְעֶשְׂרִים שָׁנָה אָנֹכִי הַיּוֹם לֹא אוּכַל עוֹד לָצֵאת וְלָבוֹא וַייָ אָמַר אֵלַי לֹא תַעֲבֹר אֶת הַיַּרְדֵּן הַזֶּה: [דברים לא, ב]
ל) לֹא תִהְיֶה מְשַׁכֵּלָה וַעֲקָרָה בְּאַרְצֶךָ אֶת מִסְפַּר יָמֶיךָ אֲמַלֵּא: [שמות כג, כו]
מ) הֲיִפָּלֵא מֵייָ דָּבָר לַמּוֹעֵד אָשׁוּב אֵלֶיךָ כָּעֵת חַיָּה וּלְשָׂרָה בֵן: [בראשית יח, יד]
נ) וַיְהִי לִתְקֻפוֹת הַיָּמִים וַתַּהַר חַנָּה וַתֵּלֶד בֵּן וַתִּקְרָא אֶת שְׁמוֹ שְׁמוּאֵל כִּי מֵייָ שְׁאִלְתִּיו: [שמואל א א, כ]
ס) וַיִּזְכֹּר אֱלֹהִים אֶת רָחֵל וַיִּשְׁמַע אֵלֶיהָ אֱלֹהִים וַיִּפְתַּח אֶת רַחְמָהּ: [בראשית ל, כב]
ע) וַיַּשְׁכִּמוּ בַבֹּקֶר וַיִּשְׁתַּחֲווּ לִפְנֵי יְיָ וַיָּשֻׁבוּ וַיָּבֹאוּ אֶל בֵּיתָם הָרָמָתָה וַיֵּדַע אֶלְקָנָה אֶת חַנָּה אִשְׁתּוֹ וַיִּזְכְּרֶהָ יְיָ: [שמואל א א, יט]
פ) דַּבֵּר אֶל בְּנֵי יִשְׂרָאֵל לֵאמֹר בַּחֹדֶשׁ הַשְּׁבִיעִי בְּאֶחָד לַחֹדֶשׁ יִהְיֶה לָכֶם שַׁבָּתוֹן זִכְרוֹן תְּרוּעָה מִקְרָא קֹדֶשׁ: [ויקרא כג, כד]
צ) כִּי פָקַד יְיָ אֶת חַנָּה וַתַּהַר וַתֵּלֶד שְׁלֹשָׁה בָנִים וּשְׁתֵּי בָנוֹת וַיִּגְדַּל הַנַּעַר שְׁמוּאֵל עִם יְיָ: [שמואל א ב, כא]
ק) וַייָ פָּקַד אֶת שָׂרָה כַּאֲשֶׁר אָמָר וַיַּעַשׂ יְיָ לְשָׂרָה כַּאֲשֶׁר דִּבֵּר: [בראשית כא, א]
ר) תִּקְעוּ בַחֹדֶשׁ שׁוֹפָר בַּכֵּסֶה לְיוֹם חַגֵּנוּ: כִּי חֹק לְיִשְׂרָאֵל הוּא מִשְׁפָּט לֵאלֹהֵי יַעֲקֹב: עֵדוּת בִּיהוֹסֵף שָׂמוֹ בְּצֵאתוֹ עַל אֶרֶץ מִצְרָיִם שְׂפַת לֹא יָדַעְתִּי אֶשְׁמָע: [תהלים פא, ד-ו]

רש"י (המשך)

שמא יגרשנה יעקב לפי שאין לה בנים ואף עשו הרשע כך עלה בלבו כששמע שאין לה בנים. בחדש. כשהלבנה מתחדשת: (בכסא) [בכסה]. יום שמועד קבוע לכך וכן (משלי ז) ליום הכסא יבא ביתו לזמן הקבוע: ליום חגנו. כי חק. הוא לישראל מאת הקב"ה לתקוע באותו היום ויום המשפט הוא לפני הקב"ה: (ביצה טז.)

Matriarchs **SARAH** and **RACHEL AND** the prophetess **HANNAH WERE REMEMBERED** by the Almighty, and it was decreed that they would bear children.

The Gemara seeks the Scriptural source for this statement: מְנָלַן – **From where do we know** this? אָמַר רַבִּי אֶלְעָזָר – **R' Elazar said:** אַתְיָא פְּקִידָה פְּקִידָה אַתְיָא זְכִירָה זְכִירָה – It is derived through a *gezeirah shavah* of **"pekidah, pekidah,"** and **it is derived** through a *gezeirah shavah* of **"zechirah, zechirah,"** both terms that mean "remembrance."[50] The *gezeirah shavah* of *"zechirah, zechirah"* runs thus: כְּתִיב בְּרָחֵל ,,וַיִּזְכֹּר אֱלֹהִים אֶת־רָחֵל" – **It is written regarding Rachel:**[51] ***And God remembered Rachel,*** וּכְתִיב בְּחַנָּה ,,וַיִּזְכְּרֶהָ ה׳ " – **and it is written regarding Hannah:**[52] ***And Hashem remembered her.*** וְאַתְיָא זְכִירָה זְכִירָה מֵרֹאשׁ הַשָּׁנָה – **Thus,** the date of the salvation of these women **can be derived** through a *gezeirah shavah* of **"remembrance," "remembrance"** *(zechirah, zechirah)* **from** a verse written regarding **Rosh Hashanah.** דִּכְתִיב ,,שַׁבָּתוֹן זִכְרוֹן תְּרוּעָה" – **For** regarding Rosh Hashanah **it is written:**[53] ***A rest day, a remembrance** (zechirah) **of sounding the shofar.*** The Torah's use of the term "remembrance" teaches an analogy between the salvation of Rachel and Hannah, and the day of Rosh Hashanah. Thus, we learn that Rachel and Hannah were remembered before God on Rosh Hashanah. פְּקִידָה פְּקִידָה – The *gezeirah shavah* of **"pekidah," "pekidah"** is as follows: כְּתִיב בְּחַנָּה ,,כִּי־פָקַד ה׳ אֶת־חַנָּה" – **It is written regarding Hannah:**[54] ***For Hashem remembered Hannah.*** וּכְתִיב בְּשָׂרָה ,,וַה׳ פָּקַד אֶת־שָׂרָה" – **And it is written regarding Sarah:**[55] ***And Hashem remembered Sarah.*** These verses teach an analogy between Hannah and Sarah; thus, just as Hannah was remembered on Rosh Hashanah, so too was Sarah.

The Baraisa stated:

בְּרֹאשׁ הַשָּׁנָה יָצָא יוֹסֵף מִבֵּית הָאֲסוּרִין – **ON ROSH HASHANAH, JOSEPH WENT OUT OF** the Egyptian **PRISON.**

The Gemara seeks the source:

מְנָלַן – **From where do we know** this? דִּכְתִיב – **For it is written:**[56] ,,תִּקְעוּ בַחֹדֶשׁ שׁוֹפָר בַּכֵּסֶה לְיוֹם חַגֵּנוּ כִּי חֹק לְיִשְׂרָאֵל הוּא וגו׳ " – ***Blow a shofar at the moon's renewal, when** the moon **is covered on our festival day. Because it is a statute for Israel,*** **etc.** *a judgment [day] unto the God of Jacob.* These verses discuss the Festival of Rosh Hashanah.[57]

NOTES

50. Both are terms of remembrance; however, *zechirah* means the keeping of something in [or recalling of something to] memory, while *pekidah* connotes the taking of an action as a result of a memory (*Malbim, HaCarmel* ע׳ פקד).

51. *Genesis* 30:22. This verse speaks of the conception of Joseph, Rachel's first child.

52. *I Samuel* 1:19. This verse speaks of the conception of Samuel, Hannah's first child.

[In each of these verses, the Hebrew word meaning "remembered" derives from the root זכר, which is also the root of זְכִירָה, *zechirah.*]

53. *Leviticus* 23:24.

54. *I Samuel* 2:21. [This verse discusses the conception and birth of Hannah's later children. However, its use of the term פקד, *remembered* teaches an analogy between Hannah and Sarah.]

55. *Genesis* 21:1.

[In the case of these two verses, the Hebrew word meaning "remembered" derives from the root פקד, which is the root of פְּקִידָה, *pekidah*, as well.

56. *Psalms* 81:4,5.

57. As explained above, 8a-b; see 8b note 2.

מסורת הש"ס

א) [ע"ז ח.], ב) [ברכות כט: יבמות סד:], ג) חולין ס., ד) [נ"ל בקומתן], ה) [סוטה מו. ע"ש], ו) [נ"ל והכתיב], ז) ברכות מג:, ח) [תוספ' דסוטה פי"א] סוטה יג: קדושין לח., ט) יבמות מב. נדה לח:, י) [עמ"ש בס"ד על הגליון נדה לח. בשם הרד"ק], כ) ביצה טז., סנהדרין יא., ל) נ"ל בכסה, מ) [וע"ע תוס' חולין ס. ד"ה לא תקרי וכו' מ"ש בשם הערוך], נ) [פרק כסן], ס) מ"ר, ע) [פרשת בא כא פ"ב].

הגהות הב"ח

(א) גמ' איזהו חדש שהארץ מליאה דשאים וכו': (ב) שם שהארץ מוציאה דשאים: (ג) שם בירח האיתנים התם דתקיפי במצות: (ד) רש"י ד"ה לבשו כרים כו' בניסן. נ"ב ס"א וגבי בריאת העולם כתיב דכתיב לעיל מיניה מכון הרים בכחו: (ה) ד"ה בצביונם בטעם כל אחד ואחד ודפוס כל אחד ואחד הס"ד: (ו) ד"ה בחדש זיו הוא אייר שנולדו כו' זימנין דתקופת ניסן נמשך לתוך אייר של לבנה. נ"ב וקרי ליה זיו ע"ש ניסן של חמה שנולדו בו זיותני עולם: (ז) תוס' ד"ה אלא כו' נברא העולם ולכך הדר לפסח שנה אחרת היא ולמועד הזה היינו למועד שאמר זה דביוה"כ:

הגהות מהר"ב רנשבורג

א] תוס' ד"ה אלא וכו' ולמאי דמסקינן וכו'. נ"ב עיין מהרש"א ח"א ובפי' תוספ' בראשית רבה פרשה מ"ז סימן ז' בד"ה אותה השנה וכו' וביפ"ת שם פרשה נ"ג ד"ה לעז' חדשים וד"ה לשבעה וכו' ועיין גם במר הקודש בפרשיות הנ"ל, ועי' ג"ש באה"ע סי' ד' ס"ק י"ט:

תורה אור השלם

א) וַיֹּאמֶר אֱלֹהִים תַּדְשֵׁא הָאָרֶץ דֶּשֶׁא עֵשֶׂב מַזְרִיעַ זֶרַע עֵץ פְּרִי עֹשֶׂה פְּרִי לְמִינוֹ אֲשֶׁר זַרְעוֹ בוֹ עַל הָאָרֶץ וַיְהִי כֵן: [בראשית א, יא]
ב) וְאֵד יַעֲלֶה מִן הָאָרֶץ וְהִשְׁקָה אֶת כָּל פְּנֵי הָאֲדָמָה: [בראשית ב, ו]
ג) וַתּוֹצֵא הָאָרֶץ דֶּשֶׁא עֵשֶׂב מַזְרִיעַ זֶרַע לְמִינֵהוּ וְעֵץ עֹשֶׂה פְּרִי אֲשֶׁר זַרְעוֹ בוֹ לְמִינֵהוּ וַיַּרְא אֱלֹהִים כִּי טוֹב: [בראשית א, יב]
ד) לָבְשׁוּ כָרִים הַצֹּאן וַעֲמָקִים יַעַטְפוּ בָר יִתְרוֹעֲעוּ אַף יָשִׁירוּ: [תהלים סה, יד]
ה) וַיְכֻלּוּ הַשָּׁמַיִם וְהָאָרֶץ וְכָל צְבָאָם: [בראשית ב, א]
ו) וַיִּקָּהֲלוּ אֶל הַמֶּלֶךְ שְׁלֹמֹה כָּל אִישׁ יִשְׂרָאֵל בְּיֶרַח הָאֵתָנִים בֶּחָג הוּא הַחֹדֶשׁ הַשְּׁבִיעִי: [מלכים א ח, ב]
ז) וַיַּרְא אֶת הַקֵּינִי וַיִּשָּׂא מְשָׁלוֹ וַיֹּאמַר אֵיתָן מוֹשָׁבֶךָ וְשִׂים בַּסֶּלַע קִנֶּךָ: [במדבר כד, כא]
ח) שִׁמְעוּ הָרִים אֶת רִיב יְיָ וְהָאֵתָנִים מֹסְדֵי אָרֶץ כִּי רִיב לַייָ עִם עַמּוֹ וְעִם יִשְׂרָאֵל יִתְוַכָּח: [מיכה ו, ב]
ט) קוֹל דּוֹדִי הִנֵּה זֶה בָּא מְדַלֵּג עַל הֶהָרִים מְקַפֵּץ עַל הַגְּבָעוֹת: [שיר השירים ב, ח]
י) וַיְהִי בִשְׁמוֹנִים שָׁנָה וְאַרְבַּע מֵאוֹת שָׁנָה לְצֵאת בְּנֵי יִשְׂרָאֵל מֵאֶרֶץ מִצְרַיִם בַּשָּׁנָה הָרְבִיעִית בְּחֹדֶשׁ זִו הוּא הַחֹדֶשׁ הַשֵּׁנִי לִמְלֹךְ שְׁלֹמֹה עַל יִשְׂרָאֵל וַיִּבֶן הַבַּיִת לַייָ: [מלכים א ו, א]
כ) וַיֹּאמֶר אֲלֵהֶם בֶּן מֵאָה וְעֶשְׂרִים שָׁנָה אָנֹכִי הַיּוֹם לֹא אוּכַל עוֹד לָצֵאת וְלָבוֹא וַייָ אָמַר אֵלַי לֹא תַעֲבֹר אֶת הַיַּרְדֵּן הַזֶּה: [דברים לא, ב]
ל) לֹא תִהְיֶה מְשַׁכֵּלָה וַעֲקָרָה בְּאַרְצֶךָ אֶת מִסְפַּר יָמֶיךָ אֲמַלֵּא: [שמות כג, כו]
מ) הֲיִפָּלֵא מֵייָ דָּבָר לַמּוֹעֵד אָשׁוּב אֵלֶיךָ כָּעֵת חַיָּה וּלְשָׂרָה בֵן: [בראשית יח, יד]
נ) וַיְהִי לִתְקֻפוֹת הַיָּמִים וַתַּהַר חַנָּה וַתֵּלֶד בֵּן וַתִּקְרָא אֶת שְׁמוֹ שְׁמוּאֵל כִּי מֵייָ שְׁאִלְתִּיו: [שמואל א א, כ]
ס) וַיִּזְכֹּר אֱלֹהִים אֶת רָחֵל וַיִּשְׁמַע אֵלֶיהָ אֱלֹהִים וַיִּפְתַּח אֶת רַחְמָהּ: [בראשית ל, כב]
ע) וַיַּשְׁכִּמוּ בַבֹּקֶר וַיִּשְׁתַּחֲווּ לִפְנֵי יְיָ וַיָּשֻׁבוּ וַיָּבֹאוּ אֶל בֵּיתָם הָרָמָתָה וַיֵּדַע אֶלְקָנָה אֶת חַנָּה אִשְׁתּוֹ וַיִּזְכְּרֶהָ יְיָ: [שמואל א א, יט]
פ) דַּבֵּר אֶל בְּנֵי יִשְׂרָאֵל לֵאמֹר בַּחֹדֶשׁ הַשְּׁבִיעִי בְּאֶחָד לַחֹדֶשׁ יִהְיֶה לָכֶם שַׁבָּתוֹן זִכְרוֹן תְּרוּעָה מִקְרָא קֹדֶשׁ: [ויקרא כג, כד]
צ) כִּי פָקַד יְיָ אֶת חַנָּה וַתַּהַר וַתֵּלֶד שְׁלֹשָׁה בָנִים וּשְׁתֵּי בָנוֹת וַיִּגְדַּל הַנַּעַר שְׁמוּאֵל עִם יְיָ: [שמואל א ב, כא]
ק) וַייָ פָּקַד אֶת שָׂרָה כַּאֲשֶׁר אָמָר וַיַּעַשׂ יְיָ לְשָׂרָה כַּאֲשֶׁר דִּבֵּר: [בראשית כא, א]
ר) תִּקְעוּ בַחֹדֶשׁ שׁוֹפָר בַּכֵּסֶה לְיוֹם חַגֵּנוּ: כִּי חֹק לְיִשְׂרָאֵל הוּא מִשְׁפָּט לֵאלֹהֵי יַעֲקֹב: עֵדוּת בִּיהוֹסֵף שָׂמוֹ בְּצֵאתוֹ עַל אֶרֶץ מִצְרָיִם שְׂפַת לֹא יָדַעְתִּי אֶשְׁמָע: [תהלים פא, ד-ו]

רש"י

נולדו אבות. אברהם ויעקב: **נפקדה שרה.** בא זכרונם לטובה ונגזר עליהן הריון: **בטלה עבודה מאבותינו.** ששה חדשים לפני גאולתם פסק השעבוד: **תדשא הארץ.** תתכסה ותתלבש בדשאין: **עץ פרי.** שנגמר פריו: **ואותו הפרק זמן רביעה הוה.** כלומר וראיה לדבר שבתשרי נברא העולם שהרי לגשמים היו צריכין ותשרי זמן רביעה היא: **ותוצא הארץ.** ולא כתיב ותדשא הארץ: **ועץ עושה פרי.** ולא עץ פרי גמור: **ואותו הפרק זמן.** הוא לבהמה וחיה להזדקק זה לזה ולכך היו צריכין וראיה היא שבניסן נברא העולם: **לבשו כרים.** בזמן שיתרועעו שבלים בניסן (ד) אלמא ניסן זמן זיווג בהמה הוא: **ברכה לדורות.** עושה פרי לדורות ומיהו השתא עץ פרי הוו: **בקומתן נבראו.** והיינו עץ פרי ראוי היה לטעון פרי מיד: **לדעתם.** שאלם אם חפצין להבראות ואמרו הן: **בצביונם.** בטעם (ה) אחד ואחד ודפוס כל אחד: **ואומר שמעו הרים את ריב ה' והאיתנים.** אלמא הם איתנים הם הרים והשתא דנקראו אבות הרים שנאמר מדלג על ההרים ודילג את הקץ בשביל ההרים: **בחדש זיו.** (ו) אייר הוא: **שנולדו בו זיותני עולם.** כשנתחדש אייר כבר נולדו בניסן אי נמי זימנין ניסן דתקופה נמשך בתוך אייר של לבנה: **להתנאות.** להנות: **דתקיפי במצות.** שופר יוה"כ וסוכה לולב וערבה וניסוך המים (וערבה): **למועד אשוב אליך.** לי"ט הבא ראשון ולשרה בן וכל מה שאתה יכול להרחיק יום הבשורה מיום הלידה הרחיקם כדי למלאות ימי עיבור הוולד בין שניהם ואין אתה יכול להרחיקו אלא ממועד למועד כשתאמר שנתבשר במועד זה ושתלד למועד הבא: **כי מדלי מר ימי טומאה.** טומאת נדה דקי"ל (ב"מ דף פז.) שרה אמנו אותו היום פרסה נדה לפיכך ויקח חמאה וחלב ובן הבקר אבל לא העוגות שלשתה היא בטומאה: **אפילו למ"ד.** במסכת נדה (דף לח.) אינה יולדת למקוטעין אלא לחדשים שלימים של שלשים יום:

גמרא

בר"ה בטלה עבודה מאבותינו במצרים בניסן נגאלו בתשרי עתידין ליגאל ר' יהושע אומר (א) בניסן נברא העולם בניסן נולדו אבות בניסן מתו אבות בפסח נולד יצחק (ב) בר"ה נפקדה שרה רחל וחנה בר"ה יצא יוסף מבית האסורין בר"ה בטלה עבודה מאבותינו במצרים בניסן נגאלו בניסן עתידין ליגאל תניא ר"א אומר מנין שבתשרי נברא העולם שנאמר א) ויאמר אלהים תדשא הארץ דשא עשב מזריע זרע עץ פרי איזהו חדש שהארץ (ב) מוציאה דשאים ואילן מלא פירות הוי אומר זה תשרי ואותו הפרק זמן רביעה היתה וירדו גשמים וצימחו שנא' ב) ואד יעלה מן הארץ ר' יהושע אומר מנין שבניסן נברא העולם שנא' ג) ותוצא הארץ דשא עשב מזריע זרע ועץ עושה פרי איזהו חדש שהארץ (א) מליאה דשאים ואילן מוציא פירות הוי אומר זה ניסן ואותו הפרק זמן בהמה וחיה ועוף שמזדווגין זה אצל זה שנאמר ד) לבשו כרים הצאן וגו' ואידך נמי הא כתיב עץ עושה פרי ההוא לברכה לדורות הוא דכתיב ואידך נמי הא כתיב עץ פרי ההוא כדר' יהושע בן לוי דא"ר יהושע בן לוי כל מעשה בראשית (ד) לקומתן נבראו לדעתן נבראו לצביונן נבראו שנא' ה) ויכלו השמים והארץ וכל צבאם אל תקרי צבאם אלא צביונם ר"א אומר מנין שבתשרי נולדו אבות שנא' ו) ויקהלו אל המלך שלמה כל איש ישראל בירח האיתנים בחג ירח שנולדו בו איתני עולם מאי משמע (ה) דהאי איתן לישנא דתקיפי הוא כדכתיב ז) איתן מושבך ואומר ח) שמעו הרים את ריב ה' והאיתנים מוסדי ארץ ואומר ט) קול דודי הנה זה בא מדלג על ההרים מקפץ על הגבעות מדלג על ההרים בזכות אבות מקפץ על הגבעות בזכות אמהות ר' יהושע אומר מנין שבניסן נולדו אבות שנאמר י) ויהי בשמונים שנה וארבע מאות שנה לצאת בני ישראל מארץ מצרים בשנה הרביעית בחדש זיו בירח שנולדו בו זיותני עולם (ו) ואידך נמי הכתיב) בירח האיתנים התם (ג) דתקיפי במצות ואידך נמי הכתיב בחדש זיו ההוא דאית ביה זיוא לאילני דאמר רב יהודה *האי מאן דנפק ביומי ניסן וחזי אילני דמלבלבי אומר ברוך שלא חיסר מעולמו כלום וברא בו בריות טובות ואילנות טובות להתנאות בהן בני אדם מ"ד בניסן נולדו בניסן מתו מ"ד בתשרי נולדו בתשרי מתו שנאמר כ) ויאמר אליהם בן מאה ועשרים שנה אנכי היום (ט) שאין ת"ל היום ומה ת"ל היום היום מלאו ימי ושנותי ללמדך שהקב"ה יושב וממלא שנותיהם של צדיקים מיום ליום מחדש לחדש שנאמר ל) את מספר ימיך אמלא בפסח נולד יצחק מנלן דכתיב מ) למועד אשוב אליך אימת קאי אילימא בפסח וקאמר ליה בעצרת בחמשין יומין מי קא ילדה אלא דקאי בעצרת וקאמר ליה בתשרי אכתי בחמשה ירחי מי קא ילדה אלא דקאי בחג וקאמר לה בניסן אכתי בשיתא ירחי מי קא ילדה תנא אותה שנה מעוברת היתה סוף סוף כי מדלי מר יומי טומאה בצרי להו (י) אמר מר זוטרא אפילו למ"ד יולדת לתשעה אינה יולדת למקוטעין יולדת לשבעה יולדת למקוטעין שנאמר נ) ויהי לתקופות הימים (כ) מיעוט תקופות שתים ומיעוט ימים שנים בראש השנה נפקדה שרה רחל וחנה מנלן א"ר אלעזר אתיא פקידה פקידה אתיא זכירה זכירה כתיב ברחל ס) ויזכור אלהים את רחל וכתיב בחנה ע) ויזכרה ה' ואתיא זכירה זכירה מראש השנה דכתיב פ) שבתון זכרון תרועה פקידה פקידה כתיב בחנה צ) כי פקד ה' את חנה וכתיב בשרה ק) וה' פקד את שרה בראש השנה יצא יוסף מבית האסורין מנלן (כ) דכתיב ר) תקעו בחדש שופר (ל) בכסא ליום חגנו כי חק לישראל הוא וגו' עדות

תוספות

בראש השנה בטלה עבודה מאבותינו במצרים. רבי יהושע מודה דהא ברוב ספרים ולא"ג שהתחילו המכות מניסן למשפט המצרים י"ב חדש כדתנן בעדיות (פ"ב משנה י) מ"מ לא פסקה עבודה עד תשרי: **לקומתן לדעתם לצביונם.** לצביון לשון יופי כמו לעטרת צבי (ישעיה כח) דדרך בהמה חיה ועוף כשגדלים [גדלים] בנוי בכח בדעת ובקומה וכל זה היה במעשה בראשית בתחלת יצירתם וכולהו נפקי מדכתיב צבאם (ט):

שנולדו בו זיותני עולם. דלא"ג דאייר קרי ליה זיו ל"ק מידי כדפי' בריש פירקין (דף ג: ד"ה בחדש זיו):

את מספר ימיך אמלא. בסוף החולץ (יבמות דף ס. ושם) אמר אלו שני דורות: **אלא דקאי בחג וקאמר לה בניסן.** קשיא דמשמעתא מוכח דבתשרי נמול אברהם אבינו דבפרק השוכר את הפועלים (ב"מ דף פו:) אמר בשלישי של מילה באו אלו מלאכים ואז נאמר לו למועד אשוב אליך כעת חיה ובפרקי דרבי אליעזר (י) נמי אמרינן דביוה"כ נמול א"א והשתא הא דאמר בחג לאו דוקא דשני ימים לפני החג הוה כיון דנמול ביוה"כ ולא"ג דמשמע הכא למועד ראשון הכי קאמר למועד ראשון אחר החג זה דקיימא ביה דכאילו קיימי בחג דמי כיון דלא הוה בו כי אם שני ימים לפניו א] ולמאי דמסקינן דיולדת לשבעה יולדת למקוטעין לא הוה צריך לשנויי שנה מעוברת היתה דכי מליית שני ימי טומאה עולה נמי בליל חמישי לחג ולאפשר דילדה ביום אחרון של פסח אלא משום דאמרינן בסדר עולם ובמכילתא בפרשת בא ובסוף כל הוא ויסעו בני ישראל מרעמסס (אמרי') דבט"ו בניסן נולד יצחק ט) [ומיהו פליגי אהדדי דקאמר נמי בט"ו בניסן דבר הקב"ה עם אברהם בט"ו בניסן באו מלאכים לבשרו] ורבי מאיר שליח לצור יכד במעריב של פסח ומצות אפה ויאכלו בלילי חג פסח ואמרי' בבראשית רבה לושי ועשי עוגות הדא אמרת שפסח היה וכל הני לא ס"ל דלמועד אשוב אליך כעת חיה אמועד ראשון אלא כלומר למועד כזה שהיא פסח וכן תרגם אונקלוס כעת חיה כעת דאתון קיימין והשתא הא דכתיב בפרשת מילה אשר תלד לך שרה למועד הזה בשנה האחרת (בראשית יז) ואמרינן [במדרש תנחומא] ע) מלמד ששרט לו שריטה בכותל דלשנה האחרת על כרחך דבט"ו בניסן נאמר ובו ביום נמול ובו ביום באו מלאכים בשנה זו תימה דלכל הני דאמרי בתשרי הוה היכי מקיים ההוא קרא דלמועד הזה בשנה האחרת ואיך יתכן לומר שנצטוה בפסח ולא נמול עד תשרי והלא זריזין מקדימין למצות ועוד הכתיב בעצם היום הזה (שם) בו ביום שצוהו מל ואומר ר"ת דהני דאמרי בתשרי סבירא להו כרבי יהושע דאמר בניסן נברא העולם (ז) ולהכי הדר לפסח שנה אחרת למועד הזה היינו למועד אחר דביום הכפורים אמר לו וקרוב לסוכות כלומר למועד הזה ראשון של שנה אחרת:

לילה

עין משפט נר מצוה

נז א מיי' פ"י מהלכות ברכות הל' יג סמג עשין כז טוש"ע א"ח סימן רכו:

רבינו חננאל

בראש השנה יצא יוסף מבית האסורים. בר"ה בטלה עבודה מאבותינו במצרים. בניסן נגאלו בתשרי עתידין ליגאל. תניא ר' אליעזר אומר מנין שבתשרי נברא העולם שנאמר ויאמר אלהים תדשא הארץ דשא עשב מזריע זרע עץ פרי איזהו חדש שהארץ מוציאה דשאים ואילן מלא פירות כדכתיב עץ פרי הוי אומר זה תשרי. ואותו הפרק זמן רביעה היה וירדו גשמים עליהן וצימחו שנאמר ואד יעלה מן הארץ והשקה את כל פני האדמה. ר' יהושע אומר מנין שבניסן נברא העולם שנאמר ותוצא הארץ וגו' איזהו חדש שהארץ מליאה דשא ואילן מוציא פירות הוי אומר זה ניסן כו'. ר' אליעזר דייק מעץ פרי כלומר אילן [מלא] פירות והאי דכתיב עץ עושה פרי לברכה. כלומר שיהו עושין פירות לעולם. ור' יהושע דייק מעץ עושה והאי דכתיב עץ פרי לכדריב"ל דאמר בפרק אלו טרפות כל מעשה בראשית בקומתן נבראו כלומר גדולים ומלאים לדעתן נבראו לא כדעת התינוקות אלא כדעת הגדולים לצביונם נבראו. לתוארם ביופיותם שנאמר וכל צבאם. ופרשינן לצביונם. ר' אליעזר אומר בירח האיתנים ירח שנולדו בו איתני עולם הם היסודות. שמעו הרים את ריב. והם מלשון ההורים האבות והאיתנים מוסדי ארץ כלומר הם היסודות. ר' יהושע אומר בירח זיו שנולדו בו איתני עולם ולדברי הכל בחודש שנולדו. בו בחדש מתו. שהקב"ה ממלא שנות הצדיקים מיום ליום שנאמר את מספר ימיך אמלא בפסח נולד יצחק שנאמר למועד אשוב אליך כעת חיה ולשרה בן. ואוקימנא בחג בתשרי הוה קאי ואותה שנה מעוברת היתה. ואמ' ליה למועד אשוב אליך והוא מועד הפסח אמר מר זוטרא אפילו למ"ד יולדת לתשעה אינה יולדת למקוטעין אלא לט' חדשים מלאין מיום ליום. היולדת לז' יולדת למקוטעין דקיי"ל ביום שבישרה המלאך אותה שעה פרסה נדה וישבה ז' ימים בנדתה וילדה בפסח נמצאת שילדה לז' חדשים פחות א) ימים. בר"ה נפקדה חנה. גמר זכירה זכירה בחנה כתיב ויזכרה ה' וכתיב בר"ה שבתון זכרון תרועה. מה זכרון זה בר"ה אף זכירה שנאמר בחנה בר"ה. וגמרו שתיהן שרה ורחל מחנה. וגמרה רחל מחנה בזכירה זכירה וגמרה שרה מחנה

חשק שלמה על ר"ח

א) אולי צ"ל פחות ז' ימים ועי' בתוס' כאן בד"ה אלא.

ליקוטי רש"י

ויזכור אלהים את רחל. (ב"ר) זכר לה שמסרה סימניה לאחותה. ושהיתה מצירה שמא תעלה בגורלו של עשו שמא יגרשנה יעקב לפי שאין לה בנים ואף עשו הרשע כך עלה בלבו כששמע שאין לה בנים. הוא שיסד הפייט האדמון כשט שלא חלה לבה לקחתה לו ונתבהלה [בראשית ל כב]. **בחדש.** בחדוש הלבנה. **(בכסא) [בכסה].** יום מועד קבוע לכך וכן (משלי ז) ליום הכסא יבוא ביתו למועד הקבוע [תהלים פא ד]. **ליום חגנו.** אבחדש קאי תקעו בחדוש הלבנה שופר כשהוא מתכסה ביום חגנו [ביצה טז.]. **כי חק.** הוא לישראל מאת הקב"ה לתקוע באותו היום והוא יום המשפט להקב"ה [תהלים שם ה].

עין משפט
נר מצוה

נח א טור א"ח סי' תפז וש"ע סי' תפא סעיף ב בהגה"ה:

רבינו חננאל

בפקידה פקידה. בר"ה בטלה עבודה מאבותינו במצרים שנאמר בו ביוסף הסירותי מסבל שכמו. ואוקימנא כי בר"ה יצא יוסף מבית האסורין וכתיב באבות והוצאתי אותם מתחת סבלות מצרים וגמר סבילה סבילה. ואזדו ר' אליעזר ור' יהושע לטעמייהו דתניא בשנת שש מאות שנה לחיי נח בחדש השני בשבעה עשר יום לחדש. ר' אליעזר אומר אותו היום י"ז במרחשון היה כו' מדקרי ליה חדש שני מכלל דבניסן נברא העולם. ואקשינן הניחא לר' יהושע אשכחינן ניסן דאקרי ראשון לחדשים נמצא אייר שני לחדשים. אלא לר' אליעזר אמר מרחשון למה נקרא שני. ושנינן שני לדין. דתנן בד' פרקים העולם נידון וזה אחד מהן. בר"ה כל באי עולם עוברין לפניו כבני מרון. כלומר מרחשון הוא שני לחדש שניגמר עליהן הדין.

עדות ביהוסף שמו בצאתו וגו' בר"ה בטלה עבודה מאבותינו במצרי' כתיב הכא א) והוצאתי אתכם מתחת סבלות מצרים וכתיב התם ב) הסירותי מסבל שכמו בניסן נגאלו כדאיתא בתשרי עתידין ליגאל אתיא שופר שופר כתיב הכא ג) תקעו בחדש שופר וכתיב התם ד) ביום ההוא יתקע בשופר גדול ר' יהושע אומר בניסן נגאלו בניסן עתידין ליגאל מנלן אמר קרא ה) ליל שמורים ליל המשומר ובא מששת ימי בראשית ואידך א) לילה המשומר ובא מן המזיקין ואזדו לטעמייהו דתניא ג) ו) בשנת שש מאות שנה לחיי נח בחדש השני בשבעה עשר יום לחדש רבי יהושע אומר אותו היום י"ז באייר היה יום שמזל כימה שוקע ביום ומעינות מתמעטין ומתוך ששינו מעשיהן שינה הקב"ה עליהם מעשה בראשית והעלה מזל כימה ביום ונטל שני כוכבים מכימה והביא מבול לעולם ר' אליעזר אומר אותו היום י"ז במרחשון היה יום שמזל כימה עולה ביום ומעינות מתגברים ומתוך

לילה המשומר ובא מן המזיקין. ורבי יהושע תרתי שמעת מינה דכולהו מודו דמשומר מן המזיקין כדמוכח בערבי פסחים (פסחים דף קט:) דתקון ד' כוסות ולא חייש לזוגות: **יום** שמזל כימה שוקע ביום. גרסינן במילתיה דרבי אליעזר גבי י"ז במרחשון ושינה הקב"ה עליהן מעשה בראשית והעלה כימה ביום ובמילתיה דרבי יהושע גבי י"ז באייר גרס יום שמזל כימה עולה ובקונטרס גריס איפכא ואין הסדר כן דבניסן טלה עולה בתחלת היום ושוהה שתי שעות עם חלק אחד ד) משלשים בשעה אחריו שור שתי שעות שכן דרך כל מזל שוהה שתי שעות כדמשמע בפרק המקבל (ב"מ דף קו: ושם) דקא אמרינן עד איממה עד דלאתו אריסי מדברא וקיימא כימה להדי רישייהו ויש שש מזלות אחרות כנגדן מע"ק גד"ד די"ב מזלות יש שקבועין בגלגל ששה למטה ששה למעלה והגלגל סובב וכשמתחיל האחד לעלות מתחיל שכנגדו לשקוע וכל חדש ניסן טלה עולה לאור הבקר או מראשו או מזנבו ומאזנים שוקע כנגדו ושור שאחר טלה משמש באייר וכל ימי אייר עולה בתחלת היום ועקרב שוקע כנגדו וכן הולך סדר כולם לכל אחד משמש חדש ואמר בפרק הרואה (ברכות דף נח:) דכימה זנב טלה וכיון דשור מתחיל לעלות באייר בתחלת היום מכלל דכבר טלה עולה כולו עד כימה הבא בזנבו ובמרחשון עקרב עולה מתחלת היום מתחיל שור שכנגדו לשקוע ונמצא שכבר שקוע טלה כולו עם הבא בזנבו ולפי זה הסדר קיימי כימה ארישייהו דפרק המקבל (ב"מ דף קו:) היינו שבט ולא כמו שפי' שם בקונטרס דהיינו אדר וגבי מרחשון גרסינן מעינות מתמעטין וגבי אייר מתגברין דלא"פ שרביעה ראשונה יורדת במרחשון מ"מ הכי אורחייהו כדכתיב (יהושע ג) והירדן מלא על כל גדותיו כל ימי קציר ואמר בפרק במה אשה (שבת דף סה. ושם) ובפרק בתרא דנדה (דף סז. ושם) אבוה דשמואל עביד לבנתיה מקוואות ביומי דניסן ומפצי ביומי דתשרי ה) [וגרסי' בסמוך בשלמא לר"א היינו דשינה אלא לר' יהושע מאי שינה]: אלא

הגה"ה שמעתי דודאי המלאכים באו בפסח כדפי' רש"י בחומש אבל אותו למועד אשוב אליך שאמר לו הקב"ה היה בתשרי ומאותו למועד דריש הכא דבסוכות הוה קאי וקאמר ליה למועד שאמר זה אשוב והיינו בפסח אבל המלאכים הם סרטו סריטה בכותל בפסח וא"ת א"כ מאי פריך הכא א"כ כי מדלית ימי טומאה בגלי להו והא לא אשכחן שפרסה נדה בסוכות אלא בפסח שעבר כשבאו המלאכים שהרי לא הביאה העוגות כדפירש רש"י וי"ל אין הכי נמי (ג) דלאחר סוכות שאמר לו הקב"ה למועד אשוב היתה נדה מדכתיב ותצחק שרה בקרבה וגו' פי' אפשר אחר שזקנתי יחזור לי עדן ופי' לדם נדות מכלל שאין אשה יכולה להתעבר אא"כ יחזור לה עדן וסת וכשאמר לו הקב"ה היפלא מה' דבר (בראשית יח) והתרעם עליה על שצחקה עדיין לא היה לה עדן וסת וכשנתעברה נתפשטו הקמטים ונתעדן הבשר וחזר לה וסת וא"ת מביאת המלאכים הרי חזר לה ורואה מן העוגות דמפרש"י ליתא דודאי מה שפרסה נדה אז לא היה אלא אקראי בעלמא ולא חזר לה וסת גמור עד שאמר לו הקב"ה למועד וראיה שלא היה אלא אקראי שהרי אחר שהלכו המלאכים כתיב חדל להיות לשרה אורח כנשים הלכך (כ') פריך כי מדלי מר וכו'. עכל"ה:

עדות ביהוסף שמו. בתריה דההוא קרא כתיב דכי חק לישראל: **הסירותי** מסבל שכמו. ביוסף כתיב בתר עדות ביהוסף: **המשומר** ובא. לגאולה: **ואזדו** א) לטעמייהו. רבי אליעזר ור' יהושע דלר' אליעזר א) בתשרי נברא העולם דמתשרי מתחילין מנין שני הדורות לפיכך מבול על כרחך במרחשון ירד וי"ב חדש היה ובחדש השני בשבעה ועשרים יבשה הארץ במרחשון היה לשנה הבאה ובתשרי שלפניו חרבו המים מעל הארץ שנעשית הארץ כמין גריד ולא יבשה לגמרי ובו התחלת שנת שש מאות ואחת שנה כדכתיב ויהי באחת ושש מאות שנה בראשון באחד לחדש והוא חדש תשרי ומדלא קרי ליה אחת ושש מאות עד השתא שמע מינה אין מנין הדורות מניסן שאם מניסן מתחילין למנותן היה לו לכתוב ותנח התיבה באחת ושש מאות שנה בחדש השביעי על הרי אררט שכבר נתחדשה שנה מניסן שהרי אותו חדש שביעי סיון היה והוא שביעי להפסקת גשמים כמו ששנינו בסדר עולם והיא ר"א היא שכשאתה מונה משבעה עשר במרחשון מאה ותשעים יום ארבעים לימי הגשמים ומאה וחמשים שגברו על הארץ נמצאו כלים באחד בסיון ואותו יום התחילו לחסור שנאמר ויחסרו המים מקצה חמשים ומאת יום והיו הלוך וחסור עד חדש העשירי והוא אב שהוא עשירי לירידת גשמים ובאחד באב נראו ראשי ההרים בשני חדשים חסרו ט"ו אמה שהיו ההרים מכוסים מים שנאמר (בראשית ז) חמש עשרה אמה למדת שחסרה אמה לארבעה ימים והתיבה היתה משוקעת במים אחת עשרה אמה ולא היתה נפה על ראש ההר אלא ד' אמות גובה לפיכך נחה בי"ז בסיון ולר' יהושע דאמר בניסן נברא העולם וממנו מתחילין מנין שני הדורות ירד המבול באייר ושביעי שנחה בו התיבה הוא כסליו ולא מנה לך הכתוב חדוש שנה לפי שאין השנה מתחדשת אלא בניסן ויש פותרין ואזדו לטעמייהו מדאמר ר"א בחדש שני מרחשון אית ליה בתשרי נברא העולם והוי מרחשון שני לחדש שהתחילו בו שנת שש מאות דאי לאו הכי למאי קרי ליה שני אם לסדר חדשים הא אמרינן ניסן ר"ה לחדשים ולאו מילתא היא דאי מדקרי ליה שני שמעינן דבתשרי נברא העולם א"כ מאי פריך לקמיה בשלמא לר' יהושע היינו דכתיב שני אלא לרבי אליעזר מאי שני הא מהכא יליף שני לבריאת עולם. ג) הכי גרסינן בסדר עולם ר' יהושע ברישא והדר ר' אליעזר ר' יהושע אומר אותו היום י"ז באייר היה יום שמזל כימה שוקע ביום ר"א אומר אותו היום י"ז במרחשון היה יום שמזל כימה עולה ביום גלגל חמה עגול הוא חציו למעלה מן הקרקע וחציו למטה מן הקרקע ושנים עשר מזלות קבועין בו וזה סדרן טלה שור תאומים סרטן אריה בתולה מאזנים עקרב קשת גדי דלי דגים וסימניך טש"ת סא"ב מע"ק גד"ד ששה מהן שקועין למטה וששה מהם למעלה וכשהגלגל מגלגל זה עולה מלד זה והראשון שבלד האחר שוקע וכן לעולם ושתי שעות שוהה המזל בעלייתו וכן שכנגדו בשיקועו שיהו כולן משמשין בכ"ד שעות של יום ובניסן לעולם טלה מתחיל לעלות לאור הבקר מע"ק גד"ד למעלה בלילה טש"ת סא"ב למטה לאור הבקר מתחיל טלה לעלות ומאזנים לשקוע לסוף ב' שעות טלה כולו עולה ומאזנים כולו שוקע אחר שתי שעות מתחיל שור לעלות ועקרב לשקוע וכן כולן כל חדש ניסן באייר שור מתחיל לשמש ביום כל ימי אייר ובשתי שעות הראשונות גומר עלייתו שניות תאומים שלישית סרטן רביעית אריה חמישית בתולה וששית מאזנים וכן כולן נמצא טלה עולה בשתי שעות אחרונות בלילה וכל היום הוא שוקע וכימה הוא זנב טלה והמבול ביום ירד ודרך נקב שתי כוכבים שנטלו מכימה שהוא מזל שיש בו כוכבים הרבה ומניין שהמבול התחיל לירד ביום שנאמר בעצם היום הזה בא נח (בראשית ז) והוא מקטני אמנה היה ולא נכנס לתיבה עד שירדו מים ודחקוהו ליכנס שנאמר מפני מי המבול והוצרך

ליקוטי רש"י

כימה. וממזל טלה הוא [ברכות נח:]. לאחר תשע שעות ביום קרוב לסוף העשירית קיימא כימה שהוא זנב טלה להדי רישייהו דהיינו באמצע הרקיע שנראה לכל אדם כאילו הוא על ראשו וזהו בימי אדר לפי שבגלגל קבועין בו שנים עשר מזלות והן סידרן טש"ת סא"ב מע"ק גד"ד ולעולם ששה עולין וששה שוקעין בניסן לעולם בתחלת עלות השחר טלה מתחיל לעלות ומאזנים שוקע וב' שעות המזל שוהה לעלות לאחר שתי שעות העולה גמר עלייתו והשוקע גמר שיקועו נמצא הששה עולים בששים ששה שעות ביום וששה בלילה כל ימי ניסן ראש טלה מתחיל לעלות ובאייר שור ובסיון תאומים וכן הסדר נמצא באדר מזל דגים מתחיל לעלות בבוקר סוף ב' שעות טלה מתחיל לעלות ולסוף ארבע גמר עלייתו ושור עולה לסוף שש גמר עלייתו ומתחיל תאומים לסוף שמנה גמר תאומים ומתחיל סרטן ונמצא ראש טלה באמצע השמים עד שש שעות משמתחיל ובשש שעות ראשו מגיע לאמצע השמים משתחלת עליית המזל עד תחילת שיקועו שנים עשר שעות נמצא משעה שמתחיל עד שש שעות מגיע לאמצע הרקיע ולסוף שמנה שעות משעלה הוי זנבו באמצע הרקיע נמצא באדר זנב טלה בסוף שעה עשירית באמצע הרקיע הוא והכי אמרינן במסכת ברכות בפרק הרואה (נח:) שכימה בזנב טלה הוא [ב"מ קו:].

מסורת הש"ס

א) פסחים קט:, ב) [בסוף מסכת זו דף לה. איתא גירסת ברייתא זו ופירושה], ג) עיין בסוף המסכת שייך לכאן, ד) [עי' תשובת חות יאיר סי' ריט דף רו:], ה) ת"י.

הגהות הב"ח

(א) רש"י ד"ה ואזדו לטעמייהו כו' דלר"א דבתשרי נברא העולם מתשרי מתחילין: (ב) בהגה"ה שמעתי כו' וי"ל אה"נ דלאחר כך בסוכות כשאמר לו הקב"ה:

תורה אור השלם

א) לָכֵן אֱמֹר לִבְנֵי יִשְׂרָאֵל אֲנִי יְיָ וְהוֹצֵאתִי אֶתְכֶם מִתַּחַת סִבְלֹת מִצְרַיִם וְהִצַּלְתִּי אֶתְכֶם מֵעֲבֹדָתָם וְגָאַלְתִּי אֶתְכֶם בִּזְרוֹעַ נְטוּיָה וּבִשְׁפָטִים גְּדֹלִים: [שמות ו, ו]

ב) הֲסִירוֹתִי מִסֵּבֶל שִׁכְמוֹ כַּפָּיו מִדּוּד תַּעֲבֹרְנָה: [תהלים פא, ז]

ג) תִּקְעוּ בַחֹדֶשׁ שׁוֹפָר בַּכֶּסֶה לְיוֹם חַגֵּנוּ: [תהלים פא, ד]

ד) וְהָיָה בַּיּוֹם הַהוּא יִתָּקַע בְּשׁוֹפָר גָּדוֹל וּבָאוּ הָאֹבְדִים בְּאֶרֶץ אַשּׁוּר וְהַנִּדָּחִים בְּאֶרֶץ מִצְרָיִם וְהִשְׁתַּחֲווּ לַייָ בְּהַר הַקֹּדֶשׁ בִּירוּשָׁלִָם: [ישעיה כז, יג]

ה) לֵיל שִׁמֻּרִים הוּא לַייָ לְהוֹצִיאָם מֵאֶרֶץ מִצְרָיִם הוּא הַלַּיְלָה הַזֶּה לַייָ שִׁמֻּרִים לְכָל בְּנֵי יִשְׂרָאֵל לְדֹרֹתָם: [שמות יב, מב]

ו) בִּשְׁנַת שֵׁשׁ מֵאוֹת שָׁנָה לְחַיֵּי נֹחַ בַּחֹדֶשׁ הַשֵּׁנִי בְּשִׁבְעָה עָשָׂר יוֹם לַחֹדֶשׁ בַּיּוֹם הַזֶּה נִבְקְעוּ כָּל מַעְיְנוֹת תְּהוֹם רַבָּה וַאֲרֻבֹּת הַשָּׁמַיִם נִפְתָּחוּ: [בראשית ז, יא]

"עֵדוּת בִּיהוֹסֵף שָׂמוֹ בְּצֵאתוֹ וגו׳" – And the next verse states:[1] ***He made [this day] a testimony for Joseph, when he*** (i.e. Joseph) ***went out*** *[to rule] over the land of Egypt.* We see that the day Joseph left prison was Rosh Hashanah.

The Baraisa continues:

בְּרֹאשׁ הַשָּׁנָה בָּטְלָה עֲבוֹדָה מֵאֲבוֹתֵינוּ בְּמִצְרַיִם – **ON ROSH HASHANAH, SERVITUDE WAS REMOVED FROM OUR FOREFATHERS IN EGYPT.**

The Gemara gives the source for this:

כְּתִיב הָכָא "וְהוֹצֵאתִי אֶתְכֶם מִתַּחַת סִבְלֹת מִצְרַיִם" – **It is written here** (regarding the cessation of servitude in Egypt):[2] ***And I will take you out from under the burdens of Egypt.*** וּכְתִיב הָתָם "הֲסִירוֹתִי מִסֵּבֶל שִׁכְמוֹ" – **And it is written there** (regarding the freeing of Joseph from prison):[3] ***I removed from*** *[beneath]* ***the burden his shoulder.*** By using similar terms in these verses (*burdens; burden*), the Torah teaches an analogy between the cessation of servitude and the freedom of Joseph. Just as Joseph was freed from prison on Rosh Hashanah, so too was our forefathers' servitude ended on Rosh Hashanah.[4]

The Baraisa continues:

בְּנִיסָן נִגְאֲלוּ – **IN** the month of **NISSAN, THEY WERE REDEEMED** from Egypt.

The Gemara notes:

כִּדְאִיתָא – **As it is [stated]** explicitly in Scripture.[5]

R' Eliezer's final statement in the Baraisa:

בְּתִשְׁרֵי עֲתִידִין לִיגָּאֵל – **IN** the month of **TISHREI, THEY ARE DESTINED TO BE REDEEMED** once more.

The Gemara states the source:

אַתְיָא "שׁוֹפָר" "שׁוֹפָר" – **This is derived** through the *gezeirah shavah* of ***shofar, shofar.*** כְּתִיב הָכָא "תִּקְעוּ בַחֹדֶשׁ שׁוֹפָר" – **It is written here** (regarding Rosh Hashanah):[6] ***Blow a shofar at the moon's renewal,*** וּכְתִיב הָתָם "בַּיּוֹם הַהוּא יִתָּקַע בְּשׁוֹפָר גָּדוֹל" – **and it is written there** (regarding the final redemption):[7] ***On that day there will be sounded a great shofar.*** The analogy of *shofar, shofar* teaches that the redemption will come in the month of Tishrei.[8]

The Gemara now examines R' Yehoshua's final statement. The Baraisa stated:

רַבִּי יְהוֹשֻׁעַ אוֹמֵר – **R' YEHOSHUA SAYS:** בְּנִיסָן נִגְאֲלוּ – **IN** the month of **NISSAN, THEY WERE REDEEMED** from Egypt. בְּנִיסָן עֲתִידִין לִיגָּאֵל – **IN** the month of **NISSAN, THEY ARE DESTINED TO BE REDEEMED** once more.

The Gemara seeks R' Yehoshua's source that the final redemption will take place in Nissan:

מְנָלַן – **From where do we know** this? אָמַר קְרָא – For regarding the night of the redemption from Egypt, which took place on the fifteenth of Nissan, **the verse states:**[9] "לֵיל שִׁמֻּרִים" – *It is* ***a night of anticipation;*** לֵיל הַמְשׁוּמָּר וּבָא מִשֵּׁשֶׁת יְמֵי בְרֵאשִׁית – this is expounded to mean that it is **a night that from the six days of Creation onward has been anticipated** as the date of the final redemption.[10] We see that the final redemption will come to pass in the month of Nissan.[11]

The Gemara turns to R' Eliezer, and explains that he gives this verse a different interpetation:

וְאִידָךְ – **And the other one** (i.e. R' Eliezer) will interpret the verse thus: לַיְלָה הַמְשׁוּמָּר וּבָא מִן הַמַּזִּיקִין – It is **a night that is guarded from that time onward against harmful spirits.**[12]

The Gemara now demonstrates that the dispute between R' Eliezer and R' Yehoshua regarding the month in which the world was created constitutes the basis for another dispute between them:[13]

וְאַזְדוּ לְטַעְמַיְיהוּ – **And [R' Eliezer and R' Yehoshua] proceed** in

NOTES

1. *Psalms* 81:6.

2. *Exodus* 6:6.

3. *Psalms* 81:7.

4. *Rashi;* cf. *Maharsha.*

5. See *Exodus* ch. 12.

6. *Psalms* 81:4.

7. *Isaiah* 27:13.

8. See below, note 11.

[The sounding of the shofar betokens redemption and freedom, which is why a shofar will be sounded at the final redemption, and why one is sounded during the *Yovel* year, when liberty is proclaimed (see above, 9b). This is true of the shofar sounded on Rosh Hashanah as well, for on that day we are redeemed from the prosecution of Satan, the heavenly adversary (see below, 16b) (*Maharsha*; see also *Maharal, Chidushei Aggados*).]

9. *Exodus* 12:42. The verse in its entirety reads thus: לֵיל שִׁמֻּרִים הוּא לַה׳ לְהוֹצִיאָם מֵאֶרֶץ מִצְרָיִם הוּא הַלַּיְלָה הַזֶּה לַה׳ שִׁמֻּרִים לְכָל־בְּנֵי יִשְׂרָאֵל לְדֹרֹתָם, *It is a night of anticipation for Hashem, to take them out of the land of Egypt, this is the night for Hashem, anticipations for all the Children of Israel for their generations.*

10. Simply understood, the phrase *It is a night of anticipation* refers to the anticipation of God, Who was waiting and hoping for the opportunity to fulfill His promise to redeem Israel from the land of Egypt (see *Rashi* ad loc.). However, since there is a second, seemingly superfluous mention of "anticipation" in the verse, the Gemara is free to expound one occurrence as a reference to the final redemption (see *Tos. HaRosh*). [The final redemption will usher in the perfection of Man which is the goal and purpose of Creation; thus, this moment has been the focus of God's expectations from the time of Creation onward.] This is alluded to in the verse's final clause, *for all the Children of Israel for their generations* – the phrase *for their generations* suggests a night anticipated by each and every generation since Creation (*Maharsha*).

11. In R' Yehoshua's exposition, as well as in R' Eliezer's, the month of the final redemption is derived from a verse that discusses a specific day. In R' Eliezer's case the day is Rosh Hashanah; in R' Yehoshua's, it is Pesach night. Seemingly, this indicates that the redemption must take place on one of these two nights. In the Baraisa, however, only the names of the months are given – Tishrei and Nissan – which implies that it might come *anytime* during the month. This difficulty is addressed by *Turei Even* at length; see also *Aruch LaNer* and *Sfas Emes.*

12. [According to this exposition, the verse-phrase לֵיל שִׁמֻּרִים is rendered as *It is a night of guarding;* the root שמר (of שִׁמֻּרִים) often carries this meaning.] The verse refers to God's guarding of Israel on Pesach night from the depredations of harmful spirits. As the Torah states regarding the first Pesach night (ibid. 12:23): וְלֹא יִתֵּן הַמַּשְׁחִית לָבֹא אֶל־בָּתֵּיכֶם לִנְגֹּף, *And He will not permit the destroyer to enter your homes to smite.* Our verse's final clause – *guardings for the Children of Israel for their generations* – teaches that in every generation, this protection is extended to Israel on the first night of Pesach (*Maharsha* to *Pesachim* 109b; see *Rashi* to *Exodus* 12:42).

Maharal (*Chidushei Aggados*) links this guarding with the fact that this night is one of redemption, for to be free one must be released from the dominion of all alien powers. Thus, if this night is truly to be one of redemption, the harmful spirits must not be granted sway.

[This Divine protection is the source of a well-known Seder custom – that of opening the door during recitation of the verse שְׁפֹךְ חֲמָתְךָ אֶל־הַגּוֹיִם אֲשֶׁר לֹא־יְדָעוּךָ, *Pour out Your wrath upon the nations who do not wish to know You* (*Psalms* 79:6). We thereby demonstrate our faith in God's guarantee; we fear nothing at all on this guarded night (see *Rama, Orach Chaim* 480:1). For other practices based on this promise of protection, see *Ritva* here; *Rama* ibid. 481:2; *Tur, Orach Chaim* §487.]

Tosafos and *Tos. HaRosh* state that R' Yehoshua does not dispute R' Eliezer regarding this exposition, for he expounds לֵיל שִׁמֻּרִים according to *both* its meanings – *a night of anticipation,* and *a night of guarding* (see *Pesachim* 109b).

13. See beginning of *Rashi* ד״ה ואזדו; *Maharsha, Chidushei Halachos* and final comment in *Chidushei Aggados;* see 12a note 2; cf. *Mizrachi* to *Genesis* 7:11.

עין משפט
נר מצוה

נח א טור א"ח סי' תפז וש"ע סי' תפא סעיף ב בהגה"ה:

רבינו חננאל

בפקידה פקידה. בר"ה בטלה עבודה מאבותינו במצרים שנאמר בו ביוסף הסירותי מסבל שכמו. ואוקימנא כי בר"ה יצא יוסף מבית האסורין וכתיב באבות והוצאתי אותם מתחת סבלות מצרים וגמר סבילה סבילה. ואזדו ר' אליעזר ור' יהושע לטעמייהו דתניא בשנת שש מאות שנה לחיי נח בחדש השני בשבעה עשר יום לחדש. ר' אליעזר אומר אותו היום י"ז במרחשון היה כו' מדקרי ליה חדש שני מכלל דבניסן נברא העולם. ואקשינן הניחא לר' יהושע אשכחינן ניסן דאקרי ראשון לחדשים נמצא אייר שני לחדשים. אלא לר' אליעזר אמר מרחשון למה נקרא שני. ושנינן שני לדין. דתנן בד' פרקים העולם נידון וזה אחד מהן. בר"ה כל באי עולם עוברין לפניו כבני מרון. כלומר מרחשון הוא שני לחדש שניגמר עליהן הדין.

ליקוטי רש"י

כימה. וממזל טלה הוא [ברכות נח:]. לאחר תשע שעות ביום קרוב לסוף העשירית קיימא כימה שהוא זנב טלה להדי רישייהו בראש כל אדם דהיינו באמצע הרקיע שנראה לכל אדם כאילו הוא על ראשו והן הן ימי אדר לפי שבגלגל קבועין בו שנים עשר מזלות וזהו סידרן טש"ת סא"ב מע"ק גד"ד ולעולם ששה עולין וששה שוקעין בניסן לעולם בתחילת עלות השחר טלה מתחיל לעלות ומאזנים שוקע וב' שעות המזל שוהה לעלות לאחר שתי שעות העולה גמר עלייתו והשוקע גמר שיקועו נמצא הששה עולים בשתים עשרה שעות ביום וששה בלילה כל ימי ניסן ראש טלה מתחיל לעלות ובאייר שור ובסיון תאומים וכן הסדר נמצא באדר מזל דגים מתחיל לעלות בבוקר סוף ב' שעות טלה מתחיל לעלות ולסוף ארבע גמר עלייתו ושור עולה לסוף שש גמר שור עלייתו ומתחיל תאומים לסוף שמנה גמר תאומים ומתחיל סרטן ונמצא ראש טלה באמצע שהרי עברו שש שעות משהתחיל ובשש שעות ראשו מגיע לאמצע שהרי מתחילת עליית המזל עד תחילת שיקועו שנים עשר שעות נמצא משעה שמתחיל לעלות עד שש שעות מגיע לאמצע הרקיע ולסוף שמנה שעות משעלה הרי זנבו באמצע הרקיע נמצא באדר זנב טלה בסוף שעה עשירית באמצע הרקיע הוא והכי אמרינן במסכת ברכות בפרק הרואה (נח:) שכימה זנב טלה הוא [ב"מ קו:].

הגה"ה שמעתי דודאי המלאכים באו בפסח כדפי' רש"י בחומש אבל אותו למועד אשוב אליך שאמר לו הקב"ה היה בתשרי ומאותו למועד דריש הכא דבסוכות הוה קאי וקאמר ליה למועד שאחר זה אשוב והיינו בפסח אבל המלאכים הם סרטו סריטה בכותל בפסח וא"ת א"כ מאי פריך הכא א"כ כי מדלית ימי טומאה בצרי להו והא לא אשכחן שפרסה נדה בסוכות אלא בפסח שעבר כשבאו המלאכים שהרי לא הביאה העוגות כדפירש רש"י וי"ל אין הכי נמי (ב) דאחר סוכות שאמר לו הקב"ה למועד אשוב היתה נדה מדכתיב ותצחק שרה בקרבה וגו' פי' אפשר אחר שזקנתי יחזור לי עדן ושת לדם נדות מכלל שאין אשה יכולה להתעבר אא"כ יחזור לה עדן וסת וכשאמר לו הקב"ה היפלא מה' דבר (בראשית יח) והתרעם עליה על שצחקה עדיין לא היה לה עדן וסת וכשנתעברה נתפשטו הקמטים ונתעדן הבשר וחזר לה וסת וא"ת מביאת המלאכים הרי חזר לה וראיה מן העוגות כדפרש"י ליתא דודאי מה שפרסה נדה אז לא היה אלא אקראי בעלמא ולא חזר לה וסת גמור עד שאמר לו הקב"ה למועד וראיה שלא היה אלא אקראי שהרי אחר שאכלו המלאכים כתיב חדל להיות לשרה אורח כנשים הלכך (כי) פריך כי מדלי מר וכו'. עכל"ה:

עדות ביהוסף שמו בצאתו וגו' בר"ה בטלה עבודה מאבותינו במצרי' כתיב הכא א) והוצאתי אתכם מתחת סבלות מצרים וכתיב התם ב) הסירותי מסבל שכמו בניסן נגאלו כדאיתא בתשרי עתידין ליגאל אתיא שופר שופר כתיב הכא ג) תקעו בחדש שופר וכתיב התם ד) ביום ההוא יתקע בשופר גדול ר' יהושע אומר בניסן נגאלו בניסן עתידין ליגאל מנלן אמר קרא ה) ליל שמורים ליל המשומר ובא מששת ימי בראשית ואידך א) לילה המשומר ובא מן המזיקין ואזדו לטעמייהו דתניא ו) בשנת שש מאות שנה לחיי נח בחדש השני בשבעה עשר יום לחדש רבי יהושע אומר אותו היום י"ז באייר היה יום שמזל כימה שוקע ביום ומעינות מתמעטין ומתוך ששינו מעשיהן שינה הקב"ה עליהם מעשה בראשית והעלה מזל כימה ביום ונטל שני כוכבים מכימה והביא מבול לעולם ר' אליעזר אומר אותו היום י"ז במרחשון היה יום שמזל כימה עולה ביום ומעינות מתגברים ומתוך

עדות ביהוסף שמו. בתריה דההוא קרא כתיב דכי חק לישראל: הסירותי מסבל שכמו. ביוסף כתיב בתר עדות ביהוסף: המשומר ובא. לגאולה: ואזדו לטעמייהו. רבי אליעזר ור' יהושע דלר' אליעזר (א) בתשרי נברא העולם דמתשרי מתחילין מנין שני הדורות לפיכך מבול על כרחך במרחשון ירד וי"ב חדש היה ובחדש השני בשבעה ועשרים יבשה הארץ במרחשון היה לשנה הבאה ותשרי שלפניו חרבו המים מעל הארץ שנעשית הארץ כמין גריד ולא יבשה לגמרי וכו התחלת שנת שש מאות ואחת שנה דכתיב ויהי באחת ושש מאות שנה בראשון באחד לחדש והוא תשרי ומדלא קרי ליה אחת ושש מאות עד השתא שמע מינה אין מנין הדורות מניסן שאם מניסן מתחילין למנותן היה לו לכתוב ותנח התיבה באחת ושש מאות שנה בחדש השביעי על הרי אררט שכבר נתחדשה שנה מניסן שהרי אותו חדש שביעי סיון היה והוא שביעי להפסקת גשמים כמו ששנינו בסדר עולם והיא ר"א היא שכשאתה מונה משבעה עשר במרחשון מאה ותשעים יום ארבעים לימי הגשמים ומאה וחמשים שגברו על הארץ נמצאו כלים באחד בסיון ואותו יום התחילו לחסור שנאמר ויחסרו המים מקצה חמשים ומאת יום והיו הלוך וחסור עד חדש העשירי והוא אב שהוא עשירי לירידת גשמים ובאחד באב נראו ראשי ההרים בשני חדשים חסרו ט"ו אמה שהיו ההרים מכוסים מים שנאמר (בראשית ז) חמש עשרה אמה למדת שחסרה אמה לארבעה ימים והתיבה היתה משוקעת במים אחת עשרה אמה ולא היתה צפה על ראש ההר אלא ד' אמות גובה לפיכך נחה בי"ז בסיון ולר' יהושע דאמר בניסן נברא העולם וממנו מתחילין מנין שני הדורות ירד המבול באייר ושביעי שנחה בו התיבה הוא כסליו ולא מנה לך הכתוב חדוש שנה לפי שאין השנה מתחדשת אלא בניסן ויש פותרין ואזדו לטעמייהו מדאמר ר"א בחדש שני מרחשון אית ליה בתשרי נברא העולם והוי מרחשון שני לחדש שהתחילו בו שנות שש מאות דלאו הכי למאי קרי ליה שני אם לסדר חדשים הא אמרינן ניסן ר"ה לחדשים ולאו מילתא היא דאי מדקרי ליה שני מעינן דבתשרי נברא העולם א"כ מאי פריך לקמיה בשלמא לר' יהושע היינו דכתיב שני אלא לרבי אליעזר מאי שני הא מהכא יליף שני לבריאת עולם. ג) הכי גרסינן בסדר עולם ר' יהושע ברישא והדר ר' אליעזר ר' יהושע אומר אותו היום י"ז באייר היה יום שמזל כימה שוקע ביום ר"א אומר אותו היום י"ז במרחשון היה יום שמזל כימה עולה ביום גלגל חמה עגול הוא חציו למעלה מן הקרקע וחציו למטה מן הקרקע ושנים עשר מזלות קבועין בו וזה סדרן טלה שור תאומים סרטן אריה בתולה מאזנים עקרב קשת גדי דלי דגים וסימניך טש"ת סא"ב מע"ק גד"ד ששה מהן שקועין למטה וששה מהם למעלה וכשהגלגל מגלגל זה עולה מצד זה והראשון שבצד האחר שוקע וכן לעולם ושתי שעות שוהה המזל בעלייתו וכן שכנגדו בשיקועו שיהו כולן משמשין בכ"ד שעות של יום ובניסן לעולם טלה מתחיל לעלות לאור הבקר מע"ק גד"ד למטה בלילה טש"ת סא"ב למעלה מתחיל טלה לעלות ומאזנים כולו שוקע אחר שתי שעות מתחיל שור לעלות ועקרב לשקוע וכן כולן כל חדש ניסן באייר שור מתחיל לשמש ביום כל ימי אייר ובשתי שעות הראשונות גומר עלייתו שניות תאומים שלישית סרטן רביעית אריה חמישית בתולה וששית מאזנים וכן כולן נמצא טלה בשתי שעות אחרונות בלילה וכל היום הוא שוקע וכימה הוא זנב טלה והמבול ביום ירד ולכך נקב שתי כוכבים מכימה שהוא מזל שיש בו כוכבים הרבה ומניין שהמבול התחיל לירד ביום שנאמר בעצם היום הזה בא נח (בראשית ז) והוא מקטני אמנה היה ולא נכנס לתיבה עד שירדו מים ודחקוהו ליכנס שנאמר מפני מי המבול והולכך

לילה המשומר ובא מן המזיקין. ורבי יהושע תרתי שמעת מינה דכולהו מודו דמשומר מן המזיקין כדמוכח בערבי פסחים (פסחים דף קט:) דתקון ד' כוסות ולא חייש אזוגות: יום שמזל כימה שוקע ביום. גרסינן במילתיה דרבי אליעזר גבי י"ז במרחשון ושינה הקב"ה עליהן מעשה בראשית והעלה כימה ביום ובמילתיה דרבי יהושע גבי י"ז באייר גרס יום שמזל כימה עולה ובקונטרס גריס איפכא ואין הסדר כן דבניסן טלה עולה בתחלת היום ושוהה שתי שעות עם חלק אחד ד) משלשים בשעה אחריו שור שתי שעות שכן דרך כל מזל שוהה שתי שעות כדמשמע בפרק המקבל (ב"מ דף קו: ושם) דקא אמרינן עד אימת עד דאתו אריסי מדברא וקיימא כימה להדי רישייהו ויש שם מזלות אחרות כנגדן מע"ק גד"ד די"ב מזלות יש שקבועין בגלגל ששה למטה ששה למעלה והגלגל סובב וכשמתחיל האחד לעלות מתחיל שכנגדו לשקוע וכל חדש ניסן טלה עולה לאור הבקר או מראשו או מזנבו ומאזנים שוקע כנגדו ושור שאחר טלה משמש באייר וכל ימי אייר עולה בתחלת היום ועקרב שוקע כנגדו וכן הולך סדר כולם דכל אחד משמש חדש ואמר בפרק הרואה (ברכות דף נח:) דכימה זנב טלה וכיון דשור מתחיל לעלות באייר בתחלת היום מכלל דכבר טלה עולה כולו עד כימה הבא בזנבו ובמרחשון עקרב עולה מתחלת היום מתחיל שור שכנגדו לשקוע ונמצא שכבר שקע טלה כולו עם הבא בזנבו ולפי זה הסדר קיימי כימה ארישייהו דפרק המקבל (ב"מ דף קו:) היינו שבט ולא כמו שפי' שם בקונטרס דהיינו אדר וגבי מרחשון גרסינן מעינות מתמעטין וגבי אייר מתגברין דאע"פ שרביעה ראשונה יורדת במרחשון מ"מ הכי אורחייהו כדכתיב (יהושע ג) והירדן מלא על כל גדותיו כל ימי קציר ואמר בפרק במה אשה (שבת דף סה. ושם) ובפרק בתרא דנדה (דף סז. ושם) אבוה דשמואל עביד לבנתיה מקוואות ביומי ניסן ומפלי ביומי דתשרי ה) [וגרסי' בסמוך בשלמא לר"א היינו דשינה אלא לר' יהושע מאי שינה]: אלא

מסורת הש"ס

א) פסחים קט:, ב) [בסוף מסכת זו דף לה. איתא גירסת ברייתא זו ופירושה], ג) עיין בסוף המסכת שייך לכאן, ד) [עי' תשובת מות יאיר סי' ריט דף רו:], ה) מ"י.

הגהות הב"ח

(א) רש"י ד"ה ואזדו לטעמייהו כו' דלר"א דבתשרי נברא העולם מתשרי מתחילין:
(ב) בהגה"ה שמעתי כו' וי"ל אה"נ דלאחר כך בסוכות כשאמר לו הקב"ה:

תורה אור השלם

א) לָכֵן אֱמֹר לִבְנֵי יִשְׂרָאֵל אֲנִי יְיָ וְהוֹצֵאתִי אֶתְכֶם מִתַּחַת סִבְלֹת מִצְרַיִם וְהִצַּלְתִּי אֶתְכֶם מֵעֲבֹדָתָם וְגָאַלְתִּי אֶתְכֶם בִּזְרוֹעַ נְטוּיָה וּבִשְׁפָטִים גְּדֹלִים: [שמות ו, ו]

ב) הֲסִירוֹתִי מִסֵּבֶל שִׁכְמוֹ כַּפָּיו מִדּוּד תַּעֲבֹרְנָה: [תהלים פא, ז]

ג) תִּקְעוּ בַחֹדֶשׁ שׁוֹפָר בַּכֶּסֶה לְיוֹם חַגֵּנוּ: [תהלים פא, ד]

ד) וְהָיָה בַּיּוֹם הַהוּא יִתָּקַע בְּשׁוֹפָר גָּדוֹל וּבָאוּ הָאֹבְדִים בְּאֶרֶץ אַשּׁוּר וְהַנִּדָּחִים בְּאֶרֶץ מִצְרָיִם וְהִשְׁתַּחֲווּ לַייָ בְּהַר הַקֹּדֶשׁ בִּירוּשָׁלָיִם: [ישעיה כז, יג]

ה) לֵיל שִׁמֻּרִים הוּא לַייָ לְהוֹצִיאָם מֵאֶרֶץ מִצְרָיִם הוּא הַלַּיְלָה הַזֶּה לַייָ שִׁמֻּרִים לְכָל בְּנֵי יִשְׂרָאֵל לְדֹרֹתָם: [שמות יב, מב]

ו) בִּשְׁנַת שֵׁשׁ מֵאוֹת שָׁנָה לְחַיֵּי נֹחַ בַּחֹדֶשׁ הַשֵּׁנִי בְּשִׁבְעָה עָשָׂר יוֹם לַחֹדֶשׁ בַּיּוֹם הַזֶּה נִבְקְעוּ כָּל מַעְיְנוֹת תְּהוֹם רַבָּה וַאֲרֻבֹּת הַשָּׁמַיִם נִפְתָּחוּ: [בראשית ז, יא]

another dispute **according to their reasoning** here. דְּתַנְיָא – **For it has been taught in a Baraisa:** ,,בִּשְׁנַת שֵׁשׁ־מֵאוֹת שָׁנָה לְחַיֵּי־נֹחַ בַּחֹדֶשׁ הַשֵּׁנִי בְּשִׁבְעָה־עָשָׂר יוֹם לַחֹדֶשׁ'' – The verse states regarding the beginning of the Flood:[14] ***IN THE SIX HUNDREDTH YEAR OF THE LIFE OF NOAH, IN THE SECOND MONTH, ON THE SEVENTEENTH DAY OF THE MONTH,*** *on this day all the fountains of the great deep burst forth, and the windows of the heavens were opened.* רַבִּי יְהוֹשֻׁעַ אוֹמֵר – **R' YEHOSHUA SAYS:** אוֹתוֹ הַיּוֹם שִׁבְעָה עָשָׂר בְּאִיָּיר הָיָה – **THAT DAY WAS THE SEVENTEENTH OF IYAR,** יוֹם שֶׁמַּזַּל כִּימָה שׁוֹקֵעַ בַּיּוֹם – **A DAY ON WHICH THE CONSTELLATION *KIMAH*** normally **SETS DURING THE DAYTIME,**[15] וּמַעְיָנוֹת מִתְמַעֲטִין – **AND THE** subterranean **FOUNTAINS** normally **BECOME DEPLETED.**[16] וּמִתּוֹךְ שֶׁשִּׁינּוּ מַעֲשֵׂיהֶן – **BUT BECAUSE [THE GENERATION] ALTERED THEIR PRACTICES** to deviate from the natural order,[17] שִׁינָּה הַקָּדוֹשׁ בָּרוּךְ הוּא עֲלֵיהֶם מַעֲשֵׂה בְרֵאשִׁית – **THE HOLY ONE, BLESSED IS HE, ALTERED UPON THEM THE WORKS OF CREATION.** וְהֶעֱלָה מַזַּל כִּימָה בַּיּוֹם – **AND HE BROUGHT THE CONSTELLATION *KIMAH* UP DURING THE DAYTIME,**[18] וְנָטַל שְׁנֵי כוֹכָבִים

NOTES

14. *Genesis* 7:11.

15. During the month of Iyar, the constellation *Kimah* does not rise from the eastern horizon during the day, but during the last two hours of the night. When daybreak comes, it is already on the wane, in its setting mode (*Rashi*).

As the earth moves in its yearly orbit, it is on different sides of the sun in relation to the fixed stars. As a result, the star background against which the sun appears is constantly changing. Thus, the sun is said to move through the stars during the course of the year. By plotting where among the stars the sun rises each morning, we can map out a great circle along the celestial sphere. This circle is known as the *ecliptic,* the path of the sun through the stars. The stars immediately above and below the ecliptic form a band known as the *zodiac.* This band is divided into twelve equal sections, with a number of the stars in each section being grouped in a *constellation* (מַזָּל). In the course of a year, the sun makes a complete revolution through the zodiac. Thus, during each of the twelve months, the sun is seen as rising in a different constellation. Below is a chart of these twelve constellations (מַזָּלוֹת) with their corresponding months; note, however, that the rising of a new constellation does not always coincide with the beginning of the month, since the months follow the lunar calendar, while the constellations are tied to the solar cycle.

HEBREW NAME	ASTRONOMICAL NAME	MONTH
טָלֶה / RAM OR LAMB	ARIES (THE RAM)	NISSAN
שׁוֹר / BULL	TAURUS (THE BULL)	IYAR
תְּאוֹמִים / TWINS	GEMINI (THE TWINS)	SIVAN
סַרְטָן / CRAB	CANCER (THE CRAB)	TAMMUZ
אַרְיֵה / LION	LEO (THE LION)	AV
בְּתוּלָה / MAIDEN	VIRGO (THE VIRGIN)	ELUL
מֹאזְנַיִם / SCALES	LIBRA (THE SCALES)	TISHREI
עַקְרָב / SCORPION	SCORPIO (THE SCORPION)	CHESHVAN
קֶשֶׁת / BOW	SAGITTARIUS (THE ARCHER)	KISLEV
גְּדִי / GOAT OR KID	CAPRICORN (THE GOAT)	TEVES
דְּלִי / BUCKET	AQUARIUS (THE WATER BEARER)	SHEVAT
דָּגִים / FISH	PISCES (THE FISH)	ADAR

As the earth rotates on its axis, stars rise in the east, while others set in the west; as one constellation appears in the east, another slowly disappears in the west. [This is the same phenomenon that causes the sun to rise and set every day.] The process takes two hours; at the end of two hours, the new constellation is completely revealed, and another begins rising behind it, while the setting constellation has descended entirely below the western horizon. During the course of twenty-four hours, each of the twelve constellations appears on the horizon every two hours – six constellations by day and six by night [although the stars that appear during the day are of course invisible, since they are lost in the glare of the sun]. Consequently, the position of the constellations not only signifies the particular month of the year [caused by the earth's annual revolution around the sun], but also the time of each day [caused by earth's daily rotation on its axis] (see *Rashi*).

The constellation that corresponds to the first month of the year, Nissan, is the Lamb (Aries). All through the month of Nissan, the Lamb appears on the eastern horizon at daybreak while the seventh constellation, the Scales (Libra), begins to set. At the end of two hours, the Lamb has risen completely and the Scales have set completely; the Bull (Taurus) then begins rising and the Scorpion (Scorpio) begins setting, and so it proceeds throughout the month of Nissan. During the month of Iyar, the constellation that rises at daybreak is the Bull (Taurus); the Lamb, which comes up before the Bull, appears above the horizon during the last two hours of the night. The constellation *Kimah* is a minor constellation located in the tail of the Lamb; thus, during the month of Iyar, *Kimah* rises at night and sets throughout the day. R' Yehoshua therefore states that the seventeenth of Iyar is a day on which this constellation normally sets (*Rashi*). However, a point remains to be addressed. *Rashi* explains that during Iyar *Kimah* sets throughout the day. But this is not strictly true, for, since the Lamb (along with *Kimah*) rises during the last two hours of the night, it does not reach its zenith until the end of the fourth hour of the day, and does not begin descending towards the western horizon until after that time. How can *Rashi* state that during Iyar *Kimah* sets throughout the day, when it actually spends a considerable part of the day rising? *Gra* explains (in *Imrei Noam;* see also *Beur HaGra* to *Seder Olam* §4) that it is well known to those versed in astrological lore that in the main, a constellation exerts its influence (see note 19) only during the two hours in which it rises over the eastern horizon. From that point on, although it is physically still rising to its zenith, the constellation is said to be "setting," since its power is now on the wane. Since during Iyar *Kimah* rises at night, it exerts little influence by day; it is therefore said to be setting throughout the day. (For other interpretations of *Rashi,* see *Maharsha; Aruch LaNer; Rosh Mashbir.*)

[Note that although *Rashi* and *Tosafos* place *Kimah* in the tail of the Lamb, other authorities do not. *Aruch* (ע׳ כמה) states that *Kimah* is at the head of the Bull, as does *Pirush HaRambam to Rosh Hashanah,* and the *haga'ah* to *Rashi* here (printed on 35a); see also *Baal HaMaor.* But *Gra* to *Tikunei Zohar* (תיקון לב. ד״ה אלין ממנן, cited in *Chidushei U'Veurei HaGra* here) writes that *Kimah* is actually a part of the Scorpion; see also *Maharsha* to *Berachos* 58b; see *Beur HaGra* to *Seder Olam* ibid. for how he explains our Gemara.]

[The zodiacal names used in this note are a translation of the Hebrew names of the constellations; the names appearing in parentheses are the common names of the constellations, which derive from the Latin but mean approximately the same as the Hebrew names.]

16. The heat of the [early] summer days depletes the subterranean springs, and during that season there is no rain to replenish them (*Rashi;* cf. *Tosafos*).

17. [The men of that generation corrupted the natural order by cohabiting with animals, by breeding animals of different species with each other (see *Sanhedrin* 108a with our note 42), by cohabiting with the wives of others and with men (see *Bereishis Rabbah* 26:5), and by ejaculating their seed in vain (see *Rashi, Niddah* 13a ד״ה כאילו; see below, 12a note 7).]

18. The Flood commenced during the day – since God wished to use *Kimah* to bring the Flood (as we shall see), He caused *Kimah* to rise by day. He thus altered the natural order, since during the month of Iyar *Kimah* generally rises in the final hours of the night (see note 15). God further altered nature by causing the subterranean fountains to be strengthened in a season in which they are normally depleted (*Rashi*).

We know that the Flood began by day because of two verses. One states (*Genesis* 7:13): *In the middle of that day Noah came . . . into the ark;* the other states (ibid. v. 7): *And Noah . . . came into the ark because of the waters of the Flood.* The Midrash (32:6) expounds the latter verse to teach that Noah's faith was lacking, and he harbored a degree of doubt regarding the imminence of the Flood. He therefore did not enter the ark until he was forced in by the rising waters. It emerges that the waters forced him in at midday (see also *Sifrei* to *Parashas Haazinu* §47); evidently, the Flood commenced by day (*Rashi; Perush HaRambam to Rosh Hashanah;* see *Rosh Mashbir*).

עין משפט
נר מצוה

נח א טור א"ח סי' תפו וש"ע סי' תפא סעיף ב בהגה"ה:

עדות ביהוסף שמו בצאתו וגו' בר"ה בטלה עבודה מאבותינו במצרי' כתיב הכא א) והוצאתי אתכם מתחת סבלות מצרים וכתיב התם ב) הסירותי מסבל שכמו בניסן נגאלו כדאיתא בתשרי עתידין ליגאל אתיא שופר שופר כתיב הכא ג) תקעו בחדש שופר וכתיב התם ד) ביום ההוא יתקע בשופר גדול ר' יהושע אומר בניסן נגאלו בניסן עתידין ליגאל מנלן אמר קרא ה) ליל שמורים ליל המשומר ובא מששת ימי בראשית ואידך (א) לילה המשומר ובא מן המזיקין ואזדו לטעמייהו דתניא ג) ו) בשנת שש מאות שנה לחיי נח בחדש השני בשבעה עשר יום לחדש רבי יהושע אומר אותו היום י"ז באייר היה יום שמזל כימה שוקע ביום ומעינות מתמעטין ומתוך ששינו מעשיהן שינה הקב"ה עליהם מעשה בראשית והעלה מזל כימה ביום ונטל שני כוכבים מכימה והביא מבול לעולם ר' אליעזר אומר אותו היום י"ז במרחשון היה יום שמזל כימה עולה ביום ומעינות מתגברים ומתוך

רש"י

לילה המשומר ובא מן המזיקין. ורבי יהושע תרתי שמעת מינה דכולהו מודו דמשומר מן המזיקין כדמוכח בערבי פסחים (פסחים דף קט:) דתקון ד' כוסות ולא חייש אזוגות: יום שמזל כימה שוקע ביום. גרסינן במילתיה דרבי אליעזר גבי י"ז במרחשון ושינה הקב"ה עליהן מעשה בראשית והעלה כימה ביום ובמילתיה דרבי יהושע גבי י"ז באייר גרס יום שמזל כימה עולה ובקונטרס גרים איפכא ואין הסדר כן דבניסן טלה עולה בתחלת היום ושוהה שתי שעות עם חלק אחד ד) משלשים בשעה אחריו שור שתי שעות שכן דרך כל מזל שוהה שתי שעות כדמשמע בפרק המקבל (ב"מ דף קו:) דקא אמרינן עד איממת עד דאתו אריסי מדברא וקיימא כימה להדי רישייהו ויש שם מזלות אחרות כנגדן מע"ק גד"ד די"ב מזלות יש שקבועין בגלגל ששה למטה ששה למעלה והגלגל סובב וכשמתחיל האחד לעלות מתחיל שכנגדו לשקוע וכל חדש ניסן טלה עולה לאור הבקר או מראשו או מזנבו ומאזנים שוקע כנגדו ושור שאחר טלה משמש באייר וכל ימי אייר עולה בתחלת היום ועקרב שוקע כנגדו וכן הולך סדר כולם דכל אחד משמש חדש ואמר בפרק הרואה (ברכות דף נח:) דכימה זנב טלה וכיון דשור מתחיל לעלות באייר בתחלת היום מכלל דכבר טלה עולה כולו עד כימה הבא בזנבו ובמרחשון עקרב עולה מתחלת היום מתחיל שור שכנגדו לשקוע ונמצא שכבר שקוע טלה כולו עם הבא בזנבו ולפי זה הסדר קיימי כימה אריסייהו דפרק המקבל (ב"מ דף קו:) היינו שבט ולא כמו שפי' שם בקונטרס דהיינו אדר וגבי מרחשון גרסינן מעינות מתמעטין וגבי אייר מתגברין דאע"פ שרביעה ראשונה יורדת במרחשון מ"מ הכי אורחייהו כדכתיב (יהושע ג) והירדן מלא על כל גדותיו כל ימי קציר ואמר בפרק במה אשה (שבת דף סה. ושם) ובפרק בתרא דנדה (דף סז. ושם) אבוה דשמואל עביד לבנתיה מקוואות ביומי דניסן ומפצי ביומי דתשרי ה) [וגרסי' בסמוך בשלמא לר"א היינו דשינה אלא לר' יהושע מאי שינה]: אלא ניסן ר"ה לחדשים ולאו מילתא היא דאי מדקרי ליה שני שמעינן דבתשרי נברא העולם א"כ מאי פריך לקמיה בשלמא לר' יהושע היינו דכתיב שני אלא לרבי אליעזר מאי שני הא מהכא יליף שני לבריאת עולם. ו) הכי גרסינן בסדר עולם ר' יהושע ברישא והדר ר' אליעזר ר' יהושע אומר אותו היום י"ז באייר היה יום שמזל כימה שוקע ביום ר"א אומר אותו היום י"ז במרחשון היה יום שמזל כימה עולה ביום גלגל חמה עגול הוא חציו למעלה מן הקרקע וחציו למטה מן הקרקע ושנים עשר מזלות קבועין בו וזה סדרן טלה שור תאומים סרטן אריה בתולה מאזנים עקרב קשת גדי דלי דגים וסימניך טש"ת סא"ב מע"ק גד"ד ששה מהן שקועין למטה וששה מהם למעלה וכשהגלגל מגלגל זה עולה מצד זה והראשון שבצד האחר שוקע וכן לעולם ושתי שעות שוהה המזל בעלייתו וכן שכנגדו בשיקועו שיהו כולן משמשין בכ"ד שעות של יום ובניסן לעולם טלה מתחיל לעלות לאור הבקר מע"ק גד"ד למעלה בלילה טש"ת סא"ב למטה לאור הבקר מתחיל טלה לעלות ומאזנים לשקוע לסוף ב' שעות טלה כולו עולה ומאזנים כולו שוקע אחר שתי שעות מתחיל שור לעלות ועקרב לשקוע וכן כולן כל חדש ניסן באייר שור מתחיל לשמש ביום כל ימי אייר ובשתי שעות הראשונות גומר עלייתו שניות תאומים שלישית סרטן רביעית אריה חמישית בתולה וששית מאזנים וכן כולן נמצא טלה עולה בשתי שעות אחרונות בלילה וכל היום הוא שוקע וכימה הוא זנב טלה והמבול ביום ירד ודרך נקב שתי כוכבים שנטלו מכימה שהוא מזל שיש בו כוכבים הרבה ומניין שהמבול התחיל לירד ביום שנאמר בעצם היום הזה בא נח (בראשית ז) והוא מקטני אמנה היה ולא נכנס לתיבה עד שירדו מים ודחקוהו ליכנס שנאמר מפני מי המבול והולך

תוספות

הגה"ה שמעתי דודאי המלאכים באו בפסח כדפי' רש"י בחומש אבל אותו למועד אשוב אליך שאמר לו הקב"ה היה בתשרי ומאותו למועד דריש הכא דבסוכות הוה קאי וקאמר ליה למועד שאמר זה אשוב והיינו בפסח אבל המלאכים הם סרטו סריטה בכותל בפסח וא"ת א"כ מאי פריך הכא א"כ כי מדלית ימי טומאה בגרי להו והא לא אשכחן שפרסה נדה בסוכות אלא בפסח שעבר כשבאו המלאכים שהרי לא הביאה העוגות כדפירש רש"י וי"ל אין הכי נמי (ב) דאחר סוכות שאמר לו הקב"ה למועד אשוב היתה נדה מדכתיב ותצחק שרה בקרבה וגו' פי' אפשר אחר שזקנתי יחזור לי עדן וסת לדם נדות מכלל שאין אשה יכולה להתעבר אא"כ יחזור לה עדן וסת וכשאמר לו הקב"ה היפלא מה' דבר (בראשית יח) והתרעם עליה על שצחקה עדיין לא היה לה עדן וסת וכשנתעברה נתפשטו הקמטים ונתעדן הבשר וחזר לה וסת וא"ת מביאת המלאכים הרי חזר לה וראיה מן העוגות כדפרש"י ליתא דודאי מה שפרסה נדה אז לא היה אלא אקראי בעלמא ולא חזר לה וסת גמור עד שאמר לו הקב"ה למועד וראיה שלא היה אלא אקראי שהרי אחר שאכלו המלאכים כתיב חדל להיות לשרה אורח כנשים הלכך (כי) פריך כי מדלי מר וכו'. עכל"ה:

עדות ביהוסף שמו. בתריה דההוא קרא כתיב דכי חק לישראל: הסירותי מסבל שכמו. ביוסף כתיב בתר עדות ביהוסף: המשומר ובא. לגאולה: ואזדו לטעמייהו. רבי אליעזר ור' יהושע דלר' אליעזר (א) בתשרי נברא העולם דמתשרי מתחילין מנין שני הדורות לפיכך מבול על כרחך במרחשון ירד וי"ב חדש היה ובחדש השני בשבעה ועשרים יבשה הארץ במרחשון היה לשנה הבאה ובתשרי שלפניו חרבו המים מעל הארץ שנעשית הארץ כמין גריד ולא יבשה לגמרי ובו התחלת שנת שש מאות ואחת שנה כדכתיב ויהי באחת ושש מאות שנה בראשון באחד לחדש והוא תשרי ומדלא קרי ליה אחת ושש מאות עד השתא שמע מינה אין מנין הדורות מניסן שאם מניסן מתחילין למנותן היה לו לכתוב ותנח התיבה באחת ושש מאות שנה בחדש השביעי על הרי אררט שכבר נתחדשה שנה מניסן שהרי אותו חדש שביעי סיון היה והוא שביעי להפסקת גשמים כמו ששנינו בסדר עולם והסיוה ר"א היא שכשאתה מונה משבעה עשר במרחשון מאה ותשעים יום ארבעים לימי הגשמים ומאה וחמשים שגברו על הארץ נמצאו כלים באחד בסיון ואותו יום התחילו לחסור שנאמר ויחסרו המים מקצה חמשים ומאת יום והיו הלוך וחסור עד חדש העשירי והוא אב שהוא עשירי לירידת גשמים ובאחד באב נראו ראשי ההרים בשני חדשים חסרו ט"ו אמה שהיו ההרים מכוסים מים שנאמר (בראשית ז) חמש עשרה אמה למדת שחסרה אמה לארבעה ימים והתיבה היתה משוקעת במים אחת עשרה אמה ולא היתה צפה על ראש ההר אלא ד' אמות גובה לפיכך נחה בי"ז בסיון ולר' יהושע דאמר בניסן נברא העולם וממנו מתחילין מנין שני הדורות ירד המבול באייר ושביעי שנחה בו התיבה הוא כסליו ולא מנה לך הכתוב חדוש שנה לפי שאין השנה מתחדשת אלא בניסן ויש פותרין ואזדו לטעמייהו מדאמר ר"א בחדש שני מרחשון אית ליה בתשרי נברא העולם והוי מרחשון שני לחדש שהתחילו בו שנת שש מאות דאי לאו הכי למאי קרי ליה שני אם לסדר חדשים הא אמרינן

רבינו חננאל

בפקידה פקידה. בר"ה בטלה עבודה מאבותינו במצרים שנאמר בו ביוסף הסירותי מסבל שכמו. ואוקימנא כי בר"ה יצא יוסף מבית האסורין וכתיב באבות והוצאתי אותם מתחת סבלות מצרים וגמר סבילה סבילה. ואזדו ר' אליעזר ור' יהושע לטעמייהו דתניא בשנת שש מאות שנה לחיי נח בחדש השני בשבעה עשר יום לחדש. ר' אליעזר אומר אותו היום י"ז במרחשון היה כו' מדקרי ליה חדש שני מכלל דבניסן נברא העולם. ואקשינן הניחא לר' יהושע אשכחינן ניסן דאקרי ראשון לחדשים נמצא אייר שני לחדשים. אלא לר' אליעזר אמר מרחשון למה נקרא שני. ושנינן שני לדין. דתנן בד' פרקים העולם נידון וזה אחד מהן. בר"ה כל באי עולם עוברין לפניו כבני מרון. כלומר מרחשון הוא שני לחדש שניגמר עליהן הדין.

ליקוטי רש"י

כימה. וממזל טלה הוא [ברכות נח:]. לאחר תשע שעות ביום קרוב לסוף העשירית קיימא כימה שהוא זנב טלה להדי רישייהו בראש כל אדם דהיינו באמצע הרקיע שנראה לכל אדם כאילו הוא על ראשו והן הן ימי אדר לפי שבגלגל קבועין בו שנים עשר מזלות וזהו סידרן טש"ת סא"ב מע"ק גד"ד ולעולם ששה עולין וששה שוקעין בניסן לעולם בתחילת עלות השחר טלה מתחיל לעלות ומאזנים שוקע וב' שעות המזל שוהה לעלות לאחר שתי שעות העולה גמר עלייתו והשוקע גמר שיקועו נמצא הששה עולים בשתים עשרה שעות ביום וששה בלילה כל ימי ניסן ראש טלה מתחיל לעלות ובאייר שור ובסיון תאומים וכן הסדר נמצא באדר מזל דגים מתחיל לעלות בבוקר סוף ב' שעות טלה מתחיל לעלות ולסוף ארבע גמר עלייתו ושור עולה לסוף שש גמר שור עלייתו ומתחיל תאומים לסוף שמנה גמר תאומים ומתחיל סרטן ונמצא ראש טלה באמצע שהרי עברו שש שעות משהתחיל ובשש שעות ראשו מגיע לאמצע שהרי מתחילת עליית המזל עד תחילת שיקועו שנים עשר שעות נמצא משתקע שמתחיל לעלות עד שש שעות מגיע לאמצע הרקיע ולסוף שמנה שעות משעלה הוי זנבו באמצע הרקיע נמצא באדר זנב טלה בסוף שעה עשירית באמצע הרקיע הוא והכי אמרינן במסכת ברכות בפרק הרואה (נח:) שכימה בזנב טלה הוא [ב"מ קו:].

מסורת הש"ס

א) פסחים קט:, ב) [בסוף מסכת זו דף לה. איתא גירסת ברייתא זו ופירושה], ג) עיין בסוף המסכת שייך לכאן, ד) [עי' תשובת חות יאיר סי' ריט דף רו:], ה) ת"י.

הגהות הב"ח

(א) רש"י ד"ה ואזדו לטעמייהו כו' דלר"א דבתשרי נברא העולם מתשרי מתחילין: (ב) בהגה"ה שמעתי כו' וי"ל אה"נ דלאחר כך בסוכות כשאמר לו הקב"ה:

תורה אור השלם

א) לכן אמר לבני ישראל אני יי והוצאתי אתכם מתחת סבלת מצרים והצלתי אתכם מעבדתם וגאלתי אתכם בזרוע נטויה ובשפטים גדלים: [שמות ו, ו]

ב) הסירותי מסבל שכמו כפיו מדוד תעברנה: [תהלים פא, ז]

ג) תקעו בחדש שופר בכסה ליום חגנו: [תהלים פא, ד]

ד) והיה ביום ההוא יתקע בשופר גדול ובאו האבדים בארץ אשור והנדחים בארץ מצרים והשתחוו ליי בהר הקדש בירושלים: [ישעיה כז, יג]

ה) ליל שמרים הוא ליי להוציאם מארץ מצרים הוא הלילה הזה ליי שמרים לכל בני ישראל לדרתם: [שמות יב, מב]

ו) בשנת שש מאות שנה לחיי נח בחדש השני בשבעה עשר יום לחדש ביום הזה נבקעו כל מעינות תהום רבה וארבת השמים נפתחו: [בראשית ז, יא]

מִכִּימָה וְהֵבִיא מַבּוּל לָעוֹלָם – AND HE TOOK TWO STARS FROM *KIMAH* AND BROUGHT A FLOOD TO THE WORLD.[19]
רַבִּי אֱלִיעֶזֶר אוֹמֵר – R' ELIEZER SAYS: אוֹתוֹ הַיּוֹם שִׁבְעָה עָשָׂר בְּמַרְחֶשְׁוָן הָיָה – THAT DAY WAS THE SEVENTEENTH OF MARCHESHVAN, יוֹם שֶׁמַּזַּל כִּימָה עוֹלֶה בַּיּוֹם – A DAY ON WHICH THE CONSTELLATION *KIMAH* RISES DURING THE DAYTIME,[20] וּמַעְיָנוֹת מִתְגַּבְּרִים – AND THE subterranean FOUNTAINS BECOME STRENGTHENED.[21]

NOTES

19. God removed two stars from *Kimah,* and it was by way of this gap that the Flood descended upon the earth (*Rashi,* from *Berachos* ibid.). [*Rashi* implies that the reason God chose *Kimah* for this is because it is a constellation with a high concentration of stars, which constitute its strength (see *Rashi, Berachos* 58b ד״ה כמאה כככבי). The removal of two stars weakened it, and allowed the Flood to come.]

[It is important to realize that in Jewish thought, events in the temporal world are influenced by the celestial signs; each constellation exerts influence as it rises above the horizon (see *Gra* cited in note 15). This is not to say that the stars possess power of their own; rather, they represent a medium through which God works His will in the world (see *Derech Hashem* 2:7). Thus, the rise of *Kimah,* and the removal of two of its stars, paved the way for the onset of the Flood.]

20. During the month of Marcheshvan, the Scorpion rises at daybreak, and is followed by the Archer, the Goat, the Bucket, the Fish and finally, by the Lamb, which, along with *Kimah,* rises for the last two hours of the day (*Rashi*).

21. Since Marcheshvan falls at the onset of the rainy season.

וּמִתּוֹךְ שֶׁשִּׁינּוּ מַעֲשֵׂיהֶם – BUT BECAUSE [THE GENERATION] ALTERED THEIR PRACTICES to deviate from the natural order, שִׁינָּה הַקָּדוֹשׁ בָּרוּךְ הוּא עֲלֵיהֶם מַעֲשֵׂה בְרֵאשִׁית – THE HOLY ONE, BLESSED IS HE, ALTERED UPON THEM THE WORKS OF CREATION.[1] וְהֶעֱלָה מַזָּל כִּימָה בַּיּוֹם – AND HE BROUGHT UP THE CONSTELLATION *KIMAH* BY DAY, וְנָטַל שְׁנֵי כוֹכָבִים וְהֵבִיא מַבּוּל לָעוֹלָם – AND HE TOOK TWO STARS from it AND BROUGHT A FLOOD TO THE WORLD.

We see that R' Eliezer and R' Yehoshua disagree as to the date the Flood began. The dispute hinges on their disagreement regarding Creation. If the world was created in Tishrei, then the Flood began in Marcheshvan; if it was created in Nissan, then the Flood began in Iyar.[2]

The Gemara questions R' Eliezer's position:

בִּשְׁלָמָא לְרַבִּי יְהוֹשֻׁעַ – **All is well according to R' Yehoshua,** הַיְינוּ דִּכְתִיב ,,שֵׁנִי" – for **this is why it is written:** *the **second** month*. For Iyar, in which the Flood began, is the second month of the year.[3] אֶלָּא לְרַבִּי אֱלִיעֶזֶר מַאי ,,שֵׁנִי" – **But according to R' Eliezer, what is** meant by *the **second** month*? Marcheshvan is not

NOTES

1. The Gemara will shortly question this statement [for does *Kimah* not always rise during the day in Marcheshvan, and are the fountains not always at their height in that month]? (*Rashi*).

2. As a preamble to explaining the relationship between the two disputes, we present these central facts. The Flood lasted a total of twelve months (see *Seder Olam* §4 and *Rashi, Genesis* 8:13). It commenced in the "second month" of the 600th year of Noah's life (see *Genesis* 7:11), and ended when the ground became completely dry in the "second month" of the 601st year of his life (see ibid. 8:13,14). It is important to realize that Noah's years coincided with the years of the generations of man. These years are reckoned by the date of man's creation; thus, no matter what Noah's actual birthdate, the onset of a new creational year marked the beginning of his next year (see 10b note 16). It follows that the 600th and 601st years, by which the Flood is dated, are reckoned by the date of Creation.

According to R' Eliezer, the world was created in Tishrei. This means that the count of the years of man began in Tishrei. Consequently, the years by which the Torah dates the Flood (i.e. Noah's 600th and 601st years) are reckoned by that month. This compels R' Eliezer to say that the Flood commenced in Marcheshvan. For the verse states (see ibid. 8:13) that the water dried from upon the ground in the beginning of the 601st year (*in the first [month]; on the first of the month*). Since we reckon these years by Creation, this is perforce Tishrei, which means that when the next verse states that the ground dried completely on the twenty-seventh day of the second month, it is referring to Marcheshvan. Since the Flood lasted twelve months, it had to have begun in Marcheshvan of the previous year (see time line). R' Eliezer therefore says that when the verse (quoted on 11b) states that the Flood began *in the six hundredth year of the life of Noah, in the second month, on the seventeenth day of the month,* it refers to the seventeenth of Marcheshvan.

R' Yehoshua holds that the world was created in Nissan. Accordingly,

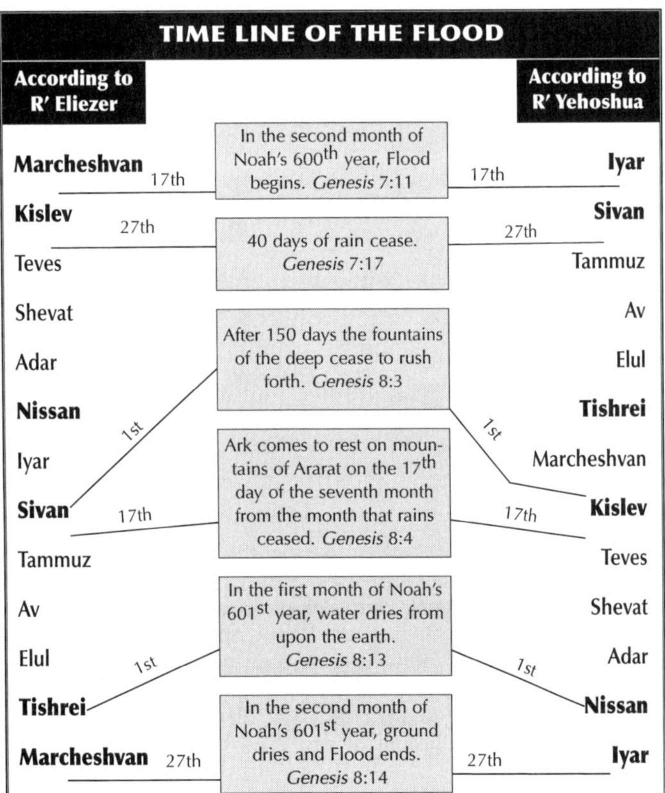

the count of the years of man began in Nissan; hence, the years of Noah's life, by which the Torah dates the Flood, are reckoned from Nissan. Accordingly, when the verse speaks of the water drying from upon the ground at the beginning of the 601st year, it refers to Nissan, and when it speaks of the ground drying in the second month, it means Iyar. Since the Flood lasted twelve months, it must have started in Iyar of the previous year (see time line). R' Yehoshua therefore says that the "second month" of the aforecited verse is Iyar.

Thus, the opinions of R' Eliezer and R' Yehoshua regarding the date of the Flood depend upon their opinions regarding the date of Creation (*Rashi*, printed on 11b; see *Maharsha, Chidushei Halachos* and final comment in *Chidushei Aggados;* cf. *Mizrachi* to *Genesis* 7:11; see also *Rashi* below ד״ה אף למבול).

However, *Rashi* demonstrates that the reverse is true as well. Just as it is a basic assumption that by placing Creation in Tishrei one must date the Flood from Marcheshvan, and by placing it in Nissan one must date the Flood from Iyar, so too it is a basic assumption that dating the Flood from Marcheshvan compels one to place Creation in Tishrei, and dating it from Iyar compels one to place Creation in Nissan. The reason is this. The verses teach that the floodwaters did not begin to recede until 190 days after the rain began – i.e. after 40 days of rain, and 150 days in which the subterranean fountains continued to rush forth (see ibid. 7:17,24; 8:3). Seventeen days later, the ark came to rest on the mountains of Ararat, on the seventeenth day of the seventh month from the month on which the rains ceased (see *Rashi* from *Seder Olam* §4). This means that if the Flood began in Marcheshvan, then the rains ceased in Kislev, and the ark came to rest in Sivan (see time line). If the world was created in Nissan, then the beginning of the 601st year of Noah's life was perforce Nissan (see beginning of note). Accordingly, the ark's coming to rest in Sivan (two months after Nissan) would be the first milestone of the Flood to occur in the 601st year. Hence, when the verse mentions this event (in 8:4), it should take note of the fact that this occurred in the 601st year. However, the verse does not note this, but postpones mention of the 601st year until the drying up of the water in Tishrei; clearly, the date of Creation was not Nissan, but Tishrei. We see that one dating the Flood from Marcheshvan is compelled by Scripture to place Creation in Tishrei. In the case of one dating the Flood from Iyar, the calculation runs this way. If the Flood began in Iyar, the rains ceased in Sivan and the ark came to rest in Kislev (see time line). If Tishrei is the date of Creation, then when the verse mentions the ark coming to rest, it should state that it happened in the 601st year. Since it does not, we know that the world must have been created in Nissan. It emerges that when the Gemara (on 11b) links these two disputes, it means that no matter which is taken as the basic assumption, the other will surely follow from it (*Rashi,* as explained by *Davar B'Itto;* see also *Aruch LaNer;* see *Maharsha*).

[After giving his interpretation of the Gemara, *Rashi* cites others who explain the linkage of the disputes differently. They say that by identifying "the second month" as Marcheshvan, R' Eliezer proves that he places Creation in Tishrei, for otherwise, in what regard is Marcheshvan (which follows Tishrei) the second month? Clearly, the reason it is identified as "second" is because it is second to the month in which the world was created. *Rashi* rejects this interpretation because the forthcoming Gemara will question R' Eliezer's position on these very grounds. It is obvious that if the verse's identification of Marcheshvan as "second" is the reason R' Eliezer places Creation in Tishrei, then the Gemara cannot protest that Marcheshvan is not second. Therefore, this interpretation is invalid.]

3. [In the yearly count of months, Nissan is the first, as the verse states (*Exodus* 12:2): *This month is for you the first of the months, it is first for you of the months of the year.*] It is thus logical that Iyar, which follows Nissan, should be called "the second month" (*Rashi*).

ומתוך ששינו מעשיהם שינה הקב"ה עליהם מעשה בראשית והעלה מזל כימה ביום ונטל שני כוכבים (א) והביא מבול לעולם בשלמא לר' יהושע היינו דכתיב שני * אלא לר"א מאי שני (א) שני לדין בשלמא לרבי יהושע היינו דשינה אלא לר"א מאי שינה כדרב חסדא דאמר רב חסדא ג) ברותחין קלקלו וברותחין נידונו ברותחין קלקלו בעבירה וברותחין נידונו כתיב הכא א) וישכו המים וכתיב התם ב) וחמת המלך שככה ת"ר חכמי ישראל מונין למבול כר"א ולתקופה כר' יהושע חכמי אומות העולם מונין אף למבול כר' יהושע: ולירקות: תנא לירקות ולמעשרות ולנדרים לירקות מאי נינהו מעשר ירק היינו מעשרות תנא דרבנן וקתני דאורייתא וליתני דאורייתא ברישא ג) איידי דחביבא ליה אקדמה ותנא דידן תנא דרבנן וכל שכן דאורייתא וליתני מעשר אחד מעשר בהמה ואחד מעשר דגן וליתני תרי גווני ירק דתנן ד) א ירק הנאגד משיאגד ושאינו נאגד משימלא את הכלי ת"ר ה) ב ליקט ירק ערב ראש השנה עד שלא תבא השמש וחזר וליקט משתבא

רש"י

(ב) והולכך לשנות סדר בראשית והעלה זנב כימה ביום ונטל שני כוכבים ממנו ומעיינות מתמעטין מחמת ימות החמה ופסקו הגשמים ושינה סדר בראשית ונתגברו המעיינות ושטפם: יום שמזל כימה עולה ביום. שבמרחשון עולה עקרב בתחלת היום ואחריו קשת נמצא טלה עולה בסוף היום: שינה עליהם כו'. לקמן פריך מאי שינה: היינו דכתיב שני. שהרי אייר שני לחדשים: שני לדין. שנגזרה גזירה עליהן בתשרי שלפניו: הכי גרסינן בשלמא לר' יהושע היינו דשינה. דהעלה מזל כימה ביום ועוד שינה לתגבורת מעיינות: וחמת המלך שככה. וסתם חמה רותחת היא דכתיב וחמתו בערה בו: חכמי ישראל מונין למבול כר' אליעזר. מונין שנות נח ובריאת עולם ושנות הדורות כר' אליעזר מונין מתשרי תחלת השנים ולא משום דסבירא להו בתשרי נברא העולם אלא דתשרי ראש השנה לשנים ובניסן נברא העולם כדקתני: ולתקופה כרבי יהושע. כשמונין תקופת החמה והלבנה מונין מניסן לומר שמניסן נבראו ובתחלת ליל רביעי שמשה חמה בניסן לפיכך אין תקופת ניסן נופלת אלא בד' רביעי היום לפי שלעולם יום ורביע בין תקופה לתקופה שכנגדה לשנה הבאה וכן זו לתקופה וכן מולדות הלבנה מונין מולד ניסן ראשון בליל רביעי בתשעה שעות ותרמ"ב חלקים: אף למבול. כלומר למנין שנות הדורות מתחילין מניסן למנות ומבול באייר ירד (ג) ע"כ משתאמר באחת ושש מאות בראשון שחרבו המים ניסן הוא שהרי משפט דור המבול שנים עשר חדש: ולירקות. מעשר ירק לענין חדש וישן שאין תורמין מירק הנלקט ערב ר"ה על הנלקט אחר ר"ה: ולנדרים. לקמן (ע"ב) מפרש: תנא דרבנן. השמיענו שיש ר"ה קבוע לענין חדש וישן במעשר ירק דרבנן והדר תנא מעשר דגן שאף לו יום קבוע לחדש וישן שלו: ותנא דידן. דתנא לירקות ולא תנא למעשרות: תנא דרבנן. ואשמועינן דיום קבוע לו כ"ש לדאורייתא: ירק הנאגד. שדרכו באגודות: משיאגד. הוי גורנו למעשר ואסור לאכול ממנו עראי עד שיעשר: ליקט ירק. אשמועינן דירק בתר לקיטה אזיל לענין מעשר ואף על פי שגדל בשנה אחת אם נלקט בשתי שנים הוי חדש וישן שאין תורמין מן החדש על הישן דכתיב (דברים יד) שנה שנה:

שניה

תוספות

אלא לרבי אליעזר מאי שני. ואע"ג דלרבי אליעזר בתשרי נברא העולם (ד) דהכי דלענין השנים ראוי למנות ממנו לענין מנין החדשים אין מונין ממנו לקרות מרחשון שני דלחדשים ניסן ראשון: למבול כרבי אליעזר. אע"ג דסבירא להו כרבי יהושע דבניסן נברא העולם מדמונין לתקופה כרבי יהושע מ"מ מונין שנות נח ובריאת עולם (ה) ושנות החמה מתשרי משום דתשרי ראש לשנים ולשמיטין וליובלות: ולירקות ולנדרים. ומתניתין דלא קתני לנדרים בהפסק' לא מיירי כדפרישית לעיל (דף ז. בד"ה בהפסקה) גבי ולעיבורים: תנא דרבנן. מדתנן לירקות יותר מאשר כל פירות משמע דכל שאר פירות מעשרן דאורייתא וכן משמע בריש מסכת מעשרות בירושלמי דדריש כולהו מקרא חוץ מירקות ומסיק דמעשר ירקות מדבריהם והכי איתא התם עשר תעשר את כל תבואת זרעך כלל ופרט אין בכלל אלא מה שבפרט אין לי אלא תבואה קטנית מנין ת"ל וכל מעשר הארץ מזרע הארץ לרבות זרע שום וגרגיר יכול שאני מרבה זרע לוף העליון זרע כרשין זרע לפת ולנון ושאר זרעוני גנה שאינם נאכלין ת"ל מזרע הארץ ולא כל זרע הארץ פרי העץ לרבות כל פירות האילן יכול שאני מרבה חרובי שיטה וצלמוני וחרובי גדירה ת"ל מפרי העץ ולא כל פרי העץ ירקות מנין איסי בן עקיבא אומר המעשרות לירקות מדבריהם והכי נמי איתא בירושלמי בסוף חלה רבותינו שבגולה היו מפרישין תרומות ומעשרות עד שבאו הרוזים ובטלום מאן אינון הרוזים תרגמוניא ר' זעירא רב יהודה בשם שמואל חלה בחו"ל ותרומת חו"ל אוכל והולך ואח"כ מפריש רבי אבא בשם שמואל אומר לא חשו אלא לדגן ותירוש ויצהר רבי אילא בשם שמואל אמר לא חשו אלא לתרומה גדולה בלבד אבל לירקות אפילו לתרומה לא חשו דתני איסי בן עקיבא המעשרות לירקות מדבריהם מכל הני משמע דשאר כל פירות דאורייתא אבל אי אפשר לומר כן דלקמן בפירקין (דף טו:) אמרו מעשר חרובין דרבנן ובפרק כיצד מברכין (ברכות דף לו.) מעשר צלף מדרבנן ובפרק אלו עוברין (פסחים דף מד.) מעשר תבלין דרבנן ואפילו תאנים ורמונים ותמרים דכתיבי בקרא דארץ חטה פטורין מן המעשרות דלא מחייב מדאורייתא אלא דגן ותירוש ויצהר כדאמרינן בפ' מעשר בהמה (בכורות דף נד. ושם) תירוש ודגן דאורייתא שאר מינים מדרבנן ובפרק העור והרוטב (חולין דף קכ: ושם) מקיש [ו] משקין דקדשים לתרומת (דגן) תירוש ויצהר אין מידי אחרינא לא וממעט דבש תמרים ויין תפוחים ובריש ביצה (דף ג: ושם) האי תנא דלטרא קציעות הוא דאמר כל דבר שבמנין אפילו בדרבנן לא בטיל והא דמשמע בסוף הערל (יבמות דף פא. ושם) דעיגול בעיגולין אינו עולה אי תרומה בזמן הזה דאורייתא אע"ג דלעולם תרומת תאנים דרבנן מ"מ כעין דאורייתא תקון והא דתניא בפרק אלו הן הלוקין (מכות דף יט:) גבי כהן שעלתה בידו תאנה של טבל דכהן שאכלה לוקה אחת וזר שאכלה לוקה שתים וכן הא דתנן במסכת פרה פ' צלוחית שהניחה וכו' (פי"א מ"ג) גבי דבילה של תרומה שנפלה למי חטאת דהאוכלה במיתה כל הני לסימני בעלמא ונפקא מינה לתרומה דאורייתא אי נמי מכת מרדות ומיתה לקוברו בין רשעים גמורים והא דאמרינן בפרק הנודר מן הירק (נדרים דף נה.) דדגן מידי דמדגן משמע אפי' קטנית היינו בלשון בני אדם והא דקאמרינן בירושלמי ירקות מדבריהם היינו שאין להם סמך מן הפסוק ואע"ג דבתורת כהנים בסוף פרשת בחקותי ובספרי בפרשת עשר תעשר תניא זרע הארץ לרבות שום ושחליים וגרגר והדר תני מנין לרבות הירקות למעשרות ת"ל וכל מעשר משום דלא משתמע שפיר מקרא לא חשיב ליה אסמכתא גמורה אי נמי ברייתא דאיסי בן עקיבא פליגא [ז]:

איידי דחביבא ליה אקדמה. ובפ"ק דפאה (משנה ה) תנן לענין פאה האוג והחרובין מדאורייתא לא מחייבי בפאה אלא זיתים וגפנים דכתיבי בקרא כדדריש בפרק הזרוע (חולין דף קלא.) ארבע שבכרם שתים שבאילן כגון זיתים והשתא אי משום דחביבא ליה מילתא דרבנן אקדים אוג וחרובין ליתני זיתים וגפנים לבסוף כדפריך בריש יבמות (דף ג. ושם) ליתנייה לאחות אשה לבסוף והתם שנאן בסירוגין ובאמצע וי"ל דהתם בפאה לא אתא אלא לפרושי אלו שלקיטתן כאחד הלכך לא חייש למתניינהו על הסדר א"נ האחרון אחרון אין לקיטתן כאחד כולי האי כמו הראשון שלפניו ופאה שייך בדבר שלקיטתן כאחד ותני לא זו אף זו:

אחד מעשר בהמה ואחד מעשר דגן. כר"ש דאמר במתניתין אחד בתשרי ראש השנה למעשר בהמה ותימה דה"מ לשנויי ד"ה ולפרושי מעשרות כגון מעשר ראשון ומעשר שני ומעשר עני כדתנן בריש מסכת מעשרות ולעיל נמי בפירקין (דף ז.) גבי בל תאחר קתני מעשרות וקתני נמי בכור ומעשר דהיינו מעשר בהמה ועוד קשיא דאי מהדר לאקשויי אמאי תני מעשרות לשון רבים ברישא ה"ל לאקשויי אירקות דהא תנא ירקות ברישא והדר מעשרות ונראה לי דלאו אברייתא פריך אלא אמתניתין קאי דקתני ולירקות משום מעשרות דהכא מדרבנן דליתני מעשר סתם והוה ידענא דבכל מעשר איירי בין בירק בין בדגן ומשני משום דהוה משמע אחד מעשר בהמה ואחד מעשר דגן סתם כר' שמעון והדר דייק אמאי תנא ירקות לשון רבים וה"ה דהוה מצי לאקשויי אשמיטין ואיובלות ומה שיכול למצוא טעם מפרש: **ירק** הנאגד משיאגד. לענין גורנו למעשרות מיתני בפ"ק דמעשרות (משנה ה) אבל לענין חדש וישן תלוי בלקיטה: **משימלא** את הכלי. בסיפא קתני ואם אינו ממלא את הכלי משילקט כל צרכו:

משתבא

עין משפט נר מצוה

נט א מיי' פ"ג מהל' מעשר הלכה ט סמג עשין קלה: ס ב מיי' פ"ה מהל' תרומות הלכה יא ופ"ד מהלכות שמיטה הלכה יב סמג עשין קלו טוש"ע י"ד סימן שלא סעיף מז:

רבינו חננאל

ואקשינן תוב בשלמא לר"א דאמר מנהג העולם להיות מזל כימה שוקע ביום ועולה בלילה ושינה הקב"ה והעלהו ביום במזרח היינו דאיכא שינוי. אלא לר' יהושע במאי שינה ופרקינן שהוריד עליהן גשמים רותחין מן השמים שלא כדרך כל הגשמים. מנ"ל שנא' וישוכו המים פי' נחו מרתיחתן. ת"ר חכמי ישראל מונין למבול והוא חשבון הלבנה מתשרי כרבי אליעזר דאמר בתשרי נברא העולם ולתקופה והוא חשבון השמש כרבי יהושע וחכמי אה"ע מונין אף ללבנה מניסן כר' יהושע ולירקות פיר' תנא מעשר ירק דהוא מדרבנן ופיר' ר"ה שלו תשרי וכ"ש מעשר דגן (ומעשר) [ובברייתא] תנא לירקות ולמעשרות ולנדרים ואוקימנא דלא קתני ירק אלא קתני ולירקות משום דאית תרי גווני ירק בתורת מעשר ירק כדתנן במעשרות פרק א' ירק הנאגד משיאגד פי' מי שדרכו להאגד אגודות משיאגד נגמרה מלאכתו והנה נתחייב במעשר ושאין נאגד משימלא את הכלי. ואיידי דתנא ירקות תנא מעשרות. ת"ר ליקט ירק כו' ערב ר"ה עד שלא תבא השמש וחזר וליקט נכרי

ליקוטי רש"י

ברותחין קלקלו. אותו באמה כאילו מביא מבול שעבירה זו היתה בידם דכתיב (בראשית ו) כי השחית כל בשר ואמרו ברותחין קלקלו [ע"פ נדה יג.]. וברותחין נידונו. ר' תנחומא דרש שהיו בעלי קומה ולא מתו בתהומות ובאו עליהם רותחין מלמעלה וזה יתרם קימה יתרה שלהם כ"ש [איוב כב כ]. הנאגד. שדרכו לאוגדו. משיאגד. הוקבע למעשר ונאסר באכילת עראי [חולין ז.].

מסורת הש"ס

א) [לעיל ח.], ב) סנהדרין קח: זבחים קיג:, ג) [יבמות ג: וש"נ], ד) מעשרות פ"א מ"ה חולין ז., ה) [תוספתא פ"א ע"ש ותוספתא דתרומות פרק ב ע"ש], ו) צ"ל מה משקין, ז) [וע"ע תוספות בכורות נד. ד"ה ושני ותוס' ע"ז נח: ד"ה בלר ותוס' חולין ז: ד"ה והתיר].

הגהות הב"ח

(א) גמ' ונטל שני כוכבים מכימה והביא: (ב) רש"י בריש העמוד והולכך לשנות סדר בראשית נמחק וכל"ל יום שמזל כימה שוקע ביום ומעיינות מתמעטין מחום ימות החמה ופוסקים הגשמים ושינה עליהן סדר בראשית והעלה זנב כימה ביום ונטל שני כוכבים ממנו ונתגברו המעיינות ושטפם: (ג) ד"ה אף למבול כו' ומבול באייר ירד וע"כ כשתאמר באחת: (ד) תוס' ד"ה אלא כו' נברא העולם מכל מקום נהי דלענין: (ה) ד"ה למבול כו' שנות נח ובריאת עולם מתשרי כצ"ל ותיבות ושנות החמה נמחק:

גליון הש"ס

גמרא אלא לר"א מאי שני. עיין ברד"ק מ"א ח ב בשם תרגום יונתן שם דלפני הזמן שיצאו ממצרים היה תשרי חדש ראשון כי בתשרי נברא עולם ומשיצאו ישראל ממצרים ניסן הוא ראש לחדשים ע"ש א"כ מאי פרכינן הכא אלא לר"א מאי שני הא מקודם היה תשרי ראשון לחדש ושפיר קרו למרחשון שני לחדשים:

תורה אור השלם

א) וַיִּזְכֹּר אֱלֹהִים אֶת נֹחַ וְאֵת כָּל הַחַיָּה וְאֶת כָּל הַבְּהֵמָה אֲשֶׁר אִתּוֹ בַּתֵּבָה וַיַּעֲבֵר אֱלֹהִים רוּחַ עַל הָאָרֶץ וַיָּשֹׁכּוּ הַמָּיִם: [בראשית ח, א]

ב) וַיִּתְלוּ אֶת הָמָן עַל הָעֵץ אֲשֶׁר הֵכִין לְמָרְדֳּכָי וַחֲמַת הַמֶּלֶךְ שָׁכָכָה: [אסתר ז, י]

the second month, but the eighth![4] – ? –

The Gemara explains:

שֵׁנִי לְדִין – The verse means that it was the **second** month **from the judgment** rendered on the previous Tishrei.[5]

The Gemara poses another question regarding R' Eliezer's position:

בִּשְׁלָמָא לְרַבִּי יְהוֹשֻׁעַ – **All is well according to R' Yehoshua,** הַיְינוּ דְּשִׁינָּה – for **this** (i.e. the bringing up of *Kimah* by day, and the strengthening of the subterranean fountains) **is** what is meant when the Baraisa states that the **[Holy One] altered** the works of Creation.[6] אֶלָּא לְרַבִּי אֱלִיעֶזֶר – **But according to R' Eliezer,** מַאי שִׁינָּה – **what did He alter?** The constellation *Kimah* always comes up in the daytime during the month of Marcheshvan, and the subterranean fountains are always strengthened during that month! – ? –

The Gemara answers:

כִּדְרַב חִסְדָּא – This can be understood **according to Rav Chisda.** דְּאָמַר רַב חִסְדָּא – **For** regarding the generation of the Flood **Rav Chisda said:** בְּרוֹתְחִין קִלְקְלוּ – **With** a **boiling [substance]** (semen) **they acted corruptly,** וּבְרוֹתְחִין נִידּוֹנוּ – **and** therefore, **with boiling [water] they were punished.** בְּרוֹתְחִין קִלְקְלוּ – **With** a **boiling [substance] they acted corruptly** – בַּעֲבֵירָה – this means that they engaged **in immorality.**[7] וּבְרוֹתְחִין נִידּוֹנוּ – **And,** therefore, **with boiling [water] they were punished.** This may be derived as follows: כְּתִיב הָכָא ,,וַיָּשֹׁכּוּ הַמָּיִם" – **It is written here,** concerning the end of the Flood:[8] ***and the waters subsided*** (*vayashocu*), וּכְתִיב הָתָם ,,וַחֲמַת הַמֶּלֶךְ שָׁכָכָה" – **and it is written there:**[9] ***and the anger of the king cooled down*** (*shachachah*).[10] Since the word *shachachah* means *cooled down,* it follows that the word *vayashocu,* which is of the same root, means that the water cooled down. This implies that during the Great Flood the waters were boiling hot. It was this alteration in the natural order to which R' Eliezer referred.[11]

The Gemara concludes:

תָּנוּ רַבָּנַן – **The Rabbis taught in a Baraisa:** חַכְמֵי יִשְׂרָאֵל מוֹנִין לַמַּבּוּל כְּרַבִּי אֱלִיעֶזֶר – THE SAGES OF ISRAEL COUNT the years of THE FLOOD IN ACCORDANCE WITH R' ELIEZER, i.e. from Tishrei,[12] וְלַתְּקוּפָה כְּרַבִּי יְהוֹשֻׁעַ – BUT they count THE SEASONS IN ACCORDANCE WITH R' YEHOSHUA, from Nissan.[13] חַכְמֵי אוּמּוֹת הָעוֹלָם מוֹנִין אַף לַמַּבּוּל כְּרַבִּי יְהוֹשֻׁעַ – THE SAGES OF THE NATIONS OF THE

NOTES

4. [I.e. counting from Nissan.] The Gemara's point is that even if Tishrei, as the month of man's creation, is the month by which we reckon the number of years from Creation, it has no status as the first of the months, for that position is reserved for Nissan (*Tosafos;* see *Gilyon HaShas; Ritva* 10b; *Ramban, Genesis* 8:5). Why then does the verse refer to Marcheshvan as "the second month"?

5. I.e. the judgment against the generation of the Flood, which was decided on Tishrei [i.e. on Rosh Hashanah] (*Rashi;* see *Sifsei Chachamim;* cf. end of *hagaah* to *Rashi,* printed on 35a).

[It is difficult to understand why the Gemara does not answer that while Marcheshvan is certainly not the second of the months in the calendar year, it *is* the second month from the month in which the world was created (see *Rashash*). Indeed, in the case of a similar verse *Rashi* does just that, for in discussing the verse that mentions the drying of the water from upon the earth (*Genesis* 8:13), *Rashi* states (on 10b ד"ה מכלל דתרוייהו) that the phrase *the first [month]* refers to the first month from Creation (see note 24 there). Moreover, in the version of R' Eliezer's and R' Yehoshua's dispute quoted in *Seder Olam,* it is stated explicitly that according to R' Eliezer, Marcheshvan is "second" from the creation of the world.]

6. [For during Iyar, *Kimah* normally does not rise during the day, and the underground springs are normally depleted.] Bringing *Kimah* up during the day and strengthening the springs constitutes a major alteration in the natural order (*Rashi*).

7. Literally: in sin. This refers to ejaculating their seed in vain (see *Niddah* 13a with *Rashi* ד"ה כאילו; see also *Maharsha* ad loc.; see *Rashi* to *Job* 24:18; *Pirkei DeRabbi Eliezer* ch. 22).

8. *Genesis* 8:1.

9. *Esther* 7:10.

10. The rendering of *shachachah* as "cooled down" is suggested by the verse (*Esther* 1:12): וַחֲמָתוֹ בָּעֲרָה בוֹ, *and his anger burned in him.* This verse demonstrates that חֵמָה, *anger,* is regarded as "heat" (*Rashi*); thus, the subsiding of anger (*shachachah*) is described as "cooling down."

11. The commentators ask: Why did the Gemara not answer that the natural order was altered by taking two stars from *Kimah*? *Gra* (*Imrei Noam;* see also *Beur HaGra* to *Seder Olam* ibid.) explains that this was in fact the Gemara's answer. For it is taught in *Berachos* (58b): *Were it not for the cold of Kimah, the world would not survive due to the heat of Kesil* (another constellation). Since it is *Kimah* that prevents the world from overheating, when God wished to boil the flood waters, he diminished *Kimah's* power by removing two stars from it. In effect, then, when the Gemara cites the boiling of the waters, it is referring also to the removal of the two stars [see 11b note 19] (see also *Maharsha* to *Berachos* ad loc.; cf. *Aruch* ע' כמה; see *Ritva* here for another approach).

[In our elucidation of the foregoing Baraisa and Gemara, we have followed *Rashi's* reading in the Baraisa, which is in accord with both the standard Talmudic text, and the text of *Seder Olam* as we have it. However, many Rishonim have another reading in the Baraisa, whereby R' Yehoshua states that on the 17th of Iyar the constellation *Kimah* normally *rises* and the subterranean fountains are normally *strengthened,* and R' Eliezer states that on the 17th of Marcheshvan *Kimah* normally *sets* and the fountains are normally *depleted.* According to this reading, the Gemara's question regarding the absence of alteration is addressed not to R' Eliezer, but to R' Yehoshua. The Rishonim who embrace this reading vary greatly in their interpretations of the astrological facts that underlie it. For several widely different approaches, see *Tosafos* (11b ד"ה יום שמול כימה); *hagaah* to *Rashi,* printed on 35a; *Peirush HaRambam to Rosh Hashanah; Aruch* ע' כמה; see also *Baal HaMaor.* For a variant interpretation of *Rashi's* reading, see *Gra* to *Seder Olam* ibid.; see also *Gra* to *Tikkunei Zohar* (תיקון לב ד"ה אלין ממנן), cited in *Chidushei U'Veurei HaGra* here.]

12. The term "the years of the Flood" refers to the years of Noah's life, by which the Torah dates the Flood; the Baraisa employs this term to refer also to the years of the generations of man, which date from Creation (see beginning of note 2). According to R' Eliezer, this took place in Tishrei; thus, as regards the counting of years, the Sages of Israel reckon from Tishrei. However, this is not because they agree with R' Eliezer that the world was created in Tishrei, for they are in fact in accord with R' Yehoshua! Rather, despite their conviction that Creation took place in Nissan, they would count new years from Tishrei (*Rashi;* cf. *Rabbeinu Chananel* and *Tosafos* 8a, end of ד"ה לתקופות). The reason the Sages chose to count years from Tishrei is because it is already a New Year for other matters, such as *shemittah* and *Yovel* years (see *Rashi; Tosafos; Tos. HaRosh*).]

[One might ask: Why does the Baraisa refer to the years of the generations of Man as "the years of the Flood"? Why not give them their proper name? For an understanding tending toward the esoteric, see *Pri Tzadik* vol. 1 pp. 16,17.]

13. For as regards the date of Creation, they are in agreement with R' Yehoshua, who places Creation in Nissan. Accordingly, the Sages of Israel base their calculations of the solar and lunar seasons on a starting point that assumes the creation of the world to have begun in Nissan (*Rashi;* cf. *Rabbeinu Chananel*).

The solar year is 365 days and six hours long; thus, each of the four solar seasons (which begin with the vernal and autumnal equinoxes and the winter and summer solstices) span, on average, 91 days and 7½ hours. This means that each season (or *tekufah*) falls 7½ hours later in the day than did the preceding *tekufah,* and that each falls one day and six hours later in the week than it itself did in the preceding year. In order to calculate the moment of the arrival of a season, one must know when the sun was first set in its place in the firmament. This moment represents the starting point of the count of the seasons; thus, one's ruling regarding the month of Creation is vital to determining the arrival of the solar seasons (see *Tosafos* 8a ד"ה לתקופות). [A correct reckoning of the *tekufos* is important because of

ומתוך ששינו מעשיהם שינה הקב"ה עליהם מעשה בראשית והעלה מזל כימה ביום ונטל שני כוכבים (א) והביא מבול לעולם בשלמא לר' יהושע היינו דכתיב שני • אלא לר"א מאי שני א) שני לדין בשלמא לרבי יהושע היינו דשינה אלא לר"א מאי שינה כדרב חסדא דאמר רב חסדא ג) ברותחין קלקלו וברותחין נידונו ברותחין קלקלו בעבירה וברותחין נידונו כתיב הכא א) וישכו המים וכתיב התם ב) וחמת המלך שככה ת"ר חכמי ישראל מונין למבול כר"א ולתקופה כר' יהושע חכמי אומות העולם מונין אף למבול כר' יהושע: ולירקות: תנא לירקות ולמעשרות ולנדרים לירקות מאי נינהו מעשר ירק היינו מעשרות תנא דרבנן וקתני דאורייתא וליתני דאורייתא ברישא ג) איידי דחביבא ליה אקדמה ותנא דידן תנא דרבנן וכל שכן דאורייתא וליתני מעשר אחד מעשר בהמה ואחד מעשר דגן וליתני ירק תרי גווני ירק דתנן ד) א ירק הנאגד משיאגד ושאינו נאגד משימלא את הכלי ת"ר ה) ב ליקט ירק ערב ראש השנה עד שלא תבא השמש וחזר וליקט משתבא

(ג) והולך לשנות סדר בראשית והעלה זנב כימה ביום ונטל שני כוכבים ממנו ומעיינות מתמעטין בחמה ימות החמה ופסקו הגשמים ושינה סדר בראשית ונתגברו המעיינות ושטפס: יום שמזל כימה עולה ביום. שבמרחשון עולה עקרב בתחלת היום ואחריו קשת נמלא טלה עולה בסוף היום: שינה עליהם כו'. לקמן פריך מאי שינה: היינו דכתיב שני. שהרי אייר שני לחדשים: שני לדין. שנגזרה גזירה עליהן בתשרי שלפניו: הכי גרסינן בשלמא לר' יהושע היינו דשינה. דהעלה מזל כימה ביום ועוד שינה לתגבורת מעיינות: וחמת המלך שככה. ופסק חמה רותחת היא כדכתיב וחמתו בערה בו: חכמי ישראל מונין למבול כר' אליעזר. מונין שנות נח ובריאת עולם ושנות הדורות כר' אליעזר מונין מתשרי תחלת השנים ולא משום דסבירא להו דבתשרי נברא העולם אלא לתשרי ראש השנה לשנים ובניסן נברא העולם כדקתני: ולתקופה כרבי יהושע. כשמונין תקופת החמה והלבנה מונין מניסן לומר שבניסן נבראו ובתחלת ליל רביעי שמשה חמה בניסן לפיכך אין תקופת ניסן נופלת אלא בד' רביעי היום לפי שלעולם יום ורביע בין תקופה לתקופה שכנגדה לשנה הבאה וכן מולדות הלבנה מונין מולד ניסן ראשון בליל רביעי בתשעה שעות ותרמ"ב חלקים: אף למבול. כלומר למנין שנות הדורות מתחילין מניסן למנות ומבול באייר ירד (ג) ע"כ משתאמר באחת ושש מאות בראשון שחרבו המים ניסן הוא שהרי משפט דור המבול שנים עשר חדש: ולירקות. מעשר ירק לענין חדש וישן שאין תורמין מירק הנלקט ערב ר"ה על הנלקט אחר ר"ה: ולנדרים. לקמן (ע"ב) מפרש: תנא דרבנן. השמיעך שיש ר"ה קבוע לענין חדש וישן במעשר ירק דרבנן והדר תנא מעשר דגן שאף לו יום קבוע לחדש וישן שלו: ותנא דידן. דתנא לירקות ולא תנא למעשרות: תנא דרבנן. ואשמועינן דיום קבוע לו כ"ש לדאורייתא: ירק הנאגד. שדרכו באגודות: משיאגד. הוי גורנו למעשר ואסור לאכול ממנו עראי עד שיעשר: ליקט ירק. אשמועינן דירק בתר לקיטה אזיל לענין מעשר ואף על פי שגדל בשנה אחת אם נלקט בשתי שנים הוי חדש וישן שאין תורמין מן החדש על הישן דכתיב (דברים יד) שנה שנה: שניה

אלא לרבי אליעזר מאי שני. ואע"ג דלרבי אליעזר בתשרי נברא העולם (ד) דנהי דלענין השנים ראוי למנות ממנו לענין מנין החדשים אין מונין ממנו לקרות מרחשון שני לחדשים ניסן ראשון: **למבול** כרבי אליעזר. אע"ג דסבירא להו כרבי יהושע דבניסן נברא העולם מדמונין לתקופה כרבי יהושע מ"מ מונין שנות נח ובריאת עולם (ה) ושנות החמה מתשרי משום דתשרי ראש השנה לשנים ולשמיטין וליובלות: **ולירקות** ולנדרים. ומתניתין דלא קתני לנדרים בהפסק' לא מיירי כדפרישית לעיל (דף ז. בד"ה בהפסקה) גבי ולעיבורים: **תנא** דרבנן. מדתנן לירקות יותר משאר כל פירות משמע דכל שאר פירות מעשרן דאורייתא וכן משמע בריש מסכת מעשרות בירושלמי דדריש קראי כולהו מקרא חוץ מירקות ומסיק דמעשר ירקות מדבריהם והכי איתא התם עשר תעשר את כל תבואת זרעך כלל ופרט אין בכלל אלא מה שבפרט אין לי אלא תבואה קטנית מנין ת"ל וכל מעשר הארץ מזרע הארץ לרבות זרע שום וגרגיר יכול שאני מרבה זרע לוף העליון זרע כרשין זרע לפת ולגון ושאר זרעוני גנה שאינם נאכלין ת"ל מזרע הארץ ולא כל זרע הארץ פרי העץ לרבות כל פירות האילן יכול שאני מרבה חרובי שיטה ולמוני וחרובי גדירה ת"ל מפרי העץ ולא כל פרי העץ ירקות מנין איסי בן עקיבא אומר המעשרות לירקות מדבריהם והכי נמי איתא בירושלמי בסוף חלה רבותינו שבגולה היו מפרישין תרומות ומעשרות עד שבאו הרוגים ובטלום מאן אינון הרוגים תרגמוניא ר' זעירא רב יהודה בשם שמואל חלה בחו"ל ותרומת חו"ל אוכל והולך ואח"כ מפריש רבי אבא בשם שמואל אומר לא חשו אלא לדגן ותירוש ויצהר רבי אילא בשם שמואל אמר לא חשו אלא לתרומה גדולה בלבד אבל לירקות אפילו לתרומה לא חשו דתני איסי בן עקיבא המעשרות לירקות מדבריהם מכל הני משמע דשאר כל פירות לדאורייתא אבל אי אפשר לומר כן דלקמן בפירקין (דף טו:) אמרו מעשר חרובין דרבנן ובפרק כילד מברכין (ברכות דף לו.) מעשר צלף מדרבנן ובפרק אלו עוברין (פסחים דף מד.) מעשר תבלין דרבנן ואפילו תאנים ורמונים ותמרים דכתיבי בקרא דארץ חטה פטורין מן המעשרות דלא מחייב מדאורייתא אלא דגן ותירוש ויצהר כדאמרינן בפ' מעשר בהמה (בכורות דף נד. ושם) תירוש ודגן דאורייתא שאר מינים מדרבנן ובפרק העור והרוטב (חולין דף קכ: ושם) מקיש ו) משקין דקדשים לתרומת (דגן) תירוש ויצהר אין מידי אחרינא לא וממעט דבש תמרים ויין תפוחים ובריש ביצה (דף ג: ושם) האי תנא תנא דלטרא קציעות הוא דאמר כל דבר שבמנין אפילו בדרבנן לא בטיל והא דמשמע בסוף הערל (יבמות דף פא. ושם) דעיגול בעיגולין אינו עולה אי תרומה בזמן הזה דאורייתא אע"ג דלעולם תרומת תאנים דרבנן מ"מ כעין דאורייתא תקון והא דתניא בפרק אלו הן הלוקין (מכות דף יט:) גבי כהן שעלתה בידו תאנה של טבל דכהן שאכלה לוקה אחת וזר שאכלה לוקה שתים וכן הא דתנן במסכת פרה פ' גלוסקין שהניחה וכו' (פי"א מ"ג) גבי דבילה של תרומה שנפלה למי חטאת דהאוכלה במיתה כל הני לסימני בעלמא ונפקא מינה לתרומה דאורייתא אי נמי מכת מרדות ומיתה לקוברו בין רשעים גמורים והא דאמרינן בפרק הנודר מן הירק (נדרים דף נה.) דדגן מידי דמדגן משמע אפי' קטנית היינו בלשון בני אדם והא דקאמרינן בירושלמי ירקות מדבריהם היינו שאין להם סמך מן הפסוק ואע"ג דבתורת כהנים בסוף פרשת בחקותי ובספרי בפרשת עשר תעשר תניא זרע הארץ לרבות שום ושחלים וגרגר והדר תני מנין לרבות הירקות למעשרות ת"ל וכל מעשר משום דלא משתמע שפיר מקרא לא חשיב ליה אסמכתא גמורה אי נמי ברייתא דאיסי בן עקיבא פליגא ז):

איידי דחביבא ליה אקדמה. ובפ"ק דפאה (משנה ה) תנן לענין פאה האוג והחרובין מדאורייתא לא מחייבי בפאה אלא זיתים וגפנים דכתיבי בקרא כדדריש בפרק הזרוע (חולין דף קלא.) ארבע שבכרם שתים שבאילן כגון זיתים והשתא אי משום דחביבא ליה מילתא דרבנן אקדים אוג וחרובין ליתני זיתים וגפנים לבסוף כדפריך בריש יבמות (דף ג. ושם) ליתנייה לאחות אשה לבסוף והתם שנאן בסירוגין ובאמצע וי"ל דהתם בפאה לא אתא אלא לפרושי אלו שלקיטתן כאחד הלכך לא חיים למתנינהו על הסדר א"נ האחרון אחרון אין לקיטתן כאחד כולי האי כמו הראשון שלפניו ופאה שייך בדבר שלקיטתן כאחד ותני לא זו אף זו:

אחד מעשר בהמה ואחד מעשר דגן. כר"ש דאמר במתניתין אחד בתשרי ראש השנה למעשר בהמה ותימה דה"מ לשנויי ד"ה ולפרושי מעשרות כגון מעשר ראשון ומעשר שני ומעשר עני כדתנן בריש מסכת מעשרות ולעיל נמי בפירקין (דף ד.) גבי בל תאחר קתני מעשרות וקתני נמי בכור ומעשר דהיינו מעשר בהמה ועוד קשיא דאי מהדר לאקשויי אמאי תני מעשרות לשון רבים ברישא ה"ל לאקשויי אירקות דהא תנא ירקות ברישא והדר מעשרות ונראה לי דלאו אברייתא פריך אלא אמתניתין קאי דקתני ולירקות משום מעשרות דהם מדרבנן דליתני מעשר סתם והוה ידענא דבכל מעשר איירי בין בירק בין בדגן ומשני משום דהוה משמע אחד מעשר בהמה ואחד מעשר דגן סתם כר' שמעון והדר דייק אמאי תנא ירקות לשון רבים וה"ה דהוה מצי לאקשויי אשמיטין ואיובלות ומה שיכול למצוא טעם מפרש: **ירק** הנאגד משיאגד. לענין גורנו למעשרות מיתני בפ"ק דמעשרות (משנה ה) אבל לענין חדש וישן תלוי בלקיטה: **משימלא** את הכלי. בסיפא קתני ואם אינו ממלא את הכלי משילקט כל צרכו: משתבא

עין משפט
נר מצוה

נט א מיי' פ"ג מהל' מעשר הלכה ט סמג עשין קלה: ס ב מיי' פ"ה מהל' תרומות הלכה יא ופ"ד מהלכות שמיטה הלכה יב סמג עשין קלו טוש"ע י"ד סימן שלא סעיף מז:

רבינו חננאל

ואקשינן תוב בשלמא לר"א דאמר מנהג העולם להיות מזל כימה שוקע ביום ועולה בלילה ושינה הקב"ה והעלהו ביום במזרח היינו דאיכא שינוי. אלא לר' יהושע במאי שינה ופרקינן שהוריד עליהן גשמים רותחין מן השמים שלא כדרך כל הגשמים. מנ"ל שנא' וישוכו המים פי' נחו מרתיחתן. ת"ר חכמי ישראל מונין למבול והוא חשבון הלבנה מתשרי כרבי אליעזר דאמר בתשרי נברא העולם ולתקופה והוא חשבון השמש כרבי יהושע וחכמי אה"ע מונין אף ללבנה מניסן כר' יהושע ולירקות פיר' תנא מעשר ירק דהוא מדרבנן ופיר' ר"ה שלו תשרי וכ"ש מעשר דגן (ומעשר) [ובברייתא] תנא לירקות ולמעשרות ולנדרים ואוקימנא דלא קתני ירק אלא קתני ולירקות משום דאית תרי גווני ירק בתורת מעשר ירק כדתנן במעשרות פרק א' ירק הנאגד משיאגד פי' מי שדרכו להאגד אגודות משיאגד נגמרה מלאכתו והנה נתחייב במעשר ושאין נאגד משימלא את הכלי. ואיידי דתנא ירקות תנא מעשרות. ת"ר ליקט ירק כו' ערב ר"ה עד שלא תבא השמש וחזר וליקט נכרי

ליקוטי רש"י

ברותחין קלקלו. אוחז באמה כאילו מביא מבול שעבירה זו היתה בידם דכתיב (בראשית ו) כי השחית כל בשר ואמרו ברותחין קלקלו [ע"פ נדה יג.]. וברותחין נידונו. ר' תנחומא דרש שהיו בעלי קומה ולא מתו בתהומות ובאו עליהם רותחין מלמעלה וזה יתרם קימה יתרה שלהם כ"ש [איוב כב כ]. הנאגד. שדרכו לאוגדו. משיאגד. הוקבע למעשר ונאסר באכילת עראי [חולין ז.].

מסורת הש"ס

א) [לעיל ח.], ב) סנהדרין קח: זבחים קיג:, ג) [יבמות ג: וש"נ], ד) מעשרות פ"א מ"ה חולין ז., ה) [תוספתא פ"א ע"ש ותוספתא דתרומות פרק ג ע"ש], ו) צ"ל מה משקין, ז) [וע"ע תוספות בכורות נד. ד"ה ושני ותוס' ע"ז נח: ד"ה בלר ותוס' חולין ז: ד"ה והתיר].

הגהות הב"ח

(א) גמ' ונטל שני כוכבים מכימה והביא: (ב) רש"י בא"ד העמוד והולך לשנות סדר בראשית נמחק וכצ"ל יום שמזל כימה שוקע ביום ומעיינות מתמעטין מחום ימות החמה ופוסקים הגשמים ושינה עליהן סדר בראשית והעלה זנב כימה ביום ונטל שני כוכבים ממנו ונתגברו המעיינות ושטפם: (ג) ד"ה אף למבול כו' ומבול באייר ירד וע"כ כשתאמר באחת: (ד) תוס' ד"ה אלא כו' נברא העולם מכל מקום נהי דלענין: (ה) ד"ה למבול כו' שנות נח ובריאת עולם מתשרי כצ"ל ותיבות ושנות החמה נמחק:

גליון הש"ס

גמרא אלא לר"א מאי שני. עיין ברד"ק מ"א ח ב בשם תרגום יונתן שם דלפני הזמן שיצאו ממצרים היה תשרי חדש ראשון כי בתשרי נברא עולם ומשיצאו ישראל ממצרים ניסן הוא ראש לחדשים ע"ש א"כ מאי פרכינן הכא אלא לר"א מאי שני הא מקודם היה תשרי ראשון לחדש ושפיר קרו למרחשון שני לחדשים:

תורה אור השלם

א) וַיִּזְכֹּר אֱלֹהִים אֶת נֹחַ וְאֵת כָּל הַחַיָּה וְאֶת כָּל הַבְּהֵמָה אֲשֶׁר אִתּוֹ בַּתֵּבָה וַיַּעֲבֵר אֱלֹהִים רוּחַ עַל הָאָרֶץ וַיָּשֹׁכּוּ הַמָּיִם: [בראשית ח, א]

ב) וַיִּתְלוּ אֶת הָמָן עַל הָעֵץ אֲשֶׁר הֵכִין לְמָרְדֳּכָי וַחֲמַת הַמֶּלֶךְ שָׁכָכָה: [אסתר ז, י]

WORLD COUNT EVEN THE years of the **FLOOD IN ACCORDANCE WITH R' YEHOSHUA.**[14]

The Mishnah listed one final matter regarding which the first of Tishrei is reckoned the beginning of the year:

וְלִירָקוֹת – AND FOR VEGETABLES.[15]

The Gemara cites a related Baraisa:

תָּנָא – It was taught in a Baraisa: לִירָקוֹת וּלְמַעְשְׂרוֹת וְלִנְדָרִים – The first of Tishrei begins the New Year **FOR VEGETABLES, FOR TITHES AND FOR VOWS.**[16]

The Gemara asks:

לִירָקוֹת מַאי נִינְהוּ – Now, **what** does it mean that Tishrei begins the New Year **for vegetables?** מַעֲשַׂר יָרָק – Presumably, that it begins the year for **the vegetable tithe.** הַיְינוּ מַעְשְׂרוֹת – But **that is** the same thing as saying that it begins the year for **tithes.** Why, then, does the Baraisa state both?

The Gemara answers:

תָּנָא דְּרַבָּנָן – The two are not synonymous; **the Baraisa** first **teaches** that Tishrei begins the New Year for the **Rabbinic** obligation of tithing vegetables, וְקָתָנֵי דְּאוֹרַיְיתָא – **and** then it **teaches** that it also begins the year for the **Biblical** obligation of tithing grain.[17]

The Gemara asks:

וְלִיתְנֵי דְּאוֹרַיְיתָא בְּרֵישָׁא – **But let [the Baraisa] speak of Biblical** tithes **first,** and vegetable tithes – which are merely Rabbinic – second: Why is the order reversed?

The Gemara answers:

אַיְּידֵי דַּחֲבִיבָא לֵיהּ אַקְדְּמָהּ – **Since** the vegetable tithe is Rabbinic **it is** especially **dear to [the Tanna],** and so he mentions it first.[18]

Having explained why the Baraisa mentions both vegetable and grain tithes, the Gemara considers why the Mishnah does not:

וְתַנָּא דִּידַן – **And** as for **our Tanna,** who mentions only vegetables, תָּנָא דְּרַבָּנָן – **he taught** the law regarding the **Rabbinic** vegetable tithe, וְכָל שֶׁכֵּן דְּאוֹרַיְיתָא – **and** relied on our realizing on our own that **certainly** the same applies to grain, whose tithing requirement is **Biblical.**[19]

The Gemara continues to analyze the Baraisa:

וְלִיתְנֵי מַעֲשֵׂר – **But let it state** that Tishrei begins the year for **the**

NOTES

various laws that are tied to them, such as the blessing recited by one who sees the sun at the beginning of its 28-year cycle (see *Berachos* 59b), and the *tal u'matar* blessing, which is recited in the Diaspora sixty days after the start of the autumnal season (see *Taanis* 10a); see *Rama, Yoreh Deah* 116:5 for yet a third law connected to the *tekufos.*] The Sages of Israel would begin the count of seasons from the Nissan season (*Tekufas Nissan*), for they rule that the world was created then. For the ramifications of this decision, and for a detailed discussion of the issue, see Schottenstein edition of *Berachos* (59b) and *Eruvin* (56a), and the Appendix to *Berachos* vol. II. [Note that the division of the year into seasons of 91 days and $7^1/_2$ hours follows Shmuel, who defines the length of the solar year as exactly 365 days and six hours. Rav Adda, however, offers a more precise determination of the average length of the seasons, which is used in reconciling the lunar calendar with the solar year. For more information, see Appendix cited above.]

In reckoning the lunar seasons, the object is to find the first conjunction of the moon with the sun and the earth, known as the *molad* (or *birth* of the new moon). This is the moment at which the moon is located precisely between the earth and the sun. It recurs regularly at intervals that average 29 days, 12 hours, 44 minutes and one *chelek* (of which there are 1080 to an hour, and which equals $3^1/_3$ seconds); thus, the moment of the first *molad* of Creation determines all future *molads* for all time. The Sages of Israel put Creation at Nissan; this has ramifications for calculating all future *molads* (see *Rashi*). [*Rashi* states that the first *molad* occurred precisely nine hours and 642 *chalakim* after nightfall (i.e. 6:00 P.M.) on the Tuesday night prior to the creation of man. For the calculations relating to this number, see *Tosafos* above, 8a ד״ה לתקופות.]

[This Baraisa states that the Sages of Israel rule in accordance with R' Yehoshua regarding the seasons, which means that they agree that the world was created in Nissan. However, the Gemara below (27a) attributes the recitation on Rosh Hashanah of the prayer "this day is the beginning of Your works" to R' Eliezer's opinion, that Creation occurred in Tishrei. For different approaches to this question, see *Tosafos* (ד״ה כמאן מצלינן) and *Ritva* there; *Ran* to 16a, folio 3a in the *Rif; Beur HaGra, Orach Chaim* 581:1; see also *Ramban* to *Genesis* 8:5; *Rabbeinu Bachya* to *Genesis* 1:2.]

14. They hold that Creation took place in Nissan; therefore, they reckon the count of the years of man from the moment of man's creation, in Nissan. According to their view the Flood began in Iyar, for the reasons enumerated above (note 2) (*Rashi*). For why they do not follow the practice of the Sages of Israel in this matter, see *Aruch LaNer.*

15. [One may not use vegetables from this year's crop as *maaser* for vegetables that belong to last year's, or vice versa. The year, in this context, begins with the first of Tishrei.] Thus, one may not use vegetables that were picked before Rosh Hashanah (the first of Tishrei) as *maaser* for vegetables that were picked after Rosh Hashanah (*Rashi*). [Vegetables, as we will learn on 12b, are considered the product of the year in which they are picked.]

That the harvests of each year must be tithed separately is derived from the verse: *You shall tithe the entire crop of your planting, the produce of the field, year by year* (*Deuteronomy* 14:22); the expression *year by year* indicates that each year's harvest must be tithed separately (*Rashi* ד״ה ליקט ירק; *Sifrei* to *Deuteronomy* ibid.; *Rash* to *Terumos* 1:5; *Tosafos* to *Bava Metzia* 65a ד״ה שכירות; see also *Bechoros* 53b).

[The Gemara does not, however, provide an explicit source for the fact that the year, in this regard, begins with Tishrei. *Tosafos* (above, 8a), citing *Rashi* (to *Kesubos* 25a), explain that the *maaser* obligation is linked to the law of *shemittah;* for, as the Gemara states elsewhere (*Kesubos* ibid.), the *maaser* obligation did not originally go into effect until the *shemittah* cycle was begun, fourteen years after the Jewish people first entered the Land of Israel under Joshua. (See *Rashi* to *Kesubos* ad loc. – and in several other places cited in the marginal gloss there – for the Scriptural basis for this.) Therefore, the same calendar applies to both: Just as the *shemittah* year is dated from the first of Tishrei (as the Gemara derived earlier [8b]), so too the *maaser* year begins from the first of Tishrei. (See *Tosafos* ibid. for another approach as well.)]

16. The meaning of the Baraisa's statement that Tishrei marks the New Year for vows will be explained later in the Gemara. The Gemara here directs its attention to the first two items in the Baraisa: vegetables and tithes.

17. According to most Rishonim, the Biblical obligation of tithing applies only to grains, grapes and olives. All other fruits and vegetables require tithing merely by Rabbinic law (*Rashi* to 12b ד״ה מנא, to 13b ד״ה מתוך, and to *Berachos* 36a ד״ה גבי מעשר; *Tosafos* here and in the various locations cited by the marginal gloss; *Ramban* to *Deuteronomy* 14:22 and to *Bava Metzia* 88b; *Rash* to *Maasros* 1:1; *Hasagos HaRaavad* to *Hil. Maaser* 1:9). [*Ramban* (to *Deuteronomy* ibid.) goes further and suggests that even olives and grapes do not require tithing by Biblical law unless they take the form of wine or olive oil; but cf. *Ramban* to *Bava Metzia* loc. cit.]

Rambam (*Hil. Terumos* 2:1,6; *Hil. Maaser* 1:9; *Hil. Maaser Sheni* 1:3), however, maintains that the Biblical obligation extends to all types of fruit, as well as to grain. (For yet other views see *Ritva* to *Bava Metzia* 88b; *Smag, Mitzvos Asei* §161.)

In any event, all Rishonim agree that the obligation to tithe vegetables is merely Rabbinic.

The Baraisa first teaches that Tishrei marks the New Year for the Rabbinic obligation to tithe vegetables, and then states that there is also [the same] cut off date for the Scripturally mandated grain tithe (*Rashi*). (The year for tithing fruit, however, begins in Shevat, as stated in the Mishnah.)

18. See *Avodah Zarah* 35a.

19. If there is a fixed cut off date for tithing vegetables, which is merely a Rabbinic obligation, then it is certainly obvious that the same cut off date applies to tithing grain, whose tithe is Biblically mandated, since the Rabbinic law of tithes was doubtless based on the Biblical model (*Ritva;* see also *Turei Even*).

ומתוך ששינו מעשיהם שינה הקב"ה עליהם מעשה בראשית והעלה מזל כימה ביום ונטל שני כוכבים (א) והביא מבול לעולם בשלמא לר' יהושע היינו דכתיב שני א) אלא לר"א מאי שני שני לדין בשלמא לרבי יהושע היינו דשינה אלא לר"א מאי שינה כדרב חסדא דאמר רב חסדא ג) ברותחין קלקלו וברותחין נידונו ברותחין קלקלו בעבירה וברותחין נידונו כתיב הכא א) וישכו המים וכתיב התם ב) וחמת המלך שככה ת"ר חכמי ישראל מונין למבול כר"א ולתקופה כר' יהושע חכמי אומות העולם מונין אף למבול כר' יהושע: ולירקות: תנא לירקות ולמעשרות ולנדרים מאי נינהו מעשר ירק היינו מעשרות תנא דרבנן וקתני דאורייתא וליתני דאורייתא ברישא ג) איידי דחביבא ליה אקדמה ותנא דידן תנא דרבנן וכל שכן דאורייתא וליתני מעשר אחד מעשר בהמה ואחד מעשר דגן וליתני ירק תרי גווני ירק דתנן ד) א ירק הנאגד משיאגד ושאינו נאגד משימלא את הכלי ת"ר ה) ב ליקט ירק ערב ראש השנה עד שלא תבא השמש וחזר וליקט משתבא

רש"י

(ב) והולך לשנות סדר בראשית והעלה זנב כימה ביום ונטל שני כוכבים ממנו ומעיינות מתמעטין בחמה יומות החמה ופסקו הגשמים ושינה סדר בראשית ונתגברו המעיינות ושטפם: יום שמזל כימה עולה ביום. שבמרחשון עולה עקרב בתחלת היום ואחריו קשת נמצא טלה עולה בסוף היום: שינה עליהם כו'. לקמן פריך מאי שינה: היינו דכתיב שני. שהרי אייר שני לחדשים: שני לדין. שנגזרה גזירה עליהן בתשרי שלפניו: הכי גרסינן בשלמא לר' יהושע היינו דשינה. דהעלה מזל כימה ביום ועוד שינה לתגבורת מעיינות: וחמת המלך שככה. ושתם חמה רותחת היא כדכתיב וחמתו בערה בו: חכמי ישראל מונין למבול כר' אליעזר. מונין שנות נח ובריאת עולם ושנות הדורות כר' אליעזר מונין מתשרי תחלת השנים ולא משום דסבירא להו בתשרי נברא העולם אלא לתשרי ראש השנה לשנים וניסן נברא העולם לקמני: ולתקופה כרבי יהושע. כשמונין תקופת החמה והלבנה מונין מניסן לומר שמניסן נבראו ובתחלת ליל רביעי שמשה חמה בניסן לפיכך אין תקופת ניסן נופלת אלא בד' רביעי היום לפי שלעולם יום ורביע בין תקופת שנה זו לתקופה שכנגדה לשנה הבאה וכן מולדות הלבנה מונין מולד ניסן ראשון בליל רביעי בתשעה שעות ותרמ"ב חלקים: אף למבול. כלומר למנין שנות הדורות מתחילין מניסן למנות ומבול באייר ירד (ג) ע"כ משתמר באחת ושש מאות בראשון שחרבו המים ניסן הוא שהרי משפט דור המבול שנים עשר חדש: ולירקות. מעשר ירק לענין חדש וישן שאין תורמין מירק הנלקט ערב ר"ה על הנלקט אחר ר"ה: ולנדרים. לקמן (ע"ב) מפרש: תנא דרבנן. השמיענו שיש ר"ה קבוע לענין חדש וישן במעשר ירק דרבנן והדר תנא מעשר דגן שאף לו יום קבוע לחדש וישן שלו: ותנא דידן. דתנא לירקות ולא תנא למעשרות: תנא דרבנן. ואשמועינן דיום קבוע לו כ"ש לדאורייתא: ירק הנאגד. שדרכו באגודות: משיאגד. הוי גורנו למעשר ואסור לאכול ממנו עראי עד שיעשר: ליקט ירק. אשמועינן דירק בתר לקיטה אזיל לענין מעשר ואף על פי שגדל בשנה אחת אם נלקט בשתי שנים הוי חדש וישן שאין תורמין מן החדש על הישן דכתיב (דברים יד) שנה שנה: שניה

תוספות

אלא לרבי אליעזר מאי שני. ואע"ג דלרבי אליעזר בתשרי נברא העולם (ד) דהכי לענין השנים ראוי למנות ממנו לענין מנין החדשים אין מונין ממנו לקרות מרחשון שני לחדשים ניסן ראשון: **למבול** כרבי אליעזר. אע"ג דסבירא להו כרבי יהושע דבניסן נברא העולם מדמונין לתקופה כרבי יהושע מ"מ מונין שנות נח ובריאת עולם (ה) ושנות החמה מתשרי משום דתשרי ראש לשנים ולשמיטין וליובלות: **ולירקות** ולנדרים. ומתמיהין דלא קתני לנדרים דהפסק' לא מיירי כדפרישית לעיל (דף ז. ד"ה הפסקה) גבי ולעיבורים: **תנא** דרבנן. מדתנן לירקות יותר משאר כל פירות משמע דכל שאר פירות מעשרן דאורייתא וכן משמע בריש מסכת מעשרות בירושלמי דדריש כולהו מקרא חוץ מירקות ומסיק דמעשר ירקות מדבריהם והכי איתא התם עשר תעשר את כל תבואת זרעך כלל ופרט אין בכלל אלא מה שבפרט אין לי אלא תבואה קטנית מנין ת"ל וכל מעשר הארץ מזרע הארץ לרבות זרע שום וגרגיר יכול שאני מרבה זרע לוף העליון זרע כרשין זרע לפת ולנון ושאר זרעוני גנה שאינם נאכלין ת"ל מזרע הארץ ולא כל זרע הארץ פרי העץ לרבות כל פירות האילן יכול שאני מרבה חרובי שיטה וצלמוני וחרובי גדירה ת"ל מפרי העץ ולא כל פרי העץ ירקות מנין איסי בן עקיבא אומר המעשרות לירקות מדבריהם והכי נמי איתא בירושלמי בסוף חלה רבותינו שבגולה היו מפרישין תרומות ומעשרות עד שבאו הרוגים ובטלום מאן אינון הרוגים תרגמונין' ר' זעירא רב יהודה בשם שמואל חלה בחו"ל ותרומת חו"ל אוכל והולך ואח"כ מפריש רבי אבא בשם שמואל אומר לא חשו אלא לדגן ותירוש ויצהר רבי אילא בשם שמואל אמר לא חשו אלא לתרומה גדולה בלבד אבל לירקות אפילו לתרומה לא חשו דתני איסי בן עקיבא המעשרות לירקות מדבריהם מכל הני משמע דשאר כל פירות לדאורייתא אבל אי אפשר לומר כן דלקמן בפירקין (דף טו:) אמרו מעשר חרובין דרבנן ובפרק כילד מברכין (ברכות דף לו.) מעשר צלף מדרבנן ובפרק אלו עוברין (פסחים דף מד.) מעשר תבלין דרבנן ואפילו תאנים ורמונים ותמרים דכתיבי בקרא דארץ חטה פטורין מן המעשרות דלא מחייב מדאורייתא אלא דגן ותירוש ויצהר כדאמרינן בפ' מעשר בהמה (בכורות דף נד. ושם) תירוש ודגן לדאורייתא שאר מינים מדרבנן ובפרק העור והרוטב (חולין דף קכ: ושם) מקיש ו) משקין דקדשים לתרומת (דגן) תירוש ויצהר אין מידי אחרינא לא וממעט דבש תמרים ויין תפוחים ובריש ביצה (דף ג: ושם) האי תנא תנא דלטרא קליעות הוא דאמר כל דבר שבמנין אפילו בדרבנן לא בטיל והא דמשמע בסוף הערל (יבמות דף פא. ושם) דעיגול בעיגולין אינו עולה אי תרומה בזמן הזה דאורייתא אע"ג דלעולם תרומת תאנים דרבנן מ"מ כעין דאורייתא תקון והא דתניא בפרק אלו הן הלוקין (מכות דף יט:) גבי כהן שעלתה בידו תאנה של טבל דכהן שאכלה לוקה אחת וזר שאכלה לוקה שתים וכן הא דתנן במסכת פרה פ' צלוחית שהניחה וכו' (פי"א מ"ג) גבי דבילה של תרומה שנפלה למי חטאת דהאוכלה במיתה כל הני לסימני בעלמא ונפקא מינה לתרומה דאורייתא אי נמי מכת מרדות ומיתה לקוברו בין רשעים גמורים והא דאמרינן בפרק הנודר מן הירק (נדרים דף נה.) דדגן מידי דמדגן משמע אפי' קטנית היינו בלשון בני אדם והא דקאמרינן בירושלמי ירקות מדבריהם היינו שאין להם סמך מן הפסוק ואע"ג דבתורת כהנים בסוף פרשת בחקותי ובספרי בפרשת עשר תעשר תניא זרע הארץ לרבות שום ושחלים וגרגר והדר תני מנין לרבות הירקות למעשרות ת"ל וכל מעשר משום דלא משתמע שפיר מקרא לא חשיב ליה אסמכתא גמורה אי נמי ברייתא דאיסי בן עקיבא פליגא ז):

איידי דחביבא ליה אקדמה. ובפ"ק דפאה (משנה ה) תנן לענין פאה האוג והחרובין מדאורייתא לא מחייבי בפאה אלא זיתים וגפנים דכתיבי בקרא כדדריש בפרק הזרוע (חולין דף קלא.) ארבע שבכרם שתים שבאילן כגון זיתים והשתא אי משום דחביבא ליה מילתא דרבנן אקדים אוג וחרובין ליתני זיתים וגפנים לבסוף כדפריך בריש יבמות (דף ג. ושם) ליתנייה לאחות אשה לבסוף והתם שנאן בסירוגין ובאמצע וי"ל דהתם בפאה לא אתא אלא לפרושי אלו שלקיטתן כאחד הלכך לא חייש למתניינהו על הסדר א"נ האחרון אחרון אין לקיטתן כאחד כולי האי כמו הראשון שלפניו ופאה שייך בדבר שלקיטתן כאחד ותני לא זו אף זו:

אחד מעשר בהמה ואחד מעשר דגן. כר"ש דאמר במתניתין אחד בתשרי ראש השנה למעשר בהמה ותימה דה"מ לשנויי ד"ה ולפרושי מעשרות כגון מעשר ראשון ומעשר שני ומעשר עני כדתנן בריש מסכת מעשרות ולעיל נמי בפירקין (דף ז.) גבי בל תאחר קתני מעשרות וקתני נמי בכור ומעשר דהיינו מעשר בהמה ועוד קשיא דאי מהדר לאקשויי אמאי תני מעשרות לשון רבים ברישא ה"ל לאקשויי אירקות דהא תנא ירקות ברישא והדר מעשרות ונראה לי דלאו אברייתא פריך אלא אמתניתין קאי דקתני ולירקות משום מעשרות דהם מדרבנן דליתני מעשר סתם והוה ידענא דבכל מעשר איירי בין בירק בין בדגן ומשני משום דהוה משמע אחד מעשר בהמה ואחד מעשר דגן סתם כר' שמעון והדר דייק אמאי תנא ירקות לשון רבים וה"ה דהוה מצי לאקשויי אשמיטין ואיובלות ומה שיכול למצוא טעם מפרש: **ירק** הנאגד משיאגד. לענין גורנו למעשרות מיתני בפ"ק דמעשרות (משנה ה) אבל לענין חדש וישן תלוי בלקיטה: **משימלא** את הכלי. בסיפא קתני ואם אינו ממלא את הכלי משילקט כל צרכו: משתבא

עין משפט נר מצוה

נט א מיי' פ"ג מהל' מעשר הלכה ט סמג עשין קלו:
ס ב מיי' פ"ה מהל' תרומות הלכה יא ופ"ד מהלכות שמיטה הלכה יב סמג עשין קנו טוש"ע י"ד סימן של"א סעיף מ:

רבינו חננאל

ואקשינן תוב בשלמא לר"א דאמר מנהג העולם להיות מזל כימה שוקע ביום ועולה בלילה ושינה הקב"ה והעלהו ביום במזרח היינו דאיכא שינוי. אלא לר' יהושע במאי שינה ופרקינן שהוריד עליהן גשמים רותחין מן השמים שלא כדרך כל הגשמים. מנ"ל שנא' וישוכו המים פי' נחו מרתיחתן. ת"ר חכמי ישראל מונין למבול והוא חשבון הלבנה מתשרי כרבי אליעזר דאמר בתשרי נברא העולם ולתקופה והוא חשבון השמש כרבי יהושע וחכמי אה"ע מונין אף ללבנה מניסן כר' יהושע ולירקות פיר' תנא מעשר ירק דהוא מדרבנן ופיר' ר"ה שלו תשרי וכ"ש מעשר דגן (ומעשר) (ובברייתא) תנא לירקות ולמעשרות ולנדרים ואוקימנא דלא קתני ירק אלא קתני ולירקות משום דאית תרי גווני ירק בתורת מעשר ירק כדתנן במעשרות פרק א' ירק הנאגד משיאגד פי' מי שדרכו להאגד אגודות משיאגד נגמרה מלאכתו והנה נתחייב במעשר ושאין נאגד משימלא את הכלי. ואיידי דתנא ירקות תנא מעשרות. ת"ר ליקט ירק כו' ערב ר"ה עד שלא תבא השמש וחזר וליקט נכרי

ליקוטי רש"י

ברותחין קלקלו. אותו באמה כאלו מביא מבול שעבירה זו היתה בידם דכתיב (בראשית ו) כי השחית כל בשר ואמרו ברותחין קלקלו [ע"פ נדה יג.]. וברותחין נידונו. ר' תנחומא דרש שהיו בעלי קומה ולא היו מתו בתהומות ובאו עליהם רותחין מלמעלה וזה יתרם קימה יתרה שלהם כ"ש [איוב כב כ]. הנאגד. שדרכו לאוגדו. משיאגד. הוקבע למעשר ונאסר באכילת עראי [חולין ז.].

מסורת הש"ס

א) [לעיל ח.], ב) סנהדרין קח: זבחים קיג:, ג) [יבמות ב: וש"נ], ד) מעשרות פ"א מ"ה חולין ז., ה) [תוספתא פ"א ע"ש ותוספתא דתרומות פרק ב ע"ש], ו) ל"ל מה משקין, ז) [וע"ע תוספות בכורות נד. ד"ה ושני ותוס' ע"ז נט: ד"ה בלר ותוס' חולין ז: ד"ה והתיר].

הגהות הב"ח

(א) גמ' ונטל שני כוכבים מכימה והביא: (ב) רש"י בריש העמוד והולך לשנות סדר בראשית ומתחק וכל"ל יום שמזל כימה שוקע ביום ומעיינות מתמעטין מחום יומות החמה ופוסקים הגשמים ושינה עליהן סדר בראשית והעלה זנב כימה ביום ונטל שני כוכבים ממנו ונתגברו המעיינות ושטפם: (ג) ד"ה אף למבול כו' ומבול באייר ירד וע"כ כשמתמר באחת: (ד) תוס' ד"ה אלא לר"א כו' ברא העולם מכל מקום נהי דלענין: (ה) ד"ה למבול כו' שנות נח ובריאת עולם מתשרי כל"ל ותיבת ושנות החמה נמחק:

גליון הש"ס

גמרא אלא לר"א מאי שני. עיין ברד"ק מ"א ח ג בשם תרגום יונתן שם דלפני הזמן שלמה היו מתחילים חדש ראשון כי בתשרי נברא עולם ומשלמה ישראל מתחילים ניסן הוא ראש לחדשים ע"ש א"כ מאי פרכינן הכא אלא לר"א מאי שני הא בזמן ההוא תשרי ראשון לחדש ושפיר קרו למרחשון שני לחדשים:

תורה אור השלם

א) וַיִּזְכֹּר אֱלֹהִים אֶת נֹחַ וְאֵת כָּל הַחַיָּה וְאֶת כָּל הַבְּהֵמָה אֲשֶׁר אִתּוֹ בַּתֵּבָה וַיַּעֲבֵר אֱלֹהִים רוּחַ עַל הָאָרֶץ וַיָּשֹׁכּוּ הַמָּיִם: [בראשית ח, א]
ב) וַיִּתְלוּ אֶת הָמָן עַל הָעֵץ אֲשֶׁר הֵכִין לְמָרְדֳּכָי וַחֲמַת הַמֶּלֶךְ שָׁכָכָה: [אסתר ז, י]

tithe, in the singular. Why does the Baraisa speak of *tithes,* in the plural?[20]

The Gemara answers:

אֶחָד מַעְשַׂר בְּהֵמָה וְאֶחָד מַעְשַׂר דָּגָן – Because it speaks of **both the animal tithe and the grain tithe.**[21]

The Gemara asks further:

וְלִיתְנֵי יָרָק – **But let it state** that Tishrei marks the new year for **the vegetable,** in the singular. Why do the Mishnah and the Baraisa speak of *vegetables,* in the plural?[22]

The Gemara answers:

תְּרֵי גַוְונֵי יָרָק – Because the law of tithes recognizes **two types of vegetables.** **דִּתְנַן** – **For we learned in a Mishnah:**[23] **יָרָק הַנֶּאֱגָד מִשֶּׁיֵּאָגֵד** – Regarding A VEGETABLE THAT IS usually BUNDLED for market, its processing is complete FROM WHEN IT IS BUNDLED, from which time it may not even be snacked on without first being tithed.[24] **וְשֶׁאֵינוֹ נֶאֱגָד מִשֶּׁיְּמַלֵּא אֶת הַכְּלִי** – BUT regarding A VEGETABLE THAT IS NOT usually BUNDLED for market, its processing is complete FROM WHEN IT FILLS THE VESSEL into which he collects it.[25] The Mishnah and the Baraisa, therefore, speak of *vegetables,* in the plural, informing us that both classes of vegetable are dated the same way when determining to which year's crop they should be assigned.[26]

The Gemara quotes a Baraisa which lays out the consequences that result from determining to which year's crop a vegetable belongs:

תָּנוּ רַבָּנָן – **The Rabbis taught in a Baraisa:** **לִיקֵּט יָרָק עֶרֶב רֹאשׁ הַשָּׁנָה עַד שֶׁלֹּא תָּבֹא הַשֶּׁמֶשׁ** – If ONE PICKED A VEGETABLE ON THE EVE OF ROSH HASHANAH BEFORE THE SUN WENT DOWN, in time for it to be assigned to last year's harvest, **וְחָזַר וְלִיקֵּט** – AND HE THEN PICKED another vegetable

NOTES

20. *Ran,* citing *Rashi;* cf. *Tosafos.*

21. The Baraisa follows the view of [R' Elazar and] R' Shimon in the Mishnah [2a], according to whom the first of Tishrei marks the New Year for tithing animals (ibid.).

22. [In Mishnaic Hebrew, when speaking of vegetables in general (as opposed to individual vegetables) the singular form יָרָק is appropriate.]

23. *Maasros* 1:5.

24. It is permitted to snack from untithed produce until the final step in the harvesting and collecting process has been completed. Accordingly, if he picked some vegetables for market and has not yet bundled them in the usual fashion, he may snack from them without first tithing them (see *Rashi*).

[However, one may not eat a formal meal from untithed produce even before its processing is complete. This prohibition begins as soon as the growing produce reaches one third of its mature size. The Gemara will expound on this point on the following *amud.*]

25. [If, however, he has no intention to harvest enough vegetables to fill a utensil, then the processing is complete as soon as he has gathered his fill (Mishnah *Maasros* ibid.).]

26. Furthermore, although these types of vegetables differ from each other in regard to when it becomes forbidden to snack from them (before or after bundling), no such distinction applies when determining to which year's crop they belong. All vegetables are dated by when they are picked: If they are picked before Rosh Hashanah they belong to last year's crop; if they are picked after Rosh Hashanah they belong to this year's crop (*Tosafos;* see below, 12b note 18).

Indeed, it is this very point that the Mishnah and Baraisa wish to emphasize by using the plural *vegetables:* that although vegetables differ from each other insofar as when their processing is complete, they are all the same insofar as how they are assigned to a particular year (*Gra, Imrei Noam).*

ומתוך ששינו מעשיהם שינה הקב"ה עליהם מעשה בראשית והעלה מזל כימה ביום ונטל שני כוכבים (א) והביא מבול לעולם בשלמא לר' יהושע היינו דכתיב שני * אלא לר"א מאי שני א) שני לדין בשלמא לרבי יהושע היינו דשינה אלא לר"א מאי שינה כדרב חסדא דאמר רב חסדא ג) ברותחין קלקלו וברותחין נידונו ברותחין קלקלו בעבירה וברותחין נידונו כתיב הכא א) וישכו המים וכתיב התם ב) וחמת המלך שככה ת"ר חכמי ישראל מונין למבול כר"א ולתקופה כר' יהושע חכמי אומות העולם מונין אף למבול כר' יהושע: ולירקות: תנא לירקות ולמעשרות ולנדרים לירקות מאי ניניהו מעשר ירק היינו מעשרות תנא דרבנן וקתני דאורייתא וליתני דאורייתא ברישא ג) איידי דחביבא ליה אקדמה ותנא דידן תנא דרבנן וכל שכן דאורייתא וליתני מעשר אחד מעשר בהמה ואחד מעשר דגן וליתני ירק תרי גווני ירק דתנן ד) איזהו ירק הנאגד משיאגד ושאינו נאגד משימלא את הכלי ת"ר ה) ב) ליקט ירק ערב ראש השנה עד שלא תבא השמש וחזר וליקט משתבא

רש"י

(ב) והולכך לשנות סדר בראשית והעלה זנב כימה ביום ונטל שני כוכבים ממנו ומעיינות מתמעטין בחמה ימות החמה ופסקו הגשמים ושינה סדר בראשית ונתגברו המעיינות ושטפס: יום שמזל כימה עולה ביום. שבמרחשון עולה עקרב בתחלת היום ואחריו קשת נמצא טלה עולה בסוף היום: שינה עליהם כו'. לקמן פריך מאי שינה: היינו דכתיב שני. שהרי אייר שני לחדשים: שני לדין. שנגזרה גזירה עליהן בתשרי שלפניו: הכי גרסינן בשלמא לר' יהושע היינו דשינה. דהעלה מזל כימה ביום ועוד שינה לתגבורת מעיינות: וחמת המלך שככה. וסתם חמה רותחת היא כדכתיב וחמתו בערה בו: חכמי ישראל מונין למבול כר' אליעזר. מונין שנות נח ובריאת עולם ושנות הדורות כר' אליעזר מונין מתשרי תחלת השנים ולא משום דסבירא להו בתשרי נברא העולם אלא לתשרי ראש השנה לשנים ובניסן נברא העולם כדקתני: ולתקופה כרבי יהושע. כשמונין תקופת החמה והלבנה מונין מניסן לומר שמניסן נברא ובתחלת ליל רביעי נתלה החמה בניסן לפיכך אין תקופת ניסן נופלת אלא בד' רביעי היום לפי שלעולם יום ורביע בין תקופה לתקופה שכנגדה לשנה הבאה וכן מולדות הלבנה מונין מולד ניסן ראשון בליל רביעי בתשעה שעות ותרמ"ב חלקים: אף למבול. כלומר למנין שנות הדורות מתחילין מניסן למנות ומבול באייר ירד (ג) ע"כ משתאמר באחת ושש מאות בראשון שחרבו המים ניסן הוא שהרי משפט דור המבול שנים עשר חדש: ולירקות. מעשר ירק לענין חדש וישן שאין תורמין מירק הנלקט ערב ר"ה על הנלקט אחר ר"ה: ולנדרים. לקמן (ע"ב) מפרש: תנא דרבנן. השמיענו שיש ר"ה קבוע לענין חדש וישן במעשר ירק דרבנן והדר תנא מעשר דגן שאף לו יום קבוע לחדש וישן שלו: ותנא דידן. דתנא לירקות ולא תנא למעשרות: תנא דרבנן. ואשמועינן דיום קבוע לו כ"ש לדאורייתא: ירק הנאגד. שדרכו באגודות: משיאגד. הוי גורנו למעשר ואסור לאכול ממנו עראי עד שיעשר: ליקט ירק. אשמועינן דירק בתר לקיטה אזיל לענין מעשר ואף על פי שגדל בשנה אחת אם נלקט בשתי שנים הוי חדש וישן שאין תורמין מן החדש על הישן דכתיב (דברים יד) שנה שנה: שניה

תוספות

אלא לרבי אליעזר מאי שני. ואע"ג דלרבי אליעזר בתשרי נברא העולם (ד) דנהי דלענין השנים ראוי למנות ממנו לענין מנין החדשים אין מונין ממנו לקרות מרחשון שני לחדשים ניסן ראשון: למבול כרבי אליעזר. אע"ג דסבירא להו כרבי יהושע דבניסן נברא העולם מדמונין לתקופה כרבי יהושע מ"מ מונין שנות נח ובריאת עולם (ה) ושנות החמה מתשרי משום דתשרי ראש לשנים ולשמיטין וליובלות: ולירקות ולנדרים. ומתניתין דלא קתני לנדרים בהפסק' לא מיירי כדפרישית לעיל (דף ז. בד"ה הספסקה) גבי ולעיבורים: תנא דרבנן. מדתנן לירקות יותר משאר כל פירות משמע דכל שאר פירות מעשרן דאורייתא וכן משמע בריש מסכת מעשרות בירושלמי דדריש כולהו מקרא חוץ מירקות ומסיק דמעשר ירקות מדבריהם והכי איתא התם עשר תעשר את כל תבואת זרעך כלל ופרט אין בכלל אלא מה שבפרט אין לי אלא תבואה קטנית מנין ת"ל וכל מעשר הארץ מזרע הארץ לרבות זרע שום וגרגיר יכול שאני מרבה זרע לוף העליון וזרע כרשין זרע לפת ולנון ושאר זרעוני גנה שאינם נאכלין ת"ל מזרע הארץ ולא כל זרע הארץ מפרי העץ לרבות כל פירות האילן יכול שאני מרבה חרובי שיטה ולצלמוני וחרובי גדירה ת"ל מפרי העץ ולא כל פרי העץ ירקות מנין איסי בן עקיבא אומר המעשרות לירקות מדבריהם והכי נמי איתא בירושלמי בסוף מסכת חלה רבותינו שבגולה היו מפרישין תרומות ומעשרות עד שבאו הרובים ובטלום מאן הרובים תרגמוניה ר' זעירא רב יהודה בשם שמואל חלה בחו"ל ותרומת חו"ל אוכל והולך ואח"כ מפריש רבי אבא בשם שמואל אומר לא חשו אלא לדגן ותירוש ויצהר רבי אילא בשם שמואל אמר לא חשו אלא לתרומה גדולה בלבד אבל לירקות אפילו לתרומה לא חשו דתני איסי בן עקיבא המעשרות לירקות מדבריהם מכל הני משמע דשאר כל פירות דאורייתא אבל אי אפשר לומר כן דלקמן בפירקין (דף טו:) אמרו מעשר חרובין דרבנן ובפרק כילד מברכין (ברכות דף לו.) מעשר צלף מדרבנן ובפרק אלו עוברין (פסחים דף מד.) מעשר תבלין דרבנן ואפילו תאנים ורמונים ותמרים דכתיבי בקרא דארץ חטה פטורין מן המעשרות דלא מחייב מדאורייתא אלא דגן ותירוש ויצהר כדאמרינן בפ' מעשר בהמה (בכורות דף נג. ושם) תירוש ודגן דאורייתא שאר מינים מדרבנן ובפרק העור והרוטב (חולין דף קכ:) מקיש ו) משקין דקדשים לתרומות (דגן) תירוש ויצהר אין מידי אחרינא לא וממעט דבש תמרים ויין תפוחים וכריש בילה (דף ג: ושם) האי תנא תנא דלגזרה קליעות הוא לאמר כל דבר שבמנין אפילו בדרבנן לא בטיל והא דמשמע בסוף הערל (יבמות דף פא. ושם) דעיגול דבילה אינו עולה אי תרומה בזמן הזה דאורייתא אע"ג דלעולם תרומת תאנים דרבנן מ"מ כעין דאורייתא תקון והא דתניא בפרק אלו הן הלוקין (מכות דף יט:) גבי כהן שנעלתה בידו תאנה של טבל דכהן שאכלה לוקה שתים וכן הא דתנן במסכת פרה פ' לנוחית שהניחה וכו' (פי"א מ"ג) גבי דבילה של תרומה שנפלה למי חטאת דהאוכלה במיתה כל הני לסימני בעלמא ונפקא מינה לתרומה דאורייתא אי נמי מכת מרדות ומיתה לקוברו בין רשעים גמורים והא דאמרינן בפרק הנודר מן הירק (נדרים דף נה.) דדגן מידי דמדגן משמע אפי' קטנית היינו בלשון בני אדם והא דקאמרינן בירושלמי ירקות מדבריהם היינו שאין להם סמך מן הפסוק ואע"ג דבתורת כהנים בסוף פרשת בחקותי ובספרי בפרשת עשר תעשר תניא זרע הארץ לרבות שום ושחלים וגרגר והדר תני מנין לרבות הירקות למעשרות ת"ל וכל מעשר משום דלא משתמע שפיר מקרא לא חשיב ליה אסמכתא גמורה אי נמי ברייתא דאיסי בן עקיבא פליגא ז):

איידי דחביבא ליה אקדמה. ובפ"ק דפאה (משנה ה) תנן לענין פאה האוג והחרובין מדאורייתא לא מחייבי בפאה אלא זיתים וגפנים דכתיבי בקרא כדדריש בפרק הזרוע (חולין דף קלא.) ארבע שבכרם שתים שבאילן כגון זיתים והשתא אי משום דחביבא ליה מילתא דרבנן אקדים אוג וחרובין ליתני זיתים וגפנים לבסוף כדפריך בריש יבמות (דף ג. ושם) ליתנייה לאחות אשה לבסוף והתם שנאן בסירוגין ובאמצע וי"ל דהתם בפאה לא אתא אלא לפרושי אלו שלקיטתן כאחד הלכך לא חייש למתניינהו על הסדר א"נ האחרון אחרון אין לקיטתן כאחד כולי האי כמו הראשון שלפניו ופאה שייך בדבר שלקיטתן כאחד ותני לא זו אף זו:

אחד מעשר בהמה ואחד מעשר דגן. כר"ש דאמר במתניתין אחד בתשרי ראש השנה למעשר בהמה ותימה דה"מ לשנויי ד"ה ולפרושי מעשרות כגון מעשר ראשון ומעשר שני ומעשר עני כדתנן בריש מסכת מעשרות ולעיל נמי בפירקין (דף ד.) גבי בל תאחר קתני מעשרות וקתני נמי בכור ומעשר בהמה ועוד קשיא דאי מהדר לאקשויי אמאי תני מעשרות לשון רבים ברישא ה"ל לאקשויי אירקות דהא תנא ירקות ברישא והדר מעשרות ונראה לי דלאו אברייתא פריך אלא אמתניתין קאי דקתני ולירקות משום מעשרות דהסם מדרבנן ליתני מעשר סתם והוה ידענא דבכל מעשר איירי בין בירק בין בדגן ומשני משום דהוה משמע אחד מעשר בהמה ואחד מעשר דגן סתם כר' שמעון והדר דייק אמאי תנא ירקות לשון רבים וה"ה דהוה מצי לאקשויי אשמיטין ואיובלות ומה שיכול למצוא טעם מפרש: ירק הנאגד משיאגד. לענין גורנו למעשרות מיתני בפ"ק דמעשרות (משנה ה) אבל לענין חדש וישן תלוי בלקיטה: משימלא את הכלי. בסיפא קתני ואם אינו ממלא את הכלי משילקט כל צרכו:

משתבא

א) [לעיל ח.], ב) סנהדרין קח: זבחים קיג:, ג) [יבמות ב: וש"נ], ד) מעשרות פ"א מ"ה חולין ז., ה) [תוספתא פ"א ע"ש ותוספתא דתרומות פרק ב ע"ש], ו) צ"ל מה משקין, ז) [וע"ע תוספות בכורות נד. ד"ה ושני ותוס' ע"ז נח: ד"ה בלר ותוס' חולין ז: ד"ה והמיר].

הגהות הב"ח

(א) גמ' ונטל שני כוכבים מכימה והביא: (ב) רש"י בריש העמוד והולכך לשנות סדר בראשית נמחק וכל"ל יום שמזל כימה שוקע ביום ומעיינות מתמעטין מחום ימות החמה ופוסקים הגשמים ושינה עליהן סדר בראשית והעלה זנב כימה ביום ונטל שני כוכבים ממנו ונתגברו המעיינות ושטפס: (ג) ד"ה אף למבול כו' ומבול באייר ירד וע"כ כשתאמר באחת: (ד) תוס' ד"ה אלא כו' ברא העולם מכל מקום נהי דלענין: (ה) ד"ה למבול כו' שנות נח ובריאת עולם מתשרי כצ"ל ותיבות ושנות החמה נמחק:

גליון הש"ס

גמרא אלא לר"א מאי שני. עיין ברד"ק מ"א ח ב בשם תרגום יונתן שם דלפני הזמן שיצאו ממצרים היה תשרי חדש ראשון כי בתשרי נברא עולם ומשיצאו ישראל ממצרים ניסן הוא ראש לחדשים ע"ש א"כ מאי פרכינן הכא אלא לר"א מאי שני הא מקודם היה תשרי ראשון לחדש ושפיר קרו למרחשון שני לחדשים:

תורה אור השלם

א) וַיִּזְכֹּר אֱלֹהִים אֶת נֹחַ וְאֵת כָּל הַחַיָּה וְאֶת כָּל הַבְּהֵמָה אֲשֶׁר אִתּוֹ בַּתֵּבָה וַיַּעֲבֵר אֱלֹהִים רוּחַ עַל הָאָרֶץ וַיָּשֹׁכּוּ הַמָּיִם: [בראשית ח, א]

ב) וַיִּתְלוּ אֶת הָמָן עַל הָעֵץ אֲשֶׁר הֵכִין לְמָרְדֳּכָי וַחֲמַת הַמֶּלֶךְ שָׁכָכָה: [אסתר ז, י]

עין משפט נר מצוה

נט א מיי' פ"ג מהל' מעשר הלכה ט סמג עשין קלה:
ס ב מיי' פ"ה מהל' תרומות הלכה יא ופ"ד מהלכות שמיטה הלכה יב סמג עשין קלו טוש"ע י"ד סימן שלא סעיף נז:

רבינו חננאל

ואקשינן תוב בשלמא לר"א דאמר מנהג העולם להיות מזל כימה שוקע ביום ועולה בלילה ושינה הקב"ה והעלהו ביום במזרח היינו דאיכא שינוי. אלא לר' יהושע במאי שינה ופרקינן שהוריד עליהן גשמים רותחין מן השמים שלא כדרך כל הגשמים. מנ"ל שנא' וישוכו המים פי' נחו מרתיחתן. ת"ר חכמי ישראל מונין למבול והוא חשבון הלבנה מתשרי כרבי אליעזר דאמר בתשרי נברא העולם ולתקופה והוא חשבון השמש כרבי יהושע וחכמי אה"ע מונין אף ללבנה מניסן כר' יהושע ולירקות פיר' תנא מעשר ירק דהוא מדרבנן ופיר' ר"ה שלו תשרי וכ"ש מעשר דגן (ומעשר) [ובברייתא] תנא לירקות ולמעשרות ולנדרים ואוקימנא דלא קתני ירק אלא קתני ולירקות משום דאית תרי גווני ירק בתורת מעשר ירק כדתנן במעשרות פרק א' ירק הנאגד משיאגד פי' מי שדרכו להאגד אגודות משיאגד נגמרה מלאכתו והנה נתחייב במעשר ושאין נאגד משימלא את הכלי. ואיידי דתנא ירקות תנא מעשרות. ת"ר ליקט ירק כו' ערב ר"ה עד שלא תבא השמש וחזר וליקט נכרי

ליקוטי רש"י

ברותחין קלקלו. אוחז באמה כאילו מביא מבול שעבירה זו היתה בידם דכתיב (בראשית ו) כי השחית כל בשר ואמרו ברותחין קלקלו [ע"פ נדה יג.]. וברותחין נידונו. ר' תנחומא דרש שהיו בעלי קומה ולא מתו בתהומות ובאו עליהם רותחין מלמעלה וזה יתרם קימה יתרה שלהם כ"ש [איוב כב כ]. הנאגד. שדרכו לאוגדו. משיאגד. הוקבע למעשר ונאסר באכילת עראי [חולין ז.].

משתבא השמש אין תורמין ומעשרין מזה על זה לפי שאין תורמין ומעשרין לא מן החדש על הישן ולא מן הישן על החדש [א]אם היתה שניה נכנסת לשלישית שניה מעשר ראשון ומעשר שני שלישית מעשר ראשון ומעשר עני מנה"מ אמר ריב"ל א) כי תכלה לעשר את כל מעשר תבואתך בשנה השלישית שנת המעשר שנה שאין בה אלא מעשר אחד הא כיצד [ב]מעשר ראשון ומעשר עני ומעשר שני יבטל או אינו אלא אף מעשר ראשון נמי יבטל ת"ל ב) ואל הלוים תדבר ואמרת אליהם כי תקחו מאת בני ישראל את המעשר אשר נתתי לכם מאתם בנחלתכם הקישו הכתוב לנחלה מה נחלה אין לה הפסק אף מעשר ראשון אין לו הפסק (א) תניא אידך) כי תכלה לעשר וגו' שנה שאין בה אלא מעשר אחד הא כיצד מעשר ראשון ומעשר עני ומעשר שני יבטל יכול אף מעשר ראשון נמי יבטל ת"ל ג) ובא הלוי כל זמן שבא תן לו דברי ר' יהודה רבי אליעזר בן יעקב אומר אינו צריך הרי הוא אומר ואל הלוים תדבר ואמרת אליהם כי תקחו מאת בני ישראל את המעשר אשר נתתי לכם מאתם בנחלתכם הקישו הכתוב לנחלה מה נחלה אין לה הפסק אף מעשר ראשון אין לו הפסק: ולנדרים וכו':

ת"ר ג) [ג]המודר הנאה מחבירו לשנה מונה שנים עשר חודש מיום ליום [ד]ואם אמר לשנה זו אפילו לא עמד אלא בעשרים ותשעה באלול כיון שהגיע יום אחד בתשרי עלתה לו שנה אפי' ג) למאן דאמר יום אחד בשנה אינו חשוב שנה לצעוריה נפשיה קביל עליה והא אצטער ליה ואימא ניסן ד) [ה]בנדרים הלך אחר לשון בני אדם ה) תנן התם [ו]התלתן משתצמח התבואה והזיתים משיביאו שליש מאי משתצמח משתצמח לזרעים (א) התבואה והזיתים משיביאו שליש מנה"מ אמר רב אסי א"ר יוחנן ומטו בה משמיה דרבי יוסי הגלילי אמר קרא ד) מקץ שבע שנים במועד שנת השמטה בחג הסוכות שנת השמטה מאי עבידתיה בחג הסוכות שמינית היא אלא לומר לך כל תבואה שהביאה שליש בשביעית לפני ראש השנה אתה נוהג בו מנהג שביעית בשמינית אמר ליה ר' זירא לרב אסי ודלמא

רש"י

שניה. מה שנלקט בשנה שניה של שמיטה מעשר ראשון ללוי ומעשר שני בירושלים ומה שנלקט בשנה שלישית מעשר ראשון ומעשר עני: מנא הני מילי. דבשלישית אינו נוהג בה מעשר שני: שנה שאין נוהג בה אלא אחד. מן המעשרות שנהגו בשתי שנים שלפניה: הא כיצד מעשר ראשון. יתן כדרך שנותן עד הנה: ומעשר עני. יוסיף במקום מעשר שני דכתיב (דברים כו) לגר ליתום ולאלמנה והוא מעשר עני: או אף מעשר ראשון יבטל. ושנת המעשר חד קאמר הכא דמפרש ואזיל ללוי לגר ליתום ולאלמנה והוא מעשר עני שאף לוי בכלל עני שאין לו חלק בארץ: ובא הלוי. למעשר ראשון כל זמן שבא וכו' והא בשנה שלישית כתיב מקצה שלש שנים וגו' ובא הלוי וגו': ה"ג ת"ר המודר הנאה וכו'. ולא גרסינן מנלן: לשון בני אדם. שאין אדם נודר אלא על לשון שהוא רגיל לדבר ודרך בני אדם לקרות תשרי ר"ה: התלתן. מין תבלין (ב) פיינגר"י: משתצמח. אחר שנת צמיחתו הוא מתעשר ולא אחר שנת לקיטתו: משתצמח לזרעים. שהזרע צומח בתוכו: התבואה. דגן ותירוש קרויין תבואה דכתיב (במדבר יח) כתבואת גורן וכתבואת יקב: והזיתים. אחר משיביאו שליש מתעשרין אחר שנה שהגיעו בו לשליש בשלש אם שניה אם שלישית: מנא הני מילי. דתבואה וזיתים קאי למעשר דידהו דאורייתא ומנלן דבתר שליש אזלי דאילו ירק דאזיל ביה רבנן בתר לקיטה ואילן דאזיל בתר חנטה מעשר דידהו מדרבנן ולא מבעיא בהו מנלן ולקמן (דף יד.) מפרש בהו טעמייהו ירק משום דגייזו ליה כל שעתא והדר למח וגדל על מי גשמים של שנת לקיטתו אזיל ביה בתר לקיטה אילן גדל על מי שנה שחנטו בה שע"י שרף שבא באילן לפני חנטה פירותיו חונטין וכו ונגמרין שהשרף האילן עולה ונכנס בפרי תמיד וממנו גדל: מאי עבידתיה. לקרות חג הסוכות שבסוף שבע שנים שנת השמיטה הרי כבר יצאה השמיטה מר"ה וכבר נכנסת שמינית: אלא לומר לך כו'. וה"ק קרא יש לך דבר שהוא של שמינית והוא אסור כשביעית ואיזו זו תבואה שהביאה שליש ולקמן פריך ממאי דבדעייל שליש קאמר: ודלמא

תוספות

משתבא השמש. בירושלמי מוקי לה בנכרי:

משתצמח לזרעים. פירש בקונטרס שהזרע צומח בתוכו ואינו משמע כן בירושלמי דמעשרות פ"ק דאמרי' מתני' כדי שתזרע ותצמח כיצד הוא בודק ר' שמואל בר נחמני בשם רבי יונתן נוטל מלא קומצו ונותן לתוך הספל של מים אם שקע רובה חייבת ואם לאו פטורה ר' יונה בעא מעתה מה ששקע יהא חייב ומה שלא שקע יהא פטור אלא ברוב כל פרידה ופרידה את אמרת משמע משתצמח לזרעים היינו שנגמר בישולם כל כך שאם תולשין אותן וזורעין אותן במקום אחר מלמיח:

התבואה. פי' בקונטרס דגן ותירוש קרויין תבואה דכתיב כתבואת גורן וכתבואת יקב ואי אפשר לומר כן חדא דאם כן לא ליתני זיתים וליהוו בכלל תבואה כמו ענבים דתרווייהו בכלל תבואת יקב נינהו ועוד לשיעור אחר תנא גבי ענבים בפ"ק דמעשרות (משנה ב) דתנן ז) הענבים והבאושים משיבאישו והבאושים מין ענבים הוא מלשון ויעש באושים (ישעיה ה) (ג) ואית דגרסי הבאושים ובירושלמי גרסינן הענבים והבאושים משיבאישו ר' זירא בשם ר' יוסי משיקרא באושה וצריך טעם למה לא אזלינן בענבים בתר שליש כמו בתבואה וזיתים מהאי קרא גופיה דמייתי הכא ומנלן כל הנך שיעורין המפורשין בכל אחד ואחד גבי פירות בפ"ק דמעשרות (שם) בתאנים וענבים ורמונים וטובא דחשיב התם ואי לאו ענבים אכולהו אחרינא לא הוה חיישינן דלאו דאורייתא אלא ענבים דאורייתא נינהו דכתיב תירוש ויצהר ונראה לי דכל אותן שיעורין הוא הבאת שליש שלהם והא דלא קתני משיביאו שליש כדקתני גבי תבואה וזיתים משום דבכולהו אפשר ליתן בהם סימן חוץ מתבואה וזיתים וכן משמע בירושלמי דגבי התלתן משתצמח דריש לה רבי זעירא מדכתיב עשר תעשר את כל תבואת זרעך כו' דבר שהוא נזרע ומצמיח יצא פחות משליש שאינו נזרע ומצמיח רבי חיננא בשם רבי אמר זיתים וענבים שלא הביאו שליש משקין היוצא מהן אינן מכשירין וא"ת והיכי ילפינן הכא חיוב מעשר משביעית והלא כל אילנות הולכין לשביעית בתר חנטה וענבים נמי בכלל כדאמרינן לקמן אמרי רבנן אילן בתר חנטה ירק בתר לקיטה תבואה וזיתים בתר שליש ואפ"ה לענין להתחייב במעשר שיעור אחר המפורש בפ"ק דמעשרות (משנה ג) ויש לומר דבכולהו ניחא דחזו כשיעור המפורש בהם אבל תבואה וזיתים קודם הבאת שליש נמי חזו כדאמרינן פרק המוציא יין (שבת דף פ:) אנפיקינון שמן זית שלא הביא שליש שמשיר השער ומעדן הבשר ואמרינן בפרק אלו עוברין (פסחים דף מג:) עמילן של טבחים פת תבואה שלא הביאה שליש ומהאי טעמא ניחא דקשיא ליה טפי אהנך מנלן דאזלינן בתר שליש כיון דמקודם לכן חזו ומייתי ראיה משביעית דאפילו לשביעית לא משערינן עד הבאת שליש כ"ש להתחייב במעשר דהא שאר אילנות דאזלינן לשביעית בתר חנטה אפ"ה לא מחייבי במעשר עד דמטו לשיעור המפורש בהם:

מנהג שביעית בשמינית. תימה דלעיל (דף ט.) נפקא לן מבחריש ובקציר תשבות קציר של שביעית היוצא למוצאי שביעית ופירש בקונטרס כגון תבואה שהביאה שליש בשביעית אתה נוהג בה מנהג שביעית בשמינית וי"ל ז) (דהאי דהכא איצטריך ללמד על חריש שהוא לתוספת כדפירש' לעיל (ד) ועוד נ"ל) דאי מהכא הוה אמינא דהא דנוהג בה מנהג שביעית בשמינית היינו דקדושת שביעית נוהגת בהם דאסירא בסחורה וחייבין בביעור ושאר דיני פירות שביעית אבל לחרוש ולקצור ולעדור אותה תבואה לא הייתי אוסר דדבר התלוי בעבודת הארץ כיון דנפקא שביעית שריא אפילו לצורך פירות שביעית להכי איצטריך ההוא קרא וניחא השתא דדריש מיניה תוספת שביעית דאי לאו הכי מה תוספת שייך בפירות שגדלו בשביעית במאי דאסירי בשמינית:

אלא

עין משפט נר מצוה

סא א מיי' פ"א מהל' נטע רבעי הלכה ד סמג עשין קלו טוש"ע י"ד סי' שלא סעיף קסו:

סב ב מיי' פ"ב מהל' מתנות עניים הלכה ד ופ"א מהל' מ"ש הלכה א סמג עשין קלו קסא טוש"ע י"ד סימן שלא סעיף יט:

סג ג מיי' פ"י מהלכות נדרים הלכה ד סמג לאוין רמב טוש"ע י"ד סימן רכ סעיף ז:

סד ד מיי' שם טוש"ע שם סעיף ו:

סה ה מיי' פ"ט מהל' נדרים הלכה ה יג סמג לאוין רמב טוש"ע י"ד סימן ריז סעיף א:

סו ו מיי' פ"ב מהלכות מעשר הלכה ה ופ"ב מהלכות תרומה הלכה ח והלכה י סמג עשין קלו ולאוין קמב טוש"ע י"ד סימן שלא סעיף טו:

ליקוטי רש"י

ובא הלוי. ויטול מעשר ראשון [דברים יד כט]. התלתן. פנגריג [שבת קי: ובדה יג:]. מין קטנית למתק קדירה פינגר"ק בלעז [ביצה ג:]. פנגרי"ש מין קטנית הוא ולמתק הקדירה בא [יבמות פא.].

רבינו חננאל

משתבא השמש כו'. פירוש תורת המעשרות שנה ראשונה של שבוע מפריש מעשר ראשון ונותנו ללוי ומפריש מעשר שני ומעלהו ואוכלו בירושלים. וכן בשנה השניה אבל בשנה שלישית מפריש מעשר ראשון ונותנו ללוי. ותמורת מעשר שני מפריש מעשר עני ונותנו לעניים לפיכך זה הירק שנלקט מקצתו בערב ר"ה וחזר וליקט נכרי מקצתו משתבא השמש והיתה שניה נכנסת לשלישית. מה שליקט ישראל דינו כדין שנה שניה. [א] מעשר ראשון ומעשר עני כענין הזה סוגיא דשמעתא כולה מדכתיב שנת המעשר שנה שאין בה אלא מעשר אחד. והוא מעשר ראשון. פרט מעשר שני שאינו נוהג בשנה השלישית ואינן יכולין לומר מעשר עני שהרי הכתוב אומר לעני ולגר אבל מעשר ראשון הקישו הכתוב לנחלה. מה נחלה אין לה הפסק אף מעשר ראשון אין לו הפסק ולנדרים כדתניא המודר הנאה מחבירו לשנה מונה י"ב חודש מיום ליום. ואם פירש לשנה זו אפילו לא נדר אלא ביום כ"ט לאלול כיון שהגיע יום אחד בתשרי עלתה לו שנה נשלם נדרו. וכיון שנכנס תשרי אפילו יום אחד הותר. ואפילו למאן דלא סבר יום [א'] בשנה חשוב שנה הכא מודה דלצעורי נפשיה קא מיכוין והא אצטער ליה. ואימא ר"ה לנדרים ניסן ומשני הלך אחר לשון בני אדם. ובני אדם אין קורין ר"ה אלא תשרי. תנן בתחלת מעשרות התלתן משתצמח פי' חשוב הוא פרי. ואוקימנ' משתצמח לזרעים פי' שאם יזרע יצמח. ופירשוהו בתלמוד א"י כיני מתניתא כדי שתזרע ותצמח. כיצד בודק ר' שמואל בש"ר יונתן נוטל מלא קומצו ומטיל לתוך ספל של מים שקעה לה [רובה] חייבת ואוקימנא ברוב כל פרידה ופרידה כלומר כיון ששקעה יש בה עיקר פרי על כן היא ב) בכירה. התבואה והזיתים משיביאו שליש פי' כגון הפרי כשיגמר יש בו משקל ג' סלעים כיון שהביא משקל סלע וחתכו חייב במעשר מנ"ל א"ר זירא [בירושלמי שם] עשר תעשר את כל תבואת זרעך כלומר עשר מדבר שאם תזרעהו תעשר ממנו כגון דבר שזורע וצומח פרט לפחות משליש (א') שאינו [נזרע וצומח]. ומפרשינן לה מהאי קרא מקץ שבע שנים במועד שנת השמטה בחג הסוכות כלומר כל תבואה שהביאה שליש בשביעית שנאמר בה מקץ שבע שנים במועד וגו'. ג) והיא יכולה להקצר במועד והוא חג הסוכות זו התבואה משנת השמטה נחשבת מאחר שהביאה שליש בשנה השביעית

מסורת הש"ס

א) [נ"ל תניא נמי הכי], ב) [תוספתא פרק א], ג) [לעיל י:, ד] [נדרים ל: וש"נ], ה) מעשרות פ"א מ"ג, ו) רש"א מ"ז, ז) בת"א זה אינו.

הגהות הב"ח

(א) גמ' משתצמח לזרעים (התבואה והזיתים משיביאו שליש) תא"מ ונ"ב מפרש"י מבואר דלא הוי גרס ליה: (ב) רש"י ד"ה התלתן מין תבלין. נ"ב ובתמס' כ"ק דף פא ע"א פרש"י שהוא מין קטנית וכ"ע לדינא לענין הנודר מן תבלין אם הוא בכלל: (ג) תוס' ד"ה התבואה כו' ואית דגרסי הבאושים. נ"ב כיון דגרסי הענבים הבאושים למימר דקתם ענבים הבאושים משיבאישו שליש אבל לאחר מין ענבים דהיינו באושים יש להם שיעור אחר אבל בירושלמי גרס הענבים והבאושים בוא"ו חלוקה שיעורו משיבאישו: (ד) ד"ה מנהג כו' שהוא לתוספת דפירשית לעיל. נ"ב פי' דפרשים בא ללמד על תולדה חורש דלא תימא הני אסור אחרישא לא ולכתחלה התוספות לעיל דף ט' ע"א בד"ה שהרי ע"ש וקרא דשנת השמטה בא ללמד על התבואה שהביאה שליש לפני ר"ה שאתה נוהג בו מנהג שביעית לכל מילי קדושה ולקולא ולאיסור הבא בעל כרחך כיון דבקציר לא איצטריך לגופיה לקצירה ילפינן מקרא דשבת נפקא לן אלא לומר לך כי היכי דבקצירה אסור הכנכם לשביעית כך בחרישה של ערב שביעית הכנכם לשביעית זה שכתוב ללמד על חרישה לתוספת:

גליון הש"ס

גמרא ת"ר המודר הנאה מחבירו לשנה. עיין נדרים דף ס ע"ב איבעיא להו אמר קונם יין שאני טועם. ועיין בתשובות מהרי"ט ספר ב' סימן כא:

תורה אור השלם

א) כִּי תְכַלֶּה לַעְשֵׂר אֶת כָּל מַעְשַׂר תְּבוּאָתְךָ בַּשָּׁנָה הַשְּׁלִישִׁת שְׁנַת הַמַּעֲשֵׂר וְנָתַתָּה לַלֵּוִי לַגֵּר לַיָּתוֹם וְלָאַלְמָנָה וְאָכְלוּ בִשְׁעָרֶיךָ וְשָׂבֵעוּ: [דברים כו, יב]

ב) וְאֶל הַלְוִיִּם תְּדַבֵּר וְאָמַרְתָּ אֲלֵהֶם כִּי תִקְחוּ מֵאֵת בְּנֵי יִשְׂרָאֵל אֶת הַמַּעֲשֵׂר אֲשֶׁר נָתַתִּי לָכֶם מֵאִתָּם בְּנַחֲלַתְכֶם וַהֲרֵמֹתֶם מִמֶּנּוּ תְּרוּמַת יְיָ מַעֲשֵׂר מִן הַמַּעֲשֵׂר: [במדבר יח, כו]

ג) וּבָא הַלֵּוִי כִּי אֵין לוֹ חֵלֶק וְנַחֲלָה עִמָּךְ וְהַגֵּר וְהַיָּתוֹם וְהָאַלְמָנָה אֲשֶׁר בִּשְׁעָרֶיךָ וְאָכְלוּ וְשָׂבֵעוּ לְמַעַן יְבָרֶכְךָ יְיָ אֱלֹהֶיךָ בְּכָל מַעֲשֵׂה יָדְךָ אֲשֶׁר תַּעֲשֶׂה: [דברים יד, כט]

ד) וַיְצַו מֹשֶׁה אוֹתָם לֵאמֹר מִקֵּץ שֶׁבַע שָׁנִים בְּמֹעֵד שְׁנַת הַשְּׁמִטָּה בְּחַג הַסֻּכּוֹת: [דברים לא, י]

חשק שלמה על ר"ח א) נראה דחסר כאן וצ"ל ומה שליקט הנכרי משתבא השמש דינו כדין שנה שלישית. ב) נראה דצ"ל בכירה. ג) נראה דצ"ל והיינו תבואה שהיא יכולה.

מִשֶּׁתָּבֹא הַשֶּׁמֶשׁ – AFTER THE SUN WENT DOWN and Rosh Hashanah commenced,[1] so that it is assigned to this year's crop, אֵין תּוֹרְמִין וּמְעַשְּׂרִין מִזֶּה עַל זֶה – WE MAY NOT SEPARATE *TERUMAH* OR *MAASER* FROM ONE FOR THE OTHER, לְפִי שֶׁאֵין תּוֹרְמִין וּמְעַשְּׂרִין – BECAUSE WE MAY NOT SEPARATE *TERUMAH* AND *MAASER* לֹא מִן הֶחָדָשׁ עַל הַיָּשָׁן – EITHER FROM THE NEW crop FOR THE OLD, וְלֹא מִן הַיָּשָׁן עַל הֶחָדָשׁ – OR FROM THE OLD crop FOR THE NEW.[2]

The Baraisa continues:

אִם הָיְתָה שְׁנִיָּה נִכְנֶסֶת לַשְּׁלִישִׁית – IF IT (the time when this occurred) WAS THE SECOND year of the *shemittah* cycle ENTERING INTO THE THIRD, שְׁנִיָּה מַעֲשֵׂר רִאשׁוֹן וּמַעֲשֵׂר שֵׁנִי – THE vegetable picked in the SECOND year [i.e. before Rosh Hashanah] is subject to the obligations of *MAASER RISHON* AND *MAASER SHENI,* שְׁלִישִׁית מַעֲשֵׂר רִאשׁוֹן וּמַעֲשַׂר עָנִי – while THE vegetable picked in the THIRD year [i.e. after Rosh Hashanah] is subject to the obligations of *MAASER RISHON* AND *MAASER ANI.*[3]

The Gemara digresses to inquire after the source of the rule that in the third and sixth year of the *shemittah* cycle there is no obligation to tithe *maaser sheni:*[4]

מְנָא הָנֵי מִילֵּי – From where do we know this?

The Gemara answers:

אָמַר רַבִּי יְהוֹשֻׁעַ בֶּן לֵוִי – **R' Yehoshua ben Levi said:** "כִּי תְכַלֶּה לַעְשֵׂר אֶת־כָּל־מַעְשַׂר תְּבוּאָתְךָ בַּשָּׁנָה הַשְּׁלִישִׁת שְׁנַת הַמַּעֲשֵׂר" – The Torah says:[5] ***When you have finished tithing every tithe of your produce in the third year, the year of the tithe,*** etc. The use of the singular "tithe" in this last phrase indicates that שָׁנָה שֶׁאֵין בָּהּ אֶלָּא מַעֲשֵׂר אֶחָד – this is **a year that is subject to only one tithe** of the two – viz. *maaser rishon* and *maaser sheni* – that are required in other years. הָא כֵּיצַד – **How is that?** מַעֲשֵׂר רִאשׁוֹן וּמַעְשַׂר עָנִי – It is subject to ***maaser rishon*** **and** to ***maaser ani,*** וּמַעֲשֵׂר שֵׁנִי יִבָּטֵל – **while *maaser sheni* is canceled.**[6] אוֹ אֵינוֹ – **Or perhaps** this is **not** so; אֶלָּא אַף מַעֲשֵׂר רִאשׁוֹן נַמִּי יִבָּטֵל – **rather, *maaser rishon* should also be canceled,** leaving only *maaser ani?*[7] תַּלְמוּד לוֹמַר "וְאֶל הַלְוִיִּם תְּדַבֵּר וְאָמַרְתָּ אֲלֵהֶם כִּי־תִקְחוּ מֵאֵת בְּנֵי־יִשְׂרָאֵל אֶת־הַמַּעֲשֵׂר אֲשֶׁר נָתַתִּי לָכֶם מֵאִתָּם בְּנַחֲלַתְכֶם" – **[The Torah]** therefore **states** elsewhere regarding *maaser rishon:*[8] ***And to the Levites shall you speak, and you shall say to them: When you take from the Children of Israel the tithe that I have given to you from them as your inheritance.*** הִקִּישׁוֹ הַכָּתוּב לְנַחֲלָה – **Scripture** here **compares** [***maaser rishon***] **to inheritance;** מָה נַחֲלָה אֵין לָהּ הֶפְסֵק – **just as inheritance has no interruption,**[9] אַף מַעֲשֵׂר רִאשׁוֹן אֵין לוֹ הֶפְסֵק – **so *maaser rishon* has no interruption,** but is received by the Levi in every year of the *shemittah* cycle.[10]

The Gemara finds this exposition echoed in a Baraisa:

תַּנְיָא (אידך) [נַמִּי הָכִי] – **It was taught likewise in a Baraisa:** "כִּי תְכַלֶּה לַעְשֵׂר וגו׳" – The Torah states: ***WHEN YOU HAVE FINISHED TITHING,*** **etc.** . . . *the year of the tithe.* The singular "tithe" at the end of this passage indicates that שָׁנָה שֶׁאֵין בָּהּ אֶלָּא מַעֲשֵׂר אֶחָד – this is **A YEAR THAT IS SUBJECT TO ONLY ONE TITHE** out of the two that apply in the other years of the cycle. הָא כֵּיצַד – **HOW IS THAT?** מַעֲשֵׂר רִאשׁוֹן וּמַעְשַׂר עָנִי – It is subject to ***MAASER RISHON*** AND to ***MAASER ANI,*** וּמַעֲשֵׂר שֵׁנִי יִבָּטֵל – while ***MAASER SHENI*** **IS CANCELED.** יָכוֹל אַף מַעֲשֵׂר רִאשׁוֹן נַמִּי יִבָּטֵל – **IT COULD BE** thought that ***MAASER RISHON*** **SHOULD ALSO BE CANCELED,** leaving only *maaser ani.* תַּלְמוּד לוֹמַר "וּבָא הַלֵּוִי" – [**THE TORAH**] therefore **TEACHES:**[11] *At the end of three years you shall take out every tithe of your crop . . .* ***THEN THE LEVITE SHALL COME*** *. . . and eat and be satisfied,* implying כָּל זְמַן שֶׁבָּא תֵּן לוֹ – that **WHENEVER HE COMES YOU SHALL GIVE** *maaser* **TO HIM.**[12] דִּבְרֵי רַבִּי יְהוּדָה – These are **THE WORDS OF R' YEHUDAH.** רַבִּי אֱלִיעֶזֶר בֶּן

NOTES

1. Obviously he could not pick vegetables himself on Rosh Hashanah; rather, a gentile picked them for him (*Tosafos,* from *Yerushalmi; cf. Ritva*).

2. I.e. the *terumah* and *maaser* obligations of last year's crop must be fulfilled with vegetables that were picked last year, while the obligations of this year's crop must be fulfilled with vegetables that were picked this year; see above, 12a note 15.

3. Produce that grows in the first, second, fourth and fifth years of the seven-year *shemittah* cycle is subject to *terumah* (given to a Kohen), *maaser rishon* (given to a Levi) and *maaser sheni* (second tithe), which must be eaten in Jerusalem, or redeemed, with the proceeds then being taken to Jerusalem to be spent on food to be eaten there. In the third and sixth years of the cycle, *maaser ani* (the tithe given to the poor) takes the place of *maaser sheni.* [In the seventh year, which is *shemittah,* there are no *terumah* or *maaser* obligations at all.]

It follows that it is necessary to establish to which year's crop a given vegetable belongs, for two reasons: firstly, because the tithing obligation of each year's vegetable crop must be fulfilled with vegetables that belong to that year's crop; and, secondly, because it must be determined whether *maaser sheni* or *maaser ani* is the appropriate tithe. The Baraisa teaches that the determination is made for both these issues by the same method: If the vegetable was picked before Rosh Hashanah it belongs to last year's crop; if it was picked after Rosh Hashanah it belongs to this year's crop.

(As we shall see later, the foregoing is true only of vegetables. The criteria for fruit and grain are somewhat different.)

4. That there is an obligation to tithe *maaser ani* on the third and sixth year is explicit in the verse (*Deuteronomy* 26:12): *When you have finished tithing every tithe of your produce in the third year, the year of the tithe, you shall give to the Levite, to the proselyte, to the orphan and to the widow, and they shall eat in your cities and be satisfied.* The verse states clearly that every third year (of the six years in which tithes apply), i.e. in the third and sixth years of the cycle, a tithe must be given to the poor. The Gemara's question is only how we know that there is not *also* an obligation to tithe *maaser sheni* in those years.

5. *Deuteronomy* 26:12.

6. Thus, of the two tithes that are required in other years (*maaser rishon* and *maaser sheni*), only one (*maaser rishon*) is required in the third and sixth years. The place of *maaser sheni* is taken by *maaser ani,* which must be given to the poor, as the verse goes on to state explicitly [see previous note] (*Rashi*).

7. That is, perhaps neither of the tithes that apply in other years – i.e. neither *maaser rishon* nor *maaser sheni* – apply in the third year; and when the verse speaks of "the year of the tithe" it means that in the third year only *one* tithe should be given, namely *maaser ani.* It cannot be objected that the verse (cited in note 4) lists Levites among the recipients of the tithe in the third year (along with widows and orphans etc.), for perhaps it refers to Levites in their capacity as poor people who are entitled to *maaser ani* (since they did not receive a portion in the land of Israel, Levites were usually poor), not in their capacity as Levites who are entitled to *maaser rishon* (*Rashi*). [Similarly, the verse speaks of the tithe being given to "the proselyte," not because a proselyte has any inherent claim on *maaser ani* but, rather, because in an agrarian society a proselyte – being without landed estate – was often poor as well.]

8. *Numbers* 18:26.

9. [Inheritance always continues uninterrupted; even if someone dies childless the inheritance finds a different channel, reverting to his father and – if his father is no longer alive – through his father to his siblings. And even if he no longer has siblings the inheritance reverts to his grandfather and – if he is not alive – through him to his cousins etc. (see *Rashbam* to *Bava Basra* 133a ד״ה דהא ירושה אין לה הפסק).]

10. [Except, of course, on *shemittah* itself; see *Turei Even; Rashash; Aruch LaNer.*]

11. *Deuteronomy* 14:28,29.

12. Even in the third year (of which the verse speaks), and even if he is not a pauper (and therefore not entitled to *maaser ani*), he can still lay claim to *maaser rishon,* in his capacity as a Levi (see *Emek HaNetziv* to *Sifrei,* ad loc.).

עין משפט
נר מצוה

סא א מיי' פ"א מהל' נטע רבעי הלכה ד סמג עשין קלו טוש"ע י"ד סי' שלא סעיף קכו:

סב ב מיי' פ"ו מהל' מתנות עניים הלכה ד ופ"א מהל' מ"ש הלכה ב סמג עשין קלו קסא טוש"ע י"ד סימן שלא סעיף יט:

סג ג מיי' פ"י מהלכות נדרים הלכה ד סמג לאוין רמב טוש"ע י"ד סימן רכ סעיף א:

סד ד מיי' שם טוש"ע שם סעיף ו:

סה ה מיי' פ"ט מהל' נדרים הלכה ח ין סמג לאוין רמב טוש"ע י"ד סימן ריז סעיף א:

סו ו מיי' פ"ב מהלכות מעשר הלכה ה ופ"ב מהלכות תרומה הלכה ח והלכה י סמג עשין קלו ולאוין רסח טוש"ע י"ד סימן שלא סעיף טו:

משתבא השמש אין תורמין ומעשרין מזה על זה לפי שאין תורמין ומעשרין לא מן החדש על הישן ולא מן הישן על החדש א אם היתה שניה נכנסת לשלישית שניה מעשר ראשון ומעשר שני שלישית מעשר ראשון ומעשר עני מנה"מ אמר ריב"ל א) כי תכלה לעשר את כל מעשר תבואתך בשנה השלישית שנת המעשר שנה שאין בה אלא מעשר אחד הא כיצד ב מעשר ראשון ומעשר עני ומעשר שני יבטל או אינו אלא אף מעשר ראשון נמי יבטל ת"ל ב) ואל הלוים תדבר ואמרת אליהם כי תקחו מאת בני ישראל את המעשר אשר נתתי לכם מאתם בנחלתכם הקישו הכתוב לנחלה מה נחלה אין לה הפסק אף מעשר ראשון אין לו הפסק (א) תניא אידך כי תכלה לעשר וגו' שנה שאין בה אלא מעשר אחד הא כיצד מעשר ראשון ומעשר עני ומעשר שני יבטל יכול אף מעשר ראשון נמי יבטל ת"ל ג) ובא הלוי כל זמן שבא תן לו דברי ר' יהודה רבי אליעזר בן יעקב אומר אינו צריך הרי הוא אומר ואל הלוים תדבר ואמרת אליהם כי תקחו מאת בני ישראל את המעשר אשר נתתי לכם מאתם בנחלתכם הקישו הכתוב לנחלה מה נחלה אין לה הפסק אף מעשר ראשון אין לו הפסק: ולנדרים וכו': ת"ר ג המודר הנאה מחבירו לשנה מונה שנים עשר חודש מיום ליום ד ואם אמר לשנה זו אפילו לא עמד אלא בעשרים ותשעה באלול כיון שהגיע יום אחד בתשרי עלתה לו שנה אפי' ג) למאן דאמר יום אחד בשנה אינו חשוב שנה לצעוריה נפשיה קביל עליה והא אצטער ליה ואימא ניסן ד) ה בנדרים הלך אחר לשון בני אדם ה) תנן התם ו התלתן משתצמח התבואה והזיתים משיביאו שליש מאי משתצמח משתצמח לזרעים (א) התבואה והזיתים משיביאו שליש מנה"מ אמר רב אסי א"ר יוחנן ומטו בה משמיה דרבי יוסי הגלילי אמר קרא ד) מקץ שבע שנים במועד שנת השמטה בחג הסוכות שנת השמטה מאי עבידתיה בחג הסוכות שמינית היא אלא לומר לך כל תבואה שהביאה שליש בשביעית לפני ראש השנה אתה נוהג בו מנהג שביעית בשמינית אמר ליה ר' זירא לרב אסי ודלמא

רש"י

שניה. מה שנלקט בשנה שניה של שמיטה מעשר ראשון ומעשר שני בירושלים ומה שנלקט בשנה שלישית מעשר ראשון ומעשר עני: מנא הני מילי. דבשלישית אינו נוהג בה מעשר שני: שנה שאין נוהג בה אלא אחד. מן המעשרות שנהגו בשתי שנים שלפניה: הא כיצד מעשר ראשון. יתן כדרך שנותן עד הנה: ומעשר עני. יוסיף במקום מעשר שני כדכתיב (דברים כו) לגר ליתום ולאלמנה והוא מעשר עני: או אף מעשר ראשון יבטל. ושנת המעשר חד קאמר הסיא דמפרש ואזיל ללוי לגר ליתום ולאלמנה והוא מעשר עני שאף לוי בכלל עני שאין לו חלק בארץ: ובא הלוי. למעשר ראשון כל זמן שבא וכו' והא דבשנה שלישית כתיב מקצה שלש שנים וגו' ובא הלוי וגו': ה"ג ת"ר המודר הנאה וכו'. ולא גרסינן מנלן: לשון בני אדם. שאין אדם נודר אלא על לשון שהוא רגיל לדבר ודרך בני אדם לקרות תשרי ר"ה: התלתן. מין תבלין (ב) פינגר"י: משתצמח. אחר שנת צמיחתו הוא מתעשר ולא אחר שנת לקיטתו: משתצמח לזרעים. שהזרע צומח בתוכו: התבואה. דגן ותירוש קרויין תבואה דכתיב (במדבר יח) כתבואת גורן וכתבואת יקב: והזיתים. יהיה משיביאו שליש מתעשרין אחר שנה שהגיעו בה לשליש בישולם אם שניה אם שלישית: מנא הני מילי. אתבואה וזיתים קאי דמעשר דידהו דאורייתא ומנלן דבתר שליש אזלי דאילו ירק דאזיל ביה רבנן בתר לקיטה ואילן דאזיל בתר חנטה מעשר דידהו מדרבנן ולא מבעיא בהו מנלן ולקמן (דף יד.) מפרש בהו טעמייהו ירק משום דגידולו ליה כל שעתא והדר למח וגדל על מי גשמים של שנת לקיטתו אזיל ביה בתר לקיטה אילן גדל על מי שנה שחנטה בה שע"י שרף שבא באילן לפני חנטה פירותיו חונטין וכו נגמרין שסרף האילן עולה ונכנס בפרי תמיד וממנו גדל: מאי עבידתיה. לקרות חג הסוכות שבסוף שבע שנים שנת השמיטה הרי כבר יצאה השמיטה מר"ה וכבר נכנסת שמינית: אלא לומר לך כו'. וה"ק קרא יש לך דבר שהוא של שמינית והוא אסור כשביעית ואיזו זו תבואה שהביאה שליש ולקמן פריך ממאי דבדעייל שליש קאמר: ודלמא

תוספות

משתבא השמש. בירושלמי מוקי לה בנכרי: משתצמח לזרעים. פירש בקונטרס שהזרע צומח בתוכו ואינו משמע כן בירושלמי דמעשרות פ"ק דאמרי' מתני' כדי שתזרע ותצמח כיצד הוא בודק ר' שמואל בר נחמני בשם רבי יונתן נוטל מלא קומצו ונותן לתוך הספל של מים אם שקע רובו חייבת ואם לאו פטורה ר' יונה בעא מעתה מה שקשע יהא חייב ומה שלא שקע יהא פטור אלא ברוב כל פרידה ופרידה אם אמרת את משמע משתצמח לזרעים היינו שנגמר בישולם כל כך שאם תולשין אותן וזורעין אותן במקום אחר מצמיחים: התבואה. פי' בקונטרס דגן ותירוש קרויין תבואה דכתיב כתבואת גורן וכתבואת יקב ולאי אפשר לומר כן חדא דאם כן לא ליתני זיתים וליהוו בכלל תבואה כמו ענבים דתרוייהו בכלל תבואת יקב ניניהו ועוד דשיעור אחר תנא גבי ענבים בפ"ק דמעשרות (משנה ג) דתנן הענבים והבאושים משיבאישו והבאושים מין ענבים הוא מלקין ויעש באושים (ישעיה ה) (ג) ואית דגרסי הבאושים ובירושלמי גרסינן הענבים והבאושים משיבאישו ר' זירא בשם ר' יסא משיקרא באושא וצריך טעם למה לא אזלינן בענבים בתר שליש כמו בתבואה וזיתים מהאי קרא גופיה דמייתי הכא ומנלן כל הנך שיעורין המפורשין בכל אחד ואחד גבי פירות בפ"ק דמעשרות (שם) בתאנים וענבים ורמונים וטובא דחשיב התם ואי לאו ענבים אכולהו אחרינא לא הוה חיישינן דלאו דאורייתא אלא ענבים דאורייתא ניניהו דכתיב תירוש ויצהר ונראה לי דכל אותן שיעורין הוא הבאת שליש שלהם והא דלא קתני משיביאו שליש כדקתני גבי תבואה וזיתים משום דבכולהו אפשר ליתן בהם סימן חוץ מתבואה וזיתים וכן משמע בירושלמי דגבי התלתן משתצמח דריש לה רבי זעירא מדכתיב עשר תעשר את כל תבואת זרעך כו' דבר שהוא נזרע ומצמיח יצא פחות משליש שאינו נזרע ומצמיח רבי חיננא בשם רבי אמר זיתים וענבים שלא הביאו שליש משקין היוצא מהן אין מכשירין וא"ת והיכי ילפינן הכא חיוב מעשר משביעית והלא כל אילנות הולכין לשביעית בתר חנטה וענבים נמי בכלל כדאמרינן לקמן אמרי רבנן אילן בתר חנטה ירק בתר לקיטה תבואה וזיתים בתר שליש ואפ"ה לענין להתחייב במעשר שיעור אחר המפורש בהם אבל תבואה וזיתים (משנה ג) ויש לומר דכולהו ניחא דחזו כשיעור המפורש בהם אבל תבואה וזיתים קודם הבאת שליש נמי חזו כדאמרינן פרק המוציא יין (שבת דף פ:) אנפיקינון שמן זית שלא הביא שליש שמשיר השער ומעדן הבשר ואמרינן בפרק אלו עוברין (פסחים דף מג:) עמילן של טבחים פת תבואה שלא הביאה שליש ומהאי טעמא ניחא דקשיא ליה טפי אהנך מנלן דאזלינן בתר שליש כיון דמקודם לכן חזו ומייתי ראיה משביעית דאפילו לשביעית לא מעשרינן עד הבאת שליש כ"ש להתחייב במעשר דהא שאר אילנות דאזלינן לשביעית בתר חנטה אפ"ה לא מחייבי במעשר עד דמטו לשיעור המפורש בהם: מנהג שביעית בשמינית. תימה דלעיל (דף ט.) נפקא לן מבחריש ובקציר של שביעית היוצא למוצאי שביעית ופירש בקונטרס כגון תבואה שהביאה שליש בשביעית אתה נוהג בה מנהג שביעית בשמינית וי"ל (ד) (דהאי דהכא איצטריך ללמד על חריש שהוא לתוספת כדפירש' לעיל) ועוד נ"ל דאי מהכא הוה אמינא דהא דנוהג בה מנהג שביעית בשמינית היינו דקדושת שביעית נוהגת בהם לאסירא בסחורה וחייבין בביעור ושאר דיני פירות שביעית אבל לחרוש ולקצור ולעדור אותה תבואה לא הייתי אוסר דדבר התלוי בעבודת הארץ כיון דנפקא שביעית שריא אפילו לצורך פירות שביעית להכי איצטריך ההוא קרא וניחא השתא דדריש מיניה תוספת שביעית דאי לאו הכי מה תוספת שייך בפירות שגדלו בשביעית במאי דאסירי בשמינית: אלא

ליקוטי רש"י

ובא הלוי. ויטול מעשר ראשון [דברים יד כט]. התלתן. פנגר"ג [שבת קי: ונדה יב.]. מין קטנית למתק קדירה פינגר"ק בלעז [ביצה ג:]. פנינגר"ר מין קטנית לבשל ולמתק הקדירה בה [יבמות פא.].

רבינו חננאל

משתבא השמש כו'. פירוש תורת המעשרות שנה ראשונה של שבוע מפריש מעשר ראשון ונותנו ללוי ומפריש מעשר שני ומעלהו ואוכלו בירושלים. וכן בשנה השניה אבל בשנה שלישית מפריש מעשר ראשון ונותנו ללוי. ותמורת מעשר שני מפריש מעשר עני ונותנו לעניים לפיכך זה הירק שנלקט מקצתו בערב ר"ה וחזר וליקט נכרי מקצתו משתבא השמש והיתה שנה נכנסת לשלישית. מה שליקט שנה (א) מעשר ראשון ומעשר עני כענין הזה סוגיא דשמעינן כולה מדכתיב שנת המעשר שנה שאין בה אלא מעשר אחד. והוא מעשר ראשון. פרט מעשר שני שאינו נוהג בשנה השלישית ואינן יכולין לומר מעשר שני שהרי הכתוב אומר לעני ולגר אבל מעשר ראשון הקישו הכתוב לנחלה. מה נחלה אין לה הפסק אף מעשר ראשון אין לו הפסק ולנדרים כדתניא המודר הנאה מחבירו לשנה מונה י"ב חודש מיום ליום. ואם פירש לשנה זו אפילו לא נדר אלא ביום כ"ט לאלול כיון שהגיע יום אחד בתשרי עלתה לו שנה נשלם נדרו. וכיון שנכנס תשרי אפילו יום אחד הותר. ואפילו למאן דלא סבר יום [א'] בשנה חשוב שנה הכא מודה דלצעורי נפשיה קא מיכוין והא אצטער ליה. ואימא ר"ה לנדרים ניסן ומשני הלך אחר לשון בני אדם. ובני אדם אין קורין ר"ה אלא תשרי. תנן בתחלת מעשרות התלתן משתצמח פי' חשוב הוא פרי. ואוקימנ' משתצמח לזרעים פי' שאם יזרע יצמח. ופירשוהו בתלמוד א"י כיני מתניתא כדי שתזרע ותצמח. כיצד בודק ר' שמואל בש"ר יונתן נוטל מלוא קומצו ומטיל לתוך ספל של מים שקעה לה [רובה] חייבת ואוקימנא ברוב כל פרידה ופרידה כלומר כיון ששקעה יש בה עיקר פרי על כן היא ב) בכירה. התבואה והזיתים משיביאו שליש פי' כגון הפרי כשיגמר יש בו משקל ג' סלעים כיון שהביא משקל סלע וחתכו חייב במעשר מנ"ל א"ר זירא [בירושלמי שם] עשר תעשר את כל תבואת זרעך כלומר עשר מדבר שאם תזרעהו תעשר ממנו כגון דבר שזורע וצומח פרט לפחות משליש (א') שאינו [נזרע וצומח]. ומפרשינן לה מהאי קרא מקץ שבע שנים במועד שנת השמטה בחג הסוכות כלומר כל תבואה שהביאה שליש בשביעית שנאמר בה מקץ שבע שנים במועד וגו'. ג) והיא יכולה להקצר והוא חג הסוכות משנת השמטה נחשבת מאחר שהביאה שליש בשנה השביעית

מסורת הש"ס

א) [נ"ל תניא נמי הכין], ב) [תוספתא פרק א], ג) [לעיל י:], ד) [נדרים ל: וש"נ], ה) מעשרות פ"א מ"ג, ו) רש"א מ"ז, ז) בס"א זה ליתו.

הגהות הב"ח

(א) גמ' משתצמח לזרעים (התבואה והזיתים משיביאו שליש) תא"מ ונ"ב מפרש"י מבואר דלא הוי גרס ליה: (ב) רש"י ד"ה התלתן מין תבלין. נ"ב ובמס' ב"ק דף פא ע"א פרש"י שהוא מין קטנית ונ"ל דלענין הנודר מן תבלין אם הוא בכלל: (ג) תוס' ד"ה התבואה וכו' ואית דגרסי הבאושים. נ"ב כיון דגרסי הענבים הבאושים למימר דאפשר ענבים משיבאישו שליש אבל בשאר מין ענבים דהיינו באושים יש להם שיעור אחר אבל בירושלמי גרס הענבים והבאושים בוא"ו אלמא תרוייהו שיעורן משיבאישו: (ד) ד"ה מנהג וכו' שהוא לתוספת דפירש לעיל. נ"ב כ"פ דבריהם בא ללמד על תולדה דחרישה דלא חשיב אסור מחרישה ולכדתנן התוספתא לעיל דף ט' ע"ב בד"ה שהרי ע"ש וקרא דשנת השמטה בא ללמד על התבואה שהביאה שליש לפני ר"ה שאתה נוהג בה מנהג שביעית אפי' בשמינית קצירה וקצירה דבחריש ובקציר תשבות בעל כרחך כיון דבקציר לא איצטריך לגופיה לקצירה לתוספת דמקרא דהכא נפקא לן מכל מקום להא אמר דקצירה אסור הכנסה לא מ"ש ה"ע בחרישה של ערב שביעית הכנסה לשביעית וזה שכתבו ללמד על חרישה לתוספת:

גליון הש"ס

גמרא ת"ר המודר הנאה מחבירו לשנה. עיין נדרים דף ס ע"ב ברש"י ד"ה מחבירו. ועיין בתשובת מהרי"ט ח"ב סימן כח:

תורה אור השלם

א) כִּי תְכַלֶּה לַעְשֵׂר אֶת כָּל מַעְשַׂר תְּבוּאָתְךָ בַּשָּׁנָה הַשְּׁלִישִׁת שְׁנַת הַמַּעֲשֵׂר וְנָתַתָּה לַלֵּוִי לַגֵּר לַיָּתוֹם וְלָאַלְמָנָה וְאָכְלוּ בִשְׁעָרֶיךָ וְשָׂבֵעוּ: [דברים כו, יב]

ב) וְאֶל הַלְוִיִּם תְּדַבֵּר וְאָמַרְתָּ אֲלֵהֶם כִּי תִקְחוּ מֵאֵת בְּנֵי יִשְׂרָאֵל אֶת הַמַּעֲשֵׂר אֲשֶׁר נָתַתִּי לָכֶם מֵאִתָּם בְּנַחֲלַתְכֶם וַהֲרֵמֹתֶם מִמֶּנּוּ תְּרוּמַת יְיָ מַעֲשֵׂר מִן הַמַּעֲשֵׂר: [במדבר יח, כו]

ג) וּבָא הַלֵּוִי כִּי אֵין לוֹ חֵלֶק וְנַחֲלָה עִמָּךְ וְהַגֵּר וְהַיָּתוֹם וְהָאַלְמָנָה אֲשֶׁר בִּשְׁעָרֶיךָ וְאָכְלוּ וְשָׂבֵעוּ לְמַעַן יְבָרֶכְךָ יְיָ אֱלֹהֶיךָ בְּכָל מַעֲשֵׂה יָדְךָ אֲשֶׁר תַּעֲשֶׂה: [דברים יד, כט]

ד) וַיְצַו מֹשֶׁה אוֹתָם לֵאמֹר מִקֵּץ שֶׁבַע שָׁנִים בְּמֹעֵד שְׁנַת הַשְּׁמִטָּה בְּחַג הַסֻּכּוֹת: [דברים לא, י]

חשק שלמה על ר"ח א) נראה דחסר כאן וכ"ל וגם לא שליקט הנכרי משתבא השמש דינו כדין שנה שלישית. ב) נראה דצ"ל כבירה. ג) נראה דצ"ל והיינו תבואה שהיא יכולה.

אֱלִיעֶזֶר בֶּן יַעֲקֹב אוֹמֵר – R' ELIEZER BEN YAAKOV SAYS: אֵינוֹ צָרִיךְ – This derivation IS NOT NEEDED.[13] הֲרֵי הוּא אוֹמֵר ,,וְאֶל הַלְוִיִּם תְּדַבֵּר וְאָמַרְתָּ אֲלֵהֶם כִּי־תִקְחוּ מֵאֵת בְּנֵי־יִשְׂרָאֵל אֶת־הַמַּעֲשֵׂר אֲשֶׁר נָתַתִּי לָכֶם מֵאִתָּם בְּנַחֲלַתְכֶם" – FOR IT SAYS: *AND TO THE LEVITES SHALL YOU SPEAK, AND YOU SHALL SAY TO THEM: WHEN YOU TAKE FROM THE CHILDREN OF ISRAEL THE TITHE THAT I HAVE GIVEN TO YOU FROM THEM AS YOUR INHERITANCE.* הִקִּישׁוֹ הַכָּתוּב לְנַחֲלָה – SCRIPTURE COMPARES *maaser rishon* TO AN INHERITANCE. מַה נַּחֲלָה אֵין לָהּ הֶפְסֵק – JUST AS INHERITANCE HAS NO INTERRUPTION, אַף מַעֲשֵׂר רִאשׁוֹן אֵין לוֹ הֶפְסֵק – SO *MAASER RISHON* HAS NO INTERRUPTION, but is received by the Levi in every year of the *shemittah* cycle. This derivation of R' Eliezer ben Yaakov is identical to that presented earlier by R' Yehoshua ben Levi.

The Gemara returns to its analysis of the Baraisa that listed various matters for which Tishrei is regarded as the beginning of the year:

וְלִנְדָרִים וכו' – AND FOR VOWS, etc.

The Gemara cites a Baraisa which explains this further:

תָּנוּ רַבָּנָן – **The Rabbis taught in a Baraisa:** הַמּוּדָּר הֲנָאָה מֵחֲבֵירוֹ לְשָׁנָה – ONE FORBIDDEN BY A VOW TO BENEFIT FROM HIS FELLOW FOR A YEAR[14] מוֹנֶה שְׁנֵים עָשָׂר חוֹדֶשׁ מִיּוֹם לְיוֹם – MUST COUNT TWELVE MONTHS FROM DAY TO DAY before he may receive benefit from that person.[15] וְאִם אָמַר לְשָׁנָה זוֹ – BUT IF HE SAID that he would not benefit from his fellow "FOR THIS YEAR," אֲפִילוּ לֹא עָמַד אֶלָּא בְּעֶשְׂרִים וְתִשְׁעָה בֶּאֱלוּל – EVEN IF HE JUST made the vow when he WAS STANDING ON THE TWENTY-NINTH OF ELUL, on the last day of the year, כֵּיוָן שֶׁהִגִּיעַ יוֹם אֶחָד בְּתִשְׁרֵי עָלְתָה לוֹ שָׁנָה – AS SOON AS THE FIRST DAY OF TISHREI ARRIVES IT COUNTS AS A YEAR and his vow comes to the end of its term.

The Gemara explains this last law:

אֲפִילוּ לְמַאן דְּאָמַר יוֹם אֶחָד בַּשָּׁנָה אֵינוֹ חָשׁוּב שָׁנָה – **Even according to the one who said that,** in general, **one day in a year is not considered a** complete **year,**[16] this case is different. לְצַעוּרֵיהּ נַפְשֵׁיהּ קַבֵּיל עֲלֵיהּ – For in this case **he accepted** the vow **upon himself to cause himself discomfort,** וְהָא אִצְטַעַר לֵיהּ – **and he did experience discomfort** for the one day in which the vow had effect.[17]

The Gemara asks:

וְאֵימָא נִיסָן – **But say** that **Nissan** is the New Year for vows; how do we know that the year, in this regard, begins with Tishrei?

The Gemara answers:

בִּנְדָרִים הַלֵּךְ אַחַר לְשׁוֹן בְּנֵי אָדָם – **Regarding vows, follow the** usual **language of people;** most people refer to the first of Tishrei as the beginning of the year.[18]

Having learned that the year for vegetable tithes begins with Tishrei, the Gemara now turns to the subject of what point in the growth of the plant fixes its assignment to a particular year:[19]

תְּנַן הָתָם – **We learned in a Mishnah there:**[20] הַתִּלְתָּן מִשֶּׁתִּצְמַח – FENUGREEK[21] requires tithing FROM WHEN IT SPROUTS.[22] הַתְּבוּאָה וְהַזֵּיתִים מִשֶּׁיָּבִיאוּ שְׁלִישׁ – PRODUCE[23] AND OLIVES require tithing FROM WHEN THEY GROW to ONE THIRD of their maturity.[24]

NOTES

13. R' Eliezar ben Yaakov considers R' Yehudah's derivation [not only unnecessary but also] incorrect, since the verse may mean that the Levi should be given a tithe in his capacity as a pauper (see note 7), rather than in his capacity as a Levi (*Ritva*).

14. That is, he declared that the property of the other person should be prohibited to him for one year (*Ritva; see Meromei Sadeh*).

15. For example, if he made the vow at noon on the fifteenth of Adar, he is forbidden to benefit from the other person until noon of the fifteenth of Adar of the following year (*Sifsei Chachamim* based on *Shach, Yoreh Deah* 220:14).

16. I.e. R' Elazar, who maintains that thirty days – but no fewer – can be reckoned as a year (see above, 10a, for the context of this ruling).

17. He therefore satisfied the condition of the vow, which was that he should be uncomforted for the remainder of the year (but see *Rashash*).

18. Most people call [the beginning of] Tishrei the beginning of the year ("Rosh Hashanah") (*Rashi*).

19. Our Mishnah states that the New Year for tithing vegetables begins on Rosh Hashanah, the first of Tishrei, while the New Year for tithing fruit begins (according to Beis Hillel) several months later, on the fifteenth of Shevat. As we learned on the previous *amud,* the New Year for tithing grain is the same as that for vegetables, viz. the first of Tishrei. This means that vegetables and grains that reach a certain critical stage in their development (see next paragraph) before Rosh Hashanah are assigned to last year's crop, while those that reach this critical stage after Rosh Hashanah are assigned to the new year's crop. Similarly, fruits that reach their "critical stage" before the fifteenth of Shevat are assigned to last year's crop, while fruits that reach this stage after the fifteenth of Shevat are assigned to the new year's crop.

However, the definition of this "critical stage" is not the same for fruits, for vegetables and for grains. The Gemara later (13b) teaches that the critical stage in the development of a fruit is when the fruit first emerges (חֲנָטָה) (for a more precise definition of this term see below, 13b note 11); thus, fruit that emerges before the fifteenth of Shevat is assigned to last year's crop, while fruit that emerges after the fifteenth of Shevat is assigned to this year's crop. For grain, the critical stage is when the plant has grown to one third of maturity; grain that grows to this size before Rosh Hashanah is assigned to last year's crop, while grain that does not grow to this size until after Rosh Hashanah is assigned to the new year's crop. In the case of vegetables the critical stage is when they are picked. If they are picked before Rosh Hashanah they belong to last year's crop; if they are picked after Rosh Hashanah they belong to the new year's crop.

20. *Maasros* 1:3.

21. A type of spice (*Rashi*). Elsewhere, *Rashi* states that it is a type of legume (see *Rashi* to *Shabbos* 110b, to *Beitzah* 3b and to *Yevamos* 81a). It is thus neither a fruit, a vegetable nor a grain. See *Aruch HaShalem*.

22. [This is the critical stage in its development, from which point it is considered food and may not be eaten (as part of a formal meal – see above, 12a note 24) without being tithed (see *Maasros* 1:1). Furthermore,] it is this point that determines to which year's crop the plant is assigned; if it sprouts before Rosh Hashanah it is assigned to the previous year, while if it sprouts after Rosh Hashanah it is assigned to the new year (*Rashi*).

[*Rashi* seems to identify the point from when a plant must be tithed with the stage in its development that determines to which year of the cycle it is assigned; but cf. *Tosafos; Ritva;* see also *Turei Even; Meromei Sadeh.*]

23. This term, as used here, includes grain and grapes, as in the verse: *the produce of the threshing-floor and the produce of the vat* (*Numbers* 18:30) (*Rashi; cf. Tosafos*).

24. I.e. one third of the size they would reach when mature. Alternatively (in the case of grapes and olives): When they can express one third as much juice or oil as a mature fruit (see *Rash* and *Rosh* to *Sheviis* 4:9; *Rav* to *Maasros* 1:3; *Rambam, Hil. Maaser* 2:5; *Raavad* ad loc., as emended by *Chazon Ish, Sheviis* 19:23).

The following question is raised by the Rishonim: The Mishnah cited here states that the critical point for grain, grapes and olives is when they reach one third of their maturity. But grapes and olives are types of fruit; how, then, can this be reconciled with the Gemara later (13b) that states that the critical stage for fruit is when it emerges (חֲנָטָה) (see note 19)?

Rashi resolves this difficulty by distinguishing between grapes and olives which – like grains – require tithing by Biblical law (see above, 12a note 17), and all other fruit, from which tithes are required only Rabbinically. The critical stage for all items whose tithing requirement is Biblical (viz. grapes, olives and grains) is when they reach one third of their maturity. (The Gemara will shortly adduce a Biblical source for this.) The critical stage for plants whose tithing is only Rabbinic (viz. all fruits other than grapes and olives, and all vegetables) is defined differently: For fruits, it is when they emerge, while for vegetables it is when they are picked (*Rashi* ד"ה מנא הני מילי, as understood by *Meromei Sadeh;* see also *Rashba* on 13b and *Chidushei HaRan* 14a). The Gemara below [14a] will explain the rationale behind these criteria. Others maintain that even these critical stages have Biblical status, "for the Torah put it into the hands of the Sages to decide" these matters (*Ritva* here ד"ה והא דקתני תבואה and on 13b ד"ה והא דאמרינן in the name of *Raavad*). See further, *Tosafos* 13b ד"ה מתוך and *Ramban* there; see also *Turei Even*.

משתבא השמש אין תורמין ומעשרין מזה על זה לפי שאין תורמין ומעשרין לא מן החדש על הישן ולא מן הישן על החדש [א] אם היתה שניה נכנסת לשלישית שניה מעשר ראשון ומעשר שני שלישית מעשר ראשון ומעשר עני מנה"מ אמר ריב"ל [א] כי תכלה לעשר את כל מעשר תבואתך בשנה השלישית שנת המעשר שנה שאין בה אלא מעשר אחד הא כיצד [ג] מעשר ראשון ומעשר עני ומעשר שני יבטל או אינו אלא אף מעשר ראשון נמי יבטל ת"ל [ב] ואל הלוים תדבר ואמרת אליהם כי תקחו מאת בני ישראל את המעשר אשר נתתי לכם מאתם בנחלתכם הקישו הכתוב לנחלה מה נחלה אין לה הפסק אף מעשר ראשון אין לו הפסק ([א] תניא אידך) כי תכלה לעשר וגו' שנה שאין בה אלא מעשר אחד הא כיצד מעשר ראשון ומעשר עני ומעשר שני יבטל יכול אף מעשר ראשון נמי יבטל ת"ל [ג] ובא הלוי כל זמן שבא תן לו דברי ר' יהודה רבי אליעזר בן יעקב אומר אינו צריך הרי הוא אומר ואל הלוים תדבר ואמרת אליהם כי תקחו מאת בני ישראל את המעשר אשר נתתי לכם מאתם בנחלתכם הקישו הכתוב לנחלה מה נחלה אין לה הפסק אף מעשר ראשון אין לו הפסק: ולנדרים וכו': ת"ר [ג] המודר הנאה מחבירו לשנה מונה שנים עשר חודש מיום ליום [ד] ואם אמר לשנה זו אפילו לא עמד אלא בעשרים ותשעה באלול כיון שהגיע יום אחד בתשרי עלתה לו שנה אפי' [ו] למאן דאמר יום אחד בשנה אינו חשוב שנה לצעוריה נפשיה קביל עליה והא אצטער ליה ואימא ניסן [ז] בנדרים הלך אחר לשון בני אדם [ח] תנן התם [ט] התלתן משתצמח התבואה והזיתים משיביאו שליש מאי משתצמח משתצמח לזרעים (א) התבואה והזיתים משיביאו שליש מנה"מ אמר רב אסי א"ר יוחנן ומטו בה משמיה דרבי יוסי הגלילי אמר קרא [ד] מקץ שבע שנים במועד שנת השמטה בחג הסוכות שנת השמטה מאי עבידתיה בחג הסוכות שמינית היא אלא לומר לך כל תבואה שהביאה שליש בשביעית לפני ראש השנה אתה נוהג בו מנהג שביעית בשמינית אמר ליה ר' זירא לרב אסי ודלמא

רש"י

שניה. מה שנלקט בשנה שניה של שמיטה מעשר ראשון ללוי ומעשר שני בירושלים ומה שנלקט בשנה שלישית מעשר ראשון ומעשר עני: מנא הני מילי. דבשלישית אינו נוהג בה מעשר שני: שנה שאין נוהג בה אלא אחד. מן המעשרות שנהגו בשתי שנים שלפניה: הא כיצד מעשר ראשון. יתן כדרך שנתן עד הנה: ומעשר עני. יוסיף במקום מעשר שני כדכתיב (דברים כו) לגר ליתום ולאלמנה והוא מעשר עני: או אף מעשר ראשון יבטל. ושנת המעשר חד קאמר ההיא דמפרש ואזיל ללוי לגר ליתום ולאלמנה והוא מעשר עני שאף לוי בכלל עני שאין לו חלק בארץ: ובא הלוי. למעשר ראשון כל זמן שבא וכו' והא בשנה שלישית כתיב מקצה שלש שנים וגו' ובא הלוי וגו': ה"ג ת"ר המודר הנאה וכו'. ולא גרסינן מנלן: לשון בני אדם. שאין אדם נודר אלא על לשון שהוא רגיל לדבר ודרך בני אדם לקרות תשרי ר"ה: התלתן. מין תבלין (ב) פינגרי"ך: משתצמח. אחר שנת צמיחתו הוא מתעשר ולא אחר שנת לקיטתו: משתצמח לזרעים. שהזרע צומח בתוכו: התבואה. דגן ותירוש קרויין תבואה דכתיב (במדבר יח) כתבואת גורן וכתבואת יקב: והזיתים. יצהר משיביאו שליש מתעשרין אחר שנה שהגיעו בו לשליש בישולם אם שניה אם שלישית: מנא הני מילי. דתבואה וזיתים קאי למעשר דידהו דאורייתא ומנלן דבתר שליש אזלי דאילו ירק דאזיל בתר לקיטה ואילן דאזיל בתר חנטה מעשר דידהו מדרבנן ולא מבעיא בהו מנלן ולקמן (דף יד.) מפרש בהו טעמייהו ירק משום דגדיל ליה כל שעתא והדר למח וגדל על מי גשמים של שנת לקיטתו אזיל ביה בתר לקיטה אילן גדל על מי שנה שחנטו בה שע"י שרף שבא באילן לפני חנטה פירותיו חונטין ובו נגמרין שרף האילן עולה ונכנס בפרי תמיד וממנו גדל: מאי עבידתיה. לקרות חג הסוכות שבסוף שבע שנים שנת השמיטה הרי כבר יצאה השמיטה מר"ה וכבר נכנסת שמינית: אלא לומר לך כו'. וה"ק קרא יש לך דבר שהוא של שמינית והוא אסור כשביעית ואיזו זו תבואה שהביאה שליש ולקמן פריך ממאי דבדעייל שליש קאמר:

תוספות

משתבא השמש. בירושלמי מוקי לה בנכרי: משתצמח לזרעים. פירש בקונטרס שהזרע צומח בתוכו ולאו משמע כן בירושלמי דמעשרות פ"ק דאמרי' מתני' כדי שתזרע ותצמח כיצד הוא בודק ר' שמואל בר נחמני בשם רבי יונתן נוטל מלא קומצו ונותן לתוך הספל של מים אם שקע רובה חייבת ואם לאו פטורה ר' יונה בעא מעתה מה שקעו יהא חייב ומה שלא שקע יהא פטור אלא ברוב כל פרידה ופרידה את אמרת משמע משתצמח לזרעים היינו שנגמר בישולם כל כך שאם זורעין אותן חוזרין אותן ממקום אחר צומחת: התבואה. פי' בקונטרס דגן ותירוש קרויין תבואה דכתיב כתבואת גורן וכתבואת יקב ולאו אפשר לומר כן חדא דאם כן לא ליתני זיתים וליהוו בכלל תבואה כמו ענבים דתרוייהו בכלל תבואת יקב ניהנו ועוד לשיעור אחר תנא גבי ענבים בפ"ק דמעשרות (משנה ג) דתנן [ז] הענבים והבאושים משיבאישו והבאושים מין ענבים הוא מלשון ויעש באושים (ישעיה ה) (ג) ולית דגרסי הבאושים ובירושלמי גרסינן הענבים והבאושים משיבאישו ר' זירא בשם ר' יוסי מקרא הבאושה וצריך טעם למה לא אזלינן בענבים בתר שליש כמו בתבואה וזיתים מהאי קרא גופיה דמייתי הכא ומנלן כל הנך שיעורין המפורשין בכל אחד ואחד גבי פירות בפ"ק דמעשרות (שם) בתאנים וענבים ורמונים וטובא דחשיב התם ולאו ענבים אכולהו אחרינא לא הוה חיישינן דלאו דאורייתא אלא ענבים דאורייתא ניהנו דכתיב תירוש ויצהר ונראה לי דכל אותן שיעורין הוא הבאת שליש שלהם והא דלא קתני משיביאו שליש דקתני גבי תבואה וזיתים משום דבכולהו אפשר ליתן בהם סימן חוץ מתבואה וזיתים וכן משמע בירושלמי דגבי התלתן משתצמח דריש לה רבי זעירא מדכתיב עשר תעשר את כל תבואת זרעך כו' דבר שהוא נזרע ומצמיח יצא פחות משליש שאינו נזרע ומצמיח רבי חנינא בשם רבי אמר זיתים וענבים שלא הביאו שליש משקין היוצא מהן אינן מכשירין וא"ת והיכי ילפינן הכא חיוב מעשר משביעית והלא כל אילנות הולכין לשביעית בתר חנטה וענבים נמי בכלל כדאמרינן לקמן אמרי רבנן אילן בתר חנטה ירק בתר לקיטה תבואה וזיתים בתר שליש ואפ"ה לענין להתחייב במעשר שיעור אחר המפורש בפ"ק דמעשרות (משנה ג) ויש לומר דכולהו ניחא דחזו כשיעור המפורש בהם אבל תבואה וזיתים קודם הבאת שליש נמי חזו כדאמרינן פרק המוציא יין (שבת דף פ:) אנפיקינון שמן זית שלא הביא שליש שמשיר השער ומעדן הבשר ואמרינן בפרק אלו עוברין (פסחים דף מב:) עמילן של טבחים פת תבואה שלא הביאה שליש ומהאי טעמא ניחא דקשיא ליה טפי אהנך מנלן דאזלינן בתר שליש כיון דמקודם לכן חזו ומייתי ראיה משביעית דאפילו לשביעית לא מסערינן עד הבאת שליש כ"ש להתחייב במעשר דהא שאר אילנות דאזלינן לשביעית בתר חנטה אפ"ה לא מחייבי במעשר עד דמטו לשיעור המפורש בהם: מנהג שביעית בשמינית. תימה דלעיל (דף ט.) נפקא לן מבחריש ובקציר תשבות קציר של שביעית היוצא למוצאי שביעית ופירש בקונטרס כגון תבואה שהביאה שליש בשביעית אתה נוהג בה מנהג שביעית בשמינית וי"ל [ז] (דהאי דהכא איצטריך ללמד על חריש שהוא לתוספת כדפירש' לעיל (ד) ועוד נ"ל) דאי מהכא הוה אמינא דהא דנוהג בה מנהג שביעית בשמינית היינו דקדושת שביעית נוהגת בהם דאסירא בסחורה וחייבין בביעור ושאר דיני פירות שביעית אבל לחרוש ולקצור ולעדור אותה תבואה לא הייתי אוסר דדבר התלוי בעבודת הארץ כיון דנפקא שביעית שריא אפילו לצורך פירות שביעית להכי איצטריך ההוא קרא וניחא השתא דדריש מיניה תוספת שביעית דאי לאו הכי מה תוספת שייך בפירות שגדלו בשביעית במאי דאסירי בשמינית:

אלא

עין משפט נר מצוה

סא א מיי' פ"א מהל' נטע רבעי הלכה ב סמג עשין קלו טוש"ע י"ד סי' שלא סעיף קכו:

סב ב מיי' פ"ו מהל' מתנות עניים הלכה ד ופ"א מהל' מעשר הלכה א סמג עשין קלו קסא טוש"ע י"ד סימן שלא סעיף יט:

סג ג מיי' פ"י מהל' נדרים הלכה ב סמג לאוין רמב טוש"ע י"ד סימן רכ סעיף ז:

סד ד מיי' שם טוש"ע שם סעיף ו:

סה ה מיי' פ"י מהל' נדרים הלכה א יג סמג לאוין רמב טוש"ע י"ד סימן רכ סעיף א:

סו ו מיי' פ"ב מהלכות מעשר הלכה ה ופ"ב מהלכות תרומה הלכה ה והלכה י סמג עשין קלו ולאוין רמב טוש"ע י"ד סימן שלא סעיף טו:

ליקוטי רש"י

ובא הלוי. ויטול מעשר ראשון [דברים יד כט]. התלתן. פנגרי"ך [שבת קי: ונדה נ.]. מין קטנית למתק קדירה פינג"ר בלעז [ביצה ג:]. פינגר"י מין קטנית הוא ולמתק הקדירה בא [יבמות פא.].

רבינו חננאל

משתבא השמש כו'. פירוש תורת המעשרות שנה ראשונה של שבוע מפריש מעשר ראשון ונותנו ללוי ומפריש מעשר שני ומעלהו ואוכלו בירושלים. וכן בשנה השניה אבל בשנה שלישית מפריש מעשר ראשון ונותנו ללוי. ותמורת מעשר שני מפריש מעשר עני ונותנו לעניים לפיכך זה הירק שנלקט מקצתו בערב ר"ה וחזר וליקט נכרי מקצתו משתבא השמש והיתה שניה נכנסת לשלישית. מה שליקט ישראל דינו כדין שנה שניה (א) מעשר ראשון ומעשר שני. ואינו כענין הזה סוגיא דשמעתא כולה מדכתיב שנת המעשר שנה שאין בה אלא מעשר אחד. וזהו מעשר ראשון. פרט מעשר שני שאינו נוהג בשנה השלישית ואינן יכולין לומר מעשר שני שהרי הכתוב אומר לעני ולגר אבל מעשר ראשון הקישו הכתוב לנחלה. מה נחלה אין לה הפסק אף מעשר ראשון אין לו הפסק ולנדרים כדתניא המודר הנאה מחבירו לשנה מונה י"ב חודש מיום ליום. ואם פירש לשנה זו אפילו לא נדר אלא ביום כ"ט לאלול כיון שהגיע יום אחד בתשרי עלתה לו שנה נשלם נדרו. וכיון שנכנס תשרי אפילו יום אחד הותר. ואפילו למאן דלא סבר יום [א'] בשנה חשוב שנה הכא מודה דלצעורי נפשיה קא מיכוין והא אצטער ליה. ואימא ר"ה לנדרים ניסן ומשני הלך אחר לשון בני אדם. ובני אדם אין קורין ר"ה אלא תשרי. תנן בתחלת מעשרות התלתן משתצמח פי' חשוב הוא פרי. ואוקימנ' משתצמח לזרעים פי' שאם יזרע יצמח. ופירשוהו בתלמוד א"י כיני מתניתא כדי שתזרע ותצמח. כיצד בודק ר' שמואל בש"ר יונתן נוטל מלוא קומצו ומטיל לתוך ספל של מים שקעה לה [רובה] חייבת ואוקימנא ברוב כל פרידה ופרידה כלומר כיון שקשעה יש בה עיקר פרי על כן היא ב) בכירה. התבואה והזיתים משיביאו שליש פי' כגון הפרי כשיגמר יש בו משקל ג' סלעים כיון שהביא משקל סלע וחתכו חייב במעשר מנ"ל א"ר זירא תעשר את כל תבואת זרעך כלומר עשר מדבר שאם תזרעהו תעשר ממנו כגון דבר שזורע וצומח פרט לפחות משליש (א') שאינו [נזרע וצומח]. ומפרשינן לה מהאי קרא מקץ שבע שנים במועד שנת השמטה בחג הסוכות כלומר כל תבואה שהביאה שליש בשביעית שנאמר בה מקץ שבע שנים במועד וגו'. ג) והיא יכולה להקצר במועד והוא חג הסוכות זו התבואה משנת השמטה נחשבת מאחר שהביאה שליש בשנה השביעית

חשק שלמה על ר"ח א) נראה דחסר כאן וצ"ל ומה שליקט הנכרי משתבא השמש דינו כדין שנה שלישית. ב) נראה דצ"ל כבירה. ג) נראה דצ"ל והיינו תבואה שהיא יכולה.

מסורת הש"ס

א) [נ"ל תניא נמי הכי], ב) [תוספתא' פרק א], ג) [לעיל י:], ד) [נדרים ס: וש"נ], ה) מעשרות פ"א מ"ג, ו) רש"א מ"ז, ז) בת"י זה ליתו.

הגהות הב"ח

(א) גמ' משתצמח לזרעים (התבואה והזיתים משיביאו שליש) תא"מ ונ"ב מפרש"י מבואר דלא הוי גרס ליה: (ב) רש"י ד"ה התלתן מין תבלין. נ"ב ובפ"ק דף פא ע"א פרש"י שהוא מין קטנית וצ"ע לדינא לענין הנודר מן תבלין אם הוא בכלל: (ג) תום' ד"ה התבואה כו' ולית דגרסי הבאושים. נ"ב כיון דגרסי הענבים משיבאישו הכי פירושו דקתני ענבים משיבאישו שליש אבל בשאר מין ענבים דהיינו באושים יש להם שיעור אחר אבל בירושלמי גרס הענבים והבאושים משיבאישו: (ד) ד"ה מנהג וכו' שהוא לתוספת כדפרישית לעיל. נ"ב פי' דבחריש בא ללמד על תוספת שביעית ולא אתי לעיל דף ט' ע"ב וקרא דשנת השמטה בא ללמד על התבואה שהביאה שליש לפני ר"ה שאתה נוהג בו מנהג שביעית א"כ מהכא שמעינן קצירה וקציר דבחריש ובקציר תשבות בעל כרחך כיון דבקציר לא איצטריך לגופיה לקצירה התוספת נפקא לן צריך לומר דבא לומר לך אסור הכנכם למ"ש ה"ע בחרישה של ערב שביעית הכנכם לשביעית שכתבו לעיל על חרישה לתוספת:

גליון הש"ס

גמרא ת"ר המודר הנאה מחבירו לשנה. עיין נדרים דף ס ע"ב תוספות ד"ה איבעיא להו אמר קונם יין שאני טועם. ועיין בתשובת מהרי"ל ספר ב' סימן כא:

תורה אור השלם

א) כִּי תְכַלֶּה לַעְשֵׂר אֶת כָּל מַעְשַׂר תְּבוּאָתְךָ בַּשָּׁנָה הַשְּׁלִישִׁת שְׁנַת הַמַּעֲשֵׂר וְנָתַתָּה לַלֵּוִי לַגֵּר לַיָּתוֹם וְלָאַלְמָנָה וְאָכְלוּ בִשְׁעָרֶיךָ וְשָׂבֵעוּ: [דברים כו, יב]

ב) וְאֶל הַלְוִיִּם תְּדַבֵּר וְאָמַרְתָּ אֲלֵהֶם כִּי תִקְחוּ מֵאֵת בְּנֵי יִשְׂרָאֵל אֶת הַמַּעֲשֵׂר אֲשֶׁר נָתַתִּי לָכֶם מֵאִתָּם בְּנַחֲלַתְכֶם וַהֲרֵמֹתֶם מִמֶּנּוּ תְּרוּמַת יְיָ מַעֲשֵׂר מִן הַמַּעֲשֵׂר: [במדבר יח, כו]

ג) וּבָא הַלֵּוִי כִּי אֵין לוֹ חֵלֶק וְנַחֲלָה עִמָּךְ וְהַגֵּר וְהַיָּתוֹם וְהָאַלְמָנָה אֲשֶׁר בִּשְׁעָרֶיךָ וְאָכְלוּ וְשָׂבֵעוּ לְמַעַן יְבָרֶכְךָ יְיָ אֱלֹהֶיךָ בְּכָל מַעֲשֵׂה יָדְךָ אֲשֶׁר תַּעֲשֶׂה: [דברים יד, כט]

ד) וַיְצַו מֹשֶׁה אוֹתָם לֵאמֹר מִקֵּץ שֶׁבַע שָׁנִים בְּמֹעֵד שְׁנַת הַשְּׁמִטָּה בְּחַג הַסֻּכּוֹת: [דברים לא, י]

The Gemara inquires:

מַאי מִשֶּׁתִּצְמַח – **What** does the Mishnah mean by WHEN IT [fenugreek] SPROUTS?

The Gemara answers:

מִשֶּׁתִּצְמַח לְזְרָעִים – **When its seeds sprout.**[25]

The Gemara continues to analyze this Mishnah:

הַתְּבוּאָה וְהַזֵּיתִים מִשֶּׁיָּבִיאוּ שְׁלִישׁ – GRAIN AND OLIVES require tithing FROM WHEN THEY GROW to ONE THIRD of their maturity.

The Gemara inquires:

מְנָא הָנֵי מִילֵּי – **From where** in Scripture **is this** derived?[26]

The Gemara answers:

אָמַר רַב אַסִּי אָמַר רַבִּי יוֹחָנָן – **Rav Assi said in the name of R' Yochanan,** **וּמַטוּ בָהּ מִשְּׁמֵיהּ דְּרַבִּי יוֹסֵי הַגְּלִילִי** – **and some are inclined to cite it in the name of R' Yose HaGlili:** **אָמַר קְרָא** "**מִקֵּץ שֶׁבַע שָׁנִים בְּמֹעֵד שְׁנַת הַשְּׁמִטָּה בְּחַג הַסֻּכּוֹת**" – **The verse states:**[27] ***at the end of seven years, during the appointed time of the year of shemittah, on the Festival of Succos.*** **שְׁנַת הַשְּׁמִטָּה מַאי עֲבִידְתֵּיהּ בְּחַג הַסּוּכּוֹת** – Now **what is "the year of** ***shemittah"*** **doing on the Festival of Succos** at the end of the seven years? **שְׁמִינִית הִיא** – Why, by that time **it is the eighth year** of the cycle![28] **אֶלָּא לוֹמַר לְךָ** – **Rather, it is to tell you** **כָּל תְּבוּאָה שֶׁהֵבִיאָה שְׁלִישׁ בַּשְּׁבִיעִית לִפְנֵי רֹאשׁ הַשָּׁנָה** – **that any grain that grew** to **one third** of maturity **during the seventh** year, **before Rosh Hashanah,** **אַתָּה נוֹהֵג בּוֹ מִנְהַג שְׁבִיעִית בַּשְּׁמִינִית** – **you must treat as Sabbatical** produce **during the eighth year.**[29]

The Gemara objects:

אָמַר לֵיהּ רַבִּי זֵירָא לְרַב אַסִּי – **R' Zeira said to Rav Assi:**

NOTES

25. I.e. when it forms seeds (*Rashi*). Many Rishonim, however, including *Tosafos* and *Rambam* (*Hil. Maaser* 2:5), based on *Yerushalmi* (*Maasros* 1:3), explain the Gemara to mean when its seeds are mature enough to grow on their own, if planted. They also identify this stage with when the fenugreek reaches one third of its maturity; at that point its seeds are mature enough to take root and grow. [As for whether this is true of all plants, or only of fenugreek, see *Rambam, Hil. Maaser* 2:5; *Derech Emunah, Beur HaHalachah* ad loc.]

26. The Gemara's question is addressed to the case of grain, grapes and olives, whose tithing is required by Biblical law. The Gemara seeks the Biblical source for the rule that they are assigned to a given year based on when they reach a third of their maturity. Other fruits and vegetables, whose tithing is merely Rabbinic, are assigned based on different criteria; either when they emerge, in the case of fruit, or when they are picked, in the case of vegetables. The Gemara later [14a] will present the rationale behind these criteria (*Rashi;* see note 24).

27. *Deuteronomy* 31:10, referring to the mitzvah of הַקְהֵל, *hakheil (assembly),* when the king would read the Torah to the assembled people.

28. Why should Succos after the seventh year still be called the *shemittah* year? Once Rosh Hashanah begins, the eighth year has started! (*Rashi*).

29. The Torah thus indicates that produce harvested in the eighth year may yet be subject to the restrictions that apply to Sabbatical produce, as long as it reached one third of its maturity during the seventh year so that it can be assigned as belonging to the seventh, Sabbatical year.

The Gemara will shortly ask how we know that this necessarily refers to produce that reached one third of maturity in the seventh year (*Rashi*).

וְדִלְמָא לֹא עָיֵיל כְּלָל – But perhaps the verse is referring to **[produce]** that **did not ripen at all** before Rosh Hashanah, **וְקָאָמַר רַחֲמָנָא תְּשַׁמֵּט וְתֵיזִיל עַד חַג הַסּוּכּוֹת – and the Merciful One states that** the new year **should be treated as *shemittah* until the festival of Succos.**[1] **– ? –**

Rav Assi offers another exposition:[2]

לֹא סַלְקָא דַּעְתָּךְ – It should not enter your mind to say this. **דִּכְתִיב ״וְחַג הָאָסִף בְּצֵאת הַשָּׁנָה״ – For it is written:**[3] ***And the festival of gathering at the close of the year.*** **מַאי אָסִיף** – Now, **what** does the verse mean by **"gathering"? אִילֵימָא חַג הַבָּא בִּזְמַן אֲסִיפָה – If you say** that the verse means simply to inform me of when Succos arrives, by describing it as **a festival that comes at the time of the gathering** in of the harvest, **הָכְתִיב ״בְּאָסְפְּךָ״ – but** that would be redundant, for **it is written** further in the same verse: ***when you gather in** your work from the field!* **אֶלָּא מַאי אָסִיף – Rather, what** does the verse mean by ***gathering*? קָצִיר** – It means **harvesting,** and teaches that whatever produce is ripe and ready to be harvested by Succos should be assigned to the previous year.[4] **וְקִים לְהוּ לְרַבָּנַן דְּכָל תְּבוּאָה שֶׁנִּקְצְרָה בֶּחָג – And the Rabbis determined that any produce** that has fully matured and is ready to be **harvested by the Festival** of Succos **בְּיָדוּעַ שֶׁהֵבִיאָה שְׁלִישׁ לִפְנֵי רֹאשׁ הַשָּׁנָה – definitely grew to a third** of maturity **before Rosh Hashanah; וְקָא קָרֵי לָהּ ״בְּצֵאת הַשָּׁנָה״ – and [the verse] refers to it as *at the close of the year,*** thus teaching that anything that reached a third of maturity before Rosh Hashanah is assigned to the closing year.

The Gemara questions the basis of Rav Assi's exposition:

אָמַר לֵיהּ רַבִּי יִרְמְיָה לְרַבִּי זֵירָא – R' Yirmiyah said to R' Zeira: וְקִים לְהוּ לְרַבָּנַן בֵּין שְׁלִישׁ לְפָחוֹת מִשְּׁלִישׁ – But could the Rabbis determine the difference **between** a plant that reached **a third** of its growth **and** one that reached just **less than a third?**[5]

R' Zeira denies the very admissibility of such a question:

אָמַר לֵיהּ – He said to him: לַאו אֲמֵינָא לָךְ לֹא תַּפֵּיק נַפְשָׁךְ לְבַר מֵהִלְכְתָא – Have I not told you not to take yourself outside the framework of **the halachah?!**[6] **כָּל מִדּוֹת חֲכָמִים כֵּן הוּא – All the measurements of the Sages are like that;** they are all given in exact terms.[7]

R' Zeira illustrates this with several examples:

בְּאַרְבָּעִים סְאָה הוּא טוֹבֵל – One can immerse in a *mikveh* measuring exactly forty ***se'ah*** of water;[8] **בְּאַרְבָּעִים סְאָה חָסֵר קוֹרְטוֹב אֵינוֹ יָכוֹל לִטְבּוֹל בָּהֶן – but one cannot immerse in** a *mikveh* measuring forty ***se'ah* less a *kortov*.**[9] **כְּבֵיצָה מְטַמֵּא טוּמְאַת אוֹכָלִין** – Similarly, an amount of food **the size of an egg transmits food *tumah*;**[10] **כְּבֵיצָה חָסֵר שׁוּמְשׁוּם אֵינוֹ מְטַמֵּא טוּמְאַת אוֹכָלִין** – but an amount of food **the size of an egg less** the volume of **a sesame seed does not transmit food *tumah*.**[11] **שְׁלֹשָׁה עַל שְׁלֹשָׁה מְטַמֵּא מִדְרָס** – Similarly, a cloth with the dimensions of **three** *tefachim* **by three** *tefachim* **contracts *midras*** *tumah;* **שְׁלֹשָׁה עַל שְׁלֹשָׁה חָסֵר נִימָא אַחַת אֵינוֹ מְטַמֵּא מִדְרָס** – A cloth the size of **three** *tefachim* **by three** *tefachim* **less one thread does not contract *midras*** *tumah.*[12]

R' Yirmiyah, who questioned the Sages' ability to recognize when a plant reaches one third of its maturity, retracts:

הֲדַר אָמַר רַבִּי יִרְמְיָה – R' Yirmiyah then said: לַאו מִילְּתָא הִיא דְּאָמְרִי – What I said earlier **is nothing;** as proved by the following:

R' Yirmiyah begins his proof by citing an exchange between Rav Kahana and his colleagues:

דִּבְעוּ מִינֵּיהּ חַבְרַיָּיא מֵרַב כַּהֲנָא – For his colleagues[13] **inquired of Rav Kahana: עוֹמֶר שֶׁהִקְרִיבוּ יִשְׂרָאֵל בִּכְנִיסָתָן לָאָרֶץ** – Regarding **the *Omer***[14] **that the Jews offered when they** first **entered the Land** of Israel, in the days of Joshua, **מֵהֵיכָן הִקְרִיבוּהוּ – from where did they** have barley to **offer** it? **אִם תֹּאמַר דְּעָיֵיל בְּיַד נָכְרִי – If you say that it grew in the hands of a gentile,** why, that would not be acceptable, **״קְצִירְכֶם״ אָמַר רַחֲמָנָא** – for **the Merciful One stated** that the *Omer* must be brought from ***your harvest,***[15] **וְלֹא קְצִיר נָכְרִי – and not the harvest of a gentile.**[16]

The Gemara interrupts its account of this exchange in order to question the basis of this inquiry:

מִמַּאי דְּאַקְרִיבוּ – From where do we know **that they offered** the *Omer* at all that year? **דִּלְמָא לֹא אַקְרִיבוּ – Perhaps they did not offer it!**[17] **– ? –**

NOTES

1. I.e. perhaps the Torah is not saying anything at all about the status of grain that began to ripen in the *shemittah* year; rather, it is simply saying that the prohibited activities of planting and plowing during *shemittah* extend until Succos of the eighth year (*Rashi* as explained by *Ritva*).

2. [See *Tosafos,* who suggest that Rav Assi's exposition is meant to complement, rather than to supplant, that of R' Yochanan (see also Rashi ד״ה לא ס״ד). For an elaboration of this, see *Turei Even.*]

3. *Exodus* 23:16.

4. The verse should, therefore, be interpreted as follows: "And at the festival when you gather in your work from the field," i.e. Succos, "whatever is harvested belongs to the closing year." The verse indicates that any produce that reaches full maturity by Succos is assigned to the previous year (*Rashi*).

5. Were they so expert in the growth process of plants that they could state with certainty that produce could not be mature in time for Succos unless it had reached one third of its maturity by Rosh Hashanah? (see *Rashi;* see also *Gilyon HaShas* ד״ה אלא קים להו; *Sfas Emes*).

6. I.e. Do not cast aspersions on the measurements of the Sages (*Rashi;* see also *Maharatz Chayes; Yefei Einayim*).

7. For to do otherwise would be to render all measures meaningless (*Ritva;* cf. *Sfas Emes;* see also *Rashi* here and to *Kesubos* 104a).

8. The Sages determined that this is the minimum amount of water in which one can fully immerse oneself (see *Chagigah* 11a).

9. A *kortov* is a very small measure, equivalent to 1/64 of a *log* [which is, in turn, 1/24 of a *se'ah.* Thus a *kortov* is 1/1536 of a *se'ah*] (*Rashi*).

10. I.e. if food became *tamei* it can convey *tumah* to other items only if it has at least the volume of an egg.

[Rishonim dispute whether a smaller volume of food is precluded only from conveying *tumah* to other items, or if it cannot even contract *tumah* itself; see *Rashi* to *Shabbos* 91a and to *Zevachim* 31a; *Tosafos* to *Shabbos* ibid. ד״ה אי לענין טומאה; *Rambam, Hil. Tumas Ochalin* 4:1.]

11. For the verse that teaches the laws of *tumah* contamination of food states (*Leviticus* 11:34): מִכָּל־הָאֹכֶל אֲשֶׁר יֵאָכֵל, *of any food that is eaten. Toras Kohanim* expounds the phrase *that is eaten* to teach that the smallest amount of food that can transmit *tumah* contamination is equivalent to the largest amount that a person can swallow at once. And the Sages reckoned that the throat cannot hold more than the volume of one hen's egg at a time (Rashi from *Yoma* 80a).

12. [*Midras* (literally: treading) *tumah* is the *tumah* acquired by an object when certain people who are *tamei* as a result of a bodily emission (e.g. a *zav, zavah* or *niddah*) rest their weight upon it, whether by sitting, lying, standing or leaning. Not every object can become *tamei* in this manner; rather, it must be an object whose intended use is to support the weight of a human being.] The Sages determined that a piece of cloth that is three *tefachim* by three *tefachim* is fit for sitting upon and, therefore, can contract *midras tumah* (*Rashi*).

13. [See *Rashi* to *Shabbos* 116b and to *Zevachim* 70b.]

14. The *Omer* offering is a *minchah* offering made out of barley, which is brought on the second day of Pesach.

15. *Leviticus* 23:10.

16. That is, it must belong to a Jew when it is ready to be harvested [i.e. when it reaches one third of its maturity, at which point it qualifies as food and might conceivably be harvested] (*Rashi*).

17. Since they had no acceptable barley available (*Ritva;* see there for an alternative).

ודלמא לא עייל כלל וקאמר רחמנא תשמט ותיזיל עד חג הסוכות לא סלקא דעתך דכתיב וחג האסיף בצאת השנה מאי אסיף אילימא חג הבא בזמן אסיפה הכתיב באספך אלא מאי אסיף קציר וקים להו לרבנן דכל תבואה שנקצרה בחג בידוע שהביאה שליש לפני ראש השנה וקא קרי לה בצאת השנה א"ל ר' ירמיה לר' זירא וקים להו לרבנן בין שליש לפחות משליש א"ל לאו אמינא לך לא תפיק נפשך לבר מהלכתא כל מדות חכמים כן הוא בארבעים סאה הוא טובל בארבעים סאה חסר קורטוב אינו יכול לטבול בהן כביצה מטמא טומאת אוכלין כביצה חסר שומשום אינו מטמא טומאת אוכלין שלשה על שלשה מטמא מדרס שלשה על שלשה חסר נימא אחת אינו מטמא מדרס הדר א"ר ירמיה לאו מילתא היא דאמרי דבעו מיניה חברייא מרב כהנא עומר שהקריבו ישראל בכניסתן לארץ מהיכן הקריבוהו אם תאמר דעייל ביד נכרי קצירכם אמר רחמנא ולא קציר נכרי ממאי דאקריבו דלמא לא אקריבו לא ס"ד דכתיב ויאכלו מעבור הארץ ממחרת הפסח ממחרת הפסח אכול מעיקרא לא אכול דאקריבו עומר והדר אכלי מהיכן הקריבו אמר להן כל שלא הביא שליש ביד נכרי ודלמא עייל ולא קים להו אלא קים להו הכא נמי קים להו ודלמא לא עייל כלל אבל היכא דעייל ריבעא בין שליש לפחות משליש לא קים להו לא סלקא דעתך דכתיב והעם עלו מן הירדן בעשור לחדש ואי ס"ד דלא עייל כלל בחמשה יומי מי קא מליא אלא מאי דעייל רבעא או דנקא אכתי בחמשה יומי מי קא מליא אלא מאי אית לך למימר ארץ צבי כתיב בה ה"נ ארץ צבי כתיב בה ומי מצית אמרת דהאי אסיף קציר הוא והכתיב באספך מגרנך ומיקבך ואמר מר בפסולת גורן ויקב הכתוב מדבר א"ר זירא הא מילתא הואי בידן ואתא רבי חנינא שדא ביה נרגא אלא מנלן כדתניא רבי יונתן בן יוסף אומר ועשת את התבואה לשלש השנים אל

ודלמא לא עייל כלל. ואפילו לא התחילו להתבשל בשביעית קאמר רחמנא תשמט שביעית לימשך איסורה עד חג הסוכות מלחרוש ולקצור: **לא ס"ד.** דלשתעי קרא אלא כשהביאו שליש דמוכח קרא אחרינא: **וחג האסיף בצאת השנה מאי חג האסיף.** אילימא דהסוכות שם סוכות ומשום דבא בזמן אסיפה למה לי דלכתב בחד קרא תרי זימני הא כתיב בההוא קרא גופיה באספך את מעשיך: **אלא מאי אסיף קציר.** וה"ק וחג אשר הוא באספך את מעשיך מן השדה אסיף אשר אתה קוצר בו אינו משנה הנכנסת אלא משנה היוצאת ולמדך כאן שקציר החג הולך אחר שנה שעברה וקים להו לרבנן שאמרו התבואה אחר שליש דכל תבואה שנקצרת בחג בידוע שהביאה שליש לפני ר"ה: **וקא קרי ליה בצאת השנה.** שהיא משנה היוצאת אלמא תבואה אחר שליש: **וקים להו לרבנן.** בתמיה וכי בקיאין הן בטיב גידול התבואה לדעת שאין התבואה ראויה לקצור בחג אא"כ הביאה שליש בשנה שעברה: **לא תפיק נפשך בר מהלכתא.** לפקפק בשיעור חכמים: **כל מדותם כך הוא.** מלומלמת: **חסר קורטוב.** מדה קטנה מאד אחד מד' בשמינית בלוג: **כביצה (א) אוכלים.** וקים להו לרבנן שאין בית הבליעה מחזיק לא פחות ולא יותר מביצת תרנגולת וכתיב בטומאת אוכלין (ויקרא יא) מכל האוכל אשר יאכל אוכל הנאכל בבת אחת: **שלשה טפחים על שלשה טפחים מטמאים מדרס.** שיערו חכמים שכשיעור הזה ראוי לישיבה: **לאו מילתא היא דאמרי.** שהקשיתי לומר וקים להו רבנן בין שליש לפחות משליש דודאי קים להו: **דעייל ביד נכרי.** שנתבשל עד שלא באו לארץ: **קצירכם.** ראשית קצירכם ומשראוי לקצור היא קרויה קציר: **ממחרת הפסח.** הוא יום הקרבת העומר ממחרת יום הראשון של פסח: **ודלמא עייל ולא קים להו.** מסקנא דמילתיה דר' ירמיה הוא ואי ס"ד לא קים להו דלמא עייל ביד נכרי ולא הוה קים להו: **ה"נ.** גבי תבואה הנקצרת בחג: **קים להו.** שהביאה שליש לפני ר"ה: **ודלמא לא עייל כלל.** דקדו עד שמצאו מתבואה עד שלא התחילה ליבשל כלל וממנו הביאו: **ארץ צבי.** מה צבי קל ברגליו מכל החיות אף א"י קלה לבשל פירותיה מכל הארצות הכי מפרש לה במס' כתובות בפרק בתרא (דף קיב.): **מי מצית אמרת דהאי אסיף קציר.** דקאמרת דהאי אסיף יתירא למידרשיה לשון קציר הוא: **והא כתיב.** בעלמא באספך מגרנך ומיקבך: **ואמר מר.** שלמדך הכתוב לעשות סכך של סוכה בפסולת גורן ויקב כגון קשין וזמורות דבר שאין מקבל טומאה וגידולו מן הארץ והאי חג האסיף נמי דקאמרת יתירא הוא משום דכתיב גבי באספך את מעשיך לאו יתירא הוא אלא זהו שם החג על שם שהסוכה מסוככת בפסולת גורן ויקב וה"ל כמאן דכתב וחג הסוכות בצאת השנה באספך מעשיך בזמן שהאדם אוסף אל הבית תבואה שבשדות: **הא מילתא הוה בידן.** היינו סבורין שנלמוד מכאן שהתבואה אחר שליש: **ואתא ר' חנינא שדא ביה נרגא.** לומר דהאי אסיף שפיר משתמע בלישנא דקרא ולאו יתירא הוא: **ועשת את התבואה לשלש השנים אל תקרי לשלש אלא לשליש.** שעשתה כשהיא בשליש בישולה: לגופיה

אלא מאי אסיף קציר. אבל מכל מקום פשטיה דקרא חג הבא בזמן אסיפה אן: **וקרי ליה בצאת השנה.** מ"מ בהאי קרא לא הודיה לא סגי אי לאו במועד שנת השמטה בחג הסוכות: **חסר קורטוב.** אחד משמונה בשמינית כדאיתא בפרק המוכר את הספינה (ב"ב צ.) ומדה הפחותה נקט ולאו דוקא דאפילו פחות מכאן ואפילו חסר טיפה אינו טובל: **ולא קציר נכרי.** ואף על גב דירושה היא להם מאבותיהם כדאיתא בע"ז פרק רבי ישמעאל (דף נג:) דאמר רחמנא ואשריהם תשרפון באש מכדי ירושה היא להם מאבותיהם ואין אדם אוסר דבר שאינו שלו מ"מ יש לו במה שזרע ומ"מ (ח) דייק התם שפיר משום אשרות שמדורות הראשונים: **דאקריבו עומר והדר אכול.** הקשה ר' אברהם אבן עזרא הא ממחרת הפסח היינו ט"ו בניסן שהוא מחרת שחיטת הפסח הנשחט בי"ד דכתיב בפרשת מסעי ממחרת הפסח יצאו בני ישראל ביד רמה וזה היה בט"ו והשיב לו ר"ת דה"ק קרא ויאכלו מעבור הארץ ממחרת הפסח כלומר מן הישן מצות וקלוי דהוה חדש אכלו בעצם היום הזה דהיינו ט"ז דאקריבו עומר והדר אכול וה"נ אשכחן ט"ו דאקרי בעצם היום הזה דכתיב ולחם וקלי וכרמל לא תאכלו עד עצם היום הזה (ט) וא"ת ולמאי איצטריך למכתב שאכלו מן הישן הא פשיטא דמצות אכלו בלילה הראשונה ויש לומר דהסיפא אכילה לא חשיבה דסגי בכזית להכי אתא קרא למימר דעיקר אכילה היתה מן הישן ואתא קרא לספר שבחן של מן דכתי' (ג) ולא היה עוד לבני ישראל מן דאמרינן במדרש משל לתינוק שאכל פת שעורין מפני שאין לו פת חטין ומקודם לכן היו יכולין לאכול מן הישן כשעלו מן הירדן בעשור לחדש אלא שמן היה חפלים יותר כל זמן שלא פסק להם ומיהו קשיא דבתוספתא דסוטה (פי"א) ובפ"ק דקדושין (דף לח. ושם) אמרינן שהיו מסתפקין מן שבכליהם עד ט"ז בניסן דכתיב וישבות המן ממחרת באכלם מעבור הארץ שמע מינה משאכלו חדש פסק וע"כ י"ל דט"ו נמי קרי ממחרת הפסח לפי שהוא יום מחרת אכילתו דנאכל בליל ט"ו ובפ' שני דחלה בירושלמי פלוגתא היא דאמוראי והכי איתא התם ר' יונה בעא קמיה דר' ירמיה בשעה שנכנסו ישראל לארץ ומצאו קמה לחה מהו שתהא אסורה משום חדש אמר ליה למה לא עד כדון לחה אפילו יבשה אמר ליה ואפילו יבשה ואפילו קצורה מעתה ואפילו חיטין בעלייה כך אנו אומרים לא אכלו ישראל מצה בלילי הפסח א"ר יונה מאן דנפקית תהית דלא א"ל שנייה היא שמצות עשה דוחה ל"ת על דעת ר' יונה דאמר מצות עשה דוחה ל"ת אע"פ שאינו כתוב בצדה ניחא על דעת ר' יוסי דאמר אין מצות עשה דוחה לא תעשה אלא א"כ כתוב בצדה ממה שהיו תגרי נכרים מוכרין להם וכרבי ישמעאל דא"ר ישמעאל כל ביאות שנאמרו בתורה לאחר י"ד נאמרו שבע שכבשו ושבע שחלקו התיב ר' בון בר כהנא הא כתיב ויאכלו מעבור הארץ ממחרת הפסח לאו בט"ו התיב ר' אלעזר בר יוסי קמיה דר' דוסא והכתיב ממחרת הפסח יצאו בני ישראל לאו בחמשה עשר יצאו: **ומהיכן הקריבו.** משמע דאי לא הקריבו היו אסורין כל היום ולא כמ"ד במנחות פ' ר' ישמעאל (דף סח.) דאף בזמן שבהמ"ק קיים האיר המזרח מתיר: **ה"נ ארץ צבי.** ובחמשה יומי קא מלו והא דאמר לעיל תבואה שנקצרת בחג בידוע שהביאה שליש לפני ר"ה לענין שתהא ראויה לקצור אינה ממהרת להתבשל בחמשה יומי אבל הכא לענין עומר דכתי' (ויקרא כג) כרמל רך ומלא (ג) ועוד דאחר גמר בישולה מאחרין אותן בשדות כדי שתתבשל יפה כדמשמע גבי (י) רבה) בפ' איזהו נשך (ב"מ עד:):

מסורת הש"ס

א) סנהדרין יג:, ב) [סוטה טז:], ג) כתובות קד. מנחות קג:, ד) [קידושין לז:], ה) [וכתובות קיב. מביא ראיה מירמיה ג נחלת צבי ולע"ק כאן וברש"י וע"ע גיטין נז.], ו) סוכה יב., ז) [פי' תתכו כחתיכת אילן בגרזן ערוך], ח) [דמי כל"ל וכן הוא בפרשת דרכים בדרך הקדש], ט) [וע"ע תוס' קידושין לז: ד"ה ממחרת], י) [צ"ל רבה].

הגהות הב"ח

(א) רש"י ד"ה כביצה מטמאה טומאת אוכלין דקים להו: (ב) תוס' ד"ה דאקריבו כו' שבחו של מן דכתיב בתריה וישבות המן ממחרת באכלם מעבור הארץ ולא היה עוד: (ג) ד"ה הכא נמי כו' כרמל רך ומלא סגי בה' יומי ועוד כו' בשדות כדי שתייבש יפה:

הגהות מהר"ב רנשבורג

א] תוס' ד"ה אלא וכו' בזמן אסיפה. נ"ב וכפרש"י בד"ה אלא מאי אסיף וכו':

תורה אור השלם

א) וְחַג הַקָּצִיר בִּכּוּרֵי מַעֲשֶׂיךָ אֲשֶׁר תִּזְרַע בַּשָּׂדֶה וְחַג הָאָסִף בְּצֵאת הַשָּׁנָה בְּאָסְפְּךָ אֶת מַעֲשֶׂיךָ מִן הַשָּׂדֶה: [שמות כג, טז]

ב) דַּבֵּר אֶל בְּנֵי יִשְׂרָאֵל וְאָמַרְתָּ אֲלֵהֶם כִּי תָבֹאוּ אֶל הָאָרֶץ אֲשֶׁר אֲנִי נֹתֵן לָכֶם וּקְצַרְתֶּם אֶת קְצִירָהּ וַהֲבֵאתֶם אֶת עֹמֶר רֵאשִׁית קְצִירְכֶם אֶל הַכֹּהֵן: [ויקרא כג, י]

ג) וַיֹּאכְלוּ מֵעֲבוּר הָאָרֶץ מִמָּחֳרַת הַפֶּסַח מַצּוֹת וְקָלוּי בְּעֶצֶם הַיּוֹם הַזֶּה: [יהושע ה, יא]

ד) וְהָעָם עָלוּ מִן הַיַּרְדֵּן בֶּעָשׂוֹר לַחֹדֶשׁ הָרִאשׁוֹן וַיַּחֲנוּ בַּגִּלְגָּל בִּקְצֵה מִזְרַח יְרִיחוֹ: [יהושע ד, יט]

ה) וְיַעַשׂ הַבָּא אֵלָיו כִּרְצוֹנוֹ וְאֵין עוֹמֵד לְפָנָיו וְיַעֲמֹד בְּאֶרֶץ הַצְּבִי וְכָלָה בְיָדוֹ: [דניאל יא, טז]

ו) חַג הַסֻּכֹּת תַּעֲשֶׂה לְךָ שִׁבְעַת יָמִים בְּאָסְפְּךָ מִגָּרְנְךָ וּמִיִּקְבֶךָ: [דברים טז, יג]

ז) וְצִוִּיתִי אֶת בִּרְכָתִי לָכֶם בַּשָּׁנָה הַשִּׁשִּׁית וְעָשָׂת אֶת הַתְּבוּאָה לִשְׁלֹשׁ הַשָּׁנִים: [ויקרא כה, כא]

ליקוטי רש"י

חג הבא בזמן אסיפה. דהיינו סוכות [סנהדרין יג:]. **לא תפיק נפשך לבר מהילכתא.** כל דברי חכמים שנקבעו אל תהרהר אחריהן [סוטה טז:]. **כל מדות חכמים כן.** העמידוה יתד ולא תמוט [כתובות קד.]. **ממחרת הפסח.** יום הנפת העומר שהקריבו עומר תחלה [יהושע ה יא]. **ארץ צבי.** ארץ ישראל [מגילה ו.]. ארץ ישראל שנקראת ארץ צבי כענין שנאמר נחלת צבי צבאות גוים (ירמיה ג) [דניאל ח ט]. **בפסולת גורן.** קשין. **ויקב.** פסולת יקב זמורות ואשכולות ריקים. **שדא ביה נרגא.** קללה בגרזן כלומר השיב תשובה ניצחת [סוכה יב.].

עין משפט נר מצוה

סז א מיי' פ"ד מהל' מקוואות הלכה א סמג עשין רמח טוש"ע י"ד סי' רא סעיף א:

סח ב מיי' פ"ד מהל' טומאת אוכלין הלכה א:

סט ג מיי' פכ"ג מהל' כלים הלכה א:

גליון הש"ס

גמ' וקים כו'. עי' יומא עט ע"א: **שם לא תפיק כו'.** סוטה טז ע"ב: **שם אלא קים להו ה"נ קים להו.** תמוה לי דאיך דומה זה לזה דלעיל שלא ראינו התבואה קודם ר"ה אלא עתה כשקוצרים אותה בסוכות ובאנו לדון מדרך כלל דכל שנקצרת בחג הביאה שליש קודם ר"ה בזה י"ל דלא קים להו בכך כללא משא"כ הכא דכשבאו לארץ ראו להתבואה שעדיין לא הביאה שליש ובזה בקיאין מה שהוא לראיית עין. והא בזה ודאי בקיאין כדקתני במתני' התבואה משהביאה שליש משמע דלא הביאה שליש אין בו משום שביעית ולא משום מעשר ולא חיישינן דשמא הביאה שליש אע"כ דבזה בקיאין:

רבינו חננאל

השביעית שנאמר וחג האסיף בצאת השנה וקיי"ל דהאי אסיף קציר הוא. וכן פירושו כל קציר הנקצר בחג הסוכות בצאת השנה כלומר מן השנה היוצאת הוא חשוב וקים לרבנן דכל תבואה שנקצרת בחג הסוכות בידוע שהביאה שליש לפני ר"ה וקרי ליה בצאת השנה. ואמרינן ומי קים להו לרבנן בין פחות שליש לשליש. ופרקינן לא תוקי ותפיק נפשך לבר מהלכתא כלומר אין לאדם להוציא עצמו מן ההלכה. ולדקדק איך יתכן דבר זה. דהא כל מדות חכמים כן הן במ' סאה טובל במ' סאה חסר קורטוב אינו טובל. פי' קורטוב אחד מח' בשמיני' ופסול בתתק"ס ספל מים שהן שיעור המקוה אם חסרו חלק אחד מח' בשמינית. וכן כביצה מטמאה טומאת אוכלין כו'. אלמא קים להו בהני כולהו בין שליש לפחות משליש נמי קים להו. ואתא ר' ירמיה למידק ולפרושי הא סברא דקים להו לרבנן בין שליש לפחות משליש. מן העומר שהקריבו ישראל בכניסתן לארץ שנאמר ויאכלו מעבור הארץ ממחרת הפסח מצות וגו' ש"מ מדכתיב ממחרת הפסח הוא דאכלו. אחר שהקריבו העומר אבל מקודם לכן לא אכלו. ואי אפשר להביא העומר ולהקריבו ממה שהביא שליש ביד נכרי אלא ממה שהיה בעת שנכנסו ישראל לארץ פחות משליש ואח"כ נתמלא אלמא קים להו ונדחת זו הדוקיא ואף זו שדקדקנו כי כל תבואה שהביאה שליש לפני ר"ה מן השנה שעברה היא חשובה מהאי קרא וחג האסיף בצאת השנה. ואוקימנה

The Gemara answers:

לֹא סָלְקָא דַּעְתָּךְ – **It should not enter your mind** to say this. דִּכְתִיב ״וַיֹּאכְלוּ מֵעֲבוּר הָאָרֶץ מִמָּחֳרַת הַפֶּסַח״ – **For it is written:**[18] ***And they ate from the produce of the land on the day after Pesach,*** מִמָּחֳרַת הַפֶּסַח אָכוּל – implying that only **on the day after** the first day of **Pesach they ate** the produce of the land, מֵעִיקָּרָא לֹא אָכוּל – **but before** that day **they did not eat** any produce. דְּאַקְרִיבוּ עוֹמֶר וַהֲדַר אָכְלֵי – The situation must have changed **because they offered the *Omer*** on the second day of Pesach **and** only **then** were **they** permitted to **eat** the new crop. Clearly, then, they were able to offer the *Omer.*[19] מֵהֵיכָן הִקְרִיבוּ – Thus, his colleagues were quite right to ask Rav Kahana: **From where did they** have barley to **offer?**

The Gemara resumes its account of Rav Kahana's exchange with his colleagues:

אָמַר לָהֶן – **He said to them:** כָּל שֶׁלֹּא הֵבִיא שְׁלִישׁ בְּיַד נָכְרִי – They could use **whatever did not grow** to **one third** of maturity while **in the possession of a gentile.**[20]

R' Yirmiyah concludes his proof:

וְדִלְמָא עָיֵיל וְלֹא קִים לְהוּ – **But perhaps** the barley **had** already **grown** to a third of its maturity while the gentile owned it, **but they could not determine** that it had done so? How could they be sure that the barley had not actually reached a third of its maturity while in the gentile's possession? אֶלָּא קִים לְהוּ – **Rather,** we must say that the Sages of that generation were sufficiently expert that **they could determine,** by observing the grain, that it was less than a third grown. הָכָא נַמִּי קִים לְהוּ – **Here, too,** we may say that **they** [the Sages] **could determine** which produce is one-third ripe by Rosh Hashanah and ascertain that such produce is always ripe by Succos.[21]

The Gemara objects to the proof:

וְדִלְמָא לֹא עָיֵיל כְּלָל – **But perhaps** they offered the *Omer* from barley that **had not ripened at all** when they entered the land; something that anyone can recognize. אֲבָל הֵיכָא דְּעָיֵיל רִיבְעָא – **But had it ripened,** say, to **a quarter** of its maturity, בֵּין שְׁלִישׁ לְפָחוֹת מִשְּׁלִישׁ לֹא קִים לְהוּ – perhaps **they could not have determined** the difference **between** grain that is **a third** grown **and** grain that is **less than a third** grown – ? –

The Gemara tries to deflect the objection:

לֹא סָלְקָא דַּעְתָּךְ – **It should not enter your mind** to say this. דִּכְתִיב ״וְהָעָם עָלוּ מִן־הַיַּרְדֵּן בֶּעָשׂוֹר לַחֹדֶשׁ״ – **For it is written:** ***And the nation came up from the Jordan on the tenth of the*** *first* ***month,*** i.e. the tenth of Nissan.[22] וְאִי סָלְקָא דַּעְתָּךְ דְּלֹא עָיֵיל כְּלָל – **But if you assume that it had not ripened at all** when they crossed the Jordan into the land, on the tenth of Nissan, בַּחֲמִשָּׁה יוֹמֵי מִי קָא מַלְיָא – **could it have become fully ripe in** only **five days,** in time for the *Omer* offering?[23]

The Gemara retorts:

אֶלָּא מַאי – **Rather, what** would you say? דְּעָיֵיל רִבְעָא אוֹ דַּנְקָא – **That it had ripened a quarter or a sixth** when the Jews entered? אַכַּתִּי בַּחֲמִשָּׁה יוֹמֵי מִי קָא מַלְיָא – **Still, in** the **five days** remaining to the offering of the *Omer* **could it have become fully ripe?** אֶלָּא מַאי אִית לָךְ לְמֵימַר – **Rather, what must you say?** ״אֶרֶץ צְבִי״ כְּתִיב בָּהּ – That **it is written about it** [the Land of Israel] that it is ***the land of the deer,***[24] whose fruit ripens quickly, and so it is possible that grain might spurt from a fourth or a sixth to full maturity in only five days. הָכָא נַמִּי ״אֶרֶץ צְבִי״ כְּתִיב בָּהּ – **So too** we can say that since **it is written about it** that it is ***the land of the deer,*** the grain might leap from total immaturity to full-blown maturity in five days.[25] Thus, it is possible that the barley they used for the *Omer* was not ripe at all when they first entered the land, and no evidence can be brought from here regarding the Sages' ability to distinguish between grain that is one-third ripe and grain that is less than one-third ripe.

The Gemara resumes its discussion of the Scriptural source for the rule that produce is assigned to a given year based on when it reaches one third of its maturity:

מַתְקִיף לָהּ רַבִּי חֲנִינָא – **R' Chanina objected to** Rav Assi's exposition: וּמִי מָצִית אָמְרַתְּ דְּהַאי אָסִיף קָצִיר הוּא – **But how can you say that this** reference to ***gathering*** in the verse[26] **means harvesting?** וְהָכְתִיב ״בְּאָסְפְּךָ מִגָּרְנְךָ וּמִיִּקְבֶךָ״ – **But it is written** elsewhere regarding the Succos festival: *The Festival of Succos you shall make for yourself for seven days,* ***with your gathering from your threshing floor and from your wine vat.***[27] וְאָמַר מָר – **And the master said:** בִּפְסוֹלֶת גּוֹרֶן וְיֶקֶב הַכָּתוּב מְדַבֵּר – **Scripture speaks of the refuse of the threshing floor and the wine vat,** which are not susceptible to *tumah* and grow from the ground.[28] From this exposition it emerges that the succah itself is fabricated from the very stuff of the harvest; that being the case, it is possible that the phrase *the festival of gathering* is simply

NOTES

18. *Joshua* 5:11.

19. [The Gemara's language seems unnecessarily roundabout; why not say simply that since they ate fresh produce on the day after Pesach they must have offered the *Omer!* For discussion of this issue see *Bach, Taz* and *Shach* to *Yoreh Deah* 293; see also *Tosafos* ד״ה ומהיכן *Chidushei R' Akiva Eiger.*]

20. That is, when the Jews entered the Land of Israel, they took note of some barley growing in the gentile fields that was not yet a third grown. Later, when it came time to offer the *Omer,* they used that barley, which had since grown to maturity while in Jewish hands, for the offering.

21. [See *Sfas Emes.*]

22. Ibid. 4:19.

23. [The kernels of barley used for the *Omer* must be plump and full; see *Menachos* 66b; see also *Sfas Emes* here.]

24. *Daniel* 11:16. [Although the simple meaning of the expression in the verse, אֶרֶץ־הַצְּבִי, is *the coveted land,* this phrase can also be rendered: *the land of the deer.* The Gemara in *Kesubos* (112a) derives from this that fruit ripens more swiftly in the Land of Israel than elsewhere, just as a deer runs more swiftly than other animals (*Rashi*).]

25. [This seems difficult in light of the rule that the Gemara gave earlier that it takes at least two weeks – from Rosh Hashanah to Succos – for produce to go from one third to full maturity. Rishonim resolve this by distinguishing between grain that is plump enough to be used for the *Omer,* and grain that is ripe enough to be harvested and put into storage. The former is an earlier stage and, in the accelerated environment of the Land of Israel, might be reached in five days; the latter is a later stage, and is not reached, even in the Land of Israel, until two weeks after the grain reaches one third of maturity (*Rashba; Ritva*).]

26. [*And the festival of gathering at the close of the year, when you gather in your work from the field.* As we saw, Rav Assi took the word "gathering" in this context to mean harvesting.]

27. *Deuteronomy* 16:13.

28. Although the simple meaning of the verse is that the Succos festival should be celebrated at the time when the produce of the threshing floor and winepress are gathered in, the Gemara understands it to allude to the building of the succah, indicating what types of materials are acceptable for use as *s'chach* (the roof of the succah), viz. materials that resemble the vines and empty clusters that remain after the grapes are pressed, and the leftover husks, straw and stubble that remain after the grain is threshed. These grow from the ground but, not being foodstuff or utensils, they are not susceptible to *tumah;* and so we derive that, likewise, any material that is used for *s'chach* must grow from the ground and not be susceptible to *tumah.* See *Succah* 11a, 12a.

ודלמא לא עייל כלל וקאמר רחמנא תשמט ותיזיל עד חג הסוכות לא סלקא דעתך דכתיב א) וחג האסיף בצאת השנה מאי אסיף אילימא חג הבא בזמן אסיפה הכתיב באספך אלא מאי אסיף קציר וקים להו לרבנן דכל תבואה שנקצרה בחג בידוע שהביאה שליש לפני ראש השנה וקא קרי לה בצאת השנה א"ל ר' ירמיה לר' זירא וקים להו לרבנן בין שליש לפחות משליש א"ל לאו אמינא לך לא תפיק נפשך לבר מהלכתא כל מדות חכמים כן הוא בארבעים סאה הוא טובל בארבעים סאה חסר קורטוב אינו יכול לטבול בהן כביצה מטמא טומאת אוכלין כביצה חסר שומשום אינו מטמא טומאת אוכלין שלשה על שלשה מטמא מדרס שלשה על שלשה חסר נימא אחת אינו מטמא מדרס הדר א"ר ירמיה לאו מילתא היא דאמרי דבעו מיניה חברייא מרב כהנא עומר שהקריבו ישראל בכניסתן לארץ מהיכן הקריבוהו אם תאמר דעייל ביד נכרי ב) קצירכם אמר רחמנא ולא קציר נכרי ממאי דאקריבו דלמא לא אקריבו לא ס"ד דכתיב ג) ויאכלו מעבור הארץ ממחרת הפסח ממחרת הפסח אכול מעיקרא לא אכול דאקריבו עומר והדר אכלי מהיכן הקריבו אמר להן כל שלא הביא שליש ביד נכרי ודלמא עייל ולא קים להו אלא קים להו הכא נמי קים להו ודלמא לא עייל כלל אבל היכא דעייל ריבעא בין שליש לפחות משליש לא קים להו לא סלקא דעתך דכתיב ד) והעם עלו מן הירדן בעשור לחדש ואי ס"ד דלא עייל כלל בחמשה יומי מי קא מליא אלא מאי דעייל רבעא או דנקא אכתי בחמשה יומי מי קא מליא אלא מאי אית לך למימר ה) ארץ צבי כתיב בה ה"נ ארץ צבי כתיב בה מתקיף לה רבי חנינא ומי מצית אמרת דהאי אסיף קציר הוא והכתיב ו) באספך מגרנך ומיקבך ואמר מר בפסולת גורן ויקב הכתוב מדבר א"ר זירא הא מילתא הואי בידן ואתא רבי חנינא שדא ביה נרגא אלא מנלן כדתניא רבי יונתן בן יוסף אומר ז) ועשת את התבואה לשלש השנים אל

רש"י

ודלמא לא עייל כלל. ואפילו לא התחילו להתבשל בשביעית קאמר רחמנא מלות שביעית לימשך איסורה עד חג הסוכות מלחרוש ולקצור: לא ס"ד. דלשמעי קרא אלא כשהביאו שליש דמוכח קרא אחרינא: וחג האסיף בצאת השנה מאי חג האסיף. אילימא דהכוה שם סוכות ומשום דבא בזמן אסיפה למה לי דכתב בחד קרא תרי זימני הא כתיב בההוא קרא גופיה באספך את מעשיך: אלא מאי אסיף קציר. וה"ק וחג אשר הוא באספך את מעשיך מן השדה אסיף אשר אתה קוצר בו אינו משנה הנכנסת אלא משנה היוצאת ולמדך כאן שקציר החג הולך אחר שנה שעברה וקים להו לרבנן שאמרו התבואה אחר שליש דכל תבואה שנקצרת בחג בידוע שהביאה שליש לפני ר"ה: וקא קרי ליה בצאת השנה. שהיא משנה היוצאת אלמא תבואה אחר שליש: וקים להו לרבנן. בתמיה וכי בקיאין הן בטיב גידול התבואה לדעת שאין התבואה ראויה לקצור בחג אא"כ הביאה שליש בשנה שעברה: לא תפיק נפשך בר מהלכתא. לפקפק בשיעור חכמים: כל מדותם כך הוא. מלומלמת: חסר קורטוב. מדה קטנה מאד אחד מח' בשמינית בלוג: כביצה (א) אוכלים. וקים להו לרבנן שאין בית הבליעה מחזיק לא פחות ולא יותר מביצת תרנגולת וכתיב בטומאת אוכלין (ויקרא יא) מכל האוכל אשר יאכל אוכל הנאכל בבת אחת: שלשה טפחים על שלשה טפחים מטמאים מדרס. שיערו חכמים שכשיעור הזה ראוי לישיבה: לאו מילתא היא דאמרי. שהקשתי לומר וקים להו רבנן בין שליש לפחות משליש דודאי קים להו: דעייל ביד נכרי. שנתבשל עד שלא באו לארץ: קצירכם. ראשית קצירכם ומשראוי לקצור היא קרויה קציר: ממחרת הפסח. הוא יום הקרבת העומר ממחרת יום הראשון של פסח: ודלמא עייל ולא קים להו. מסקנא דמילתיה דר' ירמיה הוא ואי ס"ד לא קים להו דלמא עייל ביד נכרי ולא הוה קים להו: ה"נ. גבי תבואה הנקצרת בחג: קים להו. שהביאה שליש לפני ר"ה: ודלמא לא עייל כלל. בדקו עד שמלאו מתבואה עד שלא התחילה ליבשל כלל וממנו הביאו: ארץ צבי. מה צבי קל ברגליו מכל החיות אף א"י קלה לבשל פירותיה מכל הארצות הכי מפרש לה במס' כתובות בפרק בתרא (דף קיב.): מי מצית אמרת דהאי אסיף קציר. דקאמרת דהאי אסיף יתירא למידרשיה לשון קציר הוא: והא כתיב. בעלמא באספך מגרנך ומיקבך: ואמר מר. שלמדך הכתוב לעשות סכך של סוכה בפסולת גורן ויקב כגון קשין וזמורות דבר שאין מקבל טומאה וגידולו מן הארץ והאי חג האסיף נמי דקאמרת יתירא הוא משום דכתיב גבי באספך את מעשיך לאו יתירא הוא אלא זהו שם החג על שם שהסוכה מסוככת בפסולת גורן ויקב וה"ל כמאן דכתב וחג הסוכות בצאת השנה באספך מעשיך בזמן שהאדם אוסף אל הבית תבואה שבשדות: הא מילתא הוה בידן. היינו סבורין שנלמוד מכאן שהתבואה אחר שליש: ואתא ר' חנינא שדא ביה נרגא. לומר דהאי אסיף שפיר משתמע בלישנא דקרא ולאו יתירא הוא: ועשת את התבואה לשלש השנים אל תקרי לשלש אלא לשליש. שעשתה כשהיא בשליש בישולה:

לגופיה

תוספות

אלא מאי אסיף קציר. אבל מכל מקום פשטיה דקרא חג הבא בזמן אסיפה הן: וקרי ליה בצאת השנה. מ"מ בהאי קרא לחודיה לא סגי אי לאו במועד שנת השמטה בחג הסוכות:

חסר קורטוב. אחד משמונה בשמינית כדאיתא בפרק המוכר את הספינה (ב"ב צ.) ומדה הפחותה נקט ולאו דוקא דאפילו פחות מכאן ואפילו חסר טיפה אינו טובל: ולא קציר נכרי. ואף על גב דירושה היא להם מאבותיהם כדאיתא בע"ז פרק רבי ישמעאל (דף נג:) דאמר רחמנא ואשריהם תשרפון באש מכדי ירושה היא להם מאבותיהם ואין אדם אוסר דבר שאינו שלו מ"מ יש לו במה שזורע ומ"מ (ח) דייק התם שפיר משום אשרות שמדורות הראשונים: דאקריבו עומר והדר אכול. הקשה ר' אברהם אבן עזרא הא ממחרת הפסח היינו ט"ו בניסן שהוא מחרת שחיטת הפסח הנשחט בי"ד כדכתיב בפרשת מסעי ממחרת הפסח יצאו בני ישראל ביד רמה וזה היה בט"ו והשיב לו ר"ת דה"ק קרא ויאכלו מעבור הארץ ממחרת הפסח כלומר מן הישן מצות וקלוי דהוא חדש אכלו בעצם היום הזה דהיינו ט"ז דאקריבו עומר והדר אכול וה"נ אשכחן ט"ז דאקרי בעצם היום הזה כדכתיב ולחם וקלי וכרמל לא תאכלו עד עצם היום הזה (ט) וא"ת ואמאי איצטריך למכתב שאכלו מן הישן הא פשיטא דמצות אכלו בלילה הראשונה ויש לומר דההיא אכילה לא חשיבה דסגי בכזית להכי אתא קרא למימר דעיקר אכילה היתה מן הישן ואתא קרא לספר שבחו של מן דכתי' (ב) ולא היה עוד לבני ישראל מן דאמרינן במדרש משל לתינוק שאכל פת שעורין מפני שאין לו פת חטין ומקודם לכן היו יכולין לאכול מן הישן כשעלו מן הירדן בעשור לחדש אלא שבמן היו חפצים יותר כל זמן שלא פסק להם ומיהו קשיא דבתוספתא דסוטה (פי"א) ובפ"ק דקדושין (דף לח. וסם) אמרינן שהיו מסתפקין במן שבכליהם עד ט"ז בניסן דכתיב וישבות המן ממחרת באכלם מעבור הארץ שמע מינה משאכלו חדש פסק וע"כ י"ל דט"ז נמי קרי ממחרת הפסח לפי שהוא יום מחרת אכילתו דנאכל בליל ט"ו ובפ' שני דחלה בירושלמי פלוגתא היא דאמוראי והכי איתא התם ר' יונה בעא קמיה דר' ירמיה בשעה שנכנסו ישראל לארץ ומצאו קמה לחה מהו שתהא אסורה משום חדש אמר ליה למה לא עד כדון לחה אפילו יבשה אמר ליה ואפילו יבשה ואפילו קלורה מעתה ואפילו חיטין בעלייה כך אנו אומרים לא אכלו ישראל מצה בלילי הפסח א"ר יונה מאן דנפקית תהית דלא א"ל שנייה היא שמצות עשה דוחה ל"ת על דעת ר' יונה דאמר מצות עשה דוחה ל"ת אע"פ שאינו כתוב בצדה ניחא על דעת ר' יוסי דאמר אין מצות עשה דוחה לא תעשה אלא א"כ כתוב בצדה ממה שהיו תגרי נכרים מוכרין להם וכרבי ישמעאל דא"ר ישמעאל כל ביאות שנאמרו בתורה לאחר י"ד נאמרו שבע שכבשו ושבע שחלקו התיב ר' בון בר כהנא הא כתיב ויאכלו מעבור הארץ ממחרת הפסח לאו בט"ו התיב ר' אלעזר בר יוסי קמיה דר' דוסא והכתיב ממחרת הפסח יצאו בני ישראל לאו בחמשה עשר יצאו: ומהיכן הקריבו. משמע דאי לא הקריבו היו אסורין כל היום ולא כמ"ד במנחות פ' ר' ישמעאל (דף סח.) דאף בזמן שבהמ"ק קיים האיר המזרח מתיר: ה"נ ארץ צבי. ובחמשה יומי קא מלו והא דאמר לעיל תבואה שנקצרת בחג בידוע שהביאה שליש לפני ר"ה לענין שתהא ראויה לקצור אינה ממהרת להתבשל בחמשה יומי אבל הכא לענין עומר דכתי' (ויקרא כג) כרמל רך ומלא (ג) ועוד דלאחר גמר בישולה מאחרין אותן בשדות כדי שתתבשל יפה כדמשמע גבי (י) רבה) בפ' איזהו נשך (ב"מ עד:):

אל

מסורת הש"ס

א) סנהדרין יג:, ב) [סוטה טז.], ג) כתובות קד. מנחות קג:, ד) [קידושין לז:], ה) [וכתובות קיב. מגילה ו.], ו) סוכה יב., ז) [פי' ...], ח) [דמי כל"ל ...], ט) [וע"ע תוס' קידושין לז: ד"ה ממחרת], י) [נ"ל רבה].

הגהות הב"ח

(א) רש"י ד"ה כביצה מטמאה טומאת אוכלין דקים להו: (ב) תוס' ד"ה דאקריבו כו' שבחו של מן דכתיב בתריה וישבות המן ממחרת באכלם מעבור הארץ ולא היה עוד: (ג) ד"ה הכא נמי כו' כרמל רך ומלא סגי בה' יומי ועוד כו' בשדות כדי שתתבשל יפה:

הגהות מהר"ב רנשבורג

א] תוס' ד"ה אלא וכו' בזמן אסיפה. נ"ב ובפרש"י ד"ה אלא מאי אסיף וכו':

תורה אור השלם

א) וְחַג הַקָּצִיר בִּכּוּרֵי מַעֲשֶׂיךָ אֲשֶׁר תִּזְרַע בַּשָּׂדֶה וְחַג הָאָסִף בְּצֵאת הַשָּׁנָה בְּאָסְפְּךָ אֶת מַעֲשֶׂיךָ מִן הַשָּׂדֶה: [שמות כג, טז]

ב) דַּבֵּר אֶל בְּנֵי יִשְׂרָאֵל וְאָמַרְתָּ אֲלֵהֶם כִּי תָבֹאוּ אֶל הָאָרֶץ אֲשֶׁר אֲנִי נֹתֵן לָכֶם וּקְצַרְתֶּם אֶת קְצִירָהּ וַהֲבֵאתֶם אֶת עֹמֶר רֵאשִׁית קְצִירְכֶם אֶל הַכֹּהֵן: [ויקרא כג, י]

ג) וַיֹּאכְלוּ מֵעֲבוּר הָאָרֶץ מִמָּחֳרַת הַפֶּסַח מַצּוֹת וְקָלוּי בְּעֶצֶם הַיּוֹם הַזֶּה: [יהושע ה, יא]

ד) וְהָעָם עָלוּ מִן הַיַּרְדֵּן בֶּעָשׂוֹר לַחֹדֶשׁ הָרִאשׁוֹן וַיַּחֲנוּ בַּגִּלְגָּל בִּקְצֵה מִזְרַח יְרִיחוֹ: [יהושע ד, יט]

ה) וְיַעַשׂ הַבָּא אֵלָיו כִּרְצוֹנוֹ וְאֵין עוֹמֵד לְפָנָיו וְיַעֲמֹד בְּאֶרֶץ הַצְּבִי וְכָלָה בְיָדוֹ: [דניאל יא, טז]

ו) חַג הַסֻּכֹּת תַּעֲשֶׂה לְךָ שִׁבְעַת יָמִים בְּאָסְפְּךָ מִגָּרְנְךָ וּמִיִּקְבֶךָ: [דברים טז, יג]

ז) וְצִוִּיתִי אֶת בִּרְכָתִי לָכֶם בַּשָּׁנָה הַשִּׁשִּׁית וְעָשָׂת אֶת הַתְּבוּאָה לִשְׁלֹשׁ הַשָּׁנִים: [ויקרא כה, כא]

ליקוטי רש"י

חג הבא בזמן אסיפה. דהיינו סוכות [סנהדרין יג:]. לא תפיק נפשך לבר מהלכתא. כל דברי חכמים שנקבעו לא תהרהר אחריהן [סוטה טז.]. כל מדות חכמים כן. העמידום יחד ולא תמוט [כתובות קד.]. ממחרת הפסח. יום הנפת העומר שהקריבו עומר תחלה [יהושע ה יא]. ארץ צבי. ארץ ישראל [מגילה ו.]. ארץ ישראל שנקראת ארץ צבי כענין שנאמר נחלת צבי צבאות גוים [ירמיה ג] [דניאל ח ט]. בפסולת גורן. קשין. ויקב. פסולת יקב זמורות ואשכולות ריקנים. שדא ביה נרגא. [illegible] כגרזן כלומר הקשה תשובה ניצחת [סוכה יב.].

עין משפט נר מצוה

סז א מיי' פ"ד מהל' מקוואות הלכה א סמג עשין רמח טוש"ע י"ד סי' רא סעיף א:

סח ב מיי' פ"ד מהל' טומאת אוכלין הלכה א:

סט ג מיי' פכ"ב מהל' כלים הלכה א:

גליון הש"ס

גמ' וקים כו'. עי' יומא עט ע"א: שם לא תפיק כו'. סוטה טז ע"ב: שם אלא קים להו ה"נ קים להו. תמוה לי דאין דומה זה לזה דלעיל שלא ראינו התבואה קודם ר"ה אלא עתה כשקוצרים אותה בסוכות ובאנו לדון מזה כלל דכל שנקצרת בחג הביאה שליש קודם ר"ה בזה י"ל דלא קים להו בכך כללא משא"כ הכא דכשבאו לארץ ראו להתבואה שעדיין לא הביאה שליש וזה בקיאין מה שהוא ודאי אינן עין. והא בזה ודאי בקיאין כדקתני במתני' התבואה משהביאה שליש משמע דבלא הביאה שליש אין בו משום שביעית ולא משום מעשר ולא חיישינן דשמא הביאה שליש אע"כ דבזה בקיאין:

רבינו חננאל

השביעית שנאמר וחג האסיף בצאת השנה וקיי"ל דהאי אסיף קציר הוא. וכן פירושו כל קציר הנקצר בחג הסוכות בצאת השנה כלומר מן השנה היוצאת הוא חשוב וקים לרבנן דכל תבואה שנקצרת בחג הסוכות בידוע שהביאה שליש לפני ר"ה וקרי ליה בצאת השנה. ואמרינן ומי קים להו לרבנן בין פחות שליש לשליש. ופרקינן לא תוקי ותפיק נפשך לבר מהלכתא כלומר אין לאדם להוציא עצמו מן ההלכה. ולדקדק איך יתכן דבר זה. דהא כל מדות חכמים כן הן במ' סאה טובל במ' סאה חסר קורטוב אינו טובל. פי' קורטוב אחד מח' בשמינית ופסול בהתחק"ש ספל מים שהן שיעור המקוה אם חסרו חלק אחד מח' בשמינית. וכן כביצה מטמאה טומאת אוכלין כו'. אלמא קים להו בהני כולהו בין שליש לפחות משליש נמי קים להו. ואתא ר' ירמיה למידק ולפרושי הא סברא דקים להו לרבנן בין שליש לפחות משליש. מן העומר שהקריבו ישראל בכניסתן לארץ שנאמר ויאכלו מעבור הארץ ממחרת הפסח מצות וגו' ש"מ מדכתיב ממחרת הפסח הוא דאכלו. אחר שהקריבו העומר אבל מקודם לכן לא אכלו. ואי אפשר להביא העומר ולהקריבו ממה שהביא שליש ביד נכרי אלא ממה שהיה בעת שנכנסו ישראל לארץ פחות משליש ואח"כ נתמלא אלמא קים להו ונדחת זו הדוקיא ואף זו שדקינן כי כל תבואה שהביאה שליש לפני ר"ה מן השנה שעברה היא חשובה מהאי קרא וחג האסיף בצאת השנה. ואוקימנא

another name for Succos, and there is no justification for reinterpreting the word *gathering* to mean *harvesting.*[29]

The force of this objection is acknowledged:

אָמַר רַבִּי זֵירָא – R' Zeira said: הָא מִילְּתָא הֲוַאי בְּיָדָן – The resolution of **this matter was in our hands,**[30] **וְאָתָא רַבִּי חֲנִינָא שָׁדָא בֵּיהּ נַרְגָּא – but R' Chanina came and threw an ax into it.**

The Gemara seeks some other source for this rule:

אֶלָּא מְנָלָן – Rather, from where do we know this?

The Gemara answers:

כִּדְתַנְיָא – As it was taught in a Baraisa: רַבִּי יוֹנָתָן בֶּן יוֹסֵף אוֹמֵר – R' YONASAN BEN YOSEF SAYS: ״וְעָשָׂת אֶת הַתְּבוּאָה לִשְׁלֹשׁ הַשָּׁנִים״ – The verse states:[31] *I will ordain My blessing for you in the sixth year* ***AND IT WILL MAKE A CROP*** sufficient ***FOR THE THREE YEARS.***

NOTES

29. Rav Assi's exposition required reinterpreting the word *gathering* to mean harvesting, and so to interpret the entire phrase (*and the festival of gathering at the close of the year*) to mean that produce that is harvested on Succos is assigned to the closing year. Such an interpretation – which parts with the simple meaning of the verse – can be justified only if the phrase *of gathering* is otherwise redundant. But it now emerges that *festival of gathering* is actually an apt name for the Succos holiday itself, since it describes the stuff from which the succah is made. Accordingly, *festival of gathering* is just another way to say "Succos," and the verse can be interpreted quite straightforwardly, as if it read: "And the Succos festival, at the end of the year, when you gather in your work from the field" (see *Rashi; Ritva*).

30. We had what seemed like a solid Scriptural basis for the rule that the produce is assigned based on when it reaches a third of its growth (*Rashi*).

31. *Leviticus* 25:21.

ודלמא לא עייל כלל וקאמר רחמנא תשמט ותיזיל עד חג הסוכות לא סלקא דעתך דכתיב א) וחג האסיף בצאת השנה מאי אסיף אילימא חג הבא בזמן אסיפה הכתיב באספך אלא א) מאי אסיף קציר וקים להו לרבנן דכל תבואה שנקצרה בחג בידוע שהביאה שליש לפני ראש השנה וקא קרי לה בצאת השנה א"ל ר' ירמיה לר' זירא וקים להו לרבנן בין שליש לפחות משליש א"ל לאו אמינא לך לא תפיק נפשך לבר מהלכתא כל מדות חכמים כן הוא בארבעים סאה הוא טובל בארבעים סאה חסר קורטוב אינו יכול לטבול בהן כביצה מטמא טומאת אוכלין כביצה חסר שומשום אינו מטמא טומאת אוכלין שלשה על שלשה מטמא מדרס שלשה על שלשה חסר נימא אחת אינו מטמא מדרס הדר א"ר ירמיה לאו מילתא היא דאמרי דבעו מיניה חברייא מרב כהנא עומר שהקריבו ישראל בכניסתן לארץ מהיכן הקריבוהו אם תאמר דעייל ביד נכרי ב) קצירכם אמר רחמנא ולא קציר נכרי ממאי דאקריבו דלמא לא אקריבו לא ס"ד דכתיב ג) ויאכלו מעבור הארץ ממחרת הפסח ממחרת הפסח אכול מעיקרא לא אכול דאקריבו עומר והדר אכלי מהיכן הקריבו אמר להן כל שלא הביא שליש ביד נכרי ודלמא עייל ולא קים להו אלא קים להו הכא נמי קים להו ודלמא לא עייל כלל אבל היכא דעייל ריבעא בין שליש לפחות משליש לא קים להו לא סלקא דעתך דכתיב ד) והעם עלו מן הירדן בעשור לחדש ואי ס"ד דלא עייל כלל בחמשה יומי מי קא מליא אלא מאי דעייל רבעא או דנקא אכתי בחמשה יומי מי קא מליא אלא מאי אית לך למימר ה) ארץ צבי כתיב בה ה"נ ארץ צבי כתיב בה מתקיף לה רבי חנינא ומי מצית אמרת דהאי אסיף קציר הוא והכתיב ו) באספך מגרנך ומיקבך ואמר מר ז) בפסולת גורן ויקב הכתוב מדבר א"ר זירא הא מילתא הואי בידן ואתא רבי חנינא שדא ביה נרגא אלא מנלן כדתניא רבי יונתן בן יוסף אומר ז) ועשת את התבואה לשלש השנים אל

רש"י

ודלמא לא עייל כלל. ואפילו לא התחילו להתבשל בשביעית קאמר רחמנא מלות שביעית לימשך איסורה עד חג הסוכות מלתרום ולקלור: **לא ס"ד.** דלשתעי קרא אלא כשהביאו שליש דמוכח קרא אחרינא: **וחג האסיף בצאת השנה מאי חג האסיף.** אילימא דהוא יום סוכות ומשום דבא בזמן אסיפה למה לי דכתב בחד קרא תרי זימני הא כתיב בההוא קרא גופיה באספך את מעשיך: **אלא מאי אסיף קציר.** וה"ק וחג אשר הוא באספך את מעשיך מן השדה אסיף אשר אתה קולר בו אינו משנה הנכנסת אלא משנה היוצאת ולמדך כאן שקציר החג הולך אחר שנה שעברה וקים להו לרבנן שאמרו התבואה אחר שליש דכל תבואה שנקלרת בחג בידוע שהביאה שליש לפני ר"ה: **וקא קרי ליה בצאת השנה.** שהיא משנה היוצאת אלמא תבואה אחר שליש: **וקים להו לרבנן.** בתמיה וכי בקיאין הן בטיב גידול התבואה לדעת שאין התבואה ראויה לקלור בחג אא"כ הביאה שליש בשנה שעברה: **לא תפיק נפשך בר מהלכתא.** לפקפק בשיעור חכמים: **כל מדותם כך הוא.** מלומלמות: **חסר קורטוב.** מדה קטנה מאד אחד ממ' בשמינית בלוג: **כביצה (א) אוכלים.** וקים להו לרבנן שאין בית הבליעה מחזיק לא פחות ולא יותר מבילת תרנגולת וכתיב בטומאת אוכלין (ויקרא יא) מכל האוכל אשר יאכל אוכל הנאכל בבת אחת: **שלשה טפחים על שלשה טפחים מטמאים מדרס.** שיערו חכמים שכשיעור הזה ראוי לישיבה: **לאו מילתא היא דאמרי.** שהקשתי לומר וקים להו רבנן בין שליש לפחות משליש דודאי קים להו: **דעייל ביד נכרי.** שנתבשל עד שלא באו לארץ: **קצירכם.** ראשית קצירכם ומשמעו לקלור היא קרויה קציר: **ממחרת הפסח.** הוא יום הקרבת העומר ממחרת יום הראשון של פסח: **ודלמא עייל ולא קים להו.** מסקנא דמילתיה דר' ירמיה הוא ואי ס"ד לא קים להו דלמא עייל ביד נכרי ולא הוה קים להו: **ה"נ.** גבי תבואה הנקלרת בחג: **קים להו.** שהביאה שליש לפני ר"ה: **ודלמא לא עייל כלל.** בדקו עד שמלאו מתבואה עד שלא התחילה ליבשל כלל וממנו הביאו: **ארץ צבי.** מה לבי קל ברגליו מכל החיות אף א"י קלה לבשל פירותיה מכל הארלות הכי מפרש לה במס' כתובות בפרק בתרא (דף קיב.): **מי מצית אמרת דהאי אסיף קציר.** דקאמרת דהאי אסיף יתירא למידרשיה לשון קציר הוא: **והא כתיב.** בעלמא באספך מגרנך ומיקבך: **ואמר מר.** שלמדך הכתוב לעשות סכך של סוכה בפסולת גורן ויקב כגון קשין וזמורות דבר שאין מקבל טומאה וגידולו מן הארץ והאי חג האסיף נמי דקאמרת יתירא הוא משום דכתיב גבי באספך את מעשיך לאו יתירא הוא אלא זהו שם החג על שם שהסוכה מסוככת בפסולת גורן ויקב וה"ל כמאן דכתב וחג הסוכות בלאת השנה באספך מעשיך בזמן שהאדם אוסף אל הבית תבואה שבשדות: **הא מילתא הוה בידן.** היינו סבורין שנלמוד מכאן שהתבואה אחר שליש: **ואתא ר' חנינא שדא ביה נרגא.** לומר דהאי אסיף שפיר משתמע בלישנא דקרא ולאו יתירא הוא: **ועשת את התבואה לשלש השנים אל תקרי לשלש אלא לשליש.** שעשתה כשהיא בשליש בישולה: לגופיה

תוספות

אלא מאי אסיף קציר. אבל מכל מקום פשטיה דקרא חג הבא בזמן אסיפה אן: **וקרי ליה בצאת השנה.** מ"מ בהאי קרא לא מודיה לא סגי לי לאו במועד שנת השמטה בחג הסוכות: **חסר קורטוב.** אחד משמונה בשמינית כדאיתא בפרק המוכר את הספינה (ב"ב צ.) ומדה הפחותה נקט ולאו דוקא דאפילו פחות מכאן ואפילו חסר טיפה אינו טובל: **ולא קציר נכרי.** ואף על גב דירושה היא להם מאבותיהם כדאיתא בע"ז פרק רבי ישמעאל (דף נג:) דאמר רחמנא ואשריהם תשרפון בא"ש מכדי ירושה היא להם מאבותיהם ואין אדם אוסר דבר שאינו שלו מ"מ לו במה שזרע ומ"מ (ח) דייק התם שפיר משום אשרות שמודורות הראשונים: **דאקריבו עומר והדר אכול.** הקשה ר' אברהם אבן עזרא הא ממחרת הפסח היינו ט"ו בניסן שהוא מחרת שחיטת הפסח הנשחט בי"ד כדכתיב בפרשת מסעי ממחרת הפסח יצאו בני ישראל ביד רמה וזה היה בט"ו והשיב לו ר"ת דה"ק קרא ויאכלו מעבור הארץ ממחרת הפסח כלומר מן הישן מצות וקלוי דהוא חדש אכלו בעצם היום הזה דהיינו ט"ז דאקריבו עומר והדר אכול וה"נ אשכחן ט"ז דאקרי בעצם היום הזה כדכתיב ולחם וקלי וכרמל לא תאכלו עד עצם היום הזה (ט) וא"ת ואמאי איצטריך למכתב שאכלו מן הישן הא פשיטא דמצות אכלו בלילה הראשונה ויש לומר דההיא אכילה לא חשיבה דסגי בכזית להכי אתא קרא למימר דעיקר אכילה היתה מן הישן ואתא קרא לספר שבחו של מן דכתי' (ב) ולא היה עוד לבני ישראל מן דאמרינן במדרש משל לתינוק שאכל פת שעורין מפני שאין לו פת חטין ומקודם לכן היו יכולין לאכול מן הישן כשעלו מן הירדן בעשור לחדש אלא שבמן היו חפצים יותר כל זמן שלא פסק להם ומיהו קשיא דבתוספתא דסוטה (פי"א) ובפ"ק דקדושין (דף לח. ושם) אמרינן שהיו מסתפקין במן שבכליהם עד ט"ז בניסן דכתיב וישבות המן ממחרת באכלם מעבור הארץ שמע מינה משאכלו חדש פסק וע"כ י"ל דט"ז נמי קרי ממחרת הפסח לפי שהוא יום מחרת אכילתו דנאכל בליל ט"ו ובפ' שני דחלה בירושלמי פלוגתא היא דאמוראי והכי איתא התם ר' יונה בעא קמיה דר' ירמיה בשעה שנכנסו ישראל לארץ ומלאו קמה לחה מהו שתהא אסורה משום חדש אמר ליה למה לא עד כדון לחה אפילו יבשה אמר ליה ואפילו יבשה ואפילו קצורה מעתה ואפילו חיטין בעלייה כך אנו אומרים לא אכלו ישראל מצה בלילי הפסח א"ר יונה מאן דנפקית תהית דלא א"ל שנייה היא שמצות עשה דוחה ל"ת על דעת ר' יונה דאמר מצות עשה דוחה ל"ת אע"פ שאינו כתוב בצדה ניחא על דעת ר' יוסי דאמר אין מצות עשה דוחה לא תעשה אלא א"כ כתוב בצדה ממה שהיו תגרי נכרים מוכרין להם וכרבי ישמעאל דא"ר ישמעאל כל ביאות שנאמרו בתורה לאחר י"ד נאמרו שבע שכבשו ושבע שחלקו התיב ר' בון בר כהנא הא כתיב ויאכלו מעבור הארץ ממחרת הפסח לאו בט"ו התיב ר' אלעזר בר יוסי קמיה דר' דוסא והכתיב ממחרת הפסח יצאו בני ישראל לאו בחמשה עשר יצאו: **ומהיכן הקריבו.** משמע דאי לא הקריבו היו אסורין כל היום ולא כמ"ד במנחות פ' ר' ישמעאל (דף סח.) דאף בזמן שבהמ"ק קיים האיר המזרח מתיר: **ה"נ ארץ צבי.** ובחמשה יומי קא מלו והא דאמר לעיל תבואה שנקלרת בחג בידוע שהביאה שליש לפני ר"ה לענין שתהא ראויה לקלור אינה ממהרת להתבשל בחמשה יומי אבל הכא לענין עומר דכתי' (ויקרא כג) כרמל רך ומלא (ג) ועוד דלאחר גמר בישולה מאחרין אותן בשדות כדי שתתבשל יפה כדמשמע גבי (י) רבא בפ' איזהו נשך (ב"מ עד:): אל

ממחרת הפסח. יום הנפת העומר שהקריבו עומר תחלה [יהושע ה יא]. **ארץ צבי.** ארץ ישראל שנקראת ארץ לבי כענין שנאמר נחלת לבי לבאות גוים (ירמיה ג) [דניאל ח ט]. **בפסולת גורן. ויקב.** פסולת יקב זמורות ואשכולות ריקנים. **שדא ביה נרגא.** קללה בגרזן כלומר השיב תשובה ניצחת [סוכה יב.].

עין משפט נר מצוה

סז א מיי' פ"ד מהל' מקוואות הלכה א סמג עשין רמח טוש"ע י"ד סי' רא סעיף א:

סח ב מיי' פ"ד מהל' טומאת אוכלין הלכה א:

סט ג מיי' פכ"ב מהל' כלים הלכה א:

גליון הש"ס

גמ' וקים כו'. עי' יומא עט ע"א: שם לא תפיק כו'. סוטה טז ע"ב: שם אלא קים להו ה"נ קים להו. תמוה לי דאיך דומה זה לזה דלעיל שלא ראינו התבואה קודם ר"ה אלא עתה כשקוצרים אותה בסוכות וצריכין לדון מדרך כלל דכל שנקלרת בחג הביאה שליש קודם ר"ה וזה י"ל דלא קים להו בהכי כללא משא"כ הכא דכשבאו לארץ ראו להתבואה שעדיין לא הביאה שליש וזה בקיאין מה שהוא לראיית עין. והא דזה ודאי בקיאין לדקדק במתני' התבואה משהביאה שליש משמע דבלא הביאה שליש אין בו משום שביעית ולא משום מעשר ולא חיישינן דשמא הביאה שליש אע"כ דזה בקיאין:

רבינו חננאל

השביעית שנאמר וחג האסיף בצאת השנה וקיי"ל דהאי אסיף קציר הוא. וכן פירושו כל קציר הנקצר בחג הסוכות בצאת השנה כלומר מן השנה היוצאת הוא חשוב וקים להו לרבנן דכל תבואה שנקצרת בחג הסוכות בידוע שהביאה שליש לפני ר"ה וקרי ליה בצאת השנה. ואמרינן ומי קים להו לרבנן בין פחות שליש לשליש. ופרקינן לא תוקי ותפיק נפשך לבר מהלכתא כלומר אין לאדם להוציא עצמו מן ההלכה. ולדקדק איך יתכן דבר זה. דהא כל מדות חכמים כן הן במ' סאה טובל במ' סאה חסר קורטוב אינו טובל. פי' קורטוב אחד מח' בשמיני' ופסול בתתק"ס ספל מים שהן שיעור המקוה אם חסרו חלק אחד מח' בשמינית. וכן כביצה מטמאה טומאת אוכלין כו'. אלמא קים להו בהני כולהו בין שליש לפחות משליש נמי קים להו. ואתא ר' ירמיה למידק ולפרושי דאף סברא דקים להו לרבנן בין שליש לפחות משליש. מן העומר שהקריבו ישראל בכניסתן לארץ שנאמר ויאכלו מעבור הארץ ממחרת הפסח מצות וגו' ש"מ מדכתיב ממחרת הפסח הוא דאכלו. אחר שהקריבו העומר אבל מקודם לכן לא אכלו. ואי אפשר להביא העומר ולהקריבו ממה שהביא שליש ביד נכרי אלא ממה שהיה בעת שנכנסו ישראל לארץ פחות משליש ואח"כ נתמלא אלמא קים להו ונדחת זו הדוקיא ואף זו שדקדקנו כי כל תבואה שהביאה שליש לפני ר"ה מן השנה שעברה היא חשובה מהאי קרא וחג האסיף בצאת השנה. ואוקימנא

מסורת הש"ס

א) סנהדרין יג:, ב) [סוטה טז:], ג) כתובות קד. מנחות קג:, ד) [קידושין לז:], ה) [וכתובות קיב. מבואר דאיה מירמיה ג נחלת צבי ועי' תוס' כאן וברש"י ע"כ], ו) סוכה יב., ז) [פי' אתתו כתחתית אילן בגזן ערוך], ח) [דמי כל"ל וכן הוא בפרשת דרכים בדרך הקדש], ט) [וע"ע תוס' קידושין לז: ד"ה ממחרת], י) [צ"ל רב].

הגהות הב"ח

(א) רש"י ד"ה כביצה מטמאה טומאת אוכלין דקים להו: (ב) תוס' ד"ה דאקריבו כו' שבחו של מן דכתיב בתריה וישבות המן ממחרת באכלם מעבור הארץ ולא היה עוד: (ג) ד"ה הכא כו' כרמל רך ומלא סגי בה' יומי ועוד כו' בשדות כדי שתתבשל יפה:

הגהות מהר"ב רנשבורג

אן תוס' ד"ה אלא וכו' בזמן אסיפה. נ"ב וכפרש"י בד"ה אלא מאי אסיף וכו':

תורה אור השלם

א) וְחַג הַקָּצִיר בִּכּוּרֵי מַעֲשֶׂיךָ אֲשֶׁר תִּזְרַע בַּשָּׂדֶה וְחַג הָאָסִף בְּצֵאת הַשָּׁנָה בְּאָסְפְּךָ אֶת מַעֲשֶׂיךָ מִן הַשָּׂדֶה: [שמות כג, טז]

ב) דַּבֵּר אֶל בְּנֵי יִשְׂרָאֵל וְאָמַרְתָּ אֲלֵהֶם כִּי תָבֹאוּ אֶל הָאָרֶץ אֲשֶׁר אֲנִי נֹתֵן לָכֶם וּקְצַרְתֶּם אֶת קְצִירָהּ וַהֲבֵאתֶם אֶת עֹמֶר רֵאשִׁית קְצִירְכֶם אֶל הַכֹּהֵן: [ויקרא כג, י]

ג) וַיֹּאכְלוּ מֵעֲבוּר הָאָרֶץ מִמָּחֳרַת הַפֶּסַח מַצּוֹת וְקָלוּי בְּעֶצֶם הַיּוֹם הַזֶּה: [יהושע ה, יא]

ד) וְהָעָם עָלוּ מִן הַיַּרְדֵּן בֶּעָשׂוֹר לַחֹדֶשׁ הָרִאשׁוֹן וַיַּחֲנוּ בַּגִּלְגָּל בִּקְצֵה מִזְרַח יְרִיחוֹ: [יהושע ד, יט]

ה) וְיַעַשׂ הַבָּא אֵלָיו כִּרְצוֹנוֹ וְאֵין עוֹמֵד לְפָנָיו וְיַעֲמֹד בְּאֶרֶץ הַצְּבִי וְכָלָה בְיָדוֹ: [דניאל יא, טז]

ו) חַג הַסֻּכֹּת תַּעֲשֶׂה לְךָ שִׁבְעַת יָמִים בְּאָסְפְּךָ מִגָּרְנְךָ וּמִיִּקְבֶךָ: [דברים טז, יג]

ז) וְצִוִּיתִי אֶת בִּרְכָתִי לָכֶם בַּשָּׁנָה הַשִּׁשִּׁית וְעָשָׂת אֶת הַתְּבוּאָה לִשְׁלֹשׁ הַשָּׁנִים: [ויקרא כה, כא]

ליקוטי רש"י

חג הבא בזמן אסיפה. דהיינו סוכות [סנהדרין יג:]. **לא תפיק נפשך לבר מהלכתא.** כל דברי חכמים שנקבעו לך בשיעור תהא מחזיק בהן ולא תהרהר אחריהן [סוטה טז:]. **כל מדות חכמים כן.** העמידום יחד ולא תמוט [כתובות קד.].

עין משפט
נר מצוה

ע א מיי' פ"ד מהל' שמיטה הלכה יא ופ"א מהל' מ"ש הל' ח סמג עשין קלו ולאוין רסה:
עא ב מיי' פ"ב מהלכות בכורים הלכה ז סמג עשין קלו וקלז טוש"ע י"ד סי' רלד סעיף ד:
עב ג מיי' פ"ב מהל' תרומות הל' י ופ"ב מהל' מעשר הלכה ה סמג עשין קלג קלה:
עג ד מיי' פ"ה מהל' תרומות הל' יא ופ"א מהל' מ"ש הל' ב והל' ד ופ"ד מהל' שמיטה הל' יב סמג עשין קלה:
עד ה ו מיי' פ"א מהל' מ"ש הל' ח:

רבינו חננאל

מאי אסיך קציר. דחאה ר' חנינא ושדא בה נרגא כלומר חתכו בחתיכת אילן בגרזן ופשטנה מהא דתניא ר' נתן בן יוסף אומר מה ת"ל ועשת את התבואה לשלש השנים. א"ת לשלש אלא לשליש. פי' אני מצוה הברכה בשנה הששית שאפילו התבואה שהיא שליש מליאתה בשאר השנים עכשיו היא נחשבת מן השנה הששית ואינה מתבערת בשביעית וקראה הכתוב תבואה. תנן התם בשביעית פ"ב האורז והדוחן והפרגים והשומשמין שהשרישו קודם ר"ה מתעשרין לשעבר כו'. פי' בירושלמי אמר רב הונא שאי אפשר לעמוד על אלו מתי יביאו שליש. לפיכך אמרו כי השרשתו כמין פירי. אמר רבה אמור רבנן אילן בתר חנטה. דתנו רבנן אילן שחנטו פירותיו קודם ט"ו בשבט מתעשר לשנה שעברה. תבואה וזיתים בתר שליש כדאמרינן. ירק בתר לקיטה נמי כדאמרינן הני דתנינן בהו בתר השרשה כמאן. לא כאילן ולא כתבואה ולא כירק. הדר אמר רבה מתוך שעשויין א) פרגין פרגין פירוש משארי משארי ומשארא זו מתמלאה ומביאה שליש ועדיין זו לא (לי) נתמלאה. הכל לפי שומן המקום כיון שהשרשתם של כל הערוגות כאחת אמור רבנן חיובם במעשר בשעת השרשת' אם שנה שניה שניה אם שלישית שלישי' לפי שזמן השרשה [בקטנית] ידוע הוא כגון הקליטה באילן. ואקשי עליה אביי ויצבור גורנו בתוכו. כלומר יעקרם הפרגין כלם כאחד ויערב אותם ויעשה הכל גורן אחד. ואע"פ שזו הערוגה הביאה שליש קודם זו הערוגה ויוציא מעשרותיו מתוכו שנמצא מעשר מן החדש על החדש שבו ומן הישן שבו על הישן שבו. כר' יוסי בן כיפר שאמר משום ר' שמעון שזורי בענין פול המצרי שזרעו לזרע. ופי' ר"ש שזורי ב) פול המצרי זרעו לזרע מתעשר לשעבר זרעו לירק מתעשר להבא. זרעו לזרע הוא חי ממי שנה שעברה זרעו לאכלו כירק הוא חי ממי שנה הבאה. ופריק רבה ר"ש שזורי קא אמרת. ר"ש שזורי סבר יש בילה ונעשה כולו אחד. ומתני' דקתני האורז והדוחן כו' לרבנן דפליגי עליה וסברי אין בילה. ואמר משמא דשמואל הלכתא כר"ש שזורי ואתקיפו עלה איני והאמר שמואל לכל אין בילה חוץ מיין ושמן מכלל שהפירות אין להם בילה ואמרינן אשתמיטתיה כלומר נעלמה ממנו הא דאמר שמואל הכל הולך אחר גמר פירי ולא [ס"ל] שמואל הלכה כר"ש שזורי משום דקסבר יש בילה דהא לית ליה לשמואל בילה בפירות אלא משום שהולך אחר גמר פירי

אל תקרי לשלש אלא לשליש והא מיבעי ליה לגופיה כתיב קרא אחרינא (א) וזרעתם את השנה השמינית ואכלתם מן התבואה ישן עד השנה התשיעית תנן התם (א) האורז והדוחן והפרגין והשומשמין שהשרישו לפני ר"ה מתעשרין לשעבר ומותרין בשביעית ואם לאו אסורין בשביעית ומתעשרין לשנה הבאה אמר רבה אמור רבנן (ב) אילן בתר חנטה (ג) תבואה וזיתים בתר שליש (ד) ירק בתר לקיטה הני כמאן שוינהו רבנן הדר אמר רבה מתוך שעשויין פרכין פרכין אזלי רבנן בתר השרשה א"ל אביי ויצבור גורנו לתוכו ונמצא תורם מן החדש שבו על החדש שבו ומן הישן שבו על הישן שבו מי לא תניא (ג) רבי יוסי בן כיפר אמר משום ר"ש שזורי (ה) פול המצרי שזרעו לזרע מקצתו השריש לפני ר"ה ומקצתו השריש לאחר ר"ה אין תורמין ומעשרין מזה על זה לפי שאין תורמין ומעשרין לא מן החדש על הישן ולא מן הישן על החדש כיצד הוא עושה צובר גורנו לתוכו ונמצא תורם ומעשר מן החדש שבו על החדש שבו ומן הישן שבו על הישן שבו א"ל ר"ש שזורי קאמרת ר"ש שזורי סבר (ו) יש בילה ורבנן סברי אין בילה א"ר יצחק בר נחמני אמר שמואל (ז) הלכה כרבי יוסי בן כיפר שאמר משום ר"ש שזורי מתקיף לה רבי זירא ומי אמר שמואל הכי והאמר שמואל לכל אין בילה חוץ מיין ושמן אשתמיטתיה הא דאמר שמואל (ח) הכל הולך אחר גמר פרי וצריכא

אל תקרי לשלש אלא לשליש. כלומר עשייתה כשהוא שליש בשולה ותימה דהדרא קושיא לדוכתיה דקאמר לעיל ודלמא לא עייל כלל וקאמר רחמנא תשמיט ותיזיל עד חג הסוכות וי"ל דהאי תנא לית ליה דרשה דלעיל: **מתוך** שעשויין פרכין. מתוך שגורנן מעט מעט שאין נלקטין ביחד אלא היום נלקטין ונפרכין מעט ולמחר מעט ונמצא חדש וישן מעורבין יחד אם הלכו בהם אחר לקיטה כשאר ירק לכך אזיל בהו בתר השרשה שבשנה אחת משרשת כל השדה שהרי בבת אחת זורעים אותם ומעשר פירות האילן וקטנית וירק מדרבנן הם ויכולת ביד חכמים לקבוע זמן לכל אחד לפי דעתם כך פירש הקונטרס ותימה תינח מעשר דרבנן אלא שביעית דאורייתא הואי דיש בתר לקיטה כשאר ירק היכי אזלינן בתר השרשה להתיר בשביעית כשהשרישו בששית ושמא בשביעית בזמן הזה ורבי היא כדאמר גבי פרוזבול בפרק השולח (גיטין דף לו. ושם) א"נ כדתניא בת"כ מנין לאורז ודוחן ופרגין ושומשמין שהשרישו לפני ר"ה שכונסין אותן בשביעית ת"ל ואספת את תבואתה בשביעית יכול אע"פ שלא השרישו ת"ל שש שנים תזרע ואספת שש זורעים ושש אוספים ולא שש זורעים ושבעה אוספים: **ויצבור** גורנו לתוכו. כלומר וכיון דיכול לתקן אמאי אזיל בתר השרשה ומסיק דרבנן סברי אין בילה ותימה מאי קא משני אכתי תקשי לר"ש שזורי דסבר יש בילה ואזיל בתר השרשה כדקתני בהדיא מקצתו השריש וכו' וסיפא דהך משנה נמי תנן בפרק ב' דשביעית (מ"ח) אר"ש שזורי פול המצרי שזרעו לזרע בתחלה כיוצא בהן כלומר בתר השרש' כאורז ודוחן ועוד מאי קשי' ליה ויצבור גורנו לתוכו נהי דמועיל לגבירת גורן לענין חדש וישן לענין שניה הנכנסת לשלישית לא מהני דשניה מעשר שני שלישית מעשר עני וכן חמישית הנכנסת לששית ומיהו זה יכול לתקן שיפריש מעשר אחד ויחלל על מעות ויאכל המעות בירושלים והמעשר יחלק לעניים וקצת משמע בירושלמי דשביעית דשני מעשרות מעשר על ידי צבור גורנו: **פול** המצרי שזרעו כו'. סיפא דהיא דהאורז והדוחן היא ומוסיף אדרבנן שאף בפול המצרי הולכין בתר השרשה: **אמר** רבי יצחק בר נחמני אמר שמואל הלכה כר"ש שזורי. ברוב ספרים גרסינן בהקומץ רבה (מנחות ל: ושם) ר' שמואל בר נחמני א"ר יונתן ולא יתכן כדמוכח כאן דפריך ומי אמר שמואל הכי ועוד דא"כ קשיא דר' יונתן אדר' יונתן לפי הספרים דגרס התם א"ר יונתן הלכה כר"ש שזורי במסוכן ובתרומת מעשר של דמאי דמשמע בהני דוקא כדמוכח בבהמה המקשה (חולין עה:) ואע"פ שיש ספרים דגרסי בההיא אמר ר' יוחנן ולא יתכן במסכת כתובות בריש פרק אע"פ (דף נה.): **חוץ** מיין ושמן. לענין מעשר איירי והוא הדין מים לענין הזאה בפ' התערובות (זבחים פ.): **אחר** גמר פרי. אין זה אחר לקיטה דזמנין דנגמר לפני ר"ה ונלקט אחר ר"ה וכל ירק נמי הולכין בו אחר גמר פרי אלא דנקיט בכל דוכתי בתר לקיטה משום דלקיטה תכף לגמר פרי אבל הני אין לקיטתן בגמר פרי שממתין להן עד שיתייבשו ואין לקיטתן כאחד דמתייבשין פרכין פרכין אבל גמר פרי כאחת ולכך מותר לעשר לשמואל אף על גב דסבר אין בילה ותימה שמואל דאמר כמאן הא בין ר' שמעון שזורי בין רבנן מודו דאזלינן בתר השרשה דלפני ראש השנה כדפי' והוה ליה ישן ושמואל דאזיל בתר גמר פרי דלאחר ראש השנה הוה ליה חדש: והוה דאלו רבי שמעון שזורי טעמיה משום בילה וטעמא דשמואל משום דכוליה חדש הוא שגדל ונגמר אחר ראש השנה:

לגופיה. תשובה על מה נאכל בשנה השביעית: **האורז והדוחן כו'.** מיני קטניות הן דוחן מילי"ו: **פרגין.** מק"ו בלע"ז: **מתעשרין לשעבר.** במעשרות שנה שעברה אם שניה מעשר שני ואם שלישית מעשר עני: **ומותרין בשביעית.** אם השרישו ערב שביעית לפני ר"ה: **ומתעשרים לשנה הבאה.** בשנת לקיטתן אם משאר שני שבוע היא שאינה שביעית: **בתר חנטה.** לקמן (דף טו.) תנא לה בפירקין אילן שחנטו פירותיו קודם ט"ו בשבט שהוא ר"ה לאילנות מתעשר לשנה שעברה: **ירק בתר לקיטה.** כדאמרן לעיל (ד' יב.) ליקט ירק ערב ר"ה כו': **הני.** קטניות כמאן שוינהו שהלכו בהן אחר השרשה: **מתוך שעשויין פרכין פרכין.** מתוך שגורנן עשוי מעט מעט שאין נלקטין כאחד אלא היום לוקטין ומפרכין מעט ולמחר מעט ונמצאו חדש וישן מעורבין יחד הנפרכין לפני ר"ה עם הנפרכין לאחר ר"ה אם הולכין בהן אחר לקיטה כשאר ירק כשיהא מפריש מעשרותיו ה"ל מעשר מן החדש על הישן ומן הישן על החדש אזלי בהו בתר השרשה שבשנה אחת משרשת כל השדה שהרי בבת אחת זורעין אותן ומעשר פירות האילן וקטניות וירק מדרבנן הן ויכולת ביד החכמים לקבוע זמן לפי דעתם לכל אחד ואחד: **פרכין פרכין.** לשון זה נופל בקטניות כדאמרי' במסכת ביצה (דף יג:) מוללין מלילות ומפרכין קטניות בי"ט: **ויצבור גורנו לתוכו.** ומה בכך אם ישן וחדש מעורבין יצבור את כל הגורן לתוכו כלומר לאמצעיתו שיהא הכל נבלל יחד יפה ונמצא כשיתרום ויעשר יהא מן החדש במעשר לפי מה שיש חדש בגורן ומן הישן לפי מה שיש ישן: **מי לא תניא.** דסמכינן אבילה לומר יפה נבלל ונמצא תורם מן החדש לפי מה שיש חדש ומן הישן לפי מה שיש ישן: **פול המצרי.** מין קטנית פאזול"י ודרכן לזורען לירק ולזרע והזורע לירק מתעשר אחר לקיטה והזורע לאכול את זרעו תורת קטניות עליו ומתעשר אחר השרשה וזה שזרעו לזרע והשריש מקצתו לפני ר"ה ומקצתו לאחר ר"ה: **אין תורמין מזה.** שמכירין בו שזרעוהו באחרונה על המזרע בראשונה ולא מן הראשון על האחרון: **כיצד הוא עושה.** טורח לתת זה בעצמו וזה בעצמו: **צובר גורנו לתוכו.** יבלול אותו יפה לאחר שנתן מן הראשון בזוית זו ומן השני בזוית זו יחזור ויצברנו לאמצע הגורן שיהא כולו כאחד ונמצא תורם מן החדש שבו כו': **יש בילה.** יש לסמוך על הבילה לומר שיש משניהן בתוך המעשר לפי החשבון: **אין בילה.** אין סומכין על כך שיש לומר לא נבלל יפה ורובו של מעשר מן החדש או רובו מן הישן: **חוץ מיין ושמן.** המערב יין חדש עם הישן או שמן חדש עם הישן תורם ומעשר ממנו ויש במעשר שניהם כפי החשבון שדבר לח נבלל יפה אבל יבש אין סומכין בו על הבילה: **אשתמיטתיה.** לר' זירא הא דאמר שמואל הכל הולך אחר גמר פרי ותו אמרינן ואי אשמועינן הכל הולך אחר גמר פרי הוה אמינא אפילו תבואה וזיתים נמי קמ"ל הלכה כר' שמעון שזורי במאי דפליגי דבתבואה וזיתים לא פליגי (א) ולא אזלינן בהו אחר גמר פרי אבל במיני קטניות פליגי דר' שמעון אזיל בתר השרשה ורבנן לא אזלי למדנו דאשכח שמואל תנא דלא אזיל בתר השרשה בקטניות אלא אחר גמר פרי ועליה סמיך לפלוגי עליה דר' שמעון שזורי ועליה דהא מתניתין דתנינן לעיל האורז והדוחן והפרגין והשומשמין שהשרישו כו' ואני לא ידעתי מאן הוא ההוא תנא: **אשתמיטתיה לר' זירא הא דאמר שמואל הכל הולך אחר גמר פרי.** ואף הקטניות לא הלכו בהן אחר השרשה וכי אמר שמואל הלכה כר' שמעון שזורי לא מטעמיה דאמר ולריכא

מסורת הש"ס

א) שביעית פרק ב מ"ז, ב) מנחות ל: [תוס' שביעית פ"ב], ג) [זבחים פ.], ד) [מנחות ל: ע"ש].

הגהות הב"ח

(א) רש"י ד"ה אשתמיטתיה כו' דבתבואה וזיתים לא פליגי והכל מודים דלא אזלינן:

תורה אור השלם

א) וּזְרַעְתֶּם אֵת הַשָּׁנָה הַשְּׁמִינִת וַאֲכַלְתֶּם מִן הַתְּבוּאָה יָשָׁן עַד הַשָּׁנָה הַתְּשִׁיעִת עַד בּוֹא תְּבוּאָתָהּ תֹּאכְלוּ יָשָׁן: [ויקרא כה, כב]

ליקוטי רש"י

פול המצרי. מין קטנית (ושמן) [ושמו] פאזול"א. **שזרעו לזרע.** דאם זרעו לירק הוה אזיל מעשר דידיה בתר לקיטה כדמפרש בר"ה (יג:) אבל מיני קטנית בתר השרשה אזלי. **ויצבור גורנו לתוכו.** כלומר מערבן יפה ויתרום. **ונמצא.** חדש שבתוך התרומה מתקן את החדש הנשאר וישן שבתרומה מתקן את הישן הנשאר [מנחות ל:]. **יש בילה.** אי אפשר שלא יבלול [בכולו] וסמכינן [עלה]. **אין בילה.** אין סומכין על כך דזימנין דלא מיבליל בכוליה [זבחים פ.].

חשק שלמה על ר"ח א) עי' היטב בערוך ערך פרכין. ב) ר"ל דר"ש שזורי פירש בתוספתא פ"ב דשביעית דאם זרעו לזרע וכו' וע"ש היטב.

אַל תִּקְרֵי "לִשְׁלֹשׁ" – **Do not read** this as it is written: ***l'shlosh*** *(for the three [years]);* אֶלָּא לִשְׁלִישׁ – **rather,** read it as though it were written ***l'shlish*** *(for a third [of the crop])*, so that the sense of the verse is that produce is considered finished when it is one-third ripe, and it is this moment that determines to which year's crop it should be assigned.[1]

The Gemara asks:

וְהָא מִיבָּעֵי לֵיהּ לְגוּפֵיהּ – **But this** verse **is needed for** the literal meaning **itself;**[2] how can it be used for exegesis?

The Gemara answers:

כְּתִיב קְרָא אַחֲרִינָא – **Another verse is written** for that purpose: "וּזְרַעְתֶּם אֵת הַשָּׁנָה הַשְּׁמִינִת וַאֲכַלְתֶּם מִן־הַתְּבוּאָה יָשָׁן עַד הַשָּׁנָה הַתְּשִׁיעִת" – ***You shall sow in the eighth year and you shall eat from the old crop until the ninth year . . .***[3]

The Gemara continues its discussion of which point in the growth of a plant determines its assignment:

תְּנַן הָתָם – **We learned in a Mishnah there:**[4] הָאוֹרֶז וְהַדּוֹחַן וְהַפְּרָגִין וְהַשּׁוּמְשְׁמִין – RICE, MILLET,[5] POPPY[6] AND SESAME[7] שֶׁהִשְׁרִישׁוּ לִפְנֵי רֹאשׁ הַשָּׁנָה – THAT TOOK ROOT BEFORE ROSH HASHANAH מִתְעַשְּׂרִין לְשֶׁעָבַר – ARE TITHED ACCORDING TO THE year PAST[8] וּמוּתָּרִין בַּשְּׁבִיעִית – AND ARE PERMITTED IN THE SEVENTH year;[9] וְאִם לָאו – BUT IF NOT, i.e. if they took root after Rosh Hashanah, אֲסוּרִין בַּשְּׁבִיעִית – THEY ARE FORBIDDEN IN THE SEVENTH year, וּמִתְעַשְּׂרִין לְשָׁנָה הַבָּאָה – AND ARE TITHED ACCORDING TO THE COMING YEAR.[10]

Rabbah questions this rule:

אָמַר רַבָּה – **Rabbah said:** אָמוּר רַבָּנָן אִילָן בָּתַר חֲנָטָה – Consider: **The Rabbis said that** the assignment of the fruit of **a tree follows the emerging** of its fruits;[11] תְּבוּאָה וְזֵיתִים בָּתַר שְׁלִישׁ – that of **produce** [i.e. grapes and wine][12] **and olives follows** when they grow to **a third** of their full size;[13] יָרָק בָּתַר לְקִיטָה – and that of **a vegetable follows** when it is **picked.**[14] הָנֵי כְּמַאן שַׁוְּינְהוּ רַבָּנָן – So **to what did the Rabbis equate these** items?[15] The rule that the Mishnah gives for them (that they are assigned on the basis of when they take root) does not match the rule for any of these categories.

Rabbah himself answers:

הֲדַר אָמַר רַבָּה – **Rabbah then said:** מִתּוֹךְ שֶׁעֲשׂוּיִין פְּרָכִין פְּרָכִין – **Since they are crumbled a few at a time,**[16] אַזְלֵי רַבָּנָן בָּתַר הַשְׁרָשָׁה – **the Rabbis,** in assigning them, **followed** when they **take root.**[17]

The Gemara objects to this reason:

אָמַר לֵיהּ אַבַּיֵי – **Abaye said to him:** וְיִצְבּוֹר גּוֹרְנוֹ לְתוֹכוֹ – Why not assign these items based on when they are picked, like any other vegetable? And as for the problem posed by the fact that they are picked a few at a time, that can be overcome, as follows: **Let him** [the farmer] **pile** the entire contents of **his threshing-**

NOTES

1. This exposition takes the word וְעָשָׂת, *and it will make,* to mean: *and it will be made,* i.e. the crop is considered fully made and finished when it is one-third ripe (*Tosafos*).

2. The verse comes in answer to the question posed in an earlier verse: *If you will say: What will we eat in the seventh year? Behold, we will not sow nor gather in our crops!* (*Leviticus* 25:20). The Torah's answer is that the crops of the sixth year will be so plentiful that they will last until the crops that are planted in the eighth year are ready to be harvested, at the beginning of the ninth year.

3. *Leviticus* 25:22. Since this verse already indicates that the crops of the sixth year will last for three years, until the beginning of the ninth year, there was no need for the Torah to further state that the sixth year *will make a crop for three years.* This latter verse is therefore available for the foregoing exposition.

4. *Sheviis* 2:7.

5. [The translation of these two items follows *Mishnah Berurah, Orach Chaim* 208:25. *Rashi* to *Berachos* 37a (ד״ה אורז and ד״ה דוחן), however, renders אוֹרֶז as millet and דּוֹחַן as *"panic* grass."]

6. [The translation follows *Rav* (to *Sheviis* 2:7). Professor Feliks, in his commentary to *Yerushalmi Sheviis* (p. 129), argues that it should be identified instead as durra or sorghum vulgare. This in fact is the definition given by *Rabbeinu Nassan Av HaYeshivah* (to *Sheviis* ibid.)]

7. All these items are types of *kitniyos* (*Rashi*).

[קִטְנִיּוֹת, *kitniyos,* generally translated as legumes, is actually a broader category which includes any plant (other than the five species of grain) in which the seed is eaten (see *Ramban*; *Rambam, Hil. Kilayim* 1:8).]

8. Thus, if Rosh Hashanah marked the end of the second year of the *shemittah* cycle, they are subject to *maaser sheni*; if it marked the end of the third year, they are subject to *maaser ani* (*Rashi*).

9. That is, if they took root before the Rosh Hashanah that begins the *shemittah* year, they do not acquire the sanctity of *shemittah* produce (*Rashi*).

10. In short, the critical stage in determining to which year's crop to assign these items is when they take root (see above, 12b note 19).

[*Rashi's* comments throughout the ensuing discussion in our Gemara seem to indicate that he takes rice, millet, poppy and sesame to be representative of *kitniyos* in general; accordingly, the Mishnah means that all types of *kitniyos* are assigned based on when they take root (see *Rashi* ד״ה האורז, ד״ה פול המצרי, ד״ה הני, and ד״ה אשתמיטתיה, cited in notes 7, 15, 19 and 24, respectively). But cf. *Tosefta Sheviis* 2:10; *Ramban* here; *Derech Emunah* to *Maaser Sheni* 1:2, *Beur HaHalachah* ד״ה וקטניות.]

11. If the fruit emerges before the fifteen of Shevat the fruit is assigned to the closing year; if it emerges after the fifteenth of Shevat it is assigned to the new year (see above, 12b note 19).

The word חֲנָטָה refers to the point where the flower falls off and the fruit begins to emerge in its place (*Rashi, Numbers* 17:23 and *Meiri* to the first Mishnah in *Rosh Hashanah,* where he also cites another view; *Chazon Ish, Sheviis* 7:11 in explanation of *Rash, Sheviis* 2:7; see *Derech Emunah, Shemittah VeYovel* 4:64 and *Maaser Sheni* 1:21; for another view see *Rambam, Hil. Shemittah VeYovel* 4:9).

12. [See above, 12b note 23.]

13. If the grapes and olives reach this stage before the fifteenth of Shevat, they are assigned to the previous year's crop; if they reach it after the fifteenth of Shevat, they are assigned to the new year's crop. Similarly, if grain reaches this stage before Rosh Hashanah, it is assigned to the previous year's crop; if it reaches this stage after Rosh Hashanah, it is assigned to the new year's crop; see above, 12b note 19, where this was explained more fully.

14. If it is picked before Rosh Hashanah, it is assigned to the past year; if after Rosh Hashanah, to the new year.

[Rishonim dispute whether the critical stage for vegetables is when they are actually picked, as the Gemara's language would seem to indicate, or when they are fully mature and ready for picking; the former view is adopted by *Rambam, Hil. Maaser Sheni* 1:4; the latter view by *Tosafos* ד״ה אחר; see also *Teruas Melech* §21; *Derech Emunah* to *Hil. Maaser Sheni* 1:4, §33]

15. I.e. to what category did they equate *kitniyos* (*Rashi*).

16. That is, they are harvested a few at a time, rather than all at once. [Because the harvesting of beans involves crumbling the pod to extract the bean, this term is used for the harvesting of *kitniyos* (*Rashi,* based on *Beitzah* 12b).]

17. Rather than on the basis of when they are picked, like vegetables. Because [*kitniyos*] are harvested a few at a time, a portion of a single harvest might be picked before Rosh Hashanah and the rest of it after Rosh Hashanah. Consequently, assigning them on the basis of when they are picked might result in a single harvest being assigned partly to one year and partly to another. This is undesirable because the farmer might then take some part of his harvest that belongs to the new year's crop and use it as *maaser* for a part of his harvest that belongs to last year's crop, or vice versa, which is unacceptable (see above, 12a note 15). The Rabbis therefore chose to assign *kitniyos* on the basis of when they take root, since an entire field is generally planted and takes root at about the same time. It was within their power to do so since the tithing of vegetables and *kitniyos* is merely a Rabbinic obligation (see above, 12a note 17) (*Rashi*; cf. *Ramban, Tosafos Rid* and *Rabbeinu Chananel*; *Rash* to *Sheviis* 2:7).

עין משפט
נר מצוה

ע א מיי' פ"ד מהל' שמיטה הלכה יא ופ"א מהל' מ"ש הל' ח סמג עשין קלו ולאוין רסה:

עא ב מיי' פ"ב מהלכות בכורים הלכה ז סמג עשין קלו וקלז טוש"ע י"ד סי' רלד סעיף ד:

עב ג מיי' פ"ב מהל' תרומות הל' י ופ"ב מהל' מעשר הלכה ה סמג עשין קלג קלה:

עג ד מיי' פ"ה מהל' תרומות הל' יא ופ"א מהל' מ"ש הל' ג והל' ד ופ"ד מהל' שמיטה הל' יב סמג עשין קלה:

עד ה ו מיי' פ"א מהל' מ"ש הל' ח:

אל תקרי לשליש אלא לשליש והא מיבעי ליה לגופיה כתיב קרא אחרינא (א) וזרעתם את השנה השמינית ואכלתם מן התבואה ישן עד השנה התשיעית תנן התם (א) האורז והדוחן והפרגין והשומשמין שהשרישו לפני ר"ה מתעשרין לשעבר ומותרין בשביעית ואם לאו אסורין בשביעית ומתעשרין לשנה הבאה אמר רבה אמור רבנן (ב) אילן בתר חנטה (ג) תבואה וזיתים בתר שליש (ד) ירק בתר לקיטה הני כמאן שוינהו רבנן הדר אמר רבה מתוך שעשויין פרכין פרכין אזלי רבנן בתר השרשה א"ל אביי ויצבור גורנו לתוכו ונמצא תורם מן החדש שבו על החדש שבו מן הישן שבו על הישן שבו מי לא תניא (ב) רבי יוסי בן כיפר אמר משום ר"ש שזורי (ה) פול המצרי שזרעו לזרע מקצתו השריש לפני ר"ה ומקצתו השריש לאחר ר"ה אין תורמין ומעשרין מזה על זה לפי שאין תורמין ומעשרין לא מן החדש על הישן ולא מן הישן על החדש כיצד הוא עושה צובר גורנו לתוכו ונמצא תורם ומעשר מן החדש שבו על החדש שבו ומן הישן שבו על הישן שבו א"ל ר"ש שזורי קאמרת ר"ש שזורי סבר (ג) יש בילה ורבנן סברי אין בילה א"ר יצחק בר נחמני אמר שמואל (ו) הלכה כרבי יוסי בן כיפר שאמר משום ר"ש שזורי מתקיף לה רבי זירא ומי אמר שמואל הכי והאמר שמואל לכל אין בילה חוץ מיין ושמן אשתמיטתיה הא דאמר שמואל (ד) הכל הולך אחר גמר פרי

וצריכא

רש"י

לגופיה. תשובה על מה נאכל בשנה השביעית: האורז והדוחן כו'. מיני קטניות הן דוחן מילי"ו: פרגין. מק"ו בלע"ז: מתעשרין לשעבר. במעשרות שנה שעברה אם שניה מעשר שני ואם שלישית מעשר עני: ומותרין בשביעית. אם השרישו ערב שביעית לפני ר"ה: ומתעשרים לשנה הבאה. בשנת לקיטתן אם משאר שני שבוע היא שאינה שביעית: בתר חנטה. לקמן (דף טו:) תנא לה בפירקין אילן שחנטו פירותיו קודם ט"ו בשבט שהוא ר"ה לאילנות מתעשר לשנה שעברה: ירק בתר לקיטה. כדאמרן לעיל (ד' יב.) ליקט ירק ערב ר"ה כו': הני. קטניות כמאן שוינהו שהלכו בהן אחר השרשה: מתוך שעשויין פרכין פרכין. מתוך שגורנן עשוי מעט מעט שאין נלקטין כאחד אלא היום לוקטין ומפרכין מעט ולמחר מעט ונמלא חדש וישן מעורבין יחד הנפרכין לפני ר"ה עם הנפרכין לאחר ר"ה אם הולכין בהן אחר לקיטה כשאר ירק כשיהא מפריש מעשרותיו ה"ל מעשר מן החדש על הישן ומן הישן על החדש אזלי בהו בתר השרשה שבשנה אחת משרשת כל השדה שהרי בבת אחת זורעין אותן ומעשר פירות האילן וקטניות וירק מדרבנן הן ויכולת ביד החכמים לקבוע זמן לפי דעתם לכל אחד ואחד: פרכין פרכין. לשון זה נופל בקטניות כדאמרי' במסכת בילה (דף יג:) מוללין מלילות ומפרכין קטניות בי"ט: ויצבור גורנו לתוכו. ומה בכך אם ישן וחדש מעורבין יצבור את כל הגורן לתוכו כלומר באמצעיתו שיהא הכל נבלל יחד יפה ונמלא כשיתרום ויעשר יהא מן החדש במעשר לפי מה שיש חדש בגורן ומן הישן לפי מה שיש ישן: מי לא תניא. דסמכינן אבילה לומר יפה נבלל ונמלא תורם מן החדש לפי מה שיש חדש ומן הישן לפי מה שיש ישן: פול המצרי. מין קטנית פאזול"י ודרכן לזורען לירק ולזרע והזורע לירק מתעשר אחר לקיטה והזורע לאכול את זרעו תורת קטניות עליו ומתעשר אחר השרשה וזה שזרעו לזרע והשריש מקצתו לפני ר"ה ומקצתו לאחר ר"ה: אין תורמין מזה. שמכירין בו שזרעוהו באחרונה על הנזרע בראשונה ולא מן הראשון על האחרון: כיצד הוא עושה. תורם לתת זה בעלמו וזה בעלמו: צובר גורנו לתוכו. יבלול אותו יפה לאחר שנתן מן הראשון בזוית זו ומן השני בזוית זו יחזור ויצברנו לאמצע הגורן שיהא כולו כאחד ונמלא תורם מן החדש שבו כו': יש בילה. יש לסמוך על הבילה לומר שיש משניהן בתוך המעשר לפי החשבון: אין בילה. אין סומכין על כך שיש לומר לא נבלל יפה ורובו של מעשר מן החדש או רובו מן הישן: חוץ מיין ושמן. המערב יין חדש עם הישן או שמן חדש עם הישן תורם ומעשר ממנו ויש במעשר שניהם כפי החשבון שדבר לח נבלל יפה אבל יבש אין סומכין בו על הבילה: אשתמיטתיה. לר' זירא הא דאמר שמואל הכל הולך אחר גמר פרי ותו אמרינן ואי אשמועינן הכל הולך אחר גמר פרי הוה אמינא אפילו תבואה וזיתים נמי קמ"ל הלכה כר' שמעון שזורי במאי דפליגי דבתבואה וזיתים לא פליגי (א) ולא אזלינן בהו אחר גמר פרי אבל במיני קטניות פליגי דר' שמעון אזיל בתר השרשה ורבנן לא אזלי למדנו דהשתא שמואל תנא דלא אזיל בתר השרשה בקטניות אלא אחר גמר פרי ועליה סמיך לפלוגי עליה דר' שמעון שזורי ועליה דהא מתניתין דתנינן לעיל האורז והדוחן והפרגין והשומשמין שהשרישו כו' ואני לא ידעתי מאן הוא ההוא תנא: אשתמיטתיה לר' זירא הא דאמר שמואל הכל הולך אחר גמר פרי. ואף הקטניות לא הלכו בהן אחר השרשה וכי אמר שמואל הלכה כר' שמעון שזורי לא מטעמיה דאמר

תוספות

אל תקרי לשליש אלא לשליש. כלומר עשייתה כשהוא שליש בשולה ותימה דהדרא קושיא לדוכתיה דקאמר לעיל ודלמא לא עייל כלל וקאמר רחמנא תשמיט ותיזיל עד חג הסוכות וי"ל דהאי תנא לית ליה דרשה דלעיל: מתוך שעשויין פרכין. מתוך שגורנן מעט מעט שאין נלקטין ביחד אלא היום נלקטין ונפרכין מעט ולמחר מעט ונמלא חדש וישן מעורבין יחד אם הלכו בהם אחר לקיטה כשאר ירק לכך אזיל בהו בתר השרשה שבשנה אחת משרשת כל השדה שהרי בבת אחת זורעים אותם ומעשר פירות האילן וקטנית וירק מדרבנן הם ויכולת ביד חכמים לקבוע זמן לכל אחד לפי דעתם כך פירש הקונטרס ותימה תינח מעשר דרבנן אלא שביעית דאורייתא הואי דיינס בתר לקיטה כשאר ירק היכי אזלינן בתר השרשה להתיר בשביעית כשהשרישו בששית ושמא בשביעית בזמן הזה ורבי היא כדאמר גבי פרוזבול בפרק השולח (גיטין דף לו. ושם) א"נ כדתניא בת"כ מנין לאורז ודוחן ופרגין ושומשמין שהשרישו לפני ר"ה שכונסין אותן בשביעית ת"ל ואספת את תבואתה בשביעית יכול אע"פ שלא השרישו ת"ל שש שנים תזרע ואספת שנה זורעים ושנה אוספים ולא ששה זורעים ושבעה אוספים:

ויצבור גורנו לתוכו. כלומר וכיון דיכול לתקן אמאי אזיל בתר השרשה ומסיק דרבנן סברי אין בילה ותימה מאי קא משני אכתי תקשי לר"ש שזורי דסבר יש בילה ואזיל בתר השרשה כדקתני בהדיא מקלתן השרישו וכסיפא דהך משנה נמי תנן בפרק ב' דשביעית (מ"ח) אר"ש שזורי פול המצרי שזרעו לזרע בתחלה כיוצא בהן כלומר בתר השרש' כאורז ודוחן ועוד מאי קשי' ליה ויצבור גורנו לתוכו נהי דמועיל לצבירת גורן לענין חדש וישן לענין שניה הנכנסת לשלישית לא מהני דשניה מעשר שני שלישית מעשר עני וכן חמישית הנכנסת לששית ומיהו זה יכול לתקן שיפריש מעשר אחד ויחלל על מעות ויאכל המעות בירושלים והמעשר יחלק לעניים וקצת משמע בירושלמי דשביעית דשני מעשרות מעשר על ידי צבור גורנו:

פול המצרי שזרעו כו'. סיפא דהיא דהאורז והדוחן היא ומוסיף אדרבנן שאף בפול המצרי הולכין בתר השרשה: אמר רבי יצחק בר נחמני אמר שמואל הלכה כר"ש שזורי. ברוב ספרים גרסינן בהקומץ רבה (מנחות ל: ושם) ר' שמואל בר נחמני א"ר יונתן ולא יתכן כדמוכח כאן דפריך ומי אמר שמואל הכי ועוד דא"כ קשיא דר' יונתן אדר' יונתן לפי הספרים דגרס התם א"ר יונתן הלכה כר"ש שזורי במסוכן ובתרומת מעשר של דמאי דמשמע בהני דוקא כדמוכח בבהמה המקשה (חולין עה:) ואע"פ שיש ספרים דגרסי בההיא אמר ר' יוחנן ולא יתכן במסכת כתובות בריש פרק אע"פ (דף נה.):

חוץ מיין ושמן. לענין מעשר איירי והוא הדין מים לענין הזאה בפ' התערובות (זבחים פ.): אחר גמר פרי. אין זה אחר לקיטה דזמנין דנגמר לפני ר"ה ונלקט אחר ר"ה וכל ירק נמי הולכין בו אחר גמר פרי אלא דנקיט בכל דוכתי בתר לקיטה משום דלקיטה תכף לגמר פרי אבל הני אין לקיטתן בגמר פרי שממתין להן עד שיתייבשו ואין לקיטתן כאחד דמתייבשין פרכין פרכין אבל גמר פרי כאחת ולכך מותר לעשר לשמואל אף על גב דסבר אין בילה ותימה שמואל דאמר כמאן הא בין ר' שמעון שזורי בין רבנן מודו דאזלינן בתר השרשה דלפני ראש השנה כדפי' והוה ליה ישן ושמואל דאזיל בתר גמר פרי דלאחר ראש השנה הוה ליה חדש:

הוה

דאלו רבי שמעון שזורי טעמיה משום בילה וטעמא דשמואל משום דכוליה חדש הוא שגדל ונגמר אחר ראש השנה:

מסורת הש"ס

א) שביעית פרק ב מ"ז, ב) מנחות ל: [תוס' שביעית פ"ב], ג) [זבחים פ.], ד) [מנחות ל: ע"ש].

הגהות הב"ח

(א) רש"י ד"ה אשתמיטתיה כו' דבתבואה וזיתים לא פליגי והכל מודים דלא אזלינן:

תורה אור השלם

א) וּזְרַעְתֶּם אֵת הַשָּׁנָה הַשְּׁמִינִת וַאֲכַלְתֶּם מִן הַתְּבוּאָה יָשָׁן עַד הַשָּׁנָה הַתְּשִׁיעִת עַד בּוֹא תְּבוּאָתָהּ תֹּאכְלוּ יָשָׁן: [ויקרא כה, כב]

ליקוטי רש"י

פול המצרי. מין קטנית (וסמן) [וסמו] פאזול"א. שזרעו לזרע. דאם זרעו לירק הוה אזיל מעשר דידיה בתר לקיטה כדמפרש בר"ה (יג:) אבל מיני קטנית בתר השרשה אזלי. ויצבור גורנו לתוכו. כלומר מערבן יפה ויתרום. ונמצא. חדש שבתוך התרומה מתקן את החדש הנשאר וישן שבתרומה מתקן את הישן הנשאר [מנחות ל:]. יש בילה. אי איפשר שלא יבלול [בכולו] וסמכינן [עלה]. אין בילה. אין סומכין על כך דזימנין דלא מיבליל בכוליה [זבחים פ.].

רבינו חננאל

מאי אסיף קציר. דהאה ר' חנינא ושדא בה נרגא כלומר חתכו בחתיכת אילן בגרזן ופשטנה מהא דתניא ר' נתן בן יוסף אומר מה ת"ל ועשת את התבואה לשלש השנים. א"ת לשלש אלא לשליש. פי' אני מצוה הברכה בשנה הששית שאפילו התבואה שהיא שליש מליאתה בשאר השנים עכשיו היא נחשבת מן השנה הששית ואינה מתבערת בשביעית וקראה הכתוב תבואה. תנן התם בשביעית פ"ב האורז והדוחן והפרגים והשומשמין שהשרישו קודם ר"ה מתעשרין לשעבר כו'. פי' בירושלמי אמר רב הונא שאי אפשר לעמוד על אלו מתי יביאו שליש. לפיכך אמרו כי השרשתו כמין פירי. אמר רבה אמור רבנן אילן בתר חנטה. דתנו רבנן אילן שחנטו פירותיו קודם ט"ו בשבט מתעשר לשנה שעברה. תבואה וזיתים בתר שליש כדאמרינן. ירק בתר לקיטה נמי כדאמרינן הני דתנינן בהו בתר השרשה כמאן. לא כאילן ולא כתבואה ולא כירק. הדר אמר רבה מתוך שעשויין א) פרגין פרגין פירוש משארי משארי ומשארא זו מתמלאה ומביאה שליש ועדיין זו לא (לי') נתמלאה. הכל לפי שומן המקום כיון שהשרשתם של כל הערוגות כאחת אמור רבנן חיובם במעשר בשעת השרש' אם שנה שניה שנה אם שלישי' שלישי' לפי שזמן השרשה [בקטנית] ידוע הוא כגון הקליטה באילן. ואקשי עליה אביי ויצבור גורנו בתוכו. כלומר יעקרם הפרגין כלם כאחד ויערב אותם ויעשה הכל גורן אחד. ואע"פ שזו הערוגה הביאה שליש קודם זו הערוגה ויוציא מעשרותיו מתוכו שנמצא מעשר מן החדש על החדש שבו ומן הישן שבו על הישן שבו. כר' יוסי בן כיפר שאמר משום ר' שמעון שזורי בענין פול המצרי שזרעו לזרע. ופי' ר"ש שזורי ב) פול המצרי זרעו לזרע מתעשר לשעבר זרעו לירק מתעשר להבא. זרעו לזרע הוא חי ממי שנה שעברה זרעו לאכלו כירק הוא חי ממי שנה הבאה. ופריק רבה ר"ש שזורי קא אמרת. ר"ש שזורי סבר יש בילה ונעשה כולו אחד. ומתני' דקתני האורז והדוחן כו' לרבנן דפליגי עליה וסברי אין בילה. ואמר משמא דשמואל הלכתא כר"ש שזורי ואתקיפו עלה איני והאמר שמואל לכל אין בילה חוץ מיין ושמן מכלל שהפירות אין להם בילה ואמרינן אשתמיטתיה כלומר נעלמה ממנו הא דאמר שמואל הכל הולך אחר גמר פירי ולא [ס"ל] שמואל הלכה כר"ש שזורי משום דקסבר יש בילה דהא לית ליה לשמואל בילה בפירות אלא משום שהולך אחר גמר פירי

חשק שלמה על ר"ח א) עי' היטב בערוך ערך פרכין. ב) ר"ל דר"ש שזורי פירש בתוספתא פ"ב דשביעית דאם זרעו לזרע וכו' וע"ש היטב.

floor into its middle and mix it together well, so that the new and the old parts of his harvest are distributed evenly; **וְנִמְצָא תּוֹרֵם מִן הֶחָדָשׁ שֶׁבּוֹ עַל הֶחָדָשׁ שֶׁבּוֹ** – in this way, when he separates *maaser,* the proportion of new and old in the *maaser* will be the same as the proportion of new and old in the remainder of his harvest, **and he will** thus **be found to have separated** *maaser* **from the new** portion **in it for the new** portion **in it, מִן הַיָּשָׁן שֶׁבּוֹ עַל הַיָּשָׁן שֶׁבּוֹ** – and **from the old** portion **in it for the old** portion **in it! מִי לֹא תַּנְיָא** – **Was it not taught in a Baraisa** that such a method is effective? **רַבִּי יוֹסֵי בֶּן כֵּיפַר אָמַר מִשּׁוּם רַבִּי שִׁמְעוֹן שְׁזוּרִי** – R' YOSE BEN KEIFAR SAID IN THE NAME OF R' SHIMON SHEZURI: **פּוֹל הַמִּצְרִי שֶׁזְּרָעוֹ לְזֶרַע** – Regarding A crop of EGYPTIAN BEAN[18] THAT WAS PLANTED FOR SEED, **מִקְצָתוֹ הִשְׁרִישׁ לִפְנֵי רֹאשׁ הַשָּׁנָה וּמִקְצָתוֹ הִשְׁרִישׁ לְאַחַר רֹאשׁ הַשָּׁנָה** – if SOME OF IT TOOK ROOT BEFORE ROSH HASHANAH AND SOME OF IT TOOK ROOT AFTER ROSH HASHANAH, **אֵין תּוֹרְמִין וּמְעַשְּׂרִין מִזֶּה עַל זֶה** – WE MAY NOT SEPARATE *TERUMAH* OR *MAASER* FROM THIS new part ON THAT old part, or vice versa, **לְפִי שֶׁאֵין תּוֹרְמִין וּמְעַשְּׂרִין** – BECAUSE WE MAY NOT SEPARATE *TERUMAH* OR *MAASER* **לֹא מִן הֶחָדָשׁ עַל הַיָּשָׁן** – NEITHER FROM THE NEW ON THE OLD crop **וְלֹא מִן הַיָּשָׁן עַל הֶחָדָשׁ** – NOR FROM THE OLD ON THE NEW.[19] **כֵּיצַד הוּא עוֹשֶׂה** – WHAT DOES HE DO?[20] **צוֹבֵר גּוֹרְנוֹ לְתוֹכוֹ** – HE PILES the entire contents of HIS THRESHING FLOOR INTO ITS MIDDLE,[21] **וְנִמְצָא תּוֹרֵם וּמְעַשֵּׂר מִן הֶחָדָשׁ שֶׁבּוֹ עַל הֶחָדָשׁ שֶׁבּוֹ** – AND so HE IS FOUND TO HAVE SEPARATED FROM THE NEW portion IN IT FOR THE NEW portion IN IT **וּמִן הַיָּשָׁן שֶׁבּוֹ עַל הַיָּשָׁן שֶׁבּוֹ** – AND FROM THE OLD portion IN IT FOR THE OLD portion IN IT. – ? –

Rabbah answers:

אָמַר לֵיהּ – **He said to [Abaye]: רַבִּי שִׁמְעוֹן שְׁזוּרִי קָאָמְרַתְּ** – **You speak of R' Shimon Shezuri? רַבִּי שִׁמְעוֹן שְׁזוּרִי סָבַר יֵשׁ בִּילָּה** – **R' Shimon Shezuri** allows this method because he **maintains that there is** assumed to be an even **blending** in such a mixture, and the different parts of the harvest, once mixed together, are evenly distributed; **וְרַבָּנַן סָבְרֵי אֵין בִּילָּה** – **but the Rabbis** dispute this and **maintain that there is no** such even **blending,** and therefore no assurance that the new and old parts of the harvest would be found in the same proportion both in the part that he separates as *maaser* and in the remainder of the harvest.[22]

The Gemara rules on this matter:

אָמַר רַבִּי יִצְחָק בַּר נַחְמָנִי אָמַר שְׁמוּאֵל – **R' Yitzchak bar Nachmani said in the name of Shmuel: הֲלָכָה כְּרַבִּי יוֹסֵי בֶּן כֵּיפַר שֶׁאָמַר מִשּׁוּם רַבִּי שִׁמְעוֹן שְׁזוּרִי** – **The law is in accordance with what R' Yose ben Keifar said in the name of R' Shimon Shezuri.**

R' Zeira objects to this ruling:

מַתְקִיף לָהּ רַבִּי זֵירָא – **R' Zeira objected: וּמִי אָמַר שְׁמוּאֵל הָכִי** – **Did Shmuel** really **say this? וְהָאָמַר שְׁמוּאֵל** – **But Shmuel said** elsewhere: **לַכֹּל אֵין בִּילָּה חוּץ מִיַּיִן וָשֶׁמֶן** – **There is no** assumption of even **blending** in a mixture **for anything except for wine and oil.**[23] How, then, could he accept R' Shimon Shezuri's ruling regarding beans?

The Gemara deflects R' Zeira's objection:

אִשְׁתְּמִיטְתֵיהּ הָא דְּאָמַר שְׁמוּאֵל – **[R' Zeira] forgot that which Shmuel said: הַכֹּל הוֹלֵךְ אַחַר גְּמַר פְּרִי** – **Everything depends on the completion of the fruit.**[24]

NOTES

18. Some identify this as the cowpea (Professor Yehudah Feliks, *Commentary to Yerushalmi Sheviis,* p. 140). It was grown either in order to eat its seed (i.e. beans) or its greens (the pods) (*Rashi*; cf. *Rambam, Commentary* to *Sheviis* 2:8).

19. Because the plants were planted in order to eat the seed (the bean), they are treated as *kitniyos* and are designated based on when they take root (*Rashi*).

20. Since it is difficult to keep the different parts of his harvest separate (*Rashi*).

21. After having piled the various portions of his harvest in separate corners, he gathers them all together in the middle and mixes them together (*Rashi*).

22. Therefore, according to the Sages, this method of tithing a mixed crop is not feasible. They therefore decreed that *kitniyos* such as rice, millet, poppy and sesame, which are picked a few at a time, should be assigned based on when they take root, rather than when they are picked, so as to minimize the incidence of such mixed crops.

[Rishonim ask that this does not explain why R' Shimon Shezuri – who does allow this method of tithing a mixed crop – also assigns the Egyptian bean on the basis of when it takes root; see *Tosafos, Ramban, Rashba, Ritva* et al.]

23. That is, there is no assumption of even blending for dry mixtures, but only for liquids. Thus, if one mixed new and old wine, or new and old oil, together one could tithe from it and assume that old and new wine were present in the *maaser* in the same proportion as in the remainder; but one could not do the same with a mixture of solids, such as beans (*Rashi*).

24. I.e. *kitniyos* are designated based on when they reach full maturity.

Although the Gemara has cited the Mishnah in *Sheviis* which states that *kitniyos* such as rice, millet, poppy and sesame are assigned based on when they take root, and although R' Shimon Shezuri said the same regarding the Egyptian bean, Shmuel rejects this principle outright. In Shmuel's view, not even *kitniyos* are assigned based on when they take root. Rather, they are assigned based on when they reach full maturity. (Although an Amora would not take issue with a unanimous Tannaic ruling, Shmuel apparently knew of some other Tannaic source that also rejects this principle; however, *Rashi* confesses himself at a loss to identify this source. See also *Turei Even.*)

Now, R' Shimon Shezuri spoke of a harvest of Egyptian beans that took root partly before Rosh Hashanah and partly after Rosh Hashanah, and ruled that the entire harvest may be tithed together. Since R' Shimon Shezuri maintains that Egyptian beans are assigned based on when they take root (see Mishnah *Sheviis* 2:8), such a harvest contains both old and new beans; he allows it to be tithed together only because he maintains that dry mixtures can be mixed evenly, and so the *maaser* will contain the same proportion of new and old beans as the remainder of the harvest. Shmuel accepts R' Shimon Shezuri's ruling in this case, but for a completely different reason: not because the beans can be mixed evenly (which Shmuel denies), but because he assigns *kitniyos,* including Egyptian beans, based on when they become fully mature. Since all the beans in this case matured after Rosh Hashanah (they only *took root* before Rosh Hashanah), they all are assigned to the new year and there is no problem with tithing them together (*Rashi*).

The Gemara explains why Shmuel needed to make all three of these rulings[1] explicit:

וּצְרִיכָא – **And it is needed:** דְּאִי אַשְׁמְעִינַן הֲלָכָה כְּרַבִּי שִׁמְעוֹן שְׁזוּרִי – **For if he informed us** only **that the law is in accordance with R' Shimon Shezuri,** הֲוָה אֲמִינָא מִשּׁוּם דְּקָסָבַר יֵשׁ בִּילָּה – **I would have thought** that this is so because he holds that **there is** an assumption of even **blending.** קָא מַשְׁמַע לָן לַכֹּל אֵין בִּילָּה – **He** therefore **informed us that there is no** assumption of even **blending for anything** except liquids such as wine and oil. וְאִי אַשְׁמְעִינַן לַכֹּל אֵין בִּילָּה – **And if he informed us** only **that there is no** assumption of even **blending for anything** except liquids, הֲוָה אֲמִינָא כְּרַבָּנָן סְבִירָא לֵיהּ – **I would have thought that he concurs with the Rabbis** who hold that Egyptian beans are assigned based on when they take root and, since they cannot be blended evenly, beans that took root before Rosh Hashanah cannot be tithed together with beans that took root after Rosh Hashanah.[2] קָא מַשְׁמַע לָן הֲלָכָה כְּרַבִּי שִׁמְעוֹן שְׁזוּרִי – **He** therefore **informed us that the law is in accordance with R' Shimon Shezuri,** and *maaser* may be taken from the mixture itself. וְאִי אַשְׁמְעִינַן הָנֵי תַּרְתֵּי – **And if he informed us** only of **these two** statements, הֲוָה אֲמִינָא קַשְׁיָא דִּשְׁמוּאֵל אַדִּשְׁמוּאֵל – **I would have thought that there is a contradiction between** the one statement of **Shmuel and** the other statement of **Shmuel.**[3] קָא מַשְׁמַע לָן הַכֹּל הוֹלֵךְ אַחַר גְּמַר פְּרִי – **He therefore informed us that everything depends on the completion of the fruit.**[4] וְאִי אַשְׁמְעִינַן הַכֹּל הוֹלֵךְ אַחַר גְּמַר פְּרִי – **And if he informed us** only that **everything depends on the completion of the fruit,** הֲוָה אֲמִינָא אֲפִילּוּ תְּבוּאָה וְזֵיתִים נַמִּי – **I would have thought that** this **also** applies **even** to **produce**[5] **and olives.** קָא מַשְׁמַע לָן הֲלָכָה כְּרַבִּי שִׁמְעוֹן שְׁזוּרִי בְּמַאי דִּפְלִיג – **He therefore informs us that the law is in accordance with R' Shimon Shezuri** only **in** the case in which **he** [R' Shimon Shezuri] is on record as having **taken issue with the Sages,** i.e. only in the case of *kitniyos.*[6]

The Gemara asks:

וְלַשְׁמְעִינַן הָנֵי תַּרְתֵּי – **But let him inform us** only of **these two** rulings: that the halachah follows R' Shimon Shezuri and that everything follows the completion of the fruit. לַכֹּל אֵין בִּילָּה לָמָּה לִי – **Why do I need** him to say that **there is no** assumption of even **blending** in a mixture for anything except for wine and oil?[7]

The Gemara answers:

הָא קָא מַשְׁמַע לָן דִּלְיַיִן וְשֶׁמֶן יֵשׁ בִּילָּה – **He** thereby **informs us of this; that** although there is no assumption of even blending for solids, **there is** an assumption of **even blending for** liquids such as **wine and oil.**

On the previous *amud* we learned that the assignment of fruit (other than grapes and olives[8]) depends on when the fruit emerges (חֲנָטָה), while that of vegetables depends on when they are picked. The Gemara now cites a Baraisa which produces a Scriptural source for this:[9]

תַּנְיָא – **It was taught in a Baraisa:** רַבִּי יוֹסֵי הַגְּלִילִי אוֹמֵר – **R' YOSE HAGLILI SAYS:** ,,בְּאָסְפְּךָ מִגָּרְנְךָ וּמִיִּקְבֶךָ'' – The Torah states:[10] *The Festival of Succos you shall make for yourself for seven days,* ***WITH YOUR GATHERING FROM YOUR THRESHING FLOOR AND FROM YOUR WINEPRESS.*** The verse compares other "gatherings" (harvests) to what is taken from the threshing floor and winepress.[11] From this we may derive that מַה גּוֹרֶן וְיֶקֶב מְיוּחָדִין שֶׁגְּדֵילִין עַל מֵי שָׁנָה שֶׁעָבְרָה – **JUST AS** the produce taken from **THE THRESHING FLOOR** (i.e. from grain) **AND** from the **WINEPRESS** (i.e. from grapes) **ARE UNIQUE IN THAT THEY GROW FROM LAST YEAR'S WATER,** וּמִתְעַשְּׂרִין לְשָׁנָה שֶׁעָבְרָה – **AND ARE TITHED AS** belonging **TO LAST YEAR,** אַף כֹּל שֶׁגְּדֵילִין עַל מֵי שָׁנָה שֶׁעָבְרָה – **SO ALL** items **THAT GROW FROM LAST YEAR'S WATER** מִתְעַשְּׂרִין לְשָׁנָה שֶׁעָבְרָה – **ARE TITHED AS** belonging **TO LAST YEAR.**[12] יָצְאוּ יְרָקוֹת – **THIS**

NOTES

1. (a) the law is in accordance with R' Shimon Shezuri; (b) there is no assumption of even blending for solids; and (c) *kitniyos* are assigned based on when they reach full maturity (*Rashi*).

2. [Consequently, since Shmuel maintains that there is no assumption of even blending, *maaser* could not be taken from this mixed batch itself, for there would be no assurance that the batch designated as *maaser* would contain new and old beans in the same proportion as the remainder of the mixture.] All one could do [provided one knows the ratio of new to old beans in the mixture as a whole] is take unmixed beans from elsewhere in the same proportion and designate them as *maaser* for the mixture (*Rashi*).

3. For if Shmuel maintains that the beans cannot be blended evenly, how can he rule like R' Shimon Shezuri that *maaser* can be taken from the mixture itself? (*Rashi*).

4. And so all the beans (including those that took root before Rosh Hashanah) are assigned to the new year and can be tithed together, as R' Shimon Shezuri ruled, although for a different reason (*Rashi*).

5. I.e. grain and grapes (see above, 12b note 23).

6. That is, Shmuel assigns *kitniyos* based on when they reach full maturity, but grains and olives are assigned based on when they reach one third of maturity (*Rashi*). Consequently, a harvest of grapes and olives, some of which reached one third of maturity before the fifteenth of Shevat (and were assigned to the past year) and some of which reached maturity after the fifteenth of Shevat (and were assigned to the new year), could not be tithed together, since there is no assumption of even blending.

7. From Shmuel's ruling that everything depends on the completion of the fruit, it follows that when Shmuel ruled in accordance with R' Shimon Shezuri it was because the entire crop of beans is assigned to the new year. This leads to the conclusion that, according to Shmuel, a dry mixture cannot be blended evenly; for otherwise what would be the point of Shmuel's ruling that (the crop is not considered mixed because) everything depends on the completion of the fruit? Even if it were considered mixed it could be tithed by blending it together evenly! Since this conclusion is inescapable, why did Shmuel have to state it explicitly? (*Rashi*).

[See, however, *Turei Even,* who finds this reasoning puzzling, for even if a mixed crop can be tithed by blending it together there is still a point to Shmuel's ruling that everything depends on the completion of the fruit, in order to inform us when *kitniyos* can be tithed together without blending, and whether the appropriate tithe is *maaser sheni* or *maaser ani!*]

8. [See above, 12b note 24.]

9. Actually, since the tithing obligation of everything except grapes, olives and grain is merely Rabbinic, the Scriptural derivation that follows is, perforce, only an *asmachta* (*Rashi;* cf. *Tosafos;* see also above 12a note 17).

10. *Deuteronomy* 16:13.

11. [Had the word "gathering" referred to grain, grapes and olives, the verse should have said, "with what you gather *into* your threshing floor and your winepress." By saying, "from your threshing floor," the verse implies that it is speaking of two subjects – the gatherings (of other crops), and what comes from the threshing floor and winepress, namely, its *terumah* and *maaser.*]

12. Regarding grain and grapes [as well as olives] the Torah indicates that they are assigned based on when they reach one third of their mature size (the Gemara [12b] gave a Scriptural source for this). This point marks the end of their most formative stage of growth, for by this time they are fit to be eaten; [furthermore, if they are cut down at this point they will not regenerate themselves, for the critical rain that the plant needs for its development is that which it absorbs in the first third of its growth, which continues to nourish it until maturity]. Consequently, we may say that grain and grapes that grow to one third of maturity by Rosh HaShanah have had their primary growth nourished by the rain of the past year. Consequently, in formulating the guidelines for assigning other fruits and vegetables, whose tithing requirement is merely Rabbinic, the Rabbis adopted a similar rule and said that fruits should be assigned based on when they emerge, for the primary growth of the fruit is attributable to the rain which falls before the fruit emerges and which the tree absorbs and stores as sap, from which store of sap the fruit continues to be nourished until it reaches maturity (see *Rashi; Rashash*).

וצריכא דאי אשמעינן הלכה כר"ש שזורי ה"א משום דקסבר יש בילה קמ"ל לכל אין בילה ואי אשמעינן לכל אין בילה ה"א כרבנן ס"ל קמ"ל הלכה כר"ש שזורי ואי אשמעינן הני תרתי ה"א קשיא דשמואל אדשמואל קמ"ל הכל הולך אחר גמר פרי ואי אשמעינן הכל הולך אחר גמר פרי הוה אמינא אפילו תבואה וזיתים נמי קמ"ל הלכה כר' שמעון שזורי במאי דפליג ולשמעינן הני תרתי לכל אין בילה למה לי הא קמ"ל דליין ושמן יש בילה תניא רבי יוסי הגלילי אומר [א] באספך מגרנך ומיקבך מה גורן ויקב מיוחדין שגדילין על מי שנה שעברה ומתעשרין לשנה שעברה אף כל שגדילין על מי שנה שעברה מתעשרין לשנה שעברה יצאו ירקות שגדילין על מי שנה הבאה ומתעשרין לשנה הבאה ר"ע אומר באספך מגרנך ומיקבך מה גורן ויקב מיוחדין שגדילין על רוב מים ומתעשרין לשנה שעברה אף כל שגדילין על רוב מים מתעשרין לשנה שעברה יצאו ירקות שגדילין על כל מים ומתעשרין לשנה הבאה מאי בינייהו א"ר אבהו בצלים הסריסין ופול המצרי איכא בינייהו דתנן [א] *בצלים הסריסין ופול המצרי שמנע מהן מים שלשים יום לפני ר"ה מתעשרין לשעבר ומותרין בשביעית ואם לאו אסורין בשביעית ומתעשרין לשנה הבאה: באחד בשבט ר"ה לאילן: מ"ט אמר רבי אלעזר א"ר אושעיא הואיל ויצאו רוב גשמי שנה ועדיין רוב תקופה מבחוץ מאי קאמר ה"ק אע"פ שרוב תקופה מבחוץ הואיל ויצאו רוב גשמי שנה ת"ר [ג] מעשה בר"ע שליקט אתרוג באחד בשבט ונהג בו שני עישורין אחד

רש"י

וצריכא. הני תלת דשמואל הלכה כר"ש שזורי ולכל אין בילה והכל הולך אחר גמר פרי: כרבנן סבירא ליה. ואין תורמין ממנו ואין לו תקנה לחדש וישן שנתערבו אלא א"כ תורמין עליו ממקום אחר לפי חשבון מחדש על החדש ומישן על הישן: קשיא דשמואל אדשמואל. הכא אמר שמואל הלכה כר"ש דיש בילה והכא אמר אין בילה: קמ"ל הכל הולך כו'. למימרא דכוליה חדש הוא והלכה כר"ש ולאו מטעמיה: במאי דפליג. במיני קטנית אמר שמואל דמעברין הנשרשין לפני ר"ה בנשרשין לאחר ר"ה ויהיב טעמא למלתיה משום דהולכין בהן אחר גמר פרי אבל תבואה וזיתים אחר שליש: ולשמעינן הני תרתי. ומדאמר שמואל הכל הולך אחר גמר פרי אשמעינן דהאי דקאמר הלכה כר"ש לאו משום בילה אלא משום דכוליה חדש הוא אבל בילה לית ליה דאי אית ליה בילה אמאי אשמעינן הכל הולך אחר גמר פרי: באספך מגרנך ומיקבך. מכאן סמכו חכמים לקבוע זמן מעשר ירק לדבריהם אחר לקיטה לאסמכתא בעלמא כל אסיף שלך יהא כתרומת גורן ויקב שהלכה בהן תורה אחר שנה שהביאה שליש הרי שהלכה בהן אחר שנה שגדלו במימיה שהבאת שליש שלהן היא גדילתן שמאותה שעה ראויה ליקצר בדוחק: אף כל כו'. לכך הלכו באילן אחר חנטה שכל גדילת פירותיו ע"י שהעלאת שרף האילן לפני חנטה הוא: יצאו ירקות שגדילין על מי שנה הבאה. והיינו שנת לקיטתן שהרי גוזזין אותה והיא חוזרת וגדילה: רוב מים. הם מי גשמים שרוב זרעים גדלים על ידם: על כל מים. אף על שאובין שדולין ומשקין אותן תמיד כענין שנאמר (דברים יא) והשקית ברגלך כגן הירק סתם גן הירק דרכו בהשקאה: בצלים הסריסים. ליפו"ל בלע"ז שאין נעשין גדולין כשאר בצלים: ופול המצרי שזרעו לירק. דאי זרעו לזרע קטנית הוא ולא הלכו בו אלא אחר השרשה: איכא בינייהו. כגון שמנע מהם מים ולא השקו שלשים יום לפני ר"ה ולקטן אחר ר"ה וכי הא מתני' דתנן במס' שביעית (פ"ב מ"ט) בצלים הסריסים כו' ר"י הגלילי אית ליה הא מתנית' דכיון דמנע (א) מים שלשים יום לפני ר"ה נמצאו גדילין על מי שנה שעברה ולר"ע הרי גדילין על כל מים ומתעשרין להבא דפי' רומיי"ס מפרש איפכא ר"ע אית ליה הא מתני' שמנע מהן מים שלשים יום לפני ר"ה מתעשר לשעבר ומפרש טעמיה בתלמוד ירושלמי א"ר מנא מכיון שמנע מהן מים שלשים יום לפני ר"ה נעשו כבעל כלומר זמן חיובן למעשר בר"ה [דהס] לא נסתפקו מכל מים שהן מים שאובין זה שלשים יום כי אם ממי גשמים יצאו מתורת ירקות הגדילין על כל מים ונכנסו בתורת שדה הבעל דמסתפק במי גשמים ומתעשרין לשעבר דרכן של בצלים הסריסין ופול המצרי למנוע מהן מים שאובין פרק אחד לפני לקיטתן כדי להקשותן לפיכך חילקום חכמים משאר ירקות אבל שאר ירקות שאין דרכן בכך אפילו מנע מהן לא יצאו מדין ירק ובטלה דעתו בצלים הסריסים מסתפקין לשנה בהשקאה אחת לשלשים יום ויותר לפיכך אם השקן בתוך שלשים יום לפני ר"ה נמצאת השקאה זאת מועלת להם בשביעית לפיכך אסורין בשביעית ולענין מעשר נמי הוו להו כגדילין על מי שנה הבאה שעדיין לחלוחית השקאתן קיימת אבל ירק שדרכו ליגזז צריך להשקותו תמיד ואפילו מנע ממנו שלשים יום לפני ר"ה בטלה דעתו אצל כל אדם ולא נתנו בהן חכמים חילוק לפי שאין דרכן בכך ומלתא דלא שכיחא היא: [ג] באחד בשבט ר"ה לאילן. ואין תורמין מפירות אילן שחנטו פירותיו קודם לכן על פירות האילן שחנטו לאחר מכאן: הואיל ויצאו רוב גשמי שנה. שכבר עבר רוב ימות הגשמים שהוא זמן רביעה ועלה השרף באילנות ונמצאו הפירות חונטין מעתה: ועדיין רוב תקופת טבת מבחוץ. עדיין רוב התקופה לבא: מאי קאמר. ועדיין רוב תקופה מבחוץ כל שכן דכיון דרוב תקופה מבחוץ עדיין לא הגיע זמן החנטה ולא היה להם לקבוע ר"ה עד אדר: שליקט אתרוג. פירות אילן אתרוג: שני עישורים. מעשר שני [ד] בשנה שניה ומעשר עני בשנה שלישית שהיתה שניה נכנסת לשלישית:

תוספות

הוה אמינא כרבנן סבירא ליה. תימה והא ודאי כרבנן סבירא ליה טפי מר' שמעון שזורי דרבנן פליגי עליה בפ"ב דשביעית (משנה ט) סבירא להו דפול המצרי בתר לקיטה וטפי (ב) [הוה] ליה לשמואל לפסוק כרבנן דר"ש שזורי ואפילו אם תמצא לומר דאיכא רבנן בברייתא דס"ל פול המצרי בתר השרשה ולית להו לזרע גרנו מ"מ לימא הלכה כרבנן דמתני' דשביעית והוי ניחא טפי מדר"ש שזורי וי"ל דשמואל בא לפסוק כר"ש שזורי בכל דבר אפילו באורז ודוחן ופרגין ושומשמין ולא מטעמיה דטעמיה דר"ש (ג) משום לזרע גרנו דיש בילה ושמואל סבר אין בילה אלא משום דהכל הולך אחר גמר פרי ואף ע"ג דבהקומץ רבה (מנחות דף נ:) מייתי ההיא דפול המצרי ולא מייתי ההיא דאורז ודוחן ופרגין כלל מ"מ נפקא מינה לגבי הסיא: מה גורן ויקב. אסמכתא בעלמא דמעשר ירק דרבנן ועיקר קרא לפסולת גורן ויקב כדלעיל (דף יג.) לענין סוכה א"נ משום שביעית דאורייתא איצטריך קרא [ה]: בצלים הסריסים. מפרש בירוש' בפרק שני דשביעית בוצלי קופראי דלא עבדין זרע: ופול המצרי שזרעו לירק. דאי זרעו לזרע הא תנן בפ' שני דשביעית (מ"ח) כיוצא בהן דבתר השרשה ואפי' לא מנע מהם מים והך משנה פירש בקונטרס דאתיא כרבי יוסי הגלילי אבל איפכא נראה דאתיא כר"ע ולא כרבי יוסי הגלילי דאמר עלה בירושלמי א"ר מנא מכיון שמנע מהן מים שלשים יום לפני ר"ה נעשו כבעל כלומר יצאו מתורת ירקות הגדילים על כל מים ונעשו כשדה בית הבעל שמסתפקת במי גשמים ומתעשרין לשעבר: באחד בשבט. מ"ט. מפרש נמי לב"ה כמו לב"ש אלא קמא נקט דלמר זמן חניטתה של גשמי שנה זו באחד בשבט ולמר בט"ו בשבט וכל החנוטים קודם זמן הזה היינו על גשמי שנה שלפני תשרי והא דלא אזיל באילנות בתר תשרי כמו בשליש בתבואה משום דדרשינן לעיל (דף י.) פעמים שבשביעית ועדיין אסורין משום ערלה: ונהג בו שני עישורים. אם שני עישורים ממש הפריש לא היה מתוקן אלא מפרש בירושלמי שהפריש מעשר א' למעשר שני ופדאו וחלקו לעניים: לרבעי

הגה"ה
ונהג בו שני עישורים. אם שני מעשרות ממש הפריש לא היה מתוקן דהמרבה במעשרות הן מקולקלין ובירושל' מפרש שניה הנכנסת לשלישית היתה והפריש מעשר שני ופדאו וחלקו לעניים והמעות אכל בירושלים. ע"כ:

מסורת הש"ס

א) שביעית פ"ב מ"ט, ב) עירובין ז. יבמות טו. [תוס' שביעית סוף פ"ג], ג) [שייך לעיל במשנה ד' ב.], ד) נ"ל בשנה שניה ומעשר עני בשנה כו', ה) [וע"ע תוס' קידושין ג. ד"ה מה יקב].

הגהות הב"ח

(א) רש"י ד"ה איכא בינייהו כו' דכיון דמנע מהן מים ל' יום כו' הא מתני' דכיון שמנע: (ב) תוס' ד"ה הוה אמינא כו' וטפי ניחא ליה לשמואל: (ג) בא"ד דטעמיה דר"ש לזרע גורנו משום דיש בילה:

תורה אור השלם

א) חַג הַסֻּכֹּת תַּעֲשֶׂה לְךָ שִׁבְעַת יָמִים בְּאָסְפְּךָ מִגָּרְנְךָ וּמִיִּקְבֶךָ: [דברים טז, יג]

ליקוטי רש"י

שליקט אתרוג. כל האילן קרוי אתרוג [עירובין ז.]. באחד בשבט. ושנה שניה הנכנסת לשלישית היתה. שני עישורין. ונהג בה שני עישורין מעשר שני כב"ה דאמרי ט"ו בשבט ר"ה לאילנות ואכתי שניה היא ומעשר עני כב"ש דאמרי בא' בשבט ר"ה לאילנות ושלישית היא [יבמות טו.]. שניה יוצאה ושלישית נכנסת הואי שנה שניה לשמיטה מעשר ראשון ושני ושלישית מעשר ראשון ומעשר עני [עירובין שם].

עין משפט נר מצוה

עה א מיי' פ"ד מהל' שמיטין הלכה ח ופ"א מהל' מ"ש הל"ט:

רבינו חננאל

ומצאנו לשמואל שלש שמועות. א' הלכתא כר"ש שזורי. ב' הכל הולך אחר גמר פרי. ג' לכל אין בילה חוץ מיין ושמן. וצריכי דאי אמר הכל הולך אחר גמר פרי היינו אומרים אפילו תבואה וזיתים בתר גמר פרי ולית ליה שליש לפיכך אמר הלכתא כר"ש שזורי בהנך דפליגי והוא פול המצרי שזרעו לזרע שהשרשתו היא במדתו מכוון וכיוצא בו. וא' עוד כי אין בילה להודיע כי ליין ושמן יש בילה. תניא ר' יוסי הגלילי אומר באספך מגרנך ומיקבך מה גורן ויין מיוחדין שגדילין על מי שנה [שעברה] והן מתעשרין לשנה שעברה כו' ופשוטה היא. לדברי הכל ירק עישורו בשעת לקיטתו. כל הנלקט קודם ר"ה עישורו כשנה היוצאה. וכל הנלקט אחר ר"ה עישורו כשנה הנכנסת. ריה"ג דייק כל פירות הגדילין על מי שנה שעברה ולא צריכין למי שנה הבאה מתעשרין לשעבר כגון התבואה וכיוצא בה אבל הירקות שצריכין מים בכל יום מתעשרין להבא. ור"ע סבר לאחר רוב מים אזלינן וכל הפירות הגדילין על רוב מים אע"פ שעדיין אם יורדין עליהן גשמים מועלין להן כגון התבואה וכיוצא בה מתעשרין לשעבר. ואמרינן מכדי לד"ה התבואה וכיוצא בה מתעשרין לשעבר והירקות מתעשרין להבא מאי בינייהו. וא"ר אבהו בצל הסריסין ופול המצרי. פי' בצלין סריסין כגון שמיעך זרעה קודם שהוקשו כדי להתגדל ראשיהן. לר"ע דאמר כל הפירות הגדילין על רוב מים מתעשרין לשעבר (א) לריה"ג דאמר הגדילין על מי שנה שעברה הללו כירקות דמי דתנן בצלים הסריסין ופול המצרי שמנע מהן מים ל' יום לפני ר"ה מתעשרין לשעבר ומותרין בשביעית כו' הדא מתני' כר"ע: בא' בשבט ר"ה לאילן דברי ב"ש. בה"א בט"ו כו' ואוקימנא מ"ט דאע"ג שרוב תקופה מבחוץ הואיל ויצאו רוב גשמי שנה מתעשרין לשעבר. פי' מצאנו זמן הגשמים המועילין ומתענין בהם שירדו מי"ז במרחשון עד סוף ניסן. כמפורש בפרק מאימתי מזכירין גבורות גשמים הנה אליבא דב"ה דאמרי בט"ו בשבט יצאו מימות הגשמים (י"ג) [י"ז] במרחשון וכסלו וטבת וט"ו משבט הרי ג' חדשים פחות ג' ימים ונשארו מימות הגשמים (ט"ו בשבט) [חצי שבט] ואדר וניסן הרי ב' חדשים וחצי הנה יצאו רוב גשמי שנה זו. ואע"פ שרוב תקופת טבת עדיין מבחוץ שנשאר חצי שבט ואדר ומקצת ניסן לא משגחינן בתקופה למימרא שעדיין רוב התקופה של שנה הבאה היא אלא מתעשר לשעבר: ת"ר מעשה בר' עקיבא שליקט אתרוג בא' בשבט ונהג בו שני

חשק שלמה על ר"ח א) לכאורה נראה דל"ל הני נמי מתעשרין לשעבר לריה"ג וכו'.

EXCLUDES VEGETABLES, שֶׁגְּדֵילִין עַל מֵי שָׁנָה הַבָּאָה – **WHICH GROW FROM NEXT YEAR'S WATER,** וּמִתְעַשְּׂרִין לְשָׁנָה הַבָּאָה – **AND ARE** therefore **TITHED AS** belonging **TO NEXT YEAR.**[13]

The Baraisa continues with R' Akiva's version of this derivation, which differs slightly from that of R' Yose HaGlili:

רַבִּי עֲקִיבָא אוֹמֵר – **R' AKIVA SAYS:** "בְּאָסְפְּךָ מִגָּרְנְךָ וּמִיִּקְבֶךָ" – The Torah states: *The Festival of Succos you shall make for yourself for seven days,* ***WITH YOUR GATHERING FROM YOUR THRESHING FLOOR AND FROM YOUR WINEPRESS.*** מַה גּוֹרֶן וְיֶקֶב מְיוּחָדִין שֶׁגְּדֵילִין עַל רוֹב מַיִם – **JUST AS** the produce taken from **THE THRESHING FLOOR** (i.e. from grain) **AND** of the **WINEPRESS** (i.e. from grapes) **ARE UNIQUE IN THAT THEY GROW FROM COMMON** rain**WATER,**[14] וּמִתְעַשְּׂרִין לְשָׁנָה שֶׁעָבְרָה – **AND ARE TITHED AS** belonging **TO LAST YEAR,** אַף כֹּל שֶׁגְּדֵילִין עַל רוֹב מַיִם – **SO ALL** items **THAT GROW FROM COMMON** rain **WATER** מִתְעַשְּׂרִין לְשָׁנָה שֶׁעָבְרָה – **ARE TITHED AS** belonging **TO LAST YEAR.** יָצְאוּ יְרָקוֹת – **THIS EXCLUDES VEGETABLES,** שֶׁגְּדֵילִין עַל כָּל מַיִם – **WHICH GROW FROM ALL WATER,**[15] וּמִתְעַשְּׂרִין לְשָׁנָה הַבָּאָה – **AND ARE** therefore **TITHED AS** belonging **TO NEXT YEAR.**

The Gemara asks:

מַאי בֵּינַיְיהוּ – **What is** the practical difference **between them,** i.e. between R' Yose HaGlili and R' Akiva? After all, they both agree that fruits are assigned based on when they emerge while vegetables are assigned based on when they are picked. – ? –

The Gemara answers:

אָמַר רַבִּי אַבָּהוּ – **R' Abahu said:** בְּצָלִים הַסָּרִיסִין וּפוֹל הַמִּצְרִי אִיכָּא בֵּינַיְיהוּ – **The difference between them** emerges in the case of **eunuch-onions**[16] **and Egyptian bean.** דִּתְנַן – **For we learned in a Mishnah:**[17] בְּצָלִים הַסָּרִיסִין – Regarding **EUNUCH-ONIONS** וּפוֹל הַמִּצְרִי – **AND EGYPTIAN BEAN** שֶׁמָּנַע מֵהֶן מַיִם שְׁלֹשִׁים יוֹם לִפְנֵי רֹאשׁ הַשָּׁנָה – **FROM WHICH ONE WITHHELD WATER THIRTY DAYS BEFORE ROSH HASHANAH,**[18] מִתְעַשְּׂרִין לְשֶׁעָבַר – **THEY ARE TITHED** as belonging **TO LAST** year, וּמוּתָּרִין בַּשְּׁבִיעִית – **AND,** if the new year was *shemittah,* **ARE PERMITTED IN THE SEVENTH** year.[19] וְאִם לָאו – **AND IF** he did **NOT** withhold water from them in this manner, אֲסוּרִין בַּשְּׁבִיעִית – **THEY ARE FORBIDDEN IN THE SEVENTH** year וּמִתְעַשְּׂרִין לְשָׁנָה הַבָּאָה – **AND ARE TITHED** as belonging **TO NEXT YEAR.**[20] This ruling hinges on the dispute between R' Yose HaGlili and R' Akiva.[21]

The Gemara returns to its analysis of our Mishnah, citing the next New Year listed there:

בְּאֶחָד בִּשְׁבָט רֹאשׁ הַשָּׁנָה לָאִילָן – **ON THE FIRST OF SHEVAT IS THE NEW YEAR FOR THE TREE** according to Beis Shammai; Beis Hillel say on the fifteenth of Shevat.[22]

The Gemara inquires:

מַאי טַעְמָא – **What is the reason** that the New Year for trees falls in Shevat?[23]

The Gemara answers:

אָמַר רַבִּי אֶלְעָזָר אָמַר רַבִּי אוֹשַׁעְיָא – **R' Elazar said in the name of R' Oshaya:** הוֹאִיל וְיָצְאוּ רוֹב גִּשְׁמֵי שָׁנָה – **Because most of the rain** days **of the year have passed** by this time[24] וַעֲדַיִין

NOTES

13. Vegetables [unlike grain and grapes], will grow again even if they are cut down after reaching a third of their maturity; apparently, the water they absorb before reaching one third of their maturity is not so critical, and they are nourished as well by whatever water they receive after that point. Therefore, even if they reach one third of their mature size before Rosh Hashanah, they are not assigned to the past year but, rather, to the year in which they are picked (see *Rashi*).

14. Grain and grapes are (generally) sustained by rainwater, and are not otherwise irrigated [for the rain that they absorb during the rainy season suffices to nurture them until maturity] (*Rashi*). In such cases the Torah assigns them based on which year's rainfall has primarily nourished their growth, i.e. the rain that they absorbed before reaching one third of maturity.

15. That is, the rain that falls during the rainy season is not sufficient to nurture them; rather, they must be irrigated until they are mature. That this is the nature of vegetables is indicated in the Torah, which says (*Deuteronomy* 11:10,11): *For the land to which you come . . . is not like the land of Egypt . . . where you would plant your seed and water it on foot like a vegetable garden; but the land to which you cross over to possess it is a land of mountains and valleys; from the rain of heaven it drinks water* (see *Rashi*). They are, therefore, not analogous to grain and grapes and are assigned simply on the basis of when they are picked.

16. A variety of unusually small onion (*Rashi*). *Rambam* (*Commentary* to *Sheviis* 2:9) explains that it is a type of onion which – unlike other onions – is like a "eunuch" in the sense that it does not sprout green leaves when kept in a moist place after being picked.

17. *Sheviis* 2:9.

18. This was commonly done in order to harden them (*Rashi*).

19. For by the time Rosh Hashanah arrives the earth will be dry; thus, the onions and beans will have grown exclusively from "last year's water," and are assigned to the past year (*Rashi*).

20. In this case the earth will still be moist after Rosh Hashanah. Consequently, the onions and beans are treated as ordinary vegetables, which grow from "next year's water" – in this case, the moisture that remains in the ground after Rosh Hashanah – and are assigned based on when they are picked (*Rashi*).

[The Mishnah speaks of Egyptian beans that were planted in order to eat their pods and which are classified as vegetables. Had they been planted in order to eat their seeds they would be classified as *kitniyos,* and would be assigned based on when they take root, as the Gemara stated earlier; see above, 13b note 19.)

21. R' Yose HaGlili accepts this ruling for, in his view, the defining characteristic of vegetables – which causes them to be assigned based on when they are picked – is that they grow from "next year's water." Therefore, by withholding water from them before Rosh Hashanah and thus assuring that they grow only from "last year's water" he can cause them to be assigned to last year. (However, the Mishnah allows this only for eunuch-onions and Egyptian beans, for which this is a normal procedure; should he do the same for other types of vegetables we would consider it a mere eccentricity and their status would remain unchanged.) But according to R' Akiva, the defining characteristic of vegetables is that they require irrigation [to reach full maturity]; their fundamental nature in this regard is not changed by the fact that he chose to deprive them of water for thirty days. Hence, R' Akiva would not accept the ruling of this Mishnah (*Rashi,* first explanation).

Alternatively, the rationale for the Mishnah's ruling is that since irrigation water was withheld from the eunuch-onions and Egyptian beans for the last thirty days of the year, during which they were exposed only to rain, they can no longer be considered an "irrigated crop." Hence, the Mishnah conforms with the view of R' Akiva, according to whom the defining characteristic of vegetables is that they are brought to maturity by being irrigated, but not with the view of R' Yose HaGlili (*Rashi,* second explanation, and *Tosafos;* cf. *Derech Emunah* to *Hil. Maaser Sheni* 1:9).

22. Thus, one may not designate fruits that emerged before this date as *terumah* [or *maaser*] for those that emerged after this date (*Rashi*). [As we learned above (12b, 13b), each year's *terumah* and *maaser* must be taken from that year's crop.]

23. The Gemara's question is directed at both Beis Shammai and Beis Hillel (*Tosafos;* cf. *Rabbeinu Chananel*).

24. [In Eretz Yisrael, rain does not fall throughout the year, only during a rainy season that lasts from midautumn through winter. The rains that fall in the first half of the season are what generate the growth of the new crop. [That part of the season is therefore known as the זְמַן רְבִיעָה, for the early rains "impregnate" the earth and give rise to the new fruits (see *Taanis* 6b).] These rains cause the sap to rise in the trees, and it is this that produces the new fruits. Thus, once the first half of the season has passed, the new fruits of the tree are ready to emerge (*Rashi;* see also *Rashi* above ד״ה אף כל, and 12b ד״ה מנא הני מילי; cf. *Tosafos,* and see *Turei Even* who notes the difference between the two explanations; see, however, *Chazon Ish, Sheviis* 7:13 ד״ה בירושלמי פ״ק דר״ה).

The rainy season begins in Eretz Yisrael on the seventeenth of Marcheshvan (see *Taanis* 6a) and lasts until the end of Nissan (see

וצריכא דאי אשמעינן הלכה כר"ש שזורי ה"א משום דקסבר יש בילה קמ"ל לכל אין בילה ואי אשמעינן לכל אין בילה ה"א כרבנן ס"ל קמ"ל הלכה כר"ש שזורי ואי אשמעינן הני תרתי ה"א קשיא דשמואל אדשמואל קמ"ל הכל הולך אחר גמר פרי ואי אשמעינן הכל הולך אחר גמר פרי הוה אמינא אפילו תבואה וזיתים נמי קמ"ל הלכה כר' שמעון שזורי במאי דפליג ולשמעינן הני תרתי לכל אין בילה למה לי הא קמ"ל דליין ושמן יש בילה תניא רבי יוסי הגלילי אומר א באספך מגרנך ומיקבך מה גורן ויקב מיוחדין שגדילין על מי שנה שעברה ומתעשרין לשנה שעברה אף כל שגדילין על מי שנה שעברה מתעשרין לשנה שעברה יצאו ירקות שגדילין על מי שנה הבאה ומתעשרין לשנה הבאה ר"ע אומר באספך מגרנך ומיקבך מה גורן ויקב מיוחדין שגדילין על רוב מים ומתעשרין לשנה שעברה אף כל שגדילין על רוב מים מתעשרין לשנה שעברה יצאו ירקות שגדילין על כל מים ומתעשרין לשנה הבאה מאי בינייהו א"ר אבהו בצלים הסריסין ופול המצרי איכא בינייהו דתנן [א] א בצלים הסריסין ופול המצרי שמנע מהן מים שלשים יום לפני ר"ה מתעשרין לשעבר ומותרין בשביעית ואם לאו אסורין בשביעית ומתעשרין לשנה הבאה: באחד בשבט ר"ה לאילן: מ"ט אמר רבי אלעזר א"ר אושעיא הואיל ויצאו רוב גשמי שנה ועדיין רוב תקופה מבחוץ מאי קאמר ה"ק אע"פ שרוב תקופה מבחוץ הואיל ויצאו רוב גשמי שנה ת"ר [ג] מעשה בר"ע שליקט אתרוג באחד בשבט ונהג בו שני עישורין אחד

רש"י

וצריכא. הני תלת דשמואל הלכה כר"ש שזורי ולכל אין בילה והכל הולך אחר גמר פרי. כרבנן סבירא ליה. ואין תורמין ממנו ואין לו תקנה לחדש וישן שנתערבו אלא א"כ תורמין עליו ממקום אחר לפי חשבון מחדש על החדש ומישן על הישן: קשיא דשמואל אדשמואל. הכא אמר שמואל הלכה כר"ש דיש בילה והכא אמר אין בילה: קמ"ל הכל הולך כו'. למימרא דכוליה חדש הוא והלכה כר"ש ולאו מטעמיה: במאי דפליג. במיני קטנית אמר שמואל דמערבין הנשרשין לפני ר"ה בנשרשין לאחר ר"ה ויהיב טעמא למלתיה משום דהולכין בהן אחר גמר פרי אבל תבואה וזיתים אחר שליש: ולשמעינן הני תרתי. ומדאמר שמואל הכל הולך אחר גמר פרי אשמעינן דהאי דקאמר הלכה כר"ש לאו משום בילה אלא משום דכוליה חדש אבל בילה לית ליה דאי אית ליה בילה אמאי אשמעינן הכל הולך אחר גמר פרי: באספך מגרנך ומיקבך. מכאן סמכו חכמים לקבוע זמן מעשר ירק דדבריהם אחר לקיטה לאסמכתא בעלמא כל אסיף שלך יהא כתרומת גורן ויקב שהלכה בהן תורה אחר שנה שהביאה שליש הרי שהלכה בהן אחר שנה שגדלו במימיה שהבאת שליש שלהן היא גדילתן שמאותה שעה ראויה ליקצר בדוחק: אף כל כו'. לכך הלכו באילן אחר חנטה שכל גדילת פירותיו ע"י שהעלאת שרף האילן לפני חנטה הוא: יצאו ירקות שגדילין על מי שנה הבאה. והיינו שנת לקיטתן שהרי גוזזין אותה והיא חוזרת וגדילה: רוב מים. הם מי גשמים שרוב זרעים גדילים על ידם: על כל מים. אף על שאובין שדולין ומשקין אותן תמיד כענין שנאמר (דברים יא) והשקית ברגלך כגן הירק סתם גן הירק דרכו בהשקאה: בצלים הסריסים. ליפול"י בלע"ז שאין נעשין גדולין כשאר בצלים: ופול המצרי שזרעו לירק. דאי זרעו לזרע קטנית הוא ולא הלכו בו אלא אחר השרשה: איכא בינייהו. כגון שמנע מהם מים ולא השקו שלשים יום לפני ר"ה ולקטן אחר ר"ה וכי הא מתני' דתנן במס' שביעית (פ"ב מ"ט) בצלים הסריסים כו' ר"י הגלילי אית ליה הא מתנית' דכיון דמנע (א) מים שלשים יום לפני ר"ה נמצאו גדלין על מי שנה שעברה ולר"ע הרי גדילין על כל מים ומתעשרין להבא בפי' רומיי"ס מפרש איפכא ר"ע אית ליה הא מתני' שמנע מהן מים שלשים יום לפני ר"ה מתעשר לשעבר ומפרש טעמיה בתלמוד ירושלמי א"ר מנא מכיון שמנע מהן מים שלשים יום לפני ר"ה נעשו כבעל כלומר זמן חיובן למעשר בר"ה [דהס] לא נסתפקו מכל מים שהן מים שאובין זה שלשים יום כי אם ממי גשמים יצאו מתורת ירקות הגדילין על כל מים ונכנסו בתורת שדה הבעל דמסתפק במי גשמים ומתעשרין לשעבר דרכן של בצלים הסריסין ופול המצרי למנוע מהן מים שאובין פרק אחד לפני לקיטתן כדי להקשותן לפיכך חילקום חכמים משאר ירקות אבל שאר ירקות שאין דרכן בכך אפילו מנע מהן לא יצאו מדין ירק ובטלה דעתו בצלים הסריסים מסתפקין לשנה בהשקאה אחת לשלשים יום ויותר לפיכך אם השקן בתוך שלשים יום לפני ר"ה נמצאת השקאה זאת מועלת להם בשביעית לפיכך אסורין בשביעית ולענין מעשר נמי הוו להו כגדילין על מי שנה הבאה שעדיין לחלוחית השקאתן קיימת אבל ירק שדרכו ליגזז צריך להשקותו תמיד ואפילו מנע ממנו שלשים יום לפני ר"ה בטלה דעתו אצל כל אדם ולא נתנו בהן חכמים חילוק לפי שאין דרכן בכך ומלתא דלא שכיחא היא: [ג] באחד בשבט ר"ה לאילן. ואין תורמין מפירות אילן שחנטו פירותיו קודם לכן על פירות האילן שחנטו לאחר מכאן: הואיל ויצאו רוב גשמי שנה. שכבר עבר רוב ימות הגשמים שהוא זמן רביעה ועלה השרף באילנות ונמצאו הפירות חונטין מעתה: ועדיין רוב תקופת טבת מבחוץ. עדיין רוב התקופה לבא: מאי קאמר. ועדיין רוב תקופה מבחוץ כל שכן דכיון דרוב תקופה מבחוץ עדיין לא הגיע זמן החנטה ולא היה להם לקבוע ר"ה עד אדר: שליקט אתרוג. פירות אילן אתרוג: שני עישורים. מעשר שני [ד] בשנה שניה ומעשר עני בשנה שלישית שהיתה שניה נכנסת לשלישית:

תוספות

הוה אמינא כרבנן סבירא ליה. תימה והא ודאי כרבנן סבירא ליה טפי מר' שמעון שזורי דרבנן דפליגי עליה בפ"ב דשביעית (משנה ט) סבירא להו דפול המצרי בתר לקיטה וטפי (ב) [הוה] ליה לשמואל לפסוק כרבנן דר"ש שזורי ואפילו אם תמצא לומר דאיכא רבנן בברייתא דס"ל פול המצרי בתר השרשה ולית להו לוזר גרנו מ"מ לימא הלכה כרבנן דמתני' דשביעית והוי ניחא טפי מדר"ש שזורי וי"ל דשמואל בא לפסוק כר"ש שזורי בכל דבר אפילו באורז ודוחן ופרגין ושומשמין ולא מטעמיה דטעמיה דר"ש (ג) משום דלוזר גרנו דיש בילה ושמואל סבר אין בילה אלא משום דהכל הולך אחר גמר פרי ואף ע"ג דבקומץ רבה (מנחות דף לא:) מייתי ההוא דפול המצרי ולא מייתי ההיא דאורז ודוחן ופרגין כלל מ"מ נפקא מינה לגבי הסיא: מה גורן ויקב. אסמכתא בעלמא דמעשר ירק דרבנן ועיקר קרא לפסולת גורן ויקב כדלעיל (דף יג.) לענין סוכה א"נ משום שביעית דאורייתא איצטריך קרא [ה]:

בצלים הסריסים. מפרש בירוש' בפרק שני דשביעית בוללי קופראי דלא עבדין זרע:

ופול המצרי שזרעו לירק. דאי זרעו לזרע הא תנן בפ' שני דשביעית (מ"ח) כיוצא בהן דבתר השרשה ואפי' לא מנע מהם מים והך משנה פירש בקונטרס דאתיא כרבי יוסי הגלילי אבל איפכא נראה דאתיא כר"ע ולא כרבי יוסי הגלילי דאמר עלה בירושלמי א"ר מנא מכיון שמנע מהן מים שלשים יום לפני ר"ה נעשו כבעל כלומר יצאו מתורת ירקות הגדילים על כל מים ונעשו כשדה בית הבעל שמסתפקת במי גשמים ומתעשרין לשעבר:

באחד בשבט מ"ט. מפרש נמי לב"ה כמו לב"ש אלא קמא נקט דלמר זמן חניטתה של גשמי שנה זו באחד בשבט ולמר בט"ו בשבט וכל החנוטים קודם זמן הזה היינו על גשמי שנה שלפני תשרי והא דלא אזיל באילנות בתר תשרי כמו בשליש בתבואה משום דדרשינן לעיל (דף י.) פעמים שברביעית ועדיין אסורין משום ערלה:

ונהג בו שני עישורים. אם שני עישורים ממש הפריש לא היה מתוקן אלא מפרש בירושלמי שהפריש מעשר א' למעשר שני ופדאו וחלקו לעניים: לרבעי

הגה"ה

ונהג בו שני עישורים. אם שני מעשרות ממש הפריש לא היה מתוקן דהמרבה במעשרות הן מקולקלין ובירושל' מפרש שניה הנכנסת לשלישית היתה והפריש מעשר שני ופדאו וחלקו לעניים והמעות אכל בירושלים. ע"כ:

מסורת הש"ס

א) שביעית פ"ב מ"ט, ב) עירובין ז. יבמות טו. [תוס' שביעית סוף פ"ג], ג) [שייך לעיל במשנה ד' ב.], ד) נ"ל כשנה שניה ומעשר עני כשנה כו', ה) [וע"ע תוס' קידושין ג. ד"ה מה ירק].

הגהות הב"ח

(א) רש"י ד"ה איכא בינייהו כו' דכיון דמנע מהן מים ל' יום כו' הא מתני' דכיון שמנע: (ב) תוס' ד"ה הוה אמינא כו' וטפי ניחא ליה לשמואל: (ג) בא"ד דטעמיה דר"ש דלוזר גורנו משום דיש בילה:

תורה אור השלם

א) חַג הַסֻּכֹּת תַּעֲשֶׂה לְךָ שִׁבְעַת יָמִים בְּאָסְפְּךָ מִגָּרְנְךָ וּמִיִּקְבֶךָ: [דברים טז, יג]

ליקוטי רש"י

שליקט אתרוג. כל האילן קרוי אתרוג [עירובין ז.]. באחד בשבט. ושנה שניה הנכנסת לשלישית היתה. שני עישורין. ונהג בה שני עישורין מעשר שני כב"ה דאמרי ט"ו בשבט ר"ה לאילנות ואכתי שניה היא ומעשר עני כב"ש דאמרי בא' בשבט ר"ה לאילנות ושלישית היא [יבמות טו.]. שניה יוצאה ושלישית נכנסת הואי שנה שניה לשמיטה מעשר ראשון ושני והשלישית מעשר ראשון ומעשר עני [עירובין שם].

עין משפט נר מצוה

עה א מיי' פ"ד מהל' שמיטין הלכה יז ופ"א מהל' מ"ש הל"ט:

רבינו חננאל

ומצאנו לשמואל שלש שמועות. א' הלכתא כר"ש שזורי. ב' הכל הולך אחר גמר פרי. ג' לכל אין בילה חוץ מיין ושמן. וצריכי דאי אמר הכל הולך אחר גמר פרי היינו אומרים אפילו תבואה וזיתים בתר גמר פרי ולית ליה שליש לפיכך אמר הלכתא כר"ש שזורי בהנך דפליגי והוא פול המצרי שזרעו לזרע שהשרשתו היא במדתו מכוון וכיוצא בו. וא' עוד כי אין בילה להודיע כי ליין ושמן יש בילה. תניא ר' יוסי הגלילי אומר באספך מגרנך ומיקבך מה גורן ויין מיוחדין שגדילין על מי שנה [שעברה] והן מתעשרין לשנה שעברה כו' ופשוטה היא. לדברי הכל ירק עישורו בשעת לקיטתו. כל הנלקט קודם ר"ה עישורו כשנה היוצאה. וכל הנלקט אחר ר"ה עישורו כשנה הנכנסת. ריה"ג דייק כל פירות הגדילין על מי שנה שעברה ולא צריכין למי שנה הבאה מתעשרין לשעבר כגון התבואה וכיוצא בה אבל הירקות שצריכין מים בכל יום מתעשרין להבא. ור"ע סבר לאחר רוב מים אזלינן וכל הפירות הגדילין על רוב מים אע"פ שעדיין אם יורדין עליהן גשמים מועלין להן כגון התבואה וכיוצא בה מתעשרין לשעבר. ואמרינן מכדי לד"ה התבואה וכיוצא בה מתעשרין לשעבר והירקות מתעשרין להבא מאי בינייהו. וא"ר אבהו בצל הסריסין ופול המצרי. פי' בצלין סריסין כגון שמיעך זרעה קודם שהוקשו כדי להתגדל ראשיהן. לר"ע דאמר כל הפירות הגדילין על רוב מים מתעשרין לשעבר א) לריה"ג דאמר הגדילין על מי שנה שעברה הללו כירקות דמי דתנן בצלים הסריסין ופול המצרי שמנע מהן מים ל' יום לפני ר"ה מתעשרין לשעבר ומותרין בשביעית כו' הדא מתני' כר"ע: בא' בשבט ר"ה לאילן דברי ב"ש. בה"א בט"ו כו' ואוקימנא מ"ט דאע"ג שרוב תקופה מבחוץ הואיל ויצאו רוב גשמי שנה מתעשרין לשעבר. פי' מצאנו זמן הגשמים המועילין ומתענין בהם שירדו מי"ז במרחשון עד סוף ניסן. כמפורש בפרק מאימתי מזכירין גבורות גשמים הנה אליבא דב"ה דאמרי בט"ו בשבט יצאו מימות הגשמים (י"ג) [י"ז] במרחשון וכסלו וטבת וט"ו משבט הרי ג' חדשים פחות ג' ימים ונשארו מימות הגשמים (ט"ו בשבט) [חצי שבט] ואדר וניסן הרי ב' חדשים וחצי הנה יצאו רוב גשמי שנה זו. ואע"פ שרוב תקופת טבת עדיין מבחוץ שנשאר חצי שבט ואדר ומקצת מניסן לא משגחינן בתקופה למימרא שעדיין רוב התקופה של שנה הבאה היא אלא מתעשר לשעבר: ת"ר מעשה בר' עקיבא שליקט אתרוג בא' בשבט ונהג בו שני

חשק שלמה על ר"ח א) לכאורה נראה דצ"ל הני נמי מתעשרין לשעבר לריה"ג וכו'.

רוב תְּקוּפָה מִבַּחוּץ – **and most of the** winter **season is yet to come.**[25]

The Gemara does not understand this answer:

מַאי קָאָמַר – **What does [R' Oshaya] mean?** If most of the winter season is yet to come, that is, if anything, a reason to set the New Year at a later date, for it indicates that the time for fruit to emerge has not yet arrived.[26] Why does R' Oshaya give this as a reason for setting the New Year in Shevat?

The Gemara explains:

הָכִי קָאָמַר – **This is what he means:** אַף עַל פִּי שֶׁרוֹב תְּקוּפָה מִבַּחוּץ – **Even though most of the** winter **season is yet to come,** the New Year is still in Shevat הוֹאִיל וְיָצְאוּ רוֹב גִּשְׁמֵי שָׁנָה – **because most of the rain** days **of the year have** already **passed.**[27]

The Gemara cites a Baraisa:

תָּנוּ רַבָּנָן – **The Rabbis taught in a Baraisa:** מַעֲשֶׂה בְּרַבִּי עֲקִיבָא – There was AN INCIDENT WITH R' AKIVA, שֶׁלִּיקֵּט אֶתְרוֹג בְּאֶחָד בִּשְׁבָט – WHERE HE PICKED the fruits of AN ESROG TREE[28] ON THE FIRST OF SHEVAT in the third year of the *shemittah* cycle,[29] וְנָהַג בּוֹ שְׁנֵי עִישּׂוּרִין – AND HE SUBJECTED IT TO TWO TITHES: He separated from it *maaser sheni* as if it were the second year of the *shemittah* cycle, and he also gave from it *maaser ani* as if it were the third year of the cycle.[30]

NOTES

Mishnah ibid. 12b). From the seventeenth of Marcheshvan to the end of the month, all of Kislev and Teves, and fifteen days in Shevat, is just under three months. What remains of the rainy season is the second half of Shevat, Adar and Nissan, which is just two and a half months. Thus, by the fifteenth of Shevat – which begins the New Year according to Beis Hillel – most of the rainy season has passed (*Rabbeinu Chananel*). [This calculation works for Beis Hillel but not for Beis Shammai, who place the New Year on the first of Shevat. It is not clear what the Gemara's answer is according to them. Possibly, the Gemara simply means to say that most of the rain falls during the first half of the rainy season.]

25. The *tekufah* of Teves [winter season] begins sometime in Teves, continues through Shevat and Adar, and stretches into the beginning of Nissan. Hence, on the fifteenth of Shevat most of the *tekufah* is yet to come.

26. The New Year should therefore be deferred until Adar [when most of the winter season has passed] (*Rashi*).

27. [I.e. the passage of more than half the rainy season is the more significant factor in determining the tree's readiness to bring forth fruit.]

Chidushei HaRan asserts that this logic suffices to establish the New Year for trees in Shevat only because their *maaser* obligation is Rabbinic. In the case of olives and grapes, however, whose *maaser* obligations are Biblical, the New Year is on the first of Tishrei (see above, 12b note 24 where a similar argument was used by *Rashi* in regard to the factors used to determine the *maaser* year of fruits). *Ritva* (12b ד״ה והא דקתני תבואה) disputes this and maintains that this is a Biblical determination, "for the Torah put it in the hands of the Sages to determine these and many other matters" which the Torah did not specify. It is evident from *Rambam* (who holds that the *maaser* obligation of all trees is Biblical; see 12a note 17) that he too agrees that Shevat is even Biblically the New Year for trees (see *Hil. Maaser Sheni* 1:2).

28. *Rashi.* Had he picked just a single *esrog,* he would have been exempt from any *maaser* obligation (*Ritva,* based on *Maasros* 3:8).

29. See *Rashi.* That is, the third year of the *shemittah* cycle had begun on Rosh Hashanah. But since the year for *trees* does not begin until the first of Shevat according to Beis Shammai, and the fifteenth according to Beis Hillel, the day on which R' Akiva picked the *esrog* fruit was the beginning of the third year only according to Beis Shammai, but still part of the second year according to Beis Hillel.

30. These were in addition to the *maaser rishon* that he certainly had to separate [since *maaser rishon* is given in every year of the cycle except for *shemittah*] (*Rashi, Eruvin* 7a).

Although the *esrog* emerged long before that date, R' Akiva followed the view (cited below) that the *maaser* obligation of an *esrog* is determined by the date on which it is picked (*Ritva*).

Tosafos cite *Yerushalmi,* which explains that R' Akiva did not actually separate two tithes. Rather, he separated a single tithe as *maaser sheni,* redeemed it, put aside the money to take to Jerusalem and spend on food [as is done with *maaser sheni* monies] and then distributed the tithe to the poor as *maaser ani.* [See *Turei Even, Aruch LaNer* and *Sfas Emes* for an extensive discussion of *Tosafos'* view and the *Yerushalmi.*]

וצריכא דאי אשמעינן הלכה כר"ש שזורי ה"א משום דקסבר יש בילה קמ"ל לכל אין בילה ואי אשמעינן לכל אין בילה ה"א כרבנן ס"ל קמ"ל הלכה כר"ש שזורי ואי אשמעינן הני תרתי ה"א קשיא דשמואל אדשמואל קמ"ל הכל הולך אחר גמר פרי ואי אשמעינן הכל הולך אחר גמר פרי הוה אמינא אפילו תבואה וזיתים נמי קמ"ל הלכה כר' שמעון שזורי במאי דפליג ולשמעינן הני תרתי לכל אין בילה למה לי הא קמ"ל דליין ושמן יש בילה תניא רבי יוסי הגלילי אומר [א] באספך מגרנך ומיקבך מה גורן ויקב מיוחדין שגדילין על מי שנה שעברה ומתעשרין לשנה שעברה אף כל שגדילין על מי שנה שעברה מתעשרין לשנה שעברה יצאו ירקות שגדילין על מי שנה הבאה ומתעשרין לשנה הבאה ר"ע אומר באספך מגרנך ומיקבך מה גורן ויקב מיוחדין שגדילין על רוב מים ומתעשרין לשנה שעברה אף כל שגדילין על רוב מים מתעשרין לשנה שעברה יצאו ירקות שגדילין על כל מים ומתעשרין לשנה הבאה מאי בינייהו א"ר אבהו בצלים הסריסין ופול המצרי איכא בינייהו דתנן [א] [א] בצלים הסריסין ופול המצרי שמנע מהן מים שלשים יום לפני ר"ה מתעשרין לשעבר ומותרין בשביעית ואם לאו אסורין בשביעית ומתעשרין לשנה הבאה: באחד בשבט ר"ה לאילן: מ"ט אמר רבי אלעזר א"ר אושעיא הואיל ויצאו רוב גשמי שנה ועדיין רוב תקופה מבחוץ מאי קאמר ה"ק אע"פ שרוב תקופה מבחוץ הואיל ויצאו רוב גשמי שנה ת"ר [ג] מעשה בר"ע שליקט אתרוג באחד בשבט ונהג בו שני עישורין אחד

רש"י

וצריכא. הני תלת דשמואל הלכה כר"ש שזורי ולכל אין בילה והכל הולך אחר גמר פרי: **כרבנן סבירא ליה.** ואין תורמין ממנו ואין לו תקנה לחדש וישן שנתערבו אלא א"כ תורמין עליו ממקום אחר לפי חשבון מחדש על החדש ומישן על הישן: **קשיא דשמואל אדשמואל.** הכא אמר שמואל הלכה כר"ש דיש בילה והכא אמר אין בילה: **קמ"ל הכל הולך כו'.** למימרא דכוליה חדש הוא והלכה כר"ש ולאו מטעמיה: **במאי דפליג.** במיני קטנית אמר שמואל דמערבין הנשרשין לפני ר"ה בנשרשין לאחר ר"ה ויהיב טעמא למלתיה משום דהולכין בהן אחר גמר פרי אבל תבואה וזיתים אחר שליש: **ולשמעינן הני תרתי.** ומדאמר שמואל הכל הולך אחר גמר פרי אשמעינן דהאי דקאמר הלכה כר"ש לאו משום בילה אלא משום דכוליה חדש אבל בילה לית ליה דאי אית ליה בילה אמאי אשמעינן הכל הולך אחר גמר פרי: **באספך מגרנך ומיקבך.** מכאן סמכו חכמים לקבוע זמן מעשר ירק דדבריהם אחר לקיטה לאסמכתא בעלמא כל אסיף שלך יהא כתרומת גורן ויקב שהלכה בהן תורה אחר שנה שהביאה שליש הרי שהלכה בהן אחר שנה שגדלו במימיה שהבאת שליש שלהן היא גדילתן שמאותה שעה ראויה ליקצר בדוחק: **אף כל כו'.** לכך הלכו באילן אחר חנטה שכל גדילת פירותיו ע"י שהעלאת שרף האילן לפני חנטה הוא: **יצאו ירקות שגדילין על מי שנה הבאה.** והיינו שנת לקיטתן שהרי גוזזין אותה והיא חוזרת וגדילה: **רוב מים.** הם מי גשמים שרוב זרעים גדילים על ידם: **על כל מים.** אף על שאובין שדולין ומשקין אותן תמיד כענין שנאמר (דברים יא) והשקית ברגלך כגן הירק סתם גן הירק דרכו בהשקאה: **בצלים הסריסים.** ליפול"י בלע"ז שאין נעשין גדולין כשאר בצלים: **ופול המצרי שזרעו לירק.** דאי זרעו לזרע קטנית הוא ולא הלכו בו אלא אחר השרשה: **איכא בינייהו.** כגון שמנע מהם מים ולא השקו שלשים יום לפני ר"ה ולקטן אחר ר"ה וכי הא מתני' דתנן במס' שביעית (פ"ב מ"ט) בצלים הסריסים כו' ר"י הגלילי אית ליה הא מתנית' דכיון דמנע (א) מים שלשים יום לפני ר"ה נמצאו גדילין על מי שנה שעברה ולר"ע הרי גדילין על כל מים ומתעשרין להבא בפי' רומיי"ס מפרש איפכא ר"ע אית ליה הא מתני' שמנע מהן מים שלשים יום לפני ר"ה מתעשר לשעבר ומפרש טעמיה בתלמוד ירושלמי א"ר מנא מכיון שמנע מהן מים שלשים יום לפני ר"ה נעשו כבעל כלומר זמן חיובן למעשר בר"ה [דהס] לא נסתפקו מכל מים שהן מים שאובין זה שלשים יום כי אם ממי גשמים יצאו מתורת ירקות הגדילין על כל מים ונכנסו בתורת שדה הבעל דמסתפק במי גשמים ומתעשרין לשעבר דרכן של בצלים הסריסין ופול המצרי למנוע מהן מים שאובין פרק אחד לפני לקיטתן כדי להקשותן לפיכך חילקום חכמים משאר ירקות שאין דרכן בכך אפילו מנע מהן לא יצאו מדין ירק ובטלה דעתו בצלים הסריסים מסתפקין לשנה בהשקאה אחת לשלשים יום ויותר לפיכך אם השקן בתוך שלשים יום לפני ר"ה נמצאת השקאה זאת מועלת להם בשביעית לפיכך אסורין בשביעית ולענין מעשר נמי הוו להו כגדילין על מי שנה הבאה שעדיין לחלוחית השקאתן קיימת אבל ירק שדרכו ליגזז צריך להשקותו תמיד ואפילו מנע ממנו שלשים יום לפני ר"ה בטלה דעתו אצל כל אדם ולא נתנו בהן חכמים חילוק לפי שאין דרכן בכך ומלתא דלא שכיחא היא: [ג] **באחד בשבט ר"ה לאילן.** ואין תורמין מפירות אילן שחנטו פירותיו קודם לכן על פירות האילן שחנטו לאחר מכאן: **הואיל ויצאו רוב גשמי שנה.** שכבר עבר רוב ימות הגשמים שהוא זמן רביעה ועלה השרף באילנות ונמצאו הפירות חונטין מעתה: **ועדיין רוב תקופת טבת מבחוץ.** עדיין רוב התקופה לבא: **מאי קאמר.** ועדיין רוב תקופה מבחוץ כל שכן דכיון דרוב תקופה מבחוץ עדיין לא הגיע זמן החנטה ולא היה להם לקבוע ר"ה עד אדר: **שליקט אתרוג.** פירות אילן אתרוג: **שני עישורים.** מעשר שני [ד] בשנה שניה ומעשר עני בשנה שלישית שהיתה שניה נכנסת לשלישית:

תוספות

הוה אמינא כרבנן סבירא ליה. תימה והא ודאי כרבנן סבירא ליה טפי מר' שמעון שזורי דרבנן דפליגי עליה בפ"ב דשביעית (משנה ט) סבירא להו דפול המצרי בתר לקיטה וטפי (ב) [הוה] ליה לשמואל לפסוק כרבנן דר"ש שזורי ואפילו אם תמצא לומר דאיכא רבנן בברייתא דס"ל פול המצרי בתר השרשה ולית להו לזבר גרנו מ"מ לימא הלכה כרבנן דמתני' דשביעית והוי ניחא טפי מדר"ש שזורי וי"ל דשמואל בא לפסוק כר"ש שזורי בכל דבר אפילו באורז ודוחן ופרגין ושומשמין ולא מטעמיה דטעמיה דר"ש (ג) משום דלזבר גרנו דיש בילה ושמואל סבר אין בילה אלא משום דהכל הולך אחר גמר פרי ואף ע"ג דההקומץ רבה (מנחות דף ל:) מייתי ההוא דפול המצרי ולא מייתי ההיא דאורז ודוחן ופרגין כלל מ"מ נפקא מינה לגבי ההיא: **מה** גורן ויקב. אסמכתא בעלמא למעשר ירק דרבנן ועיקר קרא לפסולת גורן ויקב כדלעיל (דף יג.) לענין סוכה א"נ משום שביעית דאורייתא איצטריך קרא [ה]:

בצלים הסריסים. מפרש בירוש' בפרק שני דשביעית בוצלי קופראי דלא עבדין זרע:

ופול המצרי שזרעו לירק. דאי זרעו לזרע הא תנן בפ' שני דשביעית (מ"ח) כיוצא בהן דבתר השרשה ואפי' לא מנע מהם מים והך משנה פירש בקונטרס דאתיא כרבי יוסי הגלילי אבל איפכא נראה דאתיא כר"ע ולא כרבי יוסי הגלילי דאמר עלה בירושלמי א"ר מנא מכיון שמנע מהן מים שלשים יום לפני ר"ה נעשו כבעל כלומר יצאו מתורת ירקות הגדילים על כל מים ונעשו כשדה בית הבעל שמסתפקת במי גשמים ומתעשרין לשעבר: **באחד** בשבט מ"ט. מפרש נמי לב"ה כמו לב"ש אלא קמא נקט דלמר זמן חניטתה של גשמי שנה זו באחד בשבט ולמר בט"ו בשבט וכל החנוטים קודם זמן הזה היינו על גשמי שנה שלפני תשרי והא דלא אזיל באילנות בתר תשרי כמו בשלים בתבואה משום דדרשינן לעיל (דף י.) פעמים שברביעית ועדיין אסורין משום ערלה:

ונהג בו שני עישורים. אם שני עישורים ממש הפריש לא היה מתוקן אלא מפרש בירושלמי שהפריש מעשר א' למעשר שני ופדאו וחלקו לעניים: לרבעי

הגה"ה

ונהג בו שני עישורים. אם שני מעשרות ממש הפריש לא היה מתוקן דהמרבה במעשרות הן מקולקלין וירושל' מפרש שניה הנכנסת לשלישית היתה והפריש מעשר שני ופדאו וחלקו לעניים והמעות אכל בירושלים. ע"כ:

עין משפט נר מצוה

עה א מיי' פ"ד מהל' שמיטין הלכה יז ופ"א מהל' מ"ש הל"ט:

רבינו חננאל

ומצאנו לשמואל שלש שמועות. א' הלכתא כר"ש שזורי. ב' הכל הולך אחר גמר פרי. ג' לכל אין בילה חוץ מיין ושמן. וצריכי דאי אמר הכל הולך אחר גמר פרי היינו אומרים אפילו תבואה וזיתים בתר גמר פרי ולית ליה שליש לפיכך אמר הלכתא כר"ש שזורי בהנך דפליגי והוא פול המצרי שזרעו לזרע שהשרשתו היא במדתו מכוון וכיוצא בו. וא' עוד כי אין בילה להודיע כי ליין ושמן יש בילה. תניא ר' יוסי הגלילי אומר באספך מגרנך ומיקבך מה גורן ויין מיוחדין שגדילין על מי שנה [שעברה] והן מתעשרין לשנה שעברה כו' ופשוטה היא. לדברי הכל ירק עישורו בשעת לקיטתו. כל הנלקט קודם ר"ה עישורו כשנה היוצאה. וכל הנלקט אחר ר"ה עישורו כשנה הנכנסת. ריה"ג דייק כל פירות הגדילין על מי שנה שעברה ולא צריכין למי שנה הבאה מתעשרין לשעבר כגון התבואה וכיוצא בה אבל הירקות שצריכין מים בכל יום מתעשרין להבא. ור"ע סבר לאחר רוב מים אזלינן וכל הפירות הגדילין על רוב מים אע"פ שעדיין אם יורדין עליהן גשמים מועלין להן כגון התבואה וכיוצא בה מתעשרין לשעבר. ואמרינן מכדי לד"ה התבואה וכיוצא בה מתעשרין לשעבר והירקות מתעשרין להבא מאי בינייהו. וא"ר אבהו בצל הסריסין ופול המצרי. פי' בצלין סריסין כגון שמיעך זרעה קודם שהוקשו כדי להתגדל ראשיהן. לר"ע דאמר כל הפירות הגדילין על רוב מים מתעשרין לשעבר (א) לריה"ג דאמר הגדילין על מי שנה שעברה הללו כירקות דמי דתנן בצלים הסריסין ופול המצרי שמנע מהן מים ל' יום לפני ר"ה מתעשרין לשעבר ומותרין בשביעית כו' הדא מתני' כר"ע: בא' בשבט ר"ה לאילן דברי ב"ש. בה"א בט"ו כו' ואוקימנא מ"ט דאע"ג שרוב תקופה מבחוץ הואיל ויצאו רוב גשמי שנה מתעשרין לשעבר. פי' מצאנו זמן הגשמים המועילין ומתענין בהם שירדו מי"ז במרחשון עד סוף ניסן. כמפורש בפרק מאימתי מזכירין גבורות גשמים הנה אליבא דב"ה דאמרי בט"ו בשבט יצאו מימות הגשמים (י"ג) [י"ז] במרחשון וכסלו וטבת וט"ו משבט הרי ג' חדשים פחות ג' ימים ונשארו מימות הגשמים (ט"ו בשבט) [חצי שבט] ואדר וניסן הרי ב' חדשים וחצי הנה יצאו רוב גשמי שנה זו. ואע"פ שרוב תקופת טבת עדיין מבחוץ שנשאר חצי שבט ואדר ומקצת מניסן לא משגחינן בתקופה למימרא שעדיין רוב התקופה של שנה הבאה היא אלא מתעשר לשעבר: ת"ר מעשה בר' עקיבא שליקט אתרוג בא' בשבט ונהג בו שני

מסורת הש"ס

א) שביעית פ"ב מ"ט, ב) עירובין ז. יבמות טו. [תוס' שביעית סוף פ"ג], ג) [שייך לעיל במשנה ד' ב.], ד) צ"ל כשנה שניה ומעשר עני כשנה כו', ה) [וע"ע תוס' קידושין ג. ד"ה מה יקב].

הגהות הב"ח

(א) רש"י ד"ה איכא בינייהו כו' דכיון דמנע מהן מים ל' יום כו' הא מתני' דכיון שמנע: (ב) תוס' ד"ה הוה אמינא כו' וטפי ניחא ליה לשמואל: (ג) בא"ד דטעמיה דר"ש לזבר גרנו משום דיש בילה:

תורה אור השלם

א) חַג הַסֻּכֹּת תַּעֲשֶׂה לְךָ שִׁבְעַת יָמִים בְּאָסְפְּךָ מִגָּרְנְךָ וּמִיִּקְבֶךָ: [דברים טז, יג]

ליקוטי רש"י

שליקט אתרוג. כל האילן קרוי אתרוג [עירובין ז.]. באחד בשבט. ושנה שניה הנכנסת לשלישית היתה. שני עישורין. ונהג בה שני עישורין מעשר שני כב"ה דאמרי ט"ו בשבט ר"ה לאילנות ולכמי שניה היא ומעשר עני כב"ש דאמרי בא' בשבט ר"ה לאילנות ושלישית היא [יבמות טו.]. שניה יוצאה ושלישית נכנסת הוא שנה שניה לשמיטה מעשר ראשון ושני ובשלישית מעשר ראשון ומעשר עני [עירובין שם].

חשק שלמה על ר"ח א) לכאורה נראה דצ"ל הני נמי מתעשרין לשעבר לריה"ג וכו'.

עין משפט נר מצוה

עו א מיי' פ"א מהל' מ"ש הלכה ה ופ"ד מהל' שמיטין הלכה יב טוש"ע י"ד סי' שלא סעיף קכו:
עז ב מיי' פ"ה מהל' תרומות הלכה יא טוש"ע שם סעיף מ:
עח ג מיי' פ"א מהל' מ"ש הלכה ב טוש"ע י"ד סי' שלא סעיף קכו:

הגהות הב"ח

(א) תוס' ד"ה לשביעית כו' למאי דפרישית לעיל. נ"ב בדף זה א"ה בד"ה מה גורן:

תורה אור השלם

א) הֶחָכָם עֵינָיו בְּרֹאשׁוֹ וְהַכְּסִיל בַּחֹשֶׁךְ הוֹלֵךְ וְיָדַעְתִּי גַם אָנִי שֶׁמִּקְרֶה אֶחָד יִקְרֶה אֶת כֻּלָּם: [קהלת ב, יד]

רבינו חננאל

שני עישורין כו'. פי' לערלה ולרבעי ולשביעי' שוה האתרוג לאילן דאזיל בתר חנטה. כל הענין פשוט הוא ונחבר בדרך קצרה מתלמוד א"י דגרסי' [התם] מעשה בר"ע שליקט אתרוג ונתן עליו חומרי ב"ש וב"ה. ולמה לי אתרוג אפילו שאר כל אילן תני חומרי ר"ג וחומרי ר' אליעזר. ור"ג ור"א לא על דב"ה אינון היו. א"ר יוסי ב"ר אבין תיפתר שנחנטו פירותיו קודם ט"ו בשבט של שנה שניה ונכנסה שלישית על דעתיה דר"ג מעשר עני על דעתיה דר"א מעשר שני. מה עשה עישר וקראו מעשר שני ופדאו ונתנו לעניים:

גמרא

אחד כדברי ב"ש ואחד כדברי ב"ה ר' יוסי בר יהודה אומר לא מנהג ב"ש וב"ה נהג בה אלא מנהג רבן גמליאל ור' אליעזר נהג בה דתנן[ו] [א] אתרוג שוה לאילן בג' דרכים ולירק בדרך אחד שוה לאילן בג' דרכים לערלה ולרבעי ולשביעית ולירק בדרך אחד שבשעת לקיטתו עישורו דברי ר"ג ר' אליעזר אומר אתרוג שוה לאילן לכל דבר ומי עבדינן כתרי חומרי והתניא [ב] לעולם הלכה כדברי ב"ה והרוצה לעשות כדברי ב"ש עושה כדברי ב"ה עושה מקולי ב"ש ומקולי ב"ה רשע מחומרי ב"ש ומחומרי ב"ה עליו הכתוב אומר [א] והכסיל בחשך הולך אלא אי כב"ש בקוליהון ובחומריהון אי כב"ה בקוליהון ובחומריהון [ג] ר"ע גמריה אסתפק ליה ולא ידע אי ב"ה באחד בשבט (ד) אומר) אי בט"ו בשבט (ה) אומר) ר' יוסי בר יהודה אומר לא מנהג ב"ש וב"ה נהג בה אלא מנהג ר"ג ורבי אליעזר נהג בה באחד בשבט כבית שמאי נהג בה א"ר חנינא ואיתימא ר' חנניא הכא באתרוג שחנטו פירותיו קודם ט"ו דאידך שבט עסקינן ובדין הוא אפילו קודם לכן [ו] ומעשה שהיה כך היה רבינא אמר כרוך ותני לא אחד בשבט היה אלא ט"ו בשבט היה ולא מנהג בית שמאי ובית הלל נהג בה אלא מנהג רבן גמליאל ור' אליעזר נהג בה אמר רבה בר רב הונא השתא דאמר רבן גמליאל אתרוג אחר לקיטתו עישורו כירק ראש השנה שלו תשרי מיתיבי ר' שמעון בן אלעזר אומר [ז] ליקט אתרוג ערב ט"ו בשבט עד שלא תבוא השמש וחזר וליקט משתבוא השמש אין תורמין ומעשרין מזה על זה לפי שאין תורמין ומעשרין לא מן החדש על הישן ולא מן הישן על החדש [ג] היתה שלישית נכנסת לרביעית שלישית מעשר ראשון ומעשר עני רביעית מעשר ראשון ומעשר שני מאן

רש"י

אחד כדברי ב"ש. שאמרו נתחדשה שנה וכבר נכנסת שלישית משתשיכה: ואחד כדברי ב"ה. שאומרין לא נתחדשה שנה עד חמשה עשר בו: לא מנהג ב"ש כו'. שני עישורין שנהג בה לאו משום ספק כב"ש ספק כב"ה אלא משום ספק הלכה כרבן גמליאל דאמר אתרוג אחר לקיטה כירק משום דדרכו ליגדל על כל מים והרי נלקט בשלישית או שמא כר"א דאמר אחרי חנטה הלכו בו כשאר אילנות והרי חנט בשניה ולקמיה פריך א"כ פשיטא ליה דכבר נכנסה שלישית כב"ש: שוה לאילן. לילך אחר חנטה לענין ערלה ורבעי ושביעית: שבשעת לקיטתו עישורו. שאם חנטה בשניה ונלקטת בשלישית מתעשר כדת שנה שלישית כירק לפי שאף הוא דרכו ליגדל על כל מים הכי מפרש לה בשמעתא קמייתא דקדושין: והרוצה לעשות וכו'. בעלמא (עירובין ו:) פרכינן סיפא ארישא ומשנינן כאן קודם בת קול כאן לאחר בת קול: מקולי ב"ש כו'. בעירובין מפרש לה במחלוקת אחת שיש מקום שנוטין בה דברי בית שמאי להקל ויש מקום שנוטין בה דברי בית הלל להקל כגון כמה חסרון בשדרה שלא תטמא באהל ב"ש אומרים ב' חוליות וב"ה אומרים חוליא אחת וכן לטרפה נמצאו דברי ב"ש מקילין בטריפה ואומר עד שתחסר שתי חוליות וב"ה מחמירין בה ומקילין לענין טומאה לומר שכיון שחסרה חוליא אחת אינה מטמאה והאוחז בזו קולי ב"ש וקולי ב"ה רשע שהרי דבריו סותרין זה את זה כדי להקל והאוחז בחומרי שניהם כסיל בחשך הולך הוא שאינו יודע להבחין על מי לסמוך אבל בב' מחלוקות שהקילו אלו בזו ואלו בזו אין כאן לא משום רשע ולא משום סכלות דסבירא ליה בהא כב"ש ובהא כבית הלל: אי כבית שמאי בקוליהון ובחומריהון. אי לענין טומאה לא חשיב לה חסרון בחוליא אחת לענין טריפה נמי לאו חסרון הוא: ואי כב"ה. דאמרו חסרון הוא ליחשבה חסרון הכא והכא והך דר"ע נמי סתרן אהדדי דקא חשיב ליה שניה וקא חשיב ליה שלישית: גמרא אסתפק ליה וכו'. כב"ה בעא למעבד: כב"ש נהג בה. לר' יוסי בר יהודה דאמר משום דנהג בה מנהג רבן גמליאל עישרה במעשר עני כדין שלישית א"כ כב"ש ס"ל דנתחדשה שנה היום דאי כב"ה לקיטתה וחנטתה בשנה אחת הוה: דאידך שבט. דאשתקד שהאתרוג דר באילנו שתים ושלש שנים ובט"ו בשבט דאשתקד נכנסה שנה שלישית ועדיין לא יצאת שלישית נמצאת שחנטה בשניה ונלקטה בשלישית: ובדין הוא. דאם לקטה קודם לכן או בכסליו או בטבת נמי הוה נוהג בה ב' עישורין משום מנהג ר"ג ור"א: אלא מעשה שהיה. בא' בשבט היה: כרוך ותני. כפול את דברי ר' יוסי ושנה בה שתי מחלוקות: לא אחד בשבט היה. שאין בה חידוש שנה: אלא ט"ו בשבט היה. לדברי הכל נתחדשה שנה: ר"ה שלו תשרי. כדין ירק ולענין מעשר קאמר: שלישית נכנסת לרביעית. לקמן פריך מ"ש דלא תנא ואם היתה שניה נכנסת לשלישית כדתניא לעיל (דף יב:) גבי ליקט ירק: מאן

תוספות

לרבעי. הך משנה אתיא כמאן דתני נטע רבעי בפרק כ"מ (ברכות דף לה.): ולשביעית. ירק נמי איתא ביה שביעית אלא מפרש בירושלמי דביכורים פרק ב' כגון אתרוג בת ששית הנכנסת לשביעית הרי היא לבעלים כאילן בתר חנטה ופטור ממעשר כירק דבתר לקיטה והא דלא תנא שוה לאילן לענין כלאים דלא הוי כלאים בכרם משא"כ בירק ולענין ר"ה שלו שבט כאילן לא אולינן בתר בשמעתין לא תניא הכא אלא מידי דבהאי אזלי בתר חנטה ובהאי בתר לקיטה וא"ת אמאי לא אזלינן באתרוג בתר לקיטה לכל דבר כיון שגדל על כל מים כירק למאי דפרישית לעיל (א) דהיא דרשא גריעתא בשביעית דאורייתא וי"ל משום דדרשינן לעיל (דף י.) גבי ערלה פעמים שבשביעית ועדיין אסורין משום ערלה וא"ת דהכא משמע דאזלינן בירק בתר לקיטה לענין שביעית ובמסכת שביעית (פ"ט מ"א) תנן כל הספיחין מותרין חוץ מספיחי כרוב ופירש הר"ש שם ע"פ הירושלמי דאיירי בספיחי ששית הנכנסת לשביעית ומתרץ בהכי היא דפרק מקום שנהגו (פסחים דף נא: ושם) דתניא איפכא כולם אסורין חוץ מספיחי כרוב ונראה לפרש דהא דאמר דירק בתר לקיטה היינו כשלא נגמר גדולם בששית אבל נגמר גדולם בששית שרו בין לר"ע בין לר' יוסי הגלילי מידי דהוה אבצלים הסריסים דלעיל שמנע מהם מים שלשים יום לפני ר"ה דאפי' מאן דפליג התם הכא מודה דלר' יוסי הגלילי כיון דנגמר גדולם נמצאו גדילים על מי שנה שעברה ותו לא גדלי על מי שנה הבאה ולר"ע נמי כיון דתו לא גדלי על כל מים יוצאין מתורת ירקות הגדילים על כל מים כדאמרי' בירושלמי כדמפרש לעיל גבי בצלים דנעשו כשדה הבעל שמסתפקת במי גשמים ומתעשרים לשעבר וכן לעיל (דף יג:) גבי אורז ודוחן דיהיב להו שמואל דין ירק דבתר לקיטה וקאמר הכל הולך אחר גמר פרי אלמא גמר פרי עיקר אלא דנקט בכל דוכתי לקיטה משום דדרך ללקט בתר גמר פרי והנהו גמרי פריים ביחד אלא שאין מתייבשין ביחד כדאמרי' דעשויין פרכין פרכין ומיהו קשה מאתרוג דבסמוך דאמר הכא באתרוג שחנטו פירותיו קודם ט"ו דאידך שבט ומשמע משום דמספקא ליה אי אזלינן בתר חנטה באתרוג כר"א או בתר לקיטה כר"ג נהג בו שני עישורין אלמא דאזלי' בתר לקיטה אף על גב דנגמר הפרי (נמי) דהרי חנט בשבט של שנה שעברה ולא נלקט עד שבט אחר ושמא אתרוג חלוק משאר פירות לפי שדרכו לעמוד באילן שתים ושלש שנים וכל זמן שמתקיים באילן גדל בכל שנה ושנה אי נמי אף על פי שחנט בשבט זמנין דאין נגמר גדולו עד שבט אחר וניחא השתא דנקט רבי יוחנן לקמן (דף טו:) גבי אתרוג אפילו כזית ונעשית ככר כלומר דעל ידי מי שנה הבאה גדילה ומיהו כזית ודאי לאו דוקא דהא ר' יוחנן בתר חנטה אזיל ושמא לא חשיב חנטה באתרוג בפחות מכזית: **הכסיל** בחשך הולך. אפילו יודע כמאן הלכה ומחמיר על עצמו ולא בעי לשנויי דר"ע מספקא ליה הלכתא כמאן ועבד לחומרא דמסתמא יודע היה דהלכה כב"ה: או

מסורת הש"ס

א) סוכה לט:, קידושין ג: ביכורים פ"ב מ"ו, ב) עירובין ו: חולין מג: [תוס' סוכה פ"ב ותוס' עדיות פ"ב ותוס' יבמות פ"א], ג) [עירובין ז.], ד) [נ"א אמרו], ה) [נ"א אמרו], ו) [עירובין סה: וש"נ], ז) [תוספ' פ"א ותוספ' תרומות פ"ב ע"ש], ח) [וע' תוספות קדושין ג: ד"ה אתרוג].

ליקוטי רש"י

אחד כדברי ב"ש. דאמרי באחד בשבט ראש השנה לאילן וכבר נכנסה שלישית. ואחד כדברי ב"ה. דאמרי עד חמשה עשר בו לא הוי ראש השנה ועדיין שניה היא [עירובין ז.]. בג' דרכים. ערלה ורבעי נוהג בו כאילן ולענין שביעית הולכין בפירותיו אחר החנטה כאילן ולא אחר לקיטה כירק. ולירק בדרך אחד. שבשעת לקיטתו עישורו שאין הולכין בו לענין מעשרות אחר חנטה כשאר אילנות אלא אחר שנה שנלקט בו כירק כדמפרש טעמיה לקמן המעשרות משתנות כסדר השנים שנה ראשונה של שמיטה מעשר ראשון ושני וכן בשניה אבל בשלישית מעשר ראשון ומעשר עני ואם חנט בשניה ונלקט בשלישית בשאר אילנות אחר חנטה ובאתרוג אחר לקיטה כירק [קידושין ב:]. דלמוק משאר אילנות ודינו כירק שהלכו בו בתר לקיטה משום דגדל על כל מים כדאמרינן בראש השנה (יד:) ותבואה ואילנות גדלין על מי גשמים ואתרוג גדל על כל מים משמשקין אותו תמיד כירק כדאמרינן בפרק קמא דקדושין (ג.). לערלה. שנוהג בו כאילן וכן רבעי נוהג בו. ולשביעית. דאזלינן ביה לענין שביעית בתר חנטה [סוכה לט.]. שבשעת לקיטתו עישורו. שאם חנט בשנה שניה שמעשרותיה מעשר ראשון ומעשר שני ונלקט בשלישית שמעשרותיה מעשר ראשון ומעשר עני מעשר שלישית ואילו שאר אילנות שחנטו פירותיהן בשניה ונלקטו בשלישית מתעשרין כדין שניה ולענין מעשר השוו אתרוג לירק דמעשר פירות האילן וירקות דרבנן ומעשר גורן ויקב דאורייתא וכגורן ויקב ילפינן בראש השנה (יב:) שמתעשר אחר השנה שהביאתו שליש ואסמכו רבנן מעשר דכריה אגורן ויקב מה גורן ויקב מיוחדים שגדלים על רוב מים דהיינו מי גשמים ומתעשרין לשנה שעברה אף כל הגדלין על רוב מים כגון פירות האילן ומתעשרין לשנה שעברה

יצאו ירקות שגדלין על כל מים שמתעשרים לשנה הבאה ואתרוג נמי גדל על כל מים כירק. **לכל דבר.** אף למעשרות [שם מ.]. **מחומרי בית שמאי ומחומרי בית הלל.** מפרש בפ"ק דעירובין (ז.) בהני חומרי דסתרן אהדדי כגון הך דשדרה וגולגולת דאפלוג בית שמאי ובית הלל לגבי אהל דהוו להו בית שמאי לחומרא (ואמרי) [דאמרי] עד שתחסר שתי חוליות מטמא באהל ובית הלל לקולא וקאמרינן וכן לטרפה דלבית הלל חסרון וטרפה ולב"ש כשרה והוו להו ב"ש לקולא וב"ה לחומרא ומאן דעביד בטרפות כחומרי ב"ה ובטומאה כחומרי ב"ש כסיל הוא דהכא חשיב ליה חסרון והכא לא חשיב ליה חסרון והני דרבא נמי סתרן אהדדי דלית נקוטתו במשהו טעמא משום דמקום שחיטה הוא ואשתכח דסתרן מילתיה דרבא אהדדי [חולין מד.]. **גמריה איסתפיק ליה.** וכוליה כבית הלל עבד [עירובין שם].

אֶחָד כְּדִבְרֵי בֵית שַׁמַּאי – ONE (*maaser ani*) IN ACCORDANCE WITH THE WORDS OF BEIS SHAMMAI, who hold that the new year for trees begins on the first of Shevat, וְאֶחָד כְּדִבְרֵי בֵית הִלֵּל – AND ONE (*maaser sheni*) IN ACCORDANCE WITH THE WORDS OF BEIS HILLEL, who hold that the new year does not begin until the fifteenth of Shevat.[1] רַבִּי יוֹסֵי בַּר יְהוּדָה אוֹמֵר – R' YOSE BAR YEHUDAH SAYS: לֹא מִנְהַג בֵּית שַׁמַּאי וּבֵית הִלֵּל נָהַג בָּהּ – IT WAS NOT THE PRACTICES OF BEIS SHAMMAI AND BEIS HILLEL TO WHICH HE SUBJECTED [THE *ESROG* TREE] by separating two tithes,[2] אֶלָּא מִנְהַג רַבָּן גַּמְלִיאֵל וְרַבִּי אֱלִיעֶזֶר נָהַג בָּהּ – RATHER, THE PRACTICES OF RABBAN GAMLIEL AND R' ELIEZER (cited below) TO WHICH HE SUBJECTED IT, due to his uncertainty as to the halachah in their dispute.[3]

The Gemara cites the relevant dispute between Rabban Gamliel and R' Eliezer:

דִּתְנַן – **For we learned in a Mishnah:**[4] אֶתְרוֹג שָׁוֶה לְאִילָן בִּשְׁלֹשָׁה דְרָכִים – THE *ESROG* IS SIMILAR TO A TREE IN THREE WAYS, וּלְיָרָק בְּדֶרֶךְ אֶחָד – AND TO A VEGETABLE IN ONE WAY. שָׁוֶה לְאִילָן בִּשְׁלֹשָׁה דְרָכִים – IT IS SIMILAR TO A TREE IN the following THREE WAYS: לְעָרְלָה וְלִרְבָעִי וְלִשְׁבִיעִית – IN REGARD TO *ORLAH*,[5] IN REGARD TO *REVAI*[6] AND IN REGARD TO *SHEMITTAH*.[7] וּלְיָרָק בְּדֶרֶךְ אֶחָד – AND it is similar TO A VEGETABLE IN the following ONE WAY: שֶׁבִּשְׁעַת לְקִיטָתוֹ עִישּׂוּרוֹ – THAT ITS TITHING status IS determined AT THE TIME IT IS PICKED.[8] דִּבְרֵי רַבָּן גַּמְלִיאֵל – These are THE WORDS OF RABBAN GAMLIEL. רַבִּי אֱלִיעֶזֶר אוֹמֵר – R' ELIEZER SAYS: אֶתְרוֹג שָׁוֶה לְאִילָן לְכָל דָּבָר – THE *ESROG* IS SIMILAR TO A TREE IN EVERY RESPECT, even in regard to tithing.[9]

According to R' Yose bar Yehudah, R' Akiva was unsure whether to follow the view of Rabban Gamliel and assign the *esrog* to the year in which it was picked or the view of R' Eliezer and assign it to the year in which it emerged. Since these *esrogim* had emerged in the second year and were picked in the third, R' Akiva separated from them both *maaser sheni* and *maaser ani*.

The Gemara questions the Tanna Kamma's understanding of R' Akiva's actions:[10]

וּמִי עָבְדִינַן כִּתְרֵי חוּמְרֵי – **But do we act in accordance with two** contradictory **stringencies?** וְהָתַנְיָא – **But a Baraisa has taught:** לְעוֹלָם הֲלָכָה כְּדִבְרֵי בֵית הִלֵּל – THE LAW ALWAYS FOLLOWS the view of BEIS HILLEL when they are in dispute with Beis Shammai. וְהָרוֹצֶה לַעֲשׂוֹת כְּדִבְרֵי בֵית שַׁמַּאי עוֹשֶׂה – AND ONE WHO WISHES TO ACT IN ACCORDANCE WITH BEIS SHAMMAI'S VIEWS MAY DO so,[11] כְּדִבְרֵי בֵית הִלֵּל עוֹשֶׂה – and one who wishes to act IN ACCORDANCE WITH BEIS HILLEL'S VIEWS MAY DO so. מִקּוּלֵּי בֵית שַׁמַּאי וּמִקּוּלֵּי בֵית הִלֵּל – However, one who adopts THE LENIENCIES OF BEIS SHAMMAI AND THE LENIENCIES OF BEIS HILLEL רָשָׁע – IS WICKED; מֵחוּמְרֵי בֵית שַׁמַּאי וּמֵחוּמְרֵי בֵית הִלֵּל – and one who adopts THE STRINGENCIES OF BEIS SHAMMAI AND THE STRINGENCIES OF BEIS HILLEL, עָלָיו הַכָּתוּב אוֹמֵר – REGARDING HIM SCRIPTURE STATES: "וְהַכְּסִיל בַּחֹשֶׁךְ הוֹלֵךְ" – *THE FOOL GOES IN DARKNESS*.[12]

NOTES

1. Since according to Beis Shammai the third year had already begun, R' Akiva separated *maasar ani* from it; and since according to Beis Hillel it was still the second year, he separated *maaser sheni* from it (*Rashi*).

2. That is, he did not separate the two tithes because of his uncertainty as to whether to follow the view of Beis Shammai or Beis Hillel (*Rashi*).

3. These Tannaim dispute whether an *esrog* is assigned for *maaser* purposes to the year in which it is picked, like a vegetable (see note 8), or to the year in which it emerges, as is the rule for the fruits of other trees. Since R' Akiva's *esrogim* emerged in the second year and were picked in the third, he subjected them to both *maaser sheni* and *maasar ani* (*Rashi*).

R' Yose bar Yehudah's explanation would seem to make sense only if we assume that R' Akiva held that the new year for trees begins on the first of Shevat – as Beis Shammai hold! This point will be addressed by the Gemara below (*Rashi*).

4. *Bikkurim* 2:6.

5. See above, 9b note 22.

6. See above, 9b note 23. That is, the year of an *esrog* in regard to these two laws is determined by when it emerges, as with other trees (*Rashi*). [Thus, if an *esrog* emerges before the end of the third year of the tree, it is forbidden as *orlah* even though it grows and is picked in the fourth year. If it emerges in the fourth year, it is subject to laws of *revai* even though it grows and is picked in the fifth year (see *Rashba*).]

[Elsewhere (*Succah* 39b, *Kiddushin* 2b) *Rashi* explains that what is meant is that the *esrog* is similar to trees in that it is subject to the laws of *orlah* and *revai,* which apply only to trees. See *Rashba* and *Ritva* for a discussion of the merits and problems of each of these explanations.]

7. Here too the *esrog* is assigned to the year in which it emerges, as are the fruits of other trees (*Rashi*). Thus, if it emerges in the sixth year it is considered sixth-year produce even though it was picked in the seventh year, and if it emerged in the seventh year it is considered *shemittah* produce even though it was picked in the eighth year. This is the reverse of the rule for vegetables (*Rashba*).

8. Thus, if an *esrog* emerged in the second year of the cycle and was picked in the third year, it is tithed according to the requirements of the third year (*maasar ani*) – like a vegetable. The Gemara in the beginning of *Kiddushin* (3a) explains that the *esrog* is treated like a vegetable in this regard because unlike other trees, it is grown by irrigation, and we have learned above [14a, according to R' Akiva] that the *maaser* year of a vegetable is determined by when it is picked because it grows from irrigation water (*Rashi*).

9. I.e. even its *maaser* obligation is determined by the year in which it emerges, not the year in which it is picked.

10. *Ritva.*

11. This contradicts the Baraisa's opening statement that the halachah always follows the view of Beis Hillel! The Gemara in *Eruvin* (6b) answers that the Baraisa's opening statement is based on the Heavenly voice [בַּת קוֹל] that was heard declaring that the law always follows Beis Hillel (see there 13b). The second part of the Baraisa, which rules that one may adopt either position, refers to the time before the Heavenly voice directed that Beis Hillel's opinion be followed; at that time, one was free to follow Beis Shammai's opinion. The Baraisa's two rules thus refer to two different time periods (see *Rashi;* see *Eruvin* 6b for another answer to this question).

12. *Ecclesiastes* 2:14. The Gemara in *Eruvin* (7a) explains that the Baraisa's rule about following the leniencies or stringencies of two opinions applies only where the two leniencies and stringencies are both an outgrowth of the same dispute. For example, the complete spine of a human corpse transmits *tumah* to a person, utensil, or food by being under the same roof [אֹהֶל] as it (see *Nazir* 52a ff; *Rambam, Hil. Tumas Meis* 2:8 and *Kesef Mishneh* there). In a Mishnah in *Oholos* (2:3), Beis Shammai and Beis Hillel disagree as to how great a flaw in a spine renders it incomplete and thus like any other bone fragment [which transmits *tumah* only through touching and carrying (מַגָּע וּמַשָּׂא), not via a common roof]. According to Beis Shammai, only the loss of two vertebrae render a spine incomplete and thus incapable of transmitting *tumah* via a roof. According to Beis Hillel, the loss of even one vertebra does so. The Gemara (*Chullin* 42b) states that this dispute applies as well to the laws of *tereifah* [an animal forbidden for consumption, even if properly slaughtered, because it suffers from one of the fatal defects detailed in *Chullin* ch. 3 – one of which is an incomplete spine]. Since Beis Shammai rule that a spine is not considered incomplete unless it is missing two vertebrae, an animal missing just one vertebra is not a *tereifah*. According to Beis Hillel, however, an animal is considered a *tereifah* if even one vertebra is missing, since that loss classifies the spine as "incomplete." Thus, Beis Shammai, who are stringent in regard to *tumah* [considering a spine capable of transmitting *tumah* via a roof even if one vertebra is missing], are lenient in regard to *tereifah* [considering an animal kosher even if one vertebra is missing]. Beis Hillel, on the other hand, are stringent regarding *tereifah* but lenient regarding *tumah*. A person who adopts the leniencies of both views is considered wicked because he has chosen to follow positions of leniency that are self-contradictory. If he adopts the stringencies of both, he is likened to "a fool who goes in darkness" because he is unable to decide whose opinion to rely upon [even in matters that are self-contradictory (see *Ritva* and note 15 below)]. But one who decides in favor of Beis Hillel's leniency or stringency in one dispute and in favor of Beis Shammai's leniency or stringency in a completely unrelated dispute is certainly not considered wicked or foolish, because his decisions are then based on his own conclusions concerning the issues in each case [not on his inability to decide which opinion to rely upon] (*Rashi;* cf. *Tosafos*).

גמרא

אחד כדברי ב"ש ואחד כדברי ב"ה ר' יוסי בר יהודה אומר לא מנהג ב"ש וב"ה נהג בה אלא מנהג רבן גמליאל ור' אליעזר נהג בה דתנן (א) אתרוג שוה לאילן בג' דרכים ולירק בדרך אחד שוה לאילן בג' דרכים לערלה ולרבעי ולשביעית ולירק בדרך אחד שבשעת לקיטתו עישורו דברי ר"ג ר' אליעזר אומר אתרוג שוה לאילן לכל דבר ומי עבדינן כתרי חומרי והתניא (ג) לעולם הלכה כדברי ב"ה והרוצה לעשות כדברי ב"ש עושה כדברי ב"ה עושה מקולי ב"ש ומקולי ב"ה רשע מחומרי ב"ש ומחומרי ב"ה עליו הכתוב אומר (א) והכסיל בחשך הולך אלא אי כב"ש בקוליהון ובחומריהון אי כב"ה בקוליהון ובחומריהון (ג) ר"ע גמריה אסתפק ליה ולא ידע אי ב"ה באחד בשבט (ד)(אומר) אי בט"ו בשבט (ה)(אומר) ר' יוסי בר יהודה אומר לא מנהג ב"ש וב"ה נהג בה אלא מנהג ר"ג ורבי אליעזר נהג בה באחד בשבט כבית שמאי נהג בה א"ר חנינא ואיתימא ר' חנניא הכא באתרוג שחנטו פירותיו קודם ט"ו דאידך שבט עסקינן ובדין הוא אפילו קודם לכן (ו) ומעשה שהיה כך היה רבינא אמר כרוך ותני לא אחד בשבט היה אלא ט"ו בשבט היה ולא מנהג בית שמאי ובית הלל נהג בה אלא מנהג רבן גמליאל ור' אליעזר נהג בה אמר רבה בר רב הונא השתא דאמר רבן גמליאל אתרוג אחר לקיטתו עישורו כירק ראש השנה שלו תשרי מיתיבי ר' שמעון בן אלעזר אומר (ז) ב ליקט אתרוג ערב ט"ו בשבט עד שלא תבוא השמש וחזר וליקט משתבוא השמש אין תורמין ומעשרין מזה על זה לפי שאין תורמין ומעשרין לא מן החדש על הישן ולא מן הישן על החדש ג היתה שלישית נכנסת לרביעית שלישית מעשר ראשון ומעשר עני רביעית מעשר ראשון ומעשר שני מאן

רש"י

אחד כדברי ב"ש. שאמרו נתחדשה שנה וכבר נכנסת שלישית משחשיכה: ואחד כדברי ב"ה. שאומרין לא נתחדשה שנה עד חמשה עשר בו: לא מנהג ב"ש כו'. שני עישורין שנהג בה לאו משום ספק כב"ש ספק כב"ה אלא משום ספק הלכה כרבן גמליאל דאמר אתרוג אחר לקיטה כירק משום דדרכו ליגדל על כל מים והרי נלקט בשלישית או שמא כר"א דאמר אחרי חנטה הלכו בו כשאר אילנות והרי חנט בשניה ולקמיה פריך א"כ פשיטא ליה דכבר נכנסה שלישית כב"ש: שוה לאילן. לילך אחר חנטה לענין ערלה ורבעי ושביעית: שבשעת לקיטתו עישורו. שאם חנטה בשניה ונלקטת בשלישית מתעשר כדת שנה שלישית כירק לפי שאף הוא דרכו ליגדל על כל מים הכי מפרש לה בשמעתא קמייתא דקדושין: והרוצה לעשות וכו'. בעלמא (עירובין ו:) פרכינן סיפא ארישא ומשנינן כאן קודם בת קול כאן לאחר בת קול: מקולי ב"ש כו'. בעירובין מפרש לה במחלוקת אחת שיש מקום שנוטין בה דברי בית שמאי להקל ויש מקום שנוטין בה דברי בית הלל להקל כגון כמה חסרון בשדרה שלא תטמא באהל דב"ש אומרים ב' חוליות וב"ה אומרים חוליא אחת וכן לטרפה נמצאו דברי ב"ש מקילין בטריפה ואומר עד שתחסר שתי חוליות וב"ה מחמירין בה ומקילין לענין טומאה לומר שכיון שחסרה חוליא אחת אינה מטמאה והאוחז בזו קולי ב"ש וקולי ב"ה רשע שהרי דבריו סותרין זה את זה כדי להקל והאוחז בחומרי שניהם כסיל בחשך הולך הוא שאינו יודע להבחין על מי לסמוך אבל בב' מחלוקות שהקילו אלו בזו ואלו בזו אין כאן לא משום רשע ולא משום סכלות דסבירא ליה בהא כב"ש ובהא כבית הלל: אי כבית שמאי בקוליהון ובחומריהון. אי לענין טומאה לא חשיב לה חסרון בחוליא אחת לענין טריפה נמי לאו חסרון הוא: ואי כב"ה. דאמרו חסרון הוא ליחשבה חסרון הכא והכא והך דר"ע נמי סתרן אהדדי דקא חשיב ליה שניה וקא חשיב ליה שלישית: גמרא אסתפק ליה וכו'. כב"ה בעא למעבד: כב"ש נהג בה. לר' יוסי בר יהודה דאמר משום דנהג בה מנהג רבן גמליאל עישרה במעשר עני כדין שלישית א"כ כב"ש ס"ל דנתחדשה שנה היום דאי כב"ה לקיטתה ונטיעתה בשנה אחת הוה: דאידך שבט. דאשתקד שהאתרוג דר באילנו שתים ושלש שנים וט"ו בשבט דאשתקד נכנסה שנה שלישית ועדיין לא יצאת שלישית נמצאת שחנטה בשניה ונלקטה בשלישית: ובדין הוא. דאם לקטה קודם לכן או בכסליו או בטבת נמי הוה נוהג בה ב' עישורין משום מנהג ר"ג ור"א: אלא מעשה שהיה. בא' בשבט היה: כרוך ותני. כפול את דברי ר' יוסי ושנה בה שתי מחלוקות: לא אחד בשבט היה. שאין בה חידוש שנה: אלא ט"ו בשבט היה. לדברי הכל נתחדשה שנה: ר"ה שלו תשרי. כדין ירק ולענין מעשר קאמר: שלישית נכנסת לרביעית. לקמן פריך מ"ש דלא תנא ואם היתה שניה נכנסת לשלישית כדתניא לעיל (דף יג:) גבי ליקט ירק: מאן

תוספות

לרבעי. הך משנה אתיא כמאן דתני נטע רבעי בפרק כ"מ (ברכות דף לה.(ח)) ירק נמי איכא: ולשביעית. ביה שביעית אלא מפרש בירושלמי דביכורים פרק ב' כגון אתרוג בת ששית הנכנסת לשביעית הרי היא לבעלים כאילן בתר חנטה ופטור ממעשר כירק דבתר לקיטה והא דלא תנא שוה לאילן לענין כלאים דלא הוי כלאים בכרם משא"כ בירק ולענין ר"ה שלו שבט כאילן כדאמר בשמעתין לא תניא הכא אלא מידי דבהאי אזלי בתר חנטה ובהאי בתר לקיטה ור"ה אמאי לא אזלינן באתרוג בתר לקיטה לכל דבר כיון שגדל על כל מים כירק למאי דפרישית לעיל (א) דהסיפא דרשה צריכה בשביעית דאורייתא וי"ל משום דדרשינן לעיל (דף י.) גבי ערלה פעמים שבשביעית ועדיין אסורין משום ערלה וא"ת דהכא משמע דאזלינן בירק בתר לקיטה לענין שביעית ובמסכת שביעית (פ"ט מ"א) תנן כל הספיחין מותרין חוץ מספיחי כרוב ופירש הר"ש שם ע"פ הירושלמי דאיירי בספיחי ששית הנכנסת לשביעית ומתרץ בההיא דפרק מקום שנהגו (פסחים דף נא: ושם) דתניא איפכא כולם אסורין חוץ מספיחי כרוב ונראה לפרש דהא דאמר בירק בתר לקיטה היינו כשלא נגמר גדולם בששית אבל נגמר גדולם בששית שרו בין לר"ע בין לר' יוסי הגלילי מידי דהוה אבצלים הסריסים דלעיל שמנע מהם מים שלשים יום לפני ר"ה דאפי' מאן דפליג התם הכא מודה דלר' יוסי הגלילי כיון דנגמר גדולם נמצאו גדילים על מי שנה שעברה ותו לא גדלי על מי שנה הבאה ולר"ע נמי כיון דתו לא גדלי על כל מים יוצאין מתורת ירקות הגדילים ע"ש כל מים כדאמרי' בירושלמי כדמפרש לעיל גבי בצלים דנעשו כשדה הבעל שמסתפקת במי גשמים ומתעשרים לשעבר וכן לעיל (דף יג:) גבי אורז ודוחן דיהיב להו שמואל דין ירק דבתר לקיטה וקאמר הכל הולך אחר גמר פרי אלמא גמר פרי עיקר אלא דנקט בכל דוכתי לקיטה משום דדרך ללקט בתר גמר פרי והנהו גמרי פריים ביחד אלא שאין מתייבשין ביחד כדאמרי' דעשוין פרכין פרכין ומיהו קשה מאתרוג דבסמוך דאמר הכא באתרוג שחנטו פירותיו קודם ט"ו דאידך שבט ומשמע משום דמספקא ליה אי אזלינן בתר חנטה באתרוג כר"א או בתר לקיטה כר"ג נהג בו שני עישורין אלמא דאזלי' בתר לקיטה אף על גב דנגמר הפרי (נמי) דהרי חנט בשבט של שנה שעברה ולא נלקט עד שבט אחר ושמא אתרוג חלוק משאר פירות לפי שדרכו לעמוד באילן שתים ושלש שנים וכל זמן שמתקיים באילן גדל בכל שנה ושנה אי נמי אף על פי שחנט בשבט זמנין דאין נגמר גדולו עד שבט אחר וניחא השתא דנקט רבי יוחנן לקמן (דף טו:) גבי אתרוג אפילו כזית ונעשית ככר כלומר דעל ידי מי שנה הבאה גדילה ומיהו כזית ודאי לאו דוקא דהא ר' יוחנן בתר חנטה אזיל ושמא לא חשיב חנטה באתרוג בפחות מכזית: הכסיל בחשך הולך. אפילו יודע כמאן הלכה ומחמיר על עצמו ולא בעי לשנויי דר"ע מספקא ליה הלכתא כמאן ועבד לחומרא דמסתמא יודע היה דהלכה כב"ה: או

יצאו ירקות שגדילין על כל מים שמתעשרים לשנה הבאה ואתרוג נמי גדל על כל מים כירק. לכל דבר. אף למעשרות [שם מ.]. מחומרי בית שמאי ומחומרי בית הלל. מפרש בפ"ק דעירובין (ז.) בתרי חומרי דסתרן אהדדי כגון הך דשדרה וגולגולת דאפלוג בית שמאי ובית הלל לגבי אהל דהוו להו בית שמאי לחומרא (ואמרי) [דאמרי] עד שתחסר שתי חוליות מטמא באהל ובית הלל לקולא וקאמרינן וכן לטרפה דלבית הלל בחדא חוליא הוי חסרון וטרפה ולב"ש כשרה והוו להו ב"ש לקולא וב"ה לחומרא ומאן דעביד בטרפות כחומרי ב"ש ובטומאה כחומרי ב"ה כסיל הוא דהכא חשיב ליה חסרון והכא לא חשיב ליה חסרון והני דרבא נמי סתרן אהדדי דכיון דאמר נקובתו במשהו טעמא משום דמקום שחיטה הוא וחומרי דשמואל דאמר לאו מקום שחיטה הוא ואשתכח דסתרן מילתיה דרבא אהדדי [חולין מד.]. גמריה איפתפיק ליה. וכוליה כבית הלל עבד [עירובין שם].

מסורת הש"ס

א) סוכה לט: קידושין ב: ביכורים פ"ב מ"ו, ב) עירובין ו: חולין מג: [תוס' סוכה פ"ב ותוס' עדיות פ"ב ותוס' יבמות פ"א], ג) [עירובין ז.], ד) [נ"ל אמרו], ה) [נ"ל אמרו], ו) [עירובין סה: וש"נ], ז) [תוספ' פ"א ותוספ' תרומות פ"ב ע"ש], ח) [ועי' תוספות קדושין ב: ד"ה אתרוג].

ליקוטי רש"י

אחד כדברי ב"ש. דאמרי באחד בשבט ראש השנה לאילן וכבר נכנסת שלישית. ואחד כדברי ב"ה. דאמרי עד חמשה עשר בו לא הוי ראש השנה ועדיין שניה היא [עירובין ז.]. בג' דרכים. ערלה ורבעי נוהג בו כאילן ולענין שביעית הולכין בפירותיו אחר החנטה כאילן ולא אחר לקיטה כירק. ולירק בדרך אחד. שבשעת לקיטתו עישורו שאין הולכין בו לענין מעשרות אחר חנטה כשאר אילנות אלא אחר שנה שנלקט בו כירק כדמפרש טעמיה לקמן המעשרות משתנות כסדר השנים שנה ראשונה של שמיטה מעשר ראשון ושני וכן בשניה אבל שלישית מעשר ראשון ומעשר עני ואם חנט בשניה ונלקט בשלישית בשאר אילנות אחר חנטה ובאתרוג אחר לקיטה כירק [קידושין ב:]. דחלוק משאר אילנות ודינו כירק שהלכו בו בתר לקיטה משום דגדל על כל מים כדאמרינן בראש השנה (יד:) ותבואה ואילנות גדילין על מי גשמים ואתרוג גדל על כל מים שמשקין אותו תמיד כירק כדאמרינן בפרק קמא דקדושין (ג.). לערלה. שנוהג בו כאילן וכן רבעי נוהג בו. ולשביעית. דאזלינן ביה לענין שביעית בתר חנטה [סוכה לט:]. שבשעת לקיטתו עישורו. שאם חנט בשנה שניה שמעשרותיה מעשר ראשון ומעשר שני ונלקט בשלישית לשמיטה שמעשרותיה מעשר ראשון ומעשר עני מתעשר כדין מעשר שלישית ואילו שאר אילנות שחנטו פירותיהן בשניה ונלקטו בשלישית מתעשרין כדין שניה ולענין מעשר השוו אתרוג לירק דמעשר פירות האילן וירקות דרבנן ומעשר גורן ויקב דאורייתא ובגורן ויקב ילפינן בראש השנה (יג:) שמתעשר אחר השנה שהביאו שליש מקראי ואסמכו רבנן מעשר דבריהם אגורן ויקב מה גורן ויקב מיוחדים שגדילים על רוב מים דהיינו מי גשמים ומתעשרין לשנה שעברה אף כל הגדילין על רוב מים כגון פירות האילן מתעשרין לשנה שעברה

עין משפט נר מצוה

עו א מיי' פ"א מהל' מ"ש הלכה ה ופ"ד מהל' שמיטין הלכה יב טוש"ע י"ד סי' שלא סעיף קכו:
עז ב מיי' פ"ה מהל' תרומות הלכה יא טוש"ע שם סעיף מז:
עח ג מיי' פ"א מהל' מ"ש הלכה ב טוש"ע י"ד סי' שלא סעיף קכו:

הגהות הב"ח

(א) תום' ד"ה לשביעית כו' למאי דפרישית לעיל. נ"ב בדף זה ע"א בד"ה מה גורן:

תורה אור השלם

א) הֶחָכָם עֵינָיו בְּרֹאשׁוֹ וְהַכְּסִיל בַּחֹשֶׁךְ הוֹלֵךְ וְיָדַעְתִּי גַם אָנִי שֶׁמִּקְרֶה אֶחָד יִקְרֶה אֶת כֻּלָּם: [קהלת ב, יד]

רבינו חננאל

שני עישורין כו': פי' לערלה ולרבעי ולשביעי' שוה האתרוג לאילן דאזיל בתר חנטה. כל הענין פשוט הוא ונתברר בדרך קצרה מתלמוד א"י דגרסי' [התם] מעשה בר"ע שליקט אתרוג ונתן עליו חומרי ב"ש וב"ה. ולמה לי אתרוג אפילו שאר כל אילן תני חומרי ר"ג וחומרי ר' אליעזר. ור"ג ור"א לא על דב"ה אינון היו. א"ר יוסי ב"ר אבין תיפתר שנחנטו פירותיו קודם ט"ו בשבט של שנה שניה ונכנסה שלישית על דעתיה דר"ג מעשר עני על דעתיה דר"א מעשר שני. מה עשה עישר וקראו מע"ש ופדאו ונתנו לעניים:

אֶלָּא אִי כְּבֵית שַׁמַּאי בְּקוּלֵיהוֹן וּבְחוּמְרֵיהוֹן – RATHER, one should EITHER FOLLOW BEIS SHAMMAI IN both THEIR LENIENCIES AND THEIR STRINGENCIES, אִי כְּבֵית הִלֵּל בְּקוּלֵיהוֹן וּבְחוּמְרֵיהוֹן – OR FOLLOW BEIS HILLEL IN both THEIR LENIENCIES AND THEIR STRINGENCIES.[13] How then could R' Akiva treat the *esrog* fruits as both a second-year and third-year crop?[14]

The Gemara answers:

רַבִּי עֲקִיבָא גְּמָרֵיהּ אִסְתַּפַּק לֵיהּ – R' Akiva meant only to follow Beis Hillel, but he **was unsure about what he had learned** from his teachers regarding this dispute, וְלֹא יָדַע אִי בֵּית הִלֵּל בְּאֶחָד בִּשְׁבָט (אומר) [אָמְרוּ] – **and he did not know whether Beis Hillel had said** that the new year for trees begins **on the first of Shevat** אִי בַּחֲמִשָּׁה עָשָׂר בִּשְׁבָט (אומר) [אָמְרוּ] – **or whether they had said** that it begins **on the fifteenth of Shevat.** Therefore, to be sure of fulfilling Beis Hillel's view, he gave both tithes.[15]

The Gemara quotes the next section of the Baraisa and analyzes it:

רַבִּי יוֹסֵי בַּר יְהוּדָה אוֹמֵר – R' YOSE BAR YEHUDAH SAYS: לֹא מִנְהַג בֵּית שַׁמַּאי וּבֵית הִלֵּל נָהַג בָּהּ – IT WAS NOT THE PRACTICES OF BEIS SHAMMAI AND BEIS HILLEL TO WHICH [R' AKIVA] SUBJECTED IT by separating two tithes, אֶלָּא מִנְהַג רַבָּן גַּמְלִיאֵל וְרַבִּי אֱלִיעֶזֶר נָהַג בָּהּ – RATHER, THE PRACTICES OF RABBAN GAMLIEL AND R' ELIEZER TO WHICH HE SUBJECTED IT. He gave one tithe to satisfy R' Eliezer's view that the *esrog* is the product of the year in which it emerged, and a second tithe to satisfy Rabban Gamliel's view that it is considered the product of the year in which it was picked.

The Gemara asks:

בְּאֶחָד בִּשְׁבָט כְּבֵית שַׁמַּאי נָהַג בָּהּ – But in regard to **the first of Shevat,** can it be that **[R' Akiva] acted in accordance with Beis Shammai,** who maintain that the new year for trees begins on that date?! Seemingly he did, for according to Beis Hillel who maintain that the new year does not begin until the fifteenth of Shevat, the *esrogim* picked on the first of the month were picked in the year in which they emerged. Thus, they would be subject to the same tithe according to both Rabban Gamliel and R' Eliezer![16] – ? –

The Gemara answers:

אָמַר רַבִּי חֲנִינָא וְאִיתֵימָא רַבִּי חֲנַנְיָא – **R' Chanina, and some say it was R' Chananya, said:** In fact, R' Akiva followed the view of Beis Hillel. However, הָכָא בְּאֶתְרוֹג שֶׁחָנְטוּ פֵּירוֹתָיו קוֹדֶם חֲמִשָּׁה עָשָׂר דְּאֵידָךְ שְׁבָט עָסְקִינַן – **here we are discussing an** ***esrog*** **tree whose fruits emerged before the fifteenth of the previous Shevat.**[17] Accordingly, the fruits emerged in the previous year, but were not picked until the current year [which would not end until the fifteenth of Shevat]. וּבְדִין הוּא אֲפִילוּ קוֹדֶם לָכֵן – **And by rights** he would have separated two tithes **even** if he had picked the fruit **before then,** וּמַעֲשֶׂה שֶׁהָיָה כָּךְ הָיָה – **but the incident that occurred, occurred this way,** i.e. on the first of Shevat.

An alternative answer:

רָבִינָא אָמַר – **Ravina said:** כְּרוֹךְ וּתְנֵי – **Double** the substance of R' Yose bar Yehudah's words **and teach** his statement as follows:[18] לֹא אֶחָד בִּשְׁבָט הָיָה – R' Yose bar Yehudah says: **It was not the first of Shevat** when R' Akiva picked the *esrogim,* אֶלָּא חֲמִשָּׁה עָשָׂר בִּשְׁבָט הָיָה – **rather, it was the fifteenth of Shevat;**[19] וְלֹא מִנְהַג בֵּית שַׁמַּאי וּבֵית הִלֵּל נָהַג בָּהּ – **and it was not the practices of Beis Shammai and Beis Hillel to which he subjected [the fruit]** by separating two tithes, אֶלָּא מִנְהַג רַבָּן גַּמְלִיאֵל וְרַבִּי אֱלִיעֶזֶר נָהַג בָּהּ – **rather, the practices of Rabban Gamliel and R' Eliezer to which he subjected it.**

The Gemara elaborates Rabban Gamliel's view:

אָמַר רַבָּה בַּר רַב הוּנָא – **Rabbah the son of Rav Huna said:** הַשְׁתָּא דְּאָמַר רַבָּן גַּמְלִיאֵל – **Now that Rabban Gamliel has said** that אֶתְרוֹג אַחַר לְקִיטָתוֹ עִישּׂוּרוֹ כְּיָרָק – with **an** ***esrog*** we **follow** the time of **its picking to** determine **its tithing** status, **as with a vegetable,** רֹאשׁ הַשָּׁנָה שֶׁלּוֹ תִּשְׁרֵי – **its New Year** in regard to tithing **is in Tishrei,** as it is for vegetables.[20]

NOTES

13. That is, if one follows the view of Beis Shammai and considers a human spine to be intact regarding its ability to transmit *tumah* even if it is missing one vertebra, then he should not consider an animal with such a condition to be a *tereifah*. And if one follows the view of Beis Hillel in considering a spine missing one vertebra to be defective, he should rule that way both in regard to *tumah* and *tereifah* (*Rashi*).

14. Here too, following the stringencies of both views is self-contradictory. For the first of Shevat is either the end of the second year or the beginning of the third year. It cannot belong to both years (*Rashi;* see next note).

15. Since R' Akiva was uncertain about which view Beis Hillel actually held, and he wished to follow the view of Beis Hillel, he had no choice but to satisfy both possibilities (*Rashi*). Following both stringencies under such circumstances is not considered foolish, because one is following a single authority (see *Rashi* ד״ה מקולי ב״ש, and the end of note 12 above; cf. *Turei Even* and *Aruch LaNer*).

The Gemara's answer explains R' Akiva's behavior according to the Tanna Kamma's understanding of it. It does not explain R' Akiva's behavior according to R' Yose bar Yehudah's understanding. Why was R' Akiva not considered foolish for trying to satisfy the views of both Rabban Gamliel and R' Eliezer? *Ritva* explains that this is because subjecting a crop to both *maaser sheni* and *maasar ani* is not as inherently contradictory as treating a particular calendar *date* (the first of Shevat) as belonging to both the second year and third year. A date must, by definition, belong to a single year. Thus, one who treats it as belonging to two years is considered a fool if he does so in order to satisfy the two sides of a dispute. *Maaser* obligations, however, are not by definition mutually exclusive. While it is true that the Torah did not subject any one crop to both *maaser sheni* and *maasar ani,* there is no logical reason why the Torah could not have done so. Therefore, one who separates both tithes (in order to satisfy the opinions of both Rabban Gamliel and R' Eliezer about which obligation applies) is not considered to have acted foolishly. *Ritva* maintains that this is *Rashi's* understanding as well.

[It emerges from this that one is not labeled a "fool who goes in darkness" unless his inability to decide whom to rely upon extends to the point of his adopting self-contradictory stringencies. One who adopts contrary positions that are at least theoretically compatible, or who follows a single opinion but, due to his uncertainties about that view, adopts stringencies that are self-contradictory, is not considered a "fool going in darkness." Compare *Ritva* to *Eruvin* 7a, *Turei Even* and *Aruch LaNer* for other explanations of this Gemara.]

16. *Rashi.* [Since R' Yose bar Yehudah clearly wishes to avoid the implication that R' Akiva acted to satisfy the view of Beis Shammai, how could he give an explanation that has R' Akiva following the view of Beis Shammai?]

17. I.e. before the fifteenth of Shevat of the previous year. Unlike most fruits, an *esrog* can remain on the tree for two or even three years (see *Succah* 35a).

Accordingly, if the previous fifteenth of Shevat began the third year of the cycle, the *esrogim* that emerged before that date emerged in the second year. Thus, when they were picked by R' Akiva on the following first of Shevat, they were picked just before the end of the third year (*Rashi*).

18. I.e. explain R' Yose bar Yehudah's statement to refer to two points of dispute between himself and the Tanna Kamma (*Rashi*). [This is an unusual usage of this expression; see *Ritva.*]

19. Thus, the New Year for trees had arrived according to everyone (*Rashi*).

20. [As we have seen above, two factors determine the year to which a particular crop belongs: (1) the date its new year begins, and (2) the stage of development that the plant has reached by that time.] Rabbah bar Rav Huna suggests that just as Rabban Gamliel treats an *esrog* like a vegetable in regard to assigning it to the year in which it is picked, so too he treats an *esrog* like a vegetable with regard to when its new year begins. Thus, the *maaser* year of an *esrog* begins in Tishrei like that of a vegetable (*Rashi*).

אחד כדברי ב"ש ואחד כדברי ב"ה ר' יוסי בר יהודה אומר לא מנהג ב"ש וב"ה נהג בה אלא מנהג רבן גמליאל ור' אליעזר נהג בה דתנן [א]אתרוג שוה לאילן בג' דרכים ולירק בדרך אחד שוה לאילן בג' דרכים לערלה ולרבעי ולשביעית ולירק בדרך אחד שבשעת לקיטתו עישורו דברי ר"ג ר' אליעזר אומר אתרוג שוה לאילן לכל דבר ומי עבדינן כתרי חומרי והתניא [ג]לעולם הלכה כדברי ב"ה והרוצה לעשות כדברי ב"ש עושה מקולי ב"ש ומקולי ב"ה רשע מחומרי ב"ש ומחומרי ב"ה עליו הכתוב אומר [א]והכסיל בחשך הולך אלא אי כב"ש בקוליהון ובחומריהון אי כב"ה בקוליהון ובחומריהון [ו]ר"ע גמריה אסתפק ליה ולא ידע אי ב"ה באחד בשבט [ד](אומר) אי בט"ו בשבט [ה](אומר) ר' יוסי בר יהודה אומר לא מנהג ב"ש וב"ה נהג בה אלא מנהג ר"ג ורבי אליעזר נהג בה באחד בשבט כבית שמאי נהג בה א"ר חנינא ואיתימא ר' חנניא הכא באתרוג שחנטו פירותיו קודם ט"ו דאידך שבט עסקינן ובדין הוא אפילו קודם לכן [ו]ומעשה שהיה כך היה רבינא אמר כרוך ותני לא אחד בשבט היה אלא ט"ו בשבט היה ולא מנהג בית שמאי ובית הלל נהג בה אלא מנהג רבן גמליאל ור' אליעזר נהג בה אמר רבה בר רב הונא השתא דאמר רבן גמליאל אתרוג אחר לקיטתו עישורו כירק ראש השנה שלו תשרי מיתיבי ר' שמעון בן אלעזר אומר [ב]ליקט אתרוג ערב ט"ו בשבט עד שלא תבוא השמש וחזר וליקט משתבוא השמש אין תורמין ומעשרין מזה על זה לפי שאין תורמין ומעשרין לא מן החדש על הישן ולא מן הישן על החדש [ג]היתה שלישית נכנסת לרביעית שלישית מעשר ראשון ומעשר עני רביעית מעשר ראשון ומעשר שני מאן

רש"י

אחד כדברי ב"ש. שאמרו נתחדשה שנה וכבר נכנסת שלישית משחשיכה: **ואחד כדברי ב"ה.** שאומרין לא נתחדשה שנה עד חמשה עשר בו: **לא מנהג ב"ש כו'.** שני עישורין נהג בה לאו משום ספק ספק כב"ה אלא משום ספק הלכה כרבן גמליאל דאמר אתרוג אחר לקיטה כירק משום דדרכו ליגדל על כל מים והרי נלקט בשלישית או שמא כר"א דאמר אחרי חנטה הלכו בו כשאר אילנות והרי חנט בשניה ולקמיה פריך א"כ פשיטא ליה דכבר נכנסה שלישית כב"ש: **שוה לאילן.** לילך אחר חנטה לענין ערלה ורבעי ושביעית: **שבשעת לקיטתו עישורו.** שאם חנטה בשניה ונלקטת בשלישית מתעשר כדת שנה שלישית כירק לפי שאף הוא דרכו ליגדל על כל מים הכי מפרש לה בשמעתא קמייתא דקדושין: **והרוצה לעשות וכו'.** בעלמא (עירובין ו:) פרכינן סיפא ארישא ומשנינן כאן קודם בת קול כאן לאחר בת קול: **מקולי ב"ש כו'.** בעירובין מפרש לה במחלוקת אחת שיש מקום שנותין בה דברי בית שמאי להקל ויש מקום שנותין בה דברי בית הלל להקל כגון כמה חסרון בשדרה שלא תטמא באהל ב"ש אומרים ב' חוליות וב"ה אומרים חוליא אחת וכן לטרפה נמצאו דברי ב"ש מקילין בטריפה ואומר עד שתחסר שתי חוליות וב"ה מחמירין בה ומקילין לענין טומאה לומר שכיון שחסרה חוליא אחת אינה מטמאה והאוחז בזו קולי ב"ש וקולי ב"ה רשע שהרי דבריו סותרין זה את זה כדי להקל והאוחז בחומרי שניהם כסיל בחשך הולך הוא שאינו יודע להבחין על מי לסמוך אבל בב' מחלוקות שהקילו אלו בזו ואלו בזו אין כאן לא משום רשע ולא משום סכלות דסבירא ליה בהא כב"ש ובהא כבית הלל: **אי כבית שמאי בקוליהון ובחומריהון.** אי לענין טומאה לא חשיב לה חסרון בחוליא אחת לענין טריפה נמי לאו חסרון הוא: **ואי כב"ה.** דאמרו חסרון הוא ליחשבה חסרון הכא והכא והך דר"ע נמי סתרן אהדדי דקא חשיב ליה שניה וקא חשיב ליה שלישית: **גמרא אסתפק ליה וכו'.** כב"ה בעא למעבד: **כב"ש נהג בה.** לר' יוסי בר יהודה דאמר משום דנהג בה מנהג רבן גמליאל עישרה במעשר עני כדין שלישית א"כ כב"ש ס"ל דנתחדשה שנה היום דאי כב"ה לקיטתה וחנטתה בשנה אחת הוה: **דאידך שבט.** דאשתקד שהאתרוג דר באילנו שתים ושלש שנים ובט"ו בשבט דאשתקד נכנסה שנה שלישית ועדיין לא יצאת שלישית נמצאת שחנטה בשניה ונלקטה בשלישית: **ובדין הוא.** דאם לקטה קודם לכן או בכסליו או בטבת נמי הוה נוהג בה ב' עישורין משום מנהג ר"ג ור"א: **אלא מעשה שהיה.** בא' בשבט היה: **כרוך ותני.** כפול את דברי ר' יוסי ושנה בה שתי מחלוקות: **לא אחד בשבט היה.** שאין בה חידוש שנה: **אלא ט"ו בשבט היה.** לדברי הכל נתחדשה שנה: **ר"ה שלו תשרי.** כדין ירק ולענין מעשר קאמר: **שלישית נכנסת לרביעית.** לקמן פריך מ"ש דלא תנא ואם היתה שניה נכנסת לשלישית כדתניא לעיל (דף יב:) גבי ליקט ירק: מאן

תוספות

לרבעי. הך משנה אתיא כמאן דתני נטע רבעי בריש כ"מ (ברכות דף לה.): **ולשביעית.** ירק נמי איכא ביה שביעית אלא מפרש בירושלמי דביכורים פרק ב' כגון אתרוג בת ששית הנכנסת לשביעית הרי היא לבעלים כאילן בתר חנטה ופטור ממעשר כירק דבתר לקיטה והא דלא תנא שוה לאילן לענין כלאים דלא הוי כלאים בכרם משא"כ בירק ולענין ר"ה שלו שבט כאילן כדאמר בשמעתין לא תניא הכא אלא מידי דבהאי אזלי בתר חנטה ובהאי בתר לקיטה וא"ת אמאי לא אזלינן באתרוג בתר לקיטה לכל דבר כיון שגדל על כל מים כירק למאי דפרישית לעיל (א) דהסיא דרשה צריכה בשביעית דאורייתא וי"ל משום דדרשינן לעיל (דף י.) גבי ערלה פעמים שברביעית ועדיין אסורין משום ערלה וא"ת דהכא משמע דאזלינן בירק בתר לקיטה לענין שביעית ובמסכת שביעית (פ"ט מ"א) תנן כל הספיחין מותרין חוץ מספיחי כרוב ופירש הר"ש שם ע"פ הירושלמי דאיירי בספיחי ששית הנכנסת לשביעית ומתרץ בהכי ההיא דפרק מקום שנהגו (פסחים דף נא: ושם) דתניא איפכא כולם אסורין חוץ מספיחי כרוב ונראה לפרש דהא דאמר בירק בתר לקיטה היינו כשלא נגמר גדולם בששית אבל נגמר גדולם בששית שרו בין לר"ע בין לר' יוסי הגלילי מידי דהוה אבצלים הסריסים דלעיל שמנע מהם מים שלשים יום לפני ר"ה דאפי' מאן דפליג התם הכא מודה לר' יוסי הגלילי כיון דנגמר גדולם נמצאו גדילים על מי שנה שעברה ותו לא גדלי על מי שנה הבאה ולר"ע נמי כיון דתו לא גדלי על כל מים יוצאין מתורת ירקות הגדילים על כל מים כדאמרי' בירושלמי כדמפרש לעיל גבי בצלים דנעשו כשדה הבעל שמסתפקת במי גשמים ומתעשרים לשעבר וכן לעיל (דף יג:) גבי אורז ודוחן דיהיב להו שמואל דין ירק דבתר לקיטה וקאמר הכל הולך אחר גמר פרי אלמא גמר פרי עיקר אלא דנקט בכל דוכתי לקיטה משום דדרך ללקט בתר גמר פרי והנהו גמרי פריים ביחד אלא שאין מתייבשין ביחד כדאמרי' דעשויין פרכין פרכין ומיהו קשה מאתרוג דבסמוך דאמר הכא באתרוג שחנטו פירותיו קודם ט"ו דאידך שבט ומשמע משום דמספקא ליה אי אזלינן בתר חנטה באתרוג כר"א או בתר לקיטה כר"ג נהג בו שני עישורין אלמא דאזלי' בתר לקיטה אף על גב דנגמר הפרי (נמי) דהרי חנט בשבט של שנה שעברה ולא נלקט עד שבט אחר ושמא אתרוג חלוק משאר פירות לפי שדרכו לעמוד באילן שתים ושלש שנים וכל זמן שמתקיים באילן גדל בכל שנה ושנה אי נמי אף על פי שחנט בשבט זמנין דאין נגמר גדולו עד שבט אחר ויתא השתא דנקט רבי יוחנן לקמן (דף טו:) גבי אתרוג אפילו כזית ונעשית ככר כלומר דעל ידי מי שנה הבאה גדילה ומיהו כזית ודאי לאו דוקא דהא ר' יוחנן בתר חנטה אזיל ושמא לא חשיב חנטה באתרוג בפחות מכזית: **הכסיל** בחשך הולך. אפילו יודע כמאן הלכה ומחמיר על עצמו ולא בעי לשנויי דר"ע מספקא ליה הלכתא כמאן ועבד לחומרא דמסתמא יודע היה דהלכה כב"ה: או

עין משפט נר מצוה

עו א מיי' פ"א מהל' מ"ש הלכה ה ופ"ד מהל' שמיטין הלכה יב טוש"ע י"ד סי' שלא סעיף קכו:
עז ב מיי' פ"ה מהל' תרומות הלכה יא טוש"ע שם סעיף מז:
עח ג מיי' פ"א מהל' מ"ש הלכה ב טוש"ע י"ד סי' שלא סעיף קכו:

הגהות הב"ח

(א) **תוס'** ד"ה לשביעית כו' למאי דפרישית לעיל. נ"ב בדף זה ע"א בד"ה מה גורן:

תורה אור השלם

א) הֶחָכָם עֵינָיו בְּרֹאשׁוֹ וְהַכְּסִיל בַּחֹשֶׁךְ הוֹלֵךְ וְיָדַעְתִּי גַם אָנִי שֶׁמִּקְרֶה אֶחָד יִקְרֶה אֶת כֻּלָּם: [קהלת ב, יד]

רבינו חננאל

שני עישורין כו': פי' לערלה ולרבעי ולשביעי' שוה האתרוג לאילן דאזיל בתר חנטה. כל הענין פשוט הוא ונתברר בדרך קצרה מתלמוד א"י דגרסי' [התם] מעשה בר"ע שליקט אתרוג ונתן עליו חומרי ב"ש וב"ה. ולמה לי אתרוג אפילו שאר כל אילן תני חומרי ר"ג וחומרי ר' אליעזר. ור"ג ור"א לא על דב"ה אינון היו. א"ר יוסי ב"ר אבין תיפתר שנחנטו פירותיו קודם ט"ו בשבט של שנה שניה ונכנסה שלישית על דעתיה דר"ג מעשר עני על דעתיה דר"א מעשר שני. מה עשה עישר וקראו מע"ש ופדאו ונתנו לעניים:

מסורת הש"ס

א) סוכה לט: קידושין ג: ביכורים פ"ב מ"ו, ב) עירובין ו: חולין מג: [תוס' סוכה פ"ב ותוס' עדיות פ"ב ותוס' יבמות פ"א], ג) [עירובין ז.], ד) [נ"ל אמרו], ה) [נ"ל אמרו], ו) [עירובין סה: וש"נ], ז) [תוספ' פ"א ותוספ' תרומות פ"ב ע"ש], ח) [ועי' תוספות קידושין ג: ד"ה אתרוג].

ליקוטי רש"י

אחד כדברי ב"ש. דאמרי באחד בשבט ראש השנה לאילן וכבר נכנסת שלישית. **ואחד כדברי ב"ה.** דאמרי עד חמשה עשר בו לא הוי ראש השנה ועדיין שניה היא [עירובין ז.]. **בג' דרכים.** ערלה ורבעי נוהג בו כאילן ולענין שביעית הולכין בפירותיו אחר החנטה כאילן ולא אחר לקיטה כירק. **ולירק בדרך אחד.** שבשעת לקיטתו עישורו שאין הולכין בו לענין מעשרות אחר חנטה כשאר אילנות אלא אחר שנה שנלקט בו כירק כדמפרש טעמיה לקמן המעשרות משתנות כסדר השנים שנה ראשונה של שמיטה מעשר ראשון ושני וכן בשניה אבל שלישית מעשר ראשון ומעשר עני ואם חנט בשניה ונלקט בשלישית בשאר אילנות אחר חנטה ובאתרוג אחר לקיטה כירק [קידושין ב:]. דחלוק משאר אילנות ודינו כירק שהלכו בו בתר לקיטה משום דגדל על כל מים כדאמרינן בראש השנה (יד:) ותבואה ואילנות גדלין על מי גשמים ואתרוג גדל על כל מים שמשקין אותו תמיד כירק כדאמרינן בפרק קמא דקדושין (ג.). **לערלה.** שנוהג בו כאילן וכן רבעי נוהג בו. **ולשביעית.** דאזלינן ביה לענין שביעית בתר חנטה [סוכה לט:]. **שבשעת לקיטתו עישורו.** שאם חנט בשנה שניה שמתעשרותיה מעשר ראשון ומעשר שני ונלקט בשלישית למיטה שמתעשרותיה מעשר ראשון ומעשר עני מתעשר כדין מעשר שלישית ואילו שאר אילנות שחנטו פירותיהן בשניה ונלקטו בשלישית מתעשרין כדין שניה ולענין מעשר השוו אתרוג לירק דמעשר פירות האילן וירקות דרבנן ומעשר גורן ויקב דאורייתא וכגורן ויקב ילפינן בראש השנה (יג:) שמתעשר אחר השנה שהביאו שליש מקראי ואסמכו רבנן מעשר דבריהם אגורן ויקב מה גורן ויקב מיוחדים שגדילים על רוב מים דהיינו מי גשמים ומתעשרין לשנה שעברה אף כל הגדילין על רוב מים כגון פירות האילן מתעשרין לשנה שעברה יצאו ירקות שגדלין על כל מים שמתעשרים לשנה הבאה ואתרוג נמי גדל על כל מים כירק. **לכל דבר.** אף למעשרות [שם מ.]. **מחומרי בית שמאי ומחומרי בית הלל.** מפרש בפ"ק דעירובין (ז.) בתרי חומרי דסתרן אהדדי כגון הך דשדרה וגולגולת דאפלוג בית שמאי ובית הלל לגבי אהל דהוו להו בית שמאי לחומרא (ואמרי) [דאמרי] עד שתחסר שתי חוליות מטמא באהל ובית הלל לקולא וקאמרינן וכן לטרפה דלבית הלל בחדא חוליא הוי חסרון וטרפה ולב"ש כשרה והוו להו ב"ש לקולא וב"ה לחומרא ומאן דעביד בטרפות כחומרי ב"ה ובטומאה כחומרי ב"ש כסיל הוא דהכא חשיב ליה חסרון והכא לא חשיב ליה חסרון והני דרבא נמי סתרן אהדדי דכיון דאמר נקובתו במשהו טעמא משום דמקום שחיטה הוא ואמרי דשמואל דאמר לאו מקום שחיטה הוא ואשתכח דסתרן מילתיה דרבא אהדדי [חולין מד.]. **גמריה איסתפיק ליה.** וכוליה כבית הלל עבד [עירובין שם].

The Gemara objects:

מֵיתִיבֵי – They challenged this assertion **from a Baraisa:** רַבִּי שִׁמְעוֹן בֶּן אֶלְעָזָר אוֹמֵר – R' SHIMON BEN ELAZAR SAYS: לִיקֵט אֶתְרוֹג עֶרֶב חֲמִשָּׁה עָשָׂר בִּשְׁבָט עַד שֶׁלֹּא תָבוֹא הַשֶּׁמֶשׁ – IF ONE PICKED fruit from AN *ESROG* TREE ON THE EVE OF THE FIFTEENTH OF SHEVAT BEFORE THE SUN WENT DOWN, וְחָזַר וְלִיקֵט מִשֶּׁתָּבוֹא הַשֶּׁמֶשׁ – AND HE THEN PICKED more of its fruit AFTER THE SUN WENT DOWN,[21] אֵין תּוֹרְמִין וּמְעַשְּׂרִין מִזֶּה עַל זֶה – WE MAY NOT SEPARATE *TERUMAH* OR *MAASER* FROM ONE batch FOR THE OTHER, לְפִי שֶׁאֵין תּוֹרְמִין וּמְעַשְּׂרִין – BECAUSE WE MAY NOT SEPARATE *TERUMAH* AND *MAASER* לֹא מִן הֶחָדָשׁ עַל הַיָּשָׁן – EITHER FROM THE NEW crop FOR THE OLD crop, וְלֹא מִן הַיָּשָׁן עַל הֶחָדָשׁ – OR FROM THE OLD crop FOR THE NEW one.[22] הָיְתָה שְׁלִישִׁית נִכְנֶסֶת לָרְבִיעִית – If IT [the time when this occurred] WAS as THE THIRD year was ENTERING THE FOURTH year,[23] שְׁלִישִׁית מַעֲשֵׂר רִאשׁוֹן וּמַעְשַׂר עָנִי – THE *esrogim* picked in the THIRD year [i.e. before sunset] are subject to *MAASER RISHON* AND *MAASER ANI;* רְבִיעִית מַעֲשֵׂר רִאשׁוֹן וּמַעֲשֵׂר שֵׁנִי – while THE *esrogim* picked in the FOURTH year [after sunset] are subject to *MAASER RISHON* AND *MAASER SHENI.*

NOTES

21. [The latter batch was thus picked on the fifteenth of Shevat, on the New Year.]

22. [Since the fifteenth of Shevat marks the new year for trees, the fruit picked before sunset is the "old crop" – i.e. the previous year's crop – whereas the fruit picked that night is the "new crop." Hence, the produce of one cannot serve as *terumah* or *maaser* for the other.]

23. The Gemara will ask below why the Baraisa did not give the case of the second year entering the third year, as it did above (12b) regarding a vegetable (*Rashi*).

Now, the Tanna of this Baraisa clearly holds that an *esrog* is assigned to the year in which it is picked. Based on this, the Gemara concludes its challenge:

מַאן שָׁמְעַתְּ לֵיהּ דְּאָזִיל בָּתַר לְקִיטָה – About whom have you heard it said **that he follows the picking** of the *esrog* to determine the year to which it belongs? **רַבָּן גַּמְלִיאֵל – Rabban Gamliel.**[1] **וְקָתָנֵי שְׁבָט – Yet the Baraisa states that Shevat** is when the year begins for the *esrog,* contrary to Rabbah bar Rav Huna's assertion! – ? –

The Gemara therefore revises the statement of Rabbah bar Rav Huna:

אֶלָּא אִי אִתְּמַר – Rather, if something **was stated** by Rabbah bar Rav Huna about this matter, **הָכִי אִתְּמַר – this is what was stated: אָמַר רַבָּה בַּר רַב הוּנָא – Rabbah bar Rav Huna said: אַף עַל גַּב דְּאָמַר רַבָּן גַּמְלִיאֵל אֶתְרוֹג אַחַר לְקִיטָה כְּיָרָק – Even though Rabban Gamliel said that** in the case of **an *esrog*** we **follow** the time of **its picking** in regard to *maaser,* **as with a vegetable, רֹאשׁ הַשָּׁנָה שֶׁלּוֹ שְׁבָט – its New Year is** nonetheless **in Shevat,** as it is for all other trees.[2]

The Gemara questions the Baraisa's choice of example:

מַאי שְׁנָא הָתָם דְּקָתָנֵי אִם הָיְתָה שְׁנִיָּה נִכְנֶסֶת לִשְׁלִישִׁית – Why is it that [the Baraisa] there (on 12a) **teaches** as its example of vegetables picked before and after the New Year a case in which **IT WAS THE SECOND** year **ENTERING THE THIRD, וּמַאי שְׁנָא הָכָא דְּקָתָנֵי אִם הָיְתָה שְׁלִישִׁית נִכְנֶסֶת לִרְבִיעִית – and why is it that [the Baraisa] here** regarding the *esrog* **teaches** as its example a case in which **IT WAS THE THIRD** year **ENTERING THE FOURTH?**[3]

The Gemara answers:

מִילְּתָא אַגַּב אוֹרְחֵיהּ קָא מַשְׁמַע לָן – [The Baraisa] is informing us of something else **in passing: דְּאֶתְרוֹג קַשְׁיָא לֵיהּ יְדָא – that hands are hard on an *esrog* tree, וְאַיְּידֵי דְּמְמַשְׁמְשֵׁי בֵּיהּ כּוּלֵּי עָלְמָא בַּשְּׁבִיעִית – and because everyone touches it during *shemittah,* לֹא טָעִין פְּרִי עַד תְּלָת שְׁנִין – it does not bear fruit** afterwards **for three years.**[4]

A further discussion of the New Year of the *esrog*:

בְּעָא מִינֵּיהּ רַבִּי יוֹחָנָן מֵרַבִּי יַנַּאי – R' Yochanan inquired of R' Yannai: אֶתְרוֹג רֹאשׁ הַשָּׁנָה שֶׁלּוֹ אֵימָתַי – When is the New Year of an *esrog*?

R' Yannai replies:

אָמַר לֵיהּ שְׁבָט – He said to him: Shevat.

R' Yochanan inquires further:

שְׁבָט דַּחֲדָשִׁים – Do you mean the **Shevat of the** lunar **months אוֹ שְׁבָט דִּתְקוּפָה – or Shevat of the** solar **season?**[5]

R' Yannai replies:

אָמַר לֵיהּ – He said to [R' Yochanan]: דַּחֲדָשִׁים – The Shevat **of the** lunar **months.**[6]

The Gemara raises another question about the New Year:

בְּעָא מִינֵּיהּ רָבָא מֵרַב נַחְמָן – Rava inquired of Rav Nachman, וְאָמְרֵי לָהּ רַבִּי יוֹחָנָן מֵרַבִּי יַנַּאי – and some say it was **R' Yochanan of R' Yannai: הָיְתָה שָׁנָה מְעוּבֶּרֶת מַהוּ – If it was a leap year** and a second Adar was added, **what is [the law]?** Is the New Year in Shevat or in the first Adar?[7]

Rav Nachman (or R' Yannai) replies:

אָמַר לֵיהּ – He said to him: הַלֵּךְ אַחַר רוֹב שָׁנִים – Follow the pattern of **most years.** Thus, even in leap years, the New Year is in the month called Shevat.[8]

The Gemara discusses the status of an *esrog* that grows partially during *shemittah*:

אָמַר רַבָּה – Rabbah said: אֶתְרוֹג בַּת שִׁשִּׁית שֶׁנִּכְנְסָה לִשְׁבִיעִית – An *esrog* of the sixth year[9] **which entered the seventh** year and was then picked **פְּטוּרָה מִן הַמַּעֲשֵׂר – is exempt from *maaser* וּפְטוּרָה מִן הַבִּיעוּר – and is exempt from** the law of **removal** that applies to *shemittah* produce.[10] **וּבַת שְׁבִיעִית שֶׁנִּכְנְסָה לִשְׁמִינִית – And [an *esrog*] of the seventh year which**

NOTES

1. We thus infer that R' Shimon ben Elazar of the Baraisa follows the view of Rabban Gamliel in this matter (*Rashi*).

2. The reason the New Year for trees is set in Shevat is because the sap rises in them at that time and they are ready to begin producing fruit (see *Rashi* 14a ד״ה הואיל and note 23 there). This is true in the case of the *esrog* as well and its New Year is therefore in Shevat. However, the *esrog,* unlike other trees, grows on the water of both the past and present year, and grows both on rainwater and irrigation water, as do vegetables. For this reason, it is assigned, like vegetables, to the *maaser* year in which it is picked, as we learned above [14a] (*Aruch LaNer*).

3. [Since both Baraisas mean to teach that the produce picked before and after the New Year date are subject to different *maaser* obligations even though they are ostensibly from the same crop, they should both have used the same example; namely, a case of the second year entering the third, which is the first point in the cycle where the change in year makes for a different *maaser* obligation.]

4. See *Sifsei Chachamim,* who discusses a practical consequence of this teaching.

5. The *tekufah* of Teves corresponds roughly to the winter solstice [see *Eruvin* 56a and our appendix to *Berachos* volume II for a fuller explanation]. Thirty days afterwards, the solar month of Shevat begins (*Rashi;* see above, 11a note 34).

[The months of the Jewish calendar are based on the cycles of the moon, with Rosh Chodesh being declared when the New Moon appears. The seasons of the year, however, are defined by the passage of the sun. The difference is significant: Twelve lunar months add up to 354 days, whereas the solar year is 365¼ days. (It is for this reason that the Jewish calendar adds leap months – to synchronize the lunar year with the solar year.)]

R' Yochanan considers the possibility that the New Year for trees begins in the Shevat of the solar year because it is only then that a significant portion of the winter season has passed, together with most of the year's rain days (*Ritva*). [For though the Gemara stated above (14a) that the New Year occurs in Shevat even though most of the winter season is still ahead, it makes sense to say that it cannot be set until at least a significant part of the season has passed. This is not always the case if we fix the date by Shevat of the lunar calendar.]

[Although R' Yochanan asked this question in regard to an *esrog* tree, *Tosafos* note it is equally relevant to all trees. It was only because R' Yochanan was discussing the New Year of the *esrog* with R' Yannai that he asked him this question in regard to the *esrog* (*Tos. HaRosh*).]

6. The reason for this is because the moon also affects the ripening of the crops, as stated in *Deuteronomy* 33:14: וּמִמֶּגֶד תְּבוּאֹת שָׁמֶשׁ וּמִמֶּגֶד גֶּרֶשׁ יְרָחִים, *with the bounty of the sun's crops, and with the bounty of the moon's yield.* Moreover, the lunar cycle is the one followed by the Jewish calendar (*Tosafos*) [and this too has an affect on the physical world, as stated by *Yerushalmi* cited by *Shach, Yoreh Deah* 189:13 in regard to another matter].

7. I.e. is the New Year in the month *called* Shevat (the month after Teves), or is it in the first Adar, which takes Shevat's place in a leap year as the next to the last month of the year? (*Rashi*).

This question is predicated on the fact that during a Jewish leap year, the seasonal events that occur before Adar, such as the blossoming of the trees, are generally delayed [because the lunar year has fallen significantly behind the solar year] (*Ritva*). [Here too the question presumably relates to all trees, not just the *esrog* (see note 5).]

8. *Rashi.* [The lunar calendar needs to add only seven leap years in every nineteen-year cycle to remain even with the solar calendar. Thus, most years are not leap years.]

9. I.e. it emerged during the sixth year (*Rashi*).

10. One may keep *shemittah* produce only as long as similar produce is still available in the fields for animals to eat. Once a particular type of produce disappears completely from the fields, any produce of its kind that remains in the house must be "removed" (see *Sheviis* 9:2-8). [There

מאן שמעת ליה דאזיל בתר לקיטה ר"ג וקתני שבט אלא אי אתמר הכי אתמר אמר רבה בר רב הונא אע"ג דאמר רבן גמליאל אתרוג אחר לקיטה כירק ראש השנה שלו שבט מאי שנא התם דקתני אם היתה שניה נכנסת לשלישית ומאי שנא הכא דקתני אם היתה שלישית נכנסת לרביעית מילתא אגב אורחיה קמ"ל דאתרוג קשיא ליה ידא ואיידי דממשמשי ביה כולי עלמא בשביעית לא טעין פרי עד תלת שנין בעא מיניה ר' יוחנן מרבי ינאי אתרוג ר"ה שלו אימתי א"ל שבט שבט דחדשים או שבט דתקופה א"ל דחדשים בעא מיניה רבא מרב נחמן ואמרי לה ר' יוחנן מרבי ינאי היתה שנה מעוברת מהו א"ל הלך אחר רוב שנים אמר רבה אתרוג בת ששית שנכנסה לשביעית פטורה מן המעשר ופטורה מן הביעור ובת שביעית שנכנסה לשמינית פטורה במעשר וחייבת בביעור א"ל אביי בשלמא סיפא לחומרא אלא רישא פטורה מן הביעור אמאי דאמרינן זיל בתר חנטה אי הכי תיחייב במעשר א"ל יד הכל ממשמשין בה ואת אמרת תיחייב במעשר ורב המנונא אמר [א] בת ששית שנכנסת לשביעית לעולם ששית ובת שביעית הנכנסת לשמינית לעולם שביעית מיתיבי ר"ש בן יהודה אומר משום ר"ש אתרוג בת ששית שנכנסת לשביעית פטורה מן המעשר ופטורה מן הביעור שאין לך דבר שחייב במעשר אא"כ גדל בחיוב ונלקט בחיוב ובת שביעית שנכנסת לשמינית פטורה מן המעשר ופטורה מן הביעור שאין לך דבר שחייב בביעור אא"כ גדל ונלקט בשביעית רישא קשיא לרב המנונא סיפא קשיא בין לרבה בין לרב המנונא תנאי היא דתניא [א] אמר רבי יוסי אבטולמוס העיד משום חמשה זקנים אתרוג אחר לקיטתו למעשר ורבותינו נמנו באושא ואמרו [ב] אחר לקיטתו בין למעשר בין לשביעית שביעית מאן דכר שמיה

חסורי

רש"י

מאן שמעת ליה כו'. אלמא ר"ש בן אלעזר כרבן גמליאל סבירא ליה: **אתרוג קשיא ליה ידא.** קשה לעץ האתרוג ידים ממשמשות בו: **שבט דחדשים.** של לבנה: **או שבט דתקופה.** חמה לסוף שלשים של תקופת טבת נכנס שבט של חמה: **היתה שנה מעוברת מהו.** אימתי ר"ה שבט הסמוך לטבת או אדר הראשון שהוא במקום שבט: **אחר רוב שנים.** מי ששמו שבט: **אמר רבה אתרוג בת ששית.** שחנטה בששית: **פטורה מן המעשר.** לקמיה מפרש טעמא דכולה מילתא: **א"ל אביי בשלמא סיפא.** דקא אמרת בת שביעית שנכנסה לשמינית פטורה מן המעשר אלמא נהגה בה קדושת שביעית ומיחייב לאפקורה והפקרא פטורה מהמעשר דמשמע דאזלת בה בתר חנטה לענין הפקר שביעית ולענין ביעור נמי כדקאמרת חייבין בביעור כל הך סיפא אע"ג דסתרא לה לרישא דקאמרת בת ששית שנכנסה לשביעית פטורה מן המעשר דהפקר הוא משום שביעית אלמא בתר לקיטה אזלת בה לענין שביעית דאי לאו דשביעית נהגא בה לא הוה מפטרא דהפקרא דשביעית פטר לה ממעשר כדתניא במכילתא ואכלו אביוני עמך ויתרם תאכל חית השדה מה חיה אוכלת ופטורה מן המעשר אף אדם פטור הא לא הוה קשיא לי דלאמינא ספוקי מספקא לך אי אזלינן באתרוג בתר חנטה לענין שביעית או בתר לקיטה כמו במעשר ואזלת לחומרא דשביעית דאורייתא היא וספיקא דאורייתא לחומרא: **אלא רישא.** דסיימת בה פטורה מן הביעור דקולא הוא: **אמאי דאמרינן זיל בתר חנטה.** אשמע' לן בה דלא מספקא לך ומסקנא דרישא וכולה סיפא חד טעמא הוא דפשיטא לך דבתר חנטה אזלינן: **אי הכי.** דלא מספקא ולא נהגא שביעית באתרוג בת ששית: **תתחייב במעשר.** דלאו הפקר הוא: **יד הכל ממשמשים בה.** נהי דלא מחייב לאפקורה דלא נהגא בה שביעית מיהו כל שדות ופרדסות הפקר הן בשביעית ואין אתרוג זה נשמר בה לבדו ועל כרחו הכל ממשמשין בו והפקר פטור מן המעשר: **רב המנונא אמר לעולם ששית.** חייב במעשר דכיון דשביעית לא נהגא בה ולאו הפקרא דמלכא היא משמוש יד הכל שבה אינו אלא גזל ואין הפקר כזה פטורה מן המעשר: **מיתיבי ר"ש בן יהודה אומר כו'.** הכי גרסינן לה בתוספתא שאין לך שחייב במעשר אלא אם כן גדל בחיוב ונלקט בחיוב וסיפא גרסי' שאין לך שחייב בביעור אא"כ גדל בשביעית ונלקט בשביעית ברישא דמילתיה יהיב טעמא לפטורא דמעשר לפי שהוציאו מכלל שאר אילנות שהלכו בם אחר חנטה לפיכך הוחקק ליתן טעם לדבריו ואשמועי' כרבה דאע"ג דלאו הפקר דמלכא הוא כיון דסוף סוף יד הכל ממשמשין בה פטורה מן המעשר דלפטורא דביעור לא אצטריך למכתב טעמא דלא אפקיה מדין שאר אילנות דאזלינן בה בתר חנטה וסיפא יהיב טעמא לפטורא דביעור דלפטורא דמעשר הא אשמעינן טעמא דלא חייבוהו חכמים במעשר אא"כ גדל בחיוב ונלקט בחיוב וזה לא גדל בחיוב: **אא"כ גדל בשביעית ונלקט בשביעית.** דכי כתיב לבהמתך ולחיה אשר בארצך (ויקרא כה) דילפינן מיניה ביעור בשביעית כתיב ולא בשמינית: **סיפא קשיא בין לרבה בין לרב המנונא.** דהא תרוייהו בתר חנטה אזלי בשביעית ובת שביעית שנכנסת לשמינית חייבת בביעור דהא לא פליג רב המנונא אדרבה אלא בבת ששית שנכנסת לשביעית: **תנאי היא.** האי תנא פליג עלייהו ותנא אחרינא קאי כוותייהו: **דתניא כו'.** הכי גרסי' בתוספתא דמסכת שביעית (פ"ג) א"ר יוסי אבטולמוס העיד משום חמשה זקנים אתרוג אחר לקיטה למעשר ורבותינו נמנו באושא וגמרו אתרוג אחר לקיטה בין למעשר בין לשביעית: **שביעית מאן דכר שמיה.** דקאמר דאימנו עלה רבותינו אלמא איכא מאן דפליג:

חסורי

תוספות

או שבט דתקופה. מתני' נמי דקתני באחד בשבט קא בעי אע"ג דשאלו באתרוג [ג] (וקשיא אמאי לא בעי באחד באלול ר"ה למעשר בהמה או בקמייתא בו' בסיון ר"ה לשתי הלחם ובאינך): **דחדשים.** אע"ג שבישול הפירות הולך אחר החמה שנאמר (דברים לג) ממגד תבואות שמש ה"נ כתיב (שם) ממגד גרש ירחים וגם ישראלים מונין ללבנה:

בשלמא סיפא לחומרא. תימה מאי חומרא הרי קולא היא לענין מעשר וחומרא לענין שביעית ואי הוה אזיל לחומרא בתרוייהו הוה שייך חומרא אבל השתא הוה ליה למימר בשלמא סיפא בתר חנטה וי"ל דהכי קאמר בשלמא סיפא אפילו מטעם ספק דבתר חנטה או בתר לקיטה אזלת לחומרא לענין ביעור וניחא הא דפטורה מן המעשר מאחר דחייבו חכמים להפקיר:

יד הכל ממשמשים בו ואת אמרת תתחייב במעשר. לא נקט האי טעמא אלא למאן דאמר לעיל (דף יד:) שוה לאילן לכל דבר כשאר אילנות דכולהו מודו דבתר חנטה אפי' הכי פטורין מן המעשר מטעם יד הכל ממשמשין דלמאי דסבר אבטולמוס משום חמשה זקנים דאתרוג אחר לקיטה למעשר ואחר חנטה לשביעית (א) לא הוה צריך לטעם זה דבין לענין חדש וישן בין לענין מעשר שני ועני אזיל בתר לקיטה ובהכנס אייתי לקמן דאבטולמוס דהיינו מתני' דבכורים (פ"ב מ"ו) דאתרוג שוה לאילן בג' דרכים ולירק בדרך אחד:

שאין דבר שחייב במעשר אא"כ גדל בחיוב ונלקט בחיוב. לענין חדש וישן מעשר שני ועני לא בעי גדל ונלקט בשנה אחת ואזלינן בתר חנטה והכא פטור משום יד הכל ממשמשין:

שאין לך דבר שחייב בביעור אא"כ גדל בשביעית ונלקט בשביעית. וא"ת ומאי קשיא ליה סיפא בין לרבה בין לרב המנונא הא כולהו תנאי פליגי אדר"ש בהא דהא מילתא דפשיטא דבכל דוכתי בין למעשר בין לשביעית אילן בתר חנטה ירק בתר לקיטה תבואה וזיתים בתר שליש ועוד קשיא דבפ' מקום שנהגו (פסחים נא:) קאמר רבי שמעון גופיה כל הספיחים אסורין חוץ מספיחי כרוב שמעמידה רב נסים גאון בשל שביעית היוצאים בשמינית ונראה הני מילי לענין שאר דיני שביעית חוץ מלענין ביעור ועוד נראה דלא איירי הכא אלא באתרוג דוקא ושמא שום טעם יש ומיתוקמא שפיר השתא כרבי שמעון ההיא דבנות שוח שביעית שלהן שניה (שביעית פ"ה מ"א):

ורבותינו

מסורת הש"ס

א) [סוכה מ. תוספתא שביעית סוף פרק ג], ב) בת"י אינו. רש"א.

הגהות הב"ח

(א) תוס' ד"ה יד הכל כו' לא הוה צריך לטעם זה. נ"ב פי' דבששית הנכנס לשביעית דפטורה מן המעשר [דאזלי' בתר לקיטה] ופטורה מן הביעור דאזלי' בתר חנטה ובשביעית הנכנס לשמיני' חייבת בביעור דאזלינן בתר חנטה ואע"ג דנלקט בשמיני' כיון דהפקרא דמלכא הוא דאזלינן בתר חנטה לביעור פטור מן המעשר:

חשק שלמה על ר"ח

א) נראה דצ"ל מ"ש התם בברייתא דתני לעיל גבי ירקות דקתני וכו'. ב) לכאורה צ"ל להיפך פעמים שבאים ט"ו של שבט שנת החמה ביתר וכו' של שבט של שנת הלבנה וצ"ע.

עין משפט נר מצוה

עט א מיי' פ"א מהל' מ"ש הלכה ו ופ"ד מהל' שמיטה הלכה יב:

פ ב מיי' שם הל"ט:

רבינו חננאל

מ"ש התם א) בהוויה דתנן ולירקות דקתני ואם היתה שניה נכנסת לשלישית ומ"ש הכא גבי אתרוג דקתני אם היתה שלישית נכנסה לרביעית כו' ופשוטה היא. פי' שבט דחדשים הוא מנין ימות הלבנה שנ"ד ימים לי"ב חדש שבט דתקופה לחשבון חמה והם שס"ה ימים לי"ב חדש. ושבט של חמה נקרא צוארוס בלשון יון פעמים שבאים ט"ו של שבט ב) שנת הלבנה ביתר מחציו ומרובו של שבט שנת החמה. ופשטנה. שבט של חדשי הלבנה ואפילו אם היא שנה מעוברת ר"ה שלו שבט דבתר רוב שנים אזלינן. אמר רבה אתרוג בת ששית שנכנסת בשביעית פטור מן המעשר בתר לקיטה אזלינן לענין מעשר מפני יד הכל ממשמשין בה. והפקר פטור מן המעשר ופטורה מן הביעור דאזלינן בתר חנטה. והא בת ששית היא מיקל במעשר ובביעור. ובת שביעית שנכנסת לשמינית חייבת בביעור ופטורה מן המעשר ואוקימנא לחומרא. ורב המנונא אמר בת ששית שנכנסת לשביעית לעולם ששית. פי' שחייבת במעשר. ובת שביעית שנכנסת לשמינית לעולם שביעית ואותבינן הא דתני ר"ש בן יהודה משום ר"ש אתרוג בת ששית שנכנסת לשביעי' פטורה מן המעשר ומן הביעור. שאין דבר חייב במעשר אלא הגדל והנלקט בחיוב ובת שביעית שנכנסת לשמינית פטורה מן המעשר ומן הביעור שאין לך דבר שחייב בביעור אלא הגדל והנלקט בפטור. [סיפא] קשיא לרבה. ולרב המנונ' דאמר לעולם בתר חנטה אזלינן קשיא ליה רישא וסיפא. רישא קתני אתרוג בת ששית שנכנסת בשביעית פטור מן המעשר הנה בתר לקיטה [אזלינן] שאין לך נלקט בשביעית וחייב במעשר. וסיפא נמי דקתני בת שביעית שנכנסת לשמינית פטור מן הביעור גם זו בתר לקיטה אזלינן שאין לך נלקט בשמינית וחייבת בביעור. ולא מצא פירוק. סיפא קשיא לרבה דאמר בת שביעית שנכנסת לשמינית חייבת בביעור [דאזלינן] אחר חנטה ומתניתא תני פטורה מן הביעור קשיא ליה. ופריק רבה תנאי היא. דתניא א"ר יוסי אבטולמוס העיד משום ה' זקנים [אתרוג] אחר לקיטתו למעשר ואחר חנטה לשביעית כרבה. ורבותינו שנמנו באושא חלקו בזה ופשוטה היא:

entered the eighth year and was then picked פְּטוּרָה בְּמַעֲשֵׂר וְחַיֶּיבֶת בְּבִיעוּר – **is exempt from *maaser* and subject to** the law of **removal.**[11]

The ruling is questioned:

אָמַר לֵיהּ אַבַּיֵי – **Abaye said to [Rabbah]:** בִּשְׁלָמָא סֵיפָא לְחוּמְרָא – **Now the latter ruling** [regarding an *esrog* that emerged in the seventh year which was picked in the eighth] **is understandable** because **it follows a stringency** in regard to *shemittah* law by subjecting the *esrogim* to the law of removal. Therefore, if you are uncertain whether to determine the *shemittah* status of an *esrog* by its emergence or by its picking, you have no choice but to act stringently.[12] אֶלָּא רֵישָׁא – **But the first ruling** [regarding an *esrog* that emerged in the sixth year which was picked in the seventh], פְּטוּרָה מִן הַבִּיעוּר אַמַּאי – **why** do you rule that **it is exempt from** the law of **removal?** דְּאָמְרִינַן זִיל בָּתַר חֲנָטָה – Presumably, **because we say** very definitely (and not as a matter of doubt) that we **follow the emergence** of the *esrog* in regard to determining its *shemittah* status – and this fruit emerged in the sixth year.[13] אִי הָכִי תִּיחַיֵּיב בְּמַעֲשֵׂר – **If so, it should be subject to *maaser*.**[14] – ? –

Rabbah answers:

אָמַר לֵיהּ – **He said [to Abaye]:** יַד הַכֹּל מְמַשְׁמְשִׁין בָּהּ – **Everyone's hand touches it** during the seventh year, וְאַתְּ אָמְרַתְּ תִּיחַיֵּיב בְּמַעֲשֵׂר – **and you say it should be subject to *maaser*?** Since it is for all practical purposes ownerless, it is legally exempt from *maaser*.[15]

NOTES

is a dispute among the Rishonim whether the law of *biur* (removal) requires that the remaining produce be destroyed (*Rambam, Shemittah VeYovel* 7:3) or only that it be removed from the house and declared ownerless, after which it may be taken and eaten by anyone (*Tosafos, Pesachim* 52b; *Rash, Sheviis* 9:8; *Ramban, Commentary* to *Leviticus* 25:7; see also *Raavad* ibid. who maintains that both procedures are mandated, each at different stages). See also *Rashi* to *Pesachim* 52b ד״ה משום שנאמר who states that it is put in a place where animals tread, presumably, to be destroyed (*Tosafos* ibid.).]

Rabbah apparently determines the *shemittah* year of an *esrog* by when the fruit emerges [as Rabban Gamliel and R' Eliezer both agreed in the Mishnah cited on 14b]. Thus, an *esrog* that emerged in the sixth year is exempt from the requirement of *biur* since it is not considered *shemittah* produce. The Gemara will ask why then this *esrog* is exempt from the *maaser* requirement that applies in the sixth year.

11. [This is the standard reading of the Gemara and the one followed by *Rashi* and *Rabbeinu Chananel;* see also *Rashba.* It should be noted that other Rishonim (see *Baal HaMaor, Meiri,* and *Re'ah,* cited by *Ritva*) have a different reading and explanation of the Gemara. See *Ritva* at length.]

Since the fruit emerged in the seventh year, it is considered *shemittah* produce and is thus subject to the *biur* (removal) requirement. But for this very reason it is also exempt from the *maaser* obligation. For the verse (*Exodus* 23:11) states about *shemittah* produce: וְאָכְלוּ אֶבְיֹנֵי עַמֶּךָ וְיִתְרָם תֹּאכַל חַיַּת הַשָּׂדֶה, *the destitute of your people shall eat, and the beasts of the field shall eat what is left.* This teaches that just as the beasts eat the *shemittah* produce without tithing it, so too people may eat the *shemittah* produce without tithing it (*Rashi,* from *Mechilta* to this verse) – for what is rendered ownerless on account of *shemittah* is exempt from *maaser* (*Rashi*; see further, note 15).

[*Turei Even* wonders why a special teaching is needed to exempt *shemittah* produce from *maaser* when ownerless produce of any kind is exempt from *maaser,* as derived from *Deuteronomy* 14:29 (*Yerushalmi, Terumos* 6:1 and *Sifrei* to that verse, quoted by *Rashi, Succah* 39b ד״ה ופטורין; see also *Rashi, Pesachim* 57a ד״ה אין נותנין פאה לירק). See *Aruch LaNer, Rashash, Afikei Yam* 2:25 and *Kehillos Yaakov* §13 for discussions of this problem.]

12. In ruling that a seventh-year *esrog* that entered the eighth is exempt from *maaser* but subject to *biur* (removal), Rabbah indicates that its *shemittah* status is determined by the emergence of the fruit. Since it emerged in *shemittah,* it is subject to *biur.* By the same token, its owner is required to relinquish ownership of it, and thus exempts it from the *maaser* requirement, as explained in the previous note. Now, it is true that this ruling apparently contradicts Rabbah's previous ruling concerning an *esrog* that emerged in the sixth year which was picked in the seventh. For in that case Rabbah also ruled that the *esrog* is exempt from *maaser* – indicating that it is considered ownerless, because its *shemittah* status is determined by when it is *picked*! However, this in itself does not pose a difficulty, Abaye suggests, because we could say that Rabbah is actually uncertain whether to base the *esrog's shemittah* status on when its fruit emerges (as with other trees) or on the time it is picked (as is the rule for its *maaser* status) (*Rashi*). [Although both Rabban Gamliel and R' Eliezer agreed above that the *esrog's shemittah* status is determined by its emergence, the Gemara below will cite other Tannaim that dispute this. Rabbah may have been in doubt about which view to follow (*Rashba, Ritva*).] Since the laws of *shemittah* are Biblical, and there is a principle that we must rule stringently in cases of doubt regarding Biblical law, Rabbah ruled that the *esrog* must be treated with *shemittah* sanctity in both cases (*Rashi*). Accordingly, its owner must relinquish his ownership of the fruits in both years, and since they become ownerless, they are exempt from *maaser* in both years, as Rabbah ruled (*Tosafos;* cf. *Ritva* who explains this last point somewhat differently).

13. Rabbah's exemption of a sixth-year *esrog* that entered the seventh from the law of *biur* demonstrates that he ruled definitively that the *shemittah* status of an *esrog* is determined by its emergence. For if Rabbah were uncertain about this, he could not have ruled leniently to exempt this *esrog* from *biur* (*Rashi*). [Accordingly, the reason Rabbah subjects a seventh-year *esrog* picked in the eighth to *biur* and exempts it from *maaser* is not out of doubt but because he *definitely* assigns the *esrog* to the year in which it emerges (*Rashi, Rashba*).]

14. Since it is definitely a sixth-year *esrog,* it is not ownerless, and it should therefore be subject to *maaser* (*Rashi;* see next note).

15. Although the fruit of the *esrog* tree is considered sixth-year fruit which the owner is not obligated to make ownerless, nevertheless, it is for all practical purposes lost to him. Since he must leave his fields and orchards open for people to enter and take other produce, he has no practical way of guarding the *esrog* tree from those who enter to pick. The *esrog* tree will consequently be handled by those entering the orchard [and its fruit will therefore be taken unlawfully (*Rashba*)]. Therefore, even though the owner is not required to relinquish ownership of this *esrog* fruit (since it emerged in the sixth year), the fruit is in effect ownerless and therefore exempt from *maaser* (*Rashi*; see next note).

Of course, if the owner had an entire orchard of *esrog* trees whose fruit emerged in the sixth year, he would not be required to open that orchard to the public and its fruit would therefore *not* be considered ownerless and would be subject to *maaser.* Rabbah does not speak of such a case because it was not common to plant an entire orchard of *esrog* trees (*Tos. Rid*).

[*Tosafos* assert that Rabbah's answer was necessary only according to the view that both the *shemittah* and *maaser* statuses of an *esrog* are determined by its emergence, not by its picking (R' Eliezer on 14b). According to Rabban Gamliel (ibid.), however, who rules that only the *shemittah* status is determined by the *esrog's* emergence but its *maaser* status is determined by its picking, Abaye's question was never an issue. Since the *esrog* emerged in the sixth year, it is not subject to *shemittah* law; but since it was picked in the seventh year, it is also not subject to *maaser*!

Ritva, however, contends that Abaye's question was relevant even according to Rabban Gamliel. The exemption of *shemittah* produce from *maaser* is not inherent – *shemittah* produce is theoretically subject to *maaser* requirements. Its exemption is based only on the fact that it is ownerless as a result of *shemittah* law, and ownerless produce is exempt from *maaser.* Therefore, an *esrog* that emerges in the sixth year – which is not subject to *shemittah* law – *should* be subject to *maaser* even when it is picked in the seventh, because it was never ownerless! [It would be subject to *maaser rishon,* but not *maaser ani,* which the Torah explicitly mandates only for the third and sixth years, and this is not considered a sixth-year fruit as regards *maaser.* Rather, it would be subject to *maaser sheni* (*Tos. Rid*; cf. *Or Same'ach, Hil. Maaser Sheni* 1:5).] The fact that it is indeed exempt is only because of the reason given by Rabbah. This appears to be *Rashi's* view as well (see ד״ה א״ל אביי; *Chazon Ish, Sheviis* 7:9). See also *Tos. HaRosh* who cites both of these explanations. For a further discussion of whether *shemittah* produce is inherently exempt from *maaser* or only by reason of being ownerless, see the dispute between *Beis Yosef* and *Mabit* cited in *Teshuvos Maharit* §42 and §43. See also *Kehillos Yaakov* §1.]

מאן שמעת ליה דאזיל בתר לקיטה ר"ג וקתני שבט אלא אי אתמר הכי אתמר אמר רבה בר רב הונא אע"ג דאמר רבן גמליאל אתרוג אחר לקיטה כירק ראש השנה שלו שבט מאי שנא התם דקתני אם היתה שניה נכנסת לשלישית ומאי שנא הכא דקתני אם היתה שלישית נכנסת לרביעית מילתא אגב אורחיה קמ"ל דאתרוג קשיא ליה ידא ואידי דממשמשי ביה כולי עלמא בשביעית לא טעין פרי עד תלת שנין בעא מיניה ר' יוחנן מרבי ינאי אתרוג ר"ה שלו אימתי א"ל שבט שבט דחדשים או שבט דתקופה א"ל דחדשים בעא מיניה רבא מרב נחמן ואמרי לה ר' יוחנן מרבי ינאי היתה שנה מעוברת מהו א"ל הלך אחר רוב שנים אמר רבה אתרוג בת ששית שנכנסה לשביעית פטורה מן המעשר ופטורה מן הביעור ובת שביעית שנכנסה לשמינית פטורה במעשר וחייבת בביעור א"ל אביי בשלמא סיפא לחומרא אלא רישא פטורה מן הביעור אמאי דאמרינן זיל בתר חנטה אי הכי תיחייב במעשר א"ל יד הכל ממשמשין בה ואת אמרת תיחייב במעשר ורב המנונא אמר [א]בת ששית שנכנסת לשביעית לעולם ששית ובת שביעית הנכנסת לשמינית לעולם שביעית מיתיבי ר"ש בן יהודה אומר משום ר"ש אתרוג בת ששית שנכנסת לשביעית פטורה מן המעשר ופטורה מן הביעור שאין לך דבר שחייב במעשר אא"כ גדל בחיוב ונלקט בחיוב ובת שביעית שנכנסת לשמינית פטורה מן המעשר ופטורה מן הביעור שאין לך דבר שחייב בביעור אא"כ גדל בשביעית ונלקט בשביעית רישא קשיא לרב המנונא סיפא קשיא בין לרבה בין לרב המנונא תנאי היא דתניא [א] אמר רבי יוסי אבטולמוס העיד משום חמשה זקנים אתרוג אחר לקיטתו למעשר ורבותינו נמנו באושא ואמרו [ב]אחר לקיטתו בין למעשר בין לשביעית שביעית מאן דכר שמיה חסורי

רש"י

מאן שמעת ליה כו'. אלמא ר"ש בן אלעזר כרבן גמליאל סבירא ליה: **אתרוג קשיא ליה ידא.** קשה לעץ האתרוג ידים הממשמשות בו: **שבט דחדשים.** של לבנה: **או שבט דתקופה.** חמה לסוף שלשים של תקופת טבת נכנס שבט של חמה: **היתה שנה מעוברת מהו.** אימתי ר"ה שבט הסמוך לטבת או אדר הראשון שהוא במקום שבט: **אחר רוב שנים.** מי שמו שבט: **אמר רבה אתרוג בת ששית.** שחנטה בששית: **פטורה מן המעשר.** לקמיה מפרש טעמא דכולה מילתא: **א"ל אביי בשלמא סיפא.** דקא אמרת בת שביעית שנכנסה לשמינית פטורה מן המעשר אלמא נהגה בה קדושת שביעית ומיחייב לאפקורה והפקרא פטורה מהמעשר דמשמע דאזלת בה בתר חנטה לענין הפקר שביעית ולענין ביעור נמי כדקאמרת חייבין בביעור כל כך סיפא אע"ג דסתרא לה לרישא דקאמרת בת ששית שנכנסה לשביעית פטורה מן המעשר דהפקר הוא משום שביעית אלמא בתר לקיטה אזלת בה לענין שביעית דאי לאו דשביעית נהגא בה לא הוה מפטרא דהפקרא דשביעית פטר לה ממעשר כדתניא במכילתא ואכלו אביוני עמך ויתרם תאכל חית השדה מה חיה אוכלת ופטורה מן המעשר אף אדם פטור הא לא הוה קשיא לי דאמינא ספוקי מספקא לך אי אזלינן באתרוג בתר חנטה לענין שביעית או בתר לקיטה כמו במעשר ואזלת לחומרא דשביעית דאורייתא היא וספיקא דאורייתא לחומרא: **אלא רישא.** דסיימת בה פטורה מן הביעור דקולא הוא: **אמאי דאמרינן זיל בתר חנטה.** אשמע' לן בה דלא מספקא לך ומסקנא דרישא וכולה סיפא חד טעמא הוא דפשיטא לך דבתר חנטה אזלינן: **אי הכי.** דלא מספקא ולא נהגא שביעית באתרוג בת ששית: **תתחייב במעשר.** דלאו הפקר הוא: **יד הכל ממשמשים בה.** נהי דלא מחייב לאפקורה דלא נהגא בה שביעית מיהו כל שדות ופרדסות הפקר הן בשביעית ואין אתרוג זה נשמר בה לבדו ועל כרחו הכל ממשמשין בו והפקר פטור מן המעשר: **רב המנונא אמר לעולם ששית.** חייב במעשר דכיון דשביעית לא נהגא בה ולאו הפקרא דמלכא היא משמום יד הכל שבה אינו אלא גזל ואין הפקר כזה פטורה מן המעשר: **מיתיבי ר"ש בן יהודה אומר כו'.** הכי גרסינן לה בתוספתא שאין לך שחייב במעשר אלא אם כן גדל בחיוב ונלקט בחיוב וסיפא גרסי' שאין לך שחייב בביעור אא"כ גדל בשביעית ונלקט בשביעית ברישא דמילתיה יהיב טעמא לפטורא דמעשר לפי שהוציאו מכלל שאר אילנות שהלכו בם אחר חנטה לפיכך הוזקק ליתן טעם לדבריו ואשמועי' כרבה דאע"ג דלאו הפקר דמלכא הוא כיון דסוף סוף יד הכל ממשמשין בה פטורה מן המעשר לפטורא דביעור לא אצטריך למכתב טעמא דלא אפקיה מדין שאר אילנות דאזלינן בה בתר חנטה וסיפא יהיב טעמא לפטורא דביעור לפטורא דמעשר הא אשמעינן טעמא דלא חייבוהו חכמים במעשר אא"כ גדל בחיוב ונלקט בחיוב וזה לא גדל בחיוב: **אא"כ גדל בשביעית ונלקט בשביעית.** דכי כתיב לבהמתך ולחיה אשר בארצך (ויקרא כה) דילפינן מינה ביעור בשביעית כתיב ולא בשמינית: **סיפא קשיא בין לרבה בין לרב המנונא.** דהא תרוייהו בתר חנטה אזלי בשביעית ובת שביעית שנכנסת לשמינית חייבת בביעור דהא לא פליג רב המנונא אדרבה אלא בבת ששית שנכנסת לשביעית: **תנאי היא.** האי תנא פליג עלייהו ותנא אחרינא קאי כוותייהו: **דתניא כו'.** הכי גרסי' בתוספתא דמסכת שביעית (פ"ג) א"ר יוסי אבטולמוס העיד משום חמשה זקנים אתרוג אחר לקיטה למעשר ורבותינו נמנו באושא וגמרו אתרוג אחר לקיטה בין למעשר בין לשביעית: **שביעית מאן דכר שמיה.** דקאמר דאימנו עלה רבותינו אלמא איכא מאן דפליג: חסורי

תוספות

או שבט דתקופה. אמתני' נמי דקתני באחד בשבט קא בעי אע"ג דשאלו באתרוג [ג] (וקשיא אמאי לא בעי באחד באלול ר"ה למעשר בהמה או בקמייתא בו' בסיון ר"ה לשתי הלחם ובאינך):

דחדשים. אע"ג שבישול הפירות הולך אחר החמה שנאמר (דברים לג) ממגד תבואות שמש ה"נ כתיב (שם) ממגד גרש ירחים וגם ישראלים מונין ללבנה:

בשלמא סיפא לחומרא. תימה מאי חומרא הרי קולא היא לענין מעשר וחומרא לענין שביעית ואי הוה אזיל לחומרא בתרוייהו הוה שייך חומרא אבל השתא הוה ליה למימר בשלמא סיפא בתר חנטה וי"ל דהכי קאמר בשלמא סיפא אפילו מטעם ספק דבתר חנטה או בתר לקיטה אזלת לחומרא לענין ביעור וניחא הא דפטורה מן המעשר מאחר דחייבו חכמים להפקיר:

יד הכל ממשמשים בו ואת אמרת תתחייב במעשר. לא נקט האי טעמא אלא למאן דאמר לעיל (דף יד:) שוה לאילן לכל דבר כשאר אילנות דכולהו מודו דבתר חנטה אפי' הכי פטורין מן המעשר מטעם יד הכל ממשמשין דלמאי דסבר אבטולמוס משום חמשה זקנים דאתרוג אחר לקיטה למעשר ואחר חנטה לשביעית (א) לא הוה צריך לטעם זה דבין לענין חדש וישן בין לענין מעשר שני ועני אזיל בתר לקיטה ובחנס אייתי לקמן דאבטולמוס דהיינו מתני' דבכורים (פ"ב מ"ו) דאתרוג שוה לאילן בג' דרכים ולירק בדרך אחד:

שאין דבר שחייב במעשר אא"כ גדל בחיוב ונלקט בחיוב. לענין חדש וישן מעשר שני ועני לא בעי גדל ונלקט בשנה אחת ואזלינן בתר חנטה והכא פטור משום יד הכל ממשמשין:

שאין לך דבר שחייב בביעור אא"כ גדל בשביעית ונלקט בשביעית. וא"ת ומאי קשיא ליה סיפא בין לרבה בין לרב המנונא הא כולהו תנאי פליגי אדר"ש בהא דהא מילתא דפשיטא דבכל דוכתי בין למעשר בין לשביעית אילן בתר חנטה ירק בתר לקיטה תבואה וזיתים בתר שליש ועוד קשיא דבפ' מקום שנהגו (פסחים נג:) קאמר רבי שמעון גופיה כל הספיחים אסורין חוץ מספיחי כרוב שמעמידה רב נסים גאון בשל שביעית היוצאים בשמינית ונראה הני מילי לענין שאר דיני שביעית חוץ מלענין ביעור ועוד נראה דלא איירי הכא אלא באתרוג דוקא ושמא שום טעם יש ומיתוקמא שפיר השתא כרבי שמעון ההיא דבנות שוח שביעית שלהן שניה (שביעית פ"ה מ"א): ורבותינו

עין משפט נר מצוה

עט א מיי' פ"א מהל' מ"ש הלכה ו ופ"ד מהל' שמיטה הלכה יב:
פ ב מיי' שם הל"ט:

רבינו חננאל

מ"ש התם [א]) בהוויה דתנן ולירקות דקתני ואם היתה שניה נכנסת לשלישית ומ"ש הכא גבי אתרוג דקתני אם היתה שלישית נכנסה לרביעית כו' ופשוטה היא. פי' שבט דחדשים הוא מנין ימות הלבנה שנ"ד ימים לי"ב חדש שבט דתקופה לחשבון חמה והם שס"ה ימים לי"ב חדש. ושבט של חמה נקרא צוארוס בלשון יון פעמים שבאים ט"ו של שבט [ב]) שנת הלבנה ביתר מחציו ומרובו של שבט שנת החמה. ופשטנה. שבט של חדשי הלבנה ואפילו אם היא שנה מעוברת ר"ה שלו שבט דבתר רוב שנים אזלינן. אמר רבה אתרוג בת ששית שנכנסת בשביעית פטור מן המעשר בתר לקיטה אזלינן לענין מעשר מפני יד הכל ממשמשין בה. והפקר פטור מן המעשר ופטורה מן הביעור דאזלינן בתר חנטה. והא בת ששית היא מיקל במעשר ובביעור. ובת שביעית שנכנסת לשמינית חייבת בביעור ופטורה מן המעשר ואוקימנא לחומרא. ורב המנונא אמר בת ששית שנכנסת לשביעית לעולם ששית. פי' שחייבת במעשר. ובת שביעית שנכנסת לשמינית לעולם שביעית ואותבינן הא דתני ר"ש בן יהודה משום ר"ש אתרוג בת ששית שנכנסת לשביעי' פטורה מן המעשר ומן הביעור. שאין דבר חייב במעשר אלא הגדל והנלקט בחיוב ובת שביעית שנכנסת לשמינית פטורה מן המעשר ומן הביעור שאין לך דבר שחייב בביעור אלא הגדל והנלקט בפטור. [סיפא] קשיא לרבה. ולרב המנונ' דאמר לעולם בתר חנטה אזלינן קשיא ליה רישא וסיפא. רישא קתני אתרוג בת ששית שנכנסת בשביעית פטור מן המעשר הנה בתר לקיטה [אזלינן] שאין לך נלקט בשביעית וחייב במעשר. וסיפא נמי דקתני בת שביעית שנכנסת לשמינית פטור מן הביעור גם זו בתר לקיטה אזלינן שאין לך נלקט בשמינית וחייבת בביעור. ולא מצא פירוק. סיפא קשיא לרבה דאמר בת שביעית שנכנסת לשמינית חייבת בביעור [דאזלינן] אחר חנטה ומתניתא תני פטורה מן הביעור קשיא ליה. ופריק רבה תנאי היא. דתניא א"ר יוסי אבטולמוס העיד משום ה' זקנים [אתרוג] אחר לקיטתו למעשר ואחר חנטה לשביעית כרבה. ורבותינו שנמנו באושא חלקו בזה ופשוטה היא:

מסורת הש"ס

א) [סוכה מ. תוספתא שביעית סוף פרק ג], ב) בת"י אינו. רש"א.

הגהות הב"ח

(א) תוס' ד"ה יד הכל כו' לא הוה צריך לטעם זה. נ"ב פי' דבששית הנכנס לשביעית דפטורה מן המעשר [דאזלי' בתר לקיטה] ופטורה מן הביעור דאזלי' בתר חנטה ובשביעית הנכנס לשמיני' חייבת בביעור דאזלינן בתר חנטה ואע"ג דנלקט בשמיני' כיון דהפקרא דמלכא הוא דאזלינן בתר חנטה לביעור פטור מן המעשר:

חשק שלמה על ר"ח

א) נראה דצ"ל מ"ש התם בברייתא דתני לעיל גבי ירקות דקתני וכו'. ב) לכאורה צ"ל להיפך פעמים שבאים ט"ו של שבט שנת החמה ביתר וכו' של שבט של שנת הלבנה וצ"ע.

The Gemara presents a conflicting view:

וְרַב הַמְנוּנָא אָמַר – But Rav Hamnuna said: בַּת שִׁשִּׁית שֶׁנִּכְנֶסֶת לַשְּׁבִיעִית – [An *esrog*] **of the sixth** year **which entered the seventh** year and was then picked לְעוֹלָם שִׁשִּׁית – **is in all ways** considered an *esrog* of the **sixth** year, and it is therefore subject to *maaser.*[16] וּבַת שְׁבִיעִית הַנִּכְנֶסֶת לַשְּׁמִינִית – **And** [an *esrog*] **of the seventh year which entered the eighth** year and was picked לְעוֹלָם שְׁבִיעִית – **is in all ways** considered an *esrog* of the **seventh** year, and is exempt from *maaser.*[17]

The Gemara objects to the rulings of both Rabbah and Rav Hamnuna:

מֵיתִיבֵי – **They challenged** these rulings **from a Baraisa:** רַבִּי שִׁמְעוֹן בֶּן יְהוּדָה אוֹמֵר מִשּׁוּם רַבִּי שִׁמְעוֹן – R' SHIMON BEN YEHUDAH SAYS IN THE NAME OF R' SHIMON: אֶתְרוֹג בַּת שִׁשִּׁית שֶׁנִּכְנֶסֶת לַשְּׁבִיעִית – AN *ESROG* OF THE SIXTH year WHICH ENTERS THE SEVENTH year פְּטוּרָה מִן הַמַּעֲשֵׂר – IS EXEMPT FROM *MAASER* וּפְטוּרָה מִן הַבִּיעוּר – AND IS EXEMPT FROM the law of REMOVAL, שֶׁאֵין לְךָ דָּבָר שֶׁחַיָּיב בְּמַעֲשֵׂר – FOR YOU HAVE NOTHING THAT IS SUBJECT TO *MAASER* אֶלָּא אִם כֵּן גָּדַל בְּחִיּוּב וְנִלְקַט בְּחִיּוּב – UNLESS IT GREW UNDER conditions of OBLIGATION AND WAS PICKED UNDER conditions of OBLIGATION.[18] וּבַת שְׁבִיעִית שֶׁנִּכְנֶסֶת לַשְּׁמִינִית – AND [AN *ESROG*] OF THE SEVENTH YEAR WHICH ENTERS THE EIGHTH year פְּטוּרָה מִן הַמַּעֲשֵׂר – IS EXEMPT FROM *MAASER* וּפְטוּרָה מִן הַבִּיעוּר – AND IS EXEMPT FROM the law of REMOVAL, שֶׁאֵין לְךָ דָּבָר שֶׁחַיָּיב בְּבִיעוּר – FOR YOU HAVE NOTHING THAT IS SUBJECT TO the law of REMOVAL אֶלָּא אִם כֵּן גָּדַל בַּשְּׁבִיעִית וְנִלְקַט בַּשְּׁבִיעִית – UNLESS IT GREW IN THE SEVENTH year AND WAS PICKED IN THE SEVENTH year.[19]

The Gemara elaborates the challenge:

רֵישָׁא קַשְׁיָא לְרַב הַמְנוּנָא – **The first ruling** of the Baraisa, which states that a sixth-year *esrog* picked in the seventh is exempt from both *maaser* and removal, **is difficult according to Rav Hamnuna,** who rules that it is subject to *maaser;* סֵיפָא קַשְׁיָא בֵּין לְרַבָּה בֵּין לְרַב הַמְנוּנָא – **and the latter ruling** of the Baraisa, which states that a seventh-year *esrog* picked in the eighth is also exempt from both *maaser* and removal, **is difficult according to both Rabbah and Rav Hamnuna,** who agreed that it is subject to removal.[20]

The Gemara answers:

תַּנָּאֵי הִיא – **It** [R' Shimon ben Yehudah's ruling] **is** the subject of a dispute among **Tannaim.**[21] דְּתַנְיָא – **For it was taught in a Baraisa:** אָמַר רַבִּי יוֹסֵי – R' YOSE SAID: אַבְטוֹלְמוֹס הֵעִיד מִשּׁוּם חֲמִשָּׁה זְקֵנִים – AVTOLMOS TESTIFIED IN THE NAME OF FIVE ELDERS: אֶתְרוֹג אַחַר לְקִיטָתוֹ לְמַעֲשֵׂר – In the case of AN *ESROG* we FOLLOW the time of ITS PICKING IN REGARD TO *MAASER.* וְרַבּוֹתֵינוּ נִמְנוּ בְּאוּשָׁא וְאָמְרוּ – HOWEVER, OUR RABBIS VOTED IN USHA[22] AND RULED: אַחַר לְקִיטָתוֹ בֵּין לְמַעֲשֵׂר בֵּין לִשְׁבִיעִית – WE FOLLOW the time of ITS PICKING IN REGARD TO BOTH *MAASER* AND *SHEMITTAH.*

The Gemara analyzes the Baraisa and thereby demonstrates the source for Rabbah's and Rav Hamnuna's position. The Gemara begins by asking:

שְׁבִיעִית מַאן דְּכַר שְׁמֵיהּ – **Who mentioned anything about *shemittah*?**[23]

NOTES

16. Rav Hamnuna holds that since the *esrog* that emerged in the sixth year is not made ownerless because of a Torah requirement, the fact that everyone handles it without the owner's consent is merely theft. The ownerlessness that results from the inability to prevent the theft of one's produce does not exempt it from *maaser* (*Rashi*). [From *Rashi's* wording it seems that the point of dispute between Rabbah and Rav Hamnuna is not whether the fruit is actually ownerless, but whether it is sufficiently ownerless to be exempt from *maaser.* That is, although the fruit is not legally ownerless, it is nonetheless out of the owner's control and available for all to take. Rabbah contends that this level of "ownerlessness" is included in the Torah's exemption of ownerless produce from *maaser.* Rav Hamnuna contends that it is not. Compare *Baal HaMaor* and *Afikei Yam* 2:26-27; see also *Kehillos Yaakov* §12.]

17. This is as Rabbah said. Both Rabbah and Rav Hamnuna agree that an *esrog* is assigned for *shemittah* purposes to the year in which it emerges. The only dispute between them is whether a sixth-year *esrog* that is picked in the seventh is exempt from *maaser* on account of its being left unprotected in the seventh year (see *Rashi* below ד״ה סיפא).

18. For fruit to be subject to *maaser* it must both grow and be picked under conditions subject to *maaser.* A sixth-year *esrog* picked in the seventh year is therefore exempt from *maaser* – because it is in a state of ownerlessness at the time it is picked. This is in accord with Rabbah's view that the fact that "everyone's hand touches it" in the seventh year renders it ownerless even though *shemittah* law does not apply to it (*Rashi*).

The reason it is exempt from *biur* is because it emerged in the sixth year, and is therefore not *shemittah* produce. R' Shimon does not bother to explain this because he is not treating this *esrog* any differently than the fruits of any other trees by exempting it from *biur.* All fruit that emerges in the sixth year is exempt from *biur,* since it is classified as sixth-year fruit (*Rashi*).

19. It is not subject to *biur* because the verse from which this law is derived: *And for your animal and for the beast that is in your land shall all its crop be to eat* (*Leviticus* 25:7) [which teaches that *shemittah* produce is permitted only as long as it is still available in the fields for beasts; see *Toras Kohanim* and *Pesachim* 52b] is speaking only about the seventh year, not the eighth (*Rashi*).

Here R' Shimon gives only the reason for exempting the *esrog* from *biur* because its exemption from *maaser* is evident from the rule stated in the previous case (*Rashi*). [Since it emerged in *shemittah,* it is considered *shemittah* produce and is therefore ownerless.]

20. Both Rabbah and Rav Hamnuna agree that the *esrog's shemittah* status is determined solely by its emergence. Thus, those that emerge in the seventh year are subject to *shemittah* law even if they were picked in the eighth year (*Rashi*).

[*Tosafos* wonder how the Gemara could have based a challenge to Rabbah and Rav Hamnuna on the opinion of R' Shimon when we have learned several times in the previous few *blatt* that produce is assigned in regard to *shemittah* either to the year in which it emerges (most fruit), or the year in which it reaches a third of its growth (grapes, olives and grain), or the year in which it is picked (vegetables). Clearly, R' Shimon is in dispute with all of these rulings! *Tosafos* answer that R' Shimon agrees that *shemittah* law in general is determined by these other factors, but he maintains that the law of *biur* is subject to his more stringent criteria (because of the derivation cited in note 19). Alternatively, despite his use of the expression, "You have *nothing* that is subject to removal unless . . .," R' Shimon stated his rule only in regard to the *esrog* (see *Tos. HaRosh*). The source given by *Rashi* for R' Shimon's ruling (cited in note 19) indicates that *Rashi* follows *Tosafos'* first answer in limiting R' Shimon's ruling to the law of *biur.*]

21. I.e. Rabbah and Rav Hamnuna base their respective positions on the view of this other Tanna (*Rashi;* cf. *Rabbeinu Chananel*).

22. Usha was one of the ten places to which the Sanhedrin moved after it was forced to leave its quarters in the Temple (see below, 31a,b).

23. Since the Baraisa adds that the Rabbis voted about the determinant for *shemittah* status as well, it is evident that there is a difference of opinion about this matter (*Rashi*). But no such opinion has been mentioned by the Baraisa!

מסורת הש"ס

א) [סוכה מ. תוספתא שביעית סוף פרק ג], ב) בת"י אינו. רש"א.

הגהות הב"ח

(א) תוס' ד"ה יד הכל כו' לא הוה צריך לטעם זה. נ"ב פי' דבששית הנכנס לשביעית דפטורה מן המעשר [דאזלי' בתר לקיטה] ופטורה מן הביעור דאזלי' בתר חנטה ובשביעית הנכנס לשמיני' חייבת בביעור דאזלינן בתר חנטה ואע"ג דנלקט בשמיני' כיון דהפקרא דמלכא הוא דאזלינן בתר חנטה לביעור פטור מן המעשר:

חשק שלמה על ר"ח

א) נראה דצ"ל מ"ש התם בברייתא דתני לעיל גבי ירקות דקתני וכו'. ב) לכאורה צ"ל להיפך פעמים שבאים ט"ו של שבט שנת החמה ביתר וכו' של שבט של שנת הלבנה וצ"ע.

מאן שמעת ליה דאזיל בתר לקיטה ר"ג וקתני שבט אלא אי אתמר הכי אתמר אמר רבה בר רב הונא אע"ג דאמר רבן גמליאל אתרוג אחר לקיטה כירק ראש השנה שלו שבט מאי שנא התם דקתני אם היתה שניה נכנסת לשלישית ומאי שנא הכא דקתני אם היתה שלישית נכנסת לרביעית מילתא אגב אורחיה קמ"ל דאתרוג קשיא ליה ידא ואיידי דממשמשי ביה כולי עלמא בשביעית לא טעין פרי עד תלת שנין בעא מיניה ר' יוחנן מרבי ינאי אתרוג ר"ה שלו אימתי א"ל שבט שבט דחדשים או שבט דתקופה א"ל דחדשים בעא מיניה רבא מרב נחמן ואמרי לה ר' יוחנן מרבי ינאי היתה שנה מעוברת מהו א"ל הלך אחר רוב שנים אמר רבה אתרוג בת ששית שנכנסה לשביעית פטורה מן המעשר ופטורה מן הביעור ובת שביעית שנכנסה לשמינית פטורה במעשר וחייבת בביעור א"ל אביי בשלמא סיפא לחומרא אלא רישא פטורה מן הביעור אמאי דאמרינן זיל בתר חנטה אי הכי תיחייב במעשר א"ל יד הכל ממשמשין בה ואת אמרת תיחייב במעשר ורב המנונא אמר [א] בת ששית שנכנסת לשביעית לעולם ששית ובת שביעית הנכנסת לשמינית לעולם שביעית מיתיבי ר"ש בן יהודה אומר משום ר"ש אתרוג בת ששית שנכנסת לשביעית פטורה מן המעשר ופטורה מן הביעור שאין לך דבר שחייב במעשר אא"כ גדל בחיוב ונלקט בחיוב ובת שביעית שנכנסת לשמינית פטורה מן המעשר ופטורה מן הביעור שאין לך דבר שחייב בביעור אא"כ גדל בשביעית ונלקט בשביעית רישא קשיא לרב המנונא סיפא קשיא בין לרבה בין לרב המנונא תנאי היא דתניא [א] אמר רבי יוסי אבטולמוס העיד משום חמשה זקנים אתרוג אחר לקיטתו למעשר ורבותינו נמנו באושא ואמרו [ב] אחר לקיטתו בין למעשר בין לשביעית שביעית מאן דכר שמיה חסורי

רש"י

מאן שמעת ליה כו'. אלמא ר"ש בן אלעזר כרבן גמליאל סבירא ליה: אתרוג קשיא ליה ידא. קשה לעץ האתרוג ידים ממשמשות בו: שבט דחדשים. של לבנה: או שבט דתקופה. חמה לסוף שלשים של תקופת טבת נכנס שבט של חמה: היתה שנה מעוברת מהו. אימתי ר"ה שבט הסמוך לטבת או אדר הראשון שהוא במקום שבט: אחר רוב שנים. מי ששמו שבט: אמר רבה אתרוג בת ששית. שחנטה בששית: פטורה מן המעשר. לקמיה מפרש טעמא דכולה מילתא: א"ל אביי בשלמא סיפא. דקא אמרת בת שביעית שנכנסה לשמינית פטורה מן המעשר אלמא נהגה בה קדושת שביעית ומיחייב לאפקורה והפקרא פטורה מהמעשר דמשמע דאזלת בה בתר חנטה לענין הפקר שביעית ולענין ביעור נמי כדקאמרת חייבין בביעור כל הך סיפא אע"ג דסתרא לה לרישא דקאמרת בת ששית שנכנסה לשביעית פטורה מן המעשר דהפקר הוא משום שביעית אלמא בתר לקיטה אזלת בה לענין שביעית דאי לאו דשביעית נהגא בה לא הוה מפטרא דהפקרא דשביעית פטר לה ממעשר כדתניא במכילתא ואכלו אביוני עמך ויתרם תאכל חית השדה מה חיה אוכלת ופטורה מן המעשר אף אדם פטור הא לא הוה קשיא לי דאמינא ספוקי מספקא לך אי אזלינן באתרוג בתר חנטה לענין שביעית או בתר לקיטה כמו במעשר ואזלת לחומרא דשביעית דאורייתא היא וספיקא דאורייתא לחומרא: אלא רישא. דסיימת בה פטורה מן הביעור דקולא הוא: אמאי דאמרינן זיל בתר חנטה. אשמעי' לן בה דלא מספקא לך ומסקנא דרישא וכולה סיפא חד טעמא הוא דפשיטא לך דבתר חנטה אזלינן: אי הכי. דלא מספקא ולא נהגא שביעית באתרוג בת ששית: תתחייב במעשר. דלאו הפקר הוא: יד הכל ממשמשים בה. נהי דלא מחייב לאפקורה דלא נהגא בה שביעית מיהו כל שדות ופרדסות הפקר הן בשביעית ואין אתרוג זה נשמר בה לבדו ועל כרחו הכל ממשמשין בו והפקר פטור מן המעשר: רב המנונא אמר לעולם ששית. חייב במעשר דכיון דשביעית לא נהגא בה ולאו הפקרא דמלכא היא משמוש יד הכל שבה אינו אלא גזל ואין הפקר כזה פטורה מן המעשר: מיתיבי ר"ש בן יהודה אומר כו'. הכי גרסינן לה בתוספתא שאין לך שחייב במעשר אלא אם כן גדל בחיוב ונלקט בחיוב ובסיפא גרסי' שאין לך שחייב בביעור אא"כ גדל בשביעית ונלקט בשביעית ברישא דמילתיה יהיב טעמא לפטורא דמעשר לפי שהוציאו מכלל שאר אילנות שהלכו בם אחר חנטה כדי ליפך החוקק ליתן טעם לדבריו ואשמועי' כרבה דאע"ג דלאו הפקר דמלכא הוא כיון דסוף יד הכל ממשמשין בה פטורה מן המעשר דלפטורא דביעור לא אצטריך למכתב טעמא דלא אפקיה מדין שאר אילנות דאזלינן בה בתר חנטה וסיפא יהיב טעמא לפטורא דביעור לפטורא דמעשר הא אשמעינן טעמא דלא חייבוהו חכמים במעשר אא"כ גדל בחיוב ונלקט בחיוב וזה לא גדל בחיוב: אא"כ גדל בשביעית ונלקט בשביעית. דכי כתיב לבהמתך ולחיה אשר בארצך (ויקרא כה) דילפינן מינה ביעור בשביעית כתיב ולא בשמינית: סיפא קשיא בין לרבה בין לרב המנונא. דהא תרוייהו בתר חנטה אזלי בשביעית ובת שביעית שנכנסת לשמינית חייבת בביעור דהא לא פליג רב המנונא אדרבה אלא בבת ששית שנכנסת לשביעית: תנאי היא. הני תנאי פליגי עלייהו ותנא אחרינא קאי כוותייהו: דתניא כו'. הכי גרסי' בתוספתא דמסכת שביעית (פ"ג) א"ר יוסי אבטולמוס העיד משום חמשה זקנים אתרוג אחר לקיטה למעשר ורבותינו נמנו באושא וגמרו אתרוג אחר לקיטה בין למעשר בין לשביעית: שביעית מאן דכר שמיה. דקאמר דאימנו עלה רבותינו אלמא איכא מאן דפליג: חסורי

תוספות

או שבט דתקופה. ממתני' נמי דקתני באחד בשבט קא בעי אע"ג דשאלו באתרוג [ג] (וקשיא אמאי לא בעי באחד באלול ר"ה למעשר בהמה או בקמייתא כו' בסיון ר"ה לשתי הלחם ובאייך): דחדשים. אע"ג שבישול הפירות הולך אחר החמה שנאמר (דברים לג) וממגד תבואות שמש ה"נ כתיב (שם) וממגד גרש ירחים וגם ישראלים מונין ללבנה:

בשלמא סיפא לחומרא. תימה מאי חומרא הרי קולא היא לענין מעשר וחומרא לענין שביעית ואי הוה אזיל לחומרא בתרוייהו הוה שייך חומרא אבל השתא הוה ליה למימר בשלמא סיפא בתר חנטה וי"ל דהכי קאמר בשלמא סיפא אפילו מטעם ספק דבתר חנטה או בתר לקיטה אזלת לחומרא לענין ביעור ומיהא הא דפטורה מן המעשר מאחר דחייבו חכמים להפקיר:

יד הכל ממשמשים בו ואת אמרת תתחייב במעשר. לא נקט האי טעמא אלא למאן דאמר לעיל (דף יד:) שוה לאילן לכל דבר כשאר אילנות דכולהו מודו דבתר חנטה אפי' הכי פטורין מן המעשר מטעם יד הכל ממשמשין דלמאי דסבר אבטולמוס משום חמשה זקנים דאתרוג אחר לקיטה למעשר ואחר חנטה לשביעית (א) לא הוה צריך לטעם זה דבין לענין חדש וישן בין לענין מעשר שני ועני אזיל בתר לקיטה וכחס איימי לקמן דאבטולמוס דהיינו מתני' דבכורים (פ"ב מ"ו) דאתרוג שוה לאילן בג' דרכים ולירק בדרך אחד:

שאין דבר שחייב במעשר אא"כ גדל בחיוב ונלקט בחיוב. לענין חדש וישן מעשר שני ועני לא בעי גדל ונלקט בשנה אחת ואזלינן בתר חנטה והכא פטור משום יד הכל ממשמשין:

שאין לך דבר שחייב בביעור אא"כ גדל בשביעית ונלקט בשביעית. וא"ת ומאי קשיא ליה סיפא בין לרבה בין לרב המנונא הא כולהו תנאי פליגי אדר"ש בהא דהא מילתא דפשיטא דבכל דוכתי בין למעשר בין לשביעית אילן בתר חנטה ירק בתר לקיטה תבואה וזיתים בתר שליש ועוד קשיא דבפ' מקום שנהגו (פסחים נב:) קאמר רבי שמעון גופיה כל הספיחים אסורין חוץ מספיחי כרוב שמעמידה רב נסים גאון בשל שביעית היוצאים בשמינית ונראה הני מילי לענין שאר דיני שביעית חוץ מלענין ביעור ועוד נראה דלא איירי הכא אלא באתרוג דוקא ושמא שום טעם יש ומיתוקמא שפיר השתא כרבי שמעון הסיא דבנות שוח שביעית שלהן שניה (שביעית פ"ה מ"א): ורבותינו

עין משפט נר מצוה

עט א מיי' פ"א מהל' מ"ש הלכה ו ופ"ד מהל' שמיטה הלכה יב:
פ ב מיי' שם הל"ט:

רבינו חננאל

מ"ש התם [א] בהוויה דתנן ולירקות דקתני ואם היתה שניה נכנסת לשלישית ומ"ש הכא גבי אתרוג דקתני אם היתה שלישית נכנסה לרביעית כו' ופשוטה היא. פי' שבט דחדשים הוא מנין ימות הלבנה שנ"ד ימים לי"ב חדש שבט דתקופה לחשבון חמה והם שס"ה ימים לי"ב חדש. ושבט של חמה נקרא צוארוס בלשון יון פעמים שבאים ט"ו של שבט [ב] שנת הלבנה ביתר מחציו ומרובו של שבט שנת החמה. ופשטנה. שבט של חדשי הלבנה ואפילו אם היא שנה מעוברת ר"ה שלו שבט דבתר רוב שנים אזלינן. אמר רבה אתרוג בת ששית שנכנסת בשביעית פטור מן המעשר בתר לקיטה אזלינן לענין מעשר מפני יד הכל ממשמשין בה. והפקר פטור מן המעשר ופטורה מן הביעור דאזלינן בתר חנטה. והא בת ששית היא מיקל במעשר ובביעור. ובת שביעית שנכנסת לשמינית חייבת בביעור ופטורה מן המעשר ואוקימנא לחומרא. ורב המנונא אמר בת ששית שנכנסת לשביעית לעולם ששית. פי' שחייבת במעשר. ובת שביעית שנכנסת לשמינית לעולם שביעית ואותבינן הא דתני ר"ש בן יהודה משום ר"ש אתרוג בת ששית שנכנסת לשביעי' פטורה מן המעשר ומן הביעור. שאין דבר חייב במעשר אלא הגדל והנלקט בחיוב ובת שביעית שנכנסת לשמינית פטורה מן המעשר ומן הביעור שאין לך דבר שחייב בביעור אלא הגדל והנלקט בפטור. [סיפא] קשיא לרבה. ולרב המנונ' דאמר לעולם בתר חנטה אזלינן קשיא ליה רישא וסיפא. רישא קתני אתרוג בת ששית שנכנסת בשביעית פטור מן המעשר הנה בתר לקיטה [אזלינן] שאין לך נלקט בשביעית וחייב במעשר. וסיפא נמי דקתני בת שביעית שנכנסת לשמינית פטור מן הביעור גם זו בתר לקיטה אזלינן שאין לך נלקט בשמינית וחייבת בביעור. ולא מצא פירוק. סיפא קשיא לרבה דאמר בת שביעית שנכנסת לשמינית חייבת בביעור [דאזלינן] אחר חנטה ומתניתא תני פטורה מן הביעור קשיא ליה. ופריק רבה תנאי היא. דתניא א"ר יוסי אבטולמוס העיד משום ה' זקנים [אתרוג] אחר לקיטתו למעשר ואחר חנטה לשביעית כרבה. ורבותינו שנמנו באושא חלקו בזה ופשוטה היא:

עין משפט נר מצוה

פא א מיי' פ"א מהל' מ"ש הל' ו ופ"ד מהל' שמיטין הלכה יב טוש"ע י"ד סי' שלא סעיף קכו:
פב ב מיי' פ"א מהל' מ"ש הלכה ג טוש"ע שם סעיף קכה:
פג ג מיי' שם הלכה ג:
פד ד מיי' פ"ד מהל' שמיטין הלכה טז:

גמרא

חסורי מיחסרא והכי קתני אתרוג אחר לקיטתו למעשר ואחר חנטה לשביעית ורבותינו נמנו באושא (א) אחר לקיטתו בין למעשר בין לשביעית איתמר רבי יוחנן וריש לקיש דאמרי תרוייהו אתרוג בת ששית שנכנסה לשביעית לעולם ששית כי אתא רבין אמר רבי יוחנן ^א אתרוג בת ששית שנכנסה לשביעית אפילו כזית ונעשית ככר חייבין עליה משום טבל ת"ר ^ב אילן שחנטו פירותיו קודם ט"ו בשבט מתעשר לשנה שעברה אחר ט"ו בשבט מתעשר לשנה הבאה אמר רבי נחמיה בד"א באילן שעושה שתי בריכות בשנה שתי בריכות ס"ד אלא אימא כעין שתי בריכות אבל אילן העושה בריכה אחת כגון דקלים וזיתים וחרובין אע"פ שחנטו פירותיהן קודם ט"ו בשבט מתעשרין לשנה הבאה אמר רבי יוחנן ^ג נהגו העם בחרובין כרבי נחמיה איתיביה ריש לקיש לרבי יוחנן ^(א) בנות ^ד שוח שביעית שלהן שניה מפני שעושות לשלש השנים אישתיק א"ל ר' אבא הכהן לרבי יוסי הכהן אמאי אישתיק לימא ליה אמינא לך אנא רבי נחמיה ואת אמרת לי רבנן משום דא"ל שבקת רבנן ועבדת כרבי נחמיה ולימא ליה קאמינא לך נהגו ואת אמרת לי איסורא דא"ל במקום איסורא כי נהגו שבקינן (ג) ליה ולימא ליה כי אמינא לך אנא מעשר חרובין דרבנן ואת אמרת לי שביעית דאורייתא אלא אמר רבי אבא הכהן תמיהני אם השיבה ריש לקיש לתשובה זו אם השיבה הא אותבה אלא אימא אם קיבלה רבי יוחנן אם לא קיבלה: מתני'

רש"י

חסורי מיחסרא והכי קתני א"ר יוסי אבטולמוס העיד משום חמשה זקנים אתרוג אחר לקיטה למעשר אחר חנטה לשביעית ורבותינו נמנו באושא וגמרו אתרוג אחר לקיטה בין למעשר בין לשביעית. והכי פירושה אתרוג אחר לקיטה למעשר לענין חדש וישן ולענין שניה נכנסת לשלישית או שלישית לרביעית ואחר חנטה לשביעית בין להפקר בין לביעור כשאר אילנות ובת שביעית הנכנסת לשמינית הפקרה הוא פטורה מן המעשר דאילו לענין מעשר בשאר שני שבוע אזיל ביה רבנן בתר לקיטה גבי חדש וישן ומעשר שני ומעשר עני משום דדרכו ליגדל על כל מים כירק והכי מפרש במעשנתא קמייתא דקדושין (דף ג.) אבל לשאר דבריו שוה לאילן בתר חנטה ורבה ורב המנונא סבירא להו כאבטולמוס דאמר בתר חנטה לשביעית הלכך בת שביעית שנכנסת לשמינית חייבת בביעור ובת ששית הנכנסת לשביעית פטורה מן הביעור דאזיל בתר חנטה ומיפלג פליגי רבה ורב המנונא במילתיה דאבטולמוס בהא רב המנונא סבר כיון דפטורה מן הביעור חייבת במעשר דלאו הפקרא דמלכא היא ורבה סבר סוף סוף יד הכל ממשמשין ומודה אבטולמוס דפטורה מן המעשר: **לעולם ששית.** חייבת במעשר ופטורה מן הביעור: **אפילו כזית.** אפילו לא גדלה בששית אלא מעט ורובה גדלה בשביעית עד שנעשית ככר חייבת משום טבל דבתר חנטה אזלינן: **שתי בריכות ס"ד.** אין לשון זה נופל אלא בעופות כדתנן (ב"ב דף פ.) הלוקח פירות שובך מפריח הבריכה ראשונה: **כעין שתי בריכות.** שאין פירותיו נגמרין כאחת כגון תאנים כדאמרן (לעיל דף יג:) גבי קטניות מתוך שעשוין פרכין: **אבל אילן.** שפירותיו נלקטין כאחד בתר לקיטה אזלינן בהו: **בנות שוח.** מפרש במסכת ע"ז (דף יד.) תאיני חיורתא: **שביעית שלהן שניה.** שביעית שלהן נוהגת בשנה שניה של שמטה כדמפרש טעמא: **מפני שעושות לשלש שנים.** פירות החונטים בה בשביעית אין נגמרין עד שנה שניה של שמטה ואנן בתר חנטה אזלינן ונהגא בהו שביעית: **ואת אמרת לי איסורא.** דאסור למיזל בהו בתר לקיטה אנא נמי מודינא דאסור אלא נהגו כך: **שבקינן להו.** בתמיה: **אם קיבלה.** והאי דאישתיק משום דלא ידע להשיב אם לא קיבלה והאי דאישתיק משום דלא איכפת ליה דלא דמי מעשר פירות האילן דרבנן לאחמורי ביה כשביעית דאורייתא: מתני'

תוספות

ורבותינו נמנו באושא. אית דגרסי אחר חנטה בין למעשר בין לשביעית דסברי לה כשמתא כר"ג לעיל (דף יד:) ולא נראה דבהדיא מוכח בפ' לולב הגזול (סוכה דף מ.) דגרסינן אחר לקיטה וג' מחלוקת בדבר: **שתי** בריכות ס"ד. דלא שייך לשון בריכה [ג] באלו אלא ביונים כדפי' בקונטרס כדתנן בפרק המוכר את הספינה (ב"ב דף פ.) הלוקח פירות שובך מפריח בריכה ראשונה ואין לפרש דפריך משום דאין אילן טוען שתי פעמים בשנה דהא אשכחן דיופילא בר"ש עושין פסין (עירובין דף יח.) ומיהו י"ל משום דקשיא ליה דכיון דלא שכיח אין לנו לחלק מדרבנן: **כגון** הדקלים והזיתים. בחנס נקט זיתים למודה בהו ת"ק דתבואה וזיתים אחר שליש ולא אחר חנטה: **נהגו** העם בחרובין כרבי נחמיה. לאו דוקא נקט חרובים דהוא הדין דקלים וזיתים וכל אילנות [ד] העשויות בריכה אחת בשנה מדפריך ליה ריש לקיש מבנות שוח וא"ת והא בנות שוח מפרש בפרק כיצד מברכין (ברכות דף מ:) תאיני חיורתא ובר"ש כלל גדול (שבת דף סח. ושם) אמרינן לקיטתו כאחד למעוטי תאנה ואע"פ שיש לחלק בין סתם תאנים לתאיני חיורתא הא בפ"ק דפאה (מ"ה) חשיב אילנות שלקיטתן כאחד ולא חשיב בנות שוח ושמא תנא ושייר: **בנות** שוח. בפרק כיצד מברכין (ברכות דף מ:) אמר רבה בר בר חנה תאיני חיורתא ופרי גרוע הוא כדמשמע בר"ש מסכת דמאי דלא נחשדו עליהם עמי הארץ דתנן הקלין שבדמאי השיתין הרימין והעוזרדין ובנות שוח וכן משמע בפ"ק דע"ז (דף יד. ושם) דאמרינן גבי שביעית הוסיפו עליהן מוכססין ובנות שוח אבל מעיקרא לא נהגו בהם שביעית שלא היה חשוב בעיניהם וקשיא דבפ"ק דשבועות (דף יב: ושם) משמע שהוא פרי חשוב גבי מותרות קיץ למזבח כבנות ([ה] שבע) לאדם כל שאוכלין אותו בקינוח סעודה והיינו בנות שוח דאמרינן בבראשית רבה גבי עץ שאכל אדם הראשון דקרו ליה בנות שוח לפי שגרמו שוחה לאדם ואיכא דקרו ליה בנות שבע לפי שגרמו שבעת ימי אבילות ובפרק ארבעה נדרים (נדרים מ.) גבי נודר מן הכלכלה והיו בהן בנות ([ו] שבע) ואמר אלו הייתי יודע שבנות (ב) ([ו] שבע) בתוכה משמע נמי דפרי טוב הוא ולרבי יוחנן דפטר בירושלמי בר"ש דמאי אפילו בודאי ודמאי דמתניתין לאו דוקא לפי שרוב מינין (ג) אינם באין אלא מן ההפקר הוה מצינו למימר דפרי הוא הגדל ביערים שהוא מקום הפקר ופטור מן המעשר אע"פ שהוא טוב כעין אגוזים קטנים שלנו וכגון ערמונים והא דלא נהגו ביה שביעית מעיקרא לאו משום גריעותא הוא אלא משום דעושות לשלש שנים כדאמרינן הכא והוו סברי דלא אזלינן בהו בתר חנטה [ז] אלא בתר לקיטה כיון דעיקרן אינם נגמרין בשנה שחונטים בה אבל לריש לקיש דירושלמי דמחייב בודאי ופטרי בדמאי לפי שלא נחשדו משמע משום גריעותא הוא ושיטתיה דהש"ס כוותיה בפ' כ"מ (ברכות מ:) דאמרינן דמאי הוא דלא בעי עשורי הא ודאי בעי עשורי ועוד קשיא דהתם ובפ"ק דע"ז (דף יד.) תאיני חיורתא קרי ליה ובפ' ארבעה נדרים (דף מ.) אמרי' דאין זה לא תאנים שחורות ולא תאנים לבנות וצריך לומר דשלשה מיני תאנים הן שחורות ולבנות הן סתם תאנים ובנות שוח הם תאנים רעות כגון הנך דדמאי ובפ"ק דע"ז וקראום בנות שוח לפי שתולין הקלקלה במקולקל אבל בנות שבע דשבועות ונדרים הן (ד) חשובות שגרמו שבעת ימי אבילות ומסתמא מן הטובות אכל שנאמר (בראשית ג) ונחמד העץ להשכיל ואית דגרסי בפ"ק דע"ז מוכססין בנות שוח בלא וי"ו שהוא פרי אחד שכך שמו כדמוכח בפ"ק דבכורות (דף ח. ושם) דאמרי' הזאב והארי והדוב והנמר והברדלס לשלש שנים וכנגדו באילנות בנות שוח נחש לשבע שנים ולאותו רשע לא מצינו חבר ויש אומרים כנגדו [ח] מוכססין בנות שוח ופי' שם בקונטרס מוכססין של בנות שוח ולא בנות שוח ממש ועוד י"ל דמשעת נטיעת האילן של בנות שוח אין טוען פירות עד שבע שנים והכי מייתי לה גבי נחש וכי האי גוונא קאמר התם אפעה לשבעים שנה וכנגדו באילן חרוב וחרוב זה משעת נטיעתו עד שעת גמר פירותיו שבעים שנה אבל גבי זאב וארי דלשלש שנים היינו משעת חניטתו עד גמר פרי כדאמרינן הכא: **שבקת** רבנן ועבדת כרבי נחמיה. עדיפא מיניה הוה ליה לאקשויי דרבי יוחנן אית ליה [ט] הלכה כסתם משנה: **משום** דאמר ליה שבקת רבנן ועבדת כרבי נחמיה. נראה לי כך פי' לכן לא א"ל הכי כדקאמרת דאי הוה א"ל הכי הוה משיב לו ריש לקיש וכי שבקינן רבנן ונעביד כרבי נחמיה דלא אמרת כרבי נחמיה קאמינא לך: **וכי** נהגו שבקינן להו. בתמיה דלשון נהגו משמע בפרק בתרא דתענית (דף כו:) דאי עביד לא מהדרינא והכא כיון דאיכא אסורא דהלכה כרבנן אית לן לאהדורי ובר"ש ערבי פסחים (דף קג.) גבי הא דאמר רבי יוחנן נהגו העם כב"ה ואליבא דרבי יהודה משמע קצת דלכתחילה עבדי הכי מדבריך רבא אבשמים ברישא והדר אמאור ובכל ענין מתיישב כאן ומכאן סותרים מה שפירש רש"י בפ"ק דפסחים (דף ג:) אסורים בעשיית מלאכה במקום שנהגו דכיון דתני אסורין לא תלינן במנהגא [וע"ע תוספות ברכות נג: ד"ה נהגו ותוס' פסחים קג. ד"ה ואמר]:

בפסח

רבינו חננאל

ת"ר אילן שחנטו פירותיו קודם ט"ו בשבט מתעשרין לשנה שעברה. ושחנטו אחר ט"ו בשבט מתעשרין בשנה (שעברה) [הבאה]. א"ר נחמיה בד"א באילן העושה ב' בריכות בשנה פי' ב' בריכות דיופרין אילן שטענין ב' פירות בשנה כגון תאנה שעושה פירות בקיץ ובחורף. אבל אילן העושה בריכה אחת כגון הדקלין והזיתים והחרובין אע"פ שחנטו פירותיהן קודם ט"ו בשבט מתעשרין לשנה הבאה. וקיי"ל כרב המנונא. דר"י ור"ש בן לקיש קיימינן א) א"ר יוחנן כותיה נהגו העם בחרובין כר' נחמיה אע"ג דחנטו קודם ט"ו בשבט מתעשרין לשנה הבאה. איתיביה רשב"ל לר' יוחנן הא דתנן בשביעית בתחלת פ"ה בנות שוח שביעית שלהן שניה שעושות לג' שנים ע"ש שעשו בשביעית יהו שביעית. כלומר הנה בנות שוח שחנטו קודם ט"ו בשבט וחונטין עוד אחר ט"ו בשבט בכל השנה ומה שחנטו בשנת השמטה אחר ט"ו בשבט נוהגין בהן דין שביעית בשנה השניה של שבוע שמתאחרין בנות שוח הללו באילן ג' שנים. אבל מה שחנטו קודם ט"ו בשבט בשביעית מן הששית הן חשובין ומותרין בשנה הראשונה של שבוע. הנה בנות שוח אינם כגון ב' בריכות בשנה לפי שאין עושין אלא בריכה אחת בכל שנה ושנה. והנה מה שחנטו קודם ט"ו בשבט חשובין משנה ששית. ושחנטו אחר ט"ו בשבט חשובין משנה השביעית ומתבערין בשנה השניה של שבוע שהיא שנה שלישית לחנטתו. והיאך א"ר יוחנן כו' כי החרובין מפני שעושין בריכה אחת בשנה. בין מה שחנטו קודם ט"ו בין אח"כ מתעשרין לשנה הבאה אשתיק כו': **ירושלמי** (בריש פ"ה דשביעית) א"ר אבא בר כהנא ותמיהני איך מותיב רשב"ל ומקבל ר' יוחנן מיניה ושתיק ליה ויתיבניה אנא אמינא חרובין ואת אמרת בנות שוח. אנא אמינא מנהג ואת אמרת הלכה. אנא אמינא ר' נחמיה ואת אמרת רבנן. פי' בנות שוח הללו תאנים לבנות הן כדאמרינן (בע"ז יד) בענין דברים האסורים למכור לנכרים בנות שוח בפטוטרותיהן. ואמרי' (בגמ') אמר רבה בר בר חנה תאיני חוורתא והן בנות שוח. בנות שבע וכלנתסין כולן מיני תאנים וכבר פירשנום במס' ע"ז. וכן דרך בנות שוח הללו שחונטין בשנה הראשונה הן פגין ובשניה בוחל ובשלישית נגמרין והן צמל ובכל שנה הן חונטין. וכך סידורן. מה שחונטין בשנה הראשונה של שבוע נגמרין בשלישית. ומה שחנטו בשניה נגמרין ברביעית. ומה שחנטו בשלישית נגמרין בחמישית. ונוהגין בהן מעשר עני. דקיי"ל אילן בתר חנטה. ואילו שנגמרו בחמישית בשלישית חנטו לפיכך הן פירות שלישית ושחנטו ברביעית נגמרין בששית ושחנטו בחמישית שנגמרין בשנה של שמטה מותרין הן כי פירות חמישית הן. ושחנטו בששית נגמרו בשמינית ונוהגין בהן מעשר עני. ושחנטו בשנת השמטה בשביעית נגמרין בשנה התשיעית שהיא שניה של שבוע הנכנסת. ונוהגין בהן דין שביעית ומתבערין. כי בשביעית היתה חניטתן. וכך דרך סידורן לעולם. כל הפירות של בנות שוח שחונטין בשביעית נוהגין בהן דין שביעית בשנה השניה של שבוע והיא שנת גמירת הפרי הנחנט בשביעית עצמה. נמצאו בכל שנה ג' מיני פירות בזה האילן מקצתן צמל והן שחנטו מקודם לכן בשנתים. ומקצתן בוחל והן שחנטו מדאשתקד ומקצתן פגין והן בזו השנה. וכענין שפירשנו הן מפורשין בתלמוד א"י בגמרא דהא מתניתא מהו בנות שוח פיטריאה. פי' פיטריאה בלשון יון. ואמרו מין תאנים כאשר אמרנו. מה בכל שנה הן עושות או אחת לשלש שנים. ופירשו בכל שנה עושות אלא אין פירותיהן נגמרין אלא עד ג' שנים. כיצד יודע. איך יודעות פירות של כל שנה ושנה. ר' יונה אומר קושרין בחוט. פי' אלו בחוט לבן ואלו בחוט אדום ואלו בחוט שחור. תני (נטמא) [שמואל] תוחב בהן קסמין גם זה כענין הראשון כולי. תני רשבג"א מהוצאת העלין עד חנטת הפגין נ' יום. ומן הפגין עד השיתין הנובלות נ' יום. ומן השיתין עד התאנים נ' יום. ליקט תאנה ואינו יודע מתי חנטה. א"ר יונה מונה ק' יום למפרע. אם חל בתוכן ט"ו בשבט הוא יודע מתי חנטה. א"ל והוא עמי בטבריא ועושות לשנה אחת א' להן והרי עמכם בציפורי ועושות לג' ג) שנים כו'. פי' מעשר חרובין דרבנן.

מסורת הש"ס

א) שביעית פ"ה מ"א, ב) ל"ל להו, ג) ל"ל באילן, ד) אולי ל"ל העושות, ה) [בשבועות אי' שוח וכ"ה שם בתוס' ד"ה כבנות שוח וכו'], ו) [בכל הסוגיא דשם אי' שוח וע"ש בפירוש הרא"ש], ז) אולי ל"ל ולא בתר וכו' וכן כתוב בתוס' ע"ז יד. ד"ה בנות שוח, ח) לפנינו הגירסא מוכססין לחוד וכן הוא גירסת רש"י שם, ט) [שבת מז. ובשאר דוכתי טובא].

הגהות הב"ח

(א) גמ' ורבותינו נמנו באושא וגמרו אחר לקיטתו: (ב) תוס' ד"ה בנות שוח כו' שבנות שבע בתוכה לא הייתי נודר משמע נמי דפרי: (ג) בא"ד לפי שרוב מינין הללו אינם באין: (ד) בא"ד דשבועות ונדרים הן הטובות שגרמו:

חשק שלמה על ר"ח

א) מלות וקי"ל כר"י דר"י ורשב"ל קיימינן כותיה שייכים למעלה בראש העמוד וכאן ל"ל א"ר יוחנן נהגו. ביכר שם כמ"פ דשביעית סוף הלכה ד' וכן בתוספתא שם רפ"ד איתא וכן עושות לשתי שנים.

ליקוטי רש"י

בריכות. קוני"רש בלע"ז [שיר השירים ז, ה].

The Gemara answers:

חִסּוּרֵי מִיחַסְּרָא וְהָכִי קָתָנֵי – It is as if **[the Baraisa] is missing** words, **and this is how it should be taught:** אֶתְרוֹג אַחַר לְקִיטָתוֹ לְמַעֲשֵׂר – Avtolmos testified in the name of five elders that in the case of **an** ***esrog*** we **follow** the time of **its picking in regard to** ***maaser*** וְאַחַר חֲנָטָה לִשְׁבִיעִית – **and follow** the time of **its emergence in regard to** ***shemittah.***[1] וְרַבּוֹתֵינוּ נִמְנוּ בְּאוּשָׁא [וְגָמְרוּ] – **However, our Rabbis voted in Usha [and decided]**[2] that אַחַר לְקִיטָתוֹ בֵּין לְמַעֲשֵׂר בֵּין לִשְׁבִיעִית – we **follow** the time of **its picking both in regard to** ***maaser*** **and in regard to** ***shemittah.*** Rabbah and Rav Hamnuna follow the view of Avtolmos.[3]

The Gemara concludes its discussion about how to determine the year of an *esrog* with two more statements of Amoraim:

אִיתְּמַר – **It was stated:** רַבִּי יוֹחָנָן וְרֵישׁ לָקִישׁ אָמְרֵי תַּרְוַיְיהוּ – **R' Yochanan and Reish Lakish both said:** אֶתְרוֹג בַּת שִׁשִּׁית שֶׁנִּכְנְסָה לִשְׁבִיעִית – **An** ***esrog*** **of the sixth** year **which entered the seventh** year לְעוֹלָם שִׁשִּׁית – **is in all ways** considered produce of the **sixth** year, and it is therefore subject to *maaser* and exempt from the law of removal.[4]

A second statement about such an *esrog:*

כִּי אֲתָא רָבִין אָמַר רַבִּי יוֹחָנָן – **When Ravin came** from Eretz Yisrael to Babylonia **he said in the name of R' Yochanan:** אֶתְרוֹג בַּת שִׁשִּׁית שֶׁנִּכְנְסָה לִשְׁבִיעִית – **An** ***esrog*** **of the sixth** year

NOTES

1. Picking determines the year to which an *esrog* belongs for *maaser* purposes in regard to the following two laws: (a) the requirement that the *terumah* or *maaser* of a crop come from produce of that year. [Thus, an *esrog* can be designated as *terumah* or *maaser* for other *esrogim,* or be rendered permissible by their designation as *terumah* or *maaser* for it, only if they were picked in the same year, but not if they emerged together but were picked in different years, as we learned on 14b.] (b) The determination of whether an *esrog* belongs to a *maaser sheni* year or a *maasar ani* year. [Thus, for example, an *esrog* picked in the fourth year is subject to *maaser sheni* even though it emerged in the third year; see 14b.]

The reason picking (rather than emergence) determines an *esrog's* year with respect to *maaser* is because the *esrog,* like the vegetable, grows on irrigation water. [A vegetable's *maaser* year is determined by its picking for this very reason, as we learned on 14a.] Since the *esrog* shares this basic characteristic with the vegetable, the Sages gave it the same *maaser* determinant as vegetables, as explained in *Kiddushin* 3a (*Rashi*). [Theoretically, the *maaser* status of a sixth-year *esrog* that enters the seventh, or a seventh-year *esrog* that enters the eighth, should also be determined by this yardstick, but because *shemittah* intrudes, even Avtolmos agrees that the actual law is different; see note 3.]

In all other respects, however, the *esrog* is treated the same as any other tree. Therefore, in regard to *shemittah* law, the year of the *esrog* is determined by its emergence. Hence, fruits that emerge in the seventh year become ownerless and subject to the law of *biur* even if they are not picked until the eighth year (*Rashi;* see further in note 3).

2. Emendation follows *Rashi* and *Bach.*

3. Avtolmos' revised statement implies that an *esrog's shemittah* status is determined solely by its emergence in regard to *all* matters, including *biur* and ownerlessness. Thus, an *esrog* that emerges in the seventh year is subject to the law of *biur* even if it is not picked until the eighth year. By the same token, it becomes ownerless and exempt from *maaser.* Rabbah and Rav Hamnuna follow this view and therefore rule – contrary to R' Shimon ben Yehudah – that an *esrog* that emerges in the seventh year and is picked in the eighth is exempt from *maaser* but subject to *biur.* They also rule, based on this view, that an *esrog* that emerges in the sixth year which is picked in the seventh is exempt from *biur.* They disagree only in regard to the *maaser* status of this fruit. Rav Hamnuna maintains that since an *esrog* that emerges in the sixth year is classified a sixth-year fruit in regard to all matters, it is not subject to *shemittah* status, and is thus not legally ownerless. Therefore, it *is* subject to *maaser.* Rabbah rules that though it is not rendered legally ownerless by *shemittah* law, it is nonetheless ownerless for all practical purposes because the owner cannot stop people from handling the fruit during *shemittah* (see 15a notes 15 and 16). According to Rabbah, Avtolmos would agree that this suffices to exempt the fruit from *maaser* (*Rashi*).

[The ruling of Avtolmos satisfactorily answers the Gemara's joint challenge to both Rabbah and Rav Hamnuna from the latter ruling of R' Shimon. It is not clear, however, how it answers the Gemara's specific challenge to Rav Hamnuna from the first ruling of R' Shimon, which indicated that he supported Rabbah's view about the exemption from *maaser* of something handled by everyone (see *Rashash* and *Chazon Ish, Sheviis* 7:9). The answer may perhaps be that Rav Hamnuna concedes that R' Shimon supports Rabbah in this matter but he maintains that Avtolmos disputes this as well. Avtolmos' categorical statement that all aspects of *shemittah* law – including ownerlessness – are determined by the fruit's emergence, indicates that only true ownerlessness suffices to exempt from *maaser.*]

The view of Avtolmos, as the Gemara has now explained it, is identical with the view of Rabban Gamliel that was cited by the Gemara on 14b, for Rabban Gamliel also said that the *esrog's shemittah* status is determined by its emergence, and its *maaser* status by its picking. The Gemara could thus have answered that Rabbah and Rav Hamnuna follow the opinion of Rabban Gamliel cited earlier, and did not need to cite the Baraisa of Avtolmos. The Gemara chose to cite it because Avtolmos quotes this view in the name of five Elders (*Tos. HaRosh*). Moreover, it is possible that Rabban Gamliel himself derived his view from the testimony of Avtolmos, which is thus the primary source for this view (*Rashba, Ritva*).

In summary: The Gemara has recorded four Tannaic opinions concerning the determination of an *esrog's maaser* and *shemittah* status. R' Eliezer (in the Mishnah cited on 14b) holds that its status is determined by the *emergence* of the fruit both in regard to *maaser* and in regard to *shemittah.* The Rabbis of Usha (in the Baraisa just cited) hold the opposite – that it is determined by its *picking* in both these regards. Avtolmos, and Rabban Gamliel (in the Mishnah cited on 14b), differentiate between *maaser* and *shemittah* – in regard to *maaser* the *esrog's* status is determined by picking, while in regard to *shemittah* it is determined by the fruit's emergence.

Rabbah and Rav Hamnuna follow this last position and hence exempt a sixth-year *esrog* picked in the seventh from the *shemittah* law of *biur* but consider a seventh-year *esrog* picked in the eighth subject to it. Although this seventh-year *esrog* is classified in regard to *maaser* as an eighth-year *esrog* in their view, they *exempt* it from *maaser* because *shemittah* law has rendered it ownerless. But since a sixth-year *esrog* picked in the seventh is considered a *sixth*-year *esrog* in regard to *shemittah* law, it is *not* ownerless and Rav Hamnuna therefore subjects it to *maaser.* Rabbah nevertheless exempts it because it is in fact treated as ownerless even though *shemittah* law does not apply to it. [This follows *Rashi* and *Ritva's* understanding of the Gemara; see 15a note 15.]

There is also the opinion of R' Shimon ben Yehudah in the name of R' Shimon who holds [at least in regard to law of *biur* – see 15a note 20] that an *esrog* is not subject to *shemittah* law unless it both emerges and is picked in the seventh year. [See *Ramban* to 13b who suggests that this may be the Biblical law for all fruit, and that the many Tannaim who subject fruit to *shemittah* law even if it just emerged in *shemittah* do so only Rabbinically.] It is also not subject to *maaser* if it emerged in the sixth and was picked in the seventh, or if it emerged in the seventh and was picked in the eighth, because fruit must both grow under conditions of *maaser* obligation and be picked under such conditions to be subject to the obligation. R' Shimon accepts Rabbah's position on the level of ownerlessness that exempts from *maaser,* which is why he exempts sixth-year *esrogim* picked in the seventh even though *shemittah* law does not apply to them. [For the practical halachah regarding the point in a fruit's development at which true ownerlessness (*hefker*) exempts it from the *maaser* obligation, see *Chazon Ish, Maasros* 1:2 and *Sheviis* 2:3, and *Derech Emunah, Terumos* 2:11 §95.]

4. *Rashi.* R' Yochanan and Reish Lakish thus follow the view of Avtolmos as defined by Rav Hamnuna (*Rabbeinu Chananel;* see also *Chazon Ish, Sheviis* 7:10). [The halachah should therefore follow this view (*Raavad, Hil. Maaser Sheni* 1:5). *Rambam* (ibid.), however, adopts the view of the Rabbis of Usha. See *Radvaz* there and *Chazon Ish* for an explanation of *Rambam's* understanding of R' Yochanan and Reish Lakish.]

חסורי מיחסרא והכי קתני אתרוג אחר לקיטתו למעשר ואחר חנטה לשביעית ורבותינו נמנו באושא (א) אחר לקיטתו בין למעשר בין לשביעית איתמר רבי יוחנן וריש לקיש אמרי תרוייהו אתרוג בת ששית שנכנסה לשביעית לעולם ששית כי אתא רבין אמר רבי יוחנן אאתרוג בת ששית שנכנסה לשביעית אפילו כזית ונעשית ככר חייבין עליה משום טבל ת״ר באילן שחנטו פירותיו קודם ט״ו בשבט מתעשר לשנה שעברה אחר ט״ו בשבט מתעשר לשנה הבאה אמר רבי נחמיה בד״א באילן שעושה שתי בריכות בשנה שתי בריכות ס״ד אלא אימא כעין שתי בריכות אבל אילן העושה בריכה אחת כגון דקלים וזיתים וחרובין אע״פ שחנטו פירותיהן קודם ט״ו בשבט מתעשרין לשנה הבאה אמר רבי יוחנן גנהגו העם בחרובין כרבי נחמיה איתיביה ריש לקיש לרבי יוחנן (ה) דבנות שוח שביעית שלהן שניה מפני שעושות לשלש השנים אישתיק א״ל ר׳ אבא הכהן לרבי יוסי הכהן אמאי אישתיק לימא ליה אמינא לך אנא רבי נחמיה ואת אמרת לי רבנן משום דא״ל שבקת רבנן ועבדת כרבי נחמיה ולימא ליה קאמינא לך נהגו ואת אמרת לי איסורא דא״ל במקום איסורא כי נהגו שבקינן (ג ליה) ולימא ליה כי אמינא לך אנא מעשר חרובין דרבנן ואת אמרת לי שביעית דאורייתא אלא אמר רבי אבא הכהן תמיהני אם השיבה ריש לקיש לתשובה זו אם השיבה הא אותבה אלא אימא אם קיבלה רבי יוחנן אם לא קיבלה:

מתני׳

רש״י

חסורי מיחסרא והכי קתני א״ר יוסי אבטולמוס העיד משום חמשה זקנים אתרוג אחר לקיטה למעשר אחר חנטה לשביעית ורבותינו נמנו באושא וגמרו אתרוג אחר לקיטה בין למעשר בין לשביעית. והכי פירושה אתרוג אחר לקיטה למעשר לענין חדש וישן ולענין שניה נכנסת לשלישית או שלישית לרביעית ואחר חנטה לשביעית בין להפקר בין לביעור כשאר אילנות ובת שביעית הנכנסת לשמינית הפקרה הוא פטורה מן המעשר דאילו לענין מעשר בשאר שני שבוע אזיל ביה רבנן בתר לקיטה לגבי חדש וישן ומעשר שני ומעשר עני משום דדרכו ליגדל על כל מים כירק והכי מפרש בשמעתא קמייתא דקדושין (דף ג.) אבל לשאר דבריו שוה לאילן בתר חנטה ורבה ורב המנונא סבירא להו כאבטולמוס דאמר בתר חנטה לשביעית הלכך בת שביעית שנכנסת לשמינית חייבת בביעור ובת ששית הנכנסת לשביעית פטורה מן הביעור דאזיל בתר חנטה ומיפלג פליגי רבה ורב המנונא במילתיה דאבטולמוס דהא רב המנונא סבר כיון דפטורה מן הביעור חייבת במעשר דלאו הפקרא דמלכא היא ורבה סבר סוף סוף יד הכל ממשמשין ומודה באבטולמוס דפטורה מן המעשר: לעולם ששית. חייבת במעשר ופטורה מן הביעור: אפילו כזית. אפילו לא גדלה בששית אלא מעט ורובה גדלה בשביעית עד שנעשית ככר חייבת משום טבל דבתר חנטה אזלינן: שתי בריכות ס״ד. אין לשון זה נופל אלא בעופות כדתנן (ב״ב דף פ.) הלוקח פירות שובך מפריח הבריכה ראשונה: כעין שתי בריכות. שאין פירותיו נגמרין כאחת כגון תאנים כדאמרן (לעיל דף יג:) גבי קטניות מתוך שעשוין פרכין: אבל אילן. שפירותיו נלקטין כאחד בתר לקיטה אזלינן בהו: בנות שוח. מפרש במסכת ע״ז (דף יד.) תאיני חיורתא: שביעית שלהן שניה. שביעית שלהן נוהגת בשנה שניה של שמטה כדמפרש טעמא: מפני שעושות לשלש שנים. פירות החונטים בה בשביעית אין נגמרין עד שנה שניה של שמטה ואנן בתר חנטה אזלינן ונהגא בהו שביעית: ואת אמרת לי איסורא. דאסור למיזל בהו בתר לקיטה אנא נמי מודינא דאסור אלא נהגו כך: שבקינן להו. בתמיה: אם קיבלה. והאי דאישתיק משום דלא ידע להשיב אם לא קיבלה והאי דאישתיק משום דלא איכפת ליה דלא דמי מעשר פירות האילן דרבנן לאחמורי ביה כשביעית דאורייתא:

מתני׳

תוספות

ורבותינו נמנו באושא. לית דגרסי אתרוג אחר חנטה בין למעשר בין לשביעית דסברי לה כשתא כר״ג לעיל (דף יד:) ולא נראה דהדיא מוכח בפ׳ לולב הגזול (סוכה דף מ.) דגרסינן אחר לקיטה וג׳ מחלוקת בדבר: שתי בריכות ס״ד. דלא שייך לשון בריכה ג) באלו אלא ביונים כדפי׳ בקונטרס כדתנן בפרק המוכר את הספינה (ב״ב דף פ.) הלוקח פירות שובך מפריח בריכה ראשונה ואין לפרש דפריך משום דאין אילן טוען שתי פעמים בשנה דהא אשכחן דיופרא בריש עושין פסין (עירובין דף יח.) ומיהו י״ל משום דקשיא ליה דכיון דלא שכיח אין לנו לחלק מדרבנן: כגון הדקלים והזיתים. נקט זיתים דמודה בהו ת״ק דתבואה וזיתים אחר שליש ולא אחר חנטה: נהגו העם בחרובין כרבי נחמיה. לאו דוקא נקט חרובים דהוא הדין דקלים וזיתים וכל אילנות ד) העשויות בריכה אחת בשנה מדפריך ליה ריש לקיש מבנות שוח וא״ת והא בנות שוח מפרש בפרק כילד מברכין (ברכות דף מ:) תאיני חיורתא ובריש כלל גדול (שבת דף סח. ושם) אמרינן לקיטתו כאחד למעוטי תאנה ואע״פ שיש לחלק בין סתם תאנים לתאיני חיורתא הא בפ״ק דפאה (מ״ד) חשיב אילנות שלקיטתן כאחד ולא חשיב בנות שוח ושמא תנא ושייר: בנות שוח. בפרק כילד מברכין (ברכות דף מ:) אמר רבה בר בר חנה תאיני חיורתא ופרי גרוע הוא כדמשמע בריש מסכת דמאי דלא נחשדו עליהם עמי הארץ דתנן הקלין שבדמאי השיתין הרימין והעוזרדין ובנות שוח וכן משמע בפ״ק דע״ז (דף יד. ושם) דאמרינן גבי שביעית הוסיפו עליהן מוכססין ובנות שוח אבל מעיקרא לא נהגו בהם שביעית שלא היה חשוב בעיניהם וקשיא דבפ״ק דשבועות (דף יב: ושם) משמע שהוא פרי חשוב גבי מותרות קיץ למזבח כבנות (ה) שבע) לאדם כל שאוכלין אותו בקינוח סעודה והיינו בנות שוח דאמרינן בבראשית רבה גבי עץ שאכל אדם הראשון דקרו ליה בנות שוח לפי שגרמו שוחה לאדם ואיכא דקרו ליה בנות שבע לפי שגרמו שבעת ימי אבילות ובפרק ארבעה נדרים (נדרים מ.) גבי נודר מן הכלכלה והיו בהן בנות (ו) שבע) ואמר אלו הייתי יודע שבנות (ב) (ו) שבע) בתוכה משמע נמי דפרי טוב הוא ולרבי יוחנן דפטר בירושלמי בריש דמאי אפילו בודאי ודמאי דמתניתין לאו דוקא לפי שרוב מינין (ג) אינם באין אלא מן ההפקר הוה מצינו למימר דפרי הוא הגדל ביערים שהוא מקום הפקר ופטור מן המעשר אע״פ שהוא טוב כעין אגוזים קטנים שלנו וכגון ערמונים והא דלא נהגו ביה שביעית מעיקרא לאו משום גריעותא הוא אלא משום דעושות לשלש שנים כדאמרינן הכא והוו סברי דלא אזלינן בהו בתר חנטה ז) אלא בתר לקיטה כיון דעיקרן אינם נגמרין בשנה שחונטים בה אבל לריש לקיש דירושלמי דמחייב בודאי ופטרי בדמאי לפי שלא נחשדו משמע משום גריעותא הוא ושיטתיה דהש״ס כוותיה בפ׳ כ״מ (ברכות מ:) דאמרינן דמאי הוא דלא בעי עשורי הא ודאי בעי עשורי ועוד קשיא דהתם ובפ״ק דע״ז (דף יד.) תאיני חיורתא קרי ליה ובפ׳ ארבעה נדרים (דף מ.) אמרי׳ דאין זה לא תאנים שחורות ולא תאנים לבנות וצריך לומר דשלשה מיני תאנים הן שחורות ולבנות הן סתם תאנים ובנות שוח הם תאנים רעות כגון הנך דדמאי ובפ״ק דע״ז וקראום בנות שוח לפי שתולין הקלקלה במקולקל אבל בנות שבע דשבועות ונדרים הן (ד) חשובות שגרמו שבעת ימי אבילות ומסתמא מן הטובות אכל שנאמר (בראשית ג) ונחמד העץ להשכיל ולית דגרסי בפ״ק דע״ז מוכססין בנות שוח בלא וי״ו שהוא פרי אחד שכך שמו כדמוכח בפ״ק דבכורות (דף ח. ושם) דאמרי׳ הזאב והארי והדוב והנמר והברדלס לשלש שנים וכנגדו באילנות בנות שוח נחש לשבע שנים ולאותו רשע לא מצינו חבר ויש אומרים כנגדו ח) מוכססין בנות שוח ופי׳ שם בקונטרס מוכססין של בנות שוח ולא בנות שוח ממש ועוד י״ל דמשעת נטיעת האילן של בנות שוח אין טוען פירות עד שבע שנים והכי מייתי לה גבי נחש וכי האי גוונא קאמר התם אפעה לשבעים שנה וכנגדו באילן חרוב וחרוב זה משעת נטיעתו עד שעת גמר פירותיו שבעים שנה אבל גבי זאב וארי דלשלש שנים היינו משעת חניטתו עד גמר פרי כדאמרינן הכא: שבקת רבנן ועבדת כרבי נחמיה. עדיפא מיניה הוה ליה לאקשויי דרבי יוחנן אית ליה ט) הלכה כסתם משנה: משום דאמר ליה שבקת רבנן ועבדת כרבי נחמיה. נראה לי כך פי׳ לכן לא א״ל הכי כדקאמרת דאי הוה א״ל הכי הוה משיב לו ריש לקיש וכי שבקינן רבנן ונעביד כרבי נחמיה דלא אמרת כרבי נחמיה קאמינא לך: וכי נהגו שבקינן להו. בתמיה דלשון נהגו משמע בפרק בתרא דתענית (דף כו:) דאי עביד לא מהדרינא והכא כיון דליכא אסורא דהלכה כרבנן לית לן לאהדורי ובריש ערבי פסחים (דף קג.) גבי הא דאמר רבי יוחנן נהגו העם כב״ה ואליבא דרבי יהודה משמע קצת דלכתחילה עבדי הכי מדמברך רבא אבשמים ברישא והדר אמאור ובכל ענין מתיישב כאן ומכאן סותרים מה שפירש רש״י בפ״ק דפסחים (דף ג:) אסורים בעשיית מלאכה במקום שנהגו דכיון דתני אסורין לא תלינן במנהגא [וע״ע תוספות ברכות נג: ד״ה נהגו ותוס׳ פסחים קג. ד״ה ואמר]:

בפסח

עין משפט נר מצוה

פא א מיי׳ פ״א מהל׳ מ״ש הל׳ ו ופ״ד מהל׳ שמיטין הלכה יג טוש״ע י״ד סי׳ שלא סעיף קכו:
פב ב מיי׳ פ״א מהל׳ מ״ש הלכה ג טוש״ע שם סעיף קכה:
פג ג מיי׳ שם הלכה ג:
פד ד מיי׳ פ״ד מהל׳ שמיטין הלכה טז:

רבינו חננאל

ת״ר אילן שחנטו פירותיו קודם ט״ו בשבט מתעשרין לשנה שעברה. ושחנטו אחר ט״ו בשבט מתעשרין בשנה (שעברה) [הבאה]. א״ר נחמיה בד״א באילן העושה ב׳ בריכות בשנה פי׳ ב׳ בריכות דיופרין אילן שטוענין ב׳ פירות בשנה כגון תאנה שעושה פירות בקיץ ובחורף. אבל אילן העושה בריכה אחת כגון הדקלין הזיתים והחרובין אע״פ שחנטו פירותיהן קודם ט״ו בשבט מתעשרין לשנה הבאה. וקיי״ל כרב המנונא. דר״י ור״ש בן לקיש קיימינן (א) א״ר יוחנן כותיה נהגו העם בחרובין כר׳ נחמיה אע״ג דחנטו קודם ט״ו בשבט מתעשרין לשנה הבאה. איתיביה רשב״ל לר׳ יוחנן הא דתנן בשביעית בתחלת פ״ה בנות שוח שביעית שלהן שניה שעושות לג׳ שנים ע״ש שעשו בשביעית יהיו שביעית. כלומר הנה בנות שוח שחנטו קודם ט״ו בשבט וחונטין עוד אחר ט״ו בשבט בכל השנה ומה שחנטו בשנת השמטה אחר ט״ו בשבט נוהגין בהן דין שביעית בשנה השניה של שבוע שמתאחרין בנות שוח הללו באילן ג׳ שנים. אבל מה שחנטו קודם ט״ו בשבט בשביעית מן הששית הן חשובין ומותרין בשנה הראשונה של שבוע. הנה בנות שוח אינם כגון ב׳ בריכות בשנה לפי שאין עושין אלא בריכה אחת בכל שנה ושנה. והנה מה שחנטו קודם ט״ו בשבט חשובין משנה ששית. ושחנטו אחר ט״ו בשבט חשובין משנה השביעית ומתבערין בשנה השניה של שבוע שהיא שנה שלישית לחנטתו. והיאך א״ר יוחנן כר׳ כי החרובין מפני שעושין בריכה אחת בשנה. בין מה שחנטו קודם ט״ו בין אח״כ מתעשרין לשנה הבאה אשתיק כו׳: ירושלמי (בפ״ה דשביעית) א״ר אבא בר כהנא ותמיהני איך מותיב רשב״ל ומקבל ר׳ יוחנן מיניה ושתיק ליה ויתיבניה אנא אמינא חרובין ואת אמרת בנות שוח. אנא אמינא מנהג ואת אמרת הלכה. אנא אמינא ר׳ נחמיה ואת אמרת רבנן. פי׳ בנות שוח הללו תאנים לבנות הן כדאמרינן (בע״ז יד) בענין דברים האסורים למכור לנכרים בנות שוח בפטוטרותיהן. ואמרי׳ (בגמ׳) אמר רבה בר בר חנה תאני חוורתא והן בנות שוח. בנות שבע ולכתנסין כולן מיני תאנים וכבר פירשנום במס׳ ע״ז. וכן דרך בנות שוח הללו שחונטין בשנה הראשונה הן פגין ובשניה בוחל ובשלישית נגמרין והן צמל ובכל שנה הן חונטין. וכך סידורן. מה שחנטו בשנה הראשונה של שבוע נגמרין בשלישית. ומה שחנטו בשניה נגמרין ברביעית. ומה שחנטו בשלישית נגמרין בחמישית. ונוהגין בהן מעשר עני. דקיי״ל אילן בתר חנטה. ואילו שנגמרו בחמישית בשלישית חנטו לפיכך הן פירות שלישית ושחנטו ברביעית נגמרין בששית ושחנטו בחמישית שנגמרין בשנה של שמטה מותרין הן כי פירות חמישית הן. ושחנטו בששית נגמרו בשמינית ונוהגין בהן מעשר עני. ושחנטו בשנת השמטה בשביעית נגמרין בשנה התשיעית שהיא שניה של שבוע הנכנסת. ונוהגין בהן דין שביעית ומתבערין. כי בשביעית היתה חניטתן. וכך דרך סידורן לעולם. כל הפירות של בנות שוח שחונטין בשביעית נוהגין בהן דין שביעית בשנה השניה של שבוע והיא שנת גמירת הפרי הנחנט בשביעית עצמה. נמצאו בכל שנה ג׳ מיני פירות בזה האילן מקצתן צמל והן שחנטו מקודם לכן בשנתים. ומקצתן בוחל והן שחנטו מדאשתקד ומקצתן פגין והן בזו השנה. וכענין שפירשנו הן מפורשין בתלמוד א״י בגמרא דהא מתניתא מהו בנות שוח פיטיראה. פי׳ פיטיריאה בלשון יון. ואמרו מין תאנים כאשר אמרנו. מה בכל שנה הן עושות או אחת לשלש שנים. ופירשו בכל שנה עושות אלא אין פירותיהן נגמרין אלא עד ג׳ שנים. כיצד יודע. איך יודעות פירות של כל שנה ושנה. ר׳ יונה אומר קושרין בחוט. פי׳ אלו בחוט לבן ואלו בחוט אדום ואלו בחוט שחור. תני (נטמא) [שמואל] תוחב בהן קסמין גם זה כענין הראשון כולי. תני רשבג״א מהוצאת העלין עד חנטת הפגין נ׳ יום. ומן הפגין עד השיתין הנובלות נ׳ יום. ומן השיתין עד התאנים נ׳ יום. ליקט תאנה ואינו יודע מתי חנטה. א״ר יונה מונה ק׳ יום למפרע. אם חל בתוכן ט״ו בשבט הוא יודע מתי חנטה. א״ל והוא עמי בטבריא ועושות לשנה אחת א׳ להן והרי עמכם בציפורי ועושות לג׳ ב) שנים כו׳. פי׳ מעשר חרובין דרבנן.

מסורת הש״ס

א) שביעית פ״ה מ״א, ב) נ״ל להו, ג) נ״ל באלון, ד) אולי נ״ל העשויות, ה) [שבועות א׳ שם וכ״א שם כתוב: ד״ה כבנות שוח וכו׳], ו) [בכל הסוגיא דשם א׳ שוח וע״ש בפירוש הרא״ש], ז) אולי נ״ל ולא בתר וכו׳ וכן כתוב בתוס׳ ע״ז יד. ד״ה בנות שוח, ח) לפנינו הגירסא מוכססין לחוד וכן הוא גירסת רש״י שם, ט) [שבת מו. ובשאר דוכתי טובא].

הגהות הב״ח

(א) גמ׳ ורבותינו נמנו באושא וגמרו אחר לקיטתו: (ב) תוס׳ ד״ה בנות שוח כו׳ שבנות שבע בתוכה לא הייתי נודר משמע נמי דפרי: (ג) בא״ד לפי שרוב מינין הללו אינם באין: (ד) בא״ד דשבועות ונדרים הן הטובות שגרמו:

חשק שלמה על ר״ח

א) מלות וקיי״ל כר׳ דר״י ור״ל קיימינן כוותיה שייכים למעלה בראש העמוד וכאן צ״ל א״ר יוחנן נהגו. ב) בירו׳ שם בפ״ה דשביעית סוף הלכה א׳ וכן בתוספתא שם רפ״ד איתא והן עושות לשתי שנים.

ליקוטי רש״י

בריכות. קוני״ש בלע״ז [שיר השירים ז, ה].

which entered the seventh year, אֲפִילוּ כַּזַּיִת וְנַעֲשֵׂית כִּכָּר – **even** if it was **the size of an olive** in the sixth year **and became** the size of **a loaf** of bread in the seventh year, so that most of its growth was in the seventh year, חַיָּיבִין עָלֶיהָ מִשּׁוּם טֶבֶל – **one is liable for** eating **it under** the prohibition of ***tevel.***[5]

The Gemara now turns its attention from the *esrog* to the general rule for trees, which is that their fruits are assigned for *maaser* purposes to the year in which they emerge:

תָּנוּ רַבָּנָן – **The Rabbis taught in a Baraisa:** אִילָן שֶׁחָנְטוּ פֵּירוֹתָיו קוֹדֶם חֲמִשָּׁה עָשָׂר בִּשְׁבָט – A TREE WHOSE FRUITS EMERGED BEFORE THE FIFTEENTH OF SHEVAT מִתְעַשֵּׂר לְשָׁנָה שֶׁעָבְרָה – IS TITHED ACCORDING TO THE YEAR THAT PASSED; אַחַר חֲמִשָּׁה עָשָׂר בִּשְׁבָט – if its fruits emerged AFTER THE FIFTEENTH OF SHEVAT, מִתְעַשֵּׂר לְשָׁנָה הַבָּאָה – IT IS TITHED ACCORDING TO THE COMING YEAR.[6] אָמַר רַבִּי נְחֶמְיָה – R' NECHEMYAH SAID: בַּמֶּה דְבָרִים אֲמוּרִים – IN REGARD TO WHAT WAS THIS SAID? בְּאִילָן שֶׁעוֹשֶׂה שְׁתֵּי בְּרֵיכוֹת בְּשָׁנָה – IN REGARD TO A TREE THAT PRODUCES TWO BROODS IN A YEAR.

The Gemara interjects to ask:

שְׁתֵּי בְּרֵיכוֹת סַלְקָא דַּעְתָּךְ – **Does it enter your mind** that a tree produces **two "broods"?** Only birds produce broods.[7] – ? –

The Gemara explains:

אֶלָּא אֵימָא כְּעֵין שְׁתֵּי בְּרֵיכוֹת – **Rather, state** the Mishnah as follows: A tree that produces **the equivalent of two broods** a year.[8]

The Gemara resumes its citation of R' Nechemyah's opinion: אֲבָל אִילָן הָעוֹשֶׂה בְּרֵיכָה אַחַת – BUT in the case of A TREE THAT PRODUCES the equivalent of just ONE BROOD a year,[9] כְּגוֹן דְּקָלִים וְזֵיתִים וַחֲרוּבִין – SUCH AS DATE-PALMS, OLIVE TREES, AND CAROB TREES, אַף עַל פִּי שֶׁחָנְטוּ פֵּירוֹתֵיהֶן קוֹדֶם חֲמִשָּׁה עָשָׂר בִּשְׁבָט – EVEN IF THEIR FRUITS EMERGED BEFORE THE FIFTEENTH OF SHEVAT, מִתְעַשְּׂרִין לְשָׁנָה הַבָּאָה – THEY ARE TITHED ACCORDING TO THE COMING YEAR – i.e. the year in which they are picked.[10]

The Gemara comments:

אָמַר רַבִּי יוֹחָנָן – **R' Yochanan said:** נָהֲגוּ הָעָם בַּחֲרוּבִין כְּרַבִּי נְחֶמְיָה – **The people have adopted the custom of following R' Nechemyah in regard to carobs,** assigning them to the year in which they are picked.[11]

R' Yochanan's ruling is challenged:

אֵיתִיבֵיהּ רֵישׁ לָקִישׁ לְרַבִּי יוֹחָנָן – **Reish Lakish challenged R' Yochanan from the following Mishnah:**[12] בְּנוֹת שׁוּחַ – WHITE FIGS[13] שְׁבִיעִית שֶׁלָּהֶן שְׁנִיָּה – HAVE THEIR *SHEMITTAH* year (i.e. they are subject to the *shemittah* restrictions) IN THE SECOND year of the cycle מִפְּנֵי שֶׁעוֹשׂוֹת לְשָׁלֹשׁ הַשָּׁנִים – BECAUSE THEY GROW OVER a period of THREE YEARS. Thus, fruits that emerge in the *shemittah* year are not ripe and ready to be picked until the second year of the new cycle.[14] It is evident from this that even trees whose fruits ripen all at once are nonetheless assigned to the year in which they first emerged.[15] – ? –

NOTES

5. For the year of an *esrog* is determined by its emergence [in regard to *shemittah;* thus, the fruit is not ownerless and is subject to *maaser*] (*Rashi;* see *Sfas Emes*).

6. [The Baraisa states the basic law for trees: The fruit is assigned for *maaser* purposes to the year in which it emerged, as derived on 14a. Thus, if the fruit emerged before the fifteenth of Shevat of the third year of the cycle, for example, it is considered a second-year fruit and is subject to *maaser rishon* and *maaser sheni.* If it emerged after the fifteenth, it is a third-year fruit and is subject to *maaser rishon* and *maaser ani.*]

7. The term בְּרֵיכָה is used exclusively for the offspring of birds, as we find in the Mishnah in *Bava Basra* 80a (*Rashi;* cf. *Baal HaMaor*). What then does R' Nechemyah mean when he uses this term regarding a tree?

8. That is, its fruit does not ripen all at once but over a period of time [like pigeons, which produce new offspring every month; see *Rashi, Beitzah* 10a ד״ה בריכה] (*Rashi*). [Even this analogy is not meant precisely, for pigeons produce new broods at regular intervals whereas trees produce just a single crop per year whose fruits ripen over a period of time (*Ritva*).]

An example of this type of tree is the fig tree [as the Gemara states in *Shabbos* 68a]. Since its fruit is not all picked at the same time, the Rabbis treated it much as they treated legumes (see above, 13b), assigning the tree's fruit to the year in which it emerges rather than the year in which it is picked (*Rashi,* as explained by *Sfas Emes;* see further, note 10).

9. I.e. a crop whose fruits all [ripen together and hence] are picked at the same time (*Rashi*).

10. *Rashi.* Thus, according to R' Nechemyah, the fruits of all trees should be assigned for *maaser* purposes to the year in which they are picked. This, however, would lead to difficulties in the case of trees whose fruit ripens over a period of time, since it would mean that the fruits of the same tree could not be tithed together and would be subject to different *maaser* obligations, depending on whether they were picked before the fifteenth of Shevat or afterwards. The Rabbis therefore instituted that the fruits be assigned to the year in which they first emerge [which occurs at one time (*Meiri*)], as they did with legumes [see 13b] in assigning them to the year in which they take root (*Sfas Emes,* in explanation of *Rashi;* but see there). [See *Mikdash David, Zeraim* §60 (ד״ה בר״ה), who questions this explanation on the basis of *Yerushalmi, Sheviis* 5:1, which indicates that these fruits do not all emerge at the same time either.]

R' Nechemyah need not have mentioned the olive tree in his dissent because even the Tanna Kamma agrees that olives are not assigned to the year in which they emerge but rather to the year in which they reach one third of their growth, as we learned on 12b (*Tosafos;* see *Pnei Yehoshua*). [From *Tosafos'* comment it is clear that they share *Rashi's* view (above, 12b) that olives – unlike other trees – are assigned to the year in which they reach one-third their maturity (see 12b note 19). Other Rishonim, however, maintain that even olives are assigned to the year in which they emerge (see *Ritva* 12b ד״ה הא תנן התם התלתן and ד״ה דקתני תבואה). According to this view, R' Nechemyah disputes the Tanna Kamma even in regard to olives (see Mossad HaRav Kook edition of *Ritva* note 840).]

11. *Tosafos* assert that the custom was not limited to carobs but extended to dates and all trees whose fruits are picked at the same time. R' Yochanan's mention of carobs in not meant specifically [but merely as an example of the class of trees to which R' Nechemyah's rule pertained]. Others, however, maintain that the custom cited by R' Yochanan was indeed limited to carobs. The reason they followed R' Nechemyah's view specifically in regard to carobs is because carobs are considered an inferior fruit, which therefore have no significance at all when they first emerge around the fifteenth of Shevat (*Rabbeinu Tam* cited by *Ritva; Raavad, Hil. Maaser Sheni* 1:3).

12. *Sheviis* 5:1.

13. [This is the translation given by the Gemara in *Avodah Zarah* 14a, as cited by *Rashi.* See our *Yad Avraham* commentary to *Sheviis* 5:1 for further discussion.]

14. [Which is the third year in which they grow.]

Yerushalmi (cited by *Rash* to the Mishnah) explains that fruit of this tree emerges every year but it takes three years for each fruit to ripen. Thus, on any given year, a mature tree will carry fruit that emerged two years earlier and is now ripening, fruit that emerged the previous year, and new fruit. To distinguish the *shemittah* fruit from the rest of the fruit of the tree, fruit of *shemittah* year was tied with a ribbon as it emerged, or embedded with a splinter.

15. Although ordinary figs do not all ripen at once (see note 8 above), the species known as "white figs" are different in this regard (*Tosafos* ד״ה נהגו).

[According to the explanation (in note 11) that R' Nechemyah's view was followed specifically in regard to carobs because they are an inferior fruit, the challenge from this Mishnah is based on the fact that white figs are also an inferior sort of fruit (*Ritva;* see *Tosafos* here who discuss whether white figs are indeed an inferior fruit).]

חסורי מיחסרא והכי קתני אתרוג אחר לקיטתו למעשר ואחר חנטה לשביעית ורבותינו נמנו באושא (א) אחר לקיטתו בין למעשר בין לשביעית איתמר רבי יוחנן וריש לקיש אמרי תרוייהו אתרוג בת ששית שנכנסה לשביעית לעולם ששית כי אתא רבין אמר רבי יוחנן אאתרוג בת ששית שנכנסה לשביעית אפילו כזית ונעשית ככר חייבין עליה משום טבל ת"ר באילן שחנטו פירותיו קודם ט"ו בשבט מתעשר לשנה שעברה אחר ט"ו בשבט מתעשר לשנה הבאה אמר רבי נחמיה בד"א באילן שעושה שתי בריכות בשנה שתי בריכות ס"ד אלא אימא כעין שתי בריכות אבל אילן העושה בריכה אחת כגון דקלים וזיתים וחרובין אע"פ שחנטו פירותיהן קודם ט"ו בשבט מתעשרין לשנה הבאה אמר רבי יוחנן גנהגו העם בחרובין כרבי נחמיה איתיביה ריש לקיש לרבי יוחנן (א) בנות דשוח שביעית שלהן שניה מפני שעושות לשלש השנים אישתיק א"ל ר' אבא הכהן לרבי יוסי הכהן אמאי אישתיק לימא ליה אמינא לך אנא רבי נחמיה ואת אמרת לי רבנן משום דא"ל שבקת רבנן ועבדת כרבי נחמיה ולימא ליה קאמינא לך נהגו ואת אמרת לי איסורא דא"ל במקום איסורא כי נהגו שבקינן (ג) ליה) ולימא ליה כי אמינא לך אנא מעשר חרובין דרבנן ואת אמרת לי שביעית דאורייתא אלא אמר רבי אבא הכהן תמיהני אם השיבה ריש לקיש לתשובה זו אם השיבה הא אותבה אלא אימא אם קיבלה רבי יוחנן אם לא קיבלה:

מתני'

חסורי מיחסרא והכי קתני א"ר יוסי אבטולמוס העיד משום חמשה זקנים אתרוג אחר לקיטה למעשר אחר חנטה לשביעית ורבותינו נמנו באושא וגמרו אתרוג אחר לקיטה בין למעשר בין לשביעית. והכי פירושה אתרוג אחר לקיטה למעשר לענין חדש וישן ולענין שניה נכנסת לשלישית או שלישית לרביעית ואחר חנטה לשביעית בין להפקר בין לביעור כשאר אילנות ובת שביעית הנכנסת לשמינית הפקרה הוא פוטרה מן המעשר דאילו לענין מעשר בשאר שני שבוע אזול ביה רבנן בתר לקיטה לגבי חדש וישן ומעשר שני ומעשר עני משום דדרכו ליגדל על כל מים כירק והכי מפרש בשמעתא קמייתא דקדושין (דף ג.) אבל לשאר דבריו שוה לאילן בתר חנטה ורבה ורב המנונא סבירא להו כאבטולמוס דאמר בתר חנטה לשביעית הלכך בת שביעית שנכנסת לשמינית חייבת בביעור ובת ששית הנכנסת לשביעית פטורה מן הביעור דאזיל בתר חנטה ומיפלג פליגי רבה ורב המנונא במילתיה דאבטולמוס דהא רב המנונא סבר כיון דפטורה מן הביעור חייבת במעשר דלאו הפקרא דמלכא היא ורבה סבר סוף סוף יד הכל ממשמשין ומודה אבטולמוס דפטורה מן המעשר: לעולם ששית. חייבת במעשר ופטורה מן הביעור: אפילו כזית. אפילו לא גדלה בששית אלא מעט ורובה גדלה בשביעית עד שנעשית ככר חייבת משום טבל דבתר חנטה אזלינן: שתי בריכות ס"ד. אין לשון זה נופל אלא בעופות כדתנן (ב"ב דף פ.) הלוקח פירות שובך מפריח הבריכה ראשונה: כעין שתי בריכות. שאין פירותיו נגמרין כאחת כגון תאנים כדאמרן (לעיל דף יג:) גבי קטניות מתוך שעשוין פרכין: אבל אילן. שפירותיו נלקטין כאחד בתר לקיטה אזלינן בהו: בנות שוח. מפרש במסכת ע"ז (דף יד.) תאיני חיורתא: שביעית שלהן שניה. שביעית שלהן נוהגת בשנה שניה של שמטה כדמפרש טעמא: מפני שעושות לשלש שנים. פירות החונטים בה בשביעית אין נגמרין עד שנה שניה של שמטה ואנן בתר חנטה אזלינן ונהגא בהו שביעית: ואת אמרת לי איסורא. לאסור למיזל בהו בתר לקיטה אנא נמי מודינא לאסור אלא נהגו כך: שבקינן להו. בתמיה: אם קיבלה. והאי דאשתיק משום דלא ידע להשיב אם לא קיבלה והאי דאשתיק משום דלא איכפת ליה דלא דמי מעשר פירות האילן דרבנן לאחמורי ביה כשביעית דאורייתא:

מתני'

ורבותינו נמנו באושא. לית דגרסי אתרוג אחר חנטה בין למעשר בין לשביעית דסברי לה השתא כר"א דלעיל (דף יד:) ולא נראה דהדיא מוכח בפ' לולב הגזול (סוכה דף מ.) דגרסינן אחר לקיטה וג' מחלוקת בדבר: **שתי** בריכות ס"ד. דלא שייך לשון בריכה (ג) באלו אלא ביונים כדפי' בקונטרס כדתנן בפרק המוכר את הספינה (ב"ב דף פ.) הלוקח פירות שובך מפריח בריכה ראשונה ואין לפרש דפריך משום דאין אילן טוען שתי פעמים בשנה דהא אשכחן דיופירא בריש עושין פסין (עירובין דף יח.) ומיהו י"ל משום דקשיא ליה דכיון דלא שכיח אין לנו לחלק מדרבנן: **כגון** הדקלים והזיתים. בתנס נקט זיתים דמודה בהו ת"ק לתבואה וזיתים אחר שליש ולא אחר חנטה: **נהגו** העם בחרובין כרבי נחמיה. לאו דוקא נקט חרובים דהוא הדין דקלים וזיתים וכל אילנות (ד) העשויות בריכה אחת בשנה מדפריך ליה ריש לקיש מבנות שוח וא"ת והא בנות שוח מפרש בפרק כילד מברכין (ברכות דף מ:) תאיני חיורתא ובריש כלל גדול (שבת דף סח. ושם) אמרינן לקיטתו כאחד למעוטי תאנה ואע"פ שיש לחלק בין סתם תאנים לתאיני חיורתא הא בפ"ק דפאה (מ"ה) חשיב אילנות שלקיטתן כאחד ולא חשיב בנות שוח ושמא תנא ושייר: **בנות** שוח. בפרק כילד מברכין (ברכות דף מ:) אמר רבה בר בר חנה תאיני חיורתא ופרי גרוע הוא כדמשמע בריש מסכת דמאי דלא נחשדו עליהם עמי הארץ דתנן הקלין שבדמאי השיתין הרימין והעוזרדין ובנות שוח וכן משמע בפ"ק דע"ז (דף יד. ושם) דאמרינן גבי שביעית הוסיפו עליהן מוכססין ובנות שוח אבל מעיקרא לא נהגו בהם שביעית שלא היה חשוב בעיניהם וקשיא דבפ"ק דשבועות (דף יב: ושם) משמע שהוא פרי חשוב גבי מותרות קיץ למזבח כבנות (ה) שבע) לאדם כל שאוכלין אותו בקינוח סעודה והיינו בנות שוח דאמרינן בבראשית רבה גבי עץ שאכל אדם הראשון דקרו ליה בנות שוח לפי שגרמו שוחה לאדם ואיכא דקרו ליה בנות שבע לפי שגרמו שבעת ימי אבילות ובפרק ארבעה נדרים (נדרים מ.) גבי נודר מן הכלכלה והיו בהן בנות (ו) שבע) ואמר אלו הייתי יודע שבנות (ז) שבע) בתוכה משמע נמי דפרי טוב הוא ולרבי יוחנן דפטר בירושלמי בריש דמאי אפילו בודאי ודמאי דמתניתין לאו דוקא לפי שרוב מינין (ג) אינם באין אלא מן ההפקר הוה מצינו למימר דפרי הוא הגדל ביערים שהוא מקום הפקר ופטור מן המעשר אע"פ שהוא טוב כעין אגוזים קטנים שלנו וכגון ערמונים והא דלא נהגו ביה שביעית מעיקרא לאו משום גריעותא הוא אלא משום דעושות לשלש שנים כדאמרינן הכא והוו סברי דלא אזלינן בהו בתר חנטה (ח) אלא בתר לקיטה כיון דעיקרן אינם נגמרין בשנה שחונטים בה אבל לר"ל קשיא דבירושלמי דמחייב בודאי ופטרי בדמאי לפי שלא נחשדו משמע משום גריעותא הוא ושיטתיה דהש"ס כוותיה בפ' כ"מ (ברכות מ.) דאמרינן דמאי הוא דלא בעי עשורי הא ודאי בעי עשורי ועוד קשיא דהתם ובפ"ק דע"ז (דף יד.) תאיני חיורתא קרי ליה ובפ' ארבעה נדרים (דף מ.) אמרי' דאין זה לא תאנים שחורות ולא תאנים לבנות וצריך לומר דשלשה מיני תאנים הן שחורות ולבנות הן סתם תאנים ובנות שוח הם תאנים רעות כגון הנך דדמאי ובפ"ק דע"ז וקראום בנות שוח לפי שתולין הקלקלה במקולקל אבל בנות שבע דשבועות ונדרים הן (ד) חשובות שגרמו שבעת ימי אבילות ומסתמא מן הטובות אכל שנאמר (בראשית ג) ונחמד העץ להשכיל ואית דגרסי בפ"ק דע"ז מוכססין בנות שוח בלא וי"ו שהוא פרי אחד שכך שמו כדמוכח בפ"ק דבכורות (דף ח. ושם) דאמרי' הזאב והארי והדוב והנמר והברדלס לשלש שנים וכנגדן באילנות בנות שוח נחש לשבע שנים ולאותו רשע לא מצינו חבר ויש אומרים כנגדו (ח) מוכססין ופי' שם בקונטרס מוכססין של בנות שוח ולא בנות שוח ממש ועוד י"ל דמשעת נטיעת האילן של בנות שוח אין טוען פירות עד שבע שנים והאי מייתי לה גבי נחש וכי האי גוונא קאמר התם אפעה לשבעים שנה וכנגדו באילן חרוב והרוב זה משעת נטיעתו באילן שבעים שנה אבל גבי זאב וארי לשלש שנים היינו משעת חניטתו עד גמר פרי כדאמרינן הכא: **שבקת** רבנן ועבדת כרבי נחמיה. עדיפא מיניה הוה ליה לאקשויי דרבי יוחנן אית ליה (ט) הלכה כסתם משנה: **משום** דאמר ליה שבקת רבנן ועבדת כרבי נחמיה. נראה לי כך פי' לכך לא א"ל הכי דהכי הוה משיב לו ריש לקיש וכי שבקינן רבנן ועביד כרבי נחמיה דאת אמרת כרבי נחמיה קאמינא לך: **וכי** נהגו שבקינן להו. בתמיה לשון נהגו משמע בפרק במה בהמה לתענית (דף טו:) דאי עביד לא מהדרינא והכא כיון דליכא אסורא להלכה כרבנן אית לן לאהדורי ובריש ערבי פסחים (דף קג.) גבי הא דאמר רבי יוחנן נהגו העם כב"ה ואליבא דרבי יהודה משמע קצת דלכתחלה עבדי הכי מדפריך רבא אבשמים ברישא והדר אמאור ובכל ענין מתיישב כאן ומכאן קשרים מה שפירש רש"י בפ"ק דפסחים (דף ג:) אסורים בעשיית מלאכה במקום שנהגו דכיון דתני אסורין לא תלינן במנהגא [וע"ע תוספות ברכות נג: ד"ה נהגו ותוס' פסחים קג. ד"ה ואמר]:

בפסח

עין משפט נר מצוה

פא א מיי' פ"א מהל' מ"ש הל' ו ופ"ד מהל' שמיטין הלכה יב טוש"ע י"ד סי' שלא סעיף קכו:
פב ב מיי' פ"א מהל' מ"ש הלכה ג טוש"ע שם סעיף קכה:
פג ג מיי' שם הלכה ג:
פד ד מיי' פ"ד מהל' שמיטין הלכה טו:

רבינו חננאל

ת"ר אילן שחנטו פירותיו קודם ט"ו בשבט מתעשרין לשנה שעברה. ושחנטו אחר ט"ו בשבט מתעשרין בשנה (שעברה) [הבאה]. א"ר נחמיה בד"א באילן העושה ב' בריכות בשנה פי' ב' בריכות דיפורין אילן שטוענין ב' פירות בשנה כגון תאנה שעושה פירות בקיץ ובחורף. אבל אילן העושה בריכה אחת כגון הדקלין והזיתים והחרובין אע"פ שחנטו פירותיהן קודם ט"ו בשבט מתעשרין לשנה הבאה. וקיי"ל כרב המנונא. דר"י בן לקיש קיימינן א) א"ר יוחנן כוותיה נהגו העם בחרובין כר' נחמיה שאע"ג דחנטו קודם ט"ו בשבט מתעשרין לשנה הבאה. איתיביה רשב"ל לר' יוחנן הא דתנן בשביעית בתחלת פ"ה בנות שוח שביעית שלהן שניה שעושות לג' שנים ע"ש שעשו בשביעית יהו שביעית. כלומר הנה בנות שוח שחנטו קודם ט"ו בשבט וחונטין עוד אחר ט"ו בשבט בכל השנה ומה שחנטו בשנת השמטה אחר ט"ו בשבט נוהגין בהן דין שביעית בשנה השניה של שבוע שמאחרין בנות שוח הללו באילן ג' שנים. אבל מה שחנטו קודם ט"ו בשבט בשביעית מן הששית הן חשובין ומותרין בשנה הראשונה של שבוע. הנה בנות שוח אינם כגון ב' בריכות בשנה לפי שאין עושין אלא בריכה אחת בכל שנה ושנה. והנה מה שחנטו קודם ט"ו בשבט חשובין משנה ששית. ושחנטו אחר ט"ו בשבט חשובין משנה שביעית ומתחברין בשנה השניה של שבוע שהיא שנה שלישית לחנטתו. והיאך א"ר יוחנן כר' כי החרובין מפני שעושין בריכה אחת בשנה. בין מה שחנטו קודם ט"ו בין אח"כ מתעשרין לשנה הבאה אשתיק כו': ירושלמי (ברפ"ה דשביעית) א"ר אבא בר כהנא ותמהיני איך מותיב רשב"ל ומקבל ר' יוחנן מיניה ושתיק ליה ריתיביה אנא אמינא חרובין ואת אמרת בנות שוח. אנא אמינא מנהג ואת אמרת הלכה. אנא אמינא ר' נחמיה ואת אמרת רבנן. פי' בנות שוח הללו תאנים לבנות הן כדאמרינן (בע"ז יד.) בענין דברים האסורים למכור לנכרים בנות שוח בפטטרותיהן. ואמרי' (בגמ') אמר רבה בר בר חנה תאיני חיורתא הן בנות שוח. בנות שבע ולכלוכין כולן מיני תאנים וכבר פירשנום במס' ע"ז. וכן דרך בנות שוח הללו שחונטין בשנה הראשונה הן פגין ובשניה בוחל ובשלישית נגמרין והן צמל ובכל שנה הן חונטין. וכך סידורן. מה שחונטין בשנה הראשונה של שבוע נגמרין בשלישית. ומה שחנטו בשנייה נגמרין ברביעית. ומה שחנטו בשלישית נגמרין בחמישית. דקיי"ל אילן בתר חנטה. ואלו שנגמרו בחמישית בשלישית חנטו לפיכך הן פירות שלישית ושחנטו ברביעית נגמרין בששית ושחנטו בחמישית שנגמרין בשנה של שמטה מותרין הן כי פירות חמישית הן. ושחנטו בששית נגמר בשמינית ונוהגין בהן מעשר עני. ושחנטו בשנת השמטה בשביעית נגמרין בשנה התשיעית שהיא שניה לשבוע הנכנס. ונוהגין בהן דין שביעית. כי בשביעית היתה חנטתן. וכך דרך סידורן לעולם. כל הפירות של בנות שוח שחונטין בשביעית נוהגין בהן דין שביעית בשנה השניה של שבוע והיא שנת גמירת הפרי הנחנט בשנה שביעית עצמה. נמצאו בכל שנה ג' מיני פירות בנות שוח מצויין בכל אילן. מקצתן צמל ומקצתן פגין ומקצתן גמורין. והן שיחנטו בזו השנה. והענין שפירשנו הן מפורשין בתלמוד א"י בגמרא דהא מתניתא מהו בנות שוח פיטריאה. פי' פיטריאה בלשון יון. ואמרו מין תאנים כאשר אמרנו. מה בכל שנה הן עושות או אחת לשלש שנים. ופירשו בכל שנה עושות אלא אין פירותיהן נגמרין אלא עד ג' שנים. כיצד יודע. אין יודעות פירות של כל שנה ושנה. ר' יונה אמר קושרין בחוט. פי' אלו בחוט לבן ואלו בחוט אדום ואלו בחוט שחור. תני (נטמא) [שמואל] תוחב בהן קסמין [illegible]

מסורת הש"ס

א) שביעית פ"ה מ"א, ב) ל"ל להו, ג) ל"ל באילן, ד) אולי ל"ל השעוות, ה) [בשבועות א' שוח וכו' עש בתוס' ד"ה כבנות שוח וכו'], ו) [בכל הסוגיא דשם א' שוח וע"ש בפירוש הרא"ש], ז) אולי ל"ל ולא בתר וכו' וכן כתוב בתוס' ע"ז יד. ד"ה בנות שוח, ח) לפנינו הגירסא מוכססין לחוד וכן הוא גירסת רש"י שם, ט) [שבת מז. ונשאר דוכתי טובא].

הגהות הב"ח

(א) גמ' ורבותינו נמנו באושא וגמרו אחר לקיטתו: (ב) תוס' ד"ה בנות שוח כו' שבנות שבע בתוכה לא הייתי נודר משמע נמי דפירי: (ג) בא"ד לפי שרוב מינין הללו אינם באין: (ד) בא"ד דשבועות ונדרים הן הטובו' שגרמו:

חשק שלמה על ר"ח

א) מלות "וקי"ל כר' דר"י ורשב"ל קיימינן כוותיה" שייכים למעלה בראש העמוד וכאן ל"ל א"ר יוחנן נהגו. ב) בירו' שם בפ"ה דשביעית סוף הלכה א' וכן בתוספתא שם רפ"ד איתא והן עושות לשתי שנים.

ליקוטי רש"י

בריכות. קווי"ם בלע"ז [שיר השירים ז, ה].

The Gemara records R' Yochanan's response:

אִישְׁתִּיק – He remained silent.

The Gemara analyzes R' Yochanan's reticence:

אָמַר לֵיהּ רַבִּי אַבָּא הַכֹּהֵן לְרַבִּי יוֹסֵי הַכֹּהֵן – R' Abba the Kohen said to R' Yose the Kohen: אַמַּאי אִישְׁתִּיק – Why was [R' Yochanan] silent?[16] **לֵימָא לֵיהּ – He should have said to [Reish Lakish]: אֲמִינָא לָךְ אֲנָא רַבִּי נְחֶמְיָה – I am telling you** that the custom is to follow the opinion of **R' Nechemyah, וְאַתְּ אָמְרַתְּ לִי רַבָּנָן – and you reply** by citing a Mishnah that follows the view of **the Rabbis?**[17]

R' Yose the Kohen explains:

מִשּׁוּם דְּאָמַר לֵיהּ – Because [Reish Lakish] would have **replied: שָׁבְקַתְּ רַבָּנָן וְעָבְדַתְּ כְּרַבִּי נְחֶמְיָה – Are you forsaking** the majority view of **the Rabbis and acting in accordance with** the minority opinion of **R' Nechemyah?**[18]

R' Abba the Kohen counters:

וְלֵימָא לֵיהּ – But [R' Yochanan] should have said to [Reish Lakish]: קָאֲמִינָא לָךְ נָהֲגוּ – I am telling you that **[people] have adopted the custom** of following R' Nechemyah, **וְאַתְּ אָמְרַתְּ לִי אִיסּוּרָא – and you reply** by citing **a prohibition?**[19]

R' Yose the Kohen answers:

דְּאָמַר לֵיהּ – Because [Reish Lakish] would have replied: בִּמְקוֹם אִיסּוּרָא – In a situation of prohibition, כִּי נָהֲגוּ שַׁבְקִינַן (ליה) [לְהוּ] – when [people] adopt a custom as if it were permitted, **do we allow them** to continue acting that way?[20]

R' Abba the Kohen persists:

וְלֵימָא לֵיהּ – But [R' Yochanan] should have said to [Reish Lakish]: כִּי אֲמִינָא לָךְ אֲנָא מַעְשַׂר חֲרוּבִין דְּרַבָּנָן – When I stated my opinion **to you, I** was speaking of **the *maaser* of carobs, which is** only a **Rabbinic** requirement; **וְאַתְּ אָמְרַתְּ לִי שְׁבִיעִית דְּאוֹרַיְיתָא – and you reply** by citing **a** ruling about ***shemittah,* which is** a **Biblical** prohibition?[21]

R' Abba the Kohen continues:

אֶלָּא אָמַר רַבִּי אַבָּא הַכֹּהֵן – Rather, R' Abba the Kohen said: תְּמֵיהַנִי אִם הֱשִׁיבָהּ רֵישׁ לָקִישׁ לִתְשׁוּבָה זוֹ – I wonder if Reish Lakish really **made this response** (i.e. challenge from the Mishnah) to R' Yochanan.

The Gemara asks:

אִם הֱשִׁיבָהּ – Is R' Abba wondering **if [Reish Lakish] made this response? הָא אוֹתְבָהּ – But he did make this response,** as was cited above! – ? –

The Gemara reinterprets R' Abba the Kohen's statement:

אֶלָּא אֵימָא – Rather, state: אִם קִיבְּלָהּ רַבִּי יוֹחָנָן אִם לֹא קִיבְּלָהּ – I wonder **whether or not R' Yochanan accepted** this response as valid.[22]

NOTES

16. Silence generally indicates concession (*Ritva*).

17. [Clearly, the Rabbis of the Baraisa (the Tanna Kamma) dispute R' Nechemyah's position and assign fruit to the year in which it emerged. The Mishnah in *Sheviis,* therefore, does not invalidate the custom, for it follows the view of the Rabbis.]

18. Reish Lakish could also have asked that the Mishnah in *Sheviis* is stated anonymously and without dispute [סְתָם מִשְׁנָה], and R' Yochanan himself states (see *Shabbos* 46a) that the halachah follows the ruling of such a Mishnah (*Tosafos*).

19. R' Yochanan could actually agree that it is forbidden to assign fruit to the year in which it is picked rather than the one in which it emerges. [Thus, he would agree with that Mishnah's ruling that white figs that emerge in *shemittah* are subject to *shemittah* restrictions when they ripen in the second year of the new cycle.] Nevertheless, he reported that the general population was accustomed to following R' Nechemyah's view of assigning the fruits to the year in which they are picked (*Rashi*). Why does Reish Lakish challenge this?

20. [By reporting the common practice without criticizing it, R' Yochanan was in effect endorsing its continuance.] Indeed, the Gemara in *Taanis* 26b states that the expression נָהֲגוּ הָעָם, *the people have adopted the custom,* indicates that the Rabbis do not interfere with the practice. Moreover, this expression sometimes even connotes a preference for the custom (*Tosafos;* see *Ritva*).

21. The Mishnah cited by Reish Lakish speaks of *shemittah* law, which applies to all trees on the Biblical level. Hence, we must deal with it stringently and assign the fruit to the year in which it emerges. But the practice cited by R' Yochanan refers to the tithing of carobs, which is merely a Rabbinic requirement (see 12b note 24). In light of this, the Rabbis did not object to the common practice of following R' Nechemyah's ruling and tithing carobs according to the year in which they are picked (see *Rashi* ד״ה אם קיבלה), even though they were wrong to do so (*Raavad, Hil. Maaser Sheni* 1:3).

22. I.e. I wonder whether he remained silent because he did not know an answer to the question, or because he did not feel the question needed to be answered, since he was referring only to a Rabbinic requirement (*Rashi;* see *Yad Malachi* §25).

Mishnah בְּאַרְבָּעָה פְּרָקִים הָעוֹלָם נִידוֹן – **At four junctures** during the year **the world is judged:** בְּפֶסַח עַל הַתְּבוּאָה – **on Pesach for the grain,** בַּעֲצֶרֶת עַל פֵּירוֹת הָאִילָן – **on Shavuos for the fruit of the tree,** בְּרֹאשׁ הַשָּׁנָה כָּל בָּאֵי עוֹלָם עוֹבְרִין לְפָנָיו כִּבְנֵי מָרוֹן – **on Rosh Hashanah all who come to the world** [i.e. all men] **pass before Him like *bnei maron*,**[1] שֶׁנֶּאֱמַר ,,הַיּוֹצֵר יַחַד לִבָּם הַמֵּבִין אֶל־כָּל־מַעֲשֵׂיהֶם" – **as it is stated:** ***Who fashions their hearts together, Who understands all their deeds,***[2] וּבֶחָג נִידּוֹנִין עַל הַמַּיִם – **and on the Festival** [of Succos] **they are judged for the water.**[3]

Gemara The Gemara discusses the Mishnah's statement that on Pesach the world is judged for grain:

הֵי תְּבוּאָה – **Which grain** is the subject of this judgment? אִילֵימָא הָא תְּבוּאָה דְּקַיְימָא – **If you say the grain that is standing** in the field ready to be harvested, כָּל הָנֵי הַרְפַּתְקֵי דַּעֲדוּ עֲלָהּ אֵימַת אִיתְּדוּן – **when were all those occurrences that befell it** until now **decided?**[4] אֶלָּא תְּבוּאָה דְּמִזְדַּרְעָא – **Rather,** it refers to **the grain that will be sown** the following winter.

The Gemara asks:

לְמֵימְרָא דְּחַד דִּינָא מִתְדְּנָא – **Is this to say that** [each grain crop] **undergoes only one judgment?**[5] וְהָתַנְיָא – **But it was taught in a Baraisa:** תְּבוּאָה שֶׁאֵירַע בָּהּ קֶרִי אוֹ אוֹנֶס – GRAIN TO WHICH THERE BEFELL A natural DISASTER[6] OR AN ACT OF VIOLENCE by man, קוֹדֶם הַפֶּסַח – if this occurred BEFORE PESACH, נִידּוֹנֵית לְשֶׁעָבַר – IT WAS DECIDED IN THE PAST, i.e. on the Pesach of the previous year, before the grain was sown; לְאַחַר הַפֶּסַח – if it occurred AFTER PESACH, נִידּוֹנֵית לְהַבָּא – IT WAS DECIDED THE NEXT YEAR,[7] i.e. on the Pesach just recently celebrated. אָדָם שֶׁאֵירַע בּוֹ קֶרִי אוֹ אוֹנֶס – Similarly, A PERSON TO WHOM THERE BEFELL A natural CALAMITY OR AN ACT OF VIOLENCE by man, קוֹדֶם יוֹם הַכִּפּוּרִים – if this occurred BEFORE YOM KIPPUR,[8] נִידּוֹן לְשֶׁעָבַר – IT WAS DECIDED IN THE PAST, i.e. on the previous Yom Kippur; לְאַחַר יוֹם הַכִּפּוּרִים – if it occurred AFTER YOM KIPPUR, נִידּוֹן לְהַבָּא – IT WAS DECIDED THE NEXT YEAR, i.e. on the Yom Kippur just recently past. – ? –

The Gemara answers:

אָמַר רָבָא – **Rava said:** שְׁמַע מִינָּהּ תְּרֵי דִּינֵי מִתְדְּנָא – **Learn from this that two judgments are passed** on each crop of grain – one on the Pesach before it is sown and the second on the Pesach close to its harvest.[9]

Based on this explanation, the Gemara offers a piece of practical advice:

אָמַר אַבָּיֵי – **Abaye said:** הִלְכָּךְ כִּי חָזֵי אִינִישׁ דְּמַצְלַח זַרְעָא אַפְלָא – **Therefore, if a person sees that the slow-maturing crop** he planted that year **is being successful,** לִיקְדִּים וְלִיזְרַע חַרְפָּא – **he should hurry to sow the fast-maturing crop** earlier than usual, דְּעַד דְּמָטֵי לְמִדַּיְינֵיהּ – **so that before** the time **to judge it arrives** on the next Pesach, קְדִים סָלִיק – **it will already have grown** somewhat.[10]

The Gemara asks:

מַנִּי מַתְנִיתִין – **Who is** the Tanna of **our Mishnah?** לֹא רַבִּי מֵאִיר וְלֹא רַבִּי יְהוּדָה וְלֹא רַבִּי יוֹסֵי וְלֹא רַבִּי נָתָן – It is in accordance with **neither R' Meir nor R' Yehudah nor R' Yose nor R' Nassan.** דְּתַנְיָא – **For it was taught in a Baraisa:** הַכֹּל נִידּוֹנִים בְּרֹאשׁ הַשָּׁנָה – ALL matters ARE JUDGED ON ROSH HASHANAH וּגְזַר דִּין שֶׁלָּהֶם נֶחְתָּם בְּיוֹם הַכִּפּוּרִים – AND THEIR DECREE IS SEALED ON YOM KIPPUR – דִּבְרֵי רַבִּי מֵאִיר – these are THE WORDS OF R' MEIR. רַבִּי יְהוּדָה אוֹמֵר – R' YEHUDAH SAYS: הַכֹּל נִידּוֹנִין בְּרֹאשׁ הַשָּׁנָה – ALL matters ARE JUDGED ON ROSH HASHANAH וּגְזַר דִּין שֶׁלָּהֶם נֶחְתָּם כָּל אֶחָד וְאֶחָד בִּזְמַנּוֹ – AND THEIR DECREE IS SEALED EACH AND EVERY ONE IN ITS proper TIME: בְּפֶסַח עַל הַתְּבוּאָה – ON PESACH FOR THE GRAIN, בַּעֲצֶרֶת עַל פֵּירוֹת הָאִילָן – ON SHAVUOS FOR THE FRUIT OF THE TREE, בֶּחָג נִידּוֹנִין עַל הַמַּיִם – ON THE FESTIVAL [of Succos] THEY ARE JUDGED FOR THE WATER, וְאָדָם נִידּוֹן בְּרֹאשׁ הַשָּׁנָה – AND MAN IS JUDGED ON ROSH HASHANAH וּגְזַר דִּין שֶׁלּוֹ נֶחְתָּם בְּיוֹם הַכִּפּוּרִים – AND HIS DECREE IS SEALED ON YOM KIPPUR. רַבִּי יוֹסֵי אוֹמֵר – R' YOSE SAYS: אָדָם נִידּוֹן בְּכָל יוֹם – MAN IS JUDGED EVERY DAY, שֶׁנֶּאֱמַר ,,וַתִּפְקְדֶנּוּ לִבְקָרִים" – AS IT IS STATED: *YOU INSPECT HIM EVERY MORNING.*[11] רַבִּי נָתָן אוֹמֵר – R' NASSAN SAYS: אָדָם נִידּוֹן בְּכָל שָׁעָה – MAN IS JUDGED EVERY MOMENT, שֶׁנֶּאֱמַר ,,לִרְגָעִים תִּבְחָנֶנּוּ" – AS IT IS STATED at the end of that same

NOTES

1. The Gemara (18a) will explain this term (*Rashi*).

2. *Psalms* 33:15. This is understood to mean: On the day on which He fashioned their hearts, i.e. created them, which is the first of Tishrei, He understands, i.e. analyzes and judges, all their deeds (see *Ritva*).

[This interpretation of the verse follows the view of R' Eliezer above (10b) that Adam was created in Tishrei. According to this view, since Adam was judged for partaking of the Tree of Knowledge on that day, Adam's descendants are also judged that day every year. See *Ran* (cited above, 11a note 3), however, for why even according to R' Yehoshua, who holds that Adam was created in Nissan, the first of Tishrei is a fitting day for judgment.]

3. [The source for the fact that Pesach, Shavuos and Succos are days of judgment for the items mentioned in the Mishnah is explained in note 24.]

The question arises: If man is judged on Rosh Hashanah, presumably his judgment encompasses all matters relating to him, including the amount of rain that will fall on his field and the size of the grain and fruit crop that his land will yield. What, then, is the purpose of the judgments of the other three festivals? *Ran* answers that on the three festivals the world *as a whole* is judged as to how much rain will fall or produce will grow. On Rosh Hashanah, however, God decides what *share* of these gifts *each individual* will receive (cf. *Turei Even* below סוף ד״ה ר׳ יוסי אומר).

4. Depending on type, grain is planted some time after Succos and is harvested in the spring. (Wheat, rye and spelt, which are slow-growing grains, are planted early in the winter in Marcheshvan, while barley, which is quicker to develop, is sown in Shevat or Adar.) By Pesach, when the judgment for grain takes place, there is grain standing in the fields ready to be harvested. The Gemara suggests that it is to this standing grain that the Mishnah refers. God decrees on Pesach what will happen to the grain from that point on until it is reaped. But, the Gemara asks, if this is true, when were all the happenings that the grain underwent until this point decreed?

5. [The words "on Pesach for the grain" imply that each crop is judged only once.]

6. Literally: an incident.

7. Literally: in the future.

8. [As we will learn shortly, man is judged on Rosh Hashanah and his decree is sealed on Yom Kippur.]

9. That is, when our Mishnah states that the world is judged on Pesach for the grain, it actually means that every crop is judged during two Pesach festivals in consecutive years (*Ritva*).

10. For example, if he planted wheat or spelt, which do not ripen quickly, in Marcheshvan, and he saw them develop nicely, he can assume that the judgment for grain on the previous Pesach was favorable. He should therefore hurry to plant the crop of barley – which ripens quickly and is normally planted in Shevat or Adar – earlier than usual [for example in Teves], so that by the time the next Pesach arrives it will already have started to grow. At that point it is unlikely that it will deteriorate due to an unfavorable judgment on the next Pesach (*Rashi;* cf. *Rashash*).

11. *Job* 7:18.

מתני' בארבעה פרקים העולם נידון בפסח על התבואה בעצרת על פירות האילן בר"ה כל באי עולם עוברין לפניו כבני מרון שנאמר היוצר יחד לבם המבין אל כל מעשיהם ובחג נידונין על המים: גמ' הי תבואה אילימא הא תבואה דקיימא כל הני הרפתקי דעדו עלה אימת איתדון אלא תבואה דמזדרעא למימרא דחד דינא מתדנא והתניא תבואה שאירע בה קרי או אונס קודם הפסח נידונית לשעבר לאחר הפסח נידונית להבא אדם שאירע בו קרי או אונס קודם יוה"כ נידון לשעבר לאחר יוה"כ נידון להבא אמר רבא ש"מ תרי דיני מתדנא (א) אמר אביי הלכך כי חזי איניש דמצלח זרעא אפלא ליקדים וליזרע חרפא דעד דמטי למדייניה קדים סליק מני מתני' לא ר"מ ולא ר' יהודה ולא ר' יוסי ולא ר' נתן דתניא הכל נידונים בר"ה וגזר דין שלהם נחתם ביוה"כ דברי ר"מ ר' יהודה אומר הכל נידונין בר"ה וגזר דין שלהם נחתם כל אחד ואחד בזמנו בפסח על התבואה בעצרת על פירות האילן בחג נידונין על המים ואדם נידון בר"ה וגזר דין שלו נחתם ביוה"כ ר' יוסי אומר אדם נידון בכל יום שנאמר ותפקדנו לבקרים רבי נתן אומר אדם נידון בכל שעה שנא' לרגעים תבחננו וכי תימא לעולם ר' יהודה היא וכי קתני מתניתין אגזר דין אי הכי קשיא אדם אמר רבא האי תנא דבי ר' ישמעאל היא דתנא דבי ר' ישמעאל בארבעה פרקים העולם נידון בפסח על התבואה בעצרת על פירות האילן בחג נידונין על המים ואדם נידון בר"ה וגזר דין שלו נחתם ביוה"כ וכי קתני מתני' אתחלת דין אמר רב חסדא מ"ט דר' יוסי כדקאמר טעמיה ותפקדנו לבקרים אנן הכי קאמרינן מ"ט לא אמר כר' נתן בחינה עיוני בעלמא היא פקידה נמי עיוני בעלמא היא אלא א"ר חסדא טעמיה דר' יוסי מהכא לעשות משפט עבדו ומשפט עמו ישראל דבר יום ביומו וא"ר חסדא מלך וצבור מלך נכנס תחלה לדין שנאמר לעשות משפט עבדו (ג) ומשפט עמו ישראל מ"ט איבעית אימא לאו אורח ארעא למיתב מלכא אבראי ואיבעית אימא מקמי דליפוש חרון אף א"ר יוסף כמאן מצלינן האידנא אקצירי ואמריעי כמאן כר' יוסי ואיבעית אימא לעולם כרבנן וכדר' יצחק דא"ר יצחק יפה צעקה לאדם בין קודם גזר דין בין לאחר גזר דין תניא א"ר יהודה משום ר"ע מפני מה אמרה תורה הביאו עומר בפסח מפני שהפסח זמן תבואה הוא אמר הקב"ה הביאו לפני עומר בפסח כדי שתתברך לכם תבואה שבשדות ומפני מה אמרה תורה הביאו שתי הלחם בעצרת מפני שעצרת זמן פירות האילן הוא אמר הקב"ה הביאו לפני שתי הלחם בעצרת כדי שיתברכו לכם פירות האילן ומפני מה אמרה תורה נסכו מים בחג אמר הקדוש ברוך הוא נסכו לפני מים בחג כדי שיתברכו לכם גשמי שנה ואמרו לפני בראש השנה מלכיות זכרונות ושופרות מלכיות כדי שתמליכוני עליכם זכרונות כדי שיעלה זכרוניכם לפני לטובה ובמה בשופר אמר רבי אבהו למה תוקעין בשופר של איל אמר הקדוש ברוך הוא תקעו לפני בשופר של איל כדי שאזכור לכם עקידת יצחק בן אברהם ומעלה אני עליכם כאילו עקדתם עצמכם לפני (ואמר) רבי יצחק למה תוקעין בר"ה למה תוקעין רחמנא אמר תקעו אלא למה מריעין מריעין רחמנא אמר זכרון תרועה אלא למה תוקעין ומריעין כשהן יושבין ותוקעין

רש"י

מתני' בארבעה פרקים. בשנה העולם נידון כו': כבני מרון. מפרש בגמ': שנאמר היוצר יחד לבם וגו'. בגמ' מפרש ליה: גמ' אילימא הא תבואה דקיימא. השתא במחובר ומוכנת לקצור: הרפתקי. מקרות: דעדו עלה. שעברו עליה: דמזדרעא. שעתיד לזרוע במרחשון הבא: דחד דינא. פעם אחת: קרי. כגון ברד או שדפון (ג): נידונית לשעבר. קודם שנזרעה דהיינו פסח של אשתקד: נידונת להבא. בפסח שאחר זריעתה: נידון לשעבר. וביוה"כ של אשתקד נגזר עליו: להבא. ביוה"כ שעבר עכשיו בקרוב וכן לשון משנה במסכת נדרים (דף ס.) קונם יין שאיני טועם חדש זה אסור בכל החדש כולו ור"ח להבא הוא ר"ח שעבר עתה בקרוב ומשום דקרי להאי אשתקד שעבר קרי להאי דלקמיה להבא: (ד) תרי דיני מיתדנא. קודם זריעתה וסמוך לקציר: כי חזי איניש דמצלח זרעא אפלא. חטה וכוסמת שנזרעין במרחשון שאין ממהרין להתבשל: ליקדים וליזרע חרפא. השעורה ממהרת להתבשל וזורעים אותה בשבט ואדר דכיון דאפלא מצלח שמע מינה לטובה נידון בפסח שעבר לפיכך ימהר לזרוע (ה) בזריעה שניה: דעד דמטי למדייניה. בפסח הבא: קדים סליק. וגדל קצת ואינו ממהר שוב להתקלקל: וכי קתני מתניתין. ארבעה פרקים אגזר דין (ו): קשיא אדם. דתני מתני' בר"ה ורבי יהודה ביוה"כ אמר: וכי קתני מתניתין. ארבעה פרקים: אתחילת דין. אבל אגזר דין דאדם ביוה"כ: אנן הכי קאמרינן. הכי קשיא לן: כרבי נתן מ"ט לא אמר. משום דקסבר בחינה אין זה דין אלא בודק במעשיו הלכך בדידיה נמי תיקשי לך פקידה עיוני בעלמא הוא: אקצירי ואמריעי. מפרש במסכת נדרים (דף מט:) קצירי חולים מריעי ת"ח שהן תשושי כח: כר' יוסי. דאמר אדם נידון בכל יום ויתפלל שידונו אותו לזכות ולא יקנסוהו מיתה דאי כרבנן דאמרי אין נידון אלא בר"ה הרי כבר נקנסה עליו: שהפסח זמן תבואה הוא. זמן שהתבואה נידונת בו: שתי הלחם. ירצו על פירות האילן שהן מתירין להביא בכורים שאין מביאין בכורים קודם לעצרת דכתיב (שמות לד) בכורי קציר חטים ואני שמעתי דרבי יהודה לטעמיה דהא אזלא כמאן דאמר בסנהדרין (דף ע:) עץ שאכל אדם הראשון חטה היתה: כדי

תוספות

בפסח על התבואה. בפ' מי שמתו (ברכות דף יח:) גבי חסיד שהקניטתו אשתו ערב ר"ה משמע דבר"ה שמע שתי רוחות שמספרין זו את זו ששמעו מאחורי הפרגוד שכל הזורע ברביעה ראשונה ברד מלקה אותו ושמא בשמים בר"ה היו מזכירים דין הנגזר בפסח אי נמי כר' יהודה דאמר הכל נידונים בר"ה וגזר דין בפסח על התבואה: שאירע בה קרי. מקרה לשון אולי יקרה (במדבר כג) אי נמי לשון קושי כמו אם תלכו עמי בקרי (ויקרא כו): כמאן מצלינן האידנא אקצירי ואמריעי כרבי יוסי. וא"ת לרבנן נמי מי לא מצלינן רפאנו וברכת השנים ועוד (ז) רבי יהודה דאמר הכא אדם נידון בר"ה וגזר דין שלו נחתם ביוה"כ הא אמר בפ"ק דשבת (דף יב:) הנכנס לבקר החולה אומר המקום ירחם עליך ועל חולי עמו ישראל ואומר ר"ת דשלא יחלה ודאי לא מצלינן אלא לר' יוסי אבל שיתרפא מצלינן אליבא דכולי עלמא דמתי יחלו נגזר מתי יתרפאו לא נגזר ואמר בריש הנודר מן המבושל (נדרים דף מט.) אהך דרב יוסף קצירי ממש מריעי רבנן והשתא מצלינן אקצירי שיתרפאו (ח) ואמריעי היינו רבנן שלא יחלו (ט) ומה שמתפללין ברכת השנים היינו כדלקמן בפרקין (דף יח:) שאם פסקו גשמים מועטין שיורידם המקום בזמנן ועוד י"ל דתפלה דרבים שאני דגזר דינם נקרע כדלקמן (שם) והיא דשבת דר' יהודה נמי יש ליישב כהאי גוונא דדמיא לרבים דהוה מצלי בהדיה על כל חולים: בשופר של איל. בפרק ראוהו ב"ד (לקמן דף כו.) תנן דרבי יוסי מכשיר אף בשל פרה אבל קיימא לן כרבי יהודה דתוקעין בשל אילים כפופים כדפסקינן התם בגמרא (דף כו:): ותוקעים

מסורת הש"ס

א) תענית ב. מגילה לא:, ב) תענית ב., ג) [קרי בידי שמים כמו מקרה לילה אונס בידי אדם ערוך ערך קרי], ד) [תוס' פ"א], ה) [לעיל ח: ע"ש ב:], ו) נדרים מט. [ושם איתא רבא], ז) [לקמן יח.], ח) [תוס' פ"א ותוספ' סוכה פ"ג], ט) [גי' רי"ף ורא"ש מפני שהחג זמן גשמי שנה הוא אמר הקב"ה וכו'], י) לקמן לד:, כ) [צ"ל אמר], ל) עי' רי"ף ורא"ש שהיו לפניהם גרסאות אחרות, מ) [ר' יהודה כך הוא להיות].

הגהות הב"ח

(א) גמ' מתדנא אמר: (ב) שם עבדו והדר ומשפט: (ג) רש"י ד"ה קרי וכו' שדפון או אונס ע"י אדם כגון מילות הס"ד: (ד) ד"ה להבא כו' להבא קודם ואח"כ מה"ד ומתרך רבא ש"מ תרי דיני מיתדנא שהא דמתני' קאי קודם זריעתה: (ה) ד"ה ליקדים וכו' ימהר לזרוע ברביעה שניה הס"ד: (ו) ד"ה קדים וכו' להתקלקל הס"ד ואח"כ מה"ד וכי קתני וכו' אגזר דין קתני לנידון משמע תחלת דין וגזר דין הוא סוף דין הס"ד: (ז) תוס' ד"ה כמאן וכו' וברכת השנים ועוד דא"ר יהודה: (ח) בא"ד מצלינן אקצירי שיתרפאו. נ"ב פי' לר' לדברי הכל: (ט) בא"ד שלא יחלו. נ"ב פי' לר' יוסי:

תורה אור השלם

א) הַיֹּצֵר יַחַד לִבָּם הַמֵּבִין אֶל כָּל מַעֲשֵׂיהֶם: [תהלים לג, טו]
ב) וַתִּפְקְדֶנּוּ לִבְקָרִים לִרְגָעִים תִּבְחָנֶנּוּ: [איוב ז, יח]
ג) וְיִהְיוּ דְבָרַי אֵלֶּה אֲשֶׁר הִתְחַנַּנְתִּי לִפְנֵי יְיָ קְרֹבִים אֶל יְיָ אֱלֹהֵינוּ יוֹמָם וָלָיְלָה לַעֲשׂוֹת מִשְׁפַּט עַבְדּוֹ וּמִשְׁפַּט עַמּוֹ יִשְׂרָאֵל דְּבַר יוֹם בְּיוֹמוֹ: [מלכים א ח, נט]
ד) דַּבֵּר אֶל בְּנֵי יִשְׂרָאֵל לֵאמֹר בַּחֹדֶשׁ הַשְּׁבִיעִי בְּאֶחָד לַחֹדֶשׁ יִהְיֶה לָכֶם שַׁבָּתוֹן זִכְרוֹן תְּרוּעָה מִקְרָא קֹדֶשׁ: [ויקרא כג, כד]

עין משפט נר מצוה

פה א מיי' פ"ג מהל' תשובה הל' ג:
פו ב סמג עשין מג טוש"ע א"ח סי' תקפו:
פז ג סמג שם טוש"ע א"ח סי' תקפה:

רבינו חננאל

מתני' בד' פרקים העולם נידון בפסח על התבואה. פי' הרפתקי כגון רוחות ברקים וגשמין וכיוצא בהן שעברו עליהן מתי אתדון. למימר' דתבואה חד דינא מתדנא. והתניא תבואה שאירע בה קרי או אונס קודם הפסח נידונת לשעבר כו'. אמר רבא ש"מ תרי דיני מתדנא. מני מתניתין. ואוקימנא כתנא דבי שמואל דתני בד' פרקים העולם נידון בפסח על התבואה בעצרת על פירות האילן בחג על המים. ואדם בר"ה וגזר דינו נחתם ביוה"כ. וכי קתני מתני' אתחלת דין. אמר רב יוסף כמאן מצלינן האידנא אקצירי ומריעי כל יומא כר' יוסי דאמר אדם נידון בכל יום איבעית אימא לעולם כרבנן וכר' יצחק דאמר יפה צעקה לאדם בין קודם גזר דין בין לאחר גזר דין:
ירושלמי מלתא דרב אמר הכל נידונין בר"ה וגזר דין הכל נחתם בר"ה. דתני בתקיעתא דבי רב זה היום תחלת מעשיך וכו' ודלא כר' יוסי דאמר אדם נידון בכל שעה שנאמר [ותפקדנו לבקרים] לרגעים תבחננו. ותפקדנו לבקרים זו פרנסתו. לרגעים תבחננו זו אכילתו (גזר דין בין לאחר גזר דין). תניא ר' יהודה אומר משום ר' עקיבא אמר הקב"ה הפסח הוא זמן תבואה הביאו לפני העומר כדי שתתברך לכם תבואה שבשדות וכן שתי הלחם בעצרת שהוא זמן פירות האילן וכן ניסוך המים בחג כדי שיתברכו גשמי השנה. וכן בר"ה אמרו מלכיות שתקבלו מלכותי עליכם וזכרונות כדי שיעלה זכרונכם לפני לטובה. ובמה בשופר וא"ר אבהו בשופר של איל שאזכור לכם עקידת יצחק מעלה עליכם כאלו עקדתם עצמכם לפני א"ר יצחק למה תוקעין ומריעין כשהן יושבין

ליקוטי רש"י

נידונין על המים. גזר דינם על גשמי שנה [יומא כא:]. הרפתקי. מקראות ולרות [קידושין לג.]. לעשות משפט עבדו ומשפט עמו. לתבוע עלבונם מיד האויב [מלכים א ח נט]. מלך וציבור. כשנקבצים ברוך הוא לדון אותם מלך נכנס תחילה [לעיל ח:]. נכנס תחילה. לפני הקב"ה לדין. משפט עבדו. שלמה המלך [ע"ז ב:]. שלמה קאמר ליה. דליפוש חרון אף. בשביל עונות ציבור [לעיל

ח:]. של הקב"ה מפני פשעי צבור שמא חס ושלום יפרע מן המלך כל סורחנו מפני החרון [ע"ז שם]. כמאן מצלינן האידנא אקצירי ואמריעי. בכל ימות השנה [ר"ן נדרים מט:]. אקצירי. חולין [ברכות כב.]. קצירי ממש חולין ומקרי קצירי לפי שנפסס קצרה מחמת חליים [ר"ן שם]. רופא חולי עמו ישראל [נדרים מט:]. מריעי. רבנן [ברכות שם]. על פליטת סופריהון [נדרים שם]. כמאן כר' יוסי. דאמר בפ"ק דר"ה

verse: *EVERY MOMENT YOU EXAMINE HIM.*

Thus, our Mishnah does not seem to follow any of the above four views.[12] – ? –

The Gemara attempts and rejects a solution:

וְכִי תֵימָא לְעוֹלָם רַבִּי יְהוּדָה הִיא – **And if you will say that [our Mishnah] is** in accordance with **R' Yehudah,** וְכִי קָתָנֵי מַתְנִיתִין – **and when our Mishnah teaches** that the world is "judged," אַגְּזַר דִּין – **it is referring to the** final **decree,** but it agrees with R' Yehudah that the judgment is begun on Rosh Hashanah, אִי הָכִי קַשְׁיָא אָדָם – **if so,** the Mishnah's statement about **man is difficult.**[13]

The Gemara answers:

אָמַר רָבָא – **Rava said:** הַאי תַּנָּא דְּבֵי רַבִּי יִשְׁמָעֵאל הִיא – **This** Tanna **is the Tanna of the academy of R' Yishmael:** דְּתָנָא דְּבֵי רַבִּי יִשְׁמָעֵאל – **For a Tanna of the academy of R' Yishmael taught:** בְּאַרְבָּעָה פְּרָקִים הָעוֹלָם נִידּוֹן – AT FOUR JUNCTURES during the year THE WORLD IS JUDGED: בְּפֶסַח עַל הַתְּבוּאָה – ON PESACH FOR THE GRAIN, בַּעֲצֶרֶת עַל פֵּירוֹת הָאִילָן – ON SHAVUOS FOR THE FRUIT OF THE TREE, בֶּחָג נִידּוֹנִין עַל הַמַּיִם – ON THE FESTIVAL [of Succos] THEY ARE JUDGED FOR THE WATER, וְאָדָם נִידּוֹן בְּרֹאשׁ הַשָּׁנָה וּגְזַר דִּין שֶׁלּוֹ נֶחְתָּם בְּיוֹם הַכִּפּוּרִים – AND MAN IS JUDGED ON ROSH HASHANAH AND HIS DECREE IS SEALED ON YOM KIPPUR.[14] וְכִי קָתָנֵי מַתְנִיתִין – **And when our Mishnah teaches** that the world is judged, אַתְחָלַת דִּין – **it is referring to the beginning of the judgment.**[15]

The Gemara examines the Baraisa:

אָמַר רַב חִסְדָּא – **Rav Chisda said:** מַאי טַעְמֵיהּ דְּרַבִּי יוֹסֵי – **What is R' Yose's reason** for saying that a person is judged every day?

The Gemara is taken aback by the question:

כִּדְקָאָמַר טַעְמֵיהּ – What is R' Yose's reason?! Why, **as he stated his reason** explicitly, "וַתִּפְקְדֶנּוּ לִבְקָרִים" – the verse *You inspect him every morning!* – ? –

The Gemara explains the intent of Rav Chisda's question:

אֲנַן הָכִי קָאָמְרִינַן – **We meant as follows:** מַאי טַעְמָא לֹא אָמַר כְּרַבִּי נָתָן – **What is the reason [R' Yose] did not say as R' Nassan** that a person is judged every moment? בְּחִינָה עִיּוּנֵי בְּעָלְמָא הִיא – Presumably because he maintains that the term **"examination"** used in R' Nassan's passage **means a mere scrutiny** of the person's actions, and not a judgment. פְּקִידָה נַמִּי עִיּוּנֵי בְּעָלְמָא הִיא – But if so, the term **"inspection"** mentioned in R' Yose's own passage **also means a mere scrutiny!** – ? –

Rav Chisda therefore gives a different source for R' Yose's position:

אֶלָּא אָמַר רַב חִסְדָּא – **Rather, Rav Chisda said:** טַעְמֵיהּ דְּרַבִּי יוֹסֵי מֵהָכָא – **R' Yose's reason is from here:** "לַעֲשׂוֹת מִשְׁפַּט עַבְדּוֹ וּמִשְׁפַּט עַמּוֹ יִשְׂרָאֵל דְּבַר־יוֹם בְּיוֹמוֹ" – The verse states: *to do the judgment of His servant and the judgment of His people Israel, the matter of each day in its day.*[16]

The Gemara cites another lesson derived from this verse by the same Amora:

וְאָמַר רַב חִסְדָּא – **And Rav Chisda said:** מֶלֶךְ וְצִבּוּר – If **the king and community** need to be tried, מֶלֶךְ נִכְנָס תְּחִלָּה לַדִּין – **the king enters into judgment first,** שֶׁנֶּאֱמַר "לַעֲשׂוֹת מִשְׁפַּט עַבְדּוֹ וּמִשְׁפַּט עַמּוֹ יִשְׂרָאֵל" – **as it is stated:** *to do the judgment of His servant and the judgment of His people Israel.*[17] מַאי טַעְמָא – **What is the reason?** אִיבָּעֵית אֵימָא – **If you prefer, say:** לָאו אוֹרַח אַרְעָא לְמֵיתַב מַלְכָּא אַבָּרָאי – **It is not proper manners to seat the king outside** and have him wait. וְאִיבָּעֵית אֵימָא – **And if you prefer, say:** מִקַּמֵּי דְּלִיפּוּשׁ חֲרוֹן אַף – Let the king be judged first, **before** God's **anger increases** due to the sins of the public.

NOTES

12. It cannot follow R' Meir, for he states that all matters are judged on Rosh Hashanah while our Mishnah gives separate dates for grain, fruit, water and man. It cannot follow R' Yose and R' Nassan, because they maintain that man is judged daily or constantly, while our Mishnah gives Rosh Hashanah as man's sole judgment day. And it cannot be R' Yehudah, for though he lists separate dates for grain, fruit, water and man, he states this only in regard to when the decrees for these items are *sealed*. As far as their *judgments,* he agrees with R' Yose that they all take place on Rosh Hashanah. Our Mishnah, however, states that even the judgments for these matters occur on four separate days.

[As a side point, it is worth noting that virtually all the commentators agree that even R' Yose and R' Nassan concur that at least some aspect – if not the major part – of man's judgment occurs on Rosh Hashanah. That Rosh Hashanah is judgment day for man is too well established a fact to be subject to debate. These Tannaim mean only that *in addition* to the judgment on Rosh Hashanah, man is *also* judged each day or each moment. For various suggestions as to which aspects of the judgment occur on Rosh Hashanah and which daily, see *Maharal* (*Chidushei Aggados*), *Turei Even, Tzlach, Aruch LaNer, Or Gadol* (to Mishnah), *Sfas Emes* and *Sifsei Chaim* by *R' Chaim Friedlander,* 5749 edition, vol. 1 pg. 65 in the name of *R' E.E. Dessler.*]

13. For the Mishnah would be stating that man's final decree is issued on Rosh Hashanah, in contradiction to R' Yehudah who stated that man's decree is finalized on Yom Kippur (*Rashi*).

14. [That is, the verdict is decided on Rosh Hashanah but the decision regarding what will happen as a result of that verdict is not handed down until Yom Kippur (see *Ritva*).]

15. But it agrees that man's final decree is handed down on Yom Kippur (*Rashi*).

The fact that our Mishnah follows the opinion of the Tanna of the academy of R' Yishmael (and does not even cite the opposing opinions) would seem to indicate that the halachah follows this view. The question therefore arises: In the Mussaf *Shemoneh Esrei* of Rosh Hashanah we recite the following passage: "And regarding countries, it is said on this day which is destined for the sword and which for peace, *which for hunger and which for abundance.*" But according to our Mishnah and the Tanna of the academy of R' Yishmael, hunger and abundance are decided not on Rosh Hashanah but on Pesach and the other festivals!

Rabbeinu Tam (cited by *Ritva*) answers that the "hunger" mentioned in this prayer refers specifically to the type of situation wherein people eat but are not satiated. Alternatively, it refers to hunger that results from war or other social or economic upheavals. Whether or not *this* type of hunger will occur is decided on Rosh Hashanah. However, whether that year's produce will be abundant or scarce is decreed on the festivals.

Ramban differs. In his *Derashah LeRosh Hashanah* (vol. 1 pp. 222-3; all of our page references to *Derashah LeRosh Hashanah* and *Shaar HaGemul* in the notes that follow are to the Mosad HaRav Kook edition of *Kisvei HaRamban*, volumes 1 and 2 respectively), he cites the *Yerushalmi* which proves from the wording of this prayer that its author, the Amora Rav, subscribes to the view which holds that the fate of *all* matters, including that of the year's produce, is decided on Rosh Hashanah and *not* on the festivals. *Ritva* adds that since we recite this prayer, it is evident that the halachah accords with this view and *not* the view of the Tanna of the academy of R' Yishmael. [See however note 24 below, where it is explained that even according to this explanation of *Ramban* the three festivals do bear at least some connection to the judgment regarding grain, fruit and water.]

16. *I Kings* 8:59. "Each day in its day" implies that a person is judged daily.

This answer appears difficult, for the Baraisa itself cites the verse in *Job* as R' Yose's source. How can Rav Chisda offer another source? *Sfas Emes* answers that the verse in *Kings* proves only that *Jews* ("His people Israel") are judged daily, not other men. R' Yose therefore brings the verse in *Job.* However it is the verse in *Kings* which reveals to us that the term "inspection" in the verse in *Job* means judgment and not a mere scrutiny (cf. *Maharsha, Aruch LaNer* and *Rashash*).

17. The "servant" in this verse is King Solomon. We thus see that judgment of the king is mentioned before judgment of the nation.

מתני' בארבעה פרקים העולם נידון בפסח על התבואה א) בעצרת על פירות האילן א בר"ה כל באי עולם עוברין לפניו כבני מרון שנאמר א) היוצר יחד לבם המבין אל כל מעשיהם ב) ובחג נידונין על המים: גמ' הי תבואה אילימא הא תבואה דקיימא כל הני הרפתקי דעדו עלה אימת איתדון אלא תבואה דמזדרעא למימרא דחד דינא מתדנא והתניא תבואה שאירע בה ג) קרי או אונס קודם הפסח נידונית לשעבר לאחר הפסח נידונית להבא אדם שאירע בו קרי או אונס קודם יוה"כ נידון לשעבר לאחר יוה"כ נידון להבא אמר רבא ש"מ תרי דיני מתדנא (א) אמר אביי הלכך כי חזי איניש דמצלח זרעא אפלא ליקדים וליזרע חרפא דעד דמטי למדייניה קדים סליק מני מתני' לא ר"מ ולא ר' יהודה ולא ר' יוסי ולא ר' נתן דתניא ד) הכל נידונים בר"ה וגזר דין שלהם נחתם ביוה"כ דברי ר"מ ר' יהודה אומר הכל נידונין בר"ה וגזר דין שלהם נחתם כל אחד ואחד בזמנו בפסח על התבואה בעצרת על פירות האילן בחג נידונין על המים ואדם נידון בר"ה וגזר דין שלו נחתם ביוה"כ ר' יוסי אומר אדם נידון בכל יום שנאמר ב) ותפקדנו לבקרים ר' נתן אומר אדם נידון בכל שעה שנא' ב) לרגעים תבחננו וכי תימא לעולם ר' יהודה היא וכי קתני מתניתין אגזר דין אי הכי קשיא אדם אמר רבא האי תנא דבי ר' ישמעאל היא דתנא דבי ר' ישמעאל בארבעה פרקים העולם נידון בפסח על התבואה בעצרת על פירות האילן בחג נידונין על המים ואדם נידון בר"ה וגזר דין שלו נחתם ביוה"כ וכי קתני מתני' אתחלת דין אמר רב חסדא מ"ט דר' יוסי כדקאמר טעמיה ותפקדנו לבקרים אנן הכי קאמרינן מ"ט לא אמר כר' נתן בחינה עיוני בעלמא היא פקידה נמי עיוני בעלמא היא אלא א"ר חסדא טעמיה דר' יוסי מהכא ג) לעשות משפט עבדו ומשפט עמו ישראל דבר יום ביומו וא"ר חסדא ה) מלך וצבור מלך נכנס תחלה לדין שנאמר לעשות משפט עבדו (ב) ומשפט עמו ישראל מ"ט איבעית אימא לאו אורח ארעא למיתב מלכא אבראי ואיבעית אימא מקמי דליפוש חרון אף א"ר יוסף ו) כמאן מצלינן האידנא אקצירי ואמריעי כמאן כר' יוסי ואיבעית אימא לעולם כרבנן וכדר' יצחק דא"ר יצחק ז) יפה צעקה לאדם בין קודם גזר דין בין לאחר גזר דין תניא א"ר יהודה משום ר"ע ח) מפני מה אמרה תורה הביאו עומר בפסח מפני שהפסח זמן תבואה הוא אמר הקב"ה הביאו לפני עומר בפסח כדי שתתברך לכם תבואה שבשדות ומפני מה אמרה תורה הביאו שתי הלחם בעצרת מפני שעצרת זמן פירות האילן הוא אמר הקב"ה הביאו לפני שתי הלחם בעצרת כדי שיתברכו לכם פירות האילן ומפני מה אמרה תורה נסכו מים בחג ט) אמר הקדוש ברוך הוא נסכו לפני מים בחג כדי שיתברכו לכם גשמי שנה י) ואמרו לפני בראש השנה מלכיות זכרונות ושופרות מלכיות כדי שתמליכוני עליכם זכרונות כדי שיעלה זכרוניכם לפני לטובה ובמה בשופר אמר רבי אבהו כ) למה תוקעין בשופר של איל אמר הקדוש ברוך הוא תקעו לפני בשופר של איל כדי שאזכור לכם עקידת יצחק בן אברהם ומעלה אני עליכם כאילו עקדתם עצמכם לפני (ואמר) רבי יצחק ל) למה תוקעין בר"ה למה תוקעין רחמנא אמר תקעו אלא למה מריעין מריעין רחמנא אמר ד) זכרון תרועה מ) אלא למה תוקעין ומריעין כשהן יושבין ותוקעין

רש"י

מתני' בארבעה פרקים. בשנה העולם נידון כו': כבני מרון. מפרש בגמ': שנאמר היוצר יחד לבם וגו'. בגמ' מפרש ליה: גמ' אילימא הא תבואה דקיימא. השתא במחובר ומוכנת לקצור: הרפתקי. מקרות: דעדו עלה. שעברו עליה: דמזדרעא. שעתיד לזרוע במרחשון הבא: דחד דינא. פעם אחת: קרי. כגון ברד או שדפון (ג): נידונית לשעבר. קודם שנזרעה דהיינו פסח של אשתקד: נידונת להבא. בפסח שאחר זריעתה: נידון לשעבר. וביוה"כ של אשתקד נגזר עליו: להבא. ביוה"כ שעבר עכשיו בקרוב וכן לשון משנה במסכת נדרים (דף ס.) קונם יין שאיני טועם חדש זה אסור בכל החדש כולו ור"ח להבא הוא ר"ח שעבר עתה בקרוב ומשום דקרי להאי אשתקד שעבר קרי להאי דלקמיה להבא: (ד) תרי דיני מיתדנא. קודם זריעתה וסמוך לקציר: כי חזי איניש דמצלח זרעא אפלא. חטה וכוסמת שנזרעין במרחשון שאין ממהרין להתבשל: ליקדים וליזרע חרפא. השעורה ממהרת להתבשל וזורעים אותה בשבט ואדר דכיון דאפלא מצלח שמע מינה נידון לטובה בפסח שעבר לפיכך ימהר לזרוע (ה) זריעה שניה: דעד דמטי למדייניה. בפסח הבא: קדים סליק. וגדל קצת ואינו ממהר שוב להתקלקל: וכי קתני מתניתין. ארבעה פרקים אגזר דין (ו): קשיא אדם. דתני מתני' בר"ה ורבי יהודה ביוה"כ אמר: וכי קתני מתניתין. ארבעה פרקים: אתחלת דין. אבל אגזר דין דאדם ביוה"כ: אנן הכי קאמרינן. הכי קשיא לן: כרבי נתן מ"ט לא אמר. משום דקסבר בחינה אין זה דין אלא בודק במעשיו הלכך בדידיה נמי תיקשי לך פקידה עיוני בעלמא הוא: אקצירי ואמריעי. מפרש במסכת נדרים (דף מט:) קצירי חולים מריעי ת"ח שהן תשושי כח: כר' יוסי. דאמר אדם נידון בכל יום ויתפלל שידונו אותו לזכות ולא יקנסוהו מיתה דאי כרבנן דאמרי אין נידון אלא בר"ה הרי כבר נקנסה עליו: שהפסח זמן תבואה הוא. זמן שהתבואה נידונת בו: שתי הלחם. ירצו על פירות האילן שהן מתירין להביא בכורים שאין מביאין בכורים קודם לעצרת דכתיב (שמות לד) בכורי קציר חטים ואני שמעתי דרבי יהודה לטעמיה דהא אזלא כמאן דאמר בסנהדרין (דף ע:) עץ שאכל אדם הראשון חטה היתה: כדי

תוספות

בפסח על התבואה. בפ' מי שמתו (ברכות דף יח:) גבי חסיד שהקניטתו אשתו ערב ר"ה משמע דבר"ה שמע שתי רוחות שמספרין זו את זו ששמעו מאחורי הפרגוד שכל הזורע ברביעה ראשונה ברד מלקה אותו ושמא בשמים בר"ה היו מזכירים דין הנגזר בפסח אי נמי כר' יהודה דאמר הכל נידונים בר"ה וגזר דין בפסח על התבואה: שאירע בה קרי. מקרה לשון אולי יקרה (במדבר כג) אי נמי לשון קושי כמו אם תלכו עמי בקרי (ויקרא כו): כמאן מצלינן האידנא אקצירי ואמריעי כרבי יוסי. וא"ת לרבנן נמי מי לא מצלינן רפאנו וברכת השנים ועוד (ז) רבי יהודה דאמר הכל נידונין בר"ה וגזר דין שלו נחתם ביוה"כ הא אמר (ח) בפ"ק דשבת (דף יב:) הנכנס לבקר החולה אומר המקום ירחם עליך ועל חולי עמו ישראל ואומר ר"ת דשלא יחלה ודאי לא מצלינן אלא לר' יוסי אבל שיתרפא מצלינן אליבא דכולי עלמא דמתי יחלו נגזר מתי יתרפאו לא נגזר ואמר בריש הנודר מן המבושל (נדרים דף מט.) להך דרב יוסף קצירי קצירי ממש מריעי רבנן והשתא מצלינן אקצירי שיתרפאו (ח) ואמריעי היינו רבנן שלא יחלו (ט) ומה שמתפללין ברכת השנים היינו כדלקמן בפרקין (דף יז:) שאם פסקו גשמים מועטין שיורידם המקום בזמנן ועוד י"ל דתפלה דרבים שאני דגזר דינם נקרע כדלקמן (שם) וההיא דשבת דר' יהודה נמי יש ליישב כהאי גוונא דדמיא לרבים דהוה מללי בהדיה על כל חולים:

בשופר של איל. בפרק ראוהו ב"ד (לקמן דף כו.) תנן דרבי יוסי מכשיר אף בשל פרה אבל קיימא לן כרבי יהודה דתוקעין בשל אילים כפופים כדפסקינן התם בגמרא (דף כו:): ותוקעים

עין משפט נר מצוה

פה א מיי' פ"ג מהל' תשובה הל' ג:
פו ב סמג עשין מג טוש"ע סי' תקפה:
פז ג סמג שם טוש"ע סי' תקפה:

רבינו חננאל

מתני' בד' פרקים העולם נידון בפסח על התבואה. פי' הרפתקי כגון רוחות ברקים וגשמין וכיוצא בהן שעברו עליהן מתי אתדון. למימר' דתבואה חד דינא מתדנא. והתניא תבואה שאירע בה קרי או אונס קודם הפסח נידונית לשעבר כו'. אמר רבא ש"מ תרי דיני מתדנא. מני מתניתין. ואוקימנא כתנא דבי שמואל דתני בד' פרקים העולם נידון בפסח על התבואה בעצרת על פירות האילן בחג על המים. ואדם בר"ה וגזר דינו נחתם ביוה"כ. וכי קתני מתני' אתחלת דין. אמר רב יוסף כמאן מצלינן האידנא אקצירי ומריעי בכל יומא כר' יוסי דאמר אדם נידון בכל יום איבעית אימא לעולם כרבנן וכר' יצחק דאמר יפה צעקה לאדם בין קודם גזר דין בין לאחר גזר דין: ירושלמי מלתא דרב אמר הכל נידונין בר"ה וגזר דין הכל נחתם בר"ה. דתני בתקיעתא דבי רב זה היום תחלת מעשיך וכו' ודלא כר' יוסי דאמר אדם נידון בכל שעה שנאמר [ותפקדנו] לבקרים לרגעים תבחננו. ותפקדנו לבקרים זו פרנסתו. לרגעים תבחננו זו אכילתו (גזר דין בין לאחר גזר דין). תניא א"ר יהודה אומר משום ר' עקיבא אמר הקב"ה הפסח הוא זמן תבואה הביאו לפני העומר כדי שתתברך לכם תבואה שבשדות וכן שתי הלחם בעצרת שהוא זמן פירות האילן וכן ניסוך המים בחג כדי שיתברכו גשמי השנה. וכן בר"ה אמרו מלכיות שתקבלו מלכותי עליכם זכרונות כדי שיעלה זכרוניכם לפני לטובה. ובמה בשופר וא"ר אבהו בשופר שאזכור לכם עקידת יצחק מעלה עליכם כאלו עקדתם עצמכם לפני א"ר יצחק למה תוקעין ומריעין כשהן יושבין

ליקוטי רש"י

נידונין על המים. גזר דינם על גשמי שנה [יומא כא.]. הרפתקי. מקרקאות ולרות [קידושין לג.]. לעשות משפט עבדו ומשפט עמו. לתבוע עלבונם מיד האויב [מלכים א ח נט]. מלך וציבור. כשהקדוש ברוך הוא דן אותם מלך נכנס תחילה [לעיל ח:]. נכנס תחילה. לפני הקב"ה לדין. משפט עבדו. שלמה המלך [ע"ז ב:]. שלמה קאמר ליה. דליפוש חרון אף. בשביל עונות ציבור [לעיל ח:]. של הקב"ה מפני פשעי צבור שמא חס ושלום יפרע מן המלך כל סורחנו מפני החרון [ע"ז שם]. כמאן מצלינן האידנא אקצירי ואמריעי. בכל ימות השנה [ר"ן נדרים מט:]. אקצירי. חולין [ברכות כב.]. קצירי ממש חולין ומקרי קצירי לפי שנפסק קצירה ממתת חליים [ר"ן שם]. רופא חולי עמו ישראל [ר"ן נדרים מט.]. מריעי. רבנן [ברכות שם]. על פליטת סופריסון [נדרים שם]. כמאן כר' יוסי. דאמר כפ"ק דר"ה (טז.) אדם נידון בכל יום ודאלו לרבנן דאית להו דנידון בר"ה כיון שגזרו דינו אין תפלה מועלת להן [ר"ן שם].

מסורת הש"ס

א) תענית ב. מגילה לא:, ב) תענית ב., ג) [קרי בידי שמים כמו מקרה לילה אונס בידי אדם ערוך ערך קרי], ד) [תוס' פ"א], ה) לעיל ח: ע"ז ב:, ו) נדרים מט. [ושם איתא רבא], ז) [לקמן יח.], ח) [תוס' פ"א ותוספ' סוכה פ"ג], ט) [גי' רי"ף ורא"ש מפני שהחג זמן גשמי שנה הוא אמר וכו'], י) לקמן לד:, כ) [צ"ל אמר], ל) עי' רי"ף ורא"ש שהיו לפניהם גרסאות אחרות, מ) [ר' יהודה כך לאו להיות].

הגהות הב"ח

(א) גמ' מתדנא שמע אמר: (ב) שם עבדו והדר ומשפט: (ג) רש"י ד"ה קרי וכו' שדפון או אונס ע"י אדם כגון מיילות הס"ד: (ד) ד"ה להבא כו' להבא הס"ד ואח"כ מה"ד ומתחיל רבא ש"מ תרי דיני מיתדנא שמע ממתני' קאי קודם זריעתה: (ה) ד"ה ליקדים וכו' ימהר לזרוע ברביעה שניה הס"ד: (ו) ד"ה קדים וכו' להתקלקל הס"ד ואח"כ מה"ד וכי קתני וכו' אגזר דין קתני דינידון משמע תחלת דין וגזר דין הוא סוף דין הס"ד: (ז) תוס' ד"ה כמאן וכו' וברכת השנים ועוד הא ר' יהודה: (ח) בא"ד מצלינן אקצירי שיתרפאו, נ"ב פי' לדברי הכל: (ט) בא"ד שלא יחלו, נ"ב פי' לר' יוסי:

תורה אור השלם

א) הַיֹּצֵר יַחַד לִבָּם הַמֵּבִין אֶל כָּל מַעֲשֵׂיהֶם: [תהלים לג, טו]
ב) וַתִּפְקְדֶנּוּ לִבְקָרִים לִרְגָעִים תִּבְחָנֶנּוּ: [איוב ז, יח]
ג) וְיִהְיוּ דְבָרַי אֵלֶּה אֲשֶׁר הִתְחַנַּנְתִּי לִפְנֵי יְיָ קְרֹבִים אֶל יְיָ אֱלֹהֵינוּ יוֹמָם וָלָיְלָה לַעֲשׂוֹת מִשְׁפַּט עַבְדּוֹ וּמִשְׁפַּט עַמּוֹ יִשְׂרָאֵל דְּבַר יוֹם בְּיוֹמוֹ: [מלכים א ח, נט]
ד) דַּבֵּר אֶל בְּנֵי יִשְׂרָאֵל לֵאמֹר בַּחֹדֶשׁ הַשְּׁבִיעִי בְּאֶחָד לַחֹדֶשׁ יִהְיֶה לָכֶם שַׁבָּתוֹן זִכְרוֹן תְּרוּעָה מִקְרָא קֹדֶשׁ: [ויקרא כג, כד]

The Gemara returns to the subject of when the judgment of man takes place:

אָמַר רַב יוֹסֵף – **Rav Yosef said:** כְּמַאן מְצַלִּינַן הָאִידָּנָא אַקְצִירֵי וְאַמְּרִיעֵי – **In accordance with whose** opinion **do we pray** daily **nowadays for the sick and the weak?**[18] כְּמַאן כְּרַבִּי יוֹסֵי – **In accordance with whose** opinion? **In accordance with R' Yose.**[19]

The Gemara gives an alternative reason to pray:

וְאִיבָּעִית אֵימָא לְעוֹלָם כְּרַבָּנָן – **And if you prefer, say: Actually** we pray daily **in accordance with the Rabbis,** וּכְדְרַבִּי יִצְחָק – **and in accordance with [the statement] of R' Yitzchak,** דְּאָמַר רַבִּי יִצְחָק – **for R' Yitzchak said:** יָפָה צְעָקָה לְאָדָם – CRYING OUT in prayer IS BENEFICIAL FOR A PERSON בֵּין קוֹדֶם גְּזַר דִּין בֵּין לְאַחַר גְּזַר דִּין – BOTH BEFORE AND AFTER THE DECREE is issued.[20]

The Gemara elaborates on the four times of year when judgment is passed:

תַּנְיָא – **It was taught in a Baraisa:** אָמַר רַבִּי יְהוּדָה מִשּׁוּם רַבִּי עֲקִיבָא – R' YEHUDAH RELATED IN THE NAME OF R' AKIVA: מִפְּנֵי מָה אָמְרָה תּוֹרָה הָבִיאוּ עוֹמֶר בְּפֶסַח – WHY DID THE TORAH STATE: BRING THE *OMER* ON PESACH?[21] מִפְּנֵי שֶׁהַפֶּסַח זְמַן תְּבוּאָה הוּא – BECAUSE PESACH IS THE TIME FOR the judgment on PRODUCE. אָמַר הַקָּדוֹשׁ בָּרוּךְ הוּא – THE HOLY ONE, BLESSED IS HE, SAID, הָבִיאוּ לְפָנַי עוֹמֶר בְּפֶסַח – "BRING BEFORE ME THE *OMER* ON PESACH כְּדֵי שֶׁתִּתְבָּרֵךְ לָכֶם תְּבוּאָה שֶׁבַּשָּׂדוֹת – SO THAT THE PRODUCE IN THE FIELDS BE BLESSED FOR YOU." וּמִפְּנֵי מָה אָמְרָה תּוֹרָה הָבִיאוּ שְׁתֵּי הַלֶּחֶם בַּעֲצֶרֶת – AND WHY DID THE TORAH STATE: BRING THE TWO LOAVES ON SHAVUOS?[22] מִפְּנֵי שֶׁעֲצֶרֶת זְמַן פֵּירוֹת הָאִילָן הוּא – BECAUSE SHAVUOS IS THE TIME FOR judgment on FRUITS OF THE TREE. אָמַר הַקָּדוֹשׁ בָּרוּךְ הוּא – THE HOLY ONE, BLESSED IS HE, SAID, הָבִיאוּ לְפָנַי שְׁתֵּי הַלֶּחֶם בַּעֲצֶרֶת – "BRING BEFORE ME THE TWO LOAVES ON SHAVUOS כְּדֵי שֶׁיִּתְבָּרְכוּ לָכֶם פֵּירוֹת הָאִילָן – SO THAT THE FRUITS OF THE TREE BE BLESSED FOR YOU."[23] וּמִפְּנֵי מָה אָמְרָה תּוֹרָה נַסְּכוּ מַיִם בֶּחָג – AND WHY DID THE TORAH STATE: MAKE WATER LIBATIONS DURING THE FESTIVAL [of Succos]? Because Succos is the time for the judgment on water. אָמַר הַקָּדוֹשׁ בָּרוּךְ הוּא – THE HOLY ONE, BLESSED IS HE, SAID, נַסְּכוּ לְפָנַי מַיִם בֶּחָג – "LIBATE WATER BEFORE ME ON THE FESTIVAL כְּדֵי שֶׁיִּתְבָּרְכוּ לָכֶם גִּשְׁמֵי שָׁנָה – SO THAT THE ANNUAL RAINS BE BLESSED FOR YOU."[24] וְאִמְרוּ לְפָנַי בְּרֹאשׁ הַשָּׁנָה מַלְכֻיּוֹת זִכְרוֹנוֹת וְשׁוֹפָרוֹת – AND furthermore God said, "RECITE BEFORE ME ON ROSH HASHANAH verses of KINGSHIP, REMEMBRANCE AND SHOFAR:[25] מַלְכֻיּוֹת כְּדֵי שֶׁתַּמְלִיכוּנִי עֲלֵיכֶם – Verses of KINGSHIP, IN ORDER TO ACCEPT MY SOVEREIGNTY UPON YOURSELVES; זִכְרוֹנוֹת כְּדֵי שֶׁיַּעֲלֶה זִכְרוֹנֵיכֶם לְפָנַי לְטוֹבָה – verses of REMEMBRANCE, SO THAT YOUR REMEMBRANCE SHOULD RISE BEFORE ME FAVORABLY; וּבַמֶּה – AND WITH WHAT

NOTES

18. "The sick" refers to actual sick people and "the weak" to Torah scholars [who generally are weak due to their exertion in their studies] (*Rashi,* from *Nedarim* 49b). Every day we pray that the sick recover and the "weak," i.e. the Torah scholars, not become sick (*Tosafos*).

19. Since R' Yose [and certainly R' Nassan (*Tos. HaRosh*)] holds that a person is judged every day, it is possible to pray that the sick and weak be judged favorably and not be assigned to death. But according to the Rabbis (R' Meir, R' Yehudah and the Tanna of the academy of R' Yishmael) who say that a person is judged only on Rosh Hashanah, if he was already sentenced to death, prayer now will not change anything (*Rashi*).

20. The Rishonim ask: Are we to say according to the first answer of the Gemara that praying daily for one's needs is a wasted effort? Surely the Rabbis agree that the Sages ordained the blessings of רְפָאֵנוּ and בָּרֵךְ עָלֵינוּ, in which we ask God for healing and prosperity, in the thrice-daily *Shemoneh Esrei.* Furthermore, R' Yehudah himself states elsewhere (*Shabbos* 12b) that one who visits the sick on the Sabbath prays: "May God have mercy upon you and all the sick of Israel"!

Several answers to this difficulty are offered. *Rabbeinu Tam,* cited by *Tosafos,* states that while praying that one not *become* sick is justified only according to R' Yose, praying that the sick *recover* is in place according to everyone. The decree on Rosh Hashanah includes only if and when a person will become ill. It does not include how long that illness will last. According to this answer, when the Gemara states that we pray daily for the sick and the weak only according to R' Yose, it in fact means that we pray for the *sick* according to *everyone* and the *weak* only according to R' Yose. As for the blessing of prosperity, we pray that if God has decreed that there be only a small amount of rain this year, He cause that rain to fall at the most opportune times, so as to provide the maximum benefit [see Gemara below 17b] (*Tosafos* with *Hagahos HaBach; Tos. HaRosh*).

Alternatively, our prayers are based on the Gemara below, 17b, which states that the decree of a *community* can *always* be overturned through their prayer. Since we pray in the *Shemoneh Esrei* for all sick people collectively, or, in the case of R' Yehudah's prayer in *Shabbos* 12b, we add "and all the sick of Israel," we are in effect asking for the reversal of a *communal* decree. The Gemara's question as to how we pray daily refers only to prayers for a particular individual (*Tosafos, Ritva, Ran*). [See, however, *Maharal* (*Chidushei Aggados*) who argues that the separate plights of individual sick people, no matter how numerous, cannot be attributed to a *communal* decree (unless, presumably, they are all victims of a plague). See there for a third resolution of the difficulty, and see also *Meiri* to *Nedarim* 49b.]

In any case, the Gemara in its second answer concludes that crying out is effective in reversing a decree even according to the Rabbis, in accordance with the words of R' Yitzchak. This answer, *Ritva* states emphatically, is the view accepted throughout the Talmud, and categorically justifies all of our prayers, even though the halachah does not follow R' Yose.

21. [This offering, which comes from barley, is brought on the second day of Pesach (see *Leviticus* 23:9-14).]

22. [Two loaves (שְׁתֵּי הַלֶּחֶם) baked from the new wheat crop are brought each Shavuos (see *Leviticus* 23:17).]

23. Although wheat is not fruit, the bringing of the two loaves propitiates God for a bountiful fruit crop because it is only after this offering is performed that the *bikkurim,* which comes from fruit trees, may be brought. Alternatively, although wheat is a grain, it can effect acceptance for fruits of a tree according to R' Yehudah's own opinion (see *Sanhedrin* 70b and *Ein Yaakov* there) that the Tree of Knowledge from which Adam ate was a wheat tree (*Rashi;* cf. *Maharal*). [Only after Adam's sin was it decreed that bread would no longer grow on trees as a ready-to-eat product, but rather man would have to work with the sweat of his brow to produce bread out of grain. On Shavuos, the day that Adam's sin was rectified through the Jews' acceptance of the Torah, wheat can once again be viewed as a fruit of a tree – as it existed before Adam's sin – to arouse blessings for the tree crop (*R' Tzadok HaKohen* in *Machshevos Charutz* 60a).]

24. [This Baraisa apparently follows the view of our Mishnah and Tanna of the academy of R' Yishmael that each item is judged on its appropriate festival (see *Rashi* ד"ה שהפסח). Indeed, *Ran* (to the Mishnah) states that the fact that God ordained these ceremonies on their respective festivals is the *source* for our knowledge that the various judgments occur on the respective holidays. Alternatively, *Ramban* (ibid.), in line with his view cited in note 15 that the halachah does not follow the Tanna of the academy of R' Yishmael, explains that although even the fate of the crops is decided on Rosh Hashanah, God commanded that we should propitiate Him on the festivals for these items so that when Rosh Hashanah arrives, He will judge us favorably regarding them. The festivals are fitting times for these propitiations because Pesach is the time of the ripening of the grain, Shavuos the period of the ripening of the fruit of trees and Succos immediately precedes the rainy season.]

25. During the Mussaf service we recite verses relating to (a) God's past and present Kingship and His ultimate Kingship in the future [מַלְכֻיּוֹת]; (b) God's attribute of remembering all the deeds of mankind, good and bad, and His judgment of them all on the Day of Judgment [זִכְרוֹנוֹת]; and (c) the blowing of the *shofar* [שׁוֹפָרוֹת]. Although the recital of these verses is only a Rabbinical enactment (see below, 34b), the Gemara (below, 32b) finds an allusion (*asmachta*) to their recital in the Torah.

מתני' בארבעה פרקים העולם נידון בפסח על התבואה א) בעצרת על פירות האילן א בר"ה כל באי עולם עוברין לפניו כבני מרון שנאמר א) היוצר יחד לבם המבין אל כל מעשיהם ב) ובחג נידונין על המים: גמ' הי תבואה אילימא הא תבואה דקיימא כל הני הרפתקי דעדו עלה אימת איתדון אלא תבואה דמזדרעא למימרא דחד דינא מתדנא והתניא תבואה שאירע בה ג) קרי או אונס קודם הפסח נידונית לשעבר לאחר הפסח נידונית להבא אדם שאירע בו קרי או אונס קודם יוה"כ נידון לשעבר לאחר יוה"כ נידון להבא אמר רבא ש"מ תרי דיני מתדנא (א) אמר אביי הלכך כי חזי איניש דמצלח זרעא אפלא ליקדים ולירזע חרפא דעד דמטי למדייניה קדים סליק מני מתני' לא ר"מ ולא ר' יהודה ולא ר' יוסי ולא ר' נתן דתניא ד) הכל נידונים בר"ה וגזר דין שלהם נחתם ביוה"כ דברי ר"מ ר' יהודה אומר הכל נידונין בר"ה וגזר דין שלהם נחתם כל אחד ואחד בזמנו בפסח על התבואה בעצרת על פירות האילן בחג נידונין על המים ואדם נידון בר"ה וגזר דין שלו נחתם ביוה"כ ר' יוסי אומר אדם נידון בכל יום שנאמר ב) ותפקדנו לבקרים רבי נתן אומר אדם נידון בכל שעה שנא' ב) לרגעים תבחננו וכי תימא לעולם ר' יהודה היא וכי קתני מתניתין אגזר דין אי הכי קשיא אדם אמר רבא האי תנא הוא דבי ר' ישמעאל היא דתנא דבי ר' ישמעאל בארבעה פרקים העולם נידון בפסח על התבואה בעצרת על פירות האילן בחג נידונין על המים ואדם נידון בר"ה וגזר דין שלו נחתם ביוה"כ וכי קתני מתני' אתחלת דין אמר רב חסדא מ"ט דר' יוסי כדקאמר טעמיה ותפקדנו לבקרים אנן הכי קאמרינן מ"ט לא אמר כר' נתן בחינה עיוני בעלמא היא פקידה נמי עיוני בעלמא היא אלא א"ר חסדא טעמיה דר' יוסי מהכא ג) לעשות משפט עבדו ומשפט עמו ישראל דבר יום ביומו וא"ר חסדא ה) מלך וצבור מלך נכנס תחלה לדין שנאמר לעשות משפט עבדו (ג) ומשפט עמו ישראל מ"ט איבעית אימא לאו אורח ארעא למיתב מלכא אבראי ואיבעית אימא מקמי דליפוש חרון אף א"ר יוסף ו) כמאן מצלינן האידנא אקצירי ואמריעי כמאן כר' יוסי ואיבעית אימא לעולם כרבנן וכדר' יצחק דא"ר יצחק ז) יפה צעקה לאדם בין קודם גזר דין בין לאחר גזר דין תניא א"ר יהודה משום ר"ע ח) מפני מה אמרה תורה הביאו עומר בפסח מפני שהפסח זמן תבואה הוא אמר הקב"ה הביאו לפני עומר בפסח כדי שתתברך לכם תבואה שבשדות ומפני מה אמרה תורה הביאו שתי הלחם בעצרת מפני שעצרת זמן פירות האילן הוא אמר הקב"ה הביאו לפני שתי הלחם בעצרת כדי שיתברכו לכם פירות האילן ומפני מה אמרה תורה נסכו מים בחג ט) אמר הקדוש ברוך הוא נסכו לפני מים בחג כדי שיתברכו לכם גשמי שנה י) ואמרו לפני בראש השנה מלכיות זכרונות ושופרות מלכיות כדי שתמליכוני עליכם זכרונות כדי שיעלה זכרוניכם לפני לטובה ובמה בשופר אמר רבי אבהו ב למה תוקעין בשופר של איל אמר הקדוש ברוך הוא תקעו לפני בשופר של איל כדי שאזכור לכם עקידת יצחק בן אברהם ומעלה אני עליכם כאילו עקדתם עצמכם לפני כ) ואמר רבי יצחק ל) למה תוקעין בר"ה למה תוקעין רחמנא אמר תקעו אלא למה מריעין מריעין רחמנא אמר ד) זכרון תרועה ג אלא למה תוקעין ומריעין כשהן יושבין ותוקעין

רש"י

מתני' בארבעה פרקים. בשנה העולם נידון כו': כבני מרון. מפרש בגמ': שנאמר היוצר יחד לבם וגו'. בגמ' מפרש ליה: גמ' אילימא הא תבואה דקיימא. השתא במחובר ומוכנת לקצור: הרפתקי. מקרות: דעדו עלה. שעברו עליה: דמזדרעא. שעתיד לזרוע במרחשון הבא: דחד דינא. פעם אחת: קרי. כגון ברד או שדפון (ג): נידונית לשעבר. קודם שנזרעה דהיינו פסח של אשתקד: נידונת להבא. בפסח שאחר זריעתה: נידון לשעבר. וביוה"כ של אשתקד נגזר עליו: להבא. ביוה"כ שעבר עכשיו בקרוב וכן לשון משנה במסכת נדרים (דף ס.) קונם יין שאיני טועם חדש זה אסור בכל החדש כולו ור"ח להבא הוא ר"ח שעבר עתה בקרוב ומשום דקרי להההוא אשתקד שעבר קרי להאי דלקמיה להבא: (ד) תרי דיני מיתדנא. קודם זריעתה וסמוך לקציר: כי חזי איניש דמצלח זרעא אפלא. חטה וכוסמת שנזרעין במרחשון שאין ממהרין להתבשל: ליקדים וליזרע חרפא. השעורה ממהרת להתבשל וזורעים אותה בשבט ואדר דכיון דאפלא מצלח שמע מינה לטובה נידון בפסח שעבר לפיכך ימהר לזרוע (ה) בזריעה שניה: דעד דמטי למדייניה. בפסח הבא: קדים סליק. וגדל קצת ואינו ממהר שוב להתקלקל: וכי קתני מתניתין. ארבעה פרקים אגזר דין (ו): קשיא אדם. דתני מתני' בר"ה ורבי יהודה ביוה"כ אמר: וכי קתני מתניתין. ארבעה פרקים: אתחילת דין. אבל אגזר דין דאדם ביוה"כ: אנן הכי קאמרינן. הכי קשיא לן: כרבי נתן מ"ט לא אמר. משום דקסבר בחינה אין זה דין אלא בודק במעשיו הלכך בדידיה נמי תיקשי לך פקידה עיוני בעלמא הוא: אקצירי ואמריעי. מפרש במסכת נדרים (דף מט:) קצירי חולים מריעי ת"ח שהן תשושי כח: כר' יוסי. דאמר אדם נידון בכל יום ויתפלל שידונו אותו לזכות ולא יקנסוהו מיתה דאי כרבנן דאמרי אין נידון אלא בר"ה הרי כבר נקנסה עליו: שהפסח זמן תבואה הוא. זמן שהתבואה נידונת בו: שתי הלחם. ירלו על פירות האילן שהן מתירין להביא בכורים שאין מביאין בכורים קודם לעצרת דכתיב (שמות לד) בכורי קציר חטים ואני שמעתי דרבי יהודה לטעמיה דהא אזלא כמאן דאמר בסנהדרין (דף ע:) עץ שאכל אדם הראשון חטה היתה: כדי

תוספות

בפסח על התבואה. בפ' מי שמתו (ברכות דף יח:) גבי חסיד שהקניטתו אשתו ערב ר"ה משמע דבר"ה שמע שתי רוחות שמספרין זו את זו ששמעו מאחורי הפרגוד שכל הזורע ברביעה ראשונה ברד מלקה אותו ושמא בשמים בר"ה היו מזכירים דין הנגזר בפסח אי נמי כר' יהודה דאמר הכל נידונים בר"ה וגזר דין בפסח על התבואה: שאירע בה קרי. מקרה לשון אולי יקרה (במדבר כג) אי נמי לשון קושי כמו אם תלכו עמי בקרי (ויקרא כו):

כמאן מצלינן האידנא אקצירי ואמריעי כרבי יוסי. וא"ת לרבנן נמי מי לא מצלינן רפאנו וברכת השנים ועוד (ז) רבי יהודה דאמר הכא אדם נידון בר"ה וגזר דין שלו נחתם ביוה"כ הא אמר מ) בפ"ק דשבת (דף יב:) הנכנס לבקר החולה אומר המקום ירחם עליך ועל חולי עמו ישראל ואומר ר"ת דשלא יחלה ודאי לא מצלינן אלא לר' יוסי אבל שיתרפא מצלינן אליבא דכולי עלמא דמתי יחלו נגזר מתי יתרפאו לא נגזר ואמר בריש הנודר מן המבושל (נדרים דף מט.) אהך דרב יוסף קצירי קצירי ממש מריעי רבנן והשתא מצלינן אקצירי שיתרפאו (ח) ואמריעי היינו רבנן שלא יחלו (ט) ומה שמתפללין ברכת השנים היינו כדלקמן בפרקין (דף יז:) שאם פסקו גשמים מועטין שיורידם המקום בזמנן ועוד י"ל דתפלה דרבים שאני דגזר דינם נקרע כדלקמן (שם) והיא דשבת דר' יהודה נמי יש לישב כהאי גוונא דדמיא לרבים דהוה מצלי בהדיה על כל חולים:

בשופר של איל. בפרק ראוהו ב"ד (לקמן דף כו.) תנן דרבי יוסי מכשיר אף בשל פרה אבל קיימא לן כרבי יהודה דתוקעין בשל אילים כפופים כדפסקינן התם בגמרא (דף כו:):

ותוקעים

עין משפט נר מצוה

פה א מיי' פ"ג מהל' תשובה הל' ג:
פו ב סמג עשין מב טוא"ח סי' תקפו:
פז ג סמג שם טוא"ח סי' תקפה:

רבינו חננאל

מתני' בד' פרקים העולם נידון בפסח על התבואה. פי' הרפתקי כגון רוחות ברקים וגשמין וכיוצא בהן שעברו עליהן מתי אתדון. למימר' דתבואה חד דינא מתדנא. והתניא תבואה שאירע בה קרי או אונס קודם הפסח נידונת לשעבר כו'. אמר רבא ש"מ תרי דיני מתדנא. מני מתניתין. ואוקימנא כתנא דבי שמואל דתני בד' פרקים העולם נידון בפסח על התבואה בעצרת על פירות האילן בחג על המים. ואדם בר"ה וגזר דינו נחתם ביוה"כ. וכי קתני מתני' אתחלת דין. אמר רב יוסף כמאן מצלינן האידנא אקצירי ומריעי כל יומא כר' יוסי דאמר אדם נידון בכל יום איבעית אימא לעולם כרבנן וכר' יצחק דאמר יפה צעקה לאדם בין קודם גזר דין בין לאחר גזר דין:
ירושלמי מלתא דרב אמר הכל נידונין בר"ה וגזר דין הכל נחתם בר"ה. דתני בתקיעתא דבי רב זה היום תחלת מעשיך וכו' ודלא כר' יוסי דאמר אדם נידון בכל שעה שנאמר [ותפקדנו לבקרים] לרגעים תבחננו. ותפקדנו לבקרים זו פרנסתו. לרגעים תבחננו זו אכילתו (גזר דין בין לאחר גזר דין). תניא ר' יהודה אומר משום ר' עקיבא אמר הקב"ה הפסח הוא זמן תבואה הביאו לפני העומר כדי שתתברך לכם תבואה שבשדות וכן שתי הלחם בעצרת שהוא זמן פירות האילן וכן ניסוך המים בחג כדי שיתברכו גשמי השנה. וכן בר"ה אמרו מלכיות שתקבלו מלכותי עליכם זכרונות כדי שיעלה זכרוניכם לפני בטובה. ובמה בשופר וא"ר אבהו בשופר שאזכור לכם עקידת יצחק מעלה עליכם כאלו עקדתם עצמכם לפני א"ר יצחק למה תוקעין ומריעין כשהן יושבין

ליקוטי רש"י

נידונין על המים. גזר דינם על גשמי שנה [יומא כא:]. הרפתקי. מקראות וצרות [קידושין לג.]. לעשות משפט עבדו ומשפט עמו. לתבוע עלבונם מיד האויב [מלכים א ח נט]. מלך וציבור. כשהקדוש ברוך הוא דן אותם מלך נכנס תחילה. [לעיל ח:]. נכנס תחילה. לפני הקב"ה לדין. משפט עבדו. שלמה המלך [ע"ז ב:]. שלמה קאמר ליה. דליפוש חרון אף. בשביל עונות ליבור [לעיל

מסורת הש"ס

א) תענית ב. מגילה לא:, ב) תענית ב., ג) [קרי בידי שמים כמו מקרה לילה אונס בידי אדם ערוך ערך קרי], ד) [תוס' פ"א], ה) לעיל ח: ע"ז ב:, ו) נדרים מט. [ושם איתא רבא], ז) [לקמן יח.], ח) [תוס' פ"א ותוספ' סוכה פ"ג], ט) [גי' רי"ף ורא"ש מפני שהחג זמן גשמי שנה הוא אמר וכו'], י) לקמן לד:, כ) [צ"ל אמר], ל) עי' רי"ף ורא"ש שהיו לפניהם גרסאות אחרות, מ) [ר' יהודה כך ראוי להיות].

הגהות הב"ח

(א) גמ' מתדנא שתא אמר: (ב) שם עבדו והדר ומשפט: (ג) רש"י ד"ה קרי וכו' שדפון או אונס ע"י אדם כגון חיילות הס"ד: (ד) ד"ה להבא כו' להבא הס"ד ואח"כ מה"ד ומתרך רבא ש"מ תרי דיני מיתדנא שתא דמתני' קאי קודם זריעתה: (ה) ד"ה ליקדים וכו' ימהר לזרוע ברביעה שניה הס"ד: (ו) ד"ה קדים וכו' להתקלקל הס"ד ואח"כ מה"ד וכי קתני וכו' אגזר דין קתני דנידון משמע תחלת דין וגזר דין הוא סוף דין הס"ד: (ז) תוס' ד"ה כמאן וכו' וברכת השנים ועוד הא ר' יהודה: (ח) בא"ד מצלינן אקצירי שיתרפאו. נ"ב פי' לדברי הכל: (ט) בא"ד שלא יחלו. נ"ב פי' לר' יוסי:

תורה אור השלם

א) הַיֹּצֵר יַחַד לִבָּם הַמֵּבִין אֶל כָּל מַעֲשֵׂיהֶם: [תהלים לג, טו]
ב) וַתִּפְקְדֶנּוּ לִבְקָרִים לִרְגָעִים תִּבְחָנֶנּוּ: [איוב ז, יח]
ג) וְיִהְיוּ דְבָרַי אֵלֶּה אֲשֶׁר הִתְחַנַּנְתִּי לִפְנֵי יְיָ קְרֹבִים אֶל יְיָ אֱלֹהֵינוּ יוֹמָם וָלָיְלָה לַעֲשׂוֹת מִשְׁפַּט עַבְדּוֹ וּמִשְׁפַּט עַמּוֹ יִשְׂרָאֵל דְּבַר יוֹם בְּיוֹמוֹ: [מלכים א ח, נט]
ד) דַּבֵּר אֶל בְּנֵי יִשְׂרָאֵל לֵאמֹר בַּחֹדֶשׁ הַשְּׁבִיעִי בְּאֶחָד לַחֹדֶשׁ יִהְיֶה לָכֶם שַׁבָּתוֹן זִכְרוֹן תְּרוּעָה מִקְרָא קֹדֶשׁ: [ויקרא כג, כד]

should these verses be recited? בְּשׁוֹפָר – WITH A SHOFAR."[26]

The Gemara elaborates on the shofar:

אָמַר רַבִּי אַבָּהוּ – **R' Abahu said:** לָמָּה תוֹקְעִין בְּשׁוֹפָר שֶׁל אַיִל – **Why do we blow with a shofar of a ram?**[27] אָמַר הַקָּדוֹשׁ בָּרוּךְ הוּא – **The Holy One, Blessed is He, said:** תִּקְעוּ לְפָנַי בְּשׁוֹפָר שֶׁל אַיִל – **"Blow before Me using a shofar of a ram** כְּדֵי שֶׁאֶזְכּוֹר לָכֶם עֲקֵידַת יִצְחָק בֶּן אַבְרָהָם – **so that I will remember for your sake the binding of Isaac the son of Abraham** וּמַעֲלֶה אֲנִי עֲלֵיכֶם כְּאִילּוּ עֲקַדְתֶּם עַצְמְכֶם לְפָנַי – **and I will consider it for you as if you had bound yourselves before Me."**[28]

The Gemara cites another statement about the shofar:

(ו)אָמַר רַבִּי יִצְחָק – **And R' Yitzchak said:** לָמָּה תוֹקְעִין בְּרֹאשׁ הַשָּׁנָה – **Why do we sound** the shofar **on Rosh Hashanah?**

The Gemara is perplexed by the question:

לָמָּה תוֹקְעִין – **Why do we sound** the shofar? רַחֲמָנָא אָמַר תִּקְעוּ – **The Merciful One said to sound** it! – ? –

The Gemara rephrases the question:

אֶלָּא לָמָּה מְרִיעִין – **Rather, why do we sound a** ***teruah*** on Rosh Hashanah?

The Gemara is equally puzzled by this version:

מְרִיעִין – **Sound a** ***teruah?*** רַחֲמָנָא אָמַר ,,זִכְרוֹן תְּרוּעָה" – **The Merciful One stated** that Rosh Hashanah should include: ***A mention of a teruah blast!***[29] – ? –

The Gemara clarifies the question:

אֶלָּא לָמָּה תוֹקְעִין וּמְרִיעִין כְּשֶׁהֵן יוֹשְׁבִין – **Rather, why do we sound a** ***tekiah*** **and a** ***teruah*** **when [the congregation] are sitting,**

NOTES

26. That is, the verses of מַלְכִיּוֹת and of זִכְרוֹנוֹת should be recited together with the sounding of the shofar (*Rashba, Ritva*). And it goes without saying that verses of שׁוֹפָרוֹת should be recited, for since the shofar is blown, it is logical that this calls for the recitation of appropriate accompanying verses (*Ritva*).

According to this explanation, the Baraisa does not offer a reason for the recitation of the verses of שׁוֹפָרוֹת. It takes it to be self-understood that if we blow the shofar, we recite verses concerning the shofar as well. Others, however, explain the Baraisa to mean that the verses of מַלְכִיּוֹת and זִכְרוֹנוֹת should be recited together with both the blowing of the shofar and *verses* of שׁוֹפָרוֹת (see *Ritva*).

Here the Baraisa does not say "Why did the Torah state . . .," because the recitation of these verses is a Rabbinic institution. Nevertheless, the Baraisa writes that "God told us" to recite them because this obligation is alluded to in the Bible (see previous note). By placing such an allusion in the Torah, God, so to speak, "recommended" that these verses be recited, and left it to the Sages to formally institute their recitation as an obligation (*Ritva*).

[*Ritva* adds that the fact that the Baraisa states that "*God* told us" to recite these verses refutes those who claim that *asmachtas* are mere mnemonic devices invented by the Rabbis and do not reflect the intention of the Torah. See, however, *Ramban* in his *Derashah LeRosh Hashanah* p. 232, who states that the Baraisa's statement is hyperbolic. It means merely that since God commanded us to blow the shofar, we accompany this mitzvah with the recitation of verses of Kingship, etc., *as if* God would have told us to do so. See also *Rambam* in his Introduction to *Commentary to the Mishnah* (printed in the Vilna Shas in the back of Tractate *Berachos*, p. נד. column 1) and *Kuzari* 3:73 who apparently disagree with *Ritva's* understanding of *asmachtas.*]

27. There is no obligation to use specifically a ram's horn when blowing the shofar; in fact, a horn of any animal except a bull is acceptable. Nevertheless, R' Abahu observed that people were *accustomed* to use a ram's horn and therefore sought the reason for this (*Ritva* and *Ran*; cf. *Maharsha;* see also *Rambam, Hil. Shofar* 1:1).

28. After God told Abraham not to actually slaughter Isaac, Abraham found a ram, which he promptly offered in place of his son (see *Genesis* 22:13). [This is considered the culmination of the test, as can be seen from the special blessings conferred upon Abraham specifically after this act (v. 15-19).] Consequently, since the ram's horn evokes Abraham's success in passing the test, it is the preferred type of shofar to use on Rosh Hashanah (see *Tur, Orach Chaim* §586 with *Beis Yosef*).

29. *Leviticus* 23:24.

מתני' בארבעה פרקים העולם נידון בפסח על התבואה [א] בעצרת על פירות האילן א בר"ה כל באי עולם עוברין לפניו כבני מרון שנאמר א) היוצר יחד לבם המבין אל כל מעשיהם ב ובחג נידונין על המים: גמ' הי תבואה אילימא הא תבואה דקיימא כל הני הרפתקי דעדו עלה אימת איתדון אלא תבואה דמזדרעא למימרא דחד דינא מתדנא והתניא תבואה שאירע בה ג קרי או אונס קודם הפסח נדונית לשעבר לאחר הפסח נדונית להבא אדם שאירע בו קרי או אונס קודם יוה"כ נידון לשעבר לאחר יוה"כ נידון להבא אמר רבא ש"מ תרי דיני מתדנא (א) אמר אביי הלכך כי חזי איניש דמצלח זרעא אפלא ליקדים וליזרע חרפא דעד דמטי למדייניה קדים סליק מני מתני' לא ר"מ ולא ר' יהודה ולא ר' יוסי ולא ר' נתן דתניא ד הכל נידונים בר"ה וגזר דין שלהם נחתם ביוה"כ דברי ר"מ ר' יהודה אומר הכל נידונין בר"ה וגזר דין שלהם נחתם כל אחד ואחד בזמנו בפסח על התבואה בעצרת על פירות האילן בחג נידונין על המים ואדם נידון בר"ה וגזר דין שלו נחתם ביוה"כ ר' יוסי אומר אדם נידון בכל יום שנאמר ב) ותפקדנו לבקרים רבי נתן אומר אדם נידון בכל שעה שנא' ב לרגעים תבחננו וכי תימא לעולם ר' יהודה היא וכי קתני מתניתין אגזר דין אי הכי קשיא אדם אמר רבא האי תנא דבי ר' ישמעאל היא דתנא דבי ר' ישמעאל בארבעה פרקים העולם נידון בפסח על התבואה בעצרת על פירות האילן בחג נידונין על המים ואדם נידון בר"ה וגזר דין שלו נחתם ביוה"כ וכי קתני מתני' אתחלת דין אמר רב חסדא מ"ט דר' יוסי כדקאמר טעמיה ותפקדנו לבקרים אנן הכי קאמרינן מ"ט לא אמר כר' נתן בחינה עיוני בעלמא היא פקידה נמי עיוני בעלמא היא אלא א"ר חסדא טעמיה דר' יוסי מהכא ג) לעשות משפט עבדו ומשפט עמו ישראל דבר יום ביומו וא"ר חסדא ה מלך וצבור מלך נכנס תחלה לדין שנאמר לעשות משפט עבדו (ג) ומשפט עמו ישראל מ"ט איבעית אימא לאו אורח ארעא למיתב מלכא אבראי ואיבעית אימא מקמי דליפוש חרון אף א"ר יוסף ו כמאן מצלינן האידנא אקצירי ואמריעי כמאן כר' יוסי ואיבעית אימא לעולם כרבנן וכדר' יצחק דא"ר יצחק ז יפה צעקה לאדם בין קודם גזר דין בין לאחר גזר דין תניא א"ר יהודה משום ר"ע ח מפני מה אמרה תורה הביאו עומר בפסח מפני שהפסח זמן תבואה הוא אמר הקב"ה הביאו לפני עומר בפסח כדי שתתברך לכם תבואה שבשדות ומפני מה אמרה תורה הביאו שתי הלחם בעצרת מפני שעצרת זמן פירות האילן הוא אמר הקב"ה הביאו לפני שתי הלחם בעצרת כדי שיתברכו לכם פירות האילן ומפני מה אמרה תורה נסכו מים בחג ט אמר הקדוש ברוך הוא נסכו לפני מים בחג כדי שיתברכו לכם גשמי שנה י ואמרו לפני בראש השנה מלכיות זכרונות ושופרות מלכיות כדי שתמליכוני עליכם זכרונות כדי שיעלה זכרוניכם לפני לטובה ובמה בשופר אמר רבי אבהו כ למה תוקעין בשופר של איל אמר הקדוש ברוך הוא תקעו לפני בשופר של איל כדי שאזכור לכם עקידת יצחק בן אברהם ומעלה אני עליכם כאילו עקדתם עצמכם לפני (ל ואמר) רבי יצחק מ למה תוקעין בר"ה למה תוקעין רחמנא אמר תקעו אלא למה מריעין מריעין רחמנא אמר ד) זכרון תרועה אלא למה תוקעין ומריעין כשהן יושבין ותוקעין

רש"י

מתני' בארבעה פרקים. בשנה העולם נידון כו': כבני מרון. מפרש בגמ': שנאמר היוצר יחד לבם וגו'. בגמ' מפרש ליה: גמ' אילימא הא תבואה דקיימא. השתא במחובר ומוכנת לקצור: הרפתקי. מקרות: דעדו עלה. שעברו עליה: דמזדרעא. שעתיד לזרוע במרחשון הבא: דחד דינא. פעם אחת: קרי. כגון ברד או שדפון (ג): נידונית לשעבר. קודם שנזרעה דהיינו פסח של אשתקד: נידונת להבא. בפסח שאחר זריעתה: נידון לשעבר. וביוה"כ של אשתקד נגזר עליו: להבא. ביוה"כ שעבר עכשיו בקרוב וכן לשון משנה במסכת נדרים (דף ס.) קונם יין שאיני טועם חדש זה אסור בכל החדש כולו ור"ח להבא הוא ר"ח שעבר עתה בקרוב ומשום דקרי להוא אשתקד שעבר קרי להאי דלקמיה להבא: (ד) תרי דיני מיתדנא. קודם זריעתה וסמוך לקציר: כי חזי איניש דמצלח זרעא אפלא. חטה וכוסמת שנזרעין במרחשון שאין ממהרין להתבשל: ליקדים וליזרע חרפא. השעורה ממהרת להתבשל וזורעים אותה בשבט ואדר דכיון דאפלא מצלח שמע מינה לטובה נידון בפסח שעבר לפיכך ימהר לזרוע (ה) בזריעה שניה: דעד דמטי למידייניה. בפסח הבא: קדים סליק. וגדל קלת ואינו ממהר שוב להתקלקל: וכי קתני מתניתין. ארבעה פרקים אגזר דין (ו): קשיא אדם. דתני מתני' בר"ה ורבי יהודה ביוה"כ אמר: וכי קתני מתניתין. ארבעה פרקים: אתחילת דין. אבל אגזר דין לאדם ביוה"כ: אנן הכי קאמרינן. הכי קשיא לן: כרבי נתן מ"ט לא אמר. משום דקסבר בחינה אין זה דין אלא בודק במעשיו הלכך בדידיה נמי תיקשי לך פקידה עיוני בעלמא הוא: אקצירי ואמריעי. מפרש במסכת נדרים (דף מט:) קצירי חולים מריעי ת"ח שהן תשושי כח: כר' יוסי. דאמר אדם נידון בכל יום ויתפלל שידונו אותו לזכות ולא יקנסוהו מיתה דאי כרבנן דאמרי אין נידון אלא בר"ה הרי כבר נקנסה עליו: שהפסח זמן תבואה הוא. זמן שהתבואה נידונת בו: שתי הלחם. ירצו על פירות האילן שהן מתירין להביא בכורים שאין מביאין בכורים קודם לעצרת דכתיב (שמות לד) בכורי קציר חטים ואני שמעתי דרבי יהודה לטעמיה דהא אלא כמאן דאמר בסנהדרין (דף ע:) עץ שאכל אדם הראשון חטה היתה: כדי

תוספות

בפסח על התבואה. בפ' מי שמתו (ברכות דף יח:) גבי חסיד שהקניטתו אשתו ערב ר"ה משמע דבר"ה שמע שתי רוחות שמספרין זו את זו ששמעו מאחורי הפרגוד שכל הזורע ברביעה ראשונה ברד מלקה אותו ושמא בשמים בר"ה היו מזכירים דין הנגזר בפסח אי נמי כר' יהודה דאמר הכל נידונים בר"ה וגזר דין בפסח על התבואה: שאירע בה קרי. מקרה לשון אולי יקרה (במדבר כג) אי נמי לשון קושי כמו אם תלכו עמי בקרי (ויקרא כו): כמאן מצלינן האידנא אקצירי ואמריעי כרבי יוסי. וא"ת לרבנן נמי מי לא מצלינן רפאנו וברכת השנים ועוד (ז) רבי יהודה דאמר הכל אדם נידון בר"ה וגזר דין שלו נחתם ביוה"כ הא אמר (ח) בפ"ק דשבת (דף יב:) הנכנס לבקר החולה אומר המקום ירחם עליך ועל חולי עמו ישראל ואומר ר"מ דשלא יתפלל ודאי לא מצלינן אלא לר' יוסי אבל שיתרפא מצלינן אליבא דכולי עלמא דמתי יחלו נגזר מתי יתרפאו לא נגזר ואמר בריש הנודר מן המבושל (נדרים דף מט.) אהך דרב יוסף קצירי ממש מריעי רבנן והשתא מצלינן אקצירי שיתרפאו (ח) ואמריעי היינו רבנן שלא יחלו (ט) ומה שמתפללין ברכת השנים היינו כדלקמן בפרקין (דף יח:) שאם פסקו גשמים מועטין שיורידם המקום בזמנן ועוד י"ל דתפלה דרבים שאני דגזר דינם נקרע כדלקמן (שם) והא דשבת דר' יהודה נמי יש ליישב כהאי גוונא דדמיא לרבים דהוה מצלי בהדיה על כל חולים: בשופר של איל. בפרק ראוהו ב"ד (לקמן דף כו.) תנן דרבי יוסי מכשיר אף בשל פרה אבל קיימא לן כרבי יהודה דתוקעין בשל אילים כפופים דפסקינן התם בגמרא (דף כו:) ותוקעים

מסורת הש"ס

א) תענית ב. מגילה לא:, ב) תענית ב., ג) [קרי בידי שמים כמו מקרה לילה אונס בידי אדם ערוך ערך קרי], ד) [תוס' פ"א], ה) לעיל ח: ע"ז ב:, ו) נדרים מט. [ושם איתא רבא], ז) [לקמן יח.], ח) [תוס' פ"א ותוספ' סוכה פ"ג], ט) [גי' רי"ף ורא"ש מפני שהחג זמן גשמי שנה הוא אמר וכו'], י) לקמן לד:, כ) [נ"ל אמר], ל) עי' רי"ף ורא"ש שהיו לפניהם גרסאות אחרות, מ) [ר' יהודה כך ראוי להיות].

הגהות הב"ח

(א) גמ' מתדנא שמא אמר: (ב) שם עבדו והדר ומשפט: (ג) רש"י ד"ה קרי וכו' שדפון או אונס ע"י אדם כגון חיילות הס"ד: (ד) ד"ה להבא כו' להבא הס"ד ואח"כ מה"ד ומתרץ רבא ש"מ תרי דיני מיתדנא שמא אמתני' קאי קודם זריעתה: (ה) ד"ה ליקדים וכו' ימהר לזרוע ברביעה שניה הס"ד: (ו) ד"ה קדים וכו' להתקלקל הס"ד ואח"כ מה"ד וכי קתני וכו' אגזר דין קתני דנידון משמע תחלת דין וגזר דין הוא סוף דין הס"ד: (ז) תוס' ד"ה כמאן וכו' וברכת השנים ועוד הא ר' יהודה: (ח) בא"ד מצלינן אקצירי שיתרפאו. נ"ב פי' לדברי הכל: (ט) בא"ד שלא יחלו. נ"ב פי' לר' יוסי:

תורה אור השלם

א) הַיֹּצֵר יַחַד לִבָּם הַמֵּבִין אֶל כָּל מַעֲשֵׂיהֶם: [תהלים לג, טו]

ב) וַתִּפְקְדֶנּוּ לִבְקָרִים לִרְגָעִים תִּבְחָנֶנּוּ: [איוב ז, יח]

ג) וְיִהְיוּ דְבָרַי אֵלֶּה אֲשֶׁר הִתְחַנַּנְתִּי לִפְנֵי יְיָ קְרֹבִים אֶל יְיָ אֱלֹהֵינוּ יוֹמָם וָלָיְלָה לַעֲשׂוֹת מִשְׁפַּט עַבְדּוֹ וּמִשְׁפַּט עַמּוֹ יִשְׂרָאֵל דְּבַר יוֹם בְּיוֹמוֹ: [מלכים א ח, נט]

ד) דַּבֵּר אֶל בְּנֵי יִשְׂרָאֵל לֵאמֹר בַּחֹדֶשׁ הַשְּׁבִיעִי בְּאֶחָד לַחֹדֶשׁ יִהְיֶה לָכֶם שַׁבָּתוֹן זִכְרוֹן תְּרוּעָה מִקְרָא קֹדֶשׁ: [ויקרא א כג, כד]

עין משפט נר מצוה

פה א מיי' פ"ג מהל' תשובה הל' ג:
פו ב סמג עשין מב טוא"ח סי' תקפו:
פז ג סמג שם טוא"ח סי' תקפה:

רבינו חננאל

מתני' בד' פרקים העולם נידון בפסח על התבואה. פי' הרפתקי כגון רוחות ברקים וגשמין וכיוצא בהן שעברו עליהן מתי אתדון. למימר' דתבואה חד דינא מתדנא. והתניא תבואה שאירע בה קרי או אונס קודם הפסח נידונת לשעבר כו'. אמר רבא ש"מ תרי דיני מתדנא. מני מתניתין. ואוקימנא כתנא דבי שמואל דתני בד' פרקים העולם נידון בפסח על התבואה בעצרת על פירות האילן בחג על המים. ואדם בר"ה וגזר דינו נחתם ביוה"כ. וכי קתני מתני' אתחלת דין. אמר רב יוסף כמאן מצלינן האידנא אקצירי ומריעי כל יומא כר' יוסי דאמר אדם נידון בכל יום איבעית אימא לעולם כרבנן וכר' יצחק דאמר יפה צעקה לאדם בין קודם גזר דין בין לאחר גזר דין:

ירושלמי מלתא דרב אמר הכל נידונין בר"ה וגזר דין הכל נחתם בר"ה. דתני בתקיעתא דבי רב זה היום תחלת מעשיך וכו' ודלא כר' יוסי דאמר אדם נידון בכל שעה שנאמר [ותפקדנו לבקרים] לרגעים תבחננו. ותפקדנו לבקרים זו פרנסתו. לרגעים תבחננו זו אכילתו (גזר דין בין לאחר גזר דין). תניא ר' יהודה אומר משום ר' עקיבא אמר הקב"ה הפסח הוא זמן תבואה הביאו לפני העומר כדי שתתברך לכם תבואה שבשדות וכן שתי הלחם בעצרת שהוא זמן פירות האילן וכן ניסוך המים בחג כדי שיתברכו גשמי השנה. וכן בר"ה אמרו מלכיות שתקבלו מלכותי עליכם זכרונות כדי שיעלה זכרוניכם לפני בטובה. ובמה בשופר וא"ר אבהו בשופר שאזכור לכם עקידת יצחק מעלה עליכם כאלו עקדתם עצמכם לפני א"ר יצחק למה תוקעין ומריעין כשהן יושבין

ליקוטי רש"י

נידונין על המים. גזר דינם על גשמי שנה [יומא כא:]. הרפתקי. מקראות וצרות [קידושין לג.]. לעשות משפט עבדו ומשפט עמו. לתבוע עלבונם מיד האויב [מלכים א ח נט]. מלך וציבור. כשהקדוש ברוך הוא דן אותם מלך נכנס תחילה. [לעיל ח:]. נכנס תחילה. לפני הקב"ה לדין. משפט עבדו. שלמה המלך [ע"ז ב:]. שלמה קאמר ליה. דליפוש חרון אף. בשביל עונות ציבור [לעיל ח:]. של הקב"ה מפני פשעי לצבור שמא חס ושלום יפרע מן המלך כל סורחנו מפני החרון [ע"ז שם]. כמאן מצלינן האידנא אקצירי ואמריעי. בכל יומות השנה [ר"ן נדרים מט:]. אקצירי. חולין [ברכות כב.]. קצירי ממש חולין ומקרי קצירי לפי שנפסס קצרה מחמת חליים [ר"ן שם]. רופא חולי עמו ישראל [נדרים מט:]. מריעי. לרבנן [ברכות שם]. על פליטת סופריהון [נדרים שם]. כמאן כר' יוסי. דאמר בפ"ק דר"ה (טז.) אדם נדון בכל יום דאילו לרבנן דאית להו דנדון בר"ה כיון שנגזר דינו אין תפלה מועלת להן [ר"ן שם].

פח א סמג עשין מב וטוש"ע א"ח סי' תקפה:
פט ב מיי' פ"ב מהל' תשובה הל' ד' סמג עשין טז טור ש"ע י"ד סי' רמו סעיף ד:
צ ג מיי' וסמג שם טוש"ע י"ד סי' שלה סעיף י בהגה"ה:
צא ד מיי' פ"ה מהל' ח"מ הל' ז:
צב ה ו מיי' פט"ז מהל' טומאת אוכלין הל' ט י סמג עשין רמו:
צג ז מיי' פ"ג מהל' תשובה הל' ג סמג עשין טז:
צד ח מיי' שם הל' ה:

ותוקעין ומריעין כשהן עומדין כדי לערבב השטן וא"ר יצחק כל שנה שאין תוקעין לה בתחלתה מריעין לה בסופה מ"ט דלא איערבב שטן וא"ר יצחק כל שנה שרשה בתחלתה מתעשרת בסופה שנא' מראשית השנה מרשית כתיב ועד אחרית סופה שיש לה אחרית וא"ר יצחק אין דנין את האדם אלא לפי מעשיו של אותה שעה שנאמר כי שמע אלהים אל קול הנער באשר הוא שם וא"ר יצחק ג' דברים מזכירין עונותיו של אדם אלו הן קיר נטוי ועיון תפלה ומוסר דין על חבירו דא"ר (אבין) כל המוסר דין על חבירו הוא נענש תחלה שנאמר ותאמר שרי אל אברם חמסי עליך וכתיב ויבא אברהם לספוד לשרה ולבכותה וא"ר יצחק ד' דברים מקרעין גזר דינו של אדם אלו הן צדקה צעקה שינוי השם ושינוי מעשה צדקה דכתיב וצדקה תציל ממות צעקה דכתיב ויצעקו אל ה' בצר להם וממצוקותיהם יוציאם שינוי השם דכתיב שרי אשתך לא תקרא את שמה שרי כי שרה שמה וכתיב וברכתי אותה וגם נתתי ממנה לך בן שינוי מעשה דכתיב וירא האלהים את מעשיהם וכתיב וינחם האלהים על הרעה אשר דבר לעשות להם ולא עשה וי"א אף שינוי מקום דכתיב ויאמר ה' אל אברם לך לך מארצך והדר ואעשך לגוי גדול ואידך ההוא זכותא דא"י הוא דאהניא ליה וא"ר יצחק חייב אדם להקביל פני רבו ברגל שנאמר מדוע את הולכת אליו היום לא חדש ולא שבת מכלל דבחדש ושבת איבעי לה למיזל וא"ר יצחק חייב אדם לטהר את עצמו ברגל שנאמר ובנבלתם לא תגעו תניא נמי הכי ובנבלתם לא תגעו יכול יהו ישראל מוזהרין על מגע נבילה תלמוד לומר אמור אל הכהנים בני אהרן בני אהרן מוזהרין בני ישראל אין מוזהרין והלא דברים קל וחומר ומה טומאה חמורה כהנים מוזהרין ישראלים אינן מוזהרין טומאה קלה לא כל שכן אלא מה ת"ל ובנבלתם לא תגעו ברגל א"ר כרוספדאי א"ר יוחנן שלשה ספרים נפתחין בר"ה אחד של רשעים גמורין ואחד של צדיקים גמורין ואחד של בינוניים צדיקים גמורין נכתבין ונחתמין לאלתר לחיים רשעים גמורין נכתבין ונחתמין לאלתר למיתה בינוניים תלויין ועומדין מר"ה ועד יוה"כ זכו נכתבין לחיים לא זכו נכתבין למיתה א"ר אבין מאי קרא ימחו מספר חיים ועם צדיקים אל יכתבו ימחו מספר זה ספרן של רשעים גמורין חיים זה ספרן של צדיקים ועם צדיקים אל יכתבו זה ספרן של בינוניים ר"נ בר יצחק אמר מהכא ואם אין מחני נא מספרך אשר כתבת מחני נא זה ספרן של רשעים מספרך זה ספרן של צדיקים אשר כתבת זה ספרן של בינוניים תניא ב"ש אומרים ג' כתות הן ליום הדין אחת של צדיקים גמורין ואחת של רשעים גמורין ואחת של בינוניים צדיקים גמורין נכתבין ונחתמין לאלתר לחיי עולם רשעים גמורין נכתבין ונחתמין לאלתר לגיהנם שנאמר ורבים מישני אדמת עפר יקיצו אלה לחיי עולם ואלה לחרפות לדראון עולם בינוניים יורדין לגיהנם ומצפצפין

רש"י

כדי לערבב. שלא ישטין כשישמע ישראל מחבבין את המצות מסתתמין דבריו: שרשה בתחלתה. שישראל עושין עצמן רשין בר"ה לדבר תחנונים ותפלה כענין שנאמר תחנונים ידבר רש (משלי יח): של אותה שעה. ואפי' הוא עתיד להרשיע לאחר זמן: שנאמר באשר הוא שם. ומלינו בבראשית רבה אמרו מלאכי השרת לפני הקב"ה רבש"ע מי שעתידין בניו להמית את בניך בצמא אתה מעלה לו באר שנא' (ישעיה כא) משא בערב וגו' לקראת צמא התיו מים שהיו מוליכין לקראת הגולים מיני מלוחים ונודות נפוחים וכו' כדאיתא התם אמר להם השעה צדיק הוא או רשע אמרו לו צדיק אמר להם באשר הוא שם איני דן את העולם אלא בשעתו: קיר נטוי. ועובר תחתיו מזכיר עונותיו שאומר כלום ראוי זה ליעשות לו נס ומתוך כך הוא נבדק: ועיון תפלה. סומך על תפלתו (א) שתהא נשמעת ומתאמץ לכוין לבו: מוסר דין. כמו ישפוט ה' ביני וביניך (בראשית טז) אומרים כלום ראוי הוא שיענש חבירו על ידו: ויבא אברהם וגו'. הוא קבר אותה: שינוי מעשה. שב מרעתו: ובנבלתם לא תגעו. וברגל משתעי קרא כדמפרש ואזיל לקמיה בברייתא: שלשה ספרים. ספרי זכרון של מעשה הבריות: ליום הדין. כשיחיו המתים: רשעים גמורים. רובם עונות: בינוניים. מחצה על מחצה:

תוספות

ותוקעים ומריעין כשהן עומדין. תימה הא קעבר משום בל תוסיף וכי תימא כיון דכבר יצא הוה ליה שלא בזמנו דלא עבר הא אמרינן בסוף ראוהו ב"ד (לקמן דף כח: ושם) גבי ברכת כהנים דאין מוסיף ברכה אחת משלו משום דלא עבר עליה זימניה כיון דאילו מתרמי ליה צבורא אחרינא הדר מברך להו ה"נ אי מתרמי ליה צבורא הדר תקע להו וי"ל דאין שייך בל תוסיף בעשיית מצוה אחת ב' פעמים כגון כהן אם מברך וחוזר ומברך אותו צבור עצמו או נוטל לולב וחוזר ונוטל וכן תוקע וחוזר ותוקע וגבי מתנות בכור נמי אם נותן בקרן אחד ב' פעמים אין זה בל תוסיף: **כדי** לערבב את השטן. פירש בערוך [ח] [כדאיתא] בירושל' בלע המות לנצח וכתיב והיה ביום ההוא יתקע בשופר גדול כד שמע קל שיפורא זימנא חדא בהיל ולא בהיל וכד שמע תניין אמר ודאי זהו שיפורא דיתקע בשופר גדול ומטא זימניה למתבלע ומתערבב ולית ליה פנאי למעבד קטגוריא: **שאין** תוקעין בתחלתה. מפרש בהלכות גדולות לאו דמיקלע בשבתא אלא דאיתייליד אונסא: **שרשה** בתחלתה. שמתוך שישראלים רשים לבם נשבר ומרחמים עליהם מן השמים: **ועיון** תפלה. אומר ר"ת עיון תפלה דהכא כי ההוא דגט פשוט (ב"ב דף קסד: ושם) דג' דברים אין אדם ניצול מהן בכל יום וקא חשיב עיון תפלה כלומר שאין מכוין לבו בתפלתו כדאמר בירושלמי דברכות פרק היה קורא [ט] א"ר חייא רבא מן יומא לא כוונית אלא חד זמן בעית מכוונת והרהרית בלבי ואמרי מאן עלל קומוי מלכא קדמוי אלקפטא או ריש גלותא שמואל אמר אנא מנית פרחייא ר' בון בר חייא אמר אנא מנית דומסיא א"ר מנא מחזיק אנא טיבו לרישיה דכי מטי למודים הוה כרע מגרמיה ומתוך שאדם מתפלל ואין מתכוין לבו עבירותיו מזכרין ומיהו לא יתכן לפרש כן כלל אלא [י] אדרבה איירי במתאמץ לכוין לבו ובוטח שתהא תפלתו נשמעת כי ההיא דפ' אין עומדין (ברכות דף לב:) המאריך בתפלתו ומעיין כדמוכח בריש הרואה (שם דף נד:) דאמר רב יהודה אמר רב ג' דברים מאריכים ימיו של אדם וחשיב המאריך בתפלתו ופריך למימרא דמעליותא היא והא א"ר חייא בר אבא המאריך בתפלתו ומעיין בה סוף בא לידי כאב לב שנאמר תוחלת ממושכה מחלה לב כלומר מעיין בה אומר בלבו שיעשו בקשתו לפי שהתפלל בכוונה ובא לידי כאב לב שאין בקשתו נעשית תוחלת לשון תפלה ומלשון ויחל משה (שמות לב) וא"ר יצחק (שם דף נה.) שלשה דברים מזכירים עונותיו של אדם עיון תפלה שעל ידי כך מפשפשין במעשיו לומר בוטח הוא בזכיותיו ונראה מה הם ומשני הא דלא מעיין בה והשתא הוו כל הני שלשה דברים מענין אחד קיר נטוי שבוטח בזכותו ועובר מוסר דין על חבירו שבוטח בזכותו שיענש חבירו על ידו [כ]: **ונחתמין** לאלתר לחיים. מדקא חשיב בינוניים משמע דלצדיקים (ב) קרי למי שזכיותיו מרובים ורשעים גמורים למי שעונותיו מרובים ופעמים הצדיקים נחתמין למיתה ורשעים גמורים לחיים דכתיב ומשלם לשונאיו אל פניו להאבידו (דברים ז) דאמרינן בסוף פ"ק דקדושין (דף לט: ושם) מי שזכיותיו מרובין מעונותיו דומה כמי ששרף את כל התורה כולה ולא שייר ממנה אות אחת ואי עונותיו מרובין מזכיותיו דומה כמי שקיים כל התורה כולה ולא חיסר אות אחת וכל זה דקרי הכא גבי רשעים מיתה וגבי צדיקים חיים כלומר לחיי העולם הבא: **ליום** הדין. כשיחיו המתים כדמוכח קרא ואע"פ שכבר נדונו אחר מיתתן בגן עדן או בגיהנם מפני הנפש עדיין יהיה דין אחר אם יזכהו [ל] לחיי העולם הבא שהוא קיים לעולם ויש שכבר קבלו דינם בגיהנם ומתוך כך שמא יזכו: ועליהם

רבינו חננאל

ותוקעין ומריעין כשהן עומדין כדי לערבב השטן פי' כיון שמצאנו כי אם יש מלאך מליץ אחד אשר פודה מרדת שחת כן יש מלאך משטין ומכונין ישראל את לבם ואומר שמא יעמוד משטין עלינו. נדקדק במצות. וכיון שרואה המשטין שמחבבין המצות מיושב ומעומד כאלו מתעכב מלהשטין. א"ר יצחק אין דנין לאדם אלא לפי מעשיו של אותה שעה שנאמר כי שמע אלהים אל קול הנער באשר הוא שם. ואע"פ שגלוי וידוע כי כשיגדל יצא לתרבות רעה: ירושלמי רבי"ל אם זך וישר אתה (איוב ח) אם זך וישר היית אין כתיב [כאן] אלא אם [זך] וישר אתה עכשיו. ג' דברים מזכירין עונותיו של אדם קיר נטוי ליפול כלומר רעוע הוולך זה ויושב תחתיו סומך בזכיותיו להנצל וכן המעיין בתפלה שתתקבל ותבוא שאלתו וסומך בצדקתו. וכן המוסר דין על חבירו כלומר אני צדיק ומוסר דינו להפרע מחבירו. אלו כולן מזכירין עונותיו של אדם. שאומרים לפניו מה זכיותיו של זה שעושה כך והלא יש בידו עון כך וכך. ד' דברים מקרעין גזר דינו של אדם ואלו הן צדקה שנאמר וצדקה תציל ממות. צעקה שנאמר ויצעקו אל ה' בצר להם וגו'. שנוי השם דכתיב לא תקרא את שמה שרי כי שרה שמה. וברכתי אותה וגם נתתי ממנה לך בן וברכתיה. שנוי מעשה דכתיב וירא אלהים את מעשיהם כי שבו מדרכם הרעה. וי"א אף שנוי מקום שנאמר ויאמר ה' אל אברם לך לך מארצך וממולדתך וגו' והדר ואעשך לגוי גדול. ואידך כו'. חייב אדם להקביל פני רבו ברגל שנאמר ויאמר אליה מדוע את הולכת אליו היום לא חדש ולא שבת וגו' מכלל דבחדש ושבת חייב. ואקשינן והא ברגל אמרנו. ופרקינן אם רבו שרוי במקום קרוב לו חייב להקביל פניו בכל חדש ושבת ואם הוא במקום רחוק חייב להקבילו ברגל. כתיב אמור אל הכהנים בני אהרן ואמרת אלהם וגו' מלמד שהכהנים הוזהרו שלא להטמאות ולא ישראל. ואפי' הכהנים לא הוזהרו אלא בטומאת מת שהיא חמורה אבל בטומאה קלה לא הוזהרו שאילו הוזהרו בטומאה קלה לא היה למקרא למפרש להם אזהרה בטומאה קלה וכ"ש בטומאה חמורה אלא ודאי מדכתיב אזהרתם בטומאת מת שהיא חמורה בטומאה קלה לא הוזהרו. ואם הכהנים לא הוזהרו בטומאה קלה ק"ו ישראל. ומת"ל ובנבלתם לא תגעו אלא ש"מ שכל ישראל הוזהרו להטהר אפי' מטומאה קלה ברגל. מיכן אמרו חכמים שחייבין ישראל לטהר עצמם ברגל בבואם ליראות לפני ה'. א"ר יוחנן ג' ספרים נפתחין בר"ה אחד של צדיקים גמורין ומיד נכתבין לאלתר לחיים. ואחד של רשעים גמורין נכתבין לאלתר למיתה. ואחד של בינונים תלוי מר"ה עד יוה"כ. זכו ועשו תשובה נכתבין לחיים לא זכו לעשות תשובה נכתבים למיתה. א"ר אבין מהאי קרא ימחו מספר חיים כלומר אפי' אם היו צדיקים ונכתבו לחיים וחזרו לרשעתם ימחו מאותו הספר של חיים שנכתבו בכלל הספר של צדיקים. ועם צדיקים אל יכתבו זה ספר בינונים אלא יכתבו בספר המחויים והן הרשעים. תניא בש"א ג' כתות ליום הדין כו'. עד ועליהם אמרה חנה ה' ממית ומחיה. ממית הרשעים ומחיה הצדיקים. מוריד שאול ויעל הבינונים אינם צדיקים. פירוש לגבי הרשעים

מסורת הש"ס

א) ג"י רא"ש מבלל, ב) [ברכות נה.], ג) [ג"ל חגן וכן הג"א ברא אלפס וכ"ק לג.], ד) [ב"ק לג. ע"ש], ה) ע"י ע"י ולבסוף, ו) סוכה מ., ז) [תוספתא דסנהדרין פי"ג], ח) [ערך ערב א], ט) [הל' ד], י) [וכן פי' בערוך ע' קר א], כ) [וע"ע תוס' ברכות לג: ד"ה כל ותו' שבת קיט: וב"ב קסד:].

הגהות הב"ח

(א) רש"י ד"ה ועיון תפלה וכו' תפלתו ובטוח שתהא: (ב) תוס' ד"ה ונחתמין וכו' משמע דלצדיקים גמורים קרי למי וכו' ורשעי' לחיים כל"ל ותיבת גמורים נמחק:

גליון הש"ס

גמ' וא"ר יצחק ד' דברים מקרעין וכו'. בתשו' הרא"ש סוף כלל ח הביא תוספ' ג' דברים מבטלין הגזירה ובו' א' מהן שינוי השם: תוס' ד"ה ליום הדין כו' לחיי העולם הבא שהוא קיים לעולם. עי' תורת חיים ריש פ' ח"י דסנהדרין:

תורה אור השלם

א) אֶרֶץ אֲשֶׁר יְיָ אֱלֹהֶיךָ דֹּרֵשׁ אֹתָהּ תָּמִיד עֵינֵי יְיָ אֱלֹהֶיךָ בָּהּ מֵרֵשִׁית הַשָּׁנָה וְעַד אַחֲרִית שָׁנָה: [דברים יא, יב]
ב) וַיִּשְׁמַע אֱלֹהִים אֶת קוֹל הַנַּעַר וַיִּקְרָא מַלְאַךְ אֱלֹהִים אֶל הָגָר מִן הַשָּׁמַיִם וַיֹּאמֶר לָהּ מַה לָּךְ הָגָר אַל תִּירְאִי כִּי שָׁמַע אֱלֹהִים אֶל קוֹל הַנַּעַר בַּאֲשֶׁר הוּא שָׁם: [בראשית כא, יז]
ג) וַתֹּאמֶר שָׂרַי אֶל אַבְרָם חֲמָסִי עָלֶיךָ אָנֹכִי נָתַתִּי שִׁפְחָתִי בְּחֵיקֶךָ וַתֵּרֶא כִּי הָרָתָה וָאֵקַל בְּעֵינֶיהָ יִשְׁפֹּט יְיָ בֵּינִי וּבֵינֶיךָ: [בראשית טז, ה]
ד) וַתָּמָת שָׂרָה בְּקִרְיַת אַרְבַּע הִוא חֶבְרוֹן בְּאֶרֶץ כְּנָעַן וַיָּבֹא אַבְרָהָם לִסְפֹּד לְשָׂרָה וְלִבְכֹּתָהּ: [בראשית כג, ב]
ה) לֹא יוֹעִילוּ אוֹצְרוֹת רֶשַׁע וּצְדָקָה תַּצִּיל מִמָּוֶת: [משלי י, ב]
ו) וַיִּצְעֲקוּ אֶל יְיָ בַּצַּר לָהֶם וּמִמְּצוּקוֹתֵיהֶם יוֹצִיאֵם: [תהלים קז, כח]
ז) וַיֹּאמֶר אֱלֹהִים אֶל אַבְרָהָם שָׂרַי אִשְׁתְּךָ לֹא תִקְרָא אֶת שְׁמָהּ שָׂרָי כִּי שָׂרָה שְׁמָהּ: [בראשית יז, טו]
ח) וּבֵרַכְתִּי אֹתָהּ וְגַם נָתַתִּי מִמֶּנָּה לְךָ בֵּן וּבֵרַכְתִּיהָ וְהָיְתָה לְגוֹיִם מַלְכֵי עַמִּים מִמֶּנָּה יִהְיוּ: [בראשית יז, טז]
ט) וַיַּרְא הָאֱלֹהִים אֶת מַעֲשֵׂיהֶם כִּי שָׁבוּ מִדַּרְכָּם הָרָעָה וַיִּנָּחֶם הָאֱלֹהִים עַל הָרָעָה אֲשֶׁר דִּבֶּר לַעֲשׂוֹת לָהֶם וְלֹא עָשָׂה: [יונה ג, י]
י) וַיֹּאמֶר יְיָ אֶל אַבְרָם לֶךְ לְךָ מֵאַרְצְךָ וּמִמּוֹלַדְתְּךָ וּמִבֵּית אָבִיךָ אֶל הָאָרֶץ אֲשֶׁר אַרְאֶךָּ: וְאֶעֶשְׂךָ לְגוֹי גָּדוֹל וַאֲבָרֶכְךָ וַאֲגַדְּלָה שְׁמֶךָ וֶהְיֵה בְּרָכָה: [בראשית יב, א-ב]
כ) וַיֹּאמֶר מַדּוּעַ אַתְּ הֹלֶכֶת אֵלָיו הַיּוֹם לֹא חֹדֶשׁ וְלֹא שַׁבָּת וַתֹּאמֶר שָׁלוֹם: [מלכים ב ד, כג]
ל) מִבְּשָׂרָם לֹא תֹאכֵלוּ וּבְנִבְלָתָם לֹא תִגָּעוּ טְמֵאִים הֵם לָכֶם: [ויקרא יא, ח]
מ) וַיֹּאמֶר יְיָ אֶל מֹשֶׁה אֱמֹר אֶל הַכֹּהֲנִים בְּנֵי אַהֲרֹן וְאָמַרְתָּ אֲלֵהֶם לְנֶפֶשׁ לֹא יִטַּמָּא בְּעַמָּיו: [ויקרא כא, א]
נ) יִמָּחוּ מִסֵּפֶר חַיִּים וְעִם צַדִּיקִים אַל יִכָּתֵבוּ: [תהלים סט, כט]
ס) וְעַתָּה אִם תִּשָּׂא חַטָּאתָם וְאִם אַיִן מְחֵנִי נָא מִסִּפְרְךָ אֲשֶׁר כָּתָבְתָּ: [שמות לב, לב]
ע) וְרַבִּים מִיְּשֵׁנֵי אַדְמַת עָפָר יָקִיצוּ אֵלֶּה לְחַיֵּי עוֹלָם וְאֵלֶּה לַחֲרָפוֹת לְדִרְאוֹן עוֹלָם: [דניאל יב, ב]

ליקוטי רש"י

מראשית השנה. מר"ה נדון מה יהא בסופה [דברים יא יב]. באשר הוא שם. לפי מעשים שהוא עושה עכשיו הוא נדון ולא לפי מה שהוא עתיד לעשות לפי שהיו מלאכי השרת מקטרגים ואומרים רבש"ע מי שעתיד זרעו להמית בניך בצמא אתה מעלה לו באר והוא משיבם עכשיו מה הוא לדיק או רשע אמרו לו לדיק (ר"ל כענין זה) אמר להם לפי מעשיו של עכשיו אני דנו וזהו באשר הוא שם והיכן המית את ישראל בצמא כשהגלם נבוכדנצר שנאמר (ישעיה כא) משא בערב וגו' לקראת צמא התיו מים וגו' כשהיו מוליכין אותם אצל ערביים היו ישראל אומרים לשבאים בבקשה מכם הוליכונו אצל בני דודנו ישמעאל וירחמו עלינו שנאמר (שם כב) אורחות דדני' א"ת דדני' אלא דודים ואלו יוצאים לקראתם ומביאין להם בשר ודג מלוח ונודות נפוחים כסבורים שהם מים וכשמכניסו לתוך פיו ופותחו הרוח נכנס בגופו ומת [בראשית כא יז]. **מזכירין עונותיו.** שעל ידיהן מפשפשים למעלה במעשיו לומר בוטח זה בזכיותיו נראה מה הם. **קיר נטוי.** מקום סכנה. **ומוסר דין.** בוטח הוא בזכיותו שחבירו יהיה נענש על ידו [ברכות נה.]. **מדוע את הולכת וגו'.** בעלה של שונמית אמר לה כשאמרה לו אלכה וארוצה עד איש האלהים ואשובה [סוכה כז:]. **ורבים מישני אדמת עפר יקיצו.** יחיו המתים [דניאל יב ב].

חשק שלמה על ר"ח א) מדברי רבינו ז"ל אלו נראה בהדיא דהיה לו גי' אחרת בגמ' וע"פ גירסתו נסתלק מה שהעירו המפרשים כאן וק"ל.

וְתוֹקְעִין וּמְרִיעִין כְּשֶׁהֵן עוֹמְדִין – and then again **sound a *tekiah* and a *teruah* when they are standing?**[1] **כְּדֵי לְעַרְבֵּב הַשָּׂטָן – In order to confuse Satan.**[2]

Having cited one teaching of R' Yitzchak, the Gemara begins a series of other, related teachings by the same Amora:[3]

וְאָמַר רַבִּי יִצְחָק – And R' Yitzchak said: **כָּל שָׁנָה שֶׁאֵין תּוֹקְעִין לָהּ בִּתְחִלָּתָהּ – Any year in which they do not sound a *tekiah*** (i.e. blow the shofar) **in its beginning** on Rosh Hashanah, **מְרִיעִין לָהּ בְּסוֹפָהּ – they will sound a *teruah*** out of sorrow **at its end.**[4] **מַאי טַעְמָא – What is the reason?** **דְּלָא אִיעַרְבַּב שָׂטָן – Because Satan did not become confused.**[5]

A third teaching of R' Yitzchak:

וְאָמַר רַבִּי יִצְחָק – And R' Yitzchak said: **כָּל שָׁנָה שֶׁרָשָׁה בִּתְחִלָּתָהּ – Any year that is poor in its beginning,** i.e. that Israel behaves on Rosh Hashanah as a pauper, praying and beseeching God as a poor man pleading for bread,[6] **מִתְעַשֶּׁרֶת בְּסוֹפָהּ – becomes prosperous at its end,** **שֶׁנֶּאֱמַר ,,מֵרֵשִׁית הַשָּׁנָה" – as it is stated:**[7] ***From the beginning of the year.*** **,,מֵרֵשִׁית" כְּתִיב – And [the term]** *"from the beginning"* **is written** without an *alef,* so that it can be read as meaning **"from the poverty."** **,,וְעַד אַחֲרִית" – To** this the verse concludes: ***to the end** of the year,* **סוֹפָהּ שֶׁיֵּשׁ לָהּ אַחֲרִית –** indicating that **its end** will be **that it will have a future.**[8]

A fourth teaching:

וְאָמַר רַבִּי יִצְחָק – And R' Yitzchak said: **אֵין דָּנִין אֶת הָאָדָם אֶלָּא לְפִי מַעֲשָׂיו שֶׁל אוֹתָהּ שָׁעָה – A person is judged only for his actions of that moment,** i.e. even though God knows that he will act wickedly in the future, God judges him as per his actions as of the present time, **שֶׁנֶּאֱמַר ,,כִּי־שָׁמַע אֱלֹהִים אֶל־קוֹל הַנַּעַר בַּאֲשֶׁר הוּא־שָׁם" – as it is stated** regarding Ishmael: ***For God has heeded the cry of the youth as he is, there.***[9]

A fifth teaching:

וְאָמַר רַבִּי יִצְחָק – And R' Yitzchak said: **שְׁלֹשָׁה דְּבָרִים מַזְכִּירִין עֲוֹנוֹתָיו שֶׁל אָדָם – Three things cause a person's sins to be recalled** by the Heavenly court.[10] **אֵלּוּ הֵן – These are:** **קִיר נָטוּי –** passing beneath **a leaning wall,**[11] **וְעִיּוּן תְּפִלָּה – expecting** one's **prayer** to be fulfilled[12] **וּמוֹסֵר דִּין עַל חֲבֵירוֹ – and submitting judgment of one's fellow to Heaven.**[13] **דְּאָמַר רַבִּי (אבין) [חָנָן] – For R' Chanan said:** **כָּל הַמּוֹסֵר דִּין עַל חֲבֵירוֹ – Whoever submits judgment of his fellow** to Heaven, **הוּא נֶעֱנָשׁ תְּחִלָּה – he is punished** for his own sins **first,** **שֶׁנֶּאֱמַר ,,וַתֹּאמֶר שָׂרַי אֶל־אַבְרָם חֲמָסִי עָלֶיךָ" – as it is stated:**[14] ***And Sarai said to Abram, "My injustice is upon you!. . . Let Hashem judge between me and you."*** **וּכְתִיב ,,וַיָּבֹא אַבְרָהָם לִסְפֹּד לְשָׂרָה וְלִבְכֹּתָהּ" – And it is written** afterwards: ***And Abraham came to eulogize Sarah and to bewail her.***[15]

A sixth teaching:

וְאָמַר רַבִּי יִצְחָק – And R' Yitzchak said: **אַרְבָּעָה דְּבָרִים מְקָרְעִין גְּזַר דִּינוֹ שֶׁל אָדָם – Four things cause the** unfavorable **decree against a person to be torn up.** **אֵלּוּ הֵן – These are:** **צְדָקָה –**

NOTES

1. Two sets of blasts are sounded on Rosh Hashanah, one before *Shemoneh Esrei,* when it is permitted to sit, and one during *Shemoneh Esrei,* when the congregation stands. [The universal custom nowadays is to stand even during the blasts sounded before *Shemoneh Esrei.* Strictly speaking, however, the congregation may sit during these blasts (*Mishnah Berurah* 585:2).] The primary blasts are the second set, since the main obligation is to blow at the time of the recital of the verses of מַלְכִיּוֹת, זִכְרוֹנוֹת and שׁוֹפָרוֹת (see below, 33b). Why, then, do we also blow the set before *Shemoneh Esrei*? (*Ran* and *Ritva*; see next note).

2. When Satan hears how the Jews hold God's commandments dear, performing the mitzvah of shofar twice, above and beyond the letter of the law, he becomes confounded and is unable to successfully prosecute them (*Rashi*; cf. *Tosafos* in the name of *Aruch; Ran*).

We sound the extra blasts *before* the primary ones to ensure that both take place. If the extra ones were blown last, we would be concerned that some people would not bother hearing them. By sounding the supplementary blasts first, we can still be assured that everyone will remain to hear the primary blasts later (*Ran*). Also, by sounding these blasts before the *Shemoneh Esrei,* Satan will already become confused at that time and will not be able to prosecute during the prayers (*Ramban* in *Derashah L'Rosh Hashanah* p. 242; *Tur* §585).

[Other Rishonim offer alternative explanations of which shofar blasts are primary and which are to confuse Satan. See, for example, *Rif* and *Baal HaMaor* below, 34a. See *Mikra'ei Kodesh* §21 for an analysis of this dispute.]

It should be noted that nowadays the custom is to also sound additional shofar blasts after the *Shemoneh Esrei* in order to be able to hear a total of one hundred blasts (see *Tosafos* below, 33b).

3. [See *Aruch LaNer* who offers reasons for the particular order in which the teachings are listed.]

4. That is, because of various misfortunes that will befall the people, they will proclaim a fast day during which they will sound a *teruah* (*Ritva, Rashash*; cf. *Taz, Orach Chaim* 585:7).

5. And was therefore able to deliver his prosecution.

This reason (that Satan was not confused) indicates that we are discussing a year in which the only blasts they did not sound were the supplementary ones. Certainly, however, if they did not sound the shofar at all, they would lose the basic atoning capacity of the shofar and would therefore be liable to a harsh judgment for their misdeeds (see *Ritva*; cf. *Tosafos, Sfas Emes*).

Tosafos, citing *Bahag*, imply that this ominous prediction of R' Yitzchak applies even if the blasts were not sounded due to some unavoidable accident. Many Rishonim (*Rashba, Ritva, Meiri*), however, state that in such a case nothing unfavorable will result.

6. *Rashi*; cf. *Tosafos.*

7. *Deuteronomy* 11:12.

8. [The word אַחֲרִית is sometimes used in Scripture to indicate a condition of prosperity, as in *Jeremiah* 29:11: לָתֵת לָכֶם אַחֲרִית וְתִקְוָה, *to give you a future and a hope.*]

9. *Genesis* 21:17. Ishmael had been sent out of Abraham's house and was dying of thirst in the desert. In response to his mother Hagar's weeping, God sent an angel to inform her that God had heard the boy's outcry and would spare him. The Midrash (*Bereshis Rabbah* 53:14) relates that the angels pleaded with God to let Ishmael die since in the future his descendants would kill many Jews. God replied that since at that moment Ishmael was righteous, He could judge him only as of that moment [*as he is, there*] (*Rashi*).

Similarly, God judges us on Rosh Hashanah according to our state on that day. Even though He knows that we will slip somewhat during the year, He judges us according to whatever level we have attained on Rosh Hashanah (*Aruch LaNer*).

10. Not only on Rosh Hashanah but throughout the year (*Maharsha*).

11. Heaven must decide if this person, who has placed himself in harm's way, merits that a miracle be performed for him. This causes his actions to be examined (*Rashi*).

12. He expects that he will be answered favorably because he prayed with such devotion (*Rashi*). This causes his sins to be examined, because Heaven says, "He seems so confident of a favorable response. Let us see if his expectations are truly justified" (*Ritva*; see also *Tosafos*).

13. [This refers to someone who feels that he has been wronged. Instead of seeking redress in court, he asks God to sit in judgment over the matter. By doing so,] he causes God to say, "Does he really deserve to have his fellow punished on his account?" (*Rashi*).

[The Gemara in *Bava Kamma* 93a qualifies this statement as referring only to a case in which there is a functional court to which the victim may turn. See *Shulchan Aruch*, *Choshen Mishpat* 422:1.]

14. *Genesis* 16:5.

15. Ibid. 23:2. We thus see that Abraham outlived Sarah (*Rashi*).

Sarah was originally destined to die the same year as Abraham. That she died thirty-eight years earlier resulted because she submitted her case against Abraham to Heaven (*Bereishis Rabbah* 45:5 with *Maharzav*; cf. *Pnei Yehoshua* and *Sfas Emes*).

ותוקעין ומריעין כשהן עומדין כדי לערבב השטן וא"ר יצחק כל שנה שאין תוקעין לה בתחלתה מריעין לה בסופה מ"ט דלא איערבב שטן וא"ר יצחק כל שנה שרשה בתחלתה מתעשרת בסופה שנא' מראשית השנה מרשית כתיב ועד אחרית סופה שיש לה אחרית וא"ר יצחק אין דנין את האדם אלא לפי מעשיו של אותה שעה שנאמר כי שמע אלהים אל קול הנער באשר הוא שם וא"ר יצחק ג' דברים מזכירין עונותיו של אדם אלו הן קיר נטוי ועיון תפלה ומוסר דין על חבירו דא"ר אבין כל המוסר דין על חבירו הוא נענש תחלה שנאמר ותאמר שרי אל אברם חמסי עליך וכתיב ויבא אברהם לספוד לשרה ולבכותה וא"ר יצחק ד' דברים מקרעין גזר דינו של אדם אלו הן צדקה צעקה שינוי השם ושינוי מעשה צדקה דכתיב וצדקה תציל ממות צעקה דכתיב ויצעקו אל ה' בצר להם וממצוקותיהם יוציאם שינוי השם דכתיב שרי אשתך לא תקרא את שמה שרי כי שרה שמה וכתיב וברכתי אותה וגם נתתי ממנה לך בן שינוי מעשה דכתיב וירא האלהים את מעשיהם וכתיב וינחם האלהים על הרעה אשר דבר לעשות להם ולא עשה וי"א אף שינוי מקום דכתיב ויאמר ה' אל אברם לך לך מארצך והדר ואעשך לגוי גדול ואידך ההוא זכותא דא"י הוא דאהניא ליה וא"ר יצחק חייב אדם להקביל פני רבו ברגל שנאמר מדוע את הולכת אליו היום לא חדש ולא שבת מכלל דבחדש ושבת איבעי לה למיזל וא"ר יצחק חייב אדם לטהר את עצמו ברגל שנאמר ובנבלתם לא תגעו תניא נמי הכי ובנבלתם לא תגעו יכול יהו ישראל מוזהרין על מגע נבילה תלמוד לומר אמור אל הכהנים בני אהרן בני אהרן מוזהרין בני ישראל אין מוזהרין והלא דברים קל וחומר ומה טומאה חמורה כהנים מוזהרין ישראלים אינן מוזהרין טומאה קלה לא כל שכן אלא מה ת"ל ובנבלתם לא תגעו ברגל א"ר כרוספדאי א"ר יוחנן שלשה ספרים נפתחין בר"ה אחד של רשעים גמורין ואחד של צדיקים גמורין ואחד של בינוניים צדיקים גמורין נכתבין ונחתמין לאלתר לחיים רשעים גמורין נכתבין ונחתמין לאלתר למיתה בינוניים תלויין ועומדין מר"ה ועד יוה"כ זכו נכתבין לחיים לא זכו נכתבין למיתה א"ר אבין מאי קרא ימחו מספר חיים ועם צדיקים אל יכתבו ימחו מספר זה ספרן של רשעים גמורין חיים זה ספרן של צדיקים ועם צדיקים אל יכתבו זה ספרן של בינוניים ר"נ בר יצחק אמר מהכא ואם אין מחני נא מספרך אשר כתבת מחני נא זה ספרן של רשעים מספרך זה ספרן של צדיקים אשר כתבת זה ספרן של בינוניים תניא ב"ש אומרים ג' כתות הן ליום הדין אחת של צדיקים גמורין ואחת של רשעים גמורין ואחת של בינוניים צדיקים גמורין נכתבין ונחתמין לאלתר לחיי עולם רשעים גמורין נכתבין ונחתמין לאלתר לגיהנם שנאמר ורבים מישני אדמת עפר יקיצו אלה לחיי עולם ואלה לחרפות לדראון עולם בינוניים יורדין לגיהנם ומצפצפין

רש"י

כדי לערבב. שלא ישטין כשישמע ישראל מחבבין את המצות מסתתמין דבריו: שרשה בתחלתה. שישראל עושין עצמן רשין בר"ה לדבר תחנונים ותפלה כענין שנאמר תחנונים ידבר רש (משלי יח): של אותה שעה. ואפי' הוא עתיד להרשיע לאחר זמן: שנאמר באשר הוא שם. ומצינו בבראשית רבה אמרו מלאכי השרת לפני הקב"ה רבש"ע מי שעתידין בניו להמית את בניך בצמא אתה מעלה לו באר שנא' (ישעיה כא) משא בערב וגו' לקראת צמא התיו מים שהיו מוציאין לקראת הגולים מיני מלוחים ונודות נפוחים וכו' כדאיתא התם אמר להם השעה צדיק הוא או רשע אמרו לו צדיק אמר להם באשר הוא שם איני דן את העולם אלא בשעתו: קיר נטוי. ועובר תחתיו מזכיר עונותיו שאומר כלום ראוי זה ליעשות לו נס ומתוך כך הוא נבדק: ועיון תפלה. סומך על תפלתו (א) שתהא נשמעת ומתאמץ לכוין לבו: מוסר דין. כמו ישפוט ה' ביני וביניך (בראשית טז) אומרים כלום ראוי הוא שיענש חבירו על ידו: ויבא אברהם וגו'. הוא קבר אותה: שינוי מעשה. שב מרעתו: ובנבלתם לא תגעו. וברגל משתעי קרא כדמפרש ואזיל לקמיה בברייתא: שלשה ספרים. ספרי זכרון של מעשה הבריות: ליום הדין. כשיחיו המתים: רשעים גמורים. רובם עונות: בינוניים. מחצה על מחצה: ומצפצפים

תוספות

ותוקעים ומריעין כשהן עומדין. תימה הא קעבר משום בל תוסיף וכי תימא כיון דבכבר יצא הוה ליה שלא בזמנו דלא עבר הא אמרינן בסוף ראוהו ב"ד (לקמן דף כח: ושם) גבי ברכת כהנים דאין מוסיף ברכה אחת משלו משום דלא עבר עליה זימניה כיון דאילו מתרמי ליה צבורא אחרינא הדר מברך להו ה"נ אי מתרמי ליה צבורא הדר תקע להו וי"ל דאין שייך בל תוסיף בעשיית מצוה אחת ב' פעמים כגון כהן אם מברך וחוזר ומברך אותו צבור עצמו או נוטל לולב וחוזר ונוטל וכן תוקע וחוזר ותוקע וגבי מתנות בכור נמי אם נותן בקרן אחד ב' פעמים אין זה בל תוסיף: כדי לערבב את השטן. פירש בערוך[ח] [כדאיתא] בירושל' בלע המות לנצח וכתיב והיה ביום ההוא יתקע בשופר גדול כד שמע קל שיפורא זימנא חדא בהיל ולא בהיל וכד שמע תניין אמר ודאי זהו שיפורא דיתקע בשופר גדול ומטא זימניה למתבלע ומתערבב ולית ליה פנאי למעבד קטגוריא: שאין תוקעין בתחלתה. מפרש בהלכות גדולות לאו דמיקלע בשבתא אלא דאיתייליד אונסא: שרשה בתחלתה. שמתוך שישראלים רשים לבם נשבר ומרחמים עליהם מן השמים: ועיון תפלה. אומר ר"ת עיון תפלה דהכא כי ההוא דגט פשוט (ב"ב דף קסד: ושם) דג' דברים אין אדם ניצול מהן בכל יום וקא חשיב עיון תפלה כלומר שאין מכוין לבו בתפלתו כדאמר בירושלמי דברכות פרק היה קורא[ט] א"ר חייא רבא מן יומא לא כוונית אלא חד זמן בעית מכוונת והרהרית בלבי ואמרי מאן עלל קומוי מלכא קדמוי אלקפטא או ריש גלותא שמואל אמר אנא מנית פרחייא ר' בון בר חייא אמר אנא מנית דומסיא א"ר מנא מחזיק אנא טיבו לרישיה דכי מטי למודים הוה כרע מגרמיה ומתוך שאדם מתפלל ואין מתכוין לבו עבירותיו נזכרין ומיהו לא יתכן לפרש כן כלל אלא [י]אדרבה איירי במתאמץ לכוין לבו ובוטח שתהא תפלתו נשמעת כי ההיא דפ' אין עומדין (ברכות דף לב:) המאריך בתפלתו ומעיין כדמוכח בריש הרואה (שם דף נד:) דאמר רב יהודה אמר רב ג' דברים מאריכים ימיו של אדם וחשיב המאריך בתפלתו ופריך למימרא דמעליותא היא והא א"ר חייא בר אבא המאריך בתפלתו ומעיין בה סוף בא לידי כאב לב שנאמר תוחלת ממושכה מחלה לב כלומר מעיין בה אומר בלבו שיעשו בקשתו לפי שהתפלל בכוונה ובא לידי כאב לב שאין בקשתו נעשית תוחלת לשון תפלה ומלשון ויחל משה (שמות לב) וא"ר יצחק (שם דף נה.) שלשה דברים מזכירים עונותיו של אדם עיון תפלה שעל ידי כך מפשפשין במעשיו לומר בוטח הוא בזכיותיו ונראה מה הם ומשני הא דלא מעיין בה והשתא הוו כל הני שלשה דברים מענין אחד קיר נטוי שבוטח בזכותו ועובר מוסר דין על חבירו שבוטח בזכותו שיענש חבירו על ידו[כ]:

ונחתמין לאלתר לחיים. מדקא חשיב בינוניים משמע דלדיקים (ג) קרי למי שזכיותיו מרובים ורשעים גמורים למי שעונותיו מרובים ופעמים הצדיקים נחתמין למיתה ורשעים גמורים לחיים דכתיב ומשלם לשונאיו אל פניו להאבידו (דברים ז) דאמרינן בסוף פ"ק דקדושין (דף לט: ושם) מי שזכיותיו מרובין מעונותיו דומה כמי ששרף את כל התורה כולה ולא שייר ממנה אות אחת ואי עונותיו מרובין מזכיותיו דומה כמי שקיים כל התורה כולה ולא חיסר אות אחת וכל זה דקרי הכא גבי רשעים מיתה וגבי צדיקים חיים כלומר לחיי העולם הבא: ליום הדין. כשיחיו המתים כדמוכח קרא ואע"פ שכבר נדונו אחר מיתתן בגן עדן או בגיהנם מפני הנפש עדיין יהיה דין אחר אם יזכהו[ל] לחיי העולם הבא שהוא קיים לעולם ויש שכבר קבלו דינם בגיהנם ומתוך כך שמא יזכו: ועליהם

עין משפט נר מצוה

פח א סמג עשין מב וטוש"ע א"ח סי' תקפה:
פט ב מיי' פ"ג מהל' תשובה הל' ד' סמג עשין טז טור ש"ע י"ד סי' רמז סעיף ד:
צ ג מיי' וסמג שם טוש"ע י"ד סי' שלה סעיף י בהגה"ה:
צא ד מיי' פ"ה מהל' ת"ת הל' ז:
צב ה מיי' פט"ז מהל' טומאת אוכלין הל' י סמג עשין רמג:
צג ו מיי' פ"ג מהל' תשובה הל' ג סמג עשין טז:
צד ז מיי' שם הל' ה:

רבינו חננאל

ותוקעין ומריעין כשהן עומדין כדי לערבב השטן פי' כיון שמצאנו כי אם יש מלאך מליץ אחד אשר פודה מרדת שחת כן יש מלאך משטין ומכוונין ישראל את לבם ואומר שמא יעמוד משטין עלינו. נדקדק במצות. וכיון שרואה המשטין שמחבבין המצות מיושב ומעומד כאלו מתעכב מלהשטין. א"ר יצחק אין דנין לאדם אלא לפי מעשיו של אותה שעה שנאמר כי שמע אלהים אל קול הנער באשר הוא שם. ואע"פ שגלוי וידוע כי כשיגדל יצא לתרבות רעה: ירושלמי ריב"ל אמר מהאי קרא (איוב ח) אם זך וישר אתה אין כתיב [כאן] אלא אם [זך] וישר אתה עכשיו. ג' דברים מזכירין עונותיו של אדם קיר נטוי ליפול כלומר רעוע והולך זה ויושב תחתיו סומך בזכיותיו להנצל וכן המעיין בתפלה שתתקבל ותבוא שאלתו וסומך בצדקתו. וכן המוסר דין על חבירו כלומר אני צדיק ומוסר דינו להפרע מחבירו. אלו כולן מזכירין עונותיו של אדם. שאומרים לפניו מה זכיותיו של זה שעושה כך והלא יש בידו עון וכך וכך. ד' דברים מקרעין גזר דינו של אדם ואלו הן צדקה וצדקה תציל ממות. צעקה שנאמר ויצעקו אל ה' בצר להם וגו'. שנוי השם דכתיב לא תקרא את שמה שרי כי שרה שמה. וברכתי אותה וגם נתתי ממנה לך בן וברכתיה. שנוי מעשה דכתיב וירא אלהים את מעשיהם כי שבו מדרכם הרעה. וי"א אף שנוי מקום דכתיב ויאמר ה' אל אברם לך לך מארצך וממולדתך וגו' והדר ואעשך לגוי גדול. ואידך כו'. חייב אדם להקביל פני רבו ברגל שנאמר ויאמר אליה מדוע את הולכת אליו היום לא חדש ולא שבת וגו' מכלל דבחדש ושבת חייב. ה) ואקשינן והא ברגל אמרנו. ופרקינן כגון דשרוי במקום קרוב לו חייב להקביל פניו בכל חדש ושבת ואם הוא במקום רחוק חייב להקבילו ברגל. כתיב אמור אל הכהנים בני אהרן ואמרת אלהם וגו' מלמד שהכהנים הוזהרו שלא להטמאות ולא ישראל. ואפי' הכהנים לא הוזהרו אלא בטומאת מת שהיא חמורה אבל בטומאה קלה לא הוזהרו

שאלו הוזהרו ישראל בטומאה קלה לא היה לו למקרא למפרש להם אזהרה בטומאה קלה וכ"ש בטומאה חמורה אלא ודאי מדכתיב אזהרתם בטומאת מת שהיא חמורה בטומאה קלה לא הוזהרו. ואם הכהנים לא הוזהרו בטומאה קלה ק"ו ישראל. ומה"ל ובנבלתם לא תגעו אלא ש"מ שכל ישראל הוזהרו להטהר אפי' מטומאה קלה ברגל. מיכן אמרו חכמים שחייבין ישראל לטהר עצמם ברגל בבואם ליראות לפני ה'. א"ר יוחנן ג' ספרים נפתחין בר"ה אחד של צדיקים גמורין ומיד נכתבין לאלתר לחיים. ואחד של רשעים גמורין נכתבין לאלתר למיתה. ואחד של בינונים תלוין מר"ה עד יוה"כ. זכו עשו תשובה נכתבין לחיים לא זכו לעשות תשובה נכתבין למיתה. א"ר אבין מהאי קרא ימחו מספר חיים כלומר אפי' אם היו צדיקים והחזירו לרשעתם ימחו מספר חיים שנכתבו בכלל הספר של חיים. ועם צדיקים אל יכתבו אלו רשעים מהם אל יכתבו. זה ספר בינונים והם אינם צדיקים. תניא בש"א ג' כתות ליום הדין כו'. ועליהם אמרה חנה ה' ממית ומחיה. ממית הרשעים ומחיה הצדיקים. מוריד שאול ויעל הבינונים אבל פושעי ישראל בגופן יורדין לגיהנם

מסורת הש"ס

א) גי' רא"ש מבלבל, ב) [ברכות נה.], ג) [ב"ק צג.], ד) [ב"ק צג. ע"ש], ה) גי' ע"י ולבכותה, ו) סוכה מ., ז) [תוספתא דסנהדרין פי"ג], ח) [ערך ערב א], ט) [הל' ד], י) [וכן פי' בערוך ע' קר ח], כ) [וע"ע תוס' ברכות לב: ד"ה כל ותוס' שבת קיח: וב"ק קסד.].

הגהות הב"ח

(א) רש"י ד"ה ועיון תפלה וכו' תפלתו ובטוח שתהא: (ב) תוס' ד"ה ונחתמין וכו' משמע דלדיקים גמורים קרי למי וכו' ורשעי' לחיים כנ"ל ותיבת גמורים נמחק:

גליון הש"ס

גמ' וא"ר יצחק ד' דברים מקרעין וכו'. בתשו' הרא"ש כלל ח הביא התוספ' ג' דברים מבטלין הגזירה וכו' אף שינוי השם: תוס' ד"ה ליום הדין כו' לחיי העולם הבא שהוא קיים לעולם. עי' תורת חיים ריש פ' י"א דסנהדרין:

תורה אור השלם

א) אֶרֶץ אֲשֶׁר יְיָ אֱלֹהֶיךָ דֹּרֵשׁ אֹתָהּ תָּמִיד עֵינֵי יְיָ אֱלֹהֶיךָ בָּהּ מֵרֵשִׁית הַשָּׁנָה וְעַד אַחֲרִית שָׁנָה: [דברים יא, יב]

ב) וַיִּשְׁמַע אֱלֹהִים אֶת קוֹל הַנַּעַר וַיִּקְרָא מַלְאַךְ אֱלֹהִים אֶל הָגָר מִן הַשָּׁמַיִם וַיֹּאמֶר לָהּ מַה לָּךְ הָגָר אַל תִּירְאִי כִּי שָׁמַע אֱלֹהִים אֶל קוֹל הַנַּעַר בַּאֲשֶׁר הוּא שָׁם: [בראשית כא, יז]

ג) וַתֹּאמֶר שָׂרַי אֶל אַבְרָם חֲמָסִי עָלֶיךָ אָנֹכִי נָתַתִּי שִׁפְחָתִי בְּחֵיקֶךָ וַתֵּרֶא כִּי הָרָתָה וָאֵקַל בְּעֵינֶיהָ יִשְׁפֹּט יְיָ בֵּינִי וּבֵינֶיךָ: [בראשית טז, ה]

ד) וַתָּמָת שָׂרָה בְּקִרְיַת אַרְבַּע הִוא חֶבְרוֹן בְּאֶרֶץ כְּנָעַן וַיָּבֹא אַבְרָהָם לִסְפֹּד לְשָׂרָה וְלִבְכֹּתָהּ: [בראשית כג, ב]

ה) לֹא יוֹעִילוּ אוֹצְרוֹת רֶשַׁע וּצְדָקָה תַּצִּיל מִמָּוֶת: [משלי י, ב]

ו) וַיִּצְעֲקוּ אֶל יְיָ בַּצַּר לָהֶם וּמִמְּצוּקֹתֵיהֶם יוֹצִיאֵם: [תהלים קז, כח]

ז) וַיֹּאמֶר אֱלֹהִים אֶל אַבְרָהָם שָׂרַי אִשְׁתְּךָ לֹא תִקְרָא אֶת שְׁמָהּ שָׂרָי כִּי שָׂרָה שְׁמָהּ: [בראשית יז, טו]

ח) וּבֵרַכְתִּי אֹתָהּ וְגַם נָתַתִּי מִמֶּנָּה לְךָ בֵּן וּבֵרַכְתִּיהָ וְהָיְתָה לְגוֹיִם מַלְכֵי עַמִּים מִמֶּנָּה יִהְיוּ: [בראשית יז, טז]

ט) וַיַּרְא הָאֱלֹהִים אֶת מַעֲשֵׂיהֶם כִּי שָׁבוּ מִדַּרְכָּם הָרָעָה וַיִּנָּחֶם הָאֱלֹהִים עַל הָרָעָה אֲשֶׁר דִּבֶּר לַעֲשׂוֹת לָהֶם וְלֹא עָשָׂה: [יונה ג, י]

י) וַיֹּאמֶר יְיָ אֶל אַבְרָם לֶךְ לְךָ מֵאַרְצְךָ וּמִמּוֹלַדְתְּךָ וּמִבֵּית אָבִיךָ אֶל הָאָרֶץ אֲשֶׁר אַרְאֶךָּ: וְאֶעֶשְׂךָ לְגוֹי גָּדוֹל וַאֲבָרֶכְךָ וַאֲגַדְּלָה שְׁמֶךָ וֶהְיֵה בְּרָכָה: [בראשית יב, א-ב]

כ) וַיֹּאמֶר מַדּוּעַ אַתְּ הֹלֶכֶת אֵלָיו הַיּוֹם לֹא חֹדֶשׁ וְלֹא שַׁבָּת וַתֹּאמֶר שָׁלוֹם: [מלכים ב ד, כג]

ל) מִבְּשָׂרָם לֹא תֹאכֵלוּ וּבְנִבְלָתָם לֹא תִגָּעוּ טְמֵאִים הֵם לָכֶם: [ויקרא יא, ח]

מ) וַיֹּאמֶר יְיָ אֶל מֹשֶׁה אֱמֹר אֶל הַכֹּהֲנִים בְּנֵי אַהֲרֹן וְאָמַרְתָּ אֲלֵהֶם לְנֶפֶשׁ לֹא יִטַּמָּא בְּעַמָּיו: [ויקרא כא, א]

נ) יִמָּחוּ מִסֵּפֶר חַיִּים וְעִם צַדִּיקִים אַל יִכָּתֵבוּ: [תהלים סט, כט]

ס) וְעַתָּה אִם תִּשָּׂא חַטָּאתָם וְאִם אַיִן מְחֵנִי נָא מִסִּפְרְךָ אֲשֶׁר כָּתָבְתָּ: [שמות לב, לב]

ע) וְרַבִּים מִיְּשֵׁנֵי אַדְמַת עָפָר יָקִיצוּ אֵלֶּה לְחַיֵּי עוֹלָם וְאֵלֶּה לַחֲרָפוֹת לְדִרְאוֹן עוֹלָם: [דניאל יב, ב]

ליקוטי רש"י

מראשית השנה. מר"ה נדון מה יהא בסופה [דברים יא יב]. באשר הוא שם. לפי מעשים שהוא עושה עכשיו הוא נדון ולא לפי מה שהוא עתיד לעשות לפי שהיו מלאכי השרת מקטרגים ואומרים רבש"ע מי שעתיד זרעו להמית בניך בצמא אתה מעלה לו באר והוא משיבם עכשיו מה הוא צדיק או רשע אמרו לו צדיק אמר להם לפי מעשיו של עכשיו אני דנו וזהו באשר הוא שם והיכן המית את ישראל בצמא כשהגלם נבוכדנצר שנאמר (ישעיה כא) משא בערב וגו' לקראת צמא התיו מים וגו' כשהיו מוליכין אותם אצל ערביים היו ישראל אומרים לשבאים בבקשה מכם הוליכונו אצל בני דודנו ישמעאל וירחמו עלינו שנאמר (שם כג) אורחות דדנים אל תקרי דדנים אלא דודים ואלו יוצאים לקראתם ומביאין להם בשר ודג מלוח ונודות נפוחים כסבורים ישראל שמלאים מים וכשמכניסים לתוך פיו ופותחו הרוח נכנס בגופו ומת [בראשית כא, יז]. מזכירין עונותיו. שעל ידי המפשפשין במעשיו לומר בוטח הוא באלהים וזכיותיו מרובין. קיר נטוי. מקום סכנה. ומוסר דין. כגון שרה שאמרה לאברהם חמסי עליך כו' [ברכות נה.]. מדוע את הולכת וגו'. כלומר שאם היה ראש חודש או שבת היה לה ללכת [סוכה כז:]. ורבים מישני אדמת עפר יקיצו. יחיו המתים. יחיו המתים אלה שיעמדו לחיי עולם [דניאל יב ב].

חשק שלמה על רבינו חננאל

א) מדברי רבינו ז"ל נראה שהיה גרסתו בזה בקרא כו' ונלע"ד שהיה כתוב בו מקום קרוב ל' כמו שהעירו המפרשים כאן וק"ל.

charity, **צְעָקָה – crying out,** **שִׁינּוּי הַשֵּׁם – change of name,**[16] **וְשִׁינּוּי מַעֲשֶׂה – and change of action.**[17]

The sources for these four actions having the capability to cancel a bad decree are given:

צְדָקָה – Charity, **דִּכְתִיב ,,וּצְדָקָה תַּצִּיל מִמָּוֶת'' – for it is written:**[18] ***And charity will rescue from death.*** **צְעָקָה – Crying out,** **דִּכְתִיב ,,וַיִּצְעֲקוּ אֶל־ה' בַּצַּר לָהֶם וּמִמְּצוּקֹתֵיהֶם יוֹצִיאֵם'' – for it is written:**[19] ***Then they cried out to Hashem in their distress, and He would take them out from their straits.*** **שִׁינּוּי הַשֵּׁם – Change of name,** **דִּכְתִיב ,,שָׂרַי אִשְׁתְּךָ לֹא־תִקְרָא אֶת־שְׁמָהּ שָׂרָי כִּי שָׂרָה שְׁמָהּ'' – for it is written:**[20] ***Sarai your wife, you shall not call her name Sarai, for Sarah is her name,*** **וּכְתִיב ,,וּבֵרַכְתִּי אֹתָהּ וְגַם נָתַתִּי מִמֶּנָּה לְךָ בֵּן'' – and it is written** in the very next verse: ***I will bless her; indeed, I will give you a son through her.*** **שִׁינּוּי מַעֲשֶׂה – Change of action,** **דִּכְתִיב ,,וַיַּרְא הָאֱלֹהִים אֶת־מַעֲשֵׂיהֶם'' – for it is written** regarding the wicked city of Ninveh:[21] ***God saw their deeds,*** *that they repented from their evil way,* **וּכְתִיב ,,וַיִּנָּחֶם הָאֱלֹהִים עַל־הָרָעָה אֲשֶׁר־דִּבֶּר לַעֲשׂוֹת־לָהֶם וְלֹא עָשָׂה'' – and it is written** immediately thereafter: ***God relented concerning the evil He had said He would bring upon them, and He did not do it.***

The Gemara cites a fifth possible way to overturn an evil decree: **וְיֵשׁ אוֹמְרִים – And some say:** **אַף שִׁינּוּי מָקוֹם – Also a change of place,**[22] **דִּכְתִיב ,,וַיֹּאמֶר ה' אֶל־אַבְרָם לֶךְ־לְךָ מֵאַרְצְךָ'' – for it is written:**[23] ***Hashem said to Abram, "Go you from your land,"*** **וַהֲדַר ,,וְאֶעֶשְׂךָ לְגוֹי גָּדוֹל'' – and then** in the next verse it is written: ***"I will make of you a great nation."***[24]

The Gemara explains why R' Yitzchak does not mention this method:

וְאִידָךְ – And the other one says: **הַהוּא זְכוּתָא דְּאֶרֶץ יִשְׂרָאֵל הוּא דְּאַהַנְיָא לֵיהּ – That was the merit of** living in **Eretz Yisrael that helped [Abraham],** not the change of place per se.

A seventh teaching:

וְאָמַר רַבִּי יִצְחָק – And R' Yitzchak said: **חַיָּיב אָדָם לְהַקְבִּיל פְּנֵי רַבּוֹ בָּרֶגֶל – A person is obligated to visit his teacher during the festival,** **שֶׁנֶּאֱמַר ,,מַדּוּעַ אַתְּ הֹלֶכֶת אֵלָיו הַיּוֹם לֹא־חֹדֶשׁ וְלֹא שַׁבָּת'' – for** regarding the woman from Shuneim[25] **it is stated:** ***Why are you going to him*** (Elisha) ***today? [It is] neither a New Moon nor a Sabbath.***[26] **מִכְּלָל דִּבְחֹדֶשׁ וְשַׁבָּת אִיבָּעֵי לָהּ לְמֵיזַל – This implies that on the New Moon and the Sabbath she would have needed to go** to visit her teacher.[27]

An eighth and final teaching by R' Yitzchak:

וְאָמַר רַבִּי יִצְחָק – And R' Yitzchak said: **חַיָּיב אָדָם לְטַהֵר אֶת עַצְמוֹ בָּרֶגֶל – A person is obligated to purify himself for the festival,** **שֶׁנֶּאֱמַר ,,וּבְנִבְלָתָם לֹא תִגָּעוּ'' – as it is stated** regarding the festival: ***And their carcass you shall not touch.***[28]

The Gemara supports this:

תַּנְיָא נַמִּי הָכִי – It was also taught so in a Baraisa: **,,וּבְנִבְלָתָם לֹא תִגָּעוּ'' –** The verse states: *AND THEIR CARCASS [neveilah] YOU SHALL NOT TOUCH.* **יָכוֹל יְהוּ יִשְׂרָאֵל מוּזְהָרִין עַל מַגַּע נְבֵילָה – IT COULD BE** thought **THAT A YISRAEL** [i.e. a non-Kohen] **IS WARNED AGAINST** becoming *tamei* by **TOUCHING A** ***NEVEILAH.*** **תַּלְמוּד לוֹמַר ,,אֱמֹר אֶל־הַכֹּהֲנִים בְּנֵי אַהֲרֹן'' – [THE TORAH]** therefore **STATES:**[29] *SAY TO THE KOHANIM, THE SONS OF AARON* [that they shall not become contaminated to a human corpse,] teaching that **בְּנֵי אַהֲרֹן מוּזְהָרִין –** only **THE SONS OF AARON ARE WARNED** against becoming contaminated, **בְּנֵי יִשְׂרָאֵל אֵין מוּזְהָרִין – but THE SONS OF A YISRAEL** (i.e. non-Kohanim) **ARE NOT WARNED.** **וַהֲלֹא דְּבָרִים קַל וָחוֹמֶר – NOW, IS THE MATTER NOT A** ***KAL VACHOMER?*** **וּמָה טוּמְאָה חֲמוּרָה – IF** regarding the **STRINGENT** ***TUMAH*** of a human corpse **כֹּהֲנִים מוּזְהָרִין יִשְׂרְאֵלִים אֵינָן מוּזְהָרִין – KOHANIM ARE WARNED** while **YISRAELIM ARE NOT WARNED,** **טוּמְאָה קַלָּה –** then regarding the more **LENIENT** ***TUMAH*** of an animal *neveilah,* **לֹא כָּל שֶׁכֵּן – IS IT NOT CERTAIN** that Yisraelim are not warned?[30] **אֶלָּא מַה תַּלְמוּד לוֹמַר ,,וּבְנִבְלָתָם לֹא תִגָּעוּ'' – WHAT THEN DOES [THE**

NOTES

16. By changing his name, the sinner in effect declares: I am a new man. I am not the same person who did those evil deeds (*Rambam, Hil. Teshuvah* 2:4, *Ran*; cf. *Ritva*).

17. That is, he changes from his evil ways (*Rashi*).

Ritva objects to this explanation because it is obvious that the person must stop committing evil acts for any repentance to be effective. He therefore understands this as referring to acts that are slightly distasteful, not outright transgressions. If the person changes even those acts, he is certainly a different person, who deserves a new judgment. See also *Rambam* ibid.

18. *Proverbs* 11:4.

19. *Psalms* 107:28.

20. *Genesis* 17:15.

21. *Jonah* 3:10.

22. Moving to an unfamiliar place humbles a person (*Rambam* ibid., *Ritva, Ran*).

23. *Genesis* 12:1.

24. In his new location Abraham would finally father a son after having been barren for many years.

25. In *II Kings* (4:8-37) the story is told of a righteous woman from Shuneim who provided room and board to Elisha the prophet whenever he passed through her village. The woman was childless and, in gratitude, Elisha blessed the woman that she would bear a child. The child was indeed born, but after some years took ill and died. Immediately upon the child's death, the woman called to her husband and said (ibid. v. 22): "Send me a servant with one of the donkeys, so that I may run to the man of God (Elisha) and return." Her husband, unaware of what had transpired, inquired as to the reason for her visit. The Gemara here quotes his question.

26. *II Kings* 4:23. Without telling her husband the reason, the Shunamite woman was traveling to Elisha to inform him that her son had died.

27. From the fact that her husband expressed surprise that she was traveling to visit Elisha (her spiritual leader) when it was neither the Sabbath nor a New Moon (i.e. the first day of the lunar month, which is considered to be somewhat of a holiday), we can infer that, generally, she would visit him at these times. The verse thus implies that it is proper for one to visit his teacher on days which are sanctified, such as the Sabbath or the New Moon; the obligation to visit on the festival, which is a day of greater sanctity, is derived from here (see *Maharsha* to *Succah* 27b).

Some commentators rule that whereas it certainly is *commendable* for one to travel to one's teacher on the Sabbath and New Moon [as indicated by the Shunamite woman's actions], the *obligation* to do so applies only to the festival (*Noda BiYehudah, Tinyana, Orach Chaim* §94; *Machatzis HaShekel, Orach Chaim* §301:7, see there for reasons; see also *Aruch LaNer* to *Succah* ibid.).

Ritva suggests that this obligation depends on the circumstances. If the student lives in the same town as his teacher, he must visit him daily (see also *Magen Avraham* §554:12). If the student lives outside his teacher's city, but within the *techum* (the two thousand-*amos* boundary surrounding one's Sabbath residence), he is obligated to visit him every Sabbath and New Moon. If he lives further away, he must visit him only on the festivals (see *Rabbeinu Chananel,* whose version of the text supports this conclusion).

For yet other approaches to this problem, see *Pnei Yehoshua, Turei Even* and commentators found in *Ein Yaakov* to *Succah* 27b. See also *Noda BiYehudah* (ibid.) who asserts that this obligation applies only when the Temple is standing, and not nowadays. See there for the reason.]

28. *Leviticus* 11:8. I.e. do not become *tamei.* It will become evident from the Baraisa cited next that this verse refers to the festival (*Rashi*).

29. Ibid. 21:1.

30. A human corpse transmits a more stringent *tumah* than the carcass of an animal. For example, a person who contracts *tumah* from a corpse is *tamei* for seven days and must be sprinkled with the ashes of a *parah adumah* mixed with springwater to become *tahor*; someone *tamei* from an animal carcass need only immerse in a *mikveh* and wait until nightfall for his purification to be completed.

ותוקעין ומריעין כשהן עומדין כדי לערבב השטן וא"ר יצחק כל שנה שאין תוקעין לה בתחלתה מריעין לה בסופה מ"ט דלא איערבב שטן וא"ר יצחק כל שנה שרשה בתחלתה מתעשרת בסופה שנא' מראשית השנה מרשית כתיב ועד אחרית סופה שיש לה אחרית וא"ר יצחק אין דנין את האדם אלא לפי מעשיו של אותה שעה שנאמר כי שמע אלהים אל קול הנער באשר הוא שם וא"ר יצחק ג' דברים מזכירין עונותיו של אדם אלו הן קיר נטוי ועיון תפלה ומוסר דין על חבירו דא"ר אבין כל המוסר דין על חבירו הוא נענש תחלה שנאמר ותאמר שרי אל אברם חמסי עליך וכתיב ויבא אברהם לספוד לשרה ולבכותה וא"ר יצחק ד' דברים מקרעין גזר דינו של אדם אלו הן צדקה צעקה שינוי השם ושינוי מעשה צדקה דכתיב וצדקה תציל ממות צעקה דכתיב ויצעקו אל ה' בצר להם וממצוקותיהם יוציאם שינוי השם דכתיב שרי אשתך לא תקרא את שמה שרי כי שרה שמה וכתיב וברכתי אותה וגם נתתי ממנה לך בן שינוי מעשה דכתיב וירא האלהים את מעשיהם וכתיב וינחם האלהים על הרעה אשר דבר לעשות להם ולא עשה וי"א אף שינוי מקום דכתיב ויאמר ה' אל אברם לך לך מארצך והדר ואעשך לגוי גדול ואידך ההוא זכותא דא"י הוא דאהניא ליה וא"ר יצחק חייב אדם להקביל פני רבו ברגל שנאמר מדוע את הולכת אליו היום לא חדש ולא שבת מכלל דבחדש ושבת איבעי לה למיזל וא"ר יצחק חייב אדם לטהר את עצמו ברגל שנאמר ובנבלתם לא תגעו תניא נמי הכי ובנבלתם לא תגעו יכול יהו ישראל מוזהרין על מגע נבילה תלמוד לומר אמור אל הכהנים בני אהרן בני אהרן מוזהרין בני ישראל אין מוזהרין והלא דברים קל וחומר ומה טומאה חמורה כהנים מוזהרין ישראלים אינן מוזהרין טומאה קלה לא כל שכן אלא מה ת"ל ובנבלתם לא תגעו ברגל א"ר כרוספדאי א"ר יוחנן שלשה ספרים נפתחין בר"ה אחד של רשעים גמורין ואחד של צדיקים גמורין ואחד של בינוניים צדיקים גמורין נכתבין ונחתמין לאלתר לחיים רשעים גמורין נכתבין ונחתמין לאלתר למיתה בינוניים תלויין ועומדין מר"ה ועד יוה"כ זכו נכתבין לחיים לא זכו נכתבין למיתה א"ר אבין מאי קרא ימחו מספר חיים ועם צדיקים אל יכתבו ימחו מספר זה ספרן של רשעים גמורין חיים זה ספרן של צדיקים ועם צדיקים אל יכתבו זה ספרן של בינוניים ר"נ בר יצחק אמר מהכא ואם אין מחני נא מספרך אשר כתבת מחני נא זה ספרן של רשעים מספרך זה ספרן של צדיקים אשר כתבת זה ספרן של בינוניים תניא ב"ש אומרים ג' כתות הן ליום הדין אחת של צדיקים גמורין ואחת של רשעים גמורין ואחת של בינוניים צדיקים גמורין נכתבין ונחתמין לאלתר לחיי עולם רשעים גמורין נכתבין ונחתמין לאלתר לגיהנם שנאמר ורבים מישני אדמת עפר יקיצו אלה לחיי עולם ואלה לחרפות לדראון עולם בינוניים יורדין לגיהנם

ומצפצפין

רש"י

כדי לערבב. שלא ישטין כשישמע ישראל מחבבין את המצות מסתתמין דבריו: שרשה בתחלתה. שישראל עושין עצמן רשין בר"ה לדבר תחנונים ותפלה כענין שנאמר תחנונים ידבר רש (משלי יח): של אותה שעה. ואפי' הוא עתיד להרשיע לאחר זמן: שנאמר באשר הוא שם. ומצינו בבראשית רבה אמרו מלאכי השרת לפני הקב"ה רבש"ע מי שעתידין בניו להמית את בניך בצמא אתה מעלה לו באר שנא' (ישעיה כא) משא בערב וגו' לקראת צמא התיו מים שהיו מוציאין לקראת הגולים מיני מלוחים ונודות נפוחים וכו' כדאיתא התם אמר להם השעה צדיק הוא או רשע אמרו לו צדיק אמר להם באשר הוא שם איני דן את העולם אלא בשעתו: קיר נטוי. ועובר תחתיו מזכיר עונותיו שאומר כלום ראוי זה ליעשות לו נס ומתוך כך הוא נבדק: ועיון תפלה. סומך על תפלתו (א) שתהא נשמעת ומתאמץ לכוין לבו: מוסר דין. כמו ישפוט ה' ביני וביניך (בראשית טז) אומרים כלום ראוי הוא שיענש חבירו על ידו: ויבא אברהם וגו'. הוא קבר אותה: שינוי מעשה. שב מרעתו: ובנבלתם לא תגעו. וברגל משתעי קרא כדמפרש ואזיל לקמיה בברייתא: שלשה ספרים. ספרי זכרון של מעשה הבריות: ליום הדין. כשיחיו המתים: רשעים גמורים. רובם עונות: בינוניים. מחצה על מחצה:

ומצפצפים

תוספות

ותוקעים ומריעין כשהן עומדין. תימה הא קעבר משום בל תוסיף וכי תימא כיון דכבר יצא הוה ליה שלא בזמנו דלא עבר הא אמרינן בסוף ראוהו ב"ד (לקמן דף כח: ושם) גבי ברכת כהנים דאין מוסיף ברכה אחת משלו משום דלא עבר עליה זימניה כיון דאילו מתרמי ליה צבורא אחרינא הדר מברך להו ה"נ אי מתרמי ליה צבורא הדר תקע להו וי"ל דלאו שייך בל תוסיף בעשיית מצוה אחת ב' פעמים כגון כהן אם מברך וחוזר ומברך אותו צבור עצמו או נוטל לולב וחוזר ונוטל וכן תוקע וחוזר ותוקע וגבי מתנות בכור נמי אם נותן בקרן אחד ב' פעמים אין זה בל תוסיף: כדי לערבב את השטן. פירש בערוך [כדאיתא] בירושלמי בלע המות לנצח וכתיב והיה ביום ההוא יתקע בשופר גדול כד שמע קל שיפורא זימנא חדא בהיל ולא בהיל וכד שמע תניין אמר ודאי זהו שיפורא דיתקע בשופר גדול ומטא זימניה לאתבלעא ומתערבב ולית ליה פנאי למעבד קטגוריא: שאין תוקעין בתחלתה. מפרש בהלכות גדולות לאו דמיקלע בשבתא אלא דאיתייליד אונסא: שרשה בתחלתה. שמתוך שישראלים רשים לבם נשבר ומרחמים עליהם מן השמים: ועיון תפלה. אומר ר"ת עיון תפלה דהכא היינו דגט פשוט (ב"ב דף קסד: ושם) דג' דברים אין אדם ניצול מהן בכל יום וקא חשיב עיון תפלה כלומר שאין מכוין לבו בתפלתו כדאמר בירושלמי דברכות פרק היה קורא א"ר חייא רבה מן יומא לא כוונית אלא חד זמן בעית מכוונה והרהרית בלבי ואמרי מאן עלל קומוי מלכא קדמוי אלקפטא או ריש גלותא שמואל אמר אנא מנית פרחייא ר' בון בר חייא אמר אנא מנית דומסיא א"ר מנא מחזיק אנא טיבו לרישיה דכי מטי למודים הוה כרע מגרמיה ומתוך שאדם מתפלל ואין מתכוין לבו עבירותיו מזכירין ומיהו לא יתכן לפרש כן כלל אלא אדרבה מיירי במתאמץ לכוין לבו ובוטח שתהא תפלתו נשמעת כי ההיא דפ' אין עומדין (ברכות דף לב:) המאריך בתפלתו ומעיין כדמוכח בריש הרואה (שם דף נד:) דאמר רב יהודה אמר רב ג' דברים מאריכים ימיו של אדם וחשיב המאריך בתפלתו ופריך למימרא דמעליותא היא והא א"ר חייא בר אבא המאריך בתפלתו ומעיין בה סוף בא לידי כאב לב שנאמר תוחלת ממושכה מחלה לב כלומר מעיין בה אומר בלבו שיעשו בקשתו לפי שהתפלל בכוונה ובא לידי כאב לב שאין בקשתו נעשית תוחלת לשון תפלה ומלשון ויחל משה (שמות לב) וא"ר יצחק (שם דף נה.) שלשה דברים מזכירים עונותיו של אדם עיון תפלה שעל ידי כך מפשפשין במעשיו לומר בוטח הוא בזכיותיו ונראה מה הם ומשני הא דלא מעיין בה הא דמעיין והשתא הוו כל הני שלשה דברים מענין אחד קיר נטוי שבוטח בזכותו ועובר מוסר דין על חבירו שבוטח בזכותו שיענש חבירו על ידו: ונחתמין לאלתר לחיים. מדקא חשיב בינוניים משמע דלצדיקים (ב) קרי למי שזכיותיו מרובים ורשעים גמורים למי שעונותיו מרובים ופעמים הצדיקים נחתמין למיתה ורשעים גמורים לחיים דכתיב ומשלם לשונאיו אל פניו להאבידו (דברים ז) דאמרינן בסוף פ"ק דקדושין (דף לט: ושם) מי שזכיותיו מרובין מעונותיו דומה כמי ששרף את כל התורה כולה ולא שייר ממנה אות אחת ואי עונותיו מרובין מזכיותיו דומה כמי שקיים כל התורה כולה ולא חיסר אות אחת וכל זה דקרי הכא גבי רשעים מיתה וגבי צדיקים חיים כלומר לחיי העולם הבא: ליום הדין. כשיחיו המתים כדמוכח קרא ואע"פ שכבר נדונו אחר מיתתן בגן עדן או בגיהנם מפני הנפש עדיין יהיה דין אחר אם יזכו לחיי העולם הבא שהוא קיים לעולם ויש שכבר קבלו דינם בגיהנם ומתוך כך שמא יזכו:

ועליהם

עין משפט נר מצוה

פח א סמג עשין מב וטוש"ע א"ח סי' תקפה:
פט ב מיי' פ"ג מהל' תשובה הל' ד סמג עשין טו טור ש"ע א"ח סי' רמז סעיף ד:
צ ג מיי' וסמג שם טוש"ע י"ד סי' שלה סעיף י בהגה:
צא ד מיי' פ"ה מהל' ת"ת הל' ז:
צב ה ו מיי' פט"ז מהל' טומאת אוכלין הל' ט' סמג עשין רמו:
צג ז מיי' פ"ג מהל' תשובה הל' ג סמג עשין טז:
צד ח מיי' שם הל' ה:

רבינו חננאל

ותוקעין ומריעין כשהן עומדין כדי לערבב השטן פי' כיון שמצאנו כי אם יש מלאך מליץ אחד אשר פודה מרדת שחת כן יש מלאך משטין ומכוונין ישראל את לבם ואומר שמא יעמוד משטין עלינו נדקדק במצות. וכיון שרואה המשטין שמחבבין המצות מיושב ועומד כאלו מתעכב מלהשטין. א"ר יצחק אין דנין לאדם אלא לפי מעשיו של אותה שעה שנאמר כי שמע אלהים אל קול הנער באשר הוא שם. ואע"פ שגלוי וידוע כי כשיגדל יצא לתרבות רעה: ירושלמי ריב"ל אמר מהאי קרא (איוב ח) אם זך וישר היית אין כתיב [כאן] אלא אם [זך] ישר אתה עכשיו. ג' דברים מזכירין עונותיו של אדם קיר נטוי ליפול כלומר רעוע והולך זה ויושב תחתיו סומך בזכיותיו להנצל וכן המעיין בתפלה שתתקבל ותבוא שאלתו וסומך בצדקתו. וכן המוסר דין על חבירו כלומר אני צדיק ומוסר דינו להפרע מחברו. אלו כולן מזכירין עונותיו של אדם. שאומרים לפניו מה זכיותיו של זה שעושה כך הלא יש בידו עון כך וכך. ד' דברים מקרעין גזר דינו של אדם ואלו הן צדקה שנאמר וצדקה תציל ממות. צעקה שנאמר ויצעקו אל ה' בצר להם וגו'. שנוי השם דכתיב לא תקרא את שמה שרי כי שרה שמה. וברכתי אותה וגם נתתי ממנה לך בן וברכתיה. שנוי מעשה דכתיב וירא האלהים את מעשיהם כי שבו מדרכם הרעה. וי"א אף שנוי מקום שנאמר ויאמר ה' אל אברם לך לך מארצך וממולדתך וגו' והדר ואעשך לגוי גדול. ואידך כו'. חייב אדם להקביל פני רבו ברגל שנאמר ויאמר מדוע את הולכת אליו היום לא חדש ולא שבת וגו' מכלל דבחדש ושבת חייב. א) ואקשינן והא ברגל אמרנו. ופרקינן אם רבו שרוי במקום קרוב לו חייב להקביל פניו בכל חדש ושבת ואם הוא במקום רחוק חייב להקבילו ברגל. כתיב אמור אל הכהנים בני אהרן ואמרת אלהם וגו' מלמד שהכהנים הוזהרו שלא להטמאות ולא ישראל. ואפי' הכהנים לא הוזהרו אלא בטומאת מת שהיא חמורה אבל בטומאה קלה לא הוזהרו שאילו הוזהרו בטומאה קלה לא היה למקרא לפרש להם אזהרה בטומאה קלה וכ"ש בטומאה חמורה אלא ודאי מת שהיא חמורה בטומאה קלה לא הוזהרו. ואם הכהנים לא הוזהרו בטומאה קלה ק"ו ישראל. ומה"ת ובנבלתם לא תגעו אלא ש"מ שכל ישראל הוזהרו להטהר אפי' מטומאה קלה ברגל. מיכן אמרו חכמים שחייבין ישראל לטהר עצמם ברגל בבואם ליראות לפני ה'. א"ר יוחנן ג' ספרים נפתחין בר"ה אחד של צדיקים גמורין ואחד של רשעים גמורין ואחד של בינוניים. צדיקים גמורין נכתבין ונחתמין לאלתר לחיים. ואחד של רשעים גמורין נכתבין ונחתמין לאלתר למיתה. בינוניים תלוין מר"ה ועד יוה"כ זכו עשו תשובה נכתבין לחיים לא זכו לא עשו תשובה נכתבין למיתה. א"ר אבין מאי קרא ימחו מספר חיים ועם צדיקים אל יכתבו. אם היו צדיקים תכתבו לחיים ותחזרו לרשעתם ימחו מאותו הספר של חיים שנכתבו בכלל הספר של צדיקים. ועם צדיקים מהם אל יכתבו לפי שנמחו מהספר. ר"נ בר יצחק אמר מהכא ואם אין מחני נא מספרך וגו' זו היא מיתה שאמרו כי בינוניים אינם צדיקים. מוריד שאול ויעל הבינוניים אינם צדיקים. פירוש לגבי הרשעים אמרה חנה ה' ממית ומחיה. ממית הרשעים ומחיה הצדיקים.

מסורת הש"ס

א) גי' רא"ש מכל"ל, ב) [ברכות נה.], ג) [צ"ל חנן וכ"ה בר"ש אלפס ורא"ש], ד) [ב"ק צג.], ה) גי' ע"י ולבסוף, ו) סוטה מ:, ז) [תוספתא דסנהדרין פי"ג, ערכין טו.], ח) [ערך עי' אג, עי' הל' דן], ט) [וכן פי' בערוך ע' קר מן], י) [וע"ע תוס' ברכות לג: ד"ה כל ותוס' שבת קיח: וב"ב קסד:].

הגהות הב"ח

(א) רש"י ד"ה ועיון תפלה וכו' תפלתו ובטוח שתהא: (ב) תוס' ד"ה ונחתמין וכו' משמע לצדיקים גמורים קרי למי וכו' ורשעי' לחיים כל"ל ותיבת גמורים נמחק:

גליון הש"ס

גמ' וא"ר יצחק ד' דברים מקרעין וכו'. בתשובת הרא"ש סוף כלל ו' הביא הגהת' ג' דברים מבטלין הגזירה וכו' ואף שינוי השם: תוס' ד"ה ליום הדין כו' לחיי העולם הבא שהוא קיים לעולם. עי' תורת חיים ריש פ' ח"א דסנהדרין:

תורה אור השלם

א) אֶרֶץ אֲשֶׁר יְיָ אֱלֹהֶיךָ דֹּרֵשׁ אֹתָהּ תָּמִיד עֵינֵי יְיָ אֱלֹהֶיךָ בָּהּ מֵרֵשִׁית הַשָּׁנָה וְעַד אַחֲרִית שָׁנָה: [דברים יא, יב]
ב) וַיִּשְׁמַע אֱלֹהִים אֶת קוֹל הַנַּעַר וַיִּקְרָא מַלְאַךְ אֱלֹהִים אֶל הָגָר מִן הַשָּׁמַיִם וַיֹּאמֶר לָהּ מַה לָּךְ הָגָר אַל תִּירְאִי כִּי שָׁמַע אֱלֹהִים אֶל קוֹל הַנַּעַר בַּאֲשֶׁר הוּא שָׁם: [בראשית כא, יז]
ג) וַתֹּאמֶר שָׂרַי אֶל אַבְרָם חֲמָסִי עָלֶיךָ אָנֹכִי נָתַתִּי שִׁפְחָתִי בְּחֵיקֶךָ וַתֵּרֶא כִּי הָרָתָה וָאֵקַל בְּעֵינֶיהָ יִשְׁפֹּט יְיָ בֵּינִי וּבֵינֶיךָ: [בראשית טז, ה]
ד) וַתָּמָת שָׂרָה בְּקִרְיַת אַרְבַּע הִוא חֶבְרוֹן בְּאֶרֶץ כְּנָעַן וַיָּבֹא אַבְרָהָם לִסְפֹּד לְשָׂרָה וְלִבְכֹּתָהּ: [בראשית כג, ב]
ה) לֹא יוֹעִילוּ אוֹצְרוֹת רֶשַׁע וּצְדָקָה תַּצִּיל מִמָּוֶת: [משלי י, ב]
ו) וַיִּצְעֲקוּ אֶל יְיָ בַּצַּר לָהֶם וּמִמְּצוּקֹתֵיהֶם יוֹצִיאֵם: [תהלים קז, כח]
ז) וַיֹּאמֶר אֱלֹהִים אֶל אַבְרָהָם שָׂרַי אִשְׁתְּךָ לֹא תִקְרָא אֶת שְׁמָהּ שָׂרָי כִּי שָׂרָה שְׁמָהּ: [בראשית יז, טו]
ח) וּבֵרַכְתִּי אֹתָהּ וְגַם נָתַתִּי מִמֶּנָּה לְךָ בֵּן וּבֵרַכְתִּיהָ וְהָיְתָה לְגוֹיִם מַלְכֵי עַמִּים מִמֶּנָּה יִהְיוּ: [בראשית יז, טז]
ט) וַיַּרְא הָאֱלֹהִים אֶת מַעֲשֵׂיהֶם כִּי שָׁבוּ מִדַּרְכָּם הָרָעָה וַיִּנָּחֶם הָאֱלֹהִים עַל הָרָעָה אֲשֶׁר דִּבֶּר לַעֲשׂוֹת לָהֶם וְלֹא עָשָׂה: [יונה ג, י]
י) וַיֹּאמֶר יְיָ אֶל אַבְרָם לֶךְ לְךָ מֵאַרְצְךָ וּמִמּוֹלַדְתְּךָ וּמִבֵּית אָבִיךָ אֶל הָאָרֶץ אֲשֶׁר אַרְאֶךָּ: וְאֶעֶשְׂךָ לְגוֹי גָּדוֹל וַאֲבָרֶכְךָ וַאֲגַדְּלָה שְׁמֶךָ וֶהְיֵה בְּרָכָה: [בראשית יב, א-ב]
כ) וַיֹּאמֶר מַדּוּעַ אַתְּ הֹלֶכֶת אֵלָיו הַיּוֹם לֹא חֹדֶשׁ וְלֹא שַׁבָּת וַתֹּאמֶר שָׁלוֹם: [מלכים ב ד, כג]
ל) מִבְּשָׂרָם לֹא תֹאכֵלוּ וּבְנִבְלָתָם לֹא תִגָּעוּ טְמֵאִים הֵם לָכֶם: [ויקרא יא, ח]
מ) וַיֹּאמֶר יְיָ אֶל מֹשֶׁה אֱמֹר אֶל הַכֹּהֲנִים בְּנֵי אַהֲרֹן וְאָמַרְתָּ אֲלֵהֶם לְנֶפֶשׁ לֹא יִטַּמָּא בְּעַמָּיו: [ויקרא כא, א]
נ) יִמָּחוּ מִסֵּפֶר חַיִּים וְעִם צַדִּיקִים אַל יִכָּתֵבוּ: [תהלים סט, כט]
ס) וְעַתָּה אִם תִּשָּׂא חַטָּאתָם וְאִם אַיִן מְחֵנִי נָא מִסִּפְרְךָ אֲשֶׁר כָּתָבְתָּ: [שמות לב, לב]
ע) וְרַבִּים מִיְּשֵׁנֵי אַדְמַת עָפָר יָקִיצוּ אֵלֶּה לְחַיֵּי עוֹלָם וְאֵלֶּה לַחֲרָפוֹת לְדִרְאוֹן עוֹלָם: [דניאל יב, ב]

חשק שלמה על ר"ח

א) מדברי רבינו נ"ל דלא גרס בגמ' ולא היא רבו קרוב ע"ש ולא כגירסת הגמ' שלפנינו ודו"ק.

ליקוטי רש"י

מראשית השנה. מר"ה נדון מה יהא בסופה [דברים יא יב]. באשר הוא שם. לפי מעשים שהוא עושה עכשיו הוא נדון ולא לפי מה שהוא עתיד לעשות [בראשית כא יז]. [illegible]

TORAH] TEACH when it states: ***AND THEIR CARCASS YOU SHALL NOT TOUCH?*** בָּרֶגֶל – It is dealing **WITH THE FESTIVAL**, teaching that even non-Kohanim should purify themselves and remain *tahor* during the festival.[31]

The Gemara discusses the judgment on Rosh Hashanah:[32]

אָמַר רַבִּי כְּרוּסְפְּדַאי אָמַר רַבִּי יוֹחָנָן – **R' Keruspedai said in the name of R' Yochanan:** שְׁלֹשָׁה סְפָרִים נִפְתָּחִין בְּרֹאשׁ הַשָּׁנָה – **Three books are opened on Rosh Hashanah:** אֶחָד שֶׁל רְשָׁעִים גְּמוּרִין – **one of the completely wicked,** וְאֶחָד שֶׁל צַדִּיקִים גְּמוּרִין – **one of the completely righteous** וְאֶחָד שֶׁל בֵּינוֹנִיִּים – **and one of intermediate people.** צַדִּיקִים גְּמוּרִין נִכְתָּבִין וְנֶחְתָּמִין לְאַלְתַּר לְחַיִּים – **The completely righteous are written and sealed immediately for life;** רְשָׁעִים גְּמוּרִין נִכְתָּבִין וְנֶחְתָּמִין לְאַלְתַּר לְמִיתָה – **the completely wicked are written and sealed immediately for death;** בֵּינוֹנִיִּים תְּלוּיִין וְעוֹמְדִין מֵרֹאשׁ הַשָּׁנָה וְעַד יוֹם הַכִּפּוּרִים – **the intermediate people are held in abeyance from Rosh Hashanah until Yom Kippur:** זָכוּ נִכְתָּבִין לְחַיִּים – **if they merit it, they are written for life;** לֹא זָכוּ נִכְתָּבִין לְמִיתָה – **if they do not merit it, they are written for death.**[33]

The Gemara gives a Scriptural source for the existence of these three books:

אָמַר רַבִּי אָבִין – **R' Avin said:** מַאי קְרָא – **What verse** indicates this? "יִמָּחוּ מִסֵּפֶר חַיִּים וְעִם צַדִּיקִים אַל־יִכָּתֵבוּ" – ***May they be erased from the Book of Life, and with the righteous let them not be inscribed.***[34] "יִמָּחוּ מִסֵּפֶר" זֶה סִפְרָן שֶׁל רְשָׁעִים גְּמוּרִין – ***May they be erased from the Book*** – **this refers to the book of the completely wicked;** "חַיִּים" זֶה סִפְרָן שֶׁל צַדִּיקִים – ***Life*** – **this refers to the book of the completely righteous;** "וְעִם צַדִּיקִים אַל־יִכָּתֵבוּ" זֶה סִפְרָן שֶׁל בֵּינוֹנִיִּים – ***and with the righteous let them not be inscribed*** – **this refers to the book of intermediate people.**[35]

The Gemara presents an alternative source:

רַב נַחְמָן בַּר יִצְחָק אָמַר מֵהָכָא – **Rav Nachman bar Yitzchak said:** It is derived **from here:** "וְאִם־אַיִן מְחֵנִי נָא מִסִּפְרְךָ אֲשֶׁר כָּתָבְתָּ" – ***And if not, erase me now from Your book that You have written.***[36] "מְחֵנִי נָא" זֶה סִפְרָן שֶׁל רְשָׁעִים – ***Erase me now*** – **this refers to the book of the wicked;** "מִסִּפְרְךָ" זֶה סִפְרָן שֶׁל צַדִּיקִים – ***from Your book*** – **this refers to the book of the righteous;** "אֲשֶׁר כָּתָבְתָּ" זֶה סִפְרָן שֶׁל בֵּינוֹנִיִּים – ***that You have written*** – **this refers to the book of intermediate people.**[37]

NOTES

31. *Rambam* (*Hil. Tumas Ochalin* 16:10) explains the reason for this rule as being that one must prepare himself to enter the Temple and partake of the sacrifices during the festival (see also *Rabbeinu Chananel*; cf. *Meiri*) As to whether any obligation applies nowadays, see *Shaagas Aryeh* §67 and *Sfas Emes*.

32. From here until the Mishnah on 18a, the Gemara will delineate the rules according to which God rewards and punishes individuals in this world and in the Afterlife. It goes without saying that the Gemara's comments are intended as only a very general outline of God's system of justice. Applying these rules to any particular individual, involving as this does the entire panorama of a person's deeds and circumstances, is something of which God alone is capable. Indeed, *Pnei Yehoshua* considered these matters so esoteric that his original intention was to treat the coming Gemaras in only the briefest manner. That he elaborated upon them at all, he writes, was only because men yearn to have at least some inkling of the nature of God's judgment. Moreover, knowledge of these matters has the power to stir people to a greater awareness of the accountability they bear for their actions.

33. I.e. if they repent by Yom Kippur, they are sealed for life; if not, they are sealed for death (*Rambam Hil. Teshuvah* 3:3; cf. *Ritva* ד״ה ומה שנאמר in the name of *Tosafos*; see at length *Kochevei Or* [*R' Yitzchak Blaser*] §5 and *Mishnas R' Aharon* [*R' Aharon Kotler*], vol. 2 pp. 179-80 for suggestions as to why *Rambam* translates the word זכו to mean "they repented" rather than explains it to mean that they performed one more good deed to tip the scales toward the side of merit; see also *Sichos Mussar* [*R' Chaim Shmulevitz*] 5732:1).

Rashi explains the "three books" as being tomes in which men's deeds are recorded. If so, however, the commentators ask, it is difficult to understand how the books could be labeled "the book of the righteous," "the book of the wicked" and "the book of the intermediate," when the designations of צַדִּיק, רָשָׁע and בֵּינוֹנִי presumably emerge only *after* the judgment on Rosh Hashanah. The more accepted explanation is therefore that these books are used to record men's *sentences* for the year. See *Aruch LaNer, Sfas Emes, Iyei HaYam* and *Menachem Meishiv Nefesh* for discussion of *Rashi's* comment.

[Whatever the explanation, the "opening of the books" is merely a metaphor to convey in human terms God's meticulous accounting and recall. God, in his omniscience, needs no record books to help Him keep track of anything (*Sefer HaChinuch,* mitzvah 311).]

34. *Psalms* 69:29. David made this request in regard to his enemies.

35. King David prayed that his enemies not survive to Rosh Hashanah to be inscribed in any of the three books (*Tos. Rid*; cf. *Pnei Yehoshua, Aruch LaNer, Sfas Emes*). [This same explanation applies to the exposition that follows.] See *Maharsha,* who explains how it is indicated that this section of the verse refers to intermediate people.

36. *Exodus* 32:32. After Israel sinned with the Golden Calf and God threatened to destroy them, Moses prayed on their behalf, saying, "If You will not forgive Israel their sin erase my name from Your book."

37. **R' Keruspedai's teaching – four interpretations**

On the surface, R' Keruspedai's teaching seems straightforward. The righteous are granted a year of life, the wicked are sentenced to die and those in between have their decision deferred until Yom Kippur at which time they too are placed into one of the above two categories.

The problem, of course – and one with which virtually all the commentators deal – is that this simplistic view of things flies in the face of reality. Even if we assume, as many Rishonim do, that "life" in R' Keruspedai's statement includes not only length of days but also all of life's other blessings, such as health, financial security and contentment, while "death" also encompasses things such as sickness, poverty and strife, R' Keruspedai would be saying that on Rosh Hashanah righteous people are inscribed for a year of bliss while the wicked are sentenced to suffering. This, in turn, would mean that all around us we should see the righteous prospering and the wicked dying and undergoing tribulation.

But is this always the case? Do the righteous all live long blissful lives, and do the wicked all suffer and die young? Even the Prophets, in numerous places, commented, or even complained to God, about the seeming injustice of the wicked prospering and the righteous undergoing suffering, for example (*Ecclesiastes* 7:15): *Sometimes a righteous man perishes for all his righteousness, and sometimes a wicked man endures for all his wickedness,* and (*Jeremiah* 12:1): *Why does the way of the wicked prosper?*

In resolution of this problem we find four approaches among the Rishonim. Each approach of necessity redefines one or another of the terms used in R' Keruspedai's statement. Either the terms "wicked" and "righteous" have a different meaning than that assumed in the question, or the terms "life" and "death" do. The following is a synopsis of the four views.

(1) **The view of *Tosafos*.** According to this explanation, the terms "life" and "death" used by R' Keruspedai refer not to life and death in this world but to life and death in the World to Come. Based on whether a person's merits or sins are in the majority (see the Gemara below where we will learn that this is the determinant of whether one is considered a צַדִּיק or a רָשָׁע), God decides on Rosh Hashanah whether that person will merit the World to Come ("live") or be deprived of a share therein ("die"). Although a final determination of this matter is clearly impossible until the end of a person's life, it is necessary for God to rule on the person's status *as of each Rosh Hashanah* in order to decide what type of a year to decree for him in this world. Often, a righteous person, who, as matters stand now, deserves to enter the World to Come, will be sentenced to a year of suffering in this world in order to punish him for the few sins he has committed, thereby allowing him upon death to enter the bliss of the Afterlife without undergoing any preparatory purging in Gehinnom. Conversely, a wicked man may be granted a year of contentment in this life in reward for his few good deeds in order to deprive him utterly of any share in the World to Come (*Tos. HaRosh*).

Several of the classical kabbalists (*Shaarei Orah, Asarah Maamoros*) as well as the Vilna Gaon (to *Orach Chaim* 582:9) strongly support this view.

(2) **The view of *Ramban*** (*Derashah L'Rosh Hashanah* pp. 222-5 and *Shaar HaGemul* pp. 264-5; this is also the view of *Ran*). This approach

ותוקעין ומריעין כשהן עומדין כדי לערבב השטן וא"ר יצחק כל שנה שאין תוקעין לה בתחלתה מריעין לה בסופה מ"ט דלא איערבב שטן וא"ר יצחק כל שנה שרשה בתחלתה מתעשרת בסופה שנא' מראשית השנה מרשית כתיב ועד אחרית סופה שיש לה אחרית וא"ר יצחק אין דנין את האדם אלא לפי מעשיו של אותה שעה שנאמר כי שמע אלהים אל קול הנער באשר הוא שם וא"ר יצחק ג' דברים מזכירין עונותיו של אדם אלו הן קיר נטוי ועיון תפלה ומוסר דין על חבירו דא"ר אבין כל המוסר דין על חבירו הוא נענש תחלה שנאמר ותאמר שרי אל אברם חמסי עליך וכתיב ויבא אברהם לספוד לשרה ולבכותה וא"ר יצחק ד' דברים מקרעין גזר דינו של אדם אלו הן צדקה צעקה שינוי השם ושינוי מעשה צדקה דכתיב וצדקה תציל ממות צעקה דכתיב ויצעקו אל ה' בצר להם וממצוקותיהם יוציאם שינוי השם דכתיב שרי אשתך לא תקרא את שמה שרי כי שרה שמה וכתיב וברכתי אותה וגם נתתי ממנה לך בן שינוי מעשה דכתיב וירא האלהים את מעשיהם וכתיב וינחם האלהים על הרעה אשר דבר לעשות להם ולא עשה וי"א אף שינוי מקום דכתיב ויאמר ה' אל אברם לך לך מארצך והדר ואעשך לגוי גדול ואידך ההוא זכותא דא"י הוא דאהניא ליה וא"ר יצחק חייב אדם להקביל פני רבו ברגל שנאמר מדוע את הולכת אליו היום לא חדש ולא שבת מכלל דבחדש ושבת איבעי לה למיזל וא"ר יצחק חייב אדם לטהר את עצמו ברגל שנאמר ובנבלתם לא תגעו תניא נמי הכי ובנבלתם לא תגעו יכול יהו ישראל מוזהרין על מגע נבילה תלמוד לומר אמור אל הכהנים בני אהרן בני אהרן מוזהרין בני ישראל אין מוזהרין והלא דברים קל וחומר ומה טומאה חמורה כהנים מוזהרין ישראלים אינן מוזהרין טומאה קלה לא כל שכן אלא מה ת"ל ובנבלתם לא תגעו ברגל א"ר כרוספדאי א"ר יוחנן שלשה ספרים נפתחין בר"ה אחד של רשעים גמורין ואחד של צדיקים גמורין ואחד של בינוניים צדיקים גמורין נכתבין ונחתמין לאלתר לחיים רשעים גמורין נכתבין ונחתמין לאלתר למיתה בינוניים תלויין ועומדין מר"ה ועד יוה"כ זכו נכתבין לחיים לא זכו נכתבין למיתה א"ר אבין מאי קרא ימחו מספר חיים ועם צדיקים אל יכתבו ימחו מספר זה ספרן של רשעים גמורין חיים זה ספרן של צדיקים ועם צדיקים אל יכתבו זה ספרן של בינוניים ר"נ בר יצחק אמר מהכא ואם אין מחני נא מספרך אשר כתבת מחני נא זה ספרן של רשעים מספרך זה ספרן של צדיקים אשר כתבת זה ספרן של בינוניים תניא ב"ש אומרים ג' כתות הן ליום הדין אחת של צדיקים גמורין ואחת של רשעים גמורין ואחת של בינוניים צדיקים גמורין נכתבין ונחתמין לאלתר לחיי עולם רשעים גמורין נכתבין ונחתמין לאלתר לגיהנם שנאמר ורבים מישני אדמת עפר יקיצו אלה לחיי עולם ואלה לחרפות לדראון עולם בינוניים יורדין לגיהנם ומצפצפין

רש"י

כדי לערבב. שלא ישטין כשישמע ישראל מחבבין את המצות מסתתמין דבריו: שרשה בתחלתה. שישראל עושין עצמן רשין בר"ה לדבר תחנונים ותפלה כענין שנאמר תחנונים ידבר רש (משלי יח): של אותה שעה. ואפי' הוא עתיד להרשיע לאחר זמן: שנאמר באשר הוא שם. ומצינו בבראשית רבה אמרו מלאכי השרת לפני הקב"ה רבש"ע מי שעתידין בניו להמית את בניך בצמא אתה מעלה לו באר שנא' (ישעיה כא) משא בערב וגו' לקראת צמא התיו מים שהיו מוציאין לקראת הגולים מיני מלוחים ונודות נפוחים וכו' כדאיתא התם אמר להם השעה צדיק הוא או רשע אמרו לו צדיק אמר להם באשר הוא שם איני דן את העולם אלא בשעתו: קיר נטוי. ועובר תחתיו מזכיר עונותיו שאומר כלום ראוי זה ליעשות לו נס ומתוך כך הוא נבדק: ועיון תפלה. סומך על תפלתו (א) שתהא נשמעת ומתאמץ לכוין לבו: מוסר דין. כמו ישפוט ה' ביני וביניך (בראשית טז) אומרים כלום ראוי הוא שיענש חבירו על ידו: ויבא אברהם וגו'. הוא קבר אותה: שינוי מעשה. שב מרעתו: ובנבלתם לא תגעו. וברגל משתעי קרא כדמפרש ואזיל לקמיה בברייתא: שלשה ספרים. ספרי זכרון של מעשה הבריות: ליום הדין. כשיחיו המתים: רשעים גמורים. רובם עונות: בינוניים. מחצה על מחצה: ומצפצפים

תוספות

ותוקעים ומריעים כשהן עומדין. תימה הא קעבר משום בל תוסיף וכי תימא כיון דכבר יצא הוה ליה שלא בזמנו דלא עבר הא אמרינן בסוף ראוהו ב"ד (לקמן דף כח: ושם) גבי ברכת כהנים דלאו מוסיף ברכה אחת משלו משום דלא עבר עליה זימניה כיון דאלו מתרמי ליה צבורא אחריתא הדר מברך להו ה"נ אי מתרמי ליה צבורא הדר תקע להו וי"ל דאין שייך בל תוסיף בעשיית מצוה אחת ב' פעמים כגון כהן אם מברך וחוזר ומברך אותו צבור עצמו או נוטל לולב וחוזר ונוטל וכן תוקע וחוזר ותוקע וגבי מתנות בכור נמי אם נותן בקרן אחד ב' פעמים אין זה בל תוסיף: כדי לערבב את השטן. פירש בערוך [כדאיתא] בירושל' בלע המות לנצח וכתיב והיה ביום ההוא יתקע בשופר גדול כד שמע קל שיפורא זימנא חדא בהיל ולא בהיל וכד שמע תניין אמר ודאי זהו שיפורא דיתקע בשופר גדול ומטא זימניה למתבלע ומתערבב ולית ליה פנאי למעבד קטיגוריא: שאין תוקעין בתחלתה. מפרש בהלכות גדולות לאו דמיקלע בשבת אלא דאיתיליד אונסא: שרשה בתחלתה. שמתוך שישראלים רשים לבם נשבר ומרחמים עליהם מן השמים: ועיון תפלה. אומר ר"ת עיון תפלה דהכא כי ההוא דגט פשוט (ב"ב דף קסד: ושם) דג' דברים אין אדם ניצול מהן בכל יום וקא חשיב עיון תפלה כלומר שאין מכוין לבו בתפלתו כדאמר בירושלמי דברכות פרק היה קורא א"ר חייא רבה מן יומא לא כוונית אלא חד זמן בעית מכוונת והרהרית בלבי ואמרי מאן עלל קומי מלכא קדמי ארקפטא או ריש גלותא שמואל אמר אנא מנית פרחייא ר' בון בר חייא אמר אנא מנית דומסיא א"ר מנא מחזיק אנא טיבו לרישיה דכי מטי למודים הוה כרע מגרמיה ומתוך שאדם מתפלל ואין מתכוין לבו עבירותיו נזכרין ומיהו לא יתכן לפרש כן כלל אלא אדרבה איירי במתאמץ לכוין לבו ובוטח שתהא תפלתו נשמעת כי ההיא דפ' אין עומדין (ברכות דף לב:) המאריך בתפלתו ומעיין כדמוכח בריש הרואה (שם דף נד:) דאמר רב יהודה אמר רב ג' דברים מאריכים ימיו של אדם וחשיב המאריך בתפלתו ופריך למימרא דמעליותא היא והא א"ר חייא בר אבא המאריך בתפלתו ומעיין בה סוף בא לידי כאב לב שנאמר תוחלת ממושכה מחלה לב כלומר מעיין בה אומר בלבו שיעשו בקשתו לפי שהתפלל בכוונה ובא לידי כאב לב שאין בקשתו נעשית תוחלת לשון תפלה ולשון ויחל משה (שמות לב) וא"ר יצחק (שם דף נה.) שלשה דברים מזכירים עונותיו של אדם עיון תפלה שעל ידי כך מפשפשין במעשיו לומר בוטח הוא בזכיותיו ונראה מה הם ומשני הא דלא מעיין בה הא דמעיין והשתא הוו כל הני שלשה דברים מענין אחד קיר נטוי שבוטח בזכותו ועובר מוסר דין על חבירו שבוטח בזכותו שיענש חבירו על ידו:

ונחתמין לאלתר לחיים. מדקא חשיב בינוניים משמע דלצדיקים (ב) קרי למי שזכיותיו מרובים ורשעים גמורים למי שעונותיו מרובים ופעמים הצדיקים נחתמין למיתה ורשעים גמורים לחיים דכתיב ומשלם לשונאיו אל פניו להאבידו (דברים ז) דאמרינן בסוף פ"ק דקדושין (דף לט: ושם) מי שזכיותיו מרובין מעונותיו דומה כמי ששרף את כל התורה כולה ולא שייר ממנה אות אחת ואי עונותיו מרובין מזכיותיו דומה כמי שקיים כל התורה כולה ולא חיסר אות אחת וכל זה דקרי הכא גבי רשעים מיתה וגבי צדיקים חיים כלומר לחיי העולם הבא: ליום הדין. כשיחיו המתים כדמוכח קרא ואע"פ שכבר נדונו אחר מיתתן בגן עדן או בגיהנם מפני הנפש עדיין יהיה דין אחר אם יזכהו לחיי העולם הבא שהוא קיים לעולם ויש שכבר קבלו דינם בגיהנם ומתוך כך שמא יזכו: ועליהם

עין משפט נר מצוה

פח א סמג עשין מב וטוש"ע או"ח סי' תקפה:

פט ב מיי' פ"ב מהל' תשובה הל' ו' סמג עשין טז טוש"ע י"ד סי' רמ סעיף ד:

צ ג מיי' וסמג שם טוש"ע י"ד סי' שלה סעיף י בהג"ה:

צא ד מיי' פ"ה מהל' ת"ת הל' ז:

צב ה ו מיי' פט"ו מהל' טומאת אוכלין הל' ט י סמג עשין רמג:

צג ז מיי' פ"ג מהל' תשובה הל' ג סמג עשין טז:

צד ח מיי' שם הל' ה:

רבינו חננאל

ותוקעין ומריעין כשהן עומדין כדי לערבב השטן פי' כיון שמצאנו כי אם יש מלאך מליץ אחד אשר פודה מרדת שחת כן יש מלאך משטין ומכוונין ישראל את לבם ואומר שמא יעמדו משטין עליו. נדקדק במצות. וכיון שרואה המשטין שמחבבין המצות מיושב ומעומד כאלו מתערבב מלהשטין. א"ר יצחק אין דנין את האדם אלא לפי מעשיו של אותה שעה שנאמר כי שמע אלהים אל קול הנער באשר הוא שם. ואע"פ שגלוי וידוע כי כשיגדל יצא לתרבות רעה: ירושלמי ר"ב אמר מהאי קרא (איוב ח) אם זך וישר היית אין כתיב [כאן] אלא אם [זך] וישר אתה עכשיו. ג' דברים מזכירין עונותיו של אדם קיר נטוי ליפול כלומר רעוע והולך זה ויושב תחתיו סומך בזכיותיו להנצל וכן המעיין בתפלה שתתקבל ותבוא שאלתו וסומך בצדקתו. וכן המוסר דין על חבירו כלומר אני צדיק ומוסר דינו להפרע מחבירו. אלו כולן מזכירין עונותיו של אדם. שאומרים לפניו מה זכיותיו של זה שעושה כך והלא יש בידו עון וכך וכך. ד' דברים מקרעין גזר דינו של אדם ואלו הן צדקה שנאמר וצדקה תציל ממות. צעקה שנאמר ויצעקו אל ה' בצר להם וגו'. שנוי השם דכתיב לא תקרא את שמה שרי כי שרה שמה. וברכתי אותה וגם נתתי ממנה לך בן וברכתיה. שנוי מעשה דכתיב וירא אלהים את מעשיהם כי שבו מדרכם הרעה. וי"א אף שנוי מקום שנאמר ויאמר ה' אל אברם לך לך מארצך וממולדתך וגו' והדר ואעשך לגוי גדול. ואידך כו'. חייב אדם להקביל פני רבו ברגל שנאמר ויאמר מדוע את הולכת אליו היום לא חדש ולא שבת. מכלל דבחדש ושבת חייב. א) וקשינן והא ברגל אמרנו. ופרקינן אם רבו שרוי במקום קרוב לו חייב להקביל פניו בכל חדש ושבת ואם הוא במקום רחוק חייב להקבילו ברגל. כתיב אמור אל הכהנים בני אהרן ואמרת אלהם וגו' מלמד שהכהנים הוזהרו שלא להטמאות ולא ישראל. ואפי' הכהנים לא הוזהרו אלא בטומאת מת שהיא חמורה אבל בטומאה קלה לא הוזהרו

שאילו הזהיר לכהנים בטומאה קלה לא היה למקרא לפרש להם אזהרה בטומאה חמורה אלא ודאי מדכתיב אזהרתם בטומאת מת שהיא חמורה בטומאה קלה לא הזהירו. ואם הכהנים לא הוזהרו בטומאה קלה ק"ו ישראל. ומה"ל ובנבלתם לא תגעו אלא ש"מ שכל ישראל הוזהרו לטהר עצמן ברגל. מיכן אמרו חכמים שחייבין ישראל לטהר עצמם ברגל בבואם ליראות לפני ה'. א"ר יוחנן ג' ספרים נפתחים בר"ה אחד של רשעים גמורים ואחד של צדיקים גמורים ואחד של בינונים. צדיקים גמורים נכתבין ונחתמין לאלתר לחיים. רשעים גמורים נכתבין ונחתמין לאלתר למיתה. בינונים תלוים מר"ה עד יוה"כ. זכו ועשו תשובה נכתבין לחיים לא זכו לעשות תשובה נכתבין למיתה. א"ר אבין מאי קרא ימחו מספר חיים ועם צדיקים אל יכתבו. ועליהם אמרה חנה ה' ממית ומחיה. ממית הרשעים ומחיה הצדיקים. מוריד שאול ויעל הבינונים אינם צדיקים. פירוש לגבי הרשעים:

חשק שלמה על ר"ח א) מדברי רבינו ז"ל נראה דהגירסא דידיה לגי' אחרת בגמ' ועי' גירסתם ונפתלם כלן מה שכתבו המפרשים כאן ונ"ב.

מסורת הש"ס

א) ג' רא"ש מבטל, ב) [ברכות נה.], ג) [ב"ק צג.], ד) [ב"ק צג. ע"ש], ה) ג' ע"י ולדבריו, ו) סוטה מט, ז) [תוספתא דסנהדרין פי"ג], ח) [ערך ערב א], ט) [ב"ק ו], י) וכן פי' בערוך ע' קר ח], כ) [וע"ע תוס' ברכות לב: ד"ה כל המאריך ותוס' שבת קיח. וב"ב קסד:].

הגהות הב"ח

(א) רש"י ד"ה ועיון תפלה וכו' תפלתו ובטוח שתהא: (ב) תוס' ד"ה ונחתמין וכו' משמע דלצדיקים גמורים קרי למי וכו' ורשעים לחיים כל"ל ותיבת גמורים נמחק:

גליון הש"ס

גמ' וא"ר יצחק ד' דברים מקרעין וכו'. בתשו' הרא"ש סוף כלל יז הביא הנוסח ג' דברים מבטלין הגזירה וכו' אף שינוי השם: תוס' ד"ה ליום הדין כו' לחיי העולם הבא שהוא קיים לעולם. עי' תורת חיים ריש פ' חלק דסנהדרין:

תורה אור השלם

א) ארץ אשר יי אלהיך דרש אתה תמיד עיני יי אלהיך בה מרשית השנה ועד אחרית שנה: [דברים יא, יב]

ב) וישמע אלהים את קול הנער ויקרא מלאך אלהים אל הגר מן השמים ויאמר לה מה לך הגר אל תיראי כי שמע אלהים אל קול הנער באשר הוא שם: [בראשית כא, יז]

ג) ותאמר שרי אל אברם חמסי עליך אנכי נתתי שפחתי בחיקך ותרא כי הרתה ואקל בעיניה ישפט יי ביני וביניך: [בראשית טז, ה]

ד) ותמת שרה בקרית ארבע הוא חברון בארץ כנען ויבא אברהם לספד לשרה ולבכתה: [בראשית כג, ב]

ה) לא יועילו אוצרות רשע וצדקה תציל ממות: [משלי י, ב]

ו) ויצעקו אל יי בצר להם וממצוקותיהם יוציאם: [תהלים קז, כח]

ז) ויאמר אלהים אל אברהם שרי אשתך לא תקרא את שמה שרי כי שרה שמה: [בראשית יז, טו]

ח) וברכתי אתה וגם נתתי ממנה לך בן וברכתיה והיתה לגוים מלכי עמים ממנה יהיו: [בראשית יז, טז]

ט) וירא האלהים את מעשיהם כי שבו מדרכם הרעה וינחם האלהים על הרעה אשר דבר לעשות להם ולא עשה: [יונה ג, י]

י) ויאמר יי אל אברם לך לך מארצך וממולדתך ומבית אביך אל הארץ אשר אראך: ואעשך לגוי גדול ואברכך ואגדלה שמך והיה ברכה: [בראשית יב, א-ב]

כ) ויאמר מדוע את הלכת אליו היום לא חדש ולא שבת ותאמר שלום: [מלכים ב ד, כג]

ל) מבשרם לא תאכלו ובנבלתם לא תגעו טמאים הם לכם: [ויקרא יא, ח]

מ) ויאמר יי אל משה אמר אל הכהנים בני אהרן ואמרת אלהם לנפש לא יטמא בעמיו: [ויקרא כא, א]

נ) ימחו מספר חיים ועם צדיקים אל יכתבו: [תהלים סט, כט]

ס) ועתה אם תשא חטאתם ואם אין מחני נא מספרך אשר כתבת: [שמות לב, לב]

ע) ורבים מישני אדמת עפר יקיצו אלה לחיי עולם ואלה לחרפות לדראון עולם: [דניאל יב, ב]

ליקוטי רש"י

מראשית השנה. מר"ה נדון מה יהא בסופה [דברים יא יב]. באשר הוא שם. לפי מעשים שהוא עושה עכשיו הוא נדון ולא לפי מה שהוא עתיד לעשות לפי שהיו מלאכי השרת מקטרגים ואומרים רבש"ע מי שעתיד בניו להמית בניך בצמא אתה מעלה לו באר והוא משיבם עכשיו מה הוא צדיק או רשע אמרו לו צדיק אמר להם לפי מעשיו של עכשיו אני דנו. מזכירין עונותיו. מדוע את הולכת וגו'. ורבים מישני אדמת עפר יקיצו. יחיו המתים [דניאל יב ב].

The Gemara cites a teaching regarding another judgment for the same three groups:[38]

תַּנְיָא – **It was taught in a Baraisa:** בֵּית שַׁמַּאי אוֹמְרִים – BEIS SHAMMAI SAY: שָׁלֹשׁ כִּתּוֹת הֵן לְיוֹם הַדִּין – THERE ARE THREE GROUPS FOR THE DAY OF JUDGMENT at the time of the Resurrection: אַחַת שֶׁל צַדִּיקִים גְּמוּרִין – ONE OF THE COMPLETELY RIGHTEOUS, i.e. those with more mitzvos than sins, וְאַחַת שֶׁל רְשָׁעִים גְּמוּרִין – ONE OF THE COMPLETELY WICKED, i.e. those with more sins than mitzvos, וְאַחַת שֶׁל בֵּינוֹנִיִּים – AND ONE OF INTERMEDIATE PEOPLE, i.e. those whose mitzvos and sins are equally balanced.[39] צַדִּיקִים גְּמוּרִין נִכְתָּבִין וְנֶחְתָּמִין לְאַלְתַּר לְחַיֵּי עוֹלָם – THE COMPLETELY RIGHTEOUS ARE WRITTEN AND SEALED IMMEDIATELY FOR ETERNAL LIFE. רְשָׁעִים גְּמוּרִין נִכְתָּבִין וְנֶחְתָּמִין לְאַלְתַּר לְגֵיהִנֹּם – THE COMPLETELY WICKED ARE WRITTEN AND SEALED IMMEDIATELY FOR GEHINNOM. שֶׁנֶּאֱמַר ,,וְרַבִּים מִיְּשֵׁנֵי אַדְמַת־עָפָר יָקִיצוּ אֵלֶּה לְחַיֵּי עוֹלָם וְאֵלֶּה לַחֲרָפוֹת לְדִרְאוֹן עוֹלָם" – AS IT IS STATED:[40] *AND MANY OF THOSE WHO SLEEP IN THE DUSTY EARTH WILL AWAKEN, THESE FOR EVERLASTING LIFE AND THESE FOR SHAME, FOR EVERLASTING ABHORRENCE.* בֵּינוֹנִיִּים יוֹרְדִין לְגֵיהִנֹּם – THE INTERMEDIATE PEOPLE DESCEND TO GEHINNOM,

NOTES

maintains that the terms "life" and "death" (as opposed to the terms "*everlasting* life" and "*Gehinnom*" used in the Baraisa below in regard to the Great Day of Judgment) refer to life and death in this world. However, in contrast to their usage in the Baraisa below in regard to the Great Day of Judgment, the terms צַדִּיק and רָשָׁע do not refer to the person's standing as determined by his record of merits and sins. Rather, צַדִּיק means someone who, for whatever the reason may be, emerges from the judgment with a favorable sentence, while רָשָׁע means someone who, again for whatever reason, emerges with an unfavorable sentence. Thus, both the thoroughly righteous man who has not a single sin to his name and the thoroughly wicked man who has worshiped idols, committed both adultery and murder all his life, but has performed one good deed for which God's system of compensation dictates that he be rewarded in this world, are herein called צַדִּיקִים, for they have emerged "righteous" in judgment. Similarly, both the thoroughly wicked man who never performed a single good deed and the righteous man who has fulfilled the entire Torah but has committed one sin for which God has decreed for him death in this world, such as Moses on the Rosh Hashanah of the year in which he died, are herein called רְשָׁעִים. (Such a usage of the terms צַדִּיק and רָשָׁע is found in *Deuteronomy* 25:1: כִּי־יִהְיֶה רִיב בֵּין אֲנָשִׁים וְנִגְּשׁוּ אֶל־הַמִּשְׁפָּט וּשְׁפָטוּם וְהִצְדִּיקוּ אֶת־הַצַּדִּיק וְהִרְשִׁיעוּ אֶת־הָרָשָׁע, *If there be a dispute between people, and they approach the court and they judge them, and they vindicate the righteous one and find the wicked one guilty.* The winner of the case may, in the total picture, be a wicked man, and the loser a saint. They are referred to as צַדִּיק and רָשָׁע only in reference to the case at hand.) According to this approach, the term בֵּינוֹנִי refers to one whose judgment as of Rosh Hashanah is still undecided.

[The sense of R' Keruspedai's statement thus is that those about whom God unequivocally has decided will merit a good year are immediately inscribed for good, those about whom He has decided unequivocally will merit a bad year are immediately inscribed for bad and those whose case is unclear are deferred for a verdict till Yom Kippur.]

(3) **The view of *Raavad*.** *Raavad* (*Hil. Teshuvah* 3:2; the same explanation is independently advanced by *Rif* to *Ein Yaakov*) asserts that "life" and "death" in R' Keruspedai's statement do not necessarily refer to life and death in the current year. Rather, every person is born into this world with an allotted life span, longer for some and shorter for others. Each Rosh Hashanah this allotment comes up for review. The righteous have their allotments reconfirmed (when we see the righteous die young it is because their allotted life spans were brief to begin with), while the life spans of the wicked are curtailed (although they may live quite long due to a lengthy original allotment).

(4) **The view of *Sefer HaChinuch*** (§311, also independently espoused by *Pnei Yehoshua*; see also *Maharal, Chidushei Aggados* ד״ה אך עיקר הפירוש). The entire question is predicated on the assumption that "the completely righteous" in R' Keruspedai's teaching refers to those whose merits outweigh their sins and "the completely wicked" to those whose sins outweigh their merits. This is indeed the meaning of these terms in the Baraisa quoted shortly in regard to the Great Day of Judgment.

This view, maintains, however, that in the present teaching, the phrase "the completely righteous" means exactly what the name implies: those who have absolutely no sins to their name. Similarly, "the completely wicked" means those who have performed absolutely no mitzvos. These people are indeed sentenced to life and death respectively on Rosh Hashanah. Everyone else, from the very righteous man who once stumbled and sinned to the very wicked man who performed a lone mitzvah, are considered בֵּינוֹנִיִּים. Those righteous individuals whom we see suffering or dying young and those wicked whom we observe flourishing are part of this middle category.

[As mentioned above, the Vilna Gaon sides with the view of *Tosafos*. In support of this approach, he offers the following proof. The Gemara in many places (see above 16a and below 17b) states that man is judged on Rosh Hashanah and his verdict is sealed on Yom Kippur. [We state this as well in the *U'nesaneh Tokef* prayer recited on Rosh Hashanah and Yom Kippur.] Since the Gemara is discussing all men, the implication is that no man's verdict is sealed until Yom Kippur. How, then, can R' Keruspedai state that the fates of the righteous and the wicked are both written and sealed on Rosh Hashanah? But according to *Tosafos* there is no contradiction. R' Keruspedai is discussing the judgment for the World to Come. This is indeed sealed for some people already on Rosh Hashanah. As far as the judgment for this world, however, all people are the same. Their judgments are written on Rosh Hashanah but are not sealed until Yom Kippur.

The dispute between *Tosafos* and the other Rishonim has an interesting, albeit relatively minor, practical application. The custom is for Jews to wish each other a good year on Rosh Hashanah with the words לְשָׁנָה טוֹבָה תִּכָּתֵב, *may you be inscribed for a good year,* or, according to others, לְשָׁנָה טוֹבָה תִּכָּתֵב וְתֵחָתֵם, *may you be inscribed and sealed for a good year* (see *Rema, Orach Chaim* 582:9 with *Magen Avraham*). The difference between the two formulas is significant. The latter formula presumes that some people are sealed for a good year in this world already on Rosh Hashanah. This is indeed true according to the view of *Ramban.* But according to *Tosafos'* approach, *no one's* verdict is sealed until Yom Kippur. Accordingly, the formula for the blessing on Rosh Hashanah should be the former one (*Beur HaGra* to *Shulchan Aruch* ibid.).]

For further analysis of R' Keruspedai's teaching and its various explanations, see *Sichos Chochmah U'Mussar* by *R' Dovid Kronglas* and *Sifsei Chaim* by *R' Chaim Friedlander,* 5749 edition, vol. I pp. 71-76.

38. *Ramban* (in *Shaar HaGemul*) explains that every person comes before the heavenly tribunal at three stages of his existence: (1) every Rosh Hashanah, when man's material fortunes are decided according to his deeds the previous year; (2) at death, when the soul of every man is judged and his portion fixed in Gehinnom or Gan Eden (the two departments comprising the עוֹלָם הַנְּשָׁמוֹת, *World of Souls,* into which the disembodied soul enters at death); (3) on the *Yom HaDin HaGadol,* the Great Day of Judgment at the end of days, when all men are judged to determine whether they are worthy of resurrection (i.e. the reuniting here on this earth of the body and soul that were separated through death). [Although the person was judged already at the time of death, at which point everything was taken into account, the third judgment at the time of the Resurrection will still be necessary. Some souls may have had their sins expiated through their suffering in Gehinnom and thereby will merit resurrection (*Tosafos*; cf. *Mishnas R' Aharon* vol. I, p. 252).] This last judgment, which is mentioned in many places in Scripture (for example *Daniel* 7:10, 12:2 and *Malachi* 3:23), is the subject of the Baraisa that follows (*Rashi, Tosafos, Ramban* ibid, *Ran*; cf. *Rambam Hil. Teshuvah* 3:3 with *Lechem Mishneh* ד״ה וכשם ששוקלין; *Sefer HaChinuch* §311; see also *She'eilos U'Teshuvos R' Eliyahu Mizrachi* §11). [The Gemara does not discuss the second judgment – although the same three rules enumerated in the Baraisa that follows apply there as well – because that judgment is not general but rather takes place for each individual at the time that he or she dies (*Ritva*).]

39. [The determination of whether one's sins or merits are in the majority does not depend on sheer numbers. One merit can outweigh many sins and one sin can counterbalance many merits. Only God Himself, Who knows a man's every thought, can make this determination (*Rambam, Hil. Teshuvah* 3:2).]

40. *Daniel* 12:2.

וּמְצַפְצְפִין וְעוֹלִין – SCREAM in pain, AND then ASCEND.[1] שֶׁנֶּאֱמַר ,,וְהֵבֵאתִי אֶת־הַשְּׁלִשִׁית בָּאֵשׁ וּצְרַפְתִּים כִּצְרֹף אֶת־הַכֶּסֶף וּבְחַנְתִּים כִּבְחֹן אֶת־הַזָּהָב הוּא יִקְרָא בִשְׁמִי וַאֲנִי אֶעֱנֶה אֹתוֹ" – AS IT IS STATED:[2] *AND I WILL BRING THAT THIRD INTO FIRE, AND PURIFY IT AS ONE PURIFIES SILVER, AND REFINE IT AS ONE REFINES GOLD; IT WILL CALL OUT IN MY NAME, AND I WILL ANSWER IT.* וַעֲלֵיהֶם אָמְרָה חַנָּה – AND ABOUT THEM HANNAH SAID: ,,ה' מֵמִית וּמְחַיֶּה מוֹרִיד שְׁאוֹל וַיָּעַל" – *HASHEM PUTS TO DEATH AND BRINGS TO LIFE, HE BRINGS DOWN TO SHEOL* [i.e. Gehinnom] *AND RAISES UP.*[3] בֵּית הִלֵּל אוֹמְרִים – BEIS HILLEL SAY: ,,וְרַב־חֶסֶד" – The Torah states of God: *AND ABUNDANT IN KINDNESS.*[4] מַטֶּה כְּלַפֵּי חֶסֶד – This means that HE TIPS the scales of the intermediate group TOWARDS KINDNESS so that they do not have to descend to Gehinnom at all. וַעֲלֵיהֶם אָמַר דָּוִד ,,אָהַבְתִּי כִּי־יִשְׁמַע ה' אֶת־קוֹלִי" – AND ABOUT THEM DAVID SAID:[5] *I LOVE WHEN HASHEM HEARS MY VOICE.* וַעֲלֵיהֶם אָמַר דָּוִד כָּל הַפָּרָשָׁה כּוּלָּהּ – AND ABOUT THEM DAVID SAID THE ENTIRE CHAPTER, including: ,,דַּלּוֹתִי וְלִי יְהוֹשִׁיעַ" – *I WAS POOR, BUT HE SAVED ME.*[6]

The Baraisa explains the judgment of two specific categories of very wicked people:

פּוֹשְׁעֵי יִשְׂרָאֵל בְּגוּפָן – REBELS OF ISRAEL WITH THEIR BODY, וּפוֹשְׁעֵי אוּמּוֹת הָעוֹלָם בְּגוּפָן – AND REBELS OF THE NATIONS OF THE WORLD WITH THEIR BODY,[7] יוֹרְדִין לַגֵּיהִנֹּם – DESCEND TO GEHINNOM וְנִידּוֹנִין בָּהּ שְׁנֵים עָשָׂר חֹדֶשׁ – AND ARE PUNISHED THERE FOR TWELVE MONTHS. לְאַחַר שְׁנֵים עָשָׂר חֹדֶשׁ – AFTER TWELVE MONTHS גּוּפָן כָּלֶה וְנִשְׁמָתָן נִשְׂרֶפֶת – THEIR BODY IS CONSUMED AND THEIR SOUL IS BURNED וְרוּחַ מְפַזַּרְתָּן תַּחַת כַּפּוֹת רַגְלֵי צַדִּיקִים – AND A WIND SCATTERS THEM (i.e. their ashes) UNDER THE SOLES OF THE FEET OF THE RIGHTEOUS, שֶׁנֶּאֱמַר ,,וְעַסּוֹתֶם רְשָׁעִים כִּי־יִהְיוּ אֵפֶר תַּחַת כַּפּוֹת רַגְלֵיכֶם" – AS IT IS STATED: *AND YOU WILL TRAMPLE THE WICKED, FOR THEY WILL BE ASHES UNDER THE SOLES OF YOUR FEET.*[8]

אֲבָל הַמִּינִין וְהַמָּסוֹרוֹת וְהָאֶפִּיקוֹרְסִים – BUT THE SECTARIANS, THE INFORMERS, THE *APIKORSIM,*[9] שֶׁכָּפְרוּ בַּתּוֹרָה – THOSE WHO DENIED the Divinity of THE TORAH,[10] וְשֶׁכָּפְרוּ בִּתְחִיַּית הַמֵּתִים – THOSE WHO DENIED THE RESURRECTION OF THE DEAD, וְשֶׁפֵּירְשׁוּ מִדַּרְכֵי צִבּוּר – THOSE WHO SEPARATED THEMSELVES FROM THE WAYS OF THE COMMUNITY,[11] וְשֶׁנָּתְנוּ חִיתִּיתָם בְּאֶרֶץ חַיִּים – THOSE WHO INSTILLED THEIR TERROR IN THE LAND OF LIFE[12] וְשֶׁחָטְאוּ וְהֶחֱטִיאוּ אֶת הָרַבִּים – AND THOSE WHO SINNED AND CAUSED THE

NOTES

1. I.e. they cry out from the pain for a short period of time and then they leave Gehinnom (*Rashi*).

[The purpose of Gehinnom is to rehabilitate a person so that he can merit eternal life in the World to Come. Thus, after the ill effects of sin have been cleansed by the appropriate stay in Gehinnom, the person leaves to enter the World to Come.]

2. *Zechariah* 13:9.

3. *I Samuel* 2:6. [*Sheol* is one of the names of Gehinnom (see *Eruvin* 19a).]

Hannah alluded to all three groups in this verse: God puts to death those in the group of the wicked, brings to life those who are righteous, and those in the intermediate group He sends down to Gehinnom and then raises them up again (*Sfas Emes*).

4. *Exodus* 34:6. [This is one of the Thirteen Attribute of Mercy.]

5. *Psalms* 116:1.

6. Ibid. v. 6.

The entire chapter describes David, who viewed himself as being in the intermediate category of people, as praising God for delivering him from the threat of Gehinnom. *The pains of death encircled me; the confines of Sheol found me. Then I would invoke the Name of Hashem, "Please, Hashem, save my soul!" . . . I was low, but He saved me* – i.e. even though I was low in my mitzvah count, not possessing more mitzvos than sins, God in His abundant kindness tipped the scales toward the side of merit and saved me. *For You have delivered my soul from death . . . I shall walk before Hashem in the lands of the living* (i.e. *Olam Haba*) (see Gemara below; see also *Tosafos* and *Maharsha*).

Alternatively, *Rashash,* citing a contemporary of his, explains that the Baraisa's exposition emerges from verse 2 in that chapter: כִּי הִטָּה אָזְנוֹ לִי. The Baraisa connects the word אָזְנוֹ to the term מאזְנַיִם. The verse thus means: *For He tipped His scales in my favor.*

This special leniency, in which God tips the scales for the intermediate group in their favor, applies only to the judgment the soul undergoes upon death or on the Great Day of Judgment. However for the yearly judgment on Rosh Hashanah in regard to life in this world, there is no such leniency. That is why the Baraisa on 16b stated that if the intermediate group do not repent by Yom Kippur, they are sealed for death. God does not tip the scales in their favor (*Teshuvos HaRashba* vol. I §480, first explanation; see *Sichos Mussar* of *R' Chaim Shmulevitz* 5732:1 for the logic behind the difference in approach between the judgment on Rosh Hashanah and future judgments; cf. *Ritva* to 16b ד"ה ומה שנאמר in the name of *Tosafos* and *Rabbeinu Yonah; Maharsha* here ד"ה ובה"א; *Turei Even* to 16b ד"ה בינונים).

7. These terms will be explained below (*Rashi*).

8. *Malachi* 3:21.

Like an object transformed to ashes through burning, the soul disintegrates from its original form. A "wind," i.e. the spirit of God, in an act of assuagement and goodwill, "scatters them under the feet of the righteous," i.e. emplaces them into an existence that is below the level of the righteous. They no longer suffer as before, but neither do they experience the bliss that is the happy, eternal lot of the righteous (*Shaar HaGemul* p. 288; see also the epistle of *Ramban* known as אִגֶּרֶת הַמַּתְחִילָה טֶרֶם אֶעֱנֶה אֲנִי שׁוֹגֵג, vol. 1 p. 344 in *Kisvei HaRamban*).

[This punishment, *Ramban* states there, is actually the punishment known as *kares, excision.* Though these "rebels of Israel with their bodies" did not necessarily transgress any of the prohibitions for which the Torah decrees *kares,* as we will see later when the Gemara defines this group, they suffer the same fate as those who did. See, however, *Shaarei Teshuvah* 3:11, who states that the punishment described here is *worse* than that for someone who once committed a *kares*-bearing sin.]

9. Sectarians refers to people who distort the true meaning of the Torah's words (cf. *Tosafos*). Informers are those who deliver Jewish money into the hands of idolaters. An *apikores* is one who disparages Torah scholars [see Schottenstein edition of *Sanhedrin* 90a note 7 for the etymology of the word] (*Rashi*).

[*Rambam* (*Hil. Teshuvah* 3:7-8) gives different definitions for "sectarian" and "*apikores.*" A sectarian, he says, is one who holds any of five wrong beliefs concerning God. He is either (a) an atheist, (b) believes in more than one Supreme Being, (c) believes that God has a physical form (see *Raavad* ad loc.), (d) believes in God but asserts that He was not the sole Creator of the universe, or (e) worships a heavenly body or some other being, and treating it as an intermediary between himself and God.

An *apikores* is one of three individuals. He either (a) denies the entire notion of prophecy, asserting that God does not communicate with men, (b) denies the veracity of Moses' prophecy, or (c) believes that God is unaware of men's deeds.]

10. *Rashi.* [According to *Rambam* (ibid.) this group too includes three individuals: 1) one who believes that the Torah, or even one verse or one word thereof, is not Divine, but was written independently by Moses, 2) one who denies the tradition of the Oral Torah, or 3) one who admits that the Torah is God-given, but claims that He subsequently repealed or revised one or more of its mitzvos.]

11. *Rashi* deletes this category, arguing that this is nothing more than an umbrella title for all the preceding categories. Virtually all other Rishonim, however, uphold our Gemara's reading. *Rambam* (ibid 3:11) explains this title as referring to one who, while he commits no transgressions [and holds no heretical beliefs], separates himself from the congregation of Israel, not joining them in their performance of mitzvos nor commiserating or fasting with them in their times of distress. He goes his own way, as if he would not be a member of the Jewish nation at all. See *Shaarei Teshuvah* 3:168 who gives two reasons for why this type of conduct merits such an awesome punishment.

12. This category, discussed in *Ezekiel* 32:23-27, will be explained by the Gemara. That the people in this category are punished with eternal Gehinnom (as the Baraisa goes on to state) is derived from v. 27 there: וַתְּהִי עֲוֹנֹתָם עַל־עַצְמוֹתָם כִּי־חִתִּית גִּבּוֹרִים בְּאֶרֶץ חַיִּים, *and their iniquities will remain upon them, for the terror of [these] warriors was in the land of life* (*Shaarei Teshuvah* 3:162).

ומצפצפין ועולין שנאמר (א) והבאתי את השלישית באש וצרפתים כצרוף את הכסף ובחנתים כבחון את הזהב הוא יקרא בשמי ואני אענה אותו ועליהם אמרה חנה (ב) ה' ממית ומחי' מוריד שאול ויעל ב"ה אומרים (ג) ורב חסד מטה כלפי חסד ועליהם אמר דוד (ד) אהבתי כי ישמע ה' את קולי ועליהם אמר דוד כל הפרשה כולה (ה) דלותי ולי יהושיע פושעי ישראל בגופן ופושעי אומות העולם בגופן יורדין לגיהנם ונידונין בה י"ב חדש לאחר י"ב חדש גופן כלה ונשמתן נשרפת ורוח מפזרתן (א) תחת כפות רגלי צדיקים שנא' (ו) ועסותם רשעים כי יהיו אפר תחת כפות רגליכם אבל המינין והמסורות והאפיקורסים שכפרו בתורה ושכפרו בתחיית המתים ושפירשו מדרכי צבור ושנתנו חיתיתם בארץ חיים ושחטאו והחטיאו את הרבים כגון ירבעם בן נבט וחביריו יורדין לגיהנם ונידונין בה לדורי דורות שנאמר (ז) ויצאו וראו בפגרי האנשים הפושעים בי וגו' גיהנם כלה והן אינן כלין שנאמר (ח) וצורם לבלות שאול (מזבול לו) וכל כך למה מפני שפשטו ידיהם בזבול שנאמר מזבול לו ואין זבול אלא בית המקדש שנאמר (ט) בנה בניתי בית זבול לך ועליהם אמרה חנה (י) ה' יחתו מריבו א"ר יצחק בר אבין ופניהם דומין לשולי קדירה ואמר רבא ואינהו משפירי שפירי בני מחוזא ומקריין בני גיהנם אמר מר ב"ה אומרים ורב חסד מטה כלפי חסד והכתיב והבאתי את השלישית באש ההיא בפושעי ישראל בגופן פושעי ישראל בגופן והא אמרת לית להו תקנתא כי לית להו תקנה ברוב עונות הכא מחצה עונות ומחצה זכיות ואית בהו נמי עון דפושעי ישראל בגופן לא סגיא ליה דלאו והבאתי את השלישית באש ואם לאו ורב חסד מטה כלפי חסד ועליהן אמר דוד אהבתי כי ישמע ה' דרש רבא מאי דכתיב אהבתי כי ישמע ה' אמרה כנסת ישראל לפני הקב"ה רבש"ע אימתי אני אהובה לפניך בזמן שאתה שומע קול תחנוני דלותי ולי יהושיע אע"פ שדלה אני מן המצות לי נאה להושיע פושעי ישראל בגופן מאי ניהו אמר רב קרקפתא דלא מנח תפלין פושעי אומות העולם בגופן אמר רב בעבירה ושנתנו חיתיתם בארץ חיים אמר רב חסדא זה פרנס המטיל אימה יתירה על הצבור שלא לשם שמים א"ר יהודה אמר רב כל פרנס המטיל אימה יתירה על הצבור שלא לשם שמים אינו רואה בן תלמיד חכם שנאמר (כ) לכן יראוהו אנשים לא יראה כל חכמי לב בית הלל אומרים ורב חסד מטה כלפי חסד היכי עביד רבי אליעזר אומר כובשו שנאמר (ל) ישוב ירחמנו יכבוש עונותינו ר' יוסי בר חנינא אמר נושא שנאמר (מ) נושא עון ועובר על פשע תנא דבי רבי ישמעאל מעביר ראשון ראשון וכן היא המדה אמר רבא ועון עצמו אינו נמחק דאי איכא רובא עונות מחשיב בהדייהו (רבא אמר) כל המעביר על מדותיו מעבירין לו על כל פשעיו שנאמר נושא עון ועובר על פשע למי [א] נושא עון למי שעובר על פשע רב הונא בריה דרב יהושע חלש על רב פפא לשיולי ביה חזייה דחליש ליה עלמא אמר להו צביתו ליה זוודתא לסוף איתפח הוה מיכסיף רב פפא למיחזייה א"ל מאי חזית אמר (ליה) אין הכי הוה ואמר להו הקב"ה הואיל ולא מוקים במיליה לא תקומו בהדיה שנאמר נושא עון ועובר על פשע למי נושא עון לעובר פשע לשארית נחלתו אמר רבי אחא בר חנינא אליה וקוץ בה לשארית נחלתו ולא לכל נחלתו למי

רש"י

ומצפצפים. צועקים ובוכים מתוך יסורין שעה אחת ועולין: מטה כלפי חסד. הואיל ומחצה על מחצה הם מטה את ההכרע לצד זכות ואין יורדין לגיהנם: בגופן. לקמיה מפרש: המינין. האנשים אשר הפכו דברי אלהים חיים לרעה כגון צדוקים ובייתוסים: והמסורות. מלשינים שמוסרים ממון ישראל ביד העובדי כוכבים: אפיקורוס. מבזה תלמידי חכמים(ה): שכפרו בתורה. האומרים אין תורה מן השמים: שפירשו מדרכי ציבור לא גרסינן דהיינו כל הני דלעיל והך מתני' בסדר עולם והכי גרסינן ליה התם שפירשו מדרכי הצבור כגון המינין והמסורות כו' מדרכי צבור מדרכי ישראל: ושנתנו חיתיתם. לקמן מפרש: וצורם. כמו וצורתם: שפשטו ידיהם בזבול. שהחריבו בהמ"ק בעונם: בני מחוזא. מעונגים ושמינים היו: ומקריין בני גיהנם. כך יקראו להם: והאמרת לית להו תקנתא. דנעשין אפר והכא וצרפתים כצרוף את הכסף שימרקו יסוריהן את עוונם: דלה אני במצות. כגון בינוניים שאין זכיותיהן מכריעין לתלות להם בזכותם: ולי יהושיע. להטות כלפי חסד: אמר רב יהודה. גרסינן ולא גרסינן דאמר: כובש. את כף המאזנים של זכות ומכריעין את העונות: יכבוש עונותינו. יכריעו בו: נושא. מגביה כף מאזנים של עון: מעביר ראשון ראשון. עון שבראשונים הבאים לתתם לכף מעבירו ושומטו שאם היו מחצה על מחצה כיון שחסר אחד מהן יכריעו הזכיות וכן היא המדה: ועון עצמו אינו נמחק. אלא מונח לצד אחד דאי איכא רובא עוונות (ג) בהדיה ההוא עון מתחשב בהדייהו למנות עם רשעים גמורים: המעביר על מדותיו. שאינו מדקדק למדוד מדה למצערים אותו ומניח מדותיו והולך לו כמו אין מעבירין על המצות (יומא דף לג.) אין מעבירין על האוכלין (עירובין דף סד:) מניחן והולך לו: מעבירין לו על כל פשעיו. אין מדת הדין מדקדקת אחריהן אלא מנחתן והולכת: צביתו ליה זוודתא. הכינו לו צדה לדרך מה היא צידת המתים תכריכין: איתפח. נתרפא: הכי הוה. מיתה נקנסה עלי: לא מוקים במיליה. אינו מעמיד על מדותיו: לא תקומו בהדיה. לא תדקדקו אחריו: אליה. שמינה יש כאן וקוץ בה כלומר דבר תנחומין יש כאן אבל יש בתוכה דבר קשה שאינו שוה לכל(ט): למי

תוספות

ועליהם אמר דוד אהבתי. דכתיב ביה אפפוני חבלי מות וכתיב דלותי ולי יהושיע כשהוא דל במצות רב חסד מטה ומושיע כדדרשינן לקמן אי נמי מלשון דלה דלה לנו (שמות ב) שמעלהו מבור עמוק וכתיב בתריה (תהלים קטז) שובי נפשי למנוחיכי וגו' והדר אתהלך בארצות החיים:

המינים. פליגי בה רב אחא ורבינא בפרק אין מעמידין (ע"ז כו:) (מהו מין) [ס"א]:

כי לית להו תקנה ברוב עונות. ואית בהו עון דפושעי ישראל בגופן והא דאמר לעיל רשעים דהיינו רובן עוונות נכתבים ונחתמים לאלתר לגיהנם אע"ג דכתיב בקרא לדראון עולם לא שלא יהא להם תקנה אלא נדונים שנים עשר חדש ועולים והא דאמר בפרק הזהב (ב"מ דף נח: ושם) שלשה יורדים ואינם עולים היינו לאלתר והא דאמר ריש לקיש בסוף חגיגה (דף כז. ושם) פושעי ישראל אין אור של גיהנם שולט בהן הא אמר עלה בריש עושין פסין (עירובין דף יט. ושם) דנחית אברהם ומסיק להו:

קרקפתא דלא מנח תפלין. אם עוסק בתורה כמניח תפלין דמי דאמר במכילתא העוסק בתורה פטור מן התפלין ורבינו תם מפרש דהכא כשהמצוה בזויה עליו שמגונות עליו רצועות של תפלין שבראשו אבל אם ירא להניח משום דבעינן גוף נקי כאלישע בעל כנפים כדאיתא בריש במה טומנין (שבת דף מט. ושם) והוא דואג כל שעה שמא לא יוכל להזהר לשמרה בטהרה ובקדושה הא ודאי אין עליו דין פושעי ישראל בגופן וכל הני דשמעתין בשלא עשה תשובה אבל עשה תשובה אמרינן ביומא (דף פו.) דתשובה תולה ומיתה ממרקת:

אמר רב בעבירה. בערוות שכן בן נח מוזהר עליו כדאיתא בפ' ארבע מיתות (סנהדרין דף נו.):

בתחלה

עין משפט נר מצוה

צה א מיי' פ"ג מהל' תשובה הל' ו:
צו ב מיי' שם הל' ה:
צז ג מיי' פכ"ה מהל' סנהד' הל' א סמג לאוין רח טוש"ע ח"מ סי' ח סעיף ז:

רבינו חננאל

הבינונים צדיקים מהן הן. ובה"א בינונים אין יורדין לגיהנם אלא רב חסד מטה כלפי חסד. מכריע החסדים על העונות. כלומר מרבה החסדים והוא מטה כלפי חסד כלומר אם עונותיו כנגד זכיותיו מחצה ומחצה. ובמחצה של עונות אין בכלל עון פושעי ישראל בגופן והן שלא לבשו תפלין לעולם בהן הקב"ה מטה כלפי חסד. אבל אם יש בכללם זה העון לא סגיא להו מגיהנם ועליהם נאמר והבאתי את השלישית באש וגו' ואם רב עונות ובכללם עון פושעי ישראל בגופן והן קרקפתא דלא מנח תפלין מעולם ואפילו פעם א' נידונים בגיהנם י"ב חודש. ואח"כ גופן כלה וגם נשמתן נשרפת ורוח מפזרתן תחת כפות רגלי הצדיקים שנא' ועסותם רשעים כי יהיו אפר תחת כפות רגליכם. אבל המינין והמומרין והאפיקורסין ושכפרו בתורה ובתה"מ ושפרשו מדרכי צבור ושנתנו חתיתם בארץ החיים והן הפרנסין שמטילין אימה יתירה על הצבור שלא לשם שמים ושחטאו והחטיאו את הרבים כגון ירבעם וחביריו וכו'. אמר רב פרנס המטיל אימה יתירה על הצבור שלא לש"ש אינו רואה בן חכם. שנאמר לכן יראוהו אנשים. כלומר אם הוא נותן יראתו על אנשים ועל הנשים והן מתייראין ממנו לא יראה כל חכמי לב. מטה כלפי חסד היכי עביד. ר' אליעזר אומר כובש כלומר משקעו כדכתיב יכבוש עונותינו ותשליך. ריב"ח אומר נושא. כלומר נושא העונות ומכריעין הזכות שנאמר נושא עון ר' יוחנן אומר מעבירן שנא' ועובר על פשע. תניא דבי ר' ישמעאל מעביר ראשון ראשון וכך היא המדה. פי' אדם ישר תמים בדרכיו אם נכשל בחטא ועדיין לא בא חטא על ידו א) מעידו אותו החטא אין הקב"ה כותבו עליו מעבירו. וכן מדתו של הקב"ה שלא לחייבו מבתחלה כדכתיב פעמים שלש עם גבר. אמר רבא ועון עצמו אינו נמחק כלומר אלא תלוי ועומד עד שעת מיתתו ואם נמצאו זכיותיו מרובין על עונותיו עברו כל עונותיו ראשון ראשון והלך במחיצתן של צדיקים. ואם רוב עונות נמצאו מתחשב גם הראשון התלוי ועומד בכלל העונות שעשה אח"כ וקיי"ל דהני כולהו בזמן שמת בלא תשובה אבל אם מת בתשובה לא ב) פי' וכן היא המדה. היא המדה הששית שבפרשת ויעבור שנקראו י"ג מדות וזו היא שכתוב ורב חסד בה"א רב חסד מטה כלפי חסד. ופי' דבי רבי ישמעאל מעביר עון ראשון ראשון ומתרבה החסד. אמר רבא ועון עצמו אינו נמחק אלא עומד ואם עשה תשובה גמורה אין מזכירין לו שום מעונותיו שנאמר ורשעת הרשע לא יכשל בה ביום שובו מרשעו אלא הקב"ה מוחל לו כל עונותיו ונותנו במחיצתן. אמר רבא המעביר על מדותיו מעבירין לו על כל פשעיו שנאמר נושא עון

חשק שלמה על ר"ח: א) נ"ל מעבירו אותו החטא אין הקב"ה כותבו עליו אלא מעבירו כו'. ב) נ"ל אלפס כאן.

מסורת הש"ס

א) ג' ע"י ונעשים אפר, ב) [פסחים קיח:], ג) ג' ע"י אמר מר, ד) [ערכין ח: ושם איתא ר' אלעזר], ה) [נ"ל אמר רבא וכ"א בע"י], ו) יומא כג. פו: מגילה כח., ז) [נ"ל להו], ח) סנהד' לט:, ט) נ"ל אלא למי שמשים כו'.

הגהות הב"ח

(א) גמרא מפזרתן ונעשין עפר תחת: (ב) רש"י ד"ה ועון עצמו וכו' רובא עוונות שאם לא יכריעו הזכיות עכשיו ויהי' מחצה על מחצה נמצא דרוב עוונות הוה בהדיה הסוף:

גליון הש"ס

גמ' ונידונין בה לדורי דורות. עיין נדרים ח ע"ב:

הגהות הגר"א

[א] גמ' נושא (רשום עליו אות ב') עון למי שעובר (רשום עליו אות א'). כלומר דצ"ל להיפך למי עובר על פשע למי שנושא עון:

תורה אור השלם

א) וְהֵבֵאתִי אֶת הַשְּׁלִשִׁית בָּאֵשׁ וּצְרַפְתִּים כִּצְרֹף אֶת הַכֶּסֶף וּבְחַנְתִּים כִּבְחֹן אֶת הַזָּהָב הוּא יִקְרָא בִשְׁמִי וַאֲנִי אֶעֱנֶה אֹתוֹ אָמַרְתִּי עַמִּי הוּא וְהוּא יֹאמַר יְיָ אֱלֹהָי: [זכריה יג, ט]
ב) יְיָ מֵמִית וּמְחַיֶּה מוֹרִיד שְׁאוֹל וַיָּעַל: [שמואל א ב, ו]
ג) וַיַּעֲבֹר יְיָ עַל פָּנָיו וַיִּקְרָא יְיָ יְיָ אֵל רַחוּם וְחַנּוּן אֶרֶךְ אַפַּיִם וְרַב חֶסֶד וֶאֱמֶת: [שמות לד, ו]
ד) אָהַבְתִּי כִּי יִשְׁמַע יְיָ אֶת קוֹלִי תַּחֲנוּנָי: [תהלים קטז, א]
ה) שֹׁמֵר פְּתָאיִם יְיָ דַּלּוֹתִי וְלִי יְהוֹשִׁיעַ: [תהלים קטז, ו]
ו) וְעַסּוֹתֶם רְשָׁעִים כִּי יִהְיוּ אֵפֶר תַּחַת כַּפּוֹת רַגְלֵיכֶם בַּיּוֹם אֲשֶׁר אֲנִי עֹשֶׂה אָמַר יְיָ צְבָאוֹת: [מלאכי ג, כא]
ז) וְיָצְאוּ וְרָאוּ בְּפִגְרֵי הָאֲנָשִׁים הַפֹּשְׁעִים בִּי כִּי תוֹלַעְתָּם לֹא תָמוּת וְאִשָּׁם לֹא תִכְבֶּה וְהָיוּ דֵרָאוֹן לְכָל בָּשָׂר: [ישעיה סו, כד]
ח) כַּצֹּאן לִשְׁאוֹל שַׁתּוּ מָוֶת יִרְעֵם וַיִּרְדּוּ בָם יְשָׁרִים לַבֹּקֶר וְצוּרָם לְבַלּוֹת שְׁאוֹל מִזְּבֻל לוֹ: [תהלים מט, טו]
ט) בָּנֹה בָנִיתִי בֵּית זְבֻל לָךְ מָכוֹן לְשִׁבְתְּךָ עוֹלָמִים: [מלכים א ח, יג]
י) יְיָ יֵחַתּוּ מְרִיבָו עָלָיו בַּשָּׁמַיִם יַרְעֵם יְיָ יָדִין אַפְסֵי אָרֶץ וְיִתֶּן עֹז לְמַלְכּוֹ וְיָרֵם קֶרֶן מְשִׁיחוֹ: [שמואל א ב, י]
כ) לָכֵן יְרֵאוּהוּ אֲנָשִׁים לֹא יִרְאֶה כָּל חַכְמֵי לֵב: [איוב לז, כד]
ל) יָשׁוּב יְרַחֲמֵנוּ יִכְבֹּשׁ עֲוֹנֹתֵינוּ וְתַשְׁלִיךְ בִּמְצֻלוֹת יָם כָּל חַטֹּאותָם: [מיכה ז, יט]
מ) מִי אֵל כָּמוֹךָ נֹשֵׂא עָוֹן וְעֹבֵר עַל פֶּשַׁע לִשְׁאֵרִית נַחֲלָתוֹ לֹא הֶחֱזִיק לָעַד אַפּוֹ כִּי חָפֵץ חֶסֶד הוּא: [מיכה ז, יח]

ליקוטי רש"י

והבאתי את השלישית באש. [illegible]

[illegible]

MULTITUDE TO SIN, כְּגוֹן יָרָבְעָם בֶּן נְבָט וַחֲבֵירָיו – LIKE YAROVAM BEN NEVAT AND HIS COHORTS,[13] יוֹרְדִין לַגֵּיהִנֹּם וְנִידּוֹנִין בָּהּ לְדוֹרֵי דוֹרוֹת – DESCEND TO GEHINNOM AND ARE PUNISHED THERE FOR ALL ETERNITY.[14] שֶׁנֶּאֱמַר ,,וְיָצְאוּ וְרָאוּ בְּפִגְרֵי הָאֲנָשִׁים הַפֹּשְׁעִים בִּי וגו׳ " – AS IT IS STATED:[15] *AND THEY WILL GO OUT AND SEE THE CORPSES OF THE MEN WHO REBELLED AGAINST ME,* etc. *for their decay will not cease and their fire* (i.e. the fire that consumes them) *will not be extinguished.* גֵּיהִנֹּם כָּלָה וְהֵן אֵינָן כָּלִין – GEHINNOM WILL END BUT THEY WILL NOT COME TO AN END, שֶׁנֶּאֱמַר ,,וְצוּרָם לְבַלּוֹת שְׁאוֹל (מזבל לו)" – AS IT IS STATED: *AND THEIR FORM* (i.e. soul) *WILL OUTLAST SHEOL.*[16] וְכָל כָּךְ לָמָּה – AND WHY are they punished TO SUCH AN EXTENT? מִפְּנֵי שֶׁפָּשְׁטוּ יְדֵיהֶם בַּזְּבוּל – BECAUSE THEY LAID[17] THEIR HANDS AGAINST THE ABODE, i.e. their transgressions led to the destruction of the Temple.[18] שֶׁנֶּאֱמַר ,,מִזְּבֻל לוֹ" – AS IT IS STATED at the end of that verse: *BECAUSE OF HIS ZEVUL.* וְאֵין זְבוּל אֶלָּא בֵּית הַמִּקְדָּשׁ – AND the term *"ZEVUL"* MEANS NOTHING OTHER THAN THE HOLY TEMPLE, שֶׁנֶּאֱמַר ,,בָּנֹה בָנִיתִי בֵּית זְבֻל לָךְ" – AS IT IS STATED in King Solomon's prayer to God upon completion of the Temple:[19] *I HAVE SURELY BUILT A HOUSE OF "ZEVUL" FOR YOU.* וַעֲלֵיהֶם אָמְרָה חַנָּה – AND ABOUT THEM HANNAH SAID:[20] ,,ה׳ יֵחַתּוּ מְרִיבָיו" – *HASHEM – MAY THOSE THAT CONTEND WITH HIM BE SHATTERED.*

The Baraisa stated: And about them [the intermediate group] Hannah said: . . . *He brings down to Sheol and raises up,* i.e. they descend to Gehinnom for a short time, scream in pain, and then ascend again. The Gemara comments about this group:[21]

אָמַר רַבִּי יִצְחָק בַּר אָבִין – **R' Yitzchak bar Avin said:** וּפְנֵיהֶם דּוֹמִין לְשׁוּלֵי קְדֵירָה – **And their faces resemble the bottom of a pot.**[22]

וְאָמַר רָבָא – **And Rava said:** וְאִינְהוּ מְשַׁפִּירֵי שַׁפִּירֵי בְּנֵי מְחוֹזָא – **And they are among the handsomest of the handsome of the residents of Mechoza.**[23] וּמִקְרְיָין בְּנֵי גֵיהִנֹּם – **And they will be called "sons of Gehinnom."**[24]

The next phrase of the Baraisa states:

אָמַר מַר – **The master said:** בֵּית הִלֵּל אוֹמְרִים – BEIS HILLEL SAY: ,,וְרַב־חֶסֶד" – The Torah states of God: *AND ABUNDANT IN KINDNESS.* מַטֶּה כְּלַפֵּי חֶסֶד – This means that HE TIPS the scales of the intermediate group TOWARDS KINDNESS so that they do not have to descend to Gehinnom.

The Gemara asks:

וְהָכְתִיב ,,וְהֵבֵאתִי אֶת הַשְּׁלִשִׁית בָּאֵשׁ" – **But it is written** in the verse cited earlier in the Baraisa: ***And I will bring that third into fire,*** indicating that the middle group is punished in Gehinnom for at least a short while. – ? –

The Gemara answers:

הָתָם בְּפוֹשְׁעֵי יִשְׂרָאֵל בְּגוּפָן – **There** the verse is dealing **with rebels of Israel with their body.**

The Gemara objects:

פּוֹשְׁעֵי יִשְׂרָאֵל בְּגוּפָן – **Rebels of Israel with their body?** וְהָא אָמַרְתְּ לֵית לְהוּ תַּקַּנְתָּא – **But you said that they have no remedy!**[25] – ? –

The Gemara answers:

כִּי לֵית לְהוּ תַּקָּנָה – **When is there no remedy for them?** בְּרוֹב עֲוֹנוֹת – When in addition to having committed a sin which classifies them as rebels of Israel **with** their body, they have **a majority of transgressions.** הָכָא מֶחֱצָה עֲוֹנוֹת וּמֶחֱצָה זְכֻיּוֹת – But **here** we are discussing people with **half transgressions and half merits,** וְאִית בְּהוּ נַמֵּי עָוֹן דְּפוֹשְׁעֵי יִשְׂרָאֵל בְּגוּפָן – **and among [their transgressions] is also a sin of** the type which classifies them as **rebels of Israel with their body.** לֹא סַגְיָא לֵיהּ דְּלָאו ,,וְהֵבֵאתִי אֶת הַשְּׁלִשִׁית בָּאֵשׁ" – **It is** therefore **insufficient for [such a person] if he is not** punished for some time in Gehinnom, as it is stated: ***And I will bring that third into fire.*** וְאִם לָאו – **But if** a person with half transgressions and half merits does **not** have among his sins one which classifies him as a "rebel of Israel with his body," ,,וְרַב־חֶסֶד" – then the Attribute of ***Abundant in Kindness*** applies, מַטֶּה כְּלַפֵּי חֶסֶד – and **[God] tips** the scales **towards kindness** so that he does not have to descend to Gehinnom.[26]

NOTES

13. Yarovam, the first king of the Ten Tribes of Israel, led the breakaway from the Kingdom of Judah during the reign of Rechavam, son of Solomon (see *I Kings* 12:20). Haunted by a deep fear that his subjects would return to the rule of Rechavam should they continue to visit the Temple in Jerusalem, Yarovam outlawed the tri-annual pilgrimage to Jerusalem and substituted pilgrimages to alternative centers in his own kingdom, each housing a golden calf (ibid. verses 28-33; *II Kings* 17:21).

14. Literally: for generations upon generations.

15. *Isaiah* 66:24.

16. *Psalms* 49:15. Their punishment will continue even after Gehinnom ceases to exist (see *Rashi* ad loc.).

Maharsha asks that this is an obvious contradiction: If Gehinnom terminates, how will they continue to be punished therein? See *Aruch LaNer* for a possible resolution. *Ritva,* however, explains the Gemara to mean that Gehinnom will end for those groups listed previously, but it will never end for those currently being discussed. According to this explanation, the verse in *Psalms* should be translated: *And their form* ***is doomed to rot*** *in Sheol.*

[*Asarah Maamaros* (*Chikur HaDin* 5:1) takes a diametrically opposite approach. דוֹרֵי דוֹרוֹת, he says, means four generations and no more. The Gemara means: *[The punishment of] Gehinnom will end, and the people will not be totally lost.* That is, through the requisite amount of suffering in Gehinnom, even those people will be rehabilitated.]

17. Literally: stretched.

18. And even after the Temple's destruction, their transgressions continue to prevent it from being rebuilt (*Chafetz Chaim,* in a comment interpolated into the *Rashi* printed together with *Likkutei Halachos;* see also *Aruch LaNer*).

19. *I Kings* 8:13.

20. *I Samuel* 2:10.

21. [As they appear in the Vilna Shas, the coming statements by R' Yitzchak bar Avin and Rava seem to refer to the *last* category of sinners mentioned in the Baraisa, those punished in Gehinnom for all eternity. Many other sources, however (*Ein Yaakov, Yalkut Shimoni* to *Zechariah* §582 and numerous manuscripts of the Talmud cited by *Dikdukei Soferim*), present these statements as an elaboration on the class of בֵּינוֹנִים, who descend to Gehinnom for only a brief stay. Since *Dikdukei Soferim* (§80 and 90) considers this version authoritative, we have followed it. See also *Maharsha.*]

22. Though their visit to Gehinnom is brief, and they immediately ascend to join the company of the righteous, the effect of their stay remains forever. Like the bottom of a pot which even after being thoroughly scrubbed always retains a certain blackness, these people's faces remain scorched forever (see *Ritva, Maharsha*).

23. The people of Mechoza lived in opulence (*Rashi*). In place of the pampered look which the Mechozites' lifestyle provided them with in this world, they will have scorched faces in the World to Come (*Maharsha*).

[Alternatively, the text should read וְאִינְהוּ שַׁפִּירֵי מְשַׁפִּירֵי בְּנֵי מְחוֹזָא, *and they are handsomer than the most handsome of the residents of Mechoza* (*Dikdukei Soferim* §90 citing the unanimous version of all extant Talmudic manuscripts). That is, having had their sins purged in Gehinnom, the people of the intermediate group will appear more radiant, despite their slightly scorched look, than even the most pampered people of Mechoza (*Dikdukei Soferim* ibid.; see also *Ritva*).]

24. [Although they will ultimately rise to join the company of the righteous in *Olam Haba,* they will always be nicknamed "the Gehinnom people" due to the indelible scorch marks left on them.]

25. The Baraisa stated that those sinners' souls become ashes, while this verse states that they will be purified through their suffering! (*Rashi*).

26. Thus, according to Beis Hillel there are two types of intermediate people – those who have among their transgressions the sin of rebels of Israel with their body, and those who do not. The former group undergoes a brief purging in Gehinnom before entering the World to

ומצפצפין ועולין שנאמר והבאתי את השלישית באש וצרפתים כצרוף את הכסף ובחנתים כבחון את הזהב הוא יקרא בשמי ואני אענה אותו ועליהם אמרה חנה ה' ממית ומחי' מוריד שאול ויעל ב"ה אומרים ורב חסד מטה כלפי חסד ועליהם אמר דוד אהבתי כי ישמע ה' את קולי ועליהם אמר דוד כל הפרשה כולה דלותי ולי יהושיע פושעי ישראל בגופן ופושעי אומות העולם בגופן יורדין לגיהנם ונידונין בה י"ב חדש לאחר י"ב חדש גופן כלה ונשמתן נשרפת ורוח מפזרתן (א) תחת כפות רגלי צדיקים שנא' ועסותם רשעים כי יהיו אפר תחת כפות רגליכם אבל המינין והמסורות והאפיקורסים שכפרו בתורה ושכפרו בתחיית המתים ושפירשו מדרכי צבור ושנתנו חיתיתם בארץ חיים ושחטאו והחטיאו את הרבים כגון ירבעם בן נבט וחביריו יורדין לגיהנם ונידונין בה לדורי דורות שנאמר ויצאו וראו בפגרי האנשים הפושעים בי וגו' גיהנם כלה והן אינן כלין שנאמר וצורם לבלות שאול (מזבול לו) וכל כך למה מפני שפשטו ידיהם בזבול שנאמר מזבול לו ואין זבול אלא בית המקדש שנאמר בנה בניתי בית זבול לך ועליהם אמרה חנה ה' יחתו מריביו א"ר יצחק בר אבין ופניהם דומין לשולי קדירה ואמר רבא ואינהו משפירי שפירי בני מחוזא ומקריין בני גיהנם אמר מר ב"ה אומרים ורב חסד מטה כלפי חסד והכתיב והבאתי את השלישית באש התם בפושעי ישראל בגופן פושעי ישראל בגופן והא אמרת לית להו תקנתא כי לית להו תקנה ברוב עונות הכא מחצה עונות ומחצה זכיות ואית בהו נמי עון דפושעי ישראל בגופן לא סגיא ליה דלאו והבאתי את השלישית באש ואם לאו ורב חסד מטה כלפי חסד ועליהן אמר דוד אהבתי כי ישמע ה' דרש רבא מאי דכתיב אהבתי כי ישמע ה' אמרה כנסת ישראל לפני הקב"ה רבש"ע אימתי אני אהובה לפניך בזמן שאתה שומע קול תחנוני דלותי ולי יהושיע אע"פ שדלה אני מן המצות לי נאה להושיע פושעי ישראל בגופן מאי ניהו אמר רב קרקפתא דלא מנח תפלין פושעי אומות העולם בגופן אמר רב בעבירה ושנתנו חיתיתם בארץ חיים אמר רב חסדא זה פרנס המטיל אימה יתירה על הצבור שלא לשם שמים א"ר יהודה אמר רב כל פרנס המטיל אימה יתירה על הצבור שלא לשם שמים אינו רואה בן תלמיד חכם שנאמר לכן יראוהו אנשים לא יראה כל חכמי לב בית הלל אומרים ורב חסד מטה כלפי חסד היכי עביד רבי אליעזר אומר כובשו שנאמר ישוב ירחמנו יכבוש עונותינו ר' יוסי בר חנינא אמר נושא שנאמר נושא עון ועובר על פשע תנא דבי רבי ישמעאל מעביר ראשון ראשון וכן היא המדה אמר רבא ועון עצמו אינו נמחק דאי איכא רובא עונות מחשיב בהדייהו (רבא אמר) כל המעביר על מדותיו מעבירין לו על כל פשעיו שנאמר נושא עון ועובר על פשע למי [א] נושא עון למי שעובר על פשע רב הונא בריה דרב יהושע חלש על רב פפא לשיולי ביה חזייה דחליש ליה עלמא אמר להו צביתו ליה זוודתא לסוף איתפח הוה מיכסיף רב פפא למיחזייה א"ל מאי חזית אמר (ליה) אין הכי הוה ואמר להו הקב"ה הואיל ולא מוקים במיליה לא תקומו בהדיה שנאמר נושא עון ועובר על פשע למי נושא עון לעובר פשע לשארית נחלתו אמר רבי אחא בר חנינא אליה וקוץ בה לשארית נחלתו ולא לכל נחלתו

למי

רש"י

ומצפצפים. לועקים וצוחים מתוך יסורין שעה אחת ועולין: מטה כלפי חסד. הואיל ומחצה על מחצה הם מטה את הכרעה לצד זכות ואין יורדין לגיהנם: בגופן. לקמיה מפרש: המינין. התלמידים אשר הפכו דברי אלהים חיים לרעה כגון לדוקים וביתוסים: והמסורות. מלשינים שמוסרים ממון ישראל ביד העובדי כוכבים: אפיקורוס. מבזה תלמידי חכמים(ח): שכפרו בתורה. האומרים אין תורה מן השמים: שפירשו מדרכי ליבור לא גרסינן דהיינו כל הני דלעיל והכך מתני' בסדר עולם והכי גרסינן ליה התם שפירשו מדרכי הלבור כגון המינין והמסורות כו' מדרכי לבור מדרכי ישראל: ושנתנו חיתיתם. לקמן מפרש: וצורם. כמו ולורתם: שפשטו ידיהם בזבול. שהחריבו בהמ"ק בעוונם: בני מחוזא. מעונגים ושמינים היו: ומקריין בני גיהנם. כך יקראו להם: והאמרת לית להו תקנתא. דנעשין אפר והכא ולרפתים כלרוף את הכסף שימרקו יסוריהן את עוונם: דלה אני במצות. כגון בינוניים שאין זכיותיהן מכריעין לתלות להם בזכותם: ולי יהושיע. להטות כלפי חסד: אמר רב יהודה. גרסינן ולא גרסינן דאמר: כובש. את כף המאזנים של זכות ומכריעין את העונות: יכבוש עונותינו. יכרעו בו: נושא. מגביה כף מאזנים של עון: מעביר ראשון ראשון. עון שבראשונים הבאים לתחם לכף מעבירו ושומטו שאם היו מחלה על מחלה כיון שחסר אחד מהן יכרעו הזכיות וכך היא המדה: ועון עצמו אינו נמחק. אלא מונח לגד אחד דאי איכא רובא עוונות (ב) בהדיה ההוא עון מתחשב בהדייהו למנות עם רשעים גמורים: המעביר על מדותיו. שאינו מדקדק למדוד מדה למלערים אותו ומניח מדותיו והולך לו כמו אין מעבירין על המלות (יומא דף לג.) אין מעבירין על האוכלין (עירובין דף סד:) מניחן והולך לו: מעבירין לו על כל פשעיו. אין מדת הדין מדקדקת אחריהן אלא מניחתן והולכת: צביתו ליה זוודתא. הכינו לו לדה לדרך מה היא לידת המתים תכריכין: איתפח. נתרפא: הכי הוה. מיתה נקנסה עלי: לא מוקים במיליה. אינו מעמיד על מדותיו: לא תקומו בהדיה. לא תדקדקו אחריו: אליה. שמינה יש כאן וקוץ בה כלומר דבר תנחומין יש כאן אבל יש בתוכה דבר קשה שאינו שוה לכל(ט):

למי

תוספות

ועליהם אמר דוד אהבתי. דכתיב ביה אפפוני חבלי מות וכתיב דלותי ולי יהושיע כשהוא דל במלות רב חסד מטה ומושיע כדדרשינן לקמן אי נמי מלשון דלה דלה לנו (שמות ב) שמעלהו מבור עמוק וכתיב בתריה (תהלים קטז) שובי נפשי למנוחיכי וגו' והדר אתהלך בארלות החיים:

המינים. פליגי בה רב אחא ורבינא בפרק אין מעמידין (ע"ז כו:) (מהו מין) [ס"א]:

כי לית להו תקנה ברוב עונות. ואית בהו עון דפושעי ישראל בגופן והא דאמר לעיל רשעים דהיינו רובן עוונות נכתבים ונחתמים לאלתר לגיהנם אע"ג דכתיב בקרא לדראון עולם לא שלא יהא להם תקנה אלא נדונים שנים עשר חדש ועולים והא דאמר בפרק הזהב (ב"מ דף נח: ושם) שלשה יורדים ואינם עולים היינו לאלתר והא דאמר ריש לקיש בסוף חגיגה (דף כז. ושם) פושעי ישראל אין אור של גיהנם שולט בהן הא אמר עלה בריש עושין פסין (עירובין דף יט. ושם) דנחית אברהם ומסיק להו:

קרקפתא דלא מנח תפלין. אם עוסק בתורה כמניח תפלין דמי דאמר במכילתא העוסק בתורה פטור מן התפלין ורבינו תם מפרש דהכא כשהמלוה בזויה עליו שמגונות עליו רלועות של תפלין שבראשו אבל אם ירא להניח משום דבעינן גוף נקי כאלישע בעל כנפים כדאיתא בריש במה טומנין (שבת דף מט. ושם) והוא דואג כל שעה שמא לא יוכל להזהר לשמרה בטהרה ובקדושה הא ודאי אין עליו דין פושעי ישראל בגופן וכל הני דשמעתין בשלא עשה תשובה אבל עשה תשובה אמרינן ביומא (דף פו.) דתשובה תולה ומיתה ממרקת:

אמר רב בעבירה. בעריות שכן בן נח מוזהר עליו כדאיתא בפ' ארבע מיתות (סנהדרין דף נו.):

בתחלה

עין משפט נר מצוה

צה א מיי' פ"ג מהל' תשובה הל' ו:
צו ב מיי' שם הל' ה:
צז ג מיי' פכ"ה מהל' סנהד' הל' א סמג לאוין רח טוש"ע ח"מ סי' ח סעיף ד:

רבינו חננאל

הבינונים צדיקים מהן הן. ובה"א בינונים אין יורדין לגיהנם אלא רב חסד מטה כלפי חסד. מכריע החסדים על העונות. כלומר מרבה החסדים והוא מטה כלפי חסד כלומר אם עונותיו כנגד זכיותיו מחצה ומחצה. ובמחצה של עונות אין בכלל עון פושעי ישראל בגופן והן שלא לבשו תפלין לעולם בהן הקב"ה מטה כלפי חסד. אבל אם יש בכללם זה העון לא סגיא להו מגיהנם ועליהם נאמר והבאתי את השלישית באש וגו' ואם רב עונות ובכללם עון פושעי ישראל בגופן והן קרקפתא דלא מנח תפלין מעולם ואפילו פעם א' נידונים בגיהנם י"ב חודש. ואח"כ גופן כלה וגם נשמתן נשרפת ורוח מפזרתן תחת כפות רגלי הצדיקים שנא' ועסותם רשעים כי יהיו אפר תחת כפות רגליכם. אבל המינין והמומרין והאפיקורסין ושכפרו בתורה ובתה"מ ושפרשו מדרכי צבור ושנתנו חתיתם בארץ החיים והן הפרנסין שמטילין אימה יתירה על הצבור שלא לשם שמים ושחטאו והחטיאו את הרבים כגון ירבעם וחביריו וכו'. אמר רב פרנס המטיל אימה יתירה על הצבור שלא לש"ש אינו רואה בן חכם. שנאמר לכן יראוהו אנשים. כלומר אם הוא נותן יראתו על אנשים ועל הנשים והן מתייראין ממנו לא יראה כל חכמי לב. מטה כלפי חסד היכי עביד. ר' אליעזר אומר כובש כלומר משקעו כדכתיב יכבוש עונותינו ותשליך. ריב"ח אומר נושא. כלומר נושא העונות ומכריעין הזכות שנאמר נושא עון ר' יוחנן אומר מעבירין שנא' ועובר על פשע. תניא דבי ר' ישמעאל מעביר ראשון ראשון וכך היא המדה. פי' אדם ישר תמים בדרכיו אם נכשל בחטא ועדיין לא בא חטא על ידו א) מעידו אותו החטא אין הקב"ה כותבו עליו מעבירו. וכן מדתו של הקב"ה שלא לחייבו מבתחלה כדכתיב פעמים שלש עם גבר. אמר רבא ועון עצמו אינו נמחק כלומר אלא תלוי ועומד עד שעת מיתתו ואם נמצאו זכיותיו מרובין על עונותיו עברו כל עונותיו ראשון ראשון והלך במחיצתן של צדיקים. ואם רוב עונות נמצאו מתחשב גם הראשון התלוי ועומד בכלל העונות שעשה אח"כ וקיי"ל דהני כולהו בזמן שמת בלא תשובה אבל אם מת בתשובה לא ב) פי' וכן היא המדה. היא המדה הששית שבפרשת ויעבור שנקראו י"ג מדות וזו היא שכתוב ורב חסד בה"א רב חסד מטה כלפי חסד. ופי' דבי רבי ישמעאל מעביר עון ראשון ראשון ומתרבה החסד. אמר רבא ועון עצמו אינו נמחק אלא עומד ואם עשה תשובה גמורה אין מזכירין לו שום מעונותיו שנאמר ורשעת הרשע לא יכשל בו ביום שובו מרשעו אלא הקב"ה מוחל לו כל עונותיו ונותנו במחיצתן. אמר רבא המעביר על מדותיו מעבירין לו על פשעיו שנאמר נושא עון למי נושא

עון

חשק שלמה על ר"ח

א) נ"ל מעודו אותו החטא אין הקב"ה כותבו עליו אלא מעבירו כנ"ל וכ"ה להדיא ברי"ף כאן. ב) ברב אלפס כאן מבואר דפי' אחר הוא ואולי דצ"ל כאן פי' אחר לגאון וכמו דאיתא ברי"ף ועיין בר"ן.

מסורת הש"ס

א) גי' ע"י ונעשים אפר, ב) [פסחים קיח:], ג) גי' ע"י אמר מר, ד) [ערכין ח: ושם איתא ר' אלעזר], ה) [נ"א אמר רבא וכ"א בע"י], ו) יומא כג. פז: מגילה כח., ז) [נ"ל להו], ח) סנהד' לט., ט) נ"ל אלא למי שמשים כו'.

הגהות הב"ח

(א) גמרא מפזרתן ונעשין עפר תחת: (ב) רש"י ד"ה ועון עצמו וכו' רובא עוונות שאם לא יכריעו הזכיות עכשיו ויהי' מחצה על מחצה נמצא דרוב עוונות הוה בהדיה ההוא:

גליון הש"ס

גמ' ונידונין בה לדורי דורות. עיין נדרים ח ע"ב:

הגהות הגר"א

[א] גמ' נושא (רשום עליו אות ב') עון למי שעובר (רשום עליו אות א'. כלומר דצ"ל להיפך למי עובר על פשע למי שנושא עון):

תורה אור השלם

א) וְהֵבֵאתִי אֶת הַשְּׁלִשִׁית בָּאֵשׁ וּצְרַפְתִּים כִּצְרֹף אֶת הַכֶּסֶף וּבְחַנְתִּים כִּבְחֹן אֶת הַזָּהָב הוּא יִקְרָא בִשְׁמִי וַאֲנִי אֶעֱנֶה אֹתוֹ אָמַרְתִּי עַמִּי הוּא וְהוּא יֹאמַר יְיָ אֱלֹהָי: [זכריה יג, ט]

ב) יְיָ מֵמִית וּמְחַיֶּה מוֹרִיד שְׁאוֹל וַיָּעַל: [שמואל א ב, ו]

ג) וַיַּעֲבֹר יְיָ עַל פָּנָיו וַיִּקְרָא יְיָ יְיָ אֵל רַחוּם וְחַנּוּן אֶרֶךְ אַפַּיִם וְרַב חֶסֶד וֶאֱמֶת: [שמות לד, ו]

ד) אָהַבְתִּי כִּי יִשְׁמַע יְיָ אֶת קוֹלִי תַּחֲנוּנָי: [תהלים קטז, א]

ה) שֹׁמֵר פְּתָאִים יְיָ דַּלּוֹתִי וְלִי יְהוֹשִׁיעַ: [תהלים קטז, ו]

ו) וְעַסּוֹתֶם רְשָׁעִים כִּי יִהְיוּ אֵפֶר תַּחַת כַּפּוֹת רַגְלֵיכֶם בַּיּוֹם אֲשֶׁר אֲנִי עֹשֶׂה אָמַר יְיָ צְבָאוֹת: [מלאכי ג, כא]

ז) וְיָצְאוּ וְרָאוּ בְּפִגְרֵי הָאֲנָשִׁים הַפֹּשְׁעִים בִּי כִּי תוֹלַעְתָּם לֹא תָמוּת וְאִשָּׁם לֹא תִכְבֶּה וְהָיוּ דֵרָאוֹן לְכָל בָּשָׂר: [ישעיה סו, כד]

ח) כַּצֹּאן לִשְׁאוֹל שַׁתּוּ מָוֶת יִרְעֵם וַיִּרְדּוּ בָם יְשָׁרִים לַבֹּקֶר וְצוּרָם לְבַלּוֹת שְׁאוֹל מִזְּבֻל לוֹ: [תהלים מט, טו]

ט) בָּנֹה בָנִיתִי בֵּית זְבֻל לָךְ מָכוֹן לְשִׁבְתְּךָ עוֹלָמִים: [מלכים א ח, יג]

י) יְיָ יֵחַתּוּ מְרִיבָו עָלָו בַּשָּׁמַיִם יַרְעֵם יְיָ יָדִין אַפְסֵי אָרֶץ וְיִתֶּן עֹז לְמַלְכּוֹ וְיָרֵם קֶרֶן מְשִׁיחוֹ: [שמואל א ב, י]

כ) לָכֵן יְרֵאוּהוּ אֲנָשִׁים לֹא יִרְאֶה כָּל חַכְמֵי לֵב: [איוב לז, כד]

ל) יָשׁוּב יְרַחֲמֵנוּ יִכְבֹּשׁ עֲוֹנֹתֵינוּ וְתַשְׁלִיךְ בִּמְצֻלוֹת יָם כָּל חַטֹּאתָם: [מיכה ז, יט]

מ) מִי אֵל כָּמוֹךָ נֹשֵׂא עָוֹן וְעֹבֵר עַל פֶּשַׁע לִשְׁאֵרִית נַחֲלָתוֹ לֹא הֶחֱזִיק לָעַד אַפּוֹ כִּי חָפֵץ חֶסֶד הוּא: [מיכה ז, יח]

ליקוטי רש"י

והבאתי את השלישית באש. ואעיל ית תליתא בעקא בכור דאשא שיסבלו וישאו מקלת הגרים מהעכו"ם בצרות חבלו של משיח ובמלחמות גוג ומגוג עם ישראל ומשם יבחנו כי גרי אמת הם כי הרבה מהם תחלה ישובו לסורם ויתחברו עם גוג כמ"ש באגדה [זכריה יג ט]. אהבתי כי ישמע ה' את קולי. כך אמר דוד לאחר שנפטר שאול והוא מלך שובי נפשי למנוחיכי כי ה' גמל עליכי חסד ולך קוני אני מתאוה כי חלצת נפשי ממות. אהבתי כי ישמע ה'. תאבתי שישמע ה' את קולי (סא"א) [תהלים קטז א]. ורב חסד. לצריכים חסד שאין להם זכות כ"כ (ר"ה יז.) [שמות לד ו]. ועסותם. וכבשתם לשון מיעוך ודומה לו ושם עשו דדי בתוליהן (יחזקאל כ"ג) [מלאכי ג כא]. המינין. עכו"ם [ברכות יב.]. תלמידי ישו הנוצרי אשר הפכו דברי אלהים חיים לרעה [בסוגיין ע"פ רש"י ישן]. שאינם מאמינים לדברי רז"ל כגון לדוקים [חגיגה ה:]. תלמידי ישו שאינם מאמינים לדברי רבותינו זכרונם לברכה [שבת קטז.]. משרתים לעבודה זרה [שם ע"פ רש"י ישן]. כומרין לעבודת כוכבים בין ישראלים [ע"ז כו:]. מסורות. מסור. מלשין המוסר ממון חבירו לאנסים [ב"ק קיט.]. מלשינים לשקר המוסרין ממון חבריהם ביד עובדי כוכבים אנסין [ע"ז שם]. וצורם לבלות שאול. צורתם של רשעים תבלה את השאול גיהנם כלה והם אינם כלים. מזבול לו. מהיות להם מדור והקב"ה מוליא חמה מנרתיקה ומלהטת אותם שנאמר (מלאכי ג) וליהט אותם היום הבא. ורבותינו פירשו מזבול לו על שפשטו ידיהם בזבול שהחריבו בהמ"ק [תהלים מט טו]. אני אהובה לפניך. אהבתי משמע כמו אהבתני כלומר אהבת אותי. לי נאה להושיע. יותר מכל אומות העולם שהרי ישראל ייחדון [רשב"ם פסחים קיח:]. לכן יראוהו אנשים. מלהתווכח אליו [איוב לז כד]. זוודתא. לזמן תכריכין [עירובין מא: ונדה לז.]. אליה. זנב שלהן [שבת נג:]. בשר שמן מאד [יומא פג:]. המובחר שבו ומהו זה האליה תמימה [ויקרא ג ט].

The Baraisa continues:

"וַעֲלֵיהֶן אָמַר דָּוִד ,,אָהַבְתִּי כִּי יִשְׁמַע ה׳" – AND ABOUT THEM DAVID SAID: *I LOVE WHEN HASHEM HEARS my voice, my supplications.*

The Gemara elaborates on the verse:

דָּרַשׁ רָבָא – **Rava expounded:** "מַאי דִּכְתִיב ,,אָהַבְתִּי כִּי יִשְׁמַע ה׳" – **What is** meant by **that which is written:** ***I love when Hashem hears*** *my voice, my supplications*? אָמְרָה כְּנֶסֶת יִשְׂרָאֵל לִפְנֵי הַקָּדוֹשׁ בָּרוּךְ הוּא – **The Assembly of Israel said before the Holy One, Blessed is He:** רִבּוֹנוֹ שֶׁל עוֹלָם – **"Master of the Universe!** אֵימָתַי אֲנִי אֲהוּבָה לְפָנֶיךָ – **When am I beloved before You?** בִּזְמַן שֶׁאַתָּה שׁוֹמֵעַ קוֹל תַּחֲנוּנַי – **When You listen to the voice of my supplications."**[27] "דַּלּוֹתִי וְלִי יְהוֹשִׁיעַ",, – And what is meant by the verse: ***I was poor and He saved me***? אַף עַל פִּי שֶׁדַּלָּה אֲנִי מִן הַמִּצְוֹת – **"Though I am poor in mitzvos,** לִי נָאֶה לְהוֹשִׁיעַ – **it is fitting** for You **to save me."**[28]

The Gemara continues explaining the Baraisa:

פּוֹשְׁעֵי יִשְׂרָאֵל בְּגוּפָן מַאי נִיהוּ – **What are "rebels of Israel with their body"?** אָמַר רַב – **Rav said:** קַרְקַפְתָּא דְּלֹא מַנַּח תְּפִילִּין – **A head that did not wear tefillin.**[29] פּוֹשְׁעֵי אוּמּוֹת הָעוֹלָם בְּגוּפָן – What are **"rebels of the nations of the world with their body"?** אָמַר רַב – **Rav said:** בַּעֲבֵירָה – People who sin **with the transgression** of illicit relations.[30]

NOTES

Come while the latter group enters the World to Come forthwith. If, however, those who have the sin of rebels of Israel with their body also have a majority of sins, then "they have no remedy," i.e. after twelve months their souls are burned and their ashes are scattered beneath the feet of the righteous.

This accounts for all the categories but one – people who have a majority of sins but do *not* possess the sin of rebels of Israel with their body. How are these souls treated? Clearly, they do not deserve the same severe punishment as those who have a majority of sins and possess the sin of rebels of Israel with their body, who never enter the World to Come at all. On the other hand, they surely must pass through Gehinnom, since their sins are in the majority.

Actually, this is the category referred to in the beginning of the Baraisa by the words, "The completely wicked [i.e. those with more sins than mitzvos] are inscribed and sealed immediately to Gehinnom." However the length of their stay there is not defined by the Baraisa. *Tosafos* and *Rosh* state that they remain in Gehinnom for twelve months, after which they ascend to *Olam Haba.* [The source for this is apparently the Mishnah in *Eduyos* 2:10 which states: "The judgment of the wicked in Gehinnom is for twelve months" (*Ran*).] *Ritva,* however, and apparently *Ramban* in *Shaar HaGemul* as well, maintain that these people suffer the same fate as the intermediate group who possess the sin of rebels of Israel with their body. That is, they descend to Gehinnom, scream in pain, and ascend. [The exact length of their stay, however, varies according to the multitude of their sins. At *most* it never exceeds twelve months (*Asarah Maamaros* ibid., in explanation of this view).]

In summary, there are six categories:

(a) Souls with more mitzvos than sins enter the World to Come immediately.

(b) Those whose deeds are equally balanced and who do not possess the sin of rebels of Israel with their body benefit from the Attribute of Abundant in Kindness and also enter the World to Come immediately.

(c) Those whose deeds are equally balanced but who have among their transgressions the sin of rebels of Israel with their body enter Gehinnom for a short time, scream in pain, and ascend.

(d) Those with a majority of sins but who do not possess the sin of rebels of Israel with their body, according to *Tosafos* and *Rosh* descend to Gehinnom for twelve months after which they ascend; according to *Ramban* and *Ritva* they scream in pain and ascend some time thereafter.

(e) Those with a majority of sins and who also possess the sin of rebels of Israel with their body are punished in Gehinnom for twelve months after which their souls are burned and their ashes are scattered beneath the feet of the righteous.

(f) Heretics and the like are tortured in Gehinnom for all eternity.

[In concluding the summary of God's judgments, we must address one outstanding issue. The Baraisa has stated that the completely righteous, i.e. those with more merits than sins, enter the World to Come without delay. Those with an equal number of merits and sins are similarly treated according to Beis Hillel. But how are these souls' sins atoned for? Are we to say that these people's sins, which, while in the minority, may number in the millions or billions, are summarily pardoned?

Ramban (*Shaar HaGemul* pp. 266-9) takes it as axiomatic that this cannot be. He notes, however, that the question is no less strong in regard to the wicked people in categories "e" and "f" who never attain the World to Come. How are they rewarded for the mitzvos they may have performed or the Torah they may have studied? Surely God does not allow even these people's good deeds to go unrecompensed!

In regard to both groups, *Ramban* explains that initially God strives to settle accounts before the person leaves this world. That is, the righteous man is made to suffer in this world in punishment for his minority of sins so as to allow him to come to the World to Come with a clean record. The reverse is true for the wicked man. Thus, in most cases the question does not come up. However, should it occur that accounts were not settled before the person's death, then the following occurs. The righteous soul enters the World to Come, but his minority of sins detract from the level he attains there. The reverse is true for the wicked man. The mitzvos he performed lighten his punishment in Gehinnom.

As stated, this is the view of *Ramban,* who takes it as elementary that God does not summarily pardon anyone's sins, even those of the very righteous. See, however, *Rambam, Hil. Teshuvah* 3:5 and *Rif* folio 4a in the name of *Rav Hai Gaon,* from whom it appears that those with a majority of mitzvos at the time of death are granted amnesty for their sins.]

27. The simple translation of אָהַבְתִּי (*ahavti*) is *I love.* However, the word can also connote אֲהַבְתַּנִי, which is a contraction of the words אָהַבְתָּ אוֹתִי, *you love me.* The Gemara thus interprets אָהַבְתִּי כִּי־יִשְׁמַע ה׳ אֶת־קוֹלִי תַּחֲנוּנָי as: *When do You love me? When [You] Hashem hear my voice, my supplications* (*Rashbam* to *Pesachim* 118b).

28. This refers to the intermediate group of people, who do not have sufficient merits to outweigh their transgressions. Nevertheless, God saves them from Gehinnom by tipping the scales in their favor (*Rashi*).

29. This refers only to one who refrained from wearing tefillin out of disdain for the mitzvah. However, one who refrained because he feared that he would not treat the tefillin with the proper reverence is not included in this category [although he has committed a sin, since one can easily treat them respectfully during the relatively short time it takes to recite the prayers (see *Tosafos;* see also *Mishnah Berurah* 37:3)] (*Tosafos*). One who, on the other hand, neglected to don tefillin simply because it interfered with his work schedule, or because of the expense, or out of laziness, *is* included in this category [although his punishment is somewhat less than that of one who did so out of disdain for the mitzvah] (ibid. in the name of *Bach*). Also included in this category is one who donned tefillin but did not position them on his head correctly [for example, the front part of the tefillin lay more forward than his hairline], which is tantamount to not wearing tefillin at all (ibid.).

Many Rishonim appear to have had the reading קַרְקַפְתָּא דְּלֹא מַנַּח תְּפִילִּין לְעוֹלָם, *a head that* ***never*** *wore tefillin* (*Rabbeinu Chananel, Rif, Rambam [Hil. Teshuvah* 3:5*], Ramban [Shaar HaGemul* p. 265*], Rabbeinu Yonah [Shaarei Teshuvah* 3:11]). In addition, *Ramban* states that tefillin is used here as but an example. The same applies to any other positive commandment done with the body that one never performed in his life. Thus, someone who, for example, never in his life read the *Shema,* or never recited *Bircas HaMazon,* is also considered a rebel of Israel with his body. See also *Ritva* and *Ran.*

30. *Tosafos, Rif, Rambam,* et al. [The word עֲבֵירָה, when used in the Talmud without elaboration, refers to the sin of illicit relations.] Gentiles are prohibited from engaging in adultery and specific forms of incest as part of the Noahide laws, as derived in *Sanhedrin;* see there 56a-58b (*Tosafos;* see *Rambam, Hil. Melachim* 9:5).

Jews who are guilty of incest and adultery are also considered rebels with their body. Nevertheless, the Baraisa associates this sin with "the nations of the world" because unlike failure to wear tefillin, this sin applies *also* to Noahides (see *Ritva;* see also *Aruch LaNer* and *Meromei Sadeh*).

א) גי' ע"י ונעשים אפר, ב) [פסחים קיח.], ג) גי' ע"י אמר מר, ד) [ערכין ח. ושם איתא ר' אליעזר], ה) [נ"ל אמר רבא וכ"א בע"י], ו) יומא כג. מגילה כח., ז) [נ"ל להו], ח) סנהד' צט:, ט) נ"ל אלא למי שמשים כו'.

הגהות הב"ח

(א) גמרא מפוזרתן ונעשין אפר תחת: (ב) רש"י ד"ה ועון עצמו וכו' רובא עוונות שאם לא יכריעו הזכיות עכשיו והיי' מחצה על מחצה נמצא דרוב עוונות הוא בהדיה ההוא:

גליון הש"ס

גמ' ונידונין בה לדורי דורות. עיין נדרים ח ע"ב:

הגהות הגר"א

[א] גמ' נושא (רשום עליו אות ב') עון למי שעובר (רשום עליו אות א'). כלומר דצ"ל להיפך למי עובר על פשע למי שנושא עון:

תורה אור השלם

א) וְהֵבֵאתִי אֶת הַשְּׁלִשִׁית בָּאֵשׁ וּצְרַפְתִּים כִּצְרֹף אֶת הַכֶּסֶף וּבְחַנְתִּים כִּבְחֹן אֶת הַזָּהָב הוּא יִקְרָא בִשְׁמִי וַאֲנִי אֶעֱנֶה אֹתוֹ אָמַרְתִּי עַמִּי הוּא וְהוּא יֹאמַר יְיָ אֱלֹהָי: [זכריה יג, ט]

ב) יְיָ מֵמִית וּמְחַיֶּה מוֹרִיד שְׁאוֹל וַיָּעַל: [שמואל א ב, ו]

ג) וַיַּעֲבֹר יְיָ עַל פָּנָיו וַיִּקְרָא יְיָ יְיָ אֵל רַחוּם וְחַנּוּן אֶרֶךְ אַפַּיִם וְרַב חֶסֶד וֶאֱמֶת: [שמות לד, ו]

ד) אָהַבְתִּי כִּי יִשְׁמַע יְיָ אֶת קוֹלִי תַּחֲנוּנָי: [תהלים קטז, א]

ה) שֹׁמֵר פְּתָאִים יְיָ דַּלֹּתִי וְלִי יְהוֹשִׁיעַ: [תהלים קטז, ו]

ו) וְעַסּוֹתֶם רְשָׁעִים כִּי יִהְיוּ אֵפֶר תַּחַת כַּפּוֹת רַגְלֵיכֶם בַּיּוֹם אֲשֶׁר אֲנִי עֹשֶׂה אָמַר יְיָ צְבָאוֹת: [מלאכי ג, כא]

ז) וְיָצְאוּ וְרָאוּ בְּפִגְרֵי הָאֲנָשִׁים הַפֹּשְׁעִים בִּי כִּי תוֹלַעְתָּם לֹא תָמוּת וְאִשָּׁם לֹא תִכְבֶּה וְהָיוּ דֵרָאוֹן לְכָל בָּשָׂר: [ישעיה סו, כד]

ח) כַּצֹּאן לִשְׁאוֹל שַׁתּוּ מָוֶת יִרְעֵם וַיִּרְדּוּ בָם יְשָׁרִים לַבֹּקֶר וְצוּרָם לְבַלּוֹת שְׁאוֹל מִזְּבֻל לוֹ: [תהלים מט, טו]

ט) בָּנֹה בָנִיתִי בֵּית זְבֻל לָךְ מָכוֹן לְשִׁבְתְּךָ עוֹלָמִים: [מלכים א ח, יג]

י) יְיָ יֵחַתּוּ מְרִיבָו עָלָו בַּשָּׁמַיִם יַרְעֵם יְיָ יָדִין אַפְסֵי אָרֶץ וְיִתֶּן עֹז לְמַלְכּוֹ וְיָרֵם קֶרֶן מְשִׁיחוֹ: [שמואל א ב, י]

כ) לָכֵן יְרֵאוּהוּ אֲנָשִׁים לֹא יִרְאֶה כָּל חַכְמֵי לֵב: [איוב לז, כד]

ל) יָשׁוּב יְרַחֲמֵנוּ יִכְבֹּשׁ עֲוֹנֹתֵינוּ וְתַשְׁלִיךְ בִּמְצֻלוֹת יָם כָּל חַטֹּאתָם: [מיכה ז, יט]

מ) מִי אֵל כָּמוֹךָ נֹשֵׂא עָוֹן וְעֹבֵר עַל פֶּשַׁע לִשְׁאֵרִית נַחֲלָתוֹ לֹא הֶחֱזִיק לָעַד אַפּוֹ כִּי חָפֵץ חֶסֶד הוּא: [מיכה ז, יח]

ומצפצפין ועולין שנאמר א) והבאתי את השלישית באש וצרפתים כצרוף את הכסף ובחנתים כבחון את הזהב הוא יקרא בשמי ואני אענה אותו ועליהם אמרה חנה ב) ה' ממית ומחי' מוריד שאול ויעל ב"ה אומרים ג) ורב חסד מטה כלפי חסד ועליהם אמר דוד ד) אהבתי כי ישמע ה' את קולי ועליהם אמר דוד כל הפרשה כולה ה) דלותי ולי יהושיע פושעי ישראל בגופן ופושעי אומות העולם בגופן יורדין לגיהנם ונידונין בה י"ב חדש לאחר י"ב חדש גופן כלה ונשמתן נשרפת ורוח מפזרתן (א) תחת כפות רגלי צדיקים שנא' ו) ועסותם רשעים כי יהיו אפר תחת כפות רגליכם א אבל המינין והמסורות והאפיקורסים שכפרו בתורה ושכפרו בתחיית המתים ושפירשו מדרכי צבור ושנתנו חיתיתם בארץ חיים ושחטאו והחטיאו את הרבים כגון ירבעם בן נבט וחביריו יורדין לגיהנם ונידונין בה לדורי דורות שנאמר ז) ויצאו וראו בפגרי האנשים הפושעים בי וגו' גיהנם כלה והן אינן כלין שנאמר ח) וצורם לבלות שאול (מזבול לו) וכל כך למה מפני שפשטו ידיהם בזבול שנאמר מזבול לו ואין זבול אלא בית המקדש שנאמר ט) בנה בניתי בית זבול לך ועליהם אמרה חנה י) ה' יחתו מריביו א"ר יצחק בר אבין ופניהם דומין לשולי קדירה ואמר רבא ואינהו משפירי שפירי בני מחוזא ומקריין בני גיהנם אמר מר ב"ה אומרים ורב חסד מטה כלפי חסד והכתיב והבאתי את השלישית באש התם בפושעי ישראל בגופן פושעי ישראל בגופן והא אמרת לית להו תקנתא כי לית להו תקנה ברוב עונות הכא מחצה עונות ומחצה זכיות ב ואית בהו נמי עון דפושעי ישראל בגופן לא סגיא ליה דלאו והבאתי את השלישית באש ואם לאו ורב חסד מטה כלפי חסד ועליהן אמר דוד אהבתי כי ישמע ה' ט) דרש רבא מאי דכתיב אהבתי כי ישמע ה' אמרה כנסת ישראל לפני הקב"ה רבש"ע אימתי אני אהובה לפניך בזמן שאתה שומע קול תחנוני דלותי ולי יהושיע אע"פ שדלה אני מן המצות לי נאה להושיע פושעי ישראל בגופן מאי ניהו אמר רב קרקפתא דלא מנח תפלין פושעי אומות העולם בגופן אמר רב בעבירה ושנתנו חיתיתם בארץ חיים אמר רב חסדא זה פרנס המטיל אימה יתירה על הצבור שלא לשם שמים א"ר יהודה אמר רב ג כל פרנס המטיל אימה יתירה על הצבור שלא לשם שמים אינו רואה בן תלמיד חכם שנאמר כ) לכן יראוהו אנשים לא יראה כל חכמי לב י) בית הלל אומרים ורב חסד מטה כלפי חסד היכי עביד רבי ד) אליעזר אומר כובשו שנאמר ל) ישוב ירחמנו יכבוש עונותינו ר' יוסי בר חנינא אמר נושא שנאמר מ) נושא עון ועובר על פשע תנא דבי רבי ישמעאל מעביר ראשון ראשון וכן היא המדה אמר רבא ועון עצמו אינו נמחק דאי איכא רובא עונות מחשיב בהדייהו ה) (רבא אמר) ו) כל המעביר על מדותיו מעבירין לו על כל פשעיו שנאמר נושא עון ועובר על פשע למי [א] נושא עון למי שעובר על פשע רב הונא בריה דרב יהושע חלש על רב פפא לשולי ביה חזייה דחליש ליה עלמא אמר להו צביתו ליה זוודתא לסוף איתפח הוה מיכסיף רב פפא למיחזייה א"ל מאי חזית אמר (ז) ליה) אין הכי הוה ואמר להו הקב"ה הואיל ולא מוקים במיליה לא תקומו בהדיה שנאמר נושא עון ועובר על פשע למי נושא עון לעובר פשע מ) לשארית נחלתו אמר רבי אחא בר חנינא אליה וקוץ בה לשארית נחלתו ולא לכל נחלתו למי

רש"י

ומצפצפים. צועקים ובוכים מתוך יסורין שעה אחת ועולין: מטה כלפי חסד. הואיל ומחצה על מחצה הם מטה את ההכרע לצד זכות ואין יורדין לגיהנם: בגופן. לקמיה מפרש: המינין. האנשים אשר הפכו דברי אלהים חיים לרעה כגון לדוקים ובייתוסים: והמסורות. מלשינים שמוסרים ממון ישראל ביד העובדי כוכבים: אפיקורוס. מבזה תלמידי חכמים ה): שכפרו בתורה. האומרים אין תורה מן השמים: שפירשו מדרכי ציבור לא גרסינן דהיינו כל הני דלעיל והך מתני' בסדר עולם והכי גרסינן ליה התם שפירשו מדרכי הצבור כגון המינין והמסורות כו' מדרכי צבור מדרכי ישראל: ושנתנו חיתיתם. לקמן מפרש: וצורם. כמו וצורתם: שפשטו ידיהם בזבול. שהחריבו בהמ"ק בעוונם: בני מחוזא. מעונגים ושמינים היו: ומקריין בני גיהנם. כך יקראו להם: והאמרת לית להו תקנתא. דנעשין אפר והכא וצרפתים כצרוף את הכסף שימרקו יסוריהן את עוונם: דלה אני במצות. כגון בינוניים שאין זכיותיהן מכריעין לתלות להם בזכותם: ולי יהושיע. להטות כלפי חסד: אמר רב יהודה. גרסינן ולא גרסינן דאמר: כובש. את כף המאזנים של זכות ומכריעין את העונות: יכבוש עונותינו. יכרעו בו: נושא. מגביה כף מאזנים של עון: מעביר ראשון ראשון. עון שבראשונים הבאים לתחם לכף מעבירו ושומטו שאם היו מחצה על מחצה כיון שחסר אחד מהן יכרעו הזכיות וכך היא המדה: ועון עצמו אינו נמחק. אלא מונח לצד אחד דאי איכא רובא עוונות (ב) בהדיה ההוא עון מתחשב בהדייהו למנות עם רשעים גמורים: המעביר על מדותיו. שאינו מדקדק למדוד מדה למצערים אותו ומניח מדותיו והולך לו כמו אין מעבירין על המצות (יומא דף לג.) אין מעבירין על האוכלין (עירובין דף סד:) מניחן והולך לו: מעבירין לו על כל פשעיו. אין מדת הדין מדקדקת אחריהן אלא מניחתן והולכת: צביתו ליה זוודתא. הכינו לו צדה לדרך מת הוא ליתן תכריכין: איתפח. נתרפא: הכי הוה. מיתה נקנסה עלי: לא מוקים במיליה. אינו מעמיד על מדותיו: לא תקומו בהדיה. לא תדקדקו אחריו: אליה. שמינה יש כאן וקוץ בה כלומר דבר תנחומין יש כאן אבל יש בתוכה דבר קשה שאינו שוה לכל ט):

תוספות

ועליהם אמר דוד אהבתי. דכתיב ביה אפפוני חבלי מות וכתיב דלותי ולי יהושיע כשהוא דל במצות רב חסד מטה ומושיע כדדרשינן לקמן אי נמי מלשון דלה דלה לנו (שמות ב) שמעלהו מבור עמוק וכתיב בתריה (תהלים קטז) שובי נפשי למנוחיכי וגו' והדר אתהלך בארצות החיים:

המינים. פליגי בה רב אחא ורבינא בפרק אין מעמידין (ע"ז כו:) (מהו מין) [ס"א]:

כי לית להו תקנה ברוב עונות. ואית בהו עון דפושעי ישראל בגופן והא דאמר לעיל רשעים דהיינו רובן עוונות נכתבים ונחתמים לאלתר לגיהנם אע"ג דכתיב בקרא לדראון עולם לא שלא יהא להם תקנה אלא נדונים שנים עשר חדש ועולים והא דאמר בפרק הזהב (ב"מ דף נח: ושם) שלשה יורדים ואינם עולים היינו לאלתר והא דאמר ריש לקיש בסוף חגיגה (דף כז. ושם) פושעי ישראל אין אור של גיהנם שולט בהן הא אמר עלה בריש עושין פסין (עירובין דף יט. ושם) דנחית אברהם ומסיק להו:

קרקפתא דלא מנח תפלין. אם עוסק בתורה כמניח תפלין דמי דאמר במכילתא העוסק בתורה פטור מן התפלין ורבינו תם מפרש דהכא כשהמצוה בזויה עליו שמגונות עליו רצועות של תפלין שבראשו אבל אם ירא להניח משום דבעינן גוף נקי כאלישע בעל כנפים כדאיתא בריש במה טומנין (שבת דף מט. ושם) והוא דואג כל שעה שמא לא יוכל להזהר לשמרה בטהרה ובקדושה הא ודאי אין עליו דין פושעי ישראל בגופן וכל הני דשמעתין בשלא עשה תשובה אבל עשה תשובה אמרינן ביומא (דף פו.) דתשובה תולה ומיתה ממרקת:

אמר רב בעבירה. בעריות שכן בן נח מוזהר עליו כדאיתא בפ' ארבע מיתות (סנהדרין דף נז.):

בתחלה

עין משפט נר מצוה

צה א מיי' פ"ג מהל' תשובה הל' ו:

צו ב מיי' שם הל' ה:

צז ג מיי' פכ"ה מהל' סנהד' הל' א סמג לאוין רח טוש"ע ח"מ סי' ח סעיף ז:

רבינו חננאל

הבינונים צדיקים מהן הן. ובה"א בינונים אין יורדין לגיהנם אלא רב חסד מטה כלפי חסד. מכריע החסדים על העונות. כלומר מרבה החסדים והוא מטה כלפי חסד כלומר אם עונותיו כנגד זכיותיו מחצה ומחצה. ובמחצה של עונות אין בכלל עון פושעי ישראל בגופן והן שלא לבשו תפלין לעולם בהן הקב"ה מטה כלפי חסד. אבל אם יש בכללם זה העון לא סגיא להו מגיהנם ועליהם נאמר והבאתי את השלישית באש וגו' ואם רב עונות ובכללם עון פושעי ישראל בגופן והן קרקפתא דלא מנח תפלין מעולם ואפילו פעם א' נידונים בגיהנם י"ב חודש. ואח"כ גופן כלה וגם נשמתן נשרפת ורוח מפזרתן תחת כפות רגלי הצדיקים שנא' ועסותם רשעים כי יהיו אפר תחת כפות רגליכם. אבל המינין והמומרין והאפיקורסין ושכפרו בתורה ובתה"מ ושפרשו מדרכי צבור ושנתנו חתיתם בארץ החיים והן הפרנסין שמטילין אימה יתירה על הצבור שלא לשם שמים ושחטאו והחטיאו את הרבים כגון ירבעם וחביריו וכו'. אמר רב פרנס המטיל אימה יתירה על הצבור שלא לש"ש אינו רואה בן חכם. שנאמר לכן יראוהו אנשים. כלומר אם הוא נותן יראתו על אנשים ועל הנשים והן מתייראין ממנו לא יראה כל חכמי לב. מטה כלפי חסד היכי עביד. ר' אליעזר אומר כובש כלומר משקעו כדכתיב יכבוש עונותינו ותשליך. ריב"ח אומר נושא. כלומר נושא העונות ומכריעין הזכות שנאמר נושא עון ר' יוחנן אומר מעבירן שנא' ועובר על פשע. תניא דבי ר' ישמעאל מעביר ראשון ראשון וכך היא המדה. פי' אדם ישר תמים בדרכיו אם נכשל בחטא ועדיין לא בא חטא על ידו א) מעידו אותו החטא אין הקב"ה כותבו עליו מעבירו. וכן מדתו של הקב"ה שלא לחייבו מבתחלה כדכתיב פעמים שלש עם גבר. אמר רבא ועון עצמו אינו נמחק כלומר אלא תלוי ועומד עד שעת מיתתו ואם נמצאו זכיותיו מרובין על עונותיו עברו כל עונותיו ראשון ראשון והלך במחיצתן של צדיקים. ואם רוב עונות נמצאו מתחשב גם הראשון התלוי ועומד בכלל העונות שעשה אח"כ וקיי"ל דהני כולהו בזמן שמת בלא תשובה אבל אם מת בתשובה לא ב) פי' וכן היא המדה. היא המדה הששית שבפרשת ויעבור שנקראו י"ג מדות וזו היא שכתוב ורב חסד בה"א רב חסד מטה כלפי חסד. ופי' דבי רבי ישמעאל מעביר עון ראשון ראשון ומתרבה החסד. אמר רבא ועון עצמו אינו נמחק אלא עומד ואם עשה תשובה גמורה אין מזכירין לו שום מעונותיו שנאמר ורשעת הרשע לא יכשל בו ביום שובו מרשעו אלא הקב"ה מוחל לו כל עונותיו ונותנו במחיצתן. אמר רבא המעביר על מדותיו מעבירין לו על פשעיו שנאמר נושא עון

חשק שלמה על ר"ח א) נ"ל מעידו אותו החטא אין הקב"ה כותבו עליו אלא מעבירו ול"ג להגיה בר"ח כאן. ב) ברב אלפס כאן מבואר דפי' אמר הוא ולולי דל"ל ... ועיין בר"ן.

ליקוטי רש"י

והבאתי את השלישית באש. ואעל"פ יש תלייה בעקבת כבור דאשא שימצלו ויצאו ממקוצת הגרים מהעכו"ם בלרות החבלו של משיח ובמלחמות גוג ומגוג עם ישראל [זכריה יג, ט]. אהבתי כי ישמע ה' את קולי [תהלים קטז, א]. ועסותם. וכתתם [מלאכי ג, כא]. המינין. תלמידי ישו [ע"ז כו:]. מסורות. מלשינים המוסרין ממון ישראל ביד עובדי כוכבים [ב"ק קיט.]. וצורם לבלות שאול [תהלים מט, טו]. לכן יראוהו אנשים [איוב לז, כד]. אליה. דבר שמן [שבת נג:]. זוודתא. צדה לדרך [יומא פג.].

The Baraisa continues:
וְשֶׁנָּתְנוּ חִיתִּיתָם בְּאֶרֶץ חַיִּים – AND THOSE WHO INSTILLED THEIR TERROR IN THE LAND OF LIFE.

The Gemara explains this phrase:
אָמַר רַב חִסְדָּא – Rav Chisda said: זֶה פַּרְנָס הַמַּטִּיל אֵימָה יְתֵירָה עַל הַצִּבּוּר שֶׁלֹּא לְשֵׁם שָׁמַיִם – This refers to a communal leader who instills excessive fear on the community not for the sake of Heaven.[31]

The Gemara elaborates on such a person:
אָמַר רַב יְהוּדָה אָמַר רַב – Rav Yehudah said in the name of Rav: כָּל פַּרְנָס הַמַּטִּיל אֵימָה יְתֵירָה עַל הַצִּבּוּר שֶׁלֹּא לְשֵׁם שָׁמַיִם – Any communal leader who instills excessive fear on the community not for the sake of Heaven אֵינוֹ רוֹאֶה בֵּן תַּלְמִיד חָכָם – will not see a son who is a Torah scholar, שֶׁנֶּאֱמַר ,,לָכֵן יְרֵאוּהוּ אֲנָשִׁים לֹא־יִרְאֶה כָּל־חַכְמֵי־לֵב'' – as it is stated: *Therefore people fear him, he will not see any wise of heart.*[32]

The Baraisa stated:
בֵּית הִלֵּל אוֹמְרִים – BEIS HILLEL SAY: ,,וְרַב־חֶסֶד'' – *AND ABUNDANT IN KINDNESS.* מַטֶּה כְלַפֵּי חֶסֶד – This means that HE TIPS the scales of the intermediate group TOWARDS KINDNESS so that they do not have to descend to Gehinnom.

The Gemara inquires:
הֵיכִי עָבִיד – How does He do it, i.e. how does God tip the scales?

The Gemara presents several answers:
רַבִּי אֱלִיעֶזֶר אוֹמֵר – R' Eliezer says: כּוֹבְשׁוֹ – He depresses [the side of merit] so that it outweighs the side of sin, שֶׁנֶּאֱמַר ,,יָשׁוּב יְרַחֲמֵנוּ יִכְבֹּשׁ עֲוֹנֹתֵינוּ'' – as it is stated: *He will once again show us mercy, He will depress* [and outweigh] *our iniquities.*[33]

רַבִּי יוֹסֵי בַּר חֲנִינָא אָמַר – R' Yose bar Chanina says: נוֹשֵׂא – He lifts up the side of sin so that it is outweighed by the side of merit, שֶׁנֶּאֱמַר ,,נֹשֵׂא עָוֹן וְעֹבֵר עַל־פֶּשַׁע'' – as it is stated: *He lifts up iniquity and* [thereby] *overlooks transgression.*[34]

תָּנָא דְבֵי רַבִּי יִשְׁמָעֵאל – The academy of R' Yishmael taught: מַעֲבִיר רִאשׁוֹן רִאשׁוֹן – HE REMOVES THE FIRST sin IN THE BEGINNING, i.e. when the sins first come to be weighed, He removes the first of those sins before it is put on the scale, וְכֵן הִיא הַמִּדָּה – AND THUS IS THE manner in which the ATTRIBUTE of Abundant in Kindness operates.[35]

The Gemara elaborates on the last-cited opinion:
אָמַר רָבָא – Rava said: וְעָוֹן עַצְמוֹ אֵינוֹ נִמְחָק – But the sin itself is not erased, דְּאִי אִיכָּא רוּבָּא עֲוֹנוֹת מְחַשִּׁיב בַּהֲדַיְיהוּ – for if there is a majority of sins together with that first, removed sin, it is replaced on the scales and counted with them.[36]

The Gemara teaches another lesson derived from one of the previously cited verses:
(רבא אמר) [אָמַר רָבָא] – Rava said: כָּל הַמַּעֲבִיר עַל מִדּוֹתָיו – Anyone who relinquishes his measures of retribution,[37] מַעֲבִירִין לוֹ עַל כָּל פְּשָׁעָיו – [the Heavenly Tribunal] relinquishes all his sins for him.[38] שֶׁנֶּאֱמַר ,,נוֹשֵׂא עָוֹן וְעֹבֵר עַל־פֶּשַׁע'' – As it is stated: *He pardons transgression and overlooks sin.* לְמִי נוֹשֵׂא עָוֹן – Whose transgression does He pardon? לְמִי שֶׁעוֹבֵר עַל פֶּשַׁע – One who overlooks sins committed against himself.

The Gemara cites a related incident:
רַב הוּנָא בְּרֵיהּ דְּרַב יְהוֹשֻׁעַ חֲלַשׁ – Rav Huna the son of Rav Yehoshua became ill. עַל רַב פָּפָּא לְשַׁיּוּלֵי בֵּיהּ – Rav Pappa went up to inquire about him. חַזְיֵיהּ דַּחֲלִישׁ לֵיהּ עָלְמָא – [Rav Pappa] saw that he was on the brink of death.[39] אָמַר לְהוּ צַבִּיתוּ לֵיהּ זְוַודְתָּא – He said to [the people there], "Supply him provisions for his journey," i.e. provide him his shrouds. לְסוֹף אִיתְּפַּח – In the end, [Rav Huna] recovered. הֲוָה מִיכְּסִיף רַב פָּפָּא לְמֵיחְזְיֵיהּ – Rav Pappa was embarrassed to see him.[40] אָמְרוּ לֵיהּ מַאי חֲזֵית – They said to [Rav Huna], "What did you see?" אָמַר (ליה) [לְהוּ] אֵין הָכִי הֲוָה – He said to them, "Indeed it was so [as Rav Pappa said, that I was about to die]. וְאָמַר לְהוּ הַקָּדוֹשׁ בָּרוּךְ הוּא הוֹאִיל וְלֹא מוֹקִים בְּמִילֵּיהּ לֹא תָּקוּמוּ בַּהֲדֵיהּ – But at the last minute the Holy One, Blessed is He, said to [the Heavenly Tribunal], 'Since he does not stand on his principle, i.e. he is tolerant of others who wrong him, do not take a strict stand against him,' שֶׁנֶּאֱמַר ,,נֹשֵׂא עָוֹן וְעֹבֵר עַל־פֶּשַׁע'' – as it is stated: *He pardons transgression and overlooks sin.* לְמִי נוֹשֵׂא עָוֹן – Whose transgression does He pardon? לְעוֹבֵר פֶּשַׁע – One who overlooks sins committed against himself."

The Gemara expounds the continuation of the verse:
,,לִשְׁאֵרִית נַחֲלָתוֹ'' – *for the remnant of His heritage.*[41] אָמַר רַבִּי אַחָא בַּר חֲנִינָא – R' Acha bar Chanina said: אַלְיָה וְקוֹץ בָּהּ – There is a fat tail here, but with a thorn in it.[42] ,,לִשְׁאֵרִית נַחֲלָתוֹ'' – This works only *for the remnant of His heritage,* וְלֹא לְכָל נַחֲלָתוֹ – but not for all of His heritage.

NOTES

31. Even if he does not thereby cause them to sin, but, to the contrary, guides them along the proper path, for the people's intention is to serve *him* rather than God (*Shaar HaGemul* p. 266). See *Shaarei Teshuvah* 3:162-67 for additional reasons for the severity of this sin.

32. *Job* 37:24.

33. *Micah* 7:19. I.e. God outweighs the transgressions by pushing down on the scale containing the merits (*Rashi,* as explained by *Turei Even;* cf. *Rashi* to *Arachin* 8b; *Ritva*).

34. Ibid. v. 18. See *Maharal* for an explanation of the difference between the two views.

35. [God neither presses down on the side of merit nor lifts up the side of sin. Rather] He "removes" [מַעֲבִיר, from the phrase וְעוֹבֵר עַל פֶּשַׁע] the first sin as it is about to be placed on the scale, so that if the person's sins and merits are equally balanced, the side of merit will weigh down. [It is in this manner in which the Attribute of Abundant in Kindness works to save the intermediate man from Gehinnom] (*Rashi,* as explained by *Korban Nesanel* §60 and *Tosefes Yom HaKippurim* to *Yoma* 86b; see *Asarah Maamaros* ibid. 1:4).

36. For the removal of the first sin to be of benefit to a person, he must possess an equal number of merits and sins at the time of his judgment. Then, with the first sin removed, the scale will tip toward the side of merit. But if together with the first sin the person has more sins than merits, the removal of the first sin does not benefit him by making them equal. God replaces it on the scales, once again causing the scale to tip to the side of sin and dooming the person to Gehinnom (*Rashi*).

37. The word מַעֲבִיר occurs in a few passages of the Talmud in the sense of *leave* or *pass over.* Thus, here the literal meaning is: *one who leaves his measures.* That is, he does not calculate the exact measure of retribution that his attacker deserves; rather, he tolerantly drops the entire matter and goes on his way (*Rashi*).

38. Since he relinquished his right to exact retribution for the wrongs done to him, God's Attribute of Justice relinquishes its right to exact punishment for his sins (*Rashi*).

39. Literally: that the world was weak for him.

40. Having mentioned [within earshot of Rav Huna] the rites of the dead, Rav Pappa was embarrassed to face him (*Rabbeinu Chananel*).

41. The verse reads: מִי־אֵל כָּמוֹךָ נֹשֵׂא עָוֹן וְעֹבֵר עַל־פֶּשַׁע לִשְׁאֵרִית נַחֲלָתוֹ, *Who is a God like You, Who pardons transgression and overlooks sin for the remnant of His heritage . . .*

42. The fat tail is a choice part of the animal, but sometimes thorns get caught in it (see *Maharsha*). Similarly, this verse contains a comforting thought, but it does not apply to all situations (*Rashi*).

ומצפצפין ועולין שנאמר (א) והבאתי את השלישית באש וצרפתים כצרוף את הכסף ובחנתים כבחון את הזהב הוא יקרא בשמי ואני אענה אותו ועליהם אמרה חנה (ב) ה' ממית ומחי' מוריד שאול ויעל ב"ה אומרים (ג) ורב חסד מטה כלפי חסד ועליהם אמר דוד (ד) אהבתי כי ישמע ה' את קולי ועליהם אמר דוד כל הפרשה כולה (ה) דלותי ולי יהושיע פושעי ישראל בגופן ופושעי אומות העולם בגופן יורדין לגיהנם ונידונין בה י"ב חדש לאחר י"ב חדש גופן כלה ונשמתן נשרפת ורוח מפזרתן (א) תחת כפות רגלי צדיקים שנא' (ו) ועסותם רשעים כי יהיו אפר תחת כפות רגליכם [א] אבל המינין והמסורות והאפיקורסים שכפרו בתורה ושכפרו בתחיית המתים ושפירשו מדרכי צבור ושנתנו חיתיתם בארץ חיים ושחטאו והחטיאו את הרבים כגון ירבעם בן נבט וחביריו יורדין לגיהנם ונידונין בה לדורי דורות שנאמר (ז) ויצאו וראו בפגרי האנשים הפושעים בי וגו' גיהנם כלה והן אינן כלין שנאמר (ח) וצורם לבלות שאול (מזבול לו) וכל כך למה מפני שפשטו ידיהם בזבול שנאמר מזבול לו ואין זבול אלא בית המקדש שנאמר (ט) בנה בניתי בית זבול לך ועליהם אמרה חנה (י) ה' יחתו מריביו א"ר יצחק בר אבין ופניהם דומין לשולי קדירה ואמר רבא ואינהו משפירי שפירי בני מחוזא ומקריין בני גיהנם אמר מר ב"ה אומרים ורב חסד מטה כלפי חסד והכתיב והבאתי את השלישית באש התם בפושעי ישראל בגופן פושעי ישראל בגופן והא אמרת לית להו תקנתא כי לית להו תקנה ברוב עונות ומחצה זכיות ואית בהו נמי עון דפושעי ישראל בגופן לא סגיא ליה דלאו והבאתי את השלישית באש ואם לאו ורב חסד מטה כלפי חסד ועליהן אמר דוד אהבתי כי ישמע ה' (ג) דרש רבא מאי דכתיב אהבתי כי ישמע ה' אמרה כנסת ישראל לפני הקב"ה רבש"ע אימתי אני אהובה לפניך בזמן שאתה שומע קול תחנוני דלותי ולי יהושיע אע"פ שדלה אני מן המצות לי נאה להושיע פושעי ישראל בגופן מאי ניהו אמר רב קרקפתא דלא מנח תפלין פושעי אומות העולם בגופן אמר רב בעבירה ושנתנו חיתיתם בארץ חיים אמר רב חסדא זה פרנס המטיל אימה יתירה על הצבור שלא לשם שמים אמר רב יהודה אמר רב (ג) כל פרנס המטיל אימה יתירה על הצבור שלא לשם שמים אינו רואה בן תלמיד חכם שנאמר (כ) לכן יראוהו אנשים לא יראה כל חכמי לב (ד) בית הלל אומרים ורב חסד מטה כלפי חסד היכי עביד רבי (ד) אליעזר אומר כובשו שנאמר (ל) ישוב ירחמנו יכבוש עונותינו ר' יוסי בר חנינא אמר נושא שנאמר (מ) נושא עון ועובר על פשע תנא דבי רבי ישמעאל מעביר ראשון ראשון וכן היא המדה אמר רבא ועון עצמו אינו נמחק דאי איכא רובא עונות מחשיב בהדיהו (ה) (רבא אמר) (ו) כל המעביר על מדותיו מעבירין לו על כל פשעיו שנאמר נושא עון ועובר על פשע למי [א] נושא עון למי שעובר על פשע רב הונא בריה דרב יהושע חלש על רב פפא לשיולי ביה חזייה דחליש ליה עלמא אמר להו צביתו ליה זוודתא לסוף איתפח הוה מיכסיף רב פפא למיחזייה א"ל מאי חזית אמר (ז) ליה) אין הכי הוה ואמר להו הקב"ה הואיל ולא מוקים במיליה לא תקומו בהדיה שנאמר נושא עון ועובר על פשע למי נושא עון לעובר פשע (מ) לשארית נחלתו אמר רבי אחא בר חנינא אליה וקוץ בה לשארית נחלתו ולא לכל נחלתו למי

רש"י

ומצפצפים. לועקים ובוכים מתוך יסורין שעה אחת ועולין: מטה כלפי חסד. הואיל ומחצה על מחצה הם מטה את ההכרע לצד זכות ואין יורדין לגיהנם: בגופן. לקמיה מפרש: המינין. האנשים אשר הפכו דברי אלהים חיים לרעה כגון לדוקים ובייתוסים: והמסורות. מלשינים שמוסרים ממון ישראל ביד העובדי כוכבים: אפיקורוס. מבזה תלמידי חכמים(ח): שכפרו בתורה. האומרים אין תורה מן השמים: שפירשו מדרכי ליבור לא גרסינן דהיינו כל הני דלעיל והך מתני' בסדר עולם והכי גרסינן ליה התם שפירשו מדרכי הלבור כגון המינין והמסורות כו' מדרכי לבור מדרכי ישראל: ושנתנו חיתיתם. לקמן מפרש: וצורם. כמו ולורתם: שפשטו ידיהם בזבול. שהחריבו בהמ"ק בעוונם: בני מחוזא. מעונגים ושמינים היו: ומקריין בני גיהנם. כך יקראו להם: והאמרת לית להו תקנתא. דנעשין אפר והכא ולרפתים כלרוף את הכסף שימרקו יסוריהן את עוונם: דלה אני במצות. כגון בינוניים שאין זכיותיהן מכריעין לתלות להם בזכותם: ולי יהושיע. להטות כלפי חסד: אמר רב יהודה. גרסינן ולא גרסינן דאמר: כובש. את כף המאזנים של זכות ומכריעין את העונות: יכבוש עונותינו. יכרעו בו: נושא. מגביה כף מאזנים של עון: מעביר ראשון. עון שבראשונים הבאים לתתם לכף מעבירו ושומטו שאם היו מחצה על מחצה כיון שחסר אחד מהן יכרעו הזכיות וכך היא המדה: ועון עצמו אינו נמחק. אלא מונח לצד אחד דאי איכא רובא עוונות (ב) בהדיה ההוא עון מתחשב בהדייהו למנות עם רשעים גמורים: המעביר על מדותיו. שאינו מדקדק למדוד מדה למצערים אותו ומניח מדותיו והולך לו כמו אין מעבירין על המצות (יומא דף לג.) אין מעבירין על האוכלין (עירובין דף סד:) מניחן והולך לו: מעבירין לו על כל פשעיו. אין מדת הדין מדקדקת אחריהן אלא מנחתן והולכת: צביתו ליה זוודתא. הכינו לו צדה לדרך מה היא צידת המתים תכריכין: איתפח. נתרפא: הכי הוה. מיתה נקנסה עלי: לא מוקים במיליה. אינו מעמיד על מדותיו: לא תקומו בהדיה. לא תדקדקו אחריו: אליה. שמינה יש כאן וקוץ בה כלומר דבר תנחומין יש כאן אבל יש בתוכה דבר קשה שאינו שוה לכל(ט):

למי

תוספות

ועליהם אמר דוד אהבתי. דכתיב ביה אפפוני חבלי מות וכתיב דלותי ולי יהושיע כשהוא דל במלות רב חסד מטה ומושיע כדדרשינן לקמן אי נמי מלשון דלה דלה לנו (שמות ב) שמעלהו מבור עמוק וכתיב בתריה (תהלים קטז) שובי נפשי למנוחיכי וגו' והדר אתהלך בארצות החיים:

המינים. פליגי בה רב אחא ורבינא בפרק אין מעמידין (ע"ז כו:) (מהו מין) [ס"א]:

כי לית להו תקנה ברוב עונות. ואית בהו עון דפושעי ישראל בגופן והא דאמר לעיל רשעים דהיינו רובן עוונות נכתבים ונחתמים לאלתר לגיהנם אע"ג דכתיב בקרא לדראון עולם לא שלא יהא להם תקנה אלא נדונים שנים עשר חדש ועולים והא דאמר בפרק הזהב (ב"מ דף נח: ושם) שלשה יורדים ואינם עולים היינו לאלתר והא דאמר ריש לקיש בסוף חגיגה (דף כז. ושם) פושעי ישראל אין אור של גיהנם שולט בהן הא אמר עלה בריש עושין פסין (עירובין דף יט. ושם) דנחית אברהם ומסיק להו:

קרקפתא דלא מנח תפלין. אם עוסק בתורה כמניח תפלין דמי דאמר במכילתא העוסק בתורה פטור מן התפלין ורבינו תם מפרש דהכא כשהמצוה בזויה עליו שמגונות עליו רלועות של תפלין שבראשו אבל אם ירא להניח משום דבעינן גוף נקי כאלישע בעל כנפים כדאיתא בריש במה טומנין (שבת דף מט. ושם) והוא דואג כל שעה שמא לא יוכל להזהר לשמרה בטהרה ובקדושה הא ודאי אין עליו דין פושעי ישראל בגופן וכל הני דשמעתין בשלא עשה תשובה אבל עשה תשובה אמרינן ביומא (דף פו.) דתשובה תולה ומיתה ממרקת:

אמר רב בעבירה. בערוה שכן בן נח מוזהר עליו כדאיתא בפ' ארבע מיתות (סנהדרין דף נו.):

בתחלה

מסורת הש"ס

א) גי' ע"י ונעשים אפר, ב) [פסחים קיח:], ג) גי' ע"י אמר מר, ד) [ערכין ח: ושם איתא ר' אלעזר], ה) [נ"ל אמר רבא וכ"ה בע"י], ו) יומא כג. פז: מגילה כח., ז) [נ"ל להו], ח) סנהד' לט:, ט) נ"ל אלא למי שמשים כו'.

הגהות הב"ח

(א) גמרא מפזרתן ונעשין עפר תחת: (ב) רש"י ד"ה ועון עלמו וכו' רובא עוונות שאם לא יכריעו הזכיות עכשיו ויהי' מחלה על מחלה נמלא דרוב עוונות הוה בהדיה ההוא:

גליון הש"ס

גמ' ונידונין בה לדורי דורות. עיין נדרים ח ע"ב:

הגהות הגר"א

[א] גמ' נושא (רשום עליו אות ב') עון למי שעובר (רשום עליו אות א'. כלומר דל"ל להיפך למי עובר על פשע למי שנושא עון):

תורה אור השלם

א) וְהֵבֵאתִי אֶת הַשְּׁלִשִׁית בָּאֵשׁ וּצְרַפְתִּים כִּצְרֹף אֶת הַכֶּסֶף וּבְחַנְתִּים כִּבְחֹן אֶת הַזָּהָב הוּא יִקְרָא בִשְׁמִי וַאֲנִי אֶעֱנֶה אֹתוֹ אָמַרְתִּי עַמִּי הוּא וְהוּא יֹאמַר יְיָ אֱלֹהָי: [זכריה יג, ט]

ב) יְיָ מֵמִית וּמְחַיֶּה מוֹרִיד שְׁאוֹל וַיָּעַל: [שמואל א ב, ו]

ג) וַיַּעֲבֹר יְיָ עַל פָּנָיו וַיִּקְרָא יְיָ יְיָ אֵל רַחוּם וְחַנּוּן אֶרֶךְ אַפַּיִם וְרַב חֶסֶד וֶאֱמֶת: [שמות לד, ו]

ד) אָהַבְתִּי כִּי יִשְׁמַע יְיָ אֶת קוֹלִי תַּחֲנוּנָי: [תהלים קטז, א]

ה) שֹׁמֵר פְּתָאיִם יְיָ דַּלּוֹתִי וְלִי יְהוֹשִׁיעַ: [תהלים קטז, ו]

ו) וְעַסּוֹתֶם רְשָׁעִים כִּי יִהְיוּ אֵפֶר תַּחַת כַּפּוֹת רַגְלֵיכֶם בַּיּוֹם אֲשֶׁר אֲנִי עֹשֶׂה אָמַר יְיָ צְבָאוֹת: [מלאכי ג, כא]

ז) וְיָצְאוּ וְרָאוּ בְּפִגְרֵי הָאֲנָשִׁים הַפֹּשְׁעִים בִּי כִּי תוֹלַעְתָּם לֹא תָמוּת וְאִשָּׁם לֹא תִכְבֶּה וְהָיוּ דֵרָאוֹן לְכָל בָּשָׂר: [ישעיה סו, כד]

ח) כַּצֹּאן לִשְׁאוֹל שַׁתּוּ מָוֶת יִרְעֵם וַיִּרְדּוּ בָם יְשָׁרִים לַבֹּקֶר וְצוּרָם לְבַלּוֹת שְׁאוֹל מִזְּבֻל לוֹ: [תהלים מט, טו]

ט) בָּנֹה בָנִיתִי בֵּית זְבֻל לָךְ מָכוֹן לְשִׁבְתְּךָ עוֹלָמִים: [מלכים א ח, יג]

י) יְיָ יֵחַתּוּ מְרִיבָו עָלָו בַּשָּׁמַיִם יַרְעֵם יְיָ יָדִין אַפְסֵי אָרֶץ וְיִתֶּן עֹז לְמַלְכּוֹ וְיָרֵם קֶרֶן מְשִׁיחוֹ: [שמואל א ב, י]

כ) לָכֵן יְרֵאוּהוּ אֲנָשִׁים לֹא יִרְאֶה כָּל חַכְמֵי לֵב: [איוב לז, כד]

ל) יָשׁוּב יְרַחֲמֵנוּ יִכְבֹּשׁ עֲוֹנֹתֵינוּ וְתַשְׁלִיךְ בִּמְצֻלוֹת יָם כָּל חַטֹּאתָם: [מיכה ז, יט]

מ) מִי אֵל כָּמוֹךָ נֹשֵׂא עָוֹן וְעֹבֵר עַל פֶּשַׁע לִשְׁאֵרִית נַחֲלָתוֹ לֹא הֶחֱזִיק לָעַד אַפּוֹ כִּי חָפֵץ חֶסֶד הוּא: [מיכה ז, יח]

עין משפט נר מצוה

צה א מיי' פ"ג מהל' תשובה הל' ו:

צו ב מיי' שם הל' ה:

צז ג מיי' פכ"ה מהל' סנהד' הל' א סמג לאוין רח טוש"ע ח"מ סי' ח סעיף ד:

רבינו חננאל

הבינונים צדיקים מהן הן. ובה"א בינונים אין יורדין לגיהנם אלא רב חסד מטה כלפי חסד. מכריע החסדים על העונות. כלומר מרבה החסדים והוא מטה כלפי חסד כלומר אם עונותיו כנגד זכיותיו מחצה ומחצה. ובמחצה של עונות אין בכלל עון פושעי ישראל בגופן והן שלא לבשו תפלין לעולם בהן הקב"ה מטה כלפי חסד. אבל אם יש בכללם זה העון לא סגיא להו מגיהנם ועליהם נאמר והבאתי את השלישית באש וגו' ואם רב עונות ובכללם עון פושעי ישראל בגופן והן קרקפתא דלא מנח תפלין מעולם ואפילו פעם א' נידונים בגיהנם י"ב חודש. ואח"כ גופן כלה וגם נשמתן נשרפת ורוח מפזרתן תחת כפות רגלי הצדיקים שנא' ועסותם רשעים כי יהיו אפר תחת כפות רגליכם. אבל המינין והמומרין והאפיקורסין ושכפרו בתורה ובתה"מ ושפרשו מדרכי צבור ושנתנו חתיתם בארץ החיים והן הפרנסין שמטילין אימה יתירה על הצבור שלא לשם שמים ושחטאו והחטיאו את הרבים כגון ירבעם וחביריו וכו'. אמר רב פרנס המטיל אימה יתירה על הצבור שלא לש"ש אינו רואה בן חכם. שנאמר לכן יראוהו אנשים. כלומר אם הוא נותן יראתו על אנשים ועל הנשים והן מתייראין ממנו לא יראה כל חכמי לב. מטה כלפי חסד היכי עביד. ר' אליעזר אומר כובש כלומר משקעו כדכתיב יכבוש עונותינו ותשליך. ריב"ח אומר נושא. כלומר נושא העונות ומכריעין הזכות שנאמר נושא עון ר' יוחנן אומר מעבירן שנא' ועובר על פשע. תניא דבי ר' ישמעאל מעביר ראשון ראשון וכן היא המדה. פי' אדם ישר תמים בדרכיו אם נכשל בחטא ועדיין לא בא חטא על ידו א) מעידו אותו החטא אין הקב"ה כותבו עליו מעבירו. וכן מדתו של הקב"ה שלא לחייבו מבתחלה כדכתיב פעמים שלש עם גבר. אמר רבא ועון עצמו אינו נמחק כלומר אלא תלוי ועומד עד שעת מיתתו ואם נמצאו זכיותיו מרובין על עונותיו עברו כל עונותיו ראשון ראשון והלך במחיצתן של צדיקים. ואם רוב עונות נמצאו מתחשב גם הראשון התלוי ועומד בכלל העונות שעשה אח"כ וקיי"ל דהני כולהו בזמן שמת בלא תשובה אבל אם מת בתשובה לא ב) פי' וכן היא המדה. היא המדה הששית שבפרשת ויעבור שנקראו י"ג מדות וזו היא שכתוב ורב חסד מטה כלפי חסד. ופי' דבי רבי ישמעאל מעביר ראשון ראשון ומתרבה החסד. אמר רבא ועון עצמו אינו נמחק כלומר אם נמצא עומד ואם עשה תשובה גמורה אין מזכירין לו שום מעונותיו שנאמר ורשעת הרשע לא יכשל בה ביום שובו מרשעו אלא הקב"ה מוחל לו כל עונותיו ונותנו במחיצתו. אמר רבא המעביר על מדותיו מעבירין לו על כל פשעיו שנאמר נושא עון למי שנושא עון

חשק שלמה על ר"ח א) נ"ל מעידו אותו החטא אין הקב"ה כותבו עליו אלא מעבירו וכו' [illegible] ב) ברב אלפס כאן [illegible]

ליקוטי רש"י

והבאתי את השלישית באש. [illegible] [זכריה יג ט]. אהבתי כי ישמע ה' את קולי. [illegible] [תהלים קטז א]. המינין. [illegible] [ברכות יב.]. [illegible] [מלאכי ג] [illegible] [ויקרא ג ט].

עין משפט נר מצוה

צח א מיי' פ"ב מהל' תשובה הל' ו סמג עשין יז:

רבינו חננאל

עון למי שעובר על פשע לרעהו (עובר על פשע) לשארית נחלתו. למי שמשים עצמו כשיריים כמו אדם נופל ולא כעיקר. רב הונא חלש. ואמר רב פפא צביתו ליה זוודתא כלומר הכינו לו תכריכין. לסוף נתרפא והוה רב פפא מיכסיף לראותו מפני שהזכיר עליו צורכי המתים. א"ל אין הכי הוו. כלומר חשוב למיתה הייתי מיהו בקשתי רחמים ונאמר מלפני הקב"ה למלאך המות בשביל זו הוספנו לו שנים לחיות כיון שהוא מעביר במדותיו וזו ממדות הבורא שגזר גזרה על האדם ואם ישוב מרעתו ויעשה תשובה שלימה הקב"ה מקבלו ומבטל הגזרה ואינו עומד על מדותיו אף אתה תעשה כך. ויעבור ה' על פניו ויקרא ה' ה' אל רחום וחנון וגו' א"ר יוחנן אלמלא מקרא כתוב אי אפשר לאומרו. מלמד שנתעטף הקב"ה. פי' צוה למלאך להתעטף כש"ץ היורד לפני התיבה והראהו למשה וא"ל כ"ז שישראל חוטאים לפני עשה לפני כסדר הזה. ואני מוחל להם. ה' ה' אני הוא קודם שיחטא האדם שכתוב בו בספר חיים. ואני ה' לאחר שיחטא האדם וישוב בתשובה שמקבלו כאלו לא חטא. ברית כרותה לי"ג מדות שאינה חוזרת ריקם שנאמר הנה אנכי כורת ברית וגו'. א"ר יוחנן גדולה תשובה שמקרעת גזר דינו של אדם שנאמר ושב ורפא לו. איזהו דבר שצריך רפואה הוי אומר זה גזר דין. מיתיבי השב בינתים מוחלין לו כו'. פי' מי שאינו לא זכאי ולא רשע אלא בינוני אם שב בין ר"ה ליוה"כ קודם שיחתם גזר דינו מוחלין לו אבל אם שב לאחר גזר דין אין מוחלין לו. ופריק ר' יוחנן הא ביחיד וכי קאמינא אנא שהתשובה מקרעת הגזר דין של צבור. מיתיבי תמיד עיני ה' אלהיך בה עתים לטובה עתים לרעה. כיצד הרי שהיו ישראל רשעים גמורים כו'. הנה צבור ולא מקרע גז"ד. ופריק שני התם לגבי גשמים דאפשר בהכי. ת"ש יורדי הים באניות וגו' ויצעקו אל ה' בצר להם וגו'. עשה להם הקב"ה סימניות כאכין ורקין שבתורה. פי' אכין ורקין מיעוטין ניניהו כגון אך פדה תפדה כלומר מיעט בכור בהמה טהורה מפדיון. וכן נמי רק קדשיך אשר יהיו לך ונדריך מיעט בעלי מומין הכי נמי עשה בספר תהלים נונין הפוכין כדין אך ורק צעקו קודם גז"ד יענו מיעוטי הסימניות הללו כי אפילו זעקו כמה לאחר גזר דין אין נענין ודומה כמו שאמר ויצעקו אל ה' בצר להם ממצוקותיהם יושיעם לפני גזר דין. אך אם צעקו לאחר גז"ד אינו מושיען. נמצא סימניות הללו מלמדין מיעט כאכין ורקין שבתורה שממעטין. לאחר גזר דין אין נענין. ופריק הני נמי כיחידים דמו

בתחלה כי אתה תשלם. והכי קאמר קרא ולך ה' החסד ליכנס לפנים משורת הדין כשאתה רואה שאין העולם מתקיים כשתשלם לאיש כמעשהו:

למי שמשים עצמו כשירים: צדיק. במשפט אמת: חסיד. נכנס לפנים מן השורה: ולבסוף. כשרואה שאין העולם מתקיים בדין: ה' ה'. מדת רחמים אני מרחם קודם שיחטא ואני מרחם אחר שיחטא אם ישוב: ברית כרותה לשלש עשרה מדות. הללו שאם יזכירום ישראל בתפלת תעניתם אין חוזרות ריקם: הנה אנכי כורת ברית. על האמור למעלה: בינתים. בין ראש השנה ליום הכפורים: עתים לטובה כו'. פעמים שבעתים הנתונים לסוף השנה לטובה היא להקל עליה מן הפורענות הנגזר עליה בר"ה ופעמים שהוא לרעה. לפחות מן הטובה שפסקו לה: על הארץ שצריכה להם. על השדות ועל הכרמים ועל הגנות: שלא בזמנן. לפני הזריעה: ועל הארץ שאינה צריכה להם. ביערות ובמדברות: סימניות. בין פסוק לפסוק יש סימנין הפוסק מהם ז: אכין ורקין. באין לדרשה למעט את הדיבור כאכין ורקין שהן מיעוטין לומר לא בכל שעה שיצעקו אל ה' בצר להם יוציאם ממצוקותיהם אלא אם כן צעקו קודם גזר דין:

שלש עשרה מדות. אומר רבינו תם דשני שמות הראשונים הם שני מדות* כדאמרינן הכא אני ה' קודם שיחטא לרחם עליו ואני מרחם לאחר שיחטא אם ישוב ה' מדת רחמים הוא ולא אלהים שהוא מדת הדין עון ופשע וחטאה ונקה הם נמנים בד' כדאית' ביומא בפ' [ה] שני שעירים (דף לו: ושם) דעונות אלו זדונות פשעים אלו המרדים וחטאות אלו השגגות ובמגלת סתרים דרבינו נסים אין מונה שם הראשון שיש פסיק בין השמות משום דהכי קאמר קרא הקב"ה ששמו ה' קרא ה' רחום וחנון ונוצר חסד לאלפים מונה בשתי מדות דנוצר חסד היינו מדה אחת לאלפים מדה אחרת שמדה טובה מרובה חמש מאות על מדת פורענות דהתם כתיב על רבעים והכא כתיב לאלפים:

ושב ורפא לו. סליחת העון קרא רפואה כדאיתא פרק שני דמגילה (דף יז:):

אשר לא ישא פנים. פשטיה דקרא אפני אדם קאי שאין נושא פנים בשביל גדולתו ועושרו או באדם זקן ונושא פנים כדכתיב (דברים כח) אשר לא ישא פנים לזקן אבל ישא ה' פניו אליך אפני שכינה קאי שיראה לך פנים שוחקות ולא פנים של כעס והא דלא פריך הכא מדכתי' (איוב מב) וישא ה' את פני איוב וכתיב (שם) כי אם פניו אשא משום דהתם [י] [חס] בשביל צדקו: [עי' תוס' נדה ע: ד"ה כתוב וכו' הניחו בקושיא]

הגה"ה

והכי איתא בפסיקתא ותאמר ציון עזבני ה' וה' שכחני אותן שתי מדות עזובני ומכל מקום קשיא כיון דשניהם של רחמים אין כאן שתי מדות לכך נראה שכן מדה זאת ואחת מהן שם האומר שכך מזכירין אותו על לדעותו לפי שהוא אדון על כל כמו מלך על שם מלכותו רחמים הוא שלפני שהוא אדון על כל צריך להתנהג עם כל במדת רחמים אל הוא מדת חוזק כי ביד חזקה הוא מכין מזון לכל הבריות כדכתי' (תהלים קד) הכפירים שואגים לטרף ולבקש מאל אכלם רחום גם הוא מדת רחמים ולא כמדת ה' כי הרחמי' חלוקים כדאמרינן הכא קודם תשובה ואחר תשובה וחנון גם הוא מענין אחר כי מדת רחמים היא שלא בעת צרה כי בטרם תגיע הצרה הוא מרחם שלא תבא אבל חנון הוא שחונן בעת הדחק לגאול הצועק כדכתי' (ישעיה ל) חנון יחנך לקול זעקך ומדה זו כביכול שבעל כח יש לו לחון על הצועק אף שלא כדין כדכתיב (שמות כב) והיה כי יצעק אלי ושמעתי כי חנון אני כלומר אע"פ שבדין בא העבוט לידך כי הלוית עליו מעותיך אף על פי כן תשיבנו לו כי אם יצעק אלי המדה היא כך שאשמע צעקתו לפי שחנון אני ואיני יכול לראות בעניו וגם יש בלשון חנון מתנת חנם כדאמרינן בברכות (דף ז.) וחנותי את אשר אחון אע"פ שאינו הגון ארך אפים [ז] לצדיקים ולרשעים והם שתי מדות לפי שהן משני עניני בני אדם והיא מדה טובה שהקב"ה מאריך אפו ובתוך כך חוזרין בתשובה ובירושלמי מתרגמין מרחיק רגז שהוא מרחק ממנו לגיונות כדכתיב (ירמיה נ) פתח ה' את אוצרו ויוצא את כלי זעמו (ישעיה יג) באים מארץ מרחק ורב חסד ואמת הן שתים כדדרשינן כתיב רב חסד וכתיב ואמת הא כיצד בתחלה באמת וכשרואה שאין העולם מתקיים בחסד נוצר חסד אחת נושא עון ופשע וחטאה הם שלש ונקה לשבים כך פי' הרב ז"ל. ע"כ לשון הגה"ה:

[א] למי שמשים עצמו כשירים רב הונא רמי כתיב [א] צדיק ה' בכל דרכיו וכתיב וחסיד בכל מעשיו בתחלה צדיק ולבסוף חסיד רבי אלעזר רמי כתיב [ב] ולך ה' חסד וכתיב כי אתה תשלם לאיש כמעשהו בתחלה כי אתה תשלם כמעשהו ולבסוף ולך ה' חסד אילפי ואמרי לה אילפא רמי כתיב [ג] ורב חסד וכתיב ואמת בתחלה ואמת ולבסוף ורב חסד [ג] ויעבור ה' על פניו ויקרא א"ר יוחנן [ב] אלמלא מקרא כתוב אי אפשר לאומרו מלמד [ג] שנתעטף הקב"ה כשליח צבור והראה לו למשה סדר תפלה אמר לו כל זמן שישראל חוטאין יעשו לפני כסדר הזה ואני מוחל להם ה' ה' אני הוא קודם שיחטא האדם ואני הוא לאחר שיחטא האדם ויעשה תשובה אל רחום וחנון אמר רב יהודה ברית כרותה לי"ג מדות שאינן חוזרות ריקם שנאמר [ד] הנה אנכי כורת ברית אמר ר' יוחנן גדולה תשובה שמקרעת גזר דינו של אדם שנא' [ה] השמן לב העם הזה ואזניו הכבד ועיניו השע פן יראה בעיניו ובאזניו ישמע ולבבו יבין ושב ורפא לו א"ל רב פפא לאביי ודלמא לפני גזר דין א"ל ורפא לו כתיב איזהו דבר שצריך רפואה הוי אומר זה גזר דין מיתיבי השב בינתים מוחלין לו לא שב בינתים אפילו הביא כל אילי נביות שבעולם אין מוחלין לו לא קשיא [ד] הא ביחיד הא בצבור מיתיבי [ו] עיני ה' אלהיך בה עתים לטובה עתים לרעה כיצד הרי שהיו ישראל רשעים גמורין בראש השנה ופסקו להם גשמים מועטים לסוף חזרו בהן להוסיף עליהן אי אפשר שכבר נגזרה גזרה אלא הקב"ה מורידן בזמנן על הארץ הצריכה להן הכל לפי הארץ עתים לרעה כיצד הרי שהיו ישראל צדיקים גמורין בר"ה ופסקו עליהן גשמים מרובין לסוף חזרו בהן לפחות מהן אי אפשר שכבר נגזרה גזרה אלא הקב"ה מורידן שלא בזמנן על הארץ שאינה צריכה להן לטובה מיהא ליקרעיה לגזר דינייהו ולוסיף להו שאני התם דאפשר בהכי ת"ש [ז] יורדי הים באניות עושי מלאכה במים רבים המה ראו מעשי ה' וגו' ויאמר ויעמד רוח סערה ותרומם גליו יחוגו וינועו כשכור וגו' ויצעקו אל ה' בצר להם וגו' יודו לה' חסדו וגו' עשה להן סימניות כאכין ורקין שבתורה לומר לך צעקו קודם גזר דין נענין צעקו לאחר גזר דין אינן נענין הני נמי כיחידין דמו ת"ש שאלה בלוריא הגיורת את רבן גמליאל כתיב [ג] בתורתכם [ד] [ח] אשר לא ישא פנים וכתיב [ט] ישא ה' פניו אליך נטפל לה רבי יוסי הכהן אמר לה אמשול לך משל למה הדבר דומה לאדם שנושה בחבירו מנה וקבע לו זמן בפני המלך ונשבע לו בחיי המלך הגיע זמן ולא פרעו בא לפייס את המלך ואמר לו עלבוני מחול לך לך ופייס את חבירך הכא נמי כאן בעבירות שבין אדם למקום כאן בעבירות שבין אדם לחבירו עד שבא ר"ע ולימד

מסורת הש"ס

א) [מגילה טו: סנהדרין קיא.], ב) הדרש הוא ע"ד נוטריקון כתלג חיור, ג) [במכילתא פרשת ויקהל סי' סו ליתא מיבת במתורכסם], ד) [ברכות כ: נדה ע: ע"ש], ה) ל"ל אמר להם הממונה, ו) רש"ל, ז) [בכליתא עירובין כב.]

גליון הש"ס

גמ' אלמלא מקרא כתוב. מגילה כא ע"א סוטה יג ע"ב:

תורה אור השלם

א) צַדִּיק יְיָ בְּכָל דְּרָכָיו וְחָסִיד בְּכָל מַעֲשָׂיו: [תהלים קמה, יז]

ב) וּלְךָ אֲדֹנָי חָסֶד כִּי אַתָּה תְשַׁלֵּם לְאִישׁ כְּמַעֲשֵׂהוּ: [תהלים סב, יג]

ג) וַיַּעֲבֹר יְיָ עַל פָּנָיו וַיִּקְרָא יְיָ יְיָ אֵל רַחוּם וְחַנּוּן אֶרֶךְ אַפַּיִם וְרַב חֶסֶד וֶאֱמֶת: [שמות לד, ו]

ד) וַיֹּאמֶר הִנֵּה אָנֹכִי כֹּרֵת בְּרִית נֶגֶד כָּל עַמְּךָ אֶעֱשֶׂה נִפְלָאֹת אֲשֶׁר לֹא נִבְרְאוּ בְכָל הָאָרֶץ וּבְכָל הַגּוֹיִם וְרָאָה כָל הָעָם אֲשֶׁר אַתָּה בְקִרְבּוֹ אֶת מַעֲשֵׂה יְיָ כִּי נוֹרָא הוּא אֲשֶׁר אֲנִי עֹשֶׂה עִמָּךְ: [שמות לד, י]

ה) הַשְׁמֵן לֵב הָעָם הַזֶּה וְאָזְנָיו הַכְבֵּד וְעֵינָיו הָשַׁע פֶּן יִרְאֶה בְעֵינָיו וּבְאָזְנָיו יִשְׁמָע וּלְבָבוֹ יָבִין וָשָׁב וְרָפָא לוֹ: [ישעיה ו, י]

ו) אֶרֶץ אֲשֶׁר יְיָ אֱלֹהֶיךָ דֹּרֵשׁ אֹתָהּ תָּמִיד עֵינֵי יְיָ אֱלֹהֶיךָ בָּהּ מֵרֵשִׁית הַשָּׁנָה וְעַד אַחֲרִית שָׁנָה: [דברים יא, יב]

ז) יוֹרְדֵי הַיָּם בָּאֳנִיּוֹת עֹשֵׂי מְלָאכָה בְּמַיִם רַבִּים: הֵמָּה רָאוּ מַעֲשֵׂי יְיָ וְנִפְלְאוֹתָיו בִּמְצוּלָה: וַיֹּאמֶר וַיַּעֲמֵד רוּחַ סְעָרָה וַתְּרוֹמֵם גַּלָּיו: יַעֲלוּ שָׁמַיִם יֵרְדוּ תְהוֹמוֹת נַפְשָׁם בְּרָעָה תִתְמוֹגָג: יָחוֹגּוּ וְיָנוּעוּ כַּשִּׁכּוֹר וְכָל חָכְמָתָם תִּתְבַּלָּע: וַיִּצְעֲקוּ אֶל יְיָ בַּצַּר לָהֶם וּמִמְּצוּקֹתֵיהֶם יוֹצִיאֵם: יָקֵם סְעָרָה לִדְמָמָה וַיֶּחֱשׁוּ גַּלֵּיהֶם: וַיִּשְׂמְחוּ כִי יִשְׁתֹּקוּ וַיַּנְחֵם אֶל מְחוֹז חֶפְצָם: יוֹדוּ לַייָ חַסְדּוֹ וְנִפְלְאוֹתָיו לִבְנֵי אָדָם: [תהלים קז, כג - לא]

ח) כִּי יְיָ אֱלֹהֵיכֶם הוּא אֱלֹהֵי הָאֱלֹהִים וַאֲדֹנֵי הָאֲדֹנִים הָאֵל הַגָּדֹל הַגִּבֹּר וְהַנּוֹרָא אֲשֶׁר לֹא יִשָּׂא פָנִים וְלֹא יִקַּח שֹׁחַד: [דברים י, יז] ט) יִשָּׂא יְיָ פָּנָיו אֵלֶיךָ וְיָשֵׂם לְךָ שָׁלוֹם: [במדבר ו, כו]

ליקוטי רש"י ולך ה' חסד. ומהו החסד כי אתה תשלם לאיש כמעשהו ולא מעשהו ממש אלא מקלתו כענין שנאמר (עזרא ט) כי אתה אלהינו חשכת למטה מעונינו כך נדרש באגדת תהלים ויש לפותרו ולך ה' חסד כי יש בידך לשלם לאיש כמעשהו [תהלים סב יג]. ורב חסד. לצריכים חסד שאין להם זכיות כל כך (ר"ה יז.). ואמת. לשלם שכר טוב לעושי רצונו [שמות לד ו]. השמן לב העם הזה. כמו הכבד את לבו (שמות ח) לשון הלוך (לשון) פועל לבם הולך הלוך והשמן (אנגרייש"ט בלע"ז) ואזניו הולכים והכבד משמוע. ועיניו השע. טחים כענין שנאמר (ישעיהו מד) כי טח מראות עיניהם הטוח מתרגמין לחושא. פן יראה בעיניו. נתנו לבם שלא ישמעו לדברי נביאים שמא יבינו בלבם וישובו אלי וארפא להם [ישעיה ו י]. עיני ה' אלהיך בה. לראות מה היא לריכה ולחדש בה גזירות עתים לטובה ועתים לרעה וכו' כדאיתא בר"ה [דברים יא יב]. יורדי הים. פורשי בספינות [ישעיה מב י]. לא ישא פנים. אם תפרקו עולו [דברים י יז]. ישא ה' פניו אליך. יכבוש כעסו [במדבר ו כו].

לְמִי שֶׁמֵּשִׂים עַצְמוֹ כְּשִׁירַיִם – It is effective only **for someone who makes himself like remnants.**[1]

The Gemara elaborates further on how God judges the world:

רַב הוּנָא רָמֵי – Rav Huna posed a contradiction: כְּתִיב ,,צַדִּיק ה׳ בְּכָל־דְּרָכָיו" – **It is written:**[2] ***Hashem is just in all His ways,*** indicating that God's judgment is based on strict justice, וּכְתִיב ,,וְחָסִיד בְּכָל מַעֲשָׂיו" – **but it is written** at the end of that very verse: ***and magnanimous in all His deeds,*** implying that He judges mercifully.[3] The explanation is as follows: בִּתְחִלָּה צַדִּיק – **In the beginning,** God judges precisely, as indicated by the term **"just,"** וּלְבַסּוֹף חָסִיד – **but in the end,** when He sees that the world cannot endure under a system of strict justice, He is **"magnanimous."**

A similar exposition:

רַבִּי אֶלְעָזָר רָמֵי – R' Elazar posed a contradiction: כְּתִיב ,,וּלְךָ־אֲדֹנָי חָסֶד" – **It is written:**[4] ***And to You, Hashem, is magnanimity,*** indicating that God is forgiving, וּכְתִיב ,,כִּי־אַתָּה תְשַׁלֵּם לְאִישׁ כְּמַעֲשֵׂהוּ" – **but it is written** at the end of that same verse: ***for You repay each man according to his deeds,*** which implies that no sin is overlooked. The explanation is as follows: בִּתְחִלָּה ,,כִּי־אַתָּה תְשַׁלֵּם כְּמַעֲשֵׂהוּ" – **In the beginning:** ***for You repay each man according to his deeds,*** וּלְבַסּוֹף ,,וּלְךָ־אֲדֹנָי חָסֶד" – **but at the end:** ***And to You, Hashem, is magnanimity.***[5]

A third such observation:[6]

אִילְפַי וְאָמְרֵי לָהּ אִילְפָא רָמֵי – Ilfai, and some say it was Ilfa, posed a contradiction: כְּתִיב ,,וְרַב־חֶסֶד" – **It is written** among the list of God's Attributes: ***and Abundant in Kindness,***[7] indicating that God judges mercifully. וּכְתִיב ,,וֶאֱמֶת" – **But it is** also **written** there: ***and Truth,*** implying that He employs strict justice. The explanation is as follows: בִּתְחִלָּה ,,וֶאֱמֶת" – **In the beginning:** ***and Truth,*** וּלְבַסּוֹף ,,וְרַב־חֶסֶד" – **but at the end:** ***and Abundant in Kindness.***[8]

The Gemara elaborates on God's Attributes of Mercy:

,,וַיַּעֲבֹר ה׳ עַל־פָּנָיו וַיִּקְרָא" – The verse introducing the Attributes states:[9] ***And Hashem passed before him*** (Moses) ***and proclaimed.*** **אָמַר רַבִּי יוֹחָנָן – R' Yochanan said:** אִלְמָלֵא מִקְרָא כָּתוּב אִי אֶפְשָׁר לְאוֹמְרוֹ – **Were a verse not written, it would be impossible to say it.** מְלַמֵּד שֶׁנִּתְעַטֵּף הַקָּדוֹשׁ בָּרוּךְ הוּא כִּשְׁלִיחַ צִבּוּר – **This teaches that the Holy One, Blessed is He, wrapped Himself** in a tallis **like a prayer leader** וְהֶרְאָה לוֹ לְמֹשֶׁה סֵדֶר תְּפִלָּה – **and demonstrated to Moses the order of prayer.**[10] אָמַר לוֹ – **He said to him:** כָּל זְמַן שֶׁיִּשְׂרָאֵל חוֹטְאִין יַעֲשׂוּ לְפָנַי כַּסֵּדֶר הַזֶּה וַאֲנִי מוֹחֵל לָהֶם – **"Any time that Israel sins let them perform before Me this procedure and I shall forgive them."**[11]

The Gemara expounds the next part of the verse:

,,ה׳ ה׳" – ***Hashem, Hashem!*** Why the repetition of the Name? אֲנִי הוּא קוֹדֶם שֶׁיֶּחֱטָא הָאָדָם – God meant to say: ***I am He before the person sins,*** וַאֲנִי הוּא לְאַחַר שֶׁיֶּחֱטָא הָאָדָם וְיַעֲשֶׂה תְּשׁוּבָה – ***and I am He after the person sins and performs repentance.***[12]

The verse continues:

,,אֵל רַחוּם וְחַנּוּן" – ***God, Compassionate and Gracious,*** etc. **אָמַר רַב יְהוּדָה – Rav Yehudah said:** בְּרִית כְּרוּתָה לְשָׁלֹשׁ עֶשְׂרֵה מִדּוֹת – **A covenant had been made regarding the Thirteen Attributes,** שֶׁאֵינָן חוֹזְרוֹת רֵיקָם – **that they never return empty**-handed, i.e. without having an effect, שֶׁנֶּאֱמַר ,,הִנֵּה אָנֹכִי כֹּרֵת בְּרִית" – **as it is stated** following the listing of the Thirteen Attributes: ***Behold! I seal a covenant.***[13]

The Gemara describes the effectiveness of repentance:

אָמַר רַבִּי יוֹחָנָן – R' Yochanan said: גְּדוֹלָה תְּשׁוּבָה שֶׁמְּקָרַעַת גְּזַר

NOTES

1. Just as people do not consider leftover scraps [of food etc.] significant, so too this person considers himself unimportant and does not act haughtily (*Rashi* to *Sanhedrin* 111b).

Above, the Gemara derived from the first part of the verse that God overlooks the sins of one who is silent when injustice is done to him. R' Acha bar Chanina now derives, from the latter part of the verse, that this promise is conditional. Only if the person's lack of response is due to his humility is he deserving that his sins be overlooked. But if the reason for his silence is his haughtiness, because he considers it beneath his dignity to respond to someone of such "lowly stature," he receives no benefit from his "forbearance" (*Rif* to *Ein Yaakov; Sichos Mussar* of *R' Chaim Shmulevitz* 5732:38; see also *Ben Yehoyada*).

2. *Psalms* 145:17.

3. The word צַדִּיק, from the root צֶדֶק, denotes one who strictly adheres to the letter of the law. חָסִיד, on the other hand, signifies one who is merciful and goes *beyond* the letter of the law.

4. Ibid. 62:13.

5. The verse is interpreted as follows: *To You, O Lord, is magnanimity* when You see that the world cannot endure if *You repay each man according to his deeds* (*Tosafos;* cf. *Aruch LaNer*).

6. See *Ben Yehoyada* for what each exposition adds.

7. *Exodus* 34:6.

8. [The verse is thus interpreted: God is *Abundant in Kindness* when He sees that the world cannot endure with the Attribute of *Truth* (see note 5).]

The Gemara does not mean that in the end God totally abandons justice in favor of kindness or mercy. Rather, He *tempers* justice with mercy, such that although justice is carried out, it is done under more favorable terms for the sinner. See *Mesillas Yesharim* end of ch. 4 for elaboration on this concept.

9. Ibid.

10. That is, God appeared in a vision to Moses as a *tallis*-enwrapped *shaliach tzibbur* reciting the Thirteen Attributes (*Ritva;* see also *Maharsha* and *Ben Yehoyada;* cf. *Rabbeinu Chananel*). [Had not the Torah alluded to this scenario, we would not dare suggest that God gave Moses a personal demonstration.]

11. The source of this exposition is the word וַיַּעֲבֹר, which is the same verb as in the expression עוֹבֵר לִפְנֵי הַתֵּיבָה, *he passes before the ark,* used to describe the prayer leader rising to lead the services (*Ritva*). God *demonstrated Himself* as a prayer leader (rather than simply tell Moses what to recite) in order to teach that reciting the Attributes is effective only if the prayer leader himself emulates God's merciful traits (*Iyun Yaakov*). Similarly the wording ,,יַעֲשׂוּ" לְפָנַי כַּסֵּדֶר הַזֶּה, let them *perform* before Me this procedure, rather than יֹאמְרוּ, let them *recite* it, indicates that the congregation too must strive, in their own interpersonal relationships, to emulate God's traits (*Alshich* in the name of *Livnas HaSapir,* cited by *Eitz Yosef*). See also *Bnei Yisaschar, Chodesh Adar, Maamor* 2, *Derush* 6 ד״ה אבל.

12. God's Four-letter Name denotes the Attribute of Mercy. God acts with mercy towards a person both before and after he sins, if he repents (*Rashi*).

Rosh asks why it is necessary for God to show mercy *before* the person does anything wrong. He explains that even though God sees the future and knows that a person is going to sin, He nevertheless treats that person with mercy. See also *Pesach Einayim* at length.

13. *Exodus* 34:10. God guarantees Israel that their recital of the Thirteen Attributes in their prayers on a fast day will never be in vain (*Rashi*). (This is one of the themes of the oft-repeated אֵל מֶלֶךְ prayer recited in introduction to the Thirteen Attributes on fast days and during Selichos: אֵל הוֹרֵיתָ לָּנוּ לוֹמַר שְׁלֹשׁ עֶשְׂרֵה וּזְכוֹר לָנוּ הַיּוֹם בְּרִית שְׁלֹשׁ עֶשְׂרֵה, *O God, You taught us to recite the Thirteen [Attributes of Mercy], so remember for us today the covenant of these Thirteen.*)

There are a variety of opinions regarding how the Thirteen Attributes are reckoned, including, among other things, whether the words *Hashem, Hashem* count as two of the Attributes, one of the Attributes or none of them. See *Tosafos, Rosh* and *Korban Nesanel* §3 regarding this point; see also *Ibn Ezra* ad. loc.

עין משפט נר מצוה

צח א מיי׳ פ״ג מהל׳ תשובה הל׳ ו סמג עשין יז:

רבינו חננאל

עון למי שעובר על פשע לרעהו (עובר על פשע) לשארית נחלתו. למי שמשים עצמו כשיריים כמו אדם נופל ולא כעיקר. רב הונא חלש. ואמר רב פפא צביתו ליה זוודתא כלומר הכינו לו תכריכין. לסוף נתרפא והוה רב פפא מיכסיף לראותו מפני שהזכיר עליו צורכי המתים. א״ל אין הכי הוה. כלומר חשוב לי למיתה הייתי מיהו בקשתי רחמים ונאמר מלפני הקב״ה למלאך המות בשביל זו הוסיפו לו שנים לחיות כיון שהוא מעביר במדותיו חוו ממדות הבורא שגזר גזרה על האדם אם ישוב מרעתו ויעשה תשובה שלימה הקב״ה מקבלו ומבטל הגזרה ואינו עומד על מדותיו אף אתה תעשה כך. ויעבור ה׳ על פניו ויקרא ה׳ ה׳ אל רחום וחנון וגו׳ א״ר יוחנן אלמלא מקרא כתוב אי אפשר לאומרו. מלמד שנתעטף הקב״ה. פי׳ צוה למלאך להתעטף כש״ץ היורד לפני התיבה והראהו למשה וא״ל כ״ז שישראל חוטאים לפני יעשו לפני כסדר הזה. ואני מוחל להם. ה׳ ה׳ אני הוא קודם שיחטא האדם שכתוב בספר חיים. ואני ה׳ לאחר שיחטא האדם וישוב בתשובה שמקבלו כאלו לא חטא. ברית כרותה לי״ג מדות שאינה חוזרת ריקם שנאמר הנה אנכי כורת ברית וגו׳. א״ר יוחנן גדולה תשובה שמקרעת גזר דינו של אדם שנאמר ושב ורפא לו. איזהו דבר שצריך רפואה הוי אומר זה גזר דין. מיתיבי השב בינתים מוחלין לו כו׳. פי׳ מי שאינו לא זכאי ולא רשע אלא בינוני אם שב בין ר״ה ליוה״כ קודם שיחתם גזר דינו מוחלין לו אבל אם שב לאחר גזר דין אין מוחלין לו. ופריק ר׳ יוחנן הא ביחיד וכי קאמינא אנא שהתשובה מקרעת הגזר דין של צבור. מיתיבי תמיד עיני ה׳ אלהיך בה עתים לטובה עתים לרעה. כיצד הרי שהיו ישראל רשעים גמורים בר״ה ולבסוף ולא מקרע גז״ד. ופריק שני התם לגבי גשמים דאפשר בהכי. ת״ש יורדי הים באניות וגו׳ ויצעקו אל ה׳ בצר להם וגו׳. עשה להם הקב״ה סימניות כאכין ורקין שבתורה. פי׳ אכין ורקין מיעוטין נינהו כגון אך פדה תפדה כלומר מיעט בכור בהמה טהורה מפדיון. וכן נמי רק קדשיך אשר יהיו לך ונדריך מיעט בעלי מומין הכי נמי עשה בספר תהלים נונין הפוכין כדין אך ורק צעקו קודם גז״ד יענו מיעוטי הסימניות הללו כי אפילו זעקו כמה לאחר גזר דין אין נענין ודומה כמו שאמר ויצעקו אל ה׳ בצר להם ממצוקותיהם יושיעם לפני גזר דין. אך אם צעקו לאחר גז״ד אינו מושיען. נמצא סימניות הללו מלמדין מיעט כאכין ורקין שבתורה שממעטין. לאחר גזר דין אין נענין. ופריק הני נמי כיחידים דמו

תוספות

בתחלה כי אתה תשלם. והכי קאמר קרא ולך ה׳ החסד ליכנס לפנים משורת הדין כשאתה רואה שאין העולם מתקיים כשתשלם לאיש כמעשהו:

שלש עשרה מדות. אומר רבינו תם דשני שמות הראשונים הם שני מדות* כדאמרינן הכא אני ה׳ קודם שיחטא לרחם עליו ואני מרחם לאחר שיחטא אם ישוב ה׳ מדת רחמים הוא ולא כאלהים שהוא מדת הדין עון ופשע וחטאה ונקה הם נמנים בד׳ כדאית׳ ביומא בפ״ה (דף לו: ושם) שני שעירים דעונות אלו זדונות פשעים אלו המרדים וחטאות אלו השגגות ובמגלת סתרים דרבינו נסים אין מונה שם הראשון שיש פסיק בין השמות משום דהכי קאמר קרא הקב״ה ששמו ה׳ קרא ה׳ רחום וחנון ונוצר חסד לאלפים מונה בשתי מדות דנוצר חסד היינו מדה אחת לאלפים מדה אחרת שמדה טובה מרובה חמש מאות על מדת פורענות דהתם כתיב על רבעים והכא כתיב לאלפים:

ושב ורפא לו. סליחת העון קרא רפואה כדאיתא פרק שני דמגילה (דף יז:):

אשר לא ישא פנים. פשטיה דקרא אפני אדם קאי שאין נושא פנים בשביל גדולתו ועושרו או באדם זקן ונשוא פנים כדכתיב (דברים כח) אשר לא ישא פנים לזקן אבל ישא ה׳ פניו אליך אפני שכינה קאי שיראה לך פנים שוחקות ולא פנים של כעס והא דלא פריך הכא מדכתי׳ (איוב מב) וישא ה׳ את פני איוב וכתיב (שם) כי אם פניו אשא משום דהתם [חס] בשביל לצדקו: [עי׳ תוס׳ נדה ע: ד״ה כתוב וכו׳ הניחו בקושיא]

הגה״ה

והכי איתא בפסיקתא ותאמר ציון עזבני ה׳ וה׳ שכחני אותן שתי מדות עזובוני ומכל מקום קשיא כיון דשניהם של רחמים אין כאן שתי מדות לכך נראה שהן מדה אחת ואחת מהן הם התואר שכך מזכירין אותו על לדונו לפי שהוא לדון על כל כמו מלך על שם מלכותו ואותו כנוי מדת רחמים הוא שלפי שהוא לדון על כל צריך להתנהג עם כל במדת רחמים אל הוא מדת חוזק כי ביד חזקה הוא מכין מזון לכל הבריות כדכתי׳ (תהלים קד) הכפירים שואגים לטרף ולבקש מאל אכלם רחום גם הוא מדת רחמים ולא כמדת ה׳ כי הרחמי׳ אלוקים כדאמרינן הכא קודם תשובה ואחר תשובה וחנון גם הוא מענין אחר כי מדת רחמים היא שלא בעת צרה כי בטרם תגיע הצרה הוא מרחם שלא תבא אבל חנון הוא שחונן בעת הדחק לגאול הצועק כדכתי׳ (ישעיה ל) חנון יחנך לקול זעקך ומדה זו כביכול שבעל כח יש לו לחון על הצועק אף שלא כדין כדכתיב (שמות כב) והיה כי יצעק אלי ושמעתי כי חנון אני כלומר אע״פ שבדין בא העבוט לידך כי הלוית עליו מעותיך אף על פי כן תשיבנו לו כי אם יצעק אלי המדה היא כך שאשמע צעקתו לפי שחנון אני ואיני יכול לראות בעניו וגם יש בלשון חנון מתנת חנם כדאמרינן בברכות (דף ז.) וחנותי את אשר אחון אע״פ שאינו הגון ארך אפים ז) לצדיקים ולרשעים והם שתי מדות לפי שהן משני עניני בני אדם והיא מדה טובה שהקב״ה מאריך אפו ונותן קץ חזרין בתשובה וירושלמי מתרגמין מרחיק רגז שהוא מרחק ממנו לגיונות כדכתיב (ירמיה ג) פתח ה׳ את אוצרו ויוצא את כלי זעמו כמוש מאריך מרחק ורב חסד ואמת הן שתים כדדרשינן כתיב רב חסד וכתיב ואמת הא כיצד בתחלה באמת ובסוף בחסד ונוצר חסד אחת לאלפים כדאמרינן נושא עון ופשע וחטאה הם שלש ונקה לשבים הם פי׳ הרב ז״ל. ע״כ לשון הגה״ה:

רש״י

למי שמשים עצמו כשירים: צדיק. במשפט אמת: חסיד. נכנס לפנים מן השורה: ולבסוף. כשרואה שאין העולם מתקיים בדין: ה׳ ה׳. מדת רחמים אני מרחם קודם שיחטא ואני מרחם אחר שיחטא אם ישוב: ברית כרותה לשלש עשרה מדות. הללו שאם יזכירום ישראל בתפלת תעניתם אין חוזרות ריקם: הנה אנכי כורת ברית. על האמור למעלה: בינתים. בין ראש השנה ליום הכפורים: עתים לטובה כו׳. פעמים שהעתים הנתונים לסוף השנה לטובה היא להקל עליה מן הפורענות הנגזר עליה בר״ה: ופעמים שהוא לרעה. לפחות מן הטובה שפסקו לה: על הארץ שצריכה להם. על השדות ועל הכרמים ועל הגנות: שלא בזמנן. לפני זריעה: ועל הארץ שאינה צריכה להם. ביערות ובמדברות: סימניות. בין פסוק לפסוק יש סימנין הפוכין כמו ז: אכין ורקין. באין לדרשה למעט את הדיבור כאכין ורקין שהן מיעוטין לומר לא בכל שעה שיצעקו אל ה׳ בצר להם יוציאם ממצוקותיהם אלא אם כן צעקו קודם גזר דין:

גמרא

א) למי שמשים עצמו כשירים רב הונא רמי כתיב א) צדיק ה׳ בכל דרכיו וכתיב וחסיד בכל מעשיו בתחלה צדיק ולבסוף חסיד רבי אלעזר רמי כתיב ב) ולך ה׳ חסד וכתיב כי אתה תשלם לאיש כמעשהו בתחלה כי אתה תשלם כמעשהו ולבסוף ולך ה׳ חסד אילפי ואמרי לה אילפא רמי כתיב ג) ורב חסד וכתיב ואמת בתחלה ואמת ולבסוף ורב חסד ג) ויעבור ה׳ על פניו ויקרא א״ר יוחנן ב) אלמלא מקרא כתוב אי אפשר לאומרו מלמד ג) שנתעטף הקב״ה כשליח צבור והראה לו למשה סדר תפלה אמר לו כל זמן שישראל חוטאין יעשו לפני כסדר הזה ואני מוחל להם ה׳ ה׳ אני הוא קודם שיחטא האדם ואני הוא לאחר שיחטא האדם ויעשה תשובה אל רחום וחנון אמר רב יהודה ברית כרותה לי״ג מדות שאינן חוזרות ריקם שנאמר ד) הנה אנכי כורת ברית אמר ר׳ יוחנן גדולה תשובה שמקרעת גזר דינו של אדם שנא׳ ה) השמן לב העם הזה ואזניו הכבד ועיניו השע פן יראה בעיניו ובאזניו ישמע ולבבו יבין ושב ורפא לו א״ל רב פפא לאביי ודלמא לפני גזר דין א״ל ורפא לו כתיב איזהו דבר שצריך רפואה הוי אומר זה גזר דין מיתיבי השב בינתים מוחלין לו לא שב בינתים אפילו הביא כל אילי נביות שבעולם אין מוחלין לו לא קשיא א הא ביחיד הא בצבור מיתיבי ו) עיני ה׳ אלהיך בה עתים לטובה עתים לרעה עתים לטובה כיצד הרי שהיו ישראל רשעים גמורין בראש השנה ופסקו להם גשמים מועטים לסוף חזרו בהן להוסיף עליהן אי אפשר שכבר נגזרה גזרה אלא הקב״ה מורידן בזמנן על הארץ הצריכה להן הכל לפי הארץ עתים לרעה כיצד הרי שהיו ישראל צדיקים גמורין בר״ה ופסקו עליהן גשמים מרובין לסוף חזרו בהן לפחות מהן אי אפשר שכבר נגזרה גזרה אלא הקב״ה מורידן שלא בזמנן על הארץ שאינה צריכה להן לטובה מיהא ליקרעיה לגזר דיניהו ולוסיף להו שאני התם דאפשר בהכי ת״ש ז) יורדי הים באניות עושי מלאכה במים רבים המה ראו מעשי ה׳ וגו׳ ויאמר ויעמד רוח סערה ותרומם גליו יחוגו וינועו כשכור וגו׳ ויצעקו אל ה׳ בצר להם וגו׳ יודו לה׳ חסדו וגו׳ עשה להן סימניות כאכין ורקין שבתורה לומר לך צעקו קודם גזר דין נענין צעקו לאחר גזר דין אינן נענין הני נמי כיחידין דמו ת״ש שאלה בלוריא הגיורת את רבן גמליאל כתיב ג) בתורתכם ד) ח) אשר לא ישא פנים וכתיב ט) ישא ה׳ פניו אליך נטפל לה רבי יוסי הכהן אמר לה אמשול לך משל למה הדבר דומה לאדם שנושה בחבירו מנה וקבע לו זמן בפני המלך ונשבע לו בחיי המלך הגיע זמן ולא פרעו בא לפייס את המלך ואמר לו עלבוני מחול לך לך ופייס את חבירך הכא נמי כאן בעבירות שבין אדם למקום כאן בעבירות שבין אדם לחבירו עד שבא ר״ע ולימד

מסורת הש״ס

א) [מגילה טו: סנהדרין קיא.], ב) חגיגה טז: ע״ד לגושים כתלג חיור, ג) [בשאלתות פרשת ויקהל סי׳ סו ליתא מיבת בתורתכם], ד) [ברכות כ: נדה ע: ע״ש], ה) ג״ל אמר להם המשמונה, ו) רש״ל, ז) [כדאיתא עירובין כב.].

גליון הש״ס

גמ׳ אלמלא מקרא כתוב. מגילה כא ע״א סוטה יג ע״ב:

תורה אור השלם

א) צַדִּיק יְיָ בְּכָל דְּרָכָיו וְחָסִיד בְּכָל מַעֲשָׂיו: [תהלים קמה, יז]

ב) וּלְךָ אֲדֹנָי חָסֶד כִּי אַתָּה תְשַׁלֵּם לְאִישׁ כְּמַעֲשֵׂהוּ: [תהלים סב, יג]

ג) וַיַּעֲבֹר יְיָ עַל פָּנָיו וַיִּקְרָא יְיָ יְיָ אֵל רַחוּם וְחַנּוּן אֶרֶךְ אַפַּיִם וְרַב חֶסֶד וֶאֱמֶת: [שמות לד, ו]

ד) וַיֹּאמֶר הִנֵּה אָנֹכִי כֹּרֵת בְּרִית נֶגֶד כָּל עַמְּךָ אֶעֱשֶׂה נִפְלָאֹת אֲשֶׁר לֹא נִבְרְאוּ בְכָל הָאָרֶץ וּבְכָל הַגּוֹיִם וְרָאָה כָל הָעָם אֲשֶׁר אַתָּה בְקִרְבּוֹ אֶת מַעֲשֵׂה יְיָ כִּי נוֹרָא הוּא אֲשֶׁר אֲנִי עֹשֶׂה עִמָּךְ: [שמות לד, י]

ה) הַשְׁמֵן לֵב הָעָם הַזֶּה וְאָזְנָיו הַכְבֵּד וְעֵינָיו הָשַׁע פֶּן יִרְאֶה בְעֵינָיו וּבְאָזְנָיו יִשְׁמָע וּלְבָבוֹ יָבִין וָשָׁב וְרָפָא לוֹ: [ישעיה ו, י]

ו) אֶרֶץ אֲשֶׁר יְיָ אֱלֹהֶיךָ דֹּרֵשׁ אֹתָהּ תָּמִיד עֵינֵי יְיָ אֱלֹהֶיךָ בָּהּ מֵרֵשִׁית הַשָּׁנָה וְעַד אַחֲרִית שָׁנָה: [דברים יא, יב]

ז) יוֹרְדֵי הַיָּם בָּאֳנִיּוֹת עֹשֵׂי מְלָאכָה בְּמַיִם רַבִּים: הֵמָּה רָאוּ מַעֲשֵׂי יְיָ וְנִפְלְאוֹתָיו בִּמְצוּלָה: וַיֹּאמֶר וַיַּעֲמֵד רוּחַ סְעָרָה וַתְּרוֹמֵם גַּלָּיו: יַעֲלוּ שָׁמַיִם יֵרְדוּ תְהוֹמוֹת נַפְשָׁם בְּרָעָה תִתְמוֹגָג: יָחוֹגּוּ וְיָנוּעוּ כַּשִּׁכּוֹר וְכָל חָכְמָתָם תִּתְבַּלָּע: וַיִּצְעֲקוּ אֶל יְיָ בַּצַּר לָהֶם וּמִמְּצוּקֹתֵיהֶם יוֹצִיאֵם: יָקֵם סְעָרָה לִדְמָמָה וַיֶּחֱשׁוּ גַּלֵּיהֶם: וַיִּשְׂמְחוּ כִי יִשְׁתֹּקוּ וַיַּנְחֵם אֶל מְחוֹז חֶפְצָם: יוֹדוּ לַיְיָ חַסְדּוֹ וְנִפְלְאוֹתָיו לִבְנֵי אָדָם: [תהלים קז, כג - לא]

ח) כִּי יְיָ אֱלֹהֵיכֶם הוּא אֱלֹהֵי הָאֱלֹהִים וַאֲדֹנֵי הָאֲדֹנִים הָאֵל הַגָּדֹל הַגִּבֹּר וְהַנּוֹרָא אֲשֶׁר לֹא יִשָּׂא פָנִים וְלֹא יִקַּח שֹׁחַד: [דברים י, יז]

ט) יִשָּׂא יְיָ פָּנָיו אֵלֶיךָ וְיָשֵׂם לְךָ שָׁלוֹם: [במדבר ו, כו]

ליקוטי רש״י

ולך ה׳ חסד. ומהו החסד כי אתה תשלם לאיש כמעשהו ולא מעשהו ממש אלא מקצתו כענין שנאמר (עזרא ט) כי אתה אלהינו חשכת למטה מעונינו וכן נדרש באגדת תהלים וכשיש לפותרו עוד ולך ה׳ חסד כי יש בידך לשלם לאיש כמעשהו [תהלים סב יג]. ורב חסד. לצריכים חסד שאין להם זכיות כ״כ (ר״ה יז). ואמת. לשלם שכר טוב לעושי רצונו [שמות לד ו]. השמן לב העם הזה. כמו הכבד את לבו (שמות ח) לשון הלוך (לשון) פעול לבם הולך הלוך והשמן (אנגרייש״ט בלע״ז) ואזניו הולכים ונכבד משמוע. ועיניו השע. טוח מראות עיניהם הטוח מתרגמינן דאיתשע. פן יראה בעיניו. נתנו לבם שלא ישמעו דברי נביאים שהם יראים שמא יוטבו בעיניהם ולבם יבין ושב ורפא לו [ישעיה ו י]. עיני ה׳ אלהיך בה. לראות מה היא צריכה ולחדש בה גזירות עתים לטובה ועתים לרעה וכו׳ כדאיתא בר״ה [דברים יא יב]. יורדי הים. פורשי בספינות [ישעיה מב י]. לא ישא פנים. אם תפרקו עולו [דברים י יז]. ישא ה׳ פניו אליך. יכבוש כעסו [במדבר ו כו].

דִּינוֹ שֶׁל אָדָם – **Great is repentance, for it tears up a person's** evil **decree,**[14] שֶׁנֶּאֱמַר ,,הַשְׁמֵן לֵב־הָעָם הַזֶּה וְאָזְנָיו הַכְבֵּד וְעֵינָיו הָשַׁע פֶּן־יִרְאֶה בְעֵינָיו וּבְאָזְנָיו יִשְׁמָע וּלְבָבוֹ יָבִין וָשָׁב וְרָפָא לוֹ״ – **as it says** in regard to the threatened desolation of Eretz Yisrael: ***This people is fattening its heart, hardening its ears and sealing its eyes, lest it see with its eyes, hear with its ears and understand with its heart and then repent and be healed.***[15] That is, the people's adamance in refusing to heed the prophet's words is as if they sought to avoid any avenue that might lead to an improvement in their situation. The implication of the verse is that if they *would* repent, they would be "healed" of the threat of desolation. It is thus apparent that repentance nullifies an evil decree.

The Gemara objects:

וְדִלְמָא לִפְנֵי – אָמַר לֵיהּ רַב פָּפָּא לְאַבַּיֵי – **Rav Pappa said to Abaye:** גְּזַר דִּין – **But perhaps** that verse is referring to the time **before the decree** is issued. However, once a judgment of punishment has been issued against someone, his belated repentance will not prevent that punishment from being carried out. – ? –

Abaye responds:

אָמַר לֵיהּ – **He said to [Rav Pappa]:** ,,וְרָפָא לוֹ״ כְּתִיב – **It is written** in this verse: ***and be healed.*** אֵיזֶהוּ דָּבָר שֶׁצָּרִיךְ רְפוּאָה – **What matter is it** in this context **that would require healing?** הֱוֵי אוֹמֵר זֶה גְּזַר דִּין – **One would have to say that this refers to** an evil **decree.**[16]

The Gemara raises another objection to R' Yochanan's statement:

מֵיתִיבֵי – **They challenged this from a Baraisa:** הַשָּׁב בֵּינְתַיִם – If ONE REPENTS BETWEEN THEM [i.e. between Rosh Hashanah and Yom Kippur], מוֹחֲלִין לוֹ – HE IS PARDONED; לֹא שָׁב בֵּינְתַיִם – if HE DID NOT REPENT BETWEEN THEM, then אֲפִילּוּ הֵבִיא כָּל אֵילֵי נְבָיוֹת שֶׁבָּעוֹלָם – EVEN IF HE BROUGHT ALL THE RAMS OF NEBAIOTH[17] IN THE WORLD as sacrifices to accompany his repentance, אֵין מוֹחֲלִין לוֹ – HE IS NOT PARDONED. Thus, once a person's sentence has been sealed on Yom Kippur, his repentance will not overturn that sentence. – ? –

The Gemara defends R' Yochanan's statement:

לֹא קַשְׁיָא – **This is not a difficulty:** הָא בְּיָחִיד – **This** Baraisa just cited **refers to an individual.** An individual's repentance will not overturn Yom Kippur's unfavorable decree. הָא בְּצִבּוּר – However, **this,** R' Yochanan's statement, **refers to a community.** A community's repentance has the power to tear up an evil decree that has already been issued against it.[18]

The Gemara questions this distinction.

מֵיתִיבֵי – **They challenged this from a Baraisa:** ,,עֵינֵי ה׳ אֱלֹהֶיךָ בָּהּ״ – The verse states:[19] ***THE EYES OF HASHEM YOUR GOD ARE ALWAYS UPON IT** [the Land of Israel] from the beginning of the year to year's end.*[20] עִתִּים לְטוֹבָה עִתִּים לְרָעָה – SOMETIMES IT IS FOR GOOD and SOMETIMES IT IS FOR BAD.[21] עִתִּים לְטוֹבָה כֵּיצַד – HOW IS IT SOMETIMES FOR GOOD? הֲרֵי שֶׁהָיוּ יִשְׂרָאֵל רְשָׁעִים גְּמוּרִין בְּרֹאשׁ הַשָּׁנָה – LET US SAY THAT THE JEWISH PEOPLE WERE COMPLETELY WICKED ON ROSH HASHANAH וּפָסְקוּ לָהֶם גְּשָׁמִים מוּעָטִים – AND IT WAS DECIDED THAT THEY WOULD RECEIVE LITTLE RAIN that year. לְסוֹף חָזְרוּ בָּהֶן – SUBSEQUENTLY, during the year [THE JEWISH PEOPLE] RETRACTED their evil ways. לְהוֹסִיף עֲלֵיהֶן אִי אֶפְשָׁר – At this point, IT IS IMPOSSIBLE TO ADD TO [THE RAINS] granted them שֶׁכְּבָר נִגְזְרָה גְּזֵרָה – BECAUSE THE DECREE HAS ALREADY BEEN ISSUED. אֶלָּא הַקָּדוֹשׁ בָּרוּךְ הוּא מוֹרִידָן בִּזְמַנָּן – RATHER, THE HOLY ONE, BLESSED IS HE, WILL BRING DOWN [THE RAINS] AT THEIR most opportune TIME עַל הָאָרֶץ הַצְּרִיכָה לָהֶן – ON THE LAND THAT NEEDS THEM, הַכֹּל לְפִי הָאָרֶץ – EVERYTHING ACCORDING TO THE particular LAND.[22] עִתִּים לְרָעָה כֵּיצַד – HOW IS IT SOMETIMES FOR BAD? הֲרֵי שֶׁהָיוּ יִשְׂרָאֵל צַדִּיקִים גְּמוּרִין בְּרֹאשׁ הַשָּׁנָה – LET US SAY THAT THE JEWISH PEOPLE WERE COMPLETELY RIGHTEOUS ON ROSH HASHANAH וּפָסְקוּ עֲלֵיהֶן גְּשָׁמִים מְרוּבִּין – AND IT WAS DECIDED THAT MUCH RAIN WOULD BEFALL THEM that year. לְסוֹף חָזְרוּ בָּהֶן – SUBSEQUENTLY, [THE JEWISH PEOPLE] RETRACTED their virtuous ways. לְפַחוֹת מֵהֶן אִי אֶפְשָׁר – IT IS IMPOSSIBLE TO REDUCE [THE RAINS] granted them שֶׁכְּבָר נִגְזְרָה גְּזֵרָה – BECAUSE THE DECREE HAS ALREADY BEEN ISSUED. אֶלָּא הַקָּדוֹשׁ בָּרוּךְ הוּא מוֹרִידָן שֶׁלֹּא בִּזְמַנָּן – RATHER, THE HOLY ONE, BLESSED IS HE, WILL BRING DOWN [THE RAINS] NOT AT THEIR most opportune TIME עַל הָאָרֶץ שֶׁאֵינָהּ צְרִיכָה לָהֶן – and ON THE LAND

NOTES

14. In the version of this teaching found in *She'iltos* §66, R' Yochanan says: *Repentance and supplication nullify the [evil] decree,* i.e. either repentance or [heartfelt] prayer can negate a decree. This seems to be the understanding of our Gemara as well, since the Gemara below raises a challenge to R' Yochanan from the statement "If they cry out (in prayer) after the decree is issued, they are not answered." Thus, R' Yochanan equates prayer to repentance with respect to tearing up an evil decree (*Meromei Sadeh;* cf. *Haamek She'eilah* 66:8).

15. *Isaiah* 6:10. [The next verse describes the evil decree: . . . *the cities will become desolate without inhabitant, the houses without a person and the land will become desolate, wasted.*]

16. [If the verse says that the people will be *healed,* this implies that they are currently afflicted. Since the desolation of the cities and the land had not yet come upon them, the verse must be referring to the formal decree of desolation that had already been issued against them. They will be "healed" of this decree by having it commuted.]

17. The rams of Nebaioth are the choicest rams (see *Isaiah* 60:7). "Nebaioth" is either a reference to the clan that raised these rams [presumably descended from Ishmael's son Nebaioth] (*Radak* loc. cit.) or a place where they were to be found (*Metzudos David*). Alternatively, "*nevayos*" is an adjective meaning "thick" and אֵילֵי נְבָיוֹת are *fat rams* (*Benayahu*).

18. There are a large number of statements in the words of the Sages attesting to the greater potential of a community over individuals. In this respect, the whole is greater than the sum of its parts. *Midrash Tanchuma* (*Netzavim* §1) teaches, for example, that the Jewish people are like a bundle of reeds: A single reed can be broken by even a child, whereas a bundle of reeds cannot be broken by even an adult. Although each individual may be unworthy of a certain spiritual level, together they are worthy of that level (see discussion of these issues in *Derashos HaRan* §1; *Parashas Derachim* §13; *Maharal, Nesivos Olam, Nesiv HaTeshuvah* §2; *Michtav MeEliyahu* vol.I pp.246-250; and *Sichos Mussar,* 5733, §18).

According to the *Ein Yaakov's* version of *Yoma* 86a-b, the Gemara teaches that the repentance of a community is great for it reaches until the Throne of Glory (see Gemara there for other ways in which repentance is great).

19. *Deuteronomy* 11:12.

20. The full passage (*Deuteronomy* 11:10-12) reads: *For the land to which you come, to possess it – it is not like the land of Egypt that you left, where you would plant your seed and water it on foot like a vegetable garden. But the land to which you cross over to possess it is a land of hills and valleys; from the rain of heaven will it drink water; a land that Hashem, your God, seeks out; the eyes of Hashem, your God, are always upon it, from the beginning of the year to year's end.*

21. [The eyes of Hashem (i.e. His supervision and providence) are directed towards the Land of Israel from the beginning of the year (Rosh Hashanah and Yom Kippur) through the end of the year. Sometimes God's attentions throughout the year result in a material benefit and sometimes they result in a material loss. That is,] sometimes the punishments decreed on Rosh Hashanah are mitigated towards the end of the year and sometimes the amount of good that was granted on Rosh Hashanah is reduced towards the end of the year (*Rashi*).

22. I.e. the little rain that was granted to the Jews in the beginning of the year will fall precisely where it is needed – on the growing fields, vineyards and gardens (*Rashi*). [Furthermore, it will be divided among the different kinds of land so that it achieves the maximum benefit for each.]

צח א מיי' פ"ב מהל' תשובה הל' ו סמג עשין יז:

רבינו חננאל

עון למי שעובר על פשע לרעהו (עובר על פשע) לשארית נחלתו. למי שמשים עצמו כשיריים כמו אדם נופל ולא כעיקר. רב הונא חלש. ואמר רב פפא צביתו ליה זוודתא כלומר הכינו לו תכריכין. לסוף נתרפא והוה רב פפא מיכסיף לראותו מפני שהזכיר עליו צורכי המתים. א"ל אין הכי הוו. כלומר חשוב למיתה הייתי מיהו בקשתי רחמים ונאמר מלפני הקב"ה למלאך המות בשביל זו הוספנו לו שנים לחיות כיון שהוא מעביר במדותיו וזו ממדות הבורא שגוזר גזרה על האדם ואם ישוב מרעתו ויעשה תשובה שלימה הקב"ה מקבלו ומבטל הגזרה ואינו עומד על מדותיו אף אתה תעשה כך. ויעבור ה' על פניו ויקרא ה' ה' אל רחום וחנון וגו' א"ר יוחנן אלמלא מקרא כתוב אי אפשר לאומרו. מלמד שנתעטף הקב"ה. פי' צוה למלאך להתעטף כש"ץ היורד לפני התיבה והראהו למשה וא"ל כ"ז שישראל חוטאים לפני עשה לפני כסדר הזה. ואני מוחל להם. ה' ה' אני הוא קודם שיחטא האדם שכתוב בו בספר חיים. ואני ה' לאחר שיחטא האדם וישוב בתשובה שמקבלו כאלו לא חטא. ברית כרותה לי"ג מדות שאינה חוזרת ריקם שנאמר הנה אנכי כורת ברית וגו'. א"ר יוחנן גדולה תשובה שמקרעת גזר דינו של אדם שנאמר ושב ורפא לו. איזהו דבר שצריך רפואה הוי אומר זה גזר דין. מיתיבי השב בינתים מוחלין לו כו'. פי' מי שאינו לא זכאי ולא רשע אלא בינוני אם שב בין ר"ה ליוה"כ קודם שיחתם גזר דינו מוחלין לו אבל אם שב לאחר גזר דין אין מוחלין לו. ופריק ר' יוחנן הא ביחיד וכי קאמינא אנא שהתשובה מקרעת הגזר דין של צבור. מיתיבי תמיד עיני ה' אלהיך בה עתים לטובה עתים לרעה. כיצד הרי שהיו ישראל רשעים גמורים כו'. הנה צבור ולא מקרע גז"ד. ופריק שני התם לגבי גשמים דאפשר בהכי. ת"ש יורדי הים באניות וגו' ויצעקו אל ה' בצר להם וגו'. עשה להם הקב"ה סימניות כאכין ורקין שבתורה. פי' אכין ורקין מיעוטין נינהו כגון אך פדה תפדה כלומר מיעט בכור בהמה טהורה מפדיון. וכן נמי רק קדשיך אשר יהיו לך ונדריך מיעט בעלי מומין הכי נמי עשה בספר תהלים נונין הפוכין כדין אך ורק צעקו קודם גז"ד יענו מיעוטי הסימניות הללו כי אפילו זעקו כמה לאחר גזר דין אין נענין ודומה כמו שאמר ויצעקו אל ה' בצר להם ממצוקותיהם יושיעם לפני גזר דין. אך אם צעקו לאחר גז"ד אינו מושיען. נמצא סימניות הללו מלמדין מיעוט כאכין ורקין שבתורה שממעטין. לאחר גזר דין אין נענין. ופריק הני נמי כיחידים דמו

(א) למי שמשים עצמו כשירים רב הונא רמי כתיב (א) צדיק ה' בכל דרכיו וכתיב וחסיד בכל מעשיו בתחלה צדיק ולבסוף חסיד רבי אלעזר רמי כתיב (ב) ולך ה' חסד וכתיב כי אתה תשלם לאיש כמעשהו בתחלה כי אתה תשלם כמעשהו ולבסוף ולך ה' חסד אילפי ואמרי לה אילפא רמי כתיב (ג) ורב חסד וכתיב ואמת בתחלה ואמת ולבסוף ורב חסד (ג) ויעבור ה' על פניו ויקרא א"ר יוחנן (ב) אלמלא מקרא כתוב אי אפשר לאומרו מלמד (ג) שנתעטף הקב"ה כשליח צבור והראה לו למשה סדר תפלה אמר לו כל זמן שישראל חוטאין יעשו לפני כסדר הזה ואני מוחל להם ה' ה' אני הוא קודם שיחטא האדם ואני הוא לאחר שיחטא האדם ויעשה תשובה אל רחום וחנון אמר רב יהודה ברית כרותה לי"ג מדות שאינן חוזרות ריקם שנאמר (ד) הנה אנכי כורת ברית אמר ר' יוחנן גדולה תשובה שמקרעת גזר דינו של אדם שנא' (ה) השמן לב העם הזה ואזניו הכבד ועיניו השע פן יראה בעיניו ובאזניו ישמע ולבבו יבין ושב ורפא לו א"ל רב פפא לאביי ודלמא לפני גזר דין א"ל ורפא לו כתיב איזהו דבר שצריך רפואה הוי אומר זה גזר דין מיתיבי השב בינתים מוחלין לו לא שב בינתים אפילו הביא כל אילי נביות שבעולם אין מוחלין לו לא קשיא *הא ביחיד הא בצבור מיתיבי (ו) עיני ה' אלהיך בה עתים לטובה עתים לרעה עתים לטובה כיצד הרי שהיו ישראל רשעים גמורין בראש השנה ופסקו להם גשמים מועטים לסוף חזרו בהן להוסיף עליהן אי אפשר שכבר נגזרה גזרה אלא הקב"ה מורידן בזמנן על הארץ הצריכה להן הכל לפי הארץ עתים לרעה כיצד הרי שהיו ישראל צדיקים גמורין בר"ה ופסקו עליהן גשמים מרובין לסוף חזרו בהן לפחות מהן אי אפשר שכבר נגזרה גזרה אלא הקב"ה מורידן שלא בזמנן על הארץ שאינה צריכה להן לטובה מיהא ליקרעיה לגזר דינייהו ולוסיף להו שאני התם דאפשר בהכי ת"ש (ז) יורדי הים באניות עושי מלאכה במים רבים המה ראו מעשי ה' וגו' ויאמר ויעמד רוח סערה ותרומם גליו יחוגו וינועו כשכור וגו' ויצעקו אל ה' בצר להם וגו' יודו לה' חסדו וגו' עשה להן סימניות כאכין ורקין שבתורה לומר לך צעקו קודם גזר דין נענין צעקו לאחר גזר דין אינן נענין הני נמי כיחידין דמו ת"ש שאלה בלוריא הגיורת את רבן גמליאל כתיב (ג) בתורתכם (ח) אשר לא ישא פנים וכתיב (ט) ישא ה' פניו אליך נטפל לה רבי יוסי הכהן אמר לה אמשול לך משל למה הדבר דומה לאדם שנושה בחבירו מנה וקבע לו זמן בפני המלך ונשבע לו בחיי המלך הגיע זמן ולא פרעו בא לפייס את המלך ואמר לו עלבוני מחול לך לך ופיים את חבירך הכא נמי כאן בעבירות שבין אדם למקום כאן בעבירות שבין אדם לחבירו עד שבא ר"ע ולימד

רש"י

למי שמשים עצמו כשירים: צדיק. במשפט אמת: חסיד. נכנס לפנים מן השורה: ולבסוף. כשרואה שאין העולם מתקיים בדין: ה' ה'. מדת רחמים אני מרחם קודם שיחטא ואני מרחם אחר שיחטא אם ישוב: ברית כרותה לשלש עשרה מדות. הללו שאם יזכירום ישראל בתפלת תעניתם אין חוזרות ריקם: הנה אנכי כורת ברית. על האמור למעלה: בינתים. בין ראש השנה ליום הכפורים: עתים לטובה כו'. פעמים שהעתים הנתונים לסוף השנה לטובה היא להקל עליה מן הפורענות הנגזר עליה בר"ה: ופעמים שהוא לרעה. לפחות מן הטובה שפסקו לה: על הארץ שצריכה להם. על השדות ועל הכרמים ועל הגנות: שלא בזמנן. לפני הזריעה: ועל הארץ שאינה צריכה להם. ביערות ובמדברות: סימניות. בין פסוק לפסוק יש סימנין הפוכין כזה]: אכין ורקין. באין לדרשה למעט את הדיבור כאכין ורקין שהן מיעוטין לומר לא בכל שעה שיצעקו אל ה' בצר להם יוציאם ממצוקותיהם אלא אם כן צעקו קודם גזר דין:

תוספות

בתחלה כי אתה תשלם. והכי קאמר קרא ולך ה' החסד ליכנס לפנים משורת הדין כשאתה רואה שאין העולם מתקיים כשתשלם לאיש כמעשהו:

שלש עשרה מדות. אומר רבינו תם דשני שמות הראשונים הם שני מדות* כדאמרינן הכא אני ה' קודם שיחטא לרחם עליו ואני מרחם לאחר שיחטא אם ישוב ה' מדת רחמים הוא ולא כאלהים שהוא מדת הדין עון ופשע וחטאה ונקה הם נמנים בד' כדאית' ביומא בפ' (ה) שני שעירים (דף לו: ושם) דעונות אלו זדונות פשעים אלו המרדים וחטאות אלו השגגות ובמגלת סתרים דרבינו נסים אין מונה שם הראשון שיש פסיק בין השמות משום דהכי קאמר קרא הקב"ה ששמו ה' קרא ה' רחום וחנון ונוצר חסד לאלפים מונה בשתי מדות דנוצר חסד היינו מדה אחת לאלפים מדה אחרת שמדה טובה מרובה חמש מאות על מדת פורענות דהתם כתיב על רבעים והכא כתיב לאלפים:

ושב ורפא לו. סליחת העון קרא רפואה כדאיתא פרק שני דמגילה (דף יז:):

אשר לא ישא פנים. פשטיה דקרא אפני אדם קאי שאין נושא פנים בשביל גדולתו ועושרו או באדם זקן ונושא פנים כדכתיב (דברים כח) אשר לא ישא פנים לזקן אבל ישא ה' פניו אליך אפני שכינה קאי שיראה לך פנים שוחקות ולא פנים של כעס והא דלא פריך הכא מדכתי' (איוב מב) וישא ה' את פני איוב וכתיב (שם) כי אם פניו אשא משום דהתם (י) [חס] בשביל צדקו: [עי' תוס' נדה ע: ד"ה כתוב וכו' הניחו בקושיא]

הגה"ה

והכי איתא בפסיקתא ותאמר ציון עזבני ה' וה' שכחני אותן שתי מדות עזבוני ומכל מקום קשיא כיון דשניהם של רחמים אין כאן שתי מדות לכך נראה שהן מדה אחת ואחת מהן שם התואר שכך מזכירין אותו על אדנותו לפי שהוא אדון על כל כמו מלך על שם מלכותו ואותו כנוי מדת רחמים הוא שלפי שהוא אדון על כל צריך להתנהג עם כל במדת רחמים אל הוא מדת חוזק כי ביד חזקה הוא מכין מזון לכל הבריות כדכתי' (תהלים קד) הכפירים שואגים לטרף ולבקש מאל אכלם רחום גם הוא מדת רחמים ולא כמדת ה' כי הרחמי' חלוקים כדאמרינן הכא קודם תשובה ואחר תשובה וחנון גם הוא מענין אחר כי מדת רחמים היא שלא בעת צרה כי בטרם תגיע הצרה הוא מרחם שלא תבא אבל חנון הוא שחונן בעת הדחק לגאול הצועק כדכתי' (ישעיה ל) חנון יחנך לקול זעקך ומדה זו כביכול שבעל כח יש לו לחון על הצועק אף שלא כדין כדכתיב (שמות כב) והיה כי יצעק אלי ושמעתי כי חנון אני כלומר אע"פ שבדין בא העבוט לידך כי הלוית עליו מעותיך אף על פי כן תשיבנו לו כי אם יצעק אלי המדה היא כך שאשמע לצעקתו לפי שחנון אני ואיני יכול לראות בעניו וגם יש בלשון חנון מתנת חנם כדאמרינן בברכות (דף ז.) וחנותי את אשר אחון אע"פ שאינו הגון ארך אפים (ז) לצדיקים ולרשעים והם שתי מדות לפי שהן משני ענייני בני אדם והיא מדה טובה שהקב"ה מאריך אפו ובתוך כך חוזרין בתשובה וירושלמי מתרגמין מרחיק רגז שהוא מרחק ממנו לגיוגות כדכתיב (ירמיה נ) פתח ה' את אוצרו ויוצא את כלי זעמו (ישעיה יג) באים מארץ מרחק ורב חסד ואמת הן שתים כדדרשינן כתיב רב חסד וכתיב ואמת הא כיצד בתחלה באמת וכשרואה שאין העולם מתקיים בחסד נוצר חסד אחת נושא עון ופשע וחטאה הם שלש ונקה לשבים כך פי' הרב ז"ל. ע"כ לשון הגה"ה:

מסורת הש"ס

א) [מגילה טו: סנהדרין קיא.], ב) הדרש הוא ע"ד לבושיה כתלג חיור, ג) [בשאלתות פרשת ויקהל סי' סו ליתא תיבת בתורתכם], ד) [ברכות כ: נדה ע: ע"ש], ה) נ"ל אמר להם השמונה, ו) רש"ל, ז) [כדאיתא עירובין כב.].

גליון הש"ס

גמ' אלמלא מקרא כתוב. מגילה כא ע"א סוטה יג ע"ב:

תורה אור השלם

א) צַדִּיק יְיָ בְּכָל דְּרָכָיו וְחָסִיד בְּכָל מַעֲשָׂיו: [תהלים קמה, יז]

ב) וּלְךָ אֲדֹנָי חָסֶד כִּי אַתָּה תְשַׁלֵּם לְאִישׁ כְּמַעֲשֵׂהוּ: [תהלים סב, יג]

ג) וַיַּעֲבֹר יְיָ עַל פָּנָיו וַיִּקְרָא יְיָ יְיָ אֵל רַחוּם וְחַנּוּן אֶרֶךְ אַפַּיִם וְרַב חֶסֶד וֶאֱמֶת: [שמות לד, ו]

ד) וַיֹּאמֶר הִנֵּה אָנֹכִי כֹּרֵת בְּרִית נֶגֶד כָּל עַמְּךָ אֶעֱשֶׂה נִפְלָאֹת אֲשֶׁר לֹא נִבְרְאוּ בְכָל הָאָרֶץ וּבְכָל הַגּוֹיִם וְרָאָה כָל הָעָם אֲשֶׁר אַתָּה בְקִרְבּוֹ אֶת מַעֲשֵׂה יְיָ כִּי נוֹרָא הוּא אֲשֶׁר אֲנִי עֹשֶׂה עִמָּךְ: [שמות לד, י]

ה) הַשְׁמֵן לֵב הָעָם הַזֶּה וְאָזְנָיו הַכְבֵּד וְעֵינָיו הָשַׁע פֶּן יִרְאֶה בְעֵינָיו וּבְאָזְנָיו יִשְׁמָע וּלְבָבוֹ יָבִין וָשָׁב וְרָפָא לוֹ: [ישעיה ו, י]

ו) אֶרֶץ אֲשֶׁר יְיָ אֱלֹהֶיךָ דֹּרֵשׁ אֹתָהּ תָּמִיד עֵינֵי יְיָ אֱלֹהֶיךָ בָּהּ מֵרֵשִׁית הַשָּׁנָה וְעַד אַחֲרִית שָׁנָה: [דברים יא, יב]

ז) יוֹרְדֵי הַיָּם בָּאֳנִיּוֹת עֹשֵׂי מְלָאכָה בְּמַיִם רַבִּים: הֵמָּה רָאוּ מַעֲשֵׂי יְיָ וְנִפְלְאוֹתָיו בִּמְצוּלָה: וַיֹּאמֶר וַיַּעֲמֵד רוּחַ סְעָרָה וַתְּרוֹמֵם גַּלָּיו: יַעֲלוּ שָׁמַיִם יֵרְדוּ תְהוֹמוֹת נַפְשָׁם בְּרָעָה תִתְמוֹגָג: יָחוֹגּוּ וְיָנוּעוּ כַּשִּׁכּוֹר וְכָל חָכְמָתָם תִּתְבַּלָּע: וַיִּצְעֲקוּ אֶל יְיָ בַּצַּר לָהֶם וּמִמְּצוּקֹתֵיהֶם יוֹצִיאֵם: יָקֵם סְעָרָה לִדְמָמָה וַיֶּחֱשׁוּ גַּלֵּיהֶם: וַיִּשְׂמְחוּ כִי יִשְׁתֹּקוּ וַיַּנְחֵם אֶל מְחוֹז חֶפְצָם: יוֹדוּ לַיְיָ חַסְדּוֹ וְנִפְלְאוֹתָיו לִבְנֵי אָדָם: [תהלים קז, כג - לא]

ח) כִּי יְיָ אֱלֹהֵיכֶם הוּא אֱלֹהֵי הָאֱלֹהִים וַאֲדֹנֵי הָאֲדֹנִים הָאֵל הַגָּדֹל הַגִּבֹּר וְהַנּוֹרָא אֲשֶׁר לֹא יִשָּׂא פָנִים וְלֹא יִקַּח שֹׁחַד: [דברים י, יז]

ט) יִשָּׂא יְהוָֹה פָּנָיו אֵלֶיךָ וְיָשֵׂם לְךָ שָׁלוֹם: [במדבר ו, כו]

ליקוטי רש"י

ולך ה' חסד. ומהו החסד כי אתה תשלם לאיש כמעשהו ולא מעשהו ממש אלא מקצתו כענין שנאמר (עזרא ט) כי אתה אלהינו חשכת למטה מעונינו כך נדרש באגדת תהלים ויש לפותרו עוד ולך ה' חסד כי יש בידך לשלם לאיש כמעשהו [תהלים סב יג]. ורב חסד. לצריכים חסד שאין להם זכיות כ"כ (ר"ה יז). ואמת. לשלם שכר טוב לעושי רצונו [שמות לד ו]. השמן לב העם הזה. כמו הכבד את לבו (שמות ח) לשון הלוך (לשון) פעול לגם הולך הלוך והשמן (אנגרייסנ"ט בלע"ז) ואזניו הולכים הלוך והכבד משמוע. ועיניו השע. טחים כענין שנאמר (ישעיהו מד) כי טח מראות עיניהם טוות מתרגמינן דליטשע. פן יראה בעיניו. נתנו לגם שלא ישמעו דברי נביאים שהם יראים שמא יוטבו בעיניהם דבריו ויבינו בלבם וישובו אלי והיא רפואתם [ישעיה ו י]. עיני ה' אלהיך בה. לראות מה היא צריכה ולחדש בה גזירות עתים לטובה ועתים לרעה וכו' כדאיתא בר"ה [דברים יא יב]. יורדי הים. פורשי בספינות [ישעיה מב י]. לא ישא פנים. אם תפרקו עולו [דברים י יז]. ישא ה' פניו אליך. יכבוש כעסו [במדבר ו כו].

THAT DOES NOT NEED THEM.[23] In these ways, God can adjust the impact of the decrees issued at the beginning of the year based on the behavior of the Jews during the year.

The Gemara now concludes its question:

לְטוֹבָה מִיהָא לִיקְרְעֵיהּ לִגְזַר דִּינַיְיהוּ – If the repentance of a community can overturn a decree, why does the Baraisa say that God adjusts how the rain falls? **At least** in the first case, where the Jewish people change **for the better, [God] should tear up their decree** וְלוֹסִיף לְהוּ – **and** actually **add to [the rains]** prescribed for them. – ? –

The Gemara answers:

שָׁאנֵי הָתָם דְּאֶפְשָׁר בְּהָכִי – **It is different there** in the case of the Baraisa **because it is possible** to improve their situation **through this** method of carefully regulating the rain. However, where a decree cannot be mitigated through a similar method, it is torn up.

The Gemara again challenges R' Yochanan:

תָּא שְׁמַע – **Come, learn** a proof from the following Baraisa: Scripture states:[24] ,,יוֹרְדֵי הַיָּם בָּאֳנִיּוֹת עֹשֵׂי מְלָאכָה בְּמַיִם רַבִּים הֵמָּה רָאוּ מַעֲשֵׂי ה׳ וגו׳ '' – *THOSE WHO GO DOWN TO THE SEA IN SHIPS, WHO DO THEIR WORK IN GREAT WATERS. THEY HAVE SEEN THE DEEDS OF HASHEM,* **etc.** *and His wonders in the watery deep.* ,,וַיֹּאמֶר וַיַּעֲמֵד רוּחַ סְעָרָה וַתְּרוֹמֵם גַּלָּיו. . . יָחוֹגּוּ וְיָנוּעוּ כַּשִּׁכּוֹר וגו׳ '' – *HE SPOKE AND RAISED THE STORMY WIND AND LIFTED ITS WAVES. They rise heavenward, they descend to the depths, their soul melts with trouble. THEY REEL, THEY STAGGER LIKE A DRUNKARD,* ETC. ,,וַיִּצְעֲקוּ אֶל־ה׳ בַּצַּר לָהֶם וגו׳ '' – *THEN THEY CRIED OUT TO HASHEM IN THEIR DISTRESS,* **etc.** *and He would take them out from their straits. He would halt the storm to restore calmness... and He guided them to their desired boundary.* ,,יוֹדוּ לַה׳ חַסְדּוֹ וגו׳ '' – *LET THEM GIVE THANKS TO HASHEM FOR HIS KINDNESS,* **etc.** עָשָׂה לָהֶן סִימָנִיּוֹת – If one examines the Book of *Psalms,* one will see that [THE HOLY ONE, BLESSED IS HE,] PUT SIGNS BETWEEN [THESE VERSES][25] כְּאַכִין וְרַקִּין שֶׁבַּתּוֹרָה – that are expounded LIKE THE WORDS "BUT" AND "ONLY" that appear IN THE TORAH.[26] לוֹמַר לָךְ – He placed these signs between these verses TO INFORM YOU that there are limits to the effectiveness of crying out: צָעֲקוּ קוֹדֶם גְּזַר דִּין נַעֲנִין – If THEY CRY OUT BEFORE THE DECREE is issued, THEY ARE ANSWERED; צָעֲקוּ לְאַחַר גְּזַר דִּין אֵינָן נַעֲנִין – but if THEY CRY OUT AFTER THE DECREE is issued, THEY ARE NOT ANSWERED. We see from this Baraisa that even a community (of seafarers) cannot overturn a decree that has already been issued.[27] How can this be reconciled with R' Yochanan's view that a community can overturn a decree?

The Gemara answers:

הָנֵי נַמִּי כִּיחִידִין דָּמוּ – **These** seafarers, **too,** although they may be numerous, nevertheless, regarding collective repentance **they are reckoned as individuals.**[28]

The Gemara again cites a Baraisa as a challenge to R' Yochanan. The Gemara's question is based on the end of the Baraisa:

תָּא שְׁמַע – **Come, learn** a proof from the following Baraisa: שָׁאֲלָה בְּלוֹרְיָא הַגִּיּוֹרֶת אֶת רַבָּן גַּמְלִיאֵל – BELORIA THE PROSELYTE once ASKED RABBAN GAMLIEL, כְּתִיב בְּתוֹרַתְכֶם ,,אֲשֶׁר לֹא־יִשָּׂא פָנִים'' – "IT IS WRITTEN IN YOUR TORAH[29] that Hashem is *the awesome God* *WHO DOES NOT SHOW FAVOR.* This means that God will not be partial towards any person or nation. וּכְתִיב ,,יִשָּׂא ה׳ פָּנָיו אֵלֶיךָ'' – YET IT IS WRITTEN elsewhere:[30] *MAY HASHEM SHOW FAVOR TO YOU.* How could such a blessing be uttered?!"[31] נִטְפַּל לָהּ רַבִּי יוֹסֵי הַכֹּהֵן – R' YOSE THE KOHEN ENGAGED HER in conversation.[32] אָמַר לָהּ – HE SAID TO HER, אֶמְשׁוֹל לָךְ מָשָׁל – "LET ME OFFER YOU A PARABLE: לְמָה הַדָּבָר דּוֹמֶה – TO WHAT IS THIS ANALOGOUS? לְאָדָם שֶׁנּוֹשֶׁה בַּחֲבֵירוֹ מָנֶה – TO SOMEONE WHO HELD A CLAIM OF A *MANEH* AGAINST HIS FELLOW [i.e. someone

NOTES

23. [For example,] God will make it rain before the fields are sown, and upon the forests and deserts [where no crops are planted] (*Rashi*).

24. *Psalms* 107:23-31.

25. Each of the signs is an inverted letter *nun* (*Rashi;* see also *Rabbeinu Chananel* here and *Rav Hai Gaon* cited in *Rashba* to *Shabbos* 103a). There are seven of these signs in this psalm. [Some editions of *Psalms* have only six *nuns.*] The inverted *nuns* appear in the wide spaces before the following verses: v.23, v.24, v.25, v.26, v.27, v.28 and v.40 (Masoretic notes ad loc.; see diagram). Elsewhere, the Gemara says that a *nun* is symbolic of the Jewish people's downfall (נְפִילָה) and it is therefore omitted from the acrostic in *Ashrei* (*Psalm* 145). Here in this psalm, the *nuns* are upside down to symbolize that through crying out in heartfelt prayer they will overturn the dangers facing them, as well as turn themselves into new men (*Sifsei Chachamim*).

[Inverted *nuns* also appear before and after the two verses in *Numbers* 10:35-36 (see *Shabbos* 115b-116a). Regarding those *nuns* there is considerable discussion as to how they should be written. See *Sifrei* to *Numbers* loc. cit. with *Emek HaNetziv; Midrash Lekach Tov* to *Numbers* loc. cit.; *Rav Hai Gaon* cited above; Responsa of *Maharshal* §73, *Maharam MiLublin* §75 and *Noda BiYehudah, Mahadura Kamma, Yoreh Deah* §74; and *Minchas Shai* to *Numbers* loc. cit. For the symbolism of these inverted *nuns,* see *Zohar, Behaalosecha* 155a; *Rabbeinu Bachya* and *Peirush HaTur* to *Numbers* loc. cit.; and Responsa, *Yachin U'Boaz I* §81.]

26. When the words אַךְ (*but*) or רַק (*only*) appear in the Torah, they are expounded to qualify the context or to exclude a particular case from the rule of the context (see *Rashi;* see *Rabbeinu Chananel* for examples).

27. [A merchant ship can typically carry a large number of people (see *Rashbeitz,* end of 18a).]

28. *Ritva* (below, 18a) explains the Gemara's answer as follows: Although many people may travel on a ship, since they are from different families, the tribulations they confront are not deemed a decree against a single community. Perhaps *Ritva's* meaning is this: The ability of a community to overturn a decree through prayer exists only where the prayer is offered *at the communal level.* That is, each member of the community is concerned for the betterment of the other members. However, when each person is worried only about himself, they do not form a collective. Rather, they are reckoned as individuals, whatever their number (see *Parashas Derachim* §13 and *R' Chaim Shmulevitz, Sichos Mussar,* 5731, §7). Now, if a large family is traveling together on a ship, they would constitute a community, since each member of the family is concerned for the welfare of all his relatives. Typically, though, this is not the case on merchant ships. The seafarers on such vessels generally come from many families.

[Alternatively, the Gemara's question is that all the far-flung seafarers on the sea should constitute a community, though each boat may contain only a handful of people. The Gemara answers that these are considered to be merely individuals (*Haamek She'eilah* 66:9).]

29. *Deuteronomy* 10:17. It seems that Beloria asked this question to Rabban Gamliel before she adopted Judaism, and she therefore said, "It is written in *your* Torah." Indeed, she is described elsewhere in the Talmud as "Beloria the proselyte" even before she converted (*Rashi* to *Yevamos* 46a ד״ה בבלוריא according to Responsa, *Radvaz* IV §86).

30. *Numbers* 6:26.

31. [Strictly speaking, in their plain meaning there is no contradiction between the two verses nor any implication that God shows favoritism. In Hebrew, the showing of favor is described as נְשִׂיאַת פָּנִים, *a turning of one's countenance.* In the first verse, God is He *Who does not turn [to] the countenance [of a rich or distinguished man],* but rather treats all litigants before Him equally and equitably. In the second verse, the countenance mentioned is God's: *May Hashem turn **His** countenance to you,* i.e. may God show you a pleased demeanor (*Tosafos*).]

32. Although she had addressed her question to Rabban Gamliel, R' Yose the Kohen took the initiative to supply the answer since, as a Kohen, he recited the words *May Hashem show favor to you* every day as part of the Priestly Blessings (*Ben Yehoyada*).

עין משפט נר מצוה

צח א מיי' פ"ג מהל' תשובה הל' ו סמג עשין יז:

רבינו חננאל

עון למי שעובר על פשע לרעהו (עובר על פשע) לשארית נחלתו. למי שמשים עצמו כשיריים כמו אדם נופל ולא כעיקר. רב הונא חלש. ואמר רב פפא צביתו ליה זוודתא כלומר הכינו לו תכריכין. לסוף נתרפא והוה רב פפא מיכסיף לראותו מפני שהזכיר עליו צורכי המתים. א"ל אין הכי הוו. כלומר חשוב למיתה הייתי מיהו בקשתי רחמים ונאמר מלפני הקב"ה למלאך המות בשביל זו הוספנו לו שנים לחיות כיון שהוא מעביר במדותיו וזו ממדות הבורא שגזר גזרה על האדם ואם ישוב מרעתו ויעשה תשובה שלימה הקב"ה מקבלו ומבטל הגזרה ואינו עומד על מדותיו אף אתה תעשה כך. ויעבור ה' על פניו ויקרא ה' ה' אל רחום וחנון וגו' א"ר יוחנן אלמלא מקרא כתוב אי אפשר לאומרו. מלמד שנתעטף הקב"ה. פי' צוה למלאך להתעטף כש"ץ היורד לפני התיבה והראהו למשה וא"ל כ"ז שישראל חוטאים לפני עשה לפני כסדר הזה. ואני מוחל להם. ה' ה' אני הוא קודם שיחטא האדם שכתוב בו בספר חיים. ואני ה' לאחר שיחטא האדם וישוב בתשובה שמקבלו כאלו לא חטא. ברית כרותה לי"ג מדות שאינה חוזרת ריקם שנאמר הנה אנכי כורת ברית וגו'. א"ר יוחנן גדולה תשובה שמקרעת גזר דינו של אדם שנאמר ושב ורפא לו. איזהו דבר שצריך רפואה הוי אומר זה גזר דין. מיתיבי השב בינתים מוחלין לו כו'. פי' מי שאינו לא זכאי ולא רשע אלא בינוני אם שב בין ר"ה ליוה"כ קודם שיחתם גזר דינו מוחלין לו אבל אם שב לאחר גזר דין אין מוחלין לו. ופריק ר' יוחנן הא ביחיד וכי קאמינא אנא שהתשובה מקרעת הגזר דין של צבור. מיתיבי תמיד עיני ה' אלהיך בה עתים לטובה עתים לרעה. כיצד הרי שהיו ישראל רשעים גמורים כו'. הנה צבור ולא מקרע גז"ד. ופריק שני התם לגבי גשמים דאפשר בהכי. ת"ש יורדי הים באניות וגו' ויצעקו אל ה' בצר להם וגו'. עשה להם הקב"ה סימניות כאכין ורקין שבתורה. פי' אכין ורקין מיעוטין נינהו כגון אך פדה תפדה כלומר מיעט בכור בהמה טהורה מפדיון. וכן נמי רק קדשיך אשר יהיו לך ונדריך מיעט בעלי מומין הכי נמי עשה בספר תהלים נונין הפוכין כדין אך ורק צעקו קודם גז"ד יענו מיעוטי הסימניות הללו כי אפילו זעקו כמה לאחר גזר דין אין נענין ודומה כמו שאמר ויצעקו אל ה' בצר להם ממצוקותיהם יושיעם לפני גזר דין. אך אם צעקו לאחר גז"ד אינו מושיען. נמצא סימניות הללו מלמדין מיעט כאכין ורקין שבתורה שממעטין. לאחר גזר דין אין נענין. ופריק הני נמי כיחידים דמו

גמרא

א) למי שמשים עצמו כשירים רב הונא רמי כתיב א) צדיק ה' בכל דרכיו וכתיב וחסיד בכל מעשיו בתחלה צדיק ולבסוף חסיד רבי אלעזר רמי כתיב ב) ולך ה' חסד וכתיב כי אתה תשלם לאיש כמעשהו בתחלה כי אתה תשלם כמעשהו ולבסוף ולך ה' חסד אילפי ואמרי לה אילפא רמי כתיב ג) ורב חסד וכתיב ואמת בתחלה ואמת ולבסוף ורב חסד ג) ויעבור ה' על פניו ויקרא א"ר יוחנן ° אלמלא מקרא כתוב אי אפשר לאומרו מלמד ב) שנתעטף הקב"ה כשליח צבור והראה לו למשה סדר תפלה אמר לו כל זמן שישראל חוטאין יעשו לפני כסדר הזה ואני מוחל להם ה' ה' אני הוא קודם שיחטא האדם ואני הוא לאחר שיחטא האדם ויעשה תשובה אל רחום וחנון אמר רב יהודה ברית כרותה לי"ג מדות שאינן חוזרות ריקם שנאמר ד) הנה אנכי כורת ברית אמר ר' יוחנן גדולה תשובה שמקרעת גזר דינו של אדם שנא' ה) השמן לב העם הזה ואזניו הכבד ועיניו השע פן יראה בעיניו ובאזניו ישמע ולבבו יבין ושב ורפא לו א"ל רב פפא לאביי ודלמא לפני גזר דין א"ל ורפא לו כתיב איזהו דבר שצריך רפואה הוי אומר זה גזר דין מיתיבי השב בינתים מוחלין לו לא שב בינתים אפילו הביא כל אילי נביות שבעולם אין מוחלין לו לא קשיא א הא ביחיד הא בצבור מיתיבי ו) עיני ה' אלהיך בה עתים לטובה עתים לרעה עתים לטובה כיצד הרי שהיו ישראל רשעים גמורין בראש השנה ופסקו להם גשמים מועטים לסוף חזרו בהן להוסיף עליהן אי אפשר שכבר נגזרה גזרה אלא הקב"ה מורידן בזמנן על הארץ הצריכה להן הכל לפי הארץ עתים לרעה כיצד הרי שהיו ישראל צדיקים גמורין בר"ה ופסקו עליהן גשמים מרובין לסוף חזרו בהן לפחות מהן אי אפשר שכבר נגזרה גזרה אלא הקב"ה מורידן שלא בזמנן על הארץ שאינה צריכה להן לטובה מיהא ליקרעיה לגזר דינייהו ולוסיף להו שאני התם דאפשר בהכי ת"ש ז) יורדי הים באניות עושי מלאכה במים רבים המה ראו מעשה ה' וגו' ויאמר ויעמד רוח סערה ותרומם גליו יעלו שמים ירדו תהומות וגו' יחוגו וינועו כשכור וגו' ויצעקו אל ה' בצר להם וגו' יודו לה' חסדו וגו' עשה להן סימניות כאכין ורקין שבתורה לומר לך צעקו קודם גזר דין נענין צעקו לאחר גזר דין אינן נענין הני נמי כיחידין דמו ת"ש שאלה בלוריא הגיורת את רבן גמליאל כתיב ג) בתורתכם ח) אשר לא ישא פנים וכתיב ט) ישא ה' פניו אליך נטפל לה רבי יוסי הכהן ד) אמר לה אמשול לך משל למה הדבר דומה לאדם שנושה בחבירו מנה וקבע לו זמן בפני המלך ונשבע לו בחיי המלך הגיע זמן ולא פרעו בא לפייס את המלך ואמר לו עלבוני מחול לך לך ופייס את חבירך הכא נמי כאן בעבירות שבין אדם למקום כאן בעבירות שבין אדם לחבירו עד שבא ר"ע ולימד

רש"י

למי שמשים עצמו כשירים: צדיק. במשפט אמת: חסיד. נכנס לפנים מן השורה: ולבסוף. כשרואה שאין העולם מתקיים בדין: ה' ה'. מדת רחמים אני מרחם קודם שיחטא ואני מרחם אחר שיחטא אם ישוב: ברית כרותה לשלש עשרה מדות. הללו שאם יזכירום ישראל בתפלת תעניתם אינן חוזרות ריקם: הנה אנכי כורת ברית. על האמור למעלה: בינתים. בין ראש השנה ליום הכפורים: עתים לטובה כו'. פעמים שהטעמים הנחתכים לסוף השנה לטובה היא להקל עליה מן הפורענות הנגזר עליה בר"ה: ופעמים שהוא לרעה. לפחות מן הטובה שפסקו לה: על הארץ שצריכה להם. על השדות ועל הכרמים ועל הגנות: שלא בזמנן. לפני הזריעה: ועל הארץ שאינה צריכה להם. ביערות ובמדברות: סימניות. בין פסוק לפסוק יש סימנין הפוכין כזה נ: אכין ורקין. כאין לדרשה למעט את הדיבור מאכאן ורקין שהן מיעוטין לומר לא בכל שעה שיצעקו אל ה' בצר להם יוציאם ממצוקותיהם אלא אם כן צעקו קודם גזר דין:

תוספות

בתחלה כי אתה תשלם. והכי קאמר קרא ולך ה' החסד ליכנס לפנים משורת הדין כשאתה רואה שאין העולם מתקיים כשתשלם לאיש כמעשהו:

שלש עשרה מדות. אומר רבינו תם דשני שמות הראשונים הם שני מדות * כדאמרינן הכא אני ה' קודם שיחטא לרחם עליו ואני מרחם לאחר שיחטא אם ישוב ה' מדת רחמים הוא ולא כאלהים שהוא מדת הדין עון ופשע וחטאה ונקה הם נמנים בד' כדאית' ביומא בפ' ה) שני שעירים (דף לו: ושם) דעונות אלו זדונות פשעים אלו המרדים וחטאות אלו השגגות ובמגלת סתרים דרבינו נסים אין מונה שם הראשון שיש פסיק בין השמות משום דהכי קאמר קרא הקב"ה ששמו ה' קרא ה' רחום וחנון ונוצר חסד לאלפים מונה בשתי מדות דנוצר חסד היינו מדה אחת לאלפים מדה אחרת שמדה טובה מרובה חמש מאות על מדת פורענות דהתם כתיב על רבעים והכא כתיב לאלפים:

ושב ורפא לו. סליחת העון קרא רפואה כדאיתא פרק שני דמגילה (דף יז:):

אשר לא ישא פנים. פשטיה דקרא אפני אדם קאי שאין נושא פנים בשביל גדולתו ועושרו או באדם זקן ונשוא פנים כדכתיב (דברים כח) אשר לא ישא פנים לזקן אבל ישא ה' פניו אליך אפני שכינה קאי שיראה לך פנים שוחקות ולא פנים של כעס והא דלא פריך הכא מדכתי' (איוב מב) וישא ה' את פני איוב וכתיב (שם) כי אם פניו אשא משום דהתם ו) [חס] בשביל לדקו: [עי' תוס' נדה ע: ד"ה כתוב וכו' הניחו בקושיא]

הגה"ה

והכי איתא בפסיקתא ותאמר ציון עזבני ה' וה' שכחני אותן שתי מדות עזובני ומכל מקום קשיא כיון דשניהם של רחמים אין כאן שתי מדות לכך נראה שהן מדה אחת ואחת מהן שם התואר שכך מזכירין אותו על אדנותו לפי שהוא אדון על כל כמו מלך על שם מלכותו ואותו כנוי מדת רחמים הוא שלפי שהוא אדון על כל צריך להתנהג עם כל במדת רחמים אל הוא מדת חוזק כי ביד חזקה הוא מכין מזון לכל הבריות כדכתי' (תהלים קד) הכפירים שואגים לטרף ולבקש מאל אכלם רחום גם הוא מדת רחמים ולא כמדת ה' כי הרחמי' חלוקים כדאמרינן הכא קודם תשובה ואחר תשובה וחנון גם הוא מענין אחר כי מדת רחמים היא שלא בעת צרה כי בטרם תגיע הצרה הוא מרחם שלא תבא אבל חנון הוא שחונן בעת הדחק לגאול הצועק כדכתי' (ישעיה ל) חנון יחנך לקול זעקך ומדה זו כביכול שבעל כח יש לו לחון על הצועק אף שלא כדין כדכתיב (שמות כב) והיה כי יצעק אלי ושמעתי כי חנון אני כלומר אע"פ שבדין בא העבוט לידך כי הלוית עליו מעותיך אף על פי כן תשיבנו לו כי אם יצעק אלי המדה היא כך שאשמע צעקתו לפי שחנון אני ואיני יכול לראות בעניו וגם יש בלשון חנון מתנת חנם כדאמרינן בברכות (דף ז.) וחנותי את אשר אחון אע"פ שאינו הגון ארך אפים ז) לצדיקים ולרשעים והם שתי מדות לפי שהן משני עניני בני אדם והיא מדה טובה שהקב"ה מאריך אפו ובתוך כך חוזרין בתשובה ובירושלמי מתרגמין מרחיק רגז שהוא מרחק ממנו לגיונות כדכתיב (ירמיה נ) פתח ה' את אוצרו ויוצא את כלי זעמו (ישעיה יג) באים מארץ מרחק ורב חסד ואמת הן שתים כדדרשינן כתיב רב חסד וכתיב ואמת הא כיצד בתחלה באמת וכשרואה שאין העולם מתקיים בחסד נוצר חסד אחת נושא עון ופשע וחטאה הם שלש ונקה לשבים כך פי' הרב ז"ל. ע"כ לשון הגה"ה:

מסורת הש"ס

א) [מגילה טו: סנהדרין קיא.], ב) הדרש הוא ע"ד לבושיה כתלג חיור, ג) [בשאלתות פרשת ויקהל סי' סו ליתא תיבת בתורתכם], ד) [ברכות כ: נדה ע: ע"ש], ה) צ"ל אמר להם המנונא, ו) רש"ל, ז) [כדאיתא עירובין כב.].

גליון הש"ס

גמ' אלמלא מקרא כתוב. מגילה כא ע"א סוטה יג ע"ב:

תורה אור השלם

א) צדיק יי בכל דרכיו וחסיד בכל מעשיו: [תהלים קמה, יז]

ב) ולך אדני חסד כי אתה תשלם לאיש כמעשהו: [תהלים סב, יג]

ג) ויעבר יי על פניו ויקרא יי יי אל רחום וחנון ארך אפים ורב חסד ואמת: [שמות לד, ו]

ד) ויאמר הנה אנכי כרת ברית נגד כל עמך אעשה נפלאת אשר לא נבראו בכל הארץ ובכל הגוים וראה כל העם אשר אתה בקרבו את מעשה יי כי נורא הוא אשר אני עשה עמך: [שמות לד, י]

ה) השמן לב העם הזה ואזניו הכבד ועיניו השע פן יראה בעיניו ובאזניו ישמע ולבבו יבין ושב ורפא לו: [ישעיה ו, י]

ו) ארץ אשר יי אלהיך דרש אתה תמיד עיני יי אלהיך בה מרשית השנה ועד אחרית שנה: [דברים יא, יב]

ז) יורדי הים באניות עשי מלאכה במים רבים: המה ראו מעשי יי ונפלאותיו במצולה: ויאמר ויעמד רוח סערה ותרומם גליו: יעלו שמים ירדו תהומות נפשם ברעה תתמוגג: יחוגו וינועו כשכור וכל חכמתם תתבלע: ויצעקו אל יי בצר להם וממצוקתיהם יוציאם: יקם סערה לדממה ויחשו גליהם: וישמחו כי ישתקו וינחם אל מחוז חפצם: יודו ליי חסדו ונפלאותיו לבני אדם: [תהלים קז, כג - לא]

ח) כי יי אלהיכם הוא אלהי האלהים ואדני האדנים האל הגדל הגבר והנורא אשר לא ישא פנים ולא יקח שחד: [דברים י, יז]

ט) ישא יהוה פניו אליך וישם לך שלום: [במדבר ו, כו]

ליקוטי רש"י

ולך ה' חסד. ומהו החסד כי אתה תשלם לאיש כמעשהו ולא מעשהו ממש אלא מקצתו כענין שנאמר (עזרא ט) כי אתה אלהינו חשכת למטה מעונינו כך נדרש באגדת תהלים ויש לפותרו עוד ולך ה' חסד כי יש בידך לשלם לאיש כמעשהו [תהלים סב יג]. ורב חסד. לצריכים חסד שאין להם זכיות כ"כ (ר"ה יז). ואמת. לשלם שכר טוב לעושי רצונו [שמות לד ו]. השמן לב העם הזה. כמו הכבד את לבו (שמות ח) לשון הלוך (לשון) פעול לבם הולך הלוך והשמן (אנגרייסנ"ט בלע"ז) ואזניו הולכים הלוך והכבד משמוע. ועיניו השע. טחים כענין שנאמר (ישעיהו מד) כי טוח מתרגמינן דאיטשע. פן יראה בעיניו. נתנו לבם שלא ישמעו דברי נביאים שהם יראים שמא יוטעו בעיניהם דבריו ויבינו בלבם וישובו אלי והיא רפואתם [ישעיה ו י]. עיני ה' אלהיך בה. לראות מה היא צריכה ולחדש בה גזירות עתים לטובה ועתים לרעה וכו' כדאיתא בר"ה [דברים יא יב]. יורדי הים. פורשי בספינות [ישעיה מב י]. לא ישא פנים. אם תפרקו עולו [דברים י יז]. ישא ה' פניו אליך. יכבוש כעסו [במדבר ו כו].

owed him a *maneh*]. וְקָבַע לוֹ זְמַן בִּפְנֵי הַמֶּלֶךְ – [THE DEBTOR] SET A TIME for repayment TO [THE CREDITOR] as they stood IN THE PRESENCE OF THE KING, וְנִשְׁבַּע לוֹ בְּחַיֵּי הַמֶּלֶךְ – AND [THE DEBTOR] SWORE BY THE LIFE OF THE KING TO [THE CREDITOR] that he would repay him then. הִגִּיעַ זְמַן וְלֹא פְּרָעוֹ – THE appointed TIME ARRIVED AND [THE DEBTOR] DID NOT REPAY [THE CREDITOR]. בָּא לְפַיֵּיס אֶת הַמֶּלֶךְ – [THE DEBTOR] CAME TO APPEASE THE KING.[33] וְאָמַר לוֹ עֶלְבּוֹנִי מָחוּל לָךְ – [THE KING] TOLD HIM, 'YOU ARE FORGIVEN FOR MY EMBARRASSMENT'; לֵךְ וּפַיֵּיס אֶת חֲבֵירְךָ – however, GO AND APPEASE YOUR FELLOW to whom you have defaulted on the loan.' הָכָא נַמִּי – The same underlying principle applies HERE AS WELL. The apparent discrepancy you noted between the verses may be resolved as follows: כָּאן בַּעֲבֵירוֹת שֶׁבֵּין אָדָם לַמָּקוֹם – HERE, in the verse *May Hashem show favor to you,* we are dealing WITH TRANSGRESSIONS BETWEEN MAN AND GOD. God may waive His rightful privileges and show favor to someone who has sinned against Him. כָּאן בַּעֲבֵירוֹת שֶׁבֵּין אָדָם לַחֲבֵירוֹ – But HERE in the verse *the awesome God Who does not show favor* we are dealing WITH TRANSGRESSIONS BETWEEN MAN AND HIS FELLOW. If claims exist between two people, God will never show his favor on one over the other."[34]

The Baraisa concludes:

עַד שֶׁבָּא רַבִּי עֲקִיבָא וְלִימֵּד – This was the only reconciliation of these verses UNTIL R' AKIVA CAME AND TAUGHT the following:[35]

NOTES

33. The debtor said, "My master, the king! Forgive me for having sworn using your name!" (*She'iltos* §66).

34. Every transgression between man and man is also a sin against God Who prohibited us from committing that transgression.

[It is questionable if R' Yose the Kohen means to say that God would forgive His "part" of a transgression even before the injured party forgives his. See discussion and sources cited in Responsa, *Yechaveh Daas* V §44 ד"ה אולם.]

35. [See *Yoma* 85b, *Aruch LaNer* to *Niddah* 70b and *Menachem Meishiv Nefesh* here. See also *She'iltos* §66.]

כָּאן קוֹדֶם גְּזַר דִּין – HERE, in the verse *May God show favor to you*, the reference is to the time BEFORE THE DECREE is issued; at that point, the decree may be averted. כָּאן לְאַחַר גְּזַר דִּין – However, HERE in the verse *the awesome God Who does not show favor*, the reference is to the time AFTER THE DECREE is issued. Once a decree is in effect, R' Akiva maintains, it cannot be overturned. This contradicts R' Yochanan's assertion that repentance can overturn a decree. – ? –

The Gemara answers:

הָכָא נַמִּי בְּיָחִיד – **Here too** the Baraisa is dealing **with an individual.** R' Akiva means only that an individual cannot overturn a decree that has already been issued against him. However, a community is not limited in this way. Rather, as R' Yochanan said, the repentance of a community can tear up an evil decree.[1]

The Gemara notes:

וּגְזַר דִּין דְּיָחִיד תַּנָּאֵי הִיא – **In fact,** whether or not **an individual's decree** can be overturned **is a dispute among Tannaim,**[2] דְּתַנְיָא – **for it has been taught in a Baraisa:** הָיָה רַבִּי מֵאִיר אוֹמֵר – R' MEIR USED TO SAY: Consider the following cases: שְׁנַיִם שֶׁעָלוּ לְמִטָּה וְחוֹלְיָין שָׁוֶה – TWO patients WERE CONFINED TO A sick BED WITH THE IDENTICAL ILLNESS, וְכֵן שְׁנַיִם שֶׁעָלוּ לַגַּרְדּוֹם לִידּוֹן וְדִינָן שָׁוֶה – OR SIMILARLY, TWO suspects ENTERED BEFORE A TRIBUNAL WITH THE IDENTICAL CASE being brought AGAINST THEM.[3] זֶה יָרַד וְזֶה לֹא יָרַד – THIS patient recovered and WAS able to LEAVE his bed, WHEREAS THAT patient WAS NOT able to LEAVE his bed; or in the second case זֶה נִיצַּל וְזֶה לֹא נִיצַּל – THIS accused suspect WAS SPARED from capital punishment, WHEREAS THAT ONE WAS NOT SPARED. This prompts us to ask: מִפְּנֵי מָה זֶה יָרַד וְזֶה לֹא יָרַד – WHY DID THIS one merit to LEAVE his sick bed, WHILE THAT one DID NOT merit to LEAVE his? זֶה נִיצַּל וְזֶה לֹא נִיצַּל – Why was THIS suspect SPARED from capital punishment, WHILE THAT other one WAS NOT SPARED? The reason is because זֶה הִתְפַּלֵּל וְנַעֲנָה – THIS one PRAYED for relief AND WAS ANSWERED, וְזֶה הִתְפַּלֵּל וְלֹא נַעֲנָה – WHILE THAT one PRAYED AND WAS NOT ANSWERED. מִפְּנֵי מָה זֶה נַעֲנָה וְזֶה לֹא נַעֲנָה – But WHY WAS THIS one ANSWERED AND THAT one NOT ANSWERED? The explanation is as follows: זֶה הִתְפַּלֵּל תְּפִלָּה שְׁלֵימָה נַעֲנָה – THIS one PRAYED A COMPLETE PRAYER [i.e. he concentrated properly], so HE WAS ANSWERED; וְזֶה לֹא הִתְפַּלֵּל תְּפִלָּה שְׁלֵימָה לֹא נַעֲנָה – BUT THAT ONE DID NOT PRAY A COMPLETE PRAYER, so HE WAS NOT ANSWERED.[4] רַבִּי אֶלְעָזָר אָמַר – R' ELAZAR STATED a different explanation: כָּאן קוֹדֶם גְּזַר דִּין – HERE, in regard to those whose prayers were answered, they prayed BEFORE THE DECREE was issued; כָּאן לְאַחַר גְּזַר דִּין – whereas HERE, in regard to those whose prayers were not answered, they prayed AFTER THE DECREE was issued. רַבִּי יִצְחָק אָמַר – R' YITZCHAK SAID: יָפָה צְעָקָה לְאָדָם – CRYING OUT in prayer IS BENEFICIAL FOR A PERSON בֵּין קוֹדֶם גְּזַר דִּין בֵּין לְאַחַר גְּזַר דִּין – BOTH BEFORE AND AFTER A DECREE is issued.

We thus see that Tannaim disagree as to whether an individual can overturn a decree that has been issued against him.[5]

Although the Gemara has assumed until now that a decree against a community can always be overturned, it now challenges that assumption:

וּגְזַר דִּין דְּצִבּוּר מִי מִיקְרַע – **And can a decree against a community** really **be torn up?** וְהָא כְּתוּב אֶחָד אוֹמֵר – **But** we see from the following two verses in *Jeremiah* that this is not so, for **one verse states:**[6] ,,כַּבְּסִי מֵרָעָה לִבֵּךְ" – ***Wash your heart of evil,*** *O Jerusalem, so that you may be saved,* implying that repentance will nullify the evil decree. וּכְתִיב ,,כִּי אִם־תְּכַבְּסִי בַּנֶּתֶר וְתַרְבִּי־לָךְ בֹּרִית נִכְתָּם עֲוֹנֵךְ לְפָנַי" – **And it is written** elsewhere:[7] *Hear the word of Hashem, O House of Jacob . . .* ***Even if you were to wash with niter and use much soap, your iniquity remains a stain before Me,*** indicating that nothing can prevent the decree from being carried out. מַאי לָאו – **Is not** the resolution of this contradiction as follows: כָּאן קוֹדֶם גְּזַר דִּין – **Here,** in the verse *Wash your heart . . . so that you may be saved,* Jeremiah was speaking **before the decree** was issued; then it was possible to avert the evil decree. כָּאן לְאַחַר גְּזַר דִּין – But **here,** in the verse *Even if you were to wash . . . your iniquity remains a stain,* Jeremiah was speaking **after the decree** had already been issued; at that point the decree could not be overturned.

If this is the correct resolution of these verses, then – since these verses are addressed to Jerusalem and the House of Jacob – we see that the decree of a community cannot be torn up once it has been issued. – ? –

NOTES

1. [*Rashba* states that a king resembles a community in this respect. The repentance of a king [who represents the community] can overturn a decree that has already been issued (*Responsa* I §148; cf. *Aruch LaNer* to *Yevamos* 50a ד״ה בד״ה משלו).]

2. The Gemara proceeds to cite a Baraisa in which one of the Tannaim mentioned contends that even an individual can overturn an evil decree. In retrospect, then, when R' Yochanan said before (17b) that *Repentance is great, for it tears up a person's evil decree,* we may say that he was indeed speaking of an individual [as the words *a person's decree* imply], and R' Yochanan was following the opinion of this Tanna (see *Meromei Sadeh*; cf. *Maharal*).

3. I.e. they were both being prosecuted for the same alleged crime (*Rashi*). [Literally, the Baraisa should be translated: two who ascended to a bed . . . two who ascended to a *gardom* to be judged.] "Gardom" is a meeting area where people are judged on capital offenses and [sometimes] sentenced to death (*Rashi*). [Etymologically, the word means "levels" and refers to the tiers of seats upon which the judges of the tribunal would sit (*Aruch*). *Gardom* is cognate to the English words "grade" and "gradations."]

4. True prayer is the revelation and expression of the deepest, innermost yearnings of a man's soul, and these yearnings, in turn, change a person's essence (*Sifsei Chaim* I p. 77). Complete prayer, then, can make someone into a new man, into someone who no longer deserves to be sick or sentenced to death. Incomplete prayer, on the other hand, leaves a person in the same spiritual state and subject to all the consequences of that state.

5. According to R' Elazar, prayer is not effective after a decree has been issued; according to R' Yitzchak, an individual can overturn a decree through crying out in prayer [or through sincere repentance] (*Ritva*). Above (16a), *Ritva* makes the point that the Gemara follows R' Yitzchak's opinion throughout the Talmud. Thus, an individual is encouraged to pray for relief from his hardships without regard to whether an evil decree has been issued against him.

[Although the accepted view may be that a person can overturn his decree *at any time,* there is nevertheless a profound advantage to prayer and repentance offered between Rosh Hashanah and Yom Kippur. During this time, a lone person has several of the strengths of a community. See discussion of this issue in *Meiri, Parashas Derachim* §13, *Aruch LaNer* and *Pachad Yitzchak, Rosh Hashanah* §26 at length.]

As noted, *Ritva* explains that the Tannaic dispute is between R' Elazar and R' Yitzchak. However, *Rabbeinu Chananel* explains that it is R' Meir who holds that an individual can overturn a decree [through "complete prayer"] and R' Elazar who holds he cannot. Possibly, *Rabbeinu Chananel* understands R' Yitzchak's statement – *Crying out is beneficial for a person both before and after a decree is issued* – as *Ran* explains: An individual cannot tear up a decree, but he can soften it somewhat. *Rashbeitz* (above, 16a) comments that for this reason R' Yitzchak used the word יָפָה, *beneficial*: Crying out is beneficial, but it will not remove the evil decree entirely.

6. *Jeremiah* 4:14.

7. Ibid. 2:22.

כאן קודם גזר דין כאן לאחר גזר דין הכא נמי ביחיד וגזר דין דיחיד תנאי היא דתניא היה רבי מאיר אומר שנים שעלו למטה וחולין שוה וכן שנים שעלו לגרדום לידון ודינן שוה זה ירד וזה לא ירד זה ניצל וזה לא ניצל מפני מה זה ירד וזה לא ירד זה ניצל וזה לא ניצל זה התפלל ונענה וזה התפלל ולא נענה מפני מה זה נענה וזה לא נענה זה התפלל תפלה שלימה נענה וזה לא התפלל תפלה שלימה לא נענה ר' אלעזר אמר כאן קודם גזר דין כאן לאחר גזר דין רבי יצחק אמר א) יפה צעקה לאדם בין קודם גזר דין בין לאחר גזר דין וגזר דין דצבור מי מיקרע והא כתוב אחד אומר א) כבסי מרעה לבך וכתיב ב) כי אם תכבסי בנתר ותרבי לך בורית נכתם עונך לפני מאי לאו כאן קודם גזר דין כאן לאחר גזר דין לא אידי ואידי לאחר גזר דין ולא קשיא כאן בגזר דין שיש עמו שבועה כאן בגזר דין שאין עמו שבועה כדרב שמואל בר אמי דאמר רב שמואל בר אמי ואמרי לה אמר רב שמואל בר נחמני אמר רב יונתן ג) מנין לגזר דין שיש עמו שבועה שאינו נקרע שנאמר ג) [ו]לכן נשבעתי לבית עלי אם יתכפר עון בית עלי בזבח ובמנחה אמר ד) רבא בזבח ובמנחה אינו מתכפר אבל מתכפר בתורה אביי אמר בזבח ובמנחה אינו מתכפר אבל מתכפר בתורה ובגמילות חסדים ד) רבה ואביי מדבית עלי קאתו רבה דעסק בתורה ה) חיה ארבעין שנין אביי דעסק בתורה ובגמילות חסדים חיה שיתין שנין תנו רבנן משפחה אחת היתה בירושלים שהיו מתיה מתין בני י"ח שנה באו והודיעו את רבן יוחנן בן זכאי אמר להם שמא ממשפחת עלי אתם דכתיב ביה ד) וכל מרבית ביתך ימותו אנשים לכו ועסקו בתורה וחיו הלכו ועסקו בתורה וחיו והיו קורין אותה משפחת ו) רבן יוחנן על שמו אמר רב שמואל בר איניא משמיה דרב מניין לגזר דין של צבור שאינו נחתם אינו נחתם והכתיב ב) נכתם עונך לפני אלא אע"ג שנחתם נקרע שנאמר ה) כה' אלהינו בכל קראנו אליו והכתיב ו) דרשו ה' בהמצאו ז) התם ביחיד הכא בצבור ח) ביחיד אימת אמר רבה בר אבוה א) אלו עשרה ימים שבין ר"ה ליוה"כ ז) ויהי כעשרת הימים ויגף ה' את נבל [י' ימים] מאי עבידתיהו אמר רב יהודה אמר רב כנגד עשר לגימות שנתן נבל לעבדי דוד (ט) אמר) רב נחמן אמר רבה בר אבוה אלו י' ימים שבין ר"ה ליוה"כ: בר"ה כל באי העולם עוברין לפניו כבני מרון: מאי כבני מרון הכא תרגימו כבני אמרנא ריש לקיש אמר כמעלות בית י) מרון (כ) אמר) רב יהודה אמר שמואל כחיילות של בית דוד אמר רבב"ח א"ר יוחנן וכולן נסקרין בסקירה אחת אמר ר"נ בר יצחק אף אנן נמי תנינא ח) היוצר יחד לבם המבין אל כל מעשיהם מאי קאמר אילימא ה"ק דברנהו לכולי עלמא ומייחד לבייהו כהדדי והא קא חזינן דלאו הכי הוא אלא לאו הכי קאמר היוצר רואה יחד לבם ומבין אל כל מעשיהם:

מתני' ל) על ששה חדשים השלוחין יוצאין על ניסן מפני הפסח על אב מפני התענית על אלול מפני ר"ה על תשרי מפני תקנת המועדות על כסליו מפני חנוכה ועל אדר מפני הפורים וכשהיה בהמ"ק קיים יוצאין אף על אייר מפני פסח קטן: **גמ'** וליפקו נמי אתמוז וטבת דאמר

רש"י

לגרדום. בית וועד שדנים בו נפשות להריגה: ודינם שוה. שניהם נתפשו על דבר אחד: זה ירד. מן המטה: זה ניצול. מן הוועד: תפלה שלימה. נתכוון: אביי ורבא מדבית עלי אתו. כך שמעתי ובשחיטת חולין פרק הזרוע (דף קלג.) אשכחן דרבא לאו כהן הוה ושמא אמו מבית עלי היתה ויש גורסין רבה ואביי ומפרשי לה ברבה בר נחמני: ויחיד אימת. מאימ לו דכתיב בהמצאו: כנגד עשרה לגימות. עשרה עבדים שלח לו דוד כדמפרש בקרא (ש"א כה) ונתן להם סעודה אחת לפיכך נתלו לו עשרה ימים: רב נחמן אמר אלו עשרה ימים כו'. שהמתין לו הקב"ה שישוב ולא שב: בר"ה כל באי עולם כו' כבני אמרנא. ככבשים שמונין אותן לעשרן ויוצאין זה אחר זה בפתח קטן שאין יכולין לצאת כאחד: כמעלות בית מרון. הדרך קצר ואין שנים יכולין לילך זה בצד זה שהעמק עמוק משני צידי הדרך: ה"ג ורב יהודה אמר שמואל כחיילות של בית דוד והדר גרסינן אמר רבה בר בר חנה כו': כחיילות של בית דוד. וכבני מרון כבני חיילות של מלך מרון לשון מרות ואדנות וכך היו מונין אותם יוצאים זה אחר זה בצאתם למלחמה: וכולן נסקרין וכו'. ואע"פ שעוברין זה אחר זה: אף אנן נמי תנינא. דכולן נסקרים בסקירה אחת מדנסיב תנא דידן תלמודא למלתיה מהאי קרא היוצר יחד לבם: ולבייהו מייחד כי הדדי. כלבו של זה כך לבו של זה: הכי קאמר היוצר רואה יחד לבם. ואקרא דלעיל מיניה קא מהדר השגיח אל כל יושבי הארץ היוצר אותם השגיח יחד את לבם: מתני' על ששה חדשים שלוחים יוצאים. שקדשו ב"ד החדש ע"פ עדים כשראו את החדש ומודיעים השלוחין לגולה יום שקדשוהו אם ביום שלשים וחדש שעבר חסר או ביום ל"א וחדש שעבר מלא: מפני הפסח. והולכין השלוחין עד הפסח חוץ מן השבתות: ועל אב מפני התענית. והולכין כל שמונת הימים חוץ מן השבת: על אלול מפני ר"ה. מודיעים מתי התחיל אלול ועושין ר"ה ביום שלשים לאלול בגולה דרוב שנים אין אלול מעובר ואע"פ שספק הוא בידם שמא יעברוהו ב"ד אי אפשר להן לדעת ועל כרחן הולכין אחר רוב שנים ואם לא ידעו מתי התחיל אלול לא ידעו יום שלשים שלו: ועל תשרי מפני תקנת המועדות. לאחר שקדשוהו ב"ד לתשרי השלוחין יוצאין ליום המחרת והולכין עד מקום שיכולין להגיע עד החג ומודיעים אם עיברו ב"ד את אלול ואם לאו כדי שלא יהא לכם נוקפן ביוה"כ וסוכות: פסח קטן. פסח שני לטמא ושהיה בדרך רחוקה בראשון: גמ' דאמר

תוספות

כאן קודם גזר דין. בפרק בתרא דנדה (דף ע: ושם) משני נמי הכי והוה מצי לשנויי כדאמר להו קב"ה למלאכי השרת בפ' מי שמתו (ברכות דף כ:) ולא אשא פנים לישראל אני אמרתי ואכלת ושבעת וברכת והם דקדקו עד כזית עד כביצה ומיהו גם זה אמת שאף לישראל אינו נושא פנים אלא קודם גזר דין: **רבה** ואביי מדבית עלי קאתו. רבא חבירו של אביי לא הוה כהן כדמוכח בפ' הזרוע (חולין דף קלג.) והכא רבה חבירו של רב חסדא וכן משמע נמי בפרק בתרא דמו"ק (דף כח. ושם) דאמר רבא חיי בני ומזוני לא בזכותא תליא מילתא אלא במזלא תליא מילתא דהא רבה ורב חסדא תרוייהו צדיקים גמורים הוו מר מצלי ואתי מיטרא ומר מצלי ואתי מיטרא רבה חיה ארבעין שנין ורב חסדא חיה תשעין מ) שנין וא"ת מנא ליה דמשום מזלא הוה דלמא משום דרבה אתא מדבית עלי וי"ל דאפ"ה אי לאו מזלא הוה מגין עליו זכות תורה וא"ת דהכא משמע דרבה לא היה לו זכות של גמילות חסדים והא אמרינן בפ' חלק (סנהדרין דף צט:) אמר ליה אביי לרבה מר הא תורה הא גמילות חסדים וי"ל דמ"מ אביי עסק טפי מיניה: **על** ניסן מפני הפסח. אבל על סיון מפני עצרת לא צריך דבעומר הדבר תלוי כדאמרי' לעיל (דף ו:) דתני רב שמעיה עצרת פעמים חמשה פעמים ששה פעמים שבעה: **ועל** אלול מפני ר"ה. מודיעים מתי מתחיל אלול ועושין ר"ה ביום שלשים לאלול בגולה וגם למחרתו כדמשמע בפ"ק דביצה (דף ה.) ופ' בכל מערבין (עירובין דף לט. ושם) שהיו עושין שני ימים טובים של ר"ה מספק דלמא עברוהו לאלול מ"מ אם לא ידעו מתי מתחיל אלול לא ידעו יום שלשים: הואיל

מסורת הש"ס

א) [לעיל טז.], ב) יבמות קה., ג) [רבה ל"ג בה' ע' תוס' שבת כג: ד"ה נודע וכו' וביבמות קה. איתא על נכון], ד) [גי' ע"י רבא], ה) [מו"ק כח.], ו) [בע"י וביבמות קה. ליתא מלת רבן], ז) [יבמות שם: קה.], ח) [שם וע"ש], ט) [ילקוט ליתא], י) [גי' ע"י חורון וכן בהרא"ש ובר"ב אלפס ועי' סנהדרין לב: ועירובין כב:], כ) ר"מ מ"ז, ל) [לקמן כא:], מ) [תרוייהו], נ) [וע"ע תוס' יבמות קה. ד"ה רבה ותוס' בכורות מ. ד"ה רבה].

תורה אור השלם

א) כַּבְּסִי מֵרָעָה לִבֵּךְ יְרוּשָׁלַיִם לְמַעַן תִּוָּשֵׁעִי עַד מָתַי תָּלִין בְּקִרְבֵּךְ מַחְשְׁבוֹת אוֹנֵךְ: [ירמיה ד, יד]

ב) כִּי אִם תְּכַבְּסִי בַּנֶּתֶר וְתַרְבִּי לָךְ בֹּרִית נִכְתָּם עֲוֹנֵךְ לְפָנַי נְאֻם אֲדֹנָי אֱלֹהִים: [ירמיה ב, כב]

ג) וְלָכֵן נִשְׁבַּעְתִּי לְבֵית עֵלִי אִם יִתְכַּפֵּר עֲוֹן בֵּית עֵלִי בְּזֶבַח וּבְמִנְחָה עַד עוֹלָם: [שמואל א ג, יד]

ד) וְאִישׁ לֹא אַכְרִית לְךָ מֵעִם מִזְבְּחִי לְכַלּוֹת אֶת עֵינֶיךָ וְלַאֲדִיב אֶת נַפְשֶׁךָ וְכָל מַרְבִּית בֵּיתְךָ יָמוּתוּ אֲנָשִׁים: [שמואל א ב, לג]

ה) כִּי מִי גוֹי גָּדוֹל אֲשֶׁר לוֹ אֱלֹהִים קְרֹבִים אֵלָיו כַּיְיָ אֱלֹהֵינוּ בְּכָל קָרְאֵנוּ אֵלָיו: [דברים ד, ז]

ו) דִּרְשׁוּ יְיָ בְּהִמָּצְאוֹ קְרָאֻהוּ בִּהְיוֹתוֹ קָרוֹב: [ישעיה נה, ו]

ז) וַיְהִי כַּעֲשֶׂרֶת הַיָּמִים וַיִּגֹּף יְיָ אֶת נָבָל וַיָּמֹת: [שמואל א כה, לח]

ח) הַיֹּצֵר יַחַד לִבָּם הַמֵּבִין אֶל כָּל מַעֲשֵׂיהֶם: [תהלים לג, טו]

ליקוטי רש"י

בנתר. מין אדמה שחפין ושפין בה את הבגדים [ירמיה ב כב]. מין אדמה רכה כגון אדמה שלנו הנקרא קריד"א [משלי כה כ]. מין אדמה לבנה [שבת טז.]. מין אדמה שקורין ניטר"א [שם פט:]. קרקע הוא או אבן כעין שקורין קרי"א בלע"ז [תענית יג.]. מין אדמה הוא וקורין לה ניתרא [סנהדרין מט:]. בורית. לשון בורית סבו"ן בלע"ז ולשונו לשון נקיון כמו ובר לבב (תהלים כ"ד) ע"ש שהוא מנקה הבגד מכתמיו [ישעיה א כה]. נקיון כמו ובר לבב (תהלים כד) ויש לועזים בורית שאבו"ן בלע"ז. נכתם עונך. הא כרוסם כתמא דלא דכי כן סגיאו חובין קדמי. כתם. טאק"א בלע"ז. עונך. על עון העגל נאמר שהוא קיים לעולם כמו שנאמר וביום פקדי ופקדתי עליהם (שמות לב) כל פקידות הבאות על ישראל יהיה מקצת עון העגל בהם [ירמיה שם]. ימותו אנשים. בחורים אינו דומה אלא של בחור ולאלו של תינוק [שמואל א ב לג]. כשבאין לכלל אנשים בן שמנה עשרה [סנהדרין יד.]. בהמצאו. קודם גזר דין בעוד שהוא אומר לכם דרשוני [ישעיה נה ו]. משמע פעמים שאינו מצוי [יבמות מט: ובעי"ז קה.]. כעשרת הימים. שבעת ימי אבלו של שמואל תלה לו הקב"ה שלא יתערב אבל רשע באבלו ואחר כך תלה שלשה ימים ומת כענין שנאמר. ויגוף ה' את נבל [שמואל א כה לח]. אלו עשרת ימי תשובה שהמתין לו הקב"ה שיחזור בתשובה. ויש אומרים כנגד עשר לגימות שנתן נבל לעבדי דוד ששלח לו דוד עשרה נערים והאכילן [שמואל א כה לח]. מעלות בית מרון. זקופין מאד ומעלה קצרה ומהלכין בה בזה אחר זה ולא שנים יחד כדאמרינן בראש השנה (יח.) כבני מרון כמעלות בית מרון [עירובין כב:]. מעלות בית חורון. מקום צר ואין דרך לנטות ימין ושמאל וצריך האחד לנטות לאחוריו עד שמוצא מקום לנטות [סנהדרין לב:]. כחיילות של בית דוד. גבורים [קידושין עב.].

עין משפט נר מצוה

צט א מיי' פ"ג מהל' תשובה הלכה ו סמג עשין טז:
ק ב מיי' פ"ג מהל' קידוש החדש הל' ט:

רבינו חננאל

ואסיקנא גז"ד דיחיד נמי שאינו נקרע אע"פ שעשה תשובה תנאי היא כלומר יש מי שאומר והוא ר' מאיר שהתשובה מבטלת אפילו גז"ד דיחיד. ור' אלעזר חולק עליו. פי' גרדום א) מושב השופט כשיושב לשפוט. ר' יצחק אמר לעולם יפה צעקה לאדם בין לפני גז"ד בין לאחר גז"ד. ואקשינן וגזר דין דצבור מי מיקרע והכתיב כבסי מרעה לבך ירושלים למען תושעי וכתוב אחד אומר כי אם תכבסי בנתר וגו' מאי לאו האי דכתיב נכתם עונך לפני ב) בגז"ד שיש עמו שבועה דאמר מניין לגזר דין שיש עמו שבועה שאינו נקרע שנאמר ולכן נשבעתי לבית עלי אם יתכפר עון בית עלי וגו' אמר רבה בזבח ובמנחה אינו מתכפר אבל מתכפר בדברי תורה. אביי אמר מתכפר נמי בגמילות חסדים רבה בר נחמני ואביי תרווייהו מדבית עלי קאתו וכתיב בבית עלי וכל מרבית ביתך ימותו אנשים כלום אינם מאריכין שנים יותר מעשרים. רבה דעסק בתורה חיה מ' שנים אביי דעסק בתורה ובגמילות חסדים חיה שיתין שנין. ומשפחה אחרת היתה מבית עלי שהיו מתים בן י"ח שנה והלכו ועסקו בתורה וחיו כו' אמרו משמיה דרב מנין לגז"ד של צבור דאע"פ שנחתם מתקרע שנאמר אשר לו אלהים קרובים אליו. איני והכתיב קראוהו בהיותו קרוב ביחיד ואימתי הוא קרוב ליחיד בעשרה ימים שבין ר"ה ליוה"כ. ויהי כעשרת הימים ויגוף ה' את נבל. אמר רב כנגד י' לגימות שנתן נבל לעבדי דוד. ובר"ה כל באי עולם עוברין לפניו כבני מרון שנאמר היוצר יחד לבם המבין אל כל מעשיהם. הכא תרגימו כבני אימרנא (כבני אימרונא) פי' כבני כבשים העוברים ע"י מונה אר"י וכולן נסקרין בסקירה אחת פי' מביט כל באי עולם ומביט להם בהבטה אחת ומבין כל מעשיהן. אמר רנב"י תנינא להא דר"י דתנן כל באי עולם עוברין לפניו כבני מרון שנאמר היוצר יחד לבם ופירוש היוצר רואה יחד לבם של כל באי עולם ומבין אל כל מעשיהם. ודן אותם כל אחד לפי מעשיו: מתני' על ששה חדשים שלוחין יוצאין

חשק שלמה על ר"ח

א) עיין בערוך ערך גרדום שכתב ס"א גרדין פי' מעלות שעושין לדיינין שיושבין עליהן כו'. ובלעז מעלה גראדין עכ"ל ונראה דלזה כוון רבינו ג"כ. ב) חסר וצ"ל לאחר גז"ד ופרקינן דהסם בגז"ד כו'.

The Gemara responds:

לֹא – No! That is not the correct resolution of those verses. Rather, אִידִי וְאִידִי לְאַחַר גְּזַר דִּין – **both** of them are referring **to** the period **after the decree** had been issued. וְלָא קַשְׁיָא – **And** nevertheless **there is no difficulty** between them. כָּאן בִּגְזַר דִּין שֶׁיֵּשׁ עִמּוֹ שְׁבוּעָה – **Here,** in the verse *Even if you were to wash . . . your iniquity remains a stain,* Jeremiah was speaking **of a decree accompanied by an oath;** such a decree cannot be overturned.[8] כָּאן בִּגְזַר דִּין שֶׁאֵין עִמּוֹ שְׁבוּעָה – But **here,** in the verse *Wash your heart . . . so that you may be saved,* Jeremiah was speaking **of a decree unaccompanied by an oath.** כִּדְרַב שְׁמוּאֵל בַּר אַמִּי – And this distinction is **in accordance with Rav Shmuel bar Ami,** דְּאָמַר רַב שְׁמוּאֵל בַּר אַמִּי – **for Rav Shmuel bar Ami said,** וְאָמְרֵי לָהּ אָמַר רַב שְׁמוּאֵל בַּר נַחְמָנִי אָמַר רַב יוֹנָתָן – **and some say that it was R' Shmuel bar Nachmani** who **said** this **in the name of Rav Yonasan:** מִנַּיִן לִגְזַר דִּין שֶׁיֵּשׁ עִמּוֹ שְׁבוּעָה שֶׁאֵינוֹ נִקְרָע – **From where** do we know that **a decree accompanied by an oath cannot be torn up?** שֶׁנֶּאֱמַר ,,וְלָכֵן נִשְׁבַּעְתִּי לְבֵית עֵלִי אִם־יִתְכַּפֵּר עֲוֹן בֵּית־עֵלִי בְּזֶבַח וּבְמִנְחָה" – **For it says:** ***Therefore I have sworn concerning the House of Eli, that the sin of the House of Eli would*** *never* ***be atoned for by a sacrifice or minchah offering.***[9]

The Gemara notes that even the decree against the House of Eli, which could not be overturned, could nevertheless be negated somewhat:

אָמַר רָבָא – **Rava said:** ,,בְּזֶבַח וּבְמִנְחָה" אֵינוֹ מִתְכַּפֵּר – The verse states only that **[the sin] cannot be atoned for** ***by a sacrifice or minchah offering;*** אֲבָל מִתְכַּפֵּר בְּתוֹרָה – **but it can be atoned for with Torah** study. אַבַּיֵּי אָמַר – **Abaye said:** בְּזֶבַח וּמִנְחָה אֵינוֹ מִתְכַּפֵּר – **It cannot be atoned for by a sacrifice or** ***minchah*** **offering;** אֲבָל מִתְכַּפֵּר בְּתוֹרָה וּבִגְמִילוּת חֲסָדִים – **but it can be atoned for with Torah** study **or acts of kindness.**[10]

The Gemara elaborates:

רַבָּה וְאַבַּיֵּי מִדְּבֵית עֵלִי קָאָתוּ – **Rabbah and Abaye** both **descended from the House of Eli.** רַבָּה דְּעָסַק בְּתוֹרָה חָיָה אַרְבָּעִין שְׁנִין – **Rabbah who engaged in Torah** study **lived for forty years;** אַבַּיֵּי דְּעָסַק בְּתוֹרָה וּבִגְמִילוּת חֲסָדִים חָיָה שִׁיתִּין שְׁנִין – **Abaye who engaged in** both **Torah** study **and acts of kindness lived for sixty years.**[11]

A related Baraisa:

תָּנוּ רַבָּנָן – **The Rabbis taught in a Baraisa:** מִשְׁפָּחָה אַחַת הָיְתָה בִּירוּשָׁלַיִם – THERE WAS ONE FAMILY IN JERUSALEM שֶׁהָיוּ מֵתִיָה מֵתִין בְּנֵי שְׁמוֹנֶה עֶשְׂרֵה שָׁנָה – WHOSE MEMBERS WOULD DIE when only EIGHTEEN YEARS OLD. בָּאוּ וְהוֹדִיעוּ אֶת רַבָּן יוֹחָנָן בֶּן זַכַּאי – THEY CAME AND INFORMED RABBAN YOCHANAN BEN ZAKKAI of their predicament. אָמַר לָהֶם שֶׁמָּא מִמִּשְׁפַּחַת עֵלִי אַתֶּם – HE SAID TO THEM, "PERHAPS YOU ARE FROM THE FAMILY OF ELI דִּכְתִיב בֵּיהּ ,,וְכָל־מַרְבִּית בֵּיתְךָ יָמוּתוּ אֲנָשִׁים" – CONCERNING WHOM IT IS WRITTEN:[12] *AND ALL THOSE RAISED IN YOUR HOUSE WILL DIE AS [YOUNG] MEN.* לְכוּ וְעִסְקוּ בַּתּוֹרָה וִחְיוּ – GO AND ENGAGE IN TORAH STUDY AND LIVE." הָלְכוּ וְעָסְקוּ בַּתּוֹרָה וְחָיוּ – THEY WENT AND ENGAGED IN TORAH STUDY AND THEY LIVED. וְהָיוּ קוֹרִין אוֹתָהּ מִשְׁפַּחַת רַבָּן יוֹחָנָן עַל שְׁמוֹ – AND THEY CALLED IT "THE FAMILY OF RABBAN YOCHANAN" AFTER HIM.

The Gemara cites another statement regarding a decree issued against a community:

אָמַר רַב שְׁמוּאֵל בַּר אִינְיָא מִשְּׁמֵיהּ דְּרַב – **Rav Shmuel bar Inya said in the name of Rav:** מִנַּיִן לִגְזַר דִּין שֶׁל צִבּוּר שֶׁאֵינוֹ נֶחְתָּם – **From where** do we know that **a decree** issued **against a community is never sealed?**

The Gemara does not understand the question:

אֵינוֹ נֶחְתָּם – Can it be that it **is never sealed?** וְהָכְתִיב ,,נִכְתָּם עֲוֹנֵךְ לְפָנַי" – **But it is written:** *Even if you wash . . .* ***your iniquity remains a stain before Me.*** Thus, we see that a community's decree can be sealed![13] – ? –

The Gemara rephrases the question and then continues with Rav's statement:

אֶלָּא אַף עַל גַּב שֶׁנֶּחְתָּם נִקְרָע – **Rather,** how do we know that **even**

NOTES

8. Even the repentance of a community cannot overturn such a decree (*Ritva*).

9. *I Samuel* 3:14. Eli was the Kohen Gadol and the Judge during the youth of the Prophet Samuel (see commentaries to *I Samuel* 1:9). He was a righteous man, but Scripture describes his sons Chafni and Pinchas as *lawless men; they did not recognize Hashem* (ibid. 2:12). Scripture recounts that they disgraced God's offerings by sending their attendants to take (by force, if necessary) portions of slaughtered offerings to which they were not entitled (ibid. 2:13-17). Chafni and Pinchas were guilty of other wrongdoings as well (see ibid. 2:22-25; *Shabbos* 55b and *Yoma* 9b).

In response to their sins, God sent a prophet to Eli to inform him that a decree had been issued against all his [male] descendants: They would die as young men. At this point, the decree was not yet accompanied by an oath. Later that same day, God sent another prophecy through the young Samuel to tell Eli that an oath had now been taken to enforce this decree (*I Samuel* 2:27-3:18).

The verse cited in our Gemara (3:14) states that the sin of the House of Eli will *never* be atoned for by sacrifice or *minchah* offering. The word "never" indicates that this oath-backed decree is irrevocable (*Maharsha* to *Yevamos* 105a; cf. *Iyun Yaakov* ad loc.). Saying that a decree cannot be atoned for by sacrifice is tantamount to saying that it cannot be atoned for by repentance, because a sacrifice is typically accompanied by repentance (see *Yoma* 36a and *Rashi* to *Taanis* 23a ד״ה פר הוראה). Now, our Gemara states that an oath-backed decree cannot be rescinded even in the case of a *community*: [The decree against the House of Eli was deemed a decree against a community because it applied to all of Eli's descendants (see *Ritva*, *Ran*).]

10. The world stands on three pillars: Torah, sacrificial service, and acts of kindness (see *Pirkei Avos* 1:2). The sons of Eli had lost the protective merits of the sacrificial service since they had desecrated it. That left the pillars of Torah and acts of kindness. Now, Rava maintains that Torah study is superior to sacrificial service but acts of kindness are not (the Mishnah in *Pirkei Avos* lists them in descending order). Thus, in the absence of sacrifices, Torah study would soften the decree but acts of kindness would not. Abaye differs, contending that either one, Torah or acts of kindness, would soften the decree [and certainly both together] (*Iyun Yaakov*). Indeed, the verse states *Through [acts of] kindness and truth* [i.e. Torah study], *iniquity will be forgiven* (*Proverbs* 16:6; see *Hagahos Poras Yosef* here and *Maharsha* to *Yevamos* 105a).

11. Rabbah received twenty extra years for his Torah study (corresponding to the age at which one is liable to punishment before the Heavenly Court – see *Shabbos* 89b and *Yerushalmi Bikkurim* 2:11). Abaye received twenty years each for his Torah study and acts of kindness (*Maharsha* to *Yevamos* 105a).

According to our version of the text, the Amora who descended from Eli and lived forty years is "Rabbah," i.e. Rabbah bar Nachmani, the uncle, stepfather and teacher of Abaye. However, other versions have "Rava," the colleague of Abaye. There is considerable discussion as to which is the correct version and whether Rava was even a Kohen. *Rashi* here states that Rava was not a Kohen but may have been descended from Eli on his mother's side (cf. *Rashi* to *Chullin* 133a ד״ה זכי לי מתנתא and *Ritva* here; for further discussion of this issue see *Tosafos* here and to *Yevamos* 105a ד״ה רבא; *Doros Rishonim,* vol. V p. 43 ff.; *Seder HaDoros* ערך רבא; *Toldos Tannaim V'Amoraim* ערך רבה בר נחמני; and *Maor Yisrael* here.)

12. *I Samuel* 2:33.

13. [The "sealing" of a decree indicates a certain permanence: That is, a sealed decree endures despite new circumstances that would have hindered the decree from being issued in the first place. Since this verse describes a situation in which the iniquity of the Jewish people remains a stain even after repentance, it is clear that there could be a decree that has some permanence, i.e. that is sealed.]

כאן קודם גזר דין כאן לאחר גזר דין הכא נמי ביחיד וגזר דין דיחיד תנאי היא דתניא היה רבי מאיר אומר שנים שעלו למטה וחולין שוה וכן שנים שעלו לגרדום לידון ודינן שוה זה ירד וזה לא ירד זה ניצל וזה לא ניצל מפני מה זה ירד וזה לא ירד זה ניצל וזה לא ניצל זה התפלל ונענה וזה התפלל ולא נענה מפני מה זה נענה וזה לא נענה זה התפלל תפלה שלימה נענה וזה לא התפלל תפלה שלימה לא נענה ר' אלעזר אומר כאן קודם גזר דין כאן לאחר גזר דין רבי יצחק אמר א)יפה צעקה לאדם בין קודם גזר דין בין לאחר גזר דין וגזר דין דצבור מי מיקרע והא כתוב אחד אומר א)כבסי מרעה לבך וכתיב ב)כי אם תכבסי בנתר ותרבי לך בורית נכתם עונך לפני מאי לאו כאן קודם גזר דין כאן לאחר גזר דין לא אידי ואידי לאחר גזר דין ולא קשיא כאן בגזר דין שיש עמו שבועה כאן בגזר דין שאין עמו שבועה כדרב שמואל בר אמי דאמר רב שמואל בר אמי ואמרי לה אמר רב שמואל בר נחמני אמר רב יונתן ג)מנין לגזר דין שיש עמו שבועה שאינו נקרע שנאמר ג)[ו]לכן נשבעתי לבית עלי אם יתכפר עון בית עלי בזבח ובמנחה אמר ד)רבא בזבח ובמנחה אינו מתכפר אבל מתכפר בתורה אביי אמר בזבח ומנחה אינו מתכפר אבל מתכפר בתורה ובגמילות חסדים ד)רבה ואביי מדבית עלי קאתו רבה דעסק בתורה ה)חיה ארבעין שנין אביי דעסק בתורה ובגמילות חסדים חיה שיתין שנין תנו רבנן משפחה אחת היתה בירושלים שהיו מתיה מתין בני י"ח שנה באו והודיעו את רבן יוחנן בן זכאי אמר להם שמא ממשפחת עלי אתם דכתיב ביה ד)וכל מרבית ביתך ימותו אנשים לכו ועסקו בתורה וחיו הלכו ועסקו בתורה וחיו והיו קורין אותה משפחת ו)רבן יוחנן על שמו אמר רב שמואל בר איניא משמיה דרב מניין לגזר דין של צבור שאינו נחתם אינו נחתם והכתיב ב)נכתם עונך לפני אלא אע"ג שנחתם נקרע שנאמר ה)כה' אלהינו בכל קראנו אליו והכתיב ו)דרשו ה' בהמצאו ז)התם ביחיד הכא בצבור ח)ביחיד אימת אמר רבה בר אבוה א)אלו עשרה ימים שבין ר"ה ליוה"כ ז)ויהי כעשרת הימים ויגף ה' את נבל [י' ימים] מאי עבידתייהו אמר רב יהודה אמר רב כנגד עשר לגימות שנתן נבל לעבדי דוד (ט)אמר) רב נחמן אמר רבה בר אבוה אלו י' ימים שבין ר"ה ליוה"כ: בר"ה כל באי העולם עוברין לפניו כבני מרון: מאי כבני מרון הכא תרגימו כבני אמרנא ריש לקיש אמר כמעלות בית י)מרון (כ)אמר) רב יהודה אמר שמואל כחיילות של בית דוד אמר רבב"ח א"ר יוחנן וכולן נסקרין בסקירה אחת אמר ר"נ בר יצחק אף אנן נמי תנינא ח)היוצר יחד לבם המבין אל כל מעשיהם מאי קאמר אילימא ה"ק דברנהו לכולי עלמא ומייחד לבייהו כהדדי והא קא חזינן דלאו הכי הוא אלא לאו הכי קאמר היוצר רואה יחד לבם ומבין אל כל מעשיהם:

מתני' ל)ב)על ששה חדשים השלוחין יוצאין על ניסן מפני הפסח על אב מפני התענית על אלול מפני ר"ה על תשרי מפני תקנת המועדות על כסליו מפני חנוכה ועל אדר מפני הפורים וכשהיה בהמ"ק קיים יוצאין אף על אייר מפני פסח קטן: **גמ'** וליפקו נמי אתמוז וטבת דאמר

רש"י

לגרדום. בית וועד שדנים בו נפשות להריגה: ודינם שוה. שנים נתפשו על דבר אחד: זה ירד. מן המטה: זה ניצול. מן הוועד: תפלה שלימה. נתכוון: אביי ורבא מדבית עלי אתו. כך שמעתי ובשחיטת חולין פרק הזרוע (דף קלג.) אשכחן דרבא לאו כהן הוה ושמא אמו מבית עלי היתה ויש גורסין רבה ואביי ומפרשי לה ברבה בר נחמני: ויחיד אימת. מאי לו דכתיב בהמצאו: כנגד עשרה לגימות. עשרה עבדים שלח לו דוד כדמפרש בקרא (ש"א כה) ונתן להם סעודה אחת לפיכך נתלו לו עשרה ימים: רב נחמן אמר אלו עשרה ימים כו'. שהמתין לו הקב"ה שישוב ולא שב: בר"ה כל באי עולם כו' כבני אמרנא. ככבשים שמונין אותן לעשרן ויוצאין זה אחר זה בפתח קטן שאין יכולין לצאת כאחד: כמעלות בית מרון. הדרך קצר ואין שנים יכולין לילך זה בצד זה שהעמק עמוק משני צידי הדרך: ה"ג ורב יהודה אמר שמואל כחיילות של בית דוד והדר גרסינן אמר רבה בר בר חנה כו': כחיילות של בית דוד. וכבני מרון כבני חיילות של מלך מרון לשון מרות ואדנות וכך היו מונין אותם יוצאים זה אחר זה בצאתם למלחמה: וכולן נסקרין וכו'. ואע"פ שעוברין זה אחר זה: אף אנן נמי תנינא. דכולן נסקרים בסקירה אחת מדנסיב תנא דידן תלמודא למלתיה מהאי קרא היוצר יחד לבם: ולבייהו מייחד כי הדדי. כלבו של זה כך לבו של זה: הכי קאמר היוצר רואה יחד לבם. ואקרא דלעיל מיניה קא מהדר השגיח אל כל יושבי הארץ היוצר אותם השגיח יחד את לבם: **מתני'** על ששה חדשים שלוחים יוצאים. שקדשו ב"ד החדש ע"פ עדים כשראו את החדש ומודיעים השלוחין לגולה יום שקדשוהו אם ביום שלשים וחדש שעבר חסר או ביום ל"א וחדש שעבר מלא: מפני הפסח. והולכין השלוחין עד הפסח חוץ מן השבתות: ועל אב מפני התענית. והולכין כל שמונת הימים חוץ מן השבת: על אלול מפני ר"ה. מודיעים מתי התחיל אלול ועושין ר"ה ביום שלשים לאלול בגולה דרוב שנים אין אלול מעובר ואע"פ שספק הוא בידם שמא יעברוהו ב"ד אי אפשר להן לדעת ועל כרחן הולכין אחר רוב שנים ואם לא ידעו מתי התחיל אלול לא ידעו יום שלשים שלו: ועל תשרי מפני תקנת המועדות. לאחר שקדשוהו ב"ד לתשרי השלוחין יוצאין ליום המחרת והולכין עד מקום שיכולין להגיע עד החג ומודיעים אם עיברו ב"ד את אלול ואם לאו כדי שלא יהא לגם נוקפן ביוה"כ וסוכות: פסח קטן. פסח שני לטמא ושהיה בדרך רחוקה בראשון: **גמ'** דאמר

תוספות

כאן קודם גזר דין. בפרק בתרא דנדה (דף ע: ושם) משני נמי הכי והוה מצי לשנויי כדאמר להו קב"ה למלאכי השרת בפ' מי שמתו (ברכות דף כ:) ולא אשא פנים לישראל אני אמרתי ואכלת ושבעת וברכת והם דקדקו עד כזית עד כביצה ומיהו גם זה אמת שאף לישראל אינו נושא פנים אלא קודם גזר דין: **רבה** ואביי מדבית עלי קאתו. רבא חבירו של אביי לא הוה כהן כדמוכח בפ' הזרוע (חולין דף קלג.) והכא רבה חבירו של רב חסדא וכן משמע נמי בפרק בתרא דמו"ק (דף כח. ושם) דאמר רבא חיי בני ומזוני לא בזכותא תליא מילתא אלא במזלא תליא מילתא דהא רבה ורב חסדא תרוייהו צדיקים גמורים הוו מר מצלי ואתי מיטרא ומר מצלי ואתי מיטרא רבה חיה ארבעין שנין ורב חסדא חיה תשעין מ) שנין וא"ת מנא ליה דמשום מזלא הוה דלמא משום דרבה אתא מדבית עלי וי"ל דאפ"ה אי לאו מזלא הוה מגין עליו זכות תורה וא"ת דהכא משמע דרבה לא היה לו זכות של גמילות חסדים והא אמרינן בפ' חלק (סנהדרין דף נח:) אמר ליה אביי לרבה מר הא תורה הא גמילות חסדים וי"ל דמ"מ אביי עסק טפי מיניה י): **על** ניסן מפני הפסח. אבל על סיון מפני עצרת לא צריך דבעומר הדבר תלוי כדאמרי' לעיל (דף ו:) דתני רב שמעיה עצרת פעמים חמשה פעמים ששה פעמים שבעה: **ועל** אלול מפני ר"ה. מודיעים מתי מתחיל אלול ועושין ר"ה ביום שלשים לאלול בגולה וגם למחרתו כדמשמע בפ"ק דביצה (דף ה.) ובפ' בכל מערבין (עירובין דף לט. ושם) שהיו עושין שני ימים טובים של ר"ה מספק דלמא עברוה לאלול מ"מ אם לא ידעו מתי מתחיל אלול לא ידעו יום שלשים:

הואיל

עין משפט נר מצוה

צט א מיי' פ"ב מהל' תשובה הלכה ו סמג עשין טז:

ק ב מיי' פ"ג מהל' קידוש החדש הל' ט:

רבינו חננאל

ואסיקנא גז"ד דיחיד נמי שאינו נקרע אע"פ שעשה תשובה תנאי היא כלומר יש מי שאומר והוא ר' מאיר שהתשובה מבטלת אפילו גז"ד דיחיד. ור' אלעזר חולק עליו. פי' גרדום א) מושב השופט כשיושב לשפוט. ר' יצחק אמר לעולם יפה צעקה לאדם בין לפני גז"ד בין לאחר גז"ד. ואקשינן וגזר דין דצבור מי מיקרע והכתיב כבסי מרעה לבך ירושלים למען תושעי וכתוב אחד אומר כי אם תכבסי בנתר וגו' מאי לאו האי דכתיב נכתם עונך לפני ב) בגז"ד שיש עמו שבועה דאמר מניין לגזר דין שיש עמו שבועה שאינו נקרע שנאמר ולכן נשבעתי לבית עלי אם יתכפר עון בית עלי וגו' אמר רבה בזבח ובמנחה אינו מתכפר אבל מתכפר בדברי תורה. אביי אמר מתכפר נמי בגמילות חסדים רבה בר נחמני ואביי תרווייהו מדבית עלי קאתו וכתיב בבית עלי וכל מרבית ביתך ימותו אנשים כלום אינם מאריכין שנים יותר מעשרים. רבה דעסק בתורה חיה מ' שנים אביי דעסק בתורה ובגמילות חסדים חיה שיתין שנין. ומשפחה אחרת היתה מבית עלי שהיו מתים בן י"ח שנה והלכו ועסקו בתורה וחיו כו' אמרו משמיה דרב מנין לגז"ד של צבור דאע"פ שנחתם מתקרע שנאמר אשר לו אלהים קרובים אליו. איני והכתיב קראוהו בהיותו קרוב ביחיד ואימתי הוא קרוב ליחיד בעשרה ימים שבין ר"ה ליוה"כ. ויהי כעשרת הימים ויגוף ה' את נבל. אמר רב כנגד י' לגימות שנתן נבל לעבדי דוד. ובר"ה כל באי עולם עוברין לפניו כבני מרון שנאמר היוצר יחד לבם המבין אל כל מעשיהם. הכא תרגמו כבני אימרנא (כבני אימרונא) פי' כבני כבשים העוברים ע"י מונה אר"י וכולן נסקרין בסקירה אחת פי' רואה כל באי עולם ומביט להם בהבטה אחת ומבין כל מעשיהן. אמר רנב"י תנינא להא דר"י דתנן כל באי עולם עוברין לפניו כבני מרון שנאמר היוצר יחד לבם ופירוש היוצר רואה יחד לבם של כל באי עולם ומבין אל כל מעשיהם. ודן אותם כל אחד לפי מעשיו: מתני' על ששה חדשים שלוחין יוצאין

חשק שלמה על ר"ח

א) עיין בערוך ערך גרדום שכתב בשם ר"ח גרדין פי' מעלות שעושין לדיינין שיושבין עליהן כו'. ובלעז מעלה גראדין עכ"ל ונראה דלזה כוון רבינו ג"כ. ב) חסר וצ"ל לאחר גז"ד ופרקינן דהתם בגז"ד כו'.

מסורת הש"ס

א) [לעיל טז.], ב) יבמות קה., ג) [רבה ל"ל בה' ע"י תוס' שבת כג: ד"ה גזרה ודקדק ע: בתוס' ד"ה נלמד וכו' וביבמות קה. איתא על נכון], ד) [גי' ע"י רבא], ה) [מו"ק כח.], ו) [בע"י וביבמות קה. ליתא מלת רבן], ז) [יבמות מט: קה.], ח) [שם וע"ש], ט) [ילקוט ליתא], י) [גי' ע"י חורון וכן בתרא"ש וברב אלפס ועי' סנהדרין לב: ועירובין כב:], כ) ר"מ מ"ז, ל) [לקמן כא:], מ) [ותרתין], נ) [וע"ע תוס' יבמות קה. ד"ה כל ותוס' בכורות מ. ד"ה רבה].

תורה אור השלם

א) כַּבְּסִי מֵרָעָה לִבֵּךְ יְרוּשָׁלַיִם לְמַעַן תִּוָּשֵׁעִי עַד מָתַי תָּלִין בְּקִרְבֵּךְ מַחְשְׁבוֹת אוֹנֵךְ: [ירמיה ד, יד]

ב) כִּי אִם תְּכַבְּסִי בַּנֶּתֶר וְתַרְבִּי לָךְ בֹּרִית נִכְתָּם עֲוֹנֵךְ לְפָנַי נְאֻם אֲדֹנָי אֱלֹהִים: [ירמיה ב, כב]

ג) וְלָכֵן נִשְׁבַּעְתִּי לְבֵית עֵלִי אִם יִתְכַּפֵּר עֲוֹן בֵּית עֵלִי בְּזֶבַח וּבְמִנְחָה עַד עוֹלָם: [שמואל א ג, יד]

ד) וְאִישׁ לֹא אַכְרִית לְךָ מֵעִם מִזְבְּחִי לְכַלּוֹת אֶת עֵינֶיךָ וְלַאֲדִיב אֶת נַפְשֶׁךָ וְכָל מַרְבִּית בֵּיתְךָ יָמוּתוּ אֲנָשִׁים: [שמואל א ב, לג]

ה) כִּי מִי גוֹי גָּדוֹל אֲשֶׁר לוֹ אֱלֹהִים קְרֹבִים אֵלָיו כַּיְיָ אֱלֹהֵינוּ בְּכָל קָרְאֵנוּ אֵלָיו: [דברים ד, ז]

ו) דִּרְשׁוּ יְיָ בְּהִמָּצְאוֹ קְרָאֻהוּ בִּהְיוֹתוֹ קָרוֹב: [ישעיה נה, ו]

ז) וַיְהִי כַּעֲשֶׂרֶת הַיָּמִים וַיִּגֹּף יְיָ אֶת נָבָל וַיָּמֹת: [שמואל א כה, לח]

ח) הַיֹּצֵר יַחַד לִבָּם הַמֵּבִין אֶל כָּל מַעֲשֵׂיהֶם: [תהלים לג, טו]

ליקוטי רש"י

בנתר. מין אדמה שחפין ושפין בה את הבגדים [ירמיה ב כב]. מין אדמה רכה כגון אדמה שלנו הנקרא קרד"א [משלי כה כ]. מין אדמה לבנה [שבת טו.]. מין אדמה שקורין טיטר"א [שם פט:]. קרקע הוא או אבן כעין שקורין קרי"א בלע"ז [תענית יג.]. מין אדמה הוא וקורין לה ניתרא [סנהדרין מט:]. בורית. לשון בורית סבון בלע"ז ולשונו לשון נקיון כמו ובר לבב (תהלים כד) ע"ש שהוא מנקה הבגד מכתמיו [ישעיה א כה]. נקיון כמו ובר לבב (תהלים כד) ויש לועזים בורית שאבו"ן בלע"ז. נכתם עונך. הא כרושם כתמא דלא דכי כן סגיאו חוביך קדמי. כתם. טאק"א בלע"ז. עונך. על עון העגל נאמר שהוא קיים לעולם כמו שנאמר וביום פקדי ופקדתי עליהם (שמות לב) כל פקידות הבאות על ישראל יהיה מקצת עון העגל בהם [ירמיה שם]. ימותו אנשים. בחורים אינו דומה אבלו של בחור לאבלו של תינוק [שמואל א ב לג]. כשבאין לכלל אנשים בן שמנה עשרה [סנהדרין יד.]. בהמצאו. קודם גזר דין בעוד שהוא אומר לכם לדרשו [ישעיה נה ו]. משמע פעמים שאינו מצוי [יבמות מט: וכעי"ז קה.]. בעשרת הימים. שבעת ימי אבלו של שמואל תלה לו הקב"ה שלא יתערב אבל רשע באבלו ואחר כך תלה שלשה ימים ומת כעניין שנאמר. ויגוף ה' את נבל. ואמר מר (שמחות ג ט) תלה שלשה ימים ומת זו היא מיתת מגפה. ורבותינו אמרו (ר"ה יח.) אלו עשרת ימי תשובה שהמתין לו הקב"ה שיחזור בתשובה. ויש אומרים כנגד עשר לגימות שנתן נבל לעבדי דוד שעלה לו לדוד עשרה נערים והאכילן [שמואל א כה לח]. מעלות בית מרון. זקופין מאד ומעלה קצרה ומהלכין בה זה אחר זה ולא שנים יחד כדאמרינן בראש השנה (יח.) כבני מרון כמעלות בית מרון [עירובין כב:]. מעלות בית חורון. מקום צר ואין דרך לנטות ימין ושמאל וצריך האחד לנטות לאחוריו עד שמוצא מקום לנטות [סנהדרין לב:]. כחיילות של בית דוד. גבורים [קידושין עב.].

though [a decree] against a community **is sealed, it can be torn up?** שֶׁנֶּאֱמַר ,,כַּה׳ אֱלֹהֵינוּ בְּכָל־קָרְאֵנוּ אֵלָיו״ – **As it says:**[14] *For what great nation has a God Who is close to it,* ***as is Hashem, our God, whenever we call to Him?*** The implication of this verse is that whenever the Jewish people appeal to God, He is close by to answer their prayers and override any prior evil decrees.[15]

The Gemara asks:

וְהָכְתִיב ,,דִּרְשׁוּ ה׳ בְּהִמָּצְאוֹ״ – **But it is written:** ***Seek Hashem when He can be found;*** *call upon Him when He is near,*[16] indicating that at times God may be found and called upon and at other times he may not. This verse implies that God is not always available to overturn a decree. – ? –

The Gemara answers:

הָתָם בְּיָחִיד – **There,** in the verse *Seek Hashem when He can be found,* we are dealing **with an individual.** An individual can succeed in averting an evil decree only during certain times. הָכָא בְּצִבּוּר – **Here,** in the verse *For what great nation has a God Who is close to it . . . whenever we call to Him,* we are dealing (as Rav himself stated) **with a community,** which can always repent and overturn an evil decree.

The Gemara inquires:

בְּיָחִיד אֵימַת – **When** are the times that God is available **for an individual?**

The Gemara answers:

אָמַר רַבָּה בַּר אֲבוּהָ – **Rabbah bar Avuha said:** אֵלּוּ עֲשָׂרָה יָמִים שֶׁבֵּין רֹאשׁ הַשָּׁנָה לְיוֹם הַכִּפּוּרִים – **These are the ten days between Rosh Hashanah and Yom Kippur.**[17]

The Gemara cites a related discussion:

,,וַיְהִי כַּעֲשֶׂרֶת הַיָּמִים וַיִּגֹּף ה׳ אֶת־נָבָל״ – Scripture states: ***It happened after ten days that Hashem struck Naval.***[18] עֲשָׂרָה יָמִים מַאי עֲבִידְתַּיְיהוּ – Those **ten days, what was their significance?** Why did God not strike Naval immediately? אָמַר רַב יְהוּדָה אָמַר רַב – **Rav Yehudah said in the name of Rav:** כְּנֶגֶד עֶשֶׂר לְגִימוֹת שֶׁנָּתַן נָבָל לְעַבְדֵי דָוִד – His punishment was delayed for ten days **corresponding to the ten morsels** of refreshment **that Naval gave to the servants of David** who came to him.[19] (אמר) רַב נַחְמָן אָמַר רַבָּה בַּר אֲבוּהָ – **Rav Nachman said in the name of Rabbah bar Avuha:** אֵלּוּ עֲשָׂרָה יָמִים שֶׁבֵּין רֹאשׁ הַשָּׁנָה לְיוֹם הַכִּפּוּרִים – **These are the ten days between Rosh Hashanah and Yom Kippur** during which God waited for Naval to repent.[20]

The Mishnah stated:

בְּרֹאשׁ הַשָּׁנָה כָּל בָּאֵי הָעוֹלָם עוֹבְרִין לְפָנָיו כִּבְנֵי מָרוֹן – ON ROSH HASHANAH ALL THE WORLD'S INHABITANTS PASS BEFORE HIM LIKE *"BNEI MARON."*

The Gemara inquires regarding the last phrase:

מַאי כִּבְנֵי מָרוֹן – **What is** the meaning of **"like** ***bnei maron*****"?**

The Gemara presents three answers:

הָכָא תַּרְגִּימוּ כִּבְנֵי אִמְּרְנָא – **Here** in Babylonia **they translated it:**

NOTES

14. *Deuteronomy* 4:7.

15. Therefore, when the verse says that *your iniquity remains a stain,* it means only that the decree is sealed pending an appeal to God. If the Jewish people do call out to him, then the decree will be rescinded.

16. *Isaiah* 55:6. The passage continues (v. 7): *Let the wicked one forsake his way and the iniquitous man his thought; let him return to Hashem and He will show him mercy,* i.e. if he repents, God will mercifully spare him from the evil decrees that were previously issued against him.

17. [Although the ten days include Rosh Hashanah and Yom Kippur themselves, the Hebrew word בֵּין, *between,* is commonly used in such situations (see *Chochmas Shlomo, Orach Chaim* §345:1; cf. *Sifsei Chachamim*). These days are popularly known as the עֲשֶׂרֶת יְמֵי תְשׁוּבָה, the *Ten Days of Repentance* (see *Yerushalmi Rosh Hashanah* 1:3).]

In summary: R' Akiva, R' Elazar, the Tanna of the Baraisa cited on 17b and Rav all maintain that an individual may avert an evil decree only during the Ten Days of Repentance. R' Yitzchak (and possibly R' Meir) holds that an individual can have his decree overturned through crying out at any time of the year. [Even according to R' Yitzchak, the Ten Days of Repentance are a particularly opportune time for prayer and repentance (see above, note 5) and even according to the other views, repentance can help to ameliorate a decree throughout the year (see *Parashas Derachim* §13). In regard to a community, it is unanimously held that a community can have an evil decree rescinded at all times. If, however, the decree is accompanied by an oath, then it cannot be rescinded. [The Midrash (*Vayikra Rabbah* 10:5) cites a view that even a decree backed by an oath can be rescinded.]

In a moving discourse, *R' E. E. Dessler* presents a fundamental thesis that underpins several of the issues discussed in the last few pages. The following is a brief synopsis of this concept, found in *Michtav MeEliyahu* vol. II pp. 67-71: Each and every person has his specific temptations and his specific moral challenges. A person stands, so to speak, somewhere on a ladder. His feet step up or step down to the rung immediately above or below. Generally speaking, a person is not tempted by those sins that are far beneath him nor is he inspired to perform deeds of saintliness that are far above. However, there are exceptions. There are times when a person must make a choice that will bring him from one extreme to the other. For example: A person under intense pressure from perceived dangers decides whether to maintain his composure and his trust in God or to descend to emotional chaos and abandonment of his faith. In such a time of epic choice, a person can soar to the summit or plummet to the abyss.

Every Rosh Hashanah is a time of epic choice. During the Ten Days of Repentance a person can establish his spiritual level anywhere along an immensely wide range. During the rest of the year, the established level is the starting point from which he moves slowly upward or slowly downward. The blessings decreed at the beginning of the year are tied to a person's level. They are decrees for the whole year because, typically, a person does not deal with an epic choice from one Rosh Hashanah to the next. The *impact* of these blessings is, however, calibrated throughout the year according to the minor moral choices a person makes as the days of the year pass by. Thus, if a person edges downward, the bountiful rains decreed on Rosh Hashanah will fall in the desert; and if a person edges upward, the scarce rains decreed before will fall exactly where they are needed. These adjustments in a person's fortunes are intended to encourage him if he is advancing and nudge him in the right direction if he is not.

The above is true for an individual. But a community is capable of an epic choice at any time of the year. When the members of a community improve themselves spiritually, the members see each other and are inspired to fortify themselves further. This dynamic can lead to an epic change even in the middle of the year, and at that time they will no longer be deserving of the previously issued decree. Consequently, a decree against the community can always be "torn up."

Essentially, then, the Tannaim who dispute how often man is judged (above 16a) are not in conflict: A person's epic choices are made on Rosh Hashanah and during the Ten Days of Repentance, in response to the galvanizing knowledge that he is being judged; somewhat lesser but still significant choices are made on the festivals, each according to its unique inspiration; minor moral choices are made each day and nuances are added with every passing hour and moment.

18. *I Samuel* 25:38. Earlier in that chapter, Scripture relates that Naval was a very wealthy man who lived in the era of Saul and David. David's men had guarded Naval's shepherds and sheep in the desert, protecting them from harm and providing their needs. When Naval went to shear his sheep, David sent ten of his men to request that Naval give them whatever he could spare at his time of plenty. However, Naval flatly refused them. He also derided David by saying, *"Who is David, and who is the son of Jesse?"* and by referring to David as a slave (see v. 10). Ten days later, God struck Naval dead.

19. When David's servants visited him to make their request, he gave them one meal (*Rashi*). *Ben Yehoyada* explains that Naval was of such base character that he did not want to give them even this. However, since it is a universal custom to offer a guest something to eat, he therefore gave each of the ten men a spoonful of something sweet or the like. In consideration of this, his punishment was delayed for ten days.

20. [When Naval failed to do so, God struck him and he died.]

כאן קודם גזר דין כאן לאחר גזר דין הכא נמי ביחיד וגזר דין דיחיד תנאי היא דתניא היה רבי מאיר אומר שנים שעלו למטה וחוליין שוה וכן שנים שעלו לגרדום לידון ודינן שוה זה ירד וזה לא ירד זה ניצל וזה לא ניצל מפני מה זה ירד וזה לא ירד זה ניצל וזה לא ניצל זה התפלל ונענה וזה התפלל ולא נענה מפני מה זה נענה וזה לא נענה זה התפלל תפלה שלימה נענה וזה לא התפלל תפלה שלימה לא נענה ר' אלעזר אמר כאן קודם גזר דין כאן לאחר גזר דין רבי יצחק אמר א) יפה צעקה לאדם בין קודם גזר דין בין לאחר גזר דין וגזר דין דצבור מי מיקרע והא כתוב אחד אומר א) כבסי מרעה לבך וכתיב ב) כי אם תכבסי בנתר ותרבי לך בורית נכתם עונך לפני מאי לאו כאן קודם גזר דין כאן לאחר גזר דין לא אידי ואידי לאחר גזר דין ולא קשיא כאן בגזר דין שיש עמו שבועה כאן בגזר דין שאין עמו שבועה כדרב שמואל בר אמי דאמר רב שמואל בר אמי ואמרי לה אמר רב שמואל בר נחמני אמר רב יונתן ג) מנין לגזר דין שיש עמו שבועה שאינו נקרע שנאמר ג) [ו]לכן נשבעתי לבית עלי אם יתכפר עון בית עלי בזבח ובמנחה אמר ג) רבא בזבח ובמנחה אינו מתכפר אבל מתכפר בתורה אביי אמר בזבח ומנחה אינו מתכפר אבל מתכפר בתורה ובגמילות חסדים ד) רבה ואביי מדבית עלי קאתו רבה דעסק בתורה ה) חיה ארבעין שנין אביי דעסק בתורה ובגמילות חסדים חיה שיתין שנין תנו רבנן משפחה אחת היתה בירושלים שהיו מתיה מתין בני י"ח שנה באו והודיעו את רבן יוחנן בן זכאי אמר להם שמא ממשפחת עלי אתם דכתיב ביה ד) וכל מרבית ביתך ימותו אנשים לכו ועסקו בתורה וחיו הלכו ועסקו בתורה וחיו והיו קורין אותה משפחת ו) רבן יוחנן על שמו אמר רב שמואל בר איניא משמיה דרב מניין לגזר דין של צבור שאינו נחתם אינו נחתם והכתיב ב) נכתם עונך לפני אלא אע"ג שנחתם נקרע שנאמר ה) כה' אלהינו בכל קראנו אליו והכתיב ו) דרשו ה' בהמצאו ז) התם ביחיד הכא בצבור ח) ביחיד אימת אמר רבה בר אבוה א) אלו עשרה ימים שבין ר"ה ליוה"כ ז) ויהי כעשרת הימים ויגף ה' את נבל [י' ימים] מאי עבידתייהו אמר רב יהודה אמר רב כנגד עשר לגימות שנתן נבל לעבדי דוד (ט) אמר) רב נחמן אמר רבה בר אבוה אלו י' ימים שבין ר"ה ליוה"כ: בר"ה כל באי העולם עוברין לפניו כבני מרון: מאי כבני מרון הכא תרגימו כבני אמרנא ריש לקיש אמר כמעלות בית י) מרון (כ) אמר) רב יהודה אמר שמואל כחיילות של בית דוד אמר רבב"ח א"ר יוחנן וכולן נסקרין בסקירה אחת אמר ר"נ בר יצחק אף אנן נמי תנינא ח) היוצר יחד לבם המבין אל כל מעשיהם מאי קאמר אילימא ה"ק דברנהו לכולי עלמא ומייחד לביהו להדדי והא קא חזינן דלאו הכי הוא אלא לאו הכי קאמר היוצר רואה יחד לבם ומבין אל כל מעשיהם:

מתני' ט) על ששה חדשים השלוחין יוצאין על ניסן מפני הפסח על אב מפני התענית על אלול מפני ר"ה על תשרי מפני תקנת המועדות על כסליו מפני חנוכה ועל אדר מפני הפורים וכשהיה בהמ"ק קיים יוצאין אף על אייר מפני פסח קטן: גמ' וליפקו נמי אתמוז וטבת

דאמר

רש"י

לגרדום. בית וועד שדנים בו נפשות להריגה: ודינם שוה. שניהם נתפשו על דבר אחד: זה ירד. מן המטה: זה ניצול. מן הוועד: תפלה שלימה. נתכוון: אביי ורבא מדבית עלי אתו. כך שמעתי ובשחיטת חולין פרק הזרוע (דף קלג.) אשכחן דרבא לאו כהן הוא ושמא אמו מבית עלי היתה ויש גורסין רבה ואביי ומפרשי לה ברבה בר נחמני: ויחיד אימת. מצוי לו דכתיב בהמצאו: כנגד עשרה לגימות. עשרה עבדים שלח לו דוד כדמפרש בקרא (ש"א כה) ונתן להם סעודה אחת לפיכך נתלו לו עשרה ימים: רב נחמן אמר אלו עשרה ימים כו'. שהמתין לו הקב"ה שישוב ולא שב: בר"ה כל באי עולם כו' כבני אמרנא. ככבשים שמונין אותן לעשרן ויוצאין זה אחר זה בפתח קטן שאין יכולין לצאת כאחד: כמעלות בית מרון. הדרך קצר ואין שנים יכולין לילך זה בצד זה שהעמק עמוק משני צידי הדרך: ה"ג ורב יהודה אמר שמואל כחיילות של בית דוד והדר גרסינן אמר רבה בר בר חנה כו': כחיילות של בית דוד. וכבני מרון כבני חיילות של מלך מרון לשון מרות ואדנות וכך היו מונין אותם יוצאים זה אחר זה בצאתם למלחמה: וכולן נסקרין וכו'. ואע"פ שעוברין זה אחר זה: אף אנן נמי תנינא. דכולן נסקרים בסקירה אחת מדנסיב תנא דידן תלמודא למלתיה מהאי קרא היוצר יחד לבם: ולביהו מייחד כי הדדי. כלבו של זה כך לבו של זה: הכי קאמר היוצר רואה יחד לבם. ואקרא דלעיל מיניה קא מהדר השגיח אל כל יושבי הארץ היוצר אותם השגיח יחד את לבם: מתני' על ששה חדשים שלוחים יוצאים. שקדשו ב"ד החדש ע"פ עדים כשראו את החדש ומודיעים השלוחין לגולה יום שקדשוהו אם ביום שלשים וחדש שעבר חסר או ביום ל"א וחדש שעבר מלא: מפני הפסח. והולכין השלוחין עד הפסח חוץ מן השבתות: ועל אב מפני התענית. והולכין כל שמונת הימים חוץ מן השבת: על אלול מפני ר"ה. מודיעים מתי התחיל אלול ועושין ר"ה ביום שלשים לאלול בגולה דרוב שנים אין אלול מעובר ואע"פ שספק הוא בידם שמא יעברוהו ב"ד אי אפשר להן לדעת ועל כרחן הולכין אחר רוב שנים ואם לא ידעו מתי התחיל אלול לא ידעו יום שלשים שלו: ועל תשרי מפני תקנת המועדות. לאחר שקדשוהו ב"ד לתשרי השלוחין יוצאין ליום המחרת והולכין עד מקום שיכולין להגיע עד החג ומודיעים אם עיברו ב"ד את אלול ואם לאו כדי שלא יהא לבם נוקפן ביוה"כ וסוכות: פסח קטן. פסח שני לטמא ושהיה בדרך רחוקה בראשון: גמ'

דאמר

תוספות

כאן קודם גזר דין. בפרק בתרא דנדה (דף ע: ושם) משני נמי הכי והוה מצי לשנויי כדאמר להו קב"ה למלאכי השרת בפ' מי שמתו (ברכות דף כ:) ולא אשא פנים לישראל אני אמרתי ואכלת ושבעת וברכת והם דקדקו עד כזית עד כביצה ומיהו גם זה אמת שאף לישראל אינו נושא פנים אלא קודם גזר דין: רבה ואביי מדבית עלי קאתו. רבא חבירו של אביי לא הוה כהן כדמוכח בפ' הזרוע (חולין דף קלג.) והכא רבה חבירו של רב חסדא וכן משמע נמי בפרק בתרא דמו"ק (דף כח. ושם) דאמר רבא חיי בני ומזוני לא בזכותא תליא מילתא אלא במזלא תליא מילתא דהא רבה ורב חסדא תרוייהו צדיקים גמורים הוו מר מצלי ואתי מיטרא ומר מצלי ואתי מיטרא רבה חיה ארבעין שנין ורב חסדא חיה תשעין מ) שנין וא"ת מנא ליה דמשום מזלא הוה דלמא משום דרבה אתא מדבית עלי וי"ל דאפ"ה אי לאו מזלא הוה מגין עליו זכות תורה וא"ת דהכא משמע דרבה לא היה לו זכות של גמילות חסדים והא אמרינן בפ' חלק (סנהדרין דף נח:) אמר ליה אביי לרבה מר הא תורה הא גמילות חסדים וי"ל דמ"מ אביי עסק טפי מיניה י): על ניסן מפני הפסח. אבל על סיון מפני עצרת לא צריך דבעומר הדבר תלוי כדאמרי' לעיל (דף ו:) דתני רב שמעיה עצרת פעמים חמשה פעמים ששה פעמים שבעה: ועל אלול מפני ר"ה. מודיעים מתי מתחיל אלול ועושין ר"ה ביום שלשים לאלול בגולה וגם למחרתו כדמשמע בפ"ק דביצה (דף ה.) ובפ' בכל מערבין (עירובין דף לט. ושם) שהיו עושין שני ימים טובים של ר"ה מספק דלמא עברוה לאלול מ"מ אם לא ידעו מתי מתחיל אלול לא ידעו יום שלשים:

הואיל

עין משפט נר מצוה

צט א מיי' פ"ב מהל' תשובה הלכה ו סמג עשין טז:

ק ב מיי' פ"ג מהל' קידוש החדש הל' ט:

רבינו חננאל

ואסיקנא גז"ד דיחיד נמי שאינו נקרע אע"פ שעשה תשובה תנאי היא כלומר יש מי שאומר והוא ר' מאיר שהתשובה מבטלת אפילו גז"ד דיחיד. ור' אלעזר חולק עליו. פי' גרדום א) מושב השופט כשיושב לשפוט. ר' יצחק אמר לעולם יפה צעקה לאדם בין לפני גז"ד בין לאחר גז"ד. ואקשינן וגזר דין דצבור מי מיקרע והכתיב כבסי מרעה לבך ירושלים למען תושעי וכתוב אחד אומר כי אם תכבסי בנתר וגו' מאי לאו האי דכתיב נכתם עונך לפני ב) בגז"ד שיש עמו שבועה דאמר מניין לגזר דין שיש עמו שבועה שאינו נקרע שנאמר ולכן נשבעתי לבית עלי אם יתכפר עון בית עלי וגו' אמר רבה בזבח ובמנחה אינו מתכפר אבל מתכפר בדברי תורה. אביי אמר מתכפר נמי בגמילות חסדים רבה בר נחמני ואביי תרווייהו מדבית עלי קאתו וכתיב בבית עלי וכל מרבית ביתך ימותו אנשים כלום אינם מאריכין שנים יותר מעשרים. רבה דעסק בתורה חיה מ' שנים אביי דעסק בתורה ובגמילות חסדים חיה שיתין שנין. ומשפחה אחרת היתה מבית עלי שהיו מתים בן י"ח שנה והלכו ועסקו בתורה וחיו כו' אמרו משמיה דרב מנין לגז"ד של צבור דאע"פ שנחתם מתקרע שנאמר אשר לו אלהים קרובים אליו. איני והכתיב קראוהו בהיותו קרוב ביחיד ואימתי הוא קרוב ליחיד בעשרה ימים שבין ר"ה ליוה"כ. ויהי כעשרת הימים ויגוף ה' את נבל. אמר רב כנגד י' לגימות שנתן נבל לעבדי דוד. ובר"ה כל באי עולם עוברין לפניו כבני מרון שנאמר היוצר יחד לבם המבין אל כל מעשיהם. הכא תרגימו כבני אימרנא (כבני אימרונא) פי' כבני כבשים העוברים ע"י מונה אר"י וכולן נסקרין בסקירה אחת פי' מביט כל באי עולם ומביט להם בהבטה אחת ומבין כל מעשיהן. אמר רנב"י תנינא להא דר"י דתנן כל באי עולם עוברין לפניו כבני מרון שנאמר היוצר יחד לבם ופירוש היוצר רואה יחד לבם של כל באי עולם ומבין אל כל מעשיהם. ודן אותם כל אחד לפי מעשיו: מתני' על ששה חדשים שלוחין יוצאין

חשק שלמה על ר"ח

א) עיין בערוך ערך גרדום שכתב בשם ר"ח גרדין פי' מעלות שעושין לדיינין שיושבין עליהן כו'. ועלנו מעלה גרדום על יד ונראה דלזה כוון רבינו ג"כ. ב) חסר כאן: או לאחר גז"ד ופירוקו דהכא בגז"ד כו'.

מסורת הש"ס

א) [לעיל טז.], ב) יבמות קה., ג) [רבה נ"ל בה"ע' תוס' שבת כג: ד"ה גורה ובדק ע: בתוס' ד"ה מדע וכו' וביבמות קה. איתא על נכון], ד) [גי' ע"י רבא], ה) [מו"ק כח.], ו) [בע"י וביבמות קה. ליתא מלת רבן], ז) [יבמות מט: קה.], ח) [שם ע"ש], ט) [ילקוט ליתא], י) [גי' ע"י חורון וכן בהגלות ש וכרב אלפס ועי' סנהדרין לג: ועירובין כב:], כ) [ג"מ מ"ו], ל) [לקמן כא.], מ) [ותרתנין יט. וע"ע תוס' יבמות קה. ד"ה רבה ותוס' בכורות מ. ד"ה רבה].

תורה אור השלם

א) כַּבְּסִי מֵרָעָה לִבֵּךְ יְרוּשָׁלַיִם לְמַעַן תִּוָּשֵׁעִי עַד מָתַי תָּלִין בְּקִרְבֵּךְ מַחְשְׁבוֹת אוֹנֵךְ: [ירמיה ד, יד]

ב) כִּי אִם תְּכַבְּסִי בַּנֶּתֶר וְתַרְבִּי לָךְ בֹּרִית נִכְתָּם עֲוֹנֵךְ לְפָנַי נְאֻם אֲדֹנָי אֱלֹהִים: [ירמיה ב, כב]

ג) וְלָכֵן נִשְׁבַּעְתִּי לְבֵית עֵלִי אִם יִתְכַּפֵּר עֲוֹן בֵּית עֵלִי בְּזֶבַח וּבְמִנְחָה עַד עוֹלָם: [שמואל א ג, יד]

ד) וְאִישׁ לֹא אַכְרִית לְךָ מֵעִם מִזְבְּחִי לְכַלּוֹת אֶת עֵינֶיךָ וְלַאֲדִיב אֶת נַפְשֶׁךָ וְכָל מַרְבִּית בֵּיתְךָ יָמוּתוּ אֲנָשִׁים: [שמואל א ב, לג]

ה) כִּי מִי גוֹי גָּדוֹל אֲשֶׁר לוֹ אֱלֹהִים קְרֹבִים אֵלָיו כַּיְיָ אֱלֹהֵינוּ בְּכָל קָרְאֵנוּ אֵלָיו: [דברים ד, ז]

ו) דִּרְשׁוּ יְיָ בְּהִמָּצְאוֹ קְרָאֻהוּ בִּהְיוֹתוֹ קָרוֹב: [ישעיה נה, ו]

ז) וַיְהִי כַּעֲשֶׂרֶת הַיָּמִים וַיִּגֹּף יְיָ אֶת נָבָל וַיָּמֹת: [שמואל א כה, לח]

ח) הַיֹּצֵר יַחַד לִבָּם הַמֵּבִין אֶל כָּל מַעֲשֵׂיהֶם: [תהלים לג, טו]

ליקוטי רש"י

בנתר. מין אדמה שחפין בה את הבגדים [ירמיה ב כב]. מין אדמה רכה כגון אדמה שלנו הנקרא קרי"א [משלי כה כ]. מין אדמה לבנה [שבת טו.]. מין אדמה שקורין גיטר"א [שם פט:]. קרקע הוא ולא כפן כעין קרקע קרי"א בלע"ז [תענית יג.]. מין אדמה הוא וקורין לה ניתרא [סנהדרין מט:]. בורית. לשון בורית סבון בלע"ז ולשונו לשון נקיון כמו ובר לבב (תהלים כד ד) ע"ש שהוא מנקה הנגעל מכתמיו [ישעיה א כה]. נקיון כמו ובר (תהלים כד) ויש לועזים בורית שאבון בלע"ז. נכתם עונך. כתמא דלא דכי כן סגיאו חובך קדמי. כתם. טאק"א בלע"ז. עונך. של עון העגל שאמר […] קיים לעולם שנאמר וביום פקדי ופקדתי עליהם

(שמות לב) כל פקידות הבאות על ישראל יש בהם מקצת עון העגל [ירמיה שם]. ימותו אנשים. בחורים […] [שמואל א ב לג]. בהמצאו. […] בעשרת הימים. […] את נבל. […] מעלות בית מרון […] בית מרון [עירובין כב.]. מעלות בית חורון. […] כחיילות של בית דוד. […] גדוד [קידושין עב.].

like lambs.[21] רֵישׁ לָקִישׁ אָמַר – **Reish Lakish** who was from Eretz Yisrael **said:** כְּמַעֲלוֹת בֵּית מָרוֹן – **Like** the people traversing **the elevated paths of** the **Maron area.**[22] (אמר) רַב יְהוּדָה אָמַר שְׁמוּאֵל – **Rav Yehudah said in the name of Shmuel:** כַּחֲיָילוֹת שֶׁל בֵּית דָּוִד – **Like the soldiers of the House of David.**[23]

The Gemara comments:

אָמַר רַבָּה בַּר בַּר חָנָה אָמַר רַבִּי יוֹחָנָן – **Rabbah bar bar Chanah said in the name of R' Yochanan:** וְכוּלָּן נִסְקָרִין בִּסְקִירָה אַחַת – **But they are all examined with one glance.**[24]

The Gemara supports this last statement:

אָמַר רַב נַחְמָן בַּר יִצְחָק – **Rav Nachman bar Yitzchak said:** אַף אֲנַן נַמִּי תָּנֵינָא – **We have also learned this in our Mishnah,** which concludes by citing this verse:[25] *From His dwelling place He oversees all inhabitants of the earth,* "הַיּוֹצֵר יַחַד לִבָּם הַמֵּבִין אֶל־כָּל־מַעֲשֵׂיהֶם" – *THE ONE WHO CREATES THEIR HEARTS TOGETHER, WHO UNDERSTANDS ALL THEIR DEEDS.* מַאי קָאָמַר – **What does [this verse] mean?** אִילֵימָא הָכִי קָאָמַר – **If you say** that **this is what it means,** דִּבְרִנְהוּ לְכוּלֵּי עָלְמָא וּמְיַיחֵד לִבַּיְיהוּ כַּהֲדָדֵי – **that [God] created everyone and united their hearts together,** i.e. He made each person think alike, וְהָא קָא חָזֵינַן דְּלָאו הָכִי הוּא – **but we see that this is not so.** People think very differently from each other! אֶלָּא לַאו הָכִי קָאָמַר – **Rather, is this not what the verse means:** הַיּוֹצֵר רוֹאֶה יַחַד לִבָּם וּמֵבִין אֶל כָּל מַעֲשֵׂיהֶם – **The Creator sees their hearts together** in one glance **and understands all their deeds.**[26]

Mishnah This Mishnah turns to the subject of the sanctification of Rosh Chodesh based on the appearance of the new moon:[27]

NOTES

21. [That is, *maron* is related to *imrana,* Aramaic for lambs.] When lambs are counted for tithing, they are let out one at a time through a door too small for two to go out together (*Rashi*).

22. In the Maron area, there was a road with a steep drop on both sides. The road itself was so narrow that two people could not walk side by side upon it (*Rashi*). Thus, people walked upon this path one after the other.

[The reference here is possibly to a certain slope of Mount Meron in the Upper Galilee (one of the highest mountains in Eretz Yisrael, second only to Mount Hermon). [The narrow path of Meron is also mentioned in *Eruvin* 22b.]

An alternate reading found in the Rishonim and cited in *Mesoras HaShas* (see also *Dikdukei Soferim*) is בֵּית חורון, *Beis Choron.* This area is located in the hilly region of Judea, which connects the lowland with Jerusalem. Its narrow path is mentioned in *Sanhedrin* 32b.]

23. According to this explanation the term *maron* is related to מָרוּת, *marus, authority.* David's soldiers were counted one at a time as they walked out to war in single file (*Rashi*).

[Several commentators explain that these three interpretations of the phrase *bnei maron* are not really in conflict; rather, each interpretation reflects a different aspect of God's judgment or a different category of the judged. See *Maharal, Maharsha, Ben Yehoyada* and *Or Yisrael, Kochvei Or* §4. See also *R' Chaim of Volozhin* in his *Derashah Before Selichos,* printed at the end of combined editions of *Nefesh HaChaim* and *Ruach Chaim* ד"ה אך יש עוד.]

24. That is, even though every person passes by one by one, God examines them all together (*Rashi*). Several commentators note that this seems to be a contradiction: If people are judged one after the other, they are not being judged simultaneously!

R' Chaim Friedlander (*Sifsei Chaim* I pp. 153-161) explains that the Gemara's intent is not to teach us the mechanics of how God judges the world's inhabitants. Rather the descriptions of "passing by one by one" and "all at one glance" refer to two different elements of the judgment, i.e. the two kinds of judgment we face on Rosh Hashanah.

A person is required to realize that it would have been worthwhile to create the entire universe for his sake alone (see *Sanhedrin* 37a). This means that each person is responsible to act virtuously and thus lend purpose and meaning to the world and everything in it, according to his unique nature. The consideration of how a person discharges this responsibility is the judgment of "one by one."

Every person also plays a specific role within the Jewish people. When he fulfills or fails to fulfill his specific mission this has ramifications for the nation as a whole. His deeds affect not only the people alive in his generation, but everyone from the founding of the Jewish people until the coming of the Messiah. The consideration of a person's part in this context is the judgment of "all at one glance" (see also *Maharal* here).

25. *Psalms* 33:14,15.

26. Thus, the verses should be read: *From His dwelling place He oversees all inhabitants of the earth, the Creator [oversees] their hearts together* [the "all at one glance" judgment] *and understands all their deeds* [the "one by one" judgment (see *Rabbeinu Chananel*)].

Since the Mishnah cited this verse, it shows that R' Yochanan's teaching (the "all at once glance" judgment) is also intended (see *Rashi*).

27. Although the first two Mishnahs of our chapter dealt with Rosh Hashanah (and related issues), the bulk of the Mishnahs in our tractate deal with *Kiddush HaChodesh,* the sanctification of Rosh Chodesh [the first day of the month]. The Gemara treats this topic in depth until 26a. For a thorough introduction to the premises of *Kiddush HaChodesh,* see the General Introduction. The following comments are offered here merely to place our Mishnah in its proper context:

The Jewish calendar is in large part based on the orbit of the moon around the earth. The lunar cycle is approximately 29½ days and there are approximately twelve lunar cycles for every solar cycle, or in calendric terms, twelve months in a year. While the calendar is based on precise astronomical computations, there is also a mitzvah to sanctify each new month based on the sighting of the new moon (*Exodus* 12:2; see *Rambam, Sefer HaMitzvos Asei* §153; see also *Rambam, Hil. Kiddush HaChodesh* 1:7).

Each month in the Jewish year can be either twenty-nine or thirty days long (see above, 6b). If the *Beis Din* proclaims Rosh Chodesh on the thirtieth day, then that thirtieth day becomes the first day of the next month and the previous month is deficient, i.e. twenty-nine days long. If, however, the thirty-first day becomes Rosh Chodesh, then the previous month is termed "full" and contains thirty days (*Rashi*). A month cannot be longer than thirty days (see *Yerushalmi Sheviis* 10:1). The observances of all the fasts and festivals depend upon *Beis Din's* declaration, and their decision is final.

The procedures surrounding the sanctification of a new month are as follows: Near the beginning of a lunar cycle, the moon is totally invisible to us. A few hours into a cycle, a small part of the moon becomes visible as a very thin crescent. If during this first phase, a person sees the moon, he is to travel to *Beis Din* and testify to this effect. After screening two witnesses as to their eligibility and interrogating them to determine the reliability of their testimony, *Beis Din* then sanctifies and declares the day to be Rosh Chodesh. Afterwards, *Beis Din* has to inform the people in outlying areas of their decision, so that the fasts and festivals can be observed on the proper dates. Places that could not be informed in time had to observe two-day festivals (*Rambam, Hil. Kiddush HaChodesh* 5:4-6; see *Ritva* here for a lengthy discussion of this last point).

The method of *Kiddush HaChodesh* described above was in use until the year 4118 after Creation (358 C.E.). Then the entire structure of Jewish communal life in Eretz Yisrael was on the verge of extinction due to foreign persecution, and the very institution of *Beis Din* was endangered. R' Hillel (a thirteenth-generation direct descendant of Hillel the Elder), who was the head of *Beis Din,* instituted the current Jewish calendar and discontinued קִדּוּשׁ הַחֹדֶשׁ עַל פִּי רְאִיָּה, *sanctification of Rosh Chodesh based on sighting.* By astronomical and halachic calculations, he and his court devised the system in use today, and sanctified every Rosh Chodesh until the coming of the Messiah (*Ramban, Sefer HaZechus, Gittin,* ch. 4; cf. *Rambam, Hil. Kiddush HaChodesh* 5:1-3 for a different interpretation of R' Hillel's enactment).

The following Mishnah discusses *Beis Din's* notification of far-flung communities, the last step in the *Kiddush HaChodesh* process outlined above. Although it would have seemed more logical to begin with the

כאן קודם גזר דין כאן לאחר גזר דין הכא נמי ביחיד וגזר דין דיחיד תנאי היא דתניא היה רבי מאיר אומר שנים שעלו למטה וחוליין שוה וכן שנים שעלו לגרדום לידון ודינן שוה זה ירד וזה לא ירד זה ניצל וזה לא ניצל מפני מה זה ירד וזה לא ירד זה ניצל וזה לא ניצל זה התפלל ונענה וזה התפלל ולא נענה מפני מה זה נענה וזה לא נענה זה התפלל תפלה שלימה נענה וזה לא התפלל תפלה שלימה לא נענה ר' אלעזר אמר כאן קודם גזר דין כאן לאחר גזר דין רבי יצחק אמר [א] יפה צעקה לאדם בין קודם גזר דין בין לאחר גזר דין וגזר דין דצבור מי מיקרע והא כתוב אחד אומר [א] כבסי מרעה לבך וכתיב [ב] כי אם תכבסי בנתר ותרבי לך בורית נכתם עונך לפני מאי לאו כאן קודם גזר דין כאן לאחר גזר דין לא אידי ואידי לאחר גזר דין ולא קשיא כאן בגזר דין שיש עמו שבועה כאן בגזר דין שאין עמו שבועה כדרב שמואל בר אמי דאמר רב שמואל בר אמי ואמרי לה אמר רב שמואל בר נחמני אמר רב יונתן [ג] מנין לגזר דין שיש עמו שבועה שאינו נקרע שנאמר [ג] [ו]לכן נשבעתי לבית עלי אם יתכפר עון בית עלי בזבח ובמנחה אמר [ג] רבא בזבח ובמנחה אינו מתכפר אבל מתכפר בתורה אביי אמר בזבח ומנחה אינו מתכפר אבל מתכפר בתורה ובגמילות חסדים [ד] רבה ואביי מדבית עלי קאתו רבה דעסק בתורה [ה] חיה ארבעין שנין אביי דעסק בתורה ובגמילות חסדים חיה שיתין שנין תנו רבנן משפחה אחת היתה בירושלים שהיו מתיה מתין בני י"ח שנה באו והודיעו את רבן יוחנן בן זכאי אמר להם שמא ממשפחת עלי אתם דכתיב ביה [ד] וכל מרבית ביתך ימותו אנשים לכו ועסקו בתורה וחיו הלכו ועסקו בתורה וחיו והיו קורין אותה משפחת [ו] רבן יוחנן על שמו אמר רב שמואל בר איניא משמיה דרב מניין לגזר דין של צבור שאינו נחתם ואם נחתם והכתיב [ב] נכתם עונך לפני אלא אע"ג שנחתם נקרע שנאמר [ה] כה' אלהינו בכל קראנו אליו והכתיב [ו] דרשו ה' בהמצאו [ז] התם ביחיד הכא בצבור [ח] ביחיד אימת אמר רבה בר אבוה [א] אלו עשרה ימים שבין ר"ה ליוה"כ [ז] ויהי כעשרת הימים ויגף ה' את נבל [י' ימים] מאי עבידתייהו אמר רב יהודה אמר רב כנגד עשר לגימות שנתן נבל לעבדי דוד ([ט] אמר) רב נחמן אמר רבה בר אבוה אלו י' ימים שבין ר"ה ליוה"כ: בר"ה כל באי העולם עוברין לפניו כבני מרון: מאי כבני מרון הכא תרגימו כבני אמרנא ריש לקיש אמר כמעלות בית [י] מרון ([כ] אמר) רב יהודה אמר שמואל כחיילות של בית דוד אמר רבב"ח א"ר יוחנן וכולן נסקרין בסקירה אחת אמר ר"נ בר יצחק אף אנן נמי תנינא [ח] היוצר יחד לבם המבין אל כל מעשיהם מאי קאמר אילימא ה"ק דברנהו לכולי עלמא ומייחד לביהו כהדדי והא קא חזינן דלאו הכי הוא אלא לאו הכי קאמר היוצר רואה יחד לבם ומבין אל כל מעשיהם: **מתני'** [ג] [ב] על ששה חדשים השלוחין יוצאין על ניסן מפני הפסח על אב מפני התענית על אלול מפני ר"ה על תשרי מפני תקנת המועדות על כסליו מפני חנוכה ועל אדר מפני הפורים וכשהיה בהמ"ק קיים יוצאין אף על אייר מפני פסח קטן: **גמ'** וליפקו נמי אתמוז וטבת דאמר

רש"י

לגרדום. בית וועד שדנים בו נפשות להריגה: ודינם שוה. שניהם נתפשו על דבר אחד: זה ירד. מן המטה: זה ניצול. מן הוועד: תפלה שלימה. נתכוון: אביי ורבא מדבית עלי אתו. כך שמעתי ובשמיטת חולין פרק הזרוע (דף קלג.) אשכחן דרבא לאו כהן הוא ושמא אמו מבית עלי היתה ויש גורסין רבה ואביי ומפרשי לה ברבה בר נחמני: ויחיד אימת. מנא לו דכתיב בהמצאו: כנגד עשרה לגימות. עשרה עבדים שלח לו דוד כדמפרש בקרא (ש"א כה) ונתן להם סעודה אחת לפיכך נתנו לו עשרה ימים: רב נחמן אמר אלו עשרה ימים כו'. שהמתין לו הקב"ה שישוב ולא שב: בר"ה כל באי עולם כו' כבני אמרנא. ככבשים שמונין אותן לעשרן ויוצאין זה אחר זה בפתח קטן שאין יכולין לצאת כאחד: כמעלות בית מרון. הדרך קצר ואין שנים יכולין לילך זה בצד זה שהעמק עמוק משני צידי הדרך: ה"ג ורב יהודה אמר שמואל כחיילות של בית דוד והכי גרסינן אמר רבה בר בר חנה כו': כחיילות של בית דוד. וכבני מרון כבני חיילות של מלך מרון לשון מרות ואדנות וכך היו מונין אותם יוצאים זה אחר זה בצאתם למלחמה: וכולן נסקרין וכו'. ואע"פ שעוברין זה אחר זה: אף אנן נמי תנינא. דכולן נסקרים בסקירה אחת מדנסיב תנא דידן תלמודא למלתיה מהאי קרא היוצר יחד לבם: ולבייהו מייחד כי הדדי. כלבו של זה כך לבו של זה: הכי קאמר היוצר רואה יחד לבם. ואקרא דלעיל מיניה קא מהדר השגיח אל כל יושבי הארץ היוצר אותם השגיח יחד את לבם: **מתני'** על ששה חדשים שלוחים יוצאים. שקדשו ב"ד החדש ע"פ עדים כשראו את החדש ומודיעים השלוחין לגולה יום שקדשוהו אם ביום שלשים וחדש שעבר חסר או ביום ל"א וחדש שעבר מלא: מפני הפסח. והולכין השלוחין עד הפסח חוץ מן השבתות: ועל אב מפני התענית. והולכין כל שמונת הימים חוץ מן השבת: על אלול מפני ר"ה. מודיעים מתי התחיל אלול ועושין ר"ה ביום שלשים לאלול בגולה דרוב שנים אין אלול מעובר ואע"פ שספק הוא בידם שמא יעברוהו ב"ד אי אפשר להן לדעת ועל כרחן הולכין אחר רוב שנים ואם לא ידעו מתי התחיל אלול לא ידעו יום שלשים שלו: ועל תשרי מפני תקנת המועדות. לאחר שקדשוהו ב"ד לתשרי השלוחין יוצאין ליום המחרת והולכין עד מקום שיכולין להגיע עד החג ומודיעים אם עיברו ב"ד את אלול ואם לאו כדי שלא יהא להם נוקפין ביוה"כ וסוכות: פסח קטן. פסח שני לטמא ושהיה בדרך רחוקה בראשון: גמ' דאמר

תוספות

כאן קודם גזר דין. בפרק בתרא דנדה (דף ע: ושם) משני נמי הכי והוה מצי לשנויי כדאמר להו קב"ה למלאכי השרת בפ' מי שמתו (ברכות דף כ:) ולא אשא פנים לישראל אני אמרתי ואכלת ושבעת וברכת והם דקדקו עד כזית עד כביצה ומיהו גם זה אמת שאף לישראל אינו נושא פנים אלא קודם גזר דין: **רבה** ואביי מדבית עלי קאתו. רבא חבירו של אביי לא הוה כהן כדמוכח בפ' הזרוע (חולין דף קלג.) והכא רבה חבירו של רב חסדא וכן משמע נמי בפרק בתרא דמו"ק (דף כח. ושם) דאמר רבא חיי בני ומזוני לא בזכותא תליא מילתא אלא במזלא תליא מילתא דהא רבה ורב חסדא תרוייהו צדיקים גמורים הוו מר מצלי ואתי מיטרא ומר מצלי ואתי מיטרא רבה חיה ארבעין שנין ורב חסדא חיה תשעין [מ] שנין וא"ת מנא ליה דמשום מזלא הוה דלמא משום דרבה אתא מדבית עלי וי"ל דאפ"ה אי לאו מזלא הוה מגין עליו זכות תורה וא"ת דהכא משמע דרבה לא היה לו זכות של גמילות חסדים והא אמרינן בפ' חלק (סנהדרין דף צט:) אמר ליה אביי לרבה מר הא תורה הא גמילות חסדים וי"ל דמ"מ אביי עסק טפי מיניה[ס]: **על** ניסן מפני הפסח. אבל על סיון מפני עצרת לא צריך דבעומר הדבר תלוי כדאמרי' לעיל (דף ו:) דתני רב שמעיה עצרת פעמים חמשה פעמים ששה פעמים שבעה: **ועל** אלול מפני ר"ה. מודיעים מתי מתחיל אלול ועושין ר"ה ביום שלשים לאלול בגולה וגם למחרתו כדמשמע בפ"ק דביצה (דף ה.) ובפ' בכל מערבין (עירובין דף לט. ושם) שהיו עושין שני ימים טובים של ר"ה מספק דלמא עברוה לאלול מ"מ אם לא ידעו מתי מתחיל אלול לא ידעו יום שלשים:

הואיל

עין משפט נר מצוה

צט א מיי' פ"ב מהל' תשובה הלכה ו סמג עשין טז:

ק ב מיי' פ"ג מהל' קידוש החדש הל' ט:

רבינו חננאל

ואסיקנא גז"ד דיחיד נמי שאינו נקרע אע"פ שעשה תשובה תנאי היא כלומר יש מי שאומר והוא ר' מאיר שהתשובה מבטלת אפילו גז"ד דיחיד. ור' אלעזר חולק עליו. פי' גרדום [א] מושב השופט כשיושב לשפוט. ר' יצחק אמר לעולם יפה צעקה לאדם בין לפני גז"ד בין לאחר גז"ד. ואקשינן וגזר דין דצבור מי מיקרע והכתיב כבסי מרעה לבך ירושלים למען תושעי וכתוב אחד אומר כי אם תכבסי בנתר וגו' מאי לאו האי דכתיב נכתם עונך לפני [ב] בגז"ד שיש עמו שבועה דאמר מניין לגזר דין שיש עמו שבועה שאינו נקרע שנאמר ולכן נשבעתי לבית עלי אם יתכפר עון בית עלי וגו' אמר רבה בזבח ובמנחה אינו מתכפר אבל מתכפר בדברי תורה. אביי אמר מתכפר נמי בגמילות חסדים רבה בר נחמני ואביי תרווייהו מדבית עלי קאתו וכתיב בבית עלי וכל מרבית ביתך ימותו אנשים כלום אינם מאריכין שנים יותר מעשרים. רבה דעסק בתורה חיה מ' שנים אביי דעסק בתורה ובגמילות חסדים חיה שיתין שנין. ומשפחה אחרת היתה מבית עלי שהיו מתים בן י"ח שנה והלכו ועסקו בתורה וחיו כו' אמרו משמיה דרב מנין לגז"ד של צבור דאע"פ שנחתם מתקרע שנאמר אשר לו אלהים קרובים אליו. איני והכתיב קראוהו בהיותו קרוב ביחיד ואימתי הוא קרוב ליחיד בעשרה ימים שבין ר"ה ליוה"כ. ויהי כעשרת הימים ויגוף ה' את נבל. אמר רב כנגד י' לגימות שנתן נבל לעבדי דוד. ובר"ה כל באי עולם עוברין לפניו כבני מרון שנאמר היוצר יחד לבם המבין אל כל מעשיהם. הכא תרגימו כבני אימרנא (כבני אימרונא) פי' כבני כבשים העוברים ע"י מונה אר"י וכולן נסקרין בסקירה אחת פי' מביט כל באי עולם ומביט להם בהבטה אחת ומבין כל מעשיהן. אמר רנב"י תנינא להא דר"י דתנן כל באי עולם עוברין לפניו כבני מרון שנאמר היוצר יחד לבם ופירוש היוצר רואה יחד לבם של כל באי עולם ומבין אל כל מעשיהם. ודן אותם כל אחד לפי מעשיו: מתני' על ששה חדשים שלוחין יוצאין

חשק שלמה על ר"ח

[א] עיין בערוך ערך גרדוס שכתב ס"א גרדין פי' מעלות שעושין לדיינין שיושבין עליהן כו'. ובלעז מעלה גראדין עכ"ל ונראה דלזה כוון רבינו ג"כ. [ב] חסר וצ"ל לאחר גז"ד ופרקינן דהתם בגז"ד כו'.

מסורת הש"ס

א) [לעיל טז.], ב) יבמות קה., ג) [רבה צ"ל כדי עי' תוס' שבת לג: ד"ה גזרה ודף ע: ד"ה כתוב], ד) [יבמות קה. חולין קלג.], ה) [גי' ע"י רבא], ו) [מו"ק כח.], ז) [ע"ע תוס' יבמות קה. ד"ה אתא מהן רבנן], ח) [יבמות מט: קה.], ט) [שם וע"ש], י) [ילקוט ליתא], כ) [גי' ע"י הורון וכן בהגהות הרא"ש וכרב אלפס ועי' סנהדרין לג: ועירובין כב.], ל) ר"מ מ"ו, מ) [לקמן כא:], נ) [וע"ע תוס' יבמות קה. ד"ה רבה ותוס' בכורות מו. ד"ה רבה].

תורה אור השלם

א) כַּבְּסִי מֵרָעָה לִבֵּךְ יְרוּשָׁלִַם לְמַעַן תִּוָּשֵׁעִי עַד מָתַי תָּלִין בְּקִרְבֵּךְ מַחְשְׁבוֹת אוֹנֵךְ: [ירמיה ד, יד]

ב) כִּי אִם תְּכַבְּסִי בַּנֶּתֶר וְתַרְבִּי לָךְ בֹּרִית נִכְתָּם עֲוֹנֵךְ לְפָנַי נְאֻם אֲדֹנָי אֱלֹהִים: [ירמיה ב, כב]

ג) וְלָכֵן נִשְׁבַּעְתִּי לְבֵית עֵלִי אִם יִתְכַּפֵּר עֲוֹן בֵּית עֵלִי בְּזֶבַח וּבְמִנְחָה עַד עוֹלָם: [שמואל א ג, יד]

ד) וְאִישׁ לֹא אַכְרִית לְךָ מֵעִם מִזְבְּחִי לְכַלּוֹת אֶת עֵינֶיךָ וְלַאֲדִיב אֶת נַפְשֶׁךָ וְכָל מַרְבִּית בֵּיתְךָ יָמוּתוּ אֲנָשִׁים: [שמואל א ב, לג]

ה) כִּי מִי גוֹי גָּדוֹל אֲשֶׁר לוֹ אֱלֹהִים קְרֹבִים אֵלָיו כַּיְיָ אֱלֹהֵינוּ בְּכָל קָרְאֵנוּ אֵלָיו: [דברים ד, ז]

ו) דִּרְשׁוּ יְיָ בְּהִמָּצְאוֹ קְרָאֻהוּ בִּהְיוֹתוֹ קָרוֹב: [ישעיה נה, ו]

ז) וַיְהִי כַּעֲשֶׂרֶת הַיָּמִים וַיִּגֹּף יְיָ אֶת נָבָל וַיָּמֹת: [שמואל א כה, לח]

ח) הַיֹּצֵר יַחַד לִבָּם הַמֵּבִין אֶל כָּל מַעֲשֵׂיהֶם: [תהלים לג, טו]

ליקוטי רש"י

בנתר. מין אדמה שמפין וספין בה את הבגדים [ירמיה ב כב]. מין אדמה רכה כמון אדמה שלנו הנקרא קריד"א [משלי כה כ]. מין אדמה הוא [שבת טו.]. מין אדמה שקורין ניטר"א [שם פט:]. קרקע הוא או אבן כעין קריר"א [תענית יג.]. מין אדמה הוא וקורין לה ניתרא [סנהדרין מט.]. בורית. לשון בורית סבון בלע"ז ולשון נקיון כמו ובר לבב (תהלים כ"ד) ע"ש שהוא מנקה הנגד מכתמיו [ישעיה א כה]. נקיון כמו ובר לבב (תהלים כד) ויש לועזים בורית שאבו"ן בלע"ז. נכתם עונך. הא כרוסם כתמא דלא סגי ליה בכבוס מוכין קדמי. כתם. טאק"א בלע"ז. עונך. על עון העגל נאמר שהוא קיים לעולם כמו שנאמר

וביום פקדי ופקדתי עליהם (שמות לב) כל פקידות הבאות על ישראל יהיה מקצת עון העגל בהם [ירמיה שם]. ימותו אנשים. בחורים אינו דומה אלא של בחור לאכלו של תינוק [שמואל א ב לג]. כשאין לכלל אנשים בן שמונה עשרה [סנהדרין יד.]. בהמצאו. קודם גזר דין בעוד שהוא אומר לכם דרשוני [ישעיה נה ו]. משעת שמתים בלא זקנה ושאין נפטר אלא רשע באלנו ואחר כך תלה שלשה ימים ומת כעשר שנאמר. שבעת ימי אבלו של שמואל תלה לו הקב"ה שלא יתערב אבל רשע באבלו ואחר כך תלה שלשה ימים ומת כעשר. בעשרת הימים. עשרה ימים שהמתין לו הקב"ה שיחזור בתשובה. ויגוף ה' את נבל. אלו עשרת ימי תשובה שהמתין לו הקב"ה שיחזור בתשובה. ויש אומרים כנגד עשר לגימות שנתן נבל לעבדי דוד שלא לו אלא שלשה ימים ומת כעשר [ר"ה יח.]. מעלות בית מרון. זקופין מאד ומעלה קצרה ומהלכין בה זה אחר זה ולא שנים יחד כדאמרינן בראש השנה (יח.) כבני מרון כמעלות בית מרון [עירובין כב:]. מעלות בית חורון. מקום צר ואין דרך לנטות ימין ושמאל וגם לצדדי האחד לנטות לאחוריו עד שמוצא מקום לנטות [סנהדרין לב:]. בחיילות של בית דוד. גבורים [קידושין עב.].

עַל שִׁשָּׁה חֳדָשִׁים הַשְּׁלוּחִין יוֹצְאִין – **At** the beginning of each of **six** specific **months, the messengers go forth** to inform Jewish communities, near and far, which day has been declared the first of the month:[28] עַל נִיסָן מִפְּנֵי הַפֶּסַח – They go forth **at** the beginning of **Nissan on account of Pesach;**[29] עַל אָב מִפְּנֵי הַתַּעֲנִית – **at** the beginning of **Av on account of the Fast,** i.e. Tishah B'Av;[30] עַל אֱלוּל מִפְּנֵי רֹאשׁ הַשָּׁנָה – **at** the beginning of **Elul on account of Rosh Hashanah;**[31] עַל תִּשְׁרֵי מִפְּנֵי תַּקָּנַת הַמּוֹעֲדוֹת – **at** the beginning of **Tishrei on account of the correct determination of the holidays;**[32] עַל כִּסְלֵיו מִפְּנֵי חֲנוּכָּה – **at** the beginning of **Kislev on account of Chanukah;** וְעַל אֲדָר מִפְּנֵי הַפּוּרִים – **and at** the beginning of **Adar on account of Purim.** וּכְשֶׁהָיָה בֵּית הַמִּקְדָּשׁ קַיָּים – **And when the Holy Temple was** still **in existence,** יוֹצְאִין אַף עַל אִיָּיר – **they went forth at** the beginning of **Iyar as well** מִפְּנֵי פֶּסַח קָטָן – **on account of the minor Pesach,** i.e. Pesach Sheni.[33]

Gemara

The Gemara asks: וְלִיפְקוּ נַמִּי אַתַּמּוּז וְטֵבֵת – **But [the messengers] should go forth at** the beginning of **Tammuz and Teves as well,** on account of the fast days in those months!

NOTES

laws of the moon's sighting, the following Mishnah is discussed first since it contains a list of several months, similar to the preceding Mishnahs (*Meleches Shlomo*).

28. At the commencement of the six months listed here, the court would dispatch messengers throughout Eretz Yisrael (*Ritva*) and as far as possible into the Diaspora to tell the people which of the two possible days had been declared Rosh Chodesh (*Rashi*; see previous note). Although the Mishnah speaks of "messengers" in the plural, it was not necessary for two messengers to testify to the outlying communities. Rather, one messenger could be relied upon: Based on his word, entire communities could set the times that festivals began and ended (see below, 22b; *Rambam, Hil. Kiddush HaChodesh* 3:14).

[Originally, the court did not notify the people through messengers. Instead, there was a system of strategically located bonfires that served to notify widely separated communities of the *Beis Din's* decision in one night. However, this system had to be discontinued due to sabotage (see below, 22b-23b).]

29. [Pesach begins on the fifteenth of Nissan. The messengers had to inform the people when the first day of Nissan was established so that they would know when the fifteenth was to be. The messengers therefore traveled every day except the Sabbath until Pesach arrived (*Rashi*; cf. *Turei Even, Rashash*).

30. The messengers would travel for the first eight days of the month excluding the Sabbath (*Rashi*).

31. Elul was virtually always a month of twenty-nine days. Thus, the people had to be informed when the first day of Elul had been declared in order to celebrate the thirtieth day as Rosh Hashanah. Although it was possible that the court would decide that Elul should be a full thirty days, making the thirty-first day Rosh Hashanah, the people were halachically justified in observing only the thirtieth day because in most years Rosh Hashanah *did* fall on the thirtieth and one may rely on a majority in cases of doubt (see *Chullin* 11a). Indeed, they were forced to rely on this majority since there was no other way to ascertain the correct date in time (*Rashi*).

Rashi clearly maintains that only one day of Rosh Hashanah was observed throughout the Diaspora in the time frame of our Mishnah (see also *Tos. Rid* to 19b and Responsa, *Tashbeitz* II §207). *Tosafos* cite statements elsewhere in the Gemara (*Beitzah* 5a; *Eruvin* 39a) indicating that Rosh Hashanah was observed on two days (see also *Rambam, Kiddush HaChodesh* 5:7 and *Ritva* here; see also *Turei Even, Meromei Sadeh* and *Sfas Emes* on this topic). This dispute is related to another dispute whether, in our era of a fixed calendar, the Jews in Eretz Yisrael or Jerusalem should observe one or two days of Rosh Hashanah (see *HaMaor HaKatan* and *Milchamos Hashem* to *Beitzah* [folios 2b-3a in *Rif*]). The halachah follows *Rif* and *Ramban* that two days of Rosh Hashanah are observed universally.

32. Although Rosh Hashanah was celebrated, as stated above, on the assumption that it was the thirtieth day after Rosh Chodesh Elul, the slight possibility did exist that Elul would be made into a thirty-day month and the first of Tishrei would be pushed off a day. It was therefore necessary to inform the people of the court's decision regarding the beginning of Tishrei so that they would not be nervous as to the dates observed for Yom Kippur and Succos.

The messengers departed the day after Rosh Hashanah and traveled as far as they could until Succos (*Rashi*). These messengers could not go as far as the messengers dispatched at the beginning of Nissan, since the messengers for Tishrei could not travel on the days of Rosh Hashanah and Yom Kippur (see below, 21a).

33. Those who could not bring the *pesach* offering on the fourteenth of Nissan, because they were *tamei* or some distance away from the Temple Courtyard at that time, were required to bring an offering one month later, on the fourteenth of Iyar (*Rashi*).

[*Turei Even* comments that the Mishnah's opening statement (*At the beginning of six months, the messengers go forth*) is true in all eras: When the Temple stood, the messengers did not go forth at the beginning of Av, since they did not fast then, but they did go forth at the beginning of Iyar. And after the Temple was destroyed Av replaced Iyar in the set of six months (see also *Tos. R' Akiva Eiger*; cf. *Rambam* in his *Commentary to the Mishnah,* who says that the people of the Second Temple era did indeed fast on Tishah B'Av; see *Sfas Emes*). According to *Turei Even,* the correct version of our Mishnah is יוֹצְאִין עַל אִיָּיר, *they went forth at the beginning of Iyar,* and not *at the beginning of Iyar as well.*]

The Mishnah does not mention that messengers went forth at the beginning of Sivan on account of the festival of Shavuos: This is a deliberate omission. *Yerushalmi* (1:4) explains that unlike the other festivals, Shavuos is not tied to a specific date in a month. Rather, it is observed on the fiftieth day of the *Omer* (the *Omer* count begins on the second day of Pesach). Thus, Shavuos could have fallen on the fifth, sixth or seventh of Sivan, depending on whether the months of Nissan and Iyar were deficient or full (see above, 6b). (This variability held true when the months were sanctified based on sightings of the new moon. In our fixed calendar, the first day of Shavuos always falls on the sixth of Sivan.) The Torah was not particular that Shavuos should fall on the anniversary of the Giving of the Torah (Responsa, *Rivash* §96; see Responsa, *Chasam Sofer, Orach Chaim* end of §145; see however ibid. *Yoreh Deah* §250; see also *Moadim U'Zemanim* VII §136, note 1).

עין משפט
נר מצוה

צט א מיי' פ"ג מהל' תשובה הלכה ו סמג עשין טז:

ק ב מיי' פ"ג מהל' קידוש החדש הל' ט:

מסורת הש"ס

א) [לעיל טז:], ב) יבמות קה., ג) [רבה ג"ל בה'] ע' תוס' שבת כג: ד"ה גזרה ובדף ע: בתוס' ד"ה נודע וכו' וביבמות קה. איתא על נכון], ד) [גי' ע"י רבא], ה) [מו"ק כח.], ו) [בע"י וביבמות קה. ליתא מלת רבן], ז) [יבמות מט: קה.], ח) [שם ושם], ט) [ילקוט ליתא], י) [גי' ע"י חורון וכן בהרא"ש ובר"ב אלפס ועי' סנהדרין לב: ועירובין כב:], כ) ר"מ מ"ז, ל) [לקמן כא:], מ) [תעניות], נ) [וע"ע תוס' יבמות קה. ד"ה רבה ותוס' בכורות כו. ד"ה רבה].

כאן קודם גזר דין כאן לאחר גזר דין הכא נמי ביחיד וגזר דין דיחיד תנאי היא דתניא היה רבי מאיר אומר שנים שעלו למטה וחולין שוה וכן שנים שעלו לגרדום לידון ודינן שוה זה ירד וזה לא ירד זה ניצל וזה לא ניצל מפני מה זה ירד וזה לא ירד זה ניצל וזה לא ניצל זה התפלל ונענה וזה התפלל ולא נענה מפני מה זה נענה וזה לא נענה זה התפלל תפלה שלימה נענה וזה לא התפלל תפלה שלימה לא נענה ר' אלעזר אמר כאן קודם גזר דין כאן לאחר גזר דין רבי יצחק אמר א) יפה צעקה לאדם בין קודם גזר דין בין לאחר גזר דין וגזר דין דצבור מי מיקרע והא כתוב אחד אומר א) כבסי מרעה לבך וכתיב ב) כי אם תכבסי בנתר ותרבי לך בורית נכתם עונך לפני מאי לאו כאן קודם גזר דין כאן לאחר גזר דין לא אידי ואידי לאחר גזר דין ולא קשיא כאן בגזר דין שיש עמו שבועה כאן בגזר דין שאין עמו שבועה כדרב שמואל בר אמי דאמר רב שמואל בר אמי ואמרי לה אמר רב שמואל בר נחמני אמר רב יונתן ב) מנין לגזר דין שיש עמו שבועה שאינו נקרע שנאמר ג) [ו]לכן נשבעתי לבית עלי אם יתכפר עון בית עלי בזבח ובמנחה אמר ג) רבא בזבח ובמנחה אינו מתכפר אבל מתכפר בתורה אביי אמר בזבח ומנחה אינו מתכפר אבל מתכפר בתורה ובגמילות חסדים ד) רבה ואביי מדבית עלי קאתו רבה דעסק בתורה ה) חיה ארבעין שנין אביי דעסק בתורה ובגמילות חסדים חיה שיתין שנין תנו רבנן משפחה אחת היתה בירושלים שהיו מתיה מתין בני י"ח שנה באו והודיעו את רבן יוחנן בן זכאי אמר להם שמא ממשפחת עלי אתם דכתיב ביה ד) וכל מרבית ביתך ימותו אנשים לכו ועסקו בתורה וחיו הלכו ועסקו בתורה וחיו והיו קורין אותה משפחת ו) רבן יוחנן על שמו אמר רב שמואל בר איניא משמיה דרב מניין לגזר דין של צבור שאינו נחתם אינו נחתם והכתיב ב) נכתם עונך לפני אלא אע"ג שנחתם נקרע שנאמר ה) כה' אלהינו בכל קראנו אליו והכתיב ו) ז) דרשו ה' בהמצאו ח) התם ביחיד הכא בצבור ט) ביחיד אימת אמר רבה בר אבוה א) אלו עשרה ימים שבין ר"ה ליוה"כ ז) ויהי כעשרת הימים ויגף ה' את נבל [י' ימים] מאי עבידתיהו אמר רב יהודה אמר רב כנגד עשר לגימות שנתן נבל לעבדי דוד (ט) אמר) רב נחמן אמר רבה בר אבוה אלו י' ימים שבין ר"ה ליוה"כ: בר"ה כל באי העולם עוברין לפניו כבני מרון: מאי כבני מרון הכא תרגימו כבני אמרנא ריש לקיש אמר כמעלות בית י) מרון (כ) אמר) רב יהודה אמר שמואל כחיילות של בית דוד אמר רבב"ח א"ר יוחנן וכולן נסקרין בסקירה אחת אמר ר"נ בר יצחק אף אנן נמי תנינא ח) היוצר יחד לבם המבין אל כל מעשיהם מאי קאמר אילימא ה"ק דברנהו לכולי עלמא ומייחד לבייהו כהדדי והא קא חזינן דלאו הכי הוא אלא לאו הכי קאמר היוצר רואה יחד לבם ומבין אל כל מעשיהם:

מתני' ל) ב) על ששה חדשים השלוחין יוצאין על ניסן מפני הפסח על אב מפני התענית על אלול מפני ר"ה על תשרי מפני תקנת המועדות על כסליו מפני חנוכה ועל אדר מפני הפורים וכשהיה בהמ"ק קיים יוצאין אף על אייר מפני פסח קטן: גמ' וליפקו נמי אתמוז וטבת דאמר

רש"י

לגרדום. בית וועד שדנים בו נפשות להריגה: שניהם נתפשו על דבר אחד: זה ירד. מן המטה: זה ניצול. מן הוועד: תפלה שלימה. נתכוון: אביי ורבא מדבית עלי אתו. כך שמעתי ובשחיטת חולין פרק הזרוע (דף קלג.) אשכחן דרבא לאו כהן הוא ושמא אמו מבית עלי היתה ויש גורסין רבה ואביי ומפרשי לה ברבה בר נחמני: ויחיד אימת. מאי לו דכתיב בהמצאו: כנגד עשרה לגימות. עשרה עבדים שלח לו דוד כדמפרש בקרא (ש"א כה) ונתן להם סעודה אחת לפיכך נתלו לו עשרה ימים: רב נחמן אמר אלו עשרה ימים כו'. שהמתין לו הקב"ה שישוב ולא שב: בר"ה כל באי עולם כו' כבני אמרנא. ככבשים שמונין אותן לעשרן ויוצאין זה אחר זה בפתח קטן שאין יכולין לצאת כאחד: כמעלות בית מרון. הדרך קצר ואין שנים יכולין לילך זה בצד זה שהעמק עמוק משני צידי הדרך: ה"ג ורב יהודה אמר שמואל כחיילות של בית דוד והדר גרסינן אמר רבה בר בר חנה כו': כחיילות של בית דוד. וכבני מרון כבני חיילות של מלך מרון לשון מרות ואדנות וכך היו מונין אותם יוצאים זה אחר זה בצאתם למלחמה: וכולן נסקרין וכו'. ואע"פ שעוברין זה אחר זה: אף אנן נמי תנינא. דכולן נסקרים בסקירה אחת מדנסיב תנא דידן תלמודא למלתיה מהאי קרא היוצר יחד לבם: ולבייהו מייחד כי הדדי. כלבו של זה כך לבו של זה: הכי קאמר היוצר רואה יחד לבם. ואקרא דלעיל מיניה קא מהדר השגיח אל כל יושבי הארץ היוצר אותם השגיח יחד את לבם: מתני' על ששה חדשים שלוחים יוצאים. שקדשו ב"ד החדש ע"פ עדים כשראו את החדש ומודיעים השלוחין לגולה יום שקדשוהו אם ביום שלשים וחדש שעבר חסר או ביום ל"א וחדש שעבר מלא: מפני הפסח. והולכין השלוחין עד הפסח חוץ מן השבתות: ועל אב מפני התענית. והולכין כל שמונת הימים חוץ מן השבת: על אלול מפני ר"ה. מודיעים מתי התחיל אלול ועושין ר"ה ביום שלשים לאלול בגולה דרוב שנים אין אלול מעובר ואע"פ שספק הוא בידם שמא יעברוהו ב"ד אי אפשר להן לדעת ועל כרחן הולכין אחר רוב שנים ואם לא ידעו מתי התחיל אלול לא ידעו יום שלשים שלו: ועל תשרי מפני תקנת המועדות. לאחר שקדשוהו ב"ד לתשרי השלוחין יוצאין ליום המחרת והולכין עד מקום שיכולין להגיע עד החג ומודיעים אם עיברו ב"ד את אלול ואם לאו כדי שלא יהא לבם נוקפן ביוה"כ וסוכות: פסח קטן. פסח שני לטמא ושהיה בדרך רחוקה בראשון: גמ' דאמר

תוספות

כאן קודם גזר דין. בפרק בתרא דנדה (דף ע: ושם) משני נמי הכי והוה מצי לשנויי כדאמר להו קב"ה למלאכי השרת בפ' מי שמתו (ברכות דף כ:) ולא אשא פנים לישראל אני אמרתי ואכלת ושבעת וברכת והם דקדקו עד כזית עד כביצה ומיהו גם זה אמת שאף לישראל אינו נושא פנים אלא קודם גזר דין: רבה ואביי מדבית עלי קאתו. רבא חבירו של אביי לא הוה כהן כדמוכח בפ' הזרוע (חולין דף קלג.) והכא רבה חבירו של רב חסדא וכן משמע נמי בפרק בתרא דמו"ק (דף כח. ושם) דאמר רבא חיי בני ומזוני לא בזכותא תליא מילתא אלא במזלא תליא מילתא דהא רבה ורב חסדא תרוייהו צדיקים גמורים הוו מר מצלי ואתי מיטרא ומר מצלי ואתי מיטרא רבה חיה ארבעין שנין ורב חסדא חיה תשעין מ) שנין וא"ת מנא ליה דמשום מזלא הוה דלמא משום דרבה אתא מדבית עלי וי"ל דאפ"ה אי לאו מזלא הוה מגין עליו זכות תורה וא"ת דהכא משמע דרבה לא היה לו זכות של גמילות חסדים והא אמרינן בפ' חלק (סנהדרין דף לח:) אמר ליה אביי לרבה מר הא תורה הא גמילות חסדים וי"ל דמ"מ אביי עסק טפי מיניה נ): על ניסן מפני הפסח. אבל על סיון מפני עצרת לא צריך דבעומר הדבר תלוי כדאמרי' לעיל (דף ו:) דתני רב שמעיה עצרת פעמים חמשה פעמים ששה פעמים שבעה: ועל אלול מפני ר"ה. מודיעים מתי מתחיל אלול ועושין ר"ה ביום שלשים לאלול בגולה וגם למחרתו כדמשמע בפ"ק דביצה (דף ה.) ובפ' בכל מערבין (עירובין דף לט. ושם) שהיו עושין שני ימים טובים של ר"ה מספק דלמא עברוה לאלול מ"מ אם לא ידעו מתי מתחיל אלול לא ידעו יום שלשים:

הואיל

רבינו חננאל

ואסיקנא גז"ד דיחיד נמי שאינו נקרע אע"פ שעשה תשובה תנאי היא כלומר יש מי שאומר והוא ר' מאיר שהתשובה מבטלת אפילו גז"ד דיחיד. ור' אלעזר חולק עליו. פי' גרדום א) מושב השופט כשיושב לשפוט. ר' יצחק אמר לעולם יפה צעקה לאדם בין לפני גז"ד בין לאחר גז"ד. ואקשינן וגזר דין דצבור מי מיקרע והכתיב כבסי מרעה לבך ירושלים למען תושעי וכתוב אחד אומר כי אם תכבסי בנתר וגו' מאי לאו האי דכתיב נכתם עונך לפני ב) בגז"ד שיש עמו שבועה דאמר מניין לגזר דין שיש עמו שבועה שאינו נקרע שנאמר ולכן נשבעתי לבית עלי אם יתכפר עון בית עלי וגו' אמר רבה בזבח ובמנחה אינו מתכפר אבל מתכפר בדברי תורה. אביי אמר מתכפר נמי בגמילות חסדים רבה בר נחמני ואביי תרוויהו מדבית עלי קאתו וכתיב בבית עלי וכל מרבית ביתך ימותו אנשים כלום אינם מאריכין שנים יותר מעשרים. רבה דעסק בתורה חיה מ' שנים אביי דעסק בתורה ובגמילות חסדים חיה שיתין שנין. ומשפחה אחרת היתה מבית עלי שהיו מתים בן י"ח שנה והלכו ועסקו בתורה וחיו כו' אמרו משמיה דרב מנין לגז"ד של צבור דאע"פ שנחתם מתקרע שנאמר אשר לו אלהים קרובים אליו. איני והכתיב דרשו ה' בהמצאו קראוהו בהיותו קרוב ביחיד ואימתי הוא קרוב ליחיד בעשרה ימים שבין ר"ה ליוה"כ. ויהי כעשרת הימים ויגוף ה' את נבל. אמר רב כנגד י' לגימות שנתן נבל לעבדי דוד. ובר"ה כל באי עולם עוברין לפניו כבני מרון שנאמר היוצר יחד לבם המבין אל כל מעשיהם. הכא תרגימו כבני אימרנא (כבני אימרונא) פי' כבני כבשים העוברים ע"י מונה אר"י וכולן נסקרין בסקירה אחת פי' מביט כל באי עולם ומביט להם בהבטה אחת ומבין כל מעשיהם. אמר רנב"י תנינא להא דר"י כל באי עולם עוברין לפניו כבני מרון שנאמר היוצר יחד לבם ופירוש היוצר רואה יחד לבם של כל באי עולם ומבין אל כל מעשיהם. ודן אותם כל אחד לפי מעשיו: מתני' על ששה חדשים שלוחין יוצאין

חשק שלמה על ר"ח

א) עיין בערוך ערך גרדום שכתב בשם ר"ח גרדון פי' מעלות שעושין לדיינין שיושבין עליהן כו'. ובלגו מעלה גרדאין עכ"ל ונראה דלזה כוון רבינו ג"כ. ב) חסר וצ"ל לאחר גז"ד ופרקינן דהתם בגז"ד כו'.

תורה אור השלם

א) כַּבְּסִי מֵרָעָה לִבֵּךְ יְרוּשָׁלַיִם לְמַעַן תִּוָּשֵׁעִי עַד מָתַי תָּלִין בְּקִרְבֵּךְ מַחְשְׁבוֹת אוֹנֵךְ: [ירמיה ד, יד]

ב) כִּי אִם תְּכַבְּסִי בַּנֶּתֶר וְתַרְבִּי לָךְ בֹּרִית נִכְתָּם עֲוֹנֵךְ לְפָנַי נְאֻם אֲדֹנָי אֱלֹהִים: [ירמיה ב, כב]

ג) וְלָכֵן נִשְׁבַּעְתִּי לְבֵית עֵלִי אִם יִתְכַּפֵּר עֲוֹן בֵּית עֵלִי בְּזֶבַח וּבְמִנְחָה עַד עוֹלָם: [שמואל א ג, יד]

ד) וְאִישׁ לֹא אַכְרִית לְךָ מֵעִם מִזְבְּחִי לְכַלּוֹת אֶת עֵינֶיךָ וְלַאֲדִיב אֶת נַפְשֶׁךָ וְכָל מַרְבִּית בֵּיתְךָ יָמוּתוּ אֲנָשִׁים: [שמואל א ב, לג]

ה) כִּי מִי גוֹי גָּדוֹל אֲשֶׁר לוֹ אֱלֹהִים קְרֹבִים אֵלָיו כַּייָ אֱלֹהֵינוּ בְּכָל קָרְאֵנוּ אֵלָיו: [דברים ד, ז]

ו) דִּרְשׁוּ יְיָ בְּהִמָּצְאוֹ קְרָאֻהוּ בִּהְיוֹתוֹ קָרוֹב: [ישעיה נה, ו]

ז) וַיְהִי כַּעֲשֶׂרֶת הַיָּמִים וַיִּגֹּף יְיָ אֶת נָבָל וַיָּמֹת: [שמואל א כה, לח]

ח) הַיֹּצֵר יַחַד לִבָּם הַמֵּבִין אֶל כָּל מַעֲשֵׂיהֶם: [תהלים לג, טו]

ליקוטי רש"י

בנתר. מין אדמה שחפין ושפין בה את הבגדים [ירמיה ב כב]. מין אדמה רכה כגון אדמה שלנו הנקרא קריי"א [משלי כה כ]. מין אדמה לבנה [שבת טו.]. מין אדמה שקורין ניטר"א [שם פט:]. קרקע הוא או אבן כעין שקורין בלע"ז [תענית יג.]. מין אדמה הוא וקורין לו ניתרא [סנהדרין מט:]. בורית. עשב שקורין בלע"ז ולשונו לשון נקיון כמו ובר לבב (תהלים כ"ד) ע"ש שהוא מנקה הבגד מכתמיו [ישעיה א כה]. נקיון כמו ובר לבב (תהלים כד) ויש לועזים בורית אהלוו"א בלע"ז. נכתם עונך. הא כתוס כתמא דלא דכי כך עוניך קדמי. כתם. טאק"א בלע"ז. עונך. על עון העגל לאמר שהוא פוקד לעולם כמו שנאמר וביום פקדי ופקדתי עליהם (שמות לב) כל פקידות הבאות על ישראל יהיה מקצת עון העגל בהם [ירמיה שם]. ימותו אנשים. בחורים אינו דומה אבלו של בחור לאבלו של תינוק [שמואל א ב לג]. כשבאין לכלל אנשים בן שמונה עשרה [סנהדרין יד.]. בהמצאו. קודם גזר דין בעוד שהוא אומר לכם דרשוני [ישעיה נה ו]. מתשמע פעמים שאינו מצוי [יבמות מט:]. כעשרת הימים. שבעת ימי אבלו של שמואל תלה לו הקב"ה שלא יתערב אבל נבל רשע באבלו ואחר כך תלה לו שלשה ימים ומת. מעלות בית מרון. [עירובין כב:]. בחיילות של בית דוד. גבורים [קידושין עב.].

עין משפט
נר מצוה

קא א ב ג מיי' פ"ה מהל' תענית הל' ג ג סמג עשין דרבנן ג טור א"ח סימן תקמט:

רבינו חננאל

יוצאין על ניסן מפני הפסח וכו'. ואקשינן וליפקו שלוחין נמי בתמוז ובטבת מפני הצומות שיש בהן ופריק רב פפא הכי קאמר בזמן שיש שלום כלומר כל זמן שבית המקדש קיים יהיה לששון ולשמחה. יש גזרה צום אין גזרה ואין שלום כגון עתה בזמן הזה רצו מתענין רצו אין מתענין וכיון שאם רצו שלא להתענות בהן אין חובה עליהן לפיכך אין שלוחין יוצאין בהן אי הכי ומפני מה יוצאין באב ופרקינן משום שהוכפלו בו צרות מפני שחרב בו הבית בראשונה ובשניה ונלכדה ביתר ונחרשה העיר קבלו עליהן ט' באב צום לעולם בגלות ואע"פ שאין שם סכנה בזמן הזה לפיכך יוצאין באב תניא ארשב"י ד' דברים היה ר' עקיבא דורש ואלו הן. א' ותרא שרה את בן הגר המצרית וגו'. ב' הצאן ובקר ישחט להם וגו'. ג' בן אדם יושבי החרבות על אדמת ישראל וגו'. ד' כה אמר ה' צום הרביעי וגו'. ואלו ד' דברים מפורשין בספרי דבי רב (בפרשת ואתחנן) ובתוספתא במסכת סוטה (פ"ו) וארשב"י זה אחד מן ד' דברים שהיה ר' עקיבא דורש ואף אני דורש כמותו ולא חלפתי על דבריו אלא בצום העשירי בלבד שהוא אומר עשרה בטבת שבו סמך מלך בבל על ירושלים ואני אומר צום העשירי זה ה' בטבת שבאתה שמועה לגולה כי נחרבה העיר ונשרף הבית ונראין דברי מדבריו שהוא אומר בתמוז הובקעה העיר ובאב נלכדה העיר. ובתשרי נהרג גדליהו בן אחיקם ובטבת סמך מלך בבל נמצאו הדברים הללו שלא על הסדר כי אחרי שנלכדה העיר ונשרף הבית מזכיר סמיכת החיילות על ירושלים ואע"פ שהוא על הסדר לסדר החדשים שמחשב רביעי תמוז. ואב חמישי ותשרי שביעי וטבת עשירי הפורעניות אינן על הסדר שמאחר הסמיכה מן השרפה ואני מונה לסדר חדשים ולסדר פורעניות על הסדר. בחדש הרביעי הובקעה העיר ובחמישי נלכדה ובשביעי נהרג גדליה בן אחיקם ובעשירי באת שמועת הפורענות הללו בגולה בבבל ועשו יום שמועה כיום שרפה: **איתמר** רב ור' חנינא אמרו בטלה מגלת תענית פי' כל הכתוב במגילת תענית די לא להתענאה בהון כי הם כמו ימים טובים שאסור להתענות בהן בטלה וכל הרוצה להתענות בהן מתענה וראיה אלו ג' תעניות י"ז בתמוז ג' בתשרי וי' בטבת בזמן שיש שלום הם כימים טובים ואסור להתענות בהן כדכתיב יהיה לבית יהודה לששון ולשמחה וגו'. אין שלום צום ושאר הימים הכתובים במגילת תענית בזמן הבית היו ימים טובים ואסורים בתענית עכשיו בטלה. ור' יוחנן וריב"ל אמרי לא בטלה הני ג' צומות הוא דתלינהו רחמ' בבנין הבית אבל הני כדקיימא באיסור הכי קיימי עד עכשיו שאסור ומתיב רב כהנא על מאן דאמר בטלה מגילת תענית מעשה וגזרו תענית בחנוכה בלוד ואמר להן ר' יהושע צאו והתענו על מה שהתעניתם [א] כלומר עברתם ופרקי' שני חנוכה דאיכא מצות הדלקת נר ונדחה אלא משום דמפרסם ניסא דחנוכה. ואותבתו רב אחא בר הונא בתלתא בתשרי בטילת אדכרתא מן שטרייא כו' פי' היו כותבין בשטרות בשנת כך וכך ליוחנן כ"ג שהוא כהן לה' עליון ואמרו חכמים למחר פורע זה את חובו ונמצא שטר קרוע מושלך באשפה ושם עליון כתוב בו וגזרו שלא להזכיר שם שמים בשטר כלל ובטלוהו ואותו היום שגזרו כך ג' בתשרי היה ועשוהו וקבעוהו כמו י"ט שאסור בתענית ואי ס"ד בטלה מגילת תענית וכל הרוצה להתענות בהן מתענה הראשונות בטלו האחרונות מחדשין ופרקי' זה שקבעוהו לג' בתשרי י"ט בזמן שהיה הבית קיים וכי אמרינן אנן דבטלה מגילת תענית אחר חרבן הבית ואקשינן

והואיל והוכפלו בו הצרות. ביום שבעה עשר בתמוז נמי אירע חמשה דברים כדתנן בפרק בתרא דתענית (דף כו.) אבל חורבן בית המקדש תקיפא טובא ועוד לא דמי לט' באב דצרה אחת הוכפלה בו: **זה** תשעה בתמוז שבו הובקעה העיר. [ה] היינו בראשונה אבל בשניה הובקעה בי"ז ומשום הכי עבדינן בי"ז תענית והך ברייתא מתניא בירושלמי וגרסי' בה י"ז בתמוז ואע"ג דכתיב בקרא בתשעה לחדש קלקול חשבונות היו שם ופליג אש"ס דידן ורוצה לומר דמתוך טרדתם טעו בחשבונם ולא רצה הפסוק לשנות מכמו שהיו סבורים: **זה** תשעה באב שבו נשרף. בפרק בתרא דתענית (דף כט.) רמי קראי אהדדי דבספר מלכים כתיב דנשרף בשבעה ובספר ירמיה כתיב בעשור לחדש וישרוף וגו' ומשני דבז' לחדש נכנסו אויבים להיכל ואכלו ושתו בו [שביעי] שמיני ותשיעי עד שפנה היום לעתותי ערב הציתו בו האש ונשרף עד שקיעת החמה בעשור:

וירד רבי אליעזר ורחץ. ממתני' דעל כסלו מפני חנוכה לא הוה ליה לאקשויי דלעולם לא תשיב יו"ט ואפילו הכי מדליקין נרות זכר לנס: ותיפוק

דאמר רב חנא בר ביזנא אמר ר"ש חסידא מאי דכתיב [א] **כה אמר ה' צבאות צום הרביעי וצום החמישי וצום השביעי וצום העשירי יהיה לבית יהודה לששון ולשמחה** [ה] **קרי להו צום וקרי להו ששון ושמחה בזמן שיש שלום יהיו לששון ולשמחה אין שלום צום אמר** [ג] **רב פפא הכי קאמר בזמן שיש שלום יהיו לששון ולשמחה יש גזרת המלכות צום אין גזרת המלכות ואין שלום רצו מתענין רצו אין מתענין אי הכי ט"ב נמי אמר רב פפא שאני ט' באב הואיל והוכפלו בו צרות דאמר מר** [ג] [א] **בט' באב חרב הבית בראשונה ובשניה ונלכדה ביתר ונחרשה העיר תניא** [ד] **אמר ר"ש ארבעה דברים היה ר"ע דורש ואני אין דורש כמותו** [ב] **צום הרביעי זה ט' בתמוז שבו הובקעה העיר שנאמר** [ב] ([ה] **ברביעי) בתשעה לחדש ויחזק הרעב בעיר ולא היה לחם לעם הארץ ותבקע העיר ואמאי קרי ליה רביעי רביעי לחדשים צום החמישי זה תשעה באב שבו נשרף בית אלהינו ואמאי קרי ליה חמישי חמישי לחדשים צום השביעי זה ג' בתשרי שבו נהרג גדליה בן אחיקם ומי הרגו ישמעאל בן נתניה הרגו ללמדך ששקולה מיתתן של צדיקים כשריפת בית אלהינו ואמאי קרי ליה שביעי שביעי לחדשים צום העשירי זה עשרה בטבת שבו סמך מלך בבל על ירושלים שנאמר** [ג] **ויהי דבר ה' אלי בשנה התשיעית בחדש העשירי בעשור לחדש לאמר בן אדם כתב לך את שם היום את עצם היום הזה סמך מלך בבל אל ירושלם ואמאי קרי ליה עשירי עשירי לחדשים והלא היה ראוי זה לכתוב ראשון ולמה נכתב כאן כדי להסדיר חדשים כתיקנן ואני איני אומר כן אלא צום העשירי זה חמשה בטבת שבו באת שמועה לגולה שהוכתה העיר שנאמר** [ד] **ויהי בשתי עשרה שנה בעשירי בחמשה לחדש לגלותנו בא אלי הפליט מירושלם לאמר הוכתה העיר ועשו יום שמועה כיום שריפה ונראין דברי מדבריו שאני אומר על ראשון ראשון ועל אחרון אחרון והוא אומר על ראשון אחרון ועל אחרון ראשון** [ג] **אלא שהוא מונה לסדר חדשים ואני מונה לסדר פורעניות איתמר** [ז] **רב ורבי חנינא אמרי בטלה מגילת תענית רבי יוחנן וריב"ל אמרי לא בטלה מגילת תענית רב ורבי חנינא אמרי בטלה מגילת תענית הכי קאמר בזמן שיש שלום יהיו לששון ולשמחה אין שלום צום והנך נמי כי הני רבי יוחנן ורבי יהושע בן לוי אמרי לא בטלה מגילת תענית הני הוא דתלינהו רחמנא בבנין בהמ"ק אבל הנך כדקיימי קיימי מתיב רב כהנא מעשה וגזרו תענית בחנוכה בלוד וירד ר"א ורחץ ורבי יהושע וסיפר ואמרו להם צאו והתענו על מה שהתעניתם א"ר יוסף שאני חנוכה דאיכא מצוה א"ל אביי ותיבטיל איהי ותיבטל מצותה אלא אמר רב יוסף שאני חנוכה דמיפרסם ניסא מותיב רב אחא בר הונא בתלתא בתשרי בטילת אדכרתא מן שטרייא שגזרה מלכות יון גזרה שלא להזכיר שם שמים על פיהם וכשגברה מלכות חשמונאי ונצחום התקינו שיהו מזכירין שם שמים אפילו בשטרות וכך היו כותבים בשנת כך וכך ליוחנן כהן גדול לאל עליון וכששמעו חכמים בדבר אמרו למחר זה פורע את חובו ונמצא שטר מוטל באשפה וביטלום ואותו היום עשאוהו יו"ט ואי סלקא דעתך בטלה מגילת תענית קמייתא בטול אחרנייתא מוסיפין הכא במאי עסקינן בזמן שבית המקדש קיים**

ותיפוק

דאמר רב חמא בר ביזנא כו'. דכולהו ימי תענית נינהו בזמן הזה שאין בהמ"ק קיים ומתניתין בזמן הזה קא איירי מדקתני וכשהמקדש קיים כו': **שיש שלום.** שאין יד העובדי כוכבים תקיפה על ישראל: **יהיו לששון ולשמחה.** ליאסר בהספד ובתענית: **יש גזרת המלכות צום.** חובה להתענות בהן: **רצו אין מתענין.** וכיון דרשות הוא לא מטריחין שלוחים עלייהו: **ארבעה דברים הללו כו'.** וזו אחת מהן והג' שנויין בתוספתא [ז] דסוטה וספרי בן אדם יושבי החרבות וגו' הצאן והבקר ישחט וגו' ותרא שרה את בן הגר המצרית וגו': **סמך מלך בבל.** התחיל לצור עליה: **שמועה לגולה.** לגלות יכניה שגלו לבבל אחת עשרה שנה לפני החורבן: **שאני אומר על ראשון.** שבסדר מקרא: **ראשון.** לפורענות בתחלה הובקעה העיר ואח"כ נשרף הבית בתשעה באב ובתשרי שלאחריו נהרג גדליה ובטבת שלאחריו באתה השמועה: **והוא אומר על ראשון.** שבפסוק אחרון לפורענות: **ועל אחרון.** שבמקרא ראשון לפורענות שהרי תחילה סמך ואח"כ הובקעה נמצא י"ז בתמוז שהוא ראשון במקרא אחרון לסמיכה בבל שהוא מאוחר במקרא: **אלא שהוא מונה לסדר חדשים.** ואמר שלא הקפיד המקרא אלא על סדר החדשים לכך מנה תמוז קודם לטבת ואני מונה אף לסדר פורענות: **בטלה מגילת תענית.** ימים טובים שקבעו חכמים ע"י נסים שאירעו בהם ואסרום בתענית ויש מהן אף בהספד וכתבום במגילה אלין יומיא דלא להתענאה בהון כו' עכשיו שחרב הבית בטלו ומותרין בהספד ובתענית: **אין שלום צום.** ואע"ג דבזמן הבית קרינהו מועדים טובים: **והנך נמי.** דמגילת תענית כי הני משוין להו כי היכי דהני בטלי הני נמי בטלי: **דתלינהו בבנין.** דע"י החורבן הוקבעו לצום ועל ידי הבנין הוקבעו ליום טוב שכשנבנה בית שני שלחו בני הגולה לשאול בחדש החמישי הנזר כאשר עשיתי זה כמה שנים מיום החורבן כמו שנאמר שם (זכריה ז) שהשיבם הקב"ה כי צמתם וספוד בחמישי ובשביעי וזה שבעים שנה וגו' ומכאן ואילך יהיו לששון ולשמחה ולמועדים טובים: **וירד ר' אליעזר כו'.** ורבי אליעזר ורבי יהושע אחר חורבן הבית הוו דבימי רבן יוחנן בן זכאי רבם חרב הבית: **התענו.** כלומר עשו תשובה: **דמפרסם ניסא.** כבר הוא גלוי לכל ישראל ע"י שנהגו בו המצות והחזיקו בו כשל תורה ולא נכון לבטלו: **בתלתא בתשרי כו'.** כך כתוב במגילה לשון ארמי בטילת אדכרתא ביטלו אזכרת שם שמים מן השטרות ובקושי יכלו לבטל שכבר נהגו העם וכששמעו חכמי' ובטלום הוכשר הדבר בעיניהם ונחשב להם לנס ועשאוהו י"ט: ותיפוק

מסורת הש"ס

א) [פי' ע"ז תמצא בב"י א"ח ריש סי' תקנ], ב) [גי' הטור א"ח סי' תקנ רבא], ג) תענית כו:, ד) [תוספ' דסוטה פרק ו], ה) [צ"ל בחודש הרביעי], ו) הרא"ש גרס רב הונא ורב חיננא, ז) [פ"ו], ח) [ורצה מתרץ שם בתענית כח:].

גליון הש"ס

גמ' ואני אין דורש כמותו. עיין בספר ברכי יוסף יו"ד סי' רמב סעיף ג:

תורה אור השלם

א) כֹּה אָמַר יְיָ צְבָאוֹת צוֹם הָרְבִיעִי וְצוֹם הַחֲמִישִׁי וְצוֹם הַשְּׁבִיעִי וְצוֹם הָעֲשִׂירִי יִהְיֶה לְבֵית יְהוּדָה לְשָׂשׂוֹן וּלְשִׂמְחָה וּלְמֹעֲדִים טוֹבִים וְהָאֱמֶת וְהַשָּׁלוֹם אֱהָבוּ: [זכריה ח, יט]

ב) בַּחֹדֶשׁ הָרְבִיעִי בְּתִשְׁעָה לַחֹדֶשׁ וַיֶּחֱזַק הָרָעָב בָּעִיר וְלֹא הָיָה לֶחֶם לְעַם הָאָרֶץ: וַתִּבָּקַע הָעִיר וְכָל אַנְשֵׁי הַמִּלְחָמָה יִבְרְחוּ וַיֵּצְאוּ מֵהָעִיר לַיְלָה דֶּרֶךְ שַׁעַר בֵּין הַחֹמֹתַיִם אֲשֶׁר עַל גַּן הַמֶּלֶךְ וְכַשְׂדִּים עַל הָעִיר סָבִיב וַיֵּלְכוּ דֶּרֶךְ הָעֲרָבָה: [ירמיה נב, ו-ז]

ג) וַיְהִי דְבַר יְיָ אֵלַי בַּשָּׁנָה הַתְּשִׁיעִית בַּחֹדֶשׁ הָעֲשִׂירִי בֶּעָשׂוֹר לַחֹדֶשׁ לֵאמֹר: בֶּן אָדָם כְּתָב לְךָ אֶת שֵׁם הַיּוֹם אֶת עֶצֶם הַיּוֹם הַזֶּה סָמַךְ מֶלֶךְ בָּבֶל אֶל יְרוּשָׁלִַם בְּעֶצֶם הַיּוֹם הַזֶּה: [יחזקאל כד, א-ב]

ד) וַיְהִי בִּשְׁתֵּי עֶשְׂרֵה שָׁנָה בָּעֲשִׂרִי בַּחֲמִשָּׁה לַחֹדֶשׁ לְגָלוּתֵנוּ בָּא אֵלַי הַפָּלִיט מִירוּשָׁלַםִ לֵאמֹר הֻכְּתָה הָעִיר: [יחזקאל לג, כא]

ליקוטי רש"י

צום הרביעי. צום של תמוז שהוא רביעי לחדשים. **צום החמישי.** של אב. **וצום השביעי.** שלשה בתשרי שבו נהרג גדליה. **וצום העשירי.** של טבת [זכריה ח יט]. **ביתר.** עיר גדולה והיו ישראל דרין בה במסכת גיטין פרק הניזקין (נז.) אשקא דריספק חרב ביתר [תענית כו:]. **מגילת תענית.** נכתבה בימי חכמים אף על פי שלא היו כותבין הלכות והיינו דקתני כל הכתוב במגילת תענית כאילו היה מקרא [תענית טו:]. אלו ימים אסורין להתענות להכי נקט מגילת תענית שלא היתה דבר הלכה כתובה בימיהן אפילו אות אחת חוץ ממגילת תענית ולהכי קרי לה מגלה [עירובין סב:].

חשק שלמה על ר"ח א) נראה דצ"ל עברתם על דברי חכמים.

דְּאָמַר רַב חָנָא בַּר בִּיזְנָא אָמַר רַבִּי שִׁמְעוֹן חֲסִידָא – **For Rav Chana bar Bizna said in the name of R' Shimon Chasida:** מַאי דִּכְתִיב – **What is** the meaning of **that which is written:** "כֹּה־אָמַר ה' צְבָאוֹת צוֹם הָרְבִיעִי וְצוֹם הַחֲמִישִׁי וְצוֹם הַשְּׁבִיעִי וְצוֹם הָעֲשִׂירִי יִהְיֶה לְבֵית־יְהוּדָה לְשָׂשׂוֹן וּלְשִׂמְחָה" – ***Thus said Hashem, Master of Legions: The fast of the fourth, the fast of the fifth, the fast of the seventh and the fast of the tenth will be to the House of Judah for joy and for happiness.***[1] קָרֵי לְהוּ "צוֹם" – **[The verse] calls them *a fast,*** וְקָרֵי לְהוּ "שָׂשׂוֹן וְשִׂמְחָה" – **but** then **calls them** days of ***joy and happiness.***[2] בִּזְמַן שֶׁיֵּשׁ שָׁלוֹם – The explanation for this is that **at a time when there is peace,** i.e. the Temple is standing,[3] יִהְיוּ לְשָׂשׂוֹן וּלְשִׂמְחָה – **they will be for joy and for happiness.** אֵין שָׁלוֹם – But when there is **no peace,** i.e. the Temple is destroyed, צוֹם – they will remain **fast** days.[4] We thus see that according to Rav Chana bar Bizna all of these fast days are in force nowadays since the Temple still lies in ruins.[5] Why then were there no messengers sent forth for the months of Tammuz and Teves to notify the people of the fasts in those months?

The Gemara answers by offering a modified interpretation of the verse:

אָמַר רַב פָּפָּא – **Rav Pappa said:** הָכִי קָאָמַר – **This is what the verse means:** בִּזְמַן שֶׁיֵּשׁ שָׁלוֹם – **At a time when there is peace,**[6] יִהְיוּ לְשָׂשׂוֹן וּלְשִׂמְחָה – **[the former fast days] will be for joy and for happiness;**[7] יֵשׁ גְּזֵרַת הַמַּלְכוּת – but at a time when **there is a governmental decree** to persecute the Jews, צוֹם – they are obligatory **fast** days as in the past.[8] אֵין גְּזֵרַת הַמַּלְכוּת וְאֵין שָׁלוֹם – And if **there is neither governmental decree nor peace,**[9] then רָצוּ מִתְעַנִּין רָצוּ אֵין מִתְעַנִּין – if **the people want** to fast, **they fast,** and if **they want** to omit fasting, **they do not fast.**[10] Since these fasts are not obligatory, we do not trouble messengers to journey out at the beginning of Tammuz or Teves.[11]

The Gemara asks:

אִי הָכִי – **If** it is **so** that the four fasts are optional, then תִּשְׁעָה בְּאָב נַמִּי – **Tishah B'Av,** which is one of the four fasts mentioned in the verse, should be optional **as well** and, consequently, the Mishnah should not say that messengers went out at the beginning of Av! – ? –

NOTES

1. *Zechariah* 8:19. These four fasts [Shivah Asar B'Tammuz, Tishah B'Av, Tzom Gedaliah and Asarah B'Teves] were instituted after the destruction of the First Temple, each for the event mentioned in the Baraisa that the Gemara will cite below. When the Second Temple was built, the Prophet Zechariah declared that those days would now be festivals (*Ritva*). See also below, note 30.

[*Chasam Sofer* (Responsa, *Orach Chaim* §208 ד"ה מ"מ וקראת) cites *Rambam* (*Hil. Taanis* 5:1) that these fast days were enacted for the sake of repentance, not for the sake of mourning (see also *Meiri, Chibbur HaTeshuvah* 2:1:7; cf. *Tos. Yom Tov* to *Taanis* 4:1 ד"ה במנחה).]

2. One would have expected the verse to say: *That which you have fasted in the fourth and the fifth . . . will be for joy,* implying that all the fasts are in the past. Since instead the verse refers to the fasts as if they were still extant (*the fast of the fourth, the fast of the fifth . . . will be*) this indicates that in some respect these days remain fast days (see *Ritva;* cf. *Beis Yosef, Orach Chaim* §550 ד"ה פריך, *Maharsha* and *Turei Even*).

3. See *Rashi;* see note 6 below.

4. The prophets did not rescind the fast days permanently because they knew that the Second Temple would also be destroyed eventually. The spiritual disrepair that led to the destruction of the First Temple would not be remedied sufficiently to warrant final abrogation of those fast days (*Ritva*).

5. Clearly, our Mishnah's context is the post-Destruction era, as can be seen from the Mishnah's comments regarding Iyar, "when the Temple was still in existence" (*Rashi*; see *Pnei Yehoshua*, *Aruch LaNer*). [Furthermore, it cannot be speaking of the period between the First and Second Temples, since the Mishnah refers to Chanukah, which was instituted in the middle of the Second Temple era.] Accordingly, in the time frame of our Mishnah, Shivah Asar B'Tammuz and Asarah B'Teves were observed as fast days.

6. I.e. the idolaters do not have dominion over Israel (*Rashi*). [*Rashi* does not state clearly in his explanation of Rav Pappa that "when there is peace" means the Temple is standing, but other Rishonim do (see *Rabbeinu Chananel* and *Ritva*). The Gemara below on this *amud* and on 19b indicates that these fast days are dependent upon the existence of the Temple. *Sfas Emes* suggests, based on a precise reading of *Rashi,* that *Rashi* means to add yet another condition: Even during the Temple era, if a foreign power had dominion over Israel (e.g. during the Greek domination of Eretz Yisrael before the victories of Chanukah), it would not be called a "time of peace" and the fast days would be in force.

We have chosen to explain the Gemara according to its apparent meaning below (and according to *Rashi* above ד"ה דאמר רב חמא) that there is but a single condition – the existence of the Temple – and to assume that *Rashi* means that "foreign dominion" is synonymous with the existence of the Temple. Thus, "a time of peace" is when the Temple is standing and "a time of no peace" is when the Temple is destroyed.] See further, *Ritva, MHK* ed., notes 366 and 367.

7. It will then actually be forbidden to fast on these days. It will also be forbidden to eulogize someone then (*Rashi*) as is the law regarding other joyous days (see below, 19a; *Rambam, Hil. Yom Tov* 6:17,22).

[It seems puzzling that *Rashi* did not simply say that they will be days of joy and happiness in that there will be an obligation to rejoice then (with a meal of meat and wine and the like). See *Moadim U'Zemanim* II §175 who discusses this point.]

8. That is, there are two negative elements: The Temple is destroyed and the Jewish people are subject to oppressive decrees.

9. I.e. the Temple is destroyed, but no campaign of persecution is being waged against the Jews.

10. The Gemara does not mean that every individual may choose whether or not to fast. Rather, the community as a whole has the option to observe or omit the fast days. If a fast day does have community-wide acceptance, an individual may not deviate from this practice (see *Rosh;* see also *Ritva, Shulchan Aruch, Orach Chaim* 550:1; cf. *Rambam's Commentary to the Mishnah*). See next note.

11. *Ritva* explains: Originally, when the Gemara asked its question (*Why are no messengers sent for the months of Tammuz and Teves?*), the Gemara thought that in the time that our Mishnah was first taught, the entire Jewish people had solidly accepted the four fasts upon themselves. The Gemara assumed this because this was in fact the state of affairs in the era of the Amoraim. However, this was not, in fact, the case in the time frame of our Mishnah. During the Tannaic period in which this Mishnah was first taught, the acceptance of these fasts was not widespread: Some communities fasted and some did not. The Gemara states that since for many communities notification of the new month was unnecessary, *Beis Din* did not trouble itself to send out messengers. [This explanation is one of several considered by *Ritva.*]

Ritva concludes that according to all views, these fasts have by now been accepted by the nation and neither a community nor an individual has the right to disregard them. See also *Shulchan Aruch, Orach Chaim* 550:1.

Originally, these four fasts all had the stringencies of the Yom Kippur fast: Besides the prohibition against eating and drinking, there were also prohibitions against bathing, wearing leather shoes, etc. Additionally, the fast lasted twenty-four hours, beginning from the previous evening. However, the people did not accept these fasts with those stringencies (with the exception of Tishah B'Av, which the Gemara notes below). Since the people had the option to omit the fasts entirely, they had the option to omit these stringencies as well (*Ran;* see also *Orach Chaim* 550:2 with commentaries). [Some Rishonim note that in their own time (i.e. during the Medieval period), it was both true that the Temple was destroyed and that the Jews were subject to oppressive decrees, and thus the original enactment of the prophets to fast was in force. Nevertheless, Shivah Asar B'Tammuz, Tzom Gedaliah and Asarah B'Teves were not observed with these stringencies (see *Ran;* see also *Ramban, Toras HaAdam,* pp. 243-244, Chavel ed., Responsa, *Tashbatz* II §271 and *Shaar HaTziyun* 550:9).]

עין משפט נר מצוה

קא א ב ג מיי' פ"ה מהל' תענית הל' ב ג סמג עשין דרבנן ג טור א"ח סימן תקמט:

דאמר רב חנא בר ביזנא אמר ר"ש חסידא מאי דכתיב א) כה אמר ה' צבאות צום הרביעי וצום החמישי וצום השביעי וצום העשירי יהיה לבית יהודה לששון ולשמחה א) קרי להו צום וקרי להו ששון ושמחה בזמן שיש שלום יהיו לששון ולשמחה אין שלום צום אמר ג) רב פפא הכי קאמר בזמן שיש שלום יהיו לששון ולשמחה יש גזרת המלכות צום אין גזרת המלכות ואין שלום רצו מתענין רצו אין מתענין אי הכי ט"ב נמי אמר רב פפא שאני ט' באב הואיל והוכפלו בו צרות דאמר מר ג) א בט' באב חרב הבית בראשונה ובשניה ונלכדה ביתר ונחרשה העיר תניא ד) אמר ר"ש ארבעה דברים היה ר"ע דורש ° ואני אין דורש כמותו ב צום הרביעי זה ט' בתמוז שבו הובקעה העיר שנאמר ב) (ה) ברביעי) בתשעה לחדש ויחזק הרעב בעיר ולא היה לחם לעם הארץ ותבקע העיר ואמאי קרי ליה רביעי רביעי לחדשים צום החמישי זה תשעה באב שבו נשרף בית אלהינו ואמאי קרי ליה חמישי חמישי לחדשים צום השביעי זה ג' בתשרי שבו נהרג גדליה בן אחיקם ומי הרגו ישמעאל בן נתניה הרגו ללמדך ששקולה מיתתן של צדיקים כשריפת בית אלהינו ואמאי קרי ליה שביעי שביעי לחדשים צום העשירי זה עשרה בטבת שבו סמך מלך בבל על ירושלים שנאמר ג) ויהי דבר ה' אלי בשנה התשיעית בחדש העשירי בעשור לחדש לאמר בן אדם כתב לך את שם היום את עצם היום הזה סמך מלך בבל אל ירושלם ואמאי קרי ליה עשירי עשירי לחדשים והלא היה ראוי זה לכתוב ראשון ולמה נכתב כאן כדי להסדיר חדשים כתיקנן ואני איני אומר כן אלא צום העשירי זה חמשה בטבת שבו באת שמועה לגולה שהוכתה העיר שנאמר ד) ויהי בשתי עשרה שנה בעשירי בחמשה לחדש לגלותנו בא אלי הפליט מירושלם לאמר הוכתה העיר ועשו יום שמועה כיום שריפה ונראין דברי מדבריו שאני אומר על ראשון ראשון ועל אחרון אחרון והוא אומר על ראשון אחרון ועל אחרון ראשון ג אלא שהוא מונה לסדר חדשים ואני מונה לסדר פורעניות איתמר ו) רב ורבי חנינא אמרי בטלה מגילת תענית רבי יוחנן וריב"ל אמרי לא בטלה מגילת תענית רב ורבי חנינא אמרי בטלה מגילת תענית הכי קאמר בזמן שיש שלום יהיו לששון ולשמחה אין שלום צום והנך נמי כי הני רבי יוחנן ורבי יהושע בן לוי אמרי לא בטלה מגילת תענית הני הוא דתלינהו רחמנא בבנין בהמ"ק אבל הנך כדקיימי קיימי מתיב רב כהנא מעשה וגזרו תענית בחנוכה בלוד וירד ר"א ורחץ ורבי יהושע וסיפר ואמרו להם צאו והתענו על מה שהתעניתם א"ר יוסף שאני חנוכה דאיכא מצוה א"ל אביי ותיבטיל איהי ותיבטל מצותה אלא אמר רב יוסף שאני חנוכה דמיפרסם ניסא מותיב רב אחא בר הונא בתלתא בתשרי בטילת אדכרתא מן שטרייא שגזרה מלכות יון גזרה שלא להזכיר שם שמים על פיהם וכשגברה מלכות חשמונאי ונצחום התקינו שיהו מזכירין שם שמים אפילו בשטרות וכך היו כותבים בשנת כך וכך ליוחנן כהן גדול לאל עליון וכששמעו חכמים בדבר אמרו למחר זה פורע את חובו ונמצא שטר מוטל באשפה וביטלום ואותו היום עשאוהו יו"ט ואי סלקא דעתך בטלה מגילת תענית קמייתא בטול אחרנייתא מוסיפין הכא במאי עסקינן בזמן שבית המקדש קיים ותיפוק

תוספות

הואיל והוכפלו בו הצרות. ביום שבעה עשר בתמוז נמי אירע חמשה דברים כדתנן בפרק בתרא דתענית (דף כו.) אבל חורבן בית המקדש תקיפא טובא ועוד לא דמי לט' באב דלרה אחת הוכפלה בו: **זה** תשעה בתמוז שבו הובקעה העיר. ח) היינו בראשונה אבל בשניה הובקעה בי"ז ומשום הכי עבדינן בי"ז תענית והך ברייתא מתניא בירושלמי וגרסי' בה י"ז בתמוז ואע"ג דכתיב בקרא בתשעה לחדש קלקול חשבונות היו שם ופליג אש"ס דידן ורוצה לומר דמתוך טרדתם טעו בחשבונם ולא רצה הפסוק לשנות מכמו שהיו סבורים: **זה** תשעה באב שבו נשרף. בפרק בתרא דתענית (דף כט.) רמי קראי אהדדי דבסוף מלכים כתיב דנשרף בשבעה ובספר ירמיה כתיב בעשור לחדש וישרוף וגו' ומשני דבז' לחדש נכנסו אויבים להיכל ואכלו ושתו בו [שביעי] שמיני ותשיעי עד שפנה היום לעתותי ערב הציתו בו האש ונשרף עד שקיעת החמה בעשור: **וירד** רבי אליעזר ורחץ. ממתני' דעל כסליו מפני חנוכה לא הוה ליה לאקשויי דלעולם לא חשיב יו"ט ואפילו הכי מדליקין נרות זכר לנס: ותיפוק

רש"י

דאמר רב חנא בר ביזנא כו'. דכולהו ימי תענית ניהו בזמן הזה שאין בהמ"ק קיים ומתניתין בזמן הזה קא איירי מדקתני וכשהמקדש קיים כו': שיש שלום. שאין יד העובדי כוכבים תקיפה על ישראל: יהיו לששון ולשמחה. ליאסר בהספד ובתענית: יש גזרת המלכות צום. חובה להתענות בהן: רצו אין מתענין. וכיון דרשות הוא לא מטרחינן שלוחים עלייהו: ארבעה דברים הללו כו'. וזו אחת מהן והג' שנויין בתוספתא ז) דסוטה ובסיפרי בן אדם יושבי החרבות וגו' הלאן והבקר ישחט וגו' ותרא שרה את בן הגר המצרית וגו': סמך מלך בבל. התחיל לצור עליה: שמועה לגולה. לגלות יכניה שגלו לבבל אחת עשרה שנה לפני החורבן: שאני אומר על ראשון. שבסדר מקרא: ראשון. לפורענות בתחלה הובקעה העיר ואח"כ נשרף הבית בתשעה באב ובתשרי שלאחריו נהרג גדליה ובטבת שלאחריו באתה השמועה: והוא אומר על ראשון. שבפסוק אחרון לפורענות: ועל אחרון. שבמקרא ראשון לפורענות שהרי תחילה סמך ואח"כ הובקעה נמצא י"ז בתמוז שהוא ראשון במקרא אחרון לסמיכת בבל שהוא מאוחר במקרא: אלא שהוא מונה לסדר חדשים. ואמר שלא הקפיד המקרא אלא על סדר החדשים לכך מנה תמוז קודם לטבת ואני מונה אף לסדר פורענות: בטלה מגילת תענית. ימים טובים שקבעו חכמים ע"י נסים שאירעו בהם ואסרום בתענית ויש מהן אף בהספד וכתבום במגילה אחת אלין יומיא דלא להתענאה בהו כו' עכשיו שחרב הבית בטלו ומותרין בהספד ובתענית: אין שלום צום. ואע"ג דבזמן הבית קרינהו מועדים טובים: והנך נמי. דמגילת תענית כי הני משוינן להו כי היכי דהני בטלי הני נמי בטלי: דתלינהו בבנין. דע"י החורבן הוקבעו לצום ועל ידי הבנין הוקבעו ליום טוב שכשנבנה בית שני שלחו בני הגולה האבכה בחדש החמישי הנזר כאשר עשיתי זה כמה שנים מיום החורבן כמו שנאמר שם (זכריה ז) שהשיבם הקב"ה כי צמתם וספוד בחמישי ובשביעי וזה שבעים שנה וגו' ומכאן ואילך יהיו לששון ולשמחה ולמועדים טובים: וירד ר' אליעזר כו'. ורבי אליעזר ורבי יהושע אחר חורבן הבית הוו דבימי רבן יוחנן בן זכאי רבם חרב הבית: התענו. כלומר עשו תשובה: דמפרסם ניסא. כבר הוא גלוי לכל ישראל ע"י שנהגו בו המצות והחזיקו בו כשל תורה ולא נכון לבטלו: בתלתא בתשרי כו'. כך כתוב במגילה לשון ארמי בטילת אדכרתא ביטלו אזכרת שם שמים מן השטרות ובקושי יכלו לבטל שכבר נהגו העם וכששמעו חכמי' ובטלום הוכשר הדבר בעיניהם ונחשב להם לנס ועשאוהו י"ט: ותיפוק

רבינו חננאל

יוצאין על ניסן מפני הפסח וכו'. ואקשינן וליפקו שלוחין נמי בתמוז ובטבת מפני הצומות שיש בהן ופריק רב פפא הכי קאמר בזמן שיש שלום כלומר כל זמן שבית המקדש קיים יהיה לששון ולשמחה. יש גזרה צום אין גזרה ואין שלום כגון עתה בזמן הזה רצו מתענין רצו אין מתענין וכיון שאם רצו שלא להתענות בהן אין חובה עליהן לפיכך אין שלוחין יוצאין בהן אי הכי ומפני מה יוצאין באב ופרקינן משום שהוכפלו בו צרות מפני שחרב בו הבית בראשונה ובשניה ונלכדה ביתר ונחרשה העיר קבלו עליהן ט' באב צום לעולם בגלות ואע"פ שאין שם סכנה בזמן הזה לפיכך יוצאין באב תניא ארשב"י ד' דברים היה ר' עקיבא דורש ואלו הן. א' ותרא שרה את בן הגר המצרית וגו'. ב' הצאן ובקר ישחט להם וגו'. ג' בן אדם יושבי החרבות על אדמת ישראל וגו'. ד' כה אמר ה' צום הרביעי וגו'. ואלו ד' דברים מפורשין בספרי דבי רב (בפרשת ואתחנן) ובתוספתא במסכת סוטה (פ"ו) וארשב"י זה אחד מן ד' דברים שהיה ר' עקיבא דורש ואף אני דורש כמותו ולא חלפתי על דבריו אלא בצום העשירי בלבד שהוא אומר עשרה בטבת שבו סמך מלך בבל על ירושלים ואני אומר צום העשירי זה ה' בטבת שבאתה שמועה לגולה כי נחרבה העיר ונשרף הבית ונראין דברי מדבריו שהוא אומר בתמוז הובקעה העיר ובאב נלכדה העיר. ובתשרי נהרג גדליהו בן אחיקם ובטבת סמך מלך בבל נמצאו הדברים הללו שלא על הסדר כי אחרי שנלכדה העיר ונשרף הבית מזכיר סמיכת החיילות על ירושלים ואע"פ שהוא על הסדר לסדר החדשים שמחשב רביעי תמוז. ואב חמישי ותשרי שביעי וטבת עשירי הפורעניות אינן על הסדר שמאחר הסמיכה מן השרפה ואני מונה לסדר חדשים ולסדר פורעניות על הסדר. בחדש הרביעי הובקעה העיר ובחמישי נלכדה ובשביעי נהרג גדליה בן אחיקם ובעשירי באת שמועת הפורענות הללו בגולה בבבל ועשו יום שמועה כיום שרפה: **איתמר** רב ור' חנינא אמרו בטלה מגלת תענית פי' כל הכתוב במגילת תענית די לא להתענאה בהון כי הם כמו ימים טובים שאסור להתענות בהן בטלה וכל הרוצה להתענות בהן מתענה וראיה אלו ג' תעניות י"ז בתמוז ג' בתשרי וי' בטבת בזמן שיש שלום הם כימים טובים ואסור להתענות בהן כדכתיב יהיה לבית יהודה לששון ולשמחה וגו'. אין שלום צום ושאר הימים הכתובים במגילת תענית בזמן הבית היו ימים טובים ואסורים בתענית עכשיו בטלה. ור' יוחנן וריב"ל אמרי לא בטלה הני ג' צומות הוא דתלינהו רחמ' בבנין הבית אבל הני כדקיימא באיסור הכי קיימי עד עכשיו שאסור ומתיב רב כהנא על מאן דאמר בטלה מגילת תענית מעשה וגזרו תענית בחנוכה בלוד ואמר להן ר' יהושע צאו והתענו על מה שהתעניתם א) כלומר עברתם ופרקי' שני חנוכה דאיכא מצוה הדלקת נר ונדחה אלא משום דמפרסם ניסא דחנוכה. ואותבון תוב מיהא בתלתא בתשרי בטילת אדכרתא מן שטרייא כו' פי' היו כותבין בשטרות בשנת כך וכך ליוחנן כ"ג שהוא כהן לה' עליון ואמרו חכמים למחר פורע זה את חובו ונמצא שטר מושלך באשפה ושם עליון כתוב בו ועל זה גזרו שלא להזכיר שם עליון בשטר כלל ובטלוהו ואותו היום שגזרו כך ג' בתשרי היה ועשוהו וקבעוהו כמו י"ט שאסור בתענית ואי ס"ד בטלה מגילת תענית וכל הרוצה להתענות מתענה הראשונות בטלו האחרונות מחדשין ופרקי' זה בתשרי י"ט בזמן שהבית קיים וכי אמרינן אנן דבטלה מגילת תענית אחר חרבן הבית ואקשינן

חשק שלמה על ר"ח א) נראה דל"ל עברתם על דברי חכמים.

מסורת הש"ס

א) [פי' ע"ז תמגלה בכ"י א"ח ריש סי' תקנ], ב) [גי' הטור א"ח סי' תקנ רבא], ג) תענית כו:, ד) [תוספ' דסוטה פרק ו], ה) [ל"ל בחודש הרביעי], ו) הל"ש גרס רב הונא ורב חיננא, ז) [פ"ו], ח) [ורלא מתרך שם בתענית כח:].

גליון הש"ס

גמ' ואני אין דורש כמותו. עיין בספר ברכי יוסף יו"ד סי' רמב סעיף ג:

תורה אור השלם

א) כה אמר ה' צבאות צום הרביעי וצום החמישי וצום השביעי וצום העשירי יהיה לבית יהודה לששון ולשמחה ולמעדים טובים והאמת והשלום אהבו: [זכריה ח, יט]

ב) בחדש הרביעי בתשעה לחדש ויחזק הרעב בעיר ולא היה לחם לעם הארץ: ותבקע העיר וכל אנשי המלחמה יברחו ויצאו מהעיר לילה דרך שער בין החמתים אשר על גן המלך וכשדים על העיר סביב וילכו דרך הערבה: [ירמיה נב, ו-ז]

ג) ויהי דבר ה' אלי בשנה התשיעית בחדש העשירי בעשור לחדש לאמר: בן אדם כתב לך את שם היום את עצם היום הזה סמך מלך בבל אל ירושלים בעצם היום הזה: [יחזקאל כד, א-ב]

ד) ויהי בשתי עשרה שנה בעשרי בחמשה לחדש לגלותנו בא אלי הפליט מירושלים לאמר הכתה העיר: [יחזקאל לג, כא]

ליקוטי רש"י

צום הרביעי. זה של תמוז שהוא רביעי לחדשים. צום החמישי. של אב. וצום השביעי. שלשה בתשרי שבו נהרג גדליה. וצום העשירי. של טבת [זכריה ח יט]. ביתר. עיר גדולה והיו ישראל דרין בה במסכת גיטין פרק הניזקין (נז.) אשקלא דריספק חרב ביתר [תענית כו:]. מגילת תענית. נכתבה בימי חכמים אף על פי שלא היו כותבין הלכות והיינו דקתני כל הכתוב במגילת תענית כאילו היה מקרא [תענית טו:]. אלו ימים אסורין להתענות להכי נקט מגילת תענית שלא היתה דבר הלכה כתובה בימיהן אפילו אות אחת חוץ ממגילת תענית ולהכי קרי לה מגלה [עירובין סב:].

Rav Pappa defends his answer:

אָמַר רַב פָּפָּא – **Rav Pappa said:** שָׁאנִי תִּשְׁעָה בְּאָב – **Tishah B'Av is different** הוֹאִיל וְהוּכְפְּלוּ בוֹ צָרוֹת – **since tragedies were repeated on it.** דְּאָמַר מַר – **For the master said:** בְּתִשְׁעָה בְּאָב חָרַב הַבַּיִת בָּרִאשׁוֹנָה וּבַשְּׁנִיָּה – **On Tishah B'Av the Temple was destroyed for the first** time **and the second** time, וְנִלְכְּדָה בֵּיתָר – **the city of Beitar was conquered**[12] וְנֶחְרְשָׁה הָעִיר – **and the city** of Jerusalem **was plowed under.**[13] Therefore, even though messengers were not sent out for the months of Tammuz and Teves, they were sent out for the month of Av.[14]

The Gemara cites a Baraisa that elaborates on the verse cited above:

תַּנְיָא – **It was taught in a Baraisa:** אָמַר רַבִּי שִׁמְעוֹן – R' SHIMON SAID: אַרְבָּעָה דְבָרִים הָיָה רַבִּי עֲקִיבָא דוֹרֵשׁ – R' AKIVA USED TO EXPOUND FOUR THINGS, i.e. verses, וַאֲנִי אֵין דּוֹרֵשׁ כְּמוֹתוֹ – THAT I DO NOT EXPOUND LIKE HIM. This is one of them:[15] ,,צוֹם הָרְבִיעִי'' זֶה תִּשְׁעָה בְּתַמּוּז – When the verse states *THE FAST OF THE FOURTH,* THIS REFERS TO THE NINTH OF TAMMUZ, שֶׁבּוֹ הוּבְקְעָה הָעִיר – FOR ON [THAT DATE] THE CITY of Jerusalem WAS BREACHED, at the end of the First Temple era. שֶׁנֶּאֱמַר ,,בַּחֹדֶשׁ הָרְבִיעִי בְּתִשְׁעָה לַחֹדֶשׁ וַיֶּחֱזַק הָרָעָב בָּעִיר וְלֹא־הָיָה לֶחֶם לְעַם הָאָרֶץ וַתִּבָּקַע הָעִיר'' – AS IT SAYS:[16] *IN THE FOURTH MONTH] ON THE NINTH OF THE MONTH, THE FAMINE IN THE CITY BECAME CRITICAL; THERE WAS NO FOOD FOR THE PEOPLE OF THE LAND, AND THE CITY WAS BREACHED.* וְאַמַּאי קָרֵי לֵיהּ ,,רְבִיעִי'' – AND WHY DOES [THE VERSE] CALL IT *THE FOURTH*? רְבִיעִי לֶחֳדָשִׁים – Because Tammuz is THE FOURTH OF THE MONTHS starting from Nissan.[17] ,,צוֹם הַחֲמִישִׁי'' זֶה תִּשְׁעָה בְּאָב – When the verse states *THE FAST OF THE FIFTH,* THIS REFERS TO TISHAH B'AV, שֶׁבּוֹ נִשְׂרַף בֵּית אֱלֹהֵינוּ – FOR ON [THAT DATE] THE HOUSE OF OUR GOD WAS BURNED. וְאַמַּאי קָרֵי לֵיהּ ,,חֲמִישִׁי'' – AND WHY DOES [THE VERSE] CALL IT *THE FIFTH*? חֲמִישִׁי לֶחֳדָשִׁים – Because Av is THE FIFTH OF THE MONTHS starting from Nissan. ,,צוֹם הַשְּׁבִיעִי'' זֶה שְׁלֹשָׁה בְּתִשְׁרֵי – When the verse states *THE FAST OF THE SEVENTH,* THIS REFERS TO THE THIRD OF TISHREI, שֶׁבּוֹ נֶהֱרַג גְּדַלְיָה בֶּן אֲחִיקָם – FOR ON [THAT DATE] GEDALIAH BEN ACHIKAM WAS ASSASSINATED.[18] וּמִי הֲרָגוֹ – AND WHO KILLED HIM? יִשְׁמָעֵאל בֶּן נְתַנְיָה הֲרָגוֹ – ISHMAEL BEN NETHANIAH KILLED HIM.[19] לְלַמֶּדְךָ שֶׁשְּׁקוּלָה מִיתָתָן שֶׁל צַדִּיקִים כִּשְׂרֵיפַת בֵּית אֱלֹהֵינוּ – This day is included here TO TEACH YOU THAT THE DEATH OF THE RIGHTEOUS IS EQUIVALENT TO THE BURNING OF THE HOUSE OF OUR GOD.[20] וְאַמַּאי קָרֵי לֵיהּ ,,שְׁבִיעִי'' – AND WHY DOES [THE VERSE] CALL IT *THE SEVENTH*? שְׁבִיעִי לֶחֳדָשִׁים – Because Tishrei is THE SEVENTH OF THE MONTHS beginning from Nissan. ,,צוֹם הָעֲשִׂירִי'' זֶה עֲשָׂרָה בְּטֵבֵת – When the verse states *THE FAST OF THE TENTH,* THIS REFERS TO THE TENTH OF TEVES, שֶׁבּוֹ סָמַךְ מֶלֶךְ בָּבֶל עַל יְרוּשָׁלַיִם – FOR ON [THAT DATE] THE KING OF BABYLONIA BEGAN TO BESIEGE JERUSALEM, שֶׁנֶּאֱמַר ,,וַיְהִי דְבַר־ה' אֵלַי בַּשָּׁנָה הַתְּשִׁיעִית בַּחֹדֶשׁ הָעֲשִׂירִי בֶּעָשׂוֹר לַחֹדֶשׁ לֵאמֹר – AS IT IS SAYS:[21] *THE WORD OF HASHEM CAME TO ME IN THE NINTH YEAR, IN THE TENTH MONTH, ON THE TENTH OF THE MONTH SAYING,* בֶּן־אָדָם כְּתָב־לְךָ אֶת־שֵׁם הַיּוֹם אֶת־עֶצֶם הַיּוֹם הַזֶּה סָמַךְ מֶלֶךְ־בָּבֶל אֶל־יְרוּשָׁלַיִם'' – *"SON OF MAN, WRITE FOR YOURSELF THE*

NOTES

12. Beitar was a great city with a large Jewish population (*Rashi* to *Taanis* 26b). When it fell to the Romans, 52 years after the destruction of the Second Temple, all its inhabitants were massacred (see *Gittin* 57a and *Rambam, Hil. Taaniyos* 5:3).

13. On this date, the Roman general, Turnus Rufus, plowed the [Second] Temple site and its environs (*Taanis* 29a, *Yerushalmi, Taanis* 4:5; *Rambam, Hil. Taaniyos* 5:3).

14. Tishah B'Av is obligatory, unlike the other three fast days which are optional, because of the repeated tragedies that occurred on that day. For this reason the people in earlier times accepted that day upon themselves as a permanent fast day for the duration of the exile (*Rashi, Megillah* 5a ד״ה אבל זמן; see *Rabbeinu Chananel;* see also *Beis Yosef* §550; cf. *Aruch LaNer*).

15. The Gemara here cites only one of the four disputes between R' Akiva and R' Shimon. The other three are recorded in *Tosefta* to *Sotah* 6:3-7 (*Rashi*; see also *Ritva*).

[R' Shimon was a devoted disciple of R' Akiva, but even a devoted disciple may sometimes disagree with his teacher as long as he does so respectfully (see *Birkei Yosef, Yoreh Deah* 242:3 cited in *Gilyon HaShas*).]

16. *Jeremiah* 52:6-7.

17. As noted, this verse refers to the events surrounding the destruction of the *First* Temple. At the end of the Second Temple era the walls of Jerusalem were breached not on the ninth, but on the seventeenth of Tammuz – the day in Tammuz on which the fast is observed nowadays. One may thus ask: Why we do not fast on the ninth of Tammuz as well, since we still fast on the tenth of Teves and the third of Tishrei on account of tragedies that occurred exclusively during the First Temple era? *Ritva* answers that this was part and parcel of the prophets' enactment: During the years of the Babylonian exile, the fast was observed on the ninth of Tammuz. When the Second Temple was built and the fasts became festivals temporarily, the prophets foresaw the events surrounding the destruction of the Second Temple – including the breaching of the walls of Jerusalem on the seventeenth of Tammuz. They therefore instituted at that time that the fast following the destruction of the Second Temple would be moved from the ninth of Tammuz to the seventeenth, since the later breaching would be [felt as] the more severe tragedy [by that generation]. The prophets did not require that they fast on both the ninth and the seventeenth because that would have been too difficult [a burden for the people] (cf. *Ran* and *Chidushei HaRan*; see below, note 25).

[The above reflects the view of the *Bavli,* that the breaching of the walls occurred on different dates in the First and Second Temples (see *Taanis* 28b). However, *Yerushalmi* (*Taanis* 4:5) states that the breaching in both Temples took place on the seventeenth of Tammuz, but that the people in the First Temple era were mistaken in their calculation of the calendar due to the calamities of the war. [Scripture chose, for its own reasons, to use the date that they used.] Some versions of the Baraisa in our Gemara read "the seventeenth of Tammuz" and not "the ninth." Indeed, this may have been *Rashi's* version as well (see ד״ה ועל אחרון).]

18. Gedaliah was the governor appointed by Nebuchadnezzar over the remaining Jewish settlement in Eretz Yisrael following the destruction of the First Temple. His assassination triggered a sequence of tragic events, which eventually led to the pillage and complete expulsion of the Jewish settlement (see *Jeremiah* chs. 39-41), and extinguished the last ember of hope for the Jewish commonwealth (*Rambam, Hil. Taaniyos* 5:2). [Many assert that Gedaliah was in fact murdered on Rosh Hashanah. However, since Rosh Hashanah is a festival, the commemoration of his death was postponed until the third of Tishrei, after the festival (see *Radak* 41:1, *Ibn Ezra* to *Zechariah* 8:19 and *Beis Yosef Orach Chaim* §549 in the name of *Rabbeinu Yerucham*). For a discussion of the possible ramifications of this, see *Turei Even, Aruch LaNer* and *Meromei Sadeh* here, along with *Taz, Be'er Heitev* and *Shaarei Teshuvah* to *Orach Chaim* 549:1.]

19. [The Gemara mentions this point to convey the bitterness of this tragedy.] Gedaliah ben Achikam was murdered by Ishmael ben Nethaniah, a fellow Jew. And so the remnant of the Jewish nation that even Nebuchadnezzar had favored to remain in Eretz Yisrael was destroyed by one of our own (see *Ben Yehoyada*).

20. *Rashash* suggests that the Baraisa's statement is based on an earlier verse in *Zechariah* (7:5) that begins: *Speak to all the people . . . "When you fasted and mourned in the fifth [month] and in the seventh for these seventy years . . . "* In this verse, only Tishah B'Av and Tzom Gedaliah are mentioned. Thus, the Baraisa teaches there is an equivalence between the burning of the Temple and the death of the righteous. [See *Maharsha* who explains why fast days are not declared on the dates of death of other righteous persons.]

21. *Ezekiel* 24:1-2.

דאמר רב חנא בר ביזנא אמר ר"ש חסידא מאי דכתיב א)כה אמר ה' צבאות צום הרביעי וצום החמישי וצום השביעי וצום העשירי יהיה לבית יהודה לששון ולשמחה א)קרי להו צום וקרי להו ששון ושמחה בזמן שיש שלום יהיו לששון ולשמחה אין שלום צום אמר ב)רב פפא הכי קאמר בזמן שיש שלום יהיו לששון ולשמחה יש גזרת המלכות צום אין גזרת המלכות ואין שלום רצו מתענין רצו אין מתענין אי הכי ט"ב נמי אמר רב פפא שאני ט' באב הואיל והוכפלו בו צרות דאמר מר ג)בט' באב חרב הבית בראשונה ובשניה ונלכדה ביתר ונחרשה העיר תניא ד)אמר ר"ש ארבעה דברים היה ר"ע דורש ואני אין דורש כמותו צום הרביעי זה ט' בתמוז שבו הובקעה העיר שנאמר ב) ה)(ברביעי) בתשעה לחדש ויחזק הרעב בעיר ולא היה לחם לעם הארץ ותבקע העיר ואמאי קרי ליה רביעי רביעי לחדשים צום החמישי זה תשעה באב שבו נשרף בית אלהינו ואמאי קרי ליה חמישי חמישי לחדשים צום השביעי זה ג' בתשרי שבו נהרג גדליה בן אחיקם ומי הרגו ישמעאל בן נתניה הרגו ללמדך ששקולה מיתתן של צדיקים כשריפת בית אלהינו ואמאי קרי ליה שביעי שביעי לחדשים צום העשירי זה עשרה בטבת שבו סמך מלך בבל על ירושלים שנאמר ג)ויהי דבר ה' אלי בשנה התשיעית בחדש העשירי בעשור לחדש לאמר בן אדם כתב לך את שם היום את עצם היום הזה סמך מלך בבל אל ירושלם ואמאי קרי ליה עשירי עשירי לחדשים והלא היה ראוי זה לכתוב ראשון ולמה נכתב כאן כדי להסדיר חדשים כתיקנן ואני איני אומר כן אלא צום העשירי זה חמשה בטבת שבו באת שמועה לגולה שהוכתה העיר שנאמר ד)ויהי בשתי עשרה שנה בעשירי בחמשה לחדש לגלותנו בא אלי הפליט מירושלם לאמר הוכתה העיר ועשו יום שמועה כיום שריפה ונראין דברי מדבריו שאני אומר על ראשון ראשון ועל אחרון אחרון והוא אומר על ראשון אחרון ועל אחרון ראשון ז)אלא שהוא מונה לסדר חדשים ואני מונה לסדר פורעניות איתמר ו)רב ורבי חנינא אמרי בטלה מגילת תענית רבי יוחנן וריב"ל אמרי לא בטלה מגילת תענית רב ורבי חנינא אמרי בטלה מגילת תענית הכי קאמר בזמן שיש שלום יהיו לששון ולשמחה אין שלום צום והנך נמי כי הני רבי יוחנן ורבי יהושע בן לוי אמרי לא בטלה מגילת תענית הני הוא דתלינהו רחמנא בבנין בהמ"ק אבל הנך כדקיימי קיימי מתיב רב כהנא מעשה וגזרו תענית בחנוכה בלוד וירד ר"א ורחץ ורבי יהושע וסיפר ואמרו להם צאו והתענו על מה שהתעניתם א"ר יוסף שאני חנוכה דאיכא מצוה א"ל אביי ותיבטל איהי ותיבטל מצותה אלא אמר רב יוסף שאני חנוכה דמיפרסם ניסא מותיב רב אחא בר הונא בתלתא בתשרי בטילת אדכרתא מן שטרייא שגזרה מלכות יון גזירה שלא להזכיר שם שמים על פיהם וכשגברה מלכות חשמונאי ונצחום התקינו שיהו מזכירין שם שמים אפילו בשטרות וכך היו כותבים בשנת כך וכך ליוחנן כהן גדול לאל עליון וכששמעו חכמים בדבר אמרו למחר זה פורע את חובו ונמצא שטר מוטל באשפה וביטלום ואותו היום עשאוהו יו"ט ואי סלקא דעתך בטלה מגילת תענית קמייתא בטול אחרנייתא מוסיפין הכא במאי עסקינן בזמן שבית המקדש קיים

ותיפוק

רש"י

דאמר רב חנא בר ביזנא כו'. דכולהו ימי תענית נינהו בזמן הזה אלא בהמ"ק קיים ומתמיהן בזמן הזה קא מיירי מדקתני וכשהמקדש קיים כו' שיש שלום. שאין יד העובדי כוכבים תקיפה על ישראל: יהיו לששון ולשמחה. ליאסר בהספד ובתענית: יש גזרת המלכות צום. חובה להתענות בהן: רצו אין מתענין. וכיון דרשות הוא לא מטריחין שלוחים עלייהו: ארבעה דברים הללו כו'. זו אחת מהן והג' שנויין בתוספתא ד)דסוטה ובסיפרי בן אדם יושבי החרבות וגו' הצאן והבקר ישחט וגו' ותרא שרה את בן הגר המצרית וגו': סמך מלך בבל. התחיל לצור עליה: שמועה לגולה. לגלות יכניה שגלו לבבל אחת עשרה שנה לפני החורבן: שאני אומר על ראשון. שבסדר מקרא: ראשון. לפורענות בתחלה הובקעה העיר ואח"כ נשרף הבית בתשעה באב ובתשרי שלאחריו נהרג גדליה ובטבת שלאחריו באתה השמועה: והוא אומר על ראשון. שבפסוק אחרון לפורענות: ועל אחרון. שבמקרא ראשון לפורענות שהרי תחילה סמך ואח"כ הובקעה נמלא י"ז בתמוז שהוא ראשון במקרא אחרון לסמיכת בבל שהוא מאוחר במקרא: אלא שהוא מונה לסדר חדשים. ואמר שלא הקפיד המקרא אלא על סדר החדשים לכך מנה תמוז קודם לטבת ואני מונה אף לסדר פורענות: בטלה מגילת תענית. ימים טובים שקבעו חכמים ע"י נסים שאירעו בהם ואסרום בתענית ויש מהן אף בהספד וכתובים במגילה אחת אלין יומיא דלא להתענאה בהון כו' עכשיו שחרב הבית בטלו ומותרין בהספד ובתענית: אין שלום צום. ואע"ג דבזמן הבית קריניהו מועדים טובים: והנך נמי. דמגילת תענית כי הני משוין להו כי היכי דהני בטלי הני נמי בטלי: דתלינהו בבנין. דע"י החורבן הוקבעו לצום ועל ידי הבנין הוקבעו ליום טוב שכשנבנה בית שני שלחו בני הגולה האבכה בחדש החמישי הנזר כאשר עשיתי זה כמה שנים מיום החורבן כמו שנאמר שם (זכריה ז) שהשיבם הקב"ה כי צמתם וספוד בחמישי ובשביעי וזה שבעים שנה וגו' ומכאן ואילך יהיו לששון ולשמחה ולמועדים טובים: וירד ר' אליעזר כו'. ורבי אליעזר ורבי יהושע אחר חורבן הבית הוו דבימי רבן יוחנן בן זכאי רבם חרב הבית: התענו. כלומר עשו תשובה: דמפרסם ניסא. כבר הוא גלוי לכל ישראל ע"י שנהגו בו המלות והחזיקו בו כשל תורה ולא נכון לבטלו: בתלתא בתשרי כו'. כך כתוב במגילה לשון ארמי בטילת אדכרתא ביטלו אזכרת שם שמים מן השטרות ובקושי יכלו לבטל שכבר נהגו העם וכששמעו חכמי' ובטלום הוכשר הדבר בעיניהם ונחשב להם לנס ועשאוהו י"ט:

ותיפוק

תוספות

הואיל והוכפלו בו הצרות. ביום שבעה עשר בתמוז נמי אירע חמשה דברים כדתנן בפרק בתרא דתענית (דף כו.) אבל חורבן בית המקדש תקיפא טובא ועוד לא דמי לט' באב דצרה אחת הוכפלה בו: זה תשעה בתמוז שבו הובקעה העיר. א) היינו בראשונה אבל בשניה הובקעה בי"ז ומשום הכי עבדינן בי"ז תענית והכי בריית' מתניא בירושלמי וגרסי' בה י"ז בתמוז ואע"ג דכתיב בקרא בתשעה לחדש קלקול חשבונות היו שם ופליג אש"ס דידן ורוצה לומר דמתוך טרדתם טעו בחשבונם ולא רצה הפסוק לשנות מכמו שהיו סבורים: זה תשעה באב שבו נשרף. בפרק בתרא דתענית (דף כט.) רמי קראי אהדדי דבסוף מלכים כתיב דנשרף בשבעה ובספר ירמיה כתיב בעשור לחדש וישרוף וגו' ומשני דבז' לחדש נכנסו אויבים להיכל ואכלו ושתו בו [שביעי] שמיני ותשיעי עד שפנה היום לעתותי ערב הציתו בו האש ונשרף עד שקיעת החמה בעשור:

וירד רבי אליעזר ורחץ. ממתני' דעל כסליו מפני חנוכה לא הוה ליה לאקשויי דלעולם לא חשיב יו"ט ואפילו הכי מדליקין נרות זכר לנס:

ותיפוק

עין משפט נר מצוה

קא א ב ג מיי' פ"ה מהל' תענית הל' ג ג סמג עשין דרבנן ג טור א"ח סימן תקמט:

רבינו חננאל

יוצאין על ניסן מפני הפסח וכו'. ואקשינן וליפוק שלוחין נמי בתמוז ובטבת מפני הצומות שיש בהן ופריק רב פפא הכי קאמר בזמן שיש שלום כלומר כל זמן שבית המקדש קיים יהיה לששון ולשמחה. יש גזרה צום אין גזרה ואין שלום כגון עתה בזמן הזה רצו מתענין רצו אין מתענין וכיון שאם רצו שלא להתענות בהן אין חובה עליהן לפיכך אין שלוחין יוצאין בהן אי הכי ומפני מה יוצאין באב ופרקינן משום שהוכפלו בו צרות מפני שחרב בו הבית בראשונה ובשניה ונלכדה ביתר ונחרשה העיר קבלו עליהן ט' באב צום לעולם בגלות ואע"פ שאין שם סכנה בזמן הזה לפיכך יוצאין באב תניא ארשב"י ד' דברים היה ר' עקיבא דורש ואלו הן. א' ותרא שרה את בן הגר המצרית וגו'. ב' הצאן ובקר ישחט להם וגו'. ג' בן אדם יושבי החרבות על אדמת ישראל וגו'. ד' כה אמר ה' צום הרביעי וגו'. ואלו ד' דברים מפורשין בספרי דבי רב (בפרשת ואתחנן) ובתוספתא במסכת סוטה (פ"ו) וארשב"י זה אחד מן ד' דברים שהיה ר' עקיבא דורש ואף אני דורש כמותו ולא חלפתי על דבריו אלא בצום העשירי בלבד שהוא אומר עשרה בטבת שבו סמך מלך בבל על ירושלים ואני אומר צום העשירי זה ה' בטבת שבאתה שמועה לגולה כי נחרבה העיר ונשרף הבית ונראין דברי מדבריו שהוא אומר בתמוז הובקעה העיר ובאב נלכדה העיר. ובתשרי נהרג גדליהו בן אחיקם ובטבת סמך מלך בבל נמצאו הדברים הללו שלא על הסדר כי אחרי שנלכדה העיר ונשרף הבית מזכיר סמיכת החיילות על ירושלים ואע"פ שהוא על הסדר לסדר החדשים שמחשב רביעי תמוז. ואב חמישי ותשרי שביעי וטבת עשירי הפורעניות אינן על הסדר שמאחר הסמיכה מן השרפה ואני מונה לסדר חדשים ולסדר פורעניות על הסדר. בחדש הרביעי הובקעה העיר ובחמישי נלכדה ובשביעי נהרג גדליה בן אחיקם ובעשירי באת שמועת הפורענות הללו בגולה בבבל ועשו יום שמועה כיום שרפה: **איתמר** רב ור' חנינא אמרו בטלה מגלת תענית פי' כל הכתוב במגילת תענית די לא להתענאה בהון כי הם כמו ימים טובים שאסור להתענות בהן בטלה וכל הרוצה להתענות בהן מתענה וראיה אלו ג' תעניות י"ז בתמוז ג' בתשרי וי' בטבת בזמן שיש שלום הם כימים טובים ואסור להתענות בהן כדכתיב יהיה לבית יהודה לששון ולשמחה וגו'. אין שלום צום ושאר הימים הכתובים במגילת תענית בזמן הבית היו ימים טובים ואסורים בתענית עכשיו בטלה. ור' יוחנן וריב"ל אמרי לא בטלה הני ג' צומות הוא דתלינהו רחמ' בבנין הבית אבל הני כדקיימא באיסור הכי קיימי עד עכשיו שאסור ומתיב רב כהנא על מאן דאמר בטלה מגילת תענית מעשה וגזרו תענית בחנוכה בלוד ואמר להן ר' יהושע צאו והתענו על מה שהתעניתם א) כלומר עברתם ופרקי' שני חנוכה דאיכא מצות הדלקת נר ונדחה אלא משום דמפרסים ניסא דחנוכה. ואותבון תוב מיהא בתלתא בתשרי בטילת אדכרתא מן שטרייא כו' פי' היו כותבין בשטרות בשנת כך וכך ליוחנן כ"ג שהוא כהן לה' עליון ואמרו חכמים למחר פורע זה את חובו ונמצא שטר קרוע מושלך באשפה ושם עליון כתוב בו וגזרו שלא להזכיר שם שמים בשטר כלל ובטלוהו ואותו היום שגזרו כך ג' בתשרי היה ועשוהו וקבעוהו כמו י"ט שאסור בתענית ואי ס"ד בטלה מגילת תענית וכל הרוצה להתענות מתענה הראשונות בטלו האחרונות מחדשין ופרקי' זה שקבעוהו לג' בתשרי י"ט בזמן שהיה הבית קיים וכי אמרינן אנן דבטלה מגילת תענית אחר חרבן הבית

ואקשינן

חשק שלמה על ר"ח א) נראה דצ"ל עברתם על דברי חכמים.

מסורת הש"ס

א) [פי' ע"ז תמצא בב"י א"ח ריש סי' תקנ], ב) [גי' הטור א"ח סי' תקנ רבא], ג) תענית כו:, ד) [תוספ' דסוטה פרק ו], ה) [צ"ל בחודש הרביעי], ו) הרא"ש גרס רב הונא ורב חיננא, ז) [פ"ו], ח) [ורבא מתרץ שם בתענית כח:].

גליון הש"ס

גמ' ואני אין דורש כמותו. עיין בספר ברכי יוסף יו"ד סי' רמב סעיף ג:

תורה אור השלם

א) כֹּה אָמַר יְיָ צְבָאוֹת צוֹם הָרְבִיעִי וְצוֹם הַחֲמִישִׁי וְצוֹם הַשְּׁבִיעִי וְצוֹם הָעֲשִׂירִי יִהְיֶה לְבֵית יְהוּדָה לְשָׂשׂוֹן וּלְשִׂמְחָה וּלְמֹעֲדִים טוֹבִים וְהָאֱמֶת וְהַשָּׁלוֹם אֱהָבוּ: [זכריה ח, יט]

ב) בַּחֹדֶשׁ הָרְבִיעִי בְּתִשְׁעָה לַחֹדֶשׁ וַיֶּחֱזַק הָרָעָב בָּעִיר וְלֹא הָיָה לֶחֶם לְעַם הָאָרֶץ: וַתִּבָּקַע הָעִיר וְכָל אַנְשֵׁי הַמִּלְחָמָה יִבְרְחוּ וַיֵּצְאוּ מֵהָעִיר לַיְלָה דֶּרֶךְ שַׁעַר בֵּין הַחֹמֹתַיִם אֲשֶׁר עַל גַּן הַמֶּלֶךְ וְכַשְׂדִּים עַל הָעִיר סָבִיב וַיֵּלְכוּ דֶּרֶךְ הָעֲרָבָה: [ירמיה נב, ו-ז]

ג) וַיְהִי דְבַר יְיָ אֵלַי בַּשָּׁנָה הַתְּשִׁיעִית בַּחֹדֶשׁ הָעֲשִׂירִי בֶּעָשׂוֹר לַחֹדֶשׁ לֵאמֹר: בֶּן אָדָם כְּתָב לְךָ אֶת שֵׁם הַיּוֹם אֶת עֶצֶם הַיּוֹם הַזֶּה סָמַךְ מֶלֶךְ בָּבֶל אֶל יְרוּשָׁלַםִ בְּעֶצֶם הַיּוֹם הַזֶּה: [יחזקאל כד, א-ב]

ד) וַיְהִי בִּשְׁתֵּי עֶשְׂרֵה שָׁנָה בָּעֲשִׂרִי בַּחֲמִשָּׁה לַחֹדֶשׁ לְגָלוּתֵנוּ בָּא אֵלַי הַפָּלִיט מִירוּשָׁלַםִ לֵאמֹר הֻכְּתָה הָעִיר: [יחזקאל לג, כא]

ליקוטי רש"י

צום הרביעי. צום של תמוז שהוא רביעי לחדשים. צום החמישי. של אב. וצום השביעי. שלשה בתשרי שבו נהרג גדליה. וצום העשירי. של טבת [זכריה ח יט]. ביתר. עיר גדולה והיו ישראל דרין בה במסכת גיטין פרק הניזקין (נז.) אשקא דריספק חרב ביתר [תענית כו:]. מגילת תענית. נכתבה בימי חכמים אף על פי שלא היו כותבין הלכות והיינו דקתני כל הכתוב במגילת תענית כאילו היה מקרא [תענית טו:]. אלו ימים אסורין להתענות להכי נקט מגילת תענית שלא היתה דבר הלכה כתובה בימיהן אפילו אות אחת חוץ ממגילת תענית ולהכי קרי לה מגלה [עירובין סב:].

NAME OF THIS DAY, THIS VERY DAY; THE KING OF BABYLONIA HAS BEGUN TO BESIEGE JERUSALEM." וְאַמַּאי קָרֵי לֵיהּ ,,עֲשִׂירִי" – AND WHY DOES [THE VERSE] CALL IT *THE TENTH*? עֲשִׂירִי לֶחֳדָשִׁים – Because Teves is THE *TENTH* OF THE MONTHS beginning from Nissan. וַהֲלֹא הָיָה רָאוּי זֶה לִכְתּוֹב רִאשׁוֹן – NOW IT WOULD HAVE BEEN FITTING TO WRITE THIS day, the Tenth of Teves, FIRST, since it marks the first stage of the destruction. וְלָמָּה נִכְתַּב כָּאן – SO WHY IS IT WRITTEN HERE at the end of the verse? כְּדֵי לְהַסְדִּיר חֳדָשִׁים כְּתִיקְנָן – SO AS TO ARRANGE THE MONTHS ACCORDING TO THEIR PROPER ORDER in a calendar year.[22]

The Baraisa continues with R' Shimon's exposition of the same verse:

וַאֲנִי אֵינִי אוֹמֵר כֵּן – BUT I DO NOT SAY that the last fast mentioned in the verse should be understood THAT WAY. אֶלָּא ,,צוֹם הָעֲשִׂירִי" זֶה חֲמִשָּׁה בְּטֵבֵת – RATHER, when the end of the verse states *THE FAST OF THE TENTH,* THIS REFERS TO THE FIFTH OF TEVES, שֶׁבּוֹ בָּאת שְׁמוּעָה לַגּוֹלָה שֶׁהוּכְּתָה הָעִיר – FOR ON [THAT DAY] THE NEWS CAME TO THE EXILE THAT THE CITY of Jerusalem HAD BEEN SACKED.[23] שֶׁנֶּאֱמַר ,,וַיְהִי בִּשְׁתֵּי עֶשְׂרֵה שָׁנָה בָּעֲשִׂרִי בַּחֲמִשָּׁה לַחֹדֶשׁ לְגָלוּתֵנוּ בָּא־אֵלַי הַפָּלִיט מִירוּשָׁלַםִ לֵאמֹר הֻכְּתָה הָעִיר" – AS IT SAYS:[24] *IT HAPPENED IN THE TWELFTH YEAR OF OUR EXILE, IN THE TENTH* [month], *ON THE FIFTH OF THE MONTH: A FUGITIVE CAME TO ME FROM JERUSALEM SAYING, "THE CITY HAS BEEN SACKED."* וְעָשׂוּ יוֹם שְׁמוּעָה כְּיוֹם שְׂרֵיפָה – AND THEY MADE THE DAY OF hearing THE tragic NEWS a fast day LIKE THE DAY OF THE actual BURNING.[25]

The Baraisa continues with R' Shimon's rationale for his view: וְנִרְאִין דְּבָרַי מִדְּבָרָיו – INDEED, MY WORDS APPEAR MORE reasonable THAN [R' AKIVA'S] WORDS, שֶׁאֲנִי אוֹמֵר עַל רִאשׁוֹן רִאשׁוֹן – FOR I SAY REGARDING THE FIRST fast listed in the verse (the fast of Tammuz) that it commemorates THE FIRST tragedy historically (the breaching of the walls); וְעַל אַחֲרוֹן אַחֲרוֹן – AND I say REGARDING THE LAST fast listed in the verse (the fast of Teves) that it commemorates THE LAST tragedy (the news of the sacking of Jerusalem).[26] וְהוּא אוֹמֵר עַל רִאשׁוֹן אַחֲרוֹן – BUT [R' AKIVA] SAYS REGARDING THE FIRST fast listed in the verse (the fast of Tammuz) that it commemorates one of THE LATER tragedies (the breaching of the walls); וְעַל אַחֲרוֹן רִאשׁוֹן – AND he says REGARDING THE LAST fast listed in the verse (the fast of Teves) that it commemorates THE FIRST tragedy historically.[27] אֶלָּא שֶׁהוּא מוֹנֶה לְסֵדֶר חֳדָשִׁים – EXCEPT THAT [R' AKIVA] COUNTS ACCORDING TO THE ORDER OF THE MONTHS in a calendar year, וַאֲנִי מוֹנֶה לְסֵדֶר פּוּרְעָנִיּוֹת – WHILE I COUNT ACCORDING TO THE ORDER OF THE TRIBULATIONS chronologically.[28]

The Gemara presents a dispute based on the verse cited above: אִיתְּמַר – **It has been stated:** רַב וְרַבִּי חֲנִינָא אָמְרֵי – **Rav and R' Chanina say:** בָּטְלָה מְגִילַּת תַּעֲנִית – ***Megillas Taanis* was abrogated.**[29] רַבִּי יוֹחָנָן וְרַבִּי יְהוֹשֻׁעַ בֶּן לֵוִי אָמְרֵי – But **R' Yochanan and R' Yehoshua ben Levi say:** לֹא בָּטְלָה מְגִילַּת תַּעֲנִית – ***Megillas Taanis* was not abrogated.**

The Gemara explains the reasoning of one side in the dispute: רַב וְרַבִּי חֲנִינָא אָמְרֵי בָּטְלָה מְגִילַּת תַּעֲנִית – **Rav and R' Chanina say that *Megillas Taanis* was abrogated.** הָכִי קָאָמַר – For **this is what [the verse]** cited above **is saying:** בִּזְמַן שֶׁיֵּשׁ שָׁלוֹם יִהְיוּ לְשָׂשׂוֹן וּלְשִׂמְחָה – **At a time when there is peace [the former fast days] will be for joy and for happiness,** אֵין שָׁלוֹם צוֹם – **and when there is no peace,** they will again be **fast** days. Thus, these days were festivals in the Temple era and nevertheless these festivals were abrogated after the destruction. וְהָנָךְ נַמִּי כִּי הָנֵי – **And those** days listed in *Megillas Taanis* **are also** to be treated **like these** days listed in Scripture. Hence, whatever status the days listed in *Megillas Taanis* had as festivals was

NOTES

22. That is, the four fasts are listed according to the order in which they fall during the year [starting in Nissan and ending in Adar] — even though the events did not occur in that order (*Rashi*).

23. Eleven years before the destruction of the First Temple, King Yechaniah [also known as Yehoyachin] was exiled to Babylonia together with a massive group of Jews (*Rashi*). On the fifth of Teves, after the destruction, these exiled Jews heard that Jerusalem had been smitten and the Temple destroyed.

24. *Ezekiel* 33:21.

25. *Minchas Chinuch* (§301 ד״ה אך אני מסופק) asks an elementary question: How could R' Akiva and R' Shimon disagree as to the correct date of the fast in Teves? They could see what day was observed [as a fast day] in their time and what day had been observed as a festival in the Temple era a few years earlier!

Minchas Chinuch therefore proposes an innovative solution (part of which is found in the Rishonim; see *Ritva* here): The prophets did not decree originally that the fast days should be observed on specific dates; rather, they decreed that a fast be observed on one day in each of the four enumerated months. Potentially, that day could be any day of each month. (Indeed, the verse in *Zechariah* mentions only *the fast of the fourth [month], the fast of the fifth [month],* etc. with no allusion to any particular dates.) When these fasts were transformed into festivals in the Second Temple era, the same principle held true: A festival could be observed on any date of the correct month. *Minchas Chinuch* goes on to say that in fact divergent customs developed as to when the days should be observed. In the time of R' Akiva and R' Shimon, after the destruction of the Second Temple, they wished to standardize the observance so that all Jews would fast on the same day (similar to R' Abahu's enactment as described by *Rav Hai Gaon*; see below, 34a note 43). Thus, they disputed which day (i.e. which event) in Teves was the correct one (see there at length; see *Avodas David*).

26. First the walls of Jerusalem were breached in Tammuz; then the Temple was destroyed in Av; then Gedaliah was assassinated in Tishrei; and then the news of the destruction reached Babylonia the following Teves (*Rashi*).

27. Babylonia first besieged Jerusalem and then broke through its walls. But according to R' Akiva the siege is listed last in the verse while the breaching of Jerusalem is listed first (*Rashi*).

28. R' Akiva holds that the fasts are listed out of order with regard to the historical events but in order with regard to the months of a year. R' Shimon contends that the fasts are listed chronologically as well as calendrically (*Rashi*).

29. *Megillas Taanis* (literally: Scroll of Fasts) lists dates of the year on which fasting is prohibited because those days were declared minor festivals on account of miraculous salvations that occurred on them. On some of these dates it is even prohibited to offer a eulogy. According to Rav and R' Chanina, once the Temple was destroyed, these festivals were no longer in force and it is therefore permitted to eulogize and to fast on them (*Rashi*).

It is known as a *megillah,* scroll, because at the time of its compilation no legal works whatsoever were published due to the prohibition against committing "oral laws" to writing (see *Gittin* 60b). However, the list of minor festivals *was* issued in writing so that the public should be able to remember them. It was therefore known as a *megillah,* scroll (*Rashi* to *Shabbos* 13b).

Megillas Taanis was written by Chananyah ben Chizkiyah, who lived approximately one hundred years before the destruction of the Second Temple, and by his colleagues. Later Tannaim supplemented the work (see Gemara below and *R' Yaakov Emden's* preface to his glosses on *Megillas Taanis*). Chananyah ben Chizkiyah lived in a period that was relatively free of tribulations. His generation was thus more sensitive to the few troubles and to the deliverance from them. Later generations were overwhelmed with hardships and became numb to them. Hence, they did not fully appreciate the deliverance from them (see *Shabbos* 13b). [The existing editions of *Megillas Taanis* contain thirty-five dates, but as noted above, it is evident that some of them are later additions.]

According to many Rishonim, only personal fasts are permitted on these dates, but public fasts are still not allowed. See *Tur* and *Beis Yosef, Orach Chaim* §573.

עין משפט נר מצוה

קא א ב ג מיי' פ"ה מהל' תענית הל' ג ג סמג עשין דרבנן ג טור א"ח סימן תקמט:

הואיל והוכפלו בו הצרות. ביום שבעה עשר בתמוז נמי אירע חמשה דברים כדתנן בפרק בתרא דתענית (דף כו.) אבל חורבן בית המקדש תקיפא טובא ועוד לא דמי לט' באב דלרב אחת הוכפלה בו: **זה** תשעה בתמוז שבו הובקעה העיר. [ה] היינו בראשונה אבל בשניה הובקעה בי"ז ומשום הכי עבדינן בי"ז תענית והך ברייתא מתניא בירושלמי וגרסי' בה י"ז בתמוז ואע"ג דכתיב בקרא בתשעה לחדש קלקול חשבונות היו שם ופליג אש"ס דידן ורוצה לומר דמתוך טרדתם טעו בחשבונם ולא רצה הפסוק לשנות מכמו שהיו סבורים: **זה** תשעה באב שבו נשרף. בפרק בתרא דתענית (דף כט.) רמי קראי אהדדי דבספר מלכים כתיב בשבעה ובספר ירמיה כתיב בעשור לחדש וישרוף וגו' ומשני דבז' לחדש נכנסו אויבים להיכל ואכלו ושתו בו [שביעי] שמיני ותשיעי עד שפנה היום לעתותי ערב הציתו בו האש ונשרף עד שקיעת החמה בעשור:

וירד רבי אליעזר ורחץ. ממתני' דעל כסליו מפני חנוכה לא הוה ליה לאקשויי דלעולם לא תשיב יו"ט ואפילו הכי מדליקין נרות זכר לנס: ותיפוק

דאמר רב חנא בר ביזנא אמר ר"ש חסידא מאי דכתיב [א] כה אמר ה' צבאות צום הרביעי וצום החמישי וצום השביעי וצום העשירי יהיה לבית יהודה לששון ולשמחה [ח] קרי להו צום וקרי להו ששון ושמחה בזמן שיש שלום יהיו לששון ולשמחה אין שלום צום אמר [ג] רב פפא הכי קאמר בזמן שיש שלום יהיו לששון ולשמחה יש גזרת המלכות צום אין גזרת המלכות ואין שלום רצו מתענין רצו אין מתענין אי הכי ט"ב נמי אמר רב פפא שאני ט' באב הואיל והוכפלו בו צרות דאמר מר [ג] [א] בט' באב חרב הבית בראשונה ובשניה ונלכדה ביתר ונחרשה העיר תניא [ד] אמר ר"ש ארבעה דברים היה ר"ע דורש [ה] ואני אין דורש כמותו [ב] צום הרביעי זה ט' בתמוז שבו הובקעה העיר שנאמר [ב] ([ה] ברביעי) בתשעה לחדש ויחזק הרעב בעיר ולא היה לחם לעם הארץ ותבקע העיר ואמאי קרי ליה רביעי רביעי לחדשים צום החמישי זה תשעה באב שבו נשרף בית אלהינו ואמאי קרי ליה חמישי חמישי לחדשים צום השביעי זה ג' בתשרי שבו נהרג גדליה בן אחיקם ומי הרגו ישמעאל בן נתניה הרגו ללמדך ששקולה מיתתן של צדיקים כשריפת בית אלהינו ואמאי קרי ליה שביעי שביעי לחדשים צום העשירי זה עשרה בטבת שבו סמך מלך בבל על ירושלים שנאמר [ג] ויהי דבר ה' אלי בשנה התשיעית בחדש העשירי בעשור לחדש לאמר בן אדם כתב לך את שם היום את עצם היום הזה סמך מלך בבל אל ירושלם ואמאי קרי ליה עשירי עשירי לחדשים והלא היה ראוי זה לכתוב ראשון ולמה נכתב כאן כדי להסדיר חדשים כתיקנן ואני איני אומר כן אלא צום העשירי זה חמשה בטבת שבו באת שמועה לגולה שהוכתה העיר שנאמר [ד] ויהי בשתי עשרה שנה בעשירי בחמשה לחדש לגלותנו בא אלי הפליט מירושלם לאמר הוכתה העיר ועשו יום שמועה כיום שריפה ונראין דברי מדבריו שאני אומר על ראשון ראשון ועל אחרון אחרון והוא אומר על ראשון אחרון ועל אחרון ראשון [ג] אלא שהוא מונה לסדר חדשים ואני מונה לסדר פורעניות איתמר [ו] רב ורבי חנינא אמרי בטלה מגילת תענית רבי יוחנן וריב"ל אמרי לא בטלה מגילת תענית רב ורבי חנינא אמרי בטלה מגילת תענית הכי קאמר בזמן שיש שלום יהיו לששון ולשמחה אין שלום צום והנך נמי כי הני רבי יוחנן ורבי יהושע בן לוי אמרי לא בטלה מגילת תענית הני הוא דתלינהו רחמנא בבנין בהמ"ק אבל הנך כדקיימי קיימי מתיב רב כהנא מעשה וגזרו תענית בחנוכה בלוד וירד ר"א ורחץ ורבי יהושע וסיפר ואמרו להם צאו והתענו על מה שהתעניתם א"ר יוסף שאני חנוכה דאיכא מצוה א"ל אביי ותיבטיל איהו ותיבטל מצוותה אלא אמר רב יוסף שאני חנוכה דמיפרסם ניסא מותיב רב אחא בר הונא בתלתא בתשרי בטילת אדכרתא מן שטרייא שגזרה מלכות יון גזרה שלא להזכיר שם שמים על פיהם וכשגברה מלכות חשמונאי ונצחום התקינו שיהו מזכירין שם שמים אפילו בשטרות וכך היו כותבים בשנת כך וכך ליוחנן כהן גדול לאל עליון וכששמעו חכמים בדבר אמרו למחר זה פורע את חובו ונמצא שטר מוטל באשפה וביטלום ואותו היום עשאוהו יו"ט ואי סלקא דעתך בטלה מגילת תענית קמייתא בטול אחרנייתא מוסיפין הכא במאי עסקינן בזמן שבית המקדש קיים ותיפוק

דאמר רב חנא בר ביזנא כו'. דכולהו ימי תענית נינהו דבזמן הזה שאין בהמ"ק קיים ומתניתין בזמן הזה קא מיירי מדקתני וכשהמקדש קיים כו': **שיש שלום.** שאין יד העובדי כוכבים תקיפה על ישראל: **יהיו לששון** ולשמחה. ליאסר בהספד ובתענית: **יש גזרת המלכות צום.** חובה להתענות בהן: **רצו אין מתענין.** וכיון דרשות הוא לא מטרחינן שלוחים עלייהו: **ארבעה דברים הללו כו'.** חד אחת מהן והג' שנויין בתוספתא [ז] דסוטה וכספרי בן אדם יושבי החרבות וגו' הצאן והבקר ישחט וגו' ותרא שרה את בן הגר המצרית וגו': **סמך מלך בבל.** התחיל לצור עליה: **שמועה לגולה.** לגלות יכניה שגלו לבבל אחת עשרה שנה לפני החורבן: **שאני אומר על ראשון.** שבסדר מקרא: **ראשון.** לפורענות בתחלה הובקעה העיר ואח"כ נשרף הבית בתשעה באב ובתשרי שלאחריו נהרג גדליה ובטבת שלאחריו באתה השמועה: **והוא אומר על ראשון.** שבפסוק אחרון לפורענות: **ועל אחרון.** שבמקרא ראשון לפורענות שהרי מתחילה סמך ואח"כ הובקעה נמצא י"ז בתמוז שהוא ראשון במקרא אחרון לסמיכת בבל שהוא מאוחר במקרא: **אלא שהוא מונה לסדר** חדשים. ואמר שלא הקפיד המקרא אלא על סדר החדשים לכך מנה תמוז קודם לטבת ואני מונה אף לסדר פורעניות: **בטלה מגילת** תענית. ימים טובים שקבעו חכמים ע"י נסים שאירעו בהם ואסרום בתענית ויש מהן אף בהספד וכתבום במגילה אחת אלין יומיא דלא להתענאה בהון כו' עכשיו שחרב הבית בטלו ומותרין בהספד ובתענית: **אין שלום צום.** ואע"ג דבזמן הבית קריניהו מועדים טובים: **והנך נמי.** דמגילת תענית כי הני משוינן להו כי היכי דהני בטלי הני נמי בטלי: **דתלינהו בבנין.** דע"י החורבן הוקבעו לצום ועל ידי הבנין הוקבעו ליום טוב שכשנבנה בית שני שלחו בני הגולה הלכה בחדש החמישי הנזר כאשר עשיתי זה כמה שנים מיום החורבן כמו שנאמר שם (זכריה ז) שהשיבם הקב"ה כי צמתם וספוד בחמישי ובשביעי וזה שבעים שנה וגו' ומכאן ואילך יהיו לששון ולשמחה ולמועדים טובים: **וירד ר' אליעזר** כו'. ורבי אליעזר ורבי יהושע אחר חורבן הבית הוו דבימי רבן יוחנן בן זכאי רבם חרב הבית: **התענו.** כלומר עשו תשובה: **דמפרסם** ניסא. כבר הוא גלוי לכל ישראל ע"י שנהגו בו המצות והחזיקו בו בכל תורה ולא נכון לבטלו: **בתלתא** בתשרי כו'. כך כתוב במגילה בלשון ארמי בטילת אדכרתא ביטלו אזכרת שם שמים מן השטרות ובקושי יכלו לבטל שכבר נהגו העם וכששמעו חכמי' ובטלום הוכשר הדבר בעיניהם ונחשב להם לנס ועשאוהו י"ט:

ותיפוק

רבינו חננאל

יוצאין על ניסן מפני הפסח וכו'. ואקשינן וליפקו שלוחין נמי בתמוז ובטבת מפני הצומות שיש בהן ופריק רב פפא הכי קאמר בזמן שיש שלום כלומר כל זמן שבית המקדש קיים יהיה לששון ולשמחה. יש גזרה צום אין גזרה ואין שלום כגון עתה בזמן הזה רצו מתענין רצו אין מתענין וכיון שאם רצו שלא להתענות בהן אין חובה עליהן לפיכך אין שלוחין יוצאין בהן אי הכי ומפני מה יוצאין באב ופרקינן משום שהוכפלו בו צרות מפני שחרב בו הבית בראשונה ובשניה ונלכדה ביתר ונחרשה העיר קבלו עליהן ט' באב צום לעולם בגלות ואע"פ שאין שם סכנה בזמן הזה לפיכך יוצאין באב תניא ארשב"י ד' דברים היה ר' עקיבא דורש ואלו הן. א' ותרא שרה את בן הגר המצרית וגו'. ב' הצאן ובקר ישחט להם וגו'. ג' בן אדם יושבי החרבות על אדמת ישראל וגו'. ד' כה אמר ה' צום הרביעי וגו'. ואלו ד' דברים מפורשין בספרי דבי רב (בפרשת ואתחנן) ובתוספתא במסכת סוטה (פ"ו) וארשב"י זה אחד מן ד' דברים שהיה ר' עקיבא דורש ואף אני דורש כמותו ולא חלפתי על דבריו אלא בצום העשירי בלבד שהוא אומר עשרה בטבת שבו סמך מלך בבל על ירושלים ואני אומר צום העשירי זה ה' בטבת שבאתה שמועה לגולה כי נחרבה העיר ונשרף הבית ונראין דברי מדבריו שהוא אומר בתמוז הובקעה העיר ובאב נלכדה העיר. ובתשרי נהרג גדליהו בן אחיקם ובטבת סמך מלך בבל נמצאו הדברים הללו שלא על הסדר כי אחרי שנלכדה העיר ונשרף הבית מזכיר סמיכת החיילות על ירושלים ואע"פ שהוא על הסדר לסדר החדשים שמחשב רביעי תמוז. ואב חמישי ותשרי שביעי וטבת עשירי הפורעניות אינן על הסדר שמאחר הסמיכה מן השרפה ואני מונה לסדר חדשים ולסדר פורעניות על הסדר. בחדש הרביעי הובקעה העיר ובחמישי נלכדה ובשביעי נהרג גדליה בן אחיקם ובעשירי באת שמועת הפורענות הללו בגולה בבבל ועשו יום שמועה כיום שרפה: **איתמר** רב ור' חנינא אמרו בטלה מגלת תענית פי' כל הכתוב במגילת תענית די לא להתענאה בהון כי הם כמו ימים טובים שאסור להתענות בהן בטלה וכל הרוצה להתענות בהן מתענה וראיה אלו ג' תעניות י"ז בתמוז ג' בתשרי וי' בטבת בזמן שיש שלום הם כימים טובים ואסור להתענות בהן כדכתיב יהיה לבית יהודה לששון ולשמחה וגו'. אין שלום צום ושאר הימים הכתובים במגילת תענית בזמן הבית היו ימים טובים ואסורים בתענית עכשיו בטלה. ור' יוחנן וריב"ל אמרי לא בטלה הני ג' צומות הוא דתלינהו רחמ' בבנין הבית אבל הני כדקיימא באיסור הכי קיימי עד עכשיו שאסור ומתיב רב כהנא על מאן דאמר בטלה מגילת תענית מעשה וגזרו תענית בחנוכה בלוד ואמר להן ר' יהושע צאו והתענו על מה שהתעניתם [א] כלומר עברתם ופרקי' שני חנוכה דאיכא מצות הדלקת נר ונדחה אלא משום דמפרסים ניסא דחנוכה. ואותבון תוב מיהא בתלתא בתשרי בטילת אדכרתא מן שטרייא כו' פי' היו כותבין בשטרות בשנת כך וכך ליוחנן כ"ג שהוא כהן לה' עליון ואמרו חכמים למחר פורע זה את חובו ונמצא שטר קרוע מושלך באשפה ושם עליון כתוב בו וגזרו שלא להזכיר שם שמים בשטר כלל ובטלוהו ואותו היום שגזרו כך ג' בתשרי היה ועשוהו וקבעוהו כמו י"ט שאסור בתענית ואי ס"ד בטלה מגילת תענית וכל הרוצה להתענות מתענה הראשונות בטלו האחרונות מחדשין ופרקי' זה שקבעוהו לג' בתשרי י"ט בזמן שהיה הבית קיים וכי אמרינן אנן דבטלה מגילת תענית אחר חרבן הבית ואקשינן

חשק שלמה על ר"ח [א] נראה דצ"ל עברתם על דברי חכמים.

מסורת הש"ס

[א] [פי' ע"ז תמלא בב"י א"ח ריש סי' תקנ], [ב] [גי' הטור א"ח סי' תקנ **רבא**], [ג] תענית כו:, [ד] [תוספ' דסוטה פרק ו], [ה] [נ"ל בחודש הרביעי], [ו] הרא"ש גרס **רב הונא ורב חיננא**, [ז] [פ"ו], [ח] [ורבא מתרץ שם בתענית כח:].

גליון הש"ס

גמ' ואני אין דורש כמותו. עיין בספר ברכי יוסף יו"ד סי' רמב סעיף ג:

תורה אור השלם

א) כֹּה אָמַר יְיָ צְבָאוֹת צוֹם הָרְבִיעִי וְצוֹם הַחֲמִישִׁי וְצוֹם הַשְּׁבִיעִי וְצוֹם הָעֲשִׂירִי יִהְיֶה לְבֵית יְהוּדָה לְשָׂשׂוֹן וּלְשִׂמְחָה וּלְמֹעֲדִים טוֹבִים וְהָאֱמֶת וְהַשָּׁלוֹם אֱהָבוּ: [זכריה ח, יט]

ב) בַּחֹדֶשׁ הָרְבִיעִי בְּתִשְׁעָה לַחֹדֶשׁ וַיֶּחֱזַק הָרָעָב בָּעִיר וְלֹא הָיָה לֶחֶם לְעַם הָאָרֶץ: וַתִּבָּקַע הָעִיר וְכָל אַנְשֵׁי הַמִּלְחָמָה יִבְרְחוּ וַיֵּצְאוּ מֵהָעִיר לַיְלָה דֶּרֶךְ שַׁעַר בֵּין הַחֹמֹתַיִם אֲשֶׁר עַל גַּן הַמֶּלֶךְ וְכַשְׂדִּים עַל הָעִיר סָבִיב וַיֵּלְכוּ דֶּרֶךְ הָעֲרָבָה: [ירמיה נב, ו-ז]

ג) וַיְהִי דְבַר יְיָ אֵלַי בַּשָּׁנָה הַתְּשִׁיעִית בַּחֹדֶשׁ הָעֲשִׂירִי בֶּעָשׂוֹר לַחֹדֶשׁ לֵאמֹר: בֶּן אָדָם כְּתָב לְךָ אֶת שֵׁם הַיּוֹם אֶת עֶצֶם הַיּוֹם הַזֶּה סָמַךְ מֶלֶךְ בָּבֶל אֶל יְרוּשָׁלַיִם בְּעֶצֶם הַיּוֹם הַזֶּה: [יחזקאל כד, א-ב]

ד) וַיְהִי בִּשְׁתֵּי עֶשְׂרֵה שָׁנָה בָּעֲשִׂרִי בַּחֲמִשָּׁה לַחֹדֶשׁ לְגָלוּתֵנוּ בָּא אֵלַי הַפָּלִיט מִירוּשָׁלַיִם לֵאמֹר הֻכְּתָה הָעִיר: [יחזקאל לג, כא]

ליקוטי רש"י

צום הרביעי. לוס של תמוז שהוא רביעי לחדשים. **צום החמישי.** של אב. **וצום השביעי.** שלשה בתשרי שבו נהרג גדליה. **וצום העשירי.** של טבת [זכריה ח יט]. **ביתר.** עיר גדולה והיו ישראל דרין בה במסכת גיטין פרק הניזקין (נז.) אשקא דריספק חרב ביתר [תענית כו:]. **מגילת תענית.** נכתבה בימי חכמים אף על פי שלא היו כותבין הלכות והיינו דקתני כל הכתוב במגילת תענית כאילו היה מקרא [תענית טו:]. אלו ימים אסורין להתענות להכי נקט מגילת תענית שלא היתה דבר הלכה כתובה בימיהן אפילו אות אחת חוץ ממגילת תענית ולהכי קרי לה מגלה [עירובין סב:].

canceled with the destruction of the Temple.

The Gemara explains the reasoning of the other side:

רַבִּי יוֹחָנָן וְרַבִּי יְהוֹשֻׁעַ בֶּן לֵוִי אָמְרֵי לֹא בָּטְלָה מְגִילַּת תַּעֲנִית – R' Yochanan and R' Yehoshua ben Levi say that ***Megillas Taanis*** **was not abrogated.** הָנֵי הוּא דְּתָלִינְהוּ רַחֲמָנָא בְּבִנְיַן בֵּית הַמִּקְדָּשׁ – For it is only **these** days listed in Scripture **that the Merciful One** made dependent upon **the building of the Holy Temple;**[30] אֲבָל הָנָךְ כִּדְקָיְימֵי קָיְימֵי – **but those** days listed in *Megillas Taanis* **exist as they have** always **existed.**[31]

The Gemara objects to the view that *Megillas Taanis* was abrogated:

מָתִיב רַב כַּהֲנָא – **Rav Kahana challenged** Rav and R' Chanina **from a Baraisa:** מַעֲשֶׂה וְגָזְרוּ תַּעֲנִית בַּחֲנוּכָּה בְּלוֹד – There was once AN INCIDENT WHEREIN THEY (the townspeople) DECREED A FAST DURING CHANUKAH IN the city of LOD. וְיָרַד רַבִּי אֱלִיעֶזֶר וְרָחַץ – IN RESPONSE, R' ELIEZER WENT DOWN to a bathhouse in Lod AND BATHED there, וְרַבִּי יְהוֹשֻׁעַ וְסִיפֵּר – AND R' YEHOSHUA went to a barber in Lod AND HAD HIS HAIR CUT.[32] וְאָמְרוּ לָהֶם – [R' ELIEZER AND R' YEHOSHUA] SAID TO [THOSE WHO HAD FASTED], צְאוּ וְהִתְעַנּוּ עַל מַה שֶּׁהִתְעַנִּיתֶם – "GO OUT AND FAST[33] ON ACCOUNT OF THAT WHICH YOU FASTED on Chanukah." Now, R' Eliezer and R' Yehoshua lived after the destruction of the Second Temple,[34] yet they held that Chanukah was still in effect in their time, even though Chanukah is one of the festivals listed in *Megillas Taanis.* – ? –

The Gemara defends Rav and R' Chanina:

אָמַר רַב יוֹסֵף – **Rav Yosef said:** שָׁאנֵי חֲנוּכָּה – **Chanukah is different** from all the other days listed in *Megillas Taanis* דְּאִיכָּא מִצְוָה – **in that there is a mitzvah** associated with it, the lighting of the menorah.

The Gemara objects:

אָמַר לֵיהּ אַבַּיֵי – **Abaye said to [Rav Yosef]:** The mitzvah of lighting the menorah is merely an accessory to the festival itself; וְתִיבַּטֵּיל אִיהִי וְתִיבַּטֵּל מִצְוָתָהּ – **so let [Chanukah] be abrogated and let its mitzvah be abrogated** as well![35] – ? –

The Gemara revises its answer:

אֶלָּא אָמַר רַב יוֹסֵף – **Rather, Rav Yosef said:** שָׁאנֵי חֲנוּכָּה – **Chanukah is different** from all the other days listed in *Megillas Taanis* דְּמִיפַּרְסַם נִיסָּא – **because the miracle** of Chanukah **has** already **become** thoroughly **publicized** through its observances and it would be inappropriate to abrogate it.[36]

The Gemara again objects to the view that *Megillas Taanis* was abrogated:

מוֹתִיב רַב אַחָא בַּר הוּנָא – **Rav Acha bar Huna challenged** Rav and R' Chanina from a statement in *Megillas Taanis* itself: בִּתְלָתָא בְּתִשְׁרֵי בְּטֵילַת אַדְכַּרְתָּא מִן שְׁטָרַיָּא – ON THE THIRD OF TISHREI, the superfluous MENTION of God's Name WAS REMOVED FROM secular DOCUMENTS. שֶׁגָּזְרָה מַלְכוּת יָוָן גְּזֵרָה שֶׁלֹּא לְהַזְכִּיר שֵׁם שָׁמַיִם עַל פִּיהֶם – FOR THE GREEK REGIME HAD DECREED THAT THE NAME OF HEAVEN MAY NOT BE MENTIONED ON THEIR MOUTHS. וּכְשֶׁגָּבְרָה מַלְכוּת חַשְׁמוֹנַאי וְנִצְּחוּם – AND WHEN THE HASMONEAN KINGDOM BECAME STRONG AND DEFEATED [THE GREEKS], הִתְקִינוּ שֶׁיְּהוּ מַזְכִּירִין שֵׁם שָׁמַיִם אֲפִילּוּ בִּשְׁטָרוֹת – THEY INSTITUTED THAT [PEOPLE] SHOULD MENTION THE NAME OF HEAVEN EVEN IN DOCUMENTS. וְכָךְ הָיוּ כּוֹתְבִים – AND THUS THEY WOULD WRITE in their documents: בִּשְׁנַת כָּךְ וְכָךְ לְיוֹחָנָן כֹּהֵן גָּדוֹל לָאֵל עֶלְיוֹן – "IN THE YEAR SO-AND-SO TO YOCHANAN who is the KOHEN GADOL[37] TO THE SUPREME GOD." וּכְשֶׁשָּׁמְעוּ חֲכָמִים בַּדָּבָר אָמְרוּ – WHEN THE SAGES HEARD ABOUT THE MATTER they were displeased, for [THE SAGES] SAID: לְמָחָר זֶה פּוֹרֵעַ אֶת חוֹבוֹ – TOMORROW THIS person WILL REPAY HIS DEBT וְנִמְצָא שְׁטָר מוּטָל בָּאַשְׁפָּה – AND THE unneeded DOCUMENT WILL BE FOUND LYING IN A GARBAGE HEAP.[38] וּבִיטְּלוּם – SO THEY ABROGATED [that Hasmonean enactment]. וְאוֹתוֹ הַיּוֹם עֲשָׂאוּהוּ יוֹם טוֹב – And when the Sages saw that they had been successful in weaning the people away from this practice, THEY MADE THAT DAY INTO A FESTIVAL.[39]

NOTES

30. The days listed in *Zechariah* were initially instituted as fast days because of the events surrounding the First Temple's destruction. When the Temple was rebuilt, they were changed to festivals.

The verse in *Zechariah* (8:19) that the Gemara has been discussing throughout this *amud* was actually the response to a halachic inquiry posed to Zechariah by Jews in the Diaspora. Towards the beginning of the building of the Second Temple, they asked him (ibid. 7:3), *"Should I weep in the fifth month [Av], abstaining [from pleasures] as I have been doing for many years?"* i.e. for seventy years from the day of the destruction. God responded at length through Zechariah (ibid. 7:5-8:23). Part of this reply is the verse cited in our Gemara (see *Rashi*).

[Although halachic inquiries generally may not be decided through prophecy and the like (see *Bava Metzia* 59a and *Temurah* 16a), this inquiry was different, since it concerned a practice that was prophetically enacted in the first place.]

31. Since those enactments were not in any way linked to the Temple, they remain in effect even after its destruction.

32. They took these steps in order to demonstrate publicly that the fast day was not in force, despite the decree of the local citizenry. Ordinarily, one is not allowed to pamper oneself on a fast day (*Taanis* 10b; *Orach Chaim* 568:2). By bathing and taking a haircut in public, they indicated to the citizens of Lod that no one should observe the fast day restrictions (*Meromei Sadeh;* cf. *Turei Even*).

33. I.e. repent (*Rashi*; cf. *Sfas Emes*).

34. R' Eliezer and R' Yehoshua were both disciples of Rabban Yochanan ben Zakkai (see *Pirkei Avos* 2:8) who witnessed the destruction of the Temple (*Rashi*).

35. Abaye's objection may strike one as jarring: It is difficult to imagine that, after two centuries of observance, the Rabbinical mitzvah of lighting the Chanukah menorah would be swept aside in one fell swoop. *Avodas David* points out in this connection that *Rashi* does not explicitly state here that the mitzvah under discussion is the lighting of the menorah [although *Rabbeinu Chananel* does]. He therefore suggests that Abaye refers to a different mitzvah, that of הַלֵּל וְהוֹדָאָה, *praise and thanksgiving,* expressed through additions to the prayers (see *Rambam, Hil. Chanukah* 3:3,5; see also in regard to this issue *R' Yitzchak Yehudah Trank of Kotna* in *Chasdei Avos* §17 p. 90ff. [printed at the end of *Yavin Daas*]; cf. *R' Nosson Dovid Rabinowich* in *Binu Shenos Dor V'Dor* pp. 52-70).

36. Chanukah is well known to the entire Jewish nation, because they have practiced its mitzvos and kept it as if it were a Torah obligation. It would not be proper to abrogate such a widely observed festival (*Rashi*).

37. [Yochanan the Kohen Gadol was a seminal figure who lived sometime before or during the Hasmonean era. There is a great deal of discussion as to his exact identity: See appendix to Schottenstein edition of *Yoma* vol. I.]

38. See *Ritva* for contemporary applications of this issue.

39. It was difficult to stop people from this practice. When the people nevertheless changed their ways and ceased using God's name in secular documents, the Sages considered it miraculous and declared that day a festival (*Rashi*; see *Rashash*).

[*Chasan Sofer al HaTorah U'Moadim* offers a fascinating explanation as to why the third of Tishrei was the day the Sages succeeded in preserving the sanctity of God's Name: There is an established principle in Jewish thought that the Ten Days of Repentance correspond to the Ten Commandments. The first day corresponds to the first Commandment, the second to the second, and so on. On each day, one is supposed to correct one's moral deficiencies in regard to that Commandment. Now, the third of Tishrei corresponds to the Commandment, *You shall not take the Name of Hashem, your God, in vain.* Thus, that day was the appropriate day to ensure that God's Name would not be used in a cavalier manner and, when the Sages succeeded in preserving the Name's sanctity, they made *that day* a festival.]

עין משפט נר מצוה

קא א ב ג מיי' פ"ה מהל' תענית הל' ב ג סמג עשין דרבנן ג טור א"ח סימן תקמט:

דאמר רב חנא בר ביזנא אמר ר"ש חסידא מאי דכתיב כה אמר ה' צבאות צום הרביעי וצום החמישי וצום השביעי וצום העשירי יהיה לבית יהודה לששון ולשמחה קרי להו צום וקרי להו ששון ושמחה בזמן שיש שלום יהיו לששון ולשמחה אין שלום צום אמר רב פפא הכי קאמר בזמן שיש שלום יהיו לששון ולשמחה יש גזרת המלכות צום אין גזרת המלכות ואין שלום רצו מתענין רצו אין מתענין אי הכי ט"ב נמי אמר רב פפא שאני ט' באב הואיל והוכפלו בו צרות דאמר מר בט' באב חרב הבית בראשונה ובשניה ונלכדה ביתר ונחרשה העיר תניא אמר ר"ש ארבעה דברים היה ר"ע דורש ואני אין דורש כמותו צום הרביעי זה ט' בתמוז שבו הובקעה העיר שנאמר (ברביעי) בתשעה לחדש ויחזק הרעב בעיר ולא היה לחם לעם הארץ ותבקע העיר ואמאי קרי ליה רביעי רביעי לחדשים צום החמישי זה תשעה באב שבו נשרף בית אלהינו ואמאי קרי ליה חמישי חמישי לחדשים צום השביעי זה ג' בתשרי שבו נהרג גדליה בן אחיקם ומי הרגו ישמעאל בן נתניה הרגו ללמדך ששקולה מיתתן של צדיקים כשריפת בית אלהינו ואמאי קרי ליה שביעי שביעי לחדשים צום העשירי זה עשרה בטבת שבו סמך מלך בבל על ירושלים שנאמר ויהי דבר ה' אלי בשנה התשיעית בחדש העשירי בעשור לחדש לאמר בן אדם כתב לך את שם היום את עצם היום הזה סמך מלך בבל אל ירושלם ואמאי קרי ליה עשירי עשירי לחדשים והלא היה ראוי זה לכתוב ראשון ולמה נכתב כאן כדי להסדיר חדשים כתיקנן ואני איני אומר כן אלא צום העשירי זה חמשה בטבת שבו באת שמועה לגולה שהוכתה העיר שנאמר ויהי בשתי עשרה שנה בעשירי בחמשה לחדש לגלותנו בא אלי הפליט מירושלם לאמר הוכתה העיר ועשו יום שמועה כיום שריפה ונראין דברי מדבריו שאני אומר על ראשון ראשון ועל אחרון אחרון והוא אומר על ראשון אחרון ועל אחרון ראשון אלא שהוא מונה לסדר חדשים ואני מונה לסדר פורעניות איתמר רב ורבי חנינא אמרי בטלה מגילת תענית רבי יוחנן וריב"ל אמרי לא בטלה מגילת תענית רב ורבי חנינא אמרי בטלה מגילת תענית הכי קאמר בזמן שיש שלום יהיו לששון ולשמחה אין שלום צום והנך נמי כי הני רבי יוחנן ורבי יהושע בן לוי אמרי לא בטלה מגילת תענית הני הוא דתלינהו רחמנא בבנין בהמ"ק אבל הנך כדקיימי קיימי מתיב רב כהנא מעשה וגזרו תענית בחנוכה בלוד וירד ר"א ורחץ ורבי יהושע וסיפר ואמרו להם צאו והתענו על מה שהתעניתם אמר רב יוסף שאני חנוכה דאיכא מצוה א"ל אביי ותיבטיל איהי ותיבטל מצותה אלא אמר רב יוסף שאני חנוכה דמיפרסם ניסא מותיב רב אחא בר הונא בתלתא בתשרי בטילת אדכרתא מן שטרייא שגזרה מלכות יון גזרה שלא להזכיר שם שמים על פיהם וכשגברה מלכות חשמונאי ונצחום התקינו שיהו מזכירין שם שמים אפילו בשטרות וכך היו כותבים בשנת כך וכך ליוחנן כהן גדול לאל עליון וכששמעו חכמים בדבר אמרו למחר זה פורע את חובו ונמצא שטר מוטל באשפה וביטלום ואותו היום עשאוהו יו"ט ואי סלקא דעתך בטלה מגילת תענית קמייתא בטול אחרנייתא מוסיפין הכא במאי עסקינן בזמן שבית המקדש קיים ותיפוק

הואיל והוכפלו בו הצרות. ביום שבעה עשר בתמוז נמי אירע חמשה דברים כדתנן בפרק בתרא דתענית (דף כו.) אבל חורבן בית המקדש תקיפא טובא ועוד לא דמי לט' באב דצרה אחת הוכפלה בו: **זה** תשעה בתמוז שבו הובקעה העיר. ה) היינו בראשונה אבל בשניה הובקעה בי"ז ומשום הכי עבדינן בי"ז תענית והכי ברייתא מתניא בירושלמי וגרסי' בה י"ז בתמוז ואע"ג דכתיב בקרא בתשעה לחדש קלקול חשבונות היו שם ופליג אש"ס דידן ורוצה לומר דמתוך טרדתם טעו בחשבונם ולא רצה הפסוק לשנות מכמו שהיו סבורים: **זה** תשעה באב שבו נשרף. בפרק בתרא דתענית (דף כט.) רמי קראי אהדדי דבספר מלכים כתיב דנשרף בשבעה ובספר ירמיה כתיב בעשור לחדש וישרוף וגו' ומשני בז' לחדש נכנסו אויבים להיכל ואכלו ושתו בו [שביעי] שמיני ותשיעי עד שפנה היום לעתותי ערב הציתו בו האש ונשרף עד שקיעת החמה בעשור:

וירד רבי אליעזר ורחץ. ממתני' דעל כסליו מפני חנוכה לא הוה ליה לאקשויי דלעולם לא תשיב יו"ט ואפילו הכי מדליקין נרות זכר לנס: ותיפוק

דאמר רב חמא בר ביזנא כו'. דכולהו ימי תענית ניהו בזמן הזה שאין בהמ"ק קיים ומתניתין בזמן הזה קא מיירי מדקתני וכשהמקדש קיים כו': **שיש שלום.** שאין יד העובדי כוכבים תקיפה על ישראל: **יהיו לששון ולשמחה.** ליאסר בהספד ובתענית: **יש גזרת המלכות צום.** חובה להתענות בהן: **רצו אין מתענין.** וכיון דרשות הוא לא מטרחינן שלוחים עלייהו: **ארבעה דברים הללו כו'.** חד אחת מהן והג' שויין בתוספתא ז) דסוטה וספרי בן אדם יושבי החרבות וגו' הצאן והבקר ישחט וגו' ותראה שרה את בן הגר המצרית וגו': **סמך מלך בבל.** התחיל לצור עליה: **שמועה לגולה.** לגלות יכניה שגלו לבבל אחת עשרה שנה לפני החורבן: **שאני אומר על ראשון.** שבסדר מקרא: **ראשון.** לפורענות בתחלה הובקעה העיר ואח"כ נשרף הבית בתשעה באב ובתשרי שלאחריו נהרג גדליה ובטבת שלאחריו באתה השמועה: **והוא אומר על ראשון.** שבפסוק אחרון לפורענות: **ועל אחרון.** שבמקרא ראשון לפורענות שהרי תחילה סמך ואח"כ הובקעה נמצא י"ז בתמוז שבו הובקעה ראשון במקרא אחרון לסמיכת בבל שהוא מאוחר במקרא: **אלא שהוא מונה לסדר חדשים.** ואמר שלא הקפיד המקרא אלא על סדר החדשים לכך מנה תמוז קודם לטבת ואני מונה לסדר פורעניות: **בטלה מגילת תענית.** ימים טובים שקבעו חכמים ע"י נסים שאירעו בהם ואסרום בתענית ויש מהן אף בהספד וכתבום במגילה אחת אלין יומיא דלא להתענאה בהון כו' עכשיו שחרב הבית בטלו ומותרין בהספד ובתענית: **אין שלום צום.** ואע"ג דבזמן הבית קרינהו מועדים טובים: **והנך נמי.** דמגילת תענית כי הני משוין להו כי היכי דהני בטלי הני נמי בטלי: **דתלינהו בבנין.** דע"י החורבן הוקבעו לצום ועל ידי הבנין הוקבעו ליום טוב שכשנבנה בית שני שלחו בני הגולה ההאבכה בחדש החמישי הנזר כאשר עשיתי זה כמה שנים מיום החורבן כמו שנאמר שם (זכריה ז) שהשיבם הקב"ה כי צמתם וספוד בחמישי ובשביעי וזה שבעים שנה וגו' ומכאן ואילך יהיו לששון ולשמחה ולמועדים טובים: **וירד ר' אליעזר כו'.** ורבי אליעזר ורבי יהושע אחר חורבן הבית הוו דבימי רבן יוחנן בן זכאי רבם חרב הבית: **התענו.** כלומר עשו תשובה: **דמפרסם ניסא.** ככר הוא גלוי לכל ישראל ע"י שנהגו בו המצות והחזיקו בו כשל תורה ולא נכון לבטלו: **בתלתא בתשרי כו'.** כך כתוב במגילה בלשון ארמי בטילת אדכרתא ביטלו אזכרת שם שמים מן השטרות ובקושי יכלו לבטל שכבר נהגו העם וכששמעו חכמי' ובטלום הוכשר הדבר בעיניהם ונחשב להם לנס ועשאוהו יו"ט: ותיפוק

מסורת הש"ם

א) [פי' ע"ז תמצא בב"י א"ח ריש סי' תקנ], ב) [גי' הטור א"ח סי' תקנ רבא], ג) תענית כו:, ד) [תוספ' דסוטה פרק ו], ה) [נ"ל בחודש הרביעי], ו) הרא"ש גרס רב הונא ורב חיננא, ז) [פ"ו], ח) [ורבא מתרץ שם בתענית כח:].

גליון הש"ם

גמ' ואני אין דורש כמותו. עיין בספר ברכי יוסף יו"ד סי' רמב סעיף ג:

תורה אור השלם

א) כֹּה אָמַר יְיָ צְבָאוֹת צוֹם הָרְבִיעִי וְצוֹם הַחֲמִישִׁי וְצוֹם הַשְּׁבִיעִי וְצוֹם הָעֲשִׂירִי יִהְיֶה לְבֵית יְהוּדָה לְשָׂשׂוֹן וּלְשִׂמְחָה וּלְמֹעֲדִים טוֹבִים וְהָאֱמֶת וְהַשָּׁלוֹם אֱהָבוּ: [זכריה ח, יט]

ב) בַּחֹדֶשׁ הָרְבִיעִי בְּתִשְׁעָה לַחֹדֶשׁ וַיֶּחֱזַק הָרָעָב בָּעִיר וְלֹא הָיָה לֶחֶם לְעַם הָאָרֶץ: וַתִּבָּקַע הָעִיר וְכָל אַנְשֵׁי הַמִּלְחָמָה יִבְרְחוּ וַיֵּצְאוּ מֵהָעִיר לַיְלָה דֶּרֶךְ שַׁעַר בֵּין הַחֹמֹתַיִם אֲשֶׁר עַל גַּן הַמֶּלֶךְ וְכַשְׂדִּים עַל הָעִיר סָבִיב וַיֵּלְכוּ דֶּרֶךְ הָעֲרָבָה: [ירמיה נב, ו-ז]

ג) וַיְהִי דְבַר יְיָ אֵלַי בַּשָּׁנָה הַתְּשִׁיעִית בַּחֹדֶשׁ הָעֲשִׂירִי בֶּעָשׂוֹר לַחֹדֶשׁ לֵאמֹר: בֶּן אָדָם כְּתָב לְךָ אֶת שֵׁם הַיּוֹם אֶת עֶצֶם הַיּוֹם הַזֶּה סָמַךְ מֶלֶךְ בָּבֶל אֶל יְרוּשָׁלַיִם בְּעֶצֶם הַיּוֹם הַזֶּה: [יחזקאל כד, א-ב]

ד) וַיְהִי בִּשְׁתֵּי עֶשְׂרֵה שָׁנָה בָּעֲשִׂרִי בַּחֲמִשָּׁה לַחֹדֶשׁ לְגָלוּתֵנוּ בָּא אֵלַי הַפָּלִיט מִירוּשָׁלַיִם לֵאמֹר הֻכְּתָה הָעִיר: [יחזקאל לג, כא]

ליקוטי רש"י

צום הרביעי. זוס של תמוז שהוא רביעי לחדשים. צום החמישי. של אב. וצום השביעי. שלשה בתשרי שבו נהרג גדליה. וצום העשירי. של טבת [זכריה ח יט]. ביתר. עיר גדולה והיו ישראל דרין בה במסכת גיטין פרק הניזקין (נז.) אשקא דריספק חרב ביתר [תענית כו:]. מגילת תענית. נכתבה בימי חכמים אף על פי שלא היו כותבין הלכות והיינו דקתני כל הכתוב במגילת תענית כאילו היה מקרא [תענית טו:]. אלו ימים אסורין להתענות להכי נקט מגילת תענית שלא היתה דבר הלכה כתובה בימיהן אפילו אות אחת חוץ ממגילת תענית ולהכי קרי לה מגלה [עירובין סב:].

רבינו חננאל

יוצאין על ניסן מפני הפסח וכו'. ואקשינן וליפקו שלוחין נמי בתמוז ובטבת מפני הצומות שיש בהן ופריק רב פפא הכי קאמר בזמן שיש שלום כלומר כל זמן שבית המקדש קיים יהיה לששון ולשמחה. יש גזרה צום אין גזרה ואין שלום כגון עתה בזמן הזה רצו מתענין רצו אין מתענין וכיון שאם רצו שלא להתענות בהן אין חובה עליהן לפיכך אין שלוחין יוצאין בהן אי הכי ומפני מה יוצאין באב ופרקינן משום שהוכפלו בו צרות מפני שחרב בו הבית בראשונה ובשניה ונלכדה ביתר ונחרשה העיר קבלו עליהן ט' באב צום לעולם בגלות ואע"פ שאין שם סכנה בזמן הזה לפיכך יוצאין באב תניא ארשב"י ד' דברים היה ר' עקיבא דורש ואלו הן. א' ותרא שרה את בן הגר המצרית וגו'. ב' הצאן ובקר ישחט להם וגו'. ג' בן אדם יושבי החרבות על אדמת ישראל וגו'. ד' כה אמר ה' צום הרביעי וגו'. ואלו ד' דברים מפורשין בספרי דבי רב (בפרשת ואתחנן) ובתוספתא במסכת סוטה (פ"ו) וארשב"י זה אחד מן ד' דברים שהיה ר' עקיבא דורש ואף אני דורש כמותו ולא חלפתי על דבריו אלא בצום העשירי בלבד שהוא אומר עשרה בטבת שבו סמך מלך בבל על ירושלים ואני אומר צום העשירי זה ה' בטבת שבאתה שמועה לגולה כי נחרבה העיר ונשרף הבית ונראין דברי מדבריו שהוא אומר בתמוז הובקעה העיר ובאב נלכדה העיר. ובתשרי נהרג גדליהו בן אחיקם ובטבת סמך מלך בבל נמצאו הדברים הללו שלא על הסדר כי אחרי שנלכדה העיר ונשרף הבית מזכיר סמיכת החיילות על ירושלים ואע"פ שהוא על הסדר לסדר החדשים שמחשב רביעי תמוז. ואב חמישי ותשרי שביעי וטבת עשירי הפורעניות אינן על הסדר שמאחר הסמיכה מן השרפה ואני מונה לסדר חדשים ולסדר פורעניות על הסדר. בחדש הרביעי הובקעה העיר ובחמישי נלכדה ובשביעי נהרג גדליה בן אחיקם ובעשירי באת שמועת הפורענות הללו בגולה בבבל ועשו יום שמועה כיום שרפה: **איתמר** רב ור' חנינא אמרו בטלה מגלת תענית פי' כל הכתוב במגילת תענית די לא להתענאה בהון כי הם כמו ימים טובים שאסור להתענות בהן בטלה וכל הרוצה להתענות בהן מתענה וראיה אלו ג' תעניות י"ז בתמוז ג' בתשרי וי' בטבת בזמן שיש שלום הם כימים טובים ואסור להתענות בהן כדכתיב יהיה לבית יהודה לששון ולשמחה וגו'. אין שלום צום ושאר הימים הכתובים במגילת תענית בזמן הבית היו ימים טובים ואסורים בתענית עכשיו בטלה. ור' יוחנן וריב"ל אמרי לא בטלה הני ג' צומות הוא דתלינהו רחמ' בבנין הבית אבל הני כדקיימא באיסור הכי קיימי עד עכשיו שאסור ומתיב רב כהנא על מאן דאמר בטלה מגילת תענית מעשה וגזרו תענית בחנוכה בלוד ואמר להן ר' יהושע צאו והתענו על מה שהתעניתם א) כלומר עברתם ופרקי' שני חנוכה דאיכא מצות הדלקת נר ונדחה אלא משום דמפרסים ניסא דחנוכה. ואותבון תוב מיהא בתלתא בתשרי בטילת אדכרתא מן שטרייא כו' פי' היו כותבין בשטרות בשנת כך וכך ליוחנן כ"ג שהוא כהן לה' עליון ואמרו חכמים למחר פורע זה את חובו ונמצא שטר קרוע מושלך באשפה ושם עליון כתוב בו וגזרו שלא להזכיר שם שמים בשטר כלל ובטלוהו ואותו היום שגזרו כך ג' בתשרי היה ועשוהו וקבעוהו כמו י"ט שאסור בתענית ואי ס"ד בטלה מגילת תענית וכל הרוצה להתענות מתענה הראשונות בטלו האחרונות מחדשין ופרקי' זה שקבעוהו לג' בתשרי י"ט בזמן שהיה הבית קיים וכי אמרינן אנן דבטלה מגילת תענית אחר חרבן הבית ואקשינן

חשק שלמה על ר"ח א) נראה דצ"ל עברתם על דברי חכמים.

The Gemara now concludes its question:

וְאִי סַלְקָא דַעְתָּךְ בָּטְלָה מְגִילַּת תַּעֲנִית – **Now, if it should enter your mind that *Megillas Taanis* was abrogated** after the destruction of the Temple, how could these Sages have declared that day a festival?[40] קַמַּיְיתָא בָּטוּל – **The first ones** [i.e. the festivals instituted during the Temple era] **had already been abrogated** אַחֲרַנְיָיתָא מוֹסִיפִין – **and they would** proceed to **add further ones** [after the Temple was destroyed]?!

The Gemara answers:

הָכָא בְּמַאי עַסְקִינַן – **With what** era **are we dealing here?** בִּזְמַן שֶׁבֵּית הַמִּקְדָּשׁ קַיָּים – **When the Temple was** still **in existence.**[41]

NOTES

40. [The Gemara assumes that this festival must have been enacted *after* the destruction. The reason is, as the Gemara says below, that the third of Tishrei was already a festival when the Temple was still standing.]

41. Everyone agrees that, during the Temple era, *Megillas Taanis* was still in effect (*Ritva*).

The Gemara objects to the suggestion that this festival was instituted during the Temple era:

וְתֵיפוּק לֵיהּ – **But** why would the Sages of the Second Temple era have enacted a new festival on the third of Tishrei? **It should have sufficed** דַּהֲוָה לֵיהּ יוֹם שֶׁנֶּהֱרַג בּוֹ גְּדַלְיָה בֶּן אֲחִיקָם – **that [the third of Tishrei] was** already a festival in the Temple period because it was **the day upon which Gedaliah ben Achikam was assassinated,** and we learned above that all the days of tragedy became days of happiness and joy during the Second Temple era.[1] – ? –

The Gemara answers:

אָמַר רַב – **Rav said:** This enactment did take place during the Second Temple era. However, לֹא נִצְרְכָה אֶלָּא לֶאֱסוֹר אֶת שֶׁלְּפָנָיו – **it was necessary** to enact a new festival on the third of Tishrei **only so that** fasting would be **prohibited on [the day] before** – the second of Tishrei.[2]

The Gemara objects:

שֶׁלְּפָנָיו נַמִּי – Regarding **[the day] before as well,** we do not have to prohibit fasting on it anew; תֵּיפוּק לֵיהּ – **let it suffice** that it is prohibited to fast on that day (the second of Tishrei) דַּהֲוָה לֵיהּ יוֹם שֶׁלְּאַחַר רֹאשׁ חֹדֶשׁ – **because it is the day that follows Rosh Chodesh** Tishrei.[3] – ? –

The Gemara answers:

רֹאשׁ חֹדֶשׁ דְּאוֹרַיְיתָא – **Rosh Chodesh is a Biblical** festival, וּדְאוֹרַיְיתָא לֹא בָּעֵי חִיזּוּק – **and a Biblical** festival **does not require fortification.**[4]

The Gemara cites support for this distinction between Biblical festivals and those festivals listed in *Megillas Taanis:*

דְּתַנְיָא – **For it was taught in a Baraisa:** הַיָּמִים הָאֵלֶּה הַכְּתוּבִין בִּמְגִילַּת תַּעֲנִית – Regarding THESE DAYS, WHICH ARE WRITTEN IN *MEGILLAS TAANIS*: אֲסוּרִין בֵּין לִפְנֵיהֶם בֵּין לְאַחֲרֵיהֶם – IT IS FORBIDDEN to fast BOTH on the days PRECEDING THEM AND on the days FOLLOWING THEM.[5] שַׁבָּתוֹת וְיָמִים טוֹבִים – However, regarding SABBATHS AND YOMIM TOVIM, הֵם אֲסוּרִים – IT IS FORBIDDEN to fast on [THE SABBATHS AND YOMIM TOVIM] themselves, but לִפְנֵיהֶן וּלְאַחֲרֵיהֶן מוּתָּרִין – IT IS PERMITTED to fast on the days PRECEDING THEM AND on the days FOLLOWING THEM. מַה הֶפְרֵשׁ בֵּין זֶה לָזֶה – WHAT IS THE DIFFERENCE BETWEEN THIS (the Sabbaths and Yomim Tovim) AND THAT (the festivals listed in *Megillas Taanis*)? הַלָּלוּ דִּבְרֵי תוֹרָה – The difference is that THOSE (the Sabbaths and Yomim Tovim) ARE BIBLICAL ORDINANCES,[6] וְאֵין דִּבְרֵי תוֹרָה צְרִיכִין חִיזּוּק – AND BIBLICAL ORDINANCES DO NOT REQUIRE FORTIFICATION. הַלָּלוּ דִּבְרֵי סוֹפְרִים – But THESE (festivals listed in *Megillas Taanis*) ARE RABBINICAL ORDINANCES, וְדִבְרֵי סוֹפְרִים צְרִיכִין חִיזּוּק – AND RABBINICAL ORDINANCES REQUIRE FORTIFICATION in order to prevent people from violating them.

In any case, the Gemara stands by its answer above: The third of Tishrei was enacted as a festival during the Temple era (on account of the removal of God's Name from secular documents). Although the third of Tishrei was already a festival in that era, the new enactment accomplished the prohibition of fasting on the second of Tishrei.

The Gemara questions the need to have prohibited fasting on the second of Tishrei for another reason:

וְתֵיפוּק לֵיהּ – **But let it suffice** דַּהֲוָה לֵיהּ יוֹם שֶׁלִּפְנֵי יוֹם שֶׁנֶּהֱרַג בּוֹ גְּדַלְיָה בֶּן אֲחִיקָם – **that [the second of Tishrei] is the day before the day on which Gedaliah ben Achikam was assassinated.**[7] – ? –

NOTES

1. The citation from *Megillas Taanis* (regarding the removal of God's Name from secular documents) states that the Sages *made that day [the third of Tishrei] a festival.* Now, this would make sense if this enactment occurred *after* the Temple's destruction (assuming that *Megillas Taanis* had not been abrogated and one could still add festivals). However, if this enactment took place while the Temple was still standing, the enactment would seem to have been pointless: The third of Tishrei is Tzom Gedaliah. Tzom Gedaliah – and the other three fasts – were all festivals in the Second Temple era. Thus, the Sages who were pleased that secular documents would not contain God's Name could not have *made* that day into a festival since it was already a festival.

2. One is not only prohibited to fast on a date listed in *Megillas Taanis,* but one is also prohibited to fast on the day before and the day after (see Baraisa cited below; see *Taanis* 15b, 17b-18a). [The Sages extended their enactments in this way in order to prevent people from fasting on the festival dates themselves.] Therefore, by enacting the third of Tishrei as a new festival (on account of the omission of God's Name in secular documents), fasting also became prohibited on the second [and fourth] of Tishrei.

[The Gemara below will explain why this enactment extension does not apply to the festival of Tzom Gedaliah as well.]

3. Rosh Chodesh is a Biblical festival (*Rashi*). It is therefore logical to assume that just as the Rabbis prohibited fasting on the days before and after the festivals listed in *Megillas Taanis,* they enacted the same prohibitions for Rosh Chodesh.

[Scripture does not explicitly refer to Rosh Chodesh as a festival; however, *Rashi* to *Taanis* 17b states that there is an allusion to this effect in *Lamentations* 1:15. That verse reads (in part): קָרָא עָלַי מוֹעֵד, *He called an "appointed time" upon me.* The Gemara (in *Taanis* 29a) understands the word *moed* as a reference to Rosh Chodesh. Since the word *moed* is a term commonly used to refer to festivals (see e.g. *Leviticus* 23:4) we may conclude that Rosh Chodesh is also a festival.

Alternatively, the Torah establishes a parallel between Rosh Chodesh and *moadim* in the verse (*Numbers* 10:10): *On a day of your gladness, and on your festivals [moadim], and on your new moons, you shall sound the trumpets* (beginning of *Pesikta Rabbasi;* see *Tur, Orach Chaim* §419). *R' Yitzchak ibn Gei'as* states that Rosh Chodesh is a day of gladness based on this verse (ibid. §420).]

Ritva discusses why the Gemara calls the second of Tishrei "the day after Rosh Chodesh" and not "the day after Rosh Hashanah" or "the second day of Rosh Hashanah in outlying areas"; see there (see also *Shaagas Aryeh* §101).

4. It was necessary to fortify the enactments that created the festivals listed in *Megillas Taanis,* because those festivals are entirely Rabbinical in nature. Rosh Chodesh, on the other hand, is a Biblical festival and, similar to other festivals [such as Pesach and Succos], the Sages saw no need to prohibit the days before and after. Even if one were permitted to fast on the day before or after a Biblical festival, one would not come to fast on the Biblical festival itself (*Rashi*).

[It should be noted that even though, according to the Gemara's conclusion, Rosh Chodesh is a Biblical festival, that does not necessarily mean that there is a Biblical prohibition to fast on Rosh Chodesh. The Torah does not explicitly prohibit fasting on Rosh Chodesh, and there is a dispute among the Rishonim if the prohibition against fasting is Biblical or only Rabbinical (see *Rabbeinu Chananel; Beis Yosef, Orach Chaim* §418 and *Kesef Mishneh, Hil. Nedarim* 8:3; *Shulchan Aruch, Orach Chaim* 570:3 with *Magen Avraham;* and Responsa, *Radvaz* V §88 *Shaagas Aryeh* §101, *R' Azriel, Orach Chaim* §58, *Har Tzvi, Orach Chaim* II §82). Even according to those views that the prohibition against fasting is only Rabbinical, Rosh Chodesh does not require any fortification, since people recognize that the day of Rosh Chodesh itself is a Biblical institution. See also *Aruch LaNer.*

A related point: Although our Gemara clearly indicates that one is forbidden to fast on Rosh Chodesh Tishrei – which is, of course, Rosh Hashanah – there is a dispute dating back to the Geonim whether the halachah follows this view, and whether it may even be considered preferable to fast on Rosh Hashanah. See end of *Rosh* and *Piskei HaRosh; Mordechai* §708; *Tur* and *Beis Yosef, Orach Chaim* §597; and sources cited in Responsa, *Yechaveh Daas* I §81.]

5. *Tosafos* write that this prohibition includes only fasting, but not eulogizing someone who has died (see there for further discussion; see also *Rashi* ד״ה לא נצרכה).

6. [Here too, there is a dispute among the authorities whether fasting on the Yomim Tovim is prohibited Biblically or only Rabbinically (see *Beur Halachah* 288:1 ד״ה אסור).]

7. Tzom Gedaliah is not a Biblical festival. Therefore, it should require

ותיפוק ליה דהוה ליה יום שנהרג בו גדליה בן אחיקם אמר רב לא נצרכה אלא לאסור את שלפניו שלפניו נמי תיפוק ליה דהוה ליה יום שלאחר ר"ח ר"ח דאורייתא ודאורייתא לא בעי חיזוק דתניא א) הימים האלה הכתובין במגילת תענית אסורין בין לפניהם בין לאחריהם שבתות וימים טובים הם אסורים לפניהן ולאחריהן מותרין מה הפרש בין זה לזה הללו דברי תורה ב) ואין דברי תורה צריכין חיזוק הללו דברי סופרים ג) ודברי סופרים צריכין חיזוק ותיפוק ליה דהוה ליה יום שלפני יום שנהרג בו גדליה בן אחיקם א"ר אשי גדליה בן אחיקם דברי קבלה הוא ודברי קבלה כדברי תורה דמו מתיב רב טובי בר מתנה ד) בעשרים ותמניא ביה אתת בשורתא טבתא ליהודאי דלא יעידון מאורייתא שגזרה המלכות גזרה שלא יעסקו בתורה ושלא ימולו את בניהם ושיחללו שבתות מה עשה יהודה בן שמוע וחביריו הלכו ונטלו עצה ממטרוניתא אחת שכל גדולי רומי מצויין אצלה אמרה להם בואו והפגינו בלילה הלכו והפגינו בלילה אמרו אי שמים לא אחיכם אנחנו ולא בני אב אחד אנחנו ולא בני אם אחת אנחנו מה נשתנינו מכל אומה ולשון שאתם גוזרין עלינו גזירות קשות וביטלום ואותו היום עשאוהו יום טוב ואי ס"ד בטלה מגילת תענית קמייתא בטול אחרנייתא מוסיפין וכי תימא הכא נמי בזמן שבית המקדש קיים והא יהודה בן שמוע תלמידו של רבי מאיר ור"מ בתר הכי הוה ה) דתנן ו) כלי זכוכית שניקבו והטיף לתוכן אבר אמר ז) רשב"ג יהודה בן שמוע מטמא משום ר"מ וחכמים

רש"י

ותיפוק ליה כו'. אי בית המקדש הוה קיים בלאו הכי הוי יום טוב דהיינו צום גדליה וקריא רחמנא מועדים טובים בזמן הבית: לא נצרכה. הא דהדר קבעוה במגילת תענית על דבר זה אלא לאסור אתמול גם הוא בתענית כדאמרינן לקמיה הימים האלה הכתובים במגילה הם ולפניהם ולאחריהם אסורין: ראש חדש. מועד דאורייתא: ודאורייתא לא בעי חיזוק. לאסור לפניו ולאחריו אבל ימי מגילת תענית דרבנן וצריכין חיזוק כי היכי דלא ליתי להתענות בי"ט עצמו: יום שלפני כו'. והוא לאו דאורייתא הוא ובעי חיזוק: בעשרין ותמניא ביה. באדר קאי במגילת תענית: דלא יעידון מן אורייתא. שלא יעברו לנתק עצמן מן התורה: הפגינו. צעקו בשוקים וברחובות כדי שישמעו השרים וירחמו עליכם: אי שמים. כלומר למען הקב"ה: ורבי מאיר בתר חורבן הוה. כמה דורות דהא בימי רבן יוחנן בן זכאי חרב הבית ור' אליעזר תלמידו היה ור' עקיבא תלמידו של ר' אליעזר כדאמרינן בשלהי ארבע מיתות (סנהדרין דף סח.) ור' מאיר תלמידו של ר"ע כדאמרי' בפרק קמא דעירובין (דף יג.) כל מקום שאתה מוצא משום ר' ישמעאל אמר תלמיד אחד לפני ר' עקיבא אינו אלא ר' מאיר: ח) דתנן כו'. ר' יהודה בן שמוע תלמידו של ר' מאיר הוה: כלי זכוכית שנקבו. שנטמאו ונקבן לטהרן מטומאתן: אבר. עופרת לסתום את הנקב: יהודה בן שמוע מטמא. לומר שחזרו לטומאתן ישנה ואע"פ שלא נגעו שוב בטומאה ואע"פ שאין כלי זכוכית חוזרין לטומאתן ישנה כדאמר בפ"ק דשבת (דף טז.) שלא גזרו חזרת טומאה ישנה אלא בכלי מתכות הני נמי הואיל והאבר מעמידו ככלי מתכות דמו דהכל הולך אחר המעמיד: וחכמים

תוספות

ותיפוק ליה דהוה ליה יום שנהרג גדליה בן אחיקם. שהוא לששון ויום טוב זמן שבית המקדש קיים ולמאן דאמר ט) [לא] בטלה מגילת תענית היינו לאחר חורבן: אסורין בין לפניהם בין לאחריהם. היינו להתענות אבל בהספד מותר כדמוכח בפרק סדר תעניות כילד (תענית דף יח:) דתניא מריש ירחא דניסן ועד תמניא ביה איתוקם תמידא דלא למספד בהון ופריך נימא מתרי בניסן ור"ח גופיה אסור ומשני לאסור יום שלפניו ומשום ר"ח דאורייתא לא מתסר דלא בעי חיזוק ותו פריך ותיפוק ליה דהוה יום דבתר עשרים ותמניא באדר ומשני לה רב י) אשי כל שלאחריו בתענית אסור בהספד מותר וזה הואיל ומוטל בין שני י"ט עשאוהו כי"ט עצמו משמע דאי לאו הכי לא הוה נאסר בהספד אע"ג דהוה יום שלפני ריש ירחא דניסן דאיתוקם תמידא דלא למספד ולאו דווקא נקט רב אשי כל שלאחריו דהוא הדין כל שלפניו בהספד מותר אלא משום דקאי אשל אחריו נקטיה ויש לדקדק מתוך כך דהא דקתני שבתות וימים טובים הם אסורים לפניהם ולאחריהם מותרין בתענית איירי ואתאי הך ברייתא כר' יוסי דאמר בסוף בכל מערבין (עירובין דף מא. ושם) דע"ש מתענה ומשלים א"נ כרבנן ובלא השלמה ואי בלא השלמה אפי' בי"ט עצמו שרי כדמוכח התם דאמר ר' אלעזר בר צדוק אני הייתי מבני סנאב בן בנימין וחל ט"ב להיות בשבת ודחינוהו עד לאחר השבת והתענינו בו ולא השלמנוהו מפני שי"ט שלנו היה וי"ל דשאני ט' באב דחמיר תדע דהא קאמר התם שאני יום טוב דדבריהם הואיל ומתענין בו שעות משלימין בו ערבית והכא אסרינן בין לפניהם בין לאחריהם אלא התם בט' באב דחמיר והא דמייתי התם ראיה מתשעה באב שחל להיות בע"ש דאמר ר' יוסי מתענה ומשלים אגני בי רב דיתבי בתעניתא במעלי שבתא דשרי לאשלומי אף על פי שחלקנו בין שאר תעניות לתשעה באב מכל מקום מייתי שפיר דלא חשיב תענית מה שנכנס לשבת כשהוא מעונה דהא שבת דוחה תשעה באב ואם היה חשוב תענית היה אסור אלא ודאי לא חשיב כמתענה בשבת ואם כן אף בתענית יחיד מותר נמי להשלים: הא ר' יהודה בן שמוע תלמידו של ר' מאיר. תימה בפ' סדר תעניות כילד (תענית דף יח.) פריך עשרים ותשעה נמי מאי איריא דהוה ליה יומא מקמי דאיתוקם תמידא תיפוק ליה דהוה ליה יומא דבתר עשרין ותמניא מאי קושיא ההיא דאיתוקם תמידא זה היה בזמן שבית המקדש קיים ועובדא דעשרים ותמניא היה בימי ר' יהודה בן שמוע תלמידו של ר' מאיר וי"ל א) דמ"מ רבי שסדר המשנה לא הוה ליה למתני מריש ירחא דניסן כיון דבימיו היה שלא לצורך: יהודה בן שמוע מטמא וכו' וחכמים מטהרין. תימה אמאי מטהרין לכל הפחות ליטמא משום כלי זכוכית שגזרו עליו טומאה כדאיתא בפ"ק דשבת (דף טו: ושם) ופי' בקונטרס לענין טומאה ישנה פליגי יהודה בן שמוע מטמא לומר שחזרו לטומאתן ישנה אע"פ שלא נגעו בשום טומאה ואע"פ שכלי זכוכית אין חוזרין לטומאתן ישנה כדאמרינן בפ"ק דשבת (שם טז.) שלא גזרו חזרת טומאה ישנה אלא בכלי מתכות הני נמי הואיל והאבר מעמידו ככלי מתכות דמו דהכל הולך אחר המעמיד וחכמים מטהרין דעיקרו כלי זכוכית הן ולא אזלינן בתר מעמיד כן פי' הקונטרס וקשיא כיון דטומאה קדמה לאבר מה מועיל הטפת אבר לבסוף עוד פי' בקונט' לשון אחר ר' יהודה בן שמוע מטמא כדין כלי מתכות דאורייתא אם נגעה בהן טומאה דהכל הולך אחר המעמיד וחכמים מטהרין מטומאת כלי מתכות דאורייתא אלא משום טומאת כלי זכוכית דרבנן ולפירוש זה קשיא לשון מטהרין דמשמע מטהרין לגמרי ורבינו שמואל פירש דפליגי בהא אי הטפת אבר חשיב סתימה מעלייתא או לא ובפ"ק דשבת (שם) כתוב ור' מאיר היא דאמר הכל הולך אחר המעמיד גריס רבינו שמואל ר' מאיר היא ותו לא ולא גרסינן הכל הולך אחר המעמיד ולא יתכן כדמוכח בסוף תוספתא דכלים דתניא כוס של אבן שנקב והטיף לתוכו אבר ר' יוסי משום ר' יוחנן בן נורי אומר טמא משום כלי זכוכית רבי שמעון בן גמליאל אומר יהודה בן שמוע היה מטמא משום ר' מאיר משמע בהדיא כלשון אחרון שבקונטרס ורבנן היינו ר' יוחנן בן נורי ולא לגמרי מטהרין אי נמי רבנן דהכא אית להו בכלי אבן כר"מ דמטמא ככלי מתכות והא דלא מטמאין בכלי זכוכית משום כלי מתכות כמו בכלי אבן משום דכלי אבן לית ליה טומאה אוקמוה אטומאת כלי מתכות אבל כלי זכוכית שיש להם טומאה בעולם לא רצו לשנותן מטומאתן וריב"א פי' דחכמים מטהרין לגמרי משום דכלי זכוכית ככלי חרס דמו כדאמרינן פ"ק דשבת (דף טו:) ותניא בתוספתא דכלים (בב"ק) בפרק שני דכלי חרס שטהר שעה אחת אין לו טומאה לעולם ולא יתכן נמי פירוש זה כדמוכח בסוף תוספתא דלאו לגמרי מטהרין כדפרישית ועוד א"כ מנא ליה דטעמא דר"מ משום דהכל הולך אחר המעמיד דלמא משום דלית ליה ההיא סברא ואפי' נסתם בזפת היה מטמא דבהדיא פליגי עליה בתוספתא דכלים פרק מחט וטבעת ועוד רבנן לא אמרי הך סברא אלא בחתיכת חרס שפרשה מן החבית ויש בה כשיעור ונקבה וסתמה בזפת ולא בכלי שלם שנקב וסתמו כמו כ) שפירש [בתוספתא] דפרק ב' דכלים ועוד דהא לא קיימא מסקנא הכי בפ"ק דשבת (טז.) דמסקינן הואיל ונשברו יש להם תקנה ככלי מתכות דמו:

מימות

רבינו חננאל

ואקשינן אם בזמן שהיה הבית קיים ג' בתשרי הוא יום שנהרג בו גדליה בן אחיקם והוא אחד מן הד' צומות שכתובין בהן יהיו לבית ישראל לששון ולשמחה ולמועדים טובים והנה הוא עצמו י"ט היה באותה העת מה הוסיפו בו ופריק רב לאסור היום שמוקדם לג' בתשרי והנה יום ב' בתשרי גם הוא אסור בתענית שצום גדליה אינו אסור בתענית יום שלפניו שהוא מדברי קבלה והם מדברי הנביאים ודברי קבלה כדברי תורה דמו ואין צריכין חיזוק כדבעינן למימר לקמן שכל דבר שהוא אסור בתענית בו מדאורייתא כגון שבתות וי"ט וכן ר"ח מותר להתענות לפניהן ולאחריהן ואינו אסור אלא אותו היום בלבד. ומה שקראו חכמים יו"ט אסור להתענות לפניהן ולאחריהן לפיכך הוצרכו לקבוע ג' בתשרי י"ט דרבנן לאסור היום שלפניו בתענית כדתניא הימים האלו הכתובים במגלת תענית אסורין בין לפניהן בין לאחריהן שבתות וימים טובים הן אסורין לפניהם ולאחריהן מותרין. ומה הפרש כו' ואסיקנא ודברי קבלה כדברי תורה דמו. תוב אותבינן מהא בכ"ח באדר אתת בשורתא טבא ליהודאי דלא יעידון מן אורייתא כו' ואותו היום עשאוהו יו"ט וכי תימא הכא נמי בזמן שבהמ"ק הוה. והא ע"י יהודה בן שמוע בטלה הגזירה ויהודה בן שמוע תלמיד דר"מ הואי. דתנן כלי זכוכית שניקבו והטיף לתוכו אבר. פי' סתם הנקבים באבר ואין המשקין שבתוכן שותתין מן הנקבים ההם שכבר נסתמו באבר שהטיף לתוכן יהודה בן שמוע משום ר' מאיר מטמא דסבר כלים שלימין הן וחכמים מטהרין כלומר בחזקת שבורין הן ור' מאיר הוא תלמיד דר"ע ור"ע תלמיד דר' אליעזר ור' יהושע הללו תלמידי ריב"ז שחרב הבית בימיו הנה דבר ברור כי יהודה בן שמוע לאחר חרבן הבית היה

מסורת הש"ס

א) תענית יח:, ב) [יבמות פה:], ג) [שם], ד) תענית יח., ה) [צ"ל דתניא], ו) שבת טו: ע"ש, ז) י"ג רשב"א, ח) צ"ל דתנן, ט) רש"א, י) [צ"ל אשי], כ) שפירשתי בפ"ב דכלים כצ"ל וכוונת התוס' למ"ש הר"ש בפ"ב דכלים.

הגהות מהר"ב רנשבורג

א] תוס' ד"ה הא רבי יהודה וכו' דמ"מ רבי וכו'. נ"ב עיין תענית דף כא ע"א רש"י ד"ה דבי ר"מ וכו' תוספות וכו' ודו"ק:

ליקוטי רש"י

דלא יעידון. שלא יהו צריכין ליבטל מתלמוד תורה שנגזר עליהן שלא יעסקו בתורה. הפגינו. צעקו כך מתרגמינן בתהלים כל לשון שועה וצעקה לשון פגינה [תענית יח.]. והטיף לתוכן אבר. דחשיב ליה ככלי מתכות דכל קבלת טומאתו משום אבר המעמידו הלכך אית ליה טהרה במקוה. מטמא. ולא אמרינן בטיל ליה מתורת כלי כשאר כלי חרס הנשבר דקסבר הכל אחר המעמיד ותורת כלי מתכות עליו [שבת טו:].

The Gemara answers:

אָמַר רַב אָשִׁי – **Rav Ashi said:** גְּדַלְיָה בֶּן אֲחִיקָם דִּבְרֵי קַבָּלָה הוּא – The fast of **Gedaliah ben Achikam is an ordinance** written in the **Prophets** וְדִבְרֵי קַבָּלָה כְּדִבְרֵי תוֹרָה דָּמוּ – **and ordinances** written in the **Prophets are like Biblical ordinances** in that they do not need to be fortified.[8]

The Gemara raises another objection to the view that *Megillas Taanis* was abrogated:

מָתִיב רַב טוֹבִי בַּר מַתְנָה – **Rav Tovi bar Masnah challenged** this opinion from another selection in *Megillas Taanis:* בְּעֶשְׂרִים וּתְמַנְיָא בֵּיהּ – ON THE TWENTY-EIGHTH OF [ADAR] אֲתַת בְּשׂוֹרְתָא טָבְתָא לִיהוּדָאֵי – GOOD TIDINGS CAME TO THE JEWS: דְּלָא יְעִידוּן מֵאוֹרַיְיתָא – THAT THEY WOULD NOT HAVE TO REMOVE THEMSELVES FROM TORAH study. שֶׁגָּזְרָה הַמַּלְכוּת גְּזֵרָה – FOR THE Roman REGIME HAD ISSUED A DECREE שֶׁלֹּא יַעַסְקוּ בַּתּוֹרָה – THAT [THE JEWS] SHOULD NOT ENGAGE IN TORAH STUDY, וְשֶׁלֹּא יָמוּלוּ אֶת בְּנֵיהֶם – THAT THEY SHOULD NOT CIRCUMCISE THEIR SONS וְשֶׁיְּחַלְּלוּ שַׁבָּתוֹת – AND THAT THEY SHOULD DESECRATE THE SABBATH.[9] מֶה עָשָׂה יְהוּדָה בֶּן שַׁמּוּעַ וַחֲבֵירָיו – WHAT DID YEHUDAH BEN SHAMUA AND HIS COLLEAGUES DO? הָלְכוּ וְנָטְלוּ עֵצָה מִמַּטְרוֹנִיתָא אַחַת – THEY WENT AND TOOK ADVICE FROM A Roman NOBLEWOMAN שֶׁכָּל גְּדוֹלֵי רוֹמִי מְצוּיִין אֶצְלָהּ – WHO WAS FREQUENTED BY ALL THE PATRICIANS OF ROME. אָמְרָה לָהֶם – SHE SAID TO [Yehudah ben Shamua and his colleagues], בּוֹאוּ וְהַפְגִּינוּ בַּלַּיְלָה – "GO AND CRY OUT in public protest IN THE NIGHTTIME." הָלְכוּ וְהִפְגִּינוּ בַּלַּיְלָה – So THEY WENT AND CRIED OUT in public protest IN THE NIGHTTIME. אָמְרוּ – THEY SAID, אִי שָׁמַיִם – "FOR HEAVEN'S SAKE![10] לֹא אֲחֵיכֶם אֲנַחְנוּ – ARE WE NOT YOUR BROTHERS? וְלֹא בְּנֵי אָב אֶחָד אֲנַחְנוּ – ARE WE NOT CHILDREN OF THE SAME FATHER? וְלֹא בְּנֵי אֵם אַחַת אֲנַחְנוּ – ARE WE NOT CHILDREN OF THE SAME MOTHER?[11] מָה נִשְׁתַּנֵּינוּ מִכָּל אוּמָּה וְלָשׁוֹן – IN WHAT WAY ARE WE DIFFERENT THAN EVERY other NATION AND TONGUE under your dominion שֶׁאַתֶּם גּוֹזְרִין עָלֵינוּ גְּזֵירוֹת קָשׁוֹת – THAT YOU ARE ISSUING HARSH DECREES AGAINST US?" וּבִיטְּלוּם – AS A RESULT of this protest [THE ROMANS] ABOLISHED [THOSE DECREES]. וְאוֹתוֹ הַיּוֹם עֲשָׂאוּהוּ יוֹם טוֹב – THEREFORE, [THE RABBIS] ESTABLISHED THAT DAY, the twenty-eighth of Adar, as A FESTIVAL upon which one is prohibited to fast.

Rav Tovi bar Masnah concludes his question:

וְאִי סַלְקָא דַעְתָּךְ בָּטְלָה מְגִילַּת תַּעֲנִית – **Now, if it should enter your mind that** *Megillas Taanis* **was abrogated,** קַמַּיְיתָא בָּטוּל – **the first ones** [i.e. those festivals instituted during the Temple era] **were abrogated;** אַחֲרַנְיָיתָא מוֹסִיפִין – **and [these Sages] are adding further ones** [after the Temple has been destroyed]?!

Rav Tovi preempts a possible solution:

וְכִי תֵּימָא הָכָא נַמִּי בִּזְמַן שֶׁבֵּית הַמִּקְדָּשׁ קַיָּים – **And if you will say that here too** the festival was instituted **when the Temple was in existence,** that cannot be, וְהָא יְהוּדָה בֶּן שַׁמּוּעַ תַּלְמִידוֹ שֶׁל רַבִּי מֵאִיר – **because Yehudah ben Shamua was a disciple of R' Meir,** וְרַבִּי מֵאִיר בָּתַר הָכִי הֲוָה – **and R' Meir lived** long **after that** time.[12] (דתנן) [דְּתַנְיָא] – We know that Yehudah ben Shamua was a disciple of R' Meir, because he quotes R' Meir's halachic opinion, **for it has been taught in a Baraisa:**[13] כְּלֵי זְכוּכִית שֶׁנִּיקְּבוּ – Regarding GLASS VESSELS THAT BECAME PERFORATED and unusable[14] וְהֵטִיף לְתוֹכָן אֲבָר – AND ONE POURED molten LEAD INTO THEM to plug up the hole, thus rendering the vessel usable again, אָמַר רַבָּן שִׁמְעוֹן בֶּן גַּמְלִיאֵל – RABBAN SHIMON BEN GAMLIEL SAID: יְהוּדָה בֶּן שַׁמּוּעַ מְטַמֵּא מִשּׁוּם רַבִּי מֵאִיר – YEHUDAH BEN SHAMUA DECLARES IT *TAMEI* IN THE NAME OF R' MEIR.[15]

NOTES

fortification like all Rabbinically enacted festivals, and the day before — the second of Tishrei — should become prohibited as a time for fasting (*Rashi*). Now, if the second is already prohibited because of Tzom Gedaliah, the new enactment on the third would have accomplished nothing.

8. Thus, as long as Tzom Gedaliah was the only festival on the third of Tishrei, fasting was permitted on the second because Tzom Gedaliah was a festival enacted by the prophets. Once the Rabbis enacted another festival on the third, the second became prohibited as a fortification to their enactment.

In conclusion: The Gemara can still maintain that this enactment — as well as all the enactments of the festivals in *Megillas Taanis* — took place while the Temple was still standing. Consequently, Rav and R' Chanina are free to contend that *Megillas Taanis* was abrogated with the destruction of the Second Temple.

9. The Romans tried to prevent the Jews from fulfilling these three mitzvos specifically, because these mitzvos distinguish the Jewish people from all other peoples as the Chosen Nation of God (*Maharsha; cf. Iyun Yaakov*). Each of these three mitzvos is called a "covenant" between the Children of Israel and their Father in Heaven. [Torah is called a בְּרִית, *covenant,* in *Exodus* 34:27 and *Jeremiah* 33:25; circumcision in many places (see, for example, *Genesis* 17:2-14); and the Sabbath in *Exodus* 31:16.]

10. *Rashi* (cf. *Rashi* to *Taanis* 18a).

11. Jacob, the progenitor of the Jews, and Esau, the progenitor of the Romans, were brothers; they had the same father, Isaac, and the same mother, Rebecca. These three points correspond to the three decrees: The brotherhood between the descendants of Jacob and Esau is written in the Torah (*Deuteronomy* 23:8); Isacc, the common father, is the one who was circumcised when eight days old; and Rebecca, the common mother, is associated with the Sabbath (see *Genesis* 24:67 and *Bereishis Rabbah* 60:16) (*Maharsha*).

[The Sages describe Rome, and its empire, as a descendant of and the spiritual heir to Esau in many places (see *Pirkei DeR'Eliezer* ch. 38; *Gittin* 17a, *Avodah Zarah* 10b and 11b with *Rashi;* sources cited in *Chazon Ish, Even HaEzer* 5:8; ArtScroll *Daniel* 2:40 with prefatory note; cf. *Ibn Ezra* ad loc.).]

12. The Temple was destroyed during the lifetime of Rabban Yochanan ben Zakkai (see *Gittin* 56a). His disciple was R' Eliezer (ibid.), and R' Eliezer's disciple was R' Akiva (see *Sanhedrin* 68a). R' Meir, in turn, was a disciple of R' Akiva as the Gemara in *Eruvin* (13a) states explicitly. Thus, R' Meir lived well after the destruction of the Temple (*Rashi*).

13. [Emendation based on *Mesoras HaShas.*] The following Baraisa touches upon the laws of *tumah* and *taharah* (defilement and purity), and a few words of introduction are in order.

In regard to defining the potential *tumah* of utensils and the like, two of the germane points to consider are the material of which the utensils are made and their function. In regard to the material, the Torah clearly specifies that earthenware and six kinds of metal can become *tamei.* Nowhere, though, does the Torah mention that glass articles can become *tamei* and, therefore, on the Biblical level they cannot. However, the Sages enacted that certain laws of *tumah* should apply to glass articles as well.

In regard to function: A vessel such as a cup can contract *tumah* only as long as it is whole enough to hold its contents. If its bottom is removed or becomes cracked to the extent that it will lose all its contents, it cannot become *tamei.* Moreover, if the cup was *tamei* before it became cracked, it becomes *tahor* upon becoming cracked. If it is subsequently repaired, then on the Biblical level it remains *tahor;* however, on the Rabbinical level, a difference emerges between metal and glass vessels: The Rabbis decreed that a metal vessel that is repaired should be treated as if the *tumah* returned to it. However, a glass vessel that is repaired remains *tahor* even on the Rabbinical level. See *Rambam* to *Keilim* ch. 12.

14. That is, the glass utensil was *tamei* and then someone perforated it in order to purify it from its *tumah* (*Rashi*).

15. R' Meir maintains that the *tumah* status of all articles "follows the part that maintains it." In our case, it is the metal plug that maintains the vessel as usable. In R' Meir's opinion, the vessel now has the status of metalware because its usability is dependent upon the metal plug. Since the vessel is now in the category of metalware, it reverts to its old *tumah* (*Rashi;* cf. *Tosafos*).

ותיפוק ליה דהוה ליה יום שנהרג גדליה בן אחיקם. שהוא לששון ויום טוב בזמן שבית המקדש קיים ולמאן דאמר [ט] [לא] בטלה מגילת תענית היינו לאחר חורבן:

אסורין בין לפניהם בין לאחריהם. היינו להתענות אבל בהספד מותר כדמוכח בפרק סדר תעניות כילד (תענית דף יח:) דתניא מריש ירחא דניסן ועד תמניא ביה איתוקם תמידא דלא למספד בהון ופריך נימא מתרי בניסן ור"ח גופיה אסור ומשני לאסור יום שלפניו דמשום ר"ח דאורייתא לא מתסר דלא בעי חיזוק ותו פריך ותיפוק ליה דהוה יום דבתר עשרים ותמניא באדר ומשני לה רב [י] אשי כל שלאחריו בתענית אסור בהספד מותר וזה הואיל ומוטל בין שני י"ט עשאוהו כי"ט עצמו משמע דאי לאו הכי לא הוה נאסר בהספד אע"ג דהוא יום שלפני ריש ירחא דניסן דאיתוקם תמידא דלא למספד ולאו דווקא נקט רב אשי כל שלאחריו דהוא הדין כל שלפניו בהספד מותר אלא משום דקאי אשל אחריו נקטיה ויש לדקדק מתוך כך דהא דקתני שבתות וימים טובים הם אסורים לפניהם ולאחריהם מותרין בתענית איירי ואתאי הך ברייתא כר' יוסי דאמר בסוף בכל מערבין (עירובין דף מא. ושם) דע"ש מתענה ומשלים א"נ כרבנן ובלא השלמה וא"ת אי בלא השלמה אפי' בי"ט עצמו שרי כדמוכח התם דאמר ר' אלעזר בר לדוק אני הייתי מבני סנאב בן בנימין וחל ט"ב להיות בשבת ודחינוהו עד לאחר השבת והתענינו בו ולא השלמנוהו מפני שי"ט שלנו היה וי"ל דשאני ט' באב דחמיר תדע דהא קאמר התם שאני יום טוב דדבריהם הואיל ומתענין בו שעות משלימין בו ערבית והכא אסרינן בין לפניהם בין לאחריהם אלא התם בט' באב דחמיר והא דמייתי התם ראיה מתשעה באב שחל להיות בע"ש דאמר ר' יוסי מתענה ומשלים אבני בי רב דיתבי בתעניתא במעלי שבתא דשרי לאשלומי אף על פי שחלקנו בין שאר תעניות לתשעה באב מכל מקום מייתי שפיר דלא חשיב תענית מה שנכנס לשבת כשהוא מעונה דהא שבת דוחה תשעה באב ואם היה חשוב תענית היה אסור אלא ודאי לא חשיב כמתענה בשבת ואם כן אף בתענית יחיד מותר נמי להשלים: **הא** ר' יהודה בן שמוע תלמידו של ר' מאיר. תימה בפ' סדר תעניות כילד (תענית דף יח.) פריך עשרים ותשעה נמי מאי איריא דהוה ליה יומא מקמי דאיתוקם תמידא תיפוק ליה דהוה ליה יומא דבתר עשרין ותמניא מאי קושיא ההיא דאיתוקם תמידא זה היה בזמן שבית המקדש קיים ועובדא דעשרים ותמניא היה בימי ר' יהודה בן שמוע תלמידו של ר' מאיר וי"ל [אן] דמ"מ רבי שסדר המשנה לא הוה ליה למתני מריש ירחא דניסן כיון דבימיו היה שלא לצורך: **יהודה** בן שמוע מטמא וכו' וחכמים מטהרין. תימה אמאי מטהרין לכל הפחות ליטמא משום כלי זכוכית שגזרו עליו טומאה כדאיתא בפ"ק דשבת (דף טו: ושם) ופי' בקונטרס דלענין טומאה ישנה פליגי יהודה בן שמוע מטמא לומר שחזרו לטומאתן ישנה אע"פ שלא נגעו בשום טומאה ואע"פ שכלי זכוכית אין חוזרין לטומאתן ישנה כדאמרינן בפ"ק דשבת (שם טז.) שלא גזרו חזרת טומאה ישנה אלא בכלי מתכות הכי נמי הואיל והאבר מעמידו ככלי מתכות דמו דהכל הולך אחר המעמיד וחכמים מטהרין דעיקרו כלי זכוכית הן ולא אזלינן בתר מעמיד כן פי' הקונטרס וקשיא כיון דטומאה קדמה לאבר מה מועיל הטפת אבר לבסוף עוד פי' בקונט' לשון אחר ר' יהודה בן שמוע מטמא כדין כלי מתכות דאורייתא אם נגעה בהן טומאה דהכל הולך אחר המעמיד וחכמים מטהרין מטומאת כלי מתכות דאורייתא אלא משום טומאת כלי זכוכית דרבנן ולפירוש זה קשיא לשון מטהרין דמשמע מטהרין לגמרי ורבינו שמואל פירש דפליגי בהא אי הטפת אבר חשיב סתימה מעלייתא או לא ובפ"ק דשבת (שם) כתוב ור' מאיר היא דאמר הכל הולך אחר המעמיד גרים רבינו שמואל ר' מאיר היא ותו לא ולא גרסינן הכל הולך אחר המעמיד ולא יתכן כדמוכח בסוף תוספתא דכלים דתניא כוס של אבן שנקב והטיף לתוכו אבר ר' יוסי משום ר' יוחנן בן נורי אומר טמא משום כלי זכוכית רבי שמעון בן גמליאל אומר יהודה בן שמוע היה מטמא משום ר' מאיר משמע בהדיא כלשון אחרון שבקונטרס ורבנן היינו ר' יוחנן בן נורי ולא לגמרי מטהרין אי נמי רבנן דהכא אית להו בכלי אבן כר"מ דמטמא ככלי מתכות והא דלא מטמאין בכלי זכוכית משום כלי מתכות כמו בכלי אבן משום דכלי אבן לית ליה טומאה אוקמוה אטומאת כלי מתכות אבל כלי זכוכית שיש להם טומאה בעולם לא רצו לשנותן מטומאתן וריב"א פי' דחכמים מטהרין לגמרי משום דכלי זכוכית ככלי חרס דמו כדאמרינן פ"ק דשבת (דף טו:) ותניא בתוספתא דכלים (בב"ק) בפרק שני דכלי חרס שטהר שעה אחת אין לו טומאה לעולם ולא יתכן נמי פירוש זה כדמוכח בסוף תוספתא דלאו לגמרי מטהרין כדפרישית ועוד א"כ מנא ליה דטעמא דר"מ משום דהכל הולך אחר המעמיד דלמא משום דלית ליה ההיא סברא ואפי' נסתם בזפת היה מטמא דבהדיא פליגי עליה בתוספתא דכלים פרק מחט וטבעת ועוד רבנן לא אמרי הך סברא אלא בחתיכת חרס שפרשה מן החבית ויש בה כשיעור ונקבה וסתמה בזפת ולא בכלי שלם שנקב וסתמו כמו [כ] שפירש [בתוספתא] דפרק ב' דכלים ועוד דהא לא קיימא מסקנא הכי בפ"ק דשבת (טז.) דמסקינן הואיל ושברו יש להם תקנה ככלי מתכות דמו:

ותיפוק ליה דהוה ליה יום שנהרג בו גדליה בן אחיקם אמר רב לא נצרכה אלא לאסור את שלפניו שלפניו נמי תיפוק ליה דהוה ליה יום שלאחר ר"ח ר"ח דאורייתא ודאורייתא לא בעי חיזוק דתניא [ה] הימים האלה הכתובין במגילת תענית אסורין בין לפניהם בין לאחריהם שבתות וימים טובים הם אסורים לפניהן ולאחריהן מותרין מה הפרש בין זה לזה הללו דברי תורה [ג] ואין דברי תורה צריכין חיזוק הללו דברי סופרים [ט] ודברי סופרים צריכין חיזוק ותיפוק ליה דהוה ליה יום שלפני יום שנהרג בו גדליה בן אחיקם א"ר אשי גדליה בן אחיקם דברי קבלה הוא ודברי קבלה כדברי תורה דמו מתיב רב טובי בר מתנה [ד] בעשרים ותמניא ביה אתת בשורתא טבתא ליהודאי דלא יעידון מאורייתא שגזרה המלכות גזרה שלא יעסקו בתורה ושלא ימולו את בניהם ושיחללו שבתות מה עשה יהודה בן שמוע וחביריו הלכו ונטלו עצה ממטרוניתא אחת שכל גדולי רומי מצויין אצלה אמרה להם בואו והפגינו בלילה הלכו והפגינו בלילה אמרו אי שמים לא אחיכם אנחנו ולא בני אב אחד אנחנו ולא בני אם אחת אנחנו מה נשתנינו מכל אומה ולשון שאתם גוזרין עלינו גזירות קשות וביטלום ואותו היום עשאוהו יום טוב ואי ס"ד בטלה מגילת תענית קמייתא בטול אחרנייתא מוסיפין וכי תימא הכא נמי בזמן שבית המקדש קיים והא יהודה בן שמוע תלמידו של רבי מאיר ור"מ בתר הכי הוה [ה] דתנן [ו] כלי זכוכית שניקבו והטיף לתוכן אבר אמר [ז] רשב"ג יהודה בן שמוע מטמא משום ר"מ וחכמים

רש"י

ותיפוק ליה כו'. אי בית המקדש הוה קיים בלאו הכי הוי יום טוב דהיינו צום גדליה וקריא רחמנא מועדים טובים בזמן הבית: לא נצרכה. הא דהדר קבעוה במגילת תענית על דבר זה אלא לאסור אתמול גם הוא בתענית כדאמרינן לקמיה הימים האלה הכתובים במגילה הם ולפניהם ולאחריהם אסורין: ראש חדש. מועד דאורייתא: ודאורייתא לא בעי חיזוק. לאסור לפניו ולאחריו אבל ימי מגילת תענית דרבנן וצריכין חיזוק כי היכי דלא ליתי להתענות בי"ט עצמו: יום שלפני כו'. וההוא לאו דאורייתא הוא ובעי חיזוק: בעשרין ותמניא ביה. באדר קאי במגילת תענית: דלא יעידון מן אורייתא. שלא יצטרכו לנתק עצמן מן התורה: הפגינו. צעקו בשוקים וברחובות כדי שישמעו השרים וירחמו עליכם: אי שמים. כלומר למען הקב"ה: ורבי מאיר בתר חורבן הוה. כמה דורות דהא בימי רבן יוחנן בן זכאי חרב הבית ור' אליעזר תלמידו היה ור' עקיבא תלמידו של ר' אליעזר כדאמרינן בשלהי ארבע מיתות (סנהדרין דף סח.) ור' מאיר תלמידו של ר"ע כדאמרי' בפרק קמא דעירובין (דף יג.) כל מקום שאתה מוצא משום ר' ישמעאל אמר תלמיד אחד לפני ר' עקיבא אינו אלא ר' מאיר: [ח] דתנן כו'. ר' יהודה בן שמוע תלמידו של ר' מאיר הוה: כלי זכוכית שנקבו. שנטמאו ונקבן לטהרן מטומאתן: אבר. עופרת לסתום את הנקב: יהודה בן שמוע מטמא. לומר שחזרו לטומאתן ישנה ואע"פ שלא נגעו שוב בטומאה ואע"פ שאין כלי זכוכית חוזרין לטומאתן ישנה כדאמר בפ"ק דשבת (דף טז.) שלא גזרו חזרת טומאה ישנה אלא בכלי מתכות הכי נמי הואיל והאבר מעמידו ככלי מתכות דמו דהכל הולך אחר המעמיד: וחכמים

רבינו חננאל

ואקשינן אם בזמן שהיה הבית קיים ג' בתשרי הוא יום שנהרג בו גדליה בן אחיקם והוא אחד מן הד' צומות שכתובין בהן יהיו לבית ישראל לששון ולשמחה ולמועדים טובים והנה הוא עצמו י"ט היה באותה העת מה הוסיפו בו ופריק רב לאסור היום שמוקדם לג' בתשרי והנה יום ב' בתשרי גם הוא אסור בתענית שצום גדליה אינו אסור בתענית יום שלפניו שהוא מדברי קבלה והם מדברי הנביאים ודברי קבלה כדברי תורה דמו ואין צריכין חיזוק כדבעינן למימר לקמן שכל דבר שהוא אסור בתענית בו מדאורייתא כגון שבתות וי"ט וכן ר"ח מותר להתענות לפניהן ולאחריהן ואינו אסור אלא אותו היום בלבד. ומה שקראו חכמים יו"ט אסור להתענות לפניהן ולאחריהן לפיכך הוצרכו לקבוע ג' בתשרי י"ט דרבנן לאסור היום שלפניו בתענית כדתניא הימים האלו הכתובים במגלת תענית אסורין בין לפניהן בין לאחריהן שבתות וימים טובים הן אסורין לפניהם ולאחריהן מותרין. ומה הפרש כו' ואסיקנא ודברי קבלה כדברי תורה דמו. תוב אותבינן מהא בכ"ח באדר אתת בשורתא טבא ליהודאי דלא יעידון מן אורייתא כו' ואותו היום עשאוהו יו"ט וכי תימא הכא נמי בזמן שבהמ"ק הוה. והא ע"י יהודה בן שמוע בטלה הגזרה ויהודה בן שמוע תלמיד דר"מ הואי. דתנן כלי זכוכית שניקבו והטיף לתוכו אבר. פי' סתם הנקבים באבר ואין המשקין שבתוכן שותתין מן הנקבים ההם שכבר נסתמו באבר שהטיף לתוכן יהודה בן שמוע משום ר' מאיר מטמא דסבר כלים שלימין הן וחכמים מטהרין כלומר בחזקת שבורין הן ור' מאיר הוא תלמיד דר"ע ור"ע תלמיד דר' אליעזר ור' יהושע הללו תלמידי ריב"ז שחרב הבית בימיו הנה דבר ברור כי יהודה בן שמוע לאחר חרבן הבית היה

מסורת הש"ס

א) תענית יז:, ב) [יבמות פט:], ג) [שם], ד) תענית יח., ה) [ע"ל דתניא], ו) שבת טו: ע"ש, ז) ר"י רשב"א, ח) נ"ל דתנן, ט) רש"א, י) [ע"ל אשי], כ) שפירשתי בפ"ב דכלים כל"ל וכוונת התוס' למ"ש הר"ש בפ"ב דכלים.

הגהות מהר"ב רנשבורג

אן תוס' ד"ה הא רבי יהודה וכו' דמ"מ רבי וכו'. נ"ב עיין תענית דף כא ע"א רש"י ד"ה דבי ר"מ ור' אושעיא וכו' ודו"ק:

ליקוטי רש"י

דלא יעידון. שלא יהו צריכין ליבטל מתלמוד תורה שנגזר עליהן שלא יעסקו בתורה. הפגינו. צעקו כך מתרגמינן בתהלים כל לשון שועה וצעקה לשון פגינה [תענית יח.]. והטיף לתוכן אבר. דחשיב ליה כלי מתכות דכל קבלת טומאתו משום אבר המעמידו הלכך אית ליה טהרה במקוה. מטמא. ולא אמרינן בטיל ליה מתורת כלי כשאר כלי חרס הנשבר דקסבר הלך אחר המעמיד ותורת כלי מתכות עליו [שבת טז.].

מימות

[א] וחכמים מטהרין תנאי היא דתניא הימים האלו הכתובין במגילת תענית בין בזמן שבית המקדש קיים בין בזמן שאין בהמ"ק קיים אסורין דברי ר"מ רבי יוסי אומר בזמן שבהמ"ק קיים אסורין מפני ששמחה היא להם אין בית המקדש קיים מותרין מפני שאבל הוא להם והלכתא בטלו והלכתא לא בטלו קשיא הלכתא אהלכתא לא קשיא כאן [ב] בחנוכה ופורים כאן בשאר יומי: על אלול מפני ר"ה ועל תשרי מפני תקנת המועדות: כיון דנפקי להו אאלול אתשרי למה להו וכי תימא דלמא עברוה לאלול [א] והאמר רבי חיננא בר כהנא א"ר מימות עזרא ואילך לא מצינו אלול מעובר לא מצינו דלא איצטריך הא איצטריך מעברינן ליה הא מיקלקל ר"ה מוטב תיקלקל ראש השנה ולא יתקלקלו כולהו מועדות דיקא נמי דקתני על תשרי מפני תקנת המועדות ש"מ: ועל כסליו מפני חנוכה ועל אדר מפני הפורים: ואילו נתעברה השנה יוצאין אף על אדר שני מפני הפורים לא קתני מתניתין דלא כר' דתניא [ב] רבי אומר אם נתעברה השנה יוצאין אף על אדר השני מפני הפורים לימא בהא קמיפלגי דמר סבר [ג] כל מצות הנוהגות בשני נוהגות בראשון ומר סבר כל מצות הנוהגות בשני אין נוהגות בראשון לא דכולי עלמא מצות הנוהגות בשני אין נוהגות בראשון והכא בעיבור שנה קמיפלגי דתניא [ד] [ג] כמה עיבור שנה ל' יום רשב"ג אומר חדש מאי שנא ל' דידעי חדש נמי ידעי א"ר פפא [ה] מ"ד חדש רצה חדש רצה שלשים העיד ר' יהושע בן לוי משום קהלא קדישא דירושלים על שני אדרים שמקדשין אותם ביום עיבוריהן למימרא דחסרין עבדינן מלאין לא עבדינן לאפוקי מדדרש רב נחמן בר חסדא [ו] העיד רבי סימאי משום חגי זכריה ומלאכי על שני אדרים שאם רצו לעשותן שניהן מלאין עושין שניהן חסרין עושין אחד מלא ואחד חסר עושין וכך היו נוהגין בגולה ומשום רבינו אמרו [ד] לעולם אחד מלא ואחד חסר עד שיוודע לך שהוקבע ר"ח בזמנו שלחו ליה למר עוקבא [ז] אדר הסמוך לניסן לעולם חסר מתיב רב נחמן [ח] על שני חדשים מחללין את השבת על ניסן ועל תשרי אי אמרת בשלמא זמנין מלא זמנין חסר משום הכי מחללינן אלא

מימות עזרא ואילך לא מצינו אלול מעובר. משמע דבימי עזרא היה מעובר וסמך קלא לדבר דכתיב (נחמיה ז) ויגע החדש השביעי וגו' וכתיב (שם ח) ויביא עזרא הכהן את התורה וכתיב (שם) ביום אחד לחדש השביעי וכתיב (שם) ויקרא בו וכתיב ביה (שם) היום קדש וכתיב (שם) ביום השני נאספו ראשי האבות לכל העם הכהנים והלוים אל עזרא הסופר ולהשכיל אל דברי התורה משמע שעשו שני ימים טובים של ר"ה וקרי ליה שני למילתיה וכתיב נמי (שם ט) ביום עשרים וארבעה לחדש נאספו כל ישראל בצום ובשקים וגו' משמע לפי שאז היה מולאי סוכות נאספו ואי לאו דעברוהו ועשו סוכות בט"ו בו א"כ י"ד דירחא וט' דסוכות הרי כ"ג ויום כ"ג מולאי סוכות ואין לומר דשבקוה לתעניתייהו משום מחרת י"ט ומשום הכי המתינו עד כ"ד בו דמאז לא היו נוהגין בו ועוד שהרי דבר שבצבור היה אלא ש"מ דעברוה לאלול: **ואל** יתקלקלו כולהו מועדות. למאן דאמר לקמן (דף כ.) שמעברין משום ירקא ניחא דשייך בכולהו אבל למאן דאמר משום מתיא קשיא דליכא קלקול אלא מיו"כ לחודיה ועוד כיון דידעי קביעות אלול אמאי תתקלקל ר"ה הא ידעי דלתחלה מפני אד"ו ונראה דלאו משום אד"ו קאמר הא איצטריך מעברינן ליה אלא משום דזמנין דלא ראו עדים הלבנה ביום שלשים ואין מקדשין עד יום ל"א משום דמלוה לקדש ע"פ הראייה ופריך הא מקלקלא ר"ה שיעשו שני ימים מספק ומשני מוטב תתקלקל ר"ה ואל יתקלקלו כל המועדות יוה"כ וסוכות ושמיני עצרת אם יעשו ע"פ ביום העדים לא על פי הראייה:

מתני' דלא כר'. וא"ת ולתנא דידן כיון דלא נפקי על אדר השני היאך ידעו שנתעברה השנה בשלמא אם עיבורה קודם אדר יכולין להודיעם ע"י שלוחי אדר אבל אם עברוה אחר כך היכי ידעי דהא מעברינן השנה כל אדר ולכל הפחות עד פורים וי"ל כיון דשלוחים יוצאין על ניסן ממילא ידעי כשיגיע ר"ח ואין שלוחין יוצאין א"כ השנה מעוברת:

דמר סבר כל המצות הנוהגות בשני נוהגות בראשון ומר סבר אין נוהגות. וטעמייהו מפרש מקראי בפ"ק דמגילה (דף ו: ושם) וברוב ספרים הגירסא איפכא דמר סבר כל המצות הנוהגות בשני נוהגות בראשון ומר סבר אין נוהגות כו' ובפ"ק דמגילה (שם) כתיב כן בכל הספרים גבי פלוגתא דרבנן ורבי אלעזר ברבי יוסי ורשב"ג ויש ליישב שתי הגירסות: **אדר** הסמוך לניסן לעולם חסר. תימה א"כ אמאי יוצאין על ניסן מפני הפסח ומיהו לבסוף מסקינן תיובתא ואף על פי כן אנו נוהגין כן דשמא בימיהן שהיו מקדשים על פי הראייה מסקינן דזמנין מלא זמנין חסר אבל לדידן טוב למלאות הראשון דהוא חדש העיבור שניתוסף על השנה אף על גב דאמרינן דשנה מתעברת בסופה ובירושלמי דמגילה [ט] איכא פלוגתא דקאמרינן התם עוקבא אשכח תרין איגרין בחדא כתיב ושפר באנפוי ובאנפי חברוי מוסיפין על שתא תלתין יומין ובחדא כתיב ושפר באנפי ובאנפי חברוי מוסיפין על שתא ירח יומין מאן דאמר תלתין יומין אדר הראשון תוספת מ"ד ירח יומין אדר השני תוספת ולבסוף דחו לה דקסבר רצו שלשים רצו ירח: מאי

וחכמים מטהרין. דעיקרו כלי זכוכית הן ולא אזלי בתר המעמיד ע"א כלי זכוכית טהורין שניקבו והטילו לתוכן אבר יהודה בן שמוע מטמאין טומאת כלי מתכות דאורייתא אם נגע בהן טומאה דהכל הולך אחר המעמיד וחכמים מטהרים מטומאת כלי מתכות דאורייתא אלא משום טומאת כלי זכוכית דרבנן שאין כלי מתכות טמאין דאורייתא אלא המנויין בפרשה (במדבר לא) הזהב והכסף והנחשת והברזל וגו': תנאי היא. אי בטלה מגילת תענית: הא איצטריך. אי משום ירקא אי משום מתיא כדלקמן (דף כ.): והא קמקלקלא ר"ה. דנמצא שלא עשאוה בני הגולה כהלכה אם מעברין אלול: דיקא נמי. דלהכי חשו רבנן דלא ליקלקלו שאר מועדות והתירו שיהא ר"ה מקולקל לגולה: ואלו אם נתעברה השנה. לאחר שנכנס אדר הראשון והלכו השלוחים ישבו ב"ד ועיינו ועיברוה לעשות אדר השני אחר זה: נוהגות בראשון. ויצאו ידי חובתן בפורים שעשו בראשון: כמה עיבור השנה. ימי אדר הראשון שאותו עושין עיבור לשנה: חדש. קא סלקא דעתך כ"ט ימים: מאי שנא. למאן דאמר שלשים דאין צריך לחזור ולשלוח שלוחים על יום קידוש אדר השני: דידעי. בני הגולה שלעולם אדר הראשון מעובר וביום ל"א נתקדש: למאן דאמר חדש נמי. אין צריך להודיע דהא ידעי דלעולם חסר וביום שלשים נתקדש: רצו חדש רצו שלשים. לפיכך צריכין להודיע אם עשאוהו מלא או חסר: שמקדשין אותן ביום עיבוריהן. יום שלשים קרי יום עיבור שאותו עושין עיבור לחדש כשמעברין אותו שמקדשין יום שלשים של שניהם לר"ח הנכנס יום ל' לאדר הראשון הוא ר"ח לאדר השני ויום ל' של אדר השני הוא ר"ח ניסן: למימרא דחסירין עבדינן כו'. בניחותא: אחד מלא ואחד חסר. דוקא קאמר ראשון מלא ושני חסר: משום רבינו. רב: שהוקבע ר"ח בזמנו. עד שאמרו לך הבאים מארץ ישראל קדשו ב"ד ר"ח אדר השני ביום ל' לאדר הראשון ועשו את הראשון חסר: מחללין את השבת. עדים שראו את הלבנה בחידושה מחללין את השבת לצאת חוץ לתחום לבא לב"ד להעיד לפניהן לפי שהמועדין כולן תלויין בשני חדשים הללו וקס"ד חילולא דשרא רחמנא משום דקביעת ירחא לפי ראיית הלבנה הוא אם מלא מלא אם חסר חסר: משום הכי מחללין. אם ראוהו ביום ל' שאם לא יבאו ויעידו שראוהו היום לא יקדשוהו ב"ד עד מחר ויעשו את החסר מלא: אלא

עין משפט
נר מצוה

קב א מיי' פ"ב מהל' כלים הלכה יג:
קג ב [מיי' פ"ב מהל' מגילה וחנוכה הל' יג ופ"ג ה"ג] טוש"ע א"ח סי' תקעג סעיף א [רב אלפס כאן ובתענית פ"ב ובמגילה סוף פ"א]:
קד ג מיי' פ"ד מהלכות קידוש החדש הל' א:
קה ד מיי' שם פ"ח הלכה ה:

רבינו חננאל

ופרקינן תנאי היא דתניא הימים הכתובים במגלת תענית בין בזמן הבית בין אחר חרבן הבית אסורין בתענית דברי ר"מ דסבר לא בטלה מגלת תענית ר' יוסי אומר בזמן הבית אסורין בתענית שימי שמחה היא להן אחר חרבן מותרין בתענית מפני שימי אבל הן. כלומר אחר חרבן הבית בטלה מגלת תענית והא ר' יהודה בן שמוע כר"מ רביה הוא דעבד. ואסיקנא והלכת' בטלו. ומותר להתענות בכל הימים הכתובים במגלת תענית זולתי חנוכה ופורים דלא בטלו ואסור להתענות בהן: על אלול מפני ר"ה כו'. ואקשינן וכיון דנפקו באלול ונקבעה ר"ה בתשרי עוד למה צריכין השלוחין לצאת דבר ידוע הוא די' בתשרי יוה"כ בט"ו בו סוכות. וכי תימא חיישינן דלמא עברוה לאלול והא קי"ל דמימות עזרא לא נתעבר אלול מראין הדברים דבימות עזרא עברוה לאלול במסורת שהיתה בידם. וכי עברן אלול עזרא חגי זכריה ומלאכי כי כולן בזמן אחד היו וכבר פירשנוהו במס' יו"ט. אם כן כי נתעבר אלול והמדינות הרחוקות מב"ד לא ידעו נתקלקלה ר"ה שעשו ר"ה ביום ל' של אלול כ"ט ימים וכיון שאלול נתעבר נמצא יום ל' לחדש אלול [הוא] והם קבעוהו תשרי ואמרינן מוטב תקלקל ר"ה ולא יתקלקלו המועדים כולן. ודייקינן הכי דר"ה ודאי נתקלקלה ולא חיישינן אלא לתקנת המועדות מדוקיא דמתניתין דקתני ועל תשרי מפני תקנת המועדות להודיע לכל ישראל שהרשות ביד ב"ד לעבר ואע"פ שלא היה לעולם. ועל כסליו לידע מתי נקבע לעשות בכ"ה חנוכה. ועל אדר לעשות ביום י"ד בו פורים ואוקימנא דלא כר' דאמר אם נתעברה שנה יוצאין אף על אדר השני מפני הפורים וכ"ע כל מצות הנוהגות בשני [אין] נוהגות בראשון ובעיבור שנה פליגי תנא דידן סבר לה כת"ק דברייתא דתניא עיבור שנה ל' יום ור' סבר לה כרשב"ג דאמר חדש ואוקימנא רצו חדש רצו ל' יום. העיד ריב"ל על ב' אדרין שמקדשין אותן ביום עבוריהן פי' מקדשין ר"ח אדר שני ביום ל' של אדר הראשון שהוא יום עבורו ויום ל' של אדר שני מקדשין אותו ר"ח ניסן למימרא דשני אדרין לעולם חסרין הן. ולאפוקי מדרב נחמן בר רב חסדא. דדרש העיד ר' סימאי משום חגי זכריה ומלאכי על ב' אדרין שאם רצו ב"ד לעשותן שניהן חסרין או שניהן מלאין או אחד מלא ואחד חסר עושין וכך היו נוהגין בגולה והיא פומבדיתא ואמרו משום רבינו לעולם אחד מלא ואחד חסר עד שיודע שהוקבע ר"ח בזמנו העדות שהעיד ר' סימאי משום חגי זכריה ומלאכי סוגיין דשמעתין סלקא. וגרסינן בבכורות פרק מעשר בהמה דקאי ר' עקיבא בשיטתייהו ואמר אדר הסמוך לניסן זמנין מלא וזמנין חסר ובן עזאי הוא דסבר אדר הסמוך לניסן לעולם חסר וקי"ל כר"ע וכן הא דגרסינן הכא בהאי ענינא דשלחו ליה למר עוקבא אדר הסמוך לניסן לעולם חסר עלתה בתיובתא מדתנן וכשהמקדש קיים יוצאין אף על כולן מפני תקנת קרבן מדכל החדשים כולן לאו משום דמצוה לקדש על הראיה ניסן ותשרי נמי לאו משום דמצוה לקדש על הראיה אלא משום תקנת המועדות אי אמרת בשלמא זמנין מלא וזמנין חסר משום הכי מחללינן אלא אי אמרת לעולם חסר [אמאי מחללינן] תיובתא וגם

מסורת הש"ס

א) ביצה ו. ע"ש כב: ע"ש לקמן לב. ע"ש, ב) [תוספ' פ"א], ג) [מגילה ו:], ד) סנהדרין יא. ערכין ט:, ה) [סנהדרין יא.], ו) [דדריש ר"נ בר חסדא כל"ל], ז) [בכורות נח.], ח) לקמן כא., ט) [פ"א הל' ה].

ליקוטי רש"י

מימות עזרא ואילך וכו'. ולפ"ש שתקנו לא אירע שבאו עדים מן המנחה ולמעלה חוץ מאותה הפעם ועדיין לא נתקנה האי דקבע מימות עזרא משום דבימיו עברוהו דכתיב בעזרא (נחמיה ח) וביום השני ובראש השנה משתעי [ביצה ו.]. חדש. עשרים ותשעה ימים [סנהדרין יא.]. על שני חדשים מחללין את השבת. עדים שראו את החדש מן התורה מחללין על כולן אבל רבנן אסרו לפי שאין תיקון המועדות תלוי בהם ולא איכפת לן אלמלא ולהסכן על פי עדים אלא שני חדשים אלו שהמועדים על מועדות תלויין בהן [לקמן כא:].

וַחֲכָמִים מְטַהֲרִין – BUT THE SAGES DECLARE IT *TAHOR*.[1]

In any case, the festival of the twenty-eighth of Adar was instituted in the days of Yehudah ben Shamua, who lived long after the destruction of the Second Temple. It is thus apparent that new days were added to *Megillas Taanis* after the destruction. This surely indicates that *Megillas Taanis* was not abrogated with the destruction. – ? –

The Gemara concedes:

תַּנָּאֵי הִיא – **[This issue] is** actually the subject of a dispute between **Tannaim.** דְּתַנְיָא – **For it was taught in a Baraisa:** הַיָּמִים הָאֵלּוּ הַכְּתוּבִין בִּמְגִילַּת תַּעֲנִית – Regarding THESE DAYS THAT ARE WRITTEN IN *MEGILLAS TAANIS:* בֵּין בִּזְמַן שֶׁבֵּית הַמִּקְדָּשׁ קַיָּים – WHETHER AT A TIME WHEN THE HOLY TEMPLE IS IN EXISTENCE בֵּין בִּזְמַן שֶׁאֵין בֵּית הַמִּקְדָּשׁ קַיָּים – OR AT A TIME WHEN THE HOLY TEMPLE IS NOT IN EXISTENCE, they are festivals אֲסוּרִין – and IT IS PROHIBITED to fast upon them. דִּבְרֵי רַבִּי מֵאִיר – These are THE WORDS OF R' MEIR. רַבִּי יוֹסֵי אוֹמֵר – R' YOSE SAYS: בִּזְמַן שֶׁבֵּית הַמִּקְדָּשׁ קַיָּים אֲסוּרִין – WHEN THE HOLY TEMPLE IS IN EXISTENCE IT IS PROHIBITED to fast upon them, מִפְּנֵי שֶׁשִּׂמְחָה הִיא לָהֶם – BECAUSE IT IS a time of HAPPINESS FOR THEM. אֵין בֵּית הַמִּקְדָּשׁ קַיָּים מוּתָּרִין – But if THE HOLY TEMPLE IS NOT IN EXISTENCE IT IS PERMITTED to fast upon them, מִפְּנֵי שֶׁאֵבֶל הוּא לָהֶם – BECAUSE IT IS a time of MOURNING FOR THEM.[2]

The Gemara rules on this dispute:

וְהִלְכְתָא בָּטְלוּ – **The halachah is that [the festivals listed in *Megillas Taanis*] were abrogated.**

The Gemara rules again:

וְהִלְכְתָא לֹא בָּטְלוּ – **The halachah is that they were not abrogated.**

The Gemara raises the obvious difficulty:

קַשְׁיָא הִלְכְתָא אַהִלְכְתָא – These **legal rulings are contradictory.** – ? –

The Gemara explains:

לֹא קַשְׁיָא – **There is no difficulty.** כָּאן בַּחֲנוּכָּה ופורים – **Here,** in the ruling that they were not abrogated, the reference is solely **to Chanukah and Purim.** כָּאן בִּשְׁאָר יוֹמֵי – And **here,** in the ruling that they were abrogated, the reference is **to the other days** listed **in** *Megillas Taanis.*[3]

The Mishnah stated:

עַל אֱלוּל מִפְּנֵי רֹאשׁ הַשָּׁנָה – The messengers go forth AT the beginning of ELUL ON ACCOUNT OF ROSH HASHANAH וְעַל תִּשְׁרֵי מִפְּנֵי תַקָּנַת הַמּוֹעֲדוֹת – AND AT the beginning of TISHREI ON ACCOUNT OF THE FIXING OF THE PROPER TIMES OF THE HOLIDAYS.

The Gemara asks:

כֵּיוָן דִּנְפָקֵי לְהוּ אַאֱלוּל – But **once [messengers] went forth for Elul,** אַתִּשְׁרֵי לָמָּה לְהוּ – **why do they** need to go forth again **for Tishrei?**[4] וְכִי תֵּימָא דִּלְמָא עַבְּרוּהָ לֶאֱלוּל – **And if you will say** that messengers went forth **because of the possibility that [*Beis Din*] made Elul full,**[5] וְהָאָמַר רַבִּי חִינָּנָא בַּר כָּהֲנָא אָמַר רַב – **why, R' Chinana bar Kahana said in the name of Rav:** מִימוֹת עֶזְרָא וְאֵילָךְ לֹא מָצִינוּ אֱלוּל מְעוּבָּר – **From the days of Ezra** the Scribe **and onward we never found Elul to be full!**[6] – ? –

The Gemara answers:

לֹא מָצִינוּ דְּלֹא אִצְטְרִיךְ – **We never found** Elul to be full **because it was not necessary** throughout all the years to *make* it full. הָא אִיצְטְרִיךְ מְעַבְּרִינַן לֵיהּ – **But would it be necessary, we *would* make it full.**[7] Hence, there is reason to send out messengers, to

NOTES

1. According to the Sages, the vessel is not classified as metalware just because it has a metal plug. Since it is mostly glass, it is still in the category of glassware [and as such, it does not revert to its old *tumah*]. Accordingly, in the opinion of the Sages it remains *tahor* (*Rashi*).

[We have based our elucidation on *Rashi's* first explanation of the Gemara, but *Rashi* suggests an alternative approach to our Gemara: The dispute between R' Meir and the Sages is not on the Rabbinical level but on the Biblical level. Biblically, glass cannot contract *tumah.* R' Meir contends that the lead plug is enough to reclassify the vessel as metalware whereas the Sages maintain that that is not enough and the vessel remains in the class of glassware. Thus, R' Meir holds that the lead-plugged glass vessel can become *tamei* on the Biblical level while the Sages hold it can become *tamei* only on the Rabbinical level. (For other approaches, see *Tosafos* and Rishonim here and to *Shabbos* 15b.)]

2. During the current exile the former festival days become poignant reminders of the past miracles (*Sifsei Chachamim*).

3. [It could be asked that if the Purim festival mentioned in *Megillas Taanis* remains in effect, then the ban against fasting the day before and the day after festivals listed there should still be applicable. How then can we fast on Taanis Esther, which is the day before Purim? *Ran* answers that the Purim festival is recorded in the Writings section of the Bible, and as such it is similar to an enactment of the Prophets, that does not require fortification (see above, 19a; cf. *Ritva*).

According to *Ran,* it should emerge that in regard to Chanukah – which was not an enactment of the Prophets – it is prohibited to fast the day before and the day after. See, however, *Orach Chaim* 686:1 with *Magen Avraham* §1; *Beur HaGra* ad loc. at length; and *Mishnah Berurah* ad loc. §1.]

Chasam Sofer states that the days in *Megillas Taanis* were originally enacted as festivals because there is a Torah obligation to commemorate a miracle that God has performed for us to spare us from death. That is, the Torah obligates us to make some memorial, although the specifics enacted are certainly Rabbinic (Responsa, *Orach Chaim* §208 ד״ה ומ״ש דפורים and §191 *Yoreh Deah* §233 at the end). *Chasam Sofer* goes on to say that if, in our time, a community is mortally endangered and then saved, they should set aside a day to be observed as a festival annually (cf. *Orach Chaim* §496, *Kuntres HaMinhagim* §12 and *Haamek She'eilah Vayishlach* 26:1). *Ramban,* in his commentary to the first part of *Sefer HaMitzvos,* makes a similar point (*Shoresh* §1 ד״ה והפליאה; see *Igros Moshe, Orach Chaim* I §15 *Anaf* 2, who discusses the views of *Ramban* and *Chasam Sofer*).

4. As explained in the Mishnah on 18a, the communities outside of Jerusalem, which had no way of knowing in time for Rosh Hashanah when Rosh Chodesh Tishrei had been declared in Jerusalem, observed Rosh Hashanah based on the information they received from the Elul messengers. Relying on the fact that in most years Elul has only 29 days, they counted 29 days from Rosh Chodesh Elul and observed Rosh Hashanah the next day. Accordingly, the Gemara asks why it was necessary to dispatch messengers again for Tishrei. Let those communities calculate Yom Kippur and Succos simply by counting 10 and 15 days respectively from the day they assumed to be Rosh Hashanah (*Rabbeinu Chananel*).

5. [I.e. messengers were sent each year because of the minority of cases in which *Beis Din* decided to make Elul 30 days. The dispatch of new messengers would thus serve to assure the distant cities that they were observing Yom Kippur and Succos on the correct day (*Rashi* 18a ד״ה על תשרי).]

6. For hundreds and hundreds of years, since the days of Ezra, Elul has consistently had 29 days. Thus, there is not even a minority of cases in which Elul is full. Why, then, are the Tishrei messengers necessary? [The fact that in Ezra's time Elul once had 30 days is derived from verses in *Nehemiah* Chs. 7-9 – see *Rashi* to *Beitzah* 6a and *Tosafos* here.]

7. The Gemara below (20a) states that there are certain considerations for which *Beis Din* may [provided that certain other criteria are met (*Aruch LaNer, Meromei Sodeh*)] in fact declare Elul to be full [despite the fact that the moon was visible on the thirtieth day]. These are: (a) in order to ensure that Yom Tov not fall directly preceding or following the Sabbath, i.e. on a Friday or Sunday, so that vegetables could be picked fresh for the second of these two holy days and the people not be forced to eat wilted vegetables or (b) to separate Yom Kippur from the Sabbath, so that a corpse of a person who died on the first of these days not be forced to remain unburied for two days (*Rashi;* cf. *Tosafos* ד״ה ואל יתקלקלו). In most cases the court preempts any problem and adjusts the months preceding Elul, so that Elul itself does not need to be made full. Indeed, this is what occurred for many centuries since the time of Ezra (*Rashi* to *Sanhedrin* 13a ד״ה חג האסיף). But should it occur that the court did not make the necessary adjustment beforehand, they were prepared to make Elul full.

עין משפט
נר מצוה

קב א מיי' פי"ב מהל' כלים הלכה יג:
קג ב [מיי' פ"ב מהל' מגילה וחנוכה הל' יג ופ"ג ה"ג] טוש"ע א"ח סי' תקעג סעיף א [רב אלפס כאן ובתענית פ"ב ובמגילה סוף פ"א]:
קד ג מיי' פ"ד מהלכות קידוש החדש הל' א:
קה ד מיי' שם פ"ח הלכה ה:

רבינו חננאל

ופרקינן תנאי היא דתניא הימים הכתובים במגלת תענית בין בזמן הבית בין אחר חרבן הבית אסורין בתענית דברי ר"מ דסבר לא בטלה מגלת תענית ר' יוסי אומר בזמן הבית אסורין בתענית שימי שמחה היא להן אחר חרבן מותרין בתענית מפני שימי אבל הן. כלומר אחר חרבן הבית בטלה מגלת תענית והא ר' יהודה בן שמוע כר"מ רביה הוא דעבד. ואסיקנא והלכת' בטלו. ומותר להתענות בכל הימים הכתובים במגלת תענית זולתי חנוכה ופורים דלא בטלו ואסור להתענות בהן: על אלול מפני ר"ה כו'. ואקשינן וכיון דנפקו באלול ונקבעה ר"ה בתשרי עוד למה צריכין השלוחין לצאת דבר ידוע הוא די' בתשרי יוה"כ בט"ו בו סוכות. וכי תימא חיישינן דלמא עברוה לאלול והא קי"ל דמימות עזרא לא נתעבר אלול מראין הדברים דבימות עזרא עברוה לאלול במסורת שהיתה בידם. וכי עברן אלול עזרא חגי זכריה ומלאכי כי כולן בזמן אחד היו וכבר פירשנוהו במס' יו"ט. אם כן כי נתעבר אלול והמדינות הרחוקות מב"ד לא ידעו נתקלקלה ר"ה שעשו ר"ה ביום ל' של אלול כ"ט ימים וכיון שאלול נתעבר נמצא יום ל' לחדש אלול [הוא] והם קבעוהו תשרי ואמרינן מוטב תקלקל ר"ה ולא יתקלקלו המועדים כולן. ודייקינן הכי דר"ה ודאי נתקלקלה ולא חיישינן אלא לתקנת המועדות מדוקיא דמתניתין דקתני ועל תשרי מפני תקנת המועדות להודיע לכל ישראל שהרשות ביד ב"ד לעבר ואע"פ שלא היה לעולם. ועל כסליו לידע מתי נקבע לעשות בכ"ה חנוכה. ועל אדר לעשות ביום י"ד בו פורים ואוקימנא דלא כר' דאמר אם נתעברה שנה יוצאין אף על אדר השני מפני הפורים וכ"ע כל מצות הנוהגות בשני [אין] נוהגות בראשון ובעיבור שנה פליגי תנא דידן סבר לה כת"ק דברייתא דתניא עיבור שנה ל' יום ור' סבר לה כרשב"ג דאמר חדש ואוקימנא רצו חדש רצו ל' יום. העיד ריב"ל על ב' אדרין שמקדשין אותן ביום עבוריהן פי' מקדשין ר"ח אדר שני ביום ל' של אדר הראשון שהוא יום עבורו ויום ל' של אדר שני מקדשין אותו ר"ח ניסן למימרא דשני אדרין לעולם חסרין הן. ולאפוקי מדרב נחמן בר רב חסדא. דדרש העיד ר' סימאי משום חגי זכריה ומלאכי על ב' אדרין שאם רצו ב"ד לעשותן שניהן חסרין או שניהן מלאין או אחד מלא ואחד חסר עושין וכך היו נוהגין בגולה והיא פומבדיתא ואמרו משום רבינו לעולם אחד מלא ואחד חסר עד שידוע שהוקבע ר"ח בזמנו העדות שהעיד ר' סימאי משום חגי זכריה ומלאכי סוגיין דשמעתין סלקא. וגרסינן בבכורות פרק מעשר בהמה דקאי ר' עקיבא בשיטתייהו ואמר אדר הסמוך לניסן זמנין מלא וזמנין חסר ובן עזאי הוא דסבר אדר הסמוך לניסן לעולם חסר וקי"ל כר"ע וכן הא דגרסינן הכא בהאי ענייגא דשלחו ליה למר עוקבא אדר הסמוך לניסן לעולם חסר עלתה בתיובתא מדתנן וכשהמקדש קיים יוצאין אף על כולן מפני תקנת קרבן מכלל החדשים כולן לאו משום מצוה הן הראיה לקדש ניסן ותשרי נמי לאו משום דמצוה לקדש על הראיה אלא משום תקנת המועדות אי אמרת בשלמא זמנין מלא וזמנין חסר משום הכי מחללינן אלא אי אמרת לעולם חסר [אמאי מחללינן] תיובתא וגם

מימות עזרא ואילך לא מצינו אלול מעובר. משמע דבימי עזרא היה מעובר וסמך קלת לדבר דכתיב (נחמיה ז) ויגע החדש השביעי וגו' וכתיב (שם ח) ויביא עזרא הכהן את התורה וכתיב (שם) ביום אחד לחדש השביעי וכתיב (שם) ויקרא בו וכתיב ביה (שם) היום קדש וכתיב (שם) וביום השני נאספו ראשי האבות לכל העם הכהנים והלוים אל עזרא הסופר ולהשכיל אל דברי התורה משמע שעשו שני ימים טובים של ר"ה וקרי ליה שני למילתיה וכתיב נמי (שם ט) ביום עשרים וארבעה לחדש נאספו כל ישראל בצום ובשקים וגו' משמע לפי שלא היה מולאי סוכות נאספו ואי לאו דעברוהו ועשו סוכות בט"ו בו א"כ י"ט דירחא וח' דסוכות הרי כ"ב ויום כ"ג מולאי סוכות ואין לומר דשנקוה לתעניתייהו משום מחרת י"ט ומשום קך המתינו עד כ"ד בו דמאי לא היו נוהגין בו ועוד שהרי דבר שבצבור היה אלא ש"מ דעברוהו לאלול: **ואל** יתקלקלו כולהו מועדות. למאן דאמר לקמן (דף כ.) שמעברין משום ירקא ניחא דשייך אכולהו אבל למאן דאמר משום מתיא קשיא דליכא קלקול אלא מיוה"כ להודיה ועוד כיון דידעי קביעות אלול אמאי מתקלקל ר"ה הא ידעי דמדחה מפני אד"ו ונראה דלאו משום אד"ו קאמר הא דאיצטריך מעברינן ליה אלא משום דזמנין דלא ראו עדים הלבנה ביום שלשים ואין מקדשין עד יום ל"א משום דמלוה לקדש ע"פ הראייה ופריך הא מקלקלא ר"ה שיעשו שני ימים מספק ומשני מוטב תתקלקל ר"ה ואל יתקלקלו כל המועדות יוה"כ וסוכות ושמיני עלרת אם יעשו ע"פ איום העדים לא על פי הראייה:

מתני' דלא כר'. וא"ת ולתנא דידן כיון דלא נפקי על אדר השני היאך ידעו שנתעברה השנה בשלמא אם עיברוה קודם אדר יכולין להודיעם ע"י שלוחי אדר אבל אם עברוה אחר כך היכי ידעי דהא מעברינן השנה כל אדר ולכל הפחות עד פורים וי"ל כיון דשלוחים יולאין על ניסן ממילא ידעי כשיגיע ר"ח ואין שלוחין יולאין א"כ השנה מעוברת:

דמר סבר כל המצות הנוהגות בשני נוהגות בראשון ומר סבר אין נוהגות. וטעמייהו מפרש מקראי בפ"ק דמגילה (דף ו: ושם) ובכרוב ספרים הגירסא איפכא דמר סבר כל המצות הנוהגות בשני נוהגות בראשון ומר סבר אין נוהגות כו' ובפ"ק דמגילה (שם) כתיב כן בכל הספרים גבי פלוגתא דרבנן ורבי אלעזר ברבי יוסי ורשב"ג ויש ליישב שתי הגירסות: **אדר** הסמוך לניסן לעולם חסר. תימה א"כ אמאי יולאין על ניסן מפני הפסח ומיהו לבסוף מסקינן תיובתא ואף על פי כן אנו נוהגין כן דשמא בימיהן שהיו מקדשים על פי הראייה מסקינן דזמנין מלא זמנין חסר אבל לדידן טוב למלאות הראשון דהוא חדש העיבור שניתוסף על השנה אף על גב דאמרינן דשנה מתעברת בסופה ובירושלמי דמגילה [ט] איכא פלוגתא דקאמרינן התם עוקבא אשכח תרין איגרין בחדא כתיב וספר באנפוי ובאנפי חברוי מוסיפין על שתא תלתין יומין ובחדא כתיב וספר באנפי ובאנפי חברוי מוסיפין על שתא ירחא יומין מאן דאמר תלתין יומין אדר הראשון תוספת מ"ד ירחא יומין אדר השני תוספת ולבסוף דחו לה דקסבר רצו שלשים רצו ירחא:

מאי

[א] וחכמים מטהרין תנאי היא דתניא הימים האלו הכתובין במגילת תענית בין בזמן שבית המקדש קיים בין בזמן שאין בהמ"ק קיים אסורין דברי ר"מ רבי יוסי אומר בזמן שבהמ"ק קיים אסורין מפני ששמחה היא להם אין בית המקדש קיים מותרין מפני שאבל הוא להם והלכתא בטלו והלכתא לא בטלו קשיא הלכתא אהלכתא לא קשיא כאן [ב] בחנוכה ופורים כאן בשאר יומי: על אלול מפני ר"ה ועל תשרי מפני תקנת המועדות: כיון דנפקי להו אאלול אתשרי למה להו וכי תימא דלמא עברוה לאלול [ו] והאמר רבי חיננא בר כהנא א"ר מימות עזרא ואילך לא מצינו אלול מעובר לא מצינו דלא איצטריך הא איצטריך מעברינן ליה הא מיקלקל ר"ה מוטב תיקלקל ראש השנה ולא יתקלקלו כולהו מועדות דיקא נמי דקתני על תשרי מפני תקנת המועדות ש"מ: ועל כסליו מפני חנוכה ועל אדר מפני הפורים: ואילו נתעברה השנה יוצאין אף על אדר שני מפני הפורים לא קתני מתניתין דלא כר' דתניא [ג] רבי אומר אם נתעברה השנה יוצאין אף על אדר השני מפני הפורים לימא בהא קמיפלגי דמר סבר [ג] כל מצות הנוהגות בשני נוהגות בראשון ומר סבר כל מצות הנוהגות בשני אין נוהגות בראשון לא דכולי עלמא מצות הנוהגות בשני אין נוהגות בראשון והכא בעיבור שנה קמיפלגי דתניא [ד] כמה עיבור שנה ל' יום רשב"ג אומר חדש מאי שנא ל' דידעי חדש נמי ידעי א"ר פפא [ה] מ"ד חדש רצה חדש רצה שלשים העיד ר' יהושע בן לוי משום קהלא קדישא דירושלים על שני אדרים שמקדשין אותם ביום עיבוריהן למימרא דחסרין עבדינן מלאין לא עבדינן לאפוקי מדדרש רב נחמן בר חסדא [ו] העיד רבי סימאי משום חגי זכריה ומלאכי על שני אדרים שאם רצו לעשותן שניהן מלאין עושין שניהן חסרין עושין אחד מלא ואחד חסר עושין וכך היו נוהגין בגולה ומשום רבינו אמרו [ז] לעולם אחד מלא ואחד חסר עד שיוודע לך שהוקבע ר"ח בזמנו שלחו ליה למר עוקבא [ח] אדר הסמוך לניסן לעולם חסר מתיב רב נחמן [ט] על שני חדשים מחללין את השבת על ניסן ועל תשרי אי אמרת בשלמא זמנין מלא זמנין חסר משום הכי מחללינן אלא

וחכמים מטהרין. דעיקרו כלי זכוכית הן ולא אזלי בתר המעמיד ע"א כלי זכוכית טהורין שניקבו והטילו לתוכן אבר יהודה בן שמוע מטמאן טומאת כלי מתכות דאורייתא אם נגע בהן טומאה דהכל הולך אחר המעמיד וחכמים מטהרים מטומאת כלי מתכות דאורייתא אלא משום טומאת כלי זכוכית דרבנן שאין כלי מתכות טמאין דאורייתא אלא המנויין בפרשה (במדבר לא) הזהב והכסף והנחשת והברזל וגו': תנאי היא. אי בטלה מגילת תענית: הא איצטריך. אי משום ירקא אי משום מתיא כדלקמן (דף כ.): והא קמקלקלא ר"ה. דנמצא שלא עשאוה בני הגולה כהלכה אם מעברין אלול: דיקא נמי. דלהכי חשו רבנן דלא ליקלקלו שאר מועדות והתירו שיהא ר"ה מקולקל לגולה: ואלו אם נתעברה השנה. לאחר שנכנס אדר הראשון והלכו השלוחים ישבו ב"ד ועיינו ועיברוה לעשות אדר השני אחר זה: נוהגות בראשון. ויצאו ידי חובתן בפורים שעשו בראשון: כמה עיבור השנה. ימי אדר הראשון שאותו עושין עיבור לשנה: חדש. קא סלקא דעתך כ"ט ימים: מאי שנא. למאן דאמר שלשים דאין צריך לחזור ולשלוח שלוחים על יום קידוש אדר השני: דידעי. בני הגולה שלעולם אדר הראשון מעובר וביום ל"א נתקדש: למאן דאמר חדש נמי. אין צריך להודיע דהא ידעי דלעולם חסר וביום שלשים נתקדש: רצה חדש רצה שלשים. לפיכך צריכין להודיע אם עשאוהו מלא או חסר: שמקדשין אותן ביום עיבוריהן. יום שלשים קרי יום עיבור שאותו עושין עיבור לחדש כשמעברין אותו שמקדשין יום שלשים של שניהם לר"ח הנכנס יום ל' לאדר הראשון הוא ר"ח לאדר השני ויום ל' של אדר השני הוא ר"ח ניסן: למימרא דחסירין עבדינן כו'. בניחותא: אחד מלא ואחד חסר. דוקא קאמר ראשון מלא ושני חסר: משום רבינו. רב: שהוקבע ר"ח בזמנו. עד שאמרו לך הבאים מארץ ישראל קדשו ב"ד ר"ח אדר השני ביום ל' לאדר הראשון ועשו את הראשון חסר: מחללין את השבת. עדים שראו את הלבנה בחידושה מחללין את השבת לצאת חוץ לתחום לבא לב"ד להעיד לפניהן לפי שהמועדין כולן תלויין בשני חדשים הללו וקס"ד חילולא דשרא רחמנא משום דקביעת ירחא לפי ראיית הלבנה הוא אם מלא מלא אם חסר חסר: משום הכי מחללין. אם ראוהו ביום ל' שאם לא יבאו ויעידו שראוהו היום לא יקדשוהו ב"ד עד מחר ויעשו את החסר מלא:

אלא

מסורת הש"ס

א) ביצה ו. ע"ש כב: ע"ש לקמן לב. ע"ש, ב) [תוספ' פ"א], ג) [מגילה ו:], ד) סנהדרין יא. ערכין ט:, ה) [סנהדרין יא.], ו) [דדריש ר"נ בר חסדא כצ"ל], ז) [בכורות נח.], ח) לקמן כא., ט) [פ"א הל' ה].

ליקוטי רש"י

מימות עזרא ואילך וכו'. ואע"פ שתקנו לא אירע שבאו עדים מן המנחה ולמעלה חוץ מאותה הפעם ועדיין לא נתקנה הא דנקט מימות עזרא משום דבימיו עברוהו דכתיב בעזרא (נחמיה ח) וביום השני ובראש השנה משתעי [ביצה ו.]. חדש. עשרים ותשעה ימים [סנהדרין יא.]. על שני חדשים מחללין את השבת. עדים שראו את החדש מן התורה מחללין על כולן אבל רבנן אסרו לפי שאין תיקון המועדות תלוי בהם ולא איכפת למלאן ולחסרן על פי עדים אלא שני חדשים אלו המעמידים על דין תורה שכל המועדות תלויין בהן [לקמן כא:].

assure the people of the correct date of the holidays.

The Gemara objects to the possibility of the court making Elul full:

הָא מִיקַּלְקֵל רֹאשׁ הַשָּׁנָה – **But** by declaring Elul to be full, the observance of **Rosh Hashanah will be disrupted** for people living far away![8] – ? –

The Gemara answers:

מוּטָב תִּיקַּלְקֵל רֹאשׁ הַשָּׁנָה – **Better that** the observance of **Rosh Hashanah be disrupted** וְלֹא יִתְקַלְקְלוּ כּוּלְּהוּ מוֹעֲדוֹת – **and** the observance of **all the** other **holidays not be disrupted.**[9]

The Gemara supports this answer:

דַּיְקָא נַמִּי – And **a precise reading** of the Mishnah **also indicates this.** דְּקָתָנֵי עַל תִּשְׁרֵי מִפְּנֵי תַּקָּנַת הַמּוֹעֲדוֹת – **For the Mishnah taught:** AND AT TISHREI ON ACCOUNT OF THE FIXING OF THE PROPER TIME OF THE HOLIDAYS. שְׁמַע מִינָּהּ – **Learn from this** that the Sages were concerned about the other holidays.[10]

The Mishnah stated next that the messengers go forth:

וְעַל כִּסְלֵיו מִפְּנֵי חֲנוּכָּה – AT the beginning of KISLEV ON ACCOUNT OF CHANUKAH וְעַל אֲדָר מִפְּנֵי הַפּוּרִים – AND AT the beginning of ADAR ON ACCOUNT OF PURIM.

The Gemara notes:

וְאִילּוּ נִתְעַבְּרָה הַשָּׁנָה יוֹצְאִין אַף עַל אֲדָר שֵׁנִי מִפְּנֵי הַפּוּרִים לֹא קָתָנֵי – **But the Mishnah did not teach** that **if the year was intercalated** after Adar began, **they go forth also at** the beginning of **the second Adar on account of Purim.** מַתְנִיתִין דְּלָא כְּרַבִּי – This implies that **our Mishnah is not in accordance with Rebbi.** דְּתַנְיָא – **For it was taught in a Baraisa:** רַבִּי אוֹמֵר – REBBI SAYS: אִם נִתְעַבְּרָה הַשָּׁנָה – IF THE YEAR WAS INTERCALATED after Adar began, יוֹצְאִין אַף עַל אֲדָר הַשֵּׁנִי מִפְּנֵי הַפּוּרִים – THEY GO FORTH ALSO AT the beginning of THE SECOND ADAR ON ACCOUNT OF PURIM.[11]

The Gemara examines the dispute between Rebbi and the Tanna of our Mishnah:

לֵימָא בְּהָא קָמִיפַּלְגֵי – **Let us say that they disagree concerning the following** point, דְּמַר סָבַר – **that** one **master** [the Tanna of our Mishnah] **holds** that כָּל מִצְוֹת הַנּוֹהֲגוֹת בַּשֵּׁנִי – **all the mitzvos which apply in the second** Adar נוֹהֲגוֹת בָּרִאשׁוֹן – **apply in the first,** i.e. if one performed the mitzvos which should have been performed in the second Adar, such as reading the Megillah, distributing gifts to the poor, etc., during the first Adar, he has discharged his obligation.[12] וּמַר סָבַר – **And** the other **master** [Rebbi] **holds** that כָּל מִצְוֹת הַנּוֹהֲגוֹת בַּשֵּׁנִי – **all the mitzvos which apply in the second** Adar אֵין נוֹהֲגוֹת בָּרִאשׁוֹן – **do not apply in the first.**[13]

The Gemara offers an alternative explanation of the dispute:

לֹא – **No,** this is not necessarily the explanation. דְּכוּלֵּי עָלְמָא – **For everyone** can hold that מִצְוֹת הַנּוֹהֲגוֹת בַּשֵּׁנִי – **the mitzvos which apply in the second** Adar אֵין נוֹהֲגוֹת בָּרִאשׁוֹן – **do not apply in the first,** and thus Purim must be recelebrated in the second Adar. וְהָכָא בְּעִיבּוּר שָׁנָה קָמִיפַּלְגֵי – **And here they disagree about** whether or not there is a fixed number of days for the first Adar, which is added for the **intercalation of a year.** דְּתַנְיָא – **For it was taught in a Baraisa:** כַּמָּה עִיבּוּר שָׁנָה – HOW MANY days does the first Adar, which is added for the INTERCALATION OF THE YEAR, comprise? שְׁלֹשִׁים יוֹם – THIRTY DAYS. רַבָּן שִׁמְעוֹן בֶּן גַּמְלִיאֵל אוֹמֵר – RABBAN SHIMON BEN GAMLIEL SAYS: חֹדֶשׁ – A MONTH.[14] We can therefore explain that the Tanna of our Mishnah subscribes to the opinion of the Tanna Kamma. Since the first Adar is always thirty days, there is no reason to send out messengers for the second Adar.[15]

The Gemara assumes that "a month" stated by Rabban Shimon ben Gamliel means twenty-nine days.[16] Accordingly, the Gemara asks:

מַאי שְׁנָא שְׁלֹשִׁים – **What is different** according to the one who maintains that the first Adar is always **thirty** days that messengers are not needed? דְּיָדְעֵי – **Because [everyone] knows** that the second Adar begins thirty-one days after Rosh Chodesh of the

NOTES

8. As explained above, the people living outside of Jerusalem based their calculation for the occurrence of Rosh Hashanah on the fact that Elul is usually deficient. Accordingly, by making Elul full, *Beis Din* will cause all the distant communities to have observed Rosh Hashanah on the wrong day! (*Rashi;* cf. *Tosafos* ibid.).

9. Making Elul full benefits the nation in regard to the other holidays, as explained in note 7. This consideration overrides the drawback of causing some people to have observed Rosh Hashanah on the wrong day.

10. The Mishnah could have stated that the messengers go out "*on account of* the holidays," as it stated in regard to the other cases ("*on account* of Pesach," "*on account* of the fast," etc.). By stating "on account of *the fixing of the proper time of* the holidays" the Mishnah implies that the need to dispatch messengers for Tishrei was the result of the Sages acting to adjust the days on which the holidays would fall, even though this would cause a disruption of the observance of Rosh Hashanah (*Chidushei HaRan*).

11. [As we learned above (6b), *Beis Din* court sometimes finds cause to intercalate (i.e. add) a thirteenth month to the year in order to synchronize the Jewish calendar with the solar year. This is done by creating two Adars. The second Adar, called Adar Sheni, is considered the primary Adar, and the first Adar (Adar Rishon) is regarded as the intercalary month. Purim is celebrated in the second Adar.

Now, in years in which *Beis Din's* decision to add a month is made early in the year (e.g. in Shevat), no problem exists. The messengers that would ordinarily be dispatched on the first day of the month following Shevat (because of Purim) simply do not go out until Adar Sheni. However] sometimes *Beis Din* does not decide on intercalation until after Adar has already begun and the messengers are en route (*Rashi*). In such a case Rebbi maintains that new messengers are dispatched in Adar Sheni, to allow the distant communities, which had celebrated Purim in the wrong month, to know when Rosh Chodesh has been declared, so that they may recelebrate Purim on the proper day. The Tanna of our Mishnah, however, who makes no mention of these messengers, apparently maintains that they are not dispatched.

12. Therefore, since the people already fulfilled the Purim requirements in the first Adar, there is no reason to send out messengers for the second Adar (*Rashi*).

13. One who performed the mitzvos which should have been performed in the second Adar, in the first Adar, has not fulfilled his obligation. It is therefore necessary to send out messengers for the second Adar, so that the people can recelebrate Purim in its proper time.

The Rishonim ask: Even if we grant that our Mishnah maintains that the Adar Sheni obligations may be discharged in Adar Rishon, how can we avoid dispatching messengers a second time? True, there is no pressing need for the distant communities to know the exact date on which Rosh Chodesh Adar was declared, but it is at least necessary for them to be aware of the fact that an extra month was added to the year. Without this information, they will assume that what is really Adar Sheni is Nissan, and observe Pesach in the wrong month!

Tosafos answer that they will become aware of the leap year in any case. Since messengers were usually dispatched in Nissan, the far-flung communities would be expecting the messengers to arrive some time before Pesach. When in fact they do not appear, the communities will conclude that a leap year was declared, and delay their observance of Pesach until the next month. Cf. *Ritva, Pnei Yehoshua* and *Rashash.*

14. [The Gemara will discuss the meaning of Rabban Shimon ben Gamliel's words.]

15. Given that the communities will become aware of the intercalation of the extra month (as explained in note 13), there is no need to send out new messengers. The communities will automatically assume that the first Adar was 30 days long and calculate Purim accordingly.

16. Since this is the fewest possible number of days a month can contain (*Yad Ramah* to *Sanhedrin* 11a).

קב א מיי' פ"ב מהל' כלים הלכה יג:
קג ב [מיי' פ"ג מהל' מגילה וחנוכה הל' יג ופ"ג ה"ג] טוש"ע א"ח סי' תקעב סעיף א [רב אלפס כאן ובתענית פ"ב ובמגילה סוף פ"א]:
קד ג מיי' פ"ד מהלכות קידוש החדש הל' א:
קה ד מיי' שם פ"ג הלכה ה:

א) כלים ו. ע"ש כב: ע"ש לקמן לב. ע"ש, ב) [תוספ' פ"א], ג) [מגילה ו:], ד) סנהדרין יא. ערכין ט:, ה) [סנהדרין יא.], ו) [דדריש ר"נ בר חסדא כל"ן], ז) [בכורות נח.], ח) לקמן כא., ט) [פ"א הל' ה].

[א] וחכמים מטהרין תנאי היא דתניא הימים האלו הכתובין במגילת תענית בין בזמן שבית המקדש קיים בין בזמן שאין בהמ"ק קיים אסורין דברי ר"מ רבי יוסי אומר בזמן שבהמ"ק קיים אסורין מפני ששמחה היא להם אין בית המקדש קיים מותרין מפני שאבל הוא להם והלכתא בטלו והלכתא אהלכתא לא קשיא הלכתא בטלו קשיא הלכתא לא בטלו כאן [ב] בחנוכה ופורים כאן בשאר יומי: על אלול מפני ר"ה ועל תשרי מפני תקנת המועדות: כיון דנפקי להו אאלול אתשרי למה להו וכי תימא דלמא עברוה לאלול [ו] והאמר רבי חיננא בר כהנא א"ר מימות עזרא ואילך לא מצינו אלול מעובר לא מצינו דלא איצטריך הא איצטריך מעברינן ליה הא מיקלקל ר"ה מוטב תיקלקל ראש השנה ולא יתקלקלו כולהו מועדות דיקא נמי דקתני על תשרי מפני תקנת המועדות ש"מ: ועל כסליו מפני חנוכה ועל אדר מפני הפורים: ואילו נתעברה השנה יוצאין אף על אדר שני מפני הפורים לא קתני מתניתין דלא כר' דתניא [ג] רבי אומר אם נתעברה השנה יוצאין אף על אדר השני מפני הפורים לימא בהא קמיפלגי דמר סבר [ג] כל מצות הנוהגות בשני נוהגות בראשון ומר סבר כל מצות הנוהגות בשני אין נוהגות בראשון לא דכולי עלמא מצות הנוהגות בשני אין נוהגות בראשון והכא בעיבור שנה קמיפלגי דתניא [ד] כמה עיבור שנה ל' יום רשב"ג אומר חדש מאי שנא ל' דידעי חדש נמי ידעי א"ר פפא [ה] מ"ד חדש רצה חדש רצה שלשים העיד ר' יהושע בן לוי משום קהלא קדישא דירושלים על שני אדרים שמקדשין אותם ביום עיבוריהן למימרא דחסרין עבדינן מלאין לא עבדינן לאפוקי מדרב נחמן בר חסדא [ו] העיד רבי סימאי משום חגי זכריה ומלאכי על שני אדרים שאם רצו לעשותן שניהן מלאין עושין שניהן חסרין עושין אחד מלא ואחד חסר עושין וכך היו נוהגין בגולה ומשום רבינו אמרו [ד] לעולם אחד מלא ואחד חסר עד שיוודע לך שהוקבע ר"ח בזמנו שלחו ליה למר עוקבא [ז] אדר הסמוך לניסן לעולם חסר מתיב רב נחמן [ח] על שני חדשים מחללין את השבת על ניסן ועל תשרי אי אמרת בשלמא זמנין מלא זמנין חסר משום הכי מחללינן אלא

מימות עזרא ואילך לא מצינו אלול מעובר. משמע דבימי עזרא היה מעובר וסמך קצת לדבר דכתיב (נחמיה ז) ויגע החדש השביעי וגו' ויביא עזרא הכהן את התורה וכתיב (שם ח) ביום אחד לחדש השביעי וכתיב (שם) ויקרא בו וכתיב ביה (שם) היום קדש וכתיב (שם) ביום השני נאספו ראשי האבות לכל העם הכהנים והלוים אל עזרא הסופר ולהשכיל אל דברי התורה משמע שעשו שני ימים טובים של ר"ה וקרי ליה שני למילתיה וכתיב נמי (שם ט) ביום עשרים וארבעה לחדש נאספו כל ישראל בצום ובשקים וגו' משמע לפי שלא היה מולאי סוכות נאספו ואי לאו דעברוהו ועשו סוכות בט"ו בו א"כ י"ד דירחא וט' דסוכות הרי כ"ג ויום כ"ג מולאי סוכות ואין לומר דשבקוה לתעניתייהו משום מחרת י"ט ומשום כך המתינו עד כ"ד בו דמאי לא היו נוהגין בו ועוד שהרי דבר שבצבור היה אלא ש"מ דעברוהו לאלול: **ואל** יתקלקלו כולהו מועדות. למאן דאמר לקמן (דף כ.) שמעברין משום ירקיא ניחא דשייך לכולהו אבל למאן דאמר משום מתיא קשיא דליכא קלקול אלא מיוה"כ לחודיה ועוד כיון דידעי קביעות אלול מאי תתקלקל ר"ה הא ידעי למדחה מפני אד"ו ונראה דלאו משום אד"ו קאמר הא דאיצטריך מעברינן ליה אלא משום דזמנין דלא ראו עדים הלבנה ביום שלשים ואין מקדשין עד יום ל"א משום דמצוה לקדש ע"פ הראייה ופריך הא מקלקלא ר"ה שיעשו שני ימים מספק ומשני מוטב תתקלקל ר"ה ואל יתקלקלו כל המועדות יוה"כ וסוכות ושמיני עצרת אם יעשו ע"פ איום העדים לא על פי הראייה:

מתני' דלא כר'. וא"ת ולתנא דידן כיון דלא נפקי על אדר השני היאך ידעו שנתעברה השנה בשלמא אם עיברוה קודם אדר יכולין להודיעם ע"י שלוחי אדר אבל אם עברוה אחר כך היכי ידעי דהא מעברינן השנה כל אדר ולכל הפחות עד פורים וי"ל כיון דשלוחים יוצאין על ניסן ממילא ידעי כשיגיע ר"ח ואין שלוחין יוצאין א"כ השנה מעוברת:

דמר סבר כל המצות הנוהגות בראשון נוהגות בשני ומר סבר אין נוהגות. וטעמייהו מפרש מקראי בפ"ק דמגילה (דף ו: ושם) וברוב ספרים הגירסא איפכא דמר סבר כל המצות הנוהגות בשני נוהגות בראשון ומר סבר אין נוהגות כו' ובפ"ק דמגילה (שם) כתיב כן בכל הספרים גבי פלוגתא דרבנן ורבי אלעזר ברבי יוסי ורשב"ג ויש לישב שתי הגירסות: **אדר** הסמוך לניסן לעולם חסר. תימה א"כ אמאי יוצאין על ניסן מפני הפסח ומיהו לבסוף מסקינן תיובתא ואף על פי כן אנו נוהגין כן דשמא בימיהן שהיו מקדשים על פי הראייה מסקינן דזמנין מלא זמנין חסר אבל לדידן טוב למלאות הראשון דהוא חדש העיבור שניתוסף על השנה אף על גב דאמרינן דשנה מתעברת בסופה ובירושלמי דמגילה [ט] איכא פלוגתא דקאמרינן התם עוקבא אשכח תרין איגרין בחדא כתיב ושפר באנפוי ובאנפי חברוי מוסיפין על שתא תלתין יומין ובחדא כתיב ושפר באנפי ובאנפי חברוי מוסיפין על שתא ירח יומין מאן דאמר תלתין יומין אדר הראשון תוספת מ"ד ירח יומין אדר השני תוספת ולבסוף דחו לה דקסבר רצו שלשים רצו ירח: מאי

וחכמים מטהרין. דעיקרו כלי זכוכית הן ולא אזלו בתר המעמיד ע"א כלי זכוכית טהורין שניקבו והטילו לתוכן אבר יהודה בן שמוע מטמאין טומאת כלי מתכות דאורייתא אם נגע בהן טומאה דהכל הולך אחר המעמיד וחכמים מטהרים דלא מיטמא כלי מתכות דאורייתא אלא משום טומאת כלי זכוכית דרבנן שאין כלי מתכות טמאין דאורייתא אלא המנויין בפרשה (במדבר לא) הזהב והכסף והנחשת והברזל וגו': תנאי היא. אי בטלה מגלת תענית: הא איצטריך. אי משום ירקא אי משום מתיא כדלקמן (דף כ.): והא קמקלקלא ר"ה. דנמצא שלא עשאוהו בני הגולה כהלכה אם מעברין אלול: דיקא נמי. דלהכי חשו רבנן דלא ליקלקלו שאר מועדות והתירו שיהא ר"ה מקולקל לגולה: ואילו אם נתעברה השנה. לאחר שנכנס אדר הראשון והלכו השלוחים ישבו ב"ד ועיינו ועיברוה לעשות אדר השני אחר זה: נוהגות בראשון. ויצאו ידי חובתן בפורים שעשו בראשון: כמה עיבור השנה. ימי אדר הראשון שאותו עושין עיבור לשנה: חדש. קא סלקא דעתך כ"ט ימים: מאי שנא. למאן דאמר שלשים דלא צריך לחזור ולשלוח שלוחים על יום קידוש אדר השני: דידעי. בני הגולה שלעולם אדר הראשון מעובר וביום ל"א נתקדש: למאן דאמר חדש נמי. אין צריך להודיע דהא ידעי דלעולם חסר וביום שלשים נתקדש: רצו חדש רצו שלשים. לפיכך צריכין להודיע אם עשאוהו מלא או חסר: שמקדשין אותן ביום עיבוריהן. יום שלשים קרי יום עיבור שאותו עושין עיבור לחדש כשמעברין אותו שמקדשין יום שלשים של שניהם לר"ח הנכנס יום ל' לאדר הראשון הוא ר"ח לאדר השני ויום ל' של אדר השני הוא ר"ח ניסן: למימרא דחסירין עבדינן כו'. בניחותא: אחד מלא ואחד חסר. דוקא קאמר ראשון מלא ושני חסר: משום רבינו. רבי: שהוקבע ר"ח בזמנו. עד שאמרו לך הבאים מארץ ישראל קדשו ב"ד ר"ח אדר השני ביום ל' לאדר הראשון ועשו את הראשון חסר: מחללין את השבת. עדים שראו את הלבנה בחידושה מחללין את השבת לצאת חוץ לתחום לבא לב"ד להעיד לפניהן לפי שהמועדין כולן תלויין בשני חדשים הללו וקס"ד חילולא דשרא רחמנא משום דקביעת ירחא לפי ראיית הלבנה הוא אם מלא מלא אם חסר חסר: משום הכי מחללין. אם ראוהו ביום ל' שאם לא יבאו ויעידו שראוהו היום לא יקדשוהו ב"ד עד מחר ויעשו את החסר מלא:
אלא

ליקוטי רש"י

מימות עזרא ואילך וכו'. ולא"ש שתקנו לא אירע שבאו עדים מן המנחה ולמעלה חוץ מאותה פעם ועדיין לא נתקנה תקנה. מימות עזרא משום דכתיב עיברוהו דכתיב בעזרא (נחמיה ח) וביום השני וכראשי השנה משמעי (ביצה ו.). חדש. עשרים ותשעה ימים [סנהדרין יא.]. על שני חדשים מחללין את השבת. עדים שראו את החדש מן התורה מחללין על כולן אבל רבנן אסרו לפי שאין תיקון המועדות תלוי בהם ולא איכפת לן למלאת ולחסרן על פי עדים אלא על שני חדשים אלו העמידום על דין תורה שכל המועדות תלויין בהן [לקמן כא.].

רבינו חננאל

ופריקנן תנאי היא דתניא הימים הכתובים במגלת תענית בין בזמן הבית בין אחר חורבן הבית אסורין בתענית דברי ר"מ דסבר לא בטלה מגלת תענית ר' יוסי אומר בזמן הבית אסורין בתענית שימי שמחה היא להן אחר חרבן מותרין בתענית מפני שימי אבל הן. כלומר אחר חורבן הבית בטלה מגלת תענית והא רביה הוא דעבד. ואסיקנא והלכתא בטלו. ומותר בכל הימים הכתובים במגלת תענית זולתי חנוכה ופורים דלא בטלו ואסור להתענות בהן: על אלול מפני ר"ה כו'. ואקשינן וכיון דנפקו באלול ונקבעה ר"ה בתשרי עוד למה צריכין השלוחין לצאת דבר ידוע הוא ד' בתשרי יוה"כ בט"ו בו סוכות. וכי תימא חיישינן דלמא עברוה לאלול והא קי"ל דמימות עזרא לא נתעבר אלול מראין הדברים דבימות עזרא עברוה לאלול במסורת שהיתה בידם. וכי עברן אלול עזרא חגי זכריה ומלאכי כי כולן בזמן אחד היו וכבר פירשנוהו במס' יו"ט. אם כן כי נתעבר אלול והמדינות הרחוקות מב"ד לא ידעו נתקלקלה ר"ה שעשו ר"ה ביום ל' של אלול כ"ט ימים וכיון שאלול נתעבר נמצא יום ל' לחדש אלול [הוא] והם קבעוהו תשרי ואמרינן מוטב תקלקל ר"ה ולא יתקלקלו המועדים כולן. ודייקינן הכי דר"ה ודאי נתקלקלה ולא חיישינן אלא לתקנת המועדות מדוקיא דמתניתין דקתני ועל תשרי מפני תקנת המועדות להודיע לכל ישראל שהרשות ביד ב"ד לעבר ואע"פ שלא היה לעולם. ועל כסליו לידע מתי נקבע לעשות בכ"ה חנוכה. ועל אדר לעשות ביום י"ד בו פורים ואוקימנא דלא כר' דאמר אם נתעברה שנה יוצאין אף על אדר השני מפני הפורים וכ"ע כל מצות הנוהגות בשני [אין] נוהגות בראשון ובעיבור שנה פליגי תנא דידן סבר לה כת"ק דברייתא דתניא עיבור שנה ל' יום ור' סבר לה כרשב"ג דאמר חדש ואוקימנא רצו חדש רצו ל' יום. העיד ריב"ל על ב' אדרין שמקדשין אותן ביום עבוריהן פי' מקדשין ר"ח אדר שני ביום ל' של אדר הראשון שהוא יום עבורו ויום ל' של אדר שני מקדשין אותו ר"ח ניסן למימרא דשני אדרין לעולם חסרין הן. ולאפוקי מדרב נחמן בר רב חסדא. דדרש העיד ר' סימאי משום חגי זכריה ומלאכי על ב' אדרין שאם רצו ב"ד לעשותן שניהן חסרין או שניהן מלאין או אחד מלא ואחד חסר עושין וכך היו נוהגין בגולה והיא פומבדיתא ואמרו משום רבינו לעולם אחד מלא ואחד חסר עד שיודע שהוקבע ר"ח בזמנו העדות שהעיד ר' סימאי משום חגי זכריה ומלאכי סוגיין דשמעתין סלקא. וגרסינן בבכורות פרק מעשר בהמה דקאי ר' עקיבא בשיטתייהו ואמר אדר הסמוך לניסן זמנין מלא וזמנין חסר ובן עזאי הוא דסבר אדר הסמוך לניסן לעולם חסר וקי"ל כר"ע וכן הא דגרסינן הכא בהאי עניינא דשלחו ליה למר עוקבא אדר הסמוך לניסן לעולם חסר עלתה בתיובתא מדתנן וכשהמקדש קיים יוצאין אף על כולן מפני תקנת קרבן מדכל החדשים כולן לאו משום דמצוה לקדש על הראיה ניסן ותשרי נמי לאו משום דמצוה לקדש על הראיה אלא משום תקנת המועדות אי אמרת בשלמא זמנין מלא וזמנין חסר משום הכי מחללינן אלא אי אמרת לעולם חסר [אמאי מחללינן] תיובתא
וגם

first Adar. But if so, there should be no reason to send out messengers even according to the dissenting view of Rabban Shimon ben Gamliel, חֹדֶשׁ נַמִּי יָדְעִי – for **[everyone] also knows** that the first Adar is only **a month** of twenty-nine days, and the second Adar will begin on the thirtieth day! – ? –

The Gemara answers:

אָמַר רַב פַּפָּא – Rav Pappa said: מַאן דְּאָמַר חֹדֶשׁ – The one who says "a month" means: **רָצָה חֹדֶשׁ רָצָה שְׁלֹשִׁים – If [*Beis Din*] wishes,** it adds **a month** of twenty-nine days, but **if it wishes,** it adds **thirty days.** Therefore, according to Rabban Shimon ben Gamliel messengers would have to be sent out for the second Adar. This is the opinion espoused by Rebbi.

The Gemara elaborates on the length of the Adar months:

הֵעִיד רַבִּי יְהוֹשֻׁעַ בֶּן לֵוִי מִשּׁוּם קְהָלָא קַדִּישָׁא דִּירוּשָׁלַיִם – R' Yehoshua ben Levi testified in the name of the Holy Congregation that is in Jerusalem[17] **עַל שְׁנֵי אֲדָרִים – concerning the two Adars, שֶׁמְּקַדְּשִׁין אוֹתָם בְּיוֹם עִיבּוּרֵיהֶן – that we sanctify [the Rosh Chodeshs of the months that follow them] on their** [the Adars'] **intercalary days** [i.e. on the thirtieth day of the month].[18]

The Gemara explains this testimony:

לְמֵימְרָא דַּחֲסֵרִין עַבְדִינַן – That is **to say that we make** both Adars **deficient מְלֵאִין לֹא עַבְדִינַן –** and **we do not make** them **full.**

The Gemara notes a dissenting opinion:

לְאַפּוּקֵי מִדְּדָרַשׁ רַב נַחְמָן בַּר חִסְדָּא – This serves **to preclude that which Rav Nachman bar Chisda expounded,** for Rav Nachman bar Chisda expounded: **הֵעִיד רַבִּי סִימַאי מִשּׁוּם חַגַּי זְכַרְיָה וּמַלְאָכִי – R' Simai testified in the name of** the prophets **Haggai, Zechariah and Malachi עַל שְׁנֵי אֲדָרִים – concerning the two Adars, שֶׁאִם רָצוּ לַעֲשׂוֹתָן שְׁנֵיהֶם מְלֵיאִין עוֹשִׂין – that if they** [*Beis Din*] **wished to make them both full, they may do so; שְׁנֵיהֶן חֲסֵרִין עוֹשִׂין – both deficient, they may do so; אֶחָד מָלֵא וְאֶחָד חָסֵר עוֹשִׂין – one full and one deficient** [i.e. the first one full and the second one deficient], **they may do so. וְכָךְ הָיוּ נוֹהֲגִין בַּגּוֹלָה – And such was the practice in the Diaspora.**[19] **וּמִשּׁוּם רַבֵּינוּ אָמְרוּ – But in the name of our teacher,** Rav, **they said: לְעוֹלָם אֶחָד מָלֵא וְאֶחָד חָסֵר – Always** assume that **one** month [the first Adar] **is full and** the other **one** [the second Adar] **is deficient, עַד שֶׁיִּוָּודַע לְךָ שֶׁהוּקְבַּע רֹאשׁ חֹדֶשׁ בִּזְמַנּוֹ – unless it becomes known** to you through people arriving from Eretz Yisrael **that Rosh Chodesh** of the second Adar **was fixed in its time** on the thirtieth day, making the first Adar deficient.

More about Adar:

שָׁלְחוּ לֵיהּ לְמָר עוּקְבָא – They sent to Mar Ukva: אֲדָר הַסָּמוּךְ לְנִיסָן לְעוֹלָם חָסֵר – The Adar next to Nissan is always deficient.[20]

The Gemara objects:

מָתִיב רַב נַחְמָן – Rav Nachman challenged this **from a Mishnah:**[21] **עַל שְׁנֵי חֳדָשִׁים מְחַלְּלִין אֶת הַשַּׁבָּת –** To offer testimony CONCERNING TWO MONTHS [THE WITNESSES] MAY DESECRATE THE SABBATH to inform the court that they saw the new moon: **עַל נִיסָן וְעַל תִּשְׁרֵי –** CONCERNING NISSAN AND CONCERNING TISHREI.[22] **אִי אָמְרַתְּ בִּשְׁלָמָא זִמְנִין מָלֵא זִמְנִין חָסֵר –** Now, **it is understandable if you say that [Adar] is sometimes full and sometimes deficient, מִשּׁוּם הָכִי מְחַלְּלִינַן –** for **because of this** uncertainty **we** need to **desecrate** the Sabbath for Nissan to testify about the new moon.[23]

NOTES

17. See *Rav Nissim Gaon* to *Berachos* 9b regarding the identity of this group; see also *Rashi* and *Maharsha* to *Beitzah,* 27a, and Schottenstein ed. of *Beitzah* ibid., note 17.

18. The thirtieth day of a month is called יוֹם הָעִיבּוּר, *the intercalary day,* because that is the day which *Beis Din* intercalates (i.e. adds) into that month when it wishes to make it full. R' Yehoshua ben Levi testified that the thirtieth day after Rosh Chodesh of the first Adar is sanctified as Rosh Chodesh of the second Adar, and the thirtieth day of the second Adar is sanctified as Rosh Chodesh Nissan (*Rashi*).

19. I.e. Pumbedisa (*Rabbeinu Chananel;* see first line of Gemara below, 23b).

20. I.e. Adar in an ordinary year, or the second Adar in a leap year, always has 29 days.

21. Below, 21b.

22. If witnesses sight the new moon of these two months on Friday night, they desecrate the Sabbath by traveling beyond their *techum* boundary to testify in *Beis Din.* Nissan and Tishrei are singled out because all of the festivals are tied to these two months (see Gemara below, 21b). The Gemara now assumes that the reason this desecration is permitted is because the establishment of Rosh Chodesh is dependent on when the moon was sighted (*Rashi*).

23. If witnesses sighted the moon on the thirtieth day after Rosh Chodesh Adar, they must come to *Beis Din* to testify so that *Beis Din* can declare that day Rosh Chodesh Nissan. If they do not come, *Beis Din* will not sanctify Rosh Chodesh until the next day, resulting in Adar becoming a full month when it should have been deficient (*Rashi*).

אֶלָּא אִי אָמְרַתְּ לְעוֹלָם חָסֵר – **But if you say that it is always deficient,** אַמַּאי מְחַלְּלִינַן – **why do we desecrate** the Sabbath?[1]

The Gemara answers:

מִשּׁוּם דְּמִצְוָה לְקַדֵּשׁ עַל הָרְאִיָּה – It is still necessary for witnesses to testify **because there is a mitzvah to sanctify** Rosh Chodesh **through the sighting** of the moon.[2]

The Gemara presents another version of Rav Nachman's statement according to which Rav Nachman brings a *proof* to the fact that the Adar before Nissan is always deficient, rather than a challenge:[3]

אִיכָּא דְּאָמְרֵי – **There are those who say** it as follows: אָמַר רַב נַחְמָן – **Rav Nachman said:** אַף אֲנַן נַמִּי תְּנֵינָא – **We also learned** so **in a Mishnah:** עַל שְׁנֵי חֳדָשִׁים מְחַלְּלִין אֶת הַשַּׁבָּת – To offer testimony CONCERNING TWO MONTHS [THE WITNESSES] MAY DESECRATE THE SABBATH, עַל נִיסָן וְעַל תִּשְׁרֵי – CONCERNING NISSAN AND CONCERNING TISHREI. אִי אָמְרַתְּ בִּשְׁלָמָא לְעוֹלָם חָסֵר – **It is understandable if you say that [the Adar before Nissan] is always deficient,** מִשּׁוּם הָכִי מְחַלְּלִינַן – for then **that is why they** need to **desecrate** the Sabbath, דְּמִצְוָה לְקַדֵּשׁ עַל הָרְאִיָּה – **for there is a mitzvah to sanctify** Rosh Chodesh **through the sighting** of the moon.[4] אֶלָּא אִי אָמְרַתְּ זִמְנִין מָלֵא זִמְנִין חָסֵר – **But if you say** that it is **sometimes full and sometimes deficient,** אַמַּאי מְחַלְּלִינַן – **why should we desecrate** the Sabbath? נְעַבְּרֵיהּ הָאִידָּנָא – **Let us make [Adar] full today,** וּנְקַדְּשֵׁיהּ לִמְחַר – **and sanctify [Rosh Chodesh Nissan] tomorrow.**[5]

The Gemara deflects the proof:

אִי דְּאִקְּלַע יוֹם שְׁלֹשִׁים בְּשַׁבָּת – **If the thirtieth day fell on the Sabbath,** הָכִי נַמִּי – **indeed** we would do **so.** We would make Adar full, and would not desecrate the Sabbath. הָכָא בְּמַאי עָסְקִינַן – But **here, with what are we dealing?** דְּאִקְּלַע יוֹם שְׁלֹשִׁים וְאֶחָד בְּשַׁבָּת – **Where the thirty-first day fell on the Sabbath.** In that case witnesses must desecrate the Sabbath דְּמִצְוָה לְקַדֵּשׁ עַל הָרְאִיָּה – **because it is a mitzvah to sanctify** the month **based on the sighting** of the new moon.[6]

It emerges that in order to maintain the view that the Adar before Nissan is always deficient, we must say that the reason the witnesses desecrate the Sabbath to testify for Nissan is because of the mitzvah to sanctify Rosh Chodesh based on the sighting of the moon. The Gemara refutes this notion:

מָתִיב רַב כַּהֲנָא – **Rav Kahana challenged** this from a Mishnah:[7] כְּשֶׁהַמִּקְדָּשׁ קַיָּים – And WHEN THE HOLY TEMPLE WAS IN EXISTENCE, מְחַלְּלִין אַף עַל כּוּלָּן – THEY MAY DESECRATE the Sabbath EVEN FOR ALL [THE OTHER MONTHS], מִפְּנֵי תַּקָּנַת הַקָּרְבָּן – DUE TO THE FIXING OF THE Rosh Chodesh OFFERING.[8] מִדְּכוּלְּהוּ לָאו מִשּׁוּם דְּמִצְוָה לְקַדֵּשׁ עַל הָרְאִיָּה – **Since** the reason they desecrate the Sabbath **for all the [other months] is not because there is a mitzvah to sanctify** the month **based on the sighting,** נִיסָן וְתִשְׁרֵי נַמִּי לָאו מִשּׁוּם דְּמִצְוָה לְקַדֵּשׁ עַל הָרְאִיָּה – it follows that the reason for **Nissan and Tishrei is also not because there is a mitzvah to sanctify** the month **based on the sighting.**[9] אִי אָמְרַתְּ בִּשְׁלָמָא זִמְנִין מָלֵא וְזִמְנִין חָסֵר – Now, **it is understandable if you say** that Adar is **sometimes full and sometimes deficient,** מִשּׁוּם הָכִי מְחַלְּלִינַן – for then **because of this** uncertainty **we** need to **desecrate** the Sabbath to testify about the new moon. אֶלָּא אִי אָמְרַתְּ לְעוֹלָם חָסֵר – **But if you say** that it is **always deficient,** אַמַּאי מְחַלְּלִינַן – **why do we desecrate** the Sabbath?[10]

The Gemara concedes:

תְּיוּבְתָּא – This is **a refutation** of the view that the Adar before Nissan is always deficient.[11]

The Gemara cites an incident related to the month of Elul:

כִּי אֲתָא עוּלָּא – **When Ulla came** to Babylonia from Eretz Yisrael, אֲמַר עַבְּרוּהָ לֶאֱלוּל – **he announced: They made Elul full** in Eretz Yisrael. אֲמַר עוּלָּא – **Ulla continued:** יָדְעֵי חַבְרִין בַּבְלָאֵי מַאי טִיבוּתָא עֲבְדִינַן בַּהֲדַיְיהוּ – **Do our Babylonian friends recognize the favor that we did with them** by making Elul full?

The Gemara seeks a clarification:

מַאי טִיבוּתָא – **What is the favor?** What do the Babylonians gain by having Elul made full?

The Gemara presents two explanations:

עוּלָּא אָמַר – **Ulla said:** מִשּׁוּם יַרְקָיָא – In order to separate Sabbath from Yom Tov **for** the sake of keeping the **vegetables**

NOTES

1. Even if no witnesses came, the court would sanctify Rosh Chodesh on the thirtieth day. Why, then, should witnesses desecrate the Sabbath to testify that they saw the moon? (*Rashi*).

2. The verse states (*Exodus* 12:2) הַחֹדֶשׁ הַזֶּה לָכֶם רֹאשׁ חֳדָשִׁים, *This new moon* [literally: month] *shall be for you the beginning of the months.* The demonstrative word הַזֶּה, *this,* indicates that the new moon should actually be sighted in order to sanctify the month (see *Rashi*). There is therefore reason for the witnesses to come even when the court would know on its own when Rosh Chodesh should be.

[Actually, this answer is difficult, because if the reason for the witnesses' desecrating the Sabbath is the mitzvah of sanctifying Rosh Chodesh through the sighting of the moon, the Sabbath should be desecrated for all twelve months, not just for Nissan and Tishrei. The Gemara below will in fact refute the present answer based on essentially this very argument (*Sfas Emes* – see below, note 9; see also *Ritva* below ד״ה אא״כ).]

3. According to this version Rav Nachman *starts* with the presumption that the reason for the witnesses' desecration of the Sabbath is the mitzvah to sanctify Rosh Chodesh through the sighting of the moon (*Rashi*).

4. If the witnesses do not desecrate the Sabbath and come, the court will be forced to sanctify the new month without witnesses (*Rashi*).

5. Although initially the court strives to sanctify Rosh Chodesh on the day on which the new moon first becomes visible, if, for whatever reason, the court pronounces Rosh Chodesh on a day other than the true, new moon, their pronouncement stands. Accordingly, to avoid desecration of the Sabbath, let the court institute in the present case that the witnesses should not desecrate the Sabbath, but rather wait until the thirty-first to come and testify. The court will then sanctify the month based on the Sunday testimony (*Rashi;* see *Minchas Chinuch* 4:2 ד״ה אך, Mechon Yerushalayim edition).

6. The moon was not sighted on Thursday night, which was the beginning of the thirtieth day of the month. Since the court could not sanctify the new month on Friday the thirtieth, they would have to sanctify it on the Sabbath even if no sighting was made, because a month is never longer than thirty days. The Mishnah therefore rules that witnesses who saw the moon on Friday night should desecrate the Sabbath and come, so that the court can base its sanctification of the moon the next day on their testimony (*Rashi*).

7. Below, 21b. (This is the second half of the Mishnah cited above: "Concerning two months witnesses may desecrate the Sabbath, concerning Nissan and concerning Tishrei.")

8. I.e. in order to sacrifice the *mussaf* offerings that are brought on Rosh Chodesh at their proper time (*Rashi*).

9. If this were the real reason, it would apply to the other months as well (*Sfas Emes* ד״ה בגמ׳ משום דמצוה). Rather, it is to ensure that the festivals will be observed on the correct day based on the emergence of the moon (*Rashi*).

10. Even without witnesses we know that Rosh Chodesh must be sanctified on that day (*Rashi*).

11. [The refutation applies only to former times when the fixing of the months was done by the court. Nowadays, however, when we follow a fixed calendar, it is indeed true that the Adar before Nissan is always deficient. See *Tosafos* to 19b ד״ה אדר, *She'eilos U'Teshuvos Radvaz* 1:150 and *Turei Even* for discussion of the reason for this.]

אלא אי אמרת לעולם חסר אמאי מחללינן משום [א]דמצוה לקדש על הראייה איכא דאמרי א"ר נחמן אף אנן נמי תנינא על שני חדשים מחללין את השבת על ניסן ועל תשרי אי אמרת בשלמא לעולם חסר משום הכי מחללין דמצוה לקדש על הראייה אלא אי אמרת זמנין מלא זמנין חסר אמאי מחללינן נעבריה האידנא ונקדשיה למחר אי דאקלע יום שלשים בשבת ה"נ הכא במאי עסקינן דאקלע יום שלשים ואחד בשבת דמצוה לקדש על הראייה מתיב רב כהנא [ב]כשהמקדש קיים מחללין אף על כולן מפני תקנת הקרבן מדכולהו לאו משום דמצוה לקדש על הראייה ניסן ותשרי נמי לאו משום דמצוה לקדש על הראייה אי אמרת בשלמא זמנין מלא וזמנין חסר משום הכי מחללין אלא אי אמרת לעולם חסר אמאי מחללינן תיובתא כי אתא עולא אמר עברוה לאלול אמר עולא ידעי חברין בבלאי מאי טיבותא עבדינן בהדייהו מאי טיבותא עולא אמר משום ירקיא רבי אחא בר חנינא אמר משום מתיא מאי בינייהו איכא בינייהו יוה"כ שחל להיות אחר השבת מאן דאמר משום מתיא מעברינן ומאן דאמר משום ירקיא לאימת קא בעי להו לאורתא לאורתא טרח ומייתי ולמ"ד משום ירקיא לעבריה משום מתיא אלא איכא בינייהו יו"ט הסמוך לשבת בין מלפניה בין מלאחריה מ"ד משום ירקיא מעברינן ומאן דאמר משום מתיא אפשר בעממי ולמ"ד משום מתיא לעבריה משום ירקיא אפשר בחמימי אי הכי מאי שנא לדידן אפילו לדידהו נמי לדידן חביל לן עלמא לדידהו לא חביל להו עלמא איני והתני רבה בר שמואל [ב]יכול כשם שמעברין את השנה לצורך כך מעברין את החדש לצורך ת"ל [א]החדש הזה לכם ראש חדשים כזה ראה וקדש אמר [ג]רבא לא קשיא כאן לעברו כאן לקדשו והכי קאמר יכול כשם שמעברין את השנה ואת החדש לצורך כך מקדשין את החדש לצורך תלמוד לומר החדש הזה לכם כזה ראה וקדש וכי הא דאמר רבי יהושע בן לוי [ג]מאיימין על העדים על החדש שנראה בזמנו לעברו ואין מאיימין על העדים על החדש שלא נראה בזמנו לקדשו איני והא שלח ליה רבי יהודה נשיאה לרבי אמי הוו יודעין שכל ימיו של רבי יוחנן היה מלמדנו מאיימין על העדים על החדש שלא נראה בזמנו לקדשו אע"פ שלא ראוהו יאמרו ראינו אמר אביי לא קשיא הא בניסן ותשרי הא בשאר ירחי רבא אמר הא דתני רבה בר שמואל אחרים היא דתניא [ד]אחרים אומרים אין בין עצרת לעצרת ואין בין ראש השנה לראש השנה אלא ד' ימים בלבד ואם היתה שנה מעוברת חמשה רב דימי מנהרדעא מתני איפכא מאיימין על העדים על החדש שלא נראה בזמנו לקדשו ואין מאיימין על העדים על החדש שנראה בזמנו לעברו מ"ט

האי

רש"י

אלא אי אמרת לעולם חסר. ואי נמי לא אתו עדים מקדשין ליה האידנא למה להן לחלל: על הראיה. על פי עדים דכתיב (שמות יב) החדש הזה לכם ראש חדשים כזה ראה וקדש: איכא דאמרי כו'. קא סלקא דעתיה חילול (א) משום מצוה לקדש על הראייה הוא: משום הכי מחללין. שאם לא יחללו נמצא שיתקדש החדש בלא עדים: אלא אי אמרת זמנין מלא וזמנין חסר. מכדי בב"ד תליא כדאמרינן לקמן (דף כה.) אתם אפילו מזידים: אמאי מחללינן. ליתקנו ב"ד שימתינו עד יום שלשים ואחד שלא לחלל עליו את השבת ולכו ויעידו למחר ויקדשו על פיהם: נעבריה האידנא. (ב) מיום ל' זה יעברו את אדר: אי דאקלע יום שלשים בשבת. וראו בו את הלבנה: ה"נ. דמעברינן ולא מחללינן: הכא. דקתני מחללין כגון דאקלע יום שלשים ואחד בשבת ולא נראה החדש אתמול אלא היום דאי נמי לא אזלי מקדשי ליה בית דין האידנא דאין לך חדש יותר על שלשים ומקדשי ליה שלא על פי עדים הלכך מחללין לקדש על הראיה: מפני תקנת קרבן. מוספי ר"ח שיקרבו בזמנן: ניסן ותשרי נמי לאו משום דמצוה לקדש על הראייה. הוי חילול שבת דידהו אלא שיהו המועדות בזמנן לפי תולדות הלבנה: אלא אי אמרת לעולם חסר אמאי מחללינן. בלאו דידהו נמי האידנא מקדשין ליה: ידעי חברין בבלאי. כלומר נותנין לנו להכיר טובה שעושין עמהם בני ארץ ישראל שעיברו את אלול: משום ירקיא. להפריד שבת ויום טוב זה מזה כדי שלא יכמושו ירקות הנאכלות כשהן חיין בשבת שאחר יו"ט או ביו"ט שאחר שבת: משום מתיא. להפריד שבת ויום הכפורים זה מזה שלא יסריח את המת שימות באחד מהן שיהא ראשון ולא יקבר לא היום ולא למחר: מאי בינייהו. תרוייהו איתנהו: יום הכפורים שחל להיות אחר שבת. אם לא יעברוהו: מ"ד משום מתיא מעברין. ודחינן ליום הכפורים ליום שני בשבת: איכא בעי לה. לירקות: לאורתא. למוצאי יום הכפורים: לאורתא טרח ומייתי. ואין צריך ללקט ע"ש הלכך לא מעברינן: אפשר בעממי. דאמר מר (ביצה דף ו.) מת ביו"ט ראשון יתעסקו בו עממין: בחמימי. שורש בחמין וחוזרות לקדמותן: לדידן חביל לן עלמא. אנו בני בבל הם לנו העולם ויש לנו הבל לפי שבבל עמוקה היא ואינה ארץ הרים וגבעות כא"י ואין שולט בה אויר ואין בני ארץ ישראל צריכין לעבר משום מתיא ומשום ירקיא אלא בשבילנו: איני. וכי מעברינן חודש לצורך: כשם שמעברין את השנה לצורך. מפני האביב והתקופה ופירות האילן כדאיתא בפרק קמא דסנהדרין (דף יא:): כזה ראה וקדש. כיון שתראהו קדש בו ביום: לעברו. לעשות את החסר מלא לצורך מותר: לקדשו. ביום שלשים והלבנה לא נראית ואם ימתינו עד יום מחר יהא שבת ויוה"כ סמוכין אין מקדשין לצורך: והכי קאמר יכול כשם שמעברין לצורך כך מקדשין לצורך ת"ל כזה ראה וקדש. ראה תחלה ואח"כ קדש הא לכל כשאתה מעברו ראה וקדש הוא: מאיימין על העדים על החדש שנראה בזמנו. ביום שלשים שיתרישו בשביל לעברו: ואין מאיימין. ביום שלשים על העדים שלא ראוהו ואנן צריכין לקדשו היום כדי להפריד שבת מיום הכפורים שיאמרו ראינו ויעידו שקר: היה מלמדנו מאיימין כו'. אם אנו צריכין לעשותו חסר: בניסן ותשרי. שהמועדות תלויין בהן מקדשין לצורך: בשאר ירחי לא. ואם תאמר מה צורך לנו בשאר חדשים לחסר ולעבר כגון אותה ששנינו במסכת ערכין (דף ח:) אין פוחתין מארבעה חדשים המעוברין בשנה ולא נראה לעבר יותר על שמונה והתם מפרשינן הטעם ואם עיברו שמונה וזהו לא נראית ביום שלשים נמצא שאנו צריכין לאיים עליהן לומר ראינו בשביל לקדש: הא דתני רבה. שאין מעברין ולא מקדשין לצורך: אחרים היא. דאמרי לעולם כל החדשים אחד מלא ואחד חסר כסדר מולד הלבנה שמתחדשת לעולם בסוף כ"ט ימים ומחצה שהן חמשים ותשעה לשני חדשים: ארבעה ימים. אם נקבע עכשיו באחד בשבת יהא לשנה הבאה בחמישי בשבת שזה חשבון שנים עשר חדש אחד מלא ואחד חסר עולה לשנ"ד ימים והשלש מאות וחמשים כולם שבועים נמצא נדחה להלן ארבעה ימים: ואם היתה שנה מעוברת ה'. שמוסיפין עליה חדש חסר שדוחה להן מן שבועים שלימים יום אחד:

הא

תוספות

מאי טיבותא (עבדינן). שמעברים אלול למוטב שלא יעברו כדי שלא יהא תרי יומין מספק:

בין מלפניה בין מלאחריה. רבינו תם לא גרס מלפניה דאם חל ראש השנה וסוכות מלפניה תיפוק ליה משום מתיא דמקלע יום הכפורים באחד בשבת:

שלח ליה ר' יהודה נשיאה לרבי אמי. אין זה רבי יהודה נשיאה שהתיר השמן בפרק אין מעמידין (ע"ז דף לו. ושם) שהיה בימי רב ושמואל דההוא בנו של ר"ג בן רבי יהודה הנשיא והאי דהכא תלמידו של ר' יוחנן דהוה כייף לרב ושמואל [ז]:

הא בניסן ובתשרי. פי' בקונטרס שהמועדות תלויין בהן מקדשין לצורך בשאר ירחי לא וי"מ איפכא:

ואם היתה שנה מעוברת חמשה. בערכין (דף ט:) פריך והא איכא יומא [ה]דתלתין שנין משום דכל שנה עודפת ארבעה ימים שמונה שעות תתע"ו חלקים ואותן חלקים מצטרפין ליום שלם לסוף שלשים שנה ומשני משום דליתיה בכל שנה לא קחשיב:

צריך

עין משפט נר מצוה

קו א מיי' פ"א מהל' קידוש החדש הל' ח:

קז ב ג מיי' פ"ג (ופ"ה) מהל' קידוש החדש הלכה טו טז יז יח:

רבינו חננאל

וגם לעדות רבי יהושע בן לוי דאמר לעולם ב' אדרין חסרין הא מתני' תיובתא עליה ולא עמדה אלא עדות ר' סימאי משום חגי זכריה ומלאכי. כי אתא עולא אמר עברוה לאלול. כלומר אצטריך כפי המסורת שהיתה ביד ב"ד ועברוה לאלול. מפני שקראו סוד העבור מפני שב"ד לא היו מגלין אותו אלא למזומנים לעיין בדבר זה והיה אותה שנה יום ל' לאלול יום הסמוך לשבת בין מלפניה בין מלאחריה. וכיון שראה עולא כי עברו ב"ד לאלול נדמה לו שב"ד מעברין על צורך השעה שלא יבא ר"ה בע"ש ולא באחד בשבת. שלא לחבר ב' קדושות כאחד מפני כבוד מתים. או כגון שמחת י"ט בתענוג ירקות וכיוצא בהן. וחלילה לעבר אלא על המסורת שמסורה בידם ממשה רבינו. אבל משלא נתגלו העקרים. מדומים כי על כל צורך מעברין. ועל זה אמר עולא אין שם צורך לדבר אלא משום ירקיא. ורבי אחא אמר משום מיתיא. פי' מ"ד משום מיתיא דהיכא דאקלע כ"ט באלול בשבת חל ר"ה להיות באחד בשבת ואם חל כ"ט באלול יום חמישי מקלע ר"ה בע"ש. ולא יתכן ב' קדושות כאחת. עולא אמר מעברין לאלול חשב בדעתו משום מיתיא דלא אסרחון. כלומר אם ישאר המת ב' ימים יסריח. [א] וכן יוה"כ שחל להיות באחד בשבת או בע"ש כיוצא בו. אבל משום ירקיא לא מעברינן אפשר בחמימי. פי' אע"ג דחיימין ירקיא אפשר למיכל מיניהון. וי"א למישלקינהו ולבשולינהו ולמשבקינהו בחמימי דאכיל להן במוצאי יוה"כ ומ"ד משום ירקיא אמר מיתיא אפשר לקברן עממי והן נכרים. ודברים הללו שאמר עולא ור' אחא איכא למימר שעשו אותן ב"ד סעד למסורת שבידם שבהן מעברין כענין שעיקר עיבור השנה באביב. ותנינן (בסנהדרין יא) אין מעברין השנה לא מפני גדיין ולא מפני טלאין ולא מפני גוזלות שלא יפריחו. אבל עושין אותו סעד לשנה. והמסמך של עיבור [הוא] עיבור האביב. כדגרסינן [התם] דזמן אביבא לא מטא. ואקשינן עליהן אם נראה החודש בזמנו. והוא ליל ל' מעברין ליה לאלול משום צורך שנתראה לב"ד לעבר. והתני רבה בר שמואל יכול כשם שמעברין את השנה לצורך מפני האביב כך מעברין את החודש ת"ל החודש הזה לכם. כזה ראה וקדש ופריק רבה אין מקדשין לצורך אבל מעברין החדש לצורך ותריץ להא דרבה בר שמואל הכי יכול כשם שמעברין את השנה על האביב ואת החדש לצורך השעה כך מחסרין ומקדשין את החדש לצורך ת"ל החודש הזה לכם כזה ראה וקדש. וכי הא דריב"ל מאיימין עלייהו כדי לחזור בהן ולא יתקיימו דבריהן ויעברוהו אי אצטריך לב"ד. ואין מאיימין על העדים על החדש שלא נראה בזמנו והוא ליל ל' כלומר אין מאיימין אותן לומר להן הזהרו והעידו כי ההוא שנראה לכם כעין כוביתא הלבנה היתה ומקדשין אותו יום שלשים אם הוצרכו ב"ד לחסורי אלא לא טרחינן עליהו כדי לקדשו בעת שלא נראה בזמנו כלומר מעברין ולא מחסרין. ואקשינן לרבה איני והא שלח ליה ר' יהודה נשיאה לר' אמי הוו יודעין שכל שנותיו של ר' יוחנן היה מלמדינו מאיימין על העדים על חדש שלא נראה בזמנו לקדשו שאע"פ שלא ראו בעליל אלא כעין כוביתא יעידו כי ראינו. ופריק אביי ואמר הכי הא דריב"ל קיימא בכל החדשים זולתי ניסן ותשרי. ור' יוחנן קיימא בניסן ותשרי זולתי שאר ירחי ונתברר לנו דברי אביי כי כך הם כאשר פירשנו מתלמוד א"י דשקלי וטרי בהאי מלתא. בתחלת פרק ראוהו ב"ד וכל ישראל ואסקוה הכי ולא פליג מה דמר ר' זעירא בשם ריב"ל אין מעמעמין על שלא נראה לקדשו בשאר ירחי. ומה דמר רבא מעמעמין על שלא נראה לקדשו ואין מעמעמין על שנראה לעברו על ניסן ועל תשרי. רבא אמר הא דתני רבה בר שמואל אחרים היא דלית ליה עבור בחדשין כלל. דתניא אין בין ר"ה לר"ה ואין בין עצרת לעצרת אלא ד' ימים בלבד. ואם היתה שנה מעוברת חמשה. פי' אין בשנה לעולם אלא אחד מלא ואחד חסר והן שנ"ד ימים. יוצאין [נ' שביעיות] ישארו ד' ימים. ואם היא מעוברת חדש העבור כ"ט ימים הוא כ"ח ימים יוצאין [ד' שביעיות] נשאר יום הרי ה' ימים. רב דימי מתני אפכא מאיימין על העדים על חדש שלא נראה בזמנו לקדשו דאמרינן ההיא כוביתא שראיתם לבנה היתה דלא מתחזי כשיקרא. ואין מאיימין על העדים על חדש שנראה בזמנו לעברו כי מאחר שאמר ראיתי יחזור ויאמר לא ראיתי

מסורת הש"ס

א) לקמן כא., ב) [הלא"מ פ"ג דין ט"ו לקה"ח העתיק אמר רב כו'], ג) [תוס' ערכין פ"א] לעיל ו: שבת פז: סוכה נד: ערכין ט., ד) [עיין של"ה דף תטז ד"ה קהלא], ה) נ"ל דשעי ויומא דתלתין.

הגהות הב"ח

(א) רש"י ד"ה איכא דאמרי כו' קס"ד חילול שבת משום מצוה: (ב) ד"ה נעבריה האידנא ביום שלשים זה:

תורה אור השלם

א) הַחֹדֶשׁ הַזֶּה לָכֶם רֹאשׁ חֳדָשִׁים רִאשׁוֹן הוּא לָכֶם לְחָדְשֵׁי הַשָּׁנָה: [שמות יב, ב]

ליקוטי רש"י

תקנת קרבן. של ר"ח שיקריב בזמנו [לקמן כא:]. ארבעה ימים. קסברי לעולם כל חדשי השנה אחד מלא ואחד חסר ואין מעברין ואין מחסרין שום חדש לצורך והויא לה שנה שנ"ד ימים נמצאת כל השנה שבועים שלמים חוץ מד' ימים והן הדוחין קביעות השנה מקביעות חברתה [לעיל ו:]. כשאתה קובע כל החדשים כסדרן אחד מלא ואחד חסר הוו ארבעה ימים בין תחלת שנה לתחלת שנה אחרת שמנין חדשי לבנה כסדרן שנ"ד ימים כולן שבועין חוץ מארבעה ימים [שבת פז:]. אם זה באחד בשבת יחול לשנה הבאה בחמישי בשבת דהיינו ארבעה ימים וזה הסדר לפי מולד לבנה הוא שבין מולד למולד עשרים ותשעה יום ומחצה לשני מולדות חמשים ותשעה נמצא כל חדשי השנה אחד מלא ואחד חסר ואחרים סבירא להו דאין מעברין ואין מחסרין שום חודש לצורך אלא קובעים ראשי חדשים אחד מלא ואחד חסר לעולם נמצא בין פסח לפסח ד' ימים ששה מלאים וששה חסרים שלש מאות וחמשים וארבעה ימים הן שלש מאות וחמשים ימים חמשים שבועות נמצאו ד' יתירים בין קביעת שנה זו לקביעת שנה הבאה [סוכה נד:]. אם אירע ר"ה ביום ראשון יבא לשנה הבאה ליום חמישי דהיינו כולהו כסדרן [ערכין ט:]. ואם היתה שנה מעוברת חמישה. קסבר חדש עיבור לעולם חסר ואינו דוחה את המועדות אלא יום אחד שהוא יתר על ד' שבועות [לעיל ו:]. דקסבר חדש העיבור לעולם חסר עשרים ושמונה ימים שלו ארבעה שבועות נמצא יום אחד יתר תנהו על ארבעה ימים שבשנה פשוטה הרי חמשה [סוכה שם] דקסבר שני האדרים עבדינן חסרים ופסח דחוי יום אחד [שבת שם].

חשק שלמה על ר"ח

א) מדברי רבינו ז"ל אלו נראה דגי' אחרת היה לו בגמ' דלמ"ד משום ירקיא לא חיים משום מיתיא כלל משום דאפשר בעממי אבל ל"ע דהא ביוה"כ א"א בעממי.

fresh.[12] רַבִּי אַחָא בַּר חֲנִינָא אָמַר – **R' Acha bar Chanina said:** מִשּׁוּם מֵתַיָּא – In order to separate Sabbath from Yom Kippur **for** the sake of being able to bury **the dead** without delay.[13]

The Gemara asks:

מַאי בֵּינַיְיהוּ – **What is** the practical difference **between them?** Both reasons apply![14]

The Gemara answers:

אִיכָּא בֵּינַיְיהוּ – The difference **between them is** יוֹם הַכִּפּוּרִים שֶׁחָל לִהְיוֹת אַחַר הַשַּׁבָּת – in the case of **Yom Kippur that falls after the Sabbath,** i.e. on a Sunday.[15] מַאן דְּאָמַר מִשּׁוּם מֵתַיָּא מְעַבְּרִינַן – According to **the one who says** that the favor is **for the dead, we make** Elul **full** to push off Yom Kippur to Monday. וּמַאן דְּאָמַר מִשּׁוּם יַרְקָא – **But according to the one who says** that the favor is **for** keeping **vegetables** fresh, לְאֵימַת קָא בָּעֵי לְהוּ – **when does [the person] need [the vegetables]?** לְאוּרְתָּא – **At night,** to break his fast after Yom Kippur has ended. לְאוּרְתָּא טָרַח וּמַיְיתֵי – **At night he can trouble himself** and pick **and bring** new vegetables.[16]

The Gemara rejects this answer:

וּלְמַאן דְּאָמַר מִשּׁוּם יַרְקָא – **But according to the one who says** that Elul is made full **for** the sake of **vegetables,** לְעַבְּרֵיהּ מִשּׁוּם מֵתַיָּא – **let it be made full** in this case **for** the sake of **the dead.**[17] – ? –

The Gemara therefore offers an alternative case of disagreement:

אֶלָּא אִיכָּא בֵּינַיְיהוּ יוֹם טוֹב הַסָּמוּךְ לְשַׁבָּת – **Rather, the** disagreement **between them is** a case in which **Yom Tov** falls **next to the Sabbath,** בֵּין מִלְּפָנֶיהָ בֵּין מִלְּאַחֲרֶיהָ – **whether before it or after it.** מַאן דְּאָמַר מִשּׁוּם יַרְקָא מְעַבְּרִינַן – **According to the one who says** that the favor is **for the sake of the vegetables, we** would **make** Elul **full** to separate Yom Tov from the Sabbath. וּמַאן דְּאָמַר מִשּׁוּם מֵתַיָּא – **But according to the one who says** that the favor is **for the sake of the dead,** there is no reason to make Elul full, אֶפְשָׁר בַּעֲמָמֵי – because **it is possible** to bury a corpse on Yom Tov **via gentiles.**[18]

The Gemara objects to this answer too:

וּלְמַאן דְּאָמַר מִשּׁוּם מֵתַיָּא – **But according to the one who says** that Elul is made full **for the sake of the dead,** לְעַבְּרֵיהּ מִשּׁוּם יַרְקָא – **let it be made full** in this case **for the sake of the vegetables.**[19] – ? –

The Gemara answers:

אֶפְשָׁר בַּחֲמִימֵי – This opinion maintains that **it is possible** to soak the vegetables **in hot water** to restore their freshness.[20]

The Gemara has offered two explanations of the benefit of adding a day to Elul: either to keep the vegetables fresh or to allow the dead to be buried. The Gemara asks:

אִי הָכִי – **If so,** i.e. if these are the reasons, מַאי שְׁנָא לְדִידַן – **why is** it beneficial **only for us** in Babylonia? אֲפִילּוּ לְדִידְהוּ נַמִּי – **Even for those** in Eretz Yisrael these reasons **also** apply![21] – ? –

The Gemara answers:

לְדִידַן חֲבִיל לַן עָלְמָא – **For us** in Babylonia **the climate**[22] **is hot;** לְדִידְהוּ לָא חֲבִיל לְהוּ עָלְמָא – whereas **for those** in Eretz Yisrael **the climate is not hot.**[23]

NOTES

12. If Yom Tov falls either just prior to or just after the Sabbath (i.e. on a Friday or a Sunday), vegetables needed for the second of these two days will have to be picked before the first day. This will result in raw vegetables wilting before they could be used. Therefore, Elul was sometimes made full so that there would be a weekday between the Sabbath and Yom Tov (*Rashi*).

13. If Yom Kippur would fall just prior to or just following the Sabbath, and someone were to die on the first of these two days, caring for the corpse would be prohibited until after both days had ended. To prevent possible decomposition of a corpse in these cases, the court would make Elul full so that there would be a weekday between the Sabbath and Yom Kippur (*Rashi*).

14. The particular year regarding which Ulla testified was one wherein Yom Kippur would have fallen on Friday had not the court made Elul full. In that case it made no difference whether the reason for the court's action was for the sake of the vegetables or the dead, because both reasons applied (*Baal HaMaor*). [The Gemara assumes at this point that there was a difference between the two reasons even regarding the particular case in which Ulla testified.]

15. [Indeed in regard to the case in which Ulla testified there was no difference which reason was correct. The difference emerges in a case in which Yom Kippur falls on a Sunday.]

16. Since there is no need to eat the vegetables during the day of the fast, they would not have to be picked on Friday. Rather, they can be picked Sunday night after the fast has ended. There is thus no reason to make Elul full in such a case (*Rashi*).

The commentators ask: If Yom Kippur (the tenth of Tishrei) falls on a Sunday, then the first day of Succos (the fifteenth of Tishrei) will fall on a Friday. Accordingly Elul will have to be made full even according to the one who says that the reason for the intercalation is for the sake of the vegetables!

Many commentators (*Baal HaMaor, Chidushei HaRan, Aruch LaNer*) therefore explain that at this point the Gemara maintains that the problem of vegetables wilting does not apply to when Yom Tov and the Sabbath come together, because the vegetables can always be rejuvenated by immersing them in boiling water, as the Gemara will state later. [That is, if Yom Tov is the second day, the vegetables can be immersed at that time, and if Yom Tov is the first day, the vegetables can be immersed at the very end of Yom Tov just before the Sabbath begins.] The problem exists only when *Yom Kippur* and the Sabbath come together, because immersing uncooked food in hot water is forbidden on both of these days. When *Rashi* above (ד״ה משום ירקיא, quoted in note 12) explains that the reason of vegetables applies to when Yom Tov and the Sabbath come together, he is merely citing the Gemara's *conclusion* (since the Gemara will refute the present answer). He agrees, however, that the *present* answer maintains that the problem of vegetables wilting applies only to Yom Kippur (*Chidushei HaRan; Hagahos V'Chidushei R' Moshe bar Avraham* [printed after *Maharsha* in the Vilna Shas]; cf. *Pnei Yehoshua* to תוס׳ ד״ה בין).

17. The reason of respect for the dead is as good a reason as that of preserving wilted vegetables. Accordingly, all should agree that Elul is made full when Yom Kippur follows the Sabbath.

18. The Gemara in *Beitzah* (6a) states that if someone dies on Yom Tov, gentiles may take care of the corpse (*Rashi*). This is not permitted, however, on the Sabbath or Yom Kippur (see *Tosafos* to *Bava Kamma* 81a and *Magen Avraham* 311:12 for the reason). Therefore, according to R' Acha bar Chanina an extra day is added to Elul only to prevent Yom Kippur from falling either on Friday or Sunday, but not to prevent Succos from falling on those days.

[*Tosafos* delete the words בֵּין מִלְּפָנֶיהָ from the phrase בֵּין מִלְּפָנֶיהָ בֵּין מִלְּאַחֲרֶיהָ, because if the first day of Succos falls on a Friday, Yom Kippur will fall on Sunday, making the reason of the dead applicable that year as well. See, however, *Baal HaMaor* for possible justifications of these words.]

19. Why isn't the reason of vegetables sufficient grounds for intercalation?

20. If Yom Tov falls on Sunday, the vegetables can be soaked in hot water on Yom Tov itself to restore their freshness. And if Yom Tov falls on Friday, so that soaking them in hot water on the second day would be prohibited, they can be soaked on Friday, so that they will be fresh when they are taken out for Sabbath use (*Aruch LaNer*).

21. Why did Ulla say the day was added as a favor for the people of Babylonia? The people in Eretz Yisrael also benefit when their vegetables stay fresh or when a corpse does not have to stay unburied.

22. Literally: the world.

23. Babylonia is a low-lying country, where the air is still, resulting in hot weather conditions. This could therefore lead to a problem with keeping vegetables fresh and the dead from decomposing. But Eretz Yisrael is hilly, allowing for better air circulation. It is therefore not necessary to add an extra day to Elul for their benefit (*Rashi*).

The halachah follows the view of R' Acha bar Chanina that we are concerned only about the dead, but not about vegetables. It therefore follows that Rosh Hashanah cannot fall on either Wednesday or Friday,

אלא אי אמרת לעולם חסר אמאי מחללינן משום [א]דמצוה לקדש על הראייה איכא דאמרי א"ר נחמן אף אנן נמי תנינא על שני חדשים מחללין את השבת על ניסן ועל תשרי אי אמרת בשלמא לעולם חסר משום הכי מחללינן דמצוה לקדש על הראייה אלא אי אמרת זמנין מלא וזמנין חסר אמאי מחללינן נעבריה האידנא ונקדשיה למחר אי דאקלע יום שלשים בשבת ה"נ הכא במאי עסקינן דאקלע יום שלשים ואחד בשבת דמצוה לקדש על הראייה מתיב רב כהנא [ה] כשהמקדש קיים מחללין אף על כולן מפני תקנת הקרבן מדכולהו לאו משום דמצוה לקדש על הראייה ניסן ותשרי נמי לאו משום דמצוה לקדש על הראייה אי אמרת בשלמא זמנין מלא וזמנין חסר משום הכי מחללינן אלא אי אמרת לעולם חסר אמאי מחללינן תיובתא כי אתא עולא אמר עברוה לאלול אמר עולא ידעי חברין בבלאי מאי טיבותא עבדינן בהדייהו מאי טיבותא עולא אמר משום ירקיא רבי אחא בר חנינא אמר משום מתיא מאי בינייהו איכא בינייהו יוה"כ שחל להיות אחר השבת מאן דאמר משום מתיא מעברינן ומאן דאמר משום ירקיא לאימת קא בעי להו לאורתא לאורתא טרח ומייתי ולמ"ד משום ירקיא לעבריה משום מתיא אלא איכא בינייהו יו"ט הסמוך לשבת בין מלפניה בין מלאחריה מ"ד משום ירקיא מעברינן ומאן דאמר משום מתיא אפשר בעממי ולמ"ד משום מתיא לעבריה משום ירקיא אפשר בחמימי אי הכי מאי שנא לדידן נמי לדידן חביל לן עלמא לדידהו לא חביל להו עלמא איני והתני רבה בר שמואל [ב] יכול כשם שמעברין את השנה לצורך כך מעברין את החדש לצורך ת"ל [א] החדש הזה לכם ראש חדשים כזה ראה וקדש אמר [ג] רבא לא קשיא כאן לעברו כאן לקדשו והכי קאמר יכול כשם שמעברין את השנה ואת החדש לצורך כך מקדשין את החדש לצורך תלמוד לומר החדש הזה לכם כזה ראה וקדש וכי הא דאמר רבי יהושע בן לוי [ג] מאיימין על העדים על החדש שנראה בזמנו לעברו ואין מאיימין על העדים על החדש שלא נראה בזמנו לקדשו איני והא שלח ליה רבי יהודה נשיאה לרבי אמי הוו יודעין שכל ימיו של רבי יוחנן היה מלמדנו מאיימין על העדים על החדש שלא נראה בזמנו לקדשו אע"פ שלא ראוהו יאמרו ראינו אמר אביי לא קשיא הא בניסן ותשרי הא בשאר ירחי רבא אמר הא דתני רבה בר שמואל אחרים היא דתניא [ג] אחרים אומרים אין בין עצרת לעצרת ואין בין ראש השנה לראש השנה אלא ד' ימים בלבד ואם היתה שנה מעוברת חמשה רב דימי מנהרדעא מתני איפכא מאיימין על העדים על החדש שלא נראה בזמנו לקדשו ואין מאיימין על העדים על החדש שנראה בזמנו לעברו מ"ט

האי

אלא אי אמרת לעולם חסר. ואי נמי לא אתו עדים מקדשין ליה האידנא למה להן לחלל: **על הראיה.** על פי עדים דכתיב (שמות יב) החדש הזה לכם ראש חדשים כזה ראה וקדש: **איכא דאמרי כו'.** קא סלקא דעתיה חילול (א) משום מלוה לקדש על הראייה הוא: **משום הכי מחללינן.** שאם לא יחללו נמלא שיתקדש החדש בלא עדים: **אלא אי אמרת זמנין מלא וזמנין חסר.** מכדי בב"ד תליא כדאמרינן לקמן (דף כה.) אתם אפילו מוזידים: **אמאי מחללינן.** ליתקנו ב"ד שימתינו עד יום שלשים ואחד שלא יצטרכו לחלל עליו את השבת ולכו ויעידו למחר ויקדשו על פיהם: **נעבריה האידנא.** (ב) מיום ל' זה יעברו את אלול: **אי דאקלע יום שלשים בשבת.** וראו בו את הלבנה: **ה"נ.** דמעברינן ולא מחללינן: **הכא.** דקתני מחללין כגון דאקלע יום שלשים ואחד בשבת ולא נראה החדש אתמול אלא היום דאי נמי לא אולי מקדשי ליה בית דין האידנא דאין לך חדש יותר על שלשים ומקדשי ליה שלא על פי עדים הלכך מחללין לקדש על הראייה: **מפני תקנת קרבן.** מוספי ר"ח שיקרבו בזמנן: **ניסן ותשרי נמי לאו משום דמצוה לקדש על הראייה.** הוי חילול שבת דידהו אלא שיהו המועדות בזמנן לפי תולדות הלבנה: **אלא אי אמרת לעולם חסר אמאי מחללינן.** בלאו דידהו נמי האידנא מקדשינן ליה: **ידעי חברין בבלאי.** כלומר נותנין לב להכיר טובה שעושין עמהם בני ארץ ישראל שעיברו את אלול: **משום ירקיא.** להפריד שבת ויום טוב זה מזה כדי שלא יכמושו ירקות הנאכלות כשהן חיין בשבת שאחר יו"ט או ביו"ט שאחר שבת: **משום מתיא.** להפריד שבת ויום הכפורים זה מזה שלא יסריח מת שימות באחד מהן שיהא ראשון ולא יקבר לא היום ולא למחר: **מאי בינייהו.** תרווייהו איתנהו: **יום הכפורים שחל להיות אחר שבת.** אם לא יעברוהו: **מ"ד משום מתיא מעברין.** ודחינן ליום הכפורים ליום שני בשבת: **אימת בעי לה.** לירקות: **לאורתא.** למוצאי יום הכפורים: **לאורתא טרח ומייתי.** ואין צריך ללקט ע"ש הלכך לא מעברינן: **אפשר בעממי.** דאמר מר (ביצה דף ו.) מת בי"ט ראשון יתעסקו בו עממין: **בחמימי.** שורם בחמין וחוזרות לקדמותן: **לדידן חביל לן עלמא.** אנו בני בבל חם לנו העולם ויש לנו הבל לפי שבבל עמוקה היא ואינה ארץ הרים וגבעות כא"י ואין שולט בה אויר ואין בני ארץ ישראל צריכין לעבר משום מתיא ומשום ירקיא אלא בשבילנו: **איני.** וכי מעברינן חודש לצורך: **כשם שמעברין את השנה לצורך.** מפני האביב והתקופה ופירות האילן כדאיתא בפרק קמא דסנהדרין (דף יא:): **כזה ראה וקדש.** כיון שתראהו קדש בו ביום: **לעברו.** לעשות את החסר מלא לצורך מותר: **לקדשו.** ביום שלשים והלבנה לא נראית ואם ימתינו עד יום מחר יהא שבת ויוה"כ סמוכין אין מקדשין לצורך: **וה"ק יכול כשם שמעברין לצורך כך מקדשין לצורך ת"ל כזה ראה וקדש.** ראה תחלה ואח"כ קדש אבל כשאתה מעברו ראה וקדש הוא: **מאיימין על העדים על החדש שנראה בזמנו.** ביום שלשים שיכחישו בשביל לעברו: **ואין מאיימין.** ביום שלשים על העדים שלא ראוהו ואנו צריכין לקדשו היום כדי להפריד שבת מיום הכפורים שיאמרו ראינו ויעידו שקר: **היה מלמדנו מאיימין כו'.** אם אנו צריכין לעשותו חסר: **בניסן ותשרי.** שהמועדות תלויין בהן מקדשין לצורך: **בשאר ירחי לא.** ואם תאמר מה צורך לנו בשאר חדשים לחסר ולעבר כגון אותה ששנינו במסכת ערכין (דף ח:) אין פוחתין מארבעה חדשים המעוברין בשנה ולא נראה לעבר יותר על שמונה והתם מפרשינן הטעם ואם עיברו שמונה ובזה לא נראית ביום שלשים נמצא שאנו צריכין לאיים עליהן לומר ראינו בשביל לקדש: **הא דתני רבה.** שאין מעברין ולא מקדשין לצורך: **אחרים היא.** דאמרי לעולם כל החדשים אחד מלא ואחד חסר כסדר מולד הלבנה שמתחדשת לעולם בסוף כ"ט ימים ומחצה שהן חמשים ותשעה לשני חדשים: **ארבעה ימים.** אם נקבע עכשיו באחד בשבת יהא לשנה הבאה בחמישי בשבת שזה חשבון שנים עשר חדש אחד מלא ואחד חסר עולה לשנ"ד ימים והשלש מאות וחמשים כולם שבועים נמצא נדחה להלן ארבעה ימים: **ואם היתה שנה מעוברת ה'.** שמוסיפין עליה חדש חסר שדוחה להן מן שבועים שלימים יום אחד:

האי

מאי טיבותא (עבדינן). שמעברים אלול למוטב שלא יעברו כדי שלא יהא תרי יומין מספק:

בין מלפניה בין מלאחריה. רבינו תם לא גרס מלפניה דאם חל ראש השנה וסוכות מלפניה תיפוק ליה משום מתיא דמקלע יום הכפורים באחד בשבת:

שלח ליה ר' יהודה נשיאה לרבי אמי. אין זה רבי יהודה נשיאה שהזכיר השמן בפרק אין מעמידין (ע"ז דף לו. ושם) שהיה בימי רב ושמואל דההוא בנו של ר"ג בן רבי יהודה הנשיא והאי דהכא תלמידו של ר' יוחנן דהוה כייף לרב ושמואל ז):

הא בניסן ובתשרי. פי' בקונטרס שהמועדות תלויין בהן מקדשין לצורך בשאר ירחי לא ור"ח איפכא:

ואם היתה שנה מעוברת חמשה. בערכין (דף ט:) פריך והא איכא יומא ה) דתלתין שנין משום דכל שנה עודפת ארבעה ימים שמונה שעות תתע"ו חלקים ואותן חלקים מצטרפין ליום שלם לסוף שלשים שנה ומשני משום דלימיה בכל שנה לא קחשיב:

צריך

עין משפט נר מצוה

קו א מיי' פ"א מהל' קידוש החדש הל' א:

קז ב ג מיי' פ"ג (ופ"ה) מהל' קידוש החדש הלכה טו טז יז יח:

רבינו חננאל

וגם לעדות רבי יהושע בן לוי דאמר לעולם ב' אדרין חסרין הא מתני' תיובתא עליה ולא עמדה אלא עדות ר' סימאי משום חגי זכריה ומלאכי. כי אתא עולא אמר עברוה לאלול. כלומר אצטריך כפי המסורת שהיתה ביד ב"ד ועברוה לאלול. מפני שקראו סוד העבור מפני שב"ד לא היו מגלין אותו אלא למזומנים לעיין בדבר זה והיה אותה שנה יום ל' לאלול יום הסמוך לשבת בין מלפניה בין מלאחריה. וכיון שראה עולא כי עברו ב"ד לאלול נדמה לו שב"ד מעברין על צורך השעה שלא יבא ר"ה בע"ש ולא באחד בשבת. שלא לחבר ב' קדושות כאחד מפני כבוד מתים. או כגון שמחת י"ט בתענוג ירקות וכיוצא בהן. וחלילה לעבר אלא על המסורת שמסורה בידם ממשה רבינו. אבל משלא נתגלו העקרים. מדומים כי על כל צורך מעברין. ועל זה אמר עולא אין שם צורך לדבר אלא משום ירקיא. ורבי אחא אמר משום מיתיא. פי' מ"ד משום מיתיא דהיכא דאקלע כ"ט באלול בשבת חל ר"ה להיות באחד בשבת ואם חל כ"ט באלול יום חמישי מקלע ר"ה בע"ש. ולא יתכן ב' קדושות כאחת. עולא אמר מעברין לאלול חשב בדעתו משום מיתיא דלא אסרחון. כלומר אם ישאר המת ב' ימים יסריח. א) וכן יוה"כ שחל להיות באחד בשבת או בע"ש כיוצא בו. אבל משום ירקיא לא מעברינן אפשר בחמימי. פי' אע"ג דחיימין ירקיא אפשר למיכל מיניהון. וי"א למישלקינהו ולבשולינהו ולמשבקינהו בחמימי דאכיל להן במוצאי יוה"כ ומ"ד משום ירקיא אמר מיתיא אפשר לקברן עממי והן נכרים. ודברים הללו שאמר עולא ור' אחא איכא למימר שעשו אותן ב"ד סעד למסורת שבידם שבהן מעברין כענין שעיקר עיבור השנה באביב. ותנינן (בסנהדרין יא) אין מעברין השנה לא מפני גדיין ולא מפני טלאין ולא מפני גוזלות שלא יפריחו. אבל עושין אותו סעד לשנה. והמסמך של עיבור [הוא] עיבור האביב. כדגרסינן [התם] דזמן אביבא לא מטא. ואקשינן עליהן אם נראה החודש בזמנו. והוא ליל ל' מעברין ליה לאלול משום צורך שנתראה לב"ד לעבר. והתני רבה בר שמואל יכול כשם שמעברין את השנה לצורך מפני האביב כך מעברין את החודש ת"ל החודש הזה לכם. כזה ראה וקדש ופריק רבה אין מקדשין לצורך אבל מעברין החדש לצורך ותריץ להא דרבה בר שמואל הכי יכול כשם שמעברין את השנה על האביב ואת החדש לצורך השעה כך מחסרין ומקדשין את החדש לצורך ת"ל החודש הזה לכם כזה ראה וקדש. וכי הא דאריב"ל מאיימין עלייהו כדי לחזור בהן ולא יתקיימו דבריהן ויעברוהו אי אצטריך לב"ד. ואין מאיימין על העדים על החדש שלא נראה בזמנו והוא ליל ל' כלומר אין מאיימין אותן לומר להן הזהרו והעידו כי ההוא שנראה לכם כעין כוביתא הלבנה היתה ומקדשין אותו יום שלשים אם הוצרכו ב"ד לחסורי אלא לא טרחינן עלייהו כדי לקדשו בעת שלא נראה בזמנו כלומר מעברין ולא מחסרין. ואקשינן לרבה איני והא שלח ליה ר' יהודה נשיאה לר' אמי הוו יודעין שכל שנותיו של ר' יוחנן היה מלמדינו מאיימין על העדים על חדש שלא נראה בזמנו לקדשו שאע"פ שלא ראו בעליל אלא כעין כוביתא יעידו כי ראינו. ופריק אביי ואמר הכי הא דריב"ל קיימא בכל החדשים זולתי ניסן ותשרי. ור' יוחנן קיימא בניסן ותשרי זולתי שאר ירחי ונתברר לנו דברי אביי כי כך הם כאשר פירשנו מתלמוד א"י דשקלי וטרי בהאי מלתא. בתחלת פרק ראוהו ב"ד וכל ישראל ואסקוה הכי ולא פליג מה דמר ר' זעירא בשם ריב"ל אין מעמעמין על שלא נראה לקדשו ואין מעמעמין על שנראה לעברו. רבא אמר הא דתני רבה בר שמואל אחרים היא דאמרי לעולם אחד מלא ואחד חסר שאין בין עצרת לעצרת ואין בין ר"ה לר"ה אלא ד' ימים בלבד. ואם היתה שנה מעוברת חמשה. פי' אין בשנה לעולם אלא אחד מלא ואחד חסר והן שנ"ד ימים יוצאין [נ' שבועיות] ישארו ד' ימים. ואם היא מעוברת חדש העבור כ"ט ימים הוא כ"ח ימים יוצאין [ד' שבועיות] נשאר יום הרי ה' ימים. רב דימי מתני אפכא מאיימין על העדים על חדש שלא נראה בזמנו לקדשו דמעברינן היא כוביתא שראיתם לבנה היתה דלא מתחזי כשיקרא. ואין מאיימין על העדים על חדש שנראה בזמנו לעברו כי כיון שאמר ראיתי יחזור ויאמר לא ראיתי

מסורת הש"ס

א) לקמן כה:, ב) [הלכ"מ פ"ג דין ט"ו לקס"מ העתיק אמר רב כו'], ג) [תוס' ערכין פ"א] לעיל ו: שבת פז: סוכה נד: ערכין ט:, ד) [עיין שלה"ס דף תטו ד"ה קהלא], ה) צ"ל דשני ויומא דתלתין.

הגהות הב"ח

(א) רש"י ד"ה איכא דאמרי כו' קס"ד חילול שבת משום מלוה: (ב) ד"ה נעבריה האידנא ביום שלשים זה:

תורה אור השלם

א) הַחֹדֶשׁ הַזֶּה לָכֶם רֹאשׁ חֳדָשִׁים רִאשׁוֹן הוּא לָכֶם לְחָדְשֵׁי הַשָּׁנָה: [שמות יב, ב]

ליקוטי רש"י

תקנת קרבן. של ר"ח שיקריב בזמנו [לקמן כא:]. **ארבעה ימים.** קסברי לעולם כל חדשי השנה אחד מלא ואחד חסר ואין מעברין ואין מחסרין שום חדש לצורך והויא לה שנה שנ"ד ימים נמצאת כל השנה שבועים שלמים חוץ מד' ימים והן הדוחין קביעות השנה מקביעות חברתה [לעיל ו:]. כשאתה קובע כל החדשים כסדרן אחד מלא ואחד חסר הוו ארבעה ימים בין תחלת שנה לתחלת שנה אחרת שמונה חדשי לבנה כסדרן שנ"ד ימים כולן שבועין חוץ מארבעה ימים [שבת פז:]. אם זה באחד בשבת יחול לשנה הבאה בחמישי בשבת דהיינו ארבעה ימים וזה הסדר לפי מולד לבנה הוא שבין מולד למולד עשרים ותשעה יום ומחצה לשני תולדות חמשים ותשעה נמצאו כל חדשי השנה אחד מלא ואחד חסר ואחרים סבירא להו דאין מעברין ואין מחסרין שום חודש לצורך אלא קובעים ראשי חדשים אחד מלא ואחד חסר לעולם נמצא בין פסח לפסח ד' ימים ששה מלאים וששה חסרים שלש מאות וארבעה ימים הן שלש מאות וחמשים ימים חמשים שבועות נמצאו ד' יתירים בין קביעת שנה זו לקביעת שנה הבאה [סוכה נד:]. אם אירע ר"ה יום ראשון יבא לשנה הבאה ליום חמישי דהיינו כולהו כסדרן [ערכין ט:]. **ואם היתה שנה מעוברת חמישה.** דקסבר חדש עיבור לעולם חסר ואינו דוחה את המועדות אלא יום אחד שהוא יתר על ד' שבועות [לעיל ו:]. דקסבר חדש העיבור לעולם חסר עשרים ושמונה ימים שלו ארבעה שבועות נמצא יום אחד יתר תנהו על ארבעה ימים שבשנה פשוטה הרי חמשה [סוכה שם] דקסבר שני האדרים עבדינן חסרים ופסח דחוי יום אחד [שבת שם].

חשק שלמה על ר"ח

א) מדברי רבינו ז"ל אלו נראה דגי' אחרת היה לו בגמ' דלמ"ד משום ירקיא לא חיים משום מיתיא כלל משום דאפשר בעממי אבל צ"ע דהא ביוה"כ א"א בעממי.

The Gemara challenges the entire premise that a month may be made full for communal needs:

אִינִי – Is this **really** so? וְהָתָנֵי רַבָּה בַּר שְׁמוּאֵל – **But Rabbah bar Shmuel taught a Baraisa:** יָכוֹל כְּשֵׁם שֶׁמְּעַבְּרִין אֶת הַשָּׁנָה לְצוֹרֶךְ – IT COULD BE thought THAT JUST AS WE INTERCALATE a month into THE YEAR FOR A NEED,[24] כָּךְ מְעַבְּרִין אֶת הַחֹדֶשׁ לְצוֹרֶךְ – SO WE INTERCALATE a day into THE MONTH FOR A NEED. תַּלְמוּד לוֹמַר ,,הַחֹדֶשׁ הַזֶּה לָכֶם רֹאשׁ חֳדָשִׁים" – [THE TORAH] therefore TEACHES:[25] *THIS NEW MOON SHALL BE FOR YOU THE BEGINNING OF THE MONTHS.* כָּזֶה רְאֵה וְקַדֵּשׁ – God told Moses: THUS SHOULD YOU SEE the moon AND SANCTIFY the month.[26] It is thus apparent that the month cannot be made full at will. – ? –

The Gemara answers:

אָמַר רָבָא – **Rava said:** לָא קַשְׁיָא – **There is no difficulty.** כָּאן לְעַבְּרוֹ – **Here,** in Ulla's case, we are discussing reasons **to make [the outgoing month],** which was really deficient, **full.** That can be done for a communal need. כָּאן לְקַדְּשׁוֹ – But **here** the Baraisa is discussing permission **to sanctify [the incoming month]** a day early (i.e. before the moon is sighted). That we do not do. וְהָכִי קָאָמַר – **And this is what [the Baraisa] is saying** (i.e. it should be worded to read as follows): יָכוֹל כְּשֵׁם שֶׁמְּעַבְּרִין אֶת הַשָּׁנָה וְאֶת הַחֹדֶשׁ לְצוֹרֶךְ – **It could be** thought that **just as we intercalate** a month into **the year and** a day into **the month for a need,** כָּךְ מְקַדְּשִׁין אֶת הַחֹדֶשׁ לְצוֹרֶךְ – **so we sanctify the** new **month for a need,** i.e. we declare the thirtieth day to be Rosh Chodesh even though the moon was not yet seen. תַּלְמוּד לוֹמַר ,,הַחֹדֶשׁ הַזֶּה לָכֶם" – **[The Torah]** therefore **states:** ***This new moon shall be for you,*** implying: כָּזֶה רְאֵה וְקַדֵּשׁ – **Thus should you see** the moon **and** then **sanctify** the month.[27]

The Gemara adduces support for the above distinction:

וְכִי הָא דְּאָמַר רַבִּי יְהוֹשֻׁעַ בֶּן לֵוִי – **And this is as R' Yehoshua ben Levi said:** מְאַיְּימִין עַל הָעֵדִים – **We intimidate the witnesses** עַל הַחֹדֶשׁ שֶׁנִּרְאָה בִּזְמַנּוֹ לְעַבְּרוֹ – **over a new moon that was sighted in its time in order to make [the outgoing month] full,**[28] וְאֵין מְאַיְּימִין עַל הָעֵדִים – **but we do not intimidate the witnesses** עַל הַחֹדֶשׁ שֶׁלֹּא נִרְאָה בִּזְמַנּוֹ לְקַדְּשׁוֹ – **over a new moon that was not sighted in its time in order to sanctify [the incoming month]** on the thirtieth day.[29]

The Gemara objects:

אִינִי – Is it **really** so that we do not intimidate witnesses to testify early? וְהָא שָׁלַח לֵיהּ רַבִּי יְהוּדָה נְשִׂיאָה לְרַבִּי אַמִּי – **But R' Yehudah Nesiah sent to R' Ami:** הֱווּ יוֹדְעִין שֶׁכָּל יָמָיו שֶׁל רַבִּי יוֹחָנָן – **Be informed that all the days of R' Yochanan** הָיָה מְלַמְּדֵנוּ – **he would teach us** as follows: מְאַיְּימִין עַל הָעֵדִים – **We intimidate witnesses** עַל הַחֹדֶשׁ שֶׁלֹּא נִרְאָה בִּזְמַנּוֹ לְקַדְּשׁוֹ – **over a new moon that was not sighted in its time in order to sanctify [the incoming month]** on the thirtieth, so that אַף עַל פִּי שֶׁלֹּא רָאוּהוּ – **even though they did not see [the moon],** יֹאמְרוּ רָאִינוּ – **they should say, "We saw** it."[30] – ? –

The Gemara answers:

אָמַר אַבַּיֵי – **Abaye said:** לָא קַשְׁיָא – **There is no difficulty:** הָא בְּנִיסָן וְתִשְׁרֵי – **This** view of R' Yochanan **refers to Nissan and Tishrei;** then we sanctify the month early, if there is a need, because of the festivals. הָא בִּשְׁאָר יַרְחֵי – And **this** statement of R' Yehoshua ben Levi **refers to other months;** then we do not intimidate witnesses to testify early.[31]

The Gemara suggests another answer to its original question:

רָבָא אָמַר – **Rava said:** הָא דְּתָנֵי רַבָּה בַּר שְׁמוּאֵל – **That Baraisa which Rabbah bar Shmuel taught** אֲחֵרִים הִיא – **is** in accordance with the view of **the Others.**[32] דְּתַנְיָא – **For it was taught in** a **Baraisa:** אֲחֵרִים אוֹמְרִים – OTHERS SAY that as far as the days of the week are concerned, אֵין בֵּין עֲצֶרֶת לַעֲצֶרֶת – THERE IS NO difference BETWEEN the SHAVUOS of one year AND the SHAVUOS of the preceding year, וְאֵין בֵּין רֹאשׁ הַשָּׁנָה לְרֹאשׁ הַשָּׁנָה – AND THERE IS NO difference BETWEEN the ROSH HASHANAH of one year AND the ROSH HASHANAH of the preceding year, אֶלָּא אַרְבָּעָה יָמִים בִּלְבַד – EXCEPT FOUR DAYS.[33] וְאִם הָיְתָה שָׁנָה מְעוּבֶּרֶת חֲמִשָּׁה – AND IF IT WAS A LEAP YEAR, the difference

NOTES

because then Yom Kippur would fall on Friday and Sunday respectively. In addition, [the Gemara in *Succah* (43b) states that] Rosh Hashanah cannot fall on Sunday, because then Hoshana Rabbah would fall on the Sabbath and it would not be possible to perform the *aravah* service that day. Hence, the well-known calendrical rule לא אד״ו ראש, *Rosh Hashanah cannot [fall on] a Sunday, Wednesday, or Friday* (*Chidushei HaRan*; see also *Rashi* to *Sanhedrin* 13a ד״ה חג האסיף).

24. The Gemara in *Sanhedrin* (11b) lists several needs that justify adding a second Adar to make a leap year (*Rashi*).

25. *Exodus* 12:2.

26. See above, note 2. [The Gemara presently understands this to mean that] as soon as the new moon is sighted, the month must be sanctified that very day (*Rashi*).

27. I.e. you must see the moon before you can sanctify the month. This precludes sanctifying the incoming month a day early, before the moon was sighted. But if we merely add a day to the outgoing month, we are in fulfillment of the Torah's directive, because the declaration of Rosh Chodesh, while late, *follows* the sighting of the moon (*Rashi*).

28. We intimidate witnesses who come to testify on the thirtieth that they saw the new moon, not to testify, so that we can make the previous month full (*Rashi*; cf. *Rabbeinu Chananel* and *Rambam, Hil. Kiddush HaChodesh* 3:15 with *Lechem Mishneh*).

29. If the moon was not yet sighted and we want to end the month so that Yom Kippur will be separated from the Sabbath, we do not intimidate "witnesses" to testify falsely that they sighted the moon (*Rashi;* see next note).

30. Taken at face value, this would appear to mean that we intimidate witnesses to lie outright, clearly a bizarre concept. Moreover, who are "the" witnesses (הָעֵדִים) that we select for intimidation? From *Rabbeinu Chananel*, however, it appears that the Gemara refers to witnesses who came to testify that they saw the moon, but now are having second thoughts that perhaps what they saw was merely a sliver of cloud in the shape of a moon. We intimidate these witnesses, who now lean toward saying that they did not see the moon, to stand by their original testimony and say that they saw it. Cf. *Pnei Yehoshua.*

31. It is possible to need a month other than Nissan and Tishrei to be a certain length based on a principle stated in *Arachin* (8b) that a year must include at least four full months but may have no more than eight. Thus, if there were already eight full months in the year, and the moon did not appear on the night of the thirtieth, we would have reason to intimidate witnesses to testify that they saw the moon even though they did not (*Rashi*). [*Baal HaMaor* explains the Gemara in the opposite manner than *Rashi*; see there at length.]

32. Rabbah bar Shmuel cited a Baraisa teaching that we do not make the month deficient or full for any need (*Rashi*), apparently contradicting the view of Ulla that the months would be adjusted in order to ensure fresh vegetables for the festivals. Rava now answers that the Baraisa taught by Rabbah bar Shmuel follows the minority view of the Others, and as such presents no difficulty to Ulla's view. [Although our versions of the text record Rava as having given the first answer to this question above, other versions state that the original answer was suggested by Rabbah (see *Ritva*) or Rav (see *Lechem Mishneh, Hil. Kiddush HaChodesh* 3:15).]

33. According to the Others, the lengths of the months of a Jewish calendar year always follow a pattern of "full" (30 day) months alternating with "deficient" (29 day) months. This represents the average renewal of the moon, which takes place approximately every $29^1/_2$ days, or 59 days every two months. According to this system a year has six "full" months and six "deficient" months, which amount to a total of 354 days. After 354 has been divided by seven (the number of days in the week), there is a remainder of four. This means that a particular date of one year will fall four days later in the week than it was in the preceding year. For example, if Rosh Hashanah or Shavuos falls on a Sunday, the next year it will fall on a Thursday (*Rashi*).

אלא אי אמרת לעולם חסר אמאי מחללינן משום [א]דמצוה לקדש על הראייה איכא דאמרי א"ר נחמן אף אנן נמי תנינא על שני חדשים מחללין את השבת על ניסן ועל תשרי אי אמרת בשלמא לעולם חסר משום הכי מחללין דמצוה לקדש על הראייה אלא אי אמרת זמנין מלא זמנין חסר אמאי מחללינן נעבריה האידנא ונקדשיה למחר אי דאקלע יום שלשים בשבת ה"נ הכא במאי עסקינן דאקלע יום שלשים ואחד בשבת דמצוה לקדש על הראייה מתיב רב כהנא [ו]כשהמקדש קיים מחללין אף על כולן מפני תקנת הקרבן מדכולהו לאו משום דמצוה לקדש על הראייה ניסן ותשרי נמי לאו משום דמצוה לקדש על הראייה אי אמרת בשלמא זמנין מלא וזמנין חסר משום הכי מחללינן אלא אי אמרת לעולם חסר אמאי מחללינן תיובתא כי אתא עולא אמר עברוה לאלול אמר עולא ידעי חברין בבלאי מאי טיבותא עבדינן בהדייהו מאי טיבותא עולא אמר משום ירקיא רבי אחא בר חנינא אמר משום מתיא מאי בינייהו איכא בינייהו יוה"כ שחל להיות אחר השבת מאן דאמר משום מתיא מעברינן ומאן דאמר משום ירקיא לאימת קא בעי להו לאורתא לאורתא טרח ומייתי ולמ"ד משום ירקיא לעבריה משום מתיא אלא איכא בינייהו יו"ט הסמוך לשבת בין מלפניה בין מלאחריה מ"ד משום ירקיא מעברינן ומאן דאמר משום מתיא אפשר בעממי ולמ"ד משום מתיא לעבריה משום ירקיא אפשר בחמימי אי הכי מאי שנא לדידן אפילו לדידהו נמי לדידן חביל לן עלמא לדידהו לא חביל להו עלמא איני והתני רבה בר שמואל [ב]יכול כשם שמעברין את השנה לצורך כך מעברין את החדש לצורך ת"ל [א]החדש הזה לכם ראש חדשים כזה ראה וקדש אמר [ג]רבא לא קשיא כאן לעברו כאן לקדשו והכי קאמר יכול כשם שמעברין את השנה ואת החדש לצורך כך מקדשין את החדש לצורך תלמוד לומר החדש הזה לכם כזה ראה וקדש וכי הא דאמר רבי יהושע בן לוי [ג]מאיימין על העדים על החדש שנראה בזמנו לעברו ואין מאיימין על העדים על החדש שלא נראה בזמנו לקדשו איני והא שלח ליה רבי יהודה נשיאה לרבי אמי הוו יודעין שכל ימיו של רבי יוחנן היה מלמדנו מאיימין על העדים על החדש שלא נראה בזמנו לקדשו אע"פ שלא ראוהו יאמרו ראינו אמר אביי לא קשיא הא בניסן ותשרי הא בשאר ירחי רבא אמר הא דתני רבה בר שמואל אחרים היא דתניא [ג]אחרים אומרים אין בין עצרת לעצרת ואין בין ראש השנה לראש השנה אלא ד' ימים בלבד ואם היתה שנה מעוברת חמשה רב דימי מנהרדעא מתני איפכא מאיימין על העדים על החדש שלא נראה בזמנו לקדשו ואין מאיימין על העדים על החדש שנראה בזמנו לעברו מ"ט
האי

רש"י

אלא אי אמרת לעולם חסר. ואי נמי לא אתו עדים מקדשין ליה האידנא למה להן לחלל: על הראייה. על פי עדים דכתיב (שמות יב) החדש הזה לכם ראש חדשים כזה ראה וקדש: איכא דאמרי כו'. קא סלקא דעתיה חילול [א] משום מצוה לקדש על הראייה הוא: משום הכי מחללינן. שאם לא יחללו נמצא שיתקלקל החדש בלא עדים: אלא אי אמרת זמנין מלא וזמנין חסר. מכלל דבב"ד תליא כדאמרינן לקמן (דף כה.) אתם אפילו מזידים: אמאי מחללין. ליתקנו ב"ד שימתינו עד יום שלשים ואחד שלא לחלל עליו את השבת ולכו ויעידו למחר ויקדשו על פיהם: נעבריה האידנא. [ב] מיום ל' זה יעברו את אדר: אי דאקלע יום שלשים בשבת. וראו בו את הלבנה: ה"נ. דמעברינן ולא מחללינן: הכא. דקתני מחללין כגון דאקלע יום שלשים ואחד בשבת ולא נראה החדש אתמול אלא היום דאי נמי לא אזלי מקדשי ליה בית דין האידנא דאין לך חדש יותר על שלשים ומקדשי ליה שלא על פי עדים הלכך מחללין לקדש על הראייה: מפני תקנת קרבן. מוספי ר"ח שיקרבו בזמנן: ניסן ותשרי נמי לאו משום דמצוה לקדש על הראייה. הוי חילול שבת דידהו אלא שיהו המועדות בזמנן לפי תולדות הלבנה: אלא אי אמרת לעולם חסר אמאי מחללינן. בלאו דידהו נמי האידנא מקדשין ליה: ידעי חברין בבלאי. כלומר נותנין לב להכיר טובה שעושין עמהם בני ארץ ישראל שעיברו את אלול: משום ירקיא. להפריד שבת ויום טוב זה מזה כדי שלא יכמושו ירקות הנאכלות כשהן חיין בשבת שאחר יו"ט או ביו"ט שאחר שבת: משום מתיא. להפריד שבת ויום הכפורים זה מזה שלא יסריח מת שימות באחד מהן שיהא ראשון ולא יקבר לא היום ולא למחר: מאי בינייהו. תרוויהו איתנהו: יום הכפורים שחל להיות אחר שבת. אם לא יעברוהו: מ"ד משום מתיא מעברין. ודחינן ליום הכפורים ליום שני בשבת: אימת בעי לה. לירקות: לאורתא. למוצאי יום הכפורים: לאורתא טרח ומייתי. ואין צריך ללקט ע"ש הלכך לא מעברינן: אפשר בעממי. דאמר מר (ביצה דף ו.) מת ביו"ט ראשון יתעסקו בו עממין: בחמימי. שורס בחמין וחוזרות לקדמותן: לדידן חביל לן עלמא. אנו בני בבל חם לנו העולם ויש לנו הבל לפי שבבל עמוקה היא ואינה ארץ הרים וגבעות כא"י ואין שולט בה אויר ואין בני ארץ ישראל צריכין לעבר משום מתיא ומשום ירקיא אלא בשבילנו: איני. וכי מעברינן חודש לצורך: כשם שמעברין את השנה לצורך. מפני האביב והתקופה ופירות האילן כדאיתא בפרק קמא דסנהדרין (דף יא:): כזה ראה וקדש. כיון שתראה קדש בו ביום: לעברו. לעשות את החסר מלא לצורך מותר: לקדשו. ביום שלשים והלבנה לא נראית ואם ימתינו עד יום מחר יהא שבת ויוה"כ סמוכין אין מקדשין לצורך: וה"ק יכול כשם שמעברין לצורך כך מקדשין לצורך ת"ל כזה ראה וקדש. ראה תחלה ואח"כ קדש אבל כשאתה מעברו ראה וקדש הוא: מאיימין על העדים על החדש שנראה בזמנו. ביום שלשים שיחרישו בשביל לעברו: ואין מאיימין. ביום שלשים על העדים שלא ראוהו ואנו צריכין לקדשו היום כדי להפריד שבת מיום הכפורים שיאמרו ראינו ויעידו שקר: היה מלמדנו מאיימין כו'. אם אנו צריכין לעשותו חסר: בניסן ותשרי. שהמועדות תלויין בהן מקדשין לצורך: בשאר ירחי לא. ואם תאמר מה צורך לנו בשאר חדשים לחסר ולעבר כגון אותה ששנינו במסכת ערכין (דף ח:) אין פוחתין מארבעה חדשים המעוברין בשנה ולא נראה לעבר יותר על שמונה והתם מפרשינן הטעם ואם עיברו שמונה וזה לא נראית ביום שלשים נמצא שאנו צריכין לאיים עליהן לומר ראינו בשביל לקדש: הא דתני רבה. שאין מעברין ולא מקדשין לצורך: אחרים היא. דאמרי לעולם כל החדשים אחד מלא ואחד חסר כסדר מולד הלבנה שמתחדשת לעולם בסוף כ"ט ימים ומחצה שהן חמשים ותשעה לשני חדשים: ארבעה ימים. אם נקבע עכשיו באחד בשבת יהא לשנה הבאה בחמישי בשבת שזה חשבון שנים עשר חדש אחד מלא ואחד חסר עולה לשנ"ד ימים והשלש מאות וחמשים כולם שבועים נמצא נדחה להלן ארבעה ימים: ואם היתה שנה מעוברת ה'. שמוסיפין עליה חדש חסר שדוחה להן מן שבועים שלימים יום אחד:
האי

תוספות

מאי טיבותא (עבדינן). שמעברים אלול דמוטב שלא יעברו כדי שלא יהא תרי יומין מספק:

בין מלפניה בין מלאחריה. רבינו תם לא גרס מלפניה דאם חל ראש השנה וסוכות מלפניה תיפוק ליה משום מתיא דמקלע יום הכפורים באחד בשבת:

שלח ליה ר' יהודה נשיאה לרבי אמי. אין זה רבי יהודה נשיאה שהתיר השמן בפרק אין מעמידין (ע"ז דף לו. ושם) שהיה בימי רב ושמואל דההוא בנו של ר"ג בן רבי יהודה הנשיא והאי דהכא תלמידו של ר' יוחנן דהוה כייף לרב ושמואל [ד]:

הא בניסן ובתשרי. פי' בקונטרס שהמועדות תלויין בהן מקדשין לצורך בשאר ירחי לא וי"מ איפכא:

ואם היתה שנה מעוברת חמשה. בערכין (דף ט:) פריך והא איכא יומא [ה]דלתתין שנין משום דכל שנה עודפת ארבעה ימים שמונה שעות ותתע"ג חלקים ואותן חלקים מצטרפין ליום שלם לסוף שלשים שנה ומשני משום דליתיה בכל שנה לא קחשיב:

צריך

עין משפט נר מצוה

קו א מיי' פ"א מהל' קידוש החדש הל' א:

קז ב ג מיי' פ"ג (ופ"ה) מהל' קידוש החדש הלכה טו טז יז יח:

רבינו חננאל

וגם לעדות רבי יהושע בן לוי דאמר לעולם ב' אדרין חסרין הא מתני' תיובתא עליה ולא עמדה אלא עדות ר' סימאי משום חגי זכריה ומלאכי. כי אתא עולא אמר עברוה לאלול. כלומר אצטריך כפי המסורת שהיתה ביד ב"ד ועברוה לאלול. מפני שקראו סוד העבור מפני שב"ד לא היו מגלין אותו אלא למזומנים לעיין בדבר זה והיה אותה שנה יום ל' לאלול יום הסמוך לשבת בין מלפניה בין מלאחריה. וכיון שראה עולא כי עברו ב"ד לאלול נדמה לו שב"ד מעברין על צורך השעה שלא יבא ר"ה בע"ש ולא באחד בשבת. שלא לחבר ב' קדושות כאחד מפני כבוד מתים. או כגון שמחת י"ט בתענוג ירקות וכיוצא בהן. וחלילה לעבר אלא על המסורת שמסורה בידם ממשה רבינו. אבל משלא נתגלו העקרים. מדומים כי על כל צורך מעברין. ועל זה אמר עולא אין שם צורך לדבר אלא משום ירקיא. ורבי אחא אמר משום מיתיא. פי' מ"ד משום מיתיא דהיכא דאקלע כ"ט באלול בשבת חל ר"ה להיות באחד בשבת ואם חל כ"ט באלול יום חמישי מקלע ר"ה בע"ש. ולא יתכן ב' קדושות כאחת. עולא אמר מעברין לאלול חשב בדעתו משום מיתיא דלא אסרחון. כלומר אם ישאר המת ב' ימים יסריח. א) וכן יוה"כ שחל להיות באחד בשבת או בע"ש כיוצא בו. אבל משום ירקיא לא מעברינן אפשר בחמימי. פי' אע"ג דחיימין ירקיא אפשר למיכל מיניהון. וי"א למישלקינהו ולבשולינהו ולמשבקינהו בחמימי דאכיל להן במוצאי יוה"כ ומ"ד משום ירקיא אמר מיתיא אפשר לקברן עממי והן נכרים. ודברים הללו שאמר עולא ור' אחא איכא למימר שעשו אותן ב"ד סעד למסורת שבידם שבהן מעברין כענין שעיקר עיבור השנה באביב. ותנינן (בסנהדרין יא) אין מעברין השנה לא מפני גדיין ולא מפני טלאין ולא מפני גוזלות שלא יפריחו. אבל עושין אותו סעד לשנה. והמסמך של עיבור [הוא] עיבור האביב. כדגרסינן [התם] דזמן אביבא לא מטא. ואקשינן עליהן אם נראה החודש בזמנו. והוא ליל ל' מעברין ליה לאלול משום צורך שנתראה לב"ד לעבר. והתני רבה בר שמואל יכול כשם שמעברין את השנה לצורך מפני האביב כך מעברין את החודש ת"ל החודש הזה לכם. כזה ראה וקדש ופריק רבה אין מקדשין לצורך אבל מעברין החדש לצורך ותריץ להא דרבה בר שמואל הכי יכול כשם שמעברין את השנה על האביב ואת החדש לצורך השעה כך מחסרין ומקדשין את החדש לצורך ת"ל החודש הזה לכם כזה ראה וקדש. וכי הא דאריב"ל מאיימין עלייהו כדי לחזור בהן ולא יתקיימו דבריהן ויעברוהו אי אצטריך לב"ד. ואין מאיימין על העדים על החדש שנראה בזמנו והוא ליל ל' כלומר אין מאיימין אותן לומר להן הזהרו והעידו כי ההוא שנראה לכם כעין כוביתא הלבנה היתה ומקדשין אותו יום שלשים אם הוצרכו ב"ד לחסורי אלא לא טרחינן עלייהו כדי לקדשו בעת שלא נראה בזמנו כלומר מעברין ולא מחסרין. ואקשינן לרבה איני והא שלח ליה ר' יהודה נשיאה לר' אמי הוו יודעין שכל שנותיו של ר' יוחנן היה מלמדינו מאיימין על העדים על חדש שלא נראה בזמנו לקדשו שאע"פ שלא ראו בעליל אלא כעין כוביתא יעידו כי ראינו. ופריק אביי ואמר הכי הא דריב"ל קיימא בכל החדשים זולתי ניסן ותשרי. ור' יוחנן קיימא בניסן ותשרי זולתי שאר ירחי ונתברר לנו דברי אביי כי כך הם כאשר פירשנו מתלמוד א"ר דשקלי וטרי בהאי מלתא. בתחלת פרק ראוהו ב"ד וכל ישראל ואסקוה הכי ולא פליג מה דמר ר' זעירא בשם ריב"ל אין מעמעמין על שלא נראה לקדשו בשאר ירחי. ומה דמר רבא מעמעמין על שלא נראה לקדשו ואין מאיימין על שנראה לעברו על ניסן ועל תשרי. רבא אמר הא דתני רבה בר שמואל אחרים היא דלית ליה עבור בחדשין כלל. דתניא אין בין ר"ה לר"ה ואין בין עצרת לעצרת אלא ד' ימים בלבד. ואם היתה שנה מעוברת חמשה. פי' אין בשנה לעולם אלא אחד מלא ואחד חסר והן שנ"ד ימים. יוצאין [נ' שביעיות] ישארו ד' ימים. ואם היא מעוברת חדש העבור כ"ט ימים הוא כ"ח ימים יוצאין [ד' שביעיות] נשאר יום הרי ה' ימים. רב דימי מתני אפכא מאיימין על העדים על חדש שלא נראה בזמנו לקדשו דאמרינן ההיא כוביתא שראיתם לבנה היתה דלא מתחזי כשיקרא. ואין מאיימין על העדים על חדש שנראה בזמנו לעברו כי מאחר שאמר ראיתי יחזור ויאמר לא ראיתי

מסורת הש"ס

א) לקמן כה., ב) [הלח"מ פ"ג דין ע"ו לקח"מ העתיק אמר רב כו'], ג) [תוס' ערכין פ"א] לעיל ו: שבת פז: סוכה מד: ערכין ט, ד) [עיין של"ה דף תמג ד"ה קהלת], ה) נ"ל דשני ויומא דלתתין.

הגהות הב"ח

(א) רש"י ד"ה איכא דאמרי כו' קס"ד חילול שבת משום מצוה: (ב) ד"ה נעבריה האידנא ביום שלשים זה:

תורה אור השלם

א) הַחֹדֶשׁ הַזֶּה לָכֶם רֹאשׁ חֳדָשִׁים רִאשׁוֹן הוּא לָכֶם לְחָדְשֵׁי הַשָּׁנָה: [שמות יב, ב]

ליקוטי רש"י

תקנת קרבן. של ר"ח שיקריב בזמנו [לקמן כא:]. ארבעה ימים. קסברי לעולם כל חדשי השנה אחד מלא ואחד חסר ואין מעברין ואין מחסרין שום חדש לצורך והוא לא שנה הבא שנ"ד ימים נמצאת כל השנה שבועים שלמים חוץ מד' ימים והן הדוחין קביעות השנה מקביעות חברתה [לעיל ו:]. כשאתה קובע כל החדשים כסדרן אחד מלא ואחד חסר הוו ארבעה ימים בין תחלת שנה לתחלת שנה אחרת שנמצא חדשי השנה כסדרן שנ"ד ימים כולן שבועין חוץ מארבעה ימים [שבת פז:]. אם זה שנה יחול לשנה הבאה בחמישי בשבת דהיינו ארבעה ימים הוא הסדר לפי מולד לבנה הוא שבין מולד למולד עשרים ותשעה יום ומחצה ותשעה נמצא לשני חדשים חמשים ותשעה נמצא כל חדשי השנה אחד מלא ואחד חסר ואחרים סבירא להו דאין מעברין ואין מחסרין שום חדש לצורך אלא קובעים ראשי חדשים אחד מלא ואחד חסר לעולם לכך נמצא בין פסח לפסח ד' ימים שהם שלש מאות וחמשים וארבעה ימים הן שלש מאות וחמשים שבועות ויתירים הן ארבעה ימים שהן יתירים בין קביעת שנה זו לקביעת שנה הבאה [סוכה נד:]. אם אתה יודע ר"ה של שנה זו ראשון יהא לשנה הבאה ליום חמישי דהיינו כולהו כסדרן [ערכין ט:]. ואם היתה שנה מעוברת חמשה. קסבר חדש עיבור לעולם חסר ואינו דוחה את המועדות לאחר יום אחד שהוא יתר על ד' שבועות [לעיל ו:]. דקסבר חדש העיבור לעולם חסר עשרים ושמונה ימים שלא ארבעה שבועות נמצא יום אחד יתר תנהו על ארבעה ימים שבשנה פשוטה הרי חמשה [סוכה שם]. דקסבר שני החדשים עדרינן חסרים ופסח דחי יום אחד [שבת שם].

חשק שלמה על ר"ח

א) מדברי רבינו ז"ל אלו נראה דגי' אמרת היה לו בגמ' דלמ"ד משום ירקא לא הוי משום מיתא כלל משום דאפשר בעממי אבל לר"א דהא ביוה"כ א"א בעממי.

would be FIVE days.[34] Thus, according to this view we would never intimidate witnesses since the months always follow a specific pattern.

The Gemara presents another view about when the court can intimidate witnesses:

רַב דִּימִי מִנְּהַרְדְּעָא מַתְנֵי אִיפְּכָא – Rav Dimi of Nehardea taught the opposite of R' Yehoshua ben Levi: **מְאַיְּימִין עַל הָעֵדִים – We intimidate the witnesses עַל הַחֹדֶשׁ שֶׁלֹּא נִרְאָה בִּזְמַנּוֹ לְקַדְּשׁוֹ – over a new moon that was not sighted in its time in order to sanctify [the incoming month]** on the thirtieth day, **וְאֵין מְאַיְּימִין עַל הָעֵדִים – but we do not intimidate witnesses עַל הַחֹדֶשׁ שֶׁנִּרְאָה בִּזְמַנּוֹ לְעַבְּרוֹ – over a new moon that was sighted in its time in order to make [the outgoing month] full.**

The Gemara explains:

מַאי טַעְמָא – What is the reason?

NOTES

34. The Adar added in a leap year is always "deficient," i.e. it is twenty-nine days long. Twenty-nine is one more than an even multiple of seven. Thus, in a leap year, one more day *of the week* will interpose between a particular date of that year and the same date in the next year. Since, as established above, this difference is four days, in a leap year it will be five days (*Rashi*).

אלא אי אמרת לעולם חסר אמאי מחללינן משום [א] דמצוה לקדש על הראייה איכא דאמרי א"ר נחמן אף אנן נמי תנינא על שני חדשים מחללין את השבת על ניסן ועל תשרי אי אמרת בשלמא לעולם חסר משום הכי מחללינן דמצוה לקדש על הראייה אלא אי אמרת זמנין מלא זמנין חסר אמאי מחללינן נעבריה האידנא ונקדשיה למחר אי דאקלע יום שלשים בשבת ה"נ הכא במאי עסקינן דאקלע יום שלשים ואחד בשבת דמצוה לקדש על הראייה מתיב רב כהנא [ה] כשהמקדש קיים מחללין אף על כולן מפני תקנת הקרבן מדכולהו לאו משום דמצוה לקדש על הראייה ניסן ותשרי נמי לאו משום דמצוה לקדש על הראייה אי אמרת בשלמא זמנין מלא וזמנין חסר משום הכי מחללינן אלא אי אמרת לעולם חסר אמאי מחללינן תיובתא כי אתא עולא אמר עברוה לאלול אמר עולא ידעי חברין בבלאי מאי טיבותא עבדינן בהדייהו מאי טיבותא עולא אמר משום ירקיא רבי אחא בר חנינא אמר משום מתיא מאי בינייהו איכא בינייהו יוה"כ שחל להיות אחר השבת מאן דאמר משום מתיא מעברינן ומאן דאמר משום ירקיא לאימת קא בעי להו לאורתא לאורתא טרח ומייתי ולמ"ד משום ירקיא לעבריה משום מתיא אלא איכא בינייהו יו"ט הסמוך לשבת בין מלפניה בין מלאחריה מ"ד משום ירקיא מעברינן ומאן דאמר משום מתיא אפשר בעממי ולמ"ד משום מתיא לעבריה משום ירקיא אפשר בחמימי אי הכי מאי שנא לדידן אפילו לדידהו נמי לדידן חביל לן עלמא לדידהו לא חביל להו עלמא איני והתני רבה בר שמואל [ב] יכול כשם שמעברין את השנה לצורך כך מעברין את החדש לצורך ת"ל [א] החדש הזה לכם ראש חדשים כזה ראה וקדש אמר [ג] רבא לא קשיא כאן לעברו כאן לקדשו והכי קאמר יכול כשם שמעברין את השנה ואת החדש לצורך כך מקדשין את החדש לצורך תלמוד לומר החדש הזה לכם כזה ראה וקדש וכי הא דאמר רבי יהושע בן לוי [ג] מאיימין על העדים על החדש שנראה בזמנו לעברו ואין מאיימין על העדים על החדש שלא נראה בזמנו לקדשו איני והא שלח ליה רבי יהודה נשיאה לרבי אמי הוו יודעין שכל ימיו של רבי יוחנן היה מלמדנו מאיימין על העדים על החדש שלא נראה בזמנו לקדשו אע"פ שלא ראוהו יאמרו ראינו אמר אביי לא קשיא הא בניסן ותשרי הא בשאר ירחי רבא אמר הא דתני רבה בר שמואל אחרים היא דתניא [ג] אחרים אומרים אין בין עצרת לעצרת ואין בין ראש השנה לראש השנה אלא ד' ימים בלבד ואם היתה שנה מעוברת חמשה רב דימי מנהרדעא מתני איפכא מאיימין על העדים על החדש שלא נראה בזמנו לקדשו ואין מאיימין על העדים על החדש שנראה בזמנו לעברו מ"ט
האי

אלא אי אמרת לעולם חסר. ואי נמי לא אתו עדים מקדשין ליה האידנא למה להן לחלל: **על הראיה.** על פי עדים דכתיב (שמות יב) החדש הזה לכם ראש חדשים כזה ראה וקדש: **איכא דאמרי כו'.** קא סלקא דעתיה חילול (א) משום מצוה לקדש על הראייה הוא: **משום הכי מחללינן.** שאם לא יחללו נמצא שיתקדש החדש בלא עדים: **אלא אי אמרת זמנין מלא וזמנין חסר.** מכדי בב"ד תליא כדאמרינן לקמן (דף כה.) אתם אפילו מזידים: **אמאי מחללינן.** ליתקנו ב"ד שימתינו עד יום שלשים ואחד שלא לחלל עליו את השבת ולכו ויעידו למחר ויקדשו על פיהם: **נעבריה האידנא.** (ב) מיום ל' זה יעברו את אדר: **אי דאקלע יום שלשים בשבת.** וראו בו את הלבנה: **ה"נ.** דמעברינן ולא מחללינן: **הכא.** דקתני מחללין כגון דאקלע יום שלשים ואחד בשבת ולא נראה החדש אתמול אלא היום דאי נמי לא אזלי מקדשי ליה בית דין האידנא דאין לך חדש יותר על שלשים ומקדשי ליה שלא על פי עדים הלכך מחללין לקדש על הראייה: **מפני תקנת קרבן.** מוספי ר"ח שיקרבו בזמנן: **ניסן ותשרי נמי לאו משום דמצוה לקדש על הראייה.** הוי חילול שבת דידהו אלא שיהו המועדות בזמנן לפי תולדות הלבנה: **אלא אי אמרת לעולם חסר אמאי מחללינן.** בלאו דידהו נמי האידנא מקדשין ליה: **ידעי חברין בבלאי.** כלומר נותנין לב להכיר טובה שעושין עמהם בני ארץ ישראל שעיברו את אלול: **משום ירקיא.** להפריד שבת ויום טוב זה מזה כדי שלא יכמושו ירקות הנאכלות כשהן חיין בשבת שאחר יו"ט או ביו"ט שאחר שבת: **משום מתיא.** להפריד שבת ויום הכפורים זה מזה שלא יסריח מת שימות באחד מהן שיהא ראשון ולא יקבר לא היום ולא למחר: **מאי בינייהו.** תרווייהו איתנהו: **יום הכפורים שחל להיות אחר שבת.** אם לא יעברוהו: **מ"ד משום מתיא מעברין.** ודחינן ליום הכפורים ליום שני בשבת: **אימת בעי לה.** לירקות: **לאורתא.** למוצאי יום הכפורים: **לאורתא טרח ומייתי.** ואין צריך ללקט ע"ש הלכך לא מעברינן: **אפשר בעממי.** דאמר מר (ביצה דף ו.) מת בי"ט ראשון יתעסקו בו עממין: **בחמימי.** שורס בחמין וחוזרות לקדמותן: **לדידן חביל לן עלמא.** אנו בני בבל חם לנו העולם ויש לנו הבל לפי שבבל עמוקה היא ואינה ארץ הרים וגבעות כא"י ואין שולט בה אויר ואין בני ארץ ישראל צריכין לעבר משום מתיא ומשום ירקיא אלא בשבילנו: **איני.** וכי מעברינן חודש לצורך: **כשם שמעברין את השנה לצורך.** מפני האביב והתקופה ופירות האילן כדאיתא בפרק קמא דסנהדרין (דף יא:): **כזה ראה וקדש.** כיון שתראה קדש בו ביום: **לעברו.** לעשות את החסר מלא לצורך מותר: **לקדשו.** ביום שלשים והלבנה לא נראית ואם ימתינו עד יום מחר יהא שבת ויוה"כ סמוכין אין מקדשין לצורך: **וה"ק יכול כשם שמעברין לצורך כך מקדשין לצורך ת"ל כזה ראה וקדש.** ראה תחלה ואח"כ קדש אבל כשאתה מעברו ראה וקדש הוא: **מאיימין על העדים על החדש שנראה בזמנו.** ביום שלשים שיתרישו בשביל לעברו: **ואין מאיימין.** ביום שלשים על העדים שלא ראוהו ואנו צריכין לקדשו היום כדי להפריד שבת מיום הכפורים שיאמרו ראינו ויעידו שקר: **היה מלמדנו מאיימין כו'.** אם אנו צריכין לעשותו חסר: **בניסן ותשרי.** שהמועדות תלויין בהן מקדשין לצורך: **בשאר ירחי לא.** ואם תאמר מה צורך לנו בשאר חדשים לחסר ולעבר כגון אותה ששנינו במסכת ערכין (דף ח:) אין פוחתין מארבעה חדשים המעוברין בשנה ולא נראה לעבר יותר על שמונה והתם מפרשינן הטעם ואם עיברו שמונה ובזה לא נראית ביום שלשים נמצא שאנו צריכין לאיים עליהן לומר ראינו בשביל לקדש: **הא דתני רבה.** שאין מעברין ולא מקדשין לצורך: **אחרים היא.** דאמרי לעולם כל החדשים אחד מלא ואחד חסר כסדר מולד הלבנה שמתחדשת לעולם בסוף כ"ט ימים ומחצה שהן חמשים ותשעה לשני חדשים: **ארבעה ימים.** אם נקבע עכשיו באחד בשבת יהא לשנה הבאה בחמישי בשבת שזה חשבון שנים עשר חדש אחד מלא ואחד חסר עולה לשנ"ד ימים והשלש מאות וחמשים כולם שבועים נמצא נדחה להלן ארבעה ימים: **ואם היתה שנה מעוברת ה'.** שמוסיפין עליה חדש חסר שדוחה להן מן שבועים שלימים יום אחד:
האי

מאי טיבותא (עבדינן). שמעברים אלול דמוטב שלא יעברו כדי שלא יהא תרי יומין מספק: **בין מלפניה בין מלאחריה.** רבינו תם לא גרס מלפניה דאם חל ראש השנה וסוכות מלפניה תיפוק ליה משום מתיא דמקלע יום הכפורים באחד בשבת:

שלח ליה ר' יהודה נשיאה לרבי אמי. אין זה רבי יהודה נשיאה שהתיר השמן בפרק אין מעמידין (ע"ז דף לו. ושם) שהיה בימי רב ושמואל דההוא בנו של ר"ג בן רבי יהודה הנשיא והאי דהכא תלמידו של ר' יוחנן דהוה כייף לרב ושמואל [ד]:

הא בניסן ובתשרי. פי' בקונטרס שהמועדות תלוין בהן מקדשין לצורך בשאר ירחי לא וי"מ איפכא:

ואם היתה שנה מעוברת חמשה. בערכין (דף ט:) פריך והא איכא יומא [ה] דתלתין שנין משום דכל שנה עודפת ארבעה ימים שמונה שעות תתע"ג חלקים ואותן חלקים מצטרפין ליום שלם לסוף שלשים שנה ומשני משום דליתיה בכל שנה לא קחשיב:

צריך

עין משפט נר מצוה

קו א מיי' פ"א מהל' קידוש החדש הל' א:
קז ב ג מיי' פ"ג (ופ"ה) מהל' קידוש החדש הלכה טו טז יז יח:

רבינו חננאל

וגם לעדות רבי יהושע בן לוי דאמר לעולם ב' אדרין חסרין הא מתני' תיובתא עליה ולא עמדה אלא עדות ר' סימאי משום חגי זכריה ומלאכי. כי אתא עולא אמר עברוה לאלול. כלומר אצטריך כפי המסורת שהיתה ביד ב"ד ועברוה לאלול. מפני שקראו סוד העבור מפני שב"ד לא היו מגלין אותו אלא למזומנים לעיין בדבר זה והיה אותה שנה יום ל' לאלול יום הסמוך לשבת בין מלפניה בין מלאחריה. וכיון שראה עולא כי עברו ב"ד לאלול נדמה לו שב"ד מעברין על צורך השעה שלא יבא ר"ה בע"ש ולא באחד בשבת. שלא לחבר ב' קדושות כאחד מפני כבוד מתים. או כגון שמחת י"ט בתענוג ירקות וכיוצא בהן. וחלילה לעבר אלא על המסורת שמסורה בידם ממשה רבינו. אבל משלא נתגלו העקרים. מדומים כי על כל צורך מעברין. ועל זה אמר עולא אין שם צורך לדבר אלא משום ירקיא. ורבי אחא אמר משום מיתיא. פי' מ"ד משום מיתיא דהיכא דאקלע כ"ט באלול בשבת חל ר"ה להיות באחד בשבת ואם חל כ"ט באלול יום חמישי מקלע ר"ה בע"ש. ולא יתכן ב' קדושות כאחת. עולא אמר מעברין לאלול חשב בדעתו משום מיתיא דלא אסרחון. כלומר אם ישאר המת ב' ימים יסריח. א) וכן יוה"כ שחל להיות באחד בשבת או בע"ש כיוצא בו. אבל משום ירקיא לא מעברינן אפשר בחמימי. פי' אע"ג דחיימין ירקיא אפשר למיכל מיניהון. וי"א למישלקינהו ולבשולינהו ולמשבקינהו בחמימי דאכיל להן במוצאי יוה"כ ומ"ד משום ירקיא אמר מיתיא אפשר לקברן עממי והן נכרים. ודברים הללו שאמר עולא ור' אחא איכא למימר שעשו אותן ב"ד סעד למסורת שבידם שבהן מעברין כענין שעיקר עיבור השנה באביב. ותנינן (בסנהדרין יא) אין מעברין השנה לא מפני גדיין ולא מפני טלאין ולא מפני גוזלות שלא יפריחו. אבל עושין אותו סעד לשנה. והמסמך של עיבור [הוא] עיבור האביב. כדגרסינן [התם] דזמן אביבא לא מטא. ואקשינן עליהן אם נראה החודש בזמנו. והוא ליל ל' מעברין ליה לאלול משום צורך שנתראה לב"ד לעבר. והתני רבה בר שמואל יכול כשם שמעברין את השנה לצורך מפני האביב כך מעברין את החודש ת"ל החודש הזה לכם. כזה ראה וקדש ופריק רבה אין מקדשין לצורך אבל מעברין החדש לצורך ותריץ להא דרבה בר שמואל הכי יכול כשם שמעברין את השנה על האביב ואת החדש לצורך

השעה כך מחסרין ומקדשין את החדש לצורך ת"ל החדש הזה לכם כזה ראה וקדש. וכי הא דאריב"ל מאיימין עלייהו כדי לחזור בהן ולא יתקיימו דבריהן ויעברוהו אי אצטריך לב"ד. ואין מאיימין על העדים על החדש שלא נראה בזמנו והוא ליל ל' כלומר אין מאיימין אותן לומר להן הזהרו והעידו כי ההוא שנראה לכם כעין כוביתא הלבנה היתה ומקדשין אותו יום שלשים אם הוצרכו ב"ד לחסורי אלא לא טרחינן עלייהו כדי לקדשו בעת שלא נראה בזמנו כלומר מעברין ולא מחסרין. ואקשינן לרבה איני והא שלח ליה ר' יהודה נשיאה לר' אמי הוו יודעין שכל שנותיו של ר' יוחנן היה מלמדינו מאיימין על העדים על חדש שלא נראה בזמנו לקדשו שאע"פ שלא ראו בעליל אלא כעין כוביתא יעידו כי ראינו. ופריק אביי ואמר הכי הא דריב"ל קיימא בכל החדשים זולתי ניסן ותשרי. ור' יוחנן קיימא בניסן ותשרי זולתי שאר ירחי ונתברר לנו דברי אביי כי כך הם ס[illegible] א"י דשקלי וטרי בהאי מלתא. בתחלת פרק ראוהו ב"ד וכל ישראל ואסקוה הכי ולא פליג מה דמר ר' זעירא בשם ריב"ל אין מעמעמין על שלא נראה לקדשו בשאר ירחי. ומה דמר רבא מעמעמין על [illegible] מעמעמין על שנראה לעברו על ניסן ועל תשרי. רבא אמר הא דתני רבה בר שמואל אחרים היא דלית ליה עבור בחדשין כלל. דתניא אין בין ר"ה לר"ה ואין בין עצרת לעצרת אלא ד' ימים בלבד. ואם היתה שנה מעוברת חמשה. פי' אין בשנה לעולם אלא אחד מלא ואחד חסר והן שנ"ד ימים. יוצאין [נ' שביעיות] ישארו ד' ימים. ואם היא מעוברת חדש העבור כ"ט ימים הוא כ"ח ימים יוצאין [ד' שביעיות] נשאר יום הרי ה'. אפכא מאיימין על העדים על חדש שלא נראה בזמנו לקדשו דאמרינן ההיא כוביתא שראיתם לבנה היתה דלא מתחזי כשיקרא. ואין מאיימין על העדים על חדש שנראה בזמנו לעברו כי מאחר שאמר ראיתי יחזור ויאמר לא ראיתי

מסורת הש"ס

א) לקמן כה., ב) [הלח"מ פ"ג דין ט"ו לקה"מ העתיק אמר רב כו'], ג) [תוס' ערכין פ"א] לעיל ו: שבת פז: סוכה נד: ערכין ט:, ד) [עיין של"ה דף תמז ד"ה קהלת], ה) נ"ל דשני ויומא דתלתין.

הגהות הב"ח

(א) רש"י ד"ה איכא דאמרי כו' קס"ד חילול שבת משום מצוה: (ב) ד"ה נעבריה האידנא ביום שלשים זה:

תורה אור השלם

א) הַחֹדֶשׁ הַזֶּה לָכֶם רֹאשׁ חֳדָשִׁים רִאשׁוֹן הוּא לָכֶם לְחָדְשֵׁי הַשָּׁנָה: [שמות יב, ב]

ליקוטי רש"י

תקנת קרבן. של ר"ח שיקריב בזמנו [לקמן כא:]. **ארבעה ימים.** דקסברי לעולם כל חדשי השנה אחד מלא ואחד חסר ואין מעברין ואין מחסרין שום חדש לצורך והויא לה שנה שנ"ד ימים נמצאת כל השנה שבועים שלמים חוץ מד' ימים והן הדוחין קביעות השנה מקביעות חברתה [לעיל ו:]. כשאתה קובע כל החדשים כסדרן אחד מלא ואחד חסר הוו ארבעה ימים בין תחלת שנה לתחלת שנה אחרת שמנין חדשי לבנה כסדרן שנ"ד ימים כולן שבועין חוץ מארבעה ימים [שבת פז:]. אם זה באחד בשבת יחול לשנה הבאה בחמישי בשבת דהיינו ארבעה ימים וזה הסדר לפי מולד לבנה הוא שבין מולד למולד עשרים ותשעה יום ומחצה לשני מולדות חמשים ותשעה נמצא כל חדשי השנה אחד מלא ואחד חסר ואחרים סבירא להו דאין מעברין ואין מחסרין שום חודש לצורך אלא קובעים ראשי חדשים אחד מלא ואחד חסר לעולם נמצא בין פסח לפסח ד' ימים ששה מלאים וששה חסרים שלש מאות וחמשים וארבעה ימים הן שלש מאות וחמשים ימים חמשים שבועות נמצאו ד' יתירים בין קביעת שנה זו לקביעת שנה הבאה [סוכה נד:]. אם אירע ר"ה ביום ראשון יבא לשנה הבאה ליום חמישי דהיינו כולהו כסדרן [ערכין ט:]. **ואם היתה שנה מעוברת חמישה.** דקסבר חדש עיבור לעולם חסר ואינו דוחה את המועדות אלא יום אחד שהוא יתר על ד' שבועות [לעיל ו:]. דקסבר חדש העיבור לעולם חסר עשרים ושמונה ימים שלו ארבעה שבועות נמצא יום אחד יתר תנהו על ארבעה ימים שבשנה פשוטה הרי חמשה [סוכה שם] דקסבר שני האדרים עבדינן חסרים ופסח דחוי יום אחד [שבת שם].

חשק שלמה על ר"ח

א) מדברי רבינו ז"ל אלו נראה דגי' אחרת היה לו בגמ' דלמ"ד משום ירקיא לא חייש משום מיתא כלל משום דאפשר בעממי אבל ל"ע דהא ביוה"כ א"א בעממי.

האי מיחזי כשקרא האי לא מיחזי כשקרא אמר שמואל יכילנא לתקוני לכולה גולה אמר ליה אבא אבוה דרבי שמלאי לשמואל ידע מר האי מילתא דתניא בסוד העיבור נולד קודם חצות או נולד אחר חצות א"ל לא אמר ליה מדהא לא ידע מר איכא מילי אחרנייתא דלא ידע מר כי סליק רבי זירא שלח להו צריך שיהא לילה ויום מן החדש וזו שאמר אבא אבוה דר' שמלאי מחשבין את תולדתו נולד קודם חצות בידוע שנראה סמוך לשקיעת החמה לא נולד קודם חצות בידוע שלא נראה סמוך לשקיעת החמה למאי נפקא מינה אמר רב אשי [ד] לאכחושי סהדי אמר רבי זירא אמר רב נחמן כ"ד שעי מכסי סיהרא לדידן שית מעתיקא ותמני סרי מחדתא לדידהו שית מחדתא ותמני סרי מעתיקא למאי נפקא מינה אמר רב אשי • לאכחושי סהדי אמר מר צריך שיהא לילה ויום מן החדש מנלן ר' יוחנן אמר [א] מערב עד ערב ריש לקיש אמר [ב] עד יום האחד ועשרים לחדש בערב מאי בינייהו אמר אביי משמעות דורשין איכא בינייהו רבא אמר חצות לילה איכא בינייהו אמר רבי זירא אמר רב נחמן כל ספיקא לקמיה שדינן [ג] למימרא דחמיסר ושיתסר עבדינן ארביסר לא עבדינן וליעבד נמי ארביסר דלמא חסרוה לאב וחסרוה [ג] לאלול

תרי

רש"י

האי מיחזי כשקרא. כשנראית בזמנה ואין מעידין הרבה אחרים יש שראוהו ונראה שעל שקר עברוהו אבל כשלא ראוהו ואמרו ראינו אין שקר נודע: יכילנא לתקוני. בלא ראיית עדים כי בקי אני בתולדות הלבנה והילוכה וסדר המזלות: סוד העיבור. ברייתא שנויה ברמזים: נולד קודם חצות או לאחר חצות. כך שנוי בה ורמז בעלמא הוא לומר קודם חצות חלוק מנולד לאחר חצות: ידע מר. מה חילוק יש: כי סליק רבי זירא שלח להו. לחביריו שבבבל שני דברים שלמד כאן: צריך שיהא לילה ויום מן החדש. היום הולך אחר הלילה להיות היום מן החדש שהיה בו ליל שלפניו למדנו שאם נראית הלבנה הישנה משחשיכה יום עשרים ותשעה שהוא ליל שלשים אין מקדשין אותו ביום שלשים וא"ת פשיטא דאין מקדשין שהרי לא תראה החדשה ביום שלשים דקיימא לן עשרים וארבעה שעי מכסי סיהרא כדאמרינן לקמן איצטריך למ"ד מאיימין על העדים על החדש שלא נראה בזמנו לקדשו ואשמעינן דאם נראית הישנה בלילה אין מאיימין שהרי הכל ראו שהלילה מן החדש שעבר: וזו שאמר אבא אבוה דר' שמלאי. לפני שמואל ולא ידע לפרשה מה חילוק בין נולד קודם חצות לנולד לאחר חצות אני מפרשה לכם: מחשבין. את מולד הלבנה: נולד קודם חצות. היום בידוע שנראה היום קודם שתשקע החמה שאין הלבנה מתכסה מבני א"י שהם במערב (א) אלא שש שעות אחר חדושה מתוך קוטנה שהלבנה לעולם בשש שעות לאחר חדושה בקרן מערבית דרומית ונראית להם: [ז] [לא] נולד [עד] אחר חצות. בידוע שלא יראה היום שהיא קטנה כל שש שעות ונעלמת מעין כל: למאי נפקא מינה. למיחשב הרי על פי עדים אנו מקדשין: לאכחושי סהדי. אם נולד אחר חצות ואמרו ראינו החדשה לפני שקיעת החמה כדי לקדשו היום עדי שקר הם: כ"ד שעי מכסי סיהרא. סמוך לחידושה מלפניו ומאחריו היא מתכסה מן העין מתוך קוטנה שש שעות לפני חדושה ושש שעות לאחר חדושה נעלמת מכל אדם קודם לכן ולאחר מכאן שתים עשרה שעות שהיא במזרח נראית לבני מזרח ולא לבני מערב מתוך קוטנה וכשהיא במערב נראית לבני מערב ולא לבני מזרח והיא לעולם לפני חדושה בקרן מזרחית דרומית ולאחר חדושה בקרן מערבית דרומית כך ראיתי ביסודו של רבי סעדיה ז"ל הילכך כשהישנה מתכסה במזרח אין החדשה נראית לבני מזרח עד כ"ד שעות וכשמתכסה מבני מערב אין החדשה נראית להן עד כ"ד שעות: לדידן. לבבל דקיימין במזרח: מכסיא שית מעתיקא. ולא יותר מה טעם מפני שהלבנה הישנה שלפני חדושה בקרן דרומית מזרחית ורואין אותה בני בבל הסמוכים למזרח ונעלמת מהן מכאן ואילך מתוך קוטנה ולסוף שש שעות של חדושה היא עומדת בקרן דרומית מערבית ורואין אותה בני א"י הסמוכין למערב ולא בני בבל וכן כל י"ב שעות שאחר שש שעות הראשונות הרי שמתכסה החדשה מבני בבל י"ח שעות ולאחר י"ח שעות כבר גדולה היא ונראית בכל מקום: לדידהו שית מחדתא. כמו שפירשתי שלבסוף שש נראית לבני מערב: ותמניסר מעתיקא. כמו שפירשתי שהישנה בסוף תכליתה לעולם במזרח וכל שמונה עשרה שעות של ישנה מתוך קוטנה לא נראית במערב אבל קודם לכן גדולה היתה ונראית למרחוק: לאכחושי סהדי. אם יאמרו ראינו הישנה והחדשה בתוך עשרים וארבע שעות שקר העידו: עד ערב תשבתו. למדנו שהיום הולך אחר הלילה לענין המועדות: עד יום האחד ועשרים בערב. למדנו יציאת המועד בערב הרי שהלך היום אחר הלילה: חצות לילה איכא בינייהו. מאן דיליף מיום הכפורים הולך אחר תחילת הלילה דכתיב מערב עד ערב ולדידיה אם נראית הישנה אפילו בתחילת ליל שלשים שוב אין החדש מתקדש ביום שלשים ולמאן דיליף ממצות אין היום הולך אחר תחילת הלילה שהרי מצות לילה הראשון של פסח עד יום האחד ועשרים אכילת מצה רשות ובלבד שלא יאכל חמץ כדאמרינן בשילהי ערבי פסחים (דף קכ:) וחצות לילה ראשון חלוק מהם ונמשך עם הפסח הנשחט בארבעה עשר שהמצה נאכלת עמו חובה ולדידיה אפילו נראית הישנה בתחילת הלילה מאיימין למחר על העדים לומר ראינוהו אם צריכין אנו לקדשו ביום שלשים להרחיק יום הכפורים משבת: כל ספיקא לקמיה שדינן. אין אנו צריכין להקדים פסח או סוכות בי"ד ליום שלשים של אדר ושל אלול מחמת ספק שמא קדשו בית דין את החדש ביום עשרים ותשעה אבל צריכין אנו לעשות יום טוב שני ביום ט"ז מספק שמא עיברו ב"ד את האדר וקבעו ניסן ביום שלשים ואחד וכן באלול: למימרא דחמיסר ושיתסר כו'. בניחותא כלומר אשמעינן רב נחמן הכי: דלמא חסרו לאב. ונמצא יום עשרים ותשעה באלול שלנו שעיברנו את אב היה יום שלשים שלהן וקבעו בו ראש השנה וכן לענין ניסן דלמא חסרו לשבט:

תרי

תוספות

צריך שיהא לילה ויום מן החדש כו'. הא דמאמינין על העדים על החדש שלא נראה בזמנו לומר ראינו אע"פ שלא ראו הני מילי כשיום שלשים לילה ויום מן החדש:

חצות לילה איכא בינייהו. פי' בקונטרס שראה ביסודו של רבי סעדיה שהלבנה לעולם לפני חדושה בקרן מזרחית דרומית ולאחר חדושה בקרן מערבית דרומית וכשהיא במזרח נראית לבני מזרח ולא לבני מערב וכשהיא במערב נראית לבני מערב ולא לבני מזרח ולכך הלבנה הישנה לבני בבל שבמזרח אינה מתכסה אלא שש שעות ולבני ארץ ישראל הרחוקים מתכסה י"ח שעות והחדשה אינה מתכסה לבני ארץ ישראל שבמערב כי אם שש שעות ולבני בבל הרחוקים מתכסה י"ח שעות ולמאן דיליף מיום הכפורים היום הולך אחר תחלת הלילה ואם נראית הישנה בתחלת הלילה שוב אין מקדשין החדש ביום ולמאן דיליף מפסח לא חיישינן אלא שלא תראה מחצות הלילה ואילך ולפי שיטת הקונטרס משמע דלא חיישינן כלל בבני בבל אלא בבני ארץ ישראל דלא"ג דחזו בני בבל הישנה בלילה מקדשין בני א"י את החדש למחרתו ביום ולא חיישינן ובני בבל מונין יום הכפורים וכל המועדות מאותו היום שראו בני א"י החדשה אע"פ שהם ראו הישנה בלילה וזהו תימה ממאי דקרא קפיד אבני א"י ולא קפיד אבני בבל ועוד משהלבנה מתחלת להתחסר לעולם לא תראה עוד בתחלת הלילה עד שתתחדש שכך סדרה בתחלת לידתה יוצאה מביום ונראית בתחלת הלילה מעט ושוקעת ובלילה שלאחריו שוהה מעט יותר לשקוע ומוספת בכל לילה עד שתתמלא ואז יוצאה בתחילת הלילה וזורחת כל הלילה עד היום ושוקעת לאור הבקר ואח"כ מתחלת להתחסר ומאז שוהה לצאת תחלת כל הלילה ומוספת בכל לילה לשהות מלצאת יותר ויותר עד סוף החדש וכל מה שהיא מחסרת מן הלילה היא משלמת מן היום בין בתחלת החדש בין בסופו ויותר היה נראה לפרש דמיירי הכא לענין המולד דצריך שיהא לילה ויום מן החדש שיהיה המולד מבערב של עשרים ותשעה באדר שיהא יום שלשים ולילו הכל מן המולד החדש אבל אין המנהג כן דלא פסלינן מולד זקן אלא כשנולד אחר שמונה עשר וי"א דצריך לילה ויום מן החדש כלומר צריך שיהא סדר הקידוש לילה ויום ולא יום ולילה דאם היה המולד ביום קודם חצות וקדשוהו ב"ד נתקדשה לילה שלפניו ואם נולד אחר חצות ולא נראית ביום אין החדש מתקדש אלא למחר ואין יום זה שלפניו מתקדש עמו והיינו דאבוה דר' שמלאי ולפירוש זה לא ניחא הא דקאמר איכא בינייהו חצות לילה דליכא מאן דאמר שמשתכה לא חייל יום טוב וראש חדש:

לוי

רבינו חננאל

ראיתי מחזי כשיקרא. אמר שמואל יכילנא לתקונה לכולה גולה כלומר יש בי כח לחשוב חשבון השנים ולתקן איזו שנה צריכה עיבור וכן בחדשים איזה חדש צריך להתעבר עד ביאת הגואל ויתישב הסנהדרין. א"ל אבא אבוה דר' שמלאי ידע מר הא דתני בסוד העיבור נולד קודם חצות או אחר חצות. פי' המסורות שהיא עכשיו בידינו שהנולד עד חצות וענין ד"ד וה"ח והצ"א ותרצ"ה ותקפ"ט שאלו הן עקרי החשבון לקבוע השנים ידע להו מר. ואם הדחיות שהן גטר"ד ובה"ו א) תקפ"ט. א"ל לא ידענא. א"ל ומדהא מר לא ידע איכא מילי אחרנייתא דתליין במסורתו ולא בחשבון בלבד ולא ידעינהו מר שמואל. פירוש שאם נולד קודם חצות מפני שלא יתכן להראות הלבנה לבני אדם בו ביום שלשים ויש מי שאומר אלו כולם וגם ג"ט ר"ד שאם נדחות [בשני] הפשוטות ובה"י תקפ"ט לאחר העיבור כולו היה שמואל בקי בהן ודברים אחרים התלוין בחשבון שאמר לא ידענא והוא כגון זה שאמר מחשבין את תולדתו נולד קודם חצות בידוע שנראה סמוך לשקיעת החמה כו' וכיוצא בו דברים אחרים כמו זה. אמר לו אבא אבוה דר' שמלאי דאי לא תימא הכי מה בין חצות לאחר חצות. כי סליק ר' זירא בא"י שלח להו צריך שיהא לילה ויום מן החדש. כלומר אין קובעין ר"ח בו ביום של מולד אלא אם היה המולד שעה ראשונה מן הלילה שנמצא היום והלילה כולו מן הלבנה החדשה. אבל אם היה המולד אח"כ אין קובעין ר"ח אלא למחר. וזה שאמר מחשבין את תולדתו נולד קודם חצות בידוע שנראה סמוך לשקיעת החמה נולד אחר חצות אינו נראה בו ביום כלל. ובא רב אשי ודחה וא' מסורת זה לאכחושי סהדי. פי' שאם נתברר מן החשבון שנולד אחר חצות ובאו עדים ואמרו שראינוהו בו ביום עדי שקר הן שאי אפשר כלל להראות בו ביום ולאו לקובעו ר"ח בו ביום הוא דשלח להו נולד קודם חצות כי הא דאמר ר' זירא אמר רב נחמן כ"ד שעי מכסי סיהרא לדידן שית (שית) מעתיקא וי"ח מחדתא. לדידהו שית מחדתא וי"ח מעתיקא. למאי נפקא מיניה. אמר רב אשי לאכחושי סהדי בו. גם זה שאמר אבוה דר' שמלאי נולד קודם חצות וזה שאמר ר' זירא כ"ד שעי מיכסי סיהרא דבר זה לא נתברר אצלנו יפה לפיכך לא כתבנו בו פירושו ב). אמר מר צריך שיהא יום ולילה מן החדש כמו שאמרנו. כלומר היום שקובעין אותו ר"ח צריך להיות כ"ד שעה מן הלבנה החדשה. קרא מנא לן ר' יוחנן אמר מערב עד ערב. ר' שמעון בן לקיש אמר מהכא עד יום האחד ועשרים לחדש בערב. מאי בינייהו אמר אביי משמעות דורשין איכא בינייהו כלומר זה דורש מזה הפסוק וזה דורש מזה הפסוק ושניהן דבר אחד אמרו. זה אין צריך פירוש. רבא אמר חצות לילה איכא בינייהו. ר' יוחנן שאמר מערב עד ערב סבר אם נולדה הלבנה בתחלת שעה ראשונה של לילה קובעין בו ביום ר"ח דהא איכא מערב עד ערב. ור' שמעון בן לקיש כתיב שבעת ימים מצות תאכלו וכתיב בערב תאכלו מצות עד יום האחד ועשרים לחדש בערב. וכתיב בפסח ואכלו את הבשר בלילה הזה. וכתיב ועברתי בארץ מצרים בלילה הזה. וקיי"ל דהוא חצות לילה שנאמר ויהי בחצי הלילה. וגמר הלילה הזה של אכילת פסח מן הלילה הזה של עברת מצרים מה זה חצות לילה אף זה חצות לילה וכתיב בפסח על מצות ומרורים יאכלוהו ש"מ שאכילת מצה אפי' עד חצות יצא י"ח. והנה לא אכל המצה ביום הראשון אלא מקודם חצות כמעט ונחשב לו יום שלם שנאמר שבעת ימים מצות תאכלו. ש"מ שאם נולד הלבנה עד חצי הלילה יום שלם הוא ונמצא היום והלילה מן החדש וראוי אותו היום לקבעו ר"ח. וזהו פירושו חצות לילה איכא בינייהו ר' יוחנן בעי כ"ד שעות מן החדש. וריש לקיש אמר לך אפילו מחצי הלילה כשר: ירושלמי בסוף פרק אם אינן מכירין אותו משקיעת החמה אתה מונה ללבנה. א"ר סימון והיו לאותות ולמועדים ע"י זה וע"י זה כלומר זה יוצא וזה נכנס. א"ר יוחנן ויהי ערב ויהי בקר יום אחד.

ר"ל

מסורת הש"ס

א) [בכורות כח:], ב) [בשאלתות ליתא], ג) [בשאלתות איתא לשבט וכן נראה מפרש"י ד"ה דלמא וכ"כ רש"י לקמן כא. ד"ה תרי], ד) רש"א וס"א.

הגהות הב"ח

(א) רש"י ד"ה נולד קודם כו' שהם במערב מתוך קוטנה אלא שש שעות אחר חדושה שהלבנה לעולם:

גליון הש"ס

גמ' לאכחושי סהדי. עיין לקמן כד ע"ב תד"ה ראינוהו:

תורה אור השלם

א) שַׁבַּת שַׁבָּתוֹן הוּא לָכֶם וְעִנִּיתֶם אֶת נַפְשֹׁתֵיכֶם בְּתִשְׁעָה לַחֹדֶשׁ בָּעֶרֶב מֵעֶרֶב עַד עֶרֶב תִּשְׁבְּתוּ שַׁבַּתְּכֶם: [ויקרא כג, לב]

ב) בָּרִאשֹׁן בְּאַרְבָּעָה עָשָׂר יוֹם לַחֹדֶשׁ בָּעֶרֶב תֹּאכְלוּ מַצֹּת עַד יוֹם הָאֶחָד וְעֶשְׂרִים לַחֹדֶשׁ בָּעָרֶב: [שמות יב, יח]

חשק שלמה על ר"ח

א) נראה דצ"ל ובט"ו תקפ"ט וכ"ה בטור או"ח סי' תכ"ח ע"ש או דצ"ל ובה"י וכמו שכתב לקמן והיינו הך. ב) עיין בבעל המאור מ"ש על זה.

הָאִי מִיחֲזֵי כְּשִׁיקְרָא – In **this** case, where the moon was sighted, **it has the appearance of falsehood** when the court does not sanctify the month the next day. הָאִי לֹא מִיחֲזֵי כְּשִׁקְרָא – But in **this** other case, when the moon was not sighted, **it does not have the appearance of falsehood** when the court sanctifies the month.[1]

The Gemara elaborates on sanctification of the new month:

אָמַר שְׁמוּאֵל – **Shmuel said:** יָכִילְנָא לְתַקּוּנֵי לְכוּלָּהּ גּוֹלָה – **I am able to establish** the proper date of Rosh Chodesh **for the entire Diaspora.**[2]

The Gemara records a reaction to Shmuel's statement:

אָמַר לֵיהּ אַבָּא אֲבוּהּ דְּרַבִּי שְׂמְלַאי לִשְׁמוּאֵל – **Abba, the father of R' Simlai, said to Shmuel:** יָדַע מַר הָאי מִילְּתָא דְּתַנְיָא בְּסוֹד הָעִיבּוּר – **Does the master know** the explanation of **this matter that was taught in the Baraisa of** the compilation entitled **The Secret of Intercalation:**[3] נוֹלָד קוֹדֶם חֲצוֹת אוֹ נוֹלָד אַחַר חֲצוֹת – There is a difference whether [THE MOON] WAS IN CONJUNCTION BEFORE MIDDAY OR IN CONJUNCTION AFTER MIDDAY?[4]

NOTES

1. If two witnesses sighted the moon on the night of the thirtieth, it is likely that many other people saw the moon as well. Therefore, if we do not allow them to testify about it the following day, it will become known that *Beis Din* manipulated the beginning of the new month. But if *Beis Din* intimidates "witnesses" to testify that they saw the moon when they actually had not, there is no reason for people to suspect that the witnesses were intimidated (*Rashi*).

2. Shmuel claimed that he was so expert in the branch of astronomy associated with calculating the celestial path of the moon that he did not need the testimony of witnesses to know when the new moon would occur (see *Rashi*). [Apparently, Shmuel meant that he could therefore remedy matters for the people of the Diaspora who were in doubt as to when *Beis Din* in Eretz Yisrael established Rosh Chodesh. For he could calculate the time of the new moon, and the people of the Diaspora would be permitted to rely on that determination when they were not informed by messengers of the *Beis Din's* decision. And the requirement that the people of the far Diaspora observe two days Yom Tov because of doubt (see end of this *amud*) originally applied only to those who were not in possession of the means to determine the calendar by calculation (see *Chazon Ish, Orach Chaim* 130:2 and 141:8; see also *Machar Chodesh* [printed in *Asifas Zekeinim*], and *Yesod Olam* 4:5). See, however, *Rabbeinu Chananel* here.]

3. This compilation of Baraisos was known in the times of the Gemara but its full text is no longer extant. [Parts of the work, found in an ancient manuscript, were published in 1903 in the anthology *Leket Midrashim* under the title of *Midrash Sod HaIbur* (מדרש סוד העיבור), and more recently with a commentary by *HaRav Chaim Kanievski,* under the title *Baraisa of Sod HaIbur* (ברייתא דסוד העיבור). The text cited by our Gemara does not appear in the published parts.]

The calendrical secrets referred to here are no more than astronomical computations concerning the cycles of the sun and moon which are the basis of the calendrical units of a year and of a month. There is nothing esoteric about these calculations, but they are known as "secrets" because the sages did not publicize them, but taught them only to a select few (see *Rambam, Hil. Kiddush HaChodesh* 11:4; *Rabbeinu Chananel* to 20a; *Aruch* [ע׳ סד[א]). [It is possible that *Rashi* in ד״ה סוד העיבור means to explain that the compilation is called the "Secret" of Intercalation because it is formulated as hints that are not self-explanatory (see below). Even if so, the thrust is the same, because in all probability, this method of formulation was employed in order to keep the knowledge secret.] *Yesod Olam* (a work on astronomical matters authored by a disciple of *Rosh*) maintains that the sages purposely suppressed calendrical knowledge and kept it secret from the masses in order to avoid disparagement of *Beis Din* due to their decisions regarding the calendar. *Beis Din* often did not strictly follow the calculated results. For example, intercalating an extra month in the year was practiced for an assortment of reasons (see *Sanhedrin* 11a-12a, and above 19b note 7). Similarly, Rosh Chodesh was sometimes postponed to the day following conjunction. Moreover, *Beis Din* occasionally availed themselves of legally fictitious testimony, as taught above (20a). Thus, persons knowledgeable of the calculations but ignorant of *Beis Din's* methods might criticize and disparage *Beis Din's* decisions. To avoid such undermining of *Beis Din,* calendrical knowledge was suppressed and thus the masses accepted *Beis Din's* decisions without question.

When the Sanhedrin ceased to function and a fixed calendar was instituted, there was no longer any purpose in hiding the calculations. Thus, they were publicized and indeed they are elaborated by *Rambam* and other works (*Yesod Olam,* quoted in the contemporary work *Chazon Shamayim*).

4. The Baraisa states only that there is some difference whether conjunction falls before or after midday, but does not elaborate on what the difference is. The compilation "Secret of the Intercalation" contains many such terse and cryptic statements (*Rashi*). Here, R' Abba is inquiring of Shmuel whether he can interpret this particular citation.

Conjunction (or *molad*) and the moon's cycle:

[This subject is also treated in the General Introduction to this tractate; see there.] The moon moves around the earth (eastward), completing its cycle once a month. At one point in this cycle, the moon is aligned exactly between the earth and the sun (that is, they will have the same longitude). That alignment is known as the conjunction (of the moon and sun, relative to the earth). At about the time of conjunction, a new month begins in the Jewish calendar. Now, the moon does not give off any of its own light; rather it reflects the sun's light. Thus at any time, only half of the moon's surface – that which faces the sun – is illuminated, while the other side remains dark. How much of the light side is visible to observers on earth depends on the moon's position relative to the sun and earth. At the time of conjunction, when the moon is between the earth and the sun, the light side of the moon faces the sun and the dark side faces the earth, making the moon invisible to an observer on earth (see diagram A). As the moon continues in its cycle and moves eastward out of alignment, a small crescent becomes visible. As the moon continues on its course, more of its lighted side becomes visible. The more the moon moves out of this alignment, the more it becomes visible. When the moon has completed half of its monthly cycle, it is directly opposite the sun, on the *other* side of the earth (the earth being positioned between the sun and the moon). Then a full moon is seen (see diagram B). This occurs at about the middle of the Jewish month. The moon then continues in its cycle and begins moving closer to the sun. As the moon progresses on its course, less and less of it is visible (see diagram C). When the moon reaches again the point of

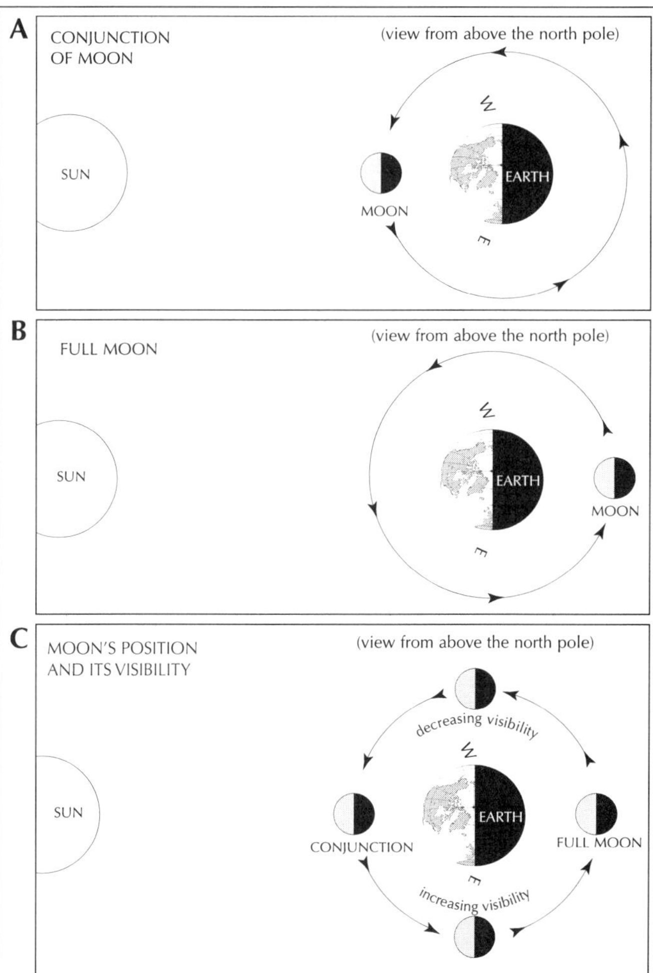

האי מיחזי כשיקרא האי לא מיחזי כשקרא אמר שמואל יכילנא לתקוני לכולה גולה אמר ליה אבא אבוה דרבי שמלאי לשמואל ידע מר האי מילתא דתניא בסוד העיבור נולד קודם חצות או נולד אחר חצות א"ל לא אמר ליה מדהא לא ידע מר איכא מילי אחרנייתא דלא ידע מר כי סליק רבי זירא שלח להו צריך שיהא לילה ויום מן החדש וזו שאמר אבא אבוה דר' שמלאי מחשבין את תולדתו נולד קודם חצות בידוע שנראה סמוך לשקיעת החמה לא נולד קודם חצות בידוע שלא נראה סמוך לשקיעת החמה למאי נפקא מינה אמר רב אשי [א] לאכחושי סהדי אמר רבי זירא אמר רב נחמן כ"ד שעי מכסי סיהרא לדידן שית מעתיקא ותמני סרי מחדתא לדידהו שית מחדתא ותמני סרי מעתיקא למאי נפקא מינה אמר רב אשי • לאכחושי סהדי אמר מר צריך שיהא לילה ויום מן החדש מנלן ר' יוחנן אמר [א] מערב עד ערב ריש לקיש אמר [ב] עד יום האחד ועשרים לחדש בערב מאי בינייהו אביי אמר משמעות דורשין איכא בינייהו רבא אמר חצות לילה איכא בינייהו אמר רבי זירא אמר רב נחמן כל ספיקא לקמיה שדינן [ג] למימרא דחמיסר ושיתסר עבדינן ארביסר לא עבדינן וליעבד נמי ארביסר דלמא חסרוה לאב וחסרוה [ג] לאלול

תרי

רש"י

האי מיחזי כשקרא. כשנראית בזמנה ואין מעידין הרבה אחרים יש שראוהו ונראה שעל שקר עברוהו אבל כשלא ראוהו ואמרו ראינו אין שקר נודע: יכילנא לתקוני. בלא ראיית עדים כי בקי אני בתולדות הלבנה והילוכה וסדר המזלות: סוד העיבור. ברייתא שנויה ברמזים: נולד קודם חצות או לאחר חצות. כך שנוי בה ורמז בעלמא הוא לומר קודם חצות חלוק מנולד לאחר חצות: ידע מר. מה חילוק יש: כי סליק רבי זירא שלח להו. לחביריו שבבבל שני דברים שלמד כאן: צריך שיהא לילה ויום מן החדש. היום הולך אחר הלילה להיות היום מן החדש שהיה בו ליל שלפניו למדנו שאם נראית הלבנה הישנה משחשיכה יום עשרים ותשעה שהוא ליל שלשים אין מקדשין אותו ביום שלשים וא"ת פשיטא דאין מקדשין שהרי לא תראה החדשה ביום שלשים דקיימא לן עשרים וארבעה שעי מכסי סיהרא כדאמרינן לקמן איצטריך למ"ד מאיימין על העדים על החדש שלא נראה בזמנו לקדשו ואשמעינן דאם נראית הישנה בלילה אין מאיימין שהרי הכל ראו שהלילה מן החדש שעבר: וזו שאמר אבא אבוה דר' שמלאי. לפני שמואל ולא ידע לפרשה מה חילוק בין נולד קודם חצות לנולד לאחר חצות אני מפרשה לכם: מחשבין. את מולד הלבנה: נולד קודם חצות. היום בידוע שנראה היום קודם שתשקע החמה שאין הלבנה מתכסה מבני א"י שהם במערב (א) אלא שש שעות אחר חדושה מתוך קוטנה שהלבנה לעולם בשש שעות לאחר חדושה בקרן מערבית דרומית ונראית להם: [ד] [לא] נולד [עד] אחר חצות. בידוע שלא יראה היום שהיא קטנה כל שש שעות ונעלמת מעין כל: למאי נפקא מינה. למיחשב הרי על פי עדים אנו מקדשין: לאכחושי סהדי. אם נולד אחר חצות ואמרו ראינו החדשה לפני שקיעת החמה כדי לקדשו היום עדי שקר הם: כ"ד שעי מכסי סיהרא. סמוך לחידושה מלפניו ומאחריו היא מתכסה מן העין מתוך קוטנה שש שעות לפני חדושה ושש שעות לאחר חדושה נעלמת מכל אדם קודם לכן ולאחר מכאן שתים עשרה שעות שהיא במזרח נראית לבני מזרח ולא לבני מערב מתוך קוטנה וכשהיא במערב נראית לבני מערב ולא לבני מזרח והיא לעולם לפני חדושה בקרן מזרחית דרומית ולאחר חדושה בקרן מערבית דרומית כך ראיתי ביסודו של רבי סעדיה ז"ל הילכך כשהישנה מתכסה במזרח אין החדשה נראית לבני מזרח עד כ"ד שעות וכשמתכסה מבני מערב אין החדשה נראית להן עד כ"ד שעות: לדידן. לבבל דקיימין במזרח: מכסיא שית מעתיקא. ולא יותר מה טעם מפני שהלבנה הישנה שלפני חדושה בקרן דרומית מזרחית ורואין אותה בני בבל הסמוכים למזרח ונעלמת מהן מכאן ואילך מתוך קוטנה ולסוף שש שעות של חדושה היא עומדת בקרן דרומית מערבית ורואין אותה בני א"י הסמוכין למערב ולא בני בבל וכן כל י"ב שעות שאחר שש שעות הראשונות הרי שמתכסה החדשה מבני בבל י"ח שעות ולאחר י"ח שעות כבר גדולה היא ונראית בכל מקום: לדידהו שית מחדתא. כמו שפירשתי שלבסוף שש נראית לבני מערב: ותמניסר מעתיקא. כמו שפירשתי שהישנה בסוף תכליתה לעולם במזרח וכל שמונה עשרה שעות של ישנה מתוך קוטנה לא נראית במערב אבל קודם לכן גדולה היתה ונראית למרחוק: לאכחושי סהדי. אם יאמרו ראינו הישנה והחדשה בתוך עשרים וארבע שעות שקר העידו: עד ערב תשבתו. למדנו שהיום הולך אחר הלילה לעניין המועדות: עד יום האחד ועשרים בערב. למדנו יציאת המועד בערב הרי שהלך היום אחר הלילה: חצות לילה איכא בינייהו. מאן דיליף מיום הכפורים הולך אחר תחילת הלילה דכתיב מערב עד ערב ולדידיה אם נראית הישנה אפילו בתחילת ליל שלשים שוב אין החדש מתקדש ביום שלשים ולמאן דיליף ממצות אין היום הולך אחר תחילת הלילה שהרי מצות לילה הראשון של פסח עד יום האחד ועשרים אכילת מצה רשות ובלבד שלא יאכל חמץ כדאמרינן בשילהי ערבי פסחים (דף קכ:) ומצות לילה ראשון חלוק מהם ונמשך עם הפסח הנשחט בארבעה עשר שהמצה נאכלת עמו חובה ולדידיה אפילו נראית הישנה בתחילת הלילה מאיימין למחר על העדים לומר ראיתוהו אם צריכין אנו לקדשו ביום שלשים להרחיק יום הכפורים משבת: כל ספיקא לקמיה שדינן. אין אנו צריכין להקדים פסח או סוכות בי"ד ליום שלשים של אדר ושל אלול מחמת ספק שמא קדשו בית דין את החדש ביום עשרים ותשעה אבל צריכין אנו לעשות יום טוב שני ביום ט"ז מספק שמא עיברו ב"ד את האדר וקבעו ניסן ביום שלשים ואחד וכן באלול: למימרא דחמיסר ושיתסר כו'. בניחותא כלומר אשמעינן רב נחמן הכי: דלמא חסרו לאב. ונמצא יום עשרים ותשעה באלול שלנו שעיברנו את אב היה יום שלשים שלהן וקבעו בו ראש השנה וכן לעניין ניסן דלמא חסרו לשבט:

תרי

תוספות

צריך שיהא לילה ויום מן החדש כו'. הא דמאמינין על העדים על החדש שלא נראה בזמנו לומר ראינו אע"פ שלא ראו הני מילי כשיום שלשים לילה ויום מן החדש: חצות לילה איכא בינייהו. פי' בקונטרס שראה ביסודו של רבי סעדיה שהלבנה לעולם לפני חדושה בקרן מזרחית דרומית ולאחר חדושה בקרן מערבית דרומית וכשהיא במזרח נראית לבני מזרח ולא לבני מערב וכשהיא במערב נראית לבני מערב ולא לבני מזרח ולכך הלבנה הישנה לבני בבל שבמזרח אינה מתכסה אלא שש שעות ולבני ארץ ישראל הרחוקים מתכסה י"ח שעות והחדשה אינה מתכסה לבני ארץ ישראל שבמערב כי אם שש שעות ולבני בבל הרחוקים מתכסה י"ח שעות ולמאן דיליף מיום הכפורים היום הולך אחר תחלת הלילה ואם נראתה הישנה בתחלת הלילה שוב אין מקדשין החדש ביום ולמאן דיליף מפסח לא חיישינן אלא שלא תראה מחצות הלילה ואילך ולפי שיטת הקונטרס משמע דלא חיישינן כלל בבני בבל אלא בבני ארץ ישראל דאע"ג דחזו בני בבל הישנה בלילה מקדשין בני א"י את החדש למחרתו ביום ולא חיישינן ובני בבל מונין יום הכפורים וכל המועדות מאותו היום שראו בני א"י החדשה אע"פ שהם ראו הישנה בלילה וזהו תימה ממאי דקרא קפיד אבני א"י ולא קפיד אבני בבל ועוד משהלבנה מתחלת להתחסר לעולם לא תראה עוד בתחלת הלילה עד שתתחדש שכך סדרה בתחלת לידתה יוצאה מביום ונראית בתחלת הלילה מעט ושוקעת ובלילה שלאחריו שוהה מעט יותר לשקוע ומוספת בכל לילה עד שתתמלא ואז יוצאה בתחילת הלילה וזורחת כל הלילה עד היום ושוקעת לאור הבקר ואח"כ מתחלת להתחסר ומאז שוהה לצאת תחלת כל הלילה ומוספת בכל לילה לשהות מלצאת יותר ויותר עד סוף החדש וכל מה שהיא מחסרת מן הלילה היא משלמת מן היום בין בתחלת החדש בין בסופו ויותר היה נראה לפרש דמיירי הכא לעניין המולד דצריך שיהא לילה ויום מן החדש שיהיה המולד מבערב של עשרים ותשעה באדר שיהא יום שלשים ולילו הכל מן המולד החדש אבל אין המנהג כן דלא פסלינן מולד זקן אלא כשנולד אחר שמונה עשר וי"א דצריך לילה ויום מן החדש כלומר צריך שיהא סדר הקידוש לילה ויום ולא יום ולילה דאם היה המולד ביום קודם חצות וקדשוהו ב"ד נתקדשה לילה שלפניו ואם נולד אחר חצות ולא נראית ביום אין החדש מתקדש אלא למחר ואין יום זה שלפניו מתקדש עמו והיינו דאבוה דר' שמלאי ולפירוש זה לא ניחא הא דקאמר איכא בינייהו חצות לילה דליכא מאן דאמר שמשתכה לא חייל יום טוב וראש חדש:

לוי

רבינו חננאל

ראיתי מחזי כשיקרא. אמר שמואל יכילנא לתקונה לכולה גולה כלומר יש בי כח לחשוב חשבון השנים ולתקן איזו שנה צריכה עיבור וכן חדשים איזה חדש צריך להתעבר עד ביאת הגואל ויתישב הסנהדרין. א"ל אבא אבוה דר' שמלאי ידע מר הא דתני בסוד העיבור נולד קודם חצות או אחר חצות. פי' המסורות שהיא עכשיו בידינו שהנולד עד חצות וענין ד"ד וה"ח והצ"א ותרצ"ה ותקפ"ט שאלו הן עקרי החשבון לקבוע השנים ידע להו מר. ואם הדחויות שהן גטר"ד ובה"ו [א] תקפ"ט. א"ל לא ידענא. א"ל ומדהא מר לא ידע איכא מילי אחרנייתא דתליין במסורותו ולא בלבד ולא ידעינהו מר שמואל. פירוש שאם נולד קודם חצות מפני שלא יתכן להראות הלבנה לבני אדם בו ביום שלשים ויש מי שאומר אלו כולם וגם ג"ט ר"ד שאם נדחות [בשנן הפשוטות ובה"ו] תקפ"ט לאחר העיבור כולו היה שמואל בקי בהן ודברים אחרים התלוין בחשבון שאמר לא ידענא והוא כגון זה שאמר מחשבין את תולדתו נולד קודם חצות בידוע שנראה לשקיעת החמה כו' וכיוצא בו בדברים אחרים כמו זה. אמר לו אבא אבוה דר' שמלאי דאי לא תימא הכי מה בין חצות לאחר חצות. כי סליק ר' זירא בא"י שלח להו צריך שיהא לילה ויום מן החדש. כלומר אין קובעין ר"ח בו ביום שלא נולד אלא אם היה המולד שעה ראשונה מן הלילה שנמצא היום והלילה כולו מן הלבנה החדשה. אבל אם היה המולד אח"כ אין קובעין ר"ח אלא למחר. וזה שאמר מחשבין את תולדתו נולד קודם חצות בידוע שנראה סמוך לשקיעת החמה נולד אחר חצות אינו נראה בו ביום כלל. ובא רב אשי ודחה וא' מסורת זה לאכחושי סהדי. פי' שאם נתברר מן החשבון שנולד אחר חצות ובאו עדים ואמרו שראינוהו בו ביום עדי שקר הן שאי אפשר כלל להראות בו ביום ולאו לקובעו ר"ח בו ביום ולאו דשלח להו נולד קודם חצות כי הא דאמר ר' זירא אמר רב נחמן כ"ד שעי מכסי סיהרא לדידן שית (שית) מעתיקא וי"ח מחדתא. לדידהו שית מחדתא וי"ח מעתיקא. למאי נפקא מיניה. אמר רב אשי לאכחושי סהדי בו. גם זה שאמר אבוה דר' שמלאי נולד קודם חצות וזה שאמר ר' זירא כ"ד שעי מיכסי סיהרא דבר זה לא נתברר אצלנו יפה לפיכך לא כתבנו בו פירוש [ג]. אמר מר צריך שיהא יום ולילה מן החדש כמו שאמרנו. כלומר היום שקובעין אותו ר"ח צריך להיות כ"ד שעה מן הלבנה החדשה. קרא מנא לן ר' יוחנן אמר מערב עד ערב. ר' שמעון בן לקיש אמר מהכא עד יום האחד ועשרים לחדש בערב. מאי בינייהו אמר אביי משמעות דורשין איכא בינייהו כלומר זה דורש מזה הפסוק וזה דורש מזה הפסוק ושניהן דבר אחד אמרו. זה אין צריך פירוש. רבא אמר חצות לילה איכא בינייהו. ר' יוחנן שאמר מערב עד ערב סבר אם נולדה הלבנה בתחלת שעה ראשונה של לילה קובעין בו ביום ר"ח דהא איכא מערב עד ערב. ור' שמעון בן לקיש כתיב שבעת ימים מצות תאכלו וכתיב בערב תאכלו מצות עד יום האחד ועשרים לחדש בערב. וכתיב בפסח ואכלו את הבשר בלילה הזה. וכתיב ועברתי בארץ מצרים בלילה הזה. וקיי"ל דהוא חצות לילה שנאמר ויהי בחצי הלילה. וגמר הלילה הזה של אכילת פסח מן הלילה הזה של עברת מצרים מה זה חצות לילה אף זה חצות לילה וכתיב בפסח על מצות ומרורים יאכלוהו ש"מ שאכילת מצה אפי' עד חצות יצא י"ח. והנה לא אכל המצה ביום ראשון אלא מקודם חצות כמעט ונחשב לו יום שלם שנאמר שבעת ימים מצות תאכלו. ש"מ שאם נולד הלבנה עד חצי הלילה יום שלם הוא ונמצא היום והלילה מן החדש. וזהו פירוש חצות לילה איכא בינייהו ר' יוחנן בעי כ"ד שעות מן החדש. וריש לקיש אמר לך אפילו מחצי הלילה כשר: ירושלמי בסוף פרק אם אינן מכירין אותו משקיעת החמה אתה מונה ללבנה. א"ר סימון והיו לאותות ולמועדים ע"י זה וע"י זה. כלומר זה יוצא וזה נכנס. א"ר יוחנן ויהי ערב ויהי בקר יום אחד.

ר"ל

מסורת הש"ס

א) [בכורות כח:], ב) [בשאלתות ליתא], ג) [בשאלתות איתא לשבט וכן נראה מפרש"י ד"ה דלמא וכ"כ רש"י לקמן כא. ד"ה תרי], ד) רש"א וש"א.

הגהות הב"ח

(א) רש"י ד"ה נולד קודם כו' שהם במערב מתוך קטנה אלא שש שעות אחר חדושה שהלבנה לעולם:

גליון הש"ס

גמ' לאכחושי סהדי. עיין לקמן כב ע"ב תד"ה ראיתיהו:

תורה אור השלם

א) שַׁבַּת שַׁבָּתוֹן הוּא לָכֶם וְעִנִּיתֶם אֶת נַפְשֹׁתֵיכֶם בְּתִשְׁעָה לַחֹדֶשׁ בָּעֶרֶב מֵעֶרֶב עַד עֶרֶב תִּשְׁבְּתוּ שַׁבַּתְּכֶם: [ויקרא כג, לב]

ב) בָּרִאשֹׁן בְּאַרְבָּעָה עָשָׂר יוֹם לַחֹדֶשׁ בָּעֶרֶב תֹּאכְלוּ מַצֹּת עַד יוֹם הָאֶחָד וְעֶשְׂרִים לַחֹדֶשׁ בָּעָרֶב: [שמות יב, יח]

חשק שלמה על ר"ח

א) נראה דצ"ל ובעו"ג תקפ"ט וכ"ה בטור או"ח סי' תכ"ח ע"ש או דצ"ל ובה"ו וכמו שכתב לקמן והיינו הך. ב) עיין בבעל המאור מ"ש על זה.

Shmuel replies:

אָמַר לֵיהּ – He said to [Abba]: לֹא – No.

Abba responds:

אָמַר לֵיהּ – He said to Shmuel: מִדְּהָא לֹא יָדַע מַר – Since the master does not know this statement, **אִיכָּא מִילֵּי אַחֲרַנְיָיתָא דְּלֹא יָדַע מַר – there may also be other things that the master does not know.**

The Gemara pursues the explanation of this Baraisa:

כִּי סָלֵיק רַבִּי זֵירָא – When R' Zeira went up to Eretz Yisrael,[5] **שְׁלַח לְהוּ – he sent** the following two statements **to [his colleagues]** in Babylonia: **צָרִיךְ שֶׁיְּהֵא לַיְלָה וְיוֹם מִן הַחֹדֶשׁ – It is necessary that the night and the** following **day be** part **of the** same **month.**[6] **וְזוֹ שֶׁאָמַר אַבָּא אֲבוּהַ דְּרַבִּי שִׂמְלַאי – And** regarding **that** Baraisa **which Abba, the father of R' Simlai, spoke** about, and Shmuel did not know how to explain it, the explanation is thus: **מְחַשְּׁבִין אֶת תּוֹלַדְתּוֹ – We calculate [the moon's] conjunction.**[7] **נוֹלַד קוֹדֶם חֲצוֹת – If it was in conjunction before midday, בְּיָדוּעַ שֶׁנִּרְאָה סָמוּךְ לִשְׁקִיעַת הַחַמָּה – certainly it could be sighted close to sunset** that day.[8] **לֹא נוֹלַד קוֹדֶם חֲצוֹת – But if it was not in conjunction before midday,** but rather afterwards, **בְּיָדוּעַ שֶׁלֹּא נִרְאָה סָמוּךְ לִשְׁקִיעַת הַחַמָּה – certainly it could not be sighted close to sunset** that day.[9]

The Gemara questions R' Zeira's explanation of the Baraisa:

לְמַאי נָפְקָא מִינָּהּ – What difference does it make that we can determine when the conjunction occurred? In any event we are sanctifying the new month on the basis of witnesses sighting the moon, *not* calculation![10] – ? –

The Gemara answers:

אָמַר רַב אַשִׁי – Rav Ashi said: לְאַכְחוּשֵׁי סַהֲדֵי – By calculating the conjunction, we are able **to refute** false **witnesses.**[11]

NOTES

conjunction, it again becomes totally invisible.

As the moon approaches conjunction, i.e. during the latter half of the month (when the moon lies west of the sun), it is known as the "old moon." After conjunction, i.e. the first half of the month (when the moon lies east of the sun east), it is known as the "new moon." The moment of conjunction is therefore known in Hebrew as the *molad* [literally: the birth], because it is as that moment that the "new" moon is born. (In actual fact, immediately after the *molad* the moon's crescent is too thin to be seen by the naked eye. It takes a number of hours before the new moon can actually be observed, as will be explained in the Gemara shortly. Additionally, when the moon is so close to conjunction, its light is overwhelmed by the stronger light of the sun, rendering the moon invisible to an observer on earth. Nevertheless, we call conjunction the *molad,* because it is the theoretical "birth" of the new moon.)

5. R' Zeira was originally a disciple of Rav Yehudah and Rav Huna in Babylonia. Later, he emigrated ("went up") to Eretz Yisrael to study under R' Yochanan.

6. [According to *Hagahos Yavetz,* this should be vowelized מִן הֶחָדָשׁ, *from the new [month].*] In general, Jewish law considers the day to begin with the nighttime period (see *Chullin* 83a). Accordingly, R' Zeira teaches that if the old moon was sighted on the night following the twenty-ninth (which is the eve of the thirtieth), this demonstrates that the eve of the thirtieth is still part of the preceding month. Therefore the *Beis Din* cannot on the morrow declare that day to be Rosh Chodesh (i.e. the first of the next month) because "it is necessary that the night and day should be part of the same month" (*Rashi*).

Now, the Gemara below teaches that there is always a minimum of twenty-four hours between the disappearance of the old moon and the appearance of the new. If so, *Rashi* asks, R' Zeira's teaching seems irrelevant. For if the old moon was sighted at night, it is impossible for witnesses to sight the new moon on the following day, and there would be no basis by which the *Beis Din* could declare that day to be Rosh Chodesh! Why did R' Zeira need to rule out the permissibility of declaring Rosh Chodesh when the circumstance is in any case impossible?

Rashi answers that R' Zeira is referring to a case in which the *Beis Din* wished to avail itself of the legal device of fabricating testimony for the purpose of declaring Rosh Chodesh – a permitted procedure, if need be, as taught above on 20a. R' Zeira comes to teach that if the old moon was sighted at night, then *Beis Din* is not allowed to declare Rosh Chodesh on the morrow through the device of fictitious testimony, because of the rule that both day and night must belong to the same month.

[Indeed, it seems that even if the *Beis Din* would wish on the morrow to declare the day Rosh Chodesh retroactive to the preceding nightfall – making both night and day part of the same (new) month – they would not be allowed to do so. Since the old moon was clearly visible and observed by the public at night, it was common knowledge that the night belonged to the old month. *Beis Din* cannot now issue a ruling that contradicts public knowledge. Such a ruling would appear false and bring *Beis Din* into disrepute. (The foregoing would appear to be *Rashi's* intent. See *Turei Even* and *Aruch LaNer,* who read the concept of *Beis Din's* disrepute into *Rashi.* Our understanding of *Rashi* would seem to remove *Turei Even's* objections.)]

Tosafos object to *Rashi's* explanation on the grounds that the old moon can never be sighted at night – only in the early morning (as explained below, note 12). However, several authors defend *Rashi* by demonstrating through complex computations that the possibility of sighting the old moon after sunset does exist, albeit very rarely (see *Maggid HaRakia* pp. 495-496; see also *Rashash*).

7. It is a mitzvah incumbent upon *Beis Din* to calculate the *molad* and to determine (on the basis of that and a number of other factors) whether or not the new moon can be sighted, in order to refute any false witnesses (*Rambam, Hil. Kiddush HaChodesh* 1:6,7). [*Rambam's* wording suggests that it is a positive Torah commandment (מִצְוַת עֲשֵׂה) for the *Beis Din* to engage in these calculations – see *Shekel HaKodesh* to *Rambam* ad loc.]

8. Immediately after the *molad* (conjunction), the moon's crescent is too small to be seen by the naked eye. As explained in the Gemara below, it takes between six and eighteen hours after the *molad* – depending on the geographical location of the observer – for the moon to become visible to the naked eye. Witnesses of the new moon testified in Eretz Yisrael where, according to *Rashi's* explanation of the ensuing Gemara, the new moon becomes visible six hours after the *molad.* Thus the *molad* must fall at least six hours before nightfall for the moon to become visible on that day in Eretz Yisrael. [Our Gemara is referring to a time of year when the daylight hours equal the nighttime hours – i.e. in March and September at the time of the equinoxes (see *Tosafos* to 24b ד״ה ראינוהו). At that time, there is a period of six standard hours from midday until sunset. Thus, the *molad* must fall at least before midday so that the moon may be visible that day.]

9. Because for the first six hours after the *molad,* the moon is too small to be sighted (*Rashi*).

10. *Rashi.*

11. If the *molad* fell after midday and witnesses come to testify that they sighted the new moon that evening before sunset, we can be certain that they are false witnesses (*Rashi*). Or possibly, they do not mean to lie, but they observed a white cloud in the shape of the moon and mistook it for the actual moon [see below, 24a] (*Rambam, Hil. Kiddush HaChodesh* 1:6).

[Whether the *molad* falls before or after midday has ramifications even today, when we follow a fixed calendar and there is no need to refute false witnesses. A *molad* that falls after midday is known as *molad zakein* (literally: an old *molad*) [because it falls at a late hour, when the day is already "old"] (*Tosafos*). One of the features of our present-day calendar is that, barring certain exceptions, the festival of Rosh Hashanah is fixed on the day that the *molad* of Tishrei falls. One of the exceptions that cause Rosh Hashanah to be postponed to the day after the *molad* is when the *molad* of Tishrei is a *molad zakein,* i.e. it falls after midday. The reason for this postponement has its roots in our Gemara. When the months were sanctified on the basis of testimony, then the day on which a *molad zakein* occurred was perforce not the day of Rosh Chodesh, because the moon could not be sighted that day. So too nowadays, the day of a *molad zakein* is not fixed as Rosh Hoshanah. (See *Rambam, Hil. Kiddush HaChodesh* 7:2 and *Sh'vilei D'Rakia* 1:11b.)]

R' Zerachyah HaLevi (the *Baal HaMaor*) has a different interpretation of this *sugya,* and his interpretation has important ramifications for establishing the location of a halachic dateline. A synopsis of his interpretation and its halachic consequences is given in an appendix at the end of this volume.

האי מיחזי כשקרא האי לא מיחזי כשקרא אמר שמואל יכילנא לתקוני לכולה גולה אמר ליה אבא אבוה דרבי שמלאי לשמואל ידע מר האי מילתא דתניא בסוד העיבור נולד קודם חצות או נולד אחר חצות א"ל לא אמר ליה מדהא לא ידע מר איכא מילי אחרינייתא דלא ידע מר כי סליק רבי זירא שלח להו צריך שיהא לילה ויום מן החדש וזו שאמר אבא אבוה דר' שמלאי מחשבין את תולדתו נולד קודם חצות בידוע שנראה סמוך לשקיעת החמה לא נולד קודם חצות בידוע שלא נראה סמוך לשקיעת החמה למאי נפקא מינה אמר רב אשי [א] לאכחושי סהדי אמר רבי זירא אמר רב נחמן כ"ד שעי מכסי סיהרא לדידן שית מעתיקא ותמני סרי מחדתא לדידהו שית מחדתא ותמני סרי מעתיקא למאי נפקא מינה אמר רב אשי * לאכחושי סהדי אמר מר צריך שיהא לילה ויום מן החדש מנלן ר' יוחנן אמר [א] מערב עד ערב ריש לקיש אמר [ב] עד יום האחד ועשרים לחדש בערב מאי בינייהו אמר אביי משמעות דורשין איכא בינייהו רבא אמר חצות לילה איכא בינייהו אמר רבי זירא אמר רב נחמן כל ספיקא לקמיה שדינן [ג] למימרא דחמיסר ושיתסר עבדינן ארביסר לא עבדינן וליעבד נמי ארביסר דלמא חסרוה לאב וחסרוה [ג] לאלול

תרי

האי מיחזי כשקרא. כשנראית בזמנה ואין מעידין הרבה אחרים יש שרואהו ונראה שעל שקר עברוהו אבל כשלא ראוהו ואמרו ראינו אין שקר נודע: יכילנא לתקוני. בלא ראיית עדים כי בקי אני בתולדות הלבנה והילוכה וסדר המזלות: סוד העיבור. ברייתא שנויה ברמזים: נולד קודם חצות או לאחר חצות. כך שנוי בה ורמז בעלמא הוא לומר קודם חצות חלוק מנולד לאחר חצות: ידע מר. מה חילוק יש: כי סליק רבי זירא שלח להו. לחביריו שבבבל שני דברים שלמד כאן: צריך שיהא לילה ויום מן החדש. היום הולך אחר הלילה להיות היום מן החדש שהיה בו ליל שלפניו למדנו שאם נראית הלבנה הישנה משחשיכה יום עשרים ותשעה שהוא ליל שלשים אין מקדשין אותו ביום שלשים וא"ת פשיטא דאין מקדשין שהרי לא תראה החדשה ביום שלשים דקיימא לן עשרים וארבעה שעי מכסי סיהרא כדאמרינן לקמן איצטריך למ"ד מאיימין על העדים על החדש שלא נראה בזמנו לקדשו ואשמעינן דאם נראית הישנה בלילה אין מאיימין שהרי הכל ראו שהלילה מן החדש שעבר: וזו שאמר אבא אבוה דר' שמלאי. לפני שמואל ולא ידע לפרשה מה חילוק בין נולד קודם חצות לנולד לאחר חצות אני מפרשה לכם: מחשבין. את מולד הלבנה: נולד קודם חצות. היום בידוע שנראה היום קודם שתשקע החמה שאין הלבנה מתכסה מבני א"י שהם במערב (א) אלא שש שעות אחר חדושה מתוך קוטנה שהלבנה לעולם בשש שעות לאחר חדושה בקרן מערבית דרומית ונראית להם: [ד] [לא] נולד [עד] אחר חצות. בידוע שלא יראה היום שהיא קטנה כל שש שעות ונעלמת מעין כל: למאי נפקא מינה. למיחשב הרי על פי עדים אנו מקדשין: לאכחושי סהדי. אם נולד אחר חצות ואמרו ראינו החדשה לפני שקיעת החמה כדי לקדשו היום עדי שקר הם: כ"ד שעי מכסי סיהרא. סמוך לחידושה מלפניו ומאחריו היא מתכסה מן העין מתוך קוטנה שש שעות לפני חדושה ושש שעות לאחר חדושה נעלמת מכל אדם קודם לכן ולאחר מכאן שתים עשרה שעות שהיא במזרח נראית לבני מזרח ולא לבני מערב מתוך קוטנה וכשהיא במערב נראית לבני מערב ולא לבני מזרח והיא לעולם לפני חדושה בקרן מזרחית דרומית ולאחר חדושה בקרן מערבית דרומית כך ראיתי ביסודו של רבי סעדיה ז"ל הילכך כשהישנה מתכסה במזרח אין החדשה נראית לבני מזרח עד כ"ד שעות וכשמתכסה מבני מערב אין החדשה נראית להן עד כ"ד שעות: לדידן. לבבל דקיימין במזרח: מכסיא שית מעתיקא. ולא יותר מה טעם מפני שהלבנה הישנה שלפני חדושה בקרן דרומית מזרחית ורואין אותה בני בבל הסמוכים למזרח ונעלמת מהן מכאן ואילך מתוך קוטנה ולסוף שש שעות של חדושה היא עומדת בקרן דרומית מערבית ורואין אותה בני א"י הסמוכין למערב ולא בני בבל וכן כל י"ב שעות שאחר שש שעות הראשונות הרי שמתכסה החדשה מבני בבל י"ח שעות ולאחר י"ח שעות כבר גדולה היא ונראית בכל מקום: לדידהו שית מחדתא. כמו שפירשתי שלבסוף שש נראית לבני מערב: ותמניסר מעתיקא. כמו שפירשתי שהישנה בסוף תכליתה לעולם במזרח וכל שמונה עשרה שעות של ישנה מתוך קוטנה לא נראית במערב אבל קודם לכן גדולה היתה ונראית למרחוק: לאכחושי סהדי. אם יאמרו ראינו הישנה והחדשה בתוך עשרים וארבע שעות שקר העידו: עד ערב תשבתו. למדנו שהיום הולך אחר הלילה לענין המועדות: עד יום האחד ועשרים בערב. למדנו יציאת המועד בערב הרי שהלך היום אחר הלילה: חצות לילה איכא בינייהו. מאן דיליף מיום הכפורים הולך אחר תחילת הלילה דכתיב מערב עד ערב ולדידיה אם נראית הישנה אפילו בתחילת ליל שלשים שוב אין החדש מתקדש ביום שלשים ולמאן דיליף ממצות אין היום הולך אחר תחילת הלילה שהרי מצות לילה הראשון של פסח עד יום האחד ועשרים אכילת מצה רשות ובלבד שלא יאכל חמץ כדאמרינן בשילהי ערבי פסחים (דף קכ:) ומצות לילה ראשון חלוק מהם ונמשך עם הפסח הנשחט בארבעה עשר שהמצה נאכלת עמו חובה ולדידיה אפילו נראית הישנה בתחילת הלילה מאיימין למחר על העדים לומר ראינוהו אם צריכין אנו לקדשו ביום שלשים להרחיק יום הכפורים משבת: כל ספיקא לקמיה שדינן. אין אנו צריכין להקדים פסח או סוכות בי"ד ליום שלשים של אדר ושל אלול מחמת ספק שמא קדשו בית דין את החדש ביום עשרים ותשעה אבל צריכין אנו לעשות יום טוב שני ביום ט"ז מספק שמא עיברו ב"ד את האדר וקבעו ניסן ביום שלשים ואחד וכן באלול: למימרא דחמיסר ושיתסר כו'. בניחותא כלומר אשמעינן רב נחמן הכי: דלמא חסרו לאב. ונמצא יום עשרים ותשעה באלול שלנו שעיברנו את אב היה יום שלשים שלהן וקבעו בו ראש השנה וכן לענין ניסן דלמא חסרו לשבט:

תרי

צריך שיהא לילה ויום מן החדש כו'. הא דמאמינין על העדים על החדש שלא נראה בזמנו לומר ראינו אע"פ שלא ראו הני מילי כשיום שלשים לילה ויום מן החדש:

חצות לילה איכא בינייהו. פי' בקונטרס שראה ביסודו של רבי סעדיה שהלבנה לעולם לפני חדושה בקרן מזרחית דרומית ולאחר חדושה בקרן מערבית דרומית וכשהיא במזרח נראית לבני מזרח ולא לבני מערב וכשהיא במערב נראית לבני מערב ולא לבני מזרח ולכך הלבנה הישנה לבני בבל שבמזרח אינה מתכסה אלא שש שעות ולבני ארץ ישראל הרחוקים מתכסה י"ח שעות והחדשה אינה מתכסה לבני ארץ ישראל שבמערב כי אם שש שעות ולבני בבל הרחוקים מתכסה י"ח שעות ולמאן דיליף מיום הכפורים היום הולך אחר תחלת הלילה ואם נראתה הישנה בתחלת הלילה שוב אין מקדשין החדש ביום ולמאן דיליף מפסח לא חיישינן אלא שלא תראה מחצות הלילה ואילך ולפי שיטת הקונטרס משמע דלא חיישינן כלל בבני בבל אלא בבני ארץ ישראל דאע"ג דחזו בני בבל הישנה בלילה מקדשין בני א"י את החדש למחרתו ביום ולא חיישינן ובני בבל מונין יום הכפורים וכל המועדות מאותו היום שראו בני א"י החדשה אע"פ שהם ראו הישנה בלילה וזהו תימה מאי דקרא קפיד אבני א"י ולא קפיד אבני בבל ועוד משהלבנה מתחלת להתחסר לעולם לא תראה עוד בתחלת הלילה עד שתתחדש שכך סדרה בתחלת לידתה יוצאה מביום ונראית בתחלת הלילה מעט ושוקעת ובלילה שלאחריו שוהה מעט יותר לשקוע ומוספת בכל לילה עד שמתמלאה ואז יוצאה בתחילת הלילה חוזרת כל הלילה עד היום ושוקעת לאור הבקר ואח"כ מתחלת להתחסר ומאז שוהה לצאת תחלת כל הלילה ומוספת בכל לילה לשהות מלצאת יותר ויותר עד סוף החדש וכל מה שהיא מתחסרת מן הלילה היא משלמת מן היום בין בתחלת החדש בין בסופו ויותר היה נראה לפרש דמיירי הכא לענין המולד דצריך שיהא לילה ויום מן החדש שיהיה המולד מבערב של עשרים ותשעה בלילה שיהא יום שלשים ולילו הכל מן המולד החדש אבל אין המנהג כן דלא פסלינן מולד זקן אלא כשנולד אחר שמונה עשר וי"א דצריך לילה ויום מן החדש כלומר צריך שיהא סדר הקידוש לילה ויום ולא יום ולילה דאם היה המולד ביום קודם חצות וקדשוהו ב"ד נתקדשה לילה שלפניו ואם נולד אחר חצות ולא נראית ביום אין החדש מתקדש אלא למחר ואין יום זה שלפניו מתקדש עמו והיינו דאבוה דר' שמלאי ולפירוש זה לא ניחא הא דקאמר איכא בינייהו חצות לילה דליכא מאן דאמר שמשחשכה לא חייל יום טוב וראש חדש:

לוי

רבינו חננאל

ראיתי מחזי כשיקרא. אמר שמואל יכילנא לתקונה לכולה גולה כלומר יש בי כח לחשוב חשבון השנים ולתקן איזו שנה צריכה עיבור וכן בחדשים איזה חדש צריך להתעבר עד ביאת הגואל ויתישב הסנהדרין. א"ל אבא אבוה דר' שמלאי ידע מר הא דתני בסוד העיבור נולד קודם חצות או אחר חצות. פי' המסורות שהיא עכשיו בידינו שהנולד עד חצות וענין ד"ד וה"ח והצ"א ותרצ"ה ותקפ"ט שאלו הן עקרי החשבון לקבוע השנים ידע להו מר. ואם הדחיות שהן גטר"ד ובה"ו [א] תקפ"ט. א"ל לא ידענא. א"ל ומדהא מר לא ידע איכא מילי אחרנייתא דתליין במסורתו ולא בחשבון בלבד ולא ידעינהו מר שמואל. פירוש שאם נולד קודם חצות מפני שלא יתכן להראות הלבנה לבני אדם בו ביום שלשים ויש מי שאומר אלו כולם וגם ג"ט ר"ד שאם נדחות [בשנין] הפשוטות ובה"ו תקפ"ט לאחר העיבור כולו היה שמואל בקי בהן ודברים אחרים התלוין בחשבון שאמר לא ידענא והוא כגון זה שאמר מחשבין את תולדתו נולד קודם חצות בידוע שנראה סמוך לשקיעת החמה כו' וכיוצא בו דברים אחרים כמו זה. אמר לו אבא אבוה דר' שמלאי דאי לא תימא הכי מה בין חצות לאחר חצות. כי סליק ר' זירא בא"י שלח להו צריך שיהא לילה ויום מן החדש. כלומר אין קובעין ר"ח בו ביום של מולד אלא אם היה המולד שעה ראשונה מן הלילה שנמצא היום והלילה כולו מן הלבנה החדשה. אבל אם היה המולד אח"כ אין קובעין ר"ח אלא למחר. וזה שאמר מחשבין את תולדתו נולד קודם חצות בידוע שנראה סמוך לשקיעת החמה נולד אחר חצות אינו נראה בו ביום כלל. ובא רב אשי ודחה וא' מסורת זה לאכחושי סהדי. פי' שאם נתברר מן החשבון שנולד אחר חצות ובאו עדים ואמרו שראינוהו בו ביום עדי שקר הן שאי אפשר כלל להראות בו ביום ולאו לקובעו ר"ח בו ביום הוא דשלח להו נולד קודם חצות כי הא דאמר ר' זירא אמר רב נחמן כ"ד שעי מכסי סיהרא לדידן שית (שית) מעתיקא וי"ח מחדתא. לדידהו שית מחדתא וי"ח מעתיקא. למאי נפקא מיניה. אמר רב אשי לאכחושי סהדי בו. גם זה שאמר אבוה דר' שמלאי נולד קודם חצות וזה שאמר ר' זירא כ"ד שעי מיכסי סיהרא דבר זה לא נתברר אצלנו יפה לפיכך לא כתבנו בו פירושו [ב]. אמר מר צריך שיהא יום ולילה מן החדש כמו שאמרנו. כלומר היום שקובעין אותו ר"ח צריך להיות כ"ד שעה מן הלבנה החדשה. קרא מנא לן ר' יוחנן אמר מערב עד ערב. ר' שמעון בן לקיש אמר מהכא עד יום האחד ועשרים לחדש בערב. מאי בינייהו אמר אביי משמעות דורשין איכא בינייהו כלומר זה דורש מזה הפסוק וזה דורש מזה הפסוק ושניהם דבר אחד אמרו. זה אין צריך פירוש. רבא אמר חצות לילה איכא בינייהו. ר' יוחנן שאמר מערב עד ערב סבר אם נולדה הלבנה בתחלת שעה ראשונה של לילה קובעין בו ביום ר"ח דהא איכא מערב עד ערב. ור' שמעון בן לקיש כתיב שבעת ימים מצות תאכלו וכתיב בערב תאכלו מצות עד יום האחד ועשרים לחדש בערב. וכתיב בפסח ואכלו את הבשר בלילה הזה. וכתיב ועברתי בארץ מצרים בלילה הזה. וקי"ל דהוא חצות לילה שנאמר ויהי בחצי הלילה. וגמר הלילה הזה של עברת מצרים מן הלילה הזה של אכילת פסח מה להלן עד חצות לילה אף זה חצות לילה וכתיב בפסח על מצות ומרורים יאכלוהו ש"מ שאכילת מצה אפי' עד חצות יצא י"ח. והנה לא אכל המצה ביום הראשון אלא מקודם חצות כמעט ונחשב לו יום שלם שנאמר שבעת ימים מצות תאכלו. ש"מ שאם נולד הלבנה עד חצי הלילה יום שלם הוא ונמצא היום והלילה מן החדש וראוי אותו היום לקבעו ר"ח. וזהו פירושו חצות לילה איכא בינייהו. ר' יוחנן בעי כ"ד שעות מן החדש. וריש לקיש אמר לך אפילו מחצי הלילה כשר: ירושלמי בסוף פרק אם אינן מכירין אותו משקיעת החמה אתה מונה לו לבנה. א"ר סימון והיו לאותות ולמועדים ע"י זה הם כלומר זה יוצא וזה נכנס. א"ר יוחנן ויהי ערב ויהי בקר יום אחד.

ר"ל

מסורת הש"ס

א) [בכורות נח:], ב) [בשאלתות ליתא], ג) [בשאלתות איתא לשבט וכן נראה מפרש"י ד"ה דלמא וכו' וכ"כ רש"י לקמן כה. ד"ה תרין], ד) רש"ל וש"א.

הגהות הב"ח

(א) רש"י ד"ה נולד קודם כו' שהם במערב מתוך קוטנה אלא שש שעות אחר חדושה שהלבנה לעולם:

גליון הש"ס

גמ' לאכחושי סהדי. עיין לקמן כד ע"ב תד"ה ראינוהו:

תורה אור השלם

א) שַׁבַּת שַׁבָּתוֹן הוּא לָכֶם וְעִנִּיתֶם אֶת נַפְשֹׁתֵיכֶם בְּתִשְׁעָה לַחֹדֶשׁ בָּעֶרֶב מֵעֶרֶב עַד עֶרֶב תִּשְׁבְּתוּ שַׁבַּתְּכֶם: [ויקרא כג, לב]

ב) בָּרִאשֹׁן בְּאַרְבָּעָה עָשָׂר יוֹם לַחֹדֶשׁ בָּעֶרֶב תֹּאכְלוּ מַצֹּת עַד יוֹם הָאֶחָד וְעֶשְׂרִים לַחֹדֶשׁ בָּעָרֶב: [שמות יב, יח]

חשק שלמה על ר"ח

א) נראה דצ"ל ובט"ו תקפ"ט וכ"ה בטור או"ח סי' תכ"ח ע"ש או דצ"ל והט"ו וכמו שכתב לקמן וכ"ה הך. ב) עיין בבעל המאור מ"ש על זה.

The Gemara elaborates on the invisibility of the moon around the time of conjunction:

אָמַר רַבִּי זֵירָא אָמַר רַב נַחְמָן – R' Zeira said in the name of Rav Nachman: **עֶשְׂרִים וְאַרְבָּעָה שָׁעֵי מִכַּסֵּי סִיהֲרָא – The moon is covered** [i.e. invisible] **for twenty-four hours.**[12] **לְדִידָן – To us** in Babylonia, **שִׁית מֵעַתִּיקָא וְתַמְנֵי סְרֵי מֵחַדְתָּא** – it is invisible for **six** hours **of the old** moon **and eighteen** hours **of the new** moon.[13] **לְדִידְהוּ – To them** in Eretz Yisrael, **שִׁית מֵחַדְתָּא וְתַמְנֵי סְרֵי מֵעַתִּיקָא** – it is invisible for **six** hours **of the new** moon **and eighteen** hours **of the old** moon.[14]

NOTES

12. Immediately after conjunction, as the moon moves eastward out of alignment with the sun, the moon's crescent is then so small that it is invisible to the naked eye. Similarly at the end of the month, as the moon approaches from the west towards conjunction, its crescent again becomes too small to be seen. Thus, there is a period of invisibility between the disappearance of the old moon and the appearance of the new one: The old moon is invisible at the end of its cycle and the new moon is invisible at the beginning of its cycle. In other words, before and after the *molad,* the moon is invisible. R' Zeira tells us here in the name of Rav Nachman that the total period of invisibility extends at least twenty-four hours. How many of those twenty-four hours are before conjunction and how many are afterwards, however, depends on the geographical location of the observer, as follows in the Gemara. The total duration of invisibility, though, is always at least twenty-four hours.

Introductory notes to the ensuing Gemara

As is well known, the sun rises above the horizon every morning in the east, travels westward and sets in the evening in the west (due to the earth's daily west-to-east rotation). In September and March (roughly corresponding to the Jewish months of Tishrei and Nissan), the period from sunrise to sunset is approximately twelve hours.

Not only the sun, but the whole celestial sphere rotates daily from east to west. Specifically, the moon, too, rises daily above the horizon in the east and sets in the west some twelve hours later. (This is in addition to the moon's monthly cycle around the earth.) Clearly, there can be no question of seeing the moon unless it is above the horizon, i.e. between moonrise and moonset. But even when large enough and above the horizon, the moon is not always visible. It is usually not visible during most of the daylight hours because the daylight overwhelms the moon's weak light.

The times of moonrise vary throughout the month. At the beginning and end of each month (that is, around the time of the *molad*), when the moon is quite close to the sun, the moon rises in the morning close to sunrise and sets in the evening close to sunset.

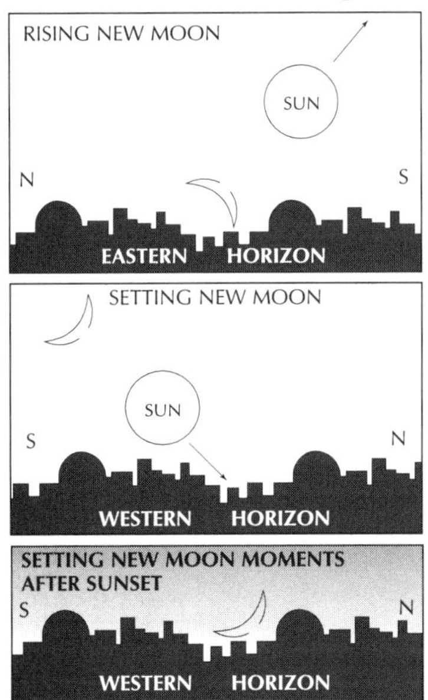

As explained above, after the *molad* the moon lies east of the sun. Therefore, in the daily westward cycle of the sun, the new moon trails closely behind the sun, rising and setting a few minutes after the sun. Thus, in the morning the rising sun is higher than the rising new moon, and in the evening the setting sun is lower than the setting moon (see diagrams). Now, at about the time of the *molad,* at the beginning and end of each month, the moon's visible crescent is very small. Therefore, the new moon is not visible when it rises in the morning, because the sun is above it and illuminates the eastern sky, outshining the slender moon. At night, however, the sun sets before the new moon. After the sun has set, the sky is darkened and the thin sliver of the setting moon can therefore be seen (see diagram [top]). Even moments before sunset, the new moon can be seen (see *Rashi* ד״ה נולד קודם חצות). For since the sun is lower than the moon and is on the verge of setting, the sky is dark enough for the moon to be visible (see diagram [right]).

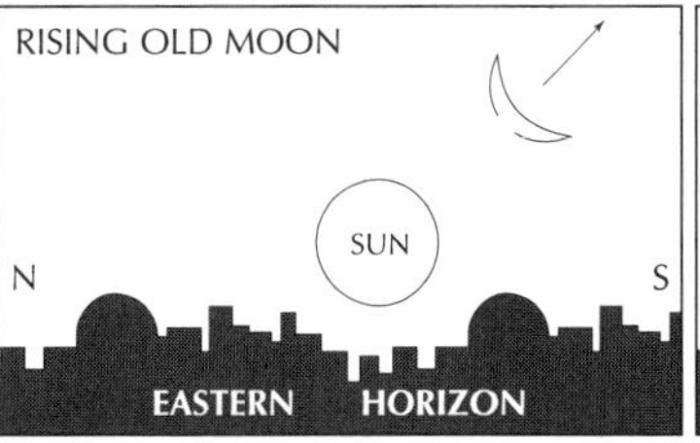

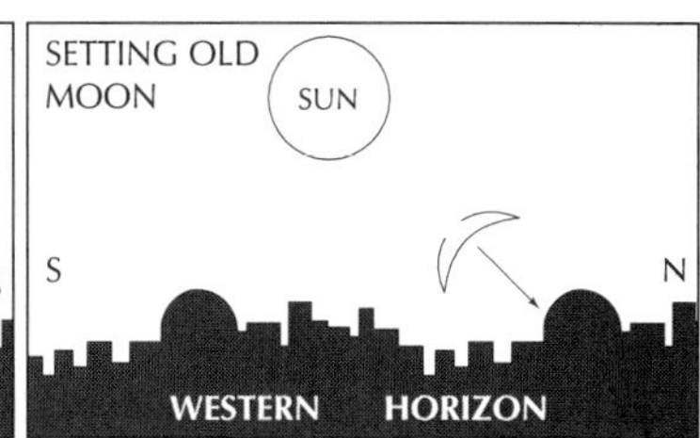

As regards the old moon the converse is true. The old moon lies west of the sun, and therefore precedes the sun in the daily westward cycle, rising and setting a few minutes before the sun (see diagrams [above]). Thus in the morning before sunrise, when the sky is still dark, the small moon – which has already risen – is visible in the eastern sky (see diagram). In the evening, on the other hand, the moon sets before the sun and is therefore not visible in the lighted sky before it sets. Thus, the old moon is visible only in the early morning in the eastern sky.

In short, the new moon is visible only in the evening in the western sky, and the old moon is visible only in the morning in the eastern sky.

[*Rashi* speaks of the new moon being seen in the southwest and the old moon in the southeast, rather than in the west and east respectively. Apparently, *Rashi* is referring to the moon's position relative to *the sun:* That is, the new moon is seen (in the northern hemisphere) setting in the west to the south of the sun, and the old moon is seen rising in the east to the south of the sun. Alternatively, *Rashi* means here what he means on 24a, end of ד״ה כאן בימות החמה – namely, that the new moon is always south of due west (though *Rashi's* assertion there is difficult – see note 3 there). In any event, it is the east-west direction of the moon that is important for our *sugya,* not its north-south direction.]

13. As explained above, the closer the moon is to conjunction the smaller is its visible crescent; the further from conjunction (either before or after) the greater is its crescent. *Rashi* explains (on the authority of *Rav Saadiah Gaon*) that for six hours before and after conjunction, the crescent of the moon is so small that it is completely invisible, regardless of the observer's location. For an additional twelve hours, before and after conjunction (a total of eighteen hours), the moon is invisible to observers in certain locations but visible to others. More than eighteen hours away from the *molad,* all observers can see the moon.

Now, Babylonia lies east of Eretz Yisrael. Since the old moon is visible in the east, the eastern Babylonians have a favorable viewpoint and can still observe the old moon in the east until a mere six hours before the *molad.* However, as regards the new moon, which is visible in the west, the eastern Babylonians stand at a disadvantage and can observe it only eighteen hours after the *molad.* Thus, R' Zeira states that for the Babylonians, the twenty-four hours of invisibility consist of the last six hours of the old moon and the first eighteen hours of the new moon (see *Rashi* ; an elucidation of his commentary follows below in the next note).

14. Eretz Yisrael lies west of Babylonia. Thus, when observing the new moon in the western sky, the people of Eretz Yisrael stand at a vantage point and can see it a mere six hours after the *molad.* The old moon, however, which is viewed in the east, is invisible to the people of Eretz Yisrael for eighteen hours before the *molad.* Thus, in Eretz Yisrael, the twenty-four hours of invisibility consist of the first six hours of the new moon and the last eighteen hours of the old moon (see *Rashi*).

Elucidation of *Rashi's* commentary

Rashi's comments here are puzzling, to say the least. Besides the plethora of objections leveled at his explanation by *Tosafos* and other commentators, the basic premise that Babylonia is closer to the east and thus has a better view of the eastern sky than Eretz Yisrael seems unintelligible. After all, all observers see the rising and setting sun and moon with equal clarity, regardless of their location. Furthermore, the

האי מיחזי כשקרא האי לא מיחזי כשקרא אמר שמואל יכילנא לתקוני לכולה גולה אמר ליה אבא אבוה דרבי שמלאי לשמואל ידע מר האי מילתא דתניא בסוד העיבור נולד קודם חצות או נולד אחר חצות א"ל לא אמר ליה מדהא לא ידע מר איכא מילי אחרנייתא דלא ידע מר כי סליק רבי זירא שלח להו צריך שיהא לילה ויום מן החדש וזו שאמר אבא אבוה דר' שמלאי מחשבין את תולדתו נולד קודם חצות בידוע שנראה סמוך לשקיעת החמה לא נולד קודם חצות בידוע שלא נראה סמוך לשקיעת החמה למאי נפקא מינה אמר רב אשי א) לאכחושי סהדי אמר רבי זירא אמר רב נחמן כ"ד שעי מכסי סיהרא לדידן שית מעתיקא ותמני סרי מחדתא לדידהו שית מחדתא ותמני סרי מעתיקא למאי נפקא מינה אמר רב אשי ° לאכחושי סהדי אמר מר צריך שיהא לילה ויום מן החדש מנלן ר' יוחנן אמר א) מערב עד ערב ריש לקיש אמר ב) עד יום האחד ועשרים לחדש בערב מאי בינייהו אביי אמר משמעות דורשין איכא בינייהו רבא אמר חצות לילה איכא בינייהו אמר רבי זירא אמר רב נחמן כל ספיקא לקמיה שדינן ג) למימרא דחמיסר ושיתסר עבדינן ארביסר לא עבדינן וליעבד נמי ארביסר דלמא חסרוה לאב וחסרוה ג) לאלול תרי

רש"י

האי מיחזי כשקרא. כשנראית בזמנה ואין מעידין הרבה אחרים יש שראוהו ונראה שעל שקר עברוהו אבל כשלא ראוהו ואמרו ראינו אין שקר נודע: **יכילנא לתקוני.** בלא ראיית עדים כי בקי אני בתולדות הלבנה והילוכה וסדר המזלות: **סוד העיבור.** ברייתא שנויה ברמזים: **נולד קודם חצות או לאחר חצות.** כך שנוי בה ורמז בעלמא הוא לומר קודם חצות חלוק מנולד לאחר חצות: **ידע מר.** מה חילוק יש: **כי סליק רבי זירא שלח להו.** לחבריו שבבבל שני דברים שלמד כאן: **צריך שיהא לילה ויום מן החדש.** היום הולך אחר הלילה להיות היום מן החדש שהיה בו ליל שלפניו למדנו שאם נראית הלבנה הישנה משחשיכה יום עשרים ותשעה שהוא ליל שלשים אין מקדשין אותו ביום שלשים וא"ת פשיטא דאין מקדשין שהרי לא תראה החדשה ביום שלשים דקיימא לן עשרים וארבעה שעי מכסי סיהרא כדאמרינן לקמן אלא דצריך למ"ד מאמינין על העדים על החדש שלא נראה זמנו לקדשו ואשמעינן דאם נראית הישנה בלילה אין מאמינין שהרי הכל ראו שהלילה מן החדש שעבר: **וזו שאמר אבא אבוה דר' שמלאי.** לפני שמואל ולא ידע לפרשה מה חילוק בין נולד קודם חצות לנולד לאחר חצות אני מפרשה לכם: **מחשבין.** את מולד הלבנה: **נולד קודם חצות.** היום בידוע שנראה היום קודם שתשקע החמה שאין הלבנה מתכסה מבני א"י שהם במערב (א) אלא שש שעות אחר חדושה מתוך קוטנה שהלבנה לעולם בשש שעות לאחר חדושה בקרן מערבית דרומית ונראית להם: ד) **[לא] נולד [עד] אחר חצות.** בידוע שלא יראה היום שהיא קטנה כל שש שעות ונעלמת מעין כל: **למאי נפקא מינה.** למיחשב הרי על פי עדים אנו מקדשין: **לאכחושי סהדי.** אם נולד אחר חצות ואמרו ראינו החדשה לפני שקיעת החמה כדי לקדשו היום עדי שקר הם: **כ"ד שעי מכסי סיהרא.** סמוך לחידושה מלפניו ומאחריו היא מתכסה מן העין מתוך קוטנה שש שעות לפני חדושה ושש שעות לאחר חדושה נעלמת מכל אדם קודם לכן ולאחר מכאן שתים עשרה שעות שהיא במזרח נראית לבני מזרח ולא לבני מערב מתוך קוטנה וכשהיא במערב נראית לבני מערב ולא לבני מזרח והיא לעולם לפני חדושה בקרן מזרחית דרומית ולאחר חדושה בקרן מערבית דרומית כך ראיתי ביסודו של רבי סעדיה ז"ל הילכך כשהישנה מתכסה במזרח אין החדשה נראית לבני מזרח עד כ"ד שעות וכשמתכסה מבני מערב אין החדשה נראית להן עד כ"ד שעות: **לדידן.** לבבל דקיימין במזרח: **מכסיא שית מעתיקא.** ולא יותר מה טעם מפני שהלבנה הישנה שלפני חדושה בקרן דרומית מזרחית ורואין אותה בני בבל הסמוכים למזרח ונעלמת מהן מכאן ואילך מתוך קוטנה ולסוף שש שעות של חדושה היא עומדת בקרן דרומית מערבית ורואין אותה בני א"י הסמוכין למערב ולא בני בבל וכן כל י"ב שעות שאחר שש שעות הראשונות הרי שמתכסה החדשה מבני בבל י"ח שעות ולאחר י"ח שעות כבר גדולה היא ונראית בכל מקום: **לדידהו שית מחדתא.** כמו שפירשתי שלבסוף שש נראית לבני מערב: **ותמניסר מעתיקא.** כמו שפירשתי שהישנה בסוף תכליתה לעולם במזרח וכל שמונה עשרה שעות של ישנה מתוך קוטנה לא נראית במערב אבל קודם לכן גדולה היתה ונראית למרחוק: **לאכחושי סהדי.** אם יאמרו ראינו הישנה והחדשה בתוך עשרים וארבע שעות שקר העידו: **עד ערב תשבתו.** למדנו שהיום הולך אחר הלילה: **עד יום האחד ועשרים בערב.** לעניין המועדות: למדנו יציאת המועד בערב הרי שהלך היום אחר הלילה: **חצות לילה איכא בינייהו.** מאן דיליף מיום הכפורים הולך אחר תחילת הלילה דכתיב מערב עד ערב ולדידיה אם נראית הישנה אפילו בתחילת ליל שלשים שוב אין החדש מתקדש ביום שלשים ולמאן דיליף ממצות אין היום הולך אחר תחילת הלילה שהרי מצות לילה הראשון של פסח עד יום האחד ועשרים אכילת מצה רשות ובלבד שלא יאכל חמץ כדאמרינן בשילהי ערבי פסחים (דף קכ:) ומצות לילה ראשון חלוק מהם ונמשך עם הפסח הנשחט בארבעה עשר שהמצה נאכלת עמו חובה ולדידיה אפילו נראית הישנה בתחילת הלילה מאיימין למחר על העדים לומר ראינוהו אם צריכין אנו לקדשו ביום שלשים להרחיק יום הכפורים משבת: **כל ספיקא לקמיה שדינן.** אין אנו צריכין להקדים פסח או סוכות בי"ד ליום שלשים של אדר ושל אלול מחמת ספק שמא קדשו בית דין את החדש ביום עשרים ותשעה אבל צריכין אנו לעשות יום טוב שני ביום ט"ז מספק שמא עיברו ב"ד את האדר וקבעו ניסן ביום שלשים ואחד וכן באלול: **למימרא דחמיסר ושיתסר כו'.** בניחותא כלומר אשמעינן רב נחמן הכי: **דלמא חסרו לאב.** ונמצא יום עשרים ותשעה באלול שלנו שעיברנו את אב היה יום שלשים שלהן וקבעו בו ראש השנה וכן לענין ניסן דלמא חסרו לשבט:

תרי

תוספות

צריך שיהא לילה ויום מן החדש כו'. הא דמאמינן על העדים על החדש שלא נראה זמנו לומר ראינו אע"פ שלא ראו הני מילי כשיום שלשים לילה ויום מן החדש:

חצות לילה איכא בינייהו. פי' בקונטרס שראה ביסודו של רבי סעדיה שהלבנה לעולם לפני חדושה בקרן מזרחית דרומית ולאחר חדושה בקרן מערבית דרומית וכשהיא במזרח נראית לבני מזרח ולא לבני מערב וכשהיא במערב נראית לבני מערב ולא לבני מזרח ולכך הלבנה הישנה לבני בבל שבמזרח אינה מתכסה אלא שש שעות ולבני ארץ ישראל הרחוקים מתכסה י"ח שעות והחדשה אינה מתכסה לבני ארץ ישראל שבמערב כי אם שש שעות ולבני בבל הרחוקים מתכסה י"ח שעות ולמאן דיליף מיום הכפורים היום הולך אחר תחלת הלילה ואם נראתה הישנה בתחלת הלילה שוב אין מקדשין החדש ביום ולמאן דיליף מפסח לא חיישינן אלא שלא תראה מחצות הלילה ואילך ולפי שיטת הקונטרס משמע דלא חיישינן כלל בבני בבל אלא בבני ארץ ישראל דלע"ג דחזו בני בבל הישנה בלילה מקדשין בני א"י את החדש למחרתו ביום ולא חיישינן ובני בבל מונין יום הכפורים וכל המועדות מאותו היום שראו בני א"י החדשה אע"פ שהם ראו הישנה בלילה וזהו תימה ממאי דקרא קפיד אבני א"י ולא קפיד אבני בבל ועוד משהלבנה מתחלת להתחסר לעולם לא תראה עוד בתחלת הלילה עד שתתחדש שכך סדרה בתחלת לידתה יוצאה מביום ונראית בתחלת הלילה מעט ושוקעת ובלילה שלאחריו שוהה מעט יותר לשקוע ומוספת בכל לילה עד שתתמלא ואז יוצאה בתחילת הלילה וזורחת כל הלילה עד היום ושוקעת לאור הבקר ואח"כ מתחלת להתחסר ומאז שוהה לצאת תחלת כל הלילה ומוספת בכל לילה לשהות מלצאת יותר ויותר עד סוף החדש וכל מה שהיא מחסרת מן הלילה היא משלמת מן היום בין בתחלת החדש בין בסופו ויותר היה נראה לפרש דמיירי הכא לעניין המולד דצריך שיהא לילה ויום מן החדש שיהיה המולד מבערב של עשרים ותשעה באדר שיהא יום שלשים ולילו הכל מן המולד החדש אבל אין המנהג כן דלא פסלינן מולד זקן אלא כשנולד אחר שמונה עשר וי"א דצריך לילה ויום מן החדש כלומר צריך שיהא סדר הקידוש לילה ויום ולא יום ולילה דאם היה המולד ביום קודם חצות וקדשוהו ב"ד נתקדשה לילה שלפניו ואם נולד אחר חצות ולא נראית ביום אין החדש מתקדש אלא למחר ואין יום זה שלפניו מתקדש עמו והיינו דאבוה דר' שמלאי ולפירוש זה לא ניחא הא דקאמר איכא בינייהו חצות לילה דליכא מאן דאמר שמשחשכה לא חייל יום טוב וראש חדש:

לוי

רבינו חננאל

ראיתי מחזי כשיקרא. אמר שמואל יכילנא לתקונה לכולה גולה כלומר יש בי כח לחשוב חשבון השנים ולתקן איזו שנה צריכה עיבור וכן בחדשים איזה חדש צריך להתעבר עד ביאת הגואל ויתישב הסנהדרין. א"ל אבא אבוה דר' שמלאי ידע מר הא דתני בסוד העיבור נולד קודם חצות או אחר חצות. פי' המסורות שהיא עכשיו בידינו שהנולד עד חצות ועניין ד"ד וה"ח והצ"א ותרצ"ה ותקפ"ט שאלו הן עקרי החשבון לקבוע השנים ידע להו מר. ואם הדחיות שהן גטר"ד ובה"ו א) תקפ"ט. א"ל לא ידענא. א"ל ומדהא מר לא ידע איכא מילי אחרנייתא דתליין במסורתו ולא בחשבון בלבד ולא ידעינהו מר שמואל. פירוש שאם נולד קודם חצות מפני שלא יתכן להראות הלבנה לבני אדם בו ביום שלשים ויש מי שאומר אלו כולם וגם ג"ט ר"ד שאם נדחות [בשני] הפשוטות ובה"י תקפ"ט לאחר העיבור כולו היה שמואל בקי בהן ודברים אחרים התלוין בחשבון שאמר לא ידענא והוא כגון זה שאמר מחשבין את תולדתו נולד קודם חצות בידוע שנראה סמוך לשקיעת החמה כו' וכיוצא בו דברים אחרים כמו זה. אמר לו אבא אבוה דר' שמלאי דאי לא תימא הכי מה בין חצות לאחר חצות. כי סליק ר' זירא בא"י שלח להו צריך שיהא לילה ויום מן החדש. כלומר אין קובעין ר"ח בו ביום של מולד אלא אם היה המולד שעה ראשונה מן הלילה שנמצא היום והלילה כולו מן הלבנה החדשה. אבל אם היה המולד אח"כ אין קובעין ר"ח אלא למחר. וזה שאמר מחשבין את תולדתו נולד קודם חצות בידוע שנראה סמוך לשקיעת החמה נולד אחר חצות אינו נראה בו ביום כלל. ובא רב אשי ודחה וא' מסורת זה לאכחושי סהדי. פי' שאם נתברר מן החשבון שנולד אחר חצות ובאו עדים ואמרו שראינוהו בו ביום עדי שקר הן שאי אפשר כלל להראות בו ביום ולאו לקובעו ר"ח בו ביום הוא דשלח להו דנולד קודם חצות כי הא דאמר ר' זירא אמר רב נחמן כ"ד שעי מכסי סיהרא לדידן שית (שית) מעתיקא וי"ח מחדתא. לדידהו שית מחדתא וי"ח מעתיקא. למאי נפקא מיניה. אמר רב אשי לאכחושי סהדי בו. גם זה שאמר אבוה דר' שמלאי נולד קודם חצות וזה שאמר ר' זירא כ"ד שעי מיכסי סיהרא דבר זה לא נתברר אצלנו יפה לפיכך לא כתבנו בו פירוש ב). אמר מר צריך שיהא יום ולילה מן החדש כמו שאמרנו. כלומר היום שקובעין אותו ר"ח צריך להיות כ"ד שעה מן הלבנה החדשה. קרא מנא לן ר' יוחנן אמר מערב עד ערב. ר' שמעון בן לקיש אמר מהכא עד יום האחד ועשרים לחדש בערב. מאי בינייהו אמר אביי משמעות דורשין איכא בינייהו כלומר זה דורש מזה הפסוק וזה דורש מזה הפסוק ושניהן דבר אחד אמרו. זה אין צריך פירוש. רבא אמר חצות לילה איכא בינייהו. ר' יוחנן שאמר מערב עד ערב סבר אם נולדה הלבנה בתחלת שעה ראשונה של לילה קובעין בו ביום ר"ח דהא איכא בינייהו. ור' שמעון בן לקיש כתיב שבעת ימים מצות תאכלו וכתיב בערב תאכלו מצות עד יום האחד ועשרים לחדש בערב. וכתיב בפסח ואכלו את הבשר בלילה הזה. וכתיב ועברתי בארץ מצרים בלילה הזה. וקיי"ל דהוא חצות לילה שנאמר ויהי בחצי הלילה. וגמר הלילה הזה של אכילת פסח מן הלילה הזה של עברת מצרים מה זה חצות לילה אף זה חצות לילה וכתיב בפסח על מצות ומרורים יאכלוהו ש"מ שאכילת מצה אפי' עד חצות יצא י"ח. והנה לא אכל המצה ביום ראשון אלא מקודם חצות כמעט ונחשב לו יום שלם שנאמר שבעת ימים מצות תאכלו. ש"מ שאם נולד הלבנה עד חצי הלילה ההוא שלם הוא ונמצא היום והלילה קובע ר"ח. והוא פירוש חצות לילה איכא בינייהו. ר' יוחנן בעי כ"ד שעות מן החדש. וריש לקיש אמר לך אפילו מחצי הלילה כשר: **ירושלמי** בסוף פרק אם אינן מכירין אותו משקיעת החמה אתה מונה ללבנה. א"ר סימון והיו לאותות ולמועדים ע"י הלבנה. זה יוצא וזה נכנס. א"ר יוחנן ויהי ערב ויהי בקר יום אחד.

ר"ל

מסורת הש"ס

א) [בכורות כח.], ב) [בשאלתות ליתא], ג) [בשאלתות איתא לשבט וכן נראה מפרש"י ד"ה דלמא וכ"כ רש"י לקמן כא. ד"ה תרי], ד) רש"א וס"א.

הגהות הב"ח

(א) רש"י ד"ה נולד קודם כו' שהם במערב מתוך קוטנה אלא שש שעות אחר חדושה שהלבנה לעולם:

גליון הש"ס

גמ' לאכחושי סהדי. עיין לקמן כד ע"ב תד"ה ראינוהו:

תורה אור השלם

א) שַׁבַּת שַׁבָּתוֹן הוּא לָכֶם וְעִנִּיתֶם אֶת נַפְשֹׁתֵיכֶם בְּתִשְׁעָה לַחֹדֶשׁ בָּעֶרֶב מֵעֶרֶב עַד עֶרֶב תִּשְׁבְּתוּ שַׁבַּתְּכֶם: [ויקרא כג, לב]

ב) בָּרִאשֹׁן בְּאַרְבָּעָה עָשָׂר יוֹם לַחֹדֶשׁ בָּעֶרֶב תֹּאכְלוּ מַצֹּת עַד יוֹם הָאֶחָד וְעֶשְׂרִים לַחֹדֶשׁ בָּעָרֶב: [שמות יב, יח]

חשק שלמה על ר"ח

א) נראה דצ"ל וכנ"ו תקפ"ט וכ"ה בטור או"ח סי' תכ"ח ע"ש או דצ"ל ובה"ו וכמו שכתב לקמן והיינו הך. ב) עיין בבעל המאור מ"ש על זה.

NOTES

distance between Babylonia and Eretz Yisrael is not great enough to account for the great difference in hours that *Rashi* ascribes to it. All told, Babylonia is some 9 degrees longitude east of Eretz Yisrael, which amounts to a time differential of only about 36 minutes. Most commentators either completely dismiss *Rashi's* explanation or admit incomprehensibility.

To give our readers an understanding of the abstruse words of our great master *Rashi,* we offer an elucidation of his commentary as expounded by *Hagahos Ben Aryeh* (printed at the end of many Gemaras). This explanation is espoused and elaborated by *R' Yosef Eliyahu Henkin* in his *Lev Ivra* pp. 54-55, and greatly expanded in the contemporary work *Maggid HaRakia* p. 489 ff. We must first mention the following premises:

(a) Sunrise and sunset (caused by the earth's daily rotation) do not occur at the same moment world over. The sun rises in easterly locations before it rises in westerly ones. For example, sunrise takes place in Babylonia before Eretz Yisrael (in fact, some 36 minutes earlier). Similarly, sunset occurs earlier in the east. And, consequently, noontime (i.e. the midpoint between sunrise and sunset, when the sun is at its highest position is the sky) also occurs earlier in easterly locations. Thus, for example, when it is midday in Eretz Yisrael it is some 36 minutes past midday in Babylonia.

(b) The moment of conjunction of the moon and sun (the *molad*) does not depend on the observer's location. The moment the moon moves into alignment between the sun and earth is the time of the *molad* throughout the world, regardless of which part of the earth happens to be facing the moon and sun at that moment. Clearly, though, it follows that at the moment of the *molad,* it will be a different time of day in different parts of the world. Thus, for example, if the *molad* occurs when it is twelve noon in Eretz Yisrael, it will then be 12:36 P.M. in Babylonia. [When we announce today in the synagogue the time of the *molad,* we refer to the time of day it will be in Jerusalem when the *molad* occurs.]

(c) As explained earlier, very close to the *molad* the moon's crescent is too small to be seen. According to *Rashi,* the moon is absolutely too small to be seen within six hours before or after the *molad.* [Thus, it is absolutely too small to be seen for a total of twelve hours.]

(d) A new moon that is more than six hours old, however, can be seen under favorable conditions. Favorable conditions for a new moon are around the time of sunset, when the sun is lower than the moon and has already set or is on the verge of setting (as explained earlier in note 12). Similarly, an old moon, which is more than six hours away from conjunction, can likewise be seen under favorable conditions. In this case, conditions are favorable in the early morning after the moon has already risen and the sun is still below the horizon (as explained above in note 12). Moreover, if the sun has just risen and is very low on the horizon, the sky is still dark enough for the moon to be seen (see diagram).

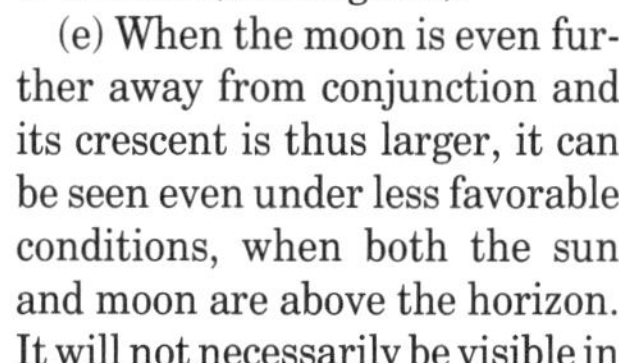

(e) When the moon is even further away from conjunction and its crescent is thus larger, it can be seen even under less favorable conditions, when both the sun and moon are above the horizon. It will not necessarily be visible in the middle of the day, when the sky is very bright, but it will be visible at least in the early morning and late afternoon. Since the sky is then not so bright, a crescent that is not too small can be seen at that time. According to *Rashi,* for the moon to be visible in such less favorable conditions, it must be at least eighteen hours away from the *molad.*

(f) In short: For six hours on either side of conjunction, the moon is totally invisible. From six to eighteen hours on either side of conjunction, the moon is visible under favorable conditions. More than eighteen hours away from conjunction, the moon is visible even under less favorable conditions.

(g) The salient feature of this explanation of *Rashi's* commentary is that this present teaching of R' Zeira refers to the specific case in which the *molad* occurred when it was just before midday in Jerusalem. For R' Zeira here refers back to his earlier statement that a new moon that was in conjunction before midday is visible before nightfall. He now comes to add (in the name of Rav Nachman) that the "visibility" he spoke of earlier actually depends on the location of the observer, as follows: [Note: as mentioned earlier, that we are speaking of the *molad* of Tishrei or Nissan, which occurs about the time of the equinoxes, when the daylight and nighttime hours are each twelve hours.]

If the *molad* occurs when it is just before noon in Jerusalem, then the new moon will become visible there six hours later, which is late afternoon just before sunset – the ideal viewing conditions for the new moon: The sun is on the verge of setting, and the moon, being higher in the sky, has not yet set. Earlier in the day, the new moon cannot be seen, because it is then less than six hours away from conjunction and its crescent is thus too small to be seen under any circumstances. Just before sunset, however, when the new moon is already six hours away from conjunction and its crescent is thus sufficiently large to be seen under the favorable conditions that prevail at the time of sunset, the new moon will be visible in Eretz Yisrael. Thus, R' Zeira stated, that for them in Eretz Yisrael, the new moon is invisible [when the *molad* falls just before noon] for six hours only.

To the east in Babylonia, however, it was some 36 minutes *after* midday when that *molad* occurred. [For the sake of convenience, we will consider Eretz Yisrael and Babylonia to be in the same time zone. Thus, if sunrise, midday and sunset in Eretz Yisrael are at 6:00 A.M., 12:00 P.M. and 6:00 P.M. respectively, they occur in Babylonia at 5:24 A.M., 11:24 A.M. and 5:24 P.M. respectively.] Thus, the Babylonians cannot see the new moon at the time of sunset in Babylonia (5:24 P.M.) for, though the viewing conditions are favorable, the moon is not yet six hours old. And when the moon will become six hours old some 36 minutes after sunset (6:00 P.M.), the new moon (trailing closely behind the sun) will have already set below the Babylonian horizon. The first opportunity to view the new moon that month in Babylonia will present itself eighteen hours after conjunction (6:00 A.M.), after the new moon has risen again the next morning. [Though moonrise in Babylonia will occur shortly after 5:24 A.M., the moon will not be visible for approximately another 36 minutes. For, as explained above, the new moon can be seen under the unfavorable viewing conditions of morning only if it is at least eighteen hours past conjunction.] Thus, R' Zeira stated that for us, in Babylonia, the new moon is invisible for eighteen hours.

As regards the old moon, the situation is reversed. In the morning, before the *molad* [which will occur just before noon, Jerusalem time], when the old moon rises before the sun, the sky is dark and one would be able to see the old moon, provided that the old moon was still more than six hours away from conjunction. Now, in Babylonia, where it will be 36 minutes past midday when the *molad* occurs, the old moon at the time of moonrise that morning (shortly before 5:24 A.M.) is in fact more than six hours before conjunction. The old moon rises before the sun, and the conditions are therefore favorable for the old moon to be seen then, until a few moments after sunrise. Thus, R' Zeira stated that for us in Babylonia, the old moon is invisible for six hours only. In Eretz Yisrael, however, where it is just before midday when the *molad* occurs, the old moon at the time of moonrise that morning (just before sunrise) was already within six hours of conjunction, making it too small to be observed that morning. The last opportunity the people of Eretz Yisrael will have had to see the old moon will have been the previous late afternoon, just before moonset, when the old moon was still eighteen hours before conjunction, and thus sufficiently large to be visible even though the setting sun was higher in the sky than the moon.

Thus, R' Zeira stated that the old moon is invisible in Babylonia for six hours only, whereas in Eretz Yisrael it is invisible for eighteen hours. (See schematic presentation below and on the following page.)

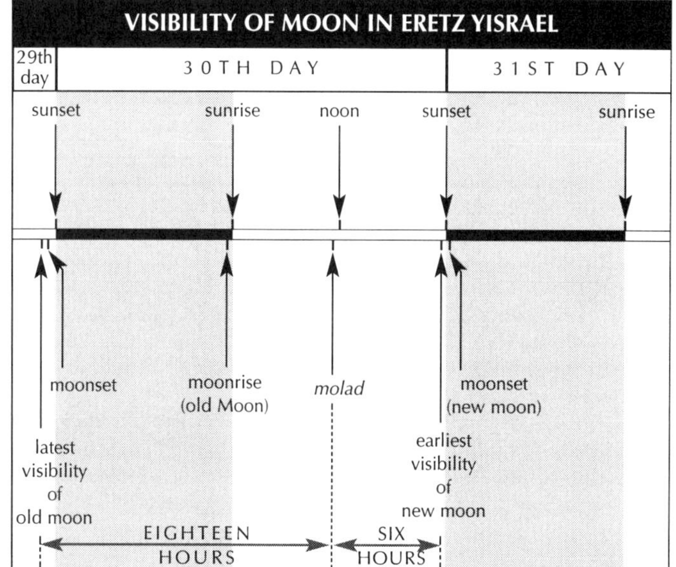

האי מיחזי כשקרא האי לא מיחזי כשקרא אמר שמואל יכילנא לתקוני לכולה גולה אמר ליה אבא אבוה דרבי שמלאי לשמואל ידע מר האי מילתא דתניא בסוד העיבור נולד קודם חצות או נולד אחר חצות א"ל לא אמר ליה מדהא לא ידע מר איכא מילי אחרנייתא דלא ידע מר כי סליק רבי זירא שלח להו צריך שיהא לילה ויום מן החדש וזו שאמר אבא אבוה דר' שמלאי מחשבין את תולדתו נולד קודם חצות בידוע שנראה סמוך לשקיעת החמה לא נולד קודם חצות בידוע שלא נראה סמוך לשקיעת החמה למאי נפקא מינה אמר רב אשי [א] לאכחושי סהדי אמר רבי זירא אמר רב נחמן כ"ד שעי מכסי סיהרא לדידן שית מעתיקא ותמני סרי מחדתא לדידהו שית מחדתא ותמני סרי מעתיקא למאי נפקא מינה אמר רב אשי לאכחושי סהדי אמר מר צריך שיהא לילה ויום מן החדש מנלן ר' יוחנן אמר [א] מערב עד ערב ריש לקיש אמר [ב] עד יום האחד ועשרים לחדש בערב מאי בינייהו אביי אמר משמעות דורשין איכא בינייהו רבא אמר חצות לילה איכא בינייהו אמר רבי זירא אמר רב נחמן כל ספיקא לקמיה שדינן [ג] למימרא דחמיסר ושיתסר עבדינן ארביסר לא עבדינן וליעבד נמי ארביסר דלמא חסרוה לאב וחסרוה [ג] לאלול

תרי

רש"י

האי מיחזי כשקרא. כשנראית בזמנה ואין מעידין הרבה אחרים יש שראוהו ונראה שעל שקר עברוהו אבל כשלא ראוהו ואמרו ראינו אין שקר נודע: יכילנא לתקוני. בלא ראיית עדים כי בקי אני בתולדות הלבנה והילוכה וסדר המזלות: סוד העיבור. ברייתא שנויה ברמזים: נולד קודם חצות או לאחר חצות. כך שנוי בה ורמז בעלמא הוא לומר קודם חצות חלוק מנולד לאחר חצות: ידע מר. מה חילוק יש: כי סליק רבי זירא שלח להו. לחביריו שבבבל שני דברים שלמד כאן: צריך שיהא לילה ויום מן החדש. היום הולך אחר הלילה להיות היום מן החדש שהיה בו ליל שלפניו למדנו שאם נראית הלבנה הישנה משחשיכה יום עשרים ותשעה שהוא ליל שלשים אין מקדשין אותו ביום שלשים וא"ת פשיטא דאין מקדשין שהרי לא נראה החדשה ביום שלשים דקיימא לן עשרים וארבעה שעי מכסי סיהרא כדאמרינן לקמן אלטריך למ"ד מאמינין על העדים על החדש שלא נראה בזמנו לקדשו ואשמעינן דאם נראית הישנה בלילה אין מאמינין שהרי הכל ראו שהלילה מן החדש שעבר: וזו שאמר אבא אבוה דר' שמלאי. לפני שמואל ולא ידע לפרשה מה חילוק בין נולד קודם חצות לנולד לאחר חצות אני מפרשה לכם: מחשבין. את מולד הלבנה: נולד קודם חצות. היום בידוע שנראה היום קודם שתשקע החמה שאין הלבנה מתכסה מבני א"י שהם במערב (א) אלא שש שעות אחר חדושה מתוך קוטנה שהלבנה לעולם בשש שעות לאחר חדושה בקרן מערבית דרומית ונראית להם: ד) [לא] נולד [עד] אחר חצות. בידוע שלא יראה היום שהיא קטנה כל שש שעות ונעלמת מעין כל: למאי נפקא מינה. למיחשב הרי על פי עדים אנו מקדשין: לאכחושי סהדי. אם נולד אחר חצות ואמרו ראינו החדשה לפני שקיעת החמה כדי לקדשו היום עדי שקר הם: כ"ד שעי מכסי סיהרא. סמוך לחידושה מלפניו ומאחריו היא מתכסה מן העין מתוך קוטנה שש שעות לפני חדושה ושש שעות לאחר חדושה נעלמת מכל אדם קודם לכן ולאחר מכאן שתים עשרה שעות שהיא במזרח נראית לבני מזרח ולא לבני מערב מתוך קוטנה וכשהיא במערב נראית לבני מערב ולא לבני מזרח והיא לעולם לפני חדושה בקרן מזרחית דרומית ולאחר חדושה בקרן מערבית דרומית כך ראיתי ביסודו של רבי סעדיה ז"ל הילכך כשהישנה מתכסה במזרח אין החדשה נראית לבני מזרח עד כ"ד שעות וכשמתכסה מבני מערב אין החדשה נראית להן עד כ"ד שעות: לדידן. לבבל דקיימין במזרח: מכסיא שית מעתיקא. ולא יותר מה טעם מפני שהלבנה הישנה שלפני חדושה בקרן דרומית מזרחית ורואין אותה בני בבל הסמוכים למזרח ונעלמת מהן מכאן ואילך מתוך קוטנה ולסוף שש שעות של חדושה היא עומדת בקרן דרומית מערבית ורואין אותה בני א"י הסמוכין למערב ולא בני בבל וכן כל י"ב שעות שאחר שש שעות הראשונות הרי שמתכסה החדשה מבני בבל י"ח שעות ולאחר י"ח שעות כבר גדולה היא ונראית בכל מקום: לדידהו שית מחדתא. כמו שפירשתי שלבסוף שש נראית לבני מערב: ותמניסר מעתיקא. כמו שפירשתי שהישנה בסוף תכליתה לעולם במזרח וכל שמונה עשרה שעות של ישנה מתוך קוטנה לא נראית במערב אבל קודם לכן גדולה היתה ונראית למרחוק: לאכחושי סהדי. אם יאמרו ראינו הישנה והחדשה בתוך עשרים וארבע שעות שקר העידו: עד ערב תשבתו. למדנו שהיום הולך אחר הלילה לענין המועדות: עד יום האחד ועשרים בערב. למדנו יציאת המועד בערב הרי שהלך היום אחר הלילה: חצות לילה איכא בינייהו. מאן דיליף מיום הכפורים הולך אחר תחילת הלילה דכתיב מערב עד ערב ולדידיה אם נראית הישנה אפילו בתחילת ליל שלשים שוב אין החדש מתקדש ביום שלשים ולמאן דיליף ממצות אין היום הולך אחר תחילת הלילה שהרי מצות לילה הראשון של פסח עד יום האחד ועשרים אכילת מצה רשות ובלבד שלא יאכל חמץ כדאמרינן בשילהי ערבי פסחים (דף קכ:) ומצות לילה ראשון חלוק מהם ונמשך עם הפסח הנשחט בארבעה עשר שהמצה נאכלת עמו חובה ולדידיה אפילו נראית הישנה בתחילת הלילה מאיימין למחר על העדים לומר ראינוהו אם צריכין אנו לקדשו ביום שלשים להרחיק יום הכפורים משבת: כל ספיקא לקמיה שדינן. אין אנו צריכין להקדים פסח או סוכות בי"ד ליום שלשים של אדר ושל אלול מחמת ספק שמא קדשו בית דין את החדש ביום עשרים ותשעה אבל צריכין אנו לעשות יום טוב שני ביום ט"ז מספק שמא עיברו ב"ד את האדר וקבעו ניסן ביום שלשים ואחד וכן באלול: למימרא דחמיסר ושיתסר כו'. בניחותא כלומר אשמעינן רב נחמן הכי: דלמא חסרו לאב. ונמלא יום עשרים ותשעה באלול שלנו שעיברנו את אב היה יום שלשים שלהן וקבעו בו ראש השנה וכן לענין ניסן דלמא חסרו לשבט:

תרי

תוספות

צריך שיהא לילה ויום מן החדש כו'. הא דמאמינין על העדים על החדש שלא נראה בזמנו לומר ראינו אע"פ שלא ראו הני מילי כשיום שלשים לילה ויום מן החדש:

חצות לילה איכא בינייהו. פי' בקונטרס שראה ביסודו של רבי סעדיה שהלבנה לעולם לפני חדושה בקרן מזרחית דרומית ולאחר חדושה בקרן מערבית דרומית וכשהיא במזרח נראית לבני מזרח ולא לבני מערב וכשהיא במערב נראית לבני מערב ולא לבני מזרח ולכך הלבנה הישנה לבני בבל שבמזרח אינה מתכסה אלא שש שעות ולבני ארץ ישראל הרחוקים מתכסה י"ח שעות והחדשה אינה מתכסה לבני ארץ ישראל שבמערב כי אם שש שעות ולבני בבל הרחוקים מתכסה י"ח שעות ולמאן דיליף מיום הכפורים היום הולך אחר תחלת הלילה ואם נראתה הישנה בתחלת הלילה שוב אין מקדשין החדש ביום ולמאן דיליף מפסח לא חיישינן אלא שלא תראה מחצות הלילה ואילך ולפי שיטת הקונטרס משמע דלא חיישינן כלל בבני בבל אלא בבני ארץ ישראל דלאע"ג דחזו בני בבל הישנה בלילה מקדשין בני א"י את החדש למחרתו ביום ולא חיישינן ובני בבל מונין יום הכפורים וכל המועדות מאותו היום שראו בני א"י החדשה אע"פ שהם ראו הישנה בלילה וזהו תימה ממאי דקרא קפיד אבני א"י ולא קפיד אבני בבל ועוד משהלבנה מתחלת להתחסר לעולם לא תראה עוד בתחלת הלילה עד שתתחדש שכך סדרה בתחלת לידתה יוצאה מביום ונראית בתחלת הלילה מעט ושוקעת ובלילה שלאחריו שוהה מעט יותר לשקוע ומוספת בכל לילה עד שתתמלא ואז יוצאה בתחילת הלילה וזורחת כל הלילה עד היום ושוקעת לאור הבקר ואח"כ מתחלת להתחסר ומאז שוהה לצאת תחלת כל הלילה ומוספת בכל לילה לשהות מלצאת יותר ויותר עד סוף החדש וכל מה שהיא מחסרת מן הלילה היא משלמת מן היום בין בתחלת החדש בין בסופו ויותר היה נראה לפרש דמיירי הכא לענין המולד דצריך שיהא לילה ויום מן החדש שיהיה המולד מבערב של עשרים ותשעה באדר שיהא יום שלשים ולילו הכל מן המולד החדש אבל אין המנהג כן דלא פסלינן מולד זקן אלא כשנולד אחר שמונה עשר וי"א דצריך לילה ויום מן החדש כלומר צריך שיהא סדר הקידוש לילה ויום ולא יום ולילה דאם היה המולד ביום קודם חצות וקדשוהו ב"ד נתקדשה לילה שלפניו ואם נולד אחר חצות ולא נראית ביום אין החדש מתקדש אלא למחר ואין יום זה שלפניו מתקדש עמו והיינו דאבוה דר' שמלאי ולפירוש זה לא ניחא הא דקאמר איכא בינייהו חצות לילה דליכא מאן דאמר שמשחשכה לא חייל יום טוב וראש חדש:

לוי

רבינו חננאל

ראיתי מחזי כשיקרא. אמר שמואל יכילנא לתקונה לכולה גולה כלומר יש בי כח לחשוב חשבון השנים ולתקן איזו שנה צריכה עיבור וכן בחדשים איזה חדש צריך להתעבר עד ביאת הגואל ויתישב הסנהדרין. א"ל אבא אבוה דר' שמלאי ידע מר הא דתני בסוד העיבור נולד קודם חצות או אחר חצות. פי' המסורות שהיא עכשיו בידינו שהנולד עד חצות וענין ד"ד וה"ח והצ"א ותרצ"ה ותקפ"ט שאלו הן עקרי החשבון לקבוע השנים ידע להו מר. ואם הדחויות שהן גטר"ד ובה"ו א) תקפ"ט. א"ל לא ידענא. א"ל ומדהא מר לא ידע איכא מילי אחרנייתא דתליין במסורתו ולא בחשבון בלבד ולא ידעינהו מר שמואל. פירוש שאם נולד קודם חצות מפני שלא יתכן להראות הלבנה לבני אדם בו ביום שלשים ויש מי שאומר אלו כולם וגם ג"ט ר"ד שאם נדחות [בשני] הפשוטות ובה"י תקפ"ט לאחר העיבור כולו היה שמואל בקי בהן ודברים אחרים התלוין בחשבון שאמר לא ידענא והוא כגון זה שאמר מחשבין את תולדתו נולד קודם חצות בידוע שנראה סמוך לשקיעת החמה כו' וכיוצא בו בדברים אחרים כמו זה. אמר לו אבא אבוה דר' שמלאי דאי לא תימא הכי מה בין חצות לאחר חצות. כי סליק ר' זירא בא"י שלח להו צריך שיהא לילה ויום מן החדש. כלומר אין קובעין ר"ח בו ביום של מולד אלא אם היה המולד שעה ראשונה מן הלילה שנמצא היום והלילה כולו מן הלבנה החדשה. אבל אם היה המולד אח"כ אין קובעין ר"ח אלא למחר. וזה שאמר מחשבין את תולדתו נולד קודם חצות בידוע שנראה סמוך לשקיעת החמה נולד אחר חצות אינו נראה בו ביום כלל. ובא רב אשי ודחה וא' מסורת זה לאכחושי סהדי. פי' שאם נתברר מן החשבון שנולד אחר חצות ובאו עדים ואמרו שראינוהו בו ביום עדי שקר הן שאי אפשר כלל להראות בו ביום ולאו לקובעו ר"ח בו ביום הוא דשלח להו נולד קודם חצות כי הא דאמר ר' זירא אמר רב נחמן כ"ד שעי מכסי סיהרא לדידן שית (שית) מעתיקא וי"ח מחדתא. לדידהו שית מחדתא וי"ח מעתיקא. למאי נפקא מיניה. אמר רב אשי לאכחושי סהדי בו. גם זה שאמר אבוה דר' שמלאי נולד קודם חצות וזה שאמר ר' זירא כ"ד שעי מיכסי סיהרא דבר זה לא נתברר אצלנו יפה לפיכך לא כתבנו בו פירושו ג). אמר מר צריך שיהא יום ולילה מן החדש כמו שאמרנו. כלומר היום שקובעין אותו ר"ח צריך להיות כ"ד שעה מן הלבנה החדשה. קרא מנא לן ר' יוחנן אמר מערב עד ערב. ר' שמעון בן לקיש אמר מהכא עד יום האחד ועשרים לחדש בערב. מאי בינייהו אמר אביי משמעות דורשין איכא בינייהו כלומר זה דורש מזה הפסוק וזה דורש מזה הפסוק ושניהן דבר אחד אמרו. זה אין צריך פירוש. רבא אמר חצות לילה איכא בינייהו. ר' יוחנן שאמר מערב עד ערב סבר אם נולדה הלבנה בתחלת שעה ראשונה של לילה קובעין בו ביום ר"ח דהא איכא מערב עד ערב. ור' שמעון בן לקיש כתיב שבעת ימים מצות תאכלו וכתיב בערב תאכלו מצות עד יום האחד ועשרים לחדש בערב. וכתיב בפסח ואכלו את הבשר בלילה הזה. וכתיב ועברתי בארץ מצרים בלילה הזה. וקיי"ל דהוא חצות לילה שנאמר ויהי בחצי הלילה. וגמר הלילה הזה של עברת מצרים מה זה חצות לילה אף זה חצות לילה וכתיב בפסח על מצות ומרורים יאכלוהו ש"מ שאכילת מצה אפי' עד חצות יצא י"ח. והנה לא אכל המצה ביום הראשון אלא מקודם חצות כמעט ונחשב לו יום שלם שנאמר שבעת ימים מצות תאכלו. ש"מ שאם נולד הלבנה עד חצי הלילה יום שלם הוא ונמצא היום והלילה מן החדש וראוי אותו היום לקבעו ר"ח. והוה פירושו חצות לילה איכא בינייהו לר' יוחנן בעי כ"ד שעות מן החדש. וריש לקיש אמר לך אפילו מחצי הלילה כשר: ירושלמי בסוף פרק אם אינן מכירין אותו משקיעת החמה אתה מונה ללבנה. א"ר סימון והיו לאותות ולמועדים ע"י זה וע"י זה כלומר זה יוצא וזה נכנס. א"ר יוחנן ויהי ערב ויהי בקר יום אחד.

ר"ל

מסורת הש"ס

א) [בכורות כח:], ב) [בשאלתות ליתא], ג) [בשאלתות איתא לשבט וכן נראה מפרש"י ד"ה דלמא וכ"כ רש"י לקמן כא. ד"ה תרי], ד) רש"א וס"א.

הגהות הב"ח

(א) רש"י ד"ה נולד קודם כו' שהם במערב מתוך קוטנה אלא שש שעות אחר חדושה שהלבנה לעולם:

גליון הש"ס

גמ' לאכחושי סהדי. עיין לקמן כד ע"ב תד"ה ראינוהו:

תורה אור השלם

א) שַׁבַּת שַׁבָּתוֹן הוּא לָכֶם וְעִנִּיתֶם אֶת נַפְשֹׁתֵיכֶם בְּתִשְׁעָה לַחֹדֶשׁ בָּעֶרֶב מֵעֶרֶב עַד עֶרֶב תִּשְׁבְּתוּ שַׁבַּתְּכֶם: [ויקרא כג, לב]

ב) בָּרִאשֹׁן בְּאַרְבָּעָה עָשָׂר יוֹם לַחֹדֶשׁ בָּעֶרֶב תֹּאכְלוּ מַצֹּת עַד יוֹם הָאֶחָד וְעֶשְׂרִים לַחֹדֶשׁ בָּעָרֶב: [שמות יב, יח]

חשק שלמה על ר"ח

א) נראה דצ"ל ובגטו"ו תקפ"ט וכ"ה בטור או"ח סי' תכ"ח ע"ש או דצ"ל ובה"ו וכו' וכמו שכתב לקמן והיינו הך. ב) עיין בבעל המאור מ"ש על זה.

The Gemara asks:

לְמַאי נַפְקָא מִינָּהּ – **What difference does it** [knowledge of these facts] **make?**

The Gemara answers:

אָמַר רַב אַשִׁי – **Rav Ashi said:** לְאַכְחוּשֵׁי סָהֲדֵי – Such knowledge is useful in order **to refute** false **witnesses.**[15]

The Gemara returns to one of R' Zeira's statements mentioned above:

אָמַר מַר – **The master said:** צָרִיךְ שֶׁיְּהֵא לַיְלָה וְיוֹם מִן הַחֹדֶשׁ – **It is necessary that the night and the** following **day be** part **of the** same **month.**

The Gemara inquires:

מְנָלַן – **From where** in Scripture **do we** know this?

The Gemara presents two sources:

רַבִּי יוֹחָנָן אָמַר – **R' Yochanan says:** "מֵעֶרֶב עַד־עֶרֶב" – The verse referring to Yom Kippur states: ***from evening to evening*** *shall you rest.*[16] רֵישׁ לָקִישׁ אָמַר – **Reish Lakish says:** "עַד יוֹם הָאֶחָד וְעֶשְׂרִים לַחֹדֶשׁ בָּעֶרֶב" – The verse referring to Pesach states: *You shall eat matzos* ***until the twenty-first of the month in the evening.***[17]

The Gemara inquires:

מַאי בֵּינַיְיהוּ – **What** practical difference **is** there **between** the sources presented by R' Yochanan and Reish Lakish?

The Gemara offers two replies:

אַבַּיֵי אָמַר – **Abaye says:** מַשְׁמָעוּת דּוֹרְשִׁין אִיכָּא בֵּינַיְיהוּ – **The** only **difference between them** [R' Yochanan and Reish Lakish] **is how the implication is derived,** but there is indeed no practical difference. רָבָא אָמַר – **Rava says:** חֲצוֹת לַיְלָה אִיכָּא בֵּינַיְיהוּ – The difference **between them is** in a case where the old moon is seen before **midnight.**[18]

The Gemara discusses when communities that did not receive word of Rosh Chodesh observe the festivals:

אָמַר רַבִּי זֵירָא אָמַר רַב נַחְמָן – **R' Zeira said in the name of Rav Nachman:** כָּל סְפֵיקָא לְקַמֵּיהּ שְׁדֵינַן – **Any doubt, we cast forward.** לְמֵימְרָא דַּחֲמֵיסַר וְשִׁיתְסַר עָבְדִינַן – This means **to say that we observe the fifteenth and sixteenth** of Nissan and Tishrei as Yom Tov; אַרְבֵּיסַר לָא עָבְדִינַן – but **we do not observe the fourteenth** of those months as Yom Tov.[19]

The Gemara objects:

וְלִיעֲבַד נַמִּי אַרְבֵּיסַר – **But also observe the fourteenth** as Yom Tov, דִּלְמָא חַסְּרוּהַּ לְאָב וְחַסְּרוּהַּ לֶאֱלוּל – for **perhaps they made** both **Av and Elul deficient.**[20] – ? –

NOTES

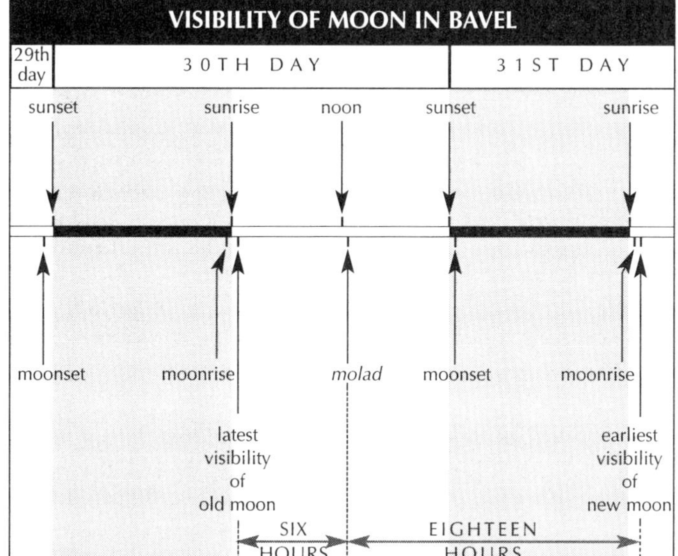

[Accordingly, when *Rashi* speaks of Babylonia being "in the east" and Eretz Yisrael being "in the west," he refers simply to their locations relative to each other.]

15. If they say that they saw the old moon and the new moon within twenty-four hours, we will know that they are lying (*Rashi*).

16. *Leviticus* 23:32 states: *It is a day of complete rest for you and you shall afflict yourselves; on the ninth of the month in the evening – from evening to evening shall you rest on your rest day.* It is thus evident that the day follows the night with respect to observance of the festivals (*Rashi*).

17. *Exodus* 12:18 states: *On the first, on the fourteenth day of the month in the evening you shall eat matzos, until the twenty-first day of the month in the evening.* This indicates that the festival ends on the twenty-first in the evening [with nightfall]. Thus, it is evident that the day follows the night (*Rashi*).

18. The verse regarding Yom Kippur states *from evening to evening* [which means from the *beginning* of one evening to the beginning of the next], indicating that the new day begins at the beginning of the night. If it is from this verse that we derive that the day follows the night, it should follow that if the old moon was visible in the beginning of the night, the new month may not be sanctified the next day.

But in the verse regarding the Pesach festival, the expression *"in the evening" you shall eat matzos, until the twenty-first day of the month in the evening* cannot refer to the *beginning* of the night, for the following reason. There is no *obligation* to eat matzah all seven days of Pesach. The *obligation* to eat matzah applies only on the *seder* night [until midnight], when the *pesach* offering slaughtered that afternoon is to be eaten. On the rest of Pesach, it is simply forbidden to eat *chametz;* there is no obligation to eat matzah. Accordingly, this verse, which uses the expression "you shall eat matzos" in the sense of "you shall *not* eat *chametz*" (as it refers to all seven days of Pesach), cannot mean to include the *beginning* of the first night in its statement. For in regard to the mitzvah of matzah, the beginning of the first night is a kind of extension of the previous day – the day the *pesach* offering was slaughtered – as the *obligation* to eat matzah then is related to the obligation to eat the *pesach* offering then. Since the expression *"in the evening"* in this verse does not refer to the beginning of the night, it emerges that if this verse is the source for the rule that the day must follow the night, then even if the old moon is seen at the beginning of the night, the next day *may* be declared Rosh Chodesh, for both "night" and day would be considered to be from the same (new) month. And though witnesses could not actually see the new moon that day (since the old moon was still visible at the beginning of the night), if *Beis Din* must sanctify that day as Rosh Chodesh (e.g. in order to separate Yom Kippur from the Sabbath), *Beis Din* could intimidate witnesses to say that they saw the new moon [see above, note 6] (see *Rashi;* see *Gilyonei HaShas*).

19. [The Torah states that the first day of Pesach (which is Yom Tov) falls on the fifteenth day of the first month (Nissan) and the first day of Succos (which is Yom Tov) falls on the fifteenth of the seventh month (Tishrei).] Rav Nachman states that if we do not know which day *Beis Din* declared to be Rosh Chodesh, and we must therefore observe an extra day as Yom Tov to make allowance for the doubt, we must always observe the *next* day out of doubt ("we cast forward"), never the *previous* day. Thus, for example, if we do not know which day at the end of Elul was declared Rosh Chodesh Tishrei, we must keep as Yom Tov the fifteenth day (counting day thirty at the end of Elul as day one) and the sixteenth day, but never the fourteenth day. (And the same is true with regard to Nissan.) For the only question is whether *Beis Din* declared day thirty as Rosh Chodesh or day thirty-one; but day twenty-nine could never be declared Rosh Chodesh (see *Rashi*).

20. It is true that Rosh Chodesh is never sanctified on the twenty-ninth day of the month. But it is possible that our count of Elul is wrong. For if we assumed Av to be full (thirty days) when in fact it was deficient (twenty-nine days), then what we call the twenty-ninth of Elul is really the thirtieth. Thus, the fourteenth day from our "thirtieth" of Elul might actually be Succos, if the *Beis Din* indeed made Elul deficient as well (and the same is true with regard to Nissan) (*Rashi*).

The Gemara answers:
תְּרֵי יַרְחֵי חֲסֵירֵי – If **two** consecutive **months** are **deficient,** קָלָא אִית לְהוּ – **they have a voice,** i.e. they become public knowledge, before the festival begins.[1]

The Gemara records a related incident:
לֵוִי אִקְלַע לְבָבֶל בְּחַדְסַר בְּתִשְׁרֵי – **Levi visited Babylonia on the eleventh of Tishrei.** אָמַר בְּסִים תַּבְשִׁילָא דְּבַבְלָאֵי בְּיוֹמָא רַבָּה דְּמַעֲרָבָא – **He said, "The dish of the Babylonians is sweet on the great day** [i.e. Yom Kippur] **of the West."**[2] אָמְרֵי לֵיהּ אַסְהִיד – **[The Babylonians] said to him, "Testify** that the court made the month of Elul full, and we will accept the Yom Kippur fast upon ourselves and henceforth refrain from eating." אָמַר לְהוּ לֹא שָׁמַעְתִּי מִפִּי בֵּית דִּין מְקוּדָּשׁ – **[Levi] said to them, "I did not** personally **hear from the court** the proclamation **'Sanctified!'** "[3]

Another ruling about observing the festivals in the Diaspora:
מַכְרִיז רַבִּי יוֹחָנָן – **R' Yochanan announced:** כָּל הֵיכָא דְּמָטוּ שְׁלוּחֵי נִיסָן – **Every** place **where the messengers of Nissan reach** וְלָא מָטוּ שְׁלוּחֵי תִשְׁרֵי – **but the messengers of Tishrei do not reach**[4] לִיעַבְדוּ תְּרֵי יוֹמֵי – **should observe** the Yom Tov for **two days,** גְּזֵירָה נִיסָן אַטּוּ תִשְׁרֵי – as **a decree** for **Nissan because of** possible error regarding **Tishrei.**[5]

An incident related to this ruling:
רַבִּי אַיְבוּ בַּר נַגָּרֵי וְרַבִּי חִיָּיא בַּר אַבָּא – **R' Aivu bar Nagarei and R' Chiya bar Abba** אִיקְלְעוּ לְהַהוּא אַתְרָא – once **visited a certain place** דַּהֲוָה מָטוּ שְׁלוּחֵי נִיסָן וְלָא מָטוּ שְׁלוּחֵי תִשְׁרֵי – **where the messengers of Nissan reach but the messengers of Tishrei do not reach** וְעָבְדֵי חַד יוֹמָא – **and [the residents] observed** only **one** Yom Tov **day of Pesach,** וְלָא אָמְרוּ לְהוּ וְלָא מִידִי – **but [the two visitors] did not say anything** to them in protest. שָׁמַע רַבִּי יוֹחָנָן וְאִיקְפַּד – **R' Yochanan heard** about this **and was upset.** אָמַר לְהוּ – **He said to [the two sages]:** לָאו אָמְרִי לְכוּ – **"Did I not tell you** הֵיכָא דְּמָטוּ שְׁלוּחֵי נִיסָן וְלָא מָטוּ שְׁלוּחֵי תִשְׁרֵי – that **wherever the messengers of Nissan reach but the messengers of Tishrei do not reach** לִיעַבְדוּ תְּרֵי יוֹמֵי – **should observe two days** of Yom Tov גְּזֵירָה נִיסָן אַטּוּ תִשְׁרֵי – as **a decree** for **Nissan because of** possible error regarding **Tishrei?!"**[6]

The Gemara discusses observance of Yom Kippur in the Diaspora:
רָבָא הֲוָה רָגִיל דַּהֲוָה יָתִיב בְּתַעֲנִיתָא תְּרֵי יוֹמֵי – **Rava was accustomed to maintaining**[7] the Yom Kippur **fast** for **two days.**[8] זִימְנָא חֲדָא אִשְׁתַּכַּח כְּוָותֵיהּ – **One time it was found** to be **like he** feared – that the second day of his fast indeed was Yom Kippur.[9]

Another incident regarding Yom Kippur:
רַב נַחְמָן יָתִיב בְּתַעֲנִיתָא כּוּלֵיהּ יוֹמֵי דְּכִיפּוּרֵי – **Rav Nachman maintained a fast the entire day of Yom Kippur.** לְאוּרְתָּא אֲתָא הַהוּא גַּבְרָא – **At night,** when he was about to break his fast, **a certain man came** אָמַר לֵיהּ – and **said to [Rav Nachman],** לְמָחַר יוֹמָא רַבָּה בְּמַעֲרָבָא – **"Tomorrow is a great day** [i.e. Yom Kippur] **in the West** [Eretz Yisrael]." אָמַר לֵיהּ מֵהֵיכָא אַתְּ – **[Rav Nachman] said to him, "Where are you from?"** אָמַר לֵיהּ מִדַּמְהַרְיָא – **[The man] replied to him: "From Damharea."** אָמַר לֵיהּ דָּם תְּהֵא אַחֲרִיתוֹ – **[Rav Nachman] said to [the visitor],**

NOTES

1. *Rashi* explains as follows: Teves (which precedes Shevat and Adar) and Tammuz (which precedes Av and Elul) were certainly deficient months, according to the standard pattern of alternating full and deficient months. Hence, if *Beis Din* had made Shevat or Av deficient as well, word of this phenomenon (of two consecutive deficient months) would certainly have spread even to areas where the information ordinarily spread by the agents of *Beis Din* would not reach during the same period of time. Thus, word of Av's deficiency or of Shevat's deficiency was certainly known by the time Succos or Pesach arrived. [*Mirkeves HaMishneh, Hil. Kiddush HaChodesh* 3:15, though, is puzzled by *Rashi's* assertion that even before our fixed calendar came into use, Teves and Tammuz were always deficient.]

2. Levi was remarking that what the Babylonians observed as the eleventh of Tishrei was the day the residents of Eretz Yisrael ("the West") were observing as Yom Kippur, because the court there had made Elul full (*Rashi*).

The Babylonians had apparently relied on the fact that Elul is usually deficient, and thus assumed that Rosh Chodesh Tishrei (i.e. Rosh Hashanah) fell thirty days after Rosh Chodesh Elul. (See, however, sources cited above, 20b note 2.) Hence, they observed the Yom Kippur fast on what they reckoned was the tenth day of Tishrei, and on the eleventh day they were eating. However, that year Elul was unexpectedly made full, and Rosh Chodesh Tishrei fell thirty-one days after Rosh Chodesh Elul. Thus, what the Babylonians were counting as the eleventh day of Tishrei was actually Yom Kippur according to the count in Eretz Yisrael (*Ritva*; cf. *Rashba*). [See *Tosafos* and *Ritva* regarding how Levi could travel on the day he regarded as Yom Kippur.]

[*Rashi* above (see 18a note 31) indicated that Diaspora Jews were accustomed to observing only one day of Rosh Hashanah because of their confidence that Elul would be deficient. Thus, they also observed only one day of Yom Kippur. Even the Rishonim who disagree with *Rashi* concerning Rosh Hashanah concede that the Diaspora Jews would observe only one day of Yom Kippur (see below, note 9).]

3. We will learn below (21b) that messengers do not go out for the month of Tishrei until they hear the court proclaim that the month is sanctified. Thus, Levi could not testify that Tishrei was sanctified ten days earlier, because he was not at the courthouse on the day of the proclamation (*Rashi*; see *Tosafos* and *Ritva* for another reason why Levi did not hear the court's proclamation).

Even though Levi knew with certainty that the court had made Elul full, he could not testify about it to the Disapora Jews. For along with requiring the messengers to wait until they hear the court's proclamation, the Sages decreed that anyone who testifies without hearing the proclamation is not to be relied upon. Hence, the Babylonians were not obligated to fast a second day (*Rashi*; cf. *Rashba* and *Chidushei HaRan*).

4. The messengers sent out by the court to inform the Diaspora about the sanctification of the months of Nissan and Tishrei were not permitted to travel on the Sabbath or Yom Tov (see below, 21b). Although both groups traveled only until the fifteenth of the month (when the festivals of Pesach and Succos begin), the messengers for Nissan could travel farther than those for Tishrei, because the Tishrei messengers could not travel on Rosh Hashanah or Yom Kippur (*Rashi*).

5. That is, even though the closer Diaspora communities heard the correct day for Pesach, they should still observe two days of Yom Tov as if they had not been informed. For were they to observe only one day, they might also observe only one Yom Tov day of Succos in Tishrei, even though they had not been informed by messengers about the sanctification of the month. Such a practice could perforce lead to violations (*Rashi*).

6. R' Aivu bar Nagarei and R' Chiya bar Abba were disciples of R' Yochanan and had heard his ruling on this matter. He was therefore angry at them for not protesting its violation (*Rashi*).

7. Literally: to sit in.

8. He was concerned for the unlikely possibility that the court had made Elul full, in which case the day everyone regarded as the eleventh of Tishrei was actually the tenth (Yom Kippur). He therefore fasted for forty-eight uninterrupted hours (*Rashi*).

9. As noted above, everyone agrees that Diaspora Jewry may rely on Elul being deficient with regard to Yom Kippur observance – because of the health dangers associated with fasting for forty-eight hours. Certainly nowadays, when we have a fixed calendar and observe two Yom Tov days in the Diaspora only by Rabbinic edict so as to perpetuate the customs of our ancestors, there is no need to observe the Yom Kippur fast for a second day, inasmuch as our ancestors also fasted for only one day (see *Rama, Orach Chaim* 624:5 with *Mishnah Berurah* §16). Rava's actions were a personal stringency that he had adopted (*Rabbeinu Chananel*).

תרי ירחי חסירי קלא אית להו לוי אקלע לבבל בחדסר בתשרי אמר א) **בסים תבשילא דבבלאי ביומא רבה דמערבא אמרי ליה אסהיד אמר להו לא שמעתי מפי ב"ד מקודש** א **מכריז ר' יוחנן כל היכא דמטו שלוחי ניסן ולא מטו שלוחי תשרי ליעבדו תרי יומי גזירה ניסן אטו תשרי רבי אייבו בר נגרי ור' חייא בר אבא איקלעו להוא אתרא דהוה מטו שלוחי ניסן ולא מטו שלוחי תשרי ועבדי חד יומא ולא אמרו להו ולא מידי שמע רבי יוחנן ואיקפד אמר להו לאו אמרי לכו היכא דמטו שלוחי ניסן ולא מטו שלוחי תשרי ליעבדו תרי יומי גזירה ניסן אטו תשרי רבא הוה רגיל דהוה יתיב בתעניתא תרי יומי זימנא חדא אשתכח כוותיה ר"נ יתיב בתעניתא כוליה יומי דכיפורי לאורתא אתא ההוא גברא א"ל למחר יומא רבה במערבא א"ל מהיכא את א"ל מדמהריא א"ל דם תהא אחריתו קרי עליה** א) **קלים היו רודפינו** ב **שלח ליה רב הונא בר אבין לרבא כד חזית דמשכה תקופת טבת עד שיתסר בניסן עברה לההיא שתא ולא תחוש לה דכתיב** ב) **שמור את חדש האביב של תקופה שיהא בחדש ניסן אמר להו רב נחמן להנהו נחותי ימא אתון דלא ידעיתו בקביעא דירחא כי חזיתו סיהרא דמשלים ליומא בעירו חמירא אימת משלים בחמיסר והא אנן מארביסר מבערינן לדידהו דמגלו להו עלמא מארביסר משלים:**

מתני'

רש"י

תרי ירחי חסירי קלא אית להו. דעבדת חיסרו ממה נפשך כסדר הלבנה באחד מלא ואחד חסר ואם איתא דחסרוהו לשניהם כבר יצא הקול לפני הפסח ובא אלולו אף למקום שאין שלוחי ב"ד של ניסן מגיעין וכן בתשרי אם חסרו תמוז ואב שהרי תמוז תמיד חסר: **בסים תבשילא דבבלאי.** אלו לאם למועדים ביוה"כ שבא"י שהרי ב"ד עיברו את החדש או והיו מתענים: **אסהיד.** ונקבל עליו ולא נאכל: **לא שמעתי מפי ב"ד מקודש.** לא מעיד לכם דלאמרי' לקמן בפרקין (ע"ב) על כולן שלוחים יוצאים מעברב כגון אם לא קדשוהו ביום ל' יוצאין השלוחים לערב לומר מעובר הוא אבל על ניסן ותשרי אע"פ שיודעין שיקדשוהו למחר ביום ל"א שהרי אין ר"ה נדחה לשלשים ושנים אפ"ה אין יוצאין עד שישמעו מפי ב"ד מקודש ואני לא שמעתי מפי ב"ד שלא הייתי במקום שישבו סנהדרין שם: **דמטו שלוחי ניסן.** שב"ד שולחין לגולה להודיע יום שקדשוהו וכל מה שהם יכולין לילך הם הולכין עד הפסח וכן בתשרי עד סוכות חוץ משבתות וימים טובים שלא ניתנו לחלל לשלוחין כדתנן בפרקין (לקמן ע"ב) על קריאתם אתה מחלל ואי אתה מחלל על קיומם לפיכך שלוחי ניסן מגיעין למקום שאין שלוחי תשרי מגיעין שהרי אין ימים טובים בינתים לעכבם ובתשרי יש ר"ה ויוה"כ שאין השלוחין הולכין בו: **ליעבדו תרי יומי.** טבי ואע"פ שהגידו להם השלוחים יום קביעתו: **גזירה ניסן אטו תשרי.** שאם תנהיגם לעשות בניסן יום אחד ינהגו כן בתשרי שלא ע"פ שלוחים ופעמים שיטעו: **רבי אייבו ור' חייא בר אבא.** תלמידי דר' יוחנן היו ושמעו מפיו לכך הקפיד כנגדם: **עבדו יומא חדא.** בני המקום: **יתיב בתעניתא תרי יומי.** עם לילותיהם שמא עיברו ב"ד את החדש ויום אחד עשר שלנו הוא עשירי שלהן: **דם תהא אחריתו.** הריני מת על ידך שמזקיקני להתענות ג' ימים וג' לילות דם תהא אחריתו נוטריקון של דמהריא: **כי חזית דמשכה תקופת טבת עד שיתסר בניסן.** שאין תקופת ניסן נופלת עד יום ט"ז וקיימא לן דיום התקופה מתחיל כר' יוסי דאמר הכי בפ"ק דסנהדרין (דף יג.) נמלאת תקופת טבת מושכת עד שיתסר ולא עד בכלל: **עברה לההיא שתא.** כאחרים דאית להו הא סברא בפ"ק דסנהדרין (שם:): **ולא תחוש לה.** למימר יחידאה היא ולא נעביד כוותיהו אלא ודאי כאחרים נעביד דמסייע להו קרא דכתיב (א) את חדש האביב שיהא בחידוש ואביב הוא יום תקופת ניסן שניסן של חמה נכנס בו שניסן קרוי אביב על שם בישול התבואה ובישול התבואה אינו אלא לחשבונה של חמה שהקיץ והחורף אחר חשבון החמה הם והזהירך הכתוב לשומרו שיהא בחידוש ואין לשון חידוש נופל אלא בלבנה שהיא מתחדשת בתולדותיה והשמעינן קרא שיהא ניסן של חמה בתוך י"ד יום למולד הלבנה שהוא עדיין מחידוש הלבנה דמיום י"ד ואילך ישנה היא ואילו היה תקופת ניסן ביום ט"ו לא היינו צריכין לעבר את השנה אלא נעבר אדר ונדחה את ניסן יום אחד ותפול התקופה ביום י"ד אבל כשהיא באה ביום ט"ז בניסן לא די לנו בעיבורו של אדר וצריכה השנה להתעבר ותפול התקופה באדר שני נמלא ניסן של חמה מושך בתוך חדש ניסן הלבנה הכי מפרשינן לה בסנהדרין (שם) אליבא דאחרים דכי מטיא לט"ו מעברין את אדר וכי מטיא לט"ז מעברין את השנה: **שמור אביב של תקופה.** דהיינו ניסן של חמה שיהא בחידוש ניסן הלבנה: **סיהרא דמשלים ליומא.** שהירח משלים מאורו עם הנץ החמה שאינו מתחיל עד שעת זריחה:

מתני'

תוספות

לוי אקלע לבבל בחדסר בתשרי. אחד עשר היה לבני בבל ועשירי לבני ארץ ישראל דעברוה לאלול ומתוך התמוה בא דהא יוה"כ הוה א"נ ביוה"כ של בני בבל בא סמוך לחשכה והוא היה ערב יוה"כ לבני א"י ואמרו לו אסהיד לן כלומר ונאסור לאכול גם עתה דיוה"כ הוא אמר להם לא שמעתי מפי ב"ד מקודש שילא ביום ל' של אלול סמוך לחשכה שלא היה שהות ביום לבא ולקבל עדותן וידע שלא יקדשוהו עד למחר ביום ל"א אבל לא המתין עד למחר שישמע שיקדשוהו ואין מעידין עד שישמע מב"ד מקודש כדלקמן (ע"ב) אע"פ שידוע שלמחר יקדשוהו וא"ת והיאך יניחם לאכול ויש כאן ודאי איסור כרת דאורייתא וי"ל התנן לקמן בפרק שני (דף כה. ושם) אשר תקראו אתם מקראי קדש בין בזמנן בין שלא בזמנן ואמרינן בגמ' אתם אפי' שוגגים אתם אפי' מזידים ואפי' מוטעין והא דאמרינן בפרק גיד הנשה (חולין דף קא: ושם) גבי שגג ביוה"כ פטור דגזירה הוה ויוה"כ דההיא שתא שבתא הוה ולא אמרינן אתם אפילו מזידין התם הוקבע להם החדש בזמנו ומפני הגזרה לא עשו יוה"כ בעשירי ועשאוהו ביום השבת שלא ישתכח ואין יוה"כ אלא בעשרה בתשרי אבל הכא להם היה עשירי ולא דמי נמי לההוא דפ"ק דסנהדרין (דף יב: ושם) שבקש חזקיה רחמים על עצמו דכתיב כי אכלו הפסח בלא ככתוב וגו' ומפרש שעיברו השנה ביום ל' של אדר ואסור הואיל וראוי לקובעו ניסן ולא אמרינן אתם אפי' שוגגים כו' משום דלא שייך אלא כגון יום ל' או יום ל"א כשקובעין באחד מהן ר"ח לחסרו או לעברו שלא כדין או על פי עדות שקר:

כי חזית דמשכה תקופת טבת עד שיתסר בניסן. שתקופת ניסן נופלת ביום ט"ז וקיימא לן (סנהדרין דף יג.) יום תקופה מתחיל נמלאת תקופת טבת מושכת עד שיתסר ולא שיתסר בכלל עברה לההיא שתא משום דכתיב שמור את חדש האביב אביב של תקופה שיהא בחדש ניסן ומיום י"ד ואילך ישנה היא ואילו היתה תקופת ניסן נופלת ביום ט"ו לא היינו צריכין לעבר השנה אלא נעבר אדר ונדחה ניסן יום אחד ותפול התקופה בי"ד כך פי' בקונטרס ג) (והתם בסנהדרין (דף יג:) בתקופת תשרי איירי דפליגי התם אי בעינן כולה אסיף בתקופה חדשה או מקצתו) ושמעתין דהכא אתיא כאחרים דאמרינן התם אחרים בתקופת ניסן (הוו) קיימי ומייתי דרשה דהכא וקשיא לפירוש הקונט' דבפ' היו בודקין (שם דף מא:) משמע דיום ט"ו של חדש הוי מן החדש דקאמר עד מתי מברכין על החדש נהרדעי אמרי עד י"ו לכך צריך לפרש דהכא קאמר עד דמשכה שיתסר אפילו ע"י עיבור אדר א"נ דמשכה עד שיתסר ושיתסר בכלל היינו כגון דנפלה תקופת ניסן בשבסר דכי מעברת נמי לאדר הרי היא נופלת בשיתסר ואין כאן אביב כלל בחדש ניסן ואין להקשות דלעבריה לאדר ולשבט ד) דהתנן בפרק אין נערכין (ערכין ד' ח: ושם) אין פוחתין מד' חדשים מעוברין בשנה ולא יותר מח' ומפרש בגמ' (שם דף ט.) דלא נראה לעבר יתר על שמונה ומוקי לה בשנה מעוברת אבל בפשוטה יותר על שבעה:

עברה לההיא שתא ולא תחוש לה. תימה דתניא בפ"ק דסנהדרין (דף יא: ושם) על ג' סימנין מעברין השנה על האביב ועל פירות האילן ועל התקופה על שנים מהן מעברין על אחד אין מעברין ורשב"ג דאמר התם על התקופה איבעי לן על התקופה שמחין או דילמא מעברין וקיימא בתיקו וי"ל דהתם בתקופת תשרי איירי אבל הכא בתקופת ניסן דעליה לבדה מעברין וצריך טעם כיון דמקרא קא דרשי הכא והכא מאי שנא:

על

מסורת הש"ס

א) [ע' תו' שבת יב: ד"ה רבי נתן], ב) סנהדרין יג., ג) בת"י אינו, ד) אולי צ"ל ולשבט.

הגהות הב"ח

(א) רש"י ד"ה ולא תחוש כו' דמסייע להו קרא דכתיב שמור את חדש:

הגהות מהר"י לנדא

או רש"י ד"ה בסים כו' שהרי ב"ד עיברו את חודש אלול. כצ"ל:

תורה אור השלם

א) קַלִּים הָיוּ רֹדְפֵינוּ מִנִּשְׁרֵי שָׁמָיִם עַל הֶהָרִים דְּלָקֻנוּ בַּמִּדְבָּר אָרְבוּ לָנוּ: [איכה ד, יט]

ב) שָׁמוֹר אֶת חֹדֶשׁ הָאָבִיב וְעָשִׂיתָ פֶּסַח לַיי אֱלֹהֶיךָ כִּי בְּחֹדֶשׁ הָאָבִיב הוֹצִיאֲךָ יי אֱלֹהֶיךָ מִמִּצְרַיִם לָיְלָה: [דברים טז, א]

ליקוטי רש"י

שמור את חדש האביב שמור אביב של תקופה וכו'. מקודם בואו שמור שיהא ראוי לאביב להקריב בו את מנחת העומר ואם לאו עבר את השנה [דברים טז א]. שמור תקופת (חדש) ניסן של חמה שיהא בתוך חידוש ניסן של לבנה ... שאין ניסן קרוי אביב אלא על פי בישול התבואה [illegible] שמור אביב בזמנו [לעיל ז.].

עין משפט נר מצוה

קה א מיי' פ"ג מהל' קידוש החדש הל' יב:

קו ב מיי' שם פ"ה הלכה ב:

רבינו חננאל

ר"ל אמר החדש הזה שיהא כולו מן החדש וגמר הזה הזה א) היכי תקשי לן דר"ל אדר"ל. כל ספיקא לקמיה (כי) שדינן פשוטה היא. לוי אקלע לבבל בי"א בתשרי. פי' בא ברוגזת או בביצית בי"א בתשרי בבבל וא' בסים תבשילא דבבלאי כלומר תבשילם נודף. והוא היום יום כפור. כלומר כי עברו אלול שנמצא י"א בבבל עשירי לירושלים. ועל זה הענין נעשה סוכות. אמרו לו תעיד ונשלים הצום היום. אמר להם לא שמעתי מב"ד מקודש. כלומר שמעתי להם כי רצונם לעבר אלול ולוי דאקלע בבבל בי' במרחשון ואמר להו היידנא יומא רבא במערבא. פי' שנה מעוברת היתה שנמצאת עשרה במרחשון כי הן עשרה בתשרי. והיום יום כפור. ואמרי ליה כן העידו שעיברו השנה הזאת ואמר לא שמענו מב"ד מקודש. ואמרינן שמא לא עיברו. שלוחי ניסן מהלכין לא פחות מי"ב יום. ושלוחי תשרי פעמים שאין מהלכין אלא עשרה ימים מפני כי שובתין בר"ה וביוה"כ ובשבת נמצאו אלו שלוחי ניסן מגיעין למקומות רחוקים מה שאין שלוחי תשרי מגיעין בהן. רבה הוה רגיל יתיב בתעניתא תרי יומי דימנא חדא אשתכח כוותי' כי עיברו ליה לאלול והיה יום כפור בי"א בתשרי דהוה מחמר אנפשיה ונקיט תרי יומי ומלתא יתירתא עבד ולא חובה הוא עליו שלא היה לו לחוש. ואם חשש מדה יתירתא עשה ולא שיבח בה. רב נחמן יתיב תעניתא ביומא דכפורי לאורתא אתא ההוא גברא א"ל למחר צומא רבא במערבא כו'. פשוטה היא. שלח ליה רב הונא בר אבין לרבא כי מצית דמשכה תקופת טבת עד ט"ז בניסן עברה לההיא שתא ולא תחוש לה. דכתיב שמור את חדש האביב וגו' שמור חדשו של אביב. שתהא נופלת בו. כלומר לא יהא אביב קרב אלא בתקופה חדשה. זה הדבר היה נוהג בזמן שבית המקדש קיים. וזה אחד מן הדברים המסורים בידי ב"ד בזמן שהיה האביב קרב. אבל עכשיו שאין אביב לא חיישינן להא דשלח רב הונא. ואע"ג דלית לן ספק בזמן הזה

חשק שלמה על ר"ח

א) נ"ל דצ"ל מי הוי דלא תקשה לן מדר"ל אדר"ל. וכוונת רבינו בזה דהנהו שלא הירושלמי אליבא דר"ל וזהו דרשה דילן אליביה דר"ל אחד והיינו דגמר הזה הזה מפסח ודו"ק. ב) בפירוש המיוחס להרמב"ם ז"ל איתא דאמרו ליה דאסהיד דהיום י' בתשרי ע"ש.

"Blood will be his end."[10] קָרֵי עֲלֵיהּ – **[Rav Nachman] cited** the following verse **regarding [the visitor]:** ,,קַלִּים הָיוּ רֹדְפֵינוּ'' – ***Our pursuers were swift.***[11]

The Gemara now discusses the court's responsibility for intercalation:

שְׁלַח לֵיהּ רַב הוּנָא בַּר אָבִין לְרָבָא – **Rav Huna bar Avin sent** the following message **to Rava:** כַּד חָזֵית דְּמַשְׁכָה תְּקוּפַת טֵבֵת עַד שִׁיתְּסַר בְּנִיסָן – **When you see that the** solar **season of Teves is stretching until the sixteenth of Nissan,**[12] עַבְּרָהּ לְהַהִיא שַׁתָּא – **intercalate** a month **into that year**[13] וְלָא תָּחוּשׁ לָהּ – **and do not be concerned about it.**[14] דִּכְתִיב ,,שָׁמוֹר אֶת־חֹדֶשׁ הָאָבִיב'' – **For it is written:**[15] ***Guard the month of the first-ripened produce*** (i.e. Nissan), which can be interpreted to mean: שְׁמוֹר אָבִיב שֶׁל תְּקוּפָה – **Guard the ripening** (spring) **season** שֶׁיְּהֵא בְּחֹדֶשׁ נִיסָן – to ensure **that it will** begin **during the** moon's **renewal** in the month **of Nissan.**[16] Now, the moon's renewal lasts for the first fourteen days of the month; the verse thus requires that spring begin by the fifteenth of Nissan. If it will not begin until the sixteenth, then intercalation is required.[17]

The Gemara presents one last ruling about festivals outside Eretz Yisrael:

אָמַר לְהוּ רַב נַחְמָן לְהָנְהוּ נָחוֹתֵי יַמָּא – **Rav Nachman said to those seafarers:** אַתּוּן דְּלָא יָדְעִיתוּ בִּקְבִיעָא דְּיַרְחָא – **You, who do not know about the establishment of the month,**[18] כִּי חָזֵיתוּ סִיהֲרָא דְּמַשְׁלִים לְיוֹמָא – **when you see the moon finish** shining **at** the beginning of the **day** [i.e. at sunrise],[19] בַּעִירוּ חֲמִירָא – **destroy** your ***chametz.***

The Gemara asks:

אֵימַת מַשְׁלִים – **When does [the moon] finish** shining precisely at sunrise? בַּחֲמֵיסַר – **On the fifteenth** of the month. וְהָא אֲנַן מֵאַרְבֵּיסַר מְבַעֲרִינַן – **But we must destroy** our *chametz* **on the fourteenth** of the month![20] – ? –

The Gemara answers:

לְדִידְהוּ דְּמִגַּלּוּ לְהוּ עָלְמָא – **For [seafarers], to whom the world is revealed,** מֵאַרְבֵּיסַר מַשְׁלִים – **[the moon] finishes** shining at sunrise **from the fourteenth** of the month.[21]

NOTES

10. The name "Damharea" is a contraction of *dam tehei achariso [blood will be his end].* Rav Nachman was saying that he could die as a result of the visitor's communication, since he (Rav Nachman) would have to fast for forty-eight uninterrupted hours (*Rashi*).

11. *Lamentations* 4:19. [Rav Nachman was bemoaning the fact that the man had come so quickly that Rav Nachman had not had time to eat (see *Sifsei Chachamim*).]

12. [As we learned above (12a), the solar year is divided into four *tekufos* (seasons) that are related to the positions of the sun.] Rav Huna bar Avin discusses a case where the winter *tekufah* of Teves lasted up until the sixteenth of Nissan [the lunar month], on which the spring *tekufah* of Nissan began (*Rashi*; cf. *Tosafos* and *Ritva*).

13. In accordance with the opinion of the "Others," recorded in *Sanhedrin* 13b (*Rashi*).

14. That is, even though the "Others" voice a minority opinion, we should still follow their view since Scripture supports it – as Rav Huna proceeds to demonstrate (*Rashi*).

15. *Deuteronomy* 16:1.

16. *Rashi* explains that the "Others" arrive at their interpretation of the verse שָׁמוֹר אֶת־חֹדֶשׁ הָאָבִיב as follows:

The word חֹדֶשׁ can be translated two ways. Generally, it means "month," and that is its literal translation in this verse as well. However, it can also connote "renewal." The first fourteen days of a month, during which the moon waxes and becomes increasingly visible, is called the period of the moon's renewal. The "Others" interpret the word חֹדֶשׁ in the verse to mean "renewal", so that according to them חֹדֶשׁ refers to the first fourteen days of the month.

The word אָבִיב means *ripening* [of the grain]. Now, grain ripens seasonally, so that it is the solar rather than the lunar cycle that determines when the grain will ripen. The word אָבִיב, then, refers not to a month on the lunar calendar, but to the spring (Nissan) season, when the grain ripens.

Utilizing these two translations, the Rabbis expound the verse as follows: Guard the ripening (spring) season to ensure that it will [begin] during the first fourteen days of Nissan (the month during which the grain usually ripens).

17. If the *tekufah* of Nissan is scheduled to commence on the fifteenth of Nissan, the court can simply make Adar full (by adding one day) so that the *tekufah* will begin on the fourteenth. But if the *tekufah* of Nissan is scheduled to fall on the sixteenth, the court has no choice but to add an extra month of Adar and establish a leap year (*Rashi*).

18. Because you are at sea and out of touch with the court's messengers. This case concerns the month of Nissan, when the Festival of Pesach occurs.

19. That is, when you see the moon setting precisely at sunrise (*Rashi*). [The moon sets later in the night as the middle of the month approaches. On the fourteenth of the month, it sets shortly before sunrise; on the fifteenth, it can be seen until sunrise.]

20. *Chametz* is destroyed or removed from our possession on the eve of the Pesach festival – i.e. on the fourteenth of Nissan.

21. At sea, where the vista is unobstructed, the moon remains visible the entire night as early as on the fourteenth of Nissan (*Sifsei Chachamim*).

מסורת הש"ס

א) [ע' תו' שבת יב: ד"ה רבי נתן], ב) סנהדרין יג:, ג) בת"י אינו, ד) אולי צ"ל ולטבת.

הגהות הב"ח

(א) רש"י ד"ה ולא תחוש כו' דמסייע להו קרא דכתיב שמור את חדש:

הגהות מהר"י לנדא

א] רש"י ד"ה בסים כו' שהרי ב"ד עיברו את חודש אלול. כצ"ל:

תורה אור השלם

א) קַלִּים הָיוּ רֹדְפֵינוּ מִנִּשְׁרֵי שָׁמָיִם עַל הֶהָרִים דְּלָקֻנוּ בַּמִּדְבָּר אָרְבוּ לָנוּ: [איכה ד, יט]

ב) שָׁמוֹר אֶת חֹדֶשׁ הָאָבִיב וְעָשִׂיתָ פֶּסַח לַייָ אֱלֹהֶיךָ כִּי בְּחֹדֶשׁ הָאָבִיב הוֹצִיאֲךָ יְיָ אֱלֹהֶיךָ מִמִּצְרַיִם לָיְלָה: [דברים טז, א]

ליקוטי רש"י

שמור את חדש האביב שמור אביב של תקופה וכו'. מקודם בואו שמור שיהא ראוי לאביב להקריב בו את מנחת העומר ואם לאו עבר את השנה [דברים טז א]. שמור תקופת (חדש) ניסן של חמה שיהא בתוך חידושה של לבנה אביב הוא ניסן של חמה שאין ניסן קרוי אביב אלא על פי בישול התבואה שמתבכרת בו וכל ביכור התבואה ועתי הקיץ והחורף לחשבון החמה הם ואמר רחמנא שמור שיהא (חדש) ניסן של חמה נמשך לתוך ימי חידושה של לבנה דכתיב חדש ואין לשון חידוש נופל אלא על לבנה המתחדשת ואשמועינן שיהא ניסן של חמה נמשך לתוך ימי חידוש הלבנה במקצת וכמה הן ימי חידוש הלבנה ארבעה עשר ימים מכאן ואילך היא ישנה [סנהדרין יג:]. חדש הסמוך לאביב עבר שיבוא אביב בזמנו [לעיל ז.].

גמרא

תרי ירחי חסירי קלא אית להו לוי אקלע לבבל בחדסר בתשרי אמר א) בסים תבשילא דבבלאי ביומא רבה דמערבא אמרי ליה אסהיד אמר להו לא שמעתי מפי ב"ד מקודש א מכריז ר' יוחנן כל היכא דמטו שלוחי ניסן ולא מטו שלוחי תשרי ליעבדו תרי יומי גזירה ניסן אטו תשרי רבי אייבו בר נגרי ור' חייא בר אבא איקלעו להההוא אתרא דהוה מטו שלוחי ניסן ולא מטו שלוחי תשרי ועבדי חד יומא ולא אמרו להו ולא מידי שמע רבי יוחנן ואיקפד אמר להו לאו אמרי לכו היכא דמטו שלוחי ניסן ולא מטו שלוחי תשרי ליעבדו תרי יומי גזירה ניסן אטו תשרי רבא הוה רגיל דהוה יתיב בתעניתא תרי יומי זימנא חדא אשתכח כוותיה ר"נ יתיב בתעניתא כוליה יומי דכיפורי לאורתא אתא ההוא גברא א"ל למחר יומא רבה במערבא א"ל מהיכא את א"ל מדמהריא א"ל דם תהא אחריתו קרי עליה א) קלים היו רודפינו ב שלח ליה רב הונא בר אבין לרבא כד חזית דמשכה תקופת טבת עד שיתסר בניסן עברה לההיא שתא ולא תחוש לה דכתיב ג) ב) שמור את חדש האביב שמור אביב של תקופה שיהא בחדש ניסן אמר להו רב נחמן להנהו נחותי ימא אתון דלא ידעיתו בקביעא דירחא כי חזיתו סיהרא דמשלים ליומא בעירו חמירא אימת משלים בחמיסר והא אנן מארביסר מבערינן לדידהו דמגלו להו עלמא מארביסר משלים:

מתני'

רש"י

תרי ירחי חסירי קלא אית להו. דטבת חיסרו ממה נפשך כסדר הלבנה באחד מלא ואחד חסר ואם איתא דחסרוהו לשבט כבר יצא הקול לפני הפסח ובא אצלנו אף למקום שאין שלוחי ב"ד של ניסן מגיעין וכן בתשרי אם חסרו תמוז ואב שהרי תמוז תמיד חסר: **בסים תבשילא דבבלאי.** אכלו לחם למעדנים ביוה"כ שבא"י שהרי ב"ד עיברו את החדש א] והיו מתענים: **אסהיד.** ונקבל עלינו ולא נאכל: **לא שמעתי מפי ב"ד מקודש.** לא אעיד לכם דאמרי' לקמן בפרקין (ע"ב) על כולן שלוחים יוצאים מבערב כגון אם לא קדשוהו ביום ל' יוצאין השלוחים לערב לומר מעובר הוא אבל על ניסן ותשרי אע"פ שיודעין שיקדשוהו למחר ביום ל"א שהרי אין ר"ה נדחה לשלשים ושנים אפ"ה אין יוצאין עד שישמעו מפי ב"ד מקודש ואני לא שמעתי מפי ב"ד שלא הייתי במקום שישבו סנהדרין שם: **דמטו שלוחי ניסן.** שב"ד שולחין לגולה להודיע יום שקדשוהו וכל מה שהם יכולין לילך הם הולכין עד הפסח וכן בתשרי עד סוכות חוץ משבתות וימים טובים שלא ניתנו לחלל לשלוחין כדתניא בפרקין (לקמן ע"ב) על קריאתם אתה מחלל ואי אתה מחלל על קיומם לפיכך שלוחי ניסן מגיעין למקום שאין שלוחי תשרי מגיעין שהרי אין ימים טובים ביניתים לעכבם ובתשרי יש ר"ה ויוה"כ שאין השלוחין הולכין בו: **ליעבדו תרי יומי.** טבי ואע"פ שהגידו להם השלוחים יום קביעתו: **גזירה ניסן אטו תשרי.** שאם תנהיגם לעשות בניסן יום אחד ינהגו כן בתשרי שלא ע"פ שלוחים ופעמים שיטעו: **רבי אייבו ור' חייא בר אבא.** תלמידי דר' יוחנן היו ושמעו מפיו לכך הקפיד כנגדם: **עבדו יומא חדא.** בני המקום: **יתיב בתעניתא תרי יומי.** עם לילותיהם שמא עיברו ב"ד את החדש ויום אחד עשר שלנו הוא עשירי שלהן: **דם תהא אחריתו.** הריני מת על ידך שתזקיקני להתענות ב' ימים וב' לילות דם תהא אחריתו נוטריקון של דמהריא: **כי חזית דמשכה תקופת טבת עד שיתסר בניסן.** שאין תקופת ניסן נופלת עד יום ט"ז וקיימא לן דיום התקופה מתחיל כר' יוסי דאמר הכי בפ"ק דסנהדרין (דף יג.) נמצאת תקופת טבת מושכת עד שיתסר בניסן ולא עד בכלל: **עברה לההיא שתא.** כדאית להו הא סברא בפ"ק דסנהדרין (שם:): **ולא תחוש לה.** לומר יחידאה היא ולא נעביד כוותייהו אלא ודאי כאחרים נעביד דמסייע להו קרא דכתיב (א) את חדש האביב שיהא אביב הוא יום תקופת ניסן שניסן של חמה נכנס בו שניסן קרוי אביב על שם בישול התבואה ובישול התבואה אינו אלא לחשבונה של חמה שהקיץ והחורף אחר חשבון החמה הם והזהיר הכתוב לשומרו שיהא בחידוש ואין לשון חידוש נופל אלא בלבנה שהיא מתחדשת בתולדותיה ואשמעינן קרא שיהא ניסן של חמה בתוך י"ד יום למולד הלבנה שהוא עדיין מחידוש הלבנה דמיום י"ד ואילך ישנה היא ואילו היה תקופת ניסן ביום ט"ו לא היינו צריכין לעבר את השנה אלא נעבר אדר ונדחה את ניסן יום אחד ותפול התקופה ביום י"ד אבל כשהיא באה ביום ט"ז בניסן לא די לן בעיבורו של אדר וצריכה השנה להתעבר ותפול התקופה באדר שני נמצא ניסן של חמה מושך בתוך חדש ניסן הלבנה הכי מפרשינן לה בסנהדרין (שם) אליבא דאחרים דכי מטיא בט"ו מעברין את אדר וכי מטיא לט"ז מעברין את השנה: **שמור אביב של תקופה.** דהיינו ניסן של חמה שיהא בחידוש ניסן הלבנה: **סיהרא דמשלים ליומא.** שהירח מאירו עם הנץ החמה שאינו מחשיך עד שעת זריחה:

מתני'

תוספות

לוי אקלע לבבל בחדסר בתשרי. אחד עשר היה לבני בבל ועשירי לבני ארץ ישראל דעברוה לאלול ומתוך התמוה בא דהא יוה"כ הוה א"נ ביוה"כ של בני בבל בא סמוך לחשכה והוא היה ערב יוה"כ לבני א"י ואמרו לו אסהיד לן כלומר ונאסור לאכול גם עתה דיוה"כ הוא אמר להם לא שמעתי מפי ב"ד מקודש שילא ביום ל' של אלול סמוך לחשכה שלא היה שהות ביום לבא ולקבל עדותן וידע שלא יקדשוהו עד למחר ביום ל"א אבל לא המתין עד למחר שישמע שיקדשוהו ואין מעידין עד שישמע מב"ד מקודש כדלקמן (ע"ב) אע"פ שידוע שלמחר יקדשוהו וא"ת והיאך יניחם לאכול ויש כאן ודאי איסור כרת דאורייתא וי"ל התנן לקמן בפרק שני (דף כה. ושם) אשר תקראו אתם מקראי קדש בין בזמנן בין שלא בזמנן ואמרינן בגמ' אתם אפי' שוגגים אתם אפי' מזידים ואפי' מוטעין והא דאמרינן בפרק גיד הנשה (חולין דף קא: ושם) גבי שגג ביוה"כ פטור דגזירה הוה ויוה"כ דההיא שתא שבתא הוה ולא אמרינן אתם אפילו מזידין התם הוקבע להם החדש בזמנו ומפני הגזרה לא עשו יוה"כ בעשירי ועשאוהו ביום השבת שלא ישתכח ואין יוה"כ אלא בעשרה בתשרי אבל הכא להם היה עשירי ולא דמי נמי להההוא דפ"ק דסנהדרין (דף יב: ושם) שבקש חזקיה רחמים על עצמו דכתיב כי אכלו הפסח בלא ככתוב וגו' ומפרש שעיברו השנה ביום ל' של אדר ואסור הואיל וראוי לקובעו ניסן ולא אמרינן אתם אפי' שוגגים כו' משום דלא שייך אלא כגון יום ל' או יום ל"א כשקובעין באחד מהן ר"ח לחסרו או לעברו שלא כדין או על פי עדות שקר:

כי חזית דמשכה תקופת טבת עד שיתסר בניסן. שתקופת ניסן נופלת ביום ט"ז וקיימא לן (סנהדרין דף יג.) יום תקופה מתחיל נמצאת תקופת טבת מושכת עד שיתסר ולא שיתסר בכלל עברה לההיא שתא משום דכתיב שמור את חדש האביב אביב של תקופה שיהא בחדש ניסן ומיום י"ד ואילך ישנה היא ואילו היתה תקופת ניסן נופלת ביום ט"ו לא היינו צריכין לעבר השנה אלא נעבר אדר ונדחה ניסן יום אחד ותפול התקופה בי"ד כך פי' בקונטרס ג) (והתם בסנהדרין (דף יג:) בתקופת תשרי איירי דפליגי התם אי בעינן כולה אסיף בתקופה חדשה או מקצתו) ושמעתין דהכא אתיא כאחרים דאמרינן התם אחרים בתקופת ניסן (הוו) קיימי ומייתי דרשה דהכא וקשיא לפירוש הקונט' דבפ' היו בודקין (שם דף מא:) משמע דיום ט"ו של חדש הוי מן החדש דקאמר עד מתי מברכין על החדש נהרדעי אמרי עד י"ו לכך צריך לפרש דהכא קאמר עד דמשכה שיתסר אפילו ע"י עיבור אדר א"נ דמשכה עד שיתסר ושיתסר בכלל היינו כגון דנפלה תקופת ניסן בשבסר דכי מעברת נמי לאדר הרי היא נופלת בשיתסר ואין כאן אביב כלל בחדש ניסן ואין להקשות דלעבריה לאדר ולשבט ד) דהתנן בפרק אין נערכין (ערכין ד' ח: ושם) אין פוחתין מד' חדשים מעוברין בשנה ולא יותר מח' ומפרש בגמ' (שם דף ט.) דלא נראה לעבר יותר על שמונה ומוקי לה בשנה מעוברת אבל בפשוטה יותר על שבעה:

עברה לההיא שתא ולא תחוש לה. תימה דתניא בפ"ק דסנהדרין (דף יא: ושם) על ג' סימנין מעברין השנה על האביב ועל פירות האילן ועל התקופה על שנים מהן מעברין על אחד אין מעברין ורשב"ג דאמר התם על התקופה איבעי לן על התקופה שמחין או דילמא מעברין וקיימא בתיקו וי"ל דהתם בתקופת תשרי איירי אבל הכא בתקופת ניסן דעליה לבדה מעברין וצריך טעם כיון דמקרא קא דרשי הכא והכא מאי שנא:

על

עין משפט נר מצוה

קח א מיי' פ"ג מהל' קידוש החדש הל' יג:

קט ב מיי' שם פ"ד הלכה ג:

רבינו חננאל

ר"ל אמר החדש הזה שיהא כולו מן החדש וגמר הזה הזה א) היכי תקשי לן דר"ל אדר"ל. כל ספיקא לקמיה (כי) שדינן פשוטה היא. לוי אקלע לבבל בי"א בתשרי. פי' בא ברוגית או בביצית בי"א בתשרי בבבל וא' בסים תבשילא דבבלאי כלומר תבשילם נודף. והוא היום יום כפור. כלומר כי עברו אלול שנמצא י"א בבבל עשירי לירושלים. ועל זה הענין נעשה סוכות. אמרו לו תעיד ונשלים הצום היום. אמר להם לא שמעתי מב"ד מקודש. כלומר שמעתי להם כי רצונם לעבר אלול ולוי דאקלע בבבל בי' במרחשון ואמר להו היידנא יומא רבא במערבא. פי' שנה מעוברת היתה שנמצאת עשרה במרחשון כי הן עשרה בתשרי. והיום יום כפור. ואמרי ליה ב) העידו שעיברו השנה הזאת ואמר לא שמענו מב"ד מקודש. ואמרינן שמא לא עיברו. שלוחי ניסן מהלכין לא פחות מי"ב יום. ושלוחי תשרי פעמים שאין מהלכין אלא עשרה ימים מפני כי שובתין בר"ה וביוה"כ ובשבת נמצאו אלו שלוחי ניסן מגיעין למקומות רחוקים מה שאין שלוחי תשרי מגיעין בהן. רבה הוה רגיל יתיב בתעניתא תרי יומי זימנא חדא אשתכח כוותי' כי עיברו ליה לאלול והיה יום כפור בי"א בתשרי דהוה מחמר אנפשיה ונקיט תרי יומי ומלתא יתירתא עבד ולא חובה הוא עליו שלא היה לו לחוש. ואם חשש מדה יתירתא עשה ולא שיבח בה. רב נחמן יתיב תעניתא ביומא דכפורי לאורתא אתא ההוא גברא א"ל למחר צומא רבא במערבא כו'. פשוטה היא. שלח ליה רב הונא בר אבין לרבא כי מצית דמשכה תקופת טבת עד ט"ז בניסן עברה להההיא שתא ולא תחוש לה. דכתיב שמור את חדש האביב וגו' שמור חדשו של אביב. שתהא נופלת בו. כלומר לא יהא אביב קרב אלא בתקופה חדשה. זה הדבר היה נוהג בזמן שבית המקדש קיים. וזה אחד מן הדברים המסורים בידי ב"ד בזמן שהיה האביב קרב. אבל עכשיו שאין אביב לא חיישינן להא דשלח רב הונא. ואע"ג דלית לן ספק בזמן הזה

חשק שלמה על ר"ח

א) נ"ל דל"ל כי היכי דלא תקשה לן מדר"ל אדר"ל. וכוונת רבינו בזה דהדרש שאמר בירושלמי אליבא דר"ל ודרשה דילן אליביה דכל אחד והיינו דנמצא כזה הזה מפסק ודו"ק. ב) כפירוש על ר"ה המיוחס להרמב"ם ז"ל אמת דאמרו ליה דאסהיד דהיום י' בתשרי ע"ש.

מתני׳ (א) א על שני חדשים מחללין את השבת על ניסן ועל תשרי שבהן שלוחין יוצאין לסוריא ובהן מתקנין את המועדות ב) וכשהיה בית המקדש קיים מחללין אף על כולן מפני תקנת הקרבן: גמ׳ על ב׳ חדשים ותו לא ג) ורמינהו על ו׳ חדשים השלוחין יוצאין אמר אביי ה״ק ג על כולן שלוחין יוצאין מבערב על ניסן ועל תשרי עד שישמעו מפי ב״ד מקודש תניא נמי הכי על כולן יוצאין מבערב על ניסן ועל תשרי עד שישמעו מפי ב״ד מקודש ת״ר מנין שמחללין עליהן את השבת ת״ל א) אלה מועדי ה׳ אשר תקראו אותם במועדם ד יכול כשם שמחללין עד שיתקדשו כך מחללין עד שיתקיימו ת״ל אשר תקראו אותם על קריאתם אתה מחלל ואי אתה מחלל על קיומן: וכשהיה בהמ״ק קיים מחללין אף על כולן מפני תקנת הקרבן: ת״ר בראשונה היו מחללין אף על כולן משחרב בית המקדש אמר להן רבן יוחנן בן זכאי וכי יש קרבן התקינו שלא יהו מחללין אלא על ניסן ועל תשרי בלבד: מתני׳ ד) ה בין שנראה בעליל בין שלא נראה בעליל מחללין עליו את השבת רבי יוסי אומר אם נראה בעליל אין מחללין עליו את השבת מעשה שעברו יותר מארבעים זוג ועיכבם ר״ע בלוד שלח לו ר״ג אם מעכב אתה את הרבים ה) נמצאת מכשילן לעתיד לבא: גמ׳ מאי משמע דהאי עליל לישנא דמיגלי הוא א״ר אבהו אמר קרא ב) אמרות ה׳ אמרות טהורות כסף צרוף בעליל לארץ מזוקק שבעתים ו) רב ושמואל חד אמר נ׳ שערי בינה נבראו בעולם וכולן ניתנו למשה ז) חסר אחד שנאמר ג) ותחסרהו מעט מאלהים ד) בקש קהלת למצוא דברי חפץ בקש קהלת להיות כמשה יצתה בת קול ואמרה לו ה) וכתוב יושר דברי אמת ה) ולא קם נביא עוד בישראל כמשה וחד אמר בנביאים לא קם במלכים קם אלא מה אני מקיים בקש קהלת למצוא דברי חפץ בקש קהלת לדון דינין שבלב שלא בעדים ושלא בהתראה יצתה ב״ק ואמרה לו וכתוב יושר דברי אמת ו) על פי שנים עדים וגו׳:

מעשה

רש״י

מתני׳ על שני חדשים מחללין את השבת. עדים שראו את החדש: שבהם שלוחים. ב״ד שולחין לסוריא להודיע לגולה יום קביעותם הלכך חשיבי ומן התורה מחללין על כולן אבל רבנן אסרו לפי שאין תיקון המועדות תלוי בהם ולא איכפת למלאן ולחסרן ע״פ עדים אלא שני חדשים אלו שהמועדים תלויין בהן: תקנת קרבן. של ר״ח שיקריב בזמנו: גמ׳ ותו לא. נפקי שלוחים (יוצאים) אלא אהני דקתני שבהן שלוחים יוצאים לסוריא: שלוחין יוצאין מבערב. כגון נראה בעליל ביום כ״ט או בליל שלשים דודאי יקדשוהו ב״ד מחר א״נ החדש מעובר דפשיטא לן שביום ל״א יתקדש (א) משלא נתקדש בזמנו שלוחין יוצאין מב״ד ואין ממתינין עד למחר שישמעו מקודש מפי ב״ד כדאמרינן לקמן (דף כד.) ראש ב״ד אומר מקודש ויעידו לגולה: על ניסן ועל תשרי. אין שלוחין יוצאין עד שישמעו מפי ב״ד מקודש הלכך בשאר חדשים אין חילול שבת של עדים ממהרת יציאת השלוחין שאין השלוחין מחללין שבת לצאת היום וכשלא יבאו העדים היום יתעבר החדש והכל יודעים שהם קדשוהו למחר והשלוחים יצאו משתחשך לומר שעיברו את החדש אבל בניסן ותשרי אם לא יבאו העדים היום ויתעבר החדש לא יצאו השלוחים עד מחר שאין ב״ד מקדשין בלילה נמצאו ממעטין את הלוכן מהלך לילה ויותר כיצד אם יבאו העדים ויעידו ויקדשוהו בשבת ויהא פסח בשבת יש זמן לשלוחים למ״ש יצאו י״ב יום שלימים שהרי למ״ש יצאו וילכו כל ימי החול של ב׳ שבועות הללו שלימים ואם לא באו העדים היום לא יצאו השלוחים עד מחר ועל כרחם שבת של ערב הפסח ישבותו נמצא שלא הלכו י״ב ימים שלימים וא״ת היאך הוא תולה טעם חילול העדים ביציאת השלוחים הרי השלוחים עצמן לא ניתן להם לחלל טעם החילול כדי שיתקדש החדש בזמנו הוא כדקתני ובהן מתקנין את המועדות דרחמנא אמר אשר תקראו אותם במועדם (ויקרא כג) אפי׳ בשבת ויציאת השלוחים דקתני אינו אלא לייפות ולייגב את טעם החילול אף בשביל זאת דיש דברים שאין הטעם תלוי בהם והם נעשים סעד לדבר לייגבו ולייפותו כאותה ששנינו בסנהדרין (דף יא.) אין מעברין את השנה מפני הגדיים והטלאים אבל עושין אותן סעד לשנה כיצד מהודעין אנחנא לכון דגוזלייא רכיכין ואמריא דערקין כו׳: אשר תקראו אותם במועדם. הזהירם שלא יעבור המועד של זמן קריאתן מקרא קודש היינו קדוש ב״ד: יכול כשם שמחללין. העדים כדי שיתקדשו בזמנן: כך מחללין. השלוחים עד שיתקיימו המועדות בזמנן: מתני׳ ט) נראה בעליל אין מחללין. לפי שאין צורך: ארבעים זוג. שני עדים זוג אחר זוג: גמ׳ בעליל לארץ. גלוי לכל: חמשים שערי בינה כו׳. סיפיה דהאי קרא דרשי רב ושמואל מזוקק שבעתים שבע שביעיות והם חמשים חסר אחת שנמסרו למשה למדנו שחמשים נבראו שהרי מעט נחסר מאלהים: דכתיב ותחסרהו מעט מאלהים וגו׳. במזמור מה אנוש כי תזכרנו:

מעשה

תוספות

על שני חדשים מחללין את השבת. פי׳ בקונטרס ומן התורה מחללין על כולן אבל רבנן אסרו לפי שאין תיקון המועדות תלוי בהן לא איכפת לן אי למלאן אי לחסרן ע״פ עדים וקשיא דבגמרא תניא מנין שמחללין את השבת ת״ל אלה מועדי ה׳ והאי קרא בניסן ותשרי כתיב וי״ל דמ״מ כל ר״ח איתרבי מדאיקרי מועד כדאיתא בפ׳ כיצד צולין (פסחים דף עז.) גבי דחיית שבת וטומאה שעירי ראש חדש אילטריכא ליה סלקא דעתך אמינא הא לא כתיב בהו מועד קמ״ל דר״ח נמי מועד איקרי וכדאביי:

על ניסן ותשרי עד שישמעו מפי ב״ד מקודש. והשתא מתניתין דקתני שבהן שלוחין יוצאין היינו לאחר שישמעו מפי ב״ד מקודש ונתינת טעם הוא דלכך מחללין עליה השבת עדים שראו את החדש ופירש בקונטרס דבשאר חדשים אין חילול שבת של עדים ממהרת יציאת שלוחין שאין מחללין השלוחין לצאת בשבת היום וכשלא יבואו עדים היום יתעבר החדש והכל יודעים (י) שיום) קדשו למחר והשלוחים יוצאים משתחשך לומר שעברו את החדש אבל בניסן ותשרי אם לא יבאו עדים ויתעבר החדש לא יצאו השלוחים עד מחר שאין ב״ד מקדשין בלילה נמצאו ממעטים הלוכן מהלך לילה ויותר ודבר תימה פירושו שתלה טעם חילול העדים ביציאת השלוחים הא כי מקלע יום שלשים דאלול בשבת וראו עדים את החדש על כרחן צריכין לחלל ולבא בשבת דאי מאחרים עד אחד בשבת היה מקלע יום ערבה בשבת ודחינן ליה משום ערבה כדאמרי׳ בפ׳ (החליל נד) [לולב וערבה] (סוכה מג.) ומיהו אניסן ודאי צריך טעם ובמתניתין פי׳ הקונטרס שבהן שלוחין יוצאים הלכך חשיבי כלומר לפי שהשלוחים יוצאים בהן משום תקנת מועדות ראוי לעדים לחלל עליהם שבת כדי שיקבעו מועדות בזמנן וכאן נמי פי׳ הקונטרס עדיין טעם החילול שיתקדש החדש בזמנו כדקתני ובהן מתקנין את המועדות דרחמנא אמר אשר תקראו אותם אפי׳ בשבת ויציאת שלוחין דקתני אינו אלא לייפות ולייגב טעם החילול בשביל זאת שיש דברים שאין הטעם תלוי בהן והן נעשין סעד לדבר לייגבו ולייפותו כאותה ששנינו בפ״ק דסנהדרין (ד׳ יא.) אין מעברין השנה מפני הגדיים והטלאים אבל עושין אותן סעד לשנה כיצד מהודעין אנחנא לכון דגוזלייא רכיכין ואם תאמר ומה טעם דמתניתין לניסן ותשרי עד שישמעו מפי בית דין מקודש בשלמא היכא דנראה בעליל ביום כ״ט או בליל ל׳ אע״ג דודאי יקדשוהו ב״ד למחר אין יוצאין עליו לאלתר חיישינן דלמא מימלכי ב״ד ומעברי ליה ואתי לקלקולי מועדות אלא היכא דלא קדשוהו ביום ל׳ ליפקו ביום ל״א שא״א לדחותו יותר מיום ל״א ויש לומר דגזרו האי [אטו האי] משום דבשאר חדשים יוצאים אזה וזה מבערב:

ופסלו

עין משפט נר מצוה

קי א ב מיי׳ פ״ג מהל׳ קידוש החדש הל׳ ג:
קיא ג מיי׳ שם הלכ׳ ו:
קיב ד מיי׳ שם הלכה ח:
קיג ה מיי׳ שם הל׳ ז:

רבינו חננאל

הזה עבדינן כי הא דמיפרשא בתחלת י״ט דלא נקטינן האידנא תרי יומי אלא משום אל תשנו מנהג אבותיכם: מתני׳ על ב׳ חדשים מחללין את השבת על ניסן כו׳. סוד העיבור שהיה מסור לב״ד להקריב מוסף ר״ח על הראייה וכיון שמוסף ר״ח קרב אפי׳ בשבת לפיכך הותרה שבת גבי עדי החדש לבוא מחוץ לתחום ולהעיד כדי להקריב מוסף החדש בזמנו בכל חדשי שנה. וזה בזמן שהיה בהמ״ק קיים אבל עתה אין מחללין אלא על ניסן ועל תשרי בלבד שצריכין לקרוא המועדים שכתוב בהן במועדם. וכ״מ שכתוב בתורה במועדו בין בחול בין בשבת הוא. וכתיב אשר תקראו אותם במועדם. פי׳ ולמה באלו ב׳ החדשים מחללין עליהן את השבת מפני שאע״פ שאין בהן בזמן הזה קרבן יש בהן קריאת המועדים. שנאמר אלה מועדי ה׳ מקראי קדש אשר תקראו אותם במועדם. וכל מקום שכתוב במועדו כגון הפסח והתמיד שכתב בהן במועדו ומחללין עליהן השבת. קריאת המועדים כיון שכתוב בהן במועדם מחללין עליהן השבת. בקריאתם שכתוב במועדם מחללין אבל בקיומן שאין כתוב בהן במועדם אין מחללין. וכך פירשו חכמים בקריאתם אתה מחלל ואי אתה מחלל על קיומן. וכן אין שלוחין יוצאין אלא באלו ב׳ חדשים בלבד על ניסן ועל תשרי מפני שמחללין השבת עליהן. העדים שראו הלבנה לילי שבת שבאין בשבת להעיד והתנן על ו׳ חדשים שלוחין יוצאין ופריק אביי על אלו ו׳ חדשים השלוחים יוצאים מבערב על ניסן ועל תשרי (מפני שמחללין) עד שישמעו מפי ב״ד מקודש. תניא נמי הכי כו׳. ת״ר מנין שמחללין עליהן השבת ת״ל אלה מועדי ה׳ מקראי קדש אשר וגו׳ פי׳ כיון שפירש הכתוב בקריאת המועדים במועדם מחללין עליהן את השבת. כשם שמחללין את השבת על המועד כדי שיחוש הפסח דכתיב בו במועדו כן דרשינן על המועדים דכל היכא דכתיב ביה במועדו דרשינן ביה במועדו ואפי׳ בשבת. וקריאת המועדים א) בכל עת הוא בשני החדשים הללו בהקרבת הקרבן בכל ולא משום שראיית החדש עיקר אלא

מסורת הש״ס

א) לעיל יט., ב) לעיל כ., ג) לעיל יח., ד) מנחות סד. שבת קלג., ה) [לקמן לג.], ו) [נדרים לח. ע״ש], ז) [ידיעת ה׳ על אמיתתו כדכתיב ותחסרהו מעט מאלהים. כ״כ הר״ן], ח) ס״א החדש, ט) אס, י) [נ״ל שהם]

הגהות הב״ח

(א) רש״י ד״ה שלוחין יוצאין כו׳ שביום ל״א יתקדש כשלא נתקדש בזמנו כו׳ ויעידו לגולה על ניסן כו׳ הוא דבור אחד:

תורה אור השלם

א) אֵלֶּה מוֹעֲדֵי יְיָ מִקְרָאֵי קֹדֶשׁ אֲשֶׁר תִּקְרְאוּ אֹתָם בְּמוֹעֲדָם: [ויקרא כג, ד]
ב) אִמְרוֹת יְיָ אֲמָרוֹת טְהֹרוֹת כֶּסֶף צָרוּף בַּעֲלִיל לָאָרֶץ מְזֻקָּק שִׁבְעָתָיִם: [תהלים יב, ז]
ג) וַתְּחַסְּרֵהוּ מְּעַט מֵאֱלֹהִים וְכָבוֹד וְהָדָר תְּעַטְּרֵהוּ: [תהלים ח, ו]
ד) בִּקֵּשׁ קֹהֶלֶת לִמְצֹא דִּבְרֵי חֵפֶץ וְכָתוּב יֹשֶׁר דִּבְרֵי אֱמֶת: [קהלת יב, י]
ה) וְלֹא קָם נָבִיא עוֹד בְּיִשְׂרָאֵל כְּמֹשֶׁה אֲשֶׁר יְדָעוֹ יְיָ פָּנִים אֶל פָּנִים: [דברים לד, י]
ו) עַל פִּי שְׁנַיִם עֵדִים אוֹ שְׁלֹשָׁה עֵדִים יוּמַת הַמֵּת לֹא יוּמַת עַל פִּי עֵד אֶחָד: [דברים יז, ו]

ליקוטי רש״י

מחללין את השבת. עדים שראו את הלבנה בחידושה מחללין את השבת לצאת חוץ לתחום לבא לבית דין להעיד לפניהן לפי שהמועדין כולן תלויין בשני חדשים הללו [לעיל יט:]. מפני תקנת קרבן. מוספי ראש חדש שיקרבו בזמנן [שם כ.]. על ו׳ חדשים השלוחין יוצאין. שקדשו בית דין החדש על פי עדים שראוהו את החדש ומודיעים השלוחין לגולה יום שקדשוהו אם ביום שלשים והחדש שעבר חסר או ביום שלשים ואחד והחדש שעבר מלא [שם יח.]. בעליל. לשון גילוי הוא [תהלים יב ז]. כמגולה [סוטה מה.]. במפורסם [סנהדרין יד:]. כגלוי לכל ויש לדעת שראוהו בית דין והקרובים להם ואין צריך לרוצין חוץ לתחום לחלל שבת ולבא ולהעיד לפני ב״ד מחללין [שבת קלג.]. לכל העולם. אם נראה בעליל אין מחללין עליו את השבת. ללכת ולהעיד לב״ד שהרי כיון דבעליל נראה להם נמי ראוהו. מכשילן. דזימנין דלא יראה בעליל ויאמרו העדים [illegible]

אפי׳ בזמן שידוע לב״ד כגון בזמן הזה התורה התירה להן להלא תראה ג) שהיו אחר חורבן הבית מחללין על כל החדשים אמר להן ריב״ז וכי יש עכשיו קרבן התקינו שלא יהו מחללין אלא על ניסן ותשרי בלבד. פי׳ בעליל לארץ. כלומר מפורסם לעם הארץ כתיב אמרות ה׳ אמרות וגו׳. פי׳ כמו כסף צרוף מזוקק שבעתים [illegible] שבעתים שבע פעמים שבעה הרי מ״ט וניתנו לו למשה [illegible] מ״ט שערי בינה וכיון דכתיב ותחסרהו מעט מאלהים אין מעט פחות מאחד לפיכך אמרו נ׳ שערי בינה נבראו בעולם למלאכי האלהים וכולן ניתנו לו למשה חוץ מאחד מהן ופשוטה היא. בקש קהלת להיות כמשה. שנאמר ה׳ חפץ למען צדקו וגו׳ נמצאת גדולת התורה אינו אלא במשה. בקש זה להיות כמותו יצתה ב״ק וא״ל כתוב יושר דברי אמת. כלומר כתיב בספר התורה ולא קם נביא עוד בישראל כמשה בנביאים לא קם במלכים קם. בקש קהלת למצא [דברי חפץ] בקש לדון דינין שבלב. בלא עדים ובלא התראה. יצתה ב״ק כו׳:

[illegible] חסר אחד. ידיעת הש״ס [illegible] ותחסרהו מעט מאלהים וגו׳ [illegible]

Mishnah Our Mishnah, as well as the subsequent Mishnahs in this chapter, deal with a situation where witnesses saw the new moon on the thirtieth day of the month, and that day occurred on the Sabbath. In order for *Beis Din* to be able to announce Rosh Chodesh in its proper time, the witnesses must come to testify before *Beis Din* on that very day; this at times involves desecrating the Sabbath. Biblically, however, this is permitted; and this matter will be discussed in detail. The Mishnah qualifies the dispensation:

עַל שְׁנֵי חֳדָשִׁים מְחַלְּלִין אֶת הַשַּׁבָּת – To offer testimony **concerning two months [the witnesses]** may **desecrate the Sabbath:**[1] עַל נִיסָן וְעַל תִּשְׁרֵי – **concerning Nissan and concerning Tishrei.** שֶׁבָּהֶן שְׁלוּחִין יוֹצְאִין לְסוּרְיָא – **For in [Nissan and Tishrei] the messengers go forth to *Surya*,**[2] וּבָהֶן מְתַקְּנִין אֶת הַמּוֹעֲדוֹת – **and in them** (i.e. through determining the proper Rosh Chodesh days for the months of Nissan and Tishrei) ***[Beis Din]* fixes the proper days for the festivals.**[3] וּכְשֶׁהָיָה בֵּית הַמִּקְדָּשׁ קַיָּים – **And when the Holy Temple was in existence,** מְחַלְּלִין אַף עַל כּוּלָּן – **[the witnesses] may desecrate** the Sabbath **even for all [the other months],** מִפְּנֵי תַּקָּנַת הַקָּרְבָּן – **due to the fixing of the proper time for the** additional Rosh Chodesh **offering.**[4]

Gemara The Gemara presents an apparent contradiction to the Mishnah:

עַל שְׁנֵי חֳדָשִׁים וְתוּ לֹא – **Do** the messengers go forth **concerning two months and no more?**[5] וּרְמִינְהוּ – **But contrast this** with the previous Mishnah, which stated:[6] עַל שִׁשָּׁה חֳדָשִׁים הַשְּׁלוּחִין יוֹצְאִין – CONCERNING SIX MONTHS THE MESSENGERS GO FORTH! Why, then, does our Mishnah say that they go forth only concerning two months?

The Gemara answers:

אָמַר אַבַּיֵי – **Abaye said:** הָכִי קָאָמַר – **This** is what **[our Mishnah] means to say:** עַל כּוּלָּן שְׁלוּחִין יוֹצְאִין מִבָּעֶרֶב – **Regarding all** other **months, the messengers depart on the eve** of the pronouncement of the sanctification of the new month.[7] עַל נִיסָן וְעַל תִּשְׁרֵי – However, **regarding Nissan and Tishrei,** עַד שֶׁיִּשְׁמְעוּ מִפִּי בֵּית דִּין מְקוּדָּשׁ – they do not depart **until they have heard** directly **from the mouth of *Beis Din*,** "It is **sanctified!**"[8]

NOTES

1. The extent of this permit to desecrate the Sabbath is the subject of a dispute in the Rishonim. *Rambam* (*Hil. Kiddush HaChodesh* 3:4) and *Meiri* and *Tos. Yom Tov* (to the last Mishnah in our chapter) maintain that even a Biblically prohibited *melachah,* punishable by death, is permitted, while *Pnei Yehoshua* to the Mishnah here limits the permit to allowing transgression of the *melachah* of *mechamer, leading a loaded animal,* which is only a negative prohibition not even punishable by lashes (see *Shabbos* 154a-b and *Rambam Hil. Shabbos* 20:1-2).

Meiri states, however, that our Mishnah deals only with the transgression of the law of *techumin* (by traveling more than two thousand *amos* from the place of one's dwelling at the onset of the Sabbath), which is only a Rabbinic prohibition (see Ch. IV in the General Introduction to Tractate *Eruvin,* Schottenstein edition).

2. I.e. the Diaspora. For an explanation of why the Mishnah mentions *Surya* in particular, see *Meiri* and *Tiferes Yisrael.*

3. Biblically, the witnesses who saw the new moon on the thirtieth are permitted, and indeed required (when necessary), to desecrate the Sabbath on any month to inform *Beis Din* of their sighting, so that Rosh Chodesh may be declared in its proper time. However, the Rabbis decreed (in the absence of the Rosh Chodesh Temple offerings) that for most months, which do not have Biblical festivals whose dates are determined by the new moon sightings, that the Sabbath not be desecrated. They reasoned that there was no great need to permit desecration of the Sabbath, since the need to declare Rosh Chodesh in its proper time is relatively insignificant. For Nissan and Tishrei, though, which contain the Biblical holidays, the Biblical dispensation remained (*Rashi,* see also *Ritva* and *Chidushei HaRan;* cf. *Rabbeinu Chananel*).

The first reason mentioned in the Mishnah, that on Nissan and Tishrei *Beis Din* dispatched messengers to notify the Diaspora, is an indication of the importance attached to these months, and also serves as an auxiliary reason for permitting the witnesses to desecrate the Sabbath as the Gemara below will explain (*Rashi,* cf. *Baal HaMaor*).

4. On every Rosh Chodesh a קָרְבַּן מוּסָף, *mussaf (additional) offering,* was offered in the Temple (*Numbers* 28:11-15). The Mishnah states that during the existence of the Temple it was important to declare Rosh Chodesh in its proper time, so that the additional Rosh Chodesh sacrifice might be offered accordingly. Thus, the Biblical dispensation allowing witnesses to desecrate the Sabbath applied equally with regard to all months (*Rashi, Ritva*).

5. That is, the two months mentioned in the Mishnah, Nissan and Tishrei (*Rashi*).

6. Above, 18a.

7. As soon as it was evident that *Beis Din* would proclaim Rosh Chodesh, the messengers would immediately depart. For example, if the new moon was sighted clearly on either the twenty-ninth day of the month (see *Hagahos R' Elazar Landau*), or the subsequent evening, it was obvious to all that the next day would be proclaimed Rosh Chodesh. In addition, if no witnesses appeared by the night before the thirty-first of the month, *Beis Din* would automatically proclaim Rosh Chodesh the next day (see below, 24a). In all of these cases, the messengers did not wait until *Beis Din* actually proclaimed Rosh Chodesh; rather, they departed the day or night before, relatively certain that the next day would be proclaimed Rosh Chodesh (*Rashi*).

8. Because the exact days of the festivals are dependent on the day of Rosh Chodesh, messengers had to be certain that *Beis Din* would not decide to wait a day before declaring Rosh Chodesh. Therefore, they did not depart until the actual proclamation of Rosh Chodesh by *Beis Din* (see *Chidushei HaRan*).

[It should be noted] that this rationale (i.e. that *Beis Din* might decide to wait for a day) is only valid when the new moon was clearly visible, so that it was *almost* certain that witnesses would arrive and *Beis Din* would declare Rosh Chodesh on the thirtieth of the month. In this case, the possibility of deferring the proclamation to the thirty-first still existed. However, when no witnesses arrived on the thirtieth, Rosh Chodesh would *automatically* be declared on the thirty-first. In this case, where it was *absolutely* certain that *Beis Din* would declare Rosh Chodesh the next day, the messengers could have left the night before. Nevertheless, the Rabbis decreed that they should not depart until the proclamation of Rosh Chodesh by *Beis Din* on the thirty-first. The fact that there was no exception to the rule, and in Nissan and Tishrei the messengers *always* had to wait until the proclamation, ensured that they would not make a mistake and depart on the night of the thirtieth when the moon was clearly visible, as they would do on all the other months (*Tosafos;* cf. *Baal HaMaor*).]

As the Gemara will explain below, the *messengers* were *not* allowed to desecrate the Sabbath. Therefore, for all other months the witnesses' desecration of the Sabbath would not accomplish anything vis-a-vis the messengers. For regardless of the witnesses' arrival, the messengers would depart only after the Sabbath, and immediately so. For example: If the witnesses sighted the new moon on Friday night which was the thirtieth of the month, and arrived before *Beis Din* on the Sabbath, although *Beis Din* would proclaim Sabbath to be Rosh Chodesh, the messengers would not depart until after the Sabbath, since they were not permitted to desecrate it. In the same case, if the witnesses would *not* come to *Beis Din,* Rosh Chodesh would automatically be declared on Sunday, the thirty-first of the month and the messengers would in any event depart the night before, certain that Sunday would be declared Rosh Chodesh. However, with regard to Nissan and Tishrei, the arrival of witnesses on the Sabbath would indeed allow the messengers to depart at least a full night earlier, thus enabling them to inform more places before the festival when Rosh Chodesh had been proclaimed.

For example: If the witnesses sighted the new moon on Friday night, the thirtieth of the month, and arrived before *Beis Din* the next day, *Beis Din* would declare Rosh Chodesh Nissan on the Sabbath. The messengers would depart right after the Sabbath and continue traveling until the Friday of the following week, the day before Pesach. Thus, they would have twelve full days to inform the Diaspora of the correct day of Rosh Chodesh. However, if the witnesses did not appear before *Beis Din* on the Sabbath, Rosh Chodesh would automatically be declared on Sunday, the thirty-first of the month. Since in Nissan the messengers have to wait until the proclamation

מתני' א) על שני חדשים מחללין את השבת על ניסן ועל תשרי שבהן שלוחין יוצאין לסוריא ובהן מתקנין את המועדות ג) ב וכשהיה בית המקדש קיים מחללין אף על כולן מפני תקנת הקרבן: גמ' על ב' חדשים ותו לא ג) ורמינהו על ו' חדשים השלוחין יוצאין אמר אביי ה"ק ג על כולן שלוחין יוצאין מבערב על ניסן ועל תשרי עד שישמעו מפי ב"ד מקודש תניא נמי הכי על כולן יוצאין מבערב על ניסן ועל תשרי עד שישמעו מפי ב"ד מקודש ת"ר מנין שמחללין עליהן את השבת ת"ל א) אלה מועדי ה' אשר תקראו אותם במועדם ד) יכול כשם שמחללין עד שיתקדשו כך מחללין עד שיתקיימו ת"ל אשר תקראו אותם על קריאתם אתה מחלל ואי אתה מחלל על קיומן: וכשהיה בהמ"ק קיים מחללין אף על כולן מפני תקנת הקרבן: ת"ר בראשונה היו מחללין אף על כולן משחרב בית המקדש אמר להן רבן יוחנן בן זכאי וכי יש קרבן התקינו שלא יהו מחללין אלא על ניסן ועל תשרי בלבד: מתני' ד) ה בין שנראה בעליל בין שלא נראה בעליל מחללין עליו את השבת רבי יוסי אומר אם נראה בעליל אין מחללין עליו את השבת מעשה שעברו יותר מארבעים זוג ועיכבם ר"ע בלוד שלח לו ר"ג אם מעכב אתה את הרבים ה) נמצאת מכשילן לעתיד לבא: גמ' מאי משמע דהאי עליל לישנא דמיגלי הוא א"ר אבהו אמר קרא ב) אמרות ה' אמרות טהורות כסף צרוף בעליל לארץ מזוקק שבעתים ו) רב ושמואל חד אמר נ' שערי בינה נבראו בעולם וכולן ניתנו למשה ז) חסר אחד שנאמר ג) ותחסרהו מעט מאלהים ח) בקש קהלת למצוא דברי חפץ בקש קהלת להיות כמשה יצתה בת קול ואמרה לו ד) וכתוב יושר דברי אמת ה) ולא קם נביא עוד בישראל כמשה וחד אמר בנביאים לא קם במלכים קם אלא מה אני מקיים בקש קהלת למצוא דברי חפץ בקש קהלת לדון דינין שבלב שלא בעדים ושלא בהתראה יצתה ב"ק ואמרה לו וכתוב יושר דברי אמת ו) על פי שנים עדים וגו': מעשה

מתני' על שני חדשים מחללין את השבת. עדים שראו את החדש: שבהם שלוחים. ב"ד שולחין לסוריא להודיע לגולה יום קביעותם הלכך חשיבי ומן התורה מחללין על כולן אבל רבנן אסרו לפי שאין תיקון המועדות תלוי בהם ולא איכפת למלאן ולחסרן ע"פ עדים אך שני חדשים אלו העמידום על דין תורה שכל המועדות תלויין בהן: תקנת קרבן. של ר"ח שיקריב בזמנו: גמ' ותו לא. נפקי שלוחים (יוצאים) אלא אהני דקתני שבהן שלוחים יוצאים לסוריא: שלוחין יוצאין מבערב. כגון נראה בעליל ביום כ"ט או בליל שלשים דודאי יקדשוהו ב"ד מחר א"נ בחדש מעובר דפשיטא לן שביום ל"א יתקדש (א) משלא נתקדש בזמנו שלוחין יוצאין מב"ד ואין ממתינין עד למחר שישמעו מקודש מפי ב"ד כדאמרינן לקמן (דף כד.) ראש ב"ד אומר מקודש ויעידו לגולה: על ניסן ועל תשרי. אין שלוחין יוצאין עד שישמעו מפי ב"ד מקודש הלכך בשאר חדשים אין חילול שבת של עדים ממהרת יציאת השלוחין שאין השלוחין מחללין שבת לצאת היום וכשלא יבאו העדים היום יתעבר החדש והכל יודעין שהם קדשוהו למחר והשלוחים יצאו משתחשך לומר שעיברו את ח) אלול אבל בניסן ותשרי אם לא יבאו העדים היום ויתעבר החדש לא יצאו השלוחים עד מחר שאין ב"ד מקדשין בלילה נמצאו ממעטין את הלוכן מהלך לילה ויותר כיצד אם יבאו העדים ויעידו ויקדשוהו בשבת ויהא פסח בשבת יש זמן לשלוחים מהלך י"ב יום שלימים שהרי למ"ש יצאו וילכו כל ימי החול של ב' שבועות הללו שלימים ואם לא באו העדים היום לא יצאו השלוחים עד מחר ועל כרחם שבת של ערב הפסח ישבותו נמצא שלא הלכו י"ב ימים שלימים וא"ת היאך הוא תולה טעם חילול העדים ביציאת השלוחים הרי השלוחים עצמן לא ניתן להם לחלל טעם החילול כדי שיתקדש החדש בזמנו הוא כדקתני ובהן מתקנין את המועדות דרחמנא אמר אשר תקראו אותם במועדם (ויקרא כג) אפי' בשבת ויציאת השלוחים דקתני אינו אלא לייפות ולייש[ב] את טעם החילול אף בשביל זאת דיש דברים שאין הטעם תלוי בהם והם נעשים סעד לדבר ליישבו ולייפותו כאותה ששנינו בסנהדרין (דף יא.) אין מעברין את השנה מפני הגדיים והטלאים אבל עושין אותן סעד לשנה כיצד מהודיעין אנחנא לכון דגוזלייא רכיכין ואמריא דערקין כו': אשר תקראו אותם במועדם. הזהירם שלא יעבור המועד של זמן קריאתן מקרא קודש היינו קדוש ב"ד: יכול כשם שמחללין. העדים כדי שיתקדשו בזמנן: כך מחללין. השלוחים עד שיתקיימו המועדות בזמנן: מתני' ט) נראה בעליל אין מחללין. לפי שאין צורך: ארבעים זוג. שני עדים זוג אחר זוג: גמ' בעליל לארץ. גלוי לכל: חמשים שערי בינה כו'. סיפיה דהאי קרא דרשי רב ושמואל מזוקק שבעתים שבע שביעיות והם חמשים חסר אחת דכתיב ותחסרהו מעט מאלהים וגו'. במזמור מה אנוש כי תזכרנו: מעשה

על שני חדשים מחללין את השבת. פי' בקונטרס ומן התורה מחללין על כולן אבל רבנן אסרו לפי שאין תיקון המועדות תלוי בהן לא איכפת לן אי למלאן אי לחסרן ע"פ עדים וקשיא דבגמרא תניא מנין שמחללין את השבת ת"ל אלה מועדי ה' והאי קרא בניסן ותשרי כתיב וי"ל דמ"מ כל ר"ח איתרבי מדאיקרי מועד כדאיתא בפ' כיצד צולין (פסחים דף עז.) גבי דחיית שבת וטומאה שעירי ראש חדש איצטריכא ליה סלקא דעתך אמינא הא לא כתיב בהו מועד קמ"ל דר"ח נמי מועד איקרי וכדאביי:

על ניסן ותשרי עד שישמעו מפי ב"ד מקודש. והשתא מתניתין דקתני שבהן שלוחין יוצאין היינו לאחר שישמעו מפי ב"ד מקודש ונתינת טעם הוא דלכך מחללין עליה השבת עדים שראו את החדש ופירש בקונטרס דבשאר חדשים אין חילול שבת של עדים ממהרת יציאת שלוחין שאין מחללין השלוחין לצאת בשבת היום וכשלא יבואו עדים היום יתעבר החדש והכל יודעים (ל"ל היום) קדשו למחר והשלוחים יוצאים משתחשך לומר שעברו את החדש אבל בניסן ותשרי אם לא יבאו עדים ויתעבר החדש לא יצאו השלוחים עד מחר שאין ב"ד מקדשין בלילה נמצאו ממעטים הלוכן מהלך לילה ויותר ודבר תימה פירושו שתלה טעם חילול העדים ביציאת השלוחים הא כי מקלע יום שלשים לחלול בשבת ולאו עדים את החדש על כרחן צריכין לחלל ולצאת בשבת דאי מאחרים עד אחד בשבת היה מקלע יום ערבה בשבת ודחינן ליה משום ערבה כדאמרי' בפ' (החליל נד) [לולב וערבה] (סוכה מג.) ומיהו אמינן ודאי צריך טעם ומתניתין פי' הקונטרס שבהן שלוחין יוצאים הלכך חשיבי כלומר לפי שהשלוחים יוצאים בהן משום תקנת מועדות ראוי לעדים לחלל עליהם שבת כדי שיקבעו מועדות בזמנן וכאן נמי פי' הקונטרס עדיין טעם החילול שיתקדש החדש בזמנו לכדקתני ובהן מתקנין את המועדות דרחמנא אמר אשר תקראו אותם אפי' בשבת ויציאת שלוחין דקתני אינו אלא לייפות ולייש[ב] טעם החילול בשביל זאת שיש דברים שאין הטעם תלוי בהן והן נעשין סעד לדבר ליישבו ולייפותו כאותה ששנינו בפ"ק דסנהדרין (ד' יא.) אין מעברין השנה מפני הגדיים והטלאים אבל עושין אותן סעד לשנה כיצד מהודיעין אנחנא לכון דגוזלייא רכיכין ואם תאמר ומה טעם דמתניתין לניסן ותשרי עד שישמעו מפי בית דין מקודש בשלמא היכא דנראה בעליל ביום כ"ט או בליל ל' אע"ג דודאי יקדשוהו ב"ד למחר אין יוצאין עליו לאלתר חיישינן דלמא מימלכי ב"ד ומעברי ליה ואתי לקלקולי מועדות אלא היכא דלא קדשוהו ביום ל' ליפקו ביום ל"א שא"א לדחותו יותר מיום ל"א ויש לומר דגזרו האי [אטו האי] משום דבשאר חדשים יוצאים אזה וזה מבערב: ופסלו

שנמסרו למשה למדנו שחמשים נבראו שהרי מעט נחסר מאלהים:

עין משפט נר מצוה

קי א ב מיי' פ"ג מהל' קידוש החדש הל' ג:
קיא ג מיי' שם הל' י:
קיב ד מיי' שם הלכה ח:
קיג ה מיי' שם הל' ד:

רבינו חננאל

הזה עבדינן כי הא דמיפרשא בתחלת י"ט דלא נקטינן האידנא תרי יומי אלא משום אל תשנו מנהג אבותיכם: מתני' על ב' חדשים מחללין את השבת על ניסן כו'. סוד העיבור שהיה מסור לב"ד להקריב מוסף ר"ח על הראייה וכיון שמוסף ר"ח קרב אפי' בשבת לפיכך הותרה שבת גבי עדי החדש לבוא מחוץ לתחום ולהעיד כדי להקריב מוסף החדש בזמנו בכל חדשי שנה. וזה בזמן שהיה בהמ"ק קיים אבל עתה אין מחללין אלא על ניסן ועל תשרי בלבד שצריכין לקרוא המועדים שכתוב בהן במועדם. וכ"מ שכתוב בתורה במועדו בין בחול בין בשבת הוא. וכתיב אשר תקראו אותם במועדם. פי' ולמה באלו ב' החדשים מחללין עליהן עדי החדש את השבת מפני שאע"פ שאין בהן בזמן הזה קרבן יש בהן קריאת המועדים. שנאמר אלה מועדי ה' מקראי קדש אשר תקראו אותם במועדם. וכל מקום שכתוב בתורה במועדו כגון הפסח והתמיד שכתב בהן במועדו ומחללין עליהן השבת. קריאת המועדים כיון שכתוב בהן במועדם מחללין עליהן השבת. בא וראה בקריאתם שכתוב במועדם מחללין אבל בקיומן שאין כתוב בהן במועדם אין מחללין. וכן פירשו חכמים בקריאתם אתה מחלל ואי אתה מחלל על קיומן. וכן אין שלוחין יוצאין אלא באלו ב' חדשים בלבד על ניסן ועל תשרי מפני שמחללין השבת עליהן. העדים שראו הלבנה לילי שבת שבאין בשבת להעיד והתנן על ו' חדשים שלוחין יוצאין ופריק אביי על אלו ו' חדשים השלוחין יוצאין מבערב על ניסן ועל תשרי (מפני שמחללין) עד שישמעו מפי ב"ד מקודש. תניא נמי הכי כו'. ת"ר מניין שמחללין עליהן השבת ת"ל אלה מועדי ה' מקראי קדש אשר וגו' פי' כיון שפירש הכתוב בקריאת המועדים הללו במועדם מחללין עליהן את השבת. כשם שמחללין את השבת על התמיד ועל שחיטת הפסח דכתיב בהן במועדו כן דרשינן על המועדים דכל היכא דכתיב ביה במועדו כן דרשינן על המועדים. דכל היכא דכתיב ביה במועדו דרשינן ביה במועדו ואפי' בשבת. וקריאת המועדים א) בכל עת הוא בשני החדשים הללו בהקרבת הקרבן בכל ולא משום שראיית החדש עיקר אלא אפי' בזמן שידוע לב"ד כגון בזמן הזה התורה התירה להן הלא תראה ב) שהיו אחר חורבן הבית מחללין על כל החדשים אמר להן ריב"ז וכי יש עכשיו קרבן התקינו שלא יהו מחללין אלא על ניסן ותשרי בלבד. פי' בעליל בפרהסיא כדכתיב בעליל לארץ. כלומר מפורסם לעם הארץ כתיב אמרות ה' אמרות וגו'. פי' כמו כסף צרוף מזוקק שבעתים. כל מה שתצרפנו מוסיף זיקוק פי' שבעתים שבע פעמים שבעה הרי מ"ט וניתנו לו למשה אמרות ה' מזוקקין מ"ט שערי בינה וכיון דכתיב ותחסרהו מעט מאלהים אין מעט פחות משער אחד לפיכך אמרו נ' שערי בינה נבראו בעולם למלאכי האלהים וכולן ניתנו לו למשה חוץ מאחד מהן ופשוטה היא. בקש להיות כמשה. בקש קהלת למצוא דברי חפץ. בקש להיות כמשה. שנאמר ה' חפץ למען צדקו וגו' נמצאת גדולת התורה אינו אלא במשה. בקש זה להיות כמותו יצתה ב"ק וא"ל כתוב יושר דברי אמת. כלומר כתיב בספר הישר ולא קם נביא עוד בישראל כמשה לא בנביא ולא במלכים. ומ"ד במלכים קם. בקש קהלת למצא [דברי חפץ] בקש לדון דינין שבלב. בלא עדים ובלא התראה. יצתה ב"ק כו':

מסורת הש"ס

א) לעיל יט:, ב) לעיל כ., ג) לעיל יח., ד) מנחות סד. שבת קלג., ה) [לקמן לח:], ו) [נדרים לח. ע"ש], ז) [ידיעת ה' על אמיתתו כדכתיב ותחסרהו מעט מאלהים. כ"כ הר"ן], ח) פ"א החדש, ט) אלה, י) [צ"ל שהם].

הגהות הב"ח

(א) רש"י ד"ה שלוחין יוצאין כו' שביום ל"א יתקדש כצ"ל ונתקדש בזמנו כו' ויעידו לגולה על ניסן כו' הוא דבור אחד:

תורה אור השלם

א) אֵלֶּה מוֹעֲדֵי יְיָ מִקְרָאֵי קֹדֶשׁ אֲשֶׁר תִּקְרְאוּ אֹתָם בְּמוֹעֲדָם: [ויקרא כג, ד]
ב) אִמֲרוֹת יְיָ אֲמָרוֹת טְהֹרוֹת כֶּסֶף צָרוּף בַּעֲלִיל לָאָרֶץ מְזֻקָּק שִׁבְעָתָיִם: [תהלים יב, ז]
ג) וַתְּחַסְּרֵהוּ מְּעַט מֵאֱלֹהִים וְכָבוֹד וְהָדָר תְּעַטְּרֵהוּ: [תהלים ח, ו]
ד) בִּקֵּשׁ קֹהֶלֶת לִמְצֹא דִּבְרֵי חֵפֶץ וְכָתוּב יֹשֶׁר דִּבְרֵי אֱמֶת: [קהלת יב, י]
ה) וְלֹא קָם נָבִיא עוֹד בְּיִשְׂרָאֵל כְּמֹשֶׁה אֲשֶׁר יְדָעוֹ יְיָ פָּנִים אֶל פָּנִים: [דברים לד, י]
ו) עַל פִּי שְׁנַיִם עֵדִים אוֹ שְׁלֹשָׁה עֵדִים יוּמַת הַמֵּת לֹא יוּמַת עַל פִּי עֵד אֶחָד: [דברים יז, ו]

ליקוטי רש"י

מחללין את השבת. עדים שראו את הלבנה בחידושה מחללין את השבת לבאת חוץ לתחום לבא לבית דין להעיד לפניהן לפי שהמועדין כולן תלוין בשני חדשים הללו [לעיל יט:]. מפני תקנת קרבן. מוספי ראש חדש שיקרבו בזמנן [שם כ.]. על ו' חדשים השלוחין יוצאין. שקדשו בית דין החדש על פי עדים כשראו את החדש ומודיעים השלוחין לגולה יום שקדשוהו אם ביום שלשים ויהא חדש שעבר חסר או ביום שלשים ואחד ויהא חדש שעבר מלא [שם יח.]. בעליל. לשון גילוי הוא [תהלים יב ז]. במגולה [סוטה מה.]. במפורסם [סנהדרין יד:]. בגילוי לכל ויש לדעת שראוהו בית דין והקרובים להם ואין צריך לרוצין חוץ לתחום לחלל שבת ולבא ולהעיד לפני ב"ד מחללין [שבת קלג.]. אם נראה בעליל אין מחללין עליו את השבת. לבא ולהעיד לב"ד שהרי א"א כיון דבעליל נראה ב"ד נמי ראוהו. מכשילן. דזימנין דלא יראה בעליל ויאמרו העדים כמו שראיוהו אנו כן ראוהו ב"ד ולא נחלל שבת ואיכא מכשול דלא יהא חדש נקבע כהלכתו [מנחות סד.]. חסר אחד. ידיעת הס"ה על אמיתתו כדכתיב ותחסרהו מעט מאלהים [ר"ן נדרים לח.]. ותחסרהו מעט מאלהים וגו'. מאלהים לשון מלאכים שנתת כח ביהושע להדמים החמה וליבש את הירדן במשה לקרוע מי ים סוף ולעלות למרום ובאליהו להחיות המת [תהלים ח ה]. וזו היא אחת שאותה אחת היה הקב"ה יתירה עליו [נדרים לח.]. בקש קהלת. נתן לבו. יושר. זה תורה שבכתב והנביאים [קהלת יב י].

חשק שלמה על ר"ח א) אולי צ"ל וקריאת המועדים בשני החדשים הללו הוא כהקרבת הקרבן בכל עת ולא משום וכו'. ב) שאפילו אחר חורבן וכו' או דצ"ל הלא תראה דגם בזמן הב"ד שהיו אחר חורבן הבית וכו'.

Thus, it is true that the messengers go forth regarding all six months; the Mishnah, however, deals with the messengers departing only after *Beis Din's* pronouncement; this occurs only in Nissan and Tishrei.

The Gemara quotes a supporting Baraisa:

תַּנְיָא נַמִּי הָכִי – This has also been taught in a Baraisa: עַל כּוּלָּן יוֹצְאִין מִבָּעֶרֶב – REGARDING ALL OTHER MONTHS [THE MESSENGERS] DEPART ON THE EVE of the pronouncement of the sanctification of the new month. עַל נִיסָן וְעַל תִּשְׁרֵי עַד שֶׁיִּשְׁמְעוּ מִפִּי בֵּית דִּין מְקוּדָּשׁ – However, REGARDING NISSAN AND TISHREI they do not depart UNTIL THEY HAVE HEARD directly FROM THE MOUTH OF *BEIS DIN*, "It is *SANCTIFIED!*"

The Gemara cites a related Baraisa:

תָּנוּ רַבָּנַן – The Rabbis taught in a Baraisa: מִנַּיִן שֶׁמְּחַלְּלִין עֲלֵיהֶן אֶת הַשַּׁבָּת – FROM WHERE DO WE KNOW THAT [THE WITNESSES] MAY DESECRATE THE SABBATH to testify WITH REGARD TO [THE NEW MONTH]? תַּלְמוּד לוֹמַר – SCRIPTURE STATES:[9] ,,אֵלֶּה מוֹעֲדֵי ה׳ . . . אֲשֶׁר־תִּקְרְאוּ אֹתָם בְּמוֹעֲדָם״ – *THESE ARE THE FESTIVALS OF HASHEM, [HOLY CONVOCATIONS], THAT YOU ARE TO DESIGNATE IN THEIR APPROPRIATE TIME.*[10] יָכוֹל כְּשֵׁם שֶׁמְּחַלְּלִין עַד שֶׁיִּתְקַדְּשׁוּ – From the above verse IT MIGHT BE THOUGHT THAT JUST AS [WITNESSES] MAY DESECRATE the Sabbath SO THAT [THE FESTIVALS] WILL BE SANCTIFIED in their appropriate time,[11] כָּךְ מְחַלְּלִין עַד שֶׁיִּתְקַיְּימוּ – SO TOO [MESSENGERS] MAY DESECRATE the Sabbath SO THAT [THE FESTIVALS] WILL BE KEPT in their designated time.[12] תַּלְמוּד לוֹמַר – SCRIPTURE STATES: ,,אֲשֶׁר־תִּקְרְאוּ אֹתָם״ – *THAT YOU ARE TO DESIGNATE.* עַל קְרִיאָתָם אַתָּה מְחַלֵּל – This implies that YOU MAY DESECRATE the Sabbath only WITH REGARD TO THE DESIGNATION [OF THE FESTIVALS], וְאִי אַתָּה מְחַלֵּל עַל קִיּוּמָן – BUT YOU MAY NOT DESECRATE the Sabbath SO THAT THEY WILL BE KEPT in their designated time.[13]

The Mishnah stated:

וּכְשֶׁהָיָה בֵּית הַמִּקְדָּשׁ קַיָּים מְחַלְּלִין אַף עַל כּוּלָּן מִפְּנֵי תַּקָּנַת הַקָּרְבָּן – AND WHEN THE HOLY TEMPLE WAS IN EXISTENCE, [THE WITNESSES] were permitted to DESECRATE the Sabbath EVEN FOR ALL [THE OTHER MONTHS], DUE TO THE FIXING OF THE PROPER TIME FOR THE additional Rosh Chodesh OFFERING.

The Gemara cites a Baraisa:

תָּנוּ רַבָּנַן – The Rabbis taught in a Baraisa: בָּרִאשׁוֹנָה הָיוּ מְחַלְּלִין אַף עַל כּוּלָּן – ORIGINALLY, [THE WITNESSES] DESECRATED the Sabbath EVEN WITH REGARD TO ALL [THE MONTHS].[14] מִשֶּׁחָרַב בֵּית הַמִּקְדָּשׁ – However, WHEN THE HOLY TEMPLE WAS DESTROYED, אָמַר לָהֶן רַבָּן יוֹחָנָן בֶּן זַכַּאי – RABBAN YOCHANAN BEN ZAKKAI SAID TO [THE RABBIS]: וְכִי יֵשׁ קָרְבָּן – IS THERE presently an additional Rosh Chodesh SACRIFICE for which we must violate the Sabbath? הִתְקִינוּ שֶׁלֹּא יְהוּ מְחַלְּלִין אֶלָּא עַל נִיסָן וְעַל תִּשְׁרֵי בִּלְבַד – THEY thus DECREED THAT [THE WITNESSES] MAY DESECRATE the Sabbath ONLY WITH REGARD TO NISSAN AND TISHREI.

Mishnah

The Mishnah discusses under what circumstances witnesses may desecrate the Sabbath to come and offer testimony:

בֵּין שֶׁנִּרְאָה בַעֲלִיל – **Whether [the new moon] was clearly visible** to everyone, בֵּין שֶׁלֹּא נִרְאָה בַעֲלִיל – **or whether it was not clearly visible** to everyone, מְחַלְּלִין עָלָיו אֶת הַשַּׁבָּת – **[the witnesses] may desecrate the Sabbath because of it.**[15] רַבִּי יוֹסֵי אוֹמֵר – **R' Yose says:** אִם נִרְאָה בַעֲלִיל – **If [the new moon] was clearly visible** to everyone, אֵין מְחַלְּלִין עָלָיו אֶת הַשַּׁבָּת – **we do not desecrate the Sabbath because of it.**[16] מַעֲשֶׂה שֶׁעָבְרוּ יוֹתֵר מֵאַרְבָּעִים זוּג וְעִיכְּבָם רַבִּי עֲקִיבָא בְּלוֹד – **It once happened that more than forty pairs** of witnesses[17] **passed through Lod, and R' Akiva detained them.**[18] שָׁלַח לוֹ רַבָּן גַּמְלִיאֵל – **Rabban**

NOTES

of *Beis Din,* they would not depart until that was done on Sunday morning. Thus, they would have one night's less travel time to inform the Diaspora of the correct day of Rosh Chodesh. For they must in any case lose the fourteenth of Nissan, which falls on the Sabbath when Rosh Chodesh falls on Sunday [in the other months there is no practical difference if Rosh Chodesh falls on the Sabbath or on Sunday]. Therefore, the Mishnah states that the witnesses may desecrate the Sabbath only with regard to Nissan and Tishrei, for only in these two months does their arrival allow for a speedier departure of the messengers (*Rashi*).

[According to this explanation, it seems that the reason for allowing the witnesses to desecrate the Sabbath in Nissan and Tishrei is to facilitate the swift departure of the messengers. But this is illogical, *Rashi* says, since the departure of the messengers themselves does not override the Sabbath! Rather, the true reason is (as explained in note 3 above), that Biblically the witnesses may desecrate the Sabbath on *any* month, in order that Rosh Chodesh be declared in the proper time; it was only after the destruction of the Temple that the Rabbis decreed not to do so on the other months. Thus, we actually do not need any special reason for allowing desecration in Nissan and Tishrei. The Mishnah gives this reason only as an auxiliary reason to explain further the importance of the proper timing of Rosh Chodesh in these two months. Cf. *Baal HaMaor.* For discussion of various points in *Rashi's* explanation, see *Turei Even* and other commentators.

9. *Leviticus* 23:4.

10. That is, the verse is interpreted as warning us that the proper time for designating the festivals as "holy convocations" should not be delayed. This refers to *Beis Din's* proclaiming and sanctifying Rosh Chodesh, as the timing of the festivals is directly dependent on the timing of Rosh Chodesh. Thus, the verse teaches that *Beis Din* must proclaim Rosh Chodesh in the proper time. From this we may infer that witnesses may even desecrate the Sabbath to ensure that Rosh Chodesh is proclaimed in the proper time (*Rashi*). [*Rabbeinu Chananel* adds (based on *Pesachim* 66a) that wherever the Torah says that something is to be done בְּמוֹעֲדוֹ, *in its appointed time,* the implication is that it should be done even on the Sabbath. This is stated by *Rambam* (*Kiddush HaChodesh* 3:2) as well (see *Tosafos* to *Pesachim* 66a ד״ה מה מועדו).]

11. *Rashi.*

12. *Rashi.* That is, the messengers should also be required to desecrate the Sabbath to ensure that the Diaspora may observe the festivals in their proper times.

13. Thus, Scripture teaches that only the witnesses may desecrate the Sabbath, not the messengers.

14. That is, to ensure that the additional Rosh Chodesh offering be brought in the proper time.

15. The Tanna Kamma holds that even when the new moon is clearly visible throughout the Land so that in all probability the members of *Beis Din* and others in their proximity saw it, rendering all additional witnesses redundant, the witnesses are nevertheless permitted to violate the Sabbath in order to report their sighting to *Beis Din* (*Rashi* to *Shabbos* 133b).

16. R' Yose holds that since in this case traveling to testify will probably serve no purpose, for in all likelihood other people located closer to *Beis Din* also sighted the new moon, one may not desecrate the Sabbath because of it (*Rashi*). Both R' Yose and the Tanna Kamma agree that according to Torah law witnesses may desecrate the Sabbath even when the moon is clearly visible. They disagree as to whether or not there is a *Rabbinic* decree that under such circumstances the witnesses may not desecrate the Sabbath (*Ritva;* see also *Sfas Emes;* see *Shabbos* 133b).

17. They had sighted the new moon and were traveling on the Sabbath to testify before the *Beis Din* (*Meiri;* cf. *Turei Even* below, 25b; see next note).

18. R' Akiva assumed that since so many people witnessed the new moon, it must have also been seen by *Beis Din* and others in its vicinity, so that the extra witnesses were not needed. R' Akiva thus applied the logic of R' Yose in the case of a clearly visible moon to this case as well (see *Meiri* and see *Sfas Emes* to 22a).

[That it was not an actual case of a clearly visible moon, is derived from the Yerushalmi's comment that it is only because there were *forty* pairs

מתני׳ א) על שני חדשים מחללין את השבת על ניסן ועל תשרי שבהן שלוחין יוצאין לסוריא ובהן מתקנין את המועדות ב) וכשהיה בית המקדש קיים מחללין אף על כולן מפני תקנת הקרבן: גמ׳ על ב׳ חדשים ותו לא ג) ורמינהו על ו׳ חדשים השלוחין יוצאין אמר אביי ה״ק ג על כולן שלוחין יוצאין מבערב על ניסן ועל תשרי עד שישמעו מפי ב״ד מקודש תניא נמי הכי על כולן יוצאין מבערב על ניסן ועל תשרי עד שישמעו מפי ב״ד מקודש ת״ר מנין שמחללין עליהן את השבת ת״ל א) אלה מועדי ה׳ אשר תקראו אותם במועדם ד) יכול כשם שמחללין עד שיתקדשו כך מחללין עד שיתקיימו ת״ל אשר תקראו אותם על קריאתם אתה מחלל ואי אתה מחלל על קיומן: וכשהיה בהמ״ק קיים מחללין אף על כולן מפני תקנת הקרבן: ת״ר בראשונה היו מחללין אף על כולן משחרב בית המקדש אמר להן רבן יוחנן בן זכאי וכי יש קרבן התקינו שלא יהו מחללין אלא על ניסן ועל תשרי בלבד: מתני׳ ה) בין שנראה בעליל בין שלא נראה בעליל מחללין עליו את השבת רבי יוסי אומר אם נראה בעליל אין מחללין עליו את השבת מעשה שעברו יותר מארבעים זוג ועיכבם ר״ע בלוד שלח לו ר״ג אם מעכב אתה את הרבים ו) נמצאת מכשילן לעתיד לבא: גמ׳ מאי משמע דהאי עליל לישנא דמיגלי הוא א״ר אבהו אמר קרא ב) אמרות ה׳ אמרות טהורות כסף צרוף בעליל לארץ מזוקק שבעתים ו) רב ושמואל חד אמר נ׳ שערי בינה נבראו בעולם וכולן ניתנו למשה ז) חסר אחד שנאמר ג) ותחסרהו מעט מאלהים ד) בקש קהלת למצוא דברי חפץ בקש קהלת להיות כמשה יצתה בת קול ואמרה לו ח) וכתוב יושר דברי אמת ה) ולא קם נביא עוד בישראל כמשה וחד אמר בנביאים לא קם במלכים קם אלא מה אני מקיים בקש קהלת למצוא דברי חפץ בקש קהלת לדון דינין שבלב שלא בעדים ושלא בהתראה יצתה בת קול ואמרה לו וכתוב יושר דברי אמת ו) על פי שנים עדים וגו׳:

מעשה

מתני׳ על שני חדשים מחללין את השבת. עדים שראו את החדש: שבהם שלוחים. ב״ד שולחין לסוריא להודיע לגולה יום קביעותו הלכך חשיבי ומן התורה מחללין על כולן אבל רבנן אסרו לפי שאין תיקון המועדות תלוי בהם ולא איכפת למלאן ולחסרן ע״פ עדים אך שני חדשים אלו העמידום על דין תורה שכל המועדות תלויין בהן: תקנת קרבן. של ר״ח שיקריב בזמנו: גמ׳ ותו לא. נפקי שלוחים (יוצאים) אלא אהני דקתני שבהן שלוחים יוצאים לסוריא: שלוחין יוצאין מבערב. כגון נראה בעליל ביום כ״ט או בליל שלשים דודאי יקדשוהו ב״ד מחר א״נ בחדש מעובר דפשיטא לן שביום ל״א יתקדש (א) משלא נתקדש בזמנו שלוחין יוצאין מב״ד ואין ממתינין עד למחר שישמעו מקודש מפי ב״ד כדאמרינן לקמן (דף כד.) ראש ב״ד אומר מקודש ויעידו לגולה: על ניסן ועל תשרי. אין שלוחין יוצאין עד שישמעו מפי ב״ד מקודש הלכך בשאר חדשים אין חילול שבת של עדים ממהרת יציאת השלוחין שאין השלוחין מחללין שבת לצאת היום וכשלא יבאו העדים היום יתעבר החדש והכל יודעין שהם קדשוהו למחר והשלוחים יצאו משתחשך לומר שעיברו את ח) אלול אבל בניסן ותשרי אם לא יבאו העדים היום ויתעבר החדש לא יצאו השלוחים עד מחר שאין ב״ד מקדשין בלילה נמצאו ממעטין את הלוכן מהלך לילה ויותר כיצד אם יבאו העדים ויעידו ויקדשוהו בשבת ויהא פסח בשבת יש זמן לשלוחים מהלך י״ב יום שלימים שהרי למ״ש יצאו וילכו כל ימי החול של ב׳ שבועות הללו שלימים ואם לא באו העדים היום לא יצאו השלוחים עד מחר ועל כרחם שבת של ערב הפסח ישבותו נמצא שלא הלכו י״ב ימים שלימים וא״ת היאך הוא תולה טעם חילול העדים ביציאת השלוחים הרי השלוחים עצמן לא ניתן להם לחלל טעם החילול כדי שיתקדש החדש בזמנו הוא כדקתני ובהן מתקנין את המועדות דרחמנא אמר אשר תקראו אותם במועדם (ויקרא כג) אפי׳ בשבת ויציאת השלוחים דקתני אינו אלא לייפות וליישב את טעם החילול אף בשביל זאת יש דברים שאין הטעם תלוי בהם והם נעשים סעד לדבר לייּשבו ולייפותו כאותה ששנינו בסנהדרין (דף יא.) אין מעברין את השנה מפני הגדיים והטלאים אבל עושין אותן סעד לשנה כיצד מהודעין אנחנא לכון דגוזלייא רכיכין ואמריא דעדקין כו׳: אשר תקראו אותם במועדם. הזהירם שלא יעבור המועד של זמן קריאתן מקרא קודש היינו קדוש ב״ד: יכול כשם שמחללין. העדים כדי שיתקדשו בזמנן: כך מחללין. השלוחים עד שיתקיימו המועדות בזמנן: מתני׳ ט) נראה בעליל אין מחללין. לפי שאין צורך: ארבעים זוג. שני עדים זוג אחר זוג: גמ׳ בעליל לארץ. גלוי לכל: חמשים שערי בינה כו׳. סיפיה דהאי קרא דרשי רב ושמואל מזוקק שבעתים שבע שביעיות והם חמשים חסר אחת שנמסרו למשה למדנו שחמשים נבראו שהרי מעט נחסר מאלהים: דכתיב ותחסרהו מעט מאלהים וגו׳. במזמור מה אנוש כי תזכרנו:

על שני חדשים מחללין את השבת. פי׳ בקונטרס ומן התורה מחללין על כולן אבל רבנן אסרו לפי שאין תיקון המועדות תלוי בהן לא איכפת לן אי למלאן אי לחסרן ע״פ עדים וקשיא דבגמרא תניא מנין שמחללין את השבת ת״ל אלה מועדי ה׳ והאי קרא בניסן ותשרי כתיב וי״ל דמ״מ כל ר״ח איקרי מלאיקרי מועד כדאיתא בפ׳ כיצד צולין (פסחים דף עז.) גבי דחיית שבת וטומאה שעירי ראש חדש אילטריכא ליה סלקא דעתך אמינא הא לא כתיב בהו מועד קמ״ל דר״ח נמי מועד איקרי וכדאמרי׳:

על ניסן ותשרי עד שישמעו מפי ב״ד מקודש. והשתא מתניתין דקתני שבהן שלוחין יוצאין היינו לאחר שישמעו מפי ב״ד מקודש ונתינת טעם הוא דלכך מחללין עליה השבת עדים שראו את החדש ופירש בקונטרס דבשאר חדשים אין חילול שבת של עדים ממהרת יציאת שלוחין שאין השלוחין מחללין לצאת בשבת היום וכשלא יבואו עדים היום יתעבר החדש והכל יודעים (י) שיום קדשו למחר והשלוחים יוצאים משתחשך לומר שעברו את החדש אבל בניסן ותשרי אם לא יבאו עדים ויתעבר החדש לא יבאו השלוחים עד מחר שאין ב״ד מקדשין בלילה נמצאו ממעטים הלוכן מהלך לילה ויותר ודבר תימה פירושו שתלה טעם חילול העדים ביציאת השלוחים הא כי מקלע יום שלשים דאלול בשבת ובאו עדים את החדש על כרחן צריכין לחלל ולבא בשבת דאי מאחרים עד אחד בשבת היה מקלע יום ערבה בשבת ודחינן ליה משום ערבה כדאמרי׳ בפ׳ (החליל נד) [לולב וערבה] (סוכה מג.) ומיהו איכא למימר דלא צריך טעם ובמתניתין פי׳ הקונטרס שבהן שלוחין יוצאים הלכך חשיבי כלומר לפי שהשלוחים יוצאים בהן משום תקנת מועדות ראוי לעדים לחלל עליהם שבת כדי שיקבעו מועדות בזמנן וכן נמי פי׳ הקונטרס עדיין טעם החילול שיתקדש החדש בזמנו כדקתני ובהן מתקנין את המועדות דרחמנא אמר אשר תקראו אותם אפי׳ בשבת ויציאת שלוחין דקתני אינו אלא ליפות ולישב טעם החילול בשביל זאת שיש דברים שאין הטעם תלוי בהן והן נעשין סעד לדבר לישבו ולייפותו כאותה ששנינו בפ״ק דסנהדרין (ד׳ יא.) אין מעברין השנה מפני הגדיים והטלאים אבל עושין אותן סעד לשנה כיצד מהודעין אנחנא לכון דגוזלייא רכיכין ואם תאמר ומה טעם דמתניתין לניסן ותשרי עד שישמעו מפי בית דין מקודש בשלמא היכא דנראה בעליל ביום כ״ט או בליל ל׳ אע״ג דודאי יקדשוהו ב״ד למחר אין יוצאין עליו לאתר חיישינן דלמא מימלכי ב״ד ומעברי ליה ואתי לקלקולי מועדות אלא היכא דלא קדשוהו ביום ל׳ ליפקו ביום ל״א שא״א לדחותו יותר מיום ל״א ויש לומר דגזרו האי [אטו האי] משום דבשאר חדשים יוצאים אזה וזה מבערב:

ופסלו

קי א ב מיי׳ פ״ג מהל׳ קידוש החדש הל׳ ב:
קיא ג מיי׳ שם הלכה י:
קיב ד מיי׳ שם הלכה ח:
קיג ה מיי׳ שם הל׳ ז:

רבינו חננאל

הזה עבדינן כי הא דמיפרשא בתחלת י״ט דלא נקטינן האידנא תרי יומי אלא משום אל תשנו מנהג אבותיכם: מתני׳ על ב׳ חדשים מחללין את השבת על ניסן כו׳. סוד העיבור שהיה מסור לב״ד להקריב בזמנו מוסף ר״ח על הראיה וכיון שמוסף ר״ח קרב אפי׳ בשבת היה לפיכך הותרה שבת גבי עדי החדש לבוא מחוץ לתחום ולהעיד כדי להקריב מוסף החדש בזמנו בכל חדשי שנה. וזה בזמן שהיה בהמ״ק קיים אבל עתה אין מחללין אלא על ניסן ועל תשרי בלבד שצריכין לקרוא המועדים שכתוב בהן במועדם. וכ״מ שכתוב בתורה במועדו בין בחול בין בשבת הוא. וכתיב אשר תקראו אותם במועדם. פי׳ ולמה באלו ב׳ החדשים מחללין עליהן עדי החדש את השבת מפני שאע״פ שאין בהן בזמן הזה קרבן יש בהן קריאת המועדים. שנאמר אלה מועדי ה׳ מקראי קודש אשר תקראו אותם במועדם. וכל מקום שכתוב בתורה במועדו כגון הפסח והתמיד שכתב בהן במועדו ומחללין עליהן השבת. קריאת המועדים כיון שכתוב בהן במועדם מחללין עליהן השבת. בא וראה בקריאתם שכתוב במועדם מחלל אבל בקיומן אין כתוב בהן במועדם אין מחללין. וכך פירשו חכמים בקריאתם אתה מחלל ואי אתה מחלל על קיומן. וכן אין שלוחין יוצאין אלא באלו ב׳ חדשים בלבד על ניסן ועל תשרי מפני שמחללין השבת עליהן. העדים שראו הלבנה לילי שבת שבאין בשבת להעיד והתנן על ו׳ חדשים שלוחין יוצאין ופריק אביי על אלו ו׳ חדשים השלוחין יוצאין מבערב על ניסן ועל תשרי אין יוצאין עד שישמעו מפי ב״ד מקודש. תניא נמי הכי כו׳. ת״ר מנין שמחללין עליהן השבת ת״ל אלה מועדי ה׳ מקראי קדש אשר וגו׳ פי׳ כיון שפירש הכתוב בקריאת המועדים הללו במועדם מחללין עליהן את השבת. כשם שמחללין את השבת על התמיד ועל שחיטת הפסח דכתיב בהן במועדו הכי נמי דרשינן על המועדים דכל היכא דכתיב ביה במועדו דרשינן ביה במועדו ואפי׳ בשבת. וקריאת המועדים א) בכל עת הוא בשני החדשים הללו הקרבת הקרבן בכל הוא משום שראיית החדש עיקר אלא אפי׳ בזמן שידוע לב״ד כגון בזמן הזה התורה התירה להן הלא תראה ב) שהיו אחר חורבן הבית מחללין על כל החדשים עד שאמר להן ריב״ז וכי יש עכשיו קרבן התקינו שלא יהו מחללין אלא על ניסן ותשרי בלבד. פי׳ בעליל בפרהסיא כדכתיב בעליל לארץ. כלומר מפורסם לעם הארץ כתיב אמרות ה׳ אמרות וגו׳. פי׳ כמו כסף צרוף מזוקק שבעתים. כל מה שתצרפנו מוסיף זיקוק פי׳ שבעתים שבע פעמים שבעה הרי מ״ט וניתנו לו למשה אמרות ה׳ מזוקקין מ״ט שערי בינה וכיון דכתיב ותחסרהו מעט מאלהים אין מעט פחות משער אחד לפיכך אמרו נ׳ שערי בינה נבראו בעולם וכולן ניתנו למשה חוץ מאחד מהן ופשוטה היא. בקש להיות כמשה. שנאמר ה׳ חפץ למען צדקו יגדיל תורה ויאדיר נמצאת גדולת התורה אינו אלא במשה. בקש זה להיות כמותו יצתה ב״ק וא״ל כתוב יושר דברי אמת. כלומר כתיב בספר הישר ולא קם נביא עוד בישראל כמשה לא בנביא ולא במלכים. בקש קהלת למצוא [דברי חפץ] בקש לדון דינין שבלב. בלא עדים ובלא התראה. יצתה ב״ק כו׳:

מסורת הש״ס

א) לעיל יט:, ב) לעיל כ., ג) לעיל יח., ד) מנחות סד. שבת קלג:, ה) [לקמן לא:], ו) [נדרים לח. ע״ש], ז) [ידיעת ה׳ על אמיתתו כדכתיב ותחסרהו מעט מאלהים. כ״כ הר״ן], ח) ס״א החדש, ט) אם, י) [נ״ל שהם].

הגהות הב״ח

(א) רש״י ד״ה שלוחין יוצאין כו׳ שביום ל״א יתקדש כשלא נתקדש בזמנו כו׳ ויעידו לגולה על ניסן כו׳ הוא דבור אחד:

תורה אור השלם

א) אֵלֶּה מוֹעֲדֵי יְיָ מִקְרָאֵי קֹדֶשׁ אֲשֶׁר תִּקְרְאוּ אֹתָם בְּמוֹעֲדָם: [ויקרא כג, ד]

ב) אִמֲרוֹת יְיָ אֲמָרוֹת טְהֹרוֹת כֶּסֶף צָרוּף בַּעֲלִיל לָאָרֶץ מְזֻקָּק שִׁבְעָתָיִם: [תהלים יב, ז]

ג) וַתְּחַסְּרֵהוּ מְּעַט מֵאֱלֹהִים וְכָבוֹד וְהָדָר תְּעַטְּרֵהוּ: [תהלים ח, ו]

ד) בִּקֵּשׁ קֹהֶלֶת לִמְצֹא דִּבְרֵי חֵפֶץ וְכָתוּב יֹשֶׁר דִּבְרֵי אֱמֶת: [קהלת יב, י]

ה) וְלֹא קָם נָבִיא עוֹד בְּיִשְׂרָאֵל כְּמֹשֶׁה אֲשֶׁר יְדָעוֹ יְיָ פָּנִים אֶל פָּנִים: [דברים לד, י]

ו) עַל פִּי שְׁנַיִם עֵדִים אוֹ שְׁלֹשָׁה עֵדִים יוּמַת הַמֵּת לֹא יוּמַת עַל פִּי עֵד אֶחָד: [דברים יז, ו]

ליקוטי רש״י

מחללין את השבת. עדים שראו את הלבנה בחידושה מחללין את השבת לבא חוץ לתחום לבית דין להעיד לפניהן לפי שהמועדין כולן תלוין בשני חדשים הללו [לעיל יט:]. מפני תקנת קרבן. מוספי ראש חדש שיקרבו בזמנן [שם כ.]. על ו׳ חדשים השלוחין יוצאין. שקדשו בית דין החדש על פי עדים שראוהו את החדש ומודיעים לגולה יום שקדשוהו ביום שלשים או ביום שלשים ואחד ושלוחין יוצאים להודיע אם החדש מלא או חסר [שם יח.]. בעליל. לשון גילוי הוא [תהלים יב ז]. במגולה [סוטה מה.]. במפורסם [סנהדרין יד:]. בגלוי לכל ויש לדעת שראוהו בית דין והקרובים להם ואין צריך לראותן חוץ לתחום לחלל שבת ולבא להעיד לפני ב״ד מחללין [שבת קלג:] לכל העולם. אם נראה בעליל אין מחללין עליו את השבת. ללכת ולהעיד לב״ד שהרי א״א כיון דבעליל נראה ב״ד נמי ראוהו. מכשילן. דזימנין דלא יראה בעליל ויאמרו העדים שראיתוהו אנו כן ראוהו ב״ד ולא נחלל שבת ואיכא מכשול דלא יהא חדש נקבע כהלכתו [מנחות סד.]. חסר אחד. ידיעת הש״ם על אמיתתו כדכתיב ותחסרהו מעט מאלהים [ר״ן נדרים לח.]. ותחסרהו מעט מאלהים וגו׳. מאלהים כח ביהושע להדמים החמה וליבש את הירדן במשה לקרוע מי ים סוף ולעלות למרום ובאליהו להחיות את המת [תהלים ח ו]. וזו היא אחת שאותה אחת היה הקב״ה יחידה עליו [נדרים לח.]. בקש קהלת. נתן לבו. יושר. זה תורה שנכתב [קהלת יב י].

חשק שלמה על ר״ח א) אולי צ״ל וקריאת המועדים בשני החדשים הללו הוא להקרבת הקרבן בכל עת ולא משום וכו׳. ב) שאפילו אחר חורבן וכו׳.

Gamliel[19] sent [R' Akiva] the following message: אִם מְעַכֵּב אַתָּה אֶת הָרַבִּים – **If you detain the public** from reaching *Beis Din,* נִמְצֵאתָ מַכְשִׁילָן לֶעָתִיד לָבֹא – **it will emerge that you are causing them to stumble** by neglecting to testify **in the future.**[20]

Gemara

The Gemara asks: מַאי מַשְׁמַע דְּהַאי עֲלִיל לִישָּׁנָא דְּמִיגַּלֵּי הוּא – **Where is there an indication that this word** ***"alil"***[21] **is a term** that implies **clarity?** אָמַר רַבִּי אַבָּהוּ – **R' Abahu said:** אָמַר קְרָא – **Scripture states:**[22] ,,אִמְרוֹת ה' אֲמָרוֹת טְהֹרוֹת כֶּסֶף צָרוּף בַּעֲלִיל לָאָרֶץ מְזֻקָּק שִׁבְעָתָיִם" – *THE WORDS OF HASHEM ARE PURE; LIKE PURIFIED SILVER, CLEAR TO THE WORLD, REFINED SEVENFOLD.* Thus, we see that the word *"alil"* connotes clarity.

The Gemara cites a dispute related to the aforementioned verse. It deals with the issue of whether King Solomon was as knowledgeable as Moses:

רַב וּשְׁמוּאֵל – **Rav and Shmuel** disputed this matter. חַד אָמַר – **One said:** חֲמִשִּׁים שַׁעֲרֵי בִינָה נִבְרְאוּ בָעוֹלָם – **Fifty gates of understanding were created in the world,**[23] וְכוּלָּן נִיתְּנוּ לְמֹשֶׁה חָסֵר אֶחָד – **and all but one**[24] **were given to Moses.** שֶׁנֶּאֱמַר – **As it says:**[25] ,,וַתְּחַסְּרֵהוּ מְּעַט מֵאֱלֹהִים" – *BUT YOU HAVE MADE HIM ONLY SLIGHTLY WANTING IN [UNDERSTANDING] DIVINITY.*[26]

The Amora expounds a related verse from *Koheles,*[27] from which he derives his point of view: ,,בִּקֵּשׁ קֹהֶלֶת לִמְצֹא דִּבְרֵי־חֵפֶץ" – *KOHELES*[28] *SOUGHT TO FIND WORDS OF DELIGHT.* בִּקֵּשׁ קֹהֶלֶת לִהְיוֹת כְּמֹשֶׁה – This means that **Koheles sought to be** as knowledgeable **as Moses;** that is, he too wished to be granted the forty-nine gates of understanding. יָצְתָה בַּת קוֹל וְאָמְרָה לוֹ – **A Heavenly voice came forth and said to him:** ,,וְכָתוּב יֹשֶׁר דִּבְרֵי אֱמֶת" – *AND WORDS OF TRUTH ARE RECORDED PROPERLY,*[29] and it is stated:[30] ,,וְלֹא־קָם נָבִיא עוֹד בְּיִשְׂרָאֵל כְּמֹשֶׁה" – *NEVER AGAIN HAS THERE ARISEN FROM AMONGST THE JEWISH PEOPLE A PROPHET LIKE MOSES.* Thus, this Amora maintains, Koheles (Solomon) was not granted his request to be as knowledgeable as Moses.

The Gemara now presents the opinion of the other Amora: וְחַד אָמַר – **And the other one said:** בַּנְּבִיאִים לֹא קָם בַּמְּלָכִים קָם – The aforementioned verse means **that from amongst prophets** one as prominent as Moses **did not arise, but from amongst kings,** one with such prominence **did** indeed **arise.** I.e. Koheles was indeed as knowledgeable as Moses. However, he was a king, not a prophet, and thus poses no contradiction to the aforementioned verse.[31]

The Amora continues: אֶלָּא מָה אֲנִי מְקַיֵּים ,,בִּקֵּשׁ קֹהֶלֶת לִמְצֹא דִּבְרֵי־חֵפֶץ" – **But** if Koheles was indeed as knowledgeable as Moses, **how do I uphold** the verse, *KOHELES SOUGHT TO FIND WORDS OF DELIGHT,* which implies that Koheles *sought* to be as knowledgeable as Moses, but was denied? בִּקֵּשׁ קֹהֶלֶת לָדוּן דִּינִין שֶׁבַּלֵּב שֶׁלֹּא בְּעֵדִים וְשֶׁלֹּא בְּהַתְרָאָה – The interpretation of the verse is that **Koheles sought to judge judgments** using the wisdom **of the heart, without** the testimony of **witnesses**[32] **and without** the defendant having received proper **warning.**[33] יָצְתָה בַּת קוֹל וְאָמְרָה לוֹ – **A Heavenly voice came forth and said to him:** ,,וְכָתוּב יֹשֶׁר דִּבְרֵי אֱמֶת" – *AND WORDS OF TRUTH ARE RECORDED PROPERLY;* and it is stated in the Torah:[34] ,,עַל־פִּי שְׁנַיִם עֵדִים וגו' " – *THROUGH THE TESTIMONY OF TWO WITNESSES* **etc.** [THE CONDEMNED SHALL BE PUT TO DEATH]. I.e. judgment in such matters can only be based upon the testimony of witnesses, and the defendant must have received proper warning.[35]

NOTES

that R' Akiva detained them; if there was only one pair he would not have done so. Now, if the case was one of a clearly visible moon, and R' Akiva acted as he did simply because he held like R' Yose, the number of pairs would be of no consequence, since R' Yose's ruling is unqualified!]

19. [Rabban Gamliel, the *Nasi,* presided over the *Beis Din,* which at this time was located in Yavneh, following the destruction of Jerusalem (see *Sanhedrin* 32b, and below, 31b note 1).]

20. I.e. if they feel that their traveling is in vain, they will refrain from coming again, even when the new moon is not clearly visible to everyone (*Meiri;* see *Rashash*).

21. That is, the Mishnah used the words נִרְאָה בַעֲלִיל to mean that the new moon was *clearly* visible to all. The Gemara seeks the origin for this translation.

22. *Psalms* 12:7.

23. This is derived from the end of the aforementioned verse which states: "The *words of Hashem are . . . refined sevenfold.*" The Gemara interprets the word שִׁבְעָתָיִם, *sevenfold,* to mean seven times seven, i.e. forty-nine gates of understanding, which, as we shall see, were given to Moses. Now, a different Scriptural verse (which is cited below) states that all but one gate of understanding was given to Moses. Thus, we can conclude that fifty gates of understanding were created (*Rashi*).

24. This "one" refers to the understanding of God's very essence (*Ran* to *Nedarim* 38a; see *Maharal, Chidushei Aggados*).

25. Ibid. 8:6.

26. [See note 23 above.] The Gemara (*Shabbos* 88b) interprets this chapter (*Psalms* 8) with regard to Moses (*Rashi,* as explained by *Maharsha* to *Nedarim* 38a).

The "gates" are the various reasonings for each law in the Torah. Although Moses was awarded only forty-nine gates, he nevertheless was unique; for the highest level of understanding found to have been reached by anyone else was only forty-eight gates, as emerges from *Eruvin* 13b [but see the Gemara below as regards King Solomon] (*Maharsha* ibid.; for other explanations see *Maharal, Chidushei Aggados*).

27. *Ecclesiates* 12:10.

28. I.e. King Solomon. He was called Koheles because he gathered (קָהַל) many branches of wisdom. Alternatively, he was so called because he always expounded his words to gatherings of people (*Rashi* to *Koheles* 1:1).

29. *Ecclesiastes* ibid.

30. *Deuteronomy* 34:10.

31. [The crux of the dispute is the meaning of the superlatives by which Scripture describes both Moses and King Solomon. The verse describing Moses' wisdom was just cited by the Gemara. Concerning King Solomon it says: . . . וַיֶּחְכַּם מִכָּל־הָאָדָם, *He was wiser than all men . . .* (*I Kings* 5:11). The question is: Should the latter verse be interpreted to mean that King Solomon's wisdom was all-encompassing, including even that level of understanding that Moses was given, or perhaps King Solomon's wide-reaching wisdom did not reach the level of Moses' understanding, and his request in the matter was not granted?]

See *Maharal, Chidushei Aggados,* who discusses the problem of why, when even prophets did not reach the level of understanding possessed by Moses, should Solomon, as a king, have this kind of understanding [which presumably is more appropriate for prophets].

32. According to this interpretation, דִּבְרֵי חֵפֶץ will be understood as *matters of [his] wish;* that is, Solomon sought to judge as he wished on the basis of his understanding, without the backing of witnesses' testimony (*Maharsha*).

33. A warning is a prerequisite for the application of any corporeal punishment. The purpose of warning a potential transgressor is to ascertain that the defendant is aware that his action constitutes a crime, and that he is aware of the punishment to which he will be liable. Koheles felt that he could determine, through his great wisdom, whether the defendant had been aware of these facts although he had not been warned (*Maharsha*).

34. *Deuteronomy* 17:6.

35. The Mishnah (*Makkos* 6b) cites R' Yose's opinion that the witnesses are those who give the warning, based on the verse: עַל־פִּי שְׁנַיִם עֵדִים, *Through the "mouth"* (i.e. words) *of two witnesses,* which R' Yose expounds as referring to their words of warning.

The Gemara here, which cites this verse as a source to deny King Solomon's wish both with regard to the issue of witnesses and the issue of warning, is based on that Mishnah (*Rashash;* see *Maharsha*).

The Mishnah stated:

מַעֲשֶׂה שֶׁעָבְרוּ יוֹתֵר מֵאַרְבָּעִים זוּג וְעִיכְּבָן רַבִּי עֲקִיבָא כו׳ – **IT HAPPENED THAT MORE THAN FORTY PAIRS** of witnesses **PASSED** through Lod on their way to *Beis Din* **AND R' AKIVA DETAINED THEM etc.**

The Gemara quotes a Baraisa:

תַּנְיָא – **It has been taught in a Baraisa:** אָמַר רַבִּי יְהוּדָה – **R' YEHUDAH SAID:** חַס וְשָׁלוֹם שֶׁרַבִּי עֲקִיבָא עִיכְּבָן – **GOD FORBID THAT** it was **R' AKIVA** who **DETAINED [THE WITNESSES]!**[1] אֶלָּא שֶׁזֶּפֶר רֹאשָׁהּ שֶׁל גָּדֵר עִיכְּבָן – **RATHER,** it was **SHEZZEFER THE HEAD** official **OF GADER** who **DETAINED THEM!**[2] וְשָׁלַח רַבָּן גַּמְלִיאֵל וְהוֹרִידוּהוּ מִגְּדוּלָּתוֹ – Consequently, **RABBAN GAMLIEL SENT** an order,[3] **AND THEY DEPOSED [SHEZZEFER] FROM HIS EXALTED POST.**

Mishnah The Gemara (*Sanhedrin* 27b-28a) derives from Scripture that a father and son, as well as certain other close relatives, are ineligible to testify together before *Beis Din.* The Mishnah discusses whether this is applicable to testimony regarding the new moon: אָב וּבְנוֹ שֶׁרָאוּ אֶת הַחֹדֶשׁ – **A father and son who saw the new moon** together יֵלְכוּ – **should both go** to *Beis Din.* לֹא שֶׁמִּצְטָרְפִין זֶה עִם זֶה – **Not because one may join with the other** to provide testimony,[4] אֶלָּא שֶׁאִם יִפָּסֵל אֶחָד מֵהֶן יִצְטָרֵף הַשֵּׁנִי עִם אַחֵר – **but rather, so that if one of them will be disqualified, the other can join with a different [witness].**[5] רַבִּי שִׁמְעוֹן אוֹמֵר – **R' Shimon says:** אָב וּבְנוֹ וְכָל הַקְּרוֹבִין כְּשֵׁרִין לְעֵדוּת הַחֹדֶשׁ – **A father and son, as well as all relatives, are eligible to testify** together **about the new moon.**[6] אָמַר רַבִּי יוֹסֵי – **R' Yose said:** מַעֲשֶׂה בְּטוֹבִיָּה הָרוֹפֵא – **It once happened to Toviah the doctor** שֶׁרָאָה אֶת הַחֹדֶשׁ בִּירוּשָׁלַיִם הוּא וּבְנוֹ וְעַבְדּוֹ מְשׁוּחְרָר – **that he saw the new moon in Jerusalem** together with **his son and a freed slave.**[7] וְקִבְּלוּ הַכֹּהֲנִים אוֹתוֹ וְאֶת בְּנוֹ – **And the Kohanim**[8] **accepted him and his son**[9] as witnesses, וּפָסְלוּ אֶת עַבְדּוֹ – **but disqualified his slave.**[10] וּכְשֶׁבָּאוּ לִפְנֵי בֵּית דִּין – However, **when they came before** ***Beis Din,*** קִבְּלוּ אוֹתוֹ וְאֶת עַבְדּוֹ וּפָסְלוּ אֶת בְּנוֹ – **they accepted him and his slave, but disqualified his son.**[11]

Gemara The Gemara seeks the source for the opinion of R' Shimon, who allows relatives to testify together about the new moon:

אָמַר רַבִּי לֵוִי – **R' Levi said:** מַאי טַעְמָא דְּרַבִּי שִׁמְעוֹן – **What is the reason of R' Shimon?**[12]

The Gemara answers:

דִּכְתִיב – **For it is written** regarding the sanctification of the new month:[13] ,,וַיֹּאמֶר ה׳ אֶל־מֹשֶׁה וְאֶל־אַהֲרֹן בְּאֶרֶץ מִצְרַיִם לֵאמֹר הַחֹדֶשׁ הַזֶּה לָכֶם...'' – *HASHEM SAID TO MOSES AND AARON IN THE LAND OF EGYPT, SAYING, THIS MONTH SHALL BE FOR YOU...* עֵדוּת זוֹ תְּהֵא כְּשֵׁרָה בָּכֶם – R' Shimon interprets this verse to mean that **"the testimony [of the new moon] is valid** ***through*** **you,"**[14] i.e. through Moses and Aaron who were brothers.[15] Thus, we see that relatives are eligible to testify together about the new moon. וְרַבָּנָן – **And** how do **the Rabbis** reconcile this verse with their opinion?[16] עֵדוּת זוֹ תְּהֵא מְסוּרָה לָכֶם – They interpret it to mean **"this testimony is placed under** ***your*** **jurisdiction."** I.e. just as Moses and Aaron were the greatest sages of their generation, so too the greatest sages of each generation must receive the testimony and sanctify the new month.[17] Thus, the Rabbis do not have a verse stating that relatives may testify together.[18]

NOTES

1. As mentioned above (21b note 18), according to the Mishnah, R' Akiva saw this case as similar to the case of a clearly visible moon, where R' Yose ruled that the Sabbath may not be desecrated. R' Yehudah, however, maintains that the cases are different, because in our case it was possible that due to cloudiness in the region of *Beis Din* the moon could not have been seen there (*Sfas Emes*).

2. Although the Mishnah states that R' Akiva detained the witnesses, the Baraisa contends that it was actually *Shezzefer* who detained them. See *Aruch LaNer* who proves that the Mishnah and the Baraisa are indeed arguing; see there for explanation of the two opinions.

Alternatively, the Mishnah also agrees with the Baraisa, but places the blame on R' Akiva, for he lived in the vicinity and did not object to Shezzefer's actions (*Misgeres HaZahav*; see also *Tos. Yom Tov*).

3. As stated in the Mishnah, Rabban Gamliel felt that it was wrong to detain the witnesses, for it would discourage them from traveling to testify on another occasion.

4. They should both go to *Beis Din,* although they are ineligible to testify together.

5. That is, perhaps one of them will be disqualified through the interrogation process described below, 23b-24a (*Rashi*; cf. *Rambam*, *Kiddush HaChodesh* 2:1; see also *Rashash*. See *Menachem Meishiv Nefesh* for several explanations of *Rashi* and *Rambam's* opinions). Therefore, we require that both of them travel to *Beis Din* to increase the possibility of having one eligible witness. Should an additional eligible witness appear, there will be two eligible witnesses to testify before *Beis Din.*

[According to *Tosafos* (22b ד״ה וחד; see also *Meleches Shlomo*), the Mishnah teaches here that the dispensation of desecrating the Sabbath for the sake of the new moon extends to permit two relatives to both travel to *Beis Din* even on the Sabbath.]

6. The Gemara will explain R' Shimon's reason.

7. The freed slave referred to here had been a Canaanite slave who, when freed, attains the status of a Jew regarding all laws other than those for which Jewish lineage is a prerequisite.

8. As to the identity of these Kohanim, see *Sifsei Chachamim,* and the *Yad Avraham* commentary to our Mishnah in the Artscroll Mishnah Series.

9. The Kohanim accepted him and his son in accordance with the view of R' Shimon, as stated above.

10. They disqualified his slave, for they derive from Scripture that one must be of Jewish lineage in order to testify about the new moon (see *Tosafos*).

11. The *Beis Din* followed the opinion of the Tanna Kamma above, and thus did not allow Toviah and his son to testify together. In addition, they disagree with the opinion of the Kohanim regarding slaves, and hold that one does not need to be of Jewish lineage in order to testify about the new moon.

See *Minchas Chinuch* 4:17 who discusses the problem that their testimony should be invalid, due to the law that if one of a group of witnesses is found to have been either a relative or disqualified, the testimony of the whole group is invalid. See also *Meiri.*

12. Both R' Shimon and the Tanna Kamma agree that relatives are generally disqualified from testifying together. Why, then, does R' Shimon make an exception regarding testimony for the new moon?

13. *Exodus* 12:1-2.

14. That is, he interprets the phrase *this month shall be for you* to mean that "you," i.e. Moses and Aaron, are eligible to testify together with regard to the new moon.

15. *Rashi*.

16. That is, since the Rabbis are of the opinion that relatives are not eligible to testify together about the new moon, how do they interpret this verse, which seems to indicate otherwise?

17. *Rashi*; cf. *Ritva*.

18. *Rashi*. Therefore, the Rabbis hold that relatives may not testify together with regard to the new moon, for it is no different than any other testimony which they are disqualified from offering together.

מעשה שעברו יותר מארבעים זוג ועיכבן ר"ע כו': תניא אמר רבי יהודה ח"ו שר"ע עיכבן אלא שזפר ראשה של גדר עיכבן ושלח רבן גמליאל והורידוהו מגדולתו: **מתני'** א אב ובנו שראו את החדש ילכו לא שמצטרפין זה עם זה אלא שאם יפסל אחד מהן יצטרף השני עם אחר ר"ש אומר אב ובנו וכל הקרובין כשרין לעדות החדש א"ר יוסי מעשה בטוביה הרופא שראה את החדש בירושלים הוא ובנו ועבדו משוחרר וקבלו הכהנים אותו ואת בנו ופסלו את עבדו וכשבאו לפני בית דין קבלו אותו ואת עבדו ופסלו את בנו: **גמ'** א"ר לוי מאי טעמא דר"ש דכתיב א) ויאמר ה' אל משה ואל אהרן בארץ מצרים לאמר החדש הזה לכם עדות זו תהא כשרה בכם ורבנן עדות זו תהא מסורה לכם: א"ר יוסי מעשה בטוביה הרופא כו': אמר רב חנן בר רבא הלכתא כר"ש א"ל רב הונא לרב חנן בר רבא רבי יוסי ומעשה ואת אמרת הלכתא כר"ש אמר לו ח) והא זמנין סגיאין אמרית קמיה דרב הלכתא כר"ש ולא אמר לי ולא מידי א"ל היכי תנית א"ל אפכא א"ל משום הכי לא אמר לך ולא מידי אמר טבי בריה דמרי טבי אמר מר עוקבא אמר שמואל ט) הלכתא כר"ש: **מתני'** ג) ב אלו הן הפסולין המשחק בקוביא ומלוי ברבית ומפריחי יונים וסוחרי שביעית ג ועבדים זה הכלל כל עדות שאין האשה כשירה לה אף הן אינן כשירין לה: **גמ'** הא אשה כשירה לה אף הן כשירין לה אמר רב ד) אשי זאת אומרת ה) ד גזלן דדבריהם כשירין לעדות אשה: **מתני'** ה מי שראה את החדש ואינו יכול להלך מוליכים אותו על החמור אפי' במטה ואם צודה להם לוקחין בידן מקלות ואם היתה דרך רחוקה לוקחין בידם מזונות שעל מהלך לילה ויום מחללין את השבת ויוצאין לעדות החדש שנאמר ב) אלה מועדי ה' אשר תקראו אותם במועדם:

הדרן עלך ארבעה ראשי שנים

אם ו אינן מכירין אותו משלחין עמו אחר להעידו ז בראשונה היו מקבלין עדות החדש מכל אדם משקלקלו הבייתוסים התקינו שלא יהו מקבלין אלא מן המכירין: **גמ'** מאי אחר חד וחד

מעשה ועברו יותר מארבעים זוג וכו': **שזפר.** כך שמו: **מתני'** אב ובנו שראו את החדש כו': **שאם יפסל.** יכשל בפיו כשיבדקוהו כדלקמן (דף ו) כג.): **גמ'** תהא כשרה בכם. ואע"פ שהם אחים: **תהא מסורה לכם.** לחשובי הדור אני מוסר שיקבלו העדות ויקדשו החדש ולא להכשיר קרובים בה: **היכי תנית.** מתניתין קמיה דרב מי המכשיר ומי הפוסל: **איפכא.** תנינא ר' יוסי אומר אב ובנו וכל הקרובים כשירין אר"ש מעשה בטוביה כו': **א"ל משום הכי.** דאפכת דר"ש לרבי יוסי לא אמר לך מידי כי אמרת הלכה כרבי (ז) יוסי) דהיינו דר' (ח) שמעון): **מתני'** אלו הן הפסולין כו': **בקוביא.** תחיכות של עצם שמשחקין בערבון ואמור רבנן אסמכתא לא קניא והרי הן גזלנין מדרבנן דמדאורייתא ט) אינו קרוי גזלן אלא החוטף מיד איש כדכתיב (שמואל ב כג) ויגזל את החנית מיד המצרי: **ומלוי ברבית.** לאו גזלן דאורייתא הוא למפסליה משום אל תשת עד חמס (שמות כג) דהא מנפשיה יהיב ליה: **מפריחי יונים.** היינו נמי כעין קוביא אי תקדמיה יונך ליוני: **וסוחרי שביעית.** עושין סחורה בפירות שביעית דרחמנא אמר (ויקרא כה) לאכלה ולא לסחורה (ע"ז סב.) ולפי שנחשדו כל אלו לעבור על דת מחמת ממון חשדום להיות מעידים שקר ע"י ממון ושוחד: **והעבדים.** פסולי דאורייתא הוא ק"ו מאשה כדאמרן בב"ק (דף פח.): **גמ'** הא אשה כשרה לה. כגון להעיד על מיתת אדם להשיא את אשתו ועל סוטה שנטמאת בסתירה שלא תשתה: **לעדות אשה.** להתירה להנשא ודוקא גזלן דדבריהם אבל גזלן דאורייתא דחליף לעבור בפרהסיא לא הכשירו חכמים לעדות אשה ואע"פ שהכשירו את העבד ואת האשה דפסולי דאורייתא: **מתני'** מי שראה את החדש כו': **מרכיבין אותו.** אף בשבת: **ואם צודה להם.** אם יש אורבים בדרך כמו ואתה צודה את נפשי (שמואל א כד) והבייתוסים והכותים הם היו אורבים להם לעכבם כדי להטעות את חכמים:

הדרן עלך ארבעה ראשי שנים

אם אין מכירין אותו. אם אין ב"ד מכירין את העד אם נאמן וכשר הוא: **משלחין.** ב"ד שבעירו: **אחר עמו.** להעיד עליו לפני ב"ד הגדול י) (שמקדש) את החדש: **משקלקלו הבייתוסים.** מפרש בגמרא: **גמ'** וחד

ופסלו את עבדו. סברי לה כר"ש דמכשיר בקרוב והחדש הזה לכם היינו בכם ודרשינן נמי כשרין ומיוחסין למעוטי גר וממזר כדדרשינן מאתך בדומין לך בפ' אחד דיני ממונות (סנהדרין דף לו:): **אלו** הן הפסולין. בגמרא משמע שכל הפסולים דמתניתין דרבנן דאמרי' עלה זאת אומרת גזלן דדבריהם כשר לעדות אשה והשתא משחק בקוביא למ"ד בפרק זה בורר (סנהדרין דף כד:) לפי שאין עוסקין בישובו של עולם ניחא ולמ"ד נמי משום דהויא אסמכתא אין נחשב גזלן בעיניו כיון דמדעתו נותן ומלוה ברבית שאינה קצוצה דרבנן ואפי' ברבית קצוצה נמי לא משמע ליה לאינשי איסורא כשנותן לו מדעתו אלא א"כ ממשכנו לו על כרחו ומפריחי יונים למ"ד אי תקדמיה יונך ליוני היינו משחק בקוביא ולמ"ד ארא אין בהן גזל אלא מפני דרכי שלום בעלמא וסוחרי שביעית מיירי בשביעית בזמן הזה ור' היא כדאשכחן בפרק השולח (גיטין דף לו.) א"נ בסחורה דרבנן כי ההיא דזה בורר (סנהדרין דף כו.) גבי ממלאי מעות לעניים ולזלי עניים ואספו ומייתי שאין זו סחורה גמורה דאלו בשליחותייהו והא דמשמע בפרק לולב הגזול (סוכה דף לט. ושם) דמותר למכור פירות שביעית לע"ה גבי מבליע לו דמי אתרוג בלולב משום דאין מוסרין דמי פירות שביעית לע"ה אבל משום סחורה לא אסור ובפרק זה בורר (סנהדרין דף כו.) נמי פריך ומזבנינהו לכהן בדמי תרומה גבי סאה תרומה שנפלה לפחות ממאה של שביעית וי"ל בדבר המלקט ע"מ לאכול והותיר מותר למכור וכן פורע חובו בפרק בתרא דע"ז (דף סב. ושם) דאסור משום לאכלה ולא לסחורה משמע כדפרשינן ואפשר דלוקח ע"מ לאכול לא חשיב סחורה אא"כ לוקח בזול ע"מ למכור ביוקר שקונה להרויח ובמסכת שביעית (פ"ח משנה ד) פירש כ) דין סחורה ע"פ הירושלמי ועבדים בפרק זה בורר (סנהדרין דף כד:) לא תני להו דפסולין דאורייתא אבל הכא איצטריך למיתני דלא תימא כיון דלא מחמת עבירה מיפסלי מכשרי לעדות החדש מידי דהוה אקרובים לר"ש: **מחללין** את השבת. עדים שראו את החדש ואפילו עדים המעידים עליהם שאין ב"ד מכירין עדי החדש מחללין את השבת להעיד עליהם כדמוכח בריש פרק שני שהלך ר' נהוראי אבל העד באושא בשבת להעיד עליו:

הדרן עלך ארבעה ראשי שנים

משלחין עמו אחר להעידו. ואותו אחר נמי מחלל עליו את השבת כדפירשנו לעיל בסוף פרק ראשון:

מסורת הש"ס

א) [ב"ב סה. ע"ש בפירוש הרשב"ם], ב) ס"א אין, ג) סנהדרין כד: [ס: עירובין פב.], ד) [גי' הרי"ף והרא"ש בסוף יבמות רב מנשה וכ"א ביבמות כה. עי' תוספות חולין ד. ד"ה מכמים], ה) [יבמות כה. ע"ש], ו) [צ"ל כד.], ז) [צ"ל יוסי], ח) [צ"ל שמעון], ט) [ב"ק עט:], י) [צ"ל שמקדשין], כ) צ"ל פירש ר"ש.

תורה אור השלם

א) וַיֹּאמֶר יְיָ אֶל מֹשֶׁה וְאֶל אַהֲרֹן בְּאֶרֶץ מִצְרַיִם לֵאמֹר: הַחֹדֶשׁ הַזֶּה לָכֶם רֹאשׁ חֳדָשִׁים רִאשׁוֹן הוּא לָכֶם לְחָדְשֵׁי הַשָּׁנָה: [שמות יב, א-ב]

ב) אֵלֶּה מוֹעֲדֵי יְיָ מִקְרָאֵי קֹדֶשׁ אֲשֶׁר תִּקְרְאוּ אֹתָם בְּמוֹעֲדָם: [ויקרא כג, ד]

ליקוטי רש"י

גדר. עיר גדולה [עירובין סא.]. **הפסולין.** לעדות דכולן גזלנין מדבריהן הן דאסמכתא לא קניא ומגזל גזיל ליה [עירובין פב.]. **לדון ולהעיד.** כולהו מפרש בגמרא וכולן מעין גזלנין הן והתורה אמרה (שמות כג) אל תשת רשע עד וכל שכן דיין [סנהדרין כד:]. **בקוביא.** בעירבון [עירובין שם]. בעירבון והמראה שקורין פרמייל"ה [שבועות לא.]. **מפריחי יונים.** אי תיקדמה יונך ליוני. **סוחרי שביעית.** דרחמנא אמר לאכלה ולא לסחורה וזה שחומד ממון לעבור עבירה על הממון רשע הוא והתורה אמרה אל תשת רשע עד (שמות כג) [עירובין שם]. הואיל וחימוד ממון מעבירו על דברי תורה הוה ליה כרשע דחמס ופסול לדון [סנהדרין שם]. **גזלן דדבריהם.** משחק בקוביא גזלן דרבנן הוא דאמרינן אסמכתא לא קניא אבל מדאורייתא לאו גזלן הוא [שבועות מז.]. כמו מפריחי יונים ומשחק בקוביא דתנן כל העדות שאין האשה כשרה לה אף הן אינם כשרים ועלה אמר רב מנשה זאת אומרת גזלן דדבריהם כו' [יבמות כה:]. **צודה.** לשון ארב וכן הוא אומר (ש"א כד) ואתה צודה את נפשי לקחתה [שמות כא, יג]. **בייתוסים.** והן צדוקין [סוכה מג:]. בעניים רבים חלקו בייתוסין עם חכמים [תענית יז:]. **בייתוס.** כהן גדול היה [פסחים נז:].

עין משפט נר מצוה

קיד **א** מיי' פ"ב מהל' קידוש החדש ה"א:
קטו **ב** מיי' פ"י מהל' עדות הלכה ד סמג לאוין ריד טור וש"ע ח"מ סי' לד סעי' י וסעי' טו:
קטז **ג** מיי' שם פ"ט הלכה א טוש"ע שם סעיף יט:
קיז **ד** מיי' פי"ג מהל' גירושין הלכה טז סמג עשין נ טוש"ע אה"ע סימן יז סעיף ג:
קיח **ה** מיי' פ"ג מהל' קידוש החדש ה"ד:
א ו מיי' שם הלכה ג:
ב ז מיי' שם פ"ב ה"ג:

רבינו חננאל

מתני' מעשה שעברו יותר ממ' זוג כו': **ירושלמי** וכל המעכב את הרבים מעשות מצוה [צריך] נדוי: **[מתני'] אב** ובנו שראו את החדש כו' עד ר"ש אומר אב ובנו וכל הקרובין כשרין לעדות החדש ומ"ט דר' שמעון דכתיב ויאמר ה' אל משה ואל אהרן בארץ מצרים לאמר החדש הזה לכם וגו' כלומר עדות החדש תהא כשרה בכם ואע"פ שאתם קרובין ורבנן עדות זו מסורה לכם וקי"ל דכל הקרובין א) וכל הפסולין לעדות החדש: **[מתני'] ואלו** הן הפסולין השוחק בקוביא כו' זה הכלל כל עדות שאין האשה כשרה לה אף אלו כולן אינן כשרין לה וכיון שהאשה פסולה לעדות החדש. אף אלו הזכורין במשנתנו וכיוצא בהן פסולין לעדות החדש ודייקינן מינה הא עדות שהאשה כשרה לה כגון מיתת הבעל שאפילו הנשים כשרות כדתנן באחרית יבמות הוחזק להיות משיאין עד מפי עד ומפי אשה כו' גם הפסולין הללו כשרין להעיד כי מת בעלה של זו ותנשא על פיהן וא"ר מנשה זאת אומרת כלומ' נתברר לנו מדיוקא של משנה כי גזלן דרבנן כגון משחק בקוביא וכיוצא בהן שהן פסולין מדרבנן כשרין להעיד כי מת בעלה של זו דהא הנשים נאמנות בעדות זו ואוקימנא בפרק דיני ממונות בשלשה לר"מ דאמר עד זומם פסול לכל התורה והלכתא כוותיה: **[מתני']** מי שראה את החדש כו'. לא מיתוקמא בזמן הזה אלא בניסן ותשרי בלבד:

הדרן עלך ארבעה ראשי שנים

אם אין מכירין אותו משלחין עמו אחר להעידו כו'. אוקימנה מאי אחר דתני במתנית'

חשק שלמה על ר"ח

א) נראה ברור דצ"ל וקיי"ל דכל הקרובין פסולין לעדות החודש.

The Gemara quotes the Mishnah:

'אָמַר רַבִּי יוֹסֵי מַעֲשֶׂה בְּטוֹבִיָּה הָרוֹפֵא כו – **R' YOSE SAID: IT ONCE HAPPENED TO TOVIAH THE DOCTOR etc.**

A ruling is issued:

אָמַר רַב חָנָן בַּר רָבָא – **Rav Chanan bar Rava said:** **הִלְכְתָא כְּרַבִּי שִׁמְעוֹן** – **The law is in accordance with the view of R' Shimon.**

The Gemara questions the ruling:

אָמַר לֵיהּ רַב הוּנָא לְרַב חָנָן בַּר רָבָא – **R' Huna said to Rav Chanan bar Rava:** **רַבִּי יוֹסֵי וּמַעֲשֶׂה וְאַתְּ אָמְרַתְּ הִלְכְתָא כְּרַבִּי שִׁמְעוֹן** – Here our Mishnah cites **R' Yose** who argues with R' Shimon, **and** corroborates his view with **an incident, and you say** that **the law is in accordance with R' Shimon!**[19]

Rav Chanan bar Rava replies:

אָמַר לוֹ – **He said to [Rav Huna]:** **וְהָא זִמְנִין סַגִּיאִין אֲמַרִית קַמֵּיהּ דְּרַב הִלְכְתָא כְּרַבִּי שִׁמְעוֹן** – **But** there were **many times** that **I said before Rav that the law is in accordance with the view of R' Shimon,** **וְלָא אָמַר לִי וְלָא מִידִי** – **and he did not say anything to me.** Now if, as you assert, the law is in accordance with the view of R' Yose, surely he would have corrected me!

Rav Huna suspected that there had been a misunderstanding:

אָמַר לֵיהּ – **He said to [Rav Chanan bar Rava]:** **הֵיכִי תָּנֵית** – **How did you cite the Mishnah** before Rav? I.e. how did you attribute the opinions in this dispute between R' Shimon and R' Yose.[20]

Rav Chanan bar Rava replies:

אָמַר לֵיהּ – **He said to [R' Huna]:** **אִפְּכָא** – I cited it **the other way around.** I attributed the opinion that relatives may testify together to R' Yose and the opinion that they may not to R' Shimon.[21]

Rav Huna clarifies Rav's lack of response:

אָמַר לֵיהּ – **He said to [R' Chanan bar Rava]:** **מִשּׁוּם הָכִי לֹא אָמַר לָךְ וְלָא מִידִי** – **That is why [Rav] did not say anything to you!** You actually said to Rav that the law accords with the view of R' Yose (that relatives are ineligible), which you reported as being the view of R' Shimon. Therefore Rav did not correct you, for he too rules that relatives are ineligible.[22]

The Gemara concludes with a ruling:

אָמַר טָבִי בְּרֵיהּ דְּמָרִי טָבִי אָמַר מָר עוּקְבָא אָמַר שְׁמוּאֵל – **Tavi the son of Mari Tavi said in the name of Mar Ukva who said in the name of Shmuel:** **הִלְכְתָא כְּרַבִּי שִׁמְעוֹן** – **The law is in accordance with the view of R' Shimon**, that relatives are eligible to testify together about the new moon.[23]

Mishnah The Torah states (*Exodus* 23:1): אַל־תָּשֶׁת יָדְךָ עִם־רָשָׁע לִהְיֹת עֵד חָמָס – *Do not place your hand with a wicked man to be a thieving witness.* The Gemara (*Sanhedrin* 27a) derives from this verse that someone who robs is ineligible to testify.[24] As will be explained below, this refers only to people who are robbers in the strict sense of the word. Others, who have taken money not rightfully theirs yet are not considered "robbers," are Biblically eligible; the Rabbis, nevertheless, disqualified them from testifying. The Mishnah now discusses the eligibility of such people with regard to testimony about the new moon:

אֵלּוּ הֵן הַפְּסוּלִין – **These are the ones who are ineligible** as witnesses with regard to the new moon: **הַמְשַׂחֵק בְּקוּבְיָא** – **One who plays with dice,**[25] **וּמַלְוֵי בְּרִבִּית** – **those who lend with interest,**[26] **וּמַפְרִיחֵי יוֹנִים** – **dove racers,**[27]

NOTES

19. That is, R' Yose, who cited the incident of Toviah the healer, is seemingly of the opinion that relatives are ineligible to testify together (see *Rashash*).

[Rav Huna is seemingly proffering two reasons why Rav Chanan bar Rava must be wrong in his ruling that the law is in accordance with R' Shimon: 1) Because R' Yose argues with R' Shimon, and there is a rule that when R' Yose and R' Shimon are arguing, the law accords with R' Yose (*Eruvin* 46b); and 2) An incident is cited in which *Beis Din* ruled that relatives are ineligible to testify together, and there is a rule that in matters of halachah, a proof from actual practice has greater weight than a formal ruling – "מַעֲשֶׂה רַב" (*Shabbos* 21a; *Bava Basra* 130b). Based on these two arguments, Rav Huna wonders at Rav Chanan bar Rava's ruling. See below, note 22.

20. That is, when you stated the halachah before Rav, how did you cite our Mishnah – which Tanna permits relatives to testify together and which Tanna does not? (*Rashi*).

21. [Rav Chanan bar Rava did not actually say אִפְּכָא, stating that he, in fact, cited it the opposite way. Such a statement would imply that Rav Chanan bar Rava knew that he attributed the opinions in the opposite manner than was generally accepted. But obviously Rav Chanan bar Rava did not know this, for if he did, he would have realized why Rav did not correct him. Rather, he answered Rav Huna that his version of the dispute was that R' Yose was of the opinion that relatives may testify together, and R' Shimon held they may not (see *Rashbam* to *Bava Basra* 65a; for an alternative explanation, see *Sfas Emes*).]

22. *Rashi*.

[The question, however, still remains: Why did Rav not object to a ruling in favor of R' Shimon (as it was presented to him), if R' Yose disputed it (see note 19)? Possibly, Rav felt that since R' Shimon's (alleged) view was corroborated by an incident, this lent it greater weight; alternatively, Rav was following his own reasoning (in *Eruvin* 46b, 47b) that the rule deciding the law in favor of R' Yose over R' Shimon is not authoritative. See *Encyclopedia Talmudis* ע' הלכה.]

23. The Rishonim (*Rabbeinu Chananel*; *Rambam, Hil. Kiddush HaChodesh* 2:1; *Meiri* et al.) rule that the halachah is not like R' Shimon, and relatives are ineligible. This ruling seems to oppose the conclusion of the Gemara here. A gloss on our Gemara page adds the word אֵין, *not,* before the words הִלְכְתָא כְּרַבִּי שִׁמְעוֹן, thus reversing the Gemara's ruling to accord with the Rishonim. *Rambam* in his *Commentary to the Mishnah,* as well as the *Mefaresh* on the *Rambam*, *Hil. Kiddush HaChodesh* (ibid.) also cite our Gemara in accordance with this gloss: אֵין הֲלָכָה כְּרַבִּי שִׁמְעוֹן.

[Alternatively, the Gemara's ruling in accordance with R' Shimon follows Rav Chanan bar Rava's version of the Mishnah, which was reversed vis-a-vis the names of the Tannaim, as the Gemara noted above. Thus, the Gemara's conclusion is in accord with the accepted ruling.]

24. This is true also of anyone who willfully transgresses any Biblical prohibition for monetary gain (see *Sanhedrin* 27a; see also *Rashi* ibid. 2a ד״ה גזילות). All these persons are comparable to robbers because of their blatant disregard of Torah law for monetary gain (see *Sanhedrin* 27a; *Turei Even* and *Sfas Emes* here).

25. That is, pieces of bone used in a game based on a random determination, similar to dice. When one gives payment in such a game it is considered an אַסְמַכְתָּא, an unwilling payment based on the unfounded expectation that he would not lose. As a result, the Rabbis deemed such an obligation non-binding and thus, when the winner collects his winnings he is in fact taking money that is not legally due him. However, Biblically he does not receive the title of "robber." This is because Scripture states (*II Samuel* 23:21): וַיִּגְזֹל אֶת־הַחֲנִית מִיַּד הַמִּצְרִי, *and he stole the spear from the hand of the Egyptian.* We derive from this verse that one is not a robber in the literal sense until he blatantly steals from his fellow, while here he is being handed the money in the course of the game (see *Chidushei HaRan* here and to *Sanhedrin* 24b; cf. *Ritva*). Nevertheless, since his passion for profit induces him to transgress, the Rabbis disqualified him from testifying for fear that he may bend the law or lie in exchange for money (*Rashi*; *Rashi* below ד״ה וסוחרי שביעית; see *Rashash* and *Rashi* to *Sanhedrin* 2a ד״ה גזילות).

26. The Torah (*Exodus* 22:24) forbids charging interest on a loan to a fellow Jew. As a result, when one does collect interest he is taking another's money illegally and stealing. However, as explained above, he is only ineligible from a Rabbinic point of view, for he did not blatantly steal the money, since it was given to him willingly (*Rashi,* cf. *Tosafos*).

27. That is, those who bet that their dove will finish first in a race. The reason for this disqualification is similar to the rationale for disqualifying dice players – see above, note 25 (*Rashi*). The Gemara (*Sanhedrin* 25a) explains, alternatively, that this case refers to those who train

מעשה שעברו יותר מארבעים זוג ועיכבן ר"ע כו': תניא אמר רבי יהודה ח"ו שר"ע עיכבן אלא שזפר ראשה של גדר עיכבן ושלח רבן גמליאל והורידוהו מגדולתו: מתני' [א] אב ובנו שראו את החדש ילכו לא שמצטרפין זה עם זה אלא שאם יפסל אחד מהן יצטרף השני עם אחר ר"ש אומר אב ובנו וכל הקרובין כשרין לעדות החדש א"ר יוסי מעשה בטוביה הרופא שראה את החדש בירושלים הוא ובנו ועבדו משוחרר וקבלו הכהנים אותו ואת בנו ופסלו את עבדו וכשבאו לפני בית דין קבלו אותו ואת עבדו ופסלו את בנו: גמ' א"ר לוי מאי טעמא דר"ש דכתיב [א] ויאמר ה' אל משה ואל אהרן בארץ מצרים לאמר החדש הזה לכם עדות זו תהא כשרה בכם ורבנן עדות זו תהא מסורה לכם: א"ר יוסי מעשה בטוביה הרופא כו': אמר רב חנן בר רבא הלכתא כר"ש א"ל רב הונא לרב חנן בר רבא רבי יוסי ומעשה ואת אמרת הלכתא כר"ש אמר לו [ה] והא זמנין סגיאין אמרית קמיה דרב הלכתא כר"ש ולא אמר לי ולא מידי א"ל היכי תנית א"ל אפכא א"ל משום הכי לא אמר לך ולא מידי אמר טבי בריה דמרי טבי אמר מר עוקבא אמר שמואל [ו] הלכתא כר"ש: מתני' [ג] אלו הן הפסולין המשחק בקוביא ומלוי ברבית ומפריחי יונים וסוחרי שביעית [ג] ועבדים זה הכלל כל עדות שאין האשה כשירה לה אף הן אינן כשירין לה: גמ' הא אשה כשירה לה אף הן כשירין לה אמר רב [ז] אשי זאת אומרת [ד] גזלן דדבריהם כשירין לעדות אשה: מתני' [ה] מי שראה את החדש ואינו יכול להלך מוליכים אותו על החמור אפי' במטה ואם צודה להם לוקחין בידן מקלות ואם היתה דרך רחוקה לוקחין בידם מזונות שעל מהלך לילה ויום מחללין את השבת ויוצאין לעדות החדש שנאמר [ב] אלה מועדי ה' אשר תקראו אותם במועדם:

הדרן עלך ארבעה ראשי שנים

אם [ו] אינן מכירין אותו משלחין עמו אחר להעידו [ח] בראשונה היו מקבלין עדות החדש מכל אדם משקלקלו הבייתוסים התקינו שלא יהו מקבלין אלא מן המכירין: גמ' מאי אחר חד וחד

מעשה ועברו יותר מארבעים זוג וכו': שופר. קן שמו: מתני' אב ובנו שראו את החדש כו': שאם יפסל. יכשל בפיו כשיבדקוהו כדלקמן (דף [ו] כג:): גמ' תהא כשרה בכם. ואע"פ שהם אחים: תהא מסורה לכם. לחשובי הדור אני מוסר שיקבלו העדות ויקדשו החדש ולא להכשיר קרובים בה: היכי תנית. מתניתין קמיה דרב מי המכשיר ומי הפוסל: איפכא. תנינא ר' יוסי אומר אב ובנו וכל הקרובים כשירין אר"ש מעשה בטוביה כו': א"ל משום הכי. דאפכת דר"ש לרבי יוסי לא אמר לך מידי כי אמרת הלכה כרבי ([ז] יוסי) דהיינו דר' ([ח] שמעון): מתני' אלו הן הפסולין כו': בקוביא. חתיכות של עצם שמשחקין בערבון ואמור רבנן אסמכתא לא קניא והרי הן גזלנין מדרבנן דמדאורייתא [ט] אינו קרוי גזלן אלא החוטף מיד איש כדכתיב (שמואל ב כג) ויגזל את החנית מיד המצרי: ומלוי ברבית. לאו גזלן דאורייתא הוא למפסליה משום אל תשת עד חמס (שמות כג) דהא מנפשיה יהיב ליה: מפריחי יונים. היינו נמי כעין קוביא אי תקדמיה יונך ליוני: וסוחרי שביעית. עושין סחורה בפירות שביעית דרחמנא אמר (ויקרא כה) לאכלה ולא לסחורה (ע"ז סב.) ולפי שנחשדו כל אלו לעבור על דת מחמת ממון חשדום להיות מעידים שקר ע"י ממון ושוחד: והעבדים. פסולי דאורייתא הוא ק"ו מאשה כדאמרן בב"ק (דף פח.): גמ' הא אשה כשרה לה. כגון להעיד על מיתת אדם להשיא את אשתו ועל סוטה שנטמאת בסתירה שלא תשתה: לעדות אשה. להתירה להנשא ודוקא גזלן דדבריהם אבל גזלן דאורייתא דחליף לעבור בפרהסיא לא הכשירו חכמים לעדות אשה ואע"פ שהכשירו את העבד ואת האשה דפסולי דאורייתא: מתני' מי שראה את החדש כו': מרכיבין אותו. אף בשבת: ואם צודה להם. אם יש אורבים בדרך כמו ואתה צודה את נפשי (שמואל א כד) והבייתוסים והכותים הם היו אורבים להם בעקבם כדי להטעות את חכמים:

הדרן עלך ארבעה ראשי שנים

אם אין מכירין אותו. אם אין ב"ד מכירין את העד אם נאמן וכשר הוא: משלחין. ב"ד שבעירו: אחר עמו. להעיד עליו לפני ב"ד הגדול [י] (שמקדש) את החדש: משקלקלו הבייתוסים. מפרש בגמרא: גמ' וחד

ופסלו את עבדו. סברי לה כר"ש דמכשיר בקרוב והחדש הזה לכם היינו בכם ודרשינן נמי כשרין ומיוחסין למעוטי גר וממזר כדדרשינן מאחך בדומין לך בפ' אחד דיני ממונות (סנהדרין דף לו:): אלו הן הפסולין. בגמרא משמע שכל הפסולים דמתניתין דרבנן דלמאי' עלה זאת אומרת גזלן דדבריהם כשר לעדות אשה והשתא משחק בקוביא למ"ד בפרק זה בורר (סנהדרין דף כד:) לפי שאין עוסקין ביישובו של עולם ניחא ולמ"ד נמי משום דהויא אסמכתא אין נחשב גזלן בעיניו כיון דמדעתו נותן ומלוה ברבית שאינה קצוצה דרבנן ואפי' ברבית קצוצה נמי לא משמע ליה לאינשי איסורא כשנותן לו מדעתו אלא א"כ ממשכנו על כרחו ומפריחי יונים למ"ד אי תקדמיה יונך ליוני היינו משחק בקוביא ולמ"ד ארא אין בהן גזל אלא מפני דרכי שלום בעלמא וסוחרי שביעית מיירי בשביעית בזמן הזה ור' היא כדאשכחן בפרק השולח (גיטין דף לו.) א"נ בסחורה דרבנן כי הביא דזה בורר (סנהדרין דף כו.) גבי ממלאי מעות לעניים ואזלי עניים ואספו ומייתי שאין זו סחורה גמורה דאזלי בשליחותייהו והא דמשמע בפרק לולב הגזול (סוכה דף לט. ושם) דמותר למכור פירות שביעית לע"ה גבי מבליע לו דמי אתרוג בלולב משום דאין מוכרין דמי פירות שביעית לע"ה אבל משום סחורה לא אסור ובפרק זה בורר (סנהדרין דף כו.) נמי פריך ומזבנינהו לכהן בדמי תרומה גבי סאה תרומה שנפלה לפחות ממאה של שביעית וי"ל בדבר המלקט ע"מ לאכול והותיר מותר למכור וכן פורע חובו בפרק בתרא דע"ז (דף סב. ושם) דאסור משום לאכלה ולא לסחורה משמע כדפרשינן ואפשר דלוקח ע"מ לאכול לא חשיב סחורה אא"כ לוקח בזול ע"מ למכור ביוקר שקונה להרויח ומסכת שביעית (פ"ז משנה ד) פירש [ז] דין סחורה ע"פ הירושלמי ועבדים בפרק זה בורר (סנהדרין דף כד:) לא תני להו דפסולין דאורייתא אבל הכא איצטריך למיתני דלא תימא כיון דלא מחמת עבירה מיפסלי מכשרי לעדות החדש מידי דהוה אקרובים לר"ש: מחללין את השבת. עדים שראו את החדש ואפילו עדים המעידים עליהם שאין ב"ד מכירין עדי החדש מחללין את השבת להעיד עליהם כדמוכח בריש פרק שני שהלך ר' נהוראי אצל העד באושא בשבת להעיד עליו:

הדרן עלך ארבעה ראשי שנים

משלחין עמו אחר להעידו. ואותו אחר נמי מחלל עליו את השבת כדפירשנו לעיל בסוף פרק ראשון:

עין משפט נר מצוה

קיד א מיי' פ"ג מהל' קידוש החדש ה"א:
קטו ב מיי' פ"י מהל' עדות הלכה ד סמג לאוין ריד טור וש"ע ח"מ סי' לד סעי' י וסעי' טו:
קטז ג מיי' שם פ"ט הלכה א טוש"ע שם סעיף יט:
קיז ד מיי' פי"ב מהל' גירושין הלכה טו סמג עשין נ טוש"ע אה"ע סימן יז סעיף ג:
קיח ה מיי' פ"ג מהל' קידוש החדש ה"ד:
א ו מיי' שם הלכה ג:
ב ז מיי' שם פ"ב ה"ב:

רבינו חננאל

מתני' מעשה שעברו יותר ממ' זוג כו': ירושלמי וכל המעכב את הרבים מעשות מצוה [צריך] נדוי: [מתני'] אב ובנו שראו את החדש כו' עד ר"ש אומר אב ובנו וכל הקרובין כשרין לעדות החדש ומ"ט דר' שמעון דכתיב ויאמר ה' אל משה ואל אהרן בארץ מצרים לאמר החדש הזה לכם וגו' כלומר עדות החדש תהא כשרה בכם ואע"פ שאתם קרובין ורבנן עדות זו מסורה לכם וקי"ל דכל הקרובין א) וכל הפסולין לעדות החדש: [מתני'] ואלו הן הפסולין השוחק בקוביא כו' זה הכלל כל עדות שאין האשה כשרה לה אף אלו כולן אינן כשרין לה וכיון שהאשה פסולה לעדות החדש. אף אלו הזכורין במשנתנו וכיוצא בהן פסולין לעדות החדש ודייקינן מינה הא עדות שהאשה כשרה לה כגון מיתת הבעל שאפילו הנשים כשרות כדתנן באחרית יבמות הוחזק להיות משיאין עד מפי עד ומפי אשה כו' גם הפסולין הללו כשרין להעיד כי מת בעלה של זו ותנשא על פיהן וא"ר מנשה זאת אומרת כלומ' נתברר לנו מדיוקא של משנה כי גזלן דרבנן כגון משחק בקוביא וכיוצא בהן שהן פסולין מדרבנן כשרין להעיד כי מת בעלה של זו דהא הנשים נאמנות בעדות זו ואוקימנא בפרק דיני ממונות בשלשה לר"מ דאמר עד זומם פסול לכל התורה והלכתא כוותיה: [מתני'] מי שראה את החדש כו'. לא מיתוקמא בזמן הזה אלא בניסן ותשרי בלבד:

הדרן עלך ארבעה ראשי שנים

אם אין מכירין אותו משלחין עמו אחר להעידו כו'. אוקימנא מאי אחר דתני במתני'

חשק שלמה על ר"ח

א) נראה ברור דל"ל וקיי"ל דכל הקרובין פסולין לעדות החודש.

מסורת הש"ס

א) [ב"ב קה. עי"ש בפירוש הרשב"ם], ב) ס"א אין, ג) סנהדרין כד: [מ: עירובין פב.], ד) [גי' הרי"ף והרא"ש בסוף יבמות רב מנשה וכ"א ביבמות כה. עי' תוספות חולין ד. ד"ה מכנים], ה) [יבמות כה. ע"ש], ו) [צ"ל כד.], ז) [צ"ל שמעון], ח) [צ"ל יוסי], ט) [ב"ק עט:], י) [צ"ל שמקדשין], כ) צ"ל פירש ר"ש.

תורה אור השלם

א) וַיֹּאמֶר יְיָ אֶל מֹשֶׁה וְאֶל אַהֲרֹן בְּאֶרֶץ מִצְרַיִם לֵאמֹר: הַחֹדֶשׁ הַזֶּה לָכֶם רֹאשׁ חֳדָשִׁים רִאשׁוֹן הוּא לָכֶם לְחָדְשֵׁי הַשָּׁנָה: [שמות יב, א-ב]

ב) אֵלֶּה מוֹעֲדֵי יְיָ מִקְרָאֵי קֹדֶשׁ אֲשֶׁר תִּקְרְאוּ אֹתָם בְּמוֹעֲדָם: [ויקרא כג, ד]

ליקוטי רש"י

גדר. עיר גדולה [עירובין סא.]. הפסולין. לעדות דכולן גזלנין מדבריהן הן דאסמכתא לא קנייא ומגזל גזיל ליה [עירובין פב.]. לדון ולהעיד. כולהו מפרש בגמרא וכולן מעין גזלנין הן והתורה אמרה (שמות כג) אל תשת רשע עד וכל שכן דיין [סנהדרין כד:]. בקוביא. בעירבון [עירובין שם]. בעירבון והמראה שקורין פרמיי"ל [שבועות לא.]. מפריחי יונים. אי תיקדמה יונך ליוני. סוחרי שביעית. דרחמנא אמר לאכלה ולא לסחורה וזה שחומד ממון לעבור עבירה על הממון רשע הוא והתורה אמרה אל תשת רשע עד (שמות כג) [עירובין שם]. הואיל וחימוד ממון מעבירו על דברי תורה הוה ליה כרשע דחמס ופסול לדון [סנהדרין שם]. גזלן דדבריהם. משחק בקוביא גזלן דרבנן הוא דאמרינן אסמכתא לא קניא אבל מדאורייתא לאו גזלן הוא [שבועות מז.]. כמו מפריחי יונים ומשחק בקוביא דתנן כל העדות שאין האשה כשרה לה אף הן אינם כשרים ועלה אמר רב מנשה זאת אומרת גזלן דדבריהם כו' [יבמות כה:]. צודה. לשון ארב וכן הוא אומר (ש"א כד) ואתה צודה את נפשי לקחתה [שמות כא, יג]. בייתוסים. והן צדוקין [סוכה מג:]. בעניינים רבים חלקו בייתוסין עם חכמים [תענית יז:]. בייתוס. כהן גדול היה [פסחים נז:].

וְסוֹחֲרֵי שְׁבִיעִית – *sheviis* merchants,[28] **וַעֲבָדִים – and slaves.**[29] **זֶה הַכְּלָל – This is the general rule** regarding the aforementioned people: **כָּל עֵדוּת שֶׁאֵין הָאִשָּׁה כְּשֵׁירָה לָהּ אַף הֵן אֵינָן כְּשֵׁירִין לָהּ – Any testimony which a woman is ineligible [to offer] they too are ineligible [to offer].**[30]

Gemara The Gemara makes an inference: **הָא אִשָּׁה כְּשֵׁירָה לָהּ אַף הֵן כְּשֵׁירִין לָהּ – But where a woman is eligible they are also eligible!**[31] **אָמַר רַב אַשִׁי – Rav Ashi said: זֹאת אוֹמֶרֶת – From this,** i.e. the statement of the Mishnah, **we may infer: גַּזְלָן דְּדִבְרֵיהֶם כְּשֵׁירִין**[32] **לְעֵדוּת אִשָּׁה – A robber on the Rabbinic level is eligible to testify with regard to** allowing **a woman** to remarry.[33]

Mishnah **מִי שֶׁרָאָה אֶת הַחֹדֶשׁ וְאֵינוֹ יָכוֹל לְהַלֵּךְ** – Concerning **one who sighted the new moon but** is unable to **walk** to *Beis Din,*[34] **מוֹלִיכִים אוֹתוֹ עַל הַחֲמוֹר – they may bring him by donkey** even on the Sabbath,[35] **אֲפִילוּ בְמִטָּה** – and if necessary they may **even** carry him on their shoulders **in a bed.**[36] **וְאִם צוֹדָה לָהֶם – And if** they fear that **an ambush awaits them,**[37] **לוֹקְחִין בְּיָדָן מַקְלוֹת – they may** arm themselves and **take in their hands staffs. וְאִם הָיְתָה דֶּרֶךְ רְחוֹקָה – And if the distance** to Jerusalem **was great, לוֹקְחִין בְּיָדָם מְזוֹנוֹת – they may take in their hands food.**[38] **שֶׁעַל מַהֲלַךְ לַיְלָה וְיוֹם מְחַלְּלִין אֶת הַשַּׁבָּת וְיוֹצְאִין לְעֵדוּת הַחֹדֶשׁ – Because for a journey of a night and day [the witnesses] may desecrate the Sabbath and go forth to testify about the new moon.**[39] **שֶׁנֶּאֱמַר – As it says:**[40] **"אֵלֶּה מוֹעֲדֵי ה׳ . . . אֲשֶׁר־תִּקְרְאוּ אֹתָם בְּמוֹעֲדָם", – *These are the appointed times of Hashem . . . which you shall declare in their fixed time.*** [41]

הדרן עלך ארבעה ראשי שנים

WE SHALL RETURN TO YOU, ARBAAH ROSHEI SHANIM

NOTES

doves to lure other people's doves from their dovecotes. This is a Rabbinic form of stealing (see *Tosafos*; *Sanhedrin* ibid.).

28. Fruit that grows in the land of Israel during the seventh (*sheviis*) year is governed by special rules. The Torah (*Leviticus* 25:6) states that the produce of the seventh year shall be "yours to eat" which the Sages expound as meaning: "to eat, but not for commerce." That is, one may not engage in business with crops that grew during the *sheviis* year. However, he is only Rabbinically disqualified; either because nowadays the prohibitions of *sheviis* are only Rabbinic, or because this prohibition (doing business with *sheviis* crops) is not explicit in the Torah [and people do not treat it seriously] (see *Tosafos, Ritva, Chidushei HaRan, Meiri* et al.). The reason for the Rabbinic disqualification is that since his passion for profit induces him to transgress, he is liable to bend the law or lie in exchange for money and thus cannot be trusted as a witness (*Rashi*; cf. *Tosafos*).

29. Gentile slaves owned by Jews are Biblically ineligible to testify, as the Gemara (*Bava Kamma* 88a) derives from the following *kal vachomer*: If a woman, who is allowed to marry into the Jewish nation, is nevertheless ineligible to testify, a slave who may not marry into the Jewish nation, is certainly ineligible to testify (*Rashi*). For a reason why the Mishnah included slaves in a list of Rabbinically ineligible witnesses, see *Tosafos, Ritva* et al.

30. The Gemara (Shavuos 32a) derives from the verse (*Deuteronomy* 19:17) וְעָמְדוּ שְׁנֵי־הָאֲנָשִׁים, *And the two men shall stand,* that a woman is ineligible to serve as a witness. The Mishnah states that the aforementioned people share the same laws as women regarding eligibility to testify. See Gemara below.

31. From that which the Mishnah states that whenever a woman is ineligible to serve as a witness, the aforementioned list of Rabbinically disqualified people are ineligible as well, we may infer that when a woman *is* eligible to testify, Rabbinically disqualified people are also eligible. Women are accepted as witnesses with regard to testimony that a man has died, thereby enabling his wife to remarry (see *Yevamos* 117a). Women are also eligible to testify with regard to a *sotah,* a woman suspected of adultery. If a single witness testifies that she did in fact commit adultery, the procedure of drinking the bitter waters (*Numbers* 5:11-31) is not performed. Such a witness may be a woman (*Rashi*).

32. The correct reading here is כָּשֵׁר [in the singular] (*Menachem Meishiv Nefesh*).

33. That is, all those listed in the Mishnah are eligible to testify that a man has died, thereby enabling his wife to remarry. The Rabbis were lenient in this case and allowed both people who are Biblically ineligible, such as women and slaves, as well as those who are Rabbinically ineligible, to testify. However, Biblical *robbers,* who have stolen blatantly and are thus more suspect, are ineligible to testify even in this case (*Rashi*).

34. I.e. he is too weak or ill.

35. *Rashi*.

To lead one's loaded animal, מְחַמֵּר, is prohibited on the Sabbath. The Mishnah now teaches that Sabbath desecration is permitted even by non-witnesses who are required to accompany and aid the witnesses so that they may testify about the new moon. An additional novelty that we can learn from the Mishnah is that the permit to desecrate the Sabbath for this reason pertains also to transgressions of Biblical prohibitions, like מְחַמֵּר, and not only to those that are like *techumin* which is only Rabbinic [see above, 21b note 1] (*Ritva, Meiri*).

36. *Meiri*; cf. *Rambam, Hilchos Kiddush HaChodesh* 3:4; see also *Tos. Yom Tov*. The Mishnah now states that even non-witnesses may violate the prohibition of carrying in a public domain. This involves a greater Sabbath desecration than מְחַמֵּר, for it is punishable by stoning, whereas מְחַמֵּר carries no corporeal punishment (*Meiri,* see *Shabbos* 154b [but see also note 38 below].

37. It was common for the Sadducees and the Samaritans to lie in wait and ambush the witnesses to prevent their arrival before *Beis Din,* in order to keep Rosh Chodesh from being declared on the proper day (*Rashi*).

38. See note 36 above. See, however, *Pnei Yehoshua* (to the Mishnah on 21b), who understands the Mishnah here as permitting only the placing of the bed, the staffs and the food on the donkey and then leading it, thus transgressing only the prohibition of מְחַמֵּר (see note 1 there).

39. That is, if the witnesses can reach *Beis Din* before the end of Sabbath, the thirtieth of the month, they are permitted to travel throughout Friday night and Sabbath day in order to testify. However, if their location when sighting the new moon was more than a night and a day's journey to *Beis Din*, they may not desecrate the Sabbath, for they would not arrive until Sabbath night; and by then Rosh Chodesh will have been automatically deferred to the thirty-first of the month.

40. *Leviticus* 23:4.

41. This teaches that we may desecrate the Sabbath in order to sanctify the new moon at its proper time, as explained by a Baraisa on 21b; see note 10 there.

מעשה שעברו יותר מארבעים זוג ועיכבן ר"ע כו': תניא אמר רבי יהודה ח"ו שר"ע עיכבן אלא שזפר ראשה של גדר עיכבן ושלח רבן גמליאל והורידוהו מגדולתו: מתני' [א]אב ובנו שראו את החדש ילכו לא שמצטרפין זה עם זה אלא שאם יפסל אחד מהן יצטרף השני עם אחר ר"ש אומר אב ובנו וכל הקרובין כשרין לעדות החדש א"ר יוסי מעשה בטוביה הרופא שראה את החדש בירושלים הוא ובנו ועבדו משוחרר וקבלו הכהנים אותו ואת בנו ופסלו את עבדו וכשבאו לפני בית דין קבלו אותו ואת עבדו ופסלו את בנו: גמ' א"ר לוי מאי טעמא דר"ש דכתיב [א]ויאמר ה' אל משה ואל אהרן בארץ מצרים לאמר החדש הזה לכם עדות זו תהא כשרה בכם ורבנן עדות זו תהא מסורה לכם: א"ר יוסי מעשה בטוביה הרופא כו': אמר רב חנן בר רבא הלכתא כר"ש א"ל רב הונא לרב חנן בר רבא רבי יוסי ומעשה ואת אמרת הלכתא כר"ש אמר לו [א]והא זמנין סגיאין אמרית קמיה דרב הלכתא כר"ש ולא אמר לי ולא מידי א"ל היכי תנית א"ל אפכא א"ל משום הכי לא אמר לך ולא מידי אמר טבי בריה דמרי טבי אמר מר עוקבא אמר שמואל [ב]הלכתא כר"ש: מתני' [ג][ב]אלו הן הפסולין המשחק בקוביא ומלוי ברבית ומפריחי יונים וסוחרי שביעית [ג]ועבדים זה הכלל כל עדות שאין האשה כשירה לה אף הן אינן כשירין לה: גמ' הא אשה כשירה לה אף הן כשירין לה אמר רב [ד]אשי זאת אומרת [ה]גזלן דדבריהם כשירין לעדות אשה: מתני' [ה]מי שראה את החדש ואינו יכול להלך מוליכים אותו על החמור אפי' במטה ואם צודה להם לוקחין בידן מקלות ואם היתה דרך רחוקה לוקחין בידם מזונות שעל מהלך לילה ויום מחללין את השבת ויוצאין לעדות החדש שנאמר [ב]אלה מועדי ה' אשר תקראו אותם במועדם:

הדרן עלך ארבעה ראשי שנים

אם [ו]אינן מכירין אותו משלחין עמו אחר להעידו [ז]בראשונה היו מקבלין עדות החדש מכל אדם משקלקלו הבייתוסים התקינו שלא יהו מקבלין אלא מן המכירין: גמ' מאי אחר חד וחד

רש"י

מעשה ועברו יותר מארבעים זוג וכו': שופר. כך שמו: מתני' אב ובנו שראו את החדש כו': שאם יפסל. יכשל בפיו כשיבדקוהו כדלקמן (דף [י] כג:): גמ' תהא כשרה בכם. ואע"פ שהם אחים: תהא מסורה לכם. לחשובי הדור אני מוסר שיקבלו העדות ויקדשו החדש ולא להכשיר קרובים בה: היכי תנית. מתניתין קמיה דרב מי המכשיר ומי הפוסל: איפכא. תנינא ר' יוסי אומר אב ובנו וכל הקרובים כשירין אר"ש מעשה בטוביה כו': א"ל משום הכי. דהלכתא דר"ש לרבי יוסי לא אמר לך מידי כי אמרת הלכה כרבי ([ז] יוסי) דהיינו דר' ([ח] שמעון): מתני' אלו הן הפסולין כו': בקוביא. חתיכות של עצם שמשחקין בערבון ואמור רבנן אסמכתא לא קניא והרי הן גזלנין מדרבנן דמדאורייתא [ט] אינו קרוי גזלן אלא החוטף מיד איש כדכתיב (שמואל ב כג) ויגזל את החנית מיד המצרי: ומלוי ברבית. לאו גזלן דאורייתא הוא דלמפסליה משום אל תשת עד חמס (שמות כג) דהא מנפשיה יהיב ליה: מפריחי יונים. היינו נמי כעין קוביא אי תקדמיה יונך ליוני: וסוחרי שביעית. עושין סחורה בפירות שביעית דרחמנא אמר (ויקרא כה) לאכלה ולא לסחורה (ע"ז סב.) ולפי שנחשדו כל אלו לעבור על דת מחמת ממון חשדום להיות מעידים שקר ע"י ממון ושוחד: והעבדים. פסולי דאורייתא הוא ק"ו מאשה כדאמרן בב"ק (דף פח.): גמ' הא אשה כשרה לה. כגון להעיד על מיתת אדם להשיא את אשתו ועל סוטה שנטמאת בסתירה שלא תשתה: לעדות אשה. להתירה להנשא ודוקא גזלן דדבריהם אבל גזלן דאורייתא דחליף לעבור בפרהסיא לא הכשירו חכמים לעדות אשה ואע"פ שהכשירו את העבד ואת האשה דפסולי דאורייתא: מתני' מי שראה את החדש כו': מרכיבין אותו. אף בשבת: ואם צודה להם. אם יש אורבים בדרך כמו ואתה צודה את נפשי (שמואל א כד) והבייתוסים והכותים הם היו אורבים להם לעכבם כדי להטעות את חכמים:

הדרן עלך ארבעה ראשי שנים

אם אין מכירין אותו. אם אין ב"ד מכירין את העד אם נאמן וכשר הוא: משלחין. ב"ד שבעירו: אחר עמו. להעיד עליו לפני ב"ד הגדול [י] (שמקדש) את החדש: משקלקלו הבייתוסים. מפרש בגמרא: גמ' וחד

תוספות

ופסלו את עבדו. סברי לה כר"ש דמכשיר בקרוב והחדש הזה לכם היינו בכם ודרשינן נמי כשרין ומיוחסין למעוטי גר וממזר כדדרשינן מאתך בדומין לך בפ' אחד דיני ממונות (סנהדרין דף לו:): **אלו** הן הפסולין. בגמרא משמע שכל הפסולים דמתניתין דרבנן דאמרי' עלה זאת אומרת גזלן דדבריהם כשר לעדות אשה והשתא משחק בקוביא למ"ד בפרק זה בורר (סנהדרין דף כד:) לפי שאין עוסקין בישובו של עולם ניחא ולמ"ד נמי משום דהויא אסמכתא אין נחשב גזלן בעיניו כיון דמדעתו נותן ומלוה ברבית שאינה קצוצה דרבנן ואפי' ברבית קצוצה נמי לא משמע ליה לאיניש איסורא כשנותן לו מדעתו אלא א"כ ממשכנו על כרחו ומפריחי יונים למ"ד אי תקדמיה יונך ליוני היינו משחק בקוביא ולמ"ד ארא אין בהן גזל אלא מפני דרכי שלום בעלמא וסוחרי שביעית מיירי בשביעית בזמן הזה ור' היא כדאשכחן בפרק השולח (גיטין דף לו.) א"נ בסחורה דרבנן כי ההיא דזה בורר (סנהדרין דף כו.) גבי ממלאי מעות לעניים ואזלי עניים ואספו ומייתי שאין זו סחורה גמורה דאזלי בשליחותייהו והא דמשמע בפרק לולב הגזול (סוכה דף לט. ושם) דמותר למכור פירות שביעית לע"ה גבי מבליע לו דמי אתרוג בלולב משום דאין מוסרין דמי פירות שביעית לע"ה אבל משום סחורה לא אסור ובפרק זה בורר (סנהדרין דף כו.) נמי פריך ונזבנינהו לכהן בדמי תרומה גבי סאה תרומה שנפלה לפחות ממאה של שביעית וי"ל בדבר המלקט ע"מ לאכול והותיר מותר למכור וכן פורע חובו בפרק בתרא דע"ז (דף סב. ושם) דאסור משום לאכלה ולא לסחורה משמע כדפרשינן ואפשר דלוקח ע"מ לאכול לא חשיב סחורה אא"כ לוקח בזול ע"מ למכור ביוקר שקונה להרויח ובמסכת שביעית (פ"ח משנה ד) פירש [כ] דין סחורה ע"פ הירושלמי ועבדים בפרק זה בורר (סנהדרין דף כד:) לא תני להו דפסולין דאורייתא אבל הכא איצטריך למיתני דלא תימא כיון דלא מחמת עבירה מיפסלי מכשרי לעדות החדש מידי דהוה אקרובים לר"ש: **מחללין** את השבת. עדים שראו את החדש ואפילו עדים המעידים עליהם בשאין ב"ד מכירין עדי החדש מחללין את השבת להעיד עליהם כדמוכח בריש פרק שני שהלך ר' נהוראי אצל העד באושא בשבת להעיד עליו:

הדרן עלך ארבעה ראשי שנים

משלחין עמו אחר להעידו. ואותו אחר נמי מחלל עליו את השבת כדפירשנו לעיל בסוף פרק ראשון:

מסורת הש"ס

א) [ב"ב סה. ע"ש בפירוש הרשב"ם], ב) ס"א אין, ג) סנהדרין כד: [מ: עירובין פב.], ד) [גי' הרי"ף והרא"ש בסוף יבמות רב מנשה וכ"א ביבמות כה. עי' תוספות חולין ד. ד"ה מכנים], ה) [יבמות כה. ע"ש], ו) [נ"ל כד.], ז) [נ"ל יוסי], ח) [נ"ל שמעון], ט) [ב"ק עט:], י) [נ"ל שמקדשין], כ) נ"ל פירש ר"ש.

תורה אור השלם

א) וַיֹּאמֶר יְיָ אֶל מֹשֶׁה וְאֶל אַהֲרֹן בְּאֶרֶץ מִצְרַיִם לֵאמֹר: הַחֹדֶשׁ הַזֶּה לָכֶם רֹאשׁ חֳדָשִׁים רִאשׁוֹן הוּא לָכֶם לְחָדְשֵׁי הַשָּׁנָה: [שמות יב, א-ב]

ב) אֵלֶּה מוֹעֲדֵי יְיָ מִקְרָאֵי קֹדֶשׁ אֲשֶׁר תִּקְרְאוּ אֹתָם בְּמוֹעֲדָם: [ויקרא כג, ד]

ליקוטי רש"י

גדר. עיר גדולה [עירובין סא.]. **הפסולין.** לעדות דכולן גזלנין מדבריהן הן דאסמכתא לא קנייא ומגזל גזיל ליה [עירובין פב.]. לדון ולהעיד. כולהו מפרש בגמרא וכולן מעין גזלנין הן והתורה אמרה (שמות כג) אל תשת רשע עד וכל שכן דיין [סנהדרין כד:]. **בקוביא.** בעירבון [עירובין שם]. בעירבון והמרא שקורין פרמייל"ה [שבועות לא.]. **מפריחי יונים.** אי תיקדמה יונך ליוני. **סוחרי שביעית.** דרחמנא אמר לאכלה ולא לסחורה וזה שחומד ממון לעבור עבירה על הממון רשע הוא והתורה אמרה אל תשת רשע עד (שמות כג) [עירובין שם]. הואיל וחימוד ממון מעבירו על דברי תורה הוה ליה כרשע דחמס ופסול לדון [סנהדרין שם]. **גזלן דדבריהם.** משחק בקוביא גזלן דרבנן הוא דאמרינן אסמכתא לא קניא אבל מדאורייתא לאו גזלן הוא [שבועות מז.]. כמו מפריחי יונים ומשחק בקוביא דתנן כל העדות שאין האשה כשרה לה אף הן אינם כשרים ועלה אמר רב מנשה זאת אומרת גזלן דדבריהם כו' [יבמות כה:]. **צודה.** לשון ארב וכן הוא אומר (ש"א כד) ואתה צודה את נפשי לקחתה [שמות כא, יג]. **בייתוסים.** והן צדוקין [סוכה מג:]. בעניים רבים חלקו בייתוסין עם חכמים [תענית יז:]. **בייתוס.** כהן גדול היה [פסחים נז:].

עין משפט נר מצוה

קיד א מיי' פ"ב מהל' קידוש החדש ה"א:
קטו ב מיי' פ"י מהל' עדות הלכה ד סמג לאוין ריד טור וש"ע ח"מ סי' לד סעי' י וסעי' טז:
קטז ג מיי' שם פ"ט הלכה א טוש"ע שם סעיף יט:
קיז ד מיי' פי"ב מהל' גירושין הלכה טז סמג עשין נ טוש"ע אה"ע סימן יז סעיף ג:
קיח ה מיי' פ"ג מהל' קידוש החדש ה"ד:
א ו מיי' שם הלכה ג:
ב ז מיי' שם פ"ב ה"ב:

רבינו חננאל

מתני' מעשה שעברו יותר ממ' זוג כו': **ירושלמי** וכל המעכב את הרבים מעשות מצוה [צריך] נדוי: **[מתני'] אב** ובנו שראו את החדש כו' עד ר"ש אומר אב ובנו וכל הקרובין כשרין לעדות החדש ומ"ט דר' שמעון דכתיב ויאמר ה' אל משה ואל אהרן בארץ מצרים לאמר החדש הזה לכם וגו' כלומר עדות החדש תהא כשרה בכם ואע"פ שאתם קרובין ורבנן עדות זו מסורה לכם וקי"ל דכל הקרובין א) וכל הפסולין לעדות החדש: **[מתני'] ואלו** הן הפסולין השוחק בקוביא כו' זה הכלל כל עדות שאין האשה כשרה לה אף אלו כולן אינן כשרין לה וכיון שהאשה פסולה לעדות החדש. אף אלו הזכורין במשנתנו וכיוצא בהן פסולין לעדות החדש ודייקינן מינה הא עדות שהאשה כשרה לה כגון מיתת הבעל שאפילו הנשים כשרות כדתנן באחרית יבמות הוחזק להיות משיאין עד מפי עד ומפי אשה כו' גם הפסולין הללו כשרין להעיד כי מת בעלה של זו ותנשא על פיהן וא"ר מנשה זאת אומרת כלומ' נתברר לנו מדיוקא של משנה כי גזלן דרבנן כגון משחק בקוביא וכיוצא בהן שהן פסולין מדרבנן כשרין להעיד כי מת בעלה של זו דהא הנשים נאמנות בעדות זו ואוקימנא בפרק דיני ממונות בשלשה לר"מ דאמר עד זומם פסול לכל התורה והלכתא כוותיה: **[מתני']** מי שראה את החדש כו'. לא מיתוקמא בזמן הזה אלא בניסן ותשרי בלבד:

הדרן עלך ארבעה ראשי שנים

אם אין מכירין אותו משלחין עמו אחר להעידו כו'. אוקימנה מאי אחר דתני במתנית'

חשק שלמה על ר"ח

א) נראה ברור דל"ל וקי"ל דכל הקרובין פסולין לעדות החודש.

Chapter Two

Mishnah אִם אֵינָן מַכִּירִין אוֹתוֹ – **If they** [the members of the Sanhedrin, who will accept testimony about the appearance of the new moon] **do not know [the witness],**[1] מְשַׁלְּחִין עִמּוֹ אַחֵר לַהֲעִידוֹ – **they** [the court that presides in the witness' town of origin] **send with him another to testify about him.**[2] The Mishnah now explains why the confirming witness is necessary:[3] בָּרִאשׁוֹנָה הָיוּ מְקַבְּלִין עֵדוּת הַחֹדֶשׁ מִכָּל אָדָם – **Originally, they would accept testimony regarding** the sighting of **the new moon from any** Jewish **man.**[4] מִשֶּׁקִּלְקְלוּ הַבַּיְתוֹסִים – **When the Boethusians disrupted** the process of sanctifying the new moon,[5] הִתְקִינוּ שֶׁלֹּא יְהוּ מְקַבְּלִין אֶלָּא מִן הַמַּכִּירִין – **[the Sages] instituted that they should accept only from those known** to be trustworthy and loyal Jews.[6]

Gemara The Gemara analyzes the Mishnah, which states that if a witness' bona fides are unknown to the Sanhedrin, then the local court sends "another" with the witness to vouch for him:

מַאי אַחֵר – **What** does the Mishnah mean when it says that they send "**ANOTHER**" with him? חַד – It apparently means that they send along **one** confirming witness. Accordingly, the Gemara asks:

NOTES

1. I.e. they do not know the witness who is traveling there to testify that he has sighted the new moon, and thus they will not know whether he is indeed a trustworthy and loyal Jew (see *Rashi;* see below, beginning of note 6).

2. The court of the witness' town sends along with the witness another [who *is* known to the Sanhedrin] to vouch for the trustworthiness and loyalty of the witness (see *Rashi;* see note 6 below).

3. *Yerushalmi,* cited in *Rashba.*

4. For, barring evidence to the contrary, all Jews were assumed to be observant and fit to testify.

5. The Boethusians were a heretical sect that declared their allegiance only to the Written Torah, and opposed the Oral Torah and the Sages. As the Gemara below (22b) will relate, the Boethusians sought to subvert the Sanhedrin's sanctification of the new moon by hiring witnesses to testify falsely about having sighted the new moon.

6. [And if there is no one to confirm a new-moon witness who is not known to the court, then we are concerned that he might be a liar or a Boethusian heretic, either of which might have been sent by the Boethusians to testify falsely about sighting the new moon.]

Like the new-moon witness, the confirming witness, too, may desecrate the Sabbath in order to reach the Sanhedrin, since his presence there is essential to the acceptance of the new-moon witness' testimony (*Tosafos* here, and above ד״ה מחללין את השבת, based on the Gemara below; *Rambam, Hil. Kiddush HaChodesh* 3:3). And this is in fact what the Mishnah means when it says that "they send another with him . . ." – i.e. even on the Sabbath (see *Tosafos* to 22b ד״ה וחד).

[We desecrate the Sabbath to confirm the new-moon witness even though that confirmation is required only by Rabbinic decree. This does not, however, constitute violating the Sabbath merely to uphold a Rabbinic law, for the Sanhedrin will not accept the new-moon witness' testimony without confirmation. Thus, should the confirming witness fail to appear before the Sanhedrin, the end result would be that the new moon will *not* be sanctified on time. Therefore, the confirming witness' testimony is needed in order to effect the *Biblical* precept of sanctifying the new moon based on the testimony of new-moon witnesses (see *Turei Even*). Violating the Sabbath to thus enable the new-moon witness to testify is really no different from transporting him on the Sabbath if he cannot travel on his own, which the Mishnah at the end of the previous chapter [22a] explicitly permits. Just as the transporters may violate the Sabbath, though they themselves are not testifying at all, so too the confirming witnesses, though they will say nothing about the actual sighting of the new moon (see *Rashba, Ritva* and *Chidushei HaRan* to 22b; see also end of note 11 there).

מעשה שעברו יותר מארבעים זוג ועיכבן ר"ע כו': תניא אמר רבי יהודה ח"ו שר"ע עיכבן אלא שזפר ראשה של גדר עיכבן ושלח רבן גמליאל והורידוהו מגדולתו: **מתני'** [א]אב ובנו שראו את החדש ילכו לא שמצטרפין זה עם זה אלא שאם יפסל אחד מהן יצטרף השני עם אחר ר"ש אומר אב ובנו וכל הקרובין כשרין לעדות החדש א"ר יוסי מעשה בטוביה הרופא שראה את החדש בירושלים הוא ובנו ועבדו משוחרר וקבלו הכהנים אותו ואת בנו ופסלו את עבדו וכשבאו לפני בית דין קבלו אותו ואת עבדו ופסלו את בנו: **גמ'** א"ר לוי מאי טעמא דר"ש דכתיב [א]ויאמר ה' אל משה ואל אהרן בארץ מצרים לאמר החדש הזה לכם עדות זו תהא כשרה בכם ורבנן עדות זו תהא מסורה לכם: א"ר יוסי מעשה בטוביה הרופא כו': אמר רב חנן בר רבא הלכתא כר"ש א"ל רב הונא לרב חנן בר רבא רבי יוסי ומעשה ואת אמרת הלכתא כר"ש אמר לו [א] והא זמנין סגיאין אמרית קמיה דרב הלכתא כר"ש ולא אמר לי ולא מידי א"ל היכי תנית א"ל אפכא א"ל משום הכי לא אמר לך ולא מידי אמר טבי בריה דמרי טבי אמר מר עוקבא אמר שמואל [ב]הלכתא כר"ש: **מתני'** [ג][ב]אלו הן הפסולין המשחק בקוביא ומלוי ברבית ומפריחי יונים וסוחרי שביעית [ג]ועבדים זה הכלל כל עדות שאין האשה כשירה לה אף הן אינן כשירין לה: **גמ'** הא אשה כשירה לה אף הן כשירין לה אמר רב [ד]אשי זאת אומרת [ה]גזלן דדבריהם כשירין לעדות אשה: **מתני'** [ה]מי שראה את החדש ואינו יכול להלך מוליכים אותו על החמור אפי' במטה ואם צודה להם לוקחין בידן מקלות ואם היתה דרך רחוקה לוקחין בידם מזונות שעל מהלך לילה ויום מחללין את השבת ויוצאין לעדות החדש שנאמר [ב]אלה מועדי ה' אשר תקראו אותם במועדם:

הדרן עלך ארבעה ראשי שנים

אם [ו]אינן מכירין אותו משלחין עמו אחר להעידו [ז]בראשונה היו מקבלין עדות החדש מכל אדם משקלקלו הבייתוסים התקינו שלא יהו מקבלין אלא מן המכירין: **גמ'** מאי אחר חד וחד

רש"י

מעשה ועברו יותר מארבעים זוג וכו': **שזפר.** כך שמו: **מתני'** אב ובנו שראו את החדש כו': **שאם יפסל.** יכשל בפיו כשיבדקוהו כדלקמן (דף [ו] כג:): **גמ' תהא כשרה בכם.** ואע"פ שהם אחים: **תהא מסורה לכם.** לחשובי הדור אני מוסר שיקבלו העדות ויקדשו החדש ולא להכשיר קרובים בה: **היכי תנית.** מתניתין קמיה דרב מי המכשיר ומי הפוסל: **איפכא.** תנינא ר' יוסי אומר אב ובנו וכל הקרובים כשירין אר"ש מעשה בטוביה כו': **א"ל משום הכי.** דאפכת דר"ש לרבי יוסי לא אמר לך מידי כי אמרת הלכה כרבי ([ז] יוסי) דהיינו דר' ([ח] שמעון): **מתני' אלו הן הפסולין כו': בקוביא.** תחיכות של עצם שמשחקין בערבון ואמור רבנן אסמכתא לא קניא והרי הן גזלנין מדרבנן דמדאורייתא [ט] אינו קרוי גזלן אלא החוטף מיד איש כדכתיב (שמואל ב כג) ויגזל את החנית מיד המצרי: **ומלוי ברבית.** לאו גזלן דאורייתא הוא למפסליה משום אל תשת עד חמס (שמות כג) דהא מנפשיה יהיב ליה: **מפריחי יונים.** היינו נמי כעין קוביא אי תקדמיה יונך ליוני: **וסוחרי שביעית.** עושין סחורה בפירות שביעית דרחמנא אמר (ויקרא כה) לאכלה ולא לסחורה (ע"ז סב.) ולפי שנחשדו כל אלו לעבור על דת מחמת ממון חשדום להיות מעידים שקר ע"י ממון ושוחד: **והעבדים.** פסולי דאורייתא הוא ק"ו מאשה כדאמרן בב"ק (דף פח.): **גמ' הא אשה כשרה לה.** כגון להעיד על מיתת אדם להשיא את אשתו ועל סוטה שנטמאת בסתירה שלא תשתה: **לעדות אשה.** להתירה להנשא ודוקא גזלן דדבריהם אבל גזלן דאורייתא דחציף לעבור בפרהסיא לא הכשירו חכמים לעדות אשה ואע"פ שהכשירו את העבד ואת האשה דפסולי דאורייתא: **מתני' מי שראה את החדש כו': מרכיבין אותו.** אף בשבת: **ואם צודה להם.** אם יש אורבים בדרך כמו ואתה צודה את נפשי (שמואל א כד) והבייתוסים והכותים הם היו אורבים להם לעכבם כדי להטעות את חכמים:

הדרן עלך ארבעה ראשי שנים

אם אין מכירין אותו. אם אין ב"ד מכירין את העד אם נאמן וכשר הוא: **משלחין.** ב"ד שבעירו: **אחר עמו.** להעיד עליו לפני ב"ד הגדול [י] שמקדש את החדש: **משקלקלו הבייתוסים.** מפרש בגמרא: **גמ'** וחד

תוספות

ופסלו את עבדו. סברי לה כר"ש דמכשיר בקרוב והחדש הזה לכם היינו בכם ודרשינן נמי כשרין ומיוחסין למעוטי גר וממזר כדדרשינן מהתם בדומין לך בפ' אחד דיני ממונות (סנהדרין דף לו:): **אלו** הן הפסולין. בגמרא משמע שכל הפסולים דמתניתין דרבנן דאמרי' עלה זאת אומרת גזלן דדבריהם כשר לעדות אשה והשתא משחק בקוביא למ"ד בפרק זה בורר (סנהדרין דף כד:) לפי שאין עוסקין בישובו של עולם ניחא ולמ"ד נמי משום דהויא אסמכתא אין נחשב גזלן בעיניו כיון דמדעתו נותן ומלוה ברבית שאינה קצוצה דרבנן ואפי' ברבית קצוצה נמי לא משמע ליה לאיניש איסורא כשנותן לו מדעתו אלא א"כ ממשכנו על כרחו ומפריחי יונים למ"ד אי תקדמיה יונך ליוני היינו משחק בקוביא ולמ"ד ארא אין בהן גזל אלא מפני דרכי שלום בעלמא וסוחרי שביעית מיירי בשביעית בזמן הזה ור' היא כדאשכחן בפרק השולח (גיטין דף לו.) א"נ בסחורה דרבנן כי ההיא דזה בורר (סנהדרין דף כו.) גבי ממליאי מעות לעניים ואזלי עניים ואספו ומייתי שאין זו סחורה גמורה דאזלי בשליחותייהו והא דמשמע בפרק לולב הגזול (סוכה דף לט. ושם) דמותר למכור פירות שביעית לע"ה גבי מבליע לו דמי אתרוג בלולב משום דאין מוסרין דמי פירות שביעית לע"ה אבל משום סחורה לא אסור ובפרק זה בורר (סנהדרין דף כו.) נמי פריך ונזבניהו לכהן בדמי תרומה גבי סאה תרומה שנפלה לפחות ממאה של שביעית וי"ל בדבר המלקט ע"מ לאכול והותיר מותר למכור וכן פורע חובו בפרק בתרא דע"ז (דף סב. ושם) דאסור משום לאכלה ולא לסחורה משמע כדפרשינן ואפשר דלוקח ע"מ לאכול לא חשיב סחורה אא"כ לוקח בזול ע"מ למכור ביוקר שקונה להרויח ובמסכת שביעית (פ"ח משנה ד) פירש [כ] דין סחורה ע"פ הירושלמי ועבדים בפרק זה בורר (סנהדרין דף כד:) לא תני להו דפסולין דאורייתא אבל הכא איצטריך למיתני דלא תימא כיון דלא מחמת עבירה מיפסלי מכשרי לעדות החדש מידי דהוה אקרובים לר"ש: **מחללין** את השבת. עדים שראו את החדש ואפילו עדים המעידים עליהם בשאין ב"ד מכירין עדי החדש מחללין את השבת להעיד עליהם כדמוכח בריש פרק שני שהלך ר' נהוראי אבל העד באושא בשבת להעיד עליו:

הדרן עלך ארבעה ראשי שנים

משלחין עמו אחר להעידו. ואותו אחר נמי מחלל עליו את השבת כדפירשנו לעיל בסוף פרק ראשון:

עין משפט נר מצוה

קיד א מיי' פ"ב מהל' קידוש החדש ה"א:
קטו ב מיי' פ"י מהל' עדות הלכה ד סמג לאוין ריד טור וש"ע ח"מ סי' לד סעי' י וסעי' טו:
קטז ג מיי' שם פ"ט הלכה א טוש"ע שם סעיף יט:
קיז ד מיי' פי"ב מהל' גירושין הלכה טו סמג עשין נ טוש"ע אה"ע סימן יז סעיף ג:
קיח ה מיי' פ"ג מהל' קידוש החדש ה"ד:
א ו מיי' שם הלכה ג:
ב ז מיי' שם פ"ב ה"ב:

רבינו חננאל

מתני' מעשה שעברו יותר ממ' זוג כו': **ירושלמי** וכל המעכב את הרבים מעשות מצוה [צריך] נדוי: [מתני'] **אב** ובנו שראו את החדש כו' עד ר"ש אומר אב ובנו וכל הקרובין כשרין לעדות החדש ומ"ט דר' שמעון דכתיב ויאמר ה' אל משה ואל אהרן בארץ מצרים לאמר החדש הזה לכם וגו' כלומר עדות החדש תהא כשרה בכם ואע"פ שאתם קרובין ורבנן עדות זו מסורה לכם וקי"ל דכל הקרובין א) וכל הפסולין לעדות החדש: [מתני'] **ואלו** הן הפסולין השוחק בקוביא כו' זה הכלל כל עדות שאין האשה כשרה לה אף אלו כולן אינן כשרין לה וכיון שהאשה פסולה לעדות החדש. אף אלו הזכורין במשנתנו וכיוצא בהן פסולין לעדות החדש ודייקינן מינה הא עדות שהאשה כשרה לה כגון מיתת הבעל שאפילו הנשים כשרות כדתנן באחרית יבמות הוחזק להיות משיאין עד מפי עד ומפי אשה כו' גם הפסולין הללו כשרין להעיד כי מת בעלה של זו ותנשא על פיהן וא"ר מנשה זאת אומרת כלומ' נתברר לנו מדיוקא של משנה כי גזלן דרבנן כגון משחק בקוביא וכיוצא בהן שהן פסולין מדרבנן כשרין להעיד כי מת בעלה של זו דהא הנשים נאמנות בעדות זו ואוקימנא בפרק דיני ממונות בשלשה לר"מ דאמר עד זומם פסול לכל התורה והלכתא כוותיה: **[מתני']** מי שראה את החדש כו'. לא מיתוקמא בזמן הזה אלא בניסן ותשרי בלבד:

הדרן עלך ארבעה ראשי שנים

אם אין מכירין אותו משלחין עמו אחר להעידו כו'. אוקימנה מאי אחר דתני במתנית'

חשק שלמה על ר"ח

א) נראה ברור דל"ל וקיי"ל דכל הקרובין פסולין לעדות החודש.

מסורת הש"ס

א) [ב"ב סה. ע"ש בפירוש הרשב"ם], ב) ס"א אין, ג) סנהדרין כד: [מ: עירובין פב.], ד) [גי' הרי"ף והרא"ש בסוף יבמות רב מנשה וכ"א ביבמות כה. עי' תוספות חולין ד. ד"ה מכנים], ה) [יבמות כה. ע"ש], ו) [צ"ל כד.], ז) [צ"ל שמעון], ח) [צ"ל יוסי], ט) [ב"ק עט:], י) [צ"ל שמקדשין], כ) צ"ל פירש ר"ש.

תורה אור השלם

א) וַיֹּאמֶר יְיָ אֶל מֹשֶׁה וְאֶל אַהֲרֹן בְּאֶרֶץ מִצְרַיִם לֵאמֹר: הַחֹדֶשׁ הַזֶּה לָכֶם רֹאשׁ חֳדָשִׁים רִאשׁוֹן הוּא לָכֶם לְחָדְשֵׁי הַשָּׁנָה: [שמות יב, א-ב]

ב) אֵלֶּה מוֹעֲדֵי יְיָ מִקְרָאֵי קֹדֶשׁ אֲשֶׁר תִּקְרְאוּ אֹתָם בְּמוֹעֲדָם: [ויקרא כג, ד]

ליקוטי רש"י

גדר. עיר גדולה [עירובין סא.]. **הפסולין.** לעדות דכולן גזלנין מדבריהן הן דאסמכתא לא קניא ומגזל גזיל ליה [עירובין פב.]. לדון ולהעיד. כולהו מפרש בגמרא וכולן מעין גזלנין הן והתורה אמרה (שמות כג) אל תשת רשע עד וכל שכן דיין [סנהדרין כד:]. **בקוביא.** בעירבון [עירובין שם]. בעירבון והמראה שקורין פרמייל"ה [שבועות לא.]. **מפריחי יונים.** אי מיקדמה יונך ליוני. **סוחרי שביעית.** דרחמנא אמר לאכלה ולא לסחורה וזה שחומד ממון לעבור עבירה על הממון רשע הוא והתורה אמרה אל תשת רשע עד (שמות כג) [עירובין שם]. הואיל וחימוד ממון מעבירו על דברי תורה הוה ליה כרשע דחמס ופסול לדון [סנהדרין שם]. **גזלן דבריהם.** משחק בקוביא גזלן דרבנן הוא דאמרינן אסמכתא לא קניא אבל מדאורייתא לאו גזלן הוא [שבועות מז.]. כמו מפריחי יונים ומשחק בקוביא דתנן כל העדות שאין האשה כשרה לה אף הן אינם כשרים ועלה אמר רב מנשה זאת אומרת גזלן דדבריהם כו' [יבמות כה:]. **צודה.** לשון ארב וכן הוא אומר (ש"א כד) ואתה צודה את נפשי לקחתה [שמות כא, יג]. **בייתוסים.** הן לדוקין [סוכה מג:]. בעניינים רבים חלוקין בייתוסין עם חכמים [תענית יז:]. בייתוס. כהן גדול היה [פסחים נז:].

עין משפט
נר מצוה

ג א מיי' פ"ג מהלכות קידוש החדש הלכה ג:
ד ב מיי' שם הל' יד:
ה ג מיי' שם פ"ג ה"ב:
ו ד מיי' שם פ"ג ה"ח:

וחד מי מהימן והתניא מעשה שבא הוא ועדיו עמו להעיד עליו אמר רב פפא מאי אחר זוג אחר ה"נ מסתברא דאי לא תימא הכי אם אינן מכירין אותו מאי אותו אילימא אותו חד וחד מי מהימן א) משפט כתיב ביה אלא מאי אותו אותו הזוג ה"נ מאי אחר זוג אחר וחד לא מהימן והתניא א) מעשה ברבי נהוראי שהלך אצל העד להעיד עליו בשבת באושא אמרי רבי נהוראי ב) סהדא אחרינא הוה בהדיה והא דלא חשיב ליה משום כבודו של רבי נהוראי רב אשי אמר רבי נהוראי סהדא אחרינא הוה באושא ואזל רבי נהוראי לאצטרופי בהדיה אי הכי מאי למימרא מהו דתימא מספיקא לא מחללינן שבתא א קמ"ל כי אתא עולא אמר קדשוה לירחא במערבא אמר רב כהנא לא מיבעיא עולא דגברא רבה הוא דמהימן ב אלא אפי' איניש דעלמא נמי מהימן מ"ט ג) כל מילתא דעבידא לאגלויי לא משקרי בה אינשי תניא נמי הכי בא אחד (א) בסוף העולם ואמר קדשו ב"ד את החדש נאמן: בראשונה היו מקבלין עדות החדש מכל אדם וכו': תנו רבנן מה קלקול קלקלו הבייתוסין ד) ג פעם אחת בקשו בייתוסין להטעות את חכמים שכרו שני בני אדם בד' מאות זוז אחד משלנו ואחד משלהם שלהם העיד עדותו ויצא שלנו אמרו לו אמור כיצד ראית את הלבנה אמר להם עולה הייתי במעלה אדומים וראיתיו שהוא רבוץ בין ב' סלעים ראשו דומה לעגל אזניו דומין לגדי קרניו דומות לצבי וזנבו מונחת לו בין ירכותיו והצצתי בו ונרתעתי ונפלתי לאחורי ואם אין אתם מאמינים לי הרי מאתים זוז צרורין לי בסדיני אמרו לו מי הזקיקך לכך אמר להם שמעתי שבקשו בייתוסים להטעות את חכמים אמרתי אלך אני ואודיע להם שמא יבואו בני אדם שאינם מהוגנין ויטעו את חכמים אמרו לו מאתים זוז נתונין לך במתנה והשוכרך ימתח על העמוד באותה שעה התקינו שלא יהו מקבלין אלא מן המכירין: ה) ד **מתני'** בראשונה היו משיאין משואות משקלקלו הכותים התקינו שיהו שלוחין יוצאין כיצד היו משיאין משואות מביאין כלונסאות של ארז ארוכין וקנים ועצי שמן ונעורת של פשתן וכורך במשיחה ועולה לראש ההר ומצית בהן את האור ומוליך ומביא ומעלה ומוריד עד שהוא רואה את חבירו שהוא עושה כן בראש ההר השני וכן בראש ההר השלישי ומאין היו משיאין משואות מהר המשחה לסרטבא ומסרטבא לגרופינא ומגרופינא לחוורן ומחוורן לבית בלתין ומבית בלתין לא זזו משם אלא מוליך ומביא ומעלה ומוריד עד שהיה רואה כל הגולה לפניו כמדורת האש: **גמ'** מאי משמע דמשיאין לישנא דיקוד הוא דכתיב ב) ו) וישאם דוד ואנשיו ומתרגמינן ואוקדינן דוד ת"ר ז) אין משיאין משואות אלא על החדש שנראה בזמנו לקדשו ואימתי משיאין לאור עיבורו למימרא דאחסר עבדינן אמלא לא עבדינן מ"ט א"ר זירא גזירה משום ר"ח חסר שחל להיות בערב שבת אימת עבדי באפוקי שבתא (ב) דאי אמרת נעביד נמי אמלא אתו למיטעי

וחד מי מהימן. להכשירו לזה בחזקת נאמן: **מעשה שבא.** העד לפני ב"ד בשבת להעיד על החדש: **ועדיו עמו.** להחזיקו נאמן: **חד מי מהימן.** לעדות החדש: **משפט כתיב ביה.** כי חק לישראל הוא משפט וגו': **באושא.** כשגלתה סנהדרין שם ושם היו מקדשין את החדש: **משום כבודו דרבי נהוראי.** שהרי לא החזיר ר' נהוראי אלא ללמוד ממנו שאדם גדול כמותו נהג היתר בדבר ואין כבודו שיניח את ראיותיו אף מחבירו הקטן ממנו: **סהדא אחרינא הוה באושא.** המכיר את העד הזה: **מספיקא.** שמא אין אותו העד בביתו: **להטעות את החכמים.** שאירע יום ל' של אדר בשבת ולא נראה חדש בזמנו והבייתוסין מתאוין שיהא יום ראשון של פסח בשבת כדי שתהא הנפת העומר באחד בשבת ועצרת באחד בשבת לפי שהן דורשין ממחרת השבת יניפנו ממחרת שבת בראשית כמשמעו ושכרו שני בני אדם להעיד שראו את החדש היום: **אחד משלנו.** ולא הכירוהו: **מאתים זוז נתונים לך במתנה.** ותהא רשאי לעכבן ואע"פ שלא השלמת תנאי שלך לשוכרך דיש רשות לב"ד לקנוס ממון ולעשותו הפקר כדאמרינן ביבמות (דף פט:) מניין שהפקר ב"ד הפקר שנאמר וכל אשר לא יבא לשלשת הימים וגו' יחרם כל רכושו וגו' (עזרא י): **ימתח על העמוד.** למלקות כדאמרינן במסכת מכות (דף כב:) כופת שתי ידיו על העמוד: **מתני' בראשונה היו משיאין משואות.** לאחר שקדשו החדש ולא היו צריכין לשכור שלוחים לשלוח לגולה להודיע כי המשואות מודיעים אותן: **משקלקלו הכותים.** והשיאו גם הם משואות שלא בזמן החדש להטעות ישראל וב"ד לא היו משיאין משואות אלא בחדש שנתקדש ביום ל' כדאמרינן בפירקין וכשלא היו משיאין לערב של יום ל' הכל יודעין שהחדש מעובר ופעם אחת עיברו ב"ד את החדש ולא השיאו משואות לערב ל' והכותים השיאום בהרים שלהם והטעו את בני הגולה לעשותו חסר: **כלונסות.** פירטקי"ש בלע"ז: **ארוכים.** כדי שיראו למרחוק: **וקנים ועצי שמן ונעורת של פשתן.** כל אלו מרבים שלהבת: **וכורכן במשיחה.** לונצ"י בלע"ז קושרם בחוט של משיחה בראשי הכלונסיות: **ומאין היו משיאין משואות.** מה הם ההרים: **מהר המשחה.** מתחילין הוא הר הזיתים שלפני ירושלים עד שרואין שעושין כן בהר סרטבא: **לחוורן וכו': את הגולה.** בני בבל אנשי פומבדיתא והמה מודיעין לכל בני מדינת בבל: **כמדורת אש.** מפרש בגמרא מדורת את לשון היסק גדול: **גמ' לקדשו.** להודיען שנתקדש: **לאור עיבורו.** לערב יום שלשים נגהי ל"א יום שלשים קרוי יום עיבורו כדאמרינן לעיל (דף יט:) על שני אדרים שמקדשין אותם ביום עיבוריהם ועל שם שממנו מעברין את חדש היוצא קרוי יום עיבור: **ר"ח חסר.** ר"ח הנקבע ביום שלשים שהחדש היוצא נמצא עכשיו חסר: **שחל להיות בע"ש.** ולא נוכל לחלל שבת (ג) לאורו להשיא משואות ונשיא אותם למ"ש: **ואי אמרת.** שנהא רגילין בין אחסר בין אמלא: אתו

וחד מי מהימן. תימה כי לא מהימן נמי מחלל את השבת לילך שם שמא יצטרף עם אחר כדתנן בפ"ק (לעיל ע"א) גבי אב ובנו וי"ל דלכו לא מפני שיצטרפו זה עם זה אלא שאם יפסל האחד שיצטרף השני עם אחר ונראה דלא מקשה היאך אחר מחלל שבת כיון דלא מהימן לחודיה אלא מקשה על לישנא דמתני' דנקט אחר דמשמע דחד מהימן:

אלא מאי אותו אותו זוג. תימה מאי קאמר אני יכול לומר אחד מאותו הזוג: **סהדא אחרינא הוה.** י"ל דמיירי בעד אחד שראה החדש שהלך רבי נהוראי להצטרף עמו ולהעיד נמי על החדש והא דקתני בברייתא להעיד עליו אחדש קאי אבל בירו' ובתוספתא (פ"א) מוכח בהדיא דבהכרת העד מיירי שהלך ר' נהוראי להעיד עליו דכשר וכן פרש"י וקאי פירכא דלאי הכי אמרי שינויי:

להטעות את חכמים. שאירע יום ל' של אדר בשבת ולא נראה החדש בזמנו ובייתוסין מתאוין שיהא יום א' של פסח בשבת כדי שתהא הנפת העומר באחד בשבת ועצרת באחד בשבת לפי שהיו דורשין ממחרת השבת שבת בראשית כמשמעו כך פי' בקונטרס וא"ת ומה מרויחים והלא מתקלקלין לענין פסח וי"ל דלא חשיבי ליה קלקול משום דדרשי (ה) אתם ואפי' מזידים: **מוליך ומביא** מעלה ומוריד. בירושלמי משמע כדי שלא יטעו לומר שהוא כוכב דא"ר אסי חזינא כוכבא דנחית וסליק חזינא כוכבא דאזיל ואתי: **גזירה** משום ר"ח חסר שחל להיות בע"ש. ה"נ הוה מצי למימר משום ר"ח מלא שחל להיות בשבת מהני טעמי דמפרש: והא

רבינו חננאל

זוג אחר להעיד על העד שראה את החדש כי כשר הוא לקבל ממנו זו העדות ולעולם צריכין ב' עדים להעיד על כל אחד ואחד. כי אתא עולא אמר קדשו לירחא ואמר רב כהנא אפילו איניש מעלמא כי אתא ואמר קדשו לירחא מהימן מ"ט דכל מילתא דעבידא לגלויי לא משקרי בה אינשי. תניא נמי הכי בא אחד מסוף העולם ואמר קידשו ב"ד את החדש מהימן. בראשונה היו מקבלין עדות החדש מכל אדם משקלקלו המינין ושכרו עדים להטעות את החכמים התקינו שלא יהו מקבלין אלא מן המיודעין שהן כשרים להעיד. תנו רבנן מה קלקול קלקלו המינין כו': **[מתני'] בראשונה** היו משיאין משואות משקלקלו הכותים והשיאו משואות שלא בזמנן והטעו לבני המדינות הרחוקות התקינו שיהו שלוחין יוצאין (כיון) א) [כמון] ששנינו במשנתנו כי המשואות מציתין את האור בכלונסות של ארז. אמרינן מאי משמע דמשואות לשון יקידה ב) להבה היא שנא' וישאם דוד ומתרגמינן ואוקדינן דוד. ת"ר אין משיאין משואות אלא על החדש שנראה בזמנו והוא לילי ל' כלומר מולד בכ"ט ונראה לילי ל' ונתקדש ביום ל' משיאין משואות לילי ל"א כלו' היום שיצא ר"ח היה והוא אור עיבורו. ש"מ דאחסר משיאין משואות ואמלא אין משיאין [משואות] דאין משיאין אלא על החדש שנראה בזמנו. תניא מ"ט א"ר זירא חיישינן דילמא מיקלע יום ל' של חדש חסר בע"ש והוא ר"ח ולילי ל"א הוא שבת ולא יתכן להרים משואות בלילי שבת ומתי משיאין במ"ש ויודעין כי אע"פ שמ"ש אור ל"ב הוא ר"ח בע"ש היה ומפני מה לא עשו משואות לילי שבת שהוא אור ל"א מפני איסור שבת וא"ת נעשה גם לחדש מלא יטעו יאמרו כי חסר היה. ומפני איסור שבת לא עשו או מלא היה ור"ח בשבת היה. והמשואות בזמנן עשו אותן אור ל"ב שהוא לילי ל"א שהוא אור עיבורו. ג) ואקשינן ונעביד בין אמלא ובין אחסר. וכי מקלע כי האי גונא לא ליעביד כלל כו'. ופרקינן אפילו הכי אתו למיטעא יאמרו יתכן שהיה חסר ולא עשו משואות משום איסור שבת או מלא היה ולא נמנעו מלעשות משואות אלא משום אונס שאירע להם. ואקשינן מאי חזית דעבדינן אחסר וליעביד אמלא ולא ליעביד אחסר. ופריק אביי משום ביטול מלאכה. כלומר צריך בכל חדש להיבטל יום ל' ויום ל"א. ואם יעשו להן משואות נתברר כי החדש מלא היה. ואם לא יעשו נתברר כי חסר היה ולעולם אין הדבר מתברר אלא באור היום ל"ב מה שאין כן בחסר (אלא) אם יראו המשואות אור ל"א יודעין שחסר היה ואם לאו יודעין שהוא מלא: **ירושלמי** תמן בתמיד ובמסכת יוה"כ תנינן הרואה אומר בורקי מהו בורקי תמן אמרי ברק ברקא אנהר מנהרא ואקשינן עלה ועד אחד נאמן ופרקינן שנייה היא הכא שאתה יכול לעמוד עליו ואין אתה משקר בכי האי גוונא וחש לומר עד דו עליל ונפיק (מנהורא) [היא מנהרא] חכימא לה מילתא כלומר דבר זה מתברר ד) אמר עד אחד נולד לאיש פלוני בשבת מלין [אותו] על פיו חשכה במו"ש מטלטלין אותו על פיו ר' חייא מטלטל אפומא דמלויתא ר' (מאמל) [אימי] [מל] על פי נשים דאמרי שמשא הות בסיסיתא מכירי מכיריו של עד שראה את הלבנה מהו לחלל עליו את השבת. שמעינן לה מהכא. רבי נהוראי אומר מעשה (שירתי) [שירדתי] להעיד על עד אחד באושא לא שהיו צריכין לי אלא עילה בקשתי להקביל פני חבירי. ומה קלקול הוה תמן שהיו אומרים עצרת לאחר השבת והיו יוצאין עליו מבערב בחזקת שנתקדש מעתה על ניסן לא יקבלו אלא מן המיודעין על שאר ירחיא מקבלין אמר רבי יוסי בר בון (קילקול יהן) ה) [עיקר קלקלתהון מן] אדר הות מעתה [כד היא] דכוותהון לא יקבלון דכך דלית דכוותיהן יקבלון זו מפני זו: **מתני'** כיצד משיאין משואות מביאין כלונסאות של ארז כו' עשרה

חשק שלמה על ר"ח א) לכאורה נראה דצ"ל כמו ששנינו במשנתינו לעיל [בפ"ק ד' י"ח] כילד הי' משיאין משואות מליתין את האור וכו'. ב) אולי צ"ל ושלהבת היא שנאמר וכו'. ג) מכאן שייך לדף כג ע"א. ד) עיין ברבינו חננאל בסוף מס' שבת. ה) בירושלמי לפנינו איתא בשינוי לשון קצת ממה שכתב רבינו וע"ש בק"ע ופ"מ.

מסורת הש"ס

א) [תוספתא פרק א], ב) [גיטין ה:], ג) [יבמות לג: קטו. בכורות לו.], ד) [תוספתא פרק א], ה) ביצה ד:, ו) [ע"ז מד. ע"ש לע"ק], ז) פסחים ב: [תוספתא פ"א ותוס' מגילה פ"ג] ח) [לקמן כה.].

הגהות הב"ח

(א) גמ' תנ"ה בא אחד מסוף העולם ואמר: (ב) שם באפוקי שבתא ואי אמרת: (ג) רש"י ד"ה שחל להיות כו' לחלל שבת לאור עיבורו להשיא משואות:

גליון הש"ס

גמרא סהדא אחרינא הוה בהדיה. גיטין דף ה ע"א סנהדרין דף יד ע"א:

תורה אור השלם

א) כִּי חֹק לְיִשְׂרָאֵל הוּא מִשְׁפָּט לֵאלֹהֵי יַעֲקֹב: [תהלים פא, ה]

ב) וַיַּעַזְבוּ שָׁם אֶת עֲצַבֵּיהֶם וַיִּשָּׂאֵם דָּוִד וַאֲנָשָׁיו: [שמואל ב ה, כא]

ליקוטי רש"י

בראשונה. קודם שקלקלו הכותים והשיאו הם משואות ביום שלא קבעו בו החודש כדי להטעות את ישראל. **משיאין משואות.** כמו להעלותם משאת העשן מן העיר (שופטים כ) (סימן) תבערה וראש השנה מפרש להו ובהן היו יודעין כל בני הגליות הקרובים והרחוקים את קביעת החודש ולא היו עושין אלא יו"ט אחד בכל מקום. **שיהו שלוחים יוצאים.** ועד מקום שיכול להגיע בתוך חמשה עשר ימים הם מודיעים ועושין יום אחד והשאר עושין שני ימים [ביצה ד:]. **הר המשחה.** הר הזיתים הוא הר המשחה [מלכים ב כג יג ופסחים יד: ושבועות טז.]. לשון שמן דמתרגמינן משחא והוא הר הזיתים [שבת נו:]. הוא הר הזיתים אשר על פני ירושלים מקדם [יומא טז.]. **וישאם דוד.** תי' יונתן ואוקידינון דוד וגברוהי [שמואל ב ה כא]. **אין משיאין משואות.** אבוקות בראשי הרים היו שלוחי בית דין עושין להודיע שהיום קידשו בית דין את החדש. **אלא על החדש שנראה בזמנו לקדשו.** ביום שלשים שנראה לקדש דאילו כשהחדש מעובר ועושין ראש חדש ביום שלשים ואחד אין מקדשין אותו שכבר קדשוהו שמים ואשמעינן האי תנא דאחסר עבדינן משואות ואמלא לא עבדינן משואות וכשאין רואין משואות יודעין שהחדש מעובר. **לאור עיבורו.** ליל שעבר שלשים להודיע שהיום נתקדש (ליל) שלשים [ואחד] קרי (אור) עבורו על שם שבו נעשה החדש מעובר כשאין קובעין בו את ראש חדש [פסחים ב:].

וְחַד מִי מְהֵימַן – **But is one** witness **believed** when he vouches for trustworthiness of another witness?[1] וְהָתַנְיָא – **But surely it was taught in a Baraisa:** מַעֲשֶׂה שֶׁבָּא הוּא וְעֵדָיו עִמּוֹ לְהָעִיד עָלָיו – **IT HAPPENED ONCE THAT HE** [the new-moon witness] **CAME** before the Sanhedrin on the Sabbath **ACCOMPANIED BY HIS CONFIRMING WITNESSES.**[2] The plural expression "his witnesses" indicates that he was accompanied by *two* witnesses.[3]

The Gemara accepts this proof and answers:

אָמַר רַב פָּפָּא – **Rather, Rav Pappa said,** we must say that מַאי אַחֵר – **what** does the Mishnah mean when it says they send **"another"** with him? זוּג אַחֵר – It means **another** ***pair*** of witnesses.[4]

The Gemara buttresses this interpretation that the Mishnah refers to a *pair* of witnesses:

הָכִי נַמִּי מִסְתַּבְּרָא – **This is** in fact the more **reasonable** interpretation of the Mishnah. דְּאִי לֹא תֵּימָא הָכִי – **For if you do not say this,** that the Mishnah is referring to *pairs* rather than to *individuals,* you will be faced with the following difficulty in explaining the first phrase of the Mishnah, which states: אִם אֵינָן מַכִּירִין אוֹתוֹ – **IF THEY DO NOT KNOW HIM . . .** מַאי אוֹתוֹ – **What** does the Mishnah mean by **"him"?** אִילֵימָא אוֹתוֹ חַד – **If you say** the word **"him"** refers to **one** witness who saw the new moon – וְחַד מִי מְהֵימַן – **but is one** witness indeed **believed** when he testifies alone about the new moon? "מִשְׁפָּט" כְּתִיב בֵּיהּ – Why, ***judgment*** **is written concerning it** [sanctification of Rosh Chodesh].[5] Thus, just as the court's judgment in civil matters must be based on the testimony of at least *two* witnesses, so too must the sanctification of the new moon be based on the testimony of at least two witnesses. אֶלָּא מַאי אוֹתוֹ – **Rather,** you must say, **what** does the Mishnah mean by **"him"?** אוֹתוֹ הַזּוּג – It means **"that pair** of witnesses."[6] הָכָא נַמִּי – **Here too,** in the Mishnah's second phrase, מַאי אַחֵר – **what** does the Mishnah mean when it says "they send ***another***"? זוּג אַחֵר – It means: **another** ***pair*** of witnesses.[7]

The Gemara challenges the assertion that two confirming witnesses are required:

וְחַד לֹא מְהֵימַן – **But is one** witness **not believed** with regard to confirming another witness? וְהָתַנְיָא – **Why, it was taught in a Baraisa:** מַעֲשֶׂה בְּרַבִּי נְהוֹרַאי – **IT HAPPENED ONCE WITH R' NEHORAI** שֶׁהָלַךְ אֵצֶל הָעֵד לְהָעִיד עָלָיו בְּשַׁבָּת בְּאוּשָׁא – **THAT HE WENT ON THE SABBATH TO THE PLACE OF THE WITNESS IN USHA TO TESTIFY ABOUT HIM.**[8] We see, then, that R' Nehorai, a single witness, was believed to vouch for the new-moon witness! – ? –

The Gemara answers:

אָמְרֵי – **They said:** רַבִּי נְהוֹרַאי סַהֲדָא אַחֲרִינָא הֲוָה בַּהֲדֵיהּ – In the case of **R' Nehorai, another witness was with him** when he traveled to Usha and vouched for new-moon witness, וְהָא דְלֹא חָשֵׁיב לֵיהּ – **and that which [the Tanna]** of the Baraisa **does not mention [the other witness]** מִשּׁוּם כְּבוֹדוֹ שֶׁל רַבִּי נְהוֹרַאי – **is out of respect to R' Nehorai.**[9] In the Baraisa's case, then, there were indeed *two* confirming witnesses who vouched for the new-moon witness.

Alternatively:

רַב אַשִׁי אָמַר – **Rav Ashi says:** The second confirming witness did not accompany R' Nehorai to Usha. Rather, רַבִּי נְהוֹרַאי סַהֲדָא אַחֲרִינָא הֲוָה בְּאוּשָׁא – in the case of **R' Nehorai, another** confirming **witness was** already **in Usha,** וְאָזַל רַבִּי נְהוֹרַאי לְאִיצְטָרוּפֵי בַּהֲדֵיהּ – **and R' Nehorai went to join with him** in confirming the new-moon witness.[10]

NOTES

1. *Rashi.* [Though there are certain laws for which the testimony of a single witness suffices (see, for example, *Gittin* 2b, *Sotah* 31a-b, and 47a), confirming the fitness of a new-moon witness, though a Rabbinic requirement, needs two witnesses, as the Gemara proceeds to prove from a Baraisa (see *Ritva*).]

2. *Rashi.*

3. *Ritva.* [*Sfas Emes* explains the proof as follows: As *Rashi* has explained, this incident occurred on the Sabbath. (This must be what the Baraisa means. Otherwise, why say "It happened once . . ." This is what *always* happened if the Sanhedrin did not recognize the new-moon witnesses. Rather, it must mean that this once happened *on the Sabbath.* And the confirming witnesses, too, had desecrated the Sabbath in order to arrive before the Sanhedrin – see 22a note 6.) Now, it would have been forbidden for both confirming witnesses to desecrate the Sabbath had the testimony of a single one sufficed. Surely this proves, then, that the confirming testimony of *two* witnesses is required!]

4. Thus, our Gemara concludes that indeed two confirming witnesses are required to establish the bona fides of a new-moon witness.

[*Yerushalmi,* however, understands our Mishnah literally to mean that one confirming witness is sufficient. For when the Rabbis instituted the requirement that the witness be confirmed (see above, note 1), they did so with the allowance that the testimony of one confirming witness be sufficient. (And as regards the Baraisa cited above to prove that *two* confirming witnesses are required, that Baraisa will be emended to read עֵדוֹ, *his "witness,"* rather than עֵדָיו, *his "witnesses."* According to variant Gemara texts, this emendation is indeed suggested earlier by our Gemara, prior to Rav Pappa's explanation (see *Rashba, Ritva* and *Chidushei HaRan*).]

5. *Psalms* 81:4-5 states: תִּקְעוּ בַחֹדֶשׁ שׁוֹפָר בַּכֶּסֶה לְיוֹם חַגֵּנוּ. כִּי חֹק לְיִשְׂרָאֵל הוּא מִשְׁפָּט לֵאלֹהֵי יַעֲקֹב, *Blow a shofar at the moon's renewal, when [the moon is] covered on our festive day. Because it is a statute for Israel, a judgment unto the God of Jacob.* The reference is to Rosh Chodesh Tishrei, which is Rosh Hashanah (see above, 8b). And the verse is expounded to mean that the "statute" performed by Israel on that day (i.e. sanctifying the new moon and declaring the day Rosh Chodesh) is a "judgment" for the God of Jacob. The verse's reference to the sanctification of the new moon as "judgment" indicates that the sanctification has the requirements of a court's judgment (see *Sanhedrin* 11b, with *Rashi* there ד״ה הוי אומר).

6. In Hebrew, the same word אותו is used for the pronoun "him" and the masculine pronoun "it." The Gemara has just shown that the meaning of אותו in the context of our Mishnah must mean "it" and refer to the implied subject זוג, *pair* (which is a masculine noun).

[*Tosafos* question the Gemara's proof that אותו in the Mishnah must refer to "that pair." Perhaps אותו indeed means "him" and refers to that *one* of the two witnesses who is not known to the Sanhedrin! See also *Pnei Yehoshua* (to *Tosafos* ד״ה אלא מאי), who asks that אותו might refer to a *lone* witness who is being sent by the local *Beis Din* on the chance that he will find a second witness to combine with before the Sanhedrin. See the resolution offered by *Pnei Yehoshua.*]

7. In the second phrase as well, the word אַחֵר, *another,* is a reference to the implied subject "pair." Thus, the meaning is that the local court sends along another *pair* of witnesses to vouch for the first pair.

8. R' Nehorai himself, however, had not seen the new moon, but was simply a confirming witness (see *Tosafos* ד״ה סהדא with *Maharsha*).

In the wake of the Roman persecution and destruction of the Temple, the Great Sanhedrin, which originally convened in the לִשְׁכַּת הַגָּזִית, *the Chamber of Hewn Stone,* in the Temple, was exiled from place to place ten times (see Gemara below, 31a-b). One of these places was the city of Usha. The incident recorded in this Baraisa occurred during the time that the Sanhedrin convened in Usha, and it was there that they sanctified the new moon (see *Rashi*).

[Though R' Nehorai was but a *confirming* witness, he desecrated the Sabbath in order to confirm the new-moon witness. *Tosafos* (22a ד״ה מחללין את השבת) prove from here that even the confirming witness may desecrate the Sabbath to reach the Sanhedrin on time (see 22a note 6).]

9. The only reason the Baraisa mentions R' Nehorai is so that we may learn that even a great man such as he personally desecrated the Sabbath in order to confirm a new-moon witness. Accordingly, it would be disrespectful for the Tanna to mention the presence of a second witness of lesser stature, which would imply that the lesson the Tanna wishes to teach is being derived from the conduct of the lesser personality as well (*Rashi*).

10. R' Nehorai knew that there was another person in Usha who could vouch for this new-moon witness, so he went to Usha on the Sabbath to join with the other confirming witness (see *Rashi* below ד״ה מספיקא; cf. *Rambam, Hil. Kiddush HaChodesh* 3:3).

[Thus, according to either answer, *two* confirming witnesses are indeed necessary.]

ג א מיי' פ"ג מהלכות קידוש החדש הלכה ג:
ד ב מיי' שם הל' יד:
ה ג מיי' שם פ"ב ה"ב:
ו ד מיי' שם פ"ג ה"ח:

גמרא

וחד מי מהימן והתניא מעשה שבא הוא ועדיו עמו להעיד עליו אמר רב פפא מאי אחר זוג אחר ה"נ מסתברא דאי לא תימא הכי אם אינן מכירין אותו מאי אותו אילימא אותו חד וחד מי מהימן א) משפט כתיב ביה אלא מאי אותו אותו הזוג ה"נ מאי אחר זוג אחר וחד לא מהימן והתניא א) מעשה ברבי נהוראי שהלך אצל העד להעיד עליו בשבת באושא אמרי רבי נהוראי * ב) סהדא אחרינא הוה בהדיה והא דלא חשיב ליה משום כבודו של רבי נהוראי רב אשי אמר רבי נהוראי סהדא אחרינא הוה באושא ואזל רבי נהוראי לאצטרופי בהדיה אי הכי מאי למימרא מהו דתימא מספיקא לא מחללינן שבתא א קמ"ל כי אתא עולא אמר קדשוה לירחא במערבא אמר רב כהנא לא מיבעיא עולא דגברא רבה הוא דמהימן ב אלא אפי' איניש דעלמא נמי מהימן מ"ט ג כל מילתא דעבידא לאגלויי לא משקרי בה אינשי תניא נמי הכי בא אחד (א) בסוף העולם ואמר קדשו ב"ד את החדש נאמן: בראשונה היו מקבלין עדות החדש מכל אדם וכו': תנו רבנן מה קלקול קלקלו הבייתוסין ד) ג פעם אחת בקשו בייתוסין להטעות את חכמים שכרו שני בני אדם בד' מאות זוז אחד משלנו ואחד משלהם שלהם העיד עדותו ויצא שלנו אמרו לו אמור כיצד ראית את הלבנה אמר להם עולה הייתי במעלה אדומים וראיתיו שהוא רבוץ בין ב' סלעים ראשו דומה לעגל אזניו דומין לגדי קרניו דומות לצבי וזנבו מונחת לו בין ירכותיו והצצתי בו ונרתעתי ונפלתי לאחורי ואם אין אתם מאמינים לי הרי מאתים זוז צרורין לי בסדיני אמרו לו מי הזקיקך לכך אמר להם שמעתי שבקשו בייתוסים להטעות את חכמים אמרתי אלך אני ואודיע להם שמא יבואו בני אדם שאינם מהוגנין ויטעו את חכמים אמרו לו מאתים זוז נתונין לך במתנה והשוכרך ימתח על העמוד באותה שעה התקינו שלא יהו מקבלין אלא מן המכירין: **מתני'** ה) ד בראשונה היו משיאין משואות משקלקלו הכותים התקינו שיהו שלוחין יוצאין כיצד היו משיאין משואות מביאין כלונסאות של ארז ארוכין וקנים ועצי שמן ונעורת של פשתן וכורך במשיחה ועולה לראש ההר ומצית בהן את האור ומוליך ומביא ומעלה ומוריד עד שהוא רואה את חבירו שהוא עושה כן בראש ההר השני וכן בראש ההר השלישי ומאין היו משיאין משואות מהר המשחה לסרטבא ומסרטבא לגרופינא ומגרופינא לחוורן ומחוורן לבית בלתין ומבית בלתין לא זזו משם אלא מוליך ומביא ומעלה ומוריד עד שהיה רואה כל הגולה לפניו כמדורת האש: **גמ'** מאי משמע דמשיאין לישנא דיקוד הוא דכתיב ב) ו) וישאם דוד ואנשיו ומתרגמינן ואוקדינן דוד ת"ר ז) אין משיאין משואות אלא על החדש שנראה בזמנו לקדשו ואימתי משיאין לאור עיבורו למימרא דאחסר עבדינן אמלא לא עבדינן מ"ט א"ר זירא גזירה משום ר"ח חסר שחל להיות בערב שבת (ב) דאי אמרת נעביד נמי אמלא אתו למיטעי

תוספות

וחד מי מהימן. תימה כי לא מהימן נמי מחלל את השבת ליזיל שם שמא יצטרף עם אחר כדתנן בפ"ק (לעיל ע"א) גבי אב ובנו ודילכו לא מפני שיצטרפו זה עם זה אלא שאם יפסל האחד שיצטרף השני עם אחר ונראה דלא מקשה היאך אחד מחלל שבת כיון דלא מהימן לחודיה אלא מקשה על לישנא דמתני' דנקט אחר דמשמע לחד מהימן:

אלא מאי אותו אותו זוג. תימה מאי קאמר אני יכול לומר אחד מאותו הזוג: **סהדא אחרינא הוה.** י"ל דמיירי בעד אחד שראה החדש שהלך רבי נהוראי להצטרף עמו ולהעיד נמי על החדש והא דקתני בברייתא להעיד עליו אחדש קאי אבל בירו' ובתוספתא (פ"א) מוכח בהדיא דבהכרת העד מיירי שהלך ר' נהוראי להעיד עליו דכשר וכן פרש"י וקאי פירכא דאי הכי אתרי שינויי:

להטעות את חכמים. שאירע יום ל' של אדר בשבת ולא נראה החדש בזמנו וביתוסין מתאוין שיהא יום א' של פסח בשבת כדי שתהא הנפת העומר באחד בשבת ועצרת באחד בשבת לפי שהיו דורשין ממחרת השבת שבת בראשית כמשמעו כך פי' בקונטרס ולא"ה ומה מרויחים והלא מתקלקלין לענין פסח וי"ל דלא חשיבי ליה קלקול משום דדרשי ד) אתם ואפי' מוזידים: **מוליך ומביא** מעלה ומוריד. בירושלמי משמע כדי שלא יטעו לומר שהוא כוכב דא"ר אסי חזוא כוכבא דנחית וסליק חזוא כוכבא דאזיל ואתי: **גזירה** משום ר"ח חסר שחל להיות בע"ש. ה"נ הוה מצי למימר משום ר"ח מלא שחל להיות בשבת מהני טעמי דמפרש: והא

רש"י

וחד מי מהימן. להכשירו לזה בחזקת נאמן: **מעשה שבא.** העד לפני ב"ד בשבת להעיד על החדש: **ועדיו עמו.** להחזיקו נאמן: **חד מי מהימן.** לעדות החדש: **משפט כתיב ביה.** כי חק לישראל הוא משפט וגו': **באושא.** כשישבה סנהדרין שם ושם היו מקדשין את החדש: **משום כבודו דרבי נהוראי.** שהרי לא החזיק ר' נהוראי אלא ללמוד ממנו שאדם גדול כמותו נהג היתר בדבר ואין כבודו שנזכיר את ראיותיו אף מתכירו הקטן ממנו: **סהדא אחרינא הוה באושא.** המכיר את העד הזה: **מספיקא.** שמא אין אותו העד בכיוון: **להטעות את החכמים.** שאירע יום ל' של אדר בשבת ולא נראה חדש בזמנו והביתוסין מתאוין שיהא יום ראשון של פסח בשבת כדי שתהא הנפת העומר באחד בשבת ועצרת באחד בשבת לפי שהן דורשין ממחרת השבת יניפנו ממחרת שבת בראשית כמשמעו ושכרו שני בני אדם להעיד שראו את החדש היום: **אחד משלנו.** ולא הכירוהו: **מאתים זוז נתונים לך במתנה.** ותהא רשאי לעכבן ולא"ס שלא השלמת תנאי שלך לשוכרך דיש רשות לב"ד לקנוס ממון ולעשותו הפקר כדאמרינן ביבמות (דף פט:) מנין שהפקר ב"ד הפקר שנאמר וכל אשר לא יבא לשלשת הימים וגו' יחרם כל רכושו וגו' (עזרא י): **ימתח על העמוד.** ללקות כדאמרינן במסכת מכות (דף כג.) כופת שתי ידיו על העמוד: **מתני' בראשונה היו משיאין משואות.** לאחר שקדשו החדש ולא היו צריכין לשכור שלוחים לשלוח לגולה להודיע כי המשואות מודיעים אותן: **משקלקלו הכותים.** והשיאו גם הם משואות שלא בזמן החדש להטעות ישראל וב"ד לא היו משיאין משואות אלא בחדש שנתקדש ביום ל' כדאמרינן בפירקין וכשלא היו משיאין לערב של יום ל' הכל יודעין שהחדש מעובר ופעם אחת עיברו ב"ד את החדש ולא השיאו משואות לערב ל' והכותים השיאום בהרים שלהם והטעו את בני הגולה לעשותו חסר: **כלונסות.** פירטק"ש בלע"ז: **ארוכים.** כדי שיראו למרחוק: **וקנים ועצי שמן ונעורת של פשתן.** כל אלו מרבים שלהבת: **וכורכן במשיחה.** לונצ"ל בלע"ז קושרם בחוט של משיחה בראשי הכלונסות: **ומאין היו משיאין משואות.** מה שם ההרים: **מהר המשחה.** מתחילין הוא הר הזיתים שלפני ירושלים עד שרואין שעושין כן בהר סרטבא: **לחוורן וכו': את הגולה.** בני בבל אנשי פומבדיתא והמה מודיעין לכל בני מדינת בבל: **כמדורת אש.** מפרש בגמרא מדורת אש לשון היסק גדול: **גמ' לקדשו.** להודיע שנתקדש: **לאור עיבורו.** לערב יום שלשים נהגי ל"א יום שלשים קרוי יום עיבורו כדאמרינן לעיל (דף יט:) על שני אדרים שמקדשין אותם ביום עיבוריהם ועל שם שממנו מעברין את חדש היוצא קרוי יום עיבור: **ר"ח חסר.** ר"ח הנקבע ביום שלשים שהחדש היוצא נמצא עכשיו חסר: **שחל להיות בע"ש.** ולא נוכל לחלל שבת (ג) לאחורו להשיא משואות ונשיא אותם למ"ש: **ואי אמרת.** שנהא רגילין בין אחסר בין אמלא: אתו

רבינו חננאל

זוג אחר להעיד על העד שראה את החדש כי כשר הוא לקבל ממנו זו העדות ולעולם צריכין ב' עדים להעיד על כל אחד ואחד. כי אתא עולא אמר קדשו לירחא ואמר רב כהנא אפילו איניש מעלמא כי אתא ואמר קדשו לירחא מהימן מ"ט דכל מילתא דעבידא לגלויי לא משקרי בה אינשי. תניא נמי הכי בא אחד מסוף העולם ואמר קידשו ב"ד את החדש מהימן. בראשונה היו מקבלין עדות החדש מכל אדם משקלקלו המינין ושכרו עדים להטעות את החכמים התקינו שלא יהו מקבלין אלא מן המיודעין שהן כשרים להעיד. תנו רבנן מה קלקול קלקלו המינין כו': **[מתני'] בראשונה** היו משיאין משואות משקלקלו הכותים והשיאו משואות שלא בזמנן והטעו לבני המדינות הרחוקות התקינו שיהו שלוחין יוצאין (כיון) א) [כמו] ששנינו במשנתנו כי המשואות מציתין את האור בכלונסות של ארז. אמרינן מאי משמע דמשואות לשון יקידה ב) להבה היא שנא' וישאם דוד ומתרגמינן ואוקדינן דוד. ת"ר אין משיאין משואות אלא על החדש שנראה בזמנו והוא לילי ל' כלומר מולד בכ"ט ונראה לילי ל' ונתקדש ביום ל' משיאין משואות לילי ל"א כלו' היום שיצא ר"ח היה והוא אור עיבורו. ש"מ דאחסר משיאין ואמלא אין משיאין [משואות] דאין משיאין אלא על החדש שנראה בזמנו. תניא מ"ט א"ר זירא חיישינן דילמא מיקלע יום ל' של חדש חסר בע"ש והוא ר"ח ולילי ל"א הוא שבת ולא יתכן להרים משואות בלילי שבת ומתי משיאין במ"ש וידעין כי אע"פ שמ"ש אור ל"ב הוא ר"ח בע"ש היה ומפני מה לא עשו משואות ללילי שבת שהוא אור ל"א מפני איסור שבת וא"ת נעשה גם לחדש שאינו מלא יבואו ויאמרו כי חסר היה. ומפני איסור שבת לא עשו או מלא היה ור"ח בשבת היה. והמשואות בזמנן עשו אותן אור ל"ב שהוא לילי ל"א שהוא אור עיבורו. ג) ואקשינן ונעביד בין אמלא ובין אחסר. וכי מקלע כי האי גונא לא ליעביד כלל כו'. ופרקינן אפילו הכי אתו למיטעא יאמרו יתכן שהיה חסר ולא עשו משואות משום איסור שבת או מלא היה ולא נמנעו מלעשות משואות אלא משום אונס שאירע להם. ואקשינן מאי חזית דעבדינן אחסר וליעביד אמלא ולא ליעביד אחסר. ופריק אביי משום ביטול מלאכה. כלומר צריך בכל חדש להיבטל יום ל' ויום ל"א. ואם יעשו להן משואות נתברר כי החדש מלא היה. ואם לא יעשו נתברר כי חסר היה ולעולם אין הדבר מתברר אלא באור היום ל"ב מה שאין כן בחסר (אלא) אם יראו המשואות אור ל"א יודעין שחסר היה ואם לאו יודעין שהוא מלא: **ירושלמי** תמן בתמיד ובמסכת יוה"כ תנינן הרואה אומר בורקי תמן אמרי ברק ברקא אנהר מנהרא ואקשינן עלה ועד אחד נאמן ופרקינן שנייה היא הכא שאתה יכול לעמוד עליו ואין אתה משקר בכי האי גוונא וחש לומר עד דו עליל ונפיק (מנהורא) [היא מנהרא] חכימא לה מילתא כלומר דבר זה מתברר ד) אמר עד אחד נולד לאיש פלוני בשבת מלין [אותו] על פיו חשכה במו"ש מטלטלין אותו על פיו ר' חייא מטלטל אפומא דמלויתא ר' (מאמל) [אימי] [מל] על פי נשים דאמרי שמשא הות בסיסיתא מכירי מכיריו של עד שראה את הלבנה מהו לחלל עליו את השבת. שמעינן לה מהכא. רבי נהוראי אומר מעשה (שירתי) [שירדתי] להעיד על עד אחד באושא לא שהיו צריכין לי אלא עילה בקשתי להקביל פני חבירי. ומה קלקול הוה תמן שהיו אומרים עצרת לאחר השבת והיו יוצאין עליו מבערב בחזקת שנתקדש מעתה על ניסן לא יקבלו אלא מן המיודעין על שאר ירחיא מקבלין אמר רבי יוסי בר בון (קילקול יהן) ה) [עיקר קלקלתהון מן] אדר הות מעתה [כד היא] דכוותהון לא יקבלון דכך דלית דכוותיהן יקבלון זו מפני זו: **מתני'** כיצד משיאין משואות מביאין כלונסאות של ארז כו' עשרה

חשק שלמה על ר"ח א) לכאורה נראה דצ"ל כמו ששנינו במשנתינו לעיל [בפ"ק ד' י"ח] כלל הי' משיאין משואות מציתין את האור וכו'. ב) אולי צ"ל ושלהבת היא שנאמר וכו'. ג) מכאן שייך לדף כג ע"א. ד) עיין ברבינו חננאל בסוף מס' שבת. ה) בירושלמי לפנינו איתא בשינוי לשון קצת ממה שכתב רבינו וע"ש בק"ע ופ"מ.

מסורת הש"ס

א) [תוספתא פרק א], ב) [גיטין ה:], ג) [יבמות לג: קטו, בכורות לו.], ד) [תוספתא פרק א], ה) ביצה ד:, ו) [ע"ז מד. ע"ש בע"ק], ז) פסחים ב: [תוספתא פ"א ותוס' מגילה פ"ג] ח) [לקמן כה.].

הגהות הב"ח

(א) גמ' תנ"א בא אחד מסוף העולם ואמר: (ב) שם דאפוקי שבתא ולא אמרת: (ג) רש"י ד"ה שחל להיות כו' לאחל שבת לאור עיבורו להשיא משואות:

גליון הש"ס

גמרא סהדא אחרינא הוה בהדיה. גיטין דף ה ע"א סנהדרין דף יד ע"ב:

תורה אור השלם

א) כִּי חֹק לְיִשְׂרָאֵל הוּא מִשְׁפָּט לֵאלֹהֵי יַעֲקֹב: [תהלים פא, ה]

ב) וַיַּעַזְבוּ שָׁם אֶת עֲצַבֵּיהֶם וַיִּשָּׂאֵם דָּוִד וַאֲנָשָׁיו: [שמואל ב ה, כא]

ליקוטי רש"י

בראשונה. קודם שקלקלו הכותים והשיאו הם משואות ביום שלא קבעו בו החודש כדי להטעות את ישראל. **משיאין משואות.** כמו להעלות משאת העשן מן העיר (שופטים כ) [סימן] תבערה ונראה השנה מפרש לה והכן היו יודעין כל בני הגליות הקרובים והרחוקים את קביעת החודש ולא היו עושין אלא יו"ט אחד בכל מקום. **שיהו שלוחים יוצאים.** ועד מקום שיכול להגיע בתוך חמשה עשר ימים הם מודיעים ועושין יום אחד והשאר עושין שני ימים [ביצה ד:]. **הר המשחה.** הר הזיתים הוא הר המשחה [מלכים ב כג יג ופסחים יד:]. לשון שמן דמתרגמינן משחא והוא הר הזיתים [שבת נו:]. הוא הר הזיתים אשר על פני ירושלים מקדם [יומא טז.]. **וישאם דוד.** תר' יונתן ואוקידינון דוד וגברוהי [שמואל ב ה כא]. **אין משיאין משואות.** אבוקות כלומר יו"ט שני שלוחי בית דין עושין להודיע שהיום קידשו בית דין את החדש. **אלא על החדש שנראה בזמנו לקדשו.** ביום שלשים שנראה לקדש דאילו כשהחדש מעובר ועושין ראש חדש ביום שלשים ואחד אין מקדשין אותו שכבר קדשוהו שמים ואשמעינן האי תנא דאחסר עבדינן משואות ואמלא לא עבדינן משואות וכשאין רואין משואות יודעין שהחדש מעובר. **לאור עיבורו.** ליל שעבר שלשים להודיע שהיום נתקדש (ליל) שלשים [ואחד] קרי (אור) עבורו על שם שבו נעשה החדש מעובר כשאין קובעין בו את ראש חדש [פסחים ב:].

The Gemara asks:

אִי הָכִי מַאי לְמֵימְרָא – If so, what need was there for the Baraisa **to say** that R' Nehorai traveled to Usha on the Sabbath? What novel ruling does the Baraisa thereby teach us?[11]

The Gemara answers that the Baraisa's teaching was indeed necessary:

מַהוּ דְּתֵימָא – Otherwise **what might you have said?** **מִסְּפֵיקָא לֹא מְחַלְּלִינַן שַׁבְּתָא** – That **on** the basis of **a doubt, we would not desecrate the Sabbath.**[12] **קָא מַשְׁמַע לָן** – **[The Tanna]** of the Baraisa therefore **informs us** that this is not the case. Rather, the confirming witness may desecrate the Sabbath to arrive at the Sanhedrin even if there is some doubt as to whether he will be joined by the second witness.[13]

A related incident:

כִּי אֲתָא עוּלָּא – When Ulla came to Babylonia from Eretz Yisrael, **אָמַר – he reported:** **קַדְשׁוּהַּ לְיַרְחָא בְּמַעֲרָבָא – They have sanctified the** new **month in the West,** i.e. in Eretz Yisrael.[14] That is, he reported to the Babylonian Jews which day the *Beis Din* in Eretz Yisrael had declared to be Rosh Chodesh of the present month.[15]

The Gemara comments:

אָמַר רַב כָּהֲנָא – Rav Kahana said: **לֹא מִיבַּעְיָא עוּלָּא דְּגַבְרָא רַבָּה הוּא דִּמְהֵימַן – Needless** to say that **Ulla, who is a great man, is believed** when he reports when *Beis Din* has sanctified the new month, **אֶלָּא אֲפִילּוּ אִינִישׁ דְּעָלְמָא נַמִּי מְהֵימַן – but even an ordinary person, too, is believed** when he bears such testimony. **מַאי טַעְמָא – What is the reason** that a single, ordinary witness is believed in this matter? **כָּל מִילְּתָא דַּעֲבִידָא לְאִגַּלּוּיֵי לֹא מְשַׁקְּרֵי בָּהּ אִינָשֵׁי** – His credibility is based upon the principle that **people do not lie about any matter that is likely to be revealed.**[16]

The Gemara adduces support for this ruling:

תַּנְיָא נַמִּי הָכִי – It was also taught so in a Baraisa: **בָּא אֶחָד בְּסוֹף הָעוֹלָם – IF SOMEONE CAME FROM THE FAR END OF THE EARTH,**[17] **וְאָמַר קִדְּשׁוּ בֵּית דִּין אֶת הַחֹדֶשׁ – AND SAID, "*BEIS DIN* HAS SANCTIFIED THE** new **MONTH** on this-and-this day," **נֶאֱמָן – HE IS BELIEVED.**[18]

The Mishnah stated:

בָּרִאשׁוֹנָה הָיוּ מְקַבְּלִין עֵדוּת הַחֹדֶשׁ מִכָּל אָדָם וכו׳ – ORIGINALLY THEY WOULD ACCEPT TESTIMONY ABOUT THE NEW MOON FROM ANY Jewish **MAN etc.** [When the Boethusians disrupted the process, the Sages instituted that they should accept only from those known to be trustworthy and loyal Jews.]

A Baraisa elaborates:

תָּנוּ רַבָּנָן – The Rabbis taught in a Baraisa: **מַה קִּלְקוּל קִלְקְלוּ הַבַּיְיתוּסִין – WHAT DISRUPTION** of the process **DID THE BOETHUSIANS PERPETRATE?** **פַּעַם אַחַת – ONE TIME,** **בִּקְּשׁוּ בַּיְיתוּסִין לְהַטְעוֹת אֶת חֲכָמִים – THE BOETHUSIANS ATTEMPTED TO DECEIVE THE SAGES** into sanctifying Rosh Chodesh on the wrong day.[19]

NOTES

11. [The expression אִי הָכִי, *if so,* introduces a difficulty that would *not* be problematic were it not for the answer just offered.] From *Rashi* (ד״ה מספיקא), it would seem that the Gemara's present question is directed only at Rav Ashi's answer. According to the Gemara's first answer, which asserts that R' Nehorai was indeed *accompanied* by another witness, who is not mentioned out of respect to R' Nehorai, the Baraisa's novelty is, as explained above (see note 9), that even a great personality like R' Nehorai desecrated the Sabbath to confirm a new-moon witness. But according to Rav Ashi, who rejects this approach, what was the Baraisa's purpose in mentioning that R' Nehorai desecrated the Sabbath in order to serve as a confirming witness? (See, however, end of note 13.)

[We cannot say that the Baraisa's novel teaching is simply that the confirming witness, too, may desecrate the Sabbath. That teaching is already known from the Mishnah at the end of the first chapter (22a), which states that one may desecrate the Sabbath in order to transport the new-moon witness to the place of the Sanhedrin; there is no conceptual difference between enabling a witness to testify by *transporting* him or by *confirming* him (*Rashba, Ritva, Chidushei HaRan;* see 22a end of note 6).]

12. I.e. we would not allow a confirming witness to desecrate the Sabbath without knowing with certainty that he would be joined by a second witness.

13. For R' Nehorai traveled to Usha on the Sabbath even though he did not know whether he would find the second confirming witness at home (*Rashi*).

[This would not be known on the basis of the Mishnah above (see end of note 11), for that Mishnah would indicate only that a confirming witness could desecrate the Sabbath if he *knows* his testimony will be effective.]

[As mentioned above in note 11, the foregoing is how *Rashi* apparently explained the Gemara's question and answer. Other Rishonim, however, explain that the Gemara's question אִי הָכִי, *if so,* was directed at *both* of the preceding answers. That is, if we would take the Baraisa at face value (as the original questioner does) to mean that R' Nehorai was the sole confirming witness, then the Baraisa is indeed teaching us the novel ruling that a sole confirming witness is sufficient! (see above, note 4). But now that the Gemara has explained (in the two preceding answers) that R' Nehorai was, in fact, joined by a second confirming witness, what novelty does the Baraisa teach us? (see *Tos. HaRosh* and *Tosafos; Rashba, Ritva* and *Chidushei HaRan*). And the Gemara replies that according to either of the Gemara's previous two answers, we can say that the Baraisa wishes to teach us that a confirming witness may desecrate the Sabbath even on the basis of a doubt. For even according to the Gemara's first explanation, that the second confirming witness *accompanied* R' Nehorai, there was still an element of doubt as to whether this second witness would actually testify. For when the time comes to give confirmation testimony before the Sanhedrin, this second witness might balk and refuse to testify (*Rashba, Ritva, Chidushei HaRan;* see also *Maharsha* and *Karnei Re'eim*). True, we do not consider it similarly questionable whether a witness traveling to testify about the new moon itself will actually testify. But the two situations are not comparable. In the case of a new-moon witness, there is no reason to suspect that he might refuse to testify, for his testimony is with regard to what he has actually seen. A confirming witness, however, might be unwilling to assume what people perceive as the grave responsibility of vouching for the integrity of another person (*Ritva*).]

14. [Which is to the west of Babylonia.]

15. See above, 18a, and note 27 there.

16. It stands to become public knowledge which day *Beis Din* actually declared to be Rosh Chodesh. Therefore, the witness would not lie about this matter, since his lie would inevitably be exposed.

[The commentators discuss why the Gemara must resort here to this principle to explain why a single witness is believed when he informs us about which day *Beis Din* declared to be Rosh Chodesh. Why not believe him simply on the basis of the rule that עֵד אֶחָד נֶאֱמָן בְּאִסּוּרִין, *one witness is believed in matters of ritual law*? (see *Rivash,* cited by *Imrei Baruch* to *Turei Even* here; *Turei Even; Sfas Emes; Teshuvos Chasam Sofer, Even HaEzer* §94; *Minchas Chinuch* §301).]

17. I.e. even a complete stranger, whom we do not recognize at all (see next note).

18. Although we would not accept the actual new-moon testimony from a stranger, we do accept from him a report as to when *Beis Din* sanctified the new moon. For a lie about having seen the new moon does not stand to be exposed, whereas a lie about when the court sanctified the new moon does (see *Sfas Emes*).

19. The *Beis Din* will declare day thirty (counting from Rosh Chodesh of the previous month) to be Rosh Chodesh if witnesses testify as to having sighted the new moon on the preceding night (the night following the twenty-ninth). [The new moon is visible at night, just after sunset, which (at the beginning of the month) is soon followed by moonset.] If no witnesses come forth on day thirty, the next day (day thirty-one) is automatically Rosh Chodesh. In the incident reported here, no witnesses had sighted the new moon on the night preceding the thirtieth, so the Boethusians sought to deceive the *Beis Din* into accepting false witnesses, as the Baraisa proceeds to relate. In this way, the Boethusians hoped to trick *Beis Din* into declaring the thirtieth day to be Rosh Chodesh rather than the thirty-first. The Boethusian's motivation was as follows.

As mentioned above (22a note 5), the Boethusians, like the Sadducess, rejected the validity of the Oral Law. Thus, they maintained that the

ג א מיי' פ"ג מהלכות קידוש החדש הלכה ג:
ד ב מיי' שם הל' יד:
ה ג מיי' שם פ"ב ה"ב:
ו ד מיי' שם פ"ג ה"ח:

וחד מי מהימן. תימה כי לא מהימן נמי מחלל את השבת לילך שם שמא יצטרף עם אחר כדתנן בפ"ק (לעיל כא:) גבי אב ובנו דילכו לא מפני שיצטרפו זה עם זה אלא שאם יפסל האחד שיצטרף השני עם אחר ונראה דלא מקשה היאך אחר מחלל שבת כיון דלא מהימן לחודיה אלא מקשה על לישנא דמתני' דנקט אחר דמשמע דחד מהימן:

אלא מאי אותו אותו זוג. תימה מאי קאמר אני יכול לומר אחד מאותו הזוג: **סהדא** אחרינא הוה. י"ל דמיירי בעד אחד שראה החדש שהלך רבי נהוראי להצטרף עמו ולהעיד נמי על החדש והא דקתני בברייתא להעיד עליו אחדש קאי אבל בירו' ובתוספתא (פ"א) מוכח בהדיא דבהכרת העד מיירי שהלך ר' נהוראי להעיד עליו דכשר וכן פרש"י וקאי פירכא דלאו הכי אתרי שינויי:

להטעות את חכמים. שאירע יום ל' של אדר בשבת ולא נראה החדש בזמנו וביתוסין מתאוין שיהא יום א' של פסח בשבת כדי שתהא הנפת העומר באחד בשבת ועצרת באחד בשבת ועצרת באחד בשבת לפי שהיו דורשין ממחרת השבת שבת בראשית כמשמעו ומה מרויחים והלא מתקלקלין לענין פסח וי"ל דלא חשיבי ליה קלקול משום דלדבי' אתם ואפי' מזידים: **מוליך** ומביא מעלה ומוריד. בירושלמי משמע כדי שלא יטעו לומר שהוא כוכב דא"ר אסי חזינא כוכבא דנחית וסליק חזינא כוכבא דאזיל ואתי: **גזירה** משום ר"ח חסר שחל להיות בע"ש. וה"נ הוה מצי למימר משום ר"ח מלא שחל להיות בשבת מהני טעמי דמפרש: והא

וחד מי מהימן והתניא מעשה שבא הוא ועדיו עמו להעיד עליו אמר רב פפא מאי אחר זוג אחר ה"נ מסתברא דאי לא תימא הכי אם אינן מכירין אותו מאי אותו אילימא אותו חד וחד מי מהימן [א] משפט כתיב ביה אלא מאי אותו אותו הזוג ה"נ מאי אחר זוג אחר וחד לא מהימן והתניא [ב] מעשה ברבי נהוראי שהלך אצל העד להעיד עליו בשבת באושא אמרי רבי נהוראי [ג] סהדא אחרינא הוה בהדיה והא דלא חשיב ליה משום כבודו של רבי נהוראי רב אשי אמר רבי נהוראי סהדא אחרינא הוה באושא ואזל רבי נהוראי לאצטרופי בהדיה אי הכי מאי למימרא מהו דתימא מספיקא לא מחללינן שבתא [א] קמ"ל כי אתא עולא אמר קדשוה לירחא במערבא אמר רב כהנא לא מיבעיא עולא דגברא רבה הוא דמהימן [ב] אלא אפי' איניש דעלמא נמי מהימן מ"ט [ג] כל מילתא דעבידא לאגלויי לא משקרי בה אינשי תניא נמי הכי בא אחד (א) בסוף העולם ואמר קדשו ב"ד את החדש נאמן: בראשונה היו מקבלין עדות החדש מכל אדם וכו': תנו רבנן מה קלקול קלקלו הבייתוסין [ד] פעם אחת בקשו בייתוסין להטעות את חכמים שכרו שני בני אדם בד' מאות זוז אחד משלנו ואחד משלהם שלהם העיד עדותו ויצא שלנו אמרו לו אמור כיצד ראית את הלבנה אמר להם עולה הייתי במעלה אדומים וראיתיו שהוא רבוץ בין ב' סלעים ראשו דומה לעגל אזניו דומין לגדי קרניו דומות לצבי וזנבו מונחת לו בין ירכותיו והצצתי בו ונרתעתי ונפלתי לאחורי ואם אין אתם מאמינים לי הרי מאתים זוז צרורין לי בסדיני אמרו לו מי הזקיקך לכך אמר להם שמעתי שבקשו בייתוסים להטעות את חכמים אמרתי אלך אני ואודיע להם שמא יבואו בני אדם שאינם מהוגנין ויטעו את חכמים אמרו לו מאתים זוז נתונין לך במתנה והשוכרך ימתח על העמוד באותה שעה התקינו שלא יהו מקבלין אלא מן המכירין: **מתני'** [ה] [ד] בראשונה היו משיאין משואות משקלקלו הכותים התקינו שיהו שלוחין יוצאין כיצד היו משיאין משואות מביאין כלונסאות של ארז ארוכין וקנים ועצי שמן ונעורת של פשתן וכורך במשיחה ועולה לראש ההר ומצית בהן את האור ומוליך ומביא ומעלה ומוריד עד שהוא רואה את חבירו שהוא עושה כן בראש ההר השני וכן בראש ההר השלישי ומאין היו משיאין משואות מהר המשחה לסרטבא ומסרטבא לגרופינא ומגרופינא לחוורן ומחוורן לבית בלתין ומבית בלתין לא זזו משם אלא מוליך ומביא ומעלה ומוריד עד שהיה רואה כל הגולה לפניו כמדורת האש: **גמ'** מאי משמע דמשיאין לישנא דיקוד הוא דכתיב [ב] [ו] וישאם דוד ואנשיו ומתרגמינן ואוקדינן דוד ת"ר [ז] אין משיאין משואות אלא על החדש שנראה בזמנו לקדשו ואימתי משיאין לאור עיבורו למימרא דאחסר עבדינן אמלא לא עבדינן מ"ט א"ר זירא גזירה משום ר"ח חסר שחל להיות בערב שבת אימת עבדי באפוקי שבתא (ג) דאי אמרת נעביד נמי אמלא אתו למיטעי

וחד מי מהימן. להכשירו לזה בחזקת נאמן: מעשה שבא. העד לפני ב"ד בשבת להעיד על החדש: ועדיו עמו. להחזיקו נאמן: חד מי מהימן. לעדות החדש: משפט כתיב ביה. כי חק לישראל הוא משפט וגו': באושא. כשישבה סנהדרין שם ושם היו מקדשין את החדש: משום כבודו דרבי נהוראי. שהרי לא הוזכר ר' נהוראי אלא ללמוד ממנו שאדם גדול כמותו נהג היתר בדבר ואין כבודו שנביא את ראייתו אף מחבירו הקטן ממנו: סהדא אחרינא הוה באושא. המכיר את העד הזה: מספיקא. שמא אין אותו העד בביתו: להטעות את החכמים. שאירע יום ל' של אדר בשבת ולא נראה חדש בזמנו והבייתוסין מתאוין שיהא יום ראשון של פסח בשבת כדי שתהא הנפת העומר באחד בשבת ועצרת באחד בשבת לפי שהן דורשין ממחרת השבת יניפנו ממחרת שבת בראשית כמשמעו ושכרו שני בני אדם להעיד שראו את החדש היום: אחד משלנו. ולא הכירוהו: מאתים זוז נתונים לך במתנה. ותהא רשאי לעכבן ואע"פ שלא השלמת תנאי שלך לשוכרך דיש רשות לב"ד לקנוס ממון ולעשותו הפקר כדאמרינן ביבמות (דף פט:) מניין שהפקר ב"ד הפקר שנאמר וכל אשר לא יבא לשלשת הימים וגו' יחרם כל רכושו וגו' (עזרא י): ימתח על העמוד. למלקות כדאמרינן במסכת מכות (דף כב:) כופת שתי ידיו על העמוד: **מתני'** בראשונה היו משיאין משואות. לאחר שקדשו החדש ולא היו צריכין לשכור שלוחים לשלוח לגולה להודיע כי המשואות מודיעים אותן: משקלקלו הכותים. והשיאו גם הם משואות שלא בזמן החדש להטעות ישראל וב"ד לא היו משיאין משואות אלא בחדש שנתקדש ביום ל' כדאמרינן בפירקין וכשלא היו משיאין לערב של יום ל' הכל יודעין שהחדש מעובר ופעם אחת עיברו ב"ד את החדש ולא השיאו משואות לערב ל' והכותים השיאום בהרים שלהם והטעו את בני הגולה לעשותו חסר: כלונסות. פירטק"י בלע"ז: ארוכים. כדי שיראו למרחוק: וקנים ועצי שמן ונעורת של פשתן. כל אלו מרבים שלהבת: וכורכן במשיחה. לונצ"י בלע"ז קושרם בחוט של משיחה בראשי הכלונסיות: ומאין היו משיאין משואות. מה שם ההרים: מהר המשחה. מתחילין הוא הר הזיתים שלפני ירושלים עד שרואין שעושין כן בהר סרטבא: לחוורן וכו': את הגולה. בני בבל אנשי פומבדיתא והמה מודיעין לכל בני מדינת בבל: כמדורת אש. מפרש בגמרא מדורת אש לשון היסק גדול: **גמ'** לקדשו. להודיען שנתקדש: לאור עיבורו. לערב יום שלשים נגהי ל"א יום שלשים קרוי יום עיבורו כדאמרינן לעיל (דף יט:) על שני אדרים שמקדשין אותם ביום עיבוריהם ועל שם שממנו מעברין את חדש היוצא קרוי יום עיבור: ר"ח חסר. ר"ח הנקבע ביום שלשים שהחדש היוצא נמצא עכשיו חסר: שחל להיות בע"ש. ולא נוכל לחלל שבת (ג) לאורו להשיא משואות ונשיא אותם למ"ש: ואי אמרת. שנהא רגילין בין אחסר בין אמלא: אתו

רבינו חננאל

זוג אחר להעיד על העד שראה את החדש כי כשר הוא לקבל ממנו זו העדות ולעולם צריכין ב' עדים להעיד על כל אחד ואחד. כי אתא עולא אמר קדשו לירחא ואמר רב כהנא אפילו איניש מעלמא כי אתא ואמר קדשו לירחא מהימן מ"ט דכל מילתא דעבידא לגלויי לא משקרי בה אינשי. תניא נמי הכי בא אחד מסוף העולם ואמר קידשו ב"ד את החדש נאמן. בראשונה היו מקבלין עדות החדש מכל אדם משקלקלו המינין ושכרו עדים להטעות את החכמים התקינו שלא יהו מקבלין אלא מן המיודעין שהן כשרים להעיד. תנו רבנן מה קלקול קלקלו המינין כו': **[מתני']** בראשונה היו משיאין משואות משקלקלו הכותים השיאו משואות שלא בזמנו והטעו לבני המדינות הרחוקות התקינו שיהו שלוחין יוצאין (כיון א) [כמו] ששנינו במשנתנו כי המשואות מציתין את האור בכלונסות של ארז. אמרינן מאי משמע דמשואות לשון יקידה ג) להבה היא שנא' וישאם דוד ומתרגמינן ואוקדינן דוד. ת"ר אין משיאין משואות אלא על החדש שנראה בזמנו והוא לילי ל' כלומר מולד בכ"ט ונראה ליל ל' ונתקדש ביום ל' משיאין משואות לילי ל"א כלו' היום שיצא ר"ח היה והוא אור עיבורו. ש"מ דאחסר משיאין משואות ואמלא אין משיאין [משואות] דאין משיאין אלא על החדש שנראה בזמנו. תניא מ"ט א"ר זירא חיישינן דילמא מיקלע יום ל' של חדש חסר בע"ש והוא ר"ח ולילי ל"א הוא שבת ולא יתכן להדים משואות בלילי שבת ומתי משיאין במ"ש וידעין כי אע"פ שמ"ש אור ל"ב הוא ר"ח בע"ש היה ומפני מה לא עשו משואות לילי שבת שהוא אור ל"א מפני איסור שבת וא"ת נעשה גם לחדש מלא יטעו ויאמרו כי חסר היה. ומפני איסור שבת לא עשו מלא היה ור"ח בשבת היה. והמשואות בזמנן עשו אותן אור ל"ב שהוא לילי ל"א שהוא אור עיבורו. ג) ואקשינן ונעביד בין אמלא ובין אחסר. וכי מקלע כי האי גונא לא ליעביד כלל כו'. ופרקינן אפילו כי אתו למיטעא יאמרו יתכן שהיה החדש חסר ולא עשו משואות משום איסור שבת או מלא היה ולא נמנעו מלעשות משואות אלא משום אותם שאירע להם. ואקשינן מאי חזית דעבדינן אחסר וליעביד אמלא ולא ליעביד אחסר. אתו

לידי ביטול מלאכה. כלומר צריך בכל חדש להיבטל יום ל' ויום ל"א. ואם יעשו להן משואות נתברר כי החדש מלא היה. ואם לא יעשו נתברר כי חסר היה ולעולם אין הדבר מתברר אלא באור היום ל"ב אבי אבוה ביטול מלאכה. כן בחסר (אלא) אם יראו המשואות אור ל"א יודעין שחסר היה ואם לאו יודעין שהוא מלא: **ירושלמי** תמן בתמיד ובמסכת יוה"כ תנינן הרואה אומר בורקי מהו בורקי תמן אמרי ברק ברקא אנהר מנהרא ואקשינן עלה ועד אחד נאמן ופרקינן שנייה היא הכא שאתה יכול לעמוד עליו ואין אתה משקר בכי האי גוונא וחש לומר עד דו עליל ונפיק (מנהורא) [היא מנהרא] חכימא לה מילתא כלומר דבר זה מתברר ד) אמר עד אחד נולד לאיש פלוני בשבת מלין [אותו] על פיו חשכה במו"ש מטלטלין אותו על פיו ר' חייא מטלטל אפומא דמלויתא ר' (מאמל) [אימי] [מל] על פי נשים דאמרי שמשא הות בסיסתא מכירי מכיריו של עד שראה את הלבנה מהו לחלל עליו את השבת. שמעינן לה מהכא. רבי נהוראי אומר מעשה (שיתי) [שירדתי] להעיד על עד אחד באושא לא שהיו צריכין לי אלא עילה בקשתי להקביל פני חבירי. ומה קלקול הוה תמן שהיו אומרים עצרת לאחר השבת והיו יוצאין עליו מבערב בחזקת שנתקדש מעתה על ניסן לא יקבלו אלא מן המיודעין על שאר ירחיא מקבלין אמר רבי יוסי בר בון (קלקול יהן) ה) [עיקר קלקלתהון מן] אדר הות מעתה [כד היא] דכוותהון לא יקבלון דכך דלית דכוותיהן יקבלון זו מפני זו: **מתני'** כיצד משיאין משואות מביאין כלונסאות של ארז כו' עשרה

חשק שלמה על ר"ח א) לכאורה נראה דל"ל כמו ששנינו במשנתנו לעיל [בפ"ק דף י"ח] כלל הי' משיאין משואות לאור עיבורו וכו'. ב) אולי צ"ל ולהבה היא שנאמר וכו'. ג) מכאן עד סוף הענין חסר. ד) עיין ברבינו חננאל בסוף מס' שבת. ה) בירושלמי לפנינו איתא בשינוי לשון קצת ממה שכתב רבינו וע"ש בק"ע ופ"מ.

א) [תוספתא פרק א], ב) [גיטין ה:], ג) [יבמות לג: קטו. בכורות לו.], ד) [תוספתא פרק א], ה) ביצה ד: ו) [ע"ז מד. ע"ש בע"ק], ז) פסחים ג: [תוספתא פ"א ותוס' מגילה פ"ג], ח) [לקמן כה.].

הגהות הב"ח

(א) גמ' תנ"ה בא אחד מסוף העולם ואמר: (ב) שם באפוקי שבתא ואי אמרת: (ג) רש"י ד"ה שחל להיות כו' לחלל שבת לאור עיבורו להשיא משואות:

גליון הש"ס

גמרא סהדא אחרינא הוה בהדיה. גיטין דף ה ע"א סנהדרין דף יד ע"א:

תורה אור השלם

א) כִּי חֹק לְיִשְׂרָאֵל הוּא מִשְׁפָּט לֵאלֹהֵי יַעֲקֹב: [תהלים פא, ה]

ב) וַיַּעַזְבוּ שָׁם אֶת עֲצַבֵּיהֶם וַיִּשָּׂאֵם דָּוִד וַאֲנָשָׁיו: [שמואל ב ה, כא]

ליקוטי רש"י

בראשונה. קודם שקלקלו הכותים והשיאו הם משואות ביום שלא קבעו בו החודש כדי להטעות את ישראל. משיאין משואות. כמו להעלותם משאת העשן מן העיר (שופטים כ) (סימן) תבערה וגרלא השנה מפרש להו וכהן הן יודעין כל בני הגליות הקרובים והרחוקים את קביעת החודש ולא היו עושין אלא יו"ט אחד בכל מקום. שיהו שלוחים יוצאים. ועד מקום שיכול להגיע בתוך חמשה עשר יום הם מודיעים ועושין יום אחד והשאר עושין שני ימים [ביצה ד:]. הר המשחה. הר הזיתים הוא הר המשחה [מלכים בכג יג ופסחים יד: ושבועות טז.]. לשון שמן דמתרגמינן משחא והוא הר הזיתים [שבת נו:]. הוא הר הזיתים אשר על פני ירושלים מקדם [יומא טז.]. וישאם דוד. תי' יונתן ואוקידינן דוד וגברוהי [שמואל ב ה כא]. אין משיאין משואות. אבוקות בראשי הרים היו שלוחי בית דין עושין להודיע שהיום קדשו בית דין את החדש. אלא על החדש שנראה בזמנו לקדשו. ביום שלשים שנראה לקדש דאולו כשהחדש מעובר ועושין ראש חדש ביום שלשים ואחד אין מקדשין אותו שכבר קדשוהו שמים ואשמועינן הכי תנא דלאחסר עבדינן משואות ואמלא לא עבדינן משואות וכשלא רואין משואות יודעין שהחדש מעובר. לאור עיבורו. ליל שעבר שלשים להודיע שהיום נתקדש (ליל) שלשים (ואחד) קרי (אור) עבורו לפי שבו נעשה החדש מעובר כשאין קובעין בו את ראש חדש [פסחים ב:].

מָאתַיִם זוּז צְרוּרִין לִי בִּסְדִינִי – BEHOLD there are TWO HUNDRED *ZUZ* BUNDLED INTO MY CLOAK, which I was given to offer this testimony! אָמְרוּ לוֹ – THEY SAID TO HIM: מִי הִזְקִיקְךָ לְכָךְ – WHO INVOLVED YOU INTO THIS matter? אָמַר לָהֶם – HE SAID TO THEM: שָׁמַעְתִּי שֶׁבִּקְשׁוּ בַּיְיתוּסִים לְהַטְעוֹת אֶת חֲכָמִים – I HEARD THAT THE BOETHUSIANS SOUGHT TO DECEIVE THE SAGES. אָמַרְתִּי – So I SAID to myself: אֵלֵךְ אֲנִי וְאוֹדִיעַ לָהֶם – I WILL GO AND AND LET [THE BOETHUSIANS] KNOW of my willingness to testify falsely for them, שֶׁמָּא יָבוֹאוּ בְּנֵי אָדָם שֶׁאֵינָם מְהוּגָּנִין – LEST UNWORTHY PEOPLE COME וְיַטְעוּ אֶת חֲכָמִים – AND DECEIVE THE SAGES. אָמְרוּ לוֹ – Thereupon [THE *BEIS DIN*] SAID TO HIM: מָאתַיִם זוּז נְתוּנִין לְךָ בְּמַתָּנָה – The TWO HUNDRED *ZUZ* ARE GIVEN TO YOU AS A PRESENT,[24] וְהַשּׂוֹכֶרְךָ יִמָּתַח עַל הָעַמּוּד – AND THE ONE WHO HIRED YOU SHOULD BE STRETCHED OUT ON THE POST to be flogged.[25] בְּאוֹתָהּ שָׁעָה הִתְקִינוּ – AT THAT TIME THEY INSTITUTED שֶׁלֹּא יְהוּ מְקַבְּלִין אֶלָּא מִן הַמַּכִּירִין – THAT THEY [the *Beis Din*] SHOULD NOT ACCEPT testimony EXCEPT FROM THOSE KNOWN to be trustworthy and loyal Jews.[26]

שָׂכְרוּ שְׁנֵי בְנֵי אָדָם בְּאַרְבַּע מֵאוֹת זוּז – THEY HIRED TWO PEOPLE FOR a total of FOUR HUNDRED *ZUZ* – אֶחָד מִשֶּׁלָּנוּ וְאֶחָד מִשֶּׁלָּהֶם – ONE OF OURS AND ONE OF THEIR OWN[20] – to testify falsely that they had seen the new moon.[21] שֶׁלָּהֶם הֵעִיד עֵדוּתוֹ וְיָצָא – THE witness who was ONE OF THEIR OWN PRESENTED HIS TESTIMONY before the *Beis Din* AND LEFT. שֶׁלָּנוּ אָמְרוּ לוֹ – When THE witness who was ONE OF OURS came to give his testimony before the *Beis Din,* THEY SAID TO HIM: אֱמוֹר כֵּיצַד רָאִיתָ אֶת הַלְּבָנָה – TELL us HOW YOU SAW THE MOON. אָמַר לָהֶם – HE SAID TO THEM: עוֹלֶה הָיִיתִי בְּמַעֲלֶה אֲדוּמִּים – I WAS GOING UP MAALEH ADUMIM[22] וּרְאִיתִיו שֶׁהוּא רָבוּץ בֵּין שְׁנֵי סְלָעִים – AND I SAW IT CROUCHING BETWEEN TWO ROCKS, רֹאשׁוֹ דּוֹמֶה לְעֵגֶל – ITS HEAD RESEMBLING that of A CALF, אָזְנָיו דּוֹמִין לִגְדִי – ITS EARS RESEMBLING those of A KID, קַרְנָיו דּוֹמוֹת לִצְבִי – ITS HORNS RESEMBLING those of A DEER, וּזְנָבוֹ מוּנַּחַת לוֹ בֵּין יַרְכוֹתָיו – AND ITS TAIL PLACED BETWEEN ITS LEGS, וְנִרְתַּעְתִּי וְהֱצַצְתִּי בּוֹ – AND I LOOKED AT IT וְנָפַלְתִּי לַאֲחוֹרַי – AND WAS STARTLED AND FELL BACKWARDS.[23] וְאִם אֵין אַתֶּם מַאֲמִינִים לִי – AND IF YOU DO NOT BELIEVE ME, הֲרֵי

Mishnah בָּרִאשׁוֹנָה הָיוּ מַשִּׂיאִין מַשּׂוּאוֹת – **Originally, they would light** a relay of **torches** to spread the word of when Rosh Chodesh had been declared.[27] מִשֶּׁקִּלְקְלוּ הַכּוּתִים – **When the Cutheans disrupted** the process,[28] הִתְקִינוּ שֶׁיְּהוּ שְׁלוּחִין יוֹצְאִין – **[the Sages] instituted that messengers should go forth** to spread the word.[29]

NOTES

meaning of *Leviticus* 23:11, which states that the *Omer* be offered מִמָּחֳרַת הַשַּׁבָּת, *the day after the Sabbath,* is that it be offered on the first Sunday following the first day of Pesach. And they rejected the Oral Tradition handed down at Sinai, which explains that "the Sabbath" in the context of this verse refers to the first day of Pesach itself, which is called a "Sabbath" because of the *melachah* restrictions that apply on that day. A further result of their heresy would be that Shavuos (the fiftieth day following the *Omer* offering – see *Leviticus* 23:15-16) would have to fall on a Sunday as well. The Boethusians, then, found it advantageous to their cause that the first day of Pesach should fall on the Sabbath, so that the national observance of the *Omer* offering and the Shavuos festival should indeed conform to what they regarded as the literal meaning of the Torah. Now, the first day of Pesach (the fifteenth of Nissan) falls on the Sabbath only if Rosh Chodesh Nissan falls on the Sabbath. The year of the incident recorded here, the thirtieth of the preceding month (Adar) fell on the Sabbath, and *Beis Din* would have declared that day Rosh Chodesh had the new moon been sighted. Since the new moon had *not* been sighted, the Boethusians hired a pair of false witnesses to testify on the Sabbath that they had sighted the new moon on Friday night, so that *Beis Din* would be deceived into declaring the Sabbath to be Rosh Chodesh Nissan (*Rashi*).

20. [I.e. while one of the false witnesses was indeed a Boethusian, the other was not, but] the Boethusians did not realize that he was indeed a supporter of the Sages (*Rashi*).

21. One must wonder what the Boethusians sought to accomplish with this subterfuge. After all, they *knew* the witnesses were false, which would, in their view, invalidate *Beis Din's* erroneous declaration of the Sabbath as Rosh Chodesh! Thus, the subsequent offering of the *pesach* of the fourteenth (Friday) – an offering in which they would necessarily participate – would be a day early and of no consequence! *Tosafos* answer that while generally rejecting the Oral Tradition, the Boethusians did accept the Scriptural exposition (see below, 25a) which teaches that *Beis Din's* declaration of Rosh Chodesh is valid even if done in error. (Cf. *Doros HaRishonim* Volume II pp. 418-422 at length.)

22. A place mentioned in *Joshua* 15:7.

23. See *Akeidas Yitzchak* §67 and *Maharsha,* who explain (in different ways) the allegorical connotations of this witness' outlandish characterizations of the moon's appearance.

24. I.e. we give you permission to keep the two hundred *zuz* given to you by those who hired you even though you did not fulfill the terms that they stipulated with you – viz. that you should bear false witness in this case. For the *Beis Din* has the authority to impose monetary penalties, through their power to declare property ownerless. This is derived in *Yevamos* 89b from the verse in *Ezra* (10:8), which states: *And whoever does not come within three days . . . all his property shall be forfeit.* [Ezra and the leaders, in order to exhort the people to banish the non-Jewish wives that some had taken, issued a call that all the returning exiles should gather in Jerusalem in three days or suffer the penalties stated in this verse. Hence, we see that *Beis Din* has the authority to confiscate property.] Thus, in our case, the *Beis Din* in effect confiscated the two hundred *zuz* from those who hired the false witness, and allowed the witness, who exposed the plot, to keep it (*Rashi;* cf. *Akeidas Yitzchak* ibid.). [See *Chazon Yechezkel* to *Tosefta Rosh Hashanah* 1:14.]

25. The expression "stretched out on the post" is used to denote receiving lashes, because the one who was flogged first had his hands bound around a post, as stated in the Mishnah, *Makkos* 22b (*Rashi*).

26. Apparently, it would have been sufficient for the Sages to require "known" witnesses *only* in cases where the witnesses' testimony would cause Rosh Chodesh Nissan to fall on the Sabbath. Nevertheless, to protect against false witnesses in that situation, the Sages made it a *general* requirement that only known witnesses be accepted for new-moon testimony (*Yerushalmi,* cited by *Tos. R' Akiva Eiger* to the Mishnah; cf. *Aruch LaNer* to 22a ד״ה שם במתניתין משקלקלו).

27. [As the Mishnah will describe below.] Thus, they did not have to hire messengers [as they did in later times – see further in the Mishnah] to spread this information to the Diaspora (*Rashi*).

As mentioned above (see note 19), *Beis Din* either declares day thirty to be Rosh Chodesh [in which case the preceding month is called חָסֵר, *deficient,* having consisted of but twenty-nine days], or else day thirty-one is automatically Rosh Chodesh [in which case the preceding month is called מְעֻבָּר, *pregnant,* or מָלֵא, *full,* having consisted of thirty days]. If *Beis Din* indeed declared day thirty to be Rosh Chodesh, they would signal with torches the following evening to spread the word. If they did not declare day thirty to be Rosh Chodesh, they would *not* signal with torches, and the people would realize from the absence of torches that Rosh Chodesh had been pushed off to day thirty-one (*Rashi* ד״ה משקלקלו, from Baraisa and Gemara below).

28. On that month, *Beis Din* had *not* declared the thirtieth day to be Rosh Chodesh, and thus did not order the torches to be lit. The Cutheans, however, wished to deceive the people into thinking that the thirtieth day *had* been declared Rosh Chodesh, and therefore displayed lit torches from their mountaintops (*Rashi*).

[According to *Meiri,* the Cutheans' disruption occurred with regard to Rosh Chodesh Tishrei, which the *Beis Din* that year had delayed until day thirty-one. Thus, the Cutheans, who deceived the people of the Diaspora into thinking that day thirty had been declared Rosh Chodesh, caused them to fail to observe Rosh Hashanah that year on the proper day.]

29. These messengers would carry a written certification from *Beis Din* that would be recognized as authentic by the people in the Diaspora (*Meiri*). However [as stated in the Gemara above – see note 16], the messenger, or in fact any simple Jew, is believed when he informs the Diaspora when Rosh Chodesh was declared, since a person would not state a lie that is bound to be exposed (*Meiri* above ד״ה שלוחים אלו שבית דין שולחים).

וחד מי מהימן והתניא מעשה שבא הוא ועדיו עמו להעיד עליו אמר רב פפא מאי אחר זוג אחר ה"נ מסתברא דאי לא תימא הכי אם אינן מכירין אותו מאי אותו אילימא אותו חד וחד מי מהימן א) משפט כתיב ביה אלא מאי אותו אותו הזוג ה"נ מאי אחר זוג אחר וחד לא מהימן והתניא א) מעשה ברבי נהוראי שהלך אצל העד להעיד עליו בשבת באושא אמרי רבי נהוראי ב) סהדא אחרינא הוה בהדיה והא דלא חשיב ליה משום כבודו של רבי נהוראי רב אשי אמר רבי נהוראי סהדא אחרינא הוה באושא ואזל רבי נהוראי לאצטרופי בהדיה אי הכי מאי למימרא מהו דתימא מספיקא לא מחללינן שבתא קמ"ל כי אתא עולא אמר קדשוה לירחא במערבא אמר רב כהנא לא מיבעיא עולא דגברא רבה הוא דמהימן אלא אפי' איניש דעלמא נמי מהימן מ"ט ג) כל מילתא דעבידא לאגלויי לא משקרי בה אינשי תניא נמי הכי בא אחד (א) בסוף העולם ואמר קדשו ב"ד את החדש נאמן: בראשונה היו מקבלין עדות החדש מכל אדם וכו': תנו רבנן מה קלקול קלקלו הביתוסין ד) פעם אחת בקשו ביתוסין להטעות את חכמים שכרו שני בני אדם בד' מאות זוז אחד משלנו ואחד משלהם שלהם העיד עדותו ויצא שלנו אמרו לו אמור כיצד ראית את הלבנה אמר להם עולה הייתי במעלה אדומים וראיתיו שהוא רבוץ בין ב' סלעים ראשו דומה לעגל אזניו דומין לגדי קרניו דומות לצבי וזנבו מונחת לו בין ירכותיו והצצתי בו ונרתעתי ונפלתי לאחורי ואם אין אתם מאמינים לי הרי מאתים זוז צרורין לי בסדיני אמרו לו מי הזקיקך לכך אמר להם שמעתי שבקשו ביתוסים להטעות את חכמים אמרתי אלך אני ואודיע להם שמא יבואו בני אדם שאינם מהוגנין ויטעו את חכמים אמרו לו מאתים זוז נתונין לך במתנה והשוכרך ימתח על העמוד באותה שעה התקינו שלא יהו מקבלין אלא מן המכירין: מתני' ה) בראשונה היו משיאין משואות משקלקלו הכותים התקינו שיהו שלוחין יוצאין כיצד היו משיאין משואות מביאין כלונסאות של ארז ארוכין וקנים ועצי שמן ונעורת של פשתן וכורך במשיחה ועולה לראש ההר ומצית בהן את האור ומוליך ומביא ומעלה ומוריד עד שהוא רואה את חבירו שהוא עושה כן בראש ההר השני וכן בראש ההר השלישי ומאין היו משיאין משואות מהר המשחה לסרטבא ומסרטבא לגרופינא ומגרופינא לחוורן ומחוורן לבית בלתין ומבית בלתין לא זזו משם אלא מוליך ומביא ומעלה ומוריד עד שהיה רואה כל הגולה לפניו כמדורת האש: גמ' מאי משמע דמשיאין לישנא דיקוד הוא דכתיב ב) ו) וישאם דוד ואנשיו ומתרגמינן ואוקדינן דוד ת"ר ז) אין משיאין משואות אלא על החדש שנראה בזמנו לקדשו ואימתי משיאין לאור עיבורו למימרא דאחסר עבדינן אמלא לא עבדינן מ"ט א"ר זירא גזירה משום ר"ח חסר שחל להיות בערב שבת אימת עבדי באפוקי שבתא (ב) דאי אמרת נעביד נמי אמלא אתו למיטעי

תוספות

וחד מי מהימן. תימה כי לא מהימן נמי מחלל את השבת ליזל שם שמא יצטרף עם אחר כדתנן בפ"ק (לעיל ע"א) גבי אב ובנו דילכו לא מפני שיצטרפו זה עם זה אלא שאם יפסל האחד שיצטרף השני עם אחר ונראה דלא מקשה היאך אחד מחלל שבת כיון דלא מהימן לחודיה אלא מקשה על לישנא דמתני' דנקט אחד דמשמע דחד מהימן:

אלא מאי אותו אותו זוג. תימה מאי קאמר אני יכול לומר אחד מאותו הזוג: **סהדא** אחרינא הוה. י"ל דמיירי בעד אחד שראה החדש שהלך רבי נהוראי להצטרף עמו ולהעיד נמי על החדש והא דקתני בברייתא להעיד עליו אחדש קאי אבל בירו' ובתוספתא (פ"א) מוכח בהדיא דבהכרת העד מיירי שהלך ר' נהוראי להעיד עליו דכשר וכן פרש"י וקאי פירכא דאי הכי אתרי שינויי:

להטעות את חכמים. שאירע יום ל' של אדר בשבת ולא נראה החדש בזמנו וביתוסין מתאוין שיהא יום א' של פסח בשבת כדי שתהא הנפת העומר באחד בשבת ועצרת באחד בשבת לפי שהיו דורשין ממחרת השבת שבת בראשית כמשמעו כך פי' בקונטרס וא"ת ומה מרויחים והלא מתקלקלין לענין פסח וי"ל דלא חשיבי ליה קלקול משום דדרשי ח) אתם ואפי' מזידים: **מוליך** ומביא מעלה ומוריד. בירושלמי משמע כדי שלא יטעו לומר שהוא כוכב דא"ר אסי חזינא כוכבא דנחית וסליק חזינא כוכבא דאזיל ואתי: **גזירה** משום ר"ח חסר שחל להיות בע"ש. ה"נ הוה מצי למימר משום ר"ח מלא שחל להיות בשבת מהני טעמי דמפרש: והא

רש"י

וחד מי מהימן. להכשירו לזה בחזקת נאמן: מעשה שבא. העד לפני ב"ד בשבת להעיד על החדש: ועדיו עמו. להחזיקו נאמן: חד מי מהימן. לעדות החדש: משפט כתיב ביה. כי חק לישראל הוא משפט וגו': באושא. כשישבה סנהדרין שם ושם היו מקדשין את החדש: משום כבודו דרבי נהוראי. שהרי לא הוזכר ר' נהוראי אלא ללמוד ממנו שאדם גדול כמותו נהג היתר בדבר ואין כבודו שנביא את ראיותינו אף מחבירו הקטן ממנו: סהדא אחרינא הוה באושא. המכיר את העד הזה: מספיקא. שמא אין אותו העד בביתו: להטעות את החכמים. שאירע יום ל' של אדר בשבת ולא נראה חדש בזמנו והביתוסין מתאוין שיהא יום ראשון של פסח בשבת כדי שתהא הנפת העומר באחד בשבת ועצרת באחד בשבת לפי שהן דורשין ממחרת השבת יניפנו ממחרת שבת בראשית כמשמעו ושכרו שני בני אדם להעיד שראו את החדש היום: אחד משלנו. ולא הכירוהו: מאתים זוז נתונים לך במתנה. ותהא רשאי לעכבן ואע"פ שלא השלמת תנאי שלך לשוכרך דיש רשות לב"ד לקנוס ממון ולעשותו הפקר כדאמרינן ביבמות (דף פט:) מניין שהפקר ב"ד הפקר שנאמר וכל אשר לא יבא לשלשת הימים וגו' יחרם כל רכושו וגו' (עזרא י): ימתח על העמוד. למלקות כדאמרינן במסכת מכות (דף כב:) כופת שתי ידיו על העמוד: מתני' בראשונה היו משיאין משואות. לאחר שקדשו החדש ולא היו צריכין לשכור שלוחים לשלוח לגולה להודיע כי המשואות מודיעים אותן: משקלקלו הכותים. והשיאו גם הם משואות שלא בזמן החדש להטעות ישראל וב"ד לא היו משיאין משואות אלא בחדש שנתקדש ביום ל' כדאמרינן בפירקין וכשלא היו משיאין לערב של יום ל' הכל יודעין שהחדש מעובר ופעם אחת עיברו ב"ד את החדש ולא השיאו משואות לערב ל' והכותים השיאום בהרים שלהם והטעו את בני הגולה לעשותו חסר: כלונסות. פירטק"י בלע"ז: ארוכים. כדי שיראו למרחוק: וקנים ועצי שמן ונעורת של פשתן. כל אלו מרבים שלהבת: וכורכן במשיחה. לונצ"י בלע"ז קושרם בחוט של משיחה בראשי הכלונסיות: ומאין היו משיאין משואות. מה הם ההרים: מהר המשחה. מתחילין הוא הר הזיתים שלפני ירושלים עד שרואין שעושין כן בהר סרטבא: לחוורן וכו': את הגולה. בני בבל אנשי פומבדיתא והמה מודיעין לכל בני מדינת בבל: כמדורת אש. מפרש בגמרא מדורת אש לשון היסק גדול: גמ' לקדשו. להודיען שנתקדש: לאור עיבורו. לערב יום שלשים נגהי ל"א יום שלשים קרוי יום עיבורו כדאמרינן לעיל (דף יט:) על שני אדרים שמקדשין אותם ביום עיבוריהם ועל שם שממנו מעברין את חדש היוצא קרוי יום עיבור: ר"ח חסר. ר"ח הנקבע ביום שלשים שהחדש היוצא נמצא עכשיו חסר: שחל להיות בע"ש. ולא נוכל לחלל שבת (ג) לאורו להשיא אותם למ"ש: ואי אמרת. שנהא רגילין בין אחסר בין אמלא: אתו

עין משפט נר מצוה

ג א מיי' פ"ג מהלכות קידוש החדש הלכה ג:
ד ב מיי' שם הל' יד:
ה ג מיי' שם פ"ב הל"ב:
ו ד מיי' שם פ"ג ה"ח:

רבינו חננאל

זוג אחר להעיד על העד שראה את החדש כי כשר הוא לקבל ממנו זו העדות ולעולם צריכין ב' עדים להעיד על כל אחד ואחד. כי אתא עולא אמר רב כהנא אפילו איניש עלמא כי אתא ואמר קדשו לירחא מהימן מ"ט דכל מילתא דעבידא לגלויי לא משקרי בה אינשי. תניא נמי הכי בא אחד מסוף העולם ואמר קידשו ב"ד את החדש מהימן. בראשונה היו מקבלין עדות החדש מכל אדם משקלקלו המינין ושכרו עדים להטעות את החכמים התקינו שלא יהו מקבלין אלא מן המיודעין שהן כשרים להעיד. תנו רבנן מה קלקול קלקלו המינין כו': [מתני'] בראשונה היו משיאין משואות משקלקלו הכותים והשיאו משואות שלא בזמנן והטעו לבני המדינות הרחוקות התקינו שיהו שלוחין יוצאין (כיון) א) שנשנו במשנתנו כי המשואות מציתין את האור בכלונסות של ארז. אמרינן מאי משמע דמשואות לשון יקידה ב) להבה היא שנא' וישאם דוד ומתרגמינן ואוקדינן דוד. ת"ר אין משיאין משואות אלא על החדש שנראה בזמנו לילי ל' כלומר מולד בכ"ט ונראה לילי ל' ונתקדש ביום ל' משיאין משואות לילי ל"א כלו' היום שיצא ר"ח היה והוא אור עיבורו. ש"מ דאחסר משיאין משואות ואמלא אין משיאין [משואות] דאין משיאין אלא על החדש שנראה בזמנו. תניא מ"ט א"ר זירא חיישינן דילמא מיקלע יום ל' של חדש שהוא בע"ש והוא ר"ח ולילי ל"א הוא שבת ולא יתכן להרים משואות בלילי שבת ומתי משיאין במ"ש וידעינן כי אע"פ שמ"ש אור ל"ב הוא ר"ח בע"ש היה ומפני מה לא עשו משואות לילי שבת שהוא אור ל"א מפני איסור שבת ואי"ת נעשה גם לחדש מלא יטעו ויאמרו כי חסר היה. ומפני איסור שבת לא עשו או מלא היה ור"ח בשבת היה. והמשואות בזמנן עשו אותן אור ל"ב שהוא לילי ל"א שהוא אור עיבורו. ג) ואקשינן ונעביד בין אמלא ובין אחסר. וכי מקלע כי האי גונא לא ליעביד כלל כו'. ופרקינן אפילו הכי אתו למיטעא ויאמרו כי הא דחזינן שהיה חסר ולא עשו משואות משום איסור שבת או מלא היה ולא נמנעו מלעשות משואות אלא משום אותם שאירע להם. ואקשינן מאי חזית דעבדינן אחסר וליעביד אמלא ולא ליעביד אחסר. ופריק אביי משום ביטול מלאכה. כלומר צריך בכל חדש להיבטל יום ל' ויום ל"א. ואם יעשו להן משואות נתברר כי החדש מלא היה. ואם לא יעשו נתברר כי חסר היה ולעולם אין הדבר מתברר אלא באור היום ל"ב מה שאין כן בחסר (אלא) אם יראו המשואות אור ל"א יודעין שחסר היה ואם לאו יודעין שהוא מלא: ירושלמי תמן בתמיד ובמסכת יוה"כ תנינן הרואה אומר בורקי מהו בורקי תמן אמרי ברק ברקא אנהר מנהרא ... ואקשינן עלה ועד אחד נאמן ופרקינן שנייה היא הכא שאתה יכול לעמוד עליו ואין אתה משקר בכי האי גוונא וחש לומר עד דו עליל ונפיק (מנהורא) [היא מנהרא] חכימא לה מילתא ...

חשק שלמה על ר"ח א) לכאורה נראה דצ"ל כמו ששנינו במשנתנו ... ב) אולי צ"ל ולשלהבת היא שנאמר וכו'. ג) מכאן שייך לדף כג ע"א. ד) עיין ברבינו חננאל בסוף מס' שבת. ה) בירושלמי לפנינו איתא בשינוי לשון קצת ...

מסורת הש"ס

א) [תוספתא פרק א], ב) [גיטין ה:], ג) [יבמות לג: קנו. בכורות לו.], ד) [תוספתא פרק א], ה) ביצה ד:, ו) [ע"ז מג. ע"ש לע"ק], ז) פסחים ב: [תוספתא פ"א ותוס' מגילה פ"ג] ח) [לקמן כה.]

הגהות הב"ח

(א) גמ' תנ"ה בא אחד מסוף העולם ואמר: (ב) שם באפוקי שבתא ואי אמרת: (ג) רש"י ד"ה שחל וכו' לחלל שבת לאור עיבורו להשיא משואות:

גליון הש"ס

גמרא סהדא אחרינא הוה בהדיה. גיטין דף ה ע"א סנהדרין דף יד ע"ב:

תורה אור השלם

א) כִּי חֹק לְיִשְׂרָאֵל הוּא מִשְׁפָּט לֵאלֹהֵי יַעֲקֹב: [תהלים פא, ה]

ב) וַיַּעַזְבוּ שָׁם אֶת עֲצַבֵּיהֶם וַיִּשָּׂאֵם דָּוִד וַאֲנָשָׁיו: [שמואל ב ה, כא]

ליקוטי רש"י

בראשונה. קודם שקלקלו הכותים והשיאו הם משואות ביום שלא קבעו בו החודש כדי להטעות את ישראל. משיאין משואות. כמו להעלותם משאת העשן מן העיר (שופטים כ) מגבעה ונראה בשנה מפרש להו והכן היו יודעין כל בני הגליות הקרובים והרחוקים את קביעת החודש ולא היו עושין אלא יו"ט אחד בכל מקום. שיהו שלוחים יוצאים. ועד מקום שיכול להגיע בתוך חמשה עשר ימים הם מודיעים ועושין יום אחד והשאר עושין שני ימים [ביצה ד:]. הר המשחה. הר הזיתים [מלכים ב כג יג ופסחים יד: ושבועות טז.]. לשון שמן דמתרגמינן משחא והוא הר הזיתים (שבת נז:). הוא הר הזיתים אשר על פני ירושלים מקדם [יומא טז.]. וישאם דוד. תר' יונתן ואוקידינון דוד וגברוהי [שמואל ב ה כא]. אין משיאין משואות. אבוקות בראשי הרים היו שלוחי בית דין עושין להודיע שהיום קידשו בית דין את החדש. אלא על החדש שנראה בזמנו לקדשו. ביום שלשים שנראה לקדש דלאו כשהחדש מעובר ועושין ראש חדש ביום ראשון ואחד אין מקדשין אותו שכבר קדשוהו שמים ואשמועינן האי תנא דאחסר עבדינן משואות ואמלא לא עבדינן משואות וכשאין רואין משואות יודעין ... לאור עיבורו. ליל שעבר שלשים להודיע שהיום נתקדש (ליל) שלשים (ואחד) קרי (אור) עיבורו על שם שבו נעשה החדש מעובר כשאין קובעין בו ראש חדש [פסחים ב:].

כֵּיצַד הָיוּ מַשִּׂיאִין מַשּׂוּאוֹת – **How did they light** the **torches** originally? מְבִיאִין כְּלוֹנְסָאוֹת שֶׁל אֶרֶז אֲרוּכִּין – **They would bring long poles of cedar-wood,**[30] וְקָנִים וַעֲצֵי שֶׁמֶן וּנְעוֹרֶת שֶׁל פִּשְׁתָּן – **and reeds, balsam-wood, and flax combings.**[31] וְכוֹרֵךְ בִּמְשִׁיחָה – **And one would bundle** them around the top of the pole **with a string,** וְעוֹלֶה לְרֹאשׁ הָהָר – **go up to the top of the mountain,** וּמַצִּית בָּהֶן אֶת הָאוּר – **and set fire to them.** וּמוֹלִיךְ וּמֵבִיא וּמַעֲלֶה וּמוֹרִיד – **And he would wave** the torch **back and forth and up and down,**[32] עַד שֶׁהוּא רוֹאֶה אֶת חֲבֵירוֹ שֶׁהוּא עוֹשֶׂה כֵּן בְּרֹאשׁ הָהָר הַשֵּׁנִי – **until he sees his counterpart doing the same on the top of the second mountain;** וְכֵן בְּרֹאשׁ הָהָר הַשְּׁלִישִׁי – **and so, too, at the top of the third mountain,** and so on, all along the relay. וּמֵאַיִן הָיוּ מַשִּׂיאִין מַשּׂוּאוֹת – **And at which** vantage **points would they light** the **torches?** [I.e. which mountaintops were the points in the relay?] מֵהַר הַמִּשְׁחָה לְסַרְטָבָא – **From the Mount of Olives** they would shine torches **to Sartava,**[33] וּמִסַּרְטָבָא לִגְרוֹפִינָא – **and from Sartava to Grofina,** וּמִגְּרוֹפִינָא לְחַוְורָן – **and from Grofina to Chavran,** וּמֵחַוְורָן לְבֵית בַּלְתִּין – **and from Chavran to Beis Baltin.** וּמִבֵּית בַּלְתִּין לֹא זָזוּ מִשָּׁם – **And** when signaling **from Beis Baltin, they would not move from there,** אֶלָּא מוֹלִיךְ וּמֵבִיא וּמַעֲלֶה וּמוֹרִיד – **rather [the signaler] would wave** the torch **back and forth and up and down** עַד שֶׁהָיָה רוֹאֶה כָּל הַגּוֹלָה לְפָנָיו כִּמְדוּרַת הָאֵשׁ – **until he would see the entire** Babylonian **Diaspora** illuminated **before him like a bonfire.**[34]

Gemara The Gemara addresses the terminology used by the Mishnah:

מַאי מַשְׁמַע דְּמַשִּׂיאִין לִישָּׁנָא דִּיקוּד הוּא – **What** verse **indicates that** ***masiin*** **is an expression of "burning"?** דִּכְתִיב ,,וַיִּשָּׂאֵם דָּוִד וַאֲנָשָׁיו'' – **For it is written:** ***"vayisa'em" David and his men,***[35] וּמְתַרְגְּמִינַן וְאוֹקְדִינַן דָּוִד – **and we render this** verse **in the** traditional Aramaic **Targum**[36] as: ***and David** and his men* ***"burned them."***[37]

The Gemara cites a Baraisa concerning the lighting of torches to announce the sanctification of Rosh Chodesh:

תָּנוּ רַבָּנַן – **The Rabbi's taught** in a Baraisa: אֵין מַשִּׂיאִין מַשּׂוּאוֹת אֶלָּא עַל הַחֹדֶשׁ שֶׁנִּרְאָה בִּזְמַנּוֹ – **THEY LIGHT TORCHES ONLY FOR THE NEW MOON THAT WAS SEEN IN ITS TIME,** לְקַדְּשׁוֹ – **IN ORDER TO ANNOUNCE ITS SANCTIFICATION.**[38] וְאֵימָתַי מַשִּׂיאִין – **AND WHEN DO THEY LIGHT** the torches? לְאוֹר עִיבּוּרוֹ – **ON THE EVENING FOLLOWING ITS INTERCALARY [DAY].**[39]

The Gemara observes:

לְמֵימְרָא – This Baraisa comes **to say,** then, דְּאַחָסֵר עָבְדִינַן – **that for a deficient [month], we do** the lighting of the torches,[40] אַמָּלֵא לֹא עָבְדִינַן – **but for a full [month], we do not do** the lighting of the torches.[41]

The Gemara explains:

מַאי טַעְמָא – **What is the reason** for this difference?[42] אָמַר רַבִּי זֵירָא – **R' Zeira said:** גְּזֵירָה מִשּׁוּם רֹאשׁ חֹדֶשׁ חָסֵר שֶׁחָל לִהְיוֹת בְּעֶרֶב שַׁבָּת – We do not light torches for Rosh Chodesh following a full month because of **a decree on account of** the situation in which **Rosh Chodesh** following **a deficient** month **falls on Friday.** אֵימַת עָבְדֵי – In that case, **when do they do** the lighting of the torches to announce that Friday had been declared Rosh Chodesh? בְּאַפּוּקֵי שַׁבְּתָא – **Upon the departure of the Sabbath** (i.e. on Saturday night).[43] דְּאִי אָמְרַתְּ נַעֲבֵיד נַמִּי אַמָּלֵא – **Now, if you say that** in general **we should do** the lighting of the torches **even for a full** month, then in the present situation (when Friday, day thirty, is declared Rosh Chodesh) אָתוּ – **they** [the people of the Diaspora] **would come**

NOTES

30. The poles were long so that their flaming tops would be seen from afar (*Rashi*).

31. These materials enlarge the flame (*Rashi*).

32. This was necessary so that observers should not mistake it for a shooting star, which moves either vertically or horizontally but not both (see *Tosafos* ד"ה מוליך citing *Yerushalmi,* and *Tos. Yom Tov*).

33. They began at the Mount of Olives which is right outside Jerusalem [to the east (*Rav*)]; from there they signaled to Mount Sartava (*Rashi*).

34. The Gemara (23b) explains that "the entire Diaspora" here refers only to the city of Pumbedisa. [It cannot possibly refer to the *entire* Babylonian Diaspora because it would be impossible for the signaler to see the entire Babylonian Diaspora from Beis Baltin (*Aruch LaNer* to Gemara ibid.).] The people in Pumbedisa would then inform all the people throughout Babylonia (*Rashi*).

[The Gemara (ibid.) explains that "the entire Diaspora" (i.e. Pumbedisa) was illuminated like a bonfire, because all the Pumbedisans would go up to their roofs and wave flaming torches, thus making the entire city appear like a mass of fire.]

35. *II Samuel* 5:21. [The words מַשִּׂיאִין, *masiin,* and וַיִּשָּׂאֵם, *vayisa'em,* derive from the same root נשא.] The verse uses the word וַיִּשָּׂאֵם, *vayisa'em,* to describe what David and his men did to the abandoned idols of the Philistines fleeing from Baal Peratzim, where David and his men had routed them.

36. This refers to Yonasan ben Uziel's Aramaic rendering of the Prophets (see *Aruch LaNer* and *Sfas Emes*).

37. [And this is indeed explicitly stated in the parallel account written in *I Chronicles* 14:12 (*Hagahos Yavetz*).] Thus, we see that the verse uses the root נשא to denote *burning;* hence the term מַשִּׂיאִין for lighting torches.

38. [*Rashi* here; cf. *Rashi* to *Pesachim* 2b, and *Rashash* here.]

As mentioned above (see note 19), *Beis Din* declares day thirty to be Rosh Chodesh only if the new moon is seen on the preceding night ("in its time"). As the Gemara points out below, the Baraisa teaches that torches were shone to announce Rosh Chodesh only if the new moon is "seen in its time" and day thirty is thus declared to be Rosh Chodesh. If, however, Rosh Chodesh was delayed until day thirty-one, no torches would be shone. Rather, the very absence of the torches would signify to the people that day thirty had *not* been declared Rosh Chodesh, and that day thirty-one, therefore, was *automatically* Rosh Chodesh.

39. Day thirty is called the יוֹם הָעִיבּוּר, *intercalary day* (see above, 19b), because that is the day which the court sometimes "intercalates" or "adds" into the outgoing month, making that day the thirtieth of the outgoing month and delaying Rosh Chodesh until the morrow (*Rashi*). It was only on the night that followed this day that the torches would be lit (if the thirtieth day was declared Rosh Chodesh). [Obviously, the torches could signal only at night, when they would be visible at a distance (see *Rashi* to *Pesachim* 2b ד"ה אלמא אור אורתא).]

40. We signal with torches only when the outgoing month is deficient — that is, it has twenty-nine days, and day thirty is Rosh Chodesh, the first of the incoming month.

41. When the outgoing month is full — that is, it has thirty days — and Rosh Chodesh is delayed until day thirty-one, we do *not* signal with torches.

42. Why not signal with torches on the night that follows Rosh Chodesh in either event? If the outgoing month is deficient, we will signal with torches on the night that follows day thirty. And if the outgoing month is full, we will signal on the night following day thirty-one. [This procedure would have the advantage of forestalling any disruption by the Cutheans, who could not then signal on the wrong night, as their deception would (immediately) be exposed on the next (see *Rashash*).]

43. When Friday the thirtieth is declared Rosh Chodesh, we cannot light the torches on Friday night to announce that the previous day had been declared Rosh Chodesh, because lighting torches is a forbidden *melachah,* and the signaling of torches to announce Rosh Chodesh does not override the Sabbath (*Rashi*). Rather, the lighting of the torches would have to be postponed until the next night — Motza'ei Shabbos.

לְמִיטְעֵי – to be confused[1] when they see the torches on Saturday night. **אָמְרֵי הַאי חָסֵר הוּא** – For **they would say:** Perhaps **this** outgoing month **was deficient,** with Friday – day thirty – having been declared Rosh Chodesh, **וְהַאי דְּלָא עֲבִיד מֵאֶתְמוֹל** – **and that which he** [the agent of *Beis Din*] **did not do** the lighting of the torches **yesterday** (on Friday night) **מִשּׁוּם דְּלָא אֶפְשַׁר** – is **because it was not possible** to do so on the Sabbath. **אוֹ דִּלְמָא מָלֵא הוּא** – **Or perhaps it** [the preceding month] **was full,** with Rosh Chodesh having been delayed until the Sabbath, **וּבִזְמַנּוֹ עָבְדוּ** – **and they are** now **doing** the lighting of the torches **in its proper time,** on the night that follows Rosh Chodesh. Thus, if torches would generally be lit on the night that follows Rosh Chodesh regardless of whether the outgoing month is deficient or full, confusion would reign in the inevitable situation in which the outgoing month is deficient and Rosh Chodesh is declared on Friday.[2]

The Gemara asks that this confusion could be avoided even if torches would generally be lit even for Rosh Chodesh following a full month:

וְלִיעֲבִיד בֵּין אַמָּלֵא בֵּין אַחָסֵר – **But let [*Beis Din*]** generally **do** the lighting of torches **both for** Rosh Chodesh following **a full** month **and** Rosh Chodesh following **a deficient** month, **וְכִי מִקְלַע רֹאשׁ חֹדֶשׁ בְּעֶרֶב שַׁבָּת** – **and if Rosh Chodesh** following a deficient month **happens to fall on Friday, לֹא לִיעֲבִיד כְּלָל** – **let them not do** the lighting of the torches **at all. וְכֵיוָן דְּלָא עָבְדִינַן מוֹצָאֵי שַׁבָּת** – **And since** people will see **that we did not do** the lighting of the torches on **Motza'ei Shabbos, וְעָבְדִינַן אַמָּלֵא** – **though** ordinarily **we do** indeed light the torches **for** Rosh Chodesh following **a full** month, **מֵידַע יָדְעֵי דְּחָסֵר הוּא** – **they will surely know that [the outgoing month] was deficient,** and Rosh Chodesh had been declared on Friday, day thirty. And it was because of the Sabbath restrictions that torches were not lit on Friday night.[3] – ? –

The Gemara answers that this proposal would not eliminate confusion:

אֲפִילּוּ הָכִי אָתוּ לְמִיטְעֵי – **Even so, they would come to be confused. אָמְרֵי הַאי מָלֵא הוּא** – For **they would say** upon failing to see torches on Saturday night: Perhaps **this** outgoing month **was** in fact **full, וְהַאי דְּלָא עָבְדֵי** – **and that which they did not do** the lighting of the torches on Saturday night **אִיתְנוּסֵי הוּא דְּאִיתְנוּסֵי** – is because **they were prevented by circumstances** from doing so.[4]

The Gemara asks:

וְלִיעֲבִיד אַמָּלֵא וְלָא לִיעֲבִיד אַחָסֵר כְּלָל – **But let [*Beis Din*] do** the lighting of the torches **for** Rosh Chodesh following **a full** month, **and never do** the lighting of torches **for** Rosh Chodesh following **a deficient** month **at all.**[5] In this way, if Rosh Chodesh following a deficient month falls out on Friday and we do *not* light torches on Saturday night, people will know that the previous month had been deficient and Friday had been declared Rosh Chodesh.[6] – ? –

The Gemara answers:

אָמַר אַבַּיֵי – **Abaye said: מִשּׁוּם בִּיטּוּל מְלָאכָה לָעָם שְׁנֵי יָמִים** – The Sages did not wish to institute this method for lighting the torches **on account of the cessation of work** that would be imposed **on the people** for **two days.**[7]

NOTES

1. Literally: to err.

2. Now, however, that we have made a rule that torches are lit only for Rosh Chodesh following a deficient month, then there is no confusion in the present case. For when the torches are lit on Saturday night, everyone knows that it means that Rosh Chodesh was declared on Friday (day thirty) (*Rashi*). [Had Rosh Chodesh been delayed until the Sabbath (day thirty-one), no torches would have been lit on Saturday night at all.]

3. *Rashi.* If torches are lit on the night that follows Rosh Chodesh – except when that night is the Sabbath – then there should never be any confusion. If Friday, day thirty, is declared Rosh Chodesh, then this will be known by the fact that no torches were lit on either night. If torches are lit on Saturday night, then this will signal, as always, that the outgoing day had been declared Rosh Chodesh.

4. E.g. perhaps the agents commissioned with lighting the torches became intoxicated in the course of their Sabbath feasting [and therefore failed to light the torches on Motza'ei Shabbos] (*Rashi;* see *Turei Even*).

5. In other words, the Gemara grants that to prevent the confusion described above, the torch procedure could not be instituted both for Rosh Chodesh that follows a deficient month as well as for Rosh Chodesh that follows a full month. But why did the Sages choose Rosh Chodesh that follows a deficient month as the only Rosh Chodesh for which torches are lit? Why not institute instead that torches be lit only for Rosh Chodesh that follows a *full* month?

6. One could wonder why this method is not also subject to the possibility of confusion mentioned above. After all, if Rosh Chodesh the thirtieth falls out on Friday and thus no torches are lit on Saturday night (according to this proposed method), the people will not know whether to attribute the absence of torches on Saturday night to the fact that Rosh Chodesh was on Friday the thirtieth, or to the fact that the court agents became intoxicated on the Sabbath and were therefore negligent in lighting torches Saturday night to announce that Rosh Chodesh had been declared on Saturday the thirty-first! *Rashi* explains why this is not so. The confusion mentioned above exists only because people are used to seeing torches lit *every* month, whether the previous month was deficient or full. Thus, in the unusual situation that Rosh Chodesh the thirtieth falls on Friday, they are confused about how to interpret the absence of torches on Saturday night, and they consider the remote possibility of intoxication. But if people are used to seeing no torches when Rosh Chodesh is declared on the thirtieth, they will naturally attribute the absence of torches on the Saturday night in question to the usual reason – the fact that Rosh Chodesh was declared on the thirtieth – rather than to the intoxicated negligence of the court agents.

[*Tosafos* (ד״ה והא דלא עביד) use the same reasoning to explain why the aforementioned confusion is not a concern according to the actual method of lighting torches only when Rosh Chodesh follows a deficient month, not a full one. *Turei Even* and *Sfas Emes,* however, wonder why *Rashi* and *Tosafos* did not put forth what seems to be a simpler explanation: There is never a problem of confusion if torches are always lit after only *one* type of month. According to such a method, the absence of torches on Saturday night can *never* be attributed to the intoxicated negligence of the court agents. For if the agents were intoxicated on Saturday night, the torches would simply be lit on Sunday night instead. (If torches are lit after only one type of month, then their message is clear even if they are lit several days after Rosh Chodesh: Their lighting indicates what type of month the previous month was.) Confusion arises only if torches are generally lit after *both* types of months, a method which requires that they be lit specifically on the night following the day of Rosh Chodesh in order for their message to be meaningful.]

7. I.e. the people in the Diaspora (who had to rely on the torch system to inform them about which day had been declared Rosh Chodesh) would have to abstain from work every year on both the thirtieth and thirty-first days following Rosh Chodesh Elul (*Rashi;* cf. *Tosafos,* cited at end of note).

The reason is as follows: If torches would be lit only for Rosh Chodesh following a full month, then the people in the Diaspora would never know until the night following day *thirty-one* which day was declared Rosh Chodesh. [The lighting of torches on the night following day thirty-one would indicate that day thirty-one was Rosh Chodesh; the absence of torches on that night would indicate that day thirty was Rosh Chodesh.] In the case of Rosh Chodesh Tishrei (which is Rosh Hashanah, on which *melachah* is forbidden) this would necessitate every year a forced cessation from work for *two* days, rather than the required one day. [Biblically, Rosh Hashanah is a one-day Yom Tov: Rosh Chodesh Tishrei. In later times, the Sages would decree the current practice that Rosh Hashanah always be observed for two days

למיטעי אמרי האי חסר הוא והאי דלא עביד מאתמול משום דלא אפשר או דלמא מלא הוא ובזמנו עבדו וליעביד בין אמלא בין אחסר וכי מקלע ר"ח בע"ש לא ליעביד כלל וכיון דלא עבדינן מוצאי שבת ועבדינן אמלא מידע ידעי דחסר הוא אפילו הכי אתו למיטעי אמרי האי מלא הוא והאי דלא עבדי איתנוסי הוא דאיתנוסי וליעביד אמלא ולא ליעביד אחסר כלל אמר אביי משום ביטול מלאכה לעם שני ימים: כיצד היו משיאין משואות מביאין כלונסות כו': אמר רב יהודה ד' מיני ארזים הן ארז קתרום עץ שמן וברוש קתרום אמר רב אדרא א) דבי רבי שילא אמרי מבליגא ואמרי לה זו גולמיש ופליגא דרבה בר רב הונא דאמר רבה בר רב הונא אמרי בי רב ג) עשרה מיני ארזים הם שנאמר א) אתן במדבר ארז שטה והדס ועץ שמן אשים בערבה ברוש תדהר ותאשור יחדו ארז ארזא שטה תורניתא הדס אסא עץ שמן אפרסמא ברוש ברתא תדהר שאגא תאשור שוריבנא הני שבעה הוו כי אתא רב דימי אמר הוסיפו עליהם אלונים אלמונים אלמוגין אלונים בוטמי אלמונים בלוטי אלמוגין כסיתא א"ד ארונים ערמונים אלמוגין ארונים ערי ערמונים דולבי אלמוגין כסיתא ב) וצי אדיר לא יעברנו אמר רב ג) זו בורני גדולה היכי עבדו מייתו שית אלפי גברי בתריסר ירחי שתא ואמרי לה תריסר אלפי גברי בשיתא ירחי שתא וטעני לה חלא עד דשבנא ונחית בר ד) אמוראי וקטר אטוני דכיתנא בכסיתא וקטר להו בספינתא ונטלי חלא ושדו לבראי וכמה דמדליא עקרא ומתיא ומחליף על חד תרין בכספא תלת פרוותא הויין תרתי בי ארמאי וחדא דבי פרסאי דבי ארמאי מסקן כסיתא דבי פרסאי מסקן מרגנייתא ומקרייא פרוותא דמשמשהיג א"ר יוחנן כל שיטה ושיטה שנטלו נכרים מירושלים עתיד הקב"ה להחזירן לה שנאמר א) אתן במדבר ארז שטה ואין מדבר אלא ירושלים שנאמר ג) ציון מדבר היתה (א) וגו' ואמר רבי יוחנן כל הלומד תורה ואינו מלמדה דומה להדס במדבר ה) איכא דאמרי כל הלומד תורה ומלמדה במקום שאין ת"ח דומה להדס במדבר דחביב ו) וא"ר יוחנן אוי להם לעובדי כוכבים שאין להם תקנה שנא' ד) תחת הנחשת אביא זהב ותחת הברזל אביא כסף ותחת העצי' נחשת ותחת האבנים ברזל תחת ר"ע וחבריו מאי מביאין ועליהם הוא אומר ה) ונקיתי דמם לא נקיתי: ומאין היו משיאין משואות כו' ומבית בלתין: מאי בית בלתין אמר רב

רש"י

אתו למיטעי. השתא בני הגולה אמרי כו' אבל השתא דלא עבדינן אלא אחסר כי עבדינן למוצאי שבת ידעי דחסר הוא: **ועבדינן אמלא.** ואנן רגילין לעשות כל שאר המלאין (ב): **מידע ידעי דחסר הוא.** וממתת איסור שבת שאירע בליל משואותיו נמנעו מלהשיא: **דאיתנוסי.** בשכרות של משתה השבת: **וליעביד אמלא ולא אחסר.** וכי מקלע ר"ח חסר בערב שבת ולא עבדינן מידע ידעי דחסר הוא ולא תלו בשכרות אלא במידי דשכיח דכל חדשים חסרין לא עבדינן והאי נמי לא עבוד: **אמר אביי משום ביטול מלאכה כו'.** ולא גרסינן גזירה אי אמרת נעביד אמלא ולא אחסר אין לך ר"ה שאין מתבטלין בני הגולה ממלאכה שני ימים יום ל' שמא היום ר"ה ויום שלשים ואחד שמא עיברו את החדש והיום ר"ה אבל כי עבדינן משואות אחסר לאור יום ל' ידעי שביום שלשים נקבע ועושו מלאכה למחר ואין בטלין שני ימים אלא במעובר: **כיצד היו משיאין כו': אמר רב אדרא.** קך שם האילן כדאמרינן במסכת ביצה (דף טו:) יטע בהן אלר: **תורניתא.** פינ"א בלע"ז: **ברתא.** בוש"ו בלע"ז: **שאגא.** ש"פ בלע"ז: **בוטמי.** אולמ"י בלע"ז: **בלוטי.** לירקו"ה בלע"ז שגדילין בו פירי שקורין גלינד"ה: **כסיתא.** מין עץ העולה בקרקע הים ושמו קורא"ל: **ערי.** לור"ו שם האילן ואת פריו קורין ביי"ש: **דולבי.** קסטאני"א: **וצי אדיר לא יעברנו.** לנהל שעתיד לצאת מבית המקדש: **זו בורני גדולה.** ספינה שקורין דרומו"ן: **היכי עבדי.** אותה בורני גדולה למאי עבידא: **חלא.** חול: **עד דשבנא.** שוקע שוכים בקרקעית הים ועודנה נראית למעלה מן המים דבמקום שהאלמוגים גדלים בים אין הים עמוק כל כך: **בר אמוראי.** מלומד לשוט בנהרות: **וקטר אטוני דכיתנא.** חבלי פשתן שהן קשין לינתק וקושר ראשו אחד בשורש האילן וראשו אחד בבורני: **ושדו.** הנך גברי חלא דספינתא ושדו לאבראי והיא עולה מתוך המים ועוקרת שרשי האילן: **פרוותא.** פורט"ו בלע"ז ובלשון משנה נמל: **מסקן מרגנייתא.** מקרקעית הים על ידי בר אמוראי: **ומקרייא פרוותא דמשמשהיג.** אותה של פרסיים נקראת נמל של מלוכה: **ונקיתי דמם לא נקיתי.** אם באתי לנקות את העכו"ם משאר עונות לא (ג) אנקם מדמם של ישראל: אף

תוספות

והא דלא עביד במוצאי שבת איתנוסי איתנוסו. וא"ת והשתא נמי דלא עבדו אמלא כלל כי מיקל ר"ח מלא בשבת יאמרו האי חסר הוא והאי דלא עביד למוצאי שבת איתנוסי דאיתנוסו וי"ל דהיכא דודאי עבדי לעולם משואות בין אמלא בין אחסר כי לא עבדי כלל ודאי תלו באונס אבל השתא דזימנין עבדי וזימנין לא עבדי כי לא עבדי השתא במוצאי שבת לא תלו באונס אלא במילתא דשכיחא:

משום ביטול מלאכה לעם שני ימים. פירש בקונטרס אין לך ר"ה שאין מתבטלין בני גולה ממלאכה ב' ימים בין אמלא בין אחסר אבל כי עבדי אחסר ידעי שביום שלשים נקבע ויעשו מלאכה למחר ולתוס דתקן לפרש ר"ה דאכל ר"ח קאי כי לא היו רגילין לעשות מלאכה בר"ח כדאמרינן בפרק הקורא את המגילה עומד (מגילה דף כב:) ושאין בו ביטול מלאכה לעם כגון ר"ח וחולו של מועד קורין ארבעה ורגילין לומר שהוסיף המקום י"ט לנשים בר"ח בשכר שלא נתרצו על מעשה העגל כדאמר להם אהרן (שמות לב) פרקו נזמי הזהב אשר באזני נשיכם וגו' ויתפרקו כל העם וגו' אשר באזניהם אבל לנשיהם לא הביאו שלא רצו הנשים ליתן ו):

ארבעה מיני ארזים. תימה דבפרק לולב הגזול (סוכה דף לד. ושם) א"ר יהודה סוכה אינה נוהגת אלא בארבעה מינים שבלולב ופריך עלה מהא דמכשר ר"י לסכך בנסרים של ארז שאין בהם [ארבעה על ארבעה] ומשני מאי ארז הדס כדאמר רבה בר רב הונא י' מיני ארזים הן והשתא לרב יהודה אמר רב דאמר ארבעה ותו לא מאי איכא למימר ושמא הכא לענין מקח וממכר פליגי אבל כולהו מודו דעשרה מיני ארזים הן * ובירושלמי חשיב עשרים וארבעה:

שטה תורניתא. בפ"ק דע"ז (דף יד. ושם) דאמר מאי אצטרובלין תורניתא לאו היינו תורניתא דהכא דהכא אין לו ט) עיקר כדמשמע התם והאי דהכא שהוא מין ארז ודאי יש לו שורש ועוד תורניתא הוא דלא מזבן הא שאר אילנות מזבני והתנן (ע"ז דף יט:) אין מוכרים להן במחובר לקרקע דלי האי גונא דייק התם ט) גבי דקל טב לכך נראה דהכא דהתם מין אדמה כעין כוכריתא דפרק א"ר עקיבא (שבת דף נ.) ובפ' האשה שהיא עושה (נדה דף סב.) דאכולהו מייתי לה הכא דכל שאין לה עיקר:

עץ שמן אפרסמון. והא דכתיב (מלכים א ו) ויעש כרובים עצי שמן ומתרגמינן אעי דזיתא תרי גווני עץ שמן דאפרסמון לאו עץ זית הוא דכתיב בעזרא (נחמיה ח) לאו ההר והביאו עלי זית ועלי עץ שמן ובמסכת תמיד (פ"ב משנה ג) עץ זית פסול למערכה עץ שמן כשר:

ערמונים דולבי. פי' בקונטרס קסטניי"ר וקשיא דבפרק לולב הגזול כ) גבי ענפיו חופין את כ) רובו פריך ואימא דולבא ואנן קא חזינן דלאו הכי הוא ומיהו התם נמי פי' בקונט' קסטניי"ר:

רבינו חננאל

עשרה מיני ארזים הן שנאמר אתן במדבר ארז ושטה וגו' א"ר יוחנן כל המלמד תורה ומלמדה במקום שאין בו תורה דומה להדס במדבר כל דאתי שקיל מיניה. אוי להן לעובדי כוכבים שאין להן תקנה שנאמר תחת הנחשת אביא זהב וגו' תחת ר' עקיבא וחביריו מי מביאין והיינו דכתיב ונקיתי דמם לא נקיתי

ליקוטי רש"י

מבליגא. עץ הוא [סנהדרין קח:]. **ברוש תדהר ותאשור.** שמות אילני סרק העשוין לבנין [ישעיה מא יט]. מיני עצי יער לבנון [שם ס יג]. **ארזא.** קילא בלע"ז. **תורניתא.** פי"ן כל שמות הללו הם היו בקיאים בהם [רשב"ם ב"ב פ:]. מין ארז והיא שטה כדאמר בר"ה [ע"ז יד.]. **אפרסמא.** (שף) [שרף] שממנו עושין הופת כן נראה בעיני. **ברתי.** בויי"ש. **שאגא.** איכא דאמר (שף) [שרף] וא"כ אפרסמא הוא שממנו יוצא שמן אפרסמון. **שורבינא.** לא איתפרש. **הני שבעה הוו.** ומקשין. **הוסיפו עליהם.** חכמים על אותן שבאותו פסוק. **אלונים.** בוטמי כדמתרגמא תחת האלה בוטמא (בראשית לה) [רשב"ם שם]. מין עץ סרק שקורין קיישנ"א בלע"ז [יחזקאל כז ו]. קיילני"א בלע"ז שגדל בו פרי שקורין גלנד"ץ בלע"ז [הושע ד יג]. יושנ"א שהוא קשה [פסחים עד.]. **בלוטי.** קיישנ"א שטעון גלונך [רשב"ם שם]. **כסיתא.** עצי אלמוגין שקורין קורא"ל [כתובות צח.]. אילן שגדל בים ויקר הרבה וקורין קורי"ל. **ערי.** אילן שגדילין בו בייש וקורין לדי"ר. **דולבי.** קיישטניי"ר [רשב"ם שם פא.]. **תחת הנחשת.** שנטלו ממך [ישעיה ס יז]. **ונקיתי דמם לא נקיתי.** ואף אם אנקה אותם משאר עבירות שבידם ומרעות שעשו לי דמם של בני יהודה לא אנקה מהם לימתי תהיה זאת בזמן שהקב"ה שוכן בציון [יואל ד כא].

מסורת הש"ס

א) [סנהדרין קח:], ב) תענית כה: סוכה לז. ב"ב פ:, ג) [יומא עז: ע"ש], ד) [גי' הערוך בערך מד ג' אמודאי פי' בלשון יון איש בקי לגלול במים אדירים עד הגיעו אל חול אשר בקרקע הים], ה) ס"א דליכא דליתהני מיניה, ו) ס"א לכל ומאן דשקיל מיניה שקיל, ז) [וכ"כ רש"י במגילה כב: ד"ה ראשי חדשים ע"ש וקל"ע אפרש"י דהכא וע"ע תוס' חגיגה יח. ד"ה תוס"מ ותוס' שבת כד: ד"ה למאי], ח) עי' רש"י שבת ל. ד"ה שיש לו עיקר ומה שרשמנו שם על הגליון, ט) [ע"ז יד:], י) סוכה לב: ושם, כ) [צ"ל עלו].

הגהות הב"ח

(א) גמ' ציון מדבר היתה ירושלים שממה ואמר רבי יוחנן: (ב) רש"י ד"ה ועבדינן וד"ה מידע ידעי הד"א: (ג) ד"ה ונקיתי דמם כו' משאר עונות לא אנקה מדמם:

גליון הש"ס

תוס' ד"ה ארבעה מיני ארזים וכו' ובירושלמי חשיב כ"ד. וכן הוא במ"ר שמות פרשה לה:

תורה אור השלם

א) אֶתֵּן בַּמִּדְבָּר אֶרֶז שִׁטָּה וַהֲדַס וְעֵץ שָׁמֶן אָשִׂים בָּעֲרָבָה בְּרוֹשׁ תִּדְהָר וּתְאַשּׁוּר יַחְדָּו: [ישעיה מא, יט]

ב) כִּי אִם שָׁם אַדִּיר יְיָ לָנוּ מְקוֹם נְהָרִים יְאֹרִים רַחֲבֵי יָדָיִם בַּל תֵּלֶךְ בּוֹ אֳנִי שַׁיִט וְצִי אַדִּיר לֹא יַעַבְרֶנּוּ: [ישעיה לג, כא]

ג) עָרֵי קָדְשְׁךָ הָיוּ מִדְבָּר צִיּוֹן מִדְבָּר הָיָתָה יְרוּשָׁלַ‍ִם שְׁמָמָה: [ישעיה סד, ט]

ד) תַּחַת הַנְּחֹשֶׁת אָבִיא זָהָב וְתַחַת הַבַּרְזֶל אָבִיא כֶסֶף וְתַחַת הָעֵצִים נְחֹשֶׁת וְתַחַת הָאֲבָנִים בַּרְזֶל וְשַׂמְתִּי פְקֻדָּתֵךְ שָׁלוֹם וְנֹגְשַׂיִךְ צְדָקָה: [ישעיה ס, יז]

ה) וְנִקֵּיתִי דָּמָם לֹא נִקֵּיתִי וַייָ שֹׁכֵן בְּצִיּוֹן: [יואל ד, כא]

The Mishnah stated:

כֵּיצַד הָיוּ מַשִּׂיאִין מַשּׂוּאוֹת מְבִיאִין כְּלוֹנְסוֹת כו׳ – HOW DID THEY LIGHT the **TORCHES? THEY WOULD BRING LONG POLES etc.** [of cedar-wood].

The Gemara records a lengthy discussion concerning the *"erez"*:

אָמַר רַב יְהוּדָה – Rav Yehudah said: אַרְבָּעָה מִינֵי אֲרָזִים הֵן – There are four kinds of ***erez*****: אֶרֶז קַתְרוֹם עֵץ שֶׁמֶן וּבְרוֹשׁ –** ***erez, kasrom, eitz shemen*** **and** ***berosh.***[8]

The Gemara presents several opinions as to the identification of the second of these trees (*kasrom*):[9]

קַתְרוֹם – What is ***kasrom?*** **אָמַר רַב – Rav said: אַדְרָא** – It is **the** ***adra*** tree.[10] **דְּבֵי רַבִּי שֵׁילָא אָמְרֵי – In the academy of R' Sheila they said: מַבְלִיגָא** – It is **the** ***mavliga*** tree, **וְאָמְרֵי לָהּ – and, as some report it: זוֹ גּוּלְמֵישׁ – This is the** ***gulmeish*** tree.

The Gemara cites a differing view:

וּפְלִיגָא דְּרַבָּה בַּר רַב הוּנָא – And it [Rav Yehudah's statement, that there are but four kinds of *erez*] **is in conflict with** the teaching **of Rabbah bar Rav Huna, דְּאָמַר רַבָּה בַּר רַב הוּנָא – for Rabbah bar Rav Huna said אָמְרֵי בֵּי רַב – They say in the academy of Rav: עֲשָׂרָה מִינֵי אֲרָזִים הֵם – There are ten kinds of** ***erez*****, שֶׁנֶּאֱמַר ,,אֶתֵּן בַּמִּדְבָּר אֶרֶז שִׁטָּה וַהֲדַס וְעֵץ שָׁמֶן אָשִׂים בָּעֲרָבָה בְּרוֹשׁ תִּדְהָר וּתְאַשּׁוּר יַחְדָּו'' – as it is stated:** ***I will set in the wilderness erez, shitah and hadas, and eitz shemen; I will place in the desert berosh, tidhar and te'ashur together.***[11]

The Gemara identifies the trees mentioned in this verse:

אֶרֶז אַרְזָא – ***Erez*** is **the cedar. שִׁטָּה תּוּרְנִיתָא** – ***Shitah*** is **the pine.**[12] **הֲדַס אָסָא** – ***Hadas*** **is the myrtle. עֵץ שֶׁמֶן אֲפַרְסְמָא** – ***Eitz shemen*** is **the balsam** tree.[13] **בְּרוֹשׁ בְּרָתָא** – ***Berosh*** is **the boxwood.**[12] **תִּדְהָר שָׁאגָא** – ***Tidhar*** is **the fir.**[12] **תְּאַשּׁוּר שׁוּרִיבְנָא** – ***Te'ashur*** is **the** ***shurivna.***[14]

The Gemara asks:

הָנֵי שִׁבְעָה הָווּ – **These** trees that **are** mentioned in the verse number only **seven!** What are the other three types of *erez?*

The Gemara answers:

כִּי אֲתָא רַב דִּימִי אָמַר – When Rav Dimi came from Eretz Yisrael to Babylonia, **he said: הוֹסִיפוּ עֲלֵיהֶם אַלּוֹנִים אַלְמוֹנִים אַלְמוּגִּין – [The Sages] added** the following three to the seven listed above to complete the group of ten: ***alonim, almonim*** **and** ***almugin.***

The Gemara identifies these three trees:

אַלּוֹנִים בּוּטְמֵי – ***Alonim*** are **the elms,**[12] **אַלְמוֹנִים בַּלּוּטֵי** – ***almonim*** are **the oaks**[12] **אַלְמוּגִּין כְּסִיתָא** – and ***almugin*** is **coral.**[15]

An alternate listing of the three types not mentioned in the verse:

אִיכָּא דְּאָמְרֵי אֲרוּנִים עַרְמוֹנִים אַלְמוּגִּין – There are those who say that the last three types of *erez* are ***aronim, armonim*** **and** ***almugin.***

The Gemara identifies these as well:

אֲרוּנִים עֲרֵי – ***Aronim*** are **the laurels,**[12] **עַרְמוֹנִים דּוּלְבֵי** – ***armonim*** are **the chestnuts**[12] **אַלְמוּגִּין כְּסִיתָא** – and ***almugin*** is **coral.**

The Gemara cites a discussion that includes a description of the obtaining of coral from the sea:

,,וְצִי אַדִּיר לֹא יַעַבְרֶנּוּ'' – The verse states: ***And a mighty ship cannot cross it.***[16] **אָמַר רַב – Rav said: זוֹ בּוּרְנִי גְּדוֹלָה – This** "mighty ship" is a reference to the type of ship called **a large** ***burni.***[17] **הֵיכִי עָבְדוּ – How would they use**[18] the large *burni?* **מַיְיתוּ שִׁית אַלְפֵי גַּבְרֵי בִּתְרֵיסַר יַרְחֵי שַׁתָּא – They would bring six thousand men for twelve months' time, וְאָמְרֵי לָהּ – or,** as **some report it, תְּרֵיסַר אַלְפֵי גַּבְרֵי בְּשִׁיתָּא יַרְחֵי שַׁתָּא – twelve thousand men for six months' time, וְטָעֲנֵי לָהּ חָלָא עַד דְּשַׁכְּנָא – and they** [these thousands of men] **would load [the ship] with**

NOTES

– day thirty and thirty-one following Rosh Chodesh Elul. The Gemara, however, is dealing with a time in which Rosh Hashanah was still observed for only one day, unless there was indeed a doubt as to which day was Rosh Hashanah.] For people in the Diaspora would always have to refrain from work on day thirty (from Rosh Chodesh Elul) as well as on day thirty-one, not knowing until the night following day thirty-one which day had been declared Rosh Hashanah. Therefore, the Sages chose the option of lighting torches only for Rosh Chodesh that follows a *deficient* month. In that way, it always became known on the night following day thirty (unless day thirty was Friday) whether or not Rosh Chodesh had been declared that day. Thus, people would refrain from *melachah* on day thirty on the chance that it was declared to be Rosh Chodesh. And if the thirtieth day of Elul had indeed been declared Rosh Chodesh [as was the case in most years – see above, 19b], the people of the Diaspora would be informed of this by the torches lit that night, and would be permitted to do *melachah* during the rest of day thirty-one. Accordingly, they would have to refrain from work for two days only if Elul had indeed been made full, with Rosh Chodesh being delayed until day thirty-one (see *Rashi*).

[*Tosafos,* however, argue that it was unnecessary for *Rashi* to interpret this Gemara as referring specifically to Rosh Chodesh Tishrei (Rosh Hashanah). Rather, it could refer to every Rosh Chodesh, since it was customary for people to abstain from work on every Rosh Chodesh (see *Megillah* 22b with *Rashi, Tosafos* and *Ritva*). Thus, the Sages did not wish to cause the people of the Diaspora to abstain from work on days thirty and thirty-one every month. Indeed, *Rashi* himself in his comments to *Megillah* ad loc. explains the Gemara here in a similar manner.]

8. *Erez* is not only the name of a specific tree (the cedar), but is also a general term that can refer to a variety of trees (see *Eitz Yosef* to *Ein Yaakov, Bava Basra* 80b; see also note 15 below).

Rav Yehudah refers to three trees (*erez, eitz shemen* and *berosh*) mentioned in Scripture (*Isaiah* 41:19, cited in the Gemara below), and one (*kasrom* [or: *kadrom* or *kadros* – see *Dikdukei Soferim*]) that is apparently the one mentioned in *Targum Onkelos* to *Genesis* 6:14 in his rendering of עֲצֵי־גֹפֶר, *gofer wood,* stated in the verse there. The Gemara will translate these names into equivalents that were more familiar to people in Talmudic times.

9. The other three types of trees will be identified by the Gemara shortly.

10. This is the *eder* tree mentioned by the Gemara in *Beitzah* [15b] (*Rashi*). [*Adra* is the Aramaic form of the Hebrew word *eder.*]

11. *Isaiah* 41:19. This verse lists only seven types of trees. The Gemara will first identify them, and then supply the names of the remaining three.

12. *Rashi,* as rendered by *Targum HaLaaz.*

13. See *Rashi* to *Shabbos* 62a ד״ה פלייטון.

14. *Rashbam* to *Bava Basra* 80b writes that the identity of the *shurivna* was not explained [to him].

15. *Rashi,* as rendered by *Targum HaLaaz.*

This is a treelike structure that grows from the floor of the sea (see *Rashi*). [Coral is a limestone formation produced by the action of colonies of tiny marine creatures, which take calcium from the surrounding sea and deposit it around their bodies. A certain type, called "precious coral" (or "red coral"), grows in treelike formation, and is found in the Mediterranean Sea. This "precious coral" is often polished and carved into beads and other ornaments. Technically, then, "coral" is not a tree in the botanical sense, but is called a tree because of its treelike shape.]

16. *Isaiah* 33:21. Isaiah prophesies that a river will issue forth from the Holy Temple (*Rashi*), whose waters will flow so forcefully that a mighty ship will not be able to traverse them. [See also *Ezekiel* 47:1-5, *Middos* 2:6 and *Yoma* 77b.]

17. [The Targum of וְצִי אַדִּיר is וּבוּרְנִי רַבְּתָא, *and a large burni* (see *Targum* to *Isaiah* ad loc.; see also *Yoma* 77b).]

18. Translation based on *Rashi.*

אתו למיטעי. השתא בני הגולה אמרי כו' אבל השתא דלא עבדינן אלא אחסר כי עבדינן למוצאי שבת ידעי דחסר הוא: ועבדינן אמלא. ואנן רגילין לעשות כל שאר המלאין (ב): מידע ידעי דחסר הוא. ומחמת איסור שבת שאירע בליל משואותיו נמנעו מלהשיא: דאיתנוסי. בשכרות של משתה השבת: וליעביד אמלא ולא אחסר. וכי מקלע ר"ח חסר בערב שבת ולא עבדינן מידע ידעי דחסר הוא ולא תלו בשכרות אלא במידי דשכיח דכל חדשים חסרין לא עבדינן והאי נמי לא עבוד: אמר אביי משום ביטול מלאכה כו'. ולא גרסינן גזירה אי אמרת נעביד אמלא ולא אחסר אין לך ר"ה שאין מתבטלין בני הגולה ממלאכה שני ימים יום ל' שמא היום ר"ה ויום שלשים ואחד שמא עיברו את החדש והיום ר"ה אבל כי עבדינן משואות אחסר לאור יום ל' ידעי שביום שלשים נקבע ויעשו מלאכה למחר ואין בטלין שני ימים אלא במעובר: כיצד היו משיאין כו': אמר רב אדרא. כך שם האילן כדאמרינן במסכת ביצה (דף טו:) יטע בהן אדר: תורניתא. פיני"א בלע"ז: ברתא. בוס"ו בלע"ז: שאגא. ש"פ בלע"ז: בוטמי. אולמ"י בלע"ז: בלוטי. לירקוו"ה בלע"ז שגדילין בו פירי שקורין גליאנד"ה: כסיתא. מין עץ העולה בקרקע הים ושמו קוראל"ו: ערי. לויר"ו שם האילן ואת פריו קורין ביי"ש: דולבי. קסטאניי"א: וצי אדיר לא יעברנו. לנחל שעתיד לצאת מבית המקדש: זו בורני גדולה. ספינה שקורין דרומונ"ט: היכי עבדי. אותה בורני גדולה למאי עבידא: חלא. חול: עד דשכנא. שוליה שוכנים בקרקעית הים ועודנה נראית למעלה מן המים דבמקום שהאלמוגים גדילים בים אין הים עמוק כל כך: בר אמוראי. מלומד לשוט בנהרות: וקטר אטוני דכיתנא. חבילי פשתן שהן קשין לינתק וקושר ראשו אחד בשורש האילן וראשו אחד בבורני: ושקלי. הנך גברי חלא דספינתא ושדו לאבראי והיא עולה מתוך המים ועוקרת שרשי האילן: פרוותא. פורט"ו בלע"ז ובלשון משנה נמל: מסקן מרגנייתא. מקרקעית הים על ידי בר אמוראי: ומקרייא פרוותא דמשמהיג. אותה של פרסיים נקראת נמל של מלוכה: ונקיתי דמם לא נקיתי. אם באתי לנקות את העכו"ם משאר עונות לא (ג) אנקה מדמם של ישראל: אף

למיטעי אמרי האי חסר הוא והאי דלא עביד מאתמול משום דלא אפשר או דלמא מלא הוא ובזמנו עבדו וליעביד בין אמלא בין אחסר וכי מקלע ר"ח בע"ש לא ליעביד כלל וכיון דלא עבדינן מוצאי שבת ועבדינן אמלא מידע ידעי דחסר הוא אפילו הכי אתו למיטעי אמרי האי מלא הוא והאי דלא עבדי איתנוסי הוא דאיתנוסי וליעביד אמלא ולא ליעביד אחסר כלל אמר אביי משום ביטול מלאכה לעם שני ימים: כיצד היו משיאין משואות מביאין כלונסות כו': אמר רב יהודה ד' מיני ארזים הן ארז קתרום עץ שמן וברוש קתרום אמר רב אדרא [א] דבי רבי שילא אמרי מבליגא ואמרי לה זו גולמיש ופליגא דרבה בר רב הונא דאמר רבה בר רב הונא אמרי בי רב [ב] עשרה מיני ארזים הם שנאמר [א] אתן במדבר ארז שטה והדס ועץ שמן אשים בערבה ברוש תדהר ותאשור יחדו ארז ארזא שטה תורניתא הדס אסא עץ שמן אפרסמא ברוש ברתא תדהר שאגא תאשור שוריבנא הני שבעה הוו כי אתא רב דימי אמר הוסיפו עליהם אלונים אלמונים אלמוגין אלונים בוטמי אלמונים בלוטי אלמוגין כסיתא א"ד ארונים ערמונים אלמוגין ארונים ערי ערמונים דולבי אלמוגין כסיתא [ב] וצי אדיר לא יעברנו אמר רב [ג] זו בורני גדולה היכי עבדו מייתו שית אלפי גברי בתריסר ירחי שתא ואמרי לה תריסר אלפי גברי בשיתא ירחי שתא וטעני לה חלא עד דשכנא ונחית בר [ד] אמוראי וקטר אטוני דכיתנא בכסיתא וקטר להו בספינתא ונטלי חלא ושדו לבראי וכמה דמדליא עקרא ומתיא ומחליף על חד תרין בכספא תלת פרוותא הויין תרתי בי ארמאי וחדא דבי פרסאי דבי ארמאי מסקן כסיתא דבי פרסאי מסקן מרגניתא ומקרייא פרוותא דמשמהיג א"ר יוחנן כל שיטה שנטלו נכרים מירושלים עתיד הקב"ה להחזירן לה שנאמר [א] אתן במדבר ארז שטה ואין מדבר אלא ירושלים שנאמר [ג] ציון מדבר היתה (א) וגו' ואמר רבי יוחנן כל הלומד תורה ואינו מלמדה דומה להדס במדבר [ה] איכא דאמרי כל הלומד תורה ומלמדה במקום שאין ת"ח דומה להדס במדבר דחביב [ו] וא"ר יוחנן אוי להם לעובדי כוכבים שאין להם תקנה שנא' [ד] תחת הנחשת אביא זהב ותחת הברזל אביא כסף ותחת העצי' נחשת ותחת האבנים ברזל תחת ר"ע וחביריו מאי מביאין ועליהם הוא אומר [ה] ונקיתי דמם לא נקיתי: ומאין היו משיאין משואות כו' ומבית בלתין: מאי בית בלתין אמר רב

והא דלא עביד במוצאי שבת איתנוסו. וא"ת והשתא נמי דלא עבדו אמלא כלל כי מיחל ר"ח מלא בשבת יאמרו האי חסר הוא והאי דלא עביד למוצאי שבת איתנוסי דאיתנוסו וי"ל דסיכא דודאי עבדי לעולם משואות בין אמלא בין אחסר כי לא עבדי כלל ודאי תלו באונס אבל השתא דזימנין עבדי וזימנין לא עבדי כי לא עבדי השתא במוצאי שבת לא תלו באונס אלא במילתא דשכיחא:

משום בטול מלאכה לעם שני ימים. פירש בקונטרס אין לך ר"ה שאין מתבטלין בני גולה ממלאכה ב' ימים בין אמלא בין אחסר אבל כי עבדי אחסר ידעי שביום שלשים נקבע ויעשו מלאכה למחר ואחנס דחק לפרש ר"ה דאכל ר"ח קאי כי לא היו רגילין לעשות מלאכה בר"ח כדאמרינן בפרק הקורא את המגילה עומד (מגילה דף כב:) ושאין בו ביטול מלאכה לעם כגון ר"ח וחולו של מועד קורין ארבעה ורגילין לומר שהוסיף המקום י"ט לנשים בר"ח בשכר שלא נתרצו על מעשה העגל כשאמר להם אהרן (שמות לב) פרקו נזמי הזהב אשר באזני נשיכם וגו' ויתפרקו כל העם וגו' אשר באזניהם אבל דנשיהם לא הביאו שלא רצו הנשים ליתן [ז]:

ארבעה מיני ארזים. תימה דבפרק לולב הגזול (סוכה דף לז. ושם) א"ר יהודה סוכה אינה נוהגת אלא בארבעה מינים שבלולב ופריך עלה מהא דמכשר ר"י לסכך בנסרים של ארז שאין בהם [ארבעה על ארבעה] ומשני מאי ארז הדס כדאמר רבה בר רב הונא י' מיני ארזים הן והשתא לרב יהודה אמר רב דאמר ארבעה ותו לא מאי איכא למימר ושמא הכא לענין מקח וממכר פליגי אבל כולהו מודו דעשרה מיני ארזין הן [ח] ובירושלמי חשיב עשרים וארבעה:

שטה תורניתא. בפ"ק דע"ז (דף יד. ושם) דאמר מאי אנטרובלין תורניתא לאו היינו תורניתא דהכא דההוא אין לו [ט] עיקר כדמשמע התם והאי דהכא שהוא מין ארז ודאי יש לו שורש ועוד תורניתא הוא דלא מזבן הא שאר אילנות מזבני והתנן (ע"ז דף יט:) אין מוכרים להן במחובר לקרקע דכי האי גונא דייק התם [י] גבי דקל טב לכך נראה דההיא דהתם מין אדמה כעין כוסברתא דפרק א"ר עקיבא (שבת דף ל.) ובפ' האשה שהיא עושה (נדה דף סב.) דאכולהו מייתי לה ההיא דכל שאין לה עיקר:

עץ שמן אפרסמון. והא דכתיב (מלכים א ו) ויעש כרובים עצי שמן ומתרגמינן אעי דזיתא תרי גווני עץ שמן דאפרסמון לאו עץ זית הוא דכתיב בעזרא (נחמיה ח) לאו ההר והביאו עלי זית ועלי עץ שמן ובמסכת תמיד (פ"ב משנה ג) עץ זית פסול למערכה עץ שמן כשר:

ערמונים דולבי. פי' בקונטרס קסטיניי"ר וקשיא דבפרק לולב הגזול [כ] גבי ענפיו חופין את [ל] רובו פריך ואימא דולבא ואנן קא חזינן דלאו הכי הוא ומיהו התם נמי פי' בקונט' קסטיניי"ר:

רבינו חננאל

עשרה מיני ארזים הן שנאמר אתן במדבר ארז ושטה וגו' א"ר יוחנן כל המלמד תורה ומלמדה במקום שאין בו תורה דומה להדס במדבר כל דאתי שקיל מיניה. אוי להן לעובדי כוכבים שאין להן תקנה שנאמר תחת הנחשת אביא זהב וגו' תחת ר' עקיבא וחביריו מי מביאין והיינו דכתיב ונקיתי דמם לא נקיתי

ליקוטי רש"י

מבליגה. עץ הוא [סנהדרין קח:]. **ברוש תדהר ותאשור.** שמות אילני סרק העשויין לבנין [ישעיה מא יט]. מיני עצי יער לבנון [שם ס יג]. **ארזא.** קילא בלע"ז. **תורניתא.** פי"ן כל שמות הללו הם היו בקיאים בהם [רשב"ם ב"ב פ:]. מין ארז והיא שטה כדאמר בר"ה [ע"ז יד.]. **אפרסמא.** (שף) [שרף] שממנו עושין הופת כן נראה בעיני. **ברתי.** בויי"ש. **שאגא.** איכא דאמר (שף) [שרף] וא"כ אפרסמא הוא שממנו יוצא שמן אפרסמון. **שורבינא.** לא איתפרש. **הני שבעה הוו.** ומקשינן. **הוסיפו עליהם.** חכמים על אותן שבאותו פסוק. **אלונים.** בוטמי כדמתרגמא תחת האלה בוטמא (בראשית לה) [רשב"ם שם]. מין עץ סרק שקורין קייסנ"א בלע"ז [יחזקאל כז ו]. קייאני"א בלע"ז שגדל בו פרי שקורין גלנג"ך בלע"ז [הושע ד יג]. יוסנ"א שהוא קשה [פסחים עד.]. **בלוטי.** קיסנ"א שטעון גלונך [רשב"ם שם]. **כסיתא.** עצי אלמוגין שקורין קורא"ל [כתובות צח.]. אילן שגדל בים וקוצר הכרה וקורין קוריי"ל. **ערי.** אילן שגדילין בו ביש וקורין לוריי"ר. **דולבי.** קיסטניי"ר [רשב"ם שם פא.]. **תחת הנחשת.** שנטלו ממך [ישעיה ס יז]. **ונקיתי דמם לא נקיתי.** ואף אם אנקה אותם משאר עבירות שבידם ומגזלות שעשו לי דמם של בני יהודה לא אנקה מהם אימתי תהיה זאת בזמן שהקב"ה שוכן בציון [יואל ד כא].

מסורת הש"ס

א) [סנהדרין קח:], ב) תענית כה: סוכה לז. ב"ב פ:, ג) [יומא עז: ע"ש], ד) [גי' הערוך בערך מד ב' אמודאי פי' בלשון יון איש בקי לצלול במים אדירים עד הגיעו אל חול אשר בקרקע הים], ה) ס"א דליכא דליתהני מיניה, ו) ס"א לכל ומאן דשקיל מיניה שקיל, ז) [וכ"כ רש"י במגילה כב: ד"ה ראשי חדשים ע"ש וקל"ע אפרש"י דהכא וע"ע תוס' חגיגה יח. ד"ה הוש"מ ותוס' שבת כד: ד"ה דלמא], ח) עי' רש"י שבת ל. ד"ה שיש לו עיקר ומה שרשמנו שם על הגליון, ט) [ע"ז יד:], י) סוכה לב: ושם, כ) [צ"ל עלו].

הגהות הב"ח

(א) גמ' ציון מדבר היתה ירושלים שממה ואמר רבי יוחנן: (ב) רש"י ד"ה ועבדינן וד"ה מידע ידעי הד"א: (ג) ד"ה ונקיתי דמם כו' משאר עונות לא אנקה מדמם:

גליון הש"ס

תוס' ד"ה ארבעה מיני ארזים וכו' ובירושלמי חשיב כ"ד. וכן הוא במ"ר שמות פרשה לה:

תורה אור השלם

א) אֶתֵּן בַּמִּדְבָּר אֶרֶז שִׁטָּה וַהֲדַס וְעֵץ שָׁמֶן אָשִׂים בָּעֲרָבָה בְּרוֹשׁ תִּדְהָר וּתְאַשּׁוּר יַחְדָּו: [ישעיה מא, יט]

ב) כִּי אִם שָׁם אַדִּיר יְיָ לָנוּ מְקוֹם נְהָרִים יְאֹרִים רַחֲבֵי יָדָיִם בַּל תֵּלֶךְ בּוֹ אֳנִי שַׁיִט וְצִי אַדִּיר לֹא יַעַבְרֶנּוּ: [ישעיה לג, כא]

ג) עָרֵי קָדְשְׁךָ הָיוּ מִדְבָּר צִיּוֹן מִדְבָּר הָיָתָה יְרוּשָׁלַם שְׁמָמָה: [ישעיה סד, ט]

ד) תַּחַת הַנְּחֹשֶׁת אָבִיא זָהָב וְתַחַת הַבַּרְזֶל אָבִיא כֶסֶף וְתַחַת הָעֵצִים נְחֹשֶׁת וְתַחַת הָאֲבָנִים בַּרְזֶל וְשַׂמְתִּי פְקֻדָּתֵךְ שָׁלוֹם וְנֹגְשַׂיִךְ צְדָקָה: [ישעיה ס, יז]

ה) וְנִקֵּיתִי דָּמָם לֹא נִקֵּיתִי וַייָ שֹׁכֵן בְּצִיּוֹן: [יואל ד, כא]

sand[19] **until it would settle** on the seabed.[20] וְנָחִית בַּר אַמּוֹרַאי – **And a diver would go down** וְקָטַר אַטּוּנֵי דְכִיתָּנָא בְּכַסִיתָא – **and tie ropes of flax**[21] **to** the roots of **the coral** וְקָטַר לְהוּ בִּסְפִינְתָּא – **and tie** the other ends of **[the ropes] to the ship.** וְנָטְלֵי חָלָא וְשָׁדוּ לְבָרַאי – **Then, they would take the sand and cast** it **overboard,** וְכַמָּה דְּמִדַּלְיָא עָקְרָא וּמָתְיָא – **and as [the ship]** (whose buoyancy increases as the sand is removed) **rises, it would uproot** the coral from the seabed **and bring** it to the surface. וּמַחְלִיף עַל חַד תְּרֵין בְּכַסְפָּא – **And** the coral is so valuable that **it is exchanged one** measure of coral **for two** measures **of silver.** תְּלָת פַּרְוָותָא הָוְיָין – **There were three ports:** תַּרְתֵּי בֵּי אֲרַמָּאֵי – **two in Aramean**[22] **territory,** וַחֲדָא דְּבֵי פַּרְסָאֵי – **and one in Persian territory.** דְּבֵי אֲרַמָּאֵי מַסְקָן כַּסִיתָא – **From those in Aramean territory, they would bring up coral.** דְּבֵי פַּרְסָאֵי מַסְקָן מַרְגָּנְיָיתָא – **And from the one in Persian territory, they would bring up pearls,**[23] וּמִקְּרְיָיא פַּרְוָותָא דְמַשְׁמְהִיג – **and it was called "the Port of the Kingdom."**[24]

An Amoraic exposition of the verse cited above:

אָמַר רַבִּי יוֹחָנָן – **R' Yochanan said:** כָּל שִׁיטָה וְשִׁיטָה שֶׁנָּטְלוּ נָכְרִים מִירוּשָׁלַיִם – **Each and every pine** tree **that the** conquering **gentiles took from Jerusalem** עָתִיד הַקָּדוֹשׁ בָּרוּךְ הוּא לְהַחֲזִירָן לָהּ – **the Holy One, Blessed is He, will restore to her in the future,** שֶׁנֶּאֱמַר ,,אֶתֵּן בַּמִּדְבָּר אֶרֶז שִׁטָּה" – **as it is stated:** ***I will set in the wilderness cedar, pine.***[25] וְאֵין מִדְבָּר אֶלָּא יְרוּשָׁלַיִם – **And the word wilderness is** interpreted here as signifying **nothing other than Jerusalem,** שֶׁנֶּאֱמַר ,,צִיּוֹן מִדְבָּר הָיָתָה וגו' " – **as it is stated:** ***Zion has become a wilderness etc.***[26]

A further exposition:[27]

וְאָמַר רַבִּי יוֹחָנָן – **And R' Yochanan said** further: כָּל הַלּוֹמֵד תּוֹרָה וְאֵינוֹ מְלַמְּדָהּ – **Whoever learns Torah and does not teach it** to others דּוֹמֶה לַהֲדַס בַּמִּדְבָּר – **is like a myrtle in the wilderness.**[28]

Another version:

אִיכָּא דְּאָמְרֵי – **There are those who say** that R' Yochanan's last exposition is as follows:[29] כָּל הַלּוֹמֵד תּוֹרָה – **Whoever learns Torah** וּמְלַמְּדָהּ בְּמָקוֹם שֶׁאֵין תַּלְמִידֵי חֲכָמִים – **and teaches it in a place in which there are are no** other **Torah scholars** דּוֹמֶה לַהֲדַס בַּמִּדְבָּר – **is like a myrtle in the wilderness,** דְּחָבִיב – **which is precious** because of its scarcity there.

A further exposition of R' Yochanan:

וְאָמַר רַבִּי יוֹחָנָן – **And R' Yochanan said** further. אוֹי לָהֶם לְעוֹבְדֵי כוֹכָבִים – **Woe to the idolaters** who persecuted the Jews, שֶׁאֵין לָהֶם תַּקָּנָה – **for there is no remedy for them,** as what they have destroyed is irreplaceable. שֶׁנֶּאֱמַר ,,תַּחַת הַנְּחֹשֶׁת אָבִיא זָהָב וְתַחַת הַבַּרְזֶל אָבִיא כֶסֶף וְתַחַת הָעֵצִים נְחֹשֶׁת וְתַחַת הָאֲבָנִים בַּרְזֶל" – **As it is stated:** ***In place of the copper I will bring gold; and in place of the iron I will bring silver; in place of the wood, copper; and in place of the stones, iron.***[30] These valuables can be restituted. תַּחַת רַבִּי עֲקִיבָא וַחֲבֵירָיו מַאי מְבִיאִין – But **in place of R' Akiva and his colleagues**[31] – **what can they** possibly **bring** in their stead? וַעֲלֵיהֶם הוּא אוֹמֵר – **And regarding them it states:** ,,וְנִקֵּיתִי דָּמָם לֹא־נִקֵּיתִי" – ***Though I would cleanse*** the nations of their other sins, from ***the blood [of Israel]*** that they have shed ***I will not cleanse*** them.[32]

The Mishnah stated:

וּמֵאַיִן הָיוּ מַשִּׂיאִין מַשּׂוּאוֹת כו' וּמִבֵּית בַּלְתִּין – AND AT WHICH vantage POINTS WOULD THEY LIGHT the TORCHES? etc. AND when signaling FROM BEIS BALTIN, they would not move . . . until he saw the entire Diaspora illuminated before him like a bonfire.

The Gemara identifies two locations mentioned by the Mishnah:

מַאי בֵּית בַּלְתִּין – **What** is **Beis Baltin?** אָמַר רַב – **Rav said:**

NOTES

19. [This enormous outlay of manpower was not necessary solely for filling the ship with sand. It was the entire process of ferrying of sand from the port to the ship situated in the coral field and the loading and unloading of the sand (*Ben Yehoyada*).]

20. The coral fields were located in relatively shallow water, whose depth was less than the height of the *burni*. Thus, when the large sand-laden ship would settle on the seabed, the sides of the ship would still protrude from the surface of the sea (*Rashi*).

21. Which are strong and will not snap easily (*Rashi*).

22. [In many manuscript editions and early prints, the reading is רוֹמָאֵי, *Roman* (see *Dikdukei Soferim*).]

23. I.e. divers would extract pearls from the seabed of the port (*Rashi*).

24. Translation follows *Rashi*.

25. *Isaiah* 41:19. [See *Maharsha* and *Rashash*, who discuss why R' Yochanan speaks only of the pine trees, and not of the cedar trees mentioned first in the verse.]

26. Ibid. 64:9. ["Zion" here refers (as is often the case) to the city of Jerusalem, as evident from the next words of the verse יְרוּשָׁלַם שְׁמָמָה, *Jerusalem a wasteland* (see *Hagahos HaBach* and *Ein Yaakov*).]

27. [What follows is R' Yochanan's further exposition of *Isaiah* 41:19, which states: אֶתֵּן בַּמִּדְבָּר אֶרֶז שִׁטָּה וַהֲדַס, *I will set in the wilderness cedar, pine "and myrtle."*]

28. The myrtle, a very fragrant tree, goes unappreciated in the wilderness, where there is no one to benefit from its fragrance. So too is a Torah scholar who does not impart his Torah knowledge to others (see *Ein Yaakov,* and *Yalkut* to *Isaiah* ad loc.; see also *Maharsha*).

29. See *Ein Yaakov,* and *Yalkut* to *Isaiah* ad loc.

30. *Isaiah* 60:17. In this verse, Isaiah prophesies that God will inspire the nations of the world to make manifold restitution to Israel for what the nations and their forebears had stolen from Israel (*Radak* ad loc.).

31. Who were brutally murdered by the Roman authorities for the "crime" of studying Torah, as related in *Berachos* 61b.

32. *Joel* 4:21.

למיטעי אמרי האי חסר הוא והאי דלא עביד מאתמול משום דלא אפשר או דלמא מלא הוא ובזמנו עבדו וליעביד בין אמלא בין אחסר וכי מקלע ר"ח בע"ש לא ליעביד כלל וכיון דלא עבדינן מוצאי שבת ועבדינן אמלא מידע ידעי דחסר הוא אפילו הכי אתו למיטעי אמרי האי מלא הוא והאי דלא עבדי איתנוסי הוא דאיתנוסי וליעביד אמלא ולא ליעביד אחסר כלל אמר אביי משום ביטול מלאכה לעם שני ימים: כיצד היו משיאין משואות מביאין כלונסות כו': אמר רב יהודה ד' מיני ארזים הן ארז קתרום עץ שמן וברוש קתרום אמר רב אדרא א) דבי רבי שילא אמרי מבליגא ואמרי לה זו גולמיש ופליגא דרבה בר רב הונא דאמר רבה בר רב הונא אמרי בי רב ב) עשרה מיני ארזים הם שנאמר א) אתן במדבר ארז שטה והדס ועץ שמן אשים בערבה ברוש תדהר ותאשור יחדו ארז ארזא שטה תורניתא הדס אסא עץ שמן אפרסמא ברוש ברתא תדהר שאגא תאשור שורבינא הני שבעה הוו כי אתא רב דימי אמר הוסיפו עליהם אלונים אלמונים אלמוגין אלונים בוטמי אלמונים בלוטי אלמוגין כסיתא א"ד ארונים ערמונים אלמוגין ארונים ערי ערמונים דולבי אלמוגין כסיתא ב) וצי אדיר לא יעברנו אמר רב ג) זו בורני גדולה היכי עבדו מייתו שית אלפי גברי בתריסר ירחי שתא ואמרי לה תריסר אלפי גברי בשיתא ירחי שתא וטעני לה חלא עד דשכנא ונחית בר ד) אמוראי וקטר אטוני דכיתנא בכסיתא וקטר להו בספינתא ונטלי חלא ושדו לבראי וכמה דמדליא עקרא ומתיא ומחליף על חד תרין בכספא תלת פרוותא הויין תרתי בי ארמאי וחדא דבי פרסאי דבי ארמאי מסקן כסיתא דבי פרסאי מסקן מרגנייתא ומקרייא פרוותא דמשמהיג א"ר יוחנן כל שיטה ושיטה שנטלו נכרים מירושלים עתיד הקב"ה להחזירן לה שנאמר א) אתן במדבר ארז שטה ואין מדבר אלא ירושלים שנאמר ג) ציון מדבר היתה (א) וגו' ואמר רבי יוחנן כל הלומד תורה ואינו מלמדה דומה להדס במדבר ו) איכא דאמרי כל הלומד תורה ומלמדה במקום שאין ת"ח דומה להדס במדבר דחביב ז) וא"ר יוחנן אוי להם לעובדי כוכבים שאין להם תקנה שנא' ד) תחת הנחשת אביא זהב ותחת הברזל אביא כסף ותחת העצי' נחשת ותחת האבנים ברזל תחת ר"ע וחביריו מאי מביאין ועליהם הוא אומר ה) ונקיתי דמם לא נקיתי: ומאין היו משיאין משואות כו' ומבית בלתין: מאי בית בלתין אמר רב

רש"י

אתו למיטעי. השתא בני הגולה אמרי כו' אבל השתא דלא עבדינן אלא אחסר כי עבדינן למוצאי שבת ידעי דחסר הוא: ועבדינן אמלא. ואנן רגילין לעשות כל שאר המלאין (ב): מידע ידעי דחסר הוא. ומחמת איסור שבת שאירע בליל משואותיו נמנעו מלהשיא: דאיתנוסי. בשכרות של משתה השבת: וליעביד אמלא ולא אחסר. וכי מקלע ר"ח חסר בערב שבת ולא עבדינן מידע ידעי דחסר הוא ולא תלו בשכרות אלא במידי דשכיח דכל חדשים חסרין לא עבדינן והאי נמי לא עבוד: אמר אביי משום ביטול מלאכה כו'. ולא גרסינן גזירה אי אמרת נעביד אמלא ולא אחסר אין לך ר"ה שאין מתבטלין בני הגולה ממלאכה שני ימים יום ל' שמא היום ר"ה ויום שלשים ואחד שמא עיברו את החדש והיום ר"ה אבל כי עבדינן משואות אחסר לאור יום ל' ידעי שביום שלשים נקבע ויעשו מלאכה למחר ואין בטלין שני ימים אלא במעובר: כיצד היו משיאין כו': אמר רב אדרא. כך שם האמורא כדאמרינן במסכת בילה (דף טו:) יטע בהן אלד: תורניתא. פיניי"א בלע"ז: ברתא. בוש בלע"ז: שאגא. ש"פ בלע"ז: בוטמי. אולמי"ר בלע"ז: בלוטי. ליירקוו"ש בלע"ז שגדלין בו פירי שקורין גליאנד"ש: כסיתא. מין עץ העולה בקרקע הים ושמו קורא"ל: ערי. לוי"ר שם האילן ואת פריו קורין בוי"ש: דולבי. קשטלניי"א: וצי אדיר לא יעברנו. לנחל שעתיד לצאת מבית המקדש: זו בורני גדולה. ספינה שקורין דרומונ"ט: היכי עבדי. אותה בורני גדולה למאי עבידא: חלא. חול: עד דשכנא. שוליה שוכנים בקרקעית הים ועודנה נראית למעלה מן המים דמקום שהאלמוגים גדלים בים אין הים עמוק כל כך: בר אמוראי. מלומד לשוט בנהרות: וקטר אטוני דכיתנא. חבלי פשתן שהן קשין לינתק וקושר ראשו אחד בשורש האילן וראשו אחד בבורני: ושקלי. הנך גברי חלא דספינתא ושדו לאבראי והיא עולה מתוך המים ועוקרת שרשי האילן: פרוותא. פורט"ו בלע"ז ובלשון משנה נמל: מסקן מרגנייתא. מקרקעית הים על ידי בר אמוראי: ומקרייא פרוותא דמשמהיג. אותה של פרסיים נקראת נמל של מלוכה: ונקיתי דמם לא נקיתי. אם באתי לנקות את העכו"ם משאר עונות לא (ג) אנקה מדמם של ישראל: אף

תוספות

והא דלא עביד במוצאי שבת איתנוסי איתנוסו. וא"ת והשתא נמי דלא עבדו אמלא כלל כי מיחל ר"ח מלא בשבת יאמרו האי חסר הוא והאי דלא עביד למוצאי שבת איתנוסי דאיתנוסו וי"ל דהיכא דודאי עבדי לעולם משואות בין אמלא בין אחסר כי לא עבדי כלל ודאי תלו באונס אבל השתא דזימנין עבדי וזימנין לא עבדי כי לא עבדי השתא במוצאי שבת לא תלו באונס אלא במילתא דשכיחא:

משום בטול מלאכה לעם שני ימים. פירש בקונטרס אין לך ר"ה שאין מתבטלין בני גולה ממלאכה ב' ימים בין אמלא בין אחסר אבל כי עבדי אחסר ידעי שביום שלשים נקבע ויעשו מלאכה למחר ולאנס דחק לפרש ר"ה דאכל ר"ח קאי כי לא היו רגילין לעשות מלאכה בר"ח כדאמרינן בפרק הקורא את המגילה עומד (מגילה דף כב:) ושאין בו ביטול מלאכה לעם כגון ר"ח וחולו של מועד קורין ארבעה ורגילין לומר שהוסיף המקום י"ט לנשים בר"ח בשכר שלא נתרצו על מעשה העגל כשאמר להם אהרן (שמות לב) פרקו נזמי הזהב אשר באזני נשיכם וגו' ויתפרקו כל העם וגו' אשר באזניהם אבל דנשיהם לא הביאו שלא רצו הנשים ליתן ז):

ארבעה מיני ארזים. תימה דבפרק לולב הגזול (סוכה דף לז. ושם) א"ר יהודה סוכה אינה נוהגת אלא בארבעה מינים שבלולב ופריך עלה מהא דמכשר ר"י לסכך בנסרים של ארז שאין בהם [ארבעה על ארבעה] ומשני מאי ארז הדס כדאמר רבה בר רב הונא י' מיני ארזים הן והשתא לרב יהודה אמר רב דאמר ארבעה ותו לא מאי איכא למימר ושמא הכא לענין מקח וממכר פליגי אבל כולהו מודו דעשרה מיני ארזין הן ° ובירושלמי חשיב עשרים וארבעה:

שטה תורניתא. בפ"ק דע"ז (דף יד. ושם) דאמר מאי אצטרובלין תורניתא לאו היינו תורניתא דהכא דההוא אין לו ח) עיקר כדמשמע התם והאי דהכא שהוא מין ארז ודאי יש לו שורש ועוד תורניתא הוא דלא מזבן הא שאר אילנות מזבני והתנן (ע"ז דף יט:) אין מוכרים להן במחובר לקרקע דכי האי גונא דייק התם ט) גבי דקל טב לכך נראה דההיא דהתם מין אדמה כעין כובריתא דפרק א"ר עקיבא (שבת דף נ.) ובפ' האשה שהיא עושה (נדה דף סב.) דאכולהו מייתי לה ההיא דכל שאין לה עיקר:

עץ שמן אפרסמון. והא דכתיב (מלכים א ו) ויעש כרובים עצי שמן ומתרגמינן אעי דזיתא תרי גווני עץ שמן דאפרסמון לאו עץ זית הוא דכתיב בעזרא (נחמיה ח) לאו ההר והביאו עלי זית ועלי עץ שמן ובמסכת תמיד (פ"ב משנה ג) עץ זית פסול למערכה עץ שמן כשר:

ערמונים דולבי. פי' בקונטרס קסטיניי"ר וקשיא דבפרק לולב הגזול י) גבי ענפיו חופין את כ) רובו פריך ואימא דולבא ואנן קא חזינן דלאו הכי הוא ומיהו התם נמי פי' בקונט' קסטיניי"ר:

רבינו חננאל

עשרה מיני ארזים הן שנאמר אתן במדבר ארז ושטה וגו' א"ר יוחנן כל המלמד תורה ומלמדה במקום שאין בו תורה דומה להדס במדבר כל דאתי שקיל מיניה. אוי להן לעובדי כוכבים שאין להן תקנה שנאמר תחת הנחשת אביא זהב וגו' תחת ר' עקיבא וחביריו מי מביאין והיינו דכתיב ונקיתי דמם לא נקיתי

ליקוטי רש"י

מבליגה. עץ הוא [סנהדרין קח:]. ברוש תדהר ותאשור. שמות אילני סרק העשויין לבנין [ישעיה מא יט]. מיני עצי יער לבנון [שם ס יג]. ארזא. קילא בלע"ז. תורניתא. פי"ן כל שמות הללו הם היו בקיאים בהם [רשב"ם ב"ב פ:]. מין ארז והיא שטה כדאמר בר"ה [ע"ז יד.]. אפרסמא. (שף) [שרף] שממנו עושין הופת כן נראה בעיני. ברתי. בוי"ש. שאגא. איכא דאמר (שף) [שרף] וא"כ אפרסמא הוא שממנו יוצא שמן אפרסמון. שורבינא. לא איתפרש. הני שבעה הוו. ומקשינן. הוסיפו עליהם. חכמים על אותן שבאותו פסוק. אלונים. בוטמי כדמתרגמא תחת האלה בוטמא (בראשית לה) [רשב"ם שם]. מין עץ סרק שקורין קיישנ"א בלע"ז [יחזקאל כז ו]. קיילני"א בלע"ז שגדל בו פרי שקורין גלנג"ך בלע"ז [הושע ד יג]. יושנ"א שהוא קשה [פסחים עד.]. בלוטי. קיישנ"א שטעון גלונך [רשב"ם שם]. כסיתא. עצי אלמוגין שקורין קורא"ל [כתובות צח.]. אילן שגדל בים ויקר הרבה וקורין קוריי"ל. ערי. אילן שגדילין בו בייש וקורין לדיי"ר. דולבי. קיסטניי"ר [רשב"ם שם פא.]. תחת הנחשת. שנטלו ממך [ישעיה ס יז]. ונקיתי דמם לא נקיתי. ואף אם אנקה אותם משאר עבירות שבידם ומרעות שעשו לי דמם של בני יהודה לא אנקה מהם לימות משיח ואז בזמן שהקב"ה שוכן בציון [יואל ד כא].

עין משפט / מסורת הש"ס

א) [סנהדרין קח:], ב) תענית כה: סוכה לז. ב"ב פ., ג) [יומא עז: ע"ש], ד) [גי' הערוך בערך מד ג' אמודראי פי' בלשון יון איש בקי לצלול במים אדירים עד הגיעו אל תוך הים אשר בקרקע הים], ה) פ"א דליכא דליתהני מיניה, ו) פ"א לכל ומאן דשקיל מיניה שקיל, ז) [וכ"כ רש"י במגילה כב: ד"ה ראשי חדשים ע"ש וקע"ע תוס' חגיגה יח. ד"ה הוס"מ ותוס' שבת כד: ד"ה דלמאן], ח) עי' רש"י שבת פג: ד"ה שיש לו עיקר ומה שכתבו שם על הגליון, ט) [ע"ז יד:], י) סוכה לב: ושם, כ) [צ"ל עלון].

הגהות הב"ח

(א) גמ' ציון מדבר היתה ירושלים שממה ואמר רבי יוחנן: (ב) רש"י ד"ה ומידע ידעי וכו' הס"ד: (ג) ד"ה ונקיתי דמם כו' משאר עונות לא אנקה מדמם:

גליון הש"ס

תוס' ד"ה ארבעה מיני ארזים וכו' ובירושלמי חשיב כ"ד. וכן הוא במ"ר שמות פרשה לה:

תורה אור השלם

א) אתן במדבר ארז שטה והדס ועץ שמן אשים בערבה ברוש תדהר ותאשור יחדו: [ישעיה מא, יט]

ב) כי אם שם אדיר יי לנו מקום נהרים יארים רחבי ידים בל תלך בו אני שיט וצי אדיר לא יעברנו: [ישעיה לג, כא]

ג) ערי קדשך היו מדבר ציון מדבר היתה ירושלם שממה: [ישעיה סד, ט]

ד) תחת הנחשת אביא זהב ותחת הברזל אביא כסף ותחת העצים נחשת ותחת האבנים ברזל ושמתי פקדתך שלום ונגשיך צדקה: [ישעיה ס, יז]

ה) ונקיתי דמם לא נקיתי ויי שכן בציון: [יואל ד, כא]

עין משפט נר מצוה

ז א מיי' פ"ב מהלכות קדוש החדש הלכה ז:
ח ב ג מיי' פכ"ז מהל' שבת הלכה טז סמג לאוין סה טוש"ע א"ח סימן תז סעיף א וסעיף ג:
ט ד מיי' פ"ב מהלכות קדוש החדש הלכה ז:
י ה מיי' שם הלכה ד:
יא ו מיי' שם הלכה ז:

גמרא

זו בירם מאי גולה אמר רב יוסף זו פומבדיתא מאי כמדורת האש תנא כל אחד ואחד נוטל אבוקה בידו ועולה לראש גגו [א] תניא ר"ש בן אלעזר אומר אף חרים וכייר וגדר וחברותי' איכא דאמרי ביני וביני הוו קיימי א"ד להך גיסא דארץ ישראל הוו קיימי מר חשיב דהאי גיסא ומר חשיב דהאי גיסא א"ר יוחנן בין כל אחת ואחת שמונה פרסאות כמה הוו להו תלתין ותרתין והא האידנא טובא הוו אמר אביי ° אסתתומי אסתתום להו דרכי דכתיב א) לכן הנני שך את דרכך בסירים (א) [א] רב נחמן בר יצחק אמר מהכא דכתיב ב) נתיבותי עוה: **מתני'** חצר גדולה היתה בירושלים ובית יעזק היתה נקראת א ולשם כל העדים מתכנסין ובית דין בודקין אותם שם וסעודות גדולות עושין להם בשביל שיהו רגילין לבא בראשונה (א) לא היו זזין משם כל היום ב התקין רבן גמליאל הזקן שיהו מהלכין אלפים אמה לכל רוח ולא אלו בלבד ג אלא אף חכמה הבאה ליילד והבא להציל מן הדליקה ומן הגיים ומן הנהר ומן המפולת הרי אלו כאנשי העיר ויש להם אלפים לכל רוח: **גמ'** איבעיא להו בית יעזק תנן או בית יזק תנן בית יעזק תנן לישנא מעליא הוא דכתיב ג) ויעזקהו ויסקלהו או דלמא בית יזק תנן לישנא דצערא הוא כדכתיב ד) והוא אסור באזיקים אמר אביי ת"ש סעודות גדולות היו עושין להם שם כדי שיהו רגילים לבוא דלמא תרתי הוו עבדי בהו: **מתני'** ה כיצד בודקין את העדים זוג שבא ראשון בודקין אותו ראשון ומכניסין את הגדול שבהן ואומרין לו אמור כיצד ראית את הלבנה ו לפני החמה או לאחר החמה לצפונה או לדרומה כמה היה גבוה ולאין היה נוטה וכמה היה רחב אם אמר לפני החמה לא אמר כלום ואח"כ היו מכניסין את השני ובודקין אותו אם נמצאו דבריהם מכוונים עדותן קיימת ושאר כל הזוגות שואלין אותן ראשי דברים לא שהיו צריכים להם אלא כדי שלא יצאו בפחי נפש בשביל שיהו רגילים לבוא: **גמ'** היינו לפני החמה היינו לצפונה היינו לאחר החמה היינו לדרומה אמר אביי פגימתה לפני החמה או לאחר החמה אם אמר לפני החמה לא אמר כלום דא"ר יוחנן מאי דכתיב ה) המשל ופחד עמו עושה שלום במרומיו מעולם לא ראתה חמה פגימתה של לבנה ולא פגימתה של קשת פגימתה של לבנה דחלשה דעתה פגימתה של קשת דלא לימרו עובדי החמה גירי

רש"י

אף חרים וכייר וגדר. היו משיאין המשואות בראשי הרים שלהן: ביני ביני. דהנך דמתניתין הוו קיימין הנך: באידך גיסא. [שלן] א"י לצד בבל שני צדדים של א"י נמשכין לצד בבל: בין כל אחת ואחת. דהנך דמתניתין: איסתתום דרכי. ואחזו ההולכין דרך עקלתון: בסירים. קוצים: **מתני'** חצר גדולה היתה בירושלים כו' כל העדים מתכנסין. ביום השבת שחללוהו לבוא ולהעיד: לא היו זזין משם. לפי שיצאו חוץ לתחום והיוצא חוץ לתחום אין לו אלא ד' אמות: מן הנהר. שהוא גדל פתאום ושוטף את בני העיר ואת הילדים: **גמ'** ויעזקהו. סייגו בגדר אבנים סביב סביב בעיגול כמו טבעת: לישנא דצערא. על שם שאסורין כאלו בזיקין שאין זזין משם כל היום: סעודות גדולות. אלמא לא הוה להו צערא: **מתני'** כיצד בודקין את העדים כו' לפני החמה. החמה הולכת לעולם ממזרח לדרום ומדרום למערב וממערב לצפון שנאמר (קהלת א) הולך אל דרום וסובב אל צפון והלבנה אינה נראית ביום שלשים לעולם אלא סמוך לשקיעת החמה שמתוך שהיא דקה וקטנה אינה נראית בעוד שהחמה בגבורתה מדלא קתני למזרחה או למערבה שמע מינה אין נראית להם בדרום וקא ס"ד שהיו שואלין את העדים אם ראוה מהלכת לפני החמה או לאחריה לצפונה של חמה ראיתם אותה או לדרומה של חמה ובגמרא פריך לפני החמה היינו לצפונה שהרי אין נכון לבדוק ולשאול אם לדרומה (ג) אלא בזמן שניהן החמה והלבנה במערב שאם הם בדרום אינה יכולה להיות לא לצפונה ולא לדרומה אלא או למזרחה או למערבה וכשהן במערב אם לפני החמה היא זהו לצפונה שהרי לצד לפון הם הולכין ואם לאחריה היא הרי זה לצד דרום: כמה היה גבוה. מן הארץ לפי ראיית עיניכם: לאין היה נוטה. ראשי הפגימה לאיזה צד נוטין לצד לפון כזה () או לצד דרום כזה (): אם אמר לפני החמה לא אמר כלום. מפרש בגמרא: **גמ'** היינו לפני החמה היינו לצפונה. הא חדא מילתא היא כדפרישית לעיל: פגימתה לפני החמה. פונה לצד החמה או לצד אחר ועלה קתני סיפא אם אמר לפני החמה לא אמר כלום דמעולם לא ראתה חמה פגימתה של לבנה: דלא לימרו עובדיה. העובדין את החמה:

תוספות

זו בירם. משמע כאן שהוא מארץ ישראל וכן מפרש ר"ת בקדושין (דף עב.) גבי מיחסי דפומבדיתא מבירם נסבי:

כמה הוו להו תלתין ותרתין. תימה בזמן שבית המקדש קיים נמי מרחקי טובא כדמוכח בפ"ק דתענית (דף י.) שהיה מהלך ט"ו יום מירושלים עד סופה של כל א"י גבי כדי שיגיע האחרון שבא"י לנהר פרת וזה היה לצד בבל דפרת לצד בבל הוא ואין לחלק בין מקדש ראשון למקדש שני כדמשמע בפרק אלו מציאות (ב"מ דף כח. ושם) וצריך לומר דרלועה נפקא לא"י מצד אחד עד פרת חוץ מבבל וקשה היאך אפשר שירושלים הוא טבור של א"י שהיא ד' מאות פרסה על ד' מאות לכל צד הרי מהלך שני מאות לכל צד הרי מהלך עשרים ימים לאחרון שבירושלים ממהלך עשר פרסאות (ג) ועוד הרי ירדן מן המזרח מהלך יום אחד מן המזרח לירושלים והוא קצה א"י (ג):

לא היו זזים משם. לפי שיוצא חוץ לתחום אין לו אלא ד' אמות וכל החצר חשובה כד' אמות כדתנן בפרק מי שהוציאוהו (עירובין דף מא:) נתנוהו בדיר וסהר וכו' והא דמשמע בההוא פירקא (דף מז: ושם) גבי דיכריא דאתו למברכתא שכל העיר חשובה להם כד' אמות היינו בעיר המוקפת מחילות והכא בירושלים לאחר שפרצו בה יונים פרצות דחשיב' כרשות הרבים כדאיתא פרק המוצא תפילין (עירובין דף קא.) ומיהו אשכחן עיר דחשובה כד"א אף בלא מחילות כדתנן בפרק כילד מעברין (שם דף מ.) נותנין קרפף לעיר עוד תנן (שם דף ס.) הנותן עירובו בתוך עיבורה של עיר לא עשה ולא כלום ואם לענין יוצא חוץ לתחום נמי נותנין לו כל העיר כולה עם עיבורה כד' אמות אם כן בלא מחילות נמי תחשיב כולה כד' אמות: **שיהו** מהלכין אלפים אמה לכל רוח. הא דלא חשיב לה בפ"ק דבילה (דף יא:) גבי דברים שהתירו סופן משום תחילתן משום דבהך לא קשה לן מידי דמתניתין היא ° דאכל הני דהתם פריך תנינא ומשני להו:

או דילמא לישנא דצערא. פירש בקונטרס משום שעל שם שאסורין כאילו בזיקין שאינן זזים משם כל היום כולו והיינו קודם דאתקין רבן גמליאל שיהו מהלכין אלפים אמה לכל רוח וקשיא מאי מייתי מסעודות גדולות הא ע"כ קודם ר"ג הכי הוה לכך נראה דמיבעי ליה אי אותו מקום צר להם או מרווח ומייתי ראיה דמרווח ואם תאמר כיון דאיסור שבת עלייהו היאך יוצאין מחצר לחצר י"ל כיון דקודם דפרצו בה היו יכולים ללכת בכל העיר גם עתה משנפרצה אלא כמה מבואות וחצרות פתוחים לאותו חצר שהיו [רשאין] להלך בהן כארבע אמות:

רבינו חננאל

וגו': בלתין זו בירם גולה זו פומבדיתא ומוליך ומביא ומעלה ומוריד עד שיתברר לרואה שהן משואות ולא היו זזין עד שהיו רואין בני פומבדיתא שעושין בגגותיהן כך. תניא בראשונה היו משיאין משואות בראש ההרים הגבוהין בהר המשחה ובסרטבא ובגרופינא ובתבור ובחוורן ובלתין ר' שמעון בן אלעזר אומר אף חרים וכייר וגדר וחברותיה איכא דאמרי ביני ביני הוו קיימי. ר' שמעון בן אלעזר חשיב להו על הסדר. ת"ק לא חשיב הני דביני ביני. איכא דאמרי הר המשחה סרטב' והני כולהי דת"ק קיימי בחד גיסא דא"י והני דתני ר' שמעון קיימי באידך גיסא ות"ק חשיב באידך גיסא ורבי שמעון בן אלעזר דתני אף חרים כו' חשיב דהאי גיסא ודהאי גיסא א"ר יוחנן ובין כל אחד ואחד ח' פרסי. ל"ב מילי והאידנא טובא איכא בינייהו אמר אביי איסתומי איסתתום כלו' הדרך הנכוחה נסתתמה שנאמר הנני שך את דרכך בסירים וכתיב נתיבותי עוה: **מתני'** כיצד ראית את הלבנה לפני החמה או לאחר החמה לצפונה או לדרומה כו' ואקשינן לפני החמה היינו לצפונה וכיון שפני החמה לצפונה אחר החמה לדרומה. ופריק אביי תנא אפגימת הלבנה קאי. והכי קאמר פגימת הלבנה לפני החמה היתה ורואה החמה פגימתה או לא ואם אמר לפני החמה היתה והפגימה כנגד החמה היא עד שקר הוא כר' יוחנן דאמר מ"ד עושה שלום במרומיו מעולם [לא] ראתה חמה פגימתה של לבנה משום חלישות דעתה ואם אמר פגימתה אחר החמה דבריו קיימין וכן הלכתא הקשת אין פגימתה אחר החמה והיא היתה מכוונת כנגד החמה שלא יאמרו המזלות

ליקוטי רש"י

הנני שך. ל' סגירה כמו הסר משוכתו (ישעיה ה) כמשוכת חדק (משלי טו). **את דרכך.** דרכים ושבילים שאת הולכת בהם [הושע ב ח]. **נתיבותי עוה.** אם באתי לצאת איני יוצאה בדרכים הסלולים בדרך ישרה מפני האויבים ואלא דרך עקלתון [איכה ג ט]. **לא היו זזין משם.** ביוצאין חוץ לתחום להעיד על החדש מיירי במסכת ר"ה (כג:) לא היו זזין דמי שיצא חוץ לתחום אין לו אלא ד' אמות [עירובין מה.]. **ויעזקהו.** סייגו וגדרו סביב מוקף כמין טבעת דמתרגמינן עיזקא [ישעיה ה ב]. **באזיקים.** בזיאו"ש בלע"ז [ירמיה מ א]. **המשל ופחד עמו.** כלפי שאמר איוב אערכה לפניו משפט אמר לו המשל ופחד עמו המשל זה מיכאל ופחד זה גבריאל כלום אתה יכול להשיב את אחד מהם. **עושה שלום במרומיו.** כשהמזלות עולים כל א' סובר אני עולה ראשון לפי שאינו רואה מה שלפניו לפיכך אינו מתקנא כ"ש ל"א עושה שלום במרומיו אש ומים בלולין ואין מים מכבין את האש כ"ש [איוב כה ב].

מסורת הש"ס

א) [עירובין מה.], ב) [וע' תוס' ב"מ כח. ד"ה ממשה עשר].

הגהות הב"ח

(א) גמרא שך את דרכך בסירים וגדרתי את גדרה ונתיבותיה לא תמצא ר"נ ב"י אמר מהכא דכתיב גדר דרכי בגזית נתיבותי עוה: (ב) רש"י ד"ה כילד בודקין כו' ולשאול אם לדרומה או לצפונה אלא בזמן שניהן: (ג) תוס' ד"ה כמה כו' ממהלך עשר פרסאות ליום ועוד הרי:

גליון הש"ס

גמרא אסתתומי אסתתום. ע' פסחים לג ע"ב תוס' ד"ה רב יהודה אמר: תוספות ד"ה שיהו מהלכין וכו'. דאכל הני דהתם פריך. עיין יומא עז ע"ב. מו"ק ז ע"א:

הגהות הגר"א

[א] תנא רש"א הרי מכייר. כצ"ל וכן עוד יהודה ביהושע יד [לא] מגלאתי ביהושע וע"ל כצ"ל תני רשב"א אומר אף הרי מכוור וגודר וכו' ע"א בירושל' דפרקין ובירושלמי פ"ו דשביעית ע"ש [בהגהות כת"י אשר לפנינו הגהה זו ליתא]:

הגהות מהר"י לנדא

א] גמ' דכתיב לכן הנני שך את דרכך בסירים וגו'. כצ"ל:

תורה אור השלם

א) לָכֵן הִנְנִי שָׂךְ אֶת דַּרְכֵּךְ בַּסִּירִים וְגָדַרְתִּי אֶת גְּדֵרָהּ וּנְתִיבוֹתֶיהָ לֹא תִמְצָא: [הושע ב, ח]

ב) גָּדַר דְּרָכַי בְּגָזִית נְתִיבֹתַי עִוָּה: [איכה ג, ט]

ג) וַיְעַזְּקֵהוּ וַיְסַקְּלֵהוּ וַיִּטָּעֵהוּ שֹׂרֵק וַיִּבֶן מִגְדָּל בְּתוֹכוֹ וְגַם יֶקֶב חָצֵב בּוֹ וַיְקַו לַעֲשׂוֹת עֲנָבִים וַיַּעַשׂ בְּאֻשִׁים: [ישעיה ה, ב]

ד) הַדָּבָר אֲשֶׁר הָיָה אֶל יִרְמְיָהוּ מֵאֵת יְיָ אַחַר שַׁלַּח אֹתוֹ נְבוּזַרְאֲדָן רַב טַבָּחִים מִן הָרָמָה בְּקַחְתּוֹ אֹתוֹ וְהוּא אָסוּר בָּאזִקִּים בְּתוֹךְ כָּל גָּלוּת יְרוּשָׁלִַם וִיהוּדָה הַמֻּגְלִים בָּבֶלָה: [ירמיה מ, א]

ה) הַמְשֵׁל וָפַחַד עִמּוֹ עֹשֶׂה שָׁלוֹם בִּמְרוֹמָיו: [איוב כה, ב]

זו בּירם – **This is Biram.**[1] מאי גולה – **What** is **"the Diaspora"?**[2] אמר רב יוסף – **Rav Yosef said:** זו פומבדיתא – **This is Pumbedisa.**[3] מאי כמדורת האש – **What** does the Mishnah mean when it says that the entire Diaspora was illuminated **"like a bonfire"?** תנא – **A Tanna taught** the following Baraisa: כל אחד ואחד נוטל אבוקה בידו – EACH AND EVERY PERSON in "the Diaspora" WOULD (upon seeing the torch being waved on top of Beis Baltin) TAKE A TORCH IN HIS HAND ועולה לראש גגו – AND GO UP TO THE TOP OF HIS ROOF.[4]

A Baraisa lists additional points at which the torches were lit: תניא – **It was taught in a Baraisa:** רבי שמעון בן אלעזר אומר – R' SHIMON BEN ELAZAR SAYS: אף חרים וכייר וגדר וחברותיה – Torches were lit ALSO on the mountains of CHARIM, CHAYAR, GEDER AND ITS COMPANIONS. איכא דאמרי ביני וביני הוו קיימי – **There are those who say** that these points added by R' Shimon ben Elazar **were situated between** those points mentioned by the Mishnah.[5] איכא דאמרי להך גיסא דארץ ישראל הוו קיימי – And **there are those who say** that **they were situated on the other side of Eretz Yisrael.** According to this latter opinion, then, מר חשיב דהאי גיסא – one **master enumerates** the relay points **on this** one **side** of Eretz Yisrael, ומר חשיב דהאי גיסא – **whereas** the other **master enumerates** the relay points **on this** other **side** of Eretz Yisrael.[6]

The Gemara comments on the distance between the relay points listed in the Mishnah:

אמר רבי יוחנן – **R' Yochanan said:** בין כל אחת ואחת שמונה פרסאות – **Between each and every one** of the five relay points listed in the Mishnah was a distance of **eight** ***parsaos.***[7]

The Gemara asks:

כמה הוו להו – **How much are [the combined distances]** between the five points from the Mount of Olives to Beis Baltin? תלתין ותרתין – **Thirty-two** *parsaos.*[8] והא האידנא טובא הוו – **But surely, nowadays there are many more** *parsaos* between the Mount of Olives and Beis Baltin![9] – ? –

The Gemara answers:

אמר אביי – **Abaye said:** אסתתומי אסתתום להו דרכי – **The** direct **roads** between these locations **have been obstructed,**[10] דכתיב – **for it is written:** "לכן הנני שך את־דרכך בסירים" – ***Therefore, behold I will hedge your way with thorns.***[11]

The Gemara cites another Scriptural source for the fact that the roads have been closed.

רב נחמן בר יצחק אמר מהכא – **Rav Nachman bar Yitzchak says** it is derived **from the following** verse: דכתיב "נתיבתי עוה" – **For it is written:** ***He twisted my paths.***[12]

Mishnah The Mishnah now begins to describe how the *Beis Din* received the witnesses: חצר גדולה היתה בירושלים – **There was a large courtyard in Jerusalem** ובית יעזק היתה נקראת – **that was called Beis Ya'zek,** ולשם כל העדים מתכנסין – **and** it was **to there** that **all the witnesses** who had come to testify about sighting the new moon **would gather,**[13] ובית דין בודקין אותם שם – **and the** ***Beis Din*** **would examine them there.** וסעודות גדולות עושין להם – **And they would make for [these witnesses] large feasts** בשביל שיהו רגילין לבא – **so that that they would be accustomed to come** because of this incentive. בראשונה לא היו זזין משם כל היום – **Originally, [the witnesses] would not move from there**[14] **all day.**[15] התקין רבן גמליאל הזקן – Subsequently, **Rabban Gamliel the Elder enacted** שיהו מהלכין אלפים אמה לכל רוח – **that they should** be

NOTES

1. Beis Baltin [Biram] is at the extremity of Eretz Yisrael, at the point closest to Babylonia (see *Rabbeinu Yehonasan* and *Meiri;* see also *Tosafos*).

2. Certainly, the Mishnah cannot mean here literally the *entire* Babylonian Diaspora, because it would be impossible for the signaler to see the entire Babylonian Diaspora from Beis Baltin (*Aruch LaNer*).

3. Pumbedisa is called "the Diaspora" because it contained the main Jewish settlement in Babylonia (*Rashi* to *Sanhedrin* 32b ד״ה לגולה).

[Actually, Nehardea, not Pumbedisa, was the principal center of the Babylonian Diaspora in the times of the Mishnah (which uses here the term "Diaspora"). However, when Nehardea was destroyed by the kingdom of Palmyra (Tadmor) in early Amoraic times (259 C.E., shortly after the death of Shmuel; see *Iggeres Rav Sherira Gaon,* Levine edition, p. 83), the famous academy of Nehardea (as well as much of its Jewish population) relocated to nearby Pumbedisa. Thus, later Amoraim (such as Rav Yosef) use the term "Pumbedisa" even when describing the main Babylonian settlement of Mishnaic times (see *Doros HaRishonim* vol. 1, p. 138).]

4. The spectacle of all the Jewish residents of Pumbedisa standing on their roofs with flaming torches made the entire city seem like one large bonfire to those watching from afar at the top of Beis Baltin.

5. [Accordingly, the listing in our Mishnah is not exhaustive, and R' Shimon ben Elazar supplements that list with the points in the relay that the Mishnah has omitted (see *Rabbeinu Chananel*).]

6. Two different sections of Eretz Yisrael stretch out towards Babylonia (*Rashi*). Torches were lit in relays along both routes. The Mishnah lists the relay points along one of those routes, whereas R' Shimon ben Elazar lists the relay points along the other.

7. A *parsah* [plural: *parsaos*] is four *mil,* or eight thousand *amos;* it is the equivalent of between 2.3 and 3 miles.

8. The five points are separated by four gaps of eight *parsaos* each, for a total of thirty-two *parsaos.*

9. [As can be attested to by any traveler who undertakes the journey.]

10. Forcing travelers to take circuitous and thus longer routes (*Rashi*). [Thus, while the distance between the extreme points is indeed thirty-two *parsaos* as the crow flies, the actual travel distance is much greater.]

11. *Hosea* 2:8.

12. *Lamentations* 3:9.

13. The reference is to the witnesses who had arrived *on the Sabbath* and desecrated it [albeit permissibly, by traveling beyond their *techum*] (*Rashi*). [Since they were not permitted to roam around the city (see note 15), they were confined to this courtyard.]

[From *Rambam* (*Hil. Kiddush HaChodesh* 2:7) and *Meiri,* however, it would seem that the witnesses *always* gathered in Beis Ya'azek – even during the week – in order to facilitate *Beis Din's* examination of them, as stated next in the Mishnah (see *Tos. Yom Tov*).]

14. I.e. from Beis Ya'zek (see *Tosafos,* but see next note).

15. [If witnesses arrived on the Sabbath by traveling beyond their *techum,* they were not permitted to leave the courtyard of Beis Ya'zek until after the Sabbath.] This is in keeping with the law (see *Eruvin* 41b) that one who goes beyond his *techum* on the Sabbath is thereafter restricted for the rest of the Sabbath to the four *amos* of his current location (*Rashi*). If the person is currently inside a walled enclosure (such as the courtyard discussed in our Mishnah), the entire enclosure is considered as "his four *amos*" and he may travel anywhere inside of it (*Tosafos* ד״ה לא, from *Eruvin* 41b). Hence, the Mishnah states that the witnesses could not move from there (i.e. Beis Ya'zek), implying that within Beis Ya'zek they were permitted to move without restriction.

Actually, Jerusalem itself was enclosed by walls. Why, then, were the witnesses not permitted to move throughout the *city* without restriction? *Tosafos* explain that the Mishnah refers to the time after the Greeks had breached the walls of Jerusalem to the point that it was no longer deemed "enclosed." [Possibly, however, the Mishnah indeed means that they did not move *from the city* (see *Meiri* and *Pnei Yehoshua*). Moreover, it might be that a person who leaves his *techum* and finds himself in a city may consider its entirety like his four *amos* even if the city is *not* walled (see *Pnei Yehoshua,* in explanation of *Tosafos;* see, however, *Aruch LaNer;* see also *Beur Halachah* to *Orach Chaim* 405:6 ד״ה מוקפת חומה).]

עין משפט
נר מצוה

ז א מיי' פ"ב מהלכות קדוש החדש הלכה ז:
ח ב ג מיי' פכ"ז מהל' שבת הלכה טו סמג לאוין סה טוש"ע א"ח סימן תז סעיף א וסעיף ג:
ט ד מיי' פ"ב מהלכות קדוש החדש הלכה ז:
י ה מיי' שם הלכה ד:
יא ו מיי' שם הלכה ז:

זו בירם מאי גולה אמר רב יוסף זו פומבדיתא מאי כמדורות האש תנא כל אחד ואחד נוטל אבוקה בידו ועולה לראש גגו [א] תניא ר"ש בן אלעזר אומר אף חרים וכייר וגדר וחברותי' איכא דאמרי ביני וביני הוו קיימי א"ד להך גיסא דארץ ישראל הוו קיימי מר חשיב דהאי גיסא ומר חשיב דהאי גיסא א"ר יוחנן בין כל אחת ואחת שמונה פרסאות כמה הוו להו תלתין ותרתין והא האידנא טובא הוו אמר אביי ° אסתתומי אסתתום להו דרכי דכתיב א) לכן הנני שך את דרכך בסירים (א) או רב נחמן בר יצחק אמר מהכא דכתיב ב) נתיבותי עוה: **מתני'** חצר גדולה היתה בירושלים ובית יעזק היתה נקראת א ולשם כל העדים מתכנסין ובית דין בודקין אותם שם וסעודות גדולות עושין להם בשביל שיהו רגילין לבא בראשונה ה) לא היו זזין משם כל היום ב התקין רבן גמליאל הזקן שיהו מהלכין אלפים אמה לכל רוח ולא אלו בלבד ג אלא אף חכמה הבאה ליילד והבא להציל מן הדליקה ומן הגיים ומן הנהר ומן המפולת הרי אלו כאנשי העיר ויש להם אלפים לכל רוח: **גמ'** איבעיא להו בית יעזק תנן או בית יזק תנן בית יעזק לישנא מעליא הוא דכתיב ג) ויעזקהו ויסקלהו או דלמא בית יזק תנן לישנא דצערא הוא כדכתיב ד) והוא אסור באזיקים אמר אביי ת"ש סעודות גדולות היו עושין להם שם כדי שיהו רגילים לבוא דלמא תרתי הוו עבדי בהו: **מתני'** ד כיצד בודקין את העדים זוג שבא ראשון בודקין אותו ראשון ומכניסין את הגדול שבהן ואומרין לו אמור כיצד ראית את הלבנה ה לפני החמה או לאחר החמה לצפונה או לדרומה כמה היה גבוה ולאין היה נוטה וכמה היה רחב אם אמר לפני החמה לא אמר כלום ו ואח"כ היו מכניסין את השני ובודקין אותו אם נמצאו דבריהם מכוונים עדותן קיימת ושאר כל הזוגות שואלין אותן ראשי דברים לא שהיו צריכים להם אלא כדי שלא יצאו בפחי נפש בשביל שיהו רגילים לבוא: **גמ'** היינו לפני החמה היינו לצפונה היינו לאחר החמה היינו לדרומה אמר אביי פגימתה לפני החמה או לאחר החמה אם אמר לפני החמה לא אמר כלום דא"ר יוחנן מאי דכתיב ה) המשל ופחד עמו עושה שלום במרומיו מעולם לא ראתה חמה פגימתה של לבנה ולא פגימתה של קשת פגימתה של לבנה דחלשה דעתה פגימתה של קשת דלא לימרו עובדי החמה
גירי

רש"י

אף חרים וכייר וגדר. היו משיאין המשואות בראשי הרים שלהן: ביני ביני. דהנך דמתניתין הוו קיימין הנך: באידך גיסא. [של] א"י לצד בבל שני לדדים של א"י נמשכין לצד בבל: בין כל אחת ואחת. דהנך דמתניתין: איסתתום דרכי. ואחזו ההולכין דרך עקלתון: בסירים. קוצים: **מתני'** חצר גדולה היתה בירושלים כו' כל העדים מתכנסין. ביום השבת שחללוהו לבוא ולהעיד: לא היו זזין משם. לפי שיצאו חוץ לתחום והיוצא חוץ לתחום אין לו אלא ד' אמות: מן הנהר. שהוא גדל פתאום ושוטף את בני העיר ואת הילדים: **גמ'** ויעזקהו. סייגו בגדר אבנים סביב סביב בעיגול כמו טבעת: לישנא דצערא. על שם שאסורין כאלו בזיקין שאין זזין משם כל היום: סעודות גדולות. אלמא לא הוה להו צערא: **מתני'** כיצד בודקין את העדים כו' לפני החמה. החמה הולכת לעולם ממזרח לדרום ומדרום למערב וממערב לצפון שנאמר (קהלת א) הולך אל דרום וסובב אל צפון והלבנה אינה נראית ביום שלשים לעולם אלא סמוך לשקיעת החמה שמתוך שהיא דקה וקטנה אינה נראית בעוד שהחמה בגבורתה מדלא קתני למזרחה או למערבה שמע מינה אין נראית להם בדרום וקא ס"ד שהיו שואלין את העדים אם ראוה מהלכת לפני החמה או לאחריה לצפונה של חמה ראיתם אותה או לדרומה של חמה ובגמרא פריך לפני החמה היינו לצפונה שהרי אין נכון לבדוק ולשאול אם לדרומה (ג) אלא בזמן שניהן החמה והלבנה במערב שאם הם בדרום אינה יכולה להיות לא לצפונה ולא לדרומה אלא או למזרחה או למערבה וכשהן במערב אם לפני החמה היא זהו לצפונה שהרי לצד צפון הם הולכין ואם לאחריה היא הרי זה לצד דרום: כמה היה גבוה. מן הארץ לפי ראיית עיניכם: לאין היה נוטה. ראשי הפגימה לאיזה צד נוטין לצד צפון כזה () או לצד דרום כזה (): אם אמר לפני החמה לא אמר כלום. מפרש בגמרא: **גמ'** היינו לפני החמה היינו לצפונה. הא חדא מילתא היא כדפרישית לעיל: פגימתה לפני החמה. פונה לצד החמה או לצד אחר ועלה קתני סיפא אם אמר לפני החמה לא אמר כלום דמעולם לא ראתה חמה פגימתה של לבנה: דלא לימרו עובדיה. העובדין את החמה:

תוספות

זו בירם. משמע כאן שהוא מארץ ישראל וכן מפרש ר"ת בקדושין (דף עב.) גבי מייחסי דפומבדיתא מגירס נסבי: כמה הוו להו תלתין ותרתין. תימה בזמן שבית המקדש קיים נמי מרחקי טובא כדמוכח בפ"ק דתענית (דף י.) שהיה מהלך ט"ו יום מירושלים עד סופה של כל א"י גבי כדי שיגיע האחרון שבא"י לנהר פרת וזה היה לצד בבל דפרת לצד בבל הוא ואין לחלק בין מקדש ראשון למקדש שני כדמשמע בפרק אלו מגלחין (מ"ק דף כה. ושם) וצריך לומר דרצועה נפקא לא"י מצד אחד עד פרת חוץ מבבל וקשה היאך אפשר שירושלים היא טבור של א"י שהיא ד' מאות פרסה על ד' מאות לכל צד הרי מהלך שני מאות לכל צד הרי מהלך עשרים ימים לאחרון שבירושלים ממהלך עשר פרסאות (ג) ועוד הרי ירדן מן המזרח מהלך יום אחד מן המזרח לירושלים והוא קצה א"י ג):

לא היו זזים משם. לפי שהיוצא חוץ לתחום אין לו אלא ד' אמות וכל החצר חשובה כד' אמות כדתנן בפרק מי שהוציאוהו (עירובין דף מא:) נתנוהו בדיר וסהר וכו' והא דמשמע בההוא פירקא (דף מז: ושם) גבי דיכריא דאתו למברכתא שכל העיר חשובה להם כד' אמות היינו בעיר המוקפת מחיצות והכא בירושלים לאחר שפרצו בה יונים פרצות דחשיב' כרשות הרבים כדאיתא פרק המוצא תפילין (עירובין דף קא.) ומיהו אשכחן עיר דחשובה כד"א אף בלא מחיצות כדתנן בפרק כיצד מעברין (שם דף מ.) נותנין קרפף לעיר עוד תנן (שם דף ס.) הנותן עירובו בתוך עיבורה של עיר לא עשה ולא כלום ואם לענין יוצא חוץ לתחום נמי נותנין לו כל העיר כולה עם עיבורה כד' אמות אם כן בלא מחיצות נמי תחשיב כולה כד' אמות: שיהו מהלכין אלפים אמה לכל רוח. הא דלא חשיב לה בפ"ק דביצה (דף יא:) גבי דברים שהתירו סופן משום תחילתן משום דבהך לא קשה לן מידי דמתניתין היא °דאכל הני דהתם פריך תניא ומשני להו:

או דילמא לישנא דצערא. פירש בקונטרס משום שעל שם שאסורין כאילו בזיקין שאינן זזים משם כל היום כולו והיינו קודם דאתקין רבן גמליאל שיהו מהלכין אלפים אמה לכל רוח וקשיא מאי מייתי מסעודות גדולות הא ע"כ קודם ר"ג הכי הוה לכך נראה דמיבעי ליה אי אותו מקום צר להם או מרווח ומייתי ראיה דמרווח ואם תאמר כיון דאיסור שבת עלייהו היאך יוצאין מחצר לחצר י"ל כיון דקודם דפרצו בה היו יכולים ללכת בכל העיר גם עתה משנפרצה אלא כמה מבואות וחצרות פתוחים לאותו חצר שהיו [רשאין] להלך בהן כארבע אמות:
גירי

רבינו חננאל

וגו': בלתין זו בירם גולה זו פומבדיתא ומוליך ומביא ומעלה ומוריד עד שיתברר לרואה שהן משואות ולא היו זזין עד שהיו רואין בני פומבדיתא שעושין בגגותיהן כך. תניא בראשונה היו משיאין משואות בראש ההרים הגבוהין בהר המשחה ובסרטבא ובגרופינא ובתבור ובחוורן ובלתין ר' שמעון בן אלעזר אומר אף חרים וכייר וגדר וחברותיה איכא דאמרי ביני ביני הוו קיימי. ר' שמעון בן אלעזר חשיב להו על הסדר. ת"ק לא חשיב הני דביני ביני. איכא דאמרי הר המשחה סרטב' והני כולהי דת"ק קיימי בחד גיסא דא"י והני דתני ר' שמעון קיימי באידך גיסא ות"ק חשיב באידך גיסא ורבי שמעון בן אלעזר דתני אף חרים כו' חשיב דהאי גיסא ודהאי גיסא א"ר יוחנן ובין כל אחד ואחד ח' פרסי. ל"ב מילי והאידנא טובא איכא בינייהו אמר אביי איסתומי איסתתום כלו' הדרך הנכוחה נסתתמה שנאמר הנני שך את דרכך בסירים וכתיב נתיבותי עוה: **מתני'** כיצד ראית את הלבנה לפני החמה או לאחר החמה לצפונה או לדרומה כו' ואקשינן לפני החמה היינו לצפונה וכיון שפני החמה לצפונה אחר החמה לדרומה. ופריק אביי תנא אפגימת הלבנה קאי. והכי קאמר פגימת הלבנה לפני החמה היתה ורואה החמה פגימתה או לא ואם אמר לפני החמה היתה והפגימה כנגד החמה היא עד שקר הוא כו' יוחנן דאמר מ"ד עושה שלום במרומיו מעולם [לא] ראתה חמה פגימתה של לבנה משום חלישות דעתה ואם אמר פגימתה אחר החמה דבריו קיימין וכן הלכתא הקשת אין פגימתה אחר החמה והיא היתה מכוונת כנגד החמה שלא יאמרו המזלות

ליקוטי רש"י

הנני שך. ל' סגירה כמו הסך משוכתו (ישעיה ה) כמשוכת חדק (משלי טו). את דרכך. דרכים ושבילים שאת הולכת בהם [הושע ב ח]. נתיבותי עוה. אם באתי לצאת איני יוצאה בדרכים הסלולים בדרך ישרה מפני האויבים ואלא דרך עקלתון [איכה ג ט]. לא היו זזין משם. ביוצאין חוץ לתחום להעיד על החדש מיירי במסכת ר"ה (כג:) לא היו זזין דמי שיצא חוץ לתחום אין לו אלא ד' אמות [עירובין מה.]. ויעזקהו. סייגו וגדרו סביב מוקף כמין טבעת דמתרגמינן עיזקא [ישעיה ה ב]. באזיקים. בזיאו"ש בלע"ז [ירמיה מ א]. המשל ופחד עמו. כלפי שאמר איוב אערכה לפניו משפט אמר לו המשל ופחד עמו המשל זה מיכאל ופחד זה גבריאל כלום אתה יכול להשיב את אחד מהם. עושה שלום במרומיו. כשהמזלות עולים כל א' סובר אני עולה ראשון לפי שאינו רואה מה שלפניו לפיכך אינו מתקנא כ"ש ל"א עושה שלום במרומיו אש ומים בלולין ואין מים מכבין את האש כ"ש [איוב כה ב].

מסורת הש"ס

א) [עירובין מה.], ב) [ועי' תוס' ב"מ כח. ד"ה ממשה עשר].

הגהות הב"ח

(א) גמרא שך את דרכך בסירים וגדרתי את גדרה ונתיבותיה לא תמצא ר"נ ב"י אמר מהכא דכתיב גדר דרכי בגזית נתיבותי עוה: (ב) רש"י ד"ה כיצד בודקין כו' ולשאול אם לדרומה או לצפונה אלא בזמן שניהן: (ג) תוס' ד"ה כמה כו' ממהלך עשר פרסאות ליום ועוד הרי:

גליון הש"ס

גמרא אסתתומי אסתתום. ע' פסחים דף נג ע"א תוס' ד"ה רב יהודה אמר: תוספות ד"ה שיהו מהלכין וכו' דאכל הני דהתם פריך. עיין יומא עז ע"ב. מו"ק ז ע"א.

הגהות הגר"א

[א] תנא רש"א הרי מבייר. כצ"ל וכן בין ערי יהודה ביהושע יד [לא] מצאתי ביניהם וצ"ל דכצ"ל תני רשב"א אומר אף הרי מכוור וגדור וכו' וכ"ה בירושל' דפרקין ובירושלמי פ"ט דשביעית ע"ש [בהגהות כת"י אשר לפנינו הגהה זו ליתא].

הגהות מהר"י לנדא

אן גמ' דכתיב לכן הנני שך את דרכך בסירים וגו'. כצ"ל.

תורה אור השלם

א) לָכֵן הִנְנִי שָׂךְ אֶת דַּרְכֵּךְ בַּסִּירִים וְגָדַרְתִּי אֶת גְּדֵרָהּ וּנְתִיבוֹתֶיהָ לֹא תִמְצָא: [הושע ב, ח]

ב) גָּדַר דְּרָכַי בְּגָזִית נְתִיבֹתַי עִוָּה: [איכה ג, ט]

ג) וַיְעַזְּקֵהוּ וַיְסַקְּלֵהוּ וַיִּטָּעֵהוּ שֹׂרֵק וַיִּבֶן מִגְדָּל בְּתוֹכוֹ וְגַם יֶקֶב חָצֵב בּוֹ וַיְקַו לַעֲשׂוֹת עֲנָבִים וַיַּעַשׂ בְּאֻשִׁים: [ישעיה ה, ב]

ד) הַדָּבָר אֲשֶׁר הָיָה אֶל יִרְמְיָהוּ מֵאֵת יְיָ אַחַר שַׁלַּח אֹתוֹ נְבוּזַרְאֲדָן רַב טַבָּחִים מִן הָרָמָה בְּקַחְתּוֹ אֹתוֹ וְהוּא אָסוּר בָּאזִקִּים בְּתוֹךְ כָּל גָּלוּת יְרוּשָׁלַםִ וִיהוּדָה הַמֻּגְלִים בָּבֶלָה: [ירמיה מ, א]

ה) הַמְשֵׁל וָפַחַד עִמּוֹ עֹשֶׂה שָׁלוֹם בִּמְרוֹמָיו: [איוב כה, ב]

permitted to **travel two thousand *amos* in every direction.**[16] וְלֹא אֵלּוּ בִּלְבָד – **And** they did **not** state this leniency **only** for **these** new-moon witnesses, אֶלָּא אַף חֲכָמָה הַבָּאָה לְיַלֵּד – **but also** for **a midwife who comes to deliver** a baby וְהַבָּא לְהַצִּיל מִן הַדְּלֵיקָה וּמִן הַגַּיִיס וּמִן הַנָּהָר וּמִן הַמַּפּוֹלֶת – **or one who comes to rescue** others **from a fire, or from an** attacking **army, or from a** flooding **river,**[17] **or from a collapsed building**[18] – הֲרֵי אֵלּוּ כְּאַנְשֵׁי הָעִיר – **these** too are considered **like the people of the city** וְיֵשׁ לָהֶם אַלְפַּיִם לְכָל רוּחַ – **and they** thus **have** the right to travel **two thousand *amos*** beyond the city **in every direction.**[19]

Gemara The Gemara inquires regarding the correct reading of a word in the Mishnah:

אִיבַּעְיָא לְהוּ – **They inquired:** בֵּית יַעְזֵק תְּנַן – Is it **Beis "Ya'zek"** that **we have learned in the Mishnah,** אוֹ בֵּית יָזֵק תְּנַן – **or** is it **Beis "Yazek"** that **we have learned in the Mishnah?**

The Gemara explains the respective connotations of these two terms:

בֵּית יַעְזֵק תְּנַן – Perhaps it is **Beis "Ya'zek"** that **we have learned in the Mishnah** – לִישָּׁנָא מְעַלְיָא הִיא – **which is a positive expression,** דִּכְתִיב ,,וַיְעַזְּקֵהוּ וַיְסַקְּלֵהוּ" – **for it is written:** ***And He ringed it** [with a fence]* ***and cleared it of stones.***[20] אוֹ דִלְמָא – **Or perhaps,** it is בֵּית יָזֵק תְּנַן – **Beis "Yazek"** that **we have learned in the Mishnah** – לִישָּׁנָא דְּצַעֲרָא הוּא – **which is an expression of discomfort,** כְּדִכְתִיב ,,וְהוּא-אָסוּר בָּאזִקִּים" – **as it is written: *And he had been bound in chains.***[21]

The Gemara attempts to resolve this inquiry:

אָמַר אַבַּיֵי – **Abaye said:** תָּא שְׁמַע – **Come, learn** a proof from that which the Mishnah states further: סְעוּדוֹת גְּדוֹלוֹת הָיוּ עוֹשִׂין לָהֶם שָׁם – AND THEY WOULD MAKE FOR [THESE WITNESSES] LARGE FEASTS THERE, כְּדֵי שֶׁיְּהוּ רְגִילִים לָבוֹא – SO THAT THEY WOULD BE ACCUSTOMED TO COME. The fact that the feasts served as an incentive for the witnesses to come indicates that the element of enforced confinement within the courtyard was offset by the large feasts.[22] Thus, the correct text of the Mishnah should be "Beis Ya'zek," and not "Beis Yazek," which denotes "discomfort."

The Gemara rejects this proof:

דִּילְמָא תַּרְתֵּי הֲווּ עָבְדֵי בְּהוּ – **Perhaps both were done to them.**[23]

Mishnah This Mishnah describes how the court would interrogate the new-moon witnesses:

כֵּיצַד בּוֹדְקִין אֶת הָעֵדִים – **How do they examine the witnesses?** זוּג שֶׁבָּא רִאשׁוֹן בּוֹדְקִין אוֹתוֹ רִאשׁוֹן – **The pair that arrives first is examined first.** וּמַכְנִיסִין אֶת הַגָּדוֹל שֶׁבָּהֶן – **The elder of them is brought in,**[24] וְאוֹמְרִין לוֹ אֱמוֹר כֵּיצַד רָאִיתָ אֶת הַלְּבָנָה – **and [the members of the court] say to him: "Tell** us **how you saw the** new **moon** that you claim to have seen.[25] לִפְנֵי הַחַמָּה אוֹ לְאַחַר הַחַמָּה – Was it **before the sun or after the sun?**[26]

NOTES

16. [That is, they may travel beyond the city limits of Jerusalem two thousand *amos* in every direction – just like the people who were within the confines of Jerusalem when the Sabbath began (see end of Mishnah).]

This enactment was made so that the witnesses (and the others listed further in the Mishnah) not be discouraged from coming in the future (*Tosafos* ד"ה שיהו; see *Maggid Mishneh* to *Hil. Shabbos* 27:17).

17. I.e. a river whose waters rise suddenly and threaten to wash away the city residents and their families (*Rashi*).

18. In all of these cases, desecration of the Sabbath is permitted in keeping with the general rule that saving a life takes precedence over the Sabbath – see *Yoma* 83a.

19. The residents of a city may travel throughout and two thousand *amos* beyond it in every direction on the Sabbath [even if the city is not walled].

20. *Isaiah* 5:2. In this verse, וַיְעַזְּקֵהוּ means: *and he ringed [the vineyard] with a stone wall* [to protect it] – the root עזק being similar to the Aramaic עִזְקָא, *ring* (*Rashi* here and to *Isaiah* ad loc.). Accordingly, the name Beis Ya'zek has a positive connotation – the protected domain of the courtyard.

21. *Jeremiah* 40:1. Thus, the name Beis Yazek (יזק, or as some texts read: יאזק – see *Dikdukei Soferim*) would have the negative connotation of the witnesses' *confinement* to the courtyard as if in chains, since they were not permitted (originally) to move from there for the remainder of the Sabbath (*Rashi*).

22. See *Rashi*, as understood by *Aruch LaNer* to *Tosafos* ד"ה או דילמא. See *Rashba*. (Cf. *Menachem Meishiv Nefesh*.)

23. I.e. on the one hand, they enjoyed the great feasts that were made for them. On the other hand, they were discomforted by their enforced confinement in the courtyard. Thus, in spite of the feasts, it is possible that the courtyard was named Beis Yazek, on account of the discomfort that the witnesses experienced there (see *Sifsei Chachamim;* cf. *Menachem Meishiv Nefesh*).

24. As in all cases of testimony before a *beis din,* the witnesses are interrogated separately [to prevent them from coordinating their answers to the court's questions] and, out of respect, the older witness is interrogated first (see Mishnah, *Sanhedrin* 29a). [The custom of interrogating the older witness first is similar to the custom mentioned in *Gittin* 10b that an older witness signs a document before a younger one.]

25. Our Mishnah mentions only the part of the interrogation that deals with the position and appearance of the moon. Certainly, however, the witnesses were also asked the questions mentioned in *Sanhedrin* 40a regarding the exact time and place that the witnesses claim to have seen the occurrence, for these are Biblically essential elements of interrogating witnesses before the court (see *Lechem Mishneh* to *Hil. Kiddush HaChodesh* 2:2 ד"ה ושיהו דורשין; see also *Aruch HaShulchan HeAsid, Hil. Kiddush HaChodesh* 89:11; cf. *Tumim* 30:3, who argues that these "time and place questions" are *not* Biblically essential for new-moon testimony; see *Rambam, Hil. Kiddush HaChodesh* 1:7 and 2:2 with commentaries).

26. As explained above, 20b note 12, the new moon follows closely the daily path of the sun across the sky from east to west. *Beis Din* asked the witness whether he saw the moon before (i.e. ahead of) the sun in its path, or after (i.e. behind) the sun. [In fact, as explained there, the new moon is always to the east of the sun and therefore always trails behind the sun in its path from east to west. The question was designed to test the witness as to whether he was telling the truth.]

This is the apparent meaning of the question put to the witness. However, the Gemara soon explains the thrust of this question differently.

Rashi presents here some background information, which we will paraphrase and elaborate: The sun rises each morning in the east and sets each evening is the west. In Eretz Yisrael (which is in the northern hemisphere well above the equator), the sun never travels at a right angle to the horizon. Rather, the sun rises at an angle to the south. See diagram. During the morning as the sun moves westward rising higher and higher it also travels farther and farther toward the south. At noon the sun is at its highest point and also at its most southerly point. Then the sun begins to go down, turning towards the north as it continues on its westward course. During the afternoon, the sun becomes lower and lower continuing to the north, eventually setting in the west, at an angle (see diagram). Thus the sun rises in the east, travels southward in the morning and continues northward in the afternoon, setting in the west.

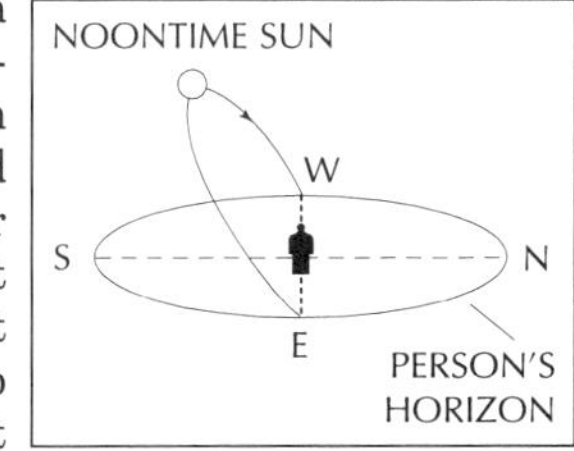

The new moon follows the sun in its path, trailing behind it. On the thirtieth day, the new moon (which rises shortly after sunrise and sets shortly after sunset) is very small and therefore cannot be seen in

זו בירם מאי גולה אמר רב יוסף זו פומבדיתא מאי כמדורות האש תנא כל אחד ואחד נוטל אבוקה בידו ועולה לראש גגו [א] תניא ר"ש בן אלעזר אומר אף חרים וכייר וגדר וחברותי' איכא דאמרי ביני וביני הוו קיימי א"ד להך גיסא דארץ ישראל הוו קיימי מר חשיב דהאי גיסא ומר חשיב דהאי גיסא א"ר יוחנן בין כל אחת ואחת שמונה פרסאות כמה הוו להו תלתין ותרתין והא האידנא טובא הוו אמר אביי * אסתתומי אסתתום להו דרכי דכתיב א) לכן הנני שך את דרכך בסירים (א) א) רב נחמן בר יצחק אמר מהכא דכתיב ב) נתיבותי עוה: **מתני'** חצר גדולה היתה בירושלים ובית יעזק היתה נקראת א ולשם כל העדים מתכנסין ובית דין בודקין אותם שם וסעודות גדולות עושין להם בשביל שיהו רגילין לבא בראשונה א) לא היו זזין משם כל היום ב התקין רבן גמליאל הזקן שיהו מהלכין אלפים אמה לכל רוח ולא אלו בלבד ג אלא אף חכמה הבאה ליילד והבא להציל מן הדליקה ומן הגייס ומן הנהר ומן המפולת הרי אלו כאנשי העיר ויש להם אלפים לכל רוח: **גמ'** איבעיא להו בית יעזק תנן או בית יזק תנן בית יעזק תנן לישנא מעליא הוא דכתיב ג) ויעזקהו ויסקלהו או דלמא בית יזק תנן לישנא דצערא הוא כדכתיב ד) והוא אסור באזיקים אמר אביי ת"ש סעודות גדולות היו עושין להם שם כדי שיהו רגילים לבוא דלמא תרתי הוו עבדי בהו: **מתני'** ד כיצד בודקין את העדים זוג שבא ראשון בודקין אותו ראשון ומכניסין את הגדול שבהן ואומרין לו אמור כיצד ראית את הלבנה ה לפני החמה או לאחר החמה לצפונה או לדרומה כמה היה גבוה ולאין היה נוטה וכמה היה רחב אם אמר לפני החמה לא אמר כלום ו ואח"כ היו מכניסין את השני ובודקין אותו אם נמצאו דבריהם מכוונים עדותן קיימת ושאר כל הזוגות שואלין אותן ראשי דברים לא שהיו צריכים להם אלא כדי שלא יצאו בפחי נפש בשביל שיהו רגילים לבוא: **גמ'** היינו לפני החמה היינו לצפונה היינו לאחר החמה היינו לדרומה אמר אביי פגימתה לפני החמה או לאחר החמה אם אמר לפני החמה לא אמר כלום דא"ר יוחנן מאי דכתיב ה) המשל ופחד עמו עושה שלום במרומיו מעולם לא ראתה חמה פגימתה של לבנה ולא פגימתה של קשת פגימתה של לבנה דחלשה דעתה פגימתה של קשת דלא לימרו עובדי החמה

גירי

רש"י

אף חרים וכייר וגדר. היו משיאין המשואות בראשי הרים שלהן: **ביני ביני.** להנך דמתניתין הוו קיימין הנך: **באידך גיסא.** [של] א"י לצד בבל שני לגדים של א"י נמשכין לצד בבל: **בין כל אחת ואחת.** להנך דמתניתין: **איסתתום דרכי.** ואותו ההולכין דרך עקלתון: **בסירים.** קוצים: **מתני' חצר גדולה היתה בירושלים כו' כל העדים מתכנסין.** ביום השבת שמלאוהו לבוא ולהעיד: **לא היו זזין משם.** לפי שיצאו חוץ לתחום והיוצא חוץ לתחום אין לו אלא ד' אמות: **מן הנהר.** שהוא גדל פתאום ושוטף את בני העיר ואת הילדים: **גמ' ויעזקהו.** סייגו בגדר אבנים סביב סביב בעיגול כמו טבעת: **לישנא דצערא.** על שם שאסורין כאלו בזיקין שאין זזין משם כל היום: **סעודות גדולות.** אלמא לא הוה להו לצער: **מתני' כיצד בודקין את העדים כו' לפני החמה.** החמה הולכת לעולם ממזרח לדרום ומדרום למערב וממערב לצפון שנאמר (קהלת א) הולך אל דרום וסובב אל צפון והלבנה אינה נראית ביום שלשים לעולם אלא סמוך לשקיעת החמה שמתוך שהיא דקה וקטנה אינה נראית בעוד שהחמה בגבורתה מדלא קתני למזרחה או למערבה שמע מינה אין נראית להם בדרום וקא ס"ד שהיו שואלין את העדים אם ראוה מהלכת לפני החמה או לאחריה לצפונה של חמה ראיתם אותה או לדרומה של חמה ובגמרא פריך לפני החמה היינו לצפונה שהרי אין נכון לבדוק ולשאול אם לדרומה (ג) אלא בזמן שניהן החמה והלבנה במערב שאם הם בדרום אינה יכולה להיות לא לצפונה ולא לדרומה אלא או למזרחה או למערבה וכשהן במערב אם לפני החמה היא זהו לצפונה שהרי לצד צפון הם הולכין ואם לאחריה היא הרי זה לצד דרום: **כמה היה גבוה.** מן הארץ לפי ראיית עיניכם: **לאין היה נוטה.** ראשי הפגימה לאיזה צד נוטין לצד צפון כזה () או לצד דרום כזה (): **אם אמר לפני החמה לא אמר כלום.** מפרש בגמרא: **גמ' היינו לפני החמה היינו לצפונה.** הא חדא מילתא היא כדפרישית לעיל: **פגימתה לפני החמה.** פונה לצד החמה או לצד אחר ועלה קתני סיפא אם אמר לפני החמה לא אמר כלום דמעולם לא ראתה חמה פגימתה של לבנה: **דלא לימרו עובדיה.** העובדין את החמה:

תוספות

זו בירם. משמע כאן שהוא מארץ ישראל וכן מפרש ר"ח בקדושין (דף עב.) גבי מיחסי דפומבדיתא מבירם נסבי:

כמה הוו להו תלתין ותרתין. תימה דבזמן שבית המקדש קיים נמי מרחקי טובא כדמוכח בפ"ק דתענית (דף י.) שהיה מהלך ט"ו יום מירושלים עד סופה של כל א"י גבי כדי שיגיע אחרון שבא"י לנהר פרת וזה היה לצד בבל דפרת לצד בבל הוא ואין לחלק בין מקדש ראשון למקדש שני כדמשמע בפרק אלו מציאות (ב"מ דף כח. ושם) וצריך לומר דלרועה נפקא לא"י מצד אחד עד פרת חוץ מבבל וקשה היאך אפשר שירושלים היא טבור של א"י שהיא ד' מאות פרסה על ד' מאות לכל צד הרי מהלך שני מאות לכל צד הרי מהלך עשרים ימים לאחרון שבירושלים ממהלך עשר פרסאות (ג) ועוד הרי ירדן מן המזרח מהלך יום אחד מן המזרח לירושלים והוא קצה א"י ג):

לא היו זזים משם. לפי שיצאו חוץ לתחום אין לו אלא ד' אמות וכל הנכנס חשובה כד' אמות כדתנן בפרק מי שהוציאוהו (עירובין דף מא:) נתנוהו בדיר וסהר וכו' והא דמשמע בההוא פירקא (דף מז: ושם) גבי דיכריא דאתו למברכתא שכל העיר חשובה להם כד' אמות היינו בעיר המוקפת מחיצות והכא בירושלים לאחר שפרצו בה יונים פרצות דחשיב' כרשות הרבים כדאיתא פרק המוצא תפילין (עירובין דף קא.) ומיהו אשכחן עיר דחשובה כד"א אף בלא מחיצות כדתנן בפרק כיצד מעברין (שם דף נז.) נותנין קרפף לעיר עוד תנן (שם דף ס.) הנותן עירובו בתוך עיבורה של עיר לא עשה ולא כלום ואם לענין יוצא חוץ לתחום נמי נותנין לו כל העיר כולה עם עיבורה כד' אמות אם כן בלא מחיצות נמי תחשיב כולה כד' אמות: **שיהו מהלכין אלפים אמה לכל רוח.** הא דלא חשיב לה בפ"ק דגיטין (דף יא:) גבי דברים שהתירו סופן משום תחילתן משום דהכך לא קשה לן מידי דמתניתין היא *דלאו הני דהתם פריך תנינא ומשני לה: **או דלמא לישנא דצערא.** פירש בקונטרס משום שעל שם שאסורין כאלו בזיקין שאין זזים משם כל היום כולו והיינו קודם דאתקין רבן גמליאל שיהו מהלכין אלפים אמה לכל רוח וקשיא מאי מייתי מסעודות גדולות הא ע"כ קודם ר"ג הכי הוה לכך נראה דמיבעי ליה אי אותו מקום צר להם או מרווח ומייתי ראיה דמרווח ואם תאמר כיון דאיסור שבת עלייהו היאך יוצאין מחצר לחצר י"ל כיון דקודם דפרצו בה היו יכולים ללכת בכל העיר גם עתה משנפרצה אלא כמה מבואות וחצרות פתוחים לאותו חצר שהיו [רשאין] להלך בהן כארבע אמות:

עין משפט נר מצוה

ז א מיי' פ"ב מהלכות קדוש החדש הלכה ז:
ח ב ג מיי' פכ"ז מהל' שבת הלכה יז סמג לאוין סה טוש"ע א"ח סימן תז סעיף א וסעיף ג:
ט ד מיי' פ"ב מהלכות קדוש החדש הלכה ז:
י ה מיי' שם הלכה ד:
יא ו מיי' שם הלכה ז:

רבינו חננאל

וגו': בלתין זו בירם גולה זו פומבדיתא ומוליך ומביא ומעלה ומוריד עד שיתבור לרואה שהן משואות ולא היו זזין עד שהיו רואין בני פומבדיתא שעושין בגגותיהן כך. תניא בראשונה היו משיאין משואות בראש ההרים הגבוהין בהר המשחה ובסרטבא ובגרופינא ובתבור ובחוורן ובלתין ר' שמעון בן אלעזר אומר אף חרים וכייר וגדר וחברותיה איכא דאמרי ביני ביני הוו קיימי. ר' שמעון בן אלעזר חשיב להו על הסדר. ת"ק לא חשיב הני דביני ביני. איכא דאמרי הר המשחה סרטב' והני כולהי דת"ק קיימי בחד גיסא דא"י והני דתני ר' שמעון קיימי באידך גיסא ות"ק חשיב באידך גיסא ורבי שמעון בן אלעזר דתני אף חרים כו' חשיב דהאי גיסא ודהאי גיסא א"ר יוחנן ובין כל אחד ואחד ח' פרסי. ל"ב מילי והאידנא טובא איכא בינייהו אמר אביי איסתומי איסתתום כלו' הדרך הנכוחה נסתתמה שנאמר הנני שך את דרכך בסירים וכתיב נתיבותי עוה: **מתני'** כיצד ראית את הלבנה לפני החמה או לאחר החמה לצפונה או לדרומה כו' ואקשינן לפני החמה היינו לצפונה וכיון שפני החמה לצפונה אחר החמה לדרומה. ופריק אביי תנא אפגימת הלבנה קאי. והכי קאמר פגימת הלבנה לפני החמה היתה ורואה החמה פגימתה או לא ואם אמר לפני החמה היתה והפגימה כנגד החמה היא עד שקר הוא כר' יוחנן דאמר מ"ד עושה שלום במרומיו מעולם [לא] ראתה חמה פגימתה של לבנה משום חלישות דעתה ואם אמר פגימתה אחר החמה דבריו קיימין וכן הלכתא הקשת אין פגימתה אחר החמה והיא היתה מכוונת כנגד החמה שלא יאמרו המזלות

ליקוטי רש"י

הנני שך. ל' סגירה כמו הסר משוכתו (ישעיה ה) כמשוכת חדק (משלי טו). **את דרכך.** דרכים ושבילים שאת הולכת בהם [הושע ב ח]. **נתיבותי עוה.** אם באתי לצאת איני יוצאה בדרכים הסלולים בדרך ישרה מפני האויבים ואלא דרך עקלתון [איכה ג ט]. **לא היו זזין משם.** ביוצאין חוץ לתחום להעיד על החדש מיירי במסכת ר"ה (כג:) לא היו זזין דמי שיצא חוץ לתחום אין לו אלא ד' אמות [עירובין מה.]. **ויעזקהו.** סייגו וגדרו סביב מוקף כמין טבעת דמתרגמינן עיזקא [ישעיה ה ב]. **באזיקים.** בזיא"ש בלע"ז [ירמיה מ א]. **המשל ופחד עמו.** כלפי שאמר איוב אערכה לפניו משפט אמר לו המשל זה מיכאל ופחד זה גבריאל כלום אתה יכול להשיב את אחד מהם. כשהמזלות עולים כל א' סובר אני עולה ראשון לפי שאינו רואה מה שלפניו לפיכך אינו מתקנא כ"ש ל"א עושה שלום במרומיו אש ומים בלולין ואין מים מכבין את האש כ"ש [איוב כה ב].

מסורת הש"ס

א) [עירובין מה.], ב) [ועי' תוס' ב"מ כח. ד"ה חמשה עשר].

הגהות הב"ח

(א) גמרא שך את דרכך בסירים וגדרתי את גדרה ונתיבותיה לא תמצא ר"נ ב"י אמר מהכא דכתיב גדר דרכי בגזית נתיבותי עוה: (ב) רש"י ד"ה כיצד בודקין כו' ולשאול אם לדרומה או לצפונה אלא בזמן ששניהן: (ג) תוס' ד"ה כמה כו' ממהלך עשר פרסאות ליום ועוד הרי:

גליון הש"ס

גמרא אסתתומי אסתתום. ע' פסחים לג ע"ב תוס' ד"ה רב יהודה אמר: תוספות ד"ה שיהו מהלכין וכו'. דאכל הני דהתם פריך. עיין יומא עז ע"ב. מו"ק ז ע"א:

הגהות הגר"א

[א] תנא רש"א הרי מכייר. כל"ל וכן בין ערי יהודה ביהושע יד [לא מצאתי שם וצ"ל דכל"ל תני רשב"א אומר אף הרי מכוור וגדור וכו' וכ"א בירושל' דפרקין ובירושלמי פ"ט דשביעית ע"ש] [בהגהות כת"י אשר לפנינו הגהה זו ליתא]:

הגהות מהר"י לנדא

א] גמ' דכתיב לכן הנני שך את דרכך בסירים וגו'. כצ"ל:

תורה אור השלם

א) לָכֵן הִנְנִי שָׂךְ אֶת דַּרְכֵּךְ בַּסִּירִים וְגָדַרְתִּי אֶת גְּדֵרָהּ וּנְתִיבוֹתֶיהָ לֹא תִמְצָא: [הושע ב, ח]
ב) גָּדַר דְּרָכַי בְּגָזִית נְתִיבֹתַי עִוָּה: [איכה ג, ט]
ג) וַיְעַזְּקֵהוּ וַיְסַקְּלֵהוּ וַיִּטָּעֵהוּ שֹׂרֵק וַיִּבֶן מִגְדָּל בְּתוֹכוֹ וְגַם יֶקֶב חָצֵב בּוֹ וַיְקַו לַעֲשׂוֹת עֲנָבִים וַיַּעַשׂ בְּאֻשִׁים: [ישעיה ה, ב]
ד) הַדָּבָר אֲשֶׁר הָיָה אֶל יִרְמְיָהוּ מֵאֵת יְיָ אַחַר שַׁלַּח אֹתוֹ נְבוּזַרְאֲדָן רַב טַבָּחִים מִן הָרָמָה בְּקַחְתּוֹ אֹתוֹ וְהוּא אָסוּר בָּאזִקִּים בְּתוֹךְ כָּל גָּלוּת יְרוּשָׁלַםִ וִיהוּדָה הַמֻּגְלִים בָּבֶלָה: [ירמיה מ, א]
ה) הַמְשֵׁל וָפַחַד עִמּוֹ עֹשֶׂה שָׁלוֹם בִּמְרוֹמָיו: [איוב כה, ב]

לִצְפוֹנָהּ אוֹ לִדְרוֹמָהּ – Was it to [the sun's] north or to its south?[27] כַּמָּה הָיָה גָּבוֹהַּ – **How high** in the sky **was [the moon]?**[28] וּלְאַיִן הָיָה נוֹטֶה – **And which way was it pointing?**[29] וְכַמָּה הָיָה רָחָב – **And how wide was it?"**[30] אִם אָמַר לִפְנֵי הַחַמָּה לֹא אָמַר כְּלוּם – **If he said, "**It was **before of the sun," he has said nothing,** i.e. his testimony is dismissed.[31] וְאַחַר כָּךְ הָיוּ מַכְנִיסִין אֶת הַשֵּׁנִי וּבוֹדְקִין אוֹתוֹ – **And afterwards, they would bring in the second** witness **and examine him.**[32] אִם נִמְצְאוּ דִבְרֵיהֶם מְכוּוָּנִים עֵדוּתָן קַיֶּימֶת – **If their words are found to be in agreement,**[33] **their testimony is valid.** וּשְׁאָר כָּל הַזּוּגוֹת שׁוֹאֲלִין אוֹתָן רָאשֵׁי דְבָרִים – **And,** if the testimony of the first pair was indeed valid, **they would** then **ask all the other pairs** of witnesses **the main points.**[34] לֹא שֶׁהָיוּ צְרִיכִים לָהֶם – **Not that [the court] needed [these other pairs],** אֶלָּא כְּדֵי שֶׁלֹּא יֵצְאוּ בְּפַחֵי נֶפֶשׁ – **but in order that they should not leave disappointed,** בִּשְׁבִיל שֶׁיְּהוּ רְגִילִים לָבוֹא – **so that they would be accustomed to come** in the future.[35]

Gemara The Mishnah stated that the court asks the witness whether he saw the new moon "before or after the sun," and whether he saw it "to the north or south of the sun." The Gemara seeks to understand the apparent duplication of questions:

הַיְינוּ לִפְנֵי הַחַמָּה הַיְינוּ לִצְפוֹנָהּ – **Which is**[36] **before the sun and which is to its north?** Are they not one and the same? הַיְינוּ לְאַחַר הַחַמָּה הַיְינוּ לִדְרוֹמָהּ – And similarly, **which is after the sun and which is to its south?** Are they not one and the same?[37]

The Gemara answers:

אָמַר אַבַּיֵי פְּגִימָתָהּ לִפְנֵי הַחַמָּה אוֹ לְאַחַר הַחַמָּה – **Abaye said:** The first question asked of the witnesses (was it before or after the sun) means something else; namely: Was **its indentation** (i.e. concavity) **before** [i.e. towards] **the sun or after** [i.e. away] **from the sun?**[38] Accordingly, the next section of the Mishnah rules that אִם אָמַר לִפְנֵי הַחַמָּה לֹא אָמַר כְּלוּם – IF HE SAID, "It was BEFORE [i.e. facing] THE SUN," HE HAS SAID NOTHING.[39] דְּאָמַר רַבִּי יוֹחָנָן – **For R' Yochanan said:** מַאי דִּכְתִיב ,,הַמְשֵׁל וָפַחַד עִמּוֹ עֹשֶׂה שָׁלוֹם בִּמְרוֹמָיו" – **What is** the meaning of that **which is**

NOTES

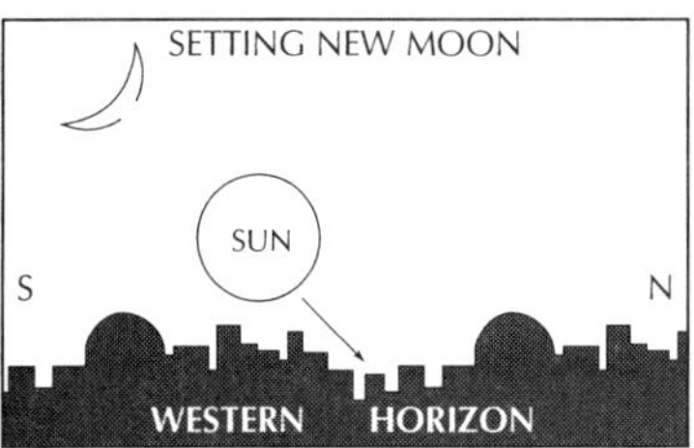

intense daylight; thus, it can be seen only close to sunset, in the late afternoon. Since the new moon trails the sun that is setting towards the north, the moon will be seen to the sun's south (see diagram).

[*Rashi* adds that it is evident from our Mishnah (which states next that we ask the witnesses whether they saw the new moon to the north of the sun or to its south – i.e. leading the sun to its right, or trailing the sun to its left) that the setting new moon never appears on the southern horizon. For if it did appear on the southern horizon, then the question as to whether it appeared leading or trailing the sun (in their angled downward descent) would have to be phrased: "Was it to the sun's east or west?" Since the Mishnah instead phrases the question of leading or trailing in terms of north and south, it is evident that the moon is setting on the western horizon, where leading the sun in an angled northerly descent is "north" and trailing the sun is "south."]

27. The new moon is visible on the western horizon at about the time of sunset (see preceding note). The new moon sets shortly after the sun sets. *Beis Din* asked the witness if he saw both the sun and the moon; and if so, was the moon to the north of the sun or to its south. In other words, when facing the western horizon, did he see the moon to the right of the sun or to its left?

28. The witness was asked to estimate about how high above the horizon the moon appeared (*Rashi*). For example: Did it appear at about a man's height or double a man's height, etc.? (*Rambam* ibid. 2:4-5).

29. I.e. in which direction were the horns of the moon's crescent pointing. [The new moon appears as a crescent, and the tips of the crescent are known as "horns" (or "cusps").] Were they pointing to the north or to the south? (*Rashi*). [In either case, they were certainly pointing away from the sun. Now, as explained above, the new moon will be seen to the left of the sun, whereas the old moon will be seen to its right. Thus, the horns of the setting new moon will be pointing to the south. If the witness says that he saw the horns (of the setting moon) pointing to the north, then what he saw cannot have been the new moon, but rather the old moon setting to the north ahead of the sun (see *Maharsha* to 24a).]

30. The witness was asked to estimate the width of the crescent (*Rambam* and *Rav*). For example: Did it appear as wide as a barleycorn, or two barleycorns, etc.? (*Yerushalmi*).

31. As mentioned above, the new moon always trails behind the sun in its path across the sky. Thus, if the witness claims that he saw the moon ahead of the sun, "he has said nothing," i.e. his testimony is false and is dismissed.

This is how one would initially understand the thrust of this question (see *Otzar HaGeonim* here). However, as mentioned above in note 26, the Gemara will soon construe the question differently.

32. Asking him the same questions they asked the first witness.

33. I.e. if their reports are in agreement with one another, and also with the facts as ascertained by calculation (*Rambam* ibid. 2:7; see *Shekel HaKodesh* 2:4 §26 and *Beur HaHalachah* there ד״ה נמצאו דבריהם). The Gemara below explains that a small discrepancy which can be attributed to human error is allowable.

34. Without the detailed particulars.

35. If the court would not question them at all, they would leave disappointed, feeling that their trip had been for nothing, and they would not come again at a time when their testimony might indeed be needed.

36. See *Rashi* to end of *Shabbos* 73b.

37. The Mishnah stated that in order to test the witness, the *Beis Din* asked him two questions (whose true answers the *Beis Din* knew in advance by their knowledge of astronomy). Question one: Was the moon before (i.e. ahead of) the sun or after (i.e. behind) it? Question two: Was the moon sighted to the north of the setting sun or to its south? Now, as explained in note 26, the new-moon witness can see the new moon only in late afternoon as it trails the setting sun that is angling towards the north. Accordingly, "after the [setting] sun" is the same thing as "to its south," and "before the [setting] sun" is the same thing as "to its north"! What was the purpose of two identical questions?

38. The new moon appears as a thin crescent. Since the moon is really round, its concavity is called its "indentation," for that is where the moon seems to be indented.

According to Abaye the question asked of the witness was whether the concavity of the moon was facing the sun (see diagram [top]) or was it facing away from the sun (see diagram [bottom]).

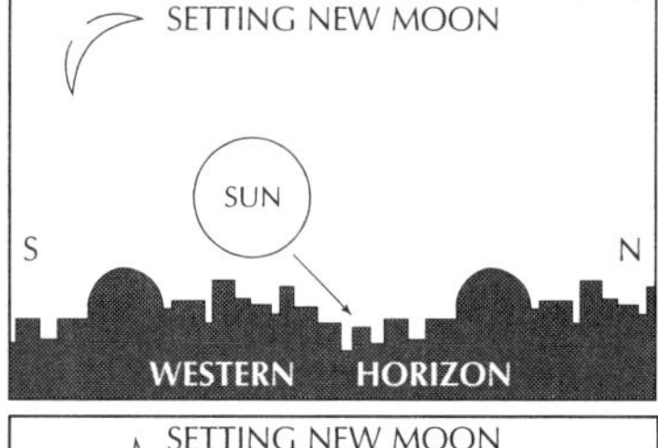

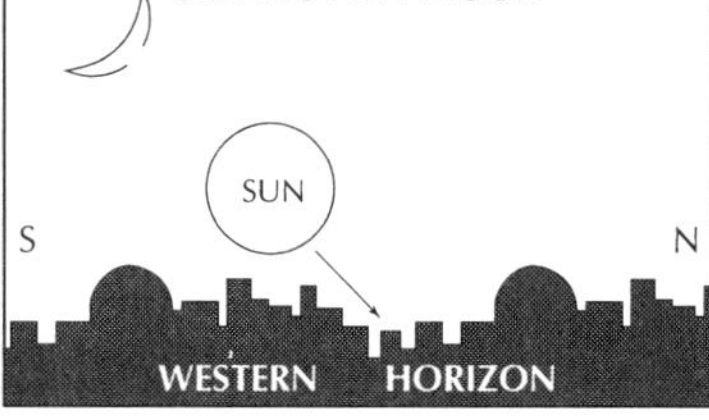

39. In actual fact, at any moment half of the moon's surface is illuminated by the sun. However, due to the observer's position on earth, not all of the lighted part is visible. At times none is visible (i.e. at the time of conjunction); at other times it is completely visible (the middle of the month). At other times only a crescent of the lighted side is visible. That which we see as the concavity is the dark side of the moon. Since the moon receives its light from the sun, it is obvious that the concavity of the moon can never face the sun. Thus if the witness claimed that he saw the concavity of the moon facing

זו בירם מאי גולה אמר רב יוסף זו פומבדיתא מאי כמדורת האש תנא כל אחד ואחד נוטל אבוקה בידו ועולה לראש גגו [א] תניא ר"ש בן אלעזר אומר אף חרים וכייר וגדר וחברותי' איכא דאמרי ביני וביני הוו קיימי א"ר להך גיסא דארץ ישראל הוו קיימי מר חשיב דהאי גיסא ומר חשיב דהאי גיסא א"ר יוחנן בין כל אחת ואחת שמונה פרסאות כמה הוו להו תלתין ותרתין והא האידנא טובא הוו אמר אביי אסתתומי אסתתום להו דרכי דכתיב א) לכן הנני שך את דרכך בסירים (א) או רב נחמן בר יצחק אמר מהכא דכתיב ב) נתיבותי עוה: **מתני'** חצר גדולה היתה בירושלים ובית יעזק היתה נקראת ולשם כל העדים מתכנסין ובית דין בודקין אותם שם וסעודות גדולות עושין להם בשביל שיהו רגילין לבא בראשונה לא היו זזין משם כל היום התקין רבן גמליאל הזקן שיהו מהלכין אלפים אמה לכל רוח ולא אלו בלבד אלא אף חכמה הבאה לילד והבא להציל מן הדליקה ומן הגיים ומן הנהר ומן המפולת הרי אלו כאנשי העיר ויש להם אלפים לכל רוח: **גמ'** איבעיא להו בית יעזק תנן או בית יזק תנן בית יעזק תנן לישנא מעליא הוא דכתיב ג) ויעזקהו ויסקלהו או דלמא בית יזק תנן לישנא דצערא הוא כדכתיב ד) והוא אסור באזיקים אמר אביי ת"ש סעודות גדולות היו עושין להם שם כדי שיהו רגילים לבוא דלמא תרתי הוו עבדי בהו: **מתני'** כיצד בודקין את העדים זוג שבא ראשון בודקין אותו ראשון ומכניסין את הגדול שבהן ואומרין לו אמור כיצד ראית את הלבנה לפני החמה או לאחר החמה לצפונה או לדרומה כמה היה גבוה ולאין היה נוטה וכמה היה רחב אם אמר לפני החמה לא אמר כלום ואח"כ היו מכניסין את השני ובודקין אותו אם נמצאו דבריהם מכוונים עדותן קיימת ושאר כל הזוגות שואלין אותן ראשי דברים לא שהיו צריכים להם אלא כדי שלא יצאו בפחי נפש בשביל שיהו רגילים לבוא: **גמ'** היינו לפני החמה היינו לצפונה היינו לאחר החמה היינו לדרומה אמר אביי פגימתה לפני החמה או לאחר החמה אם אמר לפני החמה לא אמר כלום דא"ר יוחנן מאי דכתיב ה) המשל ופחד עמו עושה שלום במרומיו מעולם לא ראתה חמה פגימתה של לבנה ולא פגימתה של קשת פגימתה של לבנה דחלשה דעתה פגימתה של קשת דלא לימרו עובדי החמה גירי

רש"י

אף חרים וכייר וגדר. היו משיאין המשואות בראשי הרים שלהן: **ביני ביני.** דהנך דמתניתין הוו קיימין הנך: **באידך גיסא.** [שלן] א"י לגד בבל שני לדדים של א"י נמשכין לגד בבל: **בין כל אחת ואחת.** הנך דמתניתין: **איסתתום דרכי.** ואחזו ההולכין דרך עקלתון: **בסירים.** קוצים: **מתני' חצר גדולה היתה בירושלים כו' כל העדים מתכנסין.** ביום השבת שחללוהו לבוא ולהעיד: **לא היו זזין משם.** לפי שיצאו חוץ לתחום והיוצא חוץ לתחום אין לו אלא ד' אמות: **מן הנהר.** שהוא גדל פתאום ושוטף את בני העיר ואת הילדים: **גמ' ויעזקהו.** סייגו בגדר אבנים סביב סביב בעיגול כמו טבעת: **לישנא דצערא.** על שם שאסורין כאלו בזיקין שאין זזין משם כל היום: **סעודות גדולות.** אלמא לא הוה להו צערא: **מתני' כיצד בודקין את העדים כו' לפני החמה.** החמה הולכת לעולם ממזרח לדרום ומדרום למערב וממערב לצפון שנאמר (קהלת א) הולך אל דרום וסובב אל צפון והלבנה אינה נראית ביום שלשים לעולם אלא סמוך לשקיעת החמה שמתוך שהיא דקה וקטנה אינה נראית בעוד שהחמה בגבורתה מדלא קתני למזרחה או למערבה שמע מינה אין נראית להם בדרום וקא ס"ד שהיו שואלין את העדים אם ראוה מהלכת לפני החמה או לאחריה לצפונה של חמה ראיתם אותה או לדרומה של חמה ובגמרא פריך לפני החמה היינו לצפונה שהרי אין נכון לבדוק ולשאול אם לדרומה (ג) אלא זמן שמניחן החמה והלבנה במערב שאם הם בדרום אינה יכולה להיות לא לצפונה ולא לדרומה אלא או למזרחה או למערבה וכשהן במערב אם לפני החמה היא זהו לצפונה שהרי לצד צפון הם הולכין ואם לאחריה היא הרי זה לצד דרום: **כמה היה גבוה.** מן הארץ לפי ראיית עיניכם: **לאין היה נוטה.** ראשי הפגימה לאיזה צד נוטין לצד צפון מזה [] או לצד דרום מזה []: **אם אמר לפני החמה לא אמר כלום.** מפרש בגמרא: **גמ' היינו לפני החמה היינו לצפונה.** הא חדא מילתא היא כדפרישית לעיל: **פגימתה לפני החמה.** פונה לצד החמה או לצד אחר ועלה קתני סיפא אם אמר לפני החמה לא אמר כלום דמעולם לא ראתה חמה פגימתה של לבנה: **דלא לימרו עובדיה.** העובדין את החמה:

תוספות

זו בירם. משמע כאן שהוא מארץ ישראל וכן מפרש ר"ת בקדושין (דף עב.) גבי מיחסי דפומבדיתא מבירם נסבי:

כמה הוו להו תלתין ותרתין. תימה בזמן שבית המקדש קיים נמי מרחקי טובא כדמוכח בפ"ק דתענית (דף י.) שהיה מהלך ט"ו יום מירושלים עד סופה של כל א"י גבי כדי שיהא מגיע האחרון שבא"י לנהר פרת וזה היה לצד בבל דפרת לצד בבל הוא ואין לחלק בין מקדש ראשון למקדש שני כדמשמע בפרק אלו מגלחין (מ"ק דף כח. ושם) וצריך לומר דלרוחב נפקא לא"י מצד אחד עד פרת חוץ מבבל וקשה היאך אפשר שירושלים היא טבור של א"י שהיא ד' מאות פרסה על ד' מאות לכל צד הרי מהלך שני מאות לכל צד הרי מהלך עשרים ימים לאחרון שבירושלים ממהלך עשר פרסאות (ג) ועוד הרי ירדן מן המזרח מהלך יום אחד מן המזרח לירושלים והוא קצה א"י (ג):

לא היו זזים משם. לפי שיצאו חוץ לתחום אין לו אלא ד' אמות וכל האמר חשובה כד' אמות כדתנן בפרק מי שהוציאוהו (עירובין דף מא:) נתנוהו בדיר וסהר וכו' והא דמשמע בההוא פירקא (דף מז: ושם) גבי דיכריא דאתו למברכתא שכל העיר חשובה להם כד' אמות היינו בעיר המוקפת מחילות והכא בירושלים לאחר שפרצו בה יונים פרצות דחשיב' כרשות הרבים כדאיתא פרק המוצא תפילין (עירובין דף קא.) ומיהו אשכחן עיר דחשובה כד"א אף בלא מחילות כדתנן בפרק כילד מעברין (שם דף מז.) נותנין קרפף לעיר עוד תנן (שם דף ס.) הנותן עירובו בתוך עיבורה של עיר לא עשה ולא כלום ואם לענין יוצא חוץ לתחום נמי נותנין לו כל העיר כולה עם עיבורה כד' אמות אם כן בלא מחילות נמי תחשיב כולה כד' אמות: **שיהו מהלכין אלפים אמה לכל רוח.** הא דלא חשיב לה בפ"ק דבילה (דף יא:) גבי דברים שהתירו סופן משום תחילתן משום דבהך לא קשה לן מידי דמתניתין היא °דהכל הני דהתם פריך תניא ומשני להו: **או דילמא לישנא דצערא.** פירש בקונטרס משום שעל שם שאסורין כאילו בזיקין שאינן זזים משם כל היום כולו והיינו קודם דאתקין רבן גמליאל שיהו מהלכין אלפים אמה לכל רוח וקשיא מאי מייתי מסעודות גדולות הא ע"כ קודם ר"ג הכי הוה לכך נראה דמיבעי ליה אי אותו מקום צר להם או מרווח ומייתי ראיה דמרווח ואם תאמר כיון דאיסור שבת עלייהו היאך יוצאין מחצר לחצר י"ל כיון דקודם דפרצו בה היו יכולים ללכת בכל העיר גם עתה משנפרצה אלא כמה מבואות וחצרות פתוחים לאותו חצר שהיו [רשאין] להלך בהן כארבע אמות:

עין משפט נר מצוה

ז א מיי' פ"ב מהלכות קדוש החדש הלכה ז:
ח ב ג מיי' פכ"ז מהל' שבת הלכה טז סמג לאוין סה טוש"ע א"ח סימן תז סעיף א וסעיף ג:
ט ד מיי' פ"ב מהלכות קדוש החדש הלכה ז:
י ה מיי' שם הלכה ד:
יא ו מיי' שם הלכה ז:

רבינו חננאל

וגו': בלתין זו בירם גולה זו פומבדיתא ומוליך ומביא ומעלה ומוריד עד שיתברר לרואה שהן משואות ולא היו זזין עד שהיו רואין בני פומבדיתא שעושין בגגותיהן כך. תניא בראשונה היו משיאין משואות בראש ההרים הגבוהין בהר המשחה ובסרטבא ובגרופינא ובתבור ובחוורן ובלתין ר' שמעון בן אלעזר אומר אף חרים וכייר וגדר וחברותיה איכא דאמרי ביני ביני הוו קיימי. ר' שמעון בן אלעזר חשיב להו על הסדר. ת"ק לא חשיב הני דביני ביני. איכא דאמרי הר המשחה סרטב' והני כולהי דת"ק קיימי בחד גיסא דא"י והני דתני ר' שמעון קיימי באידך גיסא ות"ק חשיב באידך גיסא ורבי שמעון בן אלעזר דתני אף חרים כו' חשיב דהאי גיסא ודהאי גיסא א"ר יוחנן ובין כל אחד ואחד ח' פרסי. ל"ב מילי והאידנא טובא איכא בינייהו אמר אביי איסתומי איסתתום כלו' הדרך הנכוחה נסתתמה שנאמר הנני שך את דרכך בסירים וכתיב נתיבותי עוה: **מתני'** כיצד ראית את הלבנה לפני החמה או לאחר החמה לצפונה או לדרומה כו' ואקשינן לפני החמה היינו לצפונה וכיון שפני החמה לצפונה אחר החמה לדרומה. ופריק אביי תנא אפגימת הלבנה קאי. והכי קאמר פגימת הלבנה לפני החמה היתה ורואה החמה פגימתה או לא ואם אמר לפני החמה היתה והפגימה כנגד החמה היא עד שקר הוא כר' יוחנן דאמר מ"ד עושה שלום במרומיו מעולם [לא] ראתה חמה פגימתה של לבנה משום חלישות דעתה ואם אמר פגימתה אחר החמה דבריו קיימין וכן הלכתא הקשת אין פגימתה אחר החמה והיא היתה מכוונת כנגד החמה שלא יאמרו המזלות

ליקוטי רש"י

הנני שך. ל' סגירה כמו הסר משוכתו (ישעיה ה) כמשוכת חדק (משלי טו). **את דרכך.** דרכים ושבילים שאת הולכת בהם [הושע ב ח]. **נתיבותי עוה.** אם באתי לצאת איני יוצאה בדרכים הסלולים בדרך ישרה מפני האויבים ואלא דרך עקלתון [איכה ג ט]. **לא היו זזין משם.** ביוצאין חוץ לתחום להעיד על החדש מיירי במסכת ר"ה (כג:) לא היו זזין דמי שילא חוץ לתחום אין לו אלא ד' אמות [עירובין מה.]. **ויעזקהו.** סייגו וגדרו סביב מוקף כמין טבעת דמתרגמינן עיזקא [ישעיה ה ב]. **באזיקים.** בזיקים כמו בלעז"ש [ירמיה מ א]. **המשל ופחד עמו.** לפי שאמר איוב אערכה לפניו משפט אמר לו המשל ופחד עמו המשל זה מיכאל ופחד זה גבריאל כלום אתה יכול להשיב את אחד מהם. **עושה שלום במרומיו.** כשהמזלות עולים כל א' סובר אני עולה ראשון לפי שאינו רואה מה שלפניו לפיכך אינו מתקנא כ"ש ל"א עושה שלום במרומיו אש ומים שלום ביניהם ואין מים מכבין את האש כ"ש [איוב כה ב].

מסורת הש"ס

א) [עירובין מה.], ב) [ועי' תוס' ב"מ כח. ד"ה חמשה עשר].

הגהות הב"ח

(א) **גמרא** שך את דרכך בסירים וגדרתי את גדרה ונתיבותיה לא תמצא ר"ג ב"י אמר מהכא דכתיב גדר דרכי בגזית נתיבותי עוה: (ב) **רש"י** ד"ה כילד בודקין כו' ולשאול אם לדרומה או לצפונה אלא בזמן שמניחן: (ג) **תוס'** ד"ה כמה כו' ממהלך עשר פרסאות ליום ועוד הרי:

גליון הש"ס

גמרא אסתתומי אסתתום. ע' פסחים לג ע"ב תוס' ד"ה רב יהודה אמר: **תוספות ד"ה שיהו מהלכין וכו'. דאכל הני דהתם פריך.** עיין יומא עז ע"ב. מו"ק ז ע"א:

הגהות הגר"א

[א] תנא רש"א הרי מכייר. כצ"ל והן בין ערי יהודה ביהושע יד [לא מצאתי שם וצ"ל דכצ"ל תני רשב"א אומר אף הרי מכוור וגדור וכו' וכ"א בירושל' דפרקין ובירושלמי פ"ט דשביעית ע"ש] [בהגהות כת"י אשר לפנינו הגהה זו ליתא]:

הגהות מהר"י לנדא

א] גמ' דכתיב לכן הנני שך את דרכך בסירים וגו'. כצ"ל:

תורה אור השלם

א) לָכֵן הִנְנִי שָׂךְ אֶת דַּרְכֵּךְ בַּסִּירִים וְגָדַרְתִּי אֶת גְּדֵרָהּ וּנְתִיבוֹתֶיהָ לֹא תִמְצָא: [הושע ב, ח]

ב) גָּדַר דְּרָכַי בְּגָזִית נְתִיבֹתַי עִוָּה: [איכה ג, ט]

ג) וַיְעַזְּקֵהוּ וַיְסַקְּלֵהוּ וַיִּטָּעֵהוּ שֹׂרֵק וַיִּבֶן מִגְדָּל בְּתוֹכוֹ וְגַם יֶקֶב חָצֵב בּוֹ וַיְקַו לַעֲשׂוֹת עֲנָבִים וַיַּעַשׂ בְּאֻשִׁים: [ישעיה ה, ב]

ד) הַדָּבָר אֲשֶׁר הָיָה אֶל יִרְמְיָהוּ מֵאֵת יְיָ אַחַר שַׁלַּח אֹתוֹ נְבוּזַרְאֲדָן רַב טַבָּחִים מִן הָרָמָה בְּקַחְתּוֹ אֹתוֹ וְהוּא אָסוּר בָּאזִקִּים בְּתוֹךְ כָּל גָּלוּת יְרוּשָׁלִַם וִיהוּדָה הַמֻּגְלִים בָּבֶלָה: [ירמיה מ, א]

ה) הַמְשֵׁל וָפַחַד עִמּוֹ עֹשֶׂה שָׁלוֹם בִּמְרוֹמָיו: [איוב כה, ב]

written:[40] ***Dominion and dread are with Him; He makes peace in His heights*****?** How has God made "peace in His heights"? **מֵעוֹלָם לֹא רָאֲתָה חַמָּה פְּגִימָתָהּ שֶׁל לְבָנָה** – God has arranged His creation so that **never has the sun seen the concavity of the moon** **וְלֹא פְּגִימָתָהּ שֶׁל קֶשֶׁת** – **nor the concavity of the rainbow.**[41] **פְּגִימָתָהּ שֶׁל לְבָנָה דְּחָלְשָׁה דַּעְתָּהּ** – He did not allow the sun ever to see **the concavity of the moon, for** if it did **[the moon] would be disheartened.**[42] **פְּגִימָתָהּ שֶׁל קֶשֶׁת דְּלֹא לֵימְרוּ עוֹבְדֵי הַחַמָּה** – Nor did He allow the sun to see **the concavity of the rainbow, so that the worshipers of the sun should not say:**

NOTES

the sun, his testimony is dismissed.

40. *Iyov* 25:2.

41. Both a rainbow and the moon receive their light from the sun. Thus, their unlighted part, i.e. their concavity, always faces away from the sun. Accordingly R' Yochanan states that the sun has never seen, i.e. has never faced, the concavity of the moon or rainbow.

42. See *Maharsha*. [Thus, God creates peace in His heights by removing a potential source of friction between the sun and the moon.]

גִּירֵי קָא מְשַׁדְּיָיא – **"[The sun] is shooting arrows** at those who deny its divinity."[1]

The Mishnah stated that *Beis Din* asks the new-moon witness: כַּמָּה הָיָה גָּבוֹהַּ וּלְאַיִן הָיָה נוֹטֶה כו' – HOW HIGH in the sky WAS [THE MOON] AND WHICH WAY WAS IT POINTING **etc.?**[2]

The Gemara cites a Baraisa with regard to what is an acceptable response to questions regarding the position of the moon: תָּנָא חֲדָא – **One Baraisa states:** לִצְפוֹנָהּ דְּבָרָיו קַיָּימִין – If the witness replies that he saw the new moon TO [THE SUN'S] NORTH, HIS WORDS of testimony ARE VALID. לִדְרוֹמָהּ לֹא אָמַר כְּלוּם – But if he says that he saw the new moon TO [THE SUN'S] SOUTH, HE HAS SAID NOTHING, i.e. his testimony is dismissed.

The Gemara asks:

וְהַתַנְיָא אִיפְּכָא – **But the opposite was taught in a** different **Baraisa:** לִדְרוֹמָהּ דְּבָרָיו קַיָּימִין לִצְפוֹנָהּ לֹא אָמַר כְּלוּם – If the witness replies that he saw the new moon TO [THE SUN'S] SOUTH, HIS WORDS of testimony ARE VALID. But if he says that he saw the new moon TO [THE SUN'S] NORTH, HE HAS SAID NOTHING. – ? –

The Gemara answers:

לֹא קַשְׁיָא – **There is no difficulty.** כָּאן בִּימוֹת הַחַמָּה – **Here,** in the first Baraisa, **it refers to the summertime,** כָּאן בִּימוֹת הַגְּשָׁמִים – whereas **here,** in the second Baraisa, **it refers to the wintertime.**[3]

The Gemara cites a Baraisa regarding a discrepancy between the witnesses with regard to the height of the moon:

תָּנוּ רַבָּנָן – **The Rabbis taught in a Baraisa:** אֶחָד אוֹמֵר גָּבוֹהַּ שְׁתֵּי מַרְדְּעוֹת – IF ONE witness SAYS that IT WAS TWO GOADS HIGH[4] above the horizon, וְאֶחָד אוֹמֵר שָׁלֹשׁ – AND the other ONE SAYS that it was THREE goads high, עֵדוּתָן קַיֶּימֶת – THEIR TESTIMONY IS VALID.[5] אֶחָד אוֹמֵר שָׁלֹשׁ וְאֶחָד אוֹמֵר חָמֵשׁ – ONE SAYS THREE AND ONE SAYS FIVE, עֵדוּתָן בְּטֵילָה – THEIR TESTIMONY IS VOID,[6] אֲבָל מִצְטָרְפִין לְעֵדוּת אַחֶרֶת – BUT THEY CAN COMBINE with

NOTES

1. The concavity of the bow always faces the archer. Thus, if the concavity of the rainbow were to face the sun, its worshipers would construe that phenomenon as indicating that the sun is an archer who is shooting arrows at those who reject its worship (see *Rashi*).

2. [As *Maharsha* points out, the discussion the Gemara will now begin does not seem to relate at all to the section of the Mishnah quoted here. He suggests that this quote belongs not here, but further on, before the Gemara's discussion regarding questions about the height of the moon. Indeed, *Dikdukei Soferim* states that this quote from the Mishnah is absent here from certain manuscript editions.]

3. We will first proceed on the premise that these Baraisos use the expression "to its north or its south" in the same sense that the Mishnah does; namely, was the setting new moon to the south (left) of the sun or to its north (right). [Indeed, this is how *Tosafos* seem to have understood the Baraisos (see *Chochmas Manoach*).]

The sun always rises in the east and sets in the west, and makes its daily path across the sky in an arc towards the south, as explained above, 23b note 26. However, the exact points in the east and the west of sunrise and sunset vary through the course of the year. If one draws an imaginary line from himself to the horizon due east and due west, he will observe that in the summer the sun rises and sets north of this line, whereas in the winter it rises and sets south of the line. On the summer solstice (the longest day of the year, which falls in Tammuz time) the sun rises and sets at its most northerly position – rising at [see diagram] the northeast point (midway between due east and due north) and setting at the northwest point (midway between due west and due north).

Each day after the summer solstice, as the days begin to shorten, the sun rises and sets progressively more towards the south. On the winter solstice (the shortest day of the year, which falls in Teves time), it rises and sets at its most southerly position. Then, it rises at the southeast point and sets at the southwest point (see diagram). In the language of the Gemara (*Eruvin* 56a), quoted by *Rashi* here: In summer the sun circles three sides of the world (i.e. the eastern horizon, the southern horizon and the western horizon); in winter it traverses only the south side (i.e. the southern horizon). See diagram. On the equinoxes (the times of the year when the daytime and nighttime are each twelve hours), the sun rises at due east and sets at due west. This occurs on the spring equinox [Nissan time] and the autumn equinox [Tishrei time] (see *Rashi*).

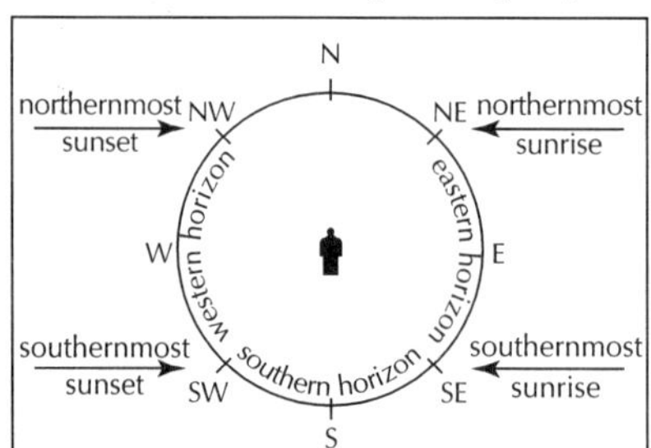

Now, *Rashi* states that the new moon can only be sighted at the southwest. From the context we can assume that he means that it can be sighted in the southern half of the western horizon. Accordingly, *Rashi* claims that in winter when the sun sets at the southwestern point, the moon is north of the sun. In summer, on the other hand, when the sun sets towards the north, the moon is seen south of the sun.

The above is the apparent understanding of our Gemara according to *Rashi*. Seemingly he understood that the moon sets at the same point all year round, whereas the sun's setting point fluctuates depending on the time of the year. Consequently, the setting new moon (though always above the sun in the sky) is sometimes to the north of the sun and sometimes to the south.

However, the facts of this explanation simply do not conform to the basic astronomical data as we know it. According to simple observation, the new moon does not set at one place year round. On the contrary, its setting place is very close to that of the sun; namely, south of due west in the winter and north of due west in the summer. Furthermore, its north-south position in relation to the sun does not depend on the season of the year but rather on other considerations (see *Rambam, Hil. Kiddush HaChodesh* 16:7 ff.). Unfortunately, the holy words of our master *Rashi* here are beyond our feeble understanding and they await elucidation.

It would be possible to think that the Baraisos mean north or south of the sun's *setting point.* That is, at times the new moon trailing the sun will be seen to intersect the western horizon north of the point that the sun intersected it. At other times, the new moon will be seen to intersect the horizon south of the point that the sun intersected it. While this indeed is confirmed by observation, it does *not* depend on summer or winter but on other factors. Hence, this cannot be what the Gemara means, since the Gemara refers to a difference that does depend on summer or winter. [*Chochmas Manoach* does explain this as based on the seasons, but his explanation does not conform to *Rashi's,* and it requires a knowledge of astronomy that is beyond the scope of our presentation here.]

Rashi's explanation aside, the Gemara can be explained quite simply. (The essence of the following explanation can be found in *Meiri.*) As explained above, the new moon is always sighted shortly before it sets on the western horizon. When the Baraisos speak of the moon being "to its north" or "to its south," they do not mean north or south of the *sun* (as this expression is used in the Mishnah). Rather, they mean north or south of *due west* on the horizon. The new moon sets in close proximity to the sun. Thus in winter, when the sun sets south of due west, the moon, too, is sighted there. In the summer, on the other hand, the sun sets north of due west and the moon, too, is sighted there. Thus, the Gemara reconciles the contradiction between the two Baraisos. The first Baraisa (which states that to the north is a valid testimony and to the south is worthless) is referring to summertime. The second Baraisa (which teaches the converse) is referring to wintertime.

4. [An ox goad is long stick with a point at one end, used to prick and urge on an animal. The goads were very common implements and were of a standard size (see Mishnah, *Bava Basra* 27b). Thus a witness would refer to the height of the moon above the horizon as being so many goads high.]

5. We can accept their testimony although both witnesses claim to have seen the moon at about the same time (say, just after sunset), notwithstanding the discrepancy regarding the moon's altitude. There is no certain contradiction because a discrepancy of one ox goad can be attributed to their different, subjective evaluations of the same sighting.

6. Because a discrepancy this large cannot reasonably be attributed to different subjective perceptions of the same sighting. Rather, the witnesses are assumed to be contradicting one another. And one of them is a false witness, but we do not know which one.

עין משפט נר מצוה

יב א ב מיי' פ"ב מהל' קידוש החודש הלכה ה:
יג ג מיי' שם הלכה ו:
יד ד ה ו מיי' שם הלכה ח:
טו ז מיי' פ"ג מהלכות ע"ז הלכה יא סמג לאוין כב טור י"ד סי' קמא:
טז ח מיי' פ"ז מהלכות בית הבחירה הלכה י טור וש"ע י"ד סי' קמא סעיף ח:

מסורת הש"ס

א) [תוספתא פרק א], ב) [שם] שבועות מח., ג) [גי' הערוך כוביתא פירוש חתיכה של ענן שהיא דומה ללבנה], ד) סנהדרין י:, ה) שם ע"ש, ו) פ"א, ז) [לעיל ח:], ח) [לקמן כה:], ט) ע"ז מג., י) שם, כ) [מנחות דף כח:], ל) [מיותר].

גירי קא משדייא: כמה היה גבוה ולאין היה נוטה כו': תנא חדא לצפונה דבריו קיימין לדרומה לא אמר כלום והתניא [א] איפכא לדרומה דבריו קיימין לצפונה לא אמר כלום לא קשיא כאן בימות החמה כאן בימות הגשמים ת"ר [ב] אחד אומר גבוה ב' מרדעות ואחד אומר ג' עדותן קיימת אחד אומר ג' ואחד אומר ה' עדותן בטילה אבל מצטרפין לעדות אחרת ת"ר [ג] ראינוהו במים ראינוהו בעששית ראינוהו בעבים אין מעידין עליו חציו במים חציו בעבים חציו בעששית אין מעידין עליו השתא כולו אמרת לא חציו מבעיא אלא ה"ק חציו במים חציו ברקיע חציו בעבים חציו ברקיע חציו בעששית חציו ברקיע אין מעידין עליו ת"ר [ד] ראינוהו ושוב לא ראינוהו אין מעידין עליו כל הכי חזו לה ואזלי אמר אביי ה"ק ראינוהו מאלינו ושבנו לראותו מדעתנו ולא ראינוהו אין מעידין עליו מאי טעמא אימור [ה] כוביתא דעיבא בעלמא הוא דחזו: **מתני'** [ו] ראש ב"ד אומר מקודש וכל העם עונין אחריו מקודש מקודש בין שנראה בזמנו בין שלא נראה בזמנו מקדשין אותו [ז] ר"א בר' צדוק אומר אם לא נראה בזמנו אין מקדשין אותו שכבר קידשוהו שמים: **גמ'** ראש ב"ד וכו': מנהני מילי א"ר חייא בר גמדא א"ר יוסי בן שאול אמר רבי אמר קרא [א] וידבר משה את מועדי ה' מכאן שראש ב"ד אומר מקודש: וכל העם עונין אחריו מקודש מקודש: מנלן אמר רב פפא אמר קרא [ב] אשר תקראו אותם קרי ביה אתם ר"נ בר יצחק אמר [ב] אלה הם מועדי הם יאמרו מועדי מקודש מקודש תרי זימני למה לי דכתיב [ב] מקראי קודש: ר"א בר' צדוק אומר אם לא נראה בזמנו אין מקדשין אותו: תניא [ח] פלימו אומר בזמנו אין מקדשין אותו שלא בזמנו מקדשין אותו ר"א [ט] [בר"ש] אומר בין כך ובין כך אין מקדשין אותו שנאמר [ג] וקדשתם את שנת החמשים [א] שנים אתה מקדש ואי אתה מקדש חדשים א"ר יהודה אמר שמואל הלכה כר' אלעזר בר' צדוק אמר אביי אף אנן נמי תנינא [י] ראוהו בית דין וכל ישראל נחקרו העדים ולא הספיקו לומר מקודש עד שחשיכה הרי זה מעובר מעובר אין מקודש לא מעובר איצטריכא ליה ס"ד אמינא הואיל וראוהו בית דין וכל ישראל איפרסמא ולא ליעברוה קמ"ל: **מתני'** [ט] דמות צורות לבנה היו לו לרבן גמליאל בטבלא ובכותל בעלייתו שבהן מראה את ההדיוטות ואומר הכזה ראית או כזה: **גמ'** [י] ומי שרי והכתיב [ד] לא תעשון אתי [ז] לא תעשון כדמות שמשיי אמר אביי לא אסרה תורה אלא שמשין שאפשר לעשות כמותן כדתניא [כ] [ח] לא יעשה אדם בית תבנית היכל אכסדרה תבנית אולם חצר כנגד עזרה שלחן כנגד שלחן מנורה כנגד מנורה אבל עושה של

רש"י

גירי קא משדייא. החמה הזאת חצים היא יורה להלהט בכופרין בה שסיבורה בקשת נותן פגימת הקשת לצד פניו: כאן בימות החמה כאן בימות הגשמים. בימות החמה כגון ביום ארוך של תקופת תמוז חמה שוקעת לסוף מערב לצד לפון כדתניא בעירובין (דף נו.) חמה יוצאת ביום ארוך ושוקעת ביום ארוך זהו פני לפון חמה יוצאת ביום קלר ושוקעת ביום קלר זהו פני דרום ניסן ותשרי חמה יוצאת בחצי מזרח ושוקעת בחצי מערב תקופת ניסן היום והלילה שוין חמה יוצאת בחצי מזרח ומהלכת חצי מזרח וכל דרום וחצי מערב ושוקעת ובלילה סובבת למעלה מן הכיפה חצי מערב וכל לפון וחצי מזרח חוזרת ולמחרת מתחיל היום להיות זורח מעט מעט מכנגד חצי מזרח לצד לפון ושוקע להלן מחצי מערב לצד לפון וכן כל יום ויום נמשכת מעט בין בזריחה בין בשקיעה וכשמגיע יום תקופת תמוז היא זורחת בקרן מזרחית לפונית ומהלכת ג' רוחות ושוקעת בקרן לפונית מערבית ומשם ואילך הימים מתמעטין והחמה נמשכת מעט מעט בזריחתה ובשקיעתה לצד דרום וכשמגיע תקופת תשרי יוצאת בחצי מזרח ושוקעת בחצי מערב והיום והלילה שוין ועוד מושכת והולכת לצד דרום עד תקופת טבת ואותו היום יוצאת בקרן מזרחית דרומית ושוקעת בקרן דרומית מערבית ומשם ואילך נמשכת לאחוריה לצד לפון לזריחתה מרבה הילוכה לצד לפון מעט ושוקעת וכן תמיד עד תקופת ניסן שיוצאת בחצי מזרח ושוקעת בחצי מערב נמצאת בימות החמה מהלכת רוב רוח מערבית לפני שקיעתה ופעמים כולה וכל ימות הגשמים אינה מהלכת אלא מיעוט מערב ופעמים שאינה נכנסת בו אלא דבר מועט והלבנה לעולם בחידושה בקרן מערבית דרומית הלכך בימות הגשמים שאין החמה נכנסת למערב אלא בשקיעתה הלבנה קודמת לתוך המערב נמצאת לבנה בלפון וביום החמה שהחמה במערב הרבה היא קודמת הלבנה ברוב החדשים לצד לפון נמצאת לבנה בדרום: אבל מצטרפין לעדות אחרת. אחד מהן מלטרף עם עד אחר שיאמר כמותו: ראינוהו במים. תוך נהר או מעין ראינו דמותה של לבנה: בעבים. יום המעונן היה וראינוה מאירה דרך עוביו של עב: עששית. קנדיל"ה בלע"ז: כל הכי חזו ואזלי. בתמיה מאחר שראוהו למה לא יעידו וכי לעולם הם לריכים לראותו: מדעתנו. כדי להעיד עליו: כוביתא דעיבא. עיגול של עב לבן: מתני' ראש ב"ד אומר מקודש כו': גמ' מקראי קדש. תרי זימני משמע: ר' אלעזר בר' צדוק אומר כו': בזמנו אין מקדשין אותו. שאינו לריך חיזוק: מעובר אין. דמשמע משחשיכה נתעבר: אבל מקודש לא. קתני הרי זה מתקדש למחר: מעובר איצטריכא ליה. כלומר לעולם למחר בעי קידוש והאי דלא תנייה משום דאיצטריכא לאשמועינן מעובר: דהואיל ובזמנו ראוהו. סד"א לא ליעברוה ואי תנא הרי זה מתקדש למחר הוה אמינא לעולם מיומא קמא מתקנין מועדותיה: מתני' דמות צורות לבנה: גמ' לא תעשון אתי. לורות העומדים אתי: של

תוספות

גירי קא משדייא. בלבנה אין לחוש אם רואה פגימת הקשת דאין קשת אלא ביום ואז הלבנה כשרגא בטיהרא ולא אמרי עובדיה גירי קא משדייא: **תני** חדא לצפונה דבריו קיימין. קשה לי דדריש ר' יוחנן לעיל (דף כג:) עושה שלום במרומיו מעולם לא ראתה חמה פגימתה של לבנה וכשהלבנה לפני החמה ופגימת הלבנה בחידושה לעולם כלפי מזרח וגו רואה החמה פגימותיה ור' אליהו בר שלמה מגורגו"ש הראי דבשני גלגלים [הם] חמה ולבנה ויכולה להיות ראיית הלבנה לפני החמה וחמה אינה רואה פגימותיה שגלגל הלבנה למטה מגלגל החמה שהוא למעלה ממנו ולחכמי המזלות זה פשוט: **אבל** מצטרפין לעדות. למ"ד (שבועות דף מז:) בב' כתי עדים המכחישות זו את זו זו באה בפני עצמה ומעידה וזו באה בפני עצמה ומעידה ניחא דמלטרפין לעדות ממון אבל למ"ד בהדי סהדי שקרי למה לי היאך מלטרפין לשום עדות אפילו לעדות החדש לכן דחק בקונט' לפרש אחד מהן מלטרף עם אחר שיאמר כמותו ובעדות של חדש זה איירי והא דקתני לעדות אחרת היינו כלומר דמלטרף עם אחרים דנעשה עדות אחרת והכי מפרש לה בהדיא בסוף פרק כל הנשבעין (שם דף מח.) משום דהוה ליה חד ואין דבריו של חד במקום שנים: **בדמות** שמשיי. בהיכל ואולם מוקי לה ול"ג המשמשין לפני במרום: **אכסדרה** תבנית אולם. סתם אכסדרה אין בו כי אם ג' מחילות ורביעית פרולה במלואה כדמשמע בפ' לא יחפור (ב"ב דף כה. ושם) דקאמר עולם דומה לאכסדרה ורוח לפונית אינה מסובבת והא דקתני אכסדרה תבנית אולם לפי שהיתה פתחו גדולה קרי ליה אכסדרה אע"פ שלא היה במלואה דה"ל גיפופי ט"ו אמה מכאן וט"ו אמה מכאן וכדתנן במדות (פ"ד מ"ז) ושמא לפי שהיה שם בית החליפות וכותל מפסיק במלואו בפנים:

שפודים

רבינו חננאל

מורין בחצים. תני חדא לצפונה דבריו קיימין לדרומה לא אמר כלום. ותניא איפכא. ופרקינן ל"ק כאן בימות החמה כאן בימות הגשמים. פי' דרך השמש ביום מהלך בדרו' וסובב בצפון בלילה שנאמר הולך אל דרום וסובב אל צפון. וגרסינן בעירובין פרק כיצד מעברין את הערים כיצד חמה יוצאה ביום ארוך ושוקעת ביום ארוך זהו פני צפון. חמה יוצאה ביום קצר ושוקעת ביום קצר זהו פני דרום בתקופת ניסן ובתקופת תשרי חמה יוצאה בחצי מזרח ושוקעת בחצי מערב. ש"מ כי מתקופת טבת עד תקופת תמוז חמה מהלכת ביום א) מקרן מזרחית צפונית וכלפי מזרחית דרומית ולעולם אין הלבנה חדשה נראת אלא אחר שקיעת החמה וכשעולה כלפי דרום אחר החמה צפונה. וזו היא דתני לצפונה דבריו קיימין מתקופת תמוז עד תקופת טבת חוזרת החמה ועולה והולכת ב) מרוח דרומי' כלפי רוח צפונית וזו היא דתני לדרומה דבריו קיימין. ומצאנו דברים הללו מפורשים בתלמוד א"י כלשון הזה מאן דתני לצפונה דבריו קיימין מטבת ועד תמוז. ומאן דתני לדרומה דבריו קיימין מתמוז ועד טבת ועל זה הדרך מקשה שבתחלת השמועה לפני החמה היינו לצפונה לאחר החמה היינו לדרומה. תני רשב"י הרקיע של מים וכוכבים של אש ודרין זה עם זה ואין מזיקין זה לזה. א"ר בון המלאך חציו אש וחציו מים ואית ביה ה' גפין וגוייתו כתרשיש היינו עושה שלום במרומיו. תני רב ראינוהו במים פי' היו מים לפניו וראה בהן צורת לבנה והרים ראשו לראות הלבנה בשמים ולא ראה כלום. או ראה חציה במים וחציה ברקיע וכן בעבים וכן בעששית אין מעידין עליו עד שיראו אותה ברקיע כדורנה. אבל אם נראה להם פתאום כעין צורת הלבנה וכוונן לראות ראיית עיקר ולא ראה כלום אין מעידין עליו. מ"ט אמרינן כוכיתא בעלמא הוא דחזא. כתיב וידבר משה את מועדי ה'. מיכן שראש ב"ד אומר מקודש. אשר תקראו אותם מיכן שעונין אחריו (הן) מקודש. דבעינן תרי זמני מקודש מקודש מניין. מדכתיב מקראי קדש ולא כתיב מקרא קדש. בין שנראה בזמנו לילי ל' בין שלא נראה בזמנו אלא לילי ל"א מקדשין אותו. ר' אלעזר ב"ר צדוק אומר אם לא נראה בזמנו אין מקדשין אותו שכבר קידשוהו שמים. אמר רב יהודה אמר שמואל הלכתא כר' אלעזר ב"ר צדוק: **[מתני']** דמות צורות לבנות היו לו לרבן גמליאל כו'. ואקשינן ומי שרי למעבד צורת לבנה והכתיב לא תעשון אתי לא תעשון כדמות שמשיי. ופריק אביי לא אסרה תורה [אלא] שמשין שאפשר לעשות כמותן כמו בית תבנית היכל ואכסדרה תבנית אולם

הגהות מהר"י לנדא

א] גמ' שנה אתה מקדש. כצ"ל:

תורה אור השלם

א) וַיְדַבֵּר מֹשֶׁה אֶת מֹעֲדֵי יְיָ אֶל בְּנֵי יִשְׂרָאֵל: [ויקרא כג, מד]

ב) דַּבֵּר אֶל בְּנֵי יִשְׂרָאֵל וְאָמַרְתָּ אֲלֵהֶם מוֹעֲדֵי יְיָ אֲשֶׁר תִּקְרְאוּ אֹתָם מִקְרָאֵי קֹדֶשׁ אֵלֶּה הֵם מוֹעֲדָי: [ויקרא כג, ב]

ג) וְקִדַּשְׁתֶּם אֵת שְׁנַת הַחֲמִשִּׁים שָׁנָה וּקְרָאתֶם דְּרוֹר בָּאָרֶץ לְכָל יֹשְׁבֶיהָ יוֹבֵל הִוא תִּהְיֶה לָכֶם וְשַׁבְתֶּם אִישׁ אֶל אֲחֻזָּתוֹ וְאִישׁ אֶל מִשְׁפַּחְתּוֹ תָּשֻׁבוּ: [ויקרא כה, י]

ד) לֹא תַעֲשׂוּן אִתִּי אֱלֹהֵי כֶסֶף וֵאלֹהֵי זָהָב לֹא תַעֲשׂוּ לָכֶם: [שמות כ, כ]

ליקוטי רש"י

אחד אומר גבוה ב' מרדעות. גבי עדות החדש תניא שהיו בודקין אותם כמה היתה גבוה מן הקרקע במראית עיניו כאומד כשיעור של רקיע [שבועות מח.]. מרדעת. מרדעת החמור [שם שם]. בזמנו. ביום שלשים דמולדו ביום שלשים שאז אין לבנה פחות מעשרים ותשעה יום ומחצה ושבע מאות תשעים ושלשה חלקים. שכבר קידשוהו בשמים. ב"ד שלמעלה מתמול. פלימו אומר בזמנו אין מקדשין אותו. שא"ל לעשות חיזוק לדבר שכבר בזמנו בא [סנהדרין י:]. שנים אתה מקדש. כשנת היובל נכנסת מלוה על ב"ד לקדש השנה. וקדשתם את שנת החמשים. דילפינן מיניה שמתקדשת מתחלתה [לעיל ח:]. תבנית היכל. בארכו ורחבו ורומו ושיעור מדת פתחיו אבל אם נשתנה במקצת מותר [ע"ז מג.]. למדת אורך ורוחב וקומה שתהא דומה לו בשלחן. אכסדרה. אין לה מחיצה רביעית וכן אולם. תבנית אולם. [שהיה דומה לו באלכסון] שהיה רוחבו [עשרים] וגובהו ארבעים כדאמרינן במסכת עירובין (ג.). אבל עושה. [המנורה] [של] מנורה [מנחות כח:].

חשק שלמה על ר"ח א) אולי צ"ל מקרן מזרחית דרומית וכלפי מזרחית צפונית וכו'. ב) אולי צ"ל מרוח מזרחית צפונית כלפי מזרחית דרומית.

different witnesses FOR A DIFFERENT TESTIMONY.[7]

The Gemara cites a Baraisa:

תָּנוּ רַבָּנָן – **The Rabbis taught** in a Baraisa: רְאִינוּהוּ בַּמַּיִם – If the witnesses who come to testify about the new moon say, "WE SAW IT reflected IN THE WATER," רְאִינוּהוּ בַּעֲשָׁשִׁית – or, "WE SAW IT THROUGH A LANTERN,"[8] רְאִינוּהוּ בֶּעָבִים – or, "WE SAW IT THROUGH THE CLOUDS," אֵין מְעִידִין עָלָיו – THEY CANNOT TESTIFY ABOUT IT. חֶצְיוֹ בַּמַּיִם – And similarly if they say, "We saw HALF OF IT[9] reflected IN THE WATER," חֶצְיוֹ בֶּעָבִים – or, "HALF OF IT THROUGH THE CLOUDS," חֶצְיוֹ בַּעֲשָׁשִׁית – or, "HALF OF IT THROUGH A LANTERN," אֵין מְעִידִין עָלָיו – THEY CANNOT TESTIFY ABOUT IT.

The Gemara considers the meaning of the second half of the Baraisa:

הַשְׁתָּא כּוּלּוֹ אָמְרַתְּ לֹא – **Now** if they have seen **all of it** in the water, clouds or lantern, **you say** in the first part of the Baraisa that they may **not** testify, חֶצְיוֹ מִבַּעְיָא – **is it necessary** for the Baraisa to say that if they have seen only **half of it** there they may not testify? Certainly not. אֶלָּא הָכִי קָאָמַר – **Rather,** you must say that **this is what it means** in the second half of the Baraisa: חֶצְיוֹ בַּמַּיִם חֶצְיוֹ בָּרָקִיעַ – If they say, "We saw **half of it in the water and half of it in the sky,"** חֶצְיוֹ בֶּעָבִים חֶצְיוֹ בָּרָקִיעַ – or, **"Half of it through the clouds and half of it in the sky,"** חֶצְיוֹ בַּעֲשָׁשִׁית חֶצְיוֹ בָּרָקִיעַ – or, **"Half of it through a lantern and half of it in the sky,"** אֵין מְעִידִין – **they cannot testify** about it.

Another Baraisa:

תָּנוּ רַבָּנָן – **The Rabbis taught** in a Baraisa: רְאִינוּהוּ וְשׁוּב לֹא רְאִינוּהוּ – If the new-moon witnesses say, "WE SAW IT BUT DID NOT SEE IT AGAIN," אֵין מְעִידִין עָלָיו – THEY CANNOT TESTIFY ABOUT IT.

The Gemara asks:

כָּל הָכִי חָזוּ לָהּ וְאָזְלֵי – **Must they continue to see it for all this** time? Why should new-moon witnesses not be able to testify if they have sighted the new moon but for a moment?

The Gemara answers:

אָמַר אַבַּיֵי הָכִי קָאָמַר – **Abaye said: This is what it means** in the Baraisa: רְאִינוּהוּ מֵאֵלֵינוּ – If the new-moon witnesses say, **"We saw it on our own,** i.e. we caught a glimpse of the new moon incidentally, וְשַׁבְנוּ לִרְאוֹתוֹ מִדַּעְתֵּנוּ וְלֹא רְאִינוּהוּ – **and we then tried to see it with intent but we did not see it,"** אֵין מְעִידִין עָלָיו – **they cannot testify about it.** מַאי טַעְמָא – **What is the reason** that they cannot testify in this case? אֵימוּר כּוּבִיתָא דְּעֵיבָא בְּעָלְמָא הוּא דַּחֲזֵי – For **I can say** that the first time **he saw just a crescent of** white **cloud.**[10]

Mishnah

The Mishnah describes the procedure by which *Beis Din* declares Rosh Chodesh: רֹאשׁ בֵּית דִּין אוֹמֵר מְקוּדָּשׁ – **The Head of *Beis Din* says: "It is sanctified!"** וְכָל הָעָם עוֹנִין אַחֲרָיו מְקוּדָּשׁ מְקוּדָּשׁ – **and all the people respond after him: "It is sanctified! It is sanctified!"** בֵּין שֶׁנִּרְאָה בִּזְמַנּוֹ – **Whether [the new moon] was seen at its** appropriate **time**[11] בֵּין שֶׁלֹּא נִרְאָה בִּזְמַנּוֹ – **or whether it was not seen at its** appropriate **time,**[12] מְקַדְּשִׁין אוֹתוֹ – **they sanctify it.**[13] רַבִּי אֶלְעָזָר בְּרַבִּי צָדוֹק אוֹמֵר – **R' Elazar the son of R' Tzadok says:** אִם לֹא נִרְאָה בִּזְמַנּוֹ – **If it was not seen at its** appropriate **time,** in which case day thirty-one is Rosh Chodesh in any event, אֵין מְקַדְּשִׁין אוֹתוֹ – **they do not sanctify it,** שֶׁכְּבָר קִידְּשׁוּהוּ שָׁמַיִם – **because Heaven has already sanctified it.**[14]

Gemara

The Mishnah stated: רֹאשׁ בֵּית דִּין וכו׳ – THE HEAD OF *BEIS DIN* **etc.** [says: "It is sanctified!"]

The Gemara provides the Scriptural source for this part of the procedure:

מְנָהָנֵי מִילֵּי – **From where** in Scripture are **these matters** known?

NOTES

7. I.e. if the version reported by either of the first two witnesses is corroborated by a third witness, the two coinciding testimonies combine to form the valid testimony of two witnesses, and the court can sanctify the new moon on that basis (see *Rashi*).

[Ordinarily, the expression "they combine for a different testimony" would be taken to mean that although one of these two witnesses is lying, each one retains his status as an acceptable witness and can combine with a different witness for some different testimony. This interpretation, however, would not fit the view of Rav Chisda in *Shevuos* 47b. The Gemara there discusses the case in which two pairs of witnesses contradict each other, so that one pair is lying but it is not known which. Rav Huna rules that each pair retains its acceptable status and can testify regarding some other matter. (We would not, however, accept this new testimony from a new pair composed of one of each of the previous pairs, since one of this new pair would be disqualified as having previously borne false witness.) Rav Chisda, however, rules that neither pair is accepted for a subsequent testimony, for "why get involved with these lying witnesses?" According to Rav Chisda, then, our Baraisa here cannot mean that each of the contradictory witnesses can combine with a second witness for some other testimony. Rather, he explains our Baraisa to mean (as *Rashi* has explained) that if the version reported by either of the first two witnesses is corroborated by a third witness, the two coinciding testimonies combine to form the valid testimony of two witnesses. For in that case, it is revealed by the testimony of two witnesses (the third one and the one of the first two that concurs) that this is indeed what truly happened. And the *other* of the first two witnesses is now exposed as the liar. In our versions of *Shevuos* 48a, the Gemara itself presents this explanation of our Baraisa in defense of Rav Chisda. From *Tos. HaRosh* and *Ritva* here (see also first part of *Tosafos* here), however, it would seem that this did *not* appear in their texts of the Gemara *Shevuos.*]

8. *Ritva.* Alternatively this means: reflected in a lantern (*Meiri*).

9. I.e. half the new-moon crescent (see *Meiri* and *Peirush* to *Rambam, Hil. Kiddush HaChodesh* 2:5).

10. Perhaps the incidental glimpse he caught the first time was that of a wisp of white cloud. And that is why he did not see the new moon when he went to search for it with intent.

11. I.e. on the night that begins the thirtieth day [of the outgoing month] (*Rambam, Hil. Kiddush HaChodesh* 1:4).

The Mishnah describes the thirtieth day as the "appropriate time" for the new moon to be sighted, because the lunar cycle is 29 days, 12 hours, 44 minutes and 3 1/3 seconds (see *Rashi* to *Sanhedrin* 10b ד״ה בזמנו). [Since the new moon can thus never be seen before the thirtieth day from when the last new moon first became visible, the term "its appropriate time" is used for the thirtieth day *of the month* even though it is not necessarily the time that the new moon will first become visible. See also *Rambam, Hil. Kiddush HaChodesh* 1:4 with *Beur HaHalachah* ד״ה הוא הנקרא.]

12. I.e. it was not seen on day thirty, in which case the next day will be Rosh Chodesh in any event.

13. That is, they go through the aforementioned procedure of the Head of the *Beis Din* declaring, "It is sanctified!" and the people responding, "It is sanctified! It is sanctified!" even when day thirty-one would become Rosh Chodesh without *Beis Din's* declaration (see *Meiri*).

14. I.e. the Heavenly Court has already sanctified it on the previous day (*Rashi* to *Sanhedrin* 10b ד״ה שכבר קידשוהו). [This apparently means that in anticipation of the earthly court's failure to sanctify Rosh Chodesh on day thirty, the Heavenly Court that day sanctifies day thirty-one in advance. See interpretations of *Rashi's* comments in *Binyan Shlomo* ad loc. and *Tzofnas Pane'ach, Hil. Kiddush HaChodesh* 2:8] *Tosafos* to *Sanhedrin* ad loc. cite *Rashi's* comments (which do not appear in our editions of *Rashi* – see *Maharshal* and *Maharsha* there) to the effect that the Heavenly Court sanctifies Rosh Chodesh at daybreak of day

גירי קא משדייא: כמה היה גבוה ולאין היה נוטה כו': תנא חדא לצפונה דבריו קיימין לדרומה לא אמר כלום והתניא א) איפכא לדרומה דבריו קיימין לצפונה לא אמר כלום לא קשיא כאן בימות החמה כאן בימות הגשמים ת"ר ג) א אחד אומר גבוה ב' מרדעות ואחד אומר ג' עדותן קיימת אחד אומר ג' ואחד אומר ה' עדותן בטילה אבל מצטרפין לעדות אחרת ת"ר ב ראינוהו במים ראינוהו בעבים ראינוהו בעששית אין מעידין עליו חציו במים חציו בעבים חציו בעששית אין מעידין עליו השתא כולו אמרת לא חציו מבעיא אלא ה"ק חציו במים חציו ברקיע חציו בעבים חציו ברקיע חציו בעששית חציו ברקיע אין מעידין ת"ר ג ראינוהו ושוב לא ראינוהו אין מעידין עליו כל הכי חזו לה ואזלי אמר אביי ה"ק ראינוהו מאלינו ושבנו לראותו מדעתנו ולא ראינוהו אין מעידין עליו מאי טעמא אימור ג) כוביתא דעיבא בעלמא הוא דחזו: **מתני'** ד) ראש ב"ד אומר מקודש וכל העם עונין אחריו מקודש מקודש בין שנראה בזמנו בין שלא נראה בזמנו מקדשין אותו ד) ה ר"א בר' צדוק אומר אם לא נראה בזמנו אין מקדשין אותו שכבר קידשוהו שמים: **גמ'** ראש ב"ד וכו': מנהני מילי א"ר חייא בר גמדא א"ר יוסי בן שאול אמר רבי אמר קרא א) וידבר משה את מועדי ה' מכאן שראש ב"ד אומר מקודש: וכל העם עונין אחריו מקודש מקודש: מנלן אמר רב פפא אמר קרא ב) אשר תקראו אותם קרי ביה אתם ר"נ בר יצחק אמר ב) אלה הם מועדי הם יאמרו מועדי מקודש מקודש תרי זימני למה לי דכתיב ב) מקראי קודש: ר"א בר' צדוק אומר אם לא נראה בזמנו אין מקדשין אותו: תניא ה) פלימו אומר בזמנו אין מקדשין אותו שלא בזמנו מקדשין אותו ר"א ו) [בר"ש] אומר בין כך ובין כך אין מקדשין אותו שנאמר ג) וקדשתם את שנת החמשים אן ז) שנים אתה מקדש ואי אתה מקדש חדשים א"ר יהודה אמר שמואל הלכה כר' אלעזר בר' צדוק אמר אביי אף אנן נמי תנינא ס) ו ראוהו בית דין וכל ישראל נחקרו העדים ולא הספיקו לומר מקודש עד שחשיכה הרי זה מעובר מעובר אין מקודש לא מעובר איצטריכא ליה ס"ד אמינא הואיל וראוהו בית דין וכל ישראל איפרסמא ולא ליעברוה קמ"ל: **מתני'** ט) דמות צורות לבנה היו לו לרבן גמליאל בטבלא ובכותל בעלייתו שבהן מראה את ההדיוטות ואומר הכזה ראית או כזה: **גמ'** י) ומי שרי והכתיב ד) לא תעשון אתי ז לא תעשון כדמות שמשיי אמר אביי לא אסרה תורה אלא שמשין שאפשר לעשות כמותן כדתניא כ) ח לא יעשה אדם בית תבנית היכל אכסדרה תבנית אולם חצר כנגד עזרה שלחן כנגד שלחן מנורה כנגד מנורה אבל עושה של

רש"י

גירי קא משדייא. החמה הזאת אינה היא יורה להלחם בכופרין בה שהיורה בקשת נותן פגימת הקשת לצד פניו: **כאן בימות החמה כאן בימות הגשמים.** בימות החמה כגון ביום ארוך של תקופת תמוז חמה שוקעת לסוף מערב לצד צפון כדתניא בעירובין (דף נו.) חמה יוצאת ביום ארוך ושוקעת ביום ארוך זהו פני צפון חמה יוצאת ביום קצר ושוקעת ביום קצר זהו פני דרום ניסן ותשרי חמה יוצאת בחצי מזרח ושוקעת בחצי מערב תקופת ניסן היום והלילה שוין חמה יוצאת בחצי מזרח ומהלכת חצי מזרח וכל דרום וחצי מערב ושוקעת ובלילה סובבת למעלה מן הכיפה חצי מערב וכל צפון וחצי מזרח וזורחת ולמחרת התחיל היום להיות זורח מעט מכנגד חצי מזרח לצד צפון ושוקע להלן מחצי מערב לצד צפון וכן כל יום ויום נמשכת מעט בין בזריחה בין בשקיעה וכשמגיע יום תקופת תמוז היא זורחת בקרן מזרחית צפונית ומהלכת ג' רוחות ושוקעת בקרן צפונית מערבית ומשם ואילך הימים מתמעטין והחמה נמשכת מעט מעט בזריחתה ובשקיעתה לצד דרום וכשמגיע תקופת תשרי יוצאת בחצי מזרח ושוקעת בחצי מערב והיום והלילה שוין ועוד מושכת והולכת לצד דרום עד תקופת טבת ואותו היום יוצאת בקרן מזרחית דרומית ושוקעת בקרן דרומית מערבית ומשם ואילך נמשכת לאחוריה לצד צפון לזריחתה מרבה הילוכה לצד צפון מעט ושוקעת וכן תמיד עד תקופת ניסן שיוצאת בחצי מזרח ושוקעת בחצי מערב נמצאת בימות החמה מהלכת רוב רוח מערבית לפני שקיעתה ופעמים כולה וכל ימות הגשמים אינה מהלכת אלא מיעוט מערב ופעמים שאינה נכנסת בו אלא דבר מועט והלבנה לעולם בחידושה בקרן מערבית דרומית הלכך בימות הגשמים שאין החמה נכנסת למערב אלא בשקיעתה הלבנה קודמת לתוך המערב נמצאת לבנה בצפון ובימות החמה שהחמה במערב הרבה היא קודמת הלבנה ברוב החדשים לצד צפון נמצאת לבנה בדרום: **אבל מצטרפין לעדות אחרת.** אחד מהן מצטרף עם עד אחר שיאמר כמותו: **ראינוהו במים.** תוך נהר או מעין ראינו דמותה של לבנה: **בעבים.** יום המעונן היה וראינוה מאירה דרך עוביו של עב: **עששית.** קנדיל"ה בלע"ז: **כל הכי חזו ואזלי.** בתמיה מאחר שראוהו למה לא יעידו וכי לעולם הם צריכים לראותו: **מדעתנו.** כדי להעיד עליו: **כוביתא דעיבא.** עיגול של עב לבן: **מתני'** ל) **ראש ב"ד אומר מקודש** כו': **גמ' מקראי קדש.** תרי זימני משמע: **ר' אלעזר בר' צדוק אומר** כו': **בזמנו אין מקדשין אותו.** שאינו צריך חיזוק: **מעובר אין.** דמשמע משחשיכה נתעבר: **אבל מקודש לא.** קתני הרי זה מתקדש למחר: **מעובר איצטריכא ליה.** כלומר לעולם למחר בעי קידוש והאי דלא תנייה משום דאיצטריכא לאשמועינן מעובר: **דהואיל ובזמנו ראוהו.** סד"א לא ליעברוה ולא תנא הרי זה מתקדש למחר הוה אמינא לעולם מיומא קמא מקדשינן מעלוהי: **מתני':** **דמות צורות לבנה:** **גמ' לא תעשון אתי.** צורות העומדים אתי: של

תוספות

גירי קא משדייא. בלבנה אין לחוש אם רואה פגימת הקשת דאין קשת אלא ביום ואז הלבנה כשרגא בטיהרא ולא אמרי עודדיה גירי קא משדייא: **תני** חדא לצפונה דבריו קיימין. קשה לי דדריש ר' יוחנן לעיל (דף כג:) עושה שלום במרומיו מעולם לא ראתה חמה פגימתה של לבנה וכשהלבנה לפני החמה ופגימת הלבנה בחידושה לעולם כלפי מזרח וכו רואה החמה פגימותיה ור' אליהו בר שלמה מגורגו"ש הראני דשני גלגלים [הם] חמה ולבנה ויכולה להיות ראיית הלבנה לפני החמה וחמה אינה רואה פגימותיה שגלגל הלבנה למטה מגלגל החמה שהוא למעלה ממנו ולחכמי המזלות זה פשוט:

אבל מצטרפין לעדות. למ"ד (שבועות דף מז:) בב' כתי עדים המכחישות זו את זו זו באה בפני עצמה ומעידה וזו באה בפני עצמה ומעידה ניחא דמצטרפין לעדות ממון אבל למ"ד בהדי סהדי שקרי למה לי היאך מצטרפין לשום עדות אפילו לעדות החדש לכן דחק בקונט' לפרש אחד מהן מצטרף עם אחר שיאמר כמותו ובעדות של חדש זה איירי והא דקתני לעדות אחרת היינו כלומר דמצטרף עם אחרים דנעשה עדות אחרת והכי מפרש לה בהדיא בסוף פרק כל הנשבעין (שם דף מח.) משום דהוה ליה חד ואין דבריו של חד במקום שנים:

בדמות שמשיי. בהיכל ואולם מוקי לה ול"ג המשמשין לפני במרום: **אכסדרה** תבנית אולם. סתם אכסדרה אין בו כי אם ג' מחיצות ורביעית פרוצה במלואה כדמשמע בפ' לא יחפור (ב"ב דף כה. ושם) דקאמר עולם דומה לאכסדרה ורוח צפונית אינה מסובבת והא דקתני אכסדרה תבנית אולם לפי שהיתה פתחו גדולה קרי ליה אכסדרה אע"פ שלא היה במלואה דה"ל גיפופי ט"ו אמה מכאן וט"ו אמה מכאן וכדתנן במדות (פ"ד מ"ז) ושמא לפי שהיה שם בית החליפות וכותל מפסיק במלואו בפנים: שפודים

עין משפט נר מצוה

יב א ב מיי' פ"ג מהל' קידוש החודש הלכה ט:
יג ג מיי' שם הלכה ו:
יד ד ה ו מיי' שם הלכה ח:
טו ז מיי' פ"ג מהלכות ע"ז הלכה יא סמג לאוין כב טור י"ד סי' קמא:
טז ח מיי' פ"ז מהלכות בית הבחירה הלכה י טור וש"ע י"ד סי' קמא סעיף ח:

רבינו חננאל

מורין בחצים. תני חדא לצפונה דבריו קיימין לדרומה לא אמר כלום. ותניא איפכא. ופרקינן ל"ק כאן בימות החמה כאן בימות הגשמים. פי' דרך השמש ביום מהלך בדרו' וסובב בצפון בלילה שנאמר הולך אל דרום וסובב אל צפון. וגרסינן בעירובין פרק כיצד מעברין את הערים כיצד חמה יוצאה ביום ארוך ושוקעת ביום ארוך זהו פני צפון. חמה יוצאה ביום קצר ושוקעת ביום קצר זהו פני דרום בתקופת ניסן ובתקופת תשרי חמה יוצאה בחצי מזרח ושוקעת בחצי מערב. ש"מ כי מתקופת טבת עד תקופת תמוז חמה מהלכת ביום א) מקרן מזרחית צפונית וכלפי מזרחית דרומית ולעולם אין הלבנה חדשה נראת אלא אחר שקיעת החמה וכשעולה כלפי דרום אחר החמה צפונה. וזו היא דתני לצפונה דבריו קיימין מתקופת תמוז עד תקופת טבת חוזרת החמה ועולה והולכת ב) מרוח דרומי' כלפי רוח צפונית וזו היא דתני לדרומה דבריו קיימין. ומצאנו דברים הללו מפורשים בתלמוד א"י כלשון הזה מאן דתני לצפונה דבריו קיימין מטבת ועד תמוז. ומאן דתני לדרומה דבריו קיימין מתמוז ועד טבת ועל זה הדרך מקשה שבתחלת השמועה לפני החמה היינו לצפונה לאחר החמה היינו לדרומה. תני רשב"י הרקיע של מים וכוכבים של אש ודרין זה עם זה ואין מזיקין זה לזה. א"ר בון המלאך חציו אש וחציו מים ואית ביה ה' גפין וגוייתו כתרשיש היינו עושה שלום במרומיו. תני רב ראינוהו במים פי' היו מים לפניו וראה בהן צורת לבנה והרים ראשו לראות הלבנה בשמים ולא ראה כלום. או ראה חציה במים וחציה ברקיע וכן בעבים וכן בעששית אין מעידין עליו עד שיראו אותה ברקיע כדורנה. אבל אם נראה להם פתאום כעין צורת הלבנה וכוונו לראות ראית עיקר ולא ראה כלום אין מעידין עליו. מ"ט אמרינן כוביתא בעלמא הוא דחזא. כתיב וידבר משה את מועדי ה'. מיכן שראש ב"ד אומר מקודש. אשר תקראו אותם מיכן שעונין אחריו (הן) מקודש. דבעינן תרי זמני מקודש מעין. מדכתיב מקראי קדש ולא כתיב מקרא קדש. בין שנראה בזמנו בין שלא נראה בזמנו אלא לילי ל' בין שלא נראה בזמנו אלא לילי ל"א מקדשין אותו. ר' אלעזר בר"צ אומר אם לא נראה בזמנו אין מקדשין אותו שכבר קידשוהו שמים. אמר רב יהודה אמר שמואל הלכתא כר' אלעזר בר"צ: [מתני'] דמות צורות לבנות היו לו לרבן גמליאל כו'. ואקשינן ומי שרי למעבד צורת לבנה והכתיב לא תעשון אתי לא תעשון כדמות שמשיי. ופריק אביי לא אסרה תורה [אלא] שמשין שאפשר לעשות כמותן כמו בית תבנית היכל ואכסדרה תבנית אולם

חשק שלמה על ר"ח א) אולי צ"ל מקרן מזרחית דרומית ולכפי מזרחית צפונית וכו'. ב) אולי צ"ל מרוח מזרחית צפונית לכפי מזרחית דרומית.

מסורת הש"ס

א) [תוספתא פרק א], ב) [שם] שבועות מח., ג) [גי' הערוך כוביתא פירוש מחיצה של ענן שהיא דומה ללבנה], ד) סנהדרין י., ה) שם ע"ש, ו) ס"א, ז) [לעיל ח:], ח) לקמן כה:, ט) ע"ז מג., י) שם, כ) [מנחות דף כח:], ל) [מיותר].

הגהות מהרי"ר לנדא

אן גמ' שנה אתה מקדש. כצ"ל:

תורה אור השלם

א) וַיְדַבֵּר מֹשֶׁה אֶת מֹעֲדֵי יְיָ אֶל בְּנֵי יִשְׂרָאֵל: [ויקרא כג, מד]

ב) דַּבֵּר אֶל בְּנֵי יִשְׂרָאֵל וְאָמַרְתָּ אֲלֵהֶם מוֹעֲדֵי יְיָ אֲשֶׁר תִּקְרְאוּ אֹתָם מִקְרָאֵי קֹדֶשׁ אֵלֶּה הֵם מוֹעֲדָי: [ויקרא כג, ב]

ג) וְקִדַּשְׁתֶּם אֵת שְׁנַת הַחֲמִשִּׁים שָׁנָה וּקְרָאתֶם דְּרוֹר בָּאָרֶץ לְכָל יֹשְׁבֶיהָ יוֹבֵל הִוא תִּהְיֶה לָכֶם וְשַׁבְתֶּם אִישׁ אֶל אֲחֻזָּתוֹ וְאִישׁ אֶל מִשְׁפַּחְתּוֹ תָּשֻׁבוּ: [ויקרא כה, י]

ד) לֹא תַעֲשׂוּן אִתִּי אֱלֹהֵי כֶסֶף וֵאלֹהֵי זָהָב לֹא תַעֲשׂוּ לָכֶם: [שמות כ, כ]

ליקוטי רש"י

אחד אומר גבוה ב' מרדעות. גבי עדות החדש תניא שהיו בודקין אותם כמה היתה גבוה מן הקרקע כשראוה כמראה עיניו כאומד כשיפולו של רקיע [שבועות מה.]. **מרדעת.** מלמד הבקר [שם ושופטים ג לא]. **בזמנו.** ביום שלשים דתולדתו ביום שלשים הוא דאין חדש לבנה פחות מעשרים ותשעה יום ומחצה ושבע מאות ותשעים ושלשה חלקים. **שכבר קידשוהו בשמים.** ב"ד שלמעלה מאתמול. **פלימו אומר בזמנו אין מקדשין אותו.** שא"צ לעשות חיזוק לדבר שהרי בזמנו בא [סנהדרין י:]. **שנים אתה מקדש.** בכניסת היובל בכניסה מלוה על ב"ד לומר מקודשת השנה. **וקדשתם את שנת החמשים.** דילפינן מיניה שמתקדשת [לעיל ח:]. **תבנית היכל.** בארכו ורחבו ורומו ושיעור מדת פתחיו אבל לא כשתנה במקצת מותר [ע"ז מג.]. למדת אורך ורוחב וקומה שהכל דומה לו כשלשתן. **אכסדרה.** אין לה מחיצה רביעית וכן אולם. **תבנית אולם.** שהיה רוחבו [עשרים] וגובהו ארבעים [כדאמרינן במסכת] עירובין (ב.). **אבל עושה.** [המנורה] [של] מנורה [מנחות כח:].

אָמַר רַבִּי חִיָּיא בַּר גַּמְדָּא אָמַר רַבִּי יוֹסֵי בֶּן שָׁאוּל אָמַר רַבִּי – **R' Chiya bar Gamda said in the name of R' Yose ben Shaul, who said in the name of Rebbi:** אָמַר קְרָא – **The verse states:** ,,וַיְדַבֵּר מֹשֶׁה אֶת־מֹעֲדֵי ה׳ '' – *And Moses spoke the festivals of Hashem to the Children of Israel.*[15] מִכָּאן שֶׁרֹאשׁ בֵּית דִּין אוֹמֵר מְקוּדָּשׁ – **From here** we derive **that the Head of *Beis Din* says: "It is sanctified!"**[16]

The Mishnah states further:

וְכָל הָעָם עוֹנִין אַחֲרָיו מְקוּדָּשׁ מְקוּדָּשׁ – AND ALL THE PEOPLE RESPOND AFTER HIM: "IT IS SANCTIFIED! IT IS SANCTIFIED!"

The Gemara provides the Scriptural source for this part of the procedure as well:

מְנָלַן – **From where** in Scripture is this known **to us?** אָמַר רַב פַּפָּא – **Rav Pappa said:** אָמַר קְרָא ,,אֲשֶׁר־תִּקְרְאוּ אֹתָם'' – **The verse states:** *The festivals of Hashem* **that you shall declare "them"** *holy convocations;*[17] קְרִי בֵּיהּ ,,אַתֶּם'' – **read it** [the word אתם] as if it were vowelized **"*atem,*"** meaning: you (plural), the people.[18]

An alternative source for the people's participation in the sanctification of Rosh Chodesh:

רַב נַחְמָן בַּר יִצְחָק אָמַר – **Rav Nachman bar Yitzchak says:** ,,אֵלֶּה הֵם מוֹעֲדָי'' – The verse (cited above) concludes (in literal translation): ***these "they" are My festivals.*** We expound the seemingly superfluous word הֵם, *they,* to indicate: הֵם יֹאמְרוּ מוֹעֲדָי – **"They"** [the people] **shall declare My festivals.** This teaches that the people, too, shall declare Rosh Chodesh.

The Gemara explains further:

מְקוּדָּשׁ מְקוּדָּשׁ תְּרֵי זִימְנֵי לָמָּה לִי – And **why do I need** the people to say, **"It is sanctified! It is sanctified!" two times?** Why is it not sufficient that they say it once? דִּכְתִיב ,,מִקְרָאֵי קֹדֶשׁ'' – **For it is written** in that verse: ***"declarations" of sanctification.*** The plural "declarations" implies two declarations.[19]

The Mishnah stated:

רַבִּי אֶלְעָזָר בְּרַבִּי צָדוֹק אוֹמֵר אִם לֹא נִרְאָה בִּזְמַנּוֹ אֵין מְקַדְּשִׁין אוֹתוֹ – R' ELAZAR THE SON OF R' TZADOK SAYS: IF IT WAS NOT SEEN AT ITS appropriate TIME, THEY DO NOT SANCTIFY IT.

The Gemara cites a relevant Baraisa:

תַּנְיָא – **It was taught in a Baraisa:** פְּלִימוֹ אוֹמֵר – PLIMO SAYS: בִּזְמַנּוֹ אֵין מְקַדְּשִׁין אוֹתוֹ – If the new moon was sighted AT ITS appropriate TIME, THEY DO NOT SANCTIFY [ROSH CHODESH], שֶׁלֹּא בִּזְמַנּוֹ מְקַדְּשִׁין אוֹתוֹ – but if the new moon was NOT seen AT ITS appropriate TIME, THEY SANCTIFY [ROSH CHODESH].[20] רַבִּי אֶלְעָזָר [בְּרַבִּי שִׁמְעוֹן] אוֹמֵר – R' ELAZAR [THE SON OF R' SHIMON][21] SAYS: בֵּין כָּךְ וּבֵין כָּךְ אֵין מְקַדְּשִׁין אוֹתוֹ – WHETHER IN THIS CASE OR IN THAT CASE [whether or not the new moon is sighted in its appropriate time], THEY DO NOT SANCTIFY [ROSH CHODESH], שֶׁנֶּאֱמַר ,,וְקִדַּשְׁתֶּם אֵת שְׁנַת הַחֲמִשִּׁים'' – FOR IT IS STATED in the Torah: *AND YOU SHALL SANCTIFY THE "YEAR" OF THE FIFTIETH year,*[22] שָׁנִים אַתָּה מְקַדֵּשׁ וְאִי אַתָּה מְקַדֵּשׁ חֳדָשִׁים – which implies that YOU SANCTIFY "YEARS," BUT YOU DO NOT SANCTIFY "MONTHS."[23]

NOTES

thirty-one. See also *Yerushalmi* cited by *Tosafos* there.]

[*Meiri* here (see also *Chidushei HaRan* to *Sanhedrin* loc. cit.) explains the expression "Heaven has already sanctified it" to mean merely that the day has become Rosh Chodesh automatically. Thus, it does not require the sanctification of *Beis Din.*]

15. *Leviticus* 23:44. This verse appears at the end of the passage that teaches the times and laws of the major Jewish festivals.

16. Though the simple meaning of the verse is that Moses taught the preceding passages concerning the festivals to the Jewish nation, the Gemara expounds it to mean that Moses, in his capacity as head of the premier *Beis Din* of his time, would declare verbally that a certain day be Rosh Chodesh. [Rosh Chodesh can also be termed "a festival of Hashem" – see *Pesachim* 77a (*Sifsei Chachamim; Menachem Meishiv Nefesh*).]

17. *Leviticus* 23:2 reads: דַּבֵּר אֶל־בְּנֵי יִשְׂרָאֵל וְאָמַרְתָּ אֲלֵהֶם מוֹעֲדֵי ה׳ אֲשֶׁר־תִּקְרְאוּ אֹתָם מִקְרָאֵי קֹדֶשׁ אֵלֶּה הֵם מוֹעֲדָי, *Speak to the Children of Israel and say to them: The festivals of Hashem that you shall declare them declarations of holiness – these are My fesitvals.*

18. Rather than spell the word fully here as אותם (אוֹתָם, *them*), the verse writes אתם (אֹתָם, *them*) defectively – without a *vav.* [The vowel points do not appear in Scripture itself, but are part of the Oral Tradition.] Hence, we expound it as if it were vowelized "אַתֶּם, *you (plural)*" (*Rav*). Thus, we derive that the people, too, should declare, "It is sanctified!"

[Actually, the first part of the phrase – אֲשֶׁר תִּקְרְאוּ, *that "you (plural) shall declare"* – already indicates that many people shall make the declaration. Nevertheless, that phrase might be understood to mean that the other judges of the *Beis Din* should join the Head of the *Beis Din* in sanctifying the new month. The additional word אתם, then, indicates that the *people* in attendance should declare, "It is sanctified" (*Korban Reishis*).]

19. *Rashi.*

20. [Plimo maintains that the sanctification procedure is necessary solely to give force to *Beis Din's* decision that fixed Rosh Chodesh on a certain day.] If *Beis Din* fixes Rosh Chodesh at its appropriate time (i.e. the thirtieth day), their decision requires no support; thus, no sanctification is necessary (*Rashi*). [If, however, *Beis Din* fixes Rosh Chodesh not at its appropriate time (i.e. day thirty-one), then sanctification is necessary, in order to give force to *Beis Din's* decision.]

21. [The reading: R' Elazar "the son of R' Shimon" (bracketed in our editions) is based on the emendation of *Maharsha,* and follows *Rashi* to 8b ד״ה ואי אתה מקדש שום חודש (see *Dikdukei Soferim*). A responsum of *Rav Sherira Gaon* (cited in *Dikdukei Soferim* and in *Margaliyos HaYam* to *Sanhedrin* 10b §9) asserts that the reading should be simply "R' Elazar." *Rambam* and *Rav* (in their Mishnah commentaries here) apparently had the reading: R' Elazar "the son of R' Tzadok" (see *Teshuvos Radvaz* 5:2210, cited in *Margaliyos HaYam* loc. cit., who also explains according to this reading how the view of R' Elazar the son of R' Tzadok as recorded in the Mishnah would be reconciled with the view ascribed to him by the Baraisa).]

22. *Leviticus* 25:10.

23. [This verse refers to *Yovel* (which applies when the Jewish nation is settled in Eretz Yisrael).] According to R' Elazar [the son of R' Shimon], this verse teaches two laws. First, the verse explicitly requires the Great Sanhedrin [see *Rambam, Hil. Shemittah* 10:1] to sanctify each *Yovel* by declaring at its outset, "The year is sanctified" (see *Rashi* to 8b ד״ה שנים אתה מקדש). Second, the verse implies that the *years* (i.e. of *Yovel*) require the court's sanctification, but *months* (i.e. the declaration of Rosh Chodesh) do not require the court's sanctification.

Minchas Chinuch (§4, adducing support from *Ramban's* comments in his *Hasagos* to *Sefer HaMitzvos, Asei* §153) asserts that there are two independent aspects of *Beis Din's* sanctification of Rosh Chodesh that must not be confused: There is the court's *determination* of Rosh Chodesh, and there is the court's *verbal declaration*: "It is sanctified." [Both aspects can be referred to as קידוש, *sanctification.*]

Accordingly, he explains that all these Tannaim (in our Mishnah and this Baraisa) agree that there is a mitzvah for *Beis Din* to establish, based on the testimony of witnesses, which day shall be Rosh Chodesh. [Regarding whether this mitzvah to establish Rosh Chodesh based on the testimony of witnesses applies even when Rosh Chodesh is established on day thirty-one, see *Minchas Chinuch* ibid.] They disagree only with regard to when there is a mitzvah for *Beis Din* to *declare* Rosh Chodesh sanctified. According to the Tanna Kamma of our Mishnah, it is a mitzvah for *Beis Din* to declare, "It is sanctified," whether they establish Rosh Chodesh on day thirty or on day thirty-one. According to R' Elazar the son of R' Tzadok, the mitzvah applies only when they establish Rosh Chodesh on day thirty; according to Plimo, only when Rosh Chodesh is on day thirty-one; and according to R' Elazar the son of R' Shimon, there is no such mitzvah altogether. [*Minchas Chinuch* then notes that *Yaaros Devash* disagrees with him in some respects; see also references cited there in notes to the Mechon Yerushalayim edition.]

גירי קא משדייא: כמה היה גבוה ולאין היה נוטה כו': תנא חדא לצפונה דבריו קיימין לדרומה לא אמר כלום והתניא א) איפכא לדרומה דבריו קיימין לצפונה לא אמר כלום לא קשיא כאן בימות החמה כאן בימות הגשמים ת"ר ב) א אחד אומר גבוה ב' מרדעות ואחד אומר ג' עדותן קיימת אחד אומר ג' ואחד אומר ה' עדותן בטילה אבל מצטרפין לעדות אחרת ת"ר ב ראינוהו במים ראינוהו בעששית ראינוהו בעבים אין מעידין עליו חציו במים חציו בעבים חציו בעששית אין מעידין עליו השתא כולו אמרת לא חציו מבעיא אלא ה"ק חציו במים חציו ברקיע חציו בעבים חציו ברקיע חציו בעששית חציו ברקיע אין מעידין ת"ר ג ראינוהו ושוב לא ראינוהו אין מעידין עליו כל הכי חזו לה ואזלי אמר אביי ה"ק ראינוהו מאלינו ושבנו לראותו מדעתנו ולא ראינוהו אין מעידין עליו מאי טעמא אימור ג) כוביתא דעיבא בעלמא הוא דחזי: **מתני'** ד ראש ב"ד אומר מקודש וכל העם עונין אחריו מקודש מקודש בין שנראה בזמנו בין שלא נראה בזמנו מקדשין אותו ד) ה ר"א בר' צדוק אומר אם לא נראה בזמנו אין מקדשין אותו שכבר קידשוהו שמים: **גמ'** ראש ב"ד וכו': מנהני מילי א"ר חייא בר גמדא א"ר יוסי בן שאול אמר רבי אמר קרא א) וידבר משה את מועדי ה' מכאן שראש ב"ד אומר מקודש: וכל העם עונין אחריו מקודש מקודש: מנלן אמר רב פפא אמר קרא ב) אשר תקראו אותם קרי ביה אתם ר"נ בר יצחק אמר ב) אלה הם מועדי הם יאמרו מועדי מקודש מקודש תרי זימני למה לי דכתיב ב) מקראי קודש: ר"א בר' צדוק אומר אם לא נראה בזמנו אין מקדשין אותו: תניא ה) פלימו אומר בזמנו אין מקדשין אותו שלא בזמנו מקדשין אותו ר"א ו) [בר"ש] אומר בין כך ובין כך אין מקדשין אותו שנאמר ג) וקדשתם את שנת החמשים א] ז) שנים אתה מקדש ואי אתה מקדש חדשים א"ר יהודה אמר שמואל הלכה כר' אלעזר בר' צדוק אמר אביי אף אנן נמי תנינא ח) ו ראוהו בית דין וכל ישראל נחקרו העדים ולא הספיקו לומר מקודש עד שחשיכה הרי זה מעובר מעובר אין מקודש לא מעובר איצטריכא ליה ס"ד אמינא הואיל וראוהו בית דין וכל ישראל איפרסמא ולא ליעברוה קמ"ל: **מתני'** ט) דמות צורות לבנה היו לו לרבן גמליאל בטבלא ובכותל בעלייתו שבהן מראה את ההדיוטות ואומר הכזה ראית או כזה: **גמ'** י) ומי שרי והכתיב ד) לא תעשון אתי ז לא תעשון כדמות שמשיי אמר אביי לא אסרה תורה אלא שמשין שאפשר לעשות כמותן כדתניא כ) ח לא יעשה אדם בית תבנית היכל אכסדרה תבנית אולם חצר כנגד עזרה שלחן כנגד מנורה אבל עושה של

רש"י

גירי קא משדייא. החמה הזאת חלים היא יורה להלחם בכופרין בה שהיורה בקשת נותן פגימת הקשת לצד פניו: **כאן בימות החמה כאן בימות הגשמים.** בימות החמה כגון ביום ארוך של תקופת תמוז חמה שוקעת לסוף מערב לצד צפון כדתניא בעירובין (דף נו.) חמה יוצאת ביום ארוך ושוקעת ביום ארוך זהו פני צפון חמה יוצאת ביום קצר ושוקעת ביום קצר זהו פני דרום ניסן ותשרי חמה יוצאת בחצי מזרח ושוקעת בחצי מערב תקופת ניסן היום והלילה שוין חמה יוצאת בחצי מזרח ומהלכת חצי מזרח וכל דרום וחצי מערב ושוקעת ובלילה סובבת למעלה מן הכיפה חצי מערב וכל צפון וחצי מזרח וזורחת ולמחרת התחיל היום להיות זורח מעט מכנגד חצי מזרח לצד צפון ושוקע להלן מחצי מערב לצד צפון וכן כל יום ויום נמשכת מעט בין בזריחה בין בשקיעה וכשמגיע יום תקופת תמוז היא זורחת בקרן מזרחית צפונית ומהלכת ג' רוחות ושוקעת בקרן צפונית מערבית ומשם ואילך הימים מתמעטין והחמה נמשכת מעט מעט בזריחתה ובשקיעתה לצד דרום וכשמגיע תקופת תשרי יוצאת בחצי מזרח ושוקעת בחצי מערב והיום והלילה שוין ועוד מושכת והולכת לצד דרום עד תקופת טבת ואותו היום יוצאת בקרן מזרחית דרומית ושוקעת בקרן דרומית מערבית ומשם ואילך נמשכת לאחוריה לצד צפון לזריחתה מרבה הילוכה לצד צפון מעט ושוקעת וכן תמיד עד תקופת ניסן שיוצאת בחצי מזרח ושוקעת בחצי מערב נמצאת בימות החמה מהלכת רוב רוח מערבית לפני שקיעתה ופעמים כולה וכל ימות הגשמים אינה מהלכת אלא מיעוט מערב ופעמים שאינה נכנסת בו אלא דבר מועט והלבנה לעולם בחידושה בקרן מערבית דרומית הלכך בימות הגשמים שאין החמה נכנסת למערב אלא בשקיעתה הלבנה קודמת לתוך המערב נמצאת לבנה בצפון ובימות החמה שהחמה במערב הרבה היא קודמת הלבנה ברוב החדשים לצד צפון נמצאת לבנה בדרום: **אבל מצטרפין לעדות אחרת.** אחד מהן מצטרף עם עד אחר שיאמר כמותו: **ראינוהו במים.** תוך נהר או מעין ראינו דמותה של לבנה: **בעבים.** יום המעונן היה וראינוה מאירה דרך עוביו של עב: **עששית.** קנדיל"א בלע"ז: **כל הכי חזו ואזלי.** בתמיה מאחר שראוהו למה לא יעידו וכי לעולם הם צריכים לראותו: **מדעתנו.** כדי להעיד עליו: **כוביתא דעיבא.** עיגול של עב לבן: **מתני' ראש ב"ד אומר מקודש** כו': **גמ' מקראי קדש.** תרי זימני משמע: **ר' אלעזר בר' צדוק אומר** כו': **בזמנו אין מקדשין אותו.** שאינו צריך חיזוק: **מעובר אין.** דמשמע משחשיכה נתעבר: **אבל מקודש לא.** קתני הרי זה מתקדש למחר: **מעובר איצטריכא ליה.** כלומר לעולם למחר בעי קידוש והאי דלא תנייה משום דאיצטריכא לאשמועינן מעובר: **דהואיל ובזמנו ראוהו.** סד"א לא ליעברוה ואי תנא הרי זה מתקדש למחר הוה אמינא לעולם מיומא קמא מתקנין מועדותיה: **מתני' דמות צורות לבנה: גמ' לא תעשון אתי.** צורות העומדים אתי: של

תוספות

גירי קא משדייא. בלבנה אין לחוש אם רואה פגימת הקשת דאין קשת אלא ביום ואז הלבנה כשרגא בטיהרא ולא אמרי עובדיה גירי קא משדייא: **תני** חדא לצפונה דבריו קיימין. קשה לי דדריש ר' יוחנן לעיל (דף כג:) עושה שלום במרומיו מעולם לא ראתה חמה פגימתה של לבנה וכשהלבנה לפני החמה ופגימת הלבנה בחידושה לעולם כלפי מזרח וכו רואה החמה פגימותיה ור' אליהו בר שלמה מגורגו"ש הראני דשני גלגלים [הם] חמה ולבנה ויכולה להיות ראיית הלבנה לפני החמה וחמה אינה רואה פגימותיה שגלגל הלבנה למטה מגלגל החמה שהוא למעלה ממנו ולחכמי המזלות זה פשוט:

אבל מצטרפין לעדות. למ"ד (שבועות דף מז:) בב' כתי עדים המכחישות זו את זו זו באה בפני עצמה ומעידה וזו באה בפני עצמה ומעידה ניחא דמצטרפין לעדות ממון אבל למ"ד בהדי סהדי שקרי למה לי היאך מצטרפין לשום עדות אפילו לעדות החדש לכן דחק בקונט' לפרש אחד מהן מצטרף עם אחר שיאמר כמותו ובעדות של חדש זה איירי והא דקתני לעדות אחרת היינו כלומר דמצטרף עם אחרים דנעשה עדות אחרת והכי מפרש לה בהדיא בסוף פרק כל הנשבעין (שם דף מח.) משום דהוה ליה חד ואין דבריו של חד במקום שנים:

בדמות שמשיי. בהיכל ואולם מוקי לה ול"ג המשמשין לפני במרום: **אכסדרה** תבנית אולם. סתם אכסדרה אין בו כי אם ג' מחיצות ורביעית פרוצה במלואה כדמשמע בפ' לא יחפור (ב"ב דף כה. ושם) דקאמר עולם דומה לאכסדרה ורוח צפונית אינה מסובבת והא דקתני אכסדרה תבנית אולם לפי שהיתה פתחו גדולה קרי ליה אכסדרה אע"פ שלא היה במלואה דה"ל גיפופי ט"ו אמה מכאן וט"ו אמה מכאן וכדתנן במדות (פ"ד מ"ז) ושמא לפי שהיה שם בית החליפות וכותל מפסיק במלואה בפנים: שפודים

עין משפט נר מצוה

יב א ב מיי' פ"ב מהל' קידוש החודש הלכה ה:
יג ג מיי' שם הלכה ו:
יד ד ה ו מיי' שם הלכה ח:
טו ז מיי' פ"ג מהלכות ע"ז הלכה יא סמג לאוין כב טור י"ד סי' קמא:
טז ח מיי' פ"ז מהלכות בית הבחירה הלכה י טור וש"ע י"ד סי' קמא סעיף ח:

רבינו חננאל

מורין בחצים. תני חדא לצפונה דבריו קיימין לדרומה לא אמר כלום. ותניא איפכא. ופרקינן ל"ק כאן בימות החמה כאן בימות הגשמים. פי' דרך השמש ביום מהלך בדרום וסובב בצפון בלילה שנאמר הולך אל דרום וסובב אל צפון. וגרסינן בעירובין פרק כיצד מעברין את הערים כיצד חמה יוצאה ביום ארוך ושוקעת ביום ארוך זהו פני צפון. חמה יוצאה ביום קצר ושוקעת ביום קצר זהו פני דרום בתקופת ניסן ובתקופת תשרי חמה יוצאה בחצי מזרח ושוקעת בחצי מערב. ש"מ כי מתקופת טבת עד תקופת תמוז חמה מהלכת ביום א) מקרן מזרחית צפונית וכלפי מזרחית דרומית ולעולם אין הלבנה חדשה נראית אלא אחר שקיעת החמה וכשעולה כלפי דרום אחר החמה צפונה. וזו היא דתני לצפונה דבריו קיימין מתקופת תמוז ועד תקופת טבת חוזרת החמה ועולה והולכת ב) מרוח דרומי' כלפי רוח צפונית וזו היא דתני לדרומה דבריו קיימין. ומצאנו דברים הללו מפורשים בתלמוד א"י כלשון הזה מאן דתני לצפונה דבריו קיימין מטבת ועד תמוז. ומאן דתני לדרומה דבריו קיימין מתמוז ועד טבת ועל זה הדרך מקשה שבתחלת השמועה לפני החמה היינו לצפונה לאחר החמה היינו לדרומה. תני רשב"י הרקיע של מים וכוכבים של אש ודרין זה עם זה ואין מזיקין זה לזה. א"ר בון המלאך חציו אש וחציו מים ואית ביה ה' גפין וגויתו כתרשיש היינו עושה שלום במרומיו. תני רב ראינוהו במים פי' היו מים לפניו וראה בהן צורת לבנה והרים ראשו לראות הלבנה בשמים ולא ראה כלום. או ראה חציה במים וחציה ברקיע וכן בעבים וכן בעששית אין מעידין עליו עד שיראו אותה ברקיע כדרכה. אבל אם נראה להם פתאום כעין צורת הלבנה וכוונו לראות ראיית עיקר ולא ראה כלום אין מעידין עליו. מ"ט אמרינן כוביתא בעלמא הוא דחזא. כתיב וידבר משה את מועדי ה'. מיכן שראש ב"ד אומר מקודש. אשר תקראו אותם מיכן שעונין אחריו (הן) מקודש. דבעינן תרי זמני מקודש מקודש מנין. מדכתיב מקראי קדש ולא כתיב מקרא קדש. בין שנראה בזמנו לילי' בין שלא נראה בזמנו אלא לילי ל"א מקדשין אותו. ר' אלעזר ב"ר צדוק אומר אם לא נראה בזמנו אין מקדשין אותו שכבר קידשוהו שמים. אמר רב יהודה אמר שמואל הלכתא כר' אלעזר ב"ר צדוק: [מתני'] דמות צורות לבנות היו לו לרבן גמליאל כו'. ואקשינן ומי שרי למעבד צורת לבנה והכתיב לא תעשון אתי לא תעשון כדמות שמשיי. ופריק אביי לא אסרה תורה [אלא] שמשין שאפשר לעשות כמותן כמו בית תבנית היכל ואכסדרה תבנית אולם

חשק שלמה על ר"ח א) אולי צ"ל מקרן מזרחית דרומית וכלפי מזרחית צפונית וכו'. ב) אולי צ"ל מרוח מזרחית צפונית כלפי מזרחית דרומית.

מסורת הש"ס

א) [תוספתא פרק א], ב) [שם] שבועות מח., ג) [גי' הערוך כוביתא פירוש חתיכה של ענן שהיא דומה ללבנה], ד) סנהדרין י:, ה) שם ע"ש, ו) שם לא, ז) [לעיל ח:], ח) [לקמן כה:], ט) ע"ז מג., י) שם, כ) [מנחות דף כח:], ל) [מיותר].

הגהות מהר"י לנדא

א] גמ' שנים אתה מקדש. כצ"ל:

תורה אור השלם

א) וַיְדַבֵּר מֹשֶׁה אֶת מֹעֲדֵי יְיָ אֶל בְּנֵי יִשְׂרָאֵל: [ויקרא כג, מד]

ב) דַּבֵּר אֶל בְּנֵי יִשְׂרָאֵל וְאָמַרְתָּ אֲלֵהֶם מוֹעֲדֵי יְיָ אֲשֶׁר תִּקְרְאוּ אֹתָם מִקְרָאֵי קֹדֶשׁ אֵלֶּה הֵם מוֹעֲדָי: [ויקרא כג, ב]

ג) וְקִדַּשְׁתֶּם אֵת שְׁנַת הַחֲמִשִּׁים שָׁנָה וּקְרָאתֶם דְּרוֹר בָּאָרֶץ לְכָל יֹשְׁבֶיהָ יוֹבֵל הִוא תִּהְיֶה לָכֶם וְשַׁבְתֶּם אִישׁ אֶל אֲחֻזָּתוֹ וְאִישׁ אֶל מִשְׁפַּחְתּוֹ תָּשֻׁבוּ: [ויקרא כה, י]

ד) לֹא תַעֲשׂוּן אִתִּי אֱלֹהֵי כֶסֶף וֵאלֹהֵי זָהָב לֹא תַעֲשׂוּ לָכֶם: [שמות כ, כ]

ליקוטי רש"י

אחד אומר גבוה ב' מרדעות. גבי עדות החדש תנא שהיו בודקין אותם כמה היתה גבוה מן הקרקע למראה עיניו באומד בשיעורו של רקיע [שבועות מח.]. **מרדעת.** מלמד הבקר [שם ושופטים ג לא]. **בזמנו.** ביום שלשים דתולדתו ביום שלשים הוא דאין חדש לבנה פחות מעשרים ותשעה יום ומחצה ושבע מאות תשעים ושלשה חלקים. **שכבר קידשוהו בשמים.** ב"ד שלמעלה מאתמול. **פלימו אומר בזמנו אין מקדשין אותו.** שא"צ לעשות חיזוק לדבר שהרי בזמנו בא [סנהדרין י:]. **שנים אתה מקדש.** כשבת היובל נכנסת צריך לומר מקודשת השנה. **וקדשתם את שנת החמשים.** דילפינן מיניה שמתחלתה [לעיל ח:]. **תבנית היכל.** בארכו ורחבו ורומו ושיעור גובה פתחיו אבל אם נשתנה במקצת מותר [ע"ז מג.]. **אכסדרה.** למדת אורך ורוחב וקומה שתהא דומה לו בשלשתן. **תבנית אולם.** [שהיה דומה לו בשלשתן] שהיה רוחבו [עשרים] וגובהו ארבעים [כדאמרינן במסכת] קמייתא דעירובין (ג.). **אבל עושה.** [המנורה] [של] מנורה [מנחות כח:].

The Gemara rules in this matter:

אָמַר רַב יְהוּדָה אָמַר שְׁמוּאֵל – **Rav Yehudah said in the name of Shmuel:** הֲלָכָה כְּרַבִּי אֶלְעָזָר בְּרַבִּי צָדוֹק – **The halachah follows R' Elazar the son of R' Tzadok,** who says that if the new moon was not sighted at its appropriate time, then *Beis Din* does not have to verbally declare the thirty-first day to be Rosh Chodesh.

The Gemara corroborates this ruling:

אָמַר אַבַּיֵי – **Abaye said:** אַף אֲנַן נַמִּי תְּנֵינָא – **We have also learned** so in the following Mishnah:[24] רָאוּהוּ בֵּית דִּין וְכָל יִשְׂרָאֵל – IF *BEIS DIN* AND ALL OF ISRAEL SAW [THE NEW MOON] on the thirtieth day, נֶחְקְרוּ הָעֵדִים – or if THE WITNESSES WERE INTERROGATED on the thirtieth day, וְלֹא הִסְפִּיקוּ לוֹמַר מְקוּדָּשׁ עַד שֶׁחֲשֵׁיכָה – BUT THEY [the *Beis Din*] DID NOT MANAGE TO SAY, "IT IS SANCTIFIED," BEFORE IT GREW DARK, הֲרֵי זֶה מְעוּבָּר – THEN THIS outgoing month IS FULL.[25] מְעוּבָּר אֵין – That "**[the outgoing month] is full" – yes,** the Mishnah states so. מְקוּדָּשׁ לֹא – But that **"[the month] is sanctified** on the morrow" – **no,** the Mishnah does not state so.[26]

The Gemara rejects this proof:

מְעוּבָּר אִיצְטְרִיכָא לֵיהּ – Perhaps, **it was** specifically "this outgoing month **is full"** that **[the Mishnah] needed** to state.[27] סַלְקָא דַּעְתָּךְ אֲמִינָא – Otherwise, **you might have thought to say** that הוֹאִיל וְרָאוּהוּ בֵּית דִּין וְכָל יִשְׂרָאֵל – **since the *Beis Din* and all of Israel saw [the new moon]** on the thirtieth day, אִיפַּרְסְמָא – **it is** already **well publicized** that the moon was sighted at its appropriate time, וְלֹא לִיעַבְּרוּהַ – **and [*Beis Din*] should** therefore **not extend [the outgoing month].**[28] קָא מַשְׁמַע לָן – Therefore **[the Tanna] informs us** otherwise by stating explicitly, "it is extended," so that it should be clear that it is the thirty-first day that is being declared Rosh Chodesh, not the thirtieth.

Mishnah

דְּמוּת צוּרוֹת לְבָנָה הָיוּ לוֹ לְרַבָּן גַּמְלִיאֵל – RABBAN GAMLIEL HAD THE FORM OF various MOON SHAPES[29] בְּטַבְלָא וּבְכוֹתֶל בַּעֲלִיָּיתוֹ – ON A TABLET AND ON THE WALL OF HIS UPPER CHAMBER, שֶׁבָּהֶן מַרְאֶה אֶת הַהֶדְיוֹטוֹת – WITH WHICH HE WOULD SHOW THE SIMPLE FOLK various shapes וְאוֹמֵר הֲכָזֶה רָאִיתָ אוֹ כָּזֶה – AND SAY to them: "DID YOU SEE the moon LIKE THIS OR LIKE THAT?"[30]

Gemara

The Gemara questions Rabban Gamliel's practice:[31]

וּמִי שָׁרֵי – **But is it** indeed **permitted** to make moon-shaped forms? וְהָכְתִיב "לֹא תַעֲשׂוּן אִתִּי" – **Why,** a Baraisa[32] teaches regarding that which **it is written:** *YOU SHALL NOT MAKE WITH ME,*[33] לֹא תַעֲשׂוּן כִּדְמוּת שַׁמָּשַׁי – that this is interpreted by the Oral Tradition to mean: YOU SHALL NOT MAKE IMAGES OF MY SERVANTS who serve with Me on high.[34] How, then, was Rabban Gamliel permitted to make images of the moon?

The Gemara answers:

אָמַר אַבַּיֵי – **Abaye said:** לֹא אָסְרָה תּוֹרָה אֶלָּא שַׁמָּשִׁין שֶׁאֶפְשָׁר לַעֲשׂוֹת כְּמוֹתָן – **The Torah prohibited** making **only** the images of such **servants that it is possible to replicate.**[35] כִּדְתַנְיָא – **As it was taught in a Baraisa:** לֹא יַעֲשֶׂה אָדָם בַּיִת תַּבְנִית הֵיכָל – A PERSON SHOULD NOT MAKE A HOUSE IN THE FORM OF THE TEMPLE SANCTUARY,[36] אַכְסַדְרָה תַּבְנִית אוּלָם – A PAVILION[37] IN THE FORM OF THE TEMPLE ANTECHAMBER, חָצֵר כְּנֶגֶד עֲזָרָה – A COURTYARD CORRESPONDING TO THE TEMPLE COURTYARD, שֻׁלְחָן כְּנֶגֶד שֻׁלְחָן – A TABLE CORRESPONDING TO THE *SHULCHAN* [the Temple "Table"], מְנוֹרָה כְּנֶגֶד מְנוֹרָה – or A CANDELABRUM CORRESPONDING TO THE MENORAH in the Temple. אֲבָל עוֹשֶׂה – BUT ONE MAY MAKE

NOTES

24. Below, 25b.

25. I.e. since *Beis Din* failed to make the proclamation on the thirtieth day, that thirtieth day is part of the outgoing month, which is thus a full month (containing thirty days), and Rosh Chodesh does not commence until the next day (day thirty-one).

26. Had the Mishnah meant that if *Beis Din* does not manage to declare, "It is sanctified," on day thirty, then they sanctify the new moon on day thirty-one instead, it should have concluded "it becomes sanctified on the morrow." The fact that the Mishnah concludes simply "it is extended" indicates that in this case *Beis Din* does *not* sanctify Rosh Chodesh at all (see *Rashi*). Thus, Shmuel's ruling in accordance with R' Elazar the son of R' Tzadok is confirmed, as this anonymous Mishnah follows that view by indicating that there is no sanctification of Rosh Chodesh when Rosh Chodesh is delayed until day thirty-one.

27. And it would have thus been insufficient for the Mishnah to state "it is sanctified on the morrow" (see next note).

28. And they should establish day thirty as Rosh Chodesh, even though they did not declare it so before nightfall. Accordingly, had the Mishnah stated "the month is sanctified on the morrow" as you suggest, we would have misinterpreted this to mean that *Beis Din* [on day thirty-one sanctifies day thirty *retroactively* as Rosh Chodesh, and on that basis] establishes the dates of that month's festivals counting day thirty as the first of the new month (see *Rashi;* cf. *Ritva* and *Turei Even*).

29. These were images of the lunar crescent in various sizes and positions (*Rav*). [There is some question as to whether these images were three dimensional – see 24b notes 34 and 40.]

30. In order to determine whether their statements regarding the appearance of the new moon are in agreement (*Rashi* to *Avodah Zarah* 43a; see above, 23b note 33). These "simple folk" were the witnesses who could not understand the questions mentioned in the previous Mishnah [or could not verbally describe the appearance of the new moon without these visual aids] (see *Tiferes Yisrael*).

31. [The ensuing lengthy *sugya* appears as well in *Avodah Zarah* 43a-b, and it is there that many Rishonim (*Ramban, Ritva, Ran* et al.) treat it in depth.]

32. *Ritva.*

33. *Exodus* 20:20 reads: לֹא תַעֲשׂוּן אִתִּי; אֱלֹהֵי כֶסֶף וֵאלֹהֵי זָהָב, לֹא תַעֲשׂוּ לָכֶם, *You shall not make with Me; gods of silver and gods of gold, you shall not make for yourselves* (see next note).

34. The verse is interpreted to mean: *Do not make [images of] those things that stand* (so to speak) *"with Me"* (*Rashi*). [This interpretation is suggested by the cantillation markings of this verse, for the אֶתְנַחְתָּא (primary dividing mark of the verse) is located under the word אִתִּי, *with Me,* indicating that the verse until that point is a self-contained phrase (*Malbim* to *Mechilta* ad loc.).] Presumably, the reference is to the celestial spheres, which stand, so to speak, "with God" in the heavens. Thus, it would be forbidden to make images of the moon.

35. Such as replicas of the Temple or its vessels (see Baraisa below), which "stand with the Divine Presence" in the Holy Temple. It would, however, be permitted to make images of the heavenly bodies, because a person cannot possibly replicate them.

[Abaye himself knew that this is not so; for as stated in a Baraisa below, it is forbidden to make images even of the heavenly bodies, which cannot be replicated. Abaye means only that *on the basis of this Baraisa* one could not prove that it is forbidden to make images of those servants that cannot be replicated, for the reference in this Baraisa might be only to servants such as the Temple and its vessels. Abaye's subsequent answers are also to be understood in a similar vein (*Ritva* here and to *Avodah Zarah* loc. cit.; see also *Tosafos* to 24b ד״ה לא אסרה תורה; see, however, the explanation of *Maharam MeRotenberg* and its halachic ramifications, cited by *Ran* to *Avodah Zarah* folio 19a).]

36. That is, one should not build a house that has the same dimensions (length, width and height) and number and size of doorways as the Temple Sanctuary (*Rashi* to *Avodah Zarah* 43a ד״ה בית). [If, however, the house is different in some particular, it is permitted (ibid.).]

37. [Literally: an exedra.] The reference here is to a structure walled on three sides and [largely] open on the fourth, similar to the Temple Antechamber (see *Tosafos*).

גירי קא משדייא: כמה היה גבוה ולאין היה נוטה כו': תנא חדא לצפונה דבריו קיימין לדרומה לא אמר כלום והתניא א) איפכא לדרומה דבריו קיימין לצפונה לא אמר כלום לא קשיא כאן בימות החמה כאן בימות הגשמים ת"ר ב) אחד אומר גבוה ב' מרדעות ואחד אומר ג' עדותן קיימת אחד אומר ג' ואחד אומר ה' עדותן בטילה אבל מצטרפין לעדות אחרת ת"ר ג) ראינוהו במים ראינוהו בעבים ראינוהו בעששית אין מעידין עליו חציו במים חציו בעבים חציו בעששית אין מעידין עליו השתא כולו אמרת לא חציו מבעיא אלא ה"ק חציו במים חציו ברקיע חציו בעבים חציו ברקיע חציו בעששית חציו ברקיע אין מעידין עליו ת"ר ד) ראינוהו ושוב לא ראינוהו אין מעידין עליו כל הכי חזו לה ואזלי אמר אביי ה"ק ראינוהו מאלינו ושבנו לראותו מדעתנו ולא ראינוהו אין מעידין עליו מאי טעמא אימור ה) כוביתא דעיבא בעלמא הוא דחזו: **מתני'** ו) ראש ב"ד אומר מקודש וכל העם עונין אחריו מקודש מקודש בין שנראה בזמנו בין שלא נראה בזמנו מקדשין אותו ז) ר"א בר' צדוק אומר אם לא נראה בזמנו אין מקדשין אותו שכבר קידשוהו שמים: **גמ'** ראש ב"ד וכו': מנהני מילי א"ר חייא בר גמדא א"ר יוסי בן שאול אמר רבי אמר קרא א) וידבר משה את מועדי ה' מכאן שראש ב"ד אומר מקודש: וכל העם עונין אחריו מקודש מקודש: מנלן אמר רב פפא אמר קרא ב) אשר תקראו אותם קרי ביה אתם ר"נ בר יצחק אמר ב) אלה הם מועדי הם יאמרו מועדי מקודש מקודש תרי זמני למה לי דכתיב ב) מקראי קודש: ר"א בר' צדוק אומר אם לא נראה בזמנו אין מקדשין אותו: תניא ח) פלימו אומר בזמנו אין מקדשין אותו שלא בזמנו מקדשין אותו ר"א ט) [בר"ש] אומר בין כך ובין כך אין מקדשין אותו שנאמר ג) וקדשתם את שנת החמשים שנה [א] שנים אתה מקדש ואי אתה מקדש חדשים א"ר יהודה אמר שמואל הלכה כר' אלעזר בר' צדוק אמר אביי אף אנן נמי תנינא י) ראוהו בית דין וכל ישראל נחקרו העדים ולא הספיקו לומר מקודש עד שחשיכה הרי זה מעובר מעובר אין מקודש לא מעובר איצטריכא ליה ס"ד אמינא הואיל וראוהו בית דין וכל ישראל איפרסמא ולא ליעברוה קמ"ל: **מתני'** כ) דמות צורות לבנה היו לו לרבן גמליאל בטבלא ובכותל בעלייתו שבהן מראה את ההדיוטות ואומר הכזה ראית או כזה: **גמ'** ומי שרי והכתיב ד) לא תעשון אתי ל) לא תעשון כדמות שמשיי אמר אביי לא אסרה תורה אלא שמשין שאפשר לעשות כמותן כדתניא מ) ח) לא יעשה אדם בית תבנית היכל אכסדרה תבנית אולם חצר כנגד עזרה שלחן כנגד שלחן מנורה כנגד מנורה אבל עושה של

רש"י

גירי קא משדייא. החמה הזאת חצים היא יורה להלחם לכופרין בה שהיורה בקשת נותן פגימת הקשת לצד פניו: **כאן בימות החמה כאן בימות הגשמים.** בימות החמה כגון ביום ארוך של תקופת תמוז חמה שוקעת לסוף מערב לצד צפון כדתניא בעירובין (דף נו.) חמה יוצאת ביום ארוך ושוקעת ביום ארוך זהו פני צפון חמה יוצאת ביום קצר ושוקעת ביום קצר זהו פני דרום ניסן ותשרי חמה יוצאת בחצי מזרח ושוקעת בחצי מערב תקופת ניסן היום והלילה שוין חמה יוצאת בחצי מזרח ומהלכת חצי מזרח וכל דרום וחצי מערב ושוקעת ובלילה סובבת למעלה מן הכיפה חצי מערב וכל צפון וחצי מזרח חוזרת ולמחרת התחיל היום להיות זורח מעט מכנגד חצי מזרח לצד צפון ושוקע להלן מחצי מערב לצד צפון וכן כל יום ויום נמשכת מעט בין בזריחה בין בשקיעה וכשמגיע יום תקופת תמוז היא זורחת בקרן מזרחית צפונית ומהלכת ג' רוחות ושוקעת בקרן צפונית מערבית ומשם ואילך הימים מתמעטין והחמה נמשכת מעט מעט בזריחתה ובשקיעתה לצד דרום וכשמגיע תקופת תשרי יוצאת בחצי מזרח ושוקעת בחצי מערב והיום והלילה שוין ועוד מושכת והולכת לצד דרום עד תקופת טבת ואותו היום יוצאת בקרן מזרחית דרומית ושוקעת בקרן דרומית מערבית ומשם ואילך נמשכת לאחוריה לצד צפון לזריחתה מרבה הילוכה לצד צפון מעט ושוקעת וכן תמיד עד תקופת ניסן שיוצאת בחצי מזרח ושוקעת בחצי מערב נמצאת בימות החמה מהלכת רוב רוח מערבית לפני שקיעתה ופעמים כולה וכל ימות הגשמים אינה מהלכת אלא מיעוט מערב ופעמים שאינה נכנסת בו אלא דבר מועט והלבנה לעולם בחידושה בקרן מערבית דרומית הלכך בימות הגשמים שאין החמה נכנסת למערב אלא בשקיעתה הלבנה קודמת לתוך המערב נמצאת לבנה בצפון ובימות החמה שהחמה במערב הרבה היא קודמת הלבנה ברוב החדשים לצד צפון נמצאת לבנה בדרום: **אבל מצטרפין לעדות אחרת.** אחד מהן מצטרף עם עד אחר שיאמר כמותו: **ראינוהו במים.** תוך נהר או מעין ראינו דמותה של לבנה: **בעבים.** יום המעונן היה וראינוה מאירה דרך עוביו של עב: **עששית.** קנדיל"ה בלע"ז: **כל הכי חזו ואזלי.** בתמיה מאחר שראוהו למה לא יעידו וכי לעולם הם צריכים לראותו: **מדעתנו.** כדי להעיד עליו: **כוביתא דעיבא.** עיגול של עב לבן: **מתני'** ל) ראש ב"ד אומר מקודש כו': **גמ'** מקראי קדש. תרי זימני משמע: **ר' אלעזר בר' צדוק אומר** כו': **בזמנו אין מקדשין אותו.** שאינו צריך חיזוק: **מעובר אין.** דמשמע משחשיכה נתעבר: **אבל מקודש לא.** קתני הרי זה מתקדש למחר: **מעובר איצטריכא ליה.** כלומר לעולם למחר בעי קידוש והאי דלא תנייה משום דאיצטריכא לאשמועינן מעובר: **דהואיל ובזמנו ראוהו.** סד"א לא ליעברוה ואי תנא הרי זה מתקדש למחר הוה אמינא לעולם מיומא קמא מתקנינן מועדותיה: **מתני'** ל) **דמות צורות לבנה:** **גמ'** **לא תעשון אתי.** צורות העומדים אתי: של

תוספות

גירי קא משדייא. ללבנה אין לחוש אם רואה פגימת הקשת דאין קשת אלא ביום ואז הלבנה כשרגא בטיהרא ולא אמרי עובדיה גירי קא משדייא: **תני** חדא לצפונה דבריו קיימין. קשה לי דדריש ר' יוחנן לעיל (דף כג:) עושה שלום במרומיו מעולם לא ראתה חמה פגימתה של לבנה וכשהלבנה לפני החמה ופגימת הלבנה בחידושה לעולם כלפי מזרח וגו' רואה החמה פגימותיה ור' אליהו בר שלמה מגורגו"ש תירץ דבשני גלגלים [הם] חמה ולבנה ויכולה להיות ראיית הלבנה לפני החמה והחמה אינה רואה פגימותיה שגלגל הלבנה למטה מגלגל החמה שהוא למעלה ממנו ולחכמי המזלות זה פשוט:

אבל מצטרפין לעדות. למ"ד (שבועות דף מז:) בב' כתי עדים המכחישות זו את זו זו באה בפני עצמה ומעידה וזו באה בפני עצמה ומעידה ניחא דמצטרפין לעדות ממון אבל למ"ד בהדי סהדי שקרי למה לי היאך מצטרפין לשום עדות אפילו לעדות החדש לכן דחק בקונט' לפרש אחד מהן מצטרף עם אחר שיאמר כמותו ובעדות של חדש זה איירי והא דקתני לעדות אחרת היינו כלומר דמצטרף עם אחרים דנעשה עדות אחרת והכי מפרש לה בהדיא בסוף פרק כל הנשבעין (שם דף מח.) משום דהוה ליה חד ואין דבריו של חד במקום שנים:

בדמות שמשיי. בהיכל ואולם מוקי לה ול"ג המשמשין לפני במרום: **אכסדרה** תבנית אולם. פרש אכסדרה אין בו כי אם ג' מחיצות ורביעית פרוצה במלואה כדמשמע בפ' לא יחפור (ב"ב דף כה. ושם) דקאמר עולם דומה לאכסדרה ורוח צפונית אינה מסובבת והא דקתני אכסדרה תבנית אולם לפי שהיתה פתחו גדולה קרי ליה אכסדרה אע"פ שלא היה במלואה דה"ל גיפופי ט"ו אמה מכאן וט"ו אמה מכאן וכדתנן במדות (פ"ד מ"ז) ושמא לפי שהיה שם בית החליפות וכותל מפסיק במלואו בפנים:

שפודים

מסורת הש"ס

א) [תוספתא פרק א], ב) [בס] שבועות מח., ג) [גי' הערוך כוביתא פירוש חתיכה של ענן שהיא דומה ללבנה], ד) סנהדרין י:, ה) שם ע"ש, ו) פ"ה, ז) [לעיל ח:], ח) [לקמן כה:, ע] ע"ז מג., י) שם, כ) [מנחות דף כח:], ל) [מיותר].

הגהות מהר"י לנדא

א] גמ' שנה אתה מקדש. כצ"ל:

תורה אור השלם

א) וַיְדַבֵּר מֹשֶׁה אֶת מֹעֲדֵי יְיָ אֶל בְּנֵי יִשְׂרָאֵל: [ויקרא כג, מד]

ב) דַּבֵּר אֶל בְּנֵי יִשְׂרָאֵל וְאָמַרְתָּ אֲלֵהֶם מוֹעֲדֵי יְיָ אֲשֶׁר תִּקְרְאוּ אֹתָם מִקְרָאֵי קֹדֶשׁ אֵלֶּה הֵם מוֹעֲדָי: [ויקרא כג, ב]

ג) וְקִדַּשְׁתֶּם אֵת שְׁנַת הַחֲמִשִּׁים שָׁנָה וּקְרָאתֶם דְּרוֹר בָּאָרֶץ לְכָל יֹשְׁבֶיהָ יוֹבֵל הִוא תִּהְיֶה לָכֶם וְשַׁבְתֶּם אִישׁ אֶל אֲחֻזָּתוֹ וְאִישׁ אֶל מִשְׁפַּחְתּוֹ תָּשֻׁבוּ: [ויקרא כה, י]

ד) לֹא תַעֲשׂוּן אִתִּי אֱלֹהֵי כֶסֶף וֵאלֹהֵי זָהָב לֹא תַעֲשׂוּ לָכֶם: [שמות כ, כ]

ליקוטי רש"י

אחד אומר גבוה ב' מרדעות. גבי עדות החדש תניא שהיו בודקין אותם כמה היתה גבוה מן הקרקע למראה עיניו באומד בשיעור של רקיע [שבועות מח.]. **מרדעת.** מלמד הבקר [שם ושופטים ג לא]. **בזמנו.** ביום שלשים דמולדתו ביום שלשים הוא דאין קדש ללבנה פחות מעשרים ותשעה יום ומחצה ושבע מאות ותשעים ושלשה חלקים. **שכבר קידשוהו בשמים.** ב"ד שלמעלה מאתמול. **פלימו אומר בזמנו אין מקדשין אותו.** שאין לעשות חיזוק לדבר שכרי נעשה בו [סנהדרין י:]. **שנים אתה מקדש.** כשעת היובל נכנסת מקודשת על ב"ד לומר מקודשת השנה. **וקדשתם את שנת החמשים.** דילפינן מיניה שמתקדשת מתחלתה [לעיל ח:]. **תבנית היכל.** בארכו ורחבו ורומו ושיעור מדת פתחיו אבל אם נשתנה במקצת מותר [ע"ז מג.]. למדת אורך ורוחב וקומה שתהא דומה לו בשלשתן. **אכסדרה.** עשויה. אין לה מחיצה רביעית וכן אולם. **תבנית אולם.** [שהיה דומה לו בשלשתן] [שהיה [עשרים ועוביו] ארבעים כלאכסדרין בשמעתא קמייתא דעירובין (ג.). **אבל עושה.** [המנורה] [שם] מנורה [מנחות כח:].

עין משפט נר מצוה

יב א ב מיי' פ"ג מהל' קידוש החודש הלכה ס:

יג ג מיי' שם הלכה ו:

יד ד ה ו מיי' שם הלכה ח:

טו ז מיי' פ"ג מהלכות ע"ז הלכה יא סמג לאוין כב טור י"ד סי' קמא:

טז ח מיי' פ"ז מהלכות בית הבחירה הלכה י טור וש"ע י"ד סי' קמא סעיף ח:

רבינו חננאל

מורין בחצים. תני חדא לצפונה דבריו קיימין לדרומה לא אמר כלום. ותניא איפכא. ופרקינן ל"ק כאן בימות החמה כאן בימות הגשמים. פי' דרך השמש ביום מהלך בדרו' וסובב בצפון בלילה שנאמר הולך אל דרום וסובב אל צפון. וגרסינן בעירובין פרק כיצד מעברין את הערים כיצד חמה יוצאה ביום ארוך ושוקעת ביום ארוך זהו פני צפון. חמה יוצאה ביום קצר ושוקעת ביום קצר זהו פני דרום בתקופת ניסן ובתקופת תשרי חמה יוצאה בחצי מזרח ושוקעת בחצי מערב. ש"מ כי מתקופת טבת עד תקופת תמוז חמה מהלכת ביום א) מקרן מזרחית צפונית וכלפי מזרחית דרומית ולעולם אין הלבנה חדשה נראת אלא אחר שקיעת החמה וכשעולה כלפי דרום אחר החמה צפונה. וזו היא דתני לצפונה דבריו קיימין מתקופת תמוז עד תקופת טבת חוזרת החמה ועולה והולכת ב) מרוח דרומי' כלפי רוח צפונית וזו היא דתני לדרומה דבריו קיימין. ומצאנו דברים הללו מפורשים בתלמוד א"י כלשון הזה מאן דתני לצפונה דבריו קיימין מטבת ועד תמוז. ומאן דתני לדרומה דבריו קיימין מתמוז ועד טבת ועל זה הדרך מקשה שבתחלת השמועה לפני החמה היינו לצפונה לאחר החמה היינו לדרומה. תני רשב"י הרקיע של מים והכוכבים של אש ודרין זה עם זה ואין מזיקין זה לזה. א"ר בון המלאך חציו אש וחציו מים ואית ביה ה' גפין וגווייהו כתרשיש היינו עושה שלום במרומיו. תני רב ראינוהו במים פי' היו מים לפניו וראה בהן צורת לבנה והרים ראשו לראות הלבנה בשמים ולא ראה כלום. או ראה חציה במים וחציה ברקיע וכן בעבים וכן בעששית אין מעידין עליו עד שיראו אותה ברקיע כדרכה. אבל אם נראה להם פתאום כעין צורת הלבנה וכוונו לראות ראיית עיקר ולא ראה כלום אין מעידין עליו. מ"ט אמרינן כוביתא בעלמא הוא דחזא. כתיב וידבר משה את מועדי ה'. מיכן שראש ב"ד אומר מקודש. אשר תקראו אותם מיכן שעונין אחריו (הן) מקודש. דבעינן תרי זמני מקודש מנין. מדכתיב מקראי קדש ולא כתיב מקרא קדש. בין שנראה בזמנו לילי ל' בין שלא נראה בזמנו אלא לילי ל"א מקדשין אותו. ר' אלעזר אם לא נראה בזמנו אין מקדשין אותו שכבר קידשוהו שמים. אמר רב יהודה אמר שמואל הלכתא כר' אלעזר ב"ר צדוק: [מתני'] דמות צורות לבנות היו לו לרבן גמליאל כו'. ואקשינן ומי שרי למעבד צורת לבנה והכתיב לא תעשון אתי לא תעשון כדמות שמשיי. ופריק אביי לא אסרה תורה [אלא] שמשין שאפשר לעשות כמותן כמו בית תבנית היכל ואכסדרה תבנית אולם

חשק שלמה על ר"ח א) אולי צ"ל מקרן מזרחית דרומית וכלפי מזרחית צפונית וכו'. ב) אולי צ"ל מרוח מזרחית צפונית כלפי מזרחית דרומית.

א) של חמשה ושל ששה ושל שמונה ושל שבעה לא יעשה אפי' של שאר מיני מתכות רבי יוסי בר יהודה אומר אף של עץ לא יעשה כדרך שעשו מלכי בית חשמונאי אמרו לו ג) משם ראייה שפודין של ברזל היו וחיפום בבעץ העשירו עשאום של כסף חזרו העשירו עשאום של זהב ושמשין שאי אפשר לעשות כמותן מי שרי והתניא ג) א) לא תעשון אתי לא תעשון כדמות שמשי המשמשין לפני במרום אמר אביי ד) לא אסרה תורה אלא א)דמות ארבעה פנים בהדי הדדי אלא מעתה פרצוף אדם לחודיה תשתרי אלמה תניא ב)כל הפרצופות מותרין ג)חוץ מפרצוף אדם א"ר ה) הונא בריה דרב אידי מפרקיה דאביי שמיעא לי לא תעשון אתי לא תעשון אותי ושאר שמשין מי שרי והא תניא לא תעשון אתי לא תעשון כדמות שמשי המשמשין לפני במרום ד)כגון אופנים ושרפים וחיות הקודש ומלאכי השרת אמר אביי לא אסרה תורה אלא שמשין שבמדור העליון ושבמדור התחתון מי שרי והתניא ב) אשר בשמים לרבות חמה ולבנה כוכבים ומזלות ממעל לרבות מלאכי השרת כי תניא ההיא לעבדם אי לעבדם אפילו שלשול קטן נמי אין ה"נ דתניא ב) אשר בארץ לרבות הרים וגבעות ימים ונהרות אפיקים וגאיות מתחת לרבות שלשול קטן ועשייה גרידתא מי שרי והתניא ה)לא תעשון אתי לא תעשון כדמות שמשי המשמשין לפני כגון חמה ולבנה כוכבים ומזלות שאני ר"ג דאחרים עשו לו והא רב יהודה דאחרים עשו לו וא"ל שמואל לרב יהודה ו) שיננא סמי עיניה דדין התם חותמו בולט הוה ומשום חשדא כדתניא ו)טבעת שחותמו בולט אסור להניחה ומותר לחתום בה חותמו שוקע מותר להניחה ואסור לחתום בה ומי חיישינן לחשדא והא ההיא בי כנישתא דשף ויתיב בנהרדעא דהוה ביה אנדרטא והוו עיילי רב ושמואל ואבוה דשמואל ולוי ומצלו התם ולא חיישי לחשדא ז)רבים שאני והא ר"ג יחיד הוא כיון דנשיא הוא שכיחי רבים גביה איבעית אימא ח)דפרקים הוה ואיבעית אימא ט)להתלמד עבד וכתיב ג) לא תלמד לעשות י)אבל אתה למד להבין ולהורות: **מתני'** מעשה שבאו שנים ואמרו ראינוהו שחרית במזרח וערבית

של חמשה. נרות: **ושל ששה.** נרות: **ואפילו של שאר מיני מתכות.** לפי שכיולא בהן כשירה לפנים כדתניא (מנחות דף כח:) ועשית מנורת כלל זהב טהור פרט מקשה תיעשה חזר וכלל מה הפרט מפורש של מתכת אף כל של מתכת: **אף של עץ לא יעשה.** שכיולא בה כשירה לפנים דר' יוסי בר' יהודה דריש ליה לקרא ברבוי ומעוטי מאי רבי רבי כל מילי ומאי מיעט מיעט חרס והכי מפרש לה במנחות (שם): **כדרך שעשו מלכי בית חשמונאי.** כשגברה ידם על היונים והוציאום מירושלים וטיהרו את המקדש והיו עניים ולא יכלו לעשותה של זהב: **בבעץ.** סטיינ"ו בלע"ז: **דמות ארבעה פנים.** לגוף אחד כעין חיות הקדש דהיינו אתי שכסא כבוד רכוב עליהן: **פרצוף אדם לחודיה תשתרי.** שהרי הוא אחד מהן בחיות ואפ"ה אמר עד דאיכא כולהו בהדי הדדי: **שבמדור העליון.** ברקיע שביעי דדייקינן אתי אבל חמה ולבנה וכוכבים ומזלות במדור התחתון הן ברקיע השני כדאמרינן במסכת חגיגה (דף יב:): **שלשול.** תולעת: **אפיקים.** מוצאי מים ביברי"ש בלע"ז: **אחרים.** נכרים: **והא רב יהודה.** שהיתה לו צורה בטבעתו ואחרים עשאוה וא"ל שמואל לשינקליה מיניה: **סמי עיניה.** כלומר השחת צורתו: **ומשום חשדא.** שלא יאמרו ע"ז היא לו: **אסור להניחה.** באצבעו: **ומותר לחתום בה.** שהחתימה שוקעת: **וכשחותמה שקוע.** חתימה בולטת. חותמה בולטת המתכת חרות סביב סביב והצורה עומדת כמות שהיא חותמה שוקעת שהצורה חקוקה וחרותה במתכת: **דשף ויתיב בנהרדעא.** מקום הוא ויש פותרין שחרב וחזר ונבנה ותמיד היתה שכינה מצויה שם ויכניה וגלותו בנאוהו שנשאו עמהם מאבני ירושלים ועליהם נאמר (תהלים קב) כי רצו עבדיך את אבניה: **אנדרטא.** צלם דמות המלך: **והא ר"ג יחיד הוה.** וניחוש נמי לחשדא: **מתני'** מעשה שבאו שנים כו': **ראינוהו** שחרית במזרח. את הישנה:

וערבית

שפודים של ברזל. הא דקרי ליה שפודים משום שלא היו גביעים כפתורים ופרחים אלא א"כ באה זהב כדאי' בהקומץ רבה (מנחות דף כח. ושם): **חוץ** מפרצוף אדם. תימה מאי קושיא דלמא הכא במוצא וכדרבא דמוקי לה כר' יהודה בפ' כל הצלמים (ע"ז דף מג. ושם) אבל עשייה שריא וי"ל דסוגיא דהכא כאביי ולית ליה דרבא ומוקי לה בעושה ולפ"ז מותר לעשות צורת אדם דקיימא לן כרבא לגבי דאביי ומיהו אין ראיה דבלא שום קושיא יכול רבא לדרוש לא תעשון אותי וכן תניא לקמן טבעת שחותמה שקוע אסור לחתום בה: **לא** תעשון אתי. וא"ת ומאי קאמר אלא דמות ארבעה פנים תיפוק ליה משום צורת אדם לחודיה וי"ל כי איכא שאר פרצופין עם אדם שרי טפי א"נ אם מצא צורת אדם אסור להשלים לד' פנים ומיהו קשיא דפרצוף אדם לחודיה תיפוק ליה מכרובים שעל הכפורת וי"ל דלא מקרו שמשי וכרובים שבשמים לא נתברר לנו כורסם ח): **לא** אסרה תורה אלא שמשין שבמדור העליון. הכי הלא מילי דאביי לא הדר ביה דהכל זמנא דכולה אמת וה"ק לא אסרה בשמשין של מטה אלא בית תבנית היכל ואכסדרה תבנית אולם ובשמשין התחתונים אסרה חמה ולבנה וכוכבים ובמדור העליון דמות ד' פנים: **ממעל** לרבות מלאכי השרת. למאי דסליק אדעתיה דאיירי בעשייה הוה מצי לאקשויי דמות שמשי מלא תעשון נפקא: **שאני** ר"ג דאחרים עשו. ולפ"נ דכל מילי אמירה לנכרי שבות כדמוכח בפ"ב דמו"ק (דף יב.) ואפילו בדרבנן איכא שבות ובפרק השוכר את הפועלים (ב"מ דף צ.) יש בעיא אי איכא שבות בלאו או לא גבי חוסם פרה ודש בה הכא לא גזור משום מלוה וצריך ליזהר כשמלוין לנכרים וממשכנין החוב בחותם של עבודה שאסור בעברות דלא ממכנין אדרבא כדפרישית דלא פליג רבא ואם הנכרי מביא לו חותם שקוע עצמו מותר: **סמי** עיניה דדין. אלמא אסור להשהותו שמא יחשדוהו שעשה ועבר על לא תעשון ור"ג נמי ליתסר ומשני כיון דחותמו בולט חיישינן לחשדא שמא יאמרו ע"ז הוא לו אבל אחשדא דלא תעשון לא חיישינן ומפרש בה"ג דהאי דרב יהודה בצורת דרקון משום דתנן בפרק כל הצלמים (ע"ז דף מב:) מצא כלים ועליהם צורת חמה צורת לבנה צורת דרקון יוליכם לים המלח ומפרש התם משום דהני חשיבי להו וה"נ חשיב טפי חשדא משאר: **והא** רבן גמליאל יחיד. תימה והא צורה דר"ג לא היתה בולטת וי"ל דמ"מ שייך בה חשדא דגבי לבנה אין חילוק כיון דאינה בולטת ברקיע: **ראינוהו** במזרח. שחרית וערבית במערב את החדשה עדי שקר הם דקיימא לן (לעיל כ:) כ"ד שעי מיכסי סיהרא כך פירש בקונטרס בשם רבותיו והקשה מדקתני בברייתא פעמים שבא בארוכה ופעמים שבא בקצרה ואין לשון ארוכה וקצרה נופל כאן שהרי מתוך קוטנה הישנה נכסית במזרח כשהיא מבני מערב לפני חדושה ופירש בקונטרס דעל החדשה העידו ועדי שקר דקאמר רבי יוחנן בן נורי לפי שבכ"ד שעות שביום אין ממהרת לבא מתוך המזרח לתוך המערב וע"ז קאמר פעמים שבא בארוכה ושוהה לבא ודבר תימה הוא מאי ש"ד דר' יוחנן בן נורי למה לא תוכל לילך בכ"ד שעות כל רוח דרומית ועדיין מקלה רוח מזרחית ומערבית עמו וכירושלמי משמע כלישנא קמא דקאמר רבי שמלאי טעמא דרבי יוחנן בן נורי כל חדש שנראית קודם ו' שעות אין כח בעין לראות את הישן נראה שחרית לא נראה ישן שחרית א"ר חייא בר אבא ולמה קבלם ר"ג שכן מסורת הוא מאבותיו פעמים שבא בארוכה ופעמים מהלך בקצרה ותימה מי פליג המסורת מאבותיו דר"ג אהא דאמר לעיל בסוף פ"ק (דף כ:) כ"ד שעי מיכסי סיהרא למאי נפקא מינה לאכחושי סהדי ושמא יש לחלק בשעות דיש שעות קטנות ביום כגון בתקופת טבת ויש שעות בינוניות כגון בימי ניסן ותשרי ויש גדולות כגון בתקופת תמוז ואי בקטנות או בבינוניות מיכסי סיהרא לבני א"י תמני סרי מעתיקא ושית מחדתא מן הגדולות פעמים מכסיא פורתא כגון דבא בארוכה פעמים דלא מכסיא כגון דבא בקצרה:

לאורתא

(ד)רב יהודה דאחרים עשו לו. צורה בטבעת שהיה מנית. סמי עיניה דדין. (פחות) [פחת] צורתו. חשדא. שלא יאמרו לה הוא עובד. חותמו. צורתה. ומותר לחתום בה. [ד]כשחותם בשעוה ואינו נראה מבחוץ. חותמו שוקע. אסור לחתום [בה] דכשהוא חותם הוי חותמה בולט ולקמן פריך ה"נ ניחוש לחשדא. דשף ויתיב. שם מקום שהיה במדינת נהרד[עא] וגלותו נטלו עמהן מאבני ירושלים ומעפרה ובנאוהו שם והיינו דשף ויתיב בנהרדעא נישוף כאן ונתיישב כאן והיינו דכתיב כי רצו עבדיך את אבניה וכו'. אנדרטא. צלם. והא ר"ג יחיד הוה. וניחוש לחשדא. דפרקים. של חוליות ולא היה מחברם אלא בשעת בדיקת עדים וכל יומא לא חזו לה וליכא חשדא [שם:]. לא תלמד לעשות. (סנהדרין סח) אבל אתה למד להבין ולהורות כ[...] כמה הם מקולקלין ולהורות לבניך לא תעשה כך וכך שזה הוא חק העכו"ם [דברים יח ט]. כדי שתעשה. להבין. שתוכל לעמוד בהן [שבת עה.].

עין משפט נר מצוה

יז א טוש"ע י"ד סי' קמא סעיף ד:
יח ב מיי' פ"ג מהלכות ע"ז הלכה י סמג לאוין כב טור ש"ע י"ד סי' קמא סעיף ו:
יט ג ד ה מיי' שם והלכה יא סמג שם טור ש"ע שם סעיף ד:
כ ו מיי' פ"ג מהלכות ע"ז הלכה יא טוש"ע י"ד שם סעיף ה:
כא ז טוש"ע שם סעיף ד בהג"ה:
כב ח טור ש"ע שם סעיף ז:
כג ט טור ש"ע שם סעיף ד:

רבינו חננאל

אולם וחצר תבנית עזרה ושלחן תבנית שלחן שבהיכל. ומנורה תבנית מנורה בשבעה קנים. אבל עושה של ששה של שמונה. של שבעה לא יעשה אפילו של שאר מיני מתכות. אבל דמות לבנה שאי אפשר לו לאדם לעשות לבנה לא אסרה תורה. ואקשינן תוב והתניא לא תעשון אתי לא תעשון כדמות שמשיי המשמשין לפני במרום וכי אפשר לאדם לעשות דמות חיות הקודש. ופריק אביי לא אסרה תורה אלא דמות ד' פנים כאחד. אי הכי פרצוף אדם לחודיה לשתרי אלמה תניא כל הפרצופות מותרין חוץ מפרצוף אדם. ואסיקנא לא תעשון אתי. פי' לא תעשון אותי כגון דמות אדם שאני מראה לנביאים בחזיונם. כדכתיב ביחזקאל דמות כמראה אדם עליו מלמעל' (אתי). והתניא בהדיא אשר בשמים לרבות חמה ולבנה כו' ודחינן [כי] תניא היא לעבדם היא דתניא ואשר במים מתחת לארץ לא תשתחוה להם ולא תעבדם לרבות שלשול קטן. ועשייה בלא לעבדם שרי והתניא לא תעשון אתי פי' כל שמשין שאתי כגון חמה ולבנה כו'. ופרקינן הוא עצמו אסור לעשות אבל אחרים לא ור"ג אחרים עשו לו. ואסיקנא אם הוא כגון טבעת וחותמו בולט אסור משום חשדא. ומי חיישינן לחשדא והא ההוא אנדרטא. פירוש צורת איש דהוה קאי בכנישתא דשף יתב בנהרדעא והוו עיילי רב ושמואל ואבוה דשמואל ולוי ומצלי התם. ופרקינן רבים שאני. כלומר במקום שיש רבים לא חיישינן לחשדא. ור"ג נמי כיון דנשיא הוא רבים שכיחי גביה ולאו יחיד הוא. איכא דאמרי דמות צורת לבנה של חוליות היתה איכא דאמרי להתלמד מותר שנאמר לא

מסורת הש"ס

א) ע"ז מג. מנחות כח:, ב) [שבת כט: וש"נ], ג) ע"ז מג., ד) [שם כל הסוגיא], ה) [בע"ז מג: אית' רב יהודה בריה דרב יהושע מפירקי' דרבי יהושע שמיע לי וע"ש מב: וברש"י], ו) [ברכות לו. וש"נ], ז) [שבת עה. סנהדרין סח. ע"ז יח. מג:], ח) [וע"ע אריכות תוספות יומא נד. ד"ה כרובים].

תורה אור השלם

א) לֹא תַעֲשׂוּן אִתִּי אֱלֹהֵי כֶסֶף וֵאלֹהֵי זָהָב לֹא תַעֲשׂוּ לָכֶם: [שמות כ, כ]

ב) לֹא תַעֲשֶׂה לְךָ פֶסֶל וְכָל תְּמוּנָה אֲשֶׁר בַּשָּׁמַיִם מִמַּעַל וַאֲשֶׁר בָּאָרֶץ מִתָּחַת וַאֲשֶׁר בַּמַּיִם מִתַּחַת לָאָרֶץ: [שמות כ, ד]

ג) כִּי אַתָּה בָּא אֶל הָאָרֶץ אֲשֶׁר יְיָ אֱלֹהֶיךָ נֹתֵן לָךְ לֹא תִלְמַד לַעֲשׂוֹת כְּתוֹעֲבֹת הַגּוֹיִם הָהֵם: [דברים יח, ט]

ליקוטי רש"י

של חמשה וכו'. או של ששה קנים או של שמנה (דאינו) [שהרי אינו] דומה למנורת מקדש שהיא היה שבעה קנים [מנחות כח:]. נרות ושל ששה ושל שמונה שאינן דומין לשל מקדש [ע"ז מג.]. ושל שבעה קנים לא יעשה אפי' של שאר מיני מתכות. שאינו [של] זהב משום דדומה לשל מקדש שאף הוא כשר בשאר מיני מתכות [מנחות שם]. שהיא של מקדש ואפילו של שאר מיני מתכות שאף היא אע"פ שאינה של זהב כשרה במקדש כדילפי' בהקומץ רבה (מנחות כח:) מכלל ופרט וכלל אבל של עץ שרי דאינה כשרה במקדש דהפרט מפורש מתכת [ע"ז שם]. אף של עץ לא יעשה. שהרי הוא כדרך שעשו מלכי בית חשמונאי [למקדש] [מנחות שם]. שאף היא כשרה במקדש. שעשו מלכות בית חשמונאי. עשאוה במקדש של עץ לאחר שטימאו יונים את ההיכל ונטלו כל כליו וגברה יד בית חשמונאי ונצחום דרבי יוסי בר יהודה דריש ליה בריבויי ומעוטי ועשית מנורת ריבה זהב טהור מיעט מקשה תיעשה המנורה חזר וריבה ריבה כל מילי ומיעט חרס [ע"ז שם]. בבעץ. בדיל. [מנחות ע"ז שם]. המשמשין לפני במרום. אלמא שמשין עליונים קאסר [ע"ז שם]. ארבעה פנים. פני שור ואדם אריה ונשר והיינו דוגמת חיות הקדש דכתיב אתי השריות אצלי. שבמדור העליון. דכתיב אתי אבל חמה ולבנה במדור התחתון הם. דאחרים עשו לו. עובדי כוכבים. והא

שֶׁל חֲמִשָּׁה וְשֶׁל שִׁשָּׁה וְשֶׁל שְׁמוֹנָה – a candelabrum consisting **OF FIVE, SIX OR EIGHT** lamps.[1] One may make these candelabra, since they do not resemble the seven-lamp Menorah of the Temple.[2] וְשֶׁל שִׁבְעָה לֹא יַעֲשֶׂה – **BUT ONE SHOULD NOT MAKE** a candelabrum consisting **OF SEVEN** lamps, אֲפִילּוּ שֶׁל שְׁאָר מִינֵי מַתָּכוֹת – **EVEN** if it is not made of gold but rather **OF OTHER TYPES OF METAL.**[3] רַבִּי יוֹסֵי בַּר יְהוּדָה אוֹמֵר – **R' YOSE BAR YEHUDAH SAYS:** אַף שֶׁל עֵץ לֹא יַעֲשֶׂה – **EVEN** a Menorah replica made **OF WOOD ONE SHOULD NOT MAKE,**[4] כְּדֶרֶךְ שֶׁעָשׂוּ מַלְכֵי בֵית חַשְׁמוֹנַאי – for this was **THE WAY THAT THE KINGS OF THE HASMONEAN HOUSE MADE** the Menorah after expelling the Syrian-Greeks.[5] אָמְרוּ לוֹ – **[THE SAGES] SAID TO [R' YOSE BAR YEHUDAH]** in reply: מִשָּׁם רְאָיָיה – Is it **FROM THERE** that you bring **PROOF** that the Temple Menorah may be made of wood? שַׁפּוּדִין שֶׁל בַּרְזֶל הָיוּ – **THEY** [the branches of that Hasmonean Menorah] **WERE SPITS OF IRON**[6] וְחִיפּוּם בְּבַעַץ – **WHICH THEY PLATED WITH TIN.**[7] הֶעֱשִׁירוּ עֲשָׂאוּם שֶׁל כֶּסֶף – When **THEY BECAME WEALTHY, THEY MADE THEM OF SILVER;** חָזְרוּ הֶעֱשִׁירוּ עֲשָׂאוּם שֶׁל זָהָב – and when **THEY BECAME WEALTHIER STILL, THEY MADE THEM OF GOLD.**

Thus, Abaye explains that the "servants" mentioned in the first Baraisa might refer only to servants that can be replicated, such as the Temple vessels. But one may make an image of the moon, which cannot be truly replicated.

The Gemara asks:

וְשַׁמָּשִׁין שֶׁאִי אֶפְשָׁר לַעֲשׂוֹת כְּמוֹתָן מִי שָׁרֵי – **But is it indeed permitted** to make an image of such **servants that it is impossible to replicate?** וְהָתַנְיָא – **Why, it was taught in a** different **Baraisa:** "לֹא תַעֲשׂוּן אִתִּי" – The verse ***YOU SHALL NOT MAKE WITH ME***[8] teaches that לֹא תַעֲשׂוּן כִּדְמוּת שַׁמָּשַׁי הַמְשַׁמְּשִׁין לְפָנַי בַּמָּרוֹם – **YOU SHALL NOT MAKE IMAGES OF MY SERVANTS WHO SERVE BEFORE ME ON HIGH.** Apparently, the moon is included among "My servants who serve before Me on high." How, then, did Rabban Gamliel make images of the moon?

Abaye answers:

אָמַר אַבַּיֵי – **Abaye said:** לֹא אָסְרָה תּוֹרָה אֶלָּא דְּמוּת אַרְבָּעָה פָּנִים בַּהֲדֵי הֲדָדֵי – **The Torah prohibited** making (from among "the servants on high") **only** an image of the **four faces together.**[9]

The Gemara asks:

אֶלָּא מֵעַתָּה – **But** if Abaye is correct in this assertion that the verse refers specifically to making "the four faces together," **then** פַּרְצוּף אָדָם לְחוּדֵיהּ תִּשְׁתְּרֵי – **it should be permitted** to make **the face of a person by itself.**[10] אַלְמָה תַּנְיָא – **Why,** then, **was it taught in a Baraisa:** כָּל הַפַּרְצוּפוֹת מוּתָּרִין – **ALL FACES ARE PERMITTED** חוּץ מִפַּרְצוּף אָדָם – **EXCEPT FOR THE FACE OF A PERSON?**[11]

The Gemara replies:

אָמַר רַב הוּנָא בְּרֵיהּ דְּרַב אִידִי – **Rav Huna the son of Rav Idi said:** מִפִּרְקֵיהּ דְּאַבַּיֵי שְׁמִיעָא לִי – **From the lectures of Abaye I learned** the following reason for prohibiting the making of a human face by itself: "לֹא תַעֲשׂוּן אִתִּי" – The verse ***You shall not make***

NOTES

1. *Rashi.* [See *Rashi* to *Menachos* 28b ד״ה אבל עושה and *Rambam, Hil. Beis HaBechirah* 7:10, who present this rule in terms of the number of *branches* rather than the number of *lamps.* See *Teshuvos Chacham Tzvi* §60.]

2. See *Rashi* to *Menachos* ibid. [And a Menorah that does not consist of seven branches is unfit for use in the Temple.]

3. Though the Torah states (*Exodus* 25:31): וְעָשִׂיתָ מְנֹרַת זָהָב טָהוֹר מִקְשָׁה תֵּיעָשֶׂה הַמְּנוֹרָה, *And you shall make a Menorah of pure gold; beaten out shall the Menorah be made,* the Sages of this Baraisa are of the opinion that the Temple Menorah may be made of metals other than gold as well. For the verse contains a general statement, followed by a specific statement, followed by another general statement. The verse opens with the general statement: *"And you shall make a Menorah,"* which does not indicate any specific material. It continues with a specific statement: *"of pure gold."* And it closes with another general statement: *"beaten out shall the Menorah be made,"* which once again does not indicate any specific material for the Menorah's construction. These Sages expound the general-specific-general sequence according to the method known as כְּלָל וּפְרָט וּכְלָל, *generalization-specification-generalization,* for which the rule is that *you cannot derive anything other than what is similar to the specification.* (Other Tannaim expound such sequences according to a different method – see next note.) Thus, all things *similar* to gold (the specification) – i.e. all metals – are valid. Hence, one may not make a seven-lamp candelabrum of *any* metal, since that would constitute a replication of that which may be used for the Temple Menorah (*Rashi, from Menachos* 28b).

4. R' Yose the son of R' Yehudah expounds the Torah's general-specific-general sequence according to the method known as רִבּוּי מִעוּט וְרִבּוּי, *amplification-limitation-amplification.* According to this method, the sequence is understood as including even things dissimilar to the limitation, with only the *most* dissimilar things being excluded. In the present case, then, *all* materials (including wood) are valid, other than earthenware, which is the most dissimilar to gold. Accordingly, one would be prohibited from making a seven-lamp candelabrum of wood, since that would constitute a replication of that which may be used for the Temple Menorah (*Rashi, from Menachos* ibid.).

5. The Syrian-Greeks, during their occupation of Eretz Yisrael, defiled the Sanctuary and plundered the vessels of the Temple. When the Hasmoneans were victorious and expelled the Syrian-Greeks from Jerusalem, the Hasmoneans purified the Temple [and restored the Temple service]. Since they were then impoverished, they were not able to fashion a new Temple Menorah out of gold, and made a wooden Menorah instead (*Rashi* here, and in parallel passages in *Avodah Zarah* 43a and *Menachos* 28b). R' Yose the son of R' Yehudah proves from this historical incident that the Temple Menorah may be made of wood.

6. When the Menorah was made of gold, its branches were embellished with decorative goblets, knobs and flowers (see *Exodus* 25:33 ff.). When it was made of other materials, however, there was no such requirement [see *Menachos* 28a]. Hence, plain and unadorned, these iron branches are referred to as "spits" (*Tosafos* ד״ה שפודים).

7. The iron branches were plated with tin for the purpose of ornamentation (*Toras Chaim* to *Avodah Zarah* loc. cit.). They were not made entirely of tin because tin, a weaker metal, is prone to becoming bent out of shape. The Baraisa mentions the tin overlay because tin, with the passage of time, assumes the appearance of wood. Thus, the Sages replied to R' Yose bar Yehudah that he was mistaken in thinking that the Hasmonean Menorah was made of wood. In reality it was tin-plated iron, and it was the tin plating that made it look like wood (*Tos. Rid* to *Avodah Zarah* loc. cit.).

8. *Exodus* 20:20, cited above on 24a; see notes 33 and 34 there.

9. The reference is to the חַיּוֹת הַקֹּדֶשׁ, *holy chayos* [literally: the holy living beings] who bear the "Heavenly Throne," described in the prophet Ezekiel's vision (see *Ezekiel* chapter 1). They are described there (verses 5-10) as having four faces each – the face of a human, a lion, an ox and a *nesher* [usually translated as *eagle;* see, though, *Tosafos* to *Chullin* 63a ד״ה נץ]. Abaye maintains that when the Baraisa interprets the verse *You shall not make "with Me"* as referring to the making of an image of "My servants who serve before Me on High," it refers specifically to an image of these holy *chayos,* since they – as bearers of the Heavenly Throne – are considered more than any other servants to be "with Hashem." Thus, the Baraisa forbids making an image of one four-headed creature having the faces of a person, lion, ox and eagle (*Rashi;* see 24a, end of note 35).

10. If the Torah prohibited making only the image of "four faces together" (one of which is human – see previous note), then it emerges that the making of a human face by itself should be permitted (*Rashi*).

11. According to *Rosh* (*Avodah Zarah* 3:5), the reference is not to a mere face, but rather to the entire human body including the face (see also *Yoreh Deah* 141:7; cf. *Pischei Teshuvah* ad loc. §10, citing *She'eilas Yavetz* §170, who interprets *Rosh's* intent differently). *Semag* (cited in *Shach* ad loc. §32), however, explains that the reference here is even to the face alone.

[See *Pnei Yehoshua* ד״ה בגמרא אמר אביי, who discusses at length why the Gemara's present question is directed specifically at Abaye, and how the Gemara's forthcoming reply answers that question.]

יז א טוש"ע י"ד סי' קמא סעיף ד:
יח ב מיי' פ"ג מהלכות ע"ז הלכה י סמג לאוין כב טור ש"ע י"ד סי' קמא סעיף ו:
יט ג ד ה מיי' שם והלכה יא סמג שם טור ש"ע שם סעיף ד:
כ ו מיי' פ"ג מהלכות ע"ז הלכה יא טוש"ע י"ד שם סעיף ז:
כא ז טוש"ע שם סעיף ה בהג"ה:
כב ח טור ש"ע שם סעיף ז:
כג ט טור ש"ע שם סעיף ד:

א) של חמשה ושל ששה ושל שמונה ושל שבעה לא יעשה אפי' של שאר מיני מתכות רבי יוסי בר יהודה אומר אף של עץ לא יעשה כדרך שעשו מלכי בית חשמונאי אמרו לו ג) משם ראייה שפודין של ברזל היו וחיפום בבעץ העשירו עשאום של כסף חזרו העשירו עשאום של זהב ושמשין שאי אפשר לעשות כמותן מי שרי והתניא א) לא תעשון אתי לא תעשון כדמות שמשיי המשמשין לפני במרום אמר אביי ד) לא אסרה תורה אלא דמות ארבעה פנים בהדי הדדי אלא מעתה פרצוף אדם לחודיה תשתרי אלמה תניא כל הפרצופות מותרין חוץ מפרצוף אדם אמר רב הונא בריה דרב אידי מפרקיה דאביי שמיע לי לא תעשון אתי לא תעשון אותי ושאר שמשין מי שרי והא תניא לא תעשון אתי לא תעשון כדמות שמשיי המשמשין לפני במרום כגון אופנים ושרפים וחיות הקודש ומלאכי השרת אמר אביי לא אסרה תורה אלא שמשין שבמדור העליון ושבמדור התחתון מי שרי והתניא ב) אשר בשמים לרבות חמה ולבנה כוכבים ומזלות ממעל לרבות מלאכי השרת כי תניא ההיא לעבדם אי לעבדם אפילו שלשול קטן נמי אין ה"נ דתניא אשר בארץ לרבות הרים וגבעות ימים ונהרות אפיקים וגאיות מתחת לרבות שלשול קטן ועשייה גרידתא מי שרי והתניא ה) לא תעשון אתי לא תעשון כדמות שמשיי המשמשין לפני כגון חמה ולבנה כוכבים ומזלות שאני ר"ג דאחרים עשו לו והא רב יהודה דאחרים עשו לו וא"ל שמואל לרב יהודה ו) שיננא סמי עיניה דדין התם חותמו בולט הוה ומשום חשדא כדתניא ז) טבעת חותמו בולט אסור להניחה ומותר לחתום בה חותמו שוקע מותר להניחה ואסור לחתום בה ומי חיישינן לחשדא והא ההיא בי כנישתא דשף ויתיב בנהרדעא דהוה ביה אנדרטא והוו עיילי רב ושמואל ואבוה דשמואל ולוי ומצלו התם ולא חיישי לחשדא ז) רבים שאני והא ר"ג יחיד הוא כיון דנשיא הוא שכיחי רבים גביה איבעית אימא ח) דפרקים הוה ואיבעית אימא ט) להתלמד עבד וכתיב ג) לא תלמד לעשות י) אבל אתה למד להבין ולהורות: **מתני'** מעשה שבאו שנים ואמרו ראינוהו שחרית במזרח וערבית

רש"י

של חמשה. נרות: **ושל ששה.** נרות: **ואפילו של שאר מיני מתכות.** לפי שכיולא בהן כשירה לפנים כדתניא (מנחות דף כח:) ועשית מנורת כלל זהב טהור פרט מקשה תיעשה חזר וכלל מה הפרט מפורש של מתכת אף כל של מתכת: **אף של עץ לא יעשה.** שכיולא בה כשירה לפנים דר' יוסי בר' יהודה דריש ליה לקרא ברבוי ומעוטי מאי רבי רבי כל מילי ומאי מיעט מיעט חרס והכי מפרש לה במנחות (שם): **כדרך שעשו מלכי בית חשמונאי.** כשגברה ידם על היונים והוציאום מירושלים וטיהרו את המקדש והיו עניים ולא יכלו לעשותה של זהב: **בבעץ.** שטיינ"ו בלע"ז: **דמות ארבעה פנים.** לגוף אחד כעין חיות הקדש דהיינו אתי שכסא כבוד רכוב עליהן: **פרצוף אדם** לחודיה תשתרי. שהרי הוא אחד מהן בחיות ואפ"ה אמר עד דאיכא כולהו בהדי הדדי: **שבמדור העליון.** ברקיע שביעי דדייקינן אתי אבל חמה ולבנה וכוכבים ומזלות במדור התחתון הן ברקיע השני כדאמרינן במסכת חגיגה (דף יב:): **שלשול.** תולעת: **אפיקים.** מוצאי מים ביברי"ש בלע"ז: **אחרים.** נכרים: **והא רב יהודה.** שהיתה לו צורה בטבעתו ואחרים עשאוה וא"ל שמואל דנישקליה מיניה: **סמי עיניה.** כלומר השחת צורתו: **ומשום חשדא.** שלא יאמרו ע"ז היא לו: **אסור להניחה.** באצבעו: **ומותר לחתום בה.** שחתימתה שוקעת: **וכשחותמה שקוע.** חתימה בולטת חותמה בולט המתכת חרות סביב סביב והצורה עומדת כמות שהיא חותמה שוקעת שהצורה חקוקה וחרותה במתכת: **דשף ויתיב בנהרדעא.** מקום הוא ויש פותרין שחרב וחזר ונבנה ותמיד היתה שכינה מצויה שם ויכניה וגלותו בנאוהו שנשאו עמהם מאבני ירושלים ועליהם נאמר (תהלים קב) כי רצו עבדיך את אבניה: **אנדרטא.** צלם דמות המלך: **והא ר"ג יחיד** הוה. וניחוש נמי לחשדא: **מתני'** מעשה שבאו שנים כו': **ראינוהו** שחרית במזרח. את הישנה: וערבית

תוספות

שפודים של ברזל. הא דקרי ליה שפודים משום שלא היו גביעים כפתורים ופרחים אלא א"כ באה זהב כדאי' בהקומץ רבה (מנחות דף כח. ושם): **חוץ** מפרצוף אדם. תימה מאי קושיא דלמא הכא במולא וכדרבא דמוקי לה כר' יהודה בפ' כל הצלמים (ע"ז דף מג. ושם) אבל עשייה שריא וי"ל דסוגיא דהכא כאביי ולית ליה דרבא ומוקי לה בעושה ולפ"ז מותר לעשות צורת אדם דקיימא לן כרבא לגבי דאביי ומיהו אין ראיה דבלא שום קושיא יכול רבא לדרוש לא תעשון אותי וכן תניא לקמן טבעת שחותמה שקוע אסור לחתום בה: **לא** תעשון אתי. וא"ת ומאי קאמר אלא דמות ארבעה פנים תיפוק ליה משום צורת אדם לחודיה וי"ל כי איכא שאר פרצופין עם אדם שרי טפי א"נ אם מצא צורת אדם אסור להשלים לד' פנים ומיהו קשיא דפרצוף אדם לחודיה תיפוק ליה מכרובים שעל הכפורת וי"ל דלא מקרו שמשיי וכרובים שבשמים לא נתבררה צורתם ח): **לא** אסרה תורה **אלא** שמשין שבמדור העליון. הני תלת מילי דאביי לא הדר ביה בכל זמנא דכולה אמת וה"ק לא אסרה בשמשין של מטה אלא בית תבנית היכל ואכסדרה תבנית אולם ובשמשין התחתונים אסרה חמה ולבנה וכוכבים ובמדור העליון דמות ד' פנים: **ממעל** לרבות מלאכי השרת. למאי דסליק אדעתיה דאיירי בעשייה הוה מצי לאקשויי דמות שמשיי מלא תעשון נפקא: **שאני** ר"ג דאחרים עשו. ואע"ג דבכל מילי אמירה לנכרי שבות כדמוכח בפ"ב דמו"ק (דף יב.) ואפילו בדרבנן איכא שבות ובפרק השוכר את הפועלים (ב"מ דף צ.) יש בעיא אי איכא שבות בלאו או לא גבי חוסם פרה ודש בה הכא לא גזור משום מצוה וצריך ליזהר כשמלוין לנכרים ומחתמין החוב בחותם של שעוה שתלוי באגרת דלא סמכינן אדרבא כדפרישית דלא פליג רבא ואם הנכרי מביא לו חותם מעצמו מותר: **סמי** עיניה דדין. אלמא אסור להשהותו שמא יחשדוהו שעשה ועבר על לא תעשון ור"ג נמי ליתסר ומשני כיון דחותמו בולט חיישינן לחשדא שמא יאמרו ע"ז הוא לו אבל אחשדא דלא תעשון לא חיישינן ומפרש בה"ג דההיא דרב יהודה בצורת דרקון משום דתנן בפרק כל הצלמים (ע"ז דף מג:) מצא כלים ועליהם צורת חמה צורת לבנה דרקון יוליכם לים המלח ומפרש התם משום דהני חשיבי להו וה"נ חשיב טפי חשדא משאר: **והא** רבן גמליאל יחיד. תימה והא צורה דר"ג לא היתה בולטת וי"ל דמ"מ שייך בה חשדא דגבי לבנה אין חילוק כיון דאינה בולטת ברקיע: **ראינוהו** במזרח. הישנה וערבית במערב את החדשה עדי שקר הם דקיימא לן (לעיל כ:) כ"ד שעי מיכסי סיהרא כך פירש בקונטרס בשם רבותיו והקשה מדקתני בברייתא פעמים שבא בארוכה ואין לשון ארוכה וקצרה נופל כאן שהרי מתוך קוטנה הישנה נכסית מבני מערב כשהיא במזרח לפני חדושה ופירש בקונטרס דעל החדשה העידו ועדי שקר דקאמר רבי יוחנן בן נורי לפי שבי"ב שעות שביום אין ממהרת לבא מתוך המזרח לתוך המערב וע"ז קאמר פעמים שבא בארוכה ושוהה לבא ודבר תימה הוא מאי ס"ד דר' יוחנן בן נורי למה לא תוכל לילך בי"ב שעות כל רוח דרומית ועדיין מקלה רוח מזרחית ומערבית עמו ובירושלמי משמע כלישנא קמא דקאמר רבי שמלאי טעמא דרבי יוחנן בן נורי כל חדש שנראית קודם ו' שעות אין כח בעין לראות את הישן נראה ישן שחרית לא נראה חדש בין הערבים חדש בין הערבים לא נראה ישן שחרית א"ר חייא בר אבא ולמה קבלם ר"ג שכן מסורת הוא מאבותיו פעמים שבא בארוכה ופעמים מהלך בקצרה ותימה מי פליג המסורת מאבותיו דר"ג אהא דאמר לעיל בסוף פ"ק (דף כ:) כ"ד שעי מיכסי סיהרא למאי נפקא מינה לאכחושי סהדי ושמא יש לחלק בשעות דיש שעות קטנות ביום כגון בתקופת טבת ויש שעות בינוניות כגון בימי ניסן ותשרי ויש גדולות כגון בתקופת תמוז ואי בבינוניות מיכסי סיהרא לבני א"י תמני סרי מעתיקא ושית מחדתא מן הגדולות פעמים מכסיא טפי כגון דבא בארוכה פעמים דלא מכסיא כגון דבא בקצרה:

רבינו חננאל

אולם ונחצר תבנית עזרה ושלחן תבנית שלחן שבהיכל. ומנורה תבנית מנורה בשבעה קנים. אבל עושה של חמשה של ששה של שמונה. של שבעה לא יעשה אפילו של שאר מיני מתכות. אבל דמות לבנה שאי אפשר לו לאדם לעשות לבנה לא אסרה תורה. ואקשינן תוב והתניא לא תעשון אתי לא תעשון כדמות שמשיי המשמשין לפני במרום וכי אפשר לאדם לעשות דמות חיות הקודש. ופריק אביי לא אסרה תורה אלא דמות ד' פנים כאחד. אי הכי פרצוף אדם לחודיה לשתרי אלמה תניא כל הפרצופות מותרין חוץ מפרצוף אדם. ואסיקנא לא תעשון אתי. פי' לא תעשון אותי כגון דמות אדם שאני מראה לנביאים בחזיונם. כדכתיב ביחזקאל דמות כמראה אדם עליו מלמעל' (אתי). והתניא בהדיא אשר בשמים לרבות חמה ולבנה כו' ודחינן [כי] תניא היא לעבדם היא דתניא ואשר בארץ מתחת לארץ לא תשתחוה להם ולא תעבדם לרבות שלשול קטן. ועשייה בלא לעבדם שרי והתניא לא תעשון אתי אפי' כל שמשין שאתי כגון חמה ולבנה כו'. ופרקינן הוא עצמו אסור לעשות אבל אחרים לא ור"ג אחרים עשו לו. ואסיקנא אף הוא כגון טבעת וחותמו בולט אסור משום חשדא. ומי חיישינן לחשדא והא הוא אנדרטא. פירוש צורת איש דהוה קאי בכנישתא דשף יתב בנהרדעא והוו עיילי רב ושמואל ואבוה דשמואל ולוי ומצלי התם. ופרקינן רבים שאני. כלומר במקום שיש רבים לא חיישינן לחשדא. ור"ג נמי כיון דנשיא הוא ורבים שכיחי גביה ולאו יחיד הוא. איכא דאמרי דמות צורת לבנה של חוליות היתה איכא דאמרי להתלמד מותר שנאמר לא

א) ע"ז מג. מנחות כח, ב) [שבת כג. וש"נ], ג) ע"ז מג, ד) [שם כל הסוגיא], ה) [נע"ז מג: אית' רב יהושע בריה דרב יהושע מפירקי' דרבי יהושע שמיע לי וע"ע מג: ונרש"י], ו) [ברכות לו. וש"נ], ז) [שבת עה. סנהדרין סח. ע"ז יח. מג.], ח) [וע"ע אריכות תוספות יומא נד. ד"ה כרובים].

תורה אור השלם

א) לֹא תַעֲשׂוּן אִתִּי אֱלֹהֵי כֶסֶף וֵאלֹהֵי זָהָב לֹא תַעֲשׂוּ לָכֶם: [שמות כ, כ]

ב) לֹא תַעֲשֶׂה לְךָ פֶסֶל וְכָל תְּמוּנָה אֲשֶׁר בַּשָּׁמַיִם מִמַּעַל וַאֲשֶׁר בָּאָרֶץ מִתָּחַת וַאֲשֶׁר בַּמַּיִם מִתַּחַת לָאָרֶץ: [שמות כ, ד]

ג) כִּי אַתָּה בָּא אֶל הָאָרֶץ אֲשֶׁר יְיָ אֱלֹהֶיךָ נֹתֵן לָךְ לֹא תִלְמַד לַעֲשׂוֹת כְּתוֹעֲבֹת הַגּוֹיִם הָהֵם: [דברים יח, ט]

ליקוטי רש"י

של חמשה וכו'. או של ששה קנים או של שמונה (דלאו) [שהרי אינו] דומה למנורת מקדש שהיא שבעה קנים [מנחות כח:]. נרות ושל ששה ושל שמונה שאינן דומין לשל מקדש [ע"ז מג.]. ושל שבעה קנים לא יעשה אפי' של שאר מיני מתכות. שאינו [של] זהב משום דדומה לשל מקדש שאף הוא כשר בשאר מיני מתכות [מנחות שם].

"with Me" (אִתִּי) לֹא תַעֲשׂוּן אוֹתִי – is expounded as if it read: *You shall not make "Me"* (אֹתִי).[12]

The Gemara asks:

וּשְׁאָר שַׁמָּשִׁין מִי שָׁרֵי – But is it indeed permitted to make images of **servants other** than those of "the four faces together"? **וְהָא תַנְיָא – Why, it was taught in a** different **Baraisa:** "לֹא תַעֲשׂוּן אִתִּי" – The verse *YOU SHALL NOT MAKE WITH ME* teaches that **לֹא תַעֲשׂוּן כִּדְמוּת שַׁמָּשַׁיי הַמְשַׁמְּשִׁין לְפָנַי בַּמָּרוֹם – YOU SHALL NOT MAKE IMAGES OF MY SERVANTS WHO SERVE BEFORE ME ON HIGH, כְּגוֹן אוֹפַנִּים וּשְׂרָפִים וְחַיּוֹת הַקּוֹדֶשׁ וּמַלְאֲכֵי הַשָּׁרֵת – SUCH AS THE *OFANIM, SERAPHIM,* THE HOLY *CHAYOS* AND THE MINISTERING ANGELS.**[13] Since this Baraisa explains the verse as referring to these various celestial beings, and does not limit it to the image of "the four faces together," then by extension it must include *all* the celestial bodies, such as the sun and the moon. How, then, could Rabban Gamliel make images of the moon?

The Gemara answers:

אָמַר אַבַּיֵי – Abaye said: לֹא אָסְרָה תּוֹרָה אֶלָּא שַׁמָּשִׁין שֶׁבַּמָּדוֹר הָעֶלְיוֹן – Even according to this Baraisa's interpretation of the verse, **the Torah prohibited only** images of the **servants in the upper abode.**[14]

The Gemara asks:

וְשֶׁבַּמָּדוֹר הַתַּחְתּוֹן מִי שָׁרֵי – But is it indeed permitted to make images of **those** servants **in the lower abode** (such as the sun and the moon)? **וְהָתַנְיָא – Why, it was taught in the** following **Baraisa:** "אֲשֶׁר בַּשָּׁמַיִם" – The Torah's words *You shall not make for yourself a graven image or any picture of* **THAT WHICH IS *IN THE HEAVENS***[15] **לְרַבּוֹת חַמָּה וּלְבָנָה כּוֹכָבִים וּמַזָּלוֹת – come TO INCLUDE** in the prohibition images of **THE SUN, MOON, STARS OR CONSTELLATIONS** – things that are "in the heavens." "מִמַּעַל" – The verse's next word ***ABOVE*** **לְרַבּוֹת מַלְאֲכֵי הַשָּׁרֵת – comes TO INCLUDE** images of **THE MINISTERING ANGELS.**[16] At any rate, this Baraisa states explicitly that the images of the heavenly bodies (such as the sun and moon) are prohibited. – ? –

The Gemara answers:

כִּי תַנְיָא הַהִיא לְעָבְדָם – When that Baraisa teaches that images of the heavenly bodies (such as the sun and moon) are forbidden, it refers **to serving them.**[17] But no prohibition with regard to simply making images of these bodies may be derived from this Baraisa.

The Gemara asks:

אִי לְעָבְדָם – If the Baraisa's prohibition is in regard **to serving them,** then why does the Baraisa specify only the images of heavenly objects? **אֲפִילּוּ שִׁלְשׁוּל קָטָן נַמִּי** – This should be forbidden **even** with regard to the image of **a small worm as well! – ? –**

The Gemara responds:

אִין הָכִי נַמִּי – Yes, it is indeed so that the Baraisa's prohibition with regard to "serving" applies even to the image of a small worm. **דְּתַנְיָא – For it was taught in a Baraisa,** in exposition of the continuation of the previously cited verse:[18] "אֲשֶׁר בָּאָרֶץ" – The words *or* ***OF THAT WHICH IS ON THE EARTH*** **לְרַבּוֹת הָרִים וּגְבָעוֹת יַמִּים וּנְהָרוֹת אֲפִיקִים וּגְאָיוֹת – come TO INCLUDE** images of **MOUNTAINS, HILLS, SEAS, RIVERS, STREAMS AND VALLEYS.** "מִתַּחַת" – The word ***BELOW*** **לְרַבּוֹת שִׁלְשׁוּל קָטָן – comes TO INCLUDE** the image of **A SMALL WORM.**

The Gemara asks:

וַעֲשִׂיָּיה גְּרֵידְתָּא מִי שָׁרֵי – But is the mere making of images of the heavenly bodies, such as the sun and moon, **indeed permitted? וְהָתַנְיָא – Why, it was taught in a Baraisa:** "לֹא תַעֲשׂוּן אִתִּי" – The verse *YOU SHALL NOT MAKE WITH ME*[19] teaches that **לֹא תַעֲשׂוּן כִּדְמוּת שַׁמָּשַׁיי הַמְשַׁמְּשִׁין לְפָנַי – YOU SHALL NOT MAKE AN IMAGE OF MY SERVANTS WHO SERVE BEFORE ME, כְּגוֹן חַמָּה וּלְבָנָה כּוֹכָבִים וּמַזָּלוֹת – SUCH AS THE SUN, MOON, STARS AND CONSTELLATIONS.** This Baraisa states explicitly that the *making* of these images is prohibited. How, then, could Rabban Gamliel make images of the moon?

The Gemara answers:

שָׁאנִי רַבָּן גַּמְלִיאֵל – The case of Rabban Gamliel is different, דַּאֲחֵרִים עָשׂוּ לוֹ – for others (i.e. non-Jews)[20] **made** the images **for him.**[21]

NOTES

12. The word אתי, which (according to the Oral Tradition) is vowelized אִתִּי, *with Me,* can also be vowelized אֹתִי, *Me,* which would be, then, a reference to making an image of God Himself. Certainly, God has no physical form, but the reference would be to making a human form, which is the image God uses to represent Himself in prophetic visions, as stated in *Ezekiel* 1:26: *and upon the likeness of the throne there was a likeness like the appearance of a man upon it, from above* (*Ritva;* see *Rabbeinu Chananel;* see also *Ritva* to *Avodah Zarah* 43b and *Chinuch* §39).

[Thus, the Gemara answers that the verse as it is actually read: לֹא תַעֲשׂוּן אִתִּי, *You shall not make "with" Me,* might indeed refer only to the making of the four faces together, as Abaye has asserted. That the making of the human face alone is also forbidden is derived separately from vowelizing the word אתי as אֹתִי, *Me.*]

[Although making the image of the human face alone is forbidden, the prohibition against making an image of "the four faces" – which include the human face – is still needed to prohibit one who finds an image of the human face already made from adding the other three faces to it (*Tosafos* ד"ה לא תעשון אתי). Alternatively, one might have thought that it is permitted to make the four faces, beginning with one of those that are not human [since a creature that has the four faces is *not* a human image, though one of its four faces is that of a human] (*Ritva*). Alternatively, one who makes the four faces would thereby be liable for *two* transgressions – making the human face *and* making the four faces (*Tosafos* to *Avodah Zarah* 43a ד"ה לא תעשון and to *Yoma* 54b).]

13. As they appear in the prophetic visions [described in Scripture], i.e. as winged human forms (*Ran* to *Avodah Zarah,* end of folio 18b).

14. The Gemara in *Chagigah* 12b teaches that there are seven firmaments, each serving a different function. The highest and seventh one contains the *seraphim, ofanim,* holy *chayos* and ministering angels. The moon (as well as the sun and the stars), however, occupies the second firmament (which is the "lower abode"). Abaye maintains that this Baraisa interprets the verse as referring specifically to the servants in the highest firmament, which are, so to speak, "with God" (*Rashi*).

15. *Exodus* 20:4. The verse reads: לֹא-תַעֲשֶׂה לְךָ פֶסֶל וְכָל-תְּמוּנָה אֲשֶׁר בַּשָּׁמַיִם מִמַּעַל וַאֲשֶׁר בָּאָרֶץ מִתָּחַת וַאֲשֶׁר בַּמַּיִם מִתַּחַת לָאָרֶץ, *You shall not make for yourself a graven image or any likeness of that which is in the heavens above or of that which is on the earth below or of that which is in the water beneath the earth.*

16. Which are "above" in the upper abode (*Sifsei Chachamim;* see Baraisa cited above, and note 14).

17. I.e. making these images with the intent to then worship them (*Ritva* ד"ה ופרכינן והתניא אשר בשמים וכו'; *Rambam, Hil. Avodas Kochavim* 3:9, and in *Sefer HaMitzvos, Lo Saaseh* §2; cf. *Sifsei Chachamim*). Alternatively, the reference is simply to worshiping them. And the verse's expression: לֹא תַעֲשֶׂה לְךָ, *You shall not make for yourselves,* is a Scriptural idiom for *worshiping* (*Ramban* to *Sefer HaMitzvos, Lo Saaseh* §5).

18. See note 15.

19. *Exodus* 20:20, cited above; see 24a notes 33 and 34.

20. *Rashi.*

21. The Gemara's expression "for him" would suggest that these others made the images at Rabban Gamliel's behest. Indeed, how else would they have known the configurations needed by Rabban Gamliel? In general it is Rabbinically forbidden to instruct a non-Jew to do for a Jew what the Jew himself is forbidden to do [see *Bava Metzia* 90a-b, with *Rosh* there 7:6; see *Choshen Mishpat* 338 and *Yoreh Deah* 297B:4]. That Rabbinic prohibition, however, does not apply in the case of a mitzvah need, such as Rabban Gamliel's need for the images in order to properly examine the new-moon witnesses. Thus, Rabban Gamliel was permit-

עין משפט
נר מצוה

יז א טוש"ע י"ד סי' קמא סעיף ז:
יח ב מיי' פ"ג מהלכות ע"ז הלכה י סמג לאוין כב טור ש"ע י"ד סי' קמא סעיף ו:
יט ג ד ה מיי' שם והלכה יא סמג שם טור ש"ע שם סעיף ד:
כ ו מיי' פ"ג מהלכות ע"ז הלכה יא טוש"ע י"ד שם סעיף ה:
כא ז טוש"ע שם סעיף ד בהג"ה:
כב ח טור ש"ע שם סעיף ז:
כג ט טור ש"ע שם סעיף ז:

[א]של חמשה ושל ששה ושל שמונה ושל שבעה לא יעשה אפי' של שאר מיני מתכות רבי יוסי בר יהודה אומר אף של עץ לא יעשה כדרך שעשו מלכי בית חשמונאי אמרו לו [ג]משם ראייה שפודין של ברזל היו וחיפום בבעץ העשירו עשאום של כסף חזרו העשירו עשאום של זהב ושמשין שאי אפשר לעשות כמותן מי שרי והתניא [א]לא תעשון אתי לא תעשון כדמות שמשי המשמשין לפני במרום אמר אביי [ד]לא אסרה תורה אלא [א]דמות ארבעה פנים בהדי הדדי אלא מעתה פרצוף אדם לחודיה תשתרי אלמה תניא [ב]כל הפרצופות מותרין [ג]חוץ מפרצוף אדם א"ר [ה]הונא בריה דרב אידי מפרקיה דאביי שמיעא לי [ה]לא תעשון אתי לא תעשון אותי ושאר שמשין מי שרי והא תניא לא תעשון כדמות שמשי המשמשין לפני במרום [ד]כגון אופנים ושרפים וחיות הקודש ומלאכי השרת אמר אביי לא אסרה תורה אלא שמשין שבמדור העליון ושבמדור התחתון מי שרי והתניא [ב]אשר בשמים לרבות חמה ולבנה כוכבים ומזלות ממעל לרבות מלאכי השרת כי תניא ההיא לעבדם אי לעבדם אפילו שלשול קטן נמי אין ה"נ דתניא [ג]אשר בארץ לרבות הרים וגבעות ימים ונהרות אפיקים וגאיות מתחת לרבות שלשול קטן ועשייה גרידתא מי שרי והתניא [ה]לא תעשון אתי לא תעשון כדמות שמשי המשמשין לפני כגון חמה ולבנה כוכבים ומזלות שאני ר"ג דאחרים עשו לו והא רב יהודה דאחרים עשו לו וא"ל שמואל לרב יהודה [ו]שיננא סמי עיניה דדין התם חותמו בולט הוה ומשום חשדא כדתניא [ו]טבעת חותמו בולט אסור להניחה ומותר לחתום בה חותמו שוקע מותר להניחה ואסור לחתום בה ומי חיישינן לחשדא והא ההיא בי כנישתא דשף ויתיב בנהרדעא דהוה ביה אנדרטא והוו עיילי רב ושמואל ואבוה דשמואל ולוי ומצלו התם ולא חיישי לחשדא [ז]רבים שאני והא ר"ג יחיד הוא כיון דנשיא הוא שכיחי רבים גביה איבעית אימא [ח]דפרקים הוה ואיבעית אימא [ט]להתלמד עבד וכתיב [ג]לא תלמד לעשות [י]אבל אתה למד להבין ולהורות: **מתני'** מעשה שבאו שנים ואמרו ראינוהו שחרית במזרח

וערבית

רש"י

של חמשה. נרות: ושל ששה. נרות: ואפילו של שאר מיני מתכות. לפי שכיוצא בהן כשירה לפנים כדתניא (מנחות דף כח:) ועשית מנורת כלל זהב טהור פרט מקשה תיעשה חזר וכלל מה הפרט מפורש של מתכת אף כל של מתכת: אף של עץ לא יעשה. שכיוצא בה כשירה לפנים לר' יוסי בר' יהודה דריש ליה לקרא ברבוי ומעוטי מאי רבי רבי כל מילי ומאי מיעט מיעט חרס והכי מפרש לה במנחות (שם): כדרך שעשו מלכי בית חשמונאי. כשגברה יד על היונים והוציאום מירושלים וטיהרו את המקדש והיו עניים ולא יכלו לעשותה של זהב: בבעץ. סטיי"ן בלע"ז: דמות ארבעה פנים. לגוף אחד כעין חיות הקדש דהיינו אתי שכסא כבוד רכוב עליהן: פרצוף אדם לחודיה תשתרי. שהרי הוא אחד מהן בחיות ואפ"ה אמר עד דאיכא כולהו בהדי הדדי: שבמדור העליון. ברקיע שביעי דדייקין אתי אבל חמה ולבנה וכוכבים ומזלות במדור התחתון הן ברקיע השני כדאמרינן במסכת חגיגה (דף יב:): שלשול. תולעת: אפיקים. מוצאי מים ביברי"ש בלע"ז: אחרים. נכרים: והא רב יהודה. שהיתה לו צורה בטבעתו ואחרים עשאוה וא"ל שמואל דניסקליה מיניה: סמי עיניה. כלומר השחת צורתו: ומשום חשדא. שלא יאמרו ע"ז היא לו: אסור להניחה. באצבעו: ומותר לחתום בה. שחתימתה שוקעת: וכשחותמה שקוע. חתימה בולטת: חותמה בולט המתכת חרות סביב סביב והצורה עומדת כמות שהיא חותמה שוקעת שהצורה חקוקה וחרותה במתכת: דשף ויתיב בנהרדעא. מקום הוא ויש פותרין שחרב וחזר ונבנה ותמיד היתה שכינה מצויה שם ויכניה וגלותו בנאוהו שנשאו עמהם מאבני ירושלים ועליהם נאמר (תהלים קב) כי רצו עבדיך את אבניה: אנדרטא. צלם דמות המלך: והא ר"ג יחיד הוה. וניחוש נמי לחשדא: **מתני'** מעשה שבאו שנים כו': ראינוהו שחרית במזרח. את הישנה:

וערבית

תוספות

שפודים של ברזל. הא דקרי ליה שפודים משום שלא היו גביעים כפתורים ופרחים אלא א"כ בלא זהב כדאי' בהקומץ רבה (מנחות דף כח. ושם): **חוץ** מפרצוף אדם. תימה מאי קושיא דלמא הכא במולא וכדרבא דמוקי לה כר' יהודה בפ' כל הצלמים (ע"ז דף מג. ושם) אבל עשייה שריא וי"ל דסוגיא דהכא כאביי וליה ליה דרבא ומוקי לה בעושה ולפ"ז מותר לעשות צורת אדם דקיימא לן כרבא לגבי דאביי ומיהו אין ראיה דבלא שום קושיא יכול רבא לדרוש לא תעשון אותי וכן תניא לקמן טבעת שחותמה שקוע אסור לחתום בה: **לא** תעשון אתי. וא"ת ומאי קאמר אלא דמות ארבעה פנים תיפוק ליה משום צורת אדם לחודיה וי"ל כי היכא שאר פרצופין עם אדם שרי טפי א"נ אם מצא צורת אדם אסור להשהות לד' פנים ומיהו קשיא דפרצוף אדם לחודיה תיפוק ליה מכרובים שעל הכפורת וי"ל דלא מקרו משמשי וכרובים שבשמים לא נתברכה צורתם: **לא** אסרה תורה אלא שמשין שבמדור העליון. הכי קאמר מילי דאביי לא הדר ביה בכל זמנא דכולה אמת וה"ק לא אסרה בשמשין של מטה אלא בית תבנית היכל ואכסדרה תבנית אולם ובשמשין התחתונים אסרה חמה ולבנה וכוכבים ובמדור העליון דמות ד' פנים: **ממעל** לרבות מלאכי השרת. למאי דסליק אדעתיה דאיירי בעשייה הוה מצי לאקשויי דמות שמשי מלא תעשון נפקא: **שאני** ר"ג דאחרים עשו. ואע"ג דבכל מילי אמירה לנכרי שבות כדמוכח בפ"ב דמו"ק (דף יב.) ואפילו דרבנן איכא שבות ובפרק השוכר את הפועלים (ב"מ דף צ.) יש בעיא אי איכא שבות בלאו או לא גבי חוסם פרה ודש בה הכא לא גזור משום מצוה וצריך ליזהר כשמלוין לנכרים ומתממנין החוב בחותם של שעוה שמסלי באגרת דלא סמכינן אדרבא כדפרישית דלא פליג רבא ואם הנכרי מביא לו חותם מעצמו מותר: **סמי** עיניה דדין. אלמא אסור להשהותו שמא יחשדוהו שעשה ועבר על לא תעשון ור"ג נמי ליתסר ומשני כיון דחותמו בולט חיישינן לחשדא שמא יאמרו ע"ז הוא לו אבל אחשדא דלא תעשון לא חיישינן ומפרש בה"ג דהסיא דרב יהודה בצורת דרקון משום דתנן בפרק כל הצלמים (ע"ז דף מג:) מצא כלים ועליהם צורת חמה צורת לבנה דרקון יוליכם לים המלח ומפרש התם משום דהני חשיבי להו וה"נ חשיב טפי חשדא משאר: **והא** רבן גמליאל יחיד. תימה והא צורה דר"ג לא היתה בולטת וי"ל דמ"מ שייך בה חשדא דגבי לבנה אין חילוק כיון דאינה בולטת ברקיע: **ראינוהו** במזרח. הישנה וערבית במערב את החדשה עדי שקר הם דקיימא לן (לעיל כ:) כ"ד שעי מיכסי סיהרא כך פירש בקונטרס בשם רבותיו והקשה מדקתני בברייתא פעמים שבא בארוכה ואין לשון ארוכה וקצרה נופל כאן שהרי מתוך קוטנה הישנה נכסית מבני מערב כשהיא במזרח לפני חדושה ופירש בקונטרס דעל החדשה העידו ועדי שקר דקאמר רבי יוחנן בן נורי לפי שבי"ב שעות שביום אין ממהרת לבא מתוך המזרח לתוך המערב וע"ז קאמר פעמים שבא בארוכה ושוהה לבא ודבר תימה הוא מאי ס"ד דר' יוחנן בן נורי למה לא תוכל לילך בי"ב שעות כל רוח דרומית ועדיין מקצה רוח מזרחית ומערבית עמו ובירושלמי משמע כלישנא קמא דקאמר רבי שמלאי טעמא דרבי יוחנן בן נורי כל חדש שנראית קודם ו' שעות אין כח בעין לראות את הישן נראה ישן שחרית לא נראה חדש בין הערבים חדש בין הערבים לא נראה ישן שחרית א"ר חייא בר אבא ולמה קבלם ר"ג שכן מסורת הוא מאבותיו פעמים שבא בארוכה ופעמים מהלך בקצרה ותימה מי פליג המסורת מאבותיו דר"ג אהא דאמר לעיל בסוף פ"ק (דף כ:) כ"ד שעי מיכסי סיהרא למאי נפקא מינה לאכחושי סהדי ושמא יש לחלק בשעות דיש שעות קטנות ביום כגון בתקופת טבת ויש שעות בינוניות כגון בימי ניסן ותשרי ויש גדולות כגון בתקופת תמוז ואי בקטנות או בבינוניות מיכסי סיהרא לבני א"י תמני סרי מעתיקא ושית מחדתא מן הגדולות פעמים מכסיא פורתא כגון דבא בארוכה פעמים דלא מכסיא כגון דבא בקצרה:

לאורתא

רבינו חננאל

אולם וחצר תבנית עזרה ושלחן תבנית שלחן שבהיכל. ומנורה תבנית מנורה בשבעה קנים. אבל עושה של חמשה של ששה של שמונה. של שבעה לא יעשה אפילו של שאר מיני מתכות. אבל דמות לבנה שאי אפשר לו לאדם לעשות לבנה לא אסרה תורה. ואקשינן עוד והתניא לא תעשון אתי לא תעשון כדמות שמשי המשמשין לפני במרום וכי אפשר לאדם לעשות דמות חיות הקודש. ופריק אביי לא אסרה תורה אלא דמות ד' פנים כאחד. אי הכי פרצוף אדם לחודיה לשתרי אלמה תניא כל הפרצופות מותרין חוץ מפרצוף אדם. ואסיקנא לא תעשון אתי. פי' לא תעשון אותי כגון דמות אדם שאני מראה לנביאים בחזונם. כדכתיב ביחזקאל דמות כמראה אדם עליו מלמעל' (אתה). והתניא בהדיא אשר בשמים לרבות חמה ולבנה כו' ודחינן [כי] תניא היא לעבדם היא ודתניא ואשר במים מתחת לארץ לא תשתחוה להם ולא תעבדם לרבות שלשול קטן. ועשייה בלא לעבדם שרי והתניא לא תעשון אתי פי' של שמשין שאתי כגון חמה ולבנה כו'. ופרקינן הוא עצמו אסור לעשות אבל אחרים לא וה"ג אחרים עשו לו. ואסיקנא אם הוא כגון טבעת וחותמו בולט אסור משום חשדא. ומי חיישינן לחשדא והא אנדרטא. פירוש צורת איש דהוה קאי בכנישתא דשף ויתיב בנהרדעא והוו עיילי רב ושמואל ואבוה דשמואל ולוי ומצלי התם. ופרקינן רבים שאני. כלומר במקום שיש רבים לא חיישינן לחשדא. ור"ג נמי כיון דנשיא הוא רבים שכיחי גביה ולאו יחיד הוא. איכא דאמרי דמות צורת לבנה של חוליות היתה איכא דאמרי להתלמד מותר שנאמר לא

מסורת הש"ס

א) ע"ז מג. מנחות כח:, ב) [שבת כט. וש"נ], ג) ע"ז מג., ד) [שם כל הסוגיא], ה) [ע"ז מג: אית' רב יהודה בריה דרב יהושע מפירקי דרבי יהושע שמיע לי וע"ש מג: ובכה"ג], ו) [ברכות לו. וש"נ], ז) [שבת עב. סנהדרין סח. ע"ז יח. ע"ש], ח) [וע"ע אריכות תוספות יומא נד. ד"ה כרובים].

תורה אור השלם

א) לֹא תַעֲשׂוּן אִתִּי אֱלֹהֵי כֶסֶף וֵאלֹהֵי זָהָב לֹא תַעֲשׂוּ לָכֶם: [שמות כ, כ]

ב) לֹא תַעֲשֶׂה לְךָ פֶסֶל וְכָל תְּמוּנָה אֲשֶׁר בַּשָּׁמַיִם מִמַּעַל וַאֲשֶׁר בָּאָרֶץ מִתָּחַת וַאֲשֶׁר בַּמַּיִם מִתַּחַת לָאָרֶץ: [שמות כ, ד]

ג) כִּי אַתָּה בָּא אֶל הָאָרֶץ אֲשֶׁר יְיָ אֱלֹהֶיךָ נֹתֵן לָךְ לֹא תִלְמַד לַעֲשׂוֹת כְּתוֹעֲבֹת הַגּוֹיִם הָהֵם: [דברים יח, ט]

ליקוטי רש"י

של חמשה וכו'. או של ששה קנים או של שמנה (דלאו) [שהרי אינו] דומה למנורת המקדש שהיא שבעה קנים [מנחות כח:]. נרות ושל ששה ושל שמונה שאינן דומין לשל מקדש [ע"ז מג.]. ושל שבעה קנים לא יעשה אפי' של שאר מיני מתכות. שאינו [שלא] זהב משום דדומה לשל מקדש שאף הוא כשר בשאר מיני מתכות [מנחות שם]. שהיא של מקדש ואפילו של שאר מיני מתכות שאף היא שאינה של זהב כשרה במקדש כדילפי' בהקומץ רבה (מנחות כח:) מכלל ופרט וכלל אבל של עץ שרי דאינה כשרה במקדש דהפרט מפורש מתכת [ע"ז שם]. אף של עץ לא יעשה. שהרי הוא כדרך שעשו מלכי בית חשמונאי [למקדש] [מנחות שם]. שאף היא כשרה במקדש. שעשו מלכות בית חשמונאי. עשאוה במקדש של עץ לאחר שטימאו יונים את ההיכל ונטלו כל כליו וגברה יד בית חשמונאי ונצחום דרבי יוסי בר יהודה דריש ליה בריבויי ומיעוטי ועשית מנורת ריבה זהב טהור מיעט מקשה תיעשה חזר וריבה ריבה כל מילי ומיעט חרס [ע"ז שם]. בבעץ. בדיל אשטיי"ן [מנחות וע"ז שם]. המשמשין לפני במרום. אלמא שמשין עליונים קאמר [ע"ז שם]. ארבעה פנים. פני שור ואדם ואריה ונשר לחיה אחת דוגמת חיות הקודש דכתיב אתי הסרויות אתי. שבמדור העליון. כדכתיב אבל חמה ולבנה במדור התחתון הם. דאחרים עשו לו. עובדי כוכבים. והא

(ד)רב יהודה דאחרים עשו לו. צורה בטבעת שהיה מניח. סמי עיניה דדין. (פחות) [פחת] צורתו. חשדא. שלא יאמרו לה הוא עובד. חותמו. צורתה. ומותר לחתום בה. [ד] החותם בשעוה ואינו נראה מבחוץ. חותמו שוקע. אסור לחתום [בה] דכשהוא חותם הוי חותמה בולט ולקמן פריך ה"נ ניחוש לחשדא. דשף ויתיב. שם מקום שהיה במדינת נהרדעא וגלותו נטלו עמהן מאבני ירושלים ומעפרה ובנאוהו שם והיינו דשף ויתיב בנהרדעא ניסוף כאן ונתייסב כאן והיינו דכתיב כי רצו עבדיך את אבניה וכו'. אנדרטא. צלם. והא ר"ג יחיד הוה. וניחוש לחשדא. דפרקים. של חוליות ולא היה מחברם אלא בשעת בדיקת עדים וכל יומא לא חזו לה וליכא חשדא [שם:]. לא תלמד לעשות. (סנהדרין סח) אבל אתה למד להבין ולהורות כלומר כמה הם מקולקלין ולהורות לבניך לא תעשה כך וכך שזה הוא חק העכו"ם [דברים יח ט]. כדי שתעשה. להבין. שתוכל לעמוד בהן [שבת עה.].

The Gemara asks:

וְהָא רַב יְהוּדָה – But there was the case involving **Rav Yehudah, דַּאֲחֵרִים עָשׂוּ לוֹ – in which others had made for him** an image (signet) on his ring,[22] **וְאָמַר לֵיהּ שְׁמוּאֵל לְרַב יְהוּדָה – and** nevertheless **Shmuel said to Rav Yehudah: שִׁינְּנָא – Sharp one!**[23] **סַמֵּי עֵינֵיהּ דְּדֵין – Deface it!**[24] Thus, it would appear that the fact that others made the image does not render it permissible to keep.[25] **– ? –**

The Gemara answers:

הָתָם – There, in the case of Rav Yehudah's ring, **חוֹתָמוֹ בּוֹלֵט הֲוָה – its signet was protruding,**[26] **וּמִשּׁוּם חֲשָׁדָא – and** it was **on account of** avoiding **suspicion** that Shmuel told Rav Yehudah not to keep the signet as is.[27] **כִּדְתַנְיָא – As it was taught in the** following **Baraisa: טַבַּעַת – With** regard to A RING with an image on its signet:[28] **חוֹתָמוֹ בּוֹלֵט – IF** the image on ITS SIGNET IS PROTRUDING,[29] **אָסוּר לְהַנִּיחָה – IT IS PROHIBITED TO WEAR [THE RING] ON** one's finger[30] **וּמוּתָּר לַחְתּוֹם בָּהּ – BUT IT IS PERMITTED TO STAMP** a seal **WITH IT.**[31] **חוֹתָמוֹ שׁוֹקֵעַ –** But if the image on ITS SIGNET IS DEPRESSED,[32] **מוּתָּר לְהַנִּיחָה –** then IT IS PERMITTED TO WEAR [THE RING][33] **וְאָסוּר לַחְתּוֹם בָּהּ – BUT IT IS FORBIDDEN TO STAMP** a seal **WITH IT.**[34]

NOTES

ted to instruct the non-Jews [who are not commanded to refrain from making images (but cf. *Rambam, Hil. Melachim* 9:2 and *Minchas Chinuch* §39)] to make the images (see *Tosafos* and *Ritva* here and to *Avodah Zarah* loc. cit.).

Alternatively, the Gemara means only that the non-Jews made these images for Rabban Gamliel on their own, without his having instructed them to do so (*Ritva* to *Avodah Zarah* loc. cit., second explanation), or that [they made the images for themselves, whereupon] Rabban Gamliel purchased the images from them (see *Rosh* there 3:5, with *Pilpula Charifta* §5).

22. The image on the ring was apparently that of a human face (*Ritva* ד״ה לא תעשון אתי והא רב יהודה ,ד״ה ואקשינן והא רב יהודה; *Tosafos* to *Avodah Zarah* 43a ד״ה לא תעשון אתי; *Ran* there, folio 19a; see also *Rambam, Hil. Avodah Zarah* 3:11), which is what was customarily made on a signet ring (*Tosafos* ibid.; see also below, note 28). [Some suggest, however, that it might have been the image of a heavenly body, such as the sun or moon (*Ran* ibid.).]

23. Shmuel often called his disciple Rav Yehudah by this name, because of the latter's sharp analytical ability (*Aruch* ע׳ שן, first explanation; see another explanation there [cited by *Mesoras HaShas* to *Chagigah* 15b]).

24. *Rashi* [literally: blind its "eye"]. (See also *Rashi* ד״ה והא רב יהודה, who writes that Shmuel instructed Rav Yehudah "to remove [the image] from [the ring].")

[*Rashi* apparently takes the word עֵינֵיהּ, *its "eye,"* here to mean *its appearance*, as in *Exodus* 10:5, *Leviticus* 13:55, *Numbers* 11:7 (see *Meiri* to *Avodah Zarah* 42b ד״ה דין הנחה כיצד; see also *Chasam Sofer* to *Rashi* ibid. 43b ד״ה סמי עיניה). This is what עיניה must mean if the image was that of a heavenly body, which has no "eyes" (*Ran* to *Avodah Zarah,* folio 19a; see above, note 22). If, however, the image was that of a human face, then "blind its eye" can be taken quite literally to mean that the eye should be destroyed (*Ran* ibid.).]

25. For people might suspect that the Jew has made it himself and transgressed the prohibition *You shall not make* ... (see note 27) [Alternatively, the Gemara assumes that there is a separate prohibition against *keeping* an image that is forbidden to make even if one has not made it himself (*Ran* to *Avodah Zarah* loc. cit.).] Thus, Rabban Gamliel, too, should have been forbidden to retain the images that others had made for him (*Tosafos* ד״ה סמי).

26. I.e. the image on the signet protruded. The image was crafted by carving out the metal around the image, so that the untouched metal now forms a raised image (*Rashi* below).

27. For a person's actions must be not only proper before God, but above human suspicion as well, as it states (*Numbers* 32:22): *And you shall be innocent before Hashem and Israel* (see *Re'ah* to *Avodah Zarah* loc. cit., from *Shekalim* 3:2, *Pesachim* 13a; see also *Shabbos* 23a-b).

Shmuel was concerned that people who saw it would say that it was Rav Yehudah's idol (*Rashi*). This concern exists only if the image is protruding, for the idolaters generally worship only protruding images (see below, note 33).

[The Gemara will explain shortly why Rabban Gamliel was not concerned that his keeping of the moon images would arouse a similar suspicion (*Rashi* to *Avodah Zarah* 43b ד״ה חותמה שוקע).]

28. And the image is that of a human face (*Tosafos* above, end of ד״ה לא תעשון; see *Hagahos R' Simchah of Dessau* there). [Alternatively, it was the image of a heavenly body, such as the sun or moon (see *Ran,* cited above in note 22; *Ran* himself favors a third interpretation, with important halachic ramifications – see there; see also *Bahag* cited by *Ramban* to *Avodah Zarah* loc. cit.).]

In Talmudic times, people would seal documents with a signet ring. A smooth wax seal would be pasted to the document and the wax would then be stamped with the signet, leaving in the wax an image that is the reverse of the one on the ring. Thus, a signet whose image is protruding will produce a depressed image in the wax. Conversely, a signet whose image is depressed will produce a protruding image in the wax.

29. [See above, note 26.]

30. Because people might suspect that he worships the protruding image on the signet. [*Ran* to *Avodah Zarah* loc. cit. (in keeping with his understanding that the questioner above assumed that Shmuel's ruling to Rav Yehudah indicated that it is forbidden even to *retain* a forbidden image – see above, note 25) explains how the Gemara knew that "suspicion" (and not "keeping an image that others made") is the reason this Baraisa prohibits one from wearing the ring.]

[Because of the suspicion that might be aroused, one may not wear such a ring or keep it in the open. One is permitted, however, to keep it in a concealed place (*Perishah, Yoreh Deah* 141).]

31. Because when one stamps with a protruding signet, the image [formed in the wax] is depressed, and does not protrude above the surface (see *Rashi* to *Avodah Zarah* 43b ד״ה ומותר).

32. I.e. the image on the signet is engraved into the metal and it is the surrounding area that is raised (*Rashi*).

33. Wearing a ring with a *depressed* image will not cause people to suspect that it is an idol, because people did not customarily worship a depressed image.

34. Because it produces a protruding image in the wax (*Rashi; Rashi* to *Avodah Zarah* 43b ד״ה חותמה), and it is forbidden to make a protruding image of the human or celestial image that is on the signet [see beginning of note 28].

Thus, there are two distinct issues dealt with in this Baraisa: There is the Biblical issue of "making a forbidden image" (see, however, end of this note) and there is the Rabbinic issue of "suspicion." In either case, the concern arises only if the image is protruding, but not if it is depressed.

Now, as mentioned above (note 28), the image referred to in this Baraisa is apparently that of a person. Accordingly, it emerges that the prohibition against making a human image (*You shall not make "with Me"*) applies only to a *protruding* human image (such as a statue or a relief). But it is permitted to make a depressed human image. [By the same token, it is permitted to make a flat human image, such as one painted on a wall or embroidered on a piece of material – neither of which is considered "protruding" (*Rambam, Hil. Avodah Zarah* 3:10; *Yoreh Deah* 141:4; cf. *Raavad* to *Hil. Avodah Zarah* 3:11).] This is indeed the ruling of *Rambam* (*Hil. Avodah Zarah* 3:10) and *Shulchan Aruch* (*Yoreh Deah* 141:4). They rule also, though, that the prohibition against making images of the sun, moon and stars applies even to flat or depressed images. It would seem that the reason for this distinction is the fact that we see real human beings as three dimensional, but we see the celestial bodies as two dimensional. Thus, a depressed or flat human image is not a true representation of a human being and is thus permitted, whereas a depressed or flat image of a celestial body is a true representation (from our visual perspective) and is thus forbidden (*Ran* to *Avodah Zarah,* folio 19b, and *Kessef Mishneh* to *Hil. Avodah Zarah* 3:11; see also *Ritva* ד״ה ומדלא משנינן; see a similar line of reasoning in *Tosafos* ד״ה והא רבן גמליאל יחיד with regard to the issue of "suspicion" [cited below in note 40]). This distinction would be supported by the fact that the Gemara does not answer simply that Rabban Gamliel's images might have been flat or depressed and that is why they were permitted (see *Ritva* and *Tosafos* loc. cit.). [As regards flat or depressed images of angels, *Rambam* (loc. cit.) forbids making them, but *Shulchan Aruch* (loc. cit.) permits it.] Other Rishonim, however, insist

[א] של חמשה ושל ששה ושל שמונה ושל שבעה לא יעשה אפי' של שאר מיני מתכות רבי יוסי בר יהודה אומר אף של עץ לא יעשה כדרך שעשו מלכי בית חשמונאי אמרו לו [ב] משם ראייה שפודין של ברזל היו וחיפום בבעץ העשירו עשאום של כסף חזרו העשירו עשאום של זהב ושמשין שאי אפשר לעשות כמותן מי שרי והתניא [ג] [א] לא תעשון אתי לא תעשון כדמות שמשיי המשמשין לפני במרום אמר אביי [ד] לא אסרה תורה אלא [א]דמות ארבעה פנים בהדי הדדי אלא מעתה פרצוף אדם לחודיה תשתרי אלמה תניא [ב]כל הפרצופות מותרין [ג]חוץ מפרצוף אדם א"ר [ה] הונא בריה דרב אידי מפרקיה דאביי שמיע לי לא תעשון אתי לא תעשון אותי ושאר שמשין מי שרי והא תניא לא תעשון אתי לא תעשון כדמות שמשיי המשמשין לפני במרום [ד]כגון אופנים ושרפים וחיות הקודש ומלאכי השרת אמר אביי לא אסרה תורה אלא שמשין שבמדור העליון ושבמדור התחתון מי שרי והתניא [ב] אשר בשמים לרבות חמה ולבנה כוכבים ומזלות ממעל לרבות מלאכי השרת כי תניא ההיא לעבדם אי לעבדם אפילו שלשול קטן נמי אין ה"נ דתניא [ב] אשר בארץ לרבות הרים וגבעות ימים ונהרות אפיקים וגאיות מתחת לרבות שלשול קטן ועשייה גרידתא מי שרי והתניא [ה]לא תעשון אתי לא תעשון כדמות שמשיי המשמשין לפני כגון חמה לבנה כוכבים ומזלות שאני ר"ג דאחרים עשו לו והא רב יהודה דאחרים עשו לו וא"ל שמואל לרב יהודה [ו] שיננא סמי עיניה דדין התם חותמו בולט הוה ומשום חשדא כדתניא [ו]טבעת חותמו בולט אסור להניחה ומותר לחתום בה חותמו שוקע מותר להניחה ואסור לחתום בה ומי חיישינן לחשדא והא ההיא בי כנישתא דשף ויתיב בנהרדעא דהוה ביה אנדרטא והוו עיילי רב ושמואל ואבוה דשמואל ולוי ומצלו התם ולא חיישי לחשדא [ז]רבים שאני והא ר"ג יחיד הוא כיון דנשיא הוא שכיחי רבים גביה איבעית אימא [ח]דפרקים הוה ואיבעית אימא [ט]להתלמד עבד וכתיב [ג] לא תלמד לעשות [ז] אבל אתה למד להבין ולהורות:

מתני' מעשה שבאו שנים ואמרו ראינוהו שחרית במזרח וערבית

רש"י

של חמשה. נרות: **ושל ששה.** נרות: **ואפילו של שאר מיני מתכות.** לפי שכיולא בהן כשירה לפנים כדתניא (מנחות דף כח:) ועשית מנורת זהב טהור פרט מקשה תיעשה חזר וכלל מה הפרט מפורש של מתכת אף כל של מתכת: **אף של עץ לא יעשה.** שכיולא בה כשירה לפנים דר' יוסי בר' יהודה דריש ליה לקרא ברבוי ומעוטי מאי רבי רבי כל מילי ומאי מיעט מיעט חרס והכי מפרש לה במנחות (שם): **כדרך שעשו מלכי בית חשמונאי.** כשגברה ידם על היונים והוציאום מירושלים וטיהרו את המקדש והיו עניים ולא יכלו לעשותה של זהב: **בבעץ.** סטיי"ן בלע"ז: **דמות ארבעה פנים.** לגוף אחד כעין חיות הקדש דהיינו אתי שכסא כבוד רכוב עליהן: **פרצוף אדם לחודיה תשתרי.** שהרי הוא אחד מהן בחיות ואפ"ה אמר עד דאיכא כולהו בהדי הדדי: **שבמדור העליון.** ברקיע שביעי דדייקינן אתי אבל חמה ולבנה וכוכבים ומזלות במדור התחתון הן ברקיע השני כדאמרינן במסכת חגיגה (דף יב:): **שלשול.** תולעת: **אפיקים.** מוצאי מים ביברי"ש בלע"ז: **אחרים.** נכרים: **והא רב יהודה.** שהיתה לו צורה בטבעתו ואחרים עשאוה וא"ל שמואל דניסקליה מיניה: **סמי עיניה.** כלומר השחת צורתו: **ומשום חשדא.** שלא יאמרו ע"ז היא לו: **אסור להניחה.** באצבעו: **ומותר לחתום בה.** שחתימתה שוקעת: **וכשחותמה שקוע.** חתימה בולטת חותמה בולט המתכת חרות סביב סביב והצורה עומדת כמות שהיא חותמה שוקעת שהצורה חקוקה וחרותה במתכת: **דשף ויתיב בנהרדעא.** מקום הוא ויש פותרין שחרב וחזר ונבנה ותמיד היתה שכינה מצויה שם ויכניה וגלותו בנאוהו שנשאו עמהם מאבני ירושלים ועליהם נאמר (תהלים קב) כי רצו עבדיך את אבניה: **אנדרטא.** צלם דמות המלך: **והא ר"ג יחיד הוה.** וניחוש נמי לחשדא: **מתני' מעשה שבאו שנים כו':** **ראינוהו שחרית במזרח.** את הישנה: **וערבית**

לאורתא

תוספות

שפודים של ברזל. הא דקרי ליה שפודים משום שלא היו גביעים כפתורים ופרחים אלא א"כ באה זהב כדאי' בהקומץ רבה (מנחות דף כח. ושם): **חוץ** מפרצוף אדם. תימה מאי קושיא דלמא הכא במוצא וכדרבא דמוקי לה כר' יהודה בפ' כל הצלמים (ע"ז דף מג. ושם) אבל עשייה שריא וי"ל דסוגיא דהכא כאביי ולית ליה דרבא ומוקי לה בעושה ולפ"ז מותר לעשות צורת אדם דקיימא לן כרבא לגבי דאביי ומיהו אין ראיה דבלא שום קושיא יכול רבא לדרוש לא תעשון אותי וכן תניא לקמן טבעת שחותמה שקוע אסור לחתום בה: **לא** תעשון אתי. וא"ת ומאי קאמר אלא דמות ארבעה פנים תיפוק ליה משום צורת אדם לחודיה וי"ל כי איכא שאר פרצופין עם אדם שרי טפי א"נ אם מצא צורת אדם אסור להשהות לד' פנים ומיהו קשיא דפרצוף אדם לחודיה תיפוק ליה מכרובים שעל הכפורת וי"ל דלא מקרו שמשיי וכרובים שבשמים לא נתבררה צורתם [ח]: **לא** אסרה תורה אלא שמשין שבמדור העליון. הני תלת מילי דאביי לא הדר ביה בכל זמנא דכולה אמת וה"ק לא אסרה בשמשין של מטה אלא בית תבנית היכל ואכסדרה תבנית אולם ובשמשין התחתונים אסרה חמה ולבנה וכוכבים ובמדור העליון דמות ד' פנים: **ממעל** לרבות מלאכי השרת. למאי דסליק אדעתיה דאיירי בעשייה הוה מצי לאקשויי דמות שמשיי מלא תעשון נפקא: **שאני** ר"ג דאחרים עשו. ואע"ג דבכל מילי אמירה לנכרי שבות כדמוכח בפ"ב דמו"ק (דף יב.) ואפילו בדרבנן איכא שבות ובפרק השוכר את הפועלים (ב"מ דף צ.) יש בעיא אי איכא שבות בלאו או לא גבי חוסם פרה ודש בה הכא לא גזור משום מצוה וצריך ליזהר כשמלוין לנכרים ומתחמין החוב בחותם של שעוה שתלוי באגרת דלא סמכינן אדרבא כדפרישית דלא פליג רבא ואם הנכרי מביא לו חותם מעצמו מותר: **סמי** עיניה דדין. אלמא אסור להשהותו שמא יחשדוהו שעשה ועבר על לא תעשון ור"ג נמי ליתסר ומשני כיון דחותמו בולט חיישינן לחשדא שמא יאמרו ע"ז הוא לו אבל אחשדא דלא תעשון לא חיישינן ומפרש בה"ג דההיא דרב יהודה בצורת דרקון משום דתנן בפרק כל הצלמים (ע"ז דף מב:) מצא כלים ועליהם צורת חמה צורת לבנה דרקון יוליכם לים המלח ומפרש התם משום דהני חשיבי להו וה"נ חשיב טפי חשדא משאר: **והא** רבן גמליאל יחיד. תימה והא צורה דר"ג לא היתה בולטת וי"ל דמ"מ שייך בה חשדא דגבי לבנה אין חילוק כיון דאינה בולטת ברקיע: **ראינוהו** במזרח. הישנה וערבית במערב את החדשה עדי שקר הם דקיימא לן (לעיל כ:) כ"ד שעי מיכסי סיהרא כך פירש בקונטרס בשם רבותיו והקשה מדקתני בברייתא פעמים שבא בארוכה ואין לשון ארוכה וקצרה נופל כאן שהרי מתוך קוטנה הישנה נכסית מבני מערב כשהיא במזרח לפני חדושה ופירש בקונטרס דעל החדשה העידו ועדי שקר דקאמר רבי יוחנן בן נורי לפי שבי"ב שעות שביום אין ממהרת לצאת מתוך המזרח לתוך המערב וע"ז קאמר פעמים שבא בארוכה ושוהה לבא ודבר תימה הוא מאי ס"ד דר' יוחנן בן נורי למה לא תוכל לילך בי"ב שעות כל רוח דרומית ועדיין מקצה רוח מזרחית ומערבית עמו ובירושלמי משמע כלישנא קמא דקאמר רבי שמלאי טעמא דרבי יוחנן בן נורי כל חדש שנראית קודם ו' שעות אין כח בעין לראות את הישן נראה ישן שחרית לא נראה חדש בין הערבים חדש בין הערבים לא נראה ישן שחרית א"ר חייא בר אבא ולמה קבלם ר"ג שכן מסורת הוא מאבותיו פעמים שבא בארוכה ופעמים מהלך בקצרה ותימה מי פליג המסורת מאבותיו דר"ג אהא דאמר לעיל בסוף פ"ק (דף כ:) כ"ד שעי מיכסי סיהרא למאי נפקא מינה לאכחושי סהדי ושמא יש לחלק בשעות דיש שעות קטנות ביום כגון בתקופת טבת ויש שעות בינוניות כגון בימי ניסן ותשרי ויש גדולות כגון בתקופת תמוז ואי בקטנות או בבינוניות מיכסי סיהרא לבני א"י תמני סרי מעתיקא ושית מחדתא מן הגדולות פעמים מכסיא פורתא כגון דבא בארוכה פעמים דלא מכסיא כגון דבא בקצרה:

עין משפט נר מצוה

יז א טוש"ע י"ד סי' קמא סעיף ד:
יח ב מיי' פ"ג מהלכות ע"ז הלכה י סמג לאוין כב טור ש"ע י"ד סי' קמא סעיף ו:
יט ג ד ה מיי' שם והלכה יא סמג שם טור ש"ע שם סעיף ד:
כ ו מיי' פ"ג מהלכות ע"ז הלכה יא טוש"ע י"ד שם סעיף ה:
כא ז טוש"ע שם סעיף ד בהג"ה:
כב ח טור ש"ע שם סעיף ז:
כג ט טור ש"ע שם סעיף ז:

רבינו חננאל

אולם וחצר תבנית עזרה ושלחן תבנית שלחן שבהיכל. ומנורה תבנית מנורה בשבעה קנים. אבל עושה של חמשה של ששה של שמונה. של שבעה לא יעשה אפילו של שאר מיני מתכות. אבל דמות לבנה שאי אפשר לו לאדם לעשות לבנה לא אסרה תורה. ואקשינן תוב והתניא לא תעשון אתי לא תעשון כדמות שמשיי המשמשין לפני במרום וכי אפשר לאדם לעשות דמות חיות הקודש. ופריק אביי לא אסרה תורה אלא דמות ד' פנים כאחד. אי הכי פרצוף אדם לחודיה לשתרי אלמה תניא כל הפרצופות מותרין חוץ מפרצוף אדם. ואסיקנא לא תעשון אתי. לא תעשון אותי כגון דמות אדם שאני מראה לנביאים בחזיונם. כדכתיב ביחזקאל דמות כמראה אדם עליו מלמעל' (אתי). והתניא בהדיא אשר בשמים לרבות חמה ולבנה כו' ודחינן [כי] תניא היא לעבדם היא דתניא ואשר במים מתחת לארץ לא תשתחוה להם ולא תעבדם לרבות שלשול קטן. ועשייה בלא לעבדם שרי והתניא לא תעשון אתי אפי' כל שמשין שאתי כגון חמה ולבנה כו'. ופרקינן הוא עצמו אסור לעשות אבל אחרים לא ור"ג אחרים עשו לו. ואסיקנא אם הוא כגון טבעת וחותמו בולט אסור משום חשדא. ומי חיישינן לחשדא והא ההוא אנדרטא. פירוש צורת איש דהוה קאי בכנישתא דשף יתב בנהרדעא והוו עיילי רב ושמואל ואבוה דשמואל ולוי ומצלו התם. ופרקינן רבים שאני. כלומר במקום שיש רבים לא חיישינן לחשדא. ור"ג נמי כיון דנשיא הוא רבים שכיחי גביה ולאו יחיד הוא. איכא דאמרי דמות צורת לבנה של חוליות היתה איכא דאמרי להתלמד מותר שנאמר לא

מסורת הש"ס

א) ע"ז מג. מנחות כח:, ב) [שבת כט: וש"נ], ג) ע"ז מג., ד) [שם כל הסוגיא], ה) [בע"ז מג: איתא רב הונא בריה דרב יהושע מפירקיה דרבי יהושע שמיע לי וע"ש מג: ובכ"מ], ו) [ברכות נו: וש"נ], ז) [שבת עה. סנהדרין סח. ע"ז יח. מג.], ח) [וע"ע תוספות יומא נד: ד"ה כרובים].

תורה אור השלם

א) לא תעשון אתי אלהי כסף ואלהי זהב לא תעשו לכם: [שמות כ, כ]

ב) לא תעשה לך פסל וכל תמונה אשר בשמים ממעל ואשר בארץ מתחת ואשר במים מתחת לארץ: [שמות כ, ד]

ג) כי אתה בא אל הארץ אשר יי אלהיך נתן לך לא תלמד לעשות כתועבת הגוים ההם: [דברים יח, ט]

ליקוטי רש"י

של חמשה וכו'. או של ששה או של שמונה (דלאו) [שהרי אינו] דומה למנורת מקדש שהיא שבעה קנים [מנחות כח:]. נרות ושל ששה ושל שמונה שאינו דומין לשל מקדש [ע"ז מג.]. ושל שבעה קנים לא יעשה אפי' של שאר מיני מתכות. שאינו [של] זהב משום דדומה לשל מקדש שאף שם הוא כשר בשאר מיני מתכות [מנחות שם]. שהיא של מקדש ואפילו של שאר מיני מתכות שאף היא של זהב כשרה במקדש כדילפי' בהקומץ רבה (מנחות כח.) מכלל ופרט וכלל אבל של עץ שרי דאינה כשרה במקדש דהפרט מפורש מתכת [ע"ז שם]. אף של עץ לא יעשה. שהרי הוא כדרך שעשו מלכי בית חשמונאי [למקדש] [מנחות שם]. שאף היא כשרה במקדש. שעשו מלכות בית חשמונאי. עשאוה במקדש של עץ לאחר שטימאוה יוונים את ההיכל ונטלו כל כליו וגברה יד בית חשמונאי ולאחוס דברי יוסי בר יהודה דריש ליה בריבוי ומיעוט ועשית מנורה ריבה זהב טהור מיעט מקשה תיעשה המנורה חזר וריבה ריבה כל מילי ומיעט חרס [ע"ז שם]. בבעץ. בדיל אסטיי"ן [מנחות וע"ז שם]. המשמשין לפני במרום. אלמא משמשי עליונים קאסר [ע"ז שם]. ארבעה פנים. פני שור ואדם ואריה ונשר לחיה אחת דוגמת חיות הקדש דכתיב אתי השרויות אצלי. שבמדור העליון. דכתיב אתי אבל חמה ולבנה במדור התחתון הם. דאחרים עשו לו. עובדי כוכבים. והא

(ד)רב יהודה דאחרים עשו לו. צורה בטבעת שהיה מנית. סמי עיניה דדין. (פחות) [פחת] צורתו. חשדא. שלא יאמרו לה הוא עובד. חותמו. צורתה. ומותר לחתום בה. [ד]כשהוא חותם שוקע החותם בשעוה ואינו נראה מבחוץ. חותמו שוקע. אסור לחתום [בה] דכשהוא חותם הוי חותמה בולט ולקמן פריך ה"נ ניחוש לחשדא. דשף ויתיב. שם מקום שהיה במדינת נהרדעא ויש אומר יכניה וגלותו נטלו עמהן מאבני ירושלים ומעפרה ובנאוהו שם והיינו דשף ויתיב בנהרדעא נישוף כאן ונתיישב כאן והיינו דכתיב כי רצו עבדיך את אבניה וכו'. אנדרטא. צלם. והא ר"ג יחיד הוה. וניחוש לחשדא. דפרקים. של חוליות ולא היה מחברם אלא בשעת בדיקת עדים וכל יומא לא חזו לה וליכא חשדא [שם:]. לא תלמד לעשות. (סנהדרין סח) אבל אתה למד להבין ולהורות כלומר להבין מעשיהם כמה הם מקולקלין ולהורות לבניך לא תעשה כך וכך שזה הוא חק העכו"ם [דברים יח ט]. כדי שתעשה. להבין. שתוכל לעמוד בהן [שבת עה.].

The Gemara asks:

וּמִי חָיְישִׁינַן לַחֲשָׁדָא – But are we indeed **concerned about suspicion** in such cases?[35] **וְהָא הַהִיא בֵּי כְנִישְׁתָּא דְשָׁף וְיָתִיב בִּנְהַרְדְּעָא – But there was this synagogue of Shaf Veyasiv in Nehardea,**[36] **דַּהֲוָה בֵּיהּ אַנְדַּרְטָא – in which there was a statue** of the king,[37] **וְהָווּ עָיְילֵי רַב וּשְׁמוּאֵל וַאֲבוּהַ דִּשְׁמוּאֵל וְלֵוִי וּמְצַלּוּ הָתָם – and Rav, Shmuel, Shmuel's father and Levi would enter and pray there, וְלֹא חָיְישֵׁי לַחֲשָׁדָא – and they were not concerned for** the possibility of **suspicion.**[38] **– ? –**

The Gemara answers:

רַבִּים שָׁאנֵי – A multitude of people **is different.**[39]

The Gemara asks:

וְהָא רַבָּן גַּמְלִיאֵל יָחִיד הוּא – But Rabban Gamliel was an individual, yet he kept images of the moon! Why was he not concerned about the possibility of suspicion?[40]

The Gemara answers:

כֵּיוָן דְּנָשִׂיא הוּא – Since he was the *Nasi*,[41] **שְׁכִיחֵי רַבִּים גַּבֵּיהּ – many people were frequently in attendance.** Thus, it is as if the moon images were in the public domain, in which case there is no suspicion that they are being worshiped.

A second answer:

אִיבָּעֵית אֵימָא – And if you prefer, say דִּפְרָקִים הֲוָה – that it [Rabban Gamliel's image of the moon] **was made of sections.**[42]

A third answer:

וְאִיבָּעֵית אֵימָא לְהִתְלַמֵּד עָבַד – And if you prefer, say that it was permitted because **[Rabban Gamliel] made** the images **for** the purpose of **study,**[43] **וּכְתִיב – and it is written: "לֹא־תִלְמַד לַעֲשׂוֹת" – *You shall not learn to do** in accord with the*

NOTES

that there is no such distinction; all the forbidden images are forbidden only if they protrude, but not if they are depressed ("the view of many and of *Tosafos*" cited by *Ramban* to *Avodah Zarah* loc. cit.; see also *Raavad* to *Hil. Avodah Zarah* 3:11, who argues that there should be no distinction). [And indeed, if we explain that the Baraisa refers to the image of a celestial body on the signet (see note 28), then it emerges that it is only the protruding image of such bodies that is forbidden, but a depressed image is permitted. And as to why the Gemara did not answer that Rabban Gamliel's images were depressed, it might be that the Gemara assumed that Rabban Gamliel's images were protruding ones (see also below, note 40).]

[Though not mentioned in *Shulchan Aruch,* there is the opinion of *Ramban* and *Ran* (to *Avodah Zarah* loc. cit.), who explain that the Baraisa regarding the signet ring refers to ordinarily nonforbidden images (but which people in that time and place happen to worship). And it is only with regard to such images that the Baraisa distinguishes between the making of a protruding image and a depressed one. But making images of a person or celestial body or being is (Biblically) forbidden whether the image is protruding, depressed or flat. (See also *Raavad* to *Hil. Avodah Zarah* 3:11.)]

It should be noted that the foregoing applies only to the issues of "making an image" and "suspicion." But the prohibitions regarding *worship* certainly apply to any type of image whatsoever (*Meiri* to *Avodah Zarah,* end of 42b ד״ה אע״פ שהפרשנו).

35. *Ritva* to *Avodah Zarah* loc. cit.

36. "Shaf Veyasiv" is the name of the section in Nehardea where the synagogue stood. Some interpret דְּשָׁף וְיָתִיב as: *that was destroyed and rebuilt,* and from which the *Shechinah* never departed [see below]. For when King Yechonyah and his entourage went into exile, they took with them stones and earth from Jerusalem and used them to build this synagogue in Babylonia. Thus, "it was destroyed" [for the materials came from the ruins of Jerusalem] and "it was built" anew in Nehardea. And regarding this it is written (*Psalms* 102:15): *For Your servants have cherished her stones and favored her dust* (*Rashi* here and to *Megillah* 29a and *Avodah Zarah* 43b). [In the compendium of Geonic responsa *Shaarei Teshuvah* §71, *Rav Hai Gaon* explains in the name of his father (*Rav Sherira Gaon*) that the stones and earth were from the place of the *Beis HaMikdash.* And שָׁף וְיָתִיב means *it moved and settled* – i.e. the *Shechinah* moved from the place of the *Beis HaMikdash* and settled in the Nehardean synagogue (see *Megillah* 29a). See also *Aruch* ע׳ שף (א).]

37. *Rashi.* The statue was made in honor of the king (*Ritva*) and was not an object of worship (*R' Akiva Eiger* to *Magen Avrohom* to *Orach Chaim* 154:17). See, however, *Aruch* ע׳ אנדריטא, who cites an opinion that this statue was a Persian idol erected in the synagogue [during a period of religious persecution (*Gaon,* cited by *Ramban* and *Ran* to *Avodah Zarah* ad loc.)] against the will of the Jews.

38. Namely, that people would suspect them of worshiping the statue.

39. I.e. since the statue in that synagogue in Nehardea was in the public domain, we are not concerned with the possibility that those who worship in the synagogue will be suspected of idolatry [since the Jewish public would not be suspected of engaging in idol worship]. However, an individual is not permitted to maintain [in the open] an object which others might suspect him of worshiping. See *Shach, Yoreh Deah* 141:27.

40. *Rashi.* Rabban Gamliel's display of the moon images on the wall (see Mishnah above) was no less visible than the wearing of a signet ring on the finger. And if the latter practice is prohibited because of suspicion, then the former one should be prohibited as well (*Tos. Rid* to *Avodah Zarah* loc. cit.).

[The Gemara does not answer that Rabban Gamliel's images were depressed and thus not subject to the concern of "suspicion." For in the case of images of the celestial bodies the concern of "suspicion" exists even if the images do *not* protrude, since these bodies do not [appear to the human eye to (*Hagahos Yavetz*)] protrude from the heavens (*Tosafos* ד״ה והא). Alternatively, the Gemara prefers to assume that Rabban Gamliel's images were protruding, because the veracity of the witnesses could be more effectively checked with protruding images (see *Ramban* to *Avodah Zarah* ד״ה והא דמפרקינן, and *Ritva* above ד״ה ומדלא משנינן).]

41. I.e. the head of the Sanhedrin and the de facto spiritual leader of the people.

42. Which Rabban Gamliel assembled only for the duration of the examination of the witnesses. Since at all other times these sections were kept unassembled, and people did not see him in possession of an assembled image of the moon, he remained above suspicion (*Rashi* to *Avodah Zarah* loc. cit. ד״ה דפרקים; cf. *Ritva*). *Rashi's* comments there seem to indicate that this answer of the Gemara addresses only the concern regarding suspicion. As regards the *making* of these images, however, the Gemara must still rely on the earlier assertion that non-Jews had made the images for Rabban Gamliel (*Ritva* ad loc.). [Thus, Rabban Gamliel had these images originally constructed by non-Jews. It was then permitted for Rabban Gamliel to assemble the parts temporarily. And this assembly did not constitute the forbidden "making" of an image. (Possibly, this is because the images were made to reassemble easily; hence, even when disassembled they are considered "made," and their reassembly does not constitute "making" them. See a parallel line of reasoning in *Shabbos* 58b and 83b, and *Avodah Zarah* 49b.)]

[Others, however, explain that this answer of the Gemara is meant to be self-contained. If Rabban Gamliel's images were composed of sections, then he was permitted to initially make them as well, and we no longer need say that others made them for him (*Ritva* there citing *Tosafos;* see also *Meiri* there; *Ritva* here, first explanation). And the reason that Rabban Gamliel was permitted to make the sectional images – even for the short period of time needed to examine the witnesses – is that since each heavenly body is itself a single mass, then by definition an image cannot be said to be their true-to-life representation unless it too is made of one piece. Accordingly, connecting various segments to form an image of the moon is not forbidden (*Ritva,* as understood by *Pitei Minchah* §39). Alternatively, *Minchas Chinuch* §39 suggests that Rabban Gamliel connected the sections loosely, and a loose attachment does not constitute the prohibited act of "making" an image. (Indeed, this answer is supported by the wording of *Re'ah* to *Avodah Zarah* loc. cit.; see also *Poras Yosef* there.)]

43. Thus, Rabban Gamliel was permitted to make these images himself, and by the same token no concern of suspicion attached to these images (*Ritva;* see also *Raavad* to *Avodah Zarah* loc. cit.; cf. *Minchas Chinuch* §39, who maintains that instructional purposes does not address the concern of suspicion).

א) של חמשה ושל ששה ושל שמונה ושל שבעה לא יעשה אפי' של שאר מיני מתכות רבי יוסי בר יהודה אומר אף של עץ לא יעשה כדרך שעשו מלכי בית חשמונאי אמרו לו ב) משם ראייה שפודין של ברזל היו וחיפום בבעץ העשירו עשאום של כסף חזרו העשירו עשאום של זהב ושמשין שאי אפשר לעשות כמותן מי שרי והתניא ג) א) לא תעשון אתי לא תעשון כדמות שמשיי המשמשין לפני במרום אמר אביי ד) לא אסרה תורה אלא א) דמות ארבעה פנים בהדי הדדי אלא מעתה פרצוף אדם לחודיה תשתרי אלמה תניא ב) כל הפרצופות מותרין ג) חוץ מפרצוף אדם א"ר ה) הונא בריה דרב אידי מפרקיה דאביי שמיעא לי לא תעשון אתי לא תעשון אותי ושאר שמשין מי שרי והא תניא לא תעשון אתי לא תעשון כדמות שמשיי המשמשין לפני במרום ד) כגון אופנים ושרפים וחיות הקודש ומלאכי השרת אמר אביי לא אסרה תורה אלא שמשין שבמדור העליון ושבמדור התחתון מי שרי והתניא ב) אשר בשמים לרבות חמה ולבנה כוכבים ומזלות ממעל לרבות מלאכי השרת כי תניא ההיא לעבדם אי לעבדם אפילו שלשול קטן נמי אין ה"נ דתניא ב) אשר בארץ לרבות הרים וגבעות ימים ונהרות אפיקים וגאיות מתחת לרבות שלשול קטן ועשייה גרידתא מי שרי והתניא ה) לא תעשון אתי לא תעשון כדמות שמשיי המשמשין לפני כגון חמה ולבנה כוכבים ומזלות שאני ר"ג דאחרים עשו לו והא רב יהודה דאחרים עשו לו וא"ל שמואל לרב יהודה ו) שיננא סמי עיניה דדין התם חותמו בולט הוה ומשום חשדא כדתניא ו) טבעת שחותמו בולט אסור להניחה ומותר לחתום בה חותמו שוקע מותר להניחה ואסור לחתום בה ומי חיישינן לחשדא והא ההיא בי כנישתא דשף ויתיב בנהרדעא דהוה ביה אנדרטא והוו עיילי רב ושמואל ואבוה דשמואל ולוי ומצלו התם ולא חיישי לחשדא ז) רבים שאני והא ר"ג יחיד הוא כיון דנשיא הוא שכיחי רבים גביה איבעית אימא ח) דפרקים הוה ואיבעית אימא ט) להתלמד עבד וכתיב ג) לא תלמד לעשות ז) אבל אתה למד להבין ולהורות: **מתני'** מעשה שבאו שנים ואמרו ראינוהו שחרית במזרח וערבית

של חמשה. נרות: **ושל ששה.** נרות: **ואפילו של שאר מיני מתכות.** לפי שכולה בהן כשירה לפנים כדתניא (מנחות דף כח:) ועשית מנורת כלל זהב טהור פרט מקשה תיעשה חזר וכלל מה הפרט מפורש של מתכת אף כל של מתכת: **אף של עץ לא יעשה.** שכולה בה כשירה לפנים דר' יוסי בר' יהודה דריש ליה לקרא ברבוי ומיעוט מאי רבי רבי כל מילי ומאי מיעט מיעט חרס והכי מפרש לה במנחות (שם): **כדרך שעשו מלכי בית חשמונאי.** כשגברה יד בית חשמונאי על היונים והוציאום מירושלים וטיהרו את המקדש והיו עניים ולא יכלו לעשותה של זהב: **בבעץ.** סטיי"ן בלע"ז: **דמות ארבעה פנים.** לגוף אחד כעין חיות הקדש דהיינו אתי שכבוד רכוב עליהן: **פרצוף אדם לחודיה תשתרי.** שהרי הוא אחד מהן בחיות ואפ"ה אמר עד דאיכא כולהו בהדי הדדי: **שבמדור העליון.** ברקיע שביעי דדייקינן אתי אבל חמה ולבנה וכוכבים ומזלות במדור התחתון הן ברקיע השני כדאמרינן במסכת חגיגה (דף יב:): **שלשול.** תולעת: **אפיקים.** מוצאי מים בינרי"ש בלע"ז: **אחרים.** נכרים: **והא רב יהודה.** שהיתה לו צורה בטבעתו ואחרים עשאוה וא"ל שמואל דניסקליה מיניה: **סמי עיניה.** כלומר השחת צורתו: **ומשום חשדא.** שלא יאמרו ע"ז היא לו: **אסור להניחה.** באצבעו: **ומותר לחתום בה.** שחתימתה שוקעת: **וכשחותמה שקוע.** חתימה בולטת חותמה בולט המתכת חרות סביב סביב והצורה עומדת כמות שהיא חותמה שוקעת שהצורה חקוקה וחרותה במתכת: **דשף ויתיב בנהרדעא.** מקום הוא ויש פותרין שחרב וחזר ונבנה ותמיד היתה שכינה מצויה שם ויכניה וגלותו בנאוהו שנשאו עמהם מאבני ירושלים ועליהם נאמר (תהלים קב) כי רצו עבדיך את אבניה: **אנדרטא.** צלם דמות המלך: **והא ר"ג יחיד הוה.** וניחוש נמי לחשדא: **מתני' מעשה שבאו שנים כו': ראינוהו שחרית במזרח.** את הישנה: וערבית

שפודים של ברזל. הא דקרי ליה שפודים משום שלא היו גביעים כפתורים ופרחים אלא א"כ באה זהב כדאי' בהקומץ רבה (מנחות דף כח. ושם): **חוץ** מפרצוף אדם. תימה מאי קושיא דלמא הכא במולא ובדרבא דמוקי לה כר' יהודה בפ' כל הצלמים (ע"ז דף מג. ושם) אבל עשייה שריא וי"ל דסוגיא דהכא כאביי ולית ליה דרבא ומוקי לה בעושה ולפ"ז מותר לעשות צורת אדם דקיימא לן כרבא לגבי דאביי ומיהו אין ראיה דבלא שום קושיא יכול רבא לדרוש לא תעשון אותי וכן תניא לקמן טבעת שחותמה שקוע אסור לחתום בה: **לא** תעשון אתי. וא"ת ומאי קאמר אלא דמות ארבעה פנים תיפוק ליה משום צורת אדם לחודיה וי"ל כי איכא שאר פרצופין עם אדם שרי טפי א"נ אם צורת אדם אסור להשלים לד' פנים ומיהו קשיא דפרצוף אדם לחודיה תיפוק ליה מכרובים שעל הכפורת וי"ל דלא מקרו שמשי וכרובים שבשמים לא נתבררה צורתם ח): **לא** אסרה תורה אלא שמשין שבמדור העליון. הני תלת מילי דאביי לא הדר ביה בכל זמנא דכולה אמת וה"ק לא אסרה בשמשין של מטה אלא בית תבנית היכל ואכסדרה תבנית אולם ובשמשין התחתונים אסרה חמה ולבנה וכוכבים ובמדור העליון דמות ד' פנים: **ממעל** לרבות מלאכי השרת. למאי דסליק אדעתיה דאיירי בעשייה הוה מצי לאקשוי דמות שמשיי מלא תעשון נפקא: **שאני** ר"ג דאחרים עשו. ואע"ג דבכל מילי אמירה לנכרי שבות כדמוכח בפ"ב דמו"ק (דף יב.) ואפילו בדרבנן איכא שבות ובפרק השוכר את הפועלים (ב"מ דף צ.) יש בעיא אי איכא שבות בלאו או לא גבי חוסם פרה ודש בה הכא לא גזור משום מלוה וצריך ליזהר כשמלוין לנכרים ומתחממין הכתוב בחותם של שעוה שתלוי באגרת דלא סמכינן אדרבא כדפרישית דלא פליג רבא ואם הנכרי מביא לו חותם מעצמו מותר: **סמי** עיניה דדין. אלמא אסור להשהותו שמא יחשדוהו שעשה ועבר על לא תעשון ור"ג נמי ליתסר ומשני כיון דחותמו בולט חיישינן לחשדא שמא יאמרו ע"ז הוא לו אבל אחשדא דלא תעשון לא חיישינן ומפרש בה"ג דהיא דרב יהודה בצורת דרקון משום דתנן בפרק כל הצלמים (ע"ז דף מג:) מצא כלים ועליהם צורת חמה צורת לבנה דרקון יוליכם לים המלח ומפרש התם משום דהני חשיבי להו וה"נ חשיב טפי חשדא משאר: **והא** רבן גמליאל יחיד. תימה והא צורה דר"ג לא היתה בולטת וי"ל דמ"מ שייך בה חשדא דגבי לבנה אין חילוק כיון דאינה בולטת ברקיע: **ראינוהו** במזרח. הישנה וערבית במערב את החדשה עדי שקר הם דקיימא לן (לעיל כ:) כ"ד שעי מיכסי סיהרא כך פירש בקונטרס בשם רבותיו והקשה מדקתני בברייתא פעמים שבא בארוכה ואין לשון ארוכה וקצרה נופל כאן שהרי מתוך קוטנה הישנה נכסית מבני מערב כשהיא במזרח לפני חדושה ופירש בקונטרס דעל החדשה העידו ועדי שקר דקאמר רבי יוחנן בן נורי לפי שבי"ב שעות שביום אין ממהרת לבא מתוך המזרח לתוך המערב וע"ז קאמר פעמים שבא בארוכה ושוהה לבא ודבר תימה הוא מאי ס"ד דר' יוחנן בן נורי למה לא תוכל לילך בי"ב שעות כל רוח דרומית ועדיין מקצה רוח מזרחית ומערבית עמו ובירושלמי משמע כלישנא קמא דקאמר רבי שמלאי טעמא דרבי יוחנן בן נורי כל חדש שנראית קודם ו' שעות אין כח בעין לראות את הישן נראה ישן שחרית לא נראה חדש בין הערבים חדש בין הערבים לא נראה ישן שחרית א"ר חייא בר אבא ולמה קבלם ר"ג שכן מסורת הוא מאבותיו פעמים שבא בארוכה ופעמים מהלך בקצרה ותימה מי פליג המסורת מאבותיו דר"ג אהא דאמר לעיל בסוף פ"ק (דף כ:) כ"ד שעי מיכסי סיהרא למאי נפקא מינה לאכחושי סהדי ושמא יש לחלק בשעות דיש שעות קטנות ביום כגון בתקופת טבת ויש שעות בינוניות כגון בימי ניסן ותשרי ויש גדולות כגון בתקופת תמוז ואי בקטנות או בבינוניות מיכסי סיהרא לבני א"י תמני סרי מעתיקא ושית מחדתא מן הגדולות פעמים מכסיא פורתא כגון דבא בארוכה פעמים דלא מכסיא כגון דבא בקצרה:

לאורתא

עין משפט נר מצוה

יז א טוש"ע י"ד סי' קמא סעיף ד:
יח ב מיי' פ"ג מהלכות ע"ז הלכה י סמג לאוין כב טור ש"ע י"ד סי' קמא סעיף ו:
יט ג ד ה מיי' שם והלכה יא סמג שם טור ש"ע שם סעיף ד:
כ ו מיי' פ"ג מהלכות ע"ז הלכה יא טוש"ע י"ד שם סעיף ה:
כא ז טוש"ע שם סעיף ד בהג"ה:
כב ח טור ש"ע שם סעיף ז:
כג ט טור ש"ע שם סעיף ד:

רבינו חננאל

אולם וחצר תבנית עזרה ושלחן תבנית שלחן שבהיכל. ומנורה תבנית מנורה בשבעה קנים. אבל עושה של ששה של שמונה. של שבעה לא יעשה אפילו של שאר מיני מתכות. אבל דמות לבנה שאי אפשר לו לאדם לעשות לבנה לא אסרה תורה. ואקשינן תוב והתניא לא תעשון אתי לא תעשון כדמות שמשיי המשמשין לפני במרום וכי אפשר לאדם לעשות דמות חיות הקודש. ופריק אביי לא אסרה תורה אלא דמות ד' פנים כאחד. אי הכי פרצוף אדם לחודיה לשתרי אלמה תניא כל הפרצופות מותרין חוץ מפרצוף אדם. ואסיקנא לא תעשון אתי. פי' לא תעשון אותי כגון דמות אדם שאני מראה לנביאים בחזיונם. כדכתיב ביחזקאל דמות כמראה אדם עליו מלמעל' (אתי). והתניא בהדיא אשר בשמים לרבות חמה ולבנה כו' ודחינן [כי] תניא היא לעבדם היא דתניא ואשר במים מתחת לארץ לא תשתחוה להם ולא תעבדם לרבות שלשול קטן. ועשייה בלא לעבדם שרי והתניא לא תעשון אתי פי' כל שמשין שאתי כגון חמה ולבנה כו'. ופרקינן הוא עצמו אסור לעשות אבל אחרים לא ור"ג אחרים עשו לו. ואסיקנא אם הוא כגון טבעת וחותמו בולט אסור משום חשדא. ומי חיישינן לחשדא והא ההוא אנדרטא. פירוש צורת איש דהוה קאי בכנישתא דשף יתב בנהרדעא והוו עיילי רב ושמואל ואבוה דשמואל ולוי ומצלי התם. ופרקינן רבים שאני. כלומר במקום שיש רבים לא חיישינן לחשדא. ור"ג נמי כיון דנשיא הוא רבים שכיחי גביה הוא. ולאו יחיד הוא. איכא דאמרי דמות צורת לבנה של חוליות היתה איכא דאמרי להתלמד מותר שנאמר לא

מסורת הש"ס

א) ע"ז מג. מנחות כח., ב) [שבת כט: וש"נ], ג) ע"ז מג., ד) [שם כל הסוגיא], ה) [בע"ז מג: אית' רב יהודה בריה דרב יהושע מפירקי' דרבי יהושע שמיע לי וע"ש מג: ובהג"ה], ו) [ברכות לו. וש"נ], ז) [שבת עב. סנהדרין סח. ע"ז יח. מג.], ח) [וע"ע אריכות תוספות יומא נד. ד"ה כרובים].

תורה אור השלם

א) לֹא תַעֲשׂוּן אִתִּי אֱלֹהֵי כֶסֶף וֵאלֹהֵי זָהָב לֹא תַעֲשׂוּ לָכֶם: [שמות כ, כ]

ב) לֹא תַעֲשֶׂה לְךָ פֶסֶל וְכָל תְּמוּנָה אֲשֶׁר בַּשָּׁמַיִם מִמַּעַל וַאֲשֶׁר בָּאָרֶץ מִתָּחַת וַאֲשֶׁר בַּמַּיִם מִתַּחַת לָאָרֶץ: [שמות כ, ד]

ג) כִּי אַתָּה בָּא אֶל הָאָרֶץ אֲשֶׁר יְיָ אֱלֹהֶיךָ נֹתֵן לָךְ לֹא תִלְמַד לַעֲשׂוֹת כְּתוֹעֲבֹת הַגּוֹיִם הָהֵם: [דברים יח, ט]

ליקוטי רש"י

של חמשה וכו'. או של ששה או של שמונה [דלאו] [שהרי אינו] דומה למנורת מקדש שהיא שבעה קנים [מנחות כח:]. נרות ושל ששה ושל שמונה שאינן דומין לשל מקדש [ע"ז מג.]. **ושל שבעה קנים לא יעשה אפי' של שאר מיני מתכות.** שאינו [של] זהב משום דדומה לשל מקדש שאף הוא כשר בשאר מיני מתכות [מנחות שם]. שהיא של מקדש ואפילו של שאר מיני מתכות שאף היא שאינה של זהב כשרה במקדש כדילפי' בהקומץ רבה (מנחות כח:) מכלל ופרט וכלל אבל של עץ שרי דאינה כשרה במקדש דהפרט מפורש מתכת [ע"ז שם]. **אף של עץ לא יעשה.** שהרי היא כדרך שעשו מלכי בית חשמונאי [למקדש] [מנחות שם]. שאף היא כשרה במקדש. **שעשו מלכות בית חשמונאי.** עשאוה במקדש של עץ לאחר שטימאו יונים את ההיכל ונטלו כל כליו וגברה יד בית חשמונאי ולאחם לדברי יוסי בר יהודה דריש ליה בריבוי ומיעוט ועשית מנורת ריבה זהב טהור מיעט מקשה תיעשה המנורה חזר וריבה ריבה כל מילי ומיעט חרס [ע"ז שם]. **בבעץ.** בדיל אשטיי"ן [מנחות וע"ז שם]. **המשמשין לפני במרום.** אלמא משמשין עליונים קאמר [ע"ז שם]. **ארבעה פנים.** פני שור ואדם ואריה ונשר לחיה אחת דוגמת חיות הקדש דכתיב אתי שהרויות אצלי. **שבמדור העליון.** דכתיב אתי אבל חמה ולבנה במדור התחתון הם. **דאחרים עשו לו.** עובדי כוכבים. והא

(ד)רב יהודה דאחרים עשו לו. צורה בטבעת שהיה מניח. סמי עיניה דדין. (פחות) [פחת] צורתו. חשדא. שלא יאמרו לה הוא עובד. חותמו. צורתה. ומותר לחתום בה. [ד]כשהוא חותם החותם בשעוה ואינו נראה מבחוץ. חותמו שוקע. אסור לחתום [בה] דכשהוא חותם הוי חותמה בולט ולקמן פריך ה"נ ניחוש לחשדא. דשף ויתיב. שם מקום שהיה במדינת נהרדעא וגלותו נטלו עמהן מאבני ירושלים ומעפרה ובנאוהו שם והיינו דשף ויתיב בנהרדעא ניסוף כאן ונתיישב כאן והיינו דכתיב כי רצו עבדיך את אבניה וכו'. אנדרטא. צלם. והא ר"ג יחיד הוה. וניחוש לחשדא. דפרקים. של חוליות ולא היה מחברם אלא בשעת בדיקת עדים וכל יומא לא חזו לה וליכא חשדא [שם:]. לא תלמד לעשות. (סנהדרין סח) אבל אתה למד להבין ולהורות כלומר להבין מעשיהם כמה הם מקולקלין ולהורות לבניך לא תעשה כך וכך שזה הוא חק העכו"ם [דברים יח ט]. כדי שתעשה. להבין. שתוכל לעמוד בהן [שבת עה.].

abominations of these nations,[44] i.e. you should not learn any forbidden crafts, such as sorcery and the making of images of the stars and constellations [in order to *do* these forbidden practices].[45] The implication is: אֲבָל אַתָּה לָמֵד לְהָבִין וּלְהוֹרוֹת – **But you *may* learn** these crafts[46] **in order to understand** their nature **and teach** their laws.[47]

Mishnah מַעֲשֶׂה שֶׁבָּאוּ שְׁנַיִם – **It once happened that two** witnesses **came** וְאָמְרוּ רְאִינוּהוּ שַׁחֲרִית בַּמִּזְרָח – **and said: We saw it** [the old moon] **in the morning in the east**

NOTES

44. *Deuteronomy* 18:9.

45. *Rashi,* printed alongside *Rif* to *Avodah Zarah,* folio 18b ד״ה לא תלמד לעשות; see also *Rashi* to *Avodah Zarah* 18a ד״ה להתלמד.

46. And, by extension, even *perform* them (see end of next note).

47. If a false prophet performs wonders [to substantiate his prophecy], your understanding of the nature of sorcery will enable you to discern that it is through such means that he performed his "wonders" (*Rashi* to *Shabbos* 75a ד״ה להבין). Alternatively, you may learn the practice of sorcery *to understand* how degenerate are the ways [of these nations] and thereby *instruct* your children not to engage in their practices (see *Rashi* to *Deuteronomy* ad loc.).

Included in the permit "to learn in order to understand and teach" is the permit to actually *perform* the craft of sorcery for instructional purposes (see *Sanhedrin* 68a). Similarly, for instructional purposes, it is permitted to perform the craft of making otherwise forbidden images.

וְעַרְבִית בְּמַעֲרָב – **and** we saw the new moon that **evening in the west."**[1] אָמַר רַבִּי יוֹחָנָן בֶּן נוּרִי עֵדֵי שֶׁקֶר הֵם – **R' Yochanan ben Nuri said: They are false witnesses!**[2] כְּשֶׁבָּאוּ לְיַבְנֶה קִיבְּלָן רַבָּן גַּמְלִיאֵל – But **when [these witnesses] came to Yavneh,**[3] **Rabban Gamliel accepted them** as valid witnesses.[4] וְעוֹד בָּאוּ שְׁנַיִם וְאָמְרוּ – **On another occasion, two** witnesses **came and said,** רְאִינוּהוּ בִּזְמַנּוֹ – **"We saw [the new moon] in its time,"** i.e. on the thirtieth day,[5] וּבְלֵיל עִיבּוּרוֹ לֹא נִרְאָה – **but on the night following its intercalary day**[6] **it was not visible,**[7] וְקִיבְּלָן רַבָּן גַּמְלִיאֵל – **and Rabban Gamliel accepted them** as valid witnesses, and established the thirtieth day as Rosh Chodesh.[8] אָמַר רַבִּי דוֹסָא בֶּן הוֹרְכִּינָס עֵדֵי שֶׁקֶר הֵן – But **R' Dosa ben Horkynos said: "They are false witnesses!** הֵיאַךְ מְעִידִים עַל הָאִשָּׁה שֶׁיָּלְדָה – **How can they testify about a woman that she gave birth,** וּלְמָחָר כְּרֵיסָהּ בֵּין שִׁינֶּיהָ – **yet on the morrow** we see that **her belly is between her teeth!"**[9] אָמַר לוֹ רַבִּי יְהוֹשֻׁעַ רוֹאֶה אֲנִי אֶת דְּבָרֶיךָ – **R' Yehoshua said to [R' Dosa]: "I see** the correctness of **your words,"** i.e. I agree with you that the witnesses are surely false, and that the outgoing month should therefore be extended to thirty days.[10] שָׁלַח לוֹ רַבָּן גַּמְלִיאֵל – Whereupon **Rabban Gamliel sent** the following message **to [R' Yehoshua]:** גּוֹזְרַנִי עָלֶיךָ שֶׁתָּבֹא אֶצְלִי בְּמַקֶּלְךָ וּבִמְעוֹתֶיךָ – **I decree upon you that you shall come to me with your walking stick and your money** בְּיוֹם הַכִּפּוּרִים שֶׁחָל לִהְיוֹת בְּחֶשְׁבּוֹנְךָ – **on Yom Kippur as it falls according to your reckoning!**[11] הָלַךְ וּמְצָאוֹ רַבִּי עֲקִיבָא מֵיצֵר – **R' Akiva went and found [R' Yehoshua] distraught**[12] over his predicament.[13] אָמַר לוֹ – **R' Akiva said to [R' Yehoshua]:** יֵשׁ לִי לִלְמוֹד שֶׁכָּל מַה שֶּׁעָשָׂה רַבָּן גַּמְלִיאֵל עָשׂוּי – **I can demonstrate that whatever Rabban Gamliel did** – even if mistaken – **is done** and is legally definitive. שֶׁנֶּאֱמַר ,,אֵלֶּה מוֹעֲדֵי ה׳ מִקְרָאֵי קֹדֶשׁ אֲשֶׁר־תִּקְרְאוּ אֹתָם" – **For it is stated:**[14] ***These are the festivals of Hashem, holy convocations, that you shall declare them.*** בֵּין בִּזְמַנָּן בֵּין שֶׁלֹּא בִּזְמַנָּן אֵין לִי מוֹעֲדוֹת אֶלָּא אֵלּוּ – This is to say: "Whether you declare them **in their** correct **time or not in their** correct **time, I** [God] **have no festivals other than these!"**[15] בָּא לוֹ אֵצֶל רַבִּי דוֹסָא בֶּן הוֹרְכִּינָס – **[R' Yehoshua]** then **came to R' Dosa ben Horkynos,** אָמַר לוֹ – **who said to him:** אִם בָּאִין אָנוּ לָדוּן אַחַר בֵּית דִּינוֹ שֶׁל רַבָּן גַּמְלִיאֵל – **If we are going to reconsider** the decisions of **Rabban Gamliel's *Beis Din*,** צְרִיכִין אָנוּ לָדוּן אַחַר כָּל בֵּית דִּין וּבֵית דִּין – **then we will have to reconsider** the decisions of **each and every *Beis Din*** שֶׁעָמַד מִימוֹת מֹשֶׁה וְעַד עַכְשָׁיו – **that arose from the days of Moses until now.** This, we surely cannot do, שֶׁנֶּאֱמַר ,,וַיַּעַל מֹשֶׁה וְאַהֲרֹן נָדָב וַאֲבִיהוּא וְשִׁבְעִים מִזִּקְנֵי יִשְׂרָאֵל" – **as it**

NOTES

1. As explained above (20b), the old moon can be sighted in the morning in the east; the new moon can be sighted in the evening in the west. Here the witnesses claimed to have seen the old moon in the morning and to have seen the new moon that evening (*Rashi*, quoting his teachers; *Tosafos* 24b ד״ה ראינוהו based on *Yerushalmi;* cf. *Rashi's* own explanation).

2. As taught above in the Gemara 20b, there is always at least a twenty-four period between the disappearance of the old moon and the appearance of the new moon. During that period no moon is visible. Thus witnesses who claim to have sighted both the old and new moon within twelve hours must be lying.

3. [Yavneh at the time was the seat of the Sanhedrin presided over by Rabban Gamliel.]

4. The Gemara will explain why Rabban Gamliel validated their testimony.

5. *Rashi.* [A new moon is visible only in the late afternoon or early evening. Therefore, the witnesses here claimed to have seen the new moon either early evening of the night of the 30th (i.e. the night following the 29th day) or in the late afternoon of the 30th day).]

6. I.e. on the night following the thirtieth day; the thirtieth day is called the "intercalary day" (see above, 22b note 39).

7. [This was not part of the witnesses' testimony. Rather, the Mishnah is relating that] on the night following the day that the witnesses claim to have seen the new moon, the *Beis Din* and the people looked for the new moon to appear and it did not (*Rashi;* cf. *Rambam, Peirush HaMishnah* and *Rav*).

8. [These witnesses had testified on day thirty, and Rabban Gamliel accepted their testimony and declared that very day to be Rosh Chodesh-Rosh Hashanah (this incident took place at the end of Elul). That night, the *Beis Din* and the people looked for the new moon, but could not find it.]

9. I.e. she is undeniably pregnant. [This is an exaggerated expression: The woman's belly is so distended that it reaches to her teeth!] Similarly, the fact that the new moon is invisible in the evening is the greatest proof that the witnesses could not have seen it earlier that day! [For the new moon moves progressively away from the sun and grows progressively larger. It is impossible for the new moon to appear and then to retrograde towards the sun and become invisible (*Rambam, Peirush HaMishnah* and *Rav*).] Thus, R' Dosa maintained that Rabban Gamliel's earlier declaration of Rosh Chodesh was now shown to have been based on the testimony of false witnesses.

Rabban Gamliel, however, did not consider their testimony to have been disproven by the failure of the moon to appear that night, because he knew through calculation that the new moon indeed could have been seen at the time they claimed to have seen it. The invisibility of the moon the next night can easily be attributed to some failure in visual perception, such as the moon's being obscured by a cloud (*Rambam, Peirush HaMishnah* and *Rav*).

Rabban Gamliel checked their testimony by calculation but in fact their testimony would be valid even without the corroboration of calculated data. Since the invisibility of the next night is not a defect in their testimony, the testimony is valid on its own (*Meiri*).

10. [R' Yehoshua therefore rejected Rabban Gamliel's declaration of Rosh Chodesh, and considered Rosh Chodesh to automatically fall on the morrow. According to R' Yehoshua's reckoning, then, all the month's festivals (Rosh Hashanah, Yom Kippur and Succos) would fall one day later than the official days established by Rabban Gamliel.]

11. According to R' Yehoshua's reckoning, Yom Kippur (the tenth of Tishrei) would actually fall on what Rabban Gamliel's official calendar called the eleventh of Tishrei. Rabban Gamliel considered that day to be an ordinary weekday, whereas R' Yehoshua considered it to be Yom Kippur. Rabban Gamliel, as the *Nasi* (whom R' Yehoshua would be obliged to obey), therefore commanded R' Yehoshua to travel to him on the official eleventh of Tishrei with his walking stick and money, ordering him in effect to desecrate the Yom Kippur of his reckoning, and to thereby display publicly his acceptance of Rabban Gamliel's official calendar.

[Rabban Gamliel felt compelled to assert his authority in this extreme manner in order to preserve the unity of the nation. Had R' Yehoshua been permitted to disagree with the calendar as established by the Sanhedrin even privately, many others would eventually have done the same.]

Though R' Dosa, too, had challenged Rabban Gamliel's decision, Rabban Gamliel sent this order only to R' Yehoshua. For R' Yehoshua was the Head of the Sanhedrin, second only to Rabban Gamliel himself [see *Bava Kamma* 74b], and R' Yehoshua's dissent was therefore potentially far more divisive than that of R' Dosa (see *Maharsha;* see also *Tiferes Yisrael*).

12. *Rashi,* based on the Gemara's conclusion – see below, notes 30 and 31.

13. As Rabban Gamliel, the *Nasi,* had ordered him [from his perspective] to desecrate Yom Kippur (*Rashi*).

14. *Leviticus* 23:4.

15. By stating *"that you shall call them,"* the verse indicates that the matter is dependent solely on the declaration of *Beis Din* (*Rashi*).

16. *Exodus* 24:9.

ועַרבית במערב אֿ"ר יוחנן בן נורי עדי שקר הם א) כשבאו ליבנה קיבלן רבן גמליאל ועוד באו שנים ואמרו ראינוהו בזמנו ובליל עיבורו לא נראה ב) וקיבלן ר"ג אמר רבי דוסא בן הורכינס עדי שקר הן היאך מעידים על האשה שילדה ולמחר כריסה בין שיניה אמר לו רבי יהושע רואה אני את דבריך שלח לו ר"ג גוזרני עליך שתבא אצלי במקלך ובמעותיך ביוה"כ שחל להיות בחשבונך הלך ומצאו ר"ע מיצר אמר לו ג) יש לי ללמוד שכל מה שעשה ר"ג עשוי שנאמר א) אלה מועדי ה' מקראי קדש אשר תקראו אתם בין בזמנן בין שלא בזמנן אין לי מועדות אלא אלו בא לו אצל ר' דוסא בן הורכינס אמר לו אם באין אנו לדון אחר בית דינו של ר"ג צריכין אנו לדון אחר כל בית דין ובית דין שעמד מימות משה ועד עכשיו שנאמר ב) ויעל משה ואהרן נדב ואביהוא ושבעים מזקני ישראל ולמה לא נתפרשו שמותן של זקנים אלא ללמד שכל שלשה ושלשה שעמדו בית דין על ישראל הרי הוא כבית דינו של משה נטל מקלו ומעותיו בידו והלך ליבנה אצל ר"ג ביום שחל יוה"כ להיות בחשבונו עמד ר"ג ונשקו על ראשו אמר לו בוא בשלום רבי ותלמידי רבי בחכמה ותלמידי שקבלת את דברי: **גמ'** תניא אמר להם ר"ג לחכמים כך מקובלני מבית אבי אבא ד) פעמים שבא בארוכה ופעמים שבא בקצרה א"ר יוחנן מ"ט דרבי רבי דכתיב ג) עשה ירח למועדים שמש ידע מבואו שמש הוא דידע מבואו ירח לא ידע מבואו רבי חייא חזייא לסיהרא דהוה קאי בצפרא (א) דעשרים ותשעה ה) שקל קלא פתק ביה אמר לאורתא בעינן לקדושי בך ואת קיימת הכא זיל איכסי ו) א"ל רבי לר' חייא זיל לעין טב וקדשיה לירחא ושלח לי סימנא דוד מלך ישראל חי וקים ת"ר פעם אחת נתקשרו שמים בעבים ונראית דמות לבנה בעשרים ותשעה לחדש כסבורים העם לומר ר"ח ובקשו ב"ד לקדשו אמר להם ר"ג כך מקובלני מבית אבי אבא ה) אין חדושה של לבנה פחותה מעשרים ותשעה יום ומחצה ושני שלישי שעה וע"ג חלקים ואותו היום מתה אמו של בן זזא והספידה ר"ג הספד גדול לא מפני שראויה לכך אלא כדי שידעו העם שלא קידשו ב"ד את החדש: הלך ד) ר"ע (ומצאו) מיצר כו': איבעיא להו מי מיצר ר"ע מיצר או רבי יהושע מיצר ת"ש דתניא הלך ר"ע ומצאו לרבי יהושע כשהוא מיצר אמר לו ט) [רבי] מפני מה אתה מיצר אמר לו (י) רבי) עקיבא ראוי לו שיפול למטה י"ב חדש ואל יגזור עליו גזירה זו א"ל רבי תרשיני לומר לפניך דבר אחד שלמדתני אמר לו אמור אמר לו הרי הוא אומר ד) אתם א) אתם ה) אתם ג' פעמים אתם ו) אפילו שוגגין אתם אפילו מזידין אתם אפילו מוטעין בלשון הזה אמר לו עקיבא נחמתני נחמתני: בא לו אצל רבי דוסא בן הורכינס כו': ת"ר ז) למה לא נתפרשו שמותם של זקנים הללו שלא יאמר אדם פלוני כמשה ואהרן פלוני כנדב ואביהוא פלוני כאלדד ומידד ואומר ו) ויאמר שמואל אל העם ה' אשר עשה את משה ואת אהרן ואומר ז) וישלח ה' את ירובעל ואת בדן ואת יפתח ואת שמואל ירובעל זה גדעון ולמה נקרא שמו ירובעל שעשה מריבה עם הבעל בדן זה שמשון ולמה נקרא שמו בדן דאתי מדן יפתח כמשמעו ואומר

רש"י

ועַרבית במערב. את החדשה: עדי שקר הם. דקיימא לן (לעיל דף כ:) עשרים וארבעה שעי מכסי סיהרא כך פירשו רבותי ולבי נוקפי מדקתני בברייתא פעמים שבא בארוכה פעמים שבא בקצרה ואין לשון ביאה ארוכה וקצרה נופל כאן שהרי מתוך קוטנה הישנה היא נכסית מבני מערב כשהיא במזרח לפני חידושה ונראה לי דעל החדשה העידו ועדי שקר דקאמר רבי יוחנן בן נורי לפי שאינה ממהרת לרוץ בי"ב שעות שביום מתוך המזרח לתוך המערב (א) וע"ז קאמר פעמים שבא בדרך ארוכה ושוהה לבא: ועוד באו שנים ואמרו ראינוהו בזמנו. ביום שלשים: וליל שלשים. שהיו מלפין ב"ד והעם שהאה מגולה ויצאה מאחר שהעדים ראוה ביום לא נראה להם: רואה אני את דבריך. לעבר את החדש: הלך ומצאו. הלך ומצאו ר"ע לר' יהושע מיצר על שהנשיא גזר עליו לחלל יום הכפורים: אשר תקראו. בקריאת בית דין תלאו הכתוב: בא לו. ר' יהושע אצל רבי דוסא: למה לא נתפרסמו שמותן כו'. שאם בא אדם לדון אחר בית דין שבימיו ולומר וכי בית דין זה כמשה ואהרן כאלדד ומידד אומרים לו שמא חשוב הוא כשלשה מן השאר שלא נתפרשו שמותם: **גמ'** דחזי' לסיהרא. ישנה: שקל קלא. פיסת רגבים מוט"א בלע"ז: לאורתא בעינן לקדושיך. צריכין אנו לעשות הלילה יום טוב של ראש השנה לחסר את אלול ולאיים על העדים לומר ראינוהו בזמנו לקדשו למחר ואף על פי שלא ראוהו לפי שהיה עיבור החדש דוחה את יום הכפורים אלא שבת: ואת קיימת הכא. ואם תהא נראית ערבית שוב לא יקדשו את החדש למחר כדאמרן לעיל פרק קמא (כ:) צריך שיהא לילה ויום מן החדש שאם נראית הישנה לאור כ"ט אין מקדשין מחר את החדש: זיל לעין טב וקדשיה. דואג היה שלא ירננו עליו בני עירו כשיקדשנו למחר לפי שראו הישנה כל יום כ"ט וסלק תלונותם מעלי ומורי פירש שגזרו גזרה במקומו שלא יקדשו את החדש: דוד מלך ישראל. נמשל כלבנה שנאמר בו (תהלים פט) כסאו כשמש נגדי כירח יכון עולם: ח) ונראית דמות לבנה בעשרים ותשעה: שידעו שלא קדשו בית דין את החדש. שאין מספידין ביום טוב: אתם אתם אתם. שלשה זמנין כתיב אשר תקראו אותם בפרשת שור או כשב וקרי ביה תקראו אתם: שוגגין. מאליהן כסבורין שהוא ראוי להתעבר ומוטעין: מוטעין. על ידי עדי שקר: שלא יאמר אדם. על בית דין שבימיו וכי פלוני ופלוני כמשה ואהרן שאשמע לו עכשיו שלא נתפרשו אמור לו אם אינו כמשה ואהרן הרי הוא כאחד מאלו זקנים שאינך יודע מי הם: ואומר ה' אשר עשה את משה ואת אהרן. שמואל הנביא אמר לישראל הקדוש ברוך הוא עשה לכם נסים על ידי ששה זקנים הללו משה ואהרן ירובעל ובדן ויפתח ושמואל: ואומר

תוספות

לאורתא מקדשינן לך ואת קיימת הכא. תימה הא שפיר אפשר שיהא המולד ביום ל' קודם י"ח שעות שיכולה לראות ביום ותראה הישנה ביום כ"ט שחרית אפילו לבני מערב שמא לא היה כל כך שחרית שכבר יצא שמש בגבורתו שלא היתה ראויה לבני מערב ובקונטרס פי' ואת קיימת הכא ואם תהא נראית ערבית שוב לא יקדשו החדש למחר כדאמר בפ' קמא (דף כ: ושם) וצריך שיהא לילה ויום מן החדש שאם נראית הישנה לאור עשרים ותשעה אין מקדשין מחר את החדש וזה אי אפשר להיות כדפרישית בפ"ק (שם ד"ה חלות):

זיל לעין טב וקדשיה. שם היו קבועים לקדש את החדש כדאי' בפסיקתא בפסוק תקעו בחדש שופר למה בית דין מקדשין החדש בעין טב לפי שהוא בית הועד אמר הקב"ה בית מועד של כל העולם שנאמר (ישעיה ב) כי מציון תצא תורה ואמרי' בירושלמי כשם שתוקעים ביבנה כך תוקעים בעין טב משמע שהיה שם בית דין קבוע דומיא דיבנה: שהימים

מסורת הש"ס

א) ס"א דכ"ט בירחא, ב) [פסחים סב: שבועות יח:], ג) ס"א ואזלה ואכסי, ד) [ומצאו ר"ע], ה) ס"א, ו) ס"א אינו, ז) [תוספתא פ"א], ח) ס"א אינו.

הגהות הב"ח

(א) רש"י ד"ה עדי שקר כו' לתוך המערב ושפיר נופל כאן פעמים שבא כו' ושוהה לבא ופעמים שבא בדרך קצרה וכו"ד:

תורה אור השלם

א) אֵלֶּה מוֹעֲדֵי יְיָ מִקְרָאֵי קֹדֶשׁ אֲשֶׁר תִּקְרְאוּ אֹתָם בְּמוֹעֲדָם: [ויקרא כג, ד]

ב) וַיַּעַל מֹשֶׁה וְאַהֲרֹן נָדָב וַאֲבִיהוּא וְשִׁבְעִים מִזִּקְנֵי יִשְׂרָאֵל: [שמות כד, ט]

ג) עָשָׂה יָרֵחַ לְמוֹעֲדִים שֶׁמֶשׁ יָדַע מְבוֹאוֹ: [תהלים קד, יט]

ד) דַּבֵּר אֶל בְּנֵי יִשְׂרָאֵל וְאָמַרְתָּ אֲלֵהֶם מוֹעֲדֵי יְיָ אֲשֶׁר תִּקְרְאוּ אֹתָם מִקְרָאֵי קֹדֶשׁ אֵלֶּה הֵם מוֹעֲדָי: [ויקרא כג, ב]

ה) אֵלֶּה מוֹעֲדֵי יְהוָה אֲשֶׁר תִּקְרְאוּ אֹתָם מִקְרָאֵי קֹדֶשׁ לְהַקְרִיב אִשֶּׁה לַייָ עֹלָה וּמִנְחָה זֶבַח וּנְסָכִים דְּבַר יוֹם בְּיוֹמוֹ: [ויקרא כג, לז]

ו) וַיֹּאמֶר שְׁמוּאֵל אֶל הָעָם יְיָ אֲשֶׁר עָשָׂה אֶת מֹשֶׁה וְאֶת אַהֲרֹן וַאֲשֶׁר הֶעֱלָה אֶת אֲבֹתֵיכֶם מֵאֶרֶץ מִצְרָיִם: [שמואל א יב, ו]

ז) וַיִּשְׁלַח יְיָ אֶת יְרֻבַּעַל וְאֶת בְּדָן וְאֶת יִפְתָּח וְאֶת שְׁמוּאֵל וַיַּצֵּל אֶתְכֶם מִיַּד אֹיְבֵיכֶם מִסָּבִיב וַתֵּשְׁבוּ בֶּטַח: [שמואל א יב, יא]

ליקוטי רש"י

למועדים. למנות בו זמנים ורגלים. שמש ידע מבואו. אבל ירח לא ידע מבואו פעמים שבא בארוכה פעמים שבא בקצרה [תהלים קד יט]. שקל קלא. מוט"א [פסחים סב:]. פיסת רגבים. פתק ביה. זרק בו [שבועות יח:]. אשר עשה את משה ואת אהרן. להיות נכונים לשליחותו להוציא אבותיכם ממצרים [שמואל א יב ו]. שעשה מריבה עם הבעל. שהירב לו בעל [דה"י א ט לט].

עין משפט נר מצוה

כד א ב מיי' פ"ב מהלכות קידוש החדש הלכה ו:
כה ג מיי' שם הלכה י:
כו ד מיי' שם פי"ז הלכה כד:
כז ה מיי' שם פ"ח הלכה א:
כח ו מיי' שם פ"ב הלכה י:

רבינו חננאל

לא תלמד לעשות אבל אתה למד להבין ולהורות: **מתני'** מעשה שבאו שנים ואמרו ראינוהו שחרית במזרח כו'. תניא אר"ג לחכמים כך מקובלני מבית אבי אבא פעמים שבא בארוכה פעמים שבא בקצרה ועכשיו בא בקצרה אמר ר' יוחנן מהאי קרא עשה ירח למועדים כלומר לפי מה שיזדמן לו. אבל שמש לא אלא ידע מבואו. ר' חייא [חזייא] לסיהרא בצפרא דכ"ט בירחא דקאי במזרח שקל אבנא רמא ביה לאורתא מקדשינן לך על חשבון המולד ולא תראם הלילה במערב זיל בדרך קצרה. מצינו שנמשלה מלכות בית דוד כירח שנאמר כירח יכון עולם ועד בשחק וגו'. לפיכך א"ר לר' חייא זיל לעין טב וקדשיה לירחא ושלח לי סימנא דוד מלך ישראל חי וקים כלומר נתקיימה ראיית הלבנה בעולם. ת"ר פעם אחת נתקשרו שמים בעבים. ודימו בני אדם שהחשיך וראו דמות לבנה ביום כ"ט לחדש אמר להו ר"ג כך מקובלני מבית אבי אבא שאין חדשה של לבנה פחותה מכ"ט ימים ומחצה וב' שלישי שעה וע"ג חלקים ואותו היום מתה אמו של בן זזא והספידה ר"ג להודיע לכל שלא נתקדש החדש. ועוד באו שנים ואמרו ראינוהו בזמנו כו'. פי' באו שנים שאמרו ראינוהו ליל ל' ולילי ל"א לא נראתה וקיבלן ר"ג וקבע ראש השנה יום שלשים. ואמר ר' דוסא עדי שקר וראוי להיות ר"ה למחר והודה ר' יהושע לדבריו כו'. עד א"ל רבי עקיבא לר' יהושע ר' תרשני לומר לפניך ממה שלמדתני. א"ל אמור. א"ל הרי הוא אומר אלה מועדי ה' מקראי קדש ודיי. למה כתיב אשר תקראו אתם ג' פעמים. אלא ללמד שאין מועדים עד שתקראו יום פלוני מועד. ולמה ג' פעמים כתיב תקראו ללמד אפילו שוגגים מוטעין ואפי' מזידין אין מועד אלא מה שתקראו. א"ל עקיבא נחמתני. בא לו ר' יהושע אצל ר' דוסא: ת"ר למה לא נתפרשו שמותן של זקנים צדיקים שלא יאמר פלוני כמשה ואהרן. פלוני כאלדד ומידד. ואומר ויאמר שמואל אל העם ה' אשר עשה את משה ואת אהרן וגו' שקל

is stated:[16] ***And there went up Moses and Aaron, Nadav and Avihu and seventy of the elders of Israel.*** וְלָמָּה לֹא נִתְפָּרְשׁוּ שְׁמוֹתָן שֶׁל זְקֵנִים – **Now why were the names of the** seventy **elders not expressly mentioned?** אֶלָּא לְלַמֵּד שֶׁכָּל שְׁלֹשָׁה וּשְׁלֹשָׁה שֶׁעָמְדוּ בֵּית דִּין עַל יִשְׂרָאֵל – **Only to teach** us **that every three** judges **that arose as a *Beis Din* over Israel** הֲרֵי הוּא כְּבֵית דִּינוֹ שֶׁל מֹשֶׁה – **are like the court of Moses** with regard to authority![17] נָטַל מַקְלוֹ וּמְעוֹתָיו בְּיָדוֹ – Accepting the arguments of R' Akiva and R' Dosa, **[R' Yehoshua] took in hand his walking stick and his money** וְהָלַךְ לְיַבְנֶה אֵצֶל רַבָּן גַּמְלִיאֵל – **and traveled to Yavneh to Rabban Gamliel** בַּיּוֹם שֶׁחָל יוֹם הַכִּפּוּרִים לִהְיוֹת בְּחֶשְׁבּוֹנוֹ – **on the day that Yom Kippur fell according to his** [R' Yehoshua's] **reckoning.** עָמַד רַבָּן גַּמְלִיאֵל וּנְשָׁקוֹ עַל רֹאשׁוֹ – **Rabban Gamliel** thereupon **arose and kissed [R' Yehoshua] on his head,** אָמַר לוֹ בּוֹא בְשָׁלוֹם רַבִּי וְתַלְמִידִי – and **said to him: "Come in peace, my master and my disciple!** רַבִּי בְּחָכְמָה – **My master in wisdom,** וְתַלְמִידִי שֶׁקִּבַּלְתָּ אֶת דְּבָרַי – **and my disciple** in **that you accepted my words."**

Gemara The Gemara records a Baraisa:

תַּנְיָא – **It was taught in a Baraisa:** אָמַר לָהֶם רַבָּן גַּמְלִיאֵל לַחֲכָמִים – RABBAN GAMLIEL SAID TO THE SAGES who questioned how he could accept these witnesses: כָּךְ מְקוּבְּלַנִי מִבֵּית אֲבִי אַבָּא – THUS HAVE I RECEIVED A TRADITION FROM THE HOUSE OF MY FATHER'S FATHER:[18] פְּעָמִים שֶׁבָּא בַּאֲרוּכָּה וּפְעָמִים שֶׁבָּא בִּקְצָרָה – SOMETIMES IT TRAVELS A LONG ROUTE AND SOMETIMES IT TRAVELS A SHORT ROUTE.[19]

The Gemara presents a Scriptural allusion to the phenomenon of the lack of uniformity in the moon's orbit:

אָמַר רַבִּי יוֹחָנָן מַאי טַעְמָא דְּבֵי רַבִּי – **R' Yochanan said: What is the reason**[20] for this statement of **the House of Rebbi?**[21] דִּכְתִיב "עָשָׂה יָרֵחַ לְמוֹעֲדִים שֶׁמֶשׁ יָדַע מְבוֹאוֹ" – **For it is written:** ***He has made the moon for appointed times, the sun – he*** [i.e. an ordinary person] ***knows its coming.***[22] שֶׁמֶשׁ הוּא דְּיָדַע מְבוֹאוֹ – This implies that **it is only the sun whose coming he knows,** for that time is a constant, יָרֵחַ לֹא יָדַע מְבוֹאוֹ – **but the moon – he does not know** the exact time of **its coming,** for that time varies.[23]

The Gemara records an incident:

רַבִּי חִיָּיא חַזְיָיא לְסִיהֲרָא – **R' Chiya** once **saw the** (old) **moon** דַּהֲוָה קָאֵי בְּצַפְרָא דְּעֶשְׂרִים וְתִשְׁעָה – **standing** visible in the sky **on the morning of the twenty-ninth** of the month. שָׁקַל קָלָא פָּתַק בֵּיהּ – **He took a clod of earth and threw it at [the moon]** in a gesture of rebuke. אָמַר לְאוּרְתָּא בְּעֵינַן לְקַדּוּשֵׁי בָּךְ – And **he said** to the moon: **"Tonight we have to sanctify you,** וְאַתְּ קָיְימַתְּ הָכָא – **and you are standing here?!** זִיל אִיכַּסִּי – **Go conceal yourself!"**[24] אָמַר לֵיהּ רַבִּי לְרַבִּי חִיָּיא – **Rebbi** then **said to R' Chiya:** זִיל לְעֵין טַב וְקַדְּשֵׁיהּ לְיַרְחָא – **Go to Ein Tav and sanctify the month,**[25] וְשַׁלַּח לִי סִימָנָא דָּוִד מֶלֶךְ יִשְׂרָאֵל חַי וְקַיָּם – **and send**

NOTES

17. The Torah's omission of the names of the elders of Moses' court provides an answer to those who might claim in future generations that *their* judges are not of the caliber of Moses and Aaron, or of Eldad and Meidad (see *Numbers* 11:26-27; see the question raised by *Aruch LaNer* regarding *Rashi's* inclusion of Eldad and Meidad here), and need not be obeyed. One can point out to these challengers that their judges might be of the caliber of the remainder of the seventy elders of Moses's court whose names are *not* expressly mentioned in Scripture (*Rashi,* based on a Baraisa cited further in the Gemara). [See *Aruch LaNer,* who suggests a reason why R' Dosa speaks of "three" judges.]

18. [The incident here involves Rabban Gamliel (of Yavneh), whose "father's father" was Rabban Gamliel the Elder, the grandson of Hillel.]

19. Apparently, the Baraisa means to present Rabban Gamliel's reason for validating the witnesses rejected by R' Yochanan ben Nuri. Thus, Rabban Gamliel explains that the speed of the moon's motion is not constant. In most cases it indeed takes twenty-four hours from the disappearance of the old moon until the new moon moves out of conjunction sufficiently enough to be seen (see above, 20b). But occasionally the moon moves with exceptional speed and the new moon will be visible even within twelve hours of the disappearance of the old moon. Thus, Rabban Gamliel did not consider the two sightings claimed by the witnesses as conclusive proof of falsehood.

Certainly, in most cases there is a twenty-four-hour lapse period between the moons, as taught above (20b), but nevertheless Rabban Gamliel holds that a shorter period is also possible (*Rashba*). [Evidently Rabban Gamliel disputes the statement above (20b) that witnesses who claim to have seen the new moon within twenty-four hours of the old one are dismissed as liars. That Gemara held that the possibility of a shorter period is either nonexistent or too remote to be considered.]

Meiri and others, however, object to the above explanation, because according to our knowledge of astronomy, sighting the new moon within twelve hours of the disappearance of the old moon is indeed an impossibility. *Meiri* therefore prefers a different explanation of Rabban Gamliel's acceptance of the witnesses (based on *Rambam*): The two sightings claimed by the witnesses are in fact impossible. Nevertheless, the *Beis Din* has no interest in the first testimony (that they saw the old moon in the morning). That information is irrelevant to *Beis Din* and they disregard it entirely. The witnesses might as well testify about some other phenomenon that has nothing to do with their main testimony. Accordingly, Rabban Gamliel's statement here regarding the moon's irregular motion is not an explanation of the Mishnah, but rather a separate unconnected teaching. And he was not referring to the speed of the moon's motion but rather to the total time of its cycle. He meant to say that the duration of the moon's cycle is not constant. Sometimes the moon takes a long route and at other times a short route. (See *Rambam, Hil. Kiddush HaChodesh* 2:6 and *Tos. Yom Tov* here, and at length in *Maggid HaRakia* p.180 ff.)

In short, we have two interpretations of Rabban Gamliel's statement regarding the moon's irregularity: (a) Its motion is not uniform; and (b) the length of its cycle is not uniform.

20. [This expression "what is the reason" is used here as the equivalent of מַאי קְרָא, *what is the verse [that alludes to this]* (see *Aruch LaNer;* see also *Dikdukei Soferim*).]

21. [*Mesoras HaShas* suggests that the text be emended to read: "the House of Rabban Gamliel," a reading indeed recorded in *Dikdukei Soferim* (see also note 400 there). In defense of our reading, one could say that R' Yochanan refers to this house as "the House of Rebbi" because Rebbi was the grandson of Rabban Gamliel of Yavneh and thus the scion of this very house (see *Aruch LaNer*) and was personally known to R' Yochanan (see *Chullin* 137b), the author of this statement.]

22. *Psalms* 104:19; see next note.

23. According to *Aruch LaNer,* the simple meaning of the verse is that *He [God] knows the coming of the sun,* whereas R' Yochanan's exposition takes it to mean *he [your ordinary person] knows the coming of the sun,* but he does not know the coming of the moon, whose calculations are beyond the ken of most people. Cf. *Rashash.*

24. This incident took place on the twenty-ninth of Elul. There was a need for *Beis Din* to declare the thirtieth to be Rosh Chodesh (i.e. Rosh Hashanah) so that Yom Kippur remain separated from the Sabbath. And for this purpose, *Beis Din* was planning on intimidating witnesses into testifying that they had seen the new moon on the eve of the thirtieth [see above, 20a]. [Intimidation would be necessary, because if the old moon was seen that day, then the new moon would indeed not yet be visible that night.] R' Chiya wished the moon to disappear, for if it would remain visible on that night [which seemed likely based on its present size (*Ritva*)], *Beis Din* would not be able to employ intimidation to declare day thirty Rosh Chodesh, as taught above on 20b (see *Rashi*).

25. For since the moon had indeed been visible in his locale throughout the twenty-ninth day, Rebbi was concerned that the people of his locale would criticize him should he declare the next day Rosh Chodesh. Therefore, he delegated R' Chiya to declare the next day Rosh Chodesh in Ein Tav [where the moon had not been visible all day on the

ועדבית במערב א"ר יוחנן בן נורי עדי שקר הם א כשבאו ליבנה קיבלן רבן גמליאל ועוד באו שנים ואמרו ראינוהו בזמנו ובליל עיבורו לא נראה ב וקיבלן ר"ג אמר רבי דוסא בן הורכינס עדי שקר הן היאך מעידים על האשה שילדה ולמחר כריסה בין שיניה אמר לו רבי יהושע רואה אני את דבריך שלח לו ר"ג גוזרני עליך שתבא אצלי במקלך ובמעותיך ביוה"כ שחל להיות בחשבונך הלך ומצאו ר"ע מיצר אמר לו ג יש לי ללמוד שכל מה שעשה ר"ג עשוי שנאמר א) אלה מועדי ה' מקראי קדש אשר תקראו אתם בין בזמנן בין שלא בזמנן אין לי מועדות אלא אלו בא לו אצל ר' דוסא בן הורכינס אמר לו אם באין אנו לדון אחר בית דינו של ר"ג צריכין אנו לדון אחר כל בית דין ובית דין שעמד מימות משה ועד עכשיו שנאמר ב) ויעל משה ואהרן נדב ואביהוא ושבעים מזקני ישראל ולמה לא נתפרשו שמותן של זקנים אלא ללמד שכל שלשה ושלשה שעמדו בית דין על ישראל הרי הוא כבית דינו של משה נטל מקלו ומעותיו בידו והלך ליבנה אצל ר"ג ביום שחל יוה"כ להיות בחשבונו עמד ר"ג ונשקו על ראשו אמר לו בוא בשלום רבי ותלמידי רבי בחכמה ותלמידי שקבלת את דברי: **גמ'** תניא אמר להם ר"ג לחכמים כך מקובלני מבית אבי אבא ד פעמים שבא בארוכה ופעמים שבא בקצרה א"ר יוחנן מ"ט דרבי דכתיב ג) עשה ירח למועדים שמש ידע מבואו שמש הוא דידע מבואו ירח לא ידע מבואו רבי חייא חזייא לסיהרא דהוה קאי בצפרא א) דעשרים ותשעה ה שקל קלא פתק ביה אמר לאורתא בעינן לקדושי בך ואת קיימת הכא זיל איכסי ו א"ל רבי לר' חייא זיל לעין טב וקדשיה לירחא ושלח לי סימנא דוד מלך ישראל חי וקים ת"ר פעם אחת נתקשרו שמים בעבים ונראית דמות לבנה בעשרים ותשעה לחדש כסבורים העם לומר ר"ח ובקשו ב"ד לקדשו אמר להם ר"ג כך מקובלני מבית אבי אבא ז אין חדושה של לבנה פחותה מעשרים ותשעה יום ומחצה ושני שלישי שעה וע"ג חלקים ואותו היום מתה אמו של בן זזא והספידה ר"ג הספד גדול לא מפני שראויה לכך אלא כדי שידעו העם שלא קידשו ב"ד את החדש: הלך ז) ר"ע (ומצאו) מיצר כו': איבעיא להו מי מיצר ר"ע מיצר או רבי יהושע מיצר ת"ש דתניא הלך ר"ע ומצאו לרבי יהושע כשהוא מיצר אמר לו ט) [רבי] מפני מה אתה מיצר אמר לו י) (רבי) עקיבא ראוי לו שיפול למטה י"ב חדש ואל יגזור עליו גזירה זו א"ל רבי תרשיני לומר לפניך דבר אחד שלמדתני אמר לו אמור אמר לו הרי הוא אומר ד) אתם ה) אתם ו) אתם ג' פעמים ח אפילו שוגגין אתם אפילו מזידין אתם אפילו מוטעין בלשון הזה אמר לו עקיבא נחמתני נחמתני: בא לו אצל רבי דוסא בן הורכינס כו': ת"ר ז) למה לא נתפרשו שמותם של זקנים הללו שלא יאמר אדם פלוני כמשה ואהרן פלוני כנדב ואביהוא פלוני כאלדד ומידד ואומר ח) ויאמר שמואל אל העם ה' אשר עשה את משה ואת אהרן ואומר ט) וישלח ה' את ירובעל ואת בדן ואת יפתח ואת שמואל ירובעל זה גדעון ולמה נקרא שמו ירובעל שעשה מריבה עם הבעל בדן זה שמשון ולמה נקרא שמו בדן דאתי מדן יפתח כמשמעו ואומר

רש"י

וערבית במערב. את החדשה: **עדי שקר הם.** דקיימא לן (לעיל דף כ:) עשרים וארבעה שעי מכסי סיהרא כך פירשו רבותי ולבי נוקפי מדקתני בברייתא פעמים שבא בארוכה פעמים שבא בקצרה ואין לשון ביאת ארוכה וקצרה נופל כאן שהרי מתוך קוטנה הישנה היא נכסית מבני מערב כשהיא במזרח לפני חידושה ונראה לי דעל החדשה העידו ועדי שקר דקאמר רבי יוחנן בן נורי לפי שאינה ממהרת לרוץ בי"ב שעות שביום מתוך המזרח לתוך המערב (א) וע"ז קאמר פעמים שבא בדרך ארוכה ושוהה לבא: **ועוד באו שנים ואמרו ראינוהו בזמנו.** ביום שלשים: **וליל שלשים.** שהיו מלפין ב"ד והעם שתהא מגולה ויראוה מאחר שהעדים ראוה ביום לא נראה להם: **רואה אני את דבריך.** לעבר את החדש: **הלך ומצאו.** הלך ומצאו ר"ע לר' יהושע מיצר על שהנשיא גזר עליו לחלל יום הכפורים: **אשר תקראו.** בקריאת בית דין תלאו הכתוב: **בא לו.** ר' יהושע אצל רבי דוסא: **למה לא נתפרסמו שמותן כו'.** שאם בא אדם לדון אחר בית דין שבימיו ולומר וכי בית דין זה כמשה ואהרן כאלדד ומידד אומרים לו שמא חשוב הוא כשלשה מן השאר שלא נתפרשו שמותם: **גמ' דחזי' לסיהרא.** ישנה: **שקל קלא.** פיסת רגבים מוט"א בלע"ז: **לאורתא בעינן לקדושיך.** צריכין אנו לעשות הלילה יום טוב של ראש השנה לחסר את אלול ולאיים על העדים לומר ראינוהו בזמנו לקדשו למחר ואף על פי שלא ראוהו לפי שהיה עיבור החדש דוחה את יום הכפורים אלא שבת: **ואת קיימת הכא.** ואם תהא נראית ערבית שוב לא יקדשו את החדש למחר כדאמרן לעיל פרק קמא (כ:) צריך שיהא לילה ויום מן החדש שאם נראית הישנה לאור כ"ט אין מקדשין מחר את החדש: **זיל לעין טב וקדשיה.** דואג היה שלא ירננו עליו בני עירו כשיקדשנו למחר לפי שראו הישנה כל יום כ"ט וסלק תלונותם מעלי ומורי פירש שגזרו גזרה במקומו שלא יקדשו את החדש: **דוד מלך ישראל.** נמשל כלבנה שנאמר בו (תהלים פט) כסאו כשמש נגדי כירח יכון עולם: ח) **(ונראית דמות לבנה בעשרים ותשעה):** **שידעו שלא קדשו בית דין את החדש.** שאין מספידין ביום טוב: **אתם אתם אתם.** שלשה זמנין כתיב אשר תקראו אותם בפרשת שור או כשב וקרי ביה תקראו אתם: **שוגגין.** מאליהן כסבורין שהוא ראוי להתעבר וטועין: **מוטעין.** על ידי עדי שקר: **שלא יאמר אדם.** על בית דין שבימיו וכי פלוני ופלוני כמשה ואהרן שאשמע לו עכשיו שלא נתפרשו אמור לו אם אינו כמשה ואהרן הרי הוא כאחד משאר זקנים שאינך יודע מי הם: **ואומר ה' אשר עשה את משה ואת אהרן.** שמואל הנביא אמר לישראל הקדוש ברוך הוא עשה לכם נסים על ידי ששה זקנים הללו משה ואהרן ירובעל ובדן ויפתח ושמואל: ואומר

תוספות

לאורתא מקדשינן לך ואת קיימת הכא. תימה הא שפיר אפשר שיהא המולד ביום ל' קודם י"ח שעות שיכולה לראות ביום ותראה הישנה ביום כ"ט שחרית אפילו לבני מערב שמא לא היה כל כך שחרית שכבר יצא שמש בגבורתו שלא היתה ראויה לבני מערב ובקונטרס פי' ואת קיימת הכא ואם תהא נראית ערבית שוב לא יקדשו החדש למחר כדאמר בפ' קמא (דף כ: ושם) וצריך שיהא לילה ויום מן החדש שאם נראית הישנה לאור עשרים ותשעה אין מקדשין מחר את החדש וזה אי אפשר להיות כדפרישית בפ"ק (שם ד"ה מלות): **זיל** לעין טב וקדשיה. שם היו קבועים לקדש את החדש כדאי' בפסיקתא בפסוק תקעו בחדש שופר למה בית דין מקדשין החדש בעין טב לפי שהוא בית הועד אמר הקב"ה בית מועד של כל העולם שנאמר (ישעיה ב) כי מציון תצא תורה ואמרי' בירושלמי כשם שתוקעים ביבנה כך תוקעים בעין טב משמע שהיה שם בית דין קבוע דומיא דיבנה:

שהימים

עין משפט נר מצוה

כד א ב מיי' פ"ב מהלכות קידוש החדש הלכה ו:
כה ג מיי' שם הלכה י:
כו ד מיי' שם פי"ז הלכה כד:
כז ה מיי' שם פ"ח הלכה א:
כח ו מיי' שם פ"ב הלכה י:

רבינו חננאל

לא תלמד לעשות אבל אתה למד להבין ולהורות: **מתני'** מעשה שבאו שנים ואמרו ראינוהו שחרית במזרח כו'. תניא אר"ג לחכמים כך מקובלני מבית אבי אבא פעמים שבא בארוכה פעמים שבא בקצרה ועכשיו בא בקצרה אמר ר' יוחנן מהאי קרא עשה ירח למועדים כלומר לפי מה שיזדמן לו. אבל שמש לא אלא ידע מבואו. ר' חייא [חזייא] לסיהרא בצפרא דכ"ט בירחא דקאי במזרח שקל אבנא רמא ביה לאורתא מקדשינן לך על חשבון המולד ולא תראם הלילה במערב זיל בדרך קצרה. מצינו שנמשלה מלכות בית דוד כירח שנאמר כירח יכון עולם ועד בשחק וגו'. לפיכך א"ר לר' חייא זיל לעין טב וקדשיה לירחא ושלח לי סימנא דוד מלך ישראל חי וקים כלומר נתקיימה ראיית הלבנה בעולם. ת"ר פעם אחת נתקשרו שמים בעבים. ודימו בני אדם שהחשיך וראו דמות לבנה ביום כ"ט לחדש אמר להו ר"ג כך מקובלני מבית אבי אבא שאין חדשה של לבנה פחותה מכ"ט ימים ומחצה וב' שלישי שעה וע"ג חלקים ואותו היום מתה אמו של בן זזא והספידה ר"ג להודיע לכל שלא נתקדש החדש. ועוד באו שנים ואמרו ראינוהו בזמנו כו'. פי' באו שנים שאמרו ראינוהו ליל ל' ולילי ל"א לא נראתה וקיבלן ר"ג וקבע ראש השנה יום שלשים. ואמר ר' דוסא עדי שקר וראוי להיות ר"ה למחר והודה ר' יהושע לדבריו כו'. עד א"ל רבי עקיבא לר' יהושע ר' תרשני לומר לפניך ממה שלמדתני. א"ל אמור. א"ל היה לו לכתוב אלה מועדי ה' מקראי קדש ודיי. למה כתיב אשר תקראו אתם ג' פעמים. אלא ללמד שאין מועדים עד שתקראו יום פלוני מועד. ולמה ג' פעמים כתיב תקראו ללמד אפילו שוגגים מוטעין ואפי' מזידין אין מועד אלא מה שתקראו. א"ל עקיבא נחמתני. בא לו ר' יהושע אצל ר' דוסא: ת"ר למה לא נתפרשו שמותן של זקנים צדיקים שלא יאמר פלוני כמשה ואהרן. פלוני כאלדד ומידד. ואומר ויאמר שמואל אל העם ה' אשר עשה את משה ואת אהרן וגו' שקל

מסורת הש"ס

א) ס"א דכ"ט בירחא, ב) [פסחים קב: שבועות יח:], ג) ס"א ואזלה ואכסי, ד) [ומצאו ר"ע], ה) ס"א, ו) ס"א איני, ז) [תוספתא פ"א], ח) ס"א ליתו.

הגהות הב"ח

(א) רש"י ד"ה עדי שקר כו' לתוך המערב ושפיר נופל כאן פעמים שבא כו' ושוהה לבא ופעמים שבא בדרך קצרה והס"ד:

תורה אור השלם

א) אֵלֶּה מוֹעֲדֵי יְיָ מִקְרָאֵי קֹדֶשׁ אֲשֶׁר תִּקְרְאוּ אֹתָם בְּמוֹעֲדָם: [ויקרא כג, ד]

ב) וַיַּעַל מֹשֶׁה וְאַהֲרֹן נָדָב וַאֲבִיהוּא וְשִׁבְעִים מִזִּקְנֵי יִשְׂרָאֵל: [שמות כד, ט]

ג) עָשָׂה יָרֵחַ לְמוֹעֲדִים שֶׁמֶשׁ יָדַע מְבוֹאוֹ: [תהלים קד, יט]

ד) דַּבֵּר אֶל בְּנֵי יִשְׂרָאֵל וְאָמַרְתָּ אֲלֵהֶם מוֹעֲדֵי יְיָ אֲשֶׁר תִּקְרְאוּ אֹתָם מִקְרָאֵי קֹדֶשׁ אֵלֶּה הֵם מוֹעֲדָי: [ויקרא כג, ב]

ה) אֵלֶּה מוֹעֲדֵי יְיָ אֲשֶׁר תִּקְרְאוּ אֹתָם מִקְרָאֵי קֹדֶשׁ לְהַקְרִיב אִשֶּׁה לַייָ עֹלָה וּמִנְחָה זֶבַח וּנְסָכִים דְּבַר יוֹם בְּיוֹמוֹ: [ויקרא כג, לז]

ו) וַיֹּאמֶר שְׁמוּאֵל אֶל הָעָם יְיָ אֲשֶׁר עָשָׂה אֶת מֹשֶׁה וְאֶת אַהֲרֹן וַאֲשֶׁר הֶעֱלָה אֶת אֲבֹתֵיכֶם מֵאֶרֶץ מִצְרָיִם: [שמואל א יב, ו]

ז) וַיִּשְׁלַח יְיָ אֶת יְרֻבַּעַל וְאֶת בְּדָן וְאֶת יִפְתָּח וְאֶת שְׁמוּאֵל וַיַּצֵּל אֶתְכֶם מִיַּד אֹיְבֵיכֶם מִסָּבִיב וַתֵּשְׁבוּ בֶּטַח: [שמואל א יב, יא]

ליקוטי רש"י

למועדים. למנות בו זמנים ורגלים. **שמש ידע מבואו.** אבל ירח לא ידע מבואו פעמים שבא בארוכה פעמים שבא בקצרה [תהלים קד יט]. **שקל קלא.** [פסחים קב:]. **פיסת רגבים. פתק ביה.** זרק בו [שבועות יח:]. **אשר עשה את משה ואת אהרן.** להיות נכונים לשליחותו להוציא אבותיכם ממצרים [שמואל א יב ו]. **שעשה מריבה עם הבעל.** שסתר לו בעל [דה"א ט לט].

me as **a signal** that you have have accomplished the task **"David King of Israel lives and endures."**[26]

תָּנוּ רַבָּנָן – **The Rabbis taught** in a Baraisa: פַּעַם אַחַת נִתְקַשְּׁרוּ שָׁמַיִם בְּעָבִים – ONE TIME, THE SKIES BECAME OVERCAST וְנִרְאֵית דְּמוּת לְבָנָה בְּעֶשְׂרִים וְתִשְׁעָה לַחֹדֶשׁ – AND A LIKENESS OF THE new MOON WAS VISIBLE ON THE TWENTY-NINTH OF THE MONTH, כִּסְבוּרִים הָעָם לוֹמַר רֹאשׁ חֹדֶשׁ – and THE PEOPLE THOUGHT TO SAY that ROSH CHODESH would certainly be declared that day, וּבִקְּשׁוּ בֵּית דִּין לְקַדְּשׁוֹ – AND *BEIS DIN* indeed SOUGHT TO SANCTIFY IT then.[27] אָמַר לָהֶם רַבָּן גַּמְלִיאֵל כָּךְ מְקוּבְּלַנִי מִבֵּית אֲבִי אַבָּא – RABBAN GAMLIEL SAID TO THEM: THUS HAVE I RECEIVED A TRADITION FROM THE HOUSE OF MY FATHER'S FATHER: אֵין חִידּוּשָׁהּ שֶׁל לְבָנָה פְּחוּתָה מֵעֶשְׂרִים – THE REBIRTH OF THE MOON IS NOT LESS וְתִשְׁעָה יוֹם וּמֶחֱצָה וּשְׁנֵי שְׁלִישֵׁי שָׁעָה וְשִׁבְעִים וּשְׁלֹשָׁה חֲלָקִים – THAN TWENTY-NINE AND A HALF DAYS, TWO-THIRDS OF AN HOUR AND SEVENTY-THREE *CHALAKIM* from the previous one.[28] וְאוֹתוֹ הַיּוֹם מֵתָה אִמּוֹ שֶׁל בֶּן זָזָא – AND on THAT DAY, THE MOTHER OF BEN ZAZA DIED וְהִסְפִּידָהּ רַבָּן גַּמְלִיאֵל הֶסְפֵּד גָּדוֹל – AND RABBAN GAMLIEL EULOGIZED HER A GREAT EULOGY – לֹא מִפְּנֵי שֶׁרְאוּיָה לְכָךְ – NOT BECAUSE SHE WAS WORTHY OF THIS great honor of being eulogized by the *Nasi,* אֶלָּא כְּדֵי שֶׁיֵּדְעוּ הָעָם שֶׁלֹּא קִידְּשׁוּ בֵּית דִּין אֶת הַחֹדֶשׁ – BUT IN ORDER THAT THE PEOPLE SHOULD KNOW THAT *BEIS DIN* HAD NOT SANCTIFIED THE MONTH on that day.[29]

The Mishnah stated:

הָלַךְ (רבי עקיבא ומצאו) [וּמְצָאוֹ רַבִּי עֲקִיבָא] מֵיצֵר כו׳ – HE WENT AND FOUND HIM, R' AKIVA, DISTRAUGHT etc.[30]

The Gemara inquires:

אִיבַּעְיָא לְהוּ – **They inquired:** מִי מֵיצַר – **Who was distraught?** רַבִּי עֲקִיבָא מֵיצַר אוֹ רַבִּי יְהוֹשֻׁעַ מֵיצַר – Was it **R' Akiva** who **was distraught or R' Yehoshua** who **was distraught?**[31]

The Gemara resolves this uncertainty:

תָּא שְׁמַע – **Come, learn** a proof that it was R' Yehoshua who was troubled. דְּתַנְיָא – **For it was taught in the** following **Baraisa:** הָלַךְ רַבִּי עֲקִיבָא וּמְצָאוֹ לְרַבִּי יְהוֹשֻׁעַ כְּשֶׁהוּא מֵיצַר – R' AKIVA WENT AND FOUND R' YEHOSHUA WHILE HE WAS DISTRAUGHT. אָמַר לוֹ – HE SAID TO HIM: [רַבִּי] – MY TEACHER! מִפְּנֵי מָה אַתָּה מֵיצַר – FOR WHAT reason ARE YOU DISTRAUGHT? אָמַר לוֹ – HE SAID TO HIM: (רבי) עֲקִיבָא – AKIVA! רָאוּי לוֹ שֶׁיִּפּוֹל לַמִּטָּה שְׁנֵים עָשָׂר חֹדֶשׁ – IT WOULD BE MORE ACCEPTABLE FOR HIM TO BECOME BEDRIDDEN FOR TWELVE MONTHS, וְאַל יִגְזוֹר עָלָיו גְּזֵירָה זוֹ – RATHER THAN HAVE THIS DECREE ISSUED AGAINST HIM![32] אָמַר לוֹ – [R' AKIVA] SAID TO HIM: רַבִּי תַּרְשֵׁינִי לוֹמַר לְפָנֶיךָ דָּבָר אֶחָד שֶׁלִּמַּדְתָּנִי – MY TEACHER, PERMIT ME TO TELL YOU ONE THING THAT YOU HAVE TAUGHT ME. אָמַר לוֹ אֱמוֹר – [R' YEHOSHUA] SAID TO HIM: SPEAK. אָמַר לוֹ – [R' AKIVA] SAID TO HIM: הֲרֵי הוּא אוֹמֵר – INDEED IT STATES in Scripture with regard to the designation of the festivals: ,,אַתֶּם", ,,אַתֶּם", ,,אַתֶּם" – *YOU, YOU, YOU* – THREE TIMES.[33] These three occurrences indicate: ,,אַתֶּם" אֲפִילוּ שׁוֹגְגִין – The festivals that *YOU, Beis Din,* declare (through your designation of Rosh Chodesh) are valid EVEN if you choose the wrong date for Rosh Chodesh IN ERROR;[34] ,,אַתֶּם" אֲפִילוּ מְזִידִין – the festivals that *YOU* declare are valid EVEN if you choose the wrong date for Rosh Chodesh DELIBERATELY;[35] ,,אַתֶּם" אֲפִילוּ מוּטְעִין – the festivals that *YOU* declare are valid EVEN if YOU WERE MISLED into choosing the wrong date for Rosh Chodesh.[36] בְּלָשׁוֹן

NOTES

twenty-ninth] (see *Rashi*). Alternatively, Rebbi sent R' Chiya to sanctify the new month in Ein Tav because the Roman authorities in Rebbi's own locale had issued a decree against sanctifying the new month (*Rashi,* citing his teacher). (See also *Tosafos,* who explain that Ein Tav was a town [near Tzippori (Sepphoris)] where the Sanhedrin convened to make calendrical decisions.)

26. Rebbi chose this signal, because David's kingdom is compared to the moon, as it states (*Psalms* 89:37-38): . . . *his throne shall be like the sun before Me. Like the moon, it shall be established forever* . . . (*Rashi*; see *Maharatz Chayes*).

27. For that is when the new moon had been seen.

28. [And this span of time had not yet elapsed since the previous *molad,* so the likeness that had been seen on the twenty-ninth could not have been the new moon.]

Rabban Gamliel says "not less than . . ." because that is what is essential for his purposes here. In truth, though, he means not less and not more (see *Meiri*).

[Actually, 29-12-793 is but the *mean* duration of the lunar period, but it can actually be longer or shorter (see *Rambam, Hil. Kiddush HaChodesh* 6:1,3). Apparently, then, Rabban Gamliel used 29-12-793 merely as the approximate duration of the lunar cycle. And what he meant was that even making allowance for the shortest possible lunar cycle (which is somewhat shorter than 29-12-793), not enough time had elapsed since the previous *molad* for the likeness that had been seen to have been the new moon (see references cited in *Torah Sheleimah* vol. 13 ch. 7).]

29. It is forbidden to eulogize on Yom Tov (see end of note). Thus, by delivering this eulogy on that day, Rabban Gamliel advertised to all that the day was *not* Rosh Chodesh (*Rashi*). [*Rashi* apparently explains that this incident took place on Rosh Chodesh Tishrei, which is the Yom Tov of Rosh Hashanah. It is unclear, however, why *Rashi* did not explain that it was an ordinary Rosh Chodesh, on which one may not eulogize either (*Rashash*).]

30. [We have translated the words here literally in order to make the Gemara's ensuing inquiry intelligible.]

31. The Mishnah's phraseology could be interpreted to mean that R' Akiva went and found R' Yehoshua distraught, or that R' Yehoshua went and found R' Akiva distraught.

[Although we would naturally assume the former interpretation, as it was R' Yehoshua who had cause to be distraught over the *Nasi's* demand that he desecrate Yom Kippur,] the peculiar syntax of the Mishnah gives rise to the Gemara's uncertainty. For the Mishnah is speaking about R' Yehoshua, and then proceeds to state: "He went . . .," which implies that it was the antecedent – R' Yehoshua – who went (see *Ritva*).

32. R' Yehoshua was euphemistically speaking about himself in the third person. He was saying that he would rather be bedridden for a year than to have to desecrate the day that Yom Kippur fell according to his reckoning.

It is possible that the reason he preferred a prolonged period of being bedridden was that it would render him incapable of fulfilling Rabban Gamliel's order (*Maharsha*).

33. The phrase . . . מוֹעֲדֵי ה׳ אֲשֶׁר־תִּקְרְאוּ, *These are the festivals of Hashem that you shall call* . . . appears three times in the passage concerning the festivals – *Leviticus* 23:2, 4 and 37. In each occurrence, the word אתם, *them,* is spelled defectively (rather than אותם, with a ו) and is therefore expounded as if it were vowelized אַתֶּם, *you* (*Rashi*; see also 24a note 18).

34. I.e. even if you, *Beis Din,* erroneously thought that circumstances warranted postponing Rosh Chodesh to day thirty-one (*Rashi;* see *Rabbeinu Hillel* to *Sifra, Emor, Perek* 10, and *Chasdei David* to *Tosefta* 2:1).

35. I.e. even if *Beis Din* knowingly declared Rosh Chodesh on the wrong date for some compelling reason that entitles them to do so (see *Hagahos Yavetz;* see also *Chasdei David* and *Chazon Yechezkel* to *Tosefta* 2:1, and *Aruch HaShulchan HeAsid, Hil. Kiddush HaChodesh* 89:5, 90:12).

36. I.e. even if *Beis Din* was deceived by false witnesses [who claim to have seen the new moon, but in fact did not] (*Rashi*).

[It should be noted that in all these cases, the leeway granted by the Torah to *Beis Din* is limited to the thirtieth and thirty-first days. But there is no validity in *Beis Din's* declaration of any other day as Rosh Chodesh (*Tosefta* 2:1).]

All are obligated to establish the dates of the festivals based on the day that the *Beis Din* declared to be Rosh Chodesh. Even if one knows that *Beis Din* was in error, he is obligated to rely on it. For the matter was delegated [by the Torah] only to *Beis Din*. And the One Who commanded us to keep the festivals is the same One Who commanded us to rely on them, as it is stated: *that you shall declare them* (*Rambam, Hil. Kiddush HaChodesh* 2:10).

וערבית במערב א"ר יוחנן בן נורי עדי שקר הם אכשבאו ליבנה קיבלן רבן גמליאל ועוד באו שנים ואמרו ראינוהו בזמנו ובליל עיבורו לא נראה בוקיבלן ר"ג אמר רבי דוסא בן הורכינס עדי שקר הן היאך מעידים על האשה שילדה ולמחר כריסה בין שיניה אמר לו רבי יהושע רואה אני את דבריך שלח לו ר"ג גוזרני עליך שתבא אצלי במקלך ובמעותיך ביוה"כ שחל להיות בחשבונך הלך ומצאו ר"ע מיצר אמר לו גיש לי ללמוד שכל מה שעשה ר"ג עשוי שנאמר א) אלה מועדי ה' מקראי קדש אשר תקראו אתם בין בזמנן בין שלא בזמנן אין לי מועדות אלא אלו בא לו אצל ר' דוסא בן הורכינס אמר לו אם באין אנו לדון אחר בית דינו של ר"ג צריכין אנו לדון אחר כל בית דין ובית דין שעמד מימות משה ועד עכשיו שנאמר ב) ויעל משה ואהרן נדב ואביהוא ושבעים מזקני ישראל ולמה לא נתפרשו שמותן של זקנים אלא ללמד שכל שלשה ושלשה שעמדו בית דין על ישראל הרי הוא כבית דינו של משה נטל מקלו ומעותיו בידו והלך ליבנה אצל ר"ג ביום שחל יוה"כ להיות בחשבונו עמד ר"ג ונשקו על ראשו אמר לו בוא בשלום רבי ותלמידי רבי בחכמה ותלמידי שקבלת את דברי: **גמ'** תניא אמר להם ר"ג לחכמים כך מקובלני מבית אבי אבא דפעמים שבא בארוכה ופעמים שבא בקצרה א"ר יוחנן מ"ט דבי רבי דכתיב ג) עשה ירח למועדים שמש ידע מבואו שמש הוא דידע מבואו ירח לא ידע מבואו רבי חייא חזייא לסיהרא דהוה קאי בצפרא א) דעשרים ותשעה ה) שקל קלא פתק ביה אמר לאורתא בעינן לקדושי בך ואת קיימת הכא זיל איכסי ו) א"ל רבי לר' חייא זיל לעין טב וקדשיה לירחא ושלח לי סימנא דוד מלך ישראל חי וקים ת"ר פעם אחת נתקשרו שמים בעבים ונראית דמות לבנה בעשרים ותשעה לחדש כסבורים העם לומר ר"ח ובקשו ב"ד לקדשו אמר להם ר"ג כך מקובלני מבית אבי אבא זאין חדושה של לבנה פחותה מעשרים ותשעה יום ומחצה ושני שלישי שעה וע"ג חלקים ואותו היום מתה אמו של בן זזא והספידה ר"ג הספד גדול לא מפני שראויה לכך אלא כדי שידעו העם שלא קידשו ב"ד את החדש: הלך ז) ר"ע (ומצאו) מיצר כו': איבעיא להו מי מיצר ר"ע מיצר או רבי יהושע מיצר ת"ש דתניא הלך ר"ע ומצאו לרבי יהושע כשהוא מיצר אמר לו ח) [רבי] מפני מה אתה מיצר אמר לו ט) (רבי) עקיבא ראוי לו שיפול למטה י"ב חדש ואל יגזור עליו גזירה זו א"ל רבי תרשיני לומר לפניך דבר אחד שלמדתני אמר לו אמור אמר לו הרי הוא אומר ד) אתם א) אתם ה) אתם ג' פעמים אתם י אפילו שוגגין אתם אפילו מזידין אתם אפילו מוטעין בלשון הזה א"ל עקיבא נחמתני נחמתני: בא לו אצל רבי דוסא בן הורכינס כו': ת"ר ו) למה לא נתפרשו שמותם של זקנים הללו שלא יאמר אדם פלוני כמשה ואהרן פלוני כנדב ואביהוא פלוני כאלדד ומידד ואומר ו) ויאמר שמואל אל העם ה' אשר עשה את משה ואת אהרן ואומר ז) וישלח ה' את ירובעל ואת בדן ואת יפתח ואת שמואל ירובעל זה גדעון ולמה נקרא שמו ירובעל שעשה מריבה עם הבעל בדן זה שמשון ולמה נקרא שמו בדן דאתי מדן יפתח כמשמעו ואומר

רש"י

וערבית במערב. את החדשה: **עדי שקר הם.** דקיימא לן (לעיל דף כ:) עשרים וארבעה שעי מכסי סיהרא כך פירשו רבותי ולבי נוקפי מדקתני בברייתא פעמים שבא בארוכה פעמים שבא בקצרה ואין לשון ביאת ארוכה וקצרה נופל כאן שהרי מתוך קוטנה הישנה היא נכסית מבני מערב כשהיא במזרח לפני חידושה ונראה לי דעל החדשה העידו ועדי שקר דקאמר רבי יוחנן בן נורי לפי שאינה ממהרת לרוץ בי"ב שעות שביום מתוך המזרח לתוך המערב (א) וע"ז קאמר פעמים שבא בדרך ארוכה ושוהה לבא: **ועוד באו שנים ואמרו ראינוהו בזמנו.** ביום שלשים: **וליל שלשים.** שהיו מצפין ב"ד והעם שתהא מגולה ויראוה מאחר שהעדים ראוה ביום לא נראה להם: **רואה אני את דבריך.** לעבר את החדש: **הלך ומצאו.** הלך ומצאו ר"ע לר' יהושע מיצר על שהנשיא גזר עליו לחלל יום הכפורים: **אשר תקראו.** בקריאת בית דין תלאו הכתוב: **בא לו.** ר' יהושע אצל רבי דוסא: **למה לא נתפרסמו שמותן כו'.** שאם בא אדם לדון אחר בית דין שבימיו ולומר וכי בית דין זה כמשה ואהרן כאלדד ומידד אומרים לו שמא חשוב הוא כשלשה מן השאר שלא נתפרשו שמותם: **גמ' דחזי' לסיהרא.** ישנה: **שקל קלא.** פיסת רגבים מוט"א בלע"ז: **לאורתא בעינן לקדושיך.** צריכין אנו לעשות הלילה יום טוב של ראש השנה לחסר את אלול ולאיים על העדים לומר ראינוהו בזמנו לקדשו למחר ואף על פי שלא ראוהו לפי שהיה עיבור החדש דוחה את יום הכפורים אלל שבת: **ואת קיימת הכא.** ואם תהא נראית ערבית שוב לא יקדשו את החדש למחר כדאמרן לעיל פרק קמא (כ:) צריך שיהא לילה ויום מן החדש שאם נראית הישנה לאור כ"ט אין מקדשין מחר את החדש: **זיל לעין טב וקדשיה.** דואג היה שלא ירננו עליו בני עירו כשיקדשו למחר לפי שראו הישנה כל יום כ"ט וסלק תלונותם מעלי' ומורי פירש שגזרו גזרה במקומו שלא יקדשו את החדש: **דוד מלך ישראל.** נמשל כלבנה שנאמר בו (תהלים פט) כסאו כשמש נגדי כירח יכון עולם: ח) **(ונראית דמות לבנה בעשרים ותשעה):** **שידעו שלא קדשו בית דין את החדש.** שאין מספידין ביום טוב: **אתם אתם אתם.** שלשה זמנין כתיב אשר תקראו אותם בפרשת שור או כשב וקרי ביה תקראו אתם: **שוגגין.** מאליהן כסבורין שהוא ראוי להתעבר וטועין: **מוטעין.** על ידי עדי שקר: **שלא יאמר אדם.** על בית דין שבימיו וכי פלוני ופלוני כמשה ואהרן שאשמע לו עכשיו שלא נתפרשו אמור לו אם אינו כמשה ואהרן הרי הוא כאחד משאר זקנים שאינך יודע מי הם: **ואומר ה' אשר עשה את משה ואת אהרן.** שמואל הנביא אמר לישראל הקדוש ברוך הוא עשה לכם נסים על ידי ששה זקנים הללו משה ואהרן ירובעל ובדן ויפתח ושמואל: ואומר

תוספות

לאורתא מקדשינן לך ואת קיימת הכא. תימה הא שפיר אפשר שיהא המולד ביום ל' קודם י"ח שעות שיכולה לראות ביום ותראה הישנה ביום כ"ט שחרית אפילו לבני מערב שמא לא היה כל כך שחרית שכבר יצא שמש בגבורתו שלא היתה ראויה לבני מערב ובקונטרס פי' ואת קיימת הכא ואם תהא נראית ערבית שוב לא יקדשו החדש למחר כדאמר בפ' קמא (דף כ: ושם) וצריך שיהא לילה ויום מן החדש שאם נראית הישנה לאור עשרים ותשעה אין מקדשין מחר את החדש וזה אי אפשר להיות כדפרישית בפ"ק (שם ד"ה חלות):

זיל לעין טב וקדשיה. שם היו קבועים לקדש את החדש כדאי' בפסיקתא בפסוק תקעו בחדש שופר למה בית דין מקדשין החדש בעין טב לפי שהוא בית הועד אמר הקב"ה בית מועד של כל העולם שנאמר (ישעיה ב) כי מציון תצא תורה ואמרי' בירושלמי כשם שתוקעים ביבנה כך תוקעים בעין טב משמע שהיה שם בית דין קבוע דומיא דיבנה:

שהימים

עין משפט נר מצוה

כד א ב מיי' פ"ג מהלכות קידוש החדש הלכה ו:
כה ג מיי' שם הלכה י:
כו ד מיי' שם פי"ח הלכה יד:
כז ה מיי' שם פ"ח הלכה א:
כח ו מיי' שם פ"ב הלכה י:

רבינו חננאל

לא תלמד לעשות אבל אתה למד להבין ולהורות: **מתני'** מעשה שבאו שנים ואמרו ראינוהו שחרית במזרח כו'. תניא אר"ג לחכמים כך מקובלני מבית אבי אבא פעמים שבא בארוכה פעמים שבא בקצרה ועכשיו בא בקצרה אמר ר' יוחנן מהאי קרא עשה ירח למועדים כלומר לפי מה שיזדמן לו. אבל שמש לא אלא ידע מבואו. ר' חייא [חזייא] לסיהרא בצפרא דכ"ט בירחא דקאי במזרח שקל אבנא רמא ביה לאורתא מקדשינן לך על חשבון המולד ולא תראם הלילה במערב זיל בדרך קצרה. מצינו שנמשלה מלכות בית דוד כירח שנאמר כירח יכון עולם ועד בשחק וגו'. לפיכך א"ר לר' חייא זיל לעין טב וקדשיה לירחא ושלח לי סימנא דוד מלך ישראל חי וקים כלומר נתקיימה ראיית הלבנה בעולם. ת"ר פעם אחת נתקשרו שמים בעבים. ודימו בני אדם שהחשיך וראו דמות לבנה ביום כ"ט לחדש אמר להו ר"ג כך מקובלני מבית אבי אבא שאין חדשה של לבנה פחותה מכ"ט ימים ומחצה ובי' שלישי שעה וע"ג חלקים ואותו היום מתה אמו של בן זזא והספידה ר"ג להודיע לכל שלא נתקדש החדש. ועוד באו שנים ואמרו ראינוהו בזמנו כו'. פי' באו שנים שאמרו ראינוהו ליל ל' ולילי ל"א לא נראתה וקיבלן ר"ג וקבע ראש השנה יום שלשים. ואמר ר' דוסא עדי שקר וראוי להיות ר"ה למחר והודה ר' יהושע לדבריו כו'. עד א"ל רבי עקיבא לר' יהושע ר' תרשני לומר לפניך ממה שלמדתני. א"ל אמור. א"ל היה לו לכתוב אלה מועדי ה' מקראי קדש ודיי. למה כתיב אשר תקראו אתם ג' פעמים. אלא ללמד שאין מועדים עד שתקראו יום פלוני מועד. ולמה ג' פעמים כתיב תקראו ללמד אפילו שוגגים מוטעין ואפי' מזידין אין מועד אלא מה שתקראו. א"ל עקיבא נחמתני. בא לו ר' יהושע אצל ר' דוסא: ת"ר למה לא נתפרשו שמותן של זקנים צדיקים שלא יאמר פלוני כמשה ואהרן. פלוני כאלדד ומידד. ואומר ויאמר שמואל אל העם ה' אשר עשה את משה ואת אהרן וגו' שקל

מסורת הש"ס

א) ס"א דכ"ט בירחא, ב) [פסחים סב: שבועות יח:], ג) ס"א ואזלה ואכסי, ד) [ומצאו ר"ע], ה) ס"א, ו) ס"א אינו, ז) [תוספתא פ"א], ח) ס"א אינו.

הגהות הב"ח

(א) רש"י ד"ה עדי שקר כו' לתוך המערב וספיר נופל כאן פעמים שבא כו' ושוהה לבא ופעמים שבא בדרך קצרה והס"ד:

תורה אור השלם

א) אֵלֶּה מוֹעֲדֵי יְיָ מִקְרָאֵי קֹדֶשׁ אֲשֶׁר תִּקְרְאוּ אֹתָם בְּמוֹעֲדָם: [ויקרא כג, ד]

ב) וַיַּעַל מֹשֶׁה וְאַהֲרֹן נָדָב וַאֲבִיהוּא וְשִׁבְעִים מִזִּקְנֵי יִשְׂרָאֵל: [שמות כד, ט]

ג) עָשָׂה יָרֵחַ לְמוֹעֲדִים שֶׁמֶשׁ יָדַע מְבוֹאוֹ: [תהלים קד, יט]

ד) דַּבֵּר אֶל בְּנֵי יִשְׂרָאֵל וְאָמַרְתָּ אֲלֵהֶם מוֹעֲדֵי יְיָ אֲשֶׁר תִּקְרְאוּ אֹתָם מִקְרָאֵי קֹדֶשׁ אֵלֶּה הֵם מוֹעֲדָי: [ויקרא כג, ב]

ה) אֵלֶּה מוֹעֲדֵי יְהוָה אֲשֶׁר תִּקְרְאוּ אֹתָם מִקְרָאֵי קֹדֶשׁ לְהַקְרִיב אִשֶּׁה לַייָ עֹלָה וּמִנְחָה זֶבַח וּנְסָכִים דְּבַר יוֹם בְּיוֹמוֹ: [ויקרא כג, לז]

ו) וַיֹּאמֶר שְׁמוּאֵל אֶל הָעָם יְיָ אֲשֶׁר עָשָׂה אֶת מֹשֶׁה וְאֶת אַהֲרֹן וַאֲשֶׁר הֶעֱלָה אֶת אֲבֹתֵיכֶם מֵאֶרֶץ מִצְרָיִם: [שמואל א יב, ו]

ז) וַיִּשְׁלַח יְיָ אֶת יְרֻבַּעַל וְאֶת בְּדָן וְאֶת יִפְתָּח וְאֶת שְׁמוּאֵל וַיַּצֵּל אֶתְכֶם מִיַּד אֹיְבֵיכֶם מִסָּבִיב וַתֵּשְׁבוּ בֶּטַח: [שמואל א יב, יא]

ליקוטי רש"י

למועדים. למנות בו זמנים ורגלים. **שמש ידע מבואו.** אבל ירח לא ידע מבואו פעמים שבא בארוכה פעמים שבא בקצרה [תהלים קד יט]. **שקל קלא.** מוט"א [פסחים סב:]. **פיסת רגבים. פתק ביה.** זרק בו [שבועות יח:]. **אשר עשה את משה ואת אהרן.** להיות נכונים לשליחותו להוציא אבותיכם ממצרים [שמואל א יב ו]. **שעשה מריבה עם הבעל.** שסירס לו בעל [דה"י א ט לט].

הַזֶּה אָמַר לוֹ – And THE FOLLOWING WORDS are what [R' YEHOSHUA] REPLIED TO HIM: עֲקִיבָא נִחַמְתָּנִי נִחַמְתָּנִי – AKIVA, YOU HAVE COMFORTED ME! YOU HAVE COMFORTED ME![37]

The Mishnah stated:

בָּא לוֹ אֵצֶל רַבִּי דוֹסָא בֶּן הוֹרְכִּינָס כו׳ – HE [R' Yehoshua] CAME TO R' DOSA BEN HORKYNOS etc.

The Gemara cites a Baraisa that amplifies the principle set forth by R' Dosa ben Horkynos:

תָּנוּ רַבָּנָן – The Rabbis taught in a Baraisa: לָמָּה לֹא נִתְפָּרְשׁוּ שְׁמוֹתָם שֶׁל זְקֵנִים הַלָּלוּ – WHY WERE THE NAMES OF THESE ELDERS NOT SPECIFIED?[38] שֶׁלֹּא יֹאמַר אָדָם – SO THAT A PERSON SHOULD NOT SAY about a member of any particular contemporary court: פְּלוֹנִי כְּמֹשֶׁה וְאַהֲרֹן – IS SO-AND-SO LIKE MOSES AND AARON? פְּלוֹנִי כְּנָדָב וַאֲבִיהוּא – IS SO-AND-SO LIKE NADAV AND AVIHU? פְּלוֹנִי כְּאֶלְדָּד וּמֵידָד – IS SO-AND-SO LIKE ELDAD AND MEIDAD? Certainly not! Therefore, it is not incumbent upon me to submit to his authority. By omitting the names of the other judges of Moses' *Beis Din,* the Torah deflects this challenge. For although this particular judge is not of the caliber of Moses, Aaron or the others whose names are known to us, he might be of the caliber of remaining, unnamed elders.[39] וְאוֹמֵר – AND furthermore IT STATES: ,,וַיֹּאמֶר שְׁמוּאֵל אֶל־הָעָם ה׳ אֲשֶׁר עָשָׂה אֶת־מֹשֶׁה וְאֶת־אַהֲרֹן'' – *AND SAMUEL SAID TO THE PEOPLE: HASHEM WHO PRODUCED MOSES AND AARON.*[40] וְאוֹמֵר ,,וַיִּשְׁלַח ה׳ אֶת־יְרֻבַּעַל וְאֶת־בְּדָן וְאֶת־יִפְתָּח וְאֶת־שְׁמוּאֵל'' – AND IT STATES:[41] *AND HASHEM SENT YERUBAAL AND BEDAN AND YIFTACH AND SAMUEL.* The Baraisa first identifies some of these people: יְרוּבַּעַל זֶה גִּדְעוֹן – YERUBAAL IS GIDEON.[42] וְלָמָּה נִקְרָא שְׁמוֹ יְרֻבַּעַל – AND WHY IS HE CALLED YERUBAAL? שֶׁעָשָׂה מְרִיבָה עִם הַבַּעַל – BECAUSE HE QUARRELED WITH the idol BAAL.[43] בְּדָן זֶה שִׁמְשׁוֹן – BEDAN IS SAMSON. וְלָמָּה נִקְרָא שְׁמוֹ בְּדָן – AND WHY IS HE CALLED BEDAN? דְּאָתֵי מִדָּן – BECAUSE HE COMES FROM the tribe of DAN.[44] יִפְתָּח כְּמַשְׁמָעוֹ – YIFTACH is AS IT IMPLIES, i.e. it is not an appellation for some other person, but it indeed refers to Yiftach himself.

NOTES

37. For you have demonstrated that *Beis Din's* declaration of Rosh Chodesh is binding even if it was based on the testimony of false witnesses, which I believe to be the case here (see *Turei Even;* cf. *Maharsha;* see also *Hasagos HaRamban* to *Sefer HaMitzvos, Shoresh* 1).

38. Moses' *Beis Din* is mentioned in two passages. In the context of the revelation at Sinai, the Torah states (*Exodus* 24:9): *And Moses, Aaron, Nadav and Avihu, and seventy of the elders ascended* . . . And in the context of the choice of elders to assist Moses in his administration of the people, the Torah states (*Numbers* 11:16,25,26): *Gather to Me seventy men from the elders of Israel . . . And Hashem descended in a cloud and spoke to him and He increased some of the spirit that was upon him and gave it to the seventy men, the elders . . . But there remained two men in the camp, the name of one was Eldad and the name of the second was Meidad, and the spirit rested upon them, and they had been among the recorded ones but they had not gone out to the tent* . . . In the first group of elders, only Moses, Aaron, Nadav and Avihu are specified. In the second group (the two groups were composed of different elders – see *Aruch LaNer*), only Eldad and Meidad are specified. The Tanna asks why the names of the overwhelming majority of these elders are not specified (see *Aruch LaNer;* see also *Chasdei David* to *Tosefta* 1:17).

39. *Rashi.*

40. *I Samuel* 12:6.

41. Ibid. verse 11. In these verses, Samuel tells the people of Israel how the Holy One, Blessed is He, performed miracles on their behalf throughout the ages, through the agency of the six leaders that he mentions (*Rashi*).

42. Whose reign is described in *Judges* chapters 6-8.

43. Scripture (*Judges* 6:25-28) records that Gideon smashed the altar of the Baal that had belonged to his father. Thus, he was called יְרֻבַּעַל, *Yerubaal,* which can be interpreted as: יָרֶב בַּבַּעַל, *he quarrels with Baal.*

[Actually, Scripture itself states that Gideon was given the name Yerubaal, and for a different reason. When Gideon smashed his father's idolatrous altar of Baal, the people of the town demanded that Yoash, Gideon's father, hand over Gideon to them for execution. Yoash replied that if the Baal was a deity, it could certainly fight its own battles, and did not need their intervention on its behalf. *On that day he named him Yerubaal, saying:* יָרֶב בּוֹ הַבַּעַל, *Let the Baal quarrel with him, for he has cut down its altar* (*Judges* 6:32). How, then, does the Gemara here ascribe a different reason for the name Yerubaal? *Maharsha* answers that the name originally had a negative connotation, as recorded in Scripture. The fact that the prophet Samuel also referred to him as Yerubaal, however, indicates that the name subsequently assumed a positive connotation – namely, that Gideon quarreled with the Baal.]

44. See *Judges* 13:2. [And בְּדָן is a contraction of בֶּן דָּן, *a son of Dan* (*Chochmas Manoach*).]

וערבית במערב א"ר יוחנן בן נורי עדי שקר הם (א)כשבאו ליבנה קיבלן רבן גמליאל ועוד באו שנים ואמרו ראינוהו בזמנו ובליל עיבורו לא נראה (ב)וקיבלן ר"ג אמר רבי דוסא בן הורכינס עדי שקר הן היאך מעידים על האשה שילדה ולמחר כריסה בין שיניה אמר לו רבי יהושע רואה אני את דבריך שלח לו ר"ג גוזרני עליך שתבא אצלי במקלך ובמעותיך ביוה"כ שחל להיות בחשבונך הלך ומצאו ר"ע מיצר אמר לו (ג)יש לי ללמוד שכל מה שעשה ר"ג עשוי שנאמר א) אלה מועדי ה' מקראי קדש אשר תקראו אתם בין בזמנן בין שלא בזמנן אין לי מועדות אלא אלו בא לו אצל ר' דוסא בן הורכינס אמר לו אם באין אנו לדון אחר בית דינו של ר"ג צריכין אנו לדון אחר כל בית דין ובית דין שעמד מימות משה ועד עכשיו שנאמר ב) ויעל משה ואהרן נדב ואביהוא ושבעים מזקני ישראל ולמה לא נתפרשו שמותן של זקנים אלא ללמד שכל שלשה ושלשה שעמדו בית דין על ישראל הרי הוא כבית דינו של משה נטל מקלו ומעותיו בידו והלך ליבנה אצל ר"ג ביום שחל יוה"כ להיות בחשבונו עמד ר"ג ונשקו על ראשו אמר לו בוא בשלום רבי ותלמידי רבי בחכמה ותלמידי שקבלת את דברי:

גמ' תניא אמר להם ר"ג לחכמים כך מקובלני מבית אבי אבא (ד)פעמים שבא בארוכה ופעמים שבא בקצרה א"ר יוחנן מ"ט דבי רבי דכתיב ג) עשה ירח למועדים שמש ידע מבואו שמש הוא דידע מבואו ירח לא ידע מבואו רבי חייא חזייא לסיהרא דהוה קאי בצפרא (א)דעשרים ותשעה (ה)שקל קלא פתק ביה אמר לאורתא בעינן לקדושי בך ואת קיימת הכא זיל איכסי (ו)א"ל רבי לר' חייא זיל לעין טב וקדשיה לירחא ושלח לי סימנא דוד מלך ישראל חי וקים ת"ר פעם אחת נתקשרו שמים בעבים ונראית דמות לבנה בעשרים ותשעה לחדש כסבורים העם לומר ר"ח ובקשו ב"ד לקדשו אמר להם ר"ג כך מקובלני מבית אבי אבא (ה)אין חדושה של לבנה פחותה מעשרים ותשעה יום ומחצה ושני שלישי שעה וע"ג חלקים ואותו היום מתה אמו של בן זזא והספידה ר"ג הספד גדול לא מפני שראויה לכך אלא כדי שידעו העם שלא קידשו ב"ד את החדש: הלך (ו)ר"ע (ומצאו) מיצר כו': איבעיא להו מי מיצר ר"ע או רבי יהושע מיצר ת"ש דתניא הלך ר"ע ומצאו לרבי יהושע כשהוא מיצר אמר לו [רבי] מפני מה אתה מיצר אמר לו (ז)(רבי) עקיבא ראוי לו שיפול למטה י"ב חדש ואל יגזור עליו גזירה זו א"ל רבי תרשיני לומר לפניך דבר אחד שלמדתני אמר לו אמור אמר לו הרי הוא אומר ד) אתם א) אתם ה) אתם ג' פעמים אתם (ח)אפילו שוגגין אתם אפילו מזידין אתם אפילו מוטעין בלשון הזה אמר לו עקיבא נחמתני נחמתני: בא לו אצל רבי דוסא בן הורכינס כו': ת"ר (ז)למה לא נתפרשו שמותם של זקנים הללו שלא יאמר אדם פלוני כמשה ואהרן פלוני כנדב ואביהוא פלוני כאלדד ומידד ואומר ו) ויאמר שמואל אל העם ה' אשר עשה את משה ואת אהרן ואומר ז) וישלח ה' את ירובעל ואת בדן ואת יפתח ואת שמואל ירובעל זה גדעון ולמה נקרא שמו ירובעל שעשה מריבה עם הבעל בדן זה שמשון ולמה נקרא שמו בדן דאתי מדן יפתח כמשמעו ואומר

רש"י

וערבית במערב. אל החדשה: עדי שקר הם. דקיימא לן (לעיל דף כ:) עשרים וארבעה שעי מכסי סיהרא כך פירשו רבותי ולבי נוקפי מדקתני בברייתא פעמים שבא בארוכה פעמים שבא בקצרה ואין לשון ביאה ארוכה וקצרה נופל כאן שהרי מתוך קוטנה הישנה היא נכסית מבני מערב כשהיא במזרח לפני חידושה ונראה לי דעל החדשה העידו ועדי שקר דקאמר רבי יוחנן בן נורי לפי שאינה ממהרת לרוץ בי"ב שעות שביום מתוך המזרח לתוך המערב (א) וע"ז קאמר פעמים שבא בדרך ארוכה ושוהה לבא: ועוד באו שנים ואמרו ראינוהו בזמנו. ביום שלשים: ובליל עיבורו. ליל שלשים ואחד: לא נראה. שהיו מלפנין ב"ד לראות שתהא מגולה וירלו לומר שהעדים ראוה ביום לא נראה להם: רואה אני את דבריך. לעבר את החדש: הלך ומצאו. הלך ומצאו ר"ע לר' יהושע מילר על שהנשיא גזר עליו לחלל יום הכפורים: אשר תקראו. בקריאת בית דין תלאו הכתוב: בא לו. ר' יהושע אצל רבי דוסא: למה לא נתפרסמו שמותן כו'. שאם בא אדם לדון אחר בית דין שבימיו ולומר וכי בית דין זה כמשה ואהרן כאלדד ומידד אומרים לו שמא חשוב הוא כשלשה מן השאר שלא נתפרשו שמותם: גמ' דחזי' לסיהרא. ישנה: שקל קלא. פיסת רגבים מוט"א בלע"ז: לאורתא בעינן לקדושיך. צריכין אנו לעשות הלילה יום טוב של ראש השנה לחסר את אלול ולאיים על העדים לומר ראינוהו בזמנו לקדשו למחר ואף על פי שלא ראוהו לפי שהיה עיבור החדש דוחה את יום הכפורים אלל שבת: ואת קיימת הכא. ואם תהא נראית ערבית שוב לא יקדשו את החדש למחר כדאמרן לעיל פרק קמא (כ:) צריך שיהא לילה ויום מן החדש שאם נראית הישנה לאור כ"ט אין מקדשין מחר את החדש: זיל לעין טב וקדשיה. דואג היה שלא ירננו עליו בני עירו כשיקדשו למחר לפי שראו הישנה כל יום כ"ט וסלק תלונותם מעלי ומורי פירש שגזרו גזרה במקומו שלא יקדשו את החדש: דוד מלך ישראל. נמשל כלבנה שנאמר בו (תהלים פט) כסאו כשמש נגדי כירח יכון עולם: ח) (ונראית דמות לבנה בעשרים ותשעה): שידעו שלא קדשו בית דין את החדש. שאין מספידין ביום טוב: אתם אתם אתם. שלשה זמנין כתיב אשר תקראו אותם בפרשת שור או כשב וקרי ביה תקראו אתם: שוגגין. מאליהן כסבורין שהוא ראוי להתעבר וטועין: מוטעין. על ידי עדי שקר: שלא יאמר אדם. על בית דין שבימיו וכי פלוני ופלוני כמשה ואהרן שאשמע לו עכשיו שלא נתפרשו אמור לו אם אינו כמשה ואהרן הרי הוא כאחד משאר זקנים שאינך יודע מי הם: ואומר ה' אשר עשה את משה ואת אהרן. שמואל הנביא אמר לישראל הקדוש ברוך הוא עשה לכם נסים על ידי ששה זקנים הללו משה ואהרן ירובעל ובדן ויפתח ושמואל: ואומר

תוספות

לאורתא מקדשין לך ואת קיימת הכא. תימה הא שפיר אפשר שיהא המולד ביום ל' קודם י"ח שעות שיכולה לראות ביום ותראה הישנה ביום כ"ט שחרית אפילו לבני מערב שמא לא היה כל כך שחרית שכבר יצא שמש בגבורתו שלא היתה ראויה לבני מערב ובקונטרס פי' ואת קיימת הכא ואם תהא נראית ערבית שוב לא יקדשו החדש למחר כדאמר בפ' קמא (דף כ: ושם) וצריך שיהא לילה ויום מן החדש שאם נראית הישנה לאור עשרים ותשעה אין מקדשין מחר את החדש וזה אי אפשר להיות כדפרישית בפ"ק (שם ד"ה חלות):

זיל לעין טב וקדשיה. שם היו קבועים לקדש את החדש כדאי' בפסיקתא בפסוק תקעו בחדש שופר למה בית דין מקדשין החדש בעין טב לפי שהוא בית הועד אמר הקב"ה בית מועד של כל העולם שנאמר (ישעיה ב) כי מציון תצא תורה ואמרי' בירושלמי כשם שתוקעים ביבנה כך תוקעים בעין טב משמע שהיה שם בית דין קבוע דומיא דיבנה:

מסורת הש"ס

א) ס"א דכ"ט בירחא, ב) [פסחים סב: שבועות יח:], ג) ס"א ואזלה ואכסי, ד) [ומצאו ר"ע], ה) ס"א, ו) ס"א אינו, ז) [תוספתא פ"א], ח) ס"א אינו.

הגהות הב"ח

(א) רש"י ד"ה עדי שקר כו' לתוך המערב ושפיר נופל כאן פעמים שבא כו' ושוהה לבא ופעמים שבא בדרך קצרה וכו"ד:

תורה אור השלם

א) אֵלֶּה מוֹעֲדֵי יְיָ מִקְרָאֵי קֹדֶשׁ אֲשֶׁר תִּקְרְאוּ אֹתָם בְּמוֹעֲדָם: [ויקרא כג, ד]

ב) וַיַּעַל מֹשֶׁה וְאַהֲרֹן נָדָב וַאֲבִיהוּא וְשִׁבְעִים מִזִּקְנֵי יִשְׂרָאֵל: [שמות כד, ט]

ג) עָשָׂה יָרֵחַ לְמוֹעֲדִים שֶׁמֶשׁ יָדַע מְבוֹאוֹ: [תהלים קד, יט]

ד) דַּבֵּר אֶל בְּנֵי יִשְׂרָאֵל וְאָמַרְתָּ אֲלֵהֶם מוֹעֲדֵי יְיָ אֲשֶׁר תִּקְרְאוּ אֹתָם מִקְרָאֵי קֹדֶשׁ אֵלֶּה הֵם מוֹעֲדָי: [ויקרא כג, ב]

ה) אֵלֶּה מוֹעֲדֵי יְהוָה אֲשֶׁר תִּקְרְאוּ אֹתָם מִקְרָאֵי קֹדֶשׁ לְהַקְרִיב אִשֶּׁה לַייָ עֹלָה וּמִנְחָה זֶבַח וּנְסָכִים דְּבַר יוֹם בְּיוֹמוֹ: [ויקרא כג, לז]

ו) וַיֹּאמֶר שְׁמוּאֵל אֶל הָעָם יְיָ אֲשֶׁר עָשָׂה אֶת מֹשֶׁה וְאֶת אַהֲרֹן וַאֲשֶׁר הֶעֱלָה אֶת אֲבֹתֵיכֶם מֵאֶרֶץ מִצְרָיִם: [שמואל א יב, ו]

ז) וַיִּשְׁלַח יְיָ אֶת יְרֻבַּעַל וְאֶת בְּדָן וְאֶת יִפְתָּח וְאֶת שְׁמוּאֵל וַיַּצֵּל אֶתְכֶם מִיַּד אֹיְבֵיכֶם מִסָּבִיב וַתֵּשְׁבוּ בֶּטַח: [שמואל א יב, יא]

ליקוטי רש"י

למועדים. למנות בו זמנים ורגלים. שמש ידע מבואו. אבל ירח לא ידע מבואו פעמים שבא בארוכה פעמים שבא בקצרה [תהלים קד יט]. שקל קלא. מוט"א [פסחים סב:]. פיסת רגבים. פתק ביה. זרק בו [שבועות יח:]. אשר עשה את משה ואת אהרן. להיות נכונים לשליחותו להוציא אבותיכם ממצרים [שמואל א יב ו]. שעשה מריבה עם הבעל. שסירב לו בעל [דה"י א ט לט].

עין משפט נר מצוה

כד א ב מיי' פ"ב מהלכות קידוש החדש הלכה ו:
כה ג מיי' שם הלכה י:
כו ד מיי' שם פי"ז הלכה כד:
כז ה מיי' שם פ"ח הלכה א:
כח ו מיי' שם פ"ב הלכה י:

רבינו חננאל

לא תלמד לעשות אבל אתה למד להבין ולהורות: מתני' מעשה שבאו שנים ואמרו ראינוהו שחרית במזרח כו'. תניא אר"ג לחכמים כך מקובלני מבית אבי אבא פעמים שבא בארוכה פעמים שבא בקצרה ועכשיו בא בקצרה אמר ר' יוחנן מהאי קרא עשה ירח למועדים כלומר לפי מה שיזדמן לו. אבל שמש לא אלא ידע מבואו. ר' חייא [חזייא] לסיהרא בצפרא דכ"ט בירחא דקאי במזרח שקל אבנא רמא ביה לאורתא מקדשינן לך על חשבון המולד ולא תראה הלילה במערב זיל בדרך קצרה. מצינו שנמשלה מלכות בית דוד כירח שנאמר כירח יכון עולם ועד בשחק וגו'. לפיכך א"ר לר' חייא זיל לעין טב וקדשיה לירחא ושלח לי סימנא דוד מלך ישראל חי וקים כלומר נתקיימה ראיית הלבנה בעולם. ת"ר פעם אחת נתקשרו שמים בעבים. ודימו בני אדם שהחשיך וראו דמות לבנה ביום כ"ט לחדש אמר להו ר"ג כך מקובלני מבית אבי אבא שאין חדשה של לבנה פחותה מכ"ט ימים ומחצה וב' שלישי שעה וע"ג חלקים ואותו היום מתה אמו של בן זזא והספידה ר"ג להודיע לכל שלא נתקדש החדש. ועוד באו שנים ואמרו ראינוהו בזמנו כו'. פי' באו שנים שאמרו ראינוהו ליל ל' ולילי ל"א לא נראתה וקיבלן ר"ג וקבע ראש השנה יום שלשים. ואמר ר' דוסא עדי שקר וראוי להיות ר"ה למחר והודה ר' יהושע לדבריו כו'. עד א"ל רבי עקיבא לר' יהושע ר' תרשני לומר לפניך ממה שלמדתני. א"ל אמור. א"ל היה לו לכתוב אלה מועדי ה' מקראי קדש ודיי. למה כתיב אשר תקראו אתם ג' פעמים. אלא ללמד שאין מועדים עד שתקראו יום פלוני מועד. ולמה ג' פעמים כתיב תקראו ללמד אפילו שוגגים מוטעין ואפי' מזידין אין מועד אלא מה שתקראו. א"ל עקיבא נחמתני. בא לו ר' יהושע אצל ר' דוסא: ת"ר למה לא נתפרשו שמותן של זקנים צדיקים שלא יאמר פלוני כמשה ואהרן. פלוני כאלדד ומידד. ואומר ויאמר שמואל אל העם ה' אשר עשה את משה ואת אהרן וגו' שקל

ואומר א) משה ואהרן בכהניו ושמואל בקוראי שמו שקל הכתוב שלשה קלי עולם כשלשה חמורי עולם לומר לך ירובעל בדורו כמשה בדורו בדן בדורו כאהרן בדורו יפתח בדורו כשמואל בדורו ללמדך שאפילו קל שבקלין ונתמנה פרנס על הצבור הרי הוא כאביר שבאבירים ה) ואומר ב) ובאת אל הכהנים הלוים ואל השופט אשר יהיה בימים ההם וכי תעלה על דעתך שאדם הולך אצל הדיין שלא היה בימיו הא אין לך לילך אלא אצל שופט שבימיו ואומר ג) אל תאמר מה היה שהימים הראשונים היו טובים מאלה: נטל מקלו ומעותיו בידו: תנו רבנן כיון שראה אותו עמד מכסאו ונשקו על ראשו אמר לו שלום עליך רבי ותלמידי רבי שלמדתני תורה ברבים ותלמידי שאני גוזר עליך גזירה ואתה מקיימה כתלמיד אשרי הדור שהגדולים נשמעים לקטנים קל וחומר קטנים לגדולים קל וחומר חיובא הוא אלא מתוך שהגדולים נשמעים לקטנים נושאין קטנים קל וחומר בעצמן:

הדרן עלך אם אינן מכירין

ג) **ראוהו** א) בית דין וכל ישראל נחקרו העדים ולא הספיקו לומר מקודש עד שחשיכה הרי זה מעובר ראוהו ב"ד בלבד יעמדו שנים ויעידו בפניהם ויאמרו מקודש מקודש ג) ראוהו שלשה והן בית דין יעמדו השנים ויושיבו מחבריהם אצל היחיד ויעידו בפניהם ויאמרו מקודש מקודש שאין היחיד נאמן על ידי עצמו: **גמ'** למה לי למיתנא ראוהו בית דין וכל ישראל איצטריך סד"א הואיל וראוהו בית דין וכל ישראל איפרסמא לה ולא ליעברוה קמ"ל וכיון דתנא ליה ראוהו ב"ד וכל ישראל נחקרו העדים למה לי ה"ק א"נ נחקרו העדים ולא הספיקו לומר מקודש עד שחשיכה הרי זה מעובר וכיון דתנא עד שחשיכה הרי זה מעובר למה לי למיתנייה חקירת העדים כלל איצטריך סד"א תיהוי חקירת עדים כתחילת דין ומקודש מקודש כגמר דין ולקדשי בליליא מידי דהוה אדיני ממונות דתנן ב) דיני ממונות דנין ביום וגומרין בלילה הכא נמי מקדשין בליליא קמ"ל ואימא הכי נמי אמר קרא ד) כי חק לישראל הוא משפט לאלהי יעקב אימת הוי חק בגמר דין וקא קרי ליה רחמנא משפט ו) מה משפט ביום ז) אף הכא נמי ביום: ראוהו בית דין יעמדו שנים ויעידו בפניהם: ואמאי לא תהא שמיעה גדולה מראייה א"ר זירא ה) כגון שראוהו בלילה: ראוהו שלשה והן בית דין יעמדו שנים ויושיבו מחבריהם אצל היחיד: אמאי הכא נמי נימא לא תהא שמיעה גדולה מראייה וכי תימא ה"נ כגון שראוהו בלילה היינו הך סיפא איצטריכא ליה דאין היחיד נאמן על ידי עצמו דסלקא דעתך אמינא הואיל (ו) ותנן) ו) דיני ממונות בשלשה ואם היה מומחה ז) לרבים דן אפילו ביחיד הכא נמי ניקדשיה ביחידי ח) קמ"ל ואימא הכא נמי אין לך מומחה לרבים בישראל יותר ממשה רבינו וקאמר ליה הקב"ה עד דאיכא אהרן בהדך דכתיב ה) ויאמר ה' אל משה ואל אהרן בארץ מצרים לאמר החדש הזה לכם למימרא דעד נעשה דיין לימא מתני' דלא כר"ע דתניא ח) סנהדרין שראו אחד שהרג את הנפש

מקצתן

ואומר. בספר תהלים משה ואהרן בכהניו ושמואל בקוראי שמו קוראים אל ה' והוא יענם הרי ששקל הכתוב שמואל עם משה ואהרן ובכתובים הראשונים כתוב ירובעל בדן ויפתח עם משה ואהרן ושמואל שלשה קלים עם שלשה חמורים: **הא אין לך לילך כו'.** הרי לימדך הכתוב כאן שאין לך לבקש אלא שופט שהיה בימיך: **אל תאמר מה היה שהימים הראשונים היו טובים מאלה.** כי לא מחכמה שאלת על זה לפי שהדורות היו טובים ולדיקים מן אחרונים לפיכך היו הימים הראשונים טובים מאלה שאי אפשר שיהו אחרונים כראשונים:

הדרן עלך אם אינן מכירין

ראוהו בית דין וכל ישראל ונחקרו העדים. מפרש בגמרא אי נמי נחקרו העדים: **ראוהו בית דין בלבד.** שאין מי שיעיד אלא הם ולאו ארישא קאי דמסמך לחשיכה אלא שהיה שהות לקדש: **יעמדו שנים ויעידו בפניהם.** ואע"פ שכולן ראוהו ובגמרא פריך לא תהא שמיעה גדולה מראייה: **ויעידו בפניהם.** השנים: **שאין היחיד נאמן.** לומר מקודש בפני עצמו לכך לריך להושיב מחבריהן אללו: **גמ' למה לי למיתני כל ישראל.** הרי ראוהו בית דין: **איפרסמא ליה מילתא.** דביום שלשים נראה לקדשו: **נחקרו העדים למה לי.** חקירתן אחרי שהכל ראו: **למה לי למתנייה לחקירה כלל.** כיון דאשמועינן דכי ראוהו בית דין וכל ישראל אפילו הכי מעברין ליה כל שכן נחקרו העדים: **סלקא דעתך אמינא.** היכא דאיכא חקירת עדים ביום תו לא ניעברוה אלא יגמרו הדבר בלילה ויקדשוהו ביום שלשים לענין תיקון המועדות: **משפט.** היינו תחילת דין: **כי חק הוא.** בקידוש החדש דרשינן ליה בפ' קמא (דף ח:): **משפט ביום.** נפקא לן בסנהדרין (דף לד:) מוהיה ביום הנחילו את בניו ביום אתה מפיל נחלות כו': **ואמאי.** יעמדו שנים ויעידו הלא ראוהו כולן יקדשוהו בראייתם דלא תהא שמיעה ששומעין מפי עדים גדולה מראייה דהא גבי עדות החדש לא כתיב עדות אלא כזה ראה וקדש: **שראוהו בלילה.** הלכך למחר אי לאו שמיעה על מה יקדשו: **למימרא דעד נעשה דיין.** מי שראוי להיות עד בדבר נעשה דיין ואלו כולן ראוים להיות עדים שהרי כולם ראוהו:

שהימים הראשונים היו טובים מאלה. ולכך יש לשמוע לראשונים יותר מן האחרונים אל תאמר כך דאין לך אלא שופט שהיה בימיו: הדרן עלך אם אינן מכירין

ראוהו ב"ד בלבד. פי' ב"ד של כ"ג ולכך פירש בקונטרס דהיה להם שהות דאי לא היה להם שהות מאי פריך בגמ' ולא תהא שמיעה גדולה מראייה ולקדשוה מיד שראוהו הא לא היה להם שהות לקדש: **אימת** הוי חק בגמר דין. דהאי קרא דכי חק לענין ראש השנה דרשינן ליה בפ' קמא (דף ח:) והוא הדין בכל חדשים: **לא** תהא שמיעה גדולה מראייה. פירש בקונטרס דהא גבי עדות החדש לא כתיב עדות אלא כזה ראה וקדש ובחנם דחק דאפילו בדיני נפשות אמרינן הכי בפרק החובל (ב"ק דף צ: ושם) אם ראוהו ביום: **כגון** שראוהו בלילה. דאין יכולין לקדש על פי ראייה בלילה דא"כ היתה ראייה בלילה מקום קבלת עדות ואין קבלת עדות אלא ביום אפילו בדיני ממונות כדאמרינן לעיל דקרי חקירת עדות כתחילת דין: **עד** דאיכא אהרן בהדך. ואין בית דין שקול מוסיפין עליהן עוד אחד וסוגיא דהכא כמאן דאמר בשמעתא קמייתא דסנהדרין (דף ג.) דבר תורה חד נמי כשר דכתיב בצדק תשפוט מדאיצטריך ליה הכא עד דאיכא אהרן בהדך למאן דבעי מדאורייתא שלשה מומחין וכדי שלא תנעול דלת הכשירו בשלשה הדיוטות גבי עדות החדש אין להכשיר ואם כן לא צריך קרא:

דרחמנא

עין משפט נר מצוה

א א מיי' פ"ב מהלכות קידוש החדש הלכה ח:
ב ב מיי' פ"ג מהלכות סנהדרין הלכה ד ופי"א הלכה א טוש"ע ח"מ סי' ה סעיף ג:
ג ג מיי' פ"ב מהלכות קידוש החודש הלכה ח:
ד ד ה מיי' שם הלכה ט:
ה ו מיי' פ"ב מהלכות סנהדרין הלכה י סמג עשין נו טור ש"ע ח"מ סי' ג סעיף א ב:
ו ז מיי' פ"ב מהלכות קידוש החדש הלכה ט:

רבינו חננאל

שקל הכתוב ג' קלי עולם כג' חמורי עולם לומר לך ירובעל שהוא גדעון בדורו כמשה בדורו. בדן בדורו כאהרן בדורו. יפתח בדורו כשמואל בדורו ללמדך שאפי' קל שבקלים ונתמנה פרנס הרי הוא כגדול שבחבירי' וכתיב ובאת אל הכהנים הלוים ואל השופט וגו' וכי תעלה על דעתך שאדם הולך אצל שופט שלא היה בימיו. הא אין לך לילך [אלא] אצל שופט שבימיך נטל מקלו ומעותיו והלך ליבנה אצל ר"ג ביום שחל יוה"כ להיות בחשבונו: **ירושלמי** ראש בית דין אומר מקודש ומוקים לה רשב"י מאי מקודש מקוים. תני לעיבור שנה מתחילין מן הצד וכבר נכנס ר' יוחנן והוא היה הקטן שבהן. אמרו לו אמור הרי השנה המקודשת בעיבור. א"ר יוחנן ראה לשון שלימדנו בן הנפח אלו אמר בעיבור הייתי אומר אלו י"א ימים שהחמה יתירה על הלבנה אלא בעיבור שהוסיפו לה חכמים והן ל' יום ועיבורה. ריש לקיש חשש על הדא דמר ר' אלעזר והיתה ידי אל הנביאים החוזים וגו' בסוד עמי לא יהיו. זה סוד העיבור. ובכתב בית ישראל לא יכתבו זה המינוי ואל אדמת ישראל לא יבא כמשמעו. ר' אלעזר כד סלק להכא אמר אית גבי חדא. כד מנוני אמר אית גבי תרתי. כד על לעיבורא אמר אית גבי תלת. א"ר שמלאי טעמא דר"י בן נורי דאמר עדי שקר הן כלומר סבר כיון שנראתה שחרית במזרח וערבית במערב המולד בחצי היום. וכל חדש שנולד (לו) [קודם שש] שעות אין כח בעין לראות הישן. ותני כן נראה בשחרית לא נראה החדש בין הערבים נראה החדש בין הערבים לא נראה הישן שחרית. ור"ג אומר מסורת בידי מאבותי פעמים בא בארוכה פעמים בא בקצרה מי שלח למי. ואסיקנא ר"ג שלח לר' יהושע ע"י ר' עקיבא. א"ר יוסי יודעין היו שאלו קדשו בלא עדים שהוא מקודש. ומה בא להעיד אלא אם קדשוהו ואח"כ נמצאו העדים זוממין שהוא מקודש:

הדרן עלך אם אינן מכירין

פ"ג ראוהו ב"ד וכל ישראל עמו וכו'. ואע"פ שנתפרסמה הלבנה לכל או נחקרו העדים ולא הספיקו ב"ד לקדשו עד חשכה הרי זה מעובר. ואוקימנא איצטריך סד"א תהוי חקירת עדים כתחלת דין וקידוש החדש גמר דין וליקדשוה בלילה. כדתנן דיני ממונות דנין ביום וגומרים בלילה קמ"ל דלא שנאמר תקעו בחדש שופר וגו' כי חוק לישראל הוא משפט לאלהי יעקב. חק תקיעת שופר וכי היום מקרא קדש. אימת הוי בגמר דין וקא קרי ליה משפט כלומר עיקר המשפט בקידושו. ומשפט לא הוי אלא ביום. ראוהו ב"ד א) ואמאי צריכין להעיד בפניהם. א"ר זירא שראוהו בלילה שלא יתכן להן לקדשו בלילה לפיכך צריכין להעיד בפניהם. פי' שאין היחיד נאמן ע"י עצמו אין נאמן ב) דמלתא דשייך ביה סד"א הואיל ותנן דיני ממונות בג' ואם היה מומחה לרבים דן אפי' ביחידי הכא נמי אי איכא יחיד מומחה ליקדשוה ביחידי קמ"ל ויושיבוהו מחבריהן אצל היחיד שאין מומחה לרבים כמרע"ה. וכתיב ויאמר ה' אל משה ואל אהרן בארץ מצרים לאמר. החדש הזה לכם ראש חדשים כלומר לא תקדש החדש עד דאיכא אהרן בהדך. שמעינן ממתניתין דקתני ראוהו ב"ד בלבד יעמדו שנים ויעידו בפניהם כו'. עד נעשה דיין לימא מתני' דלא כר' עקיבא. דתניא סנהדרין

שראו

חשק שלמה על ר"ח א) ואמאי לא תהא שמיעה גדולה מראיה ואמאי לריכין וכו'. ב) דלכאורה מלתא דפשיטא הוא דאין נאמן סד"א כו'.

מסורת הש"ס

א) קידושין סו: ע"ש סנהדרין כח:, ב) לעיל כד., ג) כתובות כא:, ד) סנהדרין לג., ה) [מגילה כא. סנהדרין יא:], ו) [נ"ל ותניא], ז) סנהדרין ה., ח) ב"ק ל:.

תורה אור השלם

א) מֹשֶׁה וְאַהֲרֹן בְּכֹהֲנָיו וּשְׁמוּאֵל בְּקֹרְאֵי שְׁמוֹ קֹרְאִים אֶל יְיָ וְהוּא יַעֲנֵם: [תהלים צט, ו]

ב) וּבָאתָ אֶל הַכֹּהֲנִים הַלְוִיִּם וְאֶל הַשֹּׁפֵט אֲשֶׁר יִהְיֶה בַּיָּמִים הָהֵם וְדָרַשְׁתָּ וְהִגִּידוּ לְךָ אֵת דְּבַר הַמִּשְׁפָּט: [דברים יז, ט]

ג) אַל תֹּאמַר מֶה הָיָה שֶׁהַיָּמִים הָרִאשֹׁנִים הָיוּ טוֹבִים מֵאֵלֶּה כִּי לֹא מֵחָכְמָה שָׁאַלְתָּ עַל זֶה: [קהלת ז, י]

ד) כִּי חֹק לְיִשְׂרָאֵל הוּא מִשְׁפָּט לֵאלֹהֵי יַעֲקֹב: [תהלים פא, ה]

ה) וַיֹּאמֶר יְיָ אֶל מֹשֶׁה וְאֶל אַהֲרֹן בְּאֶרֶץ מִצְרַיִם לֵאמֹר: הַחֹדֶשׁ הַזֶּה לָכֶם רֹאשׁ חֳדָשִׁים רִאשׁוֹן הוּא לָכֶם לְחָדְשֵׁי הַשָּׁנָה: [שמות יב, א-ב]

ליקוטי רש"י

כשלשה חמורי עולם. הרי שלשה קלי עולם עם שלשה חמורי עולם משה ואהרן ושמואל לומר לך הקל בדורו כחמור בדורו כל בית דין המתמנה על הדור לריך לילך אחריו כאלו הוא אביר שבאבירים [שמואל א יב יא]. **הכהנים הלוים.** הכהנים שילאו משבט לוי. **ואל השופט אשר יהיה בימים ההם.** (ספרי) אפילו אינו כשאר שופטים שהיו לפניו אתה לריך לשמוע לו אין לך אלא שופט שבימיך [דברים יז ט]. (ר"ה כה) יפתח בדורו כשמואל בדורו לריך אתה לנהוג בו כבוד [שם יט יז]. **אל תאמר מה היה שהימים וגו'.** אל תתמה על הטובה שהיתה באה על הלדיקים הראשונים כדור המדבר ודורו של יהושע ודורו של דוד. [קהלת ז י].
דנין ביום. משא ומתן של דין. **וגומרין בלילה.** אם ראו וכו' יליף בגמרא [סנהדרין לב.]. **מה משפט ביום.** וכן קידוש החודש שלריך שלשה דמשפט כתיב ביה (תהלים פא) כי חוק לישראל הוא משפט לאלהי יעקב ומוקמינן ליה בקידוש החודש במסכת ראש השנה [שם לו.]. **שראוהו בלילה.** הלכך הן עלמן אינם יכולין לקדש למחר שהרי בלילה עדים היו ולא דיינין ולמחר אין עד הרואה בדבר נעשה דיין על פי עדות עצמו אלא אם כן יעיד אחר בפניו דהשתא אינו עושה הדין על פי עדות עצמו והלכך אחד מן השלשה שראו החדש כשמושיבין שנים אללו להיות דיינין ושנים הרואין מעידין בפניהם יכול הוא להיות דיין אע"פ שראוהו בלילה עמהן שהרי ע"פ עדות אחרים שמעידין לפניו הוא דן את הדין ולא על פי ראיית עצמו דאין לנו לפסול דיינין בשביל שראו בדבר כל זמן שלא העידו אחרים שהוא עצמו לא ידון את הדין על פי ראיית עצמו דאין עד נעשה דיין וכגון שראה בשעה דאינו יכול להיות דיין אבל אם ביום ראה דבההיא שעתא חזי לדון את הדין דלא תהא שמיעה גדולה מראייה מה לי אם ידון עכשיו מה לי אם ידון למחר והכא נמי מהאי טעמא משום דהוו להו עדים בראיית הלילה דלא מלי למימר לא תהא שמיעה גדולה מראייה דההיא ראייה לא חשבינן לה כעדות שהועד בפניהן אלא היכא דראו בשעה שיכולין לעשות הדין אבל היכא דראו בשעה שאין יכולין להיות דיינין כגון בלילה ההיא ראייה ראיית עדים היא שרואין בדבר ולא ראיית דיינין היא והלכך ע"פ ראייתן דהיינו כאילו הם עדים אין יכולין הן עלמן להיות דיינים על פי ראיית עלמן דאין עד נעשה דיין ומיהו ב"ד שהעידו לפניהם עדות בלילה עדות גמורה היא ויכולין לדון למחר ביום על פי עדותן ודיינים שרואין בלילה לא חשבינן כאילו הועד לפניהם בלילה דכיון דלא חזו בההיא שעתא לדינא ראייה דידהו אינה כשמיעה ששמעו מפי עדים בלילה אלא הן עלמן נעשו עדים ושוב לא יהו דיינין בעדות עלמן אא"כ יעידו אחרים בפניהם וכהי הלכתא וכי הא סוגיא אשכחן בב"ק בפ' החובל (ל.) גבי התוקע לחבירו [רשב"ם ב"ב קיד.]. **מומחה לרבים.** [illegible] מנשיא מכתיר על שם שנותן רשות לסמוך ולקרותו רבי ומאז והלאה הוא כשר להיות מוכתר ליקרא רבי מומחה לרבים ואם טעה לא ישלם [עירובין נג:]. **דן אפילו ביחיד.** דכתיב (ויקרא יט) בלדק תשפוט וקסבר אין כאן עירוב פרשיות [סנהדרין ה.].

וְאוֹמֵר – AND IT STATES: ,,מֹשֶׁה וְאַהֲרֹן בְּכֹהֲנָיו וּשְׁמוּאֵל בְּקֹרְאֵי שְׁמוֹ'' – *MOSES AND AARON WERE AMONG HIS PRIESTS, AND SAMUEL AMONG THOSE WHO INVOKE HIS NAME.*[1] שָׁקַל הַכָּתוּב שְׁלֹשָׁה קַלֵּי עוֹלָם כִּשְׁלֹשָׁה חֲמוּרֵי עוֹלָם – SCRIPTURE has EQUATED THREE OF THE LEAST SIGNIFICANT leaders WITH THREE OF THE MOST IMPORTANT leaders.[2] לוֹמַר לְךָ – This Scriptural equation comes TO TELL YOU that יְרוּבַּעַל בְּדוֹרוֹ כְּמֹשֶׁה בְּדוֹרוֹ – YERUBAAL IN HIS GENERATION IS LIKE MOSES IN HIS GENERATION; בְּדָן בְּדוֹרוֹ כְּאַהֲרֹן בְּדוֹרוֹ – BEDAN IN HIS GENERATION IS LIKE AARON IN HIS GENERATION; יִפְתָּח בְּדוֹרוֹ כִּשְׁמוּאֵל בְּדוֹרוֹ – YIFTACH IN HIS GENERATION IS LIKE SAMUEL IN HIS GENERATION. לְלַמֶּדְךָ שֶׁאֲפִילוּ קַל שֶׁבְּקַלִּין – This comes TO TEACH YOU THAT EVEN THE MOST INSIGNIFICANT OF THE INSIGNIFICANT וְנִתְמַנָּה פַּרְנָס עַל הַצִּבּוּר – WHO HAS BEEN APPOINTED A LEADER OVER THE COMMUNITY[3] הֲרֵי הוּא כְּאַבִּיר שֶׁבָּאַבִּירִים – IS LIKE THE MOST DISTINGUISHED OF THE DISTINGUISHED.[4] וְאוֹמֵר – AND furthermore IT STATES:[5] ,,וּבָאתָ אֶל־הַכֹּהֲנִים הַלְוִיִּם וְאֶל־הַשֹּׁפֵט אֲשֶׁר יִהְיֶה בַּיָּמִים הָהֵם'' – *AND YOU SHALL COME TO THE KOHANIM, THE LEVITES AND TO THE JUDGE WHO WILL BE IN THOSE DAYS.* Why must the verse add, *who will be in those days*? וְכִי תַעֲלֶה עַל דַּעְתְּךָ שֶׁאָדָם הוֹלֵךְ אֵצֶל הַדַּיָּין שֶׁלֹּא הָיָה בְּיָמָיו – WOULD IT ENTER YOUR MIND THAT A PERSON WOULD GO TO A JUDGE WHO WAS *NOT* living IN HIS DAYS? הָא אֵין לְךָ לֵילֵךְ אֶלָּא אֵצֶל שׁוֹפֵט שֶׁבְּיָמָיו – Rather, by making this seemingly superfluous statement, the verse is teaching you THIS: YOU NEED NOT seek to GO TO ANY JUDGE OTHER THAN the one THAT IS IN ONE'S OWN DAYS.[6] וְאוֹמֵר – AND furthermore, IT STATES: ,,אַל תֹּאמַר מֶה הָיָה שֶׁהַיָּמִים הָרִאשֹׁנִים הָיוּ טוֹבִים מֵאֵלֶּה'' – *DO NOT SAY, "WHY WAS IT THAT FORMER TIMES WERE BETTER THAN THESE?"*[7]

The Mishnah stated:

נָטַל מַקְלוֹ וּמְעוֹתָיו בְּיָדוֹ – [R' YEHOSHUA] TOOK IN HAND HIS WALKING STICK AND HIS MONEY . . . and traveled to Yavneh to Rabban Gamliel on the day that Yom Kippur fell according to his reckoning.

The Gemara presents a Baraisa which describes that encounter:

תָּנוּ רַבָּנָן – **The Rabbis taught** in a Baraisa: כֵּיוָן שֶׁרָאָה אוֹתוֹ – WHEN [RABBAN GAMLIEL] SAW [R' YEHOSHUA], עָמַד מִכִּסְאוֹ וּנְשָׁקוֹ עַל רֹאשׁוֹ – HE ROSE FROM HIS SEAT AND KISSED [R' YEHOSHUA] ON HIS HEAD. אָמַר לוֹ – And [RABBAN GAMLIEL] SAID TO HIM: שָׁלוֹם עָלֶיךָ רַבִּי וְתַלְמִידִי – PEACE UNTO YOU, MY TEACHER AND MY DISCIPLE! רַבִּי שֶׁלִּמַּדְתַּנִי תּוֹרָה בָּרַבִּים – MY TEACHER in THAT YOU HAVE TAUGHT ME TORAH IN PUBLIC[8] וְתַלְמִידִי שֶׁאֲנִי גּוֹזֵר עָלֶיךָ גְּזֵירָה וְאַתָּה מְקַיְּימָהּ כְּתַלְמִיד – AND MY DISCIPLE in THAT I ISSUE A DECREE UPON YOU AND YOU FULFILL IT LIKE A DISCIPLE. אַשְׁרֵי הַדּוֹר שֶׁהַגְּדוֹלִים נִשְׁמָעִים לַקְּטַנִּים – PRAISEWORTHY IS THE GENERATION IN WHICH THE GREATER SUBMIT TO THE AUTHORITY OF THE LESSER.[9] קַל וָחוֹמֶר קְטַנִּים לַגְּדוֹלִים – *KAL VACHOMER* [i.e. how much more so] THE LESSER TO THE GREATER.

Apparently, this last part of Rabban Gamliel's statement means that the generation in which the lesser submit to the greater is more praiseworthy. Accordingly, the Gemara asks:

קַל וָחוֹמֶר חִיּוּבָא הוּא – **How much more so?! Why, it is an** elementary **obligation** that the lesser should submit to the greater![10] – ? –

The Gemara answers:

אֶלָּא – **Rather,** this is what the last part of Rabban Gamliel's statement means: מִתּוֹךְ שֶׁהַגְּדוֹלִים נִשְׁמָעִים לַקְּטַנִּים – **And since the greater submit to the authority of the lesser,** נוֹשְׂאִין קְטַנִּים קַל וָחוֹמֶר בְּעַצְמָן – **the lesser will apply** the following ***kal vachomer*** **argument to themselves:** If the greater submit to the authority of our leaders, how much more so must we lesser personalities fulfill our obligation to submit to the authority of our leaders![11]

הדרן עלך אם אינן מכירין

WE WILL RETURN TO YOU, *IM EINAN MAKIRIN*

NOTES

1. *Psalms* 99:6. [After mentioning the particular attributes of Moses and Aaron on the one hand, and Samuel on the other] the verse concludes: *They called upon Hashem and He answered them,* thus equating Samuel with Moses and Aaron (*Rashi;* see *Dikdukei Soferim* §80).

2. I.e. in the previously cited verses (*I Samuel* 12:8-11) three of our people's most insignificant leaders – Yerubaal, Bedan and Yiftach – were equated with three of its most important leaders – Moses, Aaron and Samuel (see *Rashi*).

3. The wording of this statement indicates that it refers to a case where the appointee was worthy for his position; the appointment was legitimate and was not tainted by graft or corruption (*Bechor Shor,* based on *Yevamos* 61a).

4. And if he issues a ruling or enacts a decree, the members of his community must submit to his authority (see *Teshuvos Maharik* §161).

[According to *Maharsha,* "the most insignificant of the insignificant" is a reference to Yiftach (who was the least of the "three insignificant leaders" listed in the verse). His authority was no less than that of "most distinguished of the distinguished" – Samuel (see there for elaboration).]

5. *Deuteronomy* 17:9. Usually, when a Baraisa proves a point from two or more Scriptural sources, the Gemara explains the necessity for the Baraisa's citation of each of the proof-texts. See *Ritva,* who explains the need for this Baraisa's numerous proof-texts. See also *Aruch LaNer; Rif* to *Ein Yaakov;* and *Zera Avraham* to *Sifrei, Deuteronomy* §153.

6. I.e. do not look further than the judge who is in your days (*Rashi*). [Even if he is not equal in stature to the judges of the past, you must accept his authority. See, however, *Zera Avraham* loc. cit. and *Rashash.*]

7. *Ecclesiastes* 7:10. I.e. do not say that former times were better than these and therefore we must obey the earlier authorities more than the later ones. Do not say this, because you have only the judge that is in your day (*Tosafos*).

[In *Rashi's* text, the Baraisa's citation of the verse apparently continued (as indeed found in other Gemara texts) with the end of the verse: כִּי לֹא מֵחָכְמָה שָׁאַלְתָּ עַל־זֶה, *for not from wisdom did you ask about this* (see *Dikdukei Soferim* §200). Accordingly, *Rashi's* comments address the end of the verse, as follows: [There is no reason to inquire why the former generations had it better than the current one; the answer is quite simple.] "For the former generations were better and more righteous than the later ones. Therefore, former times were better than these; for it is impossible for the later ones to be [as great] as the earlier ones." *Maharsha* notes that *Rashi's* comments are more suited to the simple meaning of the verse (according to which the issue is why *times* were better in the former generations) than to the Baraisa's exposition of that verse (according to which the issue is why the *leaders* were better in former generations). Several commentators, however, explain that *Rashi's* comments indeed address the issue of leaders as expounded in our Baraisa. For the Gemara (*Arachin* 17a) presents an opinion that the [caliber of the] leader is in direct proportion to the status of the generation. Thus, it follows that as the quality of each successive generation decreases, there is a corresponding decline in the quality of its leaders (see *Aruch LaNer; Chasdei David* to *Tosefta* 1:17; *Zera Avraham* and *Netziv* to *Sifrei, Deuteronomy* §153).]

8. *Hagahos Yavetz* is unable to find an incident in the Talmud which indicates that Rabban Gamliel indeed learned Torah from R' Yehoshua in public. (See, however, the explanation of *Sifsei Chachamim.*)

9. See *Maharsha,* and see *Hasagos HaRamban* to *Sefer HaMitzvos, Shoresh* 1.

10. Why would the generation that simply keeps its obligations be considered even more praiseworthy than the one that goes beyond its obligations [in that the greater submit to the lesser]? (see *Ritva*).

11. See *Ritva.* [Thus, the praiseworthiness of the generation in which the greater submit to the lesser is magnified by the fact that as a result the lesser also fulfill their obligation to obey their leaders.]

עין משפט נר מצוה

א א מיי' פ"ב מהלכות קידוש החדש הלכה ח:
ב ב מיי' פ"ב מהלכות סנהדרין הלכה ד ופי"א הלכה ח טוש"ע ח"מ סי' ז סעיף ג:
ג ג מיי' פ"ב מהלכות קידוש החודש הלכה ח:
ד ד ה מיי' שם הלכה ט:
ה ו מיי' פ"ב מהלכות סנהדרין הלכה י סמג עשין נ"ז טור ש"ע ח"מ סי' ג סעיף א ג:
ו ז מיי' פ"ב מהלכות קידוש החדש הלכה ט:

שהימים הראשונים היו טובים מאלה. ולכך יש לשמוע לראשונים יותר מן האחרונים אל תאמר כך דאין לך אלא שופט שהיה בימיו: הדרן עלך אם אינן מכירין

ראוהו ב"ד בלבד. פי' ב"ד של כ"ג ולכך פירש בקונטרס דהיה להם שהות דלאי לא היה להם שהות מאי פריך בגמ' ולא תהא שמיעה גדולה מראייה ולקדשוה מיד שראוהו הא לא היה להם שהות לקדש: **אימת** הוי חק בגמר דין. דהאי קרא דכי חק לענין ראש השנה דרשינן ליה בפ' קמא (דף ח:) והוא הדין בכל חדשים: **לא** תהא שמיעה גדולה מראייה. פירש בקונטרס דהא גבי עדות החדש לא כתיב עדות אלא כזה ראה וקדש ובתנס דחק דאפילו בדיני נפשות אמרינן הכי בפרק החובל (ב"ק דף צ: ושם) אם ראוהו ביום: **כגון** שראוהו בלילה. דאין יכולין לקדש על פי ראייה בלילה דא"כ היתה ראייה בלילה מקום קבלת עדות ואין קבלת עדות אלא ביום אפילו בדיני ממונות כדאמרינן לעיל דקרי חקירת עדות כתחילת דין:
עד דאיכא אהרן בהדך. ואין בית דין שקול מוסיפין עליהן עוד אחד וסוגיא דהכא כמאן דאמר בשמעתא קמייתא דסנהדרין (דף ג.) דבר תורה חד נמי כשר דכתיב בצדק תשפוט מדאיצטריך ליה הכא עד דאיכא אהרן בהדך למאן דבעי מדאורייתא שלשה מומחין ודאי שלא תנעול דלת הכשירו בשלשה הדיוטות גבי עדות החדש אין להכשיר ואם כן לא צריך קרא: דרחמנא

ואומר א) משה ואהרן בכהניו ושמואל בקוראי שמו שקל הכתוב שלשה קלי עולם כשלשה חמורי עולם לומר לך ירובעל בדורו כמשה בדורו בדן בדורו כאהרן בדורו יפתח בדורו כשמואל בדורו ללמדך שאפילו קל שבקלין ונתמנה פרנס על הצבור הרי הוא כאביר שבאבירים ח) ואומר ב) ובאת אל הכהנים הלוים ואל השופט אשר יהיה בימים ההם וכי תעלה על דעתך שאדם הולך אצל הדיין שלא היה בימיו הא אין לך לילך אלא אצל שופט שבימיו ואומר ג) אל תאמר מה היה שהימים הראשונים היו טובים מאלה: נטל מקלו ומעותיו בידו: תנו רבנן כיון שראה אותו עמד מכסאו ונשקו על ראשו אמר לו שלום עליך רבי ותלמידי רבי שלמדתני תורה ברבים ותלמידי שאני גוזר עליך גזירה ואתה מקיימה כתלמיד אשרי הדור שהגדולים נשמעים לקטנים קל וחומר קטנים לגדולים קל וחומר חיובא הוא אלא מתוך שהגדולים נשמעים לקטנים נושאין קטנים קל וחומר בעצמן:

הדרן עלך אם אינן מכירין

ג) **ראוהו** א) בית דין וכל ישראל נחקרו העדים ולא הספיקו לומר מקודש עד שחשיכה הרי זה מעובר ראוהו ב"ד בלבד יעמדו שנים ויעידו בפניהם ויאמרו מקודש מקודש ג) ראוהו שלשה והן בית דין יעמדו השנים ויושיבו מחביריהם אצל היחיד ויעידו בפניהם ויאמרו מקודש מקודש שאין היחיד נאמן על ידי עצמו: **גמ'** למה לי למיתנא ראוהו בית דין וכל ישראל איצטריך סד"א הואיל וראוהו בית דין וכל ישראל איפרסמא לה ולא ליעברוה קמ"ל וכיון דתנא ליה ראוהו ב"ד וכל ישראל נחקרו העדים למה לי ה"ק א"נ נחקרו העדים ולא הספיקו לומר מקודש עד שחשיכה הרי זה מעובר וכיון דתנא עד שחשיכה הרי זה מעובר למה לי למיתנייה חקירת העדים כלל איצטריך סד"א תיהוי חקירת עדים כתחילת דין ומקודש כגמר דין ולקדשי בליליא מידי דהוה אדיני ממונות דתנן ד) ב דיני ממונות דנין ביום וגומרין בלילה הכא נמי מקדשין בליליא קמ"ל ואימא הכי נמי אמר קרא ה) כי חק לישראל הוא משפט לאלהי יעקב אימת הוי חק בגמר דין וקא קרי ליה רחמנא משפט ו) מה משפט ביום ג אף הכא נמי ביום: ד ראוהו בית דין יעמדו שנים ויעידו בפניהם: ואמאי לא תהא שמיעה גדולה מראייה א"ר זירא ה כגון שראוהו בלילה: ראוהו שלשה והן בית דין יעמדו שנים ויושיבו מחביריהם אצל היחיד: אמאי הכא נמי נימא לא תהא שמיעה גדולה מראייה וכי תימא ה"נ כגון שראוהו בלילה היינו הך סיפא איצטריכא ליה דאין היחיד נאמן על ידי עצמו דסלקא דעתך אמינא הואיל (י) ותנן) ו דיני ממונות בשלשה ואם היה מומחה ז) לרבים דן אפילו ביחיד הכא נמי ניקדשיה ביחידי ז קמ"ל ואימא הכא נמי אין לך מומחה לרבים בישראל יותר ממשה רבינו וקאמר ליה הקב"ה עד דאיכא אהרן בהדך דכתיב ה) ויאמר ה' אל משה ואל אהרן בארץ מצרים לאמר החדש הזה לכם למימרא דעד נעשה דיין לימא מתני' דלא כר"ע דתניא ח) סנהדרין שראו אחד שהרג את הנפש מקצתן

ואומר. בספר תהלים משה ואהרן בכהניו ושמואל בקוראי שמו קוראים אל ה' והוא יענם הרי שקל הכתוב שמואל עם משה ואהרן ובכתובים הראשונים כתוב ירובעל בדן ויפתח עם משה ואהרן ושמואל שלשה קלים עם שלשה חמורים: **הא אין לך לילך כו'.** הרי לימדך הכתוב כאן שאין לך לבקש אלא שופט שהיה בימיך: **אל תאמר** מה היה שהימים הראשונים היו טובים מאלה. כי לא מחכמה שאלת על זה לפי שהדורות היו טובים ולדיקים מן אחרונים לפיכך היו הימים הראשונים טובים מאלה שאי אפשר שיהו אחרונים כראשונים:

הדרן עלך אם אינן מכירין

ראוהו בית דין וכל ישראל ונחקרו העדים. מפרש בגמרא אי נמי נחקרו העדים: **ראוהו בית דין בלבד.** שאין מי שיעיד אלא הם ולאו ארישא קאי דבסמוך לחשיכה אלא שהיה שהות לקדש: **יעמדו שנים ויעידו בפניהם.** ואע"פ שכולן ראוהו ובגמרא פריך לא תהא שמיעה גדולה מראייה: **ויעידו בפניהם.** השנים: **שאין היחיד נאמן.** לומר מקודש בפני עצמו לכך צריך להושיב מחביריהן אצלו: **גמ' למה לי למיתני כל ישראל.** הרי ראוהו בית דין: **איפרסמא ליה מילתא.** דביום שלשים נראה לקדשו: **נחקרו העדים למה לי.** חקירתן אחרי שהכל ראו: **למה לי למתנייה לחקירה כלל.** כיון דלשמועינן דכי ראוהו בית דין וכל ישראל אפילו הכי מעברין ליה כל שכן נחקרו העדים: **סלקא דעתך אמינא.** היכא דאיכא חקירת עדים ביום תו לא מעברוה אלא יגמרו הדבר בלילה ויקדשוהו ביום שלשים לענין תיקון המועדות: **משפט.** היינו תחילת דין: **כי חק הוא.** בקידוש החדש דרשינן ליה בפ' קמא (דף ח:): **משפט ביום.** נפקא לן בסנהדרין (דף לד:) מוהיה ביום הנחילו את בניו ביום אתה מפיל נחלות כו': **ואמאי.** יעמדו שנים ויעידו הלא ראוהו כולן יקדשוהו בראייתם דלא תהא שמיעה ששומעין מפי עדים גדולה מראייה דהא גבי עדות החדש לא כתיב עדות אלא כזה ראה וקדש: **שראוהו בלילה.** הלכך למחר אי לאו שמיעה על מה יקדשו: **למימרא דעד נעשה דיין.** מי שראוי להיות עד בדבר נעשה דיין ואלו כולן ראוים להיות עדים שהרי כולם ראוהו:

מקלתן אינם יכולין לקדש למחר שהרי בלילה עדים היו ולא דיינין ולמחר אין עד הרואה בדבר נעשה דיין על פי עדות עלמו אלא אם כן יעיד אחר בפניו דהשתא אינו עושה הדין על פי עדות עלמו והלכך אחד מן השלשה שראו החדש כשמושיבין שנים אללו להיות דיינין ושנים הרואין מעידין בפניהם יכול הוא להיות דיין אע"פ שראוהו בלילה עמהן שהרי ע"פ עדות אחרים שמעידין לפניו הוא דן את הדין ולא על פי ראיית עלמו דאין לנו לפסול דיינין בשביל שראו בדבר כל זמן שלא העידו אלא שהוא עלמו לא ידון את הדין על פי ראיית עלמו דאין עד נעשה דיין וכגון שראה בשעה דאינו יכול להיות דיין אבל אם ביום ראה דבההיא שעתא מלי לדון את הדין דלא תהא שמיעה גדולה מראייה מה לי אם ידון עכשיו מה לי אם ידון למחר והכא נמי מהאי טעמא משום דהוו להו עדים בראיית הלילה דלא מלי למימר לא תהא שמיעה גדולה מראייה דההיא ראייה לא חשבינן לה כעדות שהועד בפניהם אלא היכא דראו בשעה שיכולין לעשות הדין אבל היכא דראו בשעה שאין יכולין להיות דיינין כגון בלילה ההיא ראיית עדים היא שרואין בדבר ולא ראיית דיינין היא והלכך ע"פ ראייתן דהיינו כאילו הם עדים אין יכולין הן עלמן להיות דיינים על פי ראיית עלמן דאין עד נעשה דיין ומיהו ב"ד שהעידו לפניהם עדות בלילה עדות גמורה היא ויכולין לדון למחר ביום אבל ראייה דידהו שרואין בלילה לא חשבינן כאילו הועד לפניהם בלילה דכיון דלא חזו בההיא שעתא לדינא ראייה דידהו אינה כשמיעה ממש ששמעו מפי עדים בלילה אלא הן עלמן נעשו עדים ושוב לא יהו דיינין בעדות עלמן אא"כ יעידו אחרים בפניהם והכי הלכתא וכי הא סוגיא אשכחן בב"ק בפ' החובל (ל.) גבי התוקע לחבירו [רשב"ם ב"ב קיד.]. **מומחה לרבים.** נתיען במכתיר נטל רשות מנשיא מכתיר על שם שנותן רשות לסמוך ולקרותו רבי ומאז והלאה הוא כשר להיות מוכתר ליקרא רבי מומחה לרבים ואם טעה לא ישלם [עירובין נג:]. **דן אפילו ביחיד.** דכתיב (ויקרא יט) בצדק תשפוט וקסבר אין כאן עירוב פרשיות [סנהדרין ה.].

רבינו חננאל

שקל הכתוב ג' קלי עולם כג' חמורי עולם לומר לך ירובעל שהוא גדעון בדורו כמשה בדורו. בדן בדורו כאהרן בדורו. יפתח בדורו כשמואל בדורו ללמדך שאפי' קל שבקלים ונתמנה פרנס הרי הוא כגדול שבחבירי' וכתיב ובאת אל הכהנים הלוים ואל השופט וגו' וכי תעלה על דעתך שאדם הולך אצל שופט שלא היה בימיו. הא אין לך לילך [אלא] אצל שופט שבימיך נטל מקלו ומעותיו והלך ליבנה אצל ר"ג ביום שחל יוה"כ להיות בחשבונו: ירושלמי ראש בית דין אומר מקודש ומוקים לה רשב"י מאי מקודש מקוים. תני לעיבור שנה מתחילין מן הצד וכבר נכנס ר' יוחנן והוא היה הקטן שבהן. אמרו לו אמור הרי השנה מקודשת בעיבור. א"ר יוחנן ראה לשון שלימדנו בן הנפח אלו אמר בעיבור הייתי אומר אלו י"א ימים שהחמה יתירה על הלבנה אלא בעיבור שהוסיפו לה חכמים והן ל' יום ועיבורה. ריש לקיש חשש על הדא דמר ר' אלעזר והיתה ידי אל הנביאים החוזים וגו' בסוד עמי לא יהיו. זה סוד העיבור. ובכתב בית ישראל לא יכתבו זה המינוי ואל אדמת ישראל לא יבא כמשמעו. ר' אלעזר כד סלק להכא אמר אית גבי חדא. כד מנוני אמר אית גבי תרתי. כד על לעיבורא אמר אית גבי תלת. א"ר שמלאי טעמא דר"י בן נורי דאמר עדי שקר הן כלומר סבר כיון שנראתה שחרית במזרח וערבית במערב המולד בחצי היום. וכל חדש שנולד (לו) [קודם שש] שעות אין כח בעין לראות הישן. ותני כן ראה בשחרית לא נראה החדש בין הערבים נראה החדש בין הערבים לא נראה הישן שחרית. ור"ג אומר מסורת בידי מאבותי פעמים בא בארוכה פעמים בא בקצרה מי שילח למי. ואסיקנא ר"ג שלח לר' יהושע ע"י ר' עקיבא. א"ר יוסי יודעין היו שאלו קדשו בלא עדים שהוא מקודש. ומה בא להעיד אלא אם קדשוהו ואח"כ נמצאו העדים זוממין שהוא מקודש:

הדרן עלך אם אינן מכירין

פ"ג **ראוהו** ב"ד וכל ישראל עמו וכו'. ואע"פ שנתפרסמה הלבנה לכל או נחקרו העדים ולא הספיקו ב"ד לקדשו עד חשכה הרי זה מעובר. ואוקימנא איצטריך סד"א תהוי חקירת עדים כתחלת דין וקידוש החדש גמר דין וליקדשוה בלילה. כדתנן דיני ממונות דנין ביום וגומרים בלילה קמ"ל דלא שנאמר תקעו בחדש שופר וגו' כי חוק לישראל הוא משפט לאלהי יעקב. חק תקיעת שופר וכי היום מקרא קדש. אימת הוי בגמר דין וקא קרי ליה משפט כלומר עיקר המשפט בקידושו. ומשפט לא הוי אלא ביום. ראוהו ב"ד א) ואמאי צריכין להעיד בפניהם. א"ר זירא שראוהו בלילה שלא יתכן להן לקדשו בלילה לפיכך צריכין להעיד בפניהם. פי' שאין היחיד נאמן ע"י עצמו ב) דמלתא דשייך ביה סד"א הואיל ותנן דיני ממונות בג' ואם היה מומחה לרבים דן אפי' ביחידי הכא נמי אי איכא יחיד מומחה ליקדשוה ביחידי קמ"ל ויושיבוהו מחבריהן אצל היחיד שאין מומחה לרבים כמרע"ה. וכתיב ויאמר ה' אל משה ואל אהרן בארץ מצרים לאמר. החדש הזה לכם ראש חדשים כלומר לא תקדש החדש עד דאיכא אהרן בהדך. שמעינן ממתניתין דקתני ראוהו ב"ד בלבד יעמדו שנים ויעידו בפניהם כו'. עד נעשה דיין לימא מתני' דלא כר' עקיבא. דתניא סנהדרין שראו

חשק שלמה על ר"ח א) ואמאי לא תהא שמיעה גדולה מראיה ואמאי צריכין וכו'. ב) דלכאורה מלתא דפשיטא הוא דאין נאמן סד"א כו'.

מסורת הש"ס

א) קידושין סו: ע"ש סנהדרין כח:, ב) לעיל כד., ג) כתובות כא:, ד) סנהדרין לב., ה) [מגילה כא. סנהדרין יא:], ו) [נ"ל ותניא], ז) סנהדרין ה., ח) ב"ק ל:.

תורה אור השלם

א) מֹשֶׁה וְאַהֲרֹן בְּכֹהֲנָיו וּשְׁמוּאֵל בְּקֹרְאֵי שְׁמוֹ קֹרְאִים אֶל יְיָ וְהוּא יַעֲנֵם: [תהלים צט, ו]
ב) וּבָאתָ אֶל הַכֹּהֲנִים הַלְוִיִּם וְאֶל הַשֹּׁפֵט אֲשֶׁר יִהְיֶה בַּיָּמִים הָהֵם וְדָרַשְׁתָּ וְהִגִּידוּ לְךָ אֵת דְּבַר הַמִּשְׁפָּט: [דברים יז, ט]
ג) אַל תֹּאמַר מֶה הָיָה שֶׁהַיָּמִים הָרִאשֹׁנִים הָיוּ טוֹבִים מֵאֵלֶּה כִּי לֹא מֵחָכְמָה שָׁאַלְתָּ עַל זֶה: [קהלת ז, י]
ד) כִּי חֹק לְיִשְׂרָאֵל הוּא מִשְׁפָּט לֵאלֹהֵי יַעֲקֹב: [תהלים פא, ה]
ה) וַיֹּאמֶר יְיָ אֶל מֹשֶׁה וְאֶל אַהֲרֹן בְּאֶרֶץ מִצְרַיִם לֵאמֹר: הַחֹדֶשׁ הַזֶּה לָכֶם רֹאשׁ חֳדָשִׁים רִאשׁוֹן הוּא לָכֶם לְחָדְשֵׁי הַשָּׁנָה: [שמות יב, א-ב]

ליקוטי רש"י

כשלשה חמורי עולם. הרי שלשה קלי עולם עם שלשה חמורי עולם משה ואהרן ושמואל לומר לך הקל בדורו כחמור בדורו כל בית דין המתמנה על הדור צריך לילך אחריו כאלו הוא אביר שבאבירים [שמואל א יב יא]. **הכהנים הלוים.** הכהנים שיצאו משבט לוי. **ואל השופט אשר יהיה בימים ההם.** (ספרי) אפילו אינו כשאר שופטים שהיו לפניו אתה צריך לשמוע לו אין לך אלא שופט שבימיך [דברים יז ט]. (ר"ה כה) יפתח בדורו כשמואל בדורו צריך אתה לנהוג בו כבוד [שם יט יז]. **אל תאמר מה היה שהימים וגו'.** אל תתמה על הטובה שהיתה באה על הצדיקים הראשונים כדור המדבר ודורו של יהושע ודורו של דוד. [קהלת ז י].
דנין ביום. משא ומתן של דין. **וגומרין בלילה.** אם רצו וכו' יליף בגמרא [סנהדרין לב.]. **מה משפט ביום.** וכן קידוש החודש שצריך שלשה דמשפט כתיב ביה (תהלים פא) כי חוק לישראל הוא משפט לאלהי יעקב ומוקמינן ליה בקידוש החודש במסכת ראש השנה [שם לו.]. **שראוהו בלילה.** הלכך הן עלמן

Chapter Three

Mishnah This Mishnah continues the discussion of the laws of *Kiddush HaChodesh.*[1] It first establishes that the thirtieth day can be declared Rosh Chodesh only if the sanctification is made before nightfall of that day:

רְאוּהוּ בֵּית דִּין וְכָל יִשְׂרָאֵל – If **the court and all of Israel**[2] **saw [the new moon],** נֶחְקְרוּ הָעֵדִים – or if **the witnesses were interrogated,**[3] וְלֹא הִסְפִּיקוּ לוֹמַר מְקוּדָּשׁ – **and** in either case **they did not have sufficient** time **to proclaim, "It is sanctified,"**[4] עַד שֶׁחָשֵׁיכָה – **before it grew dark,**[5] הֲרֵי זֶה מְעוּבָּר – **then this** month **is full.**[6]

The Mishnah now outlines the procedure for *Kiddush HaChodesh* when the only witnesses to the new moon are the judges of *Beis Din* themselves:

רְאוּהוּ בֵּית דִּין בִּלְבַד – If **the court**[7] **alone saw [the new moon],** יַעַמְדוּ שְׁנַיִם – **two** of them **should stand** וְיָעִידוּ בִּפְנֵיהֶם – **and testify before [the others],**[8] וְיֹאמְרוּ מְקוּדָּשׁ מְקוּדָּשׁ – **and [they] should** then **proclaim: "It is sanctified, it is sanctified."**[9] רְאוּהוּ שְׁלֹשָׁה – If only **three** people **saw [the new moon]** וְהֵן בֵּית דִּין – **and they are** members of the Great **Court,**[10] יַעַמְדוּ הַשְּׁנַיִם – **the two**[11] of them **should stand** ready to testify וְיוֹשִׁיבוּ מֵחַבְרֵיהֶם אֵצֶל הַיָּחִיד – **and should seat** two other sages **from** among **their colleagues beside the single** judge, וְיָעִידוּ בִּפְנֵיהֶם – **and** then **[the two designated witnesses] should testify before [the three judges]** regarding the appearance of the new moon,[12] וְיֹאמְרוּ מְקוּדָּשׁ מְקוּדָּשׁ – **and they should** then **proclaim: "It is sanctified, it is sanctified,"** שֶׁאֵין הַיָּחִיד נֶאֱמָן עַל יְדֵי עַצְמוֹ – **For the individual** judge **is not trusted** to proclaim Rosh Chodesh **by himself.**[13]

Gemara The Gemara questions regarding the Mishnah's first case:

לָמָּה לִי לְמִיתְנָא רְאוּהוּ בֵּית דִּין וְכָל יִשְׂרָאֵל – **Why do I** need the Tanna **to teach: [IF] THE COURT *AND* ALL OF ISRAEL SAW [THE NEW MOON]?**[14]

The Gemara answers:

אִיצְטְרִיךְ – **It is necessary** to state that all of Israel also saw it, סַלְקָא דַּעְתָּךְ אֲמִינָא – for **you might have thought to say** הוֹאִיל וּרְאוּהוּ בֵּית דִּין וְכָל יִשְׂרָאֵל – that **since the court and all of Israel saw [the new moon],** אִיפַּרְסְמָא לָהּ – **[its appearance]** on the thirtieth **has become well known,** וְלֹא לִיעַבְּרוּהַּ – **and** accordingly **we should not make [the old month] full.**[15] קָא מַשְׁמַע לָן – **[The Mishnah]** therefore **informs us** that official sanctification is an absolute requirement, and so the month is full.[16]

The Gemara continues its discussion of the Mishnah's first ruling:

וְכֵיוָן דְּתָנָא לֵיהּ רְאוּהוּ בֵּית דִּין וְכָל יִשְׂרָאֵל – **But once [the Tanna]**

NOTES

1. [This is actually the last Mishnah that deals with the subject. The commentaries therefore wonder why the Tanna did not conclude the previous chapter with this Mishnah and then commence this chapter with the next Mishnah, which inaugurates a discussion of the mitzvah of blowing the shofar on Rosh Hashanah, the subject of the remainder of the tractate. For possible explanations see *Tiferes Yisrael* and *Sifsei Chachamim.*]

2. Or even a large segment thereof. The point is that it is well known to the general public that the new moon has appeared (*Ritva*).

3. The Gemara will explain that this is a separate case, where only ordinary citizens saw the new moon (*Rashi*).

4. The Mishnah here teaches that if they did not proclaim, "It is sanctified," before it grew dark, the month is full. However, the Mishnah above (24a) stated that it is the head of the court who states, "It is sanctified," and all the people answer, "It is sanctified, it is sanctified." *Turei Even* writes that only the declaration of the head of the court need be made before dark; the people's response can come afterward. See, however, *Aruch LaNer,* who disputes this, based on the Mishnah's usage of the plural "*they* did not have sufficient time ..."

5. The simple understanding of the Mishnah is that the moon was observed late on the day of the thirtieth, and there was not sufficient time to sanctify that day as Rosh Chodesh before nightfall of the thirty-first. This is the plain meaning of *Rashi* (ד״ה ראוהו ב״ד); see also *Maharsha* to *Tosafos* ד״ה ראוהו ב״ד. See, however, *Ralbach, Hil. Kiddush HaChodesh,* who explains that *Tosafos* understood *Rashi* differently. Others (*Rav, Rambam, Hil. Kiddush HaChodesh* 2:8; see commentaries ad loc.) contend that the Mishnah is speaking of where the moon was observed late on the twenty-ninth day or on the night of the thirtieth, and the judges were too busy the entire following day with other pressing matters to sanctify the thirtieth before nightfall. See *Meiri;* see also *Turei Even, Sifsei Chachamim, Sfas Emes* and *Pnei Yehoshua* below, 30b ד״ה במשנה.

6. I.e. the previous month contains thirty days, and Rosh Chodesh does not commence until the next day. This is because the proclamation of the new moon must be made during the daytime, and since here it was not, the thirty-first becomes Rosh Chodesh by default.

7. All or part of the Great Sanhedrin of seventy-one judges (*Meiri, Ritva;* cf. *Tosafos,* who understand that the reference is to a *Beis Din* of twenty-three; but see *Rashash* on *Tosafos*). In this new case the problem is not that there was insufficient time to make the proclamation (as before), but that only *Beis Din* saw the new moon, and so there were no outside witnesses to testify before them (see *Rashi, Tosafos, Maharsha, Pnei Yehoshua* and *Aruch LaNer*).

8. Since there are no witnesses other than the members of the court, two of them must assume the role of witnesses and testify before their colleagues, who then proclaim the new month. The Gemara explains why the sanctification could not be performed on the basis of the judges' observation alone (*Rashi;* see also *Sifsei Chachamim*).

9. That is, the head of the court proclaims, "It is sanctified," and all the people answer, "It is sanctified, it is sanctified" (see *Tos. R' Akiva Eiger* to the Mishnah, and *Turei Even*).

10. I.e. the Sanhedrin (see *Ritva; Meiri*).

11. See *Tos. Yom Tov* and *Rashash.*

12. The Mishnah is teaching us that *at least* two other judges must join the single judge (who is not testifying) so as to constitute a proper court. Cf. *Meiri.*

13. I.e. a single judge is not qualified to sanctify the new month. Hence, two other colleagues are required to join the observer who serves as a judge (*Rashi*).

Rashi implies that a single expert judge is disqualified only to make the sanctification proclamation. He may, however, receive the witnesses' testimony (see *Sfas Emes,* and *Rashi* below, 26a ד״ה ומקצתן).

14. The lesson of the first case is that the new month cannot be sanctified at night, even when the entire *Beis Din* saw the new moon. What, then, is the point of adding that the new moon was observed by all of Israel as well? (see *Rashi;* see *Turei Even* and *Aruch LaNer*).

15. Since the new moon's appearance on the thirtieth is known to all, we might think that the court's sanctification is an unnecessary formality that can be dispensed with here (see *Meiri, Ritva;* cf. *Sifsei Chachamim*).

16. [See *Rashba.*]

See *Chidushei HaGriz on Kiddush HaChodesh,* who explains the Gemara according to *Rambam's* opinion that sanctification can be made retroactively.

עין משפט נר מצוה

א א מיי' פ"ג מהלכות קידוש החדש הלכה ח:
ב ב מיי' פ"ג מהלכות סנהדרין הלכה ד ופי"א הלכה א טוש"ע ח"מ סי' ה סעיף ג:
ג ג מיי' פ"ג מהלכות קידוש החודש הלכה ח:
ד ד ה מיי' שם הלכה ט:
ה ו מיי' פ"ג מהלכות סנהדרין הלכה י סמג עשין לז טור ש"ע ח"מ סי' ג סעיף א ג:
ו ז מיי' פ"ב מהלכות קידוש החדש הלכה ט:

רבינו חננאל

שקל הכתוב ג' קלי עולם כג' חמורי עולם לומר לך ירובעל שהוא גדעון בדורו כמשה בדורו. בדן בדורו כאהרן בדורו. יפתח בדורו כשמואל בדורו ללמדך שאפי' קל שבקלים ונתמנה פרנס הרי הוא כגדול שבחביר' וכתיב ובאת אל הכהנים הלוים ואל השופט וגו' וכי תעלה על דעתך שאדם הולך אצל שופט שלא היה בימיו. הא אין לך לילך [אלא] אצל שופט שבימיך נטל מקלו ומעותיו והלך ליבנה אצל ר"ג ביום שחל יוה"כ להיות בחשבונו: ירושלמי ראש בית דין אומר מקודש ומוקים לה רשב"י מאי מקודש מקוים. תני לעיבור שנה מתחילין מן הצד וכבר נכנס ר' יוחנן והוא היה הקטן שבהן. אמרו לו אמור הרי השנה המקודשת בעיבור. א"ר יוחנן ראה לשון שלימדנו בן הנפח אלו אמר בעיבור הייתי אומר א/. י"א ימים שהחמה יתירה על הלבנה אלא בעיבור שהוסיפו לה חכמים והן ל' יום ועיבורה. ריש לקיש חשש על הדא דמר ר' אלעזר והיתה ידי אל הנביאים החוזים וגו' בסוד עמי לא יהיו. זה סוד העיבור. ובכתב בית ישראל לא יכתבו זה המינוי ואל אדמת ישראל לא יבא כמשמעו. ר' אלעזר כד סלק להכא אמר אית גבי חדא. כד מנוני אמר אית גבי תרתי. כד על לעיבורא אמר אית גבי תלת. א"ר שמלאי טעמא דר"י בן נורי דאמר עדי שקר הן כלומר סבר כיון שנראתה שחרית במזרח וערבית במערב המולד בחצי היום. וכל חדש שנולד (לו) [קודם שש] שעות אין כח בעין לראות הישן. ותני כן נראה בשחרית לא נראה החדש בין הערבים נראה החדש בין הערבים לא נראה הישן שחרית. ור"ג אומר מסורת בידי מאבותי פעמים בא בארוכה פעמים בא בקצרה מי שילח למי. ואסיקנא ר"ג שלח לר' יהושע ע"י ר' עקיבא. א"ר יוסי יודעין היו שאלו קדשו בלא עדים שהוא מקודש. ומה בא להעיד אלא אם קדשוהו ואח"כ נמצאו העדים זוממין שהוא מקודש:

הדרן עלך אם אינן מכירין

פ"ג ראוהו ב"ד וכל ישראל עמו וכו'. ואע"פ שנתפרסמה הלבנה לכל או נחקרו העדים ולא הספיקו ב"ד לקדשו עד חשכה הרי זה מעובר. ואוקימנא איצטריך סד"א תהוי חקירת עדים כתחלת דין וקידוש החדש גמר דין וליקדשוה בלילה. כדתנן דיני ממונות דנין ביום וגומרים בלילה קמ"ל דלא שנאמר תקעו בחדש שופר וגו' כי חוק לישראל הוא משפט לאלהי יעקב. חק תקיעת שופר וכי היום מקרא קדש. אימת הוי בגמר דין וקא קרי ליה משפט כלומר עיקר המשפט בקידושו. ומשפט לא הוי אלא ביום. ראוהו ב"ד א) ואמאי צריכין להעיד בפניהם. א"ר זירא ראוהו בלילה שלא יתכן להן לקדשו בלילה לפיכך צריכין להעיד בפניהם. פי' שאין היחיד נאמן ע"י עצמו אין נאמן ב) דמלתא דשייך ביה סד"א הואיל ותנן דיני ממונות בג' ואם היה מומחה לרבים דן אפי' ביחידי הכא נמי יחיד מומחה ליקדשוה ביחידי קמ"ל ויושיבוהו מחבריהן אצל היחיד שאין יחיד מומחה לרבים כמרע"ה. וכתיב ויאמר ה' אל משה ואל אהרן בארץ מצרים לאמר. החדש הזה לכם עד דאיכא אהרן בהדך. שמעינן ממתניתין דקתני ראוהו ב"ד בלבד יעמדו שנים ויעידו בפניהם. ש"מ עד נעשה דיין. סנהדרין שראו ... לימא מתני' דלא כר"ע דתניא סנהדרין שראו

חשק שלמה על ר"ח א) ואמאי לא תהא שמיעה גדולה מראייה ואמאי צריכין כו'. ב) לכאורה צ"ל דפשיטא הוא דאין נאמן סד"א כו'.

תוספות

שהימים הראשונים היו טובים מאלה. ולכך יש לשמוע לראשונים יותר מן האחרונים אל תאמר כך דאין לך אלא שופט שהיה בימיו: **הדרן עלך אם אינן מכירין**

ראוהו ב"ד בלבד. פי' ב"ד של כ"ג ולכך פירש בקונטרס דהיה להם שהות דאי לא היה להם שהות מאי פריך בגמ' ולא תהא שמיעה גדולה מראייה ולקדשוה מיד שראוהו הא לא היה להם שהות לקדש: **אימת** הוי חק בגמר דין. דהאי קרא דכי חק לענין ראש השנה דרשינן ליה בפ' קמא (דף ח:) והוא הדין בכל חדשים: **לא** תהא שמיעה גדולה מראייה. פירש בקונטרס דהא גבי עדות החדש לא כתיב עדות אלא כזה ראה וקדש ובחנם דחק דאפילו בדיני נפשות אמרינן הכי בפרק החובל (ב"ק דף צ: ושם) אם ראוהו ביום: **כגון** שראוהו בלילה. דאין יכולין לקדש על פי ראייה בלילה דא"כ היתה ראייה בלילה מקום קבלת עדות ואין קבלת עדות אלא ביום אפילו בדיני ממונות כדאמרינן לעיל דקרי חקירת עדות כתחילת דין: **עד** דאיכא אהרן בהדך. ואין בית דין שקול מוסיפין עליהן עוד אחד וסוגיא דהכא כמאן דאמר בשמעתא קמייתא דסנהדרין (דף ג.) דבר תורה חד נמי כשר דכתיב בצדק תשפוט מדאיצטריך ליה הכא עד דאיכא אהרן בהדך למאן דבעי מדאורייתא שלשה מומחין וכדי שלא תנעול דלת הכשירו בשלשה הדיוטות גבי עדות החדש אין להכשיר ואם כן לא צריך קרא: דרחמנא

גמרא

ואומר [א] משה ואהרן בכהניו ושמואל בקוראי שמו שקל הכתוב שלשה קלי עולם כשלשה חמורי עולם לומר לך ירובעל בדורו כמשה בדורו בדן בדורו כאהרן בדורו יפתח בדורו כשמואל בדורו ללמדך שאפילו קל שבקלין ונתמנה פרנס על הצבור הרי הוא כאביר שבאבירים [א] ואומר [ב] ובאת אל הכהנים הלוים ואל השופט אשר יהיה בימים ההם וכי תעלה על דעתך שאדם הולך אצל הדיין שלא היה בימיו הא אין לך לילך אלא אצל שופט שבימיו ואומר [ג] אל תאמר מה היה שהימים הראשונים היו טובים מאלה: נטל מקלו ומעותיו בידו: תנו רבנן כיון שראה אותו עמד מכסאו ונשקו על ראשו אמר לו שלום עליך רבי ותלמידי רבי שלמדתני תורה ברבים ותלמידי שאני גוזר עליך גזירה ואתה מקיימה כתלמיד אשרי הדור שהגדולים נשמעים לקטנים קל וחומר קטנים לגדולים קל וחומר חיובא הוא אלא מתוך שהגדולים נשמעים לקטנים נושאין קטנים קל וחומר בעצמן:

הדרן עלך אם אינן מכירין

[ג] **ראוהו** [א] בית דין וכל ישראל נחקרו העדים ולא הספיקו לומר מקודש עד שחשיכה הרי זה מעובר ראוהו ב"ד בלבד יעמדו שנים ויעידו בפניהם ויאמרו מקודש מקודש [ג] ראוהו שלשה והן בית דין יעמדו השנים ויושיבו מחביריהם אצל היחיד ויעידו בפניהם ויאמרו מקודש מקודש שאין היחיד נאמן על ידי עצמו: **גמ'** למה לי למיתנא ראוהו בית דין וכל ישראל איצטריך סד"א הואיל וראוהו בית דין וכל ישראל איפרסמא לה ולא ליעברוה קמ"ל וכיון דתנא ליה ראוהו ב"ד וכל ישראל נחקרו העדים למה לי ה"ק א"נ נחקרו העדים ולא הספיקו לומר מקודש עד שחשיכה הרי זה מעובר וכיון דתנא עד שחשיכה הרי זה מעובר למה לי למיתנייה חקירת העדים כלל איצטריך סד"א תיהוי חקירת עדים כתחילת דין ומקודש מקודש כגמר דין ולקדשי בליליא מידי דהוה אדיני ממונות דתנן [ד] דיני ממונות דנין ביום וגומרין בלילה הכא נמי מקדשין בליליא קמ"ל ואימא הכי נמי אמר קרא [ה] כי חק לישראל הוא משפט לאלהי יעקב אימת הוי חק בגמר דין וקא קרי ליה רחמנא משפט [ו] מה משפט ביום [ג] אף הכא נמי ביום: [ד] ראוהו בית דין יעמדו שנים ויעידו בפניהם: ואמאי לא תהא שמיעה גדולה מראייה א"ר זירא [ה] כגון שראוהו בלילה: ראוהו שלשה והן בית דין יעמדו שנים ויושיבו מחביריהם אצל היחיד: אמאי הכא נמי נימא לא תהא שמיעה גדולה מראייה וכי תימא ה"נ כגון שראוהו בלילה היינו הך סיפא איצטריכא ליה דאין היחיד נאמן על ידי עצמו דסלקא דעתך אמינא הואיל [ז] ותנן [ו] דיני ממונות בשלשה ואם היה מומחה [ז] לרבים דן אפילו ביחיד הכא נמי ניקדשיה ביחידי [ז] קמ"ל ואימא הכא נמי אין לך מומחה לרבים בישראל יותר ממשה רבינו וקאמר ליה הקב"ה עד דאיכא אהרן בהדך דכתיב [ה] ויאמר ה' אל משה ואל אהרן בארץ מצרים לאמר החדש הזה לכם למימרא דעד נעשה דיין לימא מתני' דלא כר"ע דתניא [ח] סנהדרין שראו אחד שהרג את הנפש מקצתן

רש"י

ואומר. בספר תהלים משה ואהרן בכהניו ושמואל בקוראי שמו קוראים אל ה' והוא יענם הרי ששקל הכתוב שמואל עם משה ואהרן ובכתובים הראשונים כתוב ירובעל בדן ויפתח עם משה ואהרן ושמואל שלשה קלים עם שלשה חמורים: **הא אין לך לילך כו'.** הרי לימדך הכתוב כאן שאין לך לבקש אלא שופט שהיה בימיך: **אל תאמר** מה היה שהימים הראשונים היו טובים מאלה. כי לא מחכמה שאלת על זה לפי שהדורות היו טובים ולדיקים מן אחרונים ולפיכך היו הימים הראשונים טובים מאלה שאי אפשר שיהו אחרונים כראשונים:

הדרן עלך אם אינן מכירין

ראוהו בית דין וכל ישראל ונחקרו העדים. מפרש בגמרא אי נמי נחקרו העדים: **ראוהו בית דין בלבד.** שאין מי שיעיד אלא הם ולאו ארישא קאי דסמוך לחשיכה אלא שהיה שהות לקדש: **יעמדו שנים ויעידו בפניהם.** ואע"פ שכולן ראוהו ובגמרא פריך לא תהא שמיעה גדולה מראייה: **ויעידו בפניהם.** השנים: **שאין היחיד נאמן.** לומר מקודש בפני עצמו לכך לריך להושיב מחביריהן אללו: **גמ' למה לי למיתני כל ישראל.** הרי ראוהו בית דין: **איפרסמא ליה מילתא.** דכיון שלשים נראה לקדשו: **נחקרו העדים למה לי.** חקירתן אחרי שהכל ראו: **למה לי למתנייה לחקירה כלל.** כיון דאשמועינן דכי ראוהו בית דין וכל ישראל אפילו הכי מעברין ליה כל שכן נחקרו העדים: **סלקא דעתך אמינא.** היכא דאיכא חקירת עדים ביום תו לא ניעברוה אלא יגמרו הדבר בלילה ויקדשוהו ביום שלשים לענין תיקון המועדות: **משפט.** היינו תחלת דין: **כי חק הוא.** בקידוש החדש דרשינן ליה בפ' קמא (דף ח:): **משפט ביום.** נפקא לן בסנהדרין (דף לד:) מוהיה ביום הנחילו את בניו ביום אתה מפיל נחלות כו': **ואמאי. יעמדו שנים** ויעידו הלא ראוהו כולן יקדשוהו בראייתם דלא תהא שמיעה שומעין מפי עדים גדולה מראייה דהא גבי עדות החדש לא כתיב עדות אלא כזה ראה וקדש: **שראוהו בלילה.** הלכך למחר אי לאו שמיעה על מה יקדשו: **למימרא דעד נעשה דיין.** מי שראוי להיות עד בדבר נעשה דיין ואלו כולן ראוים להיות עדים שהרי כולם ראוהו: מקלתן

אינם יכולין לקדש למחר שהרי בלילה עדים היו ולא דיינין ולמחר אין עד הרואה בדבר נעשה דיין על פי עדות אלא אם כן יעיד אחר בפניו דהשתא אינו עושה הדין על פי עדות עצמו והלכך אחד מן השלשה שראו החדש כשמועינן שנים אללו להיות דיינין ושנים הרואין מעידין בפניהם יכול הוא להיות דיין אע"פ שראוהו בלילה עמהן שהרי ע"פ עדות אחרים מעידין לפניו הוא דן את הדין ולא על פי ראיית עצמו דאין לנו לפסול דיינין בשביל שראו בדבר כל זמן שלא העידו אלא שהוא עלמו לא ידון את הדין על פי ראיית עצמו דאין עד נעשה דיין וכגון שראה בשעה דאינו יכול להיות דיין אבל אם ביום ראה ... לדון את הדין דלא תהא שמיעה גדולה מראייה מה לי אם ידון עכשיו מה לי אם ידון למחר והכא נמי מהאי טעמא משום דהוו להו עדים בראיית הלילה דלא מצי למימר לא תהא שמיעה גדולה מראייה דההיא ראייה לא חשבינן לה לעדות שהועד בפניהם אלא היכא דראו בשעה שיכולין לעשות הדין אבל היכא דראו בשעה שאין יכולין להיות דיינין כגון בלילה ההיא ראייה ראיית עדים היא שרואין בדבר ולא ראיית דיינין היא והלכך ע"פ ראייתן דהיינו כאילו הם עדים אין יכולין הן עצמן להיות דיינים על פי ראיית עצמן דאין עד נעשה דיין ומיהו ב"ד שהעידו לפניהם עדות בלילה עדות גמורה היא ויכולין לדון למחר ... שרואין בלילה לא חשבינן כאילו הועד לפניהם בלילה דכיון דלא חזו בההיא שעתא לדינא ראייה דידהו ... שמעו מפי עדים בלילה אלא הן עצמן נעשו עדים ושוב לא יהו דיינין בעדות עצמן אא"כ יעידו אחרים בפניהם והכי הלכתא וכי הא סוגיא אשכחן בב"ק בפ' החובל (צ.) גבי התוקע לחבירו [רשב"ם ב"ב קיד.]. **מומחה לרבים.** ... מנשיא מכתיר על שם שנותן רשות לסמוך ולקרותו רבי ומאז והלאה הוא כשר להיות מוכתר ליקרא רבי ... לא ישלם [עירובין נג:]. **דן אפילו ביחיד.** דכתיב (ויקרא יט) בצדק תשפוט וקסבר אין כאן עירוב פרשיות [סנהדרין ה.].

מסורת הש"ס

א) קידושין סו: ע"ש סנהדרין כח:, ב) לעיל כד:, ג) כתובות כא:, ד) סנהדרין לב:, ה) [מגילה כא. סנהדרין יא:], ו) [נ"ל ותניא], ז) סנהדרין ה., ח) ב"ק ל:.

תורה אור השלם

א) מֹשֶׁה וְאַהֲרֹן בְּכֹהֲנָיו וּשְׁמוּאֵל בְּקֹרְאֵי שְׁמוֹ קֹרְאִים אֶל יְיָ וְהוּא יַעֲנֵם: [תהלים צט, ו]

ב) וּבָאתָ אֶל הַכֹּהֲנִים הַלְוִיִּם וְאֶל הַשֹּׁפֵט אֲשֶׁר יִהְיֶה בַּיָּמִים הָהֵם וְדָרַשְׁתָּ וְהִגִּידוּ לְךָ אֵת דְּבַר הַמִּשְׁפָּט: [דברים יז, ט]

ג) אַל תֹּאמַר מֶה הָיָה שֶׁהַיָּמִים הָרִאשֹׁנִים הָיוּ טוֹבִים מֵאֵלֶּה כִּי לֹא מֵחָכְמָה שָׁאַלְתָּ עַל זֶה: [קהלת ז, י]

ד) כִּי חֹק לְיִשְׂרָאֵל הוּא מִשְׁפָּט לֵאלֹהֵי יַעֲקֹב: [תהלים פא, ה]

ה) וַיֹּאמֶר יְיָ אֶל מֹשֶׁה וְאֶל אַהֲרֹן בְּאֶרֶץ מִצְרַיִם לֵאמֹר: הַחֹדֶשׁ הַזֶּה לָכֶם רֹאשׁ חֳדָשִׁים רִאשׁוֹן הוּא לָכֶם לְחָדְשֵׁי הַשָּׁנָה: [שמות יב, א-ב]

ליקוטי רש"י

כשלשה חמורי עולם. הרי שלשה קלי עולם עם שלשה חמורי עולם משה ואהרן ושמואל לומר לך הקל בדורו כחמור בדורו כל בית דין המתמנה על הדור לריך לילך אחריו כאלו הוא אביר שבאבירים [שמואל א יב יא]. **הכהנים הלוים.** הכהנים שילאו משבט לוי. **ואל השופט אשר יהיה בימים ההם.** (ספרי) אפילו אינו כשאר שופטים שהיו לפניו אתה לריך לשמוע לו אין לך אלא שופט שבימיך [דברים יז ט]. (ר"ה כה) יפתח בדורו כשמואל בדורו לריך אתה לנהוג בו כבוד [שם יט יז]. **אל תאמר מה היה שהימים וגו'.** אל תתמה על הטובה שהיתה באה על הלדיקים הראשונים כדור המדבר ודורו של יהושע ודורו של דוד. [קהלת ז י].

דנין ביום. משא ומתן של דין. **וגומרין בלילה.** אם רלו וכו' וליף בגמרא [סנהדרין לב.]. **מה משפט ביום.** וכן קידוש החודש שלריך שלשה למשפט כתיב ביה (תהלים פא) כי חוק לישראל הוא משפט לאלהי יעקב ומוקמינן ליה בקידוש החודש במסכת ראש השנה [שם לו.]. **שראוהו בלילה.** הלכך הן עלמן

taught, [IF] THE COURT AND ALL OF ISRAEL SAW [THE NEW MOON], נֶחְקְרוּ הָעֵדִים לָמָּה לִי – **why do I need** him to state that THE WITNESSES WERE INTERROGATED?[17]

The Gemara answers:

הָכִי קָאָמַר – In truth, this phrase constitutes a second case, and **[the Tanna] is saying thus:** אִי נַמִּי נֶחְקְרוּ הָעֵדִים – "If the court and all of Israel saw the new moon – **alternatively, if witnesses were interrogated** before nightfall – וְלֹא הִסְפִּיקוּ לוֹמַר מְקוּדָּשׁ עַד שֶׁחֲשֵׁיכָה – **and** in either case **they did not have sufficient** time **to proclaim, 'It is sanctified' before it grew dark,** הֲרֵי זֶה מְעוּבָּר – **then this** month **is full."**[18]

The Gemara persists:

וְכֵיוָן דְּתָנָא עַד שֶׁחֲשֵׁיכָה הֲרֵי זֶה מְעוּבָּר – **But since [the Tanna] taught** with reference to the first case, "... and they did not manage to proclaim, 'It is sanctified' BEFORE IT GREW DARK, THEN THIS month IS FULL," לָמָּה לִי לְמִיתְנֵייהּ חֲקִירַת הָעֵדִים כְּלָל – **why do I** need him **to teach** the case involving **an interrogation of the witnesses at all?**[19]

The Gemara explains:

אִיצְטְרִיךְ – **It is necessary** to invalidate nighttime sanctifications in the case of formal witnesses as well, סַלְקָא דַּעְתָּךְ אָמֵינָא – for **you might have thought to say** תֶּיהֱוֵי חֲקִירַת עֵדִים כִּתְחִילַּת דִּין – that **the interrogation of witnesses should be** viewed **as the onset of the** *Kiddush HaChodesh* **proceedings,** וּמְקוּדָּשׁ מְקוּדָּשׁ כִּגְמַר דִּין – **and** the court's declaration, **"It is sanctified, it is sanctified,"** as simply **the conclusion of the proceedings;** וְלִקַדְּשֵׁי בְּלֵילְיָא – **and,** accordingly, **[the court] should** be allowed to **sanctify** the thirtieth as Rosh Chodesh **at night,**[20] מִידֵּי דַּהֲוָה אַדִּינֵי מָמוֹנוֹת – **just as in** the case of **monetary litigations.**[21] דִּתְנַן – **For we learned in a Mishnah:**[22] דִּינֵי מָמוֹנוֹת דָּנִין בַּיּוֹם – WE TRY MONETARY LITIGATIONS BY DAY, וְגוֹמְרִין בַּלַּיְלָה – AND may CONCLUDE them AT NIGHT.[23] הָכָא נַמִּי מְקַדְּשִׁין בְּלֵילְיָא – **Here too,** with regard to *Kiddush HaChodesh,* where interrogation of the witnesses was completed during the day, the law should be that **we may sanctify** the new month **at night.** קָא מַשְׁמַע לָן – **[The Mishnah]** therefore **informs us** that sanctification must be performed before nightfall even in a case involving witnesses.[24]

The Gemara seeks the rationale for distinguishing *Kiddush HaChodesh* from monetary cases in this respect:

וְאֵימָא הָכָא נַמִּי – **But say here also** regarding *Kiddush HaChodesh,* that it may be concluded at night! – ? –

The Gemara justifies the stringency:

אָמַר קְרָא – Regarding *Kiddush HaChodesh,* **the verse states:** "כִּי חֹק לְיִשְׂרָאֵל הוּא מִשְׁפָּט לֵאלֹהֵי יַעֲקֹב" – ***Because it is a statute for Israel, a judgment [day] for the God of Jacob.***[25] אֵימַת הָוֵי חֹק – Now, **at what point is it an** established **"statute"?** בִּגְמַר דִּין – **At the conclusion of the** *Kiddush HaChodesh* **proceedings,** when the new month is proclaimed. וְקָא קָרֵי לֵיהּ רַחֲמָנָא "מִשְׁפָּט" – **And** yet, at the end of the verse, **the Merciful One calls [the statute] a "judgment,"** a term that connotes the onset of proceedings. מַה מִּשְׁפָּט בַּיּוֹם – By characterizing the proclamation of Rosh Chodesh a "judgment" the verse teaches that **just as judgment** must be conducted **by day,**[26] אַף הָכָא נַמִּי בַּיּוֹם – **here also** the proclamation of Rosh Chodesh must be performed **by day.**[27]

The Mishnah next stated:

רָאוּהוּ בֵּית דִּין יַעַמְדוּ שְׁנַיִם וְיָעִידוּ בִּפְנֵיהֶם – IF THE COURT [alone] SAW [THE NEW MOON], TWO of the judges SHOULD STAND AND TESTIFY BEFORE [THE OTHERS].

The Gemara asks:

וְאַמַּאי – **But why** must two of the judges serve as witnesses? לֹא תְהֵא שְׁמִיעָה גְּדוֹלָה מֵרְאִיָּיה – Let the court proclaim Rosh Chodesh on the basis of their own sighting, for a judgment based upon **the hearing** of witnesses' testimony **should not be greater than** one based upon **the sighting** of the judges themselves![28] – ? –

NOTES

17. The Gemara assumes that this latter phrase adds a detail to the Mishnah's first case (*Ritva*). It thus wonders why it is necessary to interrogate witnesses when all of Israel saw the new moon (*Rashi, Ritva*).

18. In the second case the new moon's appearance on the thirtieth is not common knowledge, but is established only through the testimony of witnesses. Hence, an interrogation is necessary, and the case here is where it was prolonged, not ending until after nightfall (*Meiri,* who notes that in the first case, where the new moon was observed by all, no interrogation is required).

19. I.e. even if the case involving formal witnesses is a separate one, it is still superfluous, for in the first case the Mishnah taught that even where the entire nation observed the new moon on the thirtieth, *Beis Din's* sanctification cannot occur after nightfall. Certainly that stricture applies where the moon was observed by only a few individuals (*Rashi*).

20. We might have thought that as long as the interrogation of witnesses commenced during the day of the thirtieth, the month does not necessarily become full. Rather, the proceedings should be concluded at night (the night of the thirty-first), with the thirtieth being proclaimed Rosh Chodesh and the festivals reckoned accordingly (*Rashi*).

21. From the standpoint of judicial procedure, *Kiddush HaChodesh* is similar to monetary judgments, since both require only three judges – as opposed to cases involving penalties or capital punishment, which require twenty-three or seventy-one judges (*Ritva*).

22. *Sanhedrin* 32a.

23. The Gemara (ibid. 34b) derives this from an apparent contradiction between two verses. Regarding the judges that Moses was to appoint, *Exodus* 18:22 states: *They shall judge the people at any time* – i.e. including nighttime. However, *Deuteronomy* 21:16 states with regard to judgments involving inheritance: *It shall be on the* ***day*** *that he bequeaths to his sons,* which implies that trials must take place during the day. The Gemara reconciles the two verses by explaining that the trial itself must be conducted by day, but the verdict may be rendered at night.

24. This case of the Mishnah thus teaches that *Kiddush HaChodesh* must be completed in its entirety before nightfall. This law could not have been gleaned from the first case, where the new moon was observed by *beis din* itself, for there only the sanctification declaration is required. Since no preliminary judicial proceeding occurred during the day, there is no reason to presume that the declaration could be made at night (*Rashba*).

25. *Psalms* 81:5. [The Gemara above (8b) expounds *statute* as referring to the decree that the earthly court issues on Rosh Hashanah sanctifying that day as Rosh Chodesh, and the verse's teaching applies to all other months as well (*Rashi;* see *Tosafos* with *Maharsha,* and *Ritva*).]

26. As derived from *Deuteronomy* 21:16: *It shall be on the* ***day*** *that he bequeaths to his sons* etc. (*Rashi;* see note 23 above).

[See *Ritva* and *Turei Even*, who discuss how the term מִשְׁפָּט connotes the onset of proceedings.]

27. One may ask, however: If the court would be able to sanctify the thirtieth day as Rosh Chodesh even after it has passed if not for the fact that the proclamation must be made by day, why not proclaim the thirtieth day Rosh Chodesh on the thirty-first *day*? See *Rashba* and *Chidushei HaRan* for solutions to this problem.

28. There is no legal impediment to the judges sanctifying the new month based on their own sighting, for regarding the mitzvah of *Kiddush HaChodesh* (see *Sifsei Chachamim*) the Torah states (*Exodus* 12:2), *This month* [הַחֹדֶשׁ הַזֶּה], and the Gemara (above, 20a) interprets these words as a directive to *Beis Din* to sanctify the month on the day it observes the moon in "this" new phase [כָּזֶה רְאֵה וְקַדֵּשׁ; see *Rashi* there]. Hence, there is no express stipulation that sanctification can occur only through the testimony of witnesses (*Rashi*). *Tosafos, Rashba* and *Ritva* contend, however, that *Rashi's* proof is difficult, for they cite other types of cases [monetary, capital] where the Gemara permits adjudication through the court's observations alone. See *Rashi* to *Kesubos* 21b ד״ה דלמא and *Ramban* in *Milchamos* there. See also *Ritva, Turei Even, Aruch LaNer* and *Meromei Sadeh* for discussion of this dispute and for explanations of *Rashi's* comment.

א א מיי׳ פ"ב מהלכות קידוש החדש הלכה ח:
ב ב מיי׳ פ"ג מהלכות סנהדרין הלכה ב ופי"א הלכה א טוש"ע ח"מ סי׳ ה סעיף ב:
ג ג מיי׳ פ"ב מהלכות קידוש החדש הלכה ח:
ד ד ה מיי׳ שם הלכה ט:
ה ו מיי׳ פ"ב מהלכות סנהדרין הלכה י סמג עשין צז טור ש"ע ח"מ סי׳ ג סעיף א ב:
ו ז מיי׳ פ"ב מהלכות קידוש החדש הלכה ט:

רבינו חננאל

שקל הכתוב ג׳ קלי עולם כג׳ חמורי עולם לומר לך ירובעל שהוא גדעון בדורו כמשה בדורו. בדן בדורו כאהרן בדורו. יפתח בדורו כשמואל בדורו ללמדך שאפי׳ קל שבקלים ונתמנה פרנס הרי הוא כגדול שבחברי׳ וכתיב ובאת אל הכהנים הלוים ואל השופט וגו׳ וכי תעלה על דעתך שאדם הולך אצל שופט שלא היה בימיו. הא אין לך [אלא] אצל שופט שבימיך נטל מקלו ומעותיו והלך ליבנה אצל ר"ג ביום שחל יוה"כ להיות בחשבונו: ירושלמי ראש בית דין אומר מקודש והעם עונים לה רשב"י מאי מקודש מקודש. תני לעיבור שנה מתחילין מן הצד וכבר נכנס ר׳ יוחנן והוא היה הקטן שבהן. אמרו לו אמור הרי השנה המקודשת בעיבור. א"ר יוחנן ראה לשון שלימדנו בן הנפח אלו אמר בעיבור הייתי אומר אלו י"א ימים שהחמה יתירה על הלבנה אלא בעיבור שהוסיפו להם חכמים והן ל׳ יום ועיבורה. ריש לקיש חשש על הדא דמר ר׳ אלעזר והיתה ידי אל הנביאים החוזים וגו׳ בסוד עמי לא יהיו. זה סוד העיבור. ובכתב בית ישראל לא יכתבו זה המינוי ואל אדמת ישראל לא יבאו כמשמעו. ר׳ אלעזר כד סלק להכא אמר אית גבי חדא. כד מנוני אמר אית גבי תרתי. כד על לעיבורא אמר אית גבי תלת. א"ר שמלאי טעמא דר"ן בן נורי דאמר עדי שקר הן כלומר סבר כיון שנראתה שחרית במזרח וערבית במערב המולד בחצי היום. וכל חדש שנולד (לו) [קודם שש] שעות אין לו כח בעין לראות. הוא ונראה בשחרית לא נראה החדש בין הערבים נראה החדש בין הערבים לא נראה הישן שחרית. ור"ג אומר מסורת בידי מאבותי פעמים בא בארוכה פעמים בא בקצרה מי שלח לר׳. ואסיקנא ר"ג שלח לר׳ יהושע כר׳ עקיבא. א"ר יוסי יודעין היו שאלו קדשו בלא עדים שהוא מקודש. ומה בא להעיד אלא אם קדשוהו ואח"כ נמצאו העדים זוממין שהוא מקודש:

הדרן עלך אם אינן מכירין

פ"ג ראוהו ב"ד וכל ישראל עמו וכו׳. ואע"פ שנתפרסמה הלבנה לכל או נחקרו העדים ולא הספיקו ב"ד לקדשו עד חשכה הרי זה מעובר. ואוקימנא איצטריך סד"א תהוי חקירת עדים כתחלת דין וקידוש החדש גמר דין ולוקדשוה בלילה. כדתנן דיני ממונות דנין ביום וגומרים בלילה קמ"ל דלא שנאמר תקעו בחדש שופר וגו׳ כי חוק לישראל הוא משפט לאלהי יעקב. חק תקיעת שופר וכו׳ היום מקרא קדש. אימת הוי חק בגמר דין וקא קרי ליה משפט כלומר עיקר המשפט בקידוש. ומשפט לא הוי אלא ביום. ראוהו ב"ד (א) ואמאי צריכין להעיד בפניהם. א"ר זירא שראוהו בלילה שלא יתכן להן לקדש בלילה לפיכך צריכין להעיד בפניהם. פ"י שאין היחיד נאמן ע"י עצמו אין נאמן (ב) דמלתא דשייך ביה סד"א הואיל ותנן דיני ממונות בג׳ ואם היה מומחה לרבים דן אפי׳ ביחידי הכא נמי אי איכא יחיד מומחה ליקדשיה ביחידי קמ"ל. ויושיבוהו מחבריהן. וכתיב ויאמר ה׳ אל משה ואל אהרן בארץ מצרים לאמר. החדש הזה לכם ראש חדשים לומר לך שלא תקדש החדש עד דאיכא אהרן בהדך. שמעינן ממתניתין דקתני ראוהו ב"ד בלבד יעמדו שנים ויעידו בפניהם כו׳. עד נעשה דיין לימא מתני׳ דלא כר׳ עקיבא. דתניא סנהדרין שראו

חשק שלמה על ר"ח א) ואמאי לא תהא שמיעה גדולה מראייה ואמאי לריכין וכו׳. ב) דלכאורה מלתא דפשיטא הוא דאין נאמן סד"א כו׳.

שהימים הראשונים היו טובים מאלה. ולכך יש לשמוע לראשונים יותר מן האחרונים אל תאמר כך דאין לך אלא שופט שהיה בימיו:

הדרן עלך אם אינן מכירין

ראוהו ב"ד בלבד. פי׳ ב"ד של כ"ג ולכך פירש בקונטרס דהיה להם שהות דאי לא היה להם שהות מאי פריך בגמ׳ ולא תהא שמיעה גדולה מראייה ולקדשוה מיד שראוהו הא לא היה להם שהות לקדש: **אימת** הוי חק בגמר דין. דהאי קרא דכי חק לענין ראש השנה דרשינן ליה בפ׳ קמא (דף ח:) והוא הדין בכל חדשים: **לא** תהא שמיעה גדולה מראייה. פירש בקונטרס דהא גבי עדות החדש לא כתיב עדות אלא כזה ראה וקדש ותימה דמק דאפילו בדיני נפשות אמרינן הכי בפרק החובל (ב"ק דף צ: ושם) אם ראוהו ביום: **כגון** שראוהו בלילה. דאין יכולין לקדש על פי ראייה בלילה דא"כ היתה ראייה בלילה מקום קבלת עדות ואין קבלת עדות אלא ביום אפילו בדיני ממונות כדאמרינן לעיל דקרי חקירת עדות כתחלת דין:

עד דאיכא אהרן בהדך. ואין בית דין שקול מוסיפין עליהן עוד אחד וסוגיא דהכא כמאן דאמר בשמעתא קמייתא דסנהדרין (דף ג.) דבר תורה חד נמי כשר דכתיב בצדק תשפוט עמיתך מדאיצטריך ליה הכא עד דאיכא אהרן בהדך דלמאן דבעי מדאורייתא שלשה מומחין וכדי שלא תנעול דלת הכשירו בשלשה הדיוטות גבי עדות החדש אין להכשיר ואם כן לא צריך קרא.

דרחמנא

ואומר א) משה ואהרן בכהניו ושמואל בקוראי שמו שקל הכתוב שלשה קלי עולם כשלשה חמורי עולם לומר לך ירובעל בדורו כמשה בדורו בדן בדורו כאהרן בדורו יפתח בדורו כשמואל בדורו ללמדך שאפילו קל שבקלין ונתמנה פרנס על הצבור הרי הוא כאביר שבאבירים ב) ואומר ב) ובאת אל הכהנים הלוים ואל השופט אשר יהיה בימים ההם וכי תעלה על דעתך שאדם הולך אצל הדיין שלא היה בימיו הא אין לך לילך אלא אצל שופט שבימיו ואומר ג) אל תאמר מה היה שהימים הראשונים היו טובים מאלה: נטל מקלו ומעותיו בידו: תנו רבנן כיון שראה אותו עמד מכסאו ונשקו על ראשו אמר לו שלום עליך רבי ותלמידי רבי שלמדתני תורה ברבים ותלמידי שאני גוזר עליך גזירה ואתה מקיימה כתלמיד אשרי הדור שהגדולים נשמעים לקטנים קל וחומר קטנים לגדולים קל וחומר חיובא הוא אלא מתוך שהגדולים נשמעים לקטנים נושאין קטנים קל וחומר בעצמן:

הדרן עלך אם אינן מכירין

ג) **ראוהו** א) בית דין וכל ישראל נחקרו העדים ולא הספיקו לומר מקודש עד שחשיכה הרי זה מעובר ראוהו ב"ד בלבד יעמדו שנים ויעידו בפניהם ויאמרו מקודש מקודש ב) ראוהו שלשה והן בית דין יעמדו השנים ויושיבו מחביריהם אצל היחיד ויעידו בפניהם ויאמרו מקודש מקודש שאין היחיד נאמן על ידי עצמו: **גמ׳** למה לי למיתנא ראוהו בית דין וכל ישראל איצטריך סד"א הואיל וראוהו בית דין וכל ישראל איפרסמא לה ולא ליעברוה קמ"ל וכיון דתנא ליה ראוהו ב"ד וכל ישראל נחקרו העדים למה לי ה"ק א"נ נחקרו העדים ולא הספיקו לומר מקודש עד שחשיכה הרי זה מעובר וכיון דתנא עד שחשיכה הרי זה מעובר למה לי למיתנייה חקירת העדים כלל איצטריך סד"א תיהוי חקירת עדים כתחילת דין ומקודש מקודש כגמר דין ולקדשי בליליא מידי דהוה אדיני ממונות דתנן ד) ג דיני ממונות דנין ביום וגומרין בלילה הכא נמי מקדשין בליליא קמ"ל ואימא הכי נמי אמר קרא ה) כי חק לישראל הוא משפט לאלהי יעקב אימת הוי חק בגמר דין וקא קרי ליה רחמנא משפט ו) מה משפט ביום ג אף הכא נמי ביום: ד ראוהו בית דין יעמדו שנים ויעידו בפניהם: ואמאי לא תהא שמיעה גדולה מראיה א"ר זירא ה כגון שראוהו בלילה: ראוהו שלשה והן בית דין יעמדו שנים ויושיבו מחביריהם אצל היחיד: אמאי הכא נמי נימא לא תהא שמיעה גדולה מראיה וכי תימא ה"נ כגון שראוהו בלילה היינו הך סיפא איצטריכא ליה דאין היחיד נאמן על ידי עצמו דסלקא דעתך אמינא הואיל (ו) ותנן) ו דיני ממונות בשלשה ואם היה מומחה ז) לרבים דן אפילו ביחיד הכא נמי ניקדשיה ביחידי ז קמ"ל ואימא הכא נמי אין לך מומחה לרבים בישראל יותר ממשה רבינו וקאמר ליה הקב"ה עד דאיכא אהרן בהדך דכתיב ח) ויאמר ה׳ אל משה ואל אהרן בארץ מצרים לאמר החדש הזה לכם למימרא דעד נעשה דיין לימא מתני׳ דלא כר"ע דתניא ט) סנהדרין שראו אחד שהרג את הנפש

מקצתן

ואומר. בספר תהלים משה ואהרן בכהניו ושמואל בקוראי שמו קוראים אל ה׳ והוא יענם הרי ששקל הכתוב שמואל עם משה ואהרן ובכתובים הראשונים כתוב ירובעל בדן ויפתח עם משה ואהרן ושמואל שלשה קלים עם שלשה חמורים: **הא אין לך לילך כו׳.** הרי לימדך הכתוב כאן שאין לך לבקש אלא שופט שהיה בימיך: **אל תאמר מה היה שהימים הראשונים היו טובים מאלה.** כי לא מחכמה שאלת על זה לפי שהדורות היו טובים וצדיקים מן אחרונים לפיכך היו הימים הראשונים טובים מאלה שאי אפשר שיהו אחרונים כראשונים:

הדרן עלך אם אינן מכירין

ראוהו בית דין וכל ישראל ונחקרו העדים. מפרש בגמרא אי נמי נחקרו העדים: **ראוהו בית דין בלבד.** שאין מי שיעיד אלא הם ולאו ארישא קאי דסמוך לחשיכה אלא שהיה שהות לקדש: **יעמדו שנים ויעידו בפניהם.** ואע"פ שכולן ראוהו ובגמרא פריך לא תהא שמיעה גדולה מראייה: **ויעידו בפניהם.** השנים: **שאין היחיד נאמן.** לומר מקודש בפני עצמו לכך צריך להושיב מחביריהן אצלו: **גמ׳ למה לי** למיתני כל ישראל. הרי ראוהו בית דין: **איפרסמא ליה מילתא.** דביום שלשים נראה לקדשו: **נחקרו העדים למה לי.** חקירתן אחרי שהכל ראו: **למה לי למתנייה לחקירה כלל.** כיון דאשמועינן דכי ראוהו בית דין וכל ישראל אפילו הכי מעברין ליה כל שכן נחקרו העדים: **סלקא דעתך אמינא.** היכא דאיכא חקירת עדים ביום תו לא ניעברוה אלא יגמרו הדבר בלילה ויקדשוהו ביום שלשים לענין תיקון המועדות: **משפט.** היינו תחילת דין: **כי חק הוא.** בקידוש החדש דרשינן ליה בפ׳ קמא (דף ח:): **משפט ביום.** נפקא לן בסנהדרין (דף לד:) מוהיה ביום הנחילו את בניו ביום אתה מפיל נחלות כו׳: **ואמאי.** יעמדו שנים ויעידו הלא ראוהו כולן יקדשוהו בראייתם דלא תהא שמיעה ששומעין מפי עדים גדולה מראייה דהא גבי עדות החדש לא כתיב עדות אלא כזה ראה וקדש: **שראוהו בלילה.** הלכך למחר אי לאו שמיעה על מה יקדשו: **למימרא דעד נעשה דיין.** מי שראוי להיות עד בדבר נעשה דיין ואלו כולן ראוים להיות עדים שהרי כולם ראוהו:

מקצתן

א) קידושין סו: ע"ש סנהדרין כח:, ב) לעיל כד., ג) כתובות כא:, ד) סנהדרין לב:, ה) [מגילה כא. סנהדרין יח:], ו) [צ"ל ותניא], ז) סנהדרין ה., ח) ב"ק צ:

תורה אור השלם

א) משֶׁה וְאַהֲרֹן בְּכֹהֲנָיו וּשְׁמוּאֵל בְּקֹרְאֵי שְׁמוֹ קֹרִאים אֶל יְיָ וְהוּא יַעֲנֵם: [תהלים צט, ו]

ב) וּבָאתָ אֶל הַכֹּהֲנִים הַלְוִיִּם וְאֶל הַשֹּׁפֵט אֲשֶׁר יִהְיֶה בַּיָּמִים הָהֵם וְדָרַשְׁתָּ וְהִגִּידוּ לְךָ אֵת דְּבַר הַמִּשְׁפָּט: [דברים יז, ט]

ג) אַל תֹּאמַר מֶה הָיָה שֶׁהַיָּמִים הָרִאשֹׁנִים הָיוּ טוֹבִים מֵאֵלֶּה כִּי לֹא מֵחָכְמָה שָׁאַלְתָּ עַל זֶה: [קהלת ז, י]

ד) כִּי חֹק לְיִשְׂרָאֵל הוּא מִשְׁפָּט לֵאלֹהֵי יַעֲקֹב: [תהלים פא, ה]

ה) וַיֹּאמֶר יְיָ אֶל מֹשֶׁה וְאֶל אַהֲרֹן בְּאֶרֶץ מִצְרַיִם לֵאמֹר: הַחֹדֶשׁ הַזֶּה לָכֶם רֹאשׁ חֳדָשִׁים רִאשׁוֹן הוּא לָכֶם לְחָדְשֵׁי הַשָּׁנָה: [שמות יב, א-ב]

ליקוטי רש"י

כשלשה חמורי עולם. הרי שלשה קלי עולם עם שלשה חמורי עולם משה ואהרן ושמואל לומר לך הקל בדורו כחמור בדורו כל בית דין המתמנה על הדור צריך לילך אחריו כאלו הוא אביר שבאבירים [שמואל א יב יא]. **הכהנים הלוים.** הכהנים שיצאו משבט לוי. **ואל השופט אשר יהיה בימים ההם.** (ספרי) אפילו אינו כשאר שופטים שהיו לפניו אתה צריך לשמוע לו אין לך אלא שופט שבימיך [דברים יז ט]. (ר"ה כה) יפתח בדורו כשמואל בדורו צריך אתה לנהוג בו כבוד [שם יט יז]. **אל תאמר מה היה שהימים וגו׳.** אל תתמה על הטובה שהיתה באה על הצדיקים הראשונים כדור המדבר ודורו של יהושע ודורו של דוד. [קהלת ז י].

דנין ביום. משא ומתן של דין. **וגומרין בלילה.** גמר דין. בגמרא [סנהדרין לב.]. **מה משפט ביום.** וכן קידוש החודש שצריך להם שלשה דמשפט כתיב ביה (תהלים פא) כי חוק לישראל הוא משפט לאלהי יעקב ומוקמינן ליה בקידוש החודש במסכת ראש השנה [שם לד.]. **שראוהו בלילה.** הלכך הן עצמן אינם יכולין לקדש למחר שהרי בלילה עדים היו ולא דיינים ולמחר אין עד הרואה נעשה דיין [illegible] **מומחה לרבים.** [illegible] לא ישלם [ערכין נג:]. **דן אפילו ביחידי.** דכתיב (ויקרא יט) בצדק תשפוט [illegible] [סנהדרין ה.].

The Gemara answers:

אָמַר רַבִּי זֵירָא – **R' Zeira said:** כְּגוֹן שֶׁרָאוּהוּ בַּלַּיְלָה – The Mishnah is speaking of **a case where [the judges] saw [the new moon] at night,**[29] when they are not authorized to sanctify the new month.[30]

The Mishnah next stated:

רָאוּהוּ שְׁלֹשָׁה וְהֵן בֵּית דִּין – If only THREE people SAW [THE NEW MOON] AND THEY ARE members of the Great COURT, יַעַמְדוּ שְׁנַיִם – the TWO of them SHOULD STAND ready to testify וְיוֹשִׁיבוּ מֵחַבְרֵיהֶם אֵצֶל הַיָּחִיד – AND SHOULD SEAT two other sages FROM among THEIR COLLEAGUES BESIDE THE SINGLE judge (and then [the two designated witnesses] should testify before [the three judges] regarding the appearance of the new moon).

The Gemara asks:

אַמַּאי – **Why** do I need this entire procedure? הָכָא נַמִּי נֵימָא לֹא תְּהֵא שְׁמִיעָה גְּדוֹלָה מֵרְאִיָּיה – **Here, too, let us say** that a judgment based upon **the hearing** of witnesses' testimony **should not be greater than** one based upon **the sighting** of the judges themselves, and so all three observer-judges should sanctify the new month. וְכִי תֵּימָא הָכָא נַמִּי כְּגוֹן שֶׁרָאוּהוּ בַּלַּיְלָה – **And if you will say** that **here also** the Mishnah speaks of **where [the judges] saw the [new moon] at night,** הַיְינוּ הָךְ – then **this** case **is** essentially **the same as that** preceding case, and is therefore superfluous! – ? –

The Gemara replies:

סֵיפָא אִיצְטְרִיכָא לֵיהּ – In fact, the **latter part** of that case is needed, דְּאֵין הַיָּחִיד נֶאֱמָן עַל יְדֵי עַצְמוֹ – to teach **that the individual** judge **is not trusted** to proclaim Rosh Chodesh **by himself.**[31] דְּסַלְקָא דַעְתָּךְ אֲמִינָא – **For you might have thought to say** הוֹאִיל (ותנן) [וְתַנְיָא] – that **since it was taught in a Baraisa:** דִּינֵי מָמוֹנוֹת בִּשְׁלֹשָׁה – MONETARY CASES are judged BY THREE; וְאִם הָיָה מוּמְחֶה לָרַבִּים – BUT IF [THE JUDGE] WAS A WIDELY RECOGNIZED EXPERT,[32] דָּן אֲפִילּוּ בְּיָחִיד – HE MAY ADJUDICATE the case EVEN ALONE – הָכָא נַמִּי נִיקַדְּשֵׁיהּ בְּיָחִיד – **here also let us sanctify [the new month] with an individual** and widely recognized expert judge.[33] קָא מַשְׁמַע לָן – **[The Tanna]** therefore **informs us** in the latter case that *Kiddush HaChodesh* requires a minimum of three judges.

The Gemara seeks a rationale for distinguishing *Kiddush HaChodesh* from monetary judgments in this respect:

וְאֵימָא הָכָא נַמִּי – **But say here also** by *Kiddush HaChodesh,* that a single, widely recognized expert may sanctify the new month! – ? –

The Gemara justifies the stringency:

אֵין לְךָ מוּמְחֶה לָרַבִּים בְּיִשְׂרָאֵל יוֹתֵר מִמֹּשֶׁה רַבֵּינוּ – The Torah itself indicates that *Kiddush HaChodesh* requires a minimum of three judges, for **you have no more widely recognized expert in** the nation of **Israel than Moses, our teacher,** וְקָאָמַר לֵיהּ הַקָּדוֹשׁ בָּרוּךְ הוּא – **and** yet **the Holy One, Blessed is He, said to him:** עַד דְּאִיכָּא אַהֲרֹן בַּהֲדָךְ – "You cannot sanctify the new month **unless you have Aaron with you.**" דִּכְתִיב ,,וַיֹּאמֶר ה׳ אֶל־מֹשֶׁה וְאֶל־אַהֲרֹן בְּאֶרֶץ מִצְרַיִם לֵאמֹר הַחֹדֶשׁ הַזֶּה לָכֶם׳׳ – And this is **as it is written:** ***And God said to Moses and Aaron in the land of Egypt, saying, "This month is yours*** *(to sanctify).*"[34]

The Mishnah's last two cases teach that a judge who saw the new moon, and so could *potentially* serve as a witness, is nevertheless qualified to join the *beis din* that performs *Kiddush HaChodesh.*[35] The Gemara contends that this opinion is not unanimous:

לְמֵימְרָא דְעֵד נַעֲשֶׂה דַּיָּין – Is this **to say that a** potential **witness may be made a judge** in the same case?! לֵימָא מַתְנִיתִין דְּלֹא כְּרַבִּי עֲקִיבָא – If so, **shall we say** that **our Mishnah does not accord with** the view of **R' Akiva?** דְּתַנְיָא – **For it was taught in a Baraisa:** סַנְהֶדְרִין שֶׁרָאוּ אֶחָד שֶׁהָרַג אֶת הַנֶּפֶשׁ – A SANHEDRIN[36] THAT SAW ONE WHO KILLED A PERSON[37] should adjudicate the matter in the following way:

NOTES

29. I.e. on the night following the twenty-ninth day.

30. And on the morrow, if there are no witnesses to report the new moon's appearance the previous night, on what basis can the court perform sanctification? Hence, two judges must detach themselves from the court and serve as witnesses (*Rashi*). [*Rashi* holds that a court may sanctify based on their own sighting only at the time of the sighting – and not afterward by relying on what they saw. Thus, the Mishnah's ruling applies also when the court saw the new moon late in the day of the twenty-ninth and there was insufficient time to perform sanctification; in this case, they must testify on the following day (see *Rav* and *Tosafos R' Akiva Eiger* (§12) on Mishnah, and *Ralbach* to *Hil. Kiddush HaChodesh* 2:8 at length).] Cf. *Tosafos,* and see *Sfas Emes;* cf. *Rashba, Ritva* and *Ran.*

31. I.e. the purpose of the latter ruling is not to prevent the judges from sanctifying the new month on the basis of their nocturnal lunar observation, but to teach that the one judge before whom the other two must testify may not perform the sanctification singlehandedly, even if he is a widely recognized expert (see below). Rather, he must be joined by two other judges.

32. The term מוּמְחֶה means *tested,* in the sense of having stood the test of experience. Thus, it refers to a seasoned judge who has successfully tried many cases without error. He is called a מוּמְחֶה לָרַבִּים [literally: tested to the public] because his scholarship and faultless record are widely known (*Rav Sherira Gaon,* cited by *Yad Ramah* to *Sanhedrin* 5a; and *Rosh, Nimukei Yosef* and others there; see also *Sifsei Chachamim* here).

33. Our Gemara necessarily accords with the opinion in *Sanhedrin* (3a) that a single expert judge is qualified to try monetary cases even under *Biblical* law (see *Tosafos* ד״ה עד, *Rashba, Ritva*).

34. *Exodus* 12:1-2. In this verse the prerogative of performing *Kiddush HaChodesh* is explicitly given to Moses and Aaron together, and not to Moses alone. And since a *beis din* can never consist of an even number of judges (see Mishnah, *Sanhedrin* 2b), the Torah obviously intended that Moses and Aaron should be joined by a third sage, for a minimum of three judges (*Tosafos;* see *Sifsei Chachamim* there and *Tos. Yom Tov* to *Sanhedrin* 1:6; cf. *Meiri*). See also *Turei Even* and *Meromei Sadeh* to the Mishnah ד״ה ראוהו ב״ד.

35. The Mishnah disqualifies from the *beis din* those judges that *actually served* as witnesses, not those who only saw the new moon and *could* have testified. See *Ritva.*

36. Of twenty-three – i.e. a minor Sanhedrin (*Sifsei Chachamim*).

37. Or that witnesses any transgression involving capital punishment (*Sifsei Chachamim;* see there for why the Baraisa specifies murder).

הָתָם אֶלָּא בְּדִינֵי נְפָשׁוֹת – That is, **only until here does R' Akiva state there** that a potential witness is disqualified to judge – i.e. **regarding capital cases.** דְּרַחֲמָנָא אָמַר ,,וְשָׁפְטוּ הָעֵדָה . . . וְהִצִּילוּ הָעֵדָה" – **For of them the Merciful One said,** ***And the assembly*** (i.e. *Beis Din*) ***shall judge . . . And the assembly shall save,***[5] וְכֵיוָן דְּחַזְיוּהוּ דְּקָטַל נַפְשָׁא – **and since [the judges]** in the Baraisa's case actually **saw [the accused] killing a person,** לֹא מָצוּ חָזוּ לֵיהּ זְכוּתָא – **they will be unable to see** any **meritorious evidence for him.** אֲבָל הָכָא – **But here** with regard to *Kiddush HaChodesh,* אֲפִילּוּ רַבִּי עֲקִיבָא מוֹדֶה – **even R' Akiva concedes** that a judge who is a potential witness may join the sanctifying *Beis Din.*[6]

מִקְצָתָן נַעֲשׂוּ עֵדִים – A PORTION OF [THE JUDGES][1] ARE MADE WITNESSES וּמִקְצָתָן נַעֲשׂוּ דַּיָּינִין – AND the other PORTION OF THEM[2] ARE MADE JUDGES;[3] דִּבְרֵי רַבִּי טַרְפוֹן – these are THE WORDS OF R' TARFON. רַבִּי עֲקִיבָא אוֹמֵר – But R' AKIVA SAYS: כּוּלָּן נַעֲשִׂין עֵדִים – ALL OF THEM ARE MADE WITNESSES,[4] וְאֵין עֵד נַעֲשֶׂה דַּיָּין – AND the rule is that even A potential WITNESS MAY NOT BE MADE A JUDGE for that case. R' Akiva's ruling thus conflicts with our Mishnah, which does permit a potential witness to judge! – ? –

The Gemara reconciles our Mishnah with R' Akiva's view:

אֲפִילּוּ תֵּימָא רַבִּי עֲקִיבָא – **You can even say** that our Mishnah accords with the opinion of **R' Akiva.** עַד כַּאן לֹא קָאָמַר רַבִּי עֲקִיבָא

Mishnah The Tanna now introduces the final topic of our tractate, the mitzvah of blowing a shofar on Rosh Hashanah.[7] This Mishnah discusses which types of animal horns qualify for use as a shofar:

כָּל הַשּׁוֹפָרוֹת כְּשֵׁרִים – **All shofars**[8] **are suitable** for use on Rosh Hashanah חוּץ מִשֶּׁל פָּרָה – **except that of a cow,** מִפְּנֵי שֶׁהוּא קֶרֶן – **because it is a** ***keren.***[9] אָמַר רַבִּי יוֹסֵי – **R' Yose said:** וַהֲלֹא כָּל הַשּׁוֹפָרוֹת נִקְרְאוּ קֶרֶן – **But certainly all shofars are called "*keren,*"** שֶׁנֶּאֱמַר ,,בִּמְשֹׁךְ בְּקֶרֶן הַיּוֹבֵל" – **as it is stated:**[10] ***upon the drawing out*** [of the blast] ***of the yoveil's***[11] ***keren*** *when you hear the sound of the shofar?*[12]

NOTES

1. I.e. two of them (*Sifsei Chachamim*).

2. I.e. the other twenty-one, to which two more judges are added to achieve a court of twenty-three [which is required for capital cases] (*Sifsei Chachamim*).

3. I.e. the judges who actually testify may not participate in the *beis din* to determine the verdict, for testifying witnesses may not serve as judges in the same case. The other judges, however, may serve on the *beis din,* even though they could have served as witnesses.

Rashbam (*Bava Basra* 114a ד״ה ואין עד) explains that the law that a testifying witness may not serve as a judge in the same case is promulgated by Scriptural decree (גְּזֵירַת הַכָּתוּב). The Torah states (*Deuteronomy* 19:17): *The two men* – these are the witnesses – *. . . shall stand before Hashem* – these are the judges. The verse teaches that the two witnesses must testify before the judges, but they may not afterward go and sit and deliberate with the judges.

Tosafos in *Kesubos* (21b ד״ה הנח לעדות) quotes *Rashbam's* explanation and cites another. See *Chidushei HaRan* here for a third explanation. See also *Ketzos HaChoshen* 7:5, and *Kehillos Yaakov* to *Kesubos* §18 for an analysis of the *Ketzos.*

Even if the slaying occurred during the daytime, some of the judges must serve as witnesses and testify before their colleagues. In this case we do not apply the principle used by the Gemara above, that "a judgment based upon the hearing of witnesses' testimony should not be greater than one based upon the sighting of the judges themselves," for regarding capital cases the Torah expressly stipulates that the *beis din* must receive their information through the testimony of witnesses, as the verse states (*Deuteronomy* 17:6): *By the word of two witnesses . . . shall the one who [deserves to] die be put to death* (*Rashi*). [*Rashi* is consistent with his opinion expressed above that wherever it is written *witnesses* we require the testimony of witnesses, and we do not say that the sighting of *beis din* is superior to their hearing testimony. However, *Tosafos* disagree with this and cite the Gemara in *Bava Kamma* (90b), which interprets our case as one where the sighting was made at night (*Maharsha*). See the citations quoted on 25b note 28.]

4. I.e. all the members of the court are eligible to testify, since they all witnessed the murder (*Rashi*).

5. *Numbers* 35:24-25. This verse obligates judges to extend themselves to find any legitimate way to exonerate the accused (*Rashi*).

6. Only in capital cases does R' Akiva disqualify a potential witness from judging, for having actually seen the heinous transgression, the would-be judge can no longer extend himself to elicit the defendant's acquittal. Since this rationale has no relevance to *Kiddush HaChodesh,* R' Akiva agrees with our Mishnah that the potential witness may participate in the sanctification. See *Tosafos, Ritva* and *Baal HaMaor.*

7. This commandment is found in *Numbers* (29:1): וּבַחֹדֶשׁ הַשְּׁבִיעִי בְּאֶחָד לַחֹדֶשׁ . . . יוֹם תְּרוּעָה יִהְיֶה לָכֶם, *And in the seventh month* (Tishrei), *on the first day of the month . . . a day of blowing it shall be for you.* Although this verse does not specify which instrument should be used, the Torah elsewhere (*Leviticus* 25:9) directs that a "shofar" be blown on Yom Kippur of the Jubilee Year, and the Gemara below (34a) derives the use of a shofar on Rosh Hashanah from there (*Rashi* to the Mishnah ד״ה שהוא קרן; see *Yom Teruah*).

8. Such as those from an אַיִל, *ram,* and a יָעֵל, *mountain goat* (*Rashi*), as well as those from ewes and domestic goats (see *Ramban*).

9. That is, because it is called "*keren*" (horn) by Scripture (see Gemara below) but never "shofar" (*Rashi,* as explained by *Yom Teruah;* see also *Ramban*). Therefore, a cow's horn is disqualified for the mitzvah, since a "shofar" is required (see note 7 above). [Although the verse cited below speaks specifically of the "*keren*" of an ox, the appellation is applied to its female counterpart, the cow, as well. In fact, according to some Rishonim, it is to teach this very fact that the Mishnah chooses to state that the horn of a *cow* is unfit, for otherwise it might have been thought that only the horn of an ox, which the verse specifies, is disqualified (*Ritva,* citing *Tosafos;* see also *Ramban* citing *Tosafos;* see *Tos. Yom Tov* for other reasons).]

Ritva notes that this first statement of the Mishnah is confusing, for "All shofars are suitable except that of a cow" implies that the horn of a cow is indeed categorized as a "shofar," while "because it is [called only] a *keren*" nonetheless disqualifies it. *Ramban* explains that in order for a horn to qualify for the mitzvah of shofar it must fit the *description* of a shofar. That is, since the word "shofar" is derived from שְׁפוֹפֶרֶת (*shefoferes*), which is a hollow tube, the horn must be naturally hollow, and this disqualifies any horn that is solid bone and is rendered fit for blowing only when its interior is carved out. Excluded from the mitzvah by this condition are the horns of a *re'eim,* a beast noted for the beauty of its horns [see *Rashi* to *Deuteronomy* 33:17], and a deer. The horns listed in the previous note as being suitable for the mitzvah are naturally hollow, for each is actually a shell that sheathes a bony protrusion on the animal's skull. When the bone is removed, the hollow shell remains. However, the horn of a cow is naturally hollow, and therefore fits the *description* of a shofar; for that reason the Mishnah categorizes it as a shofar. Nevertheless, since Scripture refers to its horns as "*keren,*" the cow's horn is disqualified for use in the mitzvah. Accordingly, the Mishnah does not bother to state that a *re'eim's* horn [or a deer's horn (*Rashba*)] is invalid, for since they are pure bone they obviously do not conform to the basic description of a "shofar" (*Ramban* here; see also his *Derashah on Rosh Hashanah* [in *Kisvei HaRamban* I, p. 228, *MHK* ed.], where he writes that this is *not Tosafos'* meaning here in ד״ה חוץ; see also *Rashba* and *Ritva* here; see *Sifsei Chachamim* for other explanations; see also *Sfas Emes* and *Yom Teruah* on *Tosafos*).

10. *Joshua* 6:5. See *Tosafos* regarding why R' Yose does not cite *Genesis* 22:13, which also calls the horn of a ram (viz. that which was sacrificed in place of Isaac) a "*keren*"; see also note 12 below.

11. The Gemara below explains that a *yoveil* (יובל) is the male of the sheep family – i.e. a ram (see *Rashi*).

12. The latter part of the verse (*when you hear . . . the shofar*) appears superfluous. It therefore comes to teach that *all* shofars (i.e. not just the ram's horn mentioned in the first part of the verse) are called "*keren*" (*Yom Teruah;* cf. *Sifsei Chachamim*). Why, then, do the Rabbis disqualify a cow's horn simply because it is called "*keren*"? The Gemara will relate the Rabbis' rejoinder.

מקצתן נעשו עדים ומקצתן נעשו דיינין דברי רבי טרפון רבי עקיבא אומר כולן נעשין עדים [א] ואין עד [א] נעשה דיין אפילו תימא רבי עקיבא עד כאן לא קאמר רבי עקיבא התם אלא בדיני נפשות דרחמנא אמר [א] ושפטו העדה והצילו העדה וכיון דחזיוהו דקטל נפשא לא מצו חזו ליה זכותא אבל הכא אפילו ר' עקיבא מודה: **מתני'** [ב] כל השופרות כשרים חוץ משל פרה מפני שהוא קרן אמר רבי יוסי והלא כל השופרות נקראו קרן שנאמר [ב] [ג] במשוך בקרן היובל: **גמ'** [ד] שפיר קאמר רבי יוסי ורבנן כל השופרות אקרו שופר ואקרו קרן דפרה קרן אקרי שופר לא אקרי דכתיב [ג] בכור שורו הדר לו וקרני ראם קרניו ור' יוסי אמר לך דפרה נמי אקרי שופר דכתיב [ד] ותיטב לה' משור פר אם שור למה פר ואם פר למה שור אלא מאי שור פר משופר ורבנן כדרב מתנה דאמר רב מתנה מאי שור פר שהוא גדול כפר עולא אמר היינו טעמא דרבנן כדרב חסדא דאמר רב חסדא מפני מה אין כהן גדול נכנס בבגדי זהב לפני ולפנים לעבוד עבודה לפי [ה] שאין קטיגור נעשה סניגור ולא והא איכא דם פר הואיל ואשתני אשתני והא איכא ארון וכפורת וכרוב חוטא בל יקריב קאמרינן והא איכא כף ומחתה חוטא בל יתנאה קא אמרינן והא איכא בגדי זהב מבחוץ מבפנים קא אמרינן שופר נמי מבחוץ הוא כיון דלזכרון הוא כבפנים דמי והא תנא מפני שהוא קרן קאמר חדא ועוד קאמר חדא דאין קטיגור נעשה סניגור ועוד מפני שהוא קרן ור' יוסי אמר לך דקא אמרת אין קטיגור נעשה סניגור הני מילי מבפנים והאי שופר מבחוץ הוא ודקא אמרת מפני שהוא קרן כל השופרות נמי אקרו קרן אביי אמר היינו טעמייהו דרבנן שופר אמר רחמנא ולא שנים ושלשה שופרות והא דפרה כיון דקאי גילדי גילדי מיתחזי כשנים ושלשה שופרות והא תנא מפני שהוא קרן קאמר חדא ועוד קאמר חדא דשופר אחד אמר רחמנא [ו] ולא שנים ושלשה שופרות ועוד מפני שהוא קרן ורבי יוסי אמר לך דקאמרת שופר אחד אמר רחמנא ולא שנים ושלשה שופרות כיון דמחברי אהדדי חד הוא ודקאמרת מפני שהוא קרן כל השופרות נמי אקרו קרן מאי משמע דהאי יובלא לישנא דדכרא הוא דתניא אמר רבי עקיבא כשהלכתי לערביא היו קורין לדכרא יובלא ואמר ר"ע כשהלכתי לגליא היו קורין לנדה גלמודה [ז] מאי גלמודה גמולה דא מבעלה ואמר ר"ע כשהלכתי לאפריקי היו קורין למעה קשיטה למאי נפקא מינה לפרושי [ה] מאה קשיטה דאורייתא מאה דנקי אמר רבי כשהלכתי לכרכי הים [ח] היו קורין למכירה כירה למאי נפקא מינה לפרושי [ו] [ו] אשר כריתי לי אמר ר"ש בן לקיש כשהלכתי לתחום קן נשרייא היו קורין לכלה נינפי ולתרנגול שכוי לכלה נינפי מאי קרא [ז] יפה נוף משוש כל הארץ ולתרנגול שכוי אמר רב יהודה אמר רב ואיבעית אימא ריב"ל מאי קרא [ח] מי שת בטוחות חכמה או מי נתן לשכוי בינה זה תרנגול לוי איקלע לההוא אתרא אתא גברא לקמיה אמר ליה

קבען

רש"י

מקצתן נעשין עדים. ויעידו בפני חבריהם דגבי דיני נפשות עדות בעינן דכתיב (דברים יז) על פי שנים עדים יומת המת לא יומת וגו': **ומקצתן נעשין דיינים.** אבל המעידים לא ישבו וידונו עמהם דהראוי להעיד אית ליה לרבי טרפון נעשה דיין אבל עד עצמו לית ליה דנעשה דיין וגבי עדות החדש גופה נמי לא אכשרנא במתני' להיות העדים נעשים דיינים דאם כן למה לי יושיבו מחבריהם יעידו בפני יחיד ואחר כך ישבו הם עמו ויקדשו והכי אמרינן ליה בפרק שני דכתובות (דף כא:): **כולן עדים הם.** ראוים להעיד: **והצילו העדה.** יהפכו בזכותו: **מתני' כל השופרות.** בין של איל בין של יעל: **שהוא קרן.** אינו קרוי שופר וגבי יוה"כ שופר כתיב (ויקרא כה) והעברת שופר תרועה ובפרק בתרא (דף לג:) גמרינן ר"ה מיובל: **בקרן היובל.** ויובל דיכרא הוא כדמפרש בגמ': **גמ' אקרו קרן ואקרו שופר.** אקרו קרן כדאמרן ואקרו שופר דכתיב במתן תורה (שמות יט) במשוך היובל וגו' וכתיב ויהי קול השופר (א): **וקרני ראם קרניו.** של בכור שורו קרן אשכחן דאקרי: **ותיטב לה'.** תפלתי משופר ובשור קא משתעי קרא: **שור שהוא** (ג) **פר.** ביום שנקרא שור היה גדול כפר זהו שור של מעשה בראשית שביום שנברא נברא [ז] בקומתו ושור בן יומו [ח] קרוי שור שנאמר (ויקרא כב) שור או כשב או עז ופר אינו נקרא עד בן שלש: **אין קטיגור.** זהב העגל ושופר של פרה נמי קטיגור דעגל הוא: **הואיל ואישתני.** להיות דם ואין מראית הפר ניכר: **חוטא בל יקריב.** האדם לא יקריבנו הלוס שהוא חטא בו: **חוטא בל יתנאה.** להתקשט בו בקרבנו הלוס: **כיון דלזכרון קא אתי כלפנים דמי.** שופר נמי אע"ג דלית ביה משום חוטא בל יקריב ולית ביה משום חוטא בל יתנאה כיון דלזכרון קא אתי כבגדי כהן גדול שלפנים דמי: **גילדי גילדי.** בכל שנה ושנה ניכרת תוספתו והוא כמין גלד מוסיף על גלד ראשון בתכליתו של ראשון תחילת השני: **גמולה.** מובדלת: **טוחות.** לשון חלוקות: **שכוי.** לשון ראיה כמו וישקף (בראשית יט) ומתרגמינן ואיסתכי:

תוספות

דרחמנא אמר ושפטו העדה והצילו העדה. תימה דבפרק אלו הן הגולין (מכות דף יב.) נפקא ליה מקרא אחרינא דאמר מנין לסנהדרין שראו באחד שהרג את הנפש שאין הורגין אותו עד שיעמוד בב"ד תלמוד לומר עד עמדו לפני העדה למשפט ויש לומר דעיקר דרשה מהתם וקרא דהכא איצטריך דלא יליף מהתם לשאר דיינין להצריך ב"ד אחר דשאני התם דאמר רחמנא והצילו העדה ומיהו הוא הדין לענין מכה חבירו כדמוכח בפ' החובל (ב"ק דף צ: ושם) ובעד נעשה דיין יש דינים חלוקים כמו שפירשנו בפ' ב' דכתובות (כא: ושם ד"ה הנח) דבעדות החדש דאורייתא עד הרואה הוא דנעשה דיין ובקיום שטרות דרבנן אפילו עד המעיד נעשה דיין ובדיני נפשות אפילו עד הרואה אין נעשה דיין [ט]:

חוץ משל פרה. הא דלא קתני נמי חוץ משל ראם דשל ראם נמי איקרי קרן דכתי' (דברים לג) וקרני ראם קרניו וכתיב (תהלים כב) ומקרני רמים עניתני ושמא אינם חלולים ואינם ראוים לשופר: **והיה** במשוך בקרן היובל. תימה דלא מייתי קרא דילאתי דכתיב (בראשית כב) בסבך בקרניו ואע"ג דההוא קרא מחיים דה"נ מייתי לה בגמרא בכור שורו הדר לו וקרני ראם קרניו וי"ל דנראה ליה לאתויי האי משום דכתיב ביה שופר: **אקרו** קרן ואקרו שופר. פירש רש"י אקרו קרן כדאמרן ואקרו שופר דכתיב במשוך היובל וכתיב ויהי קול השופר יש מקשין אמאי לא הביא האי קרא דמתניתין במשוך בקרן היובל בשמעכם קול השופר להוכיח דכל שופרות אקרו שופר שטות להקשות וקל להבין לאדרבה מהאי קרא מוכח דשופר אקרי קרן ועוד צריך להוכיח דבעלמא [י] שופרות אקרו שופר: **חוטא** בל יתנאה קאמרינן. וגבי שופר מתנאה נמי בקול תקיעתו: **כיון** דלזכרון קאתי. תימה אפוד וחשן נמי לזכרון קאתו כדכתיב בקרא וי"ל דהשבטים זכרון הם: **ולא** שנים ושלשה שופרות. ולא דמי למניח שופר [כ] בתוך שופר כדפירש בקונטרס דעל גלד ראשון אתוסף גלד שני שפת השני בתכליתו של ראשון והקול יוצא דרך כולם: **לנדה** גלמודה. ונפקא מינה כדדרשינן בסוטה (דף מב.) כי עדת חנף גלמוד (איוב טו): חלוגלוגות

עין משפט נר מצוה

ז א מיי' פ"ה מהלכות עדות הלכה ח סמג עשין קט טוש"ע ח"מ סי' ז סעיף ה:

ח ב סמג עשין מב טוש"ע א"ח סי' תקפו ס"א:

רבינו חננאל

שראו אחד שהרג את הנפש מקצתן נעשו עדים ומקצתן נעשו דיינים דברי ר"ט רע"א כולן עדים הן ואין עד נעשה דיין ודחינן כי אמר ר' עקיבא בדיני נפשות אבל בענין ר"ח אפי' ר"ע מודה: ירושלמי ר' הונא הוה חכים שהדי לחד בר נש אזל בעי מידון קומיה וכפר ביה כו'. ואסיקנא ושרא ר' הונא גרמיה מן ההוא דינא ואזיל ואסהיד עלוי קומי ב"ד חורין. קידשוהו קודם לזמנו או לאחר עיבורו יום אחד יכול יהא מקודש ת"ל תקראו אותם אלה הם מועדי. כלומר אם תקראו אותם בזמנם הן מועדי ואם לאו אין מועדי. קודם לזמנו יום כ"ט לחודש. לאחר עיבורו יום ל"ב. ביומי דר' ברכיה אישתתקן. אמר לון שמעתין דאתקשין ירחא וארכנון בראשיהון וקבלון: מתני' כל השופרות כשרין חוץ משל פרה מפני שהוא קרן. ואמרינן שפיר קאמר ר' יוסי ורבנן כל השופרות נקראו קרן ורבנן כל השופרות נקראו שופרות היובלין ואקרו קרן של פרה קרן אקרי שופר לא אקרי כו'. מאי שור פר שהוא מפר כלומר שור הנולד מפר שהוא חזק ואמיץ בכחו לפיכך הוא חזק ושמן מובחר שבשוורים ולא משור קטן שכבר כחש כחו. קטיגור מלשון רכיל. פירוש סניגור מליץ יושר. פי' חוטא בל יתגאה. אדם שחטא לא יתגאה בכלי זהב ויכנס לפני ולפנים. קרן של פרה כיון דהוא גילדי גילדי כשנים ושלשה שופרות זה בתוך זה נזדמן והתורה אמרה שופר אחד לא שנים ושלשה שופרות. כתיב והיה במשוך בקרן היובל ופי' ר' יוסי בקרן האיל לפיכך אמר מאי משמע דהאי יובל דכתיב בהאי קרא איל הוא שכן בערבייא קורין לאיל יובלא. מאה קשיטה. מאה מעה. שכן באפריקא קורין לכלה נינפי והוא לשון יווני. מי שת בטוחות חכמה

חשק שלמה על ר"ח

א) אולי דחסר בדברי רבינו וצ"ל קורין למעה קשיטה ובתחום קן נשרייא קורין לכלה כו'.

מסורת הש"ס

א) כתובות כא. גיטין ה: ב"ק צ: ב"ב קיד. סנהדרין לד:, ב) [כשמעכם את קול השופר כך איתא ברי"ף וכרא"ש], ג) [ברכות נט. קידושין ה.], ד) סוטה מב., ה) [סוטה יג.], ו) [חולין נב:], ז) [לעיל יא.], ח) [ב"ק סה:], ט) [וע"ע תוס' ב"ב קיד. ד"ה אבל וד"ה ואין], י) [עי' מהרש"א וע"ע בתי"ט העתיק בזה"ל ועוד צריך להוכיח דבעלמא אקרי שופרות בלא קרן], כ) [לקמן כז:].

הגהות הב"ח

(א) רש"י ד"ה אקרו קרן כו' קול השופר הס"ד ואח"כ מה"ד קרן אשכחן דאקרי דכתיב וקרני ראם קרניו של בכור שורו הס"ד: (ג) ד"ה שור שהוא כו' ביום כו' או עז כי יולד ופר אינו נקרא:

גליון הש"ס

גמ' שפיר קאמר ר"י. כעין זה פסחים דף כח ע"ב: שם ולא שנים ושלשה שופרות. עי' סוטה דף ח ע"ב תד"ה כתבה על שני:

תורה אור השלם

א) וְשָׁפְטוּ הָעֵדָה בֵּין הַמַּכֶּה וּבֵין גֹּאֵל הַדָּם עַל הַמִּשְׁפָּטִים הָאֵלֶּה: וְהִצִּילוּ הָעֵדָה אֶת הָרֹצֵחַ מִיַּד גֹּאֵל הַדָּם וְהֵשִׁיבוּ אֹתוֹ הָעֵדָה אֶל עִיר מִקְלָטוֹ אֲשֶׁר נָס שָׁמָּה וְיָשַׁב בָּהּ עַד מוֹת הַכֹּהֵן הַגָּדֹל אֲשֶׁר מָשַׁח אֹתוֹ בְּשֶׁמֶן הַקֹּדֶשׁ: [במדבר לה, כד-כה]

ב) וְהָיָה בִּמְשֹׁךְ בְּקֶרֶן הַיּוֹבֵל בְּשָׁמְעֲכֶם אֶת קוֹל הַשּׁוֹפָר יָרִיעוּ כָל הָעָם תְּרוּעָה גְדוֹלָה וְנָפְלָה חוֹמַת הָעִיר תַּחְתֶּיהָ וְעָלוּ הָעָם אִישׁ נֶגְדּוֹ: [יהושע ו, ה]

ג) בְּכוֹר שׁוֹרוֹ הָדָר לוֹ וְקַרְנֵי רְאֵם קַרְנָיו בָּהֶם עַמִּים יְנַגַּח יַחְדָּו אַפְסֵי אָרֶץ וְהֵם רִבְבוֹת אֶפְרַיִם וְהֵם אַלְפֵי מְנַשֶּׁה: [דברים לג, יז]

ד) וְתִיטַב לַיי מִשּׁוֹר פָּר מַקְרִן מַפְרִיס: [תהלים סט, לב]

ה) וַיִּקֶן אֶת חֶלְקַת הַשָּׂדֶה אֲשֶׁר נָטָה שָׁם אָהֳלוֹ מִיַּד בְּנֵי חֲמוֹר אֲבִי שְׁכֶם בְּמֵאָה קְשִׂיטָה: [בראשית לג, יט]

ו) אָבִי הִשְׁבִּיעַנִי לֵאמֹר הִנֵּה אָנֹכִי מֵת בְּקִבְרִי אֲשֶׁר כָּרִיתִי לִי בְּאֶרֶץ כְּנַעַן שָׁמָּה תִּקְבְּרֵנִי וְעַתָּה אֶעֱלֶה נָּא וְאֶקְבְּרָה אֶת אָבִי וְאָשׁוּבָה: [בראשית נ, ה]

ז) יְפֵה נוֹף מְשׂוֹשׂ כָּל הָאָרֶץ הַר צִיּוֹן יַרְכְּתֵי צָפוֹן קִרְיַת מֶלֶךְ רָב: [תהלים מח, ג]

ח) מִי שָׁת בַּטֻּחוֹת חָכְמָה אוֹ מִי נָתַן לַשֶּׂכְוִי בִינָה: [איוב לח, לו]

ליקוטי רש"י

אין עד נעשה דיין. המעיד על הדבר אין נעשה עוד דיין באותו דבר וגם אם ראה את הדבר ונעשה עד אין נעשה עליה עוד דיין בעדות עצמו אלא אם כן מעידין אחרים בפניו ונראה בעיני דגזירת הכתוב היא דכתיב ועמדו שני האנשים וגו' בעדים הכתוב מדבר (שבועות ל.) לפני ה' היינו לפני הדיינין אשמועינן קרא דלריך להעיד שנים לפני הדיינין אבל העדים אינן חוזרין ויושבין ודנין [רשב"ם ב"ב קיד.]. **במשוך.** בתקיעה אחרונה כשהאריך התוקע את הקול [יהושע ו ה]. **מפני מה אין כהן וכו'.** מגיד שאינו משמש לפנים בשמונה בגדים שהוא משמש בהם בחוץ שיש בהם זהב לפי שאין קטיגור נעשה סניגור אלא בד' ככהן הדיוט וכולן של בוץ [ויקרא טז ד]. **גלמודה.** שולדא בלע"ז [ישעיה מט כא]. **גמולה.** גדולה כמו ויגמל (בראשית כא) [סוטה מב.]. **קשיטה.** מעה אמר ר"ע כשהלכתי וכו' (ותרגומו חורפן טובים חריפים בכל מקום כגון עובר לסוחר) [בראשית לג יט]. **אשר כריתי לי.** כפשוטו כמו (שמות כא) כי יכרה איש ומדרשו עוד מתיישב על הלשון כמו אשר קניתי [בראשית נ ה]. לשון מקח [דברים ב ו]. **יפה נוף.** עיר שהוא נוף יפה לשון נוף של אילן. דבר אחר כלה של יופי שכן קורין בכרכי הים לכלה נינפי. ומנחם חברו כמו שלשת הנפת קונטריא"ה בלע"ז (יהושע יז) וכו' [תהלים מח ג].

Gemara The Gemara asks:

שַׁפִּיר קָאָמַר רַבִּי יוֹסֵי – **R' Yose has argued well!**[13] וְרַבָּנָן – **And** so **the Rabbis** – what is their response?

The Gemara answers:

כָּל הַשּׁוֹפָרוֹת אִקְרוּ שׁוֹפָר וְאִקְרוּ קֶרֶן – **All the** other **shofars** are valid because **they are called "shofar" and they are called** ***"keren."***[14] דְּפָרָה קֶרֶן אִקְרֵי שׁוֹפָר לֹא אִקְרֵי – However, the horn **of a cow is called** ***"keren,"*** but **it is not called "shofar,"** דִּכְתִיב ,,בְּכוֹר שׁוֹרוֹ הָדָר לוֹ וְקַרְנֵי רְאֵם קַרְנָיו" – **for it is written** in the passage of Moses' blessing to the tribe of Joseph: ***A firstborn, his ox, glory is his; and his horns are the kerens of a re'eim.***[15]

R' Yose's rebuttal:

וְרַבִּי יוֹסֵי אָמַר לָךְ – **But R' Yose would say to you:** דְּפָרָה נַמִּי אִקְרֵי שׁוֹפָר – **The horn of a cow also is called "shofar,"**[16] דִּכְתִיב ,,וְתִיטַב לַה' מִשּׁוֹר פָּר" – **for it is written:**[17] *I shall praise the Name of God with song, and I shall magnify it with thanksgiving.* ***And it shall be more pleasing to Hashem than a shor*** (ox) ***par*** (bull). אִם שׁוֹר לָמָּה פָּר – Now, inasmuch as the term *shor* includes a *par,* **if** the verse first calls the animal a ***shor,*** **why** afterward call it a ***par?*** וְאִם פָּר לָמָּה שׁוֹר – **And if** afterward it calls the animal a ***par,*** **why** initially call it a ***shor?***[18] אֶלָּא מַאי ,,שׁוֹר פָּר" – **Rather, what** does King David mean when he says that his prayers shall be *more pleasing to Hashem than* ***a shor par?*** מִשּׁוֹפָר – He means that they shall be more pleasing **than** the blowing of **a shofar,**[19] which is the practice on fast days.[20]

The Rabbis reject R' Yose's exegesis:

וְרַבָּנָן כִּדְרַב מַתְנָה – **And the Rabbis** expound the verse **in accordance with** the interpretation **of Rav Masnah,** דְּאָמַר רַב מַתְנָה – **for Rav Masnah said:** מַאי ,,שׁוֹר פָּר" – **What is** the meaning of ***a shor*** (ox) ***par*** (bull)? שֶׁהוּא גָּדוֹל כְּפָר – It means an ox **that is as full grown as a bull.**[21]

Another explanation of why the Rabbis disqualify a cow's horn for use on Rosh Hashanah:[22]

עוּלָּא אָמַר – **Ulla said:** הַיְינוּ טַעְמָא דְּרַבָּנָן – **This is the Rabbis' reason:** כִּדְרַב חִסְדָּא – They disqualify a cow's horn **in accordance with** the dictum **of Rav Chisda,** דְּאָמַר רַב חִסְדָּא – **for Rav Chisda stated:** מִפְּנֵי מָה אֵין כֹּהֵן גָּדוֹל נִכְנָס בְּבִגְדֵי זָהָב לִפְנַי וְלִפְנִים לַעֲבוֹד עֲבוֹדָה – **For what** reason **does a Kohen Gadol not enter the Innermost** Sanctum of the Temple [i.e. the Holy of Holies] dressed **in the golden vestments to perform the service** on Yom Kippur?[23] לְפִי שֶׁאֵין קָטֵיגוֹר נַעֲשֶׂה סַנֵּיגוֹר – **Because an accuser cannot become a defender.** Gold stands as an accuser of Israel, since it recalls the sin of the Golden Calf at Mount Sinai; therefore, it may not be worn by the Kohen Gadol when he seeks atonement for Israel through his service. The Rabbis maintain that the horn of a cow (or any cattle) similarly recalls its "offspring," the Golden Calf, and so may not be used as a shofar on Rosh Hashanah, the day of judgment.[24]

The Gemara challenges Rav Chisda's dictum:

וְלֹא – **And** is it so that the Kohen Gadol does not wear gold in the Holy of Holies because an "accuser" may **not** become a "defender"? וְהָא אִיכָּא דַּם פָּר – **But there is the blood of the** Kohen Gadol's **bull**-offering, which was sprinkled upon the Ark-cover in the Holy of Holies[25] even though the bull is reminiscent of the Golden Calf! – ? –

The Gemara answers:

הוֹאִיל וְאִשְׁתַּנֵּי – **Since [the bull] has changed** in the physical sense,[26] אִשְׁתַּנֵּי – **it has changed** in terms of its legal status as well.[27]

The Gemara asks further:

וְהָא אִיכָּא אָרוֹן וְכַפּוֹרֶת וּכְרוּב – **But there are the Ark,** its **Cover and the Cherub,**[28] which were all made of gold and stood in the Holy of Holies, and yet the Kohen Gadol entered there on Yom Kippur seeking atonement![29] – ? –

The Gemara answers:

חוֹטֵא בַּל יַקְרִיב קָאָמְרִינַן – **We are saying** only that **a sinner should**

NOTES

13. See *Yom Teruah's* interpretation of these words.

14. I.e. being called *"keren"* does not invalidate a horn as long as it is also called "shofar." Being called only *"keren,"* however, signals that the Torah designates it a *keren* and not a shofar.

The Rabbis have a passage that calls a ram's horn "shofar." In *Exodus* 19:12-13, Moses warns the people not to ascend Mount Sinai while God's Presence is there. At the end of v. 13 he advises them that upon the *Shechinah's* departure, *upon the drawing out of the ram* [horn's blast], *they may ascend the mountain.* The blast is again mentioned in v. 19: *And the sound of the* ***shofar*** *grew continually much stronger* (see *Shaarei Aharon* to v. 13). Thus, in this passage the Torah calls the ram's horn a "shofar" (*Rashi;* see *Tosafos* ד״ה אקרו).

15. *Deuteronomy* 33:17. In this verse the horns of the ox (to which Joseph is likened) are called *"keren"* (*Rashi*), and nowhere do we find that the horns of an ox or cow are called "shofar." And since they are never called "shofar," their analogy to the *kerens* of a *re'eim* teaches us that just as the latter are unfit to serve as a shofar [because they are solid bone; see note 9 above], so the horns of a cow are unfit (see *Ramban*).

16. And therefore, even according to the Rabbis, it should be valid for use on Rosh Hashanah.

17. *Psalms* 69:31-32.

18. *Sifsei Chachamim;* cf. *Ritva.*

19. See *Yom Teruah.*

20. R' Yose understands that the words *shor par,* שׁוֹר פָּר, should be read as one, combining to form *shofar,* שׁוֹפָר. At the same time, the first letter "ר" [which is not used to form "shofar"] teaches us that this exegesis applies to a שׁוֹר (ox) – i.e. it tells us that the horn of an ox is called a "shofar" [in addition to being called a *"keren"*]. R' Yose therefore argues that the horn of an ox or cow should be suitable for use on Rosh Hashanah (*Rashi,* as explained by *Chochmas Manoach;* see ibid., *Ritva, Yom Teruah, Rashash* and *Aruch LaNer* for other interpretations).

21. Rav Masnah expounds the verse as referring to the ox of Creation. He subscribes to the opinion of R' Yehoshua ben Levi (above, 11a), who maintains that all the primordial creatures were created fully grown. *Shor par* thus means an animal that on the day it is called a *shor* (ox) is as fully grown as a *par* (bull); and a day-old ox is called a *shor* (see *Leviticus* 22:27), whereas an ox is not called a *par* until it is three years old. The Gemara (*Avodah Zarah* 8a) relates that Adam sacrificed this ox-bull to Hashem. King David is thus saying that his prayers shall be more pleasing to Hashem than that first offering (see *Rashi* here and to *Psalms* ibid. v. 32; see *Turei Even* and *Aruch LaNer;* cf. *Aruch,* cited by *Ritva*).

22. See note 38 below.

23. Throughout the year the Kohen Gadol performs various services while wearing his full complement of eight vestments, four of which are either made entirely of gold or contain golden threads. The same holds true for most of the services that he performs on Yom Kippur. However, during the special services that require him to enter the Holy of Holies on that day, he dons only the four garments that contain no gold (see Mishnah *Yoma* 3:4 ff.). Rav Chisda states the reason for this practice.

24. See *Maharsha* and *Aruch LaNer.*

25. See *Leviticus* 16:14 (*Ritva*).

26. I.e. originally it was an indivisible part of a bull, and now it is a separate entity whose origin is undiscernible (*Rashi;* see also *Ritva*).

27. I.e. it has been transformed from an "accuser" to a potential "defender" (*Sifsei Chachamim*).

28. [Although the Gemara states "Cherub" in the singular, it refers to the two Cherubs that stood atop the Ark.]

29. *Sifsei Chachamim.*

ז א מיי' פ"ה מהלכות עדות הלכה ח סמג עשין קט טוש"ע ח"מ סי' ז סעיף ה:
ח ב סמג עשין מב טוש"ע א"ח סי' תקפו ס"א:

מקצתן נעשו עדים ומקצתן נעשו דיינין דברי רבי טרפון רבי עקיבא אומר כולן נעשין עדים [א] ואין עד [א] נעשה דיין אפילו תימא רבי עקיבא עד כאן לא קאמר רבי עקיבא התם אלא בדיני נפשות דרחמנא אמר [א] ושפטו העדה והצילו העדה וכיון דחזיוהו דקטל נפשא לא מצו חזו ליה זכותא אבל הכא אפילו ר' עקיבא מודה: **מתני'** [ב] כל השופרות כשרים חוץ משל פרה מפני שהוא קרן אמר רבי יוסי והלא כל השופרות נקראו קרן שנאמר [ב] במשוך בקרן היובל: **גמ'** שפיר קאמר רבי יוסי ורבנן כל השופרות אקרו שופר ואקרו קרן דפרה קרן אקרי שופר לא אקרי דכתיב [ג] בכור שורו הדר לו וקרני ראם קרניו ור' יוסי אמר לך דפרה נמי אקרי שופר דכתיב [ד] ותיטב לה' משור פר אם שור למה פר ואם פר למה שור אלא מאי שור פר משופר ורבנן כדרב מתנה דאמר רב מתנה מאי שור פר שהוא גדול כפר עולא אמר היינו טעמא דרבנן כדרב חסדא דאמר רב חסדא מפני מה אין כהן גדול נכנס בבגדי זהב לפני ולפנים לעבוד עבודה לפי [ג] שאין קטיגור נעשה סניגור ולא והא איכא דם פר הואיל ואשתני אשתני והא איכא ארון וכפורת וכרוב חוטא בל יקריב קאמרינן והא איכא כף ומחתה חוטא בל יתנאה קא אמרינן והא איכא בגדי זהב מבחוץ מבפנים קא אמרינן שופר נמי מבחוץ הוא כיון דלזכרון הוא כבפנים דמי והא תנא מפני שהוא קרן קאמר חדא ועוד קאמר חדא דאין קטיגור נעשה סניגור ועוד מפני שהוא קרן ור' יוסי אמר לך דקא אמרת אין קטיגור נעשה סניגור הני מילי מבפנים והאי שופר מבחוץ הוא ודקא אמרת מפני שהוא קרן כל השופרות נמי אקרו קרן אביי אמר היינו טעמייהו דרבנן שופר אמר רחמנא ולא שנים ושלשה שופרות והא דפרה כיון דקאי גילדי גילדי מיתחזי כשנים ושלשה שופרות והא תנא מפני שהוא קרן קאמר חדא ועוד קאמר חדא דשופר אחד אמר רחמנא [ה] ולא שנים ושלשה שופרות ועוד מפני שהוא קרן ורבי יוסי אמר לך דקאמרת שופר אחד אמר רחמנא ולא שנים ושלשה שופרות כיון דמחברי אהדדי חד הוא ודקאמרת מפני שהוא קרן כל השופרות נמי אקרו קרן מאי משמע דהאי יובלא לישנא דדכרא הוא דתניא אמר רבי עקיבא כשהלכתי לערביא היו קורין לדכרא יובלא ואמר ר"ע כשהלכתי לגליא היו קורין לנדה גלמודה [ד] מאי גלמודה גמולה דא מבעלה ואמר ר"ע כשהלכתי לאפריקי היו קורין למעה קשיטה למאי נפקא מינה לפרושי [ה] מאה קשיטה דאורייתא מאה דנקי אמר רבי כשהלכתי לכרכי הים [ו] היו קורין למכירה כירה למאי נפקא מינה לפרושי [ו] אשר כריתי לי אמר ר"ש בן לקיש כשהלכתי לתחום קן נשרייא היו קורין לכלה נינפי ולתרנגול שכוי לכלה נינפי מאי קרא [ז] יפה נוף משוש כל הארץ ולתרנגול שכוי אמר רב יהודה אמר רב ואיבעית אימא ריב"ל מאי קרא [ח] מי שת בטוחות חכמה או מי נתן לשכוי בינה מי שת בטוחות חכמה אלו כליות או מי נתן לשכוי בינה זה תרנגול לוי איקלע להתוא אתרא אתא גברא לקמיה אמר ליה קבען

רש"י

מקצתן נעשו עדים. ויעידו בפני חבריהם דגבי דיני נפשות עדות בעינן דכתיב (דברים יז) על פי שנים עדים יומת המת לא יומת וגו': **ומקצתן נעשין דיינים.** אבל המעידים לא ישבו וידונו עמהם דהראוי להעיד אית ליה לרבי טרפון נעשה דיין אבל עד עלמו לא ליה דנעשה דיין וגבי עדות החדש גופה נמי לא אלטריך במתני' להיות העדים נעשים דיינים דאם כן למה לי יושיבו מחבריהם יעידו בפני יחיד ואחר כך ישבו הם עמו ויקדשו והכי אמרינן ליה בפרק שני דכתובות (דף כא:): **כולן עדים הם.** ראוים להעיד: **והצילו העדה.** יחפשו זכותו: **מתני' כל השופרות.** בין של איל בין של יעל: **שהוא קרן.** אינו קרוי שופר וגבי יוה"כ שופר כתיב (ויקרא כה) והעברת שופר תרועה ובפרק בתרא (דף לד.) גמרינן ר"ה מיובל: **בקרן היובל.** ויובל דיכרא הוא כדמפרש בגמ': **גמ' אקרו קרן ואקרו שופר.** אקרו קרן כדאמרן ואקרו שופר דכתיב במתן תורה (שמות יט) במשוך היובל וגו' וכתיב ויהי קול השופר (א): וקרני ראם קרניו. של בכור שורו קרן אשכחן דאקרי: **ותיטב לה'.** תפלתי משופר ובשור קא משתעי קרא: **שור שהוא (ג) פר.** ביום שנברא שור היה גדול כפר זהו שור של מעשה בראשית שביום שנברא נברא [ז] בקומתו ושור בן יומו [ח] קרוי שור שנאמר (ויקרא כב) שור או כשב או עז ופר אינו נקרא עד בן שלש: **אין קטיגור.** זהב העגל ושופר של פרה נמי קטיגור דעגל הוא: **הואיל ואשתני.** להיות דם ואין מראית הפר ניכר: **חוטא בל יקריב.** האדם לא יקריבנו הלוס שהוא חטא בו: **חוטא בל יתנאה.** להתקשט בו בקרבו הלוס: **כיון דלזכרון קא אתי כלפנים דמי.** שופר נמי אע"ג דלית ביה משום חוטא בל יקריב ולית ביה משום חוטא בל יתנאה כיון דלזכרון קא אתי כבגדי כהן גדול שלפנים דמי: **גילדי גילדי.** בכל שנה ושנה ניכרת תוספתו והוא כמין גלד מוסיף על גלד ראשון בתחלתו של ראשון תחלת השני: **גמולה.** מובדלת: **טוחות.** לשון חלוקות: **שכוי.** לשון ראיה כמו וישקף (בראשית יט) ומתרגמינן ואיסתכי: קבען

תוספות

דרחמנא אמר ושפטו העדה והצילו העדה. תימה דבפרק אלו הן הגולין (מכות דף יב.) נפקא ליה מקרא אחרינא דקאמר מנין לסנהדרין שראו באחד שהרג את הנפש שאין הורגין אותו עד שיעמוד בב"ד תלמוד לומר עד עמדו לפני העדה למשפט ויש לומר דעיקר דרשה מהתם וקרא דהכא איצטריך דלא יליף מהתם לשאר דיינין להצריך ב"ד אחר דשאני התם דאמר רחמנא והצילו העדה ומיהו הוא הדין לענין מכה חבירו כדמוכח בפ' החובל (ב"ק דף צ: ושם) ובעד נעשה דיין יש דינים חלוקים כמו שפירשנו בפ' ב' דכתובות (כא: ושם ד"ה הנה) דבעדות החדש דאורייתא עד הרואה הוא דנעשה דיין ובקיום שטרות דרבנן אפילו עד המעיד נעשה דיין ודיני נפשות אפילו עד הרואה אין נעשה דיין [ט]:

חוץ משל פרה. הא דלא קתני נמי חוץ משל ראם דשל ראם נמי איקרי קרן דכתי' (דברים לג) וקרני ראם קרניו וכתיב (תהלים כב) ומקרני רמים עניתני ושמא אינם חלולים ואינם ראוים לשופר: **והיה** במשוך בקרן היובל. תימה דלא מייתי קרא דילחק דכתיב (בראשית כב) בסבך בקרניו ואע"ג דהתם קרא מתיים דה"נ מייתי לה בגמרא בכור שורו הדר לו וקרני ראם קרניו וי"ל דניחא ליה לאתויי האי משום דכתיב ביה שופר: **אקרו** קרן ואקרו שופר. פירש רש"י אקרו קרן כדאמרן ואקרו שופר דכתיב במשוך היובל וכתיב ויהי קול השופר יש מקשין אמאי לא הביא האי קרא דמתחילין במשוך בקרן היובל בשמעכם קול השופר להוכיח דכל שופרות אקרו שופר סתם להקשות וקל להבין לאדרבה מהאי קרא מוכח דשופר אקרי קרן ועוד לריך להוכיח דבעלמא [י] שופרות אקרו שופר:

חוטא בל יתנאה קאמרינן. וגבי שופר מתנאה נמי בקול תקיעתו: **כיון** דלזכרון קאתי. תימה אפוד וחשן נמי לזכרון קאתו דכתיב בקרא וי"ל דהשבטים זכרון הם: **ולא** שנים ושלשה שופרות. ולא דמי למניח שופר [כ] בתוך שופר כדפירש בקונטרס דעל גלד ראשון אתוסף גלד שני שפת השני בתכליתו של ראשון והקול יולא דרך כולם: **לנדה** גלמודה. ונפקא מינה כדדרשינן בסוטה (דף מג.) כי עדת חנף גלמוד (איוב טו): חלוגלוגות

מסורת הש"ס

א) כתובות כא. גיטין ה: ב"ב קיד. סנהדרין לד:, ב) [כשמעכם את קול השופר כך איתא בר"ף וכרא"ש], ג) [ברכות נט. קידושין ה.], ד) סוטה מב., ה) [סוטה יג.], ו) [חולין סה:], ז) [לעיל יא.], ח) [ב"ק סה:], ט) [וע"ע תוס' ב"ב קיד. ד"ה אבל וד"ה ולתין], י) [עי' מהרש"א וע"ע בתי"ט העתיק בזה"ל ועוד לריך להוכיח דבעלמא אקרי שופרות בלא קרן], כ) [לקמן כז:].

הגהות הב"ח

(א) רש"י ד"ה אקרו קרן כו' קול השופר הס"ד ואח"כ מה"ד קרן אשכחן דאקרי דכתיב וקרני ראם קרניו הס"ד: (ג) ד"ה שור שהוא כפר ביום כו' או עז כי יולד ופר אינו נקרא:

גליון הש"ס

גמ' שפיר קאמר ר' יוסי. כעין זה פסחים דף כב ע"ב: שם ולא שנים ושלשה שופרות. עי' סוטה דף ה ע"ב תד"ה כתבה על שני:

תורה אור השלם

א) וְשָׁפְטוּ הָעֵדָה בֵּין הַמַּכֶּה וּבֵין גֹּאֵל הַדָּם עַל הַמִּשְׁפָּטִים הָאֵלֶּה: וְהִצִּילוּ הָעֵדָה אֶת הָרֹצֵחַ מִיַּד גֹּאֵל הַדָּם וְהֵשִׁיבוּ אֹתוֹ הָעֵדָה אֶל עִיר מִקְלָטוֹ אֲשֶׁר נָס שָׁמָּה וְיָשַׁב בָּהּ עַד מוֹת הַכֹּהֵן הַגָּדֹל אֲשֶׁר מָשַׁח אֹתוֹ בְּשֶׁמֶן הַקֹּדֶשׁ: [במדבר לה, כד-כה]

ב) וְהָיָה בִּמְשֹׁךְ בְּקֶרֶן הַיּוֹבֵל בְּשָׁמְעֲכֶם אֶת קוֹל הַשּׁוֹפָר יָרִיעוּ כָל הָעָם תְּרוּעָה גְדוֹלָה וְנָפְלָה חוֹמַת הָעִיר תַּחְתֶּיהָ וְעָלוּ הָעָם אִישׁ נֶגְדּוֹ: [יהושע ו, ה]

ג) בְּכוֹר שׁוֹרוֹ הָדָר לוֹ וְקַרְנֵי רְאֵם קַרְנָיו בָּהֶם עַמִּים יְנַגַּח יַחְדָּו אַפְסֵי אָרֶץ וְהֵם רִבְבוֹת אֶפְרַיִם וְהֵם אַלְפֵי מְנַשֶּׁה: [דברים לג, יז]

ד) וְתִיטַב לַיי מִשּׁוֹר פָּר מַקְרִן מַפְרִיס: [תהלים סט, לב]

ה) וַיִּקֶן אֶת חֶלְקַת הַשָּׂדֶה אֲשֶׁר נָטָה שָׁם אָהֳלוֹ מִיַּד בְּנֵי חֲמוֹר אֲבִי שְׁכֶם בְּמֵאָה קְשִׂיטָה: [בראשית לג, יט]

ו) אָבִי הִשְׁבִּיעַנִי לֵאמֹר הִנֵּה אָנֹכִי מֵת בְּקִבְרִי אֲשֶׁר כָּרִיתִי לִי בְּאֶרֶץ כְּנַעַן שָׁמָּה תִּקְבְּרֵנִי וְעַתָּה אֶעֱלֶה נָּא וְאֶקְבְּרָה אֶת אָבִי וְאָשׁוּבָה: [בראשית נ, ה]

ז) יְפֵה נוֹף מְשׂוֹשׂ כָּל הָאָרֶץ הַר צִיּוֹן יַרְכְּתֵי צָפוֹן קִרְיַת מֶלֶךְ רָב: [תהלים מח, ג] ח) מִי שָׁת בַּטֻּחוֹת חָכְמָה אוֹ מִי נָתַן לַשֶּׂכְוִי בִינָה: [איוב לח, לו]

רבינו חננאל

שראו אחד שהרג את הנפש מקצתן נעשו עדים ומקצתן נעשו דיינים דברי ר"ט רע"א כולן עדים הן ואין עד נעשה דיין ודחינן כי אמר ר' עקיבא בדיני נפשות אבל בענין ר"ח אפי' ר"ע מודה: ירושלמי ר' הונא הוה חכים שהדי לחד בר נש אזל בעי מידון קומיה וכפר ביה כו'. ואסיקנא ושרא רב הונא גרמיה מן ההוא דינא ואזיל ואסהיד עלוי קומי ב"ד חורין: קידשוהו קודם לזמנו או לאחר עיבורו יום אחד יכול יהא מקודש ת"ל תקראו אותם אלה הם מועדי. כלומר אם תקראו אותם בזמנן הן מועדי ואם לאו אין מועדי. קודם לזמנו יום כ"ט לחדש. לאחר עיבורו יום ל"ב. ביומי דר' ברכיה אישתתקן. אמר לון שמעתין דאתקדש ירחא וארכנון בראשיהון וקבלון: מתני' כל השופרות כשרין חוץ משל פרה מפני שהוא קרן. ואמרינן שפיר קאמר ר' יוסי ורבנן כל השופרות נקראו קרן כו' ורבנן כל השופרות נקראו שופרות היובלין ואקרו קרן של פרה קרן אקרי שופר לא אקרי כו'. מאי שור פר שהוא מפר כלומר שור הנולד מפר שהוא חזק ואמיץ בכחו לפיכך הוא חזק ושמן מובחר שבשוורים ולא משור זקן שכבר כחש כחו. קטיגור מלשון רכיל. פירוש סניגור מליץ יושר. פי' חוטא בל יתנאה. אדם שחטא לא יתנאה בכלי זהב ויכנס לפני ולפנים. קרן של פרה כיון דהוא גילדי גילדי כשנים ושלשה שופרות זה בתוך זה נדמין והתורה אמרה שופר אחד ולא שנים ושלשה שופרות. כתיב והיה במשוך בקרן היובל ופי' ר' יוסי בקרן האיל לפיכך אמר מאי משמע דהאי יובל דכתיב בהאי קרא איל הוא שכן בערביא קורין לאיל יובלא. מאה קשיטה. מאה מעה. שכן באפריקא א) קורין לכלה נינפי והוא לשון יווני. מי שת בטוחות חכמה

חשק שלמה על ר"ח

א) אולי דחסר בדברי רבינו וצ"ל קורין למעה קשיטה ובתחום קן נשרייא קורין לכלה כו'.

ליקוטי רש"י

אין עד נעשה דיין. המעיד על הדבר אין נעשה עוד דיין באותו דבר וגם אם ראה את הדבר ונעשה עד אין נעשה עליה עוד דיין בעדות עלמו אלא אם כן מעידין אחרים בפניו ונראה בעיני דגזירת הכתוב היא דכתיב ועמדו שני האנשים וגו' בעדים הכתוב מדבר (שבועות ל.) לפני ה' היינו לפני הדיינין אשמועינן קרא דלריך להעיד שנים לפני הדיינין אבל העדים אינן חוזרין ויושבין ודנין [רשב"ם ב"ב קיד.]. **במשוך.** בתקיעה אחרונה כשהאריך התוקע את הקול [יהושע ו ה]. **מפני מה אין כהן וכו'.** מגיד שאינו משמש לפנים בשמונה בגדים שהוא משמש בהם בחוץ שיש בהם זהב לפי שאין קטיגור נעשה סניגור אלא בד' ככהן הדיוט וכולן של בוץ [ויקרא טז ד]. **גלמודה.** שולא בלע"ז [ישעיה מט כא]. **גמולה.** בדולה כמו ויגמל (בראשית כא) (ותרגומו חורפן טוטים חריפים בכל מקום כגון עובר לסוחר) [בראשית לג יט]. **קשיטה.** מעה אמר ר"ע כשהלכתי וכו' [סוטה מב.]. **אשר כריתי לי.** כפשוטו כמו (שמות כא) כי יכרה איש ומדרשו עוד מתיישב על הלשון כמו אשר קניתי [בראשית נ ה]. **יפה נוף.** לשון מקח [דברים ב ו]. עיר שהוא נוף יפה לשון נוף של אילן. דבר אחר כלת של יופי שכן קורין בכרכי הים לכלה נינפי. ומנחם חברו כמו שלשת הנפת קונטריא"ה בלע"ז (יהושע יז) וכו' [תהלים מח ג].

not bring close an item with which he has sinned.[30]

The Gemara persists:

וְהָא אִיכָּא כַּף וּמַחְתָּה – **But there are the** gold **ladle and fire-pan,** which the Kohen Gadol brought into the Holy of Holies for the Yom Kippur incense service![31] – ? –

The Gemara answers:

חוֹטֵא בַּל יִתְנָאֶה קָא אַמְרִינַן – **We are saying** only that **a sinner should not adorn himself** with an item with which he has sinned.[32]

Having pinpointed the focus of the "an 'accuser' cannot become a 'defender' " rule in Rav Chisda's case,[33] the Gemara seeks to extend its parameters:

וְהָא אִיכָּא בִּגְדֵי זָהָב מִבַּחוּץ – **But there are the golden vestments** that the Kohen Gadol wears when he performs the other Yom Kippur services **outside** the Holy of Holies![34] – ? –

The Gemara answers:

מִבִּפְנִים קָא אַמְרִינַן – **We are saying** that personal adornments of gold are considered an "accuser" on Yom Kippur only **inside** the Holy of Holies, for that is where the *Shechinah* dwells.

The Gemara has concluded that in Rav Chisda's view the rule "an accuser cannot become a defender" applies only to personal adornments brought into the Holy of Holies. With this understanding in mind, the Gemara challenges Ulla's use of Rav Chisda's dictum as the basis of his new explanation of the Rabbis' disqualification of a cow's horn:

שׁוֹפָר נַמִי מִבַּחוּץ הוּא – But the **shofar also is** used for a service **outside** the Holy of Holies! Why does Ulla regard it as an "accuser" that becomes a "defender"?

The Gemara answers:

כֵּיוָן דִּלְזִכָּרוֹן הוּא – **Since [blowing the shofar]** on Rosh Hashanah **is for** the purpose of effecting **a** favorable **remembrance** of Israel before God,[35] כְּבִפְנִים דָּמֵי – **it is equivalent to** a service performed **inside** the Holy of Holies.[36]

The Gemara now questions how Ulla's explanation of the Rabbis' opinion can be reconciled with the rationale actually stated in the Mishnah:

וְהָא תָּנָא מִפְּנֵי שֶׁהוּא קֶרֶן קָאָמַר – **But** how can Ulla say that the Rabbis' disqualification of a cow's horn is based upon Rav Chisda's dictum? **The Tanna** (i.e. the Rabbis) expressly **stated: BECAUSE IT IS** [called only] ***"KEREN"***! – ? –

The Gemara answers:

חֲדָא וְעוֹד קָאָמַר – **[The Tanna] is stating** his rationale using the **"first [of all] . . . and furthermore"** formula,[37] as follows: חֲדָא דְּאֵין קַטֵּיגוֹר נַעֲשֶׂה סַנֵּיגוֹר – **First [of all],** a cow's horn is disqualified for use as a shofar **because an accuser cannot become a defender.** וְעוֹד מִפְּנֵי שֶׁהוּא קֶרֶן – **And furthermore,** it may not be used **because it is** called only ***"keren."***[38]

The Gemara presents R' Yose's response to the Rabbis' two reasons for disqualifying a cow's horn:

וְרַבִּי יוֹסֵי אָמַר לָךְ – **And R' Yose would say to you** in reply: דְּקָא אָמְרַתְּ אֵין קַטֵּיגוֹר נַעֲשֶׂה סַנֵּיגוֹר – Regarding that **which you said** that **an accuser cannot become a defender,** הָנֵי מִילֵּי מִבִּפְנִים – I maintain that **these words** apply only to services performed **inside** the Holy of Holies, וְהַאי שׁוֹפָר מִבַּחוּץ הוּא – **and this shofar** service **is** performed **outside** it.[39] וּדְקָא אָמְרַתְּ מִפְּנֵי שֶׁהוּא קֶרֶן – **And** that **which you stated** explicitly – **"because it is** called only ***'keren'*** " – is also unconvincing, כָּל הַשּׁוֹפָרוֹת נַמִי אִקְּרוּ קֶרֶן – because **all** other **shofars also are called *"keren."***[40]

The Gemara offers a different underlying reason for the Rabbis' disqualification of a cow's horn:

אַבַּיֵי אָמַר – **Abaye said:** הַיְינוּ טַעְמַיְיהוּ דְּרַבָּנַן – **This is the Rabbis' reason:**[41] שׁוֹפָר אָמַר רַחֲמָנָא – **The Merciful One said** that the sound must emanate from ***the shofar,*** וְלֹא שְׁנַיִם וּשְׁלֹשָׁה שׁוֹפָרוֹת – which implies: **and not** from **two or three shofars.**[42] וְהָא דְּפָרָה – **But this** horn **of a cow,** כֵּיוָן דְּקָאֵי גִּילְדֵּי גִּילְדֵּי – **since it is composed of individual shells,** מִיתַחְזֵי כִּשְׁנַיִם וּשְׁלֹשָׁה שׁוֹפָרוֹת – **appears like two or three shofars.**[43]

NOTES

30. That is, the Kohen Gadol – who seeks atonement for Israel's sins – should not *bring into* the Holy of Holies any item that recalls their sins. The Ark, its Cover and the Cherubs, however, are fixed and permanent furnishings of the Holy of Holies (*Meiri;* see *Rashi*).

31. See *Leviticus* 16:12-13.

32. Unlike the golden vestments, the gold ladle and fire-pan are not personal adornments. Hence, it is not inappropriate for the Kohen Gadol to bring them into the Holy of Holies (see *Ritva*).

33. I.e. as applying only to a gold object worn as a personal adornment.

34. Since the golden vestments are a personal adornment, and since on Yom Kippur the Kohen Gadol seeks atonement for Israel's sins of the entire year, wearing the golden vestments even in the other precincts of the Temple (viz. the *Heichal* and the Courtyard, where he performs the bulk of the services) should also constitute a case of an "accuser" becoming a "defender", and should be prohibited. Why is this not so?

35. As the Gemara stated above, 16a (*Turei Even*).

36. Even though the shofar blowing is not a personal adornment (cf. *Tosafos, Ritva;* but see *Turei Even* ד״ה חוטא), and is not brought into the Holy of Holies (see *Turei Even* ibid.), it is the vehicle whereby Israel's prayers are transported before the Holy One Himself (see *Ritva*). Hence, using a cow's horn for this purpose is equivalent to wearing the golden vestments in the Holy of Holies – i.e. it is an "accuser" seeking to function as a "defender," and is therefore prohibited (*Rashi;* cf. *Yom Teruah* and *Menachem Meishiv Nefesh*).

37. Whereby he ignores the main rationale for his ruling in favor of stating an additional argument.

38. Ulla (and Abaye below) held that the explanation stated in the Mishnah is inherently weak, for – as R' Yose points out – all shofars are called "*keren*." Hence, *keren* is an inclusive word, a generic term for all horns that perforce cannot disqualify any one type for use on Rosh Hashanah. Thus, Ulla had to find a cogent argument for disqualifying a cow's horn – one he could then point to as the reason the Torah failed to call the cow's horn a "shofar" as well, thereby invalidating it (*Ramban, Rashba* and *Ritva,* with *Sfas Emes*). An alternative explanation of the stated reason's inherent weakness is: Even though a cow's horn is never called "shofar", it does fit the description of a shofar [it is hollow], and therefore should be qualified for the mitzvah (*Ritva*). See *Yom Teruah* for other explanations. Cf. *Turei Even* and *Sfas Emes* to Gemara below ד״ה אביי.

[According to the above, the Tanna's tacit "First of all" explanation (provided by Ulla) is the underlying cause of the Scripturally indicated "and furthermore" explanation that the Mishnah actually states.]

39. R' Yose holds that even though the shofar is blown on Rosh Hashanah "for a remembrance," it is nonetheless considered an outside service, to which the "accuser" rule does not apply (*Sifsei Chachamim, Menachem Meishiv Nefesh*).

40. Hence, "*keren*" is an inclusive term that, perforce, cannot disqualify a cow's horn (see note 38 above).

41. Perhaps Abaye rejects Ulla's explanation because he holds that the "accuser" rule does not apply in the case of shofar, as Ulla also stated according to R' Yose [see note 39 above] (*Yom Teruah*).

42. With regard to blowing the shofar on Yom Kippur of the Jubilee Year [whence we derive the requirement of using a shofar on Rosh Hashanah; see note 7 above], the Torah states (*Leviticus* 25:9): וְהַעֲבַרְתָּ שׁוֹפַר תְּרוּעָה, *And you shall sound a broken blast of the shofar.* The word *shofar* is expounded here to teach that the sound must issue from just one shofar, not from a combination of two or more. Based on this exegesis, the Gemara below (27b) rules that if one shofar is placed inside another so that when they are blown the sound produced issues from the two together, the mitzvah has not been fulfilled.

43. Uniquely, in the case of a cow's horn, each year's growth is discernible, and so it appears as though one shell was added to another, the second beginning where the previous one left off (*Rashi*). The cow's

מקצתן נעשו עדים ומקצתן נעשו דיינין דברי רבי טרפון רבי עקיבא אומר כולן נעשין עדים [א] ואין עד [א] נעשה דיין אפילו תימא רבי עקיבא עד כאן לא קאמר רבי עקיבא התם אלא בדיני נפשות דרחמנא אמר [א] ושפטו העדה והצילו העדה וכיון דחזיוהו דקטל נפשא לא מצו חזו ליה זכותא אבל הכא אפילו ר' עקיבא מודה: **מתני'** [ב] כל השופרות כשרים חוץ משל פרה מפני שהוא קרן אמר רבי יוסי והלא כל השופרות נקראו קרן שנאמר [ב] במשוך בקרן היובל: **גמ'** [ג] שפיר קאמר רבי יוסי ורבנן כל השופרות אקרו שופר ואקרו קרן דפרה קרן אקרי שופר לא אקרי דכתיב [ג] בכור שורו הדר לו וקרני ראם קרניו ור' יוסי אמר לך דפרה נמי אקרי שופר דכתיב [ד] ותיטב לה' משור פר אם שור למה פר ואם פר למה שור אלא מאי שור פר משופר ורבנן כדרב מתנה דאמר רב מתנה מאי שור פר שהוא גדול כפר עולא אמר היינו טעמא דרבנן כדרב חסדא דאמר רב חסדא מפני מה אין כהן גדול נכנס בבגדי זהב לפני ולפנים לעבוד עבודה לפי [ד] שאין קטיגור נעשה סניגור ולא והא איכא דם פר הואיל ואשתני אשתני והא איכא ארון וכפורת וכרוב חוטא בל יקריב קאמרינן והא איכא כף ומחתה חוטא בל יתנאה קא אמרינן והא איכא בגדי זהב מבחוץ מבפנים קא אמרינן שופר נמי מבחוץ הוא כיון דלזכרון הוא כבפנים דמי והא תנא מפני שהוא קרן קאמר חדא ועוד קאמר חדא דאין קטיגור נעשה סניגור ועוד מפני שהוא קרן ור' יוסי אמר לך דקא אמרת אין קטיגור נעשה סניגור הני מילי מבפנים והאי שופר מבחוץ הוא ודקא אמרת מפני שהוא קרן כל השופרות נמי אקרו קרן אביי אמר היינו טעמייהו דרבנן שופר אמר רחמנא ולא שנים ושלשה שופרות והא דפרה כיון דקאי גילדי גילדי מיתחזי כשנים ושלשה שופרות והא תנא מפני שהוא קרן קאמר חדא ועוד קאמר חדא דשופר אחד אמר רחמנא [ה] ולא שנים ושלשה שופרות ועוד מפני שהוא קרן ורבי יוסי אמר לך דקאמרת שופר אחד אמר רחמנא ולא שנים ושלשה שופרות כיון דמחברי אהדדי חד הוא ודקאמרת מפני שהוא קרן כל השופרות נמי אקרו קרן מאי משמע דהאי יובלא לישנא דדכרא הוא דתניא אמר רבי עקיבא כשהלכתי לערביא היו קורין לדכרא יובלא ואמר ר"ע כשהלכתי לגליא היו קורין לנדה גלמודה [ו] מאי גלמודה גמולה דא מבעלה ואמר ר"ע כשהלכתי לאפריקי היו קורין למעה קשיטה למאי נפקא מינה לפרושי [ה] מאה קשיטה דאורייתא מאה דנקי אמר רבי כשהלכתי לכרכי הים [ח] היו קורין למכירה כירה למאי נפקא מינה לפרושי [ו] אשר כריתי לי אמר ר"ש בן לקיש כשהלכתי לתחום קן נשרייא היו קורין לכלה נינפי ולתרנגול שכוי לכלה נינפי מאי קרא [ז] יפה נוף משוש כל הארץ ולתרנגול שכוי אמר רב יהודה אמר רב ואיבעית אימא ריב"ל מאי קרא [ח] מי שת בטוחות חכמה או מי נתן לשכוי בינה מי שת בטוחות חכמה אלו כליות או מי נתן לשכוי בינה זה תרנגול לוי איקלע להההוא אתרא אתא גברא לקמיה אמר ליה קבען

רש"י

מקצתן נעשין עדים. ועידו בפני חבריהם דגבי דיני נפשות עדות בעינן דכתיב (דברים יז) על פי שנים עדים יומת המת לא יומת וגו': **ומקצתן נעשין דיינים.** אבל המעידים לא ישבו וידונו עמהם דהרלאו להעיד אית ליה לרבי טרפון נעשה דיין אבל עד עלמו לא ליה דנעשה דיין וגבי עדות החדש גופה נמי לא אסכרנא במתני' להיות העדים נעשים דיינים דאם כן למה לי יושבו מחבריהם יעידו בפני יחיד ואחר כך ישבו הם עמו ויקדשו והכי אמרינן ליה בפרק שני דכתובות (דף כא:): **כולן עדים הם.** ראוים להעיד: **והצילו העדה.** יחפשו בזכותו: **מתני' כל השופרות.** בין של איל בין של יעל: **שהוא קרן.** אינו קרוי שופר וגבי יוה"כ שופר כתיב (ויקרא כה) והעברת שופר תרועה ובפרק בתרא (דף לג.) גמרינן ר"ה מיובל: **בקרן היובל.** ויובל דיכרא הוא כדמפרש בגמ': **גמ' אקרו קרן ואקרו שופר.** אקרו קרן כדאמרן ואקרו שופר דכתיב במתן תורה (שמות יט) במשוך היובל וגו' וכתיב ויהי קול השופר (א): **וקרני ראם קרניו.** של בכור שורו קרן אשכחן דאקרי: **ותיטב לה'.** תפלתי משופר ובשור קא משתעי קרא: **שור שהוא (ב) פר.** ביום שנברא שור היה גדול כפר וזהו שור של מעשה בראשית שביום שנברא נברא [י] בקומתו ושור בן יומו [ט] קרוי שור שנאמר (ויקרא כב) שור או כשב או עז ופר אינו נקרא עד בן שלש: **אין קטיגור.** זהב העגל ושופר של פרה נמי קטיגור דעגל הוא: **הואיל ואישתני.** להיות דם ואין מראית הפר ניכר: **חוטא בל יקריב.** האדם לא יקריבנו הלוס שהוא חטא בו: **חוטא בל יתנאה.** להתקשט בו בקרבו הלוס: **כיון דלזכרון קא אתי כלפנים דמי.** שופר נמי אע"ג דלית ביה משום חוטא בל יקריב ולית ביה משום חוטא בל יתנאה כיון דלזכרון קא אתי כבגדי כהן גדול שלפנים דמי: **גילדי גילדי.** בכל שנה ושנה ניכרת תוספתו והוא כמין גלד מוסיף על גלד ראשון בתכליתו של ראשון תחלת השני: **גמולה.** מובדלת: **טוחות.** לשון חלוקות: **שכוי.** לשון ראיה כמו וישקף (בראשית יט) ומתרגמינן ואיסתכי: **קבען**

תוספות

דרחמנא אמר ושפטו העדה והצילו העדה. תימה דבפרק אלו הן הגולין (מכות דף יב.) נפקא ליה מקרא אחרינא דאמר מנין לסנהדרין שראו באחד שהרג את הנפש שאין הורגין אותו עד שיעמוד בב"ד תלמוד לומר עד עמדו לפני העדה למשפט ויש לומר דעיקר דרשה מהתם וקרא דהכא איצטריך דלא יליף מהתם לשאר דיינין להצריך ב"ד אחר דשאני התם דאמר רחמנא והצילו העדה ומיהו הוא הדין לענין מכה חבירו כדמוכח בפ' החובל (ב"ק דף צ: ושם) ובעד נעשה דיין יש דינים חלוקים כמו שפירשנו בפ' ב' דכתובות (כא: ושם ד"ה הנח) דבעדות החדש דאורייתא עד הרואה הוא דנעשה דיין ובקיום שטרות דרבנן אפילו עד המעיד נעשה דיין ובדיני נפשות אפילו עד הרואה אין נעשה דיין [ט]:

חוץ משל פרה. הא דלא קתני נמי חוץ משל ראם דשל ראם נמי איקרי קרן דכתי' (דברים לג) וקרני ראם קרניו וכתיב (תהלים כב) ומקרני רמים עניתני ושמא אינם חלולים ואינם ראוים לשופר: **והיה** במשוך בקרן היובל. תימה דלא מייתי קרא דילחק דכתיב (בראשית כב) בסבך בקרניו ואע"ג דההוא קרא מחייס דה"נ מייתי לה בגמרא בכור שורו הדר לו וקרני ראם קרניו וי"ל דנראה ליה לאתויי האי משום דכתיב ביה שופר: **אקרו** קרן ואקרו שופר. פירש רש"י אקרו קרן כדאמרן ואקרו שופר דכתיב במשוך היובל וכתיב ויהי קול השופר יש מקשין אמאי לא הביא האי קרא דמתניתין במשוך בקרן היובל בשמעכם קול השופר להוכיח דכל שופרות אקרו שופר שטות להקשות וקל להבין לאדרבה מהאי קרא מוכח דשופר אקרי קרן ועוד צריך להוכיח דבעלמא [י] שופרות אקרו שופר:

חוטא בל יתנאה קאמרינן. וגבי שופר מתנאה נמי בקול תקיעתו: **כיון** דלזכרון קאתי. תימה אפוד וחשן נמי לזכרון קאתו כדכתיב בקרא וי"ל דהשבטים זכרון הם: **ולא** שנים ושלשה שופרות. ולא דמי למניח שופר [כ] בתוך שופר כדפירש בקונטרס דעל גלד ראשון אתוסף גלד שני שפת השני בתכליתו של ראשון והקול יוצא דרך כולם:

לנדה גלמודה. ונפקא מינה כדדרשינן בסוטה (דף מג.) כי עדת חנף גלמוד (איוב טו): חלוגוגות

מסורת הש"ס

א) כתובות כא: גיטין ה: ב"ק צ: ב"ב קיד. סנהדרין לד:, ב) [בשמעכם את קול השופר כך איתא בר"ף וברא"ש], ג) [ברכות נט. קידושין ה.], ד) סוטה מב., ה) [סוטה יג.], ו) [חולין צג.], ז) לעיל יא., ח) [ב"ק סה:], ט) [וע"ע תוס' ב"ב קיד. ד"ה אבל וד"ה ואין], י) [עי' מהרש"א וע"ע בתי"ט העתיק בזה"ל ועוד צריך להוכיח דבעלמא אקרי שופרות בלא קרן], כ) [לקמן כז:].

הגהות הב"ח

(א) רש"י ד"ה אקרו קרן כו' קול השופר הס"ד ואח"כ מה"ד קרן אשכחן דאקרי דכתיב וקרני ראם קרניו של בכור שורו הס"ד: (ב) ד"ה שור שהוא כפר ביום כו' או עז כי יולד ופר אינו נקרא:

גליון הש"ס

גמ' שפיר קאמר ר"י. כעין זה פסחים דף כח ע"ב: שם ולא שנים ושלשה שופרו. עי' סוטה דף יז ע"ב תד"ה כתבה על שני:

תורה אור השלם

א) וְשָׁפְטוּ הָעֵדָה בֵּין הַמַּכֶּה וּבֵין גֹּאֵל הַדָּם עַל הַמִּשְׁפָּטִים הָאֵלֶּה: וְהִצִּילוּ הָעֵדָה אֶת הָרֹצֵחַ מִיַּד גֹּאֵל הַדָּם וְהֵשִׁיבוּ אֹתוֹ הָעֵדָה אֶל עִיר מִקְלָטוֹ אֲשֶׁר נָס שָׁמָּה וְיָשַׁב בָּהּ עַד מוֹת הַכֹּהֵן הַגָּדֹל אֲשֶׁר מָשַׁח אֹתוֹ בְּשֶׁמֶן הַקֹּדֶשׁ: [במדבר לה, כד-כה]

ב) וְהָיָה בִּמְשֹׁךְ בְּקֶרֶן הַיּוֹבֵל כְּשָׁמְעֲכֶם אֶת קוֹל הַשּׁוֹפָר יָרִיעוּ כָל הָעָם תְּרוּעָה גְדוֹלָה וְנָפְלָה חוֹמַת הָעִיר תַּחְתֶּיהָ וְעָלוּ הָעָם אִישׁ נֶגְדּוֹ: [יהושע ו, ה]

ג) בְּכוֹר שׁוֹרוֹ הָדָר לוֹ וְקַרְנֵי רְאֵם קַרְנָיו בָּהֶם עַמִּים יְנַגַּח יַחְדָּו אַפְסֵי אָרֶץ וְהֵם רִבְבוֹת אֶפְרַיִם וְהֵם אַלְפֵי מְנַשֶּׁה: [דברים לג, יז]

ד) וְתִיטַב לַיי מִשּׁוֹר פָּר מַקְרִן מַפְרִיס: [תהלים סט, לב]

ה) וַיִּקֶן אֶת חֶלְקַת הַשָּׂדֶה אֲשֶׁר נָטָה שָׁם אָהֳלוֹ מִיַּד בְּנֵי חֲמוֹר אֲבִי שְׁכֶם בְּמֵאָה קְשִׂיטָה: [בראשית לג, יט]

ו) אָבִי הִשְׁבִּיעַנִי לֵאמֹר הִנֵּה אָנֹכִי מֵת בְּקִבְרִי אֲשֶׁר כָּרִיתִי לִי בְּאֶרֶץ כְּנַעַן שָׁמָּה תִּקְבְּרֵנִי וְעַתָּה אֶעֱלֶה נָּא וְאֶקְבְּרָה אֶת אָבִי וְאָשׁוּבָה: [בראשית נ, ה]

ז) יְפֵה נוֹף מְשׂוֹשׂ כָּל הָאָרֶץ הַר צִיּוֹן יַרְכְּתֵי צָפוֹן קִרְיַת מֶלֶךְ רָב: [תהלים מח, ג] ח) מִי שָׁת בַּטֻּחוֹת חָכְמָה אוֹ מִי נָתַן לַשֶּׂכְוִי בִינָה: [איוב לח, לו]

עין משפט נר מצוה

ז א מיי' פ"ה מהלכות עדות הלכה ח סמג עשין קט טוש"ע ח"מ סי' ז סעיף ה:

ח ב סמג עשין מג טוש"ע א"ח סי' תקפו ס"א:

רבינו חננאל

שראו אחד שהרג את הנפש מקצתן נעשו עדים ומקצתן נעשו דיינים דברי ר"ט רע"א כולן עדים הן ואין עד נעשה דיין ודחינן כי אמר ר' עקיבא בדיני נפשות אבל בענין ר"ח אפי' ר"ע מודה: **ירושלמי** ר' הונא הוה חכים שהדי לחד בר נש אזל בעי מידון קומיה וכפר ביה כו'. ואסיקנא ושרא רב הונא גרמיה מן ההוא דינא ואזיל ואסהיד עלוי קומי ב"ד חורין: קידשוהו קודם לזמנו או לאחר עיבורו יום אחד יכול יהא מקודש ת"ל תקראו אותם אלה הם מועדי. כלומר אם תקראו אותם בזמנן הן מועדי ואם לאו אין מועדי. קודם לזמנו יום כ"ט לחודש. לאחר עיבורו יום ל"ב. ביומי דר' ברכיה אישתתקן. אמר לון שמעתין דאתקדש ירחא וארכנון בראשיהון וקבלון: **מתני'** כל השופרות כשרין חוץ משל פרה מפני שהוא קרן. ואמרינן שפיר קאמר ר' יוסי לרבנן כל השופרות נקראו קרן כו' ורבנן כל השופרות נקראו שופרות היובלין ואקרו קרן של פרה קרן אקרי שופר לא אקרי כו'. מאי שור פר שהוא מפר כלומר שור הנולד מפר שהוא חזק ואמיץ בכחו לפיכך הוא חזק ושמן מובחר שבשוורים ולא משור זקן שכבר כחש כחו. קטיגור מלשון רכיל. פירוש סניגור מליץ יושר. פי' חוטא בל יתגאה. אדם שחטא לא יתגאה בכלי זהב ויכנס לפני ולפנים. קרן של פרה כיון דהוא גילדי גילדי כשנים ושלשה שופרות זה בתוך זה נזדמן והתורה אמרה שופר אחד לא שנים ושלשה שופרות. כתיב והיה במשוך בקרן היובל ופי' ר' יוסי בקרן האיל לפיכך אמר מאי משמע דהאי יובל דכתיב בהאי קרא איל הוא שכן בערבייא קורין לאיל יובלא. מאה קשיטה. מאה מעה. שכן באפריקא א) קורין לכלה נינפי והוא לשון יווני. מי שת בטוחות חכמה

חשק שלמה על ר"ח

א) אולי דחסר בדברי רבינו וצ"ל קורין למעה קשיטה ובתחום קן נשרייא קורין לכלה כו'.

ליקוטי רש"י

אין עד נעשה דיין. המעיד על הדבר אין נעשה עוד דיין באותו דבר וגם אם ראה את הדבר ונעשה עד אין נעשה עליה עוד דיין בעדות עצמו אלא אם כן מעידין אחרים בפניו ונראה בעיני דגזירת הכתוב היא דכתיב ועמדו שני האנשים וגו' בעדים הכתוב מדבר (שבועות ל.) לפני ה' היינו לפני הדיינין אשמועינן קרא דלריך להעיד שנים לפני הדיינין אבל העדים אינן חוזרין ויושבין ודנין [רשב"ם ב"ב קיד.]. **במשוך.** בתקיעה אחרונה כשהאריך התוקע את הקול [יהושע ו ה]. **מפני מה אין כהן וכו'.** מגיד שאינו משמש לפנים בשמונה בגדים שהוא משמש בהם בחוץ שיש בהם זהב לפי שאין קטיגור נעשה סניגור אלא בד' ככהן הדיוט וכולן של בוץ [ויקרא טז ד]. **גלמודה.** שולה בלע"ז [ישעיה מט כא]. **גמולה.** בדולה כמו ויגמל (בראשית כא) [סוטה מב.]. **קשיטה.** מעה אמר ר"ע כשהלכתי וכו' ותרגומו חורפן טובים חריפים בכל מקום כגון עובר לסוחר [בראשית לג יט]. **אשר כריתי לי.** כפשוטו כמו (שמות כא) כי יכרה איש ומדרשו עוד מתיישב על הלשון כמו אשר קניתי [בראשית נ ה]. לשון מקח [דברים ב ו]. **יפה נוף.** עיר שהוא נוף יפה לשון נוף של אילן. דבר אחר כלת של יופי שכן קורין בכרכי הים לכלה נפי. ומנחם חברו כמו שלשת הנפת קונטרי"ה בלע"ז (יהושע יז) וכו' [תהלים מח ג].

As it did with Ulla's dictum above, the Gemara questions how Abaye's explanation of the Rabbis' opinion can be reconciled with the rationale actually stated in the Mishnah:

וְהָא תַּנָּא מִפְּנֵי שֶׁהוּא קֶרֶן קָאָמַר – **But** how can Abaye say that the Rabbis disqualified a cow's horn because it is not "one" shofar? **The Tanna** (i.e. the Rabbis) expressly **stated:** BECAUSE IT IS [called only] "*KEREN*"! – ? –

The Gemara answers:

חֲדָא וְעוֹד קָאָמַר – **[The Tanna] is stating** his rationale using the **"first [of all] . . . and furthermore"** formula, as follows: חֲדָא דְּשׁוֹפָר אֶחָד אָמַר רַחֲמָנָא וְלֹא שְׁנַיִם וּשְׁלֹשָׁה שׁוֹפָרוֹת – **First [of all],** a cow's horn is disqualified **because the Merciful One said** to blow **a single shofar and not two or three shofars.** וְעוֹד מִפְּנֵי שֶׁהוּא קֶרֶן – **And furthermore,** it may not be used **because it is** called only ***"keren."***

The Gemara presents R' Yose's response to the Rabbis' two reasons for disqualifying a cow's horn:

וְרַבִּי יוֹסֵי אָמַר לָךְ – **And R' Yose would say to you** in reply: דְּקָאָמַרְתְּ שׁוֹפָר אֶחָד אָמַר רַחֲמָנָא וְלֹא שְׁנַיִם וּשְׁלֹשָׁה שׁוֹפָרוֹת – Regarding that **which you said** that **the Merciful One said** to blow **a single shofar and not two or three shofars,** כֵּיוָן דְּמִחַבְּרֵי אַהֲדָדֵי – I maintain that **since [the layers]** of a cow's horn **are** naturally **attached to one another,** חַד הוּא – **it is** indeed **one** shofar.[44] וּדְקָאָמַרְתְּ מִפְּנֵי שֶׁהוּא קֶרֶן – **And** that **which you stated** explicitly – **"because it is** called only ***'keren'*** " – is also unconvincing, כָּל הַשּׁוֹפָרוֹת נַמִּי אִקְּרוּ קֶרֶן – because **all** other **shofars also are called *"keren."***

The Mishnah referred to the ram as a "*yoveil.*" The Gemara therefore asks:

מַאי מַשְׁמַע דְּהַאי יוּבְלָא לִישְׁנָא דְּדִכְרָא הוּא – **What** source **indicates that this** word ***yuvla***[45] **is a term** that means **a ram?** דְּתַנְיָא – **For it was taught in a Baraisa:** אָמַר רַבִּי עֲקִיבָא – R' AKIVA also SAID: כְּשֶׁהָלַכְתִּי לַעֲרַבְיָא – WHEN I TRAVELED TO ARABIA, הָיוּ קוֹרִין לְדִכְרָא יוּבְלָא – I noticed that THEY WOULD CALL A RAM "*YUVLA.*"[46]

The Baraisa continues with a similar incident: וְאָמַר רַבִּי עֲקִיבָא – AND R' AKIVA also SAID: כְּשֶׁהָלַכְתִּי לְגַלְיָא – WHEN I TRAVELED TO GAUL, הָיוּ קוֹרִין לְנִדָּה גַּלְמוּדָה – I noticed that THEY WOULD CALL A MENSTRUANT "*GALMUDAH.*" מַאי גַּלְמוּדָה – In WHAT way does the word *GALMUDAH* connote a menstruant? גְּמוּלָה דָּא מִבַּעְלָהּ – The word is a contraction of the phrase, "THIS ONE (i.e. the menstruant) IS SEPARATED FROM HER HUSBAND."[47] וְאָמַר רַבִּי עֲקִיבָא – AND R' AKIVA also SAID:[48] כְּשֶׁהָלַכְתִּי לְאַפְרִיקִי – WHEN I TRAVELED TO AFRICA, הָיוּ קוֹרִין לְמָעָה קְשִׁיטָה – I noticed that THEY WOULD CALL A *MA'AH*[49] "*KESITAH.*" לְמַאי נַפְקָא מִינָּהּ – WHAT practical DIFFERENCE does this make? לְפָרוּשֵׁי ,,מֵאָה קְשִׁיטָה" דְּאוֹרַיְיתָא מֵאָה דַּנְקֵי – This information is used TO EXPLAIN the *ONE HUNDRED KESITAHS* OF THE TORAH[50] as meaning ONE HUNDRED *DANKEI.*[51]

The Gemara presents other examples of a traveler discovering the meaning of an unusual word. The first is from a Baraisa:

אָמַר רַבִּי – REBBI SAID: כְּשֶׁהָלַכְתִּי לִכְרַכֵּי הַיָּם – WHEN I TRAVELED TO one of THE MARITIME CITIES, הָיוּ קוֹרִין לִמְכִירָה כִּירָה – I noticed that THEY WOULD CALL SELLING, "KIRA." לְמַאי נַפְקָא מִינָּהּ – WHAT practical DIFFERENCE does this make? לְפָרוּשֵׁי ,,אֲשֶׁר כָּרִיתִי לִי" – This information is used TO EXPLAIN the verse,[52] *In my grave,* WHICH *"KARISI"* FOR MYSELF, as meaning: *In my grave, which I bought for myself – there you are to bury me.*[53]

An Amoraic example:

אָמַר רַבִּי שִׁמְעוֹן בֶּן לָקִישׁ – **R' Shimon ben Lakish said:** כְּשֶׁהָלַכְתִּי לִתְחוּם קַן נִשְׁרַיָּיא – **When I traveled to the border of Kan Nishraya,** הָיוּ קוֹרִין לְכַלָּה נִינְפִי – I noticed that **they would call a bride *"ninfi,"***[54] וּלְתַרְנְגוֹל שֶׂכְוִי – **and a rooster *"sechvi."***

The Gemara cites verses that use the above names:

לְכַלָּה נִינְפִי – They called **a bride *"ninfi"*** – מַאי קְרָא – **what verse** uses this name? ,,יְפֵה נוֹף מְשׂוֹשׂ כָּל־הָאָרֶץ" – Scripture states: ***A beautiful bride, joy of all the earth.***[55] וּלְתַרְנְגוֹל שֶׂכְוִי – **And** also they called **a rooster *"sechvi"*** – אָמַר רַב יְהוּדָה אָמַר רַב – **Rav Yehudah said in the name of Rav** – וְאִיבָּעִית אֵימָא רַבִּי יְהוֹשֻׁעַ בֶּן לֵוִי – **or, if you prefer, say** that Rav Yehudah said it in the name of **R' Yehoshua ben Levi:** מַאי קְרָא – **What verse** uses this name? ,,מִי־שָׁת בַּטֻּחוֹת חָכְמָה אוֹ מִי־נָתַן לַשֶּׂכְוִי בִינָה" – ***Who placed in the smooth ones wisdom, or who gave to the sechvi understanding?***[56] ,,מִי־שָׁת בַּטֻּחוֹת חָכְמָה" אֵלּוּ כְּלָיוֹת – ***Who placed in the smooth ones wisdom*** – **these are the**

NOTES

horn thus resembles a shofar composed of two or more pieces from different shofars, which the Mishnah below (27a) invalidates (*Tosafos* to *Sotah* 17b-18a ד״ה כתבה, cited by *Gilyon HaShas;* see also *Tosafos* here).

44. Since the cow's horn grows in layers naturally, it is viewed as a single, indivisible entity, and thus may be used for the mitzvah.

45. *Yuvla* is the Aramaic rendering of the Hebrew *yoveil.* See *Aruch HaShulchan* 586:1 for why *Targum* calls rams דִּכְרָא, which is Aramaic for זָכָר, *male.*

46. It is interesting that the Torah would make allusions in languages other than the Holy Tongue. Some say that allusions to *all* languages are concealed in the Torah (*Rabbeinu Ezriel* in his commentary to Aggadah, *Berachos* 55a, cited by *Margaliyos HaYam, Sanhedrin* 4b). Others maintain that these foreign words are actually Hebrew words, but during the period of the Dispersion they became incorporated into the new languages that evolved at that time, and their Hebrew origin was forgotten (*Shelah* in *Torah SheBe'al Peh, Klal Peh Kadosh*; cited ibid.).

47. The word גַּלְמוּדָה is a composite of the two words גְּמוּלָה דָּא, *this one is separated* (see *Rashi*). [The word גְּמוּלָה is cognate with that which is stated in *Genesis* 21:8: וַיִּגָּמַל, *and he was weaned* (*Rashi* to *Sotah* 42a ד״ה גמולה).] A menstruant is called *galmudah* because she is Biblically forbidden to have relations with her husband, and thus is separated from him. See *Tosafos* and *Aruch LaNer* for applications of this teaching.

48. The Tanna could have mentioned these three dicta of R' Akiva under one rubric, but that would have implied that these three were the only linguistic teachings R' Akiva knew. By introducing each statement with "R' Akiva said," the Tanna implies that he personally heard R' Akiva utter these three in the academy – at different times, as the occasion arose – but that perhaps R' Akiva knew more (*Ben Yehoyada*).

49. A *ma'ah* is a coin worth a sixth of a *dinar.*

50. *Genesis* 33:19.

51. [The word *dankei* actually means "one-sixth," and in coinage terminology is another name for *ma'ah.*] The Torah relates that when Jacob arrived in the city of Shechem, he purchased a plot of land from the children of Chamor for one hundred *kesitahs.* The Gemara (*Shabbos* 33b) expounds from the previous verse (33:18) that Jacob introduced a new type of coin for the city. R' Akiva's account informs us that Jacob introduced the *ma'ah,* a relatively small denomination that was extremely useful in everyday commerce (*Maharsha*).

52. *Genesis* 50:5.

53. Joseph here repeats to Pharaoh Jacob's deathbed request (that Joseph bury him in the Land of Israel). Based upon Rebbi's report, the Gemara (*Sotah* 13a) understands that Jacob was rebutting Esau's claim to the remaining plot in the Cave of Machpelah. That is, although he buried his wife Leah in his own plot, Jacob was informing Joseph that *karisi* – "I bought" – Esau's own plot for myself (see *Torah Temimah* ad loc; *Aruch LaNer*).

54. This word resembles the Greek word *nimphe,* which means a [young] bride (*Rabbeinu Chananel*).

55. *Psalms* 48:3. [This psalm sings the praises of Jerusalem.] The word נוֹף, *nof,* is cognate with נִינְפִי, *ninfi, a bride.* Thus, the psalm compares Jerusalem's beauty to that of a bride (*Rashi* ad loc.; see there for other explanations).

56. *Job* 38:36.

מקצתן נעשו עדים ומקצתן נעשו דיינין דברי רבי טרפון רבי עקיבא אומר כולן עדים ואין עד [א] נעשה דיין: [א] ואין עד נעשה דיין אפילו תימא רבי עקיבא עד כאן לא קאמר רבי עקיבא התם אלא בדיני נפשות דרחמנא אמר [א] ושפטו העדה והצילו העדה וכיון דחזיוהו דקטל נפשא לא מצו חזו ליה זכותא אבל הכא אפילו ר' עקיבא מודה: **מתני'** [ב] כל השופרות כשרים חוץ משל פרה מפני שהוא קרן אמר רבי יוסי והלא כל השופרות נקראו קרן שנאמר [ב] [ג] במשוך בקרן היובל: **גמ'** [ט] שפיר קאמר רבי יוסי ורבנן כל השופרות אקרו שופר ואקרו קרן דפרה קרן אקרי שופר לא אקרי דכתיב [ג] בכור שורו הדר לו וקרני ראם קרניו ור' יוסי אמר לך דפרה נמי אקרי שופר דכתיב [ד] ותיטב לה' משור פר אם שור למה פר ואם פר למה שור אלא מאי שור פר משופר ורבנן כדרב מתנה דאמר רב מתנה מאי שור פר שהוא גדול כפר עולא אמר היינו טעמא דרבנן כדרב חסדא דאמר רב חסדא מפני מה אין כהן גדול נכנס בבגדי זהב לפני ולפנים לעבוד עבודה לפי [ג] שאין קטיגור נעשה סניגור ולא והא איכא דם פר הואיל ואשתני אשתני והא איכא ארון וכפורת וכרוב חוטא בל יקריב קאמרינן והא איכא כף ומחתה חוטא בל יתנאה קא אמרינן והא איכא בגדי זהב מבחוץ מבפנים קא אמרינן שופר נמי מבחוץ הוא כיון דלזכרון הוא כבפנים דמי והא תנא מפני שהוא קרן קאמר חדא ועוד קאמר חדא דאין קטיגור נעשה סניגור ועוד מפני שהוא קרן ור' יוסי אמר לך דקא אמרת אין קטיגור נעשה סניגור הני מילי מבפנים והאי שופר מבחוץ הוא ודקא אמרת מפני שהוא קרן כל השופרות נמי אקרו קרן אביי אמר היינו טעמייהו דרבנן שופר אמר רחמנא ולא שנים ושלשה שופרות והא דפרה כיון דקאי גילדי גילדי מיתחזי כשנים ושלשה שופרות והא תנא מפני שהוא קרן קאמר חדא ועוד קאמר חדא דשופר אחד אמר רחמנא [ט] ולא שנים ושלשה שופרות ועוד מפני שהוא קרן ורבי יוסי אמר לך דקאמרת שופר אחד אמר רחמנא ולא שנים ושלשה שופרות כיון דמחברי אהדדי חד הוא ודקאמרת מפני שהוא קרן כל השופרות נמי אקרו קרן מאי משמע דהאי יובלא לישנא דדכרא הוא דתניא אמר רבי עקיבא כשהלכתי לערביא היו קורין לדכרא יובלא ואמר ר"ע כשהלכתי לגליא היו קורין לנדה גלמודה [ד] מאי גלמודה גמולה דא מבעלה ואמר ר"ע כשהלכתי לאפריקי היו קורין למעה קשיטה [ה] למאי נפקא מינה לפרושי [ה] מאה קשיטה דאורייתא מאה דנקי אמר רבי כשהלכתי לכרכי הים [ו] היו קורין למכירה כירה למאי נפקא מינה לפרושי [ז] [ו] אשר כריתי לי אמר ר"ש בן לקיש כשהלכתי לתחום קן נשרייא היו קורין לכלה נינפי ולתרנגול שכוי למאי קרא [ז] יפה נוף משוש כל הארץ ולתרנגול שכוי אמר רב יהודה אמר רב ואיבעית אימא ריב"ל מאי קרא [ח] מי שת בטוחות חכמה אלו כליות או מי נתן לשכוי בינה זה תרנגול לוי איקלע לההוא אתרא אתא גברא לקמיה אמר ליה קבען

מקצתן נעשין עדים. ויעידו בפני חבריהם דגבי דיני נפשות עדות בעינן דכתיב (דברים יז) על פי שנים עדים יומת המת לא יומת וגו': **ומקצתן נעשין דיינים.** אבל המעידים לא ישבו וידונו עמהם דהכשר להעיד אית ליה לרבי טרפון נעשה דיין אבל עד עצמו לית ליה לנעשה דיין וגבי עדות החדש גופה נמי לא אכשרא במתני' להיות העדים נעשים דיינים דאם כן למה לי יושיבו מחבריהם ויעידו בפני יחיד ולאחר כך ישבו הם עמו ויקדשו והכי אמרינן ליה בפרק שני דכתובות (דף כא:): **כולן עדים הם.** ראוים להעיד: **והצילו העדה.** יהפכו בזכותו: **מתני' כל השופרות.** בין של איל בין של יעל: **שהוא קרן.** אינו קרוי שופר וגבי יוה"כ שופר כתיב (ויקרא כה) והעברת שופר תרועה ובפרק בתרא (דף לד.) גמרינן ר"ה מיובל: **בקרן היובל.** ויובל דיכרא הוא כדמפרש בגמ': **גמ' אקרו קרן ואקרו שופר.** אקרו קרן כדאמרן ואקרו שופר דכתיב במתן תורה (שמות יט) במשוך היובל וגו' וכתיב ויהי קול השופר (א): **וקרני ראם קרניו.** של בכור שורו קרן אשכחן דאקרי: **ותיטב לה'.** תפלתי משופר ובשור קא משתעי קרא: **שור שהוא** (ב) **פר.** ביום שנברא שור היה גדול כפר זהו שור של מעשה בראשית שביום שנברא נברא (ו) בקומתו ושור בן יומו (ח) קרוי שור שנאמר (ויקרא כב) שור או כשב או עז ופר אינו נקרא עד בן שלש: **אין קטיגור.** זהב העגל ושופר של פרה נמי קטיגור דעגל הוא: **הואיל ואישתני.** להיות דם ואין מראית הפר ניכר: **חוטא בל יקריב.** האדם לא יקריבנו הלוס שהוא חטא בו: **חוטא בל יתנאה.** להתקשט בו בקרבו הלוס: **כיון דלזכרון קא אתי כלפנים דמי.** שופר נמי אע"ג דלית ביה משום חוטא בל יקריב ולית ביה משום חוטא בל יתנאה כיון דלזכרון קא אתי כבגדי כהן גדול שלפנים דמי: **גילדי גילדי.** בכל שנה ושנה ניכרת תוספתו והוא כמין גלד מוסיף על גלד ראשון בתכליתו של ראשון תחילת השני: **גמולה.** מובדלת: **טוחות.** לשון חלוקות: **שכוי.** לשון ראיה כמו וישקף (בראשית יט) ומתרגמינן ואיסתכי: קבען

דרחמנא אמר ושפטו העדה והצילו העדה. תימה דבפרק אלו הן הגולין (מכות דף יב.) נפקא ליה מקרא אחרינא דאמר מנין לסנהדרין שראו באחד שהרג את הנפש שאין הורגין אותו עד שיעמוד בב"ד תלמוד לומר עד עמדו לפני העדה למשפט ויש לומר דעיקר דרשה מהתם וקרא דהכא איצטריך דלא יליף מהתם לשאר דינין להצריך ב"ד אחר דשאני התם דאמר רחמנא והצילו העדה ומיהו הוא הדין לענין מכה חבירו כדמוכח בפ' החובל (ב"ק דף צ: ושם) ובעד נעשה דיין יש דיינים חלוקים כמו שפירשנו בפ' ב' דכתובות (כא: ושם ד"ה הנח) דבעדות החדש לאורייתא עד הרואה הוא דנעשה דיין ובקיום שטרות דרבנן הוא אפילו עד המעיד נעשה דיין ובדיני נפשות אפילו עד הרואה אין נעשה דיין (ט): **חוץ** משל פרה. הא דלא קתני נמי חוץ משל ראש דשל ראש נמי איקרי קרן דכתיב (דברים לג) וקרני ראם קרניו וכתיב (תהלים כב) ומקרני רמים עניתני ושמא אינם חלולים ואינם ראוים לשופר: **והיה** במשוך בקרן היובל. תימה דלא מייתי קרא דילתא דכתיב (בראשית כב) נאחז בסבך בקרניו ואע"ג דההוא קרא מחיים דה"נ מייתי לה בגמרא בכור שורו הדר לו וקרני ראם קרניו וי"ל דנראה ליה לאתויי האי משום דכתיב ביה שופר: **אקרו** קרן ואקרו שופר. פירש רש"י אקרו קרן כדאמרן ואקרו שופר דכתיב במשוך היובל וכתיב ויהי קול השופר יש מקשין אמאי לא הביא האי קרא דמתניתין במשוך בקרן היובל בשמעכם קול השופר להוכיח דכל שופרות אקרו שופר שטות להקשות וקל להבין דאדרבה מהאי קרא מוכח דשופר אקרי קרן ועוד צריך להוכיח דבעלמא (י) שופרות אקרו שופר: **חוטא** בל יתנאה קאמרינן. וגבי שופר מתנאה נמי בקול תקיעתו: **כיון** דלזכרון קאתי. תימה אפוד וחשן נמי לזכרון קאתו כדכתיב בקרא וי"ל דהשבטים זכרון הם: **ולא** שנים ושלשה שופרות. ולא דמי למניח שופר (כ) בתוך שופר כדפירש בקונטרס דעל גלד ראשון אתוסף גלד שני שפת השני בתכליתו של ראשון והקול יוצא דרך כולם: **לנדה** גלמודה. ונפקא מינה כדדרשינן בסוטה (דף מג.) כי עדת חנף גלמוד (איוב טו): תלוגלוגות

עין משפט נר מצוה

ז א מיי' פ"ה מהלכות עדות הלכה ח סמג עשין קט טוש"ע ח"מ סי' ז סעיף ה:

ח ב סמג עשין מב טוש"ע א"ח סי' תקפו ס"א:

רבינו חננאל

שראו אחד שהרג את הנפש מקצתן נעשו עדים ומקצתן נעשו דיינים דברי ר"ט רע"א כולן עדים הן ואין עד נעשה דיין ודחינן כי אמר ר' עקיבא בדיני נפשות אבל בענין ר"ח אפי' ר"ע מודה: **ירושלמי** ר' הונא הוה חכים שהדי לחד בר נש אזל בעי מידון קומיה וכפר ביה כו'. ואסיקנא ושרא רב הונא גרמיה מן ההוא דינא ואזיל ואסהיד עלוי קומי ב"ד חורון: קידשוהו קודם לזמנו או לאחר עיבורו יום אחד יכול יהא מקודש ת"ל תקראו אותם אלה הם מועדי. כלומר אם תקראו אותם בזמנן הן מועדי ואם לאו אין מועדי. קודם לזמנו יום כ"ט לחודש. לאחר עיבורו יום ל"ב. ביומי דר' ברכיה אישתתקן. אמר לון שמעתין דאתקדש ירחא וארכנון בראשיהון וקבלון: **מתני'** כל השופרות כשרין חוץ משל פרה מפני שהוא קרן. ואמרינן שפיר קאמר ר' יוסי לרבנן כל השופרות נקראו קרן כו' ורבנן כל השופרות נקראו שופרות היובלין ואקרו קרן של פרה קרן אקרי שופר לא אקרי כו'. מאי שור פר שהוא מפר כלומר שור הנולד מפר שהוא חזק ואמיץ בכחו לפיכך הוא חזק ושמן מובחר שבשוורים ולא משור זקן שכבר כחש כחו. קטיגור מלשון רכיל. פירוש סניגור מליץ יושר. פי' חוטא בל יתגאה. אדם שחטא לא יתגאה בכלי זהב ויכנס לפני ולפנים. קרן של פרה כיון דהוא גילדי גילדי כשנים ושלשה שופרות זה בתוך זה נזדמן והתורה אמרה שופר אחד לא שנים ושלשה שופרות. כתיב והיה במשוך בקרן היובל ופי' ר' יוסי בקרן האיל לפיכך אמר מאי משמע דהאי יובל דכתיב בהאי קרא איל הוא שכן בערבייא קורין לאיל יובלא. מאה קשיטה. מאה מעה. שכן באפריקא א) קורין לכלה נינפי והוא לשון יווני. מי שת בטוחות חכמה

חשק שלמה על ר"ח

א) אולי דחסר בדברי רבינו וצ"ל קורין למעה קשיטה ובתחום קן נשרייא קורין לכלה כו'.

ליקוטי רש"י

אין עד נעשה דיין. המעיד על הדבר אין נעשה עוד דיין באותו דבר וגם אם ראה את הדבר ונעשה עליו עד אין נעשה עוד דיין לעדות עצמו אלא אם כן מעידין אחרים בפניו ונראה בעיני דגזירת הכתוב היא דכתיב ועמדו שני האנשים וגו' בעדים הכתוב מדבר (שבועות ל. לפני ה') היינו לפני הדיינין אשמועינן קרא דצריך להעיד שנים לפני הדיינין אבל העדים אינן חוזרין ויושבין [רשב"ם ב"ב קיד.]. **במשוך.** בתקיעה אחרונה בהאריך התוקע את הקול [יהושע ו ה]. **מפני מה אין כהן וכו'.** מגיד שאינו משמש לפנים בשמונה בגדים שהוא משמש בהם בחוץ שיש בהם זהב לפי שאין קטיגור נעשה סניגור אלא בד' ככהן הדיוט וכולן של בוץ [ויקרא טז ד]. **גלמודה.** שולא בלע"ז [ישעיה מט כא]. **גמולה.** גדולה כמו ויגמל (בראשית כא) [סוטה מב.]. **קשיטה.** מעה אמר ר"ע כשהלכתי וכו' (ותרגומו חורפן טובים חריפים בכל מקום כגון עובר לסוחר) [בראשית לג יט]. **אשר כריתי לי.** כפשוטו כמו (שמות כא) כי יכרה איש ומדרשו עוד מתיישב על הלשון כמו אשר קניתי [בראשית נ ה]. לשון מקח [דברים ב ו]. **יפה נוף.** עיר שהוא נוף יפה לשון נוף של אילן. דבר אחר כלת [illegible] בכרכי הים לכלה נינפי. ומנחם חברו כמו שלשת הנפת קונטריא"ה בלע"ז (יהושע יז) וכו' [תהלים מח ג].

מסורת הש"ס

א) כתובות כא: גיטין ה: ב"ק ל: ב"ב קיד. סנהדרין לד:, ב) [בשמעכם את קול השופר כך איתא ברי"ף וברא"ש], ג) [ברכות נט. קידושין ה.], ד) סוטה מב., ה) [סוטה יג.], ו) [חולין נב.], ז) לעיל יא., ח) [ב"ק סה:], ט) [וע"ע תוס' ב"ב קיד. ד"ה אבל וד"ה ואין], י) [עי' מהרש"א וע"ע בתי"ט העתיק בזה"ל ועוד צריך להוכיח דבעלמא אקרי שופרות בלא קרן], כ) [לקמן כז:].

הגהות הב"ח

(א) רש"י ד"ה אקרו קרן כו' קול השופר הס"ד ואח"כ מה"ד קרן אשכחן דאקרי דכתיב וקרני ראם קרניו של בכור שורו הס"ד: (ב) ד"ה שור שהוא כפר ביום כו' או עז כי יולד ופר אינו נקרא:

גליון הש"ס

גמ' שפיר קאמר ר"י. כעין זה פסחים דף כח ע"ב: שם ולא שנים ושלשה שופרו'. עי' סוטה דף יז ע"ב תד"ה כתבה על שני:

תורה אור השלם

א) וְשָׁפְטוּ הָעֵדָה בֵּין הַמַּכֶּה וּבֵין גֹּאֵל הַדָּם עַל הַמִּשְׁפָּטִים הָאֵלֶּה: וְהִצִּילוּ הָעֵדָה אֶת הָרֹצֵחַ מִיַּד גֹּאֵל הַדָּם וְהֵשִׁיבוּ אֹתוֹ הָעֵדָה אֶל עִיר מִקְלָטוֹ אֲשֶׁר נָס שָׁמָּה וְיָשַׁב בָּהּ עַד מוֹת הַכֹּהֵן הַגָּדֹל אֲשֶׁר מָשַׁח אֹתוֹ בְּשֶׁמֶן הַקֹּדֶשׁ: [במדבר לה, כד-כה]

ב) וְהָיָה בִּמְשֹׁךְ בְּקֶרֶן הַיּוֹבֵל בְּשָׁמְעֲכֶם אֶת קוֹל הַשּׁוֹפָר יָרִיעוּ כָל הָעָם תְּרוּעָה גְדוֹלָה וְנָפְלָה חוֹמַת הָעִיר תַּחְתֶּיהָ וְעָלוּ הָעָם אִישׁ נֶגְדּוֹ: [יהושע ו, ה]

ג) בְּכוֹר שׁוֹרוֹ הָדָר לוֹ וְקַרְנֵי רְאֵם קַרְנָיו בָּהֶם עַמִּים יְנַגַּח יַחְדָּו אַפְסֵי אָרֶץ וְהֵם רִבְבוֹת אֶפְרַיִם וְהֵם אַלְפֵי מְנַשֶּׁה: [דברים לג, יז]

ד) וְתִיטַב לַיי מִשּׁוֹר פָּר מַקְרִן מַפְרִיס: [תהלים סט, לב]

ה) וַיִּקֶן אֶת חֶלְקַת הַשָּׂדֶה אֲשֶׁר נָטָה שָׁם אָהֳלוֹ מִיַּד בְּנֵי חֲמוֹר אֲבִי שְׁכֶם בְּמֵאָה קְשִׂיטָה: [בראשית לג, יט]

ו) אָבִי הִשְׁבִּיעַנִי לֵאמֹר הִנֵּה אָנֹכִי מֵת בְּקִבְרִי אֲשֶׁר כָּרִיתִי לִי בְּאֶרֶץ כְּנַעַן שָׁמָּה תִּקְבְּרֵנִי וְעַתָּה אֶעֱלֶה נָּא וְאֶקְבְּרָה אֶת אָבִי וְאָשׁוּבָה: [בראשית נ, ה]

ז) יְפֵה נוֹף מְשׂוֹשׂ כָּל הָאָרֶץ הַר צִיּוֹן יַרְכְּתֵי צָפוֹן קִרְיַת מֶלֶךְ רָב: [תהלים מח, ג]

ח) מִי שָׁת בַּטֻּחוֹת חָכְמָה אוֹ מִי נָתַן לַשֶּׂכְוִי בִינָה: [איוב לח, לו]

kidneys;[57] „אוֹ מִי־נָתַן לַשֶּׂכְוִי בִינָה" זֶה תַּרְנְגוֹל – . . . *or who gave to the sechvi understanding* – **this is a rooster.**[58]

Another example:

לֵוִי אִיקְלַע לְהַהוּא אַתְרָא – **Levi** once **visited a certain locality.** אָתָא גַּבְרָא לְקַמֵּיהּ – **A man came before him** אָמַר לֵיהּ – **and said to him:**

NOTES

57. I.e. *the smooth ones* refers to the two kidneys, which are smooth organs (see *Rashi* with *Rashash;* cf. *Aruch LaNer*). The verse thus states that the kidneys are the seat of wisdom. This is reflected in a Baraisa (*Berachos* 61a; see *Rashi* ad loc.): "The kidneys counsel, the heart discerns [which counsel to accept]" (*Sifsei Chachamim*).

58. *Sechvi* is an Aramaic word that means *see* (*Rashi*). [Accordingly, God calls the rooster *"sechvi"* because He gave it an extraordinary ability to discern (see) the precise moment when morning dawns.]

מקצתן נעשו עדים ומקצתן נעשו דיינין דברי רבי טרפון רבי עקיבא אומר כולן נעשין עדים ^(א)^ ואין עד ^(א)^ נעשה דיין אפילו תימא רבי עקיבא עד כאן לא קאמר רבי עקיבא התם אלא בדיני נפשות דרחמנא אמר ^(א)^ ושפטו העדה והצילו העדה וכיון דחזיוהו דקטל נפשא לא מצו חזו ליה זכותא אבל הכא אפילו ר' עקיבא מודה: **מתני'** ^(ב)^ כל השופרות כשרים חוץ משל פרה מפני שהוא קרן אמר רבי יוסי והלא כל השופרות נקראו קרן שנאמר ^(ב)^ ^(ג)^ במשוך בקרן היובל: **גמ'** ° שפיר קאמר רבי יוסי ורבנן כל השופרות אקרו שופר ואקרו קרן דפרה קרן אקרי שופר לא אקרי דכתיב ^(ג)^ בכור שורו הדר לו וקרני ראם קרניו ור' יוסי אמר לך דפרה נמי אקרי שופר דכתיב ^(ד)^ ותיטב לה' משור פר אם שור למה פר ואם פר למה שור אלא מאי שור פר משופר ורבנן כדרב מתנה דאמר רב מתנה מאי שור פר שהוא גדול כפר עולא אמר היינו טעמא דרבנן כדרב חסדא דאמר רב חסדא מפני מה אין כהן גדול נכנס בבגדי זהב לפני ולפנים לעבוד עבודה לפי ^(ג)^ שאין קטיגור נעשה סניגור ולא והא איכא דם פר הואיל ואשתני אשתני והא איכא ארון וכפורת וכרוב חוטא בל יקריב קאמרינן והא איכא כף ומחתה חוטא בל יתנאה קא אמרינן והא איכא בגדי זהב מבחוץ מבפנים קא אמרינן שופר נמי מבחוץ הוא כיון דלזכרון הוא כבפנים דמי והא תנא מפני שהוא קרן קאמר חדא ועוד קאמר חדא דאין קטיגור נעשה סניגור ועוד מפני שהוא קרן ור' יוסי אמר לך דקא אמרת אין קטיגור נעשה סניגור הני מילי מבפנים והאי שופר מבחוץ הוא ודקא אמרת מפני שהוא קרן כל השופרות נמי אקרו קרן אביי אמר היינו טעמייהו דרבנן שופר אמר רחמנא ולא שנים ושלשה שופרות והא דפרה כיון דקאי גילדי גילדי מיתחזי כשנים ושלשה שופרות והא תנא מפני שהוא קרן קאמר חדא ועוד קאמר חדא דשופר אחד אמר רחמנא ° ולא שנים ושלשה שופרות ועוד מפני שהוא קרן ורבי יוסי אמר לך דקאמרת שופר אחד אמר רחמנא ולא שנים ושלשה שופרות כיון דמחברי אהדדי חד הוא ודקאמרת מפני שהוא קרן כל השופרות נמי אקרו קרן מאי משמע דהאי יובלא לישנא דדכרא הוא דתניא אמר רבי עקיבא כשהלכתי לערביא היו קורין לדכרא יובלא ואמר ר"ע כשהלכתי לגליא היו קורין לנדה גלמודה ^(ד)^ מאי גלמודה גמולה דא מבעלה ואמר ר"ע כשהלכתי לאפריקי היו קורין למעה קשיטה למאי נפקא מינה לפרושי ^(ה)^ מאה קשיטה דאורייתא מאה דנקי אמר רבי כשהלכתי לכרכי הים ^(ט)^ היו קורין למכירה כירה למאי נפקא מינה לפרושי ^(ו)^ אשר כריתי לי אמר ר"ש בן לקיש כשהלכתי לתחום קן נשרייא היו קורין לכלה נינפי ולתרנגול שכוי מאי קרא ^(ז)^ יפה נוף משוש כל הארץ ולתרנגול שכוי אמר רב יהודה אמר רב ואיבעית אימא ריב"ל מאי קרא ^(ח)^ מי שת בטוחות חכמה או מי נתן לשכוי בינה מי שת בטוחות חכמה אלו כליות או מי נתן לשכוי בינה זה תרנגול לוי איקלע להההוא אתרא אתא גברא לקמיה אמר ליה

קבען

רש"י

מקצתן נעשין עדים. ויעידו בפני חבריהם דגבי דיני נפשות עדות בעינן דכתיב (דברים יז) על פי שנים עדים יומת המת לא יומת וגו': ומקצתן נעשין דיינים. אבל המעידים לא ישבו וידונו עמהם דהראוי להעיד אית ליה לרבי טרפון נעשה דיין אבל עד עצמו לית ליה דנעשה דיין וגבי עדות החדש גופה נמי לא אכשרנא במתני' להיות העדים נעשים דיינים דאם כן למה לי יושיבו מחבריהם יעידו בפני יחיד ואחר כך ישבו הם עמו ויקדשו והכי אמרינן ליה בפרק שני דכתובות (דף כא:): כולן עדים הם. ראוים להעיד: והצילו העדה. יהפכו בזכותו: **מתני'** כל השופרות. בין של איל בין של יעל: שהוא קרן. אינו קרוי שופר וגבי יוה"כ שופר כתיב (ויקרא כה) והעברת שופר תרועה ובפרק בתרא (דף לד.) גמרינן ר"ה מיובל: בקרן היובל. ויובל דיכרא הוא כדמפרש בגמ': **גמ'** אקרו קרן ואקרו שופר. אקרו קרן כדאמרן ואקרו שופר דכתיב במתן תורה (שמות יט) במשוך היובל וגו' וכתיב ויהי קול השופר (א): וקרני ראם קרניו. של בכור שורו קרן אשכחן דאקרי: ותיטב לה'. תפלתי משופר ובשור קא משתעי קרא: שור שהוא (ב) פר. ביום שנקרא שור היה גדול כפר וזהו שור של מעשה בראשית שביום שנברא נברא ^(ו)^ בקומתו ושור בן יומו ^(ח)^ קרוי שור שנאמר (ויקרא כב) שור או כשב או עז ופר אינו נקרא עד בן שלש: אין קטיגור. זהב העגל ושופר של פרה נמי קטיגור דעגל הוא: הואיל ואישתני. להיות דם ואין מראית הפר ניכר: חוטא בל יקריב. האדם לא יקריבנו הלוס שהוא חטא בו: חוטא בל יתנאה. להתקשט בו בקרבו הלוס: כיון דלזכרון קא אתי כלפנים דמי. שופר נמי אע"ג דלית ביה משום חוטא בל יקריב ולית ביה משום חוטא בל יתנאה כיון דלזכרון קא אתי כבגדי כהן גדול שלפנים דמי: גילדי גילדי. בכל שנה ושנה ניכרת תוספתו והוא כמין גלד מוסיף על גלד ראשון בתכליתו של ראשון תחילת השני: גמולה. מובדלת: טוחות. לשון חלוקות: שכוי. לשון ראיה כמו וישקף (בראשית יט) ומתרגמינן ואיסתכי:

תוספות

דרחמנא אמר ושפטו העדה והצילו העדה. תימה דבפרק אלו הן הגולין (מכות דף יב.) נפקא ליה מקרא אחרינא דאמר מנין לסנהדרין שראו באחד שהרג את הנפש שאין הורגין אותו עד שיעמוד בב"ד תלמוד לומר עד עמדו לפני העדה למשפט ויש לומר דעיקר דרשה מהתם וקרא דהכא איצטריך דלא יליף מהתם לשאר דינין להצריך ב"ד אחר לשאי התם דאמר רחמנא והצילו העדה ומיהו הוא הדין לענין מכה חבירו כדמוכח בפ' החובל (ב"ק דף צ: ושם) ובעד נעשה דיין יש דינים חלוקים כמו שפירשנו בפ' ב' דכתובות (כא: ושם ד"ה הנח) דבעדות החדש דאורייתא עד הרואה הוא דנעשה דיין ובקיום שטרות דרבנן אפילו עד המעיד נעשה דיין ובדיני נפשות אפילו עד הרואה אין נעשה דיין ^(ט)^:

חוץ משל פרה. הא דלא קתני נמי חוץ משל ראם דשל ראם נמי איקרי קרן דכתיב (דברים לג) וקרני ראם קרניו וכתיב (תהלים כב) ומקרני רמים עניתני ושמא אינם חלולים ואינם ראוים לשופר: **והיה** במשוך בקרן היובל. תימה דלא מייתי קרא דילחק דכתיב (בראשית כב) בסבך בקרניו ואע"ג דההוא קרא מחיים ה"נ מייתי לה בגמרא בכור שורו הדר לו וקרני ראם קרניו וי"ל דנראה ליה לאתויי האי משום דכתיב ביה שופר: **אקרו** קרן ואקרו שופר. פירש רש"י אקרו קרן כדאמרן ואקרו שופר דכתיב במשוך היובל וכתיב ויהי קול השופר יש מקשין אמאי לא הביא האי קרא דמתניתין במשוך בקרן היובל בשמעכם קול השופר להוכיח דכל שופרות אקרו שופר שטות להקשות וקל להבין לאדרבה מהאי קרא מוכח דשופר אקרי קרן ועוד צריך להוכיח דבעלמא ^(י)^ שופרות אקרו שופר:

חוטא בל יתנאה קאמרינן. וגבי שופר מתנאה נמי בקול תקיעתו: **כיון** דלזכרון קאתי. תימה אפוד וחשן נמי לזכרון קאתו כדכתיב בקרא וי"ל דהשבטים זכרון הם: **ולא** שנים ושלשה שופרות. ולא דמי למניח שופר ^(כ)^ בתוך שופר כדפירש בקונטרס דעל גלד ראשון אתוסף גלד שני שפת השני בתכליתו של ראשון והקול יוצא דרך כולם:

לנדה גלמודה. ונפקא מינה כדדרשינן בסוטה (דף מג.) כי עדת חנף גלמוד (איוב טו):

חלוגלוגות

מסורת הש"ס

א) כתובות כא: גיטין ה: ב"ק צ: ב"ב קיד. סנהדרין לד, ג) [כשמעכם את קול השופר קך איתא בר"ח וברא"ש], ג) [ברכות נט. קידושין ה.], ד) סוטה מב., ה) [סוטה יג.], ו) [חולין לב.], ז) [לעיל יא.], ח) [ב"ק סה:], ט) [וע"ע תוס' ב"ב קיז. ד"ה אבל וד"ה ולקין], י) [עי' מהרש"א וע"ע בתוס' הפתיק בזה"ל ועוד צריך להוכיח דבעלמא אקרי שופרות בלא קרן], כ) [לקמן כז:].

הגהות הב"ח

(א) רש"י ד"ה אקרו קרן כו' קול השופר הס"ד ואח"כ מה"ד קרן אשכחן דאקרי דכתיב וקרני ראם קרניו בכור שורו הס"ד: (ב) ד"ה שור שהוא גדול כפר ביום כו' או עז כי יולד ופר אינו נקרא:

גליון הש"ס

גמ' שפיר קאמר ר"י. כעין זה פסחים דף כח ע"ב: שם ולא שנים ושלשה שופרות. עי' סוטה דף יז ע"ב תד"ה כתובה על שני:

תורה אור השלם

א) וְשָׁפְטוּ הָעֵדָה בֵּין הַמַּכֶּה וּבֵין גֹּאֵל הַדָּם עַל הַמִּשְׁפָּטִים הָאֵלֶּה: וְהִצִּילוּ הָעֵדָה אֶת הָרֹצֵחַ מִיַּד גֹּאֵל הַדָּם וְהֵשִׁיבוּ אֹתוֹ הָעֵדָה אֶל עִיר מִקְלָטוֹ אֲשֶׁר נָס שָׁמָּה וְיָשַׁב בָּהּ עַד מוֹת הַכֹּהֵן הַגָּדֹל אֲשֶׁר מָשַׁח אֹתוֹ בְּשֶׁמֶן הַקֹּדֶשׁ: [במדבר לה, כד-כה]

ב) וְהָיָה בִּמְשֹׁךְ בְּקֶרֶן הַיּוֹבֵל בְּשָׁמְעֲכֶם אֶת קוֹל הַשּׁוֹפָר יָרִיעוּ כָל הָעָם תְּרוּעָה גְדוֹלָה וְנָפְלָה חוֹמַת הָעִיר תַּחְתֶּיהָ וְעָלוּ הָעָם אִישׁ נֶגְדּוֹ: [יהושע ו, ה]

ג) בְּכוֹר שׁוֹרוֹ הָדָר לוֹ וְקַרְנֵי רְאֵם קַרְנָיו בָּהֶם עַמִּים יְנַגַּח יַחְדָּו אַפְסֵי אָרֶץ וְהֵם רִבְבוֹת אֶפְרַיִם וְהֵם אַלְפֵי מְנַשֶּׁה: [דברים לג, יז]

ד) וְתִיטַב לַייָ מִשּׁוֹר פָּר מַקְרִן מַפְרִיס: [תהלים סט, לב]

ה) וַיִּקֶן אֶת חֶלְקַת הַשָּׂדֶה אֲשֶׁר נָטָה שָׁם אָהֳלוֹ מִיַּד בְּנֵי חֲמוֹר אֲבִי שְׁכֶם בְּמֵאָה קְשִׂיטָה: [בראשית לג, יט]

ו) אָבִי הִשְׁבִּיעַנִי לֵאמֹר הִנֵּה אָנֹכִי מֵת בְּקִבְרִי אֲשֶׁר כָּרִיתִי לִי בְּאֶרֶץ כְּנַעַן שָׁמָּה תִּקְבְּרֵנִי וְעַתָּה אֶעֱלֶה נָּא וְאֶקְבְּרָה אֶת אָבִי וְאָשׁוּבָה: [בראשית נ, ה]

ז) יְפֵה נוֹף מְשׂוֹשׂ כָּל הָאָרֶץ הַר צִיּוֹן יַרְכְּתֵי צָפוֹן קִרְיַת מֶלֶךְ רָב: [תהלים מח, ג] ח) מִי שָׁת בַּטֻּחוֹת חָכְמָה אוֹ מִי נָתַן לַשֶּׂכְוִי בִינָה: [איוב לח, לו]

עין משפט נר מצוה

ז א מיי' פ"ב מהלכות עדות הלכה ח סמג עשין קט טוש"ע ח"מ סי' ז סעיף ה:

ח ב סמג עשין מב טוש"ע א"ח סי' תקפו ס"א:

רבינו חננאל

שראו אחד שהרג את הנפש מקצתן נעשו עדים ומקצתן נעשו דיינים דברי ר"ט רע"א כולן עדים הן ואין עד נעשה דיין ודחינן כי אמר ר' עקיבא בדיני נפשות אבל בענין ר"ח אפי' ר"ע מודה: ירושלמי ר' הונא הוה חכים שהדי לחד בר נש אזל בעי מידון קומיה וכפר ביה כו'. ואסיקנא ושרא רב הונא גרמיה מן ההוא דינא ואזיל ואסהיד עלוי קומי ב"ד חורין: קידשוהו קודם לזמנו או לאחר עיבורו יום אחד יכול יהא מקודש ת"ל תקראו אותם אלה הם מועדי. כלומר אם תקראו אותם בזמנן הן מועדי ואם לאו אין מועדי. קודם לזמנו יום כ"ט לחודש. לאחר עיבורו יום ל"ב. ביומי דר' ברכיה אישתתקן. אמר לון שמעתין דאתקדש ירחא וארכבון בראשיתן וקבלון: מתני' כל השופרות כשרין חוץ משל פרה מפני שהוא קרן. ואמרינן שפיר קאמר ר' יוסי דלרבנן כל השופרות ונקראו קרן כו' ורבנן כל השופרות אקרו שופרות היובלין ואקרו קרן של פרה קרן אקרי שופר לא אקרי כו'. מאי שור פר שהוא מפר כלומר שור הנולד מפר שהוא חזק ואמיץ בכחו לפיכך הוא חזק ורשמן מובחר שבשוורים ולא משור זקן שכבר כחש כחו. קטיגור מלשון רכיל. פירוש סניגור מליץ יושר. פי' חוטא בל יתגאה. אדם שחטא לא יתגאה בכלי זהב ויכנס לפני ולפנים. קרן של פרה כיון דהוא גילדי גילדי כשנים ושלשה שופרות זה בתוך זה נדמה והתורה אמרה שופר אחד לא שנים ושלשה שופרות. כתיב והיה במשוך בקרן היובל ופי' ר' יוסי בקרן האיל לפיכך אמר מאי משמע דהאי יובל דכתיב בהאי קרא איל הוא שכן בערבייא קורין לאיל יובלא. מאה קשיטה. מאה מעה. שכן באפריקא קורין לכלה נינפי והוא לשון יווני. מי שת בטוחות חכמה

חשק שלמה על ר"ח

א) אולי חסר כדברי רבינו וכ"ל קורין למעה קשיטה ובתחום קן נשרייא קורין לכלה כו'.

ליקוטי רש"י

אין עד נעשה דיין. המעיד על הדבר אין נעשה עוד דיין באותו דבר וגם אם ראה את הדבר ונעשה עד אין נעשה עליה עוד דיין בעדות עצמו אין כן מעידין אחרים בפניו ונראה בעיני דגזירת הכתוב היא דכתיב ועמדו שני האנשים וגו' בעדים הכתוב מדבר (שבועות ל.) לפני ה' היינו לפני הדיינין אשמועינן קרא דצריך להעיד שנים לפני הדיינין אבל העדים אין חוזרין ויושבין ודנין [רשב"ם ב"ב קיד.]. במשוך. בתקיעה אחרונה בהאריך התוקע את הקול [יהושע ו ה]. מפני מה אין כהן וכו'. מגיד שאינו משמש לפנים בשמונה בגדים שהוא משמש בהם בחוץ שיש בהם זהב לפי שאין קטיגור נעשה סניגור אלא בד' ככהן הדיוט ולולן של בוץ [ויקרא טז ד]. גלמודה. שולא בלע"ז [ישעיה מט כא]. גמולה. בדולה כמו ויגמל (בראשית כא) [סוטה מב.]. קשיטה. מעה אמר ר"ע כשהלכתי וכו' (ותרגומו חורפן טובים חריפים בכל מקום כגון עובר לסוחר) [בראשית לג יט]. אשר כריתי לי. כפשוטו כמו (שמות כא) כי יכרה איש ומדרשו עוד מתיישב על הלשון כמו אשר קניתי [בראשית נ ה]. לשון מקח [דברים ב ו]. יפה נוף. עיר שהוא נוף יפה לשון נוף של אילן. דבר אחר כלת כל ... בכרכי הים לכלה נינפי. ומנחם חברו כמו שלשת הנפת קונטריא"ה בלע"ז (יהושע יז) וכו' [תהלים מח ג].

קבען פלניא לא הוה ידע מאי קאמר ליה אתא שאיל בי מדרשא (א) אמר) ליה גזלן אמר לך דכתיב א היקבע אדם אלהים ב) וגו' א"ל רבא מברניש לרב אשי אי הואי התם הוה אמינא ליה היכי קבעך במאי קבעך ואמאי קבעך וממילא הוה ידעינא ואיהו סבר מילתא דאיסורא קאמר ליה לא הוו ידעי רבנן מאי ג) סירוגין שמעוה לאמתא דבי רבי דחזתנהו רבנן דהוו עיילי פסקי פסקי אמרה להו עד מתי אתם נכנסין סירוגין סירוגין לא הוו ידעי רבנן מאי חלגלוגות יומא חד שמעוה ד) לאמתא דבי רבי דחזית להההוא גברא דקא מבדר פרפחיניה אמרה ליה עד מתי אתה מפזר חלגלוגך לא הוו ידעי רבנן מאי ב סלסלה ותרוממך יומא חד שמעוה לאמתא דבי רבי דהוות אמרה להההוא גברא דהוה קא מהפך בשעריה אמרה ליה עד מתי אתה מסלסל בשערך לא הוו ידעי רבנן מאי ג וטאטאתיה במטאטא השמד יומא חד שמעוה לאמתא דבי רבי דהוות אמרה לחברתה שקולי טאטיתא וטאטי ביתא לא הוו ידעי רבנן מאי ד השלך על ה' יהבך והוא יכלכלך אמר רבה בר בר חנה יומא חד הוה אזלינא בהדי ההוא טייעא הוה דרינא טונא ואמר לי שקול יהביך ושדי אגמלאי: מתני' שופר של ראש השנה של יעל פשוט ופיו מצופה זהב א ושתי חצוצרות מן הצדדין שופר מאריך וחצוצרות מקצרות שמצות היום בשופר ובתעניות בשל זכרים כפופין ופיהן מצופה כסף ושתי חצוצרות באמצע ב שופר מקצר וחצוצרות מאריכות שמצות היום בחצוצרות ה) ג שוה היובל לר"ה לתקיעה ולברכות רבי יהודה אומר בר"ה תוקעין בשל זכרים וביובלות בשל יעלים: גמ' א"ר לוי ד מצוה של ר"ה ושל יוה"כ בכפופין ושל כל השנה בפשוטין והתנן שופר של ר"ה של יעל פשוט הוא דאמר כי האי תנא דתניא רבי יהודה אומר בר"ה היו תוקעין בשל זכרים כפופין וביובלות בשל יעלים ולימא הלכתא כרבי יהודה אי אמרת הלכתא כר' יהודה הוה אמינא אפילו של יובל נמי כר' יהודה סבירא ליה קא משמע לן במאי קמיפלגי מר סבר בר"ה כמה דכייף איניש דעתיה טפי מעלי וביום הכפורים כמה דפשיט איניש דעתיה טפי מעלי ומר סבר בראש השנה כמה דפשיט איניש דעתיה טפי מעלי (א) ו) ובתעניות כמה דכייף איניש דעתיה טפי מעלי:

רש"י

קבען פלניא. גזלני פלוני: במה קבענוך. המעשר והתרומה אתם קובעים אותי: מאי סירוגין. ששנינו במגילה (דף יז.) קראה סירוגין (סירוגין): פסקי. לפרקים שאין נכנסין יחד: מאי חלגלוגות. ששנינו בפ"ק דיומא (דף יח.) כל שבעת הימים לא היה אוכל השום והחלגלוגות: פרפחיני. ירק שקורין עורקל"י: סלסלה. חפוש והפך במטמונים של תורה: והוה דרינא טונא. נושא משוי: מתני' שופר של ראש השנה של יעל פשוט. מפרש טעמא בגמרא דמידי דתפלה בעי פשיטות: יעל. שטיי"ן בו"ק: ופיו מצופה זהב. בשל מקדש קאמר: שופר מאריך. לאחר שחצוצרות פוסקין תקיעתן נשמע קול השופר: ובתעניות. דאמרינן במס' תענית (דף טו:) תקעו הכהנים תקעו: בשל זכרים. אילים שסתמן כפופין: ושתי חצוצרות באמצע. שני שופרות להן אחד מכאן ואחד מכאן והן באמצע: שמצות היום בחצוצרות. דלכנופיא בעלמא נינהו וכל כנופיא בחצוצרות דכתיב (במדבר י) והיו לך למקרא העדה: שוה היובל לראש השנה לתקיעה. בפשוטין ואף על גב דתקיעתו ביובל לא לתפלה ולא לזכרון אלא לסימן שילוח עבדים והשמטת מכירת שדות אפילו הכי כדר"ה בעי למעבדי' דגמרינן לה לגזירה שוה שביעי שביעי בפ' בתרא (דף לד.): ולברכות. דבעי למימר תשע ברכות ביום הכפורים של יובל: ר' יהודה אומר כו'. טעמא מפרש בגמ': וביובלות בשל יעלים. וגזירה שוה לא גמיר: גמ' ושל כל השנה. של תעניות: קמ"ל. בר"ה אית ליה כרבי יהודה אבל ביובל לית ליה משום גזירה שוה: במאי קמיפלגי. תנא קמא ורבי יהודה: כמה דכייף איניש. בתפלתו פניו כבושין לארץ טפי עדיף משום והיו עיני ולבי שם (מלכים א ט) הלכך בראש השנה דלתפלה ולהזכיר עקידת יצחק בא בעינן כפופין ויובלות שהן לקרוא דרור בעינן פשוטין וגזירה שוה לית ליה: כמה דפשיט טפי עדיף. משום נשא לבבנו אל כפים (איכה ג) הלכך בראש השנה בפשוטין דלתפלה הוא ודיוה"כ נמי (ב) משום דשוה בגזירה שוה ובתענית לכנופיא לא איכפת לן ועבדינן כפופין להכרא ולר' לוי אית ליה כר' יהודה לתפלה בעינן כפופים וביום הכפורים סבירא ליה דשוה היובל לראש השנה כרבנן הלכך תרווייהו בעינן כפופים: ופיו

תוספות

חלגלוגות. ונפקא מינה לנו בפ"ק דיומא (דף יח.) דאמרינן אין מאכילין אותו דברים המביאים לידי טומאה כגון חלגלוגות: של יעל פשוט. פירש בקונטרס חיה שכן שמה וקורין אותה אשטנבו"ק ובערוך פי' היא כשבה נקבה וקרן הכשבה רגיל להיות פשוט וכפירש הקונטרס נראה דיעל חיה דכתיב (תהלים קד) הרים הגבוהים ליעלים ואקו ודישן (דברים יד) מתרגמינן ויעלא ורימא ומצוה בשל יעל פשוט כדמשמע בגמ' דכמה דפשיט טפי עדיף משום נשא לבבנו אל כפים ומיהו אין הלכה כן אלא כר' יהודה דאמר בר"ה בשל זכרים כפופים דהיינו של איל ור' לוי קאי כוותיה בגמ' דאמר מצוה של ר"ה ויוה"כ בכפופים דקסבר כמה דכייף איניש טפי עדיף משום והיו עיני ולבי שם וכדאמר ר' אבהו בפ"ק (דף טז.) למה תוקעין בשופר של איל אמר הקב"ה תקעו לפני בשופר של איל כדי שאזכור לכם עקידת יצחק ומיהו נראה דלא פליגי אלא לכתחילה אבל כולהו מודו דיוצא בדיעבד בין בשל איל בין בשל יעל כדקתני רישא כל השופרות כשרים חוץ משל פרה והיכא דלא מצא של איל יוצא בשל רחל או בשעיר עזים תדע דלמצוה פליגי דהא ר' לוי מצוה קאמר ועוד אטו פשוט וכפוף כתיב בקרא תעבירו שופר כתיב ביובל (ויקרא כה) וילפינן ר"ה מיניה וכיון דכולהו אקרו שופר חוץ משל פרה למה לא יצא ועוד משמע דפלוגתא דרבנן ור' יוסי בפני עצמן ופלוגתא דרבנן ור' יהודה בפני עצמן ולאו חדא פלוגתא היא ואם תמצא לומר דדוקא איירי אם כן הויא חדא פלוגתא דלתנא קמא כולהו כשרין בין בראש השנה בין ביוה"כ בין בתעניות חוץ משל פרה ור' יוסי אומר אף של פרה ולאידך רבנן ר"ה ויוה"כ בשל יעל ותעניות של זכרים ולר' יהודה ר"ה של זכרים וביובל בשל יעלים ומיהו קשה קצת דהא ר' לוי דאמר מצוה של ר"ה ויוה"כ היינו משום דילפינן גזרה שוה זה מזה בשביעי שביעי כדאמרינן בפ' בתרא (דף לד.) וכדתנן שוה יובל לר"ה לתקיעה ואי הוה טעמא משום מצוה בעלמא כדאמרינן דכמה דכייף איניש טפי עדיף היינו דוקא בראש השנה שהתקיעה לתפלה ולזכרון אבל יובל אין התקיעה אלא סימן שלוח עבדים והשמטות שדות החוזרות לבעלים לכך היה נראה לי מתוך זה דאינו יוצא אלא בכפוף פירוש דצריך להיות כפוף אי לא לא וגמרינן יובל מיניה: ושתי חצוצרות באמצע. שתי שופרות היו להן אחד מכאן ואחד מכאן כדי שיהיו החצוצרות באמצע משום דמצות היום בחצוצרות: רבי יהודה אומר בר"ה בשל זכרים וביובלות בשל יעלים. לית ליה לרבי יהודה שוה יובל לר"ה והא דבעינן שופר בראש השנה לאו משום דילפינן מיובל אלא כאידך תנא דיליף בפ' בתרא (ג"ז שם דף לד.) מדכתיב תקעו בחדש שופר ומיהו ההוא תנא נמי יליף ר"ה מיובל בגזרה שוה כדקאמרינן שלש תרועות נאמרו בר"ה ומייתי קרא דוהעברת שופר תרועה דכתיב ביובל וביום ולא בלילה נמי יליף מיובל כדקאמר התם והא דאיצטריך ליה קרא דתקעו בחדש שופר משום דיליף נמי ראש השנה ממדבר והוה אמינא דבחצוצרות כמדבר לכך נראה דמודה רבי יהודה דשוה יובל לר"ה אלא לענין הך מילתא אין שייך להשוותם להיות בשל זכרים כשל ר"ה דטעמא דר"ה מסברא בעלמא דכמה דכייף איניש טפי עדיף שהוא יום הדין ולהזכיר עקידה אבל יובל דלשלוח עבדים ושדות החוזרות לבעלים אין לחוש אלא שיהא שם שופר עליו אע"ג דר' לוי נמי משוה להו לענין זה משום גזרה שוה יש לומר דבהא פליגי:

בתורה

עין משפט נר מצוה

ט א מיי' פ"א מהלכות שופר הלכה ג סמג עשין מג:

י ב מיי' פ"א מהלכות תענית הלכה ד:

יא ג מיי' פ"א מהלכות שופר הלכה א ופ"י מהלכות שמיטין הלכה יא ופ"ב מהלכות תפלה הלכה ח:

יב ד מיי' פ"א מהלכות שופר הלכה א סמג עשין מג טוש"ע א"ח סי' תקפו סעיף א:

הגהות הב"ח

(א) גמ' דפשיט איניש דעתיה טפי מעלי וביום הכפורים נמי דגמר גזירה שוה ובתעניות כמה דכייף: (ב) רש"י ד"ה כמה דפשיט כו' ודיוה"כ נמי דשוה הוא משום גזירה שוה ובתעניות כו' כצ"ל:

רבינו חננאל

חכמה. אלו הכליות. או מי נתן לשכוי בינה זה תרנגול. פי' קבען פל' גזלני פל'. כדכתיב היקבע אדם אלהים וגו' פי' סירוגין פסקי פסקי. חלוגלוגות פירוש פרפחינן. פי' מהפך במזייה. מסלסל בשערו. פי' טאטיתהא. מכבד שמכבדין בו את הבית. פי' יהבך משואך: [מתני'] שופר של ר"ה של יעל כו'. א"ר לוי מצוה של ר"ה ושל יוה"כ והיא היובל בכפופין ושל ימות השנה כגון תענית בפשוטין. ור' לוי בר"ה בלבד הוא דאמר כר' יהודה דתנן ר' יהודה אומר בר"ה תוקעין בשל זכרים וביובלות בשל יעלים. וקיימא לן כר' לוי בר"ה ויוה"כ במאי פליגי ת"ק ור' יהודה. ר' יהודה סבר בר"ה במאי דכייף איניש טפי עדיף וביוה"כ במאי דפשיט איניש דעתיה טפי מעלי.

מסורת הש"ס

א) נ"ל אמרו, ב) [מפרש"י ד"ה במה קבענוך המעשר וכו' נראה דהיה גרסתו בגמ' דמייתי גם סיפא דהך קרא ואמרתם במה קבענוך המעשר והתרומה], ג) מגילה יח., ד) [מגילה יח. נזיר ג.], ה) לקמן כט. ל. [ערכין ג:], ו) ס"א וביוה"כ.

ליקוטי רש"י

היקבע אדם וגו'. רבותינו דרשו לשון גזילה ולשון ארמי הוא המעשר והתרומה שאתם גוזלים מן הכהנים ומן הלוים היא גזולתי [מלאכי ג ח]. סירוגין. בגמרא מפרש קורא מעט ופוסק (ושוהה) וחוזר ופוסק [מגילה יז.]. חלגלוגות. מין ירק הוא ושנוי בכמה מקומות במשנה ובברייתא. פרפחיני. פיקקל"י בלעז [שם יח.]. סלסלה. חפשה היה חוזר עליה לדקדק בה כמו כבוצר על סלסלות (ירמיה ו) החוזר והולך בכרם ומשיב ידו לבקש את העוללות ובלשון חכמים מסלסל בשערו [משלי ד ח]. מסלסל בשערך. למדנו שהסלסול לשון חיפוש והיפוך [מגילה שם]. וטאטאתיה. לשון כיבוד אשקוב"ר בלע"ז כמו שאמרו רבותינו לא הוי ידעי רבנן מאי וטאטאתיה עד דשמעי' כו' [ישעיה יד כג]. טאטיתא. אישקופ"א בלע"ז [מגילה שם]. יהבך. משאך [תהלים נה כג]. טייעא. סוחר ערבי [ברכות ו: וסנהדרין סז:]. ישמעאל [שבת פב.]. סוחר ישמעאל [תענית כב: מו"ק כה:].

תורה אור השלם

א) הֲיִקְבַּע אָדָם אֱלֹהִים כִּי אַתֶּם קֹבְעִים אֹתִי וַאֲמַרְתֶּם בַּמֶּה קְבַעֲנוּךָ הַמַּעֲשֵׂר וְהַתְּרוּמָה: [מלאכי ג, ח]

ב) סַלְסְלֶהָ וּתְרוֹמְמֶךָּ תְּכַבֵּדְךָ כִּי תְחַבְּקֶנָּה: [משלי ד, ח]

ג) וְשַׂמְתִּיהָ לְמוֹרַשׁ קִפֹּד וְאַגְמֵי מָיִם וְטֵאטֵאתִיהָ בְּמַטְאֲטֵא הַשְׁמֵד נְאֻם יְיָ צְבָאוֹת: [ישעיה יד, כג]

ד) הַשְׁלֵךְ עַל יְיָ יְהָבְךָ וְהוּא יְכַלְכְּלֶךָ לֹא יִתֵּן לְעוֹלָם מוֹט לַצַּדִּיק: [תהלים נה, כג]

קְבָעַן פְּלַנְיָא – "So-and-so was *kava* me!" לֹא הֲוָה יָדַע מַאי קָאָמַר לֵיהּ – **[Levi] did not understand what [the man] was telling him,** אָתָא שָׁאִיל בֵּי מִדְרְשָׁא – and so **he came and asked in the study hall.** אָמְרוּ [לו] לֵיהּ – **[The students] said to him:** גְּזָלָן אָמַר לָךְ – **He was telling you, "[So-and-so] robbed me,"** דִּכְתִיב ,,הֲיִקְבַּע אָדָם אֱלֹהִים וגו׳" – **as it is written:** ***Shall a man rob*** (*hayikva*) ***God*** **etc.?**[1] אָמַר לֵיהּ רָבָא מִבַּרְנִישׁ לְרַב אַשִׁי – **Rava of Barnish** subsequently **said to Rav Ashi:** אִי הֲוַאי הָתָם הֲוָה אֲמִינָא לֵיהּ – **Had I been there, I would have said to [the man]:** הֵיכִי קְבָעָךְ – **How did he *kava* you,** בְּמַאי קְבָעָךְ – **with what did he *kava* you,** וְאַמַּאי קְבָעָךְ – **and why did he *kava* you?** וּמִמֵּילָא הֲוָה יָדְעִינָא – **And as a matter of course**[2] **I would have known** what he meant. וְאִיהוּ סָבַר מִילְּתָא דְאִיסוּרָא קָאָמַר לֵיהּ – **But** Levi did not do this because **he thought [the man] was telling him** about **a matter of prohibition,** i.e. illicit relations.[3]

The Gemara presents a series of incidents in which the meaning of an unfamiliar word was gleaned from an unlikely source:

לֹא הֲווּ יָדְעֵי רַבָּנָן מַאי סֵירוּגִין – **The Rabbis**[4] **did not know what** the meaning of ***seirugin*** was.[5] שְׁמָעוּהָ לְאַמְתָא דְבֵי רַבִּי – However, one day **they heard the maidservant of Rebbi's household** דְּחָזַתְנְהוּ רַבָּנָן דְּהָווּ עָיְילֵי פִּסְקֵי פִּסְקֵי – **when she observed the Rabbis entering** Rebbi's house **intermittently,**[6] אָמְרָה לְהוּ – and **she said to them:** עַד מָתַי אַתֶּם נִכְנָסִין סֵירוּגִין סֵירוּגִין – **"How long are you** going to **enter *seirugin seirugin*?!"**[7]

Another incident:[8]

לֹא הֲווּ יָדְעֵי רַבָּנָן מַאי חֲלוֹגְלוֹגוֹת – **The Rabbis did not know what** the meaning of ***chaloglogos*** was.[9] יוֹמָא חַד שְׁמָעוּהָ לְאַמְתָא דְבֵי רַבִּי – However, **one day they heard the maidservant of Rebbi's household,** דְּחָזְית לְהַהוּא גַּבְרָא דְּקָא מְבַדֵּר פַּרְפְּחִינֵיהּ – **when she observed a certain man who was scattering purslane,**[10] אָמְרָה לֵיהּ – and **she said to him:** עַד מָתַי אַתָּה מְפַזֵּר חֲלוֹגְלוֹגְךָ – **"How long are you** going **to scatter your *chaloglogos*?!"**

Another incident:

לֹא הֲווּ יָדְעֵי רַבָּנָן מַאי ,,סַלְסְלֶהָ וּתְרוֹמְמֶךָּ" – **The Rabbis did not know what** was the meaning of the verse, ***Salsileha, and it will uplift you.***[11] יוֹמָא חַד שְׁמָעוּהָ לְאַמְתָא דְבֵי רַבִּי – However, **one day they heard the maidservant of Rebbi's household,** דַּהֲוַות אָמְרָה לְהַהוּא גַּבְרָא דַּהֲוָה קָא מְהַפֵּךְ בִּשְׂעָרֵיהּ – **while she was speaking to a certain man who was curling his hair,** אָמְרָה לֵיהּ – and **she said to him:** עַד מָתַי אַתָּה מְסַלְסֵל בִּשְׂעָרְךָ – **"How long are you** going **to *mesalseil* your hair?!"**[12]

Another incident:

לֹא הֲווּ יָדְעֵי רַבָּנָן מַאי ,,וְטֵאטֵאתִיהָ בְּמַטְאֲטֵא הַשְׁמֵד" – **The Rabbis did not know what** was the meaning of the verse, ***and I will teitei it with the mat'atei of destruction.***[13] יוֹמָא חַד שְׁמָעוּהָ לְאַמְתָא דְבֵי רַבִּי – However, **one day they heard the maidservant of Rebbi's household** דַּהֲוַות אָמְרָה לַחֲבֶירְתָּהּ – **when she was speaking to her co-worker, and** she said: שְׁקוֹלִי טָאטִיתָא – **"Take a broom** [*tateisa*] וְטָאֲטִי בֵּיתָא – **and sweep** [*taati*] **the house!"**[14]

A final incident, this one again involving a traveler:

לֹא הֲווּ יָדְעֵי רַבָּנָן מַאי ,,הַשְׁלֵךְ עַל־ה׳ יְהָבְךָ וְהוּא יְכַלְכְּלֶךָ" – **The Rabbis did not know what** was the meaning of the verse, ***Cast upon Hashem your yehav, and He will sustain you.***[15] אָמַר רַבָּה בַּר בַּר חָנָה – **Rabbah bar bar Chanah said:** יוֹמָא חַד הֲוָה אָזְלִינָא בַּהֲדֵי הַהוּא טַיְיעָא – **One day I was traveling with a certain Arab merchant.** הֲוָה דָּרֵינָא טוּנָא – **I was carrying a load,** וְאָמַר לִי – **and he said to me:** שְׁקוֹל יְהָבִיךְ – **"Take your *yehav*** וּשְׁדִי אַגַּמְלַאי – **and throw it onto my camel."**[16]

Mishnah The Mishnah again discusses the type of shofar that should be used on Rosh Hashanah,[17] and the procedure for blowing it in the Temple:

NOTES

1. *Malachi* 3:8. [*Rashi* in ד״ה במה קבענוך is paraphrasing the end of the verse (*Sifsei Chachamim*).]

2. From the man's answers (*Maharsha*).

3. [See above, 17a note 30.] Levi refrained from inquiring too closely out of concern that the man referred to such an illicit act (see *Maharsha*).

4. I.e. the students of Rebbi's academy (*Sifsei Chachamim*).

5. The Mishnah in *Megillah* (17a) states: *If one read it* [the Scroll of Esther] *seirugin, he has discharged* [his obligation]. The Rabbis were unfamiliar with this unusual word, and therefore lacked clarity as to the ruling of the Mishnah (see *Rashi*).

Maharsha explains that the Rabbis were sometimes not conversant with the language of Scripture, the vernacular, or even Rabbinical terminology. However, all the members of Rebbi's household – including the maidservants – were.

6. They entered in small groups at intervals, and not all at once (*Rashi*).

7. The maidservant was berating them for delaying the lecture by not entering all together (*Sifsei Chachamim;* see there for other explanations). Nevertheless, from this remark the Rabbis understood that the Mishnah meant as follows: If one read a few verses of the *Megillah,* paused, read a few more verses and then paused again, he has nonetheless fulfilled the mitzvah.

8. [*Yerushalmi* states that this episode and the two that follow all occurred at one time (*Yefei Einayim*).]

9. The Gemara *Yoma* (18a-b) teaches that a *zav* is forbidden to eat certain foods during his observance of the seven clean days, lest he experience an emission that would render him *tamei.* Among the prohibited foods mentioned there in a Baraisa are *chaloglogos* (*Tosafos*). A *zav* is a person who had at least two discharges of *zivah* within two consecutive days. *Zivah* (literally: seepage or flow) is a certain type of gonorrheal discharge that is recognizably different from a seminal emission (see *Rashi;* see also *Niddah* 35b, *Rambam, Hil. Mechusrei Kapparah* 2:1 and *Tos. Yom Tov, Zavim* 2:1). A man who experiences one such discharge is *tamei* on the same level as a person who had a seminal emission. That is, he is *tamei* for one day only; he may immerse in a *mikveh* that very day and then becomes *tahor* upon nightfall. However, if a man had two discharges of *zivah* within two consecutive days or a single discharge that spanned two calendar days, he is considered a *zav.* In that case, he remains *tamei* until he observes seven consecutive days free of emission and immerses in running spring water. If he experienced *three* emissions on one day, or on two or three consecutive days, he must additionally bring an offering upon being purified.

During the *zav's* seven clean days, he should avoid certain foods that may cause a discharge. Although an emission brought on by an external stimulus cannot render a person a *zav,* such an emission duing the *zav's* seven clean days does cancel his count (*Tosafos Yeshanim, Yoma* 18a).

10. Any of a family of succulent herbs.

11. *Proverbs* 4:8. [The verse speaks of the virtues of learning Torah.] The Rabbis did not know the meaning of סַלְסְלֶהָ.

12. From this the Rabbis understood that סלסל means *delve into and turn over.* Accordingly, the verse reads: *Delve into and turn over* [*the secret chambers of the Torah*], *and it will uplift you* (*Rashi* to *Megillah* 18a and here).

13. *Isaiah* 14:23. [This verse appears in the prophecy that foretells the downfall of Babylonia for destroying the Temple and causing Israel's exile.] The Rabbis did not know the meanings of טֵאטֵאתִיהָ and מַטְאֲטֵא.

14. Accordingly, the verse reads: *And I will sweep it* [Babylonia] *away with the broom of destruction.*

15. *Psalms* 55:23. They did not know the meaning of יְהָבְךָ.

16. Accordingly, the verse reads: *Cast upon Hashem your burden, and He will sustain you.* See *Sifsei Chachamim, Beur HaGra* to *Proverbs* 3:5, and *Yerios HaOhel* to *Ohel Yaakov, Exodus* 20:8.

17. According to most Rishonim, the previous Mishnah (26a) discussed which shofars are *Biblically valid* for the mitzvah [according to the Tanna Kamma, all but a cow's shofar according to R' Yose, all naturally hollow shofars], while this Mishnah cites a dispute regarding which type of shofar is *Rabbinically preferred* (see *Meiri, Ramban, Rashba* and *Ritva;* see also *Ramban, Derashah* ch. 6 ד״ה מ״מ שנינו). However, other Rishonim [*Tosafos* (in their conclusion) and *Rambam* (*Hil. Shofar* 1:1;

קבען פלניא לא הוה ידע מאי קאמר ליה אתא שאיל בי מדרשא (א) אמר ליה גזלן אמר לך דכתיב א) היקבע אדם אלהים ג) וגו' א"ל רבא מברניש לרב אשי אי הואי התם הוה אמינא ליה היכי קבעך במאי קבעך ואמאי קבעך וממילא הוה ידעינא ואיהו סבר מילתא דאיסורא קאמר ליה לא הוו ידעי רבנן מאי ג) סירוגין שמעוה לאמתא דבי רבי דחזתנהו רבנן דהוו עיילי פסקי פסקי אמרה להו עד מתי אתם נכנסין סירוגין סירוגין לא הוו ידעי רבנן מאי חלוגלוגות יומא חד שמעוה ד) לאמתא דבי רבי דחזית לההוא גברא דקא מבדר פרפחיניה אמרה ליה עד מתי אתה מפזר חלוגלוגך לא הוו ידעי רבנן מאי ב) סלסלה ותרוממך יומא חד שמעוה לאמתא דבי רבי דהוות אמרה לההוא גברא דהוה קא מהפך בשעריה אמרה ליה עד מתי אתה מסלסל בשערך לא הוו ידעי רבנן מאי ג) וטאטאתיה במטאטא השמד יומא חד שמעוה לאמתא דבי רבי דהוות אמרה לחברתה שקולי טאטיתא וטאטי ביתא לא הוו ידעי רבנן מאי ד) השלך על ה' יהבך והוא יכלכלך אמר רבה בר בר חנה יומא חד הוה אזילנא בהדי ההוא טייעא הוה דרינא טונא ואמר לי שקול יהביך ושדי אגמלאי:

מתני' שופר של ראש השנה של יעל פשוט ופיו מצופה זהב א ושתי חצוצרות מן הצדדין שופר מאריך וחצוצרות מקצרות שמצות היום בשופר ובתעניות בשל זכרים כפופין ופיהן מצופה כסף ושתי חצוצרות באמצע ב שופר מקצר וחצוצרות מאריכות שמצות היום בחצוצרות ה) ג שוה היובל לר"ה לתקיעה ולברכות רבי יהודה אומר בר"ה תוקעין בשל זכרים וביובלות בשל יעלים:

גמ' א"ר לוי ד מצוה של ר"ה ושל יוה"כ בכפופין ושל כל השנה בפשוטין והתנן שופר של ר"ה של יעל פשוט הוא דאמר כי האי תנא דתניא רבי יהודה אומר בר"ה היו תוקעין בשל זכרים כפופין וביובלות בשל יעלים ולימא הלכתא כרבי יהודה אי אמרת הלכתא כר' יהודה הוה אמינא אפילו של יובל נמי כר' יהודה סבירא ליה קא משמע לן במאי קמיפלגי מר סבר בר"ה כמה דכייף איניש דעתיה טפי מעלי וביום הכפורים כמה דפשיט איניש דעתיה טפי מעלי ומר סבר בראש השנה כמה דפשיט איניש דעתיה טפי מעלי (א) ו) ובתעניות כמה דכייף איניש דעתיה טפי מעלי:

ופיו

רש"י

קבען פלניא. גזלני פלוני: **במה קבענוך.** המעשר והתרומה אתם קובעים אותי: **מאי סירוגין.** ששנינו במגילה (דף יז.) קראה סירוגין (סירוגין): **פסקי.** לפרקים שאינן נכנסין יחד: **מאי חלוגלוגות.** ששנינו בפ"ק דיומא (דף יח.) כל שבעת הימים לא היה אוכל השוס והחלוגלוגות: **פרפחיני.** ירק שקורין פורקלי"ו: **סלסלה.** חפוש והפך במטמוניות של תורה: **והוה דרינא טונא.** טוען משוי: **מתני' שופר של ראש השנה של יעל פשוט.** מפרש טעמא בגמרא דמידי דתפלה בעי פשיטות: **יעל.** סטיי"ן בו"ק: **ופיו מצופה זהב.** בשל מקדש קאמר: **שופר מאריך.** לאחר שהחצוצרות פוסקין תקיעתן נשמע קול השופר: **ובתעניות.** דאמרינן במס' תענית (דף טו:) תקעו הכהנים תקעו: **בשל זכרים.** אילים שקטנן כפופין: **ושתי חצוצרות באמצע.** שני שופרות להן אחד מכאן ואחד מכאן והן באמצע: **שמצות היום בחצוצרות.** דלכנופיא בעלמא נינהו וכל כנופיא בחצוצרות דכתיב (במדבר י) והיו לך למקרא העדה: **שוה היובל לראש השנה לתקיעה.** בפשוטין ואף על גב דתקיעתו ביובל לא לתפלה ולא לזכרון אלא לסימן שילוח עבדים והשמטת מכירת שדות אפילו הכי כדר"ה בעי למעבדי' דגמרינן לה לגזירה שוה שביעי שביעי בפ' בתרא (דף לד.): **ולברכות.** דבעי למימר תשע ברכות כיום הכפורים של יובל: **ר' יהודה אומר כו'.** טעמא מפרש בגמ': **וביובלות בשל יעלים.** וגזירה שוה לא גמיר: **גמ' ושל כל השנה.** של תעניות: **קמ"ל.** בר"ה אית ליה כרבי יהודה אבל ביובל לית ליה משום גזירה שוה: **במאי קמיפלגי.** תנא קמא ורבי יהודה: **כמה דכייף איניש.** בתפלתו פניו כבושין לארץ טפי עדיף משום והיו עיני ולבי שם (מלכים א ט) הלכך בראש השנה דלתפלה ולהזכיר עקידת יצחק בא בעינן כפופין ויובלות שהן לקרוא דרור בעינן פשוטין וגזירה שוה לית ליה: **כמה דפשיט טפי עדיף.** משום נשא לבבנו אל כפים (איכה ג) הלכך בראש השנה בפשוטין לתפלה הוא וביוה"כ נמי (ג) משום דשויה בגזירה שוה ובתענית לכנופיא לא איכפת לן ועבדינן כפופין להכירא ולר' לוי אית ליה כר' יהודה לתפלה בעינן כפופים וביום הכפורים סבירא ליה דשוה היובל לראש השנה כרבנן הלכך תרוייהו בעינן כפופים:

ופיו

תוספות

חלוגלוגות. ונפקא מינה לגז בפ"ק דיומא (דף יח.) דאמרינן אין מאכילין אותו דברים המביאים לידי טומאה כגון חלוגלוגות: **של יעל פשוט.** פירש בקונטרס היה שכן שמה וקורין אותה אשטנבו"ק וערוך פי' היא כשבה נקבה וקרן הכשבה רגיל להיות פשוט ופירש הקונטרס נראה דיעל חיה דכתיב (תהלים קד) הרים הגבוהים ליעלים ואקו ודישן (דברים יד) מתרגמינן ויעלא ורימא ומצוה בשל יעל פשוט כדמשמע בגמ' דכמה דפשיט טפי עדיף משום נשא לבבנו אל כפים ומיהו אין הלכה כן אלא כר' יהודה דאמר בר"ה בשל זכרים כפופים דהיינו של איל ור' לוי קאי כוותיה בגמ' דאמר מצוה של ר"ה ויוה"כ בכפופים דקסבר כמה דכייף איניש טפי עדיף משום והיו עיני ולבי שם וכדאמר ר' אבהו בפ"ק (דף טז.) למה תוקעין בשופר של איל אמר הקב"ה תקעו לפני בשופר של איל כדי שאזכור לכם עקידת יצחק ומיהו נראה דלא פליגי אלא לכתחילה אבל כולהו מודו דיוצא בדיעבד בין בשל איל בין בשל יעל כדקתני רישא כל השופרות כשרים חוץ משל פרה והיכא דלא מצא של איל יוצא בשל רחל או בשעיר עזים תדע דלמצוה פליגי דהא ר' לוי מצוה קאמר ועוד אטו פשוט וכפוף כתיב בקרא שופר כתיב ביובל (ויקרא כה) וילפינן ר"ה מיניה וכיון דכולהו אקרו שופר חוץ משל פרה למה לא יצא ועוד משמע דפלוגתא דרבנן ור' יוסי בפני עצמן ופלוגתא דרבנן ור' יהודה בפני עצמן ולאו חדא פלוגתא היא ואם תמצא לומר דלדוקא איירי אם כן הויא חדא פלוגתא דלתנא קמא כולהו כשרין בין בראש השנה בין ביוה"כ בין בתעניות חוץ משל פרה ור' יוסי אומר אף של פרה ולאידך רבנן ר"ה ויוה"כ בשל יעל ותעניות של זכרים ולר' יהודה ר"ה של זכרים וביובל בשל יעלים ומיהו קשה קצת דהא ר' לוי דאמר מצוה של ר"ה ויוה"כ היינו משום דילפינן גזרה שוה זה מזה בשביעי שביעי כדאמרינן בפ' בתרא (דף לד.) וכדתנן שוה יובל לר"ה לתקיעה ואי הוה טעמא משום מצוה בעלמא כדאמרינן דכמה דכייף איניש טפי עדיף היינו דוקא בראש השנה שהתקיעה לתפלה ולזכרון אבל יובל אין התקיעה אלא סימן שלוח עבדים והשמטות שדות החוזרות לבעלים לכך היה נראה לי מתוך זה דאינו יוצא אלא בכפוף פירוש דצריך להיות כפוף אי לא לא וגמרינן יובל מיניה: **ושתי חצוצרות באמצע.** שתי שופרות היו להן אחד מכאן ואחד מכאן כדי שיהיו החצוצרות באמצע משום דמצות היום בחצוצרות: **רבי יהודה אומר בר"ה בשל זכרים וביובלות בשל יעלים.** לית ליה לרבי יהודה שוה יובל לר"ה והא דבעינן שופר בראש השנה לאו משום דילפינן מיובל אלא כאידך תנא דיליף בפ' בתרא (ג"ז שם דף לד.) מדכתיב תקעו בחדש שופר ומיהו ההוא תנא נמי יליף ר"ה מיובל בגזרה שוה כדקאמרינן שלש תרועות נאמרו בר"ה ומייתי קרא דוהעברת שופר תרועה דכתיב ביובל וביום ולא בלילה נמי יליף מיובל כדקאמר התם והא דאיצטריך ליה קרא דתקעו בחדש שופר משום דיליף נמי ראש השנה ממדבר והוה אמינא דבחצוצרות כמדבר לכך נראה דמודה רבי יהודה דשוה יובל לר"ה אלא לענין הך מילתא אין שייך להשוותם להיות בשל זכרים כשל ר"ה דטעמא דר"ה מסברא בעלמא דכמה דכייף איניש טפי עדיף שהוא יום הדין ולהזכיר עקידה אבל יובל דלשלוח עבדים ושדות החוזרות לבעלים אין לחוש אלא שיהא שם שופר עליו אע"ג דר' לוי נמי משוה להו לענין זה משום גזרה שוה יש לומר דבהא פליגי:

בתורה

עין משפט נר מצוה

ט א מיי' פ"א מהלכות שופר הלכה ב סמג עשין מג:

י ב מיי' פ"א מהלכות תענית הלכה ד:

יא ג מיי' פ"א מהלכות שופר הלכה א ופ"ט מהלכות שמיטין הלכה יא ופ"ב מהלכות תפלה הלכה ח:

יב ד מיי' פ"א מהלכות שופר הלכה א סמג עשין מג טוש"ע א"ח סי' תקפו סעיף א:

הגהות הב"ח

(א) גמ' דפשיט איניש דעתיה טפי מעלי וביום הכפורים נמי דגמר גזירה שוה ובתעניות כמה דכייף: (ב) רש"י ד"ה כמה דפשיט כו' וביוה"כ נמי דשוה הוא משום גזירה שוה ובתעניות כו' כצ"ל:

רבינו חננאל

חכמה. אלו הכליות. או מי נתן לשכוי בינה זה תרנגול. פי' קבען פל' גזלני פל'. כדכתיב היקבע אדם אלהים וגו' פי' סירוגין פסקי פסקי. חלוגלוגות פירוש פרפחינן. פי' מהפך במזייה. מסלסל בשערו. פי' טאטיתהא. מכבד שמכבדין בו את הבית. פי' יהבך משואך: [מתני'] שופר של ר"ה של יעל כו'. א"ר לוי מצוה של ר"ה ושל יוה"כ והיא היובל בכפופין ושל ימות השנה כגון תענית בפשוטין. ור' לוי כר' יהודה דתנן ר' יהודה אומר בר"ה תוקעין בשל זכרים וביובלות בשל יעלים. וקיימא לן כר' לוי בר"ה ויוה"כ במאי פליגי ת"ק ור' יהודה. ר' יהודה סבר בר"ה במאי דכייף איניש טפי עדיף וביוה"כ במאי דפשיט איניש דעתיה טפי מעלי.

מסורת הש"ס

א) נ"ל אמרו, ב) [מפרש"י ד"ה במה קבענוך המעשר וכו' נראה דהיה גרסתו בגמ' דמייתי גם סיפא דהך קרא ואמרתם במה קבענוך המעשר והתרומה], ג) מגילה יח., ד) [מגילה יח. נזיר ג.], ה) לקמן כט. ל. [ערכין ג:], ו) ס"א וביוה"כ.

ליקוטי רש"י

היקבע אדם וגו'. רבותינו דרשו לשון גזילה ולשון ארמי הוא המעשר והתרומה שאתם גוזלים מן הכהנים ומן הלוים היא גזלתי [מלאכי ג ח]. **סירוגין.** בגמרא מפרש קורא מעט ופוסק (ושוהה) וחוזר ופוסק [מגילה יז.]. **חלוגלוגות.** מין ירק הוא ושנוי בכמה מקומות במשנה ובברייתא. **פרפחיני.** פיקקל"י בלעז [שם יח.]. **סלסלה.** חפשה היה חוזר עליה לדקדק בה כמו כבוצר על סלסלות (ירמיה ו) החוזר והולך בכרם ומשיב ידו לבקש את העוללות ולשון חכמים מסלסל בשערו [משלי ד ח]. **מסלסל בשערך.** למדנו שהסלסול לשון חיפוש והיפוך [מגילה שם]. **וטאטאתיה.** לשון כיבוד אשקובי"ר בלע"ז כמו שאמרו רבותינו לא הוי ידעי רבנן מאי וטאטאתיה עד דשמעי' כו' [ישעיה יד כג]. **טאטיתא.** אישקופ"א בלע"ז [מגילה שם]. **יהבך.** משאך [תהלים נה כג]. **טייעא.** סוחר ערבי [ברכות ו: וסנהדרין סז:]. ישמעאל [שבת פב.]. סוחר ישמעאל [תענית כב: מו"ק כה:].

תורה אור השלם

א) הֲיִקְבַּע אָדָם אֱלֹהִים כִּי אַתֶּם קֹבְעִים אֹתִי וַאֲמַרְתֶּם בַּמֶּה קְבַעֲנוּךָ הַמַּעֲשֵׂר וְהַתְּרוּמָה: [מלאכי ג, ח]

ב) סַלְסְלֶהָ וּתְרוֹמְמֶךָּ תְּכַבֵּדְךָ כִּי תְחַבְּקֶנָּה: [משלי ד, ח]

ג) וְשַׂמְתִּיהָ לְמוֹרַשׁ קִפֹּד וְאַגְמֵי מָיִם וְטֵאטֵאתִיהָ בְּמַטְאֲטֵא הַשְׁמֵד נְאֻם יְיָ צְבָאוֹת: [ישעיה יד, כג]

ד) הַשְׁלֵךְ עַל יְיָ יְהָבְךָ וְהוּא יְכַלְכְּלֶךָ לֹא יִתֵּן לְעוֹלָם מוֹט לַצַּדִּיק: [תהלים נה, כג]

שׁוֹפָר שֶׁל רֹאשׁ הַשָּׁנָה שֶׁל יָעֵל פָּשׁוּט – The shofar of Rosh Hashanah should be the horn **of a wild goat,**[18] which is **straight,**[19] **וּפִיו מְצוּפֶּה זָהָב – and its mouth is plated with gold,**[20] **וּשְׁתֵּי חֲצוֹצְרוֹת מִן הַצְּדָדִין – and two trumpets** are blown **at the sides.**[21] **שׁוֹפָר מַאֲרִיךְ – The shofar [blows] long** **וַחֲצוֹצְרוֹת מְקַצְּרוֹת – and the trumpets [blow] short,**[22] **שֶׁמִּצְוַת הַיּוֹם בְּשׁוֹפָר – for the commandment of the day is with a shofar.**[23]

The Mishnah now discusses the type of shofar that should be used on fast days,[24] and the procedure for blowing it: **וּבְתַעֲנִיּוֹת – And on fast days** **בְּשֶׁל זְכָרִים כְּפוּפִין –** we blow **with** the horns **of males,**[25] which are **bent,** **וּפִיהֶן מְצוּפֶּה כֶּסֶף – and their mouths are plated with silver,** **וּשְׁתֵּי חֲצוֹצְרוֹת בָּאֶמְצַע – and two trumpets** are blown **in the middle.**[26] **שׁוֹפָר מְקַצֵּר – The shofar**[27] **[blows] short** **וַחֲצוֹצְרוֹת מַאֲרִיכוֹת – and the trumpets [blow] long,** **שֶׁמִּצְוַת הַיּוֹם בַּחֲצוֹצְרוֹת – for the** primary **commandment of the day is with trumpets.**[28]

The Mishnah now discusses blowing the shofar on Yom Kippur of the *Yovel* Year:

שָׁוֶה הַיּוֹבֵל לְרֹאשׁ הַשָּׁנָה – The laws of **the *Yovel* Year are identical to** the laws of **Rosh Hashanah**[29] **לַתְּקִיעָה –** with regard **to the blowing**[30] **וְלַבְּרָכוֹת – and the blessings.**[31]

Another Tanna disputes the Tanna Kamma in the case of Rosh Hashanah:[32]

רַבִּי יְהוּדָה אוֹמֵר – R' Yehudah says: **בְּרֹאשׁ הַשָּׁנָה תּוֹקְעִין בְּשֶׁל זְכָרִים – On Rosh Hashanah we blow with** the horns **of males,**[33] **וּבַיּוֹבְלוֹת בְּשֶׁל יְעֵלִים – and on the *Yovel* Year with** the horns **of wild goats.**[34]

Gemara The Gemara quotes an Amoraic ruling that conflicts with those in the Mishnah:

אָמַר רַבִּי לֵוִי – R' Levi said: **מִצְוָה שֶׁל רֹאשׁ הַשָּׁנָה וְשֶׁל יוֹם הַכִּפּוּרִים בִּכְפוּפִין – The commandment of** blowing a shofar on **Rosh Hashanah and Yom Kippur** of the *Yovel* Year **is** fulfilled **with bent** horns, **וְשֶׁל כָּל הַשָּׁנָה בִּפְשׁוּטִין – and of all** the rest of **the year** (i.e. on fast days) **with straight ones.**

The Gemara wonders:

וְהָתְנַן שׁוֹפָר שֶׁל רֹאשׁ הַשָּׁנָה שֶׁל יָעֵל פָּשׁוּט – But we have learned in our **Mishnah:** THE SHOFAR OF ROSH HASHANAH should be the horn

NOTES

see commentaries ad loc.)] maintain that this Mishnah disputes the previous one, with each Tanna here holding that only the type of shofar he champions is *valid* for the mitzvah (see *Tzemach Tzedek,* cited in *Asifas Zekeinim,* and *Rashash;* see also *Mordechai*).

18. This is the definition of *Rashi,* who follows *Onkelos'* translation of *Deuteronomy* 14:5, where the latter renders אַקּוֹ, one of the kosher undomesticated animals, as יַעֲלָא. However, *Aruch* (cited in *Tosafos;* see there) states that יָעֵל is a ewe, whose horns are normally straight, as opposed to the curved horns of the ram, its male counterpart (see *Ran*).

19. The Tanna Kamma's main point is that the horn should be straight; he mentions the wild goat only as an example of an animal whose horns are typically straight. Hence, any straight horn (except that of a cow) is valid for the mitzvah (*Ramban, Ritva;* according to *Yom Teruah, Rashi* as well).]

Although it is somewhat curved, the wild goat's horn is considered straight vis-a-vis the ram's horn, which R' Yehudah champions below (*Meiri* to 26a).

20. The Mishnah speaks of the shofar that was blown in the Temple (*Rashi;* see *Yom Teruah* for *Rashi's* source). Plating the mouth with gold does not contravene the principle, *an accuser cannot become a defender* (see above, 26a), for since the gold is affixed above where the lips are placed, the actual sound of the shofar does not issue from the gold (*Yom Teruah;* see there for another explanation; see Gemara below, 27a).

21. In the Temple on Rosh Hashanah two men blowing silver trumpets stood on either side of the one who blows the shofar. Just as the most important member of a group walks in the middle, so the shofar blower assumes this position of honor, for he performs the day's special mitzvah (*Ran*). The Gemara below (27a) cites the verse (from *Psalms*) that requires trumpets along with the shofar.

22. I.e. the sound of the shofar continues and is heard after the trumpets' blasts have ceased (*Rashi*).

23. Since on Rosh Hashanah everyone is commanded to hear the sound of a shofar (i.e. even those people outside the Temple).

24. A community beset by calamity is under a Rabbinic obligation to declare days of fasting and special prayer until the calamity has passed (*Rambam, Hil. Taanis* 1:4). The types of misfortune that demand the declaration of a fast are described at length in Mishnah *Taanis* ch. 1 and ch. 3, and in *Rambam, Hil. Taanis* 2:1. In addition to fasting, the people are assembled for supplication and prayer, and this is always accomplished with trumpets, as it is written (*Numbers* 10:2): *And they* [the silver trumpets] *shall be yours for summoning the assembly* (*Rashi* below ד״ה שמצות היום בחצוצרות; see *Emek Berachah* [*Taanis* 5 (p. 132)] for a discussion of *Rashi*). Alternatively, we sound the trumpets in order to stir the hearts of the people and bring them to repentance by causing them to realize that the disaster resulted because of their sins (*Rambam* ibid. 1:1-3; see *Taanis* 15b). In the Temple, shofars were blown along with the trumpets, as the Gemara will establish (see *Mishnah Berurah* 586:1 and *Aruch HaShulchan* 586:3,4).

25. The reference is to the horns of rams (male sheep), which are typically bent (*Rashi*). [It seems from *Rashi's* comment that in his text only the words בְּשֶׁל זְכָרִים appeared.] Although the Mishnah specifies a ram's horn, any bent horn is valid for use as a shofar on a public fast day (*Ramban, Ritva;* see note 17 above).

26. Two shofars accompanied the trumpets, with one shofar on each side, so that the trumpets should be in the middle, since the primary mitzvah of the day is with trumpets (*Rashi, Tosafos;* see note 24 above).

27. Although *two* shofars are blown (see previous note), the Tanna states "shofar," in the singular, to teach that Biblical law actually mandates only one. The use of two shofars, one on each side, is a Rabbinic innovation, to publicize that the special mitzvah of the day is with trumpets (*Yom Teruah*).

28. As mentioned above (note 24), the purpose of sounding an instrument on a fast day is to assemble the people for supplication and prayer. In this case, then, blowing the trumpets is more important, for it is mandated by the Pentateuch, whereas the shofar accompaniment is derived from the aforementioned verse in *Psalms* (see note 21 above).

29. The Torah (*Leviticus* 25:9) commands that a shofar be blown on Yom Kippur of the *Yovel* Year (*Yovel*) to proclaim the emancipation of all Jewish slaves and the return of ancestral fields [sold during the previous fortynine years] to their original Jewish owners. Although blowing a shofar on Rosh Hashanah serves a completely different purpose [viz. to transport our prayers and to effect a remembrance (see above, 26a)], the Torah equates the shofar blowing of *Yovel* to that of Rosh Hashanah via a *gezeirah shavah* teaching, as explained in the Gemara below, 34a (*Rashi*).

30. I.e. in that a straight horn should be used (*Rashi*). According to *Rambam* (*Hil. Shemittah VeYovel* 10:10,11), the Mishnah is equating Rosh Hashanah and the *Yovel* Year with respect to the number of blasts that must be sounded, as outlined in the Mishnah below, 33b (but see *Rashash*).

31. The nine blessings that comprise the Mussaf prayer of Rosh Hashanah, recorded in the Mishnahs below (32a), are recited also in the Yom Kippur Mussaf on the *Yovel* Year (*Rashi*).

32. Since R' Yehudah is silent on the subject of fast days, we may conclude that he agrees with the Tanna Kamma that on those occasions a bent horn is blown (*Chidushei HaRan* and *Turei Even*). See, however, end of note 41.

33. According to most Rishonim, R' Yehudah requires only that on Rosh Hashanah the shofar be bent and on *Yovel* it be straight, and so the animals he mentions serve only as examples (see note 19 above). *Tosafos* maintain, however, that R' Yehudah actually prefers a ram's horn on Rosh Hashanah, pursuant to the Gemara above, 16a: *R' Abahu said: Why do we blow with a shofar of a ram* etc. (see *Tosafos* there ד״ה בשופר של איל). See note 43 below.

34. Unlike the Tanna Kamma, R' Yehudah did not receive the tradition of a *gezeirah shavah* equating the shofar blowing of *Yovel* to that of Rosh Hashanah (*Rashi;* see *Tosafos* ד״ה רבי יהודה; see also note 29 above).

קבען פלניא לא הוה ידע מאי קאמר ליה אתא שאיל בי מדרשא (א) אמר) ליה גזלן אמר לך דכתיב א) היקבע אדם אלהים ב) וגו' א"ל רבא מברניש לרב אשי אי הואי התם הוה אמינא ליה היכי קבעך במאי קבעך ואמאי קבעך וממילא הוה ידענא ואיהו סבר מילתא דאיסורא קאמר ליה לא הוו ידעי רבנן מאי ג) סירוגין שמעוה לאמתא דבי רבי דחזתנהו רבנן דהוו עיילי פסקי פסקי אמרה להו עד מתי אתם נכנסין סירוגין סירוגין לא הוו ידעי רבנן מאי חלוגלוגות יומא חד שמעוה ד) לאמתא דבי רבי דהוות אמרה לההוא גברא דקא מבדר פרפחיניה אמרה ליה עד מתי אתה מפזר חלוגלוגך לא הוו ידעי רבנן מאי ב) סלסלה ותרוממך יומא חד שמעוה לאמתא דבי רבי דהוות אמרה לההוא גברא דהוה קא מהפך בשעריה אמרה ליה עד מתי אתה מסלסל בשערך לא הוו ידעי רבנן מאי ג) וטאטאתיה במטאטא השמד יומא חד שמעוה לאמתא דבי רבי דהוות אמרה לחברתה שקולי טאטיתא וטאטי ביתא לא הוו ידעי רבנן מאי ד) השלך על ה' יהבך והוא יכלכלך אמר רבה בר בר חנה יומא חד הוה אזילנא בהדי ההוא טייעא והוה דרינא טונא ואמר לי שקול יהבך ושדי אגמלאי: **מתני'** שופר של ראש השנה של יעל פשוט ופיו מצופה זהב א) ושתי חצוצרות מן הצדדין שופר מאריך וחצוצרות מקצרות שמצות היום בשופר ובתעניות בשל זכרים כפופין ופיהן מצופה כסף ושתי חצוצרות באמצע ב) שופר מקצר וחצוצרות מאריכות שמצות היום בחצוצרות ה) ג) שוה היובל לר"ה לתקיעה ולברכות רבי יהודה אומר בר"ה תוקעין בשל זכרים וביובלות בשל יעלים: **גמ'** א"ר לוי ד) מצוה של ר"ה ושל יוה"כ בכפופין ושל כל השנה בפשוטין והתנן שופר של ר"ה של יעל פשוט הוא דאמר כי האי תנא דתניא רבי יהודה אומר בר"ה היו תוקעין בשל זכרים כפופין וביובלות בשל יעלים ולימא הלכתא כרבי יהודה אי אמרת הלכתא כר' יהודה הוה אמינא אפילו של יובל נמי כר' יהודה סבירא ליה קא משמע לן במאי קמיפלגי מר סבר בר"ה כמה דכייף איניש דעתיה טפי מעלי וביום הכפורים כמה דפשיט איניש דעתיה טפי מעלי ומר סבר בראש השנה כמה דפשיט איניש דעתיה טפי מעלי (א) ו) ובתעניות כמה דכייף איניש דעתיה טפי מעלי: ופיו

רש"י

קבען פלניא. גזלני פלוני: במה קבענוך. המעשר והתרומה אתם קובעים אותי: מאי סירוגין. ששנינו במגילה (דף יז.) קראה סירוגין (סירוגין): פסקי. לפרקים שאינן נכנסין יחד: מאי חלוגלוגות. ששנינו בפ"ק דיומא (דף יח.) כל שבעת הימים לא היה אוכל השום והחלוגלוגות: פרפחיני. ירק שקורין עורקקל"י: סלסלה. חפוש והפך במטמונים של תורה: והוה דרינא טונא. נושא משוי: מתני' שופר של ראש השנה של יעל פשוט. מפרש טעמא בגמרא למידי דתפלה בעי פשיטות: יעל. סטיי"ן בו"ק: ופיו מצופה זהב. בשל מקדש קאמר: שופר מאריך. לאחר שהחצוצרות פוסקין תקיעתן נשמע קול השופר: ובתעניות. דאמרינן במס' תענית (דף טו:) תקעו הכהנים תקעו: בשל זכרים. אילים שסתמן כפופין: ושתי חצוצרות באמצע. שני שופרות להן אחד מכאן ואחד מכאן והן באמצע: שמצות היום בחצוצרות. דלכנופיא בעלמא נינהו וכל כנופיא בחצוצרות דכתיב (במדבר י) והיו לך למקרא העדה: שוה היובל לראש השנה לתקיעה. בפשוטין ואף על גב דתקיעתו ביובל לא לתפלה ולא לזכרון אלא לסימן שילוח עבדים והשמטת מכירת שדות אפילו הכי כר"ה בעי למעבדי' דגמרינן לה לגזירה שוה שביעי שביעי בפ' בתרא (דף לג:) ולברכות. דבעי למימר תשע ברכות ביום הכפורים של יובל: ר' יהודה אומר כו'. טעמא מפרש בגמ': וביובלות בשל יעלים. וגזירה שוה לא גמיר: גמ' ושל כל השנה. של תעניות: קמ"ל. בר"ה אית ליה כרבי יהודה אבל ביובל לית ליה משום גזירה שוה: במאי קמיפלגי. תנא קמא ורבי יהודה: כמה דכייף איניש. בתפלתו פניו כבושין לארץ טפי עדיף משום והיו עיני ולבי שם (מלכים א ט) הלכך בראש השנה לתפלה ולהזכיר עקידת יצחק בא בעינן כפופין ויובלות שהן לקרוא דרור בעינן פשוטין וגזירה שוה לית ליה: כמה דפשיט טפי עדיף. משום נשא לבבנו אל כפים (איכה ג) הלכך בראש השנה בפשוטין דלתפלה הוא וביוה"כ נמי (ב) משום דשויה בגזירה שוה ובתענית דלכנופיא לא איכפת לן ועבדינן כפופין להכירא ולר' לוי אית ליה כר' יהודה דלתפלה בעינן כפופים וביום הכפורים סבירא ליה דשוה היובל לראש השנה כרבנן הלכך תרוייהו בעינן כפופים: ופיו

תוספות

חלוגלוגות. ונפקא מינה לאו בפ"ק דיומא (דף יח.) דאמרינן אין מאכילין אותו דברים המביאים לידי טומאה כגון חלוגלוגות: של יעל פשוט. פירש בקונטרס חיה שכן שמה וקורין אותה אשטנבו"ק ובערוך פי' היא כשבה נקבה וקרן הכשבה רגיל להיות פשוט ובפירש הקונטרס נראה דיעל חיה דכתיב (תהלים קד) הרים הגבוהים ליעלים ואקו ודישן (דברים יד) מתרגמינן ויעלא ורימא ומצוה בשל יעל פשוט כדמשמע בגמ' דכמה דפשיט טפי עדיף משום נשא לבבנו אל כפים ומיהו אין הלכה כן אלא כר' יהודה דאמר בר"ה בשל זכרים כפופים דהיינו של איל ור' לוי קאי כוותיה בגמ' דאמר מצוה של ר"ה ויוה"כ בכפופים דקסבר כמה דכייף איניש טפי עדיף משום והיו עיני ולבי שם וכדאמר ר' אבהו בפ"ק (דף טז.) למה תוקעין בשופר של איל אמר הקב"ה תקעו לפני בשופר של איל כדי שאזכור לכם עקידת יצחק ומיהו נראה דלא פליגי אלא לכתחילה אבל כולהו מודו דיוצא בדיעבד בין בשל איל בין בשל יעל דקתני רישא כל השופרות כשרים חוץ משל פרה והיכא דלא מצא של איל יוצא בשל רחל או בשעיר עזים תדע דלמצוה פליגי דהא ר' לוי מצוה קאמר ועוד אטו פשוט וכפוף כתיב בקרא תעבירו שופר כתיב ביובל וילפינן (ויקרא כה) ר"ה מיניה וכיון דכולהו אקרו שופר חוץ משל פרה למה לא יצא ועוד משמע דפלוגתא דרבנן ור' יוסי בפני עצמן ופלוגתא דרבנן ור' יהודה בפני עצמן ולאו חדא פלוגתא היא ואם תמצא לומר דדוקא איירי אם כן הויא חדא פלוגתא דלתנא קמא כולהו כשרין בין בראש השנה בין ביוה"כ בין בתעניות חוץ משל פרה ור' יוסי אומר אף של פרה ולאידך רבנן ר"ה ויוה"כ בשל יעל ותעניות של זכרים ולר' יהודה ר"ה של זכרים וביובל בשל יעלים ומיהו קשה קצת דהא ר' לוי דאמר מצוה של ר"ה ויוה"כ היינו משום דילפינן גזרה שוה זה מזה בשביעי שביעי כדאמרינן בפ' בתרא (דף לג.) וכדתנן שוה יובל לר"ה לתקיעה ואי הוה טעמא משום מצוה בעלמא כדאמרינן דכמה דכייף איניש טפי עדיף היינו דוקא בראש השנה שהתקיעה לתפלה ולזכרון אבל יובל אין התקיעה אלא סימן שלוח עבדים והשמטות שדות החוזרות לבעלים לכך היה נראה לי מתוך זה דאינו יוצא אלא בכפוף פירוש דצריך להיות כפוף אי לא לא וגמרינן יובל מיניה: ושתי חצוצרות באמצע. שתי שופרות היו להן אחד מכאן ואחד מכאן כדי שיהיו החצוצרות באמצע משום דמצות היום בחצוצרות: רבי יהודה אומר בר"ה בשל זכרים וביובלות בשל יעלים. לית ליה לרבי יהודה שוה יובל לר"ה והא דבעינן שופר בראש השנה לאו משום דילפינן מיובל אלא כאידך תנא דיליף בפ' בתרא (ג"ז שם דף לד.) מדכתיב תקעו בחדש שופר ומיהו ההוא תנא נמי יליף ר"ה מיובל בגזרה שוה כדקאמרינן שלש תרועות נאמרו בר"ה ומייתי קרא דוהעברת שופר תרועה דכתיב ביובל וביום ולא בלילה נמי יליף מיובל כדקאמר התם והא דאיצטריך ליה קרא דתקעו בחדש שופר משום דיליף נמי ראש השנה ממדבר והוה אמינא דבחצוצרות כמדבר לכך נראה דמודה רבי יהודה דשוה יובל לר"ה אלא לענין הך מילתא אין שייך להשוותם להיות בשל זכרים כשל ר"ה דטעמא דר"ה מסברא בעלמא דכמה דכייף איניש טפי עדיף שהוא יום הדין ולהזכיר עקידה אבל יובל דלשלוח עבדים ושדות החוזרות לבעלים אין לחוש אלא שיהא שם שופר עליו אע"ג דר' לוי נמי משוה להו לענין זה משום גזרה שוה יש לומר דבהא פליגי: בתורה

עין משפט נר מצוה

ט א מיי' פ"א מהלכות שופר הלכה ג סמג עשין מב:
י ב מיי' פ"א מהלכות תענית הלכה ד:
יא ג מיי' פ"א מהלכות שופר הלכה א ופ"י מהלכות שמיטין הלכה יא ופ"ב מהלכות תפלה הלכה ח:
יב ד מיי' פ"א מהלכות שופר הלכה א סמג עשין מב טוש"ע א"ח סי' תקפו סעיף א:

הגהות הב"ח

(א) גמ' דפשיט איניש דעתיה טפי מעלי וביום הכפורים נמי דגמר גזירה שוה ובתעניות כמה דכייף: (ב) רש"י ד"ה כמה דפשיט כו' וביוה"כ נמי דשוה הוא משום גזירה שוה ובתעניות כו' כצ"ל:

רבינו חננאל

חכמה. אלו הכליות. או מי נתן לשכוי בינה זה תרנגול. פי' קבען פל' גזלני פל'. כדכתיב היקבע אדם אלהים וגו' פי' סירוגין פסקי פסקי. חלוגלוגות פירוש פרפחינן. פי' מהפך במזייה. מסלסל בשערו. פי' טאטיתהא. מכבד שמכבדין בו את הבית. פי' יהבך משואך: [מתני'] שופר של ר"ה של יעל כו'. א"ר לוי מצוה של ר"ה ושל יוה"כ והיא היובל בכפופין ושל ימות השנה כגון תענית בפשוטין. ור' לוי בר"ה בלבד הוא דאמר כר' יהודה דתנן ר' יהודה אומר בר"ה תוקעין בשל זכרים וביובלות בשל יעלים. וקיימא לן כר' לוי בר"ה ויוה"כ במאי פליגי ת"ק ור' יהודה. ר' יהודה סבר בר"ה במאי דכייף איניש טפי עדיף וביוה"כ במאי דפשיט איניש דעתיה טפי מעלי.

מסורת הש"ס

א) נ"א אמרו, ב) [מפרש"י ד"ה במה קבענוך המעשר וכו' נראה דהיה גרסתו בגמ' דמייתי גם סיפא דהך קרא ואמרתם במה קבענוך המעשר והתרומה], ג) מגילה יח., ד) [מגילה יח. נזיר ג.], ה) לקמן כט. ל. [ערכין ג:], ו) ס"א וביוה"כ.

ליקוטי רש"י

היקבע אדם וגו'. רבותינו דרשו לשון גזילה ולשון ארמי הוא המעשר והתרומה שאתם גוזלים מן הכהנים ומן הלוים היא גזלתי [מלאכי ג ח]. סירוגין. בגמרא מפרש קורא מעט ופוסק (ושוהה) וחוזר ופוסק [מגילה יז.]. חלוגלוגות. מין ירק הוא ושנוי בכמה מקומות במשנה ובברייתא. פרפחיני. פיקקל"י בלעז [שם יח.]. סלסלה. חפשה היה חוזר עליה לדקדק בה כמו כבוצר על סלסלות (ירמיה ו) החוזר והולך בכרם ומשיב ידו לבקש את העוללות ובלשון חכמים מסלסל בשערו [משלי ד ח]. מסלסל בשערך. למדנו שהסלסול לשון חיפוש והיפוך [מגילה שם]. וטאטאתיה. לשון כיבוד אשקוב"ר בלע"ז כמו שאמרו רבותינו לא הוו ידעי רבנן מאי וטאטאתיה עד דשמעי' כו' [ישעיה יד כג]. טאטיתא. אשקופ"א בלע"ז [מגילה שם]. יהבך. משאך [תהלים נה כג]. טייעא. סוחר ערבי [ברכות ו: וסנהדרין סז:]. ישמעאל [שבת פב.]. סוחר ישמעאל [תענית כב: מו"ק כה:].

תורה אור השלם

א) הֲיִקְבַּע אָדָם אֱלֹהִים כִּי אַתֶּם קֹבְעִים אֹתִי וַאֲמַרְתֶּם בַּמֶּה קְבַעֲנוּךָ הַמַּעֲשֵׂר וְהַתְּרוּמָה: [מלאכי ג, ח]

ב) סַלְסְלֶהָ וּתְרוֹמְמֶךָּ תְּכַבֵּדְךָ כִּי תְחַבְּקֶנָּה: [משלי ד, ח]

ג) וְשַׂמְתִּיהָ לְמוֹרַשׁ קִפֹּד וְאַגְמֵי מָיִם וְטֵאטֵאתִיהָ בְּמַטְאֲטֵא הַשְׁמֵד נְאֻם יְיָ צְבָאוֹת: [ישעיה יד, כג]

ד) הַשְׁלֵךְ עַל יְיָ יְהָבְךָ וְהוּא יְכַלְכְּלֶךָ לֹא יִתֵּן לְעוֹלָם מוֹט לַצַּדִּיק: [תהלים נה, כג]

OF A WILD GOAT, which is **STRAIGHT!** Why does R' Levi rule that on Rosh Hashanah a bent horn is used?[35]

The Gemara answers:

הוּא דְּאָמַר כִּי הַאי תַּנָּא – **[R' Levi] stated** his ruling **in accordance with this** other **Tanna,** דְּתַנְיָא – **for it was taught in a Baraisa:** רַבִּי יְהוּדָה אוֹמֵר – **R' YEHUDAH SAYS:** בְּרֹאשׁ הַשָּׁנָה הָיוּ תּוֹקְעִין בְּשֶׁל זְכָרִים כְּפוּפִין – **ON ROSH HASHANAH THEY WOULD BLOW WITH** the horns **OF MALES,** which are **BENT,** וּבַיּוֹבְלוֹת בְּשֶׁל יְעֵלִים – **AND ON** Yom Kippur of the ***YOVEL*** **YEARS WITH** the horns **OF WILD GOATS,** which are straight.[36]

Having determined that R' Levi is indeed following R' Yehudah's opinion, the Gemara asks:

וְלֵימָא הִלְכְתָא כְּרַבִּי יְהוּדָה – **But let [R' Levi] say** simply: **"The law accords with** the opinion of **R' Yehudah."**[37] – ? –

The Gemara answers:

אִי אָמְרַתְּ הִלְכְתָא כְּרַבִּי יְהוּדָה – **If he had said** only, **"The law accords with R' Yehudah,"** הֲוָה אֲמִינָא אֲפִילּוּ שֶׁל יוֹבֵל נַמִּי כְּרַבִּי יְהוּדָה סְבִירָא לֵיהּ – **I would have said** that **[R' Levi] holds like R' Yehudah even** with regard to using a straight shofar on Yom Kippur **of the *Yovel* Year.** קָא מַשְׁמַע לָן – **[R' Levi]** therefore **informs us** that in the *Yovel* case the halachah does not follow R' Yehudah, and a bent shofar must be used.[38]

The Gemara explains the dispute between the Tanna Kamma and R' Yehudah in our Mishnah:

בְּמַאי קָמִיפַּלְגִי – **On what** points **do [the Tannaim of our Mishnah] argue?** מַר סָבַר – One **master** [R' Yehudah] **holds** בְּרֹאשׁ הַשָּׁנָה כַּמָּה דְּכָיֵיף אִינִישׁ דַּעְתֵּיהּ – that **on Rosh Hashanah the more a person bows his mind,**[39] טְפֵי מְעַלֵּי – **the better** it is; therefore, a bent shofar is used to reflect this attitude of submission and humility.[40] וּבְיוֹם הַכִּפּוּרִים כַּמָּה דִּפְשִׁיט אִינִישׁ דַּעְתֵּיהּ – **And on Yom Kippur** of the *Yovel* Year **the more a person straightens his mind,** טְפֵי מְעַלֵּי – **the better** it is; therefore, a straight shofar is used to reflect this attitude of freedom.[41] וּמַר סָבַר – **But** the other **master** [the Tanna Kamma] **maintains** בְּרֹאשׁ הַשָּׁנָה כַּמָּה דִּפְשִׁיט אִינִישׁ דַּעְתֵּיהּ – that **on Rosh Hashanah the more a person straightens his mind,** טְפֵי מְעַלֵּי – **the better** it is; therefore, a straight shofar is preferable.[42] וּבְתַעֲנִיּוֹת כַּמָּה דְּכָיֵיף אִינִישׁ דַּעְתֵּיהּ – **And on fast days, the more a person bows his mind,** טְפֵי מְעַלֵּי – **the better** it is; therefore, a bent shofar is preferred.[43]

NOTES

35. Although R' Levi's "Rosh Hashanah" ruling conforms with that of R' Yehudah, the Gemara presumes that the halachah follows the anonymous opinion in the Mishnah (i.e. that of the Tanna Kamma), which usually reflects the majority view. It therefore wonders how R' Levi can rule against it (*Yom Teruah*). It would appear that the Gemara could have challenged R' Levi's "fast days" ruling as well, since the Tanna Kamma holds that a bent shofar is used in that case. See *Yom Teruah* for why it did not.

36. The Gemara answers that R' Levi indeed follows the opinion of R' Yehudah in the case of Rosh Hashanah. It cites the Baraisa rather than R' Yehudah's statement in the Mishnah for two reasons: First, in the Mishnah R' Yehudah states only that on Rosh Hashanah we use a ram's horn. Although it is understood that he means a bent horn, he says this explicitly in the Baraisa (*Pnei Yehoshua*). Second, by citing the Baraisa the Gemara actually explains *why* R' Levi sides with R' Yehudah. That is, R' Yehudah's statement in the Baraisa, "On Rosh Hashanah *they would blow* with [horns] of males," implies that he is bearing witness to the actual practice of his day. R' Levi thus concluded that such was the halachah, in keeping with the principle of מַעֲשֶׂה רַב, *a practice is [a] strong [proof]* (*Yom Teruah*).

37. That is, why did Levi issue his ruling as an independent statement, instead of simply saying that the halachah accords with R' Yehudah with regard to the shofar of Rosh Hashanah? [See also *Yom Teruah.*]

38. Although R' Levi agrees with R' Yehudah that a bent shofar must be used on Rosh Hashanah, he has – like the Tanna Kamma – received the *gezeirah shavah* tradition linking the shofar blowings of *Yovel* and Rosh Hashanah. Hence, R' Levi holds that a bent shofar must be exclusively used on *Yovel* as well (*Rashi*).

39. It is apparent that in the texts of *Rashi* and *Tosafos* the word דַּעְתֵּיהּ (*mind*) did not appear, thus indicating that a *physical* – rather than merely an attitudinal – obeisance was required [see following two notes] (*Rashash*).

40. A Jew always prays facing the Temple site in Jerusalem, where the Divine Presence rests [as is stated in *I Kings* 9:3: *And My eyes and My heart shall be there all the days*]. It therefore follows that when we stand in prayer on Rosh Hashanah and blow the shofar in remembrance of the Binding of Isaac, we should pray with our faces bent over toward the ground [rather than gazing directly toward the *Shechinah*] and we should blow a bent shofar to mirror this posture (*Rashi* here and to *Yevamos* 105b ד״ה עיניו למטה; see *Sifsei Chachamim*).

41. On Yom Kippur of *Yovel* the shofar is sounded in proclamation of emancipation of all Jewish servants and of all purchased fields. Since he does not have a *gezeirah shavah* equating the shofar blowing of *Yovel* with that of Rosh Hashanah, R' Yehudah is free to use the shofar blowing of *Yovel* to reflect this theme (*Rashi*). [Our explanation of the Gemara accords with *Rashi's* text, in which the word דַּעְתֵּיהּ (*mind*) does not appear (see note 39 above). See, however, *Meromei Sadeh* for an interpretation that conforms with our text of the Gemara.]

With regard to fast days, *Ran* infers that since R' Yehudah makes no mention of them in the Mishnah, he apparently agrees with the Tanna Kamma that a bent shofar is preferred. This accords with his view that prayer, which certainly transpires on a fast day, requires a humbled posture. However, others disagree; see *Ritva* for their reasoning.

42. According to the Tanna Kamma, the correct physical posture for prayer is captured in *Lamentations* 3:41 – *Let us lift our hearts with [our] hands to God in heaven.* Inasmuch as Rosh Hashanah is a day of prayer, this upright stance is best represented by a straight shofar. And since the Tanna Kamma received the *gezeirah shavah* equating Rosh Hashanah and *Yovel,* a straight shofar must be used on the latter occasion as well (*Rashi*).

According to *Rashba,* who has our text of the Gemara, the Tanna Kamma holds that a straight shofar serves to remind us to straighten our hearts and remove any crookedness. Alternatively, it reflects the simple faith with which we accept any outcome that Hashem decrees in answer to our prayers (*Tiferes Yisrael*).

43. Since a shofar is blown on fast days primarily to assemble the people (note 24 above), there is no inherent reason to prefer one type of shofar over the other. The Rabbis mandated the use of a bent shofar only in order to distinguish it from the shofar blown on Rosh Hashanah (*Rashi;* see *Maharsha*). According to our text: Since fast days are declared during times of calamity, a humble posture, suggested by a bent shofar, is certainly appropriate (*Meromei Sadeh*).

In summation: *According to the Tanna Kamma* (as explained by *Rashi*), a straight shofar is used on Rosh Hashanah for the reason stated above in note 42. A straight shofar is used on Yom Kippur of the *Yovel* Year as well because of the *gezeirah shavah.* A bent shofar is used on fast days to distinguish that blowing from the one on Rosh Hashanah. *According to R' Yehudah,* a bent shofar is used on Rosh Hashanah for the reason stated above in note 40. On Yom Kippur a straight shofar is used to reflect the freedom granted at that time. R' Yehudah's opinion regarding fast days is the subject of a dispute (note 41).

According to *Rashi* (see end of ד״ה כמה דפשיט וכו׳), *R' Levi* establishes the halachah in the following manner: He adopts R' Yehudah's ruling that a bent shofar should be used on Rosh Hashanah. However, he has the Tanna Kamma's *gezeirah shavah,* and thus maintains that a bent shofar is used on Yom Kippur of *Yovel* as well. He rules that a straight shofar is used on fast days – either to distinguish it from the Rosh Hashanah shofar (in accordance with *Rashi's* explanation of the Tanna Kamma regarding fast days), or for R' Yehudah's reason (according to the opinion that R' Yehudah holds that a straight horn is used; see *Ritva*).

Concerning the practical halachah, *Ramban* establishes three levels of performing the mitzvah of shofar blowing on Rosh Hashanah: (a) *Post facto,* one discharges his obligation if he uses the naturally hollow horn of any animal except a cow. (b) *Preferably,* one should use a bent horn, as R' Levi rules. (c) Following the Gemara above (16a), it is *especially preferable* to use a ram's horn, so as to invoke the merit of the Binding of Isaac (see *Mishnah Berurah* 586:5). [*Ran* questions whether the horn of an impure animal is valid for the mitzvah *post facto.* See *Rama* to *Orach Chaim* 586:1 and *Magen Avraham* ibid. §2.]

The Mishnah stated regarding the shofar blown in the Temple: וּפִיו מְצוּפֶּה זָהָב – ITS MOUTH IS PLATED WITH GOLD.

The Gemara questions how such a shofar could be valid:

וְהַתַנְיָא – But it was taught in a Baraisa: צִיפָּהוּ זָהָב – If ONE PLATED [THE SHOFAR] WITH GOLD, the law is as follows: בִּמְקוֹם הֲנָחַת פִּיו – If the gold is put ON THE PLACE WHERE HIS MOUTH RESTS, פָּסוּל – [THE SHOFAR] IS UNFIT for use.[1] שֶׁלֹּא בִּמְקוֹם הֲנָחַת פִּיו – But if it is put NOT ON THE PLACE WHERE HIS MOUTH RESTS, כָּשֵׁר – [THE SHOFAR] IS FIT. How, then, could the mouth of the Temple's shofar be plated with gold?[2]

The Gemara answers:

אָמַר אַבַּיֵי – Abaye said: כִּי תְּנַן נַמִּי מַתְנִיתִין – In our Mishnah as well, when it taught that the shofar was plated with gold, שֶׁלֹּא בִּמְקוֹם הֲנָחַת פֶּה תְּנַן – it taught that the plating was not on the place where the mouth actually rests.[3]

The Mishnah's next statement:

וּשְׁתֵּי חֲצוֹצְרוֹת מִן הַצְּדָדִים – AND TWO TRUMPETS are blown AT THE SIDES. [The shofar (blows) long, and the trumpets (blow) short.]

The Gemara questions this practice of blowing the shofar and trumpets together:

וּתְרֵי קָלֵי מִי מִשְׁתַּמְעֵי – And are two sounds that issue simultaneously distinguishable?[4] וְהַתַנְיָא – But it was taught otherwise in a Baraisa: ,,זָכוֹר" וְ,,שָׁמוֹר" – The commandments to *REMEMBER* the Sabbath day AND *GUARD* the Sabbath day בְּדִיבּוּר אֶחָד נֶאֶמְרוּ – WERE PRONOUNCED by God IN A SINGLE UTTERANCE, מַה שֶּׁאֵין הַפֶּה יְכוֹלָה לְדַבֵּר – SOMETHING THE human MOUTH CANNOT PRONOUNCE וְאֵין הָאוֹזֶן יְכוֹלָה לִשְׁמוֹעַ – AND THE human EAR CANNOT ordinarily HEAR.[5] – ? –

The Gemara answers:

לְכָךְ מַאֲרִיךְ בְּשׁוֹפָר – For this very reason the Mishnah rules that [the official] prolongs his blowing on the shofar.[6]

As a prelude to challenging this answer, the Gemara draws the following inference:

לְמֵימְרָא דְכִי שָׁמַע סוֹף תְּקִיעָה – Is this to say that when one heard the end of a shofar blast בְּלֹא תְּחִילַּת תְּקִיעָה – without having heard the beginning of the blast יָצָא – he has discharged his obligation,[7] וּמִמֵּילָא – and by logical inference תְּחִילַּת תְּקִיעָה – when one heard the beginning of a shofar blast בְּלֹא סוֹף תְּקִיעָה – without having heard the end of the blast יָצָא – he has also discharged his obligation?! Since you answered that the mitzvah in the Temple was fulfilled with the end of the shofar's blast, even though one did not hear the beginning of the blast,[8] it would appear that this is so.[9]

The Gemara now articulates its challenge:

תָּא שְׁמַע – Come, learn a proof to the contrary from a Mishnah:[10] תָּקַע בָּרִאשׁוֹנָה – If ONE BLEW THE FIRST *TEKIAH* of a set normally, וּמָשַׁךְ בַּשְּׁנִיָּה כִּשְׁתַּיִם – AND PROLONGED THE SECOND *tekiah* sound of the set FOR THE DURATION OF TWO ordinary *tekiah* sounds,[11] אֵין בְּיָדוֹ אֶלָּא אַחַת – with the extended blast HE HAS accomplished ONLY ONE *tekiah* sound, for the latter part of the first set.[12] אַמַּאי – But if one can fulfill the mitzvah with part of a shofar

NOTES

1. Because in this case the blowing is performed on the gold and not directly on the animal horn (*Rashi*). *Tur* explains in the name of *Ramban* that the shofar is disqualified because the gold interposes between the blower's mouth and the shofar, and so it is considered that he did not blow on the shofar. Presumably, this is also *Rashi's* understanding. See *Avnei Nezer, Orach Chaim* 432:33.

2. The questioner interprets "the place where his mouth rests" as the cross-sectional surface of the shofar's narrow end, which is placed vertically against the blower's lips. He assumes that this is the shofar "mouth" that the Mishnah is discussing. He therefore challenges the validity of the Mishnah's shofar from the first ruling of this Baraisa (*Yom Teruah*).

3. Abaye answers that the "mouth" of the Mishnah's shofar is, in fact, the "not the place where the mouth rests" of the Baraisa. That is, it is the area immediately adjacent to the shofar's cross-sectional end. The Mishnah calls it the shofar's "mouth" because it is the narrowest revealed part of the shofar – i.e. that which is closest to what is concealed in the blower's mouth. Nevertheless, the Mishnah permits goldplating there because the blower's lips do not touch it (*Yom Teruah;* see there at length).

4. There are two ways to understand the Gemara's assertion that two simultaneous sounds are indistinguishable: (a) It is impossible to hear both sounds, but if one concentrates he can hear one. (b) It is impossible to hear not only both, but even just one. *Turei Even* has the first understanding, and therefore learns that the Gemara's challenge is that the obligation is to *hear* both sounds – the sound of the shofar and the sound of the trumpets – and this is impossible to do. According to *Ritva,* however, there is no obligation to hear the trumpet blasts, only to blow them (see *Minchas Chinuch, Mitzvah* 384). The Gemara holds, however, that it is impossible to hear even one sound when two occur simultaneously. The Gemara thus asks how it is possible to fulfill the obligation of hearing the shofar blasts (see also *Beur Halachah* 588:3 ד״ה ואם שנים).

5. The Ten Commandments are recorded once in *Exodus* 20 and again in *Deuteronomy* 5. In *Exodus* (v. 8) the fourth commandment is rendered: ***Remember*** *the Sabbath day.* In *Deuteronomy,* however, the Torah states (v. 12): ***Guard*** *the Sabbath day.* Which word did God, in fact, state when addressing the people? The Baraisa teaches that He miraculously pronounced both words simultaneously. It also states that a second miracle took place, for the Jews were able to discern each word, which ordinarily would be impossible.

6. According to *Ritva* (see note 4 above), the mitzvah is fulfilled when one hears the sound of the shofar continuing after the trumpet blasts have ceased. According to *Turei Even* (ibid.), one fulfills the mitzvah by first concentrating on the sound of the trumpets when they are blown together with the shofar, and then by listening to the prolonged shofar blasts. [Since the mitzvah of shofar requires several diverse soundings (see note 11 below), the Mishnah means that *each* of the shofar blasts extends for the requisite amount of time beyond its accompanying trumpet blasts (*Ritva, Ran;* see *Sfas Emes* to the Mishnah; cf. *Ritva* below, 27b ד״ה ואמאי ליפוק in the name of יש מפרשים, and see also *Yom Teruah* here).]

7. I.e. even in the first instance (לְכַתְּחִלָּה). The Gemara states יָצָא, which connotes only an "after the fact" (בְּדִיעֲבַד) fulfillment, because it seeks to prove that the Temple shofar blowing has not been fulfilled at all (*Ritva*).

8. In what sense "he did not hear the beginning of the blast" is debated by *Ritva* and *Turei Even,* who argue over the requirements of the mitzvah (see note 4 above).

9. Although the Gemara answered only that it suffices to hear the end of the blast, we now infer that it likewise suffices if one hears only the beginning. That is, if one fulfills his obligation by hearing a segment of the blast, what difference does it make if that segment was the beginning or the end? The Gemara draws this inference because it wishes to challenge both assumptions (*Rashi;* see *Chidushei HaRan, Beis Yisrael* and *Yeshuos Yaakov, Orach Chaim* 590:3).

10. Below, 33b.

11. At the time this Mishnah was taught, the mitzvah of shofar was performed in the following manner (the procedure we now follow developed later, in the Amoraic era): Three sets of sounds were blown (corresponding to the Orders of *Malchuyos, Zichronos* and *Shofaros*), and each set consisted of three blasts: a *tekiah* – a long, even blast; a *teruah* – a wavering blast; and a final *tekiah* (*Maharsha*). Each sound had a minimum prescribed duration. In the Mishnah's case, the person blew the first *tekiah* of the first set for the requisite length of time. However, after the *teruah* he blew a *tekiah* twice the required length, intending that the prolonged blast constitute both the concluding *tekiah* of the first set and the first *tekiah* of the second set (*Rashi*).

12. I.e. the extended blast is viewed as one sounding, and serves only to complete the first set. This is the interpretation of the Geonim and most Rishonim (see *Ramban, Rashba, Ritva, Rabbeinu Chananel* and *Rambam, Hil. Shofar* 3:4; *Ritva* states that this is *Rashi's* view as well; cf. *Chidushei HaRan*). [According to their opinion, the Mishnah mentions

ופיו מצופה זהב: והתניא א ציפהו זהב במקום הנחת פיו פסול שלא במקום הנחת פיו כשר אמר אביי כי תנן נמי מתניתין שלא במקום הנחת פה תנן: ושתי חצוצרות מן הצדדים: ותרי קלי מי משתמעי והתניא (א) א זכור ב) ושמור בדיבור אחד נאמרו מה שאין הפה יכולה לדבר ואין האוזן יכולה לשמוע לכך מאריך בשופר למימרא דכי שמע ג סוף תקיעה בלא תחילת תקיעה יצא וממילא תחילת תקיעה בלא סוף תקיעה יצא ת"ש תקע ג בראשונה ומשך בשניה כשתים אין בידו אלא אחת אמאי תיסלק ליה בתרתי פסוקי תקיעתא מהדדי לא פסקינן ת"ש ד התוקע לתוך הבור או לתוך הדות או לתוך הפיטם אם קול שופר שמע יצא ואם קול הברה שמע לא יצא אמאי ליפוק בתחילת תקיעה מקמי דליערבב קלא ° אלא תרתי קלי מחד גברא לא משתמעי מתרי גברי משתמעי ומתרי גברי מי משתמעי והא תניא ה בתורה אחד קורא ואחד מתרגם ו ובלבד שלא (ו יהו שנים קורין) ושנים מתרגמין הא לא דמיא אלא לסיפא ד בהלל ה ובמגילה אפילו עשרה קורין אלמא כיון דחביב יהיב דעתיה הכא נמי כיון דחביב יהיב דעתיה ושמע אלא למה מאריך בשופר לידע שמצות היום בשופר: ובתעניות בשל זכרים כפופין ופיו מצופה כסף: מאי שנא התם דזהב ומ"ש הכא דכסף איבעית אימא כל כינופיא דכסף הוא דכתיב ג עשה לך שתי חצוצרות כסף ואיבעית אימא ז התורה חסה על ממונן של ישראל התם נמי נעביד דכסף אפילו הכי כבוד יו"ט עדיף רב פפא בר שמואל סבר למיעבד עובדא כמתניתין אמר ליה רבא ז לא אמרו אלא במקדש תניא נמי הכי במה דברים אמורים במקדש אבל בגבולין מקום שיש חצוצרות אין שופר מקום שיש שופר אין חצוצרות וכן הנהיג רבי חלפתא בציפורי ורבי חנניא בן תרדיון בסיכני וכשבא (א) דבר אצל חכמים אמרו לא היו נוהגין כן אלא בשערי מזרח ובהר הבית בלבד אמר רבא ואיתימא רבי יהושע בן לוי מאי קראה דכתיב ד בחצוצרות וקול שופר הריעו לפני המלך ה' לפני המלך ה' הוא דבעינן חצוצרות וקול שופר אבל בעלמא לא: שוה היובל לר"ה לתקיעה ולברכות כו': א"ר שמואל בר יצחק כמאן מצלינן האידנא זה היום תחלת מעשיך זכרון ליום ראשון כמאן כרבי אליעזר דאמר ח בתשרי נברא העולם מתיב רב עינא שוה יובל לר"ה לתקיעה ולברכות והא איכא זה היום תחלת מעשיך זכרון ליום ראשון דבר"ה איתא וביובל ליתא כי קתני אשארא רב שישא בריה דרב אידי מתני הכי א"ר שמואל בר יצחק הא דתנן שוה היובל לר"ה לתקיעה ולברכות כמאן דלא כרבי אליעזר דאי רבי אליעזר כיון דאמר בתשרי נברא העולם הא איכא זה היום תחלת מעשיך זכרון ליום ראשון דבר"ה איתא וביובל ליתא כי קתני אשארא: **מתני'** י שופר שנסדק ודבקו פסול ח דיבק שברי שופרות פסול ניקב

רש"י

ופיו מצופה זהב כו' במקום הנחת פה פסול. שהתקיעה בזהב ולא בשופר: לכך מאריך בשופר. תירוצא הוא: וממילא כו'. דמה לי סוף בלא תחילה ומה לי תחילה בלא סוף ומשום דבעי לאותובי אתרוייהו דייק הך דיוקא: תקע בראשונה. בפשוטה שלפני התרועה: ומשך בשניה כשתים. לפי שהיה צריך לתקוע כאן ב' תקיעות רצופות אחת לפשוטה לאחריה דמלכיות ואחת לפשוטה לפניה דזכרונות: בור ודות. חדא נינהו ט) אלא שהבור בחפירה והדות בבניין על הקרקע ציסטרנ"א בלע"ז: פיטס. חבית גדולה פונטי"ן בלע"ז: מחד גברא. דומיא דזכור ושמור: הא לא דמיא. הא מילתא דשופר לא דמיא אלא לסיפא: י' קורין. וי' קולות יש כאן שאי אפשר להם לנמנם דיבורם בתיבה אחת שלא יהא אחד לאחור ואחד לפנים: דחביבה עליה. חדשה היא לו: התורה חסה. דכתיב (ויקרא יד) וצוה הכהן ופנו את הבית שלא יטמאו כלי חרס שבתוכו שאין להם טהרה במקוה: למיעבד עובדא. בחצוצרות ושופר: מקום שיש שופר. כגון ר"ה ויובל: מקום שיש חצוצרות. כגון תעניות: וכך הנהיג. כמשנתינו שופר וחצוצרות: בשערי מזרח ובהר הבית. חדא מילתא היא בשערי מזרח בהר הבית וי"א בשערי מזרח בעזרת נשים: מתני' שופר שנסדק ודבקו. בדבק שקורין גלו"ד: פסול. דהוה ליה כשני שופרות: גמ'

תוספות

בתורה אחד קורא. פירוש לבדו ואחרי כן המתרגם מתרגם לבדו ולא שנים קורין יחד ומתרגמין יחד: אבל שנים לא. והא דאמרינן בפ"ק דב"ב (דף טו. ושם) שמונה פסוקים שבתורה יחיד קורא אותם לא שלא יקרא אחר עמו דא"כ כל התורה נמי אלא שלא יחלקום לשנים זה ארבעה וזה ארבעה ומה שנוהגין לקרות שנים בתורה סמכו אמתני' דפרק בתרא דבכורים י) (משנה ז) דתנן בראשונה כל מי שיודע לקרות קורא וכל מי שאינו יודע לקרות מקרין אותו נמנעו מלהביא בכורים התקינו שיהיו מקרין את מי שהוא יודע ואת מי שאינו יודע: כמאן מצלינן זה היום תחלת מעשיך. תימה הא קי"ל כרבי יהושע דאמרינן בפ"ק (דף יב.) לתקופה כר' יהושע ואומר ר"ת דקי"ל כרב עינא דפריך משוה יובל ורב עינא ה"ק והא איכא זה היום תחלת מעשיך דאיתיה בראש השנה וליתיה ביובל אלא ודאי הא דאמרינן ליה לאו משום בריותו של עולם אלא משום תחלת מעשה דין שהעולם נדון בו להתקיים או לאו וזה שייך נמי ביוה"כ דיובל דהוקש לר"ה כדלקמן בפרק בתרא (דף לג.) (אבל בשאר יומי לא) ואע"ג דמשני ליה שפיר רב עינא לא הדר ביה ומיהו לאידך לישנא קשיא דקאמר מתני' דלא כר"א הוה ליה לשנויי דזה היום תחלת מעשיך לאו אבריאת עולם קאי ומה שיסד ר"א הקליר בגשם דשמיני עצרת כר"א דאמר בתשרי נברא העולם ובטל פסח יסד כר' יהושע אומר ר"ת דאלו ואלו דברי אלהים חיים ואיכא למימר דבתשרי עלה במחשבה לבראות ולא נברא עד ניסן וכדומה אשכחן בפרק עושין פסין (עירובין דף יח. ושם) גבי אדם שעלה במחשבה לבראות שנים ולבסוף לא נברא אלא אחד: כמאן דלא כר' אליעזר. תימה הא ע"כ לא שוו לכל מילי דהתניא לקמן בפרק בתרא (דף ל:) שוה יובל לר"ה לתקיעה ולברכות אלא שביובל תוקעין בין בב"ד שקדשו את החדש בין בב"ד שלא קדשו את החדש וכל יחיד ויחיד חייב לתקוע: שופר שנסדק ודבקו פסול. פי' בקונטרס דהוה ליה כשני שופרות משמע שר"ל שנסדק לגמרי שנחלק לב' חתיכות שאם היה מחובר מצד אחד אין זה שני שופרות ותימה דאם נחלק לגמרי היינו דבק שברי שופרות ולכך נראה דנסדק מצד אחד לארכו על פני כולו ולפי שאין שם שופר עליו וכ"ש דבק שברי שופרות אלא זו ואין צריך לומר זו קתני א"נ יותר סופו להפרד כשנסדק מצד אחד ודבקו מאשם עשה שופר אחד של חתיכות והוי שם שופר עליו טפי קא משמע לן ודבק שברי שופרות נמי לא מיפסיל מטעם שנים ושלשה שופרות אלא דאין זה קרוי שופר אי נמי משום דכתיב (ויקרא כה) והעברת דרך העברתו כי היכי דפסלינן הפכו ותקע בו משום דבעינן דרך העברתו ואפילו נפסל מטעם משום שנים ושלשה שופרות אין קשיא כלום:

עין משפט נר מצוה

יג א מיי' פ"א מהלכות שופר הלכה ו טוש"ע א"ח סי' תקפו סעיף טו:
יד ב ג מיי' פי"ב מהל' תפלה הלכה יא טור ש"ע א"ח סי' קמא סעיף ג:
טו ד טוש"ע א"ח סי' תפח סעיף ג וסי' תרמד סעיף ג:
טז ה מיי' פ"ב מהלכות מגילה הלכה ז טור ש"ע א"ח סי' תרצ ס"ב:
יז ו מיי' פ"א מהלכות תענית הלכה ד:
יח ז מיי' פ"א מהלכות שופר הלכה ה סמג עשין מב טוש"ע א"ח סי' תקפו סעיף ח:
יט ח מיי' וסמג שם טוש"ע שם סעיף י:

רבינו חננאל

ות"ק סבר אדרבה איפכא מסתברא: ופיו של שופר מצופה זהב. ואוקימנא שלא במקום הנחת פה אבל במקום הנחת פה פסול הוא אותו השופר: ושתי חצוצרות מן הצדדין כו'. ואקשינן ותרי קלי מי משתמעי כלומר אפשר לאדם לשמוע שני קולות בבת אחת והתניא שמור וזכור בדבור אחד נאמרו מה שאין הפה יכול לדבר ולא אוזן יכול לשמוע. ופרקינן לכך מאריך בשופר כדי לצאת החובה בקול השופר ואקשי' הנה א) כיון שהאריך בשופר סוף תקיעה בלא תחלת תקיעה למימרא דשמע סוף תקיעה בלא תחלת תקיעה יצא. והתנן תקע בראשונה ומשך בשניה כשתים אין בידו אלא אחת. פי' תקע תר"ת תקיעה תרועה תקיעה ועוד רוצה להתחיל תר"ת אחר. נמצא תקיעה של סוף תר"ת הראשון ותקיעה שהיא התחלת תר"ת השני סמוכות להדדי. עכשיו אם משך בסוף התקיעה האחרונה שבתר"ת הראשון כשיעור ב' תקיעות אין בידו אלא אחת כי אין מפסיקין הסוף מן התחלה ולא עלה בידו אלא תר"ת אחת. ופרק' פסוקי תקיעתא חדא לתרתי לא פסקי ולעולם שמע תחלת תקיעה בלא סוף תקיעה או סוף תקיעה בלא תחלת תקיעה יצא. וי"א היה צריך תר"ת ותקע תקיעה ומשך בתרועה כדי תרועה ותקיעה אין בידו אלא תקיעה אחת. ותלמוד א"י מסייע לזה הפירוש. ת"ש התוקע לתוך הבור או לתוך הדות כו'. ושנינן תרי קלי מחד גברא כגון שמור וזכור שנאמרו מפי הגבורה תרי כחדא לא משתמעי אלא הני כאות ומופת אבל תרי קלי מתרי משתמעי כדתניא בהלל ובמגילה אפי' י' קורין וי' מתרגמין אלמא כיון דחביב עליה יהיב דעתיה ושמע הכא נמי גבי שופר וחצוצרות יהיב דעתיה ושמע. א"כ למה מאריך בשופר להודיע שמצות היום בשופר ש"מ דשופר ביד אחד וחצוצרות ביד אחרים ותוקעין בהן. והני מילי במקדש כדתניא בד"א במקדש אבל בגבולין מקום שיש שופר אין בו חצוצרות ומקום שיש חצוצרות אין שופר כו' מהאי קרא בחצוצרות וקול שופר הריעו לפני המלך ה'. בעינן בחצוצרות וקול שופר אבל בגבולין לא. שוה יובל לר"ה לתקיעה ולברכות פי' בעינן ט' תקיעות וברכות [illegible] זכרונות ושופרות ב) כך מתפללין ביובל ביוה"כ. כמאן מצלינן בר"ה זה היום תחלת מעשיך כר' אליעזר דאמר בתשרי נברא העולם ומותבינן והא תנן שוה יובל לר"ה לתקיעות ולברכות. והאיכא זה היום תחלת מעשיך. ר' יהודה אומר בראש

חשק שלמה על ר"ח א) לכאורה צ"ל כיון דמה שהאריך בשופר אינו אלא סוף תקיעה וכו'. [illegible] ב) אולי צ"ל [illegible]

מסורת הש"ס

א) [שבועות כ:], ב) [לקמן לג.], ג) [לקמן כח. לג:], ד) לקמן כח, ה) מגילה כא., ו) [צ"ל יהא אחד קורא כך איתא במגילה], ז) [יומא ע. מד: מנחות עו: פו: פח: פט. חולין מט: עג.], ח) [לעיל ח. י: ע"ז ח.], ט) [ב"ב סד.], י) מכאן ראיה שפרק המדרוגים אינו מן המשנה אלא כמ"ש ע"ש בהגהות מהגרי"ב סוף בכורים, כ) בת"י ליתו.

הגהות הב"ח

(א) גמ' ור"ח בן תרדיון בסיכני וכשבא הדבר אצל חכמים:

גליון הש"ס

גמ' אלא תרתי קלי כו' מתרי גברי. עי' סוטה דף לט ע"ב תד"ה עד שיכלה:

תורה אור השלם

א) זָכוֹר אֶת יוֹם הַשַּׁבָּת לְקַדְּשׁוֹ: [שמות כ, ח]
ב) שָׁמוֹר אֶת יוֹם הַשַּׁבָּת לְקַדְּשׁוֹ כַּאֲשֶׁר צִוְּךָ יְיָ אֱלֹהֶיךָ: [דברים ה, יב]
ג) עֲשֵׂה לְךָ שְׁתֵּי חֲצוֹצְרֹת כֶּסֶף מִקְשָׁה תַּעֲשֶׂה אֹתָם וְהָיוּ לְךָ לְמִקְרָא הָעֵדָה וּלְמַסַּע אֶת הַמַּחֲנוֹת: [במדבר י, ב]
ד) בַּחֲצֹצְרוֹת וְקוֹל שׁוֹפָר הָרִיעוּ לִפְנֵי הַמֶּלֶךְ יְיָ: [תהלים צח, ו]

ליקוטי רש"י

זכור ושמור בדיבור אחד. שמור. ובראשונות הוא אומר זכור שניהם בדבור אחד ובתיבה אחת נאמרו ובשמיעה אחת נשמעו (מכילתא) [דברים ה, יב]. הכי גרסינן למימרא דסבר רבא דכי שמע איניש סוף תקיעה בלא תחלת תקיעה יצא וממילא כו'. תקע בראשונה. פשוטה שלפני תרועת המלכיות [לקמן כח.]. פשוטה שלפני התרועה תקע כדרכה [שם לג:]. ומשך בשניה. בפשוטה של אחריה כשתים ונתכוון לצאת בה אף ידי פשוטה שלפני תרועה הזכרונות שעתיד עליו לתקוע תוכך לו [שם כח.]. תקיעה של אחר התרועה משך כשתים לצאת בה ידי שתים שהיה צריך לעשות זו [אחר זו] פשוטה שלאחריה דמלכיות ופשוטה שלפניה דזכרונות. אין בידו אלא אחת. דפסוקי תקיעה אחת לשתים לא מפסקינן [שם לג:]. התוקע לתוך הבור וכו' הדות. בור בחפירה דות בבנין בתוך הקרקע אשקדיי"א [עירובין קב: וכעי"ז רשב"ם ב"ב סא.]. [illegible] בחפירה. בקרקע קשה שמחזיק מים בלא בנין. בבנין. חופרין בור בעפר תיחוח ובונין לו כותל אבנים ומקרי דות [שם סד.]. בור בחפירה בלא בנין כתלים ודות בבנין [ערכין יט.]. אם קול שופר שמע. [illegible] פיטס. פטסטן. חביות גדולות [ביצה טו:]. התורה חסה כו'. שנאמר (ויקרא יד) וצוה הכהן ופנו את הבית וגו' [illegible]

blast, **why** is the extended blast counted for only one *tekiah* sound? תִּיסַּלֵק לֵיהּ בִּתַרְתֵּי – **It should be reckoned for him as two** sounds! – ? –

The Gemara answers:

פְּסוּקֵי תְּקִיעָתָא מֵהֲדָדֵי לֹא פַּסְקִינַן – **We cannot split** the parts of **a blast from one another.**[13]

Another challenge to the Temple practice of blowing the shofar and trumpets together:

תָּא שְׁמַע – **Come, learn** a proof from the following Mishnah[14] that one does not fulfill his obligation with part of a blast: הַתּוֹקֵעַ לְתוֹךְ הַבּוֹר – If on Rosh Hashanah ONE BLOWS the shofar INTO A PIT, אוֹ לְתוֹךְ הַדּוּת – OR INTO A CISTERN,[15] אוֹ לְתוֹךְ הַפִּיטָס – OR INTO A LARGE BARREL,[16] the law is as follows: אִם קוֹל שׁוֹפָר שָׁמַע – IF HE HEARD THE SOUND OF THE SHOFAR without an accompanying echo, יָצָא – HE HAS DISCHARGED his obligation. וְאִם קוֹל הֲבָרָה שָׁמַע – BUT IF HE HEARD also THE SOUND OF THE shofar's ECHO,[17] לֹא יָצָא – HE HAS NOT DISCHARGED his obligation. אַמַּאי – But if one can fulfill the mitzvah with part of a shofar blast, **why** is the echo a problem? לֵיפּוּק בִּתְחִילַּת תְּקִיעָה – **Let him fulfill** his obligation **with the beginning of the blast,** מִקַּמֵּי דְּלִיעַרְבֵּב קָלָא – **before the sound** of the echo **combines** with it![18] – ? –

The Gemara abandons its original answer, and provides another:

אֶלָּא – Indeed, one does not fulfill his obligation on Rosh Hashanah by hearing part of a shofar blast.[19] **Rather,** the reason the shofar and trumpets can be blown simultaneously in the Temple is because תַּרְתֵּי קָלֵי מֵחַד גַּבְרָא – **two sounds** issuing **from one person** לֹא מִשְׁתַּמְעֵי – **are not discerned,**[20] מִתְּרֵי גַּבְרֵי מִשְׁתַּמְעֵי – whereas two sounds issuing **from two people are discerned.** Accordingly, since the shofar and trumpet sounds are produced by different people, the sound of the shofar is distinctly heard.

The Gemara challenges this answer as well:

וּמִתְּרֵי גַּבְרֵי מִי מִשְׁתַּמְעֵי – **And can** two sounds issuing **from two people be discerned?!** וְהָא תַּנְיָא – **But it was taught** otherwise **in a Baraisa:** בַּתּוֹרָה – REGARDING reading THE TORAH for the congregation, אֶחָד קוֹרֵא – ONE person READS וְאֶחָד מְתַרְגֵּם – AND ONE other TRANSLATES,[21] וּבִלְבַד שֶׁלֹּא (יהו שנים קורין) [יְהֵא אֶחָד קוֹרֵא][22] – ONLY THAT THERE SHOULD NOT BE ONE READING וּשְׁנַיִם מְתַרְגְּמִין – AND TWO TRANSLATING simultaneously.[23] Evidently, two sounds issuing from even two people are not discerned! – ? –

The Gemara answers:

הָא לֹא דָּמְיָא אֶלָּא לְסֵיפָא – **This** case of our Mishnah **is analogous only to the latter** ruling of that Baraisa, which states: בַּהַלֵּל וּבִמְגִילָּה – But REGARDING reciting THE *HALLEL*[24] AND reading THE MEGILLAH (on Purim), אֲפִילּוּ עֲשָׂרָה קוֹרִין – EVEN TEN people MAY READ them simultaneously.[25] אַלְמָא – From here **we see** that כֵּיוָן דַּחֲבִיב – **since [each]** of these readings **is** especially **dear** to the listener, יָהִיב דַּעְתֵּיהּ – **he puts his mind** to the task of discerning every word, and for that reason two or more people may read simultaneously.[26] הָכָא נַמִּי – **Here, too,** in our case, כֵּיוָן דַּחֲבִיב – **since [the mitzvah]** of shofar **is** especially **dear,**[27] יָהִיב דַּעְתֵּיהּ וְשָׁמַע – when one hears the shofar and trumpets blown together in the Temple **he puts his mind** to discerning the sound of the shofar, **and** indeed **hears** it.[28]

NOTES

the very first *tekiah* only for purposes of comparing it to the second *tekiah* sounding, to establish that the latter was twice as long.]

There is, however, a significant second opinion, that of *R' Yitzchak ibn Gei'as,* who maintains that the words "he has [accomplished] only one" refer to the *tekiah* made *before* the *teruah* – i.e. the very first *tekiah.* See *Ramban, Ritva* and *Rosh* (ch. 4 §8), who analyze and dispute his opinion at length.]

13. Even though the beginning of the blast satisfies the requirements of the last *tekiah* of the first set and the end of the blast satisfies the requirements of the first *tekiah* of the second set, nevertheless one continuous sounding cannot be separated into two blasts (*Ritva*).

14. Below, 27b.

15. An aboveground structure (*Rashi;* see below, 27b note 5).

16. All three of these chambers produce an echo.

17. I.e. if the shofar's blast produced an echo that comingled with the sound of the shofar before the sound of the echo ceased.

18. Although the end of the blast cannot be distinguished from its echo, the beginning of the blast is heard unadulterated for the required length of time. If one fulfills his obligation with a beginning alone, why does he not fulfill it in this case? (*Ran* and *Ramban;* cf. *Ritva* below, 28a ד״ה ואמאי בשם יש מפרשים, and *Rashba* ibid. ד״ה ואמאי ליפוק; see *Sfas Emes*).

19. The Gemara here is concluding that one does not fulfill his obligation with part of a shofar blast even if that part is of the required duration (see notes 6 and 18 above, where we explained that the Gemara has been speaking of partial blasts of the required duration). However, we have mentioned that in *Ritva's* view the partial blasts are not of the requisite duration. According to his opinion, then, one would fulfill his obligation with valid partial blasts even according to the Gemara's conclusion. Indeed, this is *Tur's* ruling (end of §587). See *Orach Chaim* 587:3, which cites both opinions, and *Mishnah Berurah* ibid. §14 and *Shaar HaTziyun* there.

[How we understand the Gemara's conclusion is contingent upon the two interpretations of the Temple mitzvah mentioned above (see note 4). If one must hear the trumpets along with the shofar (*Turei Even*), the Gemara is answering that since one hears two sounds that issue from two people, he indeed fulfills his obligation to hear both the trumpet and the shofar sounds, since they do issue from different people. According to the opinion that one is obligated to hear only the shofar and it is impossible to hear even one sound when two occur simultaneously (*Ritva*), the Gemara is answering that when two sounds issue from two people one of them can nonetheless be heard. Thus, it is possible to discharge one's obligation to hear the shofar, and it matters not that the trumpets go unheard, since there is no mitzvah to hear them.]

20. Barring a miracle, like the one God performed at Mt. Sinai (see *Rashi*).

21. It was the practice in Mishnaic times to employ a מְתֻרְגְּמָן, *meturgeman translator,* to explain the Torah reading to the congregation in their spoken language, Aramaic. The reader would read one verse of the Torah and pause; the translator would then give an Aramaic translation of the verse, sometimes including brief halachic or Midrashic commentaries.

22. The text follows the emendation of *Mesoras HaShas,* which is how the Baraisa is stated in *Megillah* 21b. Our translation follows this emendation.

23. Since the translation of the Torah reading provides the unlearned with the opportunity to hear the various commandments, it is imperative that they hear it clearly (*Rashi* to *Megillah* 21b ד״ה ובנביא).

24. In Mishnaic times the *Hallel* was recited (on various occasions) by one person on behalf of the congregation; the people listened attentively and fulfilled their obligation with the leader's recital (see Mishnah, *Succah* 38a with *Rashi* there; *Rambam, Hil. Chanukah* 3:12-14).

25. Even though it is impossible for their pronunciations of each word to be perfectly synchronized (*Rashi;* see *Yom Teruah*).

26. Since *Hallel* and the Megillah are read only infrequently, they possess the attraction of all novelties (*Rashi*). Hence, each listener will be able to focus on the recital of one reader exclusively. [The first part of the Baraisa, on the other hand, speaks of reading the Torah, which takes place in the synagogue four times per week. Thus, the Torah reading is not novel, and so only one person may translate.]

27. [Inasmuch as it is performed only once a year – on Rosh Hashanah.]

28. The Gemara now concludes that when the mitzvah is dear one can hear two sounds from two people. The commentators debate whether the Gemara means that it is possible even to hear the two sounds simultaneously, or only to hear one of the two sounds. *Rashi* below (34b ד״ה מתשעה) argues the first way, and *Tosafos* there (ד״ה מתשעה) support him. See also *Ran* to *Megillah* 21b. However, *Ritva* below (34b) and *Tos. Rid* here hold that even when the mitzvah is dear, it is impossible to hear both sounds. See *Rashash* to the Gemara here (ד״ה ותרי קלי). See note 4.

ופיו מצופה זהב: והתניא [א] ציפהו זהב במקום הנחת פיו פסול שלא במקום הנחת פיו כשר אמר אביי כי תנן נמי מתניתין שלא במקום הנחת פה תנן: ושתי חצוצרות מן הצדדים: ותרי קלי מי משתמעי והתניא [א] זכור [ב] ושמור בדיבור אחד נאמרו מה שאין הפה יכולה לדבר ואין האוזן יכולה לשמוע לכך מאריך בשופר למימרא דכי שמע [ג] סוף תקיעה בלא תחילת תקיעה יצא וממילא תחילת תקיעה בלא סוף תקיעה יצא ת"ש תקע [ג] בראשונה ומשך בשניה כשתים אין בידו אלא אחת אמאי תיסלק ליה בתרתי פסוקי תקיעתא מהדדי לא פסקינן ת"ש [ז] התוקע לתוך הבור או לתוך הדות או לתוך הפיטם אם קול שופר שמע יצא ואם קול הברה שמע לא יצא אמאי ליפוק בתחילת תקיעה מקמי דליערבב קלא [*] אלא תרתי קלי מחד גברא לא משתמעי מתרי גברי משתמעי ומתרי גברי מי משתמעי והא תניא [ה] בתורה אחד קורא ואחד מתרגם [ו] ובלבד שלא [י] יהו שנים קורין ושנים מתרגמין הא לא דמיא אלא לסיפא [ד] בהלל [ה] ובמגילה אפילו עשרה קורין אלמא כיון דחביב יהיב דעתיה הכא נמי כיון דחביב יהיב דעתיה ושמע אלא למה מאריך בשופר לידע שמצות היום בשופר: ובתעניות בשל זכרים כפופין ופיו מצופה כסף: מאי שנא התם דזהב ומ"ש הכא כסף איבעית אימא כל כינופיא דכסף הוא דכתיב [ג] עשה לך שתי חצוצרות כסף ואיבעית אימא [ז] התורה חסה על ממונן של ישראל התם נמי נעביד דכסף אפילו הכי כבוד יו"ט עדיף רב פפא בר שמואל סבר למיעבד עובדא כמתניתין אמר ליה רבא [ו] לא אמרו אלא במקדש תניא נמי הכי במה דברים אמורים במקדש אבל בגבולין מקום שיש חצוצרות אין שופר מקום שיש שופר אין חצוצרות וכן הנהיג רבי חלפתא בציפורי ורבי חנניא בן תרדיון בסיכני וכשבא (א) דבר אצל חכמים אמרו לא היו נוהגין כן אלא בשערי מזרח ובהר הבית בלבד אמר רבא ואיתימא רבי יהושע בן לוי מאי קראה דכתיב [ד] בחצוצרות וקול שופר הריעו לפני המלך ה' לפני המלך ה' הוא דבעינן חצוצרות וקול שופר אבל בעלמא לא: שוה היובל לר"ה לתקיעה ולברכות כו': א"ר שמואל בר יצחק כמאן מצלינן האידנא זה היום תחלת מעשיך זכרון ליום ראשון כמאן כרבי אליעזר דאמר [ח] בתשרי נברא העולם מתיב רב עינא שוה יובל לר"ה לתקיעה ולברכות והא איכא זה היום תחלת מעשיך זכרון ליום ראשון דבר"ה איתא וביובל ליתא כי קתני אשארא רב ששא בריה דרב אידי מתני הכי א"ר שמואל בר יצחק הא דתנן שוה היובל לר"ה לתקיעה ולברכות כמאן דלא כרבי אליעזר דאי רבי אליעזר כיון דאמר בתשרי נברא העולם הא איכא זה היום תחלת מעשיך זכרון ליום ראשון דבר"ה איתא וביובל ליתא כי קתני אשארא: מתני' [ז] שופר שנסדק ודבקו פסול [ח] דיבק שברי שופרות פסול ניקב

ופיו מצופה זהב כו' במקום הנחת פה פסול. שהתקיעה בזהב ולא בשופר: לכך מאריך בשופר. תירוצא הוא: וממילא כו'. דמה לי סוף בלא תחילה ומה לי תחילה בלא סוף ומשום דבעי לאותובי אתרוייהו דייק הך דיוקא: תקע בראשונה. בפשוטה שלפני התרועה: ומשך בשניה כשתים. לפי שהיה צריך לתקוע כאן ב' תקיעות רצופות אחת לפשוטה לאחריה דמלכיות ואחת לפשוטה לפניה דזכרונות: בור ודות. חדא נינהו [ט] אלא שהבור בחפירה והדות בבניין על הקרקע ציסטרנ"א בלע"ז: פיטס. חבית גדולה פונטי"ן בלע"ז: מחד גברא. דומיא דזכור ושמור: הא לא דמיא. הא מילתא דשופר לא דמיא אלא לסיפא: י' קורין. וי' קולות יש כאן שאי אפשר להם לצמצם דיבורם בתיבה אחת שלא יהא אחד לאחור ואחד לפנים: דחביבה עליה. חדשה היא לו: התורה חסה. דכתיב (ויקרא יד) וצוה הכהן ופנו את הבית שלא יטמאו כלי חרס שבתוכו שאין להם טהרה במקוה: למיעבד עובדא. בחצוצרות ושופר: מקום שיש שופר. כגון ר"ה ויובל: מקום שיש חצוצרות. כגון תעניות: וכך הנהיג. כמשנתינו שופר וחצוצרות: בשערי מזרח ובהר הבית. חדא מילתא היא בשערי מזרח בהר הבית וי"א בשערי מזרח בעזרת נשים: מתני' שופר שנסדק ודבקו. בדבק שקורין גלו"ד: פסול. דהוה ליה כשני שופרות:

גמ'

בתורה אחד קורא. פירוש לבדו ואחרי כן המתרגם מתרגם לבדו ולא שנים קורין יחד ומתרגמין יחד:

אבל שנים לא. והא דאמרינן בפ"ק דב"ב (דף טו. ושם) שמונה פסוקים שבתורה יחיד קורא אותם לא שלא יקרא אחר עמו דא"כ כל התורה נמי אלא שלא יחלקום לשנים זה ארבעה וזה ארבעה ומה שנוהגין לקרות שנים בתורה סמכו אמתני' דפרק בתרא דבכורים [י] (משנה ז) דתנן בראשונה כל מי שיודע לקרות קורא וכל מי שאינו יודע לקרות מקרין אותו נמנעו מלהביא בכורים התקינו שיהיו מקרין את מי שהוא יודע ואת מי שאינו יודע:

כמאן מצלינן זה היום תחלת מעשיך. תימה הא קי"ל כרבי יהושע כדאמרינן בפ"ק (דף יב.) לתקופה כר' יהושע ואומר ר"ת דקי"ל כרב עינא דפריך משום יובל ורב עינא ה"ק והא איכא זה היום תחלת מעשיך דאיתיה בראש השנה וליתיה ביובל אלא ודאי הא דאמרינן ליה לאו משום בריאתו של עולם אלא משום תחלת מעשה דין שהעולם נדון בו להתקיים או לאו וזה שייך נמי ביוה"כ דיובל דהוקש לר"ה כדלקמן בפרק בתרא (דף לג.) [כ] (אבל בשאר יומי לא) ואע"ג דמשני ליה שפיר רב עינא לא הדר ביה ומיהו לאידך לישנא קשיא דקאמר מתני' דלא כר"א הוה ליה לשנויי דזה היום תחלת מעשיך לאו אבריאת עולם קאי ומה שיסד ר"א הקליר בגשם דשמיני עצרת כר"א דאמר בתשרי נברא העולם ובשל פסח יסד כר' יהושע אומר ר"ת דאלו ואלו דברי אלהים חיים ואיכא למימר דבתשרי עלה במחשבה לבראות ולא נברא עד ניסן ודכוותה אשכחן בפרק עושין פסין (עירובין דף יח. ושם) גבי אדם שעלה במחשבה לבראות שנים ולבסוף לא נברא אלא אחד:

כמאן דלא כר' אליעזר. תימה הא ע"כ לא שוו לכל מילי דהתניא לקמן בפרק בתרא (דף ל.) שוה יובל לר"ה לתקיעה ולברכות אלא שביובל תוקעין בין בב"ד שקדשו את החדש בין בב"ד שלא קדשו את החדש וכל יחיד ויחיד חייב לתקוע:

שופר שנסדק ודבקו פסול. פי' בקונטרס דהוה ליה כשני שופרות משמע שר"ל שנסדק לגמרי שנחלק לב' חתיכות שאם היה מחובר מצד אחד אין זה שני שופרות ותימה דאם נחלק לגמרי היינו דבק שברי שופרות ולכך נראה דנסדק מצד אחד לארכו על פני כולו ולפי שאין שם שופר עליו וכ"ש דבק שברי שופרות אלא זו ואין צריך לומר זו קתני א"נ יותר סופו להפרד כשנסדק מצד אחד ודבקו משאם עשה שופר אחד של חתיכות והוי שם שופר עליו טפי קא משמע לן ודבק שברי שופרות נמי לא מיפסיל מטעם שנים ושלשה שופרות אלא דאין זה קרוי שופר אי נמי משום דכתיב (ויקרא כה) והעברת דרך העברתו כי היכי דפסלינן הפכו ותקע בו משום דבעינן דרך העברתו ואפילו נפסל מטעם משום שנים ושלשה שופרות אין קשיא כלום:

ניקב

מסורת הש"ס

א) [שבועות כ:], ב) [לקמן כח.], ג) [לקמן כח. לג:], ד) לקמן כח., ה) מגילה כא:, ו) [ע"ל יהא אחד קורא כך איתא במגילה], ז) [יומא לט. מד: מנחות עו: פו: פט. חולין מט: עז.], ח) [לעיל ח. י. ע"ז ח.], ט) [ב"ב סד.], י) מכאן ראיה שפרק אנדרוגינוס אינו מן המשנה ודלא כמש"ג עי' בהגהות מהגרי"ב סוף בכורים, כ) בס"א אינו.

הגהות הב"ח

(א) גמ' ור"ח בן תרדיון בסיכני וכשבא הדבר אצל חכמים:

גליון הש"ס

גמ' אלא תרתי קלי כו' מתרי גברי. עי' סוטה דף לט ע"ב תד"ה עד שיכלה:

תורה אור השלם

א) זָכוֹר אֶת יוֹם הַשַּׁבָּת לְקַדְּשׁוֹ: [שמות כ, ח]

ב) שָׁמוֹר אֶת יוֹם הַשַּׁבָּת לְקַדְּשׁוֹ כַּאֲשֶׁר צִוְּךָ יְיָ אֱלֹהֶיךָ: [דברים ה, יב]

ג) עֲשֵׂה לְךָ שְׁתֵּי חֲצוֹצְרֹת כֶּסֶף מִקְשָׁה תַּעֲשֶׂה אֹתָם וְהָיוּ לְךָ לְמִקְרָא הָעֵדָה וּלְמַסַּע אֶת הַמַּחֲנוֹת: [במדבר י, ב]

ד) בַּחֲצֹצְרוֹת וְקוֹל שׁוֹפָר הָרִיעוּ לִפְנֵי הַמֶּלֶךְ יְיָ: [תהלים צח, ו]

ליקוטי רש"י

זכור ושמור בדבור אחד. שמור. ובראשונות הוא אומר זכור שניהם בדבור אחד ובתיבה אחת נאמרו ובשמיעה אחת נשמעו (מכילתא) [דברים ה, יב]. הכי גרסינן. למימרא דכי שמע איניש סוף תקיעה בלא תחלת תקיעה יצא וממילא כו'. תקע בראשונה. פשוטה שלפני תרועת המלכיות [לקמן כח.]. פשוטה שלפני התרועה תקע כדרכה [שם לג:]. ומשך בשניה. בפשוטה של אחריה כשתים ונתכוין לצאת בה אף ידי פשוטה שלפני תרועת הזכרונות שעתיד עליו לתקוע תיכף לזו [שם כח.]. תקיעה של אחר התרועה משך כשתים כדי שתהא עולה לשתים שהיה צריך לעשות זו [אחר זו] פשוטה שלאחריה דמלכיות ופשוטה שלפניה דזכרונות. אין בידו אלא אחת. דפסקינן תקיעה אחת לשתים לא מפסקינן [שם לג:]. התוקע לתוך הבור וכו' הדות. בור בחפירה דות בבנין על הקרקע אשקדיי"א [עירובין קב: וכעי"ז רשב"ם ב"ב סא.]. שניהן עמוקין בקרקע ויש בהן מים מכונסין. בחפירה. בקרקע קשה שמחזיק מים בלא בנין. בבנין. חופרין בור עפר תיחוח ובונין לו כותלי אבנים ומקרי דות [שם סד.]. בור בחפירה בלא בנין כתלים ודות בבנין [ערכין יט.]. אם קול שופר שמע. בלא קול הברה יצא. אם קול הברה שמע. פיטם. פטטין, חביות גדולות [לקמן כח.]. התורה חסה על ממונן של ישראל [ביצה טו:]. שנאמר (ויקרא יד) וצוה הכהן ופנו את הבית וגו' על מה חסה תורה אם על כלי נחושת וכלי מתכות יטבילם ויטהרו ... כמה חסה תורה על ממונן של ישראל [יומא לט.]. ...

עין משפט נר מצוה

יג א מיי' פ"א מהלכות שופר הלכה ו טוש"ע א"ח סי' תקפו סעיף טז:

יד ב ג מיי' פי"ב מהל' תפלה הלכה יא טור ש"ע א"ח סי' קמא סעיף ג:

טו ד טוש"ע א"ח סי' תפח סעיף ג וסי' תרמד סעיף ג:

טז ה מיי' פ"ב מהלכות מגילה הלכה ז טור ש"ע א"ח סי' תרצ סעיף ב:

יז ו מיי' פ"א מהלכות תענית הלכה ד:

יח ז מיי' פ"א מהלכות שופר הלכה ה סמג עשין מב טוש"ע א"ח סי' תקפו סעיף ח:

יט ח מיי' וסמג שם טוש"ע שם סעיף י:

רבינו חננאל

ות"ק סבר אדרבה איפכא מסתברא: ופיו של שופר מצופה זהב. ואוקימנא שלא במקום הנחת פה אבל במקום הנחת פה פסול הוא אותו השופר: **ושתי** חצוצרות מן הצדדין כו'. ואקשינן ותרי קלי מי משתמעי כלומר אפשר לאדם לשמוע שני קולות בבת אחת והתניא שמור וזכור בדבור אחד נאמרו מה שאין הפה יכול לדבר ולא אוזן יכול לשמוע. ופרקינן לכך מאריך בשופר כדי לצאת החובה בקול השופר ואקשי' הנה א) כיון שהאריך בשופר סוף תקיעה בלא תחלת תקיעה למימרא דשמע סוף תקיעה בלא תחלת תקיעה יצא. והתנן תקע בראשונה ומשך בשניה כשתים אין בידו אלא אחת. פי' תקע תר"ת תקיעה תרועה תקיעה ועוד רוצה להתחיל תר"ת אחר. נמצא תקיעה של סוף תר"ת הראשון ותקיעה שהיא התחלת תר"ת השני סמוכות להדדי. עכשיו אם משך בסוף התקיעה האחרונה שבתר"ת הראשון כשיעור ב' תקיעות אין בידו אלא אחת כי אין מפסיקין הסוף מן התחלה ולא עלה בידו אלא תר"ת אחת. ופרק' פסוקי תקיעתא חדא לתרתי לא פסקי ולעולם שמע תחלת תקיעה בלא סוף תקיעה או סוף תקיעה בלא תחלת תקיעה יצא. וי"א היה צריך תר"ת ותקע תקיעה ומשך בתרועה כדי תרועה ותקיעה אין בידו אלא תקיעה אחת. ותלמוד א"י מסייע לזה הפירוש. ת"ש התוקע לתוך הבור או לתוך הדות כו'. ושנינן תרי קלי מחד כגון שמור וזכור שנאמרו מפי הגבורה תרי כחדא לא משתמעי אלא הני כאות ומופת אבל תרי קלי מתרי משתמעי כדתניא בהלל ובמגילה אפי' י' קורין וי' מתרגמין אלמא כיון דחביב עליה יהיב דעתיה ושמע הכא נמי גבי שופר וחצוצרות יהיב דעתיה ושמע. א"כ למה מאריך בשופר להודיע שמצות היום בשופר ש"מ דשופר ביד אחד וחצוצרות ביד אחרים ותוקעין בהן. והני מילי במקדש כדתניא בד"א במקדש אבל בגבולין מקום שיש שופר אין בו חצוצרות ומקום שיש חצוצרות אין שופר כו' מהאי קרא בחצוצרות וקול שופר הריעו לפני המלך ה'. בעינן בחצוצרות וקול שופר אבל בגבולין לא. שוה יובל לר"ה לתקיעה ולברכות פי' בעינן ט' תקיעות וברכות מלכיות וזכרונות ושופרות. ב) כך מתפללין ביובל ביוה"כ. כמאן מצלינן בר"ה זה היום תחלת מעשיך כר' אליעזר דאמר בתשרי נברא העולם ומותבינן והא תנן שוה יובל לר"ה לתקיעה ולברכות. והאיכא זה היום תחלת מעשיך. ר' יהודה אומר בראש

חשק שלמה על ר"ח

א) לכאורה צ"ל כיון שהאריך בשופר הוא אלא סוף תקיעה וכו'. שמתפללין בר"ה כך מתפללין. ב) אולי צ"ל זכרונות ושופרות.

The Gemara originally explained that the shofar was sounded longer than the trumpets because the listener could not discern the sound of the shofar when it was comingled with the trumpets' blasts. The Gemara has now concluded that this assumption is false. It therefore asks:

אֶלָּא לָמָּה מַאֲרִיךְ בַּשּׁוֹפָר – **But** if the listener fulfills the mitzvah even when the shofar and trumpets are blown simultaneously, **why does one [blow] long on the shofar?**

The Gemara answers:

לֵידַע שֶׁמִּצְוַת הַיּוֹם בַּשּׁוֹפָר – **To publicize that the commandment of the day is with the shofar.**[29]

The Mishnah next stated:

וּבְתַעֲנִיּוֹת בְּשֶׁל זְכָרִים כְּפוּפִין – AND ON FAST DAYS we blow WITH the horns OF MALES, which are BENT, וּפִיו[30]מְצוּפֶּה כֶּסֶף – AND [THEIR] MOUTH[S] [ARE] PLATED WITH SILVER.

The Gemara asks:

מַאי שְׁנָא הָתָם דְּזָהָב – **What is the difference between** the case **there, where** the mouth of the shofar blown on Rosh Hashanah is plated **gold,** וּמַאי שְׁנָא הָכָא דְּכֶסֶף – **and** the case **here, where** the mouths of the shofars blown on a fast day are plated **silver?**[31]

The Gemara offers two answers:

אִיבָּעִית אֵימָא – **If you prefer, say** that כָּל כִּינּוּפְיָא דְּכֶסֶף הוּא – **every assembly is** convened with instruments **of silver,** דִּכְתִיב ,,עֲשֵׂה לְךָ שְׁתֵּי חֲצוֹצְרֹת כֶּסֶף'' – **as it is written:** ***Make for yourself two trumpets of silver*** *... and they shall be yours for the summoning of the assembly.*[32] Since the purpose of blowing on a fast day is to assemble the people for prayer,[33] the shofars must be plated with silver.

The second answer:

וְאִיבָּעִית אֵימָא – **Or, if you prefer, say** that הַתּוֹרָה חָסָה עַל מָמוֹנָן שֶׁל יִשְׂרָאֵל – **the Torah was concerned for Israel's money,** and did not want to burden the communal treasury with the expense of plating the shofars with gold.[34]

The Gemara challenges the second answer:

הָתָם נַמִּי נַעֲבִיד דְּכֶסֶף – But if the Torah is concerned about Israel's monetary burden, then **there, too, let us make** for the Rosh Hashanah shofar a plating **of silver. – ? –**

The Gemara acknowledges that this is a consideration, but answers:

אֲפִילּוּ הָכִי כְּבוֹד יוֹם טוֹב עָדִיף – **Nevertheless,** contributing to **the honor of the** Rosh Hashanah **festival** by plating the shofar with gold **is a greater** consideration.[35]

The Gemara considers the permissibility of blowing shofars and trumpets together outside the Temple:

רַב פָּפָּא בַּר שְׁמוּאֵל סָבַר לְמֵיעֲבַד עוּבְדָא כְּמַתְנִיתִין – **Rav Pappa bar Shmuel thought to act in accordance with our Mishnah.**[36] אָמַר לֵיהּ רָבָא – **Rava said to him:** לֹא אָמְרוּ אֶלָּא בַּמִּקְדָּשׁ – **[The Rabbis]** of the Mishnah **stated** that shofars and trumpets are blown together **only in the Temple.**

The Gemara adduces support for Rava's dictum:

תַּנְיָא נַמִּי הָכִי – **A Baraisa also taught thus:** בַּמֶּה דְּבָרִים אֲמוּרִים – CONCERNING WHAT case ARE THESE WORDS of the Mishnah STATED? בַּמִּקְדָּשׁ – CONCERNING THE TEMPLE. אֲבָל בַּגְּבוּלִין – HOWEVER, WITH REGARD TO THE PROVINCES (i.e. everywhere outside the Temple complex), the rule is as follows: מָקוֹם שֶׁיֵּשׁ חֲצוֹצְרוֹת – WHERE THERE ARE TRUMPETS,[37] אֵין שׁוֹפָר – THERE IS NO SHOFAR;[38] מָקוֹם שֶׁיֵּשׁ שׁוֹפָר – and WHERE THERE IS A SHOFAR,[39] אֵין חֲצוֹצְרוֹת – THERE ARE NO TRUMPETS. וְכֵן הִנְהִיג רַבִּי חֲלַפְתָּא בְּצִיפּוֹרִי – AND R' CHALAFTA CONDUCTED the blowing IN THIS MANNER IN TZIPPORI, וְרַבִּי חֲנַנְיָא בֶּן תְּרַדְיוֹן בְּסִיכְנִי – AND R' CHANANYA BEN TERADYON IN SICHNI.[40] וּכְשֶׁבָּא דָּבָר אֵצֶל חֲכָמִים – BUT WHEN THE MATTER CAME TO the attention of THE SAGES, אָמְרוּ – THEY SAID: לֹא הָיוּ נוֹהֲגִין כֵּן אֶלָּא בְּשַׁעֲרֵי מִזְרָח וּבְהַר הַבַּיִת בִּלְבַד – THEY WOULD NOT CONDUCT the blowing IN THIS MANNER EXCEPT IN THE EASTERN GATES ON THE TEMPLE MOUNT.[41]

The Gemara cites the Scriptural source for differentiating between blowing in the Temple and in all other places:

אָמַר רָבָא וְאִיתֵּימָא רַבִּי יְהוֹשֻׁעַ בֶּן לֵוִי – **Rava – and some say R'**

NOTES

29. I.e. prominence is given to the shofar, which is the principal mitzvah of the day (see above, 26b note 23), by making its sound be heard exclusively.

30. *Rashash* emends this to read וּפִיהֶן, as is stated in the Mishnah. Our translation follows his emendation.

31. See *Turei Even, Sfas Emes* and *Sifsei Chachamim* for their interpretations of the Gemara's question.

32. *Numbers* 10:2. This verse mandates the use of silver trumpets whenever it is necessary to convene a public gathering.

33. See above, 26b note 28.

34. This principle is derived from *Leviticus* 14. The Torah there speaks of a house on which symptoms of *tzaraas* appear. These must be examined by a Kohen, who – upon finding that the symptoms are genuine – declares the house *tamei,* thereby causing items inside to contract *tumah* from the house. Verse 36 there states: *And the Kohen shall command and they shall clear out the house, before the Kohen comes to examine the affliction, so that everything in the house should not become tamei; and afterward the Kohen shall come to examine the house.* That is, since the house becomes *tamei* only from the time of the Kohen's declaration of *tumah,* the Kohen shall command – in advance of his coming – that the house be cleared; in this way, should he indeed pronounce the house *tamei,* its contents will not become *tamei.* Now, what items did the Torah wish to spare from *tumah*? Certainly not the owner's garments or wooden and metal utensils, since they can be purified of any *tumah* through immersion in a *mikveh.* Thus, nothing would be lost by their becoming *tamei.* We must say, then, that the Torah was concerned for the house's inexpensive earthenware vessels, which cannot be purified once they contract *tumah.* We see from here that the Torah is concerned even for a Jew's relatively minor financial loss (see *Rashi* here and to *Yoma* 39a ד״ה התורה חסה וכו׳, based upon R' Meir's statement in *Negaim* 12:5; see the remainder of his statement there). See also *Turei Even, Aruch LaNer, Yom Teruah* and *Sifsei Chachamim.*

35. Where there is an obligation to honor the festival, the Torah wants money spent for that purpose. See *Sifsei Chachamim* for a different interpretation. See *Turei Even* for what acts constitute "contributing to the honor of the festival."

36. I.e. he intended to blow a shofar on Rosh Hashanah together with two trumpets, and two trumpets on fast days together with two shofars (see *Rashi, Sifsei Chachamim*).

37. [I.e. on the *occasions* when trumpets are blown (*Sifsei Chachamim;* cf. *Meromei Sadeh*)] such as fast days (*Rashi*).

38. The Baraisa seemingly states that on fast days only trumpets are blown outside the Temple. The Rishonim therefore find difficult the Geonic responsa that state that the practice was to blow shofars on fast days. *Rashba* suggests that the Baraisa means only that trumpets and shofars may not be blown *together;* however, *either one* may be blown alone (as opposed to the case of Rosh Hashanah, when a shofar must be blown). Since in the time of the Geonim shofars were more prevalent than trumpets, the former were typically used. See *Ritva, Ramban, Derashos* ibid., and *Meromei Sadeh* for other explanations.

39. Such as on Rosh Hashanah and Yom Kippur of the *Yovel* Year (*Rashi*).

40. I.e. they instructed that shofars and trumpets be sounded together on the various occasions, as a literal reading of our Mishnah suggests (*Rashi*).

41. "The eastern gates" refers to the three gates that opened into the eastern entrances of the Women's Courtyard, the Israelites' Courtyard and the Antechamber, respectively. Alternatively, it is the gate leading to the Israelites' Courtyard from the Women's Courtyard on the east, which consisted of the large Nikanor's Gate and two smaller openings flanking it (*Rashi,* as explained by *Rashash*). See *Turei Even* and *Aruch LaNer.*

ופיו מצופה זהב: והתניא [א]ציפהו זהב במקום הנחת פיו פסול שלא במקום הנחת פיו כשר אמר אביי כי תנן נמי מתניתין שלא במקום הנחת פה תנן: ושתי חצוצרות מן הצדדים: ותרי קלי מי משתמעי והתניא [ה] [א]זכור [ב]ושמור בדיבור אחד נאמרו מה שאין הפה יכולה לדבר ואין האוזן יכולה לשמוע לכך מאריך בשופר למימרא דכי שמע [ו]סוף תקיעה בלא תחילת תקיעה יצא וממילא תחילת תקיעה בלא סוף תקיעה יצא ת"ש תקע [ג]בראשונה ומשך בשניה כשתים אין בידו אלא אחת אמאי תיסלק ליה בתרתי פסוקי תקיעתא מהדדי לא פסקינן ת"ש [ד]התוקע לתוך הבור או לתוך הדות או לתוך הפיטס אם קול שופר שמע יצא ואם קול הברה שמע לא יצא אמאי ליפוק בתחילת תקיעה מקמי דליערבב קלא [ה] אלא תרתי קלי מחד גברא לא משתמעי מתרי גברי משתמעי ומתרי גברי מי משתמעי והא תניא [ו] [ב]בתורה אחד קורא ואחד מתרגם [ג]ובלבד שלא (יהו שנים קורין) ושנים מתרגמין הא לא דמיא אלא לסיפא [ד]בהלל [ו]ובמגילה אפילו עשרה קורין אלמא כיון דחביב יהיב דעתיה הכא נמי כיון דחביב יהיב דעתיה ושמע אלא למה מאריך בשופר לידע שמצות היום בשופר: ובתעניות בשל זכרים כפופין ופיו מצופה כסף: מאי שנא התם דהוב ומ"ש הכא דכסף איבעית אימא כל כינופיא דכסף הוא דכתיב [ג]עשה לך שתי חצוצרות כסף ואיבעית אימא [ז]התורה חסה על ממונן של ישראל התם נמי נעביד דכסף אפילו הכי כבוד יו"ט עדיף רב פפא בר שמואל סבר למיעבד עובדא כמתניתין אמר ליה רבא [ז]לא אמרו אלא במקדש תניא נמי הכי במה דברים אמורים במקדש אבל בגבולין מקום שיש חצוצרות אין שופר מקום שיש שופר אין חצוצרות וכן הנהיג רבי חלפתא בציפורי ורבי חנניא בן תרדיון בסיכני וכשבא [א]דבר אצל חכמים אמרו לא היו נוהגין כן אלא בשערי מזרח ובהר הבית בלבד אמר רבא ואיתימא רבי יהושע בן לוי מאי קראה דכתיב [ד]בחצוצרות וקול שופר הריעו לפני המלך ה' לפני המלך ה' הוא דבעינן חצוצרות וקול שופר אבל בעלמא לא: שוה היובל לר"ה לתקיעה ולברכות כו': א"ר שמואל בר יצחק כמאן מצלינן האידנא זה היום תחלת מעשיך זכרון ליום ראשון כרבי אליעזר דאמר [ח]בתשרי נברא העולם מתיב רב עינא שוה יובל לר"ה לתקיעה ולברכות והא איכא זה היום תחלת מעשיך זכרון ליום ראשון דבר"ה איתא וביובל ליתא כי קתני אשארא רב שישא בריה דרב אידי מתני הכי א"ר שמואל בר יצחק הא דתנן שוה היובל לר"ה לתקיעה ולברכות כמאן דלא כרבי אליעזר דאי רבי אליעזר כיון דאמר בתשרי נברא העולם הא איכא זה היום תחלת מעשיך זכרון ליום ראשון דבר"ה איתא וביובל ליתא כי קתני אשארא: **מתני'** [ז]שופר שנסדק ודבקו פסול [ח]דיבק שברי שופרות פסול ניקב

רש"י

ופיו מצופה זהב כו' במקום הנחת פה פסול. שהתקיעה בזהב ולא בשופר: לכך מאריך בשופר. מירולא הוא: וממילא כו'. דמה לי סוף בלא תחילה ומה לי תחילה בלא סוף ומשום דבעי לאותובי אתרוייהו דייק הכי דיוקא: תקע בראשונה. בפשוטה שלפני התרועה: ומשך בשניה כשתים. לפי שהיה לריך לתקוע כאן ג' תקיעות רלופות אחת לפשוטה לאחריה דמלכיות ואחת לפשוטה לפניה דזכרונות: בור ודות. חדא נינהו [ט]אלא שהבור בחפירה והדות בבנין על הקרקע אישטרנ"א בלע"ז: פיטס. חבית גדולה פונטו"ן בלע"ז: מחד גברא. דומיא דזכור ושמור: הא לא דמיא. הא מילתא דשופר לא דמיא אלא לסיפא: י' קורין. וי' קולות יש כאן שאי אפשר להם לגמרם דיבורם בתיבה אחת שלא יהא אחד לאחור ואחד לפניו: דחביבה עליה. חדשה היא לו: התורה חסה. דכתיב (ויקרא יד) וצוה הכהן ופנו את הבית שלא יטמאו כלי חרס שבתוכו שאין להם טהרה במקוה: למיעבד עובדא. בתעניות ובשופר: מקום שיש שופר. כגון ר"ה ויובל: מקום שיש חצוצרות. כגון תעניות: וכך הנהיג. כשמנהיגו שופר וחצוצרות: בשערי מזרח ובהר הבית. חדא מילתא היא בשערי מזרח בהר הבית וי"א בשערי מזרח בעזרת נשים: **מתני'** שופר שנסדק ודבקו. בדבק שקורין גלו"ד: פסול. דהוה ליה כשני שופרות: גמ'

תוספות

בתורה אחד קורא. פירוש לבדו ולא שנים קורין יחד ומתרגמין יחד: **אבל** שנים לא. והא דאמרינן בפ"ק דב"ב (דף טו. ושם) שמונה פסוקים שבתורה יחיד קורא אותם לא שלא יקרא אחר עמו דא"כ כל התורה נמי אלא שלא יתחלקום לשנים זה ארבעה וזה ארבעה ומה שנוהגין לקרות שנים בתורה סמכו אמתני' דפרק בתרא דבכורים[ז] (משנה ז) דתנן בראשונה כל מי שיודע לקרות קורא וכל מי שאינו יודע לקרות מקרין אותו נמנעו מלהביא בכורים התקינו שיהיו מקרין את מי שהוא יודע ואת מי שאינו יודע:

כמאן מצלינן זה היום תחלת מעשיך. תימה הא קי"ל כרבי יהושע כדאמרינן בפ"ק (דף יב.) לתקופה כר' יהושע ואומר ר"ת דקי"ל כרב עינא דפריך והא איכא זה היום תחלת מעשיך דליתיה בראש השנה וליתיה ביובל אלא ודאי הא דאמרינן ליה לאו משום ברייתו של עולם אלא משום תחלת מעשה דין שהעולם נדון בו להתקיים או לאו וזה שייך נמי ביוה"כ דיובל דהוקש לר"ה כדלקמן בפרק בתרא (דף לג.) [ט](אבל בשאר יומי לא) ולעו"ג דמשני ליה שפיר רב עינא לא הדר ביה ומיהו לאידך לישנא קשיא דקאמר מתני' דלא כר"א הוה ליה לשנויי דזה היום תחלת מעשיך לאו אבריאת עולם קאי ומה שיסד ר"א הקליר בגשם דשמיני עצרת כר"א דאמר בתשרי נברא העולם ובשל פסח יסד כר' יהושע אומר ר"ת דאלו ואלו דברי אלהים חיים ואיכא למימר דבתשרי עלה במחשבה לבראות ולא נברא עד ניסן ודכוותה אשכחן בפרק עושין פסין (עירובין דף יח. ושם) גבי אדם שעלה במחשבה לבראות שנים ולבסוף לא נברא אלא אחד:

כמאן דלא כר' אליעזר. תימה הא ע"כ לא שוו לכל מילי דהתניא לקמן בפרק בתרא (דף ל.) שוה יובל לר"ה לתקיעה ולברכות אלא שביובל תוקעין בין בב"ד שקדשו את החדש בין בב"ד שלא קדשו את החדש וכל יחיד ויחיד חייב לתקוע: **שופר** שנסדק ודבקו פסול. פי' בקונטרס דהוה ליה כשני שופרות משמע שר"ל שנסדק לגמרי שנחלק לב' חתיכות שאם היה מחובר מצד אחד אין זה שני שופרות ותימה דאם נחלק לגמרי היינו דבק שברי שופרות ולכך נראה דנסדק מצד אחד לארכו על פני כולו ולפי שאין שם שופר עליו וכ"ש דבק שברי שופרות אלא זו ואין צריך לומר זו קתני א"נ יותר סופו להפרד כשנסדק מצד אחד ודבקו מאם עשה שופר אחד של חתיכות והוי שם שופר עליו טפי קא משמע לן ודבק שברי שופרות נמי לא מיפסיל מטעם שנים ושלשה שופרות אלא דאין זה קרוי שופר אי נמי משום דכתיב (ויקרא כה) והעברת דרך העברתו כי היכי דפסלינן הפכו ותקע בו משום דבעינן דרך העברתו ואפילו נפסל מטעם שנים ושלשה שופרות אין קשיא כלום:

עין משפט נר מצוה

יג א מיי' פי"ב מהלכות שופר הלכה ו טוש"ע א"ח סי' תקפו סעיף טו:
יד ב ג מיי' פי"ב מהל' תפלה הלכה יא טור ש"ע א"ח סי' קמא סעיף ג:
טו ד טוש"ע א"ח סי' תפח סעיף ג וסי' תרמד סעיף ג:
טז ה מיי' פ"ב מהלכות מגילה הלכה ה טור ש"ע א"ח סי' תרל סעיף ו:
יז ו מיי' פ"א מהלכות תענית הלכה ד:
יח ז מיי' פ"א מהלכות שופר הלכה ה סמג עשין מב טוש"ע א"ח סי' תקפו סעיף ח:
יט ח מיי' וסמג שם טוש"ע שם סעיף י:

רבינו חננאל

ות"ק סבר אדרבה איפכא מסתברא: ופיו של שופר מצופה זהב. ואוקימנא שלא במקום הנחת פה אבל במקום הנחת פה פסול הוא אותו השופר: ושתי חצוצרות מן הצדדין כו'. ואקשינן ותרי קלי מי משתמעי כלומר אפשר לאדם לשמוע שני קולות בבת אחת והתניא שמור וזכור בדבור אחד נאמרו מה שאין הפה יכול לדבר ולא אוזן יכול לשמוע. ופרקינן לכך מאריך בשופר כדי לצאת החובה בקול השופר ואקשי' הנה א) כיון שהאריך בשופר סוף תקיעה בלא תחלת תקיעה למימרא דשמע סוף תקיעה בלא תחלת תקיעה יצא. והתנן תקע בראשונה ומשך בשניה כשתים אין בידו אלא אחת. פי' תקע תר"ת תקיעה תרועה תקיעה ועוד רוצה להתחיל תר"ת אחר. נמצא תקיעה של סוף תר"ת הראשון ותקיעה שהיא התחלת תר"ת השני סמוכות להדדי. עכשיו אם משך בסוף התקיעה האחרונה שבתר"ת הראשון כשיעור ב' תקיעות אין בידו אלא אחת כי אין מפסיקין הסוף מן התחלה ולא עלה בידו אלא תר"ת אחת. ופרקי' פסוקי תקיעתא חדא לתרתי לא פסקי ולעולם שמע תחלת תקיעה בלא סוף תקיעה או סוף תקיעה בלא תחלת תקיעה יצא. ור"א היה צריך תר"ת ותקע תקיעה ומשך בתרועה כדי תרועה ותקיעה אין בידו אלא תקיעה אחת. ותלמוד א"י מסייע לזה הפירוש. ת"ש התוקע לתוך הבור או לתוך הדות כו'. ושנינן תרי קלי מחד כגון שמור וזכור שנאמרו מפי הגבורה תרי כחדא לא משתמעי אלא הני כאות ומופת אבל תרי קלי מתרי משתמעי כדתניא בהלל ובמגילה אפי' י' קורין וי' מתרגמין אלמא כיון דחביב עליה יהיב דעתיה ושמע הכא נמי גבי שופר וחצוצרות יהיב דעתיה ושמע. א"כ למה מאריך בשופר להודיע שמצות היום בשופר ש"מ דשופר ביד אחד וחצוצרות ביד אחרים ותוקעין בהן. והני מילי במקדש כדתניא בד"א במקדש אבל בגבולין מקום שיש שופר אין בו חצוצרות ומקום שיש חצוצרות אין שופר כו' מהאי קרא בחצוצרות וקול שופר הריעו לפני המלך ה'. בעינן בחצוצרות וקול שופר אבל בגבולין לא. שוה יובל לר"ה לתקיעה ולברכות פי' בעינן ט' תקיעות וברכות מלכיות וזכרונות ושופרות ב) כך מתפללין ביובל ביוה"כ. כמאן מצלינן בר"ה זה היום תחלת מעשיך כר' אליעזר דאמר בתשרי נברא העולם ומותבינן והא תנן שוה יובל לר"ה לתקיעות ולברכות. והאיכא זה היום תחלת מעשיך. ר' יהודה אומר בראש

חשק שלמה על ר"ח א) לכאורה צ"ל כיון דמה שהאריך אינו אלא סוף תקיעה וכו'. ב) אולי צ"ל מלכיות וזכרונות ושופרות שמתפללין בר"ה כך מתפללין.

מסורת הש"ס

א) [שבועות כ:], ב) [לקמן כח.], ג) [לקמן כח. לג:], ד) [לקמן כח., ה) מגילה כא.], ו) [צ"ל יהא אחד קורא כך איתא במגילה], ז) [יומא לט. מד: מנחות עו: פח: פט. חולין מט: עז.], ח) [לעיל ח. י: ע"ז ח.], ט) [ב"ב סד.], י) מכאן ראיה אנדרוגינוס אינו מן המשנה דלא כמאי' ראיה ע"ר בהגהות מהגהר"ב סוף בכורים, כ) בס"א ליתו.

הגהות הב"ח

(א) גמ' ור"ח בן תרדיון בסיכני וכשבא הדבר אצל חכמים:

גליון הש"ס

גמ' אלא תרתי קלי כו' מתרי גברי. עי' סוטה דף לט ע"ב תד"ה עד שיכלה:

תורה אור השלם

א) זָכוֹר אֶת יוֹם הַשַּׁבָּת לְקַדְּשׁוֹ: [שמות כ, ח]
ב) שָׁמוֹר אֶת יוֹם הַשַּׁבָּת לְקַדְּשׁוֹ כַּאֲשֶׁר צִוְּךָ יְיָ אֱלֹהֶיךָ: [דברים ה, יב]
ג) עֲשֵׂה לְךָ שְׁתֵּי חֲצוֹצְרֹת כֶּסֶף מִקְשָׁה תַּעֲשֶׂה אֹתָם וְהָיוּ לְךָ לְמִקְרָא הָעֵדָה וּלְמַסַּע אֶת הַמַּחֲנוֹת: [במדבר י, ב]
ד) בַּחֲצֹצְרוֹת וְקוֹל שׁוֹפָר הָרִיעוּ לִפְנֵי הַמֶּלֶךְ יְיָ: [תהלים צח, ו]

ליקוטי רש"י

זכור ושמור בדיבור אחד. שמור. בדיבורות הוא אומר זכור ושניהם בדבור אחד ובתיבה אחת נאמרו ובשמיעה אחת נשמעו (מכילתא) [דברים ה, יב]. הכי גרסינן. למימרא דכי שמע איניש סוף תקיעה בלא תחלת וממילא כו'. תקע בראשונה. פשוטה שלפני תרועת המלכיות [לקמן כח.]. פשוטה שלפני התרועה תקע כדרכה [שם לג:]. ומשך בשניה. בפשוטה של אחריה כשתים ונתכוון לצאת בה אף ידי פשוטה שלפני תרועת הזכרונות שעתיד עליו לתקוע תיכף לו [שם כח.]. תקיעה של אחר התרועה משך כשתים לצאת בה ידי שתים שהיה צריך לעשות זו [אחר זו] פשוטה שלאחריה דמלכיות ופשוטה שלפניה דזכרונות. אין בידו אלא אחת. דפסוקי תקיעה אחת לשתים לא מפסקינן [שם לג:]. התוקע לתוך הבור וכו' הדות. בור בחפירה דות בבנין בתוך הקרקע אישקדיינ"א [עירובין קב: וכעי"ז רשב"ם ב"ב סא.]. שניהן עמוקין בקרקע ויש בהן מים מכונסין. בחפירה. בקרקע קשה שמחזיק מים בלא בנין. בבנין. חופרין בור בעפר תיחוח ובונין לו כותל אבנים ומקרי דות [שם סד.]. בור בחפירה בלא בנין כתלים ודות בבנין [ערכין יט.]. אם קול שופר שמע. בלא קול הברה יצא. אם קול הברה שמע. עם קול השופר לא יצא [לקמן כח.]. פיטס. פטסין. חביות גדולות [ביצה טו:]. התורה חסה כו'. שנאמר (ויקרא יד) וצוה הכהן ופנו את הבית וגו' על מה חסה תורה על פכין של כלי חרס שאין להם טהרה במקוה אם כן חסה על ממון קל כל שכן על ממון חשוב אם כן חסה על ממונו של (צירוען) [צ"ל צדיקים] קל וחומר על ממונן של צדיקים [יומא לט.]. בתורת כהנים נפקא לן מולא הכהן ופנו את הבית בטרם יבא הכהן לראות את הנגע ולא יטמא וגו' א"ר מאיר וכי מה מטמא לו מה שמצריך כפנוי הבית ונוסיף לה כל שאסר מתוכו תורה להמתין שלא יראה הכהן את הנגע עד שיהיו כלים נפנין ולא יטמא

Yehoshua ben Levi – stated: מַאי קְרָאָה – What is the verse? דִּכְתִיב ,,בַּחֲצֹצְרוֹת וְקוֹל שׁוֹפָר הָרִיעוּ לִפְנֵי הַמֶּלֶךְ ה׳ " – As it is written:[42] *With trumpets and the sound of a shofar, blow a teruah in the presence of the King, Hashem.* לִפְנֵי הַמֶּלֶךְ ה׳ הוּא דִּבְעֵינַן חֲצוֹצְרוֹת וְקוֹל שׁוֹפָר – This teaches that **it is in the presence of the King, Hashem,** i.e. in the Temple, **that we require** the blowing of **trumpets and the sound of a shofar** together.[43] אֲבָל בְּעָלְמָא לֹא – **However, in all other places** we do **not** blow the two together.

The Tanna Kamma's final ruling:

שָׁוֶה הַיּוֹבֵל לְרֹאשׁ הַשָּׁנָה לַתְּקִיעָה וְלַבְּרָכוֹת כו׳ – The laws of THE *YOVEL* YEAR ARE IDENTICAL TO the laws of ROSH HASHANAH with regard TO THE BLOWING AND THE BLESSINGS **etc.**

The Gemara presents a teaching that it will attempt to refute by citing this section of our Mishnah:

אָמַר רַב שְׁמוּאֵל בַּר יִצְחָק – **Rav Shmuel bar Yitzchak said:** כְּמַאן מְצַלִּינַן הָאִידָּנָא – **In accordance with whose** opinion **do we recite nowadays** in the Rosh Hashanah prayers: זֶה הַיּוֹם תְּחִלַּת מַעֲשֶׂיךָ זִכָּרוֹן לְיוֹם רִאשׁוֹן – *This* (i.e. Rosh Hashanah) *is the anniversary day of the start of Your handiwork, a remembrance of the first day*?[44] כְּמַאן – **According to whom** do we recite it? כְּרַבִּי אֱלִיעֶזֶר דְּאָמַר – **According to R' Eliezer, who said:** בְּתִשְׁרֵי נִבְרָא הָעוֹלָם – **The world was created in** the month of **Tishrei.**[45]

The attempted refutation from our Mishnah:

מָתִיב רַב עֵינָא – **Rav Eina retorted:** שָׁוֶה יוֹבֵל לְרֹאשׁ הַשָּׁנָה לַתְּקִיעָה וְלַבְּרָכוֹת – But the Mishnah states: The laws of THE *YOVEL* YEAR ARE IDENTICAL TO the laws of ROSH HASHANAH with regard TO THE BLOWING AND THE BLESSINGS. וְהָא אִיכָּא זֶה הַיּוֹם תְּחִלַּת מַעֲשֶׂיךָ זִכָּרוֹן לְיוֹם רִאשׁוֹן – **But** how can the Mishnah equate the two holy days with regard to the blessings, when according to Rav Shmuel bar Yitzchak **there is** the blessing,[46] *This is the anniversary day of the start of Your handiwork, a remembrance of the first day,* דִּבְרֹאשׁ הַשָּׁנָה אִיתָא – **which is [timely] on Rosh Hashanah** וּבְיוֹבֵל לֵיתָא – **but is not [timely] on** Yom Kippur of **the *Yovel* Year?**[47]

The Gemara answers:

כִּי קָתָנֵי – **When [the Mishnah] taught** that Rosh Hashanah and the Yom Kippur of *Yovel* are identical with respect to blessings, אַשְּׁאָרָא – it was speaking **of the other** blessings, which are appropriate to both holy days.[48]

The Gemara presents a different version of the previous discussion:

רַב שִׁישָׁא בְּרֵיהּ דְּרַב אִידִי מַתְנֵי הָכִי – **Rav Shisha the son of Rav Idi taught** it **thus:** אָמַר רַב שְׁמוּאֵל בַּר יִצְחָק – **Rav Shmuel bar Yitzchak said:** הָא דִּתְנַן – **This that we learned in the Mishnah,** שָׁוֶה הַיּוֹבֵל לְרֹאשׁ הַשָּׁנָה לַתְּקִיעָה וְלַבְּרָכוֹת – "The laws of THE *YOVEL* YEAR ARE IDENTICAL TO the laws of ROSH HASHANAH with regard TO THE BLOWING AND THE BLESSINGS" – כְּמַאן – **according to whom** is it stated? דְּלָא כְּרַבִּי אֱלִיעֶזֶר – You must say **that it is not in accordance with R' Eliezer!** דְּאִי רַבִּי אֱלִיעֶזֶר – **For if** you say it accords with **R' Eliezer,** you will have a problem, כֵּיוָן דְּאָמַר בְּתִשְׁרֵי נִבְרָא הָעוֹלָם – **since he said** that **the world was created in Tishrei.** הָא אִיכָּא זֶה הַיּוֹם תְּחִלַּת מַעֲשֶׂיךָ זִכָּרוֹן לְיוֹם רִאשׁוֹן – **For there is** the blessing, *This is the anniversary day of the start of Your handiwork, a remembrance of the first day,* דִּבְרֹאשׁ הַשָּׁנָה אִיתָא – **which is [timely] on Rosh Hashanah** וּבְיוֹבֵל לֵיתָא – **but is not [timely] on** Yom Kippur of **the *Yovel* Year!**[49]

The Gemara rejects Rav Shmuel bar Yitzchak's proof:

כִּי קָתָנֵי – **When [the Mishnah] taught** that Rosh Hashanah and the Yom Kippur of *Yovel* are identical with respect to blessings, אַשְּׁאָרָא – it was speaking **of the other** blessings, which are appropriate to both holy days. Hence, our Mishnah can accord with R' Eliezer as well.

Mishnah The Mishnah begins by enumerating the physical defects that disqualify a shofar: שׁוֹפָר שֶׁנִּסְדַּק – With regard to **a shofar that split**[50] וְדִבְּקוֹ – **and one joined [the halves],**[51]

NOTES

42. *Psalms* 98:6.

43. I.e. when an occasion requires one of them, the other must accompany it.

44. This passage is found in the Remembrance section of the Rosh Hashanah Mussaf prayer.

45. Rav Shmuel bar Yitzchak understands that *the start of Your handiwork* refers to the day of Adam's creation, inasmuch as man is God's preeminent handiwork. Thus, although God began Creation on 25 Elul, Rosh Hashanah is celebrated on the first of Tishrei, when man was created (*Maharsha*). All this follows the opinion of R' Eliezer (see above, 10b), who holds that the world was created in Tishrei [as opposed to the opinion of R' Yehoshua (ibid.), that it was created in Nissan].

46. See *Sifsei Chachamim*.

47. The Mishnah states that the blessings of the Rosh Hashanah Mussaf are recited also in the Mussaf of Yom Kippur of the *Yovel* Year. Now if, as Rav Shmuel bar Yitzchak understands, *the start of Your handiwork* refers to Creation (and specifically the creation of Adam; see note 45), then certainly it is appropriately recited on Rosh Hashanah; however, why recite it on Yom Kippur of the *Yovel* Year, which falls on the tenth day of Tishrei and is completely unrelated to Creation?! Evidently, argues Rav Eina, *the start of Your handiwork* refers not to Rosh Hashanah as the anniversary of Creation, but to Rosh Hashanah as the "start" of God's annual "work" of judging the world – i.e. to its "Day of Judgment" aspect. According to this interpretation, it is indeed reasonable to recite the passage on Yom Kippur of the *Yovel* Year, for that day is linked to Rosh Hashanah via a *gezeirah shavah* [and Yom Kippur is associated with judgment, since on that day the judgment of Rosh Hashanah is "sealed"]. Accordingly, Rav Shmuel bar Yitzchak's conclusion is incorrect; our recital of the passage also accords with R' Yehoshua's opinion [that the world was created in Nissan] (*Tosafos;* cf. *Ritva*).

48. In defense of his opinion that *the start of Your handiwork* refers to Creation, Rav Shmuel bar Yitzchak answers that the Mishnah means to equate Rosh Hashanah and Yom Kippur of the *Yovel* Year only with respect to those blessings that are relevant to both holy days. Regarding *the start of Your handiwork,* however, they are not identical, for indeed that passage is recited only on Rosh Hashanah.

49. In this version, Rav Shmuel bar Yitzchak maintains that the Mishnah's equation of the two holy days in the aspect of their blessings perforce accords with R' Yehoshua. For according to R' Eliezer *the start of Your handiwork* certainly refers to Creation as well, and therefore is inappropriate for recital on Yom Kippur (*Ran*).

50. According to *Rashi* as understood by the Rishonim, the shofar split along its entire length, on both sides, becoming two separate pieces (see, however, *Pri Chadash* §586:8). Other interpretations are cited below in note 52.

51. With glue (*Rashi*). *Ramban* maintains, however, that using glue to join the two halves is tantamount to plugging a hole in a shofar with a foreign material, which is an altogether different disqualification, discussed by the Gemara below (27b; but see *Beur HaGra* to 586:8). *Ramban* therefore proposes that the edges of the halves were heated and fused together. *Rosh* (§2), however, differentiates between the two cases, explaining that glue used to join two halves is undetectable, and thus is not considered an invalidating foreign matter. However, when a plug is used to close a hole, it is very conspicuous, and for that reason it invalidates the shofar. Thus, *Rashi* is correct in stating that the shofar in the Mishnah's first case is unfit only because of the split.

ופיו מצופה זהב: והתניא ציפהו זהב במקום הנחת פיו פסול שלא במקום הנחת פיו כשר אמר אביי כי תנן נמי מתניתין שלא במקום הנחת פה תנן: ושתי חצוצרות מן הצדדים: ותרי קלי מי משתמעי והתניא זכור ושמור בדיבור אחד נאמרו מה שאין הפה יכולה לדבר ואין האוזן יכולה לשמוע לכך מאריך בשופר למימרא דכי שמע סוף תקיעה בלא תחילת תקיעה יצא וממילא תחילת תקיעה בלא סוף תקיעה יצא ת"ש תקע בראשונה ומשך בשניה כשתים אין בידו אלא אחת אמאי תיסלק ליה בתרתי פסוקי תקיעתא מהדדי לא פסקינן ת"ש התוקע לתוך הבור או לתוך הדות או לתוך הפיטס אם קול שופר שמע יצא ואם קול הברה שמע לא יצא אמאי ליפוק בתחילת תקיעה מקמי דליערבב קלא אלא תרתי קלי מחד גברא לא משתמעי מתרי גברי משתמעי ומתרי גברי מי משתמעי והא תניא בתורה אחד קורא ואחד מתרגם ובלבד שלא יהו שנים קורין ושנים מתרגמין הא לא דמיא אלא לסיפא בהלל ובמגילה אפילו עשרה קורין אלמא כיון דחביב יהיב דעתיה הכא נמי כיון דחביב יהיב דעתיה ושמע אלא למה מאריך בשופר לידע שמצות היום בשופר: ובתעניות בשל זכרים כפופין ופיו מצופה כסף: מאי שנא התם דזהב ומ"ש הכא דכסף איבעית אימא כל כינופיא דכסף הוא דכתיב עשה לך שתי חצוצרות כסף ואיבעית אימא התורה חסה על ממונן של ישראל התם נמי נעביד דכסף אפילו הכי כבוד יו"ט עדיף רב פפא בר שמואל סבר למיעבד עובדא כמתניתין אמר ליה רבא לא אמרו אלא במקדש תניא נמי הכי במה דברים אמורים במקדש אבל בגבולין מקום שיש חצוצרות אין שופר מקום שיש שופר אין חצוצרות וכן הנהיג רבי חלפתא בציפורי ורבי חנניא בן תרדיון בסיכני וכשבא דבר אצל חכמים אמרו לא היו נוהגין כן אלא בשערי מזרח ובהר הבית בלבד אמר רבא ואיתימא רבי יהושע בן לוי מאי קראה דכתיב בחצוצרות וקול שופר הריעו לפני המלך ה' לפני המלך ה' הוא דבעינן חצוצרות וקול שופר אבל בעלמא לא: שוה היובל לר"ה לתקיעה ולברכות כו': א"ר שמואל בר יצחק כמאן מצלינן האידנא זה היום תחלת מעשיך זכרון ליום ראשון כמאן כרבי אליעזר דאמר בתשרי נברא העולם מתיב רב עינא שוה יובל לר"ה לתקיעה ולברכות והא איכא זה היום תחלת מעשיך זכרון ליום ראשון דבר"ה איתא וביובל ליתא כי קתני אשארא רב שישא בריה דרב אידי מתני הכי א"ר שמואל בר יצחק הא דתנן שוה היובל לר"ה לתקיעה ולברכות כמאן דלא כרבי אליעזר דאי רבי אליעזר כיון דאמר בתשרי נברא העולם הא איכא זה היום תחלת מעשיך זכרון ליום ראשון דבר"ה איתא וביובל ליתא כי קתני אשארא: **מתני'** שופר שנסדק ודבקו פסול דיבק שברי שופרות פסול ניקב

רש"י

ופיו מצופה זהב. שהתקיעה בזהב ולא בשופר: לכך מאריך בשופר. מירולא הוא: וממילא כו'. דמה לי סוף בלא תחילה ומה לי תחילה בלא סוף ומשום דבעי לאותובי אתריה דייק הך דיוקא: תקע בראשונה. בפשוטה שלפני התרועה: ומשך בשניה כשתים. לפי שהיה לריך לתקוע כאן ב' תקיעות רלופות אחת לפשוטה לאחריה דמלכיות ואחת לפשוטה לפניה דזכרונות: בור ודות. הדא ניניהו אלא שהבור בחפירה והדות בבנין על הקרקע לישטרנ"א בלע"ז: פיטס. חבית גדולה פונט"ן בלע"ז: מחד גברא. דומיא דזכור ושמור: הא לא דמיא. הא מילתא דשופר לא דמיא אלא לסיפא: קורין. וי' קולות יש כאן שאי אפשר להם לנמלא דיבורים בתיבה אחת שלא יהא אחד לאחור ואחד לפנים: דחביבה עליה. חדשה היא לו: התורה חסה. דכתיב (ויקרא יד) וצוה הכהן ופנו את הבית שלא יטמאו כלי חרס שבתוכו שאין להם טהרה במקוה: למיעבד עובדא. בחצוצרות ושופר: מקום שיש שופר. כגון ר"ה ויובל: מקום שיש חצוצרות. כגון תעניות: וכן הנהיג. כמשנתינו שופר וחצוצרות: בשערי מזרח ובהר הבית. הלא מילתא היא בשערי מזרח בהר הבית וי"א בשערי מזרח בעזרת נשים: מתני' שופר שנסדק ודבקו. בדבק שקורין גלו"ד פסול. דהוה ליה כשני שופרות:

גמ'

תוספות

בתורה אחד קורא. פירוש לבדו ואחרי כן המתרגם מתרגם לבדו ולא שנים קורין יחד ומתרגמין יחד:

אבל שנים לא. והא דאמרינן בפ"ק דב"ב (דף טו. ושם) שמונה פסוקים שבתורה יחיד קורא אותם לא שלא יקרא אחר עמו דא"כ כל התורה נמי אלא שלא יחלקום לשנים זה ארבעה וזה ארבעה ומה שנוהגין לקרות שנים בתורה סמכו אמתני' דפרק בתרא דבכורים (משנה ז) דתנן בראשונה כל מי שיודע לקרות קורא וכל מי שאינו יודע לקרות מקרין אותו נמנעו מלהביא בכורים התקינו שיהיו מקרין את מי שהוא יודע ואת מי שאינו יודע:

כמאן מצלינן זה היום תחלת מעשיך. תימה הא קי"ל כרבי יהושע כדאמרינן בפ"ק (דף יב.) לתקופה כר' יהושע ואומר ר"ת דקי"ל כרב עינא דפריך משוה יובל ורב עינא ה"ק והא איכא זה היום תחלת מעשיך דאיתיה בראש השנה וליתיה ביובל אלא ודאי הא דאמרינן ליה לאו משום בריאתו של עולם אלא משום תחלת מעשה דין שהעולם נדון בו להתקיים או לאו וזה שייך נמי ביוה"כ דיובל דהוקש לר"ה כדלקמן בפרק בתרא (דף לד.) (אבל בשאר יומי לא) ואע"ג דמשני ליה שפיר רב עינא לא הדר ביה ומיהו לאידך לישנא קשיא דקאמר מתני' דלא כר"א הוה ליה לשנויי דזה היום תחלת מעשיך לאו אבריאת עולם קאי ומה שיסד ר"א הקליר בגשם דשמיני עצרת כר"א דאמר בתשרי נברא העולם ובשל פסח יסד כר' יהושע אומר ר"ת דאלו ואלו דברי אלהים חיים ואיכא למימר דבתשרי עלה במחשבה לבראות ולא נברא עד ניסן ודכוותה אשכחן בפרק עושין פסין (עירובין דף יח. ושם) גבי אדם שעלה במחשבה לבראות שנים ולבסוף לא נברא אלא אחד:

כמאן דלא כר' אליעזר. תימה הא ע"כ לא שוו לכל מילי דהתניא לקמן בפרק בתרא (דף ל.) שוה יובל לר"ה לתקיעה ולברכות אלא שביובל תוקעין בין בב"ד שקדשו את החדש בין בב"ד שלא קדשו את החדש וכל יחיד ויחיד חייב לתקוע:

שופר שנסדק ודבקו פסול. פי' בקונטרס דהוה ליה כשני שופרות משמע שר"ל שנסדק לגמרי שנחלק לב' חתיכות שאם היה מחובר מצד אחד אין זה שני שופרות ותימה דאם נחלק לגמרי היינו דבק שברי שופרות ולכך נראה דנסדק מצד אחד לארכו על פני כולו ולפי שאין שם שופר עליו וכ"ש דבק שברי שופרות אלא זו ואין צריך לומר זו קתני א"נ יותר סופו להפרד כשנסדק מצד אחד ודבקו משאם עשה שופר אחד של חתיכות והוי שם שופר עליו טפי קא משמע לן ודבק שברי שופרות נמי לא מיפסיל מטעם שנים ושלשה שופרות אלא דאין זה קרוי שופר אי נמי משום דכתיב (ויקרא כה) והעברת דרך העברתו כי היכי דפסלינן הפכו ותקע בו משום דבעינן דרך העברתו ואפילו נפסל מטעם שנים ושלשה שופרות אין קשיא כלום:

מסורת הש"ס

א) [שבועות כ:], ב) [לקמן כח.], ג) [לקמן כח. לג:], ד) [לקמן כח.], ה) מגילה כא., ו) [ל"ל יהא אחד קורא כך איתא במגילה], ז) [יומא לט. מד: מנחות עו: פו: פט. חולין מט: עז.], ח) [לעיל ח. י.], ט) [ב"ב סד.], י) מכאן ראיה שפרק אנדרוגינוס אינו מן המשנה ולא כמש"כ ע"ר בהגהות מהגר"ב סוף בכורים, כ) בח"י אינו.

הגהות הב"ח

(א) גמ' ור"ח בן תרדיון בסיכני וכשבא הדבר אצל חכמים:

גליון הש"ס

גמ' אלא תרתי קלי כו' מתרי גברי. ע"י סוטה דף לט ע"ב תד"ה עד שיכלה:

תורה אור השלם

א) זָכוֹר אֶת יוֹם הַשַּׁבָּת לְקַדְּשׁוֹ: [שמות כ, ח]

ב) שָׁמוֹר אֶת יוֹם הַשַּׁבָּת לְקַדְּשׁוֹ כַּאֲשֶׁר צִוְּךָ יְיָ אֱלֹהֶיךָ: [דברים ה, יב]

ג) עֲשֵׂה לְךָ שְׁתֵּי חֲצוֹצְרֹת כֶּסֶף מִקְשָׁה תַּעֲשֶׂה אֹתָם וְהָיוּ לְךָ לְמִקְרָא הָעֵדָה וּלְמַסַּע אֶת הַמַּחֲנוֹת: [במדבר י, ב]

ד) בַּחֲצֹצְרוֹת וְקוֹל שׁוֹפָר הָרִיעוּ לִפְנֵי הַמֶּלֶךְ יְיָ: [תהלים צח, ו]

ליקוטי רש"י

זכור ושמור בדיבור אחד. שמור. וזכור. שניהם בדבור אחד נאמרו ובתיבה אחת נשמעו (מכילתא) [דברים ה יב]. הכי גרסינן, למימרא דסבר רבא דכי שמע איניש סוף תקיעה בלא תחילת תקיעה יצא וממילא כו'. תקע בראשונה. פשוטה שלפני תרועת המלכיות [לקמן כח.]. פשוטה שלפני התרועה תקע כדרכה [שם לג:]. ומשך בשניה. בפשוטה של אחריה כשתים ומתכוין לצאת בה ידי פשוטה שלפני תרועת הזכרונות שעתיד עליו לתקוע תיכף לזו [שם כח.]. תקיעה של אחר התרועה משך כשתים לצאת בה ידי שתים שהיה לריך לעשות [אחר זו] פשוטה שלאחריה דמלכיות ופשוטה שלפניה דזכרונות. אין בידו אלא אחת. דפסוקי תקיעה אחת לשתים לא מפסקינן [שם לג:]. התוקע לתוך הבור וכו' הדות. בור בחפירה דות בבנין בתוך הקרקע אישקדיינ"א [עירובין קב: וכעי"ז רשב"ם ב"ב סא.]. שניהן עמוקין בקרקע ויש בהן מים מכונסין. בחפירה. בקרקע קשה שמחזיק מים בלא בנין. בבנין. חופרין בור בעפר תיחוח ובונין לו כותל אבנים ומקרי דות [שם סד.]. בור בחפירה בלא בנין כתלים ודות בבנין [ערכין יט.]. פיטס. חבית גדולה [לקמן כח.]. אם קול שופר שמע. בלא קול הברה יצא. אם קול הברה שמע. עם קול השופר לא יצא [לקמן כח.]. פיטס. חבית גדולות [ביצה טו.]. התורה חסה כו'. שנאמר (ויקרא יד) וצוה הכהן ופנו את הבית וגו' על מה תורה חסה על כלי חרס שאין להם טהרה במקוה וכי עלייהו על ממון ישראל ממונן של ישראל, וכי על ממונן על כל כלי שאין להם טהרה התורה חסה כו' (נגעים) ... על ממון ישראל חסה תורה על ממונו על ...

רבינו חננאל

ות"ק סבר אדרבה איפכא מסתברא: ופיו של שופר מצופה זהב. ואוקימנא שלא במקום הנחת פה אבל במקום הנחת פה פסול הוא אותו השופר: ושתי חצוצרות מן הצדדין כו'. ואקשינן ותרי קלי מי משתמעי כלומר אפשר לאדם לשמוע שני קולות בבת אחת והתניא שמור וזכור בדבור אחד נאמרו מה שאין הפה יכול לדבר ולא אוזן יכול לשמוע. ופרקינן לכך מאריך בשופר כדי לצאת החובה בקול השופר ואקשי' הנה (א) כיון שהאריך בשופר סוף תקיעה בלא תחלת תקיעה למימרא דשמע סוף תקיעה בלא תחלת תקיעה יצא. והתנן תקע בראשונה ומשך בשניה כשתים אין בידו אלא אחת. ופרקי' תר"ת תקיעה תרועה תקיעה ועוד רוצה להתחיל תר"ת אחר. נמצא תקיעה של סוף תר"ת הראשון ותקיעה שהיא התחלת תר"ת השני סמוכות להדדי. עכשיו אם משך בסוף התקיעה האחרונה שבתר"ת הראשון כשיעור ב' תקיעות אין בידו אלא אחת כי אין מפסיקין הסוף מן התחלה ולא עלה בידו אלא תר"ת אחת. ופרקי' פסוקי תקיעתא חדא לתרתי לא פסקי ולעולם שמע תחלת תקיעה בלא סוף תקיעה או סוף תקיעה בלא תחלת תקיעה יצא. וי"א היה צריך תר"ת ותקע תקיעה ומשך בתרועה כדי תרועה ותקיעה אין בידו אלא תקיעה אחת. ותלמוד א"י מסייע לזה הפירוש. ת"ש התוקע לתוך הבור או לתוך הדות כו'. ושנינן תרי קלי מחד כגון שמור וזכור שנאמרו מפי הגבורה תרי כחדא לא משתמעי אלא הני כאות ומופת אבל תרי קלי מתרי משתמעי כדתניא בהלל ובמגילה אפי' י' קורין וי' מתרגמין אלמא כיון דחביב עליה יהיב דעתיה ושמע הכא נמי גבי שופר וחצוצרות יהיב דעתיה ושמע. א"כ למה מאריך בשופר להודיע שמצות היום בשופר ש"מ דשופר ביד אחד וחצוצרות ביד אחרים ותוקעין בהן. והני מילי במקדש כדתניא בד"א במקדש אבל בגבולין מקום שיש שופר אין בו חצוצרות ומקום שיש חצוצרות אין שופר כו' מהאי קרא בחצוצרות וקול שופר הריעו לפני המלך ה'. בעינן חצוצרות וקול שופר אבל בגבולין לא. שוה יובל לר"ה לתקיעה ולברכות פי' בעינן ט' תקיעות וברכות מלכיות זכרונות ושופרות ג) כך מתפללין ביובל ביוה"כ. כמאן מצלינן בר"ה זה היום תחלת מעשיך כר' אליעזר דאמר בתשרי נברא העולם ומותבינן והא תנן שוה יובל לר"ה לתקיעות ולברכות. והאיכא זה היום תחלת מעשיך. ר' יהודה אומר בראש

עין משפט נר מצוה

יג א מיי' פ"א מהלכות שופר הלכה ו טוש"ע א"ח סי' תקפו סעיף יח:
יד ב ג מיי' פ"ב מהל' תפלה הלכה יא טור ש"ע א"ח סי' קמא סעיף ג:
טו ד טוש"ע א"ח סי' תרצ סעיף ג וסי' תרמד סעיף ג:
טז ה מיי' פ"ב מהלכות מגילה הלכה ז טור ש"ע א"ח סי' תרצ סעיף ג:
יז ו מיי' פ"א מהלכות תענית הלכה ד:
יח ז מיי' פ"א מהלכות שופר הלכה ה סמג עשין מג טוש"ע א"ח סי' תקפו סעיף ח:
יט ח מיי' ושמג שם טוש"ע שם סעיף י:

חשק שלמה על ר"ח א) לכאורה צ"ל כיון דמה שהאריך בשופר שמע סוף תקיעה וכו'. ב) אולי צ"ל זכרונות ושופרות שמתפללין בר"ה כך מתפללין.

פָּסוּל – **it is unfit** for use.[52] דִּיבֵּק שִׁבְרֵי שׁוֹפָרוֹת – If **one joined shards of** various **shofars** to form one shofar, פָּסוּל – **it is unfit.**[53]

NOTES

52. [I.e. even if the split is repaired, the shofar is unfit – all the more so if it was not (*Ran*).] The shofar is invalid even if the split is clean and no pieces are missing (*Mishnah Berurah* 586:38), and even if the split does not affect the shofar's sound (*Ritva*). The basis for disqualifying a split shofar is the ruling cited in the Gemara above (26a): *The Merciful One said [that the sound must emanate from] a single shofar and not [from] two or three shofars.* Here, too, the sound produced from the two halves, even if they are glued together, is viewed as emanating from two shofars (*Rashi*).

Tosafos, however, take issue with *Rashi*'s interpretation of the case, for the Mishnah next disqualifies a shofar that is fashioned by gluing together pieces of one or more broken shofars. The two cases, argue *Tosafos,* are essentially identical, and so the Mishnah would be redundant according to *Rashi.* However, *Rosh* (ibid.) again defends *Rashi,* arguing that, in fact, the two cases are not identical. He explains that in the second case the pieces were from a shofar (or shofars) that was split across its breadth. When these pieces are formed into one shofar, its sound travels from one piece to the next along the length of the shofar. This certainly falls under the rubric of *two or three shofars.* In the first case, however, the shofar was split lengthwise. When the two pieces are glued together, the sound travels along the entire length of each piece. Thus, one might have thought that this is not considered a case of *two or three shofars.* Hence, the Mishnah had to teach that since both halves are nevertheless needed to produce the sound, the instrument is indeed viewed as "two shofars." [According to *Rosh's* explanation, the Mishnah employs the זו וְאֵין צָרִיךְ לוֹמַר זו (*this and needless to say that*) formula, an anticlimactic sequence that states the most novel case first and then proceeds to the more obvious one.] See also *Meiri, Ritva* and *Pnei Yehoshua* for other explanations of *Rashi.*

Tosafos, however, contend that in the Mishnah's first case the shofar was split along its entire length on only one of its sides. The Mishnah disqualifies the horn because it has lost the status of a shofar [rather, it is viewed as a piece of shofar material that was merely molded into the shape of a shofar (*Ran;* see *Ramban, Derashos* ch. 7)]. Hence, according to *Tosafos* as well, the Mishnah teaches in a *this and needless to say that* fashion: If the horn in the first case has lost its "shofar" status, then certainly when it is a composite of *several* pieces it lacks that status (see there for a second interpretation of the disqualification).

Ritva and *Meiri* opine that the shofar is disqualified even if only the majority of one side was split. *Rabbeinu Yehonasan* (cited by *Rosh* §6) holds that even a tiny lengthwise split invalidates, since the force of the blowing is certain to extend the split (even if it was glued) along the entire length. Nevertheless, if one tightly secured a small crack to prevent it from splitting further, the shofar may be used.

53. In this case one or more shofars were broken breadthwise, and the ring-like pieces were then joined to create one "composite" shofar (*Meiri;* see previous note). According to *Rashi,* the shofar is disqualified because it is considered two or more shofars. *Meiri* maintains that this disqualification applies even if each of the rings is a *tefach* in length (the minimum length requirement of a shofar; see below, 27b note 42), and thus could have been a valid shofar had it not been attached to the others. However, he cites (below, 27b ד״ה הוסיף עליו כל שהוא) a dissenting opinion (that of *R' Yehonasan MiLunel*), which disqualifies the shofar only if the rings are each less than the minimum length. See there for further discussion of this opinion. See also *Orach Chaim* 586:10.

According to *Tosafos,* there are two different grounds for disqualifying the shofar in this case: either because it lacks the legal status of a shofar (see previous note), or because, as the Gemara below (27b) derives from Scripture, the sound must pass through a shofar in its natural state, and here – where the "shofar" is a composite of shards – the sound does not. See *Yom Teruah* and *Teshuvos of R' Akiva Eiger* (§11) for an explanation of this matter.

ופיו מצופה זהב: והתניא ציפהו זהב במקום הנחת פיו פסול שלא במקום הנחת פיו כשר אמר אביי כי תנן נמי מתניתין שלא במקום הנחת פה תנן: ושתי חצוצרות מן הצדדים: ותרי קלי מי משתמעי והתניא זכור ושמור בדיבור אחד נאמרו מה שאין הפה יכולה לדבר ואין האוזן יכולה לשמוע לכך מאריך בשופר למימרא דכי שמע סוף תקיעה בלא תחילת תקיעה יצא וממילא תחילת תקיעה בלא סוף תקיעה יצא ת"ש תקע בראשונה ומשך בשניה כשתים אין בידו אלא אחת אמאי תיסלק ליה בתרתי פסוקי תקיעתא מהדדי לא פסקינן ת"ש התוקע לתוך הבור או לתוך הדות או לתוך הפיטס אם קול שופר שמע יצא ואם קול הברה שמע לא יצא אמאי ליפוק בתחילת תקיעה מקמי דליערבב קלא אלא תרתי קלי מחד גברא לא משתמעי מתרי גברי משתמעי ומתרי גברי מי משתמעי והא תניא בתורה אחד קורא ואחד מתרגם ובלבד שלא יהו שנים קורין ושנים מתרגמין הא לא דמיא אלא לסיפא בהלל ובמגילה אפילו עשרה קורין אלמא כיון דחביב יהיב דעתיה הכא נמי כיון דחביב יהיב דעתיה ושמע אלא למה מאריך בשופר לידע שמצות היום בשופר: ובתעניות בשל זכרים כפופין ופיו מצופה כסף: מאי שנא התם דזהב ומ"ש הכא דכסף איבעית אימא כל כינופיא דכסף הוא דכתיב עשה לך שתי חצוצרות כסף ואיבעית אימא התורה חסה על ממונן של ישראל התם נמי נעביד דכסף אפילו הכי כבוד יו"ט עדיף רב פפא בר שמואל סבר למיעבד עובדא כמתניתין אמר ליה רבא לא אמרו אלא במקדש תניא נמי הכי במה דברים אמורים במקדש אבל בגבולין מקום שיש חצוצרות אין שופר מקום שיש שופר אין חצוצרות וכן הנהיג רבי חלפתא בציפורי ורבי חנניא בן תרדיון בסיכני וכשבא (א) דבר אצל חכמים אמרו לא היו נוהגין כן אלא בשערי מזרח ובהר הבית בלבד אמר רבא ואיתימא רבי יהושע בן לוי מאי קראה דכתיב בחצוצרות וקול שופר הריעו לפני המלך ה' לפני המלך ה' הוא דבעינן חצוצרות וקול שופר אבל בעלמא לא: שוה היובל לר"ה לתקיעה ולברכות כו': א"ר שמואל בר יצחק כמאן מצלינן האידנא זה היום תחלת מעשיך זכרון ליום ראשון כרבי אליעזר דאמר בתשרי נברא העולם מתיב רב עינא שוה יובל לר"ה לתקיעה ולברכות והא איכא זה היום תחלת מעשיך זכרון ליום ראשון דבר"ה איתא וביובל ליתא כי קתני אשארא רב ששא בריה דרב אידי מתני הכי א"ר שמואל בר יצחק הא דתנן שוה היובל לר"ה לתקיעה ולברכות כמאן דלא כרבי אליעזר דאי רבי אליעזר כיון דאמר בתשרי נברא העולם הא איכא זה היום תחלת מעשיך זכרון ליום ראשון דבר"ה איתא וביובל ליתא כי קתני אשארא: **מתני'** שופר שנסדק ודבקו פסול דיבק שברי שופרות פסול ניקב

ניקב

רש"י

ופיו מצופה זהב כו' במקום הנחת פה פסול. שהתקיעה בזהב ולא בשופר: לכך מאריך בשופר. תירולא הוא: וממילא כו'. דמה לי סוף בלא תחילה ומה לי תחילה בלא סוף ומשום דבעי לאותובי אתרוייהו דייק הכי דיוקא: תקע בראשונה. בפשוטה שלפני התרועה: ומשך בשניה כשתים. לפי שהיה לריך לתקוע כאן ב' תקיעות רלופות אחת לפשוטה לאחריה דמלכיות ואחת לפשוטה לפניה דזכרונות: בור ודות. חדא נינהו אלא שהבור בחפירה והדות בבניין על הקרקע ליסטרנ"א בלע"ז: פיטס. חבית גדולה פונטי"ן בלע"ז: מחד גברא. דומיא דזכור ושמור: הא לא דמיא. הא מילתא דשופר לא דמיא אלא לסיפא: י' קורין. וי' קולות יש כאן שאי אפשר להם לצמצם דיבורם בתיבה אחת שלא יהא אחד לאחור ואחד לפנים: דחביבה עליה. חדשה היא לו: התורה חסה. דכתיב (ויקרא יד) וצוה הכהן ופנו את הבית שלא יטמאו כלי חרס שבתוכו שאין להם טהרה במקוה: למיעבד עובדא. בחצוצרות ושופר: מקום שיש שופר. כגון ר"ה ויובל: מקום שיש חצוצרות. כגון תעניות: וכך הנהיג. כמשנתינו שופר וחצוצרות: בשערי מזרח ובהר הבית. חדא מילתא היא בשערי מזרח בהר הבית וי"א בשערי מזרח בעזרת נשים: מתני' שופר שנסדק ודבקו. בדבק שקורין גלו"ד: פסול. דהוה ליה כשני שופרות: גמ'

תוספות

בתורה אחד קורא. פירוש לבדו ואחרי כן המתרגם מתרגם לבדו ולא שנים קורין יחד ומתרגמין יחד:

אבל שנים לא. והא דאמרינן בפ"ק דב"ב (דף טו. ושם) שמונה פסוקים שבתורה יחיד קורא אותם לא שלא יקרא אחר עמו דא"כ כל התורה נמי אלא שלא יחלקום לשנים זה ארבעה וזה ארבעה ומה שנוהגין לקרות שנים בתורה סמכו אמתני' דפרק בתרא דבכורים (משנה ז) דתנן בראשונה כל מי שיודע לקרות קורא וכל מי שאינו יודע לקרות מקרין אותו נמנעו מלהביא בכורים התקינו שיהיו מקרין את מי שהוא יודע ואת מי שאינו יודע:

כמאן מצלינן זה היום תחלת מעשיך. תימה הא קי"ל כרבי יהושע כדאמרינן בפ"ק (דף יב.) לתקופה כר' יהושע ואומר ר"ת דקי"ל כרב עינא דפריך משוה יובל ורב עינא ה"ק והא איכא זה היום תחלת מעשיך דאיתיה בראש השנה וליתיה ביובל אלא ודאי הא דאמרינן ליה לאו משום בריאתו של עולם אלא משום תחלת מעשה דין שהעולם נדון בו להתקיים או לאו וזה שייך נמי ביוה"כ דיובל דהוקש לר"ה כדלקמן בפרק בתרא (דף לד.) (אבל בשאר יומי לא) ואע"ג דמשני ליה שפיר רב עינא לא הדר ביה ומיהו לאידך לישנא קשיא דקאמר מתני' דלא כר"א הוה ליה לשנויי דזה היום תחלת מעשיך לאו אבריאת עולם קאי ומה שיסד ר"א הקליר בגשם דשמיני עצרת כר"א דאמר בתשרי נברא העולם ובשל פסח יסד כר' יהושע אומר ר"ת דאלו ואלו דברי אלהים חיים ואיכא למימר דבתשרי עלה במחשבה לבראות ולא נברא עד ניסן ודכוותה אשכחן בפרק עושין פסין (עירובין דף יח. ושם) גבי אדם שעלה במחשבה לבראות שנים ולבסוף לא נברא אלא אחד:

כמאן דלא כר' אליעזר. תימה הא ע"כ לא שוו לכל מילי דהתניא לקמן בפרק בתרא (דף ל.) שוה יובל לר"ה לתקיעה ולברכות אלא שביובל תוקעין בין בב"ד שקדשו את החדש בין בב"ד שלא קדשו את החדש וכל יחיד ויחיד חייב לתקוע:

שופר שנסדק ודבקו פסול. פי' בקונטרס דהוה ליה כשני שופרות משמע שר"ל שנסדק לגמרי שנחלק לב' חתיכות שאם היה מחובר מצד אחד אין זה שני שופרות ותימה דאם נחלק לגמרי היינו דבק שברי שופרות ולכך נראה דנסדק מצד אחד לארכו על פני כולו ולפי שאין שם שופר עליו וכ"ש דבק שברי שופרות אלא זו ואין צריך לומר זו קתני א"נ יותר סופו להפרד כשנסדק מצד אחד ודבקו משאם עשה שופר אחד של חתיכות והוי שם שופר עליו טפי קא משמע לן ודבק שברי שופרות נמי לא מיפסיל מטעם שנים ושלשה שופרות אלא דלאו זה קרוי שופר אי נמי משום דכתיב (ויקרא כה) והעברת שופר תרועה והעברתם כי היכי דפסלינן הפכו ותקע בו משום דבעינן דרך העברתו ואפילו נפסל מטעם משום שנים ושלשה שופרות אין קשיא כלום:

ניקב

עין משפט נר מצוה

יג א מיי' פ"א מהלכות שופר הלכה ו טוש"ע א"ח סי' תקפו סעיף ה:
יד ב ג מיי' פ"ב מהל' תפלה הלכה יא טור ש"ע א"ח סי' קמא סעיף ג:
טו ד טוש"ע א"ח סי' תקפ סעיף ג וסי' תרמד סעיף ג:
טז ה מיי' פ"ב מהלכות מגילה הלכה ב טור ש"ע א"ח סי' תרצ סעיף ב:
יז ו מיי' פ"א מהלכות תענית הלכה ד:
יח ז מיי' פ"א מהלכות שופר הלכה ה סמג עשין מב טוש"ע א"ח סי' תקפו סעיף ז:
יט ח מיי' וסמג שם טוש"ע שם סעיף י:

רבינו חננאל

ות"ק סבר אדרבה איפכא מסתברא: ופיו של שופר מצופה זהב. ואוקימנא שלא במקום הנחת פה אבל במקום הנחת פה פסול הוא אותו השופר: ושתי חצוצרות מן הצדדין כו'. ואקשינן ותרי קלי מי משתמעי כלומר אפשר לאדם לשמוע שני קולות בבת אחת והתניא שמור וזכור בדבור אחד נאמרו מה שאין הפה יכול לדבר ולא אוזן יכול לשמוע. ופרקינן לכך מאריך בשופר כדי לצאת החובה בקול השופר ואקשי' הנה א) כיון שהאריך בשופר סוף תקיעה בלא תחלת תקיעה למימרא דשמע סוף תקיעה בלא תחלת תקיעה יצא. והתנן תקע בראשונה ומשך בשניה כשתים אין בידו אלא אחת. פי' תקע תר"ת תקיעה תרועה תקיעה ועוד רוצה להתחיל תר"ת אחר. נמצא תקיעה של סוף תר"ת הראשון ותקיעה שהיא התחלת תר"ת השני סמוכות להדדי. עכשיו אם משך בסוף התקיעה האחרונה שבתר"ת הראשון כשיעור ב' תקיעות אין בידו אלא אחת כי אין מפסיקין הסוף מן התחלה ולא עלה בידו אלא תר"ת אחת. ופרק' פסוקי תקיעתא חדא לתרתי לא פסקי ולעולם שמע תחלת תקיעה בלא סוף תקיעה או סוף תקיעה בלא תחלת תקיעה יצא. וי"א היה צריך תר"ת ותקע תקיעה ומשך בתרועה כדי תרועה ותקיעה אין בידו אלא תקיעה אחת. ותלמוד א"י מסייע לזה הפירוש. ת"ש התוקע לתוך הבור או לתוך הדות כו'. ושנינן תרי קלי מחד כגון שמור וזכור שנאמרו מפי הגבורה תרי כחדא לא משתמעי אלא הני כאות ומופת אבל תרי קלי מתרי משתמעי כדתניא בהלל ובמגילה אפי' י' קורין י' מתרגמין אלמא כיון דחביב עליה יהיב דעתיה ושמע הכא נמי גבי שופר וחצוצרות יהיב דעתיה ושמע. א"כ למה מאריך בשופר להודיע שמצות היום בשופר ש"מ דשופר ביד אחד וחצוצרות ביד אחרים ותוקעין בהן. והני מילי במקדש כדתניא בד"א במקדש אבל בגבולין מקום שיש שופר אין בו חצוצרות ומקום שיש חצוצרות אין שופר כו' מהאי קרא בחצוצרות וקול שופר הריעו לפני המלך ה'. בעינן בחצוצרות וקול שופר אבל בגבולין לא. שוה יובל לר"ה לתקיעה ולברכות פי' בעינן ט' תקיעות וברכות מלכיות וזכרונות ושופרות ב) כך מתפללין ביובל ביוה"כ. כמאן מצלינן בר"ה זה היום תחלת מעשיך כר' אליעזר דאמר בתשרי נברא העולם ומותבינן והא תנן שוה יובל לר"ה לתקיעות ולברכות. והאיכא זה היום תחלת מעשיך. ר' יהודה אומר בראש

חשק שלמה על ר"ח א) לכאורה נ"ל כיון דמה שהאריך בשופר אינו אלא סוף תקיעה וכו'. ב) אולי צ"ל מלכיות וזכרונות ושופרות. שמתפללין בר"ה כך מתפללין.

מסורת הש"ס

א) [שבועות כ:], ב) [לקמן כח.], ג) [לקמן כח. לג:], ד) [לקמן כח.], ה) מגילה כא:, ו) [נ"ל יהא אחד קורא כך איתא במגילה], ז) [יומא לט. מד: מנחות עו: פו: פח. חולין מט: עז:], ח) [לעיל ח: י: ע"ז ח.], ט) [נ"ב סד.], י) מכאן ראיה שפרק אנדרוגינוס אינו מן המשנה ולא כמש"כ עי' בהגהות מהגרי"ב סוף בכורים, כ) [בתי' ליתא].

הגהות הב"ח

(א) גמ' ור"ח בן תרדיון בסיכני וכשבא הדבר אלל חכמים:

גליון הש"ס

גמ' אלא תרתי קלי כו' מתרי גברי. עי' סוטה דף לט ע"ב תד"ה עד שיכלה:

תורה אור השלם

א) זָכוֹר אֶת יוֹם הַשַּׁבָּת לְקַדְּשׁוֹ: [שמות כ, ח]
ב) שָׁמוֹר אֶת יוֹם הַשַּׁבָּת לְקַדְּשׁוֹ כַּאֲשֶׁר צִוְּךָ יְיָ אֱלֹהֶיךָ: [דברים ה, יב]
ג) עֲשֵׂה לְךָ שְׁתֵּי חֲצוֹצְרֹת כֶּסֶף מִקְשָׁה תַּעֲשֶׂה אֹתָם וְהָיוּ לְךָ לְמִקְרָא הָעֵדָה וּלְמַסַּע אֶת הַמַּחֲנוֹת: [במדבר י, ב]
ד) בַּחֲצֹצְרוֹת וְקוֹל שׁוֹפָר הָרִיעוּ לִפְנֵי הַמֶּלֶךְ יְיָ: [תהלים צח, ו]

ליקוטי רש"י

זכור ושמור בדיבור אחד. שמור, זכור. והכתובות הוא אומר זכור שניהם בדבור אחד ובתיבה אחת נאמרו ובשמיעה אחת נשמעו [מכילתא] [דברים ה, יב]. הכי גרסינן. למימרא דסבר רבא דכי שמע איניש סוף תקיעה בלא תחילת תקיעה יצא וממילא כו'. תקע בראשונה. פשוטה שלפני תרועת המלכיות [לקמן כח.]. פשוטה שלפני התרועה תקע כדרכה [שם לג:]. ומשך בשניה. פשוטה של אחריה שהיא צריכה לתקוע ותוכין ללאת בה אף ידי פשוטה שלפני תרועת הזכרונות העתיד עליו לתקוע תיכף לזו [שם כח.]. תקיעה של אחר התרועה משך כשתים ללאת בה ידי שתים שהיה צריך לעשות זו [אחר זו] פשוטה שלאחריה דמלכיות ופשוטה שלפניה דזכרונות. אין בידו אלא אחת. דפסוקי תקיעתא לא מפסקינן [שם לג:]. התוקע לתוך הבור וכו' הדות. בור בחפירה דות בבנין בתוך הקרקע אישקדיי"א [עירובין קב:]. שניהן עמוקין בקרקע ויש בהן מים מכונסין. בחפירה. בקרקע קשה שמחזיק מים בלא בנין. בבנין. מוקפין בור בעפר ובונין לו כותל אבנים ומקרי דות. בור בחפירה בלא בנין כתלים ודות בבנין. אם קול שופר שמע. בלא קול הברה יצא. אם קול הברה שמע. עם קול שופר לא יצא [לקמן כח.]. פיטס. פטסין. חביות גדולות [ביצה טו.]. התורה חסה כו'. שנאמר (ויקרא יד) וצוה הכהן ופנו את הבית וגו' על מה חסה תורה על כלי חרס שלא יטמאו שהרי אין להם טהרה במקוה...

ניקב וסתמו אם מעכב את התקיעה פסול ואם לאו כשר התוקע לתוך הבור או לתוך הדות או לתוך הפיטם אם קול שופר שמע יצא ואם קול הברה שמע לא יצא וכן מי שהיה עובר אחורי בית הכנסת או שהיה ביתו סמוך לבית הכנסת ושמע קול שופר או קול מגילה אם כוון לבו יצא ואם לאו לא יצא אע"פ שזה שמע וזה שמע זה כוון לבו וזה לא כוון לבו: **גמ'** תנו רבנן ארוך וקצרו כשר גרדו והעמידו על גלדו כשר ציפהו זהב במקום הנחת פה פסול שלא במקום הנחת פה כשר ציפהו זהב מבפנים פסול מבחוץ אם נשתנה קולו מכמות שהיה פסול ואם לאו כשר ניקב וסתמו אם מעכב את התקיעה פסול ואם לאו כשר נתן שופר בתוך שופר אם קול פנימי שמע יצא ואם קול חיצון שמע לא יצא ת"ר גרדו בין מבפנים בין מבחוץ כשר גרדו והעמידו על גלדו כשר הניח שופר בתוך שופר אם קול פנימי שמע יצא ואם קול חיצון שמע לא יצא הפכו ותקע בו לא יצא אמר רב פפא לא תימא דהפכיה כבתונא אלא שהרחיב את הקצר וקיצר את הרחב מ"ט כדרב מתנה דאמר רב מתנה א) והעברת דרך העברתו בעינן: ת"ר הוסיף עליו כל שהוא בין במינו בין שלא במינו פסול ניקב וסתמו בין במינו בין שלא במינו פסול ר' נתן אומר במינו כשר שלא במינו פסול אמר רבי יוחנן והוא שנשתייר רובו מכלל דשלא במינו אע"פ שנשתייר רובו פסול איכא דמתני לה אסיפא שלא במינו פסול א"ר יוחנן והוא שנפחת רובו מכלל דבמינו אע"פ שנפחת רובו כשר ציפהו זהב מבפנים פסול מבחוץ אם נשתנה קולו מכמות שהיה פסול ואם לאו כשר נסדק לאורכו פסול לרחבו אם נשתייר בו שיעור תקיעה כשר ואם לאו פסול וכמה שיעור תקיעה פירש רשב"ג כדי שיאחזנו בידו ויראה לכאן ולכאן היה קולו דק או עבה או צרור כשר שכל הקולות כשירין [בשופר] שלחו ליה לאבוה דשמואל קדחו ותקע בו יצא פשיטא כולהו נמי מיקדח קדחו להו אמר רב אשי שקדחו בזכרותו מהו דתימא מין במינו חוצץ קמ"ל: התוקע לתוך הבור או לתוך הדות כו': אמר רב הונא לא שנו אלא לאותן העומדים על שפת הבור אבל אותן העומדין בבור יצאו תניא נמי הכי התוקע לתוך הבור או לתוך הדות יצא והתנן לא יצא אלא לאו שמע מינה כדרב הונא ש"מ ° איכא דרמי להו מירמא תנן התוקע לתוך הבור או לתוך הדות לא יצא והתניא יצא אמר רב הונא לא קשיא כאן לאותן העומדין על שפת הבור כאן לאותן העומדין בבור אמר רבה

שמע

רש"י

גמ' העמידו על גלדו. גלד דק: **מבפנים פסול.** שהתקיעה בזהב: **אם קול חיצון שמע לא יצא.** דליכא מחילות הפנימי מפסקת התקיעה: **כבתונא.** כהפיכת חלוק לעשות פנימי חיצון: **שקיצר את הרחב.** ברותחין: **והעברת.** דרך העברתו לכך שהאיל מעבירו בראשו בבהמה מחיים: **דיבק שברי שופרות** כו': **במינו כשר.** אם אינו מעכב את התקיעה: **נסדק.** כולו וכן נסדק לרחבו כל רחבו להקיפו: **אם נשתייר בו.** מן מקום הסדק עד מקום הנחת פה שיעור תקיעה כשר חשיב ליה כמאן דאשתקיל כוליה והוה ליה ארוך וקצרו: **צרור.** צרוד. לשון יבש רו"יש בלע"ז: **קדחו.** נקבו וקס"ד נקב הנחת פה קאמר: **שקדחו בזכרותו.** כשהוא מחובר בבהמה עצם בולט מן הראש ונכנס לתוכו ומוציאין אותו מתוכו וזה לא הוציאו אלא נקב את הזכרות: **אותן העומדין בבור יצאו.** שהן קול השופר לעולם שמעו: **איכא דרמי להו מירמא.** יש תלמידים שאין שונין להא דרב הונא בענין לא שנו לפרושי מתניתין אלא רמו מירמא מתניתין ובריית' אהדדי ועלה קאי רב הונא ומשני:

תוספות

ניקב וסתמו אם מעכב את התקיעה פסול ואם לאו כשר. אם נפרשה דאיירי לאחר הסתימה לפי שלא הוחלקה סתימת הנקב אין הרוח יוצא בפשיטות ומעכב את הקול קשיא כיון דכל הקולות כשרין בשופר כדאמרינן בגמרא מה לי מעכב מה לי אינו מעכב ונראה דאיירי קודם סתימה דקודם שנסתם היה הנקב מעכב את הקול שהיה הקול משתנה מחמת הנקב וכשסתמו חזר לכמות שהיה ובירושלמי גרס בהדיא אם היה מעכב קודם שסתמו פסול כשסתמו וטעמא דפסול כיון דסתימה זו מסייעה לקול משום דשופר אחד אמר רחמנא שלא יסייע דבר אחר לקול כמו צפהו זהב דאם נשתנה קולו פסול אבל אם לא היה מעכב את התקיעה שלא נשתנה קולו מתחילה מחמת הנקב הרי הוא כאילו לא ניקב ואין לחוש במה שסתמו והיכא דלא סתמו קאמר בהדיא בירושלמי דכשר משום דכל הקולות כשרין בשופר והשתא רבי נתן דקאמר בגמרא במינו כשר שלא במינו פסול ע"כ אהיה מעכב את התקיעה קאי דאפ"ה כשר במינו דהא ר' יוחנן קאמר עלה בגמרא והוא שנשתייר רובו ואי אפשר לנקב גדול כל כך שלא יעכב את התקיעה ומתני' כרבנן א"נ כר' נתן ובשלא במינו ולאשמועי' קמא דרבי יוחנן ומיהו לאידך לישנא דרבי יוחנן דקאמר שלא במינו פסול והוא שנפחת רובו משמע אבל במינו אף על פי שנפחת רובו כשר קשיא מתני' כמאן דע"כ הא דאמרי רבנן בין במינו בין שלא במינו פסול יעמיד כמו כן רבי יוחנן כשנפחתת רובו דמאי שנא לרבי נתן מלרבנן כמו שדומה לו לרבי נתן סברת דלא נפחת רובו כשר אפילו שלא במינו למה לא יאמר כמו כן לרבנן דכולה ברייתא בנפחת רובו מיתוקמא ואע"פ שלא נפחת אלא מיעוטו אי אפשר שלא יעכב הנקב את התקיעה אם לא נסתם ואפילו הכי כשר ולכך נראה ודאי לפרש מ"מ דאם מעכב את התקיעה לאחר שסתמו קאמר ובירושלמי קתני במילתיה דרבנן בין במינו בין שלא במינו אם מעכב התקיעה פסול ואם לאו כשר וכן בתוספתא (פ"ב) ואפילו הכי קאמרי בירושלמי דמתני' ר' נתן ומסקנא דשמעתא ° והלכה למעשה נראה דשופר שניקב וסתמו במינו וחזר לקולו לכמות שהיה מתחילתו קודם שנקב לית דין ולית דיין דכשר אפילו היה מעכב התקיעה קודם שנסתם דפי' זה עיקר דאם מעכב את התקיעה לאחר שנסתם קאמר ולא סתמו כלל כשר אפילו מעכב הנקב את התקיעה כדקאמרינן בירושלמי דכל הקולות כשרין בשופר:

ארוך וקצרו כשר. איצטריך לאשמועינן דלא תימא דפסול משום דכתיב והעברת:

צפהו זהב במקום הנחת הפה. היה נראה לפרש דעובי השופר במקום שמניח פיו קרי מקום הנחת פה ושלא במקום הנחת פה היינו מבחוץ אבל א"כ היינו צפהו זהב מבחוץ ואם נפרש דשלא במקום הנחת הפה היינו ראשו האחד לצד הרחב הא אמרינן בסמוך הוסיף עליו כל שהוא בין במינו בין שלא במינו פסול והיינו יכולין לפרש דהתם בשאין בין הכל אלא שיעור שופר ודוחק: **צפהו** מבפנים פסול. לפי שאין קול שופר אלא קול זהב וכן מבחוץ כיון דנשתנה קולו: **אם** קול חיצון שמע לא יצא. שהקול יוצא באויר שבין חיצון לפנימי והיינו ב' או ג' שופרות: **נסדק** לארכו פסול. לא תני הכא אם נשתייר בו שיעור תקיעה כשר כדקתני גבי נסדק לרחבו משום דלארכו לא מיפסל אא"כ נסדק על פני ארכו מראשו ועד סופו: **ושמע** קול שופר או קול מגילה אם כוון לבו יצא. הא דאמרינן בפ' כל גגות (עירובין דף צב: ושם) ציבור בקטנה ושליח ציבור בגדולה אין יוצאין ידי חובתן שאני התם דליכא עשרה עם שליח ציבור והא דאמרינן בשילהי כיצד צולין (פסחים פה: ושם) מן האגף ולחוץ כלחוץ ואמר רב וכן לתפלה ורבי יהושע בן לוי אמר אפילו מחיצה של ברזל אינה מפסקת בין ישראל לאביהם שבשמים קשה במאי קא מיירי אי לענין צרוף כגון צבור ושליח צבור או ט' ויחיד אם כן הויא סוגיא דכל גגות דלא כרבי יהושע בן לוי וכוותיה קיימא לן דהא הני נשי קיימי לחודייהו ° כדמוכח בסוטה בפ' ואלו נאמרין (דף לח: ושם) דמייתי מינה ראייה לברכת כהנים דאין מחיצה מפסקת ואי לענין לצאת איירי אם כן קשיא מתניתין לרב ויש לומר דאיירי לענין לענות עם הצבור קדושה ויהא שמיה רבא משום דאמרינן (ברכות דף כא:) כל דבר שבקדושה לא יהא פחות מי' אבל בתקיעה ומגילה מודו:

בשופר

עין משפט נר מצוה

כ א מיי' פ"א מהלכות שופר הלכה ז טוש"ע א"ח סי' תקפו סעיף יג:
כא ב מיי' שם טוש"ע שם סעיף יד:
כב ג ד מיי' שם הלכה ו טוש"ע שם סעיף טז:
כג ה מיי' שם טוש"ע שם סעיף כ:
כד ו מיי' שם טוש"ע שם סעיף יב:
כה ז מיי' שם טוש"ע שם סעיף יא:
כו ח ט מיי' שם הלכה ה טוש"ע שם סעיף ז:
כז י מיי' שם טוש"ע שם סעיף ח:
כח כ ל מיי' שם טוש"ע שם סעיף ט:
כט מ מיי' שם הלכה ז טוש"ע שם סעיף ו:
ל נ מיי' שם הלכה ה טוש"ע שם סעיף טו:
לא ס מיי' שם הלכה ח טוש"ע א"ח סי' תקפז סעיף א:

רבינו חננאל

בראש השנה תוקעין בשל זכרים וקיי"ל כוותיה: [מתני'] **שופר** שנסדק ודבקו פסול כו'. ת"ר ארוך וקצרו כשר. גרדו והעמידו על גלדו כשר. ציפהו זהב מבפנים פסול. מבחוץ אם נשתנה קולו מכמות שהיה פסול ואם לאו כשר נתן שופר בתוך שופר ותקע בו אם קול פנימי שמע יצא. ואם קול חיצון שמע לא יצא. ת"ר גרדו בין מבפנים בין מבחוץ וכן אם גרדו והעמידו על גלדו כשר הפכו כגון שהרחיב את הקצר והוא ראש הקרן או קצר הרחב והוא מקום הדבוק לראש של בהמה ותקע בו לא יצא כדרב מתנה דא' והעברת שופר תרועה בעינן דרך העברתו בשעה שתוקע ומריע. דיבק שברי שופרות פסול. הוסיף עליו כל שהוא בין במינו בין שלא במינו פסול. ר' נתן אומר במינו כשר שלא במינו פסול. מדחזינן דר' יוחנן מתרץ אליבא דר' נתן ש"מ הלכתא כותיה והוא שנשתייר רובו של שופר שלם והני מילי שופר בקרן שהוא מינו אבל שלא במינו אפילו נשתייר רובו שלם פסול. אע"ג דלישנא בתרא לאו הכי הוא א) אתבריא לן הי מינייהו לישנא בתרא הלכך עבדינן לחומרא. נסדק לאורכו פסול. לרחבו אם נשתייר בו שלם למעלה או למטה מהסדק שיעור תקיעה והוא טפח שוחק כשר. דאמרינן כאילו מקום הסדק חתוך הוא והנותר הוא השופר. ואם נשתייר פחות מזה השיעור פסול וכמה שיעור תקיעה פי' רשב"ג כדי שיאחזנו בידו ויראה לכאן ולכאן. שיעורו חכמים טפח שוחק. כדגרסינן בנדה פרק ג' תני אושעיא זעירא דמן חבריא ה' שיעורן טפח ואלו הן שיליא ושופר ושדרו של לולב ואזוב ודופן סוכה. היה קולו עבה או דק או צרור כשר שכל הקולות כשרין בשופר. שלחו ליה [לאבוה] דשמואל קדח בזכרותו כלומר נקבו במקדח בזכרותו שבתוך הקרן כשר. מהו דתימא מין במינו חוצץ קמ"ל ב) דאין במינו חוצץ. התוקע לתוך הבור או לתוך הפיטוס אם קול שופר שמע יצא ואם קול הברה שמע לא יצא. ואוקמה רב הונא באותן בני אדם העומדים על שפת הבור. אבל העומדים בבור יצאו. תני נמי הכי כו':

אמר

מסורת הש"ס

א) [לקמן כח.], ב) [מלשון בעלי פטסין בבילה טו:], ג) [הסוי"ע לא גרס מלת וכן], ד) [לקמן כח: כט.], ה) [לקמן לד.], ו) [נדה כו. ע"ש], ז) [נדה כו. ע"ש דסיים **לכאן ולכאן** טפח וכל"ל ע"פ סוגיא דהתם], ח) [גי' הערוך צרוד וכ"א ברש"י חולין לו. ד"ה צריד כו' ע"ש], ט) גי' הרא"ש רב יהודה, י) [גי' הרא"ש רבא], כ) [צ"ל וכדמוכח ולא קאי אדלעיל שמוכח שם כ"כ בספר פני יהושע ע"ש].

גליון הש"ס

גמ' **איכא דרמי להו.** כעין זה סוכה דף טז ע"א. ודף לב ע"ב. ב"ב דף יט ע"א. ודף כו ע"א: תוס' ד"ה ניקב כו'. והלכה למעשה. תמוה לי למה דוקא במינו הא בירושלמי מוקי למתני' אף כר"נ וא"כ מיירי מתני' באינו מינו ואפ"ה אם אינו מעכב כשר ובזה לא פליגי רבנן אלא דס"ל דבמעכב אף במינו פסול אבל מה דכשר לר"נ באינו מינו ה"ה לרבנן:

תורה אור השלם

א) וְהַעֲבַרְתָּ שׁוֹפַר תְּרוּעָה בַּחֹדֶשׁ הַשְּׁבִעִי בֶּעָשׂוֹר לַחֹדֶשׁ בְּיוֹם הַכִּפֻּרִים תַּעֲבִירוּ שׁוֹפָר בְּכָל אַרְצְכֶם: [ויקרא כה, ט]

ליקוטי רש"י

כלי עליו בגדיו ומתכת מטבילן והם טהורים ועל מה חסה תורה על כלי חרס ופכו שאין להן טהרה אלא שבירה וכל כך חסה תורה על ממונן של ישראל לדיקים [חולין פח:]. **התוקע לתוך הבור** ובור' הדות. בור בחפירה דות בבנין בתוך הקרקע אשקדיי"א [עירובין קב: ורשב"ם ב"ב סא.]. שניהן עמוקין בקרקע ויש בהן מים מכונסין. בחפירה. בקרקע שאמ חפר מים בלא בנין. בבנין. חופרין בור בעפר תיחוח ובונין לו כותל אבנים ומקרי דות [שם סד.]. בור בחפירה בלא בנין כתלים ודות בבנין [ערכין יט.]. **אם קול שופר שמע.** בלא קול הברה יצא. **אם קול הברה שמע.** עם קול השופר לא יצא [לקמן כח.]. **פיטס.** פטסין. חביות גדולות [ביצה טו:]. חבית גדולה פוטוי"ן בלע"ז [לעיל ע"א]. **שיאחזנו בידו.** אחיזה אית בה טפח שהטופח ארבע אצבעות בגודל [נדה כו.]. (צרור) [צרוד]. צריד לשון יבש ודומהו בר"ה (כז:) היה קולו דק או עב או צרוד [חולין לו. וכעי"ז פסחים כ.].

חשק שלמה על ר"ח

א) נראה דצ"ל מ"מ כיון דלא אתבריא וכו' ועי' בר"ן. ב) קמ"ל דמינו אינו חוצץ.

נִיקַּב – **If [the shofar] was punctured** וּסְתָמוֹ – **and he sealed [the hole],** the law is as follows: אִם מְעַכֵּב אֶת הַתְּקִיעָה – **If [the seal] hinders the blowing,** פָּסוּל – **[the shofar] is unfit;**[1] וְאִם לָאו – **but if not,** כָּשֵׁר – **it is fit.**[2]

The Mishnah now discusses circumstances that invalidate the blasts of a valid shofar:

הַתּוֹקֵעַ לְתוֹךְ הַבּוֹר – **If one blows** a shofar **into a pit,**[3] אוֹ לְתוֹךְ הַדּוּת – **or into a cistern,**[4] אוֹ לְתוֹךְ הַפִּיטָס – **or into a large barrel,** the law is as follows: אִם קוֹל שׁוֹפָר שָׁמַע – **If he heard the sound of the shofar** without an accompanying echo, יָצָא – **he has fulfilled** his obligation. וְאִם קוֹל הֲבָרָה שָׁמַע – **But if he heard the sound of the** shofar's **echo,** לֹא יָצָא – **he has not fulfilled** his obligation.[5]

Another invalidating circumstance:

וְכֵן מִי שֶׁהָיָה עוֹבֵר אֲחוֹרֵי בֵית הַכְּנֶסֶת – **And, similarly,**[6] regarding **one who was passing behind a synagogue,**[7] אוֹ שֶׁהָיָה בֵיתוֹ סָמוּךְ לְבֵית הַכְּנֶסֶת – **or whose house was adjacent to a synagogue,**[8] וְשָׁמַע קוֹל שׁוֹפָר – **and** on Rosh Hashanah **he heard the sound of a shofar** emanating from the synagogue, אוֹ קוֹל מְגִילָּה – **or** on Purim he heard **the sound**[9] **of the Megillah** reading emanating from the synagogue,[10] the law is as follows: אִם כִּוֵּון לִבּוֹ יָצָא – **If he directed his mind** to it, **he has fulfilled** his obligation,[11] וְאִם לָאו לֹא יָצָא – **but if not, he has not fulfilled** his obligation. אַף עַל פִּי שֶׁזֶּה שָׁמַע וְזֶה שָׁמַע – **Even though this one heard** the sound **and that one heard** the same sound, זֶה כִּוֵּון לִבּוֹ – **this one directed his mind** to it וְזֶה לֹא כִּוֵּון לִבּוֹ – **and that one did not direct his mind** to it; hence, the law is different for each.[12]

Gemara The Gemara presents a Baraisa that teaches various laws of the shofar:

תָּנוּ רַבָּנָן – **The Rabbis taught** in a Baraisa: אָרוֹךְ וְקִצְּרוֹ כָּשֵׁר – If a shofar was LONG AND ONE SHORTENED IT,[13] IT IS FIT.[14] גְּרָדוֹ – If HE SCRAPED IT וְהֶעֱמִידוֹ עַל גִּלְדּוֹ – AND LEFT IT WITH ITS last, thin LAYER,[15] כָּשֵׁר – IT IS FIT.[16] צִיפָּהוּ זָהָב בִּמְקוֹם הַנָּחַת פֶּה –

NOTES

1. The Torah requires that the blast emanate from the shofar alone, without assistance from any foreign element (*Tosafos*). Accordingly, a seal may be used to repair a shofar only when its role is relatively insignificant, for then it is considered nullified vis-a-vis the larger shofar (*Ran*). Certain circumstances can prevent this neutralization from occurring, however. The first, stated by the Mishnah, is if the sound of the shofar is adversely affected. Two other factors must be considered – the size of the hole and the material used to plug it. These will be discussed in the Gemara below.

There are two basic approaches regarding the nature of the hindrance mentioned by our Mishnah: One is if the *hole* hindered the shofar's sound. That is, the hole weakened the sound (or, according to *Meiri,* it negated the sound entirely; see there), and the seal restored it partially or completely. Although the shofar would have been fit for use had it not been sealed (i.e. where the sound is only weakened; see *Yerushalmi* cited in the following note), restoring the sound is nevertheless a substantial accomplishment of the seal; accordingly, the seal is not nullified, and the shofar is disqualified (*Rosh* §5 in the name of יש מפרשים; see *Ritva*).

The majority of Rishonim reject this approach, and contend that the determining factor is if the *seal* still causes a hindrance (see *Ramban, Ran*). That is, if the seal was not inserted properly so that the original sound was *not* restored, the seal cannot be viewed as a part of the shofar; rather, it retains its identity and thus renders the shofar unfit. Only if the seal works to restore the original sound is it not regarded as a hindrance, but becomes part of the shofar itself.

2. According to *Yerushalmi,* if the hole is not plugged, the shofar may be used even if its sound has changed, in keeping with the dictum cited by the Gemara below: *All sounds emanating from a shofar are valid.* There are those, however, who contend that this rule applies to the natural sound of a shofar, not to one that is produced by a defect. They therefore contend that our Gemara would not apply this rule to our case (see *Ritva* and *Beur Halachah* 586:7 ד״ה שאין לתקוע).

3. [Although this case appears unusual, *Rav Hai Gaon* (cited by *Ran* to the Gemara below) explains that the Mishnah was formulated at a time when foreign rulers prohibited the performance of mitzvos, and the Jews were compelled to fulfill them clandestinely.] The word לְתוֹךְ, *into,* implies that the blower is standing at the edge of the pit and blowing the shofar into it (*Derishah* 585:1). Most authorities explain, however, that the blower is himself inside the pit (*Rambam, Hil. Shofar* 1:8; *Orach Chaim* 587:1). Nevertheless, the rules governing either case, as developed in the Gemara, are the same (*Mishnah Berurah* 587 §10 and *Shaar HaTziyun* there; see, however, *Shalom Yehudah, Moed* §20).

4. *Rashi* above (27a ד״ה בור ודות) described דות as an aboveground structure. However, *Meiri* understands it to be a pit lined with stone or cement [as opposed to a בור, which is not lined]. Although a דות according to either definition has no roof, the same halachos apply to a cellar that has a roof (*Magen Avraham* 587:1), since an echo can be produced in any kind of underground structure. See *Eliyahu Rabbah* (587) and *Beur Halachah* (587:1) for further discussion of this subject.

5. [Because the echo is not an authentic shofar sound.] He does not fulfill his obligation because the shofar's blast is comingled with the echo.

Even the shofar blower does not fulfill his obligation if he hears an echo along with the blast, for the mitzvah is to *hear* the shofar sound, not to produce it. This distinction is reflected in the blessing said prior to the blowing: וְצִוָּנוּ לִשְׁמֹעַ קוֹל שׁוֹפָר, *and has commanded us to* ***hear*** *the sound of the shofar* (*Rosh* ch. 4 §10).

6. The similarity between this case and the previous one is not obvious; in fact, the word וְכֵן, *And similarly,* does not appear in either of the Gemara's quotations of this case (below, 28b and 29a). *Tos. Yom Tov* explains that the similarity lies in the fact that in each case the person blowing the shofar and the one listening were not together in one location. Alternatively, in both cases the shofar blower, the shofar itself and the blasts were all valid, and the listeners indeed heard the blasts, and yet the mitzvah was not fulfilled for external, albeit different, reasons (*Aruch LaNer;* see also *Ritva* and *Yom Teruah*).

7. The Mishnah speaks specifically of one who was *passing* a synagogue so as to imply that had he stopped walking as soon as he heard the sound of the shofar, it is assumed that he entertained the proper intent (*Meiri, citing Yerushalmi* 3:7; see *Magen Avraham* 589:5). See also *Sifsei Chachamim* for why the Mishnah specifies that he passed *behind* the synagogue.

8. Here, too, if he interrupted his chores when he heard the sound, he is assumed to have entertained the proper intent (*Meiri*).

9. The word "sound" implies that it suffices to hear merely the sound of the reading without actually understanding the meaning of the words (*Sefer HaItur, Hil. Megillah* p. 112).

10. (See *Beur Halachah* 587:1 ד״ה ואם.) The Mishnah mentions both cases to teach that intent is required regardless of whether the mitzvah is Scriptural (shofar) or Rabbinic (Megillah) [*Sifsei Chachamim*]. [The Rishonim discuss whether one must hear the recital of the Megillah with a quorum of ten, and if so, how someone standing outside the synagogue can be considered part of the quorum inside (see *Tosafos, Ritva* and *Meiri*).]

11. The Gemara will explain what kind of concentration is required.

12. The point of this seemingly unnecessary elaboration is to teach that the one who lacks proper intent fails to fulfill the mitzvah even though he heard a full-fledged sound (*Sifsei Chachamim*).

13. I.e. he severed either end of the shofar but left at least the minimum length of a *tefach* (*Orach Chaim* 586:13 and *Mishnah Berurah* ad loc. §63; see *Meiri*).

14. Reducing the shofar's length does not violate the rule that the sound must pass through a shofar in its natural state (*Tosafos, Ritva;* see above, 27a note 53; see *Sifsei Chachamim*). This is the lesson of the following ruling as well (*Ritva*).

15. He scraped the shofar until only a very thin layer of horn material remained (*Rashi*).

16. The shofar is fit for use whether he shaved it from the inside outward

עין משפט נר מצוה

כ א מיי' פ"א מהלכות שופר הלכה ז טוש"ע א"ח סי' תקפו סעיף יג:
כא ב מיי' שם טוש"ע שם סעיף יד:
כב ג ד מיי' שם הלכה ו טוש"ע שם סעיף טו:
כג ה מיי' שם טוש"ע שם סעיף כ:
כד ו מיי' שם טוש"ע שם סעיף יג:
כה ז מיי' שם טוש"ע שם סעיף יא:
כו ח ט מיי' שם הלכה ה טוש"ע שם סעיף ז:
כז י מיי' שם טוש"ע שם סעיף ח:
כח כ ל מיי' שם טוש"ע שם סעיף ט:
כט מ מיי' שם הלכה ז טוש"ע שם סעיף ו:
ל נ מיי' שם הלכה ה טוש"ע שם סעיף טו:
לא ס מיי' שם הלכה ח טוש"ע א"ח סי' תקפז סעיף א:

ניקב וסתמו אם מעכב את התקיעה פסול ואם לאו כשר [א] התוקע לתוך הבור או לתוך הדות או לתוך [ב] הפיטס אם קול שופר שמע יצא ואם קול הברה שמע לא יצא [ג] וכן [ד] מי שהיה עובר אחורי בית הכנסת או שהיה ביתו סמוך לבית הכנסת ושמע קול שופר או קול מגילה אם כוון לבו יצא ואם לאו לא יצא אע"פ שזה שמע וזה שמע זה כוון לבו וזה לא כוון לבו: גמ' תנו רבנן [א] ארוך וקצרו כשר [ב] גרדו והעמידו על גלדו כשר [ג] ציפהו זהב במקום הנחת פה פסול שלא במקום הנחת פה כשר [ד] ציפהו זהב מבפנים פסול מבחוץ אם נשתנה קולו מכמות שהיה פסול ואם לאו כשר ניקב וסתמו אם מעכב את התקיעה פסול ואם לאו כשר [ה] נתן שופר בתוך שופר אם קול פנימי שמע יצא ואם קול חיצון שמע לא יצא ת"ר גרדו בין מבפנים בין מבחוץ כשר גרדו והעמידו על גלדו כשר הניח שופר בתוך שופר אם קול פנימי שמע יצא ואם קול חיצון שמע לא יצא [ו] הפכו ותקע בו לא יצא אמר רב פפא לא תימא דהפכיה כבתונא אלא שהרחיב את הקצר וקיצר את הרחב מ"ט כדרב מתנה דאמר [ז] רב מתנה (א) והעברת דרך העברתו בעינן: דיבק שברי שופרות פסול: ת"ר [ח] הוסיף עליו כל שהוא בין במינו בין שלא במינו פסול ניקב וסתמו בין במינו בין שלא במינו פסול ר' נתן אומר [ט] במינו כשר שלא במינו פסול במינו כשר אמר רבי יוחנן [י] והוא שנשתייר רובו מכלל דשלא במינו אע"פ שנשתייר רובו פסול איכא דמתני לה אסיפא שלא במינו פסול א"ר יוחנן והוא שנפחת רובו מכלל דבמינו אע"פ שנפחת רובו כשר ציפהו זהב מבפנים פסול מבחוץ אם נשתנה קולו מכמות שהיה פסול ואם לאו כשר [כ] נסדק לאורכו פסול [ל] לרוחבו אם נשתייר בו שיעור תקיעה כשר ואם לאו פסול [מ] וכמה שיעור תקיעה פירש רשב"ג כדי שיאחזנו בידו ויראה [נ] לכאן ולכאן [ס] היה קולו דק או עבה או [ע] צרור כשר שכל הקולות כשירין [בשופר] שלחו ליה לאבוה דשמואל קדחו ותקע בו יצא פשיטא כולהו נמי מיקדח קדחו להו אמר רב אשי [פ] שקדחו בזכרותו מהו דתימא מין במינו חוצץ קמ"ל: התוקע לתוך הבור או לתוך הדות כו': אמר רב [צ] הונא [ק] לא שנו אלא לאותן העומדים על שפת הבור אבל אותן העומדין בבור יצאו תניא נמי הכי התוקע לתוך הבור או לתוך הדות יצא והתנן לא יצא אלא לאו שמע מינה כדרב הונא ש"מ [ר] איכא דרמי להו מירמא תנן התוקע לתוך הבור או לתוך הדות לא יצא והתניא יצא אמר רב הונא לא קשיא כאן לאותן העומדין על שפת הבור כאן לאותן העומדין בבור אמר [ש] רבה

שמע

רש"י

גמ' העמידו על גלדו. גלד דק: מבפנים פסול. שהתקיעה בזהב: אם קול חיצון שמע לא יצא. דאיכא מחילות הפנימי מפסקת התקיעה: כבתונא. כהפיכת חלוק לעשות פנימי חיצון: שקיצר את הרחב. ברותחין: והעברת. דרך העברתו כדרך שהאיל מעבירו בראשו בבהמה מחיים: דיבק שברי שופרות כו': במינו כשר. אם אינו מעכב את התקיעה: נסדק. כולו וכן נסדק לרחבו כל רחבו להקיפו: אם נשתייר בו. מן מקום הסדק עד מקום הנחת פה שיעור תקיעה כשר חשיב ליה כמאן דלאשתקיל כוליה והוה ליה ארוך וקצרו: צרור. לשון יבש רו"ים בלע"ז: קדחו. נקבו וקס"ד נקב הנחת פה קאמר: שקדחו בזכרותו. כשהוא מחובר בבהמה עלם בולט מן הראש ונכנס לתוכו ומוציאין אותו מתוכו וזה לא הוציאו אלא נקב את הזכרות: אותן העומדין בבור יצאו. שהן קול השופר לעולם שמעו: איכא דרמי להו מירמא. יש תלמידים שאין שונין להא דרב הונא בענין לא שנו לפרושי מתניתין אלא רמו מירמא מתניתין ובריתא אהדדי ועלה קאי רב הונא ומשני:

שמע

תוספות

ניקב וסתמו אם מעכב את התקיעה פסול ואם לאו כשר. אם נפרשה דאיירי לאחר הסתימה לפי שלא הוחלקה סתימת הנקב אין הרוח יוצא בפשיטות ומעכב את הקול קשיא כיון דכל הקולות כשרין בשופר כדאמרינן בגמרא מה לי מעכב מה לי אינו מעכב ונראה דאיירי קודם סתימה דקודם שנסתם היה הנקב מעכב את הקול שהיה הקול משתנה מחמת הנקב וכשסתמו חזר לכמות שהיה ובירושלמי גרס בהדיא אם היה מעכב קודם שסתמו פסול כשסתמו וטעמא דפסול כיון דסתימה זו מסייעה לקול משום דשופר אחד אמר רחמנא שלא יסייע דבר אחר לקול כמו לפהו זהב דאם נשתנה קולו פסול אבל אם לא היה מעכב את התקיעה שלא נשתנה קולו מתחילה מחמת הנקב הרי הוא כאילו לא ניקב ואין לחוש במה שסתמו והיכא דלא סתמו קאמר בהדיא בירושלמי דכשר משום דכל הקולות כשרין בשופר והשתא רבי נתן דקאמר בגמרא במינו כשר שלא במינו פסול ע"כ אהיה מעכב את התקיעה קאי דאפ"ה כשר במינו דהא ר' יוחנן קאמר עלה בגמרא והוא שנשתייר רובו ואי אפשר לנקב גדול כל כך שלא יעכב את התקיעה ומתני' כרבנן א"נ כר' נתן ובשלא במינו ולישנא קמא דרבי יוחנן ומיהו לאידך לישנא דרבי יוחנן דקאמר שלא במינו פסול והוא שנפחת רובו משמע אבל במינו אף על פי שנפחת רובו כשר קשיא מתני' כמאן דע"כ הא דאמרי רבנן בין במינו בין שלא במינו פסול יעמיד כמו כן רבי יוחנן כשנפחתת רובו דמאי שנא לרבי נתן מלרבנן כמו שדומה לו לרבי נתן סברת דלא נפחת רובו כשר אפילו שלא במינו למה לא יאמר כמו כן לרבנן דכולה ברייתא בנפחת רובו מיתוקמא ואע"פ שלא נפחת אלא מיעוטו אי אפשר שלא יעכב הנקב את התקיעה אם לא נסתם ואפילו הכי כשר ולכך נראה ודאי לפרש מ"מ דאם מעכב את התקיעה אם לא נסתם לאחר שסתמו קאמר וירושלמי קתני במילתיה דרבנן בין במינו בין שלא במינו אם מעכב התקיעה פסול ואם לאו כשר וכן בתוספתא (פ"ג) ואפילו הכי קאמרי בירושלמי דמתני' ר' נתן ומסקנא דשמעתא [ס] והלכה למעשה נראה דשופר שניקב וסתמו במינו וחזר לקולו לכמות שהיה מתחילתו קודם שנקב לית דין ולית דיין דכשר אפילו היה מעכב התקיעה קודם שנסתם דפי' זה עיקר דאם מעכב את התקיעה לאחר שנסתם קאמר ולא סתמו כלל כשר אפילו מעכב הנקב את התקיעה כדקאמרינן בירושלמי דכל הקולות כשרין בשופר: ארוך וקצרו כשר. איצטריך לאשמועינן דלא תימא דפסול משום דכתיב והעברת: צפהו זהב במקום הנחת הפה. היה נראה לפרש דעובי השופר במקום שמניח פיו קרי מקום הנחת הפה ושלא במקום הנחת פה היינו מבחוץ אבל א"כ היינו צפהו זהב מבחוץ ואם נפרש דשלא במקום הנחת הפה היינו ראשו האחד לצד הרחב הא אמרינן בסמוך הוסיף עליו כל שהוא בין במינו בין שלא במינו פסול והיינו יכולין לפרש דהתם בשאין בין הכל אלא שיעור שופר ודוחק: צפהו מבפנים פסול. לפי שאין קול שופר אלא קול זהב וכן מבחוץ כיון דנשתנה קולו: אם קול חיצון שמע לא יצא. שהקול יוצא באויר שבין חילון לפנימי והיינו ב' או ג' שופרות: נסדק לארכו פסול. לא תני הכא אם נשתייר בו שיעור תקיעה כשר כדקתני גבי נסדק לרחבו משום דלארכו לא מיפסל אא"כ נסדק על פני ארכו מראשו ועד סופו: ושמע קול שופר או קול מגילה אם כוון לבו יצא. הא דאמרינן בפ' כל גגות (עירובין דף צב: ושם) ליבור בקטנה ושליח ליבור בגדולה אין יוצאין ידי חובתן שאני התם דליכא עשרה עם שליח ליבור והא דאמרינן בשילהי כילד צולין (פסחים פה: ושם) מן האגף ולחוץ כלחוץ ואמר רב וכן לתפלה ורבי יהושע בן לוי אמר אפילו מחילה של ברזל אינה מפסקת בין ישראל לאביהם שבשמים קשה במאי קא מיירי אי לענין לרוף כגון לבור ושליח לבור או ט' ויחיד אם כן הויא סוגיא דכל גגות דלא כרבי יהושע בן לוי וכוותיה קיימא לן דהא הני נשי קיימי לחודייהו [כ] כדמוכח בסוטה בפ' ואלו נאמרין (דף לח: ושם) דמייתי מינה ראייה לברכת כהנים דאין מחילה מפסקת ואי לענין לצאת איירי אם כן קשיא מתניתין לרב ויש לומר דאיירי לענין לענות עם הלבור קדושה ויהא שמיה רבא משום דאמרינן (ברכות דף כא:) כל דבר שבקדושה לא יהא פחות מי' אבל בתקיעה ומגילה מודו:

בשופר

רבינו חננאל

בראש השנה תוקעין בשל זכרים וקיי"ל כותיה: [מתני'] שופר שנסדק ודבקו פסול כו'. ת"ר ארוך וקצרו כשר. גרדו והעמידו על גלדו כשר. ציפהו זהב מבפנים פסול. מבחוץ אם נשתנה קולו מכמות שהיה פסול ואם לאו כשר נתן שופר בתוך שופר ותקע בו אם קול פנימי שמע יצא. ואם קול חיצון שמע לא יצא. ת"ר גרדו בין מבפנים בין מבחוץ וכן אם גרדו והעמידו על גלדו כשר הפכו כגון שהרחיב את הקצר והוא ראש הקרן או קצר הרחב והוא מקום הדבוק לראש של בהמה ותקע בו לא יצא כדרב מתנה דא' והעברת שופר תרועה בעינן דרך העברתו בשעה שתוקע ומריע. דיבק שברי שופרות פסול. הוסיף עליו כל שהוא בין במינו בין שלא במינו פסול ר' נתן אומר במינו כשר שלא במינו פסול. מדחזינן ר' יוחנן דמתרץ אליבא דר' נתן ש"מ הלכתא כותיה והוא שנשתייר רובו של שופר שלם והני מילי שסתמו בקרן שהוא מינו אבל שלא במינו אפילו נשתייר רובו שלם פסול. אע"ג דלישנא בתרא לאו הכי הוא א) אתבריא לן הי מינייהו לישנא בתרא הלכך עבדינן לחומרא. נסדק לאורכו פסול. לרחבו אם נשתייר בו שלם למעלה או למטה מהסדק שיעור תקיעה והוא טפח שוחק כשר. דאמרינן כאילו מקום הסדק חתוך הוא והנותר הוא השופר. ואם נשתייר פחות מזה השיעור פסול וכמה שיעור תקיעה פי' רשב"ג כדי שיאחזנו בידו לכאן ולכאן. שיערו חכמים טפח שוחק. כדגרסינן בנדה פרק ג' תני אושעיא זעירא דמן חבריא ה' שיעורן טפח ואלו הן שליא ושופר ושדרו של לולב ואזוב ודופן סוכה. היה קולו עבה או דק או צרור כשר שכל הקולות כשרין בשופר. שלחו ליה [לאבוה] דשמואל קדח בזכרותו כלומר נקבו במקדח בזכרותו שבתוך הקרן כשר. מהו דתימא מין במינו חוצץ קמ"ל ג) דאין במינו חוצץ. התוקע לתוך הבור או לתוך הפיטוס אם קול שופר שמע יצא ואם קול הברה שמע לא יצא. ואוקמה רב הונא באותן בני אדם העומדין על שפת הבור. אבל העומדים בבור יצאו. תני נמי הכי כו':

אמר

מסורת הש"ס

א) [לקמן כח.], ב) [מלשון בעלי פטסין בבילה טו:], ג) [התוס' לא גרס מלת וכן], ד) [לקמן כח: כט.], ה) [לקמן לג.], ו) [נדה כו. ע"ש], ז) [נדה כו. ע"ש דסיים לכאן ולכאן טפח ולכ"ל ע"פ סוגיא דהתם], ח) [גי' הערוך צרוד וכ"א ברש"י חולין לו. ד"ה לריד כו' ע"ש], ט) גי' הרא"ש רב יהודה, י) [גי' הרא"ש רבא], כ) [ל"ל ודמוכח ולא קאי אלדעיל שמוכח שם כ"כ בספר פני יהושע ע"ש].

גליון הש"ס

גמ' איכא דרמי להו. כעין זה סוטה דף טז ע"א. ודף לג ע"ב. ב"ב דף יט ע"א. ודף כו ע"א: תוס' ד"ה ניקב כו'. והלכה למעשה. תמוה לי למה דוקא במינו הא בירושלמי מוקי למתני' אף כר"נ וא"כ מיירי מתני' באינו מינו ואפ"ה אם אינו מעכב כשר וגזה לא פליגי רבנן אלא דס"ל דבמעכב אף במינו פסול אבל מה דכשר לר"נ באינו מינו ה"נ לרבנן:

תורה אור השלם

א) וְהַעֲבַרְתָּ שׁוֹפַר תְּרוּעָה בַּחֹדֶשׁ הַשְּׁבִעִי בֶּעָשׂוֹר לַחֹדֶשׁ בְּיוֹם הַכִּפֻּרִים תַּעֲבִירוּ שׁוֹפָר בְּכָל אַרְצְכֶם: [ויקרא כה, ט]

ליקוטי רש"י

כלי עליו בגדיו ומתכת מטבילין והם טהורים ועל מה חסה תורה על כלי חרס ופכו שאין להן טהרה אלא שבירה וכל כך חסה תורה על ממונן של כרי עין ק"ו על ממונן של לדיקים [חולין מט:]. התוקע לתוך הבור וכו' הדות. בור בחפירה דות בבנין בתוך הקרקע אישקדיי"א [עירובין קב: ורשב"ם ב"ב סא.]. שניהן עמוקין בקרקע ויש בהן מים מכונסין. בחפירה. בקרקע קשה שמחזיק מים בלא בנין. בבנין. חופרין בור בעפר תיחוח ובונין לו כותל אבנים ומקרי דות [שם סד.]. בור בחפירה בלא בנין כתלים ודות בבנין [ערכין יט.]. אם קול שופר שמע. בלא קול הברה יצא. אם קול הברה שמע. עם קול השופר לא יצא [לקמן כח.]. פיטס. פטסין. חביות גדולות [ביצה טו:]. חבית גדולה פונטי"ן בלע"ז [לעיל ע"א]. שיאחזנו בידו. אחיזה אית בה טפח שהטפח ארבע אלבעות בגודל [נדה כו.]. (צרור) [צרוד]. לריד לשון יבש ודוגמתו בר"ה (כז:) היה קולו דק או עב או לריד [חולין לו. וכעי"ז פסחים כ.].

חשק שלמה על ר"ח

א) נראה דל"ל מ"מ כיון דלא אתברירא וכו' ועי' בר"ן. ב) קמ"ל דמינו אינו חולץ.

If HE PLATED [A SHOFAR] WITH GOLD AT THE PLACE WHERE THE MOUTH RESTS, שֶׁלֹּא בִמְקוֹם הַנָּחַת פֶּה – פָּסוּל – IT IS UNFIT.[17] – But if he plated it NOT AT THE PLACE WHERE THE MOUTH RESTS, כָּשֵׁר – IT IS FIT.[18] צִיפָּהוּ זָהָב מִבִּפְנִים – If HE PLATED [A SHOFAR] WITH GOLD ON THE INSIDE, פָּסוּל – IT IS UNFIT.[19] מִבַּחוּץ – But if he plated it ON THE OUTSIDE, the law is as follows: אִם נִשְׁתַּנָּה קוֹלוֹ מִכְּמוֹת שֶׁהָיָה – IF ITS SOUND CHANGED FROM THE WAY IT WAS before it was plated, פָּסוּל – [THE SHOFAR] IS UNFIT.[20] וְאִם לָאו כָּשֵׁר – BUT IF NOT, IT IS FIT. נִיקַּב וּסְתָמוֹ – IF [THE SHOFAR] WAS PUNCTURED AND HE SEALED [THE HOLE], the law is as follows: אִם מְעַכֵּב אֶת הַתְּקִיעָה – IF [THE SEAL] HINDERS THE BLOWING, פָּסוּל – [THE SHOFAR] IS UNFIT; וְאִם לָאו כָּשֵׁר – BUT IF NOT, IT IS FIT. נָתַן שׁוֹפָר בְּתוֹךְ שׁוֹפָר – If HE PLACED A SHOFAR INSIDE A second SHOFAR, the law is as follows: אִם קוֹל פְּנִימִי שָׁמַע – IF HE HEARD THE SOUND OF THE INNER [SHOFAR] alone, יָצָא – HE HAS FULFILLED his obligation.[21] וְאִם קוֹל חִיצוֹן שָׁמַע – BUT IF HE HEARD THE SOUND OF THE OUTER [SHOFAR], לֹא יָצָא – HE HAS NOT FULFILLED his obligation.[22]

Another Baraisa supplements the previous one:

תָּנוּ רַבָּנַן – The Rabbis taught in a Baraisa: גְּרָדוֹ – If ONE SCRAPED [A SHOFAR] – בֵּין מִבִּפְנִים – WHETHER FROM THE INSIDE outward בֵּין מִבַּחוּץ – OR FROM THE OUTSIDE inward – כָּשֵׁר – IT IS FIT. גְּרָדוֹ – If HE SCRAPED IT וְהֶעֱמִידוֹ עַל גִּלְדּוֹ – AND LEFT IT WITH ITS last, thin LAYER, כָּשֵׁר – IT IS FIT.[23] הִנִּיחַ שׁוֹפָר בְּתוֹךְ שׁוֹפָר – If HE PLACED A SHOFAR INSIDE A second SHOFAR, the law is as follows: אִם קוֹל פְּנִימִי שָׁמַע – IF HE HEARD THE SOUND OF THE INNER [SHOFAR], יָצָא – HE HAS FULFILLED his obligation. וְאִם קוֹל חִיצוֹן שָׁמַע – BUT IF HE HEARD THE SOUND OF THE OUTER [SHOFAR], לֹא יָצָא – HE HAS NOT FULFILLED his obligation. הֲפָכוֹ וְתָקַע בּוֹ – IF HE REVERSED [THE SHOFAR] AND BLEW INTO IT, לֹא יָצָא – HE HAS NOT FULFILLED his obligation.

The Gemara elucidates the Baraisa's last ruling:

אָמַר רַב פָּפָּא – Rav Pappa said: לֹא תֵּימָא דַּהֲפָכֵיהּ כִּכְתוֹנָא – Do not say that the case is where he reversed [the shofar] like one reverses a shirt.[24] אֶלָּא שֶׁהִרְחִיב אֶת הַקָּצָר – Rather, the Baraisa means that he widened the narrow end וְקִיצֵּר אֶת הָרָחָב – and narrowed the wide end.[25] מַאי טַעְמָא – What is the reason for disqualifying such a shofar? כִּדְרַב מַתְנָה – It is like that dictum of Rav Masnah, דְּאָמַר רַב מַתְנָה – for Rav Masnah stated: "וְהַעֲבַרְתָּ" – The Torah says,[26] ***And you shall cause** a teruah **to pass.*** דֶּרֶךְ הַעֲבָרָתוֹ בְּעִינָן – This teaches that **we require** the shofar to be blown **in the manner in which it is carried** on the animal's head.[27]

NOTES

or from the outside inward (Baraisa cited below), provided no air escapes through its walls due to their sheerness (*Meiri*).

17. [The location of *the place where the mouth rests* is discussed in the following note.] There is a dispute concerning the reason for this disqualification. According to *Meiri,* the problem is that the gold interposes between the blower's lips and the shofar, so that the sound is not purely a shofar sound, but is produced partly by the gold plating. However, *Ritva* explains that the very fact of an interposition suffices to disqualify, for the law is that nothing may separate the shofar and the blower's lips. According to this understanding, the disqualification applies also where the blower held an unplated shofar away from his lips and blew into it, since his lips do not touch the shofar (see *Orach Chaim* 586:19 and *Tur* there, and see *Avnei Nezer, Orach Chaim* §432).

18. These two areas – *where the mouth rests* and *not where the mouth rests* – are not clearly defined by the Baraisa. It is unlikely that the area *not where the mouth rests* refers to the edge of the shofar's wide end, for any plating there would constitute an addition to the length of the shofar, which is a disqualification cited in a Baraisa below [unless you say that that disqualification applies only when the shofar lacks the minimum length of a *tefach* and the addition completes it, and in our case the shofar was a *tefach* long without the plating (*Tosafos;* see *Rabbeinu Yehonasan MiLunel*)]. Nor can we say that the area *not where the mouth rests* is on the outside of the shofar, for the Baraisa here unconditionally permits plating *not where the mouth rests* and yet states below that plating "on the outside of the shofar" is in fact prohibited when it changes the shofar's sound. This would imply that *not where the mouth rests* and "on the outside" are two different areas. There are several approaches to resolving these problems:

Ran (see also *Ritva*) explains that the Baraisa speaks of the circular area immediately surrounding the hole, where the lips actually touch the shofar; this is what the Baraisa calls *where the mouth rests* (see *Orach Chaim* 586:16 and *Mishnah Berurah* ibid. §70). And the outer circular area of the "mouthpiece," which the lips do not touch, is called *not where the mouth rests.* The Baraisa thus states that if the inner circular area of the "mouthpiece" is plated with gold, the shofar is invalid.

According to *Rosh* (§3), *where the mouth rests* is the entire "mouthpiece" – i.e. the entire cross-sectional narrow end of the shofar. *Not where the mouth rests* is a narrow band just adjacent to that, along the shofar's length. A thin ring of plating there will not affect the shofar's sound [nor do the lips touch it], and so the Baraisa allows it. See *Rabbeinu Yonah* (cited by *Rosh* ibid.) for another interpretation.

19. Because the sound is produced by the gold plating, not the shofar (*Rashi* and *Tosafos*). Alternatively, even the smallest amount of plating inside the shofar will alter its sound. Therefore, the sound is not produced by the shofar alone, but in conjunction with the plating (*Ritva;* see *Yom Teruah*). However, *Rabbeinu Yehonasan MiLunel* holds that a shofar is unfit only if a majority of its interior is plated.

20. I.e. even if the plating improved its sound (*Ritva*).

21. I.e. he placed the inner shofar so that its mouthpiece protruded through the narrow opening of the outer shofar, and thus blew into the inner shofar alone (*Rosh, Ritva*). *Rosh* says that the blast is valid only if the outer shofar does not change the sound in any way; otherwise, the blast is the product of two shofars, which violates the rule that the sound must emanate from a single shofar (cf. *Meiri*). Furthermore, the wide end of the inner shofar must extend at least as far as that of the outer shofar. If it does not, the sound is produced by the wide end of the outer shofar as well, and thus is invalid (see *Ritva* and *Meiri,* and *Orach Chaim* 586:20 with *Rama*).

22. In this case the mouthpiece of the inner shofar remained inside the narrow end of the outer shofar, so that he blew only on the outer shofar (see *Ritva, Meiri*). According to *Rashi* (as explained by *Meiri*), the walls of the inner shofar interfere with the blast, effectively nullifying the sound chamber of the outer shofar (see, however, *Ritva*). According to *Tosafos,* the blast is invalid because it is the product of two shofars, since it issues from a chamber formed by the inside wall of the outer shofar and the outside wall of the inner one. *Rosh* argues that it is impossible for the sound to issue from the chamber of the outer shofar without coming from the chamber of the inner one as well, and therefore is the product of two shofars (see *Ritva* for a discussion of this approach).

23. From *Rambam, Hil. Shofar* 1:7, and *Orach Chaim* 586:14 it is evident that the first two rulings are actually one – i.e. if he shaved the shofar thin, whether from the inside or the outside, it is valid. Indeed, *Dikdukei Soferim* states that the two rulings appear as one case in the older texts.

24. I.e. like one who turns an undershirt inside out (*Rashi*).

25. He softened the shofar by immersing it in boiling water, and then reshaped it and blew from the now-narrow end (*Rashi*).

26. *Leviticus* 25:9.

27. [The Torah could simply have written וְתָקַעְתָּ, *and you shall blow* (*a teruah*).] The word וְהַעֲבַרְתָּ, *and you shall cause to pass,* is therefore expounded to mean that we require the shofar to be in the state it was when the live animal caused it to pass (i.e. carried it) on its head. That is, we require a horn unchanged from its natural state – i.e. with the original narrow end still narrow and the original wide end still wide (*Rashi;* see *Sifsei Chachamim,* who notes that the word בַּבְּהֵמָה in *Rashi's* comment is extraneous). See *Yom Teruah,* who questions why Rav Pappa interprets that the person altered both ends of the horn when modifying either one suffices to abrogate the shofar's natural state.

Rav Pappa began his statement by saying that the Baraisa *does not* speak of where the shofar was turned inside out. Some say that he thereby implies that such a shofar is, in fact, fit for use, because its original wide and narrow ends are extant. According to *Yerushalmi,* however, Rav Pappa means that it goes without saying that such a

עין משפט נר מצוה

כ א מיי' פ"א מהלכות שופר הלכה ז טוש"ע א"ח סי' תקפו סעיף יג:
כא ב מיי' שם טוש"ע שם סעיף יד:
כב ג ד מיי' שם הלכה ו טוש"ע שם סעיף טז:
כג ה מיי' שם טוש"ע שם סעיף כ:
כד ו מיי' שם טוש"ע שם סעיף יב:
כה ז מיי' שם טוש"ע שם סעיף יא:
כו ח ט מיי' שם הלכה ה טוש"ע שם סעיף ז:
כז י מיי' שם טוש"ע שם סעיף ח:
כח כ ל מיי' שם טוש"ע שם סעיף ט:
כט מ מיי' שם הלכה ו טוש"ע שם סעיף י:
ל נ מיי' שם הלכה ה טוש"ע שם סעיף טו:
לא ס מיי' שם הלכה ח טוש"ע א"ח סי' תקפט סעיף א:

ניקב וסתמו אם מעכב את התקיעה פסול ואם לאו כשר [ו]התוקע לתוך הבור או לתוך הדות או לתוך [ג]הפיטם אם קול שופר שמע יצא ואם קול הברה שמע לא יצא [ג]וכן [ד]מי שהיה עובר אחורי בית הכנסת או שהיה ביתו סמוך לבית הכנסת ושמע קול שופר או קול מגילה אם כוון לבו יצא ואם לאו לא יצא אע"פ שזה שמע וזה שמע זה כוון לבו וזה לא כוון לבו: **גמ'** תנו רבנן [א]ארוך וקצרו כשר [ב]גרדו והעמידו על גלדו כשר [ג]ציפהו זהב במקום הנחת פה פסול שלא במקום הנחת פה כשר [ד]ציפהו זהב מבפנים פסול מבחוץ אם נשתנה קולו מכמות שהיה פסול ואם לאו כשר ניקב וסתמו אם מעכב את התקיעה פסול ואם לאו כשר [ה]נתן שופר בתוך שופר אם קול פנימי שמע יצא ואם קול חיצון שמע לא יצא ת"ר גרדו בין מבפנים בין מבחוץ כשר גרדו והעמידו על גלדו כשר הניח שופר בתוך שופר אם קול פנימי שמע יצא ואם קול חיצון שמע לא יצא [ו]הפכו ותקע בו לא יצא אמר רב פפא לא תימא דהפכיה כבתונא אלא שהרחיב את הקצר וקיצר את הרחב מ"ט כדרב מתנה דאמר [ה]רב מתנה [א]והעברת דרך העברתו בעינן: דיבק שברי שופרות פסול: ת"ר [ז]הוסיף עליו כל שהוא בין במינו בין שלא במינו פסול ניקב וסתמו בין במינו בין שלא במינו פסול ר' נתן אומר [ח]במינו כשר שלא במינו פסול במינו כשר אמר רבי יוחנן [ט]והוא שנשתייר רובו מכלל דשלא במינו אע"פ שנשתייר רובו פסול איכא דמתני לה אסיפא שלא במינו פסול א"ר יוחנן והוא שנפחת רובו מכלל דבמינו אע"פ שנפחת רובו כשר ציפהו זהב מבפנים פסול מבחוץ אם נשתנה קולו מכמות שהיה פסול ואם לאו כשר [נ]נסדק לאורכו פסול [ל]לרוחבו אם נשתייר בו שיעור תקיעה כשר ואם לאו פסול [ו]וכמה שיעור תקיעה פירש רשב"ג כדי שיאחזנו בידו ויראה [ז]לכאן ולכאן [מ]היה קולו דק או עבה או [ח]צרור כשר שכל הקולות כשירין [בשופר] שלחו ליה לאבוה דשמואל קדחו ותקע בו יצא פשיטא כולהו נמי מיקדח קדחו להו אמר רב אשי [נ]שקדחו בזכרותו מהו דתימא מין במינו חוצץ קמ"ל: התוקע לתוך הבור או לתוך הדות כו': אמר רב [ט]הונא [ס]לא שנו אלא לאותן העומדים על שפת הבור אבל אותן העומדין בבור יצאו תניא נמי הכי התוקע לתוך הבור או לתוך הדות יצא והתנן לא יצא אלא לאו שמע מינה כדרב הונא ש"מ [ע]איכא דרמי להו מירמא תנן התוקע לתוך הבור או לתוך הדות לא יצא והתניא יצא אמר רב הונא לא קשיא כאן לאותן העומדין על שפת הבור כאן לאותן העומדין בבור אמר [י]רבה

שמע

רש"י

גמ' העמידו על גלדו. גלד דק: **מבפנים פסול.** שהתקיעה בזהב: **אם** קול חיצון שמע לא יצא. דאיכא מחיצות הפנימי מפסקת התקיעה: **כבתונא.** כהפיכת חלוק לעשות פנימי חיצון: **שקיצר את הרחב.** ברותחין: **והעברת.** דרך העברתו כדרך שהאיל מעבירו בראשו בבהמה מחיים: **דיבק שברי שופרות** כו': **במינו כשר.** אם אינו מעכב את התקיעה: **נסדק.** כולו וכן נסדק לרחבו כל רחבו להקיפו: **אם נשתייר** בו. מן מקום הסדק עד מקום הנחת פה שיעור תקיעה כשר חשיב ליה כמאן דאשתקיל כוליה והוה ליה ארוך וקצרו: **צרור.** לשון יבש רו"יש בלע"ז: **קדחו.** נקבו וקס"ד נקב הנחת פה קאמר: **שקדחו בזכרותו.** כשהוא מחובר בבהמה עצם בולט מן הראש ונכנס לתוכו ומוציאין אותו מתוכו וזה לא הוציאו אלא נקב את הזכרות: **אותן העומדין בבור יצאו.** שהן קול השופר לעולם שמעו: **איכא דרמי להו מירמא.** יש תלמידים שאין שונין להא דרב הונא בענין לא שנו לפרושי מתניתין אלא רמו מירמא מתניתין וברייתא אהדדי ועלה קאי רב הונא ומשני:

תוספות

ניקב וסתמו אם מעכב את התקיעה פסול ואם לאו כשר. אם נפרשה דאיירי לאחר הסתימה לפי שלא הוחלקה סתימת הנקב אין הרוח יוצא בפשיטות ומעכב את הקול קשיא כיון דכל הקולות כשרין בשופר כדאמרינן בגמרא מה לי מעכב מה לי אינו מעכב ונראה דאיירי קודם סתימה דקודם שנסתם היה הנקב מעכב את הקול שהיה הקול משתנה מחמת הנקב וכשסתמו חזר לכמות שהיה ובירושלמי גרס בהדיא אם היה מעכב קודם שסתמו פסול כשסתמו וטעמא דפסול כיון דסתימה זו מסייעה לקול משום דשופר אחד אמר רחמנא שלא יסייע דבר אחר לקול כמו ציפהו זהב דאם נשתנה קולו פסול אבל אם לא היה מעכב את התקיעה שלא נשתנה קולו מתחילה מחמת הנקב הרי הוא כאילו לא ניקב ואין לחוש במה שסתמו והיכא דלא סתמו קאמר בהדיא בירושלמי דכשר משום דכל הקולות כשרין בשופר והשתא רבי נתן דקאמר בגמרא במינו כשר שלא במינו פסול ע"כ איירי מעכב את התקיעה קאי דאפ"ה כשר במינו דהא ר' יוחנן קאמר עלה בגמרא והוא שנשתייר רובו והוא שנפחת רובו ואי אפשר לנקב גדול כל כך שלא יעכב את התקיעה ומתני' כרבנן א"נ כר' נתן ובשלא במינו ללישנא קמא דרבי יוחנן ומיהו לאידך לישנא דרבי יוחנן דקאמר שלא במינו פסול והוא שנפחת רובו משמע אבל במינו אף על פי שנפחת רובו כשר קשיא מתני' כמאן דע"כ הא דאמרי רבנן בין במינו בין שלא במינו פסול יעמיד כמו כן רבי יוחנן כשנפחת רובו דמאי שנא לרבי נתן מלרבנן כמו שדומה לו לרבי נתן סברת דלא נפחת רובו כשר אפילו שלא במינו למה לא יאמר כמו כן לרבנן דכולה ברייתא בנפחת רובו מיתוקמא ואע"פ שלא נפחת אלא מיעוטו אי אפשר שלא יעכב הנקב את התקיעה אם לא נסתם ואפילו הכי כשר ולכך נראה ודאי לפרש מ"מ דאם מעכב את התקיעה לאחר שסתמו קאמר ובירושלמי קתני במילתיה דרבנן בין במינו בין שלא במינו אם מעכב התקיעה פסול ואם לאו כשר וכן בתוספתא (פ"ב) ואפילו הכי קאמרי בירושלמי דמתני' ר' נתן ומסקנא דשמעתא [ס]והלכה למעשה נראה דשופר שניקב וסתמו במינו וחזר לקולו לכמות שהיה מתחילתו קודם שנקב לית דין ולית דיין דכשר אפילו היה מעכב התקיעה קודם שנסתם דפי' זה עיקר דאם מעכב את התקיעה לאחר שנסתם קאמר ולא סתמו כלל כשר אפילו מעכב הנקב את התקיעה כדקאמרינן בירושלמי דכל הקולות כשרין בשופר: **ארוך** וקצרו כשר. איצטריך לאשמועינן דלא תימא דפסול משום דכתיב והעברת: **ציפהו** זהב במקום הנחת הפה. היה נראה לפרש דעובי השופר במקום שמניח פיו קרי מקום הנחת הפה ושלא במקום הנחת פה היינו מבחוץ אבל א"כ היינו ציפהו זהב מבחוץ ואם נפרש דשלא במקום הנחת הפה היינו ראשו האחד לצד הרחב הא אמרינן בסמוך הוסיף עליו כל שהוא בין במינו בין שלא במינו פסול והיינו יכולין לפרש דהתם בשאין בין הכל אלא שיעור שופר ודוחק: **ציפהו** מבפנים פסול. לפי שאין קול שופר אלא קול זהב וכן מבחוץ כיון דנשתנה קולו: **אם** קול חיצון שמע לא יצא. שהקול יוצא באויר שבין חיצון לפנימי והיינו ב' או ג' שופרות: **נסדק** לארכו פסול. לא תני הכא אם נשתייר בו שיעור תקיעה כשר כדקתני גבי נסדק לרחבו משום דלארכו לא מיפסל אא"כ נסדק על פני ארכו מראשו ועד סופו: **ושמע** קול שופר או קול מגילה אם כוון לבו יצא. הא דאמרינן בפ' כל גגות (עירובין דף צב: ושם) ציבור בקטנה ושליח ציבור בגדולה אין יוצאין ידי חובתן שאני התם דליכא עשרה עם שליח ציבור והא דאמרינן בשילהי כיצד צולין (פסחים פה: ושם) מן האגף ולחוץ כלחוץ ואמר רב וכן לתפלה ורבי יהושע בן לוי אמר אפילו מחיצה של ברזל אינה מפסקת בין ישראל לאביהם שבשמים קשה במאי קא מיירי אי לענין צירוף כגון צבור ושליח צבור או ט' ויחיד אם כן הויא סוגיא דכל גגות דלא כרבי יהושע בן לוי וכוותיה קיימא לן דהא הני נשי קיימי לחודייהו [כ]כדמוכח בסוטה בפ' ואלו נאמרין (דף לח: ושם) דמייתי מינה ראייה לברכת כהנים דאין מחיצה מפסקת ואי לענין לצאת איירי אם כן קשיא מתניתין לרב ויש לומר דאיירי לענין לענות עם הצבור קדושה ויהא שמיה רבה משום דאמרינן (ברכות דף כא:) כל דבר שבקדושה לא יהא פחות מי' אבל בתקיעה ומגילה מודו:

בשופר

רבינו חננאל

בראש השנה תוקעין בשל זכרים וקי"ל כוותיה: [מתני'] שופר שנסדק ודבקו פסול כו'. ת"ר ארוך וקצרו כשר. גרדו והעמידו על גלדו כשר. ציפהו זהב מבפנים פסול. מבחוץ אם נשתנה קולו מכמות שהיה פסול ואם לאו כשר נתן שופר בתוך שופר ותקע בו אם קול פנימי שמע יצא. ואם קול חיצון שמע לא יצא. ת"ר גרדו בין מבפנים בין מבחוץ וכן אם גרדו והעמידו על גלדו כשר הפכו כגון שהרחיב את הקצר וקצר הרחב והוא מקום הדבוק לראש של בהמה ותקע בו לא יצא כדרב מתנה דא' והעברת שופר תרועה בעינן דרך העברתו בשעה שתוקע ומריע. דיבק שברי שופרות פסול. הוסיף עליו כל שהוא בין במינו בין שלא במינו פסול. ר' נתן אומר במינו כשר שלא במינו פסול. מדחזינן ר' יוחנן דמתרץ אליבא דר' נתן ש"מ הלכתא כותיה והוא שנשתייר רובו של שופר שלם והני מילי שסתמו בקרן שהוא מינו אבל שלא במינו אפילו נשתייר רובו שלם פסול. וא"ג דלישנא בתרא לאו הכי הוא א) אתבריא לן הי מינייהו לישנא בתרא הלכך עבדינן לחומרא. נסדק לאורכו פסול. לרחבו אם נשתייר בו שלם למעלה או למטה מהסדק שיעור תקיעה והוא טפח שאוחז כשר. דאמרינן כאילו מקום הסדק חתוך הוא והנותר הוא השופר. ואם נשתייר פחות מזה השיעור פסול וכמה שיעור תקיעה פי' רשב"ג כדי שיאחזנו בידו לכאן ולכאן. שיעורו חכמים טפח שוחק. כדגרסינן בנדה פרק ג' תני אושעיא זעירא דמן חבריא ה' שיעורן טפח ואלו הן שילוא ושופר ושדרו של לולב ואזוב ודופן סוכה. היה קולו עבה או דק או צרור כשר שכל הקולות כשרין בשופר. שלחו ליה [לאבוה] דשמואל קדח בזכרותו כלומר נקבו במקדח בזכרותו שבתוך הקרן כשר. מהו דתימא מין במינו חוצץ קמ"ל ג) דאין במינו חוצץ. התוקע לתוך הבור או לתוך הפיטום אם קול שופר שמע יצא ואם קול הברה שמע לא יצא. ואוקמה רב הונא באותן בני אדם העומדין על שפת הבור. אבל העומדים בבור יצאו. תני נמי הכי כו':

אמר

מסורת הש"ס

א) [לקמן כח.], ב) [מלשון בעלי פטשין בבילה טו:], ג) [התוס' לא גרס מלת וכן], ד) [לקמן כח: כט.], ה) [לקמן לג.], ו) [נדה כו. ע"ש], ז) [נדה כו. ע"ש דסיים לכאן ולכאן טפח וכל"ל ע"ש סוגיא דהתם], ח) [גי' הערוך צרוד וכ"ה ברש"י חולין לו. ד"ה לריד כו' ע"ש], ט) גי' הרא"ש רב יהודה, י) [גי' הרא"ש רבא], כ) [ל"ל וכדמוכח ולא קאי אלדעיל שמוכח שם כ"כ בספר פני יהושע ע"ש].

גליון הש"ס

גמ' איכא דרמי להו. כעין זה סוכה דף טז ע"א. ודף לב ע"ב. ב"ב דף יט ע"א. ודף כו ע"א: תוס' ד"ה ניקב כו'. והלכה למעשה. תמוה לי למה דוקא במינו הא בירושלמי מוקי למתני' אף כר"נ וא"כ מיירי מתני' באינו מינו ואפ"ה אם אינו מעכב כשר וזהו לא פליגי רבנן אלא דס"ל דבמעכב אף במינו פסול אבל מה דכשר לר"נ באינו מינו ה"ה לרבנן:

תורה אור השלם

א) וְהַעֲבַרְתָּ שׁוֹפַר תְּרוּעָה בַּחֹדֶשׁ הַשְּׁבִעִי בֶּעָשׂוֹר לַחֹדֶשׁ בְּיוֹם הַכִּפֻּרִים תַּעֲבִירוּ שׁוֹפָר בְּכָל אַרְצְכֶם: (ויקרא כה, ט)

ליקוטי רש"י

כלי עליו בגדיו ומתכת מעבילין והם טהורים ועל מה חסה תורה על כלי חרס ופכו שאין להן טהרה אלא שבירה ועל כך חסה תורה על ממונן של לדיקים [חולין מט:]. התוקע לתוך הבור וכו' הדות. בור בחפירה דות בבנין בתוך הקרקע אשקדיי"ש [עירובין קב: ורשב"ם ב"ב סא.]. שניהן עמוקין בקרקע ויש בהן מים מכונסין. בחפירה. בקרקע שמחזיק מים בלא בנין. בבנין. מוקפין בור בעפר מיתוח ובונין בו כותל אבנים ומקרי דות [שם סד.]. בור בחפירה בלא בנין כתלים ודות בבנין [ערכין יט.]. אם קול שופר שמע. בלא קול הברה יצא. אם קול הברה שמע. עם קול השופר לא יצא [לקמן כח.]. פיטס. פטסין. חביות גדולות [ביצה טו:]. חבית גדולה פטסין בלע"ז [לעיל ע"א]. שיאחזנו בידו. אחזיה ליה בה טפח שבשעה שאוחז ארבע אלבעות בגודל [נדה כו.]. (צרור) [צרוד]. לריד לשון יבש ודוגמתו ברי"ה (מ:) היה קולו דק או עב או צרור [חולין לו. וכעי"ז פסחים כ.].

חשק שלמה על ר"ח

א) נראה דל"ל מ"מ כיון דלא אתברירא וכו' ועי' בר"ן. ב) קמ"ל דמינו אינו חולץ.

The Mishnah stated:

דִּיבֵּק שִׁבְרֵי שׁוֹפָרוֹת פָּסוּל – IF ONE JOINED SHARDS OF various SHOFARS to form one shofar, IT IS UNFIT.[28]

The Gemara further elucidates the laws of the shofar:

תָּנוּ רַבָּנָן – **The Rabbis taught** in a Baraisa: **הוֹסִיף עָלָיו כָּל שֶׁהוּא** – IF HE APPENDED TO [THE SHOFAR] THE SLIGHTEST AMOUNT of material,[29] **בֵּין בְּמִינוֹ** – WHETHER ITS own KIND[30] **בֵּין שֶׁלֹּא בְּמִינוֹ** – OR NOT ITS own KIND,[31] **פָּסוּל** – IT IS UNFIT.[32]

The Baraisa now discusses the Mishnah's case of a punctured shofar, ruling on the kind of material that may be used to seal it:[33] **נִיקַּב וּסְתָמוֹ** – If [THE SHOFAR] WAS PUNCTURED AND HE SEALED [THE HOLE], **בֵּין בְּמִינוֹ** – WHETHER WITH material of ITS own KIND **בֵּין שֶׁלֹּא בְּמִינוֹ** – OR NOT of ITS own KIND, **פָּסוּל** – [THE SHOFAR] IS UNFIT.[34] **רַבִּי נָתָן אוֹמֵר** – R' NASSAN SAYS: **בְּמִינוֹ כָּשֵׁר** – If he sealed it WITH ITS own KIND of material, [THE SHOFAR] IS FIT. **שֶׁלֹּא בְּמִינוֹ פָּסוּל** – But if he did so NOT WITH ITS own KIND of material, IT IS UNFIT.[35]

The Gemara qualifies R' Nassan's statement:

בְּמִינוֹ כָּשֵׁר – R' Nassan stated that if one sealed the shofar WITH ITS own KIND of material, IT IS FIT; **אָמַר רַבִּי יוֹחָנָן** – and in explanation of this **R' Yochanan said:** **וְהוּא שֶׁנִּשְׁתַּיֵּיר רוּבּוֹ** – And this is so **provided that a majority of [the shofar] remains intact.** **מִכְּלָל** – And it follows **by implication**[36] **דְּשֶׁלֹּא בְּמִינוֹ** – **that** if he sealed the hole **not with its** own **kind** of material, **אַף עַל פִּי שֶׁנִּשְׁתַּיֵּיר רוּבּוֹ פָּסוּל** – **[the shofar] is unfit even though a majority of it remains intact.**[37]

A different version of R' Yochanan's statement:

אִיכָּא דְּמַתְנֵי לָהּ אַסֵּיפָא – **There are** those **who taught [R' Yochanan's qualification] with regard to the latter part** of R' Nassan's ruling, which stated: **שֶׁלֹּא בְּמִינוֹ פָּסוּל** – But if he sealed the shofar NOT WITH ITS own KIND of material, IT IS UNFIT. **אָמַר רַבִּי יוֹחָנָן** – On this **R' Yochanan said:** **וְהוּא שֶׁנִּפְחַת רוּבּוֹ** – And this is so **provided that a majority of [the shofar] is missing.** **מִכְּלָל** – And it follows **by implication** **דִּבְמִינוֹ** – **that** if he sealed the hole **with its** own **kind** of material, **אַף עַל פִּי שֶׁנִּפְחַת רוּבּוֹ כָּשֵׁר** – **[the shofar] is fit even though a majority of it is missing.**[38]

The Baraisa continues:

צִיפָּהוּ זָהָב מִבִּפְנִים – If HE PLATED [A SHOFAR] WITH GOLD ON THE INSIDE, **פָּסוּל** – IT IS UNFIT. **מִבַּחוּץ** – If he plated it ON THE OUTSIDE, the law is as follows: **אִם נִשְׁתַּנָּה קוֹלוֹ מִכְּמוֹת שֶׁהָיָה** – IF ITS SOUND CHANGED FROM THE WAY IT WAS before it was plated, **פָּסוּל** – [THE SHOFAR] IS UNFIT. **וְאִם לָאו כָּשֵׁר** – BUT IF NOT, IT IS FIT. **נִסְדַּק לְאוֹרְכּוֹ** – If [THE SHOFAR] SPLIT ALONG ITS LENGTH,

NOTES

shofar is unfit, for it is in a patently unnatural state (*Rosh* §4, *Ritva*).

The Gemara has been speaking only of where the shofar has been physically altered. However, it does not address the case of one who blows on the wide end of an unaltered shofar. *Orach Chaim* (590:9) and *Rama* (586:12) disqualify that blowing. *Mishnah Berurah* (590 §36) disqualifies it on the basis of *You shall cause . . . to pass* – for when the horn is on the animal's head the narrow end is opposite a person's mouth. See also *Matteh Ephraim* 586 §20.

28. In our text of the Gemara (as well as that of *Rif* and *Rosh*), this ruling appears as an excerpt from our Mishnah. *Dikdukei Soferim* argues, however, that there is no obvious reason to cite the ruling here, for the Baraisa quoted afterward does not elucidate it. *Dikdukei Soferim* thus contends that this ruling and those that follow are actually part of the previous Baraisa, which was interrupted for Rav Pappa's elucidation. Nevertheless, it can be said in defense of our text that the first ruling of the Baraisa to be quoted extends the excerpted ruling of the Mishnah, as will be explained below in note 32.

29. I.e. he lengthened the shofar by either gluing or welding material to it. *Rosh, Ritva* and *Meiri* maintain that the shofar is unfit even if it measured the requisite *tefach* prior to the addition. *Rabbeinu Yehonasan MiLunel* disagrees, contending that it is rendered unfit only if the additional material completes the *tefach* (see above, 27a note 53).

30. I.e. shofar material.

31. I.e. foreign material.

32. Because the addition is viewed as another shofar, and so the blast issues from two shofars (*Rosh, Ritva, Meiri;* see *Pnei Yehoshua* ד״ה שם בגמרא הוסיף עליו). The shofar is unfit even if the addition does not change its sound (*Ritva*). [This ruling, then, extends the excerpted ruling of the Mishnah: Not only is a shofar composed of shards disqualified because it is considered two or more shofars (there), even a valid shofar with an addition is disqualified for that selfsame reason (here).]

33. See first paragraph of note 1 above; see also *Sfas Emes*.

34. [I.e. *any* type of material retains its identity as a seal and is not nullified vis-a-vis the shofar (see note 1 above).]

35. According to *Rashi,* R' Nassan and the Rabbis argue in a case where the hole impaired the shofar's sound and the seal restored it. The Rabbis invalidate the shofar on the grounds that an effective seal functions as a second shofar, while R' Nassan sanctions it (when a kindred material is used for sealing) on the grounds that an effective seal is nullified vis-a-vis the shofar (see *Ramban* and *Ritva;* cf. *Baal HaMaor;* see *Beis Yosef* §586 at length). According to this, when the Mishnah approves the shofar in the case where the seal does not hinder, it must be following R' Nassan (for the Rabbis invalidate in every case), and it speaks of where a kindred material is used for sealing. This is the opinion of many Rishonim and the implication of *Yerushalmi* (see *Ramban* in *Milchamos* and *Chidushim,* and *Ritva*). However, *Tosafos* and *Rosh* understand that the dispute between R' Nassan and the Rabbis occurs where the seal impairs the sound, and R' Nassan sanctions the shofar when a kindred material is used for sealing, and the Mishnah accords with the Rabbis, who invalidate in that case. It could also accord with R' Nassan if we say it speaks of sealing with a foreign material. According to *Tosafos,* R' Nassan holds that a seal from a kindred material is always nullified vis-a-vis the shofar.]

See *Meiri* for a discussion of what is considered material "of its (own) kind."

36. *Sifsei Chachamim* opines that this inference was uttered by R' Yochanan himself and not by the Gemara.

37. According to this version of R' Yochanan's statement, R' Nassan rules the shofar valid only if three conditions are met: (a) A majority of the shofar remains intact; (b) a shofarlike material is used for sealing; and (c) the seal restores the shofar's sound (*Rashba, Ritva*).

[Our interpretation of *a majority of the shofar* (viz. the majority of its total surface area) follows the opinion of most Rishonim. However, *Ritva* suggests that R' Yochanan refers to the majority of the shofar's *width* on the side where the hole appears. See also *Meiri, Chibur HaTeshuvah, maamar* 2, ch. 2 (p. 322 in *MHK* ed.).]

38. In this version R' Yochanan's qualification reveals a more lenient interpretation of R' Nassan's opinion, in which only two of the three conditions for validity (mentioned in the previous note) need be met. One is an absolute prerequisite, inasmuch as the Mishnah expressly stipulates it, and it is that the seal must restore the shofar's sound. The second and final condition is a variable. That is, it suffices for the seal to be a shofarlike material even though a majority of the shofar is missing, or for a majority of the shofar to be intact even though a foreign material is used for sealing (*Ritva*).

Most Rishonim hold that the halachah accords with R' Nassan. Consequently, an interesting discussion arises regarding which version of R' Yochanan's statement should be accepted. *Riva* (cited in *Rosh*) maintains that whenever the Gemara presents two versions, the halachah follows the first one, for that is the version supported by the majority of sages. *R' Yitzchak ibn Gei'as* (ibid.) contends that the halachah always follows the latter version, for those who arranged the Gemara first recorded other opinions for the sake of discussion, and then concluded with the final, authoritative version [but see *Rosh,* who argues that in our *sugya* it is not clear which is the latter version]. Most others (*Rif, Rabbeinu Chananel, Ramban*) hold that in matters of Biblical law (דְּאוֹרַיְתָא), the halachah follows the stringent version irrespective of its placement. Hence, in our case, which falls into this category, the halachah accords with the first version. Regarding monetary matters, however, the halachah follows the latter version; alternatively, the burden of proof as to which version is controlling rests with the plaintiff (see *Ritva*).

עין משפט
נר מצוה

כ א מיי' פ"א מהלכות שופר הלכה ז טוש"ע א"ח סי' תקפו סעיף יג:
כא ב מיי' שם טוש"ע שם סעיף יד:
כב ג ד מיי' שם הלכה ו טוש"ע שם סעיף טו:
כג ה מיי' שם טוש"ע שם סעיף כ:
כד ו מיי' שם טוש"ע שם סעיף יב:
כה ז מיי' שם טוש"ע שם סעיף יא:
כו ח ט מיי' שם הלכה ה טוש"ע שם סעיף ז:
כז י מיי' שם טוש"ע שם סעיף ח:
כח כ מיי' שם הלכה ה טוש"ע שם סעיף טו:
כט מ מיי' שם הלכה ז טוש"ע שם סעיף ו:
ל נ מיי' שם הלכה ה טוש"ע שם סעיף ט:
לא ס מיי' שם הלכה ח טוש"ע א"ח סי' תקפז סעיף א:

ניקב וסתמו אם מעכב את התקיעה פסול ואם לאו כשר א התוקע לתוך הבור או לתוך הדות או לתוך ב הפיטם אם קול שופר שמע יצא ואם קול הברה שמע לא יצא ג וכן ד מי שהיה עובר אחורי בית הכנסת או שהיה ביתו סמוך לבית הכנסת ושמע קול שופר או קול מגילה אם כוון לבו יצא ואם לאו לא יצא אע"פ שזה שמע וזה שמע זה כוון לבו וזה לא כוון לבו: **גמ'** תנו רבנן א ארוך וקצרו כשר ב גרדו והעמידו על גלדו כשר ג ציפהו זהב במקום הנחת פה פסול שלא במקום הנחת פה כשר ד ציפהו זהב מבפנים פסול מבחוץ אם נשתנה קולו מכמות שהיה פסול ואם לאו כשר ניקב וסתמו אם מעכב את התקיעה פסול ואם לאו כשר ה נתן שופר בתוך שופר אם קול פנימי שמע יצא ואם קול חיצון שמע לא יצא ת"ר גרדו בין מבפנים בין מבחוץ כשר גרדו והעמידו על גלדו כשר הניח שופר בתוך שופר אם קול פנימי שמע יצא ואם קול חיצון שמע לא יצא הפכו ותקע בו לא יצא אמר רב פפא לא תימא דהפכיה ככתונא אלא שהרחיב את הקצר וקיצר את הרחב מ"ט כדרב מתנה דאמר רב מתנה והעברת דרך העברתו בעינן: דיבק שברי שופרות פסול: ת"ר הוסיף עליו כל שהוא בין במינו בין שלא במינו פסול ניקב וסתמו בין במינו בין שלא במינו פסול ר' נתן אומר במינו כשר שלא במינו פסול אמר רבי יוחנן והוא שנשתייר רובו מכלל דשלא במינו אע"פ שנשתייר רובו פסול איכא דמתני לה אסיפא שלא במינו פסול א"ר יוחנן והוא שנפחת רובו מכלל דבמינו אע"פ שנפחת רובו כשר ציפהו זהב מבפנים פסול מבחוץ אם נשתנה קולו מכמות שהיה פסול ואם לאו כשר נסדק לאורכו פסול לרוחבו אם נשתייר בו שיעור תקיעה כשר ואם לאו פסול וכמה שיעור תקיעה פירש רשב"ג כדי שיאחזנו בידו ויראה לכאן ולכאן היה קולו דק או עבה או צרור כשר שכל הקולות כשירין [בשופר] שלחו ליה לאבוה דשמואל קדחו ותקע בו יצא פשיטא כולהו נמי מיקדח קדחו להו אמר רב אשי שקדחו בזכרותו מהו דתימא מין במינו חוצץ קמ"ל: התוקע לתוך הבור או לתוך הדות כו': אמר רב הונא לא שנו אלא לאותן העומדים על שפת הבור אבל אותן העומדין בבור יצאו תניא נמי הכי התוקע לתוך הבור או לתוך הדות יצא והתנן לא יצא אלא לאו שמע מינה כדרב הונא ש"מ איכא דרמי להו מירמא תנן התוקע לתוך הבור או לתוך הדות לא יצא והתניא יצא אמר רב הונא לא קשיא כאן לאותן העומדין על שפת הבור כאן לאותן העומדין בבור אמר רבה

שמע

רש"י

גמ' העמידו על גלדו. גלד דק: מבפנים פסול. שהתקיעה בזהב: אם קול חיצון שמע לא יצא. דאיכא מחילות הפנימי מפסקת התקיעה: ככתונא. כהפיכת חלוק לעשות פנימי חילון: שקיצר את הרחב. ברותחין: והעברת. דרך העברתו כלדרך שהאיל מעבירו בראשו בבהמה מחיים: דיבק שברי שופרות כו': במינו כשר. אם אינו מעכב את התקיעה: נסדק. כולו וכן נסדק לרחבו כל רחבו להקיפו: אם נשתייר בו. מן מקום הסדק עד מקום הנחת פה שיעור תקיעה כשר חשיב ליה כמאן דאשתקיל כוליה והוה ליה ארוך וקצרו: צרור. לשון יבש רו"יש בלע"ז: קדחו. נקבו וקס"ד נקב הנחת פה קאמר: שקדחו בזכרותו. כשהוא מחובר בבהמה עלם בולט מן הראש ונכנס לתוכו ומוציאין אותו מתוכו וזה לא הוציאו אלא נקב את הזכרות: אותן העומדין בבור יצאו. שהן קול השופר לעולם שמעו: איכא דרמי להו מירמא. יש תלמידים שאין שונין להא דרב הונא בענין לא שנו לפרושי מתניתין אלא רמו מירמא מתניתין וברייתא אהדדי ועלה קאי רב הונא ומשני:

שמע

תוספות

ניקב וסתמו אם מעכב את התקיעה פסול ואם לאו כשר. אם נפרשה דאיירי לאחר הסתימה לפי שלא הוחלקה סתימת הנקב אין הרוח יוצא בפשיטות ומעכב את הקול קשיא כיון דכל הקולות כשרין בשופר כדאמרינן בגמרא מה לי מעכב מה לי אינו מעכב ונראה דאיירי קודם סתימה דקודם שנסתם היה הנקב מעכב את הקול שהיה הקול משתנה מחמת הנקב וכשסתמו חזר לכמות שהיה ובירושלמי גרס בהדיא אם היה מעכב קודם שסתמו פסול כשסתמו וטעמא דפסול כיון דסתימה זו מסייעה לקול משום דשופר אחד אמר רחמנא שלא יסייע דבר אחר לקול כמו לפהו זהב דאם נשתנה קולו פסול אבל אם לא היה מעכב את התקיעה שלא נשתנה קולו מתחילה מחמת הנקב הרי הוא כאילו לא ניקב ואין לחוש במה שסתמו והיכא דלא סתמו קאמר בהדיא בירושלמי דכשר משום דכל הקולות כשרין בשופר והשתא רבי נתן דקאמר בגמרא במינו כשר שלא במינו פסול ע"כ אהיה מעכב את התקיעה קאי דאפ"ה כשר במינו דהא ר' יוחנן קאמר עלה בגמרא והוא שנשתייר רובו והוא שנפחת רובו ואי אפשר לנקב גדול כל כך שלא יעכב את התקיעה ומתני' כרבנן א"כ כר' נתן ובשלא במינו ללישנא קמא דרבי יוחנן ומיהו לאידך לישנא דרבי יוחנן דקאמר שלא במינו פסול והוא שנפחת רובו משמע אבל במינו אף על פי שנפחת רובו כשר קשיא מתני' כמאן דע"כ הא דאמרי רבנן בין במינו בין שלא במינו פסול יעמיד כמו כן רבי יוחנן כשנפחת רובו דמאי שנא לרבי נתן מלרבנן כמו שדומה לו לרבי נתן סברת דלא נפחת רובו כשר אפילו שלא במינו למה לא יאמר כמו כן לרבנן דכולה ברייתא בנפחת רובו מיתוקמא ואע"פ שלא נפחת אלא מיעוטו אי אפשר שלא יעכב הנקב את התקיעה אם לא נסתם ואפילו הכי כשר ולכך נראה ודאי לפרש מ"מ דאם מעכב את התקיעה לאחר שסתמו קאמר ובירושלמי קתני במילתיה דרבנן בין במינו בין שלא במינו אם מעכב התקיעה פסול ואם לאו כשר וכן בתוספתא (פ"ב) ואפילו הכי קאמרי בירושלמי דמתני' ר' נתן ומסקנא דשמעתא ° והלכה למעשה נראה דשופר שניקב וסתמו במינו וחזר לקולו לכמות שהיה מתחילתו קודם שנקב לית דין ולית דיין דכשר אפילו היה מעכב התקיעה קודם שנסתם דפי' זה עיקר דאם מעכב את התקיעה לאחר שנסתם קאמר ולא סתמו כלל כשר אפילו מעכב הנקב את התקיעה כדקאמרינן בירושלמי דכל הקולות כשרין בשופר: **ארוך** וקצרו כשר. איצטריך לאשמועינן דלא תימא דפסול משום דכתיב והעברת:

צפהו זהב במקום הנחת הפה. היה נראה לפרש דעובי השופר במקום שמניח פיו קרי מקום הנחת הפה ושלא במקום הנחת פה היינו מבחוץ אבל א"כ היינו לפהו זהב מבחוץ ואם נפרש דשלא במקום הנחת הפה היינו ראשו האחד לצד הרחב הא אמרינן בסמוך הוסיף עליו כל שהוא בין במינו בין שלא במינו פסול והיינו יכולין לפרש דהתם בשאין בין הכל אלא שיעור שופר ודוחק: **צפהו** מבפנים פסול. לפי שאין קול שופר אלא קול זהב וכן מבחוץ כיון דנשתנה קולו: **אם** קול חיצון שמע לא יצא. שהקול יוצא באויר שבין חילון לפנימי והיינו ב' או ג' שופרות: **נסדק** לארכו פסול. לא תני הכא אם נשתייר בו שיעור תקיעה כשר כדקתני גבי נסדק לרחבו משום דלארכו לא מיפסל אא"כ נסדק על פני ארכו מראשו ועד סופו: **ושמע** קול שופר או קול מגילה אם כוון לבו יצא. הא דאמרינן בפ' כל גגות (עירובין דף צב: ושם) ליבור בקטנה ושליח ליבור בגדולה אין יוצאין ידי חובתן שאני התם דליכא עשרה עם שליח ליבור והא דאמרינן בשילהי כילד צולין (פסחים פה: ושם) מן האגף ולחוץ כלחוץ ואמר רב וכן לתפלה ורבי יהושע בן לוי אמר אפילו מחילה של ברזל אינה מפסקת בין ישראל לאביהם שבשמים קשה במאי קא מיירי אי לענין לרוף כגון לבור ושליח לבור או ט' ויחיד אם כן הויא סוגיא דכל גגות דלא כרבי יהושע בן לוי וכוותיה קיימא לן דהא הני נשי קיימי לחודייהו ג) כדמוכח בסוטה בפ' ואלו נאמרין (דף לח: ושם) דמייתי מינה ראייה לברכת כהנים דאין מחילה מפסקת ואי לענין לצאת איירי אם כן קשיא מתניתין לרב ויש לומר דאיירי לענין לענות עם הצבור קדושה ויהא שמיה רבא משום דאמרינן (ברכות דף כא:) כל דבר שבקדושה לא יהא פחות מי' אבל בתקיעה ומגילה מודו:

בשופר

רבינו חננאל

בראש השנה תוקעין בשל זכרים וקיי"ל כוותיה: [מתני'] שופר שנסדק ודבקו פסול כו'. ת"ר ארוך וקצרו כשר. גרדו והעמידו על גלדו כשר. ציפהו זהב מבפנים פסול. מבחוץ אם נשתנה קולו מכמות שהיה פסול ואם לאו כשר נתן שופר בתוך שופר ותקע בו אם קול פנימי שמע יצא. ואם קול חיצון שמע לא יצא. ת"ר גרדו בין מבפנים בין מבחוץ וכן אם גרדו והעמידו על גלדו כשר הפכו כגון שהרחיב את הקצר והוא ראש הקרן או קצר הרחב והוא מקום הדבוק לראש של בהמה ותקע בו לא יצא כדרב מתנה דא' והעברת שופר תרועה בעינן דרך העברתו בשעה שתוקע ומריע. דיבק שברי שופרות פסול. הוסיף עליו כל שהוא בין במינו בין שלא במינו פסול ר' נתן אומר במינו כשר שלא במינו פסול. מדחזינן ר' יוחנן דמתרץ אליבא דר' נתן ש"מ הלכתא כותיה והוא שנשתייר רובו של שופר שלם והני מילי שסתמו בקרן שהוא מינו אבל שלא במינו אפילו נשתייר רובו שלם פסול. אע"ג דלישנא בתרא לאו הכי הוא א) אתברירא לן הי מינייהו לישנא בתרא הלכך עבדינן לחומרא. נסדק לאורכו פסול. לרחבו אם נשתייר בו שלם למעלה או למטה מהסדק שיעור תקיעה והוא טפח שוחק כשר. דאמרינן כאילו מקום הסדק חתוך הוא והנותר הוא השופר. ואם נשתייר פחות מזה השיעור פסול וכמה שיעור תקיעה פי' רשב"ג כדי שיאחזנו בידו לכאן ולכאן. שיערו חכמים טפח שוחק. כדגרסינן בנדה פרק ג' תני אושעיא זעירא דמן חבריא ה' שיעורן טפח ואלו הן שיליא ושופר ושדרו של לולב ואזוב ודופן סוכה. היה קולו עבה או דק או צרור כשר שכל הקולות כשרין בשופר. שלחו ליה [לאבוה] דשמואל קדח בזכרותו כלומר נקבו במקדח בזכרותו שבתוך הקרן כשר. מהו דתימא מין במינו חוצץ קמ"ל ב) דאין במינו חוצץ. התוקע לתוך הבור או לתוך הפיטום אם קול שופר שמע יצא ואם קול הברה שמע לא יצא. ואוקמה רב הונא באותן בני אדם העומדין על שפת הבור. אבל העומדים בבור יצאו. תני נמי הכי כו':

אמר

מסורת הש"ס

א) [לקמן כח.], ב) [מלשון בעלי פטסין בבילה טו:], ג) [התוי"ט לא גרס מלת וכן], ד) [לקמן כח: כט.], ה) [לקמן לד.], ו) [נדה כו. ע"ש], ז) [נדה כו. ע"ש דסיים לכאן ולכאן טפח וכל"ל ע"פ סוגיא דהתם], ח) [גי' הערוך צרוד וכ"א ברש"י חולין לו. ד"ה צריד כו' ע"ש], ט) גי' הרא"ש רב יהודה, י) [גי' הרא"ש רבא], כ) [צ"ל וכדמוכח ולא קאי אדלעיל שמוכח שם כ"כ בספר פני יהושע ע"ש].

גליון הש"ס

גמ' איכא דרמי להו. כעין זה סוכה דף טז ע"א. ודף לב ע"ב. ב"ב דף יט ע"א. ודף כו ע"א: תוס' ד"ה ניקב כו'. והלכה למעשה. תמוה לי למה דוקא במינו הא בירושלמי מוקי למתני' אף כר"נ וא"כ מיירי מתני' באינו מינו ואפ"ה אם אינו מעכב כשר וזה לא פליגי רבנן אלא דס"ל דבמעכב אף במינו פסול אבל מה דכשר לר"נ באינו מינו ה"נ לרבנן:

תורה אור השלם

א) וְהַעֲבַרְתָּ שׁוֹפַר תְּרוּעָה בַּחֹדֶשׁ הַשְּׁבִעִי בֶּעָשׂוֹר לַחֹדֶשׁ בְּיוֹם הַכִּפֻּרִים תַּעֲבִירוּ שׁוֹפָר בְּכָל אַרְצְכֶם: [ויקרא כה, ט]

ליקוטי רש"י

כלי עליו בגדיו ומתכת מטבילין והם טהורים ועל מה חסה תורה על כלי חרס ופכו שאין להן טהרה אלא שבירה וכל כך חסה תורה על ממונן של ררי עין ק"ו על ממונן של לדיקים [חולין מט:]. התוקע לתוך הבור וכו' הדות. בור בחפירה דות בבנין בתוך הקרקע אישקדיי"א [עירובין קב: ורשב"ם ב"ב סא.]. שניהן עמוקין בקרקע ויש בהן מים מכונסין. בחפירה. בקרקע קשה שמחזיק מים בלא בנין. בבנין. מוקפין בור בעפר תיחוח ובונין לו כותל אבנים ומקרי דות [שם סד.]. בור בחפירה בלא בנין כתלים ודות בבנין [ערכין יט.]. אם קול שופר שמע. בלא קול הברה יצא. אם קול הברה שמע. עם קול השופר לא יצא [לקמן כח.]. פיטס. פעטין. חביות גדולות [ביצה טו:]. חבית גדולה פוטי"ן בלע"ז [לעיל ע"א]. שיאחזנו בידו. אחוזה אית בה טפח שהטפח ארבע אצבעות אגודל [נדה כו.]. (צרור) [צרוד]. לריד לשון יבש ודומהו בר"ה (כז:) היה קולו דק או עבה או לריד [חולין לו: וכעי' פסחים כ.].

חשק שלמה על ר"ח

א) נראה דצ"ל מ"מ כיון דלא אתבריר"א וכו' ועי' בר"ן]. ב) קמ"ל דמינו אינו חוצץ.

פָּסוּל – IT IS UNFIT.[39] לְרוֹחְבּוֹ – If it split ALONG ITS WIDTH,[40] the law is as follows: אִם נִשְׁתַּיֵּיר בּוֹ שִׁיעוּר תְּקִיעָה – IF A MEASURE sufficient to produce A BLAST REMAINS ON [ITS LENGTH],[41] כָּשֵׁר – [THE SHOFAR] IS FIT.[42] וְאִם לָאו פָּסוּל – BUT IF NOT, IT IS UNFIT. וְכַמָּה שִׁיעוּר תְּקִיעָה – AND HOW MUCH IS A MEASURE that is sufficient to produce A BLAST? פֵּירֵשׁ רַבָּן שִׁמְעוֹן בֶּן גַּמְלִיאֵל – RABBAN SHIMON BEN GAMLIEL EXPLAINED: כְּדֵי שֶׁיֹּאחֲזֶנּוּ בְּיָדוֹ – Large ENOUGH THAT ONE CAN HOLD [THE SHOFAR] IN HIS HAND, וְיֵרָאֶה לְכָאן וּלְכָאן – AND IT IS still VISIBLE ON EITHER SIDE of the hand.[43]

The Baraisa's final ruling:

הָיָה קוֹלוֹ דַּק – If [THE SHOFAR'S] SOUND WAS naturally THIN, אוֹ עָבֶה – OR THICK, אוֹ צָרוּר – OR ROUGH,[44] כָּשֵׁר – IT IS VALID, שֶׁכָּל הַקּוֹלוֹת כְּשֵׁירִין [בְּשׁוֹפָר] – FOR ALL THE SOUNDS ARE VALID IN [THE CASE OF] A SHOFAR.

The Gemara cites a ruling:

שָׁלְחוּ לֵיהּ לַאֲבוּהַ דִּשְׁמוּאֵל – **They sent to Shmuel's father** the following ruling: קְדָחוֹ וְתָקַע בּוֹ – If **one bored a hole** in **[a horn]** and then **blew into it,** יָצָא – **he has fulfilled** his obligation.

The Gemara assumes that the hole is made at the narrow end of the shofar, to create a small opening for blowing.[45] It therefore expresses astonishment:

פְּשִׁיטָא – This is **obvious!** כּוּלְּהוּ נַמִּי מִיקְדָּח קָדְחוּ לְהוּ – **All [shofars] must be punctured** at the narrow end before they can be blown! – ? –

The Gemara answers:

אָמַר רַב אָשִׁי – **Rav Ashi said:** שֶׁקְּדָחוֹ בִּזְכְרוּתוֹ – This ruling involves a case **where he bored into the bony inside** of the horn rather than removed it.[46] מַהוּ דְּתֵימָא – Now, without this ruling **what is it that you might have said?** מִין בְּמִינוֹ חוֹצֵץ – That one **type** of material (the bone) resting **with its** own, similar **type** of material (the horn) **interposes,** and so the listeners do not fulfill their obligation![47] קָא מַשְׁמַע לָן – **[The ruling]** therefore **informs us** that the bone is not an interposition, and the blowing is valid.[48]

The Mishnah stated:

הַתּוֹקֵעַ לְתוֹךְ הַבּוֹר אוֹ לְתוֹךְ הַדּוּת וכו׳ – If ONE BLOWS INTO A PIT OR INTO A CISTERN **etc.** [If he heard the sound of the shofar, he has fulfilled (his obligation). But if he heard the sound of the (shofar's) echo, he has not fulfilled (his obligation).]

The Gemara qualifies this ruling:

אָמַר רַב הוּנָא – **Rav Huna said:** לֹא שָׁנוּ אֶלָּא לְאוֹתָן הָעוֹמְדִים עַל שְׂפַת הַבּוֹר – **They taught** in our Mishnah that we must be concerned for an echo **only** in the case **of those standing at the edge of the pit.** אֲבָל אוֹתָן הָעוֹמְדִין בַּבּוֹר יָצְאוּ – **However, those standing inside the pit** always **fulfill** their obligation.[49]

The Gemara offers support for Rav Huna's dictum:

תַּנְיָא נַמִּי הָכִי – **It is also taught thus in a Baraisa:** הַתּוֹקֵעַ לְתוֹךְ הַבּוֹר אוֹ לְתוֹךְ הַדּוּת – If ONE BLOWS INTO A PIT OR INTO A CISTERN, יָצָא – HE HAS FULFILLED his obligation. וְהָתְנַן לֹא יָצָא – **But** how can the Baraisa issue this unconditional ruling when **we learned in our Mishnah** that if one heard the echo, HE HAS NOT FULFILLED his obligation?! אֶלָּא לָאו שְׁמַע מִינָּהּ כִּדְרַב הוּנָא – **Rather, is it not** that we should **derive from it** a distinction **like that** which **Rav Huna** taught?[50] שְׁמַע מִינָּהּ – Indeed, **derive** that distinction **from [the Baraisa]!**

NOTES

39. See above, 27a notes 50-52.

40. I.e. along the majority of its circumference (*Rashi,* as explained by *Rashba; Rosh*). If less than half of the circumference is split, the shofar is valid regardless of where the crack is located, since the crack is viewed as an insignificant hole (*Rosh;* see *Mishnah Berurah* 586:50).

41. Specifically, from the crack to the mouthpiece at the shofar's narrow end (*Rashi*). [Others maintain, however, that the intact measure may be *anywhere* along the shofar's length (*Rabbeinu Chananel;* see *Ritva* and *Ran*).]

42. We regard the area above the crack as having been removed, so that the case is analogous to a long shofar that was shortened [which the Baraisa above ruled valid] (*Rashi*).

43. In a parallel Baraisa recorded in *Niddah* 26a, Rabban Shimon ben Gamliel expressly states that this measure is a *tefach. Ran* cites the Gemara in *Menachos* 41b, which teaches that a *tefach* is equal to the width of four thumbs. He thus explains that since the thumb is wider than any other finger, if one grasps a *tefach*-long shofar with the other four fingers, a small part of the shofar will protrude from each side of the hand. *Rosh* explains that Rabban Shimon did not simply identify the length measure as a *tefach* because he wished to teach the reason for this requirement – viz. a *tefach* is needed so that the minimum-length shofar will be visible when one blows it, so people should not say that his hand produced the sound. This explanation implies that the measure is Rabbinically mandated, whereas *Tosafos* (to *Succah* 7b ד״ה סיכך) ostensibly hold that it is Biblical.

Although most authorities hold that the *tefach* measure is established according to an average person's thumb size (see *Ramban*), *Ritva* maintains that the shofar will have to be longer if the blower's hand is larger than average. See also *Beur Halachah* 586:9 ד״ה ד׳ גודלים.

44. [I.e. "dry" (*Rashi*). An alternative reading is צָרוּד (*Mesoras HaShas*), which also means "dry" (see *Rashi, Chullin* 36a ד״ה צריד).] I.e. if any one of these anomalous tones was not caused by an external, disqualifying factor (*Ritva*).

45. *Rashi.*

46. זַכְרוּת is the bony protrusion from the animal's head around which the horn grows. Normally, after the total appendage is detached, the bone is removed and the hollow shell remains for use as a shofar. In this case, however, he bored through the bone from end to end rather than removed it. Thus, the entire shofar is lined with the bony material (*Rashi, Ran*). According to *Ritva,* he did remove the bone; however, instead of using the appropriate tool, he used a borer (drill). Hence, vestiges of bone remained along the inner surface of the shofar.

47. I.e. we might have thought that the bony material that lines the inner surface of the shofar is not nullified vis-a-vis the horn, and so the sound actually issues from the bone rather than the horn.

48. The ruling teaches that since the bone and horn are composed of similar materials and the two grew together as one, blowing through the bone is tantamount to blowing through the horn [see *Kehillos Yaakov* §24 and *Pri Megadim* (cited in *Mishnah Berurah* 586:67); see also *Sifsei Chachamim*].

49. Rav Huna maintains that it is possible to hear the echo of the shofar's blast only outside the pit. Therefore, those standing at the edge must ascertain whether they heard the authentic shofar sound. Those standing inside the pit, however, always hear the authentic sound, and therefore always fulfill their obligation (*Rashi*). *Rosh* (§8) takes issue with this approach (see there at length; see also *Ritva*), and explains instead that while those inside the pit are always assumed to have heard the authentic shofar sound, those on the outside *cannot* distinguish between the actual sound and the echo; hence, they are always regarded as having heard the invalid sound, and *never* fulfill their obligation in this way. Accordingly, when the Mishnah says, "If he heard the sound of the shofar," it means, "if a person is standing inside the pit"; when it says, "if he heard the sound of the echo," it means, "if a person is standing outside the pit."

Rambam (*Hil. Shofar* 1:8) applies Rav Huna's distinction to the cases of the pit and cistern but not to the case of the large barrel. *Ran* explains that a barrel creates such a strong echo that even someone inside might hear it; hence, the Mishnah's rule applies to him as well (see *Meiri*). *R' Todros HaLevy* (cited by *Kesef Mishneh* ad loc.) contends, however, that the three cases are legally indistinguishable; *Rambam* fails to apply Rav Huna's ruling to the barrel case only because a barrel is relatively small and so – although one might blow a shofar *into* it – no one is likely to stand *inside* it to blow (cf. *Meiri*).

50. The Baraisa, which rules unconditionally that the blower fulfills his obligation, must hold that people standing in a pit hear only the authentic shofar sound, and for that reason always fulfill their obligation.

ניקב וסתמו אם מעכב את התקיעה פסול ואם לאו כשר ח) התוקע לתוך הבור או לתוך הדות או לתוך ט) הפיטם אם קול שופר שמע יצא ואם קול הברה שמע לא יצא י) וכן ד) מי שהיה עובר אחורי בית הכנסת או שהיה ביתו סמוך לבית הכנסת ושמע קול שופר או קול מגילה אם כוון לבו יצא ואם לאו לא יצא אע"פ שזה שמע וזה שמע זה כוון לבו וזה לא כוון לבו: גמ' תנו רבנן א ארוך וקצרו כשר ב גרדו והעמידו על גלדו כשר ג ציפהו זהב במקום הנחת פה פסול שלא במקום הנחת פה כשר ד ציפהו זהב מבפנים פסול מבחוץ אם נשתנה קולו מכמות שהיה פסול ואם לאו כשר ניקב וסתמו אם מעכב את התקיעה פסול ואם לאו כשר ה נתן שופר בתוך שופר אם קול פנימי שמע יצא ואם קול חיצון שמע לא יצא ת"ר גרדו בין מבפנים בין מבחוץ כשר גרדו והעמידו על גלדו כשר הניח שופר בתוך שופר אם קול פנימי שמע יצא ואם קול חיצון שמע לא יצא ו הפכו ותקע בו לא יצא אמר רב פפא לא תימא דהפכיה כבתונא אלא שהרחיב את הקצר וקיצר את הרחב מ"ט כדרב מתנה דאמר ט) רב מתנה א) והעברת דרך העברתו בעינן: דיבק שברי שופרות פסול: ת"ר ז הוסיף עליו כל שהוא בין במינו בין שלא במינו פסול ניקב וסתמו בין במינו בין שלא במינו פסול ר' נתן אומר ח במינו כשר שלא במינו פסול אמר רבי יוחנן ט והוא שנשתייר רובו מכלל דשלא במינו אע"פ שנשתייר רובו פסול איכא דמתני לה אסיפא שלא במינו פסול א"ר יוחנן והוא שנפחת רובו מכלל דבמינו אע"פ שנפחת רובו כשר ציפהו זהב מבפנים פסול מבחוץ אם נשתנה קולו מכמות שהיה פסול ואם לאו כשר י נסדק לאורכו פסול כ לרוחבו אם נשתייר בו שיעור תקיעה כשר ואם לאו פסול ל וכמה שיעור תקיעה פירש רשב"ג כדי שיאחזנו בידו ויראה י) לכאן ולכאן מ היה קולו דק או עבה או כ) צרור כשר שכל הקולות כשירין בשופר: שלחו ליה לאבוה דשמואל קדחו ותקע בו יצא פשיטא כולהו נמי מיקדח קדחו להו אמר רב אשי נ שקדחו בזכרותו מהו דתימא מין במינו חוצץ קמ"ל: התוקע לתוך הבור או לתוך הדות כו': אמר רב ט) הונא ס לא שנו אלא לאותן העומדים על שפת הבור אבל אותן העומדין בבור יצאו תניא נמי הכי התוקע לתוך הבור או לתוך הדות יצא והתנן לא יצא אלא לאו שמע מינה כדרב הונא ש"מ איכא דרמי להו מירמא תנן התוקע לתוך הבור או לתוך הדות לא יצא והתניא יצא אמר רב הונא לא קשיא כאן לאותן העומדין על שפת הבור כאן לאותן העומדין בבור אמר י) רבה

שמע

רש"י

גמ' העמידו על גלדו. גלד דק: מבפנים פסול. שהתקיעה בזהב: אם קול חיצון שמע לא יצא. דלהכי מחילות הפנימי מפסקת התקיעה: כבתונא. כהפיכת חלוק לעשות פנימי חיצון: שקיצר את הרחב. ברותחין: והעברת. דלכך העברתו כלכך שהאיל מעבירו בראשו בבהמה מחיים: דיבק שברי שופרות כו': במינו כשר. אם אינו מעכב את התקיעה: נסדק. כולו וכן נסדק לרחבו כל רחבו להקיפו: אם נשתייר בו. מן מקום הסדק עד מקום הנחת פה שיעור תקיעה כשר חשיב ליה כמאן דאשתקיל כוליה והוה ליה ארוך וקצרו: צרור. לשון רו"יש בלע"ז: קדחו. נקבו וקס"ד נקב הנחת פה קאמר: שקדחו בזכרותו. כשהוא מחובר בבהמה יש עצם בולט מן הראש ונכנס לתוכו ומוציאין אותו מתוכו וזה לא הוציאו אלא נקב את הזכרות: אותן העומדין בבור יצאו. שהן קול השופר לעולם שמעו: איכא דרמי להו מירמא. יש תלמידים שאין שונין להא דרב הונא בעניין לא שנו לפרושי מתניתין אלא רמו מירמא מתניתין וברייתא אהדדי ועלה קאי רב הונא ומשני:

שמע

תוספות

ניקב וסתמו אם מעכב את התקיעה פסול ואם לאו כשר. אם נפרשה דאיירי לאחר הסתימה לפי שלא הוחלקה סתימת הנקב אין הרוח יוצא בפשיטות ומעכב את הקול קשיא כיון דכל הקולות כשרין בשופר כדאמרינן בגמרא מה לי מעכב מה לי אינו מעכב ונראה דאיירי קודם סתימה דקודם שנסתם היה הנקב מעכב את הקול שהיה הקול משתנה מחמת הנקב וכשסתמו חזר לכמות שהיה ובירושלמי גרס בהדיא אם היה מעכב קודם שסתמו פסול כשסתמו וטעמא דפסול כיון דסתימה זו מסייעה לקול משום דשופר אחד אמר רחמנא שלא יסייע דבר אחר לקול כמו לפניו זהב דאם נשתנה קולו פסול אבל אם לא היה מעכב את התקיעה שלא נשתנה קולו מתחילה מחמת הנקב הרי הוא כאילו לא ניקב ואין לחוש במה שסתמו והיכא דלא סתמו קאמר בהדיא בירושלמי דכשר משום דכל הקולות כשרין בשופר והשתא רבי נתן דקאמר בגמרא במינו כשר שלא במינו פסול ע"כ אהיה מעכב את התקיעה קאי דאפ"ה כשר במינו דהא ר' יוחנן קאמר עלה בגמרא והוא שנשתייר רובו והוא שנפחת רובו ואי אפשר לנקב גדול כל כך שלא יעכב את התקיעה ומתני' כרבנן א"נ כר' נתן ובשלא במינו ולישנא קמא דרבי יוחנן ומיהו לאידך לישנא דרבי יוחנן דקאמר שלא במינו פסול והוא שנפחת רובו משמע אבל במינו אף על פי שנפחת רובו כשר קשיא מתני' כמאן דע"כ הא דאמרי רבנן בין במינו בין שלא במינו פסול יעמיד כמו כן רבי יוחנן כשנפחת רובו דמאי שנא לרבי נתן מלרבנן כמו שדומה לו לרבי נתן סברת דלא נפחת רובו כשר אפילו שלא במינו למה לא יאמר כמו כן לרבנן דכולה ברייתא בנפחת רובו מיתוקמא ואע"פ שלא נפחת אלא מיעוטו אי אפשר שלא יעכב הנקב את התקיעה אם לא נסתם ואפילו הכי כשר ולכך נראה ודאי לפרש מ"מ דאם מעכב את התקיעה לאחר שסתמו קאמר ובירושלמי קתני במילתיה דרבנן בין במינו בין שלא במינו אם מעכב התקיעה פסול ואם לאו כשר וכן בתוספתא (פ"ב) ואפילו הכי קאמרי בירושלמי דמתני' ר' נתן ומסקנא דשמעתא והלכה למעשה נראה דשופר שניקב וסתמו במינו וחזר לקולו לכמות שהיה מתחילתו קודם שנקב לית דין ולית דיין דכשר אפילו היה מעכב התקיעה קודם שנסתם דפי' זה עיקר דאם אינו מעכב את התקיעה לאחר שנסתם קאמר ולא סתמו כלל כשר אפילו מעכב הנקב את התקיעה כדקאמרינן בירושלמי דכל הקולות כשרין בשופר:

ארוך וקצרו כשר. איצטריך לאשמועינן דלא תימא דפסול משום דכתיב והעברת:

ציפהו זהב במקום הנחת הפה. היה נראה לפרש דעובי השופר במקום שמניח פיו קרי מקום הנחת הפה ושלא במקום הנחת פה היינו מבחוץ אבל א"כ היינו לפניו זהב מבחוץ וכן מבחוץ ואם נפרש דשלא במקום הנחת הפה היינו ראשו האחד לצד הרחב הא אמרינן בסמוך הוסיף עליו כל שהוא בין במינו בין שלא במינו פסול והיינו יכולין לפרש הכא דאין בין הכל אלא שיעור שופר ודוחק:

ציפהו מבפנים פסול. לפי שאין קול שופר אלא קול זהב וכן מבחוץ כיון דנשתנה קולו: אם קול חיצון שמע לא יצא. שהקול יוצא מאויר שבין חיצון לפנימי והיינו ב' או ג' שופרות:

נסדק לאורכו פסול. לא תני הכא אם נשתייר בו שיעור תקיעה כשר דקתני גבי נסדק לרחבו משום דלאורכו לא מיפסל אא"כ נסדק על פני ארכו מראשו ועד סופו:

ושמע קול שופר או קול מגילה אם כוון לבו יצא. הא דאמרינן בפ' כל גגות (עירובין דף צב: ושם) ליבור בקטנה ושליח ליבור בגדולה אין יוצאין ידי חובתן שאני התם דליכא עשרה עם שליח ליבור והא דאמרינן בשילהי כילד לולין (פסחים פה: ושם) מן האגף ולחוץ כלחוץ ואמר רב וכן לוי אמר אפילו מחילה של ברזל אינה מפסקת בין ישראל לאביהם שבשמים קשה במאי קא מיירי אי לענין לרוף כגון לצבור ושליח לצבור או ט' ויחיד אם כן הויא סוגיא דכל גגות דלא כרבי יהושע בן לוי וכוותיה קיימא לן דהא הני נשי קיימי לן כדמוכח בסוטה בפ' ואלו נאמרין (דף לח: ושם) דמייתי מינה ראיה לברכת כהנים דאין מחיצה מפסקת ואי לענין לצאת איירי אם כן קשיא מתניתין לרב ויש לומר דאיירי לענין לענות עם הצבור קדושה ויהא שמיה רבה משום דאמרינן (ברכות דף כא:) כל דבר שבקדושה לא יהא פחות מי' אבל בתקיעה ומגילה מודו:

בשופר

עין משפט נר מצוה

כ א מיי' פ"א מהלכות שופר הלכה ז טוש"ע א"ח סי' תקפו סעיף יג:
כא ב מיי' שם טוש"ע שם סעיף יד:
כב ג ד מיי' שם הלכה ו טוש"ע שם סעיף טז:
כג ה מיי' שם טוש"ע שם סעיף כ:
כד ו מיי' שם טוש"ע שם סעיף יב:
כה ז מיי' שם טוש"ע שם סעיף יא:
כו ח ט מיי' שם הלכה ה טוש"ע שם סעיף ז:
כז י מיי' שם טוש"ע שם סעיף ח:
כח כ ל מיי' שם טוש"ע שם סעיף ט:
כט מ מיי' שם הלכה ז טוש"ע שם סעיף ו:
ל נ מיי' שם הלכה ה טוש"ע שם סעיף טו:
לא ס מיי' שם הלכה ח טוש"ע א"ח סי' תקפז סעיף א:

רבינו חננאל

בראש השנה תוקעין בשל זכרים וקיי"ל כוותיה: [מתני'] שופר שנסדק ודבקו פסול כו'. ת"ר ארוך וקצרו כשר. גרדו והעמידו על גלדו כשר. ציפהו זהב מבפנים פסול. מבחוץ אם נשתנה קולו מכמות שהיה פסול ואם לאו כשר נתן שופר בתוך שופר ותקע בו אם קול פנימי שמע יצא. ואם קול חיצון שמע לא יצא. ת"ר גרדו בין מבפנים בין מבחוץ וכן אם גרדו והעמידו על גלדו כשר הפכו כגון שהרחיב את הקצר והוא ראש הקרן או קצר הרחב והוא מקום הדבוק לראש של בהמה ותקע בו לא יצא כדרב מתנה דא' והעברת שופר תרועה בעינן דרך העברתו בשעה שתוקע ומריע. דיבק שברי שופרות פסול. הוסיף עליו כל שהוא בין במינו בין שלא במינו פסול ר' נתן אומר במינו כשר שלא במינו פסול. מדחזינן ר' יוחנן דמתרץ אליבא דר' נתן ש"מ הלכתא כותיה והוא שנשתייר רובו של שופר שלם והני מילי שסתמו בקרן שהוא מינו אבל שלא במינו אפילו נשתייר רובו שלם פסול. אע"ג דלישנא בתרא לאו הכי הוא א) אתברירא לן הי מינייהו לישנא בתרא הלכך עבדינן לחומרא. נסדק לאורכו פסול. לרחבו אם נשתייר בו שלם למעלה או למטה מהסדק שיעור תקיעה והוא טפח שוחק כשר. דאמרינן כאילו מקום הסדק חתוך הוא והנותר הוא השופר. ואם נשתייר פחות מזה השיעור פסול וכמה שיעור תקיעה פי' רשב"ג כדי שיאחזנו בידו לכאן ולכאן. שיערו חכמים טפח שוחק. כדגרסינן בנדה פרק ג' תני אושעיא זעירא דמן חבריא ה' שיעורן טפח ואלו הן שיליא ושופר ושדרו של לולב ואזוב ודופן סוכה. היה קולו עבה או דק או צרור כשר שכל הקולות כשרין בשופר. שלחו ליה [לאבוה] דשמואל קדח נקב בזכרותו כלומר נקבו במקדח בזכרותו שבתוך הקרן כשר. מהו דתימא מין במינו חוצץ קמ"ל ב) דאין במינו חוצץ. התוקע לתוך הבור או לתוך הפיטוס אם קול שופר שמע יצא ואם קול הברה שמע לא יצא. ואוקמה רב הונא באותן בני אדם העומדין על שפת הבור. אבל העומדים בבור יצאו. תני נמי הכי כו' אמר

מסורת הש"ס

א) [לקמן כח.], ב) [מלשון בעלי פטסין בבילה טו:], ג) [התוס' לא גרס מלת וכן], ד) [לקמן כח: כט.], ה) [לקמן לג.], ו) [נדה כו. ע"ש], ז) [נדה כו. ע"ש דסיים לכאן ולכאן טפח וכל"ל ע"פ סוגיא דהסם], ח) [גי' הערוך צרוד וכ"ה ברש"י חולין לו. ד"ה לריד כו' ע"ש], ט) גי' הרא"ש רב יהודה, י) [גי' הרא"ש רבא], כ) [צ"ל וכדמוכח ולא קאי אדלעיל שמוכח שם כ"כ בספר פני יהושע ע"ש].

גליון הש"ס

גמ' איכא דרמי להו. כעין זה סוכה דף טז ע"א. ודף לג ע"ב. ב"ב דף יט ע"א. ודף כו ע"א: תוס' ד"ה ניקב כו'. והלכה למעשה. תמוה לי למה דוקא במינו הא בירושלמי מוקי למתני' אף כר"נ וא"כ מיירי מתני' באינו מינו ואפ"ה אם אינו מעכב כשר ובזה לא פליגי רבנן אלא דס"ל דבמעכב אף במינו פסול אבל מה דכשר לר"נ באינו מינו ה"נ לרבנן:

תורה אור השלם

א) וְהַעֲבַרְתָּ שׁוֹפַר תְּרוּעָה בַּחֹדֶשׁ הַשְּׁבִעִי בֶּעָשׂוֹר לַחֹדֶשׁ בְּיוֹם הַכִּפֻּרִים תַּעֲבִירוּ שׁוֹפָר בְּכָל אַרְצְכֶם: [ויקרא כה, ט]

ליקוטי רש"י

כלי עליו בגדיו ומתכת מטבילן והם טהורים ועל מה חסה תורה על כלי חרס ופכו שאין להן טהרה אלא שבירה וכל כך חסה תורה על ממונן של לרי עין ק"ו על ממונן של לדיקים [חולין מט:]. התוקע לתוך הבור וכו' הדות. בור בחפירה דות בבנין בתוך הקרקע אישקדיי"א [עירובין קב: ורשב"ם ב"ב סא.]. שניהן עמוקין בקרקע ויש בהן מים מכונסין. בחפירה. בקרקע קשה שמחזיק מים בלא בנין. בבנין. חופרין בור בעפר תיחוח ובונין לו כותל אבנים ומקרי דות [שם סד.]. בור בחפירה בלא בנין כתלים ודות בבנין [ערכין יט.]. אם קול שופר שמע. בלא קול הברה יצא. אם קול הברה שמע. עם קול השופר לא יצא [לקמן כח.]. פיטם. פטסין. חביות גדולות [ביצה טו:]. חבית גדולה פונטי"ן בלע"ז [לעיל ע"א]. שיאחזנו בידו. אחיזה אית בה טפח שהטפח ארבע אלבעות בגודל [נדה כו.]. (צרור) [צרוד]. לריד לשון יבש ודוגמתו בר"ה (כז:) היה קולו דק או עב או לרוד [חולין לו. וכעי"ז פסחים כ.].

חשק שלמה על ר"ח

א) נראה דל"ל מ"מ כיון דלא אתברירא וכו' ועי' בר"ן. ב) קמ"ל דמינו אינו חולץ.

The Gemara cites an alternative version of the previous discussion:

אִיכָּא דְּרָמֵי לְהוּ מִירְמָא – There are those **who point out a contradiction between [our Mishnah and the Baraisa],**[51] as follows:[52] **תְּנַן הַתּוֹקֵעַ לְתוֹךְ הַבּוֹר אוֹ לְתוֹךְ הַדּוּת לֹא יָצָא – We learned in** our **Mishnah:** If ONE BLOWS INTO A PIT OR INTO A CISTERN ... if he heard the sound of the echo, HE HAS NOT FULFILLED his obligation. **וְהָתַנְיָא יָצָא – But it was taught** unconditionally **in a Baraisa** that if one blows into a pit or cistern, HE HAS FULFILLED his obligation!? How do we resolve this apparent contradiction between Tannaic statements? **אָמַר רַב הוּנָא – Rav Huna said: לֹא קַשְׁיָא – This is not difficult. כָּאן לְאוֹתָן הָעוֹמְדִין עַל שְׂפַת הַבּוֹר –** Our Mishnah **here** refers **to those standing at the edge of the pit,** where it is possible to hear the shofar's echo, **כָּאן לְאוֹתָן הָעוֹמְדִין בַּבּוֹר –** while the Baraisa **there** refers **to those standing inside the pit,** where the echo is never heard.

The Gemara records two related rulings:

אָמַר רַבָּה – Rabbah[53] **said:**

NOTES

51. Literally: who hurl them (at each other).

52. In the first version Rav Huna's statement was presented to explain our Mishnah. The Gemara then corroborated his dictum by demonstrating that it is the only solution to the apparent contradiction between our Mishnah and the Baraisa. In this other version the contradiction between Mishnah and Baraisa is first noted, and Rav Huna then comes to resolve that difficulty (*Rashi*).

53. See *Rosh* who reads, *Rava*.

שָׁמַע מִקְצָת תְּקִיעָה בַּבּוֹר – If **one heard part of a** shofar **blast inside a pit** וּמִקְצָת תְּקִיעָה עַל שְׂפַת הַבּוֹר – **and** the other **part of the blast on the edge of the pit,** יָצָא – **he has fulfilled** his obligation.[1] מִקְצָת תְּקִיעָה קוֹדֶם שֶׁיַּעֲלֶה עַמּוּד הַשַּׁחַר – If he heard **part of a blast before the light of dawn rises**[2] וּמִקְצָת תְּקִיעָה לְאַחַר שֶׁיַּעֲלֶה עַמּוּד הַשַּׁחַר – **and** the other **part of a blast after the light of dawn rises,** לֹא יָצָא – **he has not fulfilled** his obligation.[3]

The Gemara asks:

אָמַר לֵיהּ אַבַּיֵי – **Abaye said to [Rabbah]:** מַאי שְׁנָא הָתָם – **What is different there,** in the second case, where he did not fulfil his obligation? דִּבְעֵינָא כּוּלָּהּ תְּקִיעָה בְּחִיּוּבָא – It is **because I require** that **the entire blast** be made **in** fulfillment of **the obligation,** וְלֵיכָּא – **and it is not** in that case. הָכָא נַמִּי בְּעֵינָא כּוּלָּהּ תְּקִיעָה בְּחִיּוּבָא – **Here, too,** in the first case **I require** that **the entire blast** be made **in** fulfillment of **the obligation,** וְלֵיכָּא – **and it is not.** Why, then, do you rule that the obligation is fulfilled?[4]

Rabbah answers:

הָכִי הַשְׁתָּא – **Now,** is it **so** that the two cases are analogous? הָתָם – Indeed, they are not, for **there** in the second case the beginning of the blast occurred at night, לַיְלָה לָאו זְמַן חִיּוּבָא הוּא כְּלָל – and **night is not the time of the obligation at all.** Hence, he does not fulfil his obligation with the end of that blast. הָכָא בּוֹר מְקוֹם חִיּוּבָא הוּא לְאוֹתָן הָעוֹמְדִין בַּבּוֹר – **Here** in the first case, however, **the pit is a place** for fulfillment **of the obligation for those standing inside the pit.** Accordingly, one fulfills his obligation by hearing the end of the blast.[5]

Rabbah has answered that one fulfills his obligation with a partial blast. The Gemara challenges this opinion:[6]

לְמֵימְרָא דְּסָבַר רַבָּה – Is this **to say that Rabbah maintains** שָׁמַע סוֹף תְּקִיעָה בְּלֹא תְּחִילַּת תְּקִיעָה – that when **one heard the end of a** shofar **blast without** having heard **the beginning of the blast** יָצָא – **he has fulfilled** his obligation,[7] וּמִמֵּילָא – **and by logical inference** תְּחִילַּת תְּקִיעָה בְּלֹא סוֹף תְּקִיעָה – when one hears **the beginning of a** shofar **blast without** having heard **the end of the blast** יָצָא – **he has** also **fulfilled** his obligation?! תָּא שְׁמַע – But **come** and **learn** a proof to the contrary from a Mishnah: תָּקַע בָּרִאשׁוֹנָה – If ONE BLEW THE FIRST *TEKIAH* sound of a set normally, וּמָשַׁךְ בַּשְּׁנִיָּה כִּשְׁתַּיִם – AND PROLONGED THE SECOND *tekiah* sound of that set FOR THE DURATION OF TWO ordinary *tekiah* sounds, אֵין בְּיָדוֹ אֶלָּא אַחַת – with the extended blast HE HAS accomplished ONLY ONE *tekiah* sound, for the latter part of the first set. וְאַמַּאי – **But** if one can fulfill the mitzvah with part of a shofar blast, **why** is the extended blast counted for only one *tekiah* sound? תִּסְלַק לֵהּ בְּתַרְתֵּי – **It should be reckoned for him as two** sounds! – ? –

The Gemara answers:

פְּסוֹקֵי תְּקִיעָתָא מֵהֲדָדֵי לֹא פָּסְקִינַן – **We cannot split** the parts of **a blast from one another.**

Another challenge:

תָּא שְׁמַע – **Come, learn** a proof from our Mishnah that one does not fulfill his obligation with part of a blast: הַתּוֹקֵעַ לְתוֹךְ הַבּוֹר – If ONE BLOWS the shofar INTO A PIT, אוֹ לְתוֹךְ הַדּוּת – OR INTO A CISTERN, אוֹ לְתוֹךְ הַפִּיטָס – OR INTO A LARGE BARREL, the law is as follows: אִם קוֹל שׁוֹפָר שָׁמַע – IF HE HEARD THE SOUND OF THE SHOFAR without an accompanying echo, יָצָא – HE HAS FULFILLED his obligation. וְאִם קוֹל הֲבָרָה שָׁמַע – BUT IF HE HEARD also THE SOUND OF THE shofar's ECHO, לֹא יָצָא – HE HAS NOT FULFILLED his obligation. וְאַמַּאי – **But** if one can fulfill the mitzvah with part of a shofar blast, **why** is the echo a problem? לִיפּוּק בִּתְחִילַּת תְּקִיעָה – **Let him fulfill** his obligation **with the beginning of the blast,** מִקַּמֵּי דְּלִיעַרְבַּב קָלָא – **before the sound** of the echo **combines** with it! – ? –

The Gemara bows to this proof, and concedes that one cannot fulfill his obligation by hearing only a partial blast. It therefore offers a different explanation of Rabbah's ruling:

כִּי קָאָמַר רַבָּה – **When Rabbah said** that one who heard part of a shofar's blast inside a pit and the other part outside the pit has fulfilled his obligation, בְּתוֹקֵעַ וְעוֹלֶה לְנַפְשֵׁיהּ – it was **concerning one who blows for himself and ascends** from the pit while doing it.[8]

NOTES

1. Abaye (below) initially understands that Rabbah speaks of one person standing outside a pit and another standing inside the pit blowing a shofar; in the midst of his blowing, the blower climbs out of the pit. Rabbah rules that although the person standing outside the pit heard the first part of the blast together with its echo, he nonetheless fulfills his obligation with the second, unadulterated part of the blast (*Rashi*). Abaye presumes that such is the case because then this ruling is similar to Rabbah's second ruling (*Rashba*).

2. There is a dispute among the *Poskim* as to whether this refers to the very first rays of dawn that appear on the eastern horizon (*Magen Avraham* to *Orach Chaim* 89:3), or to the spread of light across the entire eastern horizon [which occurs a bit later] (*Eliyah Rabbah* there; see further in *Mishnah Berurah* 89:3, and *Beur Halachah* ד״ה ואם there and ibid. 588 §1 ד״ה ואם). [In practical terms, עֲלוֹת הַשַּׁחַר is reckoned as occurring 72 minutes before sunrise (*Rambam's Commentary* to this Mishnah). Others maintain that it occurs 90 minutes before sunrise (see *Rashi* to *Berachos* 2b ד״ה ומקדמי and *Magen Avraham* 89:2).]

3. The mitzvah to hear the shofar's blast can be fulfilled only during the daytime (*Rashi*, from *Megillah* 20b). This law is derived from *Numbers* 29:1: *And in the seventh month* (Tishrei), *on the first day of the month, there shall be a holy convocation for you . . . it shall be a* **day** *of blowing for you.* That is, the blowing shall be performed by day and not at night. Since the first part of this person's blast was performed at night (i.e. before dawn), it is invalid, and so he does not fulfill his obligation with the part of the blast that was heard after daybreak (*Rashi*). The Gemara will now address the apparent contradiction between Rabbah's two rulings.

4. In both cases it is impossible to fulfill the mitzvah of shofar with the beginning of the blast, and yet in the first case Rabbah rules that one fulfills his obligation with the latter part of the blast. Why does he not apply this lenient approach in the second case?

5. Rabbah maintains that one fulfills his obligation when he hears part of a blast only if the blast is inherently valid in its entirety. In the case of the pit, the beginning of the blast also is valid; the one outside the pit simply fails to hear it properly, because it is adulterated. The complete validity of the blast is evident from the fact that one standing inside the pit can fulfill his obligation with it. A blast made at night, however, is disqualified for anyone. Thus, since the nighttime part of the second case's blast is invalid, one cannot fulfill his obligation with the valid morning part (see *Sfas Emes*). There are those who contend that the second ruling obtains only where the daytime part of the blast was not sounded for the minimum length of time. If it were, however, one fulfills his obligation with it. Others disagree; see *Tur* 588 and *Meiri.*

The Gemara below concludes that in his first ruling Rabbah is not speaking of where someone heard only part of a valid blast, as Abaye understood. Hence, Rabbah here is responding that even according to Abaye's interpretation of the first case, the two rulings do not conflict (*Rashba;* cf. *Turei Even*).

6. The Gemara earlier (27a) debated the validity of a partial blast, challenging it with the same sources quoted below. See notes 9-18 there for the elucidation of this discussion.

7. I.e. at least when the entire blast occurs at a time of obligation.

8. Rabbah was speaking about one who was blowing to fulfill his own obligation, and was ascending alone from the pit while doing so. Hence, for him, both the beginning and end of the blast are valid. That is, while in the pit he hears no echo, for Rav Huna taught above (27b) that people standing inside a pit hear only the authentic shofar sound. And once he and the shofar exit from the pit, the blast no longer produces an echo

מסורת הש"ס

א) [לעיל כז.], ב) לעיל כז. [לקמן לג:], ג) לעיל כז:, ד) [עי' תוס' זבחים פו. ד"ה אתיא ותוספות בכורות כו. ד"ה התולש], ה) [פסחים כז:], ו) [עירובין לא.], ז) חולין פט., ח) [תוספתא דתרומות פ"א], ט) [פי' בריא כדכתיב ותחלימני ותחייני. ערוך ערך חלם ג], י) [גי' הרא"ש רבה], כ) [לקמן לג:], ל) [ועי' תוספות חולין פט. ד"ה והתניא].

הגהות הב"ח

(א) רש"י ד"ה שמע מקצת כו' תוקע בבור ויצא לחוץ יצא בחצי התקיעה:

ליקוטי רש"י

תקע בראשונה. בפשוטה שלפני התרועה [לעיל כז.]. פשוטה שלפני התרועה תקע כדרכה [לקמן לג:]. **ומשך בשניה כשתים.** לפי שהיה צריך לתקוע כאן שתי תקיעות רצופות אחת לפשוטה לאחריה דמלכיות ואחת לפשוטה לפניה דזכרונות [לעיל שם]. תקיעה של אחר התרועה משך כשתים לצאת בה ידי שתים שהיה צריך לעשות זו פשוטה שלאחריה דמלכיות ופשוטה שלפניה דזכרונות. **אין בידו אלא אחת.** דפסוקי תקיעה אחת לשתים לא מפסקינן [לקמן שם]. **התוקע לתוך הבור וכו' הדות.** הדא נינהו אלא שהבור בחפירה והדות בבנין על הקרקע ציסטרנ"א בלע"ז [לעיל שם]. בור בחפירה דות בבנין בתוך הקרקע אישקריינ"א [עירובין קב: ורשב"ם ב"ב סא.]. שהיו עמוקין בקרקע ויש בהן מים מכונסין. בחפירה. בקרקע קשה שמחזיק מים בלא בנין. בבנין. חופרין בור בעפר תיחוח ובונין לו כותל אבנים ומקרי דות [שם סד.]. בור בחפירה בלא בנין כתלים ודות בבנין [ערכין יט.]. **פיטס.** פטסין. חביות גדולות [ביצה טו:]. חבית גדולה פוטי"ר בלע"ז [לעיל שם]. **מצות לאו ליהנות ניתנו.** הלכך משום הנאה לא חשיב [עירובין לא.]. יש לומר דכי אמרינן מצות לאו ליהנות ניתנו ה"מ לומר שאין קיום המצות חשוב הנאה אבל מ"מ אי מתהני גופיה בהדי דמקיים מצוה הנאה הוי ומשום הכי אמרינן בפ' ראוהו ב"ד הנודר הנאה מן המעיין טובל בו בימות הגשמים אבל לא בימות החמה [ר"ן נדרים טו:]. **כתותי מיכתת שיעוריה.** דלשריפה קאי כתותי מיכתת שיעוריה [סוכה לב:]. **שיעור בעינן.** בשופר כדי שיאחזנו בידו ויראה לכאן ולכאן כדאמרינן בראש השנה [לעיל כז.] לולב מפרש במסכת סוכה (לב:) שיעור הדס וערבה שלשה טפחים ולולב ארבעה ועבודת כוכבים כיון דלשרפה קיימא כל העומד לשרוף כשרוף דמי הלכך [חולין פט.]. **חלים.** בריא [פסחים עה: כתובות כ:]. דעתו צלולה [יבמות קיג.].

גמרא

א שמע מקצת תקיעה בבור ומקצת תקיעה על שפת הבור יצא ב מקצת תקיעה קודם שיעלה עמוד השחר ומקצת תקיעה לאחר שיעלה עמוד השחר לא יצא אמר ליה אביי מאי שנא התם דבעינא כולה תקיעה בחיובא וליכא הכא נמי בעינא כולה תקיעה בחיובא וליכא הכי השתא התם לילה לאו זמן חיובא הוא כלל הכא בור לאו מקום חיובא הוא לאותן העומדין בבור למימרא דסבר רבה (א) שמע סוף תקיעה בלא תחילת תקיעה יצא וממילא תחילת תקיעה בלא סוף תקיעה יצא ת"ש ג תקע בראשונה ומשך בשניה כשתים אין בידו אלא אחת ואמאי תסלק לה בתרתי פסוקי תקיעתא מהדדי לא פסקינן ת"ש ג התוקע לתוך הבור או לתוך הדות או לתוך הפיטם אם קול שופר שמע יצא ואם קול הברה שמע לא יצא ואמאי ליפוק בתחילת תקיעה מקמי דליערבב קלא ד כי קאמר רבה בתוקע ועולה לנפשיה אי הכי מאי למימרא מהו דתימא זמנין דמפיק רישיה ואכתי שופר בבור וקא מיערבב קלא קמ"ל אמר רב יהודה בשופר של עולה לא יתקע ואם תקע יצא ה בשופר של שלמים לא יתקע ואם תקע לא יצא מ"ט עולה בת מעילה היא כיון ו דמעל בה נפקא לה לחולין שלמים דלאו בני מעילה נינהו איסורא הוא דרכיב בהו [ולא נפקי לחולין] מתקיף לה רבא אימת מעל לבתר דתקע כי קא תקע באיסורא תקע אלא אמר רבא אחד זה ואחד זה לא יצא הדר אמר ה אחד זה ואחד זה יצא ו מצות לאו ליהנות ניתנו אמר רב יהודה ז בשופר של ע"ז לא יתקע ואם תקע יצא ח בשופר של עיר הנדחת לא יתקע ואם תקע לא יצא מ"ט עיר הנדחת כתותי מיכתת שיעוריה אמר רבא ט המודר הנאה מחבירו מותר לתקוע לו תקיעה של מצוה י המודר הנאה משופר מותר לתקוע בו תקיעה של מצוה ואמר רבא המודר הנאה מחבירו מזה עליו מי חטאת בימות הגשמים אבל לא בימות החמה כ המודר הנאה ממעין טובל בו טבילה של מצוה בימות הגשמים אבל לא בימות החמה שלחו ליה לאבוה דשמואל ל כפאו ואכל מצה יצא כפאו מאן אילימא כפאו שד והתניא מ עתים ט חלים עתים שוטה כשהוא חלים הרי הוא כפקח לכל דבריו כשהוא שוטה הרי הוא כשוטה לכל דבריו אמר רב אשי שכפאוהו פרסיים אמר י רבא זאת אומרת נ התוקע לשיר יצא פשיטא היינו הך מהו דתימא התם אכול מצה אמר רחמנא והא אכל

אבל

רש"י

שמע מקצת התקיעה בבור כו'. קא סלקא דעתך דהכי קאמר היה עומד הוא בשפת הבור וחבירו תוקע בבור ויצא לחוץ (א) בחצי התקיעה ואשמעינן הכא דבקלא נמי יוצא: **קודם עמוד השחר.** לאו זמניה הוא כדאמרינן במסכת מגילה (דף כ:) כל היום כשר לתקיעת שופר ויליף טעמא מיום תרועה יהיה לכם יום ולא לילה: **הכי גרסינן** למימרא דסבר רבה דכי שמע איניש סוף תקיעה בלא תחילת תקיעה יצא וממילא כו': **תקע בראשונה.** פשוטה שלפני תרועת המלכיות: **ומשך בשניה.** בפשוטה של אחריה כשתים ונתכוון לצאת בה אף ידי פשוטה שלפני תרועת הזכרונות שעתיד עליו לתקוע תיקף לזו: **אם קול שופר שמע.** בלא קול הברה יצא: **אם קול הברה שמע.** עם קול השופר לא יצא: **בתוקע ועולה לנפשיה.** ואין אחר עמו לצאת בו אלא תוקע ועולה הוא לדידיה תחילתה וסופה בהכשר דבתחילה הוא והשופר בבור ואמרן לעיל (דף כז:) אותן העומדים בבור יצאו: **של עולה.** ומלשו מחיים דאילו לאחר זריקה אין מעילה לא בעורה ולא בקרניה שהכל לכהנים כדאמרינן במנחות (דף פג.) ובזבחים (דף פו.) נאמר לו יהיה בעולה ונאמר לו יהיה באשם מה אשם עצמותיו מותרין אף עולה עצמותיה מותרין: **שלמים לאו בני מעילה נינהו.** דאין מעילה בקדשים קלים אלא באימורים ולאחר זריקה כשהוכררו לחלק גבוה: **לא ליהנות ניתנו.** לישראל להיות קיומם להם הנאה אלא לעול על צואריהם ניתנו: **בשופר של ע"ז.** ששימשו בו לע"ז ונאסר בהנאה כדתניא במסכת ע"ז (דף נא:) אבד תאבדון את כל המקומות בכלים שנשתמשו בהן לע"ז הכתוב מדבר: **ואם תקע יצא.** דמצות לאו ליהנות ניתנו: **כתותי מיכתת שיעוריה.** דהא לשריפה קאי וכשרוף דמי ושופר בעי שיעור כדאמרינן לעיל (דף כז.) כדי שיאחזנו בידו ויראה לכאן ולכאן: **מותר לתקוע לו.** טעמא דכולהו משום דמצות לאו ליהנות ניתנו: **חבירו מזה עליו בימות הגשמים.** שאין כאן אלא הנאת קיום המצוה ומצות לא ניתנו ליהנות: **אבל לא בימות החמה.** דאיכא הנאת הגוף: **שכפאוהו פרסיים.** ואע"ג שלא נתכוון לצאת ידי חובת מצה בליל ראשון של פסח יצא: **התוקע לשיר.** לשורר ולומר כך שמעתי מפי מורי הזקן ויסודו של מורי רבי יצחק בן יהודה דאיכא התוקע לשד להבריח רוח רעה מעליו: **פשיטא.** דזאת אומרת כן: **מהו דתימא התם אכול** מצה קאמר רחמנא והא אכל. ונהנה באכילתו הלכך לאו מתעסק הוא שהרי אף לענין חיוב חטאת אמרינן (כריתות דף יט:) המתעסק בחלבים ובעריות חייב שכן נהנה:

קא

תוספות

בשופר של עולה לא יתקע. כלומר במזיד ואם תקע כלומר בשוגג יצא דבשוגג מעל ונפיק לחולין אבל במזיד אין מעילה ולא נפיק לחולין וכשמחלק בין עולה לשלמים היה יכול לחלק בעולה גופה בין מזיד לשוגג אבל השתא מחלק בשוגג גופיה:

אמר רב יהודה בשופר של ע"ז לא יתקע ואם תקע יצא. תימה מאי שנא משלמים דלא יצא משום דמצות ליהנות ניתנו ורבינו חננאל גריס הכא רבא ל ותימה דבסוף כסוי הדם (חולין דף פט. ושם) תניא תקע לא יצא וכן קשיא אההיא מהא דאמר רבא בפרק מצות חליצה (יבמות דף קג: ושם) חלצה בסנדל שאינו שלו ובסנדל של ע"ז חליצתה כשרה ולא אמרינן מכתת שיעוריה ופרישית כולה בשלהי כסוי הדם ופ' לולב הגזול (סוכה דף לא: בד"ה באשרה):

המודר הנאה משופר מותר לתקוע בשופר של מצוה. בפרק ב' דנדרים (דף טז:) מחלק אביי בין הנאת סוכה עלי לאומר שלא אהנה מן הסוכה דיכול לאסור הסוכה עליו שאינה משועבדת לו אבל אין יכול לאסור עצמו על הסוכה שהוא משועבד לה ופריך עלה רבא וכי מצות ליהנות ניתנו אלא אמר רבא הא דאמר ישיבת סוכה עלי הא דאמר שבועה שלא אשב בסוכה ולדברי רבא היה משמע דכאן נמי אי אמר הנאת שופר עלי מותר לתקוע בשופר של מצוה דמצות לאו ליהנות ניתנו אבל אם אמר תקיעת שופר עלי אסור לתקוע בשופר של מצוה אפי' לרבא כמו דאמר גבי סוכה אם לא נחלק משום דגבי סוכה בלאו מצוה יש הנאה בישיבה אבל שופר אי לאו מצוה אין הנאה בתקיעה דאינו מכוון לשיר ועל סוגיא דהתם קשיא דמשמע דוקא כשאמר שבועה שלא אשב בסוכה הוא דאינו יכול לאסור עצמו על סוכה לפי שהוא משועבד לה אבל אם אמר ישיבת סוכה עלי בשבועה אסור כמו בקונם וא"כ מאי חומר בנדרים מבשבועות דקתני התם הא שניהם חלין בענין אחד ויש לומר דנדרים חלין בכל ענין דשייכי דהיינו האסרת חפץ כדאמרינן בריש מסכת נדרים (דף ג:) דנדרים וחרמים מידי דמיתסר חפצא עליה לאפוקי שבועה דקאסר נפשיה מן חפצא ולכן חלים הנדרים בכל ענין שיאמר חוץ מהיכא דהזכיר הנאה משום דמצות לאו ליהנות ניתנו ומה שמחלק שם בין אמר ישיבת סוכה עלי לשבועה שלא אשב לא בא אלא לומר שיש חילוק בין נדר לשבועה לפי שהנדר בכל ענין שיאמר מיתסר חפציו עליה ובשבועה בכל ענין שיאמר קאסר נפשיה מן חפציו: **המודר** הנאה ממעיין. הא דאיצטריך לאשמועינן מודר הנאה מחבירו ומשופר וממעיין דס"ד אמינא דוקא במודר מחבירו הוא דשרינן לתקוע לו ולהזות משום דהסם מודר מחבירו אין דעתו על דבר מצוה כשאין מפרש בהדיא אבל אם פירש בהדיא ממעיין ומשופר אסור קמ"ל:

אמר רבא זאת אומרת התוקע לשיר יצא. דמצות אין צריכות כוונה בפ' ערבי פסחים (פסחים דף קיד:) משמע דהוי פלוגתא גבי הביאו לפניו מטבל בחזרת דקתני בגמ' אכלו דמאי יצא אכלו בשלא מתכוון יצא ודלידך ברייתא תניא ר' יוסי אומר אע"פ שטבל בחזרת מצוה להביא לפניו (מנה) חזרת וחרוסת ודייק התם ע"כ לאו משום היכירא לתינוקות אלא משום מצות צריכות כוונה והשתא מה שהולך רבא לדקדק מכאן ולא הביא מברייתא דהתם דקתני בהדיא דהוה אמינא היינו בירקות דרבנן אבל מצות דאורייתא בעי כוונה ומה שמקשה עליו מברייתות דלקמן ולא פריך מרבי יוסי דהתם דהוה מצי לדחויי לעולם מצוה משום היכירא:

אבל

עין משפט נר מצוה

לב א טוש"ע א"ח סי' תקפז סעיף ב:
לג ב שם סעיף ג וסי' תקפח סעיף א:
לד ג מיי' פ"ג מהלכות שופר הל' ד טוש"ע א"ח סי' תקל סעיף ו:
לה ד טוש"ע א"ח סי' תקפז סעיף ב:
לו ה ו מיי' פ"א מהל' שופר הלכה ג:
לז ז מיי' שם טוש"ע א"ח סי' תקפו סעיף ג:
לח ח מיי' שם:
לט ט טוש"ע א"ח סי' תקפט סעיף ז וטוש"ע י"ד סי' רכא סעיף יב:
מ י מיי' שם טוש"ע א"ח סי' תקפו סעיף ה וטוש"ע י"ד סי' רכא סעיף יג:
מא כ טוש"ע י"ד שם:
מב ל מיי' פ"ו מהל' חמץ ומצה הלכה ג טוש"ע א"ח סי' תעה סעיף ד:
מג מ מיי' שם טוש"ע שם סעיף ה:

גליון הש"ס

גמ' בשופר של שלמים. עיין זבחים דף פו ע"א תד"ה אתיא. ובכורות דף כו ע"א תד"ה התולש ובנדרים דף י ע"א תד"ה אדם מביא כבשות ומעילה דף יב ע"ב תד"ה חלב:

רבינו חננאל

אמר רבה שמע מקצת תקיעה בבור ומקצת תקיעה על שפת הבור יצא הואיל ובור מקום תקיעה הוא לאותן העומדים בבור. אבל מקצת תקיעה קודם שעלה עמוד השחר ומקצת אחר שיעלה עמוד השחר כיון שהלילה לאו זמן חיובא הוא לחד לא יצא למימרא דסבר רבה שמע סוף תקיעה בלא תחלת תקיעה או תחלת תקיעה בלא סוף תקיעה יצא. והתנן תקע בראשונה ומשך בשניה כשתים אין בידו אלא אחת כו'. ודחינן כי קאמר רבה בתוקע ועולה שנמצאת התקיעה ששמע אחרי עלותו מן הבור תקיעה שלימה. אי הכי מאי למימרא. אמר רב יהודה בשופר של עולה לא יתקע ואם תקע יצא. בשופר של שלמים לא יתקע ואם תקע לא יצא. ותריץ לה רבא הכי אחד שופר של עולה ואחד שופר של שלמים יצא מ"ט מצות לאו ליהנות ניתנו. בשופר של ע"ז לכתחלה לא יתקע ואם תקע יצא בשופר של עיר הנדחת אפי' דיעבד לא יצא. מ"ט כתותי מכתת שיעוריה. אמר רבא המודר הנאה מחבירו חבירו מזה עליו מי חטאת בימות הגשמים אבל לא בימות החמה. וכן המודר הנאה ממעיין טובל בו טבילת מצוה בימות הגשמים אבל לא בימות החמה. שלחו ליה לאבוה דשמואל כפאו ואכל מצה בפסח יצא ופירשה רב אשי כשכפאוהו פרסיים ש"מ מצות אינן צריכות כוונה. אמר רבא זאת אומרת התוקע לשיר יצא כגון הא דכתיב הללוהו בתקע שופר שתוקעין להלל וכיוצא בו אם תקע כסדרן אע"פ שהוא לשיר השומע יצא כי מצות אין צריכות כוונה. פשיטא מהו דתימא התם

The Gemara challenges this interpretation:

מַאי אִי הָכִי – **If** it is **so** that Rabbah refers to the blower himself, לְמֵימְרָא – **what** is he coming **to say?**[9]

The Gemara answers:

מַהוּ דְּתֵימָא – Without Rabbah's teaching, **what is it that you might have said?** זִמְנִין דְּמַפִּיק רֵישֵׁיהּ – That **sometimes [the blower] will lift his head out** of the pit וְאַכַּתִּי שׁוֹפָר בַּבּוֹר – **and the shofar is still in the pit,** וְקָא מִיעַרְבֵּב קָלָא – **and** at that point **the sound** of the echo could **combine** with the sound of the blast, with the result that that part of the blast is invalid. In such a case the blower does not fulfill his obligation unless he is certain that he heard the unadulterated shofar sound. קָא מַשְׁמַע לָן – **[Rabbah]** thus **informs us** that this scenario is unlikely, and the blower can assume that he heard the entire shofar blast.[10]

The Gemara discusses the validity of a sanctified animal's horn for use as a shofar:

אָמַר רַב יְהוּדָה – **Rav Yehudah said:** בְּשׁוֹפָר שֶׁל עוֹלָה לֹא יִתְקַע – **One should not blow with the shofar of an** ***olah*** offering;[11] וְאִם תָּקַע יָצָא – **but if he did blow** with it, **he has fulfilled** his obligation. בְּשׁוֹפָר שֶׁל שְׁלָמִים לֹא יִתְקַע – **One should not blow with the shofar of a** ***shelamim*** **offering;** וְאִם תָּקַע לֹא יָצָא – **and if he did blow** with it, **he has not fulfilled** his obligation. מַאי טַעְמָא – **What is the reason** for the difference in rulings? עוֹלָה בַּת מְעִילָה הִיא – **An** ***olah*** offering **is subject to** the laws of ***me'ilah.***[12] כֵּיוָן דְּמָעַל בָּהּ – Therefore, **once he** blew its horn and thereby **committed** ***me'ilah*** **with it,** נָפְקָא לָהּ לְחוּלִּין – **[the horn] goes out to the unconsecrated [state].**[13] שְׁלָמִים דְּלָאו בְּנֵי מְעִילָה נִינְהוּ – But with regard to ***shelamim*** offerings, **which are not subject to** the laws of ***me'ilah,***[14] אִיסּוּרָא הוּא דְּרָכִיב בְּהוּ – even when their horns are blown **the prohibition rests upon them,** [וְלֹא נָפְקֵי לְחוּלִּין] – **and they do not go out to the unconsecrated [state].**[15]

The Gemara objects:

מַתְקִיף לָהּ רָבָא – **Rava challenges [this explanation]:** אֵימַת מָעַל – In the case of the *olah* offering's horn, **when does [the blower] commit** ***me'ilah?*** לְבָתַר דְּתָקַע – Only ***after*** he blew it. כִּי קָא תָקַע – **While he was blowing,** however, בְּאִיסּוּרָא תָּקַע – **he blew** while the horn was still **in a prohibited [state]!**[16] – ? –

Having refuted Rav Yehudah's opinion, Rava rules differently: אֶלָּא אָמַר רָבָא – **Rather, Rava said:** אֶחָד זֶה וְאֶחָד זֶה – Both in **this** case of the *olah*-shofar **and** in **that** case of the *shelamim*-shofar, לֹא יָצָא – **he has not fulfilled** his obligation.[17]

Rava reverses his ruling:

הֲדַר אָמַר – However, **[Rava] subsequently stated:** אֶחָד זֶה וְאֶחָד זֶה יָצָא – **Both** in **this** case **and** in **that** case **he has fulfilled** his obligation, מִצְוֹת לָאו לֵיהָנוֹת נִיתְּנוּ – because **the commandments were not given** to Israel **for** the purpose of our **deriving benefit** from their fulfillment.[18]

NOTES

(*Rashi;* see *Sifsei Chachamim*).

According to this final interpretation, it is puzzling why Rabbah taught the case of hearing the blast before and after dawn; he could have taught just the case of blowing into a pit, and (a) where the blast was heard in parts by the blower he fulfills his obligation, and (b) where it was heard in parts by someone standing outside the pit he does not fulfill his obligation. See *Pesach HaBayis* here, who discusses this.

9. If the blower always hears the authentic, unadulterated sound of the shofar, of course he fulfills his obligation! Why would I think otherwise?

10. *Ritva;* cf. *Korban Nesanel* §80 and §90 and *Turei Even.* Cf. also *Meiri.* See *Mishnah Berurah, Shaar HaTziyun* 587:13.

11. I.e. with the horn of an animal that was consecrated to be offered as an *olah* (or a *shelamim,* as in the following case). The horn was detached from the animal while it was still alive (or after it was slaughtered, but before its blood was applied to the Altar – *Meiri;* see *Responsa Shevus Yaakov* vol. 3 §38 and *Menachem Meishiv Nefesh*). If the horn was still attached after the blood application, it becomes the property of the Kohanim of that watch, and they may do with it as they wish (*Rashi;* see *Yom Teruah*). The Gemara speaks specifically of where the horn fell off by itself or was removed with the knowledge that it is the horn of an *olah;* in either case the detaching was not an act of *me'ilah* (see following note; *Pnei Yehoshua*). Alternatively, a shofar was consecrated to be sold for the purpose of buying an *olah* [or *shelamim*] with the revenue (*Tosafos* to *Zevachim* 86a ד״ה אתיא).

Rav Yehudah here rules that one may not, in the first instance, blow the horn of an *olah* (or *shelamim*) because there is a Biblical prohibition against benefiting from consecrated property (*Ritva, Meiri;* cf. *Tosafos*).

12. *Me'ilah* is the unintentional misappropriation of Temple property (*hekdesh*), either by removing it from *hekdesh*'s domain or by deriving benefit from it. One who commits *me'ilah* must pay to the Temple the value of the benefit derived, plus a penalty of one-fifth that amount, and is required to bring a special offering (*asham me'ilos*) to atone for his transgression. The *me'ilah* laws do not apply if the item was misappropriated intentionally.

13. Although misappropriated offerings and Temple service vessels (*klei shareis*) do not become unconsecrated through *me'ilah* (see *Kiddushin* 55a), an offering's horn is not considered a sacrificial part of the animal, for it is not brought on the Altar. Hence, it can become profane through *me'ilah.* Accordingly, when one blows on it, the horn loses its sacred and prohibited status, and the blower fulfills the mitzvah with its blasts (*Meiri*).

Although the Gemara elsewhere (*Pesachim* 26a) states that the enjoyment of a sound (קול) is too insubstantial to be prohibited under the law of *me'ilah,* our Gemara now assumes that the benefit provided by the horn's blasts – i.e. fulfillment of the mitzvah of shofar – does qualify the *olah's* horn for the *me'ilah* prohibition (ibid.). However, *Yom Teruah* explains that while hearing a pleasurable sound is too insubstantial to be subject to *me'ilah,* actually *using* Temple property to produce a sound (as here, where he blows on the shofar) does qualify as *me'ilah.* See *Pri Chadash* 586 §6 and also *Minchas Baruch* (*Orach Chaim*) §84.

14. *Shelamim* belong to the category of *kodashim kalim* (*offerings of lesser holiness*). The law of *me'ilah* does not apply generally to these offerings; rather, it applies only to their sacrificial parts after their blood has been thrown, at which time the parts become the designated portion of the Most High (*Rashi*). The *shelamim's* horn, then, is exempted from the law of *me'ilah.*

15. Since a *shelamim's* horn is not subject to *me'ilah,* it remains consecrated even when blown. Hence, the prohibition against benefiting from sacred property (see note 11 above) remains in effect.

Ritva asks: The aforementioned prohibition notwithstanding, once he hears the blast of a valid shofar (such as this), he has seemingly fulfilled his obligation! *Ritva* answers that fulfillment here is precluded because this is a מִצְוָה הַבָּאָה בַּעֲבֵירָה (*a mitzvah that comes through a transgression*), which the Gemara (*Succah* 30a) disqualifies. See there for another explanation, and see *Turei Even* and *Shaagas Aryeh* §98; see also *Aruch LaNer* and *Tos. Yeshanim.* See *Ritva* below ד״ה ואם תקע יצא מ״ט, regarding the use of a stolen shofar.

16. Rava argues that *me'ilah* was not committed with the *olah*-shofar until *after* the blower completed the required number of blasts, for only then did he gain the benefit of fulfilling the mitzvah. Hence, since the shofar became unconsecrated only at the end, it was still prohibited when he blew it. Accordingly, the blowing of the *olah*-shofar also should be disqualified as *a mitzvah that comes through a transgression* (see *Turei Even*).

17. Because in either case the blowing is disqualified as *a mitzvah that comes through a transgression.*

18. As mentioned above (note 11), the Torah prohibits benefiting from consecrated property. However, the sound of the shofar affords no physical pleasure (see note 13), and the pleasure derived from the performance of a mitzvah is not considered a benefit, for the commandments were given as *a yoke upon one's neck* (*Rashi*). And although one is rewarded even in this world for fulfilling mitzvos, this benefit is not experienced while actually performing the mitzvah, but is only an indirect result thereof (*Ritva* below ד״ה ואם תקע יצא; see *Chasam Sofer* cited by *Sifsei Chachamim*). Therefore, since blowing the shofar furnishes no direct benefit, neither case is disqualified as *a mitzvah that comes through a transgression.*

שמע מקצת תקיעה בבור ומקצת תקיעה על שפת הבור יצא מקצת תקיעה קודם שיעלה עמוד השחר ומקצת תקיעה לאחר שיעלה עמוד השחר לא יצא אמר ליה אביי מאי שנא התם דבעינא כולה תקיעה בחיובא וליכא הכא נמי בעינא כולה תקיעה בחיובא וליכא הכי השתא התם לילה לאו זמן חיובא הוא כלל הכא בור מקום חיובא הוא לאותן העומדין בבור למימרא דסבר רבה שמע סוף תקיעה בלא תחילת תקיעה יצא וממילא תחילת תקיעה בלא סוף תקיעה יצא ת"ש תקע בראשונה ומשך בשניה כשתים אין בידו אלא אחת ואמאי תסלק לה בתרתי פסוקי תקיעתא מהדדי לא פסקינן ת"ש התוקע לתוך הבור או לתוך הדות או לתוך הפיטם אם קול שופר שמע יצא ואם קול הברה שמע לא יצא ואמאי ליפוק בתחילת תקיעה מקמי דליערבב קלא כי קאמר רבה בתוקע ועולה לנפשיה אי הכי מאי למימרא מהו דתימא זמנין דמפיק רישיה ואכתי שופר בבור וקא מיערבב קלא קמ"ל אמר רב יהודה בשופר של עולה לא יתקע ואם תקע יצא בשופר של שלמים לא יתקע ואם תקע לא יצא מ"ט עולה בת מעילה היא כיון דמעל בה נפקא לה לחולין שלמים דלאו בני מעילה נינהו איסורא הוא דרכיב בהו [ולא נפקי לחולין] מתקיף לה רבא אימת מעל לבתר דתקע כי קא תקע באיסורא תקע אלא אמר רבא אחד זה ואחד זה לא יצא הדר אמר רבא אחד זה ואחד זה יצא מצות לאו ליהנות ניתנו אמר רב יהודה בשופר של ע"ז לא יתקע ואם תקע יצא בשופר של עיר הנדחת לא יתקע ואם תקע לא יצא מ"ט עיר הנדחת כתותי מיכתת שיעוריה אמר רבא המודר הנאה מחבירו מותר לתקוע לו תקיעה של מצוה המודר הנאה משופר מותר לתקוע בו תקיעה של מצוה ואמר רבא המודר הנאה מחבירו מזה עליו מי חטאת בימות הגשמים אבל לא בימות החמה המודר הנאה ממעין טובל בו טבילה של מצוה בימות הגשמים אבל לא בימות החמה שלחו ליה לאבוה דשמואל כפאו ואכל מצה יצא כפאו מאן אילימא כפאו שד והתניא עתים חלים עתים שוטה כשהוא חלים הרי הוא כפקח לכל דבריו כשהוא שוטה הרי הוא כשוטה לכל דבריו אמר רב אשי שכפאוהו פרסיים אמר רבא זאת אומרת התוקע לשיר יצא פשיטא היינו הך מהו דתימא התם אכול מצה אמר רחמנא והא אכל

אבל

שמע מקצת התקיעה בבור כו'. קא סלקא דעתך דהכי קאמר היה עומד הוא בשפת הבור וחבירו תוקע בבור ויצא לחוץ (א) בתוך התקיעה ולאשמעינן הכא דבקלא נמי יוצא: קודם עמוד השחר. לאו זמניה הוא כדאמרינן במסכת מגילה (דף כ:) כל היום כשר לתקיעת שופר וגמר ליה טעמא מיום תרועה יהיה לכם יום ולא לילה: הכי גרסינן למימרא דסבר רבה דכי שמע אינש סוף תקיעה בלא תחילת תקיעה יצא וממילא כו': תקע בראשונה. פשוטה שלפני תרועת המלכיות: ומשך בשניה. בפשוטה של אחריה כשתים ונתכוין לצאת בה אף ידי פשוטה שלפני תרועת הזכרונות שעתיד עליו לתקוע תיכף לזו: אם קול שופר שמע. בלא קול הברה יצא: אם קול הברה שמע. עם קול השופר לא יצא: בתוקע ועולה לנפשיה. ואין אחר עמו לצאת בו אלא תוקע ועולה הוא לדידיה תחילתה וסופה בהכשר דבתחילה הוא והשופר בבור ואמרן לעיל (דף כז:) אותן העומדים בבור יצאו: של עולה. ותלאו מחיים דאילו לאחר זריקה אין מעילה לא בעורה ולא בקרניה שהכל לכהנים כדאמרינן במנחות (דף פג.) ובזבחים (דף פו.) נאמר לו יהיה בעולה ונאמר לו יהיה באשם מה אשם עצמותיו מותרין אף עולה עצמותיה מותרין: שלמים לאו בני מעילה נינהו. דאין מעילה בקדשים קלים אלא באימורים ולאחר זריקה כשהורמו לחלק גבוה: לאו ליהנות ניתנו. לישראל להיות קיומם להם הנאה אלא לעול על צואריהם ניתנו: בשופר של ע"ז. שמשמשו בו לע"ז ונאסר בהנאה כדתניא במסכת ע"ז (דף נא:) אבד תאבדון את כל המקומות בכלים שנשתמשו בהן לע"ז הכתוב מדבר: ואם תקע יצא. דמצות לאו הנאה נינהו: כתותי מיכתת שיעוריה. דהא לשריפה קאי וכשרוף דמי ושופר בעי שיעור כדאמרינן לעיל (דף כז:) כדי שיאחזנו בידו ויראה לכאן ולכאן: מותר לתקוע לו. טעמא דכולהו משום דמצות לאו ליהנות ניתנו: חבירו מזה עליו בימות הגשמים. שאין כאן אלא הנאת קיום המצוה ומצות לא ניתנו ליהנות: אבל לא בימות החמה. דאיכא הנאת הגוף: שכפאוהו פרסיים. ואע"ג שלא נתכוון לצאת ידי חובת מצה בליל ראשון של פסח יצא: התוקע לשיר. לשורר ולזמר כך שמעתי מפי מורי הזקן ויסודו של מורי רבי יצחק בן יהודה ראיתי התוקע לשד להבריח רוח רעה מעליו: פשיטא. דזאת אומרת כן: מהו דתימא התם אכול מצה קאמר רחמנא והא אכל. והנה באכילתו הלכך לאו מתעסק הוא שהרי אף לענין חיוב חטאת אמרינן (כריתות דף יט:) המתעסק בחלבים ובעריות חייב שכן נהנה:

קא

בשופר של עולה לא יתקע. כלומר במזיד ואם תקע כלומר בשוגג יצא דבשוגג מעל ונפיק לחולין אבל במזיד אין מעילה ולא נפיק לחולין וכשמחלק בין עולה לשלמים היה יכול לחלק בעולה גופה בין מזיד לשוגג אבל השתא מחלק בשוגג גופיה:

אמר רב יהודה בשופר של ע"ז לא יתקע ואם תקע יצא. תימה מאי שנא משלמים דלא יצא משום דמצות ליהנות ניתנו ורבינו חננאל גריס הכא רבא ותימה דבסוף כסוי הדם (חולין דף פט. ושם) תניא תקע לא יצא וכן קשיא אההיא מהא דאמר רבא בפרק מצות חליצה (יבמות דף קג: ושם) חלצה בסנדל שאינו שלו ובסנדל של ע"ז חליצתה כשרה ולא אמרינן מכתת שיעוריה ופרישית כולה בשלהי כסוי הדם ופ' לולב הגזול (סוכה דף לא: בד"ה באשרה):

המודר הנאה משופר מותר לתקוע בשופר של מצוה. בפרק ב' דנדרים (דף טו:) מחלק אביי בין הנאת סוכה עלי לאומר שלא אהנה מן הסוכה דיכול לאסור הסוכה עליו שאינה משועבדת לו אבל אין יכול לאסור עצמו על הסוכה שהוא משועבד לה ופריך עלה רבא וכי מצות ליהנות ניתנו אלא אמר רבא הא דאמר ישיבת סוכה עלי הא דאמר שבועה שלא אשב בסוכה ולדברי רבא היה משמע דכאן נמי אי אמר הנאת שופר עלי מותר לתקוע בשופר של מצוה דמצות לאו ליהנות ניתנו אבל אם אמר תקיעת שופר עלי אסור לתקוע בשופר של מצוה אפי' לרבא כמו דאמר גבי סוכה אם לא נחלק משום דגבי סוכה בלאו מצוה יש הנאה בישיבה אבל שופר אי לאו מצוה אין הנאה בתקיעה דאינו מכוון לשיר ועל סוגיא דהתם קשיא דמשמע דוקא כשאמר שבועה שלא אשב בסוכה הוא דאינו יכול לאסור עצמו על סוכה לפי שהוא משועבד לה אבל אם אמר ישיבת סוכה עלי בשבועה אסור כמו בקונם וא"כ מאי חומר בנדרים מבשבועות דקתני התם הא שניהם חלין בענין אחד ויש לומר דנדרים חלין בכל ענין דשייכי דהיינו האסרת חפץ כדאמרינן בריש מסכת נדרים (דף ב:) דנדרים וחרמים מידי דמיתסר חפצא עליה לאפוקי שבועה דקאסר נפשיה מן חפצא ולכן חלים הנדרים בכל ענין שיאמר חוץ מהיכא דהזכיר הנאה משום דמצות לאו ליהנות ניתנו ומה שמחלק שם בין אמר ישיבת סוכה עלי לשבועה שלא אשב לא בא אלא לומר שיש חילוק בין נדר לשבועה לפי שהנדר בכל ענין שיאמר מיתסר חפציו עליה ובשבועה בכל ענין שיאמר קאסר נפשיה מן חפציו:

המודר הנאה ממעיין. הא דאיצטריך לאשמועינן מודר הנאה מחבירו ומשופר וממעיין דס"ד אמינא דוקא במודר מחבירו הוא דשרינן לתקוע לו ולהזות משום דסתם מודר מחבירו אין דעתו על דבר מצוה כשאין מפרש בהדיא אבל אם פירש בהדיא ממעיין ומשופר אסור קמ"ל:

אמר רבא זאת אומרת התוקע לשיר יצא. דמצות אין צריכות כוונה בפ' ערבי פסחים (פסחים דף קיד:) משמע דהוי פלוגתא גבי הביאו לפניו מטבל בחזרת דקתני בגמ' אכלו דמאי יצא אכלו בשלא מתכוין יצא ובאידך ברייתא תניא ר' יוסי אומר אע"פ שטבל בחזרת מצוה להביא לפניו (מצה) חזרת וחרוסת ודייק התם ע"כ לאו משום היכרא הוא מדקתני מצוה אלא משום דמצות צריכות כוונה והשתא מה שהוצרך רבא לדקדק מכאן ולא הביא מברייתא דהתם דקתני בהדיא דהוה אמינא היינו בירקות דרבנן אבל מצות דאורייתא בעי כוונה ומה שמקשה עליו מברייתות דלקמן ולא פריך מרבי יוסי דהתם דהוה מצי לדחויי דלעולם מצוה משום היכרא:

אבל

מסורת הש"ס

א) [לעיל כז.], ב) לעיל כז: [לקמן לג:], ג) לעיל כז:, ד) [עי' תוס' זבחים פו. ד"ה אמיא ותוספות בכורות כו. ד"ה הטולב], ה) פסחים כו:, ו) [עירובין לא.], ז) חולין פט., ח) [תוספתא דתרומות פ"א], ט) [פי' בריא כדכתיב ותחלימני ותחייני. ערוך ערך חלם ג], י) [גי' הרא"ש רבה], כ) [לקמן לג:], ל) [וע' תוספות חולין פט. ד"ה והתניא].

הגהות הב"ח

(א) רש"י ד"ה שמע מקצת כו' תוקע בבור ויצא לחוץ יצא בתוך התקיעה:

ליקוטי רש"י

תקע בראשונה. בפשוטה שלפני התרועה [לעיל כז.]. פשוטה שלפני התרועה תקע כדרכה [לקמן לג:]. ומשך בשניה כשתים. לפי שהיה צריך לתקוע כאן שתי תקיעות רצופות אחת לפשוטה לאחריה דמלכיות ואחת לפשוטה לפניה דזכרונות [לעיל שם]. תקיעה של אחר התרועה משך כשתים לצאת בה ידי שתים שהיה צריך לעשות זו פשוטה שלאחריה דמלכיות ופשוטה שלפניה דזכרונות. אין בידו אלא אחת. דפסוקי תקיעה אחת לשתים לא מפסקינן [לקמן שם]. התוקע לתוך הבור וכו' הדות. חדא ניהו אלא שהבור בחפירה והדות בבנין על הקרקע לאיסטרב"א בלע"ז [לעיל שם]. בור בחפירה דות בבנין בתוך הקרקע אישקריי"א [עירובין קב: ורשב"ם ב"ב סא.]. שניהן עמוקין בקרקע אלא שהבור מים מכונסין בחפירה. בקרקע קשה שמחזיק מים בלא בנין. בבנין. מוקפין בור בעפר תיחוח ובונין לו כותל אבנים ומקרי דות [שם סד.]. בור בחפירה בלא בנין כתלים ודות בבנין [ערכין יט.]. פיטם. פטסין. חבית גדולות פוטנ"ין בלע"ז [ביצה טו:]. חבית גדולה [לעיל שם]. מצות לאו ליהנות ניתנו. הלכך משום הנאה לא איכפת לן [עירובין לא.]. יש לומר דכי אמרינן מצות לאו ליהנות ניתנו ה"מ לומר שאין קיום המצות חשוב הנאה אבל מ"מ אי גופיה מתהני דמקיים מצוה הנאה מקרי ומשום הכי אמרינן בפ' הכותב המודר הנאה מן המעיין טובל בו בימות הגשמים אבל לא בימות החמה [ר"ן נדרים טו:]. כתותי מיכתת שיעוריה. דכיון דלשריפה קאי כתותי מיכתת שיעוריה [סוכה לא:]. שיעורא בעינן. בשופר כדי שיאחזנו בידו ויראה לכאן ולכאן כדאמרינן בראש השנה [לעיל כז:]. לולב מפרש במסכת סוכה (לב:) שיעור הדס וערבה שלשה טפחים ולולב ארבעה. ועבודת כוכבים כיון דקיימא לה העומד לישרף כשרוף דמי הלכך [חולין פט:]. חלים. בריא [פסחים עח: כתובות כ.]. דעתו צלולה [יבמות קיג:].

עין משפט נר מצוה

לב א טוש"ע א"ח סי' תקפז סעיף ג:
לג ב שם סעיף ג וסי' תקפח סעיף א:
לד ג מיי' פ"ג מהלכות שופר הל' ד טוש"ע א"ח סי' תקן סעיף ו:
לה ד טוש"ע א"ח סי' תקפו סעיף ג:
לו ה ו מיי' פ"א מהל' שופר הלכה ג:
לז ז מיי' שם טוש"ע א"ח סי' תקפו סעיף יג:
לח ח מיי' שם:
לט ט טוש"ע א"ח סי' תקפו סעיף ו וטוש"ע י"ד סי' רכא סעיף יב:
מ י מיי' שם טוש"ע א"ח סי' תקפו סעיף ה וטוש"ע י"ד סי' רכא סעיף יג:
מא כ טוש"ע י"ד שם:
מב ל מיי' פ"ו מהל' חמץ ומצה הלכה ג טוש"ע א"ח סי' תעה סעיף ד:
מג מ מיי' שם טוש"ע שם סעיף ה:

גליון הש"ס

גמ' בשופר של שלמים. עיין זבחים דף פו ע"א תד"ה אמיא. ובכורות דף כו ע"א תד"ה הטולב ובנדרים דף י ע"א תד"ה אדם מביא כבשות ומעילה דף יב ע"ב תד"ה חלב:

רבינו חננאל

אמר רבה שמע מקצת תקיעה בבור ומקצת תקיעה על שפת הבור יצא הואיל ובור מקום תקיעה הוא לאותן העומדים בבור. אבל מקצת תקיעה קודם שעלה עמוד השחר ומקצת אחר שעלה עמוד השחר כיון שהלילה לאו זמן חיובא הוא לא יצא למימרא דסבר רבה שמע סוף תקיעה בלא תחלת תקיעה או תחלת תקיעה בלא סוף תקיעה יצא. והתנן תקע בראשונה ומשך בשניה כשתים אין בידו אלא אחת כו'. ודחינן כי קאמר רבה בתוקע ועולה שנמצאת התקיעה ששמע אחרי עלותו מן הבור תקיעה שלימה. אי הכי מאי למימרא כו' אמר רב יהודה בשופר של עולה לא יתקע ואם תקע יצא. בשופר של שלמים לא יתקע ואם תקע לא יצא. ותריץ לה רבא אחד שופר של עולה ואחד שופר של שלמים יצא מ"ט מצות לאו ליהנות ניתנו. בשופר של ע"ז לכתחלה לא יתקע ואם תקע יצא בשופר של עיר הנדחת אפי' דיעבד לא יצא. מ"ט כתותי מכתת שיעוריה. אמר רבא המודר הנאה מחבירו חבירו מזה עליו מי חטאת בימות הגשמים אבל לא בימות החמה. וכן המודר הנאה ממעיין טובל בו טבילת מצוה בימות הגשמים אבל לא בימות החמה. שלחו ליה לאבוה דשמואל כפאו ואכל מצה בפסח יצא ופירשה רב אשי כשכפאוהו פרסיים ש"מ מצות אינן צריכות כוונה. אמר רבא זאת אומרת התוקע לשיר יצא כגון הא דכתיב הללוהו בתקע שופר שתוקעין להלל וכיוצא בו אם תקע כסדרן אע"פ שהוא לשיר השומע יצא כי מצות אין צריכות כוונה. פשיטא מהו דתימא התם

Rav Yehudah rules on the use of horns from other types of prohibited animals:

אָמַר רַב יְהוּדָה – **Rav Yehudah said:** בְּשׁוֹפָר שֶׁל עֲבוֹדָה זָרָה לֹא יִתְקַע – **One should not blow with a shofar of idolatry,**[19] וְאִם תָּקַע יָצָא – **but if he did blow, he has fulfilled** his obligation.[20] בְּשׁוֹפָר שֶׁל עִיר הַנִּדַּחַת לֹא יִתְקַע – **One should not blow with a shofar** that belonged to a resident **of a subverted city,**[21] וְאִם תָּקַע לֹא יָצָא – **and if he did blow, he has not fulfilled** his obligation. מַאי טַעְמָא – **What is the reason** for the difference in rulings? עִיר הַנִּדַּחַת – In the case of **a subverted city,** כַּתּוּתֵי מִיכַּתַּת שִׁיעוּרֵיהּ – since the shofar must be burned along with the rest of the residents' property, **its measurement is** considered **pulverized.**[22]

A set of rulings involving another type of possibly prohibited shofar:

אָמַר רָבָא – **Rava said:** הַמּוּדָּר הֲנָאָה מֵחֲבֵירוֹ – If **one** is **enjoined by a vow** from deriving **benefit from his fellow,** מוּתָּר לִתְקוֹעַ לוֹ תְּקִיעָה שֶׁל מִצְוָה – **[the fellow] is permitted to blow a mitzvah-blast for him.**[23] הַמּוּדָּר הֲנָאָה מִשּׁוֹפָר – If **one** is **enjoined by a vow** from deriving **benefit from a** particular **shofar,** מוּתָּר לִתְקוֹעַ בּוֹ תְּקִיעָה שֶׁל מִצְוָה – **he is permitted to blow a mitzvah-blast on it.**[24]

Another set of rulings involving vows:

וְאָמַר רָבָא – **And Rava** also **said:** הַמּוּדָּר הֲנָאָה מֵחֲבֵירוֹ – If **one is enjoined by a vow** from deriving **benefit from his fellow,** מַזֶּה עָלָיו מֵי חַטָּאת בִּימוֹת הַגְּשָׁמִים – **[the latter] may sprinkle** ***chatas*** **water**[25] **upon him during the rainy season,**[26] אֲבָל לֹא בִּימוֹת הַחַמָּה – **but not during the hot season.**[27] הַמּוּדָּר הֲנָאָה מִמַּעְיָן – Similarly, if **one** is **enjoined by a vow** from deriving **benefit from a spring,** טוֹבֵל בּוֹ טְבִילָה שֶׁל מִצְוָה בִּימוֹת הַגְּשָׁמִים – **he may perform a compulsory immersion in it during the rainy season,** אֲבָל לֹא בִּימוֹת הַחַמָּה – **but not during the summer season.**[28]

NOTES

19. I.e. with a horn that was used as an accessory for an idol (*Rashi*), or was itself worshiped, or came from an animal that was worshiped, or was used as an adornment for an idol (*Ritva;* see *Meromei Sadeh*). The Gemara (*Avodah Zarah* 51b) derives from Scripture a prohibition against benefiting from articles that were used for idol worship (*Rashi*). *Ritva* prohibits blowing the horn even if its idolatry status was nullified, for using such an object to fulfill God's commandment is מָאִיס, *repugnant.* (See also *Rashi* to *Chullin* 89a ד״ה לא אם תקע יצא).

20. Although a shofar of idolatry should not, in the first instance, be used, nevertheless, blowing with it is not considered *a mitzvah that came through a transgression* [viz. the transgression of benefiting from articles used for idolatry; see previous note], since mitzvos were not given to Israel for the purpose of our deriving benefit from their fulfillment (*Rashi*). Rav Yehudah's ruling here appears to contradict his earlier one, where he ruled that one does not fulfill his obligation with a *shelamim* horn because the blowing violates the prohibition against benefiting from sacred property (see note 15 above), which implies that Rav Yehudah *does* view the fulfillment of a mitzvah as a benefit! For this reason some emend the text to indicate that Rava, the one who said above that mitzvos were not given for benefit, is the author of the "shofar of idolatry" ruling (see *Rabbeinu Chananel* [cited by *Tosafos* ד״ה אמר ר״י], *Rosh* and *Baal HaMaor*). Others say that Rava was stating Rav Yehudah's actual view. That is, Rava asserted that Rav Yehudah never ruled as the Gemara originally stated; rather, Rav Yehudah said that in an *ex post facto* situation one fulfills his obligation with a shofar from either an *olah* or a *shelamim* because the fulfillment is not considered a benefit (*Rashba, Ritva*). See also *Rabbeinu Tam,* cited by *Tosafos* to *Chullin* 89a ד״ה והתניא, and *Turei Even* ד״ה בשופר של שלמים.

Rav Yehudah's ruling applies only to the cases enumerated in the previous note, because in each of them the horn's idolatry status can be nullified; the status of the horn of an animal that was sacrificed to an idol, however, can never be nullified, and there is no choice but to destroy it. Thus, its law would then be the same as that of the horn of a "subverted city," which the Gemara next discusses. It must be further noted that the shofar of idolatry discussed here was borrowed from a gentile, who could nullify it if he wished. Idols of Jews cannot be nullified, and are therefore also subject to the ruling of the following case (see *Tosafos* to *Chullin* 89a ד״ה והתנאי, and *Ritva;* cf. *Meiri*).

21. If the majority of residents in a Jewish city in Eretz Yisrael are persuaded by local residents to worship idols, the municipality is designated by the Great Sanhedrin as an עִיר הַנִּדַּחַת, *a subverted city.* Those residents guilty of idolatry are beheaded (not stoned, the usual punishment for idolatry). The buildings in the town and the property of all its residents become prohibited for use, and must be destroyed by fire (see *Deuteronomy* 13:13-19).

22. Since the shofar of a subverted city must be burned, it is regarded as lacking the required size. As we have learned above (27b), the minimum length for a valid shofar is one *tefach.* Now, there is a legal principle that once an object is condemned to be burned, it is viewed as if it has already been burned and reduced to ashes. Thus, the shofar here lacks the physical dimensions required for the mitzvah. As the Gemara states: כַּתּוּתֵי מִיכַּתַּת שִׁיעוּרֵיהּ, *its measurement is [considered] pulverized* (*Rashi;* see Schottenstein ed. of *Succah* 31b note 21 for further discussion of this principle).

23. I.e. his fellow may help him fulfill his obligation by blowing the shofar for him. This is permissible because the fellow did not legally benefit him, for Rava stated above: *Mitzvos were not given to Israel for the purpose of our deriving benefit from their fulfillment.* This reasoning is the basis also for the three lenient rulings that follow (*Rashi*). See *Ran* for a discussion of whether the vower may actually request his fellow to blow for him.

Meiri explains that although one fulfills his obligation with the shofar of an *olah* or *shelamim* or of idolatry only after the fact, in the case of the vow he may use the shofar even in the first instance. This is because in the earlier cases the prohibitions against benefit are especially stringent [either because of the sacredness of the animals in the cases of *olah* and *shelamim,* or the offensiveness of the animal used for idolatry]. Here, however, the prohibition is engendered merely by a vow; and if blowing is not considered a benefit, there is absolutely no violation of the vow. Consequently, blowing is permitted even in the first instance.

24. I.e. he himself may blow the shofar to fulfill the mitzvah. Others have a version of the Gemara that states: מוּתָּר לִתְקוֹעַ לוֹ תְּקִיעָה שֶׁל מִצְוָה, *[another] is permitted to blow a mitzvah-blast* ***for him*** – i.e. but he may not blow for himself. This version presumes that there are people who take personal pleasure in blowing the shofar themselves, which is a benefit unrelated to the mitzvah. Since this extraneous pleasure is prohibited to the vower, another person must blow for him (see *Meiri* and *Beur HaGra* to 586:5). See also *Tosafos* and *Ran.* There is also a dispute regarding whether one may use the shofar for blasts that are only Rabbinically mandated – e.g. those prescribed for fast days (see *Baal HaMaor* and *Ran,* and *Beis HaLevi* III 55:3).

25. To purify people and utensils from the *tumah* of a human corpse, the Torah decrees that they be sprinkled with a solution of water containing ashes from a red cow [*parah adumah*] that has been slaughtered and burned according to the procedure described in *Numbers* chapter 19. Since the Torah (ibid. v. 9) refers to this cow as a *chatas* [a term generally used for a sin offering], the red cow is known as a פָּרַת חַטָּאת, *chatas cow,* and the water into which its ashes are added is called מֵי חַטָּאת, *chatas water.*

26. There is no physical pleasure to be had from the sprinkling of water (or from immersion, in the following case) during Eretz Yisrael's rainy season, which coincides with the winter. And the fulfillment of the mitzvah of purification is not viewed as a benefit (*Rashi*).

27. Along with the fulfillment of the mitzvah, one derives physical pleasure from being sprinkled with the *chatas* water during the hot summer months (*Rashi*). This physical pleasure is unrelated to the mitzvah, and therefore the vow prohibits his partaking of it. Some say that a concurrent physical pleasure is prohibited only if it persists after the mitzvah has been fulfilled [such as here, where the person remains cooled even after the sprinkling has been completed]. But if the physical pleasure lasts only for the duration of the mitzvah performance, it is permitted. Others dispute this; see *Meiri.* See also *Ran* to *Nedarim* 15b, end of ד״ה ולענין הלכה; *Shaar HaMelech, Hil. Lulav* 8:1 ד״ה ומעתה and ד״ה ומאחר; and *Avnei Miluim* 28:60.

28. *Tosafos* explain that had Rava ruled only in the two cases of a vow not to benefit from one's fellow, I might have thought that the reason for his leniencies is because the vower spoke generally and did not mention any

מסורת הש"ס

עין משפט נר מצוה

א שמע מקצת תקיעה בבור ומקצת תקיעה על שפת הבור יצא ב מקצת תקיעה קודם שיעלה עמוד השחר ומקצת תקיעה לאחר שיעלה עמוד השחר לא יצא אמר ליה אביי מאי שנא התם דבעינא כולה תקיעה בחיובא וליכא הכא נמי בעינא כולה תקיעה בחיובא וליכא הכי השתא התם לילה לאו זמן חיובא הוא כלל הכא בור מקום חיובא הוא לאותן העומדין בבור למימרא דסבר רבה שמע סוף תקיעה בלא תחילת תקיעה יצא וממילא תחילת תקיעה בלא סוף תקיעה יצא ת"ש ג תקע בראשונה ומשך בשניה כשתים אין בידו אלא אחת ואמאי תסלק לה בתרתי פסוקי תקיעתא מהדדי לא פסקינן ת"ש התוקע לתוך הבור או לתוך הדות או לתוך הפיטם אם קול שופר שמע יצא ואם קול הברה שמע לא יצא ואמאי ליפוק בתחילת תקיעה מקמי דליערבב קלא ד כי קאמר רבה בתוקע ועולה לנפשיה אי הכי מאי למימרא מהו דתימא זמנין דמפיק רישיה ואכתי שופר בבור וקא מיערבב קלא קמ"ל אמר רב יהודה בשופר של עולה לא יתקע ואם תקע יצא בשופר של שלמים לא יתקע ואם תקע לא יצא מ"ט עולה בת מעילה היא כיון דמעל בה נפקא לה לחולין שלמים דלאו בני מעילה נינהו איסורא הוא דרכיב בהו [ולא נפקי לחולין] מתקיף לה רבא אימת מעל לבתר דתקע כי קא תקע באיסורא תקע אלא אמר רבא אחד זה ואחד זה לא יצא הדר אמר ה אחד זה ואחד זה יצא ו מצות לאו ליהנות ניתנו אמר רב יהודה ז בשופר של ע"ז לא יתקע ואם תקע יצא ח בשופר של עיר הנדחת לא יתקע ואם תקע לא יצא מ"ט עיר הנדחת כתותי מיכתת שיעוריה אמר רבא ט המודר הנאה מחבירו מותר לתקוע לו תקיעה של מצוה י המודר הנאה משופר מותר לתקוע בו תקיעה של מצוה ואמר רבא המודר הנאה מחבירו מזה עליו מי חטאת בימות הגשמים אבל לא בימות החמה כ המודר הנאה ממעין טובל בו טבילה של מצוה בימות הגשמים אבל לא בימות החמה שלחו ליה לאבוה דשמואל ל כפאו ואכל מצה יצא כפאו מאן אילימא כפאו שד והתניא עתים מ חלים עתים שוטה כשהוא חלים הרי הוא כפקח לכל דבריו כשהוא שוטה הרי הוא כשוטה לכל דבריו אמר רב אשי שכפאוהו פרסיים אמר נ רבא זאת אומרת התוקע לשיר יצא פשיטא היינו הך מהו דתימא התם אכול מצה אמר רחמנא והא אכל

אבל

רש"י

שמע מקצת התקיעה בבור כו'. קא סלקא דעתך דהכי קאמר היה עומד הוא בשפת הבור וחבירו תוקע בבור ויצא לחוץ (א) בתוך התקיעה ואשמעינן הכא דקבלת נמי יוצא: קודם עמוד השחר. לאו זמניה הוא כדאמרינן במסכת מגילה (דף כ:) כל היום כשר לתקיעת שופר וליף טעמא מיום תרועה יהיה לכם יום ולא לילה: הכי גרסינן למימרא דסבר רבה דכי שמע אינש סוף תקיעה בלא תחילת תקיעה יצא וממילא כו': תקע בראשונה. פשוטה שלפני תרועת המלכיות: ומשך בשניה. בפשוטה של אחריה כשתים ונתכוון לצאת בה אף ידי פשוטה שלפני תרועת הזכרונות שעתיד עליו לתקוע מיקך לוו: אם קול שופר שמע. בלא קול הברה יצא: אם קול הברה שמע. עם קול השופר לא יצא: בתוקע ועולה לנפשיה. ואין אחר עמו לצאת בו אלא תוקע ועולה הוא לדידיה תחילתה וסופה בהכשר דבתחילה הוא והשופר בבור ואמרן לעיל (דף כז:) אותן העומדים בבור יצאו: של עולה. ותלשו מחיים דאילו לאחר זריקה אין מעילה לא בעורה ולא בקרניה שהכל לכהנים כדאמרינן במנחות (דף פג.) ובזבחים (דף פו.) נאמר לו יהיה בעולה ונאמר לו יהיה באשם מה אשם עצמותיו מותרין אף עולה עצמותיה מותרין: שלמים לאו בני מעילה נינהו. דאין מעילה בקדשים קלים אלא באימורים ולאחר זריקה כשהוכרו לחלק גבוה: לאו ליהנות ניתנו. לישראל להיות קיומם להם הנאה אלא לעול על צואריהם ניתנו: בשופר של ע"ז. שנשמשו בו לע"ז ונאסר בהנאה כדתניא במסכת ע"ז (דף מה:) אבד תאבדון את כל המקומות בכלים שנשתמשו בהן לע"ז הכתוב מדבר: ואם תקע יצא. דמצות לאו הנאה נינהו: כתותי מיכתת שיעוריה. דהא לשריפה קאי וכשרוף דמי ושופר בעי שיעור כדאמרינן לעיל (דף כז:) כדי שיאחזנו בידו ויראה לכאן ולכאן: מותר לתקוע לו. טעמא דכולהו משום דמצות לאו ליהנות ניתנו: חבירו מזה עליו בימות הגשמים. שאין כאן אלא הנאת קיום המצוה ומצות לאו ליהנות ניתנו: אבל לא בימות החמה. דאיכא הנאת הגוף: שכפאוהו פרסיים. ואע"ג שלא נתכוון לצאת ידי חובת מצה בליל ראשון של פסח יצא: התוקע לשיר. לשורר ולזמר כך שמעתי מפי מורי הזקן וביסודו של מורי רבי יצחק בן יהודה ראיתי התוקע לשד להבריח רוח רעה מעליו: פשיטא. דזאת אומרת כן: מהו דתימא התם אכול מצה קאמר רחמנא והא אכל. והנהו בהכילתו הלכך לאו מתעסק הוא שהרי אף לענין חיוב חטאת אמרינן (כריתות דף יט:) המתעסק בחלבים ובעריות חייב שכן נהנה:

קא

תוספות

בשופר של עולה לא יתקע. כלומר במזיד ואם תקע כלומר בשוגג יצא דבשוגג מעל ונפיק לחולין אבל במזיד אין מעילה ולא נפיק לחולין וכשמחלק בין עולה לשלמים היה יכול לחלק בעולה גופה בין מזיד לשוגג אבל השתא מחלק בשוגג גופיה:

אמר רב יהודה בשופר של ע"ז לא יתקע ואם תקע יצא. תימה מאי שנא משלמים דלא יצא משום דמצות ליהנות ניתנו ורבינו חננאל גריס הכא רבא ל) ותימה דבסוף כסוי הדם (חולין דף פט. ושם) תניא תקע לא יצא וכן קשיא אההיא מהא דאמר רבא בפרק מצות חליצה (יבמות דף קג: ושם) חלצה בסנדל שאינו שלו ובסנדל של ע"ז חליצתה כשרה ולא אמרינן מכתת שיעוריה ופריסית כולה בשלהי כסוי הדם ופ' לולב הגזול (סוכה דף לא: בד"ה באשרה):

המודר הנאה משופר מותר לתקוע בשופר של מצוה. בפרק ב' דנדרים (דף טו:) מחלק אביי בין הנאת סוכה עלי לאומר שלא אהנה מן הסוכה דיכול לאסור הסוכה עליו שאינה משועבדת לו אבל אין יכול לאסור עצמו על הסוכה שהוא משועבד לה ופריך עלה רבא וכי מצות ליהנות ניתנו אלא אמר רבא הא דאמר ישיבת סוכה עלי הא דאמר שבועה שלא אשב בסוכה ולדברי רבא היה משמע דכאן נמי אי אמר הנאת שופר עלי מותר לתקוע בשופר של מצוה דמצות לאו ליהנות ניתנו אבל אם אמר תקיעת שופר עלי אסור לתקוע בשופר של מצוה אפי' לרבא כמו דאמר גבי סוכה אם לא נחלק משום דגבי סוכה בלאו מצוה יש הנאה בישיבה אבל שופר אי לאו מצוה אין הנאה בתקיעה דאינו מכוון לשיר ועל סוגיא דהתם קשיא דמשמע דוקא כשאמר שבועה שלא אשב בסוכה הוא דאינו יכול לאסור עצמו על סוכה לפי שהוא משועבד לה אבל אם אמר ישיבת סוכה עלי בשבועה אסור כמו בקונם וא"כ מאי חומר בנדרים מבשבועות דקתני התם הא שניהם חלין בענין אחד ויש לומר דנדרים חלין בכל ענין דשייכי דהיינו האסרת חפץ כדאמרינן בריש מסכת נדרים (דף ג:) דנדרים וחרמים מידי דמיתסר חפצא עליה לאפוקי שבועה דקאסר נפשיה מן חפצא ולכן חלים הנדרים בכל ענין שיאמר חוץ מהיכא דהזכיר הנאה משום דמצות לאו ליהנות ניתנו ומה שמחלק שם בין אמר ישיבת סוכה עלי לשבועה שלא אשב לא בא אלא לומר שיש חילוק בין נדר לשבועה לפי שהנדר בכל ענין שיאמר מיתסר חפציו עליה ובשבועה בכל ענין שיאמר קאסר נפשיה מן חפציו:

המודר הנאה ממעיין. הא דאיצטריך לאשמועינן מודר הנאה מחבירו ומשופר וממעיין דס"ד אמינא דוקא במודר מחבירו הוא דשרינן לתקוע לו ולהזות משום דסתם מודר מחבירו אין דעתו על דבר מצוה כשאין פירש בהדיא ממעיין ומשופר אסור קמ"ל:

אמר רבא זאת אומרת התוקע לשיר יצא. דמצות אין צריכות כוונה בפ' ערבי פסחים (פסחים דף קיד:) משמע דהוי פלוגתא גבי הביאו לפניו מטבל בחזרת דקתני בגמ' אכלו דמאי יצא אכלו בשלא מכוון יצא ובההיא דלקמן בברייתא תניא ר' יוסי אומר אע"פ שטבל בחזרת מצוה להביא לפניו (מצה) חזרת וחרוסת ודייק התם ע"כ לאו משום היכרא הוא מדקתני מצוה אלא משום דמצות צריכות כוונה והשתא מה שהוצרך רבא לדקדק מכאן ולא הביא מברייתא דהתם דקתני בהדיא דהוה אמינא מברייתא היינו בירקות דרבנן אבל מצות דאורייתא בעי כוונה ומה שמקשה עליו מברייתות דלקמן ולא פריך מרבי יוסי דהתם דהוה מצי לדחויי דלעולם מצוה משום היכרא:

אבל

עין משפט נר מצוה

לב א טוש"ע א"ח סי' תקפז סעיף ג:
לג ב שם סעיף ג וסי' תקפח סעיף א:
לד ג מיי' פ"ג מהלכות שופר הל' ד טוש"ע א"ח סי' תקצ סעיף ו:
לה ד טוש"ע א"ח סי' תקפז סעיף ג:
לו ה ו מיי' פ"א מהל' שופר הלכה ג:
לז ז מיי' שם טוש"ע א"ח סי' תקפו סעיף ג:
לח ח מיי' שם:
לט ט טוש"ע א"ח סי' תקפט סעיף ז וטוש"ע י"ד סי' רכא סעיף יב:
מ י מיי' שם טוש"ע א"ח סי' תקפו סעיף ה וטוש"ע י"ד סי' רכא סעיף יג:
מא כ טוש"ע י"ד שם:
מב ל מיי' פ"ו מהל' חמץ ומצה הלכה ג טוש"ע א"ח סי' תעה סעיף ד:
מג מ מיי' שם טוש"ע שם סעיף ה:

גליון הש"ס

גמ' בשופר של שלמים. עיין זבחים דף פו ע"א תד"ה אתיא. ובכורות דף כו ע"א תד"ה התולש ובנדרים דף י ע"א תד"ה אדם מביא כבשות ומעילה דף יב ע"ב תד"ה חלב:

רבינו חננאל

אמר רבה שמע מקצת תקיעה בבור ומקצת תקיעה על שפת הבור יצא הואיל ובור מקום תקיעה הוא לאותן העומדים בבור. אבל מקצת תקיעה קודם שעלה עמוד השחר ומקצת אחר שיעלה עמוד השחר כיון שהלילה לאו זמן חיובא הוא לחד לא יצא למימרא דסבר רבה שמע סוף תקיעה בלא תחלת תקיעה או תחלת תקיעה בלא סוף תקיעה יצא. והתנן תקע בראשונה ומשך בשניה כשתים אין בידו אלא אחת כו'. ודחינן כי קאמר רבה בתוקע ועולה שנמצאת התקיעה ששמע אחרי עלותו מן הבור תקיעה שלימה. אי הכי מאי למימרא כו' אמר רב יהודה בשופר של עולה לא יתקע ואם תקע יצא. בשופר של שלמים לא יתקע ואם תקע לא יצא. ותריץ לה רבא הכי אחד שופר של עולה ואחד שופר של שלמים יצא מ"ט מצות לאו ליהנות ניתנו. בשופר של ע"ז לכתחלה לא יתקע ואם תקע יצא בשופר של עיר הנדחת אפי' דיעבד לא יצא. מ"ט כתותי מכתת שיעוריה. אמר רבא המודר הנאה מחבירו חבירו מזה עליו מי חטאת בימות הגשמים אבל לא בימות החמה. וכן המודר הנאה ממעיין טובל בו טבילת מצוה בימות הגשמים אבל לא בימות החמה. שלחו ליה לאבוה דשמואל כפאו ואכל מצה בפסח יצא ופירשה רב אשי כשכפאוהו פרסיים ש"מ מצות אינן צריכות כוונה. אמר רבא זאת אומרת התוקע לשיר יצא כגון הא דכתיב הללוהו בתקע שופר שתוקעין להלל וכיוצא בו אם תקע כסדרן אע"פ שהוא לשיר השומע יצא כי מצות אין צריכות כוונה. פשיטא מהו דתימא התם

מסורת הש"ס

א) [לעיל כז.], ב) לעיל כז:, ג) לעיל כז:, ד) [עי' תוס' זבחים פו. ד"ה אתיא ותוספות בכורות כו. ד"ה התולש], ה) [פסחים כו:], ו) [עירובין לא.], ז) חולין פט., ח) [תוספתא דתרומות פ"א], ט) [עי' בריא כדכתיב ותחלימני ותחייני, ערוך ערך חלם ג], י) [גי' הרא"ש רבה], כ) [לקמן לג:], ל) [עי' תוספות חולין פט. ד"ה והתניא].

הגהות הב"ח

(א) רש"י ד"ה שמע מקצת כו' תוקע בבור ויצא לחוץ בתוך התקיעה:

ליקוטי רש"י

תקע בראשונה. בפשוטה שלפני התרועה [לעיל כז.]. פשוטה שלפני התרועה תקע כדרכה [לקמן לג:]. ומשך בשניה כשתים. לפי שהיה צריך לתקוע כאן שתי תקיעות רצופות אחת לפשוטה שלאחריה דמלכיות ואחת לפשוטה שלפני זכרונות [לעיל שם]. תקיעה של אחר התרועה משך כשתים לצאת בה ידי שתים שהיה צריך לעשות זו פשוטה שלאחריה דמלכיות ופשוטה שלפניה דזכרונות. אין בידו אלא אחת. דפסוקי תקיעה אחת לשתים לא מפסקינן [לקמן שם]. התוקע לתוך הבור וכו' הדות. בור בחפירה ודות בבנין. בור בתוך הקרקע אשקדיע"א [עירובין קב. ורשב"ם ב"ב סא.]. שניהן עמוקין בקרקע ויש בהן מים מכונסין. בחפירה. בקרקע קשה שמחזיק מים בלא בנין. בבנין. חופרין בור בעפר תיחוח ובונין לו כותל אבנים ומקרי דות [שם סד.]. בור בחפירה בלא בנין כתלים ודות בבנין [ערכין יט.]. פיטם. פטמא. חבית גדולה [ביצה טו:]. חבית גדולה פוטני"ר בלע"ז [לעיל שם]. מצות לאו ליהנות ניתנו. הלכך קיום המצוה הנאה לא חשיבא לן [עירובין לא.]. יש לומר דכי אמרינן מצות לאו ליהנות ניתנו היינו כלומר דקיום המצוה לא חשיב הנאה אבל מ"מ אי מתהני גופיה בהדי דמקיים מצוה הנאה מקרי ומשום הכי אמרינן בפ' ראוהו ב"ד המודר הנאה מן המעיין טובל בו בימות הגשמים אבל לא בימות החמה [ר"ן נדרים טו:]. כתותי מיכתת שיעוריה. דכיון דלשריפה קאי כתותי מכתת שיעוריה [סוכה לה.]. שיעורא בעינן. כשופר כדי שיאחזנו בידו ויראה לכאן ולכאן כדאמרינן בראש השנה [לעיל כז:] לולב מפרש במסכת סוכה (לב:) שיעור הדס וערבה שלשה טפחים ולולב ארבעה ועבודת כוכבים כיון דכל העומד לישרף כשרוף דמי הלכך כתותי מכתת שיעוריה [חולין פט.]. חלים. בריא [פסחים סט. כתובות כ:]. עתים לגולה [יבמות קיג.].

The Gemara now turns to the Mishnah's final teaching, that one must have proper concentration in order to fulfill the mitzvah of shofar.[29] The Gemara discusses what type of concentration is required, and begins with a ruling:

שְׁלְחוּ לֵיהּ לַאֲבוּהַ דִּשְׁמוּאֵל – **They sent to Shmuel's father** the following dictum: כְּפָאוֹ וְאָכַל מַצָּה – If **one compelled [another] to eat** Passover **matzah,** יָצָא – **[the latter] has fulfilled** his obligation.[30]

The Gemara seeks a clarification of this ruling:

אִילֵימָא כְּפָאוֹ מַאן – **Who compelled him** to eat the matzah? אִילֵימָא כְּפָאוֹ שֵׁד – **If you say** that **a demon compelled him,**[31] can that be? וְהָתַנְיָא – **But it was taught in the** following **Baraisa** that under such circumstances one does not fulfill his obligation: עִתִּים חָלִים עִתִּים שׁוֹטֶה – Concerning one who AT TIMES is SANE and AT other TIMES is DERANGED,[32] the law is as follows: כְּשֶׁהוּא חָלִים – WHEN HE IS SANE, הֲרֵי הוּא כְּפִקֵּחַ לְכָל דְּבָרָיו – HE IS DEEMED A MENTALLY COMPETENT INDIVIDUAL FOR ALL HIS AFFAIRS. כְּשֶׁהוּא שׁוֹטֶה – WHEN HE IS DERANGED, הֲרֵי הוּא כְּשׁוֹטֶה לְכָל דְּבָרָיו – HE IS DEEMED A DERANGED PERSON FOR ALL HIS AFFAIRS.[33] – ? –

The Gemara now identifies the source of the coercion:

אָמַר רַב אַשִׁי – **Rav Ashi said:** שֶׁכְּפָאוּהוּ פַּרְסִיִּים – The case is **where Persian gentiles compelled him** to eat the matzah.[34]

The Gemara infers from the ruling sent to Shmuel's father:

אָמַר רָבָא – **Rava**[35] **said:** זֹאת אוֹמֶרֶת הַתּוֹקֵעַ לְשִׁיר – **This** ruling **indicates** that **one who blows** a shofar on Rosh Hashanah **for** the purpose of playing **a song**[36] יָצָא – **has** nonetheless **fulfilled** his obligation.[37]

The Gemara expresses its astonishment:

פְּשִׁיטָא – This is **obvious!** הַיְינוּ הָךְ – For **this** second case **is** essentially **the same as that** first one, for in both there is no intent to fulfill the mitzvah. Why should their rulings be different?!

The Gemara answers:

מַהוּ דְּתֵימָא – Without Rava's inference, **what is it that you might have said?** הָתָם – That the two cases are indeed different, for **there** in the first case אֱכוֹל מַצָּה אָמַר רַחֲמָנָא – **the Merciful One said, "Eat matzah,"** וְהָא אָכַל – **and this** coerced individual in fact **ate** matzah, thus fulfilling the mitzvah.[38]

NOTES

mitzvah items in his vow. Where, however, he expressly forswore the use of a mitzvah item, we would say that the vow takes effect to proscribe its use even for a mitzvah. Rava therefore added the cases of one who explicitly proscribed benefit from a shofar and the spring – mitzvah items both – to teach otherwise (see *Maharsha* and *Yom Teruah*). See *Yom Teruah* for why it was necessary to mention both of these cases.

29. *Meiri.*

30. We speak here of a person who was coerced into consuming the required measure of matzah on the first night of Passover, and so had no intent to eat it for the mitzvah. This ruling states that he has nonetheless fulfilled his obligation, and is not required to eat another measure of matzah later that night (see *Ritva*).

31. I.e. he was possessed, and thus was not mentally sound when he ate the matzah.

32. I.e. he is prone to sporadic attacks of derangement.

33. That is, he is exempt from all the mitzvos during those periods when he is not in control of his mental faculties, and accordingly cannot fulfill any mitzvos at those times (see *Rambam, Hil. Chametz U'Matzah* 6:3). Thus, if one ate matzah while he was possessed by his "demons," he has not fulfilled his Passover obligation, and must eat another measure of matzah if he recovers that night. Hence, a demon cannot be the source of the coercion in the ruling sent to Shmuel's father.

34. [He was forced to eat it under the threat of bodily harm.] When he ate the matzah, he was fully possessed of his mental faculties, but did not eat for the purpose of fulfilling his Passover obligation. Nevertheless, with this consumption he fulfills his obligation (*Rashi*). *Ran,* citing *R' Aharon HaLevi,* asserts that although he does not intend to eat the matzah for the sake of the mitzvah, he must be aware that it is the night of Passover and that he is eating matzah. Others disagree; see *Beis Yosef, Orach Chaim* §475 ד״ה כתב הרמב״ם (see also ibid. §589 ד״ה וצריך שיכוין, and glosses of *R' Akiva Eiger* to *Yom Teruah;* see *Turei Even*). See also *Kovetz Shiurim, Pesachim* §216.

35. Many commentaries maintain that the author of this statement is Rabbah, not Rava (see below, 28b note 42). They find support for this opinion in several Rishonim, including *Rashi* to *Berachos* 13a ד״ה ש״מ מצות צריכות כוונה [but see *Rashi* below, 28b ד״ה דלמא קסבר וכו׳, and *Ran*] (see *Rashash* and *Dikdukei Soferim,* and *Aruch LaNer* to 28b). We shall continue to adhere to our text, which states "Rava."

36. [I.e. for his amusement, and not for fulfilling the mitzvah.] A variant text reads: הַתּוֹקֵעַ לְשֵׁד, *one who blows for* [purposes of exorcising] *an evil spirit* (*Rashi*).

37. I.e. it is enough that he intended to produce a sound from the shofar that happens to conform to the ritual specifications of the mitzvah (e.g. the number and duration of the blasts). He need not have in mind that he is blowing for the sake of the mitzvah.

38. The Gemara states that actually it is possible to say that mitzvos require intent, and so one who performs a mitzvah act without intent for the mitzvah is considered a מִתְעַסֵּק, *a preoccupied individual* – i.e. one who had no intent at all to perform this act. Accordingly, as far as the fulfillment of a mitzvah is concerned, the act is not attributed to him, and it is as if he never performed the mitzvah act. Nevertheless, we find in ritual law (אִסּוּרִים) that even though an unintentional transgressor (שׁוֹגֵג) is liable to a *chatas,* a preoccupied individual (מִתְעַסֵּק) is exempt, and yet preoccupation vis-a-vis eating forbidden fats or engaging in the forbidden relationships does obligate a *chatas* (*Kereisos* 19b), for indeed there is enjoyment. That is, since perforce the preoccupied individual derives enjoyment, it is impossible not to attribute the act to him. Similarly, with regard to mitzvos involving consumption, we say that since he perforce derived enjoyment from the eating, the mitzvah act is always attributed to him (see *Rashi*). See *Hasagos HaRaavad* to *Rif, Pesachim* (folio 25a), and *Kovetz Shiurim Pesachim* §215; cf. *Meiri,* Introduction to *Berachos* (pp. 17-18).

שמע[א] מקצת תקיעה בבור ומקצת תקיעה על שפת הבור יצא [ב]מקצת תקיעה קודם שיעלה עמוד השחר ומקצת תקיעה לאחר שיעלה עמוד השחר לא יצא אמר ליה אביי מאי שנא התם דבעינא כולה תקיעה בחיובא וליכא הכא נמי בעינא כולה תקיעה בחיובא וליכא הכי השתא התם לילה לאו זמן חיובא הוא כלל הכא בור מקום חיובא הוא לאותן העומדין בבור למימרא דסבר רבה שמע סוף תקיעה בלא תחילת תקיעה יצא וממילא תחילת תקיעה בלא סוף תקיעה יצא ת"ש [ג]תקע בראשונה ומשך בשניה כשתים אין בידו אלא אחת ואמאי תסלק לה בתרתי פסוקי תקיעתא מהדדי לא פסקינן ת"ש התוקע לתוך הבור או לתוך הדות או לתוך הפיטם אם קול שופר שמע יצא ואם קול הברה שמע לא יצא ואמאי ליפוק בתחילת תקיעה מקמי דליערבב קלא [ד]כי קאמר רבה בתוקע ועולה לנפשיה אי הכי מאי למימרא מהו דתימא זמנין דמפיק רישיה ואכתי שופר בבור וקא מיערבב קלא קמ"ל אמר רב יהודה בשופר של עולה לא יתקע ואם תקע יצא [ה]בשופר של שלמים לא יתקע ואם תקע לא יצא מ"ט עולה בת מעילה היא כיון דמעל בה נפקא לה לחולין שלמים דלאו בני מעילה נינהו איסורא הוא דרכיב בהו [ולא נפקי לחולין] מתקיף לה רבא אימת מעל לבתר דתקע כי קא תקע באיסורא תקע אלא אמר רבא אחד זה ואחד זה לא יצא הדר אמר [ו]אחד זה ואחד זה יצא מצות לאו ליהנות ניתנו אמר רב יהודה [ז]בשופר של ע"ז לא יתקע ואם תקע יצא [ח]בשופר של עיר הנדחת לא יתקע ואם תקע לא יצא מ"ט עיר הנדחת כתותי מיכתת שיעוריה אמר רבא [ט]המודר הנאה מחבירו מותר לתקוע לו תקיעה של מצוה [י]המודר הנאה משופר מותר לתקוע בו תקיעה של מצוה ואמר רבא המודר הנאה מחבירו מזה עליו מי חטאת בימות הגשמים אבל לא בימות החמה [כ]המודר הנאה ממעין טובל בו טבילה של מצוה בימות הגשמים אבל לא בימות החמה שלחו ליה לאבוה דשמואל [ל]כפאו ואכל מצה יצא כפאו מאן אילימא כפאו שד והתניא [מ]עתים חלים עתים שוטה כשהוא חלים הרי הוא כפקח לכל דבריו כשהוא שוטה הרי הוא כשוטה לכל דבריו אמר רב אשי שכפאוהו פרסיים אמר רבא זאת אומרת התוקע לשיר יצא פשיטא היינו הך מהו דתימא התם אכול מצה אמר רחמנא והא אכל

אבל

רש"י

שמע מקצת התקיעה בבור כו'. קא סלקא דעתך דהכי קאמר היה עומד הוא בשפת הבור וחבירו תוקע בבור ויצא לתוך (א) בחלי התקיעה ואשמעינן הכא דבקלא נמי יוצא: קודם עמוד השחר. לאו זמניה הוא כדאמרינן במסכת מגילה (דף כ:) כל היום כשר לתקיעת שופר וילפינן טעמא מיום תרועה יהיה לכם יום ולא לילה: הכי גרסינן למימרא דסבר רבה דכי שמע איניש סוף תקיעה בלא תחילת תקיעה יצא וממילא כו': תקע בראשונה. פשוטה שלפני תרועת המלכיות: ומשך בשניה. בפשוטה של אחריה כשתים ונתכוון לצאת בה אף ידי פשוטה שלפני תרועת הזכרונות שעתיד עליו לתקוע תיכף לזו: אם קול שופר שמע. בלא קול הברה יצא: אם קול הברה שמע. עם קול השופר לא יצא: בתוקע ועולה לנפשיה. ואין אחר עמו לצאת בו אלא תוקע ועולה הוא לדידיה תחילתה וסופה בהכשר דבתחילה הוא והשופר בבור ואמרן לעיל (דף כז:) אותן העומדים בבור יצאו: של עולה. ותלאו מחיים דאילו לאחר זריקה אין מעילה לא בעורה ולא בקרניה שהכל לכהנים כדאמרינן במנחות (דף פג.) ובזבחים (דף פו.) נאמר לו יהיה בעולה ונאמר לו יהיה באשם מה אשם עצמותיו מותרין אף עולה עצמותיה מותרין: שלמים לאו בני מעילה נינהו. דאין מעילה בקדשים קלים אלא באימורים ולאחר זריקה כשהוכרכו לחלק גבוה: לא ליהנות ניתנו. לישראל להיות קיומם להם הנאה אלא לעול על צואריהם ניתנו: בשופר של ע"ז. שנשמשו בו לע"ז ונאסר בהנאה כדתניא במסכת ע"ז (דף נא:) אבד תאבדון את כל המקומות בכלים שנשתמשו בהן לע"ז הכתוב מדבר: ואם תקע יצא. דמצות לאו הנאה ניהנו: כתותי מיכתת שיעוריה. דהא לשריפה קאי וכשרוף דמי ושופר בעי שיעור כדאמרינן לעיל (דף כז:) כדי שיאחזנו בידו ויראה לכאן ולכאן: מותר לתקוע לו. טעמא דכולהו משום דמצות לאו ליהנות ניתנו: חבירו מזה עליו בימות הגשמים. שאין כאן אלא הנאת קיום המצוה ומצות לאו ליהנות ניתנו: אבל לא בימות החמה. דאיכא הנאת הגוף: שכפאוהו פרסיים. ואע"ג שלא נתכוון לצאת ידי חובת מצה בליל ראשון של פסח יצא: התוקע לשיר. לשורר ולזמר כך שמעתי מפי מורי הזקן ויסודו של מורי רבי יצחק בן יהודה ראיתי התוקע לשד להבריח רוח רעה מעליו: פשיטא. דזאת אומרת כן: מהו דתימא התם אכול מצה קאמר רחמנא והא אכל. והנהנה בחלבים הלכך לאו מתעסק הוא שהרי אף לענין חיוב חטאת אמרינן (כריתות דף יט:) המתעסק בחלבים ובעריות חייב שכן נהנה:

קא

תוספות

בשופר של עולה לא יתקע. כלומר במזיד ואם תקע כלומר בשוגג יצא דבשוגג מעל ונפיק לחולין אבל במזיד אין מעילה ולא נפיק לחולין וכשמחלק בין עולה לשלמים היה יכול לחלק בעולה גופה בין מזיד לשוגג אבל השתא מחלק בשוגג גופיה:

אמר רב יהודה בשופר של ע"ז לא יתקע ואם תקע יצא. תימה מאי שנא משלמים דלא יצא משום דמצות ליהנות ניתנו ורבינו חננאל גריס הכא רבא (ג) ותימה דבסוף כסוי הדם (חולין דף פט. ושם) תניא תקע לא יצא וכן קשיא אההיא מהא דאמר רבא בפרק מצות חליצה (יבמות דף קג: ושם) חלצה בסנדל שאינו שלו ובסנדל של ע"ז חליצתה כשרה ולא אמרינן מכתת שיעוריה ופרישית כולה בשלהי כסוי הדם ופ' לולב הגזול (סוכה דף לא: בד"ה באשרה):

המודר הנאה משופר מותר לתקוע בשופר של מצוה. בפרק ב' דנדרים (דף טו:) מחלק אביי בין הנאת סוכה עלי לאומר שלא אהנה מן הסוכה דיכול לאסור הסוכה עליו שאינה משועבדת לו אבל אין יכול לאסור עצמו על הסוכה שהוא משועבד לה ופריך עלה רבא וכי מצות ליהנות ניתנו אלא אמר רבא הא דאמר ישיבת סוכה עלי הא דאמר שבועה שלא אשב בסוכה ולדברי רבא היה משמע דכאן נמי אי אמר הנאת שופר עלי מותר לתקוע בשופר של מצוה דמצות לאו ליהנות ניתנו אבל אם אמר תקיעת שופר עלי אסור לתקוע בשופר של מצוה אפי' לרבא כמו דאמר גבי סוכה אם לא נחלק משום דגבי סוכה בלאו מצוה יש הנאה בישיבה אבל שופר אי לאו מצוה אין הנאה בתקיעה דאינו מכוון לשיר ועל סוגיא דהתם קשיא דמשמע דוקא כשאמר שבועה שלא אשב בסוכה הוא דאינו יכול לאסור עצמו על סוכה לפי שהוא משועבד לה אבל אם אמר ישיבת סוכה עלי בשבועה אסור כמו בקונם וא"כ מאי חומר בנדרים מבשבועות דקתני התם הא שניהם חלין בענין אחד ויש לומר דנדרים חלין בכל ענין דשייכי דהיינו האסרת חפץ כדאמרינן בריש מסכת נדרים (דף ג:) דנדרים וחרמים מידי דמיתסר חפצא עליה לאפוקי שבועה דקאסר נפשיה מן חפצא ולכן חלים הנדרים בכל ענין שיאמר חוץ מהיכא דהזכיר הנאה משום דמצות לאו ליהנות ניתנו ומה שמחלק שם בין אמר ישיבת סוכה עלי לשבועה שלא אשב לא בא אלא לומר שיש חילוק בין נדר לשבועה לפי שהנדר בכל ענין שיאמר מיתסר חפציו עליה ובשבועה בכל ענין שיאמר קאסר נפשיה מן חפציו:

המודר הנאה ממעיין. הא דאיצטריך לאשמועינן מודר הנאה מחבירו ומשופר וממעיין דס"ד אמינא דוקא במודר מחבירו הוא דשרינן לתקוע לו ולהזות משום דסתם מודר מחבירו אין דעתו על דבר מצוה כשאין מפרש בהדיא אבל אם פירש בהדיא ממעיין ומשופר אסור קמ"ל:

אמר רבא זאת אומרת התוקע לשיר יצא. דמצות אין צריכות כוונה בפ' ערבי פסחים (פסחים דף קיד:) משמע דהוי פלוגתא גבי הביאו לפניו מטבל בחזרת דקתני בגמ' אכלו דמאי יצא אכלו בשלא מתכוין יצא ובהדיא תניא ר' יוסי אומר אע"פ שטבל בחזרת מצוה להביא לפניו (מלה) חזרת וחרוסת ודייק התם ע"כ לאו משום היכרא הוא מדקתני מצוה אלא משום דמצות צריכות כוונה והשתא מה שהוצרך רבה לדקדק מכאן ולא הביא מברייתא דהתם דקתני בהדיא דהוי אמינא היינו בירקות דרבנן אבל מצות דאורייתא בעי כוונה ומה שמקשה עליו מברייתות דלקמן ולא פריך מדר' יוסי התם דהוה מצי לדחוי לעולם מצוה משום היכרא:

אבל

עין משפט נר מצוה

לב א טוש"ע א"ח סי' תקפו סעיף ג:

לג ב שם טוש"ע א"ח סי' תקפח סעיף א:

לד ג מיי' פ"ג מהלכות שופר הל' ד טוש"ע א"ח סי' תקפ סעיף ו:

לה ד טוש"ע א"ח סי' תקפו סעיף ג:

לו ה ו מיי' פ"א מהל' שופר הלכה ג:

לז ז מיי' שם טוש"ע א"ח סי' תקפו סעיף ג:

לח ח מיי' שם:

לט ט טוש"ע א"ח סי' תקפו סעיף ז וטוש"ע י"ד סי' רכא סעיף יג:

מ י מיי' שם טוש"ע א"ח סי' תקפו סעיף ה וטוש"ע י"ד סי' רכא סעיף יג:

מא כ טוש"ע י"ד שם:

מב ל מיי' פ"ו מהל' חמץ ומצה הלכה ג טוש"ע א"ח סי' תעה סעיף ד:

מג מ מיי' שם טוש"ע שם סעיף ה:

גליון הש"ס

גמ' בשופר של שלמים. עיין זבחים דף פו ע"א תד"ה אתיא. ובכורות דף כו ע"א תד"ה התולש ונדרים דף י ע"א תד"ה אדם מביא כבשות ומעילה דף יג ע"ב תד"ה חלב:

רבינו חננאל

אמר רבה שמע מקצת תקיעה בבור ומקצת תקיעה על שפת הבור יצא הואיל ובור מקום תקיעה הוא לאותן העומדים בבור. אבל מקצת תקיעה קודם שעלה עמוד השחר ומקצת אחר שיעלה עמוד השחר כיון שהלילה לאו זמן חיובא הוא לחד לא יצא למימרא דסבר רבה שמע סוף תקיעה בלא תחלת תקיעה או תחלת תקיעה בלא סוף תקיעה יצא. והתנן תקע בראשונה ומשך בשניה כשתים אין בידו אלא אחת כו'. ודחינן כי קאמר רבה בתוקע ועולה שנמצאת התקיעה ששמע אחרי עלותו מן הבור תקיעה שלימה. אי הכי מאי למימרא כו' אמר רב יהודה בשופר של עולה לא יתקע ואם תקע יצא. בשופר של שלמים לא יתקע ואם תקע לא יצא. ותריץ לה רבא הכי אחד שופר של עולה ואחד שופר של שלמים יצא מ"ט מצות לאו ליהנות ניתנו. בשופר של ע"ז לכתחלה לא יתקע ואם תקע יצא בשופר של עיר הנדחת אפי' דיעבד לא יצא. מ"ט כתותי מכתת שיעוריה. אמר רבא המודר הנאה מחבירו חבירו מזה עליו מי חטאת בימות הגשמים אבל לא בימות החמה. וכן המודר הנאה ממעיין טובל בו טבילת מצוה בימות הגשמים אבל לא בימות החמה. שלחו ליה לאבוה דשמואל כפאו ואכל מצה בפסח יצא ופירשה רב אשי כשכפאוהו פרסיים ש"מ מצות אינן צריכות כוונה. **אמר** רבא זאת אומרת התוקע לשיר יצא כגון הא דכתיב הללוהו בתקע שופר שתוקעין להלל וכיוצא בו אם תקע כסדרן אע"פ שהוא לשיר השומע יצא כי מצות אין צריכות כוונה. פשיטא מהו דתימא התם

מסורת הש"ס

א) [לעיל כז:], ב) [לעיל כז:], ג) [לקמן לג:], ד) [ע' תוס' זבחים פו: ד"ה אתיא ותוספות בכורות כו. ד"ה התולש], ה) [פסחים קיד:], ו) [עירובין לא.], ז) חולין פט., ח) [תוספתא דתרומות פ"א], ט) [פי' בריא כדכתיב ותחלימני ותחייני. ערוך ערך חלם ג], י) [גי' הרא"ש רבה], כ) [לקמן לג:], ל) [וע' תוספות חולין פט. ד"ה והתניא].

הגהות הב"ח

(א) רש"י ד"ה שמע מקצת כו' תוקע בבור ויצא לתוך בחצי התקיעה:

ליקוטי רש"י

תקע בראשונה. בפשוטה שלפני התרועה [לעיל כז.]. פשוטה שלפני התרועה תקע כדרכה [לקמן לג:]. ומשך בשניה כשתים. לפי שהיה צריך לתקוע כאן שתי תקיעות רצופות אחת לפשוטה לאחריה דמלכיות ואחת לפשוטה לפניה דזכרונות [לעיל שם]. תקיעה של אחר התרועה משך כשתים לצאת בה ידי שתים שהיה צריך לעשות זו פשוטה שלאחריה דמלכיות ופשוטה שלפניה דזכרונות. אין בידו אלא אחת. דפסוקי תקיעתא לשתים לא מפסקינן [לקמן שם]. התוקע לתוך הבור וכו' הדות. חדא ניהו אלא שהבור בחפירה והדות בבנין על הקרקע ליסטרנ"א בלע"ז [לעיל שם]. בור בחפירה דות בבנין בתוך הקרקע אישקריי"א [עירובין קד. ורשב"ם ב"ב סא.]. שיחין עמוקין בקרקע ויש בהן מים מכונסין. בחפירה. בקרקע קשה שממיים מים בלא בנין. בנין. חופרין בור בעפר תיחוח ובונין בו בנינים ואבנים ומקרי דות [שם סד.]. בור בחפירה בלא בנין כתלים ודות בנין [ערכין יט.]. פיטם. פטסין. חביות גדולות פונטי"ן בלע"ז [לעיל שם]. מצות לאו ליהנות ניתנו. הלכך משום הנאה לא איתסרא [עירובין לא.]. יש לומר דכי אמרינן מצות לאו ליהנות ניתנו ה"ה לומר שאין קיום המצוה חשוב הנאה אבל מ"מ אי מתהני גופיה בהדי דמקיים מצוה הנאה אסור ומשום הכי אמרינן בפ' ראוהו ב"ד הנודר הנאה מן המעיין טובל בו בימות הגשמים אבל לא בימות החמה [ר"ן נדרים טו:]. כתותי מיכתת שיעוריה. דכיון לשריפה קאי כתותי מיכתת שיעוריה [סוכה לא:]. שיעורא בעינן. בשופר כדי שיאחזנו בידו ויראה לכאן ולכאן כדאמרינן בראש השנה [לעיל כז:]. לולב במסכת סוכה (לב:) שיעור הדס וערבה שלשה טפחים ולולב ארבעה ועבודת כוכבים כיון לשרפה קיימא כל העומד לשרוף כשרוף דמי הלכך [חולין פט.]. חלים. בריא [פסחים עא. כתובות כ:]. דעתו צלולה [יבמות קיג:].

אבל הכא. תוקע לשיר מתעסק בעלמא הוה ולקמן בפרק בתרא (דף לג:) תנן המתעסק לא יצא: **אבל** נתכוון שומע ולא נתכוון משמיע היכי משכחת לה. * לא הוה מצי למימר כגון שלא נתכוון משמיע להוציא השומע דמשמע ליה כדדייק בסוף סוגיא משמיע לעצמו ז) דומיא דשומע לעצמו אלמא ז) [לא] בעי כוונה:

דקא מנבח נבוחי. פי' בקונט' דאינו תוקע כשיעור תקיעה המפורש במשנתנו וקשיא דאם כן אפילו נתכוון נמי לא נפיק ונראה לי מנבח נבוחי שאין מתכוון לתקוע שיעור תקיעה ותקע שיעור תקיעה ושמא כך רוצה לומר בקונט' אי נמי כעין שפירש בקונט' לקמן בפרק בתרא (דף לג:) מתעסק שהיה נופח בשופר ועלתה לו בידו תקיעה:

ומנא תימרא דתנן. גבי זריקת דם תימה מאי אולמיה דהך מההיא דכהן שעולה לדוכן ויש לומר דגבי כהן שמתכוין לברך ולהוסיף יכול להיות שעובר אע"ג דלאו זמניה הוא אבל כאן שאין מתכוין להוסיף ואינו עושה אלא מחמת ספק אין לו לעבור אי לאו משום דחשיב זמניה אלא ודאי אמרינן דחשיב זמניה משום זמנין דאי מתרמי ליה בוכרא הדר מזה מיניה והוא הדין גבי כהן מהאי טעמא וא"ת הא דאמר בפ"ק (דף טז: ושם) למה תוקעין ומריעין כשהן יושבין ותוקעין ומריעין כשהן עומדין כדי לערבב את השטן והא עבר משום בל תוסיף ועוד אמר בפרק בתרא (דף לד.) שלש תרועות נאמרו בר"ה שנים מדברי תורה ואחת מדברי סופרים ואיכא למאן דאמר ב' מדברי סופרים והשתא עבר משום בל תוסיף אע"ג דכבר עבר ויצאו מכל מקום אי אתרמי ליה לבורא אחרינא הדר ותקע וחשיב זמניה ועוד דאפי' לאו זמניה כיון דמתכוין לשם מצוה עובר משום בל תוסיף דמסיק רבא בסמוך לעבור שלא בזמנו בעי כוונה וי"ל כדפרישית בפ"ק (דף טז: ושם) דלא שייך בל תוסיף בעשיית המצוה שתי פעמים וברכת כהנים נמי אפי' מברכין כמה פעמים לצבור אחד אין זה בל תוסיף אלא אם כן מוסיף ברכה אחת כגון יוסף (ה') עליכם ככם (דברים א) או כיוצא בה וכן אם נטל לולב כמה פעמים ביום או אוכל בפסח כמה זיתים של מצה אין זה בל תוסיף וכל הניתנים במתנה אחת אם נתן כמה פעמים במקום אחד אין זה בל תוסיף אלא אם כן נותן במקום אחר וכן בהדס וערבה שבלולב אפילו נותן כמה הדסים וכמה ערבות בלולב אין זה בל תוסיף אפילו למ"ד צריך אגד אלא אם כן מוסיף מין אחר ומיהו תימה דלפי' זה אם היה נותן כמה חוטין בציצית וכמה פרשיות בתפלין בבית אחד לא היה עובר משום בל תוסיף ומסוכה אין להביא ראיה כאן מה שאין עובר בעשה ד' מחיצות אע"ג דאמרינן שתים כהלכתן ושלישית אפי' טפח דלכל שכן כשעושה ד' מחיצות טפי עדיף דהוי תשבו כעין תדורו: **מתן** ארבע במתן אחת. כגון דם בכור שהוא מתן אחת בדם עולה ושלמים שהם שתי מתנות שהן ארבע ולא בדם חטאת שהן ארבע מתנות בד' קרנות דההוא למעלה מחוט הסקרא והני למטה: **לא** נאמר בל תוסיף אלא כשהוא בעצמו. והלכך טוב שלא יגרע המלוה:

לא נאמר בל תגרע אלא כשהוא בעצמו. והלכך כיון דיולא באחד למה נזקקו ליתן ארבע ועוד טפי עדיף באחד מארבע כמו שמפרש: **דלמא** קסבר רבי יהושע מצות עובר עליהן שלא בזמנן. והישן בשמיני בסוכה ילקה לרבי יהושע ובשמיני ספק שביעי לא יתיב ומיהו לא קיימא מסקנא הכי: **הכא** אי בעי מברך. משמע מכאן דכיון דעלה לדוכן פעם אחת ביום שוב אינו עובר בעשה דאמור להם (במדבר ו) כל היום דהא קאמר אי בעי לא מברך:

אבל הכא א) זכרון תרועה כתיב והאי מתעסק בעלמא הוא קמ"ל אלמא קסבר רבא ב) מצות אין צריכות כוונה איתיביה ג) היה קורא בתורה והגיע זמן המקרא אם כוון לבו יצא ואם לאו לא יצא מאי לאו כוון לבו לצאת לא לקרות לקרות הא קא קרי א) בקורא להגיה ת"ש ד) היה עובר אחורי בית הכנסת או שהיה ביתו סמוך לבית הכנסת ושמע קול שופר או קול מגילה אם כוון לבו יצא ואם לאו לא יצא מאי לאו אם כוון לבו לצאת לא לשמוע לשמוע והא שמע סבור חמור בעלמא הוא איתיביה ב נתכוון שומע ולא נתכוון משמיע משמיע ולא נתכוון שומע לא יצא עד שיתכוון שומע ומשמיע בשלמא נתכוון משמיע ולא נתכוון שומע כסבור חמור בעלמא הוא אלא נתכוון שומע ולא נתכוון משמיע היכי משכחת לה לאו בתוקע לשיר דלמא דקא מנבח נבוחי א"ל אביי אלא מעתה ה) הישן בשמיני בסוכה ילקה אמר לו שאני אומר מצות אינו עובר עליהן אלא בזמנן מתיב רב שמן בר אבא ג מנין לכהן שעולה לדוכן שלא יאמר הואיל ונתנה לי תורה רשות לברך את ישראל אוסיף ברכה אחת משלי כגון ב) ה' אלהי אבותיכם יוסף עליכם ת"ל ג) לא תוסיפו על הדבר והא הכא כיון דבריך ליה עברה ליה זמניה וקתני דעבר הכא במאי עסקינן בדלא סיים והתניא סיים ברכה אחת והתניא סיים כל ברכותיו שאני הכא כיון דאלו מתרמי ליה צבורא אחרינא הדר מברך כוליה יומא זמניה הוא ומנא תימרא דתנן ט) ד הניתנין במתנה אחת שנתערבו בניתנין מתנה אחת ינתנו מתנה אחת מתן ד' במתן ד' ינתנו במתן ד' מתן ד' במתן אחת ר"א אומר ינתנו במתן ד' רבי יהושע אומר ה ינתנו במתן אחת אמר לו ר"א הרי הוא עובר על ג) בל תגרע אמר לו ר' יהושע הרי הוא עובר על בל תוסיף א"ל ר"א לא נאמר בל תוסיף אלא י) כשהוא בעצמו אמר לו ר' יהושע לא נאמר בל תגרע אלא כשהוא בעצמו ועוד אמר רבי יהושע כשלא נתת עברת על בל תגרע ולא עשית מעשה בידך כשנתת עברת על בל תוסיף ועשית מעשה בידך והא הכא כיון דיהיב ליה מתנה מבכור עברה ליה לזמניה וקתני דעבר משום בל תוסיף לאו משום דאמרינן כיון דאילו מתרמי ליה בוכרא אחרינא הדר מזה מיניה כוליה יומא זמניה ז) [ממאי] דלמא קסבר ר' יהושע מצות עובר עליהן אפי' שלא בזמנן אנן הכי קאמרינן רב שמן בר אבא מ"ט שביק מתני' ומותיב מברייתא לותיב ממתניתין מתניתין מ"ט לא מותיב כיון דאילו מתרמי ליה בוכרא אחרינא בעי מזה מיניה כוליה יומא זמניה הוא ברייתא נמי כיון דאי מתרמי צבורא אחרינא הדר מברך כוליה יומא זמניה ורב שמן בר אבא התם לא סגי דלא יהיב הכא אי בעי מברך אי בעי לא מברך רבא אמר לצאת לא בעי כוונה לעבור בעי כוונה והא מתן דמים לרבי יהושע דלעבור ולא בעי כוונה אלא אמר רבא לצאת לא בעי כוונה לעבור בזמנו לא בעי כוונה ◦ שלא בזמנו בעי כוונה ח) אמר ליה ר' זירא לשמעיה איכוון

קא משמע לן. דאע"ג דמתעסק הוא יצא דמצות אין צריכות כוונה: זמן המקרא. של קריאת שמע והוא היה קורא בתורה פרשת שמע: קורא להגיה. אף קרייה אין כאן אלא מגמגם: דקא מנבח נבוחי. ואינו תוקע כשיעור תקיעה המפורש במשנתנו בפ' אחרון (דף לג:): אלא מעתה. דשאין מתכוון למצוה כמתכוון דמי: הישן בשמיני בסוכה. שלא לשום מלוה: ילקה. שהרי מוסיף על מלוה ועובר משום בל תוסיף: מצות אין עובר עליהן. בבל תוסיף אלא בזמנן כגון חמשת המינין בלולב וה' טוטפות בתפלין חמש ציציות בטלית אבל תוספת יום על ימים או שעה על שעה אין זה מוסיף: בשלא סיים. אלא הוסיפה באמצע: והא סיים קתני. בברייתא: הניתנין במתנה אחת. כגון דם בכור שנתערב בדם בכור חבירו או בדם מעשר: ינתנו מתנה אחת. והרי יש בה משניהן ועולה לשניהן: מתן ארבע. שלמים ואשם ועולה ותודה: דלמא קסבר רבי יהושע כו'. ומתרתי הנך ממתני' ומברייתא איכא לאותובי לרבא: אנן הכי אמרינן. אנן דמייתינן סייעתא מהא דטעמא משום דאי הדר מתרמי ליה כו' הכי קאמרינן ליה לרב שמן: מאי טעמא שבק מתניתין כו'. שבק מתניתין הניתנין במתנה אחת משנה היא בשחיטת קדשים: לותיב ממתניתין. דאלימא לאקשויי: לא סגי דלא יהיב. אי הדר מתרמי ליה דקדשים לא מפסיד: לצאת לא בעי כוונה. דבלאו מתכוין יוצא ידי חובתו: לעבור בעי כוונה. שיתכוין לשום מלוה ואי לא לא עבר: והא מתן דמים כו'. שאין מתכוין בשאר מתנותיו לשם בכור וקאמר רבי יהושע הרי הוא עובר על בל תוסיף: איכוון

דתנן

אֲבָל הָכָא – **But here** in the second case „זִכְרוֹן תְּרוּעָה" כְּתִיב – **it is written** that on Rosh Hashanah there shall be ***a remembrance of [shofar] blasts***,[1] וְהַאי מִתְעַסֵּק בְּעָלְמָא הוּא – **and this** one **is merely a preoccupied** individual, and therefore does not fulfill the mitzvah.[2] קָא מַשְׁמַע לָן – **[Rava]** thus **informs us** that the cases are indeed analogous, and the shofar blower also fulfills his obligation.

The Gemara draws a conclusion:

אַלְמָא קָסָבַר רָבָא מִצְוֹת אֵין צְרִיכוֹת כַּוָּנָה – From here **we see** that **Rava maintains** that **commandments do not require intent.**[3]

The Gemara challenges this opinion:

אֵיתִיבֵיהּ – **[An Amora] challenged [Rava]** from the following Mishnah:[4] הָיָה קוֹרֵא בַּתּוֹרָה – If ONE WAS RECITING the sections of the *Shema* IN THE TORAH וְהִגִּיעַ זְמַן הַמִּקְרָא – AND THE TIME OF the *Shema's* RECITAL ARRIVED,[5] אִם כִּוֵּן לִבּוֹ – IF HE DIRECTED HIS MIND to it, יָצָא – HE HAS FULFILLED his obligation; וְאִם לָאו – BUT IF NOT, לֹא יָצָא – HE HAS NOT FULFILLED his obligation.[6] מַאי לָאו כִּוֵּן לִבּוֹ לָצֵאת – Now, **what** does the Mishnah mean by "if he directed his mind"? Does it **not** mean "if **he directed his mind to fulfill** his obligation"?[7]

The Gemara rejects this explanation of the Mishnah, and offers a different one:

לֹא לִקְרוֹת – **No,** it means that he simply intended **to recite** the words of the *Shema.*

The Gemara is puzzled by this answer:

לִקְרוֹת – You say it means that he must intend **to recite** the words of the *Shema*? הָא קָא קָרֵי – **But** the Mishnah's case is where **he is,** in fact, **reciting** the *Shema* passages from the Torah!

The Gemara replies:

בְּקוֹרֵא לְהַגִּיהַּ – The Mishnah speaks of **where he is reciting** the Torah **to correct** any mistakes he may find in the scroll. Consequently, he might be slurring the words, not pronouncing them correctly. The Mishnah is stating that he must enunciate clearly to fulfill the obligation, and thus does not indicate that he must have intent to fulfill the mitzvah.[8]

The Gemara now cites our Mishnah to challenge Rava's view:

תָּא שְׁמַע – **Come, learn** a proof that mitzvos require intent: הָיָה עוֹבֵר אֲחוֹרֵי בֵית הַכְּנֶסֶת – The Mishnah says: Regarding ONE WHO WAS PASSING BEHIND A SYNAGOGUE, אוֹ שֶׁהָיָה בֵיתוֹ סָמוּךְ לְבֵית הַכְּנֶסֶת – OR WHOSE HOUSE WAS ADJACENT TO A SYNAGOGUE, וְשָׁמַע קוֹל שׁוֹפָר – AND on Rosh Hashanah HE HEARD THE SOUND OF A SHOFAR emanating from the synagogue, אוֹ קוֹל מְגִילָּה – OR on Purim he heard THE SOUND OF THE MEGILLAH-reading emanating from the synagogue, the law is as follows: אִם כִּוֵּן לִבּוֹ – IF HE DIRECTED HIS MIND to it, יָצָא – HE HAS FULFILLED his obligation. וְאִם לָאו – BUT IF NOT, לֹא יָצָא – HE HAS NOT FULFILLED his obligation. מַאי לָאו אִם כִּוֵּן לִבּוֹ לָצֵאת – Now, **what** does the Mishnah mean by "if he directed his mind"? Does it **not** mean "if **he directed his mind to fulfill** his obligation"?

The Gemara rejects this explanation:

לֹא לִשְׁמוֹעַ – **No,** it means that he simply intended **to hear** the shofar blast.

The Gemara is puzzled by this answer:

לִשְׁמוֹעַ – You say it means that he must intend **to hear** the shofar blast? וְהָא שָׁמַע – **But** the Mishnah's case is where **he,** in fact, **heard** the shofar blast! – ? –

The Gemara replies:

סָבוּר חֲמוֹר בְּעָלְמָא הוּא – The Mishnah speaks of where **he thinks it is merely the** braying of a **donkey** that he hears.[9]

The Gemara poses another challenge:

אֵיתִיבֵיהּ – **[An Amora] challenged [Rava]** from the following Baraisa:

נִתְכַּוֵּון שׁוֹמֵעַ וְלֹא נִתְכַּוֵּון מַשְׁמִיעַ – IF THE LISTENER HAD INTENT BUT THE ONE MAKING the blast HEARD[10] DID NOT HAVE INTENT, מַשְׁמִיעַ וְלֹא נִתְכַּוֵּון שׁוֹמֵעַ – or if THE ONE MAKING the blast HEARD had intent BUT THE LISTENER DID NOT HAVE INTENT – לֹא יָצָא – in either case [THE LISTENER] HAS NOT FULFILLED his obligation עַד שֶׁיִּתְכַּוֵּון שׁוֹמֵעַ וּמַשְׁמִיעַ – UNTIL both THE LISTENER AND THE ONE MAKING the blast HEARD HAVE INTENT. בִּשְׁלָמָא נִתְכַּוֵּון מַשְׁמִיעַ וְלֹא נִתְכַּוֵּון שׁוֹמֵעַ – Now, **[this ruling] is understandable** (according to Rava) in the case where **the blower had intent and the listener did not have intent,** כְּסָבוּר חֲמוֹר בְּעָלְמָא הוּא – for

NOTES

1. *Leviticus* 23:24.

2. The commentators question why the Gemara mentions that Rosh Hashanah involves a *remembrance of [shofar] blasts.* Is it not sufficient to say that the shofar blower is considered preoccupied [in contrast to the matzah eater, who perforce is not]?

The simple understanding is that there were two versions of the Gemara's answer. In the text of *Ran, remembrance of blasts* was not mentioned. Accordingly, the Gemara is saying that mitzvos require intent, and without it one is regarded as preoccupied. However, since the matzah eater perforce derives enjoyment, the mitzvah act is attributed to him. In the other version, *this one is preoccupied* is not mentioned. The Gemara thus holds that mitzvos do not require intent, and since the matzah eater consciously performed the mitzvah act, he fulfills his obligation. Only in the case of shofar, because *remembrance of blasts* is written, is intent to fulfill the mitzvah required (see *Rambam, Hil. Chametz U'Matzah* 6:3 and *Hil. Shofar* 2:4 with commentators, and see *Responsa* of his son *R' Avraham* [§34]).

See also *Ritva;* cf. *Maharsha* and *Turei Even;* see *Pnei Yehoshua.*

3. That is, in order to fulfill an obligation imposed by the Torah or the Rabbis, one need not actually intend to be fulfilling a commandment of the Torah or the Rabbis while performing the mitzvah act. See *Melo HaRo'im* to *Pesachim* 114b ד״ה א״כ מאי מצוה.

4. *Berachos* 13a.

5. I.e. a person was reading aloud in a Torah scroll, and before he reached the passages that constitute the *Shema* (*Deuteronomy* 6:4-9 and 11:13-21, and *Numbers* 15:37-41; see Schottenstein edition of *Berachos* ibid. note 3), the time for its recital had arrived (*Rashi*).

6. While this last ruling (וְאִם לָאו לֹא יָצָא) is found in Mishnayos, it does not appear in the citation of the Mishnah in *Berachos* (13b).

7. I.e. that he actually intended to fulfill the mitzvah of *Shema.* Accordingly, the Mishnah refutes Rava, who holds that no such intent is required.

8. *Rashi.* Alternatively, since he is checking for scribal mistakes, he pronounces the words as they are written and does not necessarily adhere to the rules of vowelization and pronunciation (*Tosafos* to *Berachos* ad loc.). According to either interpretation, *if he directs his mind* does not refer to a kind of intent. Rather, it means that if he concentrates on enunciating the words clearly and pronouncing them properly, he fulfills his obligation (cf. *Rashi* and *Talmidei Rabbeinu Yonah* to *Berachos* ibid. and *Ritva* here; see *Aruch LaNer*).

9. As noted above (28a note 38), even if one is not required to entertain an intent to fulfill the commandment, he must at least realize that he is performing the mitzvah act. If he thinks he is performing a different act, he is a מִתְעַסֵּק, *one who is preoccupied* with a different act, and has not fulfilled his obligation. In the Mishnah's case, the person does not see anyone blowing the shofar (for he is located outside the synagogue or in his house). Thus, without directing his mind to discern what kind of sound he is hearing, he could mistake the shofar blast for the braying of a donkey (or some other sound). If he indeed thinks thus, he lacks intent for the *act* of the mitzvah – i.e. he lacks the realization that he is listening to a shofar blast, and in the opinion of all he has not fulfilled his obligation. Accordingly, the Mishnah means to say that if he concentrates and realizes that he is listening to a shofar blast, he has fulfilled his obligation, even though he had no intent to fulfill his obligation with this listening. Regarding the Mishnah's case of the Megillah-reading, the listener must realize that the reader is not a minor or a non-Jew, who are disqualified from reading for others (*Aruch LaNer;* cf. *Rashash*).

10. I.e. the blower.

מד א מיי' פ"ב מהל' ק"ש הלכה א סמג עשין יח טוש"ע א"ח סי' ס סעיף ה: מה ב מיי' פ"ב מהל' שופר הל' ד טוש"ע א"ח סי' תקפט סעיף ח: מו ג מיי' פי"ד מהלכות נשיאות כפים הלכה יב טוש"ע א"ח סי' קכח סעיף ס [רב אלפס פ' הקורא את המגילה דף רעג]: מז ד ה מיי' פ"ב מהל' פסולי המוקדשין הלכה יא:

אבל הכא א) זכרון תרועה כתיב והאי מתעסק בעלמא הוא קמ"ל אלמא קסבר רבא ב) מצות אין צריכות כוונה איתיביה ג) היה קורא בתורה והגיע זמן המקרא אם כוון לבו יצא ואם לאו לא יצא מאי לאו כוון לבו לצאת לא לקרות לקרות הא קא קרי א) בקורא להגיה ת"ש ד) היה עובר אחורי בית הכנסת או שהיה ביתו סמוך לבית הכנסת ושמע קול שופר או קול מגילה אם כוון לבו יצא ואם לאו לא יצא מאי לאו אם כוון לבו לצאת לא לשמוע לשמוע והא שמע סבור חמור בעלמא הוא איתיביה ב) נתכוון שומע ולא נתכוון משמיע משמיע ולא נתכוון שומע לא יצא עד שיתכוון שומע ומשמיע בשלמא נתכוון משמיע ולא נתכוון שומע כסבור חמור בעלמא הוא אלא נתכוון שומע ולא נתכוון משמיע היכי משכחת לה לאו בתוקע לשיר דלמא דקא מנבח נבוחי א"ל אביי אלא מעתה ה) הישן בשמיני בסוכה ילקה אמר לו שאני אומר מצות אינו עובר עליהן אלא בזמנן מתיב רב שמן בר אבא ג) מנין לכהן שעולה לדוכן שלא יאמר הואיל ונתנה לי תורה רשות לברך את ישראל אוסיף ברכה אחת משלי כגון ב) ה' אלהי אבותיכם יוסף עליכם ת"ל ג) לא תוסיפו על הדבר והא הכא כיון דבריך ליה עברה ליה זמניה וקתני דעבר הכא במאי עסקינן בדלא סיים והתניא סיים ברכה אחת והתניא סיים כל ברכותיו שאני הכא כיון דאלו מתרמי ליה צבורא אחרינא הדר מברך כוליה יומא זמניה הוא ומנא תימרא דתנן ו) הניתנין במתנה אחת שנתערבו בניתנין מתנה אחת ינתנו מתנה אחת מתן ד' במתן ד' ינתנו במתן ד' מתן ד' במתן אחת ר"א אומר ינתנו במתן ד' רבי יהושע אומר ה) ינתנו במתן אחת אמר לו ר"א הרי הוא עובר על ג) בל תגרע אמר לו ר' יהושע הרי הוא עובר על בל תוסיף א"ל ר"א לא נאמר בל תוסיף אלא ו) כשהוא בעצמו אמר לו ר' יהושע לא נאמר בל תגרע אלא כשהוא בעצמו ועוד אמר רבי יהושע כשלא נתת עברת על בל תגרע ולא עשית מעשה בידך כשנתת עברת על בל תוסיף ועשית מעשה בידך והא הכא כיון דיהיב ליה מתנה מבכור עברה ליה לזמניה וקתני דעבר משום בל תוסיף לאו משום דאמרינן כיון דאילו מתרמי ליה בוכרא אחרינא הדר מזה מיניה כוליה יומא זמניה ז) [ממאי] דלמא קסבר ר' יהושע מצות עובר עליהן אפי' שלא בזמנן אנן הכי קאמרינן רב שמן בר אבא מ"ט שביק מתני' ומותיב מברייתא לותיב ממתניתין מתניתין מ"ט לא מותיב כיון דאילו מתרמי ליה בוכרא אחרינא בעי מזה מיניה כוליה יומא זמניה הוא ברייתא נמי כיון דאי מתרמי צבורא אחרינא הדר מברך כוליה יומא זמניה ורב שמן בר אבא התם לא סגי דלא יהיב הכא אי בעי מברך אי בעי לא מברך רבא אמר לצאת לא בעי כוונה לעבור בעי כוונה והא מתן דמים דרבי יהושע דלעבור ולא בעי כוונה אלא אמר רבא לצאת לא בעי כוונה לעבור בזמנו לא בעי כוונה ° שלא בזמנו בעי כוונה ח) אמר ליה ר' זירא לשמעיה איכוון

דתנן

רש"י

קא משמע לן. דאע"ג דמתעסק הוא יצא דמצות אין צריכות כוונה: זמן המקרא. של קריאת שמע והוא היה קורא בתורה פרשת שמע: קורא להגיה. אף קריייה אין כאן אלא מגמגם: דקא מנבח נבוחי. ואינו תוקע כשיעור תקיעה המפורש במשנתנו בפ' אחרון (דף לג:): אלא מעתה. דשאין מתכוין למצוה כמתכוין דמי: הישן בשמיני בסוכה. ילקה. שהרי מוסיף שלא לשם מצוה ועובר משום בל תוסיף: מצות אין עובר עליהן. בבל תוסיף אלא בזמנן כגון חמשת המינין בלולב וה' טוטפות בתפלין חמש ציציות בטלית אבל תוספת יום על ימים או שעה על שעה אין זה מוסיף: בשלא סיים. אלא הוסיפה באמצע: והא סיים קתני. בברייתא: הניתנין במתנה אחת. כגון דם בכור שנתערב בדם בכור חבירו או בדם מעשר: ינתנו מתנה אחת. והרי יש בה משניהן ועולה לשניהן: מתן ארבע. שלמים ואשם ועולה ותודה: דלמא קסבר רבי יהושע כו'. ומתרמי הנך ממתני' ומברייתא איכא לאותובי לרבא: אנן הכי אמרינן. אנן דמייתינן סייעתא מהא דטעמא משום דאי הדר מתרמי ליה כו' הכי קאמרינן ליה לרב שמן: מאי טעמא שבק מתניתין כו'. שבק מתניתין הניתנין במתנה אחת משנה היא בשחיטת קדשים: לותיב ממתניתין. דאלימא לאקשויי: לא סגי דלא יהיב. אי הדר מתרמי ליה דקדשים לא מפסיד: לצאת לא בעי כוונה. דבלאו מתכוין יוצא ידי חובתו: לעבור בעי כוונה. שיתכוין לשום מלוה ואי לא לא עבר: והא מתן דמים כו'. שאין מתכוין בשאר מתנותיו לשם בכור וקאמר רבי יהושע הרי הוא עובר על בל תוסיף:

איכוון

תוספות

אבל הכא. תוקע לשיר מתעסק בעלמא הוה ולקמן בפרק בתרא (דף לג:) תנן המתעסק לא יצא: אבל נתכוון שומע ולא נתכוון משמיע היכי משכחת לה. ° לא הוה מצי למימר כגון שלא נתכוון משמיע להוציא השומע דמשמע ליה כדדייק בסוף סוגיא משמיע לעצמו ט) דומיא דשומע לעצמו אלמא י) [לא] בעי כוונה:

דקא מנבח נבוחי. פי' בקונט' דאינו תוקע כשיעור תקיעה המפורש במשנתנו וקשיא דא"כ אפילו נתכוון נמי לא נפיק ונראה לי מנבח נבוחי שאין מתכוין לתקוע שיעור תקיעה ותקע שיעור תקיעה ושמא כך רוצה לומר בקונט' אי נמי כעין שפירש בקונט' לקמן בפרק בתרא (דף לג:) מתעסק שהיה נופח בשופר ועלתה לו בידו תקיעה:

ומנא תימרא דתנן. גבי זריקת דם תימה מאי אולמיה דהכן מהסיה דכהן שעולה לדוכן ויש לומר דגבי כהן שמתכוין לברך ולהוסיף יכול להיות שעובר אע"ג דלאו זמניה הוא אבל כאן שאין מתכוין להוסיף ואינו עושה אלא מחמת ספק אין לו לעבור אי לאו משום דחשיב זמניה אלא ודאי אמרינן דחשיב זמניה משום זמנין דאי מתרמי ליה בוכרא הדר מזה מיניה והוא הדין גבי כהן מהאי טעמא ואו"ת הא דאמר בפ"ק (דף טז: וסם) למה תוקעין ומריעין כשהן יושבין ותוקעין ומריעין כשהן עומדין כדי לערבב את השטן והא עבר משום בל תוסיף ועוד אמר בפרק בתרא (דף לד.) שלש תרועות נאמרו בר"ה שנים מדברי תורה ואחת מדברי סופרים ואיכא למאן דאמר ב' מדברי סופרים והשתא עבר משום בל תוסיף אע"ג דכבר עבר ויצאו מכל מקום אי אתרמי ליה צבורא אחרינא הדר ותקע וחשיב זמניה ועוד דלפי' לאו זמניה כיון דמתכוין לשם מלוה עובר משום בל תוסיף דמסיק רבה בסמוך לעבור שלא בזמנו בעי כוונה וי"ל כדפרישית בפ"ק (דף טז: וסם) דלא שייך בל תוסיף בעשיית המלוה שתי פעמים וברכת כהנים נמי אפי' מברכין כמה פעמים לצבור אחד אין זה בל תוסיף אלא אם כן מוסיף ברכה אחת כגון יוסף (ה') עליכם (דברים א) או כיולא בה וכן אם נטל לולב כמה פעמים ביום או אוכל בפסח כמה זיתים של מלה אין זה בל תוסיף וכל הניתנים במתנה אחת אם נתן כמה פעמים במקום אחד אין זה בל תוסיף אלא אם כן נותן במקום אחר וכן בהדס וערבה שבלולב אפילו נותן כמה הדסים וכמה ערבות בלולב אין זה בל תוסיף אפילו למ"ד לריך אגד אלא אם כן מוסיף מין אחר ומיהו תימה דלפי' זה אם היה נותן כמה חוטין בציצית וכמה פרשיות בתפלין בבית אחד לא היה עובר משום בל תוסיף ומסוכה אין להביא ראיה כאן מה שאין עובר בעשה ד' מחיצות אע"ג דאמרינן שתים כהלכתן ושלישית אפי' טפח דלכל שכן כשעושה ד' מחיצות טפי עדיף דהוי תשבו כעין תדורו:

מתן ארבע במתן אחת. כגון דם בכור שהוא מתן אחת בדם עולה ושלמים שהם שתי מתנות שהן ארבע ולא בדם חטאת שהן ארבע מתנות בד' קרנות דההוא למעלה מחוט הסקרא והני למטה:

לא נאמר בל תוסיף אלא כשהוא בעצמו. והלכך טוב שלא יגרע המלוה:

לא נאמר בל תגרע אלא כשהוא בעצמו. והלכך כיון דיולא באחד למה מזקקו ליתן ארבע ועוד טפי עדיף באחד מארבע כמו שמפרש:

דלמא קסבר רבי יהושע מצות עובר עליהן שלא בזמנן. והישן בשמיני בסוכה ילקה לרבי יהושע ובשמיני ספק שביעי לא יתיב ומיהו לא קיימא מסקנא הכי:

הכא אי בעי מברך. משמע מכאן דכיון דעלה לדוכן פעם אחת ביום שוב אינו עובר בעשה דאמור להם (במדבר ו) כל היום דהא קאמר אי בעי לא מברך:

רבינו חננאל

התם תאכלו מצות אמר רחמנא והא אכליה אבל הכא בענין תקיעות כוונת הלב בענין וליכא קמ"ל מצות אין צריכות כוונה. איתיביה היה קורא בתורה בענין ק"ש והגיע זמן ק"ש אם כוון לבו למצות ק"ש יצא ואם לא כוון לא יצא. ודחינן מתניתין בקורא להגיה. שאינו קורא התיבות בקריאתן אלא ככתיבתם החסרות והיתירות כמות שהן כתובות. לפיכך אם כוון לבו וקרא כמסורת יצא ואם לאו לא יצא ת"ש מהא דתנן הכא במתנית' היה עובר אחורי ביהכ"נ או שהיה ביתו סמוך לכנסת ושמע קול שופר או קול מקרא מגילה אם כוון לבו יצא ואם לאו לא יצא אע"פ שזה שמע וזה שמע זה כוון לבו וזה לא כוון לבו מאי כוון לבו לצאת וש"מ מצות צריכות כוונה. ודחינן כוון לבו לשמוע ולהבחין אם הוא תקיעת בן אדם או צהלת סוס. איתיביה נתכוון א) משמיע לא יצא הא היכי משכחת לה לאו בתוקע לשיר קשיא לרבה ופריק לא דקא מנבח נבוחי. כלומר אינה תקיעה שלימה אלא כמין נבוח הוא ולפיכך לא יצא אבל אם היתה תקיעה אע"פ שלא נתכוון יצא. אי הכי כי המצות [אין] צריכות כוונה התורה אמרה בסכות תשבו שבעת ימים ואין לך להוסיף על שבעת הימים אי הכי הישן בשמיני בסוכה ילקה על שעבר בבל תוסיף אף על פי שלא נתכוון לישן משום מצוה ודחינן שאני אומר מצות אין עובר עליהן משום בל תוסיף אלא בזמנן. מותיב רב שימי בר אבי מנין לכהן שיעלה לדוכן שלא יאמר הואיל וניתנה לי רשות לברך את ישראל אוסיף אני ברכה אחת משלי כגון ה' אלהי אבותיכם יוסף עליכם וגו' ת"ל לא תוספו על הדבר אשר אנכי מצוה אתכם. (ודחינן כיון דאילו מתרמי ליה ציבורא אחרינא) [וכיון] דסיים כל הברכות עברה לה זמן המצוה וקתני דעובר אם יוסיף ודחינן כיון דאילו מתרמי ליה צבורא אחרינא הדר מברך להו כולה יומא זמניה הוא. ומנא תימרא דאמרינן כי האי גוונא דכוליה יומא זמניה הוא דתנן בשחיטת קדשים פ"ח הניתנין מתנה אחת שנתערבו בניתנין מתן אחת ינתנו במתן אחת כו' והא הכא כיון דיהיב ליה כבכור מתנה אחת והיא מצותו כדתנן בפרק איזהו מקומן של זבחים הבכור והמעשר והפסח קדשים קלים שחיטתן בכ"מ בעזרה ודמן טעון מתנה אחת כו' הנה כיון שהזה מדם הבכור מתנה אחת גמר מצותו ועברה ליה זמניה וקתני ר' יהושע כשנתת עברת על בל תוסיף ועשית מעשה בידך לאו משום דאמר כיון דאלו מיתרמי בכור אחר הוי מדי מיניה כולהי יומא זמנו הוא ודחינן ודלמא ר' יהושע סבר מצות עובר עליהן אפי' שלא בזמנן אנן הכי קאמרי' רב שימי גופיה היכי שביק מתניתין אמאי לא מותיב מהא מתני' דסבר מתני' כיון דאילו מתרמי ליה בכור אחר הוה (כל) [מזה מיניה כוליה] יומא זמניה הוא ברייתא נמי נימא כיון דאילו מתרמי ליה צבורא אחרינא הדר מברך כולי יומא זמניה הוא כלומר טעמא חדא נינהו אמאי מותיב מהאי. ופרקינן רב שימי סבר התם גבי בכור לא סגי דלא מדי הלכך זמניה הוא הכא אי בעי מצלי אי בעי לא מצלי ואסיקנא אלא אמר רבא לצאת ידי חובה

מצות

מסורת הש"ס

א) [פסחים קיד:], ב) ברכות יג., ג) [לעיל כז: לקמן כט. תוספ' פ"ב], ד) [עירובין לו.], ה) עירובין ק. זבחים פ., ו) [פי' כשהדבר עומד בעצמו ולא כשיש בו דבר אחר. תוי"ט פ"ח דזבחים מ"י], ז) ס"א, ח) [לקמן לג:], ט) דומיא דשומע לעצמו דקרי ליה נתכוין שומע ומשמיע דילא אלמא וכו' כל"ל, י) כ"א.

גליון הש"ס

גמ' שלא בזמנו בעי כוונה. עיין תוס' ישנים יומא דף נז ע"א ד"ה נותן: תוס' ד"ה אבל נתכוין כו' לא הוי מצי לומר. עיין תשובת מהריב"ל ספר שני סי' פה:

תורה אור השלם

א) דַּבֵּר אֶל בְּנֵי יִשְׂרָאֵל לֵאמֹר בַּחֹדֶשׁ הַשְּׁבִיעִי בְּאֶחָד לַחֹדֶשׁ יִהְיֶה לָכֶם שַׁבָּתוֹן זִכְרוֹן תְּרוּעָה מִקְרָא קֹדֶשׁ: [ויקרא כג, כד]

ב) יְיָ אֱלֹהֵי אֲבוֹתֵכֶם יֹסֵף עֲלֵיכֶם כָּכֶם אֶלֶף פְּעָמִים וִיבָרֵךְ אֶתְכֶם כַּאֲשֶׁר דִּבֶּר לָכֶם: [דברים א, יא]

ג) לֹא תֹסִפוּ עַל הַדָּבָר אֲשֶׁר אָנֹכִי מְצַוֶּה אֶתְכֶם וְלֹא תִגְרְעוּ מִמֶּנּוּ לִשְׁמֹר אֶת מִצְוֹת יְיָ אֱלֹהֵיכֶם אֲשֶׁר אָנֹכִי מְצַוֶּה אֶתְכֶם: [דברים ד, ב]

ליקוטי רש"י

מצות אין צריכות כוונה. שיהא מתכוין לשם מלות [ברכות יג.]. שהעושה מלוה לריך שיכוין בה [עירובין צה:]. היה קורא בתורה. פרשת ק"ש. והגיע זמן המקרא. זמן ק"ש. לקרות. אבל לצאת ידי מלוה לא בעינן שיהא מתכוין אלא לקרות בתורה בעלמא. הא קא קרי. הא בקורא קא עסיק תנא ואתי דקתני היה קורא בתורה. בקורא להגיה. את הספר אם יש בו טעות דלאפוקי לקריאה נמי לא מתכוין [ברכות שם]. מנבח נבוחי. מגמגם קרויא"ט [ביצה יד.]. הישן בשמיני בסוכה ילקה. דמוסיף שמיני על שביעי ואנן יתבינן בשמיני בספק שביעי לכתחלה אלא בזמנו בלא כוונה לאו תוספת הוא ולהכי שרינן דאי שמיני הוא לא מכוין למלות סוכה [עירובין צו.]. לא תוסיפו. (ספרי) כגון חמש פרשיות בתפלין חמשת מינין בלולב וחמש ציציות וכן לא תגרעו [דברים ד ב]. הניתנין במתנה אחת וכו'. כגון דם הבכור שנתערב בדם הבכור [עירובין ק.]. כגון דם בכור שנתערב בדם מעשר בין בכלול בין בבכור [זבחים פ.]. ינתנו מתנה אחת. ועולה לזה ולזה. מתן ד' במתן ד'. כגון חטאת וזו נשפך ארבע מתנות ועולה לזו ולזו [עירובין שם]. כמו דם עולה בדם שלמים או בדם אשם שניהם טעונין שתי מתנות שהן ארבע ושניהם תחתונים [זבחים שם]. ינתנו במתן ד'. דקסבר קום עשה מלוה עדיף אף על גב דבהאי מלוה איכא לאו דבל תוסיף אבכור אבל תוסיף אתי עשה דחטאת דכתיב (ויקרא ד) ונתן על קרנות ודחי לבל תוסיף דבכור [עירובין שם]. מתן ד' במתן אחת. כגון דם עולה בבכור (שהן) [שניהם] תחתונים. ר' אליעזר אומר ינתנו במתן ד'. ורואה אני את היתירות הניתנות מדם הבכור כאילו הן מים ואין זה בל תוסיף. רבי יהושע אומר ינתנו במתן אחת. עולה יצא לכל הניתנין על מזבח החיצון שנתנן במתנה אחת כיפר [זבחים פ.]. כיון דקיימא לן (זבחים לו:) כל הניתנין על מזבח החיצון שנתנן במתנה אחת כיפר הכא דלא אפשר סמכינן עלה אפילו לכתחילה ולא עבדינן אבל תוסיף דחטאת כדקאמר טעמא מוטב שיעקר בל תגרע מאליו שהוא יושב ואינו עוקר הלאו בידים מעבור על בל תוסיף בידים [עירובין שם]. ולא עשית מעשה בידך. ואינו דומה עושה מעשה ליושב ואינו עושה ואיסור בא מאליו [זבחים שם].

we can say that **[the listener] thought it is merely the** braying of a **donkey** that he hears.[11] אֶלָּא נִתְכַּוֵּון שׁוֹמֵעַ וְלֹא נִתְכַּוֵּון מַשְׁמִיעַ – **But** where **the listener had intent and the blower did not have intent,** הֵיכִי מַשְׁכַּחַת לָהּ – **how do we find [such a situation]?**[12] לָאו בְּתוֹקֵעַ לָשִׁיר – **Is it not where he blows** the shofar **for** the purpose of playing **a song,** and yet the Baraisa says that in this case the listener has not fulfilled his own obligation?[13]

The Gemara deflects the challenge:

דִּלְמָא דְּקָא מְנַבֵּחַ נְבוּחֵי – No, **perhaps** the case is **where he was making barking sounds** with the shofar, but unintentionally blew sounds of the proper duration.[14]

The Gemara again challenges Rava:

אָמַר לֵיהּ אַבָּיֵי – **Abaye said to [Rava]:** אֶלָּא מֵעַתָּה – **But now,** according to your opinion that mitzvos do not require intent,[15] הַיָּשֵׁן בִּשְׁמִינִי בְּסוּכָּה – **one who sleeps in a succah on the eighth** day of the Succos festival[16] יִלְקֶה – **should receive lashes** for performing the mitzvah for an additional day![17] – ? –

Rava responds:

אָמַר לוֹ – **He said to [Abaye]:** שֶׁאֲנִי אוֹמֵר מִצְוֹת אֵינוֹ עוֹבֵר עֲלֵיהֶן אֶלָּא בִּזְמַנָּן – This is not so, **for I say** with regard to the **commandments** that **one transgresses** for adding **onto them only during their** designated **time** of performance.[18]

The Gemara challenges this position:

מָתִיב רַב שֶׁמֶן בַּר אַבָּא – **Rav Shemen bar Abba retorted** from the following Baraisa: מִנַּיִן לְכֹהֵן שֶׁעוֹלֶה לַדּוּכָן – FROM WHERE do we know REGARDING A KOHEN WHO ASCENDS TO THE PLATFORM to confer the three Priestly Blessings[19] שֶׁלֹּא יֹאמַר – THAT HE SHALL NOT SAY to himself: הוֹאִיל וְנִתְּנָה לִי תּוֹרָה רְשׁוּת לְבָרֵךְ אֶת יִשְׂרָאֵל – SINCE THE TORAH HAS GRANTED ME AUTHORITY[20] TO BLESS the Children of ISRAEL, אוֹסִיף בְּרָכָה אַחַת מִשֶּׁלִּי – I SHALL ADD ONE BLESSING OF MY OWN – כְּגוֹן ,,ה' אֱלֹהֵי אֲבוֹתֵכֶם יֹסֵף עֲלֵיכֶם'' – FOR EXAMPLE, the blessing: *MAY HASHEM, THE GOD OF YOUR FOREFATHERS, ADD TO YOU a thousand times yourselves?*[21] תַּלְמוּד לוֹמַר ,,לֹא תֹסִפוּ עַל־הַדָּבָר'' – From that which [THE TORAH] STATES:[22] *YOU SHALL NOT ADD TO THE WORD that I commanded you.*[23] וְהָא הָכָא – **But here** in this case, כֵּיוָן דְּבָרֵיךְ לֵיהּ – **once [the Kohen] has performed the** prescribed **blessing** עֲבָרָה לֵיהּ זִמְנֵיהּ – **the [blessing's] time has passed,** וְקָתָנֵי דְּעָבַר – **and** yet **[the Baraisa] teaches that he transgressed** the prohibition if afterward he adds another blessing! – ? –

The Gemara answers:

הָכָא בְּמַאי עַסְקִינַן – **With what** case **are we dealing here?** בְּדְלָא סַיֵּים – **With where [the Kohen] did not conclude** the prescribed blessings when he added his own,[24] so that the time of the mitzvah had not yet lapsed.

The Gemara counters:

וְהָתַנְיָא סַיֵּים – **But it was taught in the Baraisa**[25] that "HE CONCLUDED" the prescribed blessings before uttering his own. The Baraisa thus teaches that the prohibition applies even when the designated time of the mitzvah has passed. – ? –

The Gemara replies:

סַיֵּים בְּרָכָה אַחַת – That Baraisa means that **he concluded** only **one** prescribed **blessing** before adding his own. Since he must still confer the other two, the time of the blessing has not elapsed, and so he violates the prohibition of "do not add."

The Gemara persists:

וְהָתַנְיָא סַיֵּים כָּל בִּרְכוֹתָיו – **But it was** explicitly **taught in** another **Baraisa** that "HE CONCLUDED ALL HIS prescribed BLESSINGS"

NOTES

11. In which case he lacks intent for even the *act* of the mitzvah (viz. realizing that he is listening to a shofar blast), and even Rava concedes that he does not fulfill his obligation (see note 9 above).

12. The blower obviously realizes that it is the sound of a shofar he hears.

13. The Baraisa thus refutes Rava, who ruled above (28a) that the blower need intend only to produce these valid sounds from the shofar.

14. That is, perhaps the blower intended to blow blasts that were shorter than the required duration, but he inadvertently blew acceptable ones. Hence, he lacked intent for even the *act* of the mitzvah, and so Rava would agree that one cannot fulfill his obligation with these blasts (*Rashi,* as explained by *Tosafos;* see there for another interpretation).

15. And one who performs a mitzvah act without intending to fulfill his obligation fulfills it just as if he had had such intent (*Rashi*).

16. Without intending to perform the mitzvah of dwelling in a succah (*Rashi*).

17. [The Torah commands: לֹא־תֹסֵף עָלָיו וְלֹא תִגְרַע מִמֶּנּוּ, *you shall not add to it, neither shall you subtract from it* (*Deuteronomy* 13:1; see also ibid. 4:2). It is forbidden to add to the requirements set by the Torah (e.g. by wearing head tefillin with five compartments, or taking five species on Succos – *Rashi* ad loc. from *Sifrei*), and it is forbidden to subtract from them.] The festival of Succos extends for seven days, during which time one is commanded to dwell in a succah. On the eighth day a separate festival, Shemini Atzeres, is observed. There is no mitzvah to dwell in a succah on that day. Now, if one does dwell in the succah on the eighth day with the intent to fulfill the mitzvah an extra day, he is in violation of the prohibition בַּל תּוֹסִיף, *do not add* (see *Sfas Emes*). It follows, then, that according to Rava, one who performs an extra mitzvah act without intending to fulfill the mitzvah should also be in violation of this prohibition, since Rava maintains that one fulfills a mitzvah without intending to do so. Consequently, in his opinion one who dwells in a succah on the eighth day should be liable to lashes for transgressing the "do not add" prohibition even if he had no intent to add to the mitzvah. However, we know that there is no such liability (*Ritva*). Moreover, we in the Diaspora dwell in the succah on the eighth day (see *Succah* 47a) with the conditional intent to fulfill the mitzvah if Shemini Atzeres is, in fact, the seventh and final day of Succos; in the event, however, that the eighth day is not Succos, we have no intent to fulfill the mitzvah. According to Rava, however, if the eighth day is not Succos, we would thereby violate the "do not add" prohibition even despite our lack of intent to fulfill the mitzvah! (*Rashi* to *Eruvin* 96a ד״ה ועוד הישן בסוכה; cf. *Meiri* ד״ה כל דבר and *Rashba* above, 16a; see *Aruch LaNer*). See also *Rama* to *Orach Chaim* 666:1, *Sifsei Chachamim* and *Meromei Sadeh*.

18. Rava asserts that one can legally "add" to a mitzvah only when the mitzvah act is being performed in a timely fashion – for example, when one adds a fifth compartment to his head tefillin and then dons them at the designated time, or takes five species during the seven days of Succos. Simply repeating the normative mitzvah act after the time for a mitzvah's performance has passed, which is Abaye's case, is not a violation (*Rashi*), and this is so even if he intended a mitzvah performance (*Ritva*). According to Rava, then, one transgresses the "do not add" prohibition during the time of the mitzvah even without intent, and does not violate it afterward even with intent.

19. The Kohanim are commanded to bless the Jewish people with a threefold blessing (see *Numbers* 6:22-27; see *Rama* to *Orach Chaim* 128:44 regarding our custom in the Diaspora nowadays). In the Temple, this mitzvah was performed on a special platform (*duchan*) that stood in the Kohanim's Courtyard (see *Middos* 2:6). See, however, *Tiferes Yisrael* there §64.

20. In truth, the Kohanim are *commanded* to bless the Children of Israel. See *Sifsei Chachamim* for why the Kohen views the blessing as a discretionary empowerment.

21. *Deuteronomy* 1:11; see *Sifsei Chachamim* for why the Baraisa selects this from all the benedictory verses in the Torah.

22. Ibid. 4:2.

23. That is, even where the mitzvah involves only uttering words, such as here in the case of the Priestly Blessings, one may not add to what is prescribed in the Torah (*Sifsei Chachamim*).

24. I.e. he added his own blessing in the middle of uttering the three mandatory blessings (*Rashi*).

25. *Rashi* and *Ritva* have a different text: וְהָא סַיֵּים קָתָנֵי, *But the Baraisa teaches, "He concluded."* *Ritva* understands this as a reference to a second Baraisa, but *Rashi* seems to say it is the Baraisa quoted above.

עין משפט נר מצוה

מד א מיי' פ"ב מהל' ק"ש הלכה ה סמג עשין יח טוש"ע א"ח סי' ס סעיף ד:
מה ב מיי' פ"ב מהל' שופר הל' ד טוש"ע א"ח סי' תקפט סעיף ח:
מו ג מיי' פי"ד מהלכות נשיאות כפים הלכה יב טוש"ע א"ח סי' קכח סעיף מ [רב אלפס ר"פ הקורא את המגילה דף רעג]:
מז ד ה מיי' פ"ב מהל' פסולי המוקדשין הלכה יא:

גמרא

אבל הכא א) זכרון תרועה כתיב והאי מתעסק בעלמא הוא קמ"ל אלמא קסבר רבא ב) מצות אין צריכות כוונה איתיביה ג) היה קורא בתורה והגיע זמן המקרא אם כוון לבו יצא ואם לאו לא יצא מאי לאו כוון לבו לצאת לא לקרות לקרות הא קא קרי א בקורא להגיה ת"ש ד) היה עובר אחורי בית הכנסת או שהיה ביתו סמוך לבית הכנסת ושמע קול שופר או קול מגילה אם כוון לבו יצא ואם לאו לא יצא מאי לאו אם כוון לבו לצאת לא לשמוע לשמוע והא שמע סבור חמור בעלמא הוא איתיביה ב נתכוון שומע ולא נתכוון משמיע נתכוון משמיע ולא נתכוון שומע לא יצא עד שיתכוון שומע ומשמיע בשלמא נתכוון משמיע ולא נתכוון שומע כסבור חמור בעלמא הוא אלא נתכוון שומע ולא נתכוון משמיע היכי משכחת לה לאו בתוקע לשיר דלמא דקא מנבח נבוחי א"ל אביי אלא מעתה ה) הישן בשמיני בסוכה ילקה אמר לו שאני אומר מצות אינו עובר עליהן אלא בזמנן מתיב רב שמן בר אבא ג מנין לכהן שעולה לדוכן שלא יאמר הואיל ונתנה לי תורה רשות לברך את ישראל אוסיף ברכה אחת משלי כגון ב) ה' אלהי אבותיכם יוסף עליכם ת"ל ג) לא תוסיפו על הדבר והא הכא כיון דבריך ליה עברה ליה זמניה וקתני דעבר הכא במאי עסקינן בדלא סיים והתניא סיים סיים בברכה אחת והתניא סיים כל ברכותיו שאני הכא כיון דאלו מתרמי ליה צבורא אחרינא הדר מברך כוליה יומא זמניה הוא ומנא תימרא דתנן ו) הניתנין במתנה אחת שנתערבו בניתנין מתנה אחת ינתנו מתנה אחת מתן ד' במתן ד' ינתנו במתן ד' מתן ד' במתן אחת ר"א אומר ינתנו במתן ד' רבי יהושע אומר ה ינתנו במתן אחת אמר לו ר"א הרי הוא עובר על ג בל תגרע אמר לו ר' יהושע הרי הוא עובר על בל תוסיף א"ל ר"א לא נאמר בל תוסיף אלא ז) כשהוא בעצמו אמר לו ר' יהושע לא נאמר בל תגרע אלא כשהוא בעצמו ועוד אמר רבי יהושע כשלא נתת עברת על בל תגרע ולא עשית מעשה בידך כשנתת עברת על בל תוסיף ועשית מעשה בידך והא הכא כיון דיהיב ליה מתנה מבכור עברה ליה לזמניה וקתני דעבר משום בל תוסיף לאו משום דאמרינן כיון דאילו מתרמי ליה בוכרא אחרינא הדר מזה מיניה כוליה יומא זמניה י) [ממאי] דלמא קסבר ר' יהושע מצות עובר עליהן אפי' שלא בזמנן אנן הכי קאמרינן רב שמן בר אבא מ"ט שביק מתני' ומותיב מברייתא לותיב ממתניתין מתניתין מ"ט לא מותיב כיון דאילו מתרמי ליה בוכרא אחרינא בעי מזה מיניה כוליה יומא זמניה הוא ברייתא נמי כיון דאי מתרמי צבורא אחרינא הדר מברך כוליה יומא זמניה ורב שמן בר אבא התם לא סגי דלא יהיב הכא אי בעי מברך אי בעי לא מברך רבא אמר לצאת לא בעי כוונה לעבור בעי כוונה והא מתן דמים לרבי יהושע דלעבור ולא בעי כוונה אלא אמר רבא לצאת לא בעי כוונה לעבור בזמנו לא בעי כוונה ° שלא בזמנו בעי כוונה ח) אמר ליה ר' זירא לשמעיה איכוון

תוספות

אבל הכא. תוקע לשיר מתעסק בעלמא הוא ולקמן בפרק בתרא (דף לג:) תנן המתעסק לא יצא: אבל נתכוון שומע ולא נתכוון משמיע היכי משכחת לה. ° לא הוה מצי למימר כגון שלא נתכוון משמיע להוציא השומע דמשמע ליה כדדייק בסוף סוגיא משמיע לעצמו ט) דומיא דשומע לעצמו אלמא י) [לא] בעי כוונה:

דקא מנבח נבוחי. פי' בקונט' דאינו תוקע כשיעור תקיעה המפורש במשנתנו וקשיא דאם כן אפילו נתכוון נמי לא נפיק ונראה לי מנבח נבוחי שאין מתכוין לתקוע שיעור תקיעה ותקע שיעור תקיעה ושמא כך רוצה לומר בקונט' אי נמי כעין שפירש בקונט' לקמן בפרק בתרא (דף לג:) מתעסק שהיה נופח בשופר ועלתה לו בידו תקיעה:

ומנא תימרא דתנן. גבי זריקת דם תימה מאי אולמיה דהך מההיא דכהן שעולה לדוכן ויש לומר דגבי כהן שמתכוין לברך ולהוסיף יכול להיות שעובר אע"ג דלאו זמניה הוא אבל כאן שאין מתכוין להוסיף ואינו עושה אלא מחמת ספק אין לו לעבור אי לאו משום דחשיב זמניה אלא ודאי אמרינן דחשיב זמניה משום זמנין דאי מתרמי ליה בוכרא הדר מזה מיניה והוא הדין גבי כהן מהאי טעמא וא"ת הא דאמר בפ"ק (דף טז: ושם) למה תוקעין ומריעין כשהן יושבין ותוקעין ומריעין כשהן עומדין כדי לערבב את השטן והא עבר משום בל תוסיף ועוד אמר בפרק בתרא (דף לד.) שלש תרועות נאמרו בר"ה שנים מדברי תורה ואחת מדברי סופרים ואיכא למאן דאמר ב' מדברי סופרים והשתא עבר משום בל תוסיף אע"ג דכבר עבר ויצא מכל מקום אי אתרמי ליה צבורא אחרינא הדר ותקע וחשיב זמניה ועוד דאפי' לאו זמניה כיון דמתכוין לשם מצוה עובר משום בל תוסיף דמסיק רבא בסמוך לעבור שלא בזמנו בעי כוונה וי"ל כדפרישית בפ"ק (דף טז: ושם) דלא שייך בל תוסיף בעשיית המצוה שתי פעמים וברכת כהנים נמי אפי' מברכין כמה פעמים לצבור אחד אין זה בל תוסיף אלא אם כן מוסיף ברכה אחת כגון יוסף (ה') עליכם ככם (דברים א) או כיוצא בה וכן אם נטל לולב כמה פעמים ביום או אוכל בפסח כמה זיתים של מצה אין זה בל תוסיף וכל הניתנים במתנה אחת אם נתן כמה פעמים במקום אחד אין זה בל תוסיף אלא אם כן נותן במקום אחר וכן בהדס וערבה שבלולב אפילו נותן כמה הדסים וכמה ערבות בלולב אין זה בל תוסיף אפילו למ"ד צריך אגד אלא אם כן מוסיף מין אחר ומיהו תימה דלפי' זה אם היה נותן כמה חוטין בציצית וכמה פרשיות בתפלין בבית אחד לא היה עובר משום בל תוסיף ומסוכה אין להביא ראיה כאן מה שאין עובר בעשה ד' מחילות אע"ג דאמרינן שתים כהלכתן ושלישית אפי' טפח דכל שכן כשעושה ד' מחילות טפי עדיף דהוי תשבו כעין תדורו:

רש"י

קא משמע לן. דאע"ג דמתעסק הוא יצא דמצות אין צריכות כוונה: זמן המקרא. של קריאת שמע והוא היה קורא בתורה פרשת שמע: קורא להגיה. אף קרייה אין כאן אלא מגמגם: דקא מנבח נבוחי. ואינו תוקע כשיעור תקיעה המפורש במשנתנו בפ' אחרון (דף לג:): אלא מעתה. דשאין מתכוין למצוה כמתכוין דמי: הישן בשמיני בסוכה. שלא לשום מצוה: ילקה. שהרי מוסיף על מצוה ועובר משום בל תוסיף: מצות אין עובר עליהן. בבל תוסיף אלא בזמנן כגון חמשת המינין בלולב וה' טוטפות בתפלין חמש ציציות בטלית אבל תוספת יום על ימים או שעה על שעה אין זה מוסיף: בשלא סיים. אלא הוסיפה באמצע: והא סיים קתני. בברייתא: הניתנין במתנה אחת. כגון דם בכור שנתערב בדם בכור חבירו או בדם מעשר: ינתנו מתנה אחת. והרי יש בה משניהן ועולה לשניהן: מתן ארבע. שלמים ואשם ועולה ותודה: דלמא קסבר רבי יהושע כו'. ומתרתי הנך ממתני' ומברייתא איכא לאותובי לרבא: אנן הכי אמרינן. אנן דמייתינן סייעתא מהא דטעמא משום דאי הדר מתרמי ליה כו' הכי קאמרינן ליה לרב שמן: מאי טעמא שבק מתניתין כו'. שבק מתניתין הניתנין במתנה אחת משנה היא בשחיטת קדשים: לותיב ממתניתין. דאלימא לאקשויי: לא סגי דלא יהיב. אי הדר מתרמי ליה דקדשים לא מפסיד: לצאת לא בעי כוונה. דבלאו מתכוין יוצא ידי חובתו: לעבור בעי כוונה. שיתכוין לשום מצוה ואי לא לא עבר: והא מתן דמים כו'. שאין מתכוין בשאר מתנותיו לשם בכור וקאמר רבי יהושע הרי הוא עובר על בל תוסיף: איכוון

מתן ארבע במתן אחת. כגון דם בכור שהוא מתן אחת בדם עולה ושלמים שהם שתי מתנות שהן ארבע ולא בדם חטאת שהן ארבע מתנות בד' קרנות דההוא למעלה מחוט הסקרא והני למטה: לא נאמר בל תוסיף אלא כשהוא בעצמו. והלכך טוב שלא יגרע המצוה:

לא נאמר בל תגרע אלא כשהוא בעצמו. והלכך כיון דיוצא באחד למה נזקקו ליתן ארבע ועוד טפי עדיף באחד מארבע כמו שמפרש: דלמא קסבר רבי יהושע מצות עובר עליהן שלא בזמנן. והישן בשמיני בסוכה ילקה לרבי יהושע ובשמיני ספק שביעי לא יתיב ומיהו לא קיימא מסקנא הכי: הכא אי בעי מברך. משמע מכאן דכיון דעלה לדוכן פעם אחת ביום שוב אינו עובר בעשה דאמור להם (במדבר ו) כל היום דהא קאמר אי בעי לא מברך:

דתנן

רבינו חננאל

התם תאכלו מצות אמר רחמנא והא אכליה אבל הכא בענין תקיעות כוונת הלב בעינן וליכא קמ"ל מצות אין צריכות כוונה. איתיביה היה קורא בתורה בענין ק"ש והגיע זמן ק"ש אם כוון לבו לצאת ק"ש יצא ואם לא כוון לא יצא. ודחינן מתניתין בקורא להגיה. שאינו קורא התיבות בקריאתן אלא כמכתיבתם החסרות והיתירות כמות שהן כתובות. לפיכך אם כוון לבו וקרא כמסורת יצא ואם לאו לא יצא ת"ש מהא דתנן הכא במתני' היה עובר אחורי ביהכ"נ או שהיה ביתו סמוך לכנסת ושמע קול שופר או קול מקרא מגילה אם כוון לבו יצא ואם לאו לא יצא אע"פ שזה שמע וזה שמע זה כוון לבו וזה לא כוון לבו מאי כוון לבו לצאת וש"מ מצות צריכות כוונה. ודחינן כוון לבו לשמוע ולהבחין בין אם הוא תקיעת בן אדם או צהלת סוס. איתיביה נתכוון א) משמיע לא יצא הא היכי משכחת לה לאו אבל לשיר קשיא לרבה ופריק לא דקא מנבח נבוחי. כלומר אינה תקיעה שלימה אלא כמין נבוח הוא ולפיכך לא יצא אבל אם היתה תקיעה אע"פ שלא נתכוון יצא. אי הכי כי המצות [אין] צריכות כוונה התורה אמרה בסוכות תשבו שבעת ימים ואין לך להוסיף על שבעת הימים אי הכי הישן בשמיני בסוכה ילקה שעבר בבל תוסיף אף על פי שלא נתכוון לישן בסוכה משום מצוה. ודחינן שאני אומר מצות אין עובר עליהן משום בל תוסיף אלא בזמנן. מותיב רב שימי בר אביי מנין לכהן שיעלה לדוכן שלא יאמר הואיל ונתנה לי רשות לברך את ישראל אוסיף ברכה אחת משלי כגון ה' אלהי אבותיכם יוסף עליכם וגו' ת"ל לא תוספו על הדבר אשר אנכי מצוה אתכם. (ודחינן כיון דאילו מתרמי ליה ציבורא אחרינא) [וכיון] דסיים כל הברכות עברה לה זמן המצוה וקתני דעובר אם יוסיף ודחינן כיון דאילו מתרמי ליה צבורא אחרינא הדר מברך להו כולה יומא זמניה הוא. ומנא תימרא דאמרינן כי האי גוונא דכוליה יומא זמניה הוא דתנן בשחיטת קדשים פ"ח הניתנין מתנה אחת שנתערבו בניתנין מתן אחת ינתנו במתן אחת כו' והא הכא כיון דיהיב ליה בכור מתנה אחת והיא מצותו כדתנן בפרק איזהו מקומן של זבחים הבכור והמעשר והפסח קדשים קלים שחיטתן בכ"מ בעזרה ודמן טעון מתנה אחת כו' הנה כיון שהזה מדם הבכור מתנה אחת גמר מצותו ועברה ליה זמניה וקתני ר' יהושע כשנתת עברת על בל תוסיף ועשית מעשה בידך לאו משום דאמר כיון דאלו מיתרמי בכור אחר הוי מדי מיניה כולהי יומא זמנו הוא ודחינן ודלמא ר' יהושע סבר מצות עובר עליהן אפי' שלא בזמנן אנן הכי קאמרי' רב שימי גופיה היכי שביק מתניתין אמאי לא מותיב מהא מתני' דסבר מתני' כיון דאילו מתרמי ליה בכור אחר הוה (כל) [מזה מיניה כוליה] יומא זמניה הוא ברייתא נמי נימא כיון דאילו מתרמי ליה צבורא אחרינא הדר מברך כולי יומא זמניה הוא כלומר טעמא חדא נינהו אמאי מותיב מהאי. ופרקינן רב שימי סבר התם גבי בכור לא סגי דלא מדי הלכך זמניה הוא הכא אי בעי מצלי אי בעי לא מצלי ואסיקנא אלא אמר רבא לצאת ידי חובה מצות

חשק שלמה על ר"ח א) נ"ל נתכוון שומע ולא נתכוון משמיע לא יצא.

מסורת הש"ס

א) [פסחים קיד:], ב) ברכות יג., ג) [לעיל כז: לקמן כט. תוספ' פ"ב], ד) [עירובין לג.], ה) עירובין ק. זבחים פ., ו) [פי' כשהדבר עומד בעלמו ולא כשיש בו דבר אחר. תוי"ט פ"ח דזבחים מ"י], ז) ס"א, ח) [לקמן לג:], ט) דומיא דשומע לעצמו דקרי ליה נתכוון שומע ומשמיע דיצא דאלמא וכו' כל"ל, י) נ"ל.

גליון הש"ס

גמ' שלא בזמנו בעי כוונה. עיין תוס' ישנים יומא דף נו ע"ב ד"ה נותן: תוס' ד"ה אבל נתכוון כו' לא הוי מצי לומר. עיין תשובת מהרי"ל ספר שני סי' פה:

תורה אור השלם

א) דַּבֵּר אֶל בְּנֵי יִשְׂרָאֵל לֵאמֹר בַּחֹדֶשׁ הַשְּׁבִיעִי בְּאֶחָד לַחֹדֶשׁ יִהְיֶה לָכֶם שַׁבָּתוֹן זִכְרוֹן תְּרוּעָה מִקְרָא קֹדֶשׁ: [ויקרא כג, כד]
ב) יְיָ אֱלֹהֵי אֲבוֹתֵכֶם יֹסֵף עֲלֵיכֶם כָּכֶם אֶלֶף פְּעָמִים וִיבָרֵךְ אֶתְכֶם כַּאֲשֶׁר דִּבֶּר לָכֶם: [דברים א, יא]
ג) לֹא תֹסִפוּ עַל הַדָּבָר אֲשֶׁר אָנֹכִי מְצַוֶּה אֶתְכֶם וְלֹא תִגְרְעוּ מִמֶּנּוּ לִשְׁמֹר אֶת מִצְוֹת יְיָ אֱלֹהֵיכֶם אֲשֶׁר אָנֹכִי מְצַוֶּה אֶתְכֶם: [דברים ד, ב]

ליקוטי רש"י

מצות אין צריכות כוונה. שיהא מתכוין לשם מלות [ברכות יג.]. שהעושה מלוה לריך שיכוון בה [עירובין צה:]. היה קורא בתורה. פרשת ק"ש. והגיע זמן המקרא. זמן ק"ש. לקרות. אבל לצאת ידי מלוה לא בעינן שיהא מתכוין אלא לקרות בתורה בעלמא. הא קא קרי. הא בקורא קא עסיק תנא ואתי דקתני היה קורא בתורה. בקורא להגיה. את הספר אם יש בו טעות דאפילו לקריאה נמי לא מתכוין [ברכות שם]. מנבח נבוחי. כמנבחים קרויש"ט [ביצה יד.]. הישן בשמיני בסוכה ילקה. דמוסיף שמיני על השביעי ולקמן מיתב יתבינן בשמיני בספק שביעי לכתחלה אלא שלא בזמנו בלא כוונה לאו מוסיף הוא ולהכי שרינן דאי שמיני הוא לא מכוין למצות סוכה [עירובין צו.]. לא תוסיפו. [ספרי] כגון חמש פרשיות בתפילין חמשת מינין בלולב וחמש ציציות וכן לא תגרעו [דברים ד ב]. הניתנין במתנה אחת. וכו'. כגון דם הבכור שנתערב בדם בכור אחר [עירובין ק.]. כגון דם בכור שנתערב בדם מעשר בין בבלול בין בכוסות [זבחים פ.]. ינתנו מתנה אחת. ועולה אותה מתנה לזה ולזה. מתן ד' במתן ד'. דם חטאת זו נשפך לדם חטאת זו ינתנו ארבע מתנות ועולה לזו ולזו [עירובין שם]. כמו דם עולה בדם שלמים או בדם אשם ששניהם טעונין שתי מתנות שהן ארבע ושניהם תחתונים [זבחים שם]. ינתנו במתן ד'. דקסבר קום עשה מלוה עדיף אף על גב דבהאי מלוה איכא לד עבירה דעבר אבכור אבל תוסיף אתי עשה דחטאת דכתיב (ויקרא ד) ונתן על קרנות ודחי לבל תוסיף דבכור [עירובין שם]. מתן ד' במתן אחת. כגון דם עולה בבכור (שכן) [שניהם] תחתונים. ר' אליעזר אומר ינתנו במתן ד'. ורואה [אני את] המתנות היתירות הניתנות מדם הבכור כאילו הן מים ואין זה בל תוסיף. רבי יהושע אומר ינתנו במתן אחת. משום בל תוסיף וידי עולה יצא דכל הניתנין על מזבח החילון שנתנן במתנה אחת כיפר [זבחים פ.]. כיון דקיימא לן (זבחים לו:) כל הניתנין על מזבח החילון שנתנן במתנה אחת כיפר הכא דלא אפשר סמכינן עלה אפילו לכתחילה ולא עברינן אבל תוסיף ואי משום בל תגרע דחטאת לדקאמר טעמא מוטב שיעקר בל תגרע מאליו שהוא יושב ואינו עוקר הלאו בידים מעבור על בל תוסיף שהוא עוקרו בידים [עירובין שם]. ולא עשית מעשה בידך. ואינו דומה עושה מעשה ליושב ואינו עושה ואיסור בא מאליו [זבחים שם].

before uttering his own! Clearly, then, the prohibition obtains even after the time of the mitzvah has lapsed. — ? —

The Gemara answers in defense of Rava's opinion:[26]

שָׁאנִי הָכָא — The case **here** of the Kohen who adds to the Priestly Blessings **is different,** for the following reason: כֵּיוָן דְּאִלּוּ מִתְרַמֵּי לֵיהּ צִבּוּרָא אַחֲרִינָא — **Since** the law is **that if another congregation**[27] **were to come his way**[28] הָדַר מְבָרֵךְ — **he may again confer the blessings,** כּוּלֵּיהּ יוֹמָא זִמְנֵיהּ הוּא — **the entire day is** considered **[the blessing's]** designated **time.**[29]

The Gemara now attempts to prove Rava's point, that if a mitzvah can be performed more than once a day, the entire day is considered the time for its performance:

וּמְנָא תֵּימְרָא — **And from where would you say it?** דִּתְנַן — **For we learned in a Mishnah:**[30] הַנִּיתָּנִין בְּמַתָּנָה אַחַת — If [BLOODS] REQUIRING ONE APPLICATION to the Altar שֶׁנִּתְעָרְבוּ בַּנִּיתָּנִין מַתָּנָה אַחַת — BECAME MIXED WITH other [BLOODS] REQUIRING ONE APPLICATION,[31] יִנָּתְנוּ מַתָּנָה אַחַת — THEY SHOULD BE APPLIED IN ONE APPLICATION and that suffices for both offerings.[32] מַתַּן אַרְבַּע — If bloods requiring FOUR-SIDED APPLICATIONS בְּמַתַּן אַרְבַּע — became mixed WITH other bloods requiring FOUR-SIDED APPLICATIONS,[33] יִנָּתְנוּ בְּמַתַּן אַרְבַּע — THEY SHOULD BE APPLIED IN FOUR-SIDED APPLICATIONS and that suffices for both offerings. מַתַּן אַרְבַּע — If bloods requiring FOUR-SIDED APPLICATIONS בְּמַתַּן אַחַת — became mixed WITH bloods requiring only ONE APPLICATION,[34] the law is the subject of the following dispute: רַבִּי אֱלִיעֶזֶר אוֹמֵר — R' ELIEZER SAYS: יִנָּתְנוּ בְּמַתַּן אַרְבַּע — [THE MIXED BLOODS] SHOULD BE APPLIED IN FOUR-SIDED APPLICATIONS. רַבִּי יְהוֹשֻׁעַ אוֹמֵר — R' YEHOSHUA SAYS: יִנָּתְנוּ בְּמַתַּן אַחַת — THEY SHOULD BE APPLIED IN ONE APPLICATION.

Each of the disputants offers an argument against his counterpart's position:

אָמַר לוֹ רַבִּי אֱלִיעֶזֶר — R' ELIEZER SAID TO [R' YEHOSHUA]: הֲרֵי הוּא עוֹבֵר עַל בַּל תִּגְרַע — BUT if a Kohen were to perform only one application with this mixture, HE WOULD THEREBY TRANSGRESS the prohibition of "DO NOT SUBTRACT" from the Torah.[35] אָמַר לוֹ רַבִּי יְהוֹשֻׁעַ — R' YEHOSHUA SAID TO [R' ELIEZER]: הֲרֵי הוּא עוֹבֵר עַל בַּל תּוֹסִיף — BUT if a Kohen were to perform more than one application with this mixture, HE WOULD THEREBY TRANSGRESS the prohibition of "DO NOT ADD" to the Torah.[36]

Each Tanna now defends his own position:

אָמַר לוֹ רַבִּי אֱלִיעֶזֶר — R' ELIEZER SAID TO [R' YEHOSHUA]: לֹא נֶאֱמַר בַּל תּוֹסִיף אֶלָּא כְּשֶׁהוּא בְּעַצְמוֹ — The prohibition "DO NOT ADD" IS STATED ONLY WHERE IT [i.e. the blood requiring one application] IS BY ITSELF, not where it is mixed with blood requiring more applications.[37] אָמַר לוֹ רַבִּי יְהוֹשֻׁעַ — R' YEHOSHUA SAID TO [R' ELIEZER]: לֹא נֶאֱמַר בַּל תִּגְרַע אֶלָּא כְּשֶׁהוּא בְּעַצְמוֹ — The prohibition "DO NOT SUBTRACT" IS STATED ONLY WHERE IT [the blood requiring four-sided applications] IS BY ITSELF; however, here it is mixed with blood requiring only one application.[38] וְעוֹד אָמַר רַבִּי יְהוֹשֻׁעַ — AND R' YEHOSHUA SAID FURTHER:[39] כְּשֶׁלֹּא נָתַתָּ — IF YOU DID NOT MAKE more than one APPLICATION, עָבַרְתָּ עַל בַּל תִּגְרַע — granted YOU TRANSGRESSED the prohibition "DO NOT SUBTRACT" from the Torah,

NOTES

26. See *Rashi* below ד״ה אנן הכי אמרינן; cf. *Ritva*.

27. That has not yet been blessed.

28. After he has already fulfilled his obligation to bless that day (see *Meiri*).

29. I.e. the entire day is deemed the time for blessing, since a Kohen fulfills the mitzvah every time he encounters and blesses another congregation (*Meiri*). Therefore, even if he appends his own blessing to the blessings of a second or third congregation, he violates the "do not add" prohibition. The eighth day of the Succos festival (i.e. Shemini Atzeres), however, is certainly not the (Biblical) time for fulfilling the mitzvah of dwelling in a succah. Hence, performing the mitzvah act on that day is not considered an addition to the mitzvah.

30. *Zevachim* 80a. Animal offerings vary with respect to the number of applications made from their blood onto the Altar. Some sacrifices require only one application on a side of the Altar (*bechor, maaser, pesach*); others require two applications on two opposite corners in such a way that the blood spreads to all four sides (*olah, asham, shelamim, todah*). In the cases that follow, the Mishnah discusses the proper application procedure for when bloods of different offerings became comingled in one vessel, or when vessels containing the various and separate bloods became intermingled (*Meiri;* see *Aruch LaNer* to *Tosafos* ד״ה ומנא).

31. For example, the blood of a *bechor* offering comingled with the blood of another *bechor* offering or with the blood of a *maaser* offering (*Rashi*).

32. For if the bloods were mixed together in one vessel, we assume that the application contained some blood from each offering (*Rashi*). If two *vessels* became intermingled, it is necessary to make one application of blood from each of the vessels (*Rashi* to *Zevachim* ad loc.).

33. For example, the blood of a *shelamim, asham, olah* or *todah* became mixed with blood of the same type or with blood from one of the three other types. This law applies also to the bloods of two *chatas* offerings that comingled [however, in that case the application is made on all four corners, which is the requirement for a *chatas*] (*Rashi* to *Eruvin* 100a ד״ה מתן ארבע במתן ארבע). However, the laws of this Mishnah do not apply when *chatas* blood becomes mixed with any other sacrificial blood (including those requiring only one application), for its blood must be applied to the upper half of the Altar, while the blood of the other offerings is applied to the lower half (*Tosafos* ד״ה מתן ארבע).

34. For example, the blood of an *olah* became mixed with the blood of a *bechor*.

35. To apply blood on only one side of the Altar when more applications are required would violate the prohibition against subtracting from the requirements of the Torah. Hence, R' Eliezer maintains that it is not possible to make one application from this mixture, since it includes the blood of an *olah* (in our example). And there is no violation of "do not add" when making additional applications, which presumably consist of the *bechor*'s blood as well, because R' Eliezer maintains that we can view the additional *bechor* blood as mere water (*Rashi* to *Zevachim* ad loc.; see beginning of the Mishnah there; cf. *Rashi* to *Eruvin* ibid.).

36. Making more than one application would violate the law against adding to the Torah, inasmuch as the mixture contains the blood of a *bechor,* which should be applied only once. [R' Yehoshua disagrees with R' Eliezer's contention that the additional blood of the *bechor* can be regarded as water.] And one application will suffice for the *olah,* because such an offering is valid after the fact if at least one application is made on the Outer Altar (see *Zevachim* 36b). Therefore, in a situation such as this, where it is impossible to make four-sided applications, we rely upon that leniency even as a first resort (*Rashi* to *Zevachim* and *Eruvin* ad loc.).

37. The prohibition against adding to the Torah would be triggered if the blood of the *bechor* stood by itself, and the additional applications were made exclusively for and with it. But here, where the *bechor* blood is part of a mixture and the additional applications are made solely on account of the *olah* blood, we view the additional applications of the *bechor* blood as merely incidental (*Ritva*). Therefore, R' Eliezer maintains that it is preferable to perform all the applications of the *olah,* because an *olah's* service takes precedence over that of a *bechor* (*Rashi* to *Zevachim* 80b ד״ה מתן ארבע במתן אחת; cf. *Tosafos* here). [R' Eliezer himself does not consider the prohibition "do not add" at all an issue, because he views any extraneously applied *bechor's* blood as mere water. He nevertheless justifies his position even according to the view of R' Yehoshua, who does not subscribe to this "mere water" interpretation (*Tosafos* to *Zevachim* 79b ד״ה אמר לו ר׳ אליעזר).]

38. Hence, when the Kohen makes only a single application of the mixture, he is not subtracting from the required applications of an *olah.* Rather, he is making the proper application of the *bechor's* blood. Thus, no violation of "do not subtract" is committed.

39. I.e. even if the prohibitions against adding and subtracting from the Torah apply in these cases, it is still preferable to make only one application [as he now explains] (see *Tos. HaRosh;* cf. *Ritva*).

אבל הכא זכרון תרועה כתיב והאי מתעסק בעלמא הוא קמ"ל אלמא קסבר רבא מצות אין צריכות כוונה איתיביה היה קורא בתורה והגיע זמן המקרא אם כוון לבו יצא ואם לאו לא יצא מאי לאו כוון לבו לצאת לא לקרות לקרות הא קא קרי בקורא להגיה ת"ש היה עובר אחורי בית הכנסת או שהיה ביתו סמוך לבית הכנסת ושמע קול שופר או קול מגילה אם כוון לבו יצא ואם לאו לא יצא מאי לאו אם כוון לבו לצאת לא לשמוע לשמוע והא שמע סבור חמור בעלמא הוא איתיביה נתכוון שומע ולא נתכוון משמיע משמיע ולא נתכוון שומע לא יצא עד שיתכוון שומע ומשמיע בשלמא נתכוון משמיע ולא נתכוון שומע כסבור חמור בעלמא הוא אלא נתכוון שומע ולא נתכוון משמיע היכי משכחת לה לאו בתוקע לשיר דלמא דקא מנבח נבוחי א"ל אביי אלא מעתה הישן בשמיני בסוכה ילקה אמר לו שאני אומר מצות אינו עובר עליהן אלא בזמנן מתיב רב שמן בר אבא מנין לכהן שעולה לדוכן שלא יאמר הואיל ונתנה לי תורה רשות לברך את ישראל אוסיף ברכה אחת משלי כגון ה' אלהי אבותיכם יוסף עליכם ת"ל לא תוספו על הדבר והא הכא כיון דבריך ליה עברה ליה זמניה וקתני דעבר הכא במאי עסקינן בדלא סיים והתניא סיים ברכה אחת והתניא סיים כל ברכותיו שאני הכא כיון דאלו מתרמי ליה צבורא אחרינא הדר מברך כוליה יומא זמניה הוא ומנא תימרא דתנן הניתנין במתנה אחת שנתערבו בניתנין מתנה אחת ינתנו מתנה אחת מתן ד' במתן ד' ינתנו במתן ד' מתן ד' במתן אחת ר"א אומר ינתנו במתן ד' רבי יהושע אומר ינתנו במתן אחת אמר לו ר"א הרי הוא עובר על בל תגרע אמר לו ר' יהושע הרי הוא עובר על בל תוסיף א"ל ר"א לא נאמר בל תוסיף אלא כשהוא בעצמו אמר לו ר' יהושע לא נאמר בל תגרע אלא כשהוא בעצמו ועוד אמר רבי יהושע כשלא נתת עברת על בל תגרע ולא עשית מעשה בידך כשנתת עברת על בל תוסיף ועשית מעשה בידך והא הכא כיון דיהיב ליה מתנה מבכור עברה ליה לזמניה וקתני דעבר משום בל תוסיף לאו משום דאמרינן כיון דאילו מתרמי ליה בוכרא אחרינא הדר מזה מיניה כוליה יומא זמניה [ממאי] דלמא קסבר ר' יהושע מצות עובר עליהן אפי' שלא בזמנן אנן הכי קאמרינן רב שמן בר אבא מ"ט שביק מתני' ומותיב מברייתא לותיב ממתניתין מ"ט לא מותיב כיון דאילו מתרמי ליה בוכרא אחרינא בעי מזה מיניה כוליה יומא זמניה הוא ברייתא נמי כיון דאי מתרמי צבורא אחרינא הדר מברך כוליה יומא זמניה ורב שמן בר אבא התם לא סגי דלא יהיב הכא אי בעי מברך אי בעי לא מברך רבא אמר לצאת לא בעי כוונה לעבור בעי כוונה והא מתן דמים לרבי יהושע דלעבור ולא בעי כוונה אלא אמר רבא לצאת לא בעי כוונה לעבור בזמנו לא בעי כוונה ° שלא בזמנו בעי כוונה אמר ליה ר' זירא לשמעיה

איכון

קא משמע לן. דאע"ג דמתעסק הוא יצא דמצות אין צריכות כוונה: זמן המקרא. של קריאת שמע והוא היה קורא בתורה פרשת שמע: קורא להגיה. אף קרייה אין כאן אלא מגמגם: דקא מנבח נבוחי. ואינו תוקע כשיעור תקיעה המפורש במשנתנו בפ' אחרון (דף לג:): אלא מעתה. דשאין מתכוין למצוה כמתכוין דמי: הישן בשמיני בסוכה. שלא לשום מצוה: ילקה. שהרי מוסיף על מצוה ועובר משום בל תוסיף: מצות אין עובר עליהן. בבל תוסיף אלא בזמנן כגון חמשת המינין בלולב וה' טוטפות בתפלין חמש ציציות בטלית אבל תוספת יום על ימים או שעה על שעה אין זה מוסיף: בשלא סיים. אלא הוסיפה באמצע: והא סיים קתני. בברייתא: הניתנין במתנה אחת. כגון דם בכור שנתערב בדם בכור חבירו או בדם מעשר: ינתנו מתנה אחת. והרי יש בה משניהן ועולה לשניהן: מתן ארבע. שלמים ואשם ועולה ותודה: דלמא קסבר רבי יהושע כו'. ומתרתי הנך ממתני' ומברייתא איכא לאותובי לרבא: אנן הכי אמרינן. אנן דמייתינן סייעתא מהא דטעמא משום דאי הדר מתרמי ליה כו' הכי קאמרינן ליה לרב שמן: מאי טעמא שבק מתניתין כו'. שבק מתניתין הניתנין במתנה אחת משנה היא בשחיטת קדשים: לותיב ממתניתין. דאלימא לאקשויי: לא סגי דלא יהיב. אי הדר מתרמי ליה דקדשים לא מפסיד: לצאת לא בעי כוונה. דבלאו מתכוין יוצא ידי חובתו: לעבור בעי כוונה. שיתכוין לשום מצוה ואי לא לא עבר: והא מתן דמים כו'. שאין מתכוין בשאר מתנותיו לשם בכור וקאמר רבי יהושע הרי הוא עובר על בל תוסיף:

איכון

אבל הכא. תוקע לשיר מתעסק בעלמא הוא ולקמן בפרק בתרא (דף לג:) תנן המתעסק לא יצא: **אבל** נתכוון שומע ולא נתכוון משמיע היכי משכחת לה. ° לא הוה מצי למימר כגון שלא נתכוון משמיע להוציא השומע דמשמע ליה כדדייק בסוף סוגיא משמיע לעצמו ט) דומיא דשומע לעצמו אלמא י) [לא] בעי כוונה:

דקא מנבח נבוחי. פי' בקונט' דאינו תוקע כשיעור תקיעה המפורש במשנתנו וקשיא דאם כן אפילו נתכוון נמי לא נפיק ונראה לי מנבח נבוחי שאין מתכוין לתקוע שיעור תקיעה ותקע שיעור תקיעה ושמא כך רוצה לומר בקונט' אי נמי כעין שפירש בקונט' לקמן בפרק בתרא (דף לג:) מתעסק שהיה נופח בשופר ועלתה לו בידו תקיעה:

ומנא תימרא דתנן. גבי זריקת דם תימה מאי אולמיה דהך מההיא דכהן שעולה לדוכן ויש לומר דגבי כהן שמתכוין לברך ולהוסיף יכול להיות שעובר אע"ג דלאו זמניה הוא אבל כאן שאין מתכוין להוסיף ואינו עושה אלא מחמת ספק אין לו לעבור אי לאו משום דחשיב זמניה אלא ודאי אמרינן דחשיב זמניה משום זמנין דאי מתרמי ליה בוכרא הדר מזה מיניה והוא הדין גבי כהן מהאי טעמא וא"ת הא דאמר בפ"ק (דף טז: ושם) למה תוקעין ומריעין כשהן יושבין ותוקעין ומריעין כשהן עומדין כדי לערבב את השטן והא עבר משום בל תוסיף ועוד אמר בפרק בתרא (דף לד.) שלש תרועות נאמרו בר"ה שנים מדברי תורה ואחת מדברי סופרים ואיכא למאן דאמר ב' מדברי סופרים והשתא עבר משום בל תוסיף אע"ג דכבר עבר ויצאו מכל מקום אי אתרמי ליה צבורא אחרינא הדר ותקע וחשיב זמניה ועוד דאפי' לאו זמניה כיון דמתכוין לשם מצוה עובר משום בל תוסיף דמסיק רבא בסמוך לעבור שלא בזמנו בעי כוונה וי"ל כדפרישית בפ"ק (דף טז: ושם) דלא שייך בל תוסיף בעשיית המצוה שתי פעמים וברכת כהנים נמי אפי' מברכין כמה פעמים לצבור אחד אין זה בל תוסיף אלא אם כן מוסיף ברכה אחת כגון יוסף (ה') עליכם ככם (דברים א) או כיוצא בה וכן אם נטל לולב כמה פעמים ביום או אוכל בפסח כמה זיתים של מצה אין זה בל תוסיף וכל הניתנים במתנה אחת אם נתן כמה פעמים במקום אחד אין זה בל תוסיף אלא אם כן נותן במקום אחר וכן בהדס וערבה שבלולב אפילו נותן כמה הדסים וכמה ערבות בלולב אין זה בל תוסיף אפילו למ"ד צריך אגד אלא אם כן מוסיף מין אחר ומיהו תימה דלפי' זה אם היה נותן כמה חוטין בציצית וכמה פרשיות בתפלין בבית אחד לא היה עובר משום בל תוסיף ומסוכה אין להביא ראיה כאן מה שאין עובר בעשה ד' מחיצות אע"ג דאמרינן שתים כהלכתן ושלישית אפי' טפח דכל שכן כשעושה ד' מחיצות טפי עדיף דהוי תשבו כעין תדורו:

מתן ארבע במתן אחת. כגון דם בכור שהוא מתן אחת בדם עולה ושלמים שהם שתי מתנות שהן ארבע ולא בדם חטאת שהן ארבע מתנות בד' קרנות דההוא למעלה מחוט הסקרא והני למטה:

לא נאמר בל תוסיף אלא כשהוא בעצמו. והלכך טוב שלא יגרע המצוה:

לא נאמר בל תגרע אלא כשהוא בעצמו. והלכך כיון דיוצא באחד למה נזקקנו ליתן ארבע ועוד טפי עדיף באחד מארבע כמו שמפרש:

דלמא קסבר רבי יהושע מצות עובר עליהן שלא בזמנן. והישן בשמיני בסוכה ילקה לרבי יהושע ובשמיני ספק שביעי לא יתיב ומיהו לא קיימא מסקנא הכי:

הכא אי בעי מברך. משמע מכאן דכיון דעלה לדוכן פעם אחת ביום שוב אינו עובר בעשה דאמור להם (במדבר ו) כל היום דהא קאמר אי בעי לא מברך:

דתנן

עין משפט נר מצוה

מד א מיי' פ"ב מהל' ק"ש הלכה א סמג עשין יח טוש"ע א"ח סי' ס סעיף ד:

מה ב מיי' פ"ב מהל' שופר הל' ד טוש"ע א"ח סי' תקפט סעיף ח:

מו ג מיי' פי"ד מהלכות נשיאות כפים הלכה יב טוש"ע א"ח סי' קכח סעיף ס [רב אלפס פ' הקורא את המגילה דף רעג]:

מז ד ה מיי' פ"ב מהל' פסולי המוקדשין הלכה יא:

רבינו חננאל

התם האכלו מצות אמר רחמנא והא אכליה אבל הכא בענין תקיעות כוונת הלב בעינן וליכא קמ"ל מצות אין צריכות כוונה. איתיביה היה קורא בתורה בענין ק"ש והגיע זמן ק"ש אם כוון לבו למצות ק"ש יצא ואם לא כוון לא יצא. ודחינן מתניתין בקורא להגיה. שאינו קורא התיבות בקריאתן אלא כנתיבתם החסרות והיתירות כמות שהן כתובות. לפיכך אם כוון לבו וקרא כמסורת יצא ואם לאו לא יצא ת"ש מהא דתנן במתנית' היה עובר אחורי ביהכ"נ או שהיה ביתו סמוך לכנסת ושמע קול שופר או קול מקרא מגילה אם כוון לבו יצא ואם לאו לא יצא אע"פ ששמע זה שהוא כוון לבו וזה לא כוון לבו מאי לאו כוון לבו לצאת וש"מ מצות צריכות כוונה. ודחינן כוון לבו לשמוע ולהבחין אם הוא תקיעת בן או צהלת סוס. איתיביה נתכוון א) משמיע לא יצא הא היכי משכחת לה לאו בתוקע לשיר קשיא לרבה ופריק לא דקא מנבח נבוחי. כלומר אינה תקיעה שלימה אלא כמין נבוח הוא ולפיכך לא יצא אבל אם היתה תקיעה אע"פ שלא נתכוון יצא. אי הכי כי המצות [אין] צריכות כוונה התורה אמרה בסכות תשבו שבעת ימים ואין לך להוסיף על שבעת הימים אי הכי הישן בשמיני בסוכה ילקה על שעבר בבל תוסיף אף על פי שלא נתכוון לישן בסוכה משום מצוה. ודחינן שאני אומר מצות אין עובר עליהן משום בל תוסיף אלא בזמנן. מותיב רב שימי בר אביי מנין לכהן שעלה לדוכן שלא יאמר הואיל וניתנה לי רשות לברך את ישראל אוסיף אני ברכה אחת משלי כגון ה' אלהי אבותיכם יוסף עליכם וגו' ת"ל לא תוספו על הדבר אשר אנכי מצוה אתכם. (ודחינן כיון דאילו מתרמי ליה ציבורא אחרינא) [וכיון] דסיים כל הברכות עברה לה זמן המצוה וקתני דעובר אם יוסיף ודחינן כיון דאילו מתרמי ליה צבורא אחרינא הדר מברך להו כוליה יומא זמניה הוא. ומנא תימרא דכוליה יומא זמניה הוא דתנן בשחיטת קדשים פ"ח הניתנין במתנה אחת שנתערבו בניתנין מתן אחת ינתנו במתנה אחת כו' [illegible]

מסורת הש"ס

א) [פסחים קיד:], ב) ברכות יג., ג) [לעיל כו: לקמן כט. תוספ' פ"ב], ד) [עירובין צו.], ה) עירובין ק. זבחים פ., ו) [פי' כשהדבר עומד בעלמו ולא כשיש בו דבר אחר. תוי"ט פ"ח דזבחים מ"י], ז) פ"א, ח) [לקמן לג:], ט) דומיא דשומע לעלמו דקרי ליה נתכוון שומע ומשמיע דילא אלמא וכו' כל"ל, י) ל"א.

גליון הש"ס

גמ' שלא בזמנו בעי כוונה. עיין תוס' יומא דף נז ע"א ד"ה נותן: תוס' ד"ה אבל נתכוון כו' לא הוי מצי לומר. עיין תשובת מהרי"ט ח"א ספר שני סי' פה:

תורה אור השלם

א) דַּבֵּר אֶל בְּנֵי יִשְׂרָאֵל לֵאמֹר בַּחֹדֶשׁ הַשְּׁבִיעִי בְּאֶחָד לַחֹדֶשׁ יִהְיֶה לָכֶם שַׁבָּתוֹן זִכְרוֹן תְּרוּעָה מִקְרָא קֹדֶשׁ: [ויקרא כג, כד]

ב) יְיָ אֱלֹהֵי אֲבוֹתֵכֶם יֹסֵף עֲלֵיכֶם כָּכֶם אֶלֶף פְּעָמִים וִיבָרֵךְ אֶתְכֶם כַּאֲשֶׁר דִּבֶּר לָכֶם: [דברים א, יא]

ג) לֹא תֹסִפוּ עַל הַדָּבָר אֲשֶׁר אָנֹכִי מְצַוֶּה אֶתְכֶם וְלֹא תִגְרְעוּ מִמֶּנּוּ לִשְׁמֹר אֶת מִצְוֹת יְיָ אֱלֹהֵיכֶם אֲשֶׁר אָנֹכִי מְצַוֶּה אֶתְכֶם: [דברים ד, ב]

ליקוטי רש"י

מצות אין צריכות כוונה. שיהא מתכוין לשם מצות [ברכות יג.] שהעושה מצוה לריך שיכוין בה [עירובין צה:]. היה קורא בתורה. פרשת ק"ש. והגיע זמן המקרא. זמן ק"ש. לקרות. אבל לצאת ידי מצוה לא בעינן שיהא מתכוין אלא לקרות בתורה בעלמא. הא קא קרי. הא בקורא קא עסיק ואתי דקתני היה קורא בתורה. בקורא להגיה. את הספר אם יש בו טעות דאפילו לקריאה נמי לא מתכוין [ברכות שם]. מנבח נבוחי. מנענים קרוטיו"ש [ביצה יד.]. הישן בשמיני בסוכה ילקה. דמוסיף שמיני על השביעי ואנן מיתב יתבינן בשמיני בספק שביעי לכתחלה אלא ודאי בלא כוונה לאו תוספת הוא [עירובין צו.]. לא תוספו. (ספרי) כגון חמש פרשיות בתפלין חמשה מינין בלולב וחמש ציציות [דברים ד, ב]. הניתנין במתנה אחת וכו'. כגון דם הבכור שנתערב בדם בכור אחר [עירובין ק.]. כגון דם בכור שנתערב בדם מעשר בין בבלוע בין בכוסות [זבחים פ.]. ינתנו מתנה אחת. ועולה לזה ולזה. מתן ד' במתן ד'. [illegible]

[illegible]

וְלֹא עָשִׂיתָ מַעֲשֶׂה בְיָדְךָ – BUT nevertheless YOU DID NOT actively PERFORM A DEED.[40] כְּשֶׁנָּתַתָּ – On the other hand, IF YOU MADE more than one APPLICATION, עָבַרְתָּ עַל בַּל תּוֹסִיף – YOU TRANSGRESSED the prohibition "DO NOT ADD" to the Torah, וְעָשִׂיתָ מַעֲשֶׂה בְיָדְךָ – AND in addition YOU actively PERFORMED A DEED.[41]

The Gemara now explains how the Mishnah proves Rava's point:

וְהָא הָכָא – Now, here in the Mishnah's disputed case, כֵּיוָן דִּיהִיב לֵיהּ מַתָּנָה מִבְּכוֹר – once he made one application from the blood of the *bechor*, עָבְרָה לֵיהּ לִזְמַנֵּיהּ – its designated time has passed, וְקָתָנֵי דְּעָבַר מִשּׁוּם בַּל תּוֹסִיף – and yet [the Mishnah] teaches that he transgressed the prohibition "do not add" if he makes additional applications with its blood.[42] לָאו מִשּׁוּם דְּאָמְרִינַן – Is this not because we say that כֵּיוָן דְּאִילּוּ מִתְרַמֵּי לֵיהּ בּוּכְרָא אַחֲרִינָא – since the law is that if another *bechor* offering came his way[43] הָדַר מַזֶּה מִינֵּיהּ – he would again sprinkle from [the blood], כּוּלֵּיהּ יוֹמָא זְמַנֵּיהּ – the entire day is considered [the *bechor* blood-application's] designated time?[44] Say, then, in similar fashion that the entire day is the designated time for the Priestly Blessing!

This proof is rejected:

[מְמַאי] – From what evidence do you say that the reason the prohibition "do not add" is applicable in the case of the *bechor* blood-applications is that the entire day is viewed as its designated time? דִּלְמָא קָסָבַר רַבִּי יְהוֹשֻׁעַ מִצְוֹת עוֹבֵר עֲלֵיהֶן אֲפִילּוּ שֶׁלֹּא בִזְמַנָּן – Perhaps it is because R' Yehoshua maintains that one transgresses commandments even not during their designated time of performance![45] – ? –

The Gemara defends its proof:

אֲנַן הָכִי קָאָמְרִינַן – When we brought proof from the Mishnah that the entire day is considered the *bechor* blood-application's designated time, we were actually saying thus to Rav Shemen bar Abba: רַב שֶׁמֶן בַּר אַבָּא מַאי טַעְמָא שָׁבִיק מַתְנִיתִין – For what reason did Rav Shemen bar Abba discard the Mishnah וּמוֹתִיב מִבָּרַיְיתָא – and retort to Rava from the Baraisa? לוֹתִיב מַתְנִיתִין מַאי מִמַּתְנִיתִין – Let him retort from the Mishnah![46] טַעְמָא לָא מוֹתִיב – Why, indeed, did he not retort from the Mishnah? כֵּיוָן דְּאִילּוּ מִתְרַמֵּי לֵיהּ בּוּכְרָא אַחֲרִינָא – It must be because he understood that the challenge from the Mishnah could be deflected with the argument that since the law is that if another *bechor* offering came his way בָּעֵי מַזֶּה מִינֵּיהּ – he must sprinkle from [its blood], כּוּלֵּיהּ יוֹמָא זְמַנֵּיהּ הוּא – the entire day is considered [the *bechor* blood-application's] designated time. בָּרַיְיתָא נַמִּי – Accordingly, Rav Shemen's challenge from the Baraisa can also be deflected with this type of argument: כֵּיוָן דְּאִי מִתְרַמֵּי צִבּוּרָא אַחֲרִינָא – Since the law is that if another congregation came his way after he already fulfilled his obligation to bless הָדַר מְבָרֵךְ – he may again confer the blessings, כּוּלֵּיהּ יוֹמָא זְמַנֵּיהּ – the entire day is considered [the blessing's] designated time.[47]

The Gemara explains why Rav Shemen bar Abba did not challenge Rava from the Mishnah:

וְרַב שֶׁמֶן בַּר אַבָּא – But Rav Shemen bar Abba held that the two cases are not comparable, הָתָם לָא סַגִּי דְּלָא יָהִיב – for there it is not possible that [the Kohen] not apply the blood of any other *bechor* offering that comes his way that day.[48] Of necessity, then, the entire day is considered the designated time to perform the mitzvah of applying a *bechor's* blood, and so Rav Shemen could not challenge Rava from the Mishnah. הָכָא – But here, regarding the Priestly Blessings, the Kohen has a choice: אִי בָּעֵי מְבָרֵךְ – If he wishes, he may bless other congregations that day; אִי בָּעֵי לָא מְבָרֵךְ – or if he wishes, he may not bless them.[49]

Rava clarifies his position:

רָבָא אָמַר – Rava said:[50] לָצֵאת לָא בָּעֵי כַּוָּונָה – Although to

NOTES

40. Literally: you did not perform an act with your hand.

41. If one must violate a precept one way or another, he should choose to do so passively rather than actively (*Rashi* to *Zevachim* 80a). R' Yehoshua's first reason suffices only to explain why we do not *require* the Kohen to make all the applications to avoid the prohibition against subtracting. The second reason explains why it is *preferable* to make only one application (*Tosafos*).

42. R' Yehoshua certainly made this statement, and R' Eliezer agrees that the prohibition would have been violated had the *bechor*'s blood stood alone, and was not mixed with the *olah*'s blood (see *Ritva* ד"ה כשהוא בעצמו, and note 37 above).

43. I.e. unto a Kohen who has already applied the blood of a *bechor* that day.

44. That is, since – as Rava said earlier – one transgresses the prohibition against adding to the Torah only during the mitzvah's designated time, it must be that the designated time for the mitzvah of applying a *bechor*'s blood continues even after its single required application has been made. The only way this can be understood is with the argument that since one may apply the blood of other *bechor* offerings later that day, the entire day is regarded as the designated time even for the *bechor* whose blood has already been applied. Therefore, if additional applications of its blood are made, one violates the prohibition "do not add" (notwithstanding other reasons why the prohibition should not apply). See *Sfas Emes* for further discussion.

45. Rava's proof is predicated upon his opinion that one violates the prohibition "do not add" only during the mitzvah's designated time. He stated his opinion to deflect Abaye's challenge from the case of one who sits in a succah on the eighth day (which Abaye issued to undermine Rava's position that mitzvos do not require intent [i.e. to fulfill one's obligation]). Perhaps, however, R' Yehoshua (and also R' Eliezer; see note 42 above) disputes Rava's entire presumption and maintains that one transgresses "do not add" even not during the mitzvah's designated time, but holds that one must have intent to fulfill his obligations and concomitantly to violate the prohibition "do not add." Accordingly, both this Mishnah (regarding blood applications) and the Baraisa (regarding the Priestly Blessings) remain as challenges to Rava's view (*Rashi*, as explained by *Aruch LaNer* to *Tosafos* ד"ה דלמא; cf. *Tosafos*; see *Yom Teruah* and *Sfas Emes*).

46. Rav Shemen bar Abba challenged Rava's opinion (that one violates the prohibition "do not add" only during a mitzvah's designated time) from the Baraisa concerning the Priestly Blessings. He could have presented a similar challenge from the Mishnah that spoke of the *bechor's* blood application, and a Mishnaic refutation would have been more powerful than one coming from a Baraisa (*Rashi*).

47. I.e. it must be that Rav Shemen bar Abba conceded that the designated time for a *bechor*'s blood application continues even after the single required application is made, inasmuch as the Kohen may apply the blood of other *bechors* at that time. Therefore, Rav Shemen had no proof from the Mishnah that the prohibition "do not add" applies even after a mitzvah's designated time. Accordingly, argues the Gemara in defense of Rava, it can be said regarding the Priestly Blessings that even after conferring the three Scriptural blessings the Kohen transgresses "do not add" if he appends another blessing, since he may bless other congregations at that time.

48. For a Kohen is obligated to ensure that consecrated offerings do not become invalidated (*Rashi*).

49. The Gemara implies that once a Kohen has blessed a congregation on any given day, he does not transgress the positive commandment to bless the people (*Numbers* 6:23) if he declines to bless other congregations later that day (*Tosafos*; see *Orach Chaim* 128:3, and *Beur HaGra* there). Thus, although the Kohen fulfills a mitzvah if he does bless other congregations, Rav Shemen bar Abba contends that the designated time for blessing ends after he has blessed the first group. Rav Shemen was therefore able to challenge Rava from the Baraisa, which states that a Kohen violates "do not add" when he adds his own blessing to the three prescribed by Scripture – even though the designated time of the mitzvah has passed.

50. [Since the Gemara does not state, "*Rather,* Rava said," the implication is that Rava did not author the opinion we have been discussing in this *sugya* – that mitzvos do not require intent for their fulfillment. Indeed, for this reason, some commentators have "Rabbah" as its author (see e.g. *Rosh, Milchamos* and *Or Zarua;* see above, 28a note 35),

עין משפט נר מצוה

מד א מיי' פ"ב מהל' ק"ש הלכה א סמג עשין יח טוש"ע א"ח סי' ס סעיף ה:
מה ב מיי' פ"ב מהל' שופר הל' ד טוש"ע א"ח סי' תקפט סעיף ח:
מו ג מיי' פי"ד מהלכות נשיאות כפים הלכה יב טוש"ע א"ח סי' קכח סעיף כו [רב אלפס פ' הקורא את המגילה דף רעג]:
מז ד ה מיי' פ"ב מהל' פסולי המוקדשין הלכה יא:

אבל הכא א) זכרון תרועה כתיב והאי מתעסק בעלמא הוא קמ"ל אלמא קסבר רבא ב) מצות אין צריכות כוונה איתיביה ג) היה קורא בתורה והגיע זמן המקרא אם כוון לבו יצא ואם לאו לא יצא מאי לאו כוון לבו לצאת לא לקרות לקרות הא קא קרי א) בקורא להגיה ת"ש ד) היה עובר אחורי בית הכנסת או שהיה ביתו סמוך לבית הכנסת ושמע קול שופר או קול מגילה אם כוון לבו יצא ואם לאו לא יצא מאי לאו אם כוון לבו לצאת לא לשמוע לשמוע והא שמע סבור חמור בעלמא הוא איתיביה ב) נתכוון שומע ולא נתכוון משמיע משמיע ולא נתכוון שומע לא יצא עד שיתכוון שומע ומשמיע בשלמא נתכוון משמיע ולא נתכוון שומע כסבור חמור בעלמא הוא אלא נתכוון שומע ולא נתכוון משמיע היכי משכחת לה לאו בתוקע לשיר דלמא דקא מנבח נבוחי א"ל אביי אלא מעתה ה) הישן בשמיני בסוכה ילקה אמר לו שאני אומר מצות אינו עובר עליהן אלא בזמנן מתיב רב שמן בר אבא ג) מנין לכהן שעולה לדוכן שלא יאמר הואיל ונתנה לי תורה רשות לברך את ישראל אוסיף ברכה אחת משלי כגון ב) ה' אלהי אבותיכם יוסף עליכם ת"ל ג) לא תוספו על הדבר והא הכא כיון דבריך ליה עברה ליה זמניה וקתני דעבר הכא במאי עסקינן בדלא סיים והתניא סיים סיים ברכה אחת והתניא סיים כל ברכותיו שאני הכא כיון דאלו מתרמי ליה צבורא אחרינא הדר מברך כוליה יומא זמניה הוא ומנא תימרא דתנן ו) הניתנין במתנה אחת שנתערבו בניתנין מתנה אחת ינתנו מתנה אחת מתן ד' במתן ד' ינתנו במתן ד' מתן ד' במתן אחת ר"א אומר ינתנו במתן ד' רבי יהושע אומר ז) ינתנו במתן אחת אמר לו ר"א הרי הוא עובר על ג) בל תגרע אמר לו ר' יהושע הרי הוא עובר על בל תוסיף א"ל ר"א לא נאמר בל תוסיף אלא י) כשהוא בעצמו אמר לו ר' יהושע לא נאמר בל תגרע אלא כשהוא בעצמו ועוד אמר רבי יהושע כשלא נתת עברת על בל תגרע ולא עשית מעשה בידך כשנתת עברת על בל תוסיף ועשית מעשה בידך והא הכא כיון דיהיב ליה מתנה מבכור עברה ליה זמניה וקתני דעבר משום בל תוסיף לאו משום דאמרינן כיון דאילו מתרמי ליה בוכרא אחרינא הדר מזה מיניה כוליה יומא זמניה י) [ממאי] דלמא קסבר ר' יהושע מצות עובר עליהן אפי' שלא בזמנן אנן הכי קאמרינן רב שמן בר אבא מ"ט שביק מתני' ומותיב מברייתא לותיב ממתניתין מתניתין מ"ט לא מותיב כיון דאילו מתרמי ליה בוכרא אחרינא בעי מזה מיניה כוליה יומא זמניה הוא ברייתא נמי כיון דאי מתרמי צבורא אחרינא הדר מברך כוליה יומא זמניה ורב שמן בר אבא התם לא סגי דלא יהיב הכא אי בעי לא מברך רבא אמר לצאת לא בעי כוונה לעבור בעי כוונה והא מתן דמים לרבי יהושע דלעבור ולא בעי כוונה אלא אמר רבא לצאת לא בעי כוונה לעבור בזמנו לא בעי כוונה ◦ שלא בזמנו בעי כוונה ח) אמר ליה ר' זירא לשמעיה איכוון

רש"י

קא משמע לן. דאע"ג דמתעסק הוא יצא דמצות אין צריכות כוונה: זמן המקרא. של קריאת שמע והוא היה קורא בתורה פרשת שמע: קורא להגיה. אף קרייה אין כאן אלא מגמגם: דקא מנבח נבוחי. ואינו תוקע כשיעור תקיעה המפורש במשנתנו בפ' אחרון (דף לג:): אלא מעתה. דשלא מתכוין למצוה כמתכוין דמי: הישן בשמיני בסוכה. שלא לשם מצוה: ילקה. שהרי מוסיף על מצוה ועובר משום בל תוסיף: מצות אין עובר עליהן. בבל תוסיף אלא בזמנן כגון חמשת המינין בלולב וה' טוטפות בתפלין חמש ציציות בטלית אבל תוספת יום על ימים או שעה על שעה אין זה מוסיף: בשלא סיים. אלא הוסיפה באמצע: והא סיים קתני. בברייתא: הניתנין במתנה אחת. כגון דם בכור שנתערב בדם בכור אחר או בדם מעשר: ינתנו מתנה אחת. והרי יש בה משניהן ועולה לשניהן: מתן ארבע. שלמים ואשם ועולה ותודה: דלמא קסבר רבי יהושע כו'. ומתרצי הנך ממתני' ומברייתא איכא לאותובי לרבה: אנן הכי אמרינן. אנן דמייתינן סייעתא מהא דטעמא משום דלאו זמניה דהוי מתרמי ליה כו' הכי קאמרינן ליה לרב שמן: מאי טעמא שבק מתניתין כו'. שבק מתניתין הניתנין במתנה אחת דהא משנה היא בשחיטת קדשים: לותיב ממתניתין. דאלימא לאקשויי: לא סגי דלא יהיב. אי הדר מתרמי ליה קדשים לא מפסיק: לצאת לא בעי כוונה. דבלאו מתכוין יוצא ידי חובתו: לעבור בעי כוונה. שיתכוין לשם מצוה ואי לא לא עבר: והא מתן דמים כו'. שאין מתכוין בשאר מתנותיו לשם בכור וקאמר רבי יהושע הרי הוא עובר על בל תוסיף:

תוספות

אבל הכא. תוקע לשיר מתעסק בעלמא הוה ולקמן בפרק בתרא (דף לג:) תנן המתעסק לא יצא: אבל נתכוון שומע ולא נתכוון משמיע היכי משכחת לה. ◦ לא הוה מצי למימר כגון שלא נתכוון משמיע להוציא השומע דמשמע ליה לדייק בסוף סוגיא משמיע לעצמו ט) דומיא דשומע לעצמו אלמא י) [לא] בעי כוונה:

דקא מנבח נבוחי. פי' בקונט' דאינו תוקע כשיעור תקיעה המפורש במשנתנו וקשיא דאם כן אפילו נתכוון נמי לא נפיק ונראה לי מנבח נבוחי שאין מתכוין לתקוע שיעור תקיעה ותקע שיעור תקיעה ושמא כך רוצה לומר בקונט' אי נמי כעין שפירש בקונט' לקמן בפרק בתרא (דף לג:) מתעסק שהיה נופח בשופר ועלתה לו בידו תקיעה:

ומנא תימרא דתנן. גבי זריקת דם תימה מאי אולמיה דהך מההיא דכהן שעולה לדוכן ויש לומר דגבי כהן שמתכוין לברך ולהוסיף יכול להיות שעובר אע"ג דלאו זמניה הוא אבל כאן שאין מתכוין להוסיף ואינו עושה אלא מחמת ספק אין לו לעבור אי לאו משום דחשיב זמניה אלא ודאי אמרינן דחשיב זמניה משום דמנין דאי מתרמי ליה בוכרא הדר מזה מיניה והוא הדין גבי כהן מהאי טעמא ואית הא דאמר בפ"ק (דף טז: ושם) למה תוקעין ומריעין כשהן יושבין ותוקעין ומריעין כשהן עומדין כדי לערבב את השטן והא עבר משום בל תוסיף ועוד אמר בפרק בתרא (דף לד.) שלש תרועות נאמרו בר"ה שנים מדברי תורה ואחת מדברי סופרים ואיכא למאן דאמר ג' מדברי סופרים והשתא עבר משום בל תוסיף אע"ג דכבר עבר ויצאו מכל מקום אי מתרמי ליה צבורא אחרינא הדר ותקע וחשיב זמניה ועוד דלפי' לאו זמניה כיון דמתכוין לשם מצוה עובר משום בל תוסיף דמפסיק רבה בסמוך לעבור שלא בזמנו בעי כוונה וי"ל כדפירשית בפ"ק (דף טז: ושם) דלא שייך בל תוסיף בעשיית המצוה שתי פעמים וברכת כהנים נמי אפי' מברכין כמה פעמים לצבור אחד אין זה בל תוסיף אלא אם כן מוסיף ברכה אחת כגון יוסף (ה') עליכם ככם (דברים א) או כיוצא בה וכן אם נטל לולב כמה פעמים ביום או אוכל בפסח כמה זיתים של מצה אין זה בל תוסיף וכל הניתנים במתנה אחת אם נתן כמה פעמים במקום אחד אין זה בל תוסיף אלא אם כן נותן במקום אחר וכן בהדס וערבה שבלולב אפילו נותן כמה הדסים וכמה ערבות בלולב אין זה בל תוסיף אפילו למ"ד צריך אגד אלא אם כן מוסיף מין אחר ומיהו תימה לפי' זה אם היה נותן כמה חוטין בציצית וכמה פרשיות בתפלין בבית אחד לא היה עובר משום בל תוסיף ומסוכה אין להביא ראיה כאן מה שאין עובר בעשה ד' מחיצות אע"ג דאמרינן שתים כהלכתן ושלישית אפי' טפח דלכל שכן כשעושה ד' מחיצות טפי עדיף דהוי תשבו כעין תדורו:

מתן ארבע במתן אחת. כגון דם בכור שהוא מתן אחת בדם עולה ושלמים שהם שתי מתנות שהן ארבע ולא בדם חטאת שהן ארבע מתנות בד' קרנות דההוא למעלה מחוט הסקרא והני למטה: לא נאמר בל תוסיף אלא כשהוא בעצמו. והלכך טוב שלא יגרע המצוה:

לא נאמר בל תגרע אלא כשהוא בעצמו. והלכך כיון דיוצא באחד למה נזקקו ליתן ארבע ועוד טפי עדיף באחד מארבע כמו שמפרש: דלמא קסבר רבי יהושע מצות עובר עליהן שלא בזמנן. והישן בשמיני בסוכה ילקה לרבי יהושע ובשמיני ספק שביעי לא יתיב ומיהו לא קיימא מסקנא הכי: הכא אי בעי מברך. משמע מכאן דכיון דעלה לדוכן פעם אחת ביום שוב אינו עובר בעשה דאמור להם (במדבר ו) כל היום דהא קאמר אי בעי לא מברך:

דתנן

רבינו חננאל

התם תאכלו מצות אמר רחמנא והא אכליה אבל הכא בענין תקיעות כוונת הלב בעינן וליכא קמ"ל מצות אין צריכות כוונה. איתיביה היה קורא בתורה בענין ק"ש והגיע זמן ק"ש אם כוון לבו למצות ק"ש יצא ואם לא כוון לא יצא. ודחינן מתניתין בקורא להגיה. שאינו קורא התיבות בקריאתן אלא ככתיבתם החסרות והיתירות כמות שהן כתובות. לפיכך אם כוון לבו וקרא כמסורת יצא ואם לאו לא יצא ת"ש מהא דתנן הכא במתנית' היה עובר אחורי ביהכ"נ או שהיה ביתו סמוך לכנסת ושמע קול שופר או קול מקרא מגילה אם כוון לבו יצא ואם לאו לא יצא אע"פ שזה שמע וזה שמע זה כוון לבו וזה לא כוון לבו מאי כוון לבו לצאת וש"מ מצות צריכות כוונה. ודחינן כוון לבו לשמוע ולהבחין אם הוא תקיעת בן אדם או צהלת סוס. איתיביה נתכוון א) משמיע לא יצא הא היכי משכחת לה לאו בתוקע לשיר קשיא לרבה ופריק לא דקא מנבח נבוחי. כלומר אינה תקיעה שלימה אלא כמין נבוח הוא ולפיכך לא יצא אבל אם היתה תקיעה אע"פ שלא נתכוון יצא. אי הכי כי המצות [אין] צריכות כוונה התורה אמרה בסכות תשבו שבעת ימים ואין לך להוסיף על שבעת הימים אי הכי הישן בשמיני בסוכה ילקה על שעבר בבל תוסיף אף על פי שלא נתכוון לישן בסוכה משום מצוה. ודחינן שאני אומר מצות אין עובר עליהן משום בל תוסיף אלא בזמנן. מותיב רב שימי בר אביי מנין לכהן שיעלה לדוכן שלא יאמר הואיל וניתנה לי רשות לברך את ישראל אוסיף אני ברכה אחת משלי כגון ה' אלהי אבותיכם יוסף עליכם וגו' ת"ל לא תוספו על הדבר אשר אנכי מצוה אתכם. (ודחינן כיון דאילו מתרמי ליה ציבורא אחרינא) [וכיון] דסיים כל הברכות עברה לה זמן המצוה וקתני דעובר אם יוסיף ודחינן כיון דאילו מתרמי ליה צבורא אחרינא הדר מברך להו כולה יומא זמניה הוא. ומנא תימרא דאמרינן כי האי גוונא דכוליה יומא זמניה הוא דתנן בשחיטת קדשים פ"ח הניתנין מתנה אחת שנתערבו בניתנין מתן אחת ינתנו במתן אחת כו' והא הכא כיון דיהיב ליה כבכור מתנה אחת והיא מצותו כדתנן בפרק איזהו מקומן של זבחים הבכור והמעשר והפסח קדשים קלים שחיטתן בכ"מ בעזרה ודמן טעון מתנה אחת כו' הנה כיון שהזה מדם הבכור מתנה אחת גמר מצותו ועברה ליה זמניה וקתני ר' יהושע כשנתת עברת על בל תוסיף ועשית מעשה בידך לאו משום דאמר כיון דאלו מיתרמי בכור אחר הוי מדי מיניה כולהי יומא זמנו הוא ודחינן ודלמא ר' יהושע סבר מצות עובר עליהן אפי' שלא בזמנן אנן הכי קאמרי' רב שימי גופיה היכי שביק מתניתין אמאי לא מותיב מהא מתני' דסבר מתני' כיון דאילו מתרמי ליה בכור אחר הוה (כל) [מזה מיניה כוליה] יומא זמניה הוא ברייתא נמי נימא כיון דאילו מתרמי ליה צבורא אחרינא הדר מברך כולי יומא זמניה הוא כלומר טעמא חדא נינהו אמאי מותיב מהאי. ופרקינן רב שימי סבר התם גבי בכור לא סגי דלא מדי הלכך זמניה הוא הכא אי בעי לא מצלי אי בעי לא מצלי ואסיקנא אלא אמר רבא לצאת ידי חובה

מצות

מסורת הש"ס

א) [פסחים קיד:], ב) ברכות יג., ג) [לעיל כח:] לקמן כט. תוספ' פ"ב, ד) [עירובין צו:], ה) עירובין ק. וזבחים פ., ו) [פי' כשהדר עומד בעצמו ולא כשיש בו דבר אחר. תוי"ט פ"א דזבחים מ"ג], ז) ס"א, ח) [לקמן לג:], ט) דומיא דשומע לעצמו דקרי ליה נתכוין שומע ומשמיע דילא אלמא וכו' כל"ל, י) נ"ל.

גליון הש"ס

גמ' שלא בזמנו בעי כוונה. עיין תוס' ישנים יומא דף ע ע"ב ד"ה נותן: תוס' ד"ה אבל נתכוון כו' לא הוי מצי לומר. עיין תשובת מהריב"ל ספר שני סי' פס:

תורה אור השלם

א) דַּבֵּר אֶל בְּנֵי יִשְׂרָאֵל לֵאמֹר בַּחֹדֶשׁ הַשְּׁבִיעִי בְּאֶחָד לַחֹדֶשׁ יִהְיֶה לָכֶם שַׁבָּתוֹן זִכְרוֹן תְּרוּעָה מִקְרָא קֹדֶשׁ: [ויקרא כג, כד]

ב) יְיָ אֱלֹהֵי אֲבוֹתֵכֶם יֹסֵף עֲלֵיכֶם כָּכֶם אֶלֶף פְּעָמִים וִיבָרֵךְ אֶתְכֶם כַּאֲשֶׁר דִּבֶּר לָכֶם: [דברים א, יא]

ג) לֹא תֹסִפוּ עַל הַדָּבָר אֲשֶׁר אָנֹכִי מְצַוֶּה אֶתְכֶם וְלֹא תִגְרְעוּ מִמֶּנּוּ לִשְׁמֹר אֶת מִצְוֹת יְיָ אֱלֹהֵיכֶם אֲשֶׁר אָנֹכִי מְצַוֶּה אֶתְכֶם: [דברים ד, ב]

ליקוטי רש"י

מצות אין צריכות כוונה. שיהא מתכוין לשם מצות [ברכות יג.]. שהעושה מצוה לריך שיכוין בה [עירובין צה:]. היה קורא בתורה. פרשת ק"ש. והגיע זמן המקרא. זמן ק"ש. לקרות. אבל לצאת ידי מצוה לא בעינן שיהא מתכוין אלא לקרות בתורה בעלמא. הא קא קרי. הא בקורא קא עסיק ואמאי דקתני היה קורא בתורה. בקורא להגיה. את הספר אם יש בו טעות דאפילו לקריאה נמי לא מתכוין [ברכות שם]. מנבח נבוחי. כמנבחים קרוייזע"ט [ביצה יד.]. הישן בשמיני בסוכה ילקה. דמוסיף שמיני על השביעי ואנן יתבינן בשמיני בספק שביעי לכתחלה אלא שלא בזמנו כוונה לאו תוספת הוא ולהכי פרכינן דאי שמיני הוא לא מכוין למצות סוכה [עירובין צו.]. לא תוספו. [ספרי] כגון חמש פרשיות בתפלין חמשת מינין בלולב וחמש ציציות וכן לא תגרעו [דברים ד ב]. הניתנין במתנה אחת וכו'. כגון דם הבכור שנתערב בדם הבכור [עירובין ק.]. כגון דם בכור שנתערב בדם מעשר בין בבלול בין בכוסות [זבחים פ.]. ינתנו מתנה אחת. ועולה לזה ולזה. מתן ד' במתן ד'. נשפך לדם חטאת זו בחטאת זו ארבע מתנות ועולה לזו ולזו [עירובין שם]. כמו דם עולה בדם שלמים או בדם אשם שניהם טעונין שתי מתנות שהן ארבע ושניהם תמימים [זבחים שם]. ינתנו במתן ד'. דקסבר קום עשה מצוה עדיף אף על גב דבהאי מצוה איכא לבכור אבל תוסיף אתי עשה דחטאת דכתיב (ויקרא ד) ונתן על קרנות ודחי לבל תוסיף דבכור [עירובין שם]. במתן אחת. כגון דם עולה בבכור (שהן) [שניהם] תמימים. ר' אליעזר אומר ינתנו במתן ד'. ורואה היתירות הניתנות מדם הבכור כאילו הן מים ואין זה בל תוסיף. רבי יהושע אומר ינתנו במתן אחת. עולה יוצא בכל הניתנין על מזבח החיצון שנתנן במתנה אחת כיפר [זבחים פ.]. כיון דקיימא לן (זבחים לו:) החיצון שנתנן במתנה אחת כיפר הכא דלא אפשר סמכינן עלה אפילו לכתחילה ולא עבדינן אבל תוסיף דחטאת כדקאמר טעמא מוטב שיעקר בל תגרע מאליו שהוא יושב ואינו עוקר הלאו בידים מעבור על בל בידים [עירובין שם]. ולא עשית מעשה בידך. ואינו דומה עושה מעשה ליושב ואינו עושה ואיסור בא

חשק שלמה על ר"ח א) נ"ל נתכוון שומע ולא נתכוון משמיע לא יצא.

fulfill mitzvos does not require intent, לַעֲבוֹר בָּעֵי כַּוָּונָה – **to transgress** them **does require intent.**[51]

The Gemara challenges Rava's distinction:

וְהָא מַתַּן דָּמִים לְרַבִּי יְהוֹשֻׁעַ – **But** there is, **according to R' Yehoshua, the** additional **application of** *bechor's* **blood,** דִּלַעֲבוֹר – which causes one **to transgress** the prohibition "do not add" וְלֹא בָּעֵי כַּוָּונָה – **and it does not require intent!**[52] – ? –

Rava modifies his position:

אֶלָּא אָמַר רָבָא – **Rather, Rava said:** לָצֵאת לֹא בָּעֵי כַּוָּונָה – Indeed, **to fulfill** mitzvos **does not require intent,** לַעֲבוֹר – with respect **to transgressing** the prohibition "do not add," however, the rule is: בִּזְמַנּוֹ לֹא בָּעֵי כַּוָּונָה – **During [a mitzvah's]** designated **time** also **does not require intent.** שֶׁלֹּא בִּזְמַנּוֹ בָּעֵי כַּוָּונָה – However, to transgress "do not add" **not during [a mitzvah's]** designated **time does require intent.**[53]

The Gemara presents an opposing view regarding intent:

אָמַר לֵיהּ רַבִּי זֵירָא לְשַׁמָּעֵיהּ – **R' Zeira said to his attendant:**

NOTES

and understand that Rava now comes to present his opinion in this matter (*Aruch LaNer*). However, we continue to translate according to our text of the Gemara (which was also that of *Rashi, Ritva* et al.), and thus have Rava here offering a clarification of his opinion.]

51. [The original challenge posed to Rava was based on Abaye's premise that if intent is not required to fulfill mitzvos, it is also not required to transgress the prohibition against adding and subtracting from mitzvos. The Gemara initially accepted this. However, Rava now disputes Abaye's assumption, and contends that while one need not intend to fulfill his obligation in order to fulfill a mitzvah, he must entertain that intent in order to violate the prohibitions of "do not add" and "do not subtract" (*Rashi*). Accordingly, Abaye's challenge from one who dwells in a succah on the eighth day is not difficult, since the person had no intent to fulfill the mitzvah of dwelling in a succah. The reason for Rava's distinction can be explained in the following manner: It is not necessary to have a conscious intent to fulfill a mitzvah since people subconsciously desire to fulfill their obligations with their actions. However, people do not normally wish to violate prohibitions. Thus, without any indication of an express intent to the contrary, an act is not construed as being done for the purpose of transgressing (see *Sfas Emes*).

52. R' Yehoshua holds that any superfluous application of *bechor*'s blood causes one to transgress "do not add" even though the Kohen makes it only for the sake of the intermingled *olah's* blood (*Rashi, Ritva*). How, then, does Rava reconcile this Mishnah with his opinion that one never transgresses "do not add" unless he performs the mitzvah act for the sake of the mitzvah?

53. Therefore, one who dwells in a succah on the eighth day, intending to fulfill the mitzvah, receives lashes for violating "do not add." However, he is not liable to lashes if he lacked such intent, since the eighth day is not the mitzvah's designated time. In the case of the *bechor's* blood, a Kohen violates "do not add" (according to R' Yehoshua) when he makes extra applications, even if he lacks intent to fulfill the mitzvah, inasmuch as the entire day is the time for the mitzvah. A Kohen similarly violates "do not add" when he appends his own blessing to the three Scripturally prescribed blessings, even if he has no intent to fulfill the mitzvah, since the entire day is the time for the mitzvah (*Meiri;* cf. *Ritva* with respect to the last case).

אִיכַּוֵּין וְתִקַע לִי – **Concentrate and blow** the shofar especially **for me.**[1] אַלְמָא קָסָבַר מַשְׁמִיעַ בָּעֵי כַּוָּנָה – From here **we see** that **[R' Zeira] maintains** that **the blower requires intent** to cause the listener to fulfill his obligation.[2]

The Gemara challenges R' Zeira's opinion:

מֵיתִיבֵי – **They retorted** from the ruling of our Mishnah, which stated: הָיָה עוֹבֵר אֲחוֹרֵי בֵית הַכְּנֶסֶת – If ONE WAS PASSING BEHIND A SYNAGOGUE, אוֹ שֶׁהָיָה בֵיתוֹ סָמוּךְ לְבֵית הַכְּנֶסֶת – OR HIS HOUSE WAS ADJACENT TO A SYNAGOGUE, וְשָׁמַע קוֹל שׁוֹפָר אוֹ קוֹל מְגִילָּה – AND on Rosh Hashanah HE HEARD THE SOUND OF A SHOFAR emanating from the synagogue, OR on Purim he heard THE SOUND OF THE MEGILLAH-reading emanating from the synagogue, the law is as follows: אִם כִּוֵּון לִבּוֹ יָצָא – IF HE DIRECTED HIS MIND to it, HE HAS FULFILLED his obligation, וְאִם לָאו לֹא יָצָא – BUT IF NOT, HE HAS NOT FULFILLED his obligation. וְכִי כִּוֵּון לִבּוֹ מַאי הָוֵי – **But when [the listener] directed his mind** to fulfill his obligation, **what does it matter?!** הַיאָךְ לָא קָא מִיכַּוֵּין אַדַּעְתָּא דִידֵיהּ – **The other one** [the blower] **did not intend** to blow **for [the listener's] sake?**[3]

The Gemara answers:

הָכָא בִּשְׁלִיחַ צִיבּוּר עַסְקִינַן – **Here we are dealing with a community emissary,** דְּדַעְתֵּיהּ אַכּוּלֵּיהּ עָלְמָא – **whose mind is on everyone.**[4]

Another challenge:

תָּא שְׁמַע – **Come, hear** a Baraisa that refutes R' Zeira's opinion: נִתְכַּוֵּון שׁוֹמֵעַ וְלֹא נִתְכַּוֵּון מַשְׁמִיעַ – If THE LISTENER HAD INTENT BUT THE ONE MAKING the blast HEARD DID NOT HAVE INTENT, נִתְכַּוֵּון מַשְׁמִיעַ וְלֹא נִתְכַּוֵּון שׁוֹמֵעַ – or if THE ONE MAKING the blast HEARD had intent BUT THE LISTENER DID NOT HAVE INTENT – לֹא יָצָא – in either case [THE LISTENER] HAS NOT FULFILLED HIS OBLIGATION עַד שֶׁיִּתְכַּוֵּון שׁוֹמֵעַ וּמַשְׁמִיעַ – UNTIL both THE LISTENER AND THE ONE MAKING the blast HEARD HAVE INTENT. קָתָנֵי מַשְׁמִיעַ דּוּמְיָא דְשׁוֹמֵעַ – Now, since the Baraisa presents the two cases as identical parallel teachings, **it is stating** that the case of **the blower is similar to** the case of **the listener,** as follows: מַה שׁוֹמֵעַ שׁוֹמֵעַ לְעַצְמוֹ – **Just as the listener listens for himself,**[5] אַף מַשְׁמִיעַ מַשְׁמִיעַ לְעַצְמוֹ – **so the blower blows** only **for himself.**[6] וְקָתָנֵי לֹא יָצָא – **And** yet **[the Baraisa] teaches** in the first case that **[the listener] has not fulfilled his obligation!**[7] – ? –

The Gemara concedes that R' Zeira's view cannot be reconciled with the Baraisa, but explains that it is not completely invalidated:

תַּנָּאֵי הִיא – **[R' Zeira's ruling] is** the subject of **a Tannaic dispute,** דְּתַנְיָא – **for it was taught in a Baraisa:** שׁוֹמֵעַ שׁוֹמֵעַ לְעַצְמוֹ – THE LISTENER MUST LISTEN FOR HIS OWN SAKE,[8] וּמַשְׁמִיעַ מַשְׁמִיעַ לְפִי דַרְכּוֹ – AND THE ONE MAKING the blast HEARD CAN MAKE IT BE HEARD even BY THE WAY.[9] אָמַר רַבִּי יוֹסֵי – But R' YOSE SAID: בַּמֶּה דְּבָרִים אֲמוּרִים – CONCERNING WHAT CASE IS this rule STATED?[10] בִּשְׁלִיחַ צִבּוּר – CONCERNING A COMMUNITY EMISSARY.[11] אֲבָל בְּיָחִיד – BUT CONCERNING one who blows for AN INDIVIDUAL, לֹא יָצָא – [THE LISTENER] DOES NOT FULFILL his obligation עַד שֶׁיִּתְכַּוֵּון שׁוֹמֵעַ וּמַשְׁמִיעַ – UNTIL both THE LISTENER AND THE ONE MAKING the blast HEARD HAVE specific INTENT for the listener's mitzvah. R' Zeira followed R' Yose's opinion.

Mishnah Having discussed the requirement of intent as it relates to the fulfillment of mitzvos, the Mishnah elaborates on the subject in an Aggadic vein, teaching that proper intent is of paramount importance in all areas:[12]

,,וְהָיָה כַּאֲשֶׁר יָרִים מֹשֶׁה יָדוֹ וְגָבַר יִשְׂרָאֵל וגו׳ " – The Torah relates: ***And it happened that when Moses raised his hand Israel was stronger, etc.*** *(and when he lowered his hand Amalek was stronger).*[13] וְכִי יָדָיו שֶׁל מֹשֶׁה עוֹשׂוֹת מִלְחָמָה אוֹ שׁוֹבְרוֹת מִלְחָמָה – **But do Moses' hands win a battle or lose a battle?!**[14] Certainly not! אֶלָּא לוֹמַר לְךָ – **Rather,** the verse comes **to tell you:** כָּל זְמַן שֶׁהָיוּ יִשְׂרָאֵל מִסְתַּכְּלִין כְּלַפֵּי מַעְלָה – **So long as Israel gazed upward** וּמְשַׁעְבְּדִין אֶת לִבָּם לַאֲבִיהֶם שֶׁבַּשָּׁמַיִם – **and subjugated their heart to their Father in Heaven,** הָיוּ מִתְגַּבְּרִים – **they would prevail.**[15]

NOTES

1. I.e. have in mind to blow the shofar for my sake, to cause me to fulfill my Rosh Hashanah obligation (*Rashi;* see following note).

2. This is *Rashi's* interpretation of the episode (see *Baal HaMaor*), according to which R' Zeira argues with Rava, for if the enabler (blower) requires intent for the mitzvah's fulfillment, then certainly the performer himself (the listener) requires such intent (see *Tos. HaRosh*). Others understand, however, that R' Zeira speaks only of intent for the mitzvah act (i.e. hearing a shofar sound). Thus, R' Zeira is telling his attendant to blow with the intent of causing R' Zeira to hear a shofar sound. Accordingly, R' Zeira agrees with Rava that intent for fulfilling the mitzvah is unnecessary (see *Baal HaMaor, Milchamos, Ritva* et al.). See also *Shaagas Aryeh* §6 and *Avnei Nezer Orach Chaim* §40, and *Yom Teruah* to the next Mishnah ד״ה חש״ו; cf. *Igros Moshe, Orach Chaim II* §72. See also 34b note 19.

3. The blower presumably did not have the listener in mind, since the latter was not present in the synagogue. According to R' Zeira, then, why does the listener fulfill his obligation?

4. One who blows a shofar for a private group has in mind only the group members present. However, one who blows for the community has in mind any member of the community who might be listening.

5. I.e. he entertains intent to fulfill the mitzvah.

6. I.e. he did not intend to cause the listener to fulfill his obligation.

7. According to the Gemara's present interpretation, the first case teaches that the listener does not fulfill his obligation until the blower intends to fulfill his own; however, when the blower blows for his own mitzvah the listener fulfills his mitzvah. From here we see that the blower need not have the listener in mind, which does not accord with R' Zeira's opinion (see *Hagahos R' Betzalel Ronsburg, R' Yaakov Emden* and *Sifsei Chachamim;* cf. *Gra*).

8. I.e. he must listen with the intention of fulfilling his obligation (*Sifsei Chachamim*).

9. I.e. incidentally (see Mishnah, *Succah* 20b). That is, the blower blows for himself, and the other people happen to hear his blowing. They fulfill their obligation even though the blower does not have them at all in mind.

10. I.e. when is it unnecessary for the blower to intend to blow for the listener's mitzvah.

11. Who intends generally for all members of the community.

12. *Meiri;* see *Pnei Yehoshua* and *Yom Teruah.*

13. *Exodus* 17:11. The Torah relates that in the battle between the Israelites and the Amalekites, Moses appointed Joshua to lead the fighting and he himself ascended to the top of a hill, where he held his hands in a raised position toward heaven in prayer. Our verse recounts that when Moses' hands were raised, the Israelites prevailed; when he lowered them, Amalek prevailed.

14. Literally: Make the battle or break the battle. The outcome surely was not solely dependent on Moses' prayer, for then he would never have lowered his arms [i.e. ceased praying] (*Yom Teruah*). Alternatively, Scripture indicates that the outcome was dependent also upon the Israelites, for Joshua was commanded to choose carefully those who would fight (ibid. v. 9), and indeed *Joshua weakened Amalek and its people with the sword's blade* (v. 13) [*Sifsei Chachamim;* see also *Meromei Sadeh*].

15. In contrast to the normal tactics of battle, where soldiers must keep a constant eye on their enemy, Israel "gazed upward" – which speaks metaphorically of their inner focus on God in the form of prayer (*Chasam Sofer*).

איכוון ותקע לי אלמא קסבר משמיע בעי כוונה מיתיבי א) היה עובר אחורי בית הכנסת או שהיה ביתו סמוך לבית הכנסת ושמע קול שופר או קול מגילה אם כוון לבו יצא ואם לאו לא יצא וכי כוון לבו מאי הוי היאך לא קא מיכוין אדעתא דידיה א הכא בשליח ציבור עסקינן דדעתיה אכוליה עלמא ת"ש נתכוון שומע ולא נתכוון משמיע נתכוון משמיע ולא נתכוון שומע לא יצא עד שיתכוון שומע ומשמיע קתני משמיע דומיא דשומע מה שומע שומע לעצמו אף משמיע משמיע לעצמו א] וקתני לא יצא תנאי היא דתניא שומע שומע לעצמו ומשמיע משמיע לפי דרכו אמר רבי יוסי ב בד"א בשליח צבור אבל ביחיד לא יצא עד שיתכוון שומע ומשמיע: **מתני'** א) והיה כאשר ירים משה ידו וגבר ישראל וגו' וכי ידיו של משה עושות מלחמה או שוברות מלחמה אלא לומר לך כל זמן שהיו ישראל מסתכלין כלפי מעלה ומשעבדין את לבם לאביהם שבשמים היו מתגברים ואם לאו היו נופלים כיוצא בדבר אתה אומר ב) עשה לך שרף ושים אותו על נס והיה כל הנשוך וראה אותו וחי וכי נחש ממית או נחש מחיה אלא בזמן שישראל מסתכלין כלפי מעלה ומשעבדין את לבם לאביהם שבשמים היו מתרפאין ואם לאו היו נימוקים ג חרש שוטה וקטן אין מוציאין את הרבים ידי חובתן ד זה הכלל ג) כל שאינו מחוייב בדבר אינו מוציא את הרבים ידי חובתן: **גמ'** ת"ר ה הכל חייבין בתקיעת שופר כהנים ולוים וישראלים גרים ועבדים משוחררים וטומטום ואנדרוגינוס מי שחציו עבד וחציו בן חורין ו טומטום אינו מוציא לא את מינו ולא את שאינו מינו ז אנדרוגינוס מוציא את מינו אבל לא את שאינו מינו מי שחציו עבד וחציו בן חורין אינו מוציא לא את מינו ולא את שאינו מינו אמר מר ד) הכל חייבין בתקיעת שופר כהנים לוים וישראלים פשיטא אי הני לא מיחייבי מאן מיחייבי כהנים אצטריכא ליה ס"ד אמינא הואיל וכתיב ג) יום תרועה יהיה לכם מאן דליתיה אלא בתקיעה דחד יומא הוא דמיחייב והני כהנים הואיל ואיתנהו בתקיעות דכל השנה דכתיב ד) ותקעתם בחצוצרות על עולותיכם אימא לא ליחייבו קמ"ל מי דמי התם חצוצרות והכא שופר אלא אצטריך סד"א הואיל ותנן ה) שוה היובל לר"ה לתקיעה ולברכות מאן דאיתיה במצות היובל איתיה במצוה דראש השנה והני כהנים הואיל וליתנהו במצוה דיובל דתנן ו) כהנים ולוים מוכרין לעולם וגואלין לעולם אימא במצוה דראש השנה לא ליחייבו קמ"ל: מי שחציו עבד וחציו בן חורין אינו מוציא לא את מינו ולא את שאינו מינו: אמר רב הונא ולעצמו מוציא א"ל רב נחמן לרב הונא מאי שנא לאחרים דלא דלא אתי צד עבדות ומפיק צד חירות לעצמו נמי לא אתי צד עבדות דידיה ומפיק צד חירות דידיה אלא אר"נ אף לעצמו אינו מוציא תניא נמי הכי ט מי שחציו עבד וחציו בן חורין אף לעצמו אינו מוציא תני אהבה בריה דר' זירא י כל הברכות כולן אע"פ שיצא מוציא כ חוץ מברכת הלחם וברכת היין שאם לא יצא מוציא ואם יצא אינו מוציא בעי ז) רבא ברכת

רש"י

איכוון ותקע לי. תתכוין לתקוע בשמי להוציאני ידי חובתי: **משמיע בעי כוונה.** להוציא השומע: **מתני'** והיה כאשר ירים משה ידו וגו': **גמ' ועבדים משוחררין.** אבל עבדים לא דכל מצוה שאין האשה חייבת בה אין העבד חייב בה: **וטומטום ואנדרוגינוס.** שמא זכר הוא: **מי שחציו עבד.** משום צד חירות שבו: **טומטום אינו מוציא את מינו.** טומטום כמותו שמא תוקע זה נקבה וחבירו זכר: **אנדרוגינוס מוציא מינו.** אנדרוגינוס כמותו דאי בתר זכרות אזלת שניהם חייבין ואי בתר נקבות אזלת שניהן פטורין: **מי שחציו עבד כו'.** דלא אתי צד עבדות דמשמיע ומפיק צד חירות דשומע: **ה"ג כהנים ולוים מקדישין לעולם וגואלין לעולם.** זו היא גירסת רבינו יצחק הלוי ושאר רבותי גורסין מוכרין לעולם וגואלין לעולם ושתיהן משניות הן במסכת ערכין (דף כו: ודף לג:) ובין מקדישין ובין מוכרין תרוייהו משנה יתירה נינהו אלא איידי דתנא התם גבי ישראל (שם דף כד.) אין מקדישין לפני היובל פחות משתי שנים ולא גואלין אחר היובל פחות משנה תנא גבי כהנים מקדישין וגואלין ואיידי דתנא גואלין ומקדישין גבי הדדי תנא נמי גבי גואלין דמכירה מוכרין לעולם והכי מוקים במסכת ערכין (דף לג.) ומהו גואלין לעולם לפי שנאמר בישראל במוכר בית בערי חומה (ויקרא כה) ואם לא יגאל עד מלאת לו שנה תמימה נחלט אבל בלוים גאולת עולם תהיה ללוים ולפי שנאמר בישראל המוכר שדה אחוזה (שם) במספר שני תבואות ימכר לך שאינו מותר לגאול פחות משתי שנים אבל לוים גואלין מיד לפי שנאמר במקדיש שדה אחוזה (שם כז) ואם לא יגאל את השדה בעלים ומכר גזבר את השדה לאיש אחר לא יגאל עוד אלא יוצאה לכהנים ביובל הלוים גואלין לעולם והאי דאמרי הכא ליתנהו במצות יובל קאי אמקדיש שדה אחוזה ולא גאלה ומכרה גזבר שאין יובל מפקיע מיד המקדיש אם לוי הוא כדרך שמפקיע מיד ישראל: **קמ"ל.** גרסי' ולא גרסינן נהי דליתנהו בהשמטת קרקעות כו' דהא ודאי איתנהו בין שלקחו הם מישראל מחזירין ביובל דלא נפקי לוים מכלל כל מצות והדינין בין שלקחו ישראל מהן מן האלפים אמה שניתנו לחוץ לעריהם יוצא ביובל ואפי' בתי ערי חומה שאין חוזרין לישראל ביובל חוזרין להם דכתיב (שם כה) ואשר יגאל מן הלוים וגו': **אע"פ שיצא מוציא.** שהרי כל ישראל ערבין זה בזה למצות: **חוץ מברכת הלחם והיין.** ושאר ברכת פירות וריחני שאינן חובה אלא שאסור ליהנות מן העולם הזה בלא ברכה ובזו אין כאן ערבות שאינו חובה על האדם לא ליתהני ולא ליבריך:

ברכת

תוספות

דתנן כהנים ולוים מקדישים לעולם וגואלים לעולם. פירש בקונטרס שזו היא גי' ר"י הלוי ושאר רבותיו גורסין מוכרין לעולם וגואלין לעולם ושתיהן משניות הן במסכת ערכין (דף כו: ודף לג:) ובין מקדישין ובין מוכרין תרוייהו משנה יתירה נינהו אלא איידי דתנן התם גבי ישראל (שם דף כד.) אין מקדישין לפני היובל פחות משתי שנים ואין גואלין אחר היובל פחות משנה תנא סיפא נמי מקדישין וגואלין ואיידי דתני מקדישין וגואלין גבי הדדי תנא נמי גבי גואלים דמכירה מוכרין לעולם הכי מוקים לה במס' ערכין (דף מ.) וגואלין לעולם היינו לפי שנאמר בישראל המוכר שדה אחוזה במספר שני תבואות ימכר לך שאינו מותר לגאול פחות משתי שנים אבל לוים גואלין מיד וגואלים לעולם ומקדיש היינו לפי שנאמר במקדיש שדה אחוזה לא יגאל עוד אלא יוצאה לכהנים ביובל והלוים גואלין לעולם ועתה גי' רבינו יצחק הלוי ניחא שאין היובל מפקיע מיד המקדיש אם הוא לוי כמו בישראל אבל מכירה וגאולה שגואל מיד א"כ בבתי ערי חומה שאין נחלטות לסוף שנה מה ענין זה למצוה דיובל אע"ג דאין זה נוהג אלא בזמן שהיובל נוהג מ"מ לא משמע הכי לישנא דליתנהו במצות דיובל ועוד שמשנה ראשונה הוה ליה לאיתויי דההיא דמקדישין לעולם שהיא בפרק אין מקדישין (שם דף כו:) ולא ההיא דמוכרין לעולם דמתניתין היא בפרק בתרא דערכין (דף לג:):

קא משמע לן נהי דליתנהו בהשמטת קרקע בהשמטת כספים ושלוח עבדים מיהא איתנהו. כך כתוב ברוב ספרים ובקונטרס גרס קא משמע לן ותו לא ולא גרס נהי דליתנהו בהשמטה דודאי איתנהו בין שלקחו הם מישראל מחזירין דלא נפקי מכלל המצות בין שלקח ישראל מהן מן האלפים אמה שנתנו להם חוץ לעריהם יוצא ביובל ואפילו בתי ערי חומה שאין חוזרין לישראל ביובל חוזרין להם שנאמר ואשר יגאל מן הלוים כן הקשה בקונטרס ואין זו קושיא גמורה שהרי יש לפרש דהשמטת קרקע קרי מקדיש שדה אחוזה ולא גאלה ומכרה גזבר שאין יובל מפקיעה מיד מקדיש אם הוא לוי כדרך שמפקיעה אם הוא ישראל שיוצאה לכהנים ביובל ונהי דליתנהו בהשמטת קרקע דקאמר היינו בכל דין השמטת קרקע אבל זה ודאי קשיא דהוה ליה למימר בהשמטת קרקע דמכירה מיהא איתנהו כגון מכרו להם שדה או מכרו הם לאחרים כי היכי דחשיב בהשמטת כספים ושלוח עבדים ועוד מה ענין השמטת כספים אצל יובל הא בהדיא תנא בספרי בפרשת ראה דשביעית משמטת כספים ואין יובל משמט כספים דממעט ליה מוזה דבר השמיטה שמוט שמיטה משמט כספים ולא יובל וחה דוחק לומר דנקטיה לרבי דלרבי תליא השמטת כספים ביובל כדאמר בהשולח (גיטין דף לו. ושם) דבזמן שהיובל נוהג השמטת כספים נוהגת:

ברכת

מסורת הש"ס

א) [לעיל כח: תוספתא פ"ב], ב) [ברכות כ:], ג) [ערכין ג. תוספת' פ"ב], ד) ערכין ג: ע"ש, ה) לעיל כו:, ו) ערכין לג:, ז) [גי' הרי"ף והרא"ש רחבא].

הגהות מהר"ב רנשבורג

א] גמ' וקתני לא יצא וכו'. נ"ב ר"ל לא יצא אם לא כוון להשמיע לעצמו ללאת אבל אם כוון לעצמו יצא אף שלא נתכוון להוציא להשומע וקשה לר"ן. והגאון מוהרנא"ג זצ"ל פי' מדקתני לא יצא בלשון יחיד ולא קתני בלשון רבים לא יצאו ש"מ דרק המשמיע לא יצא אבל השומע יצא אף דלא נתכוון לו המשמיע והיא היא אלא שדברי הגאון פשוטים קצת יותר והבן ודו"ק:

תורה אור השלם

א) וְהָיָה כַּאֲשֶׁר יָרִים מֹשֶׁה יָדוֹ וְגָבַר יִשְׂרָאֵל וְכַאֲשֶׁר יָנִיחַ יָדוֹ וְגָבַר עֲמָלֵק: [שמות יז, יא]

ב) וַיֹּאמֶר יְיָ אֶל מֹשֶׁה עֲשֵׂה לְךָ שָׂרָף וְשִׂים אֹתוֹ עַל נֵס וְהָיָה כָּל הַנָּשׁוּךְ וְרָאָה אֹתוֹ וָחָי: [במדבר כא, ח]

ג) וּבַחֹדֶשׁ הַשְּׁבִיעִי בְּאֶחָד לַחֹדֶשׁ מִקְרָא קֹדֶשׁ יִהְיֶה לָכֶם כָּל מְלֶאכֶת עֲבֹדָה לֹא תַעֲשׂוּ יוֹם תְּרוּעָה יִהְיֶה לָכֶם: [במדבר כט, א]

ד) וּבְיוֹם שִׂמְחַתְכֶם וּבְמוֹעֲדֵיכֶם וּבְרָאשֵׁי חָדְשֵׁכֶם וּתְקַעְתֶּם בַּחֲצֹצְרֹת עַל עֹלֹתֵיכֶם וְעַל זִבְחֵי שַׁלְמֵיכֶם וְהָיוּ לָכֶם לְזִכָּרוֹן לִפְנֵי אֱלֹהֵיכֶם אֲנִי יְיָ אֱלֹהֵיכֶם: [במדבר י, י]

ליקוטי רש"י

עושות מלחמה. נוצחות [שמות יז יא]. על נס. על כלונס שקורין פורק"ה בלע"ז וכן (ישעיה ל) וכנס על הגבעה (שם מט) ארים נסי (שם יג) שאו נס ולפי שהוא גבוה לאות ולראיה קורהו נס. כל הנשוך. (במדבר רבה) אפי' כלב או חמור נושכו היה ניזוק ומתנוונה והולך אלא שנשיכת הנחש ממהרת להמית לכך נא' כאן וראה אותו ראיה בעלמא ובנשיכת הנחש נא' והביט והיה אם נשך הנחש את איש והביט וגו' שלא היה ממהר הנחש להתרפאות אלא א"כ מביט בו בכוונה ואמרו רבותינו וכי נחש ממית או ממיה אלא בזמן שהיו ישראל מסתכלין כלפי מעלה ומשעבדין את לבם לאביהם שבשמים היו מתרפאים ואם לאו היו נמוקים (נ"א נזוקים) [במדבר כא ח]. נימוקים. נמוק והולך לו. מתנונה והולך לו ונמשך למיתה [סנהדרין סא:]. אנדרוגינוס. שיש לו זכרות ונקבות [רשב"ם ב"ב קכז.]. יום תרועה. משמע יום אחד בלבד [ערכין ג.]. שוה היובל לראש השנה לתקיעה. בפשוטין ביובל על גב דתקעתו ביובל לא לתפלה ולא לזכרון אלא לסימן שילוח עבדים והשמטת מכירת שדות אפילו הכי כדראש השנה בעי למעבדיה דגמרינן לה לגזירה שוה שביעי שביעי בפרק בתרא (לקמן לד.) ולברכות. דבעי למימר תשע ברכות ביום הכפורים של יובל [לעיל כו:].

עין משפט נר מצוה

מח א מיי' פ"ב מהל' שופר הלכה ה טור ש"ע א"ח סי' תקפט סעיף ט:
מט ב מיי' שם וטור ש"ע שם סעיף ח:
נ ג ד מיי' שם הל' ב וטוש"ע שם סעיף ד ג:
נא ה מיי' שם הל' א:
נב ו ז מיי' שם הל' ג וטור ש"ע שם סעיף ד:
נג ח מיי' פ"ד מהלכות ערכין הלכה כח:
נד ט מיי' פ"ב מהלכות שופר הלכה ג טור וש"ע א"ח סי' תקפט סעיף ה:
נה י מיי' פ"א מהלכות ברכות הלכה י טור א"ח סי' תרלב:
נו כ מיי' שם טוש"ע א"ח סי' קסז סעיף יט וסי' ריג סעיף ב וסימן רעג סעיף ד [רב אלפס כאן ובפ' ע"פ דף קס]:

רבינו חננאל

מצות לא בעו כונה לעבור במתכוין להוסיף על מה שכתוב בזמנן לא בעי כונה אמר רבי זירא לשמעיה איכוון ותקע לי אלמא קסבר משמיע בעי כונה והתנן היה עובר אחורי בית הכנסת ושמע קול שופר או קול מגילה כו' ודחי' הכא בש"צ עסקינן דדעתיה להשמיע לכ"ע. ת"ש נתכוון שומע ולא נתכוון משמיע כו' ופשוטה היא ואסיקנא כתנאי דתניא התוקע תוקע לפי דרכו שומע שומע לעצמו ויצא א"ר יוסי בד"א בש"צ אבל ביחיד לא יצא עד שיתכוון שומע ומשמיע לו: מתניתין זה הכלל כל שאינו מחויב בדבר אינו מוציא את הרבים י"ח. ת"ר הכל חייבין בתקיעת שופר כהנים לוים וישראלים גרים ועבדים משוחררים טומטום ואנדרוגינוס ומי שחציו עבד וחציו בן חורין טומטום אינו מוציא טומטום כמותו שמא נקיבה היא ואותו הטומטום זכר אנדרוגינוס מוציא מינו מי שחציו עבד וחציו בן חורין אינו מוציא לא מינו ולא שאינו מינו. אמר מר כהנים לוים וישראלים חייבים פשיטא ואסיקנא כהנים איצטריכא ליה סד"א הואיל ותנן שוה היובל לראש השנה לתקיעה ולברכות מאן דאיתיה במצוה דיובל איתיה במצוה דראש השנה. והני כהנים הואיל וליתנהו במצוה דיובל דתנן כהנים ולוים מוכרין לעולם וגואלין לעולם אימא במצוה דר"ה לא מיחייבי קמ"ל נהי דליתנהו בהשמטת קרקע בהשמטת כספים ושילוח עבדים מיהא איתנהו. מי שחציו עבד וחציו בן חורין. אמר רב נחמן אף לעצמו אינו מוציא. תניא נמי הכי כו'. תני אהבה בריה דר' זירא כל הברכות כולן אע"פ שיצא מוציא חוץ מברכת הלחם המוציא לחם מן הארץ וברכת היין בורא פרי הגפן שאם לא יצא מוציא ואם יצא אינו מוציא: ירושלמי בברכות פרק מי שמתו מוטל לפניו תני כל מצות שאדם פטור מהן מוציא את הרבים י"ח חוץ מברכת המזון והתנינן כל שאינו מחוייב בדבר אינו מוציא הרבים ידי חובתו הא מחוייב אע"פ שיצא מוציא

וְאִם לָאו – **But if not,** הָיוּ נוֹפְלִים – **they would fall.**[16] כַּיּוֹצֵא בַּדָּבָר אַתָּה אוֹמֵר – And **you may say a similar thing** with regard to the following verse:[17] ,,עֲשֵׂה לְךָ שָׂרָף וְשִׂים אֹתוֹ עַל־נֵס – *Hashem said to Moses: **Make yourself a fiery [serpent] and place it on a pole,*** וְהָיָה כָּל־הַנָּשׁוּךְ וְרָאָה אֹתוֹ וָחָי'' – ***and it will be that anyone who is bitten will look at it and live.***[18] וְכִי נָחָשׁ מֵמִית אוֹ נָחָשׁ מְחַיֶּה – **But does a serpent kill or does a serpent restore life?!**[19] Certainly not! אֶלָּא בִּזְמַן שֶׁיִּשְׂרָאֵל מִסְתַּכְּלִין כְּלַפֵּי מַעְלָה – **Rather, when Israel gazed upward** וּמְשַׁעְבְּדִין אֶת לִבָּם לַאֲבִיהֶם שֶׁבַּשָּׁמַיִם – **and subjugated their heart to their Father in Heaven,** הָיוּ מִתְרַפְּאִין – **they were healed.** וְאִם לָאו – **But if not,** הָיוּ נִימּוֹקִים – **they perished.**[20]

After this short digression on the subject of intent in prayer, the Mishnah returns to legalistic matters. The previous Mishnah indicated that one may fulfill his obligation to hear the shofar by listening to another's blowing. Our Mishnah now narrows the category of who may blow for others:

חֵרֵשׁ – **A deaf person,**[21] שׁוֹטֶה – **an imbecile**[22] וְקָטָן – **and a minor**[23] אֵין מוֹצִיאִין אֶת הָרַבִּים יְדֵי חוֹבָתָן – **cannot cause the public to fulfill their obligation.** זֶה הַכְּלָל – **This is the general rule:** כָּל שֶׁאֵינוֹ מְחוּיָּיב בַּדָּבָר – **Whoever is not** himself **obligated in a** particular **matter** (i.e. mitzvah) אֵינוֹ מוֹצִיא אֶת הָרַבִּים יְדֵי חוֹבָתָן – **cannot cause the public to fulfill their obligation** vis-a-vis that matter.

Gemara The Gemara discusses those who are obligated to observe the mitzvah of shofar:

תָּנוּ רַבָּנָן – **The Rabbis taught** in a Baraisa: הַכֹּל חַיָּיבִין בִּתְקִיעַת שׁוֹפָר – ALL ARE OBLIGATED IN the commandment of BLOWING THE SHOFAR:[24] כֹּהֲנִים לְוִיִּם וְיִשְׂרְאֵלִים – KOHANIM, LEVITES AND ISRAELITES; גֵּרִים – CONVERTS; וַעֲבָדִים מְשׁוּחְרָרִים – FREED SLAVES;[25] וְטוּמְטוּם וְאַנְדְּרוֹגִינוֹס – A *TUMTUM* AND AN ANDROGYNE;[26] מִי שֶׁחֶצְיוֹ עֶבֶד וְחֶצְיוֹ בֶּן חוֹרִין – and ONE WHO IS HALF-SLAVE AND HALF-FREEMAN.[27]

The Baraisa now discusses whether members of the last three categories may blow the shofar for other people:

טוּמְטוּם אֵינוֹ מוֹצִיא – A *TUMTUM* CANNOT CAUSE another TO FULFILL his obligation – לֹא אֶת מִינוֹ – NOT another person OF HIS TYPE[28] וְלֹא אֶת שֶׁאֵינוֹ מִינוֹ – AND NOT another person NOT OF HIS TYPE.[29] אַנְדְּרוֹגִינוֹס מוֹצִיא אֶת מִינוֹ – AN ANDROGYNE CAN CAUSE another OF HIS TYPE TO FULFILL his

NOTES

16. Thus, the raising of Moses' hands was a signal to Israel to emulate him in prayer and concentration (*Tiferes Yisrael*). Others explain that the raising and lowering of Moses' hands indicated the level of Israel's faith in and subservience to God. When they subjugated their hearts to Hashem, Moses gained strength to pray (as symbolized by his outstretched arms). When they did not, Moses' hands became weak and he was forced to lower them, allowing Amalek to prevail (*Yom Teruah;* see *Maharsha*).

17. The Mishnah wishes to teach that unless one prays properly he will be denied not only success in his pursuits [e.g. in the war against Amalek], but even salvation from his troubles [e.g. from poisonous snakes, the Mishnah's next case] (*Tiferes Yisrael* §38; cf. *Aruch LaNer* and *Nefesh HaChaim* 2:11).

18. *Numbers* 21:8. When the Israelites, weary from their long journeys in the desert, began losing faith in Hashem and started complaining of hunger and thirst, thus displaying ingratitude for the miraculous gift of the manna that fell from heaven, God sent fiery serpents to bite and kill them. After many died, the Jews admitted their sin and begged Moses to intercede on their behalf, whereupon God commanded Moses to fashion a serpentine image and set it upon a pole, where it could be seen by all, so that they would live. Moses thereupon fashioned a copper snake and placed it atop a pole.

19. I.e. could the inanimate serpent be a source of life and death? Alternatively, the Mishnah speaks of the live snakes that bit the Jews, which ostensibly do kill. Nevertheless, the Mishnah alludes to the Gemara in *Berachos* (33a), which teaches: *It is not [the bite of] the arod* (a kind of reptile bred from the union of a snake and *tzav;* see ArtScroll *Berachos* ibid. note 11) *that kills [a person], but [the person's] sin [that kills].* Since the Jews' tragic situation was caused by their sins, how could merely looking at the copper snake stop the carnage and atone for them? (see *Yom Teruah*).

20. I.e. the copper snake served as a reminder to the Israelites to repent their sins and concentrate their hearts and minds in prayer to God, Who dwells on high.

21. Generally, the "deaf person" likened to one who is mentally incompetent in the Mishnah is a deaf-mute (see *Chagigah* 2b-3a, *Terumos* 1:2). However, regarding the mitzvah of shofar he is simply one who cannot hear, for although such a person can speak and is therefore deemed mentally competent, the mitzvah of shofar is to hear its blast. Since a deaf person is incapable of doing so, he is exempt from the mitzvah. Accordingly, he cannot blow for another, pursuant to the Mishnah's general rule that one cannot cause another to discharge his obligation when he himself is not obligated in that mitzvah (*Orach Chaim* 589:2). See *Responsa of R' Akiva Eiger* (end of §7) for an explanation of this opinion. See also *Avnei Nezer, Orach Chaim* 439, and *Kovetz Ha'aros, Yevamos* §48. See *R' Yehonasan MiLunel* here, who writes that the Mishnah does speak of a deaf-mute, and so one who is deaf but can speak is obligated in the mitzvah but is unavoidably prevented (אָנוּס) from fulfilling it. See *Avi Ezri* (*Hil. Shofar* 2:1), who proves *Rambam* also rejects the opinion of *Shulchan Aruch*. See *Aruch HaShulchan* 589:3-6 for novel rulings.

22. One who is deranged to the extent that he is not obligated to observe mitzvos because he is not considered responsible for his actions. See *Chagigah* 3b and *Rambam, Hil. Eidus* 9:9, for the criteria of imbecility.

23. A boy prior to his thirteenth birthday. Jewish law does not consider minors legally responsible or competent.

24. The Gemara in *Arachin* (2b) teaches that the word "All" comes to include a minor who has reached the age of training (*chinuch*). Although he is not obligated by Torah law, the Rabbis required him to hear the blowing of the shofar (*Ritva*).

25. A gentile slave who has been circumcised and has immersed in a *mikveh* becomes a full-fledged Jew when he is freed. Essentially, then, he is a convert, and the Tanna could have included him in that category. The Baraisa lists the freed slave separately only for purposes of implying that he is not obligated in the mitzvah before he is freed. For at that time his obligations are identical to those of a Jewish woman, and a woman is not obligated to hear the shofar [because it is a time-bound mitzvah (*Tiferes Yisrael* §42)] (*Rashi,* as explained by *Sifsei Chachamim*).

26. A *tumtum* is one who was born with his genitals covered by a thick membrane, and as a result his gender is unknown. Consequently, one *tumtum* could be a male, while another might be a female. An androgyne is a hermaphrodite, one who has both male and female genitalia. Like the *tumtum,* his gender is undetermined, but there the similarity ends. The doubt surrounding a *tumtum* is one of fact [what is his physical make-up?], whereas the doubt surrounding an androgyne is one of law [does he have the status of a male, a female, or is he a discrete entity?]. Unlike *tumtums,* then, all androgynes have the same legal status – whatever that may be (see *Rashi* and *Ritva* below). Both the *tumtum* and androgyne are obligated in the mitzvah of shofar on the chance that they are males (*Rashi*).

27. We find such a case where [a master freed part of his slave] or where one master of a jointly owned slave freed his share (*Ritva* ד״ה מי שחציו). The slave's "freeman" side obligates him in the mitzvah (*Rashi*).

28. I.e. a *tumtum* cannot blow for another *tumtum,* since the blower might be a female (who is not obligated in the mitzvah) and the listener might be a male (who is obligated) [*Rashi*], and the Mishnah has ruled that *whoever is not himself obligated in a particular matter cannot cause the public to fulfill their obligation* (see *Turei Even* and *R' Akiva Eiger*).

29. I.e. a normal male, who is certainly obligated to hear the shofar.

איכוון ותקע לי אלמא קסבר משמיע בעי כוונה מיתיבי א היה עובר אחורי בית הכנסת או שהיה ביתו סמוך לבית הכנסת ושמע קול שופר או קול מגילה אם כוון לבו יצא ואם לאו לא יצא וכי כוון לבו מאי הוי היאך לא קא מיכוין אדעתא דידיה א הכא בשליח ציבור עסקינן דדעתיה אכוליה עלמא ת"ש נתכוון שומע ולא נתכוון משמיע נתכוון משמיע ולא נתכוון שומע לא יצא עד שיתכוון שומע ומשמיע קתני משמיע דומיא דשומע מה שומע שומע לעצמו אף משמיע משמיע לעצמו אן וקתני לא יצא תנאי היא דתניא שומע שומע לעצמו ומשמיע משמיע לפי דרכו אמר רבי יוסי ב בד"א בשליח צבור אבל ביחיד לא יצא עד שיתכוון שומע ומשמיע: **מתני'** א) והיה כאשר ירים משה ידו וגבר ישראל וגו' וכי ידיו של משה עושות מלחמה או שוברות מלחמה אלא לומר לך כל זמן שהיו ישראל מסתכלין כלפי מעלה ומשעבדין את לבם לאביהם שבשמים היו מתגברים ואם לאו היו נופלים כיוצא בדבר אתה אומר ב) עשה לך שרף ושים אותו על נס והיה כל הנשוך וראה אותו וחי וכי נחש ממית או נחש מחיה אלא בזמן שישראל מסתכלין כלפי מעלה ומשעבדין את לבם לאביהם שבשמים היו מתרפאין ואם לאו היו נימוקים ג חרש שוטה וקטן אין מוציאין את הרבים ידי חובתן ד זה הכלל ו כל שאינו מחוייב בדבר אינו מוציא את הרבים ידי חובתן: **גמ'** ג ת"ר ה הכל חייבין בתקיעת שופר כהנים ולוים וישראלים גרים ועבדים משוחררים וטומטום ואנדרוגינוס מי שחציו עבד וחציו בן חורין ו טומטום אינו מוציא לא את מינו ולא את שאינו מינו ז אנדרוגינוס מוציא את מינו אבל לא את שאינו מינו מי שחציו עבד וחציו בן חורין אינו מוציא לא את מינו ולא את שאינו מינו אמר מר ד) הכל חייבין בתקיעת שופר כהנים לוים וישראלים פשיטא אי הני לא מיחייבי מאן מיחייבי כהנים אצטריכא ליה ס"ד אמינא הואיל וכתיב ג) יום תרועה יהיה לכם מאן דליתיה אלא בתקיעה דחד יומא הוא דמיחייב והני כהנים הואיל ואיתנהו בתקיעות דכל השנה דכתיב ד) ותקעתם בחצוצרות על עולותיכם אימא לא ליחייבו קמ"ל מי דמי התם חצוצרות והכא שופר אלא אצטריך סד"א הואיל ותנן ו) שופר היובל לר"ה לתקיעה ולברכות מאן דאיתיה במצות היובל איתיה במצוה דראש השנה והני כהנים הואיל וליתנהו במצוה דיובל דתנן ח) כהנים ולוים מוכרין לעולם וגואלין לעולם אימא במצוה דראש השנה לא ליחייבו קמ"ל: מי שחציו עבד וחציו בן חורין אינו מוציא לא את מינו ולא את שאינו מינו: אמר רב הונא ולעצמו מוציא א"ל רב נחמן לרב הונא מאי שנא לאחרים דלא דלא אתי צד עבדות ומפיק צד חירות לעצמו נמי לא אתי צד עבדות דידיה ומפיק צד חירות דידיה אלא אר"נ אף לעצמו אינו מוציא תניא נמי הכי ט מי שחציו עבד וחציו בן חורין אף לעצמו אינו מוציא תני אהבה בריה דר' זירא י כל הברכות כולן אע"פ שיצא מוציא כ חוץ מברכת הלחם וברכת היין שאם לא יצא מוציא ואם יצא אינו מוציא בעי י) רבא ברכת

רש"י

איכוון ותקע לי. תתכוין לתקוע בשמי להוציאני ידי חובתי: **משמיע בעי כוונה.** להוציא השומע: **מתני'** והיה כאשר ירים משה ידו וגו': **גמ'** ועבדים משוחררין. אבל עבדים לא דכל מלוה שאין האשה חייבת בה אין העבד חייב בה: **וטומטום ואנדרוגינוס.** שמא זכר הוא: **מי שחציו עבד.** משום צד חירות שבו: **טומטום אינו מוציא את מינו.** טומטום כמותו שמא תוקע זה נקבה ושומע זכר: **אנדרוגינוס מוציא מינו.** אנדרוגינוס כמותו דאי בתר זכרות אזלת שניהם חייבין ואי בתר נקבות אזלת שניהן פטורין: **מי שחציו עבד כו'.** דלא אתי צד עבדות דמשמיע ומפיק צד חירות דשומע: **ה"ג כהנים ולוים מקדישין לעולם וגואלין לעולם.** זו היא גירסת רבינו יצחק הלוי ושאר רבותי גורסין מוכרין לעולם וגואלין לעולם ושתיהן משניות הן במסכת ערכין (דף כו: ודף לג.) ובין מקדישין ובין מוכרין תרוייהו משנה יתירה נינהו אלא איידי דתנא התם גבי ישראל (שם דף כד.) אין מקדישין לפני היובל פחות משתי שנים ולא גואלין אחר היובל פחות משנה תנא גבי כהנים מקדישין וגואלין ואיידי דתנא גואלין ומקדישין גבי הדדי תנא נמי גבי גואלין דמכירה מוכרין לעולם והכי מוקים במסכת ערכין (דף ל.) ומהו גואלין לעולם לפי שנאמר בישראל במוכר בית בערי חומה (ויקרא כה) ואם לא יגאל עד מלאת לו שנה תמימה נחלט אבל בלוים גאולת עולם תהיה ללוים ולפי שנאמר בישראל המוכר שדה אחוזה (שם) במספר שני תבואות ימכר לך שאינו מותר לגאול פחות משתי שנים אבל לוים גואלין מיד לפי שנאמר במקדיש שדה אחוזה (שם כז) ואם לא יגאל את השדה בעלים ומכר גזבר את השדה לאיש אחר לא יגאל עוד אלא יוצאה לכהנים ביובל הלוים גואלין לעולם והאי דאמרי הכא ליתנהו במצות יובל קאי אמקדיש שדה אחוזה ולא גאלה ומכרה גזבר שאין יובל מפקיע מיד המקדיש אם לוי הוא כדרך שמפקיע מיד ישראל: **קמ"ל.** גרסי' ולא גרסינן נהי דליתנהו בהשמטת קרקעות כו' דהא ודאי איתנהו בין שלקחו הם מישראל מחזירין ביובל דלא נפקי לוים מכלל כל מצות והדינין בין שלקחו ישראל מהן מן האלפים אמה שניתנו לחוץ לעריהם יוצא ביובל ואפי' בתי ערי חומה שאין חוזרין לישראל ביובל חוזרין להם דכתיב (שם כה) ואשר יגאל מן הלוים וגו': **אע"פ שיצא מוציא.** שהרי כל ישראל ערבין זה בזה למצות: **חוץ מברכת הלחם והיין.** ושאר ברכת פירות וריחני שאינן חובה אלא שאסור ליהנות מן העולם הזה בלא ברכה וכזו אין כאן ערבות שאינו חובה על האדם לא ליתהני ולא ליבריך: ברכת

על גב דתקיעתו ביובל לא לתפלה ולא לזכרון אלא לסימן שילוח עבדים והשמטת מכירת שדות אפילו הכי כדראש השנה בעי למעבדיה דגמרינן לה לגזירה שוה שביעי שביעי בפרק בתרא (לקמן לד.). **ולברכות.** דבעי למימר תשע ברכות ביום הכפורים של יובל [לעיל כו:].

תוספות

דתנן כהנים ולוים מקדישים לעולם וגואלים לעולם. פירש בקונטרס שזו היא גי' ר"י הלוי ושאר רבותיו גורסין מוכרין לעולם וגואלין לעולם ושתיהן משניות הן במסכת ערכין (דף כו: ודף לג.) ובין מקדישין ובין מוכרין תרוייהו משנה יתירה נינהו אלא איידי דתנן התם גבי ישראל (שם דף כד.) אין מקדישין לפני היובל פחות משתי שנים ואין גואלין אחר היובל פחות משנה תנא סיפא נמי מקדישין וגואלין ואיידי דתני מקדישין וגואלין גבי הדדי תנא נמי גבי גואלים דמכירה מוכרין לעולם הכי מוקים לה במס' ערכין (דף ל.) וגואלין לעולם היינו לפי שנאמר בישראל המוכר שדה אחוזה במספר שני תבואות ימכר לך שאינו מותר לגאול פחות משתי שנים אבל לוים גואלין מיד וגואלים לעולם ומקדיש היינו לפי שנאמר במקדיש שדה אחוזה לא יגאל עוד אלא יוצאה לכהנים ביובל והלוים גואלין לעולם ועתה גי' רבינו יצחק הלוי ניחא שאין היובל מפקיע מיד המקדיש אם הוא לוי כמו בישראל אבל מכירה וגאולה שגואל מיד א"נ בבתי ערי חומה שאינן נחלטות לסוף שנה מה ענין זה למצוה דיובל אע"ג דאין זה נוהג אלא בזמן שהיובל נוהג מ"מ לא משמע הכי לישנא דליתנהו במצות דיובל ועוד שמשנה ראשונה הוה ליה לאיתויי דההיא דמקדישין לעולם שהיא בפרק אין מקדישין (שם דף כו:) ולא הסיא דמוכרין לעולם דמתניתין היא בפרק בתרא דערכין (דף לג.):

קא משמע לן נהי דליתנהו בהשמטת קרקע בהשמטת כספים ושילוח עבדים מיהא איתנהו. כך כתוב ברוב ספרים ובקונטרס גרס קא משמע לן ותו לא ולא גרס נהי דליתנהו בהשמטה דודאי איתנהו בין שלקחו הם מישראל מחזירין דלא נפקי מכלל המצות בין שלקח ישראל מהן מן האלפים אמה שנתנו להם חוץ לעריהם יוצא ביובל ואפילו בתי ערי חומה שאין חוזרין לישראל ביובל חוזרין להם כן שנאמר ואשר יגאל מן הלוים כן הקשה בקונטרס ואין זו קושיא גמורה שהרי יש לפרש להשמטת קרקע קרי מקדיש שדה אחוזה ולא גאלה ומכרה גזבר שאין יובל מפקיעה מיד מקדיש אם הוא לוי כדרך שמפקיעה אם הוא ישראל שיוצאה לכהנים ביובל ונהי דליתנהו בהשמטת קרקע דקאמר היינו בכל דין השמטת קרקע אבל זה ודאי קשיא דהוה ליה למימר בהשמטת קרקע דמכירה מיהא איתנהו כגון מכרו להם שדה או מכרו הם לאחרים כי היכי דחשיב בהשמטת כספים ושלוח עבדים ועוד מה ענין השמטת כספים אצל יובל הא בהדיא תנא בספרי בפרשת ראה דשביעית משמטת כספים ואין יובל משמט כספים דממעט ליה מוזה דבר השמיטה שמוט שמיטה משמט כספים ולא יובל וזה דוחק לומר דנקטיה לרבי דלרבי תלויה השמטת כספים ביובל כדאמר בהשולח (גיטין דף לו. ושם) דבזמן שהיובל נוהג השמטת כספים נוהגת: ברכת

מסורת הש"ס

א) [לעיל כח: מג: תוספתא פ"ב], ב) [ברכות כ:], ג) [ערכין ג: תוספתא פ"ב], ד) ערכין ג: ע"ש, ה) לעיל כו: ו) ערכין לג., ז) [גי' הרי"ף והרא"ש רבא].

הגהות מהר"ב רנשבורג

אן] גמ' וקתני לא יצא וכו'. נ"ב ר"ל לא יצא אם לא כוון להשמיע לעצמו לבד אלא אם כוון לעצמו יצא אף שלא נתכוון להוציא להשומע וקשה לר"ה. והנלע"ד מהר"א מווילנא ז"ל פי' מדקתני לא יצא בלשון יחיד ולא קתני בלשון רבים לא יצאו ש"מ דקרי המשמיע לא יצא אבל השומע יצא אף דלא נתכוון לו המשמיע והיא היא אלא שדברי הגאון פשוטים קצת יותר והכון ודו"ק:

תורה אור השלם

א) וְהָיָה כַּאֲשֶׁר יָרִים מֹשֶׁה יָדוֹ וְגָבַר יִשְׂרָאֵל וְכַאֲשֶׁר יָנִיחַ יָדוֹ וְגָבַר עֲמָלֵק: [שמות יז, יא]

ב) וַיֹּאמֶר יְיָ אֶל מֹשֶׁה עֲשֵׂה לְךָ שָׂרָף וְשִׂים אֹתוֹ עַל נֵס וְהָיָה כָּל הַנָּשׁוּךְ וְרָאָה אֹתוֹ וָחָי: [במדבר כא, ח]

ג) וּבַחֹדֶשׁ הַשְּׁבִיעִי בְּאֶחָד לַחֹדֶשׁ מִקְרָא קֹדֶשׁ יִהְיֶה לָכֶם כָּל מְלֶאכֶת עֲבֹדָה לֹא תַעֲשׂוּ יוֹם תְּרוּעָה יִהְיֶה לָכֶם: [במדבר כט, א]

ד) וּבְיוֹם שִׂמְחַתְכֶם וּבְמוֹעֲדֵיכֶם וּבְרָאשֵׁי חָדְשֵׁיכֶם וּתְקַעְתֶּם בַּחֲצֹצְרֹת עַל עֹלֹתֵיכֶם וְעַל זִבְחֵי שַׁלְמֵיכֶם וְהָיוּ לָכֶם לְזִכָּרוֹן לִפְנֵי אֱלֹהֵיכֶם אֲנִי יְיָ אֱלֹהֵיכֶם: [במדבר י, י]

ליקוטי רש"י

עושות מלחמה. נולחות [שמות יז יא]. **על נס.** על כלונס שקורין פורק"א בלע"ז וכן (ישעיה ל) וכנס על הגבעה (שם סמ) ארים נסי (שם יט) שאו נס ולפי שהוא גבוה לאות ולראיה קוראו נס. **כל הנשוך.** (במדרש רבה) אפי' כלב או חמור נושכו היה ניזוק ומתנוונה והולך אלא שנשיכת הנחש ממהרת להמית לכך נא' כאן וראה אותו ראיה בעלמא ובנשיכת הנחש נא' והיה אם נשך הנחש את איש והביט וגו' שלא היה ממהר נושך הנחש להתרפאות אלא א"כ מביט בו בכוונה ואמרו רבותינו וכי נחש ממית או מחיה אלא בזמן שהיו ישראל מסתכלין כלפי מעלה ומשעבדין את לבם לאביהם שבשמים היו מתרפאים ואם לאו היו נמוקים (נ"א נימוקים) [במדבר כא ח]. **נימוקים.** נמוק והולך לו. ונמסה ותמוגה והולך לו ונומשך למיתה [שם סא:]. **אנדרוגינוס.** יש לו זכרות ונקבות [רשב"ם ב"ב קכז.]. **יום תרועה.** משמע יום אחד בלבד [ערכין ג:]. **שופר היובל לראש השנה** לתקיעה. כפשוטו ואף

עין משפט נר מצוה

מח א מיי' פ"ב מהל' שופר הלכה ה טור ש"ע א"ח סי' תקפט סעיף ט:

מט ב מיי' שם וטור ש"ע שם סעיף ח:

נ ג ד מיי' שם הל' ב וטוש"ע שם סעיף א ב:

נא ה מיי' שם הל' א:

נב ו ז מיי' שם הל' ב וטור ש"ע שם סעיף ד:

נג ח מיי' פ"ד מהלכות ערכין הלכה כח:

נד ט מיי' פ"ב מהלכות שופר הלכה ג טור וש"ע א"ח סי' תקפט סעיף ה:

נה י מיי' פ"א מהלכות ברכות הלכה י טור א"ח סי' תרלב:

נו כ מיי' שם טוש"ע א"ח סי' קסז סעיף יט וסי' רעג סעיף ג וסימן רעג סעיף ד [רב אלפס כאן ופב' ע"פ דף קסן]:

רבינו חננאל

מצות לא בעו כונה לעבור במתכוין להוסיף על מה שכתוב בזמנן לא בעי כונה אמר רבי זירא לשמעיה איכוון ותקע לי אלמא קסבר משמיע בעי כונה והתנן היה עובר אחורי בית הכנסת ושמע קול שופר או קול מגילה כו' ודחי' הכא בש"צ עסקינן דדעתיה להשמיע לכ"ע. ת"ש נתכוון שומע ולא נתכוון משמיע כו' ופשוטה היא ואסיקנא כתנאי דתניא התוקע תוקע לפי דרכו ושומע שומע לעצמו ויצא א"ר יוסי בד"א בש"צ אבל ביחיד לא יצא עד שיתכוון שומע ומשמיע לו: מתניתין זה הכלל כל שאינו מחוייב בדבר אינו מוציא את הרבים י"ח. ת"ר הכל חייבין בתקיעת שופר כהנים לוים וישראלים גרים ועבדים משוחררים טומטום ואנדרוגינוס ומי שחציו עבד וחציו בן חורין טומטום אינו מוציא טומטום כמותו שמא נקיבה היא ואותו הטומטום זכר אנדרוגינוס מוציא מינו מי שחציו עבד וחציו בן חורין אינו מוציא לא מינו ולא שאינו מינו. אמר מר כהנים לוים וישראלים חייבים פשיטא ואסיקנא כהנים איצטריכא ליה סד"א הואיל ותנן שופר היובל לראש השנה לתקיעה ולברכות מאן דאיתיה במצוה דיובל איתיה במצוה דראש השנה. והני כהנים הואיל וליתנהו במצוה דיובל דתנן כהנים ולוים מוכרין לעולם וגואלין לעולם אימא במצוה דר"ה לא ליחייבו קמ"ל נהי דליתנהו בהשמטת קרקע בהשמטת כספים ושילוח עבדים מיהא איתנהו. מי שחציו עבד וחציו בן חורין. אמר רב נחמן אף לעצמו אינו מוציא. תניא נמי הכי כו'. תני אהבה בריה דר' זירא כל הברכות כולן אע"פ שיצא מוציא חוץ מברכת הלחם המוציא לחם מן הארץ וברכת היין בורא פרי הגפן שאם לא יצא מוציא ואם יצא אינו מוציא: ירושלמי בברכות פרק מי שמתו מוטל לפניו תני כל מצות שאדם פטור אדם מוציא את הרבים י"ח חוץ מברכת המזון והתניא כל שאינו מחוייב בדבר אינו מוציא הרבים ידי חובתו הא מחוייב אע"פ שיצא מוציא

obligation,[30] אֲבָל לֹא אֶת שֶׁאֵינוֹ מִינוֹ – BUT NOT another person NOT OF HIS TYPE. מִי שֶׁחֶצְיוֹ עֶבֶד וְחֶצְיוֹ בֶּן חוֹרִין – ONE WHO IS HALF-SLAVE AND HALF-FREEMAN אֵינוֹ מוֹצִיא – CANNOT CAUSE another TO FULFILL his obligation – לֹא אֶת מִינוֹ – NOT another person OF HIS TYPE, וְלֹא אֶת שֶׁאֵינוֹ מִינוֹ – AND NOT another person NOT OF HIS TYPE.[31]

The Gemara discusses the first part of the Baraisa:

אָמַר מַר – **Master said:** הַכֹּל חַיָּיבִין בִּתְקִיעַת שׁוֹפָר כֹּהֲנִים לְוִיִּם וְיִשְׂרְאֵלִים – The Baraisa stated: ALL ARE OBLIGATED IN the commandment of BLOWING THE SHOFAR: KOHANIM, LEVITES AND ISRAELITES.

The Gemara expresses astonishment:

פְּשִׁיטָא – **Obviously!** אִי הָנֵי לֹא מִיחַיְּיבֵי – **If these** people **are not obligated,** מַאן מִיחַיְּיבֵי – **who is obligated?!**[32]

The Gemara answers:

כֹּהֲנִים אִצְטְרִיכָא לֵיהּ – **It was necessary for [the Tanna]** to teach that **Kohanim** are obligated, סָלְקָא דַּעְתָּךְ אָמִינָא – for had he not done so, **it might enter your mind** that **I would say:** הוֹאִיל וּכְתִיב ,,יוֹם תְּרוּעָה יִהְיֶה לָכֶם" – **Since it is written** regarding Rosh Hashanah,[33] ***It shall be a day of blowing for you,*** מַאן דְּלֵיתֵיהּ אֶלָּא בִּתְקִיעָה דְּחַד יוֹמָא הוּא דְּמִיחַיַּיב – the implication is that **it is only someone who is subject to** a mitzvah of **blowing** merely **once a year who is obligated** in the blowing of Rosh Hashanah. וְהָנֵי כֹּהֲנִים – **But these Kohanim,** הוֹאִיל וְאִיתַנְהוּ בִּתְקִיעוֹת דְּכָל הַשָּׁנָה – **since they are subject to** performing compulsory **blowings all year,** דִּכְתִיב ,,וּתְקַעְתֶּם בַּחֲצֹצְרֹת עַל עֹלֹתֵיכֶם" – **as it is written:** ***And you shall blow on the trumpets over your olah-offerings,***[34] אֵימָא לֹא לִיחַיְּיבוּ – **say** that **they are not obligated** in the blowing of Rosh Hashanah. קָא מַשְׁמַע לָן – **[The Tanna]** thus **informs us** that all classes of Jews are obligated, including the Kohanim.

The Gemara challenges this answer:

מִי דָּמֵי – But **is it similar?!** הָתָם חֲצוֹצְרוֹת – **There** in the case of the offerings the mitzvah is with **trumpets,** וְהָכָא שׁוֹפָר – **whereas here** on Rosh Hashanah it is with **a shofar.**[35] – ? –

The Gemara concedes the point, and offers a different solution:

אֶלָּא אִצְטְרִיךְ – **Rather, it was necessary** for the Tanna to teach that Kohanim are obligated, סָלְקָא דַּעְתָּךְ אָמִינָא – for had he not done so, **you might have thought to say:** הוֹאִיל וּתְנַן – **Since we learned in the Mishnah** (above, 26b) that שָׁוֶה הַיּוֹבֵל לְרֹאשׁ הַשָּׁנָה לִתְקִיעָה וְלִבְרָכוֹת – "the laws of THE *YOVEL* YEAR ARE IDENTICAL TO the laws of ROSH HASHANAH with regard TO THE BLOWING AND THE BLESSINGS,"[36] מַאן דְּאִיתֵיהּ בְּמִצְוַת הַיּוֹבֵל – only **someone who is subject to the mitzvah of the** ***Yovel*** **Year** in its entirety[37] אִיתֵיהּ בְּמִצְוָה דְּרֹאשׁ הַשָּׁנָה – **is subject to the mitzvah of** blowing the shofar on **Rosh Hashanah.** וְהָנֵי כֹּהֲנִים – **But these Kohanim** and Levites,[38] הוֹאִיל וְלֵיתַנְהוּ בְּמִצְוָה דְּיוֹבֵל – **since they are not subject to the mitzvah of the** ***Yovel*** **Year** in its entirety, דִּתְנַן – **as we learned in a Mishnah:**[39] כֹּהֲנִים וּלְוִיִּם מוֹכְרִין לְעוֹלָם – KOHANIM AND LEVITES MAY SELL their property AT ANY TIME,[40] וְגוֹאֲלִין לְעוֹלָם – AND MAY REDEEM it AT ANY TIME,[41] אֵימָא בְּמִצְוָה דְּרֹאשׁ הַשָּׁנָה לֹא לִיחַיְּיבוּ – **say** that **they are not obligated in the mitzvah of** blowing the shofar on **Rosh Hashanah** either. קָא מַשְׁמַע לָן – **[The Tanna]** thus **informs us** that they are indeed obligated.

The Gemara cites the Baraisa's final clause:

מִי שֶׁחֶצְיוֹ עֶבֶד וְחֶצְיוֹ בֶּן חוֹרִין – ONE WHO IS HALF-SLAVE AND HALF-FREEMAN אֵינוֹ מוֹצִיא – CANNOT CAUSE another TO FULFILL his obligation – לֹא אֶת מִינוֹ וְלֹא אֶת שֶׁאֵינוֹ מִינוֹ – NOT another person OF HIS TYPE, AND NOT another person NOT OF HIS TYPE.

The Gemara infers from the Baraisa:

אָמַר רַב הוּנָא – **Rav Huna said:** וּלְעַצְמוֹ מוֹצִיא – **But [this half-freeman] can cause himself to fulfill** his own obligation![42]

NOTES

30. An androgyne can blow for another androgyne, for if an androgyne is deemed a male they are both males, and are both obligated in the mitzvah. And if an androgyne has the status of a female, neither one is obligated (*Rashi*). An androgyne cannot, however, blow for a normal male, since his status may be that of a female.

31. Part of this individual's shofar blast is produced by his unobligated (slave) half. Thus, the free, obligated part of another half-slave [and certainly a normal Jewish male] has not heard a completely valid blast (*Rashi;* see *Ritva*).

32. These three groups comprise the entire spectrum of Jewry. If they are not obligated, who is?!

33. *Numbers* 29:1.

34. Ibid. 10:10. The Kohanim are commanded to sound trumpets (ibid. v.8) in conjunction with the communal *olah* and *shelamim* sacrifices offered on Rosh Chodesh and the festivals (*Rambam, Hil. Klei HaMikdash* 3:5). According to *Chinuch* §384, the trumpets were blown every day with the *tamid* offering as well (see *Minchas Chinuch* §7).

35. I.e. the Kohanim also are commanded to blow a *shofar* only once a year; their year-round blowing is with *trumpets.* Thus, the Gemara's exempting them from the Rosh Hashanah obligation is without foundation.

36. This law is derived below (34a) via a *gezeirah shavah* teaching (see above, 26b note 29). Our Gemara infers from it a general linkage between the mitzvah of *Yovel* and that of Rosh Hashanah.

37. *Sifsei Chachamim.*

38. The exemption that the Gemara is about to propose applies to Levites as well. Thus, in this answer, the Gemara is stating that the Baraisa needed to teach that both Kohanim *and Levites* are obligated to sound the shofar on Rosh Hashanah (*Turei Even*).

39. *Arachin* 33b.

40. This clause is superfluous, because Israelites can also sell at any time (*Rashi;* see *Rashi* to *Arachin* 33b ד"ה מוכרין לעולם).

41. This statement is a threefold ruling: (a) Whereas an Israelite who sells his ancestral house located in a city that was walled when Joshua conquered the land must redeem it within a year, or loses it forever (see *Leviticus* 25:29,30), Kohanim and Levites have no such restriction; they may redeem their houses at any time (ibid. v. 32). (b) Whereas an Israelite who sells an ancestral field may not redeem it within the first two years of the sale, a Kohen or Levi may do so any time (ibid. v. 15; Mishnah *Arachin* 26b abd 29b). (c) When an Israelite sells ancestral land, it reverts to his possession when *Yovel* arrives. If he donates ancestral land to the Temple treasury and the Temple treasurer sells it to another, the land does not revert to the Israelite's possession when the *Yovel* arrives, but becomes the property of the Kohanim. Kohanim and Levites, on the other hand, may redeem their property at any time and under any circumstances. The first two rulings have nothing to do with *Yovel* (although they apply only when the laws of *Yovel* are in force – *Tosafos*), and thus are not the focus of our Gemara. From the third ruling, however, it is evident that *Yovel* does not affect the property of Kohanim and Levites as it does the property of Israelites; hence, we see that not all the laws of *Yovel* apply to the Kohanim and Levites (*Rashi*). [However, Kohanim and Levites *are* affected in that *Yovel* causes ancestral land that they sold to be returned to them, and ancestral land that they purchase to revert to the sellers (*Rashi* ד"ה קמ"ל).]

Our elucidation follows our text of the Gemara, which cites the Mishnah in *Arachin* 33b. However, in the name of his mentor *R' Yitzchak HaLevi, Rashi* mentions a variant text, which he seems to prefer (as do most Rishonim). In this version the Gemara cites a prior Mishnah in *Arachin* (26b), which states: *Kohanim and Levites may consecrate* [their property to the Temple] *at any time, and may redeem* [it] *at any time.* (In this Mishnah, too, the first clause is superfluous, because an Israelite also can consecrate his property at any time – *Rashi;* see *Tos. HaRosh;* cf. *Meiri.*) See *Tosafos* for why the variant text is preferred.

42. Implicitly concurrent with any obligation to observe a mitzvah is the ability to perform the mitzvah act and discharge that obligation. Thus, although a half-freeman cannot blow for even another half-freeman, he perforce can blow for himself (see *Yom Teruah*).

מסורת הש"ס

א) [לעיל כח: כט: תוספתא פ"ג], ב) [ברכות כ:], ג) [ערכין ג: תוספתא פ"ג], ד) ערכין ג: ע"ש, ה) לעיל כו:, ו) ערכין לג., ז) [גי' הרי"ף והרא"ש רחבא].

הגהות מהר"ב רנשבורג

אן גמ' וקתני לא יצא וכו'. נ"ב ר"ל לא יצא אם לא כוון להשמיע לעצמו לצאת אבל אם כוון לעצמו יצא אף שלא נתכוון להוציא להשומע וקשה לר"י. והגאון מהר"א מווילנא ז"ל פי' מדקתני לא יצא בלשון יחיד ולא קתני בלשון רבים לא יצאו ש"מ דרק המשמיע לא יצא אבל השומע יצא אף דלא נתכוון לו המשמיע והיה היא אלא שדברי הגאון פשוטין קצת יותר והבן ודו"ק:

תורה אור השלם

א) וְהָיָה כַּאֲשֶׁר יָרִים מֹשֶׁה יָדוֹ וְגָבַר יִשְׂרָאֵל וְכַאֲשֶׁר יָנִיחַ יָדוֹ וְגָבַר עֲמָלֵק: [שמות יז, יא]

ב) וַיֹּאמֶר יְיָ אֶל מֹשֶׁה עֲשֵׂה לְךָ שָׂרָף וְשִׂים אֹתוֹ עַל נֵס וְהָיָה כָּל הַנָּשׁוּךְ וְרָאָה אֹתוֹ וָחָי: [במדבר כא, ח]

ג) וּבַחֹדֶשׁ הַשְּׁבִיעִי בְּאֶחָד לַחֹדֶשׁ מִקְרָא קֹדֶשׁ יִהְיֶה לָכֶם כָּל מְלֶאכֶת עֲבֹדָה לֹא תַעֲשׂוּ יוֹם תְּרוּעָה יִהְיֶה לָכֶם: [במדבר כט, א]

ד) וּבְיוֹם שִׂמְחַתְכֶם וּבְמוֹעֲדֵיכֶם וּבְרָאשֵׁי חָדְשֵׁכֶם וּתְקַעְתֶּם בַּחֲצֹצְרֹת עַל עֹלֹתֵיכֶם וְעַל זִבְחֵי שַׁלְמֵיכֶם וְהָיוּ לָכֶם לְזִכָּרוֹן לִפְנֵי אֱלֹהֵיכֶם אֲנִי יְיָ אֱלֹהֵיכֶם: [במדבר י, י]

ליקוטי רש"י

עושות מלחמה. נולחות [שמות יז יא]. **על נס.** על כלונס שקורין פורק"א בלע"ז וכן (ישעיה ל) וכנס על הגבעה (שם מט) ארים נסי (שם יג) שאו נס ולפי שהוא גבוה לאות ולראיה קוראו נס. **כל הנשוך.** (במדבר רבה) אפי' כלב או חמור נושכו היה מוק ומתנונה והולך אלא שנשיכת הנחש ממהרת להמית לכך נא' כאן וראה אותו ראיה בעלמא ובנשיכת הנחש נא' והביט והיה אם נשך הנחש את איש והביט וגו' שלא היה ממהר נשוך הנחש להתרפאות אלא א"כ מביט בו בכוונה ואמרו רבותינו וכי נחש ממית או מחיה אלא בזמן שהיו ישראל מסתכלין כלפי מעלה ומשעבדין את לבם לאביהם שבשמים היו מתרפאים ואם לאו היו נמוקים (נ"א מוקים) [במדבר כא ח]. **נימוקים.** נמוק והולך לו. מתנונה והולך לו ונמשך למיתה [ברכות סא:]. **אנדרוגינוס.** שיש לו זכרות ונקבות [רשב"ם ב"ב קכז.]. **יום תרועה.** משמע יום אחד בלבד [ערכין ג:]. **שוה היובל לראש השנה לתקיעה.** בפשוטין ואף על גב דתקיעתו ביובל לא לתפלה ולא לזכרון אלא לסימן שילוח עבדים והשמטת מכירת שדות אפילו הכי כדראש השנה בעי למעבדיה דגמרינן לה בגזירה שוה שביעי שביעי בפרק בתרא (לקמן לד.). **ולברכות.** דבעי למימר תשע ברכות ביום הכפורים של יובל [לעיל כו:].

איכוון ותקע לי. תתכוין לתקוע בשמי להוציאני ידי חובתי: **משמיע בעי כוונה.** להוציא השומע: **מתני' והיה כאשר ירים משה ידו וגו':** **גמ' ועבדים משוחררים.** אבל עבדים לא דכל מצוה שאין האשה חייבת בה אין העבד חייב בה: **וטומטום ואנדרוגינוס.** שמא זכר הוא: **מי שחציו עבד.** משום לד חירות שבו: **טומטום אינו מוציא את מינו.** טומטום כמותו שמא תוקע זה נקבה וחבירו זכר: **אנדרוגינוס מוציא מינו.** אנדרוגינוס כמותו דאי בתר זכרות אזלת שניהם חייבין ואי בתר נקבות אזלת שניהם פטורין: **מי שחציו עבד כו'.** דלא אתי לד עבדות דמשמיע ומפיק לד חירות דשומע: **ה"ג כהנים ולוים מקדישין לעולם וגואלין לעולם.** זו היא גירסת רבינו יצחק הלוי ושאר רבותי גורסין מוכרין לעולם וגואלין לעולם ושתיהן משניות הן במסכת ערכין (דף כו: ודף לג.) ובין מקדישין ובין מוכרין תרוייהו משנה יתירה נינהו אלא איידי דתנא התם גבי ישראל (שם דף כד.) אין מקדישין לפני היובל פחות משתי שנים ולא גואלין אחר היובל פחות משנה תנא גבי כהנים מקדישין וגואלין ואיידי דתנא גואלין גבי הדדי תנא נמי גבי גואלין למכירה מוכרין לעולם והכי מוקים לה במסכת ערכין (דף מ.) ומהו גואלין לעולם לפי שנאמר בישראל במוכר בית בערי חומה (ויקרא כה) ואם לא יגאל עד מלאת לו שנה תמימה נחלטו אבל בלוים גאולת עולם תהיה ללוים ולפי שנאמר בישראל המוכר שדה אחוזה (שם) במספר שני תבואות ימכר לך שאינו מותר לגאול פחות משתי שנים אבל לוים גואלין מיד לפי שנאמר במקדיש שדה אחוזה (שם כז) ואם לא יגאל את השדה בעלים ומכר גזבר את השדה לאיש אחר לא יגאל עוד אלא יוצאה לכהנים ביובל הלוים גואלין לעולם והאי דאמרי הכא ליתנהו במלות יובל קאי אמקדיש שדה אחוזה ולא גאלה ומכרה גזבר שאין יובל מפקיע מיד המקדיש אם לוי הוא כדרך שמפקיע מיד ישראל: **קמ"ל.** גרסי' ולא גרסינן נהי דליתנהו בהשמטת קרקעות כו' דהא ודאי איתנהו בין שלקחו הם מישראל מחזירין ביובל דלא נפקי לוים מכלל כל מלות והדינין בין שלקחו ישראל מהן מן האלפים אמה שניתנו לחוץ לעריהם יוצא ביובל ואפי' בתי ערי חומה שאין חוזרין לישראל ביובל חוזרין להם דכתיב (שם כה) ואשר יגאל מן הלוים וגו': **אע"פ שיצא מוציא.** שהרי כל ישראל ערבין זה בזה למלות: **חוץ מברכת הלחם והיין.** ושאר ברכת פירות וריחני שאינן חובה אלא שאסור ליהנות מן העולם הזה בלא ברכה ובזו אין כאן ערבות שאינו חובה על האדם לא ליהנות ולא ליברך: ברכת

איכוון ותקע לי אלמא קסבר משמיע בעי כוונה מיתיבי [א]היה עובר אחורי בית הכנסת או שהיה ביתו סמוך לבית הכנסת ושמע קול שופר או קול מגילה אם כוון לבו יצא ואם לאו לא יצא וכי כוון לבו מאי הוי היאך לא קא מיכוין אדעתא דידיה [א]הכא בשליח ציבור עסקינן דדעתיה אכוליה עלמא ת"ש נתכוון שומע ולא נתכוון משמיע נתכוון משמיע ולא נתכוון שומע לא יצא עד שיתכוון שומע ומשמיע קתני משמיע דומיא דשומע מה שומע שומע לעצמו אף משמיע משמיע לעצמו [אן] וקתני לא יצא תנאי היא דתניא שומע שומע לעצמו ומשמיע משמיע לפי דרכו אמר רבי יוסי [ב]בד"א בשליח צבור אבל ביחיד לא יצא עד שיתכוון שומע ומשמיע: **מתני'** [א]והיה כאשר ירים משה ידו וגבר ישראל וגו' וכי ידיו של משה עושות מלחמה או שוברות מלחמה אלא לומר לך כל זמן שהיו ישראל מסתכלין כלפי מעלה ומשעבדין את לבם לאביהם שבשמים היו מתגברים ואם לאו היו נופלים כיוצא בדבר אתה אומר [ב]עשה לך שרף ושים אותו על נס והיה כל הנשוך וראה אותו וחי וכי נחש ממית או נחש מחיה אלא בזמן שישראל מסתכלין כלפי מעלה ומשעבדין את לבם לאביהם שבשמים היו מתרפאין ואם לאו היו נימוקים [ג]חרש שוטה וקטן אין מוציאין את הרבים ידי חובתן [ד]זה הכלל [ו]כל שאינו מחוייב בדבר אינו מוציא את הרבים ידי חובתן: **גמ'** ת"ר [ה]הכל חייבין בתקיעת שופר כהנים ולוים וישראלים גרים ועבדים משוחררים וטומטום ואנדרוגינוס מי שחציו עבד וחציו בן חורין [ו]טומטום אינו מוציא לא את מינו ולא את שאינו מינו [ז]אנדרוגינוס מוציא את מינו אבל לא את שאינו מינו מי שחציו עבד וחציו בן חורין אינו מוציא לא את מינו ולא את שאינו מינו אמר מר [ח]הכל חייבין בתקיעת שופר כהנים לוים וישראלים פשיטא אי הני לא מיחייבי מאן מיחייבי כהנים אצטריכא ליה ס"ד אמינא הואיל וכתיב [ג]יום תרועה יהיה לכם מאן דליתיה אלא בתקיעה דחד יומא הוא דמיחייב והני כהנים הואיל ואיתנהו בתקיעות דכל השנה דכתיב [ד]ותקעתם בחצוצרות על עולותיכם אימא לא ליחייבו קמ"ל מי דמי התם חצוצרות והכא שופר אלא אצטריך סד"א הואיל ותנן [ט]שוה היובל לר"ה לתקיעה ולברכות מאן דאיתיה במצות היובל איתיה במצוה דראש השנה והני כהנים הואיל וליתנהו במצוה דיובל דתנן [י][ח]כהנים ולוים מוכרין לעולם וגואלין לעולם אימא במצוה דראש השנה לא ליחייבו קמ"ל: מי שחציו עבד וחציו בן חורין אינו מוציא לא את מינו ולא את שאינו מינו: אמר רב הונא ולעצמו מוציא א"ל רב נחמן לרב הונא מאי שנא לאחרים דלא דלא אתי צד עבדות ומפיק צד חירות לעצמו נמי לא אתי צד עבדות דידיה ומפיק צד חירות דידיה אלא אר"נ אף לעצמו אינו מוציא תניא נמי הכי [ט]מי שחציו עבד וחציו בן חורין אף לעצמו אינו מוציא תני אהבה בריה דר' זירא [י]כל הברכות כולן אע"פ שיצא מוציא [כ]חוץ מברכת הלחם וברכת היין שאם לא יצא מוציא ואם יצא אינו מוציא [ז]רבא

ברכת

דתנן כהנים ולוים מקדישים לעולם וגואלים לעולם. פירש בקונטרס שזו היא גי' ר"י הלוי ושאר רבותיו גורסין מוכרין לעולם וגואלין לעולם ושתיהן משניות הן במסכת ערכין (דף כו: ודף לג.) ובין מקדישין ובין מוכרין תרוייהו משנה יתירה נינהו אלא איידי דתנן התם גבי ישראל (שם דף כד.) אין מקדישין לפני היובל פחות משתי שנים ואין גואלין אחר היובל פחות משנה תנא סיפא נמי מקדישין וגואלין ואיידי דתני מקדישין וגואלין גבי הדדי תנא נמי גבי גואלים דמכירה מוכרין לעולם הכי מוקים לה במס' ערכין (דף מ.) וגואלין לעולם היינו לפי שנאמר בישראל המוכר שדה אחוזה במספר שני תבואות ימכר לך שאינו מותר לגאול פחות משתי שנים אבל לוים גואלין מיד וגואלים לעולם ומקדיש היינו לפי שנאמר במקדיש שדה אחוזה לא יגאל עוד אלא יוצאה לכהנים ביובל והלוים גואלין לעולם ועתה גי' רבינו יצחק הלוי ניחא שאין היובל מפקיע מיד המקדיש אם הוא לוי כמו בישראל אבל מכירה וגאולה שגואל מיד א"נ בבתי ערי חומה שאין נחלטות לסוף שנה מה ענין זה למלוה דיובל אע"ג דאין זה נוהג אלא בזמן שהיובל נוהג מ"מ לא משמע הכי לישנא דליתנהו במלות דיובל ועוד שמשנה ראשונה הוה ליה לאיתויי דההיא דמקדישין לעולם שהיא בפרק אין מקדישין (שם דף כו:) ולא ההיא דמוכרין לעולם דמתניתין היא בפרק בתרא דערכין (דף לג:):

קא משמע לן נהי דליתנהו בהשמטת כספים ושלוח עבדים מיהא איתנהו. כך כתוב ברוב ספרים ובקונטרס גרס קא משמע לן ותו לא ולא גרס נהי דליתנהו בהשמטה דודאי איתנהו בין שלקחו הם מישראל מחזירין דלא נפקי מכלל המלות בין שלקח ישראל מהן מן האלפים אמה שנתנו להם חוץ לעריהם יוצא ביובל ואפילו בתי ערי חומה שאין חוזרין לישראל ביובל חוזרין להם שנאמר ואשר יגאל מן הלוים כן הקשה בקונטרס ואין זו קושיא גמורה שהרי יש לפרש דהשמטת קרקע קרי מקדיש שדה אחוזה ולא גאלה ומכרה גזבר שאין יובל מפקיעה מיד מקדיש אם הוא לוי כדרך שמפקיעה אם הוא ישראל שיוצאה לכהנים ביובל ונהי דליתנהו בהשמטת קרקע דקאמר היינו בכל דין השמטת קרקע אבל זה ודאי קשיא דהוה ליה למימר בהשמטת קרקע דמכירה מיהא איתנהו כגון מכרו להם שדה או מכרו הם לאחרים כי היכי דחשיב בהשמטת כספים ושלוח עבדים ועוד מה ענין השמטת כספים אצל יובל הא בהדיא תנא בספרי בפרשת ראה דשביעית משמטת כספים ואין יובל משמט כספים דממעט ליה מוזה דבר השמיטה שמוט שמיטה משמט כספים ולא יובל וזה דוחק לומר דנקטיה לרבי דלרבי תלויה השמטת כספים ביובל כדאמר בהשולח (גיטין דף לו. ושם) דבזמן שהיובל נוהג השמטת כספים נוהגת:

ברכת

עין משפט נר מצוה

מח א מיי' פ"ב מהל' שופר הלכה ה טור ש"ע א"ח סי' תקפט סעיף ט:
מט ב מיי' שם וטור ש"ע שם סעיף ח:
נ ג ד מיי' שם הל' ב וטוש"ע שם סעיף א ב:
נא ה מיי' שם הל' א:
נב ו ז מיי' שם הל' ב וטור ש"ע שם סעיף ד:
נג ח מיי' פ"ד מהלכות ערכין הלכה כא:
נד ט מיי' פ"ב מהלכות שופר הלכה ג טור וש"ע א"ח סי' תקפט סעיף ה:
נה י מיי' פ"א מהלכות ברכות הלכה י טור א"ח סי' תרלב:
נו כ מיי' שם טוש"ע א"ח סי' קסז סעיף יט וסי' ריג סעיף ב וסימן רעג סעיף ד [רב אלפס כאן ובפ' ע"פ דף קס]:

רבינו חננאל

מצות לא בעו כונה לעבור במתכוין להוסיף על מה שכתוב בזמנן לא בעי כונה אמר רבי זירא לשמעיה איכוון ותקע לי אלמא קסבר משמיע בעי כונה והתנן היה עובר אחורי בית הכנסת ושמע קול שופר או קול מגילה כו' ודחי' הכא בש"צ עסקינן דדעתיה להשמיע לכ"ע. ת"ש נתכוין שומע ולא נתכוין משמיע כו' ופשוטה היא ואסיקנא כתנאי דתניא התוקע תוקע לפי דרכו ושומע שומע לעצמו ויצא א"ר יוסי בד"א בש"צ אבל ביחיד לא יצא עד שיתכוון שומע ומשמיע לו: **מתניתין** זה הכלל כל שאינו מחוייב בדבר אינו מוציא את הרבים י"ח. ת"ר הכל חייבין בתקיעת שופר כהנים לוים וישראלים גרים ועבדים משוחררים טומטום ואנדרוגינוס ומי שחציו עבד וחציו בן חורין טומטום אינו מוציא טומטום כמותו שמא נקיבה היא ואותו הטומטום זכר אנדרוגינוס מוציא מינו מי שחציו עבד וחציו בן חורין אינו מוציא לא מינו ולא שאינו מינו. אמר מר כהנים לוים וישראלים חייבים פשיטא ואסיקנא כהנים איצטריכא ליה סד"א הואיל ותנן שוה היובל לראש השנה לתקיעה ולברכות מאן דאיתיה במצוה דיובל איתיה במצוה דראש השנה. והני כהנים הואיל וליתנהו במצוה דיובל דתנן כהנים ולוים מוכרין לעולם וגואלין לעולם אימא במצוה דר"ה לא מיחייבי קמ"ל נהי דליתנהו בהשמטת קרקע בהשמטת כספים ושילוח עבדים מיהא איתנהו. מי שחציו עבד וחציו בן חורין. אמר רב נחמן אף לעצמו אינו מוציא. תניא נמי הכי כו'. תני אהבה בריה דר' זירא כל הברכות כולן אע"פ שיצא מוציא חוץ מברכת הלחם המוציא לחם מן הארץ וברכת היין בורא פרי הגפן שאם לא יצא מוציא ואם יצא אינו מוציא: **ירושלמי** בברכות פרק מי שמתו מוטל לפניו תני כל מצות שאדם פטור אדם מוציא את הרבים י"ח חוץ מברכת המזון והתנינן כל שאינו מחוייב בדבר אינו מוציא הרבים ידי חובתו הא מחוייב אע"פ שיצא מוציא

The Gemara challenges Rav Huna's ruling:

אָמַר לֵיהּ רַב נַחְמָן לְרַב הוּנָא – Rav Nachman said to Rav Huna: **מַאי שְׁנָא לַאֲחֵרִים דְּלֹא – What is different** regarding where the half-freeman blows **for others,**[43] in which case the Baraisa ruled **that he cannot** cause them to fulfill their obligation? **דְּלֹא אָתֵי צַד עַבְדוּת – Is it not because the enslaved part** of him **cannot come** **וּמַפִּיק צַד חֵירוּת – and cause the free part** of the others **to fulfill** the mitzvah?! **לְעַצְמוֹ נַמִּי** – If so, then when he blows **for himself as well** **לֹא אָתֵי צַד עַבְדוּת דִּידֵיהּ – his enslaved part cannot come** **וּמַפִּיק צַד חֵירוּת דִּידֵיהּ – and cause his free part to fulfill** the mitzvah![44] **– ? –**

Rav Nachman thus rules in accordance with his reasoning:

אֶלָּא אָמַר רַב נַחְמָן – Rather, Rav Nachman said: **אַף לְעַצְמוֹ אֵינוֹ מוֹצִיא – [A half-freeman] cannot even cause himself to fulfill** the shofar obligation.[45]

A Baraisa supports Rav Nachman's view:

תַּנְיָא נַמִּי הָכִי – It was also taught thus in a Baraisa: **מִי שֶׁחֶצְיוֹ עֶבֶד וְחֶצְיוֹ בֶּן חוֹרִין** – ONE WHO IS HALF-SLAVE AND HALF-FREEMAN **אַף לְעַצְמוֹ אֵינוֹ מוֹצִיא** – CANNOT EVEN CAUSE HIMSELF AS WELL TO FULFILL his own shofar obligation.

The Gemara continues discussing the notion that one person can cause another to fulfill his obligation:

תָּנֵי אַהֲבָה בְּרֵיהּ דְּרַבִּי זֵירָא – Ahavah the son of R' Zeira taught: **כָּל הַבְּרָכוֹת כּוּלָּן** – With regard to **all the blessings,** the rule is that **אַף עַל פִּי שֶׁיָּצָא – even though one has fulfilled his** own obligation to recite a particular blessing, **מוֹצִיא – he can cause** others **to fulfill** their obligation to recite that blessing,[46] **חוּץ מִבִּרְכַּת הַלֶּחֶם – with the exception of the blessing of bread**[47] **וּבִרְכַּת הַיַּיִן – and the blessing of wine.**[48] **שֶׁאִם לֹא יָצָא** – In those cases the law is **that if he did not** yet **fulfill** his own obligation, **מוֹצִיא – he can cause** others **to fulfill** their obligation. **וְאִם יָצָא – But if he** already **fulfilled** his own obligation, **אֵינוֹ מוֹצִיא – he cannot cause** others **to fulfill** their obligation.[49]

The Gemara asks:

בָּעֵי רָבָא – Rava[50] **inquired:**

NOTES

43. I.e. others who are also half-slave and half-free.

44. See note 31 above.

45. Thus, the only way his free part can fulfill its obligation is if a qualified male blows for him (*Orach Chaim* 589:5). This ruling applies only in the case of shofar, where the mitzvah is to hear the shofar blast of one who is obligated in the mitzvah, and here part of the blast was produced by someone who was not obligated (viz. his enslaved half). However, with regard to all other mitzvos (e.g. those requiring an act such as taking a *lulav,* and even those involving speech such as reciting the Megillah or counting the *Omer*), a half-freeman can perform them for himself since it is his free part that recites or counts. However, see *Beis Yosef* §589, who applies this concept to reading the Megillah, and *Minchas Chinuch mitzvah* 306, who applies it to counting the *Omer* as well. See *Avnei Nezer* §442 and *Beis Shlomo, Orach Chaim* §17.

46. (The general rule of the Mishnah, *Whoever is not [himself] obligated in a [particular] matter cannot cause the public to discharge their obligation [vis-a-vis that matter],* refers only to one who was never obligated to perform that particular mitzvah.) One who was obligated but already performed the mitzvah can nevertheless cause others to fulfill their obligation, because he is deemed obligated by virtue of the second person's need to perform the mitzvah. This is based on the principle כָּל יִשְׂרָאֵל עֲרֵבִין זֶה בָּזֶה, *all Jews are responsible for one another* – i.e. every Jew is obliged to enable other Jews to fulfill their obligations. Thus, one who does not assist another has not entirely fulfilled his own obligation vis-a-vis that particular mitzvah (*Ran;* see also *Rashi*).

Now, one is viewed as having made a blessing via another's recital by operation of the principle שׁוֹמֵעַ כְּעוֹנֶה, *one who listens is like one who speaks.* However, this principle works only if the one making the blessing is himself obligated in that particular recital. The principle of עֲרֵבוּת, *shared responsibility,* establishes that he is obligated even if he already made the blessing for himself. The Gemara uses the example of blessings because it will introduce cases where the *shared responsibility* principle does not apply. In those cases one cannot recite a blessing for another.

47. [הַמּוֹצִיא לֶחֶם מִן הָאָרֶץ, *Who brings forth bread from the earth,* which we recite before eating bread.]

48. [בּוֹרֵא פְּרִי הַגָּפֶן, *Who creates the fruit of the vine,* which we recite before drinking wine.] The Gemara actually includes here all the בִּרְכוֹת הַנֶּהֱנִין (*blessings of enjoyment*), which one makes before partaking of food or drink, or smelling aromatic substances (*Rashi;* see *Ritva*). [With regard to the Grace After Meals, see *Meiri, Tosafos* to *Berachos* 38b ד״ה עד, *Ran* there, and *Chidushei Anshei Shem* ad loc. Regarding בִּרְכוֹת הַשֶּׁבַח, *blessings of praise,* see *Meiri* and *Ritva.*]

49. The blessings of enjoyment were instituted only because it is forbidden to derive pleasure from this world without first praising God via a blessing (see *Berachos* 35a). Because these blessings are not absolutely obligatory, since a person could choose to abstain from the pleasure and thereby be exempted from the blessing, the *shared responsibility* rule does not apply to them. Thus, unless the reciter is himself partaking of the food or fragrance, his blessing cannot count for his companions (*Rashi*).

50. In the texts of *Rif* and *Rosh,* the name "Rachava" appears.

איכוון ותקע לי אלמא קסבר משמיע בעי כוונה מיתיבי א) היה עובר אחורי בית הכנסת או שהיה ביתו סמוך לבית הכנסת ושמע קול שופר או קול מגילה אם כוון לבו יצא ואם לאו לא יצא וכי כוון לבו מאי הוי היאך לא קא מיכוין אדעתא דידיה א הכא בשליח ציבור עסקינן דדעתיה אכוליה עלמא ת"ש נתכוון שומע ולא נתכוון משמיע נתכוון משמיע ולא נתכוון שומע לא יצא עד שיתכוון שומע ומשמיע קתני משמיע דומיא דשומע מה שומע שומע לעצמו אף משמיע משמיע לעצמו א) וקתני לא יצא תנאי היא דתניא שומע שומע לעצמו ומשמיע משמיע לפי דרכו אמר רבי יוסי ב בד"א בשליח צבור אבל ביחיד לא יצא עד שיתכוון שומע ומשמיע: **מתני'** א) והיה כאשר ירים משה ידו וגבר ישראל וגו' וכי ידיו של משה עושות מלחמה או שוברות מלחמה אלא לומר לך כל זמן שהיו ישראל מסתכלין כלפי מעלה ומשעבדין את לבם לאביהם שבשמים היו מתגברים ואם לאו היו נופלים כיוצא בדבר אתה אומר ב) עשה לך שרף ושים אותו על נס והיה כל הנשוך וראה אותו וחי וכי נחש ממית או נחש מחיה אלא בזמן שישראל מסתכלין כלפי מעלה ומשעבדין את לבם לאביהם שבשמים היו מתרפאין ואם לאו היו נימוקים ג חרש שוטה וקטן אין מוציאין את הרבים ידי חובתן ד זה הכלל ו כל שאינו מחוייב בדבר אינו מוציא את הרבים ידי חובתן: **גמ'** ת"ר ה הכל חייבין בתקיעת שופר כהנים ולוים וישראלים גרים ועבדים משוחררים וטומטום ואנדרוגינוס מי שחציו עבד וחציו בן חורין ו טומטום אינו מוציא לא את מינו ולא את שאינו מינו ז אנדרוגינוס מוציא את מינו אבל לא את שאינו מינו מי שחציו עבד וחציו בן חורין אינו מוציא לא את מינו ולא את שאינו מינו אמר מר ד) הכל חייבין בתקיעת שופר כהנים לוים וישראלים פשיטא אי הני לא מיחייבי מאן מיחייבי כהנים אצטריכא ליה ס"ד אמינא הואיל וכתיב ג) יום תרועה יהיה לכם למאן דליתיה אלא בתקיעה דחד יומא הוא דמיחייב והני כהנים הואיל ואיתנהו בתקיעות דכל השנה דכתיב ד) ותקעתם בחצוצרות על עולותיכם אימא לא ליחייבו קמ"ל מי דמי התם חצוצרות והכא שופר אלא אצטריך סד"א הואיל ותנן ה) שוה היובל לר"ה לתקיעה ולברכות מאן דאיתיה במצות היובל איתיה במצוה דראש השנה והני כהנים הואיל וליתנהו במצוה דיובל דתנן ו) כהנים ולוים מוכרין לעולם וגואלין לעולם אימא במצוה דראש השנה לא ליחייבו קמ"ל: מי שחציו עבד וחציו בן חורין אינו מוציא לא את מינו ולא את שאינו מינו: אמר רב הונא ולעצמו מוציא א"ל רב נחמן לרב הונא מאי שנא לאחרים דלא דלא אתי צד עבדות ומפיק צד חירות לעצמו נמי לא אתי צד עבדות דידיה ומפיק צד חירות דידיה אלא אר"נ אף לעצמו אינו מוציא תניא נמי הכי ט מי שחציו עבד וחציו בן חורין אף לעצמו אינו מוציא תני אהבה בריה דר' זירא י כל הברכות כולן אע"פ שיצא מוציא נ חוץ מברכת הלחם וברכת היין שאם לא יצא מוציא ואם יצא אינו מוציא בעי ז) רבא ברכת

רש"י

איכוון ותקע לי. תתכוין לתקוע בשמי להוציאני ידי חובתי: משמיע בעי כוונה. להוציא השומע: מתני' והיה כאשר ירים משה ידו וגו': גמ' ועבדים משוחררין. אבל עבדים לא דכל מצוה שאין האשה חייבת בה אין העבד חייב בה: וטומטום ואנדרוגינוס. שמא זכר הוא: מי שחציו עבד. משום צד חירות שבו: טומטום אינו מוציא את מינו. טומטום כמותו שמא תוקע זה נקבה וחבירו זכר: אנדרוגינוס מוציא מינו. אנדרוגינוס כמותו דאי בתר זכרות אזלת שניהם חייבין ואי בתר נקבות אזלת שניהן פטורין: מי שחציו עבד כו'. דלא אתי צד עבדות דמשמיע ומפיק צד חירות דשומע: ה"ג כהנים ולוים מקדישין לעולם וגואלין לעולם. זו היא גירסת רבינו יצחק הלוי ושאר רבותי גורסין מוכרין לעולם וגואלין לעולם ושתיהן משניות הן במסכת ערכין (דף כו: ודף לג:) ובין מקדישין ובין מוכרין תרוייהו משנה יתירה נינהו אלא איידי דתנא התם גבי ישראל (שם דף כד.) אין מקדישין לפני היובל פחות משתי שנים ולא גואלין אחר היובל פחות משנה תנא גבי כהנים מקדישין וגואלין ואיידי דתנא גואלין ומקדישין גבי הדדי תנא נמי גבי גואלין דמכירה מוכרין לעולם והכי מוקים במסכת ערכין (דף מ.) ומהו גואלין לעולם לפי שנאמר בישראל במוכר בית בערי חומה (ויקרא כה) ואם לא יגאל עד מלאת לו שנה תמימה נחלט אבל בלוים גאולת עולם תהיה ללוים ולפי שנאמר בישראל המוכר שדה אחוזה (שם) במספר שני תבואות ימכר לך שאינו מותר לגאול פחות משתי שנים אבל לוים גואלין מיד לפי שנאמר במקדיש שדה אחוזה (שם כז) ואם לא יגאל את השדה בעלים ומכר גזבר את השדה לאיש אחר לא יגאל עוד אלא יוצאה לכהנים ביובל הלוים גואלין לעולם והאי דאמרי הכא ליתנהו במצות יובל קאי אמקדיש שדה אחוזה ולא גאלה ומכרה גזבר שאין יובל מפקיע מיד המקדיש אם לוי הוא כדרך שמפקיע מיד ישראל: קמ"ל. גרסי' ולא גרסינן נהי דליתנהו בהשמטת קרקעות כו' דהא ודאי איתנהו בין שלקחו הם מישראל מחזירין ביובל דלא נפקי לוים מכלל כל מצות והדינין בין שלקחו ישראל מהן מן האלפים אמה שניתנו לחוץ לעריהם יוצא ביובל ואפי' בתי ערי חומה שאין חוזרין לישראל ביובל חוזרין להם דכתיב (שם כה) ואשר יגאל מן הלוים וגו': אע"פ שיצא מוציא. שהרי כל ישראל ערבין זה בזה למצות: חוץ מברכת הלחם והיין. ושאר ברכת פירות וריחני שאינן חובה אלא שאסור ליהנות מן העולם הזה בלא ברכה ובזו אין כאן ערבות שאינו חובה על האדם לא ליתהני ולא ליבריך:

ברכת

תוספות

דתנן כהנים ולוים מקדישים לעולם וגואלים לעולם. פירש בקונטרס שזו היא ג' ר"י הלוי ושאר רבותיו גורסין מוכרין לעולם וגואלין לעולם ושתיהן משניות הן במסכת ערכין (דף כו: ודף לג:) ובין מקדישין ובין מוכרין תרוייהו משנה יתירה נינהו אלא איידי דתנן התם גבי ישראל (שם דף כז.) אין מקדישין לפני היובל פחות משתי שנים ואין גואלין אחר היובל פחות משנה תנא סיפא נמי מקדישין וגואלין ואיידי דתני מקדישין וגואלין גבי הדדי תנא נמי גבי גואלים דמכירה מוכרין לעולם הכי מוקים לה במס' ערכין (דף מ.) וגואלין לעולם היינו לפי שנאמר בישראל המוכר שדה אחוזה במספר שני תבואות ימכר לך שאינו מותר לגאול פחות משתי שנים אבל לוים גואלין מיד וגואלים לעולם ומקדיש היינו לפי שנאמר במקדיש שדה אחוזה לא יגאל עוד אלא יוצאה לכהנים ביובל והלוים גואלין לעולם ועתה גי' רבינו יצחק הלוי ניחא שאין היובל מפקיע מיד המקדיש אם הוא לוי כמו בישראל אבל מכירה וגאולה שגואל מיד א"נ בבתי ערי חומה שאינן נחלטות לסוף שנה מה ענין זה למצוה דיובל אע"ג דאין זה נוהג אלא בזמן שהיובל נוהג מ"מ לא משמע הכי לישנא דליתנהו במצות דיובל ועוד שמשנה ראשונה הוה ליה לאיתויי דההיא דמקדישין לעולם שהיא בפרק אין מקדישין (שם דף כו:) ולא ההיא דמוכרין לעולם דמתניתין היא בפרק בתרא דערכין (דף לג:):

קא משמע לן נהי דליתנהו בהשמטת קרקע בהשמטת כספים ושלוח עבדים מיהא איתנהו. כך כתוב ברוב ספרים ובקונטרס גרס קא משמע לן ותו לא ולא גרס נהי דליתנהו בהשמטה דודאי איתנהו בין שלקחו הם מישראל מחזירין דלא נפקי מכלל המצות בין שלקח ישראל מהן מן האלפים אמה שנתנו להם חוץ לעריהם יוצא ביובל ואפילו בתי ערי חומה שאין חוזרין לישראל ביובל חוזרין להם שנאמר ואשר יגאל מן הלוים כן הקשה בקונטרס ואין זו קושיא גמורה שהרי יש לפרש דהשמטת קרקע קרי מקדיש שדה אחוזה ולא גאלה ומכרה גזבר שאין יובל מפקיעה מיד מקדיש אם הוא לוי כדרך שמפקיעה אם הוא ישראל שיוצאה לכהנים ביובל ונהי דליתנהו בהשמטת קרקע דקאמר היינו בכל דין השמטת קרקע אבל זה ודאי קשיא דהוה ליה למימר בהשמטת קרקע דמכירה מיהא איתנהו כגון מכרו להם שדה או מכרו הם לאחרים כי היכי דחשיב השמטת כספים ושלוח עבדים ועוד מה ענין השמטת כספים אצל יובל הא בהדיא תנא בספרי בפרשת ראה שביעית משמטת כספים ואין יובל משמט כספים דממעט ליה מוזה דבר השמטה שמוט שמיטה משמט כספים ולא יובל וזה דוחק לומר דנקטיה לרבי דלרבי תלויה השמטת כספים ביובל כדאמר בהשולח (גיטין דף לו. ושם) דבזמן שהיובל נוהג השמטת כספים נוהגת:

ברכת

עין משפט נר מצוה

מח א מיי' פ"ב מהל' שופר הלכה ה טור ש"ע א"ח סי' תקפט סעיף ט:
מט ב מיי' שם וטור ש"ע שם סעיף ח:
נ ג ד מיי' שם הל' ב וטוש"ע שם סעיף א ב:
נא ה מיי' שם הל' א:
נב ו ז מיי' שם הל' ב וטור ש"ע שם סעיף ד:
נג ח מיי' פ"ד מהלכות ערכין הלכה כא:
נד ט מיי' פ"ב מהלכות שופר הלכה ג טור וש"ע א"ח סי' תקפט סעיף ה:
נה י מיי' פ"א מהלכות ברכות הלכה י טור א"ח סי' תרלב:
נו כ מיי' שם טוש"ע א"ח סי' קסז סעיף יט וסי' ריג סעיף ב וסימן רעג סעיף ד [רב אלפס כאן ובפ' ע"פ דף קס]:

רבינו חננאל

מצות לא בעו כונה לעבור במתכוין להוסיף על מה שכתוב בזמנן לא בעי כונה אמר רבי זירא לשמעיה איכוון ותקע לי אלמא קסבר משמיע בעי כונה והתנן היה עובר אחורי בית הכנסת ושמע קול שופר או קול מגילה כו' ודחי' הכא בש"צ עסקינן דדעתיה להשמיע לכ"ע. ת"ש נתכוין שומע ולא נתכוון משמיע כו' ופשוטה היא ואסיקנא כתנאי דתניא התוקע תוקע לפי דרכו ושומע שומע לעצמו ויצא א"ר יוסי בד"א בש"צ אבל ביחיד לא יצא עד שיתכוון שומע ומשמיע לו: **מתניתין** זה הכלל כל שאינו מחוייב בדבר אינו מוציא את הרבים י"ח. ת"ר הכל חייבין בתקיעת שופר כהנים לוים וישראלים גרים ועבדים משוחררים טומטום ואנדרוגינוס ומי שחציו עבד וחציו בן חורין טומטום אינו מוציא טומטום כמותו שמא נקיבה היא ואותו הטומטום זכר אנדרוגינוס מוציא מינו מי שחציו עבד וחציו בן חורין אינו מוציא לא מינו ולא שאינו מינו. אמר מר כהנים לוים וישראלים חייבים פשיטא ואסיקנא כהנים איצטריכא ליה סד"א הואיל ותנן שוה היובל לראש השנה לתקיעה ולברכות מאן דאיתיה במצוה דיובל איתיה במצוה דראש השנה. והני כהנים הואיל וליתנהו במצוה דיובל דתנן כהנים ולוים מוכרין לעולם וגואלין לעולם אימא במצוה דר"ה לא מיחייבי קמ"ל נהי דליתנהו בהשמטת קרקע בהשמטת כספים ושילוח עבדים מיהא איתנהו. מי שחציו עבד וחציו בן חורין. אמר רב נחמן אף לעצמו אינו מוציא. תניא נמי הכי תני אהבה בריה דר' זירא כל הברכות כולן אע"פ שיצא מוציא חוץ מברכת הלחם המוציא לחם מן הארץ וברכת היין בורא פרי הגפן שאם לא יצא מוציא ואם יצא אינו מוציא. ירושלמי בברכות פרק מי שמתו מוטל לפניו תני כל מצות שאדם פטור אדם מוציא את הרבים יי"ח חוץ מברכת המזון והתנינן כל שאינו מחוייב בדבר אינו מוציא הרבים ידי חובתן הא מחוייב אע"פ שיצא מוציא

מסורת הש"ס

א) [לעיל כח: כח. תוספתא פ"ב], ב) [ברכות כ:], ג) [ערכין ג. תוספתא פ"ב], ד) ערכין ג: ע"ש, ה) [לעיל כו: ו) ערכין לג:, ז) [גי' הרי"ף והרא"ש רחבא].

הגהות מהר"ב רנשבורג

א] גמ' וקתני לא יצא וכו'. נ"ב ר"ל לא יצא אם לא כוון להשמיע לעצמו דאמר אבל אם כוון לעצמו יצא אף שלא נתכוון להוציא להשומע וקשה לר"ז. והגאון מהר"א מווילנא זצ"ל פי' מדקתני לא יצא בלשון יחיד על ש"מ דרק המשמיע לא יצא אבל השומע יצא אף דלא נתכוון לו המשמיע והיינו היא אלא מדברי הגאון פשוטים קצת יותר והכן ודו"ק:

תורה אור השלם

א) וְהָיָה כַּאֲשֶׁר יָרִים מֹשֶׁה יָדוֹ וְגָבַר יִשְׂרָאֵל וְכַאֲשֶׁר יָנִיחַ יָדוֹ וְגָבַר עֲמָלֵק: [שמות יז, יא]

ב) וַיֹּאמֶר יְיָ אֶל מֹשֶׁה עֲשֵׂה לְךָ שָׂרָף וְשִׂים אֹתוֹ עַל נֵס וְהָיָה כָּל הַנָּשׁוּךְ וְרָאָה אֹתוֹ וָחָי: [במדבר כא, ח]

ג) וּבַחֹדֶשׁ הַשְּׁבִיעִי בְּאֶחָד לַחֹדֶשׁ מִקְרָא קֹדֶשׁ יִהְיֶה לָכֶם כָּל מְלֶאכֶת עֲבֹדָה לֹא תַעֲשׂוּ יוֹם תְּרוּעָה יִהְיֶה לָכֶם: [במדבר כט, א]

ד) וּבְיוֹם שִׂמְחַתְכֶם וּבְמוֹעֲדֵיכֶם וּבְרָאשֵׁי חָדְשֵׁכֶם וּתְקַעְתֶּם בַּחֲצֹצְרֹת עַל עֹלֹתֵיכֶם וְעַל זִבְחֵי שַׁלְמֵיכֶם וְהָיוּ לָכֶם לְזִכָּרוֹן לִפְנֵי אֱלֹהֵיכֶם אֲנִי יְיָ אֱלֹהֵיכֶם: [במדבר י, י]

ליקוטי רש"י

עושות מלחמה. [שמות יז יא]. על נס. על כלונס שקורין פורק"א בלע"ז וכן (ישעיה ל) וכנס על הגבעה (שם מט) ארים נסי (שם יג) שאו נס ולפי שהוא גבוה לאות ולראיה קורהו נס. כל הנשוך. (במדבר רבה) אפי' כלב או חמור נושכו היה ניזוק ומתנונה והולך אבל נשיכת הנחש ממהרת להמית לכך נא' ולאה אותו וחי ... נמוק. והולך לו. מתנונה והולך לו וממשך למיתה [ברכות סא:]. אנדרוגינוס. שיש לו זכרות ונקבות [רשב"ם ב"ב קכז.]. יום תרועה. משמע יום אחד בלבד [ערכין ג:]. שוה היובל לראש השנה לתקיעה. דבפשוטין ואף על גב דתקיעתו ביובל לא לתפלה ולא לזכרון אלא לסימן שילוח עבדים והשמטת מכירת שדות אפילו הכי כדר"ה השנה בעי למעבדיה דגמרינן לה לגזירה שוה שביעי שביעי בפרק בתרא (לקמן לג.) ולברכות. דבעי למימר תשע ברכות ביום הכפורים של יובל [לעיל כו:].

עין משפט נר מצוה

נז א ב מיי' פ"א מהל' ברכות הלכה י סמג עשין כח טור ש"ע א"ח סי' קסז סעיף כ וסי' רעג סעיף ד וסימן תפד סעיף א:

נח ג טוש"ע שם סי' קסז סעיף יט:

נט ד טוש"ע שם סי' תרלג סעיף ג:

א ה מיי' פ"ב מהלכות שופר הלכה ו סמג עשין מה טור ש"ע א"ח סימן תקפח סעיף ה:

ב ו ז מיי' שם הלכה ח והלכה ט:

ג ח מיי' פכ"ג מהלכות שבת הלכה א:

ד ט מיי' פ"ב מהלכות שופר הלכה ו:

רבינו חננאל

מוציא. א"ר אילא שאני בברכת המזון דכתיב ואכלת ושבעת וברכת מי שאכל הוא יברך. בעי רחבא ברכת הלחם של מצה שצריך לברך המוציא ועל אכילת מצה. וברכת היין של קדוש היום שצריך לברך ברכת היין וברכת קדוש היום מהו מי אמרינן כיון דחובה היא מפיק או דלמא ברכה לאו חובה היא. ופשטי לה מהא דאמר רב אשי כי הוינן בי רב פפי הוה מקדש לן וכי הוה אתו אריסיה מדברא הוה מקדש להו שמעינן מינה שאע"פ שיצא מוציא וה"ה לברכת הלחם של מצה: ת"ר לא יפרוס אדם פרוסה לאורחין אא"כ אוכל עמהן אבל פורס לבניו ולבני ביתו כדי לחנכן במצות בהלל ובמגילה אע"פ שיצא מוציא פשוטה היא:

הדרן עלך ראוהו בית דין

יו"ט של ראש השנה שחל להיות בשבת במקדש היו תוקעין אבל לא במדינה משחרב בהמ"ק התקין ריב"ז כו' אוקמה רבא דמדאורייתא אפילו בגבולין שרי למתקע ביו"ט של ר"ה שחל להיות בשבת דהא תנן דבי ר' ישמעאל כל מלאכת עבודה לא תעשו יצא תקיעת שופר ורדיית הפת שהיא חכמה ואינה מלאכה ומפני מה אסורה גזירה שמא יטלנו מי שאינו בקי וילך אצל בקי ללמוד ויעביר השופר ד' אמות לרה"ר והיינו טעמא דלולב והיינו טעמא דמגילה. ת"ר פעם אחת שחל ר"ה להיות בשבת. אריב"ז לבני בתירה נתקע אמרו ליה נדון אמר להו נתקע ואח"כ נדון. לאחר שתקעו אמרו לו נדון אמר להו כבר נשמעה קרן ביבנה ואין משיבין אחר מעשה: מתני' אמרו לו אחד יבנה ואחד כל מקום שיש בו ב"ד גם הת"ק כך אמר התקין ריב"ז שיהו תוקעין בכל מקום שיש בו ב"ד ופרקינן איכא בינייהו בי דינא דאקראי כלומר מקום שאין שם חכמים קבועין לב"ד ועכשיו נזדמן לחכמים ב"ד ובאו שם עוברי דרך. ת"ק סבר אין תוקעין ותנא דאמרו לו סבר תוקעין דגרסינן בגמרא דהמוכר פירות לחבירו ולא צימחו (דף צג ע"א) כל תנא בתרא לטפויי מלתא אתי לפיכך אמרנו כי התנא דאמרו לו דהוא תנא בתרא אית ליה בי דינא דאקראי. כל מקום שיש בו ב"ד. אמר רב הונא ועם

ברכת הלחם של מצה וברכת היין של קידוש היום מהו כיון דחובה הוא מפיק או דלמא ברכה לאו חובה היא ת"ש [א]דאמר רב אשי כי הוינן בי רב פפי הוה מקדש לן וכי הוה אתי אריסיה מדברא הוה מקדש להו ת"ר [ב]לא יפרוס אדם פרוסה לאורחין אלא אם כן אוכל עמהם [ג]אבל פורס הוא לבניו ולבני ביתו כדי לחנכן במצות ובהלל [ד]ובמגילה אף על פי שיצא מוציא:

הדרן עלך ראוהו בית דין

יום טוב [ה]של ר"ה שחל להיות בשבת במקדש היו תוקעין אבל לא במדינה משחרב בהמ"ק התקין רבן יוחנן בן זכאי [ו]שיהו תוקעין בכל מקום שיש בו ב"ד אמר רבי אלעזר לא התקין רבן יוחנן בן זכאי אלא ביבנה בלבד אמרו לו אחד יבנה ואחד כל מקום שיש בו בית דין ועוד זאת היתה ירושלים יתירה על יבנה [ז]שכל עיר שהיא רואה ושומעת וקרובה ויכולה לבוא תוקעין וביבנה לא היו תוקעין אלא בב"ד בלבד: **גמ'** מנה"מ אמר רבי לוי בר לחמא אמר רבי חמא בר חנינא כתוב אחד אומר [א]שבתון זכרון תרועה וכתוב אחד אומר [ב]יום תרועה יהיה לכם לא קשיא כאן ביו"ט שחל להיות בשבת כאן ביום טוב שחל להיות בחול אמר רבא אי מדאורייתא היא במקדש היכי תקעינן ועוד (א) הא לאו מלאכה היא דאצטריך קרא למעוטי דתנא דבי שמואל [ב]כל מלאכת עבודה לא תעשו יצתה [א]תקיעת שופר [ח]ורדיית הפת שהיא חכמה ואינה מלאכה אלא אמר רבא מדאורייתא מישרא שרי ורבנן הוא דגזור ביה כדרבה דאמר רבה [ט]הכל חייבין בתקיעת שופר ואין הכל בקיאין בתקיעת שופר גזירה [ג]שמא יטלנו בידו וילך אצל הבקי ללמוד ויעבירנו ד' אמות ברה"ר והיינו טעמא דלולב והיינו טעמא דמגילה: משחרב בהמ"ק התקין רבי יוחנן בן זכאי כו': תנו רבנן פעם אחת חל ראש השנה להיות בשבת [ג][והיו כל הערים מתכנסין] אמר להם רבן יוחנן בן זכאי לבני בתירה נתקע אמרו לו נדון אמר להם נתקע ואחר כך נדון לאחר שתקעו אמרו לו נדון אמר להם כבר נשמעה קרן ביבנה ואין משיבין לאחר מעשה: אמר רבי אלעזר לא התקין רבן יוחנן בן זכאי אלא ביבנה בלבד אמרו לו אחד יבנה ואחד כל מקום שיש בו ב"ד: אמרו לו היינו ת"ק איכא בינייהו בי דינא דאקראי: אמרו לו אחד יבנה ואחד כל מקום שיש בו ב"ד: אמר רב הונא

ועם

רש"י

ברכת הלחם. של אכילת מצה שמברכין ([ד]לפני) המוציא: **וברכת היין.** שמברכין לפני קידוש: **מהו.** על אכילת מצה ומקדש ישראל לא תיבעי לך דחובה נינהו ומפיק אלא ברכת המוציא וברכת היין מיבעיא לן שאין באות אלא לפי שהמברך צריך שיטעום ואי אפשר ליהנות בלא ברכה אי נמי לא טעים איהו אי אפשר דלא יהיב ליה לחד מינייהו למטעם ובעי ברכה מאי: **כיון דחובה היא.** אכילת מצה חובה עליו וכן קידוש היום חובה עליו ואי אפשר שלא בהנאה והנאה אי אפשר בלא ברכה נמצאת המצוה תלויה בברכת הנאה ומפיק: **או דלמא.** ברכת ההנאה לאו חובה למצוה אתיא שאף בכל ההויות היא נוהגת: **לא יפרוס.** ברכת המוציא כדאמרינן לעיל שאינה חובה עליהם לא יאכלו ולא יברכו:

הדרן עלך ראוהו בית דין

יום טוב של ראש השנה שחל להיות בשבת במקדש היו תוקעין. בגמרא מפרש לה: **אבל לא במדינה.** לא בירושלים ולא בגבולין: **אלא ביבנה.** שהיתה שם סנהדרי גדולה בימיו וכן בכל מקום שגלתה סנהדרין אבל לא בבית דין של עשרים ושלשה: **ועוד זאת היתה ירושלים.** בעודה בבניינה יתירה בתקיעת שבת על יבנה: **שכל עיר שרואה.** את ירושלים: **ושומעת ויכולה לבא כו'.** מפרש בגמרא מאי תנא דקאמר ועוד: **גמ' זכרון תרועה.** ולא תרועה ממש אלא מקראות של תרועה יאמרו: **מלאכה היא.** בתמיה: **גזירה שמא יטלנו וכו'.** ובמקדש לא גזור דאין איסור שבות דרבנן במקדש: (ג) **והיו כל הערים.** שסביבות יבנה: **מתכנסים.** לשם לשמוע תקיעה משלוחי בית דין לפי שהיו רגילין כן בירושלים: **בני בתירה.** גדולי הדור היו: **נדון.** אם יש לגזור אף במקום בית דין שמא יטלנו: **ואין משיבין לאחר מעשה.** גנאי הוא שנוציא לעז טועים על עצמינו: **בית דין דאקראי.** לתנא קמא תקעינן ותנא דאמרו לו סבר אחד יבנה ואחד כל מקום שיש בו בית דין קבוע דומיא דיבנה:

ועם

תוספות

ברכת הלחם. דמצה וברכת היין דקידוש מבעיא ליה דוקא מהו כיון [ז]דלא הנאתן הן:

הדרן עלך ראוהו בית דין

אבל לא במדינה. לא בירושלים ולא בגבולים כדפירש בקונטרס והא דקתני כל עיר שרואה ושומעת תוקעין בה היינו לאחר חורבן שתיקן רבן יוחנן בן זכאי וא"ת ומ"ש מלולב שהיה ניטל אפילו בגבולין בזמן שבהמ"ק קיים כדמשמע בלולב (הגזול) [וערבה] (סוכה ד' מג. ושם) שהיו מוליכין לולביהן לבהכ"נ וי"ל דשאני לולב שאינו אלא טלטול בעלמא הואיל ואשתרי במקדש לא החמירו במדינה אבל תקיעת שופר מעשה חכמה ומיהו קשיא דלאחר חורבן הבית הקילו טפי בשופר מבלולב שתיקן רבן יוחנן בן זכאי שיהו תוקעין בכל מקום שיש ב"ד אבל לולב לא אשתרי כדמשמע התם דמוקי לה ההיא דמוליכין לולביהן בזמן בית המקדש ובגבולין משמע דבזמן שאין בית המקדש קיים לא הותר בשום מקום וי"ל דשופר שהוא להעלות זכרוניהם של ישראל לאביהן שבשמים לא רצו לבטל לגמרי וכיון דתקון במד ב"ד תקון בכל מקום שיש ב"ד אע"פ שבזמן הבית לא היה אלא במקדש דוקא ועוד י"ל דבדין הוא דלולב יהיה דוחה בגבולין יותר משופר שבראש השנה לא היה ידוע קביעות החדש אלא בירושלים אבל יום ראשון דלולב היה ידוע בגבולין:

הא לאו מלאכה היא דאיצטריך כו'. קשיא אדרבה אי מלאכה לא איצטריך קרא דהא [ו]מכל מלאכה לא תעשו נפקא ומשום דלאו מלאכה היא איצטריך קרא ונראה לי דאי לאו מלאכה היא הא פשיטא דליכא למיסרה אבל אי מלאכה היא איצטריך קרא סלקא דעתך אמינא תשתרי משום דכתיב יום תרועה יהיה לכם ואפילו בשבת ולהכי איצטריך קרא למיסרה ויום תרועה מוקי לה בחול:

כל מלאכת עבודה לא תעשו. בי"ט כתיב והוה מצי לאתויי [ו]כל מלאכה לא תעשו דאף ביום שבת לא איתסר אע"ג דלא כתיב ביה עבודה [ז]: **רדיית** הפת. פירש רבינו חננאל רדייה דהכא לאחר אפייה ושרי לכתחילה ורדייה דריש מסכת שבת (דף ג:) דהתירו לו לרדות קודם שיבא לידי אפייה דאיסור סקילה או לא התירו דמשמע דאסור מדרבנן ברודה הפת בעוד שהיא עיסה דהוא כעין לש שמרככו כשרודהו בידו ובתנם דחק דהך דהכא נמי לא שריא אלא מדאורייתא כדמוכח בפרק כל כתבי (שבת דף קיז:) גבי מציל פת מן התנור שמציל מזון שלשה סעודות דקאמר כשהוא רודה לא ירדה במרדה אלא בסכין וכן תקיעת שופר אסור מדרבנן כדמוכח בפ' כסוי הדם (חולין דף פד:) דקאמרינן תקיעת שופר בגבולין תוכיח שספיקה דוחה יו"ט ואין ודאה דוחה שבת ואפילו הכי לא היו אוסרין אי לאו משום דרבה שמא יעבירנו [ח]: **שמא** יטלנו ויעבירנו ארבע אמות. הא דלא נקט שמא יוציאנו מרשות היחיד לרשות הרבים פי' בקונט' בסוכה (דף מג.) משום דלא פסיקא דאם הגביהו על מנת להצניעו ונמלך והוציאו פטור וקשיא דגבי העברת ד' אמות נמי לא מיחייב אלא א"כ הגביהו על מנת להעבירו ד' אמות ונראה דמרשות היחיד לר"ה אית ליה הכירא וליכא למיגזור אבל ברשות הרבים זימנין דלאו אדעתיה ומעביר ארבע אמות: [ועיין תוספות מגילה ד: ותוס' סוכה מג. ותוספות ביצה יח.]

וביבנה

מסורת הש"ס

א) שבת קיז: קלא., ב) [פסחים סט. ביצה יז:] סוכה מג: מגילה ד:, ג) ס"א, ד) [צ"ל לפניה], ה) נ"א דלהנאתן, ו) [אולי צ"ל לא תעשה כל מלאכה שמות כן], ז) [ועי' תוס' שבת קיז: ד"ה והתנא], ח) [ועי' תוס' שבת ג: ד"ה התירו וכו' ועי' בערוך ערך רד ד].

הגהות הב"ח

(א) גמ' במקדש היכי תקעינן ועוד (הא לאו) תא"מ ונ"ב בפי' רש"י משמע דלא גרסינן להו אלא ה"ג ועוד מלאכה היא פי' בתמיה: (ב) רש"י ד"ה גזירה שמא כו' במקדש הס"ד ואח"כ צ"ל ד"ה בני בתירה כו' וד"ה נדון וכו' שמא יטלנו הס"ד ואח"כ מה"ד כבר נשמעה קרן ביבנה שהיו כל הערים שסביבות יבנה מתכנסים לשם כו' בירושלים הס"ד ואח"כ מה"ד ואין משיבין:

תורה אור השלם

א) דַּבֵּר אֶל בְּנֵי יִשְׂרָאֵל לֵאמֹר בַּחֹדֶשׁ הַשְּׁבִיעִי בְּאֶחָד לַחֹדֶשׁ יִהְיֶה לָכֶם שַׁבָּתוֹן זִכְרוֹן תְּרוּעָה מִקְרָא קֹדֶשׁ: [ויקרא כג, כד]

ב) וּבַחֹדֶשׁ הַשְּׁבִיעִי בְּאֶחָד לַחֹדֶשׁ מִקְרָא קֹדֶשׁ יִהְיֶה לָכֶם כָּל מְלֶאכֶת עֲבֹדָה לֹא תַעֲשׂוּ יוֹם תְּרוּעָה יִהְיֶה לָכֶם: [במדבר כט, א]

ליקוטי רש"י

מדברא. שדה [קידושין פא:].

בִּרְכַּת הַלֶּחֶם שֶׁל מַצָּה – With regard to **the blessing of bread** that is part **of** the recital made before eating **the** Passover **matzah,**[1] וּבִרְכַּת הַיַּיִן שֶׁל קִידּוּשׁ הַיּוֹם – **and the blessing of wine** that is part **of the Sanctification of the** Sabbath or Festival **Day,**[2] מַהוּ – **what is [the law]?** כֵּיוָן דְּחוֹבָה הוּא – Do we say that **since [the eating of matzah or the recital of Kiddush] is an obligation** upon the person, מַפִּיק – **[one Jew] can fulfill** another's obligation to recite these blessings of enjoyment, even if he already fulfilled his own obligation?[3] אוֹ דִלְמָא – **Or perhaps** בְּרָכָה לָאו חוֹבָה הִיא – each **blessing** of enjoyment **is not** inherently **an obligation** of its respective mitzvah,[4] and so he may not recite it for another. – ? –

The Gemara answers the query:

תָּא שְׁמַע – **Come, hear** a proof from the following incident: דְּאָמַר רַב אָשֵׁי – **For Rav Ashi said:** כִּי הֲוֵינַן בֵּי רַב פַּפִּי – **When we were at Rav Pappi's house,** הֲוָה מְקַדֵּשׁ לַן – **he would recite Kiddush for us,** וְכִי הֲוָה אָתֵי אֲרִיסֵיהּ מִדַּבְרָא – **and when** afterward **his sharecroppers would come** in **from outside,** הֲוָה מְקַדֵּשׁ לְהוּ – **he would recite Kiddush for them.**[5]

The Gemara adduces support for the ruling of Ahavah the son of R' Zeira:

תָּנוּ רַבָּנָן – **The Rabbis taught** in a Baraisa: לֹא יִפְרוֹס אָדָם פְּרוּסָה לָאוֹרְחִין – A PERSON MAY NOT BREAK OFF A PIECE of bread FOR GUESTS[6] אֶלָּא אִם כֵּן אוֹכֵל עִמָּהֶם – UNLESS HE IS EATING WITH THEM.[7] אֲבָל פּוֹרֵס הוּא לְבָנָיו וְלִבְנֵי בֵיתוֹ – HOWEVER, HE MAY BREAK bread FOR HIS CHILDREN AND other young MEMBERS OF HIS HOUSEHOLD[8] כְּדֵי לְחַנְּכָן בְּמִצְוֹת – IN ORDER TO TRAIN THEM IN the performance of THE COMMANDMENTS.[9] וּבְהַלֵּל וּבִמְגִילָּה – AND CONCERNING *HALLEL* AND MEGILLAH,[10] אַף עַל פִּי שֶׁיָּצָא – EVEN THOUGH ONE HAS FULFILLED his own obligation, מוֹצִיא – HE CAN DISCHARGE the obligations of others.[11]

הדרן עלך ראוהו בית דין

WE SHALL RETURN TO YOU, RA'UHU BEIS DIN

NOTES

1. Two blessings are recited before one eats matzah on the first night of Pesach. The first, עַל אֲכִילַת מַצָּה, ... *regarding eating the matzah*, is a בִּרְכַּת הַמִּצְוָה, *a blessing of a mitzvah*, and it declares that we eat the matzah because we are commanded to do so. One may recite this blessing for others even if he has already fulfilled the mitzvah. The second blessing is the ordinary blessing of enjoyment, הַמּוֹצִיא, ... *Who brings forth bread* etc., since we invariably derive pleasure when we eat the matzah (see *Ritva, Rashi*).

2. *Kiddush* is the blessing that sanctifies the Sabbath or festival. One may recite it for others even if he has already performed that mitzvah. Since the Rabbis mandated that Kiddush be recited over a cup of wine, the ordinary הַגָּפֶן blessing (... *Who creates the fruit of the vine*) is made just prior to Kiddush, for one will derive pleasure when he or another drinks the wine (see *Ritva, Rashi*). [The Gemara's query concerns the Kiddush recited during the day as well as at night (*Orach Chaim* 167:20; see *Mishnah Berurah* there §96; see *Yom Teruah* here).

3. I.e. do we say that since eating matzah or reciting Kiddush over wine is obligatory, and since these two mitzvos perforce involve deriving pleasure and one may not derive pleasure without first reciting the appropriate blessing of enjoyment, the two blessings of enjoyment discussed here are considered mandatory (*Rashi*) [and because of this the two blessings become blessings of their respective mitzvos (*Ritva*)]. Hence, even one who has already performed the mitzvah may recite them for another.

4. Because it is recited in all situations where one wishes to partake of that particular pleasure (*Rashi*; see *Ritva*).

5. The sharecroppers had finished their work late Friday afternoon (or in the late afternoon of a festival eve) and had entered the house after nightfall (*Hagahos Yavetz*). Although Rav Pappi had already recited Kiddush for himself and Rav Ashi's party, he recited it again for the workers (see *Sifsei Chachamim*). Thus, we see that one may recite for another the enjoyment blessing for wine (הַגָּפֶן) – and, by extension, the enjoyment blessing for matzah (הַמּוֹצִיא) [*Rabbeinu Chananel*] – even though he already recited them for himself.

6. I.e. and recite the הַמּוֹצִיא blessing for them. [It was customary for the host to recite "*Hamotzi*" over a large loaf and distribute pieces from it to his guests, because he will give generous portions (*Berachos* 46a).]

7. Since "*Hamotzi*" is an ordinary blessing of enjoyment and is discretionary (*Rashi*), the host cannot recite it for his guests if he himself is not now obligated to do so (i.e. if he does not intend to eat). [This rule applies even on the Sabbath, when there is an obligation to eat bread (*Orach Chaim* 167:20; see *Mishnah Berurah* there §94 for the reason).] This statement of the Baraisa, then, corroborates Ahavah's ruling (above, 29a), that one cannot recite a blessing of enjoyment for another unless he is obligated to recite it for himself.

8. I.e. he may do so for young children from other families, whom he is not obligated to train, and certainly for his own children (*Orach Chaim* 167:19 and *Mishnah Berurah* §93). See *Yom Teruah*.

9. Reciting a blessing unnecessarily (as in the Baraisa's first case, where the head of the household is not eating) is Rabbinically forbidden [for it is a gratuitous mention of God's Name]. However, the Rabbis did permit it here, so that the children can be trained to recite the blessings properly (*Ritva*). According to others, the prohibition against unnecessary blessings is Biblical (see *Magen Avrohom*, *Orach Chaim* §215:6, where he discusses a dispute among Rishonim regarding this). Nevertheless, just as the Rabbis properly required blessings (בִּרְכוֹת הַמִּצְוֹת) to be said over their own Rabbinic commandments [even though these blessings are unnecessary in the perspective of Biblical law], so they properly allow the recital of blessings for the fulfillment of their commandment regarding the training of children (*Aruch LaNer*).

10. *Shaagas Aryeh* §13 explains that the Baraisa speaks of the recital of *Hallel* and the Megillah themselves, and not of their blessings. See *Orach Chaim* 692:3 and *Be'er HaGolah* there §6, and *Mishnah Berurah* §10.

11. Although the *Hallel* and Megillah recitals are only Rabbinically ordained, they are absolute (i.e. nondiscretionary) obligations. For that reason one may recite them for others even though he has already performed the mitzvah (see *Yom Teruah*).

The implication of our *sugya* is that regarding Biblical mitzvos one may cause another to fulfill the mitzvah even though he himself has done so. Hence, even if one has fulfilled the mitzvah of shofar, he can blow for others. [However, *Shaagas Aryeh* §13 cites *Bahag,* who rules that one who has fulfilled a Biblical mitzvah *cannot* cause others to do so, and his proof is that the Baraisa mentions only *Hallel* and Megillah, which are Rabbinic in origin. *Shaagas Aryeh* finds support for *Bahag's* opinion also in *Rashi* ד״ה מהו, where *Rashi* mentions the Rabbinic Yom Tov Kiddush (...מְקַדֵּשׁ יִשְׂרָאֵל) rather than the Biblical Sabbath Kiddush (מְקַדֵּשׁ הַשַּׁבָּת); see there at length.]

ברכת הלחם של מצה וברכת היין של קידוש היום מהו כיון דחובה הוא מפיק או דלמא ברכה לאו חובה היא ת"ש [א]דאמר רב אשי כי הוינן בי רב פפי הוה מקדש לן וכי הוה אתי אריסיה מדברא הוה מקדש להו ת"ר [ב]לא יפרוס אדם פרוסה לאורחין אלא אם כן אוכל עמהם [ג]אבל פורס הוא לבניו ולבני ביתו כדי לחנכן במצות ובהלל [ד]ובמגילה אף על פי שיצא מוציא:

הדרן עלך ראוהו בית דין

יום טוב [ה]של ר"ה שחל להיות בשבת במקדש היו תוקעין אבל לא במדינה משחרב בהמ"ק התקין רבן יוחנן בן זכאי [ו]שיהו תוקעין בכל מקום שיש בו ב"ד אמר רבי אלעזר לא התקין רבן יוחנן בן זכאי אלא ביבנה בלבד אמרו לו אחד יבנה ואחד כל מקום שיש בו בית דין ועוד זאת היתה ירושלים יתירה על יבנה [ז]שכל עיר שהיא רואה ושומעת וקרובה ויכולה לבוא תוקעין וביבנה לא היו תוקעין אלא בב"ד בלבד: **גמ'** מנה"מ אמר רבי לוי בר לחמא אמר רבי חמא בר חנינא כתוב אחד אומר א) שבתון זכרון תרועה וכתוב אחד אומר ב) יום תרועה יהיה לכם לא קשיא כאן ביו"ט שחל להיות בשבת כאן ביום טוב שחל להיות בחול אמר רבא אי מדאורייתא היא במקדש היכי תקעינן ועוד (א) הא לאו מלאכה היא דאיצטריך קרא למעוטי דתנא דבי שמואל ב) כל מלאכת עבודה לא תעשו יצתה [ח]תקיעת שופר [ח]ורדיית הפת שהיא חכמה ואינה מלאכה אלא אמר רבא מדאורייתא מישרא שרי ורבנן הוא דגזור ביה כדרבה דאמר רבה [ט]הכל חייבין בתקיעת שופר ואין הכל בקיעין בתקיעת שופר גזירה ג) שמא יטלנו בידו וילך אצל הבקי ללמוד ויעבירנו ד' אמות ברה"ר והיינו טעמא דלולב והיינו טעמא דמגילה: משחרב בהמ"ק התקין רבי יוחנן בן זכאי כו': תנו רבנן פעם אחת חל ראש השנה להיות בשבת ג) [והיו כל הערים מתכנסין] אמר להם רבן יוחנן בן זכאי לבני בתירה נתקע אמרו לו נדון אמר להם נתקע ואחר כך נדון לאחר שתקעו אמרו לו נדון אמר להם כבר נשמעה קרן ביבנה ואין משיבין לאחר מעשה: אמר רבי אלעזר לא התקין רבן יוחנן בן זכאי אלא ביבנה בלבד אמרו לו אחד יבנה ואחד כל מקום שיש בו ב"ד: אמרו לו היינו ת"ק איכא בינייהו בי דינא דאקראי: אמרו לו אחד יבנה ואחד כל מקום שיש בו ב"ד: אמר רב הונא

ועם

רש"י

ברכת הלחם. של אכילת מצה שמברכין (ד) לפני) המוציא: **וברכת היין.** שמברכין לפני קידוש: **מהו.** על אכילת מצה ומקדש ישראל לא תיבעי לך דחובה נינהו ומפיק אלא ברכת המוציא וברכת היין מיבעיא לן שאין באות אלא לפי שהמברך צריך שיטעום ואי אפשר ליהנות בלא ברכה אי נמי לא טעים איהו אי אפשר דלא יהיב ליה לחד מינייהו למטעם ובעי ברכה מאי: **כיון דחובה היא.** אכילת מצה חובה עליו וכן קידוש היום חובה עליו ואי אפשר בלא הנאה והנאה אי אפשר בלא ברכה נמצאת המצוה תלויה בברכת הנאה ומפיק: **או דלמא.** ברכת הנאה לאו חובה למצוה אתיא שאף בכל ההויות היא נוהגת: **לא יפרוס.** ברכת המוציא דאמרינן לעיל שאינה חובה עליהם לא יאכלו ולא יברכו:

הדרן עלך ראוהו בית דין

יום טוב של ראש השנה שחל להיות בשבת במקדש היו תוקעין. בגמרא מפרש לה: **אבל לא במדינה.** לא בירושלים ולא בגבולין: **אלא ביבנה.** שהיתה שם סנהדרי גדולה בימיו וכן בכל מקום שגלתה סנהדרין אבל לא בבית דין של עשרים ושלשה: **ועוד זאת היתה ירושלים.** בעודה בבנינה יתירה בתקיעת שבת על יבנה: **שכל עיר שרואה.** את ירושלים: **ושומעת ויכולה לבא כו'.** מפרש בגמרא מאי תנא דקאמר ועוד: **גמ' זכרון תרועה.** ולא תרועה ממש אלא מקראות של תרועה יאמרו: **מלאכה היא.** בתמיה: **גזירה שמא יטלנו וכו'.** ובמקדש לא גזור דאין איסור שבות דרבנן במקדש: (ג) **והיו כל הערים.** שסביבות יבנה: **מתכנסים.** לשם לשמוע תקיעה משלוחי בית דין לפי שהיו רגילין כן בירושלים: **בני בתירה.** גדולי הדור היו: **נדון.** אם יש לגזור אף במקום בית דין שמא יטלנו: **ואין משיבין לאחר מעשה.** גנאי הוא שנולד לעז טועים על עלמינו: **בית דין דאקראי.** לתנא קמא תקעינן ותנא דאמרו לו סבר אחד יבנה ואחד כל מקום שיש בו בית דין קבוע דומיא דיבנה:

ועם

תוספות

ברכת הלחם. דמלה וברכת היין דקידוש מבעיא ליה דוקא מהו כיון ה) דלא הנאותן הן:

הדרן עלך ראוהו בית דין

אבל לא במדינה. לא בירושלים ולא בגבולים כדפירש בקונטרס והא דקתני כל עיר שרואה ושומעת תוקעין בה היינו לאחר חורבן שתיקן רבן יוחנן בן זכאי וא"ת ומ"ש מלולב שהיה ניטל אפילו בגבולין בזמן שבהמ"ק קיים כדמשמע בלולב (הגזול) [וערבה] (סוכה ד' מג. ושם) שהיו מוליכין לולביהן לבהכ"נ וי"ל דשאני לולב שאינו אלא טלטול בעלמא הואיל ואשתרי במקדש לא החמירו במדינה אבל תקיעת שופר מעשה חכמה ומיהו קשיא דלאחר חורבן הבית הקילו טפי בשופר מבלולב שתיקן רבן יוחנן בן זכאי שיהו תוקעין בכל מקום שיש ב"ד אבל לולב לא אשתרי כדמשמע התם דמוקי לה ההיא דמוליכין לולביהן בזמן בית המקדש ובגבולין משמע דבזמן שאין בית המקדש קיים לא הותר בשום מקום וי"ל דשופר שהוא להעלות זכרוניהם של ישראל לאביהן שבשמים לא רצו לבטל לגמרי וכיון דתקון בחד ב"ד תקון בכל מקום שיש ב"ד אע"פ שבזמן הבית לא היה אלא במקדש דוקא ועוד י"ל דבדין הוא דלולב יהיה דוחה בגבולין יותר משופר שבראש השנה לא היה ידוע קביעות החדש אלא בירושלים אבל יום ראשון דלולב היה ידוע בגבולין:

הא לאו מלאכה היא דאיצטריך כו'. קשיא אדרבה אי מלאכה לא איצטריך קרא דהא ו) מכל מלאכה לא תעשו נפקא ומשום דלאו מלאכה היא איצטריך קרא ונראה לי דאי לאו מלאכה היא הא פשיטא דליכא למיסרה אבל אי מלאכה היא איצטריך קרא סלקא דעתך אמינא תשתרי משום דכתיב יום תרועה יהיה לכם ואפילו בשבת ולהכי איצטריך קרא למיסרה ויום תרועה מוקי לה בחול:

כל מלאכת עבודה לא תעשו. ביו"ט כתיב והוה מצי לאתויי ו) כל מלאכה לא תעשו דאף ביום שבת לא איתסר אע"ג דלא כתיב ביה עבודה ז): **רדיית** הפת. פירש רבינו חננאל רדייה דהכא לאחר אפייה ושרי לכתחילה ורדייה דריש מסכת שבת (דף ג:) דהתירו לו לרדות קודם שיבא לידי אפייה דאיסור סקילה או לא התירו דמשמע דאסור מדרבנן ברודה הפת בעוד שהיא עיסה דהוא כעין לש שמרככה כשרודהו בידו ובתנור דחק דהך דהכא נמי לא שריא אלא מדאורייתא כדמוכח בפרק כל כתבי (שבת דף קיז:) גבי מציל פת מן התנור שמציל מזון שלשה סעודות דקאמר כשהוא רודה לא ירדה במרדה אלא בסכין וכן תקיעת שופר אסור מדרבנן כדמוכח בפ' כסוי הדם (חולין דף פד:) דקאמרינן תקיעת שופר בגבולין הוכיח שספיקה דוחה יו"ט ואין ודאה דוחה שבת ואפילו הכי לא היו אוסרין אי לאו משום דרבה שמא יעבירנו ח): **שמא** יטלנו ויעבירנו ארבע אמות. הא דלא נקט שמא יוליכנו מרשות היחיד לרשות הרבים פי' בקונט' בסוכה (דף מג.) משום דלא פסיקא דאם הגביהו על מנת להצניעו ונמלך והוליכו פטור וקשיא דגבי העברת ד' אמות נמי לא מיחייב אלא א"כ הגביהו על מנת להעבירו ד' אמות ונראה דמרשות היחיד לר"ה לא איירי דאית ליה הכירא וליכא למיגזר אבל ברשות הרבים זימנין דלאו אדעתיה ומעביר ארבע אמות: [ועיין תוספות מגילה ד: ותוס' סוכה מג. ותוספות ביצה יא.]

וביבנה

עין משפט נר מצוה

נז א ב מיי' פ"א מהל' ברכות הלכה י סמג עשין כז טור ש"ע א"ח סי' קסז סעיף כ וסי' רעג סעיף ד וסימן תפד סעיף א:
נח ג טוש"ע שם סי' קסז סעיף יט:
נט ד טוש"ע שם סי' תרצב סעיף ג:
א ה מיי' פ"ב מהלכות שופר הלכה ו סמג עשין מה טור ש"ע א"ח סימן תקפח סעיף ה:
ב ו ז מיי' שם הלכה ח והלכה ט:
ג ח מיי' פכ"ג מהלכות שבת הלכה א:
ד ט מיי' פ"ב מהלכות שופר הלכה ו:

רבינו חננאל

מוציא. א"ר אילא שאני בברכת המזון דכתיב ואכלת ושבעת וברכת מי שאכל הוא יברך. בעי רחבא ברכת הלחם של מצה שצריך לברך המוציא ועל אכילת מצה. וברכת היין של קדוש היום שצריך לברך ברכת היין וברכת קדוש היום מהו מי אמרינן כיון דחובה היא מפיק או דלמא ברכה לאו חובה היא. ופשטי לה מהא דאמר רב אשי כי הוינן בי רב פפי הוה מקדש לן וכי הוו אתו אריסיה מדברא הוה מקדש להו שמעינן מינה שאע"פ שיצא מוציא וה"ה לברכת הלחם של מצה: ת"ר לא יפרוס אדם פרוסה לאורחין אא"כ אוכל עמהן אבל פורס לבניו ולבני ביתו כדי לחנכן במצות בהלל ובמגילה אע"פ שיצא מוציא פשוטה היא:

הדרן עלך ראוהו בית דין

יו"ט של ראש השנה שחל להיות בשבת במקדש היו תוקעין אבל לא במדינה משחרב בהמ"ק התקין ריב"ז כו' אוקמה רבא דמדאורייתא אפילו בגבולין שרי למתקע ביו"ט של ר"ה שחל להיות בשבת דהא תנן דבי ר' ישמעאל כל מלאכת עבודה לא תעשו יצא תקיעת שופר ורדיית הפת שהיא חכמה ואינה מלאכה ומפני מה אסורה גזירה שמא יטלנה מי שאינו בקי וילך אצל בקי ללמוד ויעביר השופר ד' אמות לרה"ר והיינו טעמא דלולב והיינו טעמא דמגילה. ת"ר פעם אחת שחל ר"ה להיות בשבת. אריב"ז לבני בתירה נתקע אמרו ליה נדון אמר להו נתקע ואח"כ נדון. לאחר שתקעו אמרו לו נדון אמר להו כבר נשמעה קרן ביבנה ואין משיבין אחר מעשה: **מתני'** אמרו לו אחד יבנה ואחד כל מקום שיש בו בית דין גם הת"ק כך אמר התקין ריב"ז שיהו תוקעין בכל מקום שיש בו ב"ד ופרקינן איכא בינייהו בי דינא דאיקראי כלומר מקום שאין שם חכמים קבועין לב"ד ועכשיו נזדמן לחכמים ב"ד ובאו שם עוברי דרך. ת"ק סבר אין תוקעין ותנא דאמרו לו סבר תוקעין דגרסינן בגמרא דהמוכר פירות לחבירו ולא צימחו (דף צג ע"א) כל תנא בתרא לטפויי מלתא אתי לפיכך אמרנו כי התנא דאמרו לו דהוא תנא בתרא אית ליה בי דינא דאקראי. כל מקום שיש בו ב"ד. אמר רב הונא

ועם

מסורת הש"ס

א) שבת קיז: קלא., ב) [פסחים סט. ביצה יז:] סוכה מג: מגילה ד., ג) ס"א, ד) [צ"ל לפניה], ה) כ"א דלהנאתן, ו) [אולי צ"ל לא תעשה כל מלאכה שמות כן], ז) [ועי' תוס' שבת קיז: ד"ה והתנא], ח) [ועי' תוס' שבת ג: ד"ה התירו וכו' ועי' בערוך ערך רד ד].

הגהות הב"ח

(א) גמ' במקדש היכי תקעינן ועוד (הא לאו) תא"מ ונ"ב בפי' רש"י משמע דלא גרסינן להו אלא ה"ג ועוד מלאכה היא פי' בתמיה: (ב) רש"י ד"ה גזירה שמא כו' במקדש הס"ד ואח"כ צ"ל ד"ה בני בתירה כו' וד"ה נדון וכו' שמא יטלנו הס"ד ואח"כ מה"ד כבר נשמעה קרן ביבנה שהיו כל הערים שסביבות יבנה מתכנסים לשם כו' בירושלים הס"ד ואח"כ מה"ד ואין משיבין:

תורה אור השלם

א) דַּבֵּר אֶל בְּנֵי יִשְׂרָאֵל לֵאמֹר בַּחֹדֶשׁ הַשְּׁבִיעִי בְּאֶחָד לַחֹדֶשׁ יִהְיֶה לָכֶם שַׁבָּתוֹן זִכְרוֹן תְּרוּעָה מִקְרָא קֹדֶשׁ: [ויקרא כג, כד]

ב) וּבַחֹדֶשׁ הַשְּׁבִיעִי בְּאֶחָד לַחֹדֶשׁ מִקְרָא קֹדֶשׁ יִהְיֶה לָכֶם כָּל מְלֶאכֶת עֲבֹדָה לֹא תַעֲשׂוּ יוֹם תְּרוּעָה יִהְיֶה לָכֶם: [במדבר כט, א]

ליקוטי רש"י

מדברא. שדה [קידושין פא:].

Chapter Four

Mishnah The Mishnah discusses the law of shofar blowing when Rosh Hashanah occurs on the Sabbath: יוֹם טוֹב שֶׁל רֹאשׁ הַשָּׁנָה שֶׁחָל לִהְיוֹת בְּשַׁבָּת – **When the Yom Tov of Rosh Hashanah fell on the Sabbath,** בַּמִּקְדָּשׁ הָיוּ תוֹקְעִין – **they would blow** the shofar **in the Temple,** אֲבָל לֹא בַמְּדִינָה – **but not in the provinces.**[1] מִשֶּׁחָרַב בֵּית הַמִּקְדָּשׁ – **After the** Second **Temple was destroyed,** הִתְקִין רַבָּן יוֹחָנָן בֶּן זַכַּאי שֶׁיְּהוּ תוֹקְעִין בְּכָל מָקוֹם שֶׁיֵּשׁ בּוֹ בֵית דִּין – **Rabban Yochanan ben Zakkai instituted that they should blow the shofar wherever there is a *Beis Din*.**[2] אָמַר רַבִּי אֶלְעָזָר – **R' Elazar said:** לֹא הִתְקִין רַבָּן יוֹחָנָן בֶּן זַכַּאי אֶלָּא בְּיַבְנֶה בִּלְבַד – **Rabban Yochanan ben Zakkai instituted** this practice **only in Yavneh.**[3] אָמְרוּ לוֹ – **They said to him:** אֶחָד יַבְנֶה וְאֶחָד כָּל מָקוֹם שֶׁיֵּשׁ בּוֹ בֵית דִּין – He instituted it **both for Yavneh and** for **any** other **place in which there is a *Beis Din*.**[4]

The Mishnah continues:

וְעוֹד זֹאת הָיְתָה יְרוּשָׁלַיִם יְתֵירָה עַל יַבְנֶה – **And in this additional** respect **was Jerusalem superior to Yavneh:**[5] שֶׁכָּל עִיר שֶׁהִיא רוֹאָה – **that any town that could see** Jerusalem, וְשׁוֹמַעַת – **and could hear,** וּקְרוֹבָה – **and was near,** וִיכוֹלָה לָבוֹא – **and could come** to Jerusalem, תּוֹקְעִין – **would blow** the shofar on the Sabbath;[6] וּבְיַבְנֶה לֹא הָיוּ תוֹקְעִין אֶלָּא בְּבֵית דִּין בִּלְבַד – **whereas in Yavneh, they would blow only in the *Beis Din* itself.**[7]

Gemara The Gemara seeks the source for the rule that the shofar is generally not blown on the Sabbath:

מְנָא הָנֵי מִילֵּי – **From where is this matter** derived? אָמַר רַבִּי לֵוִי בַּר לַחְמָא אָמַר רַבִּי חָמָא בַּר חֲנִינָא – **R' Levi bar Lachma said in the name of R' Chama bar Chanina:** כָּתוּב אֶחָד אוֹמֵר ,,שַׁבָּתוֹן זִכְרוֹן תְּרוּעָה'' – There is a Scriptural contradiction regarding Rosh Hashanah. **One verse states: . . . *a rest day, a remembrance of teruah sounding;***[8] וְכָתוּב אֶחָד אוֹמֵר ,,יוֹם תְּרוּעָה יִהְיֶה לָכֶם'' – **and another verse states: *a day of teruah sounding shall it be for you.***[9] The first verse implies that the shofar must merely be remembered, whereas the latter one states that it must actually be sounded! לֹא קַשְׁיָא – Perforce, we must say that this is **not a difficulty.** כָּאן בְּיוֹם טוֹב שֶׁחָל לִהְיוֹת בְּשַׁבָּת – **Here,** in the first verse, the Torah refers to a year **when the Yom Tov** of Rosh Hashanah **falls on the Sabbath,** כָּאן בְּיוֹם טוֹב שֶׁחָל לִהְיוֹת בְּחוֹל – whereas **there,** in the second verse, it refers to a year **when the Yom Tov falls on a weekday.** Thus, on a weekday we are commanded to sound the shofar, but on the Sabbath we are commanded to merely commemorate it.[10]

NOTES

1. They would not blow it anywhere outside the Temple – neither in Jerusalem nor in any other part of the country (*Rashi*; see *Tos. Yom Tov*). [Others explain that the term מִקְדָּשׁ, *Temple*, includes the city of Jerusalem, and *the provinces* are all other cities in Eretz Yisrael (*Rambam, Commentary* and *Hil. Shofar* 2:8). See note 7 for further discussion.]

The Gemara explains that although the Biblical mitzvah of shofar applies even when Rosh Hashanah falls on the Sabbath, the Rabbis decreed that it not be blown outside the Temple lest someone unwittingly desecrate the Sabbath by carrying a shofar in a public domain.

2. I.e. wherever either the court of the Great Sanhedrin (of seventy-one sages) or a minor sanhedrin of twenty-three sages is established (*Rashi*, as understood by *Rosh;* cf. *Ritva,* who apparently had a different version of *Rashi*). [The Great Sanhedrin was the Supreme Court of Israel. It was originally situated in the Chamber of Hewn Stone (לִשְׁכַּת הַגָּזִית) in the Temple complex, but moved to a location within Jerusalem in the waning years of the Temple and, around the time of the Destruction, was forced to leave Jerusalem (see below, 31a-b). Lesser sanhedrin of twenty-three sages were established in all major towns in Eretz Yisrael, and were empowered to adjudicate capital cases. There further existed minor courts of three sages in most towns. These were authorized only to judge civil cases (see *Sanhedrin* 2a-b). According to *Rashi,* the shofar was not blown in a town whose *Beis Din* consisted of only three sages. Others explain that Rabban Yochanan ben Zakkai allowed the shofar to be blown on the Sabbath even in a town that had a *Beis Din* of three sages (*Rif,* as understood by *Milchamos Hashem, Ran* and *Ritva;* see note 24 for further discussion).]

Rabban Yochanan ben Zakkai sought to preserve the shofar blowing on the Sabbath in at least some locations after the destruction of the Temple, since it serves the critical role of conveying our remembrance before God on the Day of Judgment (*Tosafos* ד״ה אבל לא במדינה; see note 16). He therefore instituted that it be blown wherever there is a *Beis Din,* relying on the sages of the *Beis Din* to ensure that no desecration of the Sabbath would occur (*Rambam, Hil. Shofar* 2:9; *Ritva*).

3. Which is where the Great Sanhedrin sat in his times. R' Elazar's view is that Rabban Yochanan ben Zakkai allowed the blowing of the shofar on the Sabbath only in the location of the Great Sanhedrin, but not in places where there was a lesser *Beis Din* of twenty-three sages. At the time of the Destruction, the Sanhedrin was exiled from Jerusalem to Yavneh (see below, end of 31a). Later, when the Sanhedrin was repeatedly forced to relocate (ibid.), the shofar blowing was permitted in each of its new locations on the Sabbath (*Rashi*).

4. Even if the *Beis Din* is a lesser one than the Great Sanhedrin. The Gemara wonders why this apparent repetition of the Tanna Kamma's opinion is needed.

5. I.e. there was an additional aspect of the Sabbath shofar blowing in which Jerusalem, before its destruction, was superior to Yavneh [and other places where the blowing was permitted] (*Rashi*).

The Mishnah's language is problematic, since it did not previously mention any aspect in which Jerusalem was superior to Yavneh. What is the meaning of "And in this *additional* respect was Jerusalem superior"? The Gemara (30a) discusses this matter.

6. Any town that met all of these conditions was viewed as being within the environs of Jerusalem, and its inhabitants were also allowed to blow the shofar on the Sabbath (*Meiri*). The Gemara (30a) clarifies these conditions.

7. As stated in note 5, *Rashi* explains the latter clause as stating that the shofar was blown everywhere in the environs of Jerusalem *before the Destruction.* This seems contradictory to the Mishnah's first clause, which according to *Rashi* (see note 1) teaches that the shofar was blown only in the Temple! *Ritva* and *Maharsha* explain that the first clause refers to the period when the Sanhedrin was stationed in the Chamber of Hewn Stone, whereas the latter clause deals with the period shortly before the Destruction when the Sanhedrin relocated from the Temple complex to new quarters in the city of Jerusalem (see note 2). As long as the Sanhedrin was located in the Temple complex, the blowing was permitted only there, but once the Sanhedrin moved out to Jerusalem, the blowing became permitted throughout the city and its environs. For alternative explanations, see *Ramban's Derashah for Rosh Hashanah* (published in *Kisvei Ramban, MHK* ed., vol. I p. 244, and reprinted in some editions of *Chidushei Ramban*), *Tos. Yom Tov, Pnei Yehoshua* and *Turei Even.* See also *Rambam, Commentary,* who understands the Mishnah differently, and *Tosafos* ד״ה אבל.

8. *Leviticus* 23:24. The verse implies that the shofar is not sounded on Rosh Hashanah, but is *remembered* through the recitation of verses that speak of shofar blasts (*Rashi*).

9. *Numbers* 29:1. This verse indicates that the shofar is actually blown on that day (see *Yom Teruah* and *Turei Even*).

10. [Since many activities are prohibited on the Sabbath, it is logical to interpret the verse which prescribes a mere shofar *remembrance* as referring to the Sabbath. The verse alludes that the actual blowing is prohibited on the Sabbath.] According to R' Levi bar Lachma, *Biblical* law provides that the shofar be blown only on a weekday and not on the Sabbath. See *Yom Teruah* for elaboration of this view.

ברכת הלחם של מצה וברכת היין של קידוש היום מהו כיון דחובה הוא מפיק או דלמא ברכה לאו חובה היא ת"ש [א]דאמר רב אשי כי הוינן בי רב פפי הוה מקדש לן וכי הוה אתי אריסיה מדברא הוה מקדש להו ת"ר [ב]לא יפרוס אדם פרוסה לאורחין אלא אם כן אוכל עמהם [ג]אבל פורס הוא לבניו ולבני ביתו כדי לחנכן במצות ובהלל [ד]ובמגילה אף על פי שיצא מוציא:

הדרן עלך ראוהו בית דין

יום טוב [ה]של ר"ה שחל להיות בשבת במקדש היו תוקעין אבל לא במדינה משחרב בהמ"ק התקין רבן יוחנן בן זכאי [ו]שיהו תוקעין בכל מקום שיש בו ב"ד אמר רבי אלעזר לא התקין רבן יוחנן בן זכאי אלא ביבנה בלבד אמרו לו אחד יבנה ואחד כל מקום שיש בו בית דין ועוד זאת היתה ירושלים יתירה על יבנה [ז]שכל עיר שהיא רואה ושומעת וקרובה ויכולה לבוא תוקעין וביבנה לא היו תוקעין אלא בב"ד בלבד: **גמ'** מנה"מ אמר רבי לוי בר לחמא אמר רבי חמא בר חנינא כתוב אחד אומר [א]שבתון זכרון תרועה וכתוב אחד אומר [ב]יום תרועה יהיה לכם לא קשיא כאן ביו"ט שחל להיות בשבת כאן ביום טוב שחל להיות בחול אמר רבא אי מדאורייתא היא במקדש היכי תקעינן ועוד (א) הא לאו מלאכה היא דאיצטריך קרא למעוטי דתנא דבי שמואל [ב]כל מלאכת עבודה לא תעשו יצתה [ו]תקיעת שופר [ח]ורדיית הפת שהיא חכמה ואינה מלאכה אלא אמר רבא מדאורייתא מישרא שרי ורבנן הוא דגזור ביה כדרבה דאמר רבה [ט]הכל חייבין בתקיעת שופר ואין הכל בקיעין בתקיעת שופר גזירה [ג]שמא יטלנו בידו וילך אצל הבקי ללמוד ויעבירנו ד' אמות ברה"ר והיינו טעמא דלולב והיינו טעמא דמגילה: משחרב בהמ"ק התקין רבי יוחנן בן זכאי כו': תנו רבנן פעם אחת חל ראש השנה להיות בשבת [ג][והיו כל הערים מתכנסין] אמר להם רבן יוחנן בן זכאי לבני בתירה נתקע אמרו לו נדון אמר להם נתקע ואחר כך נדון לאחר שתקעו אמרו לו נדון אמר להם כבר נשמעה קרן ביבנה ואין משיבין לאחר מעשה: אמר רבי אלעזר לא התקין רבן יוחנן בן זכאי אלא ביבנה בלבד אמרו לו אחד יבנה ואחד כל מקום שיש בו ב"ד: אמרו לו היינו ת"ק איכא בינייהו בי דינא דאקראי: אמרו לו אחד יבנה ואחד כל מקום שיש בו ב"ד: אמר רב הונא

ועם

רש"י

ברכת הלחם. של אכילת מלה שמברכין [ד](לפני) המוליא: **וברכת היין.** שמברכין לפני קידוש: **מהו.** על אכילת מלה ומקדש ישראל לא תיבעי לך דחובה נינהו ומפיק אלא ברכת המוליא וברכת היין מיבעיא לן שאין באות אלא לפי שהמברך לריך שיטעום ואי אפשר ליהנות בלא ברכה אי נמי לא טעים איהו אי אפשר דלא יהיב ליה לחד מינייהו למטעם ובעי ברכה מאי: **כיון דחובה היא.** אכילת מלה חובה עליו וכן קידוש היום חובה עליו ואי אפשר שלא בהנאה והנאה אי אפשר בלא ברכה נמלאת המלוה תלויה בברכת הנאה ומפיק: **או דלמא.** ברכת ההנאה לאו חובה למלוה אתיא שאף בכל ההויות היא נוהגת: **לא יפרוס.** ברכת המוליא כדאמרינן לעיל שאינה חובה עליהם לא יאכלו ולא יברכו:

הדרן עלך ראוהו בית דין

יום טוב של ראש השנה שחל להיות בשבת במקדש היו תוקעין. בגמרא מפרש לה: **אבל לא במדינה.** לא בירושלים ולא בגבולין: **אלא ביבנה.** שהיתה שם סנהדרי גדולה בימיו וכן בכל מקום שגלתה סנהדרין אבל לא בבית דין של עשרים ושלשה: **ועוד זאת היתה ירושלים.** בעודה בבנינה יתירה בתקיעת שבת על יבנה: **שכל עיר שרואה.** את ירושלים: **ושומעת ויכולה לבא כו'.** מפרש בגמרא מאי תנא דקאמר ועוד: **גמ' זכרון תרועה.** ולא תרועה ממש אלא מקראות של תרועה יאמרו: **מלאכה היא.** בתמיה: **גזירה שמא יטלנו וכו'.** ובמקדש לא גזור דאין איסור שבות במקדש: (ג) **והיו כל הערים.** שסביבות יבנה: **מתכנסים.** לשם לשמוע תקיעה משלוחי בית דין לפי שהיו רגילין כן בירושלים: **בני בתירה.** גדולי הדור היו: **נדון.** אם יש לגזור אף במקום בית דין שמא יטלנו: **ואין משיבין לאחר מעשה.** גנאי הוא שנראה לעז טועים על עצמינו: **בית דין דאקראי.** לתנא קמא תקעינן ותנא דאמרו לו סבר אחד יבנה ואחד כל מקום שיש בו בית דין קבוע דומיא דיבנה:

ועם

תוספות

ברכת הלחם. דמלה וברכת היין דקידוש מבעיא ליה דוקא מהו כיון [ה]דלא הנאותן הן:

אבל לא במדינה. לא בירושלים ולא בגבולים כדפירש בקונטרס והא דקתני כל עיר שרואה ושומעת תוקעין בה היינו לאחר חורבן שתיקן רבן יוחנן בן זכאי וא"ת ומ"ש מלולב שהיה ניטל אפילו בגבולין בזמן שבהמ"ק קיים כדמשמע בלולב (הגזול) [וערבה] (סוכה ד' מג. ושם) שהיו מוליכין לולביהן לבהכ"נ וי"ל דשאני לולב שאינו אלא טלטול בעלמא הואיל ואשתרי במקדש לא החמירו במדינה אבל תקיעת שופר מעשה חכמה ומיהו קשיא דלאחר חורבן הבית הקילו טפי בשופר מבלולב שתיקן רבן יוחנן בן זכאי שיהו תוקעין בכל מקום שיש ב"ד אבל לולב לא דאשתרי כדמשמע התם דמוקי לה ההיא דמוליכין לולביהן בזמן בית המקדש ובגבולין משמע דבזמן שאין בית המקדש קיים לא הותר בשום מקום וי"ל דשופר שהוא להעלות זכרוניהם של ישראל לאביהן שבשמים לא רצו לבטל לגמרי וכיון דתקון במה ב"ד תקון בכל מקום שיש ב"ד אע"פ שבזמן הבית לא היה אלא במקדש דוקא ועוד י"ל דבדין הוא דלולב יהיה דוחה בגבולין יותר משופר שבראש השנה לא היה ידוע קביעות החדש אלא בירושלים אבל יום ראשון דלולב היה ידוע בגבולין:

הא לאו מלאכה היא דאיצטריך כו'. קשיא אדרבה אי מלאכה לא איצטריך קרא דהא [ו]מכל מלאכה לא תעשו נפקא ומשום דלאו מלאכה היא איצטריך קרא ונראה לי דאי לאו מלאכה היא הא פשיטא דליכא למיסרה אבל אי מלאכה היא איצטריך קרא סלקא דעתך אמינא תשתרי משום דכתיב יום תרועה יהיה לכם ואפילו בשבת ולהכי איצטריך קרא למיסרה ויום תרועה מוקי לה בחול:

כל מלאכת עבודה לא תעשו. בי"ט כתיב והוה מצי למיכתב [ו]כל מלאכה לא תעשו דאף ביום שבת לא איתסר אע"ג דלא כתיב ביה עבודה [ז]: **רדיית** הפת. פירש רבינו חננאל רדייה דהכא לאחר אפייה ושרי לכתחילה ורדייה דריש מסכת שבת (דף ג:) דהתירו לו לרדות קודם שיבא לידי אפייה דאיסור סקילה או לא התירו דמשמע דאסור מדרבנן ברודה הפת בעוד שהיא עיסה דהוא כעין לש שמרככו כשרודהו בידו ובחנם דחק דהך דהכא נמי לא שריא אלא מדאורייתא כדמוכח בפרק כל כתבי (שבת דף קיז:) גבי מציל פת מן התנור שמציל מזון שלשה סעודות דקאמר כשהוא רודה לא ירדה במרדה אלא בסכין וכן תקיעת שופר אסור מדרבנן כדמוכח בפ' כסוי הדם (חולין דף פד:) דקאמרינן תקיעת שופר בגבולין תוכיח שספיקה דוחה יו"ט ואין ודאה דוחה שבת ואפילו הכי לא היו אוסרין אי לאו משום דרבה שמא יעבירנו [ח]: **שמא** יטלנו ויעבירנו ארבע אמות. הא דלא נקט שמא יוציאנו מרשות היחיד לרשות הרבים פי' בקונט' בסוכה (דף מג.) משום דלא פסיקא דאם הגביהו על מנת להצניעו ונמלך והוציאו פטור וקשיא דגבי העברת ד' אמות נמי לא מיחייב אלא א"כ הגביהו על מנת להעבירו ד' אמות ונראה דמרשות היחיד לר"ה אית ליה הכירא וליכא למיגזר אבל ברשות הרבים זימנין דלאו אדעתיה ומעביר ארבע אמות: [ועיין תוספות מגילה ד: ותוס' סוכה מג. ותוספות ביצה יח.]

וביבנה

עין משפט נר מצוה

נז א ב מיי' פ"א מהל' ברכות הלכה י סמג עשין כח טור ש"ע א"ח סי' קסז סעיף כ וסי' רעג סעיף ד וסימן תפד סעיף א:

נח ג טוש"ע שם סי' קסז סעיף יט:

נט ד טוש"ע שם סי' תרלב סעיף ג:

א ה מיי' פ"ב מהלכות שופר הלכה ו סמג עשין מה טור ש"ע א"ח סימן תקפח סעיף ה:

ב ו ז מיי' שם הלכה ח והלכה ט:

ג ח מיי' פכ"ג מהלכות שבת הלכה א:

ד ט מיי' פ"ב מהלכות שופר הלכה ו:

רבינו חננאל

מוציא. א"ר אילא שאני בברכת המזון דכתיב ואכלת ושבעת וברכת מי שאכל הוא יברך. בעי רחבא ברכת הלחם של מצה שצריך לברך המוציא ועל אכילת מצה. וברכת היין של קדוש היום שצריך לברך ברכת היין וברכת קדוש היום מהו מי אמרינן כיון דחובה היא מפיק או דלמא ברכה לאו חובה היא. ופשטי לה מהא דאמר רב אשי כי הוינן בי רב פפי הוה מקדש לן וכי הוו אתו אריסיה מדברא הוה מקדש להו שמעינן מינה שאע"פ שיצא מוציא וה"ה לברכת הלחם של מצה: ת"ר לא יפרוס אדם פרוסה לאורחין אא"כ אוכל עמהן אבל פורס לבניו ולבני ביתו כדי לחנכן במצות בהלל ובמגילה אע"פ שיצא מוציא פשוטה היא:

הדרן עלך ראוהו בית דין

יו"ט של ראש השנה שחל להיות בשבת במקדש היו תוקעין אבל לא במדינה משחרב בהמ"ק התקין ריב"ז כו' אוקמה רבא דמדאורייתא אפילו בגבולין שרי למתקע ביו"ט של ר"ה שחל להיות בשבת דהא תנן דבי ר' ישמעאל כל מלאכת עבודה לא תעשו יצא תקיעת שופר ורדיית הפת שהיא חכמה ואינה מלאכה ומפני מה אסורה גזירה שמא יטלנה מי שאינו בקי וילך אצל בקי ללמוד ויעביר השופר ד' אמות לרה"ר והיינו טעמא דלולב והיינו טעמא דמגילה. ת"ר פעם אחת שחל ר"ה להיות בשבת. אריב"ז לבני בתירה נתקע אמרו ליה נדון אמר להו נתקע ואח"כ נדון. לאחר שתקעו אמרו לו נדון אמר להו כבר נשמעה קרן ביבנה ואין משיבין אחר מעשה: **מתני'** אמרו לו אחד יבנה ואחד כל מקום שיש בו בית דין גם הת"ק כך אמר התקין ריב"ז שיהו תוקעין בכל מקום שיש בו ב"ד ופרקינן איכא בינייהו בי דינא דאיקראי כלומר מקום שאין שם חכמים קבועין לב"ד ועכשיו נזדמן לחכמים ב"ד ובאו שם עוברי דרך. ת"ק סבר אין תוקעין ותנא דאמרו לו סבר תוקעין דגרסינן בגמרא דהמוכר פירות לחבירו ולא צימחו (דף צג ע"א) כל תנא בתרא לטפויי מלתא אתי לפיכך אמרנו כי התנא דאמרו לו דהוא תנא בתרא אית ליה בי דינא דאקראי. כל מקום שיש בו ב"ד. אמר רב הונא ועם

מסורת הש"ס

א) שבת קיז: קלא., ב) [פסחים קטו. ביצה יח:] סוכה מג: מגילה ד:, ג) ס"א, ד) [נ"ל לפניה], ה) נ"א דלהנאתן, ו) [אולי צ"ל לא תעשה כל מלאכה שמות כן], ז) [ועי' תוס' שבת קיז: ד"ה והתנא], ח) [ועי' תוס' שבת ג: ד"ה התירו וכו' ועי' בערוך ערך רד ד].

הגהות הב"ח

(א) גמ' במקדש היכי תקעינן ועוד (הא לאו) תא"מ ונ"ב בפי' רש"י משמע דלא גרסינן להו אלא ה"ג ועוד מלאכה היא פי' בתמיה: (ב) רש"י ד"ה גזירה שמא כו' במקדש הס"ד ואח"כ נ"ל ד"ה בני בתירה כו' וד"ה נדון וכו' שמא יטלנו הס"ד ואח"כ מה"ד כבר נשמעה קרן ביבנה שהיו כל הערים שסביבות יבנה מתכנסים לשם כו' בירושלים הס"ד ואח"כ מה"ד ואין משיבין:

תורה אור השלם

א) דַּבֵּר אֶל בְּנֵי יִשְׂרָאֵל לֵאמֹר בַּחֹדֶשׁ הַשְּׁבִיעִי בְּאֶחָד לַחֹדֶשׁ יִהְיֶה לָכֶם שַׁבָּתוֹן זִכְרוֹן תְּרוּעָה מִקְרָא קֹדֶשׁ: [ויקרא כג, כד]

ב) וּבַחֹדֶשׁ הַשְּׁבִיעִי בְּאֶחָד לַחֹדֶשׁ מִקְרָא קֹדֶשׁ יִהְיֶה לָכֶם כָּל מְלֶאכֶת עֲבֹדָה לֹא תַעֲשׂוּ יוֹם תְּרוּעָה יִהְיֶה לָכֶם: [במדבר כט, א]

ליקוטי רש"י

מדברא. שדה [קידושין פא:].

The Gemara rejects this explanation:

אָמַר רָבָא – **Rava said:** אִי מִדְּאוֹרַיְיתָא הִיא – **If it is under Biblical law** that the shofar blowing is excluded on the Sabbath, בַּמִּקְדָּשׁ הֵיכִי תָּקְעִינַן – **how could they have blown** it **in the Temple?** וְעוֹד – **And furthermore,** הָא לַאו מְלָאכָה הִיא – **this** act of blowing the shofar **is not a** forbidden **labor,** דְּאִצְטְרִיךְ קְרָא לְמַעוּטֵי – **that a verse should be required to exclude** doing it on the Sabbath.[11] דְּתָנָא דְּבֵי שְׁמוּאֵל – **For a Baraisa was taught in the academy of Shmuel:** ,,כָּל־מְלֶאכֶת עֲבֹדָה לֹא תַעֲשׂוּ'' – Scripture states: *YOU SHALL DO NO LABORIOUS WORK.*[12] יָצְתָה תְּקִיעַת שׁוֹפָר – EXCLUDED from this prohibition are THE BLOWING OF A SHOFAR וּרְדִיַּית הַפַּת – AND THE REMOVAL OF BREAD from an oven,[13] שֶׁהִיא חָכְמָה וְאֵינָהּ מְלָאכָה – SINCE [EACH] IS just A SKILL AND is NOT considered creative LABOR.[14] – ? –

The Gemara presents a different explanation:

אֶלָּא אָמַר רָבָא – **Rather, said Rava:** מִדְּאוֹרַיְיתָא מִישְׁרָא שָׁרֵי – **Under Biblical law, it is surely permitted** to blow the shofar on the Sabbath, וְרַבָּנָן הוּא דְּגָזוּר בֵּיהּ – **but it is the Rabbis who decreed against it,** כִּדְרַבָּה – **in accordance with** a dictum **of Rabbah.** דְּאָמַר רַבָּה – **For Rabbah said:** הַכֹּל חַיָּיבִין בִּתְקִיעַת שׁוֹפָר – **Everyone is obligated in the shofar blowing,** וְאֵין הַכֹּל בְּקִיאִין בִּתְקִיעַת שׁוֹפָר – **but not everyone is proficient in shofar blowing.** גְּזֵירָה שֶׁמָּא יִטְּלֶנּוּ בְּיָדוֹ וְיֵלֵךְ אֵצֶל הַבָּקִי לִלְמוֹד – Therefore, the Rabbis issued **a decree** against blowing the shofar on the Sabbath, **lest one take [a shofar] in his hand, and go to an expert to learn** how to blow it, וְיַעֲבִירֶנּוּ אַרְבַּע אַמּוֹת בִּרְשׁוּת הָרַבִּים – **and** inadvertently **transport it four** ***amos*** **through a public domain,** which is a violation of Biblical law.[15] וְהַיְינוּ טַעְמָא דְּלוּלָב – **And this is** also **the reason for** the decree against taking the ***lulav*** on the day of Succos that falls on the Sabbath;[16] וְהַיְינוּ טַעְמָא דִּמְגִילָּה – **and this is** also **the reason for** the decree against reading the **Megillah** on a Purim that falls on the Sabbath.[17]

The Mishnah stated:

מִשֶּׁחָרַב בֵּית הַמִּקְדָּשׁ הִתְקִין רַבָּן יוֹחָנָן בֶּן זַכַּאי וכו׳ – AFTER THE TEMPLE WAS DESTROYED, RABBAN YOCHANAN BEN ZAKKAI INSTITUTED etc. [that they should blow the shofar wherever there is a *Beis Din*].

The Gemara cites a Baraisa that describes how Rabban Yochanan ben Zakkai's institution came into being:

תָּנוּ רַבָּנָן – **The Rabbis taught in a Baraisa:** פַּעַם אַחַת חָל רֹאשׁ הַשָּׁנָה לִהְיוֹת בְּשַׁבָּת – It ONCE occured that ROSH HASHANAH FELL ON THE SABBATH, after the Sanhedrin had been exiled to Yavneh, [וְהָיוּ כָּל הֶעָרִים מִתְכַּנְּסִין] – AND residents of ALL THE surrounding TOWNS GATHERED in Yavneh to hear the blowing of the shofar.[18] אָמַר לָהֶם רַבָּן יוֹחָנָן בֶּן זַכַּאי לִבְנֵי בְתֵירָה – RABBAN YOCHANAN BEN ZAKKAI SAID TO THE SONS OF BESEIRAH:[19] נִתְקַע – LET US BLOW the shofar! אָמְרוּ לוֹ – THEY REPLIED: נָדוּן – LET US first

NOTES

11. This question is somewhat problematic, as logic would seem to dictate that if the shofar blowing was a forbidden labor *no* verse would be needed to exclude it, but since it is not a forbidden labor a verse *is* needed to exclude it! *Tosafos* (ד״ה הא לאו מלאכה היא) therefore explain the question as follows: If blowing a shofar on an ordinary Sabbath was a forbidden labor, it would be necessary for the verse to allude that it remains forbidden even when Rosh Hashanah falls on the Sabbath. Since one might have thought that the verse, *a day of teruah sounding shall it be for you,* refers even to the Sabbath and provides a special dispensation, it would be logical to interpret the verse, *a remembrance of teruah sounding,* as teaching that the general prohibition remains in force. However, since – as shall be demonstrated – shofar blowing is not a forbidden labor, it is illogical to interpret the verse as excluding the Sabbath from the mitzvah of blowing.

[*Rashi* apparently had a variant text here, according to which the Gemara merely asks: וְעוֹד מְלָאכָה הִיא – *And furthermore, is [the blowing of the shofar] a labor?* See *Hagahos HaBach.*]

12. *Numbers* 29:1. [This verse is stated regarding Yom Tov. Our text is precisely repeated in *Shabbos* 131b; however, in *Shabbos* 117b the teaching is presented based on a different source (the academy of R' Yishmael), who cites a verse which is stated in the context of the Sabbath: לֹא־תַעֲשֶׂה כָל־מְלָאכָה, *you shall not do any labor* (*Exodus* 20:10). See *Rashba* and *Tos. HaRosh* here, and *Tosafos* to *Shabbos* 117b ד״ה והתנא.]

13. In Talmudic times, bread was baked by pressing the dough onto the interior wall of a hot oven. Removing the bread from the wall after it was baked without cracking it required a degree of skill.

14. Only activities that are classified as creative "labor" are Biblically prohibited on the Sabbath and festivals. The Baraisa teaches that neither the blowing of the shofar nor the removal of bread are considered creative laborious activities, and therefore, they are not prohibited Biblically (see *Yom Teruah* ד״ה גמרא תנא דבי שמואל; cf. our edition of *Shabbos,* 117b note 22 and 131b note 43). Accordingly, how can you say that the verse *a remembrance of teruah sounding* comes to establish a Biblical restriction against blowing the shofar on the Sabbath?

[There is an opinion that discretionary shofar blowing is *Rabbinically* prohibited on the Sabbath and Yom Tov, due to the skilled effort involved. However, this Rabbinic prohibition certainly does not apply to the blowing that is required on Rosh Hashanah, even when it falls on the Sabbath (*Tosafos* ד״ה רדיית הפת; see also *Tosafos* to *Chullin* 84b ד״ה תקיעת שופר, *Rama, Orach Chaim* 596:1, with *Taz* §2 and 588:5, and *Magen Avraham* §2 and 588:4; cf. *Pnei Yehoshua* to 30a ד״ה בתוס׳ בד״ה וביבנה).]

15. Since he is obligated in the shofar blowing, in his agitation to fulfill the mitzvah he may forget himself and carry the shofar in the public domain (*Rashi* to *Megillah* 4b). [The Rabbis are empowered to suspend positive Biblical commandments for the general preservation of the Torah (*Ritva,* from *Yevamos* 90a-b).]

Since the prohibition against shofar blowing on the Sabbath is a Rabbinic safeguard, it was not applied in the Temple, in keeping with the general rule that אֵין שְׁבוּת בַּמִּקְדָּשׁ, *Rabbinic safeguards do not apply in the Temple* (*Rashi;* see *Pesachim* 65a and *Eruvin* 102b-104b; cf. *Turei Even;* see *Rashi* to *Eruvin* 102b ד״ה מחזירין רטיה and ד״ה כאן וכאן אסור).

[There would seem to be another reason for the decree – namely, that one might inadvertently carry the shofar from a private domain to a public domain, which is also forbidden by Biblical law. However, the Gemara does not consider that concern significant enough to have triggered the decree. People are not likely to make the mistake of carrying from a private domain to a public domain, since the boundary between a private domain and a public one is usually demarcated (*Tosafos* ד״ה שמא; cf. *Rashi* to *Succah* 43a).]

16. The Mishnah and Gemara in *Succah* (42b-44a) teach that the Rabbis forbade taking the *lulav* in hand on the Sabbath that occurs during the festival of Succos, due to the concern that one might take his *lulav* to an expert to learn the laws regarding its waving, and might carry it four *amos* in a public domain.

It is noteworthy that the Rabbis did not provide a dispensation for taking the *lulav* in the presence of a *beis din,* as they did for blowing the shofar. They were more lenient regarding the shofar blowing because of the critical role that the shofar plays in conveying our remembrance before God on the Day of Judgment, as explained in note 2 (*Tosafos* ד״ה אבל לא במדינה; see there for discussion of a further distinction between the laws of shofar and *lulav;* see *Tosafos, Rashba, Ritva* and *Ran* for alternative explanations).

17. The Mishnah in *Megillah* (2a) teaches that when Purim falls on the Sabbath, the Scroll of Esther is read earlier (either Thursday or Friday; see there). The Gemara (ibid. 4b) explains that this rule was instituted out of the concern that one might go to an expert on the Sabbath to learn the reading, and might carry his Megillah four *amos* in a public domain. See *Ritva.*

18. They came with the expectation of hearing the emissaries of the Sanhedrin blow the shofar, as had been the custom in Jerusalem before the Destruction (*Rashi*). [This occurred the first time that Rosh Hashanah fell on the Sabbath after the Destruction (*Sifsei Chachamim*).]

19. Who were leading sages of that generation [after Rabban Yochanan ben Zakkai] (*Rashi*).

ברכת הלחם של מצה וברכת היין של קידוש היום מהו כיון דחובה הוא מפיק או דלמא ברכה לאו חובה היא ת"ש ^א^דאמר רב אשי כי הוינן בי רב פפי הוה מקדש לן וכי הוה אתי אריסיה מדברא הוה מקדש להו ת"ר ^ב^לא יפרוס אדם פרוסה לאורחין אלא אם כן אוכל עמהם ^ג^אבל פורס הוא לבניו ולבני ביתו כדי לחנכן במצות ובהלל ^ד^ובמגילה אף על פי שיצא מוציא:

הדרן עלך ראוהו בית דין

יום טוב ^ה^של ר"ה שחל להיות בשבת במקדש היו תוקעין אבל לא במדינה משחרב בהמ"ק התקין רבן יוחנן בן זכאי ^ו^שיהו תוקעין בכל מקום שיש בו ב"ד אמר רבי אלעזר לא התקין רבן יוחנן בן זכאי אלא ביבנה בלבד אמרו לו אחד יבנה ואחד כל מקום שיש בו בית דין ועוד זאת היתה ירושלים יתירה על יבנה ^ז^שכל עיר שהיא רואה ושומעת וקרובה ויכולה לבוא תוקעין וביבנה לא היו תוקעין אלא בב"ד בלבד: **גמ'** מנה"מ אמר רבי לוי בר לחמא אמר רבי חמא בר חנינא כתוב אחד אומר ^א)^ שבתון זכרון תרועה וכתוב אחד אומר ^ב)^ יום תרועה יהיה לכם לא קשיא כאן ביו"ט שחל להיות בשבת כאן ביום טוב שחל להיות בחול אמר רבא אי מדאורייתא היא במקדש היכי תקעינן ועוד (א) הא לאו מלאכה היא דאצטריך קרא למעוטי דתנא דבי שמואל ^ב)^ כל מלאכת עבודה לא תעשו יצתה ^ח^תקיעת שופר ורדיית הפת שהיא חכמה ואינה מלאכה אלא אמר רבא מדאורייתא מישרא שרי ורבנן הוא דגזור ביה כדרבה דאמר רבה ^ט^הכל חייבין בתקיעת שופר ואין הכל בקיעין בתקיעת שופר גזירה ^ג)^ שמא יטלנו בידו וילך אצל הבקי ללמוד ויעבירנו ד' אמות ברה"ר והיינו טעמא דלולב והיינו טעמא דמגילה: משחרב בהמ"ק התקין רבי יוחנן בן זכאי כו': תנו רבנן פעם אחת חל ראש השנה להיות בשבת ^ג)^ [והיו כל הערים מתכנסין] אמר להם רבן יוחנן בן זכאי לבני בתירה נתקע אמרו לו נדון אמר להם נתקע ואחר כך נדון לאחר שתקעו אמרו לו נדון אמר להם כבר נשמעה קרן ביבנה ואין משיבין לאחר מעשה: אמר רבי אלעזר לא התקין רבן יוחנן בן זכאי אלא ביבנה בלבד אמרו לו אחד יבנה ואחד כל מקום שיש בו ב"ד: אמרו לו היינו ת"ק איכא בינייהו בי דינא דאקראי: אמרו לו אחד יבנה ואחד כל מקום שיש בו ב"ד: אמר רב הונא

ועם

רש"י

ברכת הלחם. של אכילת מצה שמברכין (ז) לפני המוציא: וברכת היין. שמברכין לפני קידוש: מהו. על אכילת מצה ומקדש ישראל לא תיבעי לך דחובה נינהו ומפיק אלא ברכת המוציא וברכת היין מיבעיא לן שאין באות אלא לפי שמהנה לריך שיטעום ואי אפשר ליהנות בלא ברכה אי נמי לא טעים איהו אי אפשר דלא יהיב ליה לחד מינייהו לטעום ובעי ברכה מאי: כיון דחובה היא. אכילת מצה חובה עליו וכן קידוש היום חובה עליו ואי אפשר שלא בהנאה והנאה אי אפשר בלא ברכה נמצאת המצוה תלויה בברכת הנאה ומפיק: או דלמא. ברכת ההנאה לאו חובה למצוה תחילה שאף בכל ההניות היא נוהגת: לא יפרוס. ברכת המוציא כדאמרינן לעיל שאינה חובה עליהם לא יאכלו ולא יברכו:

הדרן עלך ראוהו בית דין

יום טוב של ראש השנה שחל להיות בשבת במקדש היו תוקעין. בגמרא מפרש לה: אבל לא במדינה. לא בירושלים ולא בגבולין: אלא ביבנה. שהיתה שם סנהדרי גדולה בימיו וכן בכל מקום שגלתה סנהדרין אבל לא בבית דין של עשרים ושלשה: ועוד זאת היתה ירושלים. בעודה בבנינה יתירה בתקיעת שבת על יבנה: שכל עיר שרואה. את ירושלים: ושומעת ויכולה לבא כו'. מפרש בגמרא מאי תנא דקאמר ועוד: גמ' זכרון תרועה. ולא תרועה ממש אלא מקראות של תרועה יאמרו: מלאכה היא. בתמיה: גזירה שמא יטלנו וכו'. ובמקדש לא גזור דאין איסור שבות דרבנן במקדש: (ב) והיו כל הערים. שסביבות יבנה: מתכנסים. לשם לשמוע תקיעה משלוחי בית דין לפי שהיו רגילין כן בירושלים: בני בתירה. גדולי הדור היו: נדון. אם יש לגזור אף במקום בית דין שמא יטלנו: ואין משיבין לאחר מעשה. גנאי הוא שנוליא לעז טועים על עצמינו: בית דין דאקראי. לתנא קמא תקעינן ותנא דאמרו לו סבר אחד יבנה ואחד כל מקום שיש בו בית דין קבוע דומיא דיבנה:

תוספות

ברכת הלחם. דמצה וברכת היין דקידוש מבעיא ליה דוקא מהו כיון (ה) דלאו הנאותן הן:

הדרן עלך ראוהו בית דין

אבל לא במדינה. לא בירושלים ולא בגבולים כדפירש בקונטרס והא דקתני כל עיר שרואה ושומעת תוקעין בה היינו לאחר חורבן שתיקן רבן יוחנן בן זכאי וא"ת ומ"ש מלולב שהיה ניטל אפילו בגבולין בזמן שבהמ"ק קיים כדמשמע בלולב (הגזול) [וערבה] (סוכה ד' מג. ושם) שהיו מוליכין לולביהן לבהכ"נ וי"ל דשאני לולב שאינו אלא טלטול בעלמא הואיל ואשתרי במקדש לא החמירו במדינה אבל תקיעת שופר מעשה חכמה ומיהו קשיא דלאחר חורבן הבית הקילו טפי בשופר מבלולב שתיקן רבן יוחנן בן זכאי שיהו תוקעין בכל מקום שיש ב"ד אבל לולב לא אשתרי כדמשמע התם דמוקי לה הסיא דמוליכין לולביהן בזמן בית המקדש ובגבולין משמע דבזמן שאין בית המקדש קיים לא הותר בשום מקום וי"ל דשופר שהוא להעלות זכרוניהם של ישראל לאביהן שבשמים לא רצו לבטל לגמרי וכיון דתקון בחד ב"ד תקון בכל מקום שיש ב"ד אע"פ שבזמן הבית לא היה אלא במקדש דוקא ועוד י"ל דבדין הוא דלולב יהיה דוחה בגבולין יותר משופר שבראש השנה לא היה ידוע קביעות החדש אלא בירושלים אבל יום ראשון דלולב היה ידוע בגבולין:

הא לאו מלאכה היא דאיצטריך כו'. קשיא אדרבה אי מלאכה לא איצטריך קרא דהא ^ו)^ מכל מלאכה לא תעשו נפקא ומשום דלאו מלאכה היא איצטריך קרא ונראה לי דאי לאו מלאכה היא הא פשיטא דליכא למימסרה אבל אי מלאכה היא איצטריך קרא סלקא דעתך אמינא תשתרי משום דכתיב יום תרועה יהיה לכם ואפילו בשבת ולהכי איצטריך קרא למימסרה ויום תרועה מוקי לה בחול:

כל מלאכת עבודה לא תעשו. בי"ט כתיב והוא הדין מלאכה לא תעשו דאף ביום שבת לא איתסר אע"ג דלא כתיב ביה עבודה ^ז)^: **רדיית** הפת. פירש רבינו חננאל רדייה דהכא לאחר אפייה ושרי לכתחילה ורדייה דריש מסכת שבת (דף ג:) דהתירו לו לרדות קודם שיבא לידי אפייה דאיסור סקילה או לא התירו דמשמע דאסור מדרבנן ברודה הפת בעוד שהיא עיסה דהוא כעין לש שמרככו כשרודהו בידו ובתנס דחק דהך דהכא נמי לא שריא אלא מדאורייתא כדמוכח בפרק כל כתבי (שבת דף קיז:) גבי מציל פת מן התנור שמציל מזון שלשה סעודות דקאמר כשהוא רודה לא ירדה במרדה אלא בסכין וכן תקיעת שופר אסור מדרבנן כדמוכח בפ' כסוי הדם (חולין דף פד:) דקאמרינן תקיעת שופר בגבולין תוכיח שספיקה דוחה יו"ט ואין ודאה דוחה שבת ואפילו הכי לא היו אוסרין אי לאו משום דרבה שמא יעבירנו ^ח)^: **שמא** יטלנו ויעבירנו ארבע אמות. הא דלא נקט שמא יוציאנו מרשות היחיד לרשות הרבים פי' בקונט' בסוכה (דף מג.) משום דלא פסיקא דאם הגביהו על מנת להצניעו ונמלך והוציאו פטור וקשיא דגבי העברת ד' אמות נמי לא מיחייב אלא א"כ הגביהו על מנת להעבירו ד' אמות ונראה דמרשות היחיד לר"ה אית ליה הכירא וליכא למיגזר אבל ברשות הרבים זימנין דלאו אדעתיה ומעביר ארבע אמות: [ועיין תוספות מגילה ד: ותוס' סוכה מג. ותוספות ביצה יח.]

וביבנה

עין משפט נר מצוה

נז א ב מיי' פ"א מהל' ברכות הלכה י סמג עשין כח טור ש"ע א"ח סי' קסז סעיף כ וסי' רעג סעיף ד וסימן תפד סעיף א:

נח ג טוש"ע שם סי' קסז סעיף יט:

נט ד טוש"ע שם סי' תרלב סעיף ג:

א ה מיי' פ"ב מהלכות שופר הלכה ו סמג עשין מה טור ש"ע א"ח סימן תקפח סעיף ה:

ב ו ז מיי' שם הלכה ח והלכה ט:

ג ח מיי' פכ"ג מהלכות שבת הלכה א:

ד ט מיי' פ"ב מהלכות שופר הלכה ו:

רבינו חננאל

מוציא. א"ר אילא שאני בברכת המזון דכתיב ואכלת ושבעת וברכת מי שאכל הוא יברך. בעי רחבא ברכת הלחם של מצה שצריך לברך המוציא ועל אכילת מצה. וברכת היין של קדוש היום שצריך לברך ברכת היין וברכת קדוש היום מהו מי אמרינן כיון דחובה היא מפיק או דלמא ברכה לאו חובה היא. ופשטי לה מהא דאמר רב אשי כי הוינן בי רב פפי הוה מקדש לן וכי הוו אתו אריסיה מדברא הוה מקדש להו שמעינן מינה שאע"פ שיצא מוציא וה"ה לברכת הלחם של מצה: ת"ר לא יפרוס אדם פרוסה לאורחין אא"כ אוכל עמהן אבל פורס לבניו ולבני ביתו כדי לחנכן במצות בהלל ובמגילה אע"פ שיצא מוציא פשוטה היא:

הדרן עלך ראוהו בית דין

יו"ט של ראש השנה שחל להיות בשבת במקדש היו תוקעין אבל לא במדינה משחרב בהמ"ק התקין ריב"ז כו' אוקמה רבא דמדאורייתא אפילו בגבולין שרי למתקע ביו"ט של ר"ה שחל להיות בשבת דהא תנן דבי ר' ישמעאל כל מלאכת עבודה לא תעשו יצא תקיעת שופר ורדיית הפת שהיא חכמה ואינה מלאכה ומפני מה אסורה גזירה שמא יטלנו מי שאינו בקי וילך אצל בקי ללמוד ויעביר השופר ד' אמות לרה"ר והיינו טעמא דלולב והיינו טעמא דמגילה. ת"ר פעם אחת חל ר"ה להיות בשבת. אריב"ז לבני בתירה נתקע אמרו ליה נדון אמר להו נתקע ואח"כ נדון. לאחר שתקעו אמרו לו נדון אמר להו כבר נשמעה קרן ביבנה ואין משיבין אחר מעשה. מתני' אמרו לו אחד יבנה ואחד כל מקום שיש בו בית דין גם הת"ק כך אמר התקין ריב"ז שיהו תוקעין בכל מקום שיש בו ב"ד ופרקינן איכא בינייהו בי דינא דאיקראי כלומר מקום שאין שם חכמים קבועין לב"ד ועכשיו נזדמן לחכמים ב"ד ובאו שם עוברי דרך. ת"ק סבר אין תוקעין ותנא דאמרו לו סבר תוקעין דגרסינן בגמרא דהמוכר פירות לחבירו ולא צימחו (דף צג ע"א) כל תנא בתרא לטפויי מלתא אתי לפיכך אמרנו כי התנא דאמרו לו דהוא תנא בתרא אית ליה בי דינא דאקראי. כל מקום שיש בו ב"ד. אמר רב הונא

ועם

מסורת הש"ס

א) שבת קיז: קלא., ב) [פסחים סט. ביצה יז:] סוכה מג: מגילה ד., ג) ס"א, ד) [נ"ל לפניה], ה) נ"א דלהנאתן, ו) [אולי צ"ל לא תעשה כל מלאכה שמות כ], ז) [ועי' תוס' שבת קיז: ד"ה והתנא], ח) [ועי' תוס' שבת ג: ד"ה התירו וכו' ועי' בערוך ערך רד ד].

הגהות הב"ח

(א) גמ' במקדש היכי תקעינן ועוד (הא לאו) תא"מ ונ"ב בפי' רש"י משמע דלא גרסינן להו אלא ה"ג ועוד מלאכה היא פי' בתמיה: (ב) רש"י ד"ה גזירה שמא כו' במקדש הס"ד ואח"כ נ"ל ד"ה בני בתירה כו' וד"ה נדון וכו' שמא יטלנו הס"ד ואח"כ מה"ד כבר נשמעה קרן ביבנה שהיו כל הערים שסביבות יבנה מתכנסים לשם כו' בירושלים הס"ד ואח"כ מה"ד ואין משיבין:

תורה אור השלם

א) דַּבֵּר אֶל בְּנֵי יִשְׂרָאֵל לֵאמֹר בַּחֹדֶשׁ הַשְּׁבִיעִי בְּאֶחָד לַחֹדֶשׁ יִהְיֶה לָכֶם שַׁבָּתוֹן זִכְרוֹן תְּרוּעָה מִקְרָא קֹדֶשׁ: [ויקרא כג, כד]

ב) וּבַחֹדֶשׁ הַשְּׁבִיעִי בְּאֶחָד לַחֹדֶשׁ מִקְרָא קֹדֶשׁ יִהְיֶה לָכֶם כָּל מְלֶאכֶת עֲבֹדָה לֹא תַעֲשׂוּ יוֹם תְּרוּעָה יִהְיֶה לָכֶם: [במדבר כט, א]

ליקוטי רש"י

מדברא. שדה [קידושין פא:].

CONSIDER whether it is proper to do so.[20] אָמַר לָהֶם – [RABBAN YOCHANAN BEN ZAKKAI] SAID TO THEM: נִתְקַע וְאַחַר כָּךְ נָדוּן – LET US first BLOW, AND AFTERWARDS WE WILL CONSIDER whether this practice should continue in the future.[21] לְאַחַר שֶׁתָּקְעוּ – AFTER THEY HAD BLOWN, אָמְרוּ לוֹ – [THE SONS OF BESEIRAH] SAID TO HIM: נָדוּן – LET US now CONSIDER whether this practice should continue. אָמַר לָהֶם – HE SAID TO THEM: כְּבָר נִשְׁמְעָה קֶרֶן בְּיַבְנֶה – THE HORN (i.e. the shofar) HAS ALREADY BEEN HEARD on the Sabbath IN YAVNEH, וְאֵין מְשִׁיבִין לְאַחַר מַעֲשֶׂה – AND ONE SHOULD NOT REFUTE the *Beis Din* AFTER THE DEED HAS BEEN DONE.[22] Thus, Rabban Yochanan ben Zakkai succeeded in instituting the practice of shofar blowing on the Sabbath in *Beis Din,* after the Destruction.[23]

The Mishnah stated further:

אָמַר רַבִּי אֶלְעָזָר לֹא הִתְקִין רַבָּן יוֹחָנָן בֶּן זַכַּאי אֶלָּא בְּיַבְנֶה בִּלְבָד אָמְרוּ לוֹ אֶחָד יַבְנֶה וְאֶחָד כָּל מָקוֹם שֶׁיֵּשׁ בּוֹ בֵּית דִּין – R' ELAZAR SAID: RABBAN YOCHANAN BEN ZAKKAI INSTITUTED this practice ONLY IN YAVNEH. THEY SAID TO HIM: Rabban Yochanan ben Zakkai instituted it BOTH for YAVNEH AND for ANY other PLACE IN WHICH THERE IS A *BEIS DIN.*

The Gemara investigates the significance of the latter opinion: אָמְרוּ לוֹ הַיְינוּ תַּנָּא קַמָּא – The opinion identified as **"They said to him" is the same as** that of **the Tanna Kamma,** who had stated earlier that Rabban Yochanan ben Zakkai instituted the shofar blowing wherever there is a *Beis Din!* Why does the Mishnah repeat this opinion?

The Gemara answers that this is actually a new opinion: אִיכָּא בֵּינַיְיהוּ – **There is** a difference **between them** [i.e. the Tanna Kamma and those who responded to R' Elazar] בֵּי דִינָא דְאַקְרַאי – regarding **a transient *Beis Din.***[24]

The Gemara repeats the opinion of the latter Tannaim, as an introduction to the next discussion:

אָמְרוּ לוֹ אֶחָד יַבְנֶה וְאֶחָד כָּל מָקוֹם שֶׁיֵּשׁ בּוֹ בֵּית דִּין – THEY SAID TO HIM: Rabban Yochanan ben Zakkai instituted it BOTH for YAVNEH AND for ANY other PLACE IN WHICH THERE IS A *BEIS DIN.*

The Gemara discusses the parameters of Rabban Yochanan ben Zakkai's rule:

אָמַר רַב הוּנָא – **Rav Huna said:**

NOTES

20. Perhaps the decree against blowing the shofar on the Sabbath should now be applied even in the location of the Sanhedrin (*Rashi*). [Having been exiled from Jerusalem, the Sanhedrin might not be prominent enough to prevent Sabbath desecration (see following note). Thus, whereas until now the shofar blowing was always performed *somewhere,* even on the Sabbath, this may no longer be possible.]

21. The *Beis Din* in Yavneh had the capacity to prevent Sabbath desecration, and thus, there was certainly a basis to permit the shofar blowing – and fulfill the Biblical mitzvah – that year. The concern was merely that a future *Beis Din* might not be capable of deterring Sabbath desecration. Rabban Yochanan ben Zakkai therefore argued that the blowing should proceed in Yavneh as it had in Jerusalem, and afterwards, the Sages would decide whether in the future the decree against blowing on the Sabbath should be applied even in *Beis Din* (*Aruch LaNer; cf. Turei Even, Sfas Emes;* see *Teshuvos Radvaz* vol. IV §1093 [19]).

22. If we now forbid the shofar blowing on the Sabbath even in *Beis Din,* we will expose ourselves to ridicule, because people will say that our own blowing was done in error. This blow to the dignity of the Sanhedrin must be avoided (*Rashi*). [If a court actually issues an erroneous ruling, it is proper for the court to retract it. In our case, however, the initial ruling was correct and issuing a prohibition now would create the *appearance* of an error. It is therefore preferable to leave the existing rule in place (*Aruch LaNer;* see also *Yom Teruah*).]

23. According to the Tanna Kamma of our Mishnah, Rabban Yochanan set in motion a greater leniency than had existed previously. While the Temple stood, the Biblical mitzvah of blowing was observed on the Sabbath only in the single central location of Jerusalem. Once this central location was abandoned and it was determined that the Sanhedrin would be relied upon to deter Sabbath desecration wherever it might be located, the permit was extended to every town that had a *beis din* (*Tosafos* ד״ה אבל לא במדינה).

Turei Even (ד״ה ורבנן and 29b ד״ה במקדש) asserts that the overriding consideration was not whether the *Beis Din* would be an absolute deterrent to Sabbath desecration. Rather, Rabban Yochanan ben Zakkai noted that the original legislators of the decree chose not to cancel the mitzvah entirely on the Sabbath, but created an exception for Jerusalem. He therefore felt that after the Destruction there should also be an exception, if possible. Since the concern for Sabbath desecration is *minimal* where there is a *Beis Din,* he deemed it proper to allow the shofar blowing on the Sabbath in the seat of a *Beis Din.* [See also *Sfas Emes.*]

24. The Tanna Kamma and those who responded to R' Elazar agree that the shofar is blown on the Sabbath not only in the presence of the Great Sanhedrin, but even in the presence of a lesser court of twenty-three sages (see note 2). However, the Tanna Kamma stated [simply that Rabban Yochanan ben Zakkai's rule pertains *wherever* there is a *Beis Din.* This implies that] the shofar may be blown on the Sabbath even in a place where the *Beis Din* is seated temporarily (e.g. it came for the purpose of settling a dispute and was still there when Rosh Hashanah arrived; *Ritva, Meiri*). Those who responded to R' Elazar, on the other hand, stated that the rule was instituted "both for Yavneh and for any other place in which there is a *Beis Din.*" This implies that the *Beis Din* must be similar to the one in Yavneh in that it is permanently established (*Rashi; cf. Rambam, Commentary to the Mishnah*; see *Yom Teruah*).

[The Rishonim offer various interpretations of the distinction between an "established" and a "transient" *Beis Din.* For example, *Ran* explains that an "established" *Beis Din* consists of twenty-three sages, whereas a "transient" one consists of three sages (cf. *Rambam, Hil. Shofar* 2:9). As stated in note 2, *Rif* seems to permit the shofar blowing in the presence of a *Beis Din* of three judges. Indeed, *Rif's* disciples testified that the shofar was blown in *Rif's* own court when Rosh Hashanah fell on the Sabbath! (see *Ramban, Rosh, Ran, Ritva, Meiri*). This practice, however, was not followed even by his own disciples (*Rosh* §1).]

וְעִם בֵּית דִּין – **And** the blowing must be done **with** ***Beis Din.***

The Gemara clarifies this statement:

מַאי וְעִם בֵּית דִּין – **What is** the meaning of **"with** ***Beis Din*****"?** בִּפְנֵי בֵּית דִּין – It means **in the presence of** ***Beis Din,*** לְאַפּוּקֵי שֶׁלֹּא בִּפְנֵי בֵּית דִּין דְּלָא – and Rav Huna comes **to exclude** blowing **outside the presence of** ***Beis Din,*** **which** may **not** be done.[1]

Rav Huna's assertion is challenged:

מָתִיב רָבָא – **Rava challenged** Rav Huna on the basis of our Mishnah, which states: וְעוֹד זֹאת הָיְתָה יְרוּשָׁלַיִם יְתֵירָה עַל יַבְנֶה וכו׳ – **AND IN THIS ADDITIONAL** respect **WAS JERUSALEM SUPERIOR TO YAVNEH etc.** מַאי וְעוֹד זֹאת – **What is** meant by **"AND IN THIS** ***ADDITIONAL*** respect"? אִילֵימָא כִּדְקָתָנֵי – **If you will say** the meaning is **as the Mishnah teaches** subsequently, i.e. that in Jerusalem the blowing was permitted even in the suburbs, whereas in Yavneh it was not, זֹאת מִיבְּעֵי לֵיהּ – then **[the Mishnah] should have** stated simply **"in this** respect was Jerusalem superior." With the word *additional,* the Mishnah alludes that it left unspoken some other aspect of Jerusalem's superiority. אֶלָּא דִּבִירוּשָׁלַיִם תּוֹקְעִין יְחִידִין – **Rather,** you might say the Mishnah means to allude **that in Jerusalem** even private **individuals could blow** the shofar on the Sabbath, וּבְיַבְנֶה אֵין תּוֹקְעִין יְחִידִין – **whereas in Yavneh** private **individuals could not blow;** rather, only the emissary of the *Beis Din* was permitted to blow. וּבְיַבְנֶה אֵין תּוֹקְעִין יְחִידִין – **But** is it true that **in Yavneh** private **individuals could not blow** the shofar on the Sabbath? וְהָא כִּי אֲתָא רַב יִצְחָק בַּר יוֹסֵף אָמַר – **Why, when Rav Yitzchak bar Yosef came** to Babylonia, **he said:** כִּי מְסַיֵּים שְׁלִיחָא דְצִיבּוּרָא תְּקִיעָה בְּיַבְנֶה – **When the communal emissary** appointed by the *beis din* **finished the** shofar **blowing** on the Sabbath **in Yavneh,** לֹא שָׁמַע אִינִישׁ קָל אוּנֵיהּ מִקָּל תְּקוֹעַיָּא [דִּיחִידָאֵי] – **a person could not hear** any **sound** in **his ear, because of the noise of the** shofar **blasts of** all the private **individuals!**[2] אֶלָּא לָאו – **Rather,** is it **not** evident that the Mishnah means to allude דִּבִירוּשָׁלַיִם תּוֹקְעִין בֵּין בִּזְמַן בֵּית דִּין וּבֵין שֶׁלֹּא בִּזְמַן בֵּית דִּין – **that in Jerusalem they could blow both during the time of the** ***Beis Din*** **session, and outside the time of the** ***Beis Din*** session,[3] וּבְיַבְנֶה בִּזְמַן בֵּית דִּין אִין שֶׁלֹּא בִּזְמַן בֵּית דִּין לֹא – **whereas in Yavneh, during the time of the** ***Beis Din*** session, they could **indeed** blow, **but outside the time of the** ***Beis Din*** session they could **not** blow?[4] הָא בִּזְמַן בֵּית דִּין מִיהָא תּוֹקְעִין – This implies: **But during the time of the** ***Beis Din*** session, **at least, they could blow** the shofar in Yavneh, וַאֲפִילּוּ שֶׁלֹּא בִּפְנֵי בֵּית דִּין – **even outside the presence of the** ***beis din*****!**[5] This contradicts your assertion that the blowing was permitted only in the presence of the *Beis Din.* – ? –

The Gemara rejects Rava's interpretation:

לֹא – **No!** Even in Jerusalem they could blow only while the *Beis Din* was in session.[6] Rather, the Mishnah means to allude דְּאִילּוּ בִּירוּשָׁלַיִם תּוֹקְעִין בֵּין בִּפְנֵי בֵּית דִּין בֵּין שֶׁלֹּא בִּפְנֵי בֵּית דִּין – that **whereas in Jerusalem they could blow** the shofar **both in the presence of the** ***Beis Din*** **and outside the presence of the** ***Beis Din,*** וּבְיַבְנֶה בִּפְנֵי בֵּית דִּין אִין שֶׁלֹּא בִּפְנֵי בֵּית דִּין לֹא – **in Yavneh, in the presence of the** ***Beis Din*** they could **indeed** blow the shofar, but **outside the presence of the** ***Beis Din*** they could **not** blow it.[7]

The Gemara presents an alternate version of Rav Huna's statement:

אִיכָּא דְּמַתְנֵי לְהָא דְּרַב הוּנָא אַהָא – **There are those who taught this** statement **of Rav Huna in reference to the following** law: דִּכְתִיב – **It is written:** "בְּיוֹם הַכִּפֻּרִים תַּעֲבִירוּ שׁוֹפָר בְּכָל-אַרְצְכֶם" – ***on Yom Kippur you shall sound the shofar throughout your land.***[8] מְלַמֵּד שֶׁכָּל יָחִיד וְיָחִיד חַיָּיב לִתְקוֹעַ – **This teaches that each and every individual is obligated to blow** the shofar on Yom Kippur of the *Yovel* year.[9] אָמַר רַב הוּנָא – Regarding this, **Rav Huna said:** וְעִם בֵּית דִּין – **And** the blowing of the private individuals must be done **with** ***Beis Din.***

The Gemara clarifies:

מַאי וְעִם בֵּית דִּין – **What is** the meaning of **"with** ***Beis Din*****"?** בִּזְמַן בֵּית דִּין – It means **during the time of the** ***Beis Din*** session, לְאַפּוּקֵי שֶׁלֹּא בִּזְמַן בֵּית דִּין דְּלָא – and Rav Huna comes **to exclude** blowing **outside the time of the** ***Beis Din*** session, **which** may **not** be done.[10]

NOTES

1. Even when a city has a qualified *Beis Din* (as defined by the various opinions in the Mishnah), the shofar blowing may not be done throughout the city. It is allowed only in the presence of the *Beis Din,* so that the sages can ensure that no Sabbath desecration occurs (*Ran*). [The mere existence of the *Beis Din* in the city is not an adequate deterrent to a violation.] Rav Huna refers only to locations other than Jerusalem. While the Sanhedrin was in Jerusalem, the blowing was permitted throughout the city [as implied by the Mishnah] (*Rabbeinu Chananel*).

2. Initially, the agent of the *Beis Din* would blow the shofar, and when he finished anybody who had not heard his blasts would perform the mitzvah himself (*Rabbeinu Chananel;* see *Tosafos* ד״ה וביבנה and 29b note 14; cf. *Aruch* cited by *Tosafos* to 33b ד״ה שיעור). So many people blew their own shofars that the noise of their blasts was deafening. Thus, we see that private citizens were allowed to blow the shofar in Yavneh. Perforce, Jerusalem's stipulated superiority lay in another area.

3. The *Beis Din* would generally convene in the morning and remain in session until noon (*Rashi;* see *Shabbos* 10a, *Sanhedrin* 88b and *Rambam, Hil. Sanhedrin* 3:1; see also *Beis Yosef, Choshen Mishpat* 5:3 and *Bach* ad loc.).

4. I.e. once the judges had retired to their homes, nobody was allowed to blow the shofar (*Rashi*).

5. [It is clear that in Jerusalem the blowing was allowed throughout the city, since it was allowed even in the suburbs. Since the Mishnah states that Jerusalem was superior in regard to the blowing in the suburbs, and in another unspoken regard – which Rava interprets as referring to blowing when the *Beis Din* was not in session – it implies that Jerusalem and Yavneh were equal in regard to the blowing within the city limits while the *Beis Din* was seated.] Presumably, the Mishnah did not omit *two* aspects of Jerusalem's superiority (*Turei Even*).

6. *Turei Even;* see also Gemara below.

7. The Gemara's rebuttal seems so simple that one wonders why Rava did not anticipate it (*Rashba* et al.)! Note, however, that according to the final interpretation, we are forced to say that the deafening sound of shofar blasts to which Rav Yitzchak bar Yosef referred was not that of people blowing in their own homes, but of people who arrived in *Beis Din* after the agent's blowing. They would all blow their own shofars in the presence of the *Beis Din* (*Tosafos* ד״ה וביבנה). *Rashba* [*MHK* ed.] and *Yom Teruah* explain that this is why Rava favored interpreting the Mishnah as meaning that everyone could blow in his own home. See *Rashba* and *Turei Even* for alternative explanations of Rava's opinion.

8. *Leviticus* 25:9. The verse refers to Yom Kippur of the *Yovel* [Jubilee] year, i.e. the fiftieth year, which follows the conclusion of a set of seven *shemittah* [Sabbatical] cycles.

9. The phrase *throughout your land* teaches that the shofar blowing of *Yovel* is not incumbent upon *beis din* alone, but is the obligation of each and every Jew (*Rambam, Hil. Shemittah VeYovel* 10:10; see *Ritva, Meiri* and *Lechem Mishneh, Hil. Shofar* 1:1). [However, the *Beis Din* has a special obligation to blow – beyond the personal mitzvah that rests upon every private citizen. First the emissary of *Beis Din* blows, and then everyone else blows the shofar. When the emissary of *Beis Din* blows, Jewish slaves are released from the jurisdiction of their masters (*Rambam* ibid. 10:10,14; *Ritva, Meiri;* see also *Sefer HaChinuch* §331; see above, 9b, 10b; see also *Aruch LaNer* to 9b ד״ה יכול and *Minchas Chinuch* 331:1).]

10. According to this version, Rav Huna did not refer to the shofar blowing of Rosh Hashanah that falls on the Sabbath, but to the shofar blowing of Yom Kippur in the *Yovel* year. Consequently, his expression

ועם בית דין מאי ועם ב"ד א בפני בית דין לאפוקי שלא בפני בית דין דלא מתיב רבא ועוד זאת היתה ירושלים יתירה על יבנה וכו' מאי ועוד זאת אילימא כדקתני זאת מיבעי ליה אלא דבירושלים תוקעין יחידין וביבנה אין תוקעין יחידין והא כי אתא רב יצחק בר יוסף אמר כי מסיים שליחא דציבורא תקיעה ביבנה לא שמע איניש קל אוניה מקל תקועיא [דיחידאי] אלא לאו דבירושלים תוקעין בין בזמן ב"ד ובין שלא בזמן ב"ד וביבנה בזמן ב"ד אין שלא בזמן ב"ד לא הא בזמן ב"ד מיהא תוקעין ואפילו שלא בפני ב"ד לא דאילו בירושלים תוקעין בין בפני ב"ד בין שלא בפני בית דין וביבנה בפני ב"ד אין שלא בפני ב"ד לא איכא דמתני להא דרב הונא אהא דכתיב א) ביום הכפורים תעבירו שופר בכל ארצכם מלמד ב שכל יחיד ויחיד חייב לתקוע אמר רב הונא ועם בית דין מאי ועם ב"ד ג בזמן ב"ד לאפוקי שלא בזמן בית דין דלא מתיב רבא תקיעת [א] ראש השנה ויובל דוחה את השבת בגבולין איש בביתו מאי איש וביתו אילימא איש ואשתו ד איתתא מי מיחייבא והא מצות עשה שהזמן גרמא היא ה וכל מצות עשה שהזמן גרמא נשים פטורות אלא לאו איש בביתו ואפילו שלא בזמן ב"ד לא לעולם בזמן ב"ד מתיב רב ששת ו שוה היובל לראש השנה לתקיעה ולברכות אלא שביובל תוקעין בין בב"ד שקידשו בו את החדש ובין בב"ד שלא קידשו בו את החדש וכל יחיד ויחיד חייב לתקוע ז ובר"ה לא היו תוקעין אלא בב"ד שקידשו בו את החדש ח ואין כל יחיד ויחיד חייב לתקוע מאי אין כל יחיד ויחיד חייב לתקוע אילימא דביובל תוקעין יחידין ובראש השנה אין תוקעין יחידין והא כי אתא רב יצחק בר יוסף אמר כי הוה מסיים שליחא דציבורא תקיעתא ביבנה לא שמע איניש קל אוניה מקל תקועיא [דיחידאי] אלא לאו [דאילו] ביובל תוקעין בין בזמן ב"ד בין שלא בזמן ב"ד ובר"ה בזמן ב"ד אין שלא בזמן ב"ד לא קתני מיהת ביובל בין בזמן ב"ד בין שלא בזמן ב"ד לא לעולם בזמן בית דין והכי קתני ביובל בזמן ב"ד תוקעין בין בפני בית דין בין שלא בפני ב"ד בר"ה תוקעין בזמן ב"ד ובפני ב"ד איתמר נמי א"ר חייא בר גמדא א"ר יוסי בן שאול אמר רבי אין תוקעין אלא כל זמן שבית דין יושבין בעי ר' זירא ננערו לעמוד ולא עמדו מהו ב"ד יושבין בעינן ט והא איכא או דלמא זמן ב"ד בעינן וליכא תיקו: ועוד זאת היתה ירושלים יתירה על יבנה וכו': רואה פרט ליושבת בנחל שומעת פרט ליושבת בראש ההר קרובה פרט ליושבת חוץ לתחום ויכולה לבוא פרט למפסיק לה נהרא: **מתני'** י בראשונה היה הלולב ניטל במקדש שבעה ובמדינה יום אחד משחרב בית המקדש התקין רבן יוחנן בן זכאי שיהא לולב ניטל במדינה שבעה זכר למקדש כ ושיהא יום הנף כולו אסור: **גמ'** ומנלן דעבדינן זכר למקדש דאמר קרא ב) כי אעלה ארוכה לך וממכותיך ארפאך נאם ה' כי נדחה קראו לך ציון היא דורש אין לה מכלל דבעיא דרישה: ושיהא יום הנף כולו אסור: מ"ט מהרה יבנה בית המקדש ויאמרו אשתקד מי לא אכלנו בהאיר מזרח התיר השתא נמי ניכול ולא ידעי דאשתקד לא הוה עומר האיר מזרח התיר השתא דאיכא עומר עומר מתיר דמיבני אימת אילימא דאיבני בשיתסר הרי האיר מזרח התיר אלא דאיבני בחמיסר מחצות היום ולהלן לישתרי דהא תנן ל הרחוקין מותרין מחצות היום ולהלן לפי שאין ב"ד מתעצלים בו לא נצרכא דאיבני מ בחמיסר סמוך לשקיעת החמה אי נמי דאיבני בליליא (אמר) רב נחמן בר יצחק נ רבן יוחנן בן זכאי

בשיטת

רש"י

ועם בית דין. הוא דתקעינן: אלא דאילו בירושלים. תוקעין בשבת יחידים שאין שלוחי ב"ד והא מילתא חסרה ממתמינן ומיבעי לן לתרוצה הכי: בין בזמן בית דין. עד שש שעות שהיו בית דין יושבין: בין שלא בזמן בית דין. שהלכו לבתיהן: איכא דמתני לה וכו'. מאי ועם בית דין (בפני ב"ד) דקאמר רב הונא בזמן ב"ד דהא ליכא לפרושי הכי ועם ב"ד בפני ב"ד דהא בכל ארצכם כתיב (ויקרא כה): ובר"ה לא היו תוקעין. כשחל להיות בשבת אלא בב"ד הגדול של סנהדרין הגדולה המקדשין את החדשים ורבי אליעזר היא: כי מסיים שליחא דציבורא כו'. ואף בי"ט שחל להיות בשבת להכי נקט יבנה: אלא לאו דאילו ביובל תוקעין. יחידים בין בזמן בית דין כו': לא לעולם בזמן ב"ד. והכי קאמר ביובל כל יחיד ויחיד תוקע בזמן ב"ד אפי' שלא בפני ב"ד ובר"ה בפני ב"ד אין שלא בפני ב"ד לא: איתמר נמי. כרב הונא: אין תוקעין. יחידים ביוה"כ ביובל אלא בזמן שב"ד יושבין במקומן והתוקעין תוקעין בכל העיר: ננערו לעמוד. ועקרו ממושבם כדי לעמוד ולילך: מתני' בראשונה היה לולב ניטל במקדש שבעה. דכתיב (שם כג) ושמחתם לפני ה' אלהיכם שבעת ימים ובמדינה יום אחד דכתיב (שם) ולקחתם לכם ביום הראשון: ושיהא יום הנף כולו אסור. יום הנפת עומר כולו אסור לאכול מן החדש ומדאורייתא משהאיר מזרח מותר כדאמרינן במנחות (דף סח.) כתוב אחד אומר עד עצם היום הזה וכתוב אחד אומר עד הביאכם וגו' הא כיצד בזמן הבית עומר מתיר ובזמן שאין עומר עצם היום מתיר: גמ' כי אעלה ארוכה לך וגו'. סיפיה דקרא ציון היא דורש אין לה: מאי טעמא. גזר עליה: דאיבני אימת. שיהא לנו לחוש עכשיו לכך: הרי האיר מזרח התיר. דהא לא היה מזבח: אלא דאיבני בחמיסר. שהיה שהות לקצור במוצאי י"ט ולהביאו למחר כמצותו: מחצות היום ולהלן לישתרי. השתא ולא לגזור עליה רבן יוחנן אלא עד חצות היום ואי נמי מהרה יבנה ויאמרו אשתקד מי לא אכלנו מחצות היום ולהלן השתא נמי ניכול שפיר אכלי ואפי' הרחוקים מירושלים שלא ראו הקרבתו יש להם לסמוך דודאי קרב כבר דאמר מר הרחוקין היו מותרין בזמן הבית מחצות היום ולהלן כו': לא צריכא דאיבני סמוך לשקיעת החמה דחמיסר אי נמי דאיבני בלילה. רבן יוחנן חושש לשמא יבנה (א) לשקיעת החמה או בליל ששה עשר בחצי הלילה או סמוך לבקרו שלא יהא שהות לקצירתו והבהובו באבוב של קלאין וטחינתו והרקדתו והקרבתו עד חצות ואי הוו רגילי למיכל חדש מחצות היום בזמן הזה אתי למיכל נמי ההוא יומא הכי ועבדי איסורא ואם תאמר היכי משכחת לה דאיבני בחמיסר בי"ט ודאיבני בליליא והא קיימא לן במסכת שבועות (דף טו:) דאין בנין בהמ"ק לא בי"ט ולא בלילה הני מילי בנין בידי אדם אבל בנין העתיד לבא בידי שמים הוא:

תוספות

וביבנה בפני בית דין אין שלא בפני ב"ד לא. והא דלא שמע איניש קל אוניה מקל תקיעה דיחידאי היינו שהיו באין לתקוע בפני בית דין שלא שמעו תקיעת בית דין דאותן שיצאו אסור להם לחזור ולתקוע דיש איסור שבות בדבר לתקוע בחנם בשבת:

לא לעולם בזמן בית דין. תימה דמכל מקום קשיא לגירסא דרב הונא לא אמר אלא בפני בית דין והכא קתני איש בביתו וי"ל שיפרש דהאי דקתני בגבולין איש בביתו איובל קאי ולא אראש השנה ומיהו אי גריס בגבולין בלא וי"ו ולא גרסינן ובגבולין לא יתכן לומר כן ושמא יפרש דהאי בגבולין איירי בירושלים דוקא ומיהו מכלל ארצכם (ויקרא כה) בכל מקום שבארץ ישראל איירי:

אין תוקעין אלא בזמן שב"ד יושבין. פי' בקונטרס ביובל ונראה שאף בר"ה אתא לאשמועינן דאפי' בפני ב"ד אין תוקעין אלא כל זמן שיושבין:

ונתקלקלו

עין משפט נר מצוה

ה א מיי' פ"ב מהל' שופר הל' ט ופ"י מהל' שמטה ויובל הל' יג:
ו ב מיי' פ"י מהל' שמטה הלכה י:
ז ג מיי' שם הל' יא:
ח ד מיי' פ"ב מהל' שופר הל' א טוש"ע א"ח סי' תקפט סעיף ג:
ט ה מיי' פי"ב מהל' ע"ז הל' ג טוש"ע א"ח סי' לח סעיף ג וסי' תקפט סעיף ג:
י ו מיי' פ"י מהל' שמיטין הל' יא:
יא ז מיי' שם הל' יב ופ"ב מהל' שופר הלכה ט:
יב ח מיי' פ"י מהל' שמיטין הל' יג:
יג ט מיי' פ"ב מהל' שופר הל' ט:
יד י מיי' פ"ז מהלכות לולב הלכה יג וטו סמג עשין מד טוש"ע א"ח סימן תרנח סעיף א:
טו כ מיי' פ"י מהלכות מאכלות אסורות הל' ב סמג לאוין קמב טוש"ע י"ד סי' רצג סעיף א:
טז ל מיי' שם:

רבינו חננאל

ועם ב"ד כלומר זו התקיעה שחל להיות בשבת אינה אלא בפני [ב"ד] בלבד זולתי בירושלים מותיב רבא ועוד זאת היתה ירושלים יתירה על יבנה שכל עיר שהיא רואה או שומעת כו'. פירושא לא תני ועוד אלא שיש שם דבר אחר שירושלים יתירה על יבנה זולתי זה לפיכך תני ועוד ואמרי' איזהו אם תאמר שהיו בירושל' תוקעין יחידאין וביבנה לא. והאמר ר' יצחק כי הוה מסיים ש"ץ תקיעתא ביבנה לא הוה שמע איניש קל אוניה מקל תקיעתא דיחידאי פי' שהיו תוקעין יחידאין ביבנה כל מי שלא שמע התקיעות מפי ש"ץ שבא מאחר שסיים היה כל יחיד ויחיד תוקעין יחידי כדי לצאת ידי חובה שלא שמעו התקיעות מפי ש"ץ ואסיקנא כי היו תוקעין בזמן ב"ד ואפי' שלא בפני ב"ד. קשיא לרב הונא ופריק הכי קאמר בירושלים היו תוקעין בין בפני בית דין בין שלא בפני בית דין וביבנה לא היו תוקעין אלא בפני בית דין. ועוד זאת היתה ירושל' יתירה על יבנה כו'. איכא דמתני הכי ביוה"כ תעבירו שופר מלמד שכל יחיד ויחיד חייב לתקוע. אמר רב הונא ועם ב"ד בזמן בית דין בלבד. מותיב רבא תקיעות יובל ור"ה דוחין את השבת בגבולין איש וביתו ותריצנא בגבולין איש בביתו. ואמרינן איש בביתו דוקא ואפי' שלא בזמן ב"ד ודחינן לא לעולם איש וביתו ובזמן ב"ד. אבל שלא בזמן ב"ד לא. מותיב רב ששת שוה היובל לר"ה לתקיע' ולברכות אלא שביובל היו תוקעין בין בב"ד שקידשו את החדש כו' עד אלא לאו הכי קאמר הא קמ"ל דאילו ביובל תוקעין היו בין בזמן ב"ד ובין שלא בזמן ב"ד קשיא לרב הונא. ודחינן לא ה"ק ביובל היו תוקעין בין בפני ב"ד בין שלא בפני ב"ד. ובר"ה לא היו תוקעין אלא בפני ב"ד. ולעולם זה וזה בזמן ב"ד. איתמר משמיה דר' לעולם אין תוקעין אלא בזמן שב"ד יושבין. בעי ר' זירא ננערו ב"ד לעמוד ונזדמן דבר לעיין בו וחזרו ונתישבו והאריכו בישיבה מאי תוקעין אי לא. ב"ד יושבין בעינן והא איכא. או דילמא זמן ב"ד בעינן וכבר עבר ועלתה בתיקו. ועוד זאת היתה ירושלים כו': ת"ר רואה פרט ליושבת בנחל. כלומר הנחל מקום נמוך ואינה נראית מן הכרך. שומעת פרט ליושבת בראש ההר שאע"פ שנראית אינה שומעת. קרובה פרט ליושבת חוץ לתחום. ויכולה לבא פרט דפסיק ליה נהרא שאע"פ שהיא קרובה אינה יכולה לבוא. ירושלמי והוא שיהו כל הדרכים האלו בה. רואה ואינה שומעת כגון ירושלים מלמעלן והעיר מלמטן שומעת ואינה רואה ההר מפסיק. רואה ושומעת וקרובה ואינה יכולה לבוא הנחל מפסיק: [מתני'] **בראשונה** היה לולב ניטל במקדש שבעה ובמדינה יום אחד משחרב הבית התקין ריב"ז שיהא ניטל הלולב במדינה ז' ימי חג זכר למקדש שנא' כי נדחה קראו לך ציון היא דורש אין לה

מסורת הש"ס

א) [קידושין כט. וש"נ], ב) לעיל כו: [וש"נ], ג) סוכה מא., ד) שם מנחות סח., ה) [סוכה מא. ע"ש], ו) עירובין לב., ז) [בפרש"י דהכא ובתוס' סוכה דף מא. ד"ה אי נמי מוכח דלא היה גרסתם בחמיסר], ח) [נ"ל אמר רבן].

הגהות הב"ח

(א) רש"י ד"ה לא נריכא כו' חושש לשמא יבנה סמוך לשקיעת החמה:

הגהות הגר"א

[א] גמ' תקיעת יובל דוחה כו'. נ"ל:

תורה אור השלם

א) וְהַעֲבַרְתָּ שׁוֹפַר תְּרוּעָה בַּחֹדֶשׁ הַשְּׁבִעִי בֶּעָשׂוֹר לַחֹדֶשׁ בְּיוֹם הַכִּפֻּרִים תַּעֲבִירוּ שׁוֹפָר בְּכָל אַרְצְכֶם: [ויקרא כה, ט]

ב) כִּי אַעֲלֶה אֲרֻכָה לָךְ וּמִמַּכּוֹתַיִךְ אֶרְפָּאֵךְ נְאֻם יְיָ כִּי נִדָּחָה קָרְאוּ לָךְ צִיּוֹן הִיא דֹּרֵשׁ אֵין לָהּ: [ירמיה ל, יז]

ליקוטי רש"י

שוה היובל לראש השנה לתקיעה. בפשוטין ואף על גב דתקיעתו ביובל לא לתפלה ולא לזכרון אלא לסימן שילוח עבדים והשמטת מכירת שדות אפילו הכי כדראש השנה בעי למעבדיה דגמרינן לה לגזירה שוה שביעי שביעי בפרק בתרא (לקמן לד.). ולברכות. דבעי למימר תשע ברכות ביום הכפורים של יובל [לעיל כו:]. במקדש שבעה. כדדרשינן בת"כ ושמחתם לפני ה' אלהיכם שבעת ימים (ויקרא כג) ולא בגבולין ז' ימים. במדינה. בירושלים שאף הוא כגבולים. ושיהא יום הנף. של עומר דהיינו ט"ז עשר בניסן כולו אסור בחדש ובעוד המקדש קיים משקרב העומר היו אוכלין חדש בו ביום דכתיב (שם) עד הביאכם ומשחרב הבית מותר מן התורה משהאיר המזרח כדאמר במנחות (סח.) כתוב אחד אומר עד עצם היום הזה דהיינו האיר המזרח וכתוב אחד אומר עד הביאכם הא כיצד בזמן דאיכא עומר עד הביאכם וזמן דליכא עומר עד עצם ואסר רבן יוחנן בן זכאי עליהם כל היום כדמפרש טעמא בגמרא [סוכה מא.]. יום ט"ז שבו מניפין את העומר כולו אסור לאכול חדש [מנחות סח.]. מהרה יבנה בית המקדש. ויחזור דבר לאיסורו דהשתא קרינא ביה עד הביאכם ואי הוו נהיגי בחורבנו לאכול בהאיר מזרח כדין תורה אתיא למיכל נמי בבניינו ויאמרו אשתקד מי לא אכלנו כו'. **דמיבני אימת.** הך חששא דחיישינן למהרה יבנה אימת תגמור המלאכה דאיכא למיחש לאיסור חדש כל היום דאצטריך לרבן יוחנן בן זכאי למיסר השתא כל היום משום סירכא דההוא יומא. **אילימא דאיבני בשיתסר.** שלא נבנה עד יום ט"ז עשר עצמו. **הרי האיר המזרח התיר.** ושפיר קאכלי דהואיל דהאיר המזרח ואין מקדש בנוי אשתרי ליה בחדש. **אלא דאיבני בחמיסר.** או קודם לכן דכי מטא שיתסר לא התיר האיר המזרח שהרי המקדש בנוי הלכך אכלי איסורא וגזר ריב"ז השתא משום ההוא יומא. **מחצות היום ולהלן לישתרי.** השתא דאי נמי אכלי ההוא יומא מחצות היום ולהלן כסירכא דמעיקרא נכלי וליכא איסורא דודאי קרב העומר. **דהא תנן.** במסכת מנחות (שם). **הרחוקין.** מירושלים לא היו רואין ולא היו שומעין שעת הקרבת העומר [סוכה שם]. שאינן יודעים אם עדיין קרב [העומר] מותרין מחצות היום ולהלן כדתני טעמא לקמן [מנחות שם]. מירושלים שאינן יודעין אם עדיין קרב העומר מותרין מחצות היום אלמא סמכינן [עירובין לב.]. **מותרין.** בחדש. **מחצות היום ולהלן.** לפי שיודעים שאין בית דין מתעצלים בו מלהקריבו קודם חצות. **לא נצרכא** וכו' **סמוך לשקיעת החמה.** דאיבני בחמיסר סמוך לשקיעת החמה והיא היא ואי קשיא דבלילה אינו נבנה דקיימא לן בשבועות (טו:) דאין בנין בית המקדש בלילה דכתיב וביום הקים ולא בחמיסר שהוא יום טוב דקיימא לן בשבועות (שם) דאין בנין בית המקדש דוחה י"ט ה"מ בנין הבנוי בידי אדם אבל מקדש העתיד שהוא מלפין בנוי ומשוכלל הוא יגלה ויבא משמים שנאמ' (שמות טו) מקדש ה' כוננו ידיך. **אי נמי דאיבני בליליא.** כלומר לשמא יבנה בלילה איש ולא יהו פנויים לקצור העומר עד סמוך ליום ויש טורח הרבה בעומר שהיו מייבשין אותו (באבוס) [באבוב] של קלאים וזורין אותו שיזובו מימיו וטוחנין אותו ברחים של גרוסות ומניפין אותו בי"ג נפה בגסה בדקה כדאמרינן התם וזה שלא יוכלו להתעסק בו מתחילת לילה לא יספיקו להקריבו למחר קודם חצות [סוכה שם].

Rav Huna's assertion is challenged:

מְתִיב רָבָא – **Rava challenged** Rav Huna on the basis of the following Baraisa: תְּקִיעַת רֹאשׁ הַשָּׁנָה וְיוֹבֵל – THE shofar BLOWING OF ROSH HASHANAH AND of the *YOVEL* year דּוֹחָה אֶת הַשַּׁבָּת בַּגְּבוּלִין – OVERRIDES THE SABBATH IN THE PROVINCES,[11] אִישׁ וּבֵיתוֹ – EACH MAN AND HIS HOUSE. מַאי אִישׁ וּבֵיתוֹ – **What is** meant by EACH MAN AND HIS HOUSE? אִילֵימָא אִישׁ וְאִשְׁתּוֹ – **If you will say** it means that **each man and his wife** are obligated to blow the shofar,[12] I will respond: אִיתְּתָא מִי מִיחַיְּיבָא – **Is a woman obligated** to blow the shofar? וְהָא מִצְוַת עֲשֵׂה שֶׁהַזְּמַן גְּרָמָא הִיא – **But [the blowing of the shofar] is a positive commandment that is caused by time,**[13] וְכָל מִצְוַת עֲשֵׂה שֶׁהַזְּמַן גְּרָמָא נָשִׁים פְּטוּרוֹת – **and** the rule is that **women are exempted from any positive commandment that is caused by time.**[14] אֶלָּא לָאו – **Rather,** is it **not** the Baraisa's intent אִישׁ בְּבֵיתוֹ – that in the provinces the shofar is blown by **each man** *in* **his house,** וַאֲפִילּוּ שֶׁלֹּא בִּזְמַן בֵּית דִּין – **and** this applies **even outside the time of the** ***Beis Din*** session?[15]

The Gemara answers:

לֹא – **No!** לְעוֹלָם בִּזְמַן בֵּית דִּין – **Actually,** the blowing must be done **during the time of the** ***Beis Din*** session.[16]

Another challenge to the latter version of Rav Huna's statement is presented:

מְתִיב רַב שֵׁשֶׁת – **Rav Sheishess challenged** Rav Huna on the basis of the following Baraisa: שָׁוֶה הַיּוֹבֵל לְרֹאשׁ הַשָּׁנָה לִתְקִיעָה וְלִבְרָכוֹת – The law of Yom Kippur of THE *YOVEL* year IS IDENTICAL TO the law of ROSH HASHANAH IN REGARD TO THE BLOWING of the shofar AND THE BLESSINGS,[17] אֶלָּא שֶׁבַּיּוֹבֵל תּוֹקְעִין בֵּין בְּבֵית דִּין שֶׁקִּידְּשׁוּ בּוֹ אֶת הַחֹדֶשׁ – EXCEPT THAT on Yom Kippur IN THE *YOVEL* year THEY BLOW the shofar BOTH IN A *BEIS DIN* IN WHICH THEY SANCTIFIED THE MONTH וּבֵין בְּבֵית דִּין שֶׁלֹּא קִידְּשׁוּ בּוֹ אֶת הַחֹדֶשׁ – AND IN A *BEIS DIN* IN WHICH THEY DID NOT SANCTIFY THE MONTH,[18] וְכָל יָחִיד וְיָחִיד חַיָּיב לִתְקוֹעַ – AND, in addition, EACH AND EVERY INDIVIDUAL IS OBLIGATED TO BLOW; וּבְרֹאשׁ הַשָּׁנָה – WHEREAS ON ROSH HASHANAH, when it occurred on the Sabbath, לֹא הָיוּ תּוֹקְעִין אֶלָּא בְּבֵית דִּין שֶׁקִּידְּשׁוּ בּוֹ אֶת הַחֹדֶשׁ – THEY BLEW the shofar ONLY IN A *BEIS DIN* IN WHICH THEY SANCTIFIED THE MONTH,[19] וְאֵין כָּל יָחִיד וְיָחִיד חַיָּיב לִתְקוֹעַ – AND EACH AND EVERY INDIVIDUAL IS NOT OBLIGATED TO BLOW. מַאי אֵין כָּל יָחִיד וְיָחִיד חַיָּיב לִתְקוֹעַ – **What is** the meaning of the statement that when Rosh Hashanah falls on the Sabbath EACH AND EVERY INDIVIDUAL IS NOT OBLIGATED TO BLOW? Presumably, it alludes that there is some *restriction* against blowing by private citizens, in contrast to the law that

NOTES

"with *Beis Din*" cannot be understood as meaning "in the presence of *Beis Din*," as it was above, for regarding *Yovel* the verse states explicitly that the shofar shall be blown *throughout your land*. The Gemara therefore interprets it as meaning that the blowing should be done while *Beis Din* is in session (*Rashi;* cf. *Chidushei HaRan, Tos. HaRosh*).

One might ask: It is granted that under Biblical law the shofar blowing is done throughout the land. But the rule that one may blow only while the *Beis Din* is in session is clearly a Rabbinic decree that was enacted to prevent desecration of Yom Kippur (*Chidushei HaRan;* cf. *Ritva*). Perhaps the *Rabbis* decreed further that the blowing should take place only in the presence of *beis din*, as they decreed concerning Rosh Hashanah that falls on the Sabbath!?

The answer is as follows: The prohibition of labor on Yom Kippur, even when it occurs on a weekday, is identical with that of the Sabbath. It follows that any decree regarding Yom Kippur would have to apply in all *Yovel* years, not only when Yom Kippur of *Yovel* falls on the Sabbath. Thus, if the Rabbis had decreed that the shofar be blown only in *Beis Din*, they would have eliminated *entirely* the Biblical stipulation of blowing throughout the land – and they cannot do this. We must therefore deduce that although the Rabbis did issue a decree to protect against desecration of Yom Kippur, they limited their decree to requiring that the blowing be done while the *Beis Din* is in session, thus preserving the Biblical stipulation. By contrast, the labor prohibition of Rosh Hashanah that falls on a weekday is less severe than the prohibition when it falls on the Sabbath, so that there is no reason to prohibit the blowing on a weekday. The Rabbinic decree against blowing the shofar in towns where there is no *Beis Din* applies only in the years when Rosh Hashanah falls on the Sabbath. Thus, the decree does not entirely *eliminate* the mitzvah in any location (*Yom Teruah, Turei Even;* cf. *Sfas Emes, Meromei Sadeh*).

11. I.e. the shofar may be blown even outside the Temple on the Sabbath, both on Rosh Hashanah and on Yom Kippur of the *Yovel* year. [Regarding Yom Kippur, there is no difference whether it falls on the Sabbath or on a weekday, since the Sabbath laws are always in effect. The Baraisa focuses on the case of the Sabbath because it deals also with Rosh Hashanah (*Turei Even;* cf. *Hagahos HaGra, Mitzpeh Eisan*).]

12. A wife is sometimes referred to as one's "house"; see Mishnah *Yoma* 2a.

13. I.e. the arrival of Rosh Hashanah, or Yom Kippur of *Yovel*, activates the mitzvah to blow the shofar.

14. Women are obligated in positive commandments only in instances where the commandments do not relate to specific times (e.g. *mezuzah*). They are generally exempt from commandments that apply during particular times. [With respect to negative commandments, women are generally obligated just like men] (see *Kiddushin* 29a, 33b-35a). Clearly, "each man and his house" does not mean that women are included in the shofar obligation (see *Orach Chaim* 589:3,6).

15. Rava understands the Baraisa as meaning that each man *must* blow the shofar in his own house (*Rabbeinu Chananel*). The reason can only be that the Rabbis imposed this rule to ensure that nobody would inadvertently carry his shofar through the public domain. Once they instituted this hedge against desecration of the Holy Day, there was no reason for them to decree further that the blowing should be done only while *beis din* is in session! It thus follows that one may blow the shofar all day (*Turei Even*).

16. I.e. the Baraisa does not mean that every man *must* blow the shofar in his own house. It means that every man *may* blow the shofar in his own house and is not required to come before *Beis Din*. However, to ensure that no Biblical violation occurs, the Rabbis decreed that the blowing be done only while the *beis din* is in session, when people are naturally more cautious (*Turei Even;* see *Rabbeinu Chananel*).

This satisfactorily answers the Gemara's current challenge. However, the Baraisa poses a difficulty to the first version of Rav Huna's statement. It teaches that each man may blow the shofar in his own home, whereas Rav Huna said above that when Rosh Hashanah falls on the Sabbath the blowing takes place only in the presence of *beis din*! We may answer that the Baraisa's last clause, "each man and his house," applies to Yom Kippur of *Yovel*, but not to Rosh Hashanah. Only the first clause, which states that the blowing overrides the Sabbath in the provinces, applies to Rosh Hashanah – and it refers to blowing in the presence of *Beis Din* (see *Tosafos* ד״ה לא and *Turei Even*). *Gra,* in his marginal gloss, goes even further and deletes the phrase "Rosh Hashanah" from the Baraisa – so that the entire Baraisa refers only to Yom Kippur of *Yovel*. Cf. *Pnei Yehoshua*.

17. I.e. the shofar is blown in the same manner, and the same number of blessings (nine) are recited in the Mussaf prayer (see Mishnah 26b with notes 30 and 31).

18. [The sanctification of the month, i.e. the declaration of Rosh Chodesh, was generally done by the Great Sanhedrin, although even a *Beis Din* of three ordained judges that had the permission of the Sanhedrin was legally qualified for this task (see Mishnah above, 25b, and *Rambam, Kiddush HaChodesh* 5:1).] The shofar blowing of Yom Kippur of *Yovel* was incumbent even on lesser courts than the Sanhedrin (see *Rashi*). I.e. the *Beis Din* in each town had the obligation to proclaim liberty with shofar blasts.

19. I.e. the Great Sanhedrin, which [generally] performed the sanctification of Rosh Chodesh. This Baraisa follows the opinion of R' Elazar of our Mishnah (*Rashi;* cf. *Rambam, Hil. Shofar* 2:9, as explained by *Lechem Mishneh*).

ועם בית דין מאי ועם ב"ד א) בפני בית דין לאפוקי שלא בפני בית דין דלא מתיב רבא ועוד זאת היתה ירושלים יתירה על יבנה וכו' מאי ועוד זאת אילימא כדקתני זאת מיבעי ליה אלא דבירושלים תוקעין יחידין וביבנה אין תוקעין יחידין והא כי אתא רב יצחק בר יוסף אמר כי מסיים שליחא דציבורא תקיעה ביבנה לא שמע איניש קל אוניה מקל תקועיא [דיחידאי] אלא לאו דבירושלים תוקעין בין בזמן ב"ד ובין שלא בזמן ב"ד וביבנה בזמן ב"ד אין שלא בזמן ב"ד לא הא בזמן ב"ד מיהא תוקעין ואפילו שלא בפני ב"ד לא דאילו בירושלים תוקעין בין בפני ב"ד בין שלא בפני בית דין וביבנה בפני ב"ד אין שלא בפני ב"ד לא איכא דמתני להא דרב הונא אהא דכתיב א) ביום הכפורים תעבירו שופר בכל ארצכם מלמד שכל יחיד ויחיד חייב לתקוע אמר רב הונא ועם ב"ד בזמן ב"ד לאפוקי שלא בזמן ב"ד דלא מתיב רבא [א] ראש השנה ויובל דוחה את השבת בגבולין איש בביתו מאי איש וביתו אילימא איש ואשתו איתתא מי מיחייבא והא מצות עשה שהזמן גרמא היא וכל מצות עשה שהזמן גרמא נשים פטורות אלא לאו איש בביתו ואפילו שלא בזמן ב"ד לא לעולם בזמן ב"ד מתיב רב ששת שוה היובל לראש השנה לתקיעה ולברכות אלא שביובל תוקעין בין בב"ד שקידשו בו את החדש ובין בב"ד שלא קידשו בו את החדש וכל יחיד ויחיד חייב לתקוע ובר"ה לא היו תוקעין אלא בב"ד שקידשו בו את החדש ואין כל יחיד ויחיד חייב לתקוע מאי אין כל יחיד ויחיד חייב לתקוע אילימא דביובל תוקעין יחידין ובראש השנה אין תוקעין יחידין והא כי אתא רב יצחק בר יוסף אמר כי מסיים שליחא דציבורא תקיעתא ביבנה לא שמע איניש קל אוניה מקל תקועיא [דיחידאי] אלא לאו [דאילו] ביובל תוקעין בין בזמן ב"ד בין שלא בזמן ב"ד וברה"ה בזמן ב"ד אין שלא בזמן ב"ד לא קתני מיהת ביובל בין בזמן ב"ד בין שלא בזמן ב"ד לא לעולם בזמן בית דין והכי קתני ביובל בזמן ב"ד תוקעין בין בפני בית דין בין שלא בפני ב"ד בר"ה בזמן ב"ד ובפני ב"ד איתמר נמי א"ר חייא בר גמדא א"ר יוסי בן שאול אמר רבי אין תוקעין אלא כל זמן שבית דין יושבין בעי ר' זירא נגערו לעמוד ולא עמדו מהו ב"ד יושבין בעינן והא איכא או דלמא זמן ב"ד בעינן וליכא תיקו: ועוד זאת היתה ירושלים יתירה על יבנה וכו': רואה פרט ליושבת בנחל שומעת פרט ליושבת בראש ההר קרובה פרט ליושבת חוץ לתחום ויכולה לבוא פרט למפסיק לה נהרא: **מתני'** בראשונה היה הלולב ניטל במקדש שבעה ובמדינה יום אחד משחרב בית המקדש התקין רבן יוחנן בן זכאי שיהא לולב ניטל במדינה שבעה זכר למקדש ושיהא יום הנף כולו אסור: **גמ'** ומנלן דעבדינן זכר למקדש דאמר קרא ב) כי אעלה ארוכה לך וממכותיך ארפאך נאם ה' כי נדחה קראו לך ציון היא דורש אין לה מכלל דבעיא דרישה: ושיהא יום הנף כולו אסור: מ"ט מהרה יבנה בית המקדש ויאמרו אשתקד מי לא אכלנו בהאיר מזרח עכשיו נמי ניכול ולא ידעי דאשתקד לא הוה עומר האיר מזרח התיר השתא דאיכא עומר עומר מתיר דמיבני אימת אילימא דאיבני בשיתסר הרי האיר מזרח התיר אלא דאיבני בחמיסר מחצות היום ולהלן לשתרי דהא תנן הרחוקין מותרין מחצות היום ולהלן לפי שאין ב"ד מתעצלים בו לא נצרכא דאיבני בחמיסר סמוך לשקיעת החמה אי נמי דאיבני בליליא (אמר) רב נחמן בר יצחק רבן יוחנן בן זכאי בשיטת

רש"י

ועם בית דין. הוא דתקעינן: **אלא דאילו בירושלים.** תוקעין בשבת יחידים שאינן שלוחי ב"ד והא מילתא חסרה ממתניתין ומיבעי לן לתרוצה הכי: **בין בזמן בית דין.** עד שש שעות שהיו בית דין יושבין: **בין שלא בזמן בית דין.** שהלכו לבתיהן: **איכא דמתני לה וכו'.** מאי ועם בית דין (בפני ב"ד) דקאמר רב הונא בזמן ב"ד דהא ליכא לפרושי האי ועם ב"ד בפני ב"ד דהא בכל ארצכם כתיב (ויקרא כה): **ובר"ה לא היו תוקעין.** כשחל להיות בשבת אלא בב"ד הגדול של סנהדרין הגדולה המקדשין את החדשים ורבי אליעזר היא: **כי מסיים שליחא דציבורא כו'.** ואף בי"ט שחל להיות בשבת דלהכי נקט יבנה: **אלא לאו דאילו ביובל תוקעין.** היחידים בין בזמן בית דין כו': **לא לעולם בזמן ב"ד.** והכי קאמר ביובל כל יחיד ויחיד תוקע בזמן ב"ד אפי' שלא בפני ב"ד ובר"ה בפני ב"ד אין שלא בפני ב"ד לא: **איתמר נמי.** כרב הונא: **אין תוקעין.** יחידים ביוה"כ ביובל אלא בזמן שב"ד יושבין במקומן והתוקעין תוקעין בכל העיר: **נגערו לעמוד.** נעקרו ממושבם כדי לעמוד ולילך: **מתני' בראשונה היה לולב ניטל במקדש שבעה.** דכתיב (שם כג) ושמחתם לפני ה' אלהיכם שבעת ימים ובמדינה יום אחד דכתיב (שם) ולקחתם לכם ביום הראשון: **ושיהא יום הנף כולו אסור.** יום הנפת עומר כולו אסור לאכול מן החדש ומדאורייתא משהאיר מזרח מותר כדאמרינן במנחות (דף סח.) כתוב אחד אומר עד עצם היום הזה וכתוב אחד אומר עד הביאכם וגו' הא כיצד בזמן הבית עומר מתיר ובזמן שאין עומר עצם היום מתיר: **גמ' כי אעלה ארוכה לך וגו'.** סיפיה דקרא ציון היא דורש אין לה: **מאי טעמא.** גזר עליה: **דאיבני אימת.** שיהא לנו לחוש עכשיו לכך: **הרי האיר מזרח התיר.** דהא לא היה מזבח: **אלא דאיבני בחמיסר.** שהיה שהות לקצור במוצאי י"ט ולהביאו למחר כמצותו: **מחצות היום ולהלן לישתרי.** השתא ולא לגזור עליה רבן יוחנן אלא עד חצות היום ואי נמי מהרה יבנה ויאמרו אשתקד מי לא אכלנו מחצות היום ולהלן השתא נמי ניכול שפיר אכלי ואפי' הרחוקים מירושלים שלא ראו הקרבתו יש להם לסמוך דודאי קרב כבר דאמר מר הרחוקין היו מותרין בזמן הבית מחצות היום ולהלן כו': **לא צריכא דאיבני סמוך לשקיעת החמה דחמיסר אי נמי דאיבני בלילה.** רבן יוחנן חושש לשמא יבנה (א) לשקיעת החמה או בליל ששה עשר בחצי הלילה או סמוך לבקרו שלא יהא שהות לקצירתו והבהובו באבוב של קלאין וטחינתו והרקדתו והקרבתו עד חצות ואי הוו רגילי למיכל חדש מחצות היום בזמן הזה אתי למיכל נמי ההוא יומא הכי ועבדי איסורא ואם תאמר היכי משכחת לה דאיבני בחמיסר בי"ט ודאיבני בליליא והא קיימא לן במסכת שבועות (דף טו:) דאין בנין בהמ"ק לא בי"ט ולא בלילה הני מילי בנין בידי אדם אבל בנין העתיד לבא בידי שמים הוא:

תוספות

וביבנה בפני בית דין אין שלא בפני ב"ד לא. והא דלא שמע איניש קל אוניה מקל תקיעה דיחידאי היינו שהיו בזמן לתקוע בפני בית דין שלא שמעו תקיעת בית דין דאותן שלאחר זמן שילאו אסור להם לחזור ולתקוע דיש איסור שבות בדבר לתקוע בחנם בשבת:

לא לעולם בזמן בית דין. תימה דמכל מקום קשיא לישנא דרב הונא דלא קאמר אלא בפני בית דין והכא קתני איש בביתו וי"ל שיפרש דהא דקתני בגבולין איש בביתו איובל קאי ולא אראש השנה ומיהו אי גרים בגבולין בלא וי"ו ולא גרסינן ובגבולין לא יתכן לומר כן ושמא יפרש דהאי בגבולין איירי בירושלים דוקא ומיהו מכל ארצכם (ויקרא כה) בכל מקום שבארץ ישראל איירי:

אין תוקעין אלא בזמן שב"ד יושבין. פי' בקונטרס ביובל ונראה שאף בר"ה אתא לאשמועינן דאפי' בפני ב"ד אין תוקעין אלא כל זמן שיושבין ונתקלקלו

עין משפט נר מצוה

ה א מיי' פ"ב מהל' שופר הל' ט ופ"י מהל' שמטה ויובל הל' יב:
ו ב מיי' פ"י מהל' שמטה הלכה י:
ז ג מיי' שם הל' יא:
ח ד מיי' פ"ב מהל' שופר הל' א טוש"ע א"ח סי' תקפט סעיף ג:
ט ה מיי' פ"ב מהל' ע"ז הל' ג טוש"ע א"ח סי' לח סעיף ג וסי' תקפט סעיף ג:
י ו מיי' פ"י מהל' שמיטין הל' יא:
יא ז מיי' שם הל' יב ופ"ב מהל' שופר הלכה ט:
יב ח מיי' פ"י מהל' שמיטין הל' יג:
יג ט מיי' פ"ב מהל' שופר הל' ט:
יד י מיי' פ"ז מהלכות לולב הלכה יג וטו סמג עשין מד טוש"ע א"ח סימן תרנח סעיף א:
טו כ מיי' פ"י מהלכות מאכלות אסורות הל' ב סמג לאוין קמב טוש"ע י"ד סי' רצג סעיף א:
טז ל מיי' שם:

רבינו חננאל

ועם ב"ד כלומר זו התקיעה שחל להיות בשבת אינה אלא בפני [ב"ד] בלבד זולתי בירושלים מותיב רבא ועוד זאת היתה ירושלים יתירה על יבנה שכל עיר שהיא רואה או שומעת כו'. פירושא לא תני ועוד אלא שיש שם דבר אחר שירושלים יתירה על יבנה זולתי זה לפיכך תני ועוד ואמרי' איזהו אם תאמר שהיו בירושל' תוקעין יחידאין וביבנה לא. והאמר ר' יצחק כי הוה מסיים ש"ץ תקיעתא ביבנה לא הוה שמע איניש קל אוניה מקל תקיעתא דיחידאי פי' שהיו תוקעין יחידאין ביבנה כל מי שלא שמע התקיעות מפי ש"ץ שבא מאחר שסיים היה כל יחיד ויחיד תוקעין יחידי כדי לצאת ידי חובה שלא שמעו התקיעות מפי ש"ץ ואסיקנא כי היו תוקעין בזמן ב"ד ואפי' שלא בפני ב"ד. קשיא לרב הונא ופריק הכי קאמר בירושלים היו תוקעין בין בפני בית דין בין שלא בפני בית דין וביבנה לא היו תוקעין אלא בפני בית דין. ועוד זאת היתה ירושל' יתירה על יבנה כו'. איכא דמתני הכי ביוה"כ תעבירו שופר מלמד שכל יחיד ויחיד חייב לתקוע. אמר רב הונא ועם ב"ד בזמן בית דין בלבד. מותיב רבא תקיעות יובל ור"ה דוחין את השבת בגבולין איש בביתו ותריצנא בגבולין איש בביתו. ואמרינן איש בביתו דוקא ואפי' שלא בזמן ב"ד ודחינן לא לעולם איש וביתו ובזמן ב"ד. אבל שלא בזמן ב"ד לא. מותיב רב ששת שוה היובל לר"ה לתקיע' ולברכות אלא שביובל תוקעין בין בב"ד שקידשו את החדש כו' עד אלא לאו הכי קאמר הא דאילו ביובל תוקעין בין בזמן ב"ד ובין שלא בזמן ב"ד קשיא לרב הונא. ודחינן לא ה"ק ביובל היו תוקעין בין בפני ב"ד בין שלא בפני ב"ד. ובר"ה לא היו תוקעין אלא בפני ב"ד. ולעולם זה וזה בזמן ב"ד. איתמר משמיה דר' לעולם אין תוקעין אלא בזמן שב"ד יושבין. בעי ר' זירא נגערו ב"ד לעמוד ונזדמן דבר לעיין בו וחזרו ונתישבו והאריכו בישיבה מאי תוקעין אי לא. ב"ד יושבין בעינן והא איכא. או דילמא זמן ב"ד בעינן וכבר עבר ועלתה בתיקו. ועוד זאת היתה ירושלים כו': ת"ר רואה פרט ליושבת בנחל. כלומר הנחל מקום נמוך ואינה נראית מן הכרך. שומעת פרט ליושבת בראש ההר שאע"פ שנראית אינה שומעת. קרובה פרט ליושבת חוץ לתחום. ויכולה לבא פרט דפסיק ליה נהרא שאע"פ שהיא קרובה אינה יכולה לבוא. ירושלמי והוא שיהו כל הדרכים האלו בה. רואה ואינה שומעת כגון ירושלים מלמעלן והעיר מלמטן שומעת ואינה רואה ההר מפסיק. רואה ושומעת וקרובה ואינה יכולה לבוא הנחל מפסיק: **[מתני'] בראשונה** היה לולב ניטל במקדש שבעה ובמדינה יום אחד משחרב הבית התקין ריב"ז שיהא ניטל הלולב במדינה ז' ימי חג זכר למקדש שנא' כי נדחה קראו לך ציון היא דורש אין לה

מסורת הש"ס

א) [קידושין כט. וש"נ], ב) לעיל כו: [וש"נ], ג) סוכה מא, ד) שם מנחות סח, ה) [סוכה מא. ע"ש], ו) עירובין לב, ז) [בפרש"י דהכא ובתוס' סוכה דף מא. ד"ה אי נמי מוכח דלא היה גרסתם בחמיסר], ח) [נ"ל אמר רבן].

הגהות הב"ח

(א) רש"י ד"ה לא צריכא כו' חושש לשמא יבנה סמוך לשקיעת החמה:

הגהות הגר"א

[א] גמ' תקיעת יובל דוחה כו'. כצ"ל:

תורה אור השלם

א) וְהַעֲבַרְתָּ שׁוֹפַר תְּרוּעָה בַּחֹדֶשׁ הַשְּׁבִעִי בֶּעָשׂוֹר לַחֹדֶשׁ בְּיוֹם הַכִּפֻּרִים תַּעֲבִירוּ שׁוֹפָר בְּכָל אַרְצְכֶם: [ויקרא כה, ט]

ב) כִּי אַעֲלֶה אֲרֻכָה לָךְ וּמִמַּכּוֹתַיִךְ אֶרְפָּאֵךְ נְאֻם יְיָ כִּי נִדָּחָה קָרְאוּ לָךְ צִיּוֹן הִיא דֹּרֵשׁ אֵין לָהּ: [ירמיה ל, יז]

ליקוטי רש"י

שוה היובל לראש השנה לתקיעה. בפשוטין ואף על גב דתקיעותיו דיובל לא לתפלה ולא לזכרון אלא לסימן שילוח עבדים והשמטת מכירת שדות ואפילו הכי כדראש השנה בעי לתעבידיה דגמרינן לה לגזירה שוה שביעי שביעי בפרק בתרא [לקמן לג:]. ולברכות. דבעי למימר תשע ברכות ביום הכפורים של יובל [לעיל כו:]. במקדש שבעה. כדדרשינן בת"כ ושמחתם לפני ה' אלהיכם שבעת ימים (ויקרא כג) ולא בגבולין ז' ימים [סוכה מא.]. במדינה. בירושלים שאף היא כגבולים. ושיהא יום הנף. של עומר היינו ט"ז בניסן כולו אסור בחדש ובעוד שהמקדש קיים משקרב העומר היו אוכלין חדש בו ביום כדכתיב (שם) עד הביאכם וכשחרב הבית מותר מן התורה משהאיר המזרח כדאמרינן במנחות (סח.) כתוב אחד אומר עד עצם היום הזה וכתוב אחד אומר עד הביאכם הא כיצד בזמן דאיכא עומר עד הביאכם בזמן דליכא עומר עד עצם היום ואמר רבן יוחנן בן זכאי כל היום כולו כדמפרש טעמא בגמרא [סוכה מא.]. יום הנף כולו אסור. שהיו מניפין את העומר [מנחות סח.]. מהרה יבנה בית המקדש. ויחזור דבר לאיסורו דהשתא קריבת בית עד הביאכם ולא הוו נזהרי כותרנו לאכול בהאיר מזרח כדין תורה אתיא למיכל נמי בבניינו ויאמרו אשתקד מי לא אכלנו כו'. **דמיבני אימת.** הך חששא דחיישינן למהרה יבנה אימת תגמור המלאכה דאיכא למיחש לאיסור חדש כל היום דאצטריך לרבן יוחנן בן זכאי לאסור השתא כל היום משום דאיכא דההוא יומא. **אילימא דאיבני בשיתסר.** שלא נבנה עד יום ט"ז עשר עצמו. **הרי האיר המזרח התיר.** דשפיר קאכלי דהואיל דהאיר המזרח ואין מקדש בנוי אשתרי ליה בחדש. **אלא דאיבני בחמיסר.** או קודם לכן דכי מטא יתסר לא התיר האיר המזרח שהרי המקדש בנוי הלכך אכלי איסורא וגזר ריב"ז השתא משום ההוא יומא. **מחצות היום ולהלן לשתרי.** השתא דאי נמי אכלי ההוא יומא מחצות היום ולהלן כסירכא דמעיקרא נכלי וליכא איסורא דודאי קרב עומר. **דהא תנן.** במסכת מנחות (שם). **הרחוקין.** מירושלים לא היו רואין ולא היו שומעין שעת הקרבת העומר [סוכה שם]. שאינן יודעים אם עדיין קרב [העומר] מותרין מחצות היום ולהלן כדתני טעמא לקמן [מנחות שם]. מירושלים שאינן יודעין אם עדיין קרב העומר מותרין מחצות היום אלמא סמכינן [עירובין לב.]. **מותרין.** בחדש. **מחצות היום ולהלן.** לפי שיודעים שאין בית דין מתעצלים בו מלהקריבו קודם חצות. **לא נצרכא וכו' סמוך לשקיעת החמה.** דאיבני בחמיסר סמוך לשקיעת החמה והיא היא ואי קשיא דבלילה אינו נבנה דקיימא לן בשבועות (טו:) דאין בנין בית המקדש בלילה דכתיב וביום הקים ולא בחמיסר שהוא יום טוב דקיימא לן בשבועות (שם) דאין בנין בית המקדש דוחה יו"ט ה"מ בנין הבנוי בידי אדם אבל מקדש העתיד שאנו מצפין בנוי ומשוכלל הוא יגלה ויבא משמים שנאמר (שמות טו) מקדש ה' כוננו ידיך. **אי נמי דאיבני בליליא.** כלומר לשמא יבנה בלילה חייש ולא יהו פנויים לקצור העומר עד סמוך ליום ויש טורח הרבה בעומר שהיו מייבשין אותו (באבוס) [באבוב] של קלאים ועוברין אותו ברחים של גרוסות ומניפין אותו בי"ג נפה בגסה בדקה כדאמרינן התם וזה שלא יוכלו להתעסק בו מתחלת לילה לא יספיקו להקריבו למחר קודם חצות [סוכה שם].

applies on Yom Kippur of *Yovel*.[20] אִילֵימָא דְּבְיוֹבֵל תּוֹקְעִין יְחִידִין – **If you will say** this means **that** on Yom Kippur **in the** ***Yovel*** year private **individuals blow** the shofar, וּבְרֹאשׁ הַשָּׁנָה אֵין תּוֹקְעִין יְחִידִין – **whereas on Rosh Hashanah,** when it falls on the Sabbath, private **individuals do not blow** it at all, and only the *Beis Din's* emissary blows, I will retort: וְהָא כִּי אֲתָא רַב יִצְחָק בַּר יוֹסֵף אָמַר – **But when Rav Yitzchak bar Yosef came** to Babylonia, **he said:** כִּי הֲוָה מְסַיֵּים שְׁלִיחָא דְצִיבּוּרָא תְּקִיעָתָא בְּיַבְנֶה – **When the communal emissary** appointed by the *Beis Din* **finished the** shofar **blowings** on the Sabbath **in Yavneh,** לֹא שָׁמַע אִינִישׁ קָל אוּנֵיהּ מִקָּל תְּקוֹעַיָּא [דִיחִידָאֵי] – **a person could not hear** any **sound** in **his ear, because of the noise of the** shofar **blasts of** all the private **individuals!** Thus, we see that private individuals are allowed to blow the shofar when Rosh Hashanah falls on the Sabbath. אֶלָּא לָאו [דְּאִילּוּ] – **Rather,** is it **not** the Baraisa's intent בְּיוֹבֵל תּוֹקְעִין – **that whereas** on Yom Kippur **in the** ***Yovel*** year private **individuals** may **blow** the shofar בֵּין בִּזְמַן בֵּית דִּין בֵּין שֶׁלֹּא בִּזְמַן בֵּית דִּין – **both during the time of the** ***Beis Din*** **session and outside the time of the** ***Beis Din*** session, וּבְרֹאשׁ הַשָּׁנָה – **on Rosh Hashanah,** when it falls on the Sabbath, בִּזְמַן בֵּית דִּין אֵין – **during the time of the** ***Beis Din*** session, private individuals may **indeed** blow, שֶׁלֹּא בִּזְמַן בֵּית דִּין לֹא – but **outside the time of the** ***Beis Din*** session they may **not** blow?[21] קָתָנֵי מִיהַת – **At any rate, the Baraisa teaches** בְּיוֹבֵל בֵּין בִּזְמַן בֵּית דִּין בֵּין שֶׁלֹּא בִּזְמַן בֵּית דִּין – that on Yom Kippur **in the** ***Yovel*** year private individuals may blow **both during the time of the** ***Beis Din*** session **and outside the time of the** ***Beis Din*** session. This contradicts Rav Huna's assertion. – ? –

The Gemara rejects this interpretation of the Baraisa:

לֹא – **No!** לְעוֹלָם בִּזְמַן בֵּית דִּין – **Actually,** the shofar may be blown only **during the time of the** ***Beis Din*** session, וְהָכִי קָתָנֵי – **and this is what** [**the Baraisa**] means to **teach:** בְּיוֹבֵל – On Yom Kippur **in the** ***Yovel*** year, בִּזְמַן בֵּית דִּין תּוֹקְעִין – **during the time of the** ***Beis Din*** session, [**private individuals**] **may blow** the shofar בֵּין בִּפְנֵי בֵית דִּין בֵּין שֶׁלֹּא בִּפְנֵי בֵית דִּין – **both in the presence of a** ***Beis Din*** **and outside the presence of a** ***Beis Din.*** Outside the time of the *Beis Din* session, they may not blow it at all. בְּרֹאשׁ הַשָּׁנָה – However, **on Rosh Hashanah,** when it falls on the Sabbath, תּוֹקְעִין בִּזְמַן בֵּית דִּין – [**private individuals**] **may blow** the shofar only **during the time of the** ***Beis Din*** session, וּבִפְנֵי בֵית דִּין – **and** only **in the presence of the** ***Beis Din.***[22]

The Gemara cites a statement in support of the latter version of Rav Huna's statement:

אִיתְּמַר נַמִּי – **It was similarly stated:** אָמַר רַבִּי חִיָּיא בַּר גַּמְדָּא אָמַר רַבִּי יוֹסֵי בֶּן שָׁאוּל אָמַר רַבִּי – **R' Chiya bar Gamda said in the name of R' Yose ben Shaul, who said in the name of Rebbi:** אֵין תּוֹקְעִין אֶלָּא כָּל זְמַן שֶׁבֵּית דִּין יוֹשְׁבִין – **We do not blow** the shofar **except during the time in which** the sages of **the** ***beis din*** **are seated.**[23]

A related inquiry is cited:

בָּעֵי רַבִּי זֵירָא – **R' Zeira inquired:** נִנְעֲרוּ לַעֲמוֹד – **If** [**the sages of the** ***Beis Din***] **bestirred themselves** and prepared **to stand up,** וְלֹא עָמְדוּ – **but did not** actually **stand up,** מַהוּ – **what is** [**the law**] with regard to an individual's blowing the shofar?[24] בֵּית דִּין יוֹשְׁבִין בְּעֵינַן – **Do we require** only **a** ***Beis Din*** **that is seated** in order for the blowing to be permitted, וְהָא אִיכָּא – **and this** condition **is** still **present?** אוֹ דִלְמָא זְמַן בֵּית דִּין בְּעֵינַן – **Or, perhaps, we require** also that the blowing be done during **the time of the** actual ***Beis Din*** session, וְלֵיכָּא – **and this** condition **is lacking.**[25] – ? –

The Gemara does not resolve the inquiry, but concludes:

תֵּיקוּ – **Let it stand.**

The Mishnah stated:

וְעוֹד זֹאת הָיְתָה יְרוּשָׁלַיִם יְתֵירָה עַל יַבְנֶה וכו' – AND IN THIS ADDITIONAL respect WAS JERUSALEM SUPERIOR TO YAVNEH etc. [that any town that could see Jerusalem, and could hear, and was near, and could come to Jerusalem, would blow the shofar on the Sabbath].

The Gemara clarifies these conditions:

רוֹאָה – The stipulation "COULD SEE Jerusalem" means פְּרָט לְיוֹשֶׁבֶת בְּנַחַל – to **exclude** [**a town**] **that rests in a valley.**[26] שׁוֹמַעַת – "COULD HEAR" means פְּרָט לְיוֹשֶׁבֶת בְּרֹאשׁ הָהָר – to **exclude** [**a town**] **that rests atop a mountain.**[27] קְרוֹבָה – "WAS NEAR" means פְּרָט לְיוֹשֶׁבֶת חוּץ לַתְּחוּם – to **exclude** [**a town**] **that rests beyond the** ***techum*** **boundary.**[28] וִיכוֹלָה לָבוֹא – "AND THAT COULD COME" means פְּרָט לְמַפְסִיק לָהּ נַהֲרָא – to **exclude** [**a town**] **that is separated** from Jerusalem **by a river.**[29]

NOTES

20. The Baraisa cannot be understood literally, for we know that the Biblical shofar obligation of Rosh Hashanah applies to every individual on the Sabbath as well as a weekday. Perforce, the statement that when Rosh Hashanah falls on the Sabbath every individual "is not obligated to blow" means that in this case the Rabbis suspended the commandment and *forbade* the blowing to some extent – in contrast to Yom Kippur of *Yovel* (see *Lechem Mishneh, Hil. Shofar* 1:1; see also *Meiri* ד"ה יום הכיפורים; cf. *Rashba, MHK* ed.).

21. [The phrase, "Each and every individual is not obligated to blow," means that the blowing is not each citizen's private matter, but must be done under the auspices of *Beis Din,* i.e. while the *Beis Din* is in session.]

22. Thus, Yom Kippur of *Yovel* is treated more leniently in the regard that the shofar may be blown outside of the *Beis Din* headquarters while the *Beis Din* is in session. However, even on Yom Kippur of *Yovel* the blowing is forbidden when the *Beis Din* is not in session.

23. I.e. on Yom Kippur of *Yovel,* when individuals blow the shofar throughout the cities, they may do so only while the *Beis Din* is seated (*Rashi*). This accords with the ruling of Rav Huna. [Others explain that Rebbi's statement applies even to Rosh Hashanah which falls on the Sabbath. It teaches that in addition to the stipulation that the shofar blowing be done in the headquarters of *Beis Din,* there is a rule that it must be done while the *Beis Din* is actually seated (*Tosafos, Rif;* see *Baal HaMaor, Milchamos Hashem* and *Yom Teruah*).]

24. I.e. may a private citizen blow the shofar after the *Beis Din* concluded its session and the sages began to rise from their seats, but before they actually left for their homes? (see *Rashi* here and above ד"ה בין שלא בזמן בית דין).

25. I.e. do we require that *Beis Din* be actively in session (which is not the case once the sages have moved to adjourn), or is it sufficient that the sages of *Beis Din* have not physically disbanded? Now, we concluded above that the blowing must be done during the period when the *Beis Din* is in session. However, does this mean that the *Beis Din* must be involved in deliberations, or merely that it must be seated? (*Tos. HaRosh*). [Others explain that the reference is to a case where the time allotted for *Beis Din's* session expired and the sages prepared to leave, but a question arose which forced them to extend their session beyond the normal hours. Is the blowing permitted after the official hours of *Beis Din?* (*Rabbeinu Chananel*).]

26. The first condition for permitting the blowing on the Sabbath was that the suburb should have a view of Jerusalem. If it was situated in a nearby valley where its view was blocked by the side of the hill, the blowing was not permitted, even if the town was very close by.

27. Even if the town had a splendid view of Jerusalem, if it was too far away for a shofar blown in Jerusalem to be heard there, that town could not blow on the Sabbath (*Meiri*).

28. I.e. it is located more than two thousand *amos* from Jerusalem, so that it is beyond the maximum distance that one is permitted to walk from his home on the Sabbath or Yom Tov. The inhabitants of such a town could not blow even if they could "see" and "hear" Jerusalem. See *Yefei Einayim.*

29. Even a town that met all the other conditions was not viewed as part of Jerusalem's environs if its inhabitants needed a boat to reach Jerusalem (*Meiri, Ri MiLunel; Rabbeinu Manoach* to *Rambam, Hil. Shofar* 2:8; see *Turei Even* to the Mishnah).

ועם בית דין מאי ועם ב"ד [א]בפני בית דין לאפוקי שלא בפני בית דין דלא מתיב רבא ועוד זאת היתה ירושלים יתירה על יבנה וכו' מאי ועוד זאת אילימא כדקתני זאת מיבעי ליה אלא דבירושלים תוקעין יחידין וביבנה אין תוקעין יחידין והא כי אתא רב יצחק בר יוסף אמר כי מסיים שליחא דציבורא תקיעה ביבנה לא שמע איניש קל אוניה מקל תקועיא [דיחידאי] אלא לאו דבירושלים תוקעין בין בזמן ב"ד ובין שלא בזמן ב"ד וביבנה בזמן ב"ד אין שלא בזמן ב"ד לא הא בזמן ב"ד מיהא תוקעין ואפילו שלא בפני ב"ד לא דאילו בירושלים תוקעין בין בפני ב"ד בין שלא בפני בית דין וביבנה בפני ב"ד אין שלא בפני ב"ד לא איכא דמתני להא דרב הונא אהא דכתיב א) ביום הכפורים תעבירו שופר בכל ארצכם מלמד [ב]שכל יחיד ויחיד חייב לתקוע אמר רב הונא ועם בית דין מאי ועם ב"ד [ג]בזמן ב"ד לאפוקי שלא בזמן בית דין דלא מתיב רבא תקיעת [א] ראש השנה ויובל דוחה את השבת בגבולין איש וביתו מאי איש וביתו אילימא איש ואשתו [ד]איתתא מי מיחייבא והא מצות עשה שהזמן גרמא היא [ה] ה וכל מצות עשה שהזמן גרמא נשים פטורות אלא לאו איש בביתו ואפילו שלא בזמן ב"ד לא לעולם בזמן ב"ד מתיב רב ששת [ו] ו שוה היובל לראש השנה לתקיעה ולברכות אלא שביובל תוקעין בין בב"ד שקידשו בו את החדש ובין בב"ד שלא קידשו בו את החדש וכל יחיד ויחיד חייב לתקוע [ז]ובר"ה לא היו תוקעין אלא בב"ד שקידשו בו את החדש [ח]ואין כל יחיד ויחיד חייב לתקוע מאי אין כל יחיד ויחיד חייב לתקוע אילימא דביובל תוקעין יחידין ובראש השנה אין תוקעין יחידין והא כי אתא רב יצחק בר יוסף אמר כי מסיים שליחא דציבורא תקיעתא ביבנה לא שמע איניש קל אוניה מקל תקועיא [דיחידאי] אלא לאו [דאילו] ביובל תוקעין בין בזמן ב"ד בין שלא בזמן ב"ד ובר"ה בזמן ב"ד אין שלא בזמן ב"ד לא קתני מיהת ביובל בין בזמן ב"ד בין שלא בזמן ב"ד לא לעולם בזמן בית דין והכי קתני ביובל תוקעין בין בפני בית דין בין שלא בפני ב"ד בר"ה תוקעין בזמן ב"ד ובפני ב"ד איתמר נמי א"ר חייא בר גמדא א"ר יוסי בן שאול אמר רבי אין תוקעין אלא כל זמן שבית דין יושבין בעי ר' זירא ננערו לעמוד ולא עמדו מהו ב"ד יושבין בעינן [ט]והא איכא או דלמא זמן ב"ד בעינן וליכא תיקו: ועוד זאת היתה ירושלים יתירה על יבנה וכו': רואה פרט ליושבת בנחל שומעת פרט ליושבת בראש ההר קרובה פרט לחוץ לתחום ויכולה לבוא פרט למפסיק לה נהרא: **מתני'** [י]בראשונה היה הלולב ניטל במקדש שבעה ובמדינה יום אחד משחרב בית המקדש התקין רבן יוחנן בן זכאי שיהא לולב ניטל במדינה שבעה זכר למקדש [ז] [כ]ושיהא יום הנף כולו אסור: **גמ'** [ח] ומנלן דעבדינן זכר למקדש דאמר קרא ב) כי אעלה ארוכה לך וממכותיך ארפאך נאם ה' כי נדחה קראו לך ציון היא דורש אין לה מכלל דבעיא דרישה: ושיהא יום הנף כולו אסור: מ"ט מהרה יבנה בית המקדש ויאמרו אשתקד מי לא אכלנו בהאיר מזרח עכשיו נמי ניכול ולא ידעי דאשתקד לא הוה עומר האיר מזרח התיר השתא דאיכא עומר עומר מתיר דמיבני אימת אילימא דאיבני בשיתסר הרי האיר מזרח התיר אלא דאיבני בחמיסר מחצות היום ולהלן לשתרי דהא תנן [ט] [ל]הרחוקין מותרין מחצות היום ולהלן לפי שאין ב"ד מתעצלים בו לא נצרכא דאיבני [מ]בחמיסר סמוך לשקיעת החמה אי נמי דאיבני בליליא (אמר) רב נחמן בר יצחק [י] רבן יוחנן בן זכאי בשיטת

בשיטת

רש"י

ועם בית דין. הוא דתקעינן: אלא דאילו בירושלים. יחידים שאינן שלוחי ב"ד והא מילתא חסרה ממתניתין ומיבעי לן לתרוצה הכי: בין בזמן בית דין. עד שם שעות שהיו בית דין יושבין: בין שלא בזמן בית דין. שהלכו לבתיהן: איכא דמתני לה וכו'. מאי ועם בית דין (בפני ב"ד) דקאמר רב הונא בזמן ב"ד דהא ליכא לפרושי האי ועם ב"ד בפני ב"ד דהא בכל ארצכם כתיב (ויקרא כה): ובר"ה לא היו תוקעין. כשחל להיות בשבת אלא בב"ד הגדול של סנהדרין הגדולה המקדשין את החדשים ורבי אליעזר היא: כי מסיים שליחא דציבורא כו'. ואף בי"ט שחל להיות בשבת דלהכי נקט יבנה: אלא לאו דאילו ביובל תוקעין. היחידים בין בזמן בית דין כו': לא לעולם בזמן ב"ד. והכי קאמר ביובל כל יחיד ויחיד תוקע בזמן ב"ד אפי' שלא בפני ב"ד ובר"ה בפני ב"ד אין שלא בפני ב"ד לא: איתמר נמי. כרב הונא: אין תוקעין. יחידים ביוה"כ ביובל אלא בזמן שב"ד יושבין במקומן והתוקעין תוקעין בכל העיר: ננערו לעמוד. נעקרו ממושבם כדי לעמוד ולילך:

מתני' בראשונה היה לולב ניטל במקדש שבעה. דכתיב (שם כג) ושמחתם לפני ה' אלהיכם שבעת ימים ובמדינה יום אחד דכתיב (שם) ולקחתם לכם ביום הראשון: ושיהא יום הנף כולו אסור. יום הנפת עומר כולו אסור לאכול מן החדש ומדאורייתא משהאיר מזרח מותר כדאמרינן במנחות (דף סח.) כתוב אחד אומר עד עצם היום הזה וכתוב אחד אומר עד הביאכם וגו' הא כיצד בזמן הבית עומר מתיר וזמן שאין עומר עצם היום מתיר: גמ' כי אעלה ארוכה לך וגו'. סיפיה דקרא ציון היא דורש אין לה: מאי טעמא. גזר עליה: דאיבני אימת. שיהא לנו לחוש עכשיו לכך: הרי האיר מזרח התיר. דהא לא היה מזבח: אלא דאיבני בחמיסר. שהיה שהות לקצור במועלי י"ט ולהביאו לאמר כמצותו: מחצות היום ולהלן לישתרי. השתא ולא לגזור עליה רבן יוחנן אלא עד חצות היום ואי נמי מהרה יבנה ויאמרו אשתקד מי לא אכלנו מחצות היום ולהלן השתא נמי ניכול שפיר אכלי ואפי' הרחוקים מירושלים שלא ראו הקרבתו יש להם לסמוך דודאי קרב כבר דאמר מר הרחוקין היו מותרין בזמן הבית מחצות היום ולהלן כו': לא צריכא דאיבני סמוך לשקיעת החמה דחמיסר אי נמי דאיבני בלילה. רבן יוחנן חושש לשמא יבנה (א) לשקיעת החמה או בליל ששה עשר בחצי הלילה או סמוך לבקרו שלא יהא שהות לקצירתו והבאתו באבוב של קלאין וטחינתו והרקדתו והקרבתו עד חצות ואי הוו רגילי למיכל חדש מחצות היום הוו זה אתי למיכל נמי בההוא יומא הכי ועבדי איסורא ואם תאמר היכי משכחת לה דאיבני בחמיסר בי"ט ודאיבני בלילה והא קיימא לן במסכת שבועות (דף טו:) דאין בנין בהמ"ק לא בי"ט ולא בלילה הני מילי בנין בידי אדם אבל בנין העתיד לבא בידי שמים הוא:

תוספות

וביבנה בפני בית דין אין שלא בפני ב"ד לא. והא דלא שמע איניש קל אוניה מקל תקיעה דיחידאי היינו שהיו באין לתקוע בפני בית דין שלא שמעו תקיעת בית דין דאותן שילאו אסור להם לחזור ולתקוע דיש איסור שבות בדבר לתקוע בחנם בשבת:

לא לעולם בזמן בית דין. תימה דמכל מקום קשיא ללישנא דרב הונא לא אמר אלא בפני בית דין והכא קתני איש בביתו וי"ל שיפרש דהא דקתני בגבולין איש בביתו איובל קאי ולא אראש השנה ומיהו אי גרים בגבולין בלא וי"ו ולא גרסינן ובגבולין לא יתכן לומר כן ושמא יפרש דהאי בגבולין איירי בירושלים דוקא ומיהו מבכל ארצכם (ויקרא כה) בכל מקום שבארץ ישראל איירי:

אין תוקעין אלא בזמן שב"ד יושבין. פי' בקונטרס ביובל ונראה שאף בר"ה אתא לאשמועינן דאפי' בפני ב"ד אין תוקעין אלא כל זמן שיושבין:

ונתקלקלו

מסורת הש"ס

א) [קידושין כט. וש"נ], ב) לעיל כו: [וש"נ], ג) סוכה מא., ד) שם מנחות סח., ה) [סוכה מא. ע"ש], ו) עירובין לב., ז) [בפרש"י הכא ובתוס' סוכה דף מא. ד"ה אי נמי מוכח דלא היה גרסתם בחומש], ח) [צ"ל אמר רבן].

הגהות הב"ח

(א) רש"י ד"ה לא צריכא כו' חושש לשמא יבנה סמוך לשקיעת החמה:

הגהות הגר"א

[א] גמ' תקיעת יובל דוחה כו'. כצ"ל:

תורה אור השלם

א) וְהַעֲבַרְתָּ שׁוֹפַר תְּרוּעָה בַּחֹדֶשׁ הַשְּׁבִעִי בֶּעָשׂוֹר לַחֹדֶשׁ בְּיוֹם הַכִּפֻּרִים תַּעֲבִירוּ שׁוֹפָר בְּכָל אַרְצְכֶם: [ויקרא כה, ט]

ב) כִּי אַעֲלֶה אֲרֻכָה לָךְ וּמִמַּכּוֹתַיִךְ אֶרְפָּאֵךְ נְאֻם יְיָ כִּי נִדָּחָה קָרְאוּ לָךְ צִיּוֹן הִיא דֹּרֵשׁ אֵין לָהּ: [ירמיה ל, יז]

ליקוטי רש"י

שוה היובל לראש השנה לתקיעה. בפשוטין ואף על גב דתקיעתו ביובל לא לתפלה ולא לזכרון אלא לסימן שילוח עבדים והשמטת מכירת שדות אפילו הכי כדראש השנה בעי לתעבידה דגמרינן לה לגזירה שוה שביעי שביעי בפרק בתרא (לקמן לד.). ולברכות. דבעי למימר תשע ברכות ביום הכפורים של יובל (לעיל כו:). במקדש שבעה. כדדרשינן בת"כ ושמחתם לפני ה' אלהיכם שבעת ימים (ויקרא כג) ולא בגבולין ז' ימים. במדינה. בירושלים שאף הוא כגבולים. ושיהא יום הנף. של עומר דהיינו ט"ז בניסן כל היום אסור לאכול חדש ובזמן שבית המקדש קיים משקרב העומר היו אוכלין חדש בו ביום דכתיב (שם) עד הביאכם. ובזמן שאין בית מותר מן התורה משהאיר המזרח (סוכה מא.). כתוב אחד אומר עד עצם היום הזה וכתוב אחד אומר עד הביאכם הא כיצד בזמן שיש עומר עומר מתיר ובזמן שאין עומר עצם היום מתיר ואסר רבן יוחנן בן זכאי עליהם כל היום כדמפרש טעמא בגמרא (סוכה מא.). יום הנף. יום ט"ז שבו מניפין את העומר כולו אסור לאכול חדש (מנחות סח.). מהרה יבנה בית המקדש. ויחזור דבר לאיסורו דהשתא החדש מותר עד שיביאו העומר.

עין משפט נר מצוה

ה א מיי' פ"ב מהל' שופר הל' ט ופ"י מהל' שמטה ויובל הל' יב:
ו ב מיי' פ"י מהל' שמטה הלכה י:
ז ג מיי' שם הל' יא:
ח ד מיי' פ"ב מהל' שופר הל' א טוש"ע א"ח סי' תקפט סעיף ג:
ט ה מיי' פ"ב מהל' שופר הל' ג טוש"ע א"ח סי' לח סעיף ג וסי' תקפט סעיף ג:
י ו מיי' פ"י מהל' שמיטין הל' יא:
יא ז מיי' שם הל' יב ופ"ב מהל' שופר הלכה ט:
יב ח מיי' פ"י מהל' שמיטין הל' יב:
יג ט מיי' פ"ב מהל' שופר הל' ט:
יד י מיי' פ"ז מהלכות לולב הלכה יג וטוו סמג עשין מד טוש"ע א"ח סימן תרנח סעיף א:
טו כ מיי' פ"י מהלכות מאכלות אסורות הל' ב סמג לאוין קמב טוש"ע י"ד סי' רצג סעיף א:
טז ל מיי' שם:

רבינו חננאל

ועם ב"ד כלומר זו התקיעה שחל להיות בשבת אינה אלא בפני [ב"ד] בלבד זולתי בירושלים מותיב רבא ועוד זאת היתה ירושלים יתירה על יבנה שכל עיר שהיא רואה או שומעת כו'. פירושא לא תני ועוד אלא שיש שם דבר אחר שירושלים יתירה על יבנה זולתי זה לפיכך תני ועוד ואמרי' איזהו אם תאמר שהיו בירושל' תוקעין יחידאין וביבנה לא. והאמר ר' יצחק כי הוה מסיים ש"ץ תקיעתא ביבנה לא הוה שמע איניש קל אוניה מקל תקיעתא דיחידאי פי' שהיו תוקעין יחידאין ביבנה כל מי שלא שמע התקיעות מפי ש"ץ שבא מאחר שסיים היה כל יחיד ויחיד תוקעין יחידי כדי לצאת ידי חובה שלא שמעו התקיעות מפי ש"ץ ואסיקנא כי היו תוקעין בזמן ב"ד ואפי' שלא בפני ב"ד. קשיא לרב הונא ופריק הכי קאמר בירושלים היו תוקעין בין בפני בית דין בין שלא בפני בית דין וביבנה לא היו תוקעין אלא בפני בית דין. ועוד זאת היתה ירושלי' יתירה על יבנה כו'. איכא דמתני הכי ביוה"כ תעבירו שופר מלמד שכל יחיד ויחיד חייב לתקוע. אמר רב הונא ועם ב"ד בזמן בית דין בלבד. מותיב רבא תקיעות יובל ור"ה דוחין את השבת בגבולין איש וביתו ותרצינא בגבולין איש בביתו. ואמרינן איש בביתו דוקא ואפי' שלא בזמן ב"ד ודחינן לא לעולם איש וביתו בזמן ב"ד. אבל שלא בזמן ב"ד לא. מותיב רב ששת שוה היובל לר"ה לתקיע' ולברכות אלא שביובל היו תוקעין בין בב"ד שקידשו את החדש כו' עד אלא לאו הכי קאמר הא קמ"ל דאילו ביובל תוקעין היו בין בזמן ב"ד ובין שלא בזמן ב"ד קשיא לרב הונא. ודחינן לא ה"ק ביובל היו תוקעין בין בפני ב"ד בין שלא בפני ב"ד. ובר"ה לא היו תוקעין אלא בפני ב"ד. ולעולם זה וזה בזמן ב"ד. איתמר משמיה דר' לעולם אין תוקעין אלא בזמן שב"ד יושבין. בעי ר' זירא ננערו ב"ד לעמוד ונזדמן דבר לעיין בו וחזרו ונתישבו והאריכו בישיבה מאי. ב"ד יושבין בעינן והא איכא. או דילמא זמן ב"ד בעינן וליכא ועלתה בתיקו. ועוד זאת היתה ירושלים יתירה על יבנה. ת"ר רואה פרט ליושבת בנחל. כלומר הנחל מקום נמוך ואינה נראית מן הכרך. שומעת פרט ליושבת בראש ההר שאע"פ שנראית אינה שומעת. קרובה פרט ליושבת חוץ לתחום. ויכולה לבא פרט דפסיק ליה נהרא שאע"פ שהיא קרובה אינה יכולה לבוא. [מתני'] בראשונה היה הלולב ניטל במקדש שבעה ובמדינה יום אחד משחרב הבית התקין ריב"ז שיהא ניטל הלולב במדינה ז' ימי חג זכר למקדש שנא' כי נדחה קראו לך ציון היא דורש אין לה.

Mishnah Having mentioned Rabban Yochanan ben Zakkai's innovation regarding the shofar, the Mishnah digresses to cite other innovations that he instituted:

בָּרִאשׁוֹנָה הָיָה לוּלָב נִיטָּל בַּמִּקְדָּשׁ שִׁבְעָה – **Originally,** in the days that the Temple stood, **the** ***lulav*** **was taken in the Temple** all **seven** days of Succos, וּבַמְּדִינָה יוֹם אֶחָד – **and in the provinces** on only **one** (i.e. the first) **day.**[30] מִשֶּׁחָרַב בֵּית הַמִּקְדָּשׁ – **When the** Second **Temple was destroyed,** הִתְקִין רַבָּן יוֹחָנָן בֶּן זַכַּאי שֶׁיְּהֵא לוּלָב נִיטָּל בַּמְּדִינָה שִׁבְעָה זֵכֶר לַמִּקְדָּשׁ – **Rabban Yochanan ben Zakkai instituted that the** ***lulav*** **be taken in the provinces** all **seven** day of Succos **in remembrance of the Temple,**[31] וְשֶׁיְּהֵא יוֹם הֶנֵף כּוּלּוֹ אָסוּר – **and that the entire Day of Waving**[32] **should be forbidden** for eating from the new crop of grain.[33]

Gemara The Gemara addresses the basis for Rabban Yochanan ben Zakkai's institution "in remembrance of the Temple":

וּמְנָלַן דְּעַבְדִינַן זֵכֶר לַמִּקְדָּשׁ – **From where** in Scripture is it known **to us that we** are bidden to **make a remembrance of the Temple?** דְּאָמַר קְרָא – **For the verse states:**[34] ,,כִּי אַעֲלֶה אֲרֻכָה לָךְ – ***For I will make a cure for you*** וּמִמַּכּוֹתַיִךְ אֶרְפָּאֵךְ נְאֻם־ה׳ – ***and from your wounds will I heal you – the word of Hashem;*** כִּי נִדָּחָה קָרְאוּ לָךְ – ***for they*** [i.e. the nations of the world] ***called you "Discarded One,"*** צִיּוֹן הִיא דֹּרֵשׁ אֵין לָהּ" – ***[saying], "She is Zion, there is none who seeks her."*** מִכְּלָל דְּבָעֲיָא דְּרִישָׁה – From the words *there is none who seeks her,* **it is implied that she requires seeking.**[35] And Rabban Yochanan ben Zakkai determined that a way to commemorate Zion is by performing the mitzvah of *lulav* in the Temple manner.

The Mishnah stated:

וְשֶׁיְּהֵא יוֹם הֶנֵף כּוּלּוֹ אָסוּר – AND Rabban Yochanan ben Zakkai also instituted after the Temple's destruction THAT THE ENTIRE DAY OF WAVING SHOULD BE FORBIDDEN for eating from the new crop of grain.

The Gemara explains:

מַאי טַעְמָא – **What is the reason** for this institution? מְהֵרָה יִבָּנֶה בֵּית הַמִּקְדָּשׁ – For **speedily the Temple will be rebuilt,**[36] וְיֹאמְרוּ אֶשְׁתָּקַד מִי לֹא אָכַלְנוּ בְּהָאִיר מִזְרָח – **and,** were it not for Rabban Yochanan ben Zakkai's institution, **[people] would say, "Last year,** on the sixteenth of Nissan, **did we not** become permitted to **eat** from the new grain **with the illuminating of** the sky in **the east** (i.e. immediately upon daybreak)?[37] עַכְשָׁיו נַמִּי נֵיכוּל – **Now, too, let us eat** from the new grain at daybreak." וְלֹא יָדְעֵי דְּאֶשְׁתָּקַד לֹא הֲוָה עוֹמֶר – **And they would not realize that last year,** when the Temple was not standing and **there was no** ***Omer*** offering, הָאִיר מִזְרָח הִתִּיר – it was indeed **the illuminating of** the sky in **the east** that rendered the new grain **permitted,** הַשְׁתָּא דְּאִיכָּא עוֹמֶר עוֹמֶר מַתִּיר – but **now, that there is the** ***Omer,*** it is the offering of **the** ***Omer*** that **permits** the new grain.[38] Therefore, Rabban Yochanan ben Zakkai instituted that in the absence of the Temple the new grain not be eaten the *entire* day of the sixteenth until nightfall. In that way, people will not unwittingly eat the new grain too early when the Temple is rebuilt.

NOTES

30. In commanding the mitzvah to take the Four Species on Succos, the Torah states (*Leviticus* 23:40): וּלְקַחְתֶּם לָכֶם בַּיּוֹם הָרִאשׁוֹן פְּרִי עֵץ הָדָר כַּפֹּת תְּמָרִים וַעֲנַף עֵץ־עָבֹת וְעַרְבֵי־נָחַל וּשְׂמַחְתֶּם לִפְנֵי ה׳ אֱלֹהֵיכֶם שִׁבְעַת יָמִים, *And you shall take for yourselves "on the first day" the esrog, lulav, myrtle branch and brook willows, and you shall rejoice before Hashem, your God, "for a seven-day period."* Thus, there is a command to take the *lulav* (and other species) "on the first day," as well as a command to take it "for a seven-day period." The command to take the *lulav* on the first day applies everywhere. The command to take it for seven days applies only in the Temple, as alluded to in that very phrase: *and you shall rejoice before Hashem, your God, for a seven-day period;* "before Hashem," i.e. in the Temple, you take the *lulav* for seven days, but not outside the Temple (see *Rashi*).

[As in the previous Mishnah, *Rashi* (*Succah* 41a ד״ה במדינה) understands "the Temple" as referring to the Temple itself and "the provinces" as referring to Jerusalem and beyond. *Rambam* (*Commentary to the Mishnah, Succah* 41a), however, explains that "the Temple" refers to all of Jerusalem, and "the provinces" refers to all places outside of Jerusalem (see *Rambam, Hil. Lulav* 7:13 with *Rabbeinu Manoach,* and *Aruch LaNer* to *Succah* 41a).]

31. Even according to the view of *Rambam* that the seven-day mitzvah applied in all Jerusalem (see preceding note), that was true only as long as the Temple stood (see *Sefer HaMitzvos LeRav Saadia Gaon, Mitzvas Aseh* §234; cf. the novel ruling of *Bikkurei Yaakov* 658:1). Once the Temple was destroyed, there was no remnant of the special Temple mitzvah to take the *lulav* for seven days. Therefore, Rabban Yochanan ben Zakkai instituted as a remembrance of the Temple that the Temple practice of taking the *lulav* for all seven days be kept everywhere (see *Chidushei R' Meir Simchah* to *Succah* [printed after *Likkutim*], beginning of ch. 4).

As we learned above (see 29b note 16), the *lulav* is not taken on the Sabbath. Hence, when the Mishnah says that the *lulav* is taken in the provinces all "seven" days, we must explain it to mean "except for that day which coincides with the Sabbath" (see *Meiri*). [This is the law since the Destruction. However, while the Temple stood, if the first day of Succos coincided with the Sabbath, the *lulav* was taken (see *Succah* 42b-44a).]

32. On the sixteenth of Nissan (the second day of Pesach), the *Omer* offering of barley was brought in the Temple (see *Leviticus* 23:9-15). The Torah (ibid. verse 11) commands that this offering be "waved" before a *kometz* of it is removed and burned on the Altar (see *Menachos* 67b). Thus, this day is called "the Day of Waving."

33. The Torah forbids one to eat from the new grain crop until the *Omer* is brought. [This is the prohibition against חָדָשׁ, *chadash* – the "new" grain crop.] The verse states (ibid. verse 14): וְלֶחֶם וְקָלִי וְכַרְמֶל לֹא תֹאכְלוּ עַד־עֶצֶם הַיּוֹם הַזֶּה עַד הֲבִיאֲכֶם אֶת־קָרְבַּן אֱלֹהֵיכֶם, *And bread or roasted kernels or plump kernels you shall not eat until this very day, until you bring the offering of your God.* Now, in this verse the Torah gives two different times for the permit of the new grain: *Until this very day* implies that the new grain becomes permitted upon daybreak of the sixteenth of Nissan. [According to *Rashi* to *Menachos* 68a ד״ה האיר המזרח, the reference is to sunrise, not dawn. See *Aruch LaNer* to *Succah* 41b.] And *until you bring the offering of your God* implies that the new grain does not become permitted on the sixteenth until the *Omer* is actually brought. The Gemara in *Menachos* 68a explains the two different times as follows: When the Temple stands and the *Omer* will thus be brought, the new grain does not become permitted until the *Omer* is actually brought. In the absence of the Temple and the *Omer* offering, the new grain becomes permitted immediately upon daybreak of the sixteenth (*Rashi*). Rabban Yochanan ben Zakkai, however, instituted after the destruction of the Temple that the new grain should remain forbidden for the entire day of the sixteenth (the entire Day of Waving), for reasons that the Gemara will explain.

34. *Jeremiah* 30:17.

35. [If "there is none who seeks her" is used by the nations as a taunt to Zion, then it is indicated that we must indeed strive to seek Zion out.]

36. I.e. the concern is for when the Temple will be rebuilt, as the Gemara continues to explain. [And since the rebuilding of the Temple is mentioned, the prayer that it be done speedily in our days is added.]

37. As the Torah indeed permits in the absence of the Temple (see note 33).

38. When the Temple stands, the new grain remains forbidden on the sixteenth until the *Omer* is actually offered (see note 33).

ועם בית דין מאי ועם ב"ד [א] בפני בית דין לאפוקי שלא בפני בית דין דלא מתיב רבא ועוד זאת היתה ירושלים יתירה על יבנה וכו' מאי ועוד זאת אילימא כדקתני זאת מיבעי ליה אלא דבירושלים תוקעין יחידין וביבנה אין תוקעין יחידין והא כי אתא רב יצחק בר יוסף אמר כי מסיים שליחא דציבורא תקיעה ביבנה לא שמע איניש קל אוניה מקל תקועיא [דיחידאי] אלא לאו דבירושלים תוקעין בין בזמן ב"ד ובין שלא בזמן ב"ד וביבנה בזמן ב"ד אין שלא בזמן ב"ד לא הא בזמן ב"ד מיהא תוקעין ואפילו שלא בפני ב"ד לא דאילו בירושלים תוקעין בין בפני ב"ד בין שלא בפני בית דין וביבנה בפני ב"ד אין שלא בפני ב"ד לא איכא דמתני להא דרב הונא אהא דכתיב (א) ביום הכפורים תעבירו שופר בכל ארצכם מלמד [ב] שכל יחיד ויחיד חייב לתקוע אמר רב הונא ועם בית דין מאי ועם ב"ד [ג] בזמן ב"ד לאפוקי שלא בזמן בית דין דלא מתיב רבא תקיעת [א] ראש השנה ויובל דוחה את השבת בגבולין איש וביתו מאי איש וביתו אילימא איש ואשתו [ד] איתתא מי מיחייבא והא מצות עשה שהזמן גרמא היא [ה] וכל מצות עשה שהזמן גרמא נשים פטורות אלא לאו איש בביתו ואפילו שלא בזמן ב"ד לא לעולם בזמן ב"ד מתיב רב ששת [ו] שוה היובל לראש השנה לתקיעה ולברכות אלא שביובל תוקעין בין בב"ד שקידשו בו את החדש ובין בב"ד שלא קידשו בו את החדש וכל יחיד ויחיד חייב לתקוע [ז] ובר"ה לא היו תוקעין אלא בב"ד שקידשו בו את החדש [ח] ואין כל יחיד ויחיד חייב לתקוע מאי אין כל יחיד ויחיד חייב לתקוע אילימא דביובל תוקעין יחידין ובראש השנה אין תוקעין יחידין והא כי אתא רב יצחק בר יוסף אמר כי מסיים שליחא דציבורא תקיעתא ביבנה לא שמע איניש קל אוניה מקל תקועיא [דיחידאי] אלא לאו [דאילו] ביובל תוקעין בין בזמן ב"ד בין שלא בזמן ב"ד וברה"ה בזמן ב"ד אין שלא בזמן ב"ד לא קתני מיהת ביובל בין בזמן ב"ד בין שלא בזמן ב"ד לא לעולם בזמן בית דין והכי קתני ביובל תוקעין בין בפני בית דין בין שלא בפני ב"ד בר"ה בזמן ב"ד ובפני ב"ד תוקעין בזמן ב"ד איתמר נמי א"ר חייא בר גמדא א"ר יוסי בן שאול אמר רבי אין תוקעין אלא כל זמן שבית דין יושבין בעי ר' זירא ננערו לעמוד ולא עמדו מהו ב"ד יושבין בעינן [ט] והא איכא או דלמא זמן ב"ד בעינן וליכא תיקו: ועוד זאת היתה ירושלים יתירה על יבנה וכו': רואה פרט ליושבת בנחל שומעת פרט ליושבת בראש ההר קרובה פרט ליושבת חוץ לתחום ויכולה לבוא פרט למפסיק לה נהרא: **מתני'** [י] בראשונה היה הלולב ניטל במקדש שבעה ובמדינה יום אחד משחרב בית המקדש התקין רבן יוחנן בן זכאי שיהא לולב ניטל במדינה שבעה זכר למקדש [כ] ושיהא יום הנף כולו אסור: **גמ'** [ל] ומנלן דעבדינן זכר למקדש דאמר קרא (ב) כי אעלה ארוכה לך וממכותיך ארפאך נאם ה' כי נדחה קראו לך ציון היא דורש אין לה מכלל דבעיא דרישה: ושיהא יום הנף כולו אסור: מ"ט מהרה יבנה בית המקדש ויאמרו אשתקד מי לא אכלנו בהאיר מזרח עכשיו נמי ניכול ולא ידעי דאשתקד לא הוה עומר האיר מזרח התיר השתא דאיכא עומר עומר מתיר דמיבני אימת אילימא דאיבני בשיתסר הרי האיר מזרח התיר אלא דאיבני בחמיסר מחצות היום ולהלן לשתרי דהא תנן [ו] הרחוקין מותרין מחצות היום ולהלן לפי שאין ב"ד מתעצלים בו לא נצרכא דאיבני [ז] בחמיסר סמוך לשקיעת החמה אי נמי דאיבני בליליא (אמר) רב נחמן בר יצחק [ח] רבן יוחנן בן זכאי בשיטת

רש"י

ועם בית דין. הוא דתקעינן: אלא דאילו בירושלים. תוקעין בשבת יחידים שאינן שלוחי ב"ד והא מילתא חסרה ממתניתין ומיבעי לן לתרוצה הכי: בין בזמן בית דין. עד שש שעות שהיו בית דין יושבין: בין שלא בזמן בית דין. שהלכו לבתיהן: איכא דמתני לה וכו'. מאי ועם בית דין (בפני ב"ד) דקאמר רב הונא בזמן ב"ד דהא ליכא לפרושי הכי ועם ב"ד בפני ב"ד דהא בכל ארצכם כתיב (ויקרא כה): ובר"ה לא היו תוקעין. להיות בשבת אלא בב"ד הגדול של סנהדרין הגדולה המקדשין את החדשים ורבי אליעזר היא: כי מסיים שליחא דציבורא כו'. ואף בי"ט שחל להיות בשבת דלהכי נקט יבנה: אלא לאו דאילו ביובל תוקעין. היחידים בין בזמן בית דין כו': לא לעולם בזמן ב"ד. והכי קאמר ביובל כל יחיד ויחיד תוקע בזמן ב"ד אפי' שלא בפני ב"ד וברה"ה בפני ב"ד אין שלא בפני ב"ד לא: איתמר נמי. כרב הונא: אין תוקעין. יחידים ביוה"כ ביובל אלא בזמן שב"ד יושבין במקומן והתוקעין תוקעין בכל העיר: ננערו לעמוד. נעקרו ממושבם כדי לעמוד וזולין:

מתני' בראשונה היה לולב ניטל במקדש שבעה. דכתיב (שם כג) ושמחתם לפני ה' אלהיכם שבעת ימים ובמדינה יום אחד דכתיב (שם) ולקחתם לכם ביום הראשון: ושיהא יום הנף כולו אסור. יום הנפת עומר כולו אסור לאכול מן החדש ומדאורייתא משהאיר מזרח מותר כדאמרינן במנחות (דף סח.) כתוב אחד אומר עד עצם היום הזה וכתוב אחד אומר עד הביאכם וגו' הא כיצד בזמן הבית עומר מתיר ובזמן שאין עומר עצם היום מתיר: גמ' כי אעלה ארוכה לך וגו'. סיפיה דקרא ציון היא דורש אין לה: מאי טעמא. גזר עליה: דאיבני אימת. שיהא לנו לחוש עכשיו לכך: הרי האיר מזרח התיר. דהא לא היה מזבח: אלא דאיבני בחמיסר. שהיה שהות לקצור במוצאי י"ט ולהביאו למחר כמצותו: מחצות היום ולהלן לישתרי. השתא נמי ולא לגזור עליה רבן יוחנן אלא עד חצות היום ואי נמי מהרה יבנה ויאמרו אשתקד מי לא אכלנו מחצות היום ולהלן השתא נמי ניכול שפיר אכלי ואפי' הרחוקים מירושלים שלא ראו הקרבתו יש להם לסמוך דודאי קרב כבר דאמר מר הרחוקין היו מותרין בזמן הבית מחצות היום ולהלן כו': לא צריכא דאיבני סמוך לשקיעת החמה דחמיסר אי נמי דאיבני בלילה. רבן יוחנן חושש לשמא יבנה (א) לשקיעת החמה או בליל ששה עשר בחצי הלילה או סמוך לבקרו שלא יהא שהות לקצירתו והבהובו באבוב של קלאין וטחינתו והרקדתו והקרבתו עד חצות ואי הוו רגילי למיכל חדש מחצות היום בזמן הזה אתי למיכל נמי ההוא יומא הכי ועבדי איסורא ואם תאמר היכי משכחת לה דאיבני בחמיסר בי"ט ודאיבני בליליא והא קיימא לן במסכת שבועות (דף טו:) דאין בנין בהמ"ק לא בי"ט ולא בלילה הני מילי בנין בידי אדם אבל בנין העתיד לבא בידי שמים הוא:

נשיטת

תוספות

וביבנה בפני בית דין אין שלא בפני ב"ד לא. והא דלא שמע איניש קל אוניה מקל תקיעה דיחידאי היינו שהיו באין לתקוע בפני בית דין שלא שמעו תקיעת בית דין דאותן שילאו אסור להם לחזור ולתקוע דיש איסור שבות בדבר לתקוע בחנם בשבת:

לא לעולם בזמן בית דין. תימה דמכל מקום קשיא ללישנא דרב הונא לא אמר אלא בפני בית דין והכא קתני איש בביתו וי"ל שיפרש דהא דקתני בגבולין איש בביתו איובל קאי ולא אראש השנה ומיהו אי גריס בגבולין בלא וי"ו ולא גרסינן ובגבולין לא יתכן לומר כן ושמא יפרש דהאי בגבולין איירי בירושלים דוקא ומיהו מבכל ארצכם (ויקרא כה) בכל מקום שבארץ ישראל איירי:

אין תוקעין אלא בזמן שב"ד יושבין. פי' בקונטרס ביובל ונראה שאף בר"ה אתא לאשמועינן דאפי' בפני ב"ד אין תוקעין אלא כל זמן שיושבין:

ונתקלקלו

מסורת הש"ס

א) [קדושין כט. וש"נ], ב) לעיל כו: [וש"נ], ג) סוכה מא., ד) שם מנחות סח., ה) [סוכה מא. ע"ש], ו) עירובין לב., ז) [בפרש"י דהכא ובתוס' סוכה דף מא. ד"ה אי נמי מוכח דלא היה גרסתם בחמיסר], ח) [נ"ל אמר רבן].

הגהות הב"ח

(א) רש"י ד"ה לא צריכא כו' חושש לשמא יבנה סמוך לשקיעת החמה:

הגהות הגר"א

[א] גמ' תקיעת יובל דוחה כו'. כצ"ל:

תורה אור השלם

א) וְהַעֲבַרְתָּ שׁוֹפַר תְּרוּעָה בַּחֹדֶשׁ הַשְּׁבִעִי בֶּעָשׂוֹר לַחֹדֶשׁ בְּיוֹם הַכִּפֻּרִים תַּעֲבִירוּ שׁוֹפָר בְּכָל אַרְצְכֶם: [ויקרא כה, ט]

ב) כִּי אַעֲלֶה אֲרֻכָה לָךְ וּמִמַּכּוֹתַיִךְ אֶרְפָּאֵךְ נְאֻם יְיָ כִּי נִדָּחָה קָרְאוּ לָךְ צִיּוֹן הִיא דֹּרֵשׁ אֵין לָהּ: [ירמיה ל, יז]

ליקוטי רש"י

שוה היובל לראש השנה לתקיעה. בפשוטין ואף על גב דתקיעתו ביובל לא למפלה ולא לזכרון אלא לשמוט שילוח עבדים והשמטת מכירת שדות אפילו הכי כדראש השנה בעי לעשותדיה דגמרינן לה גזירה שוה שביעי שביעי בפרק בתרא [לקמן לג:]. ולברכות. דבעי למימר תשע ברכות ביום הכפורים של יובל [לעיל כו:]. במקדש שבעה. כדדרשינן בת"כ ושמחתם לפני ה' אלהיכם שבעת ימים (ויקרא כג) ולא בגבולין ז' ימים. במדינה. בירושלים שאף כגבולים. ושיהא יום הנף. של עומר דהיינו ט"ז עשר בניסן כולו אסור בחדש ובעוד המקדש קיים משקרב העומר היו אוכלין חדש בו ביום כדכתיב (שם) עד הביאכם וכשחרב הבית מותר מן התורה משהאיר המזרח כדאמר במנחות (סח.) כתוב אחד אומר עד עצם היום הזה דהיינו האיר המזרח וכתוב אחד אומר עד הביאכם הא כיצד בזמן דאיכא עומר עד הביאכם וזמן דליכא עומר עד עצם ואסר רבן יוחנן בן זכאי עליהם כל היום כדמפרש טעמא בגמרא [סוכה מא.]. יום ט"ז שבו מניפין את העומר כולו אסור לאכול חדש [מנחות סח.]. מהרה יבנה בית המקדש. ויחזור דבר לאיסורו דהשתא קרינא ביה עד הביאכם ואי הוו נהיגי בחורבנו לאכול בהאיר מזרח כדין תורה אתיא למיכל נמי בבניינו ויאמרו אשתקד מי לא אכלנו כו'. דמיבני אימת. הך חששא דחיישינן למהרה יבנה אימת תגמור המלאכה דאיכא למיחש לאיסור חדש כל היום דאצטריך לרבן יוחנן בן זכאי למיסר השתא כל היום משום סירכא דההוא יומא. אילימא דאיבני בשיתסר. שלא נבנה עד יום ט"ז עצמו. הרי האיר המזרח התיר. ושפיר קאכלי דהואיל דהאיר המזרח ואין מקדש בנוי אשתרי ליה בחדש. אלא דאיבני בחמיסר. או קודם לכן דכי מטא שיתסר לא התיר האיר המזרח שהרי המקדש בנוי הלכך אכלי איסורא וגזר ריב"ז השתא משום ההוא יומא. מחצות היום ולהלן לישתרי. השתא דאי נמי אכלי ההוא יומא מחצות היום ולהלן כסירכא דמעיקרא נכלי וליכא איסורא דודאי קרב העומר. דהא תנן. במסכת מנחות (שם). הרחוקין. מירושלים לא היו רואין ולא היו שומעין שעת הקרבת העומר [סוכה שם]. שאינן יודעים אם עדיין קרב [העומר] מותרין מחצות היום ולהלן כדתני טעמא לקמן [מנחות שם]. מירושלים שאינן יודעין אם עדיין קרב העומר מותרין מחצות היום אלמא סמכינן [עירובין לב.]. מותרין. בחדש. מחצות היום ולהלן. לפי שיודעים שאין בית דין מתעצלים בו מלהקריבו קודם חצות. לא נצרכא וכו' סמוך לשקיעת החמה. דאיבני בחמיסר סמוך לשקיעת החמה והיא היא ואי קשיא דבלילה אינו נבנה דקיימא לן בשבועות (טו:) דאין בנין בית המקדש בלילה דכתיב וביום הקים ולא בחמיסר שהוא יום טוב דקיימא לן בשבועות (שם) דאין בנין בית המקדש דוחה י"ט ה"מ בנין הבנוי בידי אדם אבל מקדש העתיד שאנו מצפין בנוי ומשוכלל הוא יגלה ויבא משמים שנאמ' (שמות טו) מקדש ה' כוננו ידיך. אי נמי דאיבני בליליא. כלומר לשמא יבנה בלילה חיים ולא יהו פנויים לקצור העומר עד סמוך ליום ויש טורח הרבה בעומר שהיו מייבשין אותו (באבום) [באבוב] של קלאים ובוררין אותו שיזובו מימיו וטוחנין אותו ברחים של גרוסות ומניפין אותו בי"ג נפה בגסה בדקה כדאמרינן התם וזה שלא יוכלו להתעסק בו מתחילת לילה לא יספיקו להקריבו למחר קודם חצות [סוכה שם].

עין משפט נר מצוה

ה א מיי' פ"ב מהל' שופר הל' ט ופ"י מהל' שמטה ויובל הל' יג:
ו ב מיי' פ"י מהל' שמטה הלכה י:
ז ג מיי' שם הל' יא:
ח ד מיי' פ"ב מהל' שופר הל' א טוש"ע א"ח סי' תקפט סעיף ג:
ט ה מיי' פי"ב מהל' ע"ז הל' ג טוש"ע א"ח סי' לח סעיף ג וסי' תקפט סעיף ג:
י ו מיי' פ"י מהל' שמיטין הל' יא:
יא ז מיי' שם הל' יב ופ"ב מהל' שופר הלכה ט:
יב ח מיי' פ"י מהל' שמיטין הל' יב:
יג ט מיי' פ"ב מהל' שופר הל' ט:
יד י מיי' פ"ז מהלכות לולב הלכה יג וטו סמג עשין מד טוש"ע א"ח סימן תרנח סעיף א:
טו כ מיי' פ"י מהלכות מאכלות אסורות הל' ב סמג לאוין קמב טוש"ע י"ד סי' רצג סעיף א:
טז ל מיי' שם:

רבינו חננאל

ועם ב"ד כלומר זו התקיעה שחל להיות בשבת אינה אלא בפני [ב"ד] בלבד זולתי בירושלים מותיב רבא ועוד זאת היתה ירושלים יתירה על יבנה שכל עיר שהיא רואה או שומעת כו'. פירושא לא תני ועוד אלא שיש שם דבר אחר שירושלים יתירה על יבנה זולתי זה לפיכך תני ועוד ואמרי' איזהו אם תאמר שהיו בירושל' תוקעין יחידאין וביבנה לא. והאמר ר' יצחק כי הוה מסיים ש"ץ תקיעתא ביבנה לא הוה שמע איניש קל אוניה מקל תקיעתא דיחידאי פי' שהיו תוקעין יחידאין ביבנה כל מי שלא שמע התקיעות מפי ש"ץ שבא מאחר שסיים היה כל יחיד ויחיד תוקעין יחידי כדי לצאת ידי חובה שלא שמעו התקיעות מפי ש"ץ ואסיקנא כי היו תוקעין בזמן ב"ד ואפי' שלא בפני ב"ד. קשיא לרב הונא ופריק הכי קאמר בירושלים היו תוקעין בין בפני בית דין בין שלא בפני בית דין וביבנה לא היו תוקעין אלא בפני בית דין. ועוד זאת היתה ירושלי' יתירה על יבנה כו'. איכא דמתני הכי ביוה"כ תעבירו שופר מלמד שכל יחיד ויחיד חייב לתקוע. אמר רב הונא ועם ב"ד בזמן בית דין בלבד. מותיב רבא תקיעות יובל ור"ה דוחין את השבת בגבולין איש וביתו ותריצנא בגבולין איש בביתו. ואמרינן איש בביתו דוקא ואפי' שלא בזמן ב"ד ודחינן לא לעולם איש וביתו ובזמן ב"ד. אבל שלא בזמן ב"ד לא. מותיב רב ששת שוה היובל לר"ה לתקיע' ולברכות אלא שביובל היו תוקעין בין בב"ד שקידשו את החדש כו' עד אלא לאו הכי קאמר הא קמ"ל דאילו ביובל תוקעין היו בין בזמן ב"ד ובין שלא בזמן ב"ד קשיא לרב הונא. ודחינן לא ה"ק ביובל היו תוקעין בין בפני ב"ד בין שלא בפני ב"ד. וברה"ה לא היו תוקעין אלא בפני ב"ד. ולעולם זה וזה בזמן ב"ד. איתמר משמיה דר' לעולם אין תוקעין אלא בזמן שב"ד יושבין. בעי ר' זירא ננערו ב"ד לעמוד ונזדמן דבר לעיין בו וחזרו ונתישבו והאריכו בישיבה מאי תוקעין אי לא. ב"ד יושבין בעינן והא איכא. או דילמא זמן ב"ד בעינן וכבר עבר ועלתה בתיקו. ועוד זאת היתה ירושלים כו': ת"ר רואה פרט ליושבת בנחל. כלומר הנחל מקום נמוך ואינה נראית מן הכרך. שומעת פרט ליושבת בראש ההר שאע"פ שנראית אינה שומעת. קרובה פרט ליושבת חוץ לתחום. ויכולה לבא פרט דפסיק ליה נהרא שאע"פ שהיא קרובה אינה יכולה לבוא. ירושלמי והוא שיהו כל הדרכים האלו בה. רואה ואינה שומעת כגון ירושלים מלמעלן והעיר מלמטן שומעת ואינה רואה ההר מפסיק. רואה ושומעת וקרובה ואינה יכולה לבוא הנחל מפסיק: [מתני'] בראשונה היה לולב ניטל במקדש שבעה ובמדינה יום אחד משחרב הבית התקין ריב"ז שיהא ניטל הלולב במדינה ז' ימי חג זכר למקדש שנא' כי נדחה קראו לך ציון היא דורש אין לה

The Gemara seeks to understand the possible future scenario that prompted Rabban Yochanan ben Zakkai's decree:

דְּמִיבְּנֵי אֵימַת – Rabban Yochanan ben Zakkai was concerned for **where [the Temple] will be rebuilt when?** אִילֵימָא דְּאִיבְּנֵי בְּשִׁיתְּסַר – **If you say** for **where it will be rebuilt on the sixteenth** of Nissan sometime during the day, then would it be a concern that people will continue to begin eating the new grain at daybreak? הֲרֵי הָאִיר מִזְרָח הִתִּיר – **Why, the illuminating of the east will have** indeed rendered the new grain **permitted,** since at that point the Temple had not yet been rebuilt![39] אֶלָּא דְּאִיבְּנֵי בַּחֲמֵיסַר – **Rather,** you must say the concern is for **where it will be rebuilt on the fifteenth** of Nissan or earlier,[40] in which case, it will be forbidden to eat the new grain with daybreak of the sixteenth since the *Omer* stands to be offered. But even for that case, why was it necessary for Rabban Yochanan ben Zakkai to decree the entire day of the sixteenth forbidden in the absence of the Temple? מֵחֲצוֹת הַיּוֹם וּלְהַלָּן לִשְׁתְּרֵי – **Let it be permitted** in the absence of the Temple to eat from the new grain on the sixteenth **from midday onward,** since when the Temple stands the *Omer* is invariably offered by midday! דְּהָא תְּנַן – **For we have learned in the Mishnah:**[41] הָרְחוֹקִין מוּתָּרִין מֵחֲצוֹת הַיּוֹם וּלְהַלָּן – THOSE WHO ARE DISTANT from Jerusalem and cannot ascertain when exactly the *Omer* is offered ARE PERMITTED to eat the new grain on the sixteenth of Nissan FROM MIDDAY ONWARD, לְפִי שֶׁאֵין בֵּית דִּין מִתְעַצְּלִים בּוֹ – BECAUSE they know that THE *BEIS DIN* IS NOT TARDY REGARDING the offering of [THE *OMER*].[42] We see from this Mishnah that when the Temple stands the *Omer* is invariably offered by midday. Rabban Yochanan ben Zakkai, then, could have satisfied all concerns by declaring the new grain forbidden only until midday of the sixteenth.[43] Why did he have to prohibit the entire day?

The Gemara answers:

לֹא נִצְרְכָא דְּאִיבְּנֵי בַּחֲמֵיסַר סָמוּךְ לִשְׁקִיעַת הַחַמָּה – **It is necessary** to prohibit the entire day to account **only** for the scenario **where [the Temple] will be rebuilt just before sundown on the fifteenth,** אִי נַמִּי דְּאִיבְּנֵי בְּלֵילְיָא – **or else on the night** of the sixteenth. In either case, the entire *Omer* process might be delayed, causing the offering itself (and the concomitant permit of the new grain) to be delayed until the late afternoon.[44] To address this possibility, Rabban Yochanan ben Zakkai decreed that nowadays the new grain be forbidden the entire day of the sixteenth.

The Gemara offers an alternative understanding of Rabban Yochanan ben Zakkai's institution:

[אָמַר] רַב נַחְמָן בַּר יִצְחָק (אמר) – **Rav Nachman bar Yitzchak says:**[45] רַבָּן יוֹחָנָן בֶּן זַכַּאי

NOTES

39. And the Altar did not exist (*Rashi;* see *Tosafos* to *Succah* 41a ד״ה דאשתקד). Although the Temple is rebuilt later that day and the *Omer* offering is due, the permit of the new grain will have already taken effect irrevocably with daybreak, at which point the Temple was not yet rebuilt (*Rashi* to *Succah* 41a).

40. So that there was ample time for the grain to be cut on the night of the sixteenth – which is the first night of Chol HaMoed Pesach – and to be offered properly the next day (*Rashi;* see also *Rashi* to *Succah* 41a).

41. *Menachos* 68a.

42. The *beis din* is diligent to see that the Kohanim offer the *Omer* as quickly as possible. Thus, one can safely assume that the *Omer* was offered by midday (see *Rashi*).

43. In that case, even if people would continue this practice after the Temple is rebuilt, no harm would result, since the *Omer* will certainly have been offered by midday (*Rashi*).

44. The process of obtaining the barley for the *Omer* offering was a legnthy one, requiring reaping, threshing, drying and grinding the barley, and sifting the flour thirteen times (see Mishnah, *Menachos* 65a and 66a). The rebuilding of the Temple late in the day of the fifteenth or on the night of the sixteenth might result in the people being too busy to reap the barley for the *Omer* until just before daybreak, resulting in the offering itself being postponed until past midday (see *Rashi,* and *Tosafos, Succah* 41a ד״ה אי נמי). And since the Temple is already standing, daybreak of the sixteenth will not permit the new grain, which will remain forbidden until the *Omer* is actually offered.

Rashi raises the question how the Temple could be rebuilt on the fifteenth (which is Yom Tov – the first day of Pesach) or on the night of the sixteenth. We are taught in *Shevuos* 15b that the building of the Temple may not be done on the Sabbath or Yom Tov, nor at night!? He answers that these restrictions apply only to human construction of the Temple. The Third Temple, however, will not be made by human hands, but will miraculously descend intact from Heaven, as alluded to by the verse (*Exodus* 15:17): מִקְּדָשׁ אֲדֹנָי כּוֹנְנוּ יָדֶיךָ, *the Sanctuary, my Lord, that Your hand established* (see also *Rashi, Succah* 41a and *Tosafos* there ד״ה אי נמי). [*Rashi* does not cite any Talmudic source for this contention regarding the miraculous construction of the Third Temple. *Tosafos* to *Shevuos* ibid. ד״ה אין cite this in the name of the Midrash (see *Pesikta Rabbasi* [Friedman ed.], ch. 28 p. 134). However, the commentators point out that it is evident from many other sources that the Third Temple, too, will be built by human hands (see the many sources on this matter cited in *Otzar Mefarshei HaTalmud* to *Succah* 41a, notes 56 and 57).]

[In response to the basic question raised by *Rashi, Meiri* explains that Rabban Yochanan ben Zakkai's decree was meant to account for the possibility that the authorities living at the time of the Temple's rebuilding might, in their great desire for the Temple, err and permit its building on Yom Tov or at night.]

45. [Our rendering follows the emendation of *Mesoras HaShas* here, and *Meiri* and *Maharshal* to *Succah* 41a; see, however, *Maharsha* there.]

וביבנה בפני בית דין אין שלא בפני ב"ד לא. והא דלא שמע איניש קל אוניה מקל תקיעה דיחידאי היינו שהיו בזמן לתקוע בפני בית דין שלא שמעו תקיעת בית דין דאותו זמן שילאי אסור לנס לחזור ולתקוע דיש איסור שבות בדבר לתקוע בחנם בשבת:

לא לעולם בזמן בית דין. תימה דמכל מקום קשיא לגירסא דרב הונא לא אמר אלא בפני בית דין והכא קתני איש בביתו וי"ל שיפרש דהאי דקתני בגבולין איש בביתו איובל קאי ולא אראש השנה ומיהו אי גריס בגבולין בלא וי"ו ולא גרסינן ובגבולין לא יתכן לומר כן ושמא יפרש דהאי בגבולין איירי בירושלים דוקא ומיהו מכל ארצכם (ויקרא כה) בכל מקום שבארץ ישראל איירי:

אין תוקעין אלא בזמן שב"ד יושבין. פי' בקונטרס ביובל ונראה שאף בר"ה אתא לאשמועינן דאפי' בפני ב"ד אין תוקעין אלא כל זמן שיושבין: ונתקלקלו

ועם בית דין מאי ועם ב"ד בפני בית דין לאפוקי שלא בפני בית דין דלא מתיב רבא ועוד זאת היתה ירושלים יתירה על יבנה וכו' מאי ועוד זאת אילימא כדקתני זאת מיבעי ליה אלא דבירושלים תוקעין יחידין וביבנה אין תוקעין יחידין והא כי אתא רב יצחק בר יוסף אמר כי מסיים שליחא דציבורא תקיעה ביבנה לא שמע איניש קל אוניה מקל תקועיא [דיחידאי] אלא לאו דבירושלים תוקעין בין בזמן ב"ד ובין שלא בזמן ב"ד וביבנה בזמן ב"ד אין שלא בזמן ב"ד לא הא בזמן ב"ד מיהא תוקעין ואפילו שלא בפני ב"ד לא דאילו בירושלים תוקעין בין בפני ב"ד בין שלא בפני בית דין וביבנה בפני ב"ד אין שלא בפני ב"ד לא איכא דמתני להא דרב הונא אהא דכתיב ביום הכפורים תעבירו שופר בכל ארצכם מלמד שכל יחיד ויחיד חייב לתקוע אמר רב הונא ועם בית דין מאי ועם ב"ד בזמן בית דין לאפוקי שלא בזמן בית דין דלא מתיב רבא תקיעת [א] ראש השנה ויובל דוחה את השבת בגבולין איש וביתו מאי איש וביתו אילימא איש ואשתו איתתא מי מיחייבא והא מצות עשה שהזמן גרמא היא וכל מצות עשה שהזמן גרמא נשים פטורות אלא לאו איש בביתו ואפילו שלא בזמן ב"ד לא לעולם בזמן ב"ד מתיב רב ששת שוה היובל לראש השנה לתקיעה ולברכות אלא שביובל תוקעין בין בב"ד שקידשו בו את החדש ובין בב"ד שלא קידשו בו את החדש וכל יחיד ויחיד חייב לתקוע ובר"ה לא היו תוקעין אלא בב"ד שקידשו בו את החדש ואין כל יחיד ויחיד חייב לתקוע מאי אין כל יחיד ויחיד חייב לתקוע אילימא דביובל תוקעין יחידין ובראש השנה אין תוקעין יחידין והא כי אתא רב יצחק בר יוסף אמר כי הוה מסיים שליחא דציבורא תקיעתא ביבנה לא שמע איניש קל אוניה מקל תקועיא [דיחידאי] אלא לאו [דאילו] ביובל תוקעין בין בזמן ב"ד בין שלא בזמן ב"ד ובר"ה בזמן ב"ד אין שלא בזמן ב"ד לא קתני מיהת ביובל בין בזמן ב"ד בין שלא בזמן ב"ד לא לעולם בזמן בית דין והכי קתני ביובל תוקעין בין בפני בית דין בין שלא בפני ב"ד בר"ה תוקעין בזמן ב"ד ובפני ב"ד איתמר נמי א"ר חייא בר גמדא א"ר יוסי בן שאול אמר רבי אין תוקעין אלא כל זמן שבית דין יושבין בעי ר' זירא נגערו לעמוד ולא עמדו מהו ב"ד יושבין בעינן והא איכא או דלמא זמן ב"ד בעינן וליכא תיקו: ועוד זאת היתה ירושלים יתירה על יבנה וכו': רואה פרט ליושבת בנחל שומעת פרט ליושבת בראש ההר קרובה פרט ליושבת חוץ לתחום ויכולה לבוא פרט למפסיק לה נהרא: **מתני'** בראשונה היה הלולב ניטל במקדש שבעה ובמדינה יום אחד משחרב בית המקדש התקין רבן יוחנן בן זכאי שיהא לולב ניטל במדינה שבעה זכר למקדש ושיהא יום הנף כולו אסור: **גמ'** ומנלן דעבדינן זכר למקדש דאמר קרא כי אעלה ארוכה לך וממכותיך ארפאך נאם ה' כי נדחה קראו לך ציון היא דורש אין לה מכלל דבעיא דרישה: ושיהא יום הנף כולו אסור: מ"ט מהרה יבנה בית המקדש ויאמרו אשתקד מי לא אכלנו בהאיר מזרח עכשיו נמי ניכול ולא ידעי דאשתקד לא הוה עומר האיר מזרח התיר השתא דאיכא עומר עומר מתיר דמיבני אימת אילימא דאיבני בשיתסר הרי האיר מזרח התיר אלא דאיבני בחמיסר מחצות היום ולהלן לשתרי דהא תנן הרחוקין מותרין מחצות היום ולהלן לפי שאין ב"ד מתעצלים בו לא נצרכא דאיבני בחמיסר סמוך לשקיעת החמה אי נמי דאיבני בליליא (אמר) רב נחמן בר יצחק רבן יוחנן בן זכאי בשיטת

ועם בית דין. הוא דתקעינן: אלא דאילו בירושלים. תוקעין בשבת יחידים שאינן שלוחי ב"ד והא מילתא חסרה ממתניתין ומיבעי לן לתרוצה הכי: בין בזמן בית דין. עד שש שעות שהיו בית דין יושבין: בין שלא בזמן בית דין. שהלכו לבתיהן: איכא דמתני לה וכו'. מאי ועם בית דין (בפני ב"ד) דקאמר רב הונא בזמן ב"ד דהא ליכא לפרושי האי ועם ב"ד בפני ב"ד דהא בכל ארצכם כתיב (ויקרא כה): ובר"ה לא היו תוקעין. כשחל להיות בשבת אלא בב"ד הגדול של סנהדרין הגדולה המקדשין את החדשים ורבי אליעזר היא: כי מסיים שליחא דציבורא כו'. ואף בי"ט שחל להיות בשבת דלהכי נקט יבנה: אלא לאו דאילו ביובל תוקעין. היחידים בין בזמן בית דין כו': לא לעולם בזמן ב"ד. והכי קאמר ביובל כל יחיד ויחיד תוקע בזמן ב"ד אפי' שלא בפני ב"ד ובר"ה בפני ב"ד אין שלא בפני ב"ד לא: איתמר נמי. כרב הונא: אין תוקעין. יחידים ביוה"כ ביובל אלא בזמן שב"ד יושבין במקומן והתוקעין תוקעין בכל העיר: ננערו לעמוד. נעקרו ממושבם כדי לעמוד ולילך:

מתני' בראשונה היה לולב ניטל במקדש שבעה. דכתיב (שם כג) ושמחתם לפני ה' אלהיכם שבעת ימים ובמדינה יום אחד דכתיב (שם) ולקחתם לכם ביום הראשון: ושיהא יום הנף כולו אסור. יום הנפת עומר כולו אסור לאכול מן החדש ומדאורייתא משהאיר מזרח מותר כדאמרינן במנחות (דף סח.) כתוב אחד אומר עד עצם היום הזה וכתוב אחד אומר עד הביאכם וגו' הא כיצד בזמן הבית עומר מתיר ובזמן שאין עומר עצם היום מתיר: גמ' כי אעלה ארוכה לך וגו'. סיפיה דקרא ציון היא דורש אין לה: מאי טעמא. גזר עליה: דאיבני אימת. שיהא לנו לחוש עכשיו לכך: הרי האיר מזרח התיר. דהא לא היה מזבח: אלא דאיבני בחמיסר. שהיה שהות לקצור במוצאי י"ט ולהביאו למחר כמצותו: מחצות היום ולהלן לישתרי. השתא ולא לגזור עליה רבן יוחנן אלא עד חצות היום ואי נמי מהרה יבנה ויאמרו אשתקד מי לא אכלנו מחצות היום ולהלן השתא נמי ניכול שפיר אכלי ואפי' הרחוקים מירושלים שלא ראו הקרבתו יש להם לסמוך דודאי קרב כבר דאמר מר הרחוקין היו מותרין בזמן הבית מחצות היום ולהלן כו': לא צריכא דאיבני סמוך לשקיעת החמה דחמיסר אי נמי דאיבני בלילה. רבן יוחנן חושש לשמא יבנה (א) לשקיעת החמה או בליל ששה עשר בחצי הלילה או סמוך לבקרו שלא יהא שהות לקצירתו והבהובו באבוב של קלאין וטחינתו והרקדתו והקרבתו עד חצות ואי הוו רגילי למיכל חדש מחצות היום בזמן הזה אתי למיכל נמי ההוא יומא הכי ועבדי איסורא ואם תאמר היכי משכחת לה דאיבני בחמיסר בי"ט ודאיבני בליליא והא קיימא לן במסכת שבועות (דף טו:) דאין בנין בהמ"ק לא בי"ט ולא בלילה הני מילי בנין בידי אדם אבל בנין העתיד לבא בידי שמים הוא: בשיטת

מסורת הש"ס

א) [קידושין כט. וש"נ], ב) לעיל כו: [וש"נ], ג) סוכה מא., ד) שם מנחות סח., ה) [סוכה מא. ע"ש], ו) עירובין לב., ז) [בפרש"י דהכא ובתוס' סוכה דף מא. ד"ה אי נמי מוכח דלא היה גרסתם בחמיסר], ח) [נ"ל אמר רבן].

הגהות הב"ח

(א) רש"י ד"ה לא נריכא כו' חושש לשמא יבנה סמוך לשקיעת החמה:

הגהות הגר"א

[א] גמ' תקיעת יובל דוחה כו'. כצ"ל:

תורה אור השלם

א) וְהַעֲבַרְתָּ שׁוֹפַר תְּרוּעָה בַּחֹדֶשׁ הַשְּׁבִעִי בֶּעָשׂוֹר לַחֹדֶשׁ בְּיוֹם הַכִּפֻּרִים תַּעֲבִירוּ שׁוֹפָר בְּכָל אַרְצְכֶם: [ויקרא כה, ט]

ב) כִּי אַעֲלֶה אֲרֻכָה לָךְ וּמִמַּכּוֹתַיִךְ אֶרְפָּאֵךְ נְאֻם יְיָ כִּי נִדָּחָה קָרְאוּ לָךְ צִיּוֹן הִיא דֹּרֵשׁ אֵין לָהּ: [ירמיה ל, יז]

ליקוטי רש"י

שוה היובל לראש השנה לתקיעה. בפשוטין ואף על גב דתקיעתו ביובל לא לתפלה ולא לזכרון אלא לסימן שילוח עבדים והשמטת מכירת שדות אפילו הכי כדראש השנה בעי למעבדיה דגמרינן לה לגזירה שוה שביעי שביעי בפרק בתרא (לקמן לד.). ולברכות. דבעי למימר תשע ברכות ביום הכפורים של יובל [לעיל כו:]. במקדש שבעה. כדדרשינן בת"כ ושמחתם לפני ה' אלהיכם שבעת ימים (ויקרא כג) ולא בגבולין ז' ימים. במדינה. בירושלים שאף הוא כגבולים. ושיהא יום הנף. של עומר דהיינו ט"ז עשר בניסן כולו אסור בחדש ובעוד המקדש קיים משקרב העומר היו אוכלין חדש בו ביום כדכתיב (שם) עד הביאכם וכשחרב הבית מותר מן התורה משהאיר המזרח כדאמר במנחות (סח.) כתוב אחד אומר עד עצם היום הזה דהיינו האיר המזרח וכתוב אחד אומר עד הביאכם הא כיצד בזמן דאיכא עומר עד הביאכם ובזמן דליכא עומר עד עצם ואסר רבן יוחנן בן זכאי עליהם כל היום כדמפרש טעמא בגמרא [סוכה מא.]. יום ט"ז שבו מניפין את העומר כולו אסור לאכול חדש [מנחות סח.]. מהרה יבנה בית המקדש. ויחזור דבר לאיסורו דהשתא קרינא ביה עד הביאכם ואי הוו נהיגי בחורבנו לאכול בהאיר

עין משפט נר מצוה

ה א מיי' פ"ב מהל' שופר הל' ט ופ"י מהל' שמטה ויובל הל' יב:
ו ב מיי' פ"י מהל' שמטה הלכה י:
ז ג מיי' שם הל' יא:
ח ד מיי' פ"ב מהל' שופר הל' א טוש"ע א"ח סי' תקפט סעיף ג:
ט ה מיי' פי"ב מהל' ע"ז הל' ג טוש"ע א"ח סי' לח סעיף ג וסי' תקפט סעיף ג:
י ו מיי' פ"י מהל' שמיטין הל' יא:
יא ז מיי' שם הל' יב ופ"ב מהל' שופר הלכה ט:
יב ח מיי' פ"י מהל' שמיטין הל' יב:
יג ט מיי' פ"ב מהל' שופר הל' ט:
יד י מיי' פ"ז מהלכות לולב הלכה יג וטו סמג עשין מד טוש"ע א"ח סימן תרנח סעיף א:
טו כ מיי' פ"י מהלכות מאכלות אסורות הל' ב סמג לאוין קמב טוש"ע י"ד סי' רצג סעיף א:
טז ל מיי' שם:

רבינו חננאל

ועם ב"ד כלומר זו התקיעה שחל להיות בשבת אינה אלא בפני [ב"ד] בלבד זולתי בירושלים מותיב רבא ועוד זאת היתה ירושלים יתירה על יבנה שכל עיר שהיא רואה או שומעת כו'. פירושא לא תני ועוד אלא שיש שם דבר אחר שירושלים יתירה על יבנה זולתי זה לפיכך תני ועוד ואמרי' איזהו אם תאמר שהיו בירושל' תוקעין יחידאין וביבנה לא. והאמר ר' יצחק כי הוה מסיים ש"ץ תקיעתא ביבנה לא הוה שמע איניש קל אוניה מקל תקיעתא דיחידאי פי' שהיו תוקעין יחידאין ביבנה כל מי שלא שמע התקיעות מפי ש"ץ שבא מאחר שסיים היה כל יחיד ויחיד תוקעין יחידי כדי לצאת ידי חובה שלא שמעו התקיעות מפי ש"ץ ואסיקנא כי היו תוקעין בזמן ב"ד ואפי' שלא בפני ב"ד. קשיא לרב הונא ופריק הכי קאמר בירושלים היו תוקעין בין בפני בית דין בין שלא בפני בית דין וביבנה לא היו תוקעין אלא בפני בית דין. ועוד זאת היתה ירושל' יתירה על יבנה כו'. איכא דמתני הכי ביוה"כ תעבירו שופר מלמד שכל יחיד ויחיד חייב לתקוע. אמר רב הונא ועם ב"ד בזמן בית דין בלבד. מותיב רבא תקיעות יובל ור"ה דוחין את השבת בגבולין איש וביתו ותריצנא בגבולין איש בביתו. ואמרינן איש בביתו דוקא ואפי' שלא בזמן ב"ד ודחינן לא לעולם איש וביתו ובזמן ב"ד. אבל שלא בזמן ב"ד לא. מותיב רב ששת שוה היובל לר"ה לתקיע' ולברכות אלא שביובל היו תוקעין בין בב"ד שקידשו את החדש כו' עד אלא לאו הכי קאמר הא קמ"ל דאילו ביובל תוקעין היו בין בזמן ב"ד ובין שלא בזמן ב"ד קשיא לרב הונא. ודחינן לא ה"ק ביובל היו תוקעין בין בפני ב"ד בין שלא בפני ב"ד. ובר"ה לא היו תוקעין אלא בפני ב"ד. ולעולם זה וזה בזמן ב"ד. איתמר משמיה דר' לעולם אין תוקעין אלא בזמן שב"ד יושבין. בעי ר' זירא נגערו לעמוד ועומדין דבר לעיין בו וחזרו ונתישבו והאריכו בישיבה מאי תוקעין אי לא. ב"ד יושבין בעינן והא איכא. או דילמא זמן ב"ד בעינן וליכא ועלתה בתיקו. ועוד זאת היתה ירושלים כו': ת"ר רואה פרט ליושבת בנחל. כלומר הנחל מקום נמוך ואינה נראית מן הכרך. שומעת פרט ליושבת בראש ההר שאע"פ שנראית אינה שומעת. קרובה פרט ליושבת חוץ לתחום. ויכולה לבא פרט דפסיק ליה נהרא שאע"פ שהיא קרובה אינה יכולה לבוא. ירושלמי והוא שיהו כל הדרכים האלו בה. רואה ואינה שומעת ... [מתני'] בראשונה היה לולב ניטל במקדש שבעה ובמדינה יום אחד משחרב בית המקדש התקין ריב"ז שיהא לולב ניטל במדינה זכר למקדש שנא' כי נדחה קראו לך ציון היא דורש אין לה ...

יז א מיי' פ"ו מהלכות מאכלות אסורות הל' ב:
יח ב מיי' פ"ג מהל' קידוש החדש הל' ה:
יט ג ד מיי' שם הל' ו:
כ ה מיי' שם הל' ה:
כא ו ז ח מיי' פ"ו מהל' תמידין הל' ט:

בשיטת ר' יהודה אמרה דאמר עד עצם היום הזה עד עצמו של יום וקסבר עד ועד בכלל ומי סבר לה כוותיה והא מפליג פליג עליה דתנן משחרב בית המקדש התקין רבן יוחנן בן זכאי שיהא יום הנף כולו אסור א"ר יהודה והלא מן התורה הוא אסור דכתיב עד עצם היום הזה התם ר' יהודה הוא דקא טעי איהו סבר רבן יוחנן בן זכאי מדרבנן קאמר ולא היא מדאורייתא קאמר והא התקין קתני מאי התקין דרש והתקין: **מתני'** בראשונה היו מקבלין עדות החדש כל היום פעם אחת נשתהו העדים מלבוא ונתקלקלו הלוים בשיר התקינו שלא יהו מקבלין אלא עד המנחה ואם באו עדים מן המנחה ולמעלה נוהגין אותו היום קודש ולמחר קודש משחרב בית המקדש התקין רבן יוחנן בן זכאי שיהו מקבלין עדות החדש כל היום: **גמ'** מה קלקול קלקלו הלוים בשיר הכא תרגימו שלא אמרו שירה כל עיקר רבי זירא אמר שאמרו שירה של חול עם תמיד של בין הערבים אמר לו רבי זירא לאהבה בריה פוק תני להו התקינו שלא יהו מקבלין עדות החדש אלא כדי שיהא שהות ביום להקריב תמידין ומוספין ונסכיהם ולומר שירה שלא בשיבוש אי אמרת בשלמא אמור שירה דחול היינו דאיכא שיבוש אלא אי אמרת לא אמור כלל מאי שיבוש איכא כיון דלא אמור כלל אין לך שיבוש גדול מזה מתיב רב אחא בר הונא תמיד של ראש השנה שחרית קרב כהלכתו במוסף מהו אומר הרנינו לאלהים עוזנו הריעו לאלהי יעקב במנחה מהו אומר קול ה' יחיל מדבר ובזמן שחל ראש השנה להיות בחמישי בשבת שהשירה שלו הרנינו לאלהים עוזנו לא היה אומר בשחרית הרנינו מפני שחוזר וכופל את הפרק אלא מהו אומר הסירותי מסבל שכמו ואם באו עדים אחר תמיד של שחר אומר הרנינו אע"פ שחוזר וכופל את הפרק אי אמרת בשלמא כל היכא דמסתפקא אמרינן שירה דחול היינו דקאמר אומרו וכופלו אלא אי אמרת לא אמור כלל מאי אומרו וכופלו שאני

רש"י

בשיטת ר' יהודה אמרה. דאמר מן התורה אסור כל היום בזמן הזה דקסבר עד ועד בכלל: **א"ר יהודה.** גרסי' ולא גרסי' אמר לו ר' יהודה שהרי לא ראהו מימיו אלא תמה בדורו על תקנת רבן יוחנן בן זכאי ואמר מה חידוש חידש ר' יוחנן בן זכאי והלא מן התורה אסור: **מדרבנן קאמר.** כלומר הוא בא לגזור עליו משום שהוא טעם לעיל דשמא יבנה: **דרש והתקין.** דרש להם המקרא והתקין שינהגו איסור כל שעה עכשיו היה היתר בדבר משקרב העומר שהעומר מתיר: **מתני' בראשונה היו מקבלין עדות החדש כו': הלוים בשיר.** בגמרא מפרש: **נוהגים אותו היום קודש.** בר"ה קאי דמשתשכה ליל' עשרים ותשעה נהגו בו קודש שמא יבואו עדים מחר ויקדשוהו ב"ד ונמצא שהלילה הזה ליל י"ט הוא וכן למחר כל היום עד המנחה ואם באו עדים קודם המנחה ב"ד מקדשים את החדש ונודע שיפה נהגו בו קודש ואם מן המנחה ולמעלה באו אע"פ שאין ב"ד מקבלין אותן לקדשו היום ויעברו את אלול ויקדשוהו למחר אעפ"כ גומרים אותו בקדושה ואסור במלאכה דלמא אתי לזלזולי ביה לשנה הבאה ויעשו בו מלאכה כל היום ויאמרו אשתקד נהגנו בו קודש חנם ומן המנחה ולמעלה חזרו ונהגו בו חול: **גמ'** ה"ג מאי קלקול קלקלו הלוים כו'. ולא גרסינן מ"ר: **הכא תרגימו.** בבבל: **שלא אמרו שירה כל עיקר.** בתמיד של בין הערבים לפי שלא ידעו מה שיר יאמרו שמא עוד סוף העדים לבוא היום ושיר של י"ט יש לומר או לא יבואו ונמצא שהוא חול אבל בתמיד של שחר אין ספק שמתוך שברוב השנים אין העדים באין קודם תמיד של שחר וספק יתקדש היום ספק לא יתקדש לא תקנו שיר של י"ט שחרית בר"ה כדתני לקמן תמיד של ר"ה שחרית קרב כהלכתו אבל לתמיד של בין הערבים תקנו שיר של י"ט שכבר באו העדים לפיכך אותה שנה שנשתהו לבא לא ידעו מה יאמרו: **פוק תני להו.** לבני בבל האומרים לא אמרו שירה כל עיקר שנה להם ברייתא זו שממנה ילמדו שאמרו שיר של חול: **קרב כהלכתו.** אומרים הלוים על נסכיו שיר של חול כמשפט היום כמו שאנו שונים במסכת תמיד (פ"ז משנה ד) השיר שהלוים היו אומרים בבית המקדש ביום הראשון כו': (א) **הריעו לאלהי יעקב.** וכל המזמור והוא שיר של חמישי בשבת בשחרית בחול ואומרין אותו על מוספי ר"ה לפי שהוא יום תרועה: **קול ה' יחיל מדבר.** כדי להזכיר בר"ה זכות קול שופרות של מתן תורה: **ואם חל ר"ה בחמישי בשבת.** ובאו עדים קודם תמיד של שחר: **לא היו אומרים שחרית.** שיר של חול דהיינו הרנינו מפני שחוזר וכופלו שיהא במוסף: **הפרק.** המזמור: **הסירותי מסבל שכמו.** משום דבר"ה יצא יוסף מבית האסורים: **ואם באו עדים.** בחמישי בשבת אחר תמיד של שחר דבשעת שיר של תמיד לא היו יודעין אם יתקדש היום וי"ל הסירותי או שמא חול הוא ושירו הרנינו יאמרו [הרנינו] מספק ויחזרו ויאמרו אותו במוסף ונמצא שכפלוהו: **אע"פ שהפרק שלו אומרו וכופלו.** אע"פ שמפרשה של מזמור זה תהא אמורה וכפולה היום: **שאני**

תוספות

ונתקלקלו הלוים בשיר. בתמיד של בין הערבים כדמפרש בגמרא אבל בתמיד של שחר לא תקנו שיר של י"ט כדפירש בקונטרס לפי שברוב השנים אין העדים באין קודם תמיד של שחר וספק יתקדש היום ספק לא יתקדש וא"ת ואמאי לא השיב קלקול של מוסף שלא הקריבו מוסף של ר"ח שאחר התמיד אין יכולין להקריבו כדדרשינן עליה השלם בפ' תמיד נשחט (פסחים דף נח: ושם) וכי תימא למעלה ומלין בראשו של מזבח דעליה השלם לא שייך אלא בקטורת ואין מקטיר עד למחר המיתה למאן דאמר בפ' המזבח מקדש (זבחים דף פז.) אין לינה מועלת בראשו של מזבח אבל למאן דאמר מועלת מאי איכא למימר וכי תימא דהקריבו כבש אחד על תנאי דאם יבואו עדים יהא מוסף ואם לא יבואו עדים יהא תמיד דא"כ במאי קלקלו בתמיד דאי משום דהיו סבורים שלא יבאו עדים ואמרו שיר של חול וזהו הקלקול לא היה בתמיד אלא במוסף של ר"ח שאמרו עליו שיר של תמיד של חול ועוד למ"ד שלא אמרו שירה כל עיקר היינו לפי שהיו ממתינין כל שעה ושעה שמא עדיין יבאו עדים ולא היו יודעין מה שיר יאמרו והשתא אם באו עדים ולא היה להם שהות ביום לומר שיר א"כ עדיין נתקלקלו יותר בשאר קרבנות שלא קרבו מיהו אפשר לומר כשלא באו לפיכך לא היה להם קלקול אלא בשיר וי"ל דאחר התמיד יכול להקריב מוסף של ר"ח משום דאתי עשה דרבים ודחי עשה דהשלמה כדאמרינן פרק השולח (גיטין דף לח:) גבי שחרר עבדו והשלימו לעשרה מצוה דרבים שאני וגבי עשה דהשלמה אמרי' נמי בפרק תמיד נשחט (פסחים דף נט. ושם) שנדחה מקמי עשה דפסח שיש בו כרת ובפ' שלוח הקן (חולין ד' קמא.) נמי אמרי' דעשה דמצורע דוחה עשה דשלוח משום שלום בין איש לאשתו ומיהו יש לתמוה אמאי נתקלקלו בשיר והלא בשעת נסכים היה השיר כדאמרינן בכל דוכתא (ברכות דף לה.) אין אומר שירה אלא על היין ואיתא בפרק שני דערכין (דף יא. ושם) ויכול להמתין מלהביא נסכים עד הלילה או עד למחר כדאיתא בהקומץ זוטא (מנחות דף טו:) דמביא אדם זבחו היום ונסכו מכאן ועד עשרה ימים ובפ"ב דתמורה (דף יד.) מנחתם ונסכיהם אפילו בלילה מנחתם ונסכיהם עד למחר ונראה לי דלכתחלה יש להביא נסכים עם הזבח דאי מביא בלילה אין יכול לומר שירה כדאמרינן בפ' שני דערכין (דף יא.) מה כפרה ביום אף שירה ביום ולמחר נמי אם מביאה מבעיא לן התם (דף יב.) אם טעונין שירה דאיבעיא להו נסכין הבאים בפני עצמן כלומר שהביא קרבן צבור היום ונסכין למחר טעונין שירה או אינן טעונין שירה ולא איפשט והא דאמר ר"מ התם (דף יא.) דשיר מעכב הקרבן היינו בנסכים הבאין עם הזבח שקרבו בשעת שחיטת הזבח דאין קרבין אלא ביום כדאמרינן בפ' שני דתמורה (דף יד.) ואותן טעונין שירה ואפי' אם תמצי לומר דבאין בפני עצמן טעונין שירה מ"מ טוב שיביאם עם הזבח כדי שיאמרו אאכילה ושתיה כדאמר התם בערכין (דף יא.) או דלמא אאכילה ושתיה אמרה אשתיה לחודיה לא אמרה והשתא דמביא אדם זבחו היום ונסכו מכאן עד י' ימים משמע דלכתחלה יכול לעשות כן הני מילי בקרבן יחיד דאין אומרים שירה אלא על קרבן צבור הקבוע להם זמן כדמוכח התם בערכין (דף יא.):

רבינו חננאל

לה מכלל דבביא דרישה. ושיהא יום הנף כולו אסור פי' שיהא יום הנפת העומר והוא יום ט"ז בניסן אסור לאכול מן החדש כדכתיב ולחם וקלי וכרמל לא תאכלו עד עצם היום הזה וגו' ותנן העומר היה מתיר במדינה ושתי הלחם במקדש. ובזמן שהיה בהמ"ק קיים היו יוצאין לילי יו"ט בניסן והיו קוצרין ומביאין ומקריבין העומר והיו הקרובים מירושלים מותרין לאכול החדש אחרי הקרבת העומר מיד והרחוקים היו מותרין מחצות היום ולהלן. שדבר ברור הוא שאין ב"ד מתעצלין ולא בא חצי היום אלא שודאי נקרב העומר ועכשיו שאין עומר אם יתירו להן החדש כשיאור מזרח חיישינן אם ישארו העם במנהגם ויבנה בית המקדש לילי י"ו בניסן או סמוך לשקיעת החמה של ט"ו בניסן נתחייבו להקריב ולא יהי' ספוק לצאת ולקצור בלילה. מפני שלא נבנה אלא בשעה דחוקה. וצריכין לצאת ולקצור ולהביא ביום ט"ו ולהכין ולהניף ולהקריב ושמא לא יספיקו להקריב העומר אלא סמוך לשקיעת החמה. ומאחר שנבנה הבית אסורין כל ישראל לאכול חדש ואינן מותרין בו אלא אחרי הקרבת העומר. לפיכך התקין להן שיהא יום יו"ט בניסן כולו אסור שלא יכשלו כשיבנה הבית. ושאר השמועה פשוט היא. מיהו הוצרכנו להודיע כי זו המשנה ששנינו משחרב בית המקדש התקין רב"ז כו'. עד אמר ר' יהודה והלא מן התורה הוא אסור שנאמר עד עצם היום הזה וגו' זו המשנה היא במסכת מנחות פרק ר' ישמעאל אומר העומר היה בא בשבת מג' סאין כו': בראשונה היו מקבלין עדות החדש כל היום כו'. ת"ר מה קלקול קלקלו הלוים בשיר ששנינו במשנתנו ונתקלקלו הלוים בשיר הכא תרגימו שלא אמרו שירה כל עיקר. ר' זירא א' שאמרו שירה של חול עם תמיד של בין הערבים ולא אמרו קול ה' יחיל מדבר שהיא שירת ר"ה במנחה וא' ר' זירא לאהבה בריה צא אמור להן להללו המתרגמין שלא אמרו שירה כל עיקר. והתניא התקינו שלא יהו מקבלין עדות החדש אלא אם יש שהות ביום כדי להקריב קרבן תמידין ומוספין ונסכיהן

מסורת הש"ס

א) [ברכות כו: וש"נ], ב) סוכה מא. [מנחות סח.], ג) ביצה ד:, ד) [ע' תוספ' מנחות ק: ד"ה שני], ה) [ביצה ה.].

הגהות הב"ח

(א) רש"י ד"ה קרב כהלכתו כו' ביום הראשון כו' הס"ד ואח"כ מה"ד הרנינו לאלהים עוזנו הריעו לאלהי יעקב:

תורה אור השלם

א) וְלֶחֶם וְקָלִי וְכַרְמֶל לֹא תֹאכְלוּ עַד עֶצֶם הַיּוֹם הַזֶּה עַד הֲבִיאֲכֶם אֶת קָרְבַּן אֱלֹהֵיכֶם חֻקַּת עוֹלָם לְדֹרֹתֵיכֶם בְּכֹל מֹשְׁבֹתֵיכֶם: [ויקרא כג, יד]

ב) הַרְנִינוּ לֵאלֹהִים עוּזֵּנוּ הָרִיעוּ לֵאלֹהֵי יַעֲקֹב: [תהלים פא, ב]

ג) קוֹל יְיָ יָחִיל מִדְבָּר יָחִיל יְיָ מִדְבַּר קָדֵשׁ: [תהלים כט, ח]

ד) הֲסִירוֹתִי מִסֵּבֶל שִׁכְמוֹ כַּפָּיו מִדּוּד תַּעֲבֹרְנָה: [תהלים פא, ז]

ליקוטי רש"י

בשיטת ר' יהודה. אותה שיטה שהיה ר' יהודה שהיה מתלמידי תלמידיו דורש אחריו דרש גם הוא בימיו [סוכה מא.]. עד עצם וכו'. עד עצמו של יום. כל היום קרוי עצם היום. וקסבר עד ועד בכלל.

בְּשִׁיטַת רַבִּי יְהוּדָה אֲמָרָהּ – **Rabban Yochanan ben Zakkai stated [his ruling] in accordance with the view of R' Yehudah,**[1] דְּאָמַר – **who says** that when the Torah states that you shall not eat from the new grain "עַד־עֶצֶם הַיּוֹם הַזֶּה" – ***until "the etzem" of this day,***[2] עַד עַצְמוֹ שֶׁל יוֹם – it implies **"until the entirety of the day,"**[3] וְקָסָבַר "עַד" וְעַד בִּכְלָל – **and [R' Yehudah] holds** that when the verse uses the word ***until,*** it means **"until and including."**[4] Thus, the verse means that in the absence of the Temple the new grain is Biblically forbidden until the very *end* of the sixteenth. Accordingly, when the Temple was destroyed Rabban Yochanan ben Zakkai ruled that the new grain is [Biblically] forbidden for the entire day of the sixteenth.[5]

The Gemara questions Rav Nachman bar Yitzchak's explanation:

וּמִי סָבַר לָהּ כְּוָותֵיהּ – **But does [Rabban Yochanan ben Zakkai]** indeed **hold with [R' Yehudah]** in this matter? וְהָא מִפְלִיג פָּלִיג עֲלֵיהּ – **But he surely argues with him!** דִּתְנַן – **For we learned in the Mishnah:**[6] מִשֶּׁחָרַב בֵּית הַמִּקְדָּשׁ – WHEN THE TEMPLE WAS DESTROYED, הִתְקִין רַבָּן יוֹחָנָן בֶּן זַכַּאי שֶׁיְּהֵא יוֹם הֶנֵף כּוּלּוֹ אָסוּר – RABBAN YOCHANAN BEN ZAKKAI INSTITUTED THAT THE ENTIRE DAY OF WAVING SHOULD BE FORBIDDEN. אָמַר רַבִּי יְהוּדָה – R' YEHUDAH SAID: וַהֲלֹא מִן הַתּוֹרָה הוּא אָסוּר – BUT SURELY IT IS *BIBLICALLY* FORBIDDEN to eat the new grain on the sixteenth when the Temple does not stand! [דִּכְתִיב "עַד־עֶצֶם הַיּוֹם הַזֶּה"] – FOR IT IS WRITTEN: *UNTIL "THE ETZEM" OF THIS DAY,*[7] which implies "until the entirety of the day."[8] Does R' Yehudah's retort not indicate that Rabban Yochanan ben Zakkai ruled the Day of Waving forbidden only Rabbinically?

The Gemara defends Rav Nachman bar Yitzchak's explanation:

הָתָם רַבִּי יְהוּדָה הוּא דְּקָא טָעֵי – Rav Nachman bar Yitzchak will explain that **there, R' Yehudah is the one who was mistaken** as to what Rabban Yochanan ben Zakkai meant. אִיהוּ סָבַר רַבָּן יוֹחָנָן בֶּן זַכַּאי מִדְּרַבָּנָן קָאָמַר – **He thought** that **Rabban Yochanan ben Zakkai is saying** that in the absence of the Temple the Day of Waving is forbidden **Rabbinically.**[9] וְלֹא הִיא – **But** in truth **it is not so.** מִדְּאוֹרַיְיתָא קָאָמַר – **[Rabban Yochanan ben Zakkai] is saying** that it is **Biblically** forbidden in the absence of the Temple to eat the new grain during the entire Day of Waving.

The Gemara asks how this fits with the language of the Mishnah:

וְהָא הִתְקִין קָתָנֵי – **But [the Tanna]** of the Mishnah **teaches** that Rabban Yochanan ben Zakkai **"instituted"** that the entire Day of Waving should be forbidden. Does "instituted" not imply "Rabbinically"?

The Gemara answers:

מַאי הִתְקִין – **What** does the Mishnah mean when it says that Rabban Yochanan ben Zakkai **"instituted"?** דָּרַשׁ וְהִתְקִין – It means that **he expounded** the verse to mean that the entire Day of Waving was now forbidden, **and** accordingly **instituted** the new practice that was now incumbent upon the people by Biblical law.[10]

Mishnah The Mishnah records another innovation of Rabban Yochanan ben Zakkai:

בָּרִאשׁוֹנָה הָיוּ מְקַבְּלִין עֵדוּת הַחֹדֶשׁ כָּל הַיּוֹם – **Originally, they accepted testimony concerning the new moon all day.**[11] פַּעַם אַחַת נִשְׁתַּהוּ הָעֵדִים מִלָּבוֹא – It **once** occurred that **the witnesses were delayed in coming,** וְנִתְקַלְקְלוּ הַלְוִיִּם בַּשִּׁיר – **and the Leviim went awry in** the singing of **the** daily **hymn.**[12] הִתְקִינוּ שֶׁלֹּא יְהוּ מְקַבְּלִין אֶלָּא

NOTES

1. Rabban Yochanan ben Zakkai preceded R' Yehudah by several generations. The meaning here, however, is that Rabban Yochanan ben Zakkai held the view that was expounded as well by R' Yehudah in a later generation [and is known to us as "R' Yehudah's view"] (*Rashi* to *Succah* 41a).

2. *Leviticus* 23:14.

3. The translation follows *Rashi* to *Succah* 41b.

4. [Literally: and until is included.] R' Yehudah expounds the two clauses of the verse as does the Gemara in *Menachos* 68a (cited above, 30a note 33). [I.e. *until this very day* refers to the law when the Temple is not standing, and *until you bring the offering of your God* refers to the law when the Temple is standing.] The only difference is that in R' Yehudah's view, the words *until this very day* mean until *and including* this very day. Accordingly, it emerges that when there is no Temple, the new grain is forbidden on the sixteenth until nightfall. When the Temple stands, the new grain becomes permitted on the sixteenth immediately upon the offering of the *Omer* (*Rashi* to *Succah* 41b).

5. The Gemara below will question how this fits with the Mishnah's statement that Rabban Yochanan ben Zakkai "instituted" that the new grain be forbidden the entire Day of Waving.

6. *Menachos* 68a.

7. *Leviticus* ibid.

8. As explained above, R' Yehudah understands עַד, *until,* to mean "until and including." Hence, the verse is stating that in the absence of the Temple, the entire day of the sixteenth is forbidden.

The Mishnah is reporting that in his [later] generation, R' Yehudah expressed surprise that the prohibition of the entire Day of Waving in the absence of the Temple should be attributed to "an institution of Rabban Yochanan ben Zakkai," which implies a protective Rabbinic measure of his. Surely, objected R' Yehudah, the prohibition is Biblical! (*Rashi*).

9. I.e. R' Yehudah understood the phrase "Rabban Yochanan ben Zakkai instituted" as meaning that he decreed that the new grain be Rabbinically forbidden all day on account of the concern mentioned above – that an error might occur if the Temple is built on the fifteenth or the night of the sixteenth (*Rashi*).

10. I.e. he expounded the verse according to the principle that "until" means "until and including," and accordingly, he instituted a new practice. Until then, when the Temple had been standing, the people had been accustomed to eating the new grain from the hour the *Omer* was offered. On the basis of his exposition, Rabban Yochanan ben Zakkai instituted the new, Biblically required, practice of refraining all day (*Rashi*).

11. As we learned in Chapters 1 and 2 (above, 18a ff.), while the Sanhedrin was extant it would declare Rosh Chodesh on the basis of witnesses who actually sighted the new moon. Rosh Chodesh could occur on either the 30th or the 31st day from the previous Rosh Chodesh. Under the original, Biblical law, the *Beis Din* was prepared to accept the testimony of such witnesses the entire 30th day. Even if witnesses arrived late in the afternoon, the *Beis Din* could declare that day Rosh Chodesh. If witnesses did not appear that day, the 31st day would be Rosh Chodesh.

Now, Rosh Hashanah occurs on the first of Tishrei, which is also Rosh Chodesh. Thus, from the nightfall which ushered in the 30th day after Rosh Chodesh Elul, a state of doubt existed whether this day (the 30th) or the next day (the 31st) would be Rosh Hashanah. The people would treat the day as Rosh Hashanah and refrain from labor out of doubt, while waiting to see whether the *Beis Din* would in fact declare it to be the holy day. The Sages of *Beis Din,* for their part, were prepared to accept testimony regarding the new moon all day. If credible witnesses testified, even shortly before nightfall, the *Beis Din* would declare that day Rosh Hashanah retroactively (*Rashi* to *Beitzah* 4b ד״ה כל היום and below ד״ה נוהגים).

12. The Leviim sang a hymn every day when the wine libation that accompanied the daily *tamid* offering was poured on the Altar (see *Arachin* 11a). There was a hymn for every day of the week, but each festive day had a special hymn. For the most part, the hymns consisted of chapters from the Book of *Psalms* (see Gemara, 31a). On Rosh Hashanah, the ordinary weekday hymn would always be sung for the morning *tamid.* Since witnesses who had seen the new moon rarely arrived before the morning *tamid* was offered, no special hymn was instituted. The special festival hymn accompanied only the afternoon

בשיטת ר' יהודה אמרה דאמר א) עד עצם היום הזה עד עצמו של יום וקסבר ב) עד ועד בכלל ומי סבר לה כוותיה והא מפליג פליג עליה דתנן ג) משחרב בית המקדש התקין רבן יוחנן בן זכאי שיהא יום הנף כולו אסור א"ר יהודה והלא מן התורה הוא אסור [דכתיב עד עצם היום הזה] התם ר' יהודה הוא דקא טעי איהו סבר רבן יוחנן בן זכאי מדרבנן קאמר ולא היא א) מדאורייתא קאמר והא התקין קתני מאי התקין דרש והתקין: **מתני'** ב) בראשונה ג) היו מקבלין עדות החדש כל היום פעם אחת נשתהו העדים מלבוא ונתקלקלו הלוים בשיר התקינו שלא יהו מקבלין אלא עד המנחה ד) ואם באו עדים מן המנחה ולמעלה נוהגין אותו ד) היום קודש ולמחר קודש ה) משחרב בית המקדש התקין רבן יוחנן בן זכאי שיהו מקבלין עדות החדש כל היום: **גמ'** מה קלקול קלקלו הלוים בשיר הכא תרגימו שלא אמרו שירה כל עיקר רבי זירא אמר שאמרו שירה של חול עם תמיד של בין הערבים אמר לו רבי זירא לאהבה בריה פוק תני להו ה) התקינו שלא יהו מקבלין עדות החדש אלא כדי שיהא שהות ביום להקריב תמידין ומוספין ונסכיהם ולומר שירה שלא בשיבוש אי אמרת בשלמא אמור שירה דחול היינו דאיכא שיבוש אלא אי אמרת לא אמור כלל מאי שיבוש איכא כיון דלא אמור כלל אין לך שיבוש גדול מזה מתיב רב אחא בר הונא תמיד של ראש השנה שחרית קרב כהלכתו ו) במוסף מהו אומר ב) הרנינו לאלהים עוזנו הריעו לאלהי יעקב ז) במנחה מהו אומר ג) קול ה' יחיל מדבר ובזמן שחל ראש השנה להיות בחמישי בשבת שהשירה שלו הרנינו לאלהים עוזנו לא היה אומר בשחרית הרנינו מפני שחוזר וכופל את הפרק ח) אלא מהו אומר ד) הסירותי מסבל שכמו ואם באו עדים אחר תמיד של שחר אומר הרנינו אע"פ שחוזר וכופל את הפרק אי אמרת בשלמא כל היכא דמסתפקא אמרינן שירה דחול היינו דקאמר אומרו וכופלו אלא אי אמרת לא אמור כלל מאי אומרו וכופלו שאני

רש"י

בשיטת ר' יהודה אמרה. דאמר מן התורה אסור כל היום בזמן הזה דקסבר עד ועד בכלל: א"ר יהודה. גרסי' ולא גרסי' אמר לו ר' יהודה שהרי לא ראהו מימיו אלא תמה בדורו על תקנת רבן יוחנן בן זכאי ואמר מה חידוש חידש ר' יוחנן בן זכאי והלא מן התורה אסור: מדרבנן קאמר. כלומר הוא בא לגזור עליו משום שהוא טעם לטעיל דשמא יבנה: דרש והתקין. דרש להם המקרא והתקין שינהגו איסור לפי שעד עכשיו היה היתר בדבר משקרב העומר שהעומר מתיר: **מתני'** בראשונה היו מקבלין עדות החדש כו': הלוים בשיר. בגמרא מפרש: נוהגים אותו היום קודש. בר"ה קאי דמספקא ליה עשרים ותשעה נהגו בו קודש שמא יבואו עדים מחר ויקדשוהו ב"ד ונמצא שהלילה הזה ליל י"ט הוא וכן למחר כל היום עד המנחה ואם באו עדים קודם המנחה ב"ד מקדשים את החדש ונודע שיפה נהגו בו קודש ואם מן המנחה ולמעלה באו אע"פ שאין ב"ד מקבלין אותן לקדשו היום ויעברו את אלול ויקדשוהו למחר אעפ"כ גומרים אותו בקדושה ואסור במלאכה דלמא אתי לזלזולי ביה לשנה הבאה ויעשו בו מלאכה כל היום ויאמרו אשתקד נהגנו בו קודש חנם ומן המנחה ולמעלה חזרו ונהגו בו חול: **גמ'** ה"ג מאי קלקול קלקלו הלוים כו'. ולא גרסינן מ"ר: **הכא תרגימו**. בבבל: **שלא אמרו שירה כל עיקר**. בתמיד של בין הערבים לפי שלא ידעו מה שיר יאמרו שמא עוד סוף העדים לבוא היום ויהא שיר של י"ט יש לומר או לא יבואו ונמצא שהוא חול אבל בתמיד של שחר אין ספק שמתוך שרבים הספנים אין העדים באין קודם תמיד של שחר וספק יתקדש היום ספק לא יתקדש לא תקנו שיר של י"ט שחרית בר"ה כדתני לקמן תמיד של ר"ה שחרית קרב כהלכתו אבל לתמיד של בין הערבים תקנו שיר של י"ט שכבר באו העדים לפיכך אותה שנה שנשתהו לבא לא ידעו מה יאמרו: פוק תני להו. לבני בבל האומרים לא אמרו שירה כל עיקר שנה להם ברייתא זו שממנה ילמדו שאמרו שיר של חול: קרב כהלכתו. אומרים הלוים על נסכיו שיר של חול כמשפט היום כמו ששנו שונים במסכת תמיד (פ"ז משנה ד) השיר שהלוים היו אומרים בבית המקדש ביום הראשון כו': (א) הריעו לאלהי יעקב. וכל המזמור והוא שיר של חמישי בשבת בשחרית בחול ואומרין אותו על מוספי ר"ה לפי שהוא יום תרועה: קול ה' יחיל מדבר. כדי להזכיר בר"ה זכות קול שופרות של מתן תורה: ואם חל ר"ה בחמישי בשבת. ובאו עדים קודם תמיד של שחר: לא היו אומרים שחרית. שיר של חול דהיינו הרנינו מפני שחוזר וכופלו שניה במוסף: הפרק. המזמור: הסירותי מסבל שכמו. משום דבר"ה יצא יוסף מבית האסורים: ואם באו עדים. בחמישי בשבת אחר תמיד של שחר דבשעת שיר של תמיד לא היו יודעין אם יתקדש היום וי"ל הסירותי או שמא חול הוא ושירו הרנינו יאמרו [הרנינו] מספק ויחזרו ויאמרו אותו במוסף ונמצא שכפלוהו: אע"פ שהפרק שלו אומרו וכופלו. אע"פ שהפרשה של מזמור זה תהא אמורה וכפולה היום: שאני

תוספות

ונתקלקלו הלוים בשיר. בתמיד של בין הערבים כדמפרש בגמרא אבל בתמיד של שחר לא תקנו שיר של י"ט כדפירש בקונטרס לפי שברוב השנים אין העדים באין קודם תמיד של שחר וספק יתקדש היום ספק לא יתקדש וא"ת ואמאי לא חשיב קלקול של מוסף שלא הקריבו מוסף של ר"ה שאחר התמיד אין יכולין להקריבו כדדרשינן עליה השלם בפ' תמיד נשחט (פסחים ד' נח: ושם) וכי תימא דמעלה ומלין ברגלו של מזבח דעליה השלם לא שייך אלא בהקטרה ואין מקטיר עד למחר היינו לאמן דאמר בפ' המזבח מקדש (זבחים דף פז.) אין לינה מועלת ברגלו של מזבח אבל לאמן דאמר מועלת מאי איכא למימר וכי תימא דהקריבו כבש אחד על תנאי דאם יבואו עדים יהא מוסף ואם לא יבואו עדים יהא תמיד דא"כ במאי קלקלו בתמיד דאי משום דהיו סבורים שלא יבאו עדים ואמרו שיר של חול וזהו הקלקול לא היה בתמיד אלא במוסף של ר"ה שאמרו עליו שיר של תמיד של חול ועוד לימ"ד שלא אמרו שירה כל עיקר היינו לפי שהיו ממתינין כל שעה ושעה שמא עדיין יבאו עדים ולא היו יודעין מה שיר יאמרו והשתא אם באו עדים ולא היה להם שהות ביום לומר שיר א"כ עדיין נתקלקלו יותר בשאר קרבנות שלא קרבו מיהו אפשר לומר שבאו עדים סמוך לשקיעת החמה כדי שלא היה להם קלקול אלא בשיר וי"ל דאחר התמיד יכול להקריב מוסף של ר"ח משום דאתי עשה דרבים ודחי עשה דהשלמה כדאמרינן פרק השולח (גיטין דף מא:) גבי שחרר עבדו והשלימו לעשרה מצוה דרבים שאני וגבי עשה דהשלמה אמרי' נמי בפרק תמיד נשחט (פסחים דף נט. ושם) שנדחה מקמי עשה דפסח שיש בו כרת ובפ' שלוח הקן (חולין ד' קמא.) נמי אמרי' דעשה דמצורע דוחה עשה דשלוח משום שלום בין איש לאשתו ומיהו יש לתמוה אמאי נתקלקלו בשיר והלא בשעת נסכים היה השיר כדאמרינן בכל דוכתא (ברכות דף לה.) אין אומר שירה אלא על היין ואיתא בפרק שני דערכין (דף יב. ושם) ויכול להמתין מלהביא נסכים עד הלילה או עד למחר כדאיתא בהקומץ זוטא (מנחות דף מד:) דמביא אדם זבחו היום ונסכו מכאן ועד עשרה ימים ובפ"ב דתמורה (דף יד.) מנחתם ונסכיהם אפילו בלילה מנחתם ונסכיהם עד למחר ונראה לי דלכתחלה יש להביא נסכים עם הזבח דאי מביא בלילה אין יכול לומר שירה כדאמרינן בפ' שני דערכין (דף יא.) מה כפרה ביום אף שירה ביום ולמחר נמי אם מביאה מבעיא לן התם (דף יב.) אם טעונין שירה דאיבעיא להו נסכין הבאים בפני עצמן כלומר שהביא קרבן לבור היום ונסכין למחר טעונין שירה או אינן טעונין שירה ולא איפשוט והא דאמר ר"מ התם (דף יא.) דשיר מעכב הקרבן היינו בנסכים הבאין עם הזבח שקרבו בשעת שחיטת הזבח דאין קרבין אלא ביום כדאמרינן בפ' שני דתמורה (דף יד.) ואותן טעונין שירה ואפי' אם תמצי לומר דבאין בפני עצמן טעונין שירה מ"מ טוב שיביאם עם הזבח כדי שיאמרו אאכילה ושתיה כדאמר התם בערכין (דף יב.) או דלמא אאכילה ושתיה אמרה אשתיה לחודיה לא אמרה והביא דמביא אדם זבחו היום ונסכו מכאן עד י' ימים משמע דלכתחלה יכול לעשות כן הני מילי בקרבן יחיד דאין טעון שירה דאין אומרים שירה אלא על קרבן לבור הקבוע להם זמן כדמוכח התם בערכין (דף יא:):

רבינו חננאל

לה מכלל דבעיא דרישה. ושיהא יום הנף כולו אסור פי' שיהא יום הנפת העומר והוא יום ט"ו בניסן אסור לאכול מן החדש כדכתיב ולחם וקלי וכרמל לא תאכלו עד עצם היום הזה וגו' ותנן העומר היה מתיר במדינה ושתי הלחם במקדש. ובזמן שהיה בהמ"ק קיים היו יוצאין לילי יום ט"ו בניסן והיו קוצרין ומביאין ומקריבין העומר והיו הקרובים מירושלי' מותרין לאכול החדש אחרי הקרבת העומר מיד והרחוקין היו מותרין מחצות היום ולהלן. שדבר ברור הוא שאין ב"ד מתעצלין ולא בא חצי היום אלא שכבר נקרב העומר ועכשיו שאין עומר אם יתירו להן החדש חיישינן שמא מזרח ישבנה בית המקדש לילי י"ו בניסן ולא ישמחו להקרב ... [illegible]

יז א מיי' פ"ו מהלכות מאכלות אסורות הל' ב:
יח ב מיי' פ"ג מהל' קידוש החדש הל' ה:
יט ג ד מיי' שם הל' ו:
כ ה מיי' שם הל' ה:
כא ו ז ח מיי' פ"ו מהל' תמידין הל' ט:

מסורת הש"ס

א) [ברכות כו: וש"נ], ב) סוכה מא. [מנחות סח.], ג) ביצה ד:, ד) [ע' תוספ' מנחות ק: ד"ה שני], ה) [ביצה ה.].

הגהות הב"ח

(א) רש"י ד"ה קרב כהלכתו כו' ביום הראשון כו' הס"ד ואח"כ מה"ד הרנינו לאלהים עוזנו הריעו לאלהי יעקב:

תורה אור השלם

א) וְלֶחֶם וְקָלִי וְכַרְמֶל לֹא תֹאכְלוּ עַד עֶצֶם הַיּוֹם הַזֶּה עַד הֲבִיאֲכֶם אֶת קָרְבַּן אֱלֹהֵיכֶם חֻקַּת עוֹלָם לְדֹרֹתֵיכֶם בְּכֹל מֹשְׁבֹתֵיכֶם: [ויקרא כג, יד]

ב) הַרְנִינוּ לֵאלֹהִים עוּזֵּנוּ הָרִיעוּ לֵאלֹהֵי יַעֲקֹב: [תהלים פא, ב]

ג) קוֹל יְיָ יָחִיל מִדְבָּר יָחִיל יְיָ מִדְבַּר קָדֵשׁ: [תהלים כט, ח]

ד) הֲסִירוֹתִי מִסֵּבֶל שִׁכְמוֹ כַּפָּיו מִדּוּד תַּעֲבֹרְנָה: [תהלים פא, ז]

ליקוטי רש"י

בשיטת ר' יהודה. אותה שיטה שהיה ר' יהודה שהיה מתלמידי תלמידיו דורש אחריו דרש גם הוא בימיו [סוכה מא.]. עד עצם וכו' עד עצמו של יום. כל היום קרוי עצם היום. וקסבר עד ועד בכלל. ולא דרש עד ולא עד בכלל להתירו בהאיר מזרח כי ליכא עומר והכי מתוקמא קראי אין עומר עד עצם ועד בכלל יש עומר עד הביאכם. והא מפליג פליג. רבי יהודה עליה שאלינו משמע רבי יהודה בדורו על תקנת ריב"ז למה תלה הדבר בעצמו דמשמע לעשות סייג בא והלא מן התורה הוא אסור [שם:]. א"ר יהודה. לתמוה דמתני' וכי רבן יוחנן התקין. והלא מן התורה אסור. (שנאמר עד עצם וזמנן שאין בית המקדש קיים משמעי קרא כדמוקי בגמ') [וזמן שאין בהמ"ק קיים שנאמר עד עצם ועד ועד בכלל משמעי קרא] [מנחות סח. שם]. דרש. המקרא עד ועד בכלל. והתקין. לפי שהיו רגילים להתיר לאכול חדש משהאיר ולהלן כשהיה בית המקדש קיים [שם:]. ... [illegible]

חשק שלמה על ר"ח א) נראה דצ"ל ...
[illegible]

עַד הַמִּנְחָה – Consequently, **[the Sages] instituted that [*Beis Din*] should accept** witnesses **only until the** ***minchah*,**[13] וְאִם בָּאוּ עֵדִים מִן הַמִּנְחָה וּלְמַעְלָה – **and if witnesses came from the** ***minchah*** **onward,** נוֹהֲגִין אוֹתוֹ הַיּוֹם קוֹדֶשׁ וּלְמָחָר קוֹדֶשׁ – **they would observe that day as holy and the following day as holy.**[14] מִשֶּׁחָרַב בֵּית הַמִּקְדָּשׁ – **After the Temple was destroyed,** הִתְקִין רַבָּן יוֹחָנָן בֶּן זַכַּאי שֶׁיְּהוּ מְקַבְּלִין עֵדוּת הַחֹדֶשׁ כָּל הַיּוֹם – **Rabban Yochanan ben Zakkai instituted that they should** once again **accept testimony concerning the** new **month all day.**[15]

Gemara The Gemara explores the nature of the Leviim's bungle:

מַה קִּלְקוּל קִלְקְלוּ הַלְוִיִּם בְּשִׁיר – **In what manner did the Leviim go awry regarding the hymn?** What did they do in place of reciting the Rosh Hashanah hymn? הָכָא תַּרְגִּימוּ – **Here,** in Babylonia, **they explained** שֶׁלֹּא אָמְרוּ שִׁירָה כָּל עִיקָּר – **that [the Leviim] did not recite a hymn at all.**[16] רַבִּי זֵירָא אָמַר – **R' Zeira,** in Eretz Yisrael, **said** שֶׁאָמְרוּ שִׁירָה שֶׁל חוֹל עִם תָּמִיד שֶׁל בֵּין הָעַרְבַּיִם – **that they recited the weekday hymn with the afternoon** ***tamid.***[17]

R' Zeira supports his view with a Baraisa:

אָמַר לוֹ רַבִּי זֵירָא לְאַהֲבָה בְּרֵיהּ – **R' Zeira said to his son Ahavah:** פּוּק תְּנֵי לְהוּ – **Go out and teach** the following **Baraisa to [the Babylonian sages]** as proof that the weekday hymn was sung: הִתְקִינוּ שֶׁלֹּא יְהוּ מְקַבְּלִין עֵדוּת הַחֹדֶשׁ – After the incident in which the Leviim went awry, THEY INSTITUTED THAT [*BEIS DIN*] SHOULD NOT ACCEPT TESTIMONY CONCERNING THE NEW MONTH, אֶלָּא כְּדֵי שֶׁיְּהֵא שָׁהוּת בַּיּוֹם לְהַקְרִיב תְּמִידִין וּמוּסָפִין וְנִסְכֵּיהֶם – UNLESS THERE IS ENOUGH TIME left IN THE DAY TO SACRIFICE THE *TAMID* OFFERINGS AND THE *MUSSAF* OFFERINGS WITH THEIR appropriate wine LIBATIONS, וְלוֹמַר שִׁירָה שֶׁלֹּא בְּשִׁיבּוּשׁ – AND TO RECITE THE HYMN WITHOUT A BLUNDER. אִי אָמְרַתְּ בִּשְׁלָמָא אָמוּר שִׁירָה דְּחוֹל – **All is well if you say** that when the Leviim went awry **they recited the weekday hymn;** הַיְינוּ דְּאִיכָּא שִׁיבּוּשׁ – **that is why there is** concern for **a "blunder"** if witnesses would be received late in the day. For the term "blunder" seems to connote the active commission of an error.[18] אֶלָּא אִי אָמְרַתְּ לֹא אָמוּר כְּלָל – **But if you say** that **they did not recite** any hymn **at all,** מַאי שִׁיבּוּשׁ אִיכָּא – **what "blunder" could there be?** Failing to recite the hymn would not be a "blunder."[19] – **?** –

The proof is deflected:

כֵּיוָן דְּלָא אָמוּר כְּלָל – **Since they did not recite** any hymn **at all,**

NOTES

tamid. [Almost invariably, the 30th day was declared Rosh Hashanah by that time (*Meiri; Rashi* to *Beitzah* 6a ד״ה מימות עזרא).] One year, however, witnesses had not yet arrived on the 30th when the afternoon *tamid* was offered. The Leviim did not know whether witnesses would come before the end of the day and it would retroactively be declared Rosh Hashanah. Consequently, they did not recite the Rosh Hashanah hymn. [The Gemara discusses what they did instead.] In the end, the witnesses did arrive and that day was declared Rosh Hashanah. Thus, the afternoon *tamid* had been offered without its correct hymn (*Rashi* to the Gemara; see *Pnei Yehoshua*).

Tosafos question why the Mishnah did not mention another (perhaps greater) problem caused by the witnesses' delayed arrival: Unsure if the day was Rosh Hashanah, the Kohanim could not offer the holiday *mussaf* sacrifices before the afternoon *tamid.* However, once the afternoon *tamid* was brought, halachah dictated that no other sacrifices could be offered. Hence, the Rosh Hashanah *mussaf* was effectively canceled by the witnesses' delay! *Tosafos* answer that because the mitzvah of sacrificing the *mussaf* is a communal obligation (מִצְוָה דְרַבִּים), it supersedes the prohibition against offering sacrifices after the daily afternoon offering (see also *Rashba, Meiri,* and *Tos. Yeshanim* to *Yoma* 33a ד״ה עליה השלם; cf. *Rambam, Kiddush HaChodesh* 3:5 with commentaries, *Tos. HaRosh*).

13. I.e. until the afternoon *tamid* was offered (*Rashi* to *Beitzah* 5a; see *Turei Even* and *Sfas Emes*). [The afternoon *tamid* was called the "*minchah,*" as evidenced in *II Kings* 16:15 and *Psalms* 141:2 (see *Radak, Shorashim* ד״ה נח).]

14. When witnesses arrived after the afternoon *tamid* was offered, they would not be received and Rosh Hashanah would be deferred until the 31st. However, the Sages ordained that the rest of the 30th day be observed as a Yom Tov, with the prohibition against performing labor kept firmly in place. For if these precautions were not taken, the people might fail to keep even the first part of the day holy in the following year.

Since the 31st day was established as the first of Tishrei, labor was Biblically forbidden on it. In effect, then, two days of Rosh Hashanah were observed – the first Rabbinic and the second Biblical. Yom Kippur and Succos fell on the tenth and fifteenth from the 31st day, respectively (*Rashi* here and to *Beitzah* 5a).

[The law about keeping both days holy applies specifically to Rosh Hashanah. However, the enactment that witnesses not be received after the *tamid* was established for every Rosh Chodesh (see *Tosafos* here and *Rambam, Kiddush HaChodesh* 3:5; see also *Sfas Emes;* cf. *Tzlach, Berachos* 26b to *Tosafos* ד״ה טעה). Others maintain that the enactment against receiving witnesses after the *tamid* was made only with regard to Tishrei (*Meiri, Ri MiLunel;* see also *Pnei Yehoshua* and *Turei Even*).]

15. With the Temple's destruction and the cessation of the offering of sacrifices, the reason for the original decree – to ensure that the proper hymn be sung – was removed. Nevertheless, the decree remained in effect until it was repealed by Rabban Yochanan ben Zakkai and his court, in keeping with the rule that "Any law enacted by a quorum of sages requires another quorum to abrogate it" (see *Beitzah* 5a). [And although Rabban Yochanan's court was not necessarily equal in scholarship to the earlier court that had enacted the law, it was authorized to repeal it since the original reason no longer existed (see *Raavad, Hil. Mamrim* 2:2; *Meiri* to *Beitzah* 5a ד״ה כל דבר; *Shitah Mekubetzes* to *Beitzah* 5b ד״ה כי אימני; cf. *Rambam, Hil. Mamrim* 2:2 with *Kesef Mishneh* and *Shaar HaMelech; Kovetz Shiurim, Beitzah* §13).]

16. Due to their uncertainty whether witnesses would arrive later in the day and it would be declared Yom Tov, or no witnesses would come and it would remain a weekday, they recited neither the weekday nor the Rosh Hashanah hymn (*Rashi*).

17. [And when witnesses did arrive, it emerged that the wrong hymn had been sung.] The morning hymn did not create a problem, as was explained in note 12 (see *Rashi*).

[It is evident from here that the Leviim normally sang a hymn with the afternoon *tamid* as well as the morning *tamid.* However, our custom is to recite the "Leviim's hymn" (*Shir Shel Yom*) only at the conclusion of the Shacharis prayer but not at Minchah, and *Tur* (*Orach Chaim* end of §133) states that this is because the hymn was not sung with the afternoon *tamid!* For discussion of this matter, see *Magen Avraham* 132:4, *Yom Teruah, Aruch LaNer,* and *Chasam Sofer* to *Beitzah* 5a.]

18. The word שִׁיבּוּשׁ, *blunder,* implies that an act has taken place, but the wrong one. Thus, argues R' Zeira, when the decree was promulgated to prevent a repetition of the error, the concern was that the weekday hymn would be recited on Rosh Hashanah. [According to R' Zeira, it was the practice of the Leviim, whenever there was uncertainty whether to say a special hymn, to simply recite the standard weekday hymn (see Gemara below). Thus, if the scenario would be repeated, the Leviim might again "blunder" and recite the wrong hymn – only to discover later that the day was Rosh Hashanah.]

19. According to the Babylonian Sages, if it would ever occur again that witnesses did not come before the afternoon *tamid* was offered, the Leviim would again refrain from reciting any hymn with the *tamid.* For the Babylonian Sages hold that the Leviim's policy, when a doubt existed about which hymn to sing, was to refrain from singing any hymn (see *Rashi* to 31a ד״ה שאני התם). If the error was ever repeated, it would not be a "blunder"!

עין משפט נר מצוה

יז א מיי' פ"י מהלכות מאכלות אסורות הל' ב:
יח ב מיי' פ"ג מהל' קידוש החדש הל' ה:
יט ג ד מיי' שם הל' ו:
כ ה מיי' שם הל' ה:
כא ו ז ח מיי' פ"ו מהל' תמידין הל' ט:

בשיטת ר' יהודה אמרה דאמר א) עד עצם היום הזה עד עצמו של יום וקסבר ב) עד ועד בכלל ומי סבר לה כוותיה והא מפליג פליג עליה דתנן ג) משחרב בית המקדש התקין רבן יוחנן בן זכאי שיהא יום הנף כולו אסור א"ר יהודה והלא מן התורה הוא אסור [דכתיב עד עצם היום הזה] התם ר' יהודה הוא דקא טעי איהו סבר רבן יוחנן בן זכאי מדרבנן קאמר ולא היא א מדאורייתא קאמר והא התקין קתני מאי התקין דרש והתקין: **מתני'** ב בראשונה ג) היו מקבלין עדות החדש כל היום פעם אחת נשתהו העדים מלבוא ונתקלקלו הלוים בשיר התקינו שלא יהו מקבלין אלא עד המנחה ג ואם באו עדים מן המנחה ולמעלה נוהגין אותו ד) היום קודש ולמחר קודש ה) ד משחרב בית המקדש התקין רבן יוחנן בן זכאי שיהו מקבלין עדות החדש כל היום: **גמ'** מה קלקול קלקלו הלוים בשיר הכא תרגימו שלא אמרו שירה כל עיקר רבי זירא אמר שאמרו שירה של חול עם תמיד של בין הערבים אמר לו רבי זירא לאהבה בריה פוק תני להו ה התקינו שלא יהו מקבלין עדות החדש אלא כדי שיהא שהות ביום להקריב תמידין ומוספין ונסכיהם ולומר שירה שלא בשיבוש אי אמרת בשלמא אמור שירה דחול היינו דאיכא שיבוש אלא אי אמרת לא אמור כלל מאי שיבוש איכא כיון דלא אמור כלל אין לך שיבוש גדול מזה מתיב רב אחא בר הונא תמיד של ראש השנה שחרית קרב כהלכתו ו במוסף מהו אומר ב) הרנינו לאלהים עוזנו הריעו לאלהי יעקב ז במנחה מהו אומר ג) קול ה' יחיל מדבר ובזמן שחל ראש השנה להיות בחמישי בשבת שהשירה שלו הרנינו לאלהים עוזנו לא היה אומר בשחרית הרנינו מפני שחוזר וכופל את הפרק ח אלא מהו אומר ד) הסירותי מסבל שכמו ואם באו עדים אחר תמיד של שחר אומר הרנינו אע"פ שחוזר וכופל את הפרק אי אמרת בשלמא כל היכא דמסתפקא אמרינן שירה דחול היינו דקאמר אומרו וכופלו אלא אי אמרת לא אמור כלל מאי אומרו וכופלו שאני

רש"י

בשיטת ר' יהודה אמרה. דאמר מן התורה אסור כל היום בזמן הזה דקסבר עד ועד בכלל: א"ר יהודה. גרסי' ולא גרסי' אמר לו ר' יהודה שהרי לא ראהו מימיו אלא תמה בדורו על תקנת רבן יוחנן בן זכאי ואמר מה מידוש מידש ר' יוחנן בן זכאי והלא מן התורה אסור: מדרבנן קאמר. כלומר הוא בא לגזור עליו משום ההוא טעם דלעיל דשמא יבנה: דרש והתקין. דרש להם המקרא והתקין שינהגו איסור לפי שעד עכשיו היה היתר בדבר מקרא(?) העומר שהעומר מתיר: מתני' בראשונה היו מקבלין עדות החדש כו': הלוים בשיר. בגמרא מפרש: נוהגים אותו היום קודש. בר"ה קאי שמשתחשכה לילי עשרים ותשעה נהגו בו קודש שמא יבואו עדים מחר ויקדשוהו ב"ד ונמצא שבלילה הזה ליל י"ט הוא וכן למחר כל היום עד המנחה ואם באו עדים קודם המנחה ב"ד מקדשים את החדש ונודע שיפה נהגו בו קודש ואם מן המנחה ולמעלה באו אע"פ שאין ב"ד מקבלין אותן לקדשו היום ויעברו את אלול ויקדשוהו למחר אעפ"כ גומרים אותו בקדושה ואסור במלאכה דלמא אתי לזלזולי ביה לשנה הבאה ויעשו בו מלאכה כל היום ויאמרו אשתקד נהגנו בו קודש חנם ומן המנחה ולמעלה חזרו ונהגו בו חול: גמ' ה"ג מאי קלקול קלקלו הלוים כו'. ולא גרסינן מ"ר: הכא תרגימו. בבבל: שלא אמרו שירה כל עיקר. בתמיד של בין הערבים לפי שלא ידעו מה שיר יאמרו שמא עוד סוף העדים לבוא היום ושיר של י"ט יש לומר או לא יבואו ונמצא שהוא חול אבל בתמיד של שחר אין ספק שמתוך שברוב השנים אין העדים באין קודם תמיד של שחר וספק יתקדש היום ספק לא יתקדש לא תקנו שיר של י"ט שחרית בר"ה כדתני לקמן תמיד של ר"ה שחרית קרב כהלכתו אבל לתמיד של בין הערבים תקנו שיר של י"ט שכבר באו העדים לפיכך אותה שנה שנשתהו לבא לא ידעו מה יאמרו: פוק תני להו. לבני בבל האומרים לא אמרו שירה כל עיקר שאין להם ברייתא זו שממנה ילמדו שאמרו שיר של חול: קרב כהלכתו. אומרים הלוים על נסכיו שיר של חול כמשפט היום כמו שאנו שונים במסכת תמיד (פ"ז משנה ד) השיר שהלוים היו אומרים בבית המקדש ביום הראשון כו': (א) הריעו לאלהי יעקב. וכל המזמור והוא שיר של חמישי בשבת בשחרית בחול ואומרין אותו על מוספי ר"ה לפי שהוא יום תרועה: קול ה' יחיל מדבר. כדי להזכיר בר"ה זכות קול שופרות של מתן תורה: ואם חל ר"ה בחמישי בשבת. ובאו עדים קודם תמיד של שחר: לא היו אומרים שחרית. שיר של חול דהיינו הרנינו מפני שחוזר וכופלו שניה במוסף: הפרק. המזמור: הסירותי מסבל שכמו. משום דבר"ה יצא יוסף מבית האסורים: ואם באו עדים. בחמישי בשבת אחר תמיד של שחר דבשעת שיר של תמיד לא היו יודעין אם יתקדש היום וי"ל הסירותי או שמא חול הוא ושירו הרנינו יאמרו [הרנינו] מספק ויחזרו ויאמרו אותו במוסף ונמצא שכפלוהו: אע"פ שהפרק שלו אומרו וכופלו. אע"פ שהפרשה של מזמור זה תהא אמורה וכפולה היום: שאני

תוספות

ונתקלקלו הלוים בשיר. בתמיד של בין הערבים כדמפרש בגמרא אבל בתמיד של שחר לא תקנו שיר של י"ט כדפירש בקונטרס לפי שברוב השנים אין העדים באין קודם תמיד של שחר וספק יתקדש היום ספק לא יתקדש ול"נ ולמאי לא חשיב קלקול של מוסף שלא הקריבו מוסף של ר"ח שאחר התמיד אין יכולין להקריבו כדדרשינן עליה השלם בפ' תמיד נשחט (פסחים ד' נח: ושם) וכי תימא דמעלה ומלין בראשו של מזבח דעליה השלם לא שייך אלא בהקטרה ואין מקטיר עד למחר הניחא למאן דאמר בפ' המזבח מקדש (זבחים דף פז.) אין לינה מועלת בראשו של מזבח אבל למאן דאמר מועלת מאי איכא למימר וכי תימא דהקריבו כבש אחד על תנאי דאם יבואו עדים יהא מוסף ואם לא יבואו עדים יהא תמיד דא"כ במאי קלקלו בתמיד דאי משום דהיו סבורים שלא יבאו עדים ואמרו שיר של חול זהו הקלקול לא היה בתמיד אלא במוסף של ר"ח שאמרו עליו שיר של תמיד של חול ועוד למ"ד שלא אמרו שירה כל עיקר היינו לפי שהיו ממתינין כל שעה ושעה שמא עדיין יבאו עדים ולא היו יודעין מה שיר יאמרו והשתא אם באו עדים ולא היה להם שהות ביום לומר שיר א"כ עדיין נתקלקלו יותר בשאר קרבנות שלא קרבו מיהו אפשר לומר כשלא באו לפיכך לא היה להם קלקול אלא בשיר וי"ל דאחר התמיד יכול להקריב מוסף של ר"ח משום דאתי עשה דרבים ודחי עשה דהשלמה כדאמרינן פרק השולח (גיטין דף לח:) גבי שחרר עבדו והשלימו לעשרה מצוה דרבים שאני וגבי עשה דהשלמה אמרי' נמי בפרק תמיד נשחט (פסחים דף נט. ושם) שנדחה מקמי עשה דפסח שיש בו כרת ובפ' שלוח הקן (חולין ד' קמא.) נמי אמרי' דעשה דמצורע דוחה עשה דשלוח משום שלום בין איש לאשתו ומיהו יש לתמוה אמאי נתקלקלו בשיר והלא בשעת נסכים היה השיר כדאמרינן בכל דוכתא (ברכות דף לה.) אין אומר שירה אלא על היין ואיתא בפרק שני דערכין (דף יב. ושם) ויכול להמתין מלהביא נסכים עד הלילה או עד למחר כדאיתא בהקומץ זוטא (מנחות דף טו:) דמביא אדם זבחו היום ונסכו מכאן ועד עשרה ימים ובפ"ב דתמורה (דף יד.) מנחתם ונסכיהם אפילו בלילה מנחתם ונסכיהם עד למחר ונראה לי דלכתחלה יש להביא נסכים עם הזבח דאי מביא בלילה אין יכול לומר שירה כדאמרינן בפ' שני דערכין (דף יא.) מה כפרה ביום אף שירה ביום ולמחר נמי אם מביאה מבעיא לן התם (דף יב.) אם טעונין שירה דאיבעיא להו נסכין הבאים בפני עצמן כלומר שהביא קרבן צבור היום ונסכין למחר טעונין שירה או אין טעונין שירה ולא איפשוט והא דאמר ר"מ התם (דף יא.) דשיר מעכב הקרבן היינו בנסכים הבאין עם הזבח שקרבו בשעת שחיטת הזבח דאין קרבין אלא ביום כדאמרינן בפ' שני דתמורה (דף יד.) ואותן טעונין שירה ואפי' אם תמצי לומר דבאין בפני עצמן טעונין שירה מ"מ טוב שיביאם עם הזבח כדי שיאמרו אכילה ושתיה כדאמר התם בערכין (דף יב.) או דלמא אכילה ושתיה אמרה אשתיה לחודיה לא אמרה והא דמביא אדם זבחו היום ונסכו מכאן עד י' ימים משמע דלכתחלה יכול לעשות כן הני מילי בקרבן יחיד דאין טעון שירה דאין אומרים שירה אלא על קרבן צבור הקבוע להם זמן כדמוכח התם בערכין (דף יא:):
הזי"ן

רבינו חננאל

לה מכלל דבעיא דרישה. ושיהא יום הנף כולו אסור פי' שיהא יום הנפת העומר והוא יום ט"ז בניסן אסור לאכול מן החדש כדכתיב ולחם וקלי וכרמל לא תאכלו עד עצם היום הזה וגו' והנה העומר היה מתיר במדינה ושתי הלחם במקדש. ובזמן שהיה המקדש קיים היו יוצאין לילי יום ט"ז בניסן והיו קוצרין ומביאין ומקריבין העומר והיו הקרובים מירושלים מותרין לאכול החדש אחרי הקרבת העומר מיד והרחוקין היו מותרין מחצות היום ולהלן. שדבר ברור הוא שאין ב"ד מתעצלין ולא בא חצי היום אלא שודאי נקרב העומר ועכשיו שאין עומר אם יתירו להן החדש כשיאור מזרח חיישינן אם ישארו העם במנהגם ויבנה בית המקדש לילי י"ו בניסן סמוך לשקיעת החמה יום ט"ו בניסן נתחייבו להקריב ולא יהי' סיפק לצאת ולקצור בלילה. מפני שלא נבנה אלא בשעה דחוקה. וצריכין לצאת ולקצור ולהביא ביום ט"ז ולהכין ולהניף ולהקריב ויספיקו להקריב העומר אלא סמוך לשקיעת החמה. ומאחר שנבנה הבית אסורין כל ישראל לאכול החדש ואינן מותרין בו אלא אחרי הקרבת העומר. לפיכך התקין להן שיהא יום י"ו בניסן כולו אסור שלא יכשלו כשיבנה הבית פי' דנפיש [illegible] היה במה"ק כל מקום שצריך לומר לא היה בית המקדש מחלף ותאני נפיש הוה כענין דקרי לסומא סגי נהורא. ושאר השמועה פשוט' היא. מיהו הוצרכנו להודיע כי זו המשנה ששנינו משחרב בית המקדש התקין ריב"ז כו' עד אמר ר' יהודה והלא מן התורה הוא אסור שנאמר עד עצם היום הזה וגו' זו המשנה היא במסכת מנחות פרק ר' ישמעאל אומר העומר היה בא בשבת מג' סאין כו': בראשונה היו מקבלין עדות החדש כל היום כו'. ת"ר מה קלקול קלקלו הלוים בשיר ששנינו במשנתנו ונתקלקלו הלוים בשיר הכא תרגימו שלא אמרו שירה כל עיקר. ר' זירא א' שאמרו שירה של חול על תמיד של בין הערבים ולא אמרו קול ה' יחיל מדבר שהיא שירת ר"ה במנחה וא' ר' זירא לאהבה בריה צא אמור להן [illegible] שלא אמרו שירה כל עיקר. והתניא התקינו שלא יהו מקבלין עדות החדש אלא אם יש שהות ביום כדי להקריב קרבן תמידים ומוספים ונסכיהם [illegible]

מסורת הש"ס

א) [ברכות כו: וש"נ], ב) סוכה מא. [מנחות סח.], ג) ביצה ד:, ד) [ע"ר תוספ' מנחות ק: ד"ה שני], ה) [ביצה ה.]

הגהות הב"ח

(א) רש"י ד"ה קרב כהלכתו כו' ביום הראשון כו' הס"ד ואח"כ מה"ד הרנינו לאלהים עוזנו הריעו לאלהי יעקב:

תורה אור השלם

א) וְלֶחֶם וְקָלִי וְכַרְמֶל לֹא תֹאכְלוּ עַד עֶצֶם הַיּוֹם הַזֶּה עַד הֲבִיאֲכֶם אֶת קָרְבַּן אֱלֹהֵיכֶם חֻקַּת עוֹלָם לְדֹרֹתֵיכֶם בְּכֹל מֹשְׁבֹתֵיכֶם: [ויקרא כג, יד]
ב) הַרְנִינוּ לֵאלֹהִים עוּזֵּנוּ הָרִיעוּ לֵאלֹהֵי יַעֲקֹב: [תהלים פא, ב]
ג) קוֹל יְיָ יָחִיל מִדְבָּר יָחִיל יְיָ מִדְבַּר קָדֵשׁ: [תהלים כט, ח]
ד) הֲסִירוֹתִי מִסֵּבֶל שִׁכְמוֹ כַּפָּיו מִדּוּד תַּעֲבֹרְנָה: [תהלים פא, ז]

ליקוטי רש"י

בשיטת ר' יהודה. אותה שיטה שהיה ר' יהודה שהיה מתלמידי תלמידיו דורש אחריו דרש גם הוא בימיו [סוטה מא.]. עד עצם וכו' עד עצמו של יום. כל היום קרוי עצם היום. וקסבר עד ועד בכלל. ולא דריש עד ולא עד בכלל להתירו בהאיר מזרח כי ליכא עומר [illegible] והא מפליג פליג. רבי יהודה עליה [illegible] על תקנת ריב"ז למה תלה הדבר בעצמו דמשמע לעשות תקנה זו היא והלא מן התורה הוא אסור [שם:]. א"ר יהודה. [illegible] והלא מן התורה אסור. [illegible] [מנחות סח.]. דרש. המקרא עד ועד בכלל. והתקין. לפי שהיו רגילים לאכול חדש [illegible] [שם:]. כל היום. יום שלשים של אלול [illegible] [ביצה ד:]. ונתקלקלו הלוים בשיר. תמיד של בין הערבים [illegible]

[illegible]

חשק שלמה על ר"ח [illegible]

[illegible]

אֵין לְךָ שִׁיבּוּשׁ גָּדוֹל מִזֶּה – there is no greater "blunder" than this.[20]

Another Baraisa is cited as proof:

מָתִיב רַב אַחָא בַּר הוּנָא – **Rav Acha bar Huna challenged** the sages of Babylonia on the basis of the following Baraisa: תָּמִיד שֶׁל רֹאשׁ הַשָּׁנָה שַׁחֲרִית קָרֵב כְּהִלְכָתוֹ – THE MORNING *TAMID* offering OF ROSH HASHANAH IS SACRIFICED ACCORDING TO ITS standard weekday LAW.[21] בְּמוּסָף מַהוּ אוֹמֵר – WITH THE *MUSSAF* offering of Rosh Hashanah, WHAT hymn DOES [THE LEVI] RECITE?[22] "הַרְנִינוּ לֵאלֹהִים עוּזֵּנוּ הָרִיעוּ לֵאלֹהֵי יַעֲקֹב" – He recites: *SING JOYOUSLY TO THE GOD OF OUR MIGHT, SOUND A TERUAH BLAST TO THE GOD OF JACOB.*[23] בְּמִנְחָה מַהוּ אוֹמֵר – *AT MINCHAH*, i.e. with the afternoon *tamid,* on Rosh Hashanah, WHAT hymn DOES [THE LEVI] RECITE? "קוֹל ה׳ יָחִיל מִדְבָּר" – He recites: *THE VOICE OF HASHEM CONVULSES THE WILDERNESS.*[24] וּבִזְמַן שֶׁחָל רֹאשׁ הַשָּׁנָה לִהְיוֹת בַּחֲמִישִׁי בְּשַׁבָּת – AND WHEN IT OCCURRED THAT ROSH HASHANAH FELL ON THE FIFTH DAY OF THE WEEK, Thursday, שֶׁהַשִּׁירָה שֶׁלּוֹ "הַרְנִינוּ לֵאלֹהִים עוּזֵּנוּ" – WHOSE SONG IS also *SING JOYOUSLY TO THE GOD OF OUR MIGHT* etc., and witnesses came before the morning *tamid* was offered, לֹא הָיָה אוֹמֵר בְּשַׁחֲרִית "הַרְנִינוּ" – HE WOULD NOT RECITE the standard hymn of *SING JOYOUSLY* IN THE MORNING with the *tamid,* מִפְּנֵי שֶׁחוֹזֵר וְכוֹפֵל אֶת הַפֶּרֶק – BECAUSE HE WOULD then be forced to RETURN AND REPEAT THE same CHAPTER with the *mussaf* offering.[25] אֶלָּא מַהוּ אוֹמֵר – RATHER, WHAT DID HE RECITE with the morning *tamid*? "הֲסִירוֹתִי מִסֵּבֶל שִׁכְמוֹ" – He recited: *I REMOVED HIS SHOULDER FROM THE BURDEN.*[26] וְאִם בָּאוּ עֵדִים אַחַר תָּמִיד שֶׁל שַׁחַר – AND IF, on a Thursday, WITNESSES CAME AFTER THE MORNING *TAMID* had been offered,[27] אוֹמֵר "הַרְנִינוּ" – HE WOULD RECITE *SING JOYOUSLY* etc. with the morning *tamid* offering, אַף עַל פִּי שֶׁחוֹזֵר וְכוֹפֵל אֶת הַפֶּרֶק – EVEN THOUGH there was a possibility that HE WOULD later RETURN AND REPEAT THE CHAPTER with the *mussaf* offering.[28] אִי אָמְרַתְּ בִּשְׁלָמָא כָּל הֵיכָא דְּמִסְתַּפְּקָא אָמְרִינַן שִׁירָה דְּחוֹל – **Now, all is well if you say** that **wherever there is a doubt** concerning what hymn to recite, **[the Leviim] recite the weekday hymn;**[29] הַיְינוּ דְּקָאָמַר אוֹמְרוֹ וְכוֹפְלוֹ – **that is why [the Tanna] states that** when in doubt on a Thursday morning **[the Levi] recites [*Sing joyously*]** with the morning *tamid* **and repeats it** with the *mussaf* if witnesses do arrive.[30] אֶלָּא אִי אָמְרַתְּ לֹא אָמוּר כְּלָל – **But if you say that** when there is a state of doubt **[the Levi] does not recite** any hymn **at all,**[31] מַאי אוֹמְרוֹ וְכוֹפְלוֹ – **what is** the basis for the Tanna's statement that **[the Levi] recites [*Sing joyously*]** with the morning *tamid* **and** possibly **repeats it** with the *mussaf*? He should not recite anything at all with the morning *tamid.*[32] – ? –

NOTES

20. I.e. the term "blunder" can apply even to an error of *inactivity.*

21. I.e. the regular hymn of the weekday on which Rosh Hashanah falls is sung as the wine libation of the *tamid* is offered. The hymns for each weekday are recorded in the Mishnah, *Tamid* 7:4 [and in a Baraisa cited below, 31a] (*Rashi*). As explained above (note 12), no special hymn is recited with the morning *tamid* on Rosh Hashanah, even if witnesses who sighted the new moon arrive before it is offered. Ordinarily, on Yom Tov the Leviim would accompany the morning *tamid* with a special hymn (see *Rashi* to *Arachin* 10a ד״ה ולא היה מחלק; *Teshuvos Avnei Nezer, Orach Chaim* §24; cf. *Turei Even;* see *Magen Avraham* 132:4).

22. On each Yom Tov, in addition to changing the hymn for the *tamid,* the Leviim sang a special, appropriate hymn when the *mussaf* was offered (see *Arachin* 11b and *Rashi* to *Succah* 55a ד״ה מה היו אומרים).

23. *Psalms* 81:2. The intention is that the entire hymn contained in Psalm 81 is sung. This is the very hymn that is recited with the morning *tamid* each Thursday. It is appropriate to the *mussaf* of Rosh Hashanah because the shofar is blown on this day (*Rashi*). [Besides the reference to "blasts" in verse 2, the hymn contains a specific reference to the shofar of Rosh Hashanah in verse 4, which reads: תִּקְעוּ בַחֹדֶשׁ שׁוֹפָר וכו׳, *Blow the shofar at the moon's renewal* etc. (see above, 8a-b, and below, 34a).]

24. *Psalms* 29:8. This refers to the powerful blasts of God's shofar that accompanied His giving of the Torah in the Wilderness of Sinai. We recite it on Rosh Hashanah to arouse the merit of this awesome event on the Day of Judgment (*Rashi*). Here, too, the intent is that they recited the entire psalm. The Baraisa singles out the verse that caused this psalm to be chosen (*Turei Even*).

25. Since they already knew that the day was Rosh Hashanah and the hymn *Sing joyously* would be sung at *mussaf,* they did not sing it with the morning *tamid* – even though this was the hymn designated for Thursday morning (*Rashi*).

26. *Psalms* 81:7. This verse is in the middle of the standard Thursday hymn. The Leviim would omit the first part of the psalm in the morning and begin with this verse. It was chosen because it refers to Joseph's release from prison, which occurred on Rosh Hashanah [as stated above, 11a-b] (see *Rashi*). They would recite the entire hymn with the *mussaf* offering. Since additional verses were recited, this was not considered a repetition of the morning hymn (*Aruch LaNer;* see also *Sfas Emes;* cf. *Turei Even,* who expresses doubt about this matter; see also *Rashash* on 31a to *Rashi* ד״ה שאני התם).

[*Rambam, Hil. Temidin U'Mussafin* 6:9, following a variant text, explains that they would recite the entire psalm with the morning *tamid,* and the abridged version at *mussaf* (see *Mahari Korkos* ad loc. and *Rashash*).]

27. I.e. if witnesses had not arrived at the time the morning *tamid* was offered, and it was therefore not known whether the day would be declared Rosh Hashanah (*Rashi*). [The Baraisa expresses this with the statement that the witnesses *did* come after the *tamid,* because witnesses almost invariably arrived on the 30th of Elul (see note 12).]

28. When the morning *tamid* was offered, the Leviim were faced with a dilemma: Should they assume that witnesses would come forward during the day, in which case only half of the chapter should be recited as the morning hymn? Or should they meanwhile sing the entire psalm, as on an ordinary Thursday? The Baraisa teaches that they would recite the entire psalm, despite the possibilty that witnesses would arrive later and they would repeat the hymn at *mussaf* (*Rashi*).

29. [And in our Mishnah's case, the Leviim blundered by reciting the weekday hymn with the afternoon *tamid.*]

30. [For he follows the practice of singing the weekday hymn unless he is certain that the day is Yom Tov, despite the possibility that this will lead to a repetition.]

31. [And in the Mishnah's case, the Leviim's blunder was that they omitted the hymn entirely.]

32. I.e. the law should be that whenever the 30th of Elul falls on Thursday and witnesses are not present before the morning *tamid* is offered, no hymn is sung (*Yom Teruah*).

The Gemara answers:

שאני התם – It is different there, in the Baraisa's situation, **דשירה דיומיה היא – because the song** in question **is the day's** rightful one.[1]

A Baraisa records the hymns that were sung with the *tamid* offering each day of the week, and the reason these hymns were chosen:

תניא – It was taught in a Baraisa: רבי יהודה אומר משום רבי עקיבא **– R' YEHUDAH SAID IN THE NAME OF R' AKIVA:** בראשון מה היו אומרים **– ON THE FIRST** day of the week, Sunday, **WHAT** hymn **WOULD [THE LEVIIM] RECITE?** "לה' הארץ ומלואה" – They recited: ***HASHEM'S IS THE EARTH AND ITS FULLNESS,***[2] על שם שקנה **– IN REFERENCE TO** the fact **THAT** on the First Day of Creation **[HASHEM] ACQUIRED** the universe,[3] והקנה **– BEQUEATHED** it to mankind[4] ושליט בעולמו **– AND RULED OVER HIS WORLD** by Himself.[5] בשני מה היו אומרים **– ON THE SECOND** day of the week, **WHAT** hymn **WOULD THEY RECITE?** "גדול ה' ומהלל מאד" – They recited: ***GREAT IS HASHEM AND MUCH PRAISED,** in the city of our God, Mount of His Holiness,*[6] על שם שחילק מעשיו ומלך עליהן **– IN REFERENCE TO** the fact **THAT** on the Second Day of Creation **HE SEPARATED THE THINGS THAT HE MADE AND REIGNED OVER THEM.**[7] בשלישי היו אומרים **– ON THE THIRD** day of the week **THEY WOULD RECITE:** "אלהים נצב בעדת־אל" **– *GOD STANDS IN THE DIVINE ASSEMBLY,***[8] על שם שגילה ארץ בחכמתו **– IN REFERENCE TO** the fact **THAT** on the Third Day of Creation **HE EXPOSED THE LAND WITH HIS WISDOM,** והכין תבל לעדתו **– AND** thus **PREPARED THE WORLD FOR HIS ASSEMBLY.**[9] ברביעי היו אומרים **– ON THE FOURTH** day of the week **THEY WOULD RECITE:** "אל־נקמות ה'" **– *A GOD OF VENGEANCE IS HASHEM,***[10] על שם שברא חמה ולבנה **– IN REFERENCE TO** the fact **THAT** on the Fourth Day of Creation **HE CREATED THE SUN AND THE MOON,** ועתיד ליפרע מעובדיהן **– AND HE WILL ULTIMATELY EXACT PUNISHMENT FROM THOSE WHO WORSHIP THEM.**[11] בחמישי היו אומרים **– ON THE FIFTH** day of the week **THEY WOULD RECITE:** "הרנינו לאלהים עוזנו" **– *SING JOYOUSLY TO THE GOD OF OUR MIGHT,***[12] על שם שברא עופות ודגים לשבח לשמו **– IN REFERENCE TO** the fact **THAT** on the Fifth Day of Creation **HE CREATED THE BIRDS AND THE FISH TO GIVE PRAISE TO HIS NAME.**[13] בששי היו אומרים **– ON THE SIXTH** day of the week **THEY WOULD RECITE:** "ה' מלך גאות לבש" **– *HASHEM HAS REIGNED, HE HAS DONNED GRANDEUR,***[14] על שם שגמר מלאכתו ומלך עליהן **– IN REFERENCE TO** the fact **THAT** on the Sixth Day of Creation **HE COMPLETED HIS WORK AND REIGNED OVER THEM** (His creations).[15] בשביעי היו אומרים **– ON**

NOTES

1. Ordinarily, when the Leviim were in doubt they would not sing any hymn. This is because if they would choose the weekday hymn and the day turned out to be Yom Tov, or vice versa, they would have sung an inappropriate hymn – and they dared not risk this. However, in the Baraisa's case, the Thursday hymn is definitely appropriate, since the weekday hymn always accompanied the morning *tamid* on Rosh Hashanah. The reason this was not done when Rosh Hashanah fell on Thursday was simply so that the hymn not be repeated. But when the matter was in doubt, they would not omit the hymn because of the mere possibility of repetition (*Rashi*).

Before concluding this discussion, we must clarify one point: It has emerged clearly that, according to the sages of Babylonia, the Leviim are generally *supposed* to refrain from singing when they are in doubt about the correct hymn. Similarly, according to R' Zeira, when there is a state of doubt the Leviim are *supposed* to recite the weekday hymn. Why, then, does the Mishnah state that when it once occurred that witnesses arrived after the *minchah* the Leviim "went awry"? It would seem that they followed the correct procedure, according to each opinion respectively!? Perhaps we may say that the very omission of the Rosh Hashanah hymn is deemed "going awry," even though it did not come about through human error. However, *Yom Teruah* contends that this explanation is forced. He therefore suggests that, according to both opinions, in the Mishnah's case the Leviim should have waited until just before nightfall to ascertain whether witnesses would arrive, but they did not. Rather, as soon as the afternoon *tamid* was offered, they proceeded to either sing the weekday hymn, or to leave the Temple without singing at all. When witnesses arrived afterward, it was too late to rectify the error.

2. *Psalms* 24:1. They began with this, the first verse, and sang the entire psalm (*Rashi*). The same applies to all the other hymns mentioned here.

3. By creating it from nothing. As the Creator, God is the owner of all existence (*Rashi* to *Genesis* 14:19). This is reflected in the verse, *Hashem's is the earth and its fullness.* The phrase *and its fullness* is appropriate to Sunday because on the First Day all things in Creation came into existence in a potential form, and they were merely brought forth in actuality on their respective days (see *Rashi* to *Genesis* 1:14,24).

4. I.e. God acquired the universe on the First Day for the purpose of ceding it to mankind [when man would be created]. This is alluded to by the end of the cited verse (*Psalms* 24:1), which states: תבל וישבי בה, *the world and those who dwell in it.* The intent is that God acquired the world *for* those who [would ultimately] dwell in it (*Rashi,* as explained by *Yom Teruah*).

5. On the First Day, God was the sole Being, as even the angels were not created until the second day (*Rashi;* see *Rashi* to *Genesis* 1:5). This is implied by the last four verses of the psalm, in which God is repeatedly referred to as מלך הכבוד, *the King of Glory* (*Maharsha;* cf. *Rabbeinu Chananel*).

6. *Psalms* 48:2.

7. On the Second Day, God created the firmament which divides between the upper and lower strata of creation, and established His dwelling in the heavens above (*Genesis* 1:6). The hymn of Monday speaks of a similar division on earth – the separation of Jerusalem and the Temple Mount from the rest of the world, as the place where His *Shechinah* is manifest (*Rashi;* see *Rashash*).

8. *Psalms* 82:1.

9. At the close of the Second Day of Creation, the entire earth was submerged under water. On the Third Day, God decreed that the water be contained within the boundaries of the sea, thus exposing the land (*Genesis* 1:9). This made way for the development of vegetable, animal and human life and, ultimately, God's Assembly – Israel. The opening verse of Tuesday's hymn alludes to this by stating that God stands with His Assembly – and His Assembly stands upon the exposed earth (*Rashi*). Furthermore, the theme that runs through this psalm is that of justice and equity. This is appropriate for Tuesday, because justice preserves the structure of the world. We are taught that the מבול, Great Flood, which covered the earth in water and in essence undid the boundaries set on the Third Day, was decreed on account of injustice (*Maharsha;* see *Genesis* 6:13 and *Avos* 1:18).

10. *Psalms* 94:1.

11. Instead of recognizing the luminaries created on the Fourth Day as mere servants of God, man came to regard them as forces that deserve to be glorified, and this was the precursor of idol worship (see *Rambam, Hil. Avodas Kochavim* 1:1-2). Wednesday's psalm speaks additionally of the refusal of the wicked and weak willed to recognize the True Creator, and of the eventual destruction of the evildoers and the salvation of the righteous. [The Gemara in *Arachin* 11b relates that the First Temple was destroyed on a Sunday, but on that day the Leviim portentously recited this psalm in voluntary song. It was a fitting dirge, since the Destruction occurred in part because of idolatry (*Maharsha*).]

12. *Psalms* 81:2.

13. When Man sees the myriad species of birds [which are almost innumerable; see *Chullin* 63b], his soul is uplifted to sing praise to the One who created such diverse, wondrous creatures (*Rashi;* see *Avos DeR' Nassan* 1:8). [*Rashi* doesn't mention many species of fish, because these cannot ordinarily be seen by humans (*Sifsei Chachamim*).]

14. *Psalms* 93:1.

15. The latter part of the verse states, *He even made the world firm,* an allusion to the completion of the world on the Sixth Day (*Maharsha*). [With the completion of God's handiwork – and the creation of Man, whose mission it is to recognize God's Kingship – on the Sixth Day, His reign was established (see *Yalkut Shimoni* to *Psalms* 93).]

שאני התם דשירה דיומיה היא תניא א) רבי יהודה אומר משום ר"ע א בראשון מה היו אומרים א) לה' הארץ ומלואה על שם שקנה והקנה ושליט בעולמו בשני מה היו אומרים ב) גדול ה' ומהולל מאד על שם שחילק מעשיו ומלך עליהן (א) בשלישי היו אומרים ג) אלהים נצב בעדת אל על שם שגילה ארץ בחכמתו והכין תבל לעדתו ברביעי היו אומרים ד) אל נקמות ה' על שם שברא חמה ולבנה ועתיד ליפרע מעובדיהן בחמישי היו אומרים ה) הרנינו לאלהים עוזנו על שם שברא עופות ודגים לשבח לשמו בששי היו אומרים ו) ה' מלך גאות לבש על שם שגמר מלאכתו ומלך עליהן בשביעי היו אומרים ז) מזמור שיר ליום השבת ליום שכולו שבת א"ר נחמיה (ב) מה ראו חכמים לחלק בין הפרקים הללו אלא בראשון שקנה והקנה ושליט בעולמו בשני שחילק מעשיו ומלך עליהם (ג) בשלישי שגילה ארץ בחכמתו והכין תבל לעדתו ברביעי שברא חמה ולבנה ועתיד ליפרע מעובדיהן בחמישי שברא עופות ודגים לשבח לשמו בששי שגמר מלאכתו ומלך עליהם בשביעי על שם ששבת וקמיפלגי בדרב קטינא ב דאמר רב קטינא שיתא אלפי שני הוה עלמא וחד חרוב שנאמר ח) ונשגב ה' לבדו ביום ההוא ד) (אמר אביי תרי חרוב שנאמ' ט) יחיינו מיומים) במוספי דשבתא מה היו אומרים אמר רב ה) ענן בר רבא אמר רב ג הזי"ו ל"ך ואמר רב חנן בר רבא אמר רב ג כדרך שחלוקים כאן כך חלוקין בבית הכנסת ד במנחת דשבתא מה הוו אומרי' אמר רבי יוחנן אז ישיר ומי כמוך ואז ישיר איבעי' להו הני כולהו בחד שבתא אמרי להו או דלמא כל שבתא ושבתא אמרי חד תא שמע ה דתניא א"ר יוסי עד שהראשונה אומרת אחת שניה חוזרת שתים שמע מינה כל שבתא ושבתא אמרי חד שמע מינה אמר רב יהודה בר אידי א"ר יוחנן ו) עשר מסעות נסעה שכינה מקראי וכנגדן גלתה סנהדרין מגמרא ז) עשר מסעות נסעה שכינה מקראי מכפרת לכרוב ח) (ד) ומכרוב לכרוב ומכרוב למפתן וממפתן [א] לחצר ומחצר למזבח וממזבח לגג ומגג לחומה ומחומה לעיר ומעיר להר ומהר למדבר וממדבר עלתה וישבה במקומה שנאמר י) אלך אשובה אל מקומי מכפורת לכרוב ומכרוב לכרוב ומכרוב למפתן דכתיב כ) ונועדתי [לך שם ודברתי] אתך מעל הכפורת (ה) וכתיב ל) וירכב על כרוב ויעף וכתיב מ) וכבוד אלהי ישראל נעלה מעל הכרוב אשר היה עליו אל מפתן הבית וממפתן לחצר דכתיב נ) וימלא הבית את הענן והחצר מלאה את נגה כבוד ה' מחצר למזבח דכתיב ס) ראיתי את ה' נצב על המזבח וממזבח לגג דכתיב ע) טוב לשבת על פנת גג מגג לחומה דכתיב פ) והנה ה' נצב על חומת אנך מחומה לעיר דכתיב צ) קול ה' לעיר יקרא ומעיר להר דכתיב ק) ויעל כבוד ה' מעל תוך העיר ויעמד על ההר אשר מקדם לעיר ומהר למדבר דכתיב ר) טוב שבת בארץ מדבר וממדבר עלתה וישבה במקומה דכתיב י) אלך אשובה אל מקומי (ו) וגו' א"ר יוחנן ששה חדשים נתעכבה שכינה לישראל במדבר שמא יחזרו בתשובה כיון שלא חזרו אמר תיפח (ז) עצמן שנאמר ש) ועיני רשעים תכלינה ומנוס אבד מנהם ותקותם מפח נפש י וכנגדן גלתה סנהדרין מגמרא מלשכת הגזית לחנות ומחנות לירושלים ומירושלים ליבנה ומיבנה

שאני התם דשירה דיומיה היא. דלעולם כל היכא דמספקא מילתא כגון במנחה דאי היום קודש לא שייך למימר דחול ואי הוה חול לא שייך למימר דקודש לא אמרינן כלל והכא היינו טעמא דאמר שירה דחול בחמישי בשבת דשירה דיומיה היא שיר הראוי ליאמר היום הוא ואפי' בראש השנה נאמרת שירת החול בכל תמידי השחר אלא בחמישי בשבת היו מחלפין אותו משום כפילה הלכך כי מספקא לן משום ספק כפילה לא מבטלינן שיר של תמיד: **לה' הארץ.** כל המזמור: **שקנה.** שמים וארץ: **והקנה.** תבל ליושבי בה כלומר קונה כדי להקנות: **ושליט בעולמו.** יחידי שלא נבראו המלאכים עד יום שני: **שחילק מעשיו.** הבדיל רקיע בין עליונים לתחתונים ונתעלה וישב במרום דוגמת שכנו בעירו והר קדשו: **שגילה ארץ.** מקום מלב עדתו שנאמר (בראשית א) ותראה היבשה בשלישי נאמר: **שברא חמה.** ברביעי: **שברא עופות ודגים לשבח לשמו.** כשאדם רואה עופות משונים זה מזה נותן שבח למי שבראם: **ליום שכולו שבת.** שעתיד העולם להיות חרב ואין אדם וכל המלאכות שובתות על אותו יום אומרים שיר של שבת: **מה ראה ר' עקיבא לחלק בין הפרשיות הללו.** שכל ששת ימים נאמרין הפרקים הללו על שם שעבר ושל (ח) שבת על שם להבא: **וקא מיפלגי בדרב קטינא.** ר' נחמיה לית ליה דרב קטינא אלא דאביי הלכך ליכא למימר על שם יום אחד שכולו שבת דהא תרי נינהו: **במוספי דשבתא.** מאי שיר אמרי: **הזי"ו ל"ך.** פרשת שירת האזינו חולקים אותה לששה פרקים הראשון האזינו השני זכור ימות עולם השלישי ירכבהו על במותי ארץ הרביעי וירא ה' וינאץ עד כאן ששה פסוקים לפרק ומכאן ואילך שמונה פסוקים לפרק החמישי לולי כעס אויב אגור הששי כי ידין ה' עמו: **כדרך שחלוקין.** פירקי השירה הזאת כאן: **כך חלוקין בבית הכנסת.** כך קוראין אותה ששה הקוראין בספר תורה והשביעי קורא מן השירה ולהלן: **אז ישיר.** שירת הים עד מי כמוכה: **ומי כמוכה.** עד סוף השירה: **ואז ישיר.** ישראל דעלי באר (במדבר כא): **כולהו בחד שבתא אמרי להו.** הלוים והיו חולקים הפרקי' בנעימת הקול להפסיק ובמחלפות כלי שיר ובתקיעת חצוצרות: **או דלמא.** כל פרק ופרק לשבת אחת פרק אחד: **עד שהראשונה.** שירת המוספין (ט) חוזרת חלילה פעם אחת: **שנייה.** שירת המנחה של תמיד (י) הערבים: **חוזרת שתים.** דהתם שית פירקי והכא תלתא האזינו בשבת אחת זכור בשבת שניה וכן כולם: **עשר מסעות כו'.** משום דאיירי מתני' בתקנות של יבנה נקט לה הכא למימר ששם גלתה סנהדרין בימי רבן יוחנן שהיה גלות ראשונה שגלו מירושלים: **נסעה שכינה.** להסתלק מעל ישראל מעט מעט כשחטאו: **מכפרת.** שהיתה רגילה לשכון שם נסתלקה על אחד מן הכרובים שעשה שלמה העומדין בארץ אחד לצפון הארון ואחד לדרום: **ומכרוב למפתן.** הבית: **וממפתן הבית לחצר.** לעזרה בין האולם ולמזבח: **ומחצר למזבח.** החיצון: **וממזבח לגג** (כ) **ומגג לחומת העזרה ומחומה לעיר.** לירושלים: **ומעיר להר.** הזיתים וכל סלוקים הללו לפי שבקושי היה מסתלק ומלפה שישובו: **וירכב על כרוב.** לא גרסינן דההוא ביציאת מצרים קאמר והכי גרסינן מכפרת לכרוב ומכרוב למפתן דכתיב ונועדתי לך שם וגו' (ל) וכבוד אלהי ישראל נעלה מעל הכרוב אשר היה עליו אל מפתן הבית למדנו שתחילת עיקר שכינה היתה על הכפרת ובימי יחזקאל נסתלקה משם לכרוב ושהתה שם כמה ימים כדכתיב מעל הכרוב אשר היה עליו (ומשם) למפתן: **וימלא הבית וגו'.** ביחזקאל כתיב אחר סילוק מן הכרוב אל המפתן: **נצב על המזבח.** ואע"ג דהאי קרא עמוס קאמר ליה ועמוס מקמי יחזקאל דורות הרבה (מ) היה מתנבא על העתיד ועל כרחך סילוקו כסדרן היו דרך יציאת חוץ: **טוב לשבת על פנת גג.** מאשת מדנים ובית חבר על השכינה אמרו שלמה המלך טוב לה להסתלק אל גג משבת עם אשת מדני' כנסת ישראל שהעמידה צלם בהיכל ובית חבר בית שחברו בו את הסמל עם השכינה: **טוב לשבת בארץ מדבר.** סיפיה דקרא מאשת מדנים [וכעס]: **עד אשר יאשמו.** שיחזיקו את עצמם אשמים: **ומנוס אבד מנהם.** מעוזם נסתלק מהם: **מלשכת הגזית לחנויות.** חנויות עשו להם בהר הבית וישבו שם לומר שלא דנו דיני נפשות דחזו דנפישי רוצחים כדאמרי' בסנהדרין (דף מא.) וכל הנך גליות דסנהדרין דבית שני קאמר ומסעות דשכינה בבית ראשון קאמר: **ומיבנה**

הזי"ו ל"ך. האזינו זכור ירכבהו וירא לולי כי ידין כ"כ בספרים וכ"פ בקונט' וכן המנהג ובמסכת סופרים כתיב ושמן לו ור"ח פי' וירא לו: רוטע

עין משפט נר מצוה

כב א ב מיי' פ"ו מהל' תמידין הל' ט:
כג ג מיי' שם [ופי"ג מהל' תפלה דין ה' טוש"ע א"ח סי' תכח סעיף ה רב אלפס פ' הקורא את המגילה עומד ד' ערך]:
כד ד ה מיי' פ"ו מהל' תמידין הלכה ט:
כה ו מיי' פי"ד מהל' סנהדרין הלכה יב:

רבינו חננאל

שמא יבואו עדים שמא אין אומרים שירה כלל. תניא ר' יהודה אומר משום ר' עקיבא בראשון מהו אומר לה' הארץ ומלואה וגו'. דביום ראשון נבראו שמים וארץ על שם שקנה דכתיב קונה שמים וארץ. והקנה שנאמר והארץ נתן לבני אדם. והוא שליט בעולמו שנאמר לה' הארץ ומלואה תבל ויושבי בה. בשני אומר בעיר אלהינו הר קדשו על שם שחילק מעשיו שנאמר ויהי מבדיל בין מים למים. כך חילק הקב"ה ובחר בירושלים. ונקראת עיר אלהינו ושכינתו בה. בשלישי אומרי' אלהים נצב בעדת אל וגו' על שם שגילה ארץ בחכמתו כדכתיב ותראה היבשה והכינה לעדתו שקיבלו משפטיו כדכת' אם לא בריתי יומם ולילה חקות שמים וארץ לא שמתי. פי' אילולי ישראל שקיבלו בריתי להגות בה יומם ולילה לא שמתי שמים וארץ. רביעי וחמישי וששי פשוטין הן הללו כולן השירות על שם מעשיו של הקב"ה. בשביעי מזמור שיר ליום השבת ליום שעתיד להיות כולו שבת. כלומר אלף שנה שהוא יומו של הקב"ה. ואח"כ תחיית המתים. אמר ר' נחמיה מה ראו חכמים לחלק בין הפרקים הללו. כלומר ששה ימים על שם מעשיו של הקב"ה. ויום השביעי ליום שכולו שבת. אלא גם יום שביעי על שם מעשיו הוכנה השירה הזאת. וכן פירשוה מזמור שיר ליום השבת על שם ששבת כדכתיב ויברך אלהים את יום השביעי ויקדש אותו כי בו שבת וגו' וקמיפלגי ר' נחמיה ורבנן בהאי סברא. חכמים סברי שיתא אלפי שני הוי עלמא וחד אלפא חרבן. א) שנא' יחיינו מיומים ביום השלישי יקימנו ונחיה לפניו: במוספי דשבתא מאי אמר. הזי"ו ל"ך. פי' מהאזינו עד זכור ימות עולם. וקורין אותה שירה במוסף של שבת. ובשבת אחרת קורין מזכור עד ירכבהו וכן בכל שבת ושבת קורין אחת. נמצאו שקורין שש שבתות בשירת האזינו. וכשישלימו שש שבתות חוזרין כך לעולם. ובמנחה בשבתות אומר. שבת ראשונה במנחה אומר אז ישיר משה. שנייה מי כמוכה באלים שלישית אז ישיר ישראל וכשישלימו חוזרין. נמצאת שירת האזינו נקראת בשש שבתות ואח"כ חוזרין. ואלו שלש שבתות חוזרין. נמצאת שירת אז ישיר ישראל חוזרין בה פעמים עד שתשלים שירת האזינו לחזור. וזהו פי' עד שהראשונה והיא שירת האזינו חוזרת אחת. שנייה שירת המנחה בשבת חוזרת שתים ש"מ דהני שלש כל שבת אומר אחת מהן במנחה. אמר רבא כדרך שחולקין בפסוקים של שירת האזינו כאן כמו שאומר הזי"ו ל"ך כך חולקים בקריאם בס"ת בכנסת. הראשון קורא מהאזינו עד זכור והשני מזכור עד ירכבהו. השלישי ירכבהו. הרביעי וירא ה' וינאץ. החמישי לו חכמו הששי כי ידין ה' עמו. עד סוף השירה כן כל אחד ואחד. א"ר יהודה בר אידית עשר מסעות נסעה שכינה מקראי. אחד מכפורת לכרוב שנאמר ונועדתי לך שם ודברתי אתך מעל הכפרת ואח"כ מבין שני הכרובים. מכרוב לכרוב וירכב על כרוב ויעוף וגו' כו' עד וממדבר עלתה למקומה שנאמר אלך ואשובה אל מקומי עד אשר יאשמו ובקשו פני בצר להם ישחרונני. אמר ר' יוחנן ששה חדשים נתעכבה שכינה לישראל במדבר שמא יחזרו בתשובה. ולא חזרו כיון שלא חזרו אמר תיפח עצמן. שנאמר ועיני רשעים תכלינה ומנוס אבד מנהם ותקותם מפח נפש. וכנגדן גלתה סנהדרין עשר גליות מגמרא. מלשכת הגזית לחנות. ומן החנות לירושלים כו'.

מסורת הש"ס

א) תמיד פ"ז [מ"ד אבות דר"נ פ"א], ב) [סנהדרין צז.], ג) ע"ז ט. [סנהדרין צז.], ד) [צ"ל אביי אמר], ה) פ"א חגיגה, ו) [אבות דר"נ פל"ד ע"ש], ז) על דרך דברה תורה כלשון בני אדם, ח) ומכרוב לכרוב ליתא מן המנין עשרה ובאמת בע"י לא גרס לה כלל, ט) [פי' ר"ה].

הגהות הב"ח

(א) גמ' שחילק מעשיו ומלך עליהן ונתעלה וישב במרום בשלישי היו אומרים: (ב) שם אמר רבי נחמיה וכו' מה ראה ר"ע לחלק: (ג) שם ומלך עליהם ונתעלה וישב במרום בשלישי שגילה: (ד) שם מכפרת לכרוב ומכרוב למפתן כו' כצ"ל ותיבות ומכרוב לכרוב נמחק: (ה) שם אתך מעל הכפורת (וכתיב וירכב על כרוב ויעף) תא"מ ונ"ב רש"י לא גרס להו: (ו) שם אלך אשוב אל מקומי עד אשר יאשמו א"ר יוחנן: (ז) שם אמר תיפח: (ח) רש"י ד"ה מה ראה כו' שעבר ושל יום שבת: (ט) ד"ה עד שהראשונה שירת המוספין אומרת פעם אחת: (י) ד"ה שניה כו' של תמיד בין הערבים חוזרת חלילה שתים דהתם כו' כצ"ל: (כ) ד"ה וממזבח לגג וירכב כו' ונועדתי לך שם וגומר וכתיב וכבוד: (ל) ד"ה נצב על כו' דורות הרבה היה מתנבא היה על העתיד:

הגהות הגר"א

[א] גמרא וממפתן לגג ומגג לחצר ומחצר למזבח וממזבח לחומה כו'. כצ"ל.

תורה אור השלם

א) לְדָוִד מִזְמוֹר לַיי הָאָרֶץ וּמְלוֹאָהּ תֵּבֵל וְיֹשְׁבֵי בָהּ: [תהלים כד, א]
ב) גָּדוֹל יְיָ וּמְהֻלָּל מְאֹד בְּעִיר אֱלֹהֵינוּ הַר קָדְשׁוֹ: [תהלים מח, ב]
ג) מִזְמוֹר לְאָסָף אֱלֹהִים נִצָּב בַּעֲדַת אֵל בְּקֶרֶב אֱלֹהִים יִשְׁפֹּט: [תהלים פב, א]
ד) אֵל נְקָמוֹת יְיָ אֵל נְקָמוֹת הוֹפִיעַ: [תהלים צד, א]
ה) הַרְנִינוּ לֵאלֹהִים עוּזֵּנוּ הָרִיעוּ לֵאלֹהֵי יַעֲקֹב: [תהלים פא, ב]
ו) יְיָ מָלָךְ גֵּאוּת לָבֵשׁ לָבֵשׁ יְיָ עֹז הִתְאַזָּר אַף תִּכּוֹן תֵּבֵל בַּל תִּמּוֹט: [תהלים צג, א]
ז) מִזְמוֹר שִׁיר לְיוֹם הַשַּׁבָּת: [תהלים צב, א]
ח) וְשַׁח גַּבְהוּת הָאָדָם וְשָׁפֵל רוּם אֲנָשִׁים וְנִשְׂגַּב יְיָ לְבַדּוֹ בַּיּוֹם הַהוּא: [ישעיה ב, יז]
ט) יְחַיֵּנוּ מִיֹּמָיִם בַּיּוֹם הַשְּׁלִישִׁי יְקִמֵנוּ וְנִחְיֶה לְפָנָיו: [הושע ו, ב]
י) אֵלֵךְ אָשׁוּבָה אֶל מְקוֹמִי עַד אֲשֶׁר יֶאְשְׁמוּ וּבִקְשׁוּ פָנָי בַּצַּר לָהֶם יְשַׁחֲרֻנְנִי: [הושע ה, טו]
כ) וְנוֹעַדְתִּי לְךָ שָׁם וְדִבַּרְתִּי אִתְּךָ מֵעַל הַכַּפֹּרֶת מִבֵּין שְׁנֵי הַכְּרֻבִים אֲשֶׁר עַל אֲרוֹן הָעֵדֻת אֵת כָּל אֲשֶׁר אֲצַוֶּה אוֹתְךָ אֶל בְּנֵי יִשְׂרָאֵל: [שמות כה, כב]
ל) וַיִּרְכַּב עַל כְּרוּב וַיָּעֹף וַיֵּרָא עַל כַּנְפֵי רוּחַ: [שמואל ב כב, יא]
מ) וּכְבוֹד אֱלֹהֵי יִשְׂרָאֵל נַעֲלָה מֵעַל הַכְּרוּב אֲשֶׁר הָיָה עָלָיו אֶל מִפְתַּן הַבָּיִת וַיִּקְרָא אֶל הָאִישׁ הַלָּבֻשׁ הַבַּדִּים אֲשֶׁר קֶסֶת הַסֹּפֵר בְּמָתְנָיו: [יחזקאל ט, ג]
נ) וַיָּרָם כְּבוֹד יְיָ מֵעַל הַכְּרוּב עַל מִפְתַּן הַבָּיִת וַיִּמָּלֵא הַבַּיִת אֶת הֶעָנָן וְהֶחָצֵר מָלְאָה אֶת נֹגַהּ כְּבוֹד יְיָ: [יחזקאל י, ד]
ס) רָאִיתִי אֶת יְיָ נִצָּב עַל הַמִּזְבֵּחַ וַיֹּאמֶר הַךְ הַכַּפְתּוֹר וְיִרְעֲשׁוּ הַסִּפִּים וּבְצַעַם בְּרֹאשׁ כֻּלָּם וְאַחֲרִיתָם בַּחֶרֶב אֶהֱרֹג לֹא יָנוּס לָהֶם נָס וְלֹא יִמָּלֵט לָהֶם פָּלִיט: [עמוס ט, א]
ע) טוֹב לָשֶׁבֶת עַל פִּנַּת גָּג מֵאֵשֶׁת מִדְיָנִים וּבֵית חָבֶר: [משלי כה, כד]
פ) כֹּה הִרְאַנִי וְהִנֵּה אֲדֹנָי נִצָּב עַל חוֹמַת אֲנָךְ וּבְיָדוֹ אֲנָךְ: [עמוס ז, ז]
צ) קוֹל יְיָ לָעִיר יִקְרָא וְתוּשִׁיָּה יִרְאֶה שְׁמֶךָ שִׁמְעוּ מַטֶּה וּמִי יְעָדָהּ: [מיכה ו, ט]
ק) וַיַּעַל כְּבוֹד יְיָ מֵעַל תּוֹךְ הָעִיר וַיַּעֲמֹד עַל הָהָר אֲשֶׁר מִקֶּדֶם לָעִיר: [יחזקאל יא, כג]
ר) טוֹב שֶׁבֶת בְּאֶרֶץ מִדְבָּר מֵאֵשֶׁת מִדְיָנִים וָכָעַס: [משלי כא, יט]
ש) וְעֵינֵי רְשָׁעִים תִּכְלֶינָה וּמָנוֹס אָבַד מִנְהֶם וְתִקְוָתָם מַפַּח נָפֶשׁ: [איוב יא, כ]

חשק שלמה על ר"ח א) שנא' ונשגב ה' לבדו ביום ההוא ור' נחמיה סבר דתרי חרוב שנאמר יחיינו מיומים וכו'.

ליקוטי רש"י בראשון מה היו וכו'. כבר נתבאר בגמרא ר"ה הטעם למה ייחדו אלו המזמורים לאלו הימים ואמרו ביום ראשון לה' הארץ ומלואה לפי שהוא תחלת מעשה בראשית ובשני שבו נחלקו המים והיו השמים תחתיהם אומר גדול ה' ובשלישי שבו נראית הארץ שעליה יהיה הדין והדיינין אומר אלהים נצב בעדת אל ברביעי שבו נבראו השמש והירח אומר אל נקמות ה' שהוא נוקם מן התועים אחר עבודתם בחמישי שבו נבראו מיני בעלי חיים ויש בזה פלאים מפני החלוק שבמיניהם [המשך בעמו' ב]

THE SEVENTH day, the Sabbath, THEY WOULD RECITE: ,,מִזְמוֹר שִׁיר לְיוֹם הַשַּׁבָּת'' – *A SONG, A HYMN FOR THE SABBATH DAY,*[16] לְיוֹם שֶׁכּוּלוֹ שַׁבָּת – in reference TO THE DAY THAT IS ENTIRELY SABBATH.[17]

According to the preceding opinion of R' Yehudah in the name of R' Akiva, each day's hymn refers to the events that occurred on the corresponding Day of Creation, except for the hymn of the Sabbath, which refers to a future Day. The Baraisa continues with a dissenting opinion:

אָמַר רַבִּי נְחֶמְיָה – R' NECHEMYAH SAID: מָה רָאוּ חֲכָמִים – WHAT DID THE SAGES (i.e. R' Akiva) SEE לְחַלֵּק בֵּין הַפְּרָקִים הַלָּלוּ – TO DIFFERENTIATE BETWEEN THESE CHAPTERS and say that the hymn sung on the Sabbath does not refer to the events of Creation? אֶלָּא – RATHER, the reasons these hymns were selected are as follows:[18] בָּרִאשׁוֹן – ON THE FIRST day of the week, the Leviim recited *Hashem's is the earth and its fullness,* שֶׁקָּנָה וְהִקְנָה וְשַׁלִּיט בְּעוֹלָמוֹ – BECAUSE on the First Day of Creation [HASHEM] ACQUIRED the universe, BEQUEATHED it to mankind AND RULED OVER HIS WORLD by Himself. בַּשֵּׁנִי – ON THE SECOND day of the week, they recited *Great is Hashem and much praised, in the city of our God, Mount of His Holiness,* שֶׁחִילֵּק מַעֲשָׂיו וּמָלַךְ עֲלֵיהֶם – BECAUSE on the Second Day of Creation HE SEPARATED THE THINGS THAT HE MADE AND REIGNED OVER THEM. בַּשְּׁלִישִׁי – ON THE THIRD day of the week, they recited *God stands in the Divine Assembly,* שֶׁגִּילָּה אֶרֶץ בְּחָכְמָתוֹ וְהֵכִין תֵּבֵל לַעֲדָתוֹ – BECAUSE on the Third Day of Creation HE EXPOSED THE LAND WITH HIS WISDOM, AND PREPARED THE WORLD FOR HIS ASSEMBLY. בָּרְבִיעִי – ON THE FOURTH day of the week, they recited *A God of vengeance is Hashem,* שֶׁבָּרָא חַמָּה וּלְבָנָה וְעָתִיד לִיפָּרַע מֵעוֹבְדֵיהֶן – BECAUSE on the Fourth Day of Creation HE CREATED THE SUN AND THE MOON, AND HE WILL ULTIMATELY EXACT PUNISHMENT FROM THOSE THAT WORSHIP THEM. בַּחֲמִישִׁי – ON THE FIFTH day of the week, they recited *Sing joyously to the God of our might,* שֶׁבָּרָא עוֹפוֹת וְדָגִים לְשַׁבֵּחַ לִשְׁמוֹ – BECAUSE on the Fifth Day of Creation HE CREATED THE BIRDS AND THE FISH TO GIVE PRAISE TO HIS NAME. בַּשִּׁשִּׁי – and ON THE SIXTH day of the week, they recited *Hashem has reigned, He has donned grandeur,* שֶׁגָּמַר מְלַאכְתּוֹ וּמָלַךְ עֲלֵיהֶם – BECAUSE on the Sixth Day of Creation HE COMPLETED HIS WORK AND REIGNED OVER THEM. בַּשְּׁבִיעִי – And ON THE SEVENTH day, the Sabbath, they recited *A song, a hymn for the Sabbath Day,* עַל שֵׁם שֶׁשָּׁבַת – IN REFERENCE TO the fact THAT on the Seventh Day of Creation HE RESTED.[19]

The Gemara explains the basis of the preceding dispute:

וְקָמִיפַּלְגֵי בִּדְרַב קְטִינָא – **And they disagree in** regard to the statement **of Rav Ketina.** דְּאָמַר רַב קְטִינָא – **For Rav Ketina said:** שִׁיתָא אַלְפֵי שְׁנֵי הָוֵה עָלְמָא – For **six thousand years will the world exist,** וְחַד חָרוּב – **and** for **one** thousand years[20] it will be **destroyed,** שֶׁנֶּאֱמַר ,,וְנִשְׂגַּב ה' לְבַדּוֹ בַּיּוֹם הַהוּא'' – **as it is stated:** ***Hashem alone will be exalted on that Day.***[21] (אמר) [אַבַּיֵי [אָמַר] – **But Abaye said:** תְּרֵי חָרוּב – **For two** thousand years it will be **destroyed,** שֶׁנֶּאֱמַר ,,יְחַיֵּינוּ מִיֹּמָיִם'' – **as it is stated:** ***He will revive us after two Days.***[22] R' Yehudah in the name of R' Akiva holds that the world will be destroyed for one thousand years. He therefore states that the psalm of the Sabbath Day refers to that future "Day that is Entirely Sabbath." R' Nechemyah, however, holds that the world will be destroyed for two thousand years, so there will be no single "Day" that is Entirely Sabbath. He therefore explains the psalm as referring to the Sabbath Day of Creation.[23]

Having clarified the opinions regarding the hymn for the Sabbath morning *tamid,* the Gemara turns to the hymns that were sung with the other Sabbath offerings:

בְּמוּסְפֵי דְשַׁבְּתָא מָה הָיוּ אוֹמְרִים – **With the *mussaf* offerings of the**

NOTES

16. *Psalms* 92:1.

17. At the end of six millennia from the time of Creation, the world as we know it will cease to exist for one millennium (see below). At that time, there will be no Man on earth and all activity will truly cease. [Rather, the righteous will bask in the Glory of the *Shechinah* (*Avos DeRabbi Nassan* ibid.; see our edition of *Sanhedrin* 97a note 59 for further discussion).] Thus, all of Creation will be in a state of "Sabbath" during the seventh millennium. The "hymn for the Sabbath Day" refers to that millennium (*Rashi;* see note 21). The theme of the entire psalm is the harmony that will exist in this future period, the destruction of the wicked and the reward of the righteous (*Maharsha, Aruch LaNer;* see *Arachin* 13b).

18. R' Nechemyah proceeds to repeat the previous reasons for the hymns of Sunday through Friday. He then states his dissenting view concerning the reason for the hymn of the Sabbath. See *Teshuvos Kenesses Yechezkel* §109 and *Ben Yehoyada* for explanations of why the repetition is necessary.

19. The second verse of the psalm states: טוֹב לְהֹדוֹת לַה', *It is good to praise Hashem*! This reflects the attitude to which man is elevated when he emulates God on the Day of Rest and desists from labor. Released from the fetters of the daily struggle for sustenance, man's mind and heart open up to the perception of God's ways, and his heightened sense of spirituality prompts him to appreciate God's handiwork and sing His praise (*Radak* ad loc.).

20. I.e. the seventh millennium (*Rashi, Sanhedrin* 97a).

21. *Isaiah* 2:11. A "day" of God equals a thousand years, as it is stated (*Psalms* 90:4): כִּי אֶלֶף שָׁנִים בְּעֵינֶיךָ כְּיוֹם אֶתְמוֹל כִּי יַעֲבֹר, *For a thousand years in Your eyes are like a bygone yesterday* (*Sanhedrin* 97b). [Of course, God is above time. The meaning is merely that when man is told about "God's day," it carries the connotation of a thousand years (*Yefei To'ar* to *Sanhedrin* 97a).]

[According to many commentators including *Rashi* (*Sanhedrin* end of 92a and beginning of 92b), the millennium of destruction will follow the Messianic Era, the Resurrection of the Dead and the great Day of Judgment. However, there are dissenting views as well. For a more complete discussion of this subject, as well as the views concerning the nature of the destruction, see our edition of *Sanhedrin* 97a note 59.]

22. *Hosea* 6:2. The verse continues: בַּיּוֹם הַשְּׁלִישִׁי יְקִמֵנוּ וְנִחְיֶה לְפָנָיו, *on the third Day He will raise us up and we will live in His presence.* Each day mentioned in this verse equals a thousand years. According to Abaye, the world will lay desolate during the seventh and eighth millennia (*Rashi, Sanhedrin* ibid.). Then, "On the third Day" – i.e. in the ninth millennium – God will raise us up in a new world and we shall live before Him (*Maharsha* to *Sanhedrin* ibid.). [This apparently refers to the World to Come.]

23. *Rashi.* The commentators wonder why it is necessary to explain R' Nechemyah's reasoning in this manner, when he states explicitly in the Baraisa that he feels all the hymns must similarly reflect the theme of Creation. *Pnei Yehoshua* explains that R' Akiva and R' Nechemyah disagree on two levels. In the Baraisa, R' Nechemyah objects to R' Akiva's notion that for the Sabbath the Leviim chose a hymn that has a different theme than the weekday hymns. However, there is no question that they sang Psalm 92 – The Song of the Sabbath Day. And if we interpret the psalm as referring to the future Day that is Entirely Sabbath, we are *forced* to conclude that the Sabbath hymn had a different theme than the others! Consequently, R' Nechemyah must argue that when the Psalmist composed Psalm 92 it was in reference to the Sabbath Day of Creation. R' Akiva, on the other hand, holds that the Psalmist intended for the Day that is Entirely Sabbath. The Gemara therefore seeks the root of their dispute regarding *the Psalmist's intent.* It explains that according to R' Nechemyah there will be no single Day that is Entirely Sabbath, so the Psalmist must have intended for the Sabbath Day of Creation. Accordingly, when R' Nechemyah argued in the Baraisa that the Leviim would not have differentiated between the hymns, he meant to *prove* from the Leviim's choice of this psalm that his interpretation is the correct one. Cf. *Yom Teruah, Turei Even, Teshuvos Kenesses Yechezkel* §109, *Sfas Emes.*

שאני התם דשירה דיומיה היא תניא [א] רבי יהודה אומר משום ר"ע [א] בראשון מה היו אומרים [א] לה' הארץ ומלואה על שם שקנה והקנה ושליט בעולמו בשני מה היו אומרים [ב] גדול ה' ומהולל מאד על שם שחילק מעשיו ומלך עליהן (א) בשלישי היו אומרים [ג] אלהים נצב בעדת אל על שם שגילה ארץ בחכמתו והכין תבל לעדתו ברביעי היו אומרים [ד] אל נקמות ה' על שם שברא חמה ולבנה ועתיד ליפרע מעובדיהן בחמישי היו אומרים [ה] הרנינו לאלהים עוזנו על שם שברא עופות ודגים לשבח לשמו בששי היו אומרים [ו] ה' מלך גאות לבש על שם שגמר מלאכתו ומלך עליהן בשביעי היו אומרים [ז] מזמור שיר ליום השבת ליום שכולו שבת א"ר נחמיה (ב) מה [ב] ראו חכמים לחלק בין הפרקים הללו אלא בראשון שקנה והקנה ושליט בעולמו בשני שחילק מעשיו ומלך עליהם (ג) בשלישי שגילה ארץ בחכמתו והכין תבל לעדתו ברביעי שברא חמה ולבנה ועתיד ליפרע מעובדיהן בחמישי שברא עופות ודגים לשבח לשמו בששי שגמר מלאכתו ומלך עליהם בשביעי על שם ששבת וקמיפלגי בדרב קטינא [ג] דאמר רב קטינא שיתא אלפי שני הוה עלמא וחד חרוב שנאמר [ח] ונשגב יי' לבדו ביום ההוא [ד] (אמר אביי) תרי חרוב שנאמ' [ט] יחיינו מיומים במוספי דשבתא מה היו אומרים אמר רב [ה] ענן בר רבא אמר רב [ב] הזי"ו ל"ך ואמר רב חנן בר רבא אמר רב [ג] כדרך שחלוקים כאן כך חלוקין בבית הכנסת [ד] במנחת' דשבתא מה היו אומרי' אמר רבי יוחנן אז ישיר ומי כמוך ואז ישיר איבעי' להו הני כולהו בחד שבתא אמרי להו או דלמא כל שבתא ושבתא אמרי חד תא שמע [ה] דתניא א"ר יוסי עד שהראשונה אומרת אחת שניה חוזרת שתים שמע מינה כל שבתא ושבתא אמרי חד שמע מינה אמר רב יהודה בר אידי א"ר יוחנן [ו] עשר מסעות נסעה שכינה מקראי וכנגדן גלתה סנהדרין מגמרא [ז] עשר מסעות נסעה שכינה מקראי מכפורת לכרוב [ח] (ד) ומכרוב לכרוב ומכרוב למפתן וממפתן [א] לחצר ומחצר למזבח וממזבח לגג ומגג לחומה ומחומה לעיר ומעיר להר ומהר למדבר וממדבר עלתה וישבה במקומה שנאמר [י] אלך אשובה אל מקומי מכפורת לכרוב ומכרוב למפתן דכתיב [כ] ונועדתי [לך שם ודברתי] אתך מעל הכפורת (ה) וכתיב [ל] וירכב על כרוב ויעף וכתיב [מ] וכבוד אלהי ישראל נעלה מעל הכרוב אשר היה עליו אל מפתן הבית וממפתן לחצר דכתיב [נ] וימלא הבית את הענן והחצר מלאה את נגה כבוד ה' מחצר למזבח דכתיב [ס] ראיתי את ה' נצב על המזבח וממזבח לגג דכתיב [ע] טוב לשבת על פנת גג מגג לחומה דכתיב [פ] והנה ה' נצב על חומת אנך מחומה לעיר דכתיב [צ] קול ה' לעיר יקרא ומעיר להר דכתיב [ק] ויעל כבוד ה' מעל תוך העיר ויעמד על ההר אשר מקדם לעיר ומהר למדבר דכתיב [ר] טוב שבת בארץ מדבר וממדבר עלתה וישבה במקומה דכתיב [י] אלך אשובה אל מקומי (ו) וגו' א"ר יוחנן ששה חדשים נתעכבה שכינה לישראל במדבר שמא יחזרו בתשובה כיון שלא חזרו אמר תיפח (ז) עצמן שנאמר [ש] ועיני רשעים תכלינה ומנוס אבד מנהם ותקותם מפח נפש [ו] וכנגדן גלתה סנהדרין מגמרא מלשכת הגזית לחנות ומחנות לירושלים ומירושלים ליבנה ומיבנה

הזי"ו ל"ך. האזינו זכור ירכבהו וירא לולי כי ידין כ"כ בספרים וכ"פ בקונט' וכן המנהג ובמסכת סופרים [ט] כתיב ויסמן לו ור"ח פי' וירא לו: רוצע

שאני התם דשירה דיומיה היא. דלעולם כל היכא דמספקא מילתא כגון במנחה דאי היום קודש לא שייך למימר דחול ואי הוא חול לא שייך למימר דקודש לא אמרינן כלל והכא היינו טעמא דאמר שירה דחול בחמישי בשבת דשירה דיומיה היא שיר הראוי ליאמר היום הוא ואפי' בראש השנה נאמרת שירת החול בכל תמידי השחר אלא בחמישי בשבת היו מחלפין אותו משום כפילה הלכך כי מספקא לן משום ספק כפילה לא מבטלינן שיר של תמיד: **לה' הארץ.** כל המזמור: **שקנה.** שמים וארץ: **והקנה.** תבל ליושבי בה כלומר קונה כדי להקנות: **ושליט בעולמו.** יחידי שלא נבראו המלאכים עד יום שני: **שחילק מעשיו.** הבדיל רקיע בין עליונים לתחתונים ונתעלה וישב במרום דוגמת שכנו בעירו והר קדשו: **שגילה ארץ.** מקום מלב עדתו שנאמר (בראשית א) ותראה היבשה בשלישי נאמר: **שברא חמה.** ברביעי: **שברא עופות ודגים לשבח לשמו.** כשאדם רואה עופות משונים זה מזה נותן שבח למי שבראם: **ליום שכולו שבת.** שעתיד העולם להיות חרב ואין אדם וכל המלאכות שובתות על אותו יום אומרים שיר של שבת: **מה ראה ר' עקיבא לחלק בין הפרשיות הללו.** שכל ששת ימים נאמרין הפרקים הללו על שם שעבר ושל (ח) שבת על שם להבא: **וקא מיפלגי בדרב קטינא.** ר' נחמיה לית ליה דרב קטינא אלא דאביי הלכך ליכא למימר על שם יום אחד שכולו שבת דהא תרי נינהו: **במוספי דשבתא.** מאי שיר אמרי: **הזי"ו ל"ך.** פרשת שירת האזינו חולקים אותה לששה פרקים הראשון האזינו השני זכור ימות עולם השלישי ירכבהו על במותי ארץ הרביעי וירא ה' וינאץ עד כאן ששה פסוקים לפרק ומכאן ואילך שמונה פסוקים לפרק החמישי לולי כעס אויב אגור הששי כי ידין ה' עמו: **כדרך שחלוקין.** פירקי השירה הזאת כאן: **כך חלוקין בבית הכנסת.** כך קוראין אותה ששה הקוראין בספר תורה והשביעי קורא מן השירה ולהלן: **אז ישיר.** שירת הים עד מי כמוכה: **ומי כמוכה.** עד סוף השירה: **ואז ישיר.** ישראל דעלי באר (במדבר כא): **כולהו בחד שבתא אמרי להו.** הלוים והיו חולקים הפרקי' בנעימת הקול להפסיק ובמחלפות כלי שיר ובתקיעת חצוצרות: **או דלמא.** כל פרק ופרק לשבת אחת פרק אחד: **עד שהראשונה.** שירת המוספין (ט) חוזרת חלילה פעם אחת: **שנייה.** שירת המנחה של תמיד (י) הערבים: **חוזרת שתים.** דהתם שית פירקי והכא תלתא האזינו בשבת אחת זכור בשבת שניה וכן כולם: **עשר מסעות כו'.** משום דאיירי מתני' בתקנות של יבנה נקט לה הכא למימר ששם גלתה סנהדרין בימי רבן יוחנן שהיה גלות ראשונה שגלו מירושלים: **נסעה שכינה.** להסתלק מעל ישראל מעט מעט כשחטאו: **מכפרת.** שהיתה רגילה לשכון שם נסתלקה על אחד מן הכרובים שעשה שלמה העומדין בארץ אחד לצפון הארון ואחד לדרום: **ומכרוב למפתן.** הבית: **וממפתן הבית לחצר.** לעזרה בין האולם ולמזבח: **ומחצר למזבח.** החיצון: **וממזבח לגג** (כ) **ומגג לחומת העזרה ומחומה לעיר.** לירושלים: **ומעיר להר.** הזיתים וכל סלוקים הללו לפי שבקושי היה מסתלק ומצפה שישובו: **וירכב על כרוב.** לא גרסינן דההוא ביציאת מצרים קאמר והכי גרסינן מכפרת לכרוב ומכרוב למפתן דכתיב ונועדתי לך שם וגו' (ל) וכבוד אלהי ישראל נעלה מעל הכרוב אשר היה עליו אל מפתן הבית למדנו שתחילת עיקר שכינה היתה על הכפרת ובימי יחזקאל נסתלקה משם לכרוב ושהתה שם כמה ימים כדכתיב מעל הכרוב אשר היה עליו (ומשם) למפתן: **וימלא הבית וגו'.** ביחזקאל כתיב אחר סילוק מן הכרוב אל המפתן: **נצב על המזבח.** ואע"ג דהאי קרא עמוס קאמר ליה ועמוס מקמי יחזקאל דורות הרבה (מ) היה מתנבא על העתיד ועל כרחך סילוקו כסדרן היו דרך יציאת חוץ: **טוב לשבת על פנת גג.** מאשת מדנים ובית חבר על השכינה אמרו שלמה המלך טוב לה להסתלק אל גג משבת עם אשת מדני' כנסת ישראל שהעמידה צלם בהיכל ובית חבר בית שחברו בו את הסמל עם השכינה: **טוב לשבת בארץ מדבר.** סיפיה דקרא מאשת מדנים [וכעס]: **עד אשר יאשמו.** שיחזיקו את עצמם אשמים: **ומנוס אבד מנהם.** מעוזם נסתלק מהם: **מלשכת הגזית לחנויות.** חנויות עשו להם בהר הבית וישבו שם לומר שלא דנו דיני נפשות דחזו דנפישי רוצחים כדאמרי' בסנהדרין (דף מא.) וכל הנך גליות דסנהדרין דבית שני קאמר ומסעות דשכינה בבית ראשון קאמר:

עין משפט נר מצוה

כב א ב מיי' פ"ו מהל' תמידין הל' ט:
כג ג מיי' שם [ופי"ג מהל' תפלה דין ה' טוש"ע א"ח סי' תכח סעיף ה רב אלפס פ' הקורא את המגילה עומד ד' ערן]:
כד ד ה מיי' פ"ו מהל' תמידין הלכה ט:
כה ו מיי' פי"ד מהל' סנהדרין הלכה יב:

רבינו חננאל

שמא יבואו עדים שמא אין אומרים שירה כלל. תניא ר' יהודה אומר משום ר' עקיבא בראשון מהו אומר לה' הארץ ומלואה וגו'. דביום ראשון נבראו שמים וארץ על שם שקנה דכתיב קונה שמים וארץ. והקנה שנאמר והארץ נתן לבני אדם. והוא שליט בעולמו שנאמר לה' הארץ ומלואה תבל ויושבי בה. בשני אומר בעיר אלהינו הר קדשו על שם שחילק מעשיו שנאמר ויהי מבדיל בין מים למים. כך חילק הקב"ה ובחר בירושלים. ונקראת עיר אלהינו ושכינתו בה. בשלישי אומרי' אלהים נצב בעדת אל וגו' על שם שגילה ארץ בחכמתו כדכתיב ותראה היבשה והכינה לעדתו שקיבלו משפטיו כדכת' אם לא בריתי יומם ולילה חקות שמים וארץ לא שמתי. פי' אילולי ישראל שקיבלו בריתי להגות בה יומם ולילה לא שמתי שמים וארץ. רביעי וחמישי וששי פשוטין הן הללו כולן השירות על שם מעשיו של הקב"ה. בשביעי מזמור שיר ליום השבת ליום שעתיד להיות כולו שבת. כלומר אלף שנה שהוא יומו של הקב"ה. ואח"כ תחיית המתים. אמר ר' נחמיה מה ראו חכמים לחלק בין הפרקים הללו. כלומר ששה ימים על שם מעשיו של הקב"ה. ויום השביעי ליום שכולו שבת. אלא גם יום שביעי על שם מעשיו הוכנה השירה הזאת. וכן פירשוה מזמור שיר ליום השבת על שם ששבת כדכתיב ויברך אלהים את יום השביעי ויקדש אותו כי בו שבת וגו' וקמיפלגי ר' נחמיה ורבנן בהאי סברא. חכמים סברי שיתא אלפי שני הוי עלמא וחד אלפא חרבן. א) שנא' יחיינו מיומים ביום השלישי יקימנו ונחיה לפניו: במוספי דשבתא מאי אמר. הזי"ו ל"ך. פי' מהאזינו עד זכור ימות עולם. וקורין אותה שירה במוסף של שבת. ובשבת אחרת קורין מזכור עד ירכבהו וכן בכל שבת ושבת קורין אחת. נמצאו שקורין שש שבתות בשירת האזינו. וכשישלימו שש שבתות חוזרין כך לעולם. ובמנחה בשבתות אומר. שבת ראשונה במנחה אומר אז ישיר משה. שנייה מי כמוכה באלים שלישית אז ישיר ישראל וכשישלימו חוזרין. נמצאת שירת האזינו נקראת בשש שבתות ואח"כ חוזרין. ואלו שלש שבתות חוזרין. נמצאת שירת אז ישיר ישראל חוזרין בה פעמים עד שתשלים שירת האזינו לחזור. וזהו פי' עד שהראשונה והיא שירת האזינו חוזרת אחת. שנייה שירת המנחה בשבת חוזרת שתים ש"מ דהני שלש כל שבת אומר אחת מהן במנחה. אמר רבא כדרך שחולקין בפסוקים של שירת האזינו כאן כמו שאומר הזי"ו ל"ך כך חולקים בקריאם בס"ת בכנסת. הראשון קורא מהאזינו עד זכור והשני מזכור עד ירכבהו. השלישי ירכבהו. הרביעי וירא ה' וינאץ. החמישי לו חכמו הששי כי ידין ה' עמו. עד סוף השירה כן כל אחד ואחד. א"ר יהודה בר אידית עשר מסעות נסעה שכינה מקראי. אחד מכפורת לכרוב שנאמר ונועדתי לך שם ודברתי אתך מעל הכפרת ואח"כ מבין שני הכרובים. מכרוב לכרוב וירכב על כרוב ויעוף וגו' כו' עד וממדבר עלתה למקומה שנאמר אלך ואשובה אל מקומי עד אשר יאשמו ובקשו פני בצר להם ישחרונני. אמר ר' יוחנן ששה חדשים נתעכבה שכינה לישראל במדבר שמא יחזרו בתשובה. ולא חזרו כיון שלא חזרו אמר תיפח עצמן. שנאמר ועיני רשעים תכלינה ומנוס אבד מנהם ותקותם מפח נפש. וכנגדן גלתה סנהדרין עשר גליות מגמרא. מלשכת הגזית לחנות. ומן החנות לירושלים כו'.

חשק שלמה על ר"ח א) שנא' ונשגב ה' לבדו ביום ההוא ור' נחמיה סבר דתרי חרוב שנאמר יחיינו מיומים וכו'.

מסורת הש"ס

א) תמיד פ"ז [מ"ד אבות דר"נ פ"א], ב) ס"א ראה ר"ע, ג) ע"ז ט. [סנהדרין צז.], ד) [צ"ל אביי אמר], ה) ס"א חנן, ו) [אבות דר"נ פל"ד ע"ש], ז) על דרך דברה תורה כלשון בני אדם, ח) ומכרוב לכרוב אינו מן המנין עשרה ובאמת בע"י לא גרים לה כלל, ט) [פי"ב ה"ח].

הגהות הב"ח

(א) גמ' שחילק מעשיו ומלך עליהן ונתעלה וישב במרום בשלישי היו אומרים: (ב) שם אמר רבי נחמיה וכי מה ראה ר"ע לחלק: (ג) שם ומלך עליהם ונתעלה וישב במרום בשלישי שגילה: (ד) שם מכפרת לכרוב ומכרוב למפתן כו' כצ"ל ותיבות ומכרוב לכרוב נמחק: (ה) שם אתך מעל הכפורת (וכתיב וירכב על כרוב ויעף) תא"מ ונ"ב רש"י לא גרס להו: (ו) שם אלך אשובה אל מקומי עד אשר יאשמו א"ר יוחנן: (ז) שם אמר תיפח נפשן שנאמר: (ח) רש"י ד"ה מה ראה כו' שעבר ושל יום שבת: (ט) ד"ה עד שהראשונה שירת המוספין אומרת פעם אחת: (י) ד"ה שניה כו' של תמיד בין הערבים חוזרת חלילה שתים דהתם כו' כצ"ל והד"א: (כ) ד"ה וממזבח לגג ההיכל ומגג: (ל) ד"ה וירכב כו' ונועדתי לך שם וגומר וכתיב וכבוד: (מ) ד"ה נצב על כו' דורות הרבה מתנבא היה על העתיד:

הגהות הגר"א

[א] גמרא וממפתן לגג ומגג לחצר ומחצר למזבח וממזבח לחומה כו'. כצ"ל:

תורה אור השלם

א) לְדָוִד מִזְמוֹר לַייָ הָאָרֶץ וּמְלוֹאָהּ תֵּבֵל וְיֹשְׁבֵי בָהּ: [תהלים כד, א]
ב) גָּדוֹל יְיָ וּמְהֻלָּל מְאֹד בְּעִיר אֱלֹהֵינוּ הַר קָדְשׁוֹ: [תהלים מח, ב]
ג) מִזְמוֹר לְאָסָף אֱלֹהִים נִצָּב בַּעֲדַת אֵל בְּקֶרֶב אֱלֹהִים יִשְׁפֹּט: [תהלים פב, א]
ד) אֵל נְקָמוֹת יְיָ אֵל נְקָמוֹת הוֹפִיעַ: [תהלים צד, א]
ה) הַרְנִינוּ לֵאלֹהִים עוּזֵּנוּ הָרִיעוּ לֵאלֹהֵי יַעֲקֹב: [תהלים פא, ב]
ו) יְיָ מָלָךְ גֵּאוּת לָבֵשׁ לָבֵשׁ יְיָ עֹז הִתְאַזָּר אַף תִּכּוֹן תֵּבֵל בַּל תִּמּוֹט: [תהלים צג, א]
ז) מִזְמוֹר שִׁיר לְיוֹם הַשַּׁבָּת: [תהלים צב, א]
ח) וְשַׁח גַּבְהוּת הָאָדָם וְשָׁפֵל רוּם אֲנָשִׁים וְנִשְׂגַּב יְיָ לְבַדּוֹ בַּיּוֹם הַהוּא: [ישעיה ב, יז]
ט) יְחַיֵּנוּ מִיֹּמָיִם בַּיּוֹם הַשְּׁלִישִׁי יְקִמֵנוּ וְנִחְיֶה לְפָנָיו: [הושע ו, ב]
י) אֵלֵךְ אָשׁוּבָה אֶל מְקוֹמִי עַד אֲשֶׁר יֶאְשְׁמוּ וּבִקְשׁוּ פָנָי בַּצַּר לָהֶם יְשַׁחֲרֻנְנִי: [הושע ה, טו]
כ) וְנוֹעַדְתִּי לְךָ שָׁם וְדִבַּרְתִּי אִתְּךָ מֵעַל הַכַּפֹּרֶת מִבֵּין שְׁנֵי הַכְּרֻבִים אֲשֶׁר עַל אֲרוֹן הָעֵדֻת אֵת כָּל אֲשֶׁר אֲצַוֶּה אוֹתְךָ אֶל בְּנֵי יִשְׂרָאֵל: [שמות כה, כב]
ל) וַיִּרְכַּב עַל כְּרוּב וַיָּעֹף וַיֵּרָא עַל כַּנְפֵי רוּחַ: [שמואל ב כב, יא]
מ) וּכְבוֹד אֱלֹהֵי יִשְׂרָאֵל נַעֲלָה מֵעַל הַכְּרוּב אֲשֶׁר הָיָה עָלָיו אֶל מִפְתַּן הַבָּיִת וַיִּקְרָא אֶל הָאִישׁ הַלָּבֻשׁ הַבַּדִּים אֲשֶׁר קֶסֶת הַסֹּפֵר בְּמָתְנָיו: [יחזקאל ט, ג]
נ) וַיָּרָם כְּבוֹד יְיָ מֵעַל הַכְּרוּב עַל מִפְתַּן הַבָּיִת וַיִּמָּלֵא הַבַּיִת אֶת הֶעָנָן וְהֶחָצֵר מָלְאָה אֶת נֹגַהּ כְּבוֹד יְיָ: [יחזקאל י, ד]
ס) רָאִיתִי אֶת יְיָ נִצָּב עַל הַמִּזְבֵּחַ וַיֹּאמֶר הַךְ הַכַּפְתּוֹר וְיִרְעֲשׁוּ הַסִּפִּים וּבְצַעַם בְּרֹאשׁ כֻּלָּם וְאַחֲרִיתָם בַּחֶרֶב אֶהֱרֹג לֹא יָנוּס לָהֶם נָס וְלֹא יִמָּלֵט לָהֶם פָּלִיט: [עמוס ט, א]
ע) טוֹב לָשֶׁבֶת עַל פִּנַּת גָּג מֵאֵשֶׁת מִדְיָנִים וּבֵית חָבֶר: [משלי כה, כד]
פ) כֹּה הִרְאַנִי וְהִנֵּה אֲדֹנָי נִצָּב עַל חוֹמַת אֲנָךְ וּבְיָדוֹ אֲנָךְ: [עמוס ז, ז]
צ) קוֹל יְיָ לָעִיר יִקְרָא וְתוּשִׁיָּה יִרְאֶה שְׁמֶךָ שִׁמְעוּ מַטֶּה וּמִי יְעָדָהּ: [מיכה ו, ט]
ק) וַיַּעַל כְּבוֹד יְיָ מֵעַל תּוֹךְ הָעִיר וַיַּעֲמֹד עַל הָהָר אֲשֶׁר מִקֶּדֶם לָעִיר: [יחזקאל יא, כג]
ר) טוֹב שֶׁבֶת בְּאֶרֶץ מִדְבָּר מֵאֵשֶׁת מִדְיָנִים וָכָעַס: [משלי כא, יט]
ש) וְעֵינֵי רְשָׁעִים תִּכְלֶינָה וּמָנוֹס אָבַד מִנְהֶם וְתִקְוָתָם מַפַּח נָפֶשׁ: [איוב יא, כ]

ליקוטי רש"י **בראשון מה היו וכו'.** כבר נתבאר בגמרא ר"ה הטעם למה ייחדו אלו המזמורים לאלו הימים ואמרו ביום ראשון לה' הארץ ומלואה לפי שהוא תחלת מעשה בראשית ובשני שבו נחלקו המים והיו השמים מתחיהם אומר גדול ה' ובשלישי שבו נראית הארץ שעליה יהיה הדין והדיינין אומר אלהים נצב בעדת אל ברביעי שבו נבראו השמש והירח אומר אל נקמות ה' שהוא נוקם מן התועים אחר עבודתם בחמישי שבו נבראו מיני בעלי חיים ויש בזה פלאים מפני החלוק שבמיניהם [המשך בעמו' ב]

Sabbath, what hymn **would [the Leviim] recite?** אָמַר רַב עָנָן בַּר רָבָא אָמַר רַב – **Rav Anan bar Rava said in the name of Rav:** הזי״ו ל״ך – They recited the six Torah passages represented by the mnemonic *HaZYV LaCH.*[24]

Having mentioned these Torah passages, the Gemara interjects a related statement:

וְאָמַר רַב חָנָן בַּר רָבָא אָמַר רַב – **And Rav Chanan bar Rava said in the name of Rav:** כְּדֶרֶךְ שֶׁחֲלוּקִים כָּאן – **In the manner that [the passages] are divided here** by the Leviim, כָּךְ חֲלוּקִין בְּבֵית הַכְּנֶסֶת – **so are they divided** for the Torah reading **in the synagogue.**[25]

The Gemara returns to the subject of the Sabbath hymns:

בְּמִנְחָתָא דְשַׁבְּתָא מֶה הָיוּ אוֹמְרִים – **At *minchah* on the Sabbath,** i.e. when they offered the afternoon *tamid,* **what** hymn **would [the Leviim] recite?** אָמַר רַבִּי יוֹחָנָן – **R' Yochanan said:** They recited the following three Torah passages: "אָז יָשִׁיר" – ***Then** Moses and the Children of Israel **sang,*** etc.;[26] ו,,מִי כָמֹכָה" – **and *Who is like you*** etc.;[27] ו,,אָז יָשִׁיר" – **and *Then** Israel **sang*** etc.[28]

The Gemara seeks a clarification of how frequently each of the hymns was recited:

אִיבַּעְיָא לְהוּ – **They inquired:** הָנֵי כּוּלְּהוּ בְּחַד שַׁבְּתָא אָמְרֵי לְהוּ – **Were all of these** passages **recited on one Sabbath?** אוֹ דִלְמָא כָּל שַׁבְּתָא וְשַׁבְּתָא אָמְרֵי חַד – **Or, perhaps, on each Sabbath** only **one** of them **was recited.**[29] – ? –

The inquiry is resolved:

תָּא שְׁמַע – **Come, learn** a proof: דְּתַנְיָא – **For it was taught in a Baraisa:** אָמַר רַבִּי יוֹסֵי – **R' YOSE SAID:** עַד שֶׁהָרִאשׁוֹנָה אוֹמֶרֶת אַחַת – **WHILE THE FIRST** set of hymns **IS RECITED ONCE,** שְׁנִיָּה חוֹזֶרֶת שְׁתַּיִם – **THE SECOND** set **IS REVIEWED,** and recited **TWICE.**[30] שְׁמַע מִינָּהּ כָּל שַׁבְּתָא וְשַׁבְּתָא אָמְרֵי חַד – **Learn from this** that on **each Sabbath one** of the hymns **was recited.** שְׁמַע מִינָּהּ – Indeed, **learn** it **from this.**

The Mishnahs of this chapter described various laws that were enacted by Rabban Yochanan ben Zakkai in Yavneh, after the destruction of the Second Temple. The Gemara therefore introduces a discussion which demonstrates that the Sanhedrin relocated to Yavneh in Rabban Yochanan's times, when it was first exiled from Jerusalem:[31]

אָמַר רַב יְהוּדָה בַּר אִידִי אָמַר רַבִּי יוֹחָנָן – **Rav Yehudah bar Idi said in the name of R' Yochanan:** עֶשֶׂר מַסָּעוֹת נָסְעָה שְׁכִינָה – **The *Shechinah* journeyed ten journeys** during the period of the destruction of the First Temple,[32] מִקְּרָאֵי – as can be derived **from Scripture,** וּכְנֶגְדָּן גָּלְתָה סַנְהֶדְרִין – **and correspondingly, the** Great **Sanhedrin was exiled** ten exiles during the period of the destruction of the Second Temple,[33] מִגְּמָרָא – as is known **from Oral Tradition.**

R' Yochanan elaborates:

עֶשֶׂר מַסָּעוֹת נָסְעָה שְׁכִינָה מִקְּרָאֵי – **The *Shechinah* journeyed** the following **ten journeys,** as derived **from Scripture:** מִכַּפֹּרֶת לִכְרוּב – It first went **from** Its established station on **the Ark-cover to a Cherub,**[34] וּמִכְּרוּב לִכְרוּב – **then from** that

NOTES

24. The reference is to the Song of *Haazinu* (*Deuteronomy* 32:1-43), which is divided into six segments. The mnemonic הזי״ו ל״ך contains the first letter of the opening word of each segment. These are: (1) הַאֲזִינוּ [vs. 1-6], (2) זְכֹר יְמוֹת עוֹלָם [vs. 7-12], (3) יַרְכִּבֵהוּ [vs. 13-18], (4) וַיַּרְא ה׳ וַיִּנְאָץ [vs. 19-26], (5) לוּלֵי כַּעַס אוֹיֵב [vs. 27-35], (6) כִּי־יָדִין ה׳־עַמּוֹ [v. 36-43] (*Rashi*). [*Rashi* comments that the first four sections contain six verses each, and the last two contain eight verses each. However, in our text of the Torah, the fourth segment contains eight verses and the fifth segment contains nine verses. Apparently, *Rashi* had a different division of the verses (see *Yom Teruah* and *Rashash*).]

Other interpretations of the mnemonic abound. For example, a Baraisa in *Maseches Soferim* 12:8 (cited by *Tosafos*) states that the fourth section begins with the phrase וַיִּשְׁמַן יְשֻׁרוּן וַיִּבְעָט (v. 15; see *Rashash*), and the fifth one begins with לוּ חָכְמוּ (v. 29). *Rabbeinu Chananel* concurs only regarding the fifth section, as does *Rambam* (*Hil. Tefillah* 13:5). However, *Rambam* adds that the sixth section begins with כִּי־אֶשָּׂא (v. 40).

Maharsha points out that a song from the Torah (as opposed to the Book of *Psalms*) was selected to accompany the Sabbath *mussaf* offerings (and the Sabbath afternoon *tamid,* as stated below), because this day is holier than the others. Further, he notes that the words formed by the mnemonic, הַזִיו לָךְ, mean "The radiance is yours." This alludes that the Song of *Haazinu* was originally orated by Moses, whose face was radiant ever since the time that God spoke to him [*Exodus* 34:29] (cf. *Rabbeinu Bachya, Deuteronomy* 32:41).

25. When the *Sidra* (portion) of *Haazinu* is read in the synagogue on the Sabbath and seven people are called up to the Torah, the Song (which composes the bulk of the *Sidra*) is read for the first six people. It is divided among them into the segments described by the mnemonic הזי״ו ל״ך. The verses of the *Sidra* that follow the Song [vs. 44-52] are read for the seventh person (*Rashi;* see *Rama, Orach Chaim* 428:5). Unlike other Sabbath Torah readings, which may be divided among more than seven people at the reader's discretion, the Song of *Haazinu* must be divided in the manner described here (*Magen Avraham* 428:7 with *Pri Megadim*). Some communities divide the Song in accordance with *Rashi's* interpretation of הזי״ו ל״ך, but most follow *Rambam's* view (see *Orach Chaim* ibid. with *Magen Avraham, Taz* and *Pri Megadim;* see also *Dvar Avraham* vol. 1 §36).

26. *Exodus* 15:1-10. This is the beginning of the Song at the Sea [שִׁירַת הַיָּם]. The Song was divided into two sections, with the first section containing verses 1-10 (*Rashi*).

27. Ibid. vs. 11-18. This is the second segment of the Song at the Sea (*Rashi*). [According to most commentators, verse 19 is not part of the Song (see *Ramban, Rashbam* and *Sforno* ad loc.; cf. *Ibn Ezra*).]

28. *Numbers* 21:17-20. This is the Song of the Well [שִׁירַת הַבְּאֵר] (*Rashi*).

29. Were all of these passages recited [with the *mussaf* and afternoon *tamid,* respectively,] each Sabbath? If so, the required division [of *Haazinu*] into separate passages would have been accomplished by singing a cadence at the end of each passage, changing musical instruments, and sounding trumpet blasts. Or was each passage sung on a different Sabbath [so that there was a six-Sabbath cycle of hymns for the *mussaf* and a three-Sabbath cycle for the afternoon *tamid*?] (*Rashi*).

30. I.e. in the length of time that it takes to complete the *mussaf* cycle once (six weeks), the afternoon *tamid* cycle is completed twice (*Rashi;* cf. *Rabbeinu Chananel*). [Cf. *Tur Orach Chaim* 428:5 with *Derishah* §1.]

31. *Rashi.* [Rabban Yochanan ben Zakkai was head of the Sanhedrin at that time. Thus, the innovations were not Rabban Yochanan's own, but were promulgated by the Sanhedrin under his leadership.]

32. *Rashi* below ד״ה מלשכת הגזית לחנויות. During the latter years of the First Temple era, as the Jews sunk ever deeper into sin, the *Shechinah* gradually departed the Temple, until it ultimately returned to Heaven. It did so agonizingly and incrementally, in the hope that the Jews would repent (*Rashi* here and below ד״ה ומעיר להר; see *Maharsha*). [See *Pesichta DeEichah Rabbasi* §25 for a moving description of these events. However, its account of the "ten journeys" differs in some respects from the Gemara's account. See also *Avos DeRabbi Nassan* 34:6.]

33. *Rashi* ד״ה מלשכת הגזית לחנויות. [There was no Ark, no Divine Presence and no prophecy during the Second Temple era (see *Yoma* 21b). Israel's spiritual strength was measured by the stature of its religious leaders, the Sages of the Great Sanhedrin, and its decline was reflected in the Sanhedrin's various exiles.] *Maharsha* contends that although the Gemara below details only the Sanhedrin's exiles at the Second Destruction, there were also ten corresponding exiles at the First Destruction. Cf. *Aruch LaNer.*

34. There were two sets of *Cherubim* in the First Temple – one set was hammered from the top of the Ark-cover in Moses' times, and another set, crafted by order of King Solomon, stood on the Temple floor on either side of the Ark (see *I Kings* 6:23). Originally, the *Shechinah* resided on top of the Ark-cover, between Its two Cherubim. [As we shall see below, in earlier times the *Shechinah* spoke to Moses from there.] In Its first "journey," the *Shechinah* left the Ark-cover and alighted on one of the Cherubim that had been crafted by Solomon (*Rashi;* see *Hagahos R' Yaakov Emden;* cf. *Rashi* to *Ezekiel* 9:3).

שאני התם דשירה דיומיה היא תניא א) רבי יהודה אומר משום ר"ע א) בראשון מה היו אומרים א) לה' הארץ ומלואה על שם שקנה והקנה ושליט בעולמו בשני מה היו אומרים ב) גדול ה' ומהולל מאד על שם שחילק מעשיו ומלך עליהן (א) בשלישי היו אומרים ג) אלהים נצב בעדת אל על שם שגילה ארץ בחכמתו והכין תבל לעדתו ברביעי היו אומרים ד) אל נקמות ה' על שם שברא חמה ולבנה ועתיד ליפרע מעובדיהן בחמישי היו אומרים ה) הרנינו לאלהים עוזנו על שם שברא עופות ודגים לשבח לשמו בששי היו אומרים ו) ה' מלך גאות לבש על שם שגמר מלאכתו ומלך עליהן בשביעי היו אומרים ז) מזמור שיר ליום השבת ליום שכולו שבת א"ר נחמיה (ג) מה ראו חכמים לחלק בין הפרקים הללו אלא בראשון שקנה והקנה ושליט בעולמו בשני שחילק מעשיו ומלך עליהם (ג) בשלישי שגילה ארץ בחכמתו והכין תבל לעדתו ברביעי שברא חמה ולבנה ועתיד ליפרע מעובדיהן בחמישי שברא עופות ודגים לשבח לשמו בששי שגמר מלאכתו ומלך עליהם בשביעי על שם ששבת וקמיפלגי בדרב קטינא ג) דאמר רב קטינא שיתא אלפי שני הוה עלמא וחד חרוב שנאמר ח) ונשגב יי' לבדו ביום ההוא ד) (אמר אביי) תרי חרוב שנאמ' ט) יחיינו מיומים במוספי דשבתא מה היו אומרים אמר רב ה) ענן בר רבא אמר רב ב) הזי"ו ל"ך ואמר רב חנן בר רבא אמר רב ג) כדרך שחלוקים כאן כך חלוקין בבית הכנסת ד) במנחת' דשבתא מה היו אומרי' אמר רבי יוחנן אז ישיר ומי כמוך ואז ישיר איבעי' להו הני כולהו בחד שבתא אמרי להו או דלמא כל שבתא ושבתא אמרי חד תא שמע ה) דתניא א"ר יוסי עד שהראשונה אומרת אחת שניה חוזרת שתים שמע מינה כל שבתא ושבתא אמרי חד שמע מינה אמר רב יהודה בר אידי א"ר יוחנן י) עשר מסעות נסעה שכינה מקראי וכנגדן גלתה סנהדרין מגמרא י) עשר מסעות נסעה שכינה מקראי מכפרת לכרוב ח) (ז) ומכרוב לכרוב ומכרוב למפתן וממפתן [א] לחצר ומחצר למזבח וממזבח לגג ומגג לחומה ומחומה לעיר ומעיר להר ומהר למדבר וממדבר עלתה וישבה במקומה שנאמר י) אלך אשובה אל מקומי מכפורת לכרוב ומכרוב לכרוב ומכרוב למפתן דכתיב כ) ונועדתי [לך שם ודברתי] אתך מעל הכפורת (ה) וכתיב ל) וירכב על כרוב ויעף וכתיב מ) וכבוד אלהי ישראל נעלה מעל הכרוב אשר היה עליו אל מפתן הבית וממפתן לחצר דכתיב נ) וימלא הבית את הענן והחצר מלאה את נגה כבוד ה' מחצר למזבח דכתיב ס) ראיתי את ה' נצב על המזבח וממזבח לגג דכתיב ע) טוב לשבת על פנת גג מגג לחומה דכתיב פ) והנה ה' נצב על חומת אנך מחומה לעיר דכתיב צ) קול ה' לעיר יקרא ומעיר להר דכתיב ק) ויעל כבוד ה' מעל תוך העיר ויעמד על ההר אשר מקדם לעיר ומהר למדבר דכתיב ר) טוב שבת בארץ מדבר וממדבר עלתה וישבה במקומה דכתיב י) אלך אשובה אל מקומי (ו) וגו' א"ר יוחנן ששה חדשים נתעכבה שכינה לישראל במדבר שמא יחזרו בתשובה כיון שלא חזרו אמר תיפח (ז) עצמן שנאמר ש) ועיני רשעים תכלינה ומנוס אבד מנהם ותקותם מפח נפש י) וכנגדן גלתה סנהדרין מגמרא מלשכת הגזית לחנות ומחנות לירושלים ומירושלים ליבנה

ומיבנה

שאני התם דשירה דיומיה היא. לעולם כל היכא דמספקא מילתא כגון במנחה דאי היום קודש לא שייך למימר דחול ואי הוא חול לא שייך למימר דקודש לא אמרינן כלל והכא היינו טעמא דאמר שירה דחול בחמישי בשבת דשירה דיומיה היא שיר הרגיל ליאמר היום הוא ואפי' בראש השנה נאמרת שירת החול בכל תמידי השחר אלא בחמישי בשבת היו מחלפין אותו משום כפילה הלכך כי מספקא לן משום ספק כפילה לא מבטלינן שיר של תמיד: **לה' הארץ.** כל המזמור: **שקנה.** שמים וארץ: **והקנה.** תבל ליושבי בה כלומר קונה כדי להקנות: **ושליט בעולמו.** יחידי שלא נבראו המלאכים עד יום שני: **שחילק מעשיו.** הבדיל רקיע בין עליונים לתחתונים ונתעלה וישב במרום דוגמת מלך שבעירו והר קדשו: **שגילה ארץ.** מקום מלך עדתו שנאמר (בראשית א) ותראה היבשה בשלישי נאמר: **שברא חמה.** ברביעי: **שברא עופות ודגים לשבח לשמו.** כשאדם רואה עופות משונים זה מזה נותן שבח למי שבראם: **ליום שכולו שבת.** שעתיד העולם להיות חרב ואין אדם וכל המלאכות שובתות על אותו יום אומרים שיר של שבת: **מה ראה ר' עקיבא לחלק בין הפרשיות הללו.** שכל ששת ימים נאמרין הפרקים הללו על שם שעבר ושל (ח) שבת על שם להבא: **וקא מיפלגי בדרב קטינא.** ר' נחמיה לית ליה דרב קטינא אלא דאביי הלכך ליכא למימר על שם יום אחד שכולו שבת דהא איכא תרי ניהו: **במוספי דשבתא.** מאי שיר אמרי: **הזי"ו ל"ך.** פרשת שירת האזינו חולקים אותה לששה פרקים הראשון האזינו השני זכור ימות עולם השלישי ירכבהו על במותי ארץ הרביעי וירא ה' וינאץ עד כאן שלשה פסוקים לפרק ומכאן ואילך שמונה פסוקים לפרק החמישי לולי כעס אויב אגור הששי כי ידין ה' עמו: **כדרך שחלוקין.** פירקי השירה הזאת כאן כך חלוקין בבית הכנסת. כך קורין אותה ששה הקוראין בספר תורה והשביעי קורא מן השירה ולהלן: **אז ישיר.** שירת הים עד מי כמוכה: **ומי כמוכה.** עד סוף השירה: **ואז ישיר.** ישראל דעלי באר (במדבר כא): **כולהו בחד שבתא אמרי להו.** הלוים והיו חולקים הפרקי' בנעימת הקול להפסיק ובמחלפות כלי שיר ובתקיעת תלולות:

או דלמא. כל פרק ופרק לשבת אחת פרק אחד: **עד שהראשונה.** שירת המוספין (ט) חוזרת תלילה פעם אחת: **שנייה.** שירת המנחה של תמיד (י) הערבים: **חוזרת שתים.** דהתם שית פירקי והכא תלתא הלכך בשבת אחת זכור בשבת שניה וכן כולם: **עשר מסעות כו'.** משום דאיירי מתני' בתקנות של יבנה נקט לה הכא למימר ששם גלתה סנהדרין בימי רבן יוחנן שהיה גלות ראשונה שגלו מירושלים: **נסעה שכינה.** להסתלק מעל ישראל מעט מעט כשחטאו: **מכפרת.** שהיתה רגילה לשכון שם נסתלקה על אחד מן הכרובים שעשה שלמה העומדים בארץ אחד לצפון הארון ואחד לדרום: **ומכרוב למפתן.** הבית: **וממפתן הבית לחצר.** לעזרה בין האולם ולמזבח: **ומחצר למזבח.** החיצון: **וממזבח לגג** (כ) **ומגג לחומת העזרה ומחומה לעיר.** לירושלים: **ומעיר להר.** הזיתים וכל סלוקים הללו לפי שבקושי היה מסתלק ומלפה שיבוט: **וירכב על כרוב.** לא גרסינן דההוא ביציאת מצרים קאמר והכי גרסינן מכפרת לכרוב ומכרוב למפתן דכתיב ונועדתי לך שם וגו' (ל) וכבוד אלהי ישראל נעלה מעל הכרוב אשר היה עליו אל מפתן הבית למדנו שתחלת עיקר שכינה היתה על הכפרת וביומי יחזקאל נסתלקה משם לכרוב ושהתה שם כמה ימים דכתיב מעל הכרוב אשר היה עליו (ומשם) למפתן: **וימלא הבית וגו'.** ביחזקאל כתיב אחר סילוק מן הכרוב אל המפתן: **נצב על המזבח.** ואע"ג דהאי קרא עמוס קאמר ליה ועמוס מקמי יחזקאל דורות הרבה (מ) היה מתנבא על העתיד ועל כרחך סילוקו כסדרן היו דרך יציאת חוץ: **טוב לשבת על פנת גג.** מאשת מדנים ובית חבר על השכינה אמרו שלמה המלך טוב לה להסתלק אל גג משבת עם אשת מדני' כנסת ישראל שהעמידה צלם בהיכל ובית חבר בית שחברו בו את הסמל עם השכינה: **טוב לשבת בארץ מדבר.** סיפיה דקרא מאשת מדנים [וכעס]: **עד אשר יאשמו.** שיחזיקו את עצמם אשמים: **ומנוס אבד מנהם.** מעוזם נסתלק מהם: **מלשכת הגזית לחנויות.** חנויות עשו להם בהר הבית וישבו שם לומר שלא דנו דיני נפשות דחזו דנפישי רוצחים כדאמרי' בסנהדרין (דף מא.) וכל הנך גליות דסנהדרין דבית שני קאמר ומסעות דשכינה בבית ראשון קאמר:

ומיבנה

הזי"ו ל"ך. האזינו זכור ירכבהו וירא לולי כי ידין כ"כ בספרים וכ"פ בקונט' וכן המנהג ובמסכת סופרים ט) כתיב וישמן לו ור"ח פי' וירא לו: רובע

עין משפט נר מצוה

כב א ב מיי' פ"ו מהל' תמידין הל' ט:

כג ג מיי' שם [ופי"ג מהל' תפלה דין ה' טוש"ע א"ח סי' תכח סעיף ה רב אלפס פ' הקורא את המגילה עומד ד' ערן]:

כד ד ה מיי' פ"ו מהל' תמידין הלכה ט:

כה ו מיי' פי"ד מהל' סנהדרין הלכה יג:

רבינו חננאל

שמא יבואו עדים שמא אין אומרים שירה כלל. תניא ר' יהודה אומר משום ר' עקיבא בראשון מהו אומר לה' הארץ ומלואה וגו'. דביום ראשון נבראו שמים וארץ על שם שקנה דכתיב קונה שמים וארץ. והקנה שנאמר והארץ נתן לבני אדם. והוא שליט בעולמו שנאמר לה' הארץ ומלואה תבל ויושבי בה. בשני אומר בעיר אלהינו הר קדשו על שם שחילק מעשיו שנאמר ויהי מבדיל בין מים למים. כך חילק הקב"ה ובחר בירושלים. ונקראת עיר אלהינו ושכינתו בה. בשלישי אומרי' אלהים נצב בעדת אל וגו' על שם שגילה ארץ בחכמתו כדכתיב ותראה היבשה והכינה לעדתו שקיבלו משפטיו כדכתי' אם לא בריתי יומם ולילה חקות שמים וארץ לא שמתי. פי' אילולי ישראל שקיבלו בריתי להגות בה יומם ולילה לא שמתי שמים וארץ. רביעי וחמישי וששי פשוטין הן הללו כולן השירות על שם מעשיו של הקב"ה. בשביעי מזמור שיר ליום השבת ליום שעתיד להיות כולו שבת. כלומר אלף שנה שהוא יומו של הקב"ה. ואח"כ תחיית המתים. אמר ר' נחמיה מה ראו חכמים לחלק בין הפרקים הללו. כלומר ששה ימים על שם מעשיו של הקב"ה. ויום השביעי ליום שכולו שבת. אלא גם יום שביעי על שם מעשיו הוכנה השירה הזאת. וכן פירשוה מזמור שיר ליום השבת על שם ששבת כדכתיב ויברך אלהים את יום השביעי ויקדש אותו כי בו שבת וגו' וקמיפלגי ר' נחמיה ורבנן בהאי סברא. חכמים סברי שיתא אלפי שני הוי עלמא וחד אלפא חרבן. א) שנא' יחיינו מיומים ביום השלישי יקימנו ונחיה לפניו: במוספי דשבתא מאי אמר. הזי"ו ל"ך. פי' מהאזינו עד זכור ימות עולם. וקורין אותה שירה במוסף של שבת. ובשבת אחרת קורין מזכור עד ירכבהו וכן בכל שבת ושבת קורין אחת. נמצאו שקורין שש שבתות בשירת האזינו. וכשישלימו שש שבתות חוזרין כך לעולם. ובמנחה בשבתות אומר. שבת ראשונה במנחה אומר אז ישיר משה. שנייה מי כמוכה באלים שלישית אז ישיר ישראל וכשישלימו חוזרין. נמצאת שירת האזינו נקראת בשש שבתות ואח"כ חוזרין. ואלו שלש שבתות חוזרין. נמצאת שירת אז ישיר ישראל חוזרין בה פעמים עד שתשלים שירת האזינו לחזור. וזהו פי' עד שהראשונה והיא שירת האזינו חוזרת אחת. שנייה שירת המנחה בשבת חוזרת שתים ש"מ דהני שלש כל שבת אומר אחת מהן במנחה. אמר רבא כדרך שחולקין בפסוקים של שירת האזינו כאן כמו שאומר הזי"ו ל"ך כך חולקים בקריאם בס"ת בכנסת. הראשון קורא מהאזינו עד זכור והשני מזכור עד ירכבהו. השלישי ירכבהו. הרביעי וירא ה' וינאץ. החמישי לו חכמו השישי כי ידין ה' עמו. עד סוף השירה כן כל אחד ואחד. א"ר יהודה בר אידית עשר מסעות נסעה שכינה מקראי. אחד מכפורת לכרוב שנאמר ונועדתי לך שם ודברתי אתך מעל הכפרת ואח"כ מבין שני הכרובים. מכרוב לכרוב וירכב על כרוב ויעוף וגו' כו' עד וממדבר עלתה למקומה שנאמר אלך ואשובה אל מקומי עד אשר יאשמו ובקשו פני בצר להם ישחרונני. אמר ר' יוחנן ששה חדשים נתעכבה שכינה לישראל במדבר שמא יחזרו בתשובה. ולא חזרו כיון שלא חזרו אמר תיפח עצמן. שנאמר ועיני רשעים תכלינה ומנוס אבד מנהם ותקותם מפח נפש. וכנגדן גלתה סנהדרין עשר גליות מגמרא. מלשכת הגזית לחנות. ומן החנות לירושלים כו'.

חשק שלמה על ר"ח א) שנא' ונשגב ה' לבדו ביום ההוא ור' נחמיה סבר דתרי חרוב שנאמר יחיינו מיומים וכו'.

ליקוטי רש"י **בראשון מה היו וכו'.** כבר נתבאר בגמרא ר"ה הטעם למה ייחדו אלו המזמורים לאלו הימים ואמרו ביום ראשון לה' הארץ ומלואה לפי שהוא תחלת מעשה בראשית ובשני שבו נחלקו המים והיו השמים מתחיהם אומר גדול ה' ובשלישי שבו נראית הארץ שעליה יהיה הדין והדיינין אומר אלהים נצב בעדת אל ברביעי שבו נבראו השמש והירח אומר אל נקמות ה' שהוא נוקם מן התועים אחר עבודתם בחמישי שבו נבראו מיני בעלי חיים ויש בזה פלאים מפני החלוק שבמיניהם [המשך בעמו' ב]

מסורת הש"ס

א) תמיד פ"ז [מ"ד אבות דר"נ פ"א], ב) ס"א ראה ר"ע, ג) ע"ז ט. [סנהדרין צז.], ד) [נ"ל אביי אמר], ה) ס"א חנן, ו) [אבות דר"נ פל"ד ע"ש], ז) על דרך דברה תורה כלשון בני אדם, ח) ומכרוב לכרוב ליתא מן המנין עשרה ובאמת בע"י לא גרים לה כלל, ט) [פי"ב ה"ח].

הגהות הב"ח

(א) גמ' שחילק מעשיו ומלך עליהן ונתעלה וישב במרום בשלישי היו אומרים: (ב) שם אמר רבי נחמיה וכי מה ראה ר"ע לחלק: (ג) שם ומלך עליהם ונתעלה וישב במרום בשלישי שגילה: (ד) שם מכפרת לכרוב ומכרוב למפתן כו' כצ"ל ותיבות ומכרוב לכרוב נמחק: (ה) שם אתך מעל הכפורת (וכתיב וירכב על כרוב ויעף) תא"מ ונ"ב רש"י לא גרס להו: (ו) שם אלך אשובה אל מקומי עד אשר יאשמו א"ר יוחנן: (ז) שם אמר תיפח נפשן שנאמר: (ח) רש"י ד"ה מה ראה כו' שעבר ושל יום שבת: (ט) ד"ה עד שהראשונה שירת המוספין אומרת פעם אחת: (י) ד"ה שניה כו' של תמיד בין הערבים חוזרת תלילה שתים דהתם כו' כצ"ל והד"א: (כ) ד"ה וממזבח לגג ההיכל ומגג: (ל) ד"ה וירכב כו' ונועדתי לך שם וגומר וכתיב וכבוד: (מ) ד"ה נצב על כו' דורות הרבה מתנבא היה על העתיד:

הגהות הגר"א

[א] גמרא וממפתן לגג ומגג לחצר ומחצר למזבח וממזבח לחומה כו'. כצ"ל:

תורה אור השלם

א) לדוד מזמור לה' הארץ ומלואה תבל וישבי בה: [תהלים כד, א]

ב) גדול ה' ומהלל מאד בעיר אלהינו הר קדשו: [תהלים מח, ב]

ג) מזמור לאסף אלהים נצב בעדת אל בקרב אלהים ישפט: [תהלים פב, א]

ד) אל נקמות ה' אל נקמות הופיע: [תהלים צד, א]

ה) הרנינו לאלהים עוזנו הריעו לאלהי יעקב: [תהלים פא, ב]

ו) ה' מלך גאות לבש לבש ה' עז התאזר אף תכון תבל בל תמוט: [תהלים צג, א]

ז) מזמור שיר ליום השבת: [תהלים צב, א]

ח) ושח גבהות האדם ושפל רום אנשים ונשגב ה' לבדו ביום ההוא: [ישעיה ב, יז]

ט) יחינו מימים ביום השלישי יקמנו ונחיה לפניו: [הושע ו, ב]

י) אלך אשובה אל מקומי עד אשר יאשמו ובקשו פני בצר להם ישחרנני: [הושע ה, טו]

כ) ונועדתי לך שם ודברתי אתך מעל הכפרת מבין שני הכרבים אשר על ארון העדת את כל אשר אצוה אותך אל בני ישראל: [שמות כה, כב]

ל) וירכב על כרוב ויעף וירא על כנפי רוח: [שמואל ב כב, יא]

מ) וכבוד אלהי ישראל נעלה מעל הכרוב אשר היה עליו אל מפתן הבית ויקרא אל האיש הלבש הבדים אשר קסת הספר במתניו: [יחזקאל ט, ג]

נ) וירם כבוד ה' מעל הכרוב על מפתן הבית וימלא הבית את הענן והחצר מלאה את נגה כבוד ה': [יחזקאל י, ד]

ס) ראיתי את ה' נצב על המזבח ויאמר הך הכפתור וירעשו הספים ובצעם בראש כלם ואחריתם בחרב אהרג לא ינוס להם נס ולא ימלט להם פליט: [עמוס ט, א]

ע) טוב לשבת על פנת גג מאשת מדינים ובית חבר: [משלי כא, ט]

פ) כה הראני והנה אדני נצב על חומת אנך ובידו אנך: [עמוס ז, ז]

צ) קול ה' לעיר יקרא ותושיה יראה שמך שמעו מטה ומי יעדה: [מיכה ו, ט]

ק) ויעל כבוד ה' מעל תוך העיר ויעמד על ההר אשר מקדם לעיר: [יחזקאל יא, כג]

ר) טוב שבת בארץ מדבר מאשת מדינים וכעס: [משלי כא, יט]

ש) ועיני רשעים תכלינה ומנוס אבד מנהם ותקותם מפח נפש: [איוב יא, כ]

Cherub to the other **Cherub,**[35] וּמִכְּרוּב לְמִפְתָּן – **then from the Cherub to the threshold,**[36] וּמִמִּפְתָּן לְחָצֵר – **then from the threshold to the Courtyard,**[37] וּמֵחָצֵר לְמִזְבֵּחַ – **then from the Courtyard to the Altar,**[38] וּמִמִּזְבֵּחַ לְגַג – **then from the Altar to the roof** of the Sanctuary,[39] וּמִגַּג לְחוֹמָה – **then from the** Sanctuary **roof to the** Courtyard **wall,** וּמֵחוֹמָה לְעִיר – **then from the** Courtyard **wall to the city** of Jerusalem, וּמֵעִיר לְהַר – **then from the city to the Mount** of Olives, וּמֵהַר לְמִדְבָּר – **then from the Mount** of Olives **to the wilderness,** וּמִמִּדְבָּר עָלְתָה וְיָשְׁבָה בִּמְקוֹמָהּ – **and** finally, **from the wilderness It ascended** to Heaven **and settled in Its Place,** שֶׁנֶּאֱמַר ,,אֵלֵךְ אָשׁוּבָה אֶל־מְקוֹמִי'' – **as it is stated:** ***I will go, I will return to My Place.***[40]

R' Yochanan now cites the Scriptural sources that allude to these journeys:

מְסוֹרֶת לִכְרוּב מִכְּרוּב לִכְרוּב וּמִכְּרוּב לְמִפְתָּן – We know that the *Shechinah* journeyed **from the Ark-cover to a Cherub, from** that **Cherub to the** other **Cherub and from** the **Cherub to the threshold,** דִּכְתִיב ,,וְנוֹעַדְתִּי [לְךָ שָׁם וְדִבַּרְתִּי] אִתְּךָ מֵעַל הַכַּפֹּרֶת'' – **for it is written:** ***It is there that I will set My meetings with you, and I shall speak with you from atop the Ark-cover,***[41] וּכְתִיב ,,וַיִּרְכַּב עַל־כְּרוּב וַיָּעֹף'' – **and it is written:** ***He mounted a Cherub and flew,***[42] וּכְתִיב ,,וּכְבוֹד אֱלֹהֵי יִשְׂרָאֵל נַעֲלָה מֵעַל הַכְּרוּב אֲשֶׁר הָיָה עָלָיו אֶל מִפְתַּן הַבָּיִת'' – **and it is written:** ***Then the glory of the God of Israel ascended from atop the Cherub on which it had been, to the threshold of the House.***[43] וּמִמִּפְתָּן לְחָצֵר – It journeyed **from the threshold to the Courtyard,** דִּכְתִיב ,,וַיִּמָּלֵא הַבַּיִת אֶת־הֶעָנָן וְהֶחָצֵר מָלְאָה אֶת־נֹגַהּ כְּבוֹד ה' '' – **for it is written:** ***and the Temple was filled with the cloud, and the Courtyard was filled with the glow of the Glory of Hashem.***[44] מֵחָצֵר לְמִזְבֵּחַ – It journeyed **from the Courtyard to the Altar,** דִּכְתִיב ,,רָאִיתִי אֶת־ה' נִצָּב עַל־הַמִּזְבֵּחַ'' – **for it is written:** ***I saw Hashem standing upon the Altar.***[45] וּמִמִּזְבֵּחַ לְגַג – It journeyed **from the Altar to the** Sanctuary **roof,** דִּכְתִיב ,,טוֹב לָשֶׁבֶת עַל־פִּנַּת־גָּג'' – **for it is written:** ***Better to dwell on a corner of a roof*** *than with a contentious wife in a house of associates.*[46] מִגַּג לְחוֹמָה – It journeyed **from the** Sanctuary **roof to the** Courtyard **wall,** דִּכְתִיב ,,וְהִנֵּה ה' נִצָּב עַל־חוֹמַת אֲנָךְ'' – **for it is written:** ***Behold, Hashem was standing on a plumbed wall.***[47] מֵחוֹמָה לְעִיר – It journeyed **from the** Courtyard **wall to the city** of Jerusalem, דִּכְתִיב ,,קוֹל ה' לָעִיר יִקְרָא'' – **for it is written:** ***The voice of Hashem calls out to [the people of] the city.***[48] וּמֵעִיר לְהַר – It journeyed **from the city to the Mount** of Olives, דִּכְתִיב ,,וַיַּעַל כְּבוֹד ה' מֵעַל תּוֹךְ הָעִיר וַיַּעֲמֹד עַל־הָהָר אֲשֶׁר מִקֶּדֶם לָעִיר'' – **for it is written:** ***And the glory of Hashem ascended from over the midst of the city and stood upon the mountain that is east of the city.***[49] וּמֵהַר לְמִדְבָּר – It journeyed **from the Mount** of Olives **to the wilderness,** דִּכְתִיב ,,טוֹב שֶׁבֶת בְּאֶרֶץ־מִדְבָּר'' – **for it is written:** ***Better to dwell in a wilderness*** *than with a woman of contention and anger.*[50] וּמִמִּדְבָּר עָלְתָה וְיָשְׁבָה בִּמְקוֹמָהּ – **And** finally, **from the wilderness It ascended** to Heaven **and settled in Its Place,** דִּכְתִיב ,,אֵלֵךְ אָשׁוּבָה אֶל־מְקוֹמִי וגו' '' – **for it is written:** ***I will go, I will return to My Place etc.*** *[until they acknowledge their guilt].*[51]

The Gemara interjects a related teaching of R' Yochanan:

אָמַר רַבִּי יוֹחָנָן – **R' Yochanan said:** שִׁשָּׁה חֳדָשִׁים נִתְעַכְּבָה שְׁכִינָה לְיִשְׂרָאֵל בַּמִּדְבָּר – For **six months the** ***Shechinah*** **lingered for Israel in the wilderness,** שֶׁמָּא יַחְזְרוּ בִּתְשׁוּבָה – hoping that **perhaps they would return in repentance.** כֵּיוָן שֶׁלֹּא חָזְרוּ – **When they did not return,** אָמַר תִּיפַּח עַצְמָן – **He said: May their very essence suffer agony!** שֶׁנֶּאֱמַר ,,וְעֵינֵי רְשָׁעִים תִּכְלֶינָה וּמָנוֹס אָבַד מִנְהֶם וְתִקְוָתָם מַפַּח־נָפֶשׁ'' – **As it is stated:** ***The eyes of the wicked would look with longing, haven would be denied them; their hope would become agony.***[52]

NOTES

35. Many versions of the text omit this (see *Bach, Mesoras HaShas* and *Dikdukei Soferim*). It was apparently absent from *Rashi's* text as well (see *Rashash* and *Aruch LaNer*). If it is included, there are eleven journeys in all.

36. I.e. the threshold of the House (*Rashi*). [*Rashi* apparently refers to the threshold of the Temple building, leading out to the Courtyard, especially since the next journey was "from the threshold to the Courtyard." However, *Rashi* to *Ezekiel* 9:3 explains that it refers to the threshold of the Holy of Holies.]

The "journey" from the Cherub represents the diminution of one of Israel's valued spiritual resources – the spirit of prophecy – which was for the most part lost near the end of the First Temple era (*Radak* to *Ezekiel* 9:3). It would seem that each of these "journeys" alludes to a similar degradation of Israel's glory (see *Maharsha*).

37. I.e. to the area of the Courtyard between the Temple and the Outer Altar (*Rashi*).

38. I.e. the Outer Altar (*Rashi;* cf. *Rashi* to *Amos* 9:1).

39. *Rashi,* as cited by *Hagahos HaBach.* [See *Hagahos HaGra* for a variant version of the text. See also *Bechor Shor.*]

40. *Hosea* 5:15.

41. *Exodus* 25:22. In this verse, God informed Moses that He would always speak to him from atop the Ark-cover, from between its two Cherubim. Thus, we see that the original station of the *Shechinah* was atop the Ark-cover (*Rashi*).

42. *II Samuel* 22:11. See following note.

43. *Ezekiel* 9:3. Thus, we see that the *Shechinah* was atop a Cherub for some time – perforce, It had journeyed there from the Ark-cover – and It went from the Cherub to the threshold (*Rashi*). [*Rashi* deletes the previous verse (*II Samuel* 22:11) from the text, for in his opinion It refers to the Exodus from Egypt, not the destruction of the Temple. Rather, *Rashi* explains, the verse in *Ezekiel* itself demonstrates that the *Shechinah* journeyed from atop the Ark-cover to the Cherub, since it states that the *Shechinah* ascended from atop the Cherub – rather than from atop the Ark-cover – to the threshold. Evidently, the *Shechinah* had departed the Ark-cover earlier in Ezekiel's days, and this verse records its next journey (see *Rashash* and *Aruch LaNer*).]

44. Ibid 10:4. This verse appears later in *Ezekiel* than the previous one (*Rashi*), and is thus indicative of a subsequent journey.

45. *Amos* 9:1. Amos lived many generations before Ezekiel [for Amos prophesied during the reign of Uzziah, King of Judah (see *Amos* 1:1), whereas Ezekiel prophesied two centuries later, during the era of the First Temple's destruction]. However, Amos stated this verse as a prophecy of future events. R' Yochanan assumes that it represents the fourth journey, since logic dictates that the *Shechinah* gradually made its way out of the Temple area (*Rashi;* see *Bechor Shor*).

46. *Proverbs* 21:9. King Solomon stated this proverb in reference to the *Shechinah's* eventual journey in later times. The "contentious wife" is the congregation of Israel, which abandoned God by placing an idol in the Sanctuary. The "house of associates" describes the Temple after Israel introduced the idol into it in an attempt to associate the idol with God. Solomon predicted that the *Shechinah* would at some point dwell on the roof rather than tolerate this association (*Rashi*).

47. *Amos* 7:7. This must refer to the Courtyard wall, and not the city wall of Jerusalem, because another verse (*Ezekiel* 11:23, cited below) indicates that when departing Jerusalem the *Shechinah* did not stop on the wall (*Maharsha*).

48. *Micah* 6:9. *The* city is a reference to Jerusalem (*Metzudas David* ad loc.).

49. *Ezekiel* 11:23. The Mount of Olives stands to the east of Jerusalem (*Rashi* ad loc.).

50. *Proverbs* 21:19. Here, too, King Solomon predicts that at some point God will dwell in the wilderness rather than with His contentious nation.

51. *Hosea* 5:15. This, too, is a prophetic statement, since Hosea was a contemporary of Amos (*Maharsha;* see *Hosea* 1:1 and *Bava Basra* 14b).

52. *Job* 11:20. I.e. the hope that had been held out for their repentance resulted only in agony (*Maharsha;* see *Ben Yehoyada*).

Maharsha suggests that the six-month span mentioned here is the period from 10 Teves, when Nebuchadnezzar set siege to Jerusalem, until 9 Tammuz, when he broke through its walls (see *Jeremiah* 52:4-7).

שאני התם דשירה דיומיה היא. תניא [א] רבי יהודה אומר משום ר"ע בראשון מה היו אומרים [א] לה' הארץ ומלואה על שם שקנה והקנה ושליט בעולמו בשני מה היו אומרים [ב] גדול ה' ומהולל מאד על שם שחילק מעשיו ומלך עליהן (א) בשלישי היו אומרים [ג] אלהים נצב בעדת אל על שם שגילה ארץ בחכמתו והכין תבל לעדתו ברביעי היו אומרים [ד] אל נקמות ה' על שם שברא חמה ולבנה ועתיד ליפרע מעובדיהן בחמישי היו אומרים [ה] הרנינו לאלהים עוזנו על שם שברא עופות ודגים לשבח לשמו בששי היו אומרים [ו] ה' מלך גאות לבש על שם שגמר מלאכתו ומלך עליהן בשביעי היו אומרים [ז] מזמור שיר ליום השבת ליום שכולו שבת א"ר נחמיה (ג) מה ראו חכמים לחלק בין הפרקים הללו אלא בראשון שקנה והקנה ושליט בעולמו בשני שחילק מעשיו ומלך עליהם (ג) בשלישי שגילה ארץ בחכמתו והכין תבל לעדתו ברביעי שברא חמה ולבנה ועתיד ליפרע מעובדיהן בחמישי שברא עופות ודגים לשבח לשמו בששי שגמר מלאכתו ומלך עליהם בשביעי על שם ששבת וקמיפלגי בדרב קטינא דאמר רב קטינא שיתא אלפי שני הוה עלמא וחד חרוב שנאמר [ח] ונשגב יי' לבדו ביום ההוא (אמר אביי) תרי חרוב שנאמ' [ט] יחיינו מיומים במוספי דשבתא מה היו אומרים אמר רב ענן בר רבא אמר רב הזי"ו ל"ך ואמר רב חנן בר רבא אמר רב כדרך שחלוקים כאן כך חלוקין בבית הכנסת במנחת' דשבתא מה היו אומרי' אמר רבי יוחנן אז ישיר ומי כמוך ואז ישיר איבעי' להו הני כולהו בחד שבתא אמרי להו או דלמא כל שבתא ושבתא אמרי חד תא שמע דתניא א"ר יוסי עד שהראשונה אומרת אחת שניה חוזרת שתים שמע מינה כל שבתא ושבתא אמרי חד שמע מינה אמר רב יהודה בר אידי א"ר יוחנן עשר מסעות נסעה שכינה מקראי וכנגדן גלתה סנהדרין מגמרא עשר מסעות נסעה שכינה מקראי מכפרת לכרוב (ד) ומכרוב לכרוב ומכרוב למפתן וממפתן [א] לחצר ומחצר למזבח וממזבח לגג ומגג לחומה ומחומה לעיר ומעיר להר ומהר למדבר וממדבר עלתה וישבה במקומה שנאמר [י] אלך אשובה אל מקומי מכפורת לכרוב ומכרוב למפתן דכתיב [כ] ונועדתי [לך שם ודברתי] אתך מעל הכפורת (ה) וכתיב [ל] וירכב על כרוב ויעף וכתיב [מ] וכבוד אלהי ישראל נעלה מעל הכרוב אשר היה עליו אל מפתן הבית וממפתן לחצר דכתיב [נ] וימלא הבית את הענן והחצר מלאה את נגה כבוד ה' מחצר למזבח דכתיב [ס] ראיתי את ה' נצב על המזבח וממזבח לגג דכתיב [ע] טוב לשבת על פנת גג מגג לחומה דכתיב [פ] והנה ה' נצב על חומת אנך מחומה לעיר דכתיב [צ] קול ה' לעיר יקרא ומעיר להר דכתיב [ק] ויעל כבוד ה' מעל תוך העיר ויעמד על ההר אשר מקדם לעיר ומהר למדבר דכתיב [ר] טוב שבת בארץ מדבר וממדבר עלתה וישבה במקומה דכתיב [י] אלך אשובה אל מקומי (ו) וגו' א"ר יוחנן ששה חדשים נתעכבה שכינה לישראל במדבר שמא יחזרו בתשובה כיון שלא חזרו אמר תיפח (ז) עצמן שנאמר [ש] ועיני רשעים תכלינה ומנוס אבד מנהם ותקותם מפח נפש וכנגדן גלתה סנהדרין מגמרא מלשכת הגזית לחנות ומחנות לירושלים ומירושלים ליבנה ומיבנה

רש"י

שאני התם דשירה דיומיה היא. דשבת היא ובמנחה של חול ליכא שירה בשבת ליכא שירה דיומיה ... מה היו אומרים. בשיר של תמיד: לה' הארץ. כל המזמור: שקנה. שמים וארץ: והקנה. תבל ליושבי בה כלומר קונה כדי להקנות: ושליט בעולמו. יחידי שלא נבראו המלאכים עד יום שני: שחילק מעשיו. הבדיל רקיע בין עליונים לתחתונים ונתעלה וישב במרום דוגמת שכנו בעירנו והר קדשו: שגילה ארץ. מקוס מלא עדתו שנאמר (בראשית א) ותראה היבשה בשלישי נאמר: שברא חמה. ברביעי: שברא עופות ודגים לשבח לשמו. כשאדם רואה עופות משונים זה מזה נותן שבח למי שבראם: ליום שכולו שבת. שעתיד העולם להיות חרב ואין אדם וכל המלאכות שובתות על אותו יום הוא אומרים שיר של שבת: מה ראה ר' עקיבא לחלק בין הפרשיות הללו. שכל ששת ימים נאמרין הפרקים הללו על שם שעבר ושל (א) שבת על שם להבא: וקא מיפלגי בדרב קטינא. ר' נחמיה לית ליה דרב קטינא אלא לדברי הכל ליכא למימר על שם יום אחד שכולו שבת דהא תרי הוו: במוספי דשבתא. מאי שיר אמרי: הזי"ו ל"ך. פרשת שירת האזינו חולקים אותה לששה פרקים וראשון האזינו השני זכור ימות עולם השלישי ירכיבהו על במותי ארץ הרביעי וירא ה' וינאץ עד כאן ששה פסוקים לפרק ומכאן ואילך שמונה פסוקים לפרק החמישי לולי כעס אויב אגור הששי כי ידין ה' עמו: כדרך שחלוקין. פירקי השירה הזאת כאן כך חלוקין בבית הכנסת. כך קורואין אותה ששה הקוראין בספר תורה והשביעי קורא מן השירה ולהלן: אז ישיר. שירת הים עד מי כמוכה: ומי כמוכה. עד סוף השירה: ואז ישיר. ישראל עלי באר (במדבר כא): כולהו בחד שבתא אמרי להו. הלוים והיו חולקים הפרקים בנעימת הקול להפסיק ובמתלפות כלי שיר ותקיעת תרועות:

תוספות

או דלמא. כל פרק ופרק לשבת אחת פרק אחד: עד שהראשונה. שירת המוספין (ט) חוזרת תלויה פעם אחת: שניה. שירת המנחה של תמיד (י) הערבים: חוזרת שתים. דהכא שית פירקי והכא תלתא האזינו בשבת אחת זכור בשבת שניה וכן כולם: עשר מסעות כו'. משום דלאיידי מתני' בתקנות של יבנה נקט לה הכא למימר שמשם גלתה סנהדרין בימי רבן יוחנן שהיה גלות ראשונה שגלו מירושלים: נסעה שכינה. להסתלק מעל ישראל מעט מעט כשחטאו: מכפרת. שהיתה רגילה לשכון שם נסתלקה על אחד מן הכרובים שעשה שלמה העומדין בארץ אחד לצפון הארון ואחד לדרום: ומכרוב למפתן. הבית: וממפתן הבית לחצר. לעזרה בין האולם ולמזבח: ומחצר למזבח. החיצון: וממזבח לגג (כ) ומגג לחומת העזרה ומחומה לעיר. לירושלים: ומעיר להר. הזיתים וכל סלוקים הללו לפי שבקושי היה מסתלק ומלפפה שישונו: וירכב על כרוב. לא גרסינן דהכוה ביליאת מלרים קאמר והכי גרסינן מכפרת לכרוב ומכרוב למפתן דכתיב ונועדתי לך שם וגו' (ג) וכבוד אלהי ישראל נעלה מעל הכרוב אשר היה עליו אל מפתן הבית למדנו שתחילת עיקר שכינה היתה על הכפרת ובימי יחזקאל נסתלקה משם לכרוב ומשם שם כמה ימים כדכתיב מעל הכרוב אשר היה עליו (ומשם) למפתן: וימלא הבית וגו'. ביחזקאל כתיב אחר סילוק מן הכרוב אל המפתן: נצב על המזבח. ובע"ג דהאי קרא עמוס קאמר ליה ועמוס מקמי יחזקאל דורות הרבה (מ) היה מתנבא על העתיד ועל כרחך סילוקן כסדרן היו לדרך יציאה חוץ: טוב לשבת על פנת גג. מאשת מדינים ובית חבר על השכינה אמרו שלמה המלך טוב לה להסתלק אל גג מאשת עם אשת מדני' כנסת ישראל שהעמידה צלם בהיכל ובית חבר בית שחברו בו את הסמל עם השכינה: טוב לשבת בארץ מדבר. סיפיה דקרא מאשת מדנים [וכעס]: עד אשר יאשמו. שיחזיקו את עצמם אשמים: ומנוס אבד מנהם. מעוזם נסתלק מהם: מלשכת הגזית לחנויות. חנויות עשו להם בהר הבית וישבו שם לומר שלא דנו דיני נפשות דמזו לנפישי רוצחים כדאמרי' בסנהדרין (דף מא.) וכל הנך גליות דסנהדרין דבית שני קאמר ומסעות דשכינה בבית ראשון קאמר:

מסורת הש"ס

א) תמיד פ"ז [מ"ד אבות דר"נ פ"א], ב) ס"א ראה ר"ע, ג) ע"ז ע. [סנהדרין צז.], ד) [נ"ל אביי אמר], ה) פ"א חנן, ו) [אבות דר"נ פ"ז ע"ש], ז) על לרך דברה תורה כלשון בני אדם, ח) ומכרוב לכרוב ליתו מן המנין עשרה ובאמת בע"א לא גרים לה כלל, ט) [פר"ב ה"ח].

הגהות הב"ח

(א) גמ' שחילק מעשיו ומלך עליהן ונתעלה וישב במרום בשלישי היו אומרים: (ב) שם אמר רבי נחמיה וכי מה ראה ר"ע לחלק: (ג) שם ומלך עליהם ונתעלה וישב במרום בשלישי שגילה: (ד) שם מכפרת לכרוב ומכרוב למפתן כו' כל"ל ותיבות ומכרוב לכרוב נמחק: (ה) שם אתך מעל הכפורת (וכתיב וירכב על כרוב ויעף) תא"מ ונ"ב רש"י לא גרם להו: (ו) שם אלך אשובה אל מקומי עד אשר יאשמו א"ר יוחנן: (ז) שם אמר תיפח נפשן שנאמר: (ח) רש"י ד"ה מה ראה כו' שעבר ושל יום שבת: (ט) ד"ה עד שהראשונה שירת המוספין חוזרת פעם אחת: (י) ד"ה שניה כו' של תמיד בין הערבים חוזרת תלתא שתים הדהכם כו' כל"ל והד"א: (כ) ד"ה וממזבח לגג וחומה: (ג) ד"ה וירכב וכו' ועועדתי לך שם וגומר וכתיב וכבוד: (מ) ד"ה נצב על כו' דורות הרבה מתנבא היה על העתיד:

הגהות הגר"א

[א] גמרא וממפתן לגג ומגג לחצר ומחצר למזבח וממזבח לחומה כו'. כל"ל:

תורה אור השלם

א) לְדָוִד מִזְמוֹר לַייָ הָאָרֶץ וּמְלוֹאָהּ תֵּבֵל וְיֹשְׁבֵי בָהּ: [תהלים כד, א]
ב) גָּדוֹל יְיָ וּמְהֻלָּל מְאֹד בְּעִיר אֱלֹהֵינוּ הַר קָדְשׁוֹ: [תהלים מח, ב]
ג) מִזְמוֹר לְאָסָף אֱלֹהִים נִצָּב בַּעֲדַת אֵל בְּקֶרֶב אֱלֹהִים יִשְׁפֹּט: [תהלים פב, א]
ד) אֵל נְקָמוֹת יְיָ אֵל נְקָמוֹת הוֹפִיעַ: [תהלים צד, א]
ה) הַרְנִינוּ לֵאלֹהִים עוּזֵּנוּ הָרִיעוּ לֵאלֹהֵי יַעֲקֹב: [תהלים פא, ב]
ו) יְיָ מָלָךְ גֵּאוּת לָבֵשׁ לָבֵשׁ יְיָ עֹז הִתְאַזָּר אַף תִּכּוֹן תֵּבֵל בַּל תִּמּוֹט: [תהלים צג, א]
ז) מִזְמוֹר שִׁיר לְיוֹם הַשַּׁבָּת: [תהלים צב, א]
ח) עֵינֵי גַּבְהוּת הָאָדָם שָׁפֵל וְשַׁח רוּם אֲנָשִׁים וְנִשְׂגַּב יְיָ לְבַדּוֹ בַּיּוֹם הַהוּא: [ישעיה ב, יא]
ט) יְחַיֵּנוּ מִיֹּמָיִם בַּיּוֹם הַשְּׁלִישִׁי יְקִמֵנוּ וְנִחְיֶה לְפָנָיו: [הושע ו, ב]
י) אֵלֵךְ אָשׁוּבָה אֶל מְקוֹמִי עַד אֲשֶׁר יֶאְשְׁמוּ וּבִקְשׁוּ פָנָי בַּצַּר לָהֶם יְשַׁחֲרֻנְנִי: [הושע ה, טו]
כ) וְנוֹעַדְתִּי לְךָ שָׁם וְדִבַּרְתִּי אִתְּךָ מֵעַל הַכַּפֹּרֶת מִבֵּין שְׁנֵי הַכְּרֻבִים אֲשֶׁר עַל אֲרוֹן הָעֵדֻת אֵת כָּל אֲשֶׁר אֲצַוֶּה אוֹתְךָ אֶל בְּנֵי יִשְׂרָאֵל: [שמות כה, כב]
ל) וַיִּרְכַּב עַל כְּרוּב וַיָּעֹף וַיֵּרָא עַל כַּנְפֵי רוּחַ: [שמואל ב כב, יא]
מ) וּכְבוֹד אֱלֹהֵי יִשְׂרָאֵל נַעֲלָה מֵעַל הַכְּרוּב אֲשֶׁר הָיָה עָלָיו אֶל מִפְתַּן הַבָּיִת וַיִּקְרָא אֶל הָאִישׁ הַלָּבֻשׁ הַבַּדִּים אֲשֶׁר קֶסֶת הַסֹּפֵר בְּמָתְנָיו: [יחזקאל ט, ג]
נ) וַיָּרָם כְּבוֹד יְיָ מֵעַל הַכְּרוּב עַל מִפְתַּן הַבָּיִת וַיִּמָּלֵא הַבַּיִת אֶת הֶעָנָן וְהֶחָצֵר מָלְאָה אֶת נֹגַהּ כְּבוֹד יְיָ: [יחזקאל י, ד]
ס) רָאִיתִי אֶת יְיָ נִצָּב עַל הַמִּזְבֵּחַ וַיֹּאמֶר הַךְ הַכַּפְתּוֹר וְיִרְעֲשׁוּ הַסִּפִּים וּבְצַעַם בְּרֹאשׁ כֻּלָּם וְאַחֲרִיתָם בַּחֶרֶב אֶהֱרֹג לֹא יָנוּס לָהֶם נָס וְלֹא יִמָּלֵט לָהֶם פָּלִיט: [עמוס ט, א]
ע) טוֹב לָשֶׁבֶת עַל פִּנַּת גָּג מֵאֵשֶׁת מִדְיָנִים וּבֵית חָבֶר: [משלי כא, ט]
פ) כֹּה הִרְאַנִי וְהִנֵּה אֲדֹנָי נִצָּב עַל חוֹמַת אֲנָךְ וּבְיָדוֹ אֲנָךְ: [עמוס ז, ז]
צ) קוֹל יְיָ לָעִיר יִקְרָא וְתוּשִׁיָּה יִרְאֶה שְׁמֶךָ שִׁמְעוּ מַטֶּה וּמִי יְעָדָהּ: [מיכה ו, ט]
ק) וַיַּעַל כְּבוֹד יְיָ מֵעַל תּוֹךְ הָעִיר וַיַּעֲמֹד עַל הָהָר אֲשֶׁר מִקֶּדֶם לָעִיר: [יחזקאל יא, כג]
ר) טוֹב שֶׁבֶת בְּאֶרֶץ מִדְבָּר מֵאֵשֶׁת מִדְיָנִים וָכָעַס: [משלי כא, יט]
ש) וְעֵינֵי רְשָׁעִים תִּכְלֶינָה וּמָנוֹס אָבַד מִנְהֶם וְתִקְוָתָם מַפַּח נָפֶשׁ: [איוב יא, כ]

עין משפט נר מצוה

כב א ב מיי' פ"ו מהל' תמידין הל' ט:
כג ג מיי' שם [ופי"ג מהל' תפלה דין ה' טוש"ע א"ח סי' תכח סעיף ה רב אלפס פ' הקורא את המגילה עומד ד' ער]:
כד ד ה מיי' פ"ו מהל' תמידין הלכה ט:
כה ו מיי' פי"ד מהל' סנהדרין הלכה יב:

רבינו חננאל

שמא יבואו עדים שמא אין אומרים שירה כלל. תניא ר' יהודה אומר משום ר' עקיבא בראשון מהו אומר לה' הארץ ומלואה וגו'. דביום ראשון נבראו שמים וארץ על שם שקנה דכתיב קונה שמים וארץ. והקנה שנאמר והארץ נתן לבני אדם. והוא שליט בעולמו שנאמר לה' הארץ ומלואה תבל ויושבי בה. בשני אומר בעיר אלהינו הר קדשו על שם שחילק מעשיו שנאמר ויהי מבדיל בין מים למים. כך חילק הקב"ה ובחר בירושלים. ונקראת עיר אלהינו ושכינתו בה. בשלישי אומרי' אלהים נצב בעדת אל וגו' על שם שגילה ארץ בחכמתו כדכתיב ותראה היבשה והכינה לעדתו שקיבלו משפטיו כדכת' אם לא בריתי יומם ולילה חקות שמים וארץ לא שמתי. פי' אילולי ישראל שקיבלו בריתי להגות בה יומם ולילה לא שמתי שמים וארץ. רביעי וחמישי וששי פשוטין הן הללו כולן השירות על שם מעשיו של הקב"ה. בשביעי מזמור שיר ליום השבת ליום שעתיד להיות כולו שבת. כלומר אלף שנה שהוא יומו של הקב"ה. ואח"כ תחיית המתים. אמר ר' נחמיה מה ראו חכמים לחלק בין הפרקים הללו. כלומר ששה ימים על שם מעשיו של הקב"ה. ויום השביעי ליום שכולו שבת. אלא גם יום שביעי על שם מעשיו הוכנה השירה הזאת. וכן פירושה מזמור שיר ליום השבת על שם ששבת כדכתיב ויברך אלהים את יום השביעי ויקדש אותו כי בו שבת וגו' וקמיפלגי ר' נחמיה ורבנן בהאי סברא. חכמים סברי שיתא אלפי שני הוי עלמא וחד אלפא חרבן. א) שנא' יחיינו מיומים ביום השלישי יקימנו ונחיה לפניו: במוספי דשבתא מאי אמר. הזי"ו ל"ך. פי' מהאזינו עד זכור ימות עולם. וקורין אותה שירה במוסף של שבת. ובשבת אחרת קורין מזכור עד ירכבהו וכן בכל שבת ושבת קורין אחת. נמצאו שקורין שש שבתות בשירת האזינו. וכשישלימו שש שבתות חוזרין כך לעולם. ובמנחה בשבתות אומר. שבת ראשונה במנחה אומר אז ישיר משה. שנייה מי כמוכה באלים שלישית אז ישיר ישראל וכשישלימו חוזרין. נמצאת שירת האזינו נקראת בשש שבתות ואח"כ חוזרין. ואלו שלש שבתות חוזרין. נמצאת שירת אז ישיר ישראל חוזרין בה פעמים עד שתשלים שירת האזינו לחזור. וזהו פי' עד שהראשונה והיא שירת האזינו חוזרת אחת. שנייה שירת המנחה בשבת חוזרת שתים ש"מ דהני שלש כל שבת אומר אחת מהן במנחה. אמר רבא כדרך שחולקין בפסוקים של שירת האזינו כאן כמו שאומר הזי"ו ל"ך כך חולקים בקריאם בבה"כ בכנסת. הראשון קורא מהאזינו עד זכור והשני מזכור עד ירכבהו. השלישי ירכבהו. הרביעי וירא ה' וינאץ. החמישי לו חכמו הששי כי ידין ה' עמו. עד סוף השירה כן כל אחד ואחד. א"ר יהודה בר אידית עשר מסעות נסעה שכינה מקראי. אחד מכפורת לכרוב שנאמר ונועדתי לך שם ודברתי אתך מעל הכפרת ואח"כ מבין שני הכרובים. מכרוב לכרוב וירכב על כרוב ויעוף וגו' כו' עד וממדבר עלתה למקומה שנאמר אלך ואשובה אל מקומי עד אשר יאשמו ובקשו פני בצר להם ישחרונני. אמר ר' יוחנן ששה חדשים נתעכבה שכינה לישראל במדבר שמא יחזרו בתשובה. ולא חזרו כיון שלא חזרו אמר תיפח עצמן. שנאמר ועיני רשעים תכלינה ומנוס אבד מנהם ותקותם מפח נפש. וכנגדן גלתה סנהדרין עשר גליות מגמרא. מלשכת הגזית לחנות. ומן החנות לירושלים כו'.

חשק שלמה על ר"ח א) שנא' ונשגב ה' לבדו ביום ההוא ור' נחמיה סבר דתרי חרוב שנאמר יחיינו מיומים וכו'.

ליקוטי רש"י

בראשון מה היו וכו'. כבר נתבאר בגמרא ר"ה הטעם למה ייחדו אלו המזמורים לאלו הימים ואמרו ביום ראשון לה' הארץ ומלואה לפי שהוא תחלת מעשה בראשית ובשני שבו נחלקו המים והיו השמים מתחיהם אומר גדול ה' ובשלישי שבו נראית הארץ שעליה יהיה הדין והדיינין אומר אלהים נצב בעדת אל ברביעי שבו נבראו השמש והירח אומר אל נקמות ה' שהוא נוקם מן התועים אחר עבודתם בחמישי שבו נבראו מיני בעלי חיים ויש בזה פלאים מפני החלוק שבמיניהם [המשך בעמו' ב]

The Gemara continues its citation of R' Yochanan's original statement:

וּכְנֶגְדָּן גָּלְתָה סַנְהֶדְרִין מִגְּמָרָא – And correspondingly, the Great **Sanhedrin was exiled** the following ten exiles at the Second Destruction, as is known **from Oral Tradition: מִלִּשְׁכַּת הַגָּזִית לְחָנוּת –** First they went **from the Chamber of Hewn Stone to a store** on the Temple Mount,[53] **וּמֵחָנוּת לִירוּשָׁלַיִם – then from** that **store to Jerusalem** proper, **וּמִירוּשָׁלַיִם לְיַבְנֶה – then from Jerusalem to Yavneh,**[54]

NOTES

The difficulty is that Scripture (ibid.) states explicitly that the siege lasted *eighteen* months – from 10 Teves until 9 Tammuz one and a half years later! (*Aruch LaNer*). It has been suggested that the *Shechinah* abandoned hope for repentance and departed on 9 Tammuz in the first year of the seige, and this led to the fall of the city on that very date a year later. As the Gemara states (*Taanis* 29a): מְגַלְגְּלִין זְכוּת לְיוֹם זַכַּאי וְחוֹבָה לְיוֹם חַיָּב, *Good things are brought to pass on an auspicious day, and bad things on an ominous day* (*Shitah Mekubetzes*).

53. The official seat of the Sanhedrin was in the לִשְׁכַּת הַגָּזִית, *Chamber of Hewn Stone,* which was located in the Temple Courtyard. As long as the Great Sanhedrin (of seventy-one sages) functioned in the Temple, the minor sanhedrins (of twenty-three sages) throughout Eretz Yisrael were empowered to adjudicate capital cases. If the Sanhedrin ceased to function in that location, the adjudication of capital cases was suspended throughout the land. Forty years before the Destruction, murder had become rampant and the sages of the Sanhedrin realized that it was no longer possible to judge and punish all the murderers. Consequently, they abandoned the Chamber of Hewn Stone and took up quarters in stores located on the Temple Mount, outside the Courtyard. Thus, they freed the courts of the impossible task of dealing with the murderers (*Rashi* here and to *Sanhedrin* 41a, based on Gemara there; however, *Rashi* there explains that חָנוּת was the name of a specific place outside the Courtyard; see also *Rashi* to *Avodah Zarah* 8b ד״ה בחנות).

54. Thus, we see that when the Sanhedrin left Jerusalem about the time of the Destruction (see *Gittin* 56b and *Avos DeRabbi Nassan* 4:5) its first place of refuge was Yavneh. It was during this sojourn in Yavneh, where the Sanhedrin was led by Rabban Yochanan ben Zakkai, that the enactments described in our chapter were innovated (*Rashi* above ד״ה עשר מסעות).

שאני התם דשירה דיומיה היא תניא [א] רבי יהודה אומר משום ר"ע [ב] בראשון מה היו אומרים א) לה' הארץ ומלואה על שם שקנה והקנה ושליט בעולמו בשני מה היו אומרים ב) גדול ה' ומהולל מאד על שם שחילק מעשיו ומלך עליהן (א) בשלישי היו אומרים ג) אלהים נצב בעדת אל על שם שגילה ארץ בחכמתו והכין תבל לעדתו ברביעי היו אומרים ד) אל נקמות ה' על שם שברא חמה ולבנה ועתיד ליפרע מעובדיהן בחמישי היו אומרים ה) הרנינו לאלהים עוזנו על שם שברא עופות ודגים לשבח לשמו בששי היו אומרים ו) ה' מלך גאות לבש על שם שגמר מלאכתו ומלך עליהן בשביעי היו אומרים ז) מזמור שיר ליום השבת ליום שכולו שבת א"ר נחמיה (ב) מה ראו חכמים לחלק בין הפרקים הללו אלא בראשון שקנה והקנה ושליט בעולמו בשני שחילק מעשיו ומלך עליהם (ג) בשלישי שגילה ארץ בחכמתו והכין תבל לעדתו ברביעי שברא חמה ולבנה ועתיד ליפרע מעובדיהן בחמישי שברא עופות ודגים לשבח לשמו בששי שגמר מלאכתו ומלך עליהם בשביעי על שם ששבת וקמיפלגי בדרב קטינא דאמר רב קטינא שיתא אלפי שני הוה עלמא וחד חרוב שנאמר ח) ונשגב ה' לבדו ביום ההוא (אמר אביי) תרי חרוב שנאמ' ט) יחיינו מיומים במוספי דשבתא מה היו אומרים אמר רב ענן בר רבא אמר רב הזי"ו ל"ך ואמר רב חנן בר רבא אמר רב כדרך שחלוקים כאן כך חלוקין בבית הכנסת במנחת דשבתא מה היו אומרי' אמר רבי יוחנן אז ישיר ומי כמוך ואז ישיר איבעי' להו הני כולהו בחד שבתא אמרי להו או דלמא כל שבתא ושבתא אמרי חד תא שמע דתניא א"ר יוסי עד שהראשונה אומרת אחת שניה חוזרת שתים שמע מינה כל שבתא ושבתא אמרי חד שמע מינה אמר רב יהודה בר אידי א"ר יוחנן עשר מסעות נסעה שכינה מקראי וכנגדן גלתה סנהדרין מגמרא עשר מסעות נסעה שכינה מקראי מכפרת לכרוב (ד) ומכרוב לכרוב ומכרוב למפתן וממפתן [א] לחצר ומחצר למזבח וממזבח לגג ומגג לחומה ומחומה לעיר ומעיר להר ומהר למדבר וממדבר עלתה וישבה במקומה שנאמר י) אלך אשובה אל מקומי מכפורת לכרוב מכרוב לכרוב ומכרוב למפתן דכתיב כ) ונועדתי [לך שם ודברתי] אתך מעל הכפורת (ה) וכתיב ל) וירכב על כרוב ויעף וכתיב מ) וכבוד אלהי ישראל נעלה מעל הכרוב אשר היה עליו אל מפתן הבית וממפתן לחצר דכתיב נ) וימלא הבית את הענן והחצר מלאה את נגה כבוד ה' מחצר למזבח דכתיב ס) ראיתי את ה' נצב על המזבח וממזבח לגג דכתיב ע) טוב לשבת על פנת גג מגג לחומה דכתיב פ) והנה ה' נצב על חומת אנך מחומה לעיר דכתיב צ) קול ה' לעיר יקרא ומעיר להר דכתיב ק) ויעל כבוד ה' מעל תוך העיר ויעמד על ההר אשר מקדם לעיר ומהר למדבר דכתיב ר) טוב שבת בארץ מדבר וממדבר עלתה וישבה במקומה דכתיב י) אלך אשובה אל מקומי (ו) וגו' א"ר יוחנן ששה חדשים נתעכבה שכינה לישראל במדבר שמא יחזרו בתשובה כיון שלא חזרו אמר תיפח (ז) עצמן שנאמר ש) ועיני רשעים תכלינה ומנוס אבד מנהם ותקותם מפח נפש [י] וכנגדן גלתה סנהדרין מגמרא מלשכת הגזית לחנות ומחנות לירושלים ומירושלים ליבנה ומיבנה

רש"י

שאני התם דשירה דיומיה היא. דלעולם כל היכא דמספקא מילתא כגון במנחה דלאי היום קודש לא שייך למימר דחול ולאי הוא חול לא שייך למימר דקודש לא אמרינן כלל והכא היינו טעמא דלאמר שירה דחול בחמישי בשבת דשירה דיומיה היא שיר הרגלי ליאמר היום הוא ולפי' בראש השנה נאמרת שירת החול בכל תמידי השחר אלא בחמישי בשבת היו מחלפין אותו משום כפילה הלכך כי מספקא לן משום ספק כפילה לא מבטלינן שיר של תמיד: **לה' הארץ.** כל המזמור: **שקנה.** שמים וארץ: **והקנה.** תבל ליושבי בה כלומר קונה כדי להקנות: **ושליט בעולמו.** יחידי שלא נבראו המלאכים עד יום שני: **שחילק מעשיו.** הבדיל רקיע בין עליונים לתחתונים ונתעלה וישב במרום דוגמת שכנו בעירו והר קדשו: **שגילה ארץ.** מקום מלא עדתו שנאמר (בראשית א) ותראה היבשה בשלישי נאמר: **שברא חמה.** ברביעי: **שברא עופות ודגים לשבח לשמו.** כשאדם רואה עופות משונים זה מזה נותן שבח למי שבראם: **ליום שכולו שבת.** שעתיד העולם להיות חרב ואין אדם וכל המלאכות שובתות על אותו יום אומרים שיר של שבת: **מה ראה ר' עקיבא לחלק בין הפרשיות הללו.** שכל ששת ימים נאמרין הפרקים הללו על שם שעבר ושל (ח) שבת על שם להבא: **וקא מיפלגי בדרב קטינא.** ר' נחמיה לית ליה דרב קטינא אלא לאביי הלכך ליכא למימר על שם יום אחד שכולו שבת דהא תרי נינהו: **במוספי דשבתא.** מאי שיר אמרי: **הזי"ו ל"ך.** פרשת שירת האזינו חולקים אותה לששה פרקים הראשון האזינו השני זכור ימות עולם השלישי ירכבהו על במותי ארץ הרביעי וירא ה' וינאץ על כאן ששה פסוקים לפרק ומכאן ואילך שמונה פסוקים לפרק החמישי לולי כעס אויב אגור הששי כי ידין ה' עמו: **כדרך שחלוקין.** פירקי השירה הזאת כאן: **כך חלוקין בבית הכנסת.** כך קורין אותה ששה הקוראין בספר תורה והשביעי קורא מן השירה ולהלן: **אז ישיר.** שירת הים עד מי כמוכה: **ומי כמוכה.** עד סוף השירה: **ואז ישיר.** ישראל דעלי באר (במדבר כא): **כולהו בחד שבתא אמרי להו.** הלוים והיו חולקים הפרקי' בנעימת הקול להפסיק ובמחלפות כלי שיר ובתקיעת חצוצרות:

או דלמא. כל פרק ופרק לשבת אחת פרק אחד: **עד שהראשונה.** שירת המוספין (ט) חוזרת תלילה פעם אחת: **שנייה.** שירת המנחה של תמיד (י) הערבים: **חוזרת שתים.** דהתם שית פירקי והכא תלתא האזינו בשבת אחת זכור בשבת שניה וכן כולם: **עשר מסעות כו'.** משום דלאיירי מתני' בתקנות של יבנה נקט לה הכא למימר ששם גלתה סנהדרין בימי רבן יוחנן שהיה גלות לראשונה שגלו מירושלים: **נסעה שכינה.** להסתלק מעל ישראל מעט מעט כשחטאו: **מכפרת.** שהיתה רגילה לשכון שם נסתלקה על אחד מן הכרובים שעשה שלמה העומדין בארץ אחד לצפון הארון ואחד לדרום: **ומכרוב למפתן.** הבית: **וממפתן הבית לחצר.** לעזרה בין האולם ולמזבח: **ומחצר למזבח.** החיצון: **וממזבח לגג** (כ) **ומגג לחומת העזרה ומחומה לעיר.** לירושלים: **ומעיר להר.** הזיתים וכל סלוקים הללו לפי שבקושי היה מסתלק ומצפה שישובו: **וירכב על כרוב.** לא גרסינן דההוא ביציאת מצרים קאמר והכי גרסינן מכפרת לכרוב ומכרוב למפתן דכתיב ונועדתי לך שם וגו' (ל) וכבוד אלהי ישראל נעלה מעל הכרוב אשר היה עליו אל מפתן הבית למדנו שתחילת עיקר שכינה היתה על הכפרת ובימי יחזקאל נסתלקה משם לכרוב ושהתה שם כמה ימים כדכתיב מעל הכרוב אשר היה עליו (ומשם) למפתן: **וימלא הבית וגו'.** ביחזקאל כתיב אחר סילוק מן הכרוב אל המפתן: **נצב על המזבח.** ואע"ג דהאי קרא עמוס קאמר ליה ועמוס מקמי יחזקאל דורות הרבה (מ) היה מתנבא על העתיד ועל כרחך סילוקו כסדרן היו דרך יציאת חוץ: **טוב לשבת על פנת גג.** מאשת מדנים ובית חבר על השכינה אמרו שלמה המלך טוב לה להסתלק אל גג משבת עם אשת מדני' כנסת ישראל שהעמידה צלם בהיכל ובית חבר בית שחברו בו את הסמל עם השכינה: **טוב לשבת בארץ מדבר.** סיפיה דקרא מאשת מדנים [וכעס]: **עד אשר יאשמו.** שיחזיקו את עצמם אשמים: **ומנוס אבד מנהם.** מעוזם נסתלק מהם: **מלשכת הגזית לחנויות.** חנויות עשו להם בהר הבית וישבו שם לומר שלא דנו דיני נפשות דחזו דנפישי רוצחים כדאמרי' בסנהדרין (דף מא.) וכל הנך גליות דסנהדרין דבית שני קאמר ומסעות דשכינה בבית ראשון קאמר: **ומיבנה**

הזי"ו ל"ך. האזינו זכור ירכבהו וירא ה' לולי כי ידין כ"ה בספרים וכ"ה בקונט' וכן המנהג ובמסכת סופרים כתיב ויַשמן לו ור"ח פי' וירא לו: רוגע

מסורת הש"ס

א) תמיד פ"ז [מ"ד אבות דר"נ פ"א], ב) ס"א ראה ר"ע, ג) ע"ז ט. [סנהדרין לז.], ד) [צ"ל אביי אמר], ה) ס"א חנן, ו) [אבות דר"נ פל"ד ע"ש], ז) על דרך דברה תורה כלשון בני אדם, ח) ומכרוב לכרוב אינו מן המנין עשרה ובאמת בע"י לא גרים לה כלל, ט) [פי"ב ה"ח].

הגהות הב"ח

(א) גמ' שחילק מעשיו ומלך עליהן ונתעלה וישב במרום בשלישי היו אומרים: (ב) שם אמר רבי נחמיה וכי מה ראה ר"ע לחלק: (ג) שם ומלך עליהם ונתעלה וישב במרום בשלישי שגילה: (ד) שם מכפרת לכרוב ומכרוב למפתן כו' כצ"ל ותיבות ומכרוב לכרוב נמחק: (ה) שם אתך מעל הכפורת (וכתיב וירכב על כרוב ויעף) תא"מ וכ"נ רש"י לא גרם להו: (ו) שם אלך אשובה אל מקומי עד אשר יאשמו א"ר יוחנן: (ז) שם אמר תיפח נפשן שנאמר: (ח) רש"י ד"ה מה ראה כו' שעבר ושל יום שבת: (ט) ד"ה עד שהראשונה שירת המוספין אומרת פעם אחת: (י) ד"ה שניה כו' של תמיד בין הערבים חוזרת תלילה שתים דהתם כו' כצ"ל והד"א: (כ) ד"ה וממזבח לגג ההיכל ומגג: (ל) ד"ה וירכב כו' ונועדתי לך שם וגומר וכתיב וכבוד: (מ) ד"ה נצב על כו' דורות הרבה מתנבא היה על העתיד:

הגהות הגר"א

[א] גמרא וממפתן לגג ומגג לחצר ומחצר למזבח וממזבח לחומה כו'. כצ"ל:

תורה אור השלם

א) לְדָוִד מִזְמוֹר לַיְיָ הָאָרֶץ וּמְלוֹאָהּ תֵּבֵל וְיֹשְׁבֵי בָהּ: [תהלים כד, א]
ב) גָּדוֹל יְיָ וּמְהֻלָּל מְאֹד בְּעִיר אֱלֹהֵינוּ הַר קָדְשׁוֹ: [תהלים מח, ב]
ג) מִזְמוֹר לְאָסָף אֱלֹהִים נִצָּב בַּעֲדַת אֵל בְּקֶרֶב אֱלֹהִים יִשְׁפֹּט: [תהלים פב, א]
ד) אֵל נְקָמוֹת יְיָ אֵל נְקָמוֹת הוֹפִיעַ: [תהלים צד, א]
ה) הַרְנִינוּ לֵאלֹהִים עוּזֵּנוּ הָרִיעוּ לֵאלֹהֵי יַעֲקֹב: [תהלים פא, ב]
ו) יְיָ מָלָךְ גֵּאוּת לָבֵשׁ לָבֵשׁ יְיָ עֹז הִתְאַזָּר אַף תִּכּוֹן תֵּבֵל בַּל תִּמּוֹט: [תהלים צג, א]
ז) מִזְמוֹר שִׁיר לְיוֹם הַשַּׁבָּת: [תהלים צב, א]
ח) וְשַׁח גַּבְהוּת הָאָדָם וְשָׁפֵל רוּם אֲנָשִׁים וְנִשְׂגַּב יְיָ לְבַדּוֹ בַּיּוֹם הַהוּא: [ישעיה ב, יז]
ט) יְחַיֵּנוּ מִיֹּמָיִם בַּיּוֹם הַשְּׁלִישִׁי יְקִמֵנוּ וְנִחְיֶה לְפָנָיו: [הושע ו, ב]
י) אֵלֵךְ אָשׁוּבָה אֶל מְקוֹמִי עַד אֲשֶׁר יֶאְשְׁמוּ וּבִקְשׁוּ פָנָי בַּצַּר לָהֶם יְשַׁחֲרֻנְנִי: [הושע ה, טו]
כ) וְנוֹעַדְתִּי לְךָ שָׁם וְדִבַּרְתִּי אִתְּךָ מֵעַל הַכַּפֹּרֶת מִבֵּין שְׁנֵי הַכְּרֻבִים אֲשֶׁר עַל אֲרוֹן הָעֵדֻת אֵת כָּל אֲשֶׁר אֲצַוֶּה אוֹתְךָ אֶל בְּנֵי יִשְׂרָאֵל: [שמות כה, כב]
ל) וַיִּרְכַּב עַל כְּרוּב וַיָּעֹף וַיֵּרָא עַל כַּנְפֵי רוּחַ: [שמואל ב כב, יא]
מ) וּכְבוֹד אֱלֹהֵי יִשְׂרָאֵל נַעֲלָה מֵעַל הַכְּרוּב אֲשֶׁר הָיָה עָלָיו אֶל מִפְתַּן הַבָּיִת וַיִּקְרָא אֶל הָאִישׁ הַלָּבֻשׁ הַבַּדִּים אֲשֶׁר קֶסֶת הַסֹּפֵר בְּמָתְנָיו: [יחזקאל ט, ג]
נ) וַיָּרָם כְּבוֹד יְיָ מֵעַל הַכְּרוּב עַל מִפְתַּן הַבָּיִת וַיִּמָּלֵא הַבַּיִת אֶת הֶעָנָן וְהֶחָצֵר מָלְאָה אֶת נֹגַהּ כְּבוֹד יְיָ: [יחזקאל י, ד]
ס) רָאִיתִי אֶת יְיָ נִצָּב עַל הַמִּזְבֵּחַ וַיֹּאמֶר הַךְ הַכַּפְתּוֹר וְיִרְעֲשׁוּ הַסִּפִּים וּבְצַעַם בְּרֹאשׁ כֻּלָּם וְאַחֲרִיתָם בַּחֶרֶב אֶהֱרֹג לֹא יָנוּס לָהֶם נָס וְלֹא יִמָּלֵט לָהֶם פָּלִיט: [עמוס ט, א]
ע) טוֹב לָשֶׁבֶת עַל פִּנַּת גָּג מֵאֵשֶׁת מִדְיָנִים וּבֵית חָבֶר: [משלי כא, ט]
פ) כֹּה הִרְאַנִי וְהִנֵּה אֲדֹנָי נִצָּב עַל חוֹמַת אֲנָךְ וּבְיָדוֹ אֲנָךְ: [עמוס ז, ז]
צ) קוֹל יְיָ לָעִיר יִקְרָא וְתוּשִׁיָּה יִרְאֶה שְׁמֶךָ שִׁמְעוּ מַטֶּה וּמִי יְעָדָהּ: [מיכה ו, ט]
ק) וַיַּעַל כְּבוֹד יְיָ מֵעַל תּוֹךְ הָעִיר וַיַּעֲמֹד עַל הָהָר אֲשֶׁר מִקֶּדֶם לָעִיר: [יחזקאל יא, כג]
ר) טוֹב שֶׁבֶת בְּאֶרֶץ מִדְבָּר מֵאֵשֶׁת מִדְיָנִים וָכָעַס: [משלי כא, יט]
ש) וְעֵינֵי רְשָׁעִים תִּכְלֶינָה וּמָנוֹס אָבַד מִנְהֶם וְתִקְוָתָם מַפַּח נָפֶשׁ: [איוב יא, כ]

עין משפט נר מצוה

כב א ב מיי' פ"ו מהל' תמידין הל' ט:
כג ג מיי' שם [ופי"ג מהל' תפלה דין ה' טוש"ע א"ח סי' תכח סעיף ה רב אלפס פ' הקורא את המגילה עומד ד' ער]:
כד ד ה מיי' פ"ו מהל' תמידין הלכה ט:
כה ו מיי' פי"ד מהל' סנהדרין הלכה יב:

רבינו חננאל

שמא יבואו עדים שמא אין אומרים שירה כלל. תניא ר' יהודה אומר משום ר' עקיבא בראשון מהו אומר לה' הארץ ומלואה וגו'. דביום ראשון נבראו שמים וארץ על שם שקנה דכתיב קונה שמים וארץ. והקנה שנאמר והארץ נתן לבני אדם. והוא שליט בעולמו שנאמר לה' הארץ ומלואה תבל ויושבי בה. בשני אומר בעיר אלהינו הר קדשו על שם שחילק מעשיו שנאמר ויהי מבדיל בין מים למים. כך חילק הקב"ה ובחר בירושלים. ונקראת עיר אלהינו ושכינתו בה. בשלישי אומרי' אלהים נצב בעדת אל וגו' על שם שגילה ארץ בחכמתו כדכתיב ותראה היבשה והכינה לעדתו שקיבלו משפטיו כדכת' אם לא בריתי יומם ולילה חקות שמים וארץ לא שמתי. פי' אילולי ישראל שקיבלו בריתי להגות בה יומם ולילה לא שמתי שמים וארץ. רביעי וחמישי וששי פשוטין הן הללו כולן השירות על שם מעשיו של הקב"ה. בשביעי מזמור שיר ליום השבת ליום שעתיד להיות כולו שבת. כלומר אלף שנה שהוא יומו של הקב"ה. ואח"כ תחיית המתים. אמר ר' נחמיה מה ראו חכמים לחלק בין הפרקים הללו. כלומר ששה ימים על שם מעשיו של הקב"ה. ויום השביעי ליום שכולו שבת. אלא גם יום שביעי על שם מעשיו הוכנה השירה הזאת. וכן פירשוה מזמור שיר ליום השבת על שם ששבת כדכתיב ויברך אלהים את יום השביעי ויקדש אותו כי בו שבת וגו' וקמיפלגי ר' נחמיה ורבנן בהאי סברא. חכמים סברי שיתא אלפי שני הוי עלמא ווזד אלפא חרבן. א) שנא' יחיינו מיומים ביום השלישי יקימנו ונחיה לפניו: במוספי דשבתא מאי אמר. הזי"ו ל"ך. פי' מהאזינו עד זכור ימות עולם. וקורין אותה שירה במוסף של שבת. ובשבת אחרת קורין מזכור עד ירכבהו וכן בכל שבת ושבת קורין אחת. נמצאו שקורין שש שבתות בשירת האזינו. וכשישלימו שש שבתות חוזרין כך לעולם. ובמנחה בשבתות אומר. שבת ראשונה במנחה אומר אז ישיר משה. שנייה מי כמוכה באלים שלישית אז ישיר ישראל וכשישלימו חוזרין. נמצאת שירת האזינו נקראת בשש שבתות ואח"כ חוזרין. ואלו שלש שבתות חוזרין. נמצאת שירת אז ישיר ישראל חוזרין בה פעמים עד שתשלים שירת האזינו לחזור. וזהו פי' עד שהראשונה והיא שירת האזינו חוזרת אחת. שנייה שירת המנחה בשבת חוזרת שתים ש"מ דהני שלש כל שבת אומר אחת מהן במנחה. אמר רבא כדרך שחולקין בפסוקים של שירת האזינו כאן כמו שאומר הזי"ו ל"ך כך חולקים בקריאם בס"ת בכנסת. הראשון קורא מהאזינו עד זכור והשני מזכור עד ירכבהו. השלישי ירכבהו. הרביעי וירא ה' וינאץ. החמישי לו חכמו הששי כי ידין ה' עמו. עד סוף השירה כן כל אחד ואחד. א"ר יהודה בר אידית עשר מסעות נסעה שכינה מקראי. אחד מכפורת לכרוב שנאמר ונועדתי לך שם ודברתי אתך מעל הכפרת ואח"כ מבין שני הכרובים. מכרוב לכרוב וירכב על כרוב ויעוף וגו' כו' עד וממדבר עלתה למקומה שנאמר אלך ואשובה אל מקומי עד אשר יאשמו ובקשו פני בצר להם ישחרונני. אמר ר' יוחנן ששה חדשים נתעכבה שכינה לישראל במדבר שמא יחזרו בתשובה. ולא חזרו כיון שלא חזרו אמר תיפח עצמן. שנאמר ועיני רשעים תכלינה ומנוס אבד מנהם ותקותם מפח נפש. וכנגדן גלתה סנהדרין עשר גליות מגמרא. מלשכת הגזית לחנות. ומן החנות לירושלים כו'.

חשק שלמה על ר"ח א) שנא' ונשגב ה' לבדו ביום ההוא ור' נחמיה סבר דתרי חרוב שנאמר יחיינו מיומים וכו'.

ליקוטי רש"י **בראשון מה היו וכו'.** כבר נתבאר בגמרא ר"ה הטעם למה ייחדו אלו המזמורים לאלו הימים ואמרו ביום ראשון לה' הארץ ומלואה לפי שהוא תחלת מעשה בראשית ובשני שבו נחלקו המים והיו השמים מתחיסים אומר גדול ה' ובשלישי שבו נראית הארץ שעליה יהיה הדין והדיינין אומר אלהים נצב בעדת אל ברביעי שבו נבראו השמש והירח אומר אל נקמות ה' שהוא נוקם מן התועים אחר עבודתם בחמישי שבו נבראו מיני בעלי חיים ויש בזה פלאים מפני החלוק שבמינייהם [המשך בעמוד ב]

עין משפט נר מצוה

כו א מיי' פ"ו מהל' סנהדרין הלכה ו סמג עשין עד טוש"ע ח"מ סי' יד סעיף א:

כז ב מיי' פי"ד מהל' נשיאות כפים הלכ' ו סמג עשין כ טוש"ע א"ח סימן קכח סעיף ה [רב אלפס פ' הקורא את המגילה עומד ד' רעד]:

כח ג ד מיי' פי"ג מה' איסורי ביאה הלכה ה סמג לאוין קטז:

כט ה ו מיי' פ"ט מה' מעשר שני הלכה ה סמג עשין קלו:

ל ז מיי' פ"ג מהלכות עבודת יוה"כ הל' ז:

ומיבנה לאושא ומאושא ליבנה ומיבנה לאושא ומאושא לשפרעם ומשפרעם לבית שערים ומבית שערים לצפורי ומצפורי לטבריא וטבריא עמוקה מכולן שנאמר א) ושפלת מארץ תדברי (א) רבי אלעזר אומר שש גלות שנאמר ב) כי השח יושבי מרום קריה נשגבה ישפילנה ישפילה עד ארץ יגיענה עד עפר א"ר יוחנן ומשם עתידין ליגאל שנאמר ג) התנערי מעפר קומי שבי:

מתני' אמר ר' יהושע בן קרחה ועוד זאת התקין רבן יוחנן בן זכאי שאפילו ראש בית דין בכל מקום שלא יהו העדים הולכין אלא למקום הוועד: **גמ'** אההיא איתתא דאזמנוה לדינא קמיה דאמימר בנהרדעי אזל אמימר למחוזא ולא אזלה בתריה כתב פתיחא עילווה אמר ליה רב אשי לאמימר והא אנן תנן אפילו ראש בית דין בכל מקום שלא יהו העדים הולכין אלא למקום הוועד א"ל הנ"מ לענין עדות החדש דא"כ (א) נמצאת מכשילן לעתיד לבא אבל הכא ד) עבד לוה לאיש מלוה ת"ר ב) אין כהנים רשאין לעלות בסנדליהן לדוכן וזו אחד מתשע תקנות שהתקין ריב"ז שית דהאי פירקא וחדא דפירקא קמא ואידך ג) דתני' ג) גר שנתגייר בזמן הזה צריך שיפריש רובע לקינו אמר רשב"א ד) כבר נמנה עליה רבן יוחנן וביטלה מפני התקלה ואידך פלוגתא דרב פפא ורב נחמן בר יצחק רב פפא אמר כרם רבעי רב נחמן בר יצחק אמר לשון של זהורית רב פפא אמר כרם רבעי (ד) דתניא ה) כרם רבעי היה עולה לירושלים מהלך יום לכל צד וזו היא תחומה אילת מן ו) (הצפון) ועקרבת מן ז) (הדרום) לוד מן המערב וירדן מן המזרח ואמר עולא ואיתימא רבה ח) בר עולא א"ר יוחנן מה טעם כדי לעטר שוקי ירושלים בפירות ותניא י) כרם רבעי היה לו לרבי אליעזר במזרח לוד בצד כפר טבי וביקש ר' אליעזר להפקירו לעניים אמרו לו תלמידיו רבי כבר נמנו חבריך עליו והתירוהו מאן חבריך רבן יוחנן בן זכאי רב נחמן בר יצחק אמר לשון של זהורית דתניא ט) בראשונה היו קושרין לשון של זהורית על פתח אולם מבחוץ הלבין היו שמחין לא הלבין היו עצבין התקינו שיהו קושרין אותו על פתח אולם מבפנים ועדיין היו מציצין ורואין הלבין היו שמחין לא הלבין היו עצבין התקינו שיהו קושרין אותו חציו בסלע וחציו בין קרניו של שעיר המשתלח רב נחמן בר יצחק מאי טעמא לא אמר כרב פפא אמר לך אי סלקא דעתך רבן יוחנן בן זכאי חבריו דרבי אליעזר מי הוה רבו הוה ואידך כיון דתלמידים הוו לאו אורח ארעא למימרא ליה לרביה רבך ורב פפא מאי טעמא לא אמר כרב נחמן בר יצחק אמר לך אי ס"ד בימי רבן יוחנן בן זכאי מי הוה לשון של זהורית י) והתניא כ) כל שנותיו של רבן יוחנן בן זכאי מאה ועשרים שנה מ' שנה עסק בפרקמטיא מ' שנה למד מ' שנה לימד ותניא ל) מ' שנה קודם שנחרב הבית לא היה לשון של זהורית מלבין אלא מאדים ותנן משחרב הבית התקין רבן יוחנן בן זכאי ואידך אותם ארבעים שנה דלמד תלמיד יושב לפני רבו הוה ואמר מילתא ואסתבר טעמיה וקבעיה

רש"י

ומיבנה לאושא. כשהיה הנשיא דר (ב) בו כיון שהיתה סנהדרין עמו ולכשמסתלק הוא או בנו למקום אחר גולה הישיבה אחריו יבנה בימי רבן יוחנן אושא בימי רבן גמליאל וחזרו מאושא ליבנה ובימי רבן שמעון בנו חזרו (ג) כדתניא לקמן בפרקין (דף לב.) וכשקידשו בית דין כו': **בית שערים וציפורי וטבריה** כולן בימי רבי הוו כדאמרי' (סנהדרין דף לב:) אחרי רבי לבית שערים ושוב כשחלה הוליכוהו לציפורי כדאמרינן בכתובות (דף קג:) וטבריה היה בימי אנטונינוס: **וטבריא עמוקה** מכולן. שפלים היו אז מכל המסעות שנסעו: **שש גלות.** השח אחת ישפילנה תרי ישפילה תלת עד ארץ הרי ארבע יגיענה חמשה עד עפר הא שש דמלי למימר ישפילנה עד ארץ ולעפר:

מתני' אמר רבי יהושע בן קרחה כו' **שאפי' ראש בית דין בכל מקום.** שנצרך לפרוש ממקום הוועד למקום אחר שהרי עיקר החדש תלויה בו כדתנן בפרקין דלעיל (דף כד.) ראש ב"ד אומר מקודש ולפינן מקרא: **לא יהו.** צריכין עדי החדש להלך אחריו: **אלא למקום הוועד.** של ישיבה ילכו וסנהדרין יקדשוהו בלא ראש ב"ד: **גמ' פתיחא.** שטר שמתא: **דא"כ.** אם אתה מטריחן: **אין הכהנים רשאין לעלות בסנדליהן לדוכן.** שנושאין כפיהן ובמסכת סוטה מפרש טעמא בפרק ואלו נאמרין (דף מ.): **שית דהאי פירקא.** חדא (ד) האי וחמש דמתני' התקין שיהו תוקעין ושיהא לולב ניטל שבעה ושיהא יום הנף כולו אסור ושיהו מקבלין כל היום ושלא יהו עדים הולכין אלא למקום הוועד: **וחדא דפירקא קמא.** (דף כא:) שלא יהו מחללין (ה) אלא על ניסן ותשרי בלבד: **צריך שיפריש רובע לקינו.** רובע שקל דהיינו חצי דינר והן הן דמי קן כדתנן (כריתות דף ח.) עמדו קינין בו ביום ברבעתים שהגר חייב בקרבן כדתניא (שם דף ט.) ככם כגר יהיה כאבותיכם מה אבותיכם לא נכנסו לברית אלא במילה וטבילה והרצאת דמים (מ) והזאת דמים דכתיב ויקח משה את הדם ויזרוק וגו' ואין הזאה בלא טבילה והרצאת דמים דכתיב ואת הדם זרק על המזבח אף הם לא יכנסו אלא במילה וטבילה והרצאת דמים כו' במסכת כריתות בראש פרק ארבעה מחוסרי כפרה (שם) מסיק מילתא דסגי ליה בעולת העוף הלכך יפריש רובע לקינו שמא יבנה בית המקדש בימינו ויקריבנו: **מפני התקלה.** דלמא אתי לאתהנויי מיניה: **היה עולה לירושלים.** הפירות עצמן אע"ג דמן התורה בין מעשר שני בין כרם רבעי נפדים ומתחללים בפסיעה אחת חוץ לחומה רבנן גזור בכל מהלך של יום אחד שיעלום ויאכלום שם כדי לעטר שוקי ירושלים: **במזרח לוד.** היינו בין לוד לירושלים שהרי ירושלים למזרחה של לוד היא: **להפקירו לעניים.** שישאו שם פירות ויאכלום שם שהיה עליו טורח להעלותן: **והתירוהו.** לפדותן ולהעלות הדמים דכיון דחרבה ירושלים לא חשו לה חכמים לעטרה מעתה: **מי הוה לשון של זהורית מלבין.** בימים שהיה רבן יוחנן מורה הוראות ומתקן תקנות: **ותנן משחרב בהמ"ק התקין.** תקנות אלמא לאחר החורבן היה שנה או שתים וכיון לארבעים שנה קודם חורבן לא הלבין הלשון ביום הכפורים נמצא שלא הלבין בתוך שנותיו האחרונים שלימד בהם לאחרים ותיקן תקנות:

תוספות

רובע לקינו. פי' בקונטרס רובע שקל דהיינו חצי דינר וכן משמע לכאורה ביומא בפ' הוציאו לו (דף נה: ושם) דאורחא דמילתא הכי הוי דקאמר ונשקול ארבע זוזי ונשדי בנהרא והיינו ארבע זוזי דפשיטי חצי דינר צורי דדינר מדינה אחד משמונה בדינר צורי ומיהו בפ' שני דכריתות (דף י: ושם) מוכח בהדיא דהוי רובע דינר על ההיא דעמדו קינים ברבעתים דחס רחמנא עליה דלדלות ולא מייתי אלא חד משיסתר בעשירות דהיינו כבש בסלע וסלע ארבע דינר הרי לאחד משש עשרה הוא רובע דינר והא דנקט ביומא ארבע זוזי נקט לפי היוקר שרגילין להתייקר פעמים עד כך: [וע"ע בתוס' מנחות קז: ד"ה כבש]:

וביקש ר"א להפקירו לעניים. בפ"ב דשבועות (דף טז.) מספקא לן בר"א אי סבר קדושה ראשונה קדשה לשעתה כו' או לא קדשה ומהכא לא מצינו למיפשט מידי דהוליכוהו להעלותו משום דהוי דבר שבמנין כדאמרינן בפ' קמא דבילה (דף ה: ושם) וא"ת ואם לא קדשה מה היו מרויחים עניים הרי לא יוכלו לאכול בירושלים אם בטלה קדושתה ויש לומר דיכולין לחלל שוה מנה על שוה פרוטה כדאמרינן (ב"מ דף נ.) הקדש שוה מנה שחללו על שוה פרוטה מחולל ואע"ג דבפרק הזהב (שם) פליגי בשחללו אי דיעבד או לכתחילה הא מסקינן בסוף המקדיש שדהו (ערכין דף כט.) דבזמן הזה אפילו לכתחילה ומיהו אין ראיה מהקדש למעשר שני וכרם רבעי דפ' התקבל (גיטין דף נד.) גבי מערימין על מעשר שני דמשני הכא במאי עסקינן במעשר שני בזמן הזה דרבנן ופריך ולמה העבירה בזמן הזה מי איכא הוה לי' לאקשויי ממעשר שני בזמן הזה מה הערמה צריך והלא על שוה פרוטה יכול לחלל בכל קרן וחומש ומיהו בהלכות גדולות ובשאלתות דרב אחאי (ז) פסקו דבמעשר שני וכרם רבעי יכול לחלל שוה מנה על שוה פרוטה והיא התקבל שפיר הוה מצי פריך עלה (ס): מתחיל

מסורת הש"ס

א) [לעיל כא:], ב) סוטה מ., ג) כריתות ט., ד) [ג"ל דתנן], ה) בילה ה. מעשר שני פ"ה מ"ב, ו) [ג"ל הדרום וכ"א במשנה], ז) [ג"ל הצפון], ח) [שם בבילה א' בר בר חנה], ט) יומא סז., י) [מלבין כ"א ברש"י], כ) סנהדרין מא., ל) [יומא לט:], מ) עי' במהרש"א, נ) [פ' קדושים סי' ק], ס) [וע"ע תוס' מגילה יוד. ד"ה דכ"ע].

הגהות הב"ח

(א) גמ' ושפלת מארץ תדברי ומעפר תשח אמרתך ר' אלעזר אומר שש גליות גלו שנאמר כו' מעפר קומי שבי ירושלים: (ב) רש"י ד"ה ומיבנה כו' דר בו היתה סנהדרין כו' כצ"ל ותיבת כיון נמחק: (ג) בא"ד חזרו לאושא כדתניא: (ד) ד"ה שית דהאי פירקא חדא האי דברייתא וחמש: (ה) ד"ה וחדא כו' שלא יהו מחללין שבת אלא על ניסן:

ליקוטי רש"י

ותנועתם מעצמם ופלאים אחרים שיש בבעלי חיים אומר הרנינו לאלהים עוזנו לפי שבשבעה שרואין אותם משבחים הבורא ומגדלים אותו בששי שבו נשלם מעשה בראשית ונברא האדם גם כן שמבין גדולת הבורא יתעלה אומר ה' מלך גאות לבש [תמיד לג:]. **על חומת אנך.** על שורה דדינא וכן פתר דונש. אנך לשון ערבי חוט קו המשקולת העופרת אשר בה יביט בונה החומה ליישר הדימוס אף כאן הוא לשון קו משקולת משפט [עמוס ז ז]. **תכלינה.** כלו עיני. כל תוחלת ממושכה קרויה כליון עינים כמו (דברים כח) וכלות אליהם כל היום מכלות עינים (ויקרא כו) ועיני רשעים תכלינה (איוב יא) [תהלים סט ד]. **חנות.** מקום היה בירושלים וכן שמו [סנהדרין מא.].

אין כהנים רשאין וכו'. משום איתמא לריגוה. מפני שמתקנין קצת בגדיו העשויין למדתו בהגבהת ידיו ונראין רגליו...

תורה אור השלם

א) וְשָׁפַלְתְּ מֵאֶרֶץ תְּדַבֵּרִי וּמֵעָפָר תִּשַּׁח אִמְרָתֵךְ וְהָיָה כְּאוֹב מֵאֶרֶץ קוֹלֵךְ וּמֵעָפָר אִמְרָתֵךְ תְּצַפְצֵף: [ישעיה כט, ד]

ב) כִּי הֵשַׁח יֹשְׁבֵי מָרוֹם קִרְיָה נִשְׂגָּבָה יַשְׁפִּילֶנָּה יַשְׁפִּילָהּ עַד אֶרֶץ יַגִּיעֶנָּה עַד עָפָר: [ישעיה כו, ה]

ג) הִתְנַעֲרִי מֵעָפָר קוּמִי שְּׁבִי יְרוּשָׁלָ‍ִם הִתְפַּתְּחִי מוֹסְרֵי צַוָּארֵךְ שְׁבִיָּה בַּת צִיּוֹן: [ישעיה נב, ב]

ד) עָשִׁיר בְּרָשִׁים יִמְשׁוֹל וְעֶבֶד לֹוֶה לְאִישׁ מַלְוֶה: [משלי כב, ז]

רבינו חננאל

ועוד זאת התקין ריב"ז שאפילו ראש ב"ד בכל מקום לא יהו עדי החדש הולכין אלא למקום הועד. אבל זולתי עדי החדש אלא מזומנין לדין הולכין בכל מקום שהוא ב"ד שם. כגון דההיא איתתא דאזמנוה לדין קמיה דאמימר ואזל אמימר למחוזא ולא אזלא איהי בתריה. וכתבו עלה פתיחא וכדין עשו דעבד לוה לאיש מלוה. ולא אמרו במקום הועד אלא בעדות החדש בלבד. ת"ר אין הכהנים רשאין לעלות בסנדליהן לדוכן. וזו מט' תקנות שהתקין ריב"ז. חדא הא וחמש בהאי פירקא. ראשונה שיהו תוקעין בכל מקום שיש בו ב"ד. שנייה שיהא לולב ניטל במדינה ז'. ג' שיהא יום הנף כולו אסור. ד' שיהו מקבלין עדות החדש כל היום. ה' שלא יהו עדים הולכין אלא למקום הועד. וחדא בפירקא קמאה הא דת"ר בראשונה היו מחללין על כולן. משחרב הבית אמר להן ריב"ז וכי יש קרבן התקין שלא יהו מחללין אלא על ניסן ועל תשרי בלבד. ואידך הא דאמירא בכריתות פרק ארבעה מחוסרי כפרה. דתניא גר שנתגייר בזמן הזה צריך להפריש רובע לקינו. ארשב"ג. יש מי ששונה אמר ר' שמעון בן אלעזר. כבר נמנה עליה ריב"ז ובטלה מפני התקלה שמא יוציאנה לחולין. הנה ח' תקנות אידך מאי רב פפא א' כרם רבעי דתנן בפרק האחרון במעשר שני כרם רבעי היה עולה לירושלים. מהלך יום אחד לכל צד כו'. עד כבר נמנו עליך חביריך והתירוהו. מאן חביריך ריב"ז רב נחמן בר יצחק אמר לשון של זהורית. דתניא התקינו שיהו קושרין אותו חציו בסלע וחציו בקרני שעיר המשתלח וכן ... ומי הוה בימיו לשון של זהורית. והתניא כל שנותיו של ריב"ז ק"כ שנה מ' שנה עסק בפרקמטיא. ... מ' שנה לימד ותניא מ' שנה קודם חורבן הבית לא היה הלשון מלבין אלא מאדים. וריב"ז אחר חורבן הבית ... הבית התקין ריב"ז. ופרקינן אותו מ' שנה שלמד תלמיד יושב לפני רבו הוה ואמר מילתא ואיסתבר טעמו וקבעה רביה בשמיה.

להעלות הפירות לירושלים או לפדותן ולהעלות הדמים לירושלים ותקנו חכמים במהלך יום אחד לכל צד שלא יפדוהו אלא הפירות עצמן יעלם ויאכלם שם כדמפרש לקמן כדי לעטר שוקי ירושלים בפירות. **במזרח לוד.** היינו בין לוד לירושלים דהא אמרינן לוד בתוך מהלך יום מן המערב נמצא מזרחה בין לוד לירושלים בכלל מברכין (ברכות לה.) יש ... רבעי וחד תני כרם רבעי [ביצה ה.]. **לשון של זהורית.** צמר סרוק ומשוך כמין לשון וצבוע אדום וקושרו ... המשתלח והיה מלבין מאליו והוא סימן שמחל הקדוש ברוך הוא לישראל שנאמר (ישעיה א) אם יהיו חטאיכם כשנים כשלג ילבינו [יומא לט.]. **ארבעים שנה.** ראשונים עסק בפרקמטיא אמצעיים למד אחרונים לימד ונעשה דיין ומורה הוראות [סנהדרין מא.].

וּמִיַּבְנֶה לְאוּשָׁא – then from Yavneh to Usha, וּמֵאוּשָׁא לְיַבְנֶה – then from Usha back to Yavneh, וּמִיַּבְנֶה לְאוּשָׁא – then from Yavneh to Usha once again,[1] וּמֵאוּשָׁא לִשְׁפַרְעַם – then from Usha to Shefar'am,[2] וּמִשְּׁפַרְעַם לְבֵית שְׁעָרִים – then from Shefar'am to Beis Shearim, וּמִבֵּית שְׁעָרִים לְצִפּוֹרִי – then from Beis Shearim to Tzippori, וּמִצִּפּוֹרִי לִטְבֶרְיָא – and finally from Tzippori to Tiberias.[3] וּטְבֶרְיָא עֲמוּקָה מִכּוּלָּן – And Tiberias was the deepest exile of them all, שֶׁנֶּאֱמַר ,,וְשָׁפַלְתְּ מֵאֶרֶץ תְּדַבֵּרִי" – as it is stated: *You will sink down; from the ground will you speak; downtrodden from the dust will your speech be.*[4]

A dissent concerning the number of the Sanhedrin's exiles is cited:

רַבִּי אֶלְעָזָר אוֹמֵר – R' Elazar says: שֵׁשׁ גָּלוּת – The Great Sanhedrin experienced only six exiles, שֶׁנֶּאֱמַר ,,כִּי הֵשַׁח יֹשְׁבֵי מָרוֹם קִרְיָה נִשְׂגָּבָה יַשְׁפִּילֶנָּה יַשְׁפִּילָהּ עַד־אֶרֶץ יַגִּיעֶנָּה עַד־עָפָר" – as it is stated: *For He has brought down those who dwell on high [in] an exalted city; He has lowered it, He has lowered it to the ground; He has brought it down to the dust.*[5]

Ending on a positive note, R' Yochanan remarks:

אָמַר רַבִּי יוֹחָנָן – R' Yochanan says: וּמִשָּׁם עֲתִידִין לִיגָּאֵל – And from there (the dust), they are destined to be redeemed, שֶׁנֶּאֱמַר ,,הִתְנַעֲרִי מֵעָפָר קוּמִי שְּׁבִי" – as it is stated: *Shake the dust from yourself; arise and sit, O Jerusalem.*[6]

Mishnah The Mishnah records a final enactment of Rabban Yochanan ben Zakkai:

אָמַר רַבִּי יְהוֹשֻׁעַ בֶּן קָרְחָה – R' Yehoshua ben Korchah said: וְעוֹד זֹאת הִתְקִין רַבָּן יוֹחָנָן בֶּן זַכַּאי – This, additionally, did Rabban Yochanan ben Zakkai institute, שֶׁאֲפִילּוּ רֹאשׁ בֵּית דִּין בְּכָל מָקוֹם – that even if the head of the *Beis Din* is anywhere other than the place where the *Beis Din* assembles, שֶׁלֹּא יְהוּ הָעֵדִים הוֹלְכִין אֶלָּא לִמְקוֹם הַוַּועַד – the witnesses bearing testimony to the appearance of the new moon should go only to the place of the assembly.[7]

Gemara The Gemara cites an incident through which the reason for Rabban Yochanan ben Zakkai's enactment comes to light:

הַהִיא אִיתְּתָא – There was a certain woman דְּאַזְמְנוּהָ לְדִינָא קַמֵּיהּ דְּאַמֵּימָר בִּנְהַרְדְּעִי – who had been summoned for litigation before the *Beis Din* of Ameimar in Nehardea.[8] אֲזַל אַמֵּימָר לְמָחוֹזָא – However, Ameimar went to Mechoza, וְלָא אָזְלָה בַּתְרֵיהּ – and she did not follow him there. כְּתַב פְּתִיחָא עִילָּוָהּ – [Ameimar] wrote a bill of excommunication against her for contempt of court.[9] אָמַר לֵיהּ רַב אַשִׁי לְאַמֵּימָר – Rav Ashi said to Ameimar: וְהָא אֲנַן תְּנַן – But we learned in the Mishnah: אֲפִילּוּ רֹאשׁ בֵּית דִּין בְּכָל מָקוֹם – Rabban Yochanan ben Zakkai instituted that EVEN IF THE HEAD OF THE *BEIS DIN* IS ANYWHERE other than the place where the *Beis Din* assembles, שֶׁלֹּא יְהוּ

NOTES

1. The Great Sanhedrin would follow the *Nasi* to his place of residence. In Rabban Yochanan ben Zakkai's times, the Sanhedrin was in Yavneh. After his passing, it followed the *Nasi,* Rabban Gamliel, to Usha. At some point during his lifetime, he brought the Sanhedrin back to Yavneh (see Mishnah 25a and *Rashi* to 32a ד״ה לא כך; see also *Maharsha*). It later returned to Usha in the time of his son, Rabban Shimon ben Gamliel. This is evident from a Baraisa on 32a, which teaches that the declaration of Rosh Chodesh took place in Usha during the tenure of Rabban Shimon ben Gamliel (*Rashi*).

[*Rashi* does not explain why the *Nesiim* chose different places of residence, nor why Rabban Gamliel returned with the Sanhedrin from Usha to Yavneh. According to *Doros Rishonim* (vol. 3 pp. 344-372, 425-432), the *Nasi* and Sanhedrin were forced to abandon Yavneh and the Land of Yehudah due to Roman persecution under the reign of the emperor Domitian. They convened in Usha, in the Galilee, where the situation was more peaceful. When Domitian died and was succeeded by Nerva, who was more kindly disposed to the Jews, the Sanhedrin was able to return to Yavneh. Sadly, Nerva's rule was brief and the terrible persecution under his successor, Trajan, forced the Sanhedrin to disband. When Trajan was succeeded by Hadrian, a brief period of calm ensued and the sages again convened the Sanhedrin. However, in order to maintain a low profile, they settled in Usha rather than Yavneh.]

2. During the tumultuous period of the Bar Kochba revolution (under Hadrian's reign) and the ravaging of the land in its tragic aftermath, the Sanhedrin was unable to convene. When the Roman fury had dissipated, the sages again gathered. To avoid suspicion, they chose the new location of Shefar'am, which was in the vicinity of Usha (*Doros Rishonim,* vol. 4 pp. 738-744).

3. The relocations to Beis Shearim, Tzippori and Tiberias all took place during the term of Rebbi, otherwise known as R' Yehudah HaNasi [the son and successor of Rabban Shimon ben Gamliel]. He established his court in Beis Shearim (see *Sanhedrin* 32b), but when he fell ill he was taken to Tzippori, which was at a high elevation and had a favorable climate (see *Kesubos* 103b). He resided in Tiberias during the reign of the Roman Emperor Antoninus [Marcus Aurelius] [with whom he established a warm relationship; see *Avodah Zarah* 10a-b] (*Rashi*).

[According to *Rashi's* explanation, it is difficult to understand why Tiberias is listed as the last exile. The Gemara in *Kesubos* 103b states clearly that Rebbi passed away in Tzippori! Others explain that the exile to Tiberias occurred after Rebbi's passing, during the times when the assembly of sages was led by R' Yochanan (*Doros Rishonim,* vol. 5 pp. 70-75). Accordingly, when R' Yochanan concludes here, "And Tiberias was the deepest exile of them all," he refers to the state of affairs in his own time.]

4. *Isaiah* 29:4. The stature of the Sanhedrin [ebbed with each exile, and] reached its nadir in Tiberias (*Rashi;* cf. *Hagahos R' Yaakov Emden*).

5. Ibid. 26:5. The verse alludes to six stages of decline, as follows: (1) *He has brought down;* (2) *He has lowered it;* (3) *He has lowered it;* (4) *to the ground;* (5) *He has brought it down;* (6) *to the dust.* The phrase *"He has brought it down to the dust"* counts as two declines, since the verse could have stated, "He has lowered it to the ground and the dust" (*Rashi;* cf. *Maharsha* to 31a ד״ה וכנגדן and *Chidushei HaGra;* see *Ben Yehoyada*). [Presumably, R' Elazar does not dispute the historical account of the Sanhedrin's travels. Rather, based on his exposition, he maintains that the ten relocations count as only six "exiles." He apparently counts Yavneh and Usha as one exile each, even though the Sanhedrin moved back and forth repeatedly, and he counts the three relocations during Rebbi's lifetime as only one exile (*Menachem Meishiv Nefesh;* cf. *Poras Yosef*).]

6. Ibid. 52:2. According to both descriptions of the Sanhedrin's exiles, the lowest level is described in Scripture as *the dust* (*Menachem Meishiv Nefesh;* see *Maharsha;* see also *Chidushei HaGra* and *Ben Yehoyada*).

7. The pronouncement of Rosh Chodesh was ordinarily done by the head of the *Beis Din,* as taught in the Mishnah (24a): *The head of the Beis Din says "It is sanctified!" and all the people respond after him, "It is sanctified, it is sanctified!"* Rabban Yochanan ben Zakkai ordained that if the head of the *Beis Din* was away from the headquarters of the *Beis Din,* the witnesses would not have to travel after him to offer their testimony. Rather, they should come to the *Beis Din's* headquarters and *Beis Din* should pronounce Rosh Chodesh without the head (*Rashi;* see *Turei Even, Meromei Sadeh* and *Aruch LaNer*). If the head was nearby, the *Beis Din* would send for him so that he could make the pronouncement (*Meiri*). The Gemara explains the reason for this innovation.

8. She was a debtor who had been summoned before Ameimar's *Beis Din* to settle her creditor's claim (*Sifsei Chachamim;* see below).

9. As the Gemara states in *Bava Kamma* (112b), this document is written against one who ignores a court summons. The woman had been required to follow Ameimar to Mechoza in response to his summons.

עין משפט נר מצוה

כו א מיי' פ"ו מהל' סנהדרין הלכה ו סמג עשין עד טוש"ע ח"מ סי' יד סעיף ח:

כז ב מיי' פי"ד מהל' נשיאות כפים הלכ' ו סמג עשין כ טוש"ע א"ח סימן קכח סעיף ה [רב אלפס פ' הקורא את המגילה עומד ד' רעד]:

כח ג ד מיי' פ"ג מה' איסורי ביאה הלכה ה סמג לאוין קטז:

כט ה ו מיי' פ"ט מה' מעשר שני הלכה ה סמג עשין קלו:

ל ז מיי' פ"ו מהלכות עבודת יוה"כ הל' ז:

מסורת הש"ס

א) [לעיל כה:], ב) סוטה מ., ג) כריתות ט., ד) [צ"ל דתנן], ה) ביצה ה. מעשר שני פ"ה מ"ב, ו) [צ"ל הדרום וכ"ה במשנה], ז) [צ"ל הצפון], ח) [שם בבבלי ר' בר בר חנה], ט) יומא סז., י) [מלבין כ"ה ברש"י], כ) סנהדרין מא., ל) [יומא לט:], מ) עי' במהרש"א, נ) [פ' קדושים סי' ק], ס) [וע"ע תוס' מגילה יז. ד"ה דכ"ע].

ומיבנה לאושא ומאושא ליבנה ומיבנה לאושא ומאושא לשפרעם ומשפרעם לבית שערים ומבית שערים לצפורי ומצפורי לטבריא וטבריא עמוקה מכולן שנאמר א) ושפלת מארץ תדברי (א) רבי אלעזר אומר שש גלות שנאמר ב) כי השח יושבי מרום קריה נשגבה ישפילנה ישפילה עד ארץ יגיענה עד עפר א"ר יוחנן ומשם עתידין ליגאל שנאמר ג) התנערי מעפר קומי שבי:

מתני' אמר ר' יהושע בן קרחה ועוד זאת התקין רבן יוחנן בן זכאי שאפילו ראש בית דין בכל מקום שלא יהו העדים הולכין אלא למקום הוועד: **גמ'** א) ההיא איתתא דאזמנוה לדינא קמיה דאמימר בנהרדעי אזל אמימר למחוזא ולא אזלה בתריה כתב פתיחא עילווה אמר ליה רב אשי לאמימר והא אנן תנן אפילו ראש בית דין בכל מקום שלא יהו העדים הולכין אלא למקום הוועד א"ל הנ"מ לענין עדות החדש דא"כ נמצאת מכשילן לעתיד לבא אבל הכא ד) עבד לוה לאיש מלוה: ת"ר ב) אין כהנים רשאין לעלות בסנדליהן לדוכן וזו אחד מתשע תקנות שהתקין ריב"ז שית דהאי פירקא וחדא דפירקא קמא ואידך ג) דתני' גר שנתגייר בזמן הזה צריך שיפריש רובע לקינו אמר רשב"א כבר נמנה עליה רבן יוחנן וביטלה מפני התקלה ואידך פלוגתא דרב פפא ורב נחמן בר יצחק רב פפא אמר כרם רבעי רב נחמן בר יצחק אמר לשון של זהורית רב פפא אמר כרם רבעי ד) דתניא ה) כרם רבעי היה עולה לירושלים מהלך יום לכל צד וזו היא תחומה אילת מן ו) (הצפון) ועקרבת מן ז) (הדרום) לוד מן המערב וירדן מן המזרח ואמר עולא ואיתימא רבה ח) בר עולא א"ר יוחנן מה טעם כדי לעטר שוקי ירושלים בפירות ותניא כרם רבעי היה לו לרבי אליעזר במזרח לוד בצד כפר טבי וביקש ר' אליעזר להפקירו לעניים אמרו לו תלמידיו רבי כבר נמנו חבריך עליו והתירוהו מאן חבריך רבן יוחנן בן זכאי רב נחמן בר יצחק אמר לשון של זהורית דתניא ט) בראשונה היו קושרין לשון של זהורית על פתח אולם מבחוץ הלבין היו שמחין לא הלבין היו עצבין ומתחין התקינו שיהו קושרין אותו על פתח אולם מבפנים ועדיין היו מציצין ורואין הלבין היו שמחין לא הלבין היו עצבין י) התקינו שיהו קושרין אותו חציו בסלע וחציו בין קרניו של שעיר המשתלח רב נחמן בר יצחק מאי טעמא לא אמר כרב פפא אמר לך אי סלקא דעתך רבן יוחנן בן זכאי חבריו דרבי אליעזר מי הוה רבו הוה ואידך כיון דתלמידים הוו לאו אורח ארעא למימרא ליה לרביה רבך ורב פפא מאי טעמא לא אמר כרב נחמן בר יצחק אמר לך אי ס"ד רבן יוחנן בן זכאי בימי רבן יוחנן בן זכאי מי הוה לשון של זהורית והתניא כ) כל שנותיו של רבן יוחנן בן זכאי מאה ועשרים שנה מ' שנה עסק בפרקמטיא מ' שנה למד מ' שנה לימד ותניא ל) מ' שנה קודם שנחרב הבית לא היה לשון של זהורית מלבין אלא מאדים ותנן משחרב הבית התקין רבן יוחנן בן זכאי ואידך אותם ארבעים שנה דלמד תלמיד יושב לפני רבו הוה ואמר מילתא ואסתבר טעמיה

רש"י

ומיבנה לאושא. כשהיה הנשיא דר (ג) בו כיון שהיתה סנהדרין עמו וכשמסתלק הוא או בנו למקום אחר גולה הישיבה אחריו יבנה בימי רבן יוחנן אושא בימי רבן גמליאל וחזרו מאושא ליבנה ובימי רבן שמעון בנו חזרו (ג) כדתניא לקמן בפרקין (דף לב.) וכשקידשו בית דין כו': בית שערים וציפורי וטבריא כולן בימי רבי הוו כדאמרי' (סנהדרין דף לב:) אחרי רבי לבית שערים ושוב כשחלה הוליכוהו לציפורי כדאמרינן בכתובות (דף קג:) ובטבריא היה בימי אנטונינוס: וטבריא עמוקה מכולן. שפלים היו או מכל המסעות שגלו: שש גלות. השח חדא ישפילנה תרי ישפילה תלת עד ארץ ארבע יגיענה חמשה עד עפר שש דמצי למימר ישפילנה עד ארץ ולעפר: מתני' אמר רבי יהושע בן קרחה כו' שאפי' ראש בית דין בכל מקום. שנצרך לפרוש ממקום הוועד למקום אחר שהרי עיקר החדש תלויה בו כדתנן בפרקין דלעיל (דף כד.) ראש ב"ד אומר מקודש ולפינן מקראי: לא יהו. צריכין עדי החדש להלך אחריו: אלא למקום הועד. של ישיבה ילכו וסנהדרין יקדשוהו בלא ראש ב"ד: גמ' פתיחא. שטר שמתא: דא"כ. אם אתה מטריחן: אין הכהנים רשאין לעלות בסנדליהן לדוכן. שנושאין כפיהן ובמסכת סוטה מפרש טעמא בפרק ואלו נאמרין (דף מ.): שית דהאי פירקא. חדא (ד) האי וחמש דמתני' התקין שיהו תוקעין ושיהא לולב ניטל שבעה ושיהא יום הנף כולו אסור ושיהו מקבלין כל היום ושלא יהו עדים הולכין אלא למקום הוועד: וחדא דפירקא קמא. (דף כא:) שלא יהו מחללין (ה) אלא על ניסן ותשרי בלבד: צריך שיפריש רובע לקינו. רובע שקל דהיינו חצי דינר והן הן דמי קן כדתנן (כריתות דף ח.) עמדו קינין בו ביום ברבעתים שהגר חייב בקרבן כדתניא (שם דף ט.) ככם כגר יהיה כאבותיכם מה אבותיכם לא נכנסו לברית אלא במילה וטבילה והרצאת דמים מ) והזאת דמים דכתיב ויקח משה את הדם ויזרוק וגו' ואין הזאה בלא טבילה והרצאת דמים דכתיב וחצי הדם זרק על המזבח אף הם לא יכנסו אלא במילה וטבילה והרצאת דמים כו' במסכת כריתות בראש פרק ארבעה מחוסרי כפרה (שם) מסיק מילתא דסגי ליה בעולת העוף הלכך יפריש רובע לקינו שמא יבנה בית המקדש בימינו ויקריבנו: מפני התקלה. דלמא אתי לאתהנויי מיניה: היה עולה לירושלים. הפירות עצמן אע"ג דמן התורה בין מעשר שני בין כרם רבעי נפדים ומתחללים בפסיעה אחת חוץ לחומה רבנן גזור בכל מהלך של יום אחד שיעלום ויאכלום שם כדי לעטר שוקי ירושלים: במזרח לוד. היינו בין לוד לירושלים שהרי ירושלים למזרחה של לוד היא: להפקירו לעניים. שישאו שם פירות ויאכלום שם שהיה עליו טורח להעלותן. לפדותן ולהעלות הדמים דליכא להרבה ירושלים לא חשו לה חכמים לעטרה מעתה: מי הוה לשון של זהורית מלבין. בימים שהיה רבן יוחנן מורה הוראות ומתקן תקנות: ותנן משחרב בהמ"ק התקין. תקנות אלמא לאחר החורבן היה שנה או שתים וכיון דלארבעים שנה קודם חורבן לא הלבין הלשון ביום הכפורים נמצא שלא בתוך שנותיו האחרונים שלימד בהם לאחרים ותיקן תקנות: וקבעיה

תוספות

רובע לקינו. פי' בקונטרס רובע שקל דהיינו חצי דינר וכן משמע לכאורה ביומא בפ' הוציאו לו (דף נה: ושם) דלאורתא דמילתא הכי הוי דקאמר ושקול ארבעה זוזי ונשדי בנהרא והיינו ארבעה זוזי פשיטי חצי דינר צורי לדינר מדינה אחד משמונה בדינר צורי ומיהו בפ' שני דכריתות (דף י: ושם) מוכח בהדיא דהוי רובע דינר על ההיא דעמדו קינים ברבעתים דחס רחמנא עליה דלדלות ולא מייתי אלא חד משיתסר בעשירות דהיינו כבש בסלע וסלע ארבעה דינר הרי לאחד משש עשרה הוא רובע דינר והא דנקט ביומא ארבעה זוזי נקט לפי היוקר שרגילין להתייקר פעמים עד כאן: [וע"ע בתוס' מנחות קז: ד"ה כבש]:

וביקש ר"א להפקירו לעניים. בפ"ב דשבועות (דף טז. ושם) מספקא לן בר"א אי סבר קדושה ראשונה קדשה לשעתה כו' או לא קדשה ומהכא לא מצינו למיפשט מידי דהוצרך להעלותו משום דהוי דבר שבמנין כדאמרינן בפ' קמא דביצה (דף ה: ושם) וא"ת ואם לא קדשה מה היו מרויחים עניים הרי לא יוכלו לאכול בירושלים אם בטלה קדושתה ויש לומר דיכולין לחלל שוה מנה על שוה פרוטה כדאמרינן (ב"מ דף נג.) הקדש שוה מנה שחללו על שוה פרוטה מחולל ואע"ג דבפרק הזהב (שם) פליגי בשחללו אי דיעבד או לכתחילה הא מסקינן בסוף המקדיש שדהו (ערכין דף כט.) דבזמן הזה אפילו לכתחילה ומיהו אין ראיה מהקדש למעשר שני וכרם רבעי דפ' התקבל (גיטין דף נד.) גבי מערימין על מעשר שני דמשני הכא במאי עסקינן במעשר שני בזמן הזה דרבנן ופריך ואמה העבריה בזמן הזה מי איכא הוה ליה לאקשויי ממעשר שני בזמן הזה מה הערמה צריך והלא על שוה פרוטה יכול לחלל הכל קרן וחומש ומיהו בהלכות גדולות ובשאלתות דרב אחאי ס) פסקו דבמעשר שני ובכרם רבעי יכול לחלל שוה מנה על שוה פרוטה והאיך דהתקבל שפיר הוה מצי פריך עלה ס): מתחיל

תורה אור השלם

א) ושפלת מארץ תדברי ומעפר תשח אמרתך והיה כאוב מארץ קולך ומעפר אמרתך תצפצף: [ישעיה כט, ד]

ב) כי השח ישבי מרום קריה נשגבה ישפילנה ישפילה עד ארץ יגיענה עד עפר: [ישעיה כו, ה]

ג) התנערי מעפר קומי שבי ירושלם התפתחי מוסרי צוארך שביה בת ציון: [ישעיה נב, ב]

ד) עשיר ברשים ימשול ועבד לוה לאיש מלוה: [משלי כב, ז]

הגהות הב"ח

(א) גמ' ושפלת מארץ תדברי ומעפר תשח אמרתך שם גליות גלו שנאמר כו' ר' אלעזר אומר מעפר קומי שבי ירושלים: (ב) רש"י ד"ה ומיבנה כו' בו כיון שהיתה סנהדרין כו' כצ"ל ותיבת כיון נמחק: (ג) בא"ד חזרו לאושא כדתניא: (ד) ד"ה שית כו' האי וחמש דמתני' התקין כו': (ה) ד"ה וחדא כו' שלא יהו מחללין שבת אלא על ניסן:

רבינו חננאל

ועוד זאת התקין ריב"ז שאפילו ראש ב"ד בכל מקום לא יהו עדי החדש הולכין אלא למקום הועד. אבל זולתי עדי החדש אלא מזומנין לדין הולכין בכל מקום שהוא ב"ד שם. כגון דההיא איתתא דאזמנוה לדין קמיה דאמימר ואזל אמימר למחוזא ולא אזלא איהי בתריה. וכתבו עלה פתיחא וכדין הוא שעבד לוה לאיש מלוה. ולא אמרו במקום הועד אלא בעדות החדש בלבד. ת"ר אין הכהנים רשאין לעלות בסנדליהן לדוכן. וזו מט' תקנות שהתקין ריב"ז. חדא הא וחמש בהאי פירקא. ראשונה שיהו תוקעין בכל מקום שיש בו ב"ד. שניה שיהא לולב ניטל במדינה ז'. ג' שיהא יום הנף כולו אסור. ד' שיהו מקבלין עדות החדש כל היום. ה' שלא יהו עדים הולכין אלא למקום הועד. וחדא בפירקא קמאה הא דת"ר בראשונה היו מחללין על כולן. משחרב הבית אמר להן ריב"ז וכי יש קרבן התקין שלא יהו מחללין אלא על ניסן ועל תשרי בלבד. ואידך הא דאמירא בכריתות פרק ארבעה מחוסרי כפרה. דתניא גר שנתגייר בזמן הזה צריך להפריש רובע לקינו. ארשב"א. יש מי ששונה אמר ר' שמעון בן אלעזר. כבר נמנה עליה ריב"ז ובטלה מפני התקלה שמא יוציאנה לחולין. תקנה ח' תקנות אידך מאי רב פפא א' כרם רבעי דתנן בפרק האחרון במעשר שני כרם רבעי היה עולה לירושלים מהלך יום לכל צד כו'. עד כבר נמנו עליך חבריך והתירוהו. מאן חבריך ריב"ז. רב נחמן בר יצחק אמר לשון של זהורית. דתניא בראשונה היו קושרין אותו חציו בסלע וחציו בקרני שעיר המשתלח וכן התקין ריב"ז. ואקשינן ומי הוה בימיו לשון של זהורית. והתניא כל שנותיו של ריב"ז ק"כ שנה מ' שנה עסק בפרקמטיא. ומ' שנה למד ומ' שנה לימד ותניא מ' שנה קודם חורבן הבית לא היה הלשון מלבין אלא מאדים. וריב"ז אחר חורבן הבית הוה. דתניא משחרב הבית התקין ריב"ז. ופרקינן אותן מ' שנה שלמד תלמיד יושב לפני רבו הוה ואמר מילתא ואסתבר טעמו וקבעה רביה בשמיה.

ליקוטי רש"י

הָעֵדִים הוֹלְכִין אֶלָּא לִמְקוֹם הַוַּעַד – THE WITNESSES SHOULD GO ONLY TO THE PLACE OF THE ASSEMBLY. Thus, the woman was not obligated to follow you to Mechoza! אֲמַר לֵיהּ – [Ameimar] replied: הָנֵי מִילֵּי לְעִנְיַן עֵדוּת הַחֹדֶשׁ – This institution applies only **with regard to testimony concerning the** new **month,** and the reason for the institution is דְּאִם כֵּן – **because if** it was **so,** that you would burden the witnesses with following the head of the *Beis Din* wherever he might be, נִמְצֵאתָ מַכְשִׁילָן לֶעָתִיד לָבֹא – **you would consequently cause them to stumble** by neglecting to testify **in the future.**[10] אֲבָל הָכָא – **But here,** regarding litigation, the dictum is that ,,עֶבֶד לֹוֶה לְאִישׁ מַלְוֶה" – ***a debtor is a servant to the creditor.***[11]

The Gemara cites a Baraisa that records another innovation of Rabban Yochanan ben Zakkai:

תָּנוּ רַבָּנָן – **It was taught in a Baraisa:** אֵין כֹּהֲנִים רַשָּׁאִין לַעֲלוֹת בְּסַנְדְּלֵיהֶן לַדּוּכָן – KOHANIM ARE NOT PERMITTED TO ASCEND THE PLATFORM IN THEIR SANDALS to bestow the Priestly Blessings;[12] וְזוֹ אַחַד מִתֵּשַׁע תַּקָּנוֹת שֶׁהִתְקִין רַבָּן יוֹחָנָן בֶּן זַכַּאי – AND THIS IS ONE OF THE NINE ENACTMENTS THAT RABBAN YOCHANAN BEN ZAKKAI INSTITUTED.

The Gemara enumerates all nine enactments:

שִׁית דְּהַאי פִּירְקָא – **Six** of the enactments are those **of this chapter;**[13] וְחָדָא דְּפִירְקָא קַמָּא – the seventh **one is** that **of the first chapter;**[14] וְאִידָךְ דְּתַנְיָא – **another** (the eighth one) **is** that **which was taught in the** following **Baraisa:** גֵּר שֶׁנִּתְגַּייֵר בַּזְּמַן הַזֶּה – A CONVERT to Judaism WHO CONVERTED NOWADAYS צָרִיךְ שֶׁיַּפְרִישׁ רוֹבַע לְקִינּוֹ – MUST SET ASIDE A QUARTER-*shekel*[15] FOR HIS BIRD-PAIR.[16] אָמַר רַבִּי שִׁמְעוֹן בֶּן אֶלְעָזָר – R' SHIMON BEN ELAZAR SAID: כְּבָר נִמְנָה עָלֶיהָ רַבָּן יוֹחָנָן וּבִיטְּלָהּ – RABBAN YOCHANAN ben Zakkai and his court ALREADY VOTED OVER [THIS DECREE] AND ANNULLED IT, מִפְּנֵי הַתַּקָּלָה – BECAUSE OF THE STUMBLING BLOCK that it created.[17] וְאִידָךְ פְּלוּגְתָּא דְּרַב פָּפָּא וְרַב נַחְמָן בַּר יִצְחָק – **And the other** (i.e. ninth) enactment **is the subject of a dispute between Rav Pappa and Rav Nachman bar Yitzchak.** רַב פָּפָּא אָמַר כֶּרֶם רְבָעִי – **Rav Pappa said** that it concerns **the fourth-year** fruits of a **vineyard;** רַב נַחְמָן בַּר יִצְחָק אָמַר לָשׁוֹן שֶׁל זְהוֹרִית – **Rav Nachman bar Yitzchak said** that it concerns **the strip of red wool.**[18]

Rav Pappa's opinion is elucidated:

רַב פָּפָּא אָמַר כֶּרֶם רְבָעִי – **Rav Pappa said** that it concerns **the fourth-year** fruits of a **vineyard,** (דתניא) [דִּתְנַן] – **for we learned in a Mishnah:**[19] כֶּרֶם רְבָעִי הָיָה עוֹלֶה לִירוּשָׁלַיִם – All produce of THE FOURTH-YEAR VINEYARD WAS BROUGHT UP TO JERUSALEM מַהֲלַךְ יוֹם לְכָל צַד – from any place within A DAY'S TRAVEL of Jerusalem, IN EVERY DIRECTION.[20] וְזוֹ הִיא

NOTES

10. Traveling after the head of the *Beis Din* might prove so burdensome that in the future the witnesses would be reluctant to fulfill their duty to come forward (see *Rashi*).

11. *Proverbs* 22:7. In *Sanhedrin* (31b) Ameimer rules on the basis of this verse that a creditor has the right to insist on having his case tried before an expert court in another town, even when there is a local court. A debtor does not enjoy this right, for the debtor becomes subservient to his creditor when he takes out a loan and must accede to his demands. [See *Choshen Mishpat* §14 regarding the applicability of this ruling nowadays.] Thus, it is proper to insist that a debtor follow the *beis din* wherever it may be.

[Ameimar's statement here seems self-contradictory. First, he states that Rabban Yochanan ben Zakkai's enactment applies specifically to testimony concerning the new moon, where there is the concern that witnesses might be deterred from coming forth. The implication is that in all cases of litigation one who was summoned before a *beis din* must appear before the court wherever it may be. But Ameimar concludes by stating, "A debtor is a servant to the creditor," implying that his rule applies only to a debtor! See *Turei Even* and *Aruch LaNer* for possible resolutions of this difficulty. See also *Meiri; Rama, Choshen Mishpat* 11:1 with *Pischei Teshuvah* §2; *Yom Teruah; Shaar Mishpat* 11:2.]

12. The Gemara in *Sotah* (40a) explains that this was instituted because of the concern that a Kohen might sit down during the Priestly Blessings to tie a loose strap, and people would perhaps suspect that he refrained from reciting the blessings because of a defect in his lineage. See *Orach Chaim* 128:5 with *Mishnah Berurah* §15.

13. Five were mentioned in the various Mishnahs: After the Destruction, (a) the shofar may be blown on the Sabbath wherever there is a *Beis Din* [29b], (b) the *lulav* shall be taken all seven days in the provinces [30a], (c) the Day of Waving shall be forbidden in its entirety [ibid.], and (d) the *Beis Din* should accept testimony concerning the new moon all day long [30b]; (e) witnesses who sighted the new moon should go only to the place of assembly [our Mishnah]. The sixth enactment of our chapter is the one just mentioned in the Baraisa concerning the Kohanim (*Rashi*).

14. This refers to the enactment mentioned in the Mishnah on 21b, that after the Destruction of the Temple, witnesses who sighted the new moon may desecrate the Sabbath for the purpose of reaching *Beis Din* only in the months of Nissan and Tishrei. The Gemara there attributes this enactment to Rabban Yochanan ben Zakkai.

15. Which is equal to a half-*dinar* (*Rashi;* cf. *Tosafos, Meiri;* see *Yom Teruah* and *Pnei Yehoshua*).

16. The Gemara in *Kereisos* (9a) derives from the verse (*Numbers* 15:15): *Like you like the proselyte shall it be before Hashem,* that one who wishes to convert to Judaism must undergo the very process to which the Jews were submitted when they entered the covenant with God at Sinai. Four steps were taken at that time: (a) circumcision of males, (b) immersion in a *mikveh,* (c) the offering of a sacrifice, and (d) the sprinkling of its blood on the person. [The same steps are required for every conversion (see *Maharsha*). Others maintain that the conversion process does not include the sprinkling of blood on the person (*Rambam, Hil. Isurei Biah* 13:1-4; see *Aruch LaNer* to *Yevamos* 46b).] The Gemara in *Kereisos* demonstrates that nowadays, when there are no sacrifices, a convert may be accepted without the offering and the attendant sprinkling. However, his obligation to bring an offering remains, and should the Temple be rebuilt in his lifetime, he must fulfill it at that time. Accordingly, the Baraisa teaches that when he converts he must set aside the minimum amount of money needed to purchase the offering, so that he will be prepared to bring it if the Temple is rebuilt in his lifetime. The minimum offering that can be brought for this purpose is a pair of birds, and the Rabbis determined that a quarter-*shekel* is sufficient to purchase them (*Rashi;* see *Rashash* and *Turei Even*).

17. [Once the money is set aside, it is consecrated and may not be used for anything other than the purchase of the offering.] There was thus the concern that one might come to benefit from it unlawfully (*Rashi*).

18. The Gemara goes on to clarify each opinion. [It is noteworthy that our Gemara ignores an institution that is mentioned in the Mishnah, *Sotah* 47a, and explicitly attributed there to Rabban Yochanan ben Zakkai: When adulterers increased, the administering of the "bitter waters" to a *sotah* ceased. See *Turei Even* for an explanation of this matter.]

19. *Maaser Sheni* 5:2. Our translation of the Mishnah adopts the emendations of *Mesoras HaShas,* and conforms with the text of the Mishnah at its source.

20. During the first three years of its growth, the produce of the grapevine (and other trees) is עָרְלָה, *orlah,* and is prohibited for any use (*Leviticus* 19:23). The produce of the vine in its fourth year *(revai)* is consecrated like *maaser sheni* (the second tithe); it may be eaten, but only in Jerusalem (ibid. v. 24). (Concerning other fruit trees, see *Berachos* 35a.) One is not required to transport the produce itself to Jerusalem. Rather, it may be redeemed with money, and the money is taken to Jerusalem and used to purchase food that is eaten there. Under Biblical law, one is permitted to redeem the produce with money anywhere outside Jerusalem, even within one step of the city walls. However, the Rabbis decreed that anyone who had such produce within a day's travel of Jerusalem should not redeem it, but should transport the produce itself to Jerusalem and consume it. The reason will be explained shortly (*Rashi;* see *Meiri* and *Turei Even*).

ומיבנה לאושא ומאושא ליבנה ומיבנה לאושא ומאושא לשפרעם ומשפרעם לבית שערים ומבית שערים לצפורי ומצפורי לטבריא וטבריא עמוקה מכולן שנאמר (א) ושפלת מארץ תדברי (א) רבי אלעזר אומר שש גלות שנאמר (ב) כי השח יושבי מרום קריה נשגבה ישפילנה ישפילה עד ארץ יגיענה עד עפר א"ר יוחנן ומשם עתידין ליגאל שנאמר (ג) התנערי מעפר קומי שבי: **מתני'** אמר ר' יהושע בן קרחה ועוד זאת התקין רבן יוחנן בן זכאי שאפילו ראש בית דין בכל מקום שלא יהו העדים הולכין אלא למקום הוועד: **גמ'** ההיא איתתא דאזמנוה לדינא קמיה דאמימר בנהרדעי אזל אמימר למחוזא ולא אזלה בתריה כתב פתיחא עילווה אמר ליה רב אשי לאמימר והא אנן תנן אפילו ראש בית דין בכל מקום שלא יהו העדים הולכין אלא למקום הוועד א"ל הנ"מ לענין עדות החדש דא"כ נמצאת מכשילן לעתיד לבא אבל הכא (ד) עבד לוה לאיש מלוה ת"ר אין כהנים רשאין לעלות בסנדליהן לדוכן וזו אחד מתשע תקנות שהתקין ריב"ז שית דהאי פירקא וחדא דפירקא קמא ואידך דתני' גר שנתגייר בזמן הזה צריך שיפריש רובע לקינו אמר רשב"א כבר נמנה עליה רבן יוחנן וביטלה מפני התקלה ואידך פלוגתא דרב פפא ורב נחמן בר יצחק רב פפא אמר כרם רבעי רב נחמן בר יצחק אמר לשון של זהורית רב פפא אמר כרם רבעי דתניא כרם רבעי היה עולה לירושלים מהלך יום לכל צד וזו היא תחומה אילת מן הצפון ועקרבת מן הדרום לוד מן המערב וירדן מן המזרח ואמר עולא ואיתימא רבה בר בר חנה א"ר יוחנן מה טעם כדי לעטר שוקי ירושלים בפירות ותניא כרם רבעי היה לו לרבי אליעזר במזרח לוד בצד כפר טבי וביקש ר' אליעזר להפקירו לעניים אמרו לו תלמידיו רבי כבר נמנו חבריך עליו והתירוהו מאן חבריך רבן יוחנן בן זכאי רב נחמן בר יצחק אמר לשון של זהורית דתניא בראשונה היו קושרין לשון של זהורית על פתח אולם מבחוץ הלבין היו שמחין לא הלבין היו עצבין התקינו שיהו קושרין אותו על פתח אולם מבפנים ועדיין היו מציצין ורואין הלבין היו שמחין לא הלבין היו עצבין התקינו שיהו קושרין אותו חציו בסלע וחציו בין קרניו של שעיר המשתלח רב נחמן בר יצחק מאי טעמא לא אמר כרב פפא אמר לך אי סלקא דעתך רבן יוחנן בן זכאי חבריו דרבי אליעזר מי הוה רבו הוה ואידך כיון דתלמידים הוו לאו אורח ארעא למימרא ליה לרביה רבך ורב פפא מאי טעמא לא אמר כרב נחמן בר יצחק אמר לך אי ס"ד רבן יוחנן בן זכאי בימי רבן יוחנן בן זכאי מי הוה לשון של זהורית והתניא כל שנותיו של רבן יוחנן בן זכאי מאה ועשרים שנה מ' שנה עסק בפרקמטיא מ' שנה למד מ' שנה לימד ותניא מ' שנה קודם שנחרב הבית לא היה לשון של זהורית מלבין אלא מאדים ותנן משחרב הבית התקין רבן יוחנן בן זכאי ואידך אותם ארבעים שנה דלמד תלמיד יושב לפני רבו הוה ואמר מילתא ואסתבר טעמיה וקבעיה

רש"י

ומיבנה לאושא. כשהיה הנשיא דר (ב) בו כיון שהיתה סנהדרין עמו וכשמסתלק הוא או בנו למקום אחר גולה הישיבה אחריו יבנה בימי רבן יוחנן אושא בימי רבן גמליאל וחזרו מאושא ליבנה ובימי רבן שמעון בנו חזרו (ג) כדתניא לקמן בפרקין (דף לב.) וכשקידשו בית דין כו': **בית שערים וציפורי וטבריא** כולן בימי רבי הוו כדאמרי' (סנהדרין דף לב:) אחרי רבי לבית שערים ושוב כשחלה הוליכוהו לציפורי כדאמרינן בכתובות (דף קג:) וטבריא היה בימי אנטונינוס: **וטבריא עמוקה** מכולן. שפלים היו או מכל המסעות שגלו: **שש גלות.** השח חדא ישפילנה תרי ישפילה תלת עד ארץ הרי ארבע יגיענה חמשה עד עפר שש דמלי למימר ישפילנה עד ארץ ולעפר: **מתני' אמר רבי יהושע בן קרחה כו' שאפי' ראש בית דין בכל מקום.** שנצרך לפרוש ממקום הוועד למקום אחר שהרי עיקר החדש תלויה בו כדתנן בפרקין לעיל (דף כה.) ראש ב"ד אומר מקודש ולפנין מקראי: **לא יהו.** צריכין עדי החדש להלך אחריו: **אלא למקום הוועד.** של ישיבה ילכו וסנהדרין יקדשוהו בלא ראש ב"ד: **גמ' פתיחא.** שטר שמתא: **דא"כ.** אם אתה מטריחן: **אין הכהנים רשאין לעלות בסנדליהן לדוכן.** שנושאין כפיהן ובמסכת סוטה מפרש טעמא בפרק ואלו נאמרין (דף מ.): **שית דהאי פירקא.** חדא (ד) האי וחמש דמתני' התקין שיהו תוקעין ושיהא לולב ניטל שבעה ושיהא יום הנף כולו אסור ושיהו מקבלין כל היום ושלא יהו עדים הולכין אלא למקום הוועד: **וחדא דפירקא קמא.** (דף כא:) שלא יהו מחללין (ה) אלא על ניסן ותשרי בלבד: **צריך שיפריש רובע לקינו.** רובע שקל דהיינו חצי דינר והן הן דמי קן כדתנן (כריתות דף ח.) עמדו קינין בו ביום ברבעתים שהגר חייב בקרבן כדתניא (שם דף ט.) ככם כגר יהיה כאבותיכם מה אבותיכם לא נכנסו לברית אלא במילה וטבילה והרצאת דמים (ח) והזאת דמים דכתיב ויקח משה את הדם ויזרוק וגו' ואין הזאה בלא טבילה והרצאת דמים דכתיב וחצי הדם זרק על המזבח אף הם לא יכנסו אלא במילה וטבילה והרצאת דמים כו' במסכת כריתות בראש פרק ארבעה מחוסרי כפרה (שם) מסיק מילתא דסגי ליה בעולת העוף הלכך יפריש רובע לקינו שמא יבנה בית המקדש בימינו ויקריבנו: **מפני התקלה.** דלמא אתי לאתהנויי מיניה: **היה עולה לירושלים.** הפירות עצמן אע"ג דמן התורה בין מעשר שני בין כרם רבעי נפדים ומתחללים בפסיעה אחת חוץ לחומה רבנן גזור בכל מהלך של יום אחד שיעלום ויאכלום שם כדי לעטר שוקי ירושלים: **במזרח לוד.** היינו בין לוד לירושלים שהרי ירושלים למזרחה של לוד היא: **להפקירו לעניים.** שישאו שם פירות ויאכלום שם שהיה עליו טורח להעלותן: **והתירוהו.** לפדותן ולהעלות הדמים דכיון דחרבה ירושלים לא חשו לה חכמים לעטרה מעתה: **מי הוה לשון של זהורית מלבין.** בימים שהיה רבן יוחנן מורה הוראות ומתקן תקנות: **ותנן משחרב בהמ"ק התקין.** תקנות אלמא לאחר החורבן היה שנה או שתים וכיון לארבעים שנה קודם חורבן לא הלבין הלשון ביום הכפורים נמצא שלא הלבין בתוך שנותיו האחרונים שלימד בהם לאחרים ותיקן תקנות:

תוספות

רובע לקינו. פי' בקונטרס רובע שקל דהיינו חצי דינר וכן משמע לכאורה ביומא בפ' הוציאו לו (דף נה: ושם) דלאורתא דמילתא הכי הוי דקאמר ונשקול ארבע זוזי ונשדי בנהרא והיינו ארבע זוזי פשיטי חצי דינר צורי דדינר מדינה אחד משמונה בדינר צורי ומיהו בפ' שני דכריתות (דף י: ושם) מוכח בהדיא דהוי רובע דינר על ההיא דעמדו קינים ברבעתים דקס דאמאה עליה דלדות ולא מייתי אלא חד משיתסר בעשירות דהיינו כגון בסלע וסלע ארבע דינר הרי לאחד משם עשרה הוא רובע דינר והא דנקט ביומא ארבע זוזי נקט לפי היוקר שרגילין להתייקר פעמים עד כך: [ועי' בתוס' מנחות קז: ד"ה כבש]

וביקש ר"א להפקירו לעניים. בפ"ב דשבועות (דף טז. ושם) מספקא לן בר"א אי סבר קדושה לשעתה קדשה לעתיד כו' או לא קדשה ומהכא לא מצינו למיפשט מידי דהוכך דלעולם משום דהוי דבר שבמנין כדאמרינן בפ' קמא דביצה (דף ה: ושם) וא"ת ואם לא קדשה מה היו מרויחים עניים הרי לא יוכלו לאכול בירושלים אם בטלה קדושתה ויש לומר דיכולין לחלל שוה מנה על שוה פרוטה כדאמרינן (ב"מ דף נ.) הקדש שוה מנה שחללו על שוה פרוטה מחולל ואע"ג דבפרק הזהב (שם) פליגי בשחללו אי דיעבד או לכתחלה הא מסקינן בסוף המקדיש שדהו (ערכין דף כט.) דבזמן הזה אפילו לכתחילה ומיהו אין ראיה מהקדש למעשר שני וכרם רבעי דפ' התקבל (גיטין דף סה.) גבי מערימין על מעשר שני דמשני הכא במאי עסקינן במעשר שני בזמן הזה דרבנן ופריך ומאה העבירה בזמן הזה מי איכא הוה לי' לאקשויי ממעשר שני בזמן הזה מה הערמה צריך והלא על שוה פרוטה יכול לחלל הכל קרן וחומש ומיהו בהלכות גדולות ובשאלתות דרב אחאי פסקו דבמעשר שני וכרם רבעי יכול לחלל שוה מנה על שוה פרוטה והיא דהתקבל שפיר הוה מצי פריך עלה: מתמיל

עין משפט נר מצוה

כו א מיי' פי"ז מהל' סנהדרין הלכה ו סמג עשין עד טוש"ע ח"מ סי' יד סעיף א:

כז ב מיי' פי"ד מהל' נשיאת כפים הלכ' ו סמג עשין כ טוש"ע א"ח סימן קכח סעיף ה [רב אלפס פ' הקורא את המגילה עומד ד' רעד:]

כח ג מיי' פי"ג מה' איסורי ביאה הלכה ה סמג לאוין קטז:

כט ד ה מיי' פי"ט מה' מעשר שני הלכה ה סמג עשין קלו:

ל ו ז מיי' פי"ז מהלכות עבודת יה"כ הל' ז:

תורה אור השלם

א) וְשָׁפַלְתְּ מֵאֶרֶץ תְּדַבֵּרִי וּמֵעָפָר תִּשַּׁח אִמְרָתֵךְ וְהָיָה כְּאוֹב מֵאֶרֶץ קוֹלֵךְ וּמֵעָפָר אִמְרָתֵךְ תְּצַפְצֵף: [ישעיה כט, ד]

ב) כִּי הֵשַׁח יֹשְׁבֵי מָרוֹם קִרְיָה נִשְׂגָּבָה יַשְׁפִּילֶנָּה יַשְׁפִּילָהּ עַד אֶרֶץ יַגִּיעֶנָּה עַד עָפָר: [ישעיה כו, ה]

ג) הִתְנַעֲרִי מֵעָפָר קוּמִי שְּׁבִי יְרוּשָׁלִָם הִתְפַּתְּחִי מוֹסְרֵי צַוָּארֵךְ שְׁבִיָּה בַּת צִיּוֹן: [ישעיה נב, ב]

ד) עָשִׁיר בְּרָשִׁים יִמְשׁוֹל וְעֶבֶד לֹוֶה לְאִישׁ מַלְוֶה: [משלי כב, ז]

רבינו חננאל

ועוד זאת התקין ריב"ז שאפילו ראש ב"ד בכל מקום לא יהו עדי החדש הולכין אלא למקום הועד. אבל זולתי עדי החדש אלא מזומנין לדין הולכין בכל מקום שהוא ב"ד שם. כגון דההיא איתתא דאזמנוה לדין קמיה דאמימר ואזל אמימר למחוזא ולא אזלא איהי בתריה. וכתבו עלה פתיחא וכדין עשו דעבד לוה לאיש מלוה. ולא אמרו במקום הועד אלא בעדות החדש בלבד. ת"ר אין הכהנים רשאין לעלות בסנדליהן לדוכן. וזו מט' תקנות שהתקין ריב"ז. חדא הא וחמש בהאי פירקא. ראשונה שיהו תוקעין בכל מקום שיש בו ב"ד. שניה שיהא לולב ניטל במדינה ז'. ג' שיהא יום הנף כולו אסור. ד' שיהו מקבלין עדות החדש כל היום. ה' שלא יהו עדים הולכין אלא למקום הועד. וחדא בפירקא קמאה הא דת"ר בראשונה היו מחללין על כולן. משחרב הבית אמר להן ריב"ז וכי יש קרבן התקין שלא יהו מחללין אלא על ניסן ועל תשרי בלבד. ואידך בה דאמירא בכריתות פרק ארבעה מחוסרי כפרה. דתניא גר שנתגייר בזמן הזה צריך להפריש רובע לקינו. ארשב"ג. יש מי ששונה אמר ר' שמעון בן אלעזר. כבר נמנה עליה ריב"ז ובטלה מפני התקלה שמא יוציאנה לחולין. וזה ח' תקנות אידך מאי רב פפא א' כרם רבעי דתנן בפרק האחרון במעשר שני כרם רבעי היה עולה לירושלים. מהלך יום אחד לכל צד כו'. עד כבר נמנו עליך חביריך והתירוהו. מאן חביריך ריב"ז רב נחמן בר יצחק אמר לשון של זהורית. דתניא התקינו שיהו קושרין אותו חציו בסלע וחציו בקרני שעיר המשתלח וכן התקין ריב"ז. ואקשינן ומי הוה בימיו לשון של זהורית. והתניא כל שנותיו של ריב"ז ק"כ שנה מ' שנה עסק בפרקמטיא. ומ' שנה למד ומ' שנה לימד ותניא מ' שנה קודם חורבן הבית לא היה הלשון מלבין אלא מאדים. וריב"ז אחר חורבן הבית התקין ריב"ז. ופרקינן אותו מ' שנה שלמד תלמיד יושב לפני רבו הוה ואמר מילתא ואיסתבר טעמו וקבעה רביה בשמיה.

מסורת הש"ס

א) [לעיל כט.], ב) [סוטה מ.], ג) כריתות ט., ד) [ג"ל דתנן], ה) ביצה ה. מעשר שני פ"ה מ"ב, ו) [ג"ל הדרום וכ"ה במשנה], ז) [ג"ל הצפון], ח) [שם בביצה לא' בר בר חנה], ט) יומא סז., י) [מלבין כ"א ברש"י], כ) סנהדרין מא., ל) [יומא לט:], מ) עי' מהרש"א, נ) [פ' קדושים סי' ק], ס) [וע"ע תוס' מגילה יוד. ד"ה דכ"ע].

הגהות הב"ח

(א) גמ' ושפלת מארץ תדברי ומעפר תשח אמרתך ר' אלעזר אומר שש גלות גלו שנאמר כו' מעפר קומי שבי ירושלים: (ב) רש"י ד"ה ומיבנה כו' בו כיון שהיתה סנהדרין כו' כ"ל ותיבת כיון נמחק: (ג) בא"ד חזרו לאושא כדתניא: (ד) ד"ה שית דהאי פירקא חדא האי דברייתא וחמש: (ה) ד"ה וחדא כו' שלא יהו מחללין שבת אלא על ניסן:

ליקוטי רש"י

ותנועתם מעצמם ופלאים אחריו שש בבעלי חיים אומר הכתוב לאלהים עוזנו לפי שבשעה שרואין אותם משבחים הבורא ומגדלים אותו בשמי שנו נשלם מעשה בראשית ונברא האדם גם כן שמכין גדולת הבורא יתעלה אומר ר' מלך גאות לבש [תמיד לג:]. **על חומת אנך.** על חומה דרינא וכן פתר דונש. אנך לשון ערבי הוא. קו המשקולת העופרת אשר בה יבנו בונה החומה לישר הדימוס אף כאן לשון קו משקולת משפט [עמוס ז ז]. **תכלינה.** כלו עיני. כל תוחלת ממושכה קרויה כליון עיניים כמו (דברים כח) וכלות אליהם כל היום מכלות עינים (ויקרא כו) ועיני רשעים תכלינה (איוב יא) [תהלים סט ד]. **חנות.** מקום היה בירושלים וכן שמו [סנהדרין מא.].

אין כהנים רשאין וכו'. משום מיחוש דליבורא. מפני שמתקלקין בגדיו העשוין ומלמדו בהגבהת ידיו ונראין סנדליו לצבור וכך אין ראוי לראות מפני טיט שעליהן. דילמא מפסקת רצועה. ונגלי הוא לעלמו ומתאלצין עליו כשמלמו מותרת ותיחי למקטריה וחבריו מברכין ואתי למימר אינו ראוי לנשיאת כפים והלך ישב לו [סוטה מ.]. **צריך שיפריש רובע דינר. לקינו.** לכשיבנה בית המקדש יביא קן דאמרי' לעיל דלריך קרבן וקרבן שלו מרובע לא אפשר (להפריש) דאין מלוי קן בפחות מרובע כדאמרינן במתני' ועמדו קינין ברבעתים אבל פחות לא אפשר. **מפני התקלה.** שלא יהנה ממנו [כריתות ט.]. **כרם רבעי.** שאמרה תורה קדש הלולים (ויקרא יט) וגמרינן קדש קדש ממעשר שני דכתיב ביה קדש וכל מעשר הארץ מזרע הארץ מפרי העץ וגו' (שם כז) שצריך להעלות הפירות לירושלים או לפדותן ולהעלות הדמים לירושלים ותקנו חכמים במהלך יום אחד לכל צד שלא יפדוהו אלא הפירות עצמן יעלם ויאכלם שם כדמפרש לקמן כדי לעטר שוקי ירושלים בפירות. **במזרח לוד.** היינו בין לוד לירושלים בתוך מהלך יום דהא אמרינן לוד בתוך מהלך יום מן המערב נמצא מזרחה בין לוד לירושלים בכילד מברכין (ברכות לה.) יש פלוגתא חד תני נטע רבעי וחד תני כרם רבעי [ביצה ה.]. **לשון של זהורית.** למר סרוק ומשוך כמין לשון וצבוע אדום וקושרין אותו בראש שעיר המשתלח והיה מלבין מאליו והוא סימן שמחל הקדוש ברוך הוא לישראל שנאמר (ישעיה א) אם יהיו חטאיכם כשנים כשלג ילבינו [יומא לט:]. **ארבעים שנה.** ראשונים עסק בפרקמטיא אמצעיים למד אחרונים לימד ונעשה דיין ומורה הוראות [סנהדרין מא.].

תְּחוּמָה – AND THIS IS THE BOUNDARY of the area encompassed by the decree: אֵילַת מִן (הצפון) [הַדָּרוֹם] – EILAS TO THE SOUTH וְעַקְרַבַּת מִן (הדרום) [הַצָּפוֹן] – AND AKRABAS TO THE NORTH, לוד מִן הַמַּעֲרָב – LOD TO THE WEST וְיַרְדֵּן מִן הַמִּזְרָח – AND THE JORDAN River TO THE EAST. וְאָמַר עוּלָּא וְאִיתֵימָא רַבָּה בַּר עוּלָּא אָמַר רַבִּי יוֹחָנָן – **And Ulla, or some say Rabbah bar Ulla, said in the name of R' Yochanan:** מַה טַּעַם – **What is the reason** that such produce had to be brought to Jerusalem and could not be redeemed with money? כְּדֵי לְעַטֵּר שׁוּקֵי יְרוּשָׁלַיִם בְּפֵירוֹת – It was **in order to adorn the markets of Jerusalem with fruits.**[21] וְתַנְיָא – **And it was taught in a Baraisa:** כֶּרֶם רְבָעִי הָיָה לוֹ לְרַבִּי אֱלִיעֶזֶר – R' ELIEZER HAD produce from A FOURTH-YEAR VINEYARD בְּמִזְרַח לוד בְּצַד כְּפַר טָבִי – that was located TO THE EAST OF LOD, NEAR KFAR TAVI, and thus within the boundary described by the Mishnah,[22] וּבִיקֵּשׁ רַבִּי אֱלִיעֶזֶר לְהַפְקִירוֹ לַעֲנִיִּים – AND R' ELIEZER DESIRED TO ABANDON IT TO THE POOR, because bringing it to Jerusalem was too difficult for him.[23] אָמְרוּ לוֹ תַּלְמִידָיו – HIS DISCIPLES SAID TO HIM: רַבִּי כְּבָר נִמְנוּ חֲבֵירֶיךָ עָלָיו וְהִתִּירוּהוּ – TEACHER! YOUR COLLEAGUES ALREADY VOTED REGARDING [FOURTH-YEAR PRODUCE] AND PERMITTED IT to be redeemed within a day's travel of Jerusalem.[24] מַאן חֲבֵירֶיךָ – Now, **whom** did the disciples refer to as **"your colleagues"?** רַבָּן יוֹחָנָן בֶּן זַכַּאי – It was **Rabban Yochanan ben Zakkai** and his court. This is Rabban Yochanan ben Zakkai's ninth institution.

Rav Nachman bar Yitzchak's position is now elucidated:

רַב נַחְמָן בַּר יִצְחָק אָמַר לָשׁוֹן שֶׁל זְהוֹרִית – **Rav Nachman bar Yitzchak said** that Rabban Yochanan ben Zakkai's ninth enactment concerned **the strip of red wool,** דְּתַנְיָא – **for it was taught in a Baraisa:** בָּרִאשׁוֹנָה הָיוּ קוֹשְׁרִין לָשׁוֹן שֶׁל זְהוֹרִית עַל פֶּתַח אוּלָם מִבַּחוּץ – ORIGINALLY, THEY WOULD TIE THE STRIP OF RED WOOL ON THE DOORWAY OF THE ANTECHAMBER, ON THE OUTSIDE.[25] הִלְבִּין הָיוּ שְׂמֵחִין – IF IT TURNED WHITE, THEY REJOICED; לֹא הִלְבִּין הָיוּ עֲצֵבִין – but if IT DID NOT TURN WHITE, THEY WERE DESPONDENT.[26] הִתְקִינוּ שֶׁיְּהוּ קוֹשְׁרִין אוֹתוֹ עַל פֶּתַח אוּלָם מִבִּפְנִים – [THE SAGES] therefore INSTITUTED THAT THEY SHOULD TIE IT ON THE DOORWAY OF THE ANTECHAMBER, ON THE INSIDE. וַעֲדַיִין הָיוּ מְצִיצִין וְרוֹאִין – BUT [PEOPLE] WOULD STILL PEEK in AND SEE what happened to it. הִלְבִּין הָיוּ שְׂמֵחִין – If IT TURNED WHITE, THEY REJOICED; לֹא הִלְבִּין הָיוּ עֲצֵבִין – and if IT DID NOT TURN WHITE, THEY WERE DESPONDENT. הִתְקִינוּ שֶׁיְּהוּ קוֹשְׁרִין אוֹתוֹ חֶצְיוֹ בַּסֶּלַע וְחֶצְיוֹ בֵּין קַרְנָיו שֶׁל שָׂעִיר הַמִּשְׁתַּלֵּחַ – [THE SAGES] therefore INSTITUTED THAT THEY SHOULD TIE HALF OF [THE STRIP] ON A ROCK AND HALF OF IT BETWEEN THE HORNS OF THE HE-GOAT THAT WAS DISPATCHED to Azazel.[27] The author of this institution was Rabban Yochanan ben Zakkai.

The Gemara analyzes the dispute over which enactment was Rabban Yochanan's ninth one:

רַב נַחְמָן בַּר יִצְחָק מַאי טַעְמָא לֹא אָמַר כְּרַב פָּפָּא – **Why did Rav Nachman bar Yitzchak not say like Rav Pappa?**

The Gemara answers:

אָמַר לָךְ – **[Rav Nachman bar Yitzchak] would say to you:** אִי סַלְקָא דַעְתָּךְ רַבָּן יוֹחָנָן בֶּן זַכַּאי – **If it should enter your mind** that the author of the institution regarding fourth-year produce was **Rabban Yochanan ben Zakkai,** you must consider: חֲבֵרָיו דְּרַבִּי אֱלִיעֶזֶר מִי הֲוָה – **Was [Rabban Yochanan ben Zakkai] a colleague of R' Eliezer?** רַבּוֹ הֲוָה – No, **he was his teacher!**[28] How could R' Eliezer's disciples have told him that his "colleagues" permitted redemption of the produce?

The Gemara defends Rav Pappa's position:

וְאִידָךְ – **But the other one,** i.e. Rav Pappa, could respond: כֵּיוָן דְּתַלְמִידִים הֲווּ – **Since they** [those who spoke to R' Eliezer] **were** his **disciples,** לָאו אוֹרַח אַרְעָא לְמֵימְרָא לֵיהּ לְרַבֵּיהּ רַבָּךְ – **it would be inappropriate** for any of them **to say to his teacher: "your teacher."**[29] They therefore referred to Rabban Yochanan ben Zakkai as "your colleague," even though he was in reality R' Eliezer's teacher.

The Gemara asks further:

וְרַב פָּפָּא מַאי טַעְמָא לֹא אָמַר כְּרַב נַחְמָן בַּר יִצְחָק – **And** as for **Rav Pappa, why did he not say like Rav Nachman bar Yitzchak?**

NOTES

21. Since these pilgrims did not need to purchase their food in Jerusalem, the city's markets remained bountifully stocked (*Rav* to *Maaser Sheni* 5:2). Alternatively, since the pilgrims would sell their excess fourth-year produce to Jerusalem's vendors, the city's markets were enhanced thereby (*Mishnah Rishonah* ibid.).

22. Since Lod is west of Jerusalem, the vineyard situated to the east of Lod was between Lod and Jerusalem, within a day's travel of Jerusalem (*Rashi*).

23. Rather, he intended that the indigents would harvest the fourth-year produce, take it to Jerusalem and eat it there (*Rashi;* see *Turei Even* and *Poras Yosef*).

24. After the destruction of the Temple, the Rabbis once again allowed a person to redeem his produce with money within a day's travel of Jerusalem, and bring the money to Jerusalem. There was no longer any need to adorn the markets of Jerusalem, since it was in ruin and what remained was occupied by foreigners (*Rashi* here and to *Beitzah* 5b ד״ה טעמא דנמנו). Thus, the students told R' Eliezer: You can redeem the produce and then easily transport the money to Jerusalem! [Although this incident occurred after the destruction of the Beis HaMikdash and the Roman conquest of Eretz Yisrael, R' Eliezer and his disciples maintained that the holiness of Eretz Yisrael and Jerusalem was not thereby abrogated (קְדֻשָּׁה רִאשׁוֹנָה קִדְּשָׁה לְשַׁעְתָּהּ וְקִדְּשָׁה לֶעָתִיד לָבֹא). Thus, those mitzvos which apply only when the Land of Israel is sanctified remained in force. Although the decree which suspended R' Eliezer's right of redemption was repealed, the Biblical laws concerning the produce remained intact: It was still necessary to take either the produce itself or its redemption money to Jerusalem, and permitted to consume it there. Hence, R' Eliezer was not absolved from at least taking the latter course (*Rashi* to *Beitzah* ibid. ד״ה כבר נמנו; see *Tosafos* here).]

25. As part of the Temple service on Yom Kippur, a he-goat was dispatched to "Azazel," i.e. it was taken to the wilderness outside Jerusalem and pushed off a cliff, to atone for the nation's sins (*Leviticus* 16:8-10). As a sign of the national atonement, a special strip of red wool would miraculously turn white, in conformance with the verse (*Isaiah* 1:18): *If your sins will be like crimson, they will become white like snow* (*Yoma* 67a). In the early days of the Second Temple era, during Shimon HaTzaddik's tenure as Kohen Gadol, the strip always turned white. After his death, it did not turn white every year (*Yoma* 39a). The Baraisa teaches that originally the strip was hung outside the doorway of the Temple Antechamber [אוּלָם], where it was visible to all.

[*Yerushalmi* (*Shabbos* 9:3) relates that in even earlier times it was customary for each person to tie a strip of crimson wool outside his window, but this was discontinued because of the embarrassment it caused to the individuals whose strip did not turn white. Rather, a single strip was tied to the Antechamber doorway so that the nation's atonement would be gauged collectively.]

26. This gave cause for concern because when the people saw it turn white they became complacent and did not properly utilize the remainder of the day for prayer and repentance (*Aruch LaNer*). Alternatively, the concern was because of the times that it remained red. For although Yom Kippur is a day of judgment, it is also a holiday when it is improper to be sad (*Shoshanim LeDavid* to Mishnah *Yoma* 67a; see also *Meiri* and *Yom Teruah*).

27. I.e. it was not retained in the Temple at all. Rather, the emissary took it with the he-goat to Azazel, and before pushing the goat off the cliff he would divide it and tie half to a nearby rock and the other half between the goat's horns. [The Gemara in *Yoma* (ibid.) explains why it was not tied in its entirety to either the rock or the he-goat.]

28. See *Avos* 2:8.

29. I.e. the students felt that it would be disrespectful for them to address their master as anyone's "student."

כו א מיי' פ"ו מהל' סנהדרין הלכה ו וסמג עשין עד טוש"ע ח"מ סי' יד סעיף ח:

כז ב מיי' פי"ד מהל' נשיאת כפים הל' ו סמג עשין כ טוש"ע א"ח סימן קכח סעיף ה [רב אלפס פ' הקורא את המגילה עומד ד' רעד:]:

כח ג ד מיי' פי"ג מה' איסורי ביאה הלכה ה סמג לאוין קטו:

כט ה ו מיי' פ"ט מה' מעשר שני הלכה ה סמג עשין קלו:

ל ז מיי' פ"ג מהלכות עבודת יוה"כ הל' ז:

תורה אור השלם

א) וְשָׁפַלְתְּ מֵאֶרֶץ תְּדַבֵּרִי וּמֵעָפָר תִּשַּׁח אִמְרָתֵךְ וְהָיָה כְּאוֹב מֵאֶרֶץ קוֹלֵךְ וּמֵעָפָר אִמְרָתֵךְ תְּצַפְצֵף: [ישעיה כט, ד]

ב) כִּי הֵשַׁח יֹשְׁבֵי מָרוֹם קִרְיָה נִשְׂגָּבָה יַשְׁפִּילֶנָּה יַשְׁפִּילָהּ עַד אֶרֶץ יַגִּיעֶנָּה עַד עָפָר: [ישעיה כו, ה]

ג) הִתְנַעֲרִי מֵעָפָר קוּמִי שְּׁבִי יְרוּשָׁלִַם הִתְפַּתְּחִי מוֹסְרֵי צַוָּארֵךְ שְׁבִיָּה בַּת צִיּוֹן: [ישעיה נב, ב]

ד) עָשִׁיר בְּרָשִׁים יִמְשׁוֹל וְעֶבֶד לֹוֶה לְאִישׁ מַלְוֶה: [משלי כב, ז]

רבינו חננאל

ועוד זאת התקין ריב"ז שאפילו ראש ב"ד בכל מקום לא יהו עדי החדש הולכין אלא למקום הועד. אבל זולתי עדי החדש אלא מזמנין לדין הולכין בכל מקום שהוא ב"ד שם. כגון דההיא איתתא דאזמנוה לדין קמיה דאמימר ואזל אמימר למחוזא ולא אזלא איהי בתריה. וכתבו עלה פתיחא וכדין עשו דעבד לוה לאיש מלוה. ולא אמרו במקום הועד אלא בעדות החדש בלבד. ת"ר אין הכהנים רשאין לעלות בסנדליהן לדוכן. וזו מט' תקנות שהתקין ריב"ז. חדא הא וחמש בהאי פירקא. ראשונה שיהו תוקעין בכל מקום שיש בו ב"ד. שנייה שיהא לולב ניטל במדינה ז'. ג' שיהא יום הנף כולו אסור. ד' שיהו מקבלין עדות החדש כל היום. ה' שלא יהו עדים הולכין אלא למקום הועד. וחדא בפירקא קמאה הא דת"ר בראשונה היו מחללין על כולן משחרב הבית אמר להן ריב"ז וכי יש קרבן התקין שלא יהו מחללין אלא על ניסן ועל תשרי בלבד. ואידך הא דאמירא בכריתות פרק ארבעה מחוסרי כפרה. דתניא גר שנתגייר בזמן הזה צריך להפריש רובע לקינו. ארשב"א. יש מי ששונה אמר ר' שמעון בן אלעזר. כבר נמנה עליה ריב"ז ובטלה מפני התקלה שמא יוציאנה לחולין. הנה ח' תקנות אידך מאי רב פפא א' כרם רבעי דתנן בפרק האחרון במעשר שני כרם רבעי היה עולה לירושלים. מהלך יום אחד לכל צד כו'. עד כבר נמנו עליך חביריך והתירוהו. מאן חביריך ריב"ז רב נחמן בר יצחק אמר לשון של זהורית. דתניא התקינו שיהו קושרין אותו חציו בסלע וחציו בקרני שעיר המשתלח וכן התקין ריב"ז. ואקשינן ומי הוה בימיו לשון של זהורית והתניא כל שנותיו של ריב"ז ק"כ שנה מ' שנה עסק בפרקמטיא. ומ' שנה למד ומ' שנה לימד. ותניא מ' שנה קודם חורבן הבית לא היה הלשון מלבין אלא מאדים. וריב"ז אחר חורבן הבית הוה. דתניא משחרב הבית התקין ריב"ז. ופרקינן אותו מ' שנה שלמד תלמיד יושב לפני רבו הוה ואמר מילתא ואסתבר טעמו וקבעה רביה בשמיה.

תוספות

רובע לקינו. פי' בקונטרס רובע שקל דהיינו חצי דינר וכן משמע לכאורה ביומא בפ' הוציאו לו (דף נה: ושם) דאורחא דמילתא הכי הוי דקאמר ושקול ארבע זוזי ונשדי בנהרא והיינו ארבע זוזי פשיטי חצי דינר צורי דדינר מדינה אחד משמונה בדינר צורי ומיהו בפ' שני דכריתות (דף י: ושם) מוכח בהדיא דהוי רובע דינר על הסיא דעמדו קינים ברבעתים דחס רחמנא עליה דדלות ולא מייתי אלא חד משיתסר בעשירות דהיינו כבש בסלע וסלע ארבע דינר הרי דאחד משש עשרה הוא רובע דינר והא דנקט ביומא ארבע זוזי נקט לפי היוקר שרגילין להתייקר פעמים עד כך: [וע"ע בתוס' מנחות קז: ד"ה כבש]:

וביקש ר"א להפקירו לעניים. בפ"ב דשבועות (דף טז. ושם) מספקא לן בר"א אי סבר קדושה ראשונה קדשה לשעתה כו' או לא קדשה ומהכא לא מצינו למיפשט מידי דהוצרך להעלותו משום דהוי דבר שבמנין כדאמרינן בפ' קמא דביצה (דף ה: ושם) וא"ת ואם לא קדשה מה היו מרויחים עניים הרי לא יוכלו לאכול בירושלים אם בטלה קדושתה ויש לומר דיכולין לחלל שוה מנה על שוה פרוטה כדאמרינן (ב"מ דף נז.) הקדש שוה מנה שחללו על שוה פרוטה מחולל ואע"ג דבפרק הזהב (שם) פליגי בשחללו אי דיעבד או לכתחילה הא מסקינן בסוף המקדיש שדהו (ערכין דף כט.) דבזמן הזה אפילו לכתחילה ומיהו אין ראיה מהקדש למעשר שני וכרם רבעי דפ' התקבל (גיטין דף סה.) גבי מערימין על מעשר שני דמשני הכא במאי עסקינן במעשר שני בזמן הזה דרבנן ופריך ואמה העבריה בזמן הזה מי איכא הוה לי' לאקשויי ממעשר שני בזמן הזה מה הערמה צריך והלא על שוה פרוטה יכול לחלל הכל קרן וחומש ומיהו בהלכות גדולות ובשאלתות דרב אחאי [י] פסקו דבמעשר שני ובכרם רבעי יכול לחלל שוה מנה על שוה פרוטה והסיא דהתקבל שפיר הוה מצי פריך עלה [ס]:

מתחיל

גמרא

ומיבנה לאושא ומאושא ליבנה ומיבנה לאושא ומאושא לשפרעם ומשפרעם לבית שערים ומבית שערים לצפורי ומצפורי לטבריא וטבריא עמוקה מכולן שנאמר א) ושפלת מארץ תדברי (א) רבי אלעזר אומר שש גלות שנאמר ב) כי השח יושבי מרום קריה נשגבה ישפילנה ישפילה עד ארץ יגיענה עד עפר א"ר יוחנן ומשם עתידין ליגאל שנאמר ג) התנערי מעפר קומי שבי:

מתני' אמר ר' יהושע בן קרחה ועוד זאת התקין רבן יוחנן בן זכאי שאפילו ראש בית דין בכל מקום שלא יהו העדים הולכין אלא למקום הוועד:

גמ' א ההיא איתתא דאזמנוה לדינא קמיה דאמימר בנהרדעי אזל אמימר למחוזא ולא אזלה בתריה כתב פתיחא עילווה אמר ליה רב אשי לאמימר והא אנן תנן אפילו ראש בית דין בכל מקום שלא יהו העדים הולכין אלא למקום הוועד א"ל הנ"מ לענין עדות החדש דא"כ ב) נמצאת מכשילן לעתיד לבא אבל הכא ד) עבד לוה לאיש מלוה ת"ר ג) ב אין כהנים רשאין לעלות בסנדליהן לדוכן וזו אחד מתשע תקנות שהתקין ריב"ז שית דהאי פירקא וחדא דפירקא קמא ואידך ג) דתני' ג גר שנתגייר בזמן הזה צריך שיפריש רובע לקינו אמר רשב"א ד כבר נמנה עליה רבן יוחנן וביטלה מפני התקלה ואידך פלוגתא דרב פפא ורב נחמן בר יצחק רב פפא אמר כרם רבעי רב נחמן בר יצחק אמר לשון של זהורית רב פפא אמר כרם רבעי (ד) דתניא) ה כרם רבעי היה עולה לירושלים מהלך יום לכל צד וזו היא תחומה אילת מן ו) (הצפון) ועקרבת מן ז) (הדרום) לוד מן המערב וירדן מן המזרח ואמר עולא ואיתימא רבה ח) בר עולא א"ר יוחנן מה טעם כדי לעטר שוקי ירושלים בפירות ותניא ו כרם רבעי היה לו לרבי אליעזר במזרח לוד בצד כפר טבי וביקש ר' אליעזר להפקירו לעניים אמרו לו תלמידיו רבי כבר נמנו חבריך עליו והתירוהו מאן חבריך רבן יוחנן בן זכאי רב נחמן בר יצחק אמר לשון של זהורית דתניא ט) בראשונה היו קושרין לשון של זהורית על פתח אולם מבחוץ הלבין היו שמחין לא הלבין היו עצבין התקינו שיהו קושרין אותו על פתח אולם מבפנים ועדיין היו מציצין ורואין הלבין היו שמחין לא הלבין היו עצבין ז התקינו שיהו קושרין אותו חציו בסלע וחציו בין קרניו של שעיר המשתלח רב נחמן בר יצחק מאי טעמא לא אמר כרב פפא אמר לך אי סלקא דעתך רבן יוחנן בן זכאי חבריו דרבי אליעזר מי הוה רבו הוה ואידך כיון דתלמידים הוו לאו אורח ארעא למימרא ליה לרביה רבך ורב פפא מאי טעמא לא אמר כרב נחמן בר יצחק אמר לך אי ס"ד רבן יוחנן בן זכאי בימי רבן יוחנן בן זכאי מי הוה לשון של זהורית י) והתניא ח כל שנותיו של רבן יוחנן בן זכאי מאה ועשרים שנה מ' שנה עסק בפרקמטיא מ' שנה למד מ' שנה לימד ותניא ט מ' שנה קודם שנחרב הבית לא היה לשון של זהורית מלבין אלא מאדים ותנן משחרב הבית התקין רבן יוחנן בן זכאי ואידך אותם ארבעים שנה דלמד תלמיד יושב לפני רבו הוה ואמר מילתא ואסתבר טעמיה

רש"י

ומיבנא לאושא. כשהיה הנשיא דר (ג) בו כיון שהיתה סנהדרין עמו וכשמסתלק הוא או בנו למקום אחר גולה הישיבה אחריו יבנה בימי רבן יוחנן אושא בימי רבן גמליאל וחזרו מאושא ליבנה ובימי רבן שמעון בנו חזרו (ג) כדתניא לקמן בפרקין (דף לב.) וכשקידשו בית דין כו': בית שערים וציפורי וטבריא כולן בימי רבי הוו כדאמרי' (סנהדרין דף לב:) אחרי רבי לבית שערים ושוב כשחלה הוליכוהו לציפורי כדאמרינן בכתובות (דף קג:) ובטבריא היה בימי אנטונינוס: וטברי' עמוקה מכולן. שפלים היו אז מכל המסעות שגלו: שש גלות. השח חדא ישפילנה תרי ישפילה תלת עד ארץ ארבע יגיענה חמשה עד עפר שש דמצי למימר ישפילנה עד ארץ ולעפר:

מתני' אמר רבי יהושע בן קרחה כו' שאפי' ראש בית דין בכל מקום. שנצרך לפרוש ממקום הוועד למקום אחר שהרי עיקר החדש תלויה בו כדתנן בפרקין דלעיל (דף כד.) ראש ב"ד אומר מקודש וילפינן מקראי: לא יהו. צריכין עדי החדש להלך אחריו: אלא למקום הועד. של ישיבה ילכו וסנהדרין יקדשוהו בלא ראש ב"ד: גמ' פתיחא. שטר שמתא: דא"כ. אם אתה מטריחן: אין הכהנים רשאין לעלות בסנדליהן לדוכן. שנושאין כפיהן ובמסכת סוטה מפרש טעמא בפרק ואלו נאמרין (דף מ.): שית דהאי פירקא. חדא (ד) הא וחמש דמתני' התקין שיהו תוקעין ושיהא לולב ניטל שבעה ושיהא יום הנף כולו אסור ושיהו מקבלין כל היום ושלא יהו עדים הולכין אלא למקום הוועד: וחדא דפירקא קמא. (דף כא:) שלא יהו מחללין (ה) אלא על ניסן ותשרי בלבד: צריך שיפריש רובע לקינו. רובע שקל דהיינו חצי דינר והן הן דמי קן כדתנן (כריתות דף ח.) עמדו קינין בו ביום ברבעתים שהגר חייב בקרבן כדתניא (שם דף ט.) ככם כגר יהיה כאבותיכם מה אבותיכם לא נכנסו לברית אלא במילה וטבילה והרצאת דמים מ) והזאת דמים דכתיב ויקח משה את הדם ויזרוק וגו' ואין הזאה בלא טבילה והרצאת דמים דכתיב וחצי הדם זרק על המזבח אף הם לא יכנסו אלא במילה וטבילה והרצאת דמים כו' במסכת כריתות בראש פרק ארבעה מחוסרי כפרה (שם) מסיק מילתא דסגי ליה בעולת העוף הלכך יפריש רובע לקינו שמא יבנה בית המקדש בימינו ויקריבנו: מפני התקלה. דלמא אתי לאתהנויי מיניה: היה עולה לירושלים. הפירות עצמן אע"ג דמן התורה בין מעשר שני בין כרם רבעי נפדים ומתחללים בפסיעה אחת חוץ לחומה רבנן גזור בכל מהלך של יום אחד שיעלום ויאכלום שם כדי לעטר שוקי ירושלים: במזרח לוד. היינו בין לוד לירושלים שהרי ירושלים למזרחה של לוד היא: להפקירו לעניים. שישאו שם פירות ויאכלום שם שהיה עליו טורח להעלותן: והתירוהו. לפדותן ולהעלות הדמים דכיון דחרבה ירושלים לא חשו לה חכמים לעטרה מעתה: מי הוה לשון של זהורית מלבין. בימים שהיה רבן יוחנן מורה הוראות ומתקן תקנות: ותנן משחרב בהמ"ק התקין. תקנות אלמא לאחר החורבן היה שנה או שתים וכיון דארבעים שנה קודם חורבן לא הלבין הלשון ביום הכפורים נמצא שלא הלבין בתוך שנותיו האחרונים שלימד בהם לאחרים ותיקן תקנות:

וקבעיה

מסורת הש"ס

א) [לעיל כא:], ב) סוטה מ., ג) כריתות ט., ד) [ל"ל דתנן], ה) ביצה ה. מעשר שני פ"ה מ"ב, ו) [ל"ל הדרום וכ"א במשנה], ז) [ל"ל הצפון], ח) [שם בביצה לי' בר בר חנה], ט) יומא סז., י) [מלבין כ"א בס"ע], כ) סנהדרין מא., ל) [יומא לט:], מ) עי' במהרש"א, נ) [פ' קודשים סי' קן], ס) [וע"ע תוס' מגילה יז. ד"ה דכ"ע].

הגהות הב"ח

(א) גמ' ושפלת מארץ תדברי ומעפר תשח אמרתך ר' אלעזר אומר שש גליות גלו שנאמר כו' מעפר קומי שבי ירושלים: (ב) רש"י ד"ה ומיבנה כו' דר בו היתה סנהדרין כו' כצ"ל ותיבת כיון נמחק: (ג) בא"ד חזרו לאושא כדתניא: (ד) ד"ה שית דהאי פירקא חדא האי דברייתא וחמש: (ה) ד"ה וחדא כו' שלא יהו מחללין שבת אלא על ניסן:

ליקוטי רש"י

ותנוטתם מעצמם ופלתם אחרים שם בבעלי חיים אומר הרוצו להוליכו עוזו לפי שבשבת שרולין אותם מבשחים הבורה ומגדלים אותו בשבי שבו נשלש מעשה בראשית ונברא האדם גם כן משנין גדולת הבורה יתעלה אומר ה' מלך גאות לבש [תמיד לג:]. על חומת אנך. על חומה דיוגא וכן פתר דונש. אנך לשון ערבי חוט קו המשקולת העופרת אשר בה יבנו בונה החומה ליישר הדימום אף כאן קנה של לשון קן משקולת משפט [עמוס ז ז]. תכלינה. כלו עוני. כל תוחלת ממשכה קרויה כליון עיניים כמו (דברים כח) וכלות אליהם כל היום מכלות עיניים (ויקרא כו) ועיני רשעים תכלינה (איוב יא) [תהלים סט ד]. חנות. מקום היה בירושלים. וכן שמו [סנהדרין מא.].

אין כהנים רשאין וכו'. משום איחתא דליגורה. מפני שמתפלקין בגדיו העשוין למדתו בהגבהת ידיו ונראין סנדליו לצבור והן אין ראוין לראות מפני טיט שעליהן. דילמא מפסקת רצועה. וגנאי הוא לעצמו ומתלוצצים עליו כשסנדלו מותרת ויתיב למקטריה וחביריו מברכין ואתי למימר אינו ראוי לנשיאות כפים והלך וישב לו [סוטה מ.]. צריך שיפריש רובע דינר. לקינו. דלכשיבנה בית המקדש יביא קן דאמרי' לעיל דצריך קרבן וקרבן בפחות מרובע לא אפשר (להפריש) דאין מצוי קן בפחות מרובע כדאמרינן במתני' ועמדו קינין ברבעתים אבל פחות לא אפשר. מפני התקלה. שלא יהנה ממנו [כריתות ט.]. כרם רבעי. שאמרה תורה קדש הלולים (ויקרא יט) וגמרינן קדש קדש ממעשר שני דכתיב ביה קדש וכל מעשר הארץ מזרע הארץ מפרי העץ וגו' (שם כז) שצריך להעלות הפירות לירושלים או לפדותן ולהעלות הדמים לירושלים ותקנו חכמים במהלך יום אחד לכל צד שלא יפדוהו אלא הפירות עצמן יעלום ויאכלום שם כדמפרש לקמן כדי לעטר שוקי ירושלים בפירות. במזרח לוד. היינו בין לוד לירושלים בתוך מהלך יום דהא אמרינן בין לוד לירושלים מהלך יום [ביצה ה.]. לשון של זהורית. [illegible] [יומא לט.]. ארבעים שנה. [סנהדרין מא.].

The Gemara answers:

אָמַר לָךְ – **[Rav Pappa] would say to you:** אִי סַלְקָא דַּעְתָּךְ רַבָּן יוֹחָנָן בֶּן זַכַּאי – **If it should enter your mind** that the author of the institution regarding the strip of red wool was **Rabban Yochanan ben Zakkai,** you must answer: בִּימֵי רַבָּן יוֹחָנָן בֶּן זַכַּאי מִי הֲוָה לָשׁוֹן שֶׁל זְהוֹרִית – **In the days** of the leadership **of Rabban Yochanan ben Zakkai, was there** ever a whitening of **the strip of red wool?**[30] וְהָתַנְיָא – **But it was taught in a Baraisa:** כָּל שְׁנוֹתָיו שֶׁל רַבָּן יוֹחָנָן בֶּן זַכַּאי מֵאָה וְעֶשְׂרִים שָׁנָה – ALL THE YEARS OF RABBAN YOCHANAN BEN ZAKKAI totaled ONE HUNDRED AND TWENTY YEARS. אַרְבָּעִים שָׁנָה עָסַק בִּפְרַקְמַטְיָא – During the first FORTY YEARS HE ENGAGED IN BUSINESS; אַרְבָּעִים שָׁנָה לָמַד – during the next FORTY YEARS HE LEARNED Torah; אַרְבָּעִים שָׁנָה לִימֵּד – and only during his last FORTY YEARS DID HE TEACH Torah and promulgate laws. וְתַנְיָא – **And it was taught in** another **Baraisa:** אַרְבָּעִים שָׁנָה קוֹדֶם שֶׁנֶּחֱרַב הַבַּיִת – During the FORTY YEARS PRIOR TO THE DESTRUCTION OF THE Second TEMPLE לֹא הָיָה לָשׁוֹן שֶׁל זְהוֹרִית מַלְבִּין אֶלָּא מַאֲדִים – THE STRIP OF RED WOOL DID NOT WHITEN, BUT REDDENED.[31] וּתְנַן – **And we learned** several times **in the Mishnah** of our chapter:[32] מִשֶּׁחָרַב הַבַּיִת הִתְקִין רַבָּן יוֹחָנָן בֶּן זַכַּאי – AFTER THE TEMPLE WAS DESTROYED, RABBAN YOCHANAN BEN ZAKKAI INSTITUTED etc. Thus, we see that Rabban Yochanan ben Zakkai lived after the destruction of the Temple. Perforce, his period of leadership began within the last forty years before the Destruction. Since at that time the strip of red wool no longer turned white, how can you say that he was the one who instituted that the strip be moved away from the Temple?

The Gemara defends Rav Nachman bar Yitzchak's position:

וְאִידָךְ – **But the other one,** i.e. Rav Nachman bar Yitzchak, could respond: אוֹתָם אַרְבָּעִים שָׁנָה דְּלָמַד – During **those forty years that [Rabban Yochanan ben Zakkai] learned** Torah, תַּלְמִיד יוֹשֵׁב לִפְנֵי רַבּוֹ הֲוָה – **he was a disciple who sat before his teacher,**[33] וְאָמַר מִילְּתָא – **and he said something** regarding the strip of red wool,[34] וְאִסְתַּבַּר טַעְמֵיהּ – **and his reasoning was deemed sound** by his teacher, who accordingly instituted that the strip of wool should be removed from the Temple.

NOTES

30. *Rashi* has the reading: מִי הֲוָה לָשׁוֹן שֶׁל זְהוֹרִית מַלְבִּין, *Did the strip of red wool* (ever) *turn white?* I.e. did this ever occur during the years in which Rabban Yochanan ben Zakkai taught Torah and promulgated laws as head of the Sanhedrin? (*Rashi*). The previous Baraisa taught that since the strip of red wool sometimes turned white and sometimes remained red, and moving it inside the Antechamber doorway had not deterred people from peeking in, the Sages instituted that it be moved away from the Temple altogether. If you say that this was Rabban Yochanan ben Zakkai's innovation, you must conclude that the strip still turned white occasionally during the years in which he headed the Sanhedrin (*Rashash;* see *Aruch LaNer* cited in note 26).

31. This may mean either that it remained red as before, or that it turned a deeper shade of red (*Sifsei Chachamim*).

32. Above, 29b, 30a, 30b.

33. When the Sanhedrin was in session, the most prominent disciples sat before the elders in three rows (see *Sanhedrin* 37a). Apparently, our Gemara means that Rabban Yochanan ben Zakkai was among those who were seated (cf. *Sifsei Chachamim*).

34. I.e. he argued that it should be removed from the Antechamber doorway.

וְקָבְעִיה רַבֵּיה בִּשְׁמֵיה – **And,** since the idea originated from Rabban Yochanan ben Zakkai, **his teacher established it in his name.**[1]

Mishnah Having concluded its digression into Rabban Yochanan ben Zakkai's various innovations, the Mishnah returns to the original topic – the blowing of the shofar. The shofar is sounded before Mussaf, and again during Mussaf in conjunction with the special liturgy of the day (see 16a-b). The Mussaf prayer contains three special sections: (a) מַלְכֻיּוֹת, *[Verses of] Kingship,* attesting to God's past, present and future, ultimate Kingship; (b) זִכְרוֹנוֹת, *[verses of] Remembrance,* dealing with God's attribute of remembering all the deeds of mankind, good and bad, and His examination of them all on this Day of Judgment; (c) שׁוֹפָרוֹת, *[verses of] Shofar,* discussing God's Revelation through the shofar blasts at Mount Sinai, and His future Revelation through the shofar that heralds the advent of the Messianic King. Each section consists of an opening prayer related to the particular topic, a selection of relevant Scriptural verses and a concluding prayer and blessing. Our Mishnah focuses on the liturgy and how it interrelates with the shofar blowing:

סֵדֶר בְּרָכוֹת – This is **the order of the blessings** in the Mussaf prayer: אוֹמֵר אָבוֹת וּגְבוּרוֹת וּקְדוּשַּׁת הַשֵּׁם – **One says** the blessings of **Patriarchs, Powers and Holiness of the Name,**[2] וְכוֹלֵל מַלְכֻיּוֹת עִמָּהֶן וְאֵינוֹ תוֹקֵעַ – **and combines** the **Kingship** passage **with them,**[3] **but does not blow** the shofar;[4] קְדוּשַּׁת הַיּוֹם וְתוֹקֵעַ – then he says the blessing of the **Holiness of the Day and blows** the shofar,[5] זִכְרוֹנוֹת וְתוֹקֵעַ – the blessing of **Remembrance and blows** the shofar[6] שׁוֹפָרוֹת וְתוֹקֵעַ – and the blessing of **Shofaros and blows** the shofar;[7] וְאוֹמֵר עֲבוֹדָה וְהוֹדָאָה וּבִרְכַּת כֹּהֲנִים – **then he says** the blessings of the sacrificial **Service and Thanksgiving, and the Benediction of the Kohanim.**[8] דִּבְרֵי רַבִּי יוֹחָנָן בֶּן נוּרִי – These are **the words of R' Yochanan ben Nuri.** אָמַר לוֹ רַבִּי עֲקִיבָא – **R' Akiva said to him:** אִם אֵינוֹ תוֹקֵעַ לְמַלְכֻיּוֹת לָמָּה הוּא מַזְכִּיר – **If one does not blow** the shofar **for** the **Kingship** passage, **why does he mention** it? אֶלָּא – **Rather,** the order is this: אוֹמֵר אָבוֹת וּגְבוּרוֹת וּקְדוּשַּׁת הַשֵּׁם – **He says** the blessings of **Patriarchs, Powers and Holiness of the Name,** וְכוֹלֵל מַלְכֻיּוֹת עִם קְדוּשַּׁת הַיּוֹם וְתוֹקֵעַ – **then combines** the **Kingship** passage **with** the blessing of the **Holiness of the Day and blows** the shofar,[9] זִכְרוֹנוֹת

NOTES

1. [Thus, it came to be known as Rabban Yochanan's enactment even though it was not made under his authority.]

Rashi has the reading וְקָבְעִיה בִּשְׁמֵיה, *and he established it in [Rabban Yochanan's] name. Rashi* explains that the Tanna of the Baraisa counted this as one of Rabban Yochanan's enactments because it was his idea, and therefore, the Tanna attributed nine enactments to him.

2. The Rosh Hashanah Mussaf prayer consists of nine sections. Some of these sections are essentially prayers, but they are called "blessings," because each of them contains a blessing to God. The first three sections are the same as those recited every day in the *Shemoneh Esrei* Prayer (however, they contain some variations for Rosh Hashanah and the ensuing Ten Days of Repentance; see note 8). The first section is known as אָבוֹת, *Patriarchs,* because it recalls the greatness of our forefathers, Abraham, Isaac and Jacob, in whose merit God pledged to help Israel throughout history, even if we are unworthy. This blessing lasts from the beginning of the prayer until the words מָגֵן אַבְרָהָם, *Shield of Abraham.* The next blessing extends from the words אַתָּה גִבּוֹר, *You are mighty,* until מְחַיֵּה הַמֵּתִים, *Resurrector of the Dead.* This is known as the blessing of גְּבוּרוֹת, *Powers,* because it lists some of God's Powers that are manifested in the world (see *Taanis* 2a). The third blessing, known as קְדֻשַּׁת הַשֵּׁם, *Holiness of the Name,* begins with אַתָּה קָדוֹשׁ, *You are holy,* and concludes with הָאֵל הַקָּדוֹשׁ, *the Holy God* [and during the Ten Days of Repentance, הַמֶּלֶךְ הַקָּדוֹשׁ, *the Holy King*].

3. He includes the Kingship passage in the blessing of Holiness of the Name, because God's Kingship is related to the theme of the Holiness of His Name. Indeed, during the Ten Days of Repentance the "Holiness of the Name" blessing concludes with the words הַמֶּלֶךְ הַקָּדוֹשׁ, *the Holy King* (*Meiri, Aruch LaNer*). The Kingship passage is introduced by עָלֵינוּ לְשַׁבֵּחַ, *It is our duty to praise . . .* (see *Tur Orach Chaim* §591 with *Beis Yosef* ד״ה ואומר עלינו) and includes ten verses referring to God's Kingship and a prayer that He may reign openly over the entire world [מְלוֹךְ עַל כָּל הָעוֹלָם].

[The plural form עִמָּהֶן, *with them,* refers to the first three blessings, which are halachically considered one unit. If one errs in the third blessing (e.g. he did not conclude that blessing with the words הַמֶּלֶךְ הַקָּדוֹשׁ, *the Holy King,* during the Ten Days of Repentance), it is not sufficient for him to repeat this blessing, but he must repeat all three from the beginning of the *Amidah* (*Berachos* 34a, *Orach Chaim* 582:1).]

4. The Mishnah teaches below (33b) that three sets of shofar blasts are required [i.e. one must blow *tekiah, teruah, tekiah* three times] (*Rashi*). This would seem to indicate that one set of blasts is blown for each of the Kingship, Remembrance and Shofaros passages. However, if the shofar were blown at the conclusion of the third blessing (which includes Kingship) and not blown again until the *fifth* blessing (Remembrance), the sequence of blowing would be interrupted by the fourth blessing during which no blowing is done. Since the three sets of shofar blowing should follow one another closely, the first blowing is deferred to the end of the fourth blessing, *Holiness of the Day* (*Yom Teruah; Turei Even* – see there for further clarification; *Aruch LaNer*).

5. The fourth blessing in the Sabbath and Festival prayers discusses the holiness of the particular day. According to the current opinion (R' Yochanan ben Nuri), no special verses are added to this blessing on Rosh Hashanah. It follows the same general formula used on all the other holidays – beginning with אַתָּה בְחַרְתָּנוּ, *You chose us,* and ending with מְקַדֵּשׁ יִשְׂרָאֵל וְיוֹם הַזִּכָּרוֹן, *Who sanctifies Israel and the Day of Remembrance.* The first series of shofar blasts comes at the conclusion of this blessing.

6. This blessing begins with אַתָּה זוֹכֵר, *You recall,* and ends with זוֹכֵר הַבְּרִית, *Recaller of the Covenant.*

7. This blessing begins with אַתָּה נִגְלֵיתָ, *You revealed Yourself,* and ends with שׁוֹמֵעַ קוֹל תְּרוּעַת עַמּוֹ יִשְׂרָאֵל בְּרַחֲמִים, *Who heeds the sound of the shofar blasts of His nation, Israel, with mercy.*

8. These are the three closing blessings of every *Shemoneh Esrei* Prayer. In the first of these blessings, we pray for God's acceptance of the sacrifices – and, in post-Temple times, for His acceptance of our prayers which replace the sacrifices. This blessing begins with רְצֵה, *Be pleased,* and ends with הַמַּחֲזִיר שְׁכִינָתוֹ לְצִיּוֹן, *Who returns His Presence to Zion.* The next blessing, *Thanksgiving,* begins מוֹדִים אֲנַחְנוּ, *We give thanks,* and ends הַטּוֹב שִׁמְךָ וּלְךָ נָאֶה לְהוֹדוֹת, *that Your Name is "Good" and it is becoming to thank You.* The concluding blessing, which focuses on the gift of Peace, is called *The Benediction of the Kohanim,* because in the *sh'liach tzibur's* repetition the Kohanim bless the congregation at its beginning.

Ritva wonders why the Tanna needed to list here the standard blessings that are part of every prayer even on a weekday. He concludes that the Tanna means to allude that these blessings are recited in the same manner as the entire year. According to our Mishnah, then, one is not required to insert the clauses זָכְרֵנוּ, *Remember us* etc., מִי כָמוֹךָ, *Who is like You* etc., וּכְתוֹב, *And Inscribe* etc., or בְּסֵפֶר חַיִּים, *In the Book of Life* etc., in the prayer. Although it is customary to insert these clauses, we at least derive from the Mishnah that if one omitted any of them he need not repeat the prayer (see also *Ran;* cf. *Tosafos* to *Berachos* 12b ד״ה והלכתא and 34a ד״ה אמצעיות). [However, if one omitted הַמֶּלֶךְ הַקָּדוֹשׁ, *the Holy King,* he is required to repeat the prayer (*Orach Chaim* 582:1).]

9. By including Kingship in the *fourth* blessing, we are enabled to blow the shofar upon concluding this passage (*Yom Teruah, Aruch LaNer*). [The preeminent theme of Rosh Hashanah is God's Kingship, and it is thus appropriate to combine the passages of Kingship and the Holiness of the Day in a single blessing.]

Our Rosh Hashanah liturgy conforms with the version of R' Akiva. The fourth blessing begins אַתָּה בְחַרְתָּנוּ, *You chose us,* discusses the uniqueness of Rosh Hashanah, continues with the passage of Kingship

וקבעיה רביה בשמיה: מתני' ° סדר ברכות אומר אבות וגבורות וקדושת השם וכולל מלכיות עמהן ואינו תוקע קדושת היום ותוקע זכרונות ותוקע שופרות ותוקע ואומר עבודה והודאה וברכת כהנים דברי ר' יוחנן בן נורי אמר לו ר"ע אם אינו תוקע למלכיות למה הוא מזכיר [א] אלא אומר אבות וגבורות וקדושת השם וכולל מלכיות עם קדושת היום ותוקע זכרונות ותוקע שופרות ותוקע ואומר עבודה והודאה וברכת כהנים: גמ' אמר לו ר"ע אם אינו תוקע למלכיות למה הוא מזכיר למה הוא מזכיר רחמנא אמר אידכר אלא למה עשר לימא תשע דהואיל ואשתני אשתני תנו רבנן [ב] מנין שאומרים אבות שנאמר א) הבו לה' בני אלים ומנין שאומרים גבורות שנאמר א) הבו לה' כבוד ועוז ומנין שאומרים קדושות שנאמר ב) הבו לה' כבוד שמו השתחוו לה' בהדרת קדש ומנין שאומרים מלכיות זכרונות ושופרות ר"א אומר דכתיב ג) שבתון זכרון תרועה מקרא קדש שבתון זה קדושת היום זכרון אלו זכרונות תרועה אלו שופרות מקרא קדש קדשהו בעשיית מלאכה אמר לו רבי עקיבא מפני מה לא נאמר שבתון שבות שבו פתח הכתוב תחילה אלא שבתון קדשהו בעשיית מלאכה זכרון אלו זכרונות תרועה אלו שופרות מקרא קדש זו קדושת היום מנין שאומרים מלכיות תניא רבי אומר ד) אני ה' אלהיכם (א) [ג] ובחדש השביעי זו מלכות רבי יוסי בר יהודה אומר אינו צריך הרי הוא אומר ה) והיו לכם לזכרון לפני אלהיכם שאין תלמוד לומר אני ה' אלהיכם ומה תלמוד לומר אני ה' אלהיכם זה בנה אב לכל מקום שנאמר בו זכרונות יהיו מלכיות עמהן והיכן אומרה לקדושת היום תניא [ד] רבי אומר עם המלכיות אומרה מה מצינו בכל מקום ברביעית אף כאן ברביעית רשב"ג אומר עם הזכרונות אומרה מה מצינו בכל מקום באמצע אף כאן באמצע וכשקידשו ב"ד את השנה באושא ירד ר' יוחנן בן ברוקא לפני רשב"ג ועשה כר' יוחנן בן נורי אמר לו רבן שמעון לא היו נוהגין כן ביבנה ליום השני ירד רבי חנינא בנו של רבי יוסי הגלילי ועשה כר"ע אמר רשב"ג כך היו נוהגין ביבנה למימרא דרבי שמעון בן גמליאל כר' עקיבא ס"ל והא אמר ר"ע מלכיות עם קדושת היום אמר להו ורשב"ג אומר קדושת היום עם הזכרונות אמר להו א"ר זירא לומר שתוקעין למלכיות ליום השני ירד רבי חנינא מאי שני אילימא יו"ט שני למימרא דעברוה לאלול [ו] והאמר רבי חנינא בר כהנא (ב) מימות עזרא ואילך לא מצינו אלול מעובר אמר רב חסדא מאי שני ליום שני לשנה הבאה: מתני' [ג] אין פוחתין מעשרה מלכיות מעשרה זכרונות מעשרה שופרות ר' יוחנן בן נורי אומר [ד] אם אמר ג' ג' מכולן יצא: גמ' הני עשרה מלכיות כנגד מי אמר (ג) (רבי) כנגד עשרה הלולים שאמר דוד בספר תהלים הלולים טובא הוו הנך דכתיב בהו ו) הללוהו בתקע שופר רב יוסף אמר כנגד עשרת הדברות שנאמרו לו למשה בסיני [ה] ר' יוחנן אמר כנגד עשרה מאמרות שבהן נברא העולם הי נינהו ויאמר (ו ויאמר) דבראשית ט' הוו ז) בראשית נמי מאמר הוא דכתיב ח) בדבר ה' שמים נעשו: ר' יוחנן בן נורי אומר אם אמר שלש שלש מכולן יצא: איבעיא להו היכי קתני שלש מן התורה שלש מן הנביאים ושלש מן הכתובים דהוו תשע ואיכא בינייהו חדא או דלמא אחד מן התורה ואחד מן הנביאים ואחד מן הכתובים דהויין להו שלש ואיכא בינייהו טובא ת"ש דתניא אין פוחתין מעשרה מלכיות מעשרה זכרונות מעשרה שופרות ואם אמר שבע מכולן יצא כנגד שבעה רקיעים רבי יוחנן בן נורי אמר הפוחת לא יפחות משבע ואם אמר שלש מכולן יצא כנגד תורה נביאים וכתובים ואמרי לה כנגד כהנים לוים וישראלים אמר [ז] רב הונא אמר שמואל הלכה כר' יוחנן בן נורי: מתני' [ה] אין מזכירין [ח] (זכרון מלכות ושופר) של פורענות מתחיל בתורה ומשלים בנביא ר' יוסי אומר אם השלים בתורה יצא: גמ'

רש"י

וקבעיה בשמיה. למנותה עם שאר תקנותיו ולהכי תנא תשע תקנות: מתני' סדר ברכות אומר אבות וגבורות כו' וקדושת היום ותוקע כו'. דמלוה בשלש תקיעות של שלש שלש כדתניא לקמן בפירקין (דף לג:): גמ' רחמנא אמר אידכר. כדתניא בברייתא לקמן: לימא תשע דהואיל ואשתני. מלכיות מזכרונות לענין תקיעה שאין תוקעין בהן אשתנו נמי לפחות מהן: בני אלים. לישנא דתקיפי כמו ואת אילי הארץ לקח (יחזקאל יז): הבו לה'. הזכירו לפניו האיתנים: מפני מה לא נאמר שבתון שבות שהרי פתח בו הכתוב תחילה. והוא בא להזהיר על המלאכה שהיא עיקר וכך יפה לדרוש הואיל והוא ראשון במקרא והשביתה ראשונה לכולם: אני ה' אלהיכם. דלעני ולגר תעזוב וסמיך ליה בחדש השביעי זכרון תרועה: אני ה' אלהיכם. הוא לשון אני אדון לכם: אף כאן באמצע. והיום תשע ברכות הן ואומרה בחמישית: ירד רבי יוחנן בן ברוקא לפני התיבה. לפי שמצוה להתפלל במקום נמוך קתני ירד: כר' יוחנן בן נורי. דמתניתין: לא כך היו נוהגין ביבנה. בימי אבא כשהיתה סנהדרין שם: מתני' אין פוחתין מעשרה מלכיות כו': גמ' הנך דכתיב בהו הללוהו בתקע שופר. הנך דהללו אל בקדשו: כנגד עשרת הדברות. דכתיב בהו נמי שופר ולא שמעתיה אלא ראיתיה ביסוד רבינו יצחק בן יהודה: עשרה מאמרות שהעולם נברא בהן. בראש הסנה: בראשית נמי מאמר הוא. ואף על גב דלא כתיב ביה ויאמר יהי שמים כמאן דכתיב דמי דבאמירה נמי איברי ולא בידים דכתיב (תהלים לג) בדבר ה' שמים נעשו: היכי קתני. האי דר' יוחנן בן נורי האי מכולם דקאמר אמאן קאי אתורה נביאים וכתובים קאי דהא מכולהו אמר כדתנן מתחיל בתורה ומשלים בנביא והכי קאמר אם אמר שלש מן התורה ושלש מן הנביאים ושלש מן הכתובים מכל אחת ואחת יצא ולא פליג אדרבנן אלא אחדא דאינהו אמרי עשרה ואיהו אמר תשעה: או דלמא. האי ג' ג' אמלכיות וזכרונות ושופרות קאי שלש למלכיות ושלש לזכרונות ושלש לשופרות דהוו להו אחת מן התורה ואחת מן הנביאים ואחת מן הכתובים: לא יפחות משבע וכו'. ואי סלקא דעתך שלש מן התורה ושלש מן הנביאים ושלש מן הכתובים (ג) לכל אם כן שבע נמי שבע מן התורה ושבע מן הנביאים ושבע מן הכתובים הוה ליה רבי יוחנן בן נורי מוסיף: מתני' אין מזכירין זכרון כו': גמ'

תוספות

מתחיל בתורה ומסיים בנביא. וא"ת דבכל דוכתא משמע דנביאי עדיף מכתובים כדאמר (מגילה דף לא.) כתוב בתורה ושנוי בנביאים ומשולש בכתובים וה"ק קרא דכתיבי בכתובי בריש' והדר בנביאי וי"ל משום דקרא דתהלים משלי ואיוב קדמו לנביאים ומה שאנו נוהגים להשלים בתורה דעבדינן כרבי יוסי כדאמרינן בגמרא המשלים בתורה זריז ומשובח וכן היו ותיקין עושין: בשעת

מסורת הש"ס

א) מגילה יז:, ב) [תוספתא פ"ב], ג) לעיל יט: [וש"נ ע"ש], ד) ביצה ו. כב:, ד) [נ"ל רבי לוי כ"א במגילה כא: ובע"י דסכא], ה) מגילה כא:, ו) [ליתא במגילה], ז) [גי' הרי"ף רב המנונא אמר שמואל וגי' הרא"ש ר"נ אמר שמואל], ח) [מלכיות זכרונות ושופרות כצ"ל וכ"א בהרי"ף והרא"ש ובמשנה שבירושלמי].

הגהות הב"ח

(א) גמ' תניא רבי אומר אני ה' אלהיכם וכתיב ובחדש: (ב) שם והאמר רבי חנינא בר כהנא אמר רב מימות עזרא: (ג) רש"י ד"ה לא יפחות כו' מן הכתובים לכל אחד ואחד א"כ שבע נמי:

גליון הש"ס

מתני' סדר ברכות. עיין סנהדרין דף מט ע"ב תוס' ד"ה אף:

תורה אור השלם

א) מִזְמוֹר לְדָוִד הָבוּ לַייָ בְּנֵי אֵלִים הָבוּ לַייָ כָּבוֹד וָעֹז: [תהלים כט, א]

ב) הָבוּ לַייָ כְּבוֹד שְׁמוֹ הִשְׁתַּחֲווּ לַייָ בְּהַדְרַת קֹדֶשׁ: [תהלים כט, ב]

ג) דַּבֵּר אֶל בְּנֵי יִשְׂרָאֵל לֵאמֹר בַּחֹדֶשׁ הַשְּׁבִיעִי בְּאֶחָד לַחֹדֶשׁ יִהְיֶה לָכֶם שַׁבָּתוֹן זִכְרוֹן תְּרוּעָה מִקְרָא קֹדֶשׁ: [ויקרא כג, כד]

ד) וּבְקֻצְרְכֶם אֶת קְצִיר אַרְצְכֶם לֹא תְכַלֶּה פְּאַת שָׂדְךָ בְּקֻצְרֶךָ וְלֶקֶט קְצִירְךָ לֹא תְלַקֵּט לֶעָנִי וְלַגֵּר תַּעֲזֹב אֹתָם אֲנִי יְיָ אֱלֹהֵיכֶם: [ויקרא כג, כב]

ה) וּבְיוֹם שִׂמְחַתְכֶם וּבְמוֹעֲדֵיכֶם וּבְרָאשֵׁי חָדְשֵׁכֶם וּתְקַעְתֶּם בַּחֲצֹצְרֹת עַל עֹלֹתֵיכֶם וְעַל זִבְחֵי שַׁלְמֵיכֶם וְהָיוּ לָכֶם לְזִכָּרוֹן לִפְנֵי אֱלֹהֵיכֶם אֲנִי יְיָ אֱלֹהֵיכֶם: [במדבר י, י]

ו) הַלְלוּהוּ בְּתֵקַע שׁוֹפָר הַלְלוּהוּ בְּנֵבֶל וְכִנּוֹר: [תהלים קנ, ג]

ז) בְּרֵאשִׁית בָּרָא אֱלֹהִים אֵת הַשָּׁמַיִם וְאֵת הָאָרֶץ: [בראשית א, א]

ח) בִּדְבַר יְיָ שָׁמַיִם נַעֲשׂוּ וּבְרוּחַ פִּיו כָּל צְבָאָם: [תהלים לג, ו]

עין משפט נר מצוה

ל א מיי' פ"ג מהל' שופר הל' ז סמג עשין מב טור ש"ע א"ח סי' תקצב סעיף א:
לא ב טור א"ח סי' קיג:
לב ג מיי' פ"ג מהל' שופר הלכה ח טוש"ע א"ח סי' תקצא סעיף ד:
לג ד מיי' שם טור שם:
לד ה מיי' שם הל' ט טוש"ע שם סעיף ה:

רבינו חננאל

סדר ברכות אומר אבות וגבורות כו' ואקשינן עלה לר' יוחנן בן נורי אם אינו תוקע למלכות למה מזכיר עשר מלכיות לכתחלה ובדיעבד שלש. דתניא אין פוחתין מעשרה מלכות מעשרה זכרונות מעשרה שופרות. ר' יוחנן בן נורי אמר אם אמר שלש שלש יצא נימא הואיל ואישתני שאין תוקעין בהן כשם שתוקעין בזכרונות ובשופרות כך אישתני מעשר ולא איפריקא ונדחו דברי ר' יוחנן מאחר שלא מצא תשובה. ת"ר מניין שאומרי' אבות שנאמר הבו לה' בני אלים כלומר בני הגדולים כדכתיב ואת אילי הארץ לקח. גבורות שנאמר הבו לה' כבוד ועוז קדושות שנאמר הבו לה' כבוד שמו השתחוו לה' בהדרת קדש. ומניין שאומרים קדושת היום והוא אתה בחרתנו מכל העמים ומלכיות וזכרונות ושופרות דתניא ר' אליעזר אומר שבתון זכרון תרועה גו' שבתון זו קדושת היום כו'. א"ל ר' עקיבא מפני מה לא נאמר שבתון שבות שהרי בו פתח הכתוב תחלה אלא שבתון שבות קדשהו בעשיית מלאכה זכרון אלו זכרונות תרועה אלו שופרות מקרא קדש זו קדושת היום. ומנין שאומרים מלכיות עמהן שנאמר והיו לכם לזכרון לפני אלהיכם. (א') שאין ת"ל אני ה' אלהיכם ולמה עוד כתוב אני ה' אלהיכם זה בנה אב כל מקום שנאמרו זכרונות יהיו מלכיות עמהן. הנה מצאנו מן התורה שצריך להזכיר זכרונות שופרות ומלכיות ולקדושת היום עוד באו לפרש היאך סידורו תניא ר' אומר קדושת היום שהיא אתה בחרתנו אומרה עם המלכיות בברכה רביעית מה מצאנו כל מקום בשבתות ובימים טובים ברביעית פי' אבות. גבורות. קדושת השם ואחריהן קדושת היום וכיון שעמד רבי כר' עקיבא דמתניתין הלכת' כוותייהו ואפי' רשב"ג דפליג על רבי אמר כר' עקיבא דמתניתין שהיו נוהגין ביבנה שתוקעין למלכיות והא דתניא לשני ירד ר' חנינא בנו של ר' יוסי הגלילי ועשה כר' עקיבא אוקמה רב חסדא מאי לשני לשנה הבאה והלכה כר' עקיבא דאמר אומר אבות וגבורות וקדושת השם וכולל מלכיות עם קדושת היום ותוקע זכרונות ותוקע שופרות ותוקע ואומר עבודה והודאה וברכת כהנים ושים שלום: ירושלמי ר' בא בשם ר' אבא ב"ר ירמיה בתפלה הוא אומר אלהי דוד ובונה ירושלים ובנביא הוא אומר אלהי דוד ומצמיח קרן ישועה. יום ר"ה שחל להיות בשבת ר' אומר פותח בשבת א) וחותם בשבת וי"ט בינתים ר"י בן פזי בשם ריב"ל הלכה כרבי: [מתני'] אין פוחתין מעשרה מלכיות מעשרה זכרונות מעשרה שופרות הני עשר כנגד מי כנגד עשרה הללו אל בקדשו כו' רב יוסף אמר כנגד עשר דברות ר' יוחנן אמר כנגד עשר מאמרות והן ויאמר ויאמר דבראשית שבראשית נמי מן המניין כי מאמר הוא שנא' בדבר ה' שמים נעשו: ירושלמי הני עשר מלכיות כנגד עשר קילוסין שאמר דוד בהללויה הללו אל בקדשו וגו' עד כל הנשמה תהלל יה עשרה זכרונות כנגד עשרה וידוין שאמר ישעיה רחצו הזכו מה כתיב בתריה למדו היטב דרשו משפט אשרו חמוץ לכו נא ונוכחה: י' שופרות כנגד י' שופרות ופר ואיל ושעיר ר' יוחנן בן נורי אמר ב) אם אמר ג' מן התורה וג' מן הכתובים וג' מן הנביאים יצא דהוו להו ט' ואיכא ביניהן חדא או דילמא אחת מן התורה אחת מן הנביאים ואחת מן הכתובים ואיכא בינייהו שבע בכל אחת מהן ת"ש דתניא ר' יוחנן בן נורי אומר לא יפחות משבע ואם אמר שלש מכולן יצא כנגד תורה נביאים וכתובים ואמרי לה כנגד כהנים

ליקוטי רש"י

הבו לה'. הכינו לה' והכינו לו אתם בני אילי הארץ. מכאן שאומרים אבות [תהלים כט א]. הזכירו לפניו את אילי הארץ. הבו לה' כבוד שמו. סיפיה דקרא בהדרת קודש [מגילה יז:]. מימות עזרא ואילך לא מצינו אלול מעובר. דלא איצטריך למעיקרא סדרינן לירחי דלא ליקלע באד"ו ולא ניצטריך לעבורי מקלקלא ראש השנה כדאמרינן בראש השנה (לעיל יט:) ובמסכת סוכה (מג:) נמי גבי שביעית של ערבה אמרינן לא מיקלע אלול בשבת אלמא אנן הוא דמעיינינן במילתא מעיקרא ומסדרינן לירחי כי היכי דלא מיקלע באד"ו הלכך כיון דיום שלשים של אלול מיקלע בשלשה או בה' או בז' אי דחית ליה חד יומא בין על ידי עיבור אלול בין על ידי עיבור חדש אחר מיקלע ראש השנה באד"ו ואי מיקלע בשני בשבת דאפשר למידחייה למחר הואיל וברוב השנים לא שכיח לא פרכינן ליה ולעבורי תרי ירחי ולדחייה תרי יומי לא אפשר דקיימא לן במסכת ערכין (ח:) דלא נראה לחכמים לעבר שמנה חדשים בשנה אלא אם כן היתה שנה שלפניה מעוברת וכיון דבסדר החדשים אחד מלא ואחד חסר מיקלע לן תקופה ביום שבעה עשר לר' יהודה או בעשרים ושנים לר' יוסי אי מעברין עוד תרי ירחי הוו להו שמנה מעוברין [סנהדרין יג.]. ואע"פ שתקנו לא אירע שבאו עדים מן המנחה ולמעלה חוץ מאותה הפעם ועדיין לא נתקנה האי דנקט מימות עזרא משום דבימיו עברוהו דכתיב בעזרא (נחמיה ח) וביום השני וכראש השנה משתעי [ביצה ו.]. עשרה מאמרות. ט' ויאמר הן ובראשית נמי מאמר הוא שנאמר (תהלים לג) בדבר ה' שמים נעשו [אבות פ"ה מ"א].

חשק שלמה על ר"ח א) עי' ביצה ח וצ"ע. ב) נראה דחסר כאן וצ"ל אם אמר ג' ג' מכולן יצא ולאיבעיא לן היכי קתני שלש וכו'.

וְתוֹקֵעַ – says the blessing of **Remembrance and blows** the shofar שׁוֹפָרוֹת וְתוֹקֵעַ – and the blessing of **Shofaros and blows** the shofar; וְאוֹמֵר עֲבוֹדָה וְהוֹדָאָה וּבִרְכַּת כֹּהֲנִים – **and** then **he says** the blessings of the sacrificial **Service and Thanksgiving, and the Benediction of the Kohanim.**[10]

Gemara

The Gemara begins with a quotation from the Mishnah, and wonders about it:

אָמַר לוֹ רַבִּי עֲקִיבָא אִם אֵינוֹ תוֹקֵעַ לְמַלְכִיּוֹת לָמָּה הוּא מַזְכִּיר – R' AKIVA SAID TO HIM: IF ONE DOES NOT BLOW the shofar FOR the KINGSHIP passage, WHY DOES HE MENTION it? לָמָּה הוּא מַזְכִּיר – You say: **Why does he mention** Kingship! רַחֲמָנָא אָמַר אִידְכַּר – **The Merciful One said** to **mention** it.[11] – ? –

The Gemara explains R' Akiva's intent:

אֶלָּא – **Rather,** this is what R' Akiva meant to say: לָמָּה עֶשֶׂר – **Why** does he mention **ten** verses of Kingship?[12] לֵימָא תֵּשַׁע – **Let him say nine** verses, דְּהוֹאִיל וְאִשְׁתַּנֵּי אִשְׁתַּנֵּי – **for** we should reason that **since [Kingship] is different** from Remembrance and Shofaros in the regard that the shofar is not blown for it, **it is** also **different** in regard to the number of verses recited.[13]

The Gemara cites the source of the requirement to say the various blessings in the Mussaf prayer:

תָּנוּ רַבָּנָן – **The Rabbis taught in a Baraisa:** מִנַּיִן שֶׁאוֹמְרִים אָבוֹת – FROM WHERE do we derive THAT ONE SHOULD SAY a blessing dedicated to the PATRIARCHS?[14] שֶׁנֶּאֱמַר ,,הָבוּ לַה׳ בְּנֵי אֵלִים" – FOR IT IS STATED: *RENDER UNTO HASHEM, YOU SONS OF THE POWERFUL.*[15] וּמִנַּיִן שֶׁאוֹמְרִים גְּבוּרוֹת – AND FROM WHERE do we derive THAT next ONE SAYS a blessing dedicated to God's POWERS? שֶׁנֶּאֱמַר ,,הָבוּ לַה׳ כָּבוֹד וָעֹז" – FOR THE VERSE CONTINUES: *RENDER UNTO HASHEM HONOR AND MIGHT.*[16] וּמִנַּיִן שֶׁאוֹמְרִים קְדוּשּׁוֹת – AND FROM WHERE do we derive THAT next ONE SAYS a blessing dedicated to God's HOLINESS? שֶׁנֶּאֱמַר ,,הָבוּ לַה׳ כְּבוֹד שְׁמוֹ הִשְׁתַּחֲווּ לַה׳ בְּהַדְרַת־קֹדֶשׁ" – FOR THE VERSE CONTINUES: *RENDER UNTO HASHEM THE HONOR DUE HIS NAME, BOW TO HASHEM IN THE SPLENDOR OF HOLINESS.*[17] וּמִנַּיִן שֶׁאוֹמְרִים מַלְכִיּוֹת זִכְרוֹנוֹת וְשׁוֹפָרוֹת – AND FROM WHERE do we know THAT on Rosh Hashanah ONE SAYS blessings dedicated to God's KINGSHIP, REMEMBRANCE AND SHOFAROS? רַבִּי אֱלִיעֶזֶר אוֹמֵר – R' ELIEZER SAYS: דִּכְתִיב ,,שַׁבָּתוֹן זִכְרוֹן תְּרוּעָה מִקְרָא־קֹדֶשׁ" – FOR IT IS WRITTEN: *A REST DAY, A REMEMBRANCE WITH TERUAH SOUNDING, A HOLY CONVOCATION.*[18] ,,שַׁבָּתוֹן" זֶה קְדוּשַּׁת הַיּוֹם – When it states *A REST DAY,* THIS IS an allusion to the blessing for THE HOLINESS OF THE DAY; ,,זִכְרוֹן" אֵלּוּ זִכְרוֹנוֹת – when it states *A REMEMBRANCE,* THIS IS an allusion to the blessing of REMEMBRANCE; ,,תְּרוּעָה" אֵלּוּ שׁוֹפָרוֹת – when it states *TERUAH SOUNDING,* THIS IS an allusion to the blessing of SHOFAROS; ,,מִקְרָא־קֹדֶשׁ" קַדְּשֵׁהוּ בַּעֲשִׂיַּית מְלָאכָה – when it states *A HOLY CONVOCATION* it means: SANCTIFY [THE DAY] BY refraining from THE PERFORMANCE OF LABOR.[19] אָמַר לוֹ רַבִּי עֲקִיבָא – R' AKIVA SAID TO [R' ELIEZER]: מִפְּנֵי מָה לֹא נֶאֱמַר ,,שַׁבָּתוֹן" שְׁבוֹת – WHY SHOULD WE NOT SAY that the phrase *A REST DAY* means REST from labor on this day, שֶׁבּוֹ פָּתַח הַכָּתוּב תְּחִילָּה – SINCE THE VERSE OPENED WITH THIS [PHRASE] AT its very BEGINNING?[20] אֶלָּא – RATHER, the verse should be understood as follows: ,,שַׁבָּתוֹן" קַדְּשֵׁהוּ בַּעֲשִׂיַּית מְלָאכָה – When it states *A REST DAY,* it means: SANCTIFY [THE DAY] BY refraining from THE PERFORMANCE OF LABOR; ,,זִכְרוֹן" אֵלּוּ זִכְרוֹנוֹת – when it states *A REMEMBRANCE,* THIS IS an allusion to the blessing of REMEMBRANCE; ,,תְּרוּעָה" אֵלּוּ שׁוֹפָרוֹת – when it states *TERUAH SOUNDING,* THIS IS an allusion to the blessing of SHOFAROS; ,,מִקְרָא־קֹדֶשׁ" זוֹ קְדוּשַּׁת הַיּוֹם – when it states *A HOLY CONVOCATION,* THIS IS an allusion to the blessing for THE HOLINESS OF THE DAY.[21]

Having uncovered Scriptural allusions to the blessings of Remembrance and Shofaros, the Gemara continues:

מִנַּיִן שֶׁאוֹמְרִים מַלְכִיּוֹת – **From where** do we know **that one** also **says** a blessing dedicated to God's **Kingship?** תַּנְיָא – **It was taught in a Baraisa:** רַבִּי אוֹמֵר – REBBI SAYS: ,,אֲנִי ה׳ אֱלֹהֵיכֶם" וּ,,בַחֹדֶשׁ הַשְּׁבִיעִי" זוֹ מַלְכוּת – When the verse states, *I AM HASHEM, YOUR GOD,* AND then continues, *IN THE SEVENTH MONTH,*

NOTES

and concludes with the combined blessing, מֶלֶךְ עַל כָּל הָאָרֶץ מְקַדֵּשׁ יִשְׂרָאֵל וְיוֹם הַזִּכָּרוֹן, *King over the entire world, Who sanctifies Israel and the Day of Remembrance.* This is followed by the blowing of the shofar.

10. There is a difference of opinion whether each individual must recite the additional blessings mentioned here in his silent Mussaf prayer, or it is only the *sh'liach tzibur* who recites them in his repetition of the prayer (see *Baal HaMaor* and *Milchamos Hashem* towards the end of our chapter, *Rosh* §14, *Meiri* and *Tur Orach Chaim* 591:1). Nowadays, these blessings are universally recited by the entire congregation (*Shulchan Aruch, Orach Chaim* 591:1). Even according to the opinion that each individual must recite the extra blessings, the Talmudic requirement to combine the blowing with the blessings pertains specifically during the *sh'liach tzibur's* repetition. The halachah does not mandate that the shofar be blown during the congregation's silent recital. In fact, in Talmudic times when there were few *machzorim,* many people omitted the silent recital and discharged their prayer obligation by listening to the *sh'liach tzibur* (see 34b)! Nevertheless, in later times the congregational silent recital became a universal practice, and furthermore, the custom developed to blow a total of 100 shofar blasts on Rosh Hashanah – far more than the Biblical minimum. In many communities, some of the extra blasts are inserted in the silent prayer, in accordance with the Mishnah's format. Other communities shun this practice, to avoid distracting people during their prayer (see Gemara, 34b with *Rashi* ד״ה אלא בחבר עיר, *Aruch* cited by *Tosafos* to 33b ד״ה שיעור, *Tur* and *Shulchan Aruch, Orach Chaim* 592:1 with *Magen Avraham* §1 and *Mishnah Berurah* §1; see also *Avnei Nezer, Orach Chaim* 446-7).

11. [As a Baraisa teaches below, there are Scriptural allusions to the blessings of Kingship, Remembrance and Shofaros.] The obligation to recite these blessings is actually Rabbinic (Gemara, 34b). However, since there is a Scriptural allusion (*asmachta*) to this Rabbinic rule, the Gemara says "The Merciful One said to mention it" (*Rashba, Turei Even;* cf. *Yom Teruah;* see, however, *Yom Teruah* to 29b ד״ה גמרא מנה״מ).

12. The Mishnah teaches below that the Kingship, Remembrance and Shofaros blessings each contain ten relevant Scriptural verses.

13. I.e. if the Kingship blessing is lesser than the others in regard to shofar blasts, its number of verses should also be reduced, to nine or less (*Meiri;* cf. *Tzlach* and *Hagahos Chasam Sofer,* who explain that in absence of shofar blasts the blessing would warrant exactly nine verses).

14. This is a reference to the standard blessing of אָבוֹת, *Patriarchs,* with which we begin every *Shemoneh Esrei* Prayer. See *Pnei Yehoshua* and *Aruch LaNer* for discussion of why the Baraisa deals with the standard blessings, when its objective is to provide the source for the special blessings of Rosh Hashanah.

15. *Psalms* 29:1. The verse is expounded to mean: Mention before God the powerful of the earth [i.e. the Patriarchs] (*Rashi*). The Patriarchs are described as אֵלִים, *powerful ones,* because they were powerful in their faith (*Midrash Shocher Tov* ad loc.; see there and *Bereishis Rabbah* 56:10 for further explanations).

16. Ibid.

17. Ibid. v. 2.

18. *Leviticus* 23:24.

19. The allusion to the Kingship blessing will be presented below.

20. The most prominent law of the day is the prohibition against labor, and it is reasonable to interpret the verse's opening phrase as referring to this restriction (*Rashi*).

21. See *Yom Teruah* and *Aruch LaNer* for explanations of why R' Eliezer does not follow this interpretation.

וקבעיה רביה בשמיה: מתני׳ סדר ברכות אומר אבות וגבורות וקדושת השם וכולל מלכיות עמהן ואינו תוקע קדושת היום ותוקע זכרונות ותוקע שופרות ותוקע ואומר עבודה והודאה וברכת כהנים דברי ר׳ יוחנן בן נורי אמר לו ר״ע אם אינו תוקע למלכיות למה הוא מזכיר אלא אומר אבות וגבורות וקדושת השם וכולל מלכיות עם קדושת היום ותוקע זכרונות ותוקע שופרות ותוקע ואומר עבודה והודאה וברכת כהנים: גמ׳ אמר לו ר״ע אם אינו תוקע למלכיות למה הוא מזכיר רחמנא אמר אידכר אלא למה עשר לימא תשע דהואיל ואשתני אשתני תנו רבנן מנין שאומרים אבות שנאמר א) הבו לה׳ בני אלים ומנין שאומרים גבורות שנאמר הבו לה׳ כבוד ועוז ומנין שאומרים קדושות שנאמר ב) הבו לה׳ כבוד שמו השתחוו לה׳ בהדרת קדש ומנין שאומרים מלכיות זכרונות ושופרות ר״א אומר דכתיב ג) שבתון זכרון תרועה מקרא קדש שבתון זה קדושת היום זכרון אלו זכרונות תרועה אלו שופרות מקרא קדש קדשהו בעשיית מלאכה אמר לו רבי עקיבא מפני מה לא נאמר שבתון שבות שבו פתח הכתוב תחילה אלא שבתון קדשהו בעשיית מלאכה זכרון אלו זכרונות תרועה אלו שופרות מקרא קדש זו קדושת היום מנין שאומרים מלכיות תניא רבי אומר ד) אני ה׳ אלהיכם (א) ובחדש השביעי זו מלכות רבי יוסי בר יהודה אומר אינו צריך הרי הוא אומר ה) והיו לכם לזכרון לפני אלהיכם שאין תלמוד לומר אני ה׳ אלהיכם ומה תלמוד לומר אני ה׳ אלהיכם זה בנה אב לכל מקום שנאמר בו זכרונות יהו מלכיות עמהן והיכן אומרה לקדושת היום תניא רבי אומר עם המלכיות אומרה מה מצינו בכל מקום ברביעית אף כאן ברביעית רשב״ג אומר עם הזכרונות אומרה מה מצינו בכל מקום באמצע אף כאן באמצע וכשקידשו ב״ד את השנה באושא ירד ר׳ יוחנן בן ברוקא לפני רשב״ג ועשה כר׳ יוחנן בן נורי אמר לו רבן שמעון לא היו נוהגין כן ביבנה ליום השני ירד רבי חנינא בנו של רבי יוסי הגלילי ועשה כר״ע אמר רשב״ג כך היו נוהגין ביבנה למימרא דרבי שמעון בן גמליאל כר׳ עקיבא ס״ל והא אמר ר״ע מלכיות עם קדושת היום אמר להו ורשב״ג אומר קדושת היום עם הזכרונות אומר להו א״ר זירא לומר שתוקעין למלכיות ליום השני ירד רבי חנינא מאי שני אילימא יו״ט שני למימרא דעברוה לאלול והאמר רבי חנינא בר כהנא (ב) מימות עזרא ואילך לא מצינו אלול מעובר אמר רב חסדא מאי שני ליום שני לשנה הבאה: מתני׳ אין פוחתין מעשרה מלכיות מעשרה זכרונות מעשרה שופרות ר׳ יוחנן בן נורי אומר אם אמר ג׳ ג׳ מכולן יצא: גמ׳ הני עשרה מלכיות כנגד מי אמר (רבי) כנגד עשרה הלולים שאמר דוד בספר תהלים טובא הוו הנך דכתיב בהו ו) הללוהו בתקע שופר רב יוסף אמר כנגד עשרת הדברות שנאמרו לו למשה בסיני ר׳ יוחנן אמר כנגד עשרה מאמרות שבהן נברא העולם הי נינהו ויאמר (ויאמר) דבראשית ט׳ הוו ז) בראשית נמי מאמר הוא דכתיב ח) בדבר ה׳ שמים נעשו: ר׳ יוחנן בן נורי אומר אם אמר שלש שלש מכולן יצא: איבעיא להו היכי קתני שלש מן התורה שלש מן הנביאים ושלש מן הכתובים דהוו תשע ואיכא בינייהו חדא או דלמא אחד מן התורה ואחד מן הנביאים ואחד מן הכתובים דהויין להו שלש ואיכא בינייהו טובא ת״ש דתניא אין פוחתין מעשרה מלכיות מעשרה זכרונות מעשרה שופרות ואם אמר שבע מכולן יצא כנגד שבעה רקיעים רבי יוחנן בן נורי אמר הפוחת לא יפחות משבע ואם אמר שלש מכולן יצא כנגד תורה נביאים וכתובים ואמרי לה כנגד כהנים לוים וישראלים אמר רב הונא אמר שמואל הלכה כר׳ יוחנן בן נורי: מתני׳ אין מזכירין (זכרון מלכות ושופר) של פורענות מתחיל בתורה ומשלים בנביא ר׳ יוסי אומר אם השלים בתורה יצא: גמ׳

רש״י

וקבעיה בשמיה. למנותה עם שאר תקנותיו ולהכי תנא תשע תקנות: מתני׳ סדר ברכות אומר אבות וגבורות כו׳ וקדושת היום ותוקע כו׳. דמלוה בשלש תקיעות של שלש שלש כדתניא לקמן בפירקין (דף לג:): גמ׳ רחמנא אמר אידכר. כדתניא בברייתא לקמן: לימא תשע דהואיל ואשתני. מלכיות מזכרונות לענין תקיעה שאין תוקעין בהן אשתנו נמי לפחות מהן: בני אלים. לישנא דתקיפי כמו ואת אילי הארץ לקח (יחזקאל יז): הבו לה׳. הזכירו לפניו האיתנים: מפני מה לא נאמר שבתון שבות שהרי פתח בו הכתוב תחילה. והוא בא להזהיר על המלאכה שהיא עיקר וכך יפה לדרוש הואיל והוא ראשון במקרא והשביתה ראשונה לכולם: אני ה׳ אלהיכם. דלעני ולגר תעזוב וסמיך ליה בחדש השביעי זכרון תרועה: אני ה׳ אלהיכם. הוא לשון אני אדון לכם: אף כאן באמצע. והיום תשע ברכות הן והאומרה בחמישית: ירד רבי יוחנן בן ברוקא לפני התיבה. לפי שמלוה להתפלל במקום נמוך קתני ירד: כר׳ יוחנן בן נורי. דמתניתין: לא כך היו נוהגין ביבנה. בימי אבא כשהיתה סנהדרין שם: מתני׳ אין פוחתין מעשרה מלכיות כו׳: גמ׳ הנך דכתיב בהו הללוהו בתקע שופר. הנך דהללו אל בקדשו: כנגד עשרת הדברות. דכתיב בהו נמי שופר ולא שמעתיה אלא ראיתיה ביסוד רבינו יצחק בן יהודה: עשרה מאמרות שהעולם נברא בהן. בראש השנה: בראשית נמי מאמר הוא. ואף על גב דלא כתיב ביה ויאמר יהי שמים כמאן דכתיב דמי דבאמירה נמי איברי ולא בידים דכתיב (תהלים לג) בדבר ה׳ שמים נעשו: היכי קתני. האי דר׳ יוחנן בן נורי האי מכולם דקאמר אמאן קאי אתורה נביאים וכתובים קאי דהא מכולהו אמר כדתנן מתחיל בתורה ומשלים בנביא והכי קאמר אם אמר שלש מן התורה ושלש מן הנביאים ושלש מן הכתובים מכל אחת ואחת יצא ולא פליג אדרבנן אלא אחדא דאינהו אמרי עשרה ואיהו אמר תשעה: או דלמא. האי ג׳ ג׳ אמלכיות וזכרונות ושופרות קאי שלש למלכיות ושלש לזכרונות ושלש לשופרות דהוו להו אחת מן התורה ואחת מן הנביאים ואחת מן הכתובים: לא יפחות משבע וכו׳. ואי סלקא דעתך שלש מן התורה ושלש מן הנביאים ושלש מן הכתובים לכל (ג) אם כן שבע נמי שבע מן התורה ושבע מן הנביאים ושבע מן הכתובים הוה ליה רבי יוחנן בן נורי מוסיף: מתני׳ אין מזכירין זכרון כו׳: גמ׳

תוספות

מתחיל בתורה ומסיים בנביא. וא״ת דבכל דוכתא משמע דנביאי עדיף מכתובים כדאמר (מגילה דף לא.) כתוב בתורה ושנוי בנביאים ומשולש בכתובים וה״ק קרא דכתיבי בכתובי ברישא והדר בנביאי וי״ל משום דקרא דתהלים משלי ואיוב קדמו לנביאים ומה שאנו נוהגים להשלים בתורה לדעבדינן כרבי יוסי דאמרינן בגמרא המשלים בתורה זריז ומשובח וכן היו וותיקין עושין בשעת

מסורת הש״ס

א) מגילה יז:, ב) [תוספת׳ פ״ב], ג) לעיל יט: [וש״נ ע״ש] ביצה ו. כב:, ד) [ל״ל רבי לוי כ״א במגילה כא: ובע״י דהכא], ה) מגילה כא:, ו) [ליתא במגילה], ז) [גי׳ הרי״ף רב המנונא אמר שמואל וגי׳ הרא״ש ר״נ אמר שמואל], ח) [מלכיות זכרונות ושופרות כצ״ל וכ״א בהרי״ף והרא״ש ובמשנה שבירושלמי].

הגהות הב״ח

(א) גמ׳ תניא רבי אומר אני ה׳ אלהיכם וכתיב ובחדש: (ב) שם והאמר רבי חנינא בר כהנא אמר רב מימות עזרא: (ג) רש״י ד״ה לא יפחות כו׳ מן הכתובים לכל אחד ואחד א״כ שבע נמי:

גליון הש״ס

מתני׳ סדר ברכות. עיין סנהדרין דף מט ע״ב תוס׳ ד״ה אף:

תורה אור השלם

א) מִזְמוֹר לְדָוִד הָבוּ לַייָ בְּנֵי אֵלִים הָבוּ לַייָ כָּבוֹד וָעֹז: [תהלים כט, א]

ב) הָבוּ לַייָ כְּבוֹד שְׁמוֹ הִשְׁתַּחֲווּ לַייָ בְּהַדְרַת קֹדֶשׁ: [תהלים כט, ב]

ג) דַּבֵּר אֶל בְּנֵי יִשְׂרָאֵל לֵאמֹר בַּחֹדֶשׁ הַשְּׁבִיעִי בְּאֶחָד לַחֹדֶשׁ יִהְיֶה לָכֶם שַׁבָּתוֹן זִכְרוֹן תְּרוּעָה מִקְרָא קֹדֶשׁ: [ויקרא כג, כד]

ד) וּבְקֻצְרְכֶם אֶת קְצִיר אַרְצְכֶם לֹא תְכַלֶּה פְּאַת שָׂדְךָ בְּקֻצְרֶךָ וְלֶקֶט קְצִירְךָ לֹא תְלַקֵּט לֶעָנִי וְלַגֵּר תַּעֲזֹב אֹתָם אֲנִי יְיָ אֱלֹהֵיכֶם: [ויקרא כג, כב]

ה) וּבְיוֹם שִׂמְחַתְכֶם וּבְמוֹעֲדֵיכֶם וּבְרָאשֵׁי חָדְשֵׁיכֶם וּתְקַעְתֶּם בַּחֲצֹצְרֹת עַל עֹלֹתֵיכֶם וְעַל זִבְחֵי שַׁלְמֵיכֶם וְהָיוּ לָכֶם לְזִכָּרוֹן לִפְנֵי אֱלֹהֵיכֶם אֲנִי יְיָ אֱלֹהֵיכֶם: [במדבר י, י]

ו) הַלְלוּהוּ בְּתֵקַע שׁוֹפָר הַלְלוּהוּ בְּנֵבֶל וְכִנּוֹר: [תהלים קנ, ג]

ז) בְּרֵאשִׁית בָּרָא אֱלֹהִים אֵת הַשָּׁמַיִם וְאֵת הָאָרֶץ: [בראשית א, א]

ח) בִּדְבַר יְיָ שָׁמַיִם נַעֲשׂוּ וּבְרוּחַ פִּיו כָּל צְבָאָם: [תהלים לג, ו]

עין משפט נר מצוה

ל א מיי׳ פ״ג מהל׳ שופר הל׳ ז סמג עשין מג טור ש״ע א״ח סי׳ תקצג סעיף א:
לא ב טור א״ח סי׳ קיג:
לב ג מיי׳ פ״ג מהל׳ שופר הלכה ח טוש״ע א״ח סי׳ תקצא סעיף ד:
לג ד מיי׳ שם טור שם:
לד ה מיי׳ שם הל׳ ט טוש״ע שם סעיף ה:

רבינו חננאל

סדר ברכות אומר אבות וגבורות כו׳ ואקשינן עלה לר׳ יוחנן בן נורי אם אינו תוקע למלכות למה מזכיר עשר מלכיות לכתחלה ובדיעבד שלש. דתניא אין פוחתין מעשרה מלכות מעשרה זכרונות מעשרה שופרות. ר׳ יוחנן בן נורי אמר אם אמר שלש שלש יצא נימא הואיל ואישתני שאין תוקעין בהן כשם שתוקעין בזכרונות ובשופרות כך אישתני מעשר ולא איפריקא ונדחו דברי ר׳ יוחנן מאחר שלא מצא תשובה. ת״ר מניין שאומרי׳ אבות שנאמר הבו לה׳ בני אלים כלומר בני הגדולים כדכתיב ואת אילי הארץ לקח. גבורות שנאמר הבו לה׳ כבוד ועוז קדושות שנאמר הבו לה׳ כבוד שמו השתחוו לה׳ בהדרת קדש. ומניין שאומרים קדושת היום והוא אתה בחרתנו מכל העמים ומלכיות וזכרונות ושופרות דתניא ר׳ אליעזר אומר שבתון זכרון תרועה גו׳ שבתון זו קדושת היום כו׳. א״ל ר׳ עקיבא מפני מה לא נאמר שבתון שבות שהרי בו פתח הכתוב תחלה אלא שבתון שבות קדשהו בעשיית מלאכה זכרון אלו זכרונות תרועה אלו שופרות מקרא קדש זו קדושת היום. ומנין שאומרים מלכיות עמהן שנאמר והיו לכם לזכרון לפני אלהיכם. (א׳) שאין ת״ל אני ה׳ אלהיכם ולמה עוד כתוב אני ה׳ אלהיכם זה בנה אב כל מקום שנאמרו זכרונות יהיו מלכיות עמהן. הנה מצאנו מן התורה שצריך להזכיר מלכיות זכרונות שופרות ומלכיות ולקדושת היום עוד באו לפרש היאך סידורו תניא ר׳ אומר קדושת היום שהיא אתה בחרתנו אומרה עם המלכיות בברכה רביעית מה מצאנו כל מקום בשבתות ובימים טובים ברביעית פי׳ אבות. גבורות. קדושת השם ואחריהן קדושת היום וכיון שעמד רבי כר׳ עקיבא דמתניתין הלכת׳ כוותייהו ואפי׳ רשב״ג דפליג על רבי אמר כר׳ עקיבא דמתניתין שהיו נוהגין ביבנה שתוקעין למלכיות והא דתניא לשני ירד ר׳ חנינא בנו של ר׳ יוסי הגלילי ועשה כר׳ עקיבא אוקמה רב חסדא מאי לשני לשנה הבאה והלכה כר׳ עקיבא דאמר אומר אבות וגבורות וקדושת השם וכולל מלכיות עם קדושת היום ותוקע זכרונות ותוקע שופרות ותוקע ואומר עבודה והודאה וברכת כהנים ושים שלום: ירושלמי ר׳ בא בשם ר׳ אבא ב״ר ירמיה בתפלה הוא אומר אלהי דוד ובונה ירושלים ובנביא הוא אומר אלהי דוד ומצמיח קרן ישועה. ר״ה שחל להיות בשבת ר׳ אומר פותח בשבת וחותם בשבת וי״ט בינתים ר״י בן פזי בשם ריב״ל הלכה כרבי: [מתני׳] אין פוחתין מעשרה מלכיות מעשרה זכרונות מעשרה שופרות הני עשר כנגד מי כנגד עשרה הללו אל בקדשו כו׳ רב יוסף אמר כנגד עשר דברות ר׳ יוחנן אמר כנגד עשר מאמרות והן ויאמר ויאמר דבראשית שבראשית נמי מאמר הוא שנאמר בדבר ה׳ שמים נעשו: ירושלמי הני עשר מלכיות כנגד עשר קילוסין שאמר דוד בהללויה הללו אל בקדשו וגו׳ ר׳ יוחנן אמר כנגד עשרה וידוין שאמר ישעיה רחצו הזכו וגו׳ ומה כתיב בתריה למדו היטב דרשו משפט אשרו חמוץ לכו נא ונוכחה: י׳ שופרות כנגד י׳ שופרות ... אם אמר ג׳ מן התורה וג׳ מן הכתובים וג׳ מן הנביאים יצא דהוו להו ט׳ ואיכא בינייהו חדא או דלמא אחד מן התורה ואחד מן הנביאים ואחד מן הכתובים ואיכא בינייהו שבע בכל אחת מהן ת״ש דתניא ר׳ יוחנן בן נורי אומר הפוחת לא יפחות משבע ואם אמר שלש מכולן יצא כנגד תורה נביאים וכתובים ואמרי לה כנגד כהנים

ליקוטי רש״י

הבו לה׳. הכינו לה׳ והכינו לו אתם בני אילי הארץ. מכאן שאומרים אבות [תהלים כט א]. הבו לה׳ כבוד שמו. ... [מגילה יז:]. מימות עזרא ואילך לא מצינו אלול מעובר. ... ניצטריך לעבורי מקלקלא ראש השנה ... מיקלע אלול בשבת ... אלול מיקלע בשלשה או בה׳ או בז׳ ... באד״ו ואי מיקלע בשני בשבת ... יומי לא אפשר דקיימא לן במסכת ע... וכיון דבסדר החדשים אחד מלא ואחד חסר ... תרי ירחי הוו להו שמנה מעוברין [סנהדרין י.] ... לא נתקנה האי דנקט מימות עזרא ... עשרה מאמרות. ט׳ ויאמר ...

THIS IS an allusion to the blessing of KINGSHIP.[22] רַבִּי יוֹסֵי בַּר יְהוּדָה אוֹמֵר – R' YOSE BAR YEHUDAH SAYS: אֵינוֹ צָרִיךְ – THIS exposition IS NOT NECESSARY.[23] הֲרֵי הוּא אוֹמֵר ,,וְהָיוּ לָכֶם לְזִכָּרוֹן לִפְנֵי אֱלֹהֵיכֶם'' – CONSIDER that [SCRIPTURE] STATES: *AND THEY SHALL BE A REMEMBRANCE FOR YOU BEFORE YOUR GOD.*[24] שֶׁאֵין תַּלְמוּד לוֹמַר ,,אֲנִי ה' אֱלֹהֵיכֶם'' – IT IS apparently UNNECESSARY TO STATE afterwards *I AM HASHEM, YOUR GOD.* וּמַה תַּלְמוּד לוֹמַר ,,אֲנִי ה' אֱלֹהֵיכֶם'' – WHY DOES [SCRIPTURE] STATE, *I AM HASHEM, YOUR GOD?* זֶה בָּנָה אָב – THIS CREATES THE SOURCE for the following PRINCIPLE: לְכָל מָקוֹם שֶׁנֶּאֱמַר בּוֹ זִכְרוֹנוֹת יִהְיוּ מַלְכִיּוֹת עִמָּהֶן – FOR EVERY PLACE THAT [VERSES OF] REMEMBRANCE ARE STATED, [VERSES OF] KINGSHIP SHOULD ACCOMPANY THEM.[25]

Having cited sources for all of the blessings, the Gemara focuses on the issue of how the Holiness of the Day passage is combined with the other blessings:

וְהֵיכָן אוֹמְרָהּ לִקְדוּשַּׁת הַיּוֹם – **And where does one say the** passage for **the Holiness of the Day?** תַּנְיָא – **It was taught in a Baraisa:** רַבִּי אוֹמֵר – REBBI SAYS: עִם הַמַּלְכִיּוֹת אוֹמְרָהּ – HE SAYS IT together WITH THE KINGSHIP PASSAGE, for the following reason: מַה מָּצִינוּ בְּכָל מָקוֹם – WHAT DO WE FIND IN EVERY other PLACE, i.e. what is done in every other holiday prayer? בָּרְבִיעִית – The Holiness of the Day is mentioned IN THE FOURTH blessing.[26] אַף כָּאן בָּרְבִיעִית – HERE, TOO, it should be mentioned IN THE FOURTH blessing.[27] רַבָּן שִׁמְעוֹן בֶּן גַּמְלִיאֵל אוֹמֵר – RABBAN SHIMON BEN GAMLIEL SAYS: עִם הַזִּכְרוֹנוֹת אוֹמְרָהּ – HE SAYS IT together WITH THE REMEMBRANCE PASSAGE, for the following reason: מַה מָּצִינוּ בְּכָל מָקוֹם – WHAT DO WE FIND IN EVERY other PLACE? בָּאֶמְצַע – The Holiness of the Day is mentioned IN THE MIDDLE blessing. אַף כָּאן בָּאֶמְצַע – HERE, TOO, it should be mentioned IN THE MIDDLE blessing.[28]

The Baraisa continues with a narrative:

וּכְשֶׁקִּידְּשׁוּ בֵּית דִּין אֶת הַשָּׁנָה בְּאוּשָׁא – AND WHEN THE *BEIS DIN* SANCTIFIED THE YEAR IN USHA,[29] יָרַד רַבִּי יוֹחָנָן בֶּן בְּרוֹקָא לִפְנֵי רַבָּן שִׁמְעוֹן בֶּן גַּמְלִיאֵל – R' YOCHANAN BEN BEROKA WENT DOWN to lead the prayer BEFORE RABBAN SHIMON BEN GAMLIEL,[30] וְעָשָׂה כְּרַבִּי יוֹחָנָן בֶּן נוּרִי – AND DID AS prescribed by R' YOCHANAN BEN NURI in our Mishnah.[31] אָמַר לוֹ רַבָּן שִׁמְעוֹן – RABBAN SHIMON ben Gamliel SAID TO HIM: לֹא הָיוּ נוֹהֲגִין כֵּן בְּיַבְנֶה – THEY DID NOT FOLLOW THIS PRACTICE IN YAVNEH, when the Sanhedrin was located there in my father's days.[32] לַיּוֹם הַשֵּׁנִי יָרַד רַבִּי חֲנִינָא בְּנוֹ שֶׁל רַבִּי יוֹסֵי הַגְּלִילִי – FOR THE SECOND DAY, R' CHANINA THE SON OF R' YOSE HAGLILI WENT DOWN to lead the prayer, וְעָשָׂה כְּרַבִּי עֲקִיבָא – AND HE DID AS prescribed by R' AKIVA in the Mishnah.[33] אָמַר רַבָּן שִׁמְעוֹן בֶּן גַּמְלִיאֵל – RABBAN SHIMON BEN GAMLIEL SAID: כָּךְ הָיוּ נוֹהֲגִין בְּיַבְנֶה – THIS IS THE PRACTICE THEY FOLLOWED IN YAVNEH![34]

The Gemara analyzes Rabban Shimon's latter statement:

לְמֵימְרָא דְּרַבִּי שִׁמְעוֹן בֶּן גַּמְלִיאֵל כְּרַבִּי עֲקִיבָא סְבִירָא לֵיהּ – Is this **to say that R' Shimon ben Gamliel concurs with R' Akiva?** וְהָא אָמַר רַבִּי עֲקִיבָא מַלְכִיּוֹת עִם קְדוּשַּׁת הַיּוֹם אָמַר לְהוּ – **But R' Akiva said** in the Mishnah that **one recites** the **Kingship** passage together **with the Holiness of the Day** passage, וְרַבָּן שִׁמְעוֹן בֶּן גַּמְלִיאֵל אוֹמֵר קְדוּשַּׁת הַיּוֹם עִם הַזִּכְרוֹנוֹת אָמַר לְהוּ – **whereas Rabban Shimon ben Gamliel says** in the Baraisa that **one recites the Holiness of the Day** passage together **with the Remembrance passage.** – ? –

The Gemara answers:

אָמַר רַבִּי זֵירָא – **R' Zeira said:** לוֹמַר שֶׁתּוֹקְעִין לְמַלְכִיּוֹת – Rabban Shimon ben Gamliel meant **to say that we blow** the shofar **for** the **Kingship** passage, in accordance with R' Akiva's opinion. He did not mean to concur with R' Akiva regarding the placement of the Holiness of the Day passage.

The Gemara quotes and analyzes another segment of the Baraisa:

לַיּוֹם הַשֵּׁנִי יָרַד רַבִּי חֲנִינָא – FOR THE SECOND DAY, R' CHANINA the son of R' Yose HaGlili WENT DOWN to lead the prayer. מַאי שֵׁנִי – **What is** meant by **"the second** day"? אִילֵימָא יוֹם טוֹב שֵׁנִי – **If you will say** it means **the second day of Yom Tov** in that very year, I respond: לְמֵימְרָא דְּעַבְּרוּהָ לֶאֱלוּל – Is this **to say that they made Elul** a **full** month of thirty days, so that there were two days of Rosh Hashanah?[35] וְהָאָמַר רַבִּי חֲנִינָא בַּר כָּהֲנָא – **But**

NOTES

22. In *Leviticus* ch. 23, the laws of the various holidays are set forth. Verse 22, the last in the passage dealing with Shavuos, ends with the words *I am Hashem, your God,* i.e. I am your King and Master. This is followed (vs. 23-25) by the Rosh Hashanah passage, which states: *In the seventh month, on the first of the month,* etc. The juxtaposition of *"I am Hashem, your God"* with the Rosh Hashanah passage alludes that on Rosh Hashanah we are supposed to proclaim God's majesty (*Rashi*).

23. [It is unnecessary to expound the phrase *I am Hashem, your God,* from the Shavuos passage as referring to Rosh Hashanah, because this phrase appears elsewhere in connection with the theme of Rosh Hashanah. See *Beur HaGra* to *Toras Kohanim, Emor, Parshasa* 11 §2.]

24. *Numbers* 10:10. The verse refers to the trumpets that Moses was commanded to craft and to blow on all holidays. It reads in its entirety: וּבְיוֹם שִׂמְחַתְכֶם וּבְמוֹעֲדֵיכֶם וּבְרָאשֵׁי חָדְשֵׁיכֶם וּתְקַעְתֶּם בַּחֲצֹצְרֹת עַל עֹלֹתֵיכֶם וְעַל זִבְחֵי שַׁלְמֵיכֶם וְהָיוּ לָכֶם לְזִכָּרוֹן לִפְנֵי אֱלֹהֵיכֶם אֲנִי ה' אֱלֹהֵיכֶם, *On a day of your gladness, and on your festivals, and on your new moons, you shall sound the trumpets over your olah offerings and over your shelamim offerings; and they shall be a remembrance for you before your God; I am Hashem, your God.*

25. "Every place" includes the Mussaf prayer of Rosh Hashanah and of Yom Kippur in the *Yovel* year (see *Turei Even;* cf. *Aruch LaNer*).

26. The *Amidah* prayer of every holiday contain seven blessings – the standard three-blessing opening, a blessing referring to the Holiness of the Day and the standard three-blessing closing.

27. Thus, in the fourth blessing, the passage referring to the Holiness of the Day is combined with the Kingship passage. This reflects the opinion of R' Akiva in the Mishnah.

28. The Mussaf prayer of Rosh Hashanah consists of nine blessings – as opposed to the standard, seven-blessing holiday prayer. The fifth, or middle, blessing in the Mussaf of Rosh Hashanah is that of Remembrance. Thus, the Holiness of the Day passage is inserted in this blessing.

29. I.e. when the Sanhedrin was exiled from Yavneh to Usha (see top of 31b), and the declaration of the month of Tishrei – which inaugurated the new year – was done there.

30. The term "went down" is used because it is preferable to pray in a low place (*Rashi;* see *Berachos* 10b), and it is therefore customary in some places for the *sh'liach tzibur* to stand in a small depression (*Be'er Heitev, Orach Chaim* 90:1).

31. I.e. he included the Kingship passage in the Holiness of the Name blessing and did not follow this blessing with shofar blasts.

32. See 31b note 1.

33. I.e. he combined the Holiness of the Day passage with the Kingship passage and followed with shofar blasts.

34. *Tosefta* (2:9) states that in some locations it was customary to pray in accordance with the version of R' Yochanan ben Nuri whereas in other places the custom accorded with R' Akiva. It therefore seems likely that on the first day R' Yochanan ben Beroka followed the custom prevailing in Usha, which was in the Galilee. Rabban Shimon ben Gamliel objected that since the Sanhedrin had always followed R' Akiva's opinion in Yavneh, which was in the land of Yehudah, this practice should continue at the seat of the Sanhedrin even in Usha (see *Doros Rishonim* vol. 4 pp. 448-449).

35. In the days when the *Beis Din* proclaimed Rosh Chodesh on the basis of witnesses who saw the new moon, those in the vicinity of *Beis Din* would observe two days of Rosh Hashanah only if no witnesses arrived in time for the thirtieth of Elul to be declared Rosh Chodesh Tishrei. In that event, the 30th was observed as Rosh Hashanah in anticipation of the possible arrival of witnesses, but the true day of Rosh Hashanah was the 31st. Thus, Elul was a "full" month of thirty days. See 30b notes 11 and 14.

וקבעיה רביה בשמיה: **מתני'** סדר ברכות אומר אבות וגבורות וקדושת השם וכולל מלכיות עמהן ואינו תוקע קדושת היום ותוקע זכרונות ותוקע שופרות ותוקע ואומר עבודה והודאה וברכת כהנים דברי ר' יוחנן בן נורי אמר לו ר"ע אם אינו תוקע למלכיות למה הוא מזכיר אלא אומר אבות וגבורות וקדושת השם וכולל מלכיות עם קדושת היום ותוקע זכרונות ותוקע שופרות ותוקע ואומר עבודה והודאה וברכת כהנים: **גמ'** אמר לו ר"ע אם אינו תוקע למלכיות למה הוא מזכיר רחמנא אמר אידכר אלא אומר עשר לימא תשע דהואיל ואשתני אשתני תנו רבנן מנין שאומרים אבות שנאמר (א) הבו לה' בני אלים ומנין שאומרים גבורות שנאמר (א) הבו לה' כבוד ועוז ומנין שאומרים קדושות שנאמר (ב) הבו לה' כבוד שמו השתחוו לה' בהדרת קדש ומנין שאומרים מלכיות זכרונות ושופרות ר"א אומר דכתיב (ג) שבתון זכרון תרועה מקרא קדש שבתון זה קדושת היום זכרון אלו זכרונות תרועה אלו שופרות מקרא קדש קדשהו בעשיית מלאכה אמר לו רבי עקיבא מפני מה לא נאמר שבתון שבות שבו פתח הכתוב תחילה אלא שבתון קדשהו בעשיית מלאכה זכרון אלו זכרונות תרועה אלו שופרות מקרא קדש זו קדושת היום מנין שאומרים מלכיות תניא רבי אומר (ד) אני ה' אלהיכם (ג) (א) ובחדש השביעי זו מלכות רבי יוסי בר יהודה אומר אינו צריך הרי הוא אומר (ה) והיו לכם לזכרון לפני אלהיכם שאין תלמוד לומר אני ה' אלהיכם ומה תלמוד לומר אני ה' אלהיכם זה בנה אב לכל מקום שנאמר בו זכרונות יהיו מלכיות עמהן והיכן אומרה לקדושת היום תניא רבי אומר עם המלכיות אומרה מה מצינו בכל מקום ברביעית אף כאן ברביעית רשב"ג אומר עם הזכרונות אומרה מה מצינו בכל מקום באמצע אף כאן באמצע וכשקידשו ב"ד את השנה באושא ירד ר' יוחנן בן ברוקא לפני רשב"ג ועשה כר' יוחנן בן נורי אמר לו רבן שמעון לא היו נוהגין כן ביבנה ליום השני ירד רבי חנינא בנו של רבי יוסי הגלילי ועשה כר"ע אמר רשב"ג כך היו נוהגין ביבנה למימרא דרבי שמעון בן גמליאל כר' עקיבא ס"ל והא אמר ר"ע מלכיות עם קדושת היום אמר להו ורשב"ג אומר קדושת היום עם הזכרונות אמר להו א"ר זירא לומר שתוקעין למלכיות ליום השני ירד רבי חנינא מאי שני אילימא יו"ט שני למימרא דעברוה לאלול והאמר רבי חנינא בר כהנא (ב) מימות עזרא ואילך לא מצינו אלול מעובר אמר רב חסדא מאי שני ליום שני לשנה הבאה: **מתני'** אין פוחתין מעשרה מלכיות מעשרה זכרונות מעשרה שופרות ר' יוחנן בן נורי אומר אם אמר ג' ג' מכולן יצא: **גמ'** הני עשרה מלכיות כנגד מי אמר (ד) (רבי) כנגד עשרה הלולים שאמר דוד בספר תהלים הלולים טובא הוו הנך דכתיב בהו (ו) הללוהו בתקע שופר רב יוסף אמר כנגד עשרת הדברות שנאמרו לו למשה בסיני ר' יוחנן אמר כנגד עשרה מאמרות שבהן נברא העולם הי נינהו (ויאמר) דבראשית ט' הוו (ז) בראשית נמי מאמר הוא דכתיב (ח) בדבר ה' שמים נעשו: ר' יוחנן בן נורי אומר אם אמר שלש שלש מכולן יצא: איבעיא להו היכי קתני שלש מן התורה שלש מן הנביאים ושלש מן הכתובים דהוו תשע ואיכא בינייהו חדא או דלמא אחד מן התורה ואחד מן הנביאים ואחד מן הכתובים דהויין להו שלש ואיכא בינייהו טובא ת"ש דתניא אין פוחתין מעשרה מלכיות מעשרה זכרונות מעשרה שופרות ואם אמר שבע מכולן יצא כנגד שבעה רקיעים רבי יוחנן בן נורי אמר הפוחת לא יפחות משבע ואם אמר שלש מכולן יצא כנגד תורה נביאים וכתובים ואמרי לה כנגד כהנים לוים וישראלים אמר (ז) רב הונא אמר שמואל הלכה כר' יוחנן בן נורי: **מתני'** (ה) אין מזכירין (ט) (זכרון מלכות ושופר) של פורענות מתחיל בתורה ומשלים בנביא ר' יוסי אומר אם השלים בתורה יצא: גמ'

רש"י

וקבעיה בשמיה. למנותה עם שאר תקנותיו ולהכי תנא תשע תקנות: **מתני'** סדר ברכות אומר אבות וגבורות כו' וקדושת היום ותוקע כו'. דמלוה בשלש תקיעות של שלש שלש כדתניא לקמן בפירקין (דף לג:): **גמ'** רחמנא אמר אידכר. כדתניא בברייתא לקמן: לימא תשע דהואיל ואשתני. מלכיות מזכרונות לענין תקיעה שאין תוקעין בהן אשתנו נמי לפחות מהן: בני אלים. לישנא דתקיפי כמו ואת אילי הארץ לקח (יחזקאל יז): הבו לה'. הזכירו לפניו האיתנים: מפני מה לא נאמר שבתון שבות שהרי פתח בו הכתוב תחילה. והוא לא להזכיר על המלאכה שהיא עיקר וכך יפה לדרוש הואיל והוא ראשון במקרא והשביתה ראשונה לכולם: אני ה' אלהיכם. לעניי ולגר תעזוב וסמיך ליה בחדש השביעי זכרון תרועה: אני ה' אלהיכם. הוא לשון אני אדון לכם: אף כאן באמצע. והיום תשע ברכות הן ואומרה בחמישית: ירד רבי יוחנן בן ברוקא לפני התיבה. לפי שמלוה להתפלל במקום נמוך קתני ירד: כר' יוחנן בן נורי. דמתניתין: לא כך היו נוהגין ביבנה. בימי אבא כשהיתה סנהדרין שם: **מתני'** אין פוחתין מעשרה מלכיות כו': **גמ'** הנך דכתיב בהו הללוהו בתקע שופר. הנך הללו אל בקדשו: כנגד עשרת הדברות. דכתיב בהו נמי שופר ולא שמעתיה אלא ראיתיה ביסוד רבינו יצחק בן יהודה: עשרה מאמרות שהעולם נברא בהן. בראש השנה: בראשית נמי מאמר הוא. ואף על גב דלא כתיב ביה ויאמר יהי שמים כמאן דכתיב דמי דבאמירה נמי איברי ולא בידים דכתיב (תהלים לג) בדבר ה' שמים נעשו: היכי קתני. הא דר' יוחנן בן נורי האי מכולם דקאמר ממאן קאי אתורה נביאים וכתובים קאי דהכי מכולהו אמר כדתנן מתחיל בתורה ומשלים בנביא והכי קאמר אם אמר שלש מן התורה ושלש מן הנביאים ושלש מן הכתובים מכל אחת ואחת יצא ולא פליג אדרבנן אלא בחדא דאינהו אמרי עשרה ואיהו אמר תשעה: או דלמא. האי ג' ג' אמלכיות וזכרונות ושופרות קאי שלש למלכיות ושלש לזכרונות ושלש לשופרות דהוו להו אחת מן התורה ואחת מן הנביאים ואחת מן הכתובים: לא יפחות משבע וכו'. ואי סלקא דעתך שלש מן התורה ושלש מן הנביאים ושלש מן הכתובים לכל (ג) אם כן שבע נמי שבע מן התורה ושבע מן הנביאים ושבע מן הכתובים הוה ליה רבי יוחנן בן נורי מוסיף: **מתני'** אין מזכירין זכרון כו': גמ'

תוספות

מתחיל בתורה ומסיים בנביא. וא"ת דבכל דוכתא משמע דנביאי עדיף מכתובים כדאמר (מגילה דף לא.) כתוב בתורה ושנוי בנביאים ומשולש בכתובים וה"ק קראי דכתיבי בכתובי ברישא והדר בנביאי וי"ל משום דקראי דתהלים משלי ואיוב קדמו לנביאים ומה שאנו נוהגים להשלים בתורה דעבדינן כרבי יוסי כדאמרינן בגמרא המשלים בתורה זריז ומשובח וכן היו וותיקין עושין:

רבינו חננאל

סדר ברכות אומר אבות וגבורות כו' ואקשינן עלה לר' יוחנן בן נורי אם אינו תוקע למלכות למה מזכיר עשר מלכיות לכתחלה ובדיעבד שלש. דתניא אין פוחתין מעשרה מלכות מעשרה זכרונות מעשרה שופרות. ר' יוחנן בן נורי אומר אם אמר שלש שלש יצא ניחא הואיל ואשתני שאין תוקעין בהן כשם שתוקעין בזכרונות ובשופרות כך אישתני מעשר ולא איפריק ונדחו דברי ר' יוחנן מאחר שלא מצא תשובה. ת"ר מניין שאומרי' אבות שנאמר הבו לה' בני אלים כלומר בני הגדולים כדכתיב ואת אילי הארץ לקח. גבורות שנאמר הבו לה' כבוד ועוז קדושות שנאמר הבו לה' כבוד שמו השתחוו לה' בהדרת קדש. ומניין שאומרים קדושת היום והוא אתה בחרתנו מכל העמים ומלכיות וזכרונות ושופרות דתניא ר' אליעזר אומר שבתון זכרון תרועה גו' שבתון זו קדושת היום כו'. א"ל ר' עקיבא מה לא נאמר שבתון שבות שהרי בו פתח הכתוב תחלה אלא שבתון שבות קדשהו בעשיית מלאכה זכרון אלו זכרונות תרועה אלו שופרות מקרא קדש זו קדושת היום. ומנין שאומרים מלכיות עמהן שנאמר והיו לכם לזכרון לפני אלהיכם. (א') שאין ת"ל אני ה' אלהיכם ולמה עוד כתוב אני ה' אלהיכם זה בנה אב לכל מקום שנאמרו זכרונות יהיו מלכיות עמהן. הנה מצאנו מן התורה שצריך להזכיר זכרונות שופרות ומלכיות ולקדושת היום עוד באו לפרש היאך סידורו תניא ר' אומר קדושת היום שהיא אתה בחרתנו אומרה עם המלכיות בברכה רביעית מה מצאנו בכל מקום בשבתות ובימים טובים ברביעית פי' אבות. גבורות. קדושת השם ואחריהן קדושת היום וכיון שעמד רבי כר' עקיבא דמתניתין הלכה כוותיה ואפי' רשב"ג דפליג על רבי יוסי כר' עקיבא דמתניתין שהיו נוהגין ביבנה שתוקעין למלכיות והא דתניא לשני ירד ר' חנינא בנו של ר' יוסי הגלילי ועשה כר' עקיבא אוקמה רב חסדא מאי לשני לשנה הבאה והלכה כר' עקיבא דאמר אומר אבות וגבורות

מסורת הש"ס

א) מגילה יז., ב) [תוספתא פ"ב], ג) [על יע: ושם ע"ש] ביצה ו, כב., ד) [ג"ל רבי לוי כ"ה במגילה לא. ובע"י דהכא], ה) מגילה לא., ו) [ליתא במגילה], ז) [ג"ל הרי"ף רב המנונא אמר שמואל וגי' הרא"ש ר"נ אמר שמואל], ח) [מלכיות זכרונות ושופרות כל"ל וכ"א בהרי"ף והרא"ש ובמשנה שבירושלמי].

הגהות הב"ח

(א) גמ' תניא רבי אומר אני ה' אלהיכם וכתיב ובחדש: (ב) שם והאמר רבי חנינא בר כהנא אמר רב מימות עזרא: (ג) רש"י ד"ה לא יפחות כו' מן הכתובים לכל אחד ואחד אם כן שבע נמי:

גליון הש"ס

מתני' סדר ברכות. עיין סנהדרין דף מט ע"ב תוס' ד"ה אף:

תורה אור השלם

א) מִזְמוֹר לְדָוִד הָבוּ לַיְיָ בְּנֵי אֵלִים הָבוּ לַיְיָ כָּבוֹד וָעֹז: [תהלים כט, א]

ב) הָבוּ לַיְיָ כְּבוֹד שְׁמוֹ הִשְׁתַּחֲווּ לַיְיָ בְּהַדְרַת קֹדֶשׁ: [תהלים כט, ב]

ג) דַּבֵּר אֶל בְּנֵי יִשְׂרָאֵל לֵאמֹר בַּחֹדֶשׁ הַשְּׁבִיעִי בְּאֶחָד לַחֹדֶשׁ יִהְיֶה לָכֶם שַׁבָּתוֹן זִכְרוֹן תְּרוּעָה מִקְרָא קֹדֶשׁ: [ויקרא כג, כד]

ד) וּבְקֻצְרְכֶם אֶת קְצִיר אַרְצְכֶם לֹא תְכַלֶּה פְּאַת שָׂדְךָ בְּקֻצְרֶךָ וְלֶקֶט קְצִירְךָ לֹא תְלַקֵּט לֶעָנִי וְלַגֵּר תַּעֲזֹב אֹתָם אֲנִי יְיָ אֱלֹהֵיכֶם: [ויקרא כג, כב]

ה) וּבְיוֹם שִׂמְחַתְכֶם וּבְמוֹעֲדֵיכֶם וּבְרָאשֵׁי חָדְשֵׁיכֶם וּתְקַעְתֶּם בַּחֲצֹצְרֹת עַל עֹלֹתֵיכֶם וְעַל זִבְחֵי שַׁלְמֵיכֶם וְהָיוּ לָכֶם לְזִכָּרוֹן לִפְנֵי אֱלֹהֵיכֶם אֲנִי יְיָ אֱלֹהֵיכֶם: [במדבר י, י]

ו) הַלְלוּהוּ בְּתֵקַע שׁוֹפָר הַלְלוּהוּ בְּנֵבֶל וְכִנּוֹר: [תהלים קנ, ג]

ז) בְּרֵאשִׁית בָּרָא אֱלֹהִים אֵת הַשָּׁמַיִם וְאֵת הָאָרֶץ: [בראשית א, א]

ח) בִּדְבַר יְיָ שָׁמַיִם נַעֲשׂוּ וּבְרוּחַ פִּיו כָּל צְבָאָם: [תהלים לג, ו]

עין משפט נר מצוה

ל א מיי' פ"ג מהל' שופר הל' ז סמג עשין מג טור ש"ע א"ח סי' תקצא סעיף א:
לא ב טור א"ח סי' קיט:
לב ג מיי' פ"ג מהל' שופר הלכה ח טוש"ע א"ח סי' תקצא סעיף ד:
לג ד מיי' שם טור שם:
לד ה מיי' שם הל' ט טוש"ע שם סעיף ה:

ליקוטי רש"י

הבו לה'. הכינו לה'. והכינו לו אתם בני אילי הארץ. מכאן שאומרים אבות [תהלים כט א]. הזכירו לפניו את אילי הארץ. הבו לה' כבוד שמו. סיפיה דקרא בהדרת קודש [מגילה יז:]. מימות עזרא ואילך לא מצינו אלול מעובר. ...

R' Chanina bar Kahana said: מימות עֶזְרָא וְאֵילָךְ לֹא מְצִינוּ אֱלוּל מְעוּבָּר – **From the days of Ezra** the Scribe **and onward, we never found Elul to be full.**[36] – ? –

The Gemara answers:

אָמַר רַב חִסְדָּא – **Rav Chisda said:** מַאי שֵׁנִי – **What is** meant by **the "second"** day? לְיוֹם שֵׁנִי לְשָׁנָה הַבָּאָה – It means **the next day** that was sanctified as Rosh Hashanah, which occurred **in the following year.**

Mishnah

אֵין פּוֹחֲתִין מֵעֲשָׂרָה מַלְכֻיּוֹת מֵעֲשָׂרָה זִכְרוֹנוֹת מֵעֲשָׂרָה שׁוֹפָרוֹת – **We recite no fewer than ten [verses] of Kingship, ten [verses] of Remembrance and ten [verses] of Shofar.** רַבִּי יוֹחָנָן בֶּן נוּרִי אוֹמֵר – **R' Yochanan ben Nuri says:** אִם אָמַר שָׁלֹשׁ שָׁלֹשׁ מִכּוּלָּן יָצָא – **If one recited three** verses **of each of them, he has discharged** his obligation.

Gemara

The Gemara seeks the reason for the Mishnah's rule:

הָנֵי עֲשָׂרָה מַלְכֻיּוֹת כְּנֶגֶד מִי – **These ten [verses] of Kingship, to what do they correspond?**[37] אָמַר רַבִּי [לֵוִי] – **R' Levi said:** כְּנֶגֶד עֲשָׂרָה הִלּוּלִים שֶׁאָמַר דָּוִד בְּסֵפֶר תְּהִלִּים – They **correspond to the ten expressions of *Hallel*** (praise) **that David said in the Book of *Psalms*.**[38]

The Gemara asks:

הִלּוּלִים טוּבָא הָווּ – **There are many** more than ten **expressions of *Hallel*** in the Book of *Psalms*. – ? –

The Gemara answers:

הָנָךְ דִּכְתִיב בְּהוּ ,,הַלְלוּהוּ בְּתֵקַע שׁוֹפָר'' – Rebbi refers to **those** expressions of *Hallel* **among which it is written: *Praise Him with shofar blasting.***[39]

An alternative explanation is presented:

רַב יוֹסֵף אָמַר – **Rav Yosef said:** כְּנֶגֶד עֲשֶׂרֶת הַדִּבְּרוֹת שֶׁנֶּאֶמְרוּ לוֹ לְמֹשֶׁה בְּסִינַי – They **correspond to the Ten Commandments that were said to Moses at Sinai.**[40]

Yet another explanation is cited:

רַבִּי יוֹחָנָן אָמַר – **R' Yochanan said:** כְּנֶגֶד עֲשָׂרָה מַאֲמָרוֹת שֶׁבָּהֶן נִבְרָא הָעוֹלָם – They **correspond to the ten** Divine **utterances with which the world was created.**[41]

The Gemara asks:

הֵי נִינְהוּ – **What are these** ten utterances? ,,וַיֹּאמֶר'' – They are the phrases ***And [God] said*** that appear in the passage regarding Creation.[42] וַיֹּאמֶר דִּבְרֵאשִׁית תִּשְׁעָה הָווּ – But **there are** only **nine** instances of ***And [God] said* in** the Torah portion that begins ***In the Beginning*** (*Bereishis*), which discusses Creation. – ? –

The Gemara answers:

,,בְּרֵאשִׁית'' נַמִּי מַאֲמָר הוּא – The creation of heaven and earth mentioned in the verse ***In the beginning* was also** done through a creative **utterance,** דִּכְתִיב ,,בִּדְבַר ה' שָׁמַיִם נַעֲשׂוּ'' – **as it is stated: *By the word of God the heavens were made.***[43]

The Mishnah stated:

רַבִּי יוֹחָנָן בֶּן נוּרִי אוֹמֵר אִם אָמַר שָׁלֹשׁ שָׁלֹשׁ מִכּוּלָּן יָצָא – **R' YOCHANAN BEN NURI SAYS: IF ONE SAID THREE** verses **OF EACH OF THEM, HE HAS DISCHARGED** his obligation.

The Gemara inquires about R' Yochanan's intent:

אִיבַּעְיָא לְהוּ – **They inquired:** הֵיכִי קָתָנֵי – **What does [R' Yochanan ben Nuri]** mean to **teach?** שָׁלֹשׁ מִן הַתּוֹרָה שָׁלֹשׁ מִן הַנְּבִיאִים וְשָׁלֹשׁ מִן הַכְּתוּבִים – Does he mean that it is sufficient to recite **three** verses **from the Torah, three from the Prophets and three from the** Sacred **Writings,** דְּהָווּ תֵּשַׁע – **which are** a total of **nine** verses; וְאִיכָּא בֵּינַיְיהוּ חֲדָא – **and,** thus, **there is** a difference of opinion **between [R' Yochanan ben Nuri and the Tanna Kamma]** regarding only **one** verse?[44] אוֹ דִּלְמָא – **Or, perhaps,** R' Yochanan means that it is sufficient to recite אֶחָד מִן הַתּוֹרָה וְאֶחָד מִן הַנְּבִיאִים וְאֶחָד מִן הַכְּתוּבִים – **one** verse **from the Torah, one from the Prophets and one from the** Sacred **Writings,** דְּהָוְיִין לְהוּ שָׁלֹשׁ – **so that they are** only **three** verses in total; וְאִיכָּא בֵּינַיְיהוּ טוּבָא – **and there is** a **great** difference of opinion **between them?**[45]

The inquiry is resolved:

תָּא שְׁמַע – **Come, learn** the resolution. דְּתַנְיָא – **For it was taught in a Baraisa:** אֵין פּוֹחֲתִין מֵעֲשָׂרָה מַלְכֻיּוֹת מֵעֲשָׂרָה זִכְרוֹנוֹת

NOTES

36. We find in Scripture (*Nehemiah* 8:1-13) that two days of Rosh Hashanah were observed in Ezra's times, but this did not occur again during the Second Temple era or the generations of Tannaim (*Rashi* to *Beitzah* 6a ד״ה מימות עזרא ואילך). [Those who lived far from the *Beis Din* always observed two days, since they could not know which day the *Beis Din* had sanctified. However, those in the locale of the *Beis Din* observed only the thirtieth of Elul, as witnesses invariably arrived on that day (*Rashi* to *Beitzah* 5a ד״ה מתקנת רבן יוחנן בן זכאי).]

37. The Gemara discusses only the ten verses of Kingship, but its answers apply to the Remembrance and Shofar verses as well. However, *Yerushalmi* (4:7) cites separate sources to demonstrate that the Remembrance and Shofar passages must also contain ten verses each (*Rashba; see Rabbeinu Chananel* and *Ran;* cf. *Aruch LaNer* ד״ה רב יוסף).

38. I.e. expressions such as הַלְלוּהוּ, *Praise Him.*

39. *Psalms* 150:3. The psalm contains ten mentions of הַלְלוּ, *Praise,* and הַלְלוּהוּ, *Praise Him.* [The phrases *Halleluyah* at the beginning and end of the psalm are not included (*Maharsha*).]

40. And which were accompanied by the sound of the shofar [as in *Exodus* 19:16] (*Rashi, citing R' Yitzchak ben Yehudah*).

41. On Rosh Hashanah (*Rashi,* in accordance with the opinion of R' Eliezer, above, 10b-11a; see also 27a).

42. *Genesis* ch. 1.

43. *Psalms* 33:6. Thus, although the Torah does not state *In the beginning, God said, Let there be heaven* etc., it is as if this was stated, for the heaven and earth were clearly created by Divine utterance [*by the word of God*] rather than by a Divine *act* (*Rashi;* see *Maharsha, Turei Even* and *Aruch LaNer*). [See *Maharsha* (and *Malbim* to *Genesis* ad loc.) who explain why the Torah does not in fact use the word וַיֹּאמֶר, *and He said,* in regard to the creation of the heavens, as it does in regard to the other creations.]

Accordingly, the *Vilna Gaon* (*Avos* 5:1) lists the ten utterances as follows: *Genesis* 1:1,3,6,9,11,14,20,24,26,29. Other Midrashic sources, however, reckon the ten utterances differently – see *Bereishis Rabbah* 17:1, *Pirkei DeRabbi Eliezer* end of ch. 3; see also *Sfas Emes* here and *Meleches Shlomo* to *Avos* 5:1.

Although the three reasons provided here would seem to indicate that we should recite *exactly* ten verses, this is not the intent. The Mishnah stated only that no fewer than ten should be recited, implying that there is no restriction against reciting additional verses (*Rashba, Ritva, Ran*). Our liturgy does in fact contain some extra verses.

44. Thus, when R' Yochanan ben Nuri mentioned "three verses of each of them," he meant three verses from each category of Scripture – the Torah, the Prophets and the Writings (*Kesuvim*) – to which the Tanna refers in the following Mishnah. If so, he requires nine verses for each blessing, which is only one verse less than the Tanna Kamma requires (*Rashi*).

45. According to the latter interpretation, "three verses of each of them" means three verses for each section of the Mussaf prayer – Kingship, Remembrance and Shofaros. For each section, one verse is recited from the Torah, the Prophets and the Writings. This contrasts sharply with the Tanna Kamma's opinion, which calls for reciting ten verses in each section of the prayer (*Rashi*).

וקבעיה רביה בשמיה: **מתני'** ° סדר ברכות אומר אבות וגבורות וקדושת השם וכולל מלכיות עמהן ואינו תוקע קדושת היום ותוקע זכרונות ותוקע שופרות ותוקע ואומר עבודה והודאה וברכת כהנים דברי ר' יוחנן בן נורי אמר לו ר"ע אם אינו תוקע למלכיות למה הוא מזכיר א אלא אומר אבות וגבורות וקדושת השם וכולל מלכיות עם קדושת היום ותוקע זכרונות ותוקע שופרות ותוקע ואומר עבודה והודאה וברכת כהנים: **גמ'** אמר לו ר"ע אם אינו תוקע למלכיות למה הוא מזכיר למה הוא מזכיר רחמנא אמר אידכר אלא למה עשר לימא תשע דהואיל ואשתני אשתני תנו רבנן א) ב מנין שאומרים אבות שנאמר א) הבו לה' בני אלים ומנין שאומרים גבורות שנאמר א) הבו לה' כבוד ועוז ומנין שאומרים קדושות שנאמר ב) הבו לה' כבוד שמו השתחוו לה' בהדרת קדש ומנין שאומרים מלכיות זכרונות ושופרות ר"א אומר דכתיב ג) שבתון זכרון תרועה מקרא קדש שבתון זה קדושת היום זכרון אלו זכרונות תרועה אלו שופרות מקרא קדש קדשהו בעשיית מלאכה אמר לו רבי עקיבא מפני מה לא נאמר שבתון שבות שבו פתח הכתוב תחילה אלא שבתון קדשהו בעשיית מלאכה זכרון אלו זכרונות תרועה אלו שופרות מקרא קדש זו קדושת היום מנין שאומרים מלכיות תניא רבי אומר (א) ד) אני ה' אלהיכם ובחדש השביעי זו מלכות רבי יוסי בר יהודה אומר אינו צריך הרי הוא אומר ה) והיו לכם לזכרון לפני אלהיכם שאין תלמוד לומר אני ה' אלהיכם ומה תלמוד לומר אני ה' אלהיכם זה בנה אב לכל מקום שנאמר בו זכרונות יהיו מלכיות עמהן והיכן אומרה לקדושת היום תניא ו) רבי אומר עם המלכיות אומרה מה מצינו בכל מקום ברביעית אף כאן ברביעית רשב"ג אומר עם הזכרונות אומרה מה מצינו בכל מקום באמצע אף כאן באמצע וכשקידשו ב"ד את השנה באושא ירד ר' יוחנן בן ברוקא לפני רשב"ג ועשה כר' יוחנן בן נורי אמר לו רבן שמעון לא היו נוהגין כן ביבנה ליום השני ירד רבי חנינא בנו של רבי יוסי הגלילי ועשה כר"ע אמר רשב"ג כך היו נוהגין ביבנה למימרא דרבי שמעון בן גמליאל כר' עקיבא ס"ל והא אמר ר"ע מלכיות עם קדושת היום אמר להו ורשב"ג אומר קדושת היום עם הזכרונות אמר להו א"ר זירא לומר שתוקעין למלכיות ליום השני ירד רבי חנינא מאי שני אילימא יו"ט שני למימרא דעברוה לאלול ז) והאמר רבי חנינא בר כהנא (ב) מימות עזרא ואילך לא מצינו אלול מעובר אמר רב חסדא מאי שני ליום שני לשנה הבאה: **מתני'** ג אין פוחתין מעשרה מלכיות מעשרה זכרונות מעשרה שופרות ר' יוחנן בן נורי אומר ד אם אמר ג' ג' מכולן יצא: **גמ'** הני עשרה מלכיות כנגד מי אמר (ז) (רבי) כנגד עשרה הלולים שאמר דוד בספר תהלים הלולים טובא הוו הנך דכתיב בהו ו) הללוהו בתקע שופר רב יוסף אמר כנגד עשרת הדברות שנאמרו לו למשה בסיני ח) ר' יוחנן אמר כנגד עשרה מאמרות שבהן נברא העולם הי נינהו ויאמר (ט) ויאמר) דבראשית ט' הוו ז) בראשית נמי מאמר הוא דכתיב ח) בדבר ה' שמים נעשו: ר' יוחנן בן נורי אומר אם אמר שלש שלש מכולן יצא: איבעיא להו היכי קתני שלש מן התורה ושלש מן הנביאים ושלש מן הכתובים דהוו תשע ואיכא בינייהו חדא או דלמא אחד מן התורה ואחד מן הנביאים ואחד מן הכתובים דהוויין להו שלש ואיכא בינייהו טובא ת"ש דתניא אין פוחתין מעשרה מלכיות מעשרה זכרונות מעשרה שופרות ואם אמר שבע מכולן יצא כנגד שבעה רקיעים רבי יוחנן בן נורי אמר הפוחת לא יפחות משבע ואם אמר שלש מכולן יצא כנגד תורה נביאים וכתובים ואמרי לה כנגד כהנים לוים וישראלים אמר ז) רב הונא אמר שמואל הלכה כר' יוחנן בן נורי: **מתני'** ה אין מזכירין ח) (זכרון מלכות ושופר) של פורענות מתחיל בתורה ומשלים בנביא ר' יוסי אומר אם השלים בתורה יצא: **גמ'**

וקבעיה בשמיה. למנותה עם שאר תקנותיו ולהכי תנא תשע תקנות: **מתני'** סדר ברכות אומר אבות וגבורות כו' וקדושת היום ותוקע כו'. דמלוה בשלש תקיעות של שלש שלש כדתניא לקמן בפירקין (דף לג:): **גמ'** רחמנא אמר אידכר. כדתניא בברייתא לקמן: לימא תשע דהואיל ואשתני. מלכיות מזכרונות לענין תקיעה שאין תוקעין בהן אשתנו נמי לפחות מהן: בני אלים. לישנא דתקיפי כמו ואת אילי הארץ לקח (יחזקאל יז): הבו לה'. הזכירו לפניו האיתנים: מפני מה לא נאמר שבתון שבות שהרי פתח בו הכתוב תחילה. והוא בא להזהיר על המלאכה שהיא עיקר וכן יפה לדרוש הואיל והוא ראשון במקרא והשביתה ראשונה לכולם: אני ה' אלהיכם. דלעני ולגר תעזוב וסמיך ליה בחדש השביעי זכרון תרועה: אני ה' אלהיכם. הוא לשון אני אדון לכם: אף כאן באמצע. והיום תשע ברכות הן ואומרה בחמישית: ירד רבי יוחנן בן ברוקא לפני התיבה. לפי שמצוה להתפלל במקום נמוך קתני ירד: כר' יוחנן בן נורי. דמתניתין: לא כך היו נוהגין ביבנה. בימי אבא כשהיתה סנהדרין שם: **מתני'** אין פוחתין מעשרה מלכיות כו': **גמ'** הנך דכתיב בהו הללוהו בתקע שופר. הנך דהללו אל בקדשו: כנגד עשרת הדברות. דכתיב בהו נמי שופר ולא שמעתיה אלא ממעתיה ביסוד רבינו יצחק בן יהודה: עשרה מאמרות שהעולם נברא בהן. בראש השנה: בראשית נמי מאמר הוא. ואף על גב דלא כתיב ביה ויאמר יהי שמים כמאן דכתיב דמי דבאמירה נמי איברי ולא בידים דכתיב (תהלים לג) בדבר ה' שמים נעשו: היכי קתני. האי דר' יוחנן בן נורי האי מכולם דקאמר אמאן קאי אתורה נביאים וכתובים קאי דהא מכולהו אמר כדתנן מתחיל בתורה ומשלים בנביא והכי קאמר אם אמר שלש מן התורה ושלש מן הנביאים ושלש מן הכתובים מכל אחת ואחת יצא ולא פליג אדרבנן אלא אחדא דאינהו אמרי עשרה ואיהו אמר תשעה: או דלמא. האי ג' ג' אמלכיות וזכרונות ושופרות קאי שלש למלכיות ושלש לזכרונות ושלש לשופרות דהוו להו אחת מן התורה ואחת מן הנביאים ואחת מן הכתובים: לא יפחות משבע וכו'. ואי סלקא דעתך שלש מן התורה ושלש מן הנביאים ושלש מן הכתובים לכל (ג) אם כן שבע נמי שבע מן התורה ושבע מן הנביאים ושבע מן הכתובים הוה ליה רבי יוחנן בן נורי מוסיף: **מתני'** אין מזכירין זכרון כו': גמ'

מתחיל בתורה ומסיים בנביא. וא"ת דבכל דוכתא משמע דנביאי עדיף מכתובים כדאמר (מגילה דף לא.) כתוב בתורה ושנוי בנביאים ומשולש בכתובים וה"ק קראי דכתיבי בכתובי ברישא והדר בנביאי וי"ל משום דקראי דתהלים משלי ואיוב קדמו לנביאים ומה שאנו נוהגים להשלים בתורה דעבדינן כרבי יוסי כדאמרינן בגמרא המשלים בתורה הרי זה משובח וכן היו ותיקין עושין: בשעת

מסורת הש"ס

א) מגילה יז:, ב) [תוספתא פ"ב], ג) לעיל יט: [וש"נ ע"ש] ביצה ו. כב:, ד) [נ"ל רבי לוי כ"א במגילה כא: ובע"י דהכא], ה) מגילה כא:, ו) [ליתא במגילה], ז) [גי' הרי"ף רב המנונא אמר שמואל וגי' הרא"ש ר"נ אמר שמואל], ח) [מלכיות זכרונות ושופרות כצ"ל וכ"א בהרי"ף והרא"ש ובמשנה שבירושלמי].

הגהות הב"ח

(א) גמ' תניא רבי אומר אני ה' אלהיכם וכתיב ובחדש: (ב) שם והאמר רבי חנינא בר כהנא אמר רב מימות עזרא: (ג) רש"י ד"ה לא יפחות כו' מן הכתובים לכל אחד ואחד א"כ שבע נמי:

גליון הש"ס

מתני' סדר ברכות. עיין סנהדרין דף מט ע"ב תוס' ד"ה אף:

תורה אור השלם

א) מִזְמוֹר לְדָוִד הָבוּ לַייָ בְּנֵי אֵלִים הָבוּ לַייָ כָּבוֹד וָעֹז: [תהלים כט, א]

ב) הָבוּ לַייָ כְּבוֹד שְׁמוֹ הִשְׁתַּחֲווּ לַייָ בְּהַדְרַת קֹדֶשׁ: [תהלים כט, ב]

ג) דַּבֵּר אֶל בְּנֵי יִשְׂרָאֵל לֵאמֹר בַּחֹדֶשׁ הַשְּׁבִיעִי בְּאֶחָד לַחֹדֶשׁ יִהְיֶה לָכֶם שַׁבָּתוֹן זִכְרוֹן תְּרוּעָה מִקְרָא קֹדֶשׁ: [ויקרא כג, כד]

ד) וּבְקֻצְרְכֶם אֶת קְצִיר אַרְצְכֶם לֹא תְכַלֶּה פְּאַת שָׂדְךָ בְּקֻצְרֶךָ וְלֶקֶט קְצִירְךָ לֹא תְלַקֵּט לֶעָנִי וְלַגֵּר תַּעֲזֹב אֹתָם אֲנִי יְיָ אֱלֹהֵיכֶם: [ויקרא כג, כב]

ה) וּבְיוֹם שִׂמְחַתְכֶם וּבְמוֹעֲדֵיכֶם וּבְרָאשֵׁי חָדְשֵׁכֶם וּתְקַעְתֶּם בַּחֲצֹצְרֹת עַל עֹלֹתֵיכֶם וְעַל זִבְחֵי שַׁלְמֵיכֶם וְהָיוּ לָכֶם לְזִכָּרוֹן לִפְנֵי אֱלֹהֵיכֶם אֲנִי יְיָ אֱלֹהֵיכֶם: [במדבר י, י]

ו) הַלְלוּהוּ בְּתֵקַע שׁוֹפָר הַלְלוּהוּ בְּנֵבֶל וְכִנּוֹר: [תהלים קנ, ג]

ז) בְּרֵאשִׁית בָּרָא אֱלֹהִים אֵת הַשָּׁמַיִם וְאֵת הָאָרֶץ: [בראשית א, א]

ח) בִּדְבַר יְיָ שָׁמַיִם נַעֲשׂוּ וּבְרוּחַ פִּיו כָּל צְבָאָם: [תהלים לג, ו]

עין משפט נר מצוה

ל א מיי' פ"ג מהל' שופר הל' ז סמג עשין מג טור ש"ע א"ח סי' תקצא סעיף א:

לא ב טור א"ח סי' קיג:

לב ג מיי' פ"ג מהל' שופר הלכה ח טוש"ע א"ח סי' תקצא סעיף ד:

לג ד מיי' שם טור שם:

לד ה מיי' שם הל' ט טוש"ע שם סעיף ה:

רבינו חננאל

סדר ברכות אומר אבות וגבורות כו' ואקשינן עלה לר' יוחנן בן נורי אם אינו תוקע למלכות למה מזכיר עשר מלכיות לכתחלה ובדיעבד שלש. דתניא אין פוחתין מעשרה מלכות מעשרה זכרונות מעשרה שופרות. ר' יוחנן בן נורי אמר אם אמר שלש שלש יצא נימא הואיל ואישתני שאין תוקעין בהן כשם שתוקעין בזכרונות ובשופרות כך אישתני מעשר ולא איפריקא ונדחו דברי ר' יוחנן מאחר שלא מצא תשובה. ת"ר מניין שאומרי' אבות שנאמר הבו לה' בני אלים כלומר בני הגדולים כדכתיב ואת אילי הארץ לקח. גבורות שנאמר הבו לה' כבוד ועוז קדושות שנאמר הבו לה' כבוד שמו השתחוו לה' בהדרת קדש. ומניין שאומרים קדושת היום והוא אתה בחרתנו מכל העמים ומלכיות וזכרונות ושופרות דתניא ר' אליעזר אומר שבתון זכרון תרועה גו' שבתון זו קדושת היום כו'. א"ל ר' עקיבא מפני מה לא נאמר שבתון שבות שהרי בו פתח הכתוב תחלה אלא שבתון שבות קדשהו בעשיית מלאכה זכרון אלו זכרונות תרועה אלו שופרות מקרא קדש זו קדושת היום. ומנין שאומרים מלכיות עמהן שנאמר והיו לכם לזכרון לפני אלהיכם. (א') שאין ת"ל אני ה' אלהיכם ולמה עוד כתוב אני ה' אלהיכם זה בנה אב כל מקום שנאמרו זכרונות יהיו מלכיות עמהן. הנה מצאנו מן התורה שצריך להזכיר זכרונות שופרות ומלכיות ולקדושת היום עוד באו לפרש היאך סידורו תניא ר' אומר קדושת היום שהיא אתה בחרתנו אומרה עם המלכיות בברכה רביעית מה מצאנו כל מקום בשבתות ובימים טובים ברביעית פי' אבות. גבורות. קדושת השם ואחריהן קדושת היום וכיון שעמד רבי כר' עקיבא דמתניתין הלכת' כוותייהו ואפי' רשב"ג דפליג על רבי אמר כר' עקיבא דמתניתין שהיו נוהגין ביבנה שתוקעין למלכיות והא דתניא לשני ירד ר' חנינא בנו של ר' יוסי הגלילי ועשה כר' עקיבא אוקמה רב חסדא מאי לשני לשנה הבאה והלכה כר' עקיבא דאמר אומר אבות וגבורות וקדושת השם וכולל מלכיות עם קדושת היום ותוקע זכרונות ותוקע שופרות ותוקע ואומר עבודה והודאה וברכת כהנים ושים שלום: ירושלמי ר' בא בשם רב בר אבא בשם ר' ירמיה בתפלה הוא אומר אלהי דוד ובונה ירושלים ובנביא הוא אומר אלהי דוד ומצמיח קרן ישועה. יום ר"ה שחל להיות בשבת ר' אומר פותח בשבת (א) וחותם בשבת וי"ט בינתים ר"י בן פזי בשם ריב"ל הלכה כרבי: **[מתני']** אין פוחתין מעשרה מלכיות מעשרה זכרונות מעשרה שופרות הני עשר כנגד מי כנגד עשרה הללו אל בקדשו כו' רב יוסף אמר כנגד עשר דברות ר' יוחנן אמר כנגד עשר מאמרות והן ויאמר ויאמר דבראשית שבבראשית נמי מן המניין כי מאמר הוא שנא' בדבר ה' שמים נעשו: **ירושלמי** הני עשר מלכיות כנגד עשר קילוסין שאמר דוד בהללויה הללו אל בקדשו וגו' עד כל הנשמה תהלל יה עשרה זכרונות כנגד עשרה וידוין שאמר ישעיה רחצו הזכו מה כתיב בתריה למדו היטב דרשו משפט אשרו חמוץ לכו נא ונוכחה: י' שופרות כנגד י' שופרות ופר ואיל ושעיר ר' יוחנן בן נורי אמר ב) אם אמר ג' מן התורה ג' מן הנביאים וג' מן הכתובים יצא דהוו להו ט' ואיכא ביניהן חדא או דילמא אחת מן התורה אחת מן הנביאים ואחת מן הכתובים ואיכא בינייהו שבע בכל אחת מהן ת"ש דתניא ר' יוחנן בן נורי אומר לא יפחות משבע ואם אמר שלש מכולן יצא כנגד תורה נביאים וכתובים ואמרי לה כנגד כהנים

ליקוטי רש"י

הבו לה'. הכינו לה' והכינו לו אתם בני אילי הארץ. מכאן שאומרים אבות [תהלים כט א]. הבו לה' כבוד שמו. קופיה דקרא בהדרת קודש [מגילה יז:]. מימות עזרא ואילך לא מצינו אלול מעובר. דלא איצטריך לעבוריה דמעיקרא סדרינן לירחי דלא ליקלע באד"ו ואי איצטריך לעבורי מקלקלא ראש השנה [illegible] מיקלע אלול בשבת אלמא אנן הוא דמעיינינן במילתא מעיקרא ומסדרינן לירחי כי היכי דלא מיקלע באד"ו הלכך כיון דיום שלשים של אלול מיקלע בשלשה או בה' או בז' אי דחית ליה חד יומא בין על ידי עיבור אלול בין על ידי עיבור חדש אחר מיקלע ראש השנה באד"ו ואי מיקלע בשני בשבת דאפשר למידחייה למחר הואיל וברוב השנים לא שכיח לא פרכינן ליה ולעבורי תרי ירחי ולדחייה תרי יומי לא אפשר דקיימא לן במסכת ערכין (ח:) דלא נראה לחכמים לעבר שמנה חדשים בשנה אלא אם כן היתה שנה שלפניה מעוברת וכיון דבסדר החדשים אחד מלא ואחד חסר מיקלע לן תקופה ביום שבעה עשר ושנים לר' יהודה או בעשרים ושנים לר' יוסי אי מעברין עוד תרי ירחי הוו להו שמנה מעוברין [סנהדרין יג.]. ואע"פ שתקנו לא אירע שבאו עדים מן המנחה ולמעלה חוץ מאותה הפעם ועדיין לא נתקנה האי דנקט מימות עזרא משום דבימיו עברוהו דכתיב בעזרא (נחמיה ח) וביום השני ובראש השנה משתעי [ביצה ו.]. **עשרה מאמרות.** ט' ויאמר הן ובראשית נמי מאמר הוא שנאמר (תהלים לג) בדבר ה' שמים נעשו [אבות פ"ה מ"א].

חשק שלמה על ר"ח א) עי' ביצה יז וצ"ע. ב) נראה דחסר כאן וצ"ל אם אמר ג' ג' מכולן יצא ואיבעיא לן היכי קתני שלש וכו'.

מֵעֲשָׂרָה שׁוֹפָרוֹת – WE RECITE NO FEWER THAN TEN [VERSES] OF KINGSHIP, TEN [VERSES] OF REMEMBRANCE AND TEN [VERSES] OF SHOFAR, וְאִם אָמַר שֶׁבַע מִכּוּלָּן יָצָא – BUT IF ONE RECITED SEVEN verses OF EACH OF THEM, HE HAS DISCHARGED his obligation, כְּנֶגֶד שִׁבְעָה רְקִיעִים – for the seven verses CORRESPOND TO THE SEVEN HEAVENS.[46] רַבִּי יוֹחָנָן בֶּן נוּרִי אָמַר – R' YOCHANAN BEN NURI SAID: הַפּוֹחֵת לֹא יִפְחוֹת מִשֶּׁבַע – ONE WHO MINIMIZES his recitation SHOULD preferably RECITE NO FEWER THAN SEVEN verses,[47] וְאִם אָמַר שָׁלֹשׁ מִכּוּלָּן יָצָא – BUT IF ONE RECITED only THREE verses OF EACH OF THEM, HE HAS DISCHARGED his obligation, כְּנֶגֶד תּוֹרָה נְבִיאִים וּכְתוּבִים – for the three verses CORRESPOND TO THE TORAH, THE PROPHETS AND THE Sacred WRITINGS; וְאָמְרֵי לָהּ כְּנֶגֶד כֹּהֲנִים לְוִיִּם וְיִשְׂרְאֵלִים – AND SOME SAY that they CORRESPOND TO THE KOHANIM, THE LEVIIM AND THE ISRAELITES. We see from this Baraisa that R' Yochanan ben Nuri means one may recite a total of three verses for each blessing in the Mussaf prayer.[48]

A halachic ruling is rendered:

אָמַר רַב הוּנָא אָמַר שְׁמוּאֵל – **Rav Huna said in the name of Shmuel:** הֲלָכָה כְּרַבִּי יוֹחָנָן בֶּן נוּרִי – **The halachah follows R' Yochanan ben Nuri.**[49]

Mishnah אֵין מַזְכִּירִין זִכָּרוֹן מַלְכוּת וְשׁוֹפָר שֶׁל פּוּרְעָנוּת – **We do not mention any** verse of **Remembrance, Kingship or Shofar that deals with punishment.**[50] מַתְחִיל בַּתּוֹרָה וּמַשְׁלִים בְּנָבִיא – **One begins with** verses from **the Torah and concludes with** verses from **the Prophets.**[51] רַבִּי יוֹסֵי אוֹמֵר – **R' Yose says:** אִם הִשְׁלִים בַּתּוֹרָה יָצָא – **If one concluded with** a verse from **the Torah, he has discharged** his obligation.[52]

NOTES

46. The Mishnah omits this clause, implying that according to the Tanna Kamma one who recites any less than ten verses does *not* discharge his obligation. Thus, the Baraisa disagrees with the Mishnah's version of the Tanna Kamma's opinion (*Rashba, Ritva*).

47. In this respect, too, the Baraisa has an original approach, for the Mishnah implies that R' Yochanan ben Nuri concedes one should preferably recite ten verses (*Rashba, Ritva, Ran*).

48. If he would mean that one must recite three verses from each of the Torah, Prophets and the Writings, then perforce his opening statement would mean that one should preferably recite seven verses from each section of Scripture. This would result in a total of twenty-one verses, which is more than the Tanna Kamma requires! Clearly, R' Yochanan ben Nuri requires only a *total* of three verses (*Rashi;* cf. *Maharsha, Yom Teruah, Turei Even;* see *Sfas Emes*). [There is no reason to assume that the Mishnah disagrees with the Baraisa concerning this point (*Rashba*).]

49. That one who recites even three verses has discharged his obligation. However, as stated, the Mishnah's language indicates that even according to R' Yochanan ben Nuri it is preferable to recite ten verses for each section of the prayer (*Rashba, Ritva, Ran*). See *Ran, Ritva* and *Orach Chaim* 591:4 with *Magen Avraham* §6. See also 35a note 4.

50. Since the goal of the day's prayers is to obtain God's mercy, it is inappropriate to cite instances of Divine retribution (see Gemara).

[Our Mishnah lists these three special blessings out of order, which would seem to indicate that the sequence in which they are recited is not essential (*Yom Teruah*). However, *Rif's* version of the Mishnah lists the blessings as they are listed in the previous Mishnahs – Kingship, Remembrance, Shofaros, and indeed, the Gemara (top of 32b) elaborates our Mishnah in that order. *Rashba* and *Ran* (below, 34b) state that it is essential to recite them in this order (see also *Magen Avraham* 593:4).]

51. Verses from the Writings are recited between those from the Torah and those from the Prophets (*Rashi* to 32b; see *Tosefta* 2:10). The reason the Writings verses are recited before those from the Prophets, even though they come later in the order of Scripture (see *Bava Basra* 14b), is that some of the Writings – such as the Book of *Psalms,* which was written by King David – were authored before Books of the Prophets (*Tosafos;* cf. *Rashba, Ran, Ritva*). [The Writings selections in the Mussaf liturgy are exclusively from *Psalms* (see *Rambam, Hil. Shofar* 3:8, *Sfas Emes* and *Aruch LaNer*).]

52. The Gemara revises this statement.

מתחיל בתורה ומסיים בנביא. ול״ת דכל דוכתא משמע דנביאי עדיף מכתובים כדאמר (מגילה דף לא.) כתוב בתורה ושנוי בנביאים ומשולש בכתובים וה״ק קראי דכתיבי בכתובי בריש׳ והדר בנביאי וי״ל משום דקראי דתהלים משלי ואיוב קדמו לנביאים ומה שאנו נוהגים להשלים בתורה לעבדינן כרבי יוסי כדאמרינן בגמרא המשלים בתורה זריז ומשובח וכן היו ותיקין עושין:

וקבעיה רביה בשמיה: **מתני׳** סדר ברכות אומר אבות וגבורות וקדושת השם וכולל מלכיות עמהן ואינו תוקע קדושת היום ותוקע זכרונות ותוקע שופרות ותוקע ואומר עבודה והודאה וברכת כהנים דברי ר׳ יוחנן בן נורי אמר לו ר״ע אם אינו תוקע למלכיות למה הוא מזכיר אלא אומר אבות וגבורות וקדושת השם וכולל מלכיות עם קדושת היום ותוקע זכרונות ותוקע שופרות ותוקע ואומר עבודה והודאה וברכת כהנים: **גמ׳** אמר לו ר״ע אם אינו תוקע למלכיות למה הוא מזכיר רחמנא אמר אידכר אלא למה עשר לימא תשע דהואיל ואשתני אשתני תנו רבנן מנין שאומרים אבות שנאמר א) הבו לה׳ בני אלים ומנין שאומרים גבורות שנאמר א) הבו לה׳ כבוד ועוז ומנין שאומרים קדושות שנאמר ב) הבו לה׳ כבוד שמו השתחוו לה׳ בהדרת קדש ומנין שאומרים מלכיות זכרונות ושופרות ר״א אומר דכתיב ג) שבתון זכרון תרועה מקרא קדש שבתון זה קדושת היום זכרון אלו זכרונות תרועה אלו שופרות מקרא קדש קדשהו בעשיית מלאכה אמר לו רבי עקיבא מפני מה לא נאמר שבתון שבו פתח הכתוב תחילה אלא שבתון קדשהו בעשיית מלאכה זכרון אלו זכרונות תרועה אלו שופרות מקרא קדש זו קדושת היום מנין שאומרים מלכיות תניא רבי אומר ד) אני ה׳ אלהיכם (א) ובחדש השביעי זו מלכות רבי יוסי בר יהודה אומר אינו צריך הרי הוא אומר ה) והיו לכם לזכרון לפני אלהיכם שאין תלמוד לומר אני ה׳ אלהיכם ומה תלמוד לומר אני ה׳ אלהיכם זה בנה אב לכל מקום שנאמר בו זכרונות יהיו מלכיות עמהן והיכן אומרה לקדושת היום תניא רבי אומר עם המלכיות אומרה מה מצינו בכל מקום ברביעית אף כאן ברביעית רשב״ג אומר עם הזכרונות אומרה מה מצינו בכל מקום באמצע אף כאן באמצע וכשקידשו ב״ד את השנה באושא ירד ר׳ יוחנן בן ברוקא לפני רשב״ג ועשה כר׳ יוחנן בן נורי אמר לו רבן שמעון לא היו נוהגין כן ביבנה ליום השני ירד רבי חנינא בנו של רבי יוסי הגלילי ועשה כר״ע אמר רשב״ג כך היו נוהגין ביבנה למימרא דרבי שמעון בן גמליאל כר׳ עקיבא ס״ל והא אמר ר״ע מלכיות עם קדושת היום אמר להו ורשב״ג אומר קדושת היום עם הזכרונות אמר להו א״ר זירא לומר שתוקעין למלכיות ליום השני ירד רבי חנינא מאי שני אילימא יו״ט שני למימרא דעברוה לאלול והאמר רבי חנינא בר כהנא (ב) מימות עזרא ואילך לא מצינו אלול מעובר אמר רב חסדא מאי שני ליום שני לשנה הבאה: **מתני׳** אין פוחתין מעשרה מלכיות מעשרה זכרונות מעשרה שופרות ר׳ יוחנן בן נורי אומר אם אמר ג׳ ג׳ מכולן יצא: **גמ׳** הני עשרה מלכיות כנגד מי אמר (רבי) כנגד עשרה הלולים שאמר דוד בספר תהלים הלולים טובא הוו הנך דכתיב בהו ו) הללוהו בתקע שופר רב יוסף אמר כנגד עשרת הדברות שנאמרו לו למשה בסיני ר׳ יוחנן אמר כנגד עשרה מאמרות שבהן נברא העולם הי נינהו ויאמר (ויאמר) דבראשית ט׳ הוו ז) בראשית נמי מאמר הוא דכתיב ח) בדבר ה׳ שמים נעשו: ר׳ יוחנן בן נורי אומר אם אמר שלש שלש מכולן יצא: איבעיא להו היכי קתני שלש מן התורה ושלש מן הנביאים ושלש מן הכתובים דהוו תשע ואיכא בינייהו חדא או דלמא אחד מן התורה ואחד מן הנביאים ואחד מן הכתובים דהויין להו שלש ואיכא בינייהו טובא ת״ש דתניא אין פוחתין מעשרה מלכיות מעשרה זכרונות מעשרה שופרות ואם אמר שבע מכולן יצא כנגד שבעה רקיעים רבי יוחנן בן נורי אמר הפוחת לא יפחות משבע ואם אמר שלש מכולן יצא כנגד תורה נביאים וכתובים ואמרי לה כנגד כהנים לוים וישראלים אמר רב הונא אמר שמואל הלכה כר׳ יוחנן בן נורי: **מתני׳** אין מזכירין (זכרון מלכות ושופר) של פורענות מתחיל בתורה ומשלים בנביא ר׳ יוסי אומר אם השלים בתורה יצא: **גמ׳**

וקבעיה בשמיה. לנוותה עם שאר תקנותיו ולהכי תנא תשע תקנות: **מתני׳** סדר ברכות אומר אבות וגבורות כו׳ וקדושת היום ותוקע כו׳. דמלוה בשלש תקיעות של שלש שלש כדתניא לקמן בפירקין (דף לג:): **גמ׳** רחמנא אמר אידכר. כדתניא בברייתא לקמן: לימא תשע דהואיל ואשתני. מלכיות מזכרונות לענין תקיעה שאין תוקעין בהן אשתנו נמי לפחות מהן: בני אלים. לישנא דתקיפי כמו ואת אילי הארץ לקח (יחזקאל יז): הבו לה׳. הזכירו לפניו האיתנים: מפני מה לא נאמר שבתון שבות שהרי פתח בו הכתוב תחילה. והוא בא להזהיר על המלאכה שהיא עיקר וכך יפה לדרוש הואיל והוא ראשון במקרא והשביתה ראשונה לכולם: אני ה׳ אלהיכם. דלעני ולגר תעזוב וסמיך ליה בחדש השביעי זכרון תרועה: אני ה׳ אלהיכם. הוא לשון אני אדון לכם: אף כאן באמצע. והיום תשע ברכות הן ואומרה בחמישית: ירד רבי יוחנן בן ברוקא לפני התיבה. לפי שמלוה להתפלל במקום נמוך קתני ירד: כר׳ יוחנן בן נורי. דמתניתין: לא כך היו נוהגין ביבנה. בימי אבא כשהיתה סנהדרין שם: **מתני׳** אין פוחתין מעשרה מלכיות כו׳: **גמ׳** הנך דכתיב בהו הללוהו בתקע שופר. הנך דהללו אל בקדשו: כנגד עשרת הדברות. דכתיב בהו נמי שופר ולא שמעתיה אלא ראיתיה ביסוד רבינו יצחק בן יהודה: עשרה מאמרות שהעולם נברא בהן. ברא״ש הסנה: בראשית נמי מאמר הוא. ואף על גב דלא כתיב ביה ויאמר יהי שמים כמאן דכתיב דמי דבאמירה נמי איברי ולא בידים דכתיב (תהלים לג) בדבר ה׳ שמים נעשו: היכי קתני. האי דר׳ יוחנן בן נורי האי מכולם דקאמר אמאן קאי אתורה נביאים וכתובים קאי דהא מכולהו אמר כדתנן מתחיל בתורה ומשלים בנביא והכי קאמר אם אמר שלש מן התורה ושלש מן הנביאים ושלש מן הכתובים מכל אחת ואחת יצא ולא פליג אדרבנן אלא אחדא דאינהו אמרי עשרה והיהו אמר תשעה: או דלמא. האי ג׳ ג׳ אמלכיות וזכרונות ושופרות קאי שלש למלכיות ושלש לזכרונות ושלש לשופרות דהוו להו אחת מן התורה ואחת מן הנביאים ואחת מן הכתובים: לא יפחות משבע וכו׳. ואי סלקא דעתך שלש מן התורה ושלש מן הנביאים ושלש מן הכתובים לכל (ג) אם כן שבע נמי שבע מן התורה ושבע מן הנביאים ושבע מן הכתובים הוה ליה רבי יוחנן בן נורי מוסיף: **מתני׳** אין מזכירין זכרון כו׳: גמ׳

רבינו חננאל

סדר ברכות אומר אבות וגבורות כו׳ ואקשינן עלה לר׳ יוחנן בן נורי אם אינו תוקע למלכות למה מזכיר עשר מלכיות לכתחלה ובדיעבד שלש. דתניא אין פוחתין מעשרה מלכות מעשרה זכרונות מעשרה שופרות. ר׳ יוחנן בן נורי אמר אם אמר שלש שלש יצא נימא הואיל ואישתני שאין תוקעין בהן כשם שתוקעין בזכרונות ובשופרות כך אישתני מעשר ולא איפריקא ונדחו דברי ר׳ יוחנן מאחר שלא מצא תשובה. ת״ר מניין שאומרי׳ אבות שנאמר הבו לה׳ בני אלים כלומר בני הגדולים כדכתיב ואת אילי הארץ לקח. גבורות שנאמר הבו לה׳ כבוד ועוז קדושות שנאמר הבו לה׳ כבוד שמו השתחוו לה׳ בהדרת קדש. ומניין שאומרים קדושת היום והוא אתה בחרתנו מכל העמים ומלכיות וזכרונות ושופרות דתניא ר׳ אליעזר אומר שבתון זכרון תרועה גו׳ שבתון זו קדושת היום כו׳. א״ל ר׳ עקיבא מפני מה לא נאמר שבתון שבות שהרי בו פתח הכתוב תחלה אלא שבתון שבות קדשהו בעשיית מלאכה זכרון אלו זכרונות תרועה אלו שופרות מקרא קדש זו קדושת היום. ומנין שאומרים מלכיות עמהן שנאמר והיו לכם לזכרון לפני אלהיכם. (א׳) שאין ת״ל אני ה׳ אלהיכם ולמה עוד כתוב אני ה׳ אלהיכם זה בנה אב כל מקום שנאמרו זכרונות יהיו מלכיות עמהן. הנה מצאנו מן התורה שצריך להזכיר זכרונות שופרות ומלכיות ולקדושת היום עוד באו לפרש היאך סידורו תניא ר׳ אומר קדושת היום שהיא אתה בחרתנו אומרה עם המלכיות בברכה רביעית מה מצאנו כל מקום בשבתות ובימים טובים ברביעית פי׳ אבות. גבורות. קדושת השם ואחריהן קדושת היום וכיון שעמד רבי כר׳ עקיבא דמתניתין הלכת׳ כוותייהו ואפי׳ רשב״ג דפליג על רבי אמר כר׳ עקיבא דמתניתין שהיו נוהגין ביבנה שתוקעין למלכיות והא דתניא לשני ירד ר׳ חנינא בנו של ר׳ יוסי הגלילי ועשה כר׳ עקיבא אוקמה רב חסדא מאי לשני לשנה הבאה והלכה כר׳ עקיבא דאמר אומר אבות וגבורות וקדושת השם וכולל מלכיות עם קדושת היום ותוקע זכרונות ותוקע שופרות ותוקע ואומר עבודה והודאה וברכת כהנים ושים שלום: ירושלמי ר׳ בא בשם ר׳ אבא ב״ר ירמיה בתפלה הוא אומר אלהי דוד ובונה ירושלים ובנביא הוא אומר אלהי דוד ומצמיח קרן ישועה. יום ר״ה שחל להיות בשבת ר׳ אומר פותח בשבת א) וחותם בשבת וי״ט בינתים ר״י בן פזי בשם ריב״ל הלכה כרבי: [מתני׳] אין פוחתין מעשרה מלכיות מעשרה זכרונות מעשרה שופרות הני עשר כנגד מי כנגד עשרה הללו אל בקדשו כו׳ רב יוסף אמר כנגד עשר דברות ר׳ יוחנן אמר כנגד עשר מאמרות והן ויאמר ויאמר דבראשית שבראשית נמי מן המניין כי מאמר הוא שנא׳ בדבר ה׳ שמים נעשו: **ירושלמי** הני עשר מלכיות כנגד עשר קילוסין שאמר דוד בהללויה הללו אל בקדשו וגו׳ עד כל הנשמה תהלל יה עשרה זכרונות כנגד עשרה וידוין שאמר ישעיה רחצו הזכו מה כתיב בתריה למדו היטב דרשו משפט אשרו חמוץ לכו נא ונוכחה: י׳ שופרות כנגד י׳ שופר ואיל ושעיר ר׳ יוחנן בן נורי אמר ג) אם אמר ג׳ מן התורה ג׳ מן הנביאים וג׳ מן הכתובים יצא דהוו להו ט׳ ואיכא ביניהן חדא או דילמא אחת מן התורה אחת מן הנביאים ואחת מן הכתובים ואיכא בינייהו שבע בכל אחת מהן ת״ש דתניא ר׳ יוחנן בן נורי אומר לא יפחות משבע ואם אמר שלש מכולן יצא כנגד תורה נביאים וכתובים ואמרי לה כנגד כהנים

עין משפט נר מצוה

לא א מיי׳ פ״ג מהל׳ שופר הל׳ ז סמג עשין מג טור ש״ע א״ח סי׳ תקצא סעיף א: לב ב טור א״ח סי׳ קיג: לב ג מיי׳ פ״ג מהל׳ שופר הלכה ח טוש״ע א״ח סי׳ תקצא סעיף ד: לג ד מיי׳ שם טור שם: לד ה מיי׳ שם הל׳ ט טוש״ע שם סעיף ה:

מסורת הש״ס

א) מגילה יח., ב) [תוספתא פ״ב], ג) לעיל יט: [וש״נ ע״ש] ביצה ו. כב:, ד) [צ״ל רבי לוי כ״א במגילה כא: ובע״י דהכא], ה) מגילה כא:, ו) [ליתא במגילה], ז) [גי׳ הרי״ף רב המנונא אמר שמואל וגי׳ הרא״ש ר״נ אמר שמואל], ח) [מלכיות זכרונות ושופרות כצ״ל וכ״א בהרי״ף והרא״ש ובמשנה שבירושלמי].

הגהות הב״ח

(א) גמ׳ תניא רבי אומר אני ה׳ אלהיכם וכתיב ובחדש: (ב) שם והאמר רבי חנינא בר כהנא אמר רב מימות עזרא: (ג) רש״י ד״ה לא יפחות כו׳ מן הכתובים לכל אחד ואחד א״כ שבע נמי:

גליון הש״ס

מתני׳ סדר ברכות. עיין סנהדרין דף מט ע״ב תוס׳ ד״ה אף:

תורה אור השלם

א) מזמור לדוד הבו לה׳ בני אלים הבו לה׳ כבוד ועז: [תהלים כט, א]

ב) הבו לה׳ כבוד שמו השתחוו לה׳ בהדרת קדש: [תהלים כט, ב]

ג) דבר אל בני ישראל לאמר בחדש השביעי באחד לחדש יהיה לכם שבתון זכרון תרועה מקרא קדש: [ויקרא כג, כד]

ד) ובקצרכם את קציר ארצכם לא תכלה פאת שדך בקצרך ולקט קצירך לא תלקט לעני ולגר תעזב אתם אני ה׳ אלהיכם: [ויקרא כג, כב]

ה) וביום שמחתכם ובמועדיכם ובראשי חדשכם ותקעתם בחצצרת על עלתיכם ועל זבחי שלמיכם והיו לכם לזכרון לפני אלהיכם אני ה׳ אלהיכם: [במדבר י, י]

ו) הללוהו בתקע שופר הללוהו בנבל וכנור: [תהלים קנ, ג]

ז) בראשית ברא אלהים את השמים ואת הארץ: [בראשית א, א]

ח) בדבר ה׳ שמים נעשו וברוח פיו כל צבאם: [תהלים לג, ו]

ליקוטי רש״י

הבו לה׳. הכינו לה׳ והכינו לו אתם בני אילי הארץ. מכאן שאומרים אבות [תהלים כט א]. הזכירו לפניו את אילי הארץ. **הבו לה׳ כבוד שמו.** סיפיה דקרא בהדרת קודש [מגילה יז:]. **מימות עזרא ואילך לא מצינו אלול מעובר.** דלא איצטריך דמעיקרא סדרינן לירחי דלא ליקלע באד״ו ולא ניצטריך לעבורי מקלקלא ראש השנה כדאמרינן בראש השנה (לעיל יט:) ובמסכת סוכה (מג:) נמי גבי שביעית של ערבה אמרינן לא מיקלע אלול בשבת אלמא אנן הוא דמעיינינן במילתא מעיקרא ומסדרינן לירחי כי היכי דלא מיקלע באד״ו הלכך כיון דיום שלשים של אלול מיקלע בשלשה או בה׳ או בו׳ אי דחית ליה חד יומא בין על ידי עיבור אלול בין על ידי עיבור חדש אחר מיקלע ראש השנה באד״ו ואי מיקלע בשני בשבת דאפשר למידחייה למחר הואיל וברוב השנים לא שכיח לא פרכינן ליה ולעבורי תרי ירחי ולדחייה תרי יומי לא אפשר דקיימא לן במסכת ערכין (ח:) דלא נראה לחכמים לעבר שמנה חדשים בשנה אלא אם כן היתה שנה שלפניה מעוברת וכיון דבסדר החדשים אחד מלא ואחד חסר מיקלע לן תקופה ביום שבעה עשר לר׳ יהודה או בעשרים ושנים לר׳ יוסי אי מעברין עוד תרי ירחי הוו להו שמנה מעוברין [סנהדרין יג.]. ואע״פ שתקנו לא אירע שבאו עדים מן המנחה ולמעלה חוץ מאותה הפעם ועדיין לא נתקנה האי דנקט מימות עזרא משום דבימיו עברוהו דכתיב בעזרא (נחמיה ח) וביום השני ובראש השנה משתעי [ביצה ו.]. **עשרה מאמרות.** ט׳ ויאמר הן ובראשית נמי מאמר הוא שנאמר (תהלים לג) בדבר ה׳ שמים נעשו [אבות פ״ה מ״א].

חשק שלמה על ר״ח א) עי׳ ביצה ח וצ״ע. ב) נראה דחסר כאן וצ״ל אם אמר ג׳ ג׳ מכולן יצא ואבעיא לן היכי קתני שלש וכו׳.

עין משפט
נר מצוה

לה א ב מיי' פ"ג מהל' שופר הלכה ט טור ש"ע א"ח סי' תקצא סעיף ה:
לו ג מיי' שם טור א"ח סי' תקצא:
לז ד ה ו טור א"ח שם:
לח ז ח ט י מיי' שם הל' ח טור א"ח שם:
לט כ [מיי' שם הל' י] טוא"ח סי' תקפה:
מ ל מיי' פ"ג מהל' חנוכה הל' ו טוש"ע א"ח סי' תקפד סעיף א:
מא מ מיי' פ"א מהל' שופר הל' ד טוש"ע א"ח סי' תקפו סעיף כא:
מב נ מיי' שם טוש"ע שם סעיף כג:
מג ס מיי' פ"ב שם הל' ז טוא"ח סי' תקפח:
מד ע פ מיי' שם הלכה ד טוש"ע שם סי' תקפט סעיף ח:

רבינו חננאל

כהנים לוים וישראלים: **אמר** שמואל הלכה כר' יוחנן בן נורי ש"מ אחת מן [התורה ואחת מן] הנביאים ואחת מן הכתובים ומצאנו מפורש בתלמוד א"י הוינן סברין מימר שלש מכל אחת ואחת אשכח תני אפי' שלש מכולן יצא. אין מזכירין של פורענות. מלכות כגון אם לא ביד חזקה ובחמה שפוכה אמלוך עליכם זכרון כגון ויזכור כי בשר המה רוח הולך ולא ישוב שופר כגון תקעו שופר בגבעה חצוצרות ברמה וגו' אבל פורענות של עובדי כוכבים אם בא להזכיר מזכיר כגון ה' אלהים בשופר יתקע והלך בסערות תימן. אין מזכירין של יחיד אפי' לטובה כגון א) זכר לי אלהים לטוב זכרני ה' ברצון [עמך] פקדונות הרי הן כזכרונות [כגון] וה' פקד את שרה כיון דאתו מינה רבים אם בא להזכירו עם הזכרונות מזכיר דברי ר' יוסי ר' יהודה אומר אינו מזכיר שאו שערים ראשיכם וגו' ראשונה שתים שניה שלש דברי ר' יוסי ר' יהודה אומר אחת. מלכיות שיש עמה תרועה כגון ותרועת מלך בו. בחצוצרות וקול שופר הריעו לפני המלך ה'. אומר עם המלכיות ואומר עם השופרות דברי ר' יוסי ר' יהודה אומר אינו אומר אלא עם המלכיות בלבד. משלים בתורה ומשלים בנביא ר' יוסי אומר אם השלים בתורה יצא ואקשי' עלה וכי ר' יוסי דאי עבד קתני והתניא ר' יוסי אומר המשלים בתורה הרי זה זריז ומשובח ותריצה למתני' הכי ר' יוסי אומר מתחיל בתורה ומשלים בתורה ואם השלים בנביא יצא תניא נמי הכי ר' אלעזר בר' יוסי אומר וותיקין היו משלימין בתורה אמר רב הונא תנא שמע ישראל ה' אלהינו ה' אחד מלכות. וכן וידעת היום והשבות אל לבבך כי ה' הוא האלהים וגו' מלכות וכן אתה הראת לדעת כי ה' הוא האלהים וגו' אלו כולן מלכות דברי ר' יוסי ר' יהודה אומר אינה מלכות וקי"ל כר' יוסי: **העובר** לפני התיבה ביו"ט של ר"ה השני מתקיע כלומר במוסף שהוא יורד שליח צבור שנית. אמר ר' יוחנן בשעת גזרה שנו: **ירושלמי** ר' יעקב בר אחא בשם ר' יוחנן מעשה פעם אחת תקעו בתפלת שחרית והיו השונאים סבורים שמא עליהן הן הולכין ועמדו עליהן והרגום. עמדו לתקוע ותיקנו בתפלת המוסף ומיגו דאינון חמיין לון דקרו ק"ש ומצלו וקרו באורייתא ומצלו והדר תקעין אמרין בנימוסיהון אינון עסיקין. ריב"ל שמע להא מהכא שמעה ה' צדק זו ק"ש הקשיבה רנתי זו רנון תורה האזינה תפלתי זו תפלה. בלא שפתי מרמה זו מוסף. מה כתיב בתריה מלפניך משפטי יצא אמר ר' תנחומא קרייה אמרה כן יום תרועה ועשיתם עולה. כלומר התרועה במוסף בעשיית העולה ר' אלעזר בר' יוסי אומר בכל הקרבנות כתיב והקרבתם וכאן כתיב ועשיתם אמר להן הקב"ה כיון שהכנסתם בר"ה לפני בדין ויצאתם בשלום מעלה אני עליכם כאילו נעשיתם בריה חדשה בכל הקרבנות בשעיר הקרב בכל המועדים [כתיב] חטאת ובעצרת כתיב שעיר עזים אחד לכפר עליכם ולא כתיב חטאת אמר להן הקב"ה כיון שקבלתם עליכם עול תורה מעלה אני עליכם כאילו לא חטאתם מימיכם. מדקתני במתני' ובשעת ההלל הראשון מקרא את ההלל מכלל דבר"ה לא אמרי הלל. מ"ט א"ר אבהו אמרו מלאכי השרת לפני הקב"ה רבש"ע מפני מה אין אומרים ישראל לפניך בר"ה וביוה"כ הלל אמר להן אפשר מלך יושב על כסא דין וספרי חיים וספרי מתים נפתחין לפניו וישראל אומרין הלל: **שופר** של ר"ה אין מפקחין עליו את הגל כו' מ"ט דתקיעת שופר דהוא יום תרועה יהיה לכם עשה הוא ואין עשה דוחה עשה ולא תעשה של ר"ה שנאמר בחדש השביעי באחד לחדש יהיה לכם שבתון שבות כלומר שב ולא תעשה וכתיב נמי כל מלאכת עבודה לא תעשו: **ולא** עולין לאילן ולא רוכבין כו' ואקשינן השתא לא עולין לאילן שהוא משום שבות דרבנן דתנן אלו הן משום שבות לא עולין לאילן באלו אמרי'

חשק שלמה על ר"ח א) אולי צ"ל וכ"ל כמו בגמ' זכרה לי אלהי לטובה.

בשעת גזרת המלכות שנו. ואע"פ שבטלה גזרת המלכות לא עבדינן כדמעיקרא אע"ג דזריזין מקדימין למצות דחיישינן שמא יחזור דבר לקלקולו ולפירוש הירושלמי ניחא טפי דמפרש שם שדמו האויבים שנתאספו לתקוע תרועת מלחמה ועמדו עליהם והרגום ולכך תקנו תקיעות וברכות במוסף דכי חזו דקרו בקריאת שמע ומתפללין וקורין בתורה וחוזרין ומתפללין ותוקעין אמרי בנימוסייהו אינון עסקין כלו' בחוקיהם ובתורתם: הא

גמ' מלכיות כגון א) חי אני נאם ה' [אלהים] אם לא ביד חזקה ובזרוע נטויה ובחמה שפוכה אמלוך עליכם ואע"ג א) דא"ר נחמן כל כי האי ריתחא לירתח קודשא בריך הוא עלן וליפרוקינן כיון דבריתחא אמור אדכורי ריתחא בריש שתא לא מדכרינן זכרון כגון ב) ויזכור כי בשר המה וגו' שופר כגון ג) תקעו שופר בגבעה וגו' ב) אבל אם בא לומר מלכות זכרון ושופר של פורענות של עובדי כוכבים אומר מלכות כגון ד) ה' מלך ירגזו עמים וכגון ה) ה' מלך עולם ועד אבדו גוים מארצו זכרון כגון ו) זכור ה' לבני אדום וגו' שופר כגון ז) וה' אלהים בשופר יתקע והלך בסערות תימן וכתיב ח) ה' צבאות יגן עליהם ג) אין מזכירין זכרון של יחיד ואפילו לטובה כגון ט) זכרני ה' ברצון עמך וכגון י) זכרה לי אלהי לטובה ד) פקדונות הרי הן כזכרונות כגון יא) וה' פקד את שרה וכגון יב) פקוד פקדתי אתכם דברי ר' יוסי ר' יהודה אומר ו) אינן כזכרונות ולר' יוסי נהי נמי דפקדונות הרי הן כזכרונות וה' פקד את שרה פקדון דיחיד הוא כיון דאתו רבים מינה כרבים דמיא יג) שאו שערים ראשיכם והנשאו פתחי עולם ויבוא מלך הכבוד מי (הוא) זה מלך הכבוד ה' עזוז וגבור ה' גבור מלחמה שאו שערים ראשיכם ושאו פתחי עולם ויבא מלך הכבוד מי הוא זה מלך הכבוד ה' צבאות הוא מלך הכבוד סלה ז) ראשונה שתים שניה שלש דברי ר' יוסי ר' יהודה אומר ראשונה אחת שניה שתים יד) זמרו אלהים זמרו זמרו למלכנו זמרו כי מלך כל הארץ אלהים שתים דברי ר' יוסי ר' יהודה אומר אחת ושוין טו) במלך אלהים על גוים אלהים ישב על כסא קדשו שהיא אחת זכרון שיש בו תרועה כגון טז) שבתון זכרון תרועה מקרא קדש ח) אומרה עם הזכרונות ואומרה עם השופרות דברי ר' יוסי ר' יהודה אומר אינו אומרה אלא עם הזכרונות [בלבד] מלכות שיש עמו תרועה כגון יז) ה' אלהיו עמו ותרועת מלך בו ט) אומרה עם המלכיות ואומרה עם השופרות דברי ר' יוסי רבי יהודה אומר אינו אומרה אלא עם המלכיות בלבד תרועה שאין עמה לא כלום כגון יח) יום תרועה יהיה לכם אומרה עם השופרות דברי רבי יוסי רבי יהודה אומר אינו אומרה כל עיקר: מתחיל בתורה ומשלים בנביא רבי יוסי אומר אם השלים בתורה יצא: אם השלים דיעבד אין לכתחילה לא והתניא ר' יוסי אומר המשלים בתורה ה"ז משובח אימא משלים והא אם השלים קתני דיעבד אין לכתחילה לא הכי קאמר מתחיל בתורה ומשלים בנביא ר' יוסי אומר משלים בתורה י) ואם השלים בנביא יצא תניא נמי הכי אמר רבי אלעזר ברבי יוסי וותיקין היו משלימין אותה בתורה בשלמא זכרונות ושופרות איכא טובא אלא מלכיות תלת הוא דהויין יז) ה' אלהיו עמו ותרועת מלך בו יט) ויהי בישורון מלך כ) ה' ימלוך לעולם ועד ואנן בעינן עשר וליכא אמר רב הונא ג) ת"ש כא) שמע ישראל ה' אלהינו ה' אחד ח) מלכות דברי ר' יוסי ר' יהודה אומר אינה מלכות כב) וידעת היום והשבות אל לבבך כי ה' הוא האלהים אין עוד ט) מלכות דברי ר' יוסי ר' יהודה אומר אינה מלכות כג) אתה הראת לדעת כי ה' הוא האלהים אין עוד מלבדו י) מלכות דברי ר' יוסי ר' יהודה אומר אינה מלכות:

מתני' כ) העובר לפני התיבה ביו"ט של ר"ה השני מתקיע ובשעת ההלל הראשון מקרא את ההלל: **גמ'** מאי שנא שני מתקיע משום כד) דברוב עם הדרת מלך אי הכי הלל נמי נימא בשני משום דברוב עם הדרת מלך אלא מאי שנא הלל דבראשון משום ל) הזריזין מקדימין למצות תקיעה נמי נעביד בראשון משום הזריזין מקדימין למצות אמר רבי יוחנן בשעת גזרת המלכות שנו: מדקאמר בשעת הלל מכלל דבראש השנה ל) ליכא הלל מ"ט י) אמר רבי אבהו אמרו מלאכי השרת לפני הקב"ה רבש"ע מפני מה אין ישראל אומרים שירה לפניך בר"ה וביום הכפורים אמר להם אפשר מלך יושב על כסא דין וספרי חיים וספרי מתים פתוחין לפניו וישראל אומרים שירה: **מתני'** מ) שופר של ר"ה אין י) מעבירין עליו את התחום ואין מפקחין עליו את הגל לא עולין באילן ולא רוכבין ע"ג בהמה ולא שטין על פני המים ואין חותכין אותו בין בדבר שהוא משום שבות ובין בדבר שהוא משום לא תעשה נ) אבל אם רצה ליתן לתוכו מים או יין יתן ס) ס) אין מעכבין את התנוקות מלתקוע [א] אבל מתעסקין עמהן עד שילמדו ע) והמתעסק לא יצא פ) והשומע מן המתעסק לא יצא: **גמ'** מ"ט שופר עשה הוא ויו"ט עשה ולא תעשה ואין עשה דוחה את לא תעשה ועשה: לא עולין באילן ולא רוכבין על גבי בהמה כו': השתא דרבנן אמרת לא דאורייתא מיבעיא ט) זו ואין צריך לומר זו קתני:
ואין

גמ' דרבים אתו מינה. בהסיא פקידה: **רבי יהודה אומר ראשונה אחת שניה שתים.** מי הוא זה מלך הכבוד לאו ממניינא: **זמרו למלכנו.** לא קא חשיב רבי יהודה דלא אמליכתיה אלא על אומה אחת: **ושוין במלך אלהים כו'.** דלא מנינן ישב על כסא קדשו בלשון מלכות: **אינו אומרה אלא עם הזכרונות.** תרועה לאו לשון שופרות הוא עד דמזכיר שופר בהדיא: **ומתחיל בתורה ומשלים בנביאים.** והכתובים בינתיים: **היו משלימין בתורה.** דהוו להו ארבע מן התורה שלש בתחלה ואחת בסוף: **ואנן בעינן עשר.** וארבע מהן תורה דקאמר רבי יוסי משלים בתורה: **מתני' העובר לפני התיבה כו' השני מתקיע.** המתפלל תפלת מוספין מתקיע: **גמ' בשעת גזרת המלכות שנו.** אויבים גזרו שלא יתקעו והיו אורבין להם כל שש שעות לקץ תפלת שחרית לכך העבירוה לתקוע במוספין: **מתני' שופר של ראש השנה אין מפקחין עליו וכו' ואין מעבירין עליו את התחום.** לילך חוץ לתחום לשמוע תקיעה: **ואין חותכין אותו.** מפרש בגמרא: **אם רצה ליתן לתוכו מים כו'.** ולא אמרינן קא מתקן מנא: **גמ' השתא דרבנן אמרת לא.** איסור תחומין ופיקוח הגל דליכא למגזר אטו דאורייתא אמרת לא: **דאורייתא.** רוכבין דליכא למימר שמא יחתוך זמורה ועולה באילן דליכא למימר שמא יתלוש דאורייתא מיבעיא ויש גמגום בדבר ונראה בעיני דלא גרסינן לה: ואין

מסורת הש"ס

א) סנהדרין דף קה., ב) [תוספ' פ"ב], ג) ס"א תנא וכן הגי' בהרא"ש, ד) [תוספתא פרק ב], ה) [פסחים ד. יומא כח.], ו) ערכין י:, ז) גי' הרי"ף והרא"ש אין מפקחין קודם אין מעבירין כגי' רש"י, ח) עירובין מ: ערכין ג., ט) [לקמן לג. עירובין צו. יבמות יג: כתובות נח. נדרים יד: הוריות ב: כריתות יז:].

הגהות הגר"א

[א] במשנה מלתקוע ומתעסקין עמהן כו'. כצ"ל (וכ"ה ברי"ף ורא"ש).

תורה אור השלם

א) חַי אָנִי נְאֻם אֲדֹנָי יְיָ אִם לֹא בְּיָד חֲזָקָה וּבִזְרוֹעַ נְטוּיָה וּבְחֵמָה שְׁפוּכָה אֶמְלוֹךְ עֲלֵיכֶם: [יחזקאל כ, לג]
ב) וַיִּזְכֹּר כִּי בָשָׂר הֵמָּה רוּחַ הוֹלֵךְ וְלֹא יָשׁוּב: [תהלים עח, לט]
ג) תִּקְעוּ שׁוֹפָר בַּגִּבְעָה חֲצֹצְרָה בָּרָמָה הָרִיעוּ בֵּית אָוֶן אַחֲרֶיךָ בִּנְיָמִין: [הושע ה, ח]
ד) יְיָ מָלָךְ יִרְגְּזוּ עַמִּים יֹשֵׁב כְּרוּבִים תָּנוּט הָאָרֶץ: [תהלים צט, א]
ה) יְיָ מֶלֶךְ עוֹלָם וָעֶד אָבְדוּ גוֹיִם מֵאַרְצוֹ: [תהלים י, טז]
ו) זְכֹר יְיָ לִבְנֵי אֱדוֹם אֵת יוֹם יְרוּשָׁלָיִם הָאֹמְרִים עָרוּ עָרוּ עַד הַיְסוֹד בָּהּ: [תהלים קלז, ז]
ז) וַייָ עֲלֵיהֶם יֵרָאֶה וְיָצָא כַבָּרָק חִצּוֹ וַאדֹנָי יְיָ בַּשּׁוֹפָר יִתְקָע וְהָלַךְ בְּסַעֲרוֹת תֵּימָן: [זכריה ט, יד]
ח) יְיָ צְבָאוֹת יָגֵן עֲלֵיהֶם וְאָכְלוּ וְכָבְשׁוּ אַבְנֵי קֶלַע וְשָׁתוּ הָמוּ כְּמוֹ יָיִן וּמָלְאוּ כַּמִּזְרָק כְּזָוִיּוֹת מִזְבֵּחַ: [זכריה ט, טו]
ט) זָכְרֵנִי יְיָ בִּרְצוֹן עַמֶּךָ פָּקְדֵנִי בִּישׁוּעָתֶךָ: [תהלים קו, ד]
י) זָכְרָה לִּי אֱלֹהַי לְטוֹבָה כֹּל אֲשֶׁר עָשִׂיתִי עַל הָעָם הַזֶּה: [נחמיה ה, יט]
יא) וַייָ פָּקַד אֶת שָׂרָה כַּאֲשֶׁר אָמָר וַיַּעַשׂ יְיָ לְשָׂרָה כַּאֲשֶׁר דִּבֵּר: [בראשית כא, א]
יב) לֵךְ וְאָסַפְתָּ אֶת זִקְנֵי יִשְׂרָאֵל וְאָמַרְתָּ אֲלֵהֶם יְיָ אֱלֹהֵי אֲבֹתֵיכֶם נִרְאָה אֵלַי אֱלֹהֵי אַבְרָהָם יִצְחָק וְיַעֲקֹב לֵאמֹר פָּקֹד פָּקַדְתִּי אֶתְכֶם וְאֶת הֶעָשׂוּי לָכֶם בְּמִצְרָיִם: [שמות ג, טז]
יג) שְׂאוּ שְׁעָרִים רָאשֵׁיכֶם וְהִנָּשְׂאוּ פִּתְחֵי עוֹלָם וְיָבוֹא מֶלֶךְ הַכָּבוֹד: מִי זֶה מֶלֶךְ הַכָּבוֹד יְיָ עִזּוּז וְגִבּוֹר יְיָ גִּבּוֹר מִלְחָמָה: שְׂאוּ שְׁעָרִים רָאשֵׁיכֶם וּשְׂאוּ פִּתְחֵי עוֹלָם וְיָבֹא מֶלֶךְ הַכָּבוֹד: מִי הוּא זֶה מֶלֶךְ הַכָּבוֹד יְיָ צְבָאוֹת הוּא מֶלֶךְ הַכָּבוֹד סֶלָה: [תהלים כד, ז-י]
יד) זַמְּרוּ אֱלֹהִים זַמֵּרוּ זַמְּרוּ לְמַלְכֵּנוּ זַמֵּרוּ: כִּי מֶלֶךְ כָּל הָאָרֶץ אֱלֹהִים זַמְּרוּ מַשְׂכִּיל: [תהלים מז, ז-ח]
טו) מָלַךְ אֱלֹהִים עַל גּוֹיִם אֱלֹהִים יָשַׁב עַל כִּסֵּא קָדְשׁוֹ: [תהלים מז, ט]
טז) דַּבֵּר אֶל בְּנֵי יִשְׂרָאֵל לֵאמֹר בַּחֹדֶשׁ הַשְּׁבִיעִי בְּאֶחָד לַחֹדֶשׁ יִהְיֶה לָכֶם שַׁבָּתוֹן זִכְרוֹן תְּרוּעָה מִקְרָא קֹדֶשׁ: [ויקרא כג, כד]
יז) לֹא הִבִּיט אָוֶן בְּיַעֲקֹב וְלֹא רָאָה עָמָל בְּיִשְׂרָאֵל יְיָ אֱלֹהָיו עִמּוֹ וּתְרוּעַת מֶלֶךְ בּוֹ: [במדבר כג, כא]
יח) וּבַחֹדֶשׁ הַשְּׁבִיעִי בְּאֶחָד לַחֹדֶשׁ מִקְרָא קֹדֶשׁ יִהְיֶה לָכֶם כָּל מְלֶאכֶת עֲבֹדָה לֹא תַעֲשׂוּ יוֹם תְּרוּעָה יִהְיֶה לָכֶם: [במדבר כט, א]
יט) וַיְהִי בִישֻׁרוּן מֶלֶךְ בְּהִתְאַסֵּף רָאשֵׁי עָם יַחַד שִׁבְטֵי יִשְׂרָאֵל: [דברים לג, ה]
כ) יְיָ יִמְלֹךְ לְעֹלָם וָעֶד: [שמות טו, יח]
כא) שְׁמַע יִשְׂרָאֵל יְיָ אֱלֹהֵינוּ יְיָ אֶחָד: [דברים ו, ד]
כב) וְיָדַעְתָּ הַיּוֹם וַהֲשֵׁבֹתָ אֶל לְבָבֶךָ כִּי יְיָ הוּא הָאֱלֹהִים בַּשָּׁמַיִם מִמַּעַל וְעַל הָאָרֶץ מִתָּחַת אֵין עוֹד: [דברים ד, לט]
כג) אַתָּה הָרְאֵתָ לָדַעַת כִּי יְיָ הוּא הָאֱלֹהִים אֵין עוֹד מִלְּבַדּוֹ: [דברים ד, לה]
כד) בְּרָב עָם הַדְרַת מֶלֶךְ וּבְאֶפֶס לְאֹם מְחִתַּת רָזוֹן: [משלי יד, כח]

ליקוטי רש"י

כל כי האי ריתחא. מי יתן ויבא לנו זה הכעס בחימה שפוכה אמלוך עליכם שיגאלנו בעל כרחנו וימלוך עלינו [סנהדרין קה.]. **תקעו שופר.** שיזהרו להשמר מן הגייסות שיבאו עליה' [הושע ה ח]. **ירגזו עמים.** מדבר במלחמת גוג ומגוג ואז ירגזו עמים כענין שנאמר (זכריה יד) ואת תהיה המגפה וגו' [תהלים צט א]. **וותיקין.** אנשים ענוים ומחבבין מלוה [ברכות ט:]. **אין מעכבין.** אין בית דין מוחין למונען מלתקוע ביום טוב של ראש השנה דבעו לחנוכינהו במלות [עירובין צו:].

Gemara The Gemara cites examples of verses that deal with punishment and which should not be inserted in the Rosh Hashanah prayer:

מַלְכִיּוֹת כְּגוֹן ,,חַי־אָנִי נְאֻם ה׳ אֱלֹהִים אִם־לֹא בְּיָד חֲזָקָה וּבִזְרוֹעַ נְטוּיָה וּבְחֵמָה שְׁפוּכָה אֶמְלוֹךְ עֲלֵיכֶם״ – Concerning **Kingship, an example is:** ***As I live – declares the Lord HASHEM/ELOHIM – with a strong hand and with an outstreched arm and with outpoured fury will I reign over you!***[1] וְאַף עַל גַּב דְּאָמַר רַב נַחְמָן – **And even though Rav Nachman said:** כָּל כִּי הַאי רִיתְחָא לִירְתַּח קוּדְשָׁא בְּרִיךְ הוּא עֲלָן וְלִיפְרוֹקִינַן – **"O that the Holy One, Blessed is He, would bring all this wrath upon us and redeem us,"**[2] כֵּיוָן דִּבְרִיתְחָא אָמוּר – **since [the verse] is stated with wrath,** אַדְכּוּרֵי רִיתְחָא בְּרֵישׁ שַׁתָּא לֹא מַדְכְּרִינַן – **we do not invoke any mention of wrath on Rosh Hashanah.**

זִכְרוֹן כְּגוֹן ,,וַיִּזְכֹּר כִּי־בָשָׂר הֵמָּה וגו׳ ״ – Concerning **Remembrance, an example is:** ***He*** (God) ***remembered that they were [but] flesh*** **etc.** *[a fleeting breath, not returning].*[3]

שׁוֹפָר כְּגוֹן ,,תִּקְעוּ שׁוֹפָר בַּגִּבְעָה״ וגו׳ – Concerning **Shofar, an example is:** ***Sound a shofar in Giv'ah,*** *a trumpet in Ramah; shout in Beth-aven: "[The enemy is coming] after you, Benjamin!"*[4]

The Gemara now states a qualification to the Mishnah's rule:

אֲבָל אִם בָּא לוֹמַר מַלְכוּת זִכָּרוֹן וְשׁוֹפָר שֶׁל פּוּרְעָנוּת שֶׁל עוֹבְדֵי כּוֹכָבִים – **But if one comes to recite** a verse of **Kingship, Remembrance or Shofar that deals with the punishment of idolaters,** אוֹמֵר – **he may recite** it. מַלְכוּת כְּגוֹן ,,ה׳ מָלָךְ יִרְגְּזוּ עַמִּים״ – Concerning **Kingship, an example is:** ***Hashem has reigned; let peoples tremble.***[5] וּכְגוֹן ,,ה׳ מֶלֶךְ עוֹלָם וָעֶד אָבְדוּ גוֹיִם מֵאַרְצוֹ״ – **Another example is:** ***Hashem is King forever and ever, [when] the nations have perished from His earth.***[6] זִכָּרוֹן כְּגוֹן ,,זְכֹר ה׳ לִבְנֵי אֱדוֹם וגו׳ ״ – Concerning **Remembrance, an example is:** ***Remember, Hashem, for the offspring of Edom*** **etc.** *[the day of Jerusalem].*[7] שׁוֹפָר כְּגוֹן ,,וַה׳ אֱלֹהִים בַּשּׁוֹפָר יִתְקָע וְהָלַךְ בְּסַעֲרוֹת תֵּימָן״ – Concerning **Shofar, an example is:** ***And the Lord HASHEM/ELOHIM will blow with a shofar and go forth in southern tempests.***[8] וּכְתִיב ,,ה׳ צְבָאוֹת יָגֵן עֲלֵיהֶם״ – **And it is written** in the next verse: ***HASHEM, Master of Legions, will protect them.***[9]

Having discussed the Mishnah's rule, the Gemara adds another restriction on the choice of verses:

אֵין מַזְכִּירִין זִכָּרוֹן שֶׁל יָחִיד – **We do not mention a Remembrance pertaining to a private individual,** וַאֲפִילוּ לְטוֹבָה – **even** if it is **a beneficial** Remembrance.[10] כְּגוֹן ,,זָכְרֵנִי ה׳ בִּרְצוֹן עַמֶּךָ״ – **An example of a private remembrance is:** ***Remember me, Hashem, when You show Your people favor.***[11] וּכְגוֹן ,,זָכְרָה־לִּי אֱלֹהַי לְטוֹבָה״ – **Another example is:** ***Remember for me beneficially, O my God,*** *all that I did for this people.*[12]

A related Baraisa is cited:[13]

פִּקְדוֹנוֹת הֲרֵי הֵן כְּזִכְרוֹנוֹת – [VERSES] OF "TAKING NOTE" ARE LIKE [VERSES] OF REMEMBRANCE.[14] כְּגוֹן ,,וַה׳ פָּקַד אֶת־שָׂרָה״ – AN EXAMPLE IS: *AND HASHEM TOOK NOTE OF SARAH.*[15] וּכְגוֹן ,,פָּקֹד פָּקַדְתִּי אֶתְכֶם״ – ANOTHER EXAMPLE IS: *I HAVE TAKEN NOTE OF YOU.*[16] דִּבְרֵי רַבִּי יוֹסֵי – These are THE WORDS OF R' YOSE. רַבִּי יְהוּדָה אוֹמֵר – R' YEHUDAH SAYS: אֵינָן כְּזִכְרוֹנוֹת – THESE ARE NOT LIKE [VERSES] OF REMEMBRANCE.[17]

The Gemara interjects a question:

וּלְרַבִּי יוֹסֵי – **According to R' Yose,** נְהִי נַמִּי דְּפִקְדוֹנוֹת הֲרֵי הֵן כְּזִכְרוֹנוֹת – **even if it is granted that [verses] of taking note are like [verses] of Remembrance,** ,,וַה׳ פָּקַד אֶת שָׂרָה״ פִּקְדוֹן דְּיָחִיד הוּא – the verse ***and Hashem took note of Sarah*** **is** a reference to **a "taking note" of a private individual!** We stated above that remembrances of private individuals are not valid. – ? –

The Gemara answers:

כֵּיוָן דְּאָתוּ רַבִּים מִינָּהּ – **Since a multitude descended from [Sarah]** as a result of this "taking note," כְּרַבִּים דָּמְיָא – **it is** considered **like** a "taking note" of **a multitude.**[18]

The citation of the Baraisa continues:

,,שְׂאוּ שְׁעָרִים רָאשֵׁיכֶם וְהִנָּשְׂאוּ פִּתְחֵי עוֹלָם וְיָבוֹא מֶלֶךְ הַכָּבוֹד – Concerning the series of verses:[19] *RAISE UP YOUR HEADS, O GATES, AND BE UPLIFTED, YOU EVERLASTING ENTRANCES, SO THAT THE KING OF GLORY MAY ENTER.* מִי זֶה מֶלֶךְ הַכָּבוֹד ה׳ עִזּוּז וְגִבּוֹר ה׳ גִּבּוֹר מִלְחָמָה – *WHO IS THIS KING OF GLORY? HASHEM, THE MIGHTY AND STRONG; HASHEM, THE STRONG IN BATTLE.* שְׂאוּ שְׁעָרִים רָאשֵׁיכֶם וּשְׂאוּ פִּתְחֵי עוֹלָם וְיָבֹא מֶלֶךְ הַכָּבוֹד – *RAISE UP YOUR HEADS, O GATES, AND RAISE UP, YOU EVERLASTING ENTRANCES, SO THAT THE KING OF GLORY MAY ENTER.* מִי הוּא זֶה מֶלֶךְ הַכָּבוֹד ה׳ צְבָאוֹת הוּא מֶלֶךְ הַכָּבוֹד סֶלָה״ – *WHO IS HE, THIS KING OF GLORY? HASHEM, MASTER OF LEGIONS, HE IS THE KING OF GLORY, SELAH!* רִאשׁוֹנָה שְׁתַּיִם – THE FIRST [CLAUSE] in this series counts as TWO mentions of Kingship, שְׁנִיָּה שָׁלֹשׁ – and THE SECOND [CLAUSE] as THREE

NOTES

1. *Ezekiel* 20:33.

2. An earlier verse in the passage (v. 32) states that the House of Israel yearned to be like the pagan nations of the world. In the verse cited here, God responded that He would force His rulership upon them. To this Rav Nachman exclaimed: Would that God indeed pour out upon us all the fury mentioned here and thereby bring about the redemption and reign over us, even against our wishes! (*Rashi* to *Sanhedrin* 105a).

3. *Psalms* 78:39. The verse describes God's reaction to the iniquities of the Jews in the Wilderness after the Exodus from Egypt.

4. *Hosea* 5:8.

5. *Psalms* 99:1.

6. Ibid. 10:16.

7. Ibid. 137:7.

8. *Zechariah* 9:14.

9. I.e. when He goes forth to punish the idolaters, God will protect His people. In the Shofaros liturgy, we recite the preceding verse and this additional segment as well. The reason for the addition is that it would be improper to mention a verse referring to the punishment of idolaters unless it also contains a blessing for the righteous. All the other verses cited here allude to some benefit that will accrue to the righteous when God exacts retribution from their enemies. In the latter case, where the verse itself speaks purely of retribution, we add the beginning of the next verse which mentions the protection of the righteous (see *Turei Even;* cf. *Rashash, Meromei Sadeh*).

10. [We recite only verses that discuss God's remembrance of the Jewish nation or the world.]

11. *Psalms* 106:4.

12. *Nehemiah* 5:19.

13. See *Tosefta* 2:11.

14. I.e. a verse containing an expression of פִּקְדוֹן, *taking note,* may be used as one of the ten verses of זִכָּרוֹן, *remembrance.* Although פִּקְדוֹן has a different root than זִכָּרוֹן, its meaning is sufficiently similar for it to be included in the Remembrance passage. See below.

15. *Genesis* 21:1.

16. *Exodus* 3:16.

17. There is a subtle, yet critical, difference betweeen זִכָּרוֹן, *remembrance,* and פִּקְדוֹן, *taking note.* The root זכר refers to a constant, ongoing remembrance. By contrast, the root פקד refers to taking note at one specific moment. R' Yehudah holds that on Rosh Hashanah we must invoke verses that employ the term זכר, for we implore God to *constantly* remember us for good (*Maharsha;* cf. *Malbim, Genesis* 21:1; *Aruch LaNer;* see also *Ohr Same'ach, Hil. Shofar* 3:9 and 11a note 50).

18. Hashem's "taking note" of Sarah resulted in the birth of Isaac. Since the entire Jewish Nation descends from him, this was, in effect, a remembrance of the entire nation (*Aruch LaNer*).

19. *Psalms* 24:7-10.

בשעת גזרת המלכות שנו. ולע"פ שבטלה גזרת המלכות לא עבדינן כדמעיקרא לע"ג דזריזין מקדימין למצות דחיישינן שמא יחזור דבר לקלקולו ולפירוש הירושלמי ניחא טפי דמפרש שם שדמו האויבים שנתאספו לתקוע תרועת מלחמה ועמדו עליהם והרגום ולכך תקנו תקיעות וברכות במוסף דלי הוו דקרו בקריאת שמע ומתפללין וקורין בתורה וחוזרין ומתפללין ותוקעין אמרי בנימוסייהו אינון עסקין כלו' בחוקיהם ובתורתם: הא

גמ' מלכיות כגון א) חי אני נאם ה' [אלהים] אם לא ביד חזקה ובזרוע נטויה ובחמה שפוכה אמלוך עליכם ואע"ג דא"ר נחמן כל כי האי ריתחא לירתח קודשא בריך הוא עלן וליפרוקינן כיון דבריתחא אמור אדכורי ריתחא בריש שתא לא מדכרינן זכרון כגון ב) ויזכור כי בשר המה וגו' שופר כגון ג) תקעו שופר בגבעה וגו' אבל אם בא לומר מלכות זכרון ושופר של פורענות של עובדי כוכבים אומר מלכות כגון ד) ה' מלך ירגזו עמים וכגון ה) ה' מלך עולם ועד אבדו גוים מארצו זכרון כגון ו) זכור ה' לבני אדום וגו' שופר כגון ז) וה' אלהים בשופר יתקע והלך בסערות תימן וכתיב ח) ה' צבאות יגן עליהם אין מזכירין זכרון של יחיד ואפילו לטובה כגון ט) זכרני ה' ברצון עמך וכגון י) זכרה לי אלהי לטובה פקדונות הרי הן כזכרונות כגון יא) וה' פקד את שרה וכגון יב) פקוד פקדתי אתכם דברי ר' יוסי ר' יהודה אומר אינן כזכרונות ולר' יוסי נהי נמי דפקדונות הרי הן כזכרונות וה' פקד את שרה פקדון דיחיד הוא כיון דאתו רבים מינה כרבים דמיא יג) שאו שערים ראשיכם והנשאו פתחי עולם ויבוא מלך הכבוד מי (הוא) זה מלך הכבוד ה' עזוז וגבור ה' גבור מלחמה שאו שערים ראשיכם ושאו פתחי עולם ויבא מלך הכבוד מי הוא זה מלך הכבוד ה' צבאות הוא מלך הכבוד סלה ראשונה שתים שניה שלש דברי ר' יוסי ר' יהודה אומר ראשונה אחת שניה שתים יד) זמרו אלהים זמרו זמרו למלכנו זמרו כי מלך כל הארץ אלהים שתים דברי ר' יוסי ר' יהודה אומר אחת ושוין טו) במלך אלהים על גוים אלהים ישב על כסא קדשו שהיא אחת זכרון שיש בו תרועה כגון טז) שבתון זכרון תרועה מקרא קדש אומרה עם הזכרונות ואומרה עם השופרות דברי ר' יוסי ר' יהודה אומר אינו אומרה אלא עם הזכרונות [בלבד] מלכות שיש עמו תרועה כגון יז) ה' אלהיו עמו ותרועת מלך בו אומרה עם המלכיות ואומרה עם השופרות דברי ר' יוסי רבי יהודה אומר אינו אומרה אלא עם המלכיות בלבד תרועה שאין עמה לא כלום כגון יח) יום תרועה יהיה לכם אומרה עם השופרות דברי רבי יוסי רבי יהודה אומר אינו אומרה כל עיקר: מתחיל בתורה ומשלים בנביא רבי יוסי אומר אם השלים בתורה יצא: אם השלים דיעבד אין לכתחילה לא והתניא ר' יוסי אומר המשלים בתורה ה"ז משובח אימא משלים והא אם השלים קתני דיעבד אין לכתחילה לא הכי קאמר מתחיל בתורה ומשלים בנביא ר' יוסי אומר משלים בתורה ואם השלים בנביא יצא תניא נמי הכי אמר רבי אלעזר ברבי יוסי וותיקין היו משלימין אותה בתורה בשלמא זכרונות ושופרות איכא טובא אלא מלכיות תלת הוא דהויין ה' אלהיו עמו ותרועת מלך בו יט) ויהי בישורון מלך כ) ה' ימלוך לעולם ועד ואנן בעינן עשר וליכא אמר רב הונא ת"ש כא) שמע ישראל ה' אלהינו ה' אחד מלכות דברי ר' יוסי ר' יהודה אומר אינה מלכות כב) וידעת היום והשבות אל לבבך כי ה' הוא האלהים אין עוד מלכות דברי ר' יוסי ר' יהודה אומר אינה מלכות כג) אתה הראת לדעת כי ה' הוא האלהים אין עוד מלבדו מלכות דברי ר' יוסי ר' יהודה אומר אינה מלכות:

מתני' העובר לפני התיבה ביו"ט של ר"ה השני מתקיע ובשעת ההלל הראשון מקרא את ההלל: **גמ'** מאי שנא שני מתקיע משום כד) ברוב עם הדרת מלך אי הכי הלל נמי נימא בשני משום ברוב עם הדרת מלך אלא מאי שנא הלל דבראשון משום זריזין מקדימין למצות תקיעה נמי נעביד בראשון משום זריזין מקדימין למצות אמר רבי יוחנן בשעת גזרת המלכות שנו: מדקאמר בשעת ההלל מכלל דבראש השנה ליכא הלל מ"ט אמר רבי אבהו אמרו מלאכי השרת לפני הקב"ה רבש"ע מפני מה אין ישראל אומרים שירה לפניך בר"ה וביום הכפורים אמר להם אפשר מלך יושב על כסא דין וספרי חיים וספרי מתים פתוחין לפניו וישראל אומרים שירה: **מתני'** שופר של ר"ה אין מעבירין עליו את התחום ואין מפקחין עליו את הגל לא עולין באילן ולא רוכבין ע"ג בהמה ולא שטין על פני המים ואין חותכין אותו בין בדבר שהוא משום שבות ובין בדבר שהוא משום לא תעשה אבל אם רצה ליתן לתוכו מים או יין יתן אין מעכבין את התנוקות מלתקוע [א] אבל מתעסקין עמהן עד שילמדו והמתעסק לא יצא והשומע מן המתעסק לא יצא: **גמ'** מ"ט שופר עשה הוא ויו"ט עשה ולא תעשה ואין עשה דוחה את לא תעשה ועשה: לא עולין באילן ולא רוכבין על גבי בהמה כו': השתא דרבנן אמרת לא דאורייתא מיבעיא ט) זו ואין צריך לומר זו קתני: ואין

רש"י

גמ' דרבים אתו מינה. בההיא פקידה: רבי יהודה אומר ראשונה אחת שניה שתים. מי הוא זה מלך הכבוד לאו ממניינא: זמרו למלכנו. לא קא חשיב רבי יהודה דלא אמליכתיה אלא על אומה אחת: ושוין במלך אלהים כו'. דלא מנינן ישב על כסא קדשו בלשון מלכות: אינו אומרה אלא עם הזכרונות. תרועה לאו לשון שופרות הוא עד דמזכיר שופר בהדיא: ומתחיל בתורה ומשלים בנביאים. והכתובים בינתיים: היו משלימין בתורה. דהוו להו ארבע מן התורה שלש בתחלה ואחת בסוף: ואנן בעינן עשר. וארבע מהן תורה דקאמר רבי יוסי משלים בתורה: מתני' העובר לפני התיבה כו' השני מתקיע. המתפלל תפלת מוספין מתקיע: גמ' בשעת גזרת המלכות שנו. אויבים גזרו שלא יתקעו והיו אורבין להם כל שש שעות לקן תפלת שחרית לכך העבירוה לתקוע במוספין: מתני' שופר של ראש השנה אין מפקחין עליו וכו' ואין מעבירין עליו את התחום. לילך חוץ לתחום לשמוע תקיעה: ואין חותכין אותו. מפרש בגמרא: אם רצה ליתן לתוכו מים כו'. ולא אמרינן קא מתקן מנא: גמ' השתא דרבנן אמרת לא. איסור תחומין ופיקוח הגל דליכא למגזר אטו דאורייתא אמרת לא: דאורייתא. רוכבין דאיכא למימר שמא יחתוך זמורה ועולה באילן דאיכא למימר שמא יתלוש דאורייתא מיבעיא ויש גמגום בדבר ונראה בעיני דלא גרסינן לה: ואין

עין משפט נר מצוה

לה א ב מיי' פ"ג מהל' שופר הלכה ט טור ש"ע א"ח סי' תקצא סעיף ה:
לו ג מיי' שם טור א"ח סי' תקצא:
לז ד ה ו טור א"ח שם:
לח ז ח ט י מיי' שם הל' ח טור א"ח שם:
לט כ [מיי' שם הל' י] טוא"ח סי' תקפה:
מ ל מיי' פ"ג מהל' חנוכה הל' ו טוש"ע א"ח סי' תקפד סעיף א:
מא מ מיי' פ"א מהל' שופר הל' ד טוש"ע א"ח סי' תקפו סעיף כא:
מב נ מיי' שם טוש"ע שם סעיף כג:
מג ס מיי' פ"ב שם הל' ז טוא"ח סי' תקפח:
מד ע פ מיי' שם הלכה ד טוש"ע שם סי' תקפט סעיף ח:

רבינו חננאל

כהנים לוים וישראלים: אמר שמואל הלכה כר' יוחנן בן נורי ש"מ אחת מן [התורה ואחת מן] הנביאים ואחת מן הכתובים ומצאנו מפורש בתלמוד א"י הוינן סברין מימר שלש מכל אחת ואחת אשכח תני אפי' שלש מכולן יצא. אין מזכירין של פורענות. מלכות כגון אם לא ביד חזקה ובחמה שפוכה אמלוך עליכם זכרון כגון ויזכור כי בשר המה רוח הולך ולא ישוב שופר כגון תקעו שופר בגבעה חצוצרות ברמה וגו' אבל פורענות של עובדי כוכבים אם בא להזכיר מזכיר כגון ה' אלהים בשופר יתקע והלך בסערות תימן. אין מזכירין של יחיד אפי' לטובה כגון א) זכר לי אלהים לטוב זכרני ה' ברצון [עמך] פקדונות הרי הן כזכרונות [כגון] וה' פקד את שרה כיון דאתו מינה רבים אם בא להזכירו עם הזכרונות מזכיר דברי ר' יוסי ר' יהודה אומר אינו מזכיר שאו שערים ראשיכם וגו' ראשונה שתים שניה שלש דברי ר' יוסי ר' יהודה אומר אחת. מלכיות שיש עמה תרועה כגון ותרועת מלך בו. בחצוצרות וקול שופר הריעו לפני המלך ה'. אומר עם המלכיות ואומר עם השופרות דברי ר' יוסי ר' יהודה אומר אינו אומר אלא עם המלכיות בלבד. משלים בתורה ומשלים בנביא ר' יוסי אומר אם השלים בתורה יצא ואקשי' עלה וכי ר' יוסי דאי עבד קתני והתניא ר' יוסי אומר המשלים בתורה הרי זה זריז ומשובח ותריצה למתני' הכי ר' יוסי אומר מתחיל בתורה ומשלים בתורה ואם השלים בנביא יצא תניא נמי הכי ר' אלעזר בר' יוסי אומר וותיקין היו משלימין בתורה אמר רב הונא תנא שמע ישראל ה' אלהינו ה' אחד מלכות. וכן וידעת היום והשבות אל לבבך כי ה' הוא האלהים וגו' מלכות וכן אתה הראת לדעת כי ה' הוא האלהים וגו' אלו כולן מלכות דברי ר' יוסי ר' יהודה אומר אינה מלכות וקי"ל כר' יוסי: **העובר** לפני התיבה ביו"ט של ר"ה השני מתקיע כלומר במוסף שהוא יורד שליח צבור שנית. אמר ר' יוחנן בשעת גזרה שנו: **ירושלמי** ר' יעקב בר אחא בשם ר' יוחנן מעשה פעם אחת תקעו בתפלת שחרית והיו השונאים סבורים שמא עליהן הן הולכין ועמדו עליהן והרגום. עמדו לתקוע ותיקנו בתפלת המוסף ומיגו דאינון חמיין לון דקרו ק"ש ומצלו וקרו באורייתא ומצלו והדר תקעין אמרין בנימוסיהון אינון עסיקין. ריב"ל שמע להא מהכא שמעה ה' צדק זו ק"ש הקשיבה רנתי זו רנון תורה האזינה תפלתי זו תפלה. בלא שפתי מרמה זו מוסף. מה כתיב בתריה מלפניך משפטי יצא אמר ר' תנחומא קרייה אמרה כן יום תרועה ועשיתם עולה. כלומר התרועה במוסף בעשיית העולה ר' אלעזר בר' יוסי אומר בכל הקרבנות כתיב והקרבתם וכאן כתיב ועשיתם אמר להן הקב"ה כיון שהכנסתם בר"ה לפני בדין ויצאתם בשלום מעלה אני עליכם כאילו נעשיתם בריה חדשה בכל הקרבנות בשעיר הקרב בכל המועדים [כתיב] חטאת ובעצרת כתיב שעיר עזים אחד לכפר עליכם ולא כתיב חטאת אמר להן הקב"ה כיון שקבלתם עליכם עול תורה מעלה אני עליכם כאילו לא חטאתם מימיכם. מדקתני במתני' ובשעת ההלל הראשון מקרא את ההלל מכלל דבר"ה לא אמרי הלל. מ"ט א"ר אבהו אמרו מלאכי השרת לפני הקב"ה רבש"ע מפני מה אין אומרים ישראל לפניך בר"ה וביוה"כ הלל אמר להן אפשר מלך יושב על כסא דין וספרי חיים וספרי מתים פתוחין ואומרין הלל: **שופר** של ר"ה אין מפקחין עליו את הגל כו' מ"ט דתקיעת שופר דהוא יום תרועה עשה ואין עשה דוחה עשה ולא תעשה של ר"ה שנאמר בחדש השביעי באחד לחדש יהיה לכם שבתון שבות כלומר שב ולא תעשה וכתיב נמי כל מלאכת עבודה לא תעשו: **ולא** עולין לאילן ולא רוכבין כו' ואקשינן השתא לא עולין לאילן שהוא משום שבות דרבנן דתנן אלו הן משום שבות לא עולין לאילן באלו אמרי'

חשק שלמה על ר"ח א) אולי טס"ה וצ"ל כמו בגמ' זכרה לי אלהי לטובה.

מסורת הש"ס

א) סנהדרין דף קה., ב) [תוספ' פ"ב], ג) ס"א תנא וכן הגי' בהרא"ש, ד) [תוספתא פרק ב], ה) [פסחים ד. יומא כח:], ו) ערכין יב:, ז) גי' הרי"ף והרא"ש אין מפקחין קודם אין מעבירין בכי' רש"י, ח) עירובין לו: ערכין ג:, ט) [לקמן לג.] עירובין עו. יבמות יג. כתובות נח. מכות יז: הוריות ב: כריתות יח:

הגהות הגר"א

[א] במשנה מלתקוע ומתעסקין עמהן כו'. כצ"ל (וכ"ה ברי"ף ורא"ש):

תורה אור השלם

א) חַי אָנִי נְאֻם אֲדֹנָי יְיָ אִם לֹא בְּיָד חֲזָקָה וּבִזְרוֹעַ נְטוּיָה וּבְחֵמָה שְׁפוּכָה אֶמְלוֹךְ עֲלֵיכֶם: [יחזקאל כ, לג]
ב) וַיִּזְכֹּר כִּי בָשָׂר הֵמָּה רוּחַ הוֹלֵךְ וְלֹא יָשׁוּב: [תהלים עח, לט]
ג) תִּקְעוּ שׁוֹפָר בַּגִּבְעָה חֲצֹצְרָה בָּרָמָה הָרִיעוּ בֵּית אָוֶן אַחֲרֶיךָ בִּנְיָמִין: [הושע ה, ח]
ד) יְיָ מָלָךְ יִרְגְּזוּ עַמִּים יֹשֵׁב כְּרוּבִים תָּנוּט הָאָרֶץ: [תהלים צט, א]
ה) יְיָ מֶלֶךְ עוֹלָם וָעֶד אָבְדוּ גוֹיִם מֵאַרְצוֹ: [תהלים י, טז]
ו) זְכֹר יְיָ לִבְנֵי אֱדוֹם אֵת יוֹם יְרוּשָׁלָיִם הָאֹמְרִים עָרוּ עָרוּ עַד הַיְסוֹד בָּהּ: [תהלים קלז, ז]
ז) וַייָ עֲלֵיהֶם יֵרָאֶה וְיָצָא כַבָּרָק חִצּוֹ וַאדֹנָי יְיָ בַּשּׁוֹפָר יִתְקָע וְהָלַךְ בְּסַעֲרוֹת תֵּימָן: [זכריה ט, יד]
ח) יְיָ צְבָאוֹת יָגֵן עֲלֵיהֶם וְאָכְלוּ וְכָבְשׁוּ אַבְנֵי קֶלַע וְשָׁתוּ הָמוּ כְּמוֹ יָיִן וּמָלְאוּ כַּמִּזְרָק כְּזָוִיּוֹת מִזְבֵּחַ: [זכריה ט, טו]
ט) זָכְרֵנִי יְיָ בִּרְצוֹן עַמֶּךָ פָּקְדֵנִי בִּישׁוּעָתֶךָ: [תהלים קו, ד]
י) זָכְרָה לִּי אֱלֹהַי לְטוֹבָה כֹּל אֲשֶׁר עָשִׂיתִי עַל הָעָם הַזֶּה: [נחמיה ה, יט]
יא) וַייָ פָּקַד אֶת שָׂרָה כַּאֲשֶׁר אָמָר וַיַּעַשׂ יְיָ לְשָׂרָה כַּאֲשֶׁר דִּבֵּר: [בראשית כא, א]
יב) לֵךְ וְאָסַפְתָּ אֶת זִקְנֵי יִשְׂרָאֵל וְאָמַרְתָּ אֲלֵהֶם יְיָ אֱלֹהֵי אֲבֹתֵיכֶם נִרְאָה אֵלַי אֱלֹהֵי אַבְרָהָם יִצְחָק וְיַעֲקֹב לֵאמֹר פָּקֹד פָּקַדְתִּי אֶתְכֶם וְאֶת הֶעָשׂוּי לָכֶם בְּמִצְרָיִם: [שמות ג, טז]
יג) שְׂאוּ שְׁעָרִים רָאשֵׁיכֶם וְהִנָּשְׂאוּ פִּתְחֵי עוֹלָם וְיָבוֹא מֶלֶךְ הַכָּבוֹד: מִי זֶה מֶלֶךְ הַכָּבוֹד יְיָ עִזּוּז וְגִבּוֹר יְיָ גִּבּוֹר מִלְחָמָה: שְׂאוּ שְׁעָרִים רָאשֵׁיכֶם וּשְׂאוּ פִּתְחֵי עוֹלָם וְיָבֹא מֶלֶךְ הַכָּבוֹד: מִי הוּא זֶה מֶלֶךְ הַכָּבוֹד יְיָ צְבָאוֹת הוּא מֶלֶךְ הַכָּבוֹד סֶלָה: [תהלים כד, ז-י]
יד) זַמְּרוּ אֱלֹהִים זַמֵּרוּ זַמְּרוּ לְמַלְכֵּנוּ זַמֵּרוּ: כִּי מֶלֶךְ כָּל הָאָרֶץ אֱלֹהִים זַמְּרוּ מַשְׂכִּיל: [תהלים מז, ז-ח]
טו) מָלַךְ אֱלֹהִים עַל גּוֹיִם אֱלֹהִים יָשַׁב עַל כִּסֵּא קָדְשׁוֹ: [תהלים מז, ט]
טז) דַּבֵּר אֶל בְּנֵי יִשְׂרָאֵל לֵאמֹר בַּחֹדֶשׁ הַשְּׁבִיעִי בְּאֶחָד לַחֹדֶשׁ יִהְיֶה לָכֶם שַׁבָּתוֹן זִכְרוֹן תְּרוּעָה מִקְרָא קֹדֶשׁ: [ויקרא כג, כד]
יז) לֹא הִבִּיט אָוֶן בְּיַעֲקֹב וְלֹא רָאָה עָמָל בְּיִשְׂרָאֵל יְיָ אֱלֹהָיו עִמּוֹ וּתְרוּעַת מֶלֶךְ בּוֹ: [במדבר כג, כא]
יח) וּבַחֹדֶשׁ הַשְּׁבִיעִי בְּאֶחָד לַחֹדֶשׁ מִקְרָא קֹדֶשׁ יִהְיֶה לָכֶם כָּל מְלֶאכֶת עֲבֹדָה לֹא תַעֲשׂוּ יוֹם תְּרוּעָה יִהְיֶה לָכֶם: [במדבר כט, א]
יט) וַיְהִי בִישֻׁרוּן מֶלֶךְ בְּהִתְאַסֵּף רָאשֵׁי עָם יַחַד שִׁבְטֵי יִשְׂרָאֵל: [דברים לג, ה]
כ) יְיָ יִמְלֹךְ לְעֹלָם וָעֶד: [שמות טו, יח]
כא) שְׁמַע יִשְׂרָאֵל יְיָ אֱלֹהֵינוּ יְיָ אֶחָד: [דברים ו, ד]
כב) וְיָדַעְתָּ הַיּוֹם וַהֲשֵׁבֹתָ אֶל לְבָבֶךָ כִּי יְיָ הוּא הָאֱלֹהִים בַּשָּׁמַיִם מִמַּעַל וְעַל הָאָרֶץ מִתָּחַת אֵין עוֹד: [דברים ד, לט]
כג) אַתָּה הָרְאֵתָ לָדַעַת כִּי יְיָ הוּא הָאֱלֹהִים אֵין עוֹד מִלְּבַדּוֹ: [דברים ד, לה]
כד) בְּרָב עָם הַדְרַת מֶלֶךְ וּבְאֶפֶס לְאֹם מְחִתַּת רָזוֹן: [משלי יד, כח]

ליקוטי רש"י

כל כי האי ריתחא. מי יתן ויבא לנו זה הכעס בחימה שפוכה אמלוך עליהם שיתגלו בעל כרחנו וימלוך עלינו [סנהדרין קה.]. תקעו שופר. שיזהרו להשמר מן הגייסות שיבאו עליה' [הושע ה ח]. ירגזו עמים. מדבר במלחמת גוג ומגוג ואז ירגזו עמים כענין שנאמר (זכריה יד) וזאת תהיה המגפה וגו' [תהלים צט א]. וותיקין. אנשים ענוים ומחבבין מצוה [ברכות ט:]. אין מעכבין. אין בית דין מוחין למונען מלתקוע ביום טוב של ראש השנה דבעו לחנוכינהו במצות [עירובין צו:].

mentions.[20] דִּבְרֵי רַבִּי יוֹסֵי – These are THE WORDS OF R' YOSE. רַבִּי יְהוּדָה אוֹמֵר – R' YEHUDAH SAYS: רִאשׁוֹנָה אַחַת – THE FIRST [CLAUSE] counts as only ONE mention of Kingship, שְׁנִיָּה שְׁתַּיִם – and THE SECOND [CLAUSE] as TWO mentions.[21]

The Baraisa continues with a similar dispute:

"זַמְּרוּ אֱלֹהִים זַמֵּרוּ זַמְּרוּ לְמַלְכֵּנוּ זַמֵּרוּ כִּי מֶלֶךְ כָּל־הָאָרֶץ אֱלֹהִים" – The verses, *SING [FOR] GOD, SING; SING FOR OUR KING, SING. FOR GOD IS KING OF ALL THE EARTH,*[22] שְׁתַּיִם – count as TWO mentions of Kingship. דִּבְרֵי רַבִּי יוֹסֵי – These are THE WORDS OF R' YOSE. רַבִּי יְהוּדָה אוֹמֵר אַחַת – R' YEHUDAH SAYS: They count as only ONE mention.[23] וְשָׁוִין – BUT THEY (R' Yose and R' Yehudah) AGREE בְּ"מָלַךְ אֱלֹהִים עַל־גּוֹיִם אֱלֹהִים יָשַׁב עַל־כִּסֵּא קָדְשׁוֹ" – CONCERNING the verse *GOD HAS REIGNED OVER THE NATIONS; GOD HAS SAT UPON HIS HOLY THRONE,*[24] שֶׁהִיא אַחַת – THAT IT IS counted as only ONE mention of Kingship.[25]

The Baraisa discusses another dispute between these Tannaim: זִכָּרוֹן שֶׁיֵּשׁ בּוֹ תְּרוּעָה – Concerning A verse of REMEMBRANCE THAT also CONTAINS a reference to the *TERUAH* sound, כְּגוֹן "שַׁבָּתוֹן זִכְרוֹן תְּרוּעָה מִקְרָא־קֹדֶשׁ" – SUCH AS the verse: *A REST DAY, A REMEMBRANCE OF TERUAH SOUNDING,*[26] אוֹמְרָהּ עִם הַזִּכְרוֹנוֹת וְאוֹמְרָהּ עִם הַשּׁוֹפָרוֹת – ONE MAY SAY IT AMONG THE REMEMBRANCE [VERSES] AND SAY IT again AMONG THE SHOFAR [VERSES].[27] דִּבְרֵי רַבִּי יוֹסֵי – These are THE WORDS OF R' YOSE. רַבִּי יְהוּדָה אוֹמֵר – R' YEHUDAH SAYS: אֵינוֹ אוֹמְרָהּ אֶלָּא עִם הַזִּכְרוֹנוֹת [בִּלְבַד] – ONE MAY SAY IT ONLY AMONG THE REMEMBRANCE [VERSES].[28] מַלְכוּת שֶׁיֵּשׁ עִמּוֹ תְּרוּעָה – Concerning A mention of KINGSHIP THAT IS ACCOMPANIED BY an allusion to the *TERUAH* sound, כְּגוֹן "ה' אֱלֹהָיו עִמּוֹ וּתְרוּעַת מֶלֶךְ בּוֹ" – SUCH AS the verse *HASHEM, HIS GOD, IS WITH HIM, AND THE FRIENDSHIP (teruah) OF THE KING IS IN HIM,*[29] אוֹמְרָהּ עִם הַמַּלְכִיּוֹת וְאוֹמְרָהּ עִם הַשּׁוֹפָרוֹת – ONE MAY SAY IT AMONG THE KINGSHIP [VERSES] AND SAY IT again AMONG THE SHOFAR [VERSES]. דִּבְרֵי רַבִּי יוֹסֵי – These are THE WORDS OF R' YOSE. רַבִּי יְהוּדָה אוֹמֵר – R' YEHUDAH SAYS: אֵינוֹ אוֹמְרָהּ אֶלָּא עִם הַמַּלְכִיּוֹת בִּלְבַד – ONE MAY SAY IT ONLY AMONG THE KINGSHIP [VERSES]. תְּרוּעָה שֶׁאֵין עִמָּהּ לֹא כְּלוּם – Concerning a verse that refers to the *TERUAH* sound and THAT CONTAINS a reference to NOTHING else AT ALL, neither Kingship nor Remembrance, כְּגוֹן "יוֹם תְּרוּעָה יִהְיֶה לָכֶם" – SUCH AS the verse: *A DAY OF TERUAH SOUNDING SHALL IT BE FOR YOU,*[30] אוֹמְרָהּ עִם הַשּׁוֹפָרוֹת – ONE MAY SAY IT WITH THE SHOFAR [VERSES]. דִּבְרֵי רַבִּי יוֹסֵי – These are THE WORDS OF R' YOSE. רַבִּי יְהוּדָה אוֹמֵר – R' YEHUDAH SAYS: אֵינוֹ אוֹמְרָהּ כָּל עִיקָּר – ONE DOES NOT SAY IT AT ALL.[31]

The Mishnah stated: מַתְחִיל בַּתּוֹרָה וּמַשְׁלִים בַּנָּבִיא – ONE BEGINS WITH verses from THE TORAH AND CONCLUDES WITH verses from THE PROPHETS. רַבִּי יוֹסֵי אוֹמֵר אִם הִשְׁלִים בַּתּוֹרָה יָצָא – R' YOSE SAYS: IF ONE CONCLUDED WITH a verse from THE TORAH, HE HAS DISCHARGED his obligation.

The Gemara notes an apparent contradiction concerning R' Yose's opinion:

אִם הִשְׁלִים – R' Yose states, IF ONE CONCLUDED with a verse from the Torah etc., which implies that דִּיעֲבַד אִין לְכַתְּחִילָּה לֹא – **after the fact** he has **indeed** discharged his obligation, but **initially** one should **not** do this. וְהָתַנְיָא – **But it was taught in a Baraisa:** רַבִּי יוֹסֵי אוֹמֵר הַמַּשְׁלִים בַּתּוֹרָה הֲרֵי זֶה מְשׁוּבָּח – R' YOSE SAYS: ONE WHO CONCLUDES WITH a verse from THE TORAH IS PRAISEWORTHY. – ? –

The Gemara emends the Mishnah:

אֵימָא מַשְׁלִים – **Say** R' Yose's opinion thus: **One should conclude** with a verse from the Torah.

The Gemara objects:

וְהָא אִם הִשְׁלִים קָתָנֵי – **But [the Mishnah] states:** IF ONE CONCLUDED etc., and as stated this implies that דִּיעֲבַד אִין לְכַתְּחִילָּה לֹא – **after the fact** he has **indeed** discharged his obligation, but **initially** one should **not** do this.[32] – ? –

The Gemara answers:

הָכִי קָאָמַר – **This is what [the Mishnah]** should actually **say:** מַתְחִיל בַּתּוֹרָה וּמַשְׁלִים בַּנָּבִיא – **One begins with** verses from **the Torah and concludes with** verses from **the Prophets.** רַבִּי יוֹסֵי אוֹמֵר – **R' Yose says:** מַשְׁלִים בַּתּוֹרָה וְאִם הִשְׁלִים בַּנָּבִיא יָצָא – **One should conclude with** a verse from **the Torah, but if he concluded with** a verse from **the Prophets he has discharged**

NOTES

20. The first clause consists of *Psalms* 24:7-8: *Raise up your heads, O gates, and be uplifted, you everlasting entrances, so that the King of Glory may enter. Who is this King of Glory? Hashem, the mighty and strong; Hashem, the strong in battle.* Since the phrase *King of Glory* is mentioned twice, this clause counts as two mentions of Kingship. The latter clause is ibid. 9-10: *Raise up your heads, O gates, and raise up, you everlasting entrances, so that the King of Glory may enter. Who is He, this King of Glory? Hashem, Master of Legions, He is the King of Glory, Selah!* In this clause, the phrase *King of Glory* is mentioned three times, so the clause counts as three mentions of Kingship, even though it contains only two verses (*Ritva, Yom Teruah*).

21. According to R' Yehudah, the phrase *Who is [He] this King of Glory"* in each clause does not count (*Rashi;* see *Maharsha*).

22. *Psalms* 47:7-8.

23. According to R' Yehudah, the phrase *sing for our King* does not count, because it refers to God as King of only our nation rather than the entire world (*Rashi*). [We shall see below that *Numbers* 23:21 (וּתְרוּעַת מֶלֶךְ בּוֹ) and *Deuteronomy* 33:5 (וַיְהִי בִישֻׁרוּן מֶלֶךְ), which refer to God specifically in His role as King over Israel, are nevertheless valid as Kingship verses. Why is *sing for our King* less valid? (*Aruch LaNer*). We may answer that *sing for our King* is part of a psalm that deals with the events of Rosh Hashanah. The psalmist urges us, particularly, to sing the praise of our King on this day. However, this is in fact the day on which God's Kingship is established over the entire world through His Judgment. Our declaration of His Kingship during Mussaf cannot include the verse which intimates that even *on this day* He is specifically our King (see *Maharsha*).]

24. Ibid. v. 9.

25. R' Yose concedes that the phrase *God has sat upon His holy throne* does not count as a mention of Kingship (*Rashi;* see *Maharsha* and *Turei Even*).

26. *Leviticus* 23:24.

27. The term *teruah sounding* is a valid reference to blowing the shofar. Furthermore, there is nothing to preclude using the same verse in two sections of the prayer.

28. R' Yehudah's reason is that the verse fails to explicitly mention the shofar. In his opinion, a verse containing only the term *teruah* does not qualify for inclusion in the Shofaros blessing (*Rashi*). [Thus, R' Yehudah agrees in principle that a verse may be inserted in two blessings. His exclusion of this verse is based on an internal deficiency. See, however, note 31.]

29. *Numbers* 23:21. ["Him" refers to the nation of Israel.] The word וּתְרוּעַת, which literally means, *and the friendship* (from the root רֵעָה), can also be understood as *and the teruah* (from the root רוע).

30. Ibid. 29:1.

31. It seems unusual that R' Yehudah needed to dispute R' Yose three times when the disagreement centers on one issue. *Maharsha* therefore explains (unlike *Rashi*) that in the previous cases R' Yehudah meant that even if a verse would mention the shofar explicitly it would not be fit for inclusion in Shofaros once it was recited for either Kingship or Remembrance. Here, R' Yehudah makes the point that the term *teruah* is inherently inadequate for Shofaros (cf. *Yom Teruah*). See *Maharsha* for discussion of why *teruah* is an inadequate expression.

32. I.e. since our text of the Mishnah states "If" one concluded with a verse from the Torah "he has discharged his obligation," it seems radical to emend this to read "One should conclude" with a verse from the Torah. It is unreasonable to propose an emendation that completely alters the thrust of R' Yose's words (*Sifsei Chachamim*).

גמ' דברים אתו מינה. בפסיק פקידה: רבי יהודה אומר ראשונה אחת שניה שתים. מי הוא זה מלך הכבוד לאו ממנינא: זמרו למלכנו. לא קא חשיב רבי יהודה דלאו אמלכותיה אלא על אומה אחת: ושוין במלך אלהים כו'. דלא מיגין ישב על כסא קדשו בלשון מלכות: אינו אומרה אלא עם הזכרונות. תרועה לאו לשון שופרות הוא עד דמזכיר שופר בהדיא: ומתחיל בתורה ומשלים בנביאים. והכתובים בינתיים: היו משלימין בתורה. דהוו להו ארבע מן התורה שלש בתחלה ואחת בסוף: ואנן בעינן עשר. וארבע מהן תורה דקאמר רבי יוסי משלים בתורה: מתני' העובר לפני התיבה כו' השני מתקיע. המתפלל תפלת מוספין מתקיע: גמ' בשעת גזרת המלכות שנו. אויבים גזרו שלא יתקעו והיו אורבין להם כל שש שעות לקץ תפלת שחרית לכך העבירוה לתקוע במוספין: מתני' שופר של ראש השנה אין מפקחין עליו וכו' ואין מעבירין עליו את התחום. לילך חוץ לתחום לשמוע תקיעה: ואין חותכין אותו. מפרש בגמרא: אם רצה ליתן לתוכו מים כו'. ולא אמרינן קא מתקן מנא: גמ' השתא דרבנן אמרת לא. איסור תחומין ופיקוח הגל דליכא למגזור אטו דאורייתא אמרת לא: דאורייתא. רוכבין דאיכא למימר שמא יחתוך זמורה ועולה באילן דאיכא למימר שמא יתלוש דאורייתא מיבעיא ויש גמגום בדבר ונראה בעיני דלא גרסינן לה: ואין

בשעת גזרת המלכות שנו. ואע"פ שבטלה גזרת המלכות לא עבדינן כדמעיקרא אע"ג דזריזין מקדימין למצות דחיישינן שמא יחזור דבר לקלקולו ולפירוש הירושלמי ניחא טפי דמפרש שם שדמו האויבים שנתאספו לתקוע תרועת מלחמה ועמדו עליהם והרגום ולכך תקנו תקיעות וברכות במוסף דכי חזו דקרו בקריאת שמע ומתפללין וקורין בתורה וחוזרין ומתפללין ותוקעין אמרי בנימוסייהו אינון עסקין כלו' בחוקיהם ובתורתם: הא

גמ' מלכיות כגון (א) חי אני נאם ה' [אלהים] אם לא ביד חזקה ובזרוע נטויה ובחמה שפוכה אמלוך עליכם ואע"ג (ל) דא"ר נחמן כל כי האי ריתחא לירתח קודשא בריך הוא עלן וליפרוקינן כיון דבריתחא אמור אדכורי ריתחא בריש שתא לא מדכרינן זכרון כגון (ב) ויזכור כי בשר המה וגו' שופר כגון (ג) תקעו שופר בגבעה וגו' אאבל אם בא לומר מלכות זכרון ושופר של פורענות של עובדי כוכבים אומר מלכות כגון (ד) ה' מלך ירגזו עמים וכגון (ה) ה' מלך עולם ועד אבדו גוים מארצו זכרון כגון (ו) זכור ה' לבני אדום וגו' שופר כגון (ז) וה' אלהים בשופר יתקע והלך בסערות תימן וכתיב (ח) ה' צבאות יגן עליהם באין מזכירין זכרון של יחיד ואפילו לטובה כגון (ט) זכרני ה' ברצון עמך וכגון (י) זכרה לי אלהי לטובה גפקדונות הרי הן כזכרונות כגון (יא) וה' פקד את שרה וכגון (יב) פקוד פקדתי אתכם דברי ר' יוסי ר' יהודה אומר גאינן כזכרונות ולר' יוסי נהי נמי דפקדונות הרי הן כזכרונות וה' פקד את שרה פקדון דיחיד הוא כיון דאתו רבים מינה כרבים דמיא (יג) שאו שערים ראשיכם והנשאו פתחי עולם ויבוא מלך הכבוד מי (הוא) זה מלך הכבוד ה' עזוז וגבור ה' גבור מלחמה שאו שערים ראשיכם ושאו פתחי עולם ויבא מלך הכבוד מי הוא זה מלך הכבוד ה' צבאות הוא מלך הכבוד סלה דראשונה שתים שניה שלש דברי ר' יוסי ר' יהודה אומר ראשונה אחת שניה שתים (יד) זמרו אלהים זמרו זמרו למלכנו זמרו כי מלך כל הארץ אלהים שתים דברי ר' יוסי ר' יהודה אומר אחת ושוין (טו) במלך אלהים על גוים אלהים ישב על כסא קדשו שהיא אחת זכרון שיש בו תרועה כגון (טז) שבתון זכרון תרועה מקרא קדש האומרה עם הזכרונות ואומרה עם השופרות דברי ר' יוסי ר' יהודה אומר אינו אומרה אלא עם הזכרונות [בלבד] מלכות שיש עמו תרועה כגון (יז) ה' אלהיו עמו ותרועת מלך בו ואומרה עם המלכיות ואומרה עם השופרות דברי ר' יוסי רבי יהודה אומר אינו אומרה אלא עם המלכיות בלבד תרועה שאין עמה לא כלום כגון (יח) יום תרועה יהיה לכם אומרה עם השופרות דברי רבי יוסי רבי יהודה אומר אינו אומרה כל עיקר: מתחיל בתורה ומשלים בנביא רבי יוסי אומר אם השלים בתורה יצא: אם השלים דיעבד אין לכתחילה לא והתניא ר' יוסי אומר המשלים בתורה ה"ז משובח אימא משלים והא אם השלים קתני דיעבד אין לכתחילה לא הכי קאמר מתחיל בתורה ומשלים בנביא ר' יוסי אומר משלים בתורה זואם השלים בנביא יצא תניא נמי הכי אמר רבי אלעזר ברבי יוסי ותיקין היו משלימין אותה בתורה בשלמא זכרונות ושופרות איכא טובא אלא מלכיות תלת הוא דהויין (יז) ה' אלהיו עמו ותרועת מלך בו (יט) ויהי בישורון מלך (כ) ה' ימלוך לעולם ועד ואנן בעינן עשר וליכא אמר רב הונא ג ת"ש ד (כא) שמע ישראל ה' אלהינו ה' אחד חמלכות דברי ר' יוסי ר' יהודה אומר אינה מלכות (כב) וידעת היום והשבות אל לבבך כי ה' הוא האלהים אין עוד טמלכות דברי ר' יוסי ר' יהודה אומר אינה מלכות (כג) אתה הראת לדעת כי ה' הוא האלהים אין עוד מלבדו ימלכות דברי ר' יוסי ר' יהודה אומר אינה מלכות: מתני' כהעובר לפני התיבה ביו"ט של ר"ה השני מתקיע ובשעת ההלל הראשון מקרא את ההלל: גמ' מאי שנא שני מתקיע משום (כד) ברוב עם הדרת מלך אי הכי הלל נמי נימא בשני משום ברוב עם הדרת מלך אלא מאי שנא הלל דבראשון משום לזריזין מקדימין למצות תקיעה נמי נעביד בראשון משום זריזין מקדימין למצות אמר רבי יוחנן בשעת גזרת המלכות שנו: מדקאמר בשעת ההלל מכלל דבראש השנה מליכא הלל מ"ט י אמר רבי אבהו אמרו מלאכי השרת לפני הקב"ה רבש"ע מפני מה אין ישראל אומרים שירה לפניך בר"ה וביום הכפורים אמר להם אפשר מלך יושב על כסא דין וספרי חיים וספרי מתים פתוחין לפניו וישראל אומרים שירה: מתני' נשופר של ר"ה אין ז מעבירין עליו את התחום ואין מפקחין עליו את הגל לא עולין באילן ולא רוכבין ע"ג בהמה ולא שטין על פני המים ואין חותכין אותו בין בדבר שהוא משום שבות ובין בדבר שהוא משום לא תעשה סאבל אם רצה ליתן לתוכו מים או יין יתן ח עאין מעכבין את התנוקות מלתקוע [א] אבל מתעסקין עמהן עד שילמדו עוהמתעסק לא יצא פוהשומע מן המתעסק לא יצא: גמ' מ"ט שופר עשה הוא ויו"ט עשה ולא תעשה ואין עשה דוחה את לא תעשה ועשה: לא עולין באילן ולא רוכבין על גבי בהמה כו': השתא דרבנן אמרת לא דאורייתא מיבעיא ט זו ואין צריך לומר זו קתני:

ואין

עין משפט נר מצוה

לה א ב מיי' פ"ג מהל' שופר הלכה ט טוש"ע א"ח סי' תקצא סעיף ה:
לו ג מיי' שם טוש"ע א"ח סי' תקצא:
לז ד ה ו טור א"ח שם:
לח ז ח ט י מיי' שם הל' ח טור א"ח שם:
לט כ [מיי' שם הל' י] טוש"ע א"ח סי' תקפה:
מ ל מיי' פ"ג מהל' תשובה הל' ו טוש"ע א"ח סי' תקפד סעיף א:
מא מ מיי' פ"ב מהל' שופר הל' ד טוש"ע א"ח סי' תקפו סעיף כא:
מב נ מיי' שם טוש"ע שם סעיף כב:
מג ס מיי' פ"ג שם הלכה ז טוש"ע א"ח סי' תקפח:
מד ע פ מיי' שם הלכה ד טוש"ע שם סי' תקפט סעיף ח:

רבינו חננאל

כהנים לוים וישראלים: אמר שמואל הלכה כר' יוחנן בן נורי ש"מ אחת [מהתורה ואחת מן] הנביאים ואחת מן הכתובים ומצאנו מפורש בתלמוד א"י הדין סברין מימר שלש מכל אחת ואחת אשכח תני אפי' שלש מכולן יצא. אין מזכירין של פורענות. מלכות כגון אם לא ביד חזקה ובחמה שפוכה אמלוך עליכם זכרון כגון ויזכור כי בשר המה רוח הולך ולא ישוב שופר כגון תקעו שופר בגבעה חצוצרה ברמה וגו' אבל פורענות של עובדי כוכבים אם בא להזכיר מזכיר כגון ה' אלהים בשופר יתקע והלך בסערות תימן. אין מזכירין של יחיד אפי' לטובה כגון א) זכר לי אלהי לטובה וזכרני ה' ברצון [עמך] פקדונות הרי הן כזכרונות [כגון] וה' פקד את שרה כיון דאתו מינה רבים כו' אם בא להזכירו עם הזכרונות מזכיר דברי ר' יוסי ר' יהודה אומר אינו מזכיר שאו שערים ראשיכם וגו' ראשונה שתים שניה שלש דברי ר' יוסי ר' יהודה אומר אחת. מלכיות שיש עמה תרועה כגון ותרועת מלך בו. בחצוצרות וקול שופר הריעו לפני המלך ה'. אומר עם המלכיות ואומר עם השופרות דברי ר' יוסי ר' יהודה אומר אינו אומר אלא עם המלכיות בלבד. משלים בתורה ומשלים בנביא ר' יוסי אומר אם השלים בתורה יצא וכו' ר' יוסי דאי עבד קתני והתניא ר' יוסי אומר המשלים בתורה הרי זה זריז ומשובח ותריצה למתני' הכי ר' יוסי אומר מתחיל בתורה ומשלים בתורה ואם השלים בנביא יצא תניא נמי הכי א"ר אלעזר בר' יוסי אומר ותיקין היו משלימין בתורה אמר רב הונא תנא שמע ישראל ה' אלהינו ה' אחד מלכות. וכן וידעת היום והשבות אל לבבך כי ה' הוא האלהים וגו' מלכות וכן אתה הראת לדעת כי ה' הוא האלהים וגו' אלו כולן מלכות דברי ר' יוסי ר' יהודה אומר אינה מלכות וקי"ל כר' יוסי: העובר לפני התיבה ביו"ט של ר"ה השני מתקיע כלומר במוסף שהוא יורד שליח צבור שנית. אמר ר' יוחנן בשעת גזרה שנו: ירושלמי ר' יעקב בר אחא בשם ר' יוחנן מעשה פעם אחת תקעו בתפלת שחרית והיו השונאים סבורים שמא עליהן הן הולכין ועמדו עליהן והרגום. עמדו לתקוע ותיקנו לתקוע בתפלת המוסף ומיגו דאינון חמיין לון דקרו ק"ש ומצלו וקרו באורייתא ומצלו והדר תקעין אמרין בנימוסיהון אינון עסקין. ריב"ל שמע להא מהכא שמעה ה' צדק זו ק"ש הקשיבה רנתי זו רנון תורה האזינה תפלתי זו תפלה. בלא שפתי מרמה זו מוסף. מה כתיב בתריה מלפניך משפטי יצא אמר ר' תנחומא קרייה אמרה כן יום תרועה יהיה לכם ועשיתם עולה. כלומר התרועה במוסף בעשיית העולה ר' אלעזר בר' יוסי אומר בכל הקרבנות כתיב והקרבתם וכאן כתיב ועשיתם אמר להן הקב"ה כיון שהכנסתם בר"ה לפני בדין ויצאתם בשלום מעלה אני עליכם כאילו נעשיתם בריה חדשה בכל הקרבנות בכל המועדים [כתיב] חטאת ובעצרת כתיב שעיר עזים אחד לכפר עליכם ולא כתיב חטאת אמר להן הקב"ה כיון שקבלתם עליכם עול תורה מעלה אני עליכם כאילו לא חטאתם מימיכם. מדקתני במתני' ובשעת הלל הראשון מקרא את ההלל מכלל דבר"ה לא אמרי הלל. מ"ט א"ר אבהו אמרו מלאכי השרת לפני הקב"ה רבש"ע מפני מה אין ישראל אומרים לפניך בר"ה וביוה"כ הלל אמר להן אפשר מלך יושב על כסא דין וספרי חיים וספרי מתים פתוחין לפניו וישראל אומרים הלל: שופר של ר"ה אין מפקחין עליו את הגל כו'. מ"ט דתקיעת שופר דהוא יום תרועה יהיה לכם עשה הוא ואין עשה דוחה לא תעשה ועשה שנאמר בחדש השביעי באחד לחדש יהיה לכם שבתון שבות כלומר שב ולא תעשה וכתיב כל מלאכת עבודה לא תעשו: ולא עולין באילן ולא רוכבין כו' וקשיא לן השתא דרבנן לא עולין באילן שהוא משום שבות דרבנן דתנן אלו הן משום שבות לא עולין לאילן באלו אמרי'

חשק שלמה על ר"ח א) אולי צ"ל וכמו בגמ' זכרה לי אלהי לטובה.

מסורת הש"ס

א) סנהדרין דף קה., ב) [תוספ' פ"ב], ג) פ"א תנא וכן הגי' בה"ג ובה"ש, ד) [תוספתא פרק ב], ה) [פסחים ז. יומא כח:], ו) ערכין י., ז) גי' הרי"ף והרא"ש אין מפקחין קודם אין מעבירין כגי' רש"י, ח) עירובין נו: ערכין ג., ט) [לקמן לג. עירובין ע. יבמות יג. כתובות נח. נדרים יד: הוריות ג: כריתות ח:].

הגהות הגר"א

[א] במשנה מלתקוע ומתעסקין עמהן כו'. כצ"ל (וכ"ה ברי"ף ורא"ש):

תורה אור השלם

א) חַי אָנִי נְאֻם אֲדֹנָי יֱהוִה אִם לֹא בְּיָד חֲזָקָה וּבִזְרוֹעַ נְטוּיָה וּבְחֵמָה שְׁפוּכָה אֶמְלוֹךְ עֲלֵיכֶם: [יחזקאל כ, לג]
ב) וַיִּזְכֹּר כִּי בָשָׂר הֵמָּה רוּחַ הוֹלֵךְ וְלֹא יָשׁוּב: [תהלים עח, לט]
ג) תִּקְעוּ שׁוֹפָר בַּגִּבְעָה חֲצֹצְרָה בָּרָמָה הָרִיעוּ בֵּית אָוֶן אַחֲרֶיךָ בִּנְיָמִין: [הושע ה, ח]
ד) יְיָ מָלָךְ יִרְגְּזוּ עַמִּים יֹשֵׁב כְּרוּבִים תָּנוּט הָאָרֶץ: [תהלים צט, א]
ה) יְיָ מֶלֶךְ עוֹלָם וָעֶד אָבְדוּ גוֹיִם מֵאַרְצוֹ: [תהלים י, טז]
ו) זְכֹר יְיָ לִבְנֵי אֱדוֹם אֵת יוֹם יְרוּשָׁלָ‍ִם הָאֹמְרִים עָרוּ עָרוּ עַד הַיְסוֹד בָּהּ: [תהלים קלז, ז]
ז) וַיְיָ עֲלֵיהֶם יֵרָאֶה וְיָצָא כַבָּרָק חִצּוֹ וַאדֹנָי יֱהוִה בַּשּׁוֹפָר יִתְקָע וְהָלַךְ בְּסַעֲרוֹת תֵּימָן: [זכריה ט, יד]
ח) יְיָ צְבָאוֹת יָגֵן עֲלֵיהֶם וְאָכְלוּ וְכָבְשׁוּ אַבְנֵי קֶלַע וְשָׁתוּ הָמוּ כְּמוֹ יָיִן וּמָלְאוּ כַּמִּזְרָק כְּזָוִיּוֹת מִזְבֵּחַ: [זכריה ט, טו]
ט) זָכְרֵנִי יְיָ בִּרְצוֹן עַמֶּךָ פָּקְדֵנִי בִּישׁוּעָתֶךָ: [תהלים קו, ד]
י) זָכְרָה לִּי אֱלֹהַי לְטוֹבָה כֹּל אֲשֶׁר עָשִׂיתִי עַל הָעָם הַזֶּה: [נחמיה ה, יט]
יא) וַיְיָ פָּקַד אֶת שָׂרָה כַּאֲשֶׁר אָמָר וַיַּעַשׂ יְיָ לְשָׂרָה כַּאֲשֶׁר דִּבֵּר: [בראשית כא, א]
יב) לֵךְ וְאָסַפְתָּ אֶת זִקְנֵי יִשְׂרָאֵל וְאָמַרְתָּ אֲלֵהֶם יְיָ אֱלֹהֵי אֲבֹתֵיכֶם נִרְאָה אֵלַי אֱלֹהֵי אַבְרָהָם יִצְחָק וְיַעֲקֹב לֵאמֹר פָּקֹד פָּקַדְתִּי אֶתְכֶם וְאֶת הֶעָשׂוּי לָכֶם בְּמִצְרָיִם: [שמות ג, טז]
יג) שְׂאוּ שְׁעָרִים רָאשֵׁיכֶם וְהִנָּשְׂאוּ פִּתְחֵי עוֹלָם וְיָבוֹא מֶלֶךְ הַכָּבוֹד: מִי זֶה מֶלֶךְ הַכָּבוֹד יְיָ עִזּוּז וְגִבּוֹר יְיָ גִּבּוֹר מִלְחָמָה: שְׂאוּ שְׁעָרִים רָאשֵׁיכֶם וּשְׂאוּ פִּתְחֵי עוֹלָם וְיָבֹא מֶלֶךְ הַכָּבוֹד: מִי הוּא זֶה מֶלֶךְ הַכָּבוֹד יְיָ צְבָאוֹת הוּא מֶלֶךְ הַכָּבוֹד סֶלָה: [תהלים כד, ז-י]
יד) זַמְּרוּ אֱלֹהִים זַמֵּרוּ זַמְּרוּ לְמַלְכֵּנוּ זַמֵּרוּ: כִּי מֶלֶךְ כָּל הָאָרֶץ אֱלֹהִים זַמְּרוּ מַשְׂכִּיל: [תהלים מז, ז-ח]
טו) מָלַךְ אֱלֹהִים עַל גּוֹיִם אֱלֹהִים יָשַׁב עַל כִּסֵּא קָדְשׁוֹ: [תהלים מז, ט]
טז) דַּבֵּר אֶל בְּנֵי יִשְׂרָאֵל לֵאמֹר בַּחֹדֶשׁ הַשְּׁבִיעִי בְּאֶחָד לַחֹדֶשׁ יִהְיֶה לָכֶם שַׁבָּתוֹן זִכְרוֹן תְּרוּעָה מִקְרָא קֹדֶשׁ: [ויקרא כג, כד]
יז) לֹא הִבִּיט אָוֶן בְּיַעֲקֹב וְלֹא רָאָה עָמָל בְּיִשְׂרָאֵל יְיָ אֱלֹהָיו עִמּוֹ וּתְרוּעַת מֶלֶךְ בּוֹ: [במדבר כג, כא]
יח) וּבַחֹדֶשׁ הַשְּׁבִיעִי בְּאֶחָד לַחֹדֶשׁ מִקְרָא קֹדֶשׁ יִהְיֶה לָכֶם כָּל מְלֶאכֶת עֲבֹדָה לֹא תַעֲשׂוּ יוֹם תְּרוּעָה יִהְיֶה לָכֶם: [במדבר כט, א]
יט) וַיְהִי בִישֻׁרוּן מֶלֶךְ בְּהִתְאַסֵּף רָאשֵׁי עָם יַחַד שִׁבְטֵי יִשְׂרָאֵל: [דברים לג, ה]
כ) יְיָ יִמְלֹךְ לְעֹלָם וָעֶד: [שמות טו, יח]
כא) שְׁמַע יִשְׂרָאֵל יְיָ אֱלֹהֵינוּ יְיָ אֶחָד: [דברים ו, ד]
כב) וְיָדַעְתָּ הַיּוֹם וַהֲשֵׁבֹתָ אֶל לְבָבֶךָ כִּי יְיָ הוּא הָאֱלֹהִים בַּשָּׁמַיִם מִמַּעַל וְעַל הָאָרֶץ מִתָּחַת אֵין עוֹד: [דברים ד, לט]
כג) אַתָּה הָרְאֵתָ לָדַעַת כִּי יְיָ הוּא הָאֱלֹהִים אֵין עוֹד מִלְּבַדּוֹ: [דברים ד, לה]
כד) בְּרָב עָם הַדְרַת מֶלֶךְ וּבְאֶפֶס לְאֹם מְחִתַּת רָזוֹן: [משלי יד, כח]

ליקוטי רש"י

כל כי האי ריתחא. מי יתן ויבא לנו זה הכעס בחימה שפוכה אמלוך עליכם שיגאלנו בעל כרחנו וימלוך עלינו [סנהדרין קה.]. ירגזו עמים. מלכד במלכותם... [הושע ה, ח]. תקעו שופר. ... ותיקין. אנשים ענוים ומחבבין מצות [ברכות ט:]. אין מעכבין. אין בית דין מוחין לתינוקות מלתקוע ביום טוב של ראש השנה דבעו לחנכינהו במצות [ערכין ב:].

his obligation.[33]

The answer is supported:

תַּנְיָא נַמִּי הָכִי – **It was taught similarly in a Baraisa:** אָמַר רַבִּי אֶלְעָזָר בְּרַבִּי יוֹסֵי – **R' ELAZAR THE SON OF R' YOSE SAID:** וָתִיקִין הָיוּ מַשְׁלִימִין אוֹתָהּ בַּתּוֹרָה – **THE DEVOTED ONES**[34] **WOULD CONCLUDE [EACH BLESSING] WITH** a verse from **THE TORAH.**[35]

According to the Gemara's explanation of R' Yose's opinion, the Kingship, Remembrance and Shofaros blessings should each begin with three verses from the Torah and conclude with a verse from the Torah, for a total of four such verses. A question is therefore raised:

בִּשְׁלָמָא זִכְרוֹנוֹת וְשׁוֹפָרוֹת אִיכָּא טוּבָא – **This fits well** concerning the blessings of **Remembrance and Shofaros,** for **there are many** verses in the Torah that refer to these subjects. אֶלָּא מַלְכִיּוֹת תְּלָת הוּא דַּהֲוְיָין – **But** as for the blessing of **Kingship, there are only three** verses in the Torah that describe God as "King." These are: "ה׳ אֱלֹהָיו עִמּוֹ וּתְרוּעַת מֶלֶךְ בּוֹ" – ***Hashem, his God, is with him, and the friendship of the King is in him;***[36] "וַיְהִי בִישֻׁרוּן מֶלֶךְ" – ***He became King over Jeshurun;***[37] "ה׳ יִמְלֹךְ לְעֹלָם וָעֶד" – and ***Hashem shall reign for all eternity.***[38] וַאֲנַן בְּעִינַן עֶשֶׂר וְלֵיכָּא – **And we require** a total of **ten** verses of Kingship, of which four are from the Torah, **but there are not** sufficient verses to be found.[39] – ? –

The difficulty is resolved:

אָמַר רַב הוּנָא – **Rav Huna said:** תָּא שְׁמַע – **Come, learn** the answer from the following Baraisa: "שְׁמַע יִשְׂרָאֵל ה׳ אֱלֹהֵינוּ ה׳ אֶחָד" מַלְכוּת – The verse, ***HEAR, O ISRAEL: HASHEM IS OUR GOD, HASHEM IS THE ONE AND ONLY,***[40] is considered a verse of **KINGSHIP.** דִּבְרֵי רַבִּי יוֹסֵי – These are **THE WORDS OF R' YOSE.** רַבִּי יְהוּדָה אוֹמֵר אֵינָהּ מַלְכוּת – **R' YEHUDAH SAYS: IT IS NOT** considered a verse of **KINGSHIP.**[41] "וְיָדַעְתָּ הַיּוֹם וַהֲשֵׁבֹתָ אֶל־לְבָבֶךָ כִּי ה׳ הוּא הָאֱלֹהִים . . . אֵין עוֹד" מַלְכוּת – The verse, ***YOU SHALL KNOW THIS DAY AND TAKE TO YOUR HEART THAT HASHEM, HE IS THE GOD ... THERE IS NONE OTHER,***[42] is considered a verse of **KINGSHIP.** דִּבְרֵי רַבִּי יוֹסֵי – These are **THE WORDS OF R' YOSE.** רַבִּי יְהוּדָה אוֹמֵר אֵינָהּ מַלְכוּת – **R' YEHUDAH SAYS: IT IS NOT** considered a verse of **KINGSHIP.** "אַתָּה הָרְאֵתָ לָדַעַת כִּי ה׳ הוּא הָאֱלֹהִים אֵין עוֹד מִלְּבַדּוֹ" מַלְכוּת – The verse, ***YOU HAVE BEEN SHOWN IN ORDER TO KNOW THAT HASHEM, HE IS THE GOD! THERE IS NONE BESIDE HIM,***[43] is considered a verse of **KINGSHIP.** דִּבְרֵי רַבִּי יוֹסֵי – These are **THE WORDS OF R' YOSE.** רַבִּי יְהוּדָה אוֹמֵר אֵינָהּ מַלְכוּת – **R' YEHUDAH SAYS: IT IS NOT** considered a verse of **KINGSHIP.** We see from the Baraisa that R' Yose considers verses that do not explicitly refer to God as "King" to be valid verses of Kingship. Thus, according to R' Yose's own opinion, there are sufficient verses in the Torah for inclusion in the Kingship blessing.[44]

Mishnah

הָעוֹבֵר לִפְנֵי הַתֵּיבָה בְּיוֹם טוֹב שֶׁל רֹאשׁ הַשָּׁנָה – **The one who leads the prayer service**[45] **on the Yom Tov of Rosh Hashanah,** הַשֵּׁנִי מַתְקִיעַ – **the second one,** i.e. he who leads the Mussaf prayer, **causes** the shofar **to be blown;**[46] וּבִשְׁעַת הַהַלֵּל – **but on an occasion when the *Hallel*** is said,[47] הָרִאשׁוֹן מַקְרֵא אֶת הַהַלֵּל – **the first one,** i.e. he who leads the Shacharis prayer, **leads the *Hallel* recitation.**[48]

Gemara

The Gemara analyzes the distinction between the shofar blowing and *Hallel* recitation:

מַאי שְׁנָא שֵׁנִי מַתְקִיעַ – Why must **specifically the second one,** who leads Mussaf, **cause the blowing** of the shofar? מִשּׁוּם

NOTES

33. [I.e. we do not alter the basic format of R' Yose's statement. The principle factor in our emendation is the *addition* of the words "One should conclude with a verse from the Torah" at the beginning of the sentence. The existing segment remains intact, except that we emend the word "Torah" to read "Prophets."]

34. The term וָתִיקִין refers to men of humility who hold mitzvos in great esteem (*Rashi* to *Berachos* 9b; cf. *Rabbeinu Yonah* there, *Aruch* ע׳ ותק א׳ and *Rama, Orach Chaim* 58:1).

35. They would start with three verses from the Torah, [then recite three verses each from the Writings and Prophets,] and conclude with another verse from the Torah (*Rashi*). Our liturgy follows this custom. [This Baraisa is consistent with the previous Baraisa, which states that according to R' Yose it is "praiseworthy" to conclude with a verse from the Torah. This supports our assertion that the Mishnah should be emended to conform with that Baraisa.]

It is noteworthy that in the liturgy the concluding verse of Shofaros is *Numbers* 10:10, which reads: וּבְיוֹם שִׂמְחַתְכֶם וּבְמוֹעֲדֵיכֶם וּבְרָאשֵׁי חָדְשֵׁכֶם וּתְקַעְתֶּם בַּחֲצֹצְרֹת וכו׳, *On a day of your gladness, and on your festivals, and on your new moons, you shall sound the trumpets* etc. The Rishonim question this practice, since the verse refers to trumpets rather than shofars or *teruah* blasts, and would not seem to qualify as a Shofaros verse. For discussion of this matter, see *Rashba, Ritva, Rosh, Ran* and *Tur Orach Chaim* 591:6.

36. *Numbers* 23:21. See note 29.

37. *Deuteronomy* 33:5. "Jeshurun," meaning *straight, righteous,* is a title of honor bestowed upon Israel. It designates Israel in its ideal state as God's upright nation (see *Ramban* ad loc.).

38. *Exodus* 15:18.

39. And although the halachah follows R' Yochanan ben Nuri who said that one may discharge his obligation by reciting one verse from the Torah, even R' Yochanan ben Nuri agrees that initially one should recite ten verses including four from the Torah (*Ritva* to 32a).

40. *Deuteronomy* 6:4.

41. The verse expresses the *theme* of God's Kingship, but does not explicitly refer to Him as מֶלֶךְ, *King* (*Meiri, Maharsha*). This dispute between R' Yose and R' Yehudah parallels their previous disputes as to whether verses containing the expressions פְּקִידָה (*taking note*) and תְּרוּעָה (*teruah*) can be counted towards the Remembrance and Shofaros verses, respectively.

42. Ibid. 4:39.

43. Ibid. v. 35.

44. Our liturgy follows R' Yose, as we begin the Kingship verses with the three instances in which the Torah explicitly refers to God as "King," and we conclude with the verse *Hear O Israel: Hashem is our God, Hashem is the One and Only.*

45. Literally: the one who passes before the Ark.

46. I.e. the shofar is blown during the *shliach tzibur's* recitation of the Mussaf prayer, in the manner outlined in the earlier Mishnah, and not during the Shacharis prayer. Accordingly, the special blessings of Kingship, Remembrance and Shofaros are inserted in the Mussaf rather than the Shacharis prayer (see *Milchamos Hashem* at end of the chapter and *Ran* here). [It was customary then (as it is in most communities today) that the *shliach tzibur* for Mussaf be someone other than the one for Shacharis (*Ran*).]

The expression מַתְקִיעַ, *'causes' the shofar to be blown,* rather than תּוֹקֵעַ, *blows the shofar,* implies that the *shliach tzibur* does not do the blowing himself but merely initiates it by reciting the prayer. Someone else is appointed to blow, to ensure that the *shliach tzibur* does not lose his place in the recitation of the prayer as a result of his preoccupation with the blowing. If the *shliach tzibur* is confident that he will not become confused, he is permitted to perform the blowing himself (*Rav Hai Gaon* cited by *Rosh* and *Ran;* cf. *Ritva*). This applied particularly in earlier times when the prayers were recited by heart. Nowadays, when the *shliach tzibur* reads from a prayer book, he may certainly blow the shofar (*Mishnah Berurah* 585:14).

47. E.g. on Pesach, Shavuos and Succos.

48. The Gemara explains why the shofar blowing is deferred to Mussaf and the *Hallel* recitation is not.

גמ' מלכיות כגון (א) חי אני נאם ה' [אלהים] אם לא ביד חזקה ובזרוע נטויה ובחמה שפוכה אמלוך עליכם ואע"ג (א) דא"ר נחמן כל כי האי ריתחא לירתח קודשא בריך הוא עלן וליפרוקינן כיון דבריתחא אמור אדכורי ריתחא בריש שתא לא מדכרינן זכרון כגון (ב) ויזכור כי בשר המה וגו' שופר כגון (ג) תקעו שופר בגבעה וגו' אאבל אם בא לומר מלכות זכרון ושופר של פורענות של עובדי כוכבים אומר מלכות כגון (ד) ה' מלך ירגזו עמים וכגון (ה) ה' מלך עולם ועד אבדו גוים מארצו זכרון כגון (ו) זכור ה' לבני אדום וגו' שופר כגון (ז) וה' אלהים בשופר יתקע והלך בסערות תימן וכתיב (ח) ה' צבאות יגן עליהם באין מזכירין זכרון של יחיד ואפילו לטובה כגון (ט) זכרני ה' ברצון עמך וכגון (י) זכרה לי אלהי לטובה גפקדונות הרי הן כזכרונות כגון (יא) וה' פקד את שרה וכגון (יב) פקוד פקדתי אתכם דברי ר' יוסי ר' יהודה אומר דאינן כזכרונות ולר' יוסי נהי נמי דפקדונות הרי הן כזכרונות וה' פקד את שרה פקדון דיחיד הוא כיון דאתו רבים מינה כרבים דמיא (יג) שאו שערים ראשיכם והנשאו פתחי עולם ויבוא מלך הכבוד מי (הוא) זה מלך הכבוד ה' עזוז וגבור ה' גבור מלחמה שאו שערים ראשיכם ושאו פתחי עולם ויבא מלך הכבוד מי הוא זה מלך הכבוד ה' צבאות הוא מלך הכבוד סלה הראשונה שתים שניה שלש דברי ר' יוסי ר' יהודה אומר ראשונה אחת שניה שתים (יד) זמרו אלהים זמרו זמרו למלכנו זמרו כי מלך כל הארץ אלהים שתים דברי ר' יוסי ר' יהודה אומר אחת ושוין (טו) במלך אלהים על גוים אלהים ישב על כסא קדשו שהיא אחת זכרון שיש בו תרועה כגון (טז) שבתון זכרון תרועה מקרא קדש האומרה עם הזכרונות ואומרה עם השופרות דברי ר' יוסי ר' יהודה אומר אינו אומרה אלא עם הזכרונות [בלבד] מלכות שיש עמו תרועה כגון (יז) ה' אלהיו עמו ותרועת מלך בו ואומרה עם המלכיות ואומרה עם השופרות דברי ר' יוסי רבי יהודה אומר אינו אומרה אלא עם המלכיות בלבד תרועה שאין עמה לא כלום כגון (יח) יום תרועה יהיה לכם אומרה עם השופרות דברי רבי יוסי רבי יהודה אומר אינו אומרה כל עיקר: מתחיל בתורה ומשלים בנביא רבי יוסי אומר אם השלים בתורה יצא: אם השלים דיעבד אין לכתחילה לא והתניא ר' יוסי אומר המשלים בתורה הרי זה משובח אימא משלים והא אם השלים קתני דיעבד אין לכתחילה לא הכי קאמר מתחיל בתורה ומשלים בנביא ר' יוסי אומר משלים בתורה זואם השלים בנביא יצא תניא נמי הכי אמר רבי אלעזר ברבי יוסי וותיקין היו משלימין אותה בתורה בשלמא זכרונות ושופרות איכא טובא אלא מלכיות תלת הוא דהויין (יט) ה' אלהיו עמו ותרועת מלך בו (כ) ויהי בישורון מלך (כא) ה' ימלוך לעולם ועד ואנן בעינן עשר וליכא אמר רב הונא (כב) ת"ש (ז) שמע ישראל ה' אלהינו ה' אחד חמלכות דברי ר' יוסי ר' יהודה אומר אינה מלכות (כג) וידעת היום והשבות אל לבבך כי ה' הוא האלהים אין עוד טמלכות דברי ר' יוסי ר' יהודה אומר אינה מלכות (כד) אתה הראת לדעת כי ה' הוא האלהים אין עוד מלבדו ימלכות דברי ר' יוסי ר' יהודה אומר אינה מלכות:

מתני' כהעובר לפני התיבה ביו"ט של ר"ה השני מתקיע ובשעת ההלל הראשון מקרא את ההלל: גמ' מאי שנא שני מתקיע משום (כה) דברוב עם הדרת מלך אי הכי הלל נמי נימא בשני משום דברוב עם הדרת מלך אלא מאי שנא הלל דבראשון משום (א) זריזין מקדימין למצות תקיעה נמי נעביד בראשון משום זריזין מקדימין למצות אמר רבי יוחנן בשעת גזירת המלכות שנו: מדקאמר בשעת ההלל מכלל דבראש השנה ליכא הלל מ"ט (ב) אמר רבי אבהו אמרו מלאכי השרת לפני הקב"ה רבש"ע מפני מה אין ישראל אומרים שירה לפניך בר"ה וביום הכפורים אמר להם אפשר מלך יושב על כסא דין וספרי חיים וספרי מתים פתוחין לפניו וישראל אומרים שירה:

מתני' משופר של ר"ה אין (ג) מעבירין עליו את התחום ואין מפקחין עליו את הגל לא עולין באילן ולא רוכבין ע"ג בהמה ולא שטין על פני המים ואין חותכין אותו בין בדבר שהוא משום שבות ובין בדבר שהוא משום לא תעשה נאבל אם רצה ליתן לתוכו מים או יין יתן (ס) סאין מעכבין את התנוקות מלתקוע [א] אבל מתעסקין עמהן עד שילמדו עוהמתעסק לא יצא פוהשומע מן המתעסק לא יצא: גמ' מ"ט שופר עשה הוא ויו"ט עשה ולא תעשה ואין עשה דוחה את לא תעשה ועשה: לא עולין באילן ולא רוכבין על גבי בהמה כו': השתא דרבנן אמרת לא דאורייתא מיבעיא (ז) זו ואין צריך לומר זו קתני: ואין

רש"י

גמ' דרבים אתו מינה. בההיא פקידה: רבי יהודה אומר ראשונה אחת שניה שתים. מי הוא זה מלך הכבוד לאו ממניינא: זמרו למלכנו. לא קא חשיב רבי יהודה דלא אמליכתיה אלא על אומה אחת: ושוין במלך אלהים כו'. דלא מנינן ישב על כסא קדשו בלשון מלכות: אינו אומרה אלא עם הזכרונות. תרועה לאו לשון שופרות הוא עד דמזכיר שופר בהדיא: ומתחיל בתורה ומשלים בנביאים. והכתובים בינתיים: היו משלימין בתורה. דהוו להו ארבע מן התורה שלש בתחלה ואחת בסוף: ואנן בעינן עשר. וארבע מהן תורה דקאמר רבי יוסי משלים בתורה: מתני' העובר לפני התיבה כו' השני מתקיע. המתפלל תפלת מוספין מתקיע: גמ' בשעת גזרת המלכות שנו. אויבים גזרו שלא יתקעו והיו אורבין להם כל שש שעות לקץ תפלת שחרית לכך העבירוה לתקוע במוספין: מתני' שופר של ראש השנה אין מפקחין עליו וכו' ואין מעבירין עליו את התחום. לילך חוץ לתחום לשמוע תקיעה: ואין חותכין אותו. מפרש בגמרא: אם רצה ליתן לתוכו מים כו'. ולא אמרינן קא מתקן מנא: גמ' השתא דרבנן אמרת לא. איסור תחומין ופיקוח הגל דליכא למגזר אטו דאורייתא אמרת לא: דאורייתא. רוכבין דאיכא למימר שמא יחתוך זמורה ועולה באילן דאיכא למימר שמא יתלוש דאורייתא מיבעיא ויש גמגום בדבר ונראה בעיני דלא גרסינן לה: ואין

תוספות

בשעת גזרת המלכות שנו. ואע"פ שבטלה גזרת המלכות לא עבדינן כדמעיקרא אע"ג דזריזין מקדימין למצות דחיישינן שמא יחזור דבר לקלקולו ולפירוש הירושלמי ניחא טפי דמפרש שם שדמו האויבים שנתאספו לתקוע תרועת מלחמה ועמדו עליהם והרגום ולכך תקנו תקיעות וברכות במוסף דכי חזו דקרו בקריאת שמע ומתפללין וקורין בתורה וחוזרין ומתפללין ותוקעין אמרי בנימוסייהו אינון עסקין כלו' בחוקיהם ובתורתם: הא

מסורת הש"ס

א) סנהדרין דף קה., ב) [תוספ' פ"ב], ג) פ"א תנא וכן הגי' בהרא"ש, ד) [תוספתא פרק ב], ה) [פסחים ד. יומא כח.], ו) ערכין י., ז) גי' הרי"ף והרא"ש אין מפקחין קודם אין מעבירין כגי' רש"י, ח) עירובין לו: ערכין ג., ט) [לקמן לג. עירובין צו. יבמות יג. ל: כתובות נח. נדרים יד: שבועות כ: כריתות ח:].

עין משפט נר מצוה

לה א ב מיי' פ"ג מהל' שופר הלכה ט טור ש"ע א"ח סי' תקצא סעיף ה:
לו ג מיי' שם טור א"ח סי' תקצא:
לז ד ה ו טור א"ח שם:
לח ז ח ט מיי' שם הל' ח טור א"ח שם:
לט כ מיי' שם הל' י טוש"ע א"ח סי' תקפח:
מ ל מיי' פ"ג מהל' חנוכה הל' ו טוש"ע א"ח סי' תקפד סעיף א:
מא מ מיי' פ"ב מהל' שופר הל' ד טוש"ע א"ח סי' תקפח סעיף ה:
מב נ מיי' שם טוש"ע שם סעיף ב:
מג ס מיי' פ"ב שם הל' ז טוש"ע א"ח סי' תקפט סעיף ח:
מד ע פ מיי' שם הלכה ד טוש"ע שם סי' תקפט סעיף ח:

רבינו חננאל

כהנים לוים וישראלים: **אמר** שמואל הלכה כר' יוחנן בן נורי ש"מ אחת מן [התורה ואחת מן] הנביאים ואחת מן הכתובים ומצאנו מפורש בתלמוד א"י הוינן סברין מימר שלש מכל אחת ואחת אשכח תני אפי' שלש מכולן יצא. אין מזכירין של פורענות. מלכות כגון אם לא ביד חזקה ובחמה שפוכה אמלוך עליכם זכרון כגון ויזכור כי בשר המה רוח הולך ולא ישוב שופר כגון תקעו שופר בגבעה חצוצרות ברמה וגו' אבל פורענות של עובדי כוכבים אם בא להזכיר מזכיר כגון ה' אלהים בשופר יתקע והלך בסערות תימן. אין מזכירין של יחיד אפי' לטובה כגון א) זכר לי אלהים לטוב זכרני ה' ברצון [עמך] פקדונות הרי הן כזכרונות [כגון] וה' פקד את שרה כיון דאתו מינה רבים אם בא להזכירו עם הזכרונות מזכיר דברי ר' יוסי ר' יהודה אומר אינו מזכיר שאו שערים ראשיכם וגו' ראשונה שתים שניה שלש דברי ר' יוסי ר' יהודה אומר אחת. מלכיות שיש עמה תרועה כגון ותרועת מלך בו. בחצוצרות וקול שופר הריעו לפני המלך ה'. אומר עם המלכיות ואומר עם השופרות דברי ר' יוסי ר' יהודה אומר אינו אומר אלא עם המלכיות בלבד. משלים בתורה ומשלים בנביא ר' יוסי אומר אם השלים בתורה יצא ואקשי' עלה וכי ר' יוסי דאי עבד קתני והתניא ר' יוסי אומר המשלים בתורה הרי זה זריז ומשובח ותריצה למתני' הכי ר' יוסי אומר מתחיל בתורה ומשלים בתורה ואם השלים בנביא יצא תניא נמי הכי א"ר אלעזר בר' יוסי אומר ותיקין היו משלימין בתורה אמר רב הונא תנא שמע ישראל ה' אלהינו ה' אחד מלכות. וכן וידעת היום והשבות אל לבבך כי ה' הוא האלהים וגו' מלכות וכן אתה הראת לדעת כי ה' הוא האלהים וגו' אלו כולן מלכות דברי ר' יוסי ר' יהודה אומר אינה מלכות וקי"ל כר' יוסי: **העובר** לפני התיבה ביו"ט של ר"ה השני מתקיע כלומר במוסף שהוא יורד שליח צבור שנית. אמר ר' יוחנן בשעת גזרה שנו: **ירושלמי** ר' יעקב בר אחא בשם ר' יוחנן מעשה פעם אחת תקעו בתפלת שחרית והיו השונאים סבורים שמא עליהן הן הולכין ועמדו עליהן והרגום. עמדו לתקוע ותיקנו בתפלת המוסף ומיגו דאינון חמיין לון דקרו ק"ש ומצלו וקרו באורייתא ומצלו והדר תקעין אמרין בנימוסיהון אינון עסיקן. ריב"ל שמע להא מהכא שמעה ה' צדק זו ק"ש הקשיבה רנתי זו רנון תורה האזינה תפלתי זו תפלה. בלא שפתי מרמה זו מוסף. מה כתיב בתריה מלפניך משפטי יצא אמר ר' תנחומא קרייה אמרה כן יום תרועה ועשיתם עולה. כלומר התרועה במוסף בעשיית העולה ר' אלעזר בר' יוסי אומר בכל הקרבנות כתיב והקרבתם וכאן כתיב ועשיתם אמר להן הקב"ה כיון שהכנסתם בר"ה לפני בדין ויצאתם בשלום מעלה אני עליכם כאילו נעשיתם בריה חדשה בכל הקרבנות בשעיר הקרב בכל המועדים [כתיב] חטאת ובעצרת כתיב שעיר עזים אחד לכפר עליכם ולא כתיב חטאת אמר להן הקב"ה כיון שקבלתם עליכם עול תורה מעלה אני עליכם כאילו לא חטאתם מימיכם. מדקתני במתני' ובשעת ההלל הראשון מקרא את ההלל מכלל דבר"ה לא אמרי הלל. מ"ט א"ר אבהו אמרו מלאכי השרת לפני הקב"ה רבש"ע מפני מה אין אומרים ישראל לפניך בר"ה וביוה"כ הלל אמר להן אפשר מלך יושב על כסא דין וספרי חיים וספרי מתים נפתחין לפניו וישראל אומרין הלל: **שופר** של ר"ה אין מפקחין עליו את הגל כו' מ"ט דתקיעת שופר דהוא יום תרועה יהיה לכם עשה הוא ואין עשה דוחה עשה ולא תעשה של ר"ה שנאמר בחדש השביעי באחד לחדש יהיה לכם שבתון שבות כלומר שב ולא תעשה וכתיב נמי כל מלאכת עבודה לא תעשו: **ולא** עולין לאילן ולא רוכבין כו' ואקשינן השתא לא עולין לאילן שהוא משום שבות דרבנן דתנן אלו הן משום שבות לא עולין לאילן באלו אמרי'

הגהות הגר"א

[א] במשנה מלתקוע ומתעסקין עמהן כו'. כל"ל (וכ"ה ברי"ף והרא"ש):

תורה אור השלם

א) חַי אָנִי נְאֻם אֲדֹנָי יֱיָ אִם לֹא בְּיָד חֲזָקָה וּבִזְרוֹעַ נְטוּיָה וּבְחֵמָה שְׁפוּכָה אֶמְלוֹךְ עֲלֵיכֶם: [יחזקאל כ, לג]
ב) וַיִּזְכֹּר כִּי בָשָׂר הֵמָּה רוּחַ הוֹלֵךְ וְלֹא יָשׁוּב: [תהלים עח, לט]
ג) תִּקְעוּ שׁוֹפָר בַּגִּבְעָה חֲצֹצְרָה בָּרָמָה הָרִיעוּ בֵּית אָוֶן אַחֲרֶיךָ בִּנְיָמִין: [הושע ה, ח]
ד) יְיָ מָלָךְ יִרְגְּזוּ עַמִּים יֹשֵׁב כְּרוּבִים תָּנוּט הָאָרֶץ: [תהלים צט, א]
ה) יְיָ מֶלֶךְ עוֹלָם וָעֶד אָבְדוּ גוֹיִם מֵאַרְצוֹ: [תהלים י, טז]
ו) זְכֹר יְיָ לִבְנֵי אֱדוֹם אֵת יוֹם יְרוּשָׁלָ͏ִם הָאֹמְרִים עָרוּ עָרוּ עַד הַיְסוֹד בָּהּ: [תהלים קלז, ז]
ז) וַייָ עֲלֵיהֶם יֵרָאֶה וְיָצָא כַבָּרָק חִצּוֹ וַאדֹנָי יֱיִ בַּשּׁוֹפָר יִתְקָע וְהָלַךְ בְּסַעֲרוֹת תֵּימָן: [זכריה ט, יד]
ח) יְיָ צְבָאוֹת יָגֵן עֲלֵיהֶם וְאָכְלוּ וְכָבְשׁוּ אַבְנֵי קֶלַע וְשָׁתוּ הָמוּ כְּמוֹ יָיִן וּמָלְאוּ כַּמִּזְרָק כְּזָוִיּוֹת מִזְבֵּחַ: [זכריה ט, טו]
ט) זָכְרֵנִי יְיָ בִּרְצוֹן עַמֶּךָ פָּקְדֵנִי בִּישׁוּעָתֶךָ: [תהלים קו, ד]
י) זָכְרָה לִּי אֱלֹהַי לְטוֹבָה כֹּל אֲשֶׁר עָשִׂיתִי עַל הָעָם הַזֶּה: [נחמיה ה, יט]
יא) וַייָ פָּקַד אֶת שָׂרָה כַּאֲשֶׁר אָמָר וַיַּעַשׂ יְיָ לְשָׂרָה כַּאֲשֶׁר דִּבֵּר: [בראשית כא, א]
יב) לֵךְ וְאָסַפְתָּ אֶת זִקְנֵי יִשְׂרָאֵל וְאָמַרְתָּ אֲלֵהֶם יְיָ אֱלֹהֵי אֲבֹתֵיכֶם נִרְאָה אֵלַי אֱלֹהֵי אַבְרָהָם יִצְחָק וְיַעֲקֹב לֵאמֹר פָּקֹד פָּקַדְתִּי אֶתְכֶם וְאֶת הֶעָשׂוּי לָכֶם בְּמִצְרָיִם: [שמות ג, טז]
יג) שְׂאוּ שְׁעָרִים רָאשֵׁיכֶם וְהִנָּשְׂאוּ פִּתְחֵי עוֹלָם וְיָבוֹא מֶלֶךְ הַכָּבוֹד: מִי זֶה מֶלֶךְ הַכָּבוֹד יְיָ עִזּוּז וְגִבּוֹר יְיָ גִּבּוֹר מִלְחָמָה: שְׂאוּ שְׁעָרִים רָאשֵׁיכֶם וּשְׂאוּ פִּתְחֵי עוֹלָם וְיָבֹא מֶלֶךְ הַכָּבוֹד: מִי הוּא זֶה מֶלֶךְ הַכָּבוֹד יְיָ צְבָאוֹת הוּא מֶלֶךְ הַכָּבוֹד סֶלָה: [תהלים כד, ז-י]
יד) זַמְּרוּ אֱלֹהִים זַמֵּרוּ זַמְּרוּ לְמַלְכֵּנוּ זַמֵּרוּ: כִּי מֶלֶךְ כָּל הָאָרֶץ אֱלֹהִים זַמְּרוּ מַשְׂכִּיל: [תהלים מז, ז-ח]
טו) מָלַךְ אֱלֹהִים עַל גּוֹיִם אֱלֹהִים יָשַׁב עַל כִּסֵּא קָדְשׁוֹ: [תהלים מז, ט]
טז) דַּבֵּר אֶל בְּנֵי יִשְׂרָאֵל לֵאמֹר בַּחֹדֶשׁ הַשְּׁבִיעִי בְּאֶחָד לַחֹדֶשׁ יִהְיֶה לָכֶם שַׁבָּתוֹן זִכְרוֹן תְּרוּעָה מִקְרָא קֹדֶשׁ: [ויקרא כג, כד]
יז) לֹא הִבִּיט אָוֶן בְּיַעֲקֹב וְלֹא רָאָה עָמָל בְּיִשְׂרָאֵל יְיָ אֱלֹהָיו עִמּוֹ וּתְרוּעַת מֶלֶךְ בּוֹ: [במדבר כג, כא]
יח) וּבַחֹדֶשׁ הַשְּׁבִיעִי בְּאֶחָד לַחֹדֶשׁ מִקְרָא קֹדֶשׁ יִהְיֶה לָכֶם כָּל מְלֶאכֶת עֲבֹדָה לֹא תַעֲשׂוּ יוֹם תְּרוּעָה יִהְיֶה לָכֶם: [במדבר כט, א]
יט) וַיְהִי בִישֻׁרוּן מֶלֶךְ בְּהִתְאַסֵּף רָאשֵׁי עָם יַחַד שִׁבְטֵי יִשְׂרָאֵל: [דברים לג, ה]
כ) יְיָ יִמְלֹךְ לְעֹלָם וָעֶד: [שמות טו, יח]
כא) שְׁמַע יִשְׂרָאֵל יְיָ אֱלֹהֵינוּ יְיָ אֶחָד: [דברים ו, ד]
כב) וְיָדַעְתָּ הַיּוֹם וַהֲשֵׁבֹתָ אֶל לְבָבֶךָ כִּי יְיָ הוּא הָאֱלֹהִים בַּשָּׁמַיִם מִמַּעַל וְעַל הָאָרֶץ מִתָּחַת אֵין עוֹד: [דברים ד, לט]
כג) אַתָּה הָרְאֵתָ לָדַעַת כִּי יְיָ הוּא הָאֱלֹהִים אֵין עוֹד מִלְּבַדּוֹ: [דברים ד, לה]
כד) בְּרָב עָם הַדְרַת מֶלֶךְ וּבְאֶפֶס לְאֹם מְחִתַּת רָזוֹן: [משלי יד, כח]

ליקוטי רש"י

כל כי האי ריתחא. מי יתן ויבא לנו זה הכעס בחימה שפוכה אמלוך עליכם שיגאלנו בעל כרחנו וימלוך עלינו [סנהדרין קה.]. תקעו שופר. שיהיו להשמר מן חרב הגייסות שיבואו עליה' [הושע ה, ח]. ירגזו עמים. מדבר במלחמת גוג ומגוג ולא ירגזו עמים כענין שנאמר (זכריה יד) וזאת תהיה המגפה וגו' [תהלים צט, א]. ותיקין. אנשים ענוים ומחבבין מצוה [ברכות ט:]. אין מעכבין. אין בית דין מוחזקין למנוע תינוקות מלתקוע ביום טוב של ראש השנה דבעינן לחנוכינהו במצות [עירובין צו.].

חשק שלמה על ר"ח א) אולי טס"ה וצ"ל כמו בגמ' זכרה לי אלהי לטובה.

"ד,,בְּרָב־עָם הַדְרַת־מֶלֶךְ" – Presumably, it is **because of** the dictum that ***In a multitude of people is a King's glory.***[49] Since there is greater attendance in the synagogue during Mussaf, we defer the blowing until then. אִי הָכִי הַלֵּל נַמִּי נֵימָא בַּשֵּׁנִי מִשּׁוּם ד,,בְּרָב־עָם הַדְרַת מֶלֶךְ" – **If so, let** ***Hallel,*** **too, be said under the second one because of** the dictum that ***In a multitude of people is a King's glory***?! אֶלָּא מַאי שְׁנָא הַלֵּל דְּבָרִאשׁוֹן – **Rather, why is** ***Hallel*** recited **specifically by the first one,** who leads Shacharis? מִשּׁוּם דִּזְרִיזִין מַקְדִּימִין לְמִצְוֹת – It must be **because of** the principle that **"The zealous are early to [perform] mitzvos."** תְּקִיעָה נַמִּי נַעֲבִיד בָּרִאשׁוֹן מִשּׁוּם דִּזְרִיזִין מַקְדִּימִין לְמִצְוֹת – Then **let the** shofar **blowing, too, be done under the first one because of** the principle that **"The zealous are early to [perform] mitzvos."**[50] – ? –

The paradox is resolved:

אָמַר רַבִּי יוֹחָנָן – **R' Yochanan said:** בִּשְׁעַת גְּזֵרַת הַמַּלְכוּת שָׁנוּ – **They taught** this Mishnah **during a period of a governmental decree** against the shofar blowing. Initially, the blowing took place during Shacharis. When the government forbade it and sent agents to spy on the morning service in search of violators, the blowing was deferred to Mussaf.[51]

The Gemara shifts its focus to the latter part of the Mishnah: מִדְּקָאָמַר ,,בִּשְׁעַת הַלֵּל" – **Since [the Mishnah] states:** And ON AN OCCASION WHEN *HALLEL* is said, מִכְּלָל דְּבְרֹאשׁ הַשָּׁנָה לֵיכָּא הַלֵּל – **it implies that on Rosh Hashanah** itself **there is no** recitation of ***Hallel.*** מַאי טַעְמָא – **What is the reason?**[52]

The Gemara answers:

אָמַר רַבִּי אַבָּהוּ – **R' Abahu said:** אָמְרוּ מַלְאֲכֵי הַשָּׁרֵת לִפְנֵי הַקָּדוֹשׁ בָּרוּךְ הוּא – **The ministering angels said before the Holy One, Blessed is He:** רִבּוֹנוֹ שֶׁל עוֹלָם – **Master of the Universe:** מִפְּנֵי מָה אֵין יִשְׂרָאֵל אוֹמְרִים שִׁירָה לְפָנֶיךָ בְּרֹאשׁ הַשָּׁנָה וּבְיוֹם הַכִּפּוּרִים – **Why do the Jews not recite song before You on Rosh Hashanah and Yom Kippur?** אָמַר לָהֶם – **He replied:** אֶפְשָׁר מֶלֶךְ יוֹשֵׁב עַל כִּסֵּא דִין – **Is it possible that** when **the King is seated on the Throne of Judgment,** וְסִפְרֵי חַיִּים וְסִפְרֵי מֵתִים פְּתוּחִין לְפָנָיו – **and the Books of the Living and Books of the Dead are open before Him,** וְיִשְׂרָאֵל אוֹמְרִים שִׁירָה – **the Jews should recite song?**[53]

Mishnah The Mishnah discusses conditions which make it impossible to fulfill the mitzvah of shofar without violating a Rabbinic restriction:

שׁוֹפָר שֶׁל רֹאשׁ הַשָּׁנָה – **The shofar of Rosh Hashanah,** אֵין מַעֲבִירִין עָלָיו אֶת הַתְּחוּם – **we may not go beyond the** ***techum*** **for it,**[54] וְאֵין מְפַקְּחִין עָלָיו אֶת הַגַּל – **and we may not clear away a heap** of rubble **for it,**[55] לֹא עוֹלִין בְּאִילָן – **nor climb a tree,**[56] וְלֹא רוֹכְבִין עַל גַּבֵּי בְהֵמָה – **nor ride on an animal,**[57] וְלֹא שָׁטִין עַל פְּנֵי הַמַּיִם – **nor swim on the water;**[58] וְאֵין חוֹתְכִין אוֹתוֹ – **and we may not cut it,**[59] בֵּין בְּדָבָר שֶׁהוּא מִשּׁוּם שְׁבוּת וּבֵין בְּדָבָר שֶׁהוּא מִשּׁוּם לֹא תַעֲשֶׂה – **neither with an implement** whose use is **prohibited by Rabbinic Law nor with one** whose use is **prohibited by a** Biblical **negative commandment.**[60] אֲבָל אִם רָצָה לִיתֵּן לְתוֹכוֹ מַיִם אוֹ יַיִן יִתֵּן – **However, if one wishes to put water or wine into it, he may put** it in.[61]

The Mishnah turns to another subject:

אֵין מְעַכְּבִין אֶת הַתִּינוֹקוֹת מִלִּתְקוֹעַ – **We do not restrain the children from blowing** the shofar, אֲבָל מִתְעַסְּקִין עִמָּהֶן עַד שֶׁיִּלְמְדוּ – **but we engage them** in blowing **until they learn** the skill.[62] וְהַמִּתְעַסֵּק לֹא יָצָא – **One who [blows]**

NOTES

49. *Proverbs* 14:28.

50. And let us insert the blessings of Kingship, Remembrance and Shofaros in the Shacharis prayer (*Rashba*).

51. *Rashi.* When the decree was anulled, the custom of blowing during Mussaf was maintained due to the concern that a similar decree might one day be enacted (*Tosafos*). Furthermore, there is a principle that any Rabbinic institution remains in force even if the reason it was enacted is no longer applicable (*Rashba, Ritva;* see 30b note 15).

Yerushalmi (cited by *Tosafos* et al.) provides a different reason for the deferral of the blowing to Mussaf. It once occurred that the enemies of the Jews heard the shofar blasts early in the morning and thought that the Jews had sounded a call to battle against them. They thereupon slaughtered the Jews in that location. To preclude a repetition of this mishap, the blowing was deferred to Mussaf. Since several hours of prayer and Torah reading elapse before the shofar is blown, the others realize that this is merely a religious ritual. See the quotations of *Yerushalmi* in *Rashba, Ritva* and *Rosh* for additional reasons, according to which it is inherently appropriate to blow the shofar during Mussaf. See also *Hagahos Chasam Sofer.*

52. The question is based on the rule of the Gemara in *Arachin* (10b) that *Hallel* is recited on every festival day on which labor is prohibited. Why is Rosh Hashanah an exception? (*Maharsha*).

53. The angels know that they themselves should refrain from song on the day when some people are inscribed for death (see *Sanhedrin* 39b). They ask, however, that since Rosh Hashanah is a Yom Tov and the Jews are commanded to be joyfully confident that they will be inscribed for a good year (see *Tur Orach Chaim* 581:4), the *Jews* should recite *Hallel*! God responds that, nevertheless, it would be inappropriate for the Jews to sing joyously while the Judgment is in progress (*Aruch LaNer;* cf. *Yom Teruah*).

54. The *techum* is the two thousand-*amah* boundary from one's place of residence beyond which it is forbidden to go on the Sabbath or Yom Tov (see 23b note 15). One may not go beyond the *techum* to hear the shofar blowing (*Rashi*). Although the commandment of shofar is Biblical and the two thousand-*amah* restriction is only Rabbinic (*Rashi* below; see *Yom Teruah*), the Rabbis have the power to ordain passive non-performance of a mitzvah, as we learned on 29b (see note 15 there, and see *Ritva* here for a lengthy discussion of this issue; cf. *Rabbeinu Chananel*).

55. If the only available shofar is buried under a pile of rubble or stones, one may not clear away the rubble with his hands, even though this would violate only the Rabbinic prohibition against moving *muktzeh* (*Rashba;* see *Rashi* below and *Yom Teruah*). If a shovel was needed to retrieve the shofar, the digging would be considered a Biblical labor (*Rashba,* citing *Eruvin* 35a).

56. To retrieve the shofar (*Meiri*). Climbing a tree on the Sabbath or Yom Tov is forbidden Rabbinically because it might lead to the Biblical violation of tearing off a branch (*Beitzah* 36b).

57. If one is too weak to reach the place where the shofar is being blown without transportation (*Meiri*). Riding an animal is forbidden Rabbinically because of the concern that the rider might cut a branch off a tree to use as a whip (*Beitzah* ibid.).

58. If the shofar was on the other side of a river or had fallen into the water (*Rambam, Hil. Shofar* 1:4, *Meiri*). Swimming on the Sabbath or Yom Tov is prohibited Rabbinically because of the concern that one will construct a life preserver (*Beitzah* ibid.).

59. I.e. repair it [by scraping out the inside] (*Rashi* to 33a, *Meiri*). Alternatively: sever it from the animal's head (*Rabbeinu Chananel* to 33a).

60. Cutting with a tool that is normally used for this purpose is a Biblical violation, and cutting with an unusual implement is a Rabbinic violation (*Rashi* to 33a; see note 1 there). The Gemara below (33a), describes these implements.

61. Rinsing a shofar with water or wine enhances its sound. Nevertheless, doing so is not considered within the realm of the prohibition against repairing a utensil [because it is fit for use without being rinsed] (*Rashi, Meiri;* cf. *Ritva* at end of 33a, *Mishnah Berurah* 586:89).

62. I.e. we encourage them to blow the shofar and teach them how it is done (*Maggid Mishneh, Hil. Shofar* 2:7; *Rama, Orach Chaim* 596:1). This applies even on the Sabbath (Gemara, 33a). Ordinarily, it is

עין משפט נר מצוה

לה א ב מיי' פ"ג מהל' שופר הלכה ט טור ש"ע א"ח סי' תקצא סעיף ה:
לו ג מיי' שם טור א"ח סי' תקצא:
לז ד ה ו טור א"ח שם:
לח ז ח ט י מיי' שם הל' ח טור א"ח שם:
לט כ [מיי' שם הל' י] טוש"ע א"ח סי' תקפח:
מ ל מיי' פ"ג מהל' חנוכה הל' ו טוש"ע א"ח סי' תקפד סעיף א:
מא מ מיי' פ"א מהל' שופר הל' ד טוש"ע א"ח סי' תקפו סעיף כא:
מב נ ס מיי' שם טוש"ע שם סעיף כב:
מג ע מיי' פ"ב שם הל' ז:
מד ע פ מיי' שם הלכה ד טוש"ע שם סי' תקפט סעיף ח:

בשעת גזרת המלכות שנו. ואע"פ שבטלה גזרת המלכות לא עבדינן כדמעיקרא אע"ג דזריזין מקדימין למצות דחיישינן שמא יחזור דבר לקלקולו ולפירוש הירושלמי ניחא טפי דמפרש שם שדמו האויבים שנתאספו לתקוע תרועת מלחמה ועמדו עליהם והרגום ולכך תקנו תקיעות וברכות במוסף דכי חזו דקרו בקריאת שמע ומתפללין וקורין בתורה וחוזרין ומתפללין ותוקעין אמרי בנימוסייהו אינון עסקין כלו' בחוקיהם ובתורתם: הא

גמ' דרבים אתו מינה. בהסיא פקידה: רבי יהודה אומר ראשונה אחת שניה שתים. מי הוא זה מלך הכבוד לאו ממניינא: זמרו למלכנו. לא קא חשיב רבי יהודה דלא אמליכתיה אלא על אומה אחת: ושוין במלך אלהים כו'. דלא מנין ישב על כסא קדשו בלשון מלכות: אינו אומרה אלא עם הזכרונות. תרועה לאו לשון שופרות הוא עד דמזכיר שופר בהדיא: ומתחיל בתורה ומשלים בנביאים. והכתובים בינתיים: היו משלימין בתורה. דהוו להו ארבע מן התורה שלש בתחלה ואחת בסוף: ואנן בעינן עשר. וארבע מהן תורה דקאמר רבי יוסי משלים בתורה: מתני' העובר לפני התיבה כו' השני מתקיע. המתפלל תפלת מוספין מתקיע: גמ' בשעת גזרת המלכות שנו. אויבים גזרו שלא יתקעו והיו אורבין להם כל שש שעות לקץ תפלת שחרית לכך העבירוה לתקוע במוספין: מתני' שופר של ראש השנה אין מפקחין עליו וכו' ואין מעבירין עליו את התחום. לילך חוץ לתחום לשמוע תקיעה: ואין חותכין אותו. מפרש בגמרא: אם רצה ליתן לתוכו מים כו'. ולא אמרינן קא מתקן מנא: גמ' השתא דרבנן אמרת לא. איסור תחומין ופיקוח הגל דליכא למגזר אטו דאורייתא אמרת לא: דאורייתא. רוכבין דאיכא למימר שמא יחתוך זמורה ועולה באילן דאיכא למימר שמא יתלוש דאורייתא מיבעיא ויש גמגום בדבר ונראה בעיני דלא גרסינן לה: ואין

גמ' מלכיות כגון א) חי אני נאם ה' [אלהים] אם לא ביד חזקה ובזרוע נטויה ובחמה שפוכה אמלוך עליכם ואע"ג א) דא"ר נחמן כל כי האי ריתחא לירתח קודשא בריך הוא עלן וליפרוקינן כיון דבריתחא אמור אדכורי ריתחא בריש שתא לא מדכרינן זכרון כגון ב) ויזכור כי בשר המה וגו' שופר כגון ג) תקעו שופר בגבעה וגו' [א] אבל אם בא לומר מלכות זכרון ושופר של פורענות של עובדי כוכבים אומר מלכות כגון ד) ה' מלך ירגזו עמים וכגון ה) ה' מלך עולם ועד אבדו גוים מארצו זכרון כגון ו) זכור ה' לבני אדום וגו' שופר כגון ז) וה' אלהים בשופר יתקע והלך בסערות תימן וכתיב ח) ה' צבאות יגן עליהם [ב] אין מזכירין זכרון של יחיד ואפילו לטובה כגון ט) זכרני ה' ברצון עמך וכגון י) זכרה לי אלהי לטובה ב) פקדונות הרי הן כזכרונות כגון יא) וה' פקד את שרה וכגון יב) פקוד פקדתי אתכם דברי ר' יוסי ר' יהודה אומר [ג] אינן כזכרונות ולר' יוסי נהי נמי דפקדונות הרי הן כזכרונות וה' פקד את שרה פקדון דיחיד הוא כיון דאתו רבים מינה כרבים דמיא יג) שאו שערים ראשיכם והנשאו פתחי עולם ויבוא מלך הכבוד מי (הוא) זה מלך הכבוד ה' עזוז וגבור ה' גבור מלחמה שאו שערים ראשיכם ושאו פתחי עולם ויבא מלך הכבוד מי הוא זה מלך הכבוד ה' צבאות הוא מלך הכבוד סלה [ד] ראשונה שתים שניה שלש דברי ר' יוסי ר' יהודה אומר ראשונה אחת שניה שתים יד) זמרו אלהים זמרו זמרו למלכנו זמרו כי מלך כל הארץ אלהים שתים דברי ר' יוסי ר' יהודה אומר אחת ושוין טו) במלך אלהים על גוים אלהים ישב על כסא קדשו שהיא אחת זכרון שיש בו תרועה כגון טז) שבתון זכרון תרועה מקרא קדש [ה] אומרה עם הזכרונות ואומרה עם השופרות דברי ר' יוסי ר' יהודה אומר אינו אומרה אלא עם הזכרונות [בלבד] מלכות שיש עמו תרועה כגון יז) ה' אלהיו עמו ותרועת מלך בו [ו] אומרה עם המלכיות ואומרה עם השופרות דברי ר' יוסי רבי יהודה אומר אינו אומרה אלא עם המלכיות בלבד תרועה שאין עמה לא כלום כגון יח) יום תרועה יהיה לכם אומרה עם השופרות דברי רבי יוסי רבי יהודה אומר אינו אומרה כל עיקר: מתחיל בתורה ומשלים בנביא רבי יוסי אומר אם השלים בתורה יצא: אם השלים דיעבד אין לכתחילה לא והתניא ר' יוסי אומר המשלים בתורה ה"ז משובח אימא משלים והא אם השלים קתני דיעבד אין לכתחילה לא הכי קאמר מתחיל בתורה ומשלים בנביא ר' יוסי אומר משלים בתורה [ז] ואם השלים בנביא יצא תניא נמי הכי אמר רבי אלעזר ברבי יוסי וותיקין היו משלימין אותה בתורה בשלמא זכרונות ושופרות איכא טובא אלא מלכיות תלת הוא דהויין יז) ה' אלהיו עמו ותרועת מלך בו יט) ויהי בישורון מלך כ) ה' ימלוך לעולם ועד ואנן בעינן עשר וליכא אמר רב הונא ג) ת"ש ד) כא) שמע ישראל ה' אלהינו ה' אחד [ח] מלכות דברי ר' יוסי ר' יהודה אומר אינה מלכות כב) וידעת היום והשבות אל לבבך כי ה' הוא האלהים אין עוד [ט] מלכות דברי ר' יוסי ר' יהודה אומר אינה מלכות כג) אתה הראת לדעת כי ה' הוא האלהים אין עוד מלבדו [י] מלכות דברי ר' יוסי ר' יהודה אומר אינה מלכות: **מתני'** [כ] העובר לפני התיבה ביו"ט של ר"ה השני מתקיע ובשעת ההלל הראשון מקרא את ההלל: **גמ'** מאי שנא שני מתקיע משום כד) דברוב עם הדרת מלך אי הכי הלל נמי נימא בשני משום דברוב עם הדרת מלך אלא מאי שנא הלל דבראשון משום ו) זריזין מקדימין למצות תקיעה נמי נעביד בראשון משום דזריזין מקדימין למצות אמר רבי יוחנן בשעת גזרת המלכות שנו: מדקאמר בשעת הלל מכלל דבראש השנה [ל] ליכא הלל מ"ט [מ] אמר רבי אבהו אמרו מלאכי השרת לפני הקב"ה רבש"ע מפני מה אין ישראל אומרים שירה לפניך בר"ה וביום הכפורים אמר להם אפשר מלך יושב על כסא דין וספרי חיים וספרי מתים פתוחין לפניו וישראל אומרים שירה: **מתני'** [נ] שופר של ר"ה אין ז) מעבירין עליו את התחום ואין מפקחין עליו את הגל לא עולין באילן ולא רוכבין ע"ג בהמה ולא שטין על פני המים ואין חותכין אותו בין בדבר שהוא משום שבות ובין בדבר שהוא משום לא תעשה [ס] אבל אם רצה ליתן לתוכו מים או יין יתן ח) [ע] אין מעכבין את התנוקות מלתקוע [א] אבל מתעסקין עמהן עד שילמדו [ע] והמתעסק לא יצא [פ] והשומע מן המתעסק לא יצא: **גמ'** מ"ט שופר עשה הוא ויו"ט עשה ולא תעשה ואין עשה דוחה את לא תעשה ועשה: לא עולין באילן ולא רוכבין על גבי בהמה כו': השתא דרבנן אמרת לא דאורייתא מיבעיא ט) זו ואין צריך לומר זו קתני: ואין

מסורת הש"ס

א) סנהדרין דף קה., ב) [תוספ' פ"ב], ג) פ"ח תנא וכן הגי' בהרא"ש, ד) [תוספתא פרק ב], ה) [פסחים ד. יומא כח:], ו) ערכין י., ז) גי' הרי"ף והרא"ש אין מפקחין קודם אין מעבירין כגי' רש"י, ח) עירובין צו: ערכין ג., ט) [לקמן לג. עירובין צו: יבמות יג. כתובות נח. נדרים לו: הוריות ג: כריתות יז.]

הגהות הגר"א

[א] במשנה מלתקוע ומתעסקין עמהן כו'. כצ"ל (וכ"ה ברי"ף ורא"ש):

תורה אור השלם

א) חי אני נאם אדני יי אם לא ביד חזקה ובזרוע נטויה ובחמה שפוכה אמלוך עליכם: [יחזקאל כ, לג]
ב) ויזכר כי בשר המה רוח הולך ולא ישוב: [תהלים עח, לט]
ג) תקעו שופר בגבעה חצצרה ברמה הריעו בית און אחריך בנימין: [הושע ה, ח]
ד) יי מלך ירגזו עמים ישב כרובים תנוט הארץ: [תהלים צט, א]
ה) יי מלך עולם ועד אבדו גוים מארצו: [תהלים י, טז]
ו) זכר יי לבני אדום את יום ירושלם האמרים ערו ערו עד היסוד בה: [תהלים קלז, ז]
ז) ויי עליהם יראה ויצא כברק חצו ואדני יי בשופר יתקע והלך בסערות תימן: [זכריה ט, יד]
ח) יי צבאות יגן עליהם ואכלו וכבשו אבני קלע ושתו המו כמו יין ומלאו כמזרק כזוית מזבח: [זכריה ט, טו]
ט) זכרני יי ברצון עמך פקדני בישועתך: [תהלים קו, ד]
י) זכרה לי אלהי לטובה כל אשר עשיתי על העם הזה: [נחמיה ה, יט]
יא) ויי פקד את שרה כאשר אמר ויעש יי לשרה כאשר דבר: [בראשית כא, א]
יב) לך ואספת את זקני ישראל ואמרת אלהם יי אלהי אבתיכם נראה אלי אלהי אברהם יצחק ויעקב לאמר פקד פקדתי אתכם ואת העשוי לכם במצרים: [שמות ג, טז]
יג) שאו שערים ראשיכם והנשאו פתחי עולם ויבוא מלך הכבוד: מי זה מלך הכבוד יי עזוז וגבור יי גבור מלחמה: שאו שערים ראשיכם ושאו פתחי עולם ויבא מלך הכבוד: מי הוא זה מלך הכבוד יי צבאות הוא מלך הכבוד סלה: [תהלים כד, ז-י]
יד) זמרו אלהים זמרו זמרו למלכנו זמרו: כי מלך כל הארץ אלהים זמרו משכיל: [תהלים מז, ז-ח]
טו) מלך אלהים על גוים אלהים ישב על כסא קדשו: [תהלים מז, ט]
טז) דבר אל בני ישראל לאמר בחדש השביעי באחד לחדש יהיה לכם שבתון זכרון תרועה מקרא קדש: [ויקרא כג, כד]
יז) לא הביט און ביעקב ולא ראה עמל בישראל יי אלהיו עמו ותרועת מלך בו: [במדבר כג, כא]
יח) ובחדש השביעי באחד לחדש מקרא קדש יהיה לכם כל מלאכת עבדה לא תעשו יום תרועה יהיה לכם: [במדבר כט, א]
יט) ויהי בישרון מלך בהתאסף ראשי עם יחד שבטי ישראל: [דברים לג, ה]
כ) יי ימלך לעלם ועד: [שמות טו, יח]
כא) שמע ישראל יי אלהינו יי אחד: [דברים ו, ד]
כב) וידעת היום והשבת אל לבבך כי יי הוא האלהים בשמים ממעל ועל הארץ מתחת אין עוד: [דברים ד, לט]
כג) אתה הראת לדעת כי יי הוא האלהים אין עוד מלבדו: [דברים ד, לה]
כד) ברב עם הדרת מלך ובאפס לאם מחתת רזון: [משלי יד, כח]

ליקוטי רש"י

כל כי האי ריתחא. מי יתן ויבא לנו זה הכעס בחימה שפוכה אמלוך עליכם שיגאלנו בעל כרחנו וימלוך עלינו [סנהדרין קה.]. תקעו שופר. שיזהרו להשמר מן חרב הגייסות שיבאו עליה' [הושע ה ח]. ירגזו עמים. מדבר במלחמת גוג ומגוג ואז ירגזו עמים כענין שנאמר (זכריה יד) וזאת תהיה המגפה וגו' [תהלים צט א]. וותיקין. אנשים ענוים ומחבבין מצוה [ברכות ט:]. אין מעכבין. אין בית דין מוזהרין למונען מלתקוע ביום טוב של ראש השנה דבעו לחנוכינהו במצות [עירובין צו:].

רבינו חננאל

כהנים לוים וישראלים: **אמר** שמואל הלכה כר' יוחנן בן נורי ש"מ אחת מן [התורה ואחת מן] הנביאים ואחת מן הכתובים ומצאנו מפורש בתלמוד א"י הוינן סברין מימר שלש מכל אחת ואחת אשכח תני אפי' שלש מכולן יצא. אין מזכירין של פורענות. מלכות כגון אם לא ביד חזקה ובחמה שפוכה אמלוך עליכם זכרון כגון ויזכור כי בשר המה רוח הולך ולא ישוב שופר כגון תקעו שופר בגבעה חצוצרות ברמה וגו' אבל פורענות של עובדי כוכבים אם בא להזכיר מזכיר כגון ה' אלהים בשופר יתקע והלך בסערות תימן. אין מזכירין של יחיד אפי' לטובה כגון א) זכר לי אלהים לטוב זכרני ה' ברצון [עמך] פקדונות הרי הן כזכרונות [כגון] וה' פקד את שרה כיון דאתו מינה רבים אם בא להזכירו עם הזכרונות מזכיר דברי ר' יוסי ר' יהודה אומר אינו מזכיר שאו שערים ראשיכם וגו' ראשונה שתים שניה שלש דברי ר' יוסי ר' יהודה אומר אחת. מלכיות שיש עמה תרועה כגון ותרועת מלך בו. בחצוצרות וקול שופר הריעו לפני המלך ה'. אומר עם המלכיות ואומר עם השופרות דברי ר' יוסי ר' יהודה אומר אינו אומר אלא עם המלכיות בלבד. משלים בתורה ומשלים בנביא ר' יוסי אומר אם השלים בתורה יצא ואקשי' עלה וכי ר' יוסי דאי עבד קתני והתניא ר' יוסי אומר המשלים בתורה הרי זה זריז ומשובח ותריצה למתני' הכי ר' יוסי אומר מתחיל בתורה ומשלים בתורה ואם השלים בנביא יצא תניא נמי הכי ר' אלעזר בר' יוסי אומר וותיקין היו משלימין בתורה אמר רב הונא תנא שמע ישראל ה' אלהינו ה' אחד מלכות. וכן וידעת היום והשבות אל לבבך כי ה' הוא האלהים וגו' מלכות וכן אתה הראת לדעת כי ה' הוא האלהים וגו' אלו כולן מלכות דברי ר' יוסי ר' יהודה אומר אינה מלכות וקי"ל כר' יוסי: **העובר** לפני התיבה ביו"ט של ר"ה השני מתקיע כלומר במוסף שהוא יורד שליח צבור שנית. אמר ר' יוחנן בשעת גזרה שנו: **ירושלמי** ר' יעקב בר אחא בשם ר' יוחנן מעשה פעם אחת תקעו בתפלת שחרית והיו השונאים סבורים שמא עליהן הן הולכין ועמדו עליהן והרגום. עמדו לתקוע ותיקנו בתפלת המוסף ומיגו דאינון חמיין לון דקרו ק"ש ומצלו וקרו באורייתא ומצלו והדר תקעין אמרין בנימוסיהון אינון עסיקין. ריב"ל שמע להא מהכא שמעה ה' צדק זו ק"ש הקשיבה רנתי זו רנון תורה האזינה תפלתי זו תפלה. בלא שפתי מרמה זו מוסף. מה כתיב בתריה מלפניך משפטי יצא אמר ר' תנחומא קרייה אמרה כן יום תרועה ועשיתם עולה. כלומר התרועה במוסף בעשיית העולה ר' אלעזר בר' יוסי אומר בכל הקרבנות כתיב והקרבתם וכאן כתיב ועשיתם אמר להן הקב"ה כיון שהכנסתם בר"ה לפני בדין ויצאתם בשלום מעלה אני עליכם כאילו נעשיתם בריה חדשה בכל הקרבנות בשעיר הקרב בכל המועדים [כתיב] חטאת ובעצרת כתיב שעיר עזים אחד לכפר עליכם ולא כתיב חטאת אמר להן הקב"ה כיון שקבלתם עליכם עול תורה מעלה אני עליכם כאילו לא חטאתם מימיכם. מדקתני במתני' ובשעת ההלל הראשון מקרא את ההלל מכלל דבר"ה לא אמרי הלל. מ"ט א"ר אבהו אמרו מלאכי השרת לפני הקב"ה רבש"ע מפני מה אין אומרים ישראל לפניך בר"ה וביוה"כ הלל אמר להן אפשר מלך יושב על כסא דין וספרי חיים וספרי מתים נפתחין לפניו וישראל אומרין הלל: **שופר** של ר"ה אין מפקחין עליו את הגל כו' מ"ט דתקיעת שופר דהוא יום תרועה יהיה לכם עשה הוא ואין עשה דוחה עשה ולא תעשה של ר"ה שנאמר בחדש השביעי באחד לחדש יהיה לכם שבתון שבות כלומר שב ולא תעשה וכתיב נמי כל מלאכת עבודה לא תעשו: **ולא** עולין לאילן ולא רוכבין כו' ואקשינן השתא לא עולין לאילן שהוא משום שבות דרבנן דתנן אלו הן משום שבות לא עולין לאילן באלו אמרי'

חשק שלמה על ר"ח א) אולי טס"ה וצ"ל כמו בגמ' זכרה לי אלהי לטובה.

absentmindedly does not fulfill his obligation,[63] וְהַשּׁוֹמֵעַ מִן הַמִּתְעַסֵּק לֹא יָצָא – **and one who hears** the shofar blasts **from one who [blows] absentmindedly has not fulfilled** his obligation.

Gemara The Gemara explains why a prohibition is not set aside for the sake of the shofar blowing:

מַאי טַעְמָא – **What is the reason?**[64] שׁוֹפָר עֲשֵׂה הוּא – It is because blowing the **shofar is a positive commandment,** וְיוֹם טוֹב עֲשֵׂה וְלֹא תַעֲשֶׂה – **but** doing labor on **Yom Tov is** forbidden by **a positive commandment *and* a negative commandment;**[65] וְאֵין עֲשֵׂה דּוֹחֶה אֶת לֹא תַעֲשֶׂה וַעֲשֵׂה – **and** the rule is that **a positive commandment does not override** the opposing combination of **a negative and a positive commandment.**[66]

The Mishnah stated:

לֹא עוֹלִין בָּאִילָן וְלֹא רוֹכְבִין עַל גַּבֵּי בְּהֵמָה כו׳ – NOR CLIMB A TREE, NOR RIDE ON AN ANIMAL, **etc.**

The Gemara wonders about the necessity for these rulings:

הַשְׁתָּא דְּרַבָּנָן אָמַרְתְּ לֹא – **If even** concerning a **Rabbinic** prohibition **you said** that it is **not** overridden for the sake of shofar, דְּאוֹרַיְיתָא מִיבַּעְיָא – **is it necessary** to state that a **Biblical** restriction is not overridden?[67]

The Gemara answers:

זוֹ וְאֵין צָרִיךְ לוֹמַר זוֹ קָתָנֵי – **[The Mishnah] teaches** its rulings in the format of **"this** first ruling, **and it is not** even **necessary to mention this** second ruling."[68]

NOTES

forbidden to blow the shofar on the Sabbath. And according to many authorities, even when Rosh Hashanah falls on a weekday it is forbidden to blow the shofar needlessly once the mitzvah has been fulfilled (see 29b note 14). The Mishnah teaches that this Rabbinic prohibition is suspended for the sake of children learning how to blow, and one should in fact engage them in blowing (*Milchamos Hashem* at the beginning of this chapter).

[According to *Rabbeinu Manoach* (*Hil. Shofar* ibid.), an adult may even blow the shofar in order to teach children. However, he and *Kesef Mishneh* (ad loc.) quote a passage from *Rashi* (not found in our versions; see *Taz* end of 596:2) that although adults may instruct children, they should not demonstrate by blowing the shofar themselves. Indeed, the Gemara (33a) discusses only *instructing* children (see also *Tur Orach Chaim* end of §588).]

63. This refers to a person who toyed with the shofar and accidentally produced the proper sounds (*Rashi* to 33b). It might also refer to one who blew the shofar for music, or for practice (see Gemara, 33b, and *Rambam, Hil. Shofar* 2:4 with *Maggid Mishneh*).

64. [Why do we not apply the principle (see *Yevamos* 3b) that a positive commandment, such as shofar blowing, overrides a negative commandment, such as the restrictions discussed in the Mishnah?]

65. In *Leviticus* 23:24, the Torah refers to Yom Tov as שַׁבָּתוֹן, *a rest day.* This conveys a positive commandment to rest by refraining from labor (*Rashi* to *Pesachim* 84a ד״ה שבתון). In the next verse, the Torah states the negative commandment: כָּל מְלֶאכֶת עֲבֹדָה לֹא תַעֲשׂוּ, *You shall not do any laborious work.*

66. Thus, the shofar blowing cannot override any Biblical Yom Tov restriction. And consequently, the Rabbinic restrictions as well are enforced in the face of the commandment to blow the shofar (*Ritva*). [The rule is that כֹּל דְּתַקּוּן רַבָּנָן כְּעֵין דְּאוֹרַיְיתָא תַקּוּן, *Whatever law that the Rabbis enacted, they enacted in the manner of a Biblical law* (*Pesachim* 30b).]

67. Although all the restrictions mentioned in the Mishnah are of Rabbinic origin, the Gemara categorizes the prohibitions against leaving the *techum* and handling *muktzeh* rubble as "Rabbinic," and the prohibitions against climbing a tree or riding on an animal as "Biblical." This is because the first two prohibitions are purely Rabbinic, as a violation would not lead to the transgression of Biblical law, but the latter prohibitions were enacted to protect against Biblical violations. Thus, the Gemara asks: If the shofar blowing does not override restrictions that are purely Rabbinic, is there a purpose in stating that it does not override restrictions that are designed to protect Biblical law? (*Rashi*).

[*Rashi* comments that he is dissatisfied with this explanation (see *Yom Teruah* for elaboration), and he prefers emending the Gemara text and deleting this question. See *Rabbeinu Chananel* for a variant text and explanation. See also *Rashba* and *Turei Even.*]

68. I.e. the latter teaching is indeed superfluous, but the Tanna chose a format in which the most novel rule is presented first and the simpler ones last. The זוֹ וְאֵין צָרִיךְ לוֹמַר זוֹ method of teaching is not frequently used, and the Gemara generally advances this explanation only when there is no alternative (*Halichos Olam, shaar* 3 §2:4; cf. *Ran, Nedarim* 67a ד״ה קיים אחד; see *Halichos Olam* for his dispute with *Sefer HaKerisus* concerning the logic behind this method of teaching).

The Mishnah stated:

וְאֵין חוֹתְכִין אוֹתוֹ בֵּין בְּדָבָר שֶׁהוּא מִשּׁוּם שְׁבוּת וּבֵין בְּדָבָר שֶׁהוּא מִשּׁוּם לֹא תַעֲשֶׂה – AND WE MAY NOT CUT IT, NEITHER WITH AN IMPLEMENT whose use is PROHIBITED BY RABBINIC LAW NOR WITH ONE whose use is PROHIBITED BY A Biblical NEGATIVE COMMANDMENT.

The Gemara elaborates:

מִשּׁוּם שְׁבוּת מַגְּלָא – An implement that is prohibited **by Rabbinic law** is, for example, **a sickle,** לֹא תַעֲשֶׂה סַכִּינָא – and one that is prohibited by **a negative commandment** is, for example, **a knife.**[1]

The necessity of the latter ruling is questioned:

הַשְׁתָּא מִשּׁוּם שְׁבוּת אָמְרַתְּ לֹא – **If even** concerning an implement that is prohibited **by Rabbinic law you said** that it may **not** be used, לֹא תַעֲשֶׂה מִיבַּעְיָא – **is it necessary** to state this regarding an implement prohibited by **a negative commandment?**

The Gemara answers:

זוֹ וְאֵין צָרִיךְ לוֹמַר זוֹ קָתָנֵי – **[The Mishnah] teaches** its rulings in the format of **"this** first ruling, **and it is not** even **necessary to mention this** second ruling."[2]

The Mishnah continues:

אֲבָל אִם רָצָה לִיתֵּן לְתוֹכוֹ מַיִם אוֹ יַיִן יִתֵּן – HOWEVER, IF ONE WISHES TO PUT WATER OR WINE INTO IT, HE MAY PUT it in.

This ruling is analyzed:

מַיִם אוֹ יַיִן אִין – The Mishnah implies that **water or wine** may **indeed** be put in, מֵי רַגְלַיִם לֹא – but **urine** may **not** be put in, even though it is an effective cleanser. מַתְנִיתִין מַנִּי – **Whose** teaching **is** reflected in **our Mishnah?** אַבָּא שָׁאוּל הִיא – **It is** the teaching of **Abba Shaul.** דְּתַנְיָא – **For it was taught in a Baraisa:** אַבָּא שָׁאוּל אוֹמֵר – ABBA SHAUL SAYS: מַיִם אוֹ יַיִן מוּתָּר כְּדֵי לְצַחְצְחוֹ – Putting WATER OR WINE in the shofar on Yom Tov IS PERMITTED, IN ORDER TO CLEANSE IT, מֵי רַגְלַיִם אָסוּר מִפְּנֵי הַכָּבוֹד – but putting in URINE IS FORBIDDEN even on a weekday, BECAUSE OF THE REVERENCE that is required for an object that is used for a mitzvah.[3]

The Mishnah states further:

אֵין מְעַכְּבִין אֶת הַתִּינוֹקוֹת מִלִּתְקוֹעַ – WE DO NOT RESTRAIN THE CHILDREN FROM BLOWING the shofar.

The Gemara analyzes this ruling:

הָא נָשִׁים מְעַכְּבִין – By specifying that we do not restrain *children* from blowing, the Mishnah implies: **But we do restrain women** from blowing.[4] וְהָתַנְיָא – **But it was taught in a Baraisa:** אֵין מְעַכְּבִין לֹא אֶת הַנָּשִׁים וְלֹא אֶת הַתִּינוֹקוֹת מִלִּתְקוֹעַ בְּיוֹם טוֹב – WE DO NOT RESTRAIN EITHER WOMEN OR CHILDREN FROM BLOWING the shofar ON the YOM TOV of Rosh Hashanah. – ? –

The contradiction is resolved:

אָמַר אַבָּיֵי – **Abaye said** לֹא קַשְׁיָא – There is **no difficulty.** הָא רַבִּי יְהוּדָה – **This** teaching of the Mishnah, which implies that women are to be restrained from blowing the shofar, is the view of **R' Yehudah,** הָא רַבִּי יוֹסֵי וְרַבִּי שִׁמְעוֹן – whereas **this** teaching of the Baraisa, which states that women are not to be restrained from blowing, is the view of **R' Yose and R' Shimon.** R' Yehudah holds that since women are not obligated in the shofar blowing, they are *forbidden* to do it. R' Yose and Reb Shimon maintain that although women are not obligated to blow, they need not be restrained from doing so.[5]

The Gemara cites a Baraisa which demonstrates that R' Yehudah disagrees with R' Yose and R' Shimon as to whether women have the option of performing a commandment in which they are not obligated:

דְּתַנְיָא – **For it was taught in a Baraisa:** ,,דַּבֵּר אֶל־בְּנֵי יִשְׂרָאֵל״ – The Torah states, in regard to the commandment of leaning on one's sacrifice before it is slaughtered: ***SPEAK TO THE SONS OF ISRAEL*** ... *He shall lean his hands upon the head of the olah offering.*[6] בְּנֵי יִשְׂרָאֵל סוֹמְכִין – Only THE SONS OF ISRAEL LEAN on their animal sacrifices, וְאֵין בְּנוֹת יִשְׂרָאֵל סוֹמְכוֹת – but THE DAUGHTERS OF ISRAEL DO NOT LEAN. דִּבְרֵי רַבִּי יְהוּדָה – These are THE WORDS OF R' YEHUDAH. רַבִּי יוֹסֵי וְרַבִּי שִׁמְעוֹן אוֹמְרִים – R' YOSE AND R' SHIMON SAY: נָשִׁים סוֹמְכוֹת רְשׁוּת – WOMEN HAVE THE OPTION TO LEAN if they so desire.[7]

NOTES

1. [Repairing a utensil violates the *melachah* (labor) of מַכֶּה בְּפַטִּישׁ, *striking [the final blow] with a hammer,* which includes any act that completes the formation of an object and renders it usable. However, there is a general rule that the Biblical prohibition against labor pertains only when the act is done in the normal manner.] Since it is unusual to scrape out a shofar with a sickle, this manner of repair is prohibited only Rabbinically. When the scraping is done with a knife, it is performed in the optimal manner and is considered a bona-fide labor (*Rashi*).

[As mentioned above (32a note 59), *Rabbeinu Chananel* explains the Mishnah as referring to the severing of the shofar from the animal's head. Accordingly, the labor in question is that of קוֹצֵר, *cutting,* which is normally done with a sickle. [See also *Eglei Tal, Gozeiz* §1,5.] *Rabbeinu Chananel* has a variant reading here, according to which a knife is an example of an implement whose use is prohibited Rabbinically, and a sickle is an example of one whose use involves a Biblical violation. See also *Rashba.*]

2. See 32b note 68.

3. *Rambam, Hil. Shofar* 1:4; *Shulchan Aruch, Orach Chaim* 586:23.

4. Both children and women are exempt from the shofar obligation – children because minors are not subject to any obligations, and women because shofar is a positive commandment that is caused by time (it applies only on Rosh Hashanah), and women are exempt from commandments in this category (see 30a note 14). However, boys will eventually be obligated in shofar blowing when they reach adulthood, and as such it is [Rabbinically] incumbent upon their parents to train them in the performance of the mitzvah [חִנּוּךְ]. Women, on the other hand, will never be obligated to blow the shofar. The Mishnah implies that it is only children who may blow the shofar – since they require training – but women may *not* blow. The Tanna apparently holds that if a woman does blow in absence of any obligation, she violates the prohibition (*Deuteronomy* 4:2, 13:1): *You shall not add to the Word that I command you* (*Rashi;* cf. *Ran, Maharsha* cited in note 7).

5. R' Yose and R' Shimon maintain that when a woman performs a commandment in which she is not obligated she does not violate the prohibition against adding a mitzvah. Thus, there is no reason to restrain women from blowing the shofar on Rosh Hashanah (*Rashi* below ד״ה סומכות רשות and *Eruvin* 96b ד״ה נשים סומכות רשות).

[Some Rishonim state further that according to R' Yose and R' Shimon a woman who performs a time-related commandment voluntarily is deemed to have fulfilled a mitzvah. Moreover, some state that women are permitted to recite the blessing of אֲשֶׁר קִדְּשָׁנוּ בְּמִצְוֹתָיו וְצִוָּנוּ לִשְׁמוֹעַ קוֹל שׁוֹפָר, *Who has sanctified us with His commandments, and commanded us to hear the sound of the shofar* (see *Tosafos* at length; *Baal HaMaor, Meiri, Rosh* §7 and *Rama, Orach Chaim* 589:6; cf. *Rambam, Hil. Tzitzis* 3:9 and *Beis Yosef, Orach Chaim* ibid.).]

6. *Leviticus* 1:2-4. The words דַּבֵּר אֶל־בְּנֵי יִשְׂרָאֵל, *Speak to the sons of Israel,* introduce the Scriptural section dealing with the laws of sacrifices. The phrase *He shall lean* etc. (which establishes the requirement of *semichah,* leaning), follows two verses later (*Rashi*), indicating that the requirement applies to the *sons* of Israel and not the daughters. [The word בְּנֵי in the first verse is generally translated as *children,* but its literal meaning is *sons,* implying an exclusion.] Although this exclusion appears in the introduction to the law of the *olah* offering, and not specifically in the verse defining the law of *semichah,* it does not exclude women from bringing an *olah.* This is because a verse teaches that even gentiles may bring an *olah,* and it is thus obvious that women may certainly do so. Thus, the exclusion of women can refer only to the law of *semichah* (*Ramban* and *Ritva* to *Kiddushin* 36a).

7. All agree that the verse *exempts* women from performing the rite of *semichah.* R' Yehudah holds that since they are not obligated they are automatically forbidden to lean on their offerings. R' Yose and R' Shimon maintain that women are not restricted from voluntarily performing the rite of *semichah,* for they do not thereby violate the prohibition against adding to the word of God (*Rashi* to *Eruvin* 96b; but see *Or*

ואין חותכין אותו בין בדבר שהוא משום שבות ובין בדבר שהוא משום לא תעשה: א) משום שבות מגלא לא תעשה סכינא השתא משום שבות אמרת לא לא תעשה מיבעיא ג) זו ואין צריך לומר זו קתני: אבל אם רצה ליתן לתוכו מים או יין יתן: מים או יין אין מי רגלים לא מתני' מני אבא שאול היא דתניא אבא שאול אומר מים או יין מותר כדי לצחצחו אמי רגלים אסור מפני הכבוד: אין מעכבין את התינוקות מלתקוע: הא נשים מעכבין והתניא ג) באין מעכבין לא את הנשים ולא את התינוקות מלתקוע ביום טוב אמר אביי ל"ק הא רבי יהודה הא רבי יוסי ורבי שמעון ד) דתניא א) דבר אל בני ישראל ה) בני ישראל סומכין ° גואין בנות ישראל סומכות דברי ו) רבי יהודה רבי יוסי ורבי שמעון אומרים נשים סומכות רשות: אבל מתעסקין בהם עד שילמדו: אמר רבי אלעזר דאפילו בשבת תנ"ה ז) מתעסקין בהן עד שילמדו אפילו בשבת ואין מעכבין התינוקות מלתקוע [א] בשבת ואין צריך לומר ביום טוב הא גופא קשיא אמרת מתעסקין בהן עד שילמדו ואפילו בשבת [ב] אלמא לכתחלה אמרינן תקעו והדר תנא אין מעכבין עכובא הוא דלא מעכבין הא לכתחלה לא אמרינן תקעו לא קשיא כאן בקטן

רש"י

ואין חותכים אותו. אם בא לתקנו לא בדבר שהוא משום שבות כלי שאין דרכו לחתוך בו שופרות כגון מגלא שרפ"א בלע"ז דתיקון כלאחר יד הוא ואין בו אלא משום שבות: סכינא. דדרכו בכך והוי מלאכה גמורה: תינוקות הוא דלא מעכבין. דבעי לחנוכייהו: הא נשים מעכבין. דפטורות לגמרי דמצות עשה שהזמן גרמא הוא וכי תקעי איכא בל תוסיף ח): בני ישראל סומכין. דבר אל בני ישראל ואמרת אליהם אדם כי יקריב מכם וגו' וכתיב בההוא ענין וסמך ידו וגו': סומכות רשות. אלמא אף על גב דפטרינהו קרא ליכא איסורא וה"ה למצות עשה שהזמן גרמא:
קטן

תוספות

הא רבי יהודה הא רבי יוסי. אומר ר"ת אע"ג דסתם מתניתין כרבי יהודה הלכה כר' יוסי דנימוקו עמו ומעשה רב דהמוצא תפלין (עירובין דף צו. ושם) מיכל בת שאול היתה מנחת תפלין ואשתו של יונה שהיתה עולה לרגל וההוא עובדא דפרק אין דורשין (חגיגה דף טז: ושם) דהבאנוהו לעזרת נשים וסמכו עליו נשים כדי לעשות נחת רוח לנשים ° ומותרות לברך על מצות עשה שהזמן גרמא אע"ג דפטורות מן דבר המצוה ההיא ומתעסקות בהן כמו מיכל בת כושי שהיתה גם מברכת ותדע דאמרינן פרק החובל (ב"ק דף פז.) אמר רב יוסף מעיקרא אמרי מאן דאמר הלכה כרבי יהודה עבידנא יומא טבא לרבנן דלא מיפקדנא ועבידנא ואם במקום דפטור מן הדבר ועושהו אסור מלברך אם כן אמאי עבידנא יומא טבא והלא היה מפסיד ברכות ציצית ולולב ותפילין ומגילה ונר חנוכה וסוכה והבדלה וקדוש היום וברכות של ק"ש שחרית וערבית וכל הברכות כולן ואמרינן בפ' המניח (שם דף ל.) האי מאן דבעי למיהוי חסידא ליקיים מילי דברכות ועוד אמרינן פרק ערבי פסחים (פסחים דף קטז:) סומא פטור מלומר ההגדה ופריך מרב יוסף ורב ששת דהוי אמרי אגדתא כל חד וחד בביתיה ומדמוציא אחרים ידי חובתן שמע מינה דמחייבין ומשני משום דקסברי מצה בזמן הזה דרבנן אבל ממה שהיו מברכין לא מדקדק מידי שמע מינה היכי דפטירי שרי לברוכי ומשום דמברך ברכה שאינה צריכה וקעבר משום בל תשא ליכא דההיא דרשה דרבנן דהא אמר בפרק מי שמתו (ברכות דף כא.) ספק קרא אמת ויציב ספק לא קרא חוזר וקורא ולא אסרינן מספק משום לא תשא ומוציא שם שמים לבטלה דאסרינן בפ"ק דתמורה (דף ג. ד.) מדכתיב את ה' אלהיך תירא הני מילי בלא ברכה ומיהו אין כל כך ראיה מסומא לאשה ° דאע"ג דסומא פטור מדאורייתא מדרבנן מיהו חייב כדמוכח ההיא דערבי פסחים דמשני קסברי רב ששת ורב יוסף מצה בזמן הזה דרבנן ולכך היו יכולין להוציא אחרים ש"מ דאינהו נמי מדרבנן וכיון דמחייבי מדרבנן יכולין לברך כמו בנר חנוכה וכל מצות דרבנן ומיהו יש לדחות דרשות יכול להוציא בר חובא דרבנן כמו קטן דמברך לאביו בפרק מי שמתו (ברכות דף כ:) ועולה למנין שבעה ומוציא אחרים ידי חובתן במגילה לר' יהודה כדתנן במגילה (דף יט.) אבל יש לדקדק מדתנן בפרק הקורא את המגילה עומד (שם דף כד. ושם) ר' יהודה אומר כל שלא ראה מאורות מימיו לא יפרוס על שמע משמע הא ראה אף על גב דנסתמו עיניו פורס ואמאי והא פוטר רבי יהודה סומא מכל המצות שבתורה בפרק החובל (ב"ק דף פז.) אבל אי מדרבנן חייב ניחא ומש"ה היה שמח רב יוסף במאי דמדאורייתא לא מיפקד ועביד משום הכי היה יכול לברך בכל מצות ויכול לומר וצונו כיון דמחייב מדרבנן כדקאמר בפ' במה מדליקין (שבת דף כג.) היכן צונו מלא תסור אבל אשה אפילו מדרבנן לא מחייב' אמצות עשה שהזמן גרמא כדמוכח בפרק מי שמתו (ברכות דף כ:) גבי נשים חייבות בקדוש היום דבעי למימרא מדרבנן ופריך עלה [דא"כ] כל מצות עשה שהזמן גרמא ניחייבו מדרבנן ולענין סוכה מוכח בהדיא בריש סוכה (דף ג:) דאפילו מדרבנן לא מיחייבא היכי אמרה וצונו ומיהו בירושלמי משני שינויא אחרינא אקושיא דרבי יהודה אדר' יהודה דכל שלא ראה מאורות דפריך לה בירושלמי ומשני לה ביושב בבית אופל כך אני אומר היושב בבית אופל לא יפרוס על שמע משמע שר"ל שלא ראה מאורות מימיו שנולד במערה ואינו סומא ובמגילה נמי פריך לה בירושל' עלה דההיא ואין גרסות הירושל' מכוונות לא במכות ולא במגילה ומיהו בגמ' דידן במגילה (דף כד:) לא משמע הכי אלא משמע דמיירי בסומא ממש דמפרש טעמא דר' יהודה משום דאינו נהנה מן המאורות ומפרש ורבנן אית ליה הנאה כר' יוסי שראה סומא ואבוקה בידו ואמר לו בני אבוקה זו למה אמר לו כל זמן שאבוקה זו בידי רואין אותי בני אדם ומצילים אותי מן הפחתים ומן הברקנים והאדם שרואה יפה אלא שנולד במערה ולא ראה מאורות מעולם לא שייך האי טעמא ולפי מה שפי' דסומא חייב מדרבנן ואשה פטורה יש ליתן טעם בדבר דהחמירו רבנן בסומא משום דהוי מינא דבר חובה ועוד שלא יראה כנכרי דאם פטרת ליה מכל מצות נמצא דאינו נוהג בתורת ישראל כלל אבל אשה אי פטרת לה בכל מצות עשה שהזמן גרמא יש עדיין מצות דמחייבת בהו ור"י ב"ר יהודה מביא ראיה דנשים מברכות על כל מצות עשה שהזמן גרמא מדאמרינן (מגילה דף כג.) הכל עולה למנין שבעה ואפי' אשה ואפי' קטן ואע"ג דאשה אינה מצווה לעסוק בתורה כדאמר בפרק קמא דקדושין (דף לד.) ובריש בכל מערבין (עירובין מ.) ואור"ת דאין זו ראיה דברכת התורה לפניה ולאחריה לאו משום תלמוד תורה שאפילו ברך ברכת הערב נא או נפטר באהבה רבה חוזר ומברך תדע במקום שאין לוי כהן קורא במקום לוי ומברך אע"פ שכבר ברך בקריאה ראשונה ועוד דאיכא למימר דהא דאשה עולה היינו באמצע שלא היו רגילים לברך כדאיתא בפרק הקורא את המגילה עומד (מגילה דף כא.) תנא פותח מברך לפניה וחותם מברך לאחריה והאידנא כולהו מברכין גזירה משום הנכנסים ומשום היוצאים ומיהו עולין למנין שבעה משמע בסוף שבעה ומקטן דמברך ברכת המזון אף על פי שהוא פטור אין ראיה לאשה דקטן בא לכלל חיוב וחייב לחנכו ואינו מוזהר על לא תשא ט):

תניא נמי הכי מתעסקים בהם. שני גרסות כתובים ומתוך פ"ה משמע שכך היה הגירסא מתעסקין בהן עד שילמדו אפילו בשבת ואין מעכבין התינוקות מלתקוע בשבת ואין צריך לומר ביו"ט הא גופא קשיא אמרת מתעסקין עד שילמדו אפילו בשבת אלמא לכתחילה אמרי' י) [תקעו] והדר תני אין מעכבים עיכובא הוא דלא מעכבין הא לכתחילה לא אמרינן זילו תקעו ל"ק כאן בקטן שהגיע לחינוך כאן בקטן שלא הגיע לחינוך ופי' בקונטרס שהגיע לחינוך מתעסקים בהן עד שילמדו וכ"ש שאין מעכבים ודבר תימה הוא האיך יכול לומר דבקטן שהגיע לחינוך מתעסקים ואפילו בשבת והלא אין מצות היום בשופר ועוד דגבי קטן שלא הגיע לחינוך קתני אין מעכבים מלתקוע בשבת אבל לכתחילה לא ואמאי הא אפילו בהגיע לחינוך שרי להתעסק בו כדי שילמדו ומיהו י"ל לפי' דהאי דלכתחילה לא אמרי' להו תקעו היינו דאין צריך לומר להם תקעו דלא מחייב ללמדו כיון דלא הגיעו לחינוך אבל איסורא ליכא ונראה לי איפכא דקטן שהגיע לחינוך אין מעכבים בשבת אבל לכתחילה לא אמרינן להו תקעו כיון דליכא איסורא דרבנן ובכל מקום שהוא מחוייב להפרישו דאי לא שבת היה מצות היום בשופר וקטן שלא הגיע לחינוך מתעסקים כלומר שרי להתעסק אפילו בשבת ולאו משום דמחייב להתעסק וגירסא אחרת הכתוב בספרים מוכחא כפירוש זה שכתוב בהן עד שילמדו אפילו בשבת ואין מעכבין את התינוקות מלתקוע בי"ט הא בשבת מעכבים הא אמרת רישא אפי' בשבת אין מעכבים ל"ק כאן בקטן שהגיע לחינוך כאן בקטן שלא הגיע לחינוך ואע"ג דתנן ביבמות בפ' חרש (דף קיד.) לא יאמר אדם לתינוק הבא לי מפתח הבא לי חותם אלא מניחו זורק ומניחו מוקי לה אביי נקוב וחורק בכרמלית דרבנן כי היכי דלא לפתמשו מינה דקטן אוכל נבילות אין ב"ד מצווין להפרישו משמע דלאיסורא דרבנן נמי לא ספינן ליה בידים מכל מקום שרי להתעסק בו לתקוע אפי' בשבת כיון דזמנין איכא מצוה בתקיעת שופר ולא דמי לשאר איסורים וכמו שפי' מוכח בריש ערכין (דף ג: ושם) דההיא דמעכבים מתוקמא בהגיע לחינוך דאמרינן התם הכל חייבים בתקיעת שופר לאתויי קטן שהגיע לחינוך דתנן אין מעכבין התינוקות לתקוע:

שיעור

עין משפט נר מצוה

מו א מיי' פ"א מהל' שופר הל' ד טוש"ע א"ח סי' תקפו סעיף כג:
מז ב מיי' פ"ב שם הל' ז טוש"ע א"ח סי' תקפט סעיף ו:
מח ג מיי' פ"ג מהל' מעשה הקרבנות הל' ח סמג עשין קפג:
מט ד מיי' פ"ב מהל' שופר הלכה ז טור א"ח סי' תקפח:

רבינו חננאל

אמרי' דלא פיקוח הגל והעברת התחום שהן איסור מן התורה הוצרך לומר דלא ופרקי הכי נמי קתני אין מפקחין עליו את הגל כלומר לא פיקוח הגל וכיוצא בו שהוא איסור מן התורה אלא אפי' דבר שמשום שבות לא דחי. ואין חותכין אותו כו' אוקימנא הכי אין חותכין השופר בדבר שהוא משום שבות כגון מסר או סכינא וכיוצא בה וכ"ש בדבר שהוא משום ל"ת כגון מגל שהוא עשוי לקצור בו והקצירה היא מאבות מלאכות שודאי אסור אבל אם רצה לתת לתוך שופר מים או יין יתן כאבא שאול דאמר מים או יין מותר כדי לצחצחו מי רגלים אסור מפני הכבוד הא דתניא אין מעכבין לא את התינוקות ולא את הנשים מלתקוע בי"ט ר' יוסי ור' שמעון היא דאמר נשים סומכות רשות והא דתנן [אין] מעכבין את התינוקות מלתקוע א) כרבי יהודה דאמר דבר אל בני ישראל בני ישראל סומכין ואין בנות ישראל סומכות. אבל מתעסקין בהן עד שילמדו. א"ר אלעזר ואפי' בשבת. ואסיקנא מלמדין אותן לתקוע אפי' בשבת דוקא להתלמד אבל שלא להתלמד לא בקטן שהגיע לחינוך.

חשק שלמה על ר"ח

א) נראה דצ"ל אין מעכבין את התינוקות מלתקוע הא נשים מעכבין כרבי יהודה וכו'.

מסורת הש"ס

א) [גירסת הרי"ף והרא"ש שבות סכינא לא תעשה מגלא], ב) [לעיל כו. וש"נ], ג) עירובין צו:, ד) ג"ש חגיגה טז: חולין פה., ה) [קידושין לו.] וגם איתא בני ישראל וסמך ב"י סומכין וכו', ו) [בתוספות דעירובין צו: ד"ה ומכאן ספרא לא גרסו דברי ר"י ע"ש], ז) [תוספ' פ"ב], ח) [עי' מהרש"א ועיין תוס' עירובין צו. ד"ה מיכל בת שאול], ט) ועיין תוס' עירובין צו. ד"ה דלמא, י) רש"א.

גליון הש"ס

גמ' ואין בנות ישראל סומכות. עיין מנחות דף צג ע"ב תד"ה ידו: תוס' ד"ה הא ר"י וכו' ומותרות לברך על מ"ע שהז"ג. עיין בהגהת אשר"י ספ"ג דסוכה: בא"ד דאע"ג דסומא פטור מדאורייתא מדרבנן מיהא חייב. עיין מגילה דף כד ע"א תד"ה מי שלא ראה:

הגהות הגר"א

[א] גמ' בשבת ואין צריך לומר). תא"מ (גירסת הרי"ף והגאונים: [ב] שם (אלמא כו' עד לא אמרינן תקעו). תא"מ וג"ז והדר תני וכו' טוב בי"ט אין בשבת לא כ"ה גירסת הרי"ף והגאונים:

תורה אור השלם

א) דַּבֵּר אֶל בְּנֵי יִשְׂרָאֵל וְאָמַרְתָּ אֲלֵהֶם אָדָם כִּי יַקְרִיב מִכֶּם קָרְבָּן לַייָ מִן הַבְּהֵמָה מִן הַבָּקָר וּמִן הַצֹּאן תַּקְרִיבוּ אֶת קָרְבַּנְכֶם: (ויקרא א, ב)

ליקוטי רש"י

אין מעכבין. אין דין מחזרין למונען מלתקוע ביום טוב של ראש השנה דבעו לחנוכינהו במצות [עירובין צו.]. הא נשים מעכבין. אף על גב דלא תלוי יום טוב הוא דמתמא דבי שמואל [לעיל כט:] יתלא תקיעת שופר ודרדייה הפס שהיא חכמה ואינה מלאכה מיהו נראות כמותפות. דבר אל בני ישראל. אדם כי יקריב מכם קרבן לה' וכתיב בההוא עניינא וסמך [חגיגה טז:]. דזיקרא וכתיב בההיא עניינא וסמך ידו [קידושין לו.]. נשים סומכות רשות. ואע"ג דכתיב (ויקרא א) דבר אל בני ישראל ואמרת אליהם אדם כי יקריב מכם וסמכו ליה ומסמך ידו בני ישראל סומכים ואין בנות ישראל סומכות. דאין כאן בל תוסיף [עירובין שם]. ואע"ג דלא מחייבא ולא אמרינן עבודה עובדא בקדשים והכא נמי לא אמרינן מחללה יום טוב היא [חולין פה.].

The Mishnah continues:

אֲבָל מִתְעַסְּקִין בָּהֶם עַד שֶׁיִּלְמְדוּ – **Rather, we engage them** in blowing **until they learn** the skill.

The Gemara discusses the scope of this ruling:

אָמַר רַבִּי אֶלְעָזָר – **Reb Elazar said:** אֲפִילוּ בְּשַׁבָּת – **Even on the Sabbath,** when the *shofar* is not blown, it is permitted to engage children in blowing for practice.[8]

The Gemara adduces support for R' Elazar's ruling:

תַּנְיָא נַמִּי הָכִי – **It was taught similarly in a Baraisa:** מִתְעַסְּקִין בָּהֶן עַד שֶׁיִּלְמְדוּ אֲפִילוּ בְּשַׁבָּת – WE ENGAGE [CHILDREN] in blowing the shofar UNTIL THEY LEARN the skill, EVEN ON THE SABBATH.

The Baraisa continues:

וְאֵין מְעַכְּבִין הַתִּינוֹקוֹת מִלִּתְקוֹעַ בְּשַׁבָּת – AND WE DO NOT RESTRAIN THE CHILDREN FROM BLOWING ON THE SABBATH, וְאֵין צָרִיךְ לוֹמַר בְּיוֹם טוֹב – AND IT NEED NOT BE STATED that we do not restrain them from blowing ON YOM TOV.[9]

Having cited the Baraisa, the Gemara analyzes it:

הָא גוּפָא קַשְׁיָא – **This is self-contradictory!** אָמַרְתְּ – **You said** in the first clause of the Baraisa: מִתְעַסְּקִין בָּהֶן עַד שֶׁיִּלְמְדוּ וַאֲפִילוּ בְּשַׁבָּת – WE ENGAGE [CHILDREN] in blowing the shofar UNTIL THEY LEARN the skill, EVEN ON THE SABBATH. אַלְמָא לְכַתְּחִלָּה אָמְרִינַן תִּקְעוּ – **Thus, we see** that even **initially we tell** them: **"Blow** the shofar."[10] וַהֲדַר תָּנֵא – **But later [the Tanna] teaches:** אֵין מְעַכְּבִין – WE DO NOT RESTRAIN the children from blowing, which implies: עִכּוּבָא הוּא דְּלֹא מְעַכְּבִין – **We merely do not restrain** them if they took the initiative, הָא לְכַתְּחִלָּה לֹא אָמְרִינַן תִּקְעוּ – **but initially, we do not tell** them: **"Blow** the shofar." – ? –

The Gemara responds:

לֹא קַשְׁיָא – There is **no difficulty.** כָּאן – **Here,** in the first clause,

NOTES

Same'ach, Hil. Shofar 2:1). It follows that the Tannaim maintain their respective opinions in regard to positive commandments that are caused by time – such as the shofar obligation (*Rashi*).

Maharsha objects to *Rashi's* explanation that R' Yehudah's opinion is based on the prohibition against adding to the Word of God. He argues that this prohibition applies to one who is obligated in a mitzvah and creates his own addition to the required performance, such as taking five species with the *lulav* instead of four (see *Sanhedrin* 88b and *Rashi* to *Deuteronomy* 4:2, but see *Ramban* there). It does not restrict anyone from voluntarily doing a mitzvah from which he or she is exempt! See *Maharsha* and *Ran* here, and *Tosafos* to *Eruvin* 96a ד״ה מיכל for an alternative explanation of the Gemara. See also *Rashi* to *Chullin* 85a ד״ה סומכות רשות. However, see *Pnei Yehoshua, Shaagas Aryeh* §105, *Karnei Re'eim* to *Maharsha,* and *Sfas Emes.*

8. This applies only when Rosh Hashanah falls on the Sabbath. The Rabbis suspended the *obligatory* shofar blowing, due to the concern that in his agitation to do the mitzvah one might carry a shofar four *amos* in the public domain (see 29b note 15). However, they did not forbid children from blowing for practice. Now, there is a general Rabbinic restriction against sounding the shofar on *any* Sabbath, because of the skill involved or because of the general ban on making music (see 32b note 62 and the sources cited in 29b note 14). However, this prohibition, too, does not apply to children when Rosh Hashanah falls on the Sabbath. Since blowing the shofar is considered the mitzvah of the day, it is proper to utilize the occasion for teaching children this skill. The general prohibition is therefore suspended for this purpose (*Milchamos Hashem* at beginning of chapter). However, according to many Rishonim, the dispensation applied only in earlier times, when the shofar was blown in *beis din* on the Sabbath (see 29b). The blowing could thus be classified as the mitzvah of the day. Nowadays, when the shofar is not blown anywhere, the Sabbath on which Rosh Hashanah falls is no different than an ordinary Sabbath, and it is forbidden to engage children in the blowing (*R' Ephraim,* cited by *Milchamos Hashem* and *Ran, Baal HaMaor, Ritva;* cf. *Rambam* and *Raavad, Hil. Shofar* 2:7).

9. I.e. when Rosh Hashanah falls on a weekday.

10. See 32b, end of note 62.

ואין חותכין אותו בין בדבר שהוא משום שבות ובין בדבר שהוא משום לא תעשה: א) משום שבות מגלא לא תעשה סכינא השתא משום שבות אמרת לא לא תעשה מיבעיא ב) זו ואין צריך לומר זו קתני: אבל אם רצה ליתן לתוכו מים או יין יתן: מים או יין אין מי רגלים לא מתני' מני אבא שאול היא דתניא אבא שאול אומר מים או יין מותר כדי לצחצחו א) מי רגלים אסור מפני הכבוד: אין מעכבין את התינוקות מלתקוע: הא נשים מעכבין והתניא ג) באין מעכבין לא את הנשים ולא את התינוקות מלתקוע ביום טוב אמר אביי ל"ק הא רבי יהודה הא רבי יוסי ורבי שמעון ד) דתניא א) דבר אל בני ישראל ה) בני ישראל סומכין ו) ואין בנות ישראל סומכות דברי ז) רבי יהודה רבי יוסי ורבי שמעון אומרים נשים סומכות רשות: אבל מתעסקין בהם עד שילמדו: אמר רבי אלעזר ד אפילו בשבת תנ"ה ח) מתעסקין בהן עד שילמדו אפילו בשבת ואין מעכבין התינוקות מלתקוע [א] בשבת ואין צריך לומר ביום טוב הא גופא קשיא אמרת מתעסקין בהן עד שילמדו ואפילו בשבת [ב] אלמא לכתחלה אמרינן תקעו והדר תנא אין מעכבין עכובא הוא דלא מעכבין הא לכתחלה לא אמרינן תקעו לא קשיא כאן בקטן

רש"י

ואין חותכין אותו. אם בא לתקנו לא בדבר שהוא משום שבות כלי שאין דרכו לחתוך בו שופרות כגון מגלא שרפ"א בלע"ז דתיקון כלאחר יד הוא ואין בו אלא משום שבות: סכינא. דדרכו בכך והוי מלאכה גמורה: תינוקות הוא דלא מעכבין. דבעי לחנוכינהו: הא נשים מעכבין. דפטורות לגמרי דמצות עשה שהזמן גרמא הוא וכי תקעי איכא בל תוסיף ט): בני ישראל סומכין. דבר אל בני ישראל ואמרת אליהם אדם כי יקריב מכם וגו' וכתיב בההוא ענינא וסמך ידו וגו': סומכות רשות. אלמא אף על גב דפטורינהו קרא ליכא איסורא וה"ה למצות עשה שהזמן גרמא: קטן

תוספות

הא רבי יהודה הא רבי יוסי. אומר ר"ת אע"ג דסתם מתניתין כרבי יהודה הלכה כר' יוסי דנימוקו עמו ומעשה רב דהמוצא תפלין (עירובין דף צו. ושם) מיכל בת שאול היתה מנחת תפלין ואשתו של יונה שהיתה עולה לרגל והוא עובדא דפרק אין דורשין (חגיגה דף טז: ושם) דהבאנוהו לעזרת נשים וסמכו עליו נשים כדי לעשות נחת רוח לנשים ט) ומותרות לברך על מצות עשה שהזמן גרמא אע"ג דפטורות מן דבר המצוה היא ומתעסקות בהן כמו מיכל בת כושי שהיתה גם מברכת ותדע דאמרינן פרק החובל (ב"ק דף פז.) אמר רב יוסף מעיקרא אמרי מאן דאמר הלכה כרבי יהודה דאמר סומא פטור מכל מצות עבידנא יומא טבא לרבנן דלא מיפקדנא ועבידנא ואם במקום דפטור מן הדבר ועושהו אסור מלברך אם כן אמאי עבידנא יומא טבא והלא היה מפסיד ברכות ציצית ולולב ותפילין ומגילה ונר חנוכה וסוכה והבדלה וקדוש היום וברכות של ק"ש שחרית וערבית וכל הברכות כולן ואמרינן בפ' המניח (שם דף ל.) האי מאן דבעי למיהוי חסידא ליקיים מילי דברכות ועוד דאמרינן פרק ערבי פסחים (פסחים דף קטז:) סומא פטור מלומר ההגדה ופריך מרב יוסף ורב ששת דהוו אמרי אגדתא כל חד וחד בביתיה ומדמוציא אחרים ידי חובתן שמע מינה דמחייבין ומשני משום דקסברי מצה בזמן הזה דרבנן אבל ממה שהיו מברכין לא מדקדק מידי שמע מינה היכי דפטירי שרי לברוכי ומשום דמברך ברכה שאינה צריכה וקעבר משום בל תשא ליכא דההיא דרשה דרבנן דהא אמר בפרק מי שמתו (ברכות דף כא.) ספק קרא אמת ויציב ספק לא קרא חוזר וקורא ולא אמרינן מספק משום לא תשא ומוציא שם שמים לבטלה דאסרינן בפ"ק דתמורה (דף ג.) מלכתיב את ה' אלהיך תירא הני מילי בלא ברכה ומיהו אין כל כך ראיה מסומא לאשה ט) דלאע"ג דסומא פטור מדאורייתא מדרבנן מיהו חייב כדמוכח ההיא דערבי פסחים דמשני קסברי רב ששת ורב יוסף מצה בזמן הזה דרבנן ולכך היו יכולין להוציא אחרים ש"מ דאינהו נמי מדרבנן מחייבי וכיון דמחייבי מדרבנן יכולין לברך כמו כל מצות דרבנן ומיהו יש לדחות דרשות יכול להוציא בר חיובא דרבנן כמו קטן דמברך לאביו בפרק מי שמתו (ברכות דף כ:) ועולה למנין שבעה ומוציא אחרים ידי חובתן במגילה לר' יהודה כדתנן במגילה (דף יט:) אבל יש לדקדק מדתנן בפרק הקורא את המגילה עומד (שם דף כד. ושם) ר' יהודה אומר כל שלא ראה מאורות מימיו לא יפרוס על שמע משמע הא ראה אף על גב דנסתמו עיניו פורס ואמאי והא פוטר רבי יהודה סומא מכל המצות שבתורה בפרק החובל (ב"ק דף פז.) אבל אי מדרבנן חייב ניחא ומ"ה היה שמח רב יוסף במאי דמדאורייתא לא מיפקד ועביד משום הכי היה יכול לברך בכל מצות ויכול לומר וצונו כיון דמחייב מדרבנן דקאמר בפ' במה מדליקין (שבת דף כג.) היכן צונו לא תסור אבל אשה אפילו מדרבנן לא מיחייבי מצות עשה שהזמן גרמא כדמוכח בפרק מי שמתו (ברכות דף כ:) גבי נשים חייבות בקדוש היום דבעי למימרא מדרבנן ופריך עלה [דא"כ] כל מצות עשה שהזמן גרמא ניחייבו מדרבנן ולענין סוכה מוכח בהדיא בריש סוכה (דף ג:) דאפילו מדרבנן לא מיחייבא היכי אמרה ליה ונוי מיהו בירושלמי משני שינויא אחרינא אקושיא דרבי יהודה דאדר' יהודה דכל שלא ראה מאורות דפריך לה בירושלמי ומשני לה ביושב בבית אופל כך אני אומר היושב בבית אופל לא יפרוס על שמע משמע שר"ל שלא ראה מאורות מימיו שנולד במערה ואינו סומא ובמגילה נמי פריך לה בירושל' עלה דההיא ואין גרסות הירושל' מכוונות לא במכות ולא במגילה ומיהו בגמ' דידן במגילה (דף כד:) לא משמע הכי אלא משמע דמיירי בסומא ממש דמפרש טעמא דר' יהודה משום דלאו איהו נהנה מן המאורות ומפרש ורבנן אית ליה הנאה כר' יוסי דאמר כל ימי הייתי מצטער על מקרא זה והיה ממשש בצהרים כאשר ימשש העור באפלה וכי מה אכפת ליה לעור בין אפלה לאורה עד שבא מעשה לידי פעם אחת הייתי מהלך באישון לילה ואפלה וראיתי סומא שהיה מהלך בדרך ואבוקה בידו אמרתי לו בני אבוקה זו למה לך אמר לי כל זמן שאבוקה זו בידי רואין אותי בני אדם ומצילין אותי מן הפחתין ומן הקוצין ומן הברקנים והתם משמע שרואה יפה אלא שנולד במערה ולא ראה מאורות מעולם לא שייך האי טעמא ולפי מה שפי' דסומא חייב מדרבנן ואשה פטורה ניחא דיש ליתן טעם בדבר דהחמירו רבנן בסומא משום דהוי מינה דבר חיובא ועוד שלא יראה ככותי דאם פטרת ליה מכל מצות נמצא דאינו נוהג בתורת ישראל כלל אבל אשה אי פטרת לה מכל מצות עשה שהזמן גרמא יש עדיין מצות דמחייבת בהו ור"ת ב"ר יהודה מביא ראיה דנשים מברכות על כל מצות עשה שהזמן גרמא מדאמרינן (מגילה דף כג.) הכל עולין למנין שבעה ואפי' אשה ואפי' קטן ואע"ג דאשה אינה מצווה לעסוק בתורה כדאמר בפרק קמא דקידושין (דף לד.) ובריש בכל מערכין (ערכין ג.) ומו"ר דאין זו ראיה דברכת התורה לפניה ולאחריה לאו משום תלמוד תורה שאפילו ברך כבר ברכת הערב נא או נפטר באהבה רבה חוזר ומברך תדע דבמקום שאין לוי כהן קורא במקום לוי ומברך אע"פ שכבר ברך בקריאה ראשונה ועוד דאיכא למימר דהא דאשה עולה היינו בתחלה שלא היו רגילים לברך כדאיתא בפרק הקורא את המגילה עומד (מגילה דף כא.) תנא פותח מברך לפניה וחותם מברך לאחריה והאידנא כולהו מברכין גזירה משום הנכנסים ומשום היוצאים ומיהו עולין למנין שבעה משמע בסוף שבעה ומקטן דמברך ברכת המזון אף על פי שהוא פטור אין ראיה לאשה דקטן בא לכלל חיוב וחייב לחנכו ואינו מוזהר על לא תשא י):

תניא נמי הכי מתעסקים בהם. שני גרסות כתובים ומתוך פ"ה משמע שכך היה הגירסא מתעסקין בהן עד שילמדו אפילו בשבת ואין מעכבין התינוקות מלתקוע בשבת ואין צריך לומר בי"ט הא גופה קשיא אמרת מתעסקין עד שילמדו אפילו בשבת אלמא לכתחילה אמרי' י) [תקעו] והדר תני אין מעכבים עיכובי הוא דלא מעכבין הא לכתחילה לא אמרינן זילו תקעו ל"ק כאן בקטן שלא הגיע לחינוך ופי' בקונטרס שהגיע לחינוך מתעסקים בהן עד שילמדו וכ"ש שאין מעכבים ודבר תימה הוא האיך יכול לומר דבקטן שהגיע לחינוך מתעסקים ואפילו בשבת והלא אין מצות היום בשופר ועוד דגבי קטן שלא הגיע לחינוך קתני אין מעכבים מלתקוע בשבת אבל לכתחילה לא ואמאי הא אפילו בהגיע לחינוך שרי להתעסק בו כדי שילמדו ומיהו י"ל לפי' דהאי דלכתחילה לא אמרי' להו תקעו היינו דאין צריך לומר להם תקעו דלא מחייב ללמדו כיון דלא הגיעו לחינוך אבל איסורא ליכא ונראה לי איפכא דקטן שהגיע לחינוך אין מעכבים בשבת אבל לכתחילה לא אמרינן להו תקעו כיון דליכא איסורא דרבנן ומכל מקום לא מחייב להפרישו דאי לא שבת היה מצות היום בשופר וקטן שלא הגיע לחינוך מתעסקים כלומר שרי להתעסק ולאו משום דמחייב להתעסק וגירסא אחרת הכתוב בספרים מוכחא כפירוש זה שכתוב בהן עד שילמדו אפילו בשבת ואין מעכבין את התינוקות מלתקוע בי"ט הא בשבת מעכבים הא אמרת רישא אפי' בשבת אין מעכבים ל"ק כאן בקטן שהגיע לחינוך כאן בקטן שלא הגיע לחינוך ואע"ג דתנא ביבמות בפ' חרש (דף קיד.) לא יאמר אדם לתינוק הבא לי מפתח הבא לי חותם אלא מניחו תולש ומניחו זורק ומוקי לה אביי תולש בעציץ שאינו נקוב וזורק בכרמלית דרבנן כי היכי דלא תפשוט מינה דקטן אוכל נבילות אין ב"ד מצווין להפרישו משמע דלאיסורא דרבנן נמי לא ספינן ליה בידים מכל מקום שרי להתעסק בו לתקוע אפי' בשבת כיון דזימנין איכא מצוה בתקיעת שופר ולא דמי לשאר איסורים וכמו שפי' מוכח בריש ערכין (דף ג: ושם) דההיא דמעכבים מתוקמא בהגיע לחינוך דאמרינן התם הכל חייבים בתקיעת שופר לאתויי קטן שהגיע לחינוך דתנן אין מעכבין התינוקות לתקוע:

שיעור

עין משפט נר מצוה

מו א מיי' פ"א מהל' שופר הל' ד טוש"ע א"ח סי' תקפו סעיף כג:
מז ב מיי' פ"ב שם הל' ז טוש"ע א"ח סי' תקפט סעיף ו:
מח ג מיי' פ"ג מהל' מעשה הקרבנות הל' ח סמג עשין קפג:
מט ד מיי' פ"ב מהל' שופר הלכה ז טור א"ח סי' תקפח:

רבינו חננאל

אמרי' דלא פיקוח הגל והעברת התחום שהן איסור מן התורה הוצרך לומר דלא ופרקי הכי נמי קתני אין מפקחין עליו את הגל כלומר לא פיקוח הגל וכיוצא בו שהוא איסור מן התורה אלא אפי' דבר שמשום שבות לא דחי. ואין חותכין אותו כו' אוקימנה הכי אין חותכין השופר בדבר שהוא משום שבות כגון מסר או סכינא וכיוצא בה וכ"ש בדבר שהוא משום ל"ת כגון מגל שהוא עשוי לקצור בו והקצירה היא מאבות מלאכות שודאי אסור אבל אם רצה לתת לתוך שופר מים או יין יתן כאבא שאול דאמר מים או יין מותר כדי לצחצחו מי רגלים אסור מפני הכבוד הא דתניא אין מעכבין לא את התינוקות ולא את הנשים מלתקוע בי"ט ר' יוסי ור' שמעון היא דאמר נשים סומכות רשות והא דתנן [אין] מעכבין את התינוקות מלתקוע א) כרבי יהודה דאמר דבר אל בני ישראל בני ישראל סומכין ואין בנות ישראל סומכות. אבל מתעסקין בהן עד שילמדו. א"ר אלעזר ואפי' בשבת. ואסיקנא מלמדין אותן לתקוע אפי' בשבת ודוקא להתלמד אבל שלא להתלמד לא בקטן שהגיע לחינוך.

חשק שלמה על ר"ח

א) נראה דצ"ל אין מעכבין את התינוקות מלתקוע הא נשים מעכבין כרבי יהודה וכו'.

מסורת הש"ס

א) [גירסת הרי"ף והרא"ש שבות סכינא לא תעשה מגלא], ב) [לעיל לב: וש"נ], ג) עירובין צו: ד) ג"ז שם חגיגה טז: חולין פה., ה) [קידושין לו.] ושם איתא בני ישראל וסמך ב"י סומכין וכו', ו) [בתוספות דעירובין צו: ד"ה והתם ספרא לא גרסו דברי ר"י ע"ש], ז) [תוספ' פ"ב], ח) [עי' מהרש"א ועיין בתוס' עירובין צו. ד"ה מיכל בת שאול], ט) ועיין תוס' עירובין צו. ד"ה דלמא], י) רש"א.

גליון הש"ס

גמ' ואין בנות ישראל סומכות. עיין מנחות דף לג ע"ב תד"ה ידו: תוס' ד"ה הא ר"י וכו' ומותרות לברך על מ"ע שהז"ג. עיין בהגהת אשר"י ספ"ג דסוכה: בא"ד דאע"ג דסומא פטור מדאורייתא מדרבנן מיהא חייב. עיין מגילה דף כד ע"א תד"ה מי שלא ראה:

הגהות הגר"א

[א] גמ' (בשבת ואין צריך לומר). תא"מ (לגירסת הרי"ף והגאונים): [ב] שם (אלמא כו' עד לא אמרינן תקעו). תא"מ ונ"ב והדר תני ביום טוב בי"ט אין בשבת לא כ"ה גירסת הרי"ף והגאונים:

תורה אור השלם

א) דַּבֵּר אֶל בְּנֵי יִשְׂרָאֵל וְאָמַרְתָּ אֲלֵהֶם אָדָם כִּי יַקְרִיב מִכֶּם קָרְבָּן לַייָ מִן הַבְּהֵמָה מִן הַבָּקָר וּמִן הַצֹּאן תַּקְרִיבוּ אֶת קָרְבַּנְכֶם: [ויקרא א, ב]

ליקוטי רש"י

אין מעכבין. אין בית דין מוחהרין למונען מלתקוע ביום טוב של ראש השנה דבעו לחנוכינהו במצות [עירובין צו:]. הא נשים מעכבין. אף על גב דלא חלול יום טוב הוא כדתנא דבי שמואל (לעיל כט:) יצאה תקיעת שופר ורדיית הפת שהיא חכמה ואינה מלאכה מיהו נראות כמוסיפות. דבר אל בני ישראל. אדם כי יקריב מכם קרבן לה' וכתיב בההוא ענינא וסמך [חגיגה טז:]. דויקרא וכתיב בההיא ענינא וסמך ידו [קידושין לו.]. נשים סומכות רשות. ואע"ג דכתיב (ויקרא א) דבר אל בני ישראל ואמרת אליהם אדם כי יקריב מכם וסמיך ליה וסמך ידו בני ישראל סומכים ולא בנות ישראל סומכות. דאין כאן בל תוסיף [עירובין שם]. ואע"ג דלא מיחייבא ולא אמרינן עבודה עובדת בקדשים והכא נמי לא אמרינן מחללת יום טוב היא [חולין פה.].

בקטן שהגיע לחינוך כאן בקטן שלא הגיע לחינוך: והמתעסק לא יצא: הא תוקע לשיר יצא לימא מסייע ליה לרבא דאמר רבא התוקע לשיר יצא דלמא תוקע לשיר נמי מתעסק קרי ליה: והשומע מן המתעסק לא יצא: אבל השומע מן המשמיע לעצמו מאי יצא לימא תיהוי תיובתיה דרבי זירא דאמר ליה רבי זירא לשמעיה איכוון ותקע לי דלמא אידי דתנא רישא מתעסק תנא סיפא נמי מתעסק: **מתני'** סדר תקיעות שלש של שלש שלש שיעור תקיעה כשלש תרועות שיעור תרועה כשלש יבבות תקע בראשונה ומשך בשניה כשתים אין בידו אלא אחת מי שבירך ואחר כך נתמנה לו שופר תוקע ומריע ותוקע שלש פעמים כשם ששליח צבור חייב כך כל יחיד ויחיד חייב רבן גמליאל אומר שליח צבור מוציא את הרבים ידי חובתן: **גמ'** והתניא שיעור תקיעה כתרועה אמר אביי תנא דידן קא חשיב תקיעה דכולהו בבי ותרועות דכולהו בבי תנא ברא קא חשיב חד בבא ותו לא: שיעור תרועה כג' יבבות: והתניא שיעור תרועה כשלשה שברים אמר אביי בהא ודאי פליגי דכתיב יום תרועה יהיה לכם ומתרגמינן יום יבבא יהא לכון וכתיב באימיה דסיסרא בעד החלון נשקפה ותיבב אם סיסרא מר סבר גנוחי גנח ומר סבר ילולי יליל תנו רבנן מנין שבשופר ת"ל והעברת שופר תרועה אין לי אלא ביובל בראש השנה מנין תלמוד לומר בחדש השביעי שאין תלמוד לומר בחדש השביעי ומה תלמוד לומר בחדש השביעי שיהיו כל תרועות של חדש שביעי זה כזה ומנין שפשוטה לפניה ת"ל והעברת שופר תרועה ומנין שפשוטה לאחריה ת"ל תעבירו שופר ואין לי אלא ביובל בראש השנה מנין ת"ל בחדש השביעי שאין

רש"י

קטן שהגיע לחינוך. מתעסקין בהן שילמדו וכל שכן שאין מעכבין: מתעסק הוא דלא. שאינו מתכוין לתקיעה ואפילו דלאו מצוה אלא מנגח נבוחי או שהיה נופח בשופר ועלתה בידו תקיעה אבל תוקע לשיר שמתכוין לתקיעה בעלמא יצא: תנא סיפא נמי מתעסק. ולעולם השומע מן המשמיע לעצמו שלא נתכוון להוציא את השומעין לא יצא: מתני' סדר תקיעות שלש כו'. אחת למלכיות ואחת לזכרונות ואחת לשופרות: שלש של שלש שלש. תקיעה ותרועה ותקיעה לכל אחת ואחת: שלש יבבות. שלש קולות בעלמא כל שהוא: תקע בראשונה. פשוטה שלפני התרועה תקע כדרכה: ומשך בשניה. תקיעה של אחר התרועה משך כשתים לצאת בה ידי שתים שהיה צריך לעשות זו (ב) פשוטה שלאחריה דמלכיות ופשוטה שלפניה דזכרונות: אין בידו אלא אחת. דפסוקי תקיעה אחת לשתים לא מפסקינן: מי שבירך. התפלל תפלת מוספין וכיון תשעה ברכות: תוקע ומריע ותוקע שלש פעמים. תוקע ומריע ותוקע בשביל מלכיות וכן בשביל זכרונות וכן בשביל שופרות: גמ' תנא דידן קא חשיב תקיעה דכולהו בבי. והכי קאמר שיעור (ג) שלש תקיעות כשלש התרועות: ותנא ברא קא חשיב דחדא בבא. שיעור התקיעה כשיעור התרועה ותרוייהו חדא מילתא אמרי: שברים. ארוכים מיבבות: אמר אביי בהא ודאי פליגי. אע"ג דאוקימנא דרישא לא פליגי על כרחך בהא סיפא פליגי דלית לשנויי בה מידי והיינו פלוגתא: דמתרגמינן. תרועה יבבא ובאימיה דסיסרא כתיב נמי האי לישנא ותיבב: מאן דאמר שברים סבר גנוחי גנח. כאדם הגונח מלבו כדרך החולים שמאריכין בגניחותיהן: ילולי יליל. כאדם הבוכה ומקונן קולות קצרים סמוכין זה לזה:

תוספות

שיעור תרועה כשלש יבבות. פירש בקונטרס שלשה קולות בעלמא כל שהוא ולקמן (דף לד.) אמרינן דלתקון רבי אבהו בקסרי קשר"ק קש"ק קר"ק משום דמספקא בתרועה דקרא אי תרועה ממש מה שאנו קורין תרועה דהוא ילולי יליל או שברים דגנוחי גנח או שברים ותרועה שהיסס צריך לתרועה דלדמא גנוחי גנח וילולי יליל וצריך ליזהר בשברים שלא יהא מאריך על כל אחד בפני עצמו כג' יבבות של שלשה קולות כל שהוא דאם כן נעשה תקיעה ולא שברים דהא שיעור תקיעה כתרועה ושיעור תרועה כג' יבבות ונראה שחייב אדם להאריך בתקיעה של קשר"ק יותר משל קש"ק ובשל קש"ק יותר משל קר"ק דהא שיעור תקיעה כתרועה וקשר"ק אנו עושים משום ספיקא דגנוחי וילולי נמצא שצריך להאריך בתקיעות של קשר"ק כשיעור שלשה שברים וג' יבבות ובתקיעות של קש"ק כשיעור ג' שברים דהא עבדינן קש"ק משום ספיקא דגנוחי גנח ובתקיעות של קר"ק כשיעור תרועה שהוא ילולי יליל ומיהו אם מאריך בכל התקיעות כתקיעות קשר"ק אין לחוש דיכול להאריך כמו שירצה כדתנן ומשך בשניה כשתים אין בידו אלא אחת ומטעם זה נמי אין לחוש אם עשה ארבעה וחמשה שברים שהשברים במקום תרועה והוי לה תרועה אריכתא כמו שאנו מאריכין ביבבות וריב"א והר"י בן הר"ר מאיר מפרשים דיבבא היא שלש כחות של כל שהוא נמצאת תרועה תשע כחות ושיעור תקיעה כך היא ולפירושם אין לחוש אם מאריך קצת בשברים וצריך למשוך לתקיעה של קשר"ק לפירושם כשיעור ג' שברים ותשע כחות ומי שלא משך התקיעות כשיעור הזה ומשך קצת בשברים לא קיים מצוה לא כמר ולא כמר ורבינו חננאל פי' כפירוש הקונטרס ועכשיו נוהגין לתקוע בישיבה לאחר קריאת התורה שלשים קולות ג' קשר"ק וג' קש"ק וג' קר"ק ובתפלה תוקעין אמלכיות קשר"ק ואזכרונות קש"ק ואשופרות קר"ק ולפום סוגיא דכולה פירקין היה ראוי לתקוע בשעת תפלה אמלכיות קשר"ק קש"ק קר"ק וכן אזכרונות וכן אשופרות או לאחר תפלה כולהו אבל קודם תפלה לא אשכחן כדתנן מי שבירך ואח"כ נתמנה לו שופר אלא אשכחן בפרק קמא לעיל (דף טז.) למה תוקעין ומריעין כשהן יושבין ותוקעין ומריעין כשהן עומדין כדי לערבב את השטן והיינו כדעבדינן ומיהו לכאורה נראה לתקוע בתפלה כמו כן אמלכיות זכרונות ושופרות קשר"ק קש"ק קר"ק אכל חד וחד כדי לצאת מספק דרבי אבהו ובערוך פי' שהיו עושין כן שפי' בערך ערב דהלין (ד) דמחמרי [ועבדי] שלשים כדיתבין ושלשים בלחש ושלשים על הסדר כנגד מאה פעיות דפעיא אימיה דסיסרא ואלין [עשרה] איגון כשגומרין כל התפלה קול תקיעה דיחידאי מיתבעי למיהוי [עשרה] תשר"ת תש"ת תר"ת והם מאה ועל מנהג שלנו היה תמיה ר"ת דקשר"ק של מלכיות וקש"ק דזכרונות וקר"ק דשופרות סותרין זה את זה דאי גנח ויליל כולהו בעי למיעבד קשר"ק ואי גנח לחוד כולהו בעי למיעבד קש"ק ואי יליל כולהו קר"ק והנהיג רבינו תם במקומינו לתקוע גם אזכרונות ואשופרות קשר"ק כמו במלכיות דהשתא נפיק מכל ספיקי וליכא אלא הפסק והכי סגי שלא לשנות המנהג ביותר דהא אמרינן שמע תשע תקיעות בט' שעות ביום יצא ונראה שיש קצת ליתן טעם על המנהג שלנו דסבר לה כמאן דאמר בסמוך אחת מדברי תורה ושתים מדברי סופרים וכיון שעשו בישיבה כל הספיקות של תורה ושל סופרים לא חשו לחזור ולעשות בשעת תפלה אלא ספיקא דאורייתא ובקדושת דאגן הסהר שעשה ר' שמשון ב"ר יונה כתיב נוי ארבעים קולות בהריענו והיינו כמנהגינו וכן בסדר רב עמרם אלא שכתב דבסוף מריע תרועה אחת בלא תקיעה וא"ת אהנך דישיבה היכי נפיק הא תניא בס"פ (דף לד:) תקיעות וברכות של ראש השנה ויום הכפורים מעכבות זו את זו אלמא בעידן צלותא בעי למיעבד לאו פירכא היא דאע"ג דמשמע מתוך פי' הקונטרס דאם בירך ולא תקע או תקע ולא בירך פירוש בירך מלכיות זכרונות ושופרות אי אפשר לומר כן דהתניא לקמן (שם) שתי עיירות באחת תוקעין ובאחת מברכין כשהוא הולך הולך למקום שתוקעין ואין הולך למקום שמברכין ותנן מי שבירך ואח"כ נזדמנה לו שופר משמע שבלא שופר יכול לברך אלא תקיעות וברכות מעכבות זו את זו היינו שהתקיעות מעכבות זו את זו והברכות מעכבות זו את זו כשמברך מלכיות זכרונות ושופרות יברך שלשתן או לא יברך כלל וכן תקיעות שברים תרועות אם בקי בשלשתן יתקע ואם לאו לא יתקע וצריך לדקדק באותן שלשים קולות שאנו תוקעין בישיבה שכשמסיים השלשה קשרקי"ס ומתחיל הקשקי"ס או כשמסיים הקשקי"ס ומתחיל הקרקי"ס למה לי שתי תקיעות זו אחר זו ממה נפשך יפטר בתקיעה אחת דאי גנח ויליל הרי יצא בשלשה קשר"ק ואי גנח לחוד אותה תקיעה אחרונה של קשר"ק אחרון תעלה לו למנין קש"ק וכן אם יליל אותה תקיעה אחרונה של קש"ק אחרון תעלה לו למנין קר"ק ושמא כיון שעשו התקיעה לשם פשוטה שאחר התרועה לא רצו שתעלה לשם פשוטה שלפניה ומיהו אשכחן ומשך בשניה כשתים שהיתה עולה לשתים אי לאו משום דפסוקי תקיעה בתרתי לא מפסקינן:

ניעבריה

עין משפט נר מצוה

נ א מיי' פ"ג מהלכות שופר הל' ז טור א"ח סי' תקפח:
נא ב טוש"ע א"ח סי' תקפט סעיף ח:
נב ג מיי' פ"ג מהלכות שופר הלכה א טוש"ע א"ח סי' תקל סעיף א:
נג ד ה מיי' שם הל' ד טוש"ע א"ח שם סעיף ג:
נד ו מיי' שם טוש"ע א"ח שם סעיף ו:
נה ז מיי' פ"ח מהלכות תפלה הל' ט טוש"ע א"ח סי' קכד סעיף א וטור א"ח סי' תקלא:
נו ח מיי' פ"ג מהלכות שופר הל' א טוש"ע א"ח סי' תקל סעיף א:

תורה אור השלם

א) וּבַחֹדֶשׁ הַשְּׁבִיעִי בְּאֶחָד לַחֹדֶשׁ מִקְרָא קֹדֶשׁ יִהְיֶה לָכֶם כָּל מְלֶאכֶת עֲבֹדָה לֹא תַעֲשׂוּ יוֹם תְּרוּעָה יִהְיֶה לָכֶם: [במדבר כט, א]

ב) בְּעַד הַחַלּוֹן נִשְׁקְפָה וַתְּיַבֵּב אֵם סִיסְרָא בְּעַד הָאֶשְׁנָב מַדּוּעַ בֹּשֵׁשׁ רִכְבּוֹ לָבוֹא מַדּוּעַ אֶחֱרוּ פַּעֲמֵי מַרְכְּבוֹתָיו: [שופטים ה, כח]

ג) וְהַעֲבַרְתָּ שׁוֹפַר תְּרוּעָה בַּחֹדֶשׁ הַשְּׁבִעִי בֶּעָשׂוֹר לַחֹדֶשׁ בְּיוֹם הַכִּפֻּרִים תַּעֲבִירוּ שׁוֹפָר בְּכָל אַרְצְכֶם: [ויקרא כה, ט]

רבינו חננאל

כר' יוחנן דאמר והוא בן עשר ובן י"א ואין מעכבין אותן מלתקוע ודייקי' הני מילי דיעבד אבל לכתחלה לא בקטן שלא הגיע לחינוך אין מעכבין אותן מלתקוע בי"ט ואפילו שלא להתלמד: [מתני'] סדר תקיעות שלש של שלש שלש. פי' ג' תקיעות ובכל אחת ג' נמצאו כולן ט'. וקי"ל דאית לן לאורוכי בתרועות כל מה דבעי וכך מנהג בכל ישראל. פי' ג' יבבות. ג' תרועות זו אחר זו דבוקות וג' שברים הן בניחותא ומעט הפסק בינתים נמצא שיעור ג' שברים יותר מג' יבבות. לפיכך אמר אביי בהא ודאי פליגי והן תר"ת תר"ת תש"ת שיעור תקיעה כג' תרועות ואקשי' עלה והתניא שיעור תקיעה כתרועה ופרקי' תנא דידן קא חשיב דכולהו בבי והכי קתני שיעור ג' תקיעות כג' תרועות ונמצאת דכל תקיעה אחת כתרועה וליכא פלוגתא בינייהו ותוב תנינן שיעור תרועה כג' יבבות והתניא שיעור תרועה ג' שברים פי' יבבות זו אחר זו שברים בניחותא והפסק ביניהן אמר אביי בהא ודאי פליגי דכתיב יום תרועה ומתרגמי' יום יבבא. וכתיב באימיה דסיסרא בעד החלון נשקפה ותיבב אם סיסרא ואלקו בבירור לשון הקדש מאי משמע ותיבב ושואה רבנן להאי ותיבב כגון סימן תנא דידן סבר ילולי ילילה אם סיסרא ותנא ברא סבר גנוחי גנחא ולא נתברר הדבר

מסורת הש"ס

א) כפי הנראה מפרש"י חסרים פה תיבות הללו מתעסק הוא דלא יצא, ב) [לעיל כח.], ג) [לעיל כח:], ד) לעיל כז. [כח.], ה) [לקמן לד.], ו) [שם], ז) [לקמן לד: ד"ה תקיעות], ח) [לעיל כז. כח.].

הגהות הב"ח

(א) גמ' והמתעסק לא יצא מתעסק הוא דלא יצא הא תוקע: (ב) רש"י ד"ה ומשך בשניה כו' שהיה צריך לעשות זו אחר זו פשוטה שלאחריה: (ג) ד"ה תנא דידן כו' וה"ק שיעור השלש תקיעות כשיעור שלש התרועות: (ד) תוס' ד"ה שיעור וכו' שפי' בערך ערב דהלין דמחמרין ותוקעין שלשים כדיתבין:

גליון הש"ס

מתני' שיעור תרועה כשלש יבבות. אף דתרגום תרועה יבבא צ"ל דאין יבבא דמתני' כיבבא דתרגום וכעין מה דאמרינן לשון תורה לחוד ולשון גמ' לחוד [חולין דף קלז ע"ב] הרא"ם בראשית א יא ד"ה לא דשא לשון עשב:

ליקוטי רש"י

התוקע לשיר. לשורר ולזמר כך שמעתי מפי מורי הזקן ויסודו של מורי רבי יצחק בן יהודה ראיתי התוקע לשד להבריח רוח רעה מעליו [לעיל כח.]. איכוון ותקע לי. תתכוין לתקוע בשמי להוציאני ידי חובתי [שם כט.]. תקע בראשונה. בפשוטה שלפני התרועה [שם כז.]. פשוטה שלפני תרועת המלכיות [שם כח.]. ומשך בשניה כשתים. לפי שהיה צריך לתקוע כאן שתי תקיעות רצופות אחת לפשוטה לאחריה דמלכיות ואחת לפשוטה לפניה דזכרונות [שם כז.]. בפשוטה של אחריה כשתים ונתכוון לצאת בה אף ידי פשוטה שלפני תרועת זכרונות שעמיד עליו לתקוע תוך לזו [לעיל כח.]. ותיבב. לשון דבור כמו (ישעיה יז יט) ניב שפתים. ורבותינו פירשוהו לשון גניחה כתרועה דמתרגמינן יבבא (ויקרא כג) וכו'. (שופטים ה כח). גנוחי. גונח. פלוני"ש בלע"ז גונח מכאב לבו כמו גנוחי גנח באימיה דסיסרא (שופטים ה בתרגום) [תמורה טז:]. המיילל פליינדר"א [כתובות ס.]. גונח. פליינדר"א גונח מפני מכאב שבלב לא היה יכול להשיב רוחו [ב"ק פ.]. מלבו שנשמע קול ילולתו כשגונח [חולין נא.].

בְּקָטָן שֶׁהִגִּיעַ לְחִינּוּךְ – we are dealing **with a child who has reached** the age of **training** in the performance of the mitzvah, כָּאן – whereas **here,** in the latter clause, בְּקָטָן שֶׁלֹּא הִגִּיעַ לְחִינּוּךְ – we are dealing **with a child who has not reached** the age **of training.** When a child is old enough to be trained in the performance of the mitzvah, we initially engage him in the shofar blowing in order to train him, even when Rosh Hashanah falls on the Sabbath. And certainly, if the child himself begins to blow we do not restrain him. Before a child reaches this age, we may not engage him in the blowing, but if he begins to blow on his own we need not restrain him.[1]

The Mishnah stated:

וְהַמִּתְעַסֵּק לֹא יָצָא – ONE WHO [BLOWS] ABSENTMINDEDLY DOES NOT FULFILL his obligation.

This ruling is analyzed:

הָא תּוֹקֵעַ לְשִׁיר יָצָא – By stating that one who blows *absentmindedly* does not discharge his obligation, the Mishnah implies: **But one who blows** the shofar blasts with intent **for** playing a **song has fulfilled** his obligation.[2] לֵימָא מְסַיֵּיע לֵיהּ לְרָבָא – **Shall we say that this supports** a ruling of **Rava?** דְּאָמַר רָבָא – **For Rava said:** הַתּוֹקֵעַ לְשִׁיר יָצָא – **One who blows** shofar blasts **for song has fulfilled** his obligation!

The Gemara responds:

דִּלְמָא תּוֹקֵעַ לְשִׁיר נַמִּי מִתְעַסֵּק קָרֵי לֵיהּ – **Perhaps [the Tanna] refers even to one who blows** shofar blasts **for song as one who blows "absentmindedly."**[3]

The Mishnah concluded:

וְהַשּׁוֹמֵעַ מִן הַמִּתְעַסֵּק לֹא יָצָא – AND ONE WHO HEARS the shofar blasts FROM ONE WHO [BLOWS] ABSENTMINDEDLY DOES NOT FULFILL his obligation.

The Gemara analyzes this ruling:

אֲבָל הַשּׁוֹמֵעַ מִן הַמַּשְׁמִיעַ לְעַצְמוֹ – **But** concerning **someone who heard** valid shofar blasts **from one who sounded** them **to himself,** without intent to discharge the listener's obligation,[4] מַאי – **what** is the law? יָצָא – The Mishnah implies that **[the listener] has fulfillged** his obligation![5] לֵימָא תֶּיהֱוֵי תְּיוּבְתֵּיהּ דְּרַבִּי זֵירָא – **Shall we say** that **this is a refutation of R' Zeira?** דְּאָמַר לֵיהּ רַבִּי זֵירָא לְשַׁמָּעֵיהּ – **For R' Zeira said to his attendant:** אִיכַּוֵּין וּתְקַע לִי – **Concentrate and blow** the shofar especially **for me,** so that I may discharge my obligation by listening. – ? –

The Gemara responds:

דִּלְמָא – **Perhaps** we may say that אַיְּידֵי דְּתָנָא רֵישָׁא מִתְעַסֵּק – **since the** Mishnah's **first clause teaches** its rule in regard to **one who blows "absentmindedly,"** תָּנָא סֵיפָא נַמִּי מִתְעַסֵּק – **the latter clause also teaches** its rule in regard to someone who hears the blasts from **one who blows "absentmindedly."** However, even if one hears the blasts from someone who blew intentionally but without intent for the listener, we may say that the listener has not fulfilled his obligation.[6]

Mishnah The Mishnah discusses the details of the shofar blowing: סֵדֶר תְּקִיעוֹת שָׁלֹשׁ שֶׁל שָׁלֹשׁ שָׁלֹשׁ – **The order of the shofar blasts** are **three** sets **of three** sounds **each** – *tekiah, teruah, tekiah.*[7] שִׁיעוּר תְּקִיעָה כְּשָׁלֹשׁ תְּרוּעוֹת – **The length of a** ***tekiah*** **is like three** ***teruos,*** שִׁיעוּר תְּרוּעָה כְּשָׁלֹשׁ יְבָבוֹת – and **the length of a** ***teruah*** **is like three whimpers.**[8] תָּקַע בָּרִאשׁוֹנָה וּמָשַׁךְ בַּשְּׁנִיָּה

NOTES

1. *Rashi.* Before the child has reached the age at which the father is obligated to train him in blowing, there is no basis for permitting the father to engage him in this generally forbidden activity (*Yom Teruah*). On the other hand, the father is not required to prevent him from blowing either. [*Rashi* (33a ד״ה תינוקות) implies that this is because the child will eventually require training. Now, the "age of training" is the age at which the child is capable of comprehending and performing the specific mitzvah (see *Succah* 42a). With regard to shofar blowing, a child of ten or eleven years (depending upon his development) is considered fit for training (*Rabbeinu Chananel*). With regard to the Biblical prohibition against labor, training begins at a younger age – when the child is capable of comprehending that an act may not be done (*Mishnah Berurah* 343:3). In our case, the Mishnah's intent would seem to be the following: If the child is not yet old enough to be trained in the skill of blowing, the father may not engage him in blowing. Nevertheless, if he blows on his own initiative the father is not required to restrain him – even if he is old enough to understand that discretionary blowing is prohibited – since it will eventually be desirable that he blow for training.]

As mentioned above, in the opinion of many Rishonim the rule stated here applied on the Sabbath only in the days when the shofar was blown in *beis din* on the Sabbath. However, it is still applicable nowadays when Rosh Hashanah falls on a weekday. Although many authorities forbid a person who has fulfilled the mitzvah to blow the shofar discretionally, they do permit him to engage a child in blowing – provided the child has reached the age of training (*Rama, Orach Chaim* 596:1 with *Mishnah Berurah* §5).

Tosafos (33a ד״ה תניא) voice several objections to *Rashi's* explanation of the Gemara, and cite a variant text which lends itself to a different interpretation. See also *Rif, Rabbeinu Chananel* and other Rishonim who discuss the Gemara's answer at length.

2. Blowing *absentmindedly* refers to sounding noises experimentally, without intent to blow *tekiah, teruah, tekiah* blasts of the duration required in the following Mishnah (see *Rashi* to 28b ד״ה דקא מנבח נבוחי). Alternatively, it may refer to exhaling into the mouth of the shofar without intent to produce any sound at all. The Mishnah implies that it is only in such a case that the person does not discharge his obligation. But if he blew *tekiah, teruah, tekiah* intentionally, and merely intended for the purpose of song, he has discharged his obligation [even though he did not intend for the sake of the mitzvah] (*Rashi;* see 28a note 37).

3. [Since he was absentminded in regard to fulfilling the mitzvah.]

4. I.e. the blower intended to fulfill the mitzvah with his blasts, but did not intend for anyone else who heard the blasts to fulfill his obligation through hearing them.

5. For it states that someone who hears the blasts from one who blows *absentmindedly* does not fulfill his obligation. The implication is that as long as the blower intended to do the mitzvah, it is unnecessary for him to intend to discharge the obligation of the person who listens.

6. See above, 28b-29a, where this matter was discussed at length.

7. For each of the Kingship, Remembrance and Shofaros blessings, we blow a set of shofar blasts. A set consists of an opening *tekiah* (long blast), followed by a *teruah* (broken blast), then a final *tekiah.* [The sound commonly known as *shevarim* (which is broken into segments of moderate length) is a variation of the *teruah* (which has very short segments), but the Biblical term for either type of interrupted sound is *"teruah."* Thus, the Biblical requirement is described as *tekiah-teruah-tekiah* (*Ritva*). However, when the Mishnah mentions *"teruah"* below, it refers specifically to the staccato sound that is called *teruah* nowadays (see following note).]

The Mishnah discusses here the essential requirement, which is to blow one set of blasts after each blessing in the *sh'liach tzibur's* repetition of Mussaf. Nowadays, many congregations blow three sets of blasts after each blessing: *Tekiah-shevarim-teruah-tekiah; tekiah-shevarim-tekiah; tekiah-teruah-tekiah.* Furthermore, it is customary to blow nine sets of blasts (three sets of each combination) before Mussaf. The origin of these variations is discussed below, 34a note 43.

8. A *teruah* consists of three of the shortest possible notes sounded consecutively (*Rashi*), like a three-note whimper (*Ran; see Ritva*). Others explain that a *teruah* consists of three *groups* of whimpers, with three short notes in each group. Thus, the *teruah* contains nine consecutive whimpers in all (*Tosafos;* see *Orach Chaim* 590:2, where both opinions are cited; see note 25 for another opinion). [Our Mishnah describes the Biblical *teruah* as the staccato sound that is nowadays called *"teruah."* The Gemara will cite another opinion.]

[א] בקטן שהגיע לחינוך כאן בקטן שלא הגיע לחינוך: והמתעסק לא יצא: (א) הא תוקע לשיר יצא לימא מסייע ליה לרבא דאמר רבא [ב] התוקע לשיר יצא [ג] דלמא תוקע לשיר נמי מתעסק קרי ליה: והשומע מן המתעסק לא יצא: אבל השומע מן המשמיע לעצמו מאי יצא לימא תיהוי תיובתיה דרבי זירא [ד] דאמר ליה רבי זירא לשמעיה איכוון ותקע לי דלמא אידי דתנא רישא מתעסק תנא סיפא נמי מתעסק: **מתני'** [ג] סדר תקיעות שלש של שלש שלש [ד] שיעור תקיעה כשלש תרועות [ה] שיעור תרועה כשלש יבבות [ו][ז] תקע בראשונה ומשך בשניה כשתים אין בידו אלא אחת מי שבירך ואחר כך נתמנה לו שופר תוקע ומריע ותוקע שלש פעמים כשם ששליח צבור חייב כך כל יחיד ויחיד חייב רבן גמליאל אומר [ז] שליח צבור מוציא את הרבים ידי חובתן: **גמ'** והתניא [ח] שיעור תקיעה כתרועה אמר אביי תנא דידן קא חשיב תקיעה דכולהו בבי ותרועות דכולהו בבי תנא ברא קא חשיב חד בבא ותו לא: שיעור תרועה כג' יבבות: והתניא [ו] שיעור תרועה כשלשה שברים אמר אביי בהא ודאי פליגי דכתיב [א] יום תרועה יהיה לכם ומתרגמינן יום יבבא יהא לכון וכתיב באימיה דסיסרא [ב] בעד החלון נשקפה ותיבב אם סיסרא מר סבר גנוחי גנח ומר סבר ילולי יליל תנו רבנן מנין שבשופר ת"ל [ג] והעברת שופר תרועה אין לי אלא ביובל בראש השנה מנין תלמוד לומר [ג] בחדש השביעי שאין תלמוד לומר בחדש השביעי ומה תלמוד לומר בחדש השביעי שיהו כל תרועות של חדש שביעי זה כזה [ח] ומנין שפשוטה לפניה ת"ל והעברת שופר תרועה ומנין שפשוטה לאחריה ת"ל תעבירו שופר ואין לי אלא ביובל בראש השנה מנין ת"ל בחדש השביעי שאין

רש"י

קטן שהגיע לחינוך. מתעסקין בהן שילמדו וכל שכן שאין מעכבין: **מתעסק הוא דלא.** שאינו מתכוין לתקיעה ואפילו לגלוי מלוה אלא מנגן נגוני או שהיה נופח בשופר ועלתה בידו תקיעה אבל תוקע לשיר שמתכוין לתקיעה בעלמא יצא: **תנא סיפא נמי מתעסק.** ולעולם השומע מן המשמיע לעצמו שלא נתכוון להוציא את השומעין לא יצא: **מתני' סדר תקיעות שלש.** אחת למלכיות ואחת לזכרונות ואחת לשופרות: **שלש של שלש שלש.** תקיעה ותרועה ותקיעה לכל אחת: **שלש יבבות.** שלש קולות בעלמא כל שהוא: **תקע בראשונה.** פשוטה שלפני התרועה תקע כדרכה: **ומשך בשניה.** תקיעה משך כשתים כדי לצאת בה ידי התרועה משך כשתים שהיה צריך לעשות זו (ג) פשוטה שלאחריה דמלכיות ופשוטה שלפניה דזכרונות: **אין בידו אלא אחת.** דפסוקי תקיעה אחת לשתים לא מפסקינן: **מי שבירך.** התפלל תפלת מוספין ובירך תשע ברכות: **תוקע ומריע ותוקע שלש פעמים.** תוקע ומריע ותוקע בשביל מלכיות וכן בשביל זכרונות וכן בשביל שופרות: **גמ' תנא דידן קא חשיב דכולהו בבי.** והכי קאמר שיעור (ג) שלש תקיעות כשלש התרועות: **ותנא ברא קא חשיב דחדא בבא.** שיעור התקיעה כשיעור התרועה ותרוייהו חדא מילתא אמרי: **שברים.** ארוכים מיבבות: **אמר אביי בהא ודאי פליגי.** אע"ג דאוקימנא דרישא לא פליגי על כרחך בהא סיפא פליגי דלית לשנויי בה מידי והיינו פלוגתא: **דמתרגמינן.** תרועה יבבא ובאימיה דסיסרא כתיב נמי האי לישנא ותיבב: **מאן דאמר שברים סבר גנוחי גנח.** כאדם הגונח מלבו כדרך החולים שמאריכין בגניחותיהן: **ילולי יליל.** כאדם הבוכה ומקונן קולות קצרים סמוכין זה לזה:

תוספות

שיעור תרועה כשלש יבבות. פירש בקונטרס שלשה קולות בעלמא כל שהוא ולקמן (דף לד.) אמרינן דאתקין רבי אבהו בקסרי קשר"ק קש"ק קר"ק משום דמסופק בתרועה דקרא אי תרועה ממש מה שאנו קורין תרועה דהוא ילולי יליל או שברים דגנוחי גנח או שברים ותרועה שניהם צריך לתרועה דדלמא גנוחי גנח וילולי יליל וצריך ליזהר בשברים שלא יהא מאריך על כל אחד בפני עצמו כג' יבבות של שלשה קולות כל שהוא דאם כן נעשה תקיעה ולא שברים דהא שיעור תקיעה כתרועה ושיעור תרועה כג' יבבות ונראה שחייב אדם להאריך בתקיעה של קשר"ק יותר משל קש"ק ובשל קש"ק יותר משל קר"ק דהא שיעור תקיעה כתרועה וקשר"ק אנו עושים משום ספיקא דגנוחי וילולי נמצא שצריך להאריך בתקיעות של קשר"ק כשיעור שלשה שברים וג' יבבות ובתקיעות של קש"ק כשיעור ג' שברים דהא עבדינן קש"ק משום ספיקא דגנוחי גנח ובתקיעות של קר"ק כשיעור תרועה שהוא ילולי יליל ומיהו אם מאריך בכל התקיעות כתקיעות קשר"ק אין לחוש דיכול להאריך כמו שירצה כדתנן ומשך בשניה כשתים אין בידו אלא אחת ומטעם זה נמי אין לחוש אם עשה ארבעה וחמשה שברים שהשברים במקום תרועה והוי לה תרועה אריכתא כמו שאנו מאריכין ביבבות וריב"א והר"י בן הר"ר מאיר מפרשים דיבבא היא שלש כחות של כל שהוא נמצאת תרועה תשע כחות ושיעור תקיעה כך היא ולפירושם אין לחוש אם מאריך קצת בשברים וצריך למשוך לתקיעה של קשר"ק לפירושם כשיעור ג' שברים ותשע כחות ומי שלא משך התקיעות כשיעור הזה ומשך קצת בשברים לא קיים מצוה לא כמר ולא כמר ורבינו חננאל פי' כפירוש הקונטרס ועכשיו נוהגין לתקוע בישיבה לאחר קריאת התורה שלשים קולות ג' קשר"ק וג' קש"ק וג' קר"ק ובתפלה תוקעין אמלכיות קשר"ק ואזכרונות קש"ק ואשופרות קר"ק ולפום סוגיא דכולה פירקין היה ראוי לתקוע בשעת תפלה אמלכיות קשר"ק קש"ק קר"ק וכן אזכרונות וכן אשופרות או לאחר תפלה כולהו אבל קודם תפלה לא אשכחן כדתנן מי שבירך ואח"כ נתמנה לו שופר אלא אשכחן בפרק קמא לעיל (דף טז.) למה תוקעין ומריעין כשהן יושבין ותוקעין ומריעין כשהן עומדין כדי לערבב את השטן והיינו כדעבדינן ומיהו לכאורה נראה לתקוע בתפלה כמו כן אמלכיות זכרונות ושופרות קשר"ק קש"ק קר"ק אכל חד וחד כדי לצאת מספק דרבי אבהו ובערוך פי' שהיו עושין כן ספי' בערך ערב הדלין (ד) דממתרי [ועבדי] שלשים כדיתבין ושלשים בלחש ושלשים על הסדר כנגד מאה פעיות דפעיא אימיה דסיסרא ואלין [עשרה] אינון כשגומרין כל התפלה קול תקיעה דיחידאי מיתבעי למיהוי [עשרה] תשר"ת תש"ת תר"ת והם מאה ועל מנהג שלנו היה תמיה ר"ת דקשר"ק של מלכיות וקש"ק דזכרונות וקר"ק דשופרות סותרין זה את זה דאי גנח וילל כולהו בעי למיעבד קשר"ק ואי גנח לחוד כולהו בעי למיעבד קש"ק ואי יליל כולהו קר"ק והנהיג רבינו תם במקומינו לתקוע גם אזכרונות ואשופרות קשר"ק כמו במלכיות דהשתא נפיק מכל ספיקי וליכא אלא הפסק ובהכי סגי שלא לשנות המנהג ביותר דהא אמרינן שמע תשע תקיעות בט' שעות ביום יצא ונראה שיש קצת ליתן טעם על המנהג שלנו דסבר לה כמאן דאמר בסמוך אחת מדברי תורה ושתים מדברי סופרים וכיון שעשו בישיבה כל הספיקות של תורה ושל סופרים לא חשו לחזור ולעשות בשעת תפלה אלא ספיקא דאורייתא ובקדושת דאגן הסהר שעשה ר' שמשון ב"ר יונה כתיב נוי ארבעים קולות בהריענו והיינו כמנהגינו וכן בסדר רב עמרם אלא שכתב דבסוף מריע תרועה אחת בלא תקיעה וא"ת אהנך דישיבה היכי נפיק הא תניא בס"פ (דף לד:) תקיעות וברכות של ראש השנה ויום הכפורים מעכבות זו את זו אלמא בעידן צלותא בעי למיעבד ולאו פירכא היא דאע"ג דמשמע מתוך פי' הקונטרס [ח] דאם בירך ולא תקע או תקע ולא בירך פירוש בירך מלכיות זכרונות ושופרות אי אפשר לומר כן דהתניא לקמן (שם) שתי עיירות באחת תוקעין ובאחת מברכין כשהוא הולך למקום שתוקעין ואין הולך למקום שמברכין ותנן מי שבירך ואח"כ נזדמנה לו שופר משמע שבלא שופר יכול לברך אלא תקיעות וברכות מעכבות זו את זו היינו שהתקיעות מעכבות זו את זו והברכות מעכבות זו את זו כשמברך מלכיות זכרונות ושופרות יברך שלשתן או לא יברך כלל וכן תקיעות שברים תרועות אם בקי בשלשתן יתקע ואם לאו לא יתקע וצריך לדקדק באותן שלשים קולות שאנו תוקעין בישיבה שכשמסיים השלשה קשרקי"ס ומתחיל הקשקי"ס או כשמסיים הקשקי"ס ומתחיל הקרקי"ס למה לי שתי תקיעות זו אחר זו ממה נפשך יפטר בתקיעה אחת דאי גנח וילל הרי יצא בשלשה קשר"ק ואי גנח לחוד אותה תקיעה אחרונה של קשר"ק אחרון תעלה לו למנין קש"ק וכן אם יליל אותה תקיעה אחרונה של קש"ק אחרון תעלה לו למנין קר"ק ושמא כיון שעשו התקיעה לשם פשוטה שאחר התרועה לא רצו שתעלה לשם פשוטה שלפניה ומיהו אשכחן [ח] ומשך בשניה כשתים שהיתה עולה לשתים אי לאו משום דפסוקי תקיעה בתרתי לא מפסקינן:

ניעבריה

עין משפט נר מצוה

נ א מיי' פ"ג מהלכות שופר הל' ז טור א"ח סי' תקפט:
נא ב טוש"ע א"ח סי' תקפט סעיף ח:
נב ג מיי' פ"ג מהלכות שופר הלכה א טוש"ע א"ח סי' תקצ סעיף א:
נג ד ה מיי' שם הל' ד טוש"ע א"ח שם סעיף ג:
נד ו מיי' שם טוש"ע א"ח שם סעיף ו:
נה ז מיי' פ"ח מהלכות תפלה הל' ט טוש"ע א"ח סי' קכד סעיף א וטור א"ח סי' תקצא:
נו ח מיי' פ"ג מהלכות שופר הל' א טוש"ע א"ח סי' תקצ סעיף א:

תורה אור השלם

א) וּבַחֹדֶשׁ הַשְּׁבִיעִי בְּאֶחָד לַחֹדֶשׁ מִקְרָא קֹדֶשׁ יִהְיֶה לָכֶם כָּל מְלֶאכֶת עֲבֹדָה לֹא תַעֲשׂוּ יוֹם תְּרוּעָה יִהְיֶה לָכֶם: [במדבר כט, א]

ב) בְּעַד הַחַלּוֹן נִשְׁקְפָה וַתְּיַבֵּב אֵם סִיסְרָא בְּעַד הָאֶשְׁנָב מַדּוּעַ בֹּשֵׁשׁ רִכְבּוֹ לָבוֹא מַדּוּעַ אֶחֱרוּ פַּעֲמֵי מַרְכְּבוֹתָיו: [שופטים ה, כח]

ג) וְהַעֲבַרְתָּ שׁוֹפַר תְּרוּעָה בַּחֹדֶשׁ הַשְּׁבִעִי בֶּעָשׂוֹר לַחֹדֶשׁ בְּיוֹם הַכִּפֻּרִים תַּעֲבִירוּ שׁוֹפָר בְּכָל אַרְצְכֶם: [ויקרא כה, ט]

רבינו חננאל

כר' יוחנן דאמר והוא בן עשר ובן י"א ואין מעכבין אותן מלתקוע ודייקי' הני מילי דיעבד אבל לכתחלה לא בקטן שלא הגיע לחינוך אין מעכבין אותן מלתקוע בי"ט ואפילו שלא להתלמד: [מתני'] סדר תקיעות שלש של שלש שלש. פי' ג' תקיעות ובכל אחת ג' נמצאו כולן ט'. וקי"ל דאית לן לאורוכי בתרועות כל מה דבעי וכך מנהג בכל ישראל. פי' ג' יבבות. ג' תרועות זו אחר זו דבוקות וג' שברים הן בניחותא ומעט הפסק בינתים נמצא שיעור ג' שברים יותר מג' יבבות. לפיכך אמר אביי בהא ודאי פליגי והן תר"ת תר"ת תר"ת שיעור תקיעה כג' תרועות ואקשי' עלה והתניא שיעור תקיעה כתרועה ופרקי' תנא דידן קא חשיב דכולהו בבי והכי קתני שיעור ג' תקיעות כג' תרועות נמצאת דכל תקיעה אחת כתרועה וליכא פלוגתא בינייהו ותוב תנינן שיעור תרועה ג' יבבות והתניא שיעור תרועה ג' שברים פי' יבבות זו אחר זו שברים בניחותא והפסק ביניהן אמר אביי בהא ודאי פליגי דכתיב יום תרועה ומתרגמי' יום יבבא. וכתיב באימיה דסיסרא בעד החלון נשקפה ותיבב אם סיסרא וחלקו בבירור לשון הקדש מאי משמע ותיבב ושואה רבנן להאי ותיבב כגון סימן תנא דידן סבר ילולי יליל אם סיסרא ותנא ברא סבר גנוחי גנחא ולא נתברר הדבר

מסורת הש"ס

א) כפי הנראה מפרש"י חסרים פה תיבות הללו מתעסק הוא דלא יצא, ב) [לעיל כח.], ג) [לעיל כח:], ד) לעיל כח. [כח.], ה) [לקמן לד.], ו) [שם], ז) [לקמן לד: ד"ה תקיעות], ח) [לעיל כז. כח.].

הגהות הב"ח

(א) גמ' והמתעסק לא יצא מתעסק הוא דלא יצא הא תוקע: (ב) רש"י ד"ה ומשך בשניה כו' שהיה צריך לעשות זו אחר זו פשוטה שלאחריה: (ג) ד"ה תנא דידן כו' וה"ק שיעור השלש תקיעות כשיעור שלש התרועות: (ד) תוס' ד"ה שיעור וכו' שפי' בערך ערב דהלין דממתרין ותוקעין שלשים כדיתבין:

גליון הש"ס

מתני' שיעור תרועה כשלש יבבות. אף דתרגום תרועה יבבא צ"ל דאין יבבא דמתני' כיבבא דתרגום וכעין מה דאמרינן לשון תורה לחוד ולשון גמ' לחוד [חולין דף קלז ע"ב] הרא"ש בראשית א יא ד"ה לא דשא לשון עשב:

ליקוטי רש"י

התוקע לשיר. לשורר ולזמר כך שמעתי מפי מורי הזקן ויסודו של מורי רבי יצחק בן יהודה ראיתי התוקע לשד להבריח רוח רעה מעליו [לעיל כח.]. **איכוון ותקע לי.** תתכוין לתקוע בשמי להוציאני ידי חובתי [שם כט.]. **תקע בראשונה.** בפשוטה שלפני התרועה [שם כז.]. פשוטה שלפני תרועת המלכיות [שם כח.]. **ומשך בשניה כשתים.** לפי שהיה צריך לתקוע כאן שתי תקיעות רצופות אחת לפשוטה לאחריה דמלכיות ואחת לפשוטה לפניה דזכרונות [שם כז.]. בפשוטה של אחריה כשתים ונתכוין לצאת בה אף ידי פשוטה שלפני תרועת הזכרונות שעתיד עליו לתקוע תיכף לזו [לעיל כח.]. **ותיבב.** לשון דבור כמו (ישעיהו יז יט) ניב שפתים. ורבותינו פירשוהו לשון גניחה כתרועה דמתרגמינן יבבא (ויקרא כג) וכו'. [שופטים ה כח]. **גנוחי.** גונח. פלמי"ר בלע"ז צועק מכאב לבו כמו גנוחי גנח באימיה דסיסרא (שופטים ה בתרגום) [תמורה טו:]. המיילל מכאב לבו פליינדר"א [כתובות ס.]. גונח. פלידר"א צועק מפני כאב הלב לא היה יכול להשיב רוחו [ב"ק פ.]. מלבו פליינדרי"ש בלעז שנשמע קול יללתו כשנפל [חולין נא:].

כִּשְׁתַּיִם – If one blew the first *tekiah* of a set normally, **and prolonged the second** *tekiah* **for the duration of two** ordinary *tekios,*[9] אֵין בְּיָדוֹ אֶלָּא אַחַת – **he has only one to his credit.**[10] מִי שֶׁבֵּירַךְ וְאַחַר כָּךְ נִתְמַנָּה לוֹ שׁוֹפָר – **If one recited the** Mussaf **prayer**[11] without blowing, **and afterwards a shofar became available to him,** תּוֹקֵעַ וּמֵרִיעַ וְתוֹקֵעַ שָׁלֹשׁ פְּעָמִים – **he should blow** ***tekiah-teruah-tekiah*** **three times.**[12]

The Mishnah concludes with a ruling concerning prayer:

כְּשֵׁם שֶׁשְּׁלִיחַ צִבּוּר חַיָּיב – **Just as the emissary of the congregation** who leads the prayer **is obligated** to recite the prayer, כָּךְ כָּל יָחִיד וְיָחִיד חַיָּיב – **so too is each and every individual obligated.**[13] רַבָּן גַּמְלִיאֵל אוֹמֵר – **Rabban Gamliel says:** שְׁלִיחַ צִבּוּר מוֹצִיא אֶת הָרַבִּים יְדֵי חוֹבָתָן – **The emissary of the congregation discharges the public's obligation for them.**[14]

Gemara The Gemara cites a contradiction to the Mishnah's description of the *tekiah:*

וְהָתַנְיָא – **But it was taught in a Baraisa:** שִׁיעוּר תְּקִיעָה כִּתְרוּעָה – **THE LENGTH OF A** ***TEKIAH*** **IS LIKE A** single ***TERUAH.***[15] – ? –

The contradiction is resolved:

אָמַר אַבָּיֵי – **Abaye said:** תַּנָּא דִּידַן קָא חָשֵׁיב תְּקִיעָה דְּכוּלְּהוּ בָּבֵי וּתְרוּעוֹת דְּכוּלְּהוּ בָּבֵי – **Our Tanna counts the** ***tekios*** **of all** three **sets** of blasts, and the ***teruos*** **of all** three **sets,**[16] תַּנָּא בָּרָא קָא חָשֵׁיב חַד בָּבָא וְתוּ לָא – whereas **the Tanna of the Baraisa counts** those of **one set and no more.**[17]

The Mishnah stated:

שִׁיעוּר תְּרוּעָה כְּשָׁלֹשׁ יְבָבוֹת – **THE LENGTH OF A** ***TERUAH*** **IS LIKE THREE WHIMPERS.**

Another contradiction is noted:

וְהָתַנְיָא – **But it was taught in** a latter clause of the previously cited **Baraisa:** שִׁיעוּר תְּרוּעָה כִּשְׁלֹשָׁה שְׁבָרִים – **THE LENGTH OF A** ***TERUAH*** **IS LIKE THREE** ***SHEVARIM.***[18] – ? –

The Gemara responds:

אָמַר אַבָּיֵי – **Abaye said:** בְּהָא וַדַּאי פְּלִיגֵי – **In this** matter, **they** (the Tanna of our Mishnah and the Tanna of the Baraisa) **certainly disagree,**[19] and their disagreement is in the following point. דִּכְתִיב ,,יוֹם תְּרוּעָה יִהְיֶה לָכֶם" – **For it is written:** ***A day of teruah sounding shall it be for you,***[20] וּמְתַרְגְּמִינַן יוֹם יְבָבָא יְהֵא לְכוֹן – **and the** ***Targum*** **renders this,** ***A day of 'yevava' sounding shall it be for you.*** Thus, the *teruah* is described as *yevavah.* וּכְתִיב בְּאִימֵּיהּ דְּסִיסְרָא – **And it is written regarding Sisra's mother:** ,,בְּעַד הַחַלּוֹן נִשְׁקְפָה וַתְּיַבֵּב אֵם סִיסְרָא" – ***Through the window she looked, and she cried*** (*vateyabev*), ***Sisra's mother.***[21] Thus, we know that the term *yevava* refers to a manner of crying. However, there is disagreement as to what manner of crying this refers to.[22] מַר סָבַר גְּנוּחֵי גָּנַח – **One master** (the Tanna of the Baraisa) **holds** that *yevava* is a reference to **moaning,**[23] and thus, he describes the Biblical *teruah* as the broken sound that we call *"shevarim."* וּמַר סָבַר יַלּוּלֵי יַלִּיל – **And** the other **master** (the Tanna of our Mishnah) **holds** that *yevava* is a reference to **sobbing,**[24] and accordingly, he describes the *teruah* as a series of short whimpers.[25]

NOTES

9. He blew an opening *tekiah* of the required duration, but after sounding the *teruah,* he blew a final *tekiah* of double the required duration. His intent was for the first half of his long *tekiah* to serve as the final *tekiah* of the Kingship set, and the second half as the opening *tekiah* of the Remembrance set (*Rashi;* cf. *R' Yitzchak ibn Gei'as,* cited by *Ramban* to 27a and *Ritva* here). [Although he will recite the Remembrance verses before concluding the second set of blasts, the set can still be valid, since pausing between blasts does not invalidate them (see Gemara, 34b). Alternatively, we are discussing someone who was blowing the three sets of blasts consecutively, and not inserting them between the blessings of the Mussaf prayer (*Tos. Yom Tov;* see *Chazon Ish, Orach Chaim* 137:2).]

10. The long *tekiah* counts only as the final *tekiah* of the first set, for we do not divide a *tekiah* in half (*Rashi,* from Gemara, 27a, 28a; see, however, *Mishnah Berurah* 590:24 with *Shaar HaTziyun* §22).

11. Literally: recited the blessings.

12. [He does not have to repeat the prayer (see *Rashba* to 32b ד״ה מאי שנא דהשני מתקיע). Rather,] he blows three consecutive sets, one representing the Kingship blasts, one the Remembrance blasts and one the Shofaros blasts (*Rashi;* see 34b note 15).

13. I.e. each and every individual who knows how to pray must recite the prayer himself; he may not rely on the *shliach tzibur's* prayer (see Gemara, 34b).

14. I.e. anyone who wishes may rely on the *shliach tzibur's* prayer. The dispute pertains to the prayers all year round, not only on Rosh Hashanah. It is discussed at length in the Gemara (34b-35a).

15. This is a segment of a lengthy Baraisa that is quoted in its entirety below (see note 26).

16. He means that the length of the three [opening] *tekiah* blasts of the three sets equals the length of the three *teruah* blasts in those sets. [The three closing *tekios* are also this length] (*Rashi*). The Tanna mentions the *tekios* and *teruos* of all three sets in order to allude to the fact that three sets of blasts are required under Biblical law (*Yom Teruah*).

17. He means that the length of the [opening] *tekiah* in each set equals the length of the *teruah.* [The closing *tekiah* is the same length.] Thus, the Mishnah and Baraisa express the same rule in different words (*Rashi, Ran, Ritva;* cf. *Rambam, Hil. Shofar* 3:4, who explains that the opening and closing *tekiah* blasts *together* equal the length of the *teruah*). [This Tanna does not need to allude to the fact that Biblical law requires three sets of blasts, because he teaches this explicitly in an earlier segment of the Baraisa (*Yom Teruah;* see Baraisa text below).]

18. *Shevarim* (sing. *shever*) are broken-blast segments of longer duration than whimpers (*Rashi*).

19. Although we were able to explain that the previous clauses stated by the respective Tannaim are in agreement, we cannot avoid the conclusion that in this latter clause they disagree (*Rashi;* see, however, 34a note 43).

20. *Numbers* 29:1.

21. *Judges* 5:28.

22. Our Mishnah employs the term יְבָבָא, *yevava,* to mean "a whimper," because this is how the word was used in Talmudic times – but that is not necessarily the meaning of the Scriptural יְבָבָה (*Ritva;* see also *Gilyon HaShas*).

23. Like the cries emanating from the heart of an ill person, which are of some duration (*Rashi*).

24. Which [is characterized by a catch in the voice, and] sounds like a series of very short cries (*Rashi*).

25. According to the Mishnah, then, the Biblical *teruah* is the sound that we still call *"teruah"* – a staccato blast. According to the Baraisa, however, the sound that the Torah describes as *teruah* is what we call *"shevarim"* – a series of notes that have moderate duration. As stated above, all agree that the *tekiah* must equal the length of the *teruah.* However, according to the view of *Rashi* (cited in note 8) that the *teruah* consists of only three short notes, there is a practical difference between the Mishnah and Baraisa in regard to the length of the *tekiah.* If the *teruah* has the short duration of three whimpers, the *tekiah* need last no longer than that. But if the *teruah* has the longer duration of three moans, the *tekiah,* too, must equal this length. Thus, the Mishnah and Baraisa agree *in principle* regarding the length of the *tekiah,* but not in practice (*Tosafos, Ran;* see there for further discussion; cf. *Raavad, Hil. Shofar* 3:4; *Rashba;* see *Orach Chaim* 590:3).

[We have followed the explanation of *Rashi* and *Tosafos* that the *teruah* is a staccato sound consisting of very short, consecutive notes. However, *Tur Orach Chaim* 590:3 cites the opinion of *Baal HaIttur,* who describes the *teruah* as a continuous, quavering blast. This appears to be the opinion of *Rambam* as well (*Hil. Shofar* 3:4). *Migdal Oz* (ad loc.) testifies that this is how the *teruah* was traditionally blown in Eretz Yisrael in his days, and to this day some communities blow the *teruah* in this manner.]

בקטן שהגיע לחינוך כאן בקטן שלא הגיע לחינוך: והמתעסק לא יצא: (א) הא תוקע לשיר יצא לימא מסייע ליה לרבא דאמר רבא התוקע לשיר יצא דלמא תוקע לשיר נמי מתעסק קרי ליה: והשומע מן המתעסק לא יצא: אבל השומע מן המשמיע לעצמו מאי יצא לימא תיהוי תיובתיה דרבי זירא דאמר ליה רבי זירא לשמעיה איכוון ותקע לי דלמא אידי דתנא רישא מתעסק תנא סיפא נמי מתעסק: **מתני'** סדר תקיעות שלש של שלש שלש שיעור תקיעה כשלש תרועות שיעור תרועה כשלש יבבות תקע בראשונה ומשך בשניה כשתים אין בידו אלא אחת מי שבירך ואחר כך נתמנה לו שופר תוקע ומריע ותוקע שלש פעמים כשם ששליח צבור חייב כך כל יחיד ויחיד חייב רבן גמליאל אומר שליח צבור מוציא את הרבים ידי חובתן: **גמ'** והתניא שיעור תקיעה כתרועה אמר אביי תנא דידן קא חשיב תקיעה דכולהו בבי ותרועות דכולהו בבי תנא ברא קא חשיב חד בבא ותו לא: שיעור תרועה כג' יבבות: והתניא שיעור תרועה כשלשה שברים אמר אביי בהא ודאי פליגי דכתיב יום תרועה יהיה לכם ומתרגמינן יום יבבא יהא לכון וכתיב באימיה דסיסרא בעד החלון נשקפה ותיבב אם סיסרא מר סבר גנוחי גנח ומר סבר ילולי יליל תנו רבנן מנין שבשופר ת"ל והעברת שופר תרועה אין לי אלא ביובל בראש השנה מנין תלמוד לומר בחדש השביעי שאין תלמוד לומר בחדש השביעי ומה תלמוד לומר בחדש השביעי שיהו כל תרועות של חדש שביעי זה כזה ומנין שפשוטה לפניה ת"ל והעברת שופר תרועה ומנין שפשוטה לאחריה ת"ל תעבירו שופר ואין לי אלא ביובל בראש השנה מנין ת"ל בחדש השביעי שאין

רש"י

קטן שהגיע לחינוך. מתעסקין בהן שילמדו וכל שכן שאין מעכבין: מתעסק הוא דלא. שאינו מתכוין לתקיעה ואפילו דלאו מצוה אלא מנבח נבוחי או שהיה נופח בשופר ועלתה בידו תקיעה אבל תוקע לשיר שמתכוין לתקיעה בעלמא יצא: **תנא סיפא נמי מתעסק.** ולעולם השומע מן המשמיע לעצמו שלא נתכוון להוציא את השומעין לא יצא: מתני' סדר תקיעות שלש כו'. אחת למלכיות ואחת לזכרונות ואחת לשופרות: שלש של שלש שלש. תקיעה ותרועה ותקיעה לכל אחת ואחת: שלש יבבות. שלש קולות בעלמא כל שהוא: תקע בראשונה. פשוטה שלפני התרועה תקע כדרכה: ומשך בשניה. תקיעה של אחר התרועה משך כשתים לצאת בה ידי שתים שהיה צריך לעשות זו (ב) פשוטה שלאחריה דמלכיות ופשוטה שלפניה דזכרונות: אין בידו אלא אחת. דפסוקי תקיעה אחת לשתים לא מפסקינן: מי שבירך. התפלל תפלת מוספין ובירך תשעה ברכות: תוקע ומריע ותוקע שלש פעמים. תוקע ומריע ותוקע בשביל מלכיות וכן בשביל זכרונות וכן בשביל שופרות: גמ' תנא דידן קא חשיב דכולהו בבי. והכי קאמר שיעור (ג) שלש תקיעות כשלש התרועות: ותנא ברא קא חשיב דהדא בבא. שיעור התקיעה כשיעור התרועה ותרוייהו חדא מילתא אמרי: שברים. ארוכים מיבבות: אמר אביי בהא ודאי פליגי. אע"ג דאוקימנא דרישא לא פליגי על כרחך בהא סיפא פליגי דלית לשנויי בה מידי והיינו פלוגתא: דמתרגמינן. תרועה יבבא ובאימיה דסיסרא כתיב נמי האי לישנא ותיבב: מאן דאמר שברים סבר גנוחי גנח. כאדם הגונח מלבו כדרך החולים שמאריכין בגניחותיהן: ילולי יליל. כאדם הבוכה ומקונן קולות קצרים סמוכין זה לזה: שאין

תוספות

שיעור תרועה כשלש יבבות. פירש בקונטרס שלשה קולות בעלמא כל שהוא ולקמן (דף לד.) אמרינן דאתקין רבי אבהו בקסרי קשר"ק קש"ק קר"ק משום דמספקא בתרועה דקרא אי תרועה ממש מה שאנו קורין תרועה דהוא ילולי יליל או שברים דגנוחי גנח או שברים ותרועה שניהם צריך לתרועה דדלמא גנוחי גנח וילולי יליל וצריך ליזהר בשברים שלא יהא מאריך על כל אחד בפני עצמו כג' יבבות של שלשה קולות כל שהוא דאם כן נעשה תקיעה ולא שברים דהא שיעור תקיעה כתרועה ושיעור תרועה כג' יבבות ונראה שחייב אדם להאריך בתקיעה של קשר"ק יותר משל קש"ק ובשל קש"ק יותר משל קר"ק דהא שיעור תקיעה כתרועה וקשר"ק אנו עושים משום ספיקא דגנוח ויליל נמצא שצריך להאריך בתקיעות של קשר"ק כשיעור שלשה שברים וג' יבבות ובתקיעות של קש"ק כשיעור ג' שברים דהא עבדינן קש"ק משום ספיקא דגנוחי גנח ובתקיעות של קר"ק כשיעור תרועה שהוא ילולי יליל ומיהו אם מאריך בכל התקיעות כתקיעות קשר"ק אין לחוש דיכול להאריך כמו שירצה כדתנן ומשך בשניה כשתים אין בידו אלא אחת ומטעם זה נמי אין לחוש אם עשה ארבעה וחמשה שברים שהשברים במקום תרועה והוי לה תרועה אריכתא כמו שאנו מאריכין ביבבות וריב"א והר"י בן הר"ר מאיר מפרשים דיבבא היא שלש כחות של כל שהוא נמצאת תרועה תשע כחות ושיעור תקיעה כך היא ולפירושם אין לחוש אם לא מאריך קצת בשברים וצריך למשוך לתקיעה של קשר"ק לפירושם כשיעור ג' שברים ותשע כחות ומי שלא משך התקיעות כשיעור הזה ומשך קצת בשברים לא קיים לא כמר ולא כמר ורבינו חננאל פי' כפירוש הקונטרס ועכשיו נוהגין לתקוע בישיבה לאחר קריאת התורה שלשים קולות ג' קשר"ק וג' קש"ק וג' קר"ק ובתפלה תוקעין במלכיות קשר"ק ובזכרונות קש"ק ובשופרות קר"ק ולפום סוגיא דכולה פירקין היה ראוי לתקוע בשעת תפלה מלכיות קשר"ק קש"ק קר"ק וכן בזכרונות או לאחר תפלה כולהו אבל קודם תפלה לא אשכחן כדתנן מי שבירך ואח"כ נתמנה לו שופר אלא אשכחן בפרק קמא לעיל (דף טז.) למה תוקעין ומריעין כשהן יושבין ותוקעין ומריעין כשהן עומדין כדי לערבב את השטן והיינו לעדבין ומיהו לכאורה נראה לתקוע בתפלה כמו כן במלכיות זכרונות ושופרות קשר"ק קש"ק קר"ק אבל חד וחד כדי לצאת מספק כדרבי אבהו וערוך פי' שהיו עושין כן ספי' בערך ערב הלכך (ד) דמחמרי [ועבדין] שלשים לדיתבין ושלשים בלחש ושלשים על הסדר כנגד מאה פעיות דפעיא אימיה דסיסרא ואלין [עשרה] איינון כשגומרין כל התפלה קול תקיעה דיקדיקי מיתבעי למיהוי [עשרה] תשר"ת תש"ת תר"ת והם מאה ועל מנהג שלנו היה תמיה ר"ת דקשר"ק של מלכיות וקש"ק זכרונות וקר"ק דשופרות סותרין זה את זה דאי גנח ואי יליל כולהו בעי למיעבד קשר"ק ואי גנח לחוד בעי למיעבד קש"ק ואי יליל כולהו קר"ק והנהיג רבינו תם במקומינו לתקוע גם לזכרונות ולשופרות קשר"ק כמו במלכיות דהשתא נפיק מכל ספיקי וליכא אלא הפסק ובהכי סגי שלא לשנות המנהג ביותר דהא אמרינן שמע תשע תקיעות בט' שעות ביום יצא ונראה שיש קצת ליתן טעם על המנהג שלנו דסבר לה כמאן דאמר בסמוך אחת מדברי תורה ושתים מדברי סופרים וכיון שעשו בישיבה כל הספיקות של תורה ושל סופרים לא חשו לחזור ולעשות בשעת תפלה אלא ספיקא דאורייתא ובקדושה דאגן הסדר שעשה ר' שמשון ב"ר יונה כתיב נוי ארבעים קולות בהריענו והיינו כמנהגינו וכן בסדר רב עמרם אלא שכתב דבסוף מריע תרועה אחת גדולה תקיעה וא"ת הא דסיימא היכי נפיק הא תניא בס"פ (דף לד:) תקיעות וברכות של ראש השנה ויום הכפורים מעכבות זו את זו אלמא בעידן צלותא בעי למיעבד לאו פירכא היא דלפי"ג דמשמע מתוך פי' הקונטרס דאם בירך ולא תקע או תקע ולא בירך פירוש בירך מלכיות זכרונות ושופרות אי אפשר לומר כן דהתניא לקמן (שם) שתי עיירות באחת תוקעין ובאחת מברכין הולך למקום שתוקעין ואין הולך למקום שמברכין ותנן מי שבירך ואח"כ נתמנה לו שופר משמע שלא יוכל לברך אלא תקיעות וברכות מעכבות זו את זו היינו שהתקיעות מעכבות זו את זו והברכות מעכבות זו את זו שהמברך מלכיות וזכרונות ושופרות יברך שלשתן או לא יברך כלל וכן תקיעות שברים תרועות אם בקי בשלשתן יתקע ואם לאו לא יתקע וצריך לדקדק באותן שלשים קולות שאנו תוקעין בישיבה כשמסיים השלשה קשר"ק ומתחיל הקשק"ש או כשמסיים הקשק"ש ומתחיל הקרק"ק למה לי שתי תקיעות זו אחר זו ממה נפשך יפטר בתקיעה אחת דאי גנח ויליל הרי יצא בשלשה קשר"ק ואי גנח לחוד אותה תקיעה אחרונה עולה לו למנין קש"ק וכן אם יליל אותה תקיעה אחרונה של קש"ק אחרון תעלה לו למנין קר"ק ושמא כיון שעשה התקיעה לשם פשוטה שאחר התרועה לא עלתה לשם פשוטה שלפניה ומיהו אשכחן (ה) ומשך בשניה כשתים שהיתה עולה לשתים אי לאו משום דפסוקי תקיעה בתרתי לא מפסקינן:

ניעבריה

עין משפט נר מצוה

נ א מיי' פ"ב מהלכות שופר הל' ז טור א"ח סי' תקפט:
נא ב טוש"ע א"ח סי' תקפט סעיף א:
נב ג מיי' פ"ג מהלכות שופר הלכה א טוש"ע א"ח סי' תקצ סעיף א:
נג ד ה מיי' שם הל' ד טוש"ע א"ח שם סעיף ג:
נד ו מיי' שם טוש"ע א"ח שם סעיף ו:
נה ז מיי' פ"ח מהלכות תפלה הל' ט טוש"ע א"ח סי' תקצד סעיף א וטור א"ח סי' תקצא:
נו ח מיי' פ"ג מהלכות שופר הל' א טוש"ע א"ח סי' תקצ סעיף א:

תורה אור השלם

א) וּבַחֹדֶשׁ הַשְּׁבִיעִי בְּאֶחָד לַחֹדֶשׁ מִקְרָא קֹדֶשׁ יִהְיֶה לָכֶם כָּל מְלֶאכֶת עֲבֹדָה לֹא תַעֲשׂוּ יוֹם תְּרוּעָה יִהְיֶה לָכֶם: [במדבר כט, א]

ב) בְּעַד הַחַלּוֹן נִשְׁקְפָה וַתְּיַבֵּב אֵם סִיסְרָא בְּעַד הָאֶשְׁנָב מַדּוּעַ בֹּשֵׁשׁ רִכְבּוֹ לָבוֹא מַדּוּעַ אֶחֱרוּ פַּעֲמֵי מַרְכְּבוֹתָיו: [שופטים ה, כח]

ג) וְהַעֲבַרְתָּ שׁוֹפַר תְּרוּעָה בַּחֹדֶשׁ הַשְּׁבִעִי בֶּעָשׂוֹר לַחֹדֶשׁ בְּיוֹם הַכִּפֻּרִים תַּעֲבִירוּ שׁוֹפָר בְּכָל אַרְצְכֶם: [ויקרא כה, ט]

רבינו חננאל

כר' יוחנן דאמר והוא בן עשר ובן י"א ואין מעכבין אותן מלתקוע ודייקי' הני מילי דיעבד אבל לכתחלה לא בקטן שלא הגיע לחינוך אין מעכבין אותן מלתקוע בי"ט ואפילו שלא להתלמד: **[מתני']** **סדר** תקיעות שלש של שלש שלש. פי' ג' תקיעות ובכל אחת ג' נמצא כולן ט'. וקי"ל דאית לן לאורכי בתרועות כל מה דבעי וכך מנהג בכל ישראל. פי' ג' יבבות. ג' תרועות זו אחר זו דבוקות וג' שברים הן בניחותא ומעט הפסק בינתים נמצא שיעור ג' שברים יותר מג' יבבות. לפיכך אמר אביי בהא ודאי פליגי והן תר"ת תש"ת תשר"ת שיעור תקיעה כג' תרועות ואקשי' עלה והתניא שיעור תקיעה כתרועה ופרקי' תנא דידן קא חשיב דכולהו בבי והכי קתני שיעור ג' תקיעות כג' תרועות נמצאת לכל תקיעה אחת כתרועה וליכא פלוגתא בינייהו ותוב תנינן שיעור תרועה ג' יבבות והתניא שיעור תרועה ג' שברים פי' יבבות זו אחר זו שברים בניחותא והפסק ביניהן אמר אביי בהא ודאי פליגי דכתיב יום תרועה ומתרגמי' יום יבבא וכתיב באימיה דסיסרא בעד החלון נשקפה ותיבב אם סיסרא וחלקו בבירור לשון הקדש מאי משמע ותיבב ושואה רבנן להאי ותיבב כגון סימן הא דידן סבר ילולי ילילה אם סיסרא ותנא ברא סבר גנוחי גנחא ולא נתברר הדבר

מסורת הש"ס

א) כפי הנראה מפרש"י חסרים פה תיבות הללו מתעסק הוא דלא יצא, ב) [לעיל כח.], ג) [לעיל כח:], ד) לעיל כז. [כח.], ה) [לקמן לד.], ו) [שם], ז) [לקמן לד: ד"ה תקיעות], ח) [לעיל כז. כח.].

הגהות הב"ח

(א) גמ' והמתעסק לא יצא מתעסק הוא דלא יצא הא תוקע: (ב) רש"י ד"ה ומשך בשנייה כו' שהיה צריך לעשות זו אחר זו פשוטה שלאחריה: (ג) ד"ה תנא דידן כו' וה"ק שיעור השלש תקיעות כשיעור שלש התרועות: (ד) תוס' ד"ה שיעור וכו' שפי' בערך ערב דהלין דמחמרין ותוקעין שלשים כדיתבין:

גליון הש"ס

מתני' שיעור תרועה כשלש יבבות. אף דתרגום תרועה יבבא צ"ל דאין יבבא דמתני' כיבבא דתרגום וכעין מה דאמרינן לשון תורה לחוד ולשון גמ' לחוד [חולין דף קלז ע"ב] הרא"ש ברכות א יא ד"ה לא דשא לשון עשב:

ליקוטי רש"י

התוקע לשיר. לשורר ולזמר כך שמעתי מפי מורי הזקן ויסודו של מורי רבי יצחק בן יהודה ראיתי התוקע לשד להבריח רוח רעה מעליו [לעיל כח.]. **איכוון** ותקע לי. תתכוין לתקוע בשמי להוציאני ידי חובתי [שם כט.]. **תקע** **בראשונה.** בפשוטה שלפני התרועה [שם כז.]. פשוטה שלפני תרועת המלכיות [שם כח.]. **ומשך בשניה** כשתים. לפי שהיה צריך לתקוע כאן שתי תקיעות רצופות אחת לפשוטה לאחריה דמלכיות ואחת לפשוטה לפניה דזכרונות [שם כז.]. בפשוטה של אחריה כשתים ונתכוון לצאת בה אף ידי פשוטה שלפני תרועת הזכרונות שעמיד עליו לתקוע תיכף לזו [לעיל כח.]. **ותיבב.** לשון דבור כמו (ישעיהו יז יט) ניב שפתים. ורבותינו פירשוהו לשון גניחה כתרגומו דמתרגמינן יבבא (ויקרא כג, כד) וכו'. [שופטים ה, כח]. **גנוחי.** גונח. פלני"ט בלע"ז לועק מכאב לבו כמו גנוחי גנח באימיה דסיסרא (שופטים ה כח) [תמורה טו.]. המיילל מכאב לבו פליינדר"א [כתובות ס.]. פלינדר"ש לועק מפני כאב הלב לא היה יכול להשיב רוחו [ב"ק פ.]. פליינדר"ש בלעז שנשמע קול יללתו כשנפל [חולין נא.].

The Gemara cites a Baraisa which provides the Scriptural source of the requirement to blow the combination of *tekiah-teruah-tekiah*:

תָּנוּ רַבָּנָן – The Rabbis taught in a Baraisa:[26] מִנַּיִן שֶׁבְּשׁוֹפָר – FROM WHERE do we derive THAT the *teruah* blasts of Rosh Hashanah must be sounded WITH A SHOFAR?[27] תַּלְמוּד לוֹמַר ,,וְהַעֲבַרְתָּ שׁוֹפַר תְּרוּעָה" – [SCRIPTURE] THEREFORE STATES, regarding Yom Kippur of the *Yovel* year: ***YOU SHALL SOUND THE SHOFAR BLAST OF TERUAH.***[28] אֵין לִי אֶלָּא בַּיּוֹבֵל – I HAVE thus far derived ONLY that a shofar is used on Yom Kippur IN THE *YOVEL* year. בְּרֹאשׁ הַשָּׁנָה מִנַּיִן – FROM WHERE do I derive that ON ROSH HASHANAH, too, it is a shofar that is sounded? תַּלְמוּד לוֹמַר ,,בַּחֹדֶשׁ הַשְּׁבִיעִי" – [SCRIPTURE] THEREFORE STATES in the previously cited verse: ***IN THE SEVENTH MONTH.*** שֶׁאֵין תַּלְמוּד לוֹמַר ,,בַּחֹדֶשׁ הַשְּׁבִיעִי" – IT IS UNNECESSARY TO STATE, ***IN THE SEVENTH MONTH,*** since we know that Yom Kippur occurs in this month (Tishrei). וּמַה תַּלְמוּד לוֹמַר ,,בַּחֹדֶשׁ הַשְּׁבִיעִי" – NOW, WHAT IS THE PURPOSE OF STATING, ***IN THE SEVENTH MONTH?*** שֶׁיִּהְיוּ כָּל תְּרוּעוֹת שֶׁל חֹדֶשׁ שְׁבִיעִי זֶה כָּזֶה – It is to teach THAT ALL THE ***TERUAH*** BLASTS OF THE SEVENTH MONTH SHOULD BE ALIKE. On Rosh Hashanah, as on Yom Kippur in *Yovel,* the blasts should be sounded with a shofar.

The Baraisa continues:

וּמִנַּיִן שֶׁפְּשׁוּטָה לְפָנֶיהָ – AND FROM WHERE do we derive THAT A STRAIGHT [BLAST], i.e. a *tekiah,* PRECEDES [THE *TERUAH* BLAST]?[29] תַּלְמוּד לוֹמַר ,,וְהַעֲבַרְתָּ שׁוֹפַר תְּרוּעָה" – [SCRIPTURE] THEREFORE STATES: ***YOU SHALL SOUND*** (*vehaavarta*) ***THE SHOFAR BLAST OF TERUAH.*** The term *vehaavarta* alludes to a straight blast.[30] וּמִנַּיִן שֶׁפְּשׁוּטָה לְאַחֲרֶיהָ – AND FROM WHERE do we derive THAT another STRAIGHT [BLAST] FOLLOWS [THE *TERUAH* BLAST]? תַּלְמוּד לוֹמַר ,,תַּעֲבִירוּ שׁוֹפָר" – [SCRIPTURE] THEREFORE STATES in the aforementioned verse: ***SHALL YOU SOUND*** (*taaviru*) ***THE SHOFAR.***[31] וְאֵין לִי אֶלָּא בַּיּוֹבֵל – I HAVE thus far derived that *tekios* are sounded ONLY on Yom Kippur IN *YOVEL.* בְּרֹאשׁ הַשָּׁנָה מִנַּיִן – FROM WHERE do I derive that ON ROSH HASHANAH, too, *tekiah* blasts should precede and follow the *teruah*? תַּלְמוּד לוֹמַר ,,בַּחֹדֶשׁ הַשְּׁבִיעִי" – [SCRIPTURE] THEREFORE STATES: ***IN THE SEVENTH MONTH.***

NOTES

26. The Baraisa is taken from *Toras Kohanim, Emor, parshasa* 11 §6-9, with minor variations.

27. The Torah merely describes Rosh Hashanah as יוֹם תְּרוּעָה, *A day of teruah sounding* (*Numbers* 29:1), and זִכְרוֹן תְּרוּעָה, *A remembrance of teruah sounding* (*Leviticus* 23:24). It does not specify whether the *teruah* blasts are to be sounded with a shofar or a trumpet (*Ritva*).

28. *Leviticus* 25:9. The verse reads, in its entirety: וְהַעֲבַרְתָּ שׁוֹפַר תְּרוּעָה בַּחֹדֶשׁ הַשְּׁבִעִי בֶּעָשׂוֹר לַחֹדֶשׁ בְּיוֹם הַכִּפֻּרִים תַּעֲבִירוּ שׁוֹפָר בְּכָל אַרְצְכֶם, *You shall sound the shofar blast of teruah in the seventh month, on the tenth day; on Yom Kippur shall you sound the shofar throughout your land.* [Our translation of the phrase שׁוֹפַר תְּרוּעָה as *the shofar blast of teruah* is based on *Targum Yonasan* and *HaKesav VeHaKabbalah.*]

29. The Torah mentions only the *teruah* (*Ritva;* see preceding notes).

30. The word וְהַעֲבַרְתָּ means literally: *You shall cause to pass through.* This alludes to passing a blast through the shofar without interruption, i.e. sounding a *tekiah.* Since the verse states וְהַעֲבַרְתָּ before תְּרוּעָה, we learn that a *tekiah* must precede the *teruah* (*Rashi,* top of 34a; see also *Rashi* to *Zevachim* 25b ד״ה שיעברו תנן).

31. The word תַּעֲבִירוּ, too, implies *shall you cause to pass through.* Since it appears later in the verse than תְּרוּעָה (see note 28), it alludes that a *tekiah* must follow the *teruah.* Thus, we know that the *teruah* is blown between two *tekiah* blasts (*Rashi*). [See *Ramban* to *Leviticus* 23:24 for a discussion of why the Torah mentions only the *teruah* explicitly.]

״שֶׁאֵין תַּלְמוּד לוֹמַר ,,בַּחֹדֶשׁ הַשְּׁבִיעִי — IT IS UNNECESSARY TO STATE *IN THE SEVENTH MONTH,* since we know that this is the month in which Yom Kippur occurs. ״וּמַה תַּלְמוּד לוֹמַר ,,בַּחֹדֶשׁ הַשְּׁבִיעִי — NOW, WHAT IS THE PURPOSE OF STATING *IN THE SEVENTH MONTH?* שֶׁיְּהוּ כָּל תְּרוּעוֹת הַחֹדֶשׁ הַשְּׁבִיעִי זֶה כָּזֶה — It is to teach THAT ALL THE *TERUAH* BLASTS OF THE SEVENTH MONTH SHOULD BE ALIKE. On Rosh Hashanah, as on Yom Kippur in *Yovel,* the *teruah* should be preceded and followed by a *tekiah.*

The Baraisa proceeds with the source for another law:

וּמִנַּיִן לְשָׁלֹשׁ שֶׁל שָׁלֹשׁ שָׁלֹשׁ — AND FROM WHERE do we derive THAT THREE sets CONSISTING OF THREE blasts EACH must be blown?[1] תַּלְמוּד לוֹמַר — [SCRIPTURE] THEREFORE STATES three references to *teruah* blasts. ״וְהַעֲבַרְתָּ שׁוֹפַר תְּרוּעָה,, — Regarding Yom Kippur of *Yovel,* it is stated: *YOU SHALL SOUND THE SHOFAR BLAST OF TERUAH;*[2] ״שַׁבָּתוֹן זִכְרוֹן תְּרוּעָה,, — and regarding Rosh Hashanah, it is stated: *A REST DAY, A REMEMBRANCE OF TERUAH SOUNDING;*[3] ״יוֹם תְּרוּעָה יִהְיֶה לָכֶם,, — and *A DAY OF TERUAH SOUNDING SHALL IT BE FOR YOU.*[4] וּמִנַּיִן לִיתֵּן אֶת הָאָמוּר שֶׁל זֶה בָּזֶה וְשֶׁל זֶה בָּזֶה — AND FROM WHERE do we learn TO APPLY THAT WHICH IS STATED IN THIS CONTEXT (Rosh Hashanah) TO THAT CONTEXT (Yom Kippur), AND that which is stated IN THAT CONTEXT (Yom Kippur) TO THIS CONTEXT (Rosh Hashanah)?[5] תַּלְמוּד לוֹמַר ״שְׁבִיעִי״ ,,שְׁבִיעִי״ לִגְזֵירָה שָׁוָה — [SCRIPTURE] THEREFORE STATES: *SEVENTH month, SEVENTH month,* TO establish A *GEZEIRAH SHAVAH.*[6] הָא כֵּיצַד — THUS, HOW is the shofar blown? שָׁלֹשׁ שֶׁהֵן תֵּשַׁע — It is blown in THREE sets WHICH CONSIST OF NINE blasts in all, *tekiah-teruah-tekiah* three times. שִׁיעוּר תְּקִיעָה כִּתְרוּעָה — THE LENGTH OF A *TEKIAH* IS LIKE A *TERUAH,*[7] שִׁיעוּר תְּרוּעָה כִּשְׁלֹשָׁה שְׁבָרִים — and THE LENGTH OF A *TERUAH* IS LIKE THREE *SHEVARIM.*[8]

The Gemara asks:

הַאי תַּנָּא — This Tanna of the Baraisa — מֵעִיקָּרָא מַיְיתִי לָהּ בְּהֶיקֵּישָׁא — initially, he derives it (the linkage of the Rosh Hashanah blasts and the Yom Kippur blasts) through a *hekeish,* וְהַשְׁתָּא מַיְיתִי לָהּ בִּגְזֵירָה שָׁוָה — and now, he derives it through a *gezeirah shavah.*[9] — ? —

The Gemara answers:

הָכִי קָאָמַר — This is what [the Tanna] means to say: אִי לָאו גְּזֵירָה שָׁוָה הֲוָה מַיְיתִינָא לָהּ בְּהֶיקֵּישָׁא — Were it not for the *gezeirah shavah,* I would have derived it through the *hekeish;*[10] הַשְׁתָּא דְּאַתְיָא גְּזֵירָה שָׁוָה הֶיקֵּישָׁא לֹא צָרִיךְ — now that the *gezeirah shavah* has been derived, the *hekeish* is not needed.

The Gemara cites an alternative source for the rule that the *teruah* must be preceded and followed by a *tekiah*:

וְהַאי תַּנָּא מַיְיתִי לָהּ בִּגְזֵירָה שָׁוָה מִמִּדְבָּר — And the following Tanna derives it through a *gezeirah shavah* from the trumpet blasts that the Jews blew in the Wilderness.[11] דְּתַנְיָא — For it was taught in a Baraisa: ״וּתְקַעְתֶּם תְּרוּעָה,, — When the verse states: *WHEN YOU BLAST* (*teka*) *A TERUAH, the camps shall journey,*[12] תְּקִיעָה בִּפְנֵי עַצְמָהּ וּתְרוּעָה בִּפְנֵי עַצְמָהּ — it refers to the sounding of A *TEKIAH* SEPARATELY AND A *TERUAH* SEPARATELY.[13] אַתָּה אוֹמֵר תְּקִיעָה בִּפְנֵי עַצְמָהּ וּתְרוּעָה בִּפְנֵי עַצְמָהּ — YOU SAY it refers to the sounding of A *TEKIAH* SEPARATELY AND A *TERUAH* SEPARATELY; אוֹ אֵינוֹ — PERHAPS this is NOT the meaning, אֶלָּא תְּקִיעָה וּתְרוּעָה אַחַת הִיא — BUT RATHER, the terms *TEKIAH* AND *TERUAH* in this verse ARE ONE AND THE SAME, and the verse refers simply to blasting a *teruah*![14] כְּשֶׁהוּא אוֹמֵר ,,וּבְהַקְהִיל אֶת־הַקָּהָל תִּתְקְעוּ וְלֹא תָרִיעוּ״ — WHEN IT STATES afterwards: *WHEN YOU GATHER THE CONGREGATION, YOU SHALL SOUND A TEKIAH BUT NOT A TERUAH,*[15] it implies that previously, regarding the camps' journeying, the verse meant that a *tekiah* and *teruah* are sounded.[16] הֱוֵי אוֹמֵר תְּקִיעָה בִּפְנֵי עַצְמָהּ וּתְרוּעָה בִּפְנֵי עַצְמָהּ — YOU MUST therefore SAY that the phrase *When you blast (teka) a teruah* refers to the sounding of A *TEKIAH* SEPARATELY AND A *TERUAH* SEPARATELY. וּמִנַּיִן שֶׁפְּשׁוּטָה לְפָנֶיהָ — NOW, FROM WHERE do we derive THAT THE STRAIGHT [BLAST] (*tekiah*) PRECEDES [THE *TERUAH*]?[17] תַּלְמוּד לוֹמַר ,,וּתְקַעְתֶּם תְּרוּעָה״ — [SCRIPTURE]

NOTES

1. How do we know that we must blow the combination of *tekiah-teruah-tekiah* three times — once corresponding to the Kingship blessing, once to the Remembrance blessing and once to the Shofaros blessing? (*Rashi*).

2. *Leviticus* 25:9.

3. Ibid. 23:24. See *Rashash.*

4. *Numbers* 29:1. And since we know that the *teruah* is always preceded and followed by a *tekiah,* we have allusions to three sets of blasts.

5. Since *teruah* is mentioned once concerning Yom Kippur and twice concerning Rosh Hashanah, how do we know that the three mentions are to be combined so that we blow a total of three sets of blasts on both Rosh Hashanah and Yom Kippur of *Yovel*? (*Rashi*).

6. The identical phrase בַּחֹדֶשׁ הַשְּׁבִיעִי, *in the seventh month,* appears in *Numbers* 29:1 regarding Rosh Hashanah, and in *Leviticus* 25:9 regarding Yom Kippur of *Yovel* (*Rashi*). The *gezeirah shavah* links the two passages and teaches that the *teruah* of *Yovel* applies on Rosh Hashanah as well, and the two *teruos* of Rosh Hashanah apply in *Yovel* as well.

7. This segment of the Baraisa was quoted above, on 33b, and contrasted with the Mishnah. See notes 16-17 there.

8. See 33b notes 18-25.

9. Originally, when the Tanna sought to derive that on Rosh Hashanah, too, a shofar is used and the *teruah* is preceded and followed by a *tekiah,* he stated that the superfluous verse *in the seventh month* teaches that all the blasts of the seventh month are alike. Thus, the blasts of Rosh Hashanah and Yom Kippur are linked through a *hekeish* (Scriptural comparison). At the end of the Baraisa, however, when he seeks to derive that the three mentions of *teruah* apply in both contexts, he states that the passages are linked through a *gezeirah shavah.* He should have derived this rule through the *hekeish* as well! Since the blasts of the seventh month must all be alike, the verses cannot be applied only to their own contexts, for then two sets of blasts would be sounded on Rosh Hashanah and only one set on Yom Kippur. Why does the Tanna resort to the *gezeirah shavah*? (*Rashi;* cf. *Baal HaMaor, Ritva, Turei Even*).

10. [One may not expound a *gezeirah shavah* at his own discretion. Only in the specific instances that were taught to Moses at Sinai is *gezeirah shavah* deemed valid. Other methods of exegesis, however, may be expounded even without a specific tradition.] The Tanna means that if the *gezeirah shavah* of *seventh, seventh,* had not been among those taught to Moses for exposition, the words *in the seventh month* would nevertheless have established a *hekeish* teaching that the blasts of Rosh Hashanah must be like those of Yom Kippur in *Yovel* (*Rashi;* cf. *Rashi* to *Succah* 31a ד״ה לא מקשינן; see *Rashash* and *Mitzpeh Eisan*).

11. In *Numbers* 10:1-10, God commanded Moses to craft two silver trumpets that would be blown to assemble the Jews and to cause the camps to journey. These trumpets were used only during Moses' lifetime (*Menachos* 28b; but see *Sefer HaChinuch* §384).

12. Ibid. v. 5.

13. The phrase וּתְקַעְתֶּם תְּרוּעָה might have been interpreted as referring simply to the blasting of a single *teruah.* The Tanna teaches, however, that since the root תקע, *teka,* is used to denote blasting, it alludes that a *tekiah* is blown before the *teruah* (*Rashi;* see *Rashba, MHK* ed.). [The verse could have avoided the root תקע and stated וַהֲרֵעֹתֶם, as in verse 9 of the passage.]

14. I.e. perhaps Scripture uses the terms תקע and תרע interchangeably, and there is no special allusion in the phrase וּתְקַעְתֶּם תְּרוּעָה (see *Rashi* and *Rashba*).

15. Ibid. v. 7.

16. For we see from the latter verse that Scripture does not describe the *teruah* as a *"tekiah"* (*Rashi*).

17. [We have derived from the verse that the *teruah* is accompanied by a *tekiah,* but how do we know that the *tekiah* is sounded first?]

שאין תלמוד לומר בחדש השביעי. דהא כתב לן בכמה מקומות דיום הכפורים בחדש השביעי הוא והכא יוה"כ כתיב: **והעברת.** פשוטה משמע העברת קול אחד: **ביוה"כ תעבירו.** הרי העברה תחילה וסוף ותרועה כתיבא בינתים: **ומנין שלש של שלש שלש.** מנין דהנך פשוטה לפניה ולאחריה ותרועה באמצע עבדינן תלתא זימני למלכיות חדא ולזכרונות חדא ולשופרות חדא: **ת"ל.** תרועה תלתא זימני לכל אחת פשוטה לפניה ופשוטה לאחריה: **ומנין ליתן את האמור של זה בזה כו'.** לפי ששלש תרועות הללו לא נאמרו במקום אחד שהשתים נאמרו בראש השנה והאחת ביובל מנין ליתן האמורות בראש השנה ביובל וליתן האמורה ביובל בר"ה שיהו כאן וכאן שלש: **שביעי שביעי לג"ש.** נאמר בר"ה בחדש השביעי ונאמר ביובל והעברת שופר תרועה בחדש השביעי: **ותנא מעיקרא אייתי בהיקישא.** ללמוד זה מזה מנין שבשופר ופשוטה לפניה ולאחריה גמר ר"ה מיובל בהיקישא דאין ת"ל בחדש השביעי אלא להקיש כל תרועות של חדש השביעי שיהו שוות: **ולסוף גמר בג"ש.** ליתן האמור של זה בזה הא נמי תיתי בהיקישא דאי כדכתיבן שיהו שתים בר"ה ואחת ביובל אין תרועות של חדש השביעי שוות: **ה"ק אי לאו ג"ש.** אי לא נאמרה ג"ש זו למשה מסיני לדונה הייתי מביא הכל בהיקישא ° כלומר מעצמו: **והאי תנא מייתי לה ממדבר.** שתהא פשוטה לפניה ופשוטה לאחריה: **תקיעה בפני עצמה כו'.** דלא תימא חדא היא והכי קאמר היו תוקעין תרועה אלא ה"ק ותקעתם תקיעה ואחריה הריעו תרועה: **או אינו.** אלא אחת היא והכי קאמר היו תוקעין תרועה: **כשהוא אומר תתקעו ולא תריעו.** מכלל דבמסעות תתקעו ותריעו קאמר ותרועה לא קרי לה תקיעה הרי על כרחך תקיעה בפני עצמה כו':

שאין ת"ל בחדש השביעי ומה ת"ל בחדש השביעי שיהו כל תרועות החדש השביעי זה כזה ומנין לשלש של שלש שלש ת"ל א) והעברת שופר תרועה ב) שבתון זכרון תרועה ג) יום תרועה יהיה לכם ומנין ליתן את האמור של זה בזה ושל זה בזה ת"ל שביעי שביעי לגזירה שוה הא כיצד שלש שהן תשע שיעור תקיעה כתרועה שיעור תרועה כשלשה שברים האי תנא מעיקרא מייתי לה בהיקישא והשתא מייתי לה בגזירה שוה הכי קאמר [ה] אי לאו גזירה שוה הוה מייתינא לה בהיקישא השתא דאתיא גזירה שוה היקישא לא צריך והאי תנא מייתי לה בג"ש ממדבר דתניא ד) ותקעתם תרועה תקיעה בפני עצמה ותרועה בפני עצמה אתה אומר ג) תקיעה בפני עצמה ותרועה בפני עצמה או אינו אלא תקיעה ותרועה אחת היא כשהוא אומר ה) ובהקהיל את הקהל תתקעו ולא תריעו הוי אומר תקיעה בפני עצמה ותרועה בפני עצמה ומנין שפשוטה לפניה ת"ל ד) ותקעתם תרועה ומנין שפשוטה לאחריה ת"ל ד) תרועה יתקעו ר' ישמעאל בנו של ר' יוחנן בן ברוקא אומר אינו צריך הרי הוא אומר ותקעתם תרועה שנית שאין ת"ל שנית ומה ת"ל שנית זה בנה אב שכל מקום שנאמר תרועה תהא תקיעה שניה לה ואין לי אלא במדבר בר"ה מנין ת"ל תרועה תרועה לגזירה שוה ושלש תרועות נאמרו בר"ה ב) שבתון זכרון תרועה ג) יום תרועה א) והעברת שופר תרועה ושתי תקיעות לכל אחת ואחת מצינו למדין שלש תרועות ושש תקיעות נאמרו בר"ה שתים מדברי תורה ואחת מדברי סופרים שבתון זכרון תרועה והעברת שופר תרועה מדברי תורה יום תרועה יהיה לכם לתלמודו הוא בא רבי שמואל בר נחמני אמר רבי יונתן אחת מד"ת ושתים מדברי סופרים והעברת שופר תרועה מד"ת שבתון זכרון תרועה ויום תרועה יהיה לכם לתלמודו הוא בא מאי לתלמודו הוא בא מיבעי א ביום ולא בלילה ואידך ביום ולא בלילה מנא ליה נפקא ליה מביום הכפורים אי (ג ביום) הכפורים יליף נגמור נמי מיניה לפשוטה לפניה ופשוטה לאחריה והעברת תעבירו לא משמע להו אלא מאי דרשי בהו והעברת כדרב מתנא דאמר ז) רב מתנא והעברתו דרך העברתו תעבירו דקאמר רחמנא נעבריה ביד ואידך דרב מתנא מדשני (א) בדיבוריה תעבירו ביד לא מצית אמרת דגמר עברה עברה ממשה כתיב הכא והעברת שופר תרועה וכתיב התם ו) ויצו משה ויעבירו קול במחנה מה להלן בקול אף כאן בקול ולהאי תנא דמייתי לה ממדבר אי מה להלן חצוצרות אף כאן חצוצרות ת"ל ז) תקעו בחדש שופר בכסה ליום חגנו ח) אי זהו חג שהחדש מתכסה בו הוי אומר זה ר"ה וקאמר רחמנא שופר ב אתקין רבי אבהו בקסרי תקיעה שלשה שברים תרועה תקיעה מה נפשך אי ילולי יליל לעביד תקיעה תרועה ותקיעה ואי גנוחי גנח לעביד תקיעה שלשה שברים ותקיעה מספקא ליה אי גנוחי גנח אי ילולי יליל מתקיף לה רב עוירא ודלמא ילולי הוה וקא מפסיק שלשה שברים בין תרועה לתקיעה דהדר עביד תקיעה תרועה ותקיעה מתקיף לה רבינא ודלמא גנוחי הוה וקא מפסקא תרועה בין שברים לתקיעה דהדר עביד תשר"ת אלא רבי אבהו מאי אתקין אי גנוחי גנח הא עבדיה אי ילולי יליל הא עבדיה אי ספוקי מספקא ליה דלמא גנח ויליל אי הכי ליעבד נמי איפכא תקיעה תרועה שלשה שברים ותקיעה דלמא יליל וגנח סתמא דמילתא כי מתרע באיניש מילתא ברישא גנח והדר יליל: תקע בראשונה ומשך בשניה כשתים: אמר רבי יוחנן שמע

תשע

תלמוד לומר ותקעתם. והדר תרועה: **שאין ת"ל שנית.** שכבר אמר ותקעתם תרועה ונסע מחנה פלוני כי הדר אמר ותקעתם תרועה ונסע מחנה פלוני פשיטא דשנית היא: **תהא תקיעה שניה לה.** והכי קאמר ותקעתם תקיעה שנית לתרועה: ה"ג ושלש תרועות נאמרו בר"ה שבתון זכרון תרועה והעברת שופר תרועה יום תרועה יהיה לכם ושתי תקיעות לכל אחת ואחת מצינו למדין לר"ה שלש תרועות ושש תקיעות שתים מדברי תורה ואחת מדברי סופרים והעברת שופר תרועה שבתון זכרון תרועה מד"ת יום תרועה יהיה לכם לתלמודו הוא בא רבי שמואל בר נחמני אומר אחת מד"ת ושתים מד"ס והעברת שופר תרועה מד"ת שבתון זכרון תרועה ויום תרועה יהיה לכם לתלמודו הוא בא מאי לתלמודו הוא בא וכו': **שתים מד"ת.** תרי קראי דרוש למניינא כדקתני ואזיל והעברת שופר תרועה שבתון זכרון תרועה מד"ת כלומר מכאן נלמוד שתים יום תרועה יהיה לכם לא תדרשיה למניינא שהרי לתלמודו הוא בא מופנה לג"ש שדרש תרועה תרועה לג"ש אלא סופרים אמרוה כדי להשוות מלכיות וזכרונות ושופרות לתקיעותיהן: **רבי שמואל בר נחמני אומר כו' מאי לתלמודו הוא בא.** בשלמא חד לג"ש אידך למאי: **לא משמע ליה.** למדרש מיניה פשוטה לפניה: **דרך העברתו.** למעוטי הפכו ותקע בו כדאמרן (לעיל דף כז:): **נעבריה ביד.** ואי לאו דהדר כתביה לא הוה משמע תעבירו לשון תקיעה: **מספקא ליה.** ועבד תרוייהו: **ודלמא גנוחי הוא.** ואין לך לעשות תרועות יבבות וקא מפסקא תרועה בין שברים לפשוטה שלאחריה: **ודלמא ילולי היא.** ואין לנו שברים וקא מפסקי שברים דקשר"ק דר' אבהו בין תקיעה ראשונה לתרועה ואין כאן פשוטה לפניה: **ברישא גנוחי גנח.** גניחות ארוכות קומפליינ"ט בלע"ז: **והדר מיליל.** רלידי"ר בלע"ז:

תשע

נעבריה ביד. פירוש שיאחזנו בידו ויתקע ולא שיניחנו על גבי שום דבר ויתקע ופירוש הקונטרס עיקר:

מתשעה

מסורת הש"ס

א) [ב"מ סא. סנהדרין מג.], ב) [סוכה נג:], ג) [ל"ל מביום], ד) [לעיל כז:], ה) [לעיל ח. וש"נ].

תורה אור השלם

א) וְהַעֲבַרְתָּ שׁוֹפַר תְּרוּעָה בַּחֹדֶשׁ הַשְּׁבִעִי בֶּעָשׂוֹר לַחֹדֶשׁ בְּיוֹם הַכִּפֻּרִים תַּעֲבִירוּ שׁוֹפָר בְּכָל אַרְצְכֶם: [ויקרא כה, ט]

ב) דַּבֵּר אֶל בְּנֵי יִשְׂרָאֵל לֵאמֹר בַּחֹדֶשׁ הַשְּׁבִיעִי בְּאֶחָד לַחֹדֶשׁ יִהְיֶה לָכֶם שַׁבָּתוֹן זִכְרוֹן תְּרוּעָה מִקְרָא קֹדֶשׁ: [ויקרא כג, כד]

ג) וּבַחֹדֶשׁ הַשְּׁבִיעִי בְּאֶחָד לַחֹדֶשׁ מִקְרָא קֹדֶשׁ יִהְיֶה לָכֶם כָּל מְלֶאכֶת עֲבֹדָה לֹא תַעֲשׂוּ יוֹם תְּרוּעָה יִהְיֶה לָכֶם: [במדבר כט, א]

ד) וּתְקַעְתֶּם תְּרוּעָה שֵׁנִית וְנָסְעוּ הַמַּחֲנוֹת הַחֹנִים תֵּימָנָה תְּרוּעָה יִתְקְעוּ לְמַסְעֵיהֶם: [במדבר י, ו]

ה) וּבְהַקְהִיל אֶת הַקָּהָל תִּתְקְעוּ וְלֹא תָרִיעוּ: [במדבר י, ז]

ו) וַיְצַו מֹשֶׁה וַיַּעֲבִירוּ קוֹל בַּמַּחֲנֶה לֵאמֹר אִישׁ וְאִשָּׁה אַל יַעֲשׂוּ עוֹד מְלָאכָה לִתְרוּמַת הַקֹּדֶשׁ וַיִּכָּלֵא הָעָם מֵהָבִיא: [שמות לו, ו]

ז) תִּקְעוּ בַחֹדֶשׁ שׁוֹפָר בַּכֶּסֶה לְיוֹם חַגֵּנוּ: [תהלים פא, ד]

ליקוטי רש"י

והעברת. דרך העברתו כדרך שהאיל מעבירו בראשו בבהמה מחייס [לעיל כז:]. **בחדש.** בחדוש הלבנה. **בכסה.** יום מועד קבוע לכך וכן (משלי ז) ליום הכסא יבוא ביתו למועד הקבוע [תהלים פא ד]. אחדש קאי תקעו בחדוש הלבנה שופר כשהוא מתכסה ביום חגנו [ביצה טז.]. **שהחדש מתכסה בו.** לרחוקים כגון שחרית לבני מערב וערבית לבני מזרח לפי שקטנה היא סמוך לחידושה [לעיל ח:]. שהלבנה מתכסה בו שאינה נראית לכל אדם אלא שחרית ליושבי מזרח וערבית ליושבי מערב כדאמר בראש השנה (כ:) עשרים וארבע שעות מתכסה סיהרא [ביצה טז.]. שהלבנה אינה נראית בעליל לכל העולם דכתיב חדש בכסה [סנהדרין יא:]. **הוי אומר זה ראש השנה.** דאלו שאר יום טוב כבר נתמלאה הלבנה במקצת ונראית בכל מקום [ביצה שם]. שחגה בראש חדש הוא אבל שאר חגים באמצע החדש הם וכתיב כי חק כלומר חג שישראל עושין באותו חג דהיינו קידוש החדש הרי הוא כמשפט ומשפט ביום דכתיב ביום הנחילו את בניו כדדרשינן באחד דיני ממונות (סנהדרין לד:) [סנהדרין שם].

עין משפט נר מצוה

נז א טוש"ע א"ח סי' תקפח סעיף א:
נח ב מיי' פ"ג מהל' שופר הל' ג טוש"ע א"ח סי' תקצ סעיף ג:

הגהות הב"ח

(א) גמ' ואידך דרב מתנא מדשני קרא בדיבוריה:

גליון הש"ס

רש"י ד"ה ה"ק **אי לאו** גזירה שוה כו' כלומר מעצמו. עיין סוכה דף לא ע"א רש"י ד"ה לא מקשינן וצ"ע:

רבינו חננאל

כדברי אחד מהן. והיו כל ישראל כולן עושין זה וזה דבריך להו דתרווייהו תרועה היא ונהגו העם לעשות תשר"ת תר"ת תש"ת ג' פעמים ובא ר' אבהו ומצא עיירות תוקעין תש"ת ואחרים [תוקעין תר"ת] ואע"פ שגם שלשה שברים תרועה היא. ואחרים היו תוקעין תשר"ת ודומה שמשום ספק עשו כך. שהיו אומרים אם התשר"ת הוא האמת הרי הפסיק בין התשר"ת השני התר"ת והתש"ת. ותיקן שיהו עושין תשר"ת תשר"ת תשר"ת וכן תר"ת תר"ת תר"ת וכן תש"ת תש"ת תש"ת ואמר איזה מהן ודאי עשינוהו בלי הפסקה ביניהן ואע"פ שכולן תרועה הן השלים ביניהן שיהו הכל נוהגין מנהג אחד ולא תראה חלוקה ואמר להן מכל מקום נמצאו תקיעות זו אחר זו בלי הפסק בינתים ולפיכך נהגו הכל כמנהג הזה לתקוע מיושב כמו שתיקן ר' אבהו ועליהן מברך התוקע ברכת התקיעה ואע"פ שאינו על סדר הברכות וצבור צריכין לתקוע על סדר הברכות מיהו ברכות אינן מעכבות אותן התקיעות ומפני שכבר יצאו הצבור ידי חובה לפיכך נהגו לתקוע במלכיות תשר"ת בזכרונות תר"ת בשופרות תש"ת להודיע שהכל אחד הן והכל יצאו ידי חובה ולא נשאר בדבר ספק. והא דאמר ר' יוחנן

THEREFORE STATES: *WHEN YOU BLAST* (*u's'kahtem*) *A TERUAH,* alluding to the *tekiah* before the *teruah.* וּמִנַּיִן שֶׁפְּשׁוּטָה לְאַחֲרֶיהָ – AND FROM WHERE do we derive THAT another STRAIGHT [BLAST] FOLLOWS [THE *TERUAH*]? תַּלְמוּד לוֹמַר ,,תְּרוּעָה יִתְקְעוּ" – [SCRIPTURE] THEREFORE STATES: *A TERUAH SHALL THEY BLAST* (*yisk'u*) *for their journeys.*[18] Here, Scripture alludes to the *tekiah* after the *teruah.* רַבִּי יִשְׁמָעֵאל בְּנוֹ שֶׁל רַבִּי יוֹחָנָן בֶּן בְּרוֹקָא אוֹמֵר – R' YISHMAEL THE SON OF R' YOCHANAN BEN BEROKA SAYS: אֵינוֹ צָרִיךְ – THIS latter exposition IS NOT NECESSARY. הֲרֵי הוּא אוֹמֵר ,,וּתְקַעְתֶּם תְּרוּעָה שֵׁנִית" – CONSIDER the fact that [SCRIPTURE] STATES in that very passage: *WHEN YOU BLAST* (*teka*) *A TERUAH A SECOND TIME, the camps resting to the south shall journey.*[19] שֶׁאֵין תַּלְמוּד לוֹמַר ,,שֵׁנִית" – IT IS UNNECESSARY TO STATE, *A SECOND TIME,* since it is obvious in the context of the passage.[20] וּמַה תַּלְמוּד לוֹמַר ,,שֵׁנִית" – NOW, WHAT IS THE PURPOSE OF STATING, *A SECOND TIME*? זֶה בָּנָה אָב – THIS CREATES THE SOURCE for the following teaching: שֶׁכָּל מָקוֹם שֶׁנֶּאֱמַר תְּרוּעָה תְּהֵא תְּקִיעָה שְׁנִיָּה לָהּ – THAT WHEREVER IT IS STATED that a *TERUAH* is blown, A *TEKIAH* SHOULD BE SECOND TO IT, i.e. should follow it.[21] אֵין לִי אֶלָּא בַּמִּדְבָּר – I HAVE thus far derived ONLY that *tekios* were sounded IN THE WILDERNESS. בְּרֹאשׁ הַשָּׁנָה מִנַּיִן – FROM WHERE do I derive that ON ROSH HASHANAH, too, *tekiah* blasts precede and follow the *teruah*? תַּלְמוּד לוֹמַר ,,תְּרוּעָה" ,,תְּרוּעָה" לִגְזֵירָה שָׁוָה – [SCRIPTURE] THEREFORE STATES: *TERUAH, TERUAH,* TO establish A *GEZEIRAH SHAVAH* linking the two passages.[22]

Having established that each *teruah* must be preceded and followed by a *tekiah,* the Baraisa proceeds to demonstrate that three such sets must be blown:

וְשָׁלֹשׁ תְּרוּעוֹת נֶאֶמְרוּ בְּרֹאשׁ הַשָּׁנָה – AND THREE *TERUAH* BLASTS WERE MENTIONED REGARDING ROSH HASHANAH. These are in the verses: ,,שַׁבָּתוֹן זִכְרוֹן תְּרוּעָה" – *A REST DAY, A REMEMBRANCE OF TERUAH SOUNDING;* ,,יוֹם תְּרוּעָה" – *A DAY OF TERUAH SOUNDING shall it be for you;* ,,וְהַעֲבַרְתָּ שׁוֹפַר תְּרוּעָה" – and *YOU SHALL SOUND THE SHOFAR BLAST OF TERUAH.*[23] וּשְׁתֵּי תְקִיעוֹת לְכָל אַחַת וְאַחַת – AND, as derived from Scripture above, TWO *TEKIAH* BLASTS are required FOR EACH AND EVERY [*TERUAH*], one preceding it and the other following it. מָצִינוּ לְמֵדִין שָׁלֹשׁ תְּרוּעוֹת וָשֵׁשׁ תְּקִיעוֹת נֶאֶמְרוּ בְּרֹאשׁ הַשָּׁנָה – THUS, WE LEARN that THREE *TERUAH* BLASTS AND SIX *TEKIAH* BLASTS WERE MENTIONED REGARDING ROSH HASHANAH. שְׁתַּיִם מִדִּבְרֵי תוֹרָה – However, only TWO of the *teruah* blasts are required BY BIBLICAL LAW, וְאַחַת מִדִּבְרֵי סוֹפְרִים – AND the third ONE is required BY THE LAW OF THE *SOFERIM.*[24] ,,שַׁבָּתוֹן זִכְרוֹן תְּרוּעָה" ,,וְהַעֲבַרְתָּ שׁוֹפַר תְּרוּעָה" מִדִּבְרֵי תוֹרָה – The verses, *A REST DAY, A REMEMBRANCE OF TERUAH SOUNDING,* and *YOU SHALL SOUND THE SHOFAR BLAST OF TERUAH,* allude to the fact that two *teruah* blasts are required BY BIBLICAL LAW, ,,יוֹם תְּרוּעָה יִהְיֶה לָכֶם" לְתַלְמוּדוֹ הוּא בָּא – but the verse, *A DAY OF TERUAH SOUNDING SHALL IT BE FOR YOU,* COMES FOR ITS OWN TEACHING. It is needed to establish the *gezeirah shavah* linking the *teruah* blasts of Rosh Hashanah with the *teruah* blasts of the Wilderness, as taught above. רַבִּי שְׁמוּאֵל בַּר נַחְמָנִי אָמַר רַבִּי יוֹנָתָן – R' SHMUEL BAR NACHMANI SAID IN THE NAME OF R' YONASAN: אַחַת מִדִּבְרֵי תוֹרָה וּשְׁתַּיִם מִדִּבְרֵי סוֹפְרִים – Only ONE *teruah* blast is required BY BIBLICAL LAW, AND the other TWO are required BY THE LAW OF THE *SOFERIM.* ,,וְהַעֲבַרְתָּ שׁוֹפַר תְּרוּעָה" מִדִּבְרֵי תוֹרָה – The verse, *YOU SHALL SOUND THE SHOFAR BLAST OF TERUAH,* alludes to the *teruah* blast that is required BY BIBLICAL LAW, ,,שַׁבָּתוֹן זִכְרוֹן תְּרוּעָה" וְ,,יוֹם תְּרוּעָה יִהְיֶה לָכֶם" לְתַלְמוּדוֹ הוּא בָּא – but each of the verses, *A REST DAY, A REMEMBRANCE OF TERUAH SOUNDING,* and *A DAY OF TERUAH SOUNDING SHALL IT BE FOR YOU,* COMES FOR ITS OWN TEACHING.

The Gemara wonders about this latter opinion:

מַאי לְתַלְמוּדוֹ הוּא בָּא – **What is** the meaning of the statement that each of the verses COMES FOR ITS OWN TEACHING? It is understandable that one verse is needed to establish the *gezeirah shavah,* but what is the second verse needed for?

The Gemara answers:

מִיבָּעֵי בַּיּוֹם וְלֹא בַּלַּיְלָה – **It is needed** to teach that the shofar is blown **by day, but not by night.**[25]

The Tanna Kamma's opinion is now analyzed:

וְאִידָךְ – **And the other** Tanna בַּיּוֹם וְלֹא בַּלַּיְלָה מְנָא לֵיהּ – **from where does he derive** that the shofar is blown **by day, but not by night?** נָפְקָא לֵיהּ מִ,,בְּיוֹם הַכִּפֻּרִים" – **He derives it from** the verse *on the Day of Atonement,*[26] which teaches that on Yom Kippur in *Yovel* the shofar must be sounded by day and not by night, and he derives from there that the same applies on Rosh Hashanah.

The Gemara counters:

אִי [מִ],,בְּיוֹם הַכִּפֻּרִים" יָלֵיף – **If he derives** this from the verse *on the Day of Atonement,* נִגְמוֹר נַמִּי מִינֵּיהּ לִפְשׁוּטָה לְפָנֶיהָ וּפְשׁוּטָה לְאַחֲרֶיהָ – **let him also derive from there** the rule **that a straight,** *tekiah* **blast precedes [the *teruah*] and** another **straight blast follows [the *teruah*],** as the Tanna of the earlier Baraisa did! Why does he resort to deriving this from the trumpet blasts of the Wilderness?

The Gemara answers:

,,וְהַעֲבַרְתָּ" ,,תַּעֲבִירוּ" לָא מַשְׁמַע לְהוּ – The phrases ***vehaavarta*** (*You shall sound*), and ***taaviru*** (*shall you sound*), upon which the previous Tanna based his exposition,[27] **do not connote to [this Tanna]** the sounding of *tekiah* blasts. אֶלָּא מַאי דָּרְשֵׁי בְּהוּ – **Rather, how does he expound [these phrases]?** ,,וְהַעֲבַרְתָּ"

NOTES

18. *Numbers* 10:6. The term *teruah* is followed by the word containing the root תקע [this alludes to a *tekiah after* the *teruah*] (*Rashi*). [In verse 5, the word *u's'kahtem,* which also contains the root תקע, is used *before* the term *teruah.*] [The verse could have avoided this root and stated יָרִיעוּ.]

19. Ibid.

20. Having stated previously (v. 5) that upon the first blast the camps resting to the east should journey, the verse could simply have continued: *When you blast a teruah, the camps resting to the south shall journey.* The word שֵׁנִית, *a second time,* is superfluous (*Rashi*).

21. The verse is understood as meaning *blast a tekiah second to the teruah* (*Rashi*).

22. The word *teruah* is stated numerous times in the passage regarding the trumpets blown in the Wilderness, and is stated regarding Rosh Hashanah in *Leviticus* 23:24 and *Numbers* 29:1.

23. The sources were cited in notes 2-4. [Since this Tanna counts the *teruah* that is mentioned in the *Yovel* passage, he obviously agrees that the Rosh Hashanah blasts are linked to the Yom Kippur of *Yovel* blasts. The Gemara will explain below why he does not derive the *tekiah* requirement from the *Yovel* passage.]

24. [I.e. the early Sages.] As the Baraisa shall explain, only two of the three verses that mention the *teruah* are available to be expounded as requiring the sounding of *teruah* blasts. The third verse is needed for another exposition. Thus, Biblical law requires the sounding of only two sets of *tekiah-teruah-tekiah* blasts. The third set was ordained by the *Soferim,* in order to balance the three blessings of Kingship, Remembrance and Shofaros with a set of blasts for each one (*Rashi*).

25. [This is the purpose of the verse יוֹם תְּרוּעָה יִהְיֶה לָכֶם, *A **day** of teruah sounding shall it be for you.* The verse שַׁבָּתוֹן זִכְרוֹן תְּרוּעָה, *A rest* [*day*], *a remembrance of teruah sounding,* comes to establish the *gezeirah shavah.*]

26. *Leviticus* 25:9 reads: וְהַעֲבַרְתָּ שׁוֹפַר תְּרוּעָה בַּחֹדֶשׁ הַשְּׁבִעִי בֶּעָשׂוֹר לַחֹדֶשׁ בְּיוֹם הַכִּפֻּרִים תַּעֲבִירוּ שׁוֹפָר בְּכָל־אַרְצְכֶם, *You shall sound the shofar blast of teruah in the seventh month, on the tenth day; on the **Day** of Atonement shall you sound the shofar throughout your land.*

27. The Tanna expounded וְהַעֲבַרְתָּ and תַּעֲבִירוּ (in *Leviticus* 25:9) as alluding to uninterrupted blasts, i.e. *tekios,* before and after the *teruah.* See 33b notes 30-31.

מסורת הש"ס

א) [ב"מ סא. סנהדרין מג.], ב) [סוכה נג:], ג) [ל"ל מביום], ד) [לעיל כז:], ה) [לעיל ח. וש"נ].

תורה אור השלם

א) וְהַעֲבַרְתָּ שׁוֹפַר תְּרוּעָה בַּחֹדֶשׁ הַשְּׁבִעִי בֶּעָשׂוֹר לַחֹדֶשׁ בְּיוֹם הַכִּפֻּרִים תַּעֲבִירוּ שׁוֹפָר בְּכָל אַרְצְכֶם: [ויקרא כה, ט]

ב) דַּבֵּר אֶל בְּנֵי יִשְׂרָאֵל לֵאמֹר בַּחֹדֶשׁ הַשְּׁבִיעִי בְּאֶחָד לַחֹדֶשׁ יִהְיֶה לָכֶם שַׁבָּתוֹן זִכְרוֹן תְּרוּעָה מִקְרָא קֹדֶשׁ: [ויקרא כג, כד]

ג) וּבַחֹדֶשׁ הַשְּׁבִיעִי בְּאֶחָד לַחֹדֶשׁ מִקְרָא קֹדֶשׁ יִהְיֶה לָכֶם כָּל מְלֶאכֶת עֲבֹדָה לֹא תַעֲשׂוּ יוֹם תְּרוּעָה יִהְיֶה לָכֶם: [במדבר כט, א]

ד) וּתְקַעְתֶּם תְּרוּעָה שֵׁנִית וְנָסְעוּ הַמַּחֲנוֹת הַחֹנִים תֵּימָנָה תְּרוּעָה יִתְקְעוּ לְמַסְעֵיהֶם: [במדבר י, ו]

ה) וּבְהַקְהִיל אֶת הַקָּהָל תִּתְקְעוּ וְלֹא תָרִיעוּ: [במדבר י, ז]

ו) וַיְצַו מֹשֶׁה וַיַּעֲבִירוּ קוֹל בַּמַּחֲנֶה לֵאמֹר אִישׁ וְאִשָּׁה אַל יַעֲשׂוּ עוֹד מְלָאכָה לִתְרוּמַת הַקֹּדֶשׁ וַיִּכָּלֵא הָעָם מֵהָבִיא: [שמות לו, ו]

ז) תִּקְעוּ בַחֹדֶשׁ שׁוֹפָר בַּכֶּסֶה לְיוֹם חַגֵּנוּ: [תהלים פא, ד]

ליקוטי רש"י

והעברת. דרך העברתו כדרך שהאיל מעבירו בראשו בבהמה מחייס [לעיל כז:]. בחדש. בחדוש הלבנה. בכסה. יום מועד קבוע לכך וכן (משלי ז) ליום הכסא יבוא ביתו למועד הקבוע [תהלים פא ד]. אחדש קאי תקעו בחדוש הלבנה שופר כשהוא מתכסה ביום חגנו [ביצה טז.]. שהחדש מתכסה בו. לרחוקים כגון שחרית לבני מערב וערבית לבני מזרח לפי שקטנה היא סמוך לחידושה [לעיל ח:]. שהלבנה מתכסה בו שאינה נראית לכל אדם אלא שחרית ליושבי מזרח וערבית ליושבי מערב כדאמר בראש השנה (כ:) עשרים וארבע שעות מתכסה סיהרא [ביצה טז.]. שהלבנה אינה נראית בעליל לכל העולם דכתיב חדש בכסה [סנהדרין יא:]. הוי אומר זה ראש השנה. דלאו שאר יום טוב ככר נתמלאה הלבנה במקצת ונראית בכל מקום [ביצה שם]. שחגה בראש חדש הוא אבל שאר חגים באמצע החדש הם וכתיב כי חק לישראל הוא משפט לאלהי יעקב כי חק כלומר חג שישראל עושין בלותו חג דהיינו קידוש החדש הרי הוא כמשפט ומשפט ביום הכיסה ביום הכתיר את בניו כדדרשינן לאחד דיני ממונות (סנהדרין לג:) [סנהדרין שם].

גמרא

שאין ת"ל בחדש השביעי ומה ת"ל בחדש השביעי שיהו כל תרועות החדש השביעי זה כזה ומנין לשלש של שלש שלש ת"ל א) והעברת שופר תרועה ב) שבתון זכרון תרועה ג) יום תרועה יהיה לכם ומנין ליתן את האמור של זה בזה ושל זה בזה ת"ל שביעי שביעי לגזירה שוה הא כיצד שלש שהן תשע שיעור תקיעה כתרועה שיעור תרועה כשלשה שברים האי תנא מעיקרא מייתי לה בהיקישא והשתא מייתי לה בגזירה שוה הכי קאמר [א] אי לאו גזירה שוה הוה מייתינא לה בהיקישא השתא דאתיא גזירה שוה היקישא לא צריך והאי תנא מייתי לה בג"ש ממדבר דתניא ד) ותקעתם תרועה תקיעה בפני עצמה ותרועה בפני עצמה אתה אומר [ב] תקיעה בפני עצמה ותרועה בפני עצמה או אינו אלא תקיעה ותרועה אחת היא כשהוא אומר ה) ובהקהיל את הקהל תתקעו ולא תריעו הוי אומר תקיעה בפני עצמה ותרועה בפני עצמה ומנין שפשוטה לפניה ת"ל ד) ותקעתם תרועה ומנין שפשוטה לאחריה ת"ל ד) תרועה יתקעו ר' ישמעאל בנו של ר' יוחנן בן ברוקא אומר אינו צריך הרי הוא אומר ותקעתם תרועה שנית תרועה שנית שאין ת"ל שנית ומה ת"ל שנית זה בנה אב שכל מקום שנאמר תרועה תהא תקיעה שניה לה אין לי אלא במדבר בר"ה מנין ת"ל תרועה תרועה לגזירה שוה ושלש תרועות נאמרו בר"ה ב) שבתון זכרון תרועה ג) יום תרועה א) והעברת שופר תרועה ושתי תקיעות לכל אחת ואחת מצינו למדין שלש תרועות ושש תקיעות נאמרו בר"ה שתים מדברי תורה ואחת מדברי סופרים שבתון זכרון תרועה והעברת שופר תרועה מדברי תורה יום תרועה יהיה לכם לתלמודו הוא בא רבי שמואל בר נחמני אמר רבי יונתן אחת מד"ת ושתים מדברי סופרים והעברת שופר תרועה מד"ת שבתון זכרון תרועה ויום תרועה יהיה לכם לתלמודו הוא בא מאי לתלמודו הוא בא מיבעי [א] ביום ולא בלילה ואידך ביום ולא בלילה מנא ליה נפקא ליה מביום הכפורים אי [ג] (ביום) הכפורים יליף נגמור נמי מיניה לפשוטה לפניה ופשוטה לאחריה והעברת תעבירו לא משמע להו אלא מאי דרשי בהו והעברת כדרב מתנא דאמר [ד] רב מתנא והעברת דרך העברתו תעבירו דקאמר רחמנא נעבריה ביד ואידך דרב מתנא מדשני (א) בדיבוריה תעבירו ביד לא מצית אמרת דגמר עברה עברה ממשה כתיב הכא והעברת שופר תרועה וכתיב התם ו) ויצו משה ויעבירו קול במחנה מה להלן בקול אף כאן בקול ולהאי תנא דמייתי לה ממדבר אי מה להלן חצוצרות אף כאן חצוצרות ת"ל ז) תקעו בחדש שופר בכסה ליום חגנו [ה] אי זהו חג שהחדש מתכסה בו הוי אומר זה ר"ה וקאמר רחמנא שופר [ב] אתקין רבי אבהו בקסרי תקיעה שלשה שברים תרועה תקיעה מה נפשך אי ילולי יליל לעביד תקיעה תרועה ותקיעה ואי גנוחי גנח לעביד תקיעה שלשה שברים ותקיעה מספקא ליה אי גנוחי גנח אי ילולי יליל מתקיף לה רב עוירא ודלמא ילולי הוה וקא מפסיק שלשה שברים בין תרועה לתקיעה דהדר עביד תקיעה תרועה ותקיעה מתקיף לה רבינא ודלמא גנוחי הוה וקא מפסקא תרועה בין שברים לתקיעה דהדר עביד תש"ת אלא רבי אבהו מאי אתקין אי גנוחי גנח הא עבדיה אי ילולי יליל הא עבדיה מספקא ליה דלמא גנח ויליל אי הכי ליעבד נמי איפכא תקיעה תרועה שלשה שברים ותקיעה דלמא יליל וגנח סתמא דמילתא כי מתרע באיניש מילתא ברישא גנח והדר יליל: תקע בראשונה ומשך בשניה כשתים: אמר רבי יוחנן שמע

תשע

רש"י

שאין תלמוד לומר בחדש השביעי. דהא כתב לן בכמה מקומות דיום הכפורים בחדש השביעי הוא והכא יוה"כ כתיב: והעברת. פשוטה משמע העברת קול אחד: ביוה"כ תעבירו. הרי העברה תחילה וסוף ותרועה כתיבא בינתים: ומנין שלש של שלש שלש. מנין דהנך פשוטה לפניה ולאחריה ותרועה באמצע עבדינן תלתא זימני למלכיות חדא ולזכרונות חדא ולשופרות חדא: ת"ל. תרועה תלתא זימני לכל אחת פשוטה לפניה ופשוטה לאחריה: ומנין ליתן את האמור של זה בזה כו'. לפי ששלש תרועות הללו לא נאמרו במקום אחד שהשתים נאמרו בראש השנה והאחת ביובל מנין ליתן האמורות בראש השנה ביובל וליתן האמורה ביובל בר"ה שיהו כאן וכאן שלש: שביעי שביעי לג"ש. נאמר בר"ה בחדש השביעי ונאמר ביובל והעברת שופר תרועה בחדש השביעי: ותנא מעיקרא אייתי בהיקישא. ללמוד זה מזה מניין שבשופר ופשוטה לפניה ולאחריה גמר ר"ה מיובל בהיקישא דאין ת"ל בחדש השביעי אלא להקיש כל תרועות של חדש השביעי שיהו שוות: ולסוף גמר בג"ש. ליתן האמור של זה בזה הא נמי תיתי בהיקישא דאי כדכתיבן שיהו שתים בר"ה ואחת ביובל אין תרועות של חדש השביעי שוות: ה"ק אי לאו ג"ש. אי לא נאמרה ג"ש זו למשה מסיני לדונה הייתי מביא הכל בהיקישא ° כלומר מעצמו: והאי תנא מייתי לה ממדבר. שתהא פשוטה לפניה ופשוטה לאחריה: תקיעה בפני עצמה כו'. דלא תימא חדא היא והכי קאמר היו תוקעין תרועה אלא ה"ק ותקעתם תקיעה ואחריה הריעו תרועה: או אינו. אלא אחת היא והכי קאמר היו תוקעין תרועה: כשהוא אומר תתקעו ולא תריעו. מכלל דבמסעות תתקעו ותריעו קאמר ותרועה לא קרי לה תקיעה הרי על כרחך תקיעה בפני עצמה כו': תלמוד לומר ותקעתם. והדר תרועה: שאין ת"ל שנית. שכבר אמר ותקעתם תרועה ונסע מחנה פלוני כי הדר אמר ותקעתם תרועה ונסע מחנה פלוני פשיטא דשנית היא: תהא תקיעה שניה לה. והכי קאמר ותקעתם תקיעה שנית לתרועה: ה"ג ושלש תרועות נאמרו בר"ה שבתון זכרון תרועה והעברת שופר תרועה יום תרועה יהיה לכם ושתי תקיעות לכל אחת ואחת מצינו למדין לר"ה שלש תרועות ושש תקיעות שתים מדברי תורה ואחת מדברי סופרים והעברת שופר תרועה שבתון זכרון תרועה מד"ת יום תרועה יהיה לכם לתלמודו הוא בא רבי שמואל בר נחמני אומר אחת מד"ת ושתים מד"ס והעברת שופר תרועה מד"ת שבתון זכרון תרועה ויום תרועה יהיה לכם לתלמודו הוא בא מאי לתלמודו הוא בא וכו': שתים מד"ת. תרי קראי דרוש למניינא כדקתני ואזיל והעברת שופר תרועה שבתון זכרון תרועה מד"ת כלומר מכאן נלמוד שתים יום תרועה יהיה לכם לא תדרשיה למניינא שהרי לתלמודו הוא בא מופנה לג"ש שדרש תרועה לג"ש אלא סופרים אמרוה כדי להשוות מלכיות וזכרונות ושופרות לתקיעותיהן: רבי שמואל בר נחמני אומר כו' מאי לתלמודו הוא בא. בשלמא חד לג"ש אידך למאי: לא משמע ליה. למדרש מיניה פשוטה לפניה: דרך העברתו. למעוטי הפכו ותקע בו כדאמרן (לעיל דף כז:): ניעבריה ביד. ואי לאו דהדר כתביה לא הוה משתמע תעבירו לשון תקיעה: מספקא ליה. ועבד תרווייהו: ודלמא גנוחי הוא. ואין לך לעשות תרועות יבבות וקא מפסקא תרועה בין שברים לפשוטה שלאחריה: ודלמא ילולי היא. ואין לנו שברים וקא מפסקי שברים דקשר"ק דר' אבהו בין תקיעה ראשונה לתרועה ואין כאן פשוטה לפניה: ברישא גנוחי גנח. גניחות ארוכות קומפליינ"א בלע"ז: והדר מייליל. רלידי"ר בלע"ז:

תשע

נעבריה ביד. פירוש שיאחזנו בידו ויתקע ולא שיניחנו על גבי סוס דבר ויתקע ופירוש הקונטרס עיקר:

מתשעה

עין משפט נר מצוה

נז א טוש"ע א"ח סי' תקפח סעיף א:

נח ב מיי' פ"ג מהל' שופר הל' ב טוש"ע א"ח סי' תקץ סעיף ב:

הגהות הב"ח

(א) גמ' ואידך דרב מתנא מדשני קרא בדיבוריה:

גליון הש"ס

רש"י ד"ה ה"ק אי לאו גזירה שוה כו' כלומר מעצמו. עיין סוכה דף לא ע"א רש"י ד"ה לא מקשינן וצ"ע:

רבינו חננאל

כדברי אחד מהן. והיו כל ישראל כולן עושין זה וזה דבריר להו דתרווייהו תרועה היא ונהגו העם לעשות תשר"ת תר"ת תש"ת ג' פעמים ובא ר' אבהו ומצא עיירות תוקעין תש"ת ואחרים [תוקעין תר"ת] ואע"פ שגם שלשה שברים תרועה היא. ואחרים היו תוקעין תשר"ת ודומה שמשום ספק עשו כך. שהיו אומרים אם התשר"ת הוא האמת הרי הפסיק בין התשר"ת השני התר"ת והתש"ת. ותיקן שיהו עושין תשר"ת תשר"ת תשר"ת וכן תר"ת תר"ת תר"ת וכן תש"ת תש"ת תש"ת ואמר איזה מהן ודאי עשינוהו בלי הפסקה ביניהן ואע"פ שכולן תרועה הן השלים ביניהן שיהו הכל נוהגין מנהג אחד ולא תראה חלוקה ואמר להן מכל מקום נמצאו תקיעות זו אחר זו בלי הפסק בינתים ולפיכך נהגו הכל כמנהג הזה לתקוע מיושב כמו שתיקן ר' אבהו ועליהן מברך התוקע ברכת התקיעה ואע"פ שאינו על סדר הברכות וצבור צריכין לתקוע על סדר הברכות מיהו ברכות אינן מעכבות אותן התקיעות ומפני שכבר יצאו הצבור ידי חובה לפיכך נהגו לתקוע במלכיות תשר"ת בזכרונות תר"ת בשופרות תש"ת להודיע שהכל אחד הן והכל יצאו ידי חובה ולא נשאר בדבר ספק. והא דאמר ר' יוחנן

כְּדִרְבַ מַתְנָא – He expounds *vehaavarta* **in accordance with** the dictum **of Rav Masna.** דְּאָמַר רַב מַתְנָא – **For Rav Masna said:** "וְהַעֲבַרְתָּ" דֶּרֶךְ הַעֲבָרָתוֹ – *Vehaavarta* teaches that the shofar must be blown **in the manner in which it is carried.**[28] "תַּעֲבִירוּ" דְּקָאָמַר רַחֲמָנָא נַעֲבְרֵיהּ בַּיָּד – As for the word *taaviru,* it could be understood as meaning **that the Merciful One is telling** us **to carry** the shofar through the land **in the hand.**[29]

The other Tanna's rejoinder is presented:

וְאִידָךְ – **But the other** Tanna holds that although *vehaavarta* denotes the uninterrupted *tekiah* sound, דְּרַב מַתְנָא מִדְּשַׁנֵּי בְּדִיבּוּרֵיהּ – the dictum **of Rav Masna** may additionally be derived **because [the verse] changed** from **its** usual **terminology** for *tekiah.*[30] תַּעֲבִירוּ בַּיָּד לֹא מָצֵית אָמְרַתְּ – As for *taaviru* possibly meaning that we should carry the shofar through the land **in the hand, you cannot say** this, דְּגָמַר "עֲבָרָה" "עֲבָרָה" מִמֹּשֶׁה – **because we derive** through the *gezeirah shavah* of the roots ***avarah, avarah,***[31] **from** a proclamation of **Moses,** that *vehaavarta* refers to a *sounding* of the shofar. כְּתִיב הָכָא "וְהַעֲבַרְתָּ שׁוֹפַר תְּרוּעָה" – **It is written here, *"Vehaavarta" the shofar blast of teruah;*** וּכְתִיב הָתָם "וַיְצַו מֹשֶׁה וַיַּעֲבִירוּ קוֹל בַּמַּחֲנֶה" – **and it is written elsewhere, *Moses commanded "vayaaviru"*** (and they sounded) ***a proclamation throughout the camp.***[32] מַה לְהַלָּן בְּקוֹל – **Just as there,** in the case of Moses' proclamation, the "*avarah*" was accomplished **with sound,** אַף כָּאן בְּקוֹל – **so, too, here,** in the case of the shofar, the "*avarah*" is accomplished **with sound.** Thus, we know that *vayaaviru* refers to the sounding of a *tekiah,* not the carrying of the shofar in the hand.[33]

The Gemara clarifies a final point:

וּלְהַאי תַּנָּא דְּמַיְיתֵי לָהּ מִמִּדְבָּר – **And according to that Tanna who derives** the *tekiah* blasts of **[Rosh Hashanah] from** the *tekiah* blasts of **the Wilderness,** one might ask: אִי מַה לְהַלָּן חֲצוֹצְרוֹת – **Perhaps** we should say that **just as there,** in the Wilderness, the *tekiah* blasts were sounded **with trumpets,** אַף כָּאן חֲצוֹצְרוֹת – **so too here** they should be sounded **with trumpets!?**[34] תַּלְמוּד לוֹמַר "תִּקְעוּ בַחֹדֶשׁ שׁוֹפָר בַּכֶּסֶה לְיוֹם חַגֵּנוּ" – **[Scripture] therefore states: *Blow a tekiah with the shofar at the moon's renewal, when*** *the moon is* ***covered on our festive day.***[35] אֵי זֶהוּ חַג שֶׁהַחֹדֶשׁ מִתְכַּסֶּה בּוֹ – **On which festival is the moon covered?** הֱוֵי אוֹמֵר זֶה רֹאשׁ הַשָּׁנָה – **You must say** that **this is Rosh Hashanah,** for Rosh Hashanah is the only festival that falls at the beginning of the lunar month, when the moon is hidden from view.[36] וְקָאָמַר רַחֲמָנָא "שׁוֹפָר" – **And the Merciful One states** that on this festival we must *Blow a tekiah with the* ***shofar.***[37]

The Gemara has concluded its discussion of the sources for the *tekiah-teruah-tekiah* requirement. Having previously discussed the Tannaic dispute whether the Biblical term *"teruah"* refers to the sobbing sound that we call *teruah* or the moaning sound that is known as *shevarim,* the Gemara describes how the blowing is done in actual practice:

אַתְקֵין רַבִּי אַבָּהוּ בְּקֵסָרִי – **R' Abahu instituted,** while he was **in Caesarea,** that one should blow the following sequence: תְּקִיעָה שְׁלֹשָׁה שְׁבָרִים תְּרוּעָה תְּקִיעָה – ***Tekiah,* three *shevarim, teruah, tekiah.***[38]

The Gemara wonders about this enactment:

מַה נַּפְשָׁךְ – **Whatever you choose** to say here is difficult: אִי יַלּוּלֵי יַלֵּיל – **If** you hold that the Biblical term *"teruah"* refers to a **sobbing** sound, לַעֲבִיד תְּקִיעָה תְּרוּעָה וּתְקִיעָה – **one should do *tekiah, teruah, tekiah.*** וְאִי גְּנוּחֵי גָּנַח – **And if** you hold that *"teruah"* refers to a **moaning** sound, לַעֲבִיד תְּקִיעָה שְׁלֹשָׁה שְׁבָרִים וּתְקִיעָה – **one should do *tekiah,* three *shevarim, tekiah.*** What is the purpose of combining the *shevarim* and *teruah* sounds?

R' Abahu's reasoning is explained:

מְסַפְּקָא לֵיהּ אִי גְּנוּחֵי גָּנַח אִי יַלּוּלֵי יַלֵּיל – **He was in doubt whether** *"teruah"* refers to a **moaning** sound **or** a **sobbing** sound. Therefore, he instituted that both sounds be combined.

This reasoning is challenged:

מַתְקִיף לָהּ רַב עֵוִירָא – **Rav Avira objected to this:** וְדִלְמָא יַלּוּלֵי הֲוָה – **But perhaps [the *"teruah"*] is** really a **sobbing** sound, וְקָא מַפְסִיק שְׁלֹשָׁה שְׁבָרִים בֵּין תְּרוּעָה לִתְקִיעָה – **and** according to R' Abahu's practice **the three *shevarim* will interrupt between the *teruah* and the** first ***tekiah.*** This will spoil our fulfillment of the requirement to precede the *teruah* with a *tekiah.*[39] – ? –

NOTES

28. The Gemara above, 27b, explains that if someone inverted a shofar by using heat to tighten the wide end and widen the narrow end, he may not discharge his obligation by blowing through it backwards. The word וְהַעֲבַרְתָּ can be interpreted as *You shall carry,* thus implying that the sound must pass through the shofar the way the ram carries it on its head, not inverted (*Rashi* here and to 27b).

29. The phrase תַּעֲבִירוּ שׁוֹפָר בְּכָל אַרְצְכֶם could be interpreted as *shall you "carry" the shofar throughout your land* (instead of *shall you 'sound' the shofar. . .*). Since this segment of the verse does not mention the *teruah* or *tekiah* sound, but refers only to the shofar itself, we might indeed understand it as referring to carrying the shofar rather than producing a sound with it. Thus, if not for the allusion to the closing *tekiah* in the passage of the Wilderness blasts, we would not have interpreted תַּעֲבִירוּ שׁוֹפָר as alluding to the closing *tekiah* blast (*Rashi,* as elucidated by *Maharsha* and *R' Simcha MiDessau;* cf. *Yom Teruah*). [The beginning of the verse – וְהַעֲבַרְתָּ שׁוֹפַר תְּרוּעָה – clearly refers to *sounding* the shofar, since it mentions the *teruah.* Therefore, the Gemara said that it is needed to teach the dictum of Rav Masna (*Maharsha*).]

30. [The usual term for the blasting of a *tekiah* is וּתְקַעְתֶּם, as in the passage concerning the Wilderness trumpets (*Numbers* 10:5, cited above). Since in the Yom Kippur of *Yovel* passage the Torah employs the unusual term וְהַעֲבַרְתָּ to denote the uninterrupted blast, we additionally derive that the shofar must be blown in the manner in which it is carried on the ram's head.]

31. The Gemara shall demonstrate that עבר, which is the root of וְהַעֲבַרְתָּ, appears in another passage where it clearly refers to producing a sound. The common roots constitute a *gezeirah shavah.*

32. *Exodus* 36:6.

33. [And accordingly, this verse itself teaches that we must sound the *tekiah* blasts. The other Tanna presumably did not receive from his teacher a tradition to expound the *gezeirah shavah* of *avarah, avarah.* Thus, he must derive this *tekiah* requirement from the Wilderness blasts.] However, once we know that a *tekiah* is sounded after the *teruah,* we learn that the phrase תַּעֲבִירוּ שׁוֹפָר also refers to *sounding* the shofar – and not carrying it (*Rashi,* as elucidated by *R' Simchah MiDessau*).

34. [As has been noted, the Torah never mentions the shofar in connection with Rosh Hashanah. In the passage concerning Yom Kippur of *Yovel* (*Leviticus* 25:9), the Torah does state "shofar" explicitly. However, according to this Tanna, that passage is not the source for the *tekiah* requirement. Thus, although we know that the *teruah* should be sounded with a shofar, perhaps the *tekios* should be sounded with a trumpet – as they were in the Wilderness.]

35. *Psalms* 81:4. The simple interpretation of the term בַּכֶּסֶה is *at the appointed time.* However, it can also be interpreted as *when it is covered.* Our Gemara expounds the verse according to this interpretation.

36. See 8b notes 1 and 2.

37. [This verse cannot serve as the source of the basic *tekiah* requirement, because it is not in the Pentateuch. However, once we derive from the Wilderness passage that *tekios* are required, we may rely upon this verse in *Psalms* for the teaching that on Rosh Hashanah the *tekios,* like the *teruah,* are sounded with the shofar.]

38. [This sequence is blown three times, once for each of the three required sets of blasts.]

39. Since the Torah does not mandate the blowing of the *shevarim,* it constitutes an unwarranted interruption (*Rashi*). [See *Rosh* §11 for a discussion of what type of sound constitutes an interruption. See also *Rashba, Ran.*]

מסורת הש"ס

א) [ב"מ סא. סנהדרין מג.], ב) [סוכה נג:], ג) [נ"ל מביום], ד) [לעיל כז:], ה) [לעיל ח. וש"נ].

תורה אור השלם

א) וְהַעֲבַרְתָּ שׁוֹפַר תְּרוּעָה בַּחֹדֶשׁ הַשְּׁבִעִי בֶּעָשׂוֹר לַחֹדֶשׁ בְּיוֹם הַכִּפֻּרִים תַּעֲבִירוּ שׁוֹפָר בְּכָל אַרְצְכֶם: [ויקרא כה, ט]

ב) דַּבֵּר אֶל בְּנֵי יִשְׂרָאֵל לֵאמֹר בַּחֹדֶשׁ הַשְּׁבִיעִי בְּאֶחָד לַחֹדֶשׁ יִהְיֶה לָכֶם שַׁבָּתוֹן זִכְרוֹן תְּרוּעָה מִקְרָא קֹדֶשׁ: [ויקרא כג, כד]

ג) וּבַחֹדֶשׁ הַשְּׁבִיעִי בְּאֶחָד לַחֹדֶשׁ מִקְרָא קֹדֶשׁ יִהְיֶה לָכֶם כָּל מְלֶאכֶת עֲבֹדָה לֹא תַעֲשׂוּ יוֹם תְּרוּעָה יִהְיֶה לָכֶם: [במדבר כט, א]

ד) וּתְקַעְתֶּם תְּרוּעָה שֵׁנִית וְנָסְעוּ הַמַּחֲנוֹת הַחֹנִים תֵּימָנָה תְּרוּעָה יִתְקְעוּ לְמַסְעֵיהֶם: [במדבר י, ו]

ה) וּבְהַקְהִיל אֶת הַקָּהָל תִּתְקְעוּ וְלֹא תָרִיעוּ: [במדבר י, ז]

ו) וַיְצַו מֹשֶׁה וַיַּעֲבִירוּ קוֹל בַּמַּחֲנֶה לֵאמֹר אִישׁ וְאִשָּׁה אַל יַעֲשׂוּ עוֹד מְלָאכָה לִתְרוּמַת הַקֹּדֶשׁ וַיִּכָּלֵא הָעָם מֵהָבִיא: [שמות לו, ו]

ז) תִּקְעוּ בַחֹדֶשׁ שׁוֹפָר בַּכֵּסֶה לְיוֹם חַגֵּנוּ: [תהלים פא, ד]

ליקוטי רש"י

והעברת. דרך העברתו כדרך שהאיל מעבירו בראשו בבהמה מחייס [לעיל כז:]. בחדש. בחדוש הלבנה. בכסה. יום מועד קבוע לכך וכן (משלי ז) ליום הכסא יבוא ביתו למועד הקבוע [תהלים פא ד]. אחדש קאי תקעו בחדוש הלבנה שופר כשהוא מתכסה ביום חגנו [ביצה טז.]. שהחדש מתכסה בו. לרחוקים כגון שחרית לבני מערב וערבית לבני מזרח לפי שקטנה היא סמוך לחידושה [לעיל ח:]. שהלבנה מתכסה בו שאינה נראית לכל אדם אלא שחרית ליושבי מזרח וערבית ליושבי מערב כדאמר בראש השנה (כ:) עשרים וארבע שעות מתכסה סיהרא [ביצה טז.]. שהלבנה אינה נראית בעליל לכל העולם דכתיב חדש בכסה [סנהדרין יא:]. הוי אומר זה ראש השנה. דאלו שאר יום טוב כבר נתמלאה הלבנה במקצת ונראית בכל מקום [ביצה שם]. שחגה בראש חדש הוא אבל שאר חגים באמצע החדש הם וכתיב כי חק כלומר חג שישראל עושין באותו חג דהיינו קידוש החדש הרי הוא כמשפט ומשפט ביום דכתיב ביום הנחילו את בניו כדדרשינן באחד דיני ממונות (סנהדרין לד:) [סנהדרין שם].

גמרא

שאין ת"ל בחדש השביעי ומה ת"ל בחדש השביעי שיהו כל תרועות החדש השביעי זה כזה ומנין לשלש של שלש שלש ת"ל א) והעברת שופר תרועה ב) שבתון זכרון תרועה ג) יום תרועה יהיה לכם ומנין ליתן את האמור של זה בזה ושל זה בזה ת"ל שביעי שביעי לגזירה שוה הא כיצד שלש שהן תשע שיעור תקיעה כתרועה שיעור תרועה כשלשה שברים האי תנא מעיקרא מייתי לה בהיקישא והשתא מייתי לה בגזירה שוה הכי קאמר א) אי לאו גזירה שוה הוה מייתינא לה בהיקישא השתא דאתיא גזירה שוה היקישא לא צריך והאי תנא מייתי לה בג"ש ממדבר דתניא ד) ותקעתם תרועה תקיעה בפני עצמה ותרועה בפני עצמה אתה אומר ג) תקיעה בפני עצמה ותרועה בפני עצמה או אינו אלא תקיעה ותרועה אחת היא כשהוא אומר ה) ובהקהיל את הקהל תתקעו ולא תריעו הוי אומר תקיעה בפני עצמה ותרועה בפני עצמה ומנין שפשוטה לפניה ת"ל ד) ותקעתם תרועה ומנין שפשוטה לאחריה ת"ל ד) תרועה יתקעו ר' ישמעאל בנו של ר' יוחנן בן ברוקא אומר אינו צריך הרי הוא אומר ותקעתם תרועה שנית שאין ת"ל שנית ומה ת"ל שנית זה בנה אב שכל מקום שנאמר תרועה תהא תקיעה שניה לה אין לי אלא במדבר בר"ה מנין ת"ל תרועה תרועה לגזירה שוה ושלש תרועות נאמרו בר"ה ב) שבתון זכרון תרועה ג) יום תרועה א) והעברת שופר תרועה ושתי תקיעות לכל אחת ואחת מצינו למדין שלש תרועות ושש תקיעות נאמרו בר"ה שתים מדברי תורה ואחת מדברי סופרים שבתון זכרון תרועה והעברת שופר תרועה מדברי תורה יום תרועה יהיה לכם לתלמודו הוא בא רבי שמואל בר נחמני אמר רבי יונתן אחת מד"ת ושתים מדברי סופרים והעברת שופר תרועה מד"ת שבתון זכרון תרועה ויום תרועה יהיה לכם לתלמודו הוא בא מאי לתלמודו הוא בא מיבעי [א] ביום ולא בלילה ואידך ביום ולא בלילה מנא ליה נפקא ליה מביום הכפורים אי (ג) ביום) הכפורים יליף נגמור נמי מיניה לפשוטה לפניה ופשוטה לאחריה והעברת תעבירו לא משמע להו אלא מאי דרשי בהו והעברת כדרב מתנא דאמר ד) רב מתנא והעברת דרך העברתו תעבירו דקאמר רחמנא נעבריה ביד ואידך דרב מתנא מדשני (א) בדיבוריה תעבירו ביד לא מצית אמרת דגמר עברה עברה ממשה כתיב הכא והעברת שופר תרועה וכתיב התם ו) ויצו משה ויעבירו קול במחנה מה להלן בקול אף כאן בקול ולהאי תנא דמייתי לה ממדבר אי מה להלן חצוצרות אף כאן חצוצרות ת"ל ז) תקעו בחדש שופר בכסה ליום חגנו ט) אי זהו חג שהחדש מתכסה בו הוי אומר זה ר"ה וקאמר רחמנא שופר [ב] אתקין רבי אבהו בקסרי תקיעה שלשה שברים תרועה תקיעה מה נפשך אי ילולי יליל לעביד תקיעה תרועה ותקיעה ואי גנוחי גנח לעביד תקיעה שלשה שברים ותקיעה מספקא ליה אי גנוחי גנח אי ילולי יליל מתקיף לה רב עוירא ודלמא ילולי הוה וקא מפסיק שלשה שברים בין תרועה לתקיעה דהדר עביד תקיעה תרועה ותקיעה מתקיף לה רבינא ודלמא גנוחי הוה וקא מפסקא תרועה בין שברים לתקיעה דהדר עביד תש"ת אלא רבי אבהו מאי אתקין אי גנוחי גנח הא עבדיה אי ילולי יליל הא עבדיה מספקא ליה דלמא גנח ויליל אי הכי ליעבד נמי איפכא תקיעה תרועה שלשה שברים ותקיעה דלמא יליל וגנח סתמא דמילתא כי מתרע באיניש מילתא ברישא גנח והדר יליל: תקע בראשונה ומשך בשניה כשתים: אמר רבי יוחנן שמע

תשע

רש"י

שאין תלמוד לומר בחדש השביעי. דהא כתב לן בכמה מקומות דיום הכפורים בחדש השביעי הוא והכא יוה"כ כתיב: והעברת. פשוטה משמע העברת קול אחד: ביוה"כ תעבירו. הרי העברה תחילה וסוף ותרועה כתיבא בינתים: ומנין שלש של שלש שלש. מנין דהנך פשוטה לפניה ולאחריה ותרועה באמצע עבדינן תלתא זימני למלכיות חדא ולזכרונות חדא ולשופרות חדא: ת"ל. תרועה תלתא זימני לכל אחת פשוטה לפניה ופשוטה לאחריה: ומנין ליתן את האמור של זה בזה כו'. לפי ששלש תרועות הללו לא נאמרו במקום אחד שהשתים נאמרו בראש השנה והאחת ביובל מנין ליתן האמורות בראש השנה ביובל וליתן האמורה ביובל בר"ה שיהו כאן וכאן שלש: שביעי שביעי לג"ש. נאמר בר"ה בחדש השביעי ונאמר ביובל והעברת שופר תרועה בחדש השביעי: ותנא מעיקרא אייתי בהיקישא. ללמוד זה מזה מניין שבשופר ופשוטה לפניה ולאחריה גמר ר"ה מיובל בהיקישא דאין ת"ל בחדש השביעי אלא להקיש כל תרועות של חדש השביעי שיהו שוות: ולסוף גמר בג"ש. ליתן האמור של זה בזה הא נמי תיתי בהיקישא דאי כדכתיבן שיהו שתים בר"ה ואחת ביובל אין תרועות של חדש השביעי שוות: ה"ק אי לאו ג"ש. אי לא נאמרה ג"ש זו למשה מסיני לדונה הייתי מביא הכל בהיקישא [ס] כלומר מעצמו: והאי תנא מייתי לה ממדבר. שתהא פשוטה לפניה ופשוטה לאחריה: תקיעה בפני עצמה כו'. דלא תימא חדא היא והכי קאמר היו תוקעין תרועה אלא ה"ק ותקעתם תקיעה ואחריה הריעו תרועה: או אינו. אלא אחת היא והכי קאמר היו תוקעין תרועה: כשהוא אומר תתקעו ולא תריעו. מכלל דבמסעות תתקעו ותריעו קאמר ותרועה לא קרי לה תקיעה הרי על כרחך תקיעה בפני עצמה כו': תלמוד לומר ותקעתם. והדר תרועה: שאין ת"ל שנית. שכבר אמר ותקעתם תרועה ונסע מחנה פלוני כי הדר אמר ותקעתם תרועה ונסע מחנה פלוני פשיטא דשנית היא: תהא תקיעה שניה לה. והכי קאמר ותקעתם תקיעה שנית לתרועה: ה"ג ושלש תרועות נאמרו בר"ה שבתון זכרון תרועה והעברת שופר תרועה יום תרועה יהיה לכם ושתי תקיעות לכל אחת ואחת מלינו למדין לר"ה שלש תרועות ושש תקיעות שתים מדברי תורה ואחת מדברי סופרים והעברת שופר תרועה שבתון זכרון תרועה מד"ת יום תרועה יהיה לכם לתלמודו הוא בא רבי שמואל בר נחמני אומר אחת מד"ת ושתים מד"ס והעברת שופר תרועה מד"ת שבתון זכרון תרועה ויום תרועה יהיה לכם לתלמודו הוא בא מאי לתלמודו הוא בא וכו': שתים מד"ת. תרי קראי דרוש למניינא כדקתני ואזיל והעברת שופר תרועה שבתון זכרון תרועה מד"ת כלומר מכאן נלמוד שתים יום תרועה יהיה לכם לא תדרשיה למניינא שהרי לתלמודו הוא בא מופנה לג"ש שדרש תרועה לג"ש אלא סופרים אמרוה כדי להשוות מלכיות וזכרונות ושופרות לתקיעותיהן: רבי שמואל בר נחמני אומר כו' מאי לתלמודו הוא בא. בשלמא חד לג"ש אידך למאי: לא משמע ליה. למדרש מיניה פשוטה לפניה: דרך העברתו. למעוטי הפכו ותקע בו כדאמרן (לעיל דף כז:): ניעבריה ביד. ואי לאו דהדר כתביה לא הוה משתמע תעבירו לשון תקיעה: מספקא ליה. ועבד תרווייהו: ודלמא גנוחי הוא. ואין לך לעשות תרועות יבבות וקא מפסקא תרועה בין שברים לפשוטה שלאחריה: ודלמא ילולי היא. ואין לנו שברים וקא מפסקי שברים דקשר"ק דר' אבהו בין תקיעה ראשונה לתרועה ואין כאן פשוטה לפניה: ברישא גנוחי גנח. גניחות ארוכות קומפליינ"א בלע"ז: והדר מייליל. רלידי"ר בלע"ז:

תוספות

נעבריה ביד. פירוש שיאחזנו בידו ויתקע ולא שיניחנו על גבי סוס דבר ויתקע ופירוש הקונטרס עיקר:

מתשעה

עין משפט נר מצוה

נז א טוש"ע א"ח סי' תקפח סעיף א:

נח ב מיי' פ"ג מהל' שופר הל' ג טוש"ע א"ח סי' תקצ סעיף ג:

הגהות הב"ח

(א) גמ' ואידך דרב מתנא מדשני קרא בדיבוריה:

גליון הש"ס

רש"י ד"ה ה"ק אי לאו גזירה שוה כו' כלומר מעצמו. עיין סוכה דף לא ע"א רש"י ד"ה לא מקשינן וצ"ע:

רבינו חננאל

כדברי אחד מהן. והיו כל ישראל כולן עושין זה וזה דבריר להו דתרווייהו תרועה היא ונהגו העם לעשות תשר"ת תר"ת תש"ת ג' פעמים ובא ר' אבהו ומצא עיירות תוקעין תש"ת ואחרים [תוקעין תר"ת] ואע"פ שגם שלשה שברים תרועה היא. ואחרים היו תוקעין תשר"ת ודומה שמשום ספק עשו כך. שהיו אומרים אם התשר"ת הוא האמת הרי הפסיק בין התשר"ת השני התר"ת והתש"ת. ותיקן שיהו עושין תשר"ת תשר"ת תשר"ת וכן תר"ת תר"ת תר"ת וכן תש"ת תש"ת תש"ת ואמר איזה מהן ודאי עשינוהו בלי הפסקה ביניהן ואע"פ שכולן תרועה הן השלים ביניהן שיהו הכל נוהגין מנהג אחד ולא תראה חלוקה ואמר להן מכל מקום נמצאו תקיעות זו אחר זו בלי הפסק בינתים ולפיכך נהגו הכל כמנהג הזה לתקוע מיושב כמו שתיקן ר' אבהו ועליהן מברך התוקע ברכת התקיעה ואע"פ שאינו על סדר הברכות וצבור צריכין לתקוע על סדר הברכות מיהו ברכות אינן מעכבות אותן התקיעות ומפני שכבר יצאו הצבור ידי חובה לפיכך נהגו לתקוע במלכיות תשר"ת בזכרונות תר"ת בשופרות תש"ת להודיע שהכל אחד הן והכל יצאו ידי חובה ולא נשאר בדבר ספק. והא דאמר ר' יוחנן

The Gemara answers:

דַּהֲדַר עָבִיד תְּקִיעָה תְּרוּעָה וּתְקִיעָה – **After** blowing in the manner described above, **one performs** additional blasts in the order of ***tekiah, teruah, tekiah,*** with no *shevarim.*[40]

R' Abahu's enactment is further questioned:

וְדִלְמָא גְּנוּחֵי הֲוָה – מַתְקִיף לָהּ רָבִינָא – **Ravina objected to this: But perhaps [the *"teruah"*] is** really a **moaning** sound, וְקָא מַפְסְקָא תְּרוּעָה בֵּין שְׁבָרִים לִתְקִיעָה – **and** according to R' Abahu's practice **the *teruah* will interrupt between the three *shevarim* and the** second ***tekiah.*** This will spoil our fulfillment of the requirement to follow the *"teruah"* with a *tekiah.* – ? –

This objection is similarly answered:

דַּהֲדַר עָבִיד תְּקִיעָה שְׁבָרִים תְּקִיעָה – **After** blowing in the above manner, **one performs** additional blasts in the order of ***tekiah, shevarim, tekiah,*** with no *teruah.*[41]

The Gemara asks:

אֶלָּא רַבִּי אַבָּהוּ מַאי אַתְקִין – **Then what was** the purpose of **R' Abahu's institution?** אִי גְּנוּחֵי גְּנַח – **If** the *"teruah"* is a **moaning** sound, הָא עֲבָדֵיהּ – **one fulfills it** when he blasts *tekiah, shevarim, tekiah.* אִי יַלּוּלֵי יַלֵּיל – And **if** it is a **sobbing** sound, הָא עֲבָדֵיהּ – **one fulfills it** when he blasts *tekiah, teruah, tekiah.* What is the purpose of blasting *tekiah, shevarim-teruah, tekiah?*

The Gemara answers:

מְסַפְּקָא לֵיהּ דִּלְמָא גְּנַח וְיַלֵּיל – **[R' Abahu] was in doubt** whether **perhaps** the *"teruah"* consists of both a **moaning and** a **sobbing** sound. He therefore instituted that the combination of *shevarim-teruah* be sounded.

The Gemara counters:

אִי הָכִי לִיעֲבַד נַמִּי אִיפְּכָא – **If so, one should do the opposite as well,** תְּקִיעָה תְּרוּעָה שְׁלֹשָׁה שְׁבָרִים וּתְקִיעָה – and blow a series in the order of ***tekiah, teruah,*** then **three *shevarim*** and ***tekiah,*** דִּלְמָא יַלֵּיל וּגְנַח – for **perhaps** the *"teruah"* is composed of a **sobbing and** *then* a **moaning** sound. – ? –

The Gemara answers:

סְתָמָא דְּמִילְּתָא כִּי מִתְרַע בְּאִינִישׁ מִילְּתָא – **Generally, when calamity befalls a person** and he is impelled to cry, בְּרֵישָׁא גְּנַח וְהָדַר יַלֵּיל – **he first moans and then sobs.**[42] Thus, if the *"teruah"* consists of a moaning *and* sobbing sound, the moan (*shevarim*) must come before the sob (*teruah*). That is why R' Abahu instituted specifically the blowing of *tekiah, shevarim, teruah, tekiah.*[43]

The Mishnah stated:

תָּקַע בָּרִאשׁוֹנָה וּמָשַׁךְ בַּשְּׁנִיָּה כִּשְׁתַּיִם – If ONE BLEW THE FIRST *TEKIAH* of a set normally, AND PROLONGED THE SECOND *tekiah* FOR THE DURATION OF TWO ordinary *tekios,* he has only one to his credit.

The Gemara discusses the matter of one who pauses between blasts:

אָמַר רַבִּי יוֹחָנָן – **R' Yochanan said:** שָׁמַע

NOTES

40. [This, too, is done for each of the three required sets of blasts.]

41. [The sequence of the Gemara implies that the sets are blown as follows: (1) *Tekiah, shevarim-teruah, tekiah;* (2) *tekiah, teruah, tekiah;* (3) *tekiah, shevarim, tekiah.* However, *Rashi* seems to have had a different reading, according to which the Gemara mentions *tekiah, shevarim, tekiah* before *tekiah, teruah, tekiah* (see *Turei Even*). Indeed, it is the universal practice to blow *tekiah, shevarim, tekiah* before *tekiah, teruah, tekiah.*]

42. One first emits long, mournful, groaning breaths, and is then reduced to continuous sobbing (*Rashi;* cf. *Yom Teruah*).

43. **The Tekios – As they are Performed in our Days**

In our times, it is the universal custom to blow all the different modes of blasts *before* Mussaf. Thus, we blow three sets of *tekiah, shevarim-teruah, tekiah;* three sets of *tekiah, shevarim, tekiah;* and three sets of *tekiah, teruah, tekiah.* Concerning the blasts during Mussaf, various customs abound. It would seem that since each of the three additional blessings should be followed by a mandated set of blasts, all three modes ought to be blown for each blessing. This custom is mentioned by *Aruch* v. ערב (cited by *Tosafos* to 33b ד״ה שיעור), and is followed in many congregations.

However, the custom prevalent in Geonic and later times (*Rif; Rambam, Shofar* 3:11; *Tosafos* ibid. and others) was to blow one set containing only *shevarim-teruah* after the blessing of Kingship, only *shevarim* after Remembrance, and only *teruah* after Shofaros. *Rabbeinu Tam* (*Tosafos* ibid.) finds this peculiar, since each of these modes represents a conflicting interpretation of *teruah,* and according to any one of the views, the other two are invalid. *Rif* and *Rambam* (*Shofar* 3:12), anticipating this question, declare that the congregation has already performed the mitzvah of shofar with the *tekios* that preceded Mussaf. Presumably then, any of the three possible procedures is sufficient for the *tekios* during Mussaf (see *Milchamos Hashem*).

Rabbeinu Tam, however, in order to rectify the contradiction inherent in the prevalent custom, instituted that after each blessing one *shevarim-teruah* bracketed by *tekiah* be blown. Thus, since each set has *shevarim, teruah* and *shevarim-teruah,* it contains the sound considered a *teruah* according to every view. His solution, however, creates a new problem – that of הֶפְסֵק, *interruption,* for the *shevarim* and *teruah* are each separated from one of the *tekios* by a variant blast. Nevertheless, the three varieties of *teruah* blown before Mussaf have already satisfied the requirement of one's Torah obligation according to all views. All that needs to be done during Mussaf is to fulfill the Rabbinical provision to blow shofar in conjunction with the three sets of verses. The problem of הֶפְסֵק, *interruption,* can be disregarded therefore. Although it would be preferable to blow all three varieties of blasts separately and avoid even this problem, *Rabbeinu Tam* was reluctant to deviate so drastically from the Gaonic custom. *Rabbeinu Tam's* innovation has been accepted in the Ashkenazic rite of some Eastern European communities. In the German rite, however, the original Gaonic custom persists.

Some Rishonim offer a novel resolution of the Gaonic custom, based upon a responsum of *Rav Sherira Gaon* and his son *Rav Hai Gaon.* The Geonim were asked a piercing question: Can it be that until the times of R' Abahu nobody fulfilled the mitzvah of shofar properly? Furthermore, how could a doubt suddenly have arisen about a mitzvah that is performed by all of Israel year after year? *Rav Sherira* and *Rav Hai* responded that under Biblical law all modes – *teruah, shevarim,* or *shevarim-teruah* – are equally acceptable. The Biblical criterion for *'teruah'* is merely that it be a broken sound. In early generations, however, variant customs evolved, with *teruah* being sounded in some locations and *shevarim* being sounded in others. The differing interpretations of the Biblical term *"teruah"* – and the *Targum's* term *"yevava"* – as either a sobbing or moaning sound reflect diverse *customs,* not a dispute concerning which sound is valid. When Abaye stated on 33b: "In this matter, the Tanna of our Mishnah and the Tanna of the Baraisa certainly disagree," he meant that the Tannaim disagree *in practice,* for they follow different customs. They do not, however, disagree as to the law. At any rate, the diversity of custom created the *appearance* of discord. R' Abahu moved to dispel this appearance by instituting the universal use of both customary modes, and by adding a third mode.

Based upon this responsum of the Geonim, *Baal HaMaor* and *Ritva* explain that it is sufficient to observe R' Abahu's enactment before Mussaf. The shofar obligation during Mussaf may be discharged by hearing any one of the variant sets for each blessing. [Cf. *Tosafos* ibid., *Rambam, Hil. Shofar* 3:2, and *Milchamos Hashem,* who maintain that with the dispersion of the Jews in exile the single correct manner of blasting the *teruah* was forgotten, and R' Abahu's enactment represents a halachic necessity.]

A fourth custom is attested to by *R' Yosef Karo* (*Orach Chaim* 592:1). For Kingship, *shevarim-teruah* is blown three times; for Remembrance, *shevarim* three times; and for Shofaros, *teruah* three times. No previous source is adduced for this custom, but *Beur HaGra* (ibid.) advances a halachic justification for it.

שאין ת"ל בחדש השביעי ומה ת"ל בחדש השביעי שיהו כל תרועות החדש השביעי זה כזה ומנין לשלש של שלש שלש ת"ל (א) והעברת שופר תרועה (ב) שבתון זכרון תרועה (ג) יום תרועה יהיה לכם ומנין ליתן את האמור של זה בזה ושל זה בזה ת"ל שביעי שביעי לגזירה שוה הא כיצד שלש שהן תשע שיעור תקיעה כתרועה שיעור תרועה כשלשה שברים האי תנא מעיקרא מייתי לה בהיקישא והשתא מייתי לה בגזירה שוה הכי קאמר (א) אי לאו גזירה שוה הוה מייתינא לה בהיקישא השתא דאתיא גזירה שוה היקישא לא צריך והאי תנא מייתי לה בג"ש ממדבר דתניא (ד) ותקעתם תרועה תקיעה בפני עצמה ותרועה בפני עצמה אתה אומר תקיעה בפני עצמה ותרועה בפני עצמה או אינו אלא תקיעה ותרועה אחת היא כשהוא אומר (ה) ובהקהיל את הקהל תתקעו ולא תריעו הוי אומר תקיעה בפני עצמה ותרועה בפני עצמה ומנין שפשוטה לפניה ת"ל (ד) ותקעתם תרועה ומנין שפשוטה לאחריה ת"ל (ד) תרועה יתקעו ר' ישמעאל בנו של ר' יוחנן בן ברוקא אומר אינו צריך הרי הוא אומר ותקעתם תרועה שנית שאין ת"ל שנית ומה ת"ל שנית זה בנה אב שכל מקום שנאמר תרועה תהא תקיעה שניה לה אין לי אלא במדבר בר"ה מנין ת"ל תרועה תרועה לגזירה שוה ושלש תרועות נאמרו בר"ה (ב) שבתון זכרון תרועה (ג) יום תרועה (א) והעברת שופר תרועה ושתי תקיעות לכל אחת ואחת מצינו למדין שלש תרועות ושש תקיעות נאמרו בר"ה שתים מדברי תורה ואחת מדברי סופרים שבתון זכרון תרועה והעברת שופר תרועה מדברי תורה יום תרועה יהיה לכם לתלמודו הוא בא רבי שמואל בר נחמני אמר רבי יונתן אחת מד"ת ושתים מדברי סופרים והעברת שופר תרועה מד"ת שבתון זכרון תרועה ויום תרועה יהיה לכם לתלמודו הוא בא מאי לתלמודו הוא בא מיבעי (א) ביום ולא בלילה ואידך ביום ולא בלילה מנא ליה נפקא ליה מביום הכפורים אי (ג) (ביום) הכפורים יליף נגמור נמי מיניה לפשוטה לפניה ופשוטה לאחריה (ו) והעברת תעבירו לא משמע להו אלא מאי דרשי בהו והעברת כדרב מתנא דאמר (ז) רב מתנא והעברת דרך העברתו תעבירו דקאמר רחמנא נעבריה ביד ואידך דרב מתנא מדרשני (ח) בדיבוריה תעבירו ביד לא מצית אמרת דגמר עברה עברה ממשה כתיב הכא והעברת שופר תרועה וכתיב התם (ו) ויצו משה ויעבירו קול במחנה מה להלן בקול אף כאן בקול ולהאי תנא דמייתי לה ממדבר אי מה להלן חצוצרות אף כאן חצוצרות ת"ל (ז) תקעו בחדש שופר בכסה ליום חגנו (ח) אי זהו חג שהחדש מתכסה בו הוי אומר זה ר"ה וקאמר רחמנא שופר (ב) אתקין רבי אבהו בקסרי תקיעה שלשה שברים תרועה תקיעה מה נפשך אי ילולי יליל לעביד תקיעה תרועה ותקיעה ואי גנוחי גנח לעביד תקיעה שלשה שברים ותקיעה מספקא ליה אי גנוחי גנח אי ילולי יליל מתקיף לה רב עוירא ודלמא ילולי הוה וקא מפסיק שלשה שברים בין תרועה לתקיעה דהדר עביד תקיעה תרועה ותקיעה מתקיף לה רבינא ודלמא גנוחי הוה וקא מפסקא תרועה בין שברים לתקיעה דהדר עביד תש"ת אלא רבי אבהו מאי אתקין אי גנוחי גנח הא עבדיה אי ילולי יליל הא עבדיה מספקא ליה דלמא גנח וילל אי הכי ליעבד נמי איפכא תקיעה תרועה שלשה שברים ותקיעה דלמא יליל וגנח סתמא דמילתא כי מתרע באיניש מילתא ברישא גנח והדר יליל: תקע בראשונה ומשך בשניה כשתים: אמר רבי יוחנן שמע

תשע

רש"י

שאין תלמוד לומר בחדש השביעי. דהא כתב לן בכמה מקומות דיום הכפורים בחדש השביעי הוא והכא יוה"כ כתיב: והעברת. פשוטה משמע העברת קול אחד: ביוה"כ תעבירו. הרי העברה תחילה וסוף ותרועה כתיבה בינתים: ומנין שלש של שלש שלש. מנין דהנך פשוטה לפניה ולאחריה ותרועה באמצע עבדינן תלתא זימני למלכיות חדא ולזכרונות חדא ולשופרות חדא: ת"ל. תרועה תלתא זימני לכל אחת פשוטה לפניה ופשוטה לאחריה: ומנין ליתן את האמור של זה בזה כו'. לפי שהשלש תרועות הללו לא נאמרו במקום אחד שהשתים נאמרו בראש השנה והאחת ביובל מנין ליתן האמורות בראש השנה ביובל וליתן האמורה ביובל בר"ה שיהו כאן וכאן שלש: שביעי שביעי לג"ש. נאמר בר"ה בחדש השביעי ונאמר ביובל והעברת שופר תרועה בחדש השביעי: ותנא מעיקרא אייתי בהיקישא. ללמוד זה מזה מנין שבשופר ופשוטה לפניה ולאחריה גמר ר"ה מיובל בהיקישא דאין ת"ל בחדש השביעי אלא להקיש כל תרועות של חדש השביעי שיהו שוות: ולסוף גמר בג"ש. ליתן האמור של זה בזה הא נמי מיתי בהיקישא דאי כדכתיבן שיהו שתים בר"ה ואחת ביובל אין תרועות של חדש השביעי שוות: ה"ק אי לאו ג"ש. אי לא נאמרה ג"ש זו למשה מסיני לדונה הייתי מביא הכל בהיקישא כלומר מעצמו: והאי תנא מייתי לה ממדבר. שתהא פשוטה לפניה ופשוטה לאחריה: תקיעה בפני עצמה כו'. דלא תימא חדא היא והכי קאמר היו תוקעין תרועה אלא ה"ק ותקעתם תקיעה ואחריה הריעו תרועה: או אינו. אלא אחת היא והכי קאמר היו תוקעין תרועה: כשהוא אומר תתקעו ולא תריעו. מכלל דמשמעות תתקעו ותריעו קאמר ותרועה לא קרי לה תקיעה הרי על כרחך תקיעה בפני עצמה כו': תלמוד לומר ותקעתם. והדר תרועה: שאין ת"ל שנית. שכבר אמר ותקעתם תרועה ונסע מחנה פלוני כי הדר אמר ותקעתם תרועה ונסע מחנה פלוני פשיטא דשנית היא: תהא תקיעה שניה לה. והכי קאמר ותקעתם תקיעה שנית לתרועה: ה"ג ושלש תרועות נאמרו בר"ה שבתון זכרון תרועה והעברת שופר תרועה יום תרועה יהיה לכם ושתי תקיעות לכל אחת ואחת מצינו למדין לר"ה שלש תרועות ושש תקיעות שתים מדברי תורה ואחת מדברי סופרים והעברת שופר תרועה שבתון זכרון תרועה מד"ת יום תרועה יהיה לכם לתלמודו הוא בא רבי שמואל בר נחמני אומר אחת מד"ת ושתים מד"ס והעברת שופר תרועה מד"ת שבתון זכרון תרועה ויום תרועה יהיה לכם לתלמודו הוא בא והכי גרסינן: מאי לתלמודו הוא בא וכו': שתים מד"ת. תרי קראי דרש למניינא כדקתני ואזיל והעברת שופר תרועה שבתון זכרון תרועה מד"ת כלומר מכאן נלמוד שתים יום תרועה יהיה לכם לא מדרשיה למניינא שהרי לתלמודו הוא בא מופנה לג"ש שדרש תרועה תרועה לג"ש אלא סופרים אמרוה כדי להשוות מלכיות וזכרונות ושופרות לתקיעותיהן: רבי שמואל בר נחמני אומר כו' מאי לתלמודו הוא בא. בשלמא חד לג"ש אידך למאי: לא משמע ליה. למדרש מיניה פשוטה לפניה: דרך העברתו. למעוטי הפכו ותקע בו כדאמרן (לעיל דף כז:): ניעבריה ביד. ואי לאו דהדר כתביה לא הוה משתמע תעבירו לשון תקיעה: מספקא ליה. ועבד תרוייהו: ודלמא גנוחי הוא. ואין לך לעשות תרועות יבבות וקא מפסקא תרועה בין שברים לפשוטה שלאחריה: ודלמא ילולי היא. ואין לנו שברים וקא מפסקי שברים דקסר"ק דר' אבהו בין תקיעה ראשונה לתרועה ואין כאן פשוטה לפניה: ברישא גנוחי גנח. גניחות ארוכות קומפליינ"ט בלע"ז: והדר מיליל. רלידי"ר בלע"ז:

תשע

תוספות

נעבריה ביד. פירוש שיאחזנו בידו ויתקע ולא שיניחנו על גבי שום דבר ויתקע ופירוש הקונטרס עיקר:

מתכסה

עין משפט נר מצוה

נז א טוש"ע א"ח סי' תקפח סעיף א:
נח ב מיי' פ"ג מהל' שופר הל' ב טוש"ע א"ח סי' תקצ סעיף ב:

הגהות הב"ח

(א) גמ' ואידך דרב מתנא מדשני קרא בדיבוריה:

גליון הש"ס

רש"י ד"ה ה"ק אי לאו גזירה שוה כו' כלומר מעצמו. עיין סוכה דף לא ע"א רש"י ד"ה לא מקשינן וצ"ע:

רבינו חננאל

כדברי אחד מהן. והיו כל ישראל כולן עושין זה וזה דבריר להו דתרווייהו תרועה היא ונהגו העם לעשות תשר"ת תר"ת תש"ת ג' פעמים ובא ר' אבהו ומצא עיירות תוקעין תש"ת ואחרים [תוקעין תר"ת] ואע"פ שגם שלשה שברים תרועה היא. ואחרים היו תוקעין תשר"ת ודומה שמשום ספק עשו כך. שהיו אומרים אם התשר"ת הוא האמת הרי הפסיק בין התשר"ת השני התר"ת והתש"ת. ותיקן שיהו עושין תשר"ת תשר"ת תשר"ת וכן תר"ת תר"ת תר"ת וכן תש"ת תש"ת תש"ת ואמר איזה מהן ודאי עשינוהו בלי הפסקה ביניהן ואע"פ שכולן תרועה הן השלים ביניהן שיהיו הכל נוהגין מנהג אחד ולא תראה חלוקה ואמר להן מכל מקום נמצאו תקיעות זו אחר זו בלי הפסק בינתים ולפיכך נהגו הכל כמנהג הזה לתקוע מיושב כמו שתיקן ר' אבהו ועליהן מברך התוקע ברכת התקיעה ואע"פ שאינו על סדר הברכות וצבור צריכין לתקוע על סדר הברכות מיהו ברכות אינן מעכבות אותן התקיעות ומפני שכבר יצאו הצבור ידי חובה לפיכך נהגו לתקוע במלכיות תשר"ת בזכרונות תר"ת בשופרות תש"ת להודיע שהכל אחד הן והכל יצאו ידי חובה ולא נשאר בדבר ספק. והא דאמר ר' יוחנן

מסורת הש"ס

א) [ב"מ פא. סנהדרין מג.], ב) [סוכה נג:], ג) [צ"ל מביום], ד) [לעיל כז:], ה) [לעיל ח. וש"נ].

תורה אור השלם

א) וְהַעֲבַרְתָּ שׁוֹפַר תְּרוּעָה בַּחֹדֶשׁ הַשְּׁבִעִי בֶּעָשׂוֹר לַחֹדֶשׁ בְּיוֹם הַכִּפֻּרִים תַּעֲבִירוּ שׁוֹפָר בְּכָל אַרְצְכֶם: [ויקרא כה, ט]

ב) דַּבֵּר אֶל בְּנֵי יִשְׂרָאֵל לֵאמֹר בַּחֹדֶשׁ הַשְּׁבִיעִי בְּאֶחָד לַחֹדֶשׁ יִהְיֶה לָכֶם שַׁבָּתוֹן זִכְרוֹן תְּרוּעָה מִקְרָא קֹדֶשׁ: [ויקרא כג, כד]

ג) וּבַחֹדֶשׁ הַשְּׁבִיעִי בְּאֶחָד לַחֹדֶשׁ מִקְרָא קֹדֶשׁ יִהְיֶה לָכֶם כָּל מְלֶאכֶת עֲבֹדָה לֹא תַעֲשׂוּ יוֹם תְּרוּעָה יִהְיֶה לָכֶם: [במדבר כט, א]

ד) וּתְקַעְתֶּם תְּרוּעָה שֵׁנִית וְנָסְעוּ הַמַּחֲנוֹת הַחֹנִים תֵּימָנָה תְּרוּעָה יִתְקְעוּ לְמַסְעֵיהֶם: [במדבר י, ו]

ה) וּבְהַקְהִיל אֶת הַקָּהָל תִּתְקְעוּ וְלֹא תָרִיעוּ: [במדבר י, ז]

ו) וַיְצַו מֹשֶׁה וַיַּעֲבִירוּ קוֹל בַּמַּחֲנֶה לֵאמֹר אִישׁ וְאִשָּׁה אַל יַעֲשׂוּ עוֹד מְלָאכָה לִתְרוּמַת הַקֹּדֶשׁ וַיִּכָּלֵא הָעָם מֵהָבִיא: [שמות לו, ו]

ז) תִּקְעוּ בַחֹדֶשׁ שׁוֹפָר בַּכֶּסֶה לְיוֹם חַגֵּנוּ: [תהלים פא, ד]

ליקוטי רש"י

והעברת. דרך העברתו כדרך שהאל מעבירו בראשו בהמה ממיסם [לעיל כז:]. בחדש. בכסה. יום מועד קבוע לכך וכן (משלי ז) ליום הכסא יבוא ביתו למועד הקבוע [תהלים פא ד]. תחדש קאי תקעו בחדוש הלבנה שופר כשהוא מתכסה ביום חגנו [ביצה טז.]. שהחדש מתכסה בו. לרחוקים כגון שחרית לבני מערב וערבית לבני מזרח לפי שקטנה היא סמוך לחידושה [לעיל ח:]. שהלבנה מתכסה בו שאינה נראית לכל אדם אלא שחרית ליושבי מזרח וערבית ליושבי מערב כדאמרינן בראש השנה (כ:) עשרים וארבע שעות מתכסה סיהרא [ביצה טז.]. שהלבנה אינה נראית בעגולה לכל העולם דכתיב חדש בכסה [סנהדרין יא:]. הוי אומר זה ראש השנה. דהלא שאר יום טוב כבר נתמלאה הלבנה במקצת ונראית בכל מקום [ביצה שם]. שחגה בראש חדש הוא הלא שאר חגים באמצע החדש הם וכתיב כי חק לכלומר חג שישראל עושין באותו חג דהיינו קידוש החדש הרי הוא כמשפט ומשפט ביום דכתיב ביום הנחילו את בניו כדדרשינן באלהא דיני ממונות [סנהדרין לד:] [סנהדרין שם].

[א]תשע תקיעות בתשע שעות ביום יצא תניא נמי הכי שמע תשע תקיעות בתשע שעות ביום יצא [ב]מט' בני אדם כאחד [לא יצא] תקיעה מזה ותרועה מזה יצא ואפי' בסירוגין ואפי' כל היום כולו ומי אמר רבי יוחנן הכי והאמר ר' יוחנן משום ר' שמעון בן יהוצדק בהלל ובמגילה אם שהה כדי לגמור את כולה חוזר לראש לא קשיא הא דידיה הא דרביה ודידיה לא והא ר' אבהו הוה שקיל ואזיל בתריה דר' יוחנן והוה קרי קריאת שמע כי מטא למבואות מטונפות אישתיק בתר דחליף אמר ליה [ג]מהו לגמור א"ל אם שהית כדי לגמור את כולה חזור לראש הכי קאמר ליה לדידי לא סבירא לי לדידך דסבירא לך אם שהית כדי לגמור את כולה חזור לראש ת"ר תקיעות אין מעכבות זו את זו ברכות אין מעכבות זו את זו [ד]תקיעות וברכות של ר"ה ושל יוה"כ מעכבות מ"ט אמר רבה אמר הקב"ה אמרו לפני בר"ה מלכיות זכרונות ושופרות מלכיות כדי שתמליכוני עליכם זכרונות כדי שיבא לפני זכרוניכם לטובה ובמה בשופר: מי שבירך ואח"כ נתמנה לו שופר תוקע ומריע ותוקע: טעמא דלא הוה ליה שופר מעיקרא הא הוה ליה שופר מעיקרא כי שמע להו אסדר ברכות שמע להו רב פפא בר שמואל קם לצלויי אמר ליה לשמעיה כי נהירנא לך תקע לי אמר ליה רבא [ה]לא אמרו אלא בחבר עיר תניא נמי הכי כשהוא שומען [ו]שומען על הסדר ועל סדר ברכות במה דברים אמורים בחבר עיר אבל שלא בחבר עיר שומען על הסדר ושלא על סדר ברכות [ז]ויחיד שלא תקע חבירו תוקע לו ויחיד שלא בירך אין חבירו מברך עליו ומצוה בתוקעין יותר מן המברכין [ח]כיצד שתי עיירות באחת תוקעין ובאחת מברכין הולכין למקום שתוקעין ואין הולכין למקום שמברכין פשיטא הא דאורייתא הא דרבנן לא צריכא דאף על גב דהא ודאי והא ספק: כשם ששליח צבור חייב כך כל יחיד ויחיד וכו': תניא אמרו לו לרבן גמליאל לדבריך למה צבור מתפללין אמר להם כדי להסדיר שליח צבור תפלתו אמר להם רבן גמליאל לדבריכם למה שליח צבור יורד לפני התיבה אמרו לו כדי להוציא את שאינו בקי אמר להם כשם שמוציא את שאינו בקי כך מוציא את הבקי אמר רבה בר בר חנה אמר ר' יוחנן מודים חכמים לרבן גמליאל ורב אמר עדיין היא מחלוקת שמעה [רבי] חייא בריה דרבה בר נחמני אזל אמרה לשמעתא קמיה דרב דימי בר חיננא אמר ליה הכי אמר רב עדיין היא מחלוקת אמר ליה רבה בר בר חנה נמי הכי קאמר כי אמר רבי יוחנן להא שמעתא אפליג עליה ריש לקיש ואמר עדיין היא מחלוקת ומי אמר רבי יוחנן הכי והאמר רבי חנה ציפוראה אמר רבי יוחנן הלכתא [ט]כרבן גמליאל הלכתא מכלל דפליגי

כי

רש"י

תשע תקיעות. תרועות נמי קאמר: מתשעה בני אדם כאחד לא יצא. תרי קלי לא משתמעי כך פירושה לפי מה שכתוב בספרים ולאו מלתא היא דהא אוקימנא (לעיל דף כז.) תרי קלי מתרי גברי משתמעי (א) וה"ג לה בתוספתא מתשעה בני אדם כאחד יצא ואפי' בסירוגין ואפילו כל היום כולו ולא גרסינן תקיעה מזה ותרועה מזה יצא דהיינו רישא ואי גרסינן לה הכי הוא דגרסי' מט' בני אדם כאחד תקיעה מזה ותרועה מזה יצא ואפי' בסירוגין כו': אם שהה. בסירוגו כדי לגמור את כולו חוזר: לדידי לא סבירא לי. מה שהפסקת דלית ליה לר' יוחנן במסכת ברכות (דף כד:) היה קורא קריאת שמע והגיע למבואות מטונפות מניח ידו על פיו וקורא ולא סבירא לי נמי דמשום שהה יהא צריך לחזור: לדידך דסבירא לך. ואתה חולק עלי בשתיקן דכיון דקא בעית מהו לגומרה מכלל דסבירא לך סירוגין מעכבי קרייה ומבעיא לך בכמה הוי סירוגין: תקיעות. וברכות דעלמא כגון תעניות אין מעכבין זו את זו אם בירך ולא תקע: מי שבירך כו': כי נהירנא לך. לסימן שסיימתי הברכה: אלא בחבר עיר. חבורת צבור אבל יחיד מברך את כולו ואח"כ תוקע תשע תקיעות: דהא ודאי והא ספק. ודאי הוא לו שאם ילך אצל המברכין ימצא שם עשרה ויתפלל ש"צ ויוציאנו ידי חובתו ואם ילך אצל התוקעין שמא כבר עמדו והלכו לביתם: כשם שש"צ וכו': למה צבור מתפללים. בלחש: מודים חכמים. אחר שנחלקו חזרו והודו: אמר ליה. ר' חייא לרב דימי: רבה בר בר חנה נמי. דמריה דשמעתא הוא: הכי קאמר. שנחלקו על רבן יוחנן כשאמר כן:

תוספות

מתשעה בני אדם כאחד לא יצא. כך כתוב בספרים והקשה בקונטרס אמאי לא יצא הא אסיקנא לעיל דתרי קלי מתרי גברי משתמעי ופי' דגרסינן בתוספתא מתשעה בני אדם כאחד יצא ואפי' בסרוגין ונראה לקיים גרסת הספרים מתשעה בני אדם כאחד לא יצא משום דאין כאן בתרועה פשוטה לפניה ופשוטה לאחריה כיון שהכל ביחד והשתא גרס שפיר תקיעה מזה ותרועה מזה יצא דהיינו זה אחר זה וסרוגין פי' סרוגין הפסקות הרבה שתוקע ומפסיק ושוהה לעשות התרועה עד לאחר שעה: לדידי לא סבירא לי. כלומר שהוא צריך לחזור לראש כששהה כדי לגמור כולה ולא שיהא צריך להפסיק כשמגיע למבואות המטונפות אלא מניח ידו על פיו וקורא ק"ש כדאמר ר' יוחנן בפרק מי שמתו (ברכות דף כד:) והיה נראה דקי"ל כוותיה כששהה כדי לגמור כולה דאין חוזר לראש אע"ג דפליגי עליה רב ושמואל בפרק הקורא את המגילה למפרע (מגילה דף יח:) דקי"ל כרבי יוחנן לגבי רב ושמואל כדמוכח בפ' מי שהוציאוהו (עירובין דף מז:) ומיהו כיון דרבי אבהו פליג היה קצת נראה לפסוק כמותו דהוא בתראה ואע"ג דאשכחנא רב יוסף בההיא דמגילה (שם:) דקאמר נקוט דרב ביבי בידך דרב אמר אין הלכה כרבי מונא ושמואל אמר הלכה כר' מונא לאו משום דלהוי הלכה כרב באיסורי קאמר הכי אלא האמת אומר דשמעינן ליה לשמואל דחייש ליחידאה וגם בפרק מי שמתו (ברכות דף כב:) גבי היה עומד בתפלה ומים שותתין על ברכיו דפליגי רב חסדא ורב המנונא ומסיק רב אשי דכ"ע אם שהה חוזר לראש והכא בדלא שהה (ט) וקשה הדבר מאד שהצבור בבהכ"נ בי"ט אומרים אמת ויציב וממתינין לש"ץ ושותקים עד שיגמור זולתות ומי כמוך שאומר בגאולה ומיהו היכא דאין שוהין כדי לגמור כולה מתחלתה עד סוף אין לחוש (י) (כדאביי) בפ' הקורא את המגילה למפרע (דף יח:) ולא (כ) (כרב יוסף) דאמר מהיכא דקאי לסיפא דאם כן נתת דבריך לשעורין וצריך לדקדק בתקיעות משום דאמר רב כהנא בפ' החליל (סוכה נג: ושם) אין בין תקיעה לתרועה ותקיעה ולא כלום כרבי יהודה דאמר שלשתן מצוה אחת וכי קאמר התם דוקא באמצע תקיעה תרועה תקיעה אבל בין קר"ק לקר"ק יכול לשהות פחות מכדי לגמור קר"ק ולרבנן דחשבי תקיעה בפני עצמה ותרועה בפני עצמה אין לשהות בין זה לזה כדי תקיעה אחת או תרועה אחת: כך מוציא את הבקי. מכאן פסק בה"ג דיחיד שטעה ולא הזכיר של ראש חדש יכוין לבו לתפלתו של שליח צבור מתחלה עד סוף ויוצא אע"פ שהוא בקי ואין ראיה מכאן דהא מסקינן רשב"ג אומר אינו מוציא אלא עם שבשדות דאניסי במלאכה ואינן יכולין להסדיר תפלתם אבל דעיר לא ומיהו בקונטרס משמע לקמן שרוצה לפרש בשלא כוון לבו לבהכ"נ ולא שמע תפלה וכן משמע דומיא דההיא דברכת כהנים ולפירוש זה מצינו למימר דלצבור היכא דשמעו יוצאין וכן משמע בפרק תפלת השחר (ברכות דף כט.) דאמר רב אסי טעה ולא הזכיר גבורות גשמים בתחיית המתים מחזירין אותו שאלה בברכת השנים אין מחזירין אותו וכו' מיתיבי טעה ולא הזכיר כו' שאלה בברכת השנים מחזירין אותו כו' ומשני הא ביחיד הא בצבור אי הכי מפני ששומעה משליח צבור מיבעי ליה ומסיק אידי ואידי ביחיד הא דאדכר קודם שומע תפלה הא דלא אדכר קודם שומע תפלה משמע דלצבור יוצאין על ידי ש"צ ואפי' לפי מה שפירש עם שבשדות שומעין משליח צבור יוצאין אבל דעיר לא יש לחלק בין היכא שטעה להיכא דלא התפלל כלל (ועי' תוס' ברכות כט: ד"ה טעה):

אלימא

עין משפט נר מצוה

נט א מיי' פ"ג מהל' שופר הל' ו סמג עשין מב טוש"ע א"ח סימן תקפח סעיף ג [רב אלפס כאן ובמגילה פ"ב דף רפא:]

ס ב ג מיי' פ"ב מהל' ק"ש הלכה יג סמג עשין יט טוש"ע א"ח סי' סה סעיף א וסי' עח וסי' פה סעיף א:

סא ד מיי' פ"ג מהל' שופר הל' ו והלכה ח טוש"ע א"ח סי' תקצג סעיף א ב:

סב ה מיי' שם הלכה ז טוש"ע א"ח סי' תקצג סעיף א:

סג ו מיי' שם הל' יא טוש"ע שם סעיף ג:

סד ז טוש"ע א"ח סי' תקצד:

סה ח מיי' שם הל' יג טור ש"ע א"ח סי' תקצא:

רבינו חננאל

שמע ט' תקיעות בט' שעות יצא מט' בני אדם כאחד לא יצא בזה אחר זה יצא. תקיעה מזה ותרועה מזה זה אחר זה יצא ואפילו בסירוגין ואפי' כל היום כולו. והא דאמר ר' יוחנן משום ר' שמעון בן יהוצדק בהלל ובמגילה אם שהה כדי לגמור את כולה חוזר לראש. דחינן לה הכי ההיא דרביה היא. כלומר ולא סבירא ליה: ת"ר תקיעות אין מעכבות זו את זו כגון תקיעות שבת (א) ותקעתם בחצוצרות על עולותיכם וגו'. ברכות כגון ברכות של ק"ש וכיוצא בהן ובהני אמרי' ברכות אינן מעכבות זו את זו. אבל תקיעות וברכות של ר"ה ושל יוה"כ של שנת היובל שצ"ל מלכיות זכרונות ושופרות ביובל כדרך שאומרים בר"ה מעכבות זו את זו מ"ט אמר רבא אמר הקב"ה לישראל אמרו לפני בר"ה מלכיות זכרונות ושופרות. מלכיות שתמליכוני עליכם. זכרונות כדי שיבא זכרוניכם לפני לטובה ובמה בשופר. ומצאת למד שעל ברכות שיש עמהן תקיעות קתני שמעכבות זו את זו. ב) מהא דתניא מנין שבשופר ת"ל והעברת שופר תרועה בחדש השביעי שאין ת"ל בחדש השביעי שכבר נאמר ביום הכפורים תעבירו שופר מה ת"ל עוד בחדש השביעי ללמדך שכל תרועות של חדש השביעי בשופר וכתיב ביה בר"ה בחדש השביעי באחד לחדש שבתון זכרון תרועה וגו'. ומנין שפשוטה לפניה שנאמר והעברת שופר תרועה לשון העברה היא פשוטה והיא התקיעה וכתיב והעברת שופר ואח"כ תרועה ומנין שפשוטה [לאחריה] כלומר ומנין כי צריך תקיעה לאחר התרועה שנאמר ביום הכפורים תעבירו שופר אחר שכתב והעברת שופר תרועה חזר וכתב תעבירו שופר נמצאת כתובה ביובל תקיעה לפניה ותקיעה לאחריה ומדכתיב בחדש השביעי ילפינן שכל תרועות בחדש השביעי [שוות] והן

תרועה של ר"ה כתרועת היובל ובשופר ומנין לשלש של שלש שלש שנאמר והעברת שופר תרועה ובר"ה כתיב שבתון זכרון תרועה ועוד כתיב בענינא דמוספים בר"ה יום תרועה יהיה לכם וגמרי יובל מר"ה ור"ה מיובל [illegible]

הגהות הב"ח

(א) רש"י ד"ה מתשעה בני אדם כאחד כו' מתרי גברי משתמעי. נ"ב היינו בשופר שהוא חביב כדמסיק לעיל דדוקא תרתי בעינן מתרי גברי וגם חביב וקל ועי' לעיל דף כז:

ליקוטי רש"י

תשע תקיעות. האמורות בראש השנה מן התורה שלש למלכיות תקיעה תרועה תקיעה ושלש לזכרונות ושלש לשופרות כדאמרינן בראש השנה (לג.) והאי דעבדינן טפי משום ספיקא דתרועה הוא דלא ידעינן אי גנוחי הוא אי ילולי הוא [סוכה נד.]. שלש של מלכיות וג' של זכרונות וג' של שופרות. בתשע שעות. ששהה שעה בין כל אחת ואחת יצא [ערכין י.]. חבר עיר. חבורת העיר אבל לא ליחיד [ברכות ל.]. חבורת עיר שיש שם רבים [חולין צד:].

חשק שלמה על ר"ח

א) אולי צ"ל כגון תקיעות שבתמיד דכתיב ותקעתם כו' ואולי צ"ל ג"כ כגון תקיעות שבתעניות. ב) נראה דרבינו היה גורס בגמרא ותקיעות מעכבות זו את זו מנ"ל דתניא וכו' והיא הברייתא לעיל ל"ג ע"ב.

מסורת הש"ס

א) [תוספ' פ"ב] סוכה נד. ערכין י., ב) ברכות כד:, ג) [עמ"ש תוס' לעיל לג. סד"ה שיעור], ד) לעיל כט., ה) פ"א נהירנא, ו) [ועי' בפרש"י אלג אלפסין], ז) [תוספ' פ"ב], ח) [שבת קו: וש"נ], ט) [ועי' תוס' ברכות כב: ד"ה אלא], י) [צ"ל כרב יוסף], כ) [צ"ל כאביי].

תֵּשַׁע תְּקִיעוֹת בְּתֵשַׁע שָׁעוֹת בַּיּוֹם – If one **heard nine** shofar **blasts at nine** different **hours of the day,** יָצָא – **he has fulfilled** his obligation.[1]

The Gemara adduces support for R' Yochanan's ruling:

תַּנְיָא נַמִּי הָכִי – **It was taught similarly in a Baraisa:** שָׁמַע תֵּשַׁע תְּקִיעוֹת בְּתֵשַׁע שָׁעוֹת בַּיּוֹם – IF ONE HEARD NINE shofar BLASTS AT NINE different HOURS OF THE DAY, יָצָא – HE HAS FULFILLED his obligation. The Baraisa continues: מִתִּשְׁעָה בְּנֵי אָדָם כְּאֶחָד – However, if he heard them SIMULTANEOUSLY FROM NINE different PEOPLE, [לֹא יָצָא] – HE HAS NOT FULFILLED his obligation.[2] תְּקִיעָה מִזֶּה וּתְרוּעָה מִזֶּה – If one heard A *TEKIAH* FROM THIS [PERSON] AND then A *TERUAH* FROM THAT [PERSON] etc., until he heard all nine required blasts, יָצָא – HE HAS FULFILLED his obligation, וַאֲפִילוּ בְּסֵירוּגִין – EVEN if he heard them DISCONTINUOUSLY, וַאֲפִילוּ כָּל הַיּוֹם כּוּלוֹ – AND EVEN if the blasts were spread over THE ENTIRE DAY.[3]

Having supported R' Yochanan's ruling, the Gemara questions its authenticity:

וּמִי אָמַר רַבִּי יוֹחָנָן הָכִי – **Did R' Yochanan** actually **say this?** וְהָאָמַר רַבִּי יוֹחָנָן מִשּׁוּם רַבִּי שִׁמְעוֹן בֶּן יְהוֹצָדָק – **But R' Yochanan said in the name of R' Shimon ben Yehotzadak:** בַּהַלֵּל וּבַמְּגִילָּה – **In** the recitation of ***Hallel*** on the festivals **and the Scroll** of Esther on Purim, אִם שָׁהָה כְּדֵי לִגְמוֹר אֶת כּוּלָּהּ – **if one paused the amount of time** it takes him **to complete the entire [recitation],**[4] חוֹזֵר לָרֹאשׁ – **he must return to the** very **beginning.** Thus, R' Yochanan holds that a lengthy pause breaks the continuity of a mitzvah and is a disqualifying factor. – ? –

The Gemara answers:

לֹא קַשְׁיָא – There is **no difficulty.** הָא דִּידֵיהּ – **This** first statement **is [R' Yochanan's] own** opinion, הָא דְּרַבֵּיהּ – whereas **this** latter statement **is** the opinion **of his teacher,** R' Shimon ben Yehotzadak.

The Gemara persists:

וְדִידֵיהּ לֹא – **But** is **his own** opinion in this matter **not** the same as that of his teacher? וְהָא רַבִּי אַבָּהוּ הֲוָה שָׁקִיל וְאָזִיל בַּתְרֵיהּ דְּרַבִּי יוֹחָנָן – **Why, R' Abahu was** once **walking along behind R' Yochanan,** וַהֲוָה קָרֵי קְרִיאַת שְׁמַע – **and he** [R' Abahu] **was reciting the** ***Shema*** at the time. כִּי מָטָא לִמְבוֹאוֹת מְטוּנָּפוֹת אִישְׁתִּיק – **When they reached filthy alleyways, [R' Abahu]** paused and **was quiet.**[5] בָּתַר דְּחָלִיף – **After exiting** these alleyways, אָמַר לֵיהּ – **[R' Abahu] said to [R' Yochanan]:** מַהוּ לִגְמוֹר – **What is** the law with regard **to completing** the *Shema*?[6] אָמַר לֵיהּ – **[R' Yochanan] replied:** אִם שָׁהִיתָ כְּדֵי לִגְמוֹר אֶת כּוּלָּהּ – **If you paused the amount of time** it takes you **to complete the entire [*Shema*],** חֲזוֹר לָרֹאשׁ – then **return to the** very **beginning.** Thus, we see that Rabbi Yochanan himself considers a lengthy pause to be a disqualifying factor. – ? –

The Gemara responds by illuminating R' Yochanan's response to R' Abahu:

הָכִי קָאָמַר לֵיהּ – **This is what he** meant to **say to him:** לְדִידִי לֹא סְבִירָא לִי – **As for me, I do not hold** that you were required to interrupt your *Shema* recital when we entered the alley, since we did not stop there.[7] Furthermore, I do not hold that a pause of any length disqualifies the beginning of your recital.[8] לְדִידָךְ דִּסְבִירָא לָךְ – But **according to you, who holds** that the recital was prohibited there in any event, and that a lengthy pause disqualifies the beginning of the recital; and you inquire about the length of the disqualifying pause,[9] the law is: אִם שָׁהִיתָ כְּדֵי לִגְמוֹר אֶת כּוּלָּהּ חֲזוֹר לָרֹאשׁ – **if you paused the amount of time it takes you to complete the entire [*Shema*], return to the** very **beginning.**[10]

The Gemara turns to a new topic:

תָּנוּ רַבָּנַן – **The Rabbis taught in a Baraisa:** תְּקִיעוֹת אֵין מְעַכְּבוֹת זוֹ אֶת זוֹ – THE trumpet BLASTS that are sounded on a fast day ARE NOT ESSENTIAL TO EACH OTHER, בְּרָכוֹת אֵין מְעַכְּבוֹת זוֹ אֶת זוֹ – and THE additional BLESSINGS that are recited on a fast day ARE NOT ESSENTIAL TO EACH OTHER.[11] תְּקִיעוֹת וּבִרְכוֹת שֶׁל רֹאשׁ הַשָּׁנָה

NOTES

1. I.e. he heard the opening *tekiah,* an hour later heard the *teruah,* another hour later heard the final *tekiah* of the set, etc. The Gemara uses the word תְּקִיעָה here in reference even to the *teruah* sounds (*Rashi*). R' Yochanan informs us that despite the extended pauses *within each set,* the person has discharged his Biblical obligation to hear three sets of blasts. We do not need R' Yochanan to inform us that one may pause extensively *between* the *different* sets, since the Mishnah taught above (32a) that we recite the Mussaf blessings between the sets (*Ritva;* cf. *Tosafos,* end of ד״ה לדידי, *Turei Even*).

2. The reason would seem to be that two simultaneous sounds cannot both be heard (see 27a). Accordingly, *Rashi* notes that the Baraisa's ruling is contradictory to the conclusion of the Gemara above (ibid.) that when the sounds are produced by two people [and are dear to the listener] they *can* both be heard (cf. *Rashba, Meiri*). *Rashi* therefore cites a variant reading, according to which the Baraisa states מִתִּשְׁעָה בְּנֵי אָדָם כְּאֶחָד יָצָא, If he heard them *from nine people simultaneously, he* ***has*** *fulfilled* his obligation. See *Rashi* for his explanation of how the remainder of the Baraisa must read, according to this version.

Tosafos (ד״ה מתשעה) resolve our reading by explaining that the two *tekiah* notes in each set must come specifically *before* and *after* the *teruah.* Sounding all three notes simultaneously is not a valid way of producing the *tekiah, teruah, tekiah* set. See *Yom Teruah* for clarification of *Rashi's* opinion.

3. The latter clause is similar to the first clause, but contains the added fact that the blasts may be heard from nine different people (*Maharsha*).

4. I.e. he could have recited the entire *Hallel* or Scroll of Esther from beginning to end during the pause (*Rashi;* see *Rama, Orach Chaim* 65:1 and *Shulchan Aruch* 104:6).

5. It is prohibited to recite the *Shema,* pray, or learn Torah in an unclean place, e.g. a place where there is human excrement (see note 7).

6. See *Magen Avraham* 104:6, and *Hagahos R' Akiva Eiger* there, who discuss why R' Abahu was permitted to ask this in the middle of his *Shema* recital.

7. R' Yochanan states in *Berachos* 24b that when one is merely passing through a filthy place he should place his hand over his mouth and he may then recite the *Shema* (*Rashi*). The restriction against reciting the *Shema* etc. in a filthy place is derived from *Deuteronomy* 23:13-15, where after commanding the covering of excrement the Torah states the reason: וְהָיָה מַחֲנֶיךָ קָדוֹשׁ, *so your camp shall be holy.* R' Yochanan holds that when a person simply passes through a place and does not stop it is not considered *your camp,* so the prohibition does not apply (*Ritva;* see *Berachos* 24b).

8. *Rashi.*

9. By pausing, you demonstrated that you disagree with me on the first count. [I.e. you maintain that even when one passes through a place it is considered *your camp.*] And by asking whether you may complete your recitation after having paused, you indicated that you disagree with me on the second count as well (*Rashi*).

10. For this is the law according to those who hold that a pause constitutes a disqualifying interruption. [*Rashba* and *Ritva* maintain – unlike *Rashi* – that the two disputed points hinge on a single issue. They explain that even according to R' Yochanan only a *voluntary* pause does not constitute an interruption. But if one was halachically *required* to make a lengthy pause it would constitute an interruption, since the person is deemed unfit for the recitation during a mandatory pause. Thus, he said to R' Abahu: I hold that you were not required to pause in your recitation. But according to your opinion that you were *required* to pause when we passed through the filthy alleyway, the law is that if you paused the amount of time it takes you to finish the entire *Shema* you must return to the beginning.]

11. In the event of a drought, a series of special fast days is proclaimed. If the drought does not end, additional fasts of steadily increasing severity are added (Mishnah, *Taanis* 10a,12b). On the most severe fast days, six extra blessings are inserted in the *shliach tzibur's* repetition of *Shemoneh Esrei,* and trumpet blasts are sounded (Mishnah, ibid. 12b, 15a; *Rambam, Hil. Taanis* 1:4, 3:7, 4:5-14).

The Baraisa teaches that the extra blessings and the trumpet blasts

נט א ב מיי' פ"ג מהל' שופר הל' ו סמג עשין מב טוש"ע א"ח סימן תקפח סעיף ב [רב אלפס כאן ובמגילה פ"ב דף רסא:]:
ס ג מיי' פ"ב מהל' ק"ש הלכה יג סמג עשין יח טוש"ע א"ח סי' סה סעיף א וסי' עח וסי' פה סעיף א:
סא ד מיי' פ"ג מהל' שופר הל' ו והלכה ט טוש"ע א"ח סי' תקצג סעיף א ב:
סב ה מיי' שם הלכה ז טוש"ע א"ח סי' תקצד סעיף א:
סג ו מיי' שם הל' יג טוש"ע שם סעיף ב:
סד ז טוש"ע א"ח סי' תקצה:
סה ח מיי' שם הל' יג טור ש"ע א"ח סי' תקצה:

רבינו חננאל

שמע ט' תקיעות בט' שעות יצא מט' בני אדם כאחד לא יצא זה אחר זה יצא. תקיעה מזה ותרועה מזה זה אחר זה יצא ואפילו בסירוגין ואפי' כל היום כולו. והא דאמר ר' יוחנן משום ר' שמעון בן יהוצדק בהלל ובמגילה אם שהה כדי לגמור את כולה חוזר לראש. דחינן לה הכי ההיא דרביה היא. כלומר ולא סבירא ליה: ת"ר תקיעות אין מעכבות זו את זו כגון תקיעות שבת (א) ותקעתם בחצוצרות על עולותיכם וגו'. ברכות כגון ברכות של ק"ש וכיוצא בהן ובהני אמרי' ברכות אינן מעכבות זו את זו ותקיעות וברכות של ר"ה ושל יוה"כ של שנת היובל שצ"ל מלכיות זכרונות ושופרות ביובל כדרך שאומרים בר"ה מעכבות זו את זו מ"ט א"ר רבא אמר הקב"ה לישראל אמרו לפני בר"ה מלכיות זכרונות ושופרות. מלכיות שתמליכוני עליכם. זכרונות כדי שיבא זכרוניכם לפני לטובה ובמה בשופר. נמצאת למד שעל ברכות שיש עמהן תקיעות קתני שמעכבות זו את זו. ב) מהא דתניא מנין שבשופר ת"ל והעברת שופר תרועה בחדש השביעי שאין ת"ל בחדש השביעי שכבר נאמר ביום הכפורים תעבירו שופר מה ת"ל עוד בחדש השביעי ללמדך שכל תרועות של חדש השביעי בשופר וכתיב ביה בר"ה בחדש השביעי באחד לחדש יהיה לכם שבתון זכרון תרועה וגו'. ומנין שפשוטה לפניה שנאמר והעברת שופר תרועה לשון העברה היא פשוטה והיא התקיעה וכתיב והעברת שופר ואח"כ תרועה ומנין שפשוטה [לאחריה] כלומר ומנין כי צריך תקיעה לאחר התרועה שנאמר ביום הכפורים תעבירו שופר אחר שכתב והעברת שופר תרועה חזר וכתב תעבירו שופר נמצאת כתובה ביובל ותקיעה לפניה ותקיעה לאחריה ומדכתיב בחדש השביעי ילפינן שכל תרועות של חדש השביעי [שוות] והן

מתשעה בני אדם כאחד לא יצא. כך כתוב בספרים והקשה בקונטרס אמאי לא יצא הא אסיקנא לעיל דתרי קלי מתרי גברי משתמעי ופי' דגרסינן בתוספתא מתשעה בני אדם כאחד יצא ואפי' בסרוגין ונראה לקיים גרסת הספרים מתשעה בני אדם כאחד לא יצא משום דאין כאן בתרועה פשוטה לפניה ופשוטה לאחריה כיון שהכל ביחד והשתא גרס שפיר תקיעה מזה ותרועה מזה יצא דהיינו זה אחר זה ובסרוגין פי' סרוגין הפסקות הרבה שתוקע ומפסיק ושוהה לעשות התרועה עד לאחר שעה: **לדידי** לא סבירא לי. כלומר שהוא צריך לחזור לראש כששהה כדי לגמור כולה ולא שיהא צריך להפסיק כשמגיע למבואות המטונפות אלא מניח ידו על פיו וקורא ק"ש כדאמר ר' יוחנן בפרק מי שמתו (ברכות דף כד:) והיה נראה דקי"ל כוותיה כששהה כדי לגמור כולה דאין חוזר לראש אע"ג דפליגי עליה רב ושמואל בפרק הקורא את המגילה למפרע (מגילה דף יח:) דקי"ל כרבי יוחנן לגבי רב ושמואל כדמוכח בפ' מי שהוציאוהו (עירובין דף מז:) ומיהו כיון דרבי אבהו פליג היה קצת נראה לפסוק כמותו דהוא בתרא ואע"ג דאשכחנא רב יוסף בההיא דמגילה (שם:) דקאמר נקוט דרב ביבי בידך דרב אמר אין הלכה כרבי מונא ושמואל אמר הלכה כר' מונא לאו משום דלהוי הלכה כרב באיסורי קאמר הכי אלא האמת אומר דשמעינן ליה לשמואל דחייש ליחידאה וגם בפרק מי שמתו (ברכות דף כב:) גבי היה עומד בתפלה ומים שותתין על ברכיו דפליגי רב חסדא ורב המנונא ומסיק רב אשי דכ"ע אם שהה חוזר לראש והכא בדלא שהה ט) וקשה הדבר מאד שהצבור בבהכ"נ בי"ט אומרים אמת ויציב וממתינין לש"ץ ושותקים עד שיגמור זולתות ומי כמוך שאומר בגאולה ומיהו היכא דאין שוהין כדי לגמור כולה מתחלתה עד סוף אין לחוש י) (כדאביי) בפ' הקורא את המגילה למפרע (דף יח:) ולא כ) (כרב יוסף) דאמר מהיכא דקאי לסיפא דאם כן נתת דבריך לשעורין וצריך לדקדק בתקיעות משום דאמר רב כהנא בפ' החליל (סוכה נג: ושם) אין בין תקיעה לתרועה ותקיעה ולא כלום כרבי יהודה דאמר שלשתן מלוה אחת וכי קאמר התם דוקא באמצע תקיעה תרועה תקיעה אבל בין קר"ק לקר"ק יכול לשהות פחות מכדי לגמור קר"ק ולרבנן דחשבי תקיעה בפני עצמה ותרועה בפני עצמה אין לשהות בין זה לזה כדי תקיעה אחת או תרועה אחת: **כך** מוציא את הבקי. מכאן פסק בה"ג דיחיד שטעה ולא הזכיר של ראש חדש יכוין לבו לתפלתו של שליח צבור מתחלה עד סוף ויוצא אע"פ שהוא בקי ואין ראיה מכאן דהא מסקינן רשב"ג אומר אינו מוציא אלא עם שבשדות דאניסי במלאכה ואינן יכולין להסדיר תפלתם אבל דעיר לא ומיהו בקונטרס משמע לקמן שרוצה לפרש בשלא כוון לבו לבהכ"נ ולא שמע תפלה וכן משמע דומיא דההיא דברכת כהנים ולפירוש זה מצינו למימר דבצבור היכא דשמעו יוצאין וכן משמע בפרק תפלת השחר (ברכות דף כט.) דאמר רב אסי טעה ולא הזכיר גבורות גשמים בתחיית המתים מחזירין אותו שאלה בברכת השנים אין מחזירין אותו וכו' מיתיבי טעה ולא הזכיר כו' שאלה בברכת השנים מחזירין אותו כו' ומשני הא ביחיד הא בצבור אי הכי מפני ששומעה משליח צבור מיבעי ליה ומסיק אידי ואידי ביחיד הא דאידכר קודם שומע תפלה הא דלא אידכר קודם שומע תפלה משמע דבצבור יוצא על ידי ש"ץ ואפי' לפי מה שפירש עם שבשדות ששומעין משליח צבור יוצאין אבל דעיר לא יש לחלק בין היכא דהתפלל וטעה להיכא דלא התפלל כלל [וע"ע תוס' ברכות כט: ד"ה טעה]:

תשע תקיעות בתשע שעות ביום יצא תניא נמי הכי שמע תשע תקיעות בתשע שעות ביום יצא ממ' בני אדם כאחד [לא יצא] תקיעה מזה ותרועה מזה יצא ואפי' בסירוגין ואפי' כל היום כולו ומי אמר רבי יוחנן הכי והאמר ר' יוחנן משום ר' שמעון בן יהוצדק בהלל ובמגילה אם שהה כדי לגמור את כולה חוזר לראש לא קשיא הא דידיה הא דרביה ודידיה לא והא ר' אבהו הוה שקיל ואזיל בתריה דר' יוחנן והוה קרי קריאת שמע כי מטא למבואות מטונפות אישתיק בתר דחליף אמר ליה מהו לגמור א"ל אם שהית כדי לגמור את כולה חזור לראש הכי קאמר ליה לדידי לא סבירא לי לדידך דסבירא לך אם שהית כדי לגמור את כולה חזור לראש ת"ר תקיעות אין מעכבות זו את זו ברכות אין מעכבות זו את זו תקיעות וברכות של ר"ה ושל יוה"כ מעכבות מ"ט אמר רבה אמר הקב"ה אמרו לפני בר"ה מלכיות זכרונות ושופרות מלכיות כדי שתמליכוני עליכם זכרונות כדי שיבא לפני זכרוניכם לטובה ובמה בשופר: מי שבירך ואח"כ נתמנה לו שופר תוקע ומריע ותוקע: טעמא דלא הוה ליה שופר מעיקרא הא הוה ליה שופר מעיקרא כי שמע להו אסדר ברכות שמע להו רב פפא בר שמואל קם לצלויי אמר ליה לשמעיה כי נהירנא לך תקע לי אמר ליה רבא לא אמרו אלא בחבר עיר תניא נמי הכי כשהוא שומען שומען על הסדר ועל סדר ברכות במה דברים אמורים בחבר עיר אבל שלא בחבר עיר שומען על הסדר ושלא על סדר ברכות ויחיד שלא תקע חבירו תוקע לו ויחיד שלא בירך אין חבירו מברך עליו ומצוה בתוקעין יותר מן המברכין כיצד שתי עיירות באחת תוקעין ובאחת מברכין הולכין למקום שתוקעין ואין הולכין למקום שמברכין פשיטא הא דאורייתא הא דרבנן לא צריכא דאף על גב דהא ודאי והא ספק: כשם ששליח צבור חייב כך כל יחיד ויחיד וכו': תניא אמרו לו לרבן גמליאל לדבריך למה צבור מתפללין אמר להם כדי להסדיר שליח צבור תפלתו אמר להם רבן גמליאל לדבריכם למה שליח צבור יורד לפני התיבה אמרו לו כדי להוציא את שאינו בקי אמר להם כשם שמוציא את שאינו בקי כך מוציא את הבקי אמר רבה בר בר חנה אמר ר' יוחנן מודים חכמים לרבן גמליאל ורב אמר עדיין היא מחלוקת שמעה [רבי] חייא בריה דרבה בר נחמני אזל אמרה לשמעתא קמיה דרב דימי בר חיננא אמר ליה הכי אמר רב עדיין היא מחלוקת אמר ליה רבה בר בר חנה נמי הכי קאמר כי אמר רבי יוחנן להא שמעתא אפליג עליה ריש לקיש ואמר עדיין היא מחלוקת ומי אמר רבי יוחנן הכי והאמר רבי חנה ציפוראה אמר רבי יוחנן הלכתא כרבן גמליאל מכלל דפליגי
כי

תשע תקיעות. תרועות נמי קאמר: מתשעה בני אדם כאחד לא יצא. תרי קלי לא משתמעי כך פירושה לפי מה שכתוב בספרים ולאו מלתא היא דהא אוקימנא (לעיל דף כז.) תרי קלי מתרי גברי משתמעי (א) וה"ג לה בתוספתא מתשעה בני אדם כאחד יצא ואפי' בסירוגין ואפילו כל היום כולו ולא גרסינן תקיעה מזה ותרועה מזה יצא דהיינו ריש' ולאו גרסינן לה הכי הוא דגרסי' מט' בני אדם כאחד יצא תקיעה מזה ותרועה מזה יצא ואפי' בסירוגין כו': אם שהה. בסירוגו כדי לגמור את כולו חוזר: לדידי לא סבירא לי. מה שהספקת דאית ליה לר' יוחנן במסכת ברכות (דף כד:) היה קורא קריאת שמע והגיע למבואות מטונפות מניח ידו על פיו וקורא ולא סבירא לי נמי דמשום ששהה יהא צריך לחזור: לדידך דסבירא לך. ואתה חולק עלי בשמיתן דכיון דקא בעית מהו לגומרה מכלל דסבירא לך סירוגין מעכבי קריי' ומבעיא לך בכמה הוי סירוגין: תקיעות. וברכות דעלמא כגון תעניות אין מעכבין זו את זו אם בירך ולא תקע: מי שבירך כו': כי נהירנא לך. לסימן שסיימתי הברכה: אלא בחבר עיר. חבורת צבור אבל יחיד מברך את כולו ואח"כ תוקע תשע תקיעות: דהא ודאי והא ספק. ודאי הוא לו שאם ילך אצל המברכין ימצא שם עשרה ויתפלל ש"צ ויוציאנו ידי חובתו ואם ילך אצל התוקעין שמא כבר עמדו והלכו לביתם: כשם שש"צ וכו': למה צבור מתפללים. בלחש: מודים חכמים. אחר שנחלקו חזרו והודו: אמר ליה. ר' חייא לרב דימי: רבה בר בר חנה נמי. דמריה דשמעתא הוא: הכי קאמר. שנחלקו על רבן יוחנן כשאמר כן:

אילימא

תרועה של ר"ה כתרועת היובל ובשופר ומנין לשלש של שלש שלש שנאמר והעברת שופר תרועה ובר"ה כתיב שבתון זכרון תרועה ועוד כתיב בעניינא דמוספים בר"ה יום תרועה יהיה לכם וגמרי יובל מר"ה ור"ה מיובל שביעי שביעי לגז"ש וכאילו ג' תרועות כתיבי בכל חד וחד וכל תרועה יש תקיעה לפניה ויש תקיעה לאחריה נמצאו בר"ה שלש תרועות וכל תרועה תקיעה לפניה ותקיעה לאחריה. הרי שלש של שלש שלש וכן ביובל חייבין לומר מלכיות זכרונות ושופרות וג' תקיעות בכל אחת ואחת. ואקשינן האי תנא מעיקרא גמר תרועה של ר"ה מן היובל בהיקישא. מה ת"ל בחדש השביעי שיהו כל תרועות של חדש השביעי כזה כזה כדאמרינן והשתא הדר מייתי לה בגז"ש ופרקינן אי לאו גז"ש הוה מייתינא לה בהקישא השתא דאתאי ג"ש שהיא גמרא כדקיימא לן אדם דן ק"ו מעצמו ואין אדם דן גז"ש מעצמו אלא אם כן קיבל אותה מרבו ג"ש עדיפא מהקישא. והאי תנא מייתי לה כי פשוטה לפניה ותקיעה לאחריה ממדבר ומדכתיב ובהקהיל את הקהל תתקעו ולא תריעו. למדנו שהתקיעות זולתי התרועה. ואין לי שצריך בענין הזה כל תרועה צריכה תקיעה לפניה ותקיעה לאחריה אלא במדבר. בר"ה מנין ת"ל תרועה תרועה לגז"ש נאמר תרועה במדבר ונאמר תרועה בר"ה מה תרועה האמור במדבר תקיעה לפניה ותקיעה לאחריה אף תקיעה האמורה בר"ה כן הא כיצד שלש תרועות בר"ה שתים מדברי תורה ואחת מדברי סופרים שבתון זכרון תרועה והעברת שופר תרועה מדברי תורה ואחת מדברי סופרים יום תרועה יהיה לכם לתלמודו בא ולא סלקא סוגיא דשמעתא בהכי ויש נוסחאות אחרות כך הא כיצד ג' תרועות שהן ט' בר"ה ב' זכרון תרועה ויום תרועה יהיה לכם מדברי תורה והעברת שופר תרועה מדברי סופרים כלומר בגז"ש גמר לה מיובל ולא בר"ה עצמה כתוב. ר' שמואל בר נחמני אומר אחת מדברי תורה שבתון זכרון תרועה ושתים מדברי סופרים והעברת שופר תרועה נמי מדברי סופרים היא כדאמרן אבל יום תרועה יהיה לכם לתלמודו הוא בא ללמד כי תקיעת שופר ביום ולא בלילה ואידך הת"ק דר' שמואל בר נחמני נפקא ליה כי תקיעת שופר בר"ה ביום ולא בלילה מדכתיב ביוה"כ תעבירו שופר בכל ארצכם ואקשי' אי מיום הכפורים יליף לילף מיניה לפשוטה לפניה ולאחריה אמאי יליף לה ממדבר ופריק והעברת תעבירו לא משמע כלומר זה פשוטה היא אלא כדרב מתנא בא דאמר בעניין הרחיב את הקצר וקיצר את הרחב פסול שנאמר והעברתו דרך העברתו בעינן בלא שינוי וכבר פירשנוהו שם תעבירו שופר מאי קאמר רחמנא עבריה בי"ד ותנא דגמר לה בגז"ש אמר לך רב מתנא מדשני קרא בדיבוריה הוה ליה למכתב ותתקע שופר תרועה שינה וכתב והעברת תלמוד ממנה זה וזה אבל תעבירו ביד לא יתכן למימר דגמרינן מהעברה דכתיב ויצו משה ויעבירו קול במחנה לאמר מה להלן העברה בקול היא אף כאן העברת שופר בקול היא ואקשינן תוב האי תנא דמייתי לה ממדבר אי מה במדבר חצוצרות אף בר"ה חצוצרות ת"ל תקעו בחדש שופר בכסא ליום חגנו איזהו חג שהחדש מתכסה בו הוי אומר זה ר"ה וקאמר רחמנא שופר. מי שאינו יודע הברכות תוקע ויוצא ידי חובתו ומי שאין לו שופר מברך ויוצא ידי חובה דהא בר"ה שחל להיות בשבת מברכין ואין תוקעין. אבל ברכות זו את זו מעכבות. דתניא ברכות של ר"ה ושל יוה"כ מעכבות זו את זו: ירושלמי אי זו היא תרועה ר' חנינא ור' מנא חד אמר כהדין טרימוטא וחד אמר תרין דקיקין ר' חנניא חשש להדא דר' מנא
וכן

א) [תוספ' פ"ב] סוכה נ. ערכין י., ב) ברכות כד:, ג) [עמ"ש תוס' לעיל לג: סד"ה שיעור], ד) לעיל טז., ה) פ"א נחירנא, ו) [ועי' בפרש"י אלפסין], ז) [תוספ' פ"ב], ח) [שבת קו: וש"נ], ט) [ועי' תוס' ברכות כב: ד"ה אלא], י) [נ"ל כרב יוסף], כ) [נ"ל כאביי].

הגהות הב"ח

(א) רש"י ד"ה מתשעה בני אדם כאחד כו' מתרי גברי משתמעי. נ"ב היינו בשופר שהוא סביב כדמסיק לעיל דדוקא תרתי בעינן מתרי גברי וגם חביב וק"ל ועי' לעיל דף כז:

ליקוטי רש"י

תשע תקיעות. האמורות בראש השנה מן התורה שלש למלכיות ושלש לזכרונות ושלש לשופרות כדאמרינן בראש השנה (לד.) והאי דעבדינן טפי משום ספיקא דתרועה הוא דלא ידעינן אי גנוחי הוא אי ילולי הוא [סוכה נג:]. שלש של מלכיות וג' של זכרונות וג' של שופרות. בתשע שעות. ששהה שעה בין כל אחת ואחת יצא [ערכין י.]. חבר עיר. חבורת העיר אבל לא ליחיד [ברכות ל.]. חבורת עיר שיש שם רבים [חולין צד.].

חשק שלמה על ר"ח

א) אולי צ"ל כגון תקיעות שבתמיד דכתיב ותקעתם כו' ואולי צ"ל ג"כ כגון תקיעות שבתעניות. ב) נראה דרבינו היה גורס בגמרא ותקיעות מעכבות זו את זו והיה מנ"ל דתניא וכו' והיא הברייתא לעיל ל"ג ע"ב.

וְשֶׁל יוֹם הַכִּפּוּרִים מְעַכְּבוֹת – However, THE shofar BLASTS AND additional BLESSINGS OF ROSH HASHANAH, AND OF YOM KIPPUR in *Yovel,* ARE ESSENTIAL to each other.[12]

The latter rule is analyzed:

מַאי טַעְמָא – What is the reason that these are essential to each other on Rosh Hashanah, and on Yom Kippur of *Yovel?* אָמַר רַבָּה **– Rabbah said:** It was taught in a Baraisa:[13] אָמַר הַקָּדוֹשׁ בָּרוּךְ הוּא – THE HOLY ONE, BLESSED IS HE, SAYS: אִמְרוּ לְפָנַי בְּרֹאשׁ הַשָּׁנָה מַלְכֻיּוֹת זִכְרוֹנוֹת וְשׁוֹפָרוֹת – RECITE BEFORE ME ON ROSH HASHANAH [VERSES OF] KINGSHIP, REMEMBRANCE AND SHOFAR: מַלְכֻיּוֹת כְּדֵי שֶׁתַּמְלִיכוּנִי עֲלֵיכֶם – KINGSHIP [VERSES] SO THAT YOU MAY ACCEPT MY SOVEREIGNTY UPON YOURSELVES; זִכְרוֹנוֹת כְּדֵי שֶׁיָּבֹא לְפָנַי זִכְרוֹנֵיכֶם לְטוֹבָה – REMEMBRANCE [VERSES] SO THAT YOUR REMEMBRANCES SHOULD COME BEFORE ME FAVORABLY. וּבַמֶּה – AND WITH WHAT should these verses be recited? בְּשׁוֹפָר – WITH THE SHOFAR.[14]

The Mishnah stated:

מִי שֶׁבֵּירַךְ וְאַחַר כָּךְ נִתְמַנָּה לוֹ שׁוֹפָר – If ONE RECITED THE BLESSINGS of Mussaf without blowing, AND AFTERWARDS A SHOFAR BECAME AVAILABLE TO HIM, תּוֹקֵעַ וּמֵרִיעַ וְתוֹקֵעַ – HE SHOULD BLOW ***TEKIAH-TERUAH-TEKIAH*** three times.

The Gemara draws an inference from this ruling:

טַעְמָא דְּלָא הֲוָה לֵיהּ שׁוֹפָר מֵעִיקָּרָא **– The reason** he blows afterwards **is that he did not have a shofar originally,** הָא הֲוָה לֵיהּ שׁוֹפָר מֵעִקָּרָא **– but if he did have a shofar originally,** כִּי שָׁמַע לְהוּ – then **when should he hear [the shofar blasts]** – אַסֵּדֶר בְּרָכוֹת שָׁמַע לְהוּ **– he should hear them within the order of the blessings!**[15]

A related incident is cited:

רַב פָּפָּא בַּר שְׁמוּאֵל קָם לְצַלּוּיֵי **– Rav Pappa bar Shmuel arose to pray** in private on Rosh Hashanah. אָמַר לֵיהּ לְשַׁמָּעֵיהּ **– He said to his attendant:** כִּי נְהִירְנָא לָךְ **– When I signal to you**[16] that I have completed each blessing, תְּקַע לִי **– sound** the shofar **for me.** אָמַר לֵיהּ רָבָא **– Rava said to him:** לֹא אָמְרוּ אֶלָּא בְּחֶבֶר עִיר **– They said** to integrate the shofar blasts with the blessings **only in** the prayer of **the congregation.** One who prays privately does not do this.[17]

The Gemara supports Rava's opinion:

תַּנְיָא נַמִּי הָכִי **– It was taught similarly in a Baraisa:** כְּשֶׁהוּא שׁוֹמְעָן – WHEN ONE HEARS [THE SHOFAR BLASTS], שׁוֹמְעָן עַל הַסֵּדֶר – HE SHOULD HEAR THEM IN THE proper ORDER,[18] וְעַל סֵדֶר בְּרָכוֹת – AND integrated WITHIN THE ORDER OF THE BLESSINGS. בַּמֶּה דְּבָרִים אֲמוּרִים – REGARDING WHAT WAS THIS STATED? בְּחֶבֶר עִיר – REGARDING the prayer of THE CONGREGATION. אֲבָל שֶׁלֹּא בְּחֶבֶר עִיר – BUT one who prays WITHOUT A CONGREGATION שׁוֹמְעָן עַל הַסֵּדֶר וְשֶׁלֹּא עַל סֵדֶר בְּרָכוֹת – HEARS [THE SHOFAR BLASTS] IN THE proper ORDER, BUT NOT WITHIN THE ORDER OF THE BLESSINGS. וְיָחִיד שֶׁלֹּא תָקַע – AND concerning AN INDIVIDUAL WHO DID NOT SOUND the shofar, חֲבֵירוֹ תּוֹקֵעַ לוֹ – HIS FELLOW MAY SOUND it FOR HIM.[19] וְיָחִיד שֶׁלֹּא בֵּירַךְ – BUT as for AN INDIVIDUAL WHO DID NOT RECITE THE PRAYER,[20] אֵין חֲבֵירוֹ מְבָרֵךְ עָלָיו – HIS FELLOW CANNOT RECITE it FOR HIM.[21] וּמִצְוָה בְּתוֹקְעִין יוֹתֵר מִן

NOTES

are not essential to each other. That is, if a community is able to do one but not the other, it should do the one that it is able to (*Rashi,* as elucidated by *Rosh*). Thus, the Baraisa states only one law.

Others explain the Baraisa as stating two laws: The trumpet blasts are not essential to each other, and the six extra blessings are not essential to each other. I.e. if the *sh'liach tzibur* is familiar with only some of the blessings, or is able to blast *tekiah* but not *teruah,* he should do that which he can. Even the partial recitation of the blessings or sounding of the trumpet blasts is a worthwhile accomplishment (*Ritva, Rosh* et al.). The text strongly supports the latter explanation, leading to the impression that *Rashi* had a variant text (*Meromei Sadeh;* indeed, *Piskei Rid* has a reading that accords with *Rashi's* explanation).

12. According to *Rashi,* the meaning seems to be that the Kingship, Remembrance and Shofaros blessings, and the shofar blasts, must accompany *each other.* If the blessings are recited without shofar blasts, or the shofar is sounded without the blessings, *neither* obligation has been fulfilled (*Tosafos* to 33b end of ד״ה שיעור, *Rosh;* see also *Raavad, Hil. Shofar* 3:13). The Rishonim object strongly to this interpretation, noting that the Gemara states explicitly below that one who is faced with a choice between hearing the shofar and hearing the extra blessings of Mussaf should choose to hear the shofar. Clearly, these two things are not essential to each other! The Rishonim therefore explain this clause of the Baraisa as stating two laws, in conformance with their explanation of the first clause: The three extra blessings are essential to each other, and the various shofar blasts are essential to each other. Thus, someone who is familiar with only one or two of the blessings should not recite them, and someone who can blow the *tekiah* but not the *teruah* should not blow it. The Rosh Hashanah blessings (Kingship, Remembrance, Shofaros) and shofar blasts (*tekiah, teruah, tekiah*) are each integral units. However, the blessings and shofar blasts are not essential to *each other* – each is an independent mitzvah (*Tosafos* ibid.; *Rosh, Ran* et al.; see also 32a end of note 50). [However, the *tekiah, teruah, tekiah* and *tekiah, shevarim, tekiah* sets are separate units that are not essential to each other (*Ran*).] See *Yom Teruah* and *Aruch LaNer* for defenses of *Rashi's* explanation.

13. See above, 16a.

14. See 16a note 26. According to *Rashi,* this explains the Baraisa's rule that the blessings and shofar blasts are essential to *each other.* According to the explanation that the Baraisa states two rules, Rabbah's dictum explains only why the three blessings are essential to each other. The reason the shofar blasts are essential to each other is that it is derived from Scripture (on 34a) that each *teruah* must be preceded and followed by a *tekiah.* However, this applies only on Rosh Hashanah, and Yom Kippur of *Yovel.* The trumpet blasts of fast days are Rabbinically ordained, so it is possible to sound a *tekiah* without a *teruah* and vice versa (*Ritva*).

15. This was stated explicitly in the Mishnah on 32a. However, that Mishnah refers to the *sh'liach tzibur's* communal prayer. Our Mishnah seems to refer to an individual who prayed privately and could not acquire a shofar until later. This implies that ideally even one who prays privately should hear the shofar in the middle of his prayer (*Yom Teruah;* cf. *Rashash*).

16. An alternative reading is כִּי נָחִירְנָא לָךְ, *when I snort to you* (*Hagahos R' Yaakov Emden*).

17. He should not interrupt his prayer with the shofar blasts, even if someone else is prepared to sound them for him (*Tur* and *Shulchan Aruch, Orach Chaim* §592:2; cf. *Meiri; Radvaz* §347 cited by *Shaarei Teshuvah, Orach Chaim* loc. cit.). Rather, he hears them after he has concluded his prayer (*Rashi*). Accordingly, when our Mishnah implies that one who has a shofar blows earlier, it must refer to a *sh'liach tzibur,* who blows during the prayer (*Yom Teruah;* see also *Ramban, Derashah for Rosh Hashanah; Rashba* to 32b ד״ה מאי שנא דהשני מתקיע).

Others maintain that one who prays privately should hear the shofar *before* praying Mussaf. Thus, when the Mishnah implies that ideally one should not wait until after his prayer to hear the shofar, it refers even to a private individual (*Kol Bo,* cited by *Beis Yosef* and *Rama, Orach Chaim* 592:2; see *Beur HaGra* ad loc., *Yom Teruah;* and *Sfas Emes*).

[See *Avnei Nezer, Orach Chaim* 445-446, for discussion of the custom in some communities to sound the shofar during the congregation's silent prayer.]

18. I.e. first *tekiah,* then *teruah* and then *tekiah* again, three times (*Ran;* cf. *Rashi* to *Rif* and *Beur HaGra, Orach Chaim* 588:2).

19. The mitzvah of shofar is like many other mitzvos in that a person may fulfill his obligation through the action of another on his behalf (*Tur Orach Chaim* §594; see above, end of 29a). [The implication is that the mitzvah of shofar requires one to *sound* the blasts, not merely to hear them. However, see *Tur Orach Chaim* 585:2, who states that the mitzvah is to *hear* the blasts. For further discussion, see *Pnei Yehoshua, Teshuvos Maharam Alashkar* §9, *Shaagas Aryeh* §6, *Yom Teruah* to 29a, and *Lechem Mishneh, Hil. Shofar* 1:1. See also above, 28b, and *Kehillos Yaakov* §6.]

20. [Literally: the blessings.]

21. The listener cannot fulfill his prayer obligation with his fellow's recitation, even if the fellow intends for the listener as well as himself. Every individual is expected to beseech God on his own behalf, rather than through an agent (*Ran*). [*Ran* adds that this applies only to one who

תשע תקיעות בתשע שעות ביום יצא תניא נמי הכי שמע תשע תקיעות בתשע שעות ביום יצא מתשעה בני אדם כאחד [לא יצא] תקיעה מזה ותרועה מזה יצא ואפי' בסירוגין ואפי' כל היום כולו ומי אמר רבי יוחנן הכי והאמר ר' יוחנן משום ר' שמעון בן יהוצדק בהלל ובמגילה אם שהה כדי לגמור את כולה חוזר לראש לא קשיא הא דידיה הא דרביה ודידיה לא והא ר' אבהו הוה שקיל ואזיל בתריה דר' יוחנן והוה קרי קריאת שמע כי מטא למבואות מטונפות אישתיק בתר דחליף אמר ליה מהו לגמור א"ל אם שהית כדי לגמור את כולה חזור לראש הכי קאמר ליה לדידי לא סבירא לי לדידך דסבירא לך אם שהית כדי לגמור את כולה חזור לראש ת"ר תקיעות אין מעכבות זו את זו ברכות אין מעכבות זו את זו תקיעות וברכות של ר"ה ושל יוה"כ מעכבות מ"ט אמר רבה אמר הקב"ה אמרו לפני בר"ה מלכיות זכרונות ושופרות מלכיות כדי שתמליכוני עליכם זכרונות כדי שיבא לפני זכרוניכם לטובה ובמה בשופר: מי שבירך ואח"כ נתמנה לו שופר תוקע ומריע ותוקע: טעמא דלא הוה ליה שופר מעיקרא הא הוה ליה שופר מעיקרא כי שמע להו אסדר ברכות שמע להו רב פפא בר שמואל קם לצלויי אמר ליה לשמעיה כי נהירנא לך תקע לי אמר ליה רבא לא אמרו אלא בחבר עיר תניא נמי הכי כשהוא שומען שומען על הסדר ועל סדר ברכות במה דברים אמורים בחבר עיר אבל שלא בחבר עיר שומען על הסדר ושלא על סדר ברכות ויחיד שלא תקע חבירו תוקע לו ויחיד שלא בירך אין חבירו מברך עליו ומצוה בתוקעין יותר מן המברכין כיצד שתי עיירות באחת תוקעין ובאחת מברכין הולכין למקום שתוקעין ואין הולכין למקום שמברכין פשיטא הא דאורייתא הא דרבנן לא צריכא דאף על גב דהא ודאי והא ספק: כשם ששליח צבור חייב כך כל יחיד ויחיד וכו': תניא אמרו לו לרבן גמליאל לדבריך למה צבור מתפללין אמר להם כדי להסדיר שליח צבור תפלתו אמר להם רבן גמליאל לדבריכם למה שליח צבור יורד לפני התיבה אמרו לו כדי להוציא את שאינו בקי אמר להם כשם שמוציא את שאינו בקי כך מוציא את הבקי אמר רבה בר בר חנה אמר ר' יוחנן מודים חכמים לרבן גמליאל ורב אמר עדיין היא מחלוקת שמעה [רבי] חייא בריה דרבה בר נחמני אזל אמרה לשמעתא קמיה דרב דימי בר חיננא אמר ליה הכי אמר רב עדיין היא מחלוקת אמר ליה רבה בר בר חנה נמי הכי קאמר כי אמר רבי יוחנן להא שמעתא אפליג עליה ריש לקיש ואמר עדיין היא מחלוקת ומי אמר רבי יוחנן הכי והאמר רבי חנה ציפוראה אמר רבי יוחנן הלכתא כרבן גמליאל הלכתא מכלל דפליגי

כי

תוספות

מתשעה בני אדם כאחד לא יצא. כך כתוב בספרים והקשה בקונטרס אמאי לא יצא הא אסיקנא לעיל דתרי קלי מתרי גברי משתמעי ופי' דגרסינן בתוספתא מתשעה בני אדם כאחד יצא ואפי' בסרוגין ונראה לקיים גרסת הספרים מתשעה בני אדם כאחד לא יצא משום דאין כאן בתרועה פשוטה לפניה ופשוטה לאחריה כיון שהכל ביחד והשתא גרס שפיר תקיעה מזה ותרועה מזה יצא דהיינו זה אחר זה וסרוגין פי' סרוגין הפסקות הרבה שתוקע ומפסיק ושוהה לעשות התרועה עד לאחר שעה: **לדידי** לא סבירא לי. כלומר שהוא צריך לחזור לראש כששהה כדי לגמור כולה ולא שיהא צריך להפסיק כשמגיע למבואות המטונפות אלא מניח ידו על פיו וקורא ק"ש כדאמר ר' יוחנן בפרק מי שמתו (ברכות דף כד:) והיה נראה דקי"ל כוותיה כששהה כדי לגמור כולה דאין חוזר לראש אע"ג דפליגי עליה רב ושמואל בפרק הקורא את המגילה למפרע (מגילה דף יח:) דקי"ל כרבי יוחנן לגבי רב ושמואל כדמוכח בפ' מי שהוציאוהו (עירובין דף מז:) ומיהו כיון דרבי אבהו פליג היה קצת נראה לפסוק כמותו דהוא בתרא ואע"ג דאשכחנא רב יוסף בההיא דמגילה (שם:) דקאמר נקוט דרב בידי בידך דרב אמר אין הלכה כרבי מונא ושמואל אמר הלכה כר' מונא לאו משום דלהוי הלכה כרב באיסורי קאמר הכי אלא האמת אומר דשמעינן ליה לשמואל דחייש ליחידאה וגם בפרק מי שמתו (ברכות דף כב:) גבי היה עומד בתפלה ומים שותתין על ברכיו דפליגי רב חסדא ורב המנונא ומסיק רב אשי דכ"ע אם שהה חוזר לראש והכא בדלא שהה וקשה הדבר מאד שהצבור בבהכ"נ בי"ט אומרים אמת ויציב וממתינין לש"ץ ושותקים עד שיגמור זולתות ומי כמוך שאומר בגאולה ומיהו היכא דאין שוהין כדי לגמור כולה מתחלתה עד סוף אין לחוש (כדאביי) בפ' הקורא את המגילה למפרע (דף יח:) ולא (כרב יוסף) דאמר מהיכא דקאי לסיפא דאם כן נתת דבריך לשעורין וצריך לדקדק בתקיעות משום דאמר רב כהנא בפ' החליל (סוכה נג: ושם) אין בין תקיעה לתרועה ותקיעה ולא כלום כרבי יהודה דאמר שלשתן מלוה אחת וכי קאמר התם דוקא באמצע תקיעה תרועה תקיעה אבל בין קר"ק לקר"ק יכול לשהות פחות מכדי לגמור קר"ק ולרבנן דחשבי תקיעה בפני עצמה ותרועה בפני עצמה אין לשהות בין זה לזה כדי תקיעה אחת או תרועה אחת: **כך** מוציא את הבקי. מכאן פסק בה"ג דיחיד שטעה ולא הזכיר של ראש חדש יכוין לבו לתפלתו של שליח צבור מתחלה עד סוף ויוצא אע"פ שהוא בקי ואין ראיה מכאן דהא מסקינן רשב"ג אומר אינו מוציא אלא עם שבשדות דאניסי במלאכה ואינן יכולין להסדיר תפלתם אבל דעיר לא ומיהו בקונטרס משמע לקמן שרוצה לפרש בשלא כוון לבו לבהכ"נ ולא שמע תפלה וכן משמע דומיא דההיא דברכת כהנים ולפירוש זה מצינו למימר דבצבור היכא דשמעו יוצאין וכן משמע בפרק תפלת השחר (ברכות דף כט.) דאמר רב אסי טעה ולא הזכיר גבורות גשמים בתחיית המתים מחזירין אותו שאלה בברכת השנים אין מחזירין אותו וכו' מיתיבי טעה ולא הזכיר כו' שאלה בברכת השנים מחזירין אותו כו' ומשני הא ביחיד הא בצבור אי הכי מפני ששומעה משליח צבור מיבעי ליה ומסיק אידי ואידי ביחיד הא דאיכא למידכר קודם שומע תפלה הא דלא אדכר קודם שומע תפלה משמע דבצבור יוצא על ידי ש"צ ואפי' לפי מה שפירש עם שבשדות ששומעין משליח צבור יוצאין אבל דעיר לא יש לחלק בין היכא דהתפלל וטעה להיכא דלא התפלל כלל [וע"ע תוס' ברכות כט: ד"ה טעה]:

אילימא

רש"י

תשע תקיעות. תרועות נמי קאמר: מתשעה בני אדם כאחד לא יצא. הרי קלי לא משתמעי כך פירושה לפי מה שכתוב בספרים ולאו מלתא היא דהא אוקימנא (לעיל דף כז.) תרי קלי מתרי גברי משתמעי (א) וה"ג לה בתוספתא מתשעה בני אדם כאחד יצא ואפי' בסירוגין ואפילו כל היום כולו ולא גרסינן תקיעה מזה ותרועה מזה יצא דהיינו רישא ואי גרסינן לה הכי הוא דגרסי' מט' בני אדם כאחד תקיעה מזה ותרועה מזה יצא ואפי' בסירוגין כו': אם שהה. בסירוגו כדי לגמור את כולו חוזר: לדידי לא סבירא לי. מה שהפסקת דאית ליה לר' יוחנן במסכת ברכות (דף כד:) היה קורא קריאת שמע והגיע למבואות מטונפות מניח ידו על פיו וקורא ולא סבירא לי נמי דמשום ששהה יהא צריך לחזור: לדידך דסבירא לך. ואתה חולק עלי בשתיהן דכיון דקא בעית מהו לגומרה מכלל דסבירא לך סירוגין מעכבי קרייה ומבעיא לך בכמה הוי סירוגין: תקיעות. וברכות דעלמא כגון תעניות אין מעכבין זו את זו אם בירך ולא תקע: מי שבירך כו': כי נהירנא לך. לסימן שסיימתי הברכה: אלא בחבר עיר. חבורת צבור אבל יחיד מברך את כולו ואח"כ תוקע תשע תקיעות: דהא ודאי והא ספק. ודאי הוא לו שאם ילך אצל המברכין ימצא שם עשרה ויתפלל ש"צ ויוציאנו ידי חובתו ואם ילך אצל התוקעין שמא כבר עמדו והלכו לביתם: כשם שש"צ וכו': למה צבור מתפללים. בלחש: מודים חכמים. אחר שנחלקו עליו והודו: אמר ליה. ר' חייא לרב דימי: רבה בר בר חנה נמי. למריה לשמעתא הוא: הכי קאמר. שנחלקו על רבן יוחנן כשאמר כן:

עין משפט נר מצוה

נט א ב מיי' פ"ג מהל' שופר הל' ו סמג עשין מב טוש"ע א"ח סימן תקפח סעיף ג [רב אלפס כאן ובמגילה פ"ב דף רפא]:

ס ג מיי' פ"ב מהל' ק"ש הלכה יג סמג עשין יח טוש"ע א"ח סי' פה סעיף א וסי' עח וסי' פח סעיף א:

סא ד מיי' פ"ג מהל' שופר הל' י והלכה ח טוש"ע א"ח סי' תקצג סעיף א ב:

סב ה מיי' שם הלכה ז טוש"ע א"ח סי' תקצג סעיף א:

סג ו מיי' שם הל' יב טוש"ע שם סעיף ב:

סד ז טוש"ע א"ח סי' תקצה:

סה ח מיי' שם הל' יא טור ש"ע א"ח סי' תקצ:

רבינו חננאל

שמע ט' תקיעות בט' שעות יצא מט' בני אדם כאחד לא יצא בזה אחר זה יצא. תקיעה מזה ותרועה מזה זה אחר זה יצא ואפילו בסירוגין ואפי' כל היום כולו. והא דאמר ר' יוחנן משום ר' שמעון בן יהוצדק בהלל ובמגילה אם שהה כדי לגמור את כולה חוזר לראש. דחינן לה הכי ההיא דרביה היא. כלומר ולא סבירא ליה. ת"ר תקיעות אין מעכבות זו את זו כגון תקיעות שבת (א) ותקעתם בחצוצרות על עולותיכם וגו'. ברכות כגון ברכות של ק"ש וכיוצא בהן ובהני אמרי' ברכות אינן מעכבות זו את זו תקיעות וברכות של ר"ה ושל יוה"כ של שנת היובל שצ"ל מלכיות זכרונות ושופרות ביובל כדרך שאומרים בר"ה מעכבות זו את זו מ"ט אמר רבא אמר הקב"ה לישראל אמרו לפני בר"ה מלכיות זכרונות ושופרות. מלכיות שתמליכוני עליכם. זכרונות כדי שיבא זכרוניכם לפני לטובה ובמה בשופר. נמצאת למד שעל ברכות שיש עמהן תקיעות קתני שמעכבות זו את זו. ב) מהא דתניא מנין שבשופר ת"ל והעברת שופר תרועה בחדש השביעי שאין ת"ל בחדש השביעי שכבר נאמר ביום הכפורים תעבירו שופר מה ת"ל עוד בחדש השביעי ללמדך שכל תרועות של חדש השביעי בשופר וכתיב ביה בר"ה בחדש השביעי באחד לחדש יהיה לכם שבתון וגו'. ומנין שפשוטה לפניה שנאמר והעברת שופר תרועה לשון העברה היא פשוטה והיא התקיעה וכתיב והעברת שופר ואח"כ תרועה ומנין שפשוטה [לאחריה] כלומר ומנין כי צריך תקיעה לאחר התרועה שנאמר ביום הכפורים תעבירו שופר אחר שכתב והעברת שופר תרועה חזר וכתב תעבירו שופר נמצאת כתובה ביובל תרועה ותקיעה לפניה ותקיעה לאחריה ומדכתיב בחדש השביעי ילפינן שכל תרועות בחדש השביעי [שוות] והן

תרועה של ר"ה כתרועת היובל ובשופר ומנין לשלש של שלש שלש שנאמר והעברת שופר תרועה ובר"ה כתיב שבתון זכרון תרועה ועוד כתיב בעניינא דמוספים בר"ה יום תרועה יהיה לכם וגמרי יובל מר"ה ור"ה מיובל שביעי שביעי לגז"ש וכאילו ג' תרועות כתיבי בכל חד וחד וכל תרועה יש תקיעה לפניה ויש תקיעה לאחריה נמצאו בר"ה שלש תרועות וכל תרועה תקיעה לפניה ותקיעה לאחריה. הרי שלש של שלש שלש וכן ביובל חייבין לומר מלכיות זכרונות ושופרות וג' תקיעות בכל אחת ואחת. ואקשינן האי תנא מעיקרא גמר תרועות של ר"ה מן היובל בהיקישא. מה ת"ל בחדש השביעי שיהו כל תרועות של חדש השביעי כזה כדאמרינן והשתא הדר מייתי לה בגז"ש ופרקינן אי לאו גז"ש הוה מייתינא לה בהקישא השתא דאתאי ג"ש שהיא גמרא כדקיימא לן אדם דן ק"ו מעצמו ואין אדם דן גז"ש מעצמו אלא אם קיבל אותה מרבו ג"ש עדיפא מהקישא. והאי תנא מייתי לה כי כל תרועה תקיעה לפניה ותקיעה לאחריה ממדבר ומדכתיב ובהקהיל את הקהל תתקעו ולא תריעו. למדנו שהתקיעות זולתי התרועה. ואין לי שצריך בענין הזה כל תרועה צריכה תקיעה לפניה ותקיעה לאחריה אלא במדבר. בר"ה מנין ת"ל תרועה תרועה לגז"ש נאמר תרועה במדבר ונאמר תרועה בר"ה מה תרועה האמור במדבר תקיעה לפניה ותקיעה לאחריה אף תקיעה האמורה בר"ה כן הא כיצד שלש תרועות בר"ה שתים מדברי תורה ואחת מדברי סופרים שבתון זכרון תרועה והעברת שופר תרועה מדברי תורה ואחת מדברי סופרים יום תרועה יהיה לכם לתלמודו בא ולא סלקא סוגיא דשמעתא בהכי ויש נוסחאות אחרות כך הא כיצד ג' תרועות שהן ט' בר"ה ב' מדברי תורה שבתון זכרון תרועה ויום תרועה יהיה לכם מדברי תורה והעברת שופר תרועה מדברי סופרים כלומר בגז"ש גמר לה מיובל ולא בר"ה עצמה כתוב. ר' שמואל בר נחמני אומר אחת מדברי תורה שבתון זכרון תרועה מדברי תורה ושתים מדברי סופרים והעברת שופר תרועה נמי מדברי סופרים היא כדאמרן אבל יום תרועה יהיה לכם לתלמודו הוא בא ללמד כי תקיעת שופר ביום ולא בלילה ואידך הת"ק דר' שמואל בר נחמני נפקא ליה כי תקיעת שופר בר"ה ביום ולא בלילה מדכתיב ביוה"כ תעבירו שופר בכל ארצכם ואקשי' אי מיום הכפורים ילפינן לילף מיניה לפשוטה לפניה ולאחריה אמאי יליף לה ממדבר ופריק והעברת תעבירו לא משמע כלומר זה הלשון לא משמע כי פשוטה היא אלא כדרב מתנא בא דאמר בעניין הרחיב את הקצר וקיצר את הרחב פסול שנאמר והעברתו דרך העברתו בעינן בלא שינוי וכבר פירשנוהו שם תעבירו שופר מאי קאמר רחמנא עבריה ביד ותנא דגמר לה בג"ש אמר לך רב מתנא מדשני קרא בדיבוריה הוה ליה למכתב ותתקעו שופר תרועה שינה וכתב והעברת תלמוד ממנה זה וזה אבל תעבירו ביד לא יתכן למימר דגמרינן מהעברה דכתיב ויצו משה ויעבירו קול במחנה לאמר מה להלן העברה בקול היא אף כאן העברת שופר בקול היא ואקשינן תוב האי תנא דמייתי לה ממדבר אי מה במדבר חצוצרות אף בר"ה חצוצרות ת"ל תקעו בחדש שופר בכסא ליום חגנו איזהו חג שהחדש מתכסה בו הוי אומר זה ר"ה וקאמר רחמנא שופר. מי שאינו יודע הברכות תוקע ויוצא ידי חובתו ומי שאין לו שופר מברך הברכות ויוצא ידי חובה דהא בר"ה שחל להיות בשבת מברכין ואין תוקעין. אבל ברכות זו את זו מעכבות. דתניא ברכות של ר"ה ושל יוה"כ מעכבות זו את זו: **ירושלמי** אי זו היא תרועה ר' חנינא ור' מנא חד אמר כהדין טרימוטא וחד אמר תרין דקיקין ר' חנניא חשש על הדא דר' מנא

וכן

מסורת הש"ס

א) [תוספ' פ"ב] סוכה נד. ערכין י., ב) ברכות כד:, ג) [עמ"ש תוס' לעיל לג: סד"ה שיעור], ד) לעיל טז., ה) פ"ד נחירנא, ו) [וער' בפרש"י אלא אלפס], ז) [תוספ' פ"ב], ח) [שבת קו: וש"נ], ט) [וער' תוס' ברכות כט: ד"ה טעה], י) [צ"ל כרב יוסף], כ) [צ"ל כלוי].

הגהות הב"ח

(א) רש"י ד"ה מתשעה בני אדם כאחד כו' מתרי גברי משתמעי. נ"ב היינו בשופר שהוא חביב כדמסיק לעיל דדוקא תרתי בעינן מתרי גברי וגם חביב וק"ל וער' לעיל דף כז:

ליקוטי רש"י

תשע תקיעות. האמורות בראש השנה מן התורה שלש למלכיות תקיעה תרועה תקיעה ושלש לזכרונות ושלש לשופרות כדאמרינן בראש השנה (לד.) ואף דעבדינן טפי משום ספיקא דתרועה הוא דלא ידעינן אי גנוחי הוא אי ילולי הוא [סוכה נד.]. של מלכיות וג' של זכרונות וג' של שופרות. בתשע שעות. ששהה שעה בין כל אחת ואחת יצא [ערכין י.]. חבר עיר. חבורת העיר אבל לא ליחיד [ברכות ל.]. חבורות עיר שיש שם רבים [חולין צד.].

חשק שלמה על ר"ח

א) אולי צ"ל כגון תקיעות שבתמיד דכתיב ותקעתם כו' ואולי צ"ל כגון תקיעות שבתעניות. ב) נראה דרבינו היה גורס בגמרא ותקיעות מעכבות זו את זו מנ"ל דתניא וכו' והיא הברייתא לעיל ל"ג ע"ב.

הַמְבָרְכִין – AND it is A greater MITZVAH to be WITH THOSE WHO SOUND the shofar THAN WITH THOSE WHO PRAY on Rosh Hashanah. כֵּיצַד – HOW SO? שְׁתֵּי עֲיָירוֹת – If there are TWO CITIES near a person's residence, בְּאַחַת תּוֹקְעִין וּבְאַחַת מְבָרְכִין – and IN ONE city THEY WILL SOUND the shofar WHILE IN the other ONE THEY WILL RECITE THE PRAYER,[22] הוֹלְכִין לְמָקוֹם שֶׁתּוֹקְעִין – HE SHOULD GO TO THE PLACE WHERE THEY WILL SOUND the shofar וְאֵין הוֹלְכִין לְמָקוֹם שֶׁמְּבָרְכִין – AND SHOULD NOT GO TO THE PLACE WHERE THEY WILL RECITE THE PRAYER.[23]

The Gemara wonders about the necessity for this last ruling:

פְּשִׁיטָא – It is **obvious** that one should go the city where the shofar will be sounded! הָא דְאוֹרַיְיתָא הָא דְרַבָּנָן – **This [mitzvah]** of hearing the shofar **is a Biblical** one, **whereas that [mitzvah]** of praying Mussaf **is a Rabbinic** one. Is it necessary to state that one should choose the Biblical mitzvah?

The Gemara answers:

לֹא צְרִיכָא – **This** ruling **is necessary only** to inform us דְּאַף עַל גַּב דְּהָא וַדַּאי וְהָא סָפֵק – **that even if this one** (the prayer) **is a certainty and that one** (the shofar blowing) **is** merely **a possibility,** one should go to the city where he has the possibility of hearing the shofar rather than the one where he will certainly hear the prayer.[24]

The Mishnah concludes:

כְּשֵׁם שֶׁשְּׁלִיחַ צִבּוּר חַיָּיב כָּךְ כָּל יָחִיד וְיָחִיד וכו׳ – JUST AS THE EMISSARY OF THE CONGREGATION who leads the prayer IS OBLIGATED to recite the prayer, SO TOO IS EACH AND EVERY INDIVIDUAL obligated **etc.** [Rabban Gamliel says: The emissary of the congregation discharges the public's obligation for them.]

The Gemara introduces a Baraisa which elaborates on this dispute:

תַּנְיָא – **The Rabbis taught in a Baraisa:** אָמְרוּ לוֹ לְרַבָּן גַּמְלִיאֵל – THEY SAID TO RABBAN GAMLIEL: לִדְבָרֶיךָ – ACCORDING TO YOUR OPINION, לָמָּה צִבּוּר מִתְפַּלְּלִין – WHY DOES THE CONGREGATION PRAY silently before its emissary prays out loud?[25] אָמַר לָהֶם – [RABBAN GAMLIEL] REPLIED: כְּדֵי לְהַסְדִּיר שְׁלִיחַ צִבּוּר תְּפִלָּתוֹ – It is SO THAT THE EMISSARY OF THE CONGREGATION CAN PREPARE for HIS own PRAYER while the congregation is thus occupied.[26] אָמַר לָהֶם רַבָּן גַּמְלִיאֵל – RABBAN GAMLIEL SAID TO [THE RABBIS]: לְדִבְרֵיכֶם – ACCORDING TO YOUR OPINION, לָמָּה שְׁלִיחַ צִבּוּר יוֹרֵד לִפְנֵי הַתֵּיבָה – WHY DOES THE EMISSARY OF THE CONGREGATION DESCEND BEFORE THE ARK to repeat the prayer?[27] אָמְרוּ לוֹ – THEY REPLIED: כְּדֵי לְהוֹצִיא אֶת שֶׁאֵינוֹ בָּקִי – It is SO THAT HE MAY DISCHARGE the obligation of ONE WHO IS NOT COMPETENT. For although those who are able to pray cannot fulfill their obligation through listening to the congregation's emissary, those who are incompetent may fulfill their obligation in this manner. אָמַר לָהֶם – [RABBAN GAMLIEL] RETORTED: כְּשֵׁם שֶׁמּוֹצִיא אֶת שֶׁאֵינוֹ בָּקִי – JUST AS you admit that HE CAN DISCHARGE the obligation of ONE WHO IS INCOMPETENT, כָּךְ מוֹצִיא אֶת הַבָּקִי – SO do I say that HE CAN DISCHARGE even the obligation of ONE WHO IS COMPETENT.[28]

The Gemara discusses the result of this dispute:

אָמַר רַבָּה בַּר בַּר חָנָה אָמַר רַבִּי יוֹחָנָן – **Rabbah bar bar Chanah said in the name of R' Yochanan:** מוֹדִים חֲכָמִים לְרַבָּן גַּמְלִיאֵל – **The Sages concede to Rabban Gamliel** that even those who are competent in prayer may fulfill their obligation through listening to the emissary of the congregation.[29] וְרַב אָמַר – **But Rav said:** עֲדַיִין הִיא מַחֲלוֹקֶת – **It is still a** matter of **dispute;** the Sages do not concede.

A related incident is cited:

שְׁמָעָה [רַבִּי] חִיָּיא בְּרֵיהּ דְּרַבָּה בַּר נַחְמָנִי – **R' Chiya the son of Rabbah bar Nachmani heard this** teaching of Rabbah bar bar Chanah in the name of R' Yochanan, that the Sages concede, אֲזַל אַמְרָהּ לִשְׁמַעְתָּא קַמֵּיהּ דְּרַב דִּימִי בַּר חִינָּנָא – and **went** and **repeated the teaching before Rav Dimi bar Chinana.** אָמַר לֵיהּ – [**Rav Dimi**] **said to him:** הָכִי אָמַר רַב – **This is what Rav said:** עֲדַיִין הִיא מַחֲלוֹקֶת – **It is still a** matter of **dispute.** אָמַר לֵיהּ – [**R' Chiya**] **replied:** רַבָּה בַּר בַּר חָנָה נַמִּי הָכִי קָאָמַר – **Rabbah bar bar Chanah,** who reported this statement of R' Yochanan, **also said thus:** כִּי אָמַר רַבִּי יוֹחָנָן לְהָא שְׁמַעְתָּא – **When R' Yochanan stated this teaching,** that the Sages concede to Rabban Gamliel's opinion, אִפְּלִיג עֲלֵיהּ רֵישׁ לָקִישׁ – **Reish Lakish disagreed with him** וְאָמַר עֲדַיִין הִיא מַחֲלוֹקֶת – **and said** that **it is still a** matter of **dispute.**[30]

Rabbah bar bar Chanah's report is now questioned:

וּמִי אָמַר רַבִּי יוֹחָנָן הָכִי – **Did R' Yochanan** actually **say this,** that the Sages concede to the opinion of Rabban Gamliel? וְהָאָמַר רַבִּי חָנָה צִיפּוֹרָאָה אָמַר רַבִּי יוֹחָנָן – **But R' Chanah of Tzippori said in the name of R' Yochanan:** הִלְכְתָא כְּרַבָּן גַּמְלִיאֵל – **The halachah follows Rabban Gamliel.** הִלְכְתָא מִכְּלָל דִּפְלִיגִי – The statement **"The halachah** follows" **implies that [the Sages] dispute** Rabban Gamliel's opinion, for if there was no dispute, it would be unnecessary to render a halachic ruling! – ? –

NOTES

is able to pray. An individual who cannot pray may listen to his fellow's prayer (see also *Rama, Orach Chaim* 594:1). Others maintain that there is no exception to the Baraisa's rule (*Ritva; Tur* and *Beis Yosef, Orach Chaim* ibid.). Concerning the possibility of fulfilling one's obligation by listening to the congregational prayer recited by the *sh'liach tzibur,* see below.]

22. I.e. the person is unable to either pray Mussaf or sound the shofar. If he walks in one direction he will hear the shofar sounded, but will not hear Mussaf recited. If he walks in the other direction, he will find a congregation praying, so that he will be able to listen to the *sh'liach tzibur's* recitation of Mussaf and thereby discharge his prayer obligation, but he will not hear the shofar sounded (*Rashi; Shulchan Aruch, Orach Chaim* 595:1).

23. Faced with the choice between fulfilling either the shofar obligation or the Mussaf obligation, the person should choose to hear the shofar.

24. Even if he knows that he can reach this city in time to join the congregation for Mussaf, but he is unsure whether he can reach the other city in time to hear the shofar blasts, he should travel to the city where the shofar will be blown (*Rashi;* see *Derishah, Orach Chaim* 595:1; see also *Ritva* and *Aruch LaNer*). The possibility of fulfilling the Biblical obligation outweighs the certainty of fulfilling the Rabbinic one (*Meiri;* see *Melo HaRo'im* and *Sfas Emes;* see *Orach Chaim* ibid. for further details concerning this law).

25. If they can all fulfill their obligation by listening to the *sh'liach tzibur,* why is the silent prayer necessary?

26. This preparation was essential when prayers were recited without the benefit of a written text (see *Orach Chaim* 100:1).

27. If the listeners cannot fulfill their obligation through his recitation, what is its purpose? This argument pertains all year long. On Rosh Hashanah, when the shofar must be sounded during Mussaf, one can argue: Why should it be sounded specifically during the *sh'liach tzibur's* repetition, if the congregation does not fulfill its obligation through his prayer? (*Rashba;* cf. *Ran*).

28. Although one who is competent cannot fulfill his obligation by listening to the prayer of another *individual,* he can fulfill it by listening to the *sh'liach tzibur.* This is because a congregation that prays together is considered a unified entity, and the *sh'liach tzibur's* prayer is in effect the prayer of every member of the congregation. The Rabbis agree in principle, but nevertheless, they impose upon all who are competent the obligation to enunciate their own supplication before God (*Ritva;* cf. *Rashba, Ran*). [Those who are incompetent may fulfill their obligation by listening to the *sh'liach tzibur* only if they concentrate on his entire prayer and understand it from beginning to end (*Beis Yosef, Orach Chaim* 124:1,10, but see *Aruch HaShulchan* 124:2).]

29. I.e. they retracted the opinion that is recorded above (*Rashi*).

30. Thus, Rabbah bar bar Chanah himself reported that there are those who disagree with R' Yochanan (*Rashi).*

A resolution is proposed:

כִּי סָלִיק רַבִּי אַבָּא מִימֵּי פֵּירְשָׁהּ – When R' Abba returned from a journey upon **the sea, he explained it** as follows: **מוֹדִים חֲכָמִים לְרַבָּן גַּמְלִיאֵל** – R' Yochanan's statement that **the Sages concede to Rabban Gamliel בִּבְרָכוֹת שֶׁל רֹאשׁ הַשָּׁנָה וְשֶׁל יוֹם הַכִּפּוּרִים – concerns the** lengthy **prayers of Rosh Hashanah and of Yom Kippur** in *Yovel,* **וַהֲלָכָה מִכְּלָל דִּפְלִיגֵי – and** his statement that **the halachah** follows Rabban Gamliel, **which implies that [the Sages]** still **dispute** Rabban Gamliel's opinion, **בְּבִרְכוֹת דְּכָל הַשָּׁנָה – concerns the** other **prayers of the entire year.**[1]

The Gemara objects:

אֵינִי – Is it **indeed so? וְהָאָמַר רַבִּי חָנָה צִיפּוֹרָאָה אָמַר רַבִּי יוֹחָנָן – But R' Chanah the Tzipporian said in the name of R' Yochanan: הֲלָכָה כְּרַבָּן גַּמְלִיאֵל בְּבִרְכוֹת שֶׁל רֹאשׁ הַשָּׁנָה וְשֶׁל יוֹם הַכִּפּוּרִים – The halachah follows Rabban Gamliel concerning the** Mussaf **prayer of Rosh Hashanah and of Yom Kippur** in *Yovel.* This implies that the Sages continue to dispute Rabban Gamliel even regarding these prayers. – ? –

The Gemara therefore adjusts the reconciliation of R' Yochanan's variant statements:

אֶלָּא אָמַר רַב נַחְמָן בַּר יִצְחָק – Rather, Rav Nachman bar Yitzchak said: מַאן מוֹדִים – Who is the Tanna that, according to R' Yochanan, **concedes** to Rabban Gamliel's opinion concerning the prayer of Rosh Hashanah and Yom Kippur in *Yovel*? **רַבִּי מֵאִיר – It is R' Meir. וַהֲלָכָה מִכְּלָל דִּפְלִיגֵי – And** concerning whom did R' Yochanan say that **the halachah** follows Rabban Gamliel concerning these prayers, **implying that they** still **dispute** his opinion even in this regard? **רַבָּנָן – It is the** other **Rabbis.**[2] **דְּתַנְיָא – For it was taught in a Baraisa: בְּרָכוֹת שֶׁל רֹאשׁ הַשָּׁנָה וְשֶׁל יוֹם הַכִּפּוּרִים** – Concerning **THE PRAYER OF ROSH HASHANAH AND OF YOM KIPPUR** in *Yovel,* **שְׁלִיחַ צִבּוּר מוֹצִיא הָרַבִּים יְדֵי חוֹבָתָן – THE EMISSARY OF THE CONGREGATION DISCHARGES THE PUBLIC'S OBLIGATION FOR THEM. דִּבְרֵי רַבִּי מֵאִיר** – These are **THE WORDS OF R' MEIR. וַחֲכָמִים אוֹמְרִים – BUT THE SAGES SAY: כְּשֵׁם שֶׁשְּׁלִיחַ צִבּוּר חַיָּיב – JUST AS THE EMISSARY OF THE CONGREGATION IS OBLIGATED** to recite the prayer, **כָּךְ כָּל יָחִיד וְיָחִיד חַיָּיב – SO TOO IS EACH AND EVERY INDIVIDUAL OBLIGATED** to recite it. Thus, we see that R' Meir accepts Rabban Gamliel's view specifically concerning the Mussaf prayer of Rosh Hashanah and of Yom Kippur in *Yovel,* and the other Sages dispute it even concerning these prayers.

The Gemara clarifies the basis for differentiating between these Mussaf prayers and all other prayers of the year:

מַאי שְׁנָא הָנֵי – Why are these prayers **different? אִילֵימָא מִשּׁוּם דִּנְפִישֵׁי קְרָאֵי – If you will say** it is **because there are many verses** included in them, and these are difficult for every individual to remember,[3] this should not be a factor! **וְהָאָמַר רַב חֲנַנְאֵל אָמַר רַב – Why, Rav Chananel has said in the name of Rav: כֵּיוָן שֶׁאָמַר וּבְתוֹרָתְךָ כָּתוּב לֵאמֹר שׁוּב אֵינוֹ צָרִיךְ – Once one has said,** *"And in your Torah it is so written,"* **he is no longer required** to recite the actual verses![4] **אֶלָּא מִשּׁוּם דְּאַוְושֵׁי בְּרָכוֹת** – Rather, these prayers are different **because the blessings** of which they are composed **are cumbersome** to most people.[5]

The Gemara focuses on Rav Chananel's comment:

גּוּפָא – The text itself stated: **אָמַר רַב חֲנַנְאֵל אָמַר רַב – Rav**

NOTES

1. The Sages concede that on Rosh Hashanah, and on Yom Kippur in *Yovel,* one may fulfill his Mussaf obligation by listening to the *shliach tzibur.* But they continue to argue that this is not effective with regard to any other prayer. The Gemara will elaborate below on the uniqueness of this Mussaf prayer.

2. Thus, there are three opinions: Rabban Gamliel rules that the *shliach tzibur* can discharge the public's obligation all year long. R' Meir concedes with regard to the Mussaf of Rosh Hashanah and of Yom Kippur in *Yovel,* but disagrees concerning all other prayers. The other Sages dispute Rabban Gamliel's ruling even concerning the Rosh Hashanah Mussaf (see *Rashi*).

3. One must recite the verses describing the *mussaf* offerings of Rosh Hashanah, as well as those of Rosh Chodesh, and one must additionally recite all the verses of Kingship, Remembrance and Shofaros (*Rashi*). Perhaps you will say that the reason the Rosh Hashanah Mussaf is treated more leniently than all other prayers [according to R' Meir and R' Yochanan] is that it is difficult for every individual to remember so many verses. [In earlier times, written prayer books were not widely available, so that even those who were generally competent in prayer might need to rely upon the *shliach tzibur* for the Rosh Hashanah Mussaf.]

4. I.e. a person is not obligated to recite the actual Scriptural verses that mention the *mussaf* offerings. It is sufficient to state: וְאֶת מוּסְפֵי יוֹם הַזִּכָּרוֹן הַזֶּה נַעֲשֶׂה וְנַקְרִיב לְפָנֶיךָ בְּאַהֲבָה כְּמִצְוַת רְצוֹנֶךָ כְּמוֹ שֶׁכָּתַבְתָּ עָלֵינוּ בְּתוֹרָתֶךָ, *And the mussaf offerings of this Day of Remembrance we will perform and offer before You with love, according to the commandments of Your Will, as You have written for us in Your Torah* (*Rashi*). Thus, it is not necessary to remember so many verses.

Rashi cites the opinion of his teachers, who explain Rav Chananel as meaning that if one states, during the Kingship, Remembrance and Shofaros passages, *"And in Your Torah it is so written,"* it is not essential that he recite the verses of Kingship, Remembrance and Shofaros. [This explanation seems more plausible, for accordingly, *most* of the verses may be omitted from the Mussaf prayer, whereas according to *Rashi's* explanation only a few verses may be omitted (*Rashba*).] However, *Rashi* objects, noting that even according to the lenient view of R' Yochanan ben Nuri, on 32a, one must recite at least three verses in each blessing. The Sages state, on 32a, that one must recite ten verses of Kingship, Remembrance and Shofaros. Rav Chananel's ruling does not accord with either Tannaic opinion! *Rabbeinu Tam* (cited by *Tosafos* ד״ה אילימא and *Rosh* §14) responds that according to both opinions a person has the option of merely stating, *"And in Your Torah it is so written,"* for he thereby alludes to *all* of the relevant verses. The Tannaic dispute pertains only in an instance where one did not rely upon the inclusive statement and began to recite the actual verses. It is there that the Sages require him to say the full complement of ten verses and R' Yochanan ben Nuri requires that he say at least three verses (cf. *Rambam, Hil. Shofar* 3:8).

Rabbeinu Tam argues further that one may not omit *mussaf* offering verses, because the recitation of these verses stands in the place of our bringing the offerings! As the prophet Hosea states (14:3): וּנְשַׁלְּמָה פָרִים שְׂפָתֵינוּ, *May our lips compensate for the [sacrificial] bulls* (see *Megillah* 31b). However, others hold that one even compensates for the sacrificial bulls by merely stating, *"And in Your Torah it is so written"* (*Rosh*). [See further, *Eruvin* 40a with *Tosafos* ד״ה זכרון אחד, *Rif* and other Rishonim to 32a, and *Tur* and *Shulchan Aruch, Orach Chaim* 591:2-4.]

5. The Mussaf prayer on Rosh Hashanah, and on Yom Kippur in *Yovel,* consists of nine lengthy blessings – including Kingship, Remembrance and Shofaros – and people tend to become confused by the unfamiliar text of these blessings (*Rashi*).

Despite the Gemara's conclusion that the halachah follows Rabban Gamliel concerning the Mussaf prayer of Rosh Hashanah, it is customary nowadays for all to recite the prayer themselves rather than rely upon the *shliach tzibur.* The primary reason is that one does not fulfill his obligation unless he concentrates on the entire *shliach tzibur's* prayer, and this is exceedingly difficult (*Tur Orach Chaim* 591:1). See *Magen Avraham,* beginning of §591, for additional reasons (see also end of note 12).

[Interestingly, *R' Yitzchak ibn Gei'as* (cited by *Milchamos Hashem* and *Rosh* §14) testifies that in Geonic times only the *shliach tzibur* recited the nine-blessing prayer that includes the passages of Kingship, Remembrance and Shofaros. The congregation recited the standard seven-blessing holiday prayer for Mussaf! All would then listen attentively to the *shliach tzibur's* recitation of the special blessings. Some Rishonim maintain that it is only to this extent that the halachah follows Rabban Gamliel – i.e. one must recite the basic prayer himself, and may rely upon the *shliach tzibur* only for the special blessings. See *Baal HaMaor, Milchamos Hashem, Ran* and *Rosh* for thorough discussion of this matter.]

כי סליק רבי אבא מימי [א]פירשה מודים חכמים לרבן גמליאל בברכות של ר"ה ושל יוה"כ [א]והלכה מכלל דפליגי בברכות דכל השנה איני והאמר ר' חנה ציפוראה א"ר יוחנן הלכה כרבן גמליאל בברכות של ר"ה ושל יוה"כ אלא אמר רב נחמן בר יצחק מאן מודים רבי מאיר והלכה מכלל דפליגי רבנן דתניא ברכות של ר"ה ושל יוה"כ שליח צבור מוציא הרבים ידי חובתן דברי ר"מ וחכ"א כשם ששליח צבור חייב כך כל יחיד ויחיד חייב מאי שנא הני אילימא משום דנפישי קראי והאמר רב חננאל אמר רב [ב]כיון שאמר ובתורתך כתוב לאמר שוב אינו צריך אלא משום דאוושי [א] ברכות גופא אמר רב חננאל אמר רב כיון שאמר ובתורתך כתוב לאמר שוב אינו צריך סבור מינה הני מילי ביחיד אבל בצבור לא אתמר אמר ר' יהושע בן לוי אחד יחיד ואחד צבור כיון שאמר ובתורתך כתוב לאמר שוב אינו צריך אמר ר"א לעולם יסדיר אדם תפלתו ואח"כ יתפלל אמר רבי אבא [ג]מסתברא מילתיה דר' אלעזר בברכות של ר"ה ושל יוה"כ ושל פרקים אבל דכל השנה לא איני והא רב יהודה מסדר צלותיה ומצלי שאני רב יהודה כיון דמתלתין יומין לתלתין יומין הוה מצלי כפרקים דמי אמר רב אחא בר עוירא אמר רבי שמעון חסידא פוטר היה רבן גמליאל אפילו עם שבשדות ולא מיבעיא הני דקיימי הכא אדרבה הני אניסי הני לא אניסי [ג]דתני אבא בריה דרב בנימין בר חייא [ד]עם שאחורי כהנים אינן בכלל ברכה אלא כי אתא רבין אמר רבי יעקב בר אידי אמר רבי שמעון חסידא [ה]לא פטר רבן גמליאל אלא עם שבשדות מ"ט משום דאניסי במלאכה אבל בעיר [ו]לא:

הדרן עלך יום טוב וסליקא לה מסכת ראש השנה

רש"י

כי סליק רבי אבא מימי. שהפליג בספינה ליס וחזר: **בברכות של ר"ה.** לקמן מפרש מ"ש הני: **מאן מודים.** לו בברכות של ר"ה ויוה"כ ר"מ: **והלכה מכלל דפליגי.** דקאמר ר' יוחנן הלכה כרבן [גמליאל] בהך (א) דמשמע מכלל דעמדו במחלוקתן: **רבנן.** שאר החכמים חוץ מר"מ: **אילימא משום דנפישי קראי.** דאיכא למוספי ר"ה ור"ח ומלכיות וזכרונות ושופרות: **כיון שאמר ובתורתך כתוב.** כלומר כיון שאמר נעשה ונקריב לפניך כמצות רצונך כמו שכתבת עלינו בתורתך: **אין צריך.** לומר מקראות המוספין: **אלא משום דאוושי.** שהרי כאן תשע וארוכות ומטעות דאין הכל בקיאין בהן ורבותי מפרשין להא דרב חננאל במלכיות וזכרונות ושופרות וקשיא לי הא דלא כרבנן ולא כר' יוחנן בן נורי דתנן (לעיל דף לב.) אין פותחין מעשרה מלכיות וכו': **ושל פרקים.** מועדות: **מתלתין לתלתין.** שהיה מחזר תלמודו כל שלשים יום: **פוטר היה כו'.** שש"ל מוציאם: **אינן בכלל ברכה.** ואע"פ שעם שבשדות בכלל ברכה הני דמלו למיתי קמי כהנים ויפנו כהנים אליהם ויברכום והם לא באו אינן בכלל ברכה: **אבל דעיר לא.** משום דלא אניסי ויכולין להסדיר תפלתן:

הדרן עלך יום טוב וסליקא לה מסכת ראש השנה

תוספות

אילימא משום דנפישי. פירש בקונטרס דאיכא למוספי ר"ח ור"ה השנה ומלכיות וזכרונות ושופרות כיון שאמר ובתורתך כתוב לאמר כיון שאמר נעשה ונקריב לפניך כמצות רצונך כמו שכתבת עלינו בתורתך אין צריך לומר מקראות המוספין ובשם רבותיו פירש להא דרב חננאל במלכיות זכרונות ושופרות וקשה הא דלא כרבנן ודלא כר' יוחנן בן נורי דתנן (לעיל לב.) אין פותחין מעשרה מלכיות כו' ור"ת פירש דלפסוקי דמלכיות זכרונות ושופרות קאי והיכא דהתחיל פליגי דלא יפחות למר כדאית ליה ולמר כדאית ליה אבל לא יכול לפטור עצמו לגמרי ע"י בתורתך כתוב לאמר אבל מקראות של מוסף צריך להזכיר לעולם שהם במקום הקרבנות אבל מוסף דר"ח אין צריך להזכיר בר"ה אלא שדי לו במה שאמר מלבד עולת החדש ומנחתה שבזה נכלל כל מוספי ר"ח העולות ודי להזכיר גם השעיר שהוא חטאת יאמר ושני שעירים לכפר ושני תמידים כהלכתן [ד]:

הדרן עלך יום טוב וסליקא לה מסכת ראש השנה

הגהה זו שייכא לעיל דף יא ע"ב

הכי גרסינן הלכה זו בפרק ראשון (דף יא:) בראשונה עד שלא הגיה רבינו וכן בספרי רומים וכן הברייתא בסדר עולם וכן עיקר **בשנת** שש מאות שנה לחיי נח בחדש השני בשבעה עשר יום לחדש ביום הזה נבקעו כל מעינות תהום רבה וארובות השמים נפתחו ר"א אומר אותו היום י"ז במרחשון היה יום שמזל כימה שוקע ומעינות מתמעטין ומתוך ששינו מעשיהם שינה הקב"ה עליהם מעשה בראשית והעלה מזל כימה ביום ונטל שני כוכבים ממנה והביא מבול לעולם. ר' יהושע אומר אותו יום שבעה עשר באייר היה יום שמזל כימה עולה ביום ומעינות מתגברין ומתוך ששינו את מעשיהן שינה הקב"ה עליהם מעשה בראשית ונטל שני כוכבים מכימה והביא מבול לעולם. בשלמא לר' יהושע היינו דכתיב שני אלא לר"א מאי שני שני לדין בשלמא לר"א היינו דשינה אלא לר' יהושע מאי שינה שינה כדרב חסדא. והכין פירושה שנים עשר מזלות קבועין בגלגל ששה מהן למעלה מן הקרקע וששה למטה כשזה עולה מן הקרקע מזל אחד חבירו שכנגדו שוקע בקרקע בניסן מע"ק גד"ד למעלה בלילה טש"ת סא"ב למטה לאור הבוקר מתחיל טלה לעלות מן הקרקע ומאזנים לשקוע לסוף שעה ראשונה טלה כולו עולה ומאזנים כולו שוקע בארץ שניה שור עולה ועקרב שוקע שלישית תאומים עולה קשת שוקע וכן עושין כל ימי ניסן י"ב מזלות מגלגלין את העולם פעמים בין (ב) ביום ובין בלילה באייר שור עולה בשעה ראשונה של יום ועקרב שוקע שניה תאומים עולה קשת שוקע שלישית סרטן עולה גדי שוקע וכן מגלגלין עד תשלום כל המזלות וחוזרין חלילה פעמים בין היום והלילה וכן עושין השנים עשר מזלות לשנים עשר חדשים לסיון תאומים עולה מן הקרקע בתחילת היום לתמוז סרטן לאב אריה לאלול בתולה לתשרי מאזנים למרחשון עקרב וכן כולם כימה הוא שור ר"א אומר אותו היום שבעה עשר במרחשון היה יום שמזל כימה שוקע ביום כשכימה שהוא שור עולה כבר התחילה חמה לנטות למערב וזהו שקיעתו של כימה שלשעה שביעית של יום עולה שור מן הקרקע שהרי שעה ראשונה של מרחשון עקרב עולה מן הקרקע שניה עולה קשת שלישית גדי רביעית דלי חמישית דגים ששית טלה שביעית שור ובשביעית חמה מתחלת לשקוע לצד מערב ומעיינות מתמעטין מחמת הצינה והרוחות ר' יהושע אומר אותו היום שבעה עשר באייר היה יום שמזל כימה עולה מן הקרקע בשעה ראשונה של יום ומעיינות מתגברין שבאותו זמן לא חמה ולא צינה להמעיטן בשלמא לר' יהושע היינו דכתיב שני האי בחדש השני היינו אייר שהרי מניינו ניסן נקרא ראשון ראשון הוא לחדשי השנה אלא לר"א דאמר מרחשון היכן מניינו תשרי שנקרא ראשון שני לדין מניינו תשרי שנקרא ראשון לדין מראשית השנה היינו תשרי בשמעתין לעיל והוה ליה מרחשון שני בשלמא לר' (ג) יהושע היינו דשינה שלא היה זמנו של כימה לעלות מן הקרקע עד שעה שביעית ועלה מזל כימה בתחלת היום כדי לעשות בו ארובות ולשפוך עליהן המבול דרך הארובות למהר עליהן פורעניות ועוד שינוי אחר שבשאר שנות העולם מעיינות מתמעטין בזה הזמן ועכשיו נתרבו אלא לר"א מאי שינה אין כאן שנוי לא במזל כימה ולא בתגבורת המעיינות שינה כדרב חסדא:

מסורת הש"ס

א) [שבת קו: וש"נ], ב) סוטה לח:, ג) [פי' אין ש"ץ מוליאן עד דאתו לבי כנישתא ושמעו מש"ץ מתחלה ועד סוף כ"כ הרי"ף וע"ש בר"ן], ד) [עי' תוס' לעיל ח: ד"ה שהתדש ותוס' ביצה טז. ד"ה אחהו ותוס' עירובין מ. ד"ה זכרון].

הגהות הב"ח

(א) רש"י ד"ה והלכה כו' כרבן גמליאל בהך שמעתין דמשמע: (ב) בהג"ה ה"ג כו' פעמים בין היום ובין הלילה באייר: (ג) בא"ד בשלמא לר' אליעזר היינו דשינה וכו' אלא לר' יהושע מאי שינה:

הגהות הגר"א

[א] גמרא דאוושי. (ברכות) תז"מ:

ליקוטי רש"י

שבשדות. דאניסי במלאכתן ואין יכולין לבא. **לא אניסי.** העומדין בבהכ"נ אחורי הכהנים לא אניסי אלא שאין הברכה חשובה עליהם לעקור רגליהם ולבא לפני הכהנים להיות מתברכים פנים כנגד פנים כדת הלכך אינם בכלל ברכה כדאמרי' כה תברכו פנים כנגד פנים [סוטה לח:].

עין משפט נר מצוה

סו א מיי' פ"ח מהל' תפלה הל' י טוש"ע א"ח סי' קכד סעיף א וטור א"ח סי' תקצא:

סז ב מיי' פ"ג מהל' שופר הל' ח טוש"ע א"ח סי' תקצא סעיף ד בהג"ה:

סח ג מיי' פ"ד מהלכות תפלה הל' יט טוש"ע א"ח סי' ק:

סט ד מיי' פט"ו מהל' נשיאות כפים ה"ח טוש"ע א"ח סי' קכח סעיף כד:

ע ה טור א"ח סי' תקצא:

רבינו חננאל

וכן הדא דידן (וידה) [והיידא] אמרה דאתקע בראשונה ומשך בשניה כשתים אין בידו אלא אחת. (רבא) [ר' אבא] ב"ר זימנא בשם רבי זעירא אפילו אחת אין בידו למה רישא גביה סיפא מצטרף וסיפא גביה רישא מצטרף לא רישא אית לה סיפא ולא סיפא אית לה רישא. והא דוקיא כתרוע' הוא דמשכחת לה בג' שברים אבל בתרועה לא משכחת לה. מי שבירך ואח"כ נתמנה לו שופר תוקע ומריע ותוקע כו'. רב פפא בר שמואל קם צלויי אמר לשמעיה (בי) [כי] נחירנא לך תקע לי ולית הלכתא כוותיה. אלא כי הא דתניא כשהוא שומען שומען על הסדר ועל סדר ברכות בד"א בחבר עיר אבל שלא בחבר עיר שומען על הסדר ולא על סדר ברכות. ויחיד שלא תקע חבירו תוקע לו ויחיד שלא בירך אין חבירו מברך לו ומצוה בתוקעין שהיא מן התורה יותר מן המברכין. כיצד היו לפניו ב' עיירות באחת ודאי מברכין כלומר יש להן שם חזן ומתפללין בודאי ובאחרת יתכן שיתקעו והוא דבר ספק הולך למקום שתוקעין ואע"פ שהוא ספק שהיא מצוה מן התורה. כשם שהש"ץ חייב כך כל יחיד ויחיד חייב. ר"ג אומר ש"ץ מוציא את הרבים י"ח. תניא אמרו לו (לר') [לר"ג] לדבריך כו'. אמר רבה בר בר חנה א"ר יוחנן מודים חכמים לר"ג. ורב הונא ציפוראה אמר ר' יוחנן הלכתא כר"ג ואקשינן אי מודו ליה לר"ג למה ליה לר' יוחנן למימר הלכתא כוותיה. לא אמרינן הלכתא אלא היכא דאיכא פלוגתא. ופריק רב נחמן בר יצחק מאן מודי ליה לר"ג ר' מאיר וחכמים חולקין על זה ועל זה דת"ר ברכות של ר"ה ויוה"כ בלבד. אבל בכל השנה אין הלכה כר"ג ומאי שנה ר"ה ויוה"כ מן השנה כולה. אי לימא משום דנפישי בהו קראי והן עשר מלכיות י' זכרונות ועשר שופרות והאמר רב חננאל אמר רב כיון שאמר ובתורתך כתוב לאמר שוב אינו צריך להזכיר הפסוקין אלא משום דאוושי ברכות כלומר בכל שבת ומועד מתפללין שבע ובאלו מתפללין תשע כו'. אמר ר' אלעזר לעולם יסדיר אדם תפלתו ואח"כ יתפלל. וא"ר אבא מסתברא בברכות של ר"ה ושל יוה"כ ושל פרקים אבל של כל השנה כולה לא וכן סוגיא דשמעתא אמר רב אחא בר רב עוירא אמר ר' שמעון חסידא פוטר היה רבן גמליאל אפי' עם שבשדות כו' ואסיקנא אלא כי אתא רבין אמר ר' יעקב בר אידי אמר ר' שמעון חסידא לא פטר ר"ג אלא עם שבכנסת ושומעין מש"ץ והעם שבשדות והן אנוסין שאינן יכולין לבא אבל הני דשכיחי בעיר ולא אתו לא פטר להו ר"ג: **ירושלמי** רג"א ש"ץ מוציא את הרבים י"ח ר' חונא רבה דצפורין בשם ר' יוחנן הלכתא כר"ג באלין תקיעתא והוא שישנו שם מראש התפלה:

הדרן עלך י"ט של ר"ה

סליקו פירושי רבינו חננאל ממסכת ראש השנה. תהלה לשוכן מעונה:

פי' למה תוקעין כשהן יושבין ותוקעין כשהן עומדין כדי לערבב את השטן יומאי עירבוביא דשטן קל מערבביה אלא כתב בירושלמי בלע המות לנצח וכתיב והיה ביום ההוא יתקע בשופר גדול. כי שמע שטן קל שופרא זמנא חדא בהיל ולא בהיל וכי תניין ליה אמר וודיי ההוא שופרא דתקיע בשופר גדול מטא זמניה למתבלע ומרתיע ומתערבב ולית ליה פניי למעבד קטיגוריא ומכאן אנו למדין דבעינן תלתין בעמידה כמו תלתין בישיבה והלין דמחמרין ועבדין תלתין כד יתבי ותלתין בלחש ותלתין על הסדר. בירושלמי כתב מאה פעיות פעתה אמיה דסיסרא ואלין עשר (או) אינון כשגומרין כל התפלה קל תקועייא דיחידאה מתבעי למהוי עשרה תשר"ת תש"ת תר"ת והן מאה:

The Gemara resumes its discussion of Rabban Gamliel's opinion:

אָמַר רַב אַחָא בַּר עֲוִירָא אָמַר רַבִּי שִׁמְעוֹן חֲסִידָא – **Rav Acha bar Avira said in the name of R' Shimon Chasida:** פּוֹטֵר הָיָה רַבָּן גַּמְלִיאֵל אֲפִילּוּ עַם שֶׁבַּשָּׂדוֹת – **Rabban Gamliel used to exempt even the people in the fields** from praying, for he held that the *shliach tzibur* discharges their obligation despite their absence from the synagogue.[10]

The Gemara wonders about the statement that Rabban Gamliel exempted *even* the people in the fields:

וְלֹא מִיבַּעְיָא הָנֵי דְּקַיְימֵי הָכָא – This implies that **it is unnecessary** to state that Rabban Gamliel exempted **those who are present here** from praying.[11] But can this be true? אַדְּרַבָּה – **To the contrary!** הָנֵי אֲנִיסֵי – **These** people who are in the fields **are forced** to skip the prayer due to their occupation, הָנֵי לֹא אֲנִיסֵי – whereas **these** people who are present here **are not forced** to skip the prayer. Thus, *only* the people in the fields should be allowed to fulfill their obligation through the *shliach tzibur*!

דְּתָנֵי אַבָּא בְּרֵיהּ דְּרַב בִּנְיָמִין בַּר חִיָּיא – **For Abba the son of Rav Binyamin bar Chiya taught a Baraisa** which states: עַם שֶׁאֲחוֹרֵי כֹּהֲנִים – THE PEOPLE WHO ARE standing BEHIND THE KOHANIM when they bestow the Priestly Blessing on the congregation אֵינָן בִּכְלַל בְּרָכָה – ARE NOT INCLUDED IN THE BLESSING, since they could have stood before the Kohanim and did not bother to do so. But the people in the fields who are unable to come before the Kohanim are included in the blessing! The same principle should apply to the prayer service, according to Rabban Gamliel. – ? –

The Gemara concedes and revises the previous statement:

אֶלָּא כִּי אֲתָא רָבִין – **Rather, when Ravin arrived** in Babylonia, אָמַר רַבִּי יַעֲקֹב בַּר אִידִי אָמַר רַבִּי שִׁמְעוֹן חֲסִידָא – **he said in the name of R' Yaakov bar Idi, who said in the name of R' Shimon Chasida:** לֹא פָּטַר רַבָּן גַּמְלִיאֵל אֶלָּא עַם שֶׁבַּשָּׂדוֹת – **Rabban Gamliel exempted** *only* **the people in the fields** from their prayer obligation on the basis of the *shliach tzibur's* recitation. מַאי טַעְמָא – **What is the reason?** מִשּׁוּם דַּאֲנִיסֵי בִּמְלָאכָה – It is **because they are forced by** their **occupation** to skip the prayer. אֲבָל בָּעִיר לֹא – **But** those who are **in the town** are **not** exempted by the *shliach tzibur.*[12]

Chananel said in the name of Rav: כֵּיוָן שֶׁאָמַר וּבְתוֹרָתְךָ כָּתוּב לֵאמֹר שׁוּב אֵינוֹ צָרִיךְ – **Once one has said,** *"And in your Torah it is so written,"* **he is no longer required** to recite the actual verses.

The Gemara discusses a possible qualification of this ruling:

סָבוּר מִינָּהּ – **They** initially **thought on the basis of this** comment הָנֵי מִילֵּי בְּיָחִיד – that **this** leniency **applies** only **regarding an individual** who prays for himself, אֲבָל בְּצִבּוּר לֹא – **but regarding** the prayer of the emissary of **the congregation,** it does **not** apply. Rather, he is required to recite all of the verses.

אִתְּמַר – However, **it was stated:** אָמַר רַבִּי יְהוֹשֻׁעַ בֶּן לֵוִי – **R' Yehoshua Ben Levi said:** אֶחָד יָחִיד אֶחָד צִבּוּר – Concerning **both an individual and** the emissary of **the congregation,** the rule is that כֵּיוָן שֶׁאָמַר וּבְתוֹרָתְךָ כָּתוּב לֵאמֹר שׁוּב אֵינוֹ צָרִיךְ – **once one has said,** *"And in your Torah it is so written,"* **he is no longer required** to recite the actual verses.

A related ruling is cited:

אָמַר רַבִּי אֶלְעָזָר – **R' Elazar said:** לְעוֹלָם יְסַדֵּיר אָדָם תְּפִלָּתוֹ וְאַחַר כָּךְ יִתְפַּלֵּל – **A person should always arrange his prayer** in his mind **and** only **then pray.**[6]

This ruling is qualified:

אָמַר רַבִּי אַבָּא – **R' Abba said:** מִסְתַּבְּרָא מִילְּתֵיהּ דְּרַבִּי אֶלְעָזָר – **R' Elazar's statement is reasonable** בְּבִרְכוֹת שֶׁל רֹאשׁ הַשָּׁנָה וְשֶׁל יוֹם הַכִּפּוּרִים וְשֶׁל פְּרָקִים – **in regard to the prayers of Rosh Hashanah, of Yom Kippur** in *Yovel,* **and of the** other special **occasions,** i.e. the festivals.[7] אֲבָל דְּכָל הַשָּׁנָה לֹא – **But** regarding the weekday and Sabbath prayers **of the entire year,** it is **not** reasonable to say that a person is required to review them in advance, since all are familiar with these prayers.

The Gemara asks:

אֵינִי – Is this **indeed so?** וְהָא רַב יְהוּדָה מְסַדֵּר צְלוֹתֵיהּ וּמְצַלֵּי – **But Rav Yehudah would** always **arrange his prayer and** only then **pray,** even on a weekday. – ? –

The Gemara answers:

שָׁאנֵי רַב יְהוּדָה – The situation of **Rav Yehudah is different.** כֵּיוָן דְּמִתְּלָתִין יוֹמִין לִתְלָתִין יוֹמִין הֲוָה מְצַלֵּי – **Since he would pray** only **once every thirty days,**[8] כִּפְרָקִים דָּמֵי – **[his regular prayers] were** considered **like** those that are recited on special **occasions.**[9]

הדרן עלך יום טוב

WE SHALL RETURN TO YOU, YOM TOV

וסליקא לה מסכת ראש השנה

AND TRACTATE ROSH HASHANAH IS CONCLUDED

NOTES

6. I.e. one should review the prayer before reciting it, to ensure that he does not err (*Ran*). According to *Rama* (*Orach Chaim* 100:1), this applies only when one prays by heart (cf. *Beis Yosef* there).

7. *Rashi,* but see note 9 and *Rashi* to *Rif.*

8. Rav Yehudah would complete a review of all his studies every thirty days (*Rashi*). During those thirty days, he was totally engrossed and would not allow himself to be distracted by anything at all. Those who studied Torah on this level were not required to interrupt their studies for the purpose of prayer (*Ritva,* from *Shabbos* 11a; see *Orach Chaim* 106:2). [The Rabbis did not obligate Torah scholars of this genre to suspend their studies for prayer. However, even these scholars were required to interrupt their studies to recite the *Shema,* since this is a Biblical obligation (ibid.).]

9. Based on this answer, *Rambam* (*Hil. Tefillah* 4:19) rules that since the Rosh Chodesh Mussaf prayer is recited on the thirtieth day from the previous Rosh Chodesh, everyone must review this prayer in advance [at least on the first day of Rosh Chodesh; *Mishnah Berurah* 100:1]. Others deem this unnecessary, for they explain that review is needed only after a pause of thirty full days, when the prayer is recited on the thirty-first day or thereafter (*Rif* and *Rosh,* as understood by *Tur Orach Chaim* 100; see *Beur HaGra* and *Shaarei Teshuvah, Orach Chaim* 100:1).

10. *Rashi.* According to Rabban Gamliel, the prayer obligation is a communal one. Each community is required to send a *minyan* to the synagogue, thus enabling the *shliach tzibur* to recite the prayer on behalf of the entire community. Those who are unable to attend fulfill their obligation through him (*Chazon Ish, Orach Chaim* 19:9).

11. [I.e. certainly the townspeople, who are able to attend the synagogue, may rely upon the *shliach tzibur's* prayer.]

12. Since there is nothing preventing them from preparing their own prayers (*Rashi*). The people in the fields, however, are too occupied with their work to prepare the prayers (*Tosafos* to 34b ד״ה כך). [Being unable to prepare for the recitation of the prayer (by heart), they are exempt from reciting it. This would seem to apply primarily on

כי סליק רבי אבא מימי [א] פירשה מודים חכמים לרבן גמליאל בברכות של ר"ה ושל יוה"כ [א] והלכה מכלל דפליגי בברכות דכל השנה איני והאמר ר' חנה ציפוראה א"ר יוחנן הלכה כרבן גמליאל בברכות של ר"ה ושל יוה"כ אלא אמר רב נחמן בר יצחק מאן מודים רבי מאיר והלכה מכלל דפליגי רבנן דתניא ברכות של ר"ה ושל יוה"כ שליח צבור מוציא הרבים ידי חובתן דברי ר"מ וחכ"א כשם ששליח צבור חייב כך כל יחיד ויחיד חייב מאי שנא הני אילימא משום דנפישי קראי והאמר רב חננאל אמר רב [ב] כיון שאמר ובתורתך כתוב לאמר שוב אינו צריך אלא משום דאוושי [א] ברכות גופא אמר רב חננאל אמר רב כיון שאמר ובתורתך כתוב לאמר שוב אינו צריך סבור מינה הני מילי ביחיד אבל בצבור לא אתמר אמר ר' יהושע בן לוי אחד יחיד אחד צבור כיון שאמר ובתורתך כתוב לאמר שוב אינו צריך אמר ר"א לעולם יסדיר אדם תפלתו ואח"כ יתפלל אמר רבי אבא [ג] מסתברא מילתיה דר' אלעזר בברכות של ר"ה ושל יוה"כ ושל פרקים אבל דכל השנה לא איני והא רב יהודה מסדר צלותיה ומצלי שאני רב יהודה כיון דמתלתין יומין לתלתין יומין הוה מצלי כפרקים דמי אמר רב אחא בר עוירא אמר רבי שמעון חסידא פוטר היה רבן גמליאל אפילו עם שבשדות ולא מיבעיא הני דקיימי הכא אדרבה הני אניסי הני לא אניסי [ג] דתני אבא בריה דרב בנימין בר חייא [ד] עם שאחורי כהנים אינן בכלל ברכה אלא כי אתא רבין אמר רבי יעקב בר אידי אמר רבי שמעון חסידא [ה] לא פטר רבן גמליאל אלא עם שבשדות מ"ט משום דאניסי במלאכה אבל בעיר [ג] לא:

הדרן עלך יום טוב וסליקא לה מסכת ראש השנה

רש"י

כי סליק רבי אבא מימי. שהפליג בספינה ליס וחזר: בברכות של ר"ה. לקמן מפרש מ"ש הני: מאן מודים. לו בברכות של ר"ה ויוה"כ ר"מ: והלכה מכלל דפליגי. דקאמר ר' יוחנן הלכה כרבן [גמליאל] בהן (א) דמשמע מכלל דעמדו במחלוקתן: רבנן. שאר החכמים חוץ מר"מ: אילימא משום דנפישי קראי. דאיכא דמוספי ר"ה ור"ח ומלכיות וזכרונות ושופרות: כיון שאמר ובתורתך כתוב. כלומר כיון שאמר נעשה ונקריב לפניך כמצות רצונך כמו שכתבת עלינו בתורתך: אין צריך. לומר מקראות המוספין: אלא משום דאוושי. שהרי כאן תשע וארוכות ומטעות דאין הכל בקיאין בהן וכדומי מפרשין להא דרב חננאל במלכיות וזכרונות ושופרות וקשיא לי הא דלא כרבנן ולא כר' יוחנן בן נורי דתנן (לעיל דף לב.) אין פוחתין מעשרה מלכיות וכו': ושל פרקים. מועדות: מתלתין לתלתין. שהיה מחזר תלמודו כל שלשים יום: פוטר היה כו'. ש"צ מוציאם: אינן בכלל ברכה. ואע"פ שעם שבשדות בכלל ברכה הני דמצו למימי קמי כהנים ויפנו כהנים אליהם ויברכום והם לא באו אינן בכלל ברכה: אבל דעיר לא. משום דלא אניסי ויכולין להסדיר תפלתן:

הדרן עלך יום טוב וסליקא לה מסכת ראש השנה

תוספות

אילימא משום דנפישי. פירש בקונטרס דאיכא דמוספי ר"ה ור"ח ומלכיות וזכרונות ושופרות כיון שאמר ובתורתך כתוב לאמר כיון שאמר נעשה ונקריב לפניך כמצות רצונך כמו שכתבת עלינו בתורתך אין צריך לומר מקראות המוספין וכשם רבותיו פירש להא דרב חננאל במלכיות זכרונות ושופרות וקשה הא דלא כרבנן ולא כר' יוחנן בן נורי דתנן (לעיל לב.) אין פוחתין מעשרה מלכיות כו' ור"ת פירש דלפסוקי דמלכיות זכרונות ושופרות קאי והיכא דהתחיל פליגי דלא יפחות למר כדאית ליה ולמר כדאית ליה אבל יכול לפטור עצמו לגמרי ע"י ובתורתך כתוב לאמר אבל מקראות של מוסף צריך להזכיר לעולם שהם במקום הקרבנות אבל מוסף דר"ח אין צריך להזכיר בר"ה אלא שדי לו במה שאמר מלבד עולת החדש ומנחתה שבזה נכלל כל מוספי ר"ח העולות ודי להזכיר גם השעיר שהוא חטאת יאמר ושני שעירים לכפר ושני תמידים כהלכתן ד:

הדרן עלך יום טוב וסליקא לה מסכת ראש השנה

הגהה זו שייכא לעיל דף יא ע"ב

הכי גרסינן הלכה זו בפרק ראשון (דף יא:) בראשונה עד שלא הגיה רדינו וכן בספרי רומים וכן הברייתא בסדר עולם וכן עיקר בשנת שש מאות שנה לחיי נח בחדש השני בשבעה עשר יום לחדש ביום הזה נבקעו כל מעינות תהום רבה וארובות השמים נפתחו ר"א אומר אותו היום י"ז במרחשון היה יום שמזל כימה שוקע ומעינות מתמעטין ומתוך ששינו מעשיהם שינה הקב"ה עליהם מעשה בראשית והעלה מזל כימה ביום ונטל שני כוכבים ממנה והביא מבול לעולם. ר' יהושע אומר אותו יום שבעה עשר באייר היה יום שמזל כימה עולה ביום ומעינות מתגברין ומתוך ששינו את מעשיהן שינה הקב"ה עליהם מעשה בראשית ונטל שני כוכבים מכימה והביא מבול לעולם. בשלמא לר' יהושע היינו דכתיב שני אלא לר"א מאי שני שני לדין בשלמא לר"א היינו דשינה אלא לר' יהושע מאי שינה כדרב חסדא. והכין פירושה שנים עשר מזלות קבועין בגלגל ששה מהן למעלה מן הקרקע וששה למטה כשזה עולה מן הקרקע מגד אחד חבירו שכנגדו שוקע בקרקע בניסן מע"ק גד"ד למעלה בלילה טש"ת סא"ב למטה לאור הבוקר מתחיל טלה לעלות מן הקרקע ומאזנים לשקוע לסוף שעה ראשונה טלה כולו עולה ומאזנים כולו שוקע בארץ שניה שור עולה ועקרב שוקע שלישית תאומים עולה קשת שוקע וכן עושין כל ימי ניסן י"ב מזלות מגלגלין את העולם פעמים בין (ב) ביום ובין בלילה באייר שור עולה בשעה ראשונה של יום ועקרב שוקע שניה תאומים עולה קשת שוקע שלישית סרטן עולה גדי שוקע וכן מגלגלין עד תשלום כל המזלות וחוזרין חלילה פעמים בין היום והלילה וכן עושין השנים עשר מזלות לשנים עשר חדשים לסיון תאומים עולה מן הקרקע בתחילת היום לתמוז סרטן לאב אריה לאלול בתולה לתשרי מאזנים למרחשון עקרב וכן כולם כימה הוא שור ר"א אומר אותו היום שבעה עשר במרחשון היה יום שמזל כימה שוקע ביום כשכימה שהוא שור עולה כבר התחילה חמה לנטות למערב וזהו שקיעתו של כימה שלשעה שביעית של יום עולה שור מן הקרקע שהרי שעה ראשונה של מרחשון עקרב עולה מן הקרקע שניה עולה קשת שלישית גדי רביעית דלי חמישית דגים ששית טלה שביעית שור ובשביעית חמה מתחלת לשקוע לצד מערב ומעינות מתמעטין מחמת הלינה והרוחות ר' יהושע אומר אותו היום שבעה עשר באייר היה יום שמזל כימה עולה מן הקרקע בשעה ראשונה של יום ומעינות מתגברין שבאותו זמן לא חמה ולא לינה להמעיטן בשלמא לר' יהושע היינו דכתיב שני האי בחדש השני היינו אייר שהרי מניסן נקרא ראשון ראשון הוא לחדשי השנה אלא לר"א דאמר מרחשון היכן מצינו תשרי שנקרא ראשון שני לדין מצינו תשרי שנקרא ראשון לדין מראשית השנה היינו תשרי בשמעתין לעיל והוה ליה מרחשון שני בשלמא לר' (ג) יהושע היינו דשינה שלא היה זמנו של כימה לעלות מן הקרקע עד שעה שביעית ועלה מזל כימה בתחלת היום כדי לעשות בו ארובות ולשפוך עליהן המבול דרך הארובות למהר עליהן פורעניות ועוד שינוי אחר שבשאר שנות העולם מעיינות מתמעטין בזה הזמן ועכשיו נתרבו אלא לר"א מאי שינה אין כאן שנוי לא במזל כימה ולא בתגבורת המעיינות שינה כדרב חסדא:

מסורת הש"ס

א) [שבת קו: וש"נ], ב) סוטה לח:, ג) [פי' אין ש"ץ מוציאן עד דאתו לבי כנישתא ושמעו מש"ץ מתחלה ועד סוף כ"כ הרי"ף וע"ש בר"ן], ד) [עי' תוס' לעיל ח: ד"ה שהחדש ותוס' ביצה טז. ד"ה אחהו ותוס' עירובין מ. ד"ה זכרון].

הגהות הב"ח

(א) רש"י ד"ה והלכה כו' כרבן גמליאל בהן שמעתין דמשמע: (ב) בהג"ה ה"ג כו' פעמים בין היום ובין הלילה באייר: (ג) בא"ד בשלמא לר' אליעזר היינו דשינה וכו' אלא לר' יהושע מאי שינה:

הגהות הגר"א

[א] גמרא דאוושי. (ברכות) תז"מ:

ליקוטי רש"י

שבשדות. דאניסי במלאכתן ואין יכולין לבא. לא אניסי. העומדין בבהכ"נ אחורי הכהנים לא אניסי אלא שאין הברכה חשובה עליהם לעקור רגליהם ולבא לפני הכהנים להיות מתברכים פנים כנגד פנים כדת הלכך אינם בכלל ברכה כדאמרי' כה תברכו פנים כנגד פנים [סוטה לח:].

עין משפט נר מצוה

סו א מיי' פ"ח מהל' תפלה הל' י טוש"ע א"ח סי' קכד סעיף א וטור א"ח סי' תקצא:
סז ב מיי' פ"ג מהל' שופר הל' ח טוש"ע א"ח סי' תקצא סעיף ד בהג"ה:
סח ג מיי' פ"ד מהלכות תפלה הל' יט טוש"ע א"ח סי' ק:
סט ד מיי' פט"ו מהל' נשיאות כפים ה"ח טוש"ע א"ח סי' קכח סעיף כד:
ע ה טור א"ח סי' תקצא:

רבינו חננאל

וכן הדא דידן (וידה) [והיידא] אמרה דאתקע בראשונה ומשך בשניה כשתים אין בידו אלא אחת. (רבא) [ר' אבא] ב"ר זימנא בשם רבי זעירא אפילו אחת אין בידו למה רישא גביה סיפא מצטרף וסיפא גביה רישא מצטרף לא רישא אית לה סיפא ולא סיפא אית לה רישא. והא דוקיא כתרוע' הוא דמשכחת לה בג' שברים אבל בתרועה לא משכחת לה. מי שבירך ואח"כ נתמנה לו שופר תוקע ומריע ותוקע כו'. רב פפא בר שמואל קם צלויי אמר לשמעיה (בי) [כי] נחירנא לך תקע לי ולית הלכתא כוותיה. אלא כי הא דתניא כשהוא שומען שומען על הסדר ועל סדר ברכות בד"א בחבר עיר אבל שלא בחבר עיר שומען על הסדר ולא על סדר ברכות. ויחיד שלא תקע חבירו תוקע לו ויחיד שלא בירך אין חבירו מברך לו ומצוה בתוקעין שהיא מן התורה יותר מן המברכין. כיצד היו לפניו ב' עיירות באחת ודאי מברכין כלומר יש להן שם חזן ומתפללין בודאי ובאחרת יתכן שיתקעו והוא דבר ספק הולך למקום שתוקעין ואע"פ שהוא ספק שהיא מצוה מן התורה. כשם שהש"ץ חייב כך כל יחיד ויחיד חייב. ר"ג אומר ש"ץ מוציא את הרבים י"ח. תניא אמרו לו (לר') [לר"ג] לדבריך כו'. אמר רבה בר בר חנה א"ר יוחנן מודים חכמים לר"ג. ורב הונא ציפוראה אמר ר' יוחנן הלכתא כר"ג ואקשינן אי מודו ליה לר"ג למה ליה לר' יוחנן למימר הלכתא כוותיה. לא אמרינן הלכתא אלא היכא דאיכא פלוגתא. ופריק רב נחמן בר יצחק מאן מודי ליה לר"ג ר' מאיר וחכמים חולקין על זה ועל זה דת"ר ברכות של ר"ה ויוה"כ בלבד. אבל בכל השנה אין הלכה כר"ג ומאי שנה ר"ה ויוה"כ מן השנה כולה. אי לימא משום דנפישי בהו קראי והן עשר מלכיות י' זכרונות ועשר שופרות והאמר רב חננאל אמר רב כיון שאמר ובתורתך כתוב לאמר שוב אינו צריך להזכיר הפסוקין אלא משום דאוושי ברכות כלומר בכל שבת ומועד מתפללין שבע ובאלו מתפללין תשע כו'. אמר ר' אלעזר לעולם יסדיר אדם תפלתו ואח"כ יתפלל. וא"ר אבא מסתברא בברכות של ר"ה ושל יוה"כ ושל פרקים אבל של כל השנה כולה לא וכן סוגיא דשמעתא אמר רב אחא בר רב עוירא אמר ר' שמעון חסידא פוטר היה רבן גמליאל אפי' עם שבשדות כו' ואסיקנא אלא כי אתא רבין אמר ר' יעקב בר אידי אמר ר' שמעון חסידא לא פטר ר"ג אלא עם שבכנסת ושומעין מש"ץ והעם שבשדות והן אנוסין שאינן יכולין לבא אבל הני דשכיחי בעיר ולא אתו לא פטר להו ר"ג: ירושלמי רג"א ש"ץ מוציא את הרבים י"ח ר' חונא רבה דצפורין בשם ר' יוחנן הלכתא כר"ג באלין תקיעתא והוא שישנו שם מראש התפלה:

הדרן עלך י"ט של ר"ה

סליקו פירושי רבינו חננאל ממסכת ראש השנה. תהלה לשוכן מעונה:

פי' למה תוקעין כשהן יושבין ותוקעין כשהן עומדין כדי לערבב את השטן יומאי עירבוביא אלא כתב בירושלמי בלע המות לנצח וכתיב והיה ביום ההוא יתקע בשופר גדול. כי שמע שטן קל שופרא זמנא חדא בהיל ולא בהיל וכי תניין ליה אמר וודיי ההוא שופרא דתקיע בשופר גדול מטא זמניה למתבלע ומרתיע ומתערבב ולית ליה פניי למעבד קטיגוריא ומכאן אנו למדין דבעינן תלתין בעמידה כמו תלתין בישיבה והלין דמחמרין ועבדין תלתין כד יתבי ותלתין בלחש ותלתין על הסדר. בירושלמי כתב מאה פעיות פעתה אמיה דסיסרא ואלין עשר (או) אינון כשגומרין כל התפלה קל תקועייא דיחידאה מתבעי למהוי עשרה תשר"ת תש"ת תר"ת והן מאה:

NOTES

weekdays. By analogy, those who are unable – for any valid reason – to prepare the prayer on Rosh Hashanah may rely upon the *shliach tzibur.*]

Rashi implies that the difference between city dwellers and farmers is not merely that the city dwellers are expected to attend the synagogue service in person. Rather, since they have time on their hands, the city dwellers are expected to become proficient and recite the prayers themselves. Thus, the clear implication is that even if they come to the synagogue and listen to the *shliach tzibur,* they do not fulfill their obligation!

However, the Rishonim find this baffling. For in the Baraisa cited above (34b), the Sages asked Rabban Gamliel why, according to his opinion, the congregation bothers to pray silently, and he responded that it is because the *shliach tzibur* needs time to prepare his prayer. According to *Rashi,* he should have responded that those who are competent are *required* to pray on their own?! Since he did not say this, Rabban Gamliel obviously holds that all who are in attendance may fulfill their obligation through the *shliach tzibur,* even if they are proficient in the prayer! (*Ramban, Rashba, Ritva;* cf. *Tosafos* to 34b ד״ה כך; but see *Rashash* there).

Yom Teruah (34b) and *Chazon Ish* (ibid.) respond on behalf of *Rashi*: According to Rabban Gamliel, the *primary* obligation to pray is performed by the *shliach tzibur* on behalf of the entire community, and the Sages therefore asked him why the congregation bothers to pray. Rabban Gamliel responded that the silent prayer was ordained by the Rabbis in order to enable the *shliach tzibur* to prepare his prayer. This means that the Rabbis introduced an *additional* obligation upon each and every capable individual to recite the prayer privately. Our Gemara teaches that once this obligation was imposed, a person who neglects to attend the synagogue is not exempt from it either. Only those who cannot possibly pray ("the people in the fields") are exempt. Thus, in the final analysis, even according to Rabban Gamliel a person who is able to pray may not rely upon the *shliach tzibur's* recitation – whether he attends the synagogue or not. Accordingly, our Gemara's qualification is to be understood literally: Rabban Gamliel's lenient ruling applies only to the "people in the fields" – without exception.

Others explain our Gemara's statement in a more limited fashion, as follows: *Concerning those who are not in attendance,* Rabban Gamliel exempted only the people in the fields who are unable to attend. He did not exempt townspeople who neglectfully absent themselves from the synagogue. If townspeople wish to rely upon the *shliach tzibur,* they must be in attendance and listen to his every word. However, those who do attend may fulfill their obligation by listening to the *shliach tzibur* (according to Rabban Gamliel), even if they are capable of reciting the prayer themselves (*Rif, Rabbeinu Chananel,* et al.).

[One of the reasons that nowadays we do not rely upon Rabban Gamliel's leniency, even on Rosh Hashanah, is that according to *Rashi* it applies only to those who are incapable of praying (*Magen Avraham,* beginning of §591; see note 5).]

הַדְרָן
Hadran

Hadran – הַדְרָן

Upon the סיום, *completion*, of the study of an entire tractate, a festive meal (which has the status of a *seudas mitzvah*) should be eaten – preferably with a *minyan* in attendance. The following prayers of thanksgiving are recited by those who have completed the learning. [The words in brackets are inserted according to some customs.]

The first paragraph is recited three times.

הַדְרָן עֲלָךְ מַסֶּכֶת רֹאשׁ הַשָּׁנָה וְהַדְרָךְ עֲלָן. דַּעְתָּן עֲלָךְ מַסֶּכֶת רֹאשׁ הַשָּׁנָה וְדַעְתָּךְ עֲלָן. לָא נִתְנְשֵׁי מִנָּךְ מַסֶּכֶת רֹאשׁ הַשָּׁנָה וְלָא תִתְנְשֵׁי מִנָּן – לָא בְּעָלְמָא הָדֵין וְלָא בְּעָלְמָא דְאָתֵי.

הַדְרָן *We shall return*[1] *to you, Tractate Rosh Hashanah, and you shall return to us. Our thoughts are on you, Tractate Rosh Hashanah, and your thoughts are on us. We will not forget you, Tractate Rosh Hashanah, and you will not forget us – neither in This World, nor in the World to Come.*

יְהִי רָצוֹן מִלְּפָנֶיךָ יי אֱלֹהֵינוּ וֵאלֹהֵי אֲבוֹתֵינוּ, שֶׁתְּהֵא תוֹרָתְךָ אֻמָּנוּתֵנוּ בָּעוֹלָם הַזֶּה וּתְהֵא עִמָּנוּ לָעוֹלָם הַבָּא. חֲנִינָא בַּר פָּפָּא, רָמִי בַּר פָּפָּא, נַחְמָן בַּר פָּפָּא, אַחַאי בַּר פָּפָּא, אַבָּא מָרִי בַּר פָּפָּא, רַפְרָם בַּר פָּפָּא, רָכִישׁ בַּר פָּפָּא, סוּרְחָב בַּר פָּפָּא, אַדָּא בַּר פָּפָּא, דָּרוּ בַּר פָּפָּא.

יְהִי רָצוֹן *May it be Your will, Hashem, our God, and the God of our forefathers, that Your Torah be our preoccupation in This World, and may it remain with us in the World to Come. Chanina bar Pappa,*[2] *Rami bar Pappa, Nachman bar Pappa, Achai bar Pappa, Abba Mari bar Pappa, Rafram bar Pappa, Rachish bar Pappa, Surchav bar Pappa, Adda bar Pappa, Daru bar Pappa.*

הַעֲרֶב נָא יי אֱלֹהֵינוּ אֶת דִּבְרֵי תוֹרָתְךָ בְּפִינוּ וּבְפִיפִיּוֹת עַמְּךָ בֵּית יִשְׂרָאֵל. וְנִהְיֶה [כֻּלָּנוּ] אֲנַחְנוּ וְצֶאֱצָאֵינוּ [וְצֶאֱצָאֵי צֶאֱצָאֵינוּ] וְצֶאֱצָאֵי עַמְּךָ בֵּית יִשְׂרָאֵל, כֻּלָּנוּ יוֹדְעֵי שְׁמֶךָ וְלוֹמְדֵי תוֹרָתֶךָ [לִשְׁמָהּ]. מֵאֹיְבַי תְּחַכְּמֵנִי מִצְוֹתֶךָ, כִּי לְעוֹלָם הִיא לִי. יְהִי לִבִּי תָמִים בְּחֻקֶּיךָ, לְמַעַן לֹא אֵבוֹשׁ. לְעוֹלָם לֹא אֶשְׁכַּח פִּקּוּדֶיךָ, כִּי בָם חִיִּיתָנִי. בָּרוּךְ אַתָּה יי, לַמְּדֵנִי חֻקֶּיךָ. אָמֵן אָמֵן אָמֵן, סֶלָה וָעֶד.

הַעֲרֶב נָא *Please, Hashem, our God, sweeten the words of Your Torah in our mouth and in the mouths of Your people, the House of Israel, and may [we all –] we, our offspring, [the offspring of our offspring,] and the offspring of Your people, the House of Israel, all of us – know Your Name and study Your Torah. Your commandment makes me wiser than my enemies, for it is forever with me.*[3] *May my heart be perfect in Your statutes, so that I not be shamed.*[4] *I will never forget Your precepts, for through them You have preserved me.*[5] *Blessed are You, Hashem, teach me Your statutes.*[6] *Amen. Amen. Amen. Selah! Forever!*

מוֹדִים אֲנַחְנוּ לְפָנֶיךָ יי אֱלֹהֵינוּ וֵאלֹהֵי אֲבוֹתֵינוּ, שֶׁשַּׂמְתָּ חֶלְקֵנוּ מִיּוֹשְׁבֵי בֵּית הַמִּדְרָשׁ, וְלֹא שַׂמְתָּ חֶלְקֵנוּ מִיּוֹשְׁבֵי קְרָנוֹת. שֶׁאָנוּ מַשְׁכִּימִים וְהֵם מַשְׁכִּימִים, אָנוּ מַשְׁכִּימִים לְדִבְרֵי תוֹרָה, וְהֵם מַשְׁכִּימִים לִדְבָרִים בְּטֵלִים. אָנוּ עֲמֵלִים וְהֵם עֲמֵלִים, אָנוּ עֲמֵלִים וּמְקַבְּלִים שָׂכָר, וְהֵם עֲמֵלִים וְאֵינָם מְקַבְּלִים שָׂכָר. אָנוּ רָצִים וְהֵם רָצִים, אָנוּ רָצִים לְחַיֵּי הָעוֹלָם הַבָּא, וְהֵם רָצִים לִבְאֵר שַׁחַת, שֶׁנֶּאֱמַר: וְאַתָּה אֱלֹהִים, תּוֹרִדֵם לִבְאֵר שַׁחַת, אַנְשֵׁי דָמִים וּמִרְמָה לֹא יֶחֱצוּ יְמֵיהֶם, וַאֲנִי אֶבְטַח בָּךְ.

מוֹדִים *We express gratitude before You, Hashem, our God, and the God of our forefathers, that You have established our portion with those who dwell in the study hall, and have not established our portion with idlers. For we arise early and they arise early; we arise early for the words of Torah, while they arise early for idle words. We toil and they toil; we toil and receive reward, while they toil and do not receive reward. We run and they run; we run to the life of the World to Come, while they run to the well of destruction, as it is said: But You, O God, You will lower them into the well of destruction, men of bloodshed and deceit shall not live out half their days; and I will trust in You.*[7]

1. הַדְרָן עֲלָךְ – *We shall return to you* ... We express the hope that we will review constantly what we have learned and that, in the merit of our desire to learn, the Torah itself will long to return to us, as it were. Thus, the word is derived from הָדַר, *to return*. This is in the spirit of the Talmudic dictum that תּוֹרָה מְחַזֶּרֶת עַל אַכְסַנְיָא שֶׁלָּהּ, *the Torah returns to its inn*, i.e., the place or people where it was made welcome (*Bava Metzia* 88a).

According to *Sefer HaChaim*, the term is derived from the word הָדָר, *glory*. Thus, whatever glory we have attained is due to the Torah, and we pray that the Torah shed its glory upon us.

2. חֲנִינָא בַּר פָּפָּא – *Chanina bar Pappa* ... In the simple sense, Rav Pappa was a very wealthy man who, whenever he completed a tractate, used to make great celebrations to which he invited his ten sons, as well as many others. As a result, he brought glory to the Torah, which was reflected in the scholarly attainments of his sons. The nation, therefore, honors Rav Pappa and his family by mentioning them at every *siyum*. Furthermore, esoterically, Rav Pappa symbolizes Moses and the names of his sons symbolize the Ten Commandments (*Teshuvos HaRema; Yam Shel Shelomo, Bava Kamma,* end of ch. 7).

3. *Psalms* 119:98. 4. 119:80. 5. 119:93. 6. 119:12. 7. 55:24.

יְהִי רָצוֹן לְפָנֶיךָ יי אֱלֹהַי, כְּשֵׁם שֶׁעֲזַרְתַּנִי לְסַיֵּים מַסֶּכֶת רֹאשׁ הַשָּׁנָה כֵּן תְּעַזְּרֵנִי לְהַתְחִיל מַסֶּכְתּוֹת וּסְפָרִים אֲחֵרִים וּלְסַיְּמָם, לִלְמוֹד וּלְלַמֵּד לִשְׁמוֹר וְלַעֲשׂוֹת וּלְקַיֵּם אֶת כָּל דִּבְרֵי תַלְמוּד תּוֹרָתֶךָ בְּאַהֲבָה. וּזְכוּת כָּל הַתַּנָּאִים וַאֲמוֹרָאִים וְתַלְמִידֵי חֲכָמִים יַעֲמוֹד לִי וּלְזַרְעִי, שֶׁלֹּא תָמוּשׁ הַתּוֹרָה מִפִּי וּמִפִּי זַרְעִי וְזֶרַע זַרְעִי עַד עוֹלָם. וְתִתְקַיֵּם בִּי: בְּהִתְהַלֶּכְךָ תַּנְחֶה אֹתָךְ, בְּשָׁכְבְּךָ תִּשְׁמֹר עָלֶיךָ, וַהֲקִיצוֹתָ הִיא תְשִׂיחֶךָ. כִּי בִי יִרְבּוּ יָמֶיךָ, וְיוֹסִיפוּ לְךָ שְׁנוֹת חַיִּים. אֹרֶךְ יָמִים בִּימִינָהּ, בִּשְׂמֹאלָהּ עֹשֶׁר וְכָבוֹד. יי עֹז לְעַמּוֹ יִתֵּן, יי יְבָרֵךְ אֶת עַמּוֹ בַשָּׁלוֹם.

יְהִי רָצוֹן *May it be Your will, HASHEM, my God, that just as You have helped me complete Tractate Rosh Hashanah, so may You help me to begin other tractates and books, and to complete them; to learn and to teach, to safeguard and to perform, and to fulfill all the words of Your Torah's teachings with love. May the merit of all the Tannaim, Amoraim, and Torah scholars stand by me and my children, that the Torah shall not depart from my mouth and from the mouth of my children and my children's children forever. May there be fulfilled for me the verse: When you walk, it (i.e., the Torah) will guide you; when you lie down, it will watch over you; and when you wake up, it will converse with you.*[8] *For because of me (i.e., the Torah), your days will increase, and years of life will be added to you.*[9] *Long days are in its right hand, and in its left hand are wealth and honor.*[10] *HASHEM will give might to His people, HASHEM will bless His people with peace.*[11]

If a *minyan* is present, the following version of the Rabbis' *Kaddish* is recited by one or more of those present. It may be recited even by one whose parents are still living.

יִתְגַּדַּל וְיִתְקַדַּשׁ שְׁמֵהּ רַבָּא. (Cong.– אָמֵן.) בְּעָלְמָא דִּי הוּא עָתִיד לְאִתְחַדָּתָא, וּלְאַחֲיָאָה מֵתַיָּא, וּלְאַסָּקָא יָתְהוֹן לְחַיֵּי עָלְמָא, וּלְמִבְנֵא קַרְתָּא דִירוּשְׁלֵם, וּלְשַׁכְלָלָא הֵיכְלֵהּ בְּגַוַּהּ, וּלְמֶעְקַר פָּלְחָנָא נֻכְרָאָה מִן אַרְעָא, וְלַאֲתָבָא פָּלְחָנָא דִי שְׁמַיָּא לְאַתְרֵהּ, וְיַמְלִיךְ קֻדְשָׁא בְּרִיךְ הוּא בְּמַלְכוּתֵהּ וִיקָרֵהּ, [וְיַצְמַח פֻּרְקָנֵהּ וִיקָרֵב מְשִׁיחֵהּ (Cong.– אָמֵן)] בְּחַיֵּיכוֹן וּבְיוֹמֵיכוֹן וּבְחַיֵּי דְכָל בֵּית יִשְׂרָאֵל, בַּעֲגָלָא וּבִזְמַן קָרִיב. וְאִמְרוּ: אָמֵן.

(Cong.– אָמֵן. יְהֵא שְׁמֵהּ רַבָּא מְבָרַךְ לְעָלַם וּלְעָלְמֵי עָלְמַיָּא.)

יְהֵא שְׁמֵהּ רַבָּא מְבָרַךְ לְעָלַם וּלְעָלְמֵי עָלְמַיָּא.

יִתְבָּרַךְ וְיִשְׁתַּבַּח וְיִתְפָּאַר וְיִתְרוֹמַם וְיִתְנַשֵּׂא וְיִתְהַדָּר וְיִתְעַלֶּה וְיִתְהַלָּל שְׁמֵהּ דְּקֻדְשָׁא בְּרִיךְ הוּא (Cong.– בְּרִיךְ הוּא) °לְעֵֽלָּא מִן כָּל (From Rosh Hashanah to Yom Kippur substitute– °לְעֵֽלָּא וּלְעֵֽלָּא מִכָּל) בִּרְכָתָא וְשִׁירָתָא תֻּשְׁבְּחָתָא וְנֶחֱמָתָא, דַּאֲמִירָן בְּעָלְמָא. וְאִמְרוּ: אָמֵן. (Cong.– אָמֵן.)

עַל יִשְׂרָאֵל וְעַל רַבָּנָן, וְעַל תַּלְמִידֵיהוֹן וְעַל כָּל תַּלְמִידֵי תַלְמִידֵיהוֹן, וְעַל כָּל מָאן דְּעָסְקִין בְּאוֹרַיְתָא, דִּי בְאַתְרָא הָדֵין וְדִי בְכָל אֲתַר וַאֲתַר. יְהֵא לְהוֹן וּלְכוֹן שְׁלָמָא רַבָּא, חִנָּא וְחִסְדָּא וְרַחֲמִין, וְחַיִּין אֲרִיכִין, וּמְזוֹנֵי רְוִיחֵי, וּפֻרְקָנָא מִן קֳדָם אֲבוּהוֹן דִּי בִשְׁמַיָּא [וְאַרְעָא]. וְאִמְרוּ: אָמֵן. (Cong.– אָמֵן.)

יְהֵא שְׁלָמָא רַבָּא מִן שְׁמַיָּא, וְחַיִּים [טוֹבִים] עָלֵינוּ וְעַל כָּל יִשְׂרָאֵל. וְאִמְרוּ: אָמֵן. (Cong.– אָמֵן.)

Take three steps back. Bow left and say . . . עֹשֶׂה; bow right and say . . . הוּא; bow forward and say וְעַל כָּל . . . אָמֵן. Remain standing in place for a few moments, then take three steps forward.

עֹשֶׂה שָׁלוֹם בִּמְרוֹמָיו, הוּא בְּרַחֲמָיו יַעֲשֶׂה שָׁלוֹם עָלֵינוּ, וְעַל כָּל יִשְׂרָאֵל. וְאִמְרוּ: אָמֵן. (Cong.– אָמֵן.)

יִתְגַּדַּל *May His great Name grow exalted and sanctified* (Cong.– *Amen*) *in the world that will be renewed and where He will resuscitate the dead and raise them up to eternal life, and rebuild the city of Jerusalem and complete His Temple within it, and uproot alien worship from the earth, and return the service of Heaven to its place, and may the Holy One, Blessed is He, reign in His sovereignty and splendor [and cause salvation to sprout and bring near His Messiah* (Cong.– *Amen*)*] in your lifetimes and in your days, and in the lifetimes of the entire House of Israel, swiftly and soon. Now respond: Amen.*

(Cong.– *Amen. May His great Name be blessed forever and ever.*)

May His great Name be blessed forever and ever.

Blessed, praised, glorified, exalted, extolled, mighty, upraised, and lauded be the Name of the Holy One, Blessed is He (Cong.– *Blessed is He*), (From Rosh Hashanah to Yom Kippur add: *exceedingly*) *beyond any blessing and song, praise, and consolation that are uttered in the world. Now respond: Amen.* (Cong.– *Amen.*)

Upon Israel, upon the teachers, upon their disciples and upon all of their disciples' disciples and upon all those who engage in the study of Torah, who are here or anywhere else; may they and you have abundant peace, grace, kindness, and mercy, long life, ample nourishment, and salvation, from before their Father Who is in Heaven [and on earth]. Now respond: Amen. (Cong.– *Amen.*)

May there be abundant peace from Heaven, and [good] life upon us and upon all Israel. Now respond: Amen. (Cong.– *Amen.*)

Take three steps back. Bow left and say, *'He Who makes peace . . .'*; bow right and say, *'may He . . .'*; bow forward and say, *'and upon all Israel . . . Amen.'* Remain standing in place for a few moments, then take three steps forward.

He Who makes peace in His heights, may He, in His compassion, make peace upon us, and upon all Israel. Now respond: Amen. (Cong.– *Amen.*)

8. *Proverbs* 6:22. 9. 9:11. 10. 3:16. 11. *Psalms* 29:11.

Appendix
Glossary
Scriptural Index

Appendix I

⊰ The Two-Day Yom Tov in the Diaspora

Every Yom Tov day is celebrated outside of Eretz Yisrael for two days. This is an outgrowth of the fact that, according to Torah law, the fixing of Rosh Chodesh was done by *Beis Din* upon acceptance of the testimony of witnesses who had seen the new moon. One knew when a Yom Tov in a particular month was to be celebrated only upon being informed which day had been designated as Rosh Chodesh. To ensure that the public was informed, messengers were dispatched once the new moon had been declared. They traveled as far as they could from Rosh Chodesh until the holiday that fell in that month; however, ancient modes of transportation did not allow them to get very far. In Tishrei, since they could not travel on Rosh Hashanah, Yom Kippur, or on the Sabbath, they would generally have only ten days of travel before Succos. As a result, although the exact day of Yom Tov was known in Eretz Yisrael, much of the Diaspora would not know the exact day until the Yom Tov had already passed. The one notable exception to this was Babylonia in the early days of the Second Temple, when communication from Eretz Yisrael was done by a simple system of signals (see Gemara 22b) that enabled them to convey the news of Rosh Chodesh very quickly.

Because Rosh Chodesh can only be the thirtieth or the thirty-first day from the previous Rosh Chodesh, the question of which day to observe as Yom Tov was limited to two days. For example, if the thirtieth day after Rosh Chodesh Adar was a Tuesday, the choice of Rosh Chodesh Nissan was limited to Tuesday, twenty-nine days hence, or the day after, Wednesday. Accordingly, Jews in distant lands knew that the first day of Pesach (the fifteenth day of Nissan) would be either Tuesday or Wednesday – but the margin of error could not be greater that that. Consequently, however, they would be forced to observe two days as the beginning of Pesach, while the Jews of Eretz Yisrael and the sections of the Diaspora closer by, who knew which day was Pesach, would celebrate only one day. By the time the next Rosh Chodesh arrived, even the people in the Diaspora would have had time to learn when the last Rosh Chodesh had been, so that the doubt never grew beyond two days.

Rav Saadiah Gaon (Teshuvos HaGeonim, Mussafia 1) ascribes the obligation to celebrate two days of Yom Tov to a הֲלָכָה לְמֹשֶׁה מִסִּינַי, *oral tradition given to Moses on Mount Sinai. Rav Hai Gaon* (ibid.), disagrees, and traces this practice back to an ordinance promulgated by the early prophets (גְּזֵירָה מִימוֹת נְבִיאִים רִאשׁוֹנִים), perhaps even by Joshua when he entered Eretz Yisrael.

As a result of Roman persecution in Eretz Yisrael, R' Hillel HaNasi (who lived in the fourth century C.E.) feared that the institution of *semichah* would pass into oblivion. *Semichah* was a rabbinical ordination that began with Moses and continued from teacher to student. *Semichah* was a prerequisite for the *Beis Din* charged with pronouncing Rosh Chodesh; without it, the months could not be consecrated and the Jewish calendar would have lost its halachic basis. R' Hillel and his court *were* properly ordained, and in the year 4118 (358 C.E.) they instituted the calendar in use today (see *Ramban, Sefer HaMitzvos, Mitzvas Assei* §153; *Rav Hai Gaon* quoted by *R' Avraham ben Chiya HaNasi* in *Sefer HaIbbur* 3:7; *Tzemach David* 4118; cf. *Rambam, Kiddush HaChodesh* 5:3).[1]

Once the calendar was adopted, the Jewish communities in the Diaspora were as well acquainted with the date of Yom Tov as those in Eretz Yisrael; it thus seemed logical that the Diaspora communities would begin observing a single Yom Tov day as in Eretz Yisrael.

The *Beis Din* of Eretz Yisrael, however, admonished the Diaspora "to safeguard the custom of your fathers (i.e., celebrate two days of Yom Tov), lest the government enact legislation forbidding Jewish observance and the exact dates of the holy days will be widely unknown" (*Beitzah* 4b). Though this reasoning applies to Eretz Yisrael as well, the admonition sought merely to preserve the status quo.

An interesting interpretation of this passage is given by *Rav Hai Gaon (Teshuvos HaGeonim, Mussafia* §1). He regards it as containing *two* reasons for the observance of the two day Yom Tov: (a) "Take care to safeguard the custom of your fathers," a self-understood declaration that the preservation of custom and tradition is a vital goal; (b) "Lest the government enact legislation forbidding Jewish observance" – which means that Jews may find themselves ignorant of the exact date.

Rav Hai Gaon elucidates this further, citing the tradition that the "early prophets" ordained that areas "outside of the Land" celebrate two days Yom Tov. As a Rabbinic ordinance it is subject to the rule that "any law enacted by an

NOTES

1. *R' Yitzchak HaYisraeli (Yesod Olam* 4:5) gives the date as 4260. But this must be a copyist's or typographical error. Elsewhere (op. cit. 4:9), he says that the calendar was adopted about 300 years after the destruction of the Temple. This is roughly 4130 – very close to the date (4118) given by *Rav Hai Gaon.*

assembly [of Sages] requires another assembly [of equally qualified Sages] to abrogate it" (*Beitzah* 5a). *Rav Hai Gaon* modifies this with the statement that, "The prophets commanded the Jews in the Diaspora [to celebrate two days], and we cannot presume to know the real reason for their ordinance. [Consequently] we cannot know for sure if the true cause [for the two-day celebration] has been removed" (cf. *Vilna Gaon, Ma'aseh Rav* par. 97).

☙ Two days of Rosh Hashanah

In the pre-calendar period, when Rosh Hashanah was determined by the *Beis Din's* acceptance of witnesses, the exact date of Rosh Hashanah would be known only in the *Beis Din* and its immediate environs. Because *Beis Din* could not dispatch traveling emissaries on the festival, the exact date of Rosh Hashanah could become known outside the immediate area only after Rosh Hashanah passed, when emissaries could be dispatched. If the thirtieth day after Rosh Chodesh Elul had been declared Rosh Hashanah, the people would have observed that day and already begun celebrating a second day of Rosh Hashanah, since they could not know if the previous day had been proclaimed Rosh Hashanah or not. The Talmud (*Beitzah* 5b) states that even after Rabban Yochanan's reinstitution of the old custom (see Gemara 30b) that if witnesses arrived after Minchah, the *Beis Din* would accept them and proclaim that day as Rosh Hashanah, nevertheless, Rabban Yochanan maintained that the following day should still be kept as a second day of Rosh Hashanah, as in Temple times (see *Rashi* and *Tosafos* there). *Rif* (loc. cit.) cites this as proof that even in Eretz Yisrael, Rosh Hashanah should be kept for two days, since the people there, too, had no way of knowing whether witnesses had arrived before Minchah, or whether they had arrived at all. However, *Baal HaMaor* comments that the universal two-day observance of Rosh Hashanah was required only when Rosh Chodesh was proclaimed on the basis of witnesses testifying before *Beis Din*. Once the present, predetermined calendar was instituted, and everyone knew exactly when Rosh Hashanah would be, the whole of Eretz Yisrael fell into the category of "the environs of the *Beis Din*," which observed only one day of Rosh Hashanah when witnesses arrived before Minchah. *Baal HaMaor* states that, as a matter of fact, the Jewish community in Eretz Yisrael did not keep a two-day Rosh Hashanah until shortly before his times, as evidenced by a responsum of *Rav Hai Gaon* (see *Teshuvos HaGeonim, Mussafia,* §1). *Baal HaMaor's* opinion is shared by *R' Ephraim, Rif's* famed disciple. However, the unanimous consensus of other authorities agrees with *Rif* that Rosh Hashanah must be observed for two days even in Jerusalem.

The argument is advanced (*Rosh; Rashba; Meiri*) that the reason for keeping two days of Rosh Hashanah in the Diaspora after the adoption of the calendar – "Safeguard the custom of your fathers lest the government enact legislation forbidding Jewish observance" (*Beitzah* 4b) – applies to Eretz Yisrael as well, since up until the adoption of the calendar the custom had been to keep two days even there. Even the environs of the *Beis Din*, which hitherto had kept only one day, were not exempted. The seat of the *Beis Din* was not permanently fixed in post-Temple days (see Gemara 31a – וכנגדן גלתה סנהדרין). Thus, the custom of holding only one day was not linked to any specific locale, but rather to the locale where the *Beis Din* was sitting at the time it received witnesses. Once the calendar was adopted and there was no longer a place where *Beis Din* was receiving witnesses, there was no place that qualified for a one-day observance.

Rav Hai Gaon, too, in the above-cited responsum, tersely admonishes the Jewish community in Eretz Yisrael to "do as their predecessors did," and not deviate from the custom of their ancestors.[2]

Rambam (Hil. Kiddush HaChodesh 5:8) asserts that because two days had previously been kept in Eretz Yisrael, the Sages passed an ordinance that even after the inception of the calendar Rosh Hashanah should be observed for two days.

NOTES

2. On the surface, *Rav Hai Gaon* seems to imply that the then-current practice of observing Rosh Hashanah for only one day was known by him to be a departure from what had been practiced by previous generations. But in light of what has been said above regarding *Rav Hai Gaon's* opinion about observing two days of Yom Tov in the Diaspora, this quotation takes on a special meaning, for *Rav Hai Gaon* maintains that the preservation of tradition is a major factor to consider. We have already cited the Talmud (*Beitzah* 5b) that provides for a two-day celebration of Rosh Hashanah even when the exact date of Rosh Hashanah is known. This is no doubt a special ordinance legislated by the Sages. Thus, whenever witnesses fail to arrive before Minchah on Rosh Hashanah, two days must be observed even if logic seems to dictate that the reason for the ordinance no longer applies. Accordingly, ever since the institution of R' Hillel's calendar, two days must always be observed. *Ramban* (*Milchamos* to *Beitzah* 5 ד"ה ועוד והרב אלפס) arrives at a similar interpretation.

Appendix II

Baal HaMaor's Interpretation of 20b and its Relevance to the Dateline

One of the most vexing halachic problems of the modern age is the question of where to locate the "dateline" – the line along the globe that marks the end of one day and the beginning of the next. (The international dateline currently in use is merely an international convention that has no standing in halachah.) This question became particularly acute when refugees fleeing the Holocaust arrived in China and Japan. Telegrams which were sent to inquire of the leading authorities in Eretz Yisrael elicited different responses. The *Chazon Ish* responded by citing the explanation of the *Baal HaMaor* to the Gemara on 20b as proof that the halachic dateline is 90 degrees to the east of Jerusalem. Since this issue is not only relevant and fascinating but relates to the Gemara in our tractate, we present here a synopsis of *Baal HaMaor's* explanation and its halachic ramifications as they pertain to the subject of the dateline.

Let us begin by reviewing the actual statements of the Gemara. The Gemara on 20b records three statements by R' Zeira:

1) צָרִיךְ שֶׁיְּהֵא לַיְלָה וְיוֹם מִן הַחֹדֶשׁ – **It is necessary that the night and** following **day be** part **of the** same **month.**

2) נוֹלַד קוֹדֶם חֲצוֹת – **If [the moon] was in conjunction before midday,** בְּיָדוּעַ שֶׁנִּרְאָה סָמוּךְ לִשְׁקִיעַת הַחַמָּה – **it certainly can be sighted close to sunset** that day. לֹא נוֹלַד קוֹדֶם חֲצוֹת – But if **it was not in conjunction before midday,** but rather afterwards, בְּיָדוּעַ שֶׁלֹּא נִרְאָה סָמוּךְ לִשְׁקִיעַת הַחַמָּה – **it certainly cannot be sighted close to sunset** that day.

3) עֶשְׂרִים וְאַרְבָּעָה שָׁעֵי מִכַּסֵּי סִיהֲרָא – **The moon is covered** [i.e. is invisible] **for twenty-four hours.** לְדִידָן – **To us** שִׁית מֵעַתִּיקָא וְתַמְנֵי סְרֵי מֵחַדְתָּא – it is invisible for **six** hours **of the old** moon **and eighteen** hours **of the new** moon. לְדִידְהוּ – **To them** שִׁית מֵחַדְתָּא וְתַמְנֵי סְרֵי מֵעַתִּיקָא – it is invisible for **six** hours **of the new** moon **and eighteen** hours **of the old** moon.

Rashi's interpretation of the above Gemara has been given in the notes to 20b. *Baal HaMaor* explains these statements as follows:

R' Zeira's first statement: *"It is necessary that the night and [following] day be [part] of the [same] month."* This refers to the fixed calendar in effect nowadays when the Sanhedrin no longer functions and a new month cannot be declared on the basis of observation.[1] A generally accepted rule of the calendar is that Rosh Hashanah cannot fall on a day in which the *molad* falls on or after midday. The Rishonim give different reasons for this. *Baal HaMaor* explains the reason for this to be so that the day of Rosh Hashanah – the whole legal day, from sunset to sunset – should fall *after* the *molad* somewhere in the world. This is necessary so that the new moon should be visible somewhere on the day of Rosh Hashanah. Hence, what R' Zeira meant when he said that the night and day must both be part of the same month is that both the night and day must fall after the *molad*.[2] This requires some explanation.

The time of day is different, at any given moment, at different locations in the world. When it is daybreak in one place, it is noontime in another and already nighttime in a third place. The sun rises and sets in easterly locations earlier than in westerly ones. For example, when it is Sunday noontime in Jerusalem, it is late afternoon in easterly locations, such as India. In westerly locations, such as Europe, it is still before noon, and even further west, for example in New York, it is before daybreak Sunday morning.

The *molad*, however, is different, for the time of conjunction falls at the same moment the world over. Thus, when the *molad* falls just after nightfall of the night of Monday in Jerusalem, that same moment is not yet nightfall in locations west of Jerusalem. In those places the sun has not yet set and it is still Sunday afternoon. Consequently, Rosh Hashanah *can* be fixed on Monday because in those locations the full day of Monday falls after the *molad*, although

NOTES

1. Although the Baraisa from which this was taken was said before the fixed calendar was instituted, on certain rare occasions when it was impossible to establish the new month on the basis of testimony, they would rely on these calculations to fix the start of the new month. Moreover, the Sages of earlier times made the effort to ascertain these matters so as to be able to contradict the testimony of false witnesses (see *Baal HaMaor*).

2. Perhaps, *Baal HaMaor* read the wording of the Gemara לַיְלָה וְיוֹם מִן הֶחָדָשׁ (rather than חֹדֶשׁ), meaning the night and day must both belong to the new moon. See *Hagahos Yavetz* who suggests such a reading.

in Jerusalem part of Monday precedes the *molad*.

It behooves us, then, to ascertain how late in the day a *molad* can fall in Jerusalem and yet somewhere in the world, the day will not yet have begun. In other words, we have to determine where in the world the sun sets the very latest.

Now, the world is in the shape of a globe and the sun completes its daily cycle around the globe once in twenty-four hours (or, in other words, the world completes a rotation around its axis every twenty-four hours). A complete circle consists of 360 degrees. Thus the sun traverses 360 degrees in twenty-four hours, which equals 15 degrees per hour. Accordingly, a location 15 degrees west of Jerusalem experiences sunset one hour later than Jerusalem; 30 degrees west – two hours later, and so on. On the other hand, at a location 15 degrees east of Jerusalem, sunset occurs one hour earlier; 30 degrees east – two hours earlier, and so on. Since the earth is round, one can continue either westward or eastward continuously making a complete circle. Clearly then, we have to decide at which point the west ends and the east begins. If, for instance, we start at Jerusalem and decide that the westernmost point in the world is 180 degrees west of Jerusalem, then the latest sunset will occur there 12 hours after sunset in Jerusalem.

Baal HaMaor is of the opinion that the latest sunset in the world occurs eighteen hours after Jerusalem. That happens at locations 270 degrees west of Jerusalem, which is regarded as the westernmost point in the world.[3] To be sure, further west the sun sets even later, but those places belong to the east, not to the west. For example, sunset Monday evening occurs at a certain moment in Jerusalem. Proceeding westward, the sunset occur progressively later. Reaching 270 degrees west, Monday evening sunset occurs 18 hours later than in Jerusalem. Proceeding even further westward, sunset is even later, but that is no longer Monday evening sunset. We have already crossed over into the east and are experiencing the sunset of Tuesday evening. Thus, the westernmost point is 18 hours behind Jerusalem, and when it is noontime in Jerusalem, the sun is just setting (for the previous night) at this westernmost location.

It follows, that for the *molad* to fall before sunset at least somewhere in the world, it cannot occur later than midday in Jerusalem. As long as it falls a moment before midday in Jerusalem, it falls a moment before sunset somewhere in the world – namely, at the extreme western portion of the world.

R' Zeira's second statement: *"If [the moon] was in conjunction before midday it certainly can be sighted close to sunset [that day]. [But] if it was not in conjunction before midday [but rather afterwards,] it certainly cannot be sighted close to sunset [that day]."*

The second statement of R' Zeira is essentially an explanation of his first statement. R' Zeira has already taught that both the night and day must fall after the *molad*. Now he teaches the reason for that rule – it is in order that the moon should be visible on that day. Rosh Hashanah is fixed on the day when the new moon becomes visible – not when it is theoretically "born." The moon is never visible (according to *Baal HaMaor*) within 24 hours of its conjunction.[4] Therefore, in order to be visible on a certain day, the *molad* must fall on the previous day. For that reason it is necessary for the *molad* to fall before nightfall, so that during the next day (24 hours later) the moon should be visible. However, as noted above, it is sufficient that it be visible anywhere in the world – even at the extreme west. Thus, R' Zeira states (in his second statement) that if the *molad* falls before midday in Jerusalem, the moon can certainly be sighted before nightfall of that day somewhere in the world, and Rosh Hashanah can be fixed on that day. If, however, the *molad* falls after midday in Jerusalem, it certainly cannot be sighted anywhere in the world before nightfall, and Rosh Hashanah cannot be fixed on that day but is postponed to the next day.

A *molad* that falls after midday is known as a *molad zakein* (*an old molad*), because it falls when the day is already old. The foregoing statements of R' Zeira are the basis for the calendrical rule that in the event of a *molad zakein,* Rosh Hashanah is postponed to the next day.

R' Zeira's third statement (first part): *"The moon is covered for twenty-four hours."*

According to *Baal HaMaor,* the moon's crescent is too small to be seen within 24 hours of the *molad*. That is the meaning of the first part of R' Zeira's statement, that the moon is invisible for 24 hours. It means that the last 24 hours of the old moon and the first 24 hours of the new moon the crescent is too small to be discernible.[5]

R' Zeira's third statement (second and third parts): *"To us, [for] six [hours] of the old [moon] and eighteen [hours] of the new [moon]. To them, [for] six [hours] of the new [moon] and eighteen [hours] of the old [moon]."*

The next part of his statement, concerning the number of hours of invisibility of the new and old moon, qualifies the first part. It is based on the aforementioned premise that the easternmost point in the world is 6 hours east of Jerusalem, which coincides with the westernmost point, 18 hours west of Jerusalem. *Baal HaMaor* terms that place as קְצֵה הַמִּזְרָח, *the farthest east*.

NOTES

3. For the rationale of this determination see below, note 6.

4. This is in contrast to *Rashi's* opinion that the moon is visible (under optimum conditions) 6 hours after the *molad* (see 20b).

5. This is in contrast with *Rashi's* explanation that the Gemara means that there is a total lapse of 24 hours between the two moons.

When the Gemara (in the Babylonian Talmud) speaks of "them," it means those in Jerusalem. Generally, when the Gemara speaks of "us," it means those in Babylonia. However, in our context here, the Gemara means those at the farthest east. They are termed "us" because the Babylonian empire extended to the far east. Thus, R' Zeira is speaking of the hours of invisibility in Jerusalem and at the farthest east.

As noted in the Gemara (20b), the new moon can be sighted at around sunset and the old moon at around sunrise. Comparing Jerusalem with the farthest east, daily occurrences such as sunrise and sunset happen in the farthest east 6 hours before they happen in Jerusalem and again 18 hours after Jerusalem.

As mentioned above, the latest time the crescent of the old moon is large enough to be seen is 24 hours before the *molad*. That time can be termed "the latest moment of visibility." (*Baal HaMaor's* calls it: תַּכְלִית הַדַּקּוּת, *the final thinness [of the crescent]*.) In fact, however, the crescent cannot be sighted at that time unless that time coincides with sunrise (when viewing conditions permit sighting the old moon). At any moment, the sun is rising somewhere in the world, and at the location where the "latest moment of visibility" coincides with sunrise, the invisibility of the old moon lasts for 24 hours only. Anywhere else, the invisibility lasts longer than 24 hours. R' Zeira compares the hours of invisibility in Jerusalem and at the farthest east. Assuming that the coincidence of sunset with "the latest moment of visibility" occurs in Jerusalem, the old moon can be sighted there at the latest possible moment, 24 hours before the *molad*. But at the farthest east it cannot be sighted so late, because when it is sunrise in Jerusalem it is already midday at the farthest east. The last opportunity to sight the old moon there was six hours earlier when sunrise occurred there. This is what R' Zeira meant by "for us, 6 hours of the old moon." He means that for those at the farthest east ("for us") the old moon in invisible an additional 6 hours (over the 24 hours mentioned at the beginning of his statement).

Similarly, with regard to the new moon. The earliest time the crescent of the new moon is large enough to be seen is 24 hours after the *molad*. That time can be termed "the earliest moment of visibility." (*Baal HaMaor* calls it: תְּחִלַּת הַדַּקּוּת, *the initial thinness*.) But again, viewing conditions have to be favorable, which in the case of a new moon is at sunset. When the coincidence of "the earliest moment of visibility" and sunset occurs in Jerusalem, the new moon can be sighted there, at the earliest possible moment, 24 hours after the *molad*. But at the farthest east it cannot yet be sighted because when it is sunset in Jerusalem it is already midnight at the farthest east. The next opportunity to sight the new moon there will present itself when sunset occurs there – eighteen hours later. This is what R' Zeira meant by "for us the new moon is invisible for eighteen hours," i.e. an additional eighteen hours (over the minimum 24 hours experienced in Jerusalem).

So far, we have explained what R' Zeira meant by "to us." We will now explain what he meant by "to them."

When the smallest visible crescent of the new moon (24 hours after the *molad*) coincides with sunset at the farthest east, the invisibility of the new moon there is the minimum 24 hours. But when it is sunset at the farthest east, it is midday at Jerusalem. The next opportunity to see the moon in Jerusalem will be when the sun sets there 6 hours later. Thus, R' Zeira states that "for them (those in Jerusalem) six hours of the new moon," i.e. the new moon is invisible an additional 6 hours (over the minimum 24).

Similarly regarding the old moon. When the smallest visible crescent of the old moon coincides with sunrise at the farthest east (24 hours before the *molad*), the invisibility of the old moon there lasts for the minimum 24 hours. But when it is sunrise at the farthest east, it is midnight at Jerusalem and the moon is not then visible. The last opportunity to sight the old moon in Jerusalem was the preceding sunrise, which was eighteen hours earlier. Thus "for them (in Jerusalem) eighteen hours of the old moon," i.e. the old moon is invisible for an additional 18 hours.

To summarize: When R' Zeira said, "To us, six of the old and eighteen of the new," he was speaking of a case in which the minimum invisibility of the old moon and the new one occurs in Jerusalem, that is, when the latest and earliest moments of visibility coincide in Jerusalem with sunrise and sunset respectively. In such a case, the additional hours of invisibility to us (the "farthest east") is 6 hours for the old moon and 18 for the new moon. R' Zeira then goes on to give the reverse of his rule, describing the matter from the prespective of "them" – those in Jerusalem. "To them, six of the new and eighteen of the old." That it, when the minimum invisibility occurs at the farthest east, the additional hours of invisibility to those in Jerusalem is 6 hours for the new moon and 18 hours for the old one.

❧ The Dateline

Take any point on the earth at a specific time, e.g. Sunday noon, when the sun is at its highest point. Proceeding westward from that point, Sunday noon occurs progressively later. Half way around the world (180 degrees), Sunday noon will occur 12 hours later than the starting point. On the other hand, proceeding from the starting point eastward, Sunday noon occurs progressively earlier. Halfway around the world (180 degrees), Sunday noon occurred 12 hours before the starting point. Thus, the difference in time between the two halfway points totals 24 hours. However, since the world is round, the two halfway points coincide and we have the paradox of the same time of the day (noon) occurring at the same point both a day earlier and a day later. Clearly then, we have to draw a demarcation line somewhere – east of the line being one day earlier than west of the line. The location of this line, known as "the dateline,'' has major halachic significance, not least of all in regard to the observance of the Sabbath. By international agreement, lines of longitude start at Greenwich in London, England, and the international dateline is fixed at 180 degrees. This line runs north-south through the Pacific Ocean. By convention, it deviates slightly to accommodate land masses, so as to avoid the anomaly of a single place being divided into two days. Specifically, in Siberia it is moved eastward to the Bering Strait (that divides Siberia from Alaska).

Clearly, the arbitrary decisions of the nations of the world have no halachically binding force. It behooves us then to inquire where the halachic dateline is located. We have seen from *Baal HaMaor's* explanation that he is of the opinion that the earliest time in the world that a day of the week begins is 6 hours before Jerusalem, and the latest time 18 hours after Jerusalem. Thus, it is quite explicit that *Baal HaMaor* holds the dateline to be situated 90 degrees east of Jerusalem, corresponding to 270 degrees west of Jerusalem. Accordingly, at any place within 90 degrees east of Jerusalem the day precedes that of Jerusalem; at any place within 270 degrees west of Jerusalem the day is later than in Jerusalem.[6]

Our Gemara, according to *Baal HaMaor's* interpretation, is the only Talmudic passage having any bearing on the subject of the dateline. This dateline, the meridian 90 degrees east of Jerusalem (125° 14′ east of Greenwich), runs through Siberia, the eastern Philippines, Indosesia, and western Australia. Shanghai and Hong Kong are west of this dateline whereas Japan is to its east (see map 1). Accordingly, Japan should observe Shabbos as in the western hemisphere (e.g. America), a day later than Shanghai.

This opinion is strongly espoused by *Chazon Ish* in his famous monograph *Kuntress Yud Ches Shaos* (*Treatise On Eighteen Hours*) published in 5705 (1945). According to this dateline, Siberia and Australia are divided in two. This

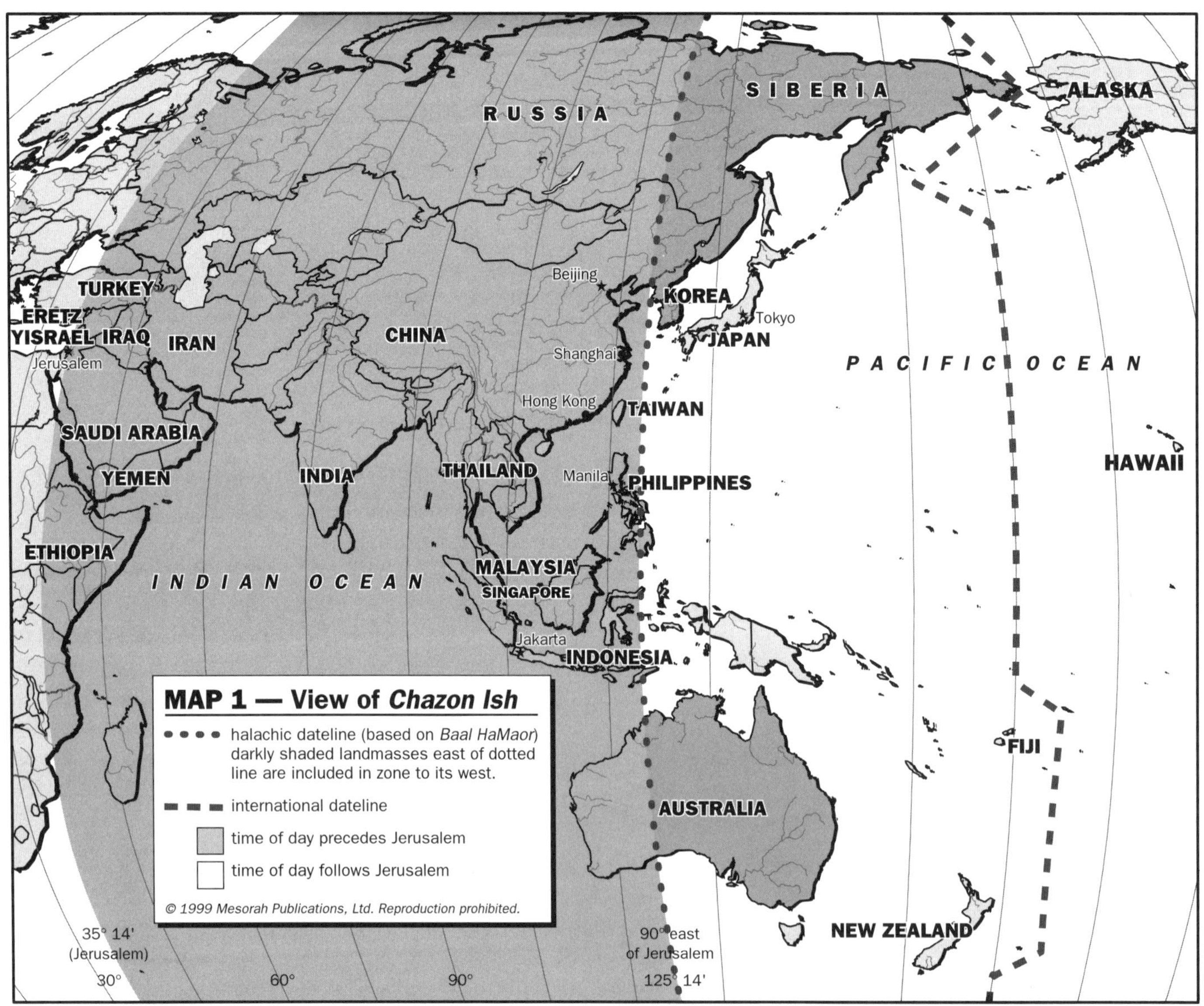

NOTES

6. The Rishonim considered the Eurasian landmass as the main continent of the world. Eretz Yisrael and Jerusalem were regarded as the center of the world's landmass. This idea finds expression in the verse (*Ezekiel* 38:12): יֹשְׁבֵי עַל טַבּוּר־הָאָרֶץ, *dwelling upon the navel of the land.* Just as the navel is situated at the center of the body, so too Eretz Yisrael is at the center of the world (*Kaftor VaFerach* ch. 6). With Jerusalem at the center, the whole continent extends to approximately 90 degrees east and west of Jerusalem. Indeed, *Baal HaMaor* refers to 90 degrees east of Jerusalem as תְּחִלַּת הַיִּשּׁוּב *the beginning of the inhabitation.*

leads to a curious inconsistency of two people standing next to each other on either side of the dateline each observing Shabbos on different days.

Indeed, *Yesod Olam* (authored by *R' Yitzchak Yisraeli*, a disciple of *Rosh*) feels that such a circumstance constitutes an absurdity and levels this inconsistency as an objection against *Baal HaMaor's* explanation. *Chazon Ish* finds relief by conceding (on the basis of the wording of some Rishonim) that continuous land masses should belong entirely to one side of the dateline. Thus, the dateline deviates to the east to include the whole of Siberia and Australia on its west side (see map 1 on previous page, shaded landmasses to east of dotted line). [The difference in time zones between the land and the neighboring sea does not seem to be problematic.]

We should mention, however, that *Chazon Ish's* opinion – both his espousal of the dateline at 90 degrees east of Jerusalem and also its deviation to include land masses – are not unanimously held.[7] Many authorities feel that Jerusalem is considered the center of the world as a whole and that the prime meridian runs through Jerusalem. Thus, the dateline is located at 180 degrees from Jerusalem (*Sefer HaYomam* et al.). This dateline (corresponding to 144° 46′ west of Greenwich) runs through Alaska and down through the Pacific Ocean (see map 2). These authorities claim that *Baal HaMaor's* explanation of our Gemara is not shared by all Rishonim and therefore his location of the dateline is not a binding opinion. The chief exponent of this view was *R' Yechiel Michel Tukachinsky* and his view was accepted by many of the leading rabbinical authorities of Jerusalem. This divergent opinion locating the dateline at 180 degrees from Jerusalem is not founded on our Gemara, and its exposition is beyond the scope of our work here. The interested reader is referred to Encyclopedia Talmudis, vol. 22, column 398 and ff. and the addenda there beginning at column 665, where he will find references to many monographs on this subject.

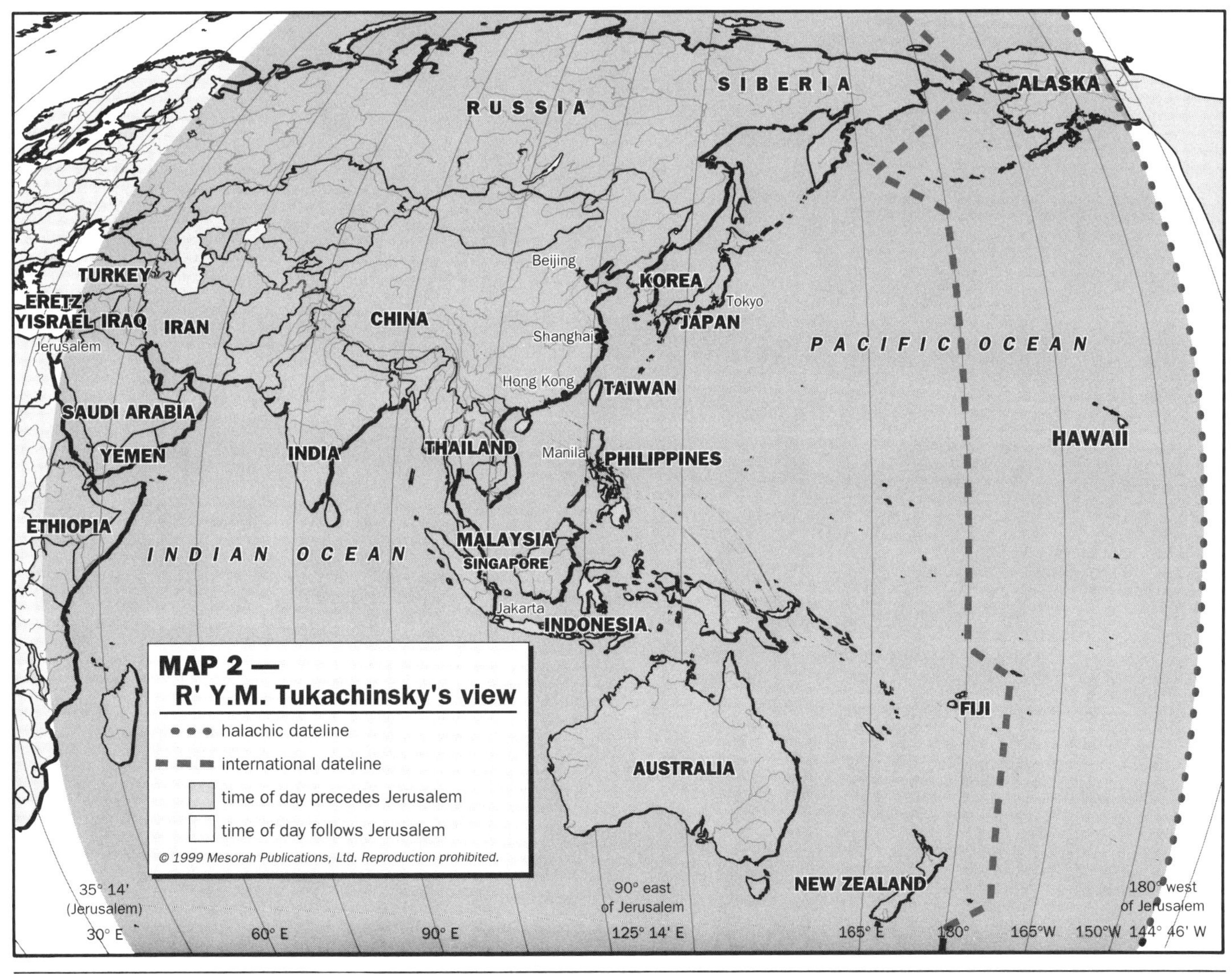

NOTES

7. *Moadim U'Zemanim* (vol. 6 §14) reports that the *Brisker Rav* and also *R' Aharon Kotler* advised refugees in [east] Siberia that there is a doubt as to which day Shabbos should be observed there. Seemingly, the authorities were uncertain even as regards the landmass of Siberia. They did not rule out the possibilty that the dateline is a straight line 90° east of Jerusalem, with no deviations to accommodate landmasses.

Glossary

Adar Sheni – lit. the second **Adar.** When it is deemed necessary for a leap year to be designated, an extra month is added. When this occurs there are two Adars, the second of which is Adar Sheni.

agency – the principle that an agent may act as a proxy of a principal and have his actions legally accepted on behalf of the principal.

Aggadah, aggadata – the homiletical teachings of the Sages and all non-halachic Rabbinic literature found in the Talmud.

Altar – the great *Altar*, which stands in the Courtyard of the **Beis HaMikdash.** Certain portions of every offering are burnt on the *Altar*. The blood of most offerings is applied to the walls of the *Altar*. See also **Inner Altar.**

amah [pl. **amos**] – cubit; a linear measure equaling six **tefachim.** Opinions regarding its modern equivalent range between 18 and 22.9 inches.

am haaretz [pl. **amei haaretz**] – a common, ignorant person who, possibly, is not meticulous in his observance of **halachah**.

Amidah – see **Shemoneh Esrei**

Amora [pl. **Amoraim**] – sage of the **Gemara;** cf. **Tanna**.

aninus – the state of being an **onein.** Upon the death of one's seven closest relatives a person enters a state of mourning. The first stage of the mourning period is called *aninus.* This stage (during which the mourner is known as an *onein*) lasts until the end of the day on which the death occurred. When burial is delayed the Rabbis extend the *aninus* period until the end of that day.

Anshei Knesses HaGedolah – See **Men of the Great Assembly**.

aravos – see **four species.**

asham [pl. **ashamos**] – guilt offering, an offering brought to atone for one of several specific sins; in addition, a part of certain purification offerings. It is one of the **kodshei kodashim**.

asham for a doubt – See **ashum talui.**

asham talui – an *asham* offering brought by a person who is unsure whether he has inadvertently committed a **kares**-bearing sin. It does not atone for the *kares* penalty but serves only to suspend punishment until the person confirms that he has committed the transgression and brings a **chatas** for atonement.

asheirah – a tree either designated for worship or under which an idol is placed.

asmachta – lit. reliance. (a) a conditional commitment made by a party who does not really expect to have to honor it; (b) a verse cited by the **Gemara** not as a Scriptural basis for the law but rather as an allusion to a Rabbinic law.

Assembly – This event took place on the evening following the first day of Succos, in the year following the **shemittah** year. The entire nation would gather in one of the Temple Courtyards to hear the king read from the Book of *Deuteronomy.*

Av – (a) fifth month of the Hebrew calendar. (b) l.c. [pl. **avos**] see **melachah**.

av beis din – chief of the court. This position was second in importance to the **Nasi** who served as head of the **Sanhedrin**.

av [pl. **avos**] **hatumah** – lit. father of **tumah.** See **tumah**.

avi avos hatumah – lit. father of fathers of **tumah.** See **tumah**.

avodah [pl. **avodos**] – the sacrificial service, or any facet of it. There are four critical *avodos* in the sacrificial service. They are **shechitah, kabbalah, holachah** and **zerikah**.

avodah zarah – idol worship, idolatry.

azharah – (a) Scriptural warning; the basic prohibition stated in the Torah, which serves to warn the potential sinner against incurring the punishment prescribed for a particular action; (b) term Gemara uses to refer to a negative commandment, the transgression of which is punished by **kares.**

baal keri [pl. **baalei keri**] – one who experienced a seminal emission. He is **tamei** (ritually impure) and must immerse himself in a **mikveh**.

bamah [pl. **bamos**] – lit. high place; altar. This refers to any altar other than the Altars of the **Tabernacle** or **Temple**. During certain brief periods of Jewish history, it was permitted to offer sacrifices on a *bamah*. There are two types of *bamah.* The *communal* (or *major*) *bamah* was the altar of the public and was the only *bamah* on which communal offerings could be sacrificed. Private voluntary offerings could be brought even on a *private* (or *minor*) *bamah* which was an altar erected anywhere by an individual for private use.

Baraisa [pl. **Baraisos**] – the statements of **Tannaim** not included by **Rebbi** in the **Mishnah.** R' Chiya and R' Oshaya, the students of Rebbi, researched and reviewed the *Baraisa* and compiled an authoritative collection of them.

bechor – (a) firstborn male child; (b) a firstborn male kosher animal. Such an animal is born with sacrificial sanctity, and must be given to a **Kohen** who then offers it (if unblemished) as a *bechor* sacrifice in the **Temple** and eats its sacred meat. Unlike other sacrifices, the *bechor* is automatically sacred from birth even without designation.

bedek habayis – **Temple** Treasury.

bedi'avad – after the fact. See **lechatchilah**.

beheimah – domesticated species, livestock. In regard to various laws, the Torah distinguishes between *beheimah,* domestic species, e.g. cattle, sheep, goats; and, **chayah,** wild species, e.g. deer, antelope.

bein hashemashos – the twilight period preceding night. The legal status of *bein hashemashos* as day or night is uncertain.

beis av [pl. **batei avos**] – lit. fathers house. See **mishmar.**

beis din – court; Rabbinical court comprised minimally of three members. Such a court is empowered to rule on civil matters. See also **Sanhedrin**.

beis hamidrash – a **Torah** study hall.

Beis HaMikdash – Holy **Temple** in Jerusalem. The **Temple** edifice comprised (a) the Antechamber or **Ulam**; (b) the **Holy** or **Heichal**; and (c) thc **Holy of Holies**. See **Sanctuary**.

bereirah – retroactive clarification. This principle allows for the assignment of a legal status to a person or object whose identity is as yet undetermined, but which will be retroactively clarified by a subsequent choice.

bikkurim – the first-ripening fruits of any of the seven species (wheat, barley, grapes, figs, pomegranates, olives, dates), with which the Torah praises Eretz Yisrael. They are brought to the **Temple** where certain rites are performed, and given to the **Kohanim**.

binyan av – one of the thirteen principles of Biblical hermeneutics. This is exegetical derivation based on a logical analogy between different areas of law. Whenever a commonality of law or essence is found in different areas of **Torah** law, an analogy is drawn between them, and the laws that apply to one can therefore be assumed to apply to the others as well. This principle is also called **mah matzinu.**

birah – Temple mount

Bircas HaMazon – the blessings recited after a meal.

Bircas Kohanim – See **Priestly Blessing**.

bitul (or **bitul b'rov**) – the principle of nullification in a majority. Under certain circumstances, a mixture of items of differing legal status assumes the status of its majority component.

biur – During *sheviis* one who acquires *sheviis* produce may retain and use it as long as that species of produce is still available in the fields of wild animals to forage. Once that species of produce is no longer available in the fields, one must remove his stock of that species from his house and declare it ownerless. Thereafter, he is permitted to reclaim and use it as before. This procedure is known as *biur*.

Bris Milah – ritual circumcision.

Canaanite slave – a non-Jewish slave owned by a Jew. His term of servitude is for life. While owned by the Jew, he is obligated in all the **mitzvos** incumbent upon a Jewish woman. Upon being freed, he becomes a full-fledged Jew, with a status similar to that of a convert.

chagigah offering – festival offering. Every adult Jewish male is required to bring a *chagigah* offering on the first day of the festivals of **Pesach, Shavuos** and **Succos.** It is one of the **kodashim kalim**, specifically, a type of **shelamim** offering.

chalal [f: **chalalah**] – lit. desecrated. If a **Kohen** cohabits with any woman specifically forbidden to **Kohanim,** the child of that union is a *chalal* who does not possess the sanctity of a *Kohen*. The *chalal* neither enjoys the privileges of the **Kehunah** nor is subject to its restrictions.

chalitzah – See **yibum**.

challah – (a) portion removed from a dough of the **five grains,** given to a **Kohen;** if *challah* is not taken, the dough is **tevel** and may not be eaten. The minimum amount of dough from which *challah* must be separated is the volume-equivalent of 43.2 eggs, which is one **issaron.** Nowadays the *challah* is removed and burned. (b) Special twisted loaves of bread eaten on the Sabbath or Festive meals.

chametz – leavened products of the five species of grain. *Chametz* is forbidden on **Pesach**.

chatas [pl. **chataos**] – sin offering; an offering generally brought in atonement for the inadvertent transgression of a prohibition punishable by **kares** when transgressed deliberately. A *chatas* is also brought as one of various purification offerings. It is one of the **kodshei kodashim**.

chatas cow – See **parah adumah**.

chatzeir [pl. **chatzeiros**] – courtyard.

chatzitzah – lit. an interposition; foreign matter attached or adhering to the person or object to be immersed in the **mikveh,** which prevents the water from coming in contact with the whole of their surface; this invalidates the immersion.

chaver [pl. **chaverim**] – (a) one who observes the laws of ritual purity even regarding non-consecrated foodstuffs; (b) a Torah scholar, scrupulous in his observance of **mitzvos**. Regarding tithes, **tumah** and other matters, such as the necessity for **hasraah,** he is accorded a special status.

chavitin – a **minchah** offering that consists of flour and oil and is baked in a **machavas**. Half of it is offered with the morning **tamid** and half with the afternoon *tamid.* It is completely burned on the Altar.

chayah – See **beheimah**.

chazakah – (a) legal presumption that conditions remain unchanged unless proven otherwise; (b) one of the methods of acquiring real estate; it consists of performing an act of improving the property, such as enclosing it with a fence or plowing it in preparation for planting; (c) "established rights"; uncontested usage of another's property establishes the right to such usage; since the owner registered no protest, acquiescence is assumed; (d) uncontested holding of real property for three years as a basis for claiming acquisition of title from the prior owner.

Cheil – a ten-**amah**-wide area between the **soreg** and the **Women's Courtyard** into which non-Jews and those contaminated with corpse **tumah** were not permitted to enter.

cheilev – The Torah forbids certain fats of cattle, sheep and goats for human consumption. These are primarily the hind fats (suet) placed on the **Altar.** See **shuman**.

chelek [pl. **chalakim**] – portion(s). Our Sages divided the hour into 1080 portions. Each portion is equivalent to $3^{1}/_{2}$ seconds.

cherem – (a) a vow in which one uses the expression "*cherem*" to consecrate property, placing it under jurisdiction of the Temple; (b) land or property upon which a ban has been declared, forbidding its use to anyone, e.g. the city of Jericho.

cheresh – lit. a deaf person; generally used for a deaf-mute who can neither hear nor speak. A *cheresh* is legally deemed mentally incompetent; his actions or commitments are not legally significant or binding.

Cheshvan – See **Marcheshvan**.

chiluf – see **temurah.**

chilul Hashem – lit. profanation of God's Name. (a) behavior which casts Jews in a negative light; (b) violation of a Torah prohibition done in the presence of ten male Jews.

chodesh – month, renewal. (a) As the moon gradually moves out of precise alignment between the earth and the sun, the moon reaches a point where some sunlight is reflected toward the earth. Then, a small part of the moon becomes visible as a very thin crescent which is known as the first phase of the moon. *Chodesh* is one of the names given to this first phase, see **molad**. (b) The Hebrew word for month.

Chol HaMoed – the Intermediate Days of the festivals of **Pesach** and **Succos**; these enjoy a quasi-**Yom Tov** status.

chullin – lit. profane things; any substance that is not sanctified. See **kodesh**.

chupah – (a) the bridal canopy; (b) a procedure for effecting **nisuin,** the final stage of marriage.

common characteristic – See **tzad hashaveh**.

Cutheans – a non-Jewish tribe brought by the Assyrians to settle the part of **Eretz Yisrael** left vacant by the exile of the Ten Tribes. Their subsequent conversion to Judaism was considered questionable and their observance of many laws was lax.

daf [pl. **dapim**] – folio (two sides) in the **Gemara**.

dayyo – lit. it is sufficient; principle which limits the application of a **kal vachomer** argument, for it states: When a law is derived from case A to case B, its application to B cannot exceed its application to A.

death penalty – this refers to a court-imposed death penalty, in contrast to one imposed by Heaven.

decapitated calf – see **eglah arufah.**

demai – lit. what is this; produce of **Eretz Yisrael** that is obtained from an unlearned person. By Rabbinic enactment it must be tithed since a doubt exists as to whether its original owner tithed it. However, it is assumed that **terumah** was separated from the produce.

dichui – lit. pushing aside; the principle of permanent disqualification. In the context of sacrifices, this principle dictates that once an animal (or sacrificial item) becomes disqualified as an offering, it retains its disqualified status forever. Even where the reason for disqualification no longer exists, the animal may still not be offered upon the **Altar.**

dinar – a coin. The silver content of the coin was equivalent to ninety-six grains of barley. It was worth 1/25 the value of a gold *dinar.*

donated offering – There is a difference between a נֶדֶר, **neder** (vowed offering), and a נְדָבָה, **nedavah** (donated offering). In the case of a *neder,* the vower declares הֲרֵי עָלַי קָרְבָּן, "It is hereby incumbent upon me to bring a sacrifice." He fulfills his vow by later designating a specific animal as the sacrifice and offering it. In the case of a **nedavah,** the vower declares הֲרֵי זוּ קָרְבָּן, "This [animal] is a sacrifice," designating from the very start the particular animal he wishes to bring as an offering. In the case of a *neder,* if the designated animal is lost or dies, the vower must bring another in its place, since he has not yet fulfilled his vow "to bring a sacrifice." In the case of **a nedavah,** however, if anything happens to the designated animal the vower need not replace it since his vow was only to bring "*this* animal."

donos – intentional sin.

eglah arufah – *decapitated calf;* when a murder victim is found and the murderer is not known, the **beis din** measures to determine the city closest to where the corpse lies. The elders of that city are required to decapitate a calf, in accordance with the laws outlined in *Deuteronomy* 21:1-9.

Elohim – (a) a Name of God; (b) [l.c.] sometimes used to refer to a mortal power or the authority of an ordained judge.

Elul – sixth month of the Hebrew calendar.

emurin – Sacrificial parts (*emurin*) are the parts of the animal that are burned on the Altar. They are the same for all animal offerings except the **olah.** They consist of the fat that drapes around the body cavity and the fats upon the stomach, kidneys and flanks, as well as the kidneys themselves, the diaphragm, and part of the liver. In a sheep the tail is also a sacrificial part. In the case of an *olah,* however, the entire animal is dismembered and burned on the Altar.

encumbered property – land owned by a debtor at the time he incurred a debt, but which he later sold or gave to a third party. Such land is encumbered by the debt; the creditor can retrieve it from the current owner to satisfy the debt, if the debtor defaults.

ephah [pl. **ephos**] – a measure of volume equal to three **se'ah**.

ephod – See **Kohen Gadol's vestments.**

erech [pl. **arachin**] – a fixed valuation. The *erech* of a person is the amount fixed by the **Torah** for each of eight different groupings classified by age and gender. All individuals included in the same broad grouping have the identical *erech* valuation, regardless of their value on the slave market.

erech vow – A vow made promising to give the amount equivalent to the **erech** evaluation of a particular person.

Eretz Yisrael – Land of Israel.

erusin – betrothal, the first stage of marriage. This is effected by the man giving the woman an object of value, in the presence of witnesses, to betroth her. At this point the couple is not yet permitted to have conjugal relations, but is nonetheless considered legally married in most respects and the woman requires a divorce before she can marry again. See **nisuin**.

eruv – popular contraction of **eruvei chatzeiros, eruvei tavshilin** or **eruvei techumin**.

eruvei chatzeiros – a legal device which merges several separate ownerships **(reshus hayachid)** into a single joint ownership. Each resident family of a **chatzeir** contributes food to the *eruv,* which is then placed in one of the dwellings of the *chatzeir.* This procedure allows us to view all the houses opening into the courtyard as the property of a single consortium (composed of all the residents of the courtyard). This permits all the contributing residents of the *chatzeir* to carry items during the Sabbath from the houses into the *chatzeir* and from one house to another.

eruvei tavshilin – the prepared food set aside prior to a **Yom Tov** that falls on Friday to serve as token food for the Sabbath that follows. Once this token food has been set aside, the person is allowed to complete his preparations for Sabbath on *Yom Tov.* Such preparation is generally forbidden otherwise.

eruvei techumin – merging of boundaries; a legal device that allows a person to shift his Sabbath residence from which the 2,000-**amah techum** is measured. This is accomplished by placing a specific amount of food at the desired location before the start of the Sabbath. The place where the food has been placed is then viewed as his Sabbath residence, and his *techum*-limit is measured from there. This does not extend his **techum** Shabbos, but merely shifts the point from which it is measured.

ervah [pl. **arayos**] – (a) matters pertaining to sexual relationships forbidden under penalty of **kares** or death, as enumerated in *Leviticus* Ch. 18; (b) a woman forbidden to a man under pain of one of these penalties.

esrog – citron; one of the **four species.**

for its own sake – offering a sacrifice for the sake of its own type of sacrifice, e.g. an *olah* for the sake of an *olah*.

forty lashes – See **malkus**.

four species – (a) **aravos** – willow branches; (b) **esrog** – citron; (c) **hadasim** – myrtle branches; (d) **lulav** – palm branches; we are commanded to hold these **four species** in hand on the Festival of **Succos.**

Gemara – portion of the Talmud which disucsses the **Mishnah;** also, loosely, a synonym for the Talmud as a whole.

gematria – the numeric valuation of the Hebrew alphabet.

get [pl. **gittin**] – bill of divorce; the document that – when it is placed in the wife's possession – effects the dissolution of a marriage.

gezeirah shavah – one of the thirteen principles of Biblical hermeneutics. If a similar word or phrase occurs in two otherwise unrelated passages in the **Torah,** the principle of *gezeirah shavah* teaches that these passages are linked to one another, and the laws of one passage are applied to the other. Only those words which are designated by the Oral Sinaitic Law for this purpose may serve as a basis for a *gezeirah shavah.*

gifts to the poor – These include **leket, shich'chah, pe'ah, peret, oleilos** and **maaser ani**.

Golden Altar – See **Inner Altar**.

Great Court – See **Sanhedrin**.

hadasim – see **four species.**

hagashah – presentation to the **Altar.**

hagbahah – lifting. One of the methods of acquisition used for movable objects.

Hakheil – assemble; see **Assembly.**

halachah [pl. **halachos**] – (a) a **Torah** law; (b) [u.c.] the body of Torah law; (c) in cases of dispute, the position accepted as definitive by the later authorities and followed in practice; (d) a **Halachah LeMoshe MiSinai**.

Halachah LeMoshe MiSinai – laws taught orally to Moses at Sinai, which cannot be derived from the Written Torah.

half-shekel – While the Temple stood, every adult male Jew was required to donate a half-*shekel* annually to fund the purchase of the various communal offerings (including, among others, the daily **tamid** offerings and the holiday **mussaf** offerings).

Hashem – lit. the Name; a designation used to refer to God without pronouncing His Ineffable Name.

hasraah – warning. One does not incur the death penalty or lashes unless he was warned, immediately prior to commission, of the forbidden nature of the crime and the punishment to which he would be liable.

Havdalah – lit. distinction; the blessing recited at the conclusion of the Sabbath.

hazaah – sprinkling. Examples of this include: the sprinkling of the blood of a bird **chatas** on the **Altar;** the sprinkling of the oil of a **metzora's** purification offering and the sprinkling of the blood of the **inner chatas.**

Hebrew maidservant – a Jewish girl between the age of six and twelve who has been sold by her father into servitude.

Hebrew servant – a Jewish man who is sold as an indentured servant, generally for a period of six years. He is either sold by the court because he was convicted of stealing and lacks the funds to make restitution, or he sells himself for reasons of poverty.

hechsher l'tumah – rendering a food susceptible to **tumah** contamination by contact with one of seven liquids: water, dew, milk, bee honey, oil, wine or blood. **hefker** – ownerless.

Heichal – See **Beis HaMikdash**.

hekdesh – (a) items consecrated to the **Temple** treasury or as offerings. *Hekdesh* can have two levels of sanctity: **monetary sanctity** and **physical sanctity.** Property owned by the Temple treasury is said to have monetary sanctity. Such property can be redeemed or can be sold by the *hekdesh* treasurers, and the proceeds of the redemption or sale become *hekdesh* in its place. Consecrated items that are fit for the Temple service (e.g. unblemished animals or sacred vessels) are deemed to have physical sanctity; (b) the state of consecration; (c) the **Temple** treasury.

hekeish – an exegetical derivation based on a connection that Scripture makes (often through juxtaposition) between different areas of law. By making this connection, Scripture teaches that the laws that apply to one area can be applied to the other area as well.

hin – liquid measure equal to twelve **lugin**.

ho'il – lit. since. The principle of *ho'il* states that the law applicable in a given situation is effected by the possibility of a change in the situation, even if the change is not expected. I.e., *since* there is a possibility of a new circumstance arising, it must be taken into account in determining the present law.

holachah – one of the four essential blood **avodos.** It involves conveying the blood of the offering to the **Altar**.

Holy – anterior chamber of the **Temple** edifice (**Heichal**) containing the **Shulchan, Inner Altar** and **Menorah**.

Holy Ark – the Ark holding the Tablets of the Ten Commandments and the Torah Scroll written by Moses. It stood in the **Holy of Holies**.

Holy of Holies – interior chamber of the **Temple** edifice (**Heichal**). During most of the First Temple era, it contained the **Holy Ark;** later it was empty of any utensil. Even the **Kohen Gadol** is prohibited from entering there except on **Yom Kippur**.

inherent sanctity – see monetary sanctity.

Inner Altar – the gold-plated Altar which stood in the **Sanctuary.** It was used for the daily incense service and for the blood applications of **inner chataos**.

inner chatas [pl. **chataos**] – special cases of a communal chatas (sin offering) whose blood is applied to areas inside the Sanctuary – specifically, in the **Holy** and on the **Inner Altar,** and sometimes in the **Holy of Holies** as well. The **emurin** (sacrificial parts), however, are burnt on the **Outer Altar.** The rest of the offering (meat, hide, etc.) is burnt in a designated place outside of Jerusalem. The *inner chatas* offerings are:

(a) The bull of the Anointed Kohen (Kohen Gadol);
(b) The Communal Error Bull.
(c) The He-Goat of (communal) Idolatry
(d) The bull of Yom-Kippur.
(e) The he-goat of Yom Kippur.

Israelite Courtyard – an area in the **Temple** Courtyard, extending eleven **amos** from the eastern Courtyard wall into the Courtyard, and abutted on its west side by the **Kohanim's Courtyard.** It reached across the entire width of the Courtyard from north to south.

issaron – a dry measure equal to one-tenth of an **ephah** or approximately (depending on the conversion factor) as little as eleven or as much as twenty-one cups.

issur – prohibition.

Iyar – second month of the Hebrew calendar.

Jubilee – See **Yovel**.

kabbalah – (a) term used throughout the Talmud to refer to the books of the **Prophets.** It derives from the Aramaic root – to complain or cry out. It thus refers primarily to the admonitory passages of these books; (b) receiving in a **kli shareis** the blood of a sacrificial animal that is slaughtered; one of the four blood **avodos**.

kal vachomer – lit. light and heavy, or lenient and stringent; an *a fortiori* argument. It is one of the thirteen principles of Biblical hermeneutics. It involves the following reasoning: If a particular stringency applies in a usually lenient case, it must certainly apply in a more serious case; the converse of this argument is also a *kal vachomer*.

kapores – the Ark cover.

kares – excision; Divinely imposed premature death decreed by the **Torah** for certain classes of transgression.

karmelis – Any area at least four **tefachim** square which cannot be classified as either a public domain (because it is not set aside for public use) or a private domain (because it does not have the required partitions), e.g. a field, empty lot, or an elevation of at least three *tefachim* above the ground level of a public domain.

kav [pl. **kabim**] – a measure equal to four **lugin**.

kebeitzah – an egg's volume.

Kehunah – priesthood; the state of being a **Kohen**.

kemitzah – the first of four essential services of a **minchah** offering. The **Kohen** closes the middle three fingers of his right hand over his palm and scoops out flour from the *minchah* to form the **kometz** that is burned on the **Altar**.

kesubah – (a) marriage contract; the legal commitments of a husband to his wife upon their marriage, the foremost feature of which is the payment awarded her in the event of their divorce or his death; (b) document in which this agreement is recorded.

Kesuvim – Hagiographa – Holy Writings. It consists of eleven volumes: *Psalms, Proverbs, Job, Song of Songs, Ruth, Lamentations, Ecclesiastes, Esther, Daniel, Ezra-Nehemiah, Chronicles.*

ketores service – incense service. The incense was a specific mixture of spices that was burned on the **Inner Altar** every morning and every evening.

kezayis – the volume of an olive; minimum amount of food whose consumption is considered "eating."

Kiddush – (a) the benediction recited over wine before the evening and morning meals on the **Sabbath** and **Yom Tov**; (b) sanctification of **mei chatas**.

Kiddush HaChodesh – sanctification of Rosh Chodesh.

kiddushin [betrothal] – Jewish marriage consists of two stages: **erusin** and **nisuin.** *Kiddushin* is the procedure which establishes the first stage of marriage ***[erusin].***

kilayim – various forbidden mixtures, including: **shaatnez** (cloth made from a blend of wool and linen); cross-breeding of animals; cross-breeding (or side-by-side planting) of certain food crops; working with different species of animals yoked together; and mixtures of the vineyard.

kilei hakerem – forbidden mixtures of the vineyard. See **kilayim**.

kinyan [pl. **kinyanim]** – formal act of acquisition; an action that causes an agreement or exchange to be legally binding.

kinyan chatzeir – the acquisition of movable property by virtue of it being in the premises of the person acquiring it.

kinyan chazakah – See **chazakah (b)**.

kinyan sudar – See **kinyan chalifin (b)**.

Kislev – ninth month of the Hebrew calendar.

Kiyor – the laver used by the **Kohanim** in the **Temple** Courtyard to wash their hands and feet before performing the **avodah.**

kli shareis [pl. **klei shareis**] – service vessel(s); a vessel sanctified for use in the sacrificial service.

kodashim kalim – offerings of lesser holiness (one of the two classifications of sacrificial offerings). They may be eaten anywhere in Jerusalem by any **tahor** person. They include the **todah**, regular **shelamim, bechor, nazir's ram, maaser** and **pesach offerings.** This category of offerings is not subject to the stringencies applied to **kodshei kodashim**.

kodesh – (a) any consecrated object; (b) the anterior chamber of the **Temple** – the **Holy;** (c) portions of sacrificial offerings.

kodshei kodashim – most-holy offerings (one of the two classifications of sacrificial offerings). They may be eaten only in the Temple Courtyard and only by male **Kohanim.** They include the **olah** (which may not be eaten at all), **chatas, asham** and communal **shelamim.** These are subject to greater stringencies than **kodashim kalim**.

korah – a crossbeam, at least one **tefach** wide, reaching across a **mavoi** to serve as a rudimentary partition or a reminder of the *mavoi's* halachic status.

Kohanim's Courtyard – eleven-**amah**-wide area in the Courtyard of the **Beis HaMikdash** abutting the **Israelite Courtyard** on its east side, and the **Altar** on its west side. It reached across the entire width of the Courtyard from north to south.

Kohen [pl. **Kohanim]** – member of the priestly family descended in the male line from Aaron. The Kohen is accorded the special priestly duties and privileges associated with the **Temple** service and is bound by special laws of sanctity.

Kohen Gadol – High Priest.

kol d'alim g'var – lit. let whoever is stronger prevail. In certain cases where neither litigant advances conclusive proof to support his claim, the court withdraws and allows the stronger party to take possession of the contested property.

kometz [pl. **kematzim**] – See **kemitzah**.

kor – large dry measure; a measure of volume consisting of thirty **se'ah**.

korban – a sacrificial offering brought in the **Beis HaMikdash**.

kri u'ksiv – a word in Scripture written one way but read differently – by special directive to Moses at Sinai.

lashes – See **malkus** and **makkas mardus**.

lavud – a **Halachah LeMoshe MiSinai** that allows a gap of less than three **tefachim** (as between two sections of a wall) to be viewed as if it were actually closed.

leaning – See **semichah**.

lechatchilah – (a) before the fact; (b) performance of a **mitzvah** or procedure in the proper manner.

leket – gleanings; one of the various portions of the harvest which the Torah grants to the poor. *Leket* refers to one or two stalks of grain that fall from the reaper when he gathers the harvest. See **shich'chah, pe'ah** and **peret**.

lesech – one half of a **kor**.

Levi [pl. **Leviim**] – male descendant of the tribe of *Levi* in the male line, who is sanctified for auxiliary services in the **Beis HaMikdash.** The *Leviim* were the recipients of **maaser rishon**.

levonah – frankincense. Two spoons containing *levonah* were kept on the **Shulchan** together with the **lechem hapanim.** Each Sabbath these spoons would be removed and taken outside to the **Altar** where the *levonah* would be burned. At that point the *lechem hapanim* would become permitted for consumption.

libation – See **nesachim**.

linah – past its time. If **blood,** meat, or sacrificial parts are left beyond their prescribed time, they are disqualified. For blood, this is the sundown following the slaughter and for the sacrificial parts it is dawn of the next morning. The time for the meat varies according to the offering. If all the essential **avodos** have been performed properly, this disqualification does not negate the validity of the offering as a whole. Thus the owner has fulfilled his obligation and received atonement.

lishmah – **for its own sake.**

litra – (a) a liquid measure equal to the volume of six eggs; (b) a unit of weight.

log [pl. **lugin]** – a liquid measure equal to the volume of six eggs, between 16 and 21 ounces in contemporary measure.

lulav – See **four species**.

ma'ah [pl. **maos**] – the smallest silver unit in Talmudic coinage. Thirty-two copper **perutos** equal one *ma'ah* and six *ma'ahs* equal a silver **dinar**.

Maariv – the evening prayer service.

maaser [pl. **maasros**] – tithe. It is a Biblical obligation to give two tithes, each known as *maaser,* from the produce of the Land of Israel. The first tithe (**maaser rishon**) is given to a **Levi.** The second tithe (**maaser sheni**) is taken to Jerusalem and eaten there, or redeemed with coins which are then taken to Jerusalem for the purchase of food to be eaten there. In the third and sixth years of the seven-year **shemittah** cycle, the *maaser sheni* obligation is replaced with **maaser ani,** the tithe for the poor.

maaser ani – See **maaser**.

maaser beheimah – the animal tithe. The newborn kosher animals born to one's herds and flocks are gathered into a pen and made to pass through an opening one at a time. Every tenth animal is designated as **maaser.** It is brought as an offering in the **Temple** and is eaten by the owner.

maaser of animals – See **maaser beheimah**.

maaser rishon – See **maaser**.

maaser sheni – See **maaser**.

mah hatzad – See **tzad hashaveh.**

mah matzinu – lit. just as we find; a **binyan av** from one verse. Just as one particular law possesses aspect A and aspect B, so any other law that possesses aspect A should also possess aspect B.

makkas mardus – lashes for rebelliousness. This is the term used for lashes incurred by Rabbinic – rather than Biblical – law.

Malchiyos – part of the **Mussaf** prayer of **Rosh Hashanah**. The verses of Kingship attest to God's past, present and future ultimate Kingship.

malkus – the thirty-nine lashes (forty minus one) imposed by the court for violations of Biblical prohibitions, where a more severe punishment is not indicated.

mamzer [pl. **mamzerim**] [f. **mamzeress**] – (a) offspring of most illicit relationships punishable by **kares** or capital punishment; (b) offspring of a *mamzer* or *mamzeress.*

mamzerus – state of being a **mamzer**.

maneh – (a) equivalent to 100 **zuz;** (b) a measure of weight, equal to 17 ounces.

Marcheshvan – eighth month of the Hebrew calendar

matanos [or **matnos kehunah**] – lit. gifts. The Torah commands that we give the right foreleg, jaws and maw of an ox, sheep or goat that are slaughtered (for non-sacrificial purposes) to the **Kohen.** These are referred to as the "gifts."

matzah – unleavened bread; any loaf made from dough that has not been allowed to ferment or rise. One is Biblically obligated to eat *matzah* on the night of the 15th of Nissan.

mavoi – alley; specifically an alley into which courtyards open. See **shitufei mevo'os**.

mayim chayim – living water. Springwater generally has the status of *mayim chayim* . It is so designated because it issues out of the ground with a natural force which makes it "alive" and moving. It is fit to be used for three purposes for which the Torah specifies *mayim chayim*: (a) the immersion of **zavim,** (b) the sprinkling for **metzoraim,** (c) to consecrate therefrom **mei chatas**.

mayim sheuvin – drawn water; water that flows out of a vessel is designated as *sheuvin* and is unfit for use to constitute the forty **se'ah** of a **mikveh**.

mazal – fortune.

mechussar kapparah [pl. **mechussar kippurim**] – lit. lacking atonement; the status accorded to a **tevul yom** in the interim between sunset of the day of his immersion and the time he brings his offerings. During that interval, he retains a vestige of his earlier **tumah** and is thus forbidden to enter the **Temple** Courtyard or partake of the offerings.

mei chatas – springwater consecrated by the addition of ashes of a **parah adumah.** This was used to purify individuals or objects of **tumas meis**.

me'ilah – unlawfully benefiting from **Temple** property or removing such property from Temple ownership. As a penalty one must pay the value of the misappropriated item plus an additional one-fifth of the value. He must also bring an **asham** offering.

meis mitzvah – See **abandoned corpse**.

melachah [pl. **melachos**] – labor; specifically, one of the thirty-nine labor categories whose performance is forbidden by the Torah on the Sabbath and **Yom Tov.** These prohibited categories are known as ***avos*** *melachah.* Activities whose prohibition is derived from one of these thirty-nine categories are known as **tolados** (s. *toladah*) – secondary labor.

melikah – the unique manner in which bird offerings were slaughtered. *Melikah* differs from **shechitah** in two respects: (a) The cut is made with the **Kohen's** thumbnail rather than with a knife. (b) The neck is cut from the back rather than from the throat. Only birds for sacrificial purposes may be slaughtered by *melikah;* all others require *shechitah.* See **shechitah**.

menachos – See **minchah**.

Men of the Great Assembly – a group of 120 sages active at the end of the Babylonian exile and during the early years of the Second Temple. They were responsible for the formulation of our prayers and many other enactments.

Menorah – the seven-branched gold candelabrum which stood in the **Holy**.

metzora – A *metzora* is a person who has contracted **tzaraas** (erroneously described as leprosy), an affliction mentioned in *Leviticus* (Chs. 13,14). *Tzaraas* manifests itself (on people) as white or light-colored spots on the body.

mezuzah [pl. **mezuzos**] – a small scroll, containing the passages of *Deuteronomy* 6:4-9 and 11:13-21, that is affixed to the right doorpost.

midras – If someone who is **tamei** as a result of a bodily emission (e.g. a **zav, zavah, niddah,** woman who has given birth) sits or leans on a bed, couch or chair, it acquires the same level of **tumah** as the person from whom the *tumah* emanates (i.e. **av hatumah**). This form of *tumah* transmission is called *midras.*

migo – lit. since; a rule of procedure. If one makes a claim that on its own merits the court would reject, it nonetheless will be accepted "since" had he wished to tell an untruth he would have chosen a claim that certainly is acceptable to the court.

mikveh – ritualarium; a body of standing water containing at least forty **se'ah.** It is used to purify (by immersion) people and utensils of their **tumah**-contamination. A *mikveh* consists of waters naturally collected, without direct human intervention. Water drawn in a vessel is not valid for a *mikveh.*

mil – 2,000 **amos;** a measure of distance between 3,000 and 4,000 feet.

minchah – (a) [cap.] the afternoon prayer service; (b) [pl. **menachos**] a flour offering, generally consisting of fine wheat flour, oil and frankincense, part of which is burnt on the **Altar.** See **kemitzah**.

minyan – quorum of ten adult Jewish males necessary for the communal prayer service and other matters.

Mishkan – predecessor of the **Temple.** See **Tabernacle**.

mishmar – [pl. **mishmaros**] – lit. watch; one of the twenty-four watches of **Kohanim** and **Leviim** who served in the **Temple** for a week at a time on a rotating basis. These watches were subdivided into family groups, **batei avos** each of which served on one day of that week.

Mishnah [pl. **Mishnahs**] – (a) the organized teachings of the **Tannaim** compiled by **R' Yehudah HaNasi;** (b) a paragraph of that work.

mitzvah [pl. **mitzvos**] – a **Torah** command, whether of Biblical or Rabbinic origin.

mixtures of the vineyard – See **kilayim**.

molad – birth. This is the moment during the moons monthly rotation around earth at which the moon is located precisely between the earth and the sun. At this point it begins a new revolution and chages from an "old" moon to a "new" moon.

molad halevanah – birth of the moon. See **molad**.

monetary law – law dealing with financial matters rather than matters of ritual prohibition.

monetary sanctity – There are two degrees of sanctity to which an animal can be consecrated. The lower level is *kedushas damim, monetary sanctity,* meaning that the animal is not fit to be offered, but is merely Temple property that may be sold and the proceeds will go to the Temple treasury. Once sold, the animal returns to its previous unconsecrated state **(chullin)** and there are no restrictions on its use. The higher level of sanctity is *kedushas haguf, inherent sanctity,* meaning that the animal is worthy of being offered on the Altar. If an animal was inherently consecrated and it developed a permanent physical blemish which disqualifies it from being offered on the Altar, it too may be redeemed for money (i.e. sold). Its sanctity is then transferred to the money and the animal becomes deconsecrated. However, since the animal had been inherently consecrated, there are restrictions on its use even after it is deconsecrated. It may be slaughtered and eaten like ordinary unconsecrated animals, but its wool may not be shorn, its milk is forbidden, and it may not be used for work. **movables, movable property** – property that is transportable, in contrast to real estate.

muchzak – one who has physical possession of an object and who is therefore assumed to be in legal possession of it.

muktzeh – lit. set aside; (a) a class of objects which, in the normal course of events, do not stand to be used on the Sabbath or **Yom Tov.** The Rabbis prohibited moving such objects on the Sabbath or *Yom Tov;* (b) an animal set aside to be sacrificed for idolatry.

mum [pl. **mumim**] – physical defects that render a **Kohen** or sacrifice unfit.

mussaf – (a) additional sacrifices offered on the Sabbath, **Rosh Chodesh** or **Yom Tov;** (b) [cap.] the prayer service which is recited in lieu of these sacrifices.

Nasi [pl. **Nesiim**] – the Prince. He serves as the head of the **Sanhedrin** and de facto as the spiritual leader of the people.

nazir [f. **nezirah**] – a person who takes the vow of **nezirus,** which prohibits him to drink wine, eat grapes, cut his hair or contaminate himself with the **tumah** of a corpse.

nedavah – See **donated offering**.

neder – a vow which renders objects, in contradistinction to actions, prohibited. There are two basic categories of vows: (a) restrictive vows; (b) vows to donate to **hekdesh.** See **hekdesh,** see also **donated offering**.

negaim – spots that appear on the skin of a **metzora**.

nesachim – a libation, generally of wine, which is poured upon the **Altar.** It accompanies certain offerings and may be donated separately as well.

neveilah [pl. **neveilos**] – the carcass of an animal that was not slaughtered according to procedure prescribed by the Torah. A *neveilah* may not be eaten. It is an **av hatumah**.

Neviim – Prophets; The second of the written Tanach. It consists of the following books: *Joshua, Judges, Samuel, Kings, Jeremiah, Ezekiel, Isaiah,* **Twelve Prophets**.

nezirus – the state of being a **nazir**.

niddah – a woman who has menstruated but has not yet completed her purification process, which concludes with immersion in a **mikveh**.

Nissan – first month of the Hebrew calendar.

nisuin – second stage of marriage. It is effected by a procedure called **chupah.** See **kiddushin**.

Noahide laws – the seven commandments given to Noah and his sons, which are binding upon all gentiles. These laws include the obligation to have a body of civil law, and the prohibitions against idolatry, immorality, bloodshed, blasphemy, stealing and robbing, and eating limbs from a live animal.

nossar – part of a **korban** left over after the time to eat it has passed.

ohel – roof or shelter

olah [pl. **olos**] – burnt or elevation offering; an offering which is consumed in its entirety by the **Altar** fire. It is one of the **kodshei kodashim**.

Olah Altar – See **Outer Altar.**

olas re'iyah – **olah** of appearance. Every adult Jewish male is commanded to appear at the **Beis HaMikdash** during the three pilgrimage festivals of **Pesach, Shavuos** and **Succos.** He may not appear empty handed, but must bring an *olah* called *olas re'iyah* as sacrifice.

Omer – an obligatory **minchah** offering brought on the sixteenth of **Nissan.** It was forbidden to eat from the new grain crop (**chadash**) before this offering was brought.

onein [f. **onenes**] [pl. **onenim**] – See **aninus**.

one who lacks atonement – See **mechussar kapparah**.

orlah – lit. sealed; fruit that grows on a tree during the first three years after it has been planted (or transplanted). The Torah prohibits any benefit from such fruit.

Outer Altar – the **Altar** that stood in the Courtyard of the **Beis HaMikdash,** to which the blood of most offerings is applied, and on which the offerings are burned.

outer chatas – The usual case of a sin-offering, whose blood is applied to the four horns of the **Outer Altar**. Its sacrificial parts are burned on the same Altar, and its meat is eaten by the **Kohanim** within the main **Temple** Courtyard. It can be either a communal or a personal offering. It is never offered on a voluntary basis.

parah adumah – lit. red cow. The ashes of the *parah adumah* are mixed with springwater. The resulting mixture is known as **mei chatas** and is used in the purification process of people or objects who have contracted **tumah** from a human corpse.

Paroches – curtain: specifically, the curtain that divided the **Holy** from the **Holy of Holies**.

parsah [pl. **parsaos**] – measure of length equal to eight thousand **amos**.

pasul – lit. invalid. (a) any **tamei** object that cannot convey its **tumah**; (b) as in the phrase "render *pasul*": something that renders a person *tamei* by Rabbinic decree. See **tumah**.

peace offering – See **shelamim**.

pe'ah – the portion of the crop, generally the corner of the field, that must be left unreaped as an entitlement to the poor.

peras – (a) measure equal to four eggs; (b) generic term meaning *half.*

peret – individual grapes which fell during harvesting. The Torah grants these to the poor. See **shich'chah, leket** and **pe'ah**.

perutah [pl. **perutos**] – smallest coin used in Talmudic times. In most cases its value is the minimum that is legally significant.

Pesach – Passover, the **Yom Tov** that celebrates the Exodus of the Jewish nation from Egypt.

pesach offering – sacrifice offered on the afternoon of the fourteenth day of **Nissan** and eaten after nightfall. It is one of the **kodashim kalim**.

physical sanctity – See **hekdesh**.

piggul – lit. rejected; an offering rendered invalid by means of an improper intent – by the one performing one of the four essential **avodos** – to eat of it or place it on the **Altar** after its allotted time. The intention must have been present during one of the four blood **avodos.** Consumption of *piggul* is punishable by **kares**.

pikadon – an object deposited with a custodian for safekeeping.

pikuach nefesh – lit. saving a life; a life-threatening situation. All prohibitions (except for murder, immorality and idolatry) are waived, if necessary, in such situations.

pilgrimage festival – the title for the holidays of **Pesach, Shavuos** and **Succos,** when all Jewish males were obligated to appear at the **Beis HaMikdash** in Jerusalem.

plag haminchah – one and a quarter hours before night.

positive commandment – a Torah commandment expressed as a requirement *to do.*

poskim – authoritative decisors of Torah law.

Priestly Blessing – the blessing the **Kohanim** are obligated to confer upon the congregation. It consists of the verses designated for this purpose by the Torah (*Numbers* 6:24-26). It is recited aloud by the **Kohanim**, toward the conclusion of the **Shemoneh Esrei**.

prohibition – a negative commandment, which the Torah expresses as a command *not to do.*

prohibitory law – refers to the category of Torah law which deals with questions of permissible or forbidden status, as opposed to questions of **monetary law.**

Prophets – See **Neviim**.

pundyon – a coin.

purification waters – See **mei chatas**.

rasha – (a) a wicked person; (b) a person disqualified from serving as a witness by his commission of certain transgressions.

Rebbi – R' Yehudah HaNasi; the redactor of the **Mishnah**.

red cow – See **parah adumah**.

Reish Galusa (pl. **Reishei Galusa)** – Exilarch in Babylonia he was a descendant of King David and enjoyed autonomy and a semi-royal status.

reshus harabim – lit. public domain; any unroofed, commonly used street, public area or highway at least sixteen **amos** wide and open at both ends. According to some, it must be used by at least 600,000 people.

reshus hayachid – lit. private domain; any area measuring at least four **tefachim** by four *tefachim* and enclosed by partitions at least ten *tefachim* high. According to most opinions, it needs to be enclosed only on three sides to qualify as a *reshus hayachid*. Private ownership is not a prerequisite.

resident alien – See **ger toshav**.

revai – fruit produced by a tree in its fourth year. This is consecrated in the same manner as **maaser sheni** and must be eaten in Jerusalem or be redeemed with money which is spent in Jerusalem on food to be eaten there. See **orlah**.

revii l'tumah – See **tumah**.

reviis – a quarter of a **log**.

Rishon [pl. **Rishonim**] – a **Torah** authority of the period following the Geonim (approx. 1000-1500 C.E.).

rishon l'tumah – first degree of acquired **tumah**. See **tumah**.

Rosh Chodesh – (a) festival celebrating the new month; (b) the first of the month.

Rosh Hashanah – the **Yom Tov** that celebrates the new year. It falls on the first and second days of **Tishrei**.

R' – Rabbi; specifically a **Tanna,** or **Amora** of **Eretz Yisrael**.

rov – majority; a principle used in halachah to determine the origin or status of a particular object. An object of undetermined origin or status is assumed to partake of the same origin or status as that of the majority. See also **bitul b'rov**.

rova [pl. **revaim**] – a quarter-**kav** ($^1/_{24}$ of a **se'ah**). This is identical to a log.

ruach hakodesh – (lit. holy spirit) – a spiritual connection between man and God that is a lesser level than prophecy.

Sadducees – heretical sect active during the Second **Temple** era named after Tzaddok, a disciple of Antigenos of Socho. They denied the Divine origin of the **Oral Law** and refused to accept the Sages' interpretation of the **Torah**.

Sages – (a) the collective body of Torah authorities in the Mishnaic era; (b) the anonymous majority opinion in a **Mishnah** or **Baraisa;** (c) [l.c.] Torah scholar and authority.

Sanctuary – a term applied to the Temple building that housed the **Holy** and the **Holy of Holies**.

Sanhedrin – (a) the High Court of Israel; the Supreme Court consisting of seventy-one judges whose decisions on questions of Torah law are definitive and binding on all courts; (b) [l.c.] a court of twenty-three judges authorized to adjudicate capital and corporal cases.

s'chach – covering of a succah; must be made of material which grew from the ground and is now detached, but has not been formed into a utensil.

se'ah – a Mishnaic measure of volume; six **kav**.

Seder [pl. **Sedarim**] – lit. order. (a) The Mishnah is divided into six *sedarim*: *Zeraim* (Plants), *Moed* (Festivals), *Nashim* (Women), *Nezikin* (Damages), *Kodashim* (Sacred Things) and *Taharos* (Ritual Purities); (b) [l.c.] ritual festive meal on **Pesach**.

sekilah – lit. stoning; one of the four forms of death penalty imposed by the court.

sela [pl. **sela'im**] – a silver coin having the weight of 384 grains of barley. This is the equivalent of four **dinars**.

semichah – (a) Rabbinical ordination empowering one to serve as a judge. This ordination stretches back in an unbroken chain to Moses; (b) a rite performed with almost all personal sacrificial offerings. The owner of the offering places both his hands on the top of the animal's head and presses down with all his might. In the case of a **chatas** or an **asham,** he makes his confession during *semichah*. In the case of a **shelamim** or **todah** offering, he praises and thanks God.

semuchin [pl. **semuchim**] – Scriptural juxtaposition. This principle states that two consecutive verses or passages may be compared for purposes of inferring law from one to the other. It is one of the rules of exegesis employed by the Sages.

Seventeenth of Tammuz – a fast day. Among the tragedies that occurred on this day were: (a) Moses descended from Mount Sinai and smashed the Tablets of the Ten Commandments when he saw the people worshiping the Golden Calf. (b) Jerusalem's walls were breached by the invading Roman army three weeks before the final destruction of the Second **Temple** (on **Tishah B'Av**).

shaatnez – See **kilayim**.

Shabbos – (a) the Sabbath; (b) the Talmudic tractate that deals with the laws of the Sabbath.

Shacharis – the morning prayer service.

shalmei chagigah see **chagigah offering**

shaos zemaniyos – seasonal or variable hours. According to this reckoning, the day (or night) – regardless of its length – is divided into twelve equal units (hours).

Shavuos – Pentecost; the festival that celebrates the giving of the **Torah** to the Jewish nation at Mount Sinai.

Shechinah – Divine Presence.

shechitah – (a) ritual slaughter; the method prescribed by the **Torah** for slaughtering a kosher animal to make it fit for consumption. It consists of cutting through most of the esophagus and windpipe from the front of the neck with a specially sharpened knife that is free of nicks. (b) One of the four essential blood **avodos**.

shekatzim – abominable creatures. Those creatures referred to by the Torah as "abominable." These include unkosher fish and sea creatures such as seals and frogs; unkosher birds; insects such as flies, bees and mosquitoes, reptiles and rodents.

shekel [pl. **shekalim, shekels]** – Scriptural coin equivalent to the Aramaic **sela** or four **dinars.** In Mishnaic terminology, the Scriptural half-*shekel* is called a *shekel,* and the Scriptural *shekel* is called by its Aramaic name, **sela**.

shelamim – peace offering; generally brought by an individual on a voluntary basis; part is burnt on the **Altar,** part is eaten by a **Kohen** (and the members of his household) and part is eaten by the owner. It is one of the **kodashim kalim**.

shelichus – See **agency**.

shelishi l'tumah – See **tumah**.

shelo lishmah – not for its own sake; i.e. intending a sacrifice for the sake of a different type of sacrifice, e.g. an *olah* for the sake of a *shelamim*.

Shemini Atzeres – the eighth and concluding day of the **Succos** celebration. In many respects, it is a **Yom Tov** in its own right.

shemittah – the Sabbatical year, occurring every seventh year, during which the land of **Eretz Yisrael** may not be cultivated.

Shemoneh Esrei – also called **Amidah;** the silent, standing prayer, which is one of the main features of the daily prayer services.

sheni l'tumah – See **tumah**.

sheretz [pl. **sheratzim**] – one of eight rodents or reptiles, listed by the Torah, whose carcasses transmit **tumah.** A *sheretz* is an **av hatumah.** See **tumah**.

Shevat – eleventh month of the Hebrew calendar.

sheviis – See **shemittah**.

shevuah oaths – a formula with which one may make a self-imposed prohibition. A *shevuah oath* renders actions, in contradistinction to objects, forbidden.

shich'chah – sheaves forgotten in the field during their removal to the threshing floor as well as standing produce that the harvester overlooked. The Torah grants these to the poor. See **leket, pe'ah**.

shitufei mevo'os – incorporation of the alleys; a provision similar to **eruvei chatzeiros,** instituted to permit carrying from a courtyard into an alley on the Sabbath. It merges the different courtyards in a common ownership of a **mavoi**.

sh'liach tzibur – lit. messenger of the congregation; the individual leading the prayer service.

shofar – trumpet formed from the horn of a ram or certain other animals. It is a Biblical obligation to hear the blowing of a *shofar* on **Rosh Hashanah**.

Shofaros – part of the **Mussaf** prayer of **Rosh Hashanah**. The verses of *Shofaros* discuss God's revelation through the **shofar** blasts at Mount Sinaa and His future Revelation through the **shofar** that heralds the advent of the Messianic King.

shogeg – An inadvertent transgressor in which the transgression knew what he was doing but was unaware of the prohibited nature of his deed.

shomer [pl. **shomrim**] – one who has assumed custodial responsibility for another's property.

shtei halechem – lit. two loaves; the offering of two wheat loaves that must be brought on **Shavuos.** It is accompanied by two lambs with which it is waved, and whose offering permits it for consumption by the **Kohanim.** In addition to these lambs, the **Torah** mandates another group of offerings to be brought in conjunction with the *shtei halechem,* one of which is the **chatas**.

Shulchan – lit. table; the golden Table for the **lechem hapanim,** located in the **Holy**.

shuman – animal fats that are permitted for consumption. See **cheilev**.

Sifra – lit. the book; the primary collection of Tannaic exegesis, mainly halachic in nature, on the Book of *Leviticus*. It is also known as *Toras Kohanim.*

Sifri (or **Sifrei**) – lit. the books; the counterpart of the **Sifra;** it expounds on the Books of *Numbers* and *Deuteronomy.*

sitama – the absence of specific intent.

Sivan – third month of the Hebrew calendar.

soreg – a low lattice fence encompassing the Temple Courtyard which marked the point beyond which gentiles and Jews who were **tamei** from a corpse, were Rabbinically prohibited to proceed. It was located 10 **amos** from the Courtyard wall.

sotah – an adulteress or a woman whose suspicious behavior has made her suspected of adultery. The **Torah** prescribes, under specific circumstances, that her guilt or innocence be established by having her drink specially prepared water.

sprinkling – See **hazaah**.

stoning – See **sekilah**.

succah – (a) the temporary dwelling in which one must live during the festival of **Succos;** (b) [cap.] the Talmudic tractate that deals with the laws that pertain to the festival of **Succos.**

Succos – one of the three **pilgrimage festivals;** on Succos one must dwell in a **succah**.

Tabernacle – a portable **Sanctuary** for the sacrificial service used during the forty years of national wandering in the Wilderness and the first fourteen years after entry into **Eretz Yisrael**.

taharah – a halachically defined state of ritual purity; the absence of **tumah**-contamination.

tahor – person or object in a state of **taharah**.

tamei – person or object that has been contaminated by **tumah** and that can convey *tumah* to another object of its genre.

tamid [pl. **temidim**] – communal **olah,** offered twice daily.

Tammuz – fourth month of the Hebrew calendar.

Tanach – acronym for the written portion of the Torah. TaNaCH stands for Torah, Neviim, Kesuvim.

Tanna [pl. **Tannaim**] – Sage of the Mishnaic period whose view is recorded in a **Mishnah** or **Baraisa.**

Tanna Kamma – the anonymous first opinion of a **Mishnah** or **Baraisa**.

Targum – lit. translation; the Aramaic interpretive translation of Scripture.

techum [pl. **techumim**] – Sabbath boundary; the distance of 2,000 **amos** from a person's Sabbath residence which he is permitted to travel on the Sabbath or **Yom Tov**. See **eruvei techumim**.

tefach [pl. **tefachim**] – handbreadth; a measure of length equal to the width of four thumbs.

tefillah – (a) prayer; (b) in Talmudic usage, **tefillah** invariably refers to **Shemoneh Esrei**.

tefillin – phylacteries; two black leather casings, each of which contains Torah passages written on parchment. It is a **mitzvah** for adult males to wear one on the head and one on the arm.

temei'ah – female for **tamei**.

Temple – See **Beis HaMikdash**.

Temple Mount – the site of the Holy **Temple.** See **Beis HaMikdash**.

temurah – The **Torah** forbids a person to even verbally substitute a different animal for an already consecrated sacrificial animal. This is forbidden even if the second animal is superior. If one violates this prohibition, both the animals are sacred. Both the act of substitution and the animal substituted are known as a *temurah.*

tenufah – lit. waving. The breast and right hind thigh of certain offerings are held by the **Kohen** and owner together, who wave them in all four directions of the compass and then up and down. These parts become the Kohen's portion.

tereifah [pl. **tereifos**] – (a) a person, animal or bird that possesses one of a well-defined group of eighteen defects which will certainly cause its death. Any of these defects renders the animal or bird prohibited for consumption even if it was ritually slaughtered; (b) a generic term for all non-kosher food.

terumah [pl. **terumos**] – the first portion of the crop separated and given to a **Kohen,** usually between 1/40 and 1/60 of the total crop. It is separated prior to **maaser,** and upon separation attains a of state sanctity which prohibits it from being eaten by a non-**Kohen,** or by a **Kohen** in a state of **tumah**.

terumah gedolah – See **terumah**.

terumas maaser – the tithe portion separated by the **Levi** from the **maaser rishon** he receives, and given to **Kohen**.

tevel – produce of **Eretz Yisrael** that has become subject to the obligation of **terumah** and **tithes;** it is forbidden for consumption until *terumah* and all tithes have been designated.

Teves – tenth month of the Hebrew calendar.

tevilah – immersion in a **mikveh** for the purpose of purification from **tumah**-contamination.

tevul yom – lit. one who has immersed that day. This is a person who had been rendered ritually impure with a Biblical **tumah** from which he purified himself with immersion in a **mikveh.** A residue of the *tumah* lingers until nightfall of the day of his immersion, leaving him *tamei* in regard to sacrifices, **terumah** and entering the **Temple** Courtyard. A person in this reduced state of *tumah* is known as a *tevul yom,* and he renders *terumah* and *kodashim* invalid through contact.

Tishah B'Av – lit. the Ninth of Av; the fast day that commemorates the destruction of the First the Second **Beis HaMikdash** and as well as other national tragedies.

Tishrei – seventh month of the Hebrew calendar.

todah [pl. **todos**] – thanksgiving offering brought when a person survives a potentially life-threatening situation. It is unique in that forty loaves of bread accompany it.

toladah [pl. **tolados**] – lit. offspring; subcategory of an **av** (pl. **avos**). See **melachah**.

Torah – the Five Books of Moses; the Chumash or Pentateuch.

Tosefta – a written collection of **Baraisos**.

tumah [pl. **tumos**] – legally defined state of ritual impurity affecting certain people or objects. The strictest level of *tumah, avi avos hatumah* [literally: father of fathers of *tumah*], is limited to a human corpse. The next, and far more common level, is known as *av hatumah,* primary [literally: father] *tumah.* This category includes: one who touched a human corpse; **sheretz,** the carcass of one of the eight species of creeping creatures listed in *Leviticus* 11:29-30; the carcass of a **neveilah,** an animal that died by some means other than a valid ritual slaughter; or one who is a **zav, zavah, niddah** or **metzora**.

An object that is contaminated by an **av hatumah** [primary *tumah*] becomes a **rishon l'tumah** (*first degree of* [acquired] *tumah*). This degree of contamination is also called *v'lad hatumah* (*secondary tumah*) [literally: child (as opposed to *av,* father) of *tumah*]. An object contracting *tumah* from a *rishon* becomes a *sheni l'tumah* (second degree *of* [acquired] *tumah*) – (or *v'lad v'lad hatumah, child of child of tumah*). In the case of *chullin, unsanctified food,* contamination can go no further than a *sheni;* thus, if a *sheni* touches unsanctified food, that food acquires no degree of contamination whatsoever.

Commensurate with the respectively greater degrees of stringency associated with **terumah** and sacrifices, their levels of contamination can go beyond that of *sheni.* Thus, if a *sheni* touches *terumah,* it becomes a *shelishi l'tumah* (third degree of [acquired] *tumah*) but the *tumah* of *terumah* goes no further than this degree. Sacrificial items can go a step further, to *revii l'tumah* (fourth degree of [acquired] *tumah*).

As a general rule, the word **tamei,** *contaminated,* is applied to an object that can convey its *tumah* to another object of its genre. An object that cannot convey its *tumah* in this way is called, **pasul,** (invalid,) rather than *tamei.*

tumas meis – the **tumah** of a human corpse.

tumas midras – See **midras**.

tumah of the deep – refers to the possibility of there being a hidden source of *tumah.*

tumas ohel – lit. roof **tumah;** the *tumah* conveyed to objects or persons when they are under the same roof as certain *tumah* conveyors, generally a human corpse.

tzad hashaveh – An exegetical derivation based on the presumption that a law found in two contexts results from characteristics common to both rather than from characteristics unique to each. Any other context possessing these common characteristics is also subject to the common law, even if the third context differs from the first two in regard to their *unique* features.

tzaraas – See **metzora**.

tzitzis – the fringes that by **Torah** law must be placed on a four-cornered garment.

Ulam – Antechamber

Urim VeTumim – a slip of parchment upon which *the Ineffable Name* was written. This parchment was inserted into the **Kohen Gadol's** breastplate, one of the eight vestments he wore while performing the **Temple** service. Twelve precious stones were attached to the front of the breastplate in four rows of three stones each. Each of these stones was inscribed with the name of one of the twelve tribes in the order of their birth. Whenever the *Urim VeTumim* was consulted, the letters etched on the stones lit up and spelled out a message.

variable [chatas] offering – a special type of **chatas** offering whose quality varies in accordance with the sinner's financial resources. He is liable to a regular *chatas* offering of a female lamb or kid only if he is a person of means. Should he be poor, he is required to bring only two turtledoves or two young pigeons, one as a *chatas* and the other as an **olah.** If he is very poor, he brings a tenth of an **ephah** of fine flour for a **minchah**.

v'lad hatumah – derivate **tumah;** see **tumah**.

v'lad v'lad hatumah – See **tumah**.

Women's Courtyard – the Courtyard of the **Temple** that faced the eastern wall of the main Courtyard.

yavam – See **yibum**.

yetzer hara – Evil Inclination.

ye'ush – abandonment. This refers to an owner's despairing of recovering his lost or stolen property.

yevamah – See **yibum**.

yibum – levirate marriage. When a man dies childless, the **Torah** provides for one of his brothers to marry the widow. This marriage is called *yibum*. Pending this, the widow is forbidden to marry anyone else. The surviving brother, upon whom theobligation to perform the **mitzvah** of *yibum* falls, is called the *yavam.* The widow is called the *yevamah. Yibum* is effected only through cohabitation. If the brother should refuse to perform *yibum*, he must release her from her *yibum*-bond by performing the alternate rite of **chalitzah,** in which she removes his shoe before the court and spits before him and declares: *So should be done to the man who will not build his brother's house* (*Deuteronomy* 25:5-10).

Yisrael [pl. **Yisraelim**] – (a) Jew; (b) Israelite (in contradistinction to **Kohen** or **Levi**).

Yom Kippur – Day of Atonement; a day of prayer, penitence, fasting and abstention from **melachah**.

Yom Tov [pl. **Yamim Tovim**] – holiday; the festival days on which the Torah prohibits **melachah**. Specifically, it refers to the first and last days of **Pesach,** the first day of **Succos, Shemini Atzeres, Shavuos, Yom Kippur** and the two days of **Rosh Hashanah**. Outside of **Eretz Yisrael,** an additional day of **Yom Tov** is added to each of these festivals, except **Yom Kippur** and **Rosh Hashanah**.

Yovel – fiftieth year [Jubilee]; the year following the conclusion of a set of seven **shemittah** cycles. On **Yom Kippur** of that year, the **shofar** is sounded to proclaim freedom for the Jewish servants, and to signal the return to the original owner of fields sold in **Eretz Yisrael** during the previous forty-nine years.

zav [pl. **zavim**] – a man who has become **tamei** because of a specific type of seminal emission. If three emissions were experienced during a three-day period, the man must bring offerings upon his purification.

zavah [pl. **zavos**] – After a woman concludes her seven days of **niddah,** there is an eleven-day period during which any menseslike bleeding renders her a *minor zavah.* If the menstruation lasts for three consecutive days, she is a *major zavah* and must bring offerings upon her purification.

zechiyah – rule which states that one can act as a person's agent without his prior knowledge or consent if the act is clearly advantageous to the beneficiary.

zerikah [pl. **zerikos**] – throwing; applying the blood of an offering to the Outer **Altar** in the prescribed manner. It is one of the four essential blood **avodos**.

zevach – sacrifice.

Zichronos – part of the **Mussaf** prayer of **Rosh Hashanah**. The verses of Remembrance deal with God's attribute of remembering all the deeds of mankind, good and bad; and His examination of them all on this Day of Judgment.

zivah – lit. seepage or flow; the type of discharge which if repeated renders one to be a **zav** or **zavah**.

zuz [pl. **zuzim**] – (a) monetary unit equal to a **dinar;** (b) a coin of that value; (c) the weight of a *zuz* coin.

Scriptural Index